让 我 们 中国文 一 起 追 寻

Jürgen Osterhammel

Die Verwandlung der Welt: eine Geschichte des 19. Jahrhunderts

©Verlag C.H.Beck oHG, München 2010

Simplified Chinese translation copyright© 2016

by Social Sciences Academic Press

ALL RIGHTS RESERVED

The translation of this work was financed by the Goethe-Institut China

本书获得歌德学院（中国）全额翻译资助

于尔根·奥斯特哈默 / 作品 / /

世 界 的 演 变
19 世纪史
/ I /

[德] 于尔根·奥斯特哈默　著
（Jürgen Osterhammel）

Die Verwandlung der Welt: Eine Geschichte des 19. Jahrhunderts

强 朝 晖　刘　风　译

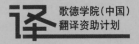

译　歌德学院（中国）
　　翻译资助计划

社会科学文献出版社
SOCIAL SCIENCES ACADEMIC PRESS (CHINA)

本书（及作者）获誉

2017 年汤因比奖（Toynbee Prize），汤因比奖基金会

2012 年格尔达·汉高奖（Gerda Henkel Prize），格尔达·汉高基金会

2010 年莱布尼茨奖（Gottfried Wilhelm Leibniz Prize），德国科学基金会

权威期刊《选择》（Choice）2014 年度"杰出学术著作"之一

《彭博商业周刊》2014 度最佳图书之一，由萨蒂亚吉特·达斯（Satiyajit Das）选出

Marginal Revolution. com 网站（泰勒·科文）2014 年最佳非虚构图书

奥斯特哈默写成了后冷战时代一部最重要、最具影响力的历史著作。它一经完成便成为时下经典……这部经典应是历史学家和政治上充满好奇心的世界公民的必读物。它会让我们成为更好、更广博的公民，对我们生活的世界有更多的了解。

——弗里茨·斯特恩（Fritz Stern），《纽约图书评论》

一部极具概念准确性、广度和洞见的著作，一部为关于世界社会的争论设立新基准的作品。

——本杰明·齐曼（Benjamin Ziemann），《泰晤士报文学增刊》

在任何意义上都堪称巨著……一个充满全景式创造物的时代值得拥有一位具备全景式倾向的历史记录者。于尔根·奥斯特哈默正是这样一位有能力的记录者。

——华志坚（Jeffrey Wasserstrom），《华尔街日报》

德国历史写作的里程碑，过去几十年中最重要的历史著作之一……一幅拼图式的时代画像。

——于尔根·科卡（Jürgen Kocka），

《德国时代周报》（*Die Zeit*）

字字珠玑，掷地有声……一幅史诗般的、精巧的和蔓延式的时代马赛克拼图。这一时代，如果作为一种反应，是以启蒙运动为基础的……奥斯特哈默令人信服的建构清楚说明了我们理解今日世界的方式在很大程度上取决于 19 世纪的制度和创新，以及它们所提供的一种独特的欧洲视角。意识到这种视角不可避免地潜藏着偏见，这位德国历史学家尽心竭力地书写一部真正的 19 世纪全球史……他最终编织出的这块难以想象的人类经验织锦既灵巧精致，又易于看懂。

——本·理查森（Ben Richardson），《南华早报》

一部德国布罗代尔式的著作呈现出 19 世纪的重要意义。

——泰勒·科文（Tyler Cowen），

《边际革命》（*Marginal Revolution*）

广博浩大、分量十足、新颖独创、引人入胜、面面俱到、令人生畏……即使像我这样长篇大论，也不足以全面而恰当地评价这部著作。一半怪物，一半大师，它不可避免地与那些全球史类型的作品一样具有局限性……它源于作者惊人的学识和毅力；在其主题的范围内，它将全球史研究的学术复杂性和地理综合性提升至新的水平；它富于令人难忘的短语和警句，这代表着一种生动而幽默的精神；此外，它还提供了关于 19 世纪如何塑造了我们今日世界的充满智慧和独创性的观点。如果今年夏天你只能阅读一本历史书（相信我，读完这本书将占用你整个长长的夏天），那么就选择《世界的演变》吧。

——大卫·康纳汀爵士（Sir David Cannadine），《金融时报》

厚重、有趣、令人印象深刻……它的覆盖范围在很多方面都超过了布罗代尔的著作，不仅是在地理上，还在概念上……奥斯特哈默的雄心、勤勉和规模呈现出了集其他众多历史学家之大成的作品。针对其他世纪，类似的著作也应该被创作出来。让我们期待英国的历史学家能够接受挑战，把它们写出来。

——杰里米·布莱克（Jeremy Black），
《支点》（*Standpoint*）

这一极佳的研究形成了一部从 18 世纪末到 20 世纪的全球史，而且没有过于简单化。找到这样一位对细微差别和巨大差异拥有如此感知能力的体系构建者，真让人高兴。唯一能与之相提并论的是克里斯托弗·贝利的《现代世界的诞生》。学者将从这部厚重、知识密集的著作中获益；历史热衷者也将发现没有比这更完备的资料。在这部书中，有很多地方可圈可点。

——《图书馆学刊》（*Library Journal*）（星级评论）

一部全景式视角却鲜有历史想象的著作。

——托尼·巴伯（Tony Barber），《金融时报》

于尔根·奥斯特哈默的《世界的演变：19 世纪史》……将历史事实写得跌宕起伏、抑扬顿挫，为读者呈现出关于复杂和混乱的 19 世纪的独到见解。在这部杰出的学术作品中，奥斯特哈默教授……已经塑造出一幅卓越非凡的 19 世纪图景……它为畅销品这一名词赋予了新的含义。

——萨蒂亚吉特·达斯（Satyajit Das），
《赤裸的资本主义》（*Naked Capitalism*）

于尔根·奥斯特哈默丰富而深刻的著作《世界的演变》……仔细解释了在整个 19 世纪什么发生了演变，什么没有发生演变。

——弗雷德里克·库珀（Frederick Cooper），
《公共图书》（*Public Books*）

有意义地书写全球历史充其量可以算作一种野心，但是这部关于 19 世纪的著作成功了……几乎每一页都提供了关于世界历史和特定国家的全球背景的新见解。这本书十分适合于高级普通读者和大学本科学生，也应该成为所有现代历史研究生的必读书目，让他们在这一更宽泛的背景中确定自己的研究专长。

——《选择》（*Choice*）

今年有两部厚重的历史著作值得被广泛阅读。其中之一就是德国历史学家于尔根·奥斯特哈默的《世界的演变：19世纪史》。

——克里斯托弗·西尔维斯特
（Christopher Sylvester），《金融时报》

于尔根·奥斯特哈默教授的这部杰作绝不是历史事件的平铺直叙。相反，它将史实写得跌宕起伏、抑扬顿挫，为读者描绘了一幅无与伦比的19世纪图景，而正是这一世纪在很大程度上塑造了当前世界。

——萨蒂亚吉特·达斯（Satyajit Das），《彭博商业周刊》

完成了1000页19世纪之旅的耐心读者会对当下全球村和全球亚洲真正的独特之处形成更丰富、更深刻和更充分的理解和认识。这才是最好的世界历史。

——鲁乐汉（John Delury），《全球亚洲》（*Global Asia*）

在这幅包含一切的全景图中，奥斯特哈默抓住了19世纪人们生活和理解生活之道中的巨变……奥斯特哈默提供了一部丰富的19世纪"全球历史"，一部凸显了西方却用非西方民族和社会的生动画像避开了欧洲中心主义的著作。

——《外交事务》（*Foreign Affairs*）

《世界的演变》凭借关键的组织结构（这在翻译时应该下了很大功夫，真实地说，我从未期待看到这本书的英译本）极大地强化了自身，但是就目前而言，它最大的吸引力在于作者的思考能力，以及更重要的是，他的智慧。这是一项任何认真的读者都不可错过的卓越成就。

——史蒂夫·多诺霍（Steve Donoghue），
《开放文学月刊》（*Open Letters Monthly*）

一项巨大的成就……《世界的演变》既是这个星球 19 世纪人类文明的知识大纲，也是历史艺术的不朽之作。

——马修·卡普（Matthew Karp），《美国历史学刊》
（*Journal of American History*）

任何欢喜于独创思想的学者将爱上这本大部头。它是令人着迷的存在……这绝对是我书架上的必备之书。

——伊恩·利普克（Ian Lipke），MediaCulture. org

于尔根·奥斯特哈默是 19 世纪的布罗代尔。他的全球性宏景是这位历史学家学术手艺的桂冠。在优雅而清晰的文字中，他穿越整个世界，审视了那个时代的两面性：既是遥远的过去，又是我们当代环境的起源。

——乔纳森·施佩贝尔（Jonathan Sperber），
著有《卡尔·马克思：一个 19 世纪的人》

与布罗代尔的代表作相提并论没有任何的不恰当。奥斯特哈默的《世界的演变》是一部杰出的作品，充满了历史想象、绝对抢风头的博学和分量十足的独到见解！反思空间与时间、帝国与奴隶制、战争与和平、经济与外交、君主制与歌剧等，奥斯特哈默改变了我们对 19 世纪的全部理解。

——赫尔穆特·W. 史密斯（Helmut W. Smith），范德堡大学这部宏大、万花筒式的著作记述了一整个世纪演变的多条变化线路。它属于我们理解今天众多挑战起源的重要书单。

——约翰·E. 威尔斯（John E. Wills, Jr.），

南加利福尼亚大学

可以说，这是过去四分之一世纪出版的、由一位德国历史学家完成的最重要的著作。它是 19 世纪全球史真正的权威记述，强有力地论证和漂亮出色地描述。

——斯文·贝克特（Sven Beckert），

著有《棉花帝国：一部全球史》

这不仅是一场知识与智慧的焰火，同时也是一种莫大的阅读享受。

——安德里亚斯·法尔迈耶（Andreas Fahrmeir），

《法兰克福汇报》

德语历史学著作中的一个里程碑。

——安德里亚斯·艾科尔特（Andreas Eckert），

《文学杂志》

中文版序

闻悉拙著《世界的演变》中文版即将出版，我深感欣喜。为此，谨向出版社和译者表示诚挚谢意，感谢他们倾注大量心血，使这一庞大项目得以完成。我感到欣喜的原因有两个：其一是个人的，其二是学术的。就个人而言，近 40 年来，我一直在研究中国问题，尤其是中国的外交关系以及中国与西方的关系。20 世纪 70 年代，当我初次涉足世界史领域时，我所选择的入门课题涉及人类历史上地域最广、结构最复杂的政治体当中的两个：中华帝国和英帝国。我的博士论文选题，是这两大政治体在第一次世界大战后的关系。这是一个真正的世界史课题。今天，即便我未能成为一位中国通，但我对中国的兴趣却丝毫未减。

从学术上讲，我对拙著翻译成中文之所以感到欣喜，是因为中国的历史编纂学传统乃是全世界最伟大的传统之一。其历史之悠久，唯有始于希腊的欧洲历史编纂学方能与之媲美。这一传统还包括，中国很早便着手就当时已知的世界进行历史写作。在 1500 年左右开始的地理大发现时代之前，这个"世界"在欧洲人眼中当然也还不是那个圆圆的地球。它是由大帝国和大范围传播的宗教所构成的世界。由于中华帝国幅员辽阔，并与邻邦以一切可能的形式建立了多层面的关系，因此中国历史学家很早便学会了从大的关联着眼进行研究。当然，这并不妨碍他们同时也可以成为某个特定地域或地区的史学专家。欧洲的情况也是如此。

在 18 世纪，当一种名副其实、囊括全球所有区域的世界史书写在欧洲出现时，尽管中国仍然处于清帝国三位伟大皇帝统治的盛世之下，但它却对外部世界所知甚少，更遑论对其历史的了解。当时在欧洲诞生了地理学，它为无数科学考察和军事远征所获得的知识赋予了学术上的价值。与此同时，欧洲人开始着手用其他文化所独有的语言去研究这些文化，在这方面，其他任何地区与欧洲相比都望尘莫及。正是这些因素，为 18 世纪末和 19 世纪初世界史研究的繁荣创造了条件。

但是，在进入帝国主义时代后，西方人对欧洲、北美以外世界的历史重新失去了兴趣。当时流传甚广的观念认为，亚洲人和非洲人是"没有历史的民族"，它们的过去可以忽略不计。只有马克思主义仍然坚守着普世性历史观察的理念，但它在理解非欧洲社会的独特发展之路上同样存在困难。为此，它提出了诸如"亚细亚生产方式"之类的构想。

20 世纪 30 年代，英国历史学家阿诺德·J. 汤因比（Arnold J. Toynbee，1889～1975）满怀雄心，埋首撰写一部包罗万象的世界史。他最后完成的著作厚达 12 卷，其壮观尽管令人为之叹服，但是这些作品对近几十年的世界史研究革新却影响甚微。今天，再没有人能够拥有如汤因比一般纵览全局的视野，而且倘若真的有哪一位学者胆敢以如此事无巨细的方式描述人类的完整历史，想必会令人感到惊讶。另外，汤因比使用了一种由其独创的历史学理论。然而这种理论过于复杂独特，以致无法被其他学者借鉴和继承。而且，这种理论与最新的历史学研究存在着某种程度的矛盾。

因此，从根本上讲，于 20 世纪 80 年代掀起的世界史热潮是一个全新的开端，它是在人类对世界各地区历史的全面和高水平研究的前提下发展起来的。这些研究最迟是随着西方殖民帝国的终结开始的。早在"全球化"成为妇孺皆知的流行词之前，世界历史学研究便已在全球得到了普及。

自 20 世纪 80 年代以来，中国在这种全新的世界史书写中一直扮演着重要的角色。当代中国是出版外国历史与世界史著作数量极其庞大的国家之一，中国公众对全球问题的兴趣也尤为浓厚。因此，倘若拙著能在中国的世界史爱好者中找到知音，于我将是一种莫大的荣幸。反过来讲，我也希望能够有尽可能多的中国最新学术成果被翻译成西方语言。

本书是在一座德国小城的一所规模很小的大学中写成的。读者或许不会注意到，它的作者是一位德国人。正如前文所述，今天的国际世界史编纂是近年出现的新潮流，而不是某个特定民族传统的延续，因此并不存在典型的德式、英式或美式世界史写作，我本人也不代表任何独特的德国视角和立场。其原因之一在于，今天，即使再小的一所德国大学，也有条件去购买来自全世界的文献。另外，我居住的地点也有其便利之处，在我的周边有许多很棒的图书馆可供我使用。其他方面的缺憾则可以通过旅行加以弥补。尽可能广泛地了解国际学术界的研究成果，对任何形式的世界史写作而言都是至关重要的基础。遗憾的是，囿于自身外语水平的限制，这项条件在我这里只能不充分地得到满足。世界史学家应当竭尽所能，掌握更多的不同语言。

在拙著中，谈论德国的内容并不是很多。事实恰好相反：由于本书是为德国读者而写，所以我的预想是，他们对德国历史的脉络已有所了解，因而无须赘述过多的细节。或许我应该为中国读者多增加一些有关德国的内容，而相应减少和中国有关的篇幅。但是，中国对于世界史的意义是如此重要，以至于任何形式的缩减都有不负责任之嫌。因此，读者所看到的中文版内容主要是来自 2009 年初版的德文原著。

本书包含了大量的史料和数据。但是，它并不是一本供人们查阅这类史实的辞典手册。今天人们要查找这些资料，可以借助其他文献或者互联网。拙著从本质上讲是一种解释。换言之，其有趣之处在于书中叙述的单个史实之间的关联。当然，在某种程度上，这种联系是主观的。因此，本书并不奢望能够成为对 19 世纪最终极和最权威的解释。其他作者完全可以对这些史料做出自己独特的解释。这种多样性，正是当下历史写作的魅力所在。它不是肆意和武断的，而是必须与学术研究的步伐紧密相随。其所述史实必须精确无误，其解释必须合理且具有说服力。但与此同时，当代历史写作也为研究者开启了一个巨大的自由空间，使每个人都可以将自己独有的风格赋予其上。

因此，本书不是一本百科全书，但也并未走向另一极端：将提出某种独辟蹊径的宏大理论作为目标。其他世界史学家的著作正是凭借这样的理论而名扬天下。这些荣誉当属实至名归。彭慕兰（Kenneth Pomeranz, 1958 ~ ）的《大分流》（*The Great Divergence*）便是一例。该书也在中国引发了热烈的讨论。人们无法在这两种写作类型之间做出选择。两者都是必要的，合乎情理的。我之所以决定撰写一部由无数微小关联构成的历史，是因为与那些阐述宏大理论的著作相比，这类历史写作迄今较为罕见。

为此，我刻意避免把"西方崛起"这一宏大命题置于本书的核心位置。以往有许多学者都曾尝试对这一问题做出解释。

卡尔·马克思（Karl Marx，1818～1883）、马克斯·韦伯（Max Weber，1864～1920）都曾致力于这方面研究。在这些尝试中，没有哪一种解释能够赢得广泛的认同。正因为如此，再多一种解释或许只是画蛇添足。另外我也不得不承认，我对大陆与民族的"名次排列"毫无兴趣。当然，如今没有人能够对中国的崛起视而不见。同样，如果就此做出西方衰落的论断，显然也为时过早。历史不是足球联赛，也不是音乐排行榜。所以，我对民族的排名始终兴味索然。

另一个需要指出的问题是立场和视角。今天的全球史与以往的世界史传统是有明显区别的，它十分强调要避免以"欧洲中心主义"作为观察视角。这是值得赞许的一大变化。当然，欧洲人很长时间以来都是从欧洲中心主义的立场出发来书写世界史的。哲学家黑格尔（Georg Wilhelm Friedrich Hegel，1770～1831）便是这种欧洲中心主义立场的突出代表，尽管其历史哲学观也包含着不少迄今仍然富有启迪的要素。在黑格尔之后的几代学者中，有关世界史的著作在对古埃及的叙述后，大多对亚洲、非洲和美洲甚少关注。这些著作在论及中国时，往往只是一带而过。著名历史学家利奥波德·冯·兰克（Leopold von Ranke，1795～1886）晚年撰写的多卷本《世界史》（*Weltgeschichte*）几乎全部是围绕欧洲展开论述。

在本书中，存在着一种无法解决的矛盾。一方面，它在原则上并不愿从欧洲中心主义出发去展开分析；另一方面，它所论述的这一历史时期，恰恰是欧洲在世界竞争中表现得如此强势、富有、极具影响力的一个时代，这种状况是空前绝后的。因此，倘若本书对欧洲有所偏重，绝非出自欧洲中心主义的偏见，而是由欧洲在 19 世纪世界史上的重要地位所决定，这种地位是客观的，是经得起实证检验的。欧洲从不曾像在19世纪一样，如此势不可当，并被世界其他地区如此多的人奉为参照和定位的坐标。

世界史从来都不可能以一种完全局外人的立场书写，比如说从火星的角度。写作者总是以某种方式将目光"聚焦"于某一处。但是，倘若这种聚焦成为压倒一切的主题，倘若作者从欧洲中心主义、美国中心主义、中国中心主义或伊斯兰中心主义的视角来书写，那么他所写就的，不可能是一部真正的世界史。同样，在真正的世界史写作中，关于自己的国家在世界史宏大关联中所处的地位问题，也不应成为作者强调的重点。当然，世界大背景下的民族史是无可厚非的，它是历史编纂学中一个合法的分支，但是人们绝不能将它与世界史混淆。

依照我的建议，读者虽然可以从头开始阅读本书，但不必给自己设定目标，要按照各章节的顺序通读全书。本书的结构是松散和开放的，即使没有读过前一章，也不会影响理解后一章。前面的大半部分是由对一个个学术话题的详尽论述汇集而成的，这些章节篇幅之长如同一本本小书。余下的部分是由若干论述大量单个主题的短小章节组成。我原本可以把这些随笔式的短章，像以"全景"为标题的版块下的那些章节一样，把每个细节都铺陈开来，逐一加以梳理。不过，即使像目前这样，拙著的部头也已经足够庞大了。为此，我谨向每一位不吝时间阅读本书的读者致以谢意，哪怕他只是认真地阅读了其中的一小部分。

于尔根·奥斯特哈默

康斯坦茨大学（德国），2014年8月

献给我的儿子菲利浦·达博灵豪斯
（Philipp Dabringhaus）

目　录

I

第一部分　近景

Ⅲ

第三部分　主题

附　录

绪　论

所有历史都倾向于成为世界史。社会学有关"世界社会"
的理论告诉我们，世界是"一切环境之环境"，是所有历史事件及其叙述的可能的终极语境。在历史发展的漫长过程中，跨越地域的趋势不断增强。倘若说新石器时代的世界史对远距离密切交往尚无从论及，20世纪的世界史则已确认一个基本事实：全球已然形成了一张如星云般紧密交织的关系网，一张如约翰·R. 麦克尼尔（John R. McNeill）和威廉·麦克尼尔（William H. McNeill）所说的"人类之网"（human web），或者更确切地说，是许许多多这样的网。[1]

假如能将世界史与过去人的意识相衔接，那么对于历史学家而言，世界史的书写就会变得更加顺理成章。即使在当今卫星通信与互联网的时代里，仍有数十亿人是在狭小闭塞的地方环境中生活，这些人无论是在现实中还是在精神上，都无法脱离环境的束缚。只有少数享有特权的人，才能够做到从"全球"角度去思考和行动。在19世纪这个通常被人们合理地称作民族主义与民族国家世纪的时代里，各种跨越边界的行为关系便已出现：跨国家，跨大陆，跨文化，等等。这一点并非当今历史学家在寻找"全球化"早期踪迹时的新发现，许多19世纪的同龄人，便已将思想和行为边界的扩展看作他们所处时代特有的一种标记。欧洲和亚洲的社会中下层成员纷纷将目光和希望投向那些遥远的人人称颂的国度，数百万人不惧艰险，踏上了通往未知的航程。国家领导者和军事家开始学习从"世界政治"的范畴进行思考。历史上第一个真正的世界帝国诞生了，其疆域远至澳大利亚和新西兰。它就是大英帝国。其他帝国也都雄心勃勃地以之为榜样打量自己的身量。贸易和金融关系比早期近代的几个世纪变得更加密切，进而形成了一个一体化的世界体系。1910 年前后，如果约翰内斯堡、布宜诺斯艾利斯或者东京的经济发生变化，远在汉堡、伦敦和纽约的人们就会立刻有所觉察。科研人员在全世界搜集信息和物品，研究偏远民族的语言、习俗和宗教。既有世界秩序的批判者——工人、妇女、和平运动者、反种族主义者和殖民主义的反对者——开始在国际（远远超出欧洲的）层面上组织起来，19 世纪已然开始对其正在形成中的全球性进行反思。

对于近代，特别是 19 世纪而言，将其他任何历史作为世界史都无异于一种权宜之计。正是借助这种权宜之计，历史书写得以发展成为一门科学，一门符合方法可验证之理性标准的科学，其依靠的手段，是在一切可操作范围内对史料进行追本溯源式的研究。这一过程发生在 19 世纪，因此世界史编纂恰恰在这一时期成为隐学，也就不足为奇了，因为它与史学家对其职业的新的自我认知看似是格格不入的。如果说这种情况在今天有所改变，也绝不意味着所有历史学家都愿意抑或应当成为世界史学家。[2] 历史学要求对限定的事件进行细致而深入的钻研，其成果不断为综合性的历史合成物提供素材。至少对于近代，这些合成物的框架通常是单个民族或民族国家的历史，或者是某个大陆的历史，比如欧洲史。世界史迄今仍然是一种少数派视角，但却不会再因为不入流或不严肃而被摒弃。当然，在所有空间与逻辑层面上，世界史的基本问题与以往是相同的："历史学家在阐述单个历史现象时，应当如何将根据史料预设的个体性与普遍的抽象化知识相关联？因为正是这些知识，才使得个体现象的阐述成为可能。另外，历史学家如何才能做到，对更大的历史单位和进程做出以实证为依据的表述呢？"[3]

历史学的职业化——这一变化是不可逆转的——使得"大历史"（Big History）被交予了社会科学。从事历史发展宏大问题研究的，是那些对时间纵深与空间广度抱有兴趣的社会学家和政治学家。而历史学家经过训练所获得的职业特性则决定了，15他们对大胆的普遍化、便捷的公式化以及单一表述往往采取回避的态度。受后现代思维的影响，他们当中一些人认为，"宏大叙事"或对长期进程的阐述从原则上讲是行不通的。但是，我们不妨换一种角度看：世界史的书写，同时也是从一小拨从事专业历史研究的专家队伍手中攫取部分公共解读权的一种尝试。世界史是历史书写的可能性之一，是偶可一试的一种记录。它的风险是在作者，而非读者一边，因为后者可以借助审慎的批判，避免被某些草率的强加于人的观点和蒙骗所误导。但是，这里仍然存在一个问题：世界史为何要书自于一人之手？为什么那些出自"训练有素的工厂"（恩斯特·特勒尔奇［Ernst Troeltsch］语）的多卷本集体创作，还不能让人感到满足呢？答案很简单：只有对问题与观点、素材与阐述的集中化组织，才能使世界史书写的建设性要求得到满足。

世界史编纂者的最重要特征并非他的无所不知。没有人拥有足够多的知识，能够保证每一个细节的准确性，能够对世界所有地区平等以视，并根据无数研究成果当中的每一种，得出与之相应的近于完美的概括性结论。世界史编纂者的主要特征有两点：一方面，他需要对比例和大小关系，力场和作用力拥有敏锐的嗅觉，并对典型性和代表性拥有敏感的意识；另一方面，他必须与学术界保持一种谦恭的依赖性关系。暂时寄身于世界史学家角色的历史书写者（他同时也必须是某个特定领域的专家），往往不得不将他人耗费时日和心血所获得的研究成果——假如理解这些内容对他来说没有语言障碍的话——用寥寥数语加以概括。这才是世界史书写者真正要做的工作，他必须尽可能圆满地完成。此外，如果他不能够做到尽最大可能接触到那些最优秀——而未必是最新——的研究成果，他的工作将是毫无价值的。假如一位世界史书写者以教主式的全知者姿态，无知而不加批判地重复那些早已被驳斥的神话，必然会遭到人们的耻笑。这样的世界史作为合成物之合成，难免会对自身产生误读，而作为"万物之故事"（the story of everything）[4]，则注定是无聊的、浅陋的。

　　本书是一幅时代肖像画。它所采用的表现方式，与人们描绘其他时代所采用的方式原则上是相同的。它只希望为读者提供一份史料翔实的阐述文本，而没有不自量力的野心，想要将一个世纪的世界史以百科全书式的手法完整地加以呈现。从态度来看，它与克里斯托弗·贝利爵士（Sir Christopher Bayly）的《现代世界的诞生》（*The Birth of the Modern World*）是一脉相承的。这本 2004 年问世、两年后被译成德文的备受赞誉的著作，是后期近代史领域的少数世界史杰作之一。[5] 我的这本书并不是一本反贝利之作，而是在相似精神指引下创作的另一种文本。正如在德意志帝国或魏玛共和国问题上，可以有不止一种解读一样。两种文本都放弃了以国家、文明或陆地空间为标准的地域划分；两者都强调殖民主义和帝国主义的重要性，以至于用一个独立的章节不足以陈述，而只有将这一维度的思考贯穿于

16

全书；两者都避免将"全球关联和比较"（global connections and comparisons）——贝利著作的英文版副标题[6]——之间的鲜明对立作为前提。关联分析与比较应当而且必须随机地相互结合，而并非所有的比较都需要通过严格的历史方法论加以佐证。对关联和类比的有控制处理，有时候——并不总是——可以为我们带来比迂腐的比较更多的收获。

　　在另外一些方面，两本书强调的内容是不同的：贝利的学术出身是印度，而我是中国，这一点读者很容易就会发现；贝利关注的更多是民族主义、宗教和"身体实践"（bodily practices），这或许也是他的著作中最精彩的段落。而在我的书中，则对人口迁徙、经济、环境、国际政治与科学等问题进行了更广泛的探讨。和贝利相比，也许我的"欧洲中心主义"色彩更明显，我比他更倾向于将19世纪看作一个欧洲的世纪，同时也不时流露出我对美国历史日益浓厚的兴趣。从理论角度看，我对历史社会学的亲近感大概是一目了然的。我与贝利之间的主要区别有两点。首先，本书在年代界线问题上比贝利的表述更开放。　17它并不是一部封闭的、针对某个以年份明确划定的历史年代的内部史，因此，人们在标题中看不到任何年份数字；此外，我还特意用了一章的篇幅（第2章），来探讨关于历史分期与时间结构的问题。本书以灵活变化的方式将19世纪置于"历史之中"，并有意识地打乱年代，将时间轴的一端远远拉后到1800年或1780年之前，并让另外一端向前延伸，一直拉近到我们生活的今天。借助这种方式，我们可以在更长的历史进程中对19世纪所处的位置做出衡量和判断：有时它遥不可及，有时又近在眼前；很多时候，它是当代的史前史，间或却又像沉没的亚特兰蒂斯一样踪影难觅。这一切都必须根据具体事例来决定。

我对 19 世纪的思考更多是从其围绕的一个重点年代，而不是从边际清晰的历史大事件的始末出发。这里所说的重点年代大约是指 19 世纪 60 年代至 80 年代，在此期间，各种具有世界性影响的发明创造层出不穷，一些彼此无关的历史进程呈现出交汇的势头。因此，我并没有像在这一问题上破例随俗的贝利一样，将第二次世界大战的开始诠释为历史舞台上一次突然而意外的落幕。

其次，我选择了与贝利不同的另一种叙事策略。有一种世界史的书写方式，我们可称之为"集成式 + 时间强调式"。一些历史学家运用这种手法，以审慎的判断力、丰富的经验和"常识"（common sense）将整部世界历史的主线和旁支生动地呈现给读者。约翰·M. 罗伯茨（John M. Robers）的 20 世纪世界史便是其中的代表性作品之一。罗伯茨理解的世界史是那些"将故事（story）凝聚在一起的普遍性内容"。[7] 为此，他挑出每个历史时期具有代表性的重要事件，在没有预设程式和重大观点导向的前提下，将其整合成为一部连绵不断的叙事史。埃里克·J. 霍布斯鲍姆（Eric J. Hobsbawm）撰写的三卷本 19 世纪史，也属于这类杰作之一。这部作品透出一股马克思主义式的严谨之风，并因此而具有明确的方向性。[8] 每一次偏离主题后，他都会最终找回方向，与其所述时代的大趋势重新接轨。贝利选择的是第二条路径，即"集成式 + 空间式"。它更多是一种去中心化思路，而不会毫无节制地被时间的走向所左右。这类历史书写的节奏是缓慢的，它探究同时性与横截面的广度，注重对照与呼应，在比较的同时挖掘那些潜藏的关联性影响。它在年代问题上往往是模糊的，人们很少会看到具体的年代数字，其叙事是通过将整个时代划分成若干历史阶段的方式展开的。这种划分并不严格，以贝利为例，他对年代的划分是由三块组成的：1780～1815 年，1815～1865 年，1865～1914 年。罗伯茨是以辩证方式对历史主流与分支进行思考，并执着地追问，到底是哪些力量在推动历史——无论是在积极还是消极意义上——向前发展；而贝利则是将精力投入对单个历史现象的研究，并从全球视角对其加以探讨。

以民族主义为例。人们经常可以看到这样的观点：民族主义是源自欧洲的一种"发明"，后来被人们以笼统化且不乏误解的方式引进到世界其他地区。对此，罗伯茨通过对"其余世界"——作为印度专家，他对这些地区的熟悉程度令诸多同行望尘莫及——的详细观察，提出了民族主义团结形式之多源说这一颇具说服力的观点。在他看来，世界许多地区在输入欧洲民族主义学说之前，便已拥有自身独特的"爱国主义"群体认同形式。到了 19 世纪末和 20 世纪，这些固有传统有可能被人们以民族主义理念重新加以解读。[9]贝利的历史书写主要是横向的——其本人称之为"lateral"[10]——并以空间为重心，而罗伯茨或霍布斯鲍姆的历史书写则更多是"纵向"的，并以时间作为立足点。或许这三位学者都会坚称，他们都在努力做到横向与纵向维度的结合。这样说固然没错，但是从他们的历史书写中，的确可以发现某种不确定性原理（Unschärferelation，出自海森堡量子力学的"不确定性原理"［uncertainty principle］）的作用，就像在涉及叙事性表述与结构性表述这一对常见的矛盾关系时，人们同样可以看到的一样。他们三人为"结合"而做出的尝试，都没能达到完美和谐的高度。

本书所采用的方式在趋向上与贝利相接近，但比他更极端，并借此引申出第三种路径。我毫不怀疑，一个人可以凭借历史学家的认知手段，将一个时代的风云变幻用一种突出整体统一性的模式加以呈现。世界体系理论、历史唯物主义或社会进化论，都有可能以此自诩。但是，因为历史学的任务是在大胆提出阐释建议之前对变化做出描述，因此它很快便会遇到种种矛盾的、个性顽固的、无法被统一化的现象。贝利当然清楚这一点，但是，当他试图对时代的特征做出定义时，却将这些顾忌抛在了脑后：在 1780 年到 1914 年间，世界变得统一了，但其内在的差异也变得更加清晰，这是他的主要论点。[11] 他提出，"现代的诞生"是一个漫长的进程，这一进程直到 1890 年之后才随着"大提速"（贝利对此未做进一步解释）而走向终结。[12] 这些话听上去有些俗套，对于一本在各个方面都有令人欣喜的独创见解的著作来说，这一"点睛之笔"未免有些令人失望。由于贝利放弃了对历史事实各分支领域的清晰划界，因此他很难做到对每一个领域自身特有逻辑的准确把握。在他的叙述中，只有工业化、国家形成和宗教复兴（revival）等问题被作为独立的进程逐一加以分析。一部过于笼统的关于 19 世纪世界的"宏大叙事"，就这样在不经意间，从一个由局部观察与阐释构成的庞大秩序体中凸显而出。而这些观察与阐释的每一条都极富见地，并且大部分都是令人信服的。

而我则尝试采取另一种办法："宏大叙事"自有其存在的正当性，对宏大叙事的后现代批判并没有使它成为一种过时之物，而是使叙述变得更有意识。当然，这种宏大叙事可以在不同层面上展开：一部关于 19 世纪全球工业化或城镇化的历史，也足以被称为"宏大"。在人类群体生活秩序中，这一层面尽管仍然太过宽泛，但是作为一个几乎无从把握的完整体中的分支体系，其轮廓却是清晰可辨的。本书的基本结构正是建立于这一层面之上，乍一看去，或许会带给人一种百科全书式的感觉，然而实际上，它是一种连续的循环体。布罗代尔曾经描述过一种类似的方法："历史学家首先会打开自己最熟悉的通往过去的那扇门，但是，如果他想让自己的目光尽可能望得更远，就必须去敲开下一扇，然后是再下一扇门。而每一次，都会有一幅全新或略有变化的场景在其面前呈现。……历史将统一这一切，通过无休止的交互作用将这些近邻关系、这些边界共同体紧密联系在一起，并最终变成一个整体。"[13] 在这些分支领域当中的每一个领域，都必须去探寻其自身的运转模式（"逻辑"），以及更具普遍性之趋势与偏重地方性之变种之间的关系。每一个分支领域都有其特有的时间结构：一个特别的开始，一个特别的结束，还有特殊的速度、节奏和内部分期。

世界史应当超越"欧洲中心主义"，以及其他一切形式的幼稚的文化自我中心主义。要做到这一点，不能通过全知的叙述者臆想的"中立性"或自诩的"全球性"视角，而必须通过对认知之相对性的有意识把握。在这一过程中不能忽视的问题是：究竟是谁在为谁而书写。假如一位欧洲（德国）学者的书写对象是欧洲（德国）读者，其文字必然会流露出相应的特点，因为作者的预期、背景知识与文化惯性无一不受到地域的影响。这种相对性同时也会导致一个结果：认知的中心化倾向并不会因为真实的地位关系——或曰中心与边缘结构——而消除。这一问题既有方法论的一面，也有客观性的一面。从方法论来看，史料的匮乏有可能对良好意愿向历史公正性的转化形成阻碍；从客观性来看，在历史发展的长河中，世界不同地区之间的对比关系总是在不断地发生变化。权力、经济实力和文化创新精神的分布，在每一个历史时期都是不同的。因此，从

无视欧洲中心性的角度去构拟 19 世纪这样一段历史，无疑是固
执与专断的一种表现。没有任何其他一个世纪，能够像 19 世纪
一样，以类似的程度接近于一个欧洲的世纪。正如哲学家和社
会学家卡尔·阿哈姆（Karl Acham）的精辟总结一样，它是一
个"欧洲主动权占据优势并进一步扩大优势的时代"。[14] 在以往
历史上，欧亚大陆的西侧半岛从不曾像 19 世纪一样，将地球如
此大面积的土地变成其统治和剥削的地盘；源自欧洲的各种变
化从不曾对其以外的世界，产生过如此强大的冲击；欧洲文化
也从来不曾——在远远超出殖民势力所及的范围里——被世界
各地的人们以如此强烈的热情加以模仿和借鉴。而 19 世纪之所
以是一个欧洲的世纪，同时也是因为其他地区将欧洲作为衡量
的尺度和标准。欧洲对世界的作用体现在以下几点：往往以暴
力方式被加以利用的权力；通过资本主义扩张的无数渠道得以
巩固的影响力；就连许多欧洲的受害者也无法抗拒的榜样作用。
这种多重意义上的优势是在早期近代的欧洲扩张期不曾出现过
的。无论是葡萄牙、西班牙，还是荷兰，甚至包括 1760 年之前
的英国，都不曾将其势力推进到地球如此遥远的角落，也不曾
像 19 世纪的大不列颠和法国一样，在文化领域对"他者"产
生如此深远的影响。19 世纪的历史是在欧洲并由欧洲书写的，
我们无法用同样的话来形容 18 世纪或 20 世纪，而那些更古老
的时代当然更无须一提。欧洲从不曾有过如此蓬勃旺盛的创造
力和能动性，而傲慢和征服欲则是其背后的驱动之一。

21　　　但是，"为什么是欧洲？"这一重大问题并未因此而成为本
书所论述的核心。从马克斯·韦伯、大卫·S. 兰德斯（David
S. Landes）到迈克尔·米特罗尔（Michael Mitterauer）等众多
启蒙思想家，都曾尝试对这一问题重新做出诠释。就在二三十

年之前，人们还可以从这一思路出发，坦然地书写一部以"欧洲特殊道路"为主题的世界近代史。今天，人们则尝试撇开欧洲（或"西方"）的自负心理去探讨这一问题，并通过普遍化和相对化的方式去除特殊道路思想中的偏激成分。正如米特罗尔所说，"文化空间的特殊道路有许多种，而欧洲只是它们当中的一种"。[15] 在这场讨论中，19 世纪之所以重新受到关注，是因为在从事比较研究的历史学家当中出现了一股强大的潮流，认为欧洲与世界其他地区在近代早期阶段的社会经济差异，并不像以往史学家所判断的那样严重，贫富的"世界剪刀差"（Weltschere）或"大分流"（great divergence）在时间上也因此被推迟到 19 世纪。[16] 我们不妨顺应这一潮流，但不应让这一问题成为整本书的主导。如果透过"例外论"（Exzeptionalismus）眼镜对历史资料进行分析，我们就会从一开始将注意力更多地集中于欧洲与其他文明的差异，而非共同点。这时，我们将难免会落入比较先验论（kontrastives Apriori）的窠臼，它是俗世先验论（ökumenisches Aprori）的截然对立面，后者一味强调人类的人文条件（conditio humana），其片面性与前者不相上下。明智的做法是：抛开有害无益的"东西"二分法，从具体事例出发，对欧洲（无论其具体定义如何）与世界其他地区之间的差距进行衡量，而这一点只有从历史现实的分支领域入手才有可能做到。

本书共分三个部分。第一部分，即前三个章节（"近景"），讨论的是所有后续内容的前提与基本参数：自我观察、时间和空间。通过对时间与空间的对等分析我们会获得一种印象，即历史书写与时间的去差异化以及"空间转向"（spatial turn）是密不可分的。因此，在接下来的八个章节里，我将在每一章分别就某一现实领域为读者展开一幅与之相应的"全景图"。从这些"全景"可以看出，尽管我并没有刻板地要求自己必须对世界所有地区都有所顾及，但是我力争做到不让自己所描绘的世界全貌出现大的 **22** 遗漏。在第三部分——有关"主题"的七个章节——当中取代全景式叙述的，是有关具体问题的有针对性、有选择、文风偏向于随笔的探讨。在探讨中，我有意识地舍去了不少内容，而特意选择了那些能够为普遍性结论提供印证的例子，对其详加阐述。假如采用"全景式"手法对每一个问题逐一展开论述，那么无论对笔者的能力还是读者的耐心来说，都将是一种无谓的折磨。换句话讲，我决定将重心由合成（Synthese）转向分析（Analyse），作为两种不同的研究与表述方法，它们之间并不存在明显的对立关系。书中的各个章节共同构成了一个相互关联的整体，而其中的每一个章节又独立成章，可供读者有选择地阅读。为了保证每个章节的完整性，各章内容之间偶尔会略有交叉和重复。注释的数量和篇幅则尽可能压缩，参考文献所列也仅限于注释中提及的书目。这份书目既非一份经典著作的名目汇编，也无法使参阅资料的浩大规模得以完整呈现。在数量众多的优秀期刊文章中，被列出名字的只是极少数。此外，对于自身语言能力的局限性，笔者体会至深，其中之苦处，唯有自知。

注释

［1］ J. R. McNeill/W. H. McNeill, *Human Web* (2003).

［2］ 关于当今历史地理现状参见 Sebastian Conrad/Andreas Eckert, *Globalgeschichte, Globalisierung, multiple Modernen：Zur Geschichtsschreibung。 der modernen Welt*，收录于 Conrad u. a., *Globalgeschichte* (2007)，

第 7 - 49 页；Osterhammel, *Globalgeschichte*（³2007）。

[3] Acham/Schulze, *Einleitung*（1990），第 19 页。

[4] Tony Judt 曾以此为题创作同名随笔，收录于 *New York Review of Books*，21. 9. 2000。

[5] Bayly, *Geburt der modernen Welt*（2006），原著名：*The Birth of the Modern World 1780 - 1914：Global Connections and Comparisons*, Oxford 2004。由于译本中或有纰漏，建议优先参阅英文原著。笔者点评见 Baylys Moderne，收录于 *NPL* 50,（2005），第 7 ~ 17 页。

[6] 一本早期著作的副标题称之为"关联史与文明比较"，参见 Osterhammel, *Geschichtswissenschaft*（2001）。

[7] J. M. Roberts, *Twentieth Century*（1999），第 xvii 页。

[8] Hobsbawm, *Europäische Revolutionen*（1962）; *Blütezeit*（1977）; *Das imperiale Zeitalter*（1989）.

[9] Bayly, *Geburt der modernen Welt*（2006），第 248 页及下页。

[10] 同上，第 16 页。

[11] 整体性与差异的辩证关系是功能主义社会学热衷的话题。对于历史学家而言，它是一个令人信服的可以承载不同内容的空白框架。

[12] Bayly, *Geburt der modernen Welt*（2006），第 564 ~ 609 页。类似"大提速"（great acceleration）等引人联想的概念，其定义具有很强的随意性，这一点从下述事实可以得到证明：另一位学者在未受贝利影响的前提下同时提出了"大提速"的概念，并将整个 20 世纪，而非 1890 ~ 1914 年这一段历史时期，纳入这一概念范畴。参见 Christian, *Maps of Time*（2004），第 440 ~ 464 页。

[13] Fernand Braudel, *Zum Begriff der Sozialgeschichte*［1959］，收录于同作者 *Schriften*, Bd. 1（1992），第 167 ~ 182 页，此处见第 181 页。

[14] Acham, *Einleitung*（2002），第 16 页。

[15] Mitterauer, *Warum Europa?*（2003），第 9 页。

[16] 对众多观点的汇总见 P. H. H. Vries, *Via Peking*（2003）。

第一部分　近景

第1章 记忆与自我观察
—— 19 世纪的媒介式永恒

19 世纪对今天意味着什么？对那些并非像历史学家一样从职业角度去研究历史的人来说，19 世纪到底是怎样一副面目？走近这段历史，是从这个时代呈现给后世的种种表象开始的。这些表象所涉及的不仅是 19 世纪在我们心目中的"印象"，或是我们希望看到和构想它的形式或方式。因为这种构想不全是随意的，并不单纯是当代人兴趣和偏好的直接产物。今天人类对 19 世纪的认知，很大程度上仍然受到那个时代自我观察的影响。19 世纪的自省（Reflexivität），特别是诞生于其间的新媒介，对于我们观察它的方式始终发挥着关键性作用，其程度之深远非此前任何一个时代所能比。

直到不久前，最迟在 2006 年 6 月，当哈丽雅特（Harriet）——1835 年与年轻科学家达尔文初次相会于加拉帕戈斯群岛（Galapagos）的一只海龟[1]——在澳大利亚一家动物园寿终正寝时，19 世纪这个与今世相隔已整整百年的世纪，才彻底消逝于个人记忆的地平线之后。在活着的人当中，再没有人亲历过 1900 年夏天的中国义和团起义，再没有人能记起 1899 ~ 1902 年的南非战争（布尔战争），以及 1901 年 1 月相继辞世的威尔第和维多利亚女王的隆重葬礼。同样也再没有人对 1912 年 9 月日本明治天皇的盛大出殡仪式和 1914 年 8 月第一次世界大战爆发时的硝烟，拥有最直接的记忆。2007 年 11 月，"泰坦尼克号"灾难的最后一位英国幸存者离开了人世，当这艘巨轮于 1912 年 4 月 14 日倾覆时，他还只是个襁褓中的婴儿。2008 年 5 月，德国最后一位一战老兵也终于撒手人寰。[2] 从此，对 19 世纪的回忆不再是个人的记忆，而是媒体传递的信息之一，是阅读痕迹之一种。这些痕迹存在于学术与民间的历史书页里，存在于博物馆的藏品中，存在于小说、油画、老照片和音乐旋律里，以及城市景观与自然万象之中。19 世纪不再被主动回忆，而只是被表述。这一点与以往的时代并没有差别。但是在文化生活的表述历史上，19 世纪的意义却是超乎寻常的，甚至与 18 世纪相比也迥然两样。其表述的形式与机制大多源自 19 世纪自身的发明：博物馆，国家档案馆，国家图书馆，摄影，社会统计学，电影，等等。19 世纪是一个系统化记忆的时代，同时也是一个自我观察升华的时代。

19 世纪之所以能够在当代人类意识中占有重要一席，绝不是偶然的。它不仅是就美学规范而言，在政治传统确立的问题上也同样适用。中国则是一个反例。对中国来说，19 世纪无论在政治还是经济意义上都是一个灾难深重的世纪，在中国人的普遍意识里，这种印象是难以磨灭的。人们不愿回忆这段与衰落和屈辱相关的历史，而官方历史宣传也从未试图对其加以美化。如今，甚至连对西方"帝国主义"的谴责和声讨也渐渐平息，因为正在走向复兴的中国与当年的受害者角色是不相吻合的。从文化角度看，19 世纪在中国人眼中也同样是颓废和没落的代名词。在当代人看来，没有任何一件产生于这一时期的艺术作品或哲学篇章能够与古代经典之作相媲美。对今天的中国人来说，19 世纪甚至比某些古老的历史朝代更遥远，其中也包括 18 世纪几位伟大的帝王。在各种历史演义和历史题材的电视剧中，这些皇帝一次次被赋予"新生"。

在这一问题上，日本与中国的差别几如天壤。在日本，19世纪享有无与伦比的盛名。从 1868 年开始的明治维新（亦称明治革新）不仅成为日本创立民族国家的开端，同时也是独特的日本现代社会形成的时期。直到今天，明治维新在日本人的意识里仍然拥有崇高的地位，其意义堪与 1789 年大革命对法国的影响相匹敌。[3] 19 世纪的美学地位同样与中国截然不同。在中国，现代文学直到 20 世纪 20 年代才开始萌芽，而以"1868 一代"为代表的日本新文学早在 19 世纪 80 年代便已达到鼎盛。

在美国的历史记忆中，19 世纪拥有与日本相类似的魅力。在这里，1861～1865 年的南北战争被视为民族国家历史上的重大事件，其意义不亚于 18 世纪末美利坚合众国的成立。所向披靡的北方白人、节节败退的南方白人以及战争结束后被解放的奴隶，这三大群体的后裔分别赋予这一事件不同的意义，并各自编撰出一段于己"有利的历史"。其共同点在于：各方都认为，内战正如诗人罗伯特·P. 沃伦（Robert Penn Warren）所言，[4] 是一段共同的"被感知的历史"。长期以来，内战作为一个集体性心灵创伤一直发挥着持久的影响，在美国南部，这种创伤迄今仍没有愈合。与回忆历史时常见的情况一样，这里所涉及的不仅是原始的身份认知，同时也涉及以满足实际利益为目的的工具化问题。南方的宣传者千方百计想掩盖内战核心是奴隶制与废奴这一事实，而将捍卫"国家权利"推到首位。而北方的对手则竭尽一切对 1865 年死于谋杀的"内战总统"亚伯拉罕·林肯加以神化。没有任何一位德国国家元首（包括在人们心目中敬大于爱的俾斯麦），也没有任何一位英国或法国领

27

导人（连备受争议的拿破仑一世也不例外），能够赢得后世如此的尊崇。甚至到 1938 年，罗斯福总统仍然在向公众发问："What would Lincoln do？"（林肯会怎么做？）[5]这位民族英雄俨然变成了为后世解难排忧的救星。

一　视与听

19 世纪的艺术形式：歌剧

28　　一个过去的时代依然是鲜活的——在重演时，在档案里，在传说中。今天，在 19 世纪文化被演绎、被消费的每一处地方，这个世纪仍旧栩栩如生。19 世纪欧洲最具特色的艺术形式——歌剧，即是这一时代"重演"的一个绝佳范例。欧洲歌剧于 1600 年前后在意大利诞生，其时在中国南方，城市戏曲经历第一波繁荣仅有几十年。中国戏曲开创了一个未受欧洲影响的独特艺术流派，并在 1790 年之后随着京剧的诞生达到巅峰。[6]尽管这一时期有诸多优秀的歌剧作品陆续问世，但在意大利之外的其他国家，歌剧的文化地位远未达到不可撼动的程度。直到格鲁克（Christoph Willibald Gluck）和莫扎特的出现，歌剧才最终发展成为一种最高雅的舞台艺术门类。到 19 世纪 30 年代，歌剧作为艺术金字塔塔尖的地位，[7]已成为世人的普遍共识。与歌剧发展几乎同步的京剧，其经历的情形与此相仿。19 世纪中叶，京剧无论在艺术还是演出组织方面，都已进入成熟期。此后，欧洲歌剧的发展一路凯歌，而其远方的姊妹剧种——京剧却遭遇与传统的彻底断裂，并随着带有西方色彩的传媒文化的侵入，最终沦为民间剧种而在夹缝中求生。

如今，从里斯本到莫斯科，那些19世纪修建的歌剧院仍然观众盈门，其上演的大部分作品也同样来自19世纪。歌剧的全球化很早便拉开了序幕。19世纪中叶，歌剧在璀璨的世界之都巴黎"登陆"。1830年前后的巴黎音乐史就是世界音乐史。[8]巴黎歌剧院不仅是法国最早的歌剧院，而且巴黎付给作曲家们的报酬也最为丰厚。在高报酬的诱惑下，各路竞争者拼力展开竞争，力图在这座音乐"磁石之城"（Magnetstadt）一举扬名。[9]享誉巴黎便是享誉天下；在巴黎的失败，则无异于一种铭心刻骨的耻辱。1861年，其时已然成名的瓦格纳和他的作品《汤豪舍》（Tannhäuser）就曾在巴黎有过这样的遭遇。

早在19世纪30年代，欧洲歌剧便已在奥斯曼帝国上演。 29
1828年，朱塞佩·多尼采蒂（Giuseppe Donizetti），著名作曲家葛塔诺·多尼采蒂（Gaetano Donizetti）的兄长，出任伊斯坦布尔苏丹王的宫廷乐队指挥，并在当地组建了一支欧洲风格的乐团。在独立王国巴西，特别是1840年之后的佩德罗二世（Pedro II）统治时期，歌剧成为该国的官方艺术形式。温琴佐·贝利尼（Vincenzo Bellini）的《诺尔玛》（Norma）曾多次在这里上演，罗西尼和威尔第的代表性剧目也在这里被搬上舞台。巴西成立共和国之后，1891~1896年，一些富可敌国的橡胶大亨在当时地处亚马孙原始森林深处的马瑙斯（Manaus）建造了一座金碧辉煌的歌剧院。这座建筑汇聚了来自全世界的精华：细木良材取自邻国，大理石来自卡拉拉（Carrara），吊灯来自穆拉诺（Murano），钢材产自格拉斯哥（Glasgow），铸铁则为巴黎制造。[10]歌剧还借由殖民统治漂洋过海，在远离欧洲的地方广为流传。法国文明的优越性，正期待着通过殖民地那些富丽堂皇的剧院建筑得以佐证。其中最为宏伟的建筑，当属1911年在法属印度支那首都河内落成的歌剧院。与许多其他歌剧院一样，该剧院也是模仿 1875 年竣工的巴黎加尼叶（Garnier）歌剧院建造而成。后者拥有 2200 个座位，是当时全世界最大的舞台建筑。河内歌剧院共有 870 个座位，对于居住在这个城市的不到 4000 名法国人来说，其规模足以令法国本土的某些地方剧院黯然失色。[11]

歌剧扎根于北美的时间比上述地区更早。1859 年，位于新奥尔良的法国歌剧院（French Opera House）正式落成。在很长时间里，该剧院都是新大陆最豪华的歌剧院之一。在当时拥有 6 万人口的城市旧金山，也出现了类似的歌剧热，早在 1860 年，该市便售出了 21.7 万张歌剧门票。1883 年建成的纽约大都会歌剧院（Metropolitan Opera）在进入新世纪之后，成为世界顶级剧院之一，同时也成为美国上流社会（high society）展示自我的舞台，其场面与当时的欧洲几无分别。大都会歌剧院的建造者在建筑艺术和舞台技术上，融合了伦敦考文特花园（Covent Garden）、米兰斯卡拉歌剧院（La Scala）以及巴黎歌剧院的各种元素。[12]其保留剧目几乎全部来自欧洲，因为在格什温（Geroge Gershwin）创作《波吉与贝丝》（*Porgy and Bess*，1935 年）之前，美国作曲家对音乐剧的贡献可谓乏善可陈。在一些意料之外的地方，同样也掀起了歌剧热潮。19 世纪 30 年代，智利出现了罗西尼热。[13]在日本，政府从 19 世纪 70 年代开始便对西方音乐的传播予以大力支持。1894 年，欧洲歌剧在日本首次上演，剧目系选自夏尔·古诺（Charles Gounod）《浮士德》中的片段。1875 年，当一位意大利女歌手在东京登台演出时，剧院上座率依然十分惨淡，以至于在演出中，连老鼠的吱吱叫声也清晰可闻。在世纪之交过后，一个稳定的歌剧观众群体在日本逐渐形成，1911 年建成的第一座西方风格的大剧院则成为歌剧演出的固定场所。[14]

19 世纪，在世界各地巡回演出的歌剧明星作为一种特殊身份也应运而生。[15] 早在 1850 年，"瑞典夜莺" 珍妮·林德（Jenny Lind）在踏上包括 93 场演出的巡演之旅时，在第一站纽约便迎来了 7000 名观众。女高音歌唱家海伦·P. 米切尔（Helen Porter Mitchell）根据家乡墨尔本的谐音，为自己取艺名为梅尔巴（Nelie Melba）。她于 1887 年在欧洲举行了首场演出，之后迅速蹿红，成为第一批真正的洲际音乐明星中的一员。自 1904 年之后，她又通过灌录唱片的方式，对自己的声音加以复制。在有着未开化之名的祖国，梅尔巴夫人被视为树立文化自信的偶像。19 世纪的欧洲歌剧曾经是一个世界性事件，如今也依然如此。19 世纪的歌剧保留剧目流传至今，在舞台上常演不衰，如罗西尼、贝里尼、多尼采蒂、比才，而威尔第、瓦格纳、普契尼自然更不在话下。然而，在浩如烟海的音乐作品中能够保留下来的毕竟只是少数，包括曾经名噪一时的作品，能流传后世的同样也寥寥无几。戛斯帕列·斯蓬蒂尼（Gaspare Spontini）、贾科莫·梅耶贝尔（Giacomo Meyerbeer）都是他们那个时代颇负盛名的音乐大师，如今却很少有人排演他们的作品，还有一些音乐家的作品更是尘封于档案之中，鲜有人问津。如今，谁还听说过与瓦格纳同时代及其之后那些数量可观的中世纪歌剧？19 世纪的话剧或是 19 世纪另一个典型的艺术门类——小说，或许也能使人萌生类似的联想。德国现代现实主义作品中，还有人在读的大抵只有台奥多尔·冯塔纳（Theodor Fontane）。[16] 威廉·拉贝（Wilhelm Raabe）、阿达尔贝尔特·施蒂弗特（Adalbert Stifter），甚至戈特弗里德·凯勒（Gottfried Keller）的作品都已成为日耳曼学的 "保护对象"，至于那些次量级作家的作品更是毋庸赘言。其他每个国家同样可以用类似的方式，将 19 世纪的优秀文化划分为两种：活着的和死去的。19 世纪的文化仍然活跃于当下，但却是在经过严格的筛选之后——以艺术品位和文化产业的规则为标准。

城市面貌[17]

19 世纪的另一种独特存在是城市面貌的明显固态化。从这一意义上讲，19 世纪既是当代城市生活的背景，同时也是其上演的舞台。伦敦、巴黎、维也纳、布达佩斯和慕尼黑，这些城市的外观无不带有 19 世纪城市规划者和建筑师所遗留下的痕迹，其中一部分所采用的是古典主义、新罗曼式或新哥特式等因循古老传统的建筑语言。从华盛顿到加尔各答，政治标志性建筑一律采用了仿欧洲古典风格的旧套路。对这些地方而言，19 世纪的建筑史可以说是欧洲建筑传统的跨时代大汇展。相反，在亚洲一些大城市，具有明显 19 世纪特征的建筑实体则很少能够保留下来。例如在作为日本首都长达数百年的东京（史称江户），由于地震、火灾、美国人的轰炸以及持续不断的新建设，几十年以前修建的建筑都已难觅踪影，甚至连许多明治时期的遗迹也被清除。世界各地的大城市则情形各异，它们大都处于下述两种极端状况之间：一种是类似维也纳内环路的完整城市风貌，另一种是 19 世纪在物理意义上的彻底消亡。时间的侵蚀无疑是有选择的：19 世纪工业建筑的衰落比中世纪的建筑艺术来得更快，人们甚至没能来得及对工业"革命"——山谷里一夜间冒出的大工厂，高耸入云的烟囱等——获得一种感官上的印象。而在它们出现之前，在这个世界上，从没有任何一种建筑可以高过教堂的塔尖。

二 记忆藏所、知识宝库与存储媒介

或许我们可以套用相对较为人知的概念"记忆场所"（Erinnerungsort），将档案馆、图书馆、博物馆以及所有以储存为目的的收藏，统称为"记忆藏所"（Erinnerungshort）。在作为集体想象力结晶的记忆场所之外，这些"记忆藏所"值得我们予以特别的关注。我们不能用抽象和非历史的方法对其加以归类。在今天看来一目了然的类别划分，是随着时间的推移逐渐形成的。在过去很长时间里，人们很难区别哪些是图书馆，哪些是档案馆，特别是当前者拥有大量手稿收藏时，它与后者的差异便更加难以辨别。在 18 世纪的欧洲，为各种形式的私人之间的古董鉴赏与思想交流所提供的媒介空间，同时也包括以介绍历史和美学背景知识为目的的刊物，被统称为"博物馆"（Museum）。直到 19 世纪，博物馆方才被附加了一重公共性和对大众开放性的含义。这些记忆藏所利用一切可能的手段，将"过去"保存起来，使之成为一种虚拟的"当下"。但是，假如仅仅是保存，而没有阅读和观看，这种文化意义上的"过去"始终是"僵死的"；只有在被理解、被领会的过程中，它们才能获得生命。这种为理解和领会所做的准备被称为教育。

32

档案馆

对于 19 世纪而言，档案比以往任何一个世纪都更为重要。在欧洲，19 世纪是国家"霸占"所有记忆的一个时代。为此修建的国家档案馆成为统治行为遗迹的集中存放地，作为职业和社会身份之一种的档案管理员以及专事文献研究的历史学家也随之出现。在威尼斯、维也纳和西班牙西曼卡斯（Simancas）等地，历史学家将诸侯或国家以往的收藏品也纳入了自己的研究范畴。在宪政国家中，政府将建立公共档案视为一项国家专属的任务。1790 年 9 月，法兰西共和国宣布将当时规模尚不足道的国民大会档案确立为"国家档案"（Archive nationales）。大革命期间没收的财物，特别是从教会手中没收的财产，数量迅速激增。拿破仑大张旗鼓地推行档案政策，并将大量文献资料从意大利和德国运到了巴黎，以期将法国国家档案馆建设成欧洲中央档案馆——"la mémoire de l'Europe"①。1838 年，英国为建立公共档案馆（Public Record Office）奠定了法律基础。1883 年，充满传奇色彩的梵蒂冈档案馆正式向公众开放。19 世纪 20 年代由利奥波德·兰克（Leopold Ranke）②和弟子开创的"新历史科学"，将文献研究视为首要任务。历史只有通过文字资料，特别是那些未公开的资料，才能得以重构。历史学也因此而变得更科学，更经得起检验，其立场也更加具有反神话的性质。与此同时，历史学也逐渐对政府的档案政策产生了一定的依赖性，因为接触文献的机会是由政府控制的，而对历史学家来说，对文献的接触此时已变得不可或缺。存储的系统化组

33 织同时还对学者的特征变化产生了影响。博学多才与个体的记忆能力从此脱钩，以博闻强记为长的博学家由原来的楷模变成了令人同情的怪人。而人文学家和历史学家一样，也把来源考据看作研究工作不可缺少的手段。[18]

　　虽然档案并非欧洲人的发明，但是在 19 世纪，的确没有其他任何一个地区对收集文献资料的兴趣能够与欧洲相匹敌。在

---

① 法语，意为"欧洲记忆"。（本书脚注均为译者注）
② 19 世纪德国著名历史学家，西方近代史学奠基者之一。

中国，对文字史料的保存从一开始便被视为国家的职责，而私人对这类收藏则鲜有兴趣。因此，无论过去还是现在，只有极少数非国家团体——寺庙、帮会和家族——拥有自己的档案馆。通常的情况是，当一个新王朝完成本朝的官方历史书写的那一刻，便会将上一个朝代遗留的所有史料付之一炬。1921 年，北京的国家历史博物馆把重达 6 万公斤的档案资料统统卖给了废纸收购商。多亏有收藏意识的学者罗振玉出面干预，才使这些藏品幸免于难。如今，这些文献由台湾中研院收藏。直到 20 世纪 30 年代，清代（1644 ~ 1911 年）的官方印刷物和手稿仍然被当作废纸回收。尽管中国拥有令人尊敬的历史编纂传统，然而直到 19 世纪，中国仍然没有保存档案的意识。1925 年创立的故宫博物院文献部，是将现代档案学的规范管理和存储理念纳入历代文献研究的第一家机构。[19] 奥斯曼帝国与中国一样，其发达的文牍体系很早便为统治者维护国家的统一发挥着重要作用，其间产生和保留的文字资料的数量如此之巨，以致其研究工作只有作为专门的档案研究才有可能应对，这一点与中国是不同的。除了宫廷和中央政府的公文外，从帝国各地搜集的税收登记簿和法院文书（Kadi-Register）① 也被保存了下来。[20] 欧洲、奥斯曼帝国和其他一些地区虽然在 19 世纪之前便已着手文献的收集工作，但是直到 19 世纪，这些文献才得到了系统化的归档、保护和评估。

图书馆

"记忆藏所"作为文化遗产的有管理的收藏，也包括图书

---

① 卡迪记录簿，"卡迪"为伊斯兰国家法官的阿拉伯语名称。

馆在内。早在 17 世纪和 18 世纪，欧洲便已进入修建图书馆的
辉煌时期。1690～1716 年，身为图书管理员的莱布尼茨对沃尔
芬比特尔（Wolfenbüttel）公爵的庞大图书收藏进行整理，从服
务博学家的目的出发，对其加以编排和整理。不久后，邻省哥
廷根创建的大学图书馆在这方面则迈出了更大一步。在一段时
间里，哥廷根大学图书馆是全世界组织最完善的图书馆。1753
年建成的大英博物馆最初的考虑是作为国家图书馆之用。1757
年，皇家图书馆被并入其中，同时还颁布了一项规定：但凡大
英帝国出版的书籍，均需向皇家图书馆交付一本样书作为收藏。
流亡英国的意大利人安东尼奥·帕尼齐（Antonio Panizzi，后称
安东尼爵士）自 1831 年起任职大英博物馆，并在 1856～1866
年担任图书馆馆长。在此期间，他为科学化的图书馆业奠定了
基础：一套按规章系统化制定的完整目录，一个为满足学术界
读者需要而设计的阅览室。这间拥有高大穹顶的圆形阅览室，
堪称全世界最华丽的阅览室之一。[21]

　　在 19 世纪，所有大陆都陆续出现了英国模式的国家图书
馆。在美国、加拿大和澳大利亚，国家图书馆是在议会图书室
基础上扩建而成的。[22]一些图书馆则与科学院有着密不可分的
关系。国家图书馆向有身份的读者和所有认真钻研学问的人敞
开大门，它们不仅对本国的"印刷记忆"加以保护，同时还肩
负着搜集知识的任务。全球出击，把所有民族、所有年代的知
识财富汇聚在一起，成为世界顶级图书馆的标志性特征。要实
现这一目标，需要具备的重要前提是：与世界各地的业务关系
开展图书贸易，并通过私人图书馆开发旧书市场。各大图书馆
还设立了东方部，负责搜集各种生僻语言的书籍，有时候则是
通过采购部门派出的特使。图书馆象征着一个国家追求文化平

34

等或主流地位的雄心。年轻的美利坚共和国于 1800 年建立的国会图书馆（Library of Congress），即是其中一例。从 20 世纪 30 年代初开始，国会图书馆成为全世界藏书量最大的图书馆，美国追求文化平等的愿望也由此得以实现。而那些迟迟未能统一的国家则很难做到这一点。直到 1919 年，普鲁士国家图书馆仍然难符国家级图书馆之名，而意大利则至今也没有建起一家综合性的中央级图书馆。城市图书馆既为渴望受教育的公众提供服务，同时也是公民自豪感的一种象征。然而直到 19 世纪中叶以后，又过了很长一段时间，将税款用于发展图书馆业才不仅在法律上，同时也在政策上成为一件理所当然的事情。在美国，私人资助所发挥的作用比其他任何国家都更为重要。1895 年之后依靠基金款项建成的纽约公共图书馆，成为众多雄心勃勃的市立图书馆当中最负盛名的一个。在 19 世纪，西方图书馆成为名副其实的知识圣殿。帕尼齐麾下以国家图书馆为主体的大英博物馆以其雄伟华丽的古典式外观，使这座知识圣殿在建筑领域也同样散发出夺目的光彩。美国国会图书馆在 19 世纪 90 年代扩建时借鉴了这一符号式语言，同时还以油画、马赛克和雕塑等形式加以完善。这些庞大的知识宝库的影响力是民族的，也是国际的：流亡者在这里酝酿他们的谋反计划，其中包括中国革命家孙中山。1896～1897 年，他在大英博物馆的图书馆里拟订了推翻清王朝的计划。之前，同样也是在这里，马克思为反对资本主义制度的斗争完成了科学论证。

图书馆并不是西方的垄断产品。回顾历史，我们可以清楚地看到这一点。中国早在汉武帝时期（公元前 141 年至公元前 87 年），便在宫中修建了第一座皇家藏书阁。为整理这些藏书，当时的中国文人发明了一套被后人长期沿用的分类系统。但是，

35

中国的藏书馆总是命运多舛。从公元前 2 世纪到公元 19 世纪，宫廷收藏的典籍和手稿至少遭遇了 14 次毁灭性破坏。于是，藏书楼不得不一次次重新翻建，书稿收藏也只得一次次从零起步。当木版印刷术在 11 世纪得到普及之后，许多私人学馆（书院）、文人贤士和少数收藏家也陆续建起了自己的大型藏书库。在清代，有史料记载的收藏家和书库超过 500 例。印刷书籍和民间手抄本的数量极为庞大，以至于编写图书目录成为文人最高雅的职责之一。[23] 因此对中国来说，图书馆和目录索引并非西方文化的舶来品。但是，公共图书馆的理念却来自西方。1905 年，这一理念在中国中部省份湖南的省会长沙变成了现实。中国当今最大的图书馆是北京图书馆（简称"北图"）。该馆建于 1909 年，1912 年向公众开放，并于 1928 年获得国家级图书馆的地位。在中国，现代图书馆并非其自身传统的简单延续。将图书馆作为公共教育空间暨科学工具的双重思想是由西方提出的，而中国则在 20 世纪初的乱世中主动接受了这一理念。

在日本的传统中，国家很少以文字资料收藏者的身份出现。日本缺少对藏书来说必不可少的庞大分类系统，而这一点却是中国图书收藏的最大特色。很久以来，日本的藏书一直是指向中国的。18 世纪早期修建的非公共性的幕府（德川家族军事统治者的称谓）图书馆，也是以收藏古汉语书籍为主，而对当时日渐发达的日本书籍生产则关注甚少。与中国所遇到的情况一样，在日本对外开放（1853 年）后不久，西方图书收藏者便随即而至。欧美国家庞大的汉语和日语藏书归功于三方面因素的结合：西方对图书收藏的兴趣、亚洲对自身教育传统的暂时性忽视以及低廉的书价。1866 年之后，日本出版家和教育家福泽谕吉将西方公共图书馆的理念介绍到日本。福泽曾于 1862 年作为外交使节出访西方国家。但是，在急欲实现现代化的日本，以服务公众或研究为目的的图书馆模式却直到 19 世纪末方才成为现实。[24]

　　阿拉伯世界与欧洲之间的地理距离比中国更近，然而其图书发展史与欧洲的差距却远远超过中国。中国在很久之前便开始采用木版印刷术对文字进行复制，因此，抄写者与复制者的职业地位在中国远不及在阿拉伯世界重要。直到 19 世纪初，阿拉伯世界才迎来了自己的印刷业革命。在 18 世纪初期之前，阿拉伯文和土耳其文书籍大部分是在信奉基督教的欧洲印刷的。除穆斯林外，许多阿拉伯的基督徒和传教士也参与了相关的印刷工作。在奥斯曼帝国，出现了一些私人或半公共性质的图书馆，这些图书馆的藏书中也包含少量欧洲书籍。在拉丁文字被正式引入土耳其共和国之前，奥斯曼帝国以及后来取而代之的土耳其在长达两个世纪的时间里，仅仅出版了不到 2 万本图书和小册子，其中许多书籍的印数少得可怜。受奥斯曼帝国和阿拉伯世界图书生产规模相对有限的影响，当地公共图书馆事业的发展也比东亚国家来得更迟、更缓慢。[25]

博物馆

　　博物馆迄今通行的标准化形式同样也产生于 19 世纪。在当今社会，尽管在博物馆的教育功能方面出现了一些创新，然而在博物馆的要求和规划方面，人们仍然沿袭着 19 世纪的传统。博物馆的基本类别划分——艺术类、民俗类、技术类博物馆——也是在这一时期形成的。在大革命的时代里，以往偶尔向臣民开放的王室收藏变成了公共博物馆。

艺术博物馆是各种理念的综合体现：由约翰·J. 温克尔曼（Johann Joachim Winckelmann）① 率先提出的艺术自主性理念；关于艺术品具有超越其手工艺物性之"价值"的思想；关于"美学共同体的理想"，该共同体应由艺术家、专家、业余爱好者，最好还有某些愿意斥资支持艺术的王侯（如巴伐利亚国王路德维希一世）共同构成。[26] 博物馆的蓬勃发展是在社会日趋分化的大环境下出现的。不久后，人们大胆地提出一个问题：艺术究竟属于国家，还是属于王公贵族？在 19 世纪初，这还是一个极为敏感的问题，因为法国大革命正是通过没收私人艺术品并将其收为国有而开创了一个极端的先例。这些艺术品为欧洲第一座公共博物馆——卢浮宫的建立创造了条件。美国的情形则与此迥异。当时的美国正处在马克·吐温（Mark Twain）所说的"镀金年代"（gilded age），富人和超级富豪们的慷慨捐助成为推动自 19 世纪 70 年代开始的博物馆建设的重要动力。许多建筑的投资采用了公私合股的形式，而大部分艺术品则是由私人收藏家从市场上购得。由于美国本土的古老收藏品寥寥无几，因此，当地收藏热的出现是与大西洋两岸艺术市场的发展密不可分的，后者同时也为欧洲新博物馆的建设创造了条件。

在 19 世纪，博物馆建筑（慕尼黑老艺术画廊、维也纳艺术史博物馆、伦敦维多利亚和阿尔伯特博物馆）的宏伟气势越来越引人注目，并成为城市景观中的一大亮点。当城市中的宫殿建设基本停止之后，只有歌剧院、市政厅、火车站和议会大厦——例如 1836～1852 年在泰晤士河畔修建的新哥特式风格的国会大厦，或是布达佩斯和渥太华的议会大厦——还能与博物

---

① 18 世纪德国考古学家和艺术学家。

馆建筑一竞风采。民族主义同样将对艺术品的占有视为一种荣　38
耀。1815 年之后，当年被拿破仑掠夺到巴黎的许多战利品被浩
浩荡荡地收回（卢浮宫因此损失了近 4/5 的藏品），为此，人
们急需修建标志性的展览场馆，以便陈列这些艺术品。同时，
带有民族倾向的历史题材成为绘画的表现内容，其中一些巨幅
作品，特别是创作于 19 世纪中叶——欧洲历史题材绘画巅峰
期——的作品，至今仍然装点着许多国家的国家级画廊。

　　通过博物馆及其内部建构，一项教育计划终于得以实现。
而制订该计划的责任，第一次被交到了职业化的专家——艺术
史学家的手中。此前几百年来，无论在欧洲、中国、伊斯兰世
界或是其他地区，一些富有学识的行家和爱好者早已着手为自
己或周围的小圈子打造这类计划，比如说酷爱收藏艺术品和自
然标本的歌德。如今随着专家地位在欧洲的攀升，博物馆成为
有引导地了解艺术史的场所。此外，以巴黎卢森堡博物馆
（Musée du Luxembourg）为代表的以展示当代艺术为主旨的国家
博物馆的兴建，还对艺术家产生了某种激励作用，促使他们将
以此途径赢得公众的认可和赞誉作为追求的目标。博物馆的功
能不再仅仅是以区分艺术和生活为目的的保存或"博物"，同
时也成为展示新事物的所在。

　　以收集古代文物为宗旨的历史博物馆则又是另一番情形。
第一家该类型的博物馆是亚历山大·勒努瓦（Alexandre Lenoir）
于 1791 年大革命时期修建的法国历史建筑博物馆（Musée des
Monuments Francais）。这家博物馆按照年代顺序，陈列了勒努
瓦心目中的国家级名人的塑像、墓碑和肖像。[27] 自拿破仑战争
之后，各地修建的以历史为主题的博物馆数量远远超过了国家
博物馆：匈牙利早在 1802 年便已建成历史博物馆，由于王室收

藏有限，该博物馆的主要藏品来自贵族捐赠。此后，斯堪的纳维亚各国也相继建立了历史博物馆。在大不列颠，议会于1856年创建了国家肖像馆（Naitonal Portrait Gallery），以此来达到弘扬民族和帝国精神的目的。历史博物馆的建设系建立在对"历史文物"的新认知基础之上。一件文物之所以被陈列，不仅仅是因为它的"古老"。一方面，它必须能够让观者瞬间感受到它的特殊价值；另一方面，它必须具有被拯救和被保存的急迫性和必要性。在德国，1815年之后许多地区成立了历史或古代研究会，将重温"祖国"历史作为协会的宗旨。但是国家博物馆的出现，仍然有待时日。直到1852年，德国才做出修建国家级博物馆的决定。此后，在一股狂热的爱国主义思潮的推动下，以中世纪为重点的日耳曼（而非"德意志"）国家博物馆在纽伦堡落成。[28]但是，在首都修建一座中央级博物馆的想法却从未被提上日程，即使在1871年德意志帝国建立之后，人们也不曾有过这样的考虑。

在亚洲和非洲地区，历史博物馆大多是在各国实现政治独立之后才陆续出现的。这时，这些国家的很大一部分本土艺术品、手稿和出土文物，往往已失散在殖民大都市的博物馆里。[29]在埃及，文物流失早在1798年法国占领时期便已开始。1805～1848年担任埃及统治者的穆罕默德·阿里（Muhammad Ali）虽然于1835年下令禁止文物出口，但他自己却总是慷慨地把珍贵文物拱手奉送。位于开罗的埃及博物馆主要是考古学家奥古斯特·马里埃特（Auguste Mariette）的个人倡议。马里埃特于1858年被任命为埃及文物局局长。这一时期的穆斯林统治者对这座后法老时期风格的博物馆抱有一种矛盾心理：一方面，那些来自异教的木乃伊对他们来说是陌生的；另一方面，他们也意识到，欧洲人对前伊斯兰时期文物的兴趣日渐浓厚，这对提高埃及在世界上的声誉有莫大好处。[30]对伊斯坦布尔（君士坦丁堡）[31]的博物馆来说重要的一点是：1874 年，奥斯曼帝国在外国支持下实现了考古发掘品对半分配制①。在中国，1925 年政府宣布将由近千座楼阁和殿堂组成的老皇宫——近乎破败的紫禁城——作为博物馆，并将其中大部分向公众开放。但是直到 1958 年，政府才修建了以民族主义为纲领的历史博物馆。

民俗博物馆与爱国主义或民族主义潮流之间的关系是若即若离的。[32]民俗博物馆的发展大约是从 19 世纪中叶才开始，有些只是作为皇家珍宝馆或士绅私人收藏的一种延伸。1886 年国立民俗博物馆在柏林落成后，不久便成为全世界藏品最丰富的民俗博物馆。德国民俗学研究并非殖民主义的衍生物，而是源自德国早期文化界的前殖民时代的自由人道主义传统。[33]德国旅行家和民俗学家走遍世界各大洲，进行文物搜集工作。他们从一开始便对这项工作提出了苛刻的要求。他们认为，博物馆的职能不应只局限于满足人们对"数量"的原始好奇心，而应当通过这一方式实现从物品到科学材料的演变，并为研究工作和专业人员的培养提供服务。[34]这些民俗博物馆陈列的展品大都是通过掠夺或半掠夺半购买方式落入欧洲人手中的战利品，而不是祖辈遗留下来的古董和民族遗产的所属品。[35]陈列这些文物的目的，是展示人类生活方式的多样性，而这里的人类仅限于当时人们口中的所谓"原始人"（Primitiven）。每一座博物馆都是方兴未艾的国际收藏和展览界的一个组成部分。与画廊

40

---

① 考古发掘品分配原则：一半归发掘者所有，另一半归发掘地所在国所有。

一样，博物馆的行家们不久便对全世界收藏品的情况了如指掌。各博物馆之间相互竞争，并成为一场全球物质文化展示运动的构成元素。其具有颠覆性意义的作用是：先锋派艺术家同样也可以在这里找到自己的灵感。这些艺术家再不用像 1891 年的画家高更（Paul Gauguin）那样，为了感受"原始"力量的生机而远渡太平洋。[36]

被运到欧洲和北美供展览之用的不仅是物品，而且还有人，其目的是从"科学"或商业考虑出发，使非西方人的另类性和"原始性"得到展示。到 19 世纪末，这种活人展已经成为西方大城市娱乐生活的一部分，另外，活人展还以流动展览的形式，被带到康斯坦茨（Konstanz）等小城市。这是 19 世纪末这一文化日新月异时代的独有特色。[37]在 1850 年之前，这类展览还十分罕见。第二次世界大战结束后，出于人道主义考虑，这些展览被彻底禁止。在 20 世纪，所有以商业为目的的"非白种人"或残疾人展览在全世界遭到唾弃，并被视为一种犯罪行为。与此相反，民俗博物馆的理念在去殖民化时期之后仍然得以延续，并由"原始"生活方式的实物化展示转变为对多民族世界共同文化遗产的保护。这种诞生于 19 世纪的博物馆类型以此实现了自身的去殖民化。

41

世界博览会

19 世纪的一个新发明是世界博览会。它是全景式视角与百科全书式记录意向相结合的最直观表达，[38]我们同时也可以把它理解为传递"不可消解的易逝性与具有传世作用的惯性力"的"媒介"。[39]开创世博会先河的是在伦敦海德公园举办的万国工业博览会（1851 年），其备受争议的建筑"水晶宫"———一座 600 米长的玻璃和金属结构的大厅，至今仍令人记忆犹新，尽管这座被迁至伦敦城外的建筑遗址已在 1936 年的一场大火中化为灰烬。本次博览会是刚刚拉开序幕的铁路时代的产物。多亏有了铁路，人们才可以将 10 万多件展品和上百万参观者从各地运送到博览会的举办地，并为后来的世博会旅游业的发展创造了条件。这种大型博览会的传世影响力体现在两个方面：其一，是博览会所包含的丰富的象征性。有人认为，它标志着一个以世界和平与社会和谐为主题的时代的来临；还有人认为，它是英国在全球竞争中的经济与技术优势地位的证明；而在另外一些人看来，它是帝国秩序战胜野蛮与混乱的一曲凯歌。其二，博览会通过纲（class）、类（division）、亚类（subdivision）等类别的划分，创立了物品种类的精确分类法。这种分类法远远超越了早期自然史的分类方法，实现了自然、文化和工业在一个庞大体系内的统一。其背后所隐藏的是时间的纵深维度，因为它利用一切机会向人们展示：人类并没有作为一个整体同步进入文明的高级阶段。[40]

在伦敦万国博览会之后，一直到 1914 年，各种世界博览会或国际大型展览层出不穷。每一场博览会都以其独特的时空坐标，实现了其特殊的意识形态计划：巴黎（1855 年、1867 年、1878 年、1889 年、1900 年），安特卫普（1885 年、1894 年），巴塞罗那（1888 年），布鲁塞尔（1888 年、1897 年、1910 年），芝加哥（1893 年），根特（1913 年），伦敦（1862 年，还有 1886 年的殖民地及印度博览会），列日（1905 年），米兰（1906 年），墨尔本（1880 年），费城（1876 年），圣路易斯（1904 年），维也纳（1873 年）。

参观人数最多的是 1900 年的巴黎万国博览会，其数量超过 **42**

5000 万。给后世印象最深的是 1889 年的巴黎世博会，埃菲尔铁塔便是为此而修建。世界博览会是向外界传递信息的大事件。例如，1876 年的费城世博会便首次让世界看到了美利坚合众国的科技和工业潜力。所有世博会都有一个共同的目标：向世人展示当代社会的面貌。最先进的成就、最时尚的话题，往往是展览会的主题。而对展示"陌生"文明和民族的热衷，与此并不矛盾。人们可以将这些内容作为异域文化或人类发展早期阶段的遗存进行展示，并以此来证明，即使世界最偏远的地域和种族，也可以成为全球知识体系的一员。世博会比同时代其他所有媒介更加清晰地体现了大西洋"西方"的普世诉求。

百科全书

大型百科全书作为展示人类已知和未知的雄伟圣殿，与档案馆、博物馆甚至世博会相似，同样也是"记忆藏所"和知识的殿堂。其中包括大英百科全书（1771 年首版），布罗克豪斯（Brockhaus）和迈耶（Meyer）出版社出版的百科全书，以及许多在近代早期百科全书传统基础上发展延续的类似出版物。[41]它们的内容随时代发展而变化，其版本不断更新。民族主义者很早便已意识到百科全书的价值：它是科学力量的总汇和文化地标，同时也是受世人瞩目的自信心与文化创造力的象征。正是出于这些原因，历史学家和政治家弗兰基谢克·帕拉茨基（František Palacky）于 1829 年提出了编写和出版捷克大百科全书的计划。1888～1909 年，捷克陆续推出 28 卷本百科全书，其规模仅次于大英百科全书。[42]

在世纪之交，所有欧洲国家和美国都已拥有至少一套类似的多卷本"实用百科全书"。每个国家都希望自己的百科全书

能够成为汇集全球各地区、各时代、各民族知识，记录科学最
新成果的"万能宝典"。这些百科全书的意义绝不仅仅是查询 43
工具，或为丰富市民谈资和应付学业提供帮助的手段。按照字
母顺序的编排方式虽然打破了分类学的规范，但为人们提供了
将所有素材进行直线式排列的可能性。据说曾有读者不惜辛苦，
花费几年时间钻研从 A 到 Z 的全部内容。以今天的眼光来看或许
最具吸引力、内容也最完整的 19 世纪百科全书成就，是皮埃
尔·L. 拉鲁斯（Pierre-Athansase Larousses）于 1866～1876 年编
纂出版的 17 卷本《19 世纪百科大辞典》（*Grand dictionnaire
universel du XIXe siècle*）。在几年时间里，拉鲁斯为巴黎许多穷困
潦倒的文人提供了一个捞取外快的机会，但是这本厚达 24146
页的巨著的绝大部分内容却是由其亲笔完成的。拉鲁斯是一位
极端共和派，是大革命的拥护者和法兰西第二帝国的反对者。
但是，他所反对的这个国家却对其采取了宽容的态度：审查者
手下留情，放过了他的作品。拉鲁斯编写这套百科全书的愿望
并不是教育公民，而是要以此帮助"民众"为民主做好准备。
这套书的纸张非常简陋，插图有限，因此价格也十分低廉。在
书中，作者对任何话题都毫不避讳。[43] 这套百科全书在人们心
目中的颠覆性意义，从奥斯曼帝国苏丹阿卜杜勒·哈米德二世
（Abdülhamid II）竭力阻止其流入自己国家便可略见一斑。当
然，只要花些心思，土耳其人一样可以通过书商为自己弄到这
套书。曾经有一个人为了能买得起 17 卷本的"拉鲁斯"，竟然
不辞辛苦翻译了厚达 3500 页的侦探小说，并最终在 19 世纪 90
年代如愿以偿。具有讽刺意味的是，他翻译的这些侦探小说居
然是为王室启蒙之用。另外一位痴迷者则让人将一套法国百科
全书拆散，然后装在信封里陆续寄给他。[44]

面对欧洲的新潮流，在拥有发达的百科全书传统的中国，情况又是如何呢？最迟自 11 世纪起，中国便已开始不间断地编纂百科全书（类书）的工作。这些书籍是各学科古籍翻印本和摘录的汇编，其内容涉猎十分广泛。编写类书的主要目的之一，是为即将参加科举考试的生员作备考之用。在欧洲，最迟在达朗贝尔（d'Alembert）和狄德罗（Diderot）1751～1780 年合作编写的巨著——《百科全书》（*Encyclopédie*）出版后，以字母顺序编排的百科辞典已成为公共思考的工具和科学进步的论坛，而在中国，百科全书则始终只是一个拥有深厚传统积淀的知识库，它不具有任何批判功能，而只是通过不断增多的层层注释加以丰富。到 20 世纪，西方模式的百科辞典也被引入中国，44 "类书"这一图书类别从此销声匿迹。[45]必须一提的是，一项与欧洲语言相关的工作也在 19 世纪陆续展开，这便是：对一门语言的所有文字表达可能性做出完整的整理和记录。从某种意义上讲，直到浪漫派的出现，这项工作在欧洲才被人们有意识地加以肯定；而在中国，自康熙皇帝于 1700 年前后下诏修纂的《康熙字典》问世后，这项工作已然取得了丰硕的成果。1852 年开始《德语大词典》编写计划的雅各布·格林（Jacob Grimm），还有自 1879 年起着手为英语文化圈编著《牛津英语词典》的詹姆斯·穆雷（James Murray），堪称两位来自这一时代的影响深远、受人尊敬的文化英雄。

在这个常常被称作民族主义时代的历史时期，这些庞大知识储存载体的普世性又是如何实现的呢？当我们今天回顾 19 世纪时，之所以能够从全球视角去观察它，是因为这个世纪对自我的观察即是如此。图书馆、博物馆和百科全书在全球的普及，意味着欧洲知识社会的发展进入了一个新的阶段。这一时期的主要思想流派——实证论、历史论和进化论——对知识的累积性和批判性的认知是一致的，这种认知与对知识所具有的公共意义的认识密切相关。知识既要有教育功能，而且还要有实用价值。新型媒介的出现，使新老事物可以彼此相融并存。以往任何一种文明，其博学文化在发展中都不曾出现过类似的趋势。但是在某些文明中，例如日本或中国，教育界精英在欧洲新式理念和制度的传播方面则表现出积极的态度，并在推动传播的同时主动对其加以改造。这一传播过程是从19世纪后30年开始的，然而在海外其他大部分地区，直到世纪之交才渐成气候。19世纪是一个热衷于记忆的世纪。这也是这个世纪在今天依然鲜活的特征之一。那些诞生于这一世纪的收藏和展览机制迄今繁荣依旧，并且从未被创立之初所设定的各种目标所束缚。

三　叙述、报道与"现实主义"

19世纪的另一不可忽视的遗产，是其同龄人对这一世纪的宏大叙述和阐析。对自我的观察，并非19世纪的特权或特征。从希罗多德、修昔底德到亚里士多德，从孔子到古印度政治家考底利耶（Kautylia），在各大文明中都曾出现过一些代表性人物，他们努力尝试对其所处的历史阶段做出透彻思考，并将思考结果转化为入世学说。欧洲19世纪的创新之处在于，除了注重规范的国家和社会哲学之外，还出现了以描述当世、探寻各种现象背后的模式和规律为目标的科学。在欧洲，自马基雅维利以来，探究政治和社会生活真实运转机制的尝试便屡见不鲜。早在17世纪，许多优秀的游记作家便曾对"非欧洲"社会的运转模式做出了深刻分析。在欧洲本土，孟德斯鸠、杜尔哥

45

（Anne-Robert-Jacques Turgot）① 和法国重农主义者，18 世纪英格兰、苏格兰和意大利的经济学家以及德奥两国的宫廷财政官和统计官（当时"统计学"的统计对象同样也包括非数字数据在内），都曾为现实社会关系的描述做出过重要贡献。他们是根据自己眼中所看到的，而非其应有的样子，去观察国家和社会。约瑟夫·A. 熊彼特（Joseph Alois Schumpeter）在其有关经济学思想史的经典之作中所提出的与"理论"相对应的概念——"实证研究"（factual investigation），在 19 世纪获得了新的内涵和新的意义。[46]欧洲人在 19 世纪制造的自我观察和自我描述的材料，其数量之巨远远超出了以往任何一个世纪。新的研究门类——社会报道和实证调查（enquête）由此而出现。人们开始将注意力转向社会底层的生活状况。无论保守还是有极端倾向的学者，都把市民阶层（这些学者当中的许多人即出身于这一阶层）放在了其批判的放大镜之下。那些重量级政治和社会分析家，例如马尔萨斯、黑格尔、托克维尔、约翰·穆勒（John Stuart Mill）、马克思、阿尔弗雷德·马歇尔（Alfred Marshall）② 以及包括年轻时代的马克斯·韦伯在内的德国国民经济学"历史学派"代表人物，也都将对因果关联的理论探索与实证研究紧密地结合在一起。这种具有时代特征的实证主义哲学趋向，将实证与规范之间的密切关系提高到了一个纲领性的高度。

社会全景式观察与社会报道

社会观察的一种特殊形式是社会全景式观察，它是对"细微观察"的文学化表达。早在法国大革命前夕，塞巴斯蒂安·

---

① 18 世纪法国古典经济学家，重农学派的重要代表人物之一。
② 19 世纪末 20 世纪初英国著名经济学家，新古典学派的创始人。

梅西耶（Sébastian Mercier）便以其作品《巴黎画卷》（*Tableau de Paris*, 1782~1788）——一幅长达12卷的巴黎城市生活的巨幅画卷——为这类观察树立了典范。梅西耶拒绝以哲学式的手法去描述这个城市，而是如其自己所言：他从内部对这个城市进行调查（recherches），以观察隐藏在浮华表象和自我描述背后的真相。罗曼语学家卡尔海因茨·施蒂尔勒（Karlheinz Stierle）在其论述巴黎城市内部结构的著作中写道："假如有一部关于'关注'的社会史，那么梅西耶作为一个新的'关注视野'的伟大发现者，无疑将在其中占据一席之地。"梅西耶完成了一项"剖析式工作"，将城市以宏大的社会宇宙的形态呈现在人们面前。此后，雷蒂夫·布勒托纳（Rétif de la Bretonne）在《巴黎之夜或夜间的观察家》（*Les nuits de paris ou le spectateur nocturne*）一书中借鉴了梅西耶的文学化手法，以半叙述半虚构的形式描写了巴黎的夜间世界。[47] 在此后数十年中，社会报道渐渐摆脱了文学化倾向。亚历山大·冯·洪堡（Alexander von Humboldt）根据1800~1801年和1804年两次古巴之行的感受，撰写了一部介绍古巴的专著，并于1825年首次（以法文）出版。在书中，洪堡以国情报道式的冷峻口吻，描绘了这座西班牙统治下的奴隶之岛，同时放弃以戏剧化和情绪化的手法去渲染对奴隶制的无情批判，而是以更有效的方式让事实说话。[48] 早在1807年，弗朗西斯·布坎南（Francis Buchanan）医生便曾出版了描述南印度农业社会的著作，通过书中细致入微的描写，使当地日常生活的脉络结构得以再现。这部著作是布坎南受东印度公司委托撰写的，当时印度次大陆的大部分领土都由后者控制。[49] 随着这些书籍的出版，以殖民地域为背景、以"国情学"（洪堡在大学修习过的专业）和民俗学为视角的第一

47

批"现代"社会报道诞生了。

年轻的工厂主之子恩格斯 1845 年在《英国工人阶级状况——根据亲身观察和可靠材料》（*Die Lage der arbeitenden Klasse in England. Nach eigener Anschauung und authentischen Quellen*）一书中，描述了"大英帝国无产者的传统处境"[50]，其形式结合了海外游记与政府蓝皮书（Blue Books）的特点。后者是英国议会授意撰写的调查报告，直到今天，它们仍然是人们了解 19 世纪英国社会发展史的常规途径之一。恩格斯在书中描述的每一桩个体命运都有名有姓，这使得其控诉变得更加真实而生动。此后，身为作家和记者的亨利·梅休（Henry Mayhew）采取了与恩格斯相似的做法，根据长达 12 年的观察和有计划的采访，于 1861～1862 年撰写出版了描述伦敦底层人民生活的 4 卷本巨著：《伦敦劳工和伦敦穷人》（*London Labour and the London Poor*）。梅休本人曾经自豪地说，这部著作是"让一个民族亲口讲述自己历史的第一次尝试"。[51]采矿工程师弗雷德里克·勒普雷（Frédéric Le Play）从 19 世纪 30 年代起着手对欧洲一些国家的手工业群体的生活状况展开调查，根据深入观察，创作出一组富有强烈感染力的社会肖像画：乌拉尔山区牧民，谢菲尔德制刀匠，奥地利烧炭工，等等。[52]富有的利物浦商人和船主查尔斯·布思（Charles Booth）在宗教慈善动机和政治改革意愿的驱动下，努力透过对伦敦穷人生活的具体描述，对问题做出透彻分析。1889～1891 年，在结束长达 17 年的调查后，布思将自己的研究成果付诸文字，陆续结集出版。这部名为《伦敦人民的生活和劳动》（*Life and Labor of the People in London*）的巨著第三版发行时，规模已达到 17 卷。布思力图以丰富翔实的数据资料说服读者，而避免用耸人听闻的故事或煽情手段去取悦他们。他的作品更多地展现了后维多利亚时代伦敦的一个侧面，而非全景。与梅休的印象派风格不同的是，布思采用的是社会统计学的方法和精心打造的社会结构模型。他将贫困划分为不同类型，率先提出了沿用至今的"贫困线"（line of poverty）概念，并以此迈出了从社会报道到实证社会调查（social survey）的重要一步。

现实主义文学

社会报道的一位"同胞兄弟"是现实主义小说，它是欧洲 48
19 世纪典型艺术形式之一。现实主义风格的小说创作追求与"真实生活"之间的关联，但它并不满足于对现实世界的简单描绘，而是要探究其内在的社会和心理层面的动因。[53]巴尔扎克（Honoré de Balzac）在 1829～1854 年创作完成的小说系列《人间喜剧》（La Comédie humaine）中，对当时的法国社会做出了解剖式的全面诊断。沃尔夫·勒佩尼斯（Wolf Lepenies）① 在关于 19 世纪社会学的论著中写道，巴尔扎克"略带诙谐而又极富自信"地将自己称作"社会科学博士"（docteur ès sciences sociales）。在勒佩尼斯看来，这部包括 91 部长篇和中篇小说的《人间喜剧》展现了"一个社会体系"，它以文学形式完成的工作，"完全可以与学科创始人孔德（Auguste Comte）希望借助社会学达到的目标相媲美"。[54]在社会学正式成为一门学科之前（这一名称是孔德 1838 年首次提出的），作家是研究社会的真正专家。在社会学出现后，他们仍然与社会学家保持着一种创造性竞争关系。从简·奥斯汀（Jane Austen）的《理智与情

---

① 德国当代著名社会学家。

感》（*Sence and Sensibility*，1811 年）到托马斯·曼（Thomas Mann）的《布登勃洛克一家》（*Buddenbrooks*，1901 年）和高尔基（Maksim Gor'kij）的《母亲》（1906～1907 年），一系列"社会"小说贯穿了整个世纪，这些小说所刻画的社会规范、行为方式、社会差异以及物质生活状况，与人们从社会学家著作中了解到的内容相比毫不逊色。詹姆斯·库珀（James Fenimore Cooper）、亨利·詹姆斯（Henry James）、查尔斯·狄更斯（Charles Dickes）、乔治·艾略特（George Eliot）、安东尼·特罗洛普（Anthony Trollope）、福楼拜（Gustav Flaubert）、左拉（Emile Zola）、屠格涅夫（Ivan Turgenev）、托尔斯泰（Lev Tolstoj）、台奥多尔·冯塔纳（Theodor Fontane），他们都是这个世纪的社会史、社会交往史与人性历史的重要见证者。

英国、法国和俄罗斯是现实主义文学最重要的根据地。在这三国之外的其他地区，这种以描述当今社会为重点的"现实主义"小说形式，其发展情况又是如何呢？[55]在一些文化圈中，现实主义文学在 19 世纪便已立足，而另外一些文化圈则对其接受较晚，甚至始终未能普及。在美国，自 1865 年内战结束后，现实主义文学即成为针对文化陋习以及个人主义蔓延对社会价值造成的破坏发出批判性声音的一种手段。[56]在欧洲一些文学大国，例如意大利或匈牙利，有别于历史或心理学小说的社会现实主义叙事文学在 19 世纪一直处于边缘状态。另一方面，在某些文学成就鲜为人知的国家，反思当代社会问题的小说却并不罕见。葡萄牙作家艾萨·德·克罗兹（José Maria Eca de Queiros）沿袭巴尔扎克《人间喜剧》的风格，计划创作一部反映葡萄牙社会各阶层生活全貌的系列小说——《葡萄牙人生活图景》（*Cenas de vida portuguesa*）。但是，这一系列最后完成的作品仅有不多的几部，其中最著名的是描写 19 世纪 70 年代里斯本沙龙生活的小说《马亚一家》（*Os Maias*，1888 年）。在波兰，波列斯拉夫·普鲁斯（Boleslaw Prus）在小说《玩偶》（*Lalka*，1887 ~ 1889 年）中以美学手法描述了当时的社会状况，尤为清晰地刻画了贵族与平民之间的关系。亚历山大·谢朗（Alexander Kielland）的小说《卡尔曼和伏尔赛》（*Garman & Worse*，1880 年）在挪威文学界的地位与《玩偶》一书对波兰文学的影响相类似。该作品特有的讽刺风格对托马斯·曼构思《布登勃洛克一家》产生了一定影响。在智利，布莱斯特·加纳（Alberto Blest Gana）创作的长篇小说《马丁·里瓦斯》（*Martin Rivas*，1862 年）堪称拉美现实主义文学的开山之作，它是智利从农业专制国向资本主义社会结构转型的一面镜子。在荷兰文学界，作家爱德华·D. 戴克尔（Eduard Douwes Dekker）1860 年以笔名穆尔塔图里（Multatuli）发表的长篇小说《马格斯·哈弗拉尔》（*Max Havelaar*）具有特殊地位，其形式和风格体现了作者高超的写作技艺。直到今天，该作品仍被视为 19 世纪荷兰叙事文学的巅峰之作。此外，书中对荷兰在东印度地区（现印度尼西亚）推行的殖民政策的无情揭露，在当时具有重要的现实意义。穆尔塔图里的批评在荷兰公众和议会当中产生了巨大反响，并促使政府下决心对殖民地的一些恶劣做法予以遏制。

在 19 世纪刚刚与欧洲发生接触的亚洲和非洲文化圈，情形又是如何呢？在大英帝国自治领出现了移民文学，当地原住民的文学创作则到 20 世纪方才崭露头角。奥丽芙·施莱纳（Olive Schreiner）在 1883 年发表的小说《一个非洲庄园的故事》（*Story of an African Farm*）中首次描述了南部非洲的社会状

况。在澳大利亚，对刑事犯命运的描写成为 19 世纪的小说主
题。马库斯·克拉克（Marcus Clarke）根据真实事件创作的长
篇小说《无期徒刑》（*For the Term of His Natural Life*，1870 ~
1872 年）被视为反映这一主题的社会批判经典。萨拉·J. 邓肯
（Sara Jeanette Duncan）在《帝国主义者》（*The Imperialist*，
50　1904 年）一书中，对加拿大民族意识的觉醒做出了描述。在中
国，《红楼梦》的诞生将明代和清代早期的伟大小说传统推向
了巅峰。该书讲述的是一段富有社会历史学意义的家族史。其
作者曹雪芹（1715 ~ 1764 年）在世时，该书一直以手抄本形式
在社会上流传。自 1792 年首次印刷出版以来，《红楼梦》已成
为中国最家喻户晓的文学作品之一。19 世纪没能为中国带来太
多能够与《红楼梦》相媲美的文学新成就。西方入侵所导致的
社会剧变，很晚才在小说一类的文学作品中得到反映。中国从
来没有出现过一部以太平天国运动为主题，或描写天主教传教
士给中国带来的挑战的优秀小说作品。最早的一部反映社会形
势变化的小说是韩邦庆的《海上花列传》（1894 年），其讲述的
故事发生在上海十里洋场的交际花和她们的追求者当中。在世
纪之交之后，受义和拳运动的影响，中国社会经历了一场重大
的转折。不久之后，以阴暗笔触反映社会现实状况的小说陆续
出现。吴沃尧（中国当时最高产的作家）的《恨海》是其中最
著名的作品之一。这部小说生动地表达了这一时期社会生活的
普遍气氛。[57] 从总体上讲，中国的社会批判小说并非西方的舶
来品，而是中国叙事文学传统的一种延续。这一传统是在未受
欧洲影响的情况下，于 16 世纪在中国独立发展起来的。但是，
与现实主义小说当年在欧洲的主流地位所不同的是，中国的社
会批判小说直到 20 世纪 30 年代之后才开始在所有文学类型中

占据重要一席。

在日本，不同文学类型之间的结构关系与中国和欧洲截然不同。早在 11 世纪，几位宫廷女作家的作品（首推紫式部的《源氏物语》）便将以小说为形式的叙事文学推向了极致。在德川时代，最受人尊崇的文学形式则是诗歌和戏剧。日本向西方开放后，特别是 1868 年——日本现代文学诞生之年——之后，西方文学形式的影响使本土叙事文学受到了严重的排挤，其速度远远超过了中国。日本第一部现代小说是二叶亭四迷的《浮云》（1885～1886 年）。这部小说采用了口语化的语言风格，即 ₅₁便是没有接受过太多教育的读者也可以读懂。1894～1895 年中日战争结束后，尽管日本获得了胜利，或者说恰恰是这场胜利，导致由现代化衍生的国内矛盾日益暴露。许多作家开始将社会批判作为创作主题，但是其描述却往往局限于个人或家庭的狭窄视角。类似巴尔扎克或左拉的全景式剖析，在后明治时代的日本作家中鲜有出现。[58]

游记

对于 19 世纪以及以 19 世纪作为研究对象的当代历史学家来说，旅游文学与现实主义小说一样，也是了解人类对世界认知的不可或缺的途径之一。但是与近代早期相比，其重要性则略有下降。因为在近代早期，除了游记之外，人们几乎找不到其他任何一种了解异国的信息渠道。19 世纪的一些游记作品不仅在世界文学中占有一席之地，同时也是最权威的历史考据之一。有关欧洲境内旅行的游记，值得一提的只有斯达尔夫人（Madame de Staël）的《论德国》（De l'Allemagne，1810 年）一部。而记录海外旅行或环游世界经历的文字却不胜枚举，其中

包括洪堡对 1799～1804 年南美之行的记述，梅里韦瑟·刘易斯
（Merwether Lewis）与威廉·克拉克（Wilhelm Clark）于 1804
年 5 月至 1806 年 9 月受杰斐逊总统之托横穿北美大陆后写下的
探险日记，法国青年法官托克维尔 1831～1832 年访问美国后撰
写的报告，自然科学家达尔文 1831～1836 年探访加拉帕戈斯群
岛的记录，海因里希·巴尔特（Heinrich Barth）[①] 1849～1855
年受英国政府委托访问北美和中美的观感，理查·波顿爵士
（Sir Richard Burton）1853 年赴麦加和麦地那的朝圣心得，弗兰
茨·容洪（Franz Junghuhn）19 世纪 50 年代写下的关于爪哇群
岛的百科全书式介绍；威斯特法伦王国哈克斯特豪森（August
von Haxthausen）男爵关于其俄罗斯乡村万里行的记录（1847～
1852 年），这部著作让俄罗斯帝国[59]的城市知识分子第一次了
解到农村同胞的真实生活处境；李希霍芬（Ferdinand Freiherr
von Richthofen）男爵的 5 卷本中国游记（1877～1912 年出版），
这些游记是根据其 1862～1872 年在中国的旅行经历撰写的，当
时几乎没有任何一位欧洲人曾经踏足过这个帝国的内陆腹
地。[60]所有这些游记都有一个共同点，这就是初次发现新事物
的莫大喜悦。在此后的历代旅行者当中，这种喜悦之情逐渐淡
薄，而今天，这种感受更无人能够重温。所有游记作者（只有
喜欢别出心裁的探险者波顿爵士是一个例外）的另一个共同点，
是其对科学的强烈自觉意识。这些"伟大"旅行当中的很大一
部分，都是那些想在学术界扬名立万的年轻人为一鸣惊人而实
施的计划。在洪堡探险美洲之后的一个世纪里，旅行在欧洲成
为获得科学权威的重要途径，其重要性远远超出了此前或此后

52

————————————

① 19 世纪苏格兰探险家。

的任何一个时代。

与近代早期有所不同是，赴欧洲旅行的海外游客数量也在不断增多，他们把一路所见所闻记录下来，然后讲述给自己的同胞。这些人当中有来自中国的使节，日本内阁大臣，印度和北非学者，一位来自现博茨瓦纳地区的国王，类似奥斯曼苏丹（1867 年，阿卜杜勒·阿齐兹［Abdülaziz］出席了在巴黎举办的世博会，成为第一位访问基督教欧洲的土耳其君主）的东方统治者，另外还有曾经三度访问欧洲（1872 年、1878 年和1889 年）并亲自或授意撰写旅欧日记的伊朗沙阿纳赛尔丁（Nasir al-Din），以及 1897 年首次出访欧洲的观察家暹罗国王朱拉隆功（Chulalongkorn）等。[61] 一些亚洲学者，例如孟加拉人拉姆·莫汉·罗伊（Ram Mohan Roy，1831 年抵达英国，1833年逝于布里斯托尔），或者是 1876～1877 年环游世界并发表日记式游记的第一位中国人——职位低微的中国官员李圭，都曾对自己国家对西方的认知产生了重大影响。[62] 在东亚国家，以旅行和相互观察为主题的文学同样也取得了令人瞩目的成就。由傅云龙撰写的全面介绍日本国情的 30 卷本《游历日本图经》即为其中一例。傅曾于 1887～1889 年受朝廷之命出使日本和北美，回国后出任兵部主事。另外，在著书描述东亚大陆风情方面，日本人也同样颇有建树。[63]

在从世界各地涌向欧洲的海外旅行者当中，最大的群体当然是美洲人。他们当中既有以寻根为目的的伊比利亚美洲人或北美人，也有满怀自负的"美丽新世界"的代表，比如马克·吐温。进入 19 世纪下半叶后，欧洲人再也不用模仿当年孟德斯鸠创作《波斯人信札》（Lettres persanes，1721 年）的手法，为自己虚构一面"陌生的镜子"，然后透过镜中扭曲变形的面孔

来观察自己：这张脸或已面目全非，或因夸张反而变得更加眉
53 目清晰。从此之后，外部世界开始主动表达自己对欧洲的看法，
其中也包括殖民地国家，特别是英属印度，在这里生活着受欧
洲影响最深的知识阶层，以及最活跃的政治和文学群体。[64] 在
19 世纪，亚洲对欧洲的反馈和认知还不足以形成能够与渐成气
候的欧洲"东方学"相提并论的系统"西方学"。只有日本拥
有类似的学术基础，这就是所谓"兰学"（rangaku）。该学说诞
生于 18 世纪，它是将当时唯一被允许在长崎与日本通商的荷兰
人以及由其带入日本的西方文化作为观察或研究对象。[65] 而北
美地理学界在着手欧洲问题研究时，所采用的则是源自欧洲的
科学手段。

测量与绘图

即使在 19 世纪，以研究为目的的旅行者、地理学家以及其
他热衷地理探索的作家，仍然是为欧洲搜集全球信息和数据的
最大群体。因此，这些人的工作越来越多地被纳入列强的帝国
或殖民计划，并不令人意外。[66] 一方面，地理学的本质决定了
它的全球化语境以及日益凸显的帝国语境，而这种语境自然也
会被反对欧洲称霸世界的人们所利用，就像 19 世纪上半叶德国
权威地理学家卡尔·李特尔（Carl Ritter）、洪堡等人所做的那
样；另一方面，作为 18 世纪和 19 世纪的伟大科学成就之一，
地理学对自然和社会真实状态的精确描绘，也成为欧洲借以超
越其他文明的一大优势。尽管这些以研究为目的的旅行者难免
为各种各样的非理性动机和妄想所驱动，但是其所做的大量工
作却无疑为人类准确地认识世界提供了巨大帮助。[67] 在测绘领
域，这一表现尤为突出。[68] 对地球所有陆地与海洋表面的测量

和绘图是近代科学的庞大集体工程之一，它与欧洲的海上霸权有着密不可分的联系。这项工程最初是从葡萄牙和西班牙地图开始，1700 年之后通过荷兰全球地理考察计划得以延续，而 18 世纪测量技术的发展和欧洲航海的进一步扩张更令其如虎添翼。自 19 世纪 80 年代之后，人们已经能够大体准确地描绘出撒哈拉以南非洲地区——长久以来全世界"最黑暗"部分——的物理形状。假如说 18 世纪是测量技术与制图学革命的年代，那么 19 世纪便是这些方法在全世界投入应用的时代。无数的旅行与持续不断的测量带来的结果是：人们终于可以着手对这个世界进行全面彻底的测量了。到 19 世纪末，人们已经为整个地球绘制出一份地图，在卫星测绘与电脑制图技术出现之前，这份地图的权威性始终是无法超越的。一些非西方人也以信息提供者、情报搜集员、顾问和科研伙伴的身份参与了欧洲人的测绘活动，虽然他们当中大多数人在形式上处于从属地位，但是如果缺少了这些来自本土的知识，为地球绘制完整图像的工作是永远不可能完成的。

在西方以外的地区，在精确度方面接近于欧洲标准的独立测绘和绘图活动最早是在日本——很长时间仅仅是在日本一地——进行的。这项活动最初是由私人发起的，其动因之一是 18 世纪 90 年代俄国船只在日本沿海出现所导致的恐慌。直到 1868 年进入明治时代后，制图学才成为政府大力资助的国家项目。[69] 在欧洲以外的传统科学大国中，中国本应是"现代"地理学最早诞生的国家。在中国，撰写具有丰富实践内容的地方志，是所有地方官员的职责之一。与严谨刻板的古籍考据一样，地理学也面临着实证主义（即所谓考据学）的检验，在 17 世纪后期，考据学成为获得学术界认可的主要

54

方式。[70]但是，19 世纪中国地理学所缺少的是受国家委托的重大研究项目，而这一点正是欧洲的一大特色。[71]中国地理学始终难以摆脱狭隘实用的行政目的和占统治地位的历史编纂学的掌控，而只能作为后者的一个分支为其提供服务。除此之外，17 世纪由西方传教士传入中国的测绘和制图先进技术，也渐渐被人们遗忘殆尽。20 世纪 20 年代后诞生的中国现代地理学在重拾本国传统的同时，也对西方地理科学的重要精华加以借鉴。因此，中国地理学从一开始便是一种中西合璧的混合体。[72]

社会学

地理学既是一门拥有全球视野的科学，同时也是一门植根于地方的科学。作为经济地理，它见证了欧洲和北美的工业化进程；作为殖民地理，它与西方的土地掠夺式扩张始终相伴。社会自我观察的一个更为重要的"感官"，是诞生于 19 世纪的社会科学。社会科学凭借其设问的理论取向超越了以往的社会报道，同时也并未失去与社会现状的实证描述之间的关联。早在亚当·斯密的划时代杰作《国富论》（1776 年）问世之前，这种关联在经济学领域已有所表现。建立抽象理论模式的趋势在 1817 年大卫·李嘉图（David Ricardo）的著作中虽已露出苗头，但是其真正成为占支配地位的主流趋势，则是在 1870 年之后随着以数学作为表述形式的主观期望效用理论与市场均衡理论在国际上的兴起（奥地利、瑞士、英国等国的经济学家几乎在同一时间提出了这一理论）方才开始的。而在其他地区，特别是在德国，"国家经济学"则更多是一门与古今经济事件有关的、偏重于历史和叙述的科学。1872 年成立的社会政策协会（Verein für Socialpolitik）即是以此作为研究方向的机构，该协会在此后多年中积累了大量与社会有关的知识资源。

由孔德和赫伯特·斯宾塞（Herbert Spencer）两位社会学之父创立的社会学，最初将自身看作一门理论学科。在历史主义与史源学研究的重镇——德国，自《法国社会运动史》（*Geschichte der sozialen Bewegungen in Frankreich*，1842 年）作者、德语区第一位社会科学家洛伦兹·V. 施泰因（Lorenz von Stein）开始，社会学便与历史学十分相近，因此在综合性与抽象性方面，它从一开始就比英国和法国略逊一筹。19 世纪末，在世界各地，包括美国在内，社会学都已将社会实证研究的整个范畴纳入了自己的学科，在此之前，后者则更多是国家机构和查尔斯·布思之类的私人社会改革家的“专属领地”。1895 年，英国成立了专门从事社会学研究的大学所属机构——伦敦政治经济学院（London School of Economic and Political Science）。这一创新之举是社会学发展史上的一大突破，它标志着社会学从此演变为一门理论与实证研究相统一的社会学说，虽然直到 1907 年，学院才正式设立“社会学”教职，而且该学科的专业化速度也比欧洲大陆缓慢得多。在美国，1892 年，刚刚创建不久的芝加哥大学成立了独立的社会学系（department），其突破性意义与伦敦政治经济学院的成立不相上下。[73] 直到 19 世纪 90 年代之后，作为一门学科的社会学才为针对当下社会的实证研究带来了较大的帮助。直到这时，现代发达社会以方法论为指导的自我观察才真正起步，其制度化结构直到今天仍在不断完善。社会学的传播速度是迅猛的，至少在欧美影响交汇的东亚国家，可以清楚地看出这一点。东京帝国大学早在 1893 年便设立了社会学教职，当时，与欧洲"社会学"概念相对应的日文词语刚出现几年时间。[74] 在中国，社会学最初是由外国人教授的，这些人在研究城市帮会、清朝统治体系的内部关系以及北方农业社会结构等方面有一定建树。1915 年，当涂尔干（Emile Durkheim）、韦伯、齐美尔（Georg Simmel）等社会学鼻祖仍然在世时，第一本由中国人撰写的以中国社会作为研究对象的社会学著作即已交付出版。同一年，大学的社会学专业开始由中国人教授，尽管这些人的数量在当时仍然屈指可数。此后，研究重点逐渐偏向于马克思主义的中国社会学家在当代社会分析方面也取得了可观的成果。[75]

在 19 世纪之前，社会从不曾为持久不断的、以制度化为基础的自我观察提供一个空间。但是，众多文明遗留下来的史料同样不失为对社会现实的一种描述抑或是阐释。早在 18 世纪，人类对那些后来被称作"社会学"关联的事物便已获得了许多重要的认知，例如法国医生弗朗斯瓦·魁奈（François Quesnay）的经济循环模式图，以及苏格兰、英格兰和法国启蒙运动所提出的各类"人文科学"。但是到 1830 年，随着欧洲社会的急速变革，一个社会科学的永恒话题才真正出现。其最初的参与者主要是知识分子和热衷慈善的改革家，到世纪末才进入了大学。在此需要提及的是，社会科学是欧洲的一种独特发明，但是没过多久，社会科学便演变为一种成功的"出口商品"。首先是政治经济学。在北美之外，该理论首先被日本和印度所接受，其先驱人物亚当·斯密、约翰·穆勒等成为全世界被翻译成外文最多的欧洲作家。[76] 政治经济学最极端的应用形式，是被人们用来作为殖民主义批判的武器：反对通过强制进贡——即印度官员、经济历史学家罗梅什·杜特（Romesh Chunder

Dutt）所说的"财富消耗"（drain of wealth）——对印度次大陆施行剥削的印度反对派，以及欧洲和日本的帝国主义理论家，都曾在世纪之交采用了这一理论。

四 统计学

人口统计

19 世纪是现代统计学的创立阶段。统计不再是杂乱无章、东拼西凑的数据汇编，而是通过方法严谨、尽可能没有疏漏的调查和数学加工得出的结果。国家逐渐将这项任务承担了下来，因为这项工作过于繁杂，从组织和统筹的角度看，唯有国家才有能力胜任。到 19 世纪下半叶，统计学已经拥有了今天我们所熟悉的样貌：它是社会持续不断地实行自我监控（self-monitoring）的最重要手段。

统计学的原始形式是人口普查。早在古代，统治者便开始对其臣民进行统计。统计的目的主要是为军事和财政考虑，其内容包括家庭数量、人口和牲畜数量等。在地域辽阔的大国，全国性的普查是无法做到的，而且许多统计的结果或有疏漏，或根本没法流传下来。究竟哪一个国家的哪一次人口普查的数据在今天仍然具有参考价值，是一个难以回答的问题。只有那些掌握相关史料的历史地理学家，在迫不得已的情况下，才能勉强给出答案。在人口统计方面，欧洲或"西方"并没有表现出明显的优势。对中国来说，年代最古老、对今天依然有帮助的人口统计数据来自 1368～1398 年。当时，明朝第一任皇帝为巩固中央政权而下令实行人口普查。[77] 日本在 9～11 世纪建立了户籍登记制度，其原则性内容到今天依然得到了保留。对当代人口统计研究来说仍有参考价值的第一次日本全国人口普查，是 1721 年进行的。然而对了解日本前现代社会更为重要的，是历代流传的丰富的地方史料。[78]奥斯曼国家管理机构每隔一段时间便对新占领地区的人口进行一次统计，这些数据与事实基本是相符的，因为即使是单纯为军事和财政目的考虑，人们也会力求数据的真实性。统计内容一般不包括民族身份一项，而宗教信仰则往往被纳入统计范围之列。其原因在于，在 1855 年之前，所有非穆斯林臣民必须向政府交纳人头税。1828～1831 年，奥斯曼帝国对欧洲和安纳托利亚地区的男性臣民进行了第一次人口普查，奥斯曼土耳其帝国的人口统计学历史也由此开启。[79]当时在名义上仍然是奥斯曼帝国行省之一的埃及也于 1848 年实行了人口普查，其数据在一定程度上是可信的。

瑞典是欧洲人口统计的先驱。这里最早的一次全国人口普查可追溯至 1755 年。1787 年，伟大的"启蒙皇帝"卡洛斯三世（Karl III）下令在西班牙进行人口统计。这次人口普查采用了先进的统计方法，因此可以被称为欧洲历史上第一次"现代"人口统计。[80]大约在世纪之交前后，欧洲各个大国都已进入人口统计的现代阶段。[81]现代人口统计的前提是规律性、制度化以及程序的可验证性。在制度化方面，需要具备以下四个要素：①负责数据采集、评估和发布的统计局（大多隶属于内政部）；②由高级官员组成、负责从中央政府层面进行协调的常设组织——统计委员会；③由医生、教授、工程师和官员组成的私人统计协会，作为顾问团为统计工作的改进出谋划策；④各城市的统计局（该建制到 19 世纪下半叶才成为常态）。上述四个条件并不是一夜之间在所有地区同时转化为现实的。

1801 年实行首次人口普查的英国以及大革命和拿破仑时期的法国，是实践的先行者。1810 年，普鲁士和奥地利两国先后设立了统计局，但是其统计能力在当时仍然十分低下。在多民族大国，采集尽可能完备的数据是一件难事，而荷兰、比利时等小国在 1830 年之后则已成为人口统计领域的表率。1870 年前后，欧洲各国纷纷设立了现代统计机构。国际统计学大会（1853 ~ 1878 年）就各国应当遵循的质量规范做出了阐述。美国从 1790 年起（比欧洲略早）便已开始实行符合现代标准的人口普查。1840 年的第六次联邦人口普查在实施过程中虽然事故不断，错漏百出，却不失为举国上下对民族成就的一次大检阅。[82]

　　对印度全国人口做出统计，是人们所能想象的最艰巨的统计学任务之一。与中国、日本和缅甸不同的是，在前殖民时期，印度次大陆的历代统治者对其臣民的人数一直表现出冷漠的态度。相反，英国人很早便开始致力于对国情的实证研究。他们最初所做的工作，是搜集各大城市的信息，其中包括地理位置、政治地位和人口数量等。[83] 1820 年，内容尚待完善的第一本印度地理辞典（gazetteer）编纂完成。这部辞典中既没有接近实际的人口数据，也没有关于印度社会内部结构的任何信息。由欧洲人发明的各种统计学标准，很难被简单地套用于印度：在印度该如何理解"家庭""户"和"村庄"的概念？印度划分"成年人"与"儿童"的年龄界限是什么？"种姓等级"是否总是与某个特定的职业有直接关联？另外还有哪些特征可以判断一个人所属的等级？为此，人们进行了长达几十年的尝试，在省一级层面清点人口的数量，虽然各地的数据精确度往往参差不齐。直到 1881 年，当政府开始采用较为严谨的方法实行十年一度的全国人口普查之后，印度才终于取得了令人满意的人口统计结果。[84] 但是，这一结果却是以强化等级制度的代价换来的。人口统计并非简单的现实反映，而是对人为秩序的一种强调。因此，人们总是想当然地（a priori）把印度看作一个主要由宗教控制的社会。在英伦三岛的人口普查中，宗教信仰并不在统计项目之列，然而在英属印度，宗教却成为划分社会阶层的一项决定性标准。这一点为强化社团（communities）在印度政治中所扮演的重要角色起到了推波助澜的作用。英印两国的人口统计学家和人类学顾问都抱有同一个信念，即必须以巩固秩序来确定种姓的高低。于是，各种具有时代特色的人种理论在不觉间应运而生。1901 年的印度人口普查尽管在科学性方面达到了较高水准，然而其出发点却是基于这样一个判断：社会等级秩序是"人种纯度"高低的直接反映。

现代人口统计并不仅仅是简单的人头累计。特别是在斯堪的纳维亚地区，人们在很早之前便开始对一些很晚才成为人口统计固定内容的项目进行统计，例如生育状况（分为合法与非法）、产妇年龄、结婚年龄和死亡年龄等。一个地区是否有这方面的数据统计以及从何时起将这些数据登记造册，取决于当地教会和行政机构的态度，取决于它们认为哪些内容是有登记价值的。例如在天主教国家菲律宾这个相对落后的亚洲小国，人们在年代久远的教区登记簿中便可查到虽有疏漏却颇具可信性的婚姻登记数据。一旦某个国家开始推行世俗婚姻，即由国家确认合法性的婚姻制度，其人口数据记录便会立刻发生改观。然而在中国这样一个仍然视婚姻为私人事务的国家，则很难找到类似的资料。

统计与国家政治

人口统计是一项公共事务，是统治者的执政措施之一，国家也因此成为社会自我观察的"感官"之一。从这一意义上讲，19 世纪是对过往传统的一种延续。搜集与当下有关的各类数据，在中欧地区是"国势学"（Polizeywissenschaft）的任务，在英语地区则被归入"政治算术"（politische Arithmetik）的范畴。那么 19 世纪的统计学究竟有哪些不同于以往的新内容呢？这就是观察实践的细化、制度的确立与力求客观的精神。直到 19 世纪，人们才学会了从"整体"（Population）去进行思考。数理统计学的发明，正是这一理念的具体反映。到 1890 年，这种"新型"统计学已发展成为一门完善的学科。从 1825 年起，比利时天文学家和数学家朗伯-阿道夫·凯特勒（Lambert-Adolphe Quetelet）甚至开始尝试从数据资料中寻找"平均值"与社会规律，并以此对各种社会现象背后的规律性关联做出表述。他试图创立一门超越单纯数据资料的"社会物理学"，并发明了近代历史上的伟大虚构形象之一——统计学"平均人"（l'homme moyen）。[85] 凯特勒因此成为 19 世纪最有影响力的思想家之一。

61

19 世纪三四十年代，一场统计学热潮在许多欧洲国家迅速蔓延。一些以往不为人知或在人们眼中司空见惯的事物从此受到关注。正是因为有了统计，穷人作为一个大规模群体才首次进入人们的视野。"贫困"这一抽象指标随之诞生，并促使人们以道德关怀的态度来对待这一群体。各种统计学协会和报刊在各地兴起，负责数据搜集、评估与存档的国家机构相继成立。政治对精确信息的依赖性，远远超过了以往任何一个时代。法国早在 1801 年波拿巴担任执政官时期，便已下令在区县一级实行定期的系统化的国家数据统计。拿破仑政府希望从深层对市民社会进行干预，为达到这一目标，必须尽可能全面而准确地掌握与之相关的一切信息。[86]在地方官僚体系不甚发达的英国，其议会制政府也同样竭尽所能，将通过实证调查获得的数据（facts）广泛付诸应用。[87]从工人居住区的卫生状况到军队的医疗条件，这些数据所涉及的领域可谓包罗万象，无所不有。数据搜集工作被列入皇家委员会（Royal Commissions）的职责范畴，后者是由议会任命、在特定任期内执行特殊任务的调查委员会。皇家委员会的调查结果向公众开放，无论执政者还是批评家都有权查阅。狄更斯在小说《艰难时世》（*Hard Times*，1854年）中通过汤玛斯·葛擂硬（Thomas Gradgrind）的形象，对数据统计员和僵化刻板的实证主义者之类的人物大加讽刺。然而，这些实证主义思想不仅是对执政知识的一种丰富，同时也令马克思等反实证主义者和体制批判者的理论如虎添翼。在美国，统计学同样也在公共生活中发挥着重要作用，其重要性与英法两国相比毫不逊色。只有在统计学的视角下，大的地域空间的完整性才是可以想象的；只有数字，才能将美利坚合众国所拥有的神秘而无与伦比的维度呈现于世。出于类似的原因，统计学在意大利统一问题上同样发挥了重要的作用：它既是为实现民族统一所做的准备之一，同时也是新一代精英用以武装自己的一种特殊知识。政治统一的目标尚未实现，统计学调查便以蓬勃之势层层展开，就连自由派人士也开始萌生兴趣，希望借助统计学来掌握国家的人口与资源状况，并借此从中央政府的角度对下级机关的业绩进行监督。从这一意义讲，意大利堪称统计学的一大造物。[88]

19世纪是统计与测量的世纪。从此时起，全面阐述和解析世界的启蒙思想，开始上升为对揭示真理之力量的信仰，这种力量来自数字和经过统计学加工的日期，或如启蒙时代晚期杰出人物马奎斯·孔多塞（Marquis de Condorcet）所说的"社会数学"。在 19 世纪，社会有史以来第一次开始对自我进行测量，并为此建立档案。从某些现象看，人们在这方面的所作所为偶尔甚至有过分之嫌。一些国家所积累的统计知识，已经远远超出了其学术和行政领域的实际应用能力。统计学从此成为政治话语的一种表述方式，这一点迄今始终未变。统计学家在迫不得已的情况下编造出来的某些统计概念，在国家官僚机构手中被当作了工具。那些出于技术原因被迫形成的社会统计学范畴——阶级、阶层、等级、民族等——在国家管理与自我认知方面赢得了越来越大的权力。统计学具有两面性：一方面，它是描述与社会启蒙的工具；另一方面，它也是一台庞大的为社会身份定性与贴标的机器。从两方面来看，19 世纪的统计学在世界各国都已成为社会想象（imaginaire）的核心要素。在殖民地区，第二个方面的特征尤为突出：如果某个地方的社会关系与人们熟悉的周边环境相比过于复杂而让人难以理解，那么人们更容易被主观臆想的客观性和精确性所诱惑，但是其前提是：在将流动人口落实为数字时，人们没有因实际操作的困难而使统计工作半途而废。

五　新闻

新闻业与新闻自由

在 19 世纪，比现实主义小说、统计学和社会实证研究传播　63

更广泛的是新闻业。每周或每日出版的各类报刊在一切想象可及之处，为人们开启了联络与交流的空间：小到地方小报，大到在世纪末为人们传递世界各地信息、读者遍及世界各大洲的伦敦《泰晤士报》。报刊业在哪里生根，哪里的政治沟通环境便会立刻发生改变。对新闻自由——为在不受处罚的前提下公开表达意见提供有持久安全保证的机会——的呼吁，在全世界所有国家都已成为推动变革的一大动力。新闻业的诞生为人们创造了一个真正意义上的公共空间。每一位公民都可以在这里"发声"，并以此来享受获得信息的权利。美国的建国元老们甚至提出，只有了解时事的社会成员才有能力履行其肩负的公民（civic）责任，但是，当大众媒体在美国和其他少数国家出现之后，这种乐观主义判断已鲜有人附和。[89]新闻业所开创的空间，还可以有另外一种解读：作为社会自我反思的一个新平台。不同形式的平面媒体之间的界限是流动的。在 19 世纪最初的几十年当中，"活页小册子"（Pamphlete）——一种独立发行的印数极少的文字出版物——在欧洲盛行一时。在逃避审查方面，它们比书籍或报纸来得更容易。不同出版物形式相互渗透的一个典型例子是，许多长篇小说，其中包括狄更斯的大部分作品，最初都是以连载形式在报刊上发表的。

报纸的特征包括：①拥有固定周期的出版形式；②以团队（"编辑部"）产品为性质；③以不同栏目和版面的划分为结构；④新闻内容的选择超出读者的地域与社会经验范畴；⑤新闻时效性不断提高；1856 年，德国报纸的当日新闻仅占全部新闻内容的 11%，到 1906 年时，比例已达到 95%；[90]⑥日趋工业化、吸纳最新科技成果的制作方式；在大众媒体出现后，其对资金的需求大幅增加；⑦市场情况的每日变化使报纸对订阅户之外的消费者的购买行为产生依赖。报纸在把读者设想为政治成熟的主体的同时，逐渐开始尝试对读者加以引导，以使其为满足自身目的服务。从 19 世纪中叶到 20 世纪 20 年代末，随着欧美国家广播听众人数的不断增多，新闻业进入了空前绝后的鼎盛期。由于此时新闻业的企业垄断还没有发展到四分之一世纪之后的水平，因此以美国为例，在 1900 年之后的头几年，平面媒体无论数量还是种类都达到了史无前例的规模。19 世纪末，美国、英国、澳大利亚等国的报业巨头成为这些国家一支独具特色（sui generis）的政治力量。

新闻业的黄金时代是从新闻自由开始的。在德国等一些国家，新闻审查制度并没有因为生产技术的改良而有所松动。在这些地区，那些较少涉及政治的"家庭小报"式——如画报类刊物的先驱《园亭》（Gartenlaube，1853 年创刊）——的杂志与报纸相比，经营起来较为容易。1819 年《卡尔斯巴德决议》（Karlsbader Beschlüsse）① 颁布后，德意志邦联下属各邦制定了一部极端苛刻的新闻法。虽然这部法律很难逐条付诸实施，然而审查机关却可以据此对采编与新闻人员的一举一动实行监控。1848 年大革命之后，"卡尔斯巴德制度"再未得到恢复，特别是出版前的预审程序不再生效。尽管取消了这一程序，但国家机关在控制文字言论方面却拥有其他更为有力的手段：警察局和法院从此接管了令某些人无限怀念的毕德麦耶时期新闻审查官的工作。1864 年，符腾堡王国成为第一个实行全面新闻自由的德意志邦。但是，直到 1874 年《帝国新闻法》颁布，预审

① 德意志邦联通过的反对和镇压民族统一运动和自由主义运动的四项法律，包括大学法，新闻法，关于临时执行权的规定，以及设立联邦中央机关，查究"革命的颠覆活动"等。

制度才在所有各邦被彻底废除。从此之后，政府对那些看不顺眼的新闻机构虽然还可以设法刁难，但却不能再肆意打压。俾斯麦在打击天主教人员特别是社会民主主义者的行动中，在干预新闻自由方面也毫不手软。[91]在俾斯麦时期，持反对立场的新闻从业者随时有可能受到司法部门的迫害，与此同时，这位帝国宰相还在幕后操纵保守派报纸为自己的目的服务。直到1890年，市民类报刊——传播社会主义思想的期刊除外——才真正享受到自由的空间，而在盎格鲁-撒克逊文化圈里，新闻自由却早已是理所应当之事。[92]

以不列颠为代表的英美文化圈在新闻自由方面的特殊地位，通过下述事例可以得到清楚的证明：早在1644年，约翰·弥尔顿（John Milton）便在《论出版自由》（*Areopagitica*）一书中呼吁废除新闻预审制，并以此对后世产生了持久的影响。1791年，美国通过《宪法第一修正案》（First Amendment），禁止国会制定任何限制言论与出版自由的法律。该条文显然可以有不同的解释。1798年之后，人们屡屡遇到一个问题："煽动性诽谤"（seditious libel）的界限究竟在哪里？这条以所谓污辱"公众人物"为理由的罪名出自旧时英国法律，并因其不可确定性和随意性而恶名昭著。[93]但是从总体来看，19世纪的美国仍然不失为一个新闻自由的国度。随着时间的推移，将新闻业视为针对政府的制度化的平衡力量（第四种权力，fourth estate）的思想逐渐深入人心。在英国，自1695年起，政府不再有任何法律权利，对那些总爱吹毛求疵的新闻媒体采取行动。但是，政府可以通过对出版物征税——所谓"印花税"（stamp duty）——的办法，来阻碍报纸的发行和流通。直到1855年，印花税才被彻底废除。

在加拿大、澳大利亚和新西兰，新闻业的兴起比英美略迟。1880年，在仅有430万人口的加拿大，通过邮局寄送的报纸数量便达到近3000万份。[94] 19世纪50年代末，一位英国游客清晨在墨尔本街头散步时，惊讶地发现每户人家的门槛上都放着一份报纸。在殖民当局较少干预的环境下，新闻业在人口稀少的澳大利亚对提高民主"公民社会"的交往密度发挥着尤为重要的作用。这些报纸不仅给读者带来丰富的来自大英帝国首都的各种新闻，同时，它也是将澳大利亚的声音传递到伦敦的重要途径。新闻业在澳大利亚很快发展成为当地社会中的一支重要政治力量。[95]

若要一一列举各国的具体实例，来说明新闻审查制度究竟是什么时间从法律和制度上被彻底废除的，实在是一件难事。若要确定对采编与出版工作的"有形"行政干扰究竟从何时起才减少到偶发事件的水平，则更是难上加难。这些行政干预的形式包括索取保证金，警方对编辑部的搜查、抄没以及诉讼威胁等。各国废除对已出版物的事后惩罚性审查的时间，普遍迟于预审制的废除。在西班牙等一些国家，新闻业的根基十分薄弱，报纸记者必须设法通过第二职业与政客搭上关系，才能维系生存。在这些地区，即使最自由的新闻法也无济于事。[96] 挪威是欧洲大陆第一个实行新闻自由的国家（1814年），比利时和瑞士紧随其后（1830年）。1848年，瑞典、丹麦与荷兰也相继步入这一行列。[97] 早在1789年，法国革命者即在《人权和公民权宣言》（第11条）中将"自由表达思想和观点"称作"人类最宝贵的权利之一"。然而对实践来说，这一声明在当时并没有太大的意义。在拿破仑三世统治下的法兰西第二帝国（1851～1870年），当权者最初曾不遗余力地加强对报刊和书籍出版的

66

控制与去政治化改造。进入 60 年代后，随着国家向准议会制转型，对出版物的控制才渐渐松动。[98] 直到第三共和国时期，1878 年，当巴黎公社（1871 年）失败后采取的类似国家恐怖的镇压措施被废除之后，自由的公共空间才真正诞生。1881 年颁布实行的堪称自由典范的新闻法开启了法国新闻业历史的新时代：在这个"美丽年代"（belle époque）① 里，政治报刊无论在水平上，还是在政治观点的多样性上，都达到了 1914 年之后再也不曾达到的高峰，在促进经济发展的同时对共和国的各项事务发挥着重要影响。[99] 在 1881 年大转折之前，欧洲任何一个国家都不像政治派别极端对立的法国一样，曾就新闻自由问题展开过如此激烈的争论。

在哈布斯堡王朝，自由表达观点的环境直到 19 世纪 70 年代才逐渐形成。但是，在第一次世界大战爆发前，仍不断有报纸被查抄。在庞大的多民族国家里，新闻业的兴起使民族问题变得更加复杂。那些被认为具有分裂主义倾向的表述，随时有可能被扣上叛国罪的帽子。[100] 沙皇俄国于 1865 年颁布旨在放宽限制的新闻审查法，为"在审查与压制环境下相对独立的新闻业的出现"创造了条件。[101] 这一对比的参照物是改革前的俄国，而非处于同一时代的英国、美国和斯堪的纳维亚国家。这些国家的新闻业充满活力，可以在不受阻碍的环境下自由发展。俄国通过这次改革，实现了以西欧国家为榜样的从预审制到出版后的司法与行政监控的过渡。1905 年之后的俄国新闻业在名义上与西方一样自由，但仍然不时受到当局的刁难和骚扰，其程度比存在同样问题的德国或奥地利更为严重。因此，我们绝

_____

① 指 19 世纪末 20 世纪初法国历史上的一段繁荣期。

不能将整个欧洲都看作发展普遍落后的世界上仅有的一块新闻自由的宝地。

亚洲与非洲的新闻业

日报作为欧洲与北美国家的一项发明，不久便被北大西洋之外的世界所接受。在国内知识阶层已形成气候并通过殖民教育不断培养出新的知识精英的国家，人们很快便开始利用这一新的机会，用当地的语言或者是殖民者能够听懂的语言，发出自己的声音。最典型的例子莫过于英属印度。在这里，新闻业的发展几乎与欧洲同步。其不同之处在于，印度在引进报纸的同时还引进了印刷机，从而引发了一场双重意义的传媒革命。第一份英文报纸 1780 年诞生于加尔各答，第一份印度文（孟加拉语）报纸诞生于 1818 年。1830 年创立的（印地语）报纸《孟买新闻》（*Bombay Samachar*）迄今仍在出版发行。不久后，由印度人创办的英文报纸也陆续出现。所有报纸一律采用便于向农村及中小城市推广的石版印刷技术。在印度，人们在接受这种新媒体方面的表现之所以如此迅速，如此热衷，又如此成功，是因为他们可以将丰富的本国文字报道文化作为新闻业发展的基础。[102] 1835 ~ 1857 年，是印度新闻业在自由环境下蓬勃发展的时期。在同时期的德意志邦联，这一切对人们来说还是一个梦。1857 年印度大起义之后，殖民政府对当地印度人的批评变得敏感，并开始加大对新闻业的控制。但是，这些控制并未发展到遏制公共意见表达的程度。总督领导下的印度政府深谙利用媒体之道，它一方面把报纸看作向民众传达信息的工具，另一方面则将其视为捕捉印度社会各类信息和民众情绪的渠道。除上述务实考虑外，对统治印度的英国政权同样具有约束力的

68

英国法律传统也在发挥作用。正是受这些因素的影响，19 世纪的印度之才得以成为新闻业高度发达的国家之一。然而，这一逻辑却不适用于其他欧洲列强统治之下的殖民地。尽管荷兰的民主程度并不落后于英国，但是与英属印度政府相比，荷兰在开放荷属东印度地区新闻监管与公共生活方面却显得缩手缩脚。[103]

中国新闻业的发展则又是另一种状况。与印度不同的是，在拥有古老印刷传统的中国，新闻业呈现出其独有的特色。大约从 1730 年起，《京报》开始出版发行。而报刊的萌芽则可追溯至大约一千年前。《京报》是一份官方期刊，它没有专设的"编辑部"，而是朝廷信息、谕旨、奏章以及都察院呈报的大汇总。这份宫廷刊物在 1900 年之后演变为更具报纸特征的《政治官报》，并一直延续到 1911 年王朝制度的结束。真正现代意义的报纸是由新教传教士带入中国的。1842 年中国对外开放门户之前，办报地点是在海外（马六甲、巴达维亚/雅加达），之后则转到香港、广东和上海。这些报纸从出版之初便采用中文，其针对的读者是潜在的信众与教徒。报纸内容除基督教义宣传外，还包括有关西方世界的日常文化信息。但是，它并不是一份政治期刊。在通商口岸或条约口岸，即 1842 年鸦片战争结束后陆续设立的受外国法律管辖的保护区，特别是在最重要的口岸上海，外国报纸则兴盛一时。这些报纸以反映居住在通商口岸的欧美商人的意见和利益为主，但同时对发生在中国国内的各类事件进行广泛报道。属于中国人自己的新闻业同样是在中国政府管辖之外的津沪等通商口岸以及英国殖民统治地香港发展起来的，时间是在 1861 年之后。

69　在世纪之交，一些中国报纸，例如 1872 年创办（与享有盛

誉、地位与其大致相当的《柏林日报》同年）、1949 年停刊的
《申报》（《申江新报》），与欧洲严肃报刊相比毫不逊色。直到
1909 年，《申报》一直采取中英合股的形式进行经营。但是，
在 1911 年辛亥革命之前，《申报》的每日发行量始终没有超过
1 万份。报纸编辑人员以伦敦《泰晤士报》为榜样，力图为读
者提供最准确及时的新闻报道。他们成功地将古代政论或谏言
转化为现代风格的社论。在 19 世纪后期，这类文字无论在英国
还是中国都达到了巅峰。《申报》创刊后不久，读者便远远超
出了通商口岸的范围。在阅读报纸的文人眼里，《申报》社论
一类的评论文章并非一种舶来品，而是论述当代热点问题的古
代檄文的新变种，它在引经据典的同时，也不乏充满激情的煽
动性言论。[104]此后，全球新闻业的发展潮流在中国也显露出迹
象。第一次世界大战之后，与欧洲一样，对新闻业"美国化"
之风的批评在中国同样屡见不鲜。

　　中国新闻业的一大特色是一些以表达政治观点和政治宣传为
目的的出版物。1894～1895 年中日甲午战争失败后，持不同政治
立场的各路文人开始利用这些刊物，表达其对中国现实危机的分
析以及对国家未来的设想。相反在日本，战争则大大激发了读者
的爱国热情，报刊发行量增长了四分之一以上。人们通过阅读报
刊，进一步认定了岛国外交野心的正确性。[105]在中国，发表政治
批评的刊物大多是在海外或通商口岸出版的，其出版发行量远少
于大型日报，此外，其追求高雅的风格也使其注定不可能成为大
众刊物。但是，这些刊物对新兴"中等"阶层——改革派报人所
说的"中等社会"——的政治启蒙却发挥了举足轻重的作用，其
影响甚至远及内陆各省的大城市。[106]这些刊物为中国新闻业带来
了一股文字论战的新风气。然而，中国朝廷却不像印度政府一样，

对报刊采取适度宽容的立场。而在印度这一殖民地国家，新闻业之
70 所以能够在一定程度上自由发展，正是受益于政府的宽容态度。
1911 年之前，无论是中文还是英文报刊，都只能在沿海"飞
地"外国法律保护下勉强求生。在这里，中国与英国记者同
人密切合作，将他们联系在一起的是对中国变革问题的共同
关切。[107]

在奥斯曼帝国，19 世纪 70 年代同样也是新闻业逐渐摆脱
国家控制、在坎坷中走向独立的年代。第一份半官方周报（阿
拉伯文）创立于 1861 年，于 1883 年停刊。[108]奥斯曼帝国当然
也有自己的出版审查制度，其法律基础直到 1867 年才彻底被废
除。在阿卜杜勒·哈米德二世（Abdülhamid II）统治时期，政
府从 1878 年开始加强对公共意见的压制，国内印刷媒体只能小
心行事。奥斯曼帝国没有像香港或上海一样的自由"飞地"，
反对派的报纸和刊物只能在巴黎、伦敦和日内瓦等地印刷，其
中一部分通过私人信件的方式走私到国内。[109]而在名义上仍然
隶属于奥斯曼帝国的埃及，情况则与此相反。统治者伊斯梅尔
（Khedive Ismail，1863～1879 年在位）努力维持与新闻界的良
好关系，并巧妙地利用它们为自己的目的服务。伊斯梅尔懂得，
如果试图把新闻业变成政府的附庸，其结果必然是适得其反；
如果让报纸对外保持独立形象，而自己躲在暗处操纵，于己则
会更有利。他向本国和外国记者馈赠丰厚的礼物，并暗中为英
法两国新闻社提供资助。[110]新闻业的相对自由激发了私人创业
的热情。其中最重要的是 1876 年由黎巴嫩裔天主教徒塔克拉兄
弟（Salim & Bishara Taqla）创办的《金字塔报》（al-Ahram）。
自 1881 年起，《金字塔报》改为日报。它为读者提供来自世界
各地的可靠及时的信息，以及一定数量的批评性评论。每个人

都可以通过这份报纸，明确地感受到塔克拉兄弟支持更多自由、反对外国干预的鲜明态度。1877～1882 年，在开罗和亚历山大两大城市出版发行的政治类报纸多达 30 种，日发行量总数超过 2.4 万份（1881 年秋）。[111] 除本报记者撰写的文章外，报上还刊登一些从《泰晤士报》《争鸣》（Le Débat）等欧洲报纸翻译的文章。早在 1882 年被英军占领之前，埃及便已出现了品种繁多的阿拉伯语和欧洲语言的报刊。在此后由英国行使对埃及实际统治权的时期（1882～1922 年），埃及新闻业的繁荣有幸得以延续。印刷术的普及、识字人口的增多、记者职业的专业化以及英国占领者的自由立场等种种因素汇集在一起，使得埃及成为近东地区公众意见表达的自由之岛。在 19 世纪最后二十余年，埃及已形成固定的报刊读者群（从人数看或许依然属于小众），以及在此基础上产生的热衷政治表达的公众群体。在当时的社会中，人们对信息的渴求日益增长，甚至超出了识字能力的普及速度。因此，信息只有通过口口相传的形式进一步传播，才能使人们了解信息的欲望得到满足。在奥斯曼帝国，直到 1908 年青年土耳其革命推翻苏丹专制统治之后，公民社会环境下的新闻业才真正得以自由发展。[112]

71

大众报刊业的诞生

报刊业的革新大多是从美国开始的。工业时代早期最重要的印刷技术创新同样也来自美国。第一台轮转印刷机是 1846 年在费城设计制造的。1886～1890 年，德裔移民、钟表匠奥特马尔·麦根泰勒（Ottmar Mergenthaler）在巴尔的摩发明的行型活字铸排机彻底解决了排字速度慢的难题。这种通过键盘控制的铸排一体化机器，是自古登堡以来最具历史意义的排字技术革

新。[113]组织形式上的突破同样也出现在美国，之后又由美国传
到了欧洲。随着 19 世纪 30 年代《便士报》（penny press）在美
国东岸的诞生，报刊发行量达到难以统计的规模。这些报纸以
大众为读者，它价格低廉，纸张粗糙，没有股票行情信息，取
而代之的是更多刑事案件以及其他耸人听闻的社会新闻。与此
同时还出现了所谓"调查式"新闻，即由报社派遣记者对杀人
案、违法事件与政治丑闻进行调查和报道。这类新闻在此后几
十年中，曾令欧洲游客对美国报纸嗤之以鼻，批评有加。直到
调查式新闻在英国，随后在其他国家也成为常见的新闻形式，
这种情况才彻底改观。[114]大众报纸是民主化的副产品，在美国
问世数十载后又传播到欧洲。拥有选举权的工人阶层，从此在
社会交往中受到重视。这些报纸更多是对时代的折射，而非对
时代的解析。

72　　　这些报纸一路凯歌，并以此在美国率先开启了以大众媒体
为标志的新时代。这一时代的形成，一方面是基于人们的一种
信念——认为定期购买报纸是有义务自觉性的公民意识（civic-
mindedness）的体现，另一方面是基于人们为提供信息的行为
支付费用的意愿（在信息传播以口头形式为主的年代，这一行
为是无偿的）。[115]1860 年，《纽约先驱报》（New York Herald）
以 7.7 万份的日销售量成为当时全球发行量最大的报纸。这份
1835 年创刊、以大胆犀利著称的报纸以其丰富的信息量深受中
产阶层的青睐。由伟大出版人霍勒斯·格里利（Horace
Greeley）创办的《纽约论坛报》（New York Tribune），是第一份
将严肃性与通俗性合而为一的美国报纸。马克思曾作为驻伦敦
记者为其撰稿。1860 年前后，《纽约论坛报》周末版的读者数
量一度达到 20 万。[116]大众报刊业在美国蓬勃发展的前提之一是

为大范围传播创造条件的铁路网。火车可以在一夜之间，将散发着墨香的报纸运送到全国各地。法国第一份大众报纸是莫依茨·米洛（Moise Millaud）于 1863 年创办的《小报》（*Petit Journal*），其上市时的价格是当地主流报纸平均价格的 1/4。[117] 在英国报刊界，传统保守的知识分子报纸占据主流地位的时间远远超过美国。直到 1896 年《每日邮报》（*Daily Mail*）的诞生，形势才出现逆转。其创办人、人称北岩勋爵（Lord Northcliffe）的阿尔弗雷德·哈姆斯沃思（Alfred Charles William Harmsworth），是伦敦弗利特街（Fleed Street）① 第一位神话式领袖。早在 1900 年，当布尔战争导致民众对信息的需求大幅增加时，这份刚刚上市的廉价晨报实现了 98.9 万份这一令人难以置信的销售业绩。从全球范围看，只有约瑟夫·普利策（Joseph Pulitzer）麾下的《纽约世界报》（*New York World*）所创下的 150 万份的纪录（1898 年），与此相比更胜一筹。[118]《时代》周刊（*Time*）在威望与政治影响力的巅峰期，读者人数也只有 3 万，这一数字不多不少，恰恰是其出版者所希望达到的目标。[119]

　　报刊业在社会生活中重要性的不断提升，还可以通过其他一些数字得到体现：1870 年，美国日均销售报刊 260 万份，1900 年已超过 1500 万份。[120] 几乎在同一时间，美英两国出现了所谓"圣战式报刊"（crusading press），即报纸在风险自负的前提下强力推行自己的政治主张。在美国，这类报纸诞生于 19 世纪 80 年代初，其代表性人物是美籍匈牙利人普利策。作为报纸所有者和编辑部负责人，普利策成功地将《纽约世界报》变

---

　　① 又译"舰队街"，英国伦敦的一条滨河路，自 18、19 世纪之后成为英国新闻和出版业的中心。

成了一份具有社会批判倾向、商业效益良好的揭露性报纸，使
报纸发行量在 15 年内增长了 10 倍。在英国，新闻采访的发明
人斯特德（W. T. Stead）于 1885 年创办的《蓓尔美街报》
（*Pall Mall Gazette*）采取类似手段，将报纸的功能由信息传播提
升为伺机而动的新闻攻势。这些报刊不再甘心于对已发生的事
件做出反馈，而是想方设法去制造事件。它们向政府施加舆论
压力，逼迫政客辞职，敦促政府做出决策或采取立法措施。这
一切的前提是：报纸——特别是欧洲大陆的许多报纸——不再
是某些政治党派或政治导向的传声筒，报纸所有者以及大权在
握的主编们已经有能力自由宣扬自己的认知与信念。不无矛盾
的是，广告与广告业务的兴旺为新闻的商业化带来质的飞跃，
反过来，商业化却又使报纸经营者的独立性大大提高。在报纸
近一半经费来自广告收入的情况下，办报人可以获得更大的自
由空间，而不必再处处依赖于政治庇护者和政党的支持。[121]

　　我们今天所说的严肃报刊（quality press）以及细分为不同
类别的大众报刊，都是在 19 世纪最后二三十年出现的。与此同
时，作为社会身份之一种的现代记者职业逐渐形成。1900 年前
后，在那些既有出版自由，同时也拥有通过扫盲而获得阅读能
力的广大读者群的国家，出现了一大群以新闻搜集与表述为职
业的训练有素的专家。日本便是这些国家当中的一个。日本报
刊业以活跃的前现代出版业为基础，紧随西方发展步伐并不断
拉近与其之间的距离。19 世纪七八十年代，日本已经形成一套
结构完备的报刊体系：它以国际最先进的技术为后盾，以 1868
年进入明治时代后的社会环境变化（建立国家教育体系以消除
文盲，建设覆盖全国的邮政网络，通过议会制与政党的组建实
现公共领域的结构性转变）为背景，以新型记者和报纸经营者

73

作为运转核心。日本早期主要报纸的问世（与中国一样）并非出自外国人之手。日本只是对西方文化元素加以借鉴，并赋予其自身独有的特色。新闻界与高等教育机构之间的密切关系成为日本新闻业的特征之一，并一直延续至今。各所精英大学因此成为通往主流报纸编辑队伍的捷径。除此之外，在东京与大阪两大新闻中心之间，还形成了一种经久不衰的竞争关系，为这个普遍采用中央集权制与单一化管理的国家增添了几分活力。[122]

74

全球新闻业

19 世纪新闻业的特征之一是权威新闻机构的全球性。各大报纸均以报道"来自全世界"的新闻为己任，或者反过来讲，只有那些有能力为读者提供这类新闻的报纸才能进入大报之列。驻外记者因此成为记者职业的一种新类型。最初，人们往往将驻外记者与战地记者混为一谈。第一位在新闻现场之间奔波，为读者提供关于暴动、围剿和会战第一手消息的记者，是伦敦《泰晤士报》战地记者威廉·H. 拉塞尔（William Howard Russell）。他将自己对印度、南非和埃及的印象，连同对克里米亚战争、美国内战以及1871 年德法战争的感受，一点一滴地传递给读者。拉塞尔本人既非好战派，也绝非帝国主义行径的支持者，其笔下的战争报道在文学方面所达到的高度令后世的同行望尘莫及。[123]他所创造的报道形式一直延续到今天，被《泰晤士报》奉为典范。拉塞尔刚刚开始其记者生涯时，还只能通过邮寄的方式发送稿件。此后在短短四分之一世纪的时间里，电报网络已覆盖全球，并为远距离新闻传输创造了条件。1844 年，长途电报正式投入应用。1851 年，第一条横跨英吉利海峡的海底电报电缆铺设完成。1866 年，横跨北大西洋的电讯线路正式建成。[124] 1862 年，全球陆基电报网络的线路长度已达到 15 万英里。1876 年，印度与大不列颠帝国各殖民地以及首都伦敦之间，都已通过电报电缆联系在一起。1885 年，欧洲与海外几乎所有大城市都已建立通信联络。这时的电报通信依然十分困难，不仅超负荷严重，而且价格昂贵（1898 年《泰晤士报》全年电报费占总开支的比例高达 15%），因此，如果称之为"维多利亚时代互联网"，难免有过誉之嫌。但是我们至少可以说，它为一种史无前例的"国际互联网"（world wide web）提供了雏形。[125] 这一网络与今天的互联网相比，集中化程度更高。无论电报线路，还是全球电报业的资金流动，都在伦敦汇聚于一处。此时的电报业更多是为了满足贸易的需求，而非为新闻业提供服务。

75

新技术的出现为通讯社的工作奠定了基础。1851 年，出生于德国卡塞尔的朱利叶斯·路透（Julius Reuter）在伦敦设立了自己的办公室。就在同一年，英吉利海峡两岸的信息传输速度缩减到数小时。在此之前，另外两位犹太企业家已分别创立了各自的通讯社或"电报局"：夏尔·哈瓦斯（Charles Havas）在巴黎，伯恩哈德·沃尔夫（Bernhard Wolff）在柏林。1848 年，"联合通讯社"（AP）在美国成立。这些通讯社不仅为报纸，同时也为政府和某些私人客户——例如从 1865 年开始为维多利亚女王个人——提供新闻。路透本人也以此成为新闻业的领军人物。这位出身德裔的无名之辈早在 1860 年便有幸得到女王的接见。克里米亚战争（1853～1856 年）是最后一次以非电报形式作为主要通信手段进行报道的国际性事件。路透社是所有通讯社当中唯一一家拥有全球报道能力的通讯社。早在 1861 年之前，路透社便已建成自己独家的全球记者网络，其范围覆盖整个欧洲以及印度、中国、澳大利亚、新西兰和南非等地。在电报通讯尚未普及的地区，路透社便采取邮轮快递的方式传送稿件。美国内战（1861～1865 年）从始至终都是由路透社记者代替欧洲读者在进行观察。此外，各大通讯社还在新闻报道之外，不断为读者提供来自科学、艺术和体育领域的各类信息。路透新闻帝国的势力不断扩大，成为"大英帝国的国家机构"之一。[126]通讯社推动了新闻采集与传播的全球化，并力求在不附加评论的前提下进行报道。就此而言，通讯社堪称新闻"客观性"理念的大力倡导者。但另一方面，通讯社却又通过新闻报道的统一性，助长了"新闻一言堂"（Einheitsjournalismus）的风气，因为从原则上讲，所有报纸刊登的内容都是相同的。只有以伦敦《泰晤士报》为首的少数报纸拥有自己的驻外记者网络，并能够借此摆脱对通讯社的依赖。《泰晤士报》所秉承的一条原则是：至少要依靠自身资源使大不列颠的所有关注都得到满足。[127]

在古登堡发明印刷术四百年之后，定期出版的印刷媒体才真正成为影响知识阶层日常生活的一种力量。此时，这一群体在整个社会中的地位仍然微不足道。我们今天所熟悉的新闻业的基础结构，是在 19 世纪后半叶形成的。新闻业将先进技术作为手段，在遵循市场法则的同时也受制于政治与法律环境的束缚。因此，新闻自由成为全世界自由派人士的基本诉求。在这方面，与许多问题一样，强调东西方之分并没有太大的意义。在大英帝国的某些殖民地，新闻自由的程度甚至高于中东欧国家。随着新闻业的发展，记者不仅成为一种新的社会身份，同时也成为"知识分子"当中一支具有代表性的重要力量。在世

76

界各地，包括印度与中国，新闻记者的政治影响力都是不可低估的。因为有了他们，公共领域才有了一张属于自己的面孔。在从精英式的传统书面语向范围更大的读者群（其中一些人刚刚学会认字）能够理解的灵活表达习惯转变的过程中，这些记者当中的优秀人物发挥了至关重要的作用。新闻是"现实主义"艺术、统计学和描述性社会科学之外的另一种社会自我观察的媒介，而传媒通信覆盖范围的不断扩展更为其创造了有利的条件。然而，此时的通信技术仍然处于被垄断的状态：1899年，年轻的意大利工程师古列尔莫·马可尼（Guglielmo Marconi）以美籍塞尔维亚裔同行尼古拉·特斯拉（Nikola Tesla）的技术发明为基础，通过无线电成功地将信息传送到英吉利海峡的另一岸，并在1901年进一步实现了横跨大西洋的无线电信号传输。这时的无线通信，还没有真正发展成为一种大众媒介。这一步的迈出，是在一战之后。[128]

六　摄影术

真实的诞生

在最后一节，让我们来谈谈摄影术。在19世纪，人类成功地发明了利用技术装置、借助光学与化学方法记录外部世界真实影像的手段。[129]这项发明对这一时代留给后世的记忆产生了不可磨灭的影响。在这种生动而真实的影像记录问世的那一刻，整个19世纪被一分为二。没有人知道，1827年去世的贝多芬到底长什么样；但是我们却都在照片上见到过1849年辞世的肖邦那张羸弱的面孔。舒伯特留给后人的只有画像，但比他年长

5 岁的罗西尼却因比他长寿而能够走进纳达尔（Nadar）的摄影室，让这位伟大的肖像摄影师为自己留下存照。在浪漫派与理想主义时期的文化英雄中，只有少数人有幸亲眼见证了摄影时代的来临。这个时代是从 1838 ~ 1839 年达盖尔银版摄影术（Daguerreotypie）的发明以及两年后第一间摄影工作室的创办开始的。弗里德里希·W. J. 谢林（Friedrich Wilhelm Joseph Schelling）和亚历山大·洪堡都曾在暮年时拍摄过肖像照，而黑格尔、歌德以及洪堡的哥哥威廉却没有这么幸运。1847 年，威廉四世皇帝邀请第一位德国摄影师、来自汉堡的赫尔曼·比欧夫（Hermann Biow）来到宫廷，用这种新技术为皇室拍摄照片。这一天，在场的名人洪堡也请求摄影师为自己拍摄了一幅肖像照。[130]早在 1839 年，当银版摄影术问世仅几个月时，洪堡便已认识到这种技术的革命性意义。50 年代初照片复制技术的发明，使"知名度"一词获得了新的含义。林肯、俾斯麦、威廉一世皇帝等君王或政治领袖的肖像，被挂进了千家万户的客厅。但是，在报纸开始刊登图片之前（直到 80 年代初，人们才终于掌握了以低成本大量复制照片的技术），人们对样貌的辨识力仍然是有限的。有一次，当美国内战功臣、五星上将尤利西斯·格兰特（Ulysses S. Grant）抵达纽约火车站时，在场的记者完全没有办法从熙熙攘攘的人群当中把他辨认出来。[131]

比欧夫曾在 1842 年 5 月汉堡阿尔斯特区遭遇大火之后，用银版摄影术为废墟拍摄了一大批照片。这是人类对灾难事件的最早影像记录。[132]自克里米亚战争之后，所有欧洲或北美国家参与的战争都留下了珍贵的照片资料。在这些图像记录中，找不到关于中国太平天国起义（1850 ~ 1864 年）的任何图片，而同一时代的美国内战（1861 ~ 1865 年）却通过照片的形式为后世留下了生动的记忆。这些照片全部出自同一位摄影师——马修·布雷迪（Matthew B. Brady）之手。在战争期间，他在各大战场辛勤奔波，曝光了 7000 多张用化学方法加工的玻璃显像板。[133] 在这一时期，绘画与摄影术在大多数时候尚能和睦共处，相得益彰，但是那一幅幅拍摄于战场的栩栩如生的照片，那些活着的或死去的军人的真实形象，却标志着以颂扬英雄主义为主题的战争绘画将从此走向衰亡。1888 年，廉价、便携且操作简便的柯达胶片相机的问世，为人类的视觉记录提供了新的手段。1876～1878 年的印度大饥荒仅有少数照片流传于世，大约 20 年后，当又一次饥荒暴发时，每一位游客或传教士都有可能成为用相机记录历史的见证者。[134] 在摄影发展的早期阶段，其艺术特性以及作为摄影师创作成就的本质，还很少得到世人的认可。[135] 摄影的魅力，仅仅是作为一种具有前所未有的客观性与写实性的技术介质。摄影的价值很早便在自然科学的应用中得到了体现，首先是在天文学领域，之后在医学领域。X 光拍摄术的发明，为人类打开了一扇通往未知王国的大门。[136] 从 60 年代开始，展现人类劳动场面的摄影作品大量涌现。而在几年前，旅游摄影及其科学同类——地理与人文摄影——便已越来越受到人们的重视。

天涯咫尺

越来越多的人踏上摄影探险之旅，去寻访考古胜地（第一个目标当然是埃及）或异域民族生活的地区。[137] 在英国这个全球最大海外帝国的统治地，人们从照片上第一次亲眼见到，在大英帝国的屋檐下，究竟汇聚着哪些人和哪些物。在以往几百年中，配有插图的游记是欧洲人获得对异域感性印象的唯一媒介。与游记相比，摄影可以让读者感受更多的细节、气氛和具体形象。在包括 460 张图片在内的 8 卷本摄影巨著《印度人》（*The Peoples of India*，1868～1875 年）中，印度有史以来第一次以如此丰富的视觉化形象呈现在读者面前。[138] 在很长一段时间里，相机这种工具一直掌握在欧美人手里。它在帝国主义战争中所扮演的帮凶式角色，很早便暴露出来。[139] 直到很久之后，人们才开始从相反的视角，用颠覆性眼光去看待这种工具。但是，一些摄影师正是透过对远处的观察，学会了如何用更敏锐的目光观察身边的事物。4 卷本摄影集《中国与中国人影像》（*Illustrations of China and Its People*，1873 年）的创作者约翰·汤姆森（John Thomson）回到欧洲后，把相机镜头对准了几年前梅休曾用记者手法描写过的伦敦贫困人群。

如果换一种眼光观察，我们就会发现，摄影术实际上在东西方之间创造了某种意义上的中立与平等。在渲染异域情调方面，相机远不及画笔那样擅长。早在 1842 年，法国摄影师约瑟夫 - 菲利伯特·G. 德·普朗哥（Joseph-Philibert Girault de Prangey）便用银版摄影法拍摄了中世纪欧洲建筑与伊斯兰建筑的精美图片，从美学角度拉近了两者之间的距离。[140] 如果缺少了摄影，19 世纪后半叶欧洲人对"异域"的感知是无从获得的。一些人怀着病态的心理，幻想建立一座"展示不同人种的摄影博物馆"。这类摄影带来了两种截然不同的结果：一方面，那些表现苦难的照片，例如中国鸦片烟馆或 1857 年印度起义后的荒凉景象，彻底打碎了西方人对东方"童话"世界的美好想象；另一方面，这些图片可以使人们抛开尊贵与野蛮的传统思维，对异域的真实细节有所认识。与此同时，殖民统治者及其臣民也可以通过图片，了解自身的殖民统治状况。

79

第一个引进摄影术的非西方国家，是奥斯曼帝国。早在 19
世纪 50 年代，在帝国大城市里已经出现了照相馆，这一时间与
西欧和中欧国家几乎同步。最初，照相馆的经营者都是欧洲人
或非穆斯林少数民族，而第一批顾客同样也是欧洲人。但是，
在新世纪到来前的最后 20 年，拍摄全家福或员工合影已成为穆
斯林中上层人士日常文化生活的固定内容。政府很早便开始利
用摄影术，最初是出于军事目的的考虑。专制者阿卜杜勒·哈
米德二世苏丹（Sultan Abdülhamid II）甚至借助摄影，加强对
各省地方官员的监督。通过照片，他可以大致了解国家建设项
目的进展情况。此外，他还利用这种新媒介作为在欧洲人面前
展示国家面貌的手段。据说有一次，他曾经把门当户对的皇婿
候选人的照片拿给女儿们，以征求她们的意见。[141]

19 世纪末，摄影在许多国家都已成为社会日常生活的一部
分。我们今天所熟悉的所有摄影门类都源自 19 世纪，其中包括
广告、宣传图片、摄影明信片等。摄影师是一个凭手艺吃饭的
常见职业。就连小城镇，也都有自己的摄影工作室和照相馆。
1888 年问世的柯达相机，实现了这种新媒介的"民主化"，并
降低了对拍摄者艺术素养的要求，因为任何一个缺乏专业训练
和专业知识的人都可以操作它。轻巧廉价的相机和胶卷的发明，
为外行人利用拍摄技术制作图像提供了方便。几乎每一个中产
家庭，都能拿出一堆出自专业人士之手的家庭纪念照，或是几
本珍藏自己得意之作的相册。

在所有诞生于 19 世纪或在此期间得到完善的观察体系中，
摄影是在客观化方面成就最大的一个。即使在人们对这种媒介
的人为操纵性、"主观性"以及艺术化可能性有所意识之后，
摄影的客观性特征也仍然存在。当然，很大一部分照片是经过

加工和制作的，许多照片明显带有这一时代的偏见或成见。摄影也因此成为人们热衷解构的对象。[142] 但是摄影技术毕竟为人类开辟了一条以视觉手段认识世界的全新途径，并创造出一系列与真实和写实相关的新概念，同时也为那些缺乏艺术才能和艺术训练的人们提供了一个图像创作的工具。

移动的影像

1895 年是电影诞生的元年。[143] 3 月 22 日，法国工厂主之子卢米埃尔兄弟（Louis & Auguste Lumière）和工程师于勒·加尔庞蒂（Jules Carpentier）在巴黎用"电影机"（Cinématographe）第一次为观众放映了移动的影像。卢米埃尔在同一时间拿出了三样发明：摄影机、放映设备和电影。与摄影不同的是，这门新技术一经问世，便已臻于成熟。1895 年 12 月，出售门票的公开放映已经出现。卢米埃尔家族指派一组经过训练、能够熟练操作这种新机器的技师，到世界各地举行放映活动。1896 ~ 1897 年，整个欧洲，从马德里到喀山，从贝尔格莱德到乌普萨拉（Uppsala），以及美国东海岸一些城市，到处都在放映卢米埃尔电影。关于 1896 年 5 月 26 日举行的沙皇尼古拉二世加冕仪式的纪录片，是当时最受欢迎的电影之一。随着沙皇军队向西方胜利挺进，这部电影也迅速传遍世界。1896 年，在伊斯坦布尔、大马士革、耶路撒冷、开罗、孟买、墨西哥城、布宜诺斯艾利斯和澳大利亚的城市，到处都留下了卢米埃尔公司电影放映师的足迹。到 1899 年时，上海、北京、东京、横滨等城市也开始放映电影。[144] 与此同时，几乎每个地方也都在拍摄自己的电影。

从 1896 年起，在各大洲，人们纷纷开始用电影的形式记录

王室活动、军事演习和日常生活。西班牙斗牛、尼亚加拉瀑布、
81 日本艺伎以及形形色色的市井生活，成为最早的电影题材。从
此，电影化身为一种报道的媒介。电影的全球化同样也反映在
电影内容上。第一位在上海某茶馆为观众展示这项法国新科技
的有名有姓的电影放映师，是来自新泽西州梅普尔伍德的詹姆
斯·利卡尔顿（James Ricalton），他给东亚观众带来了介绍俄国
沙皇巴黎之行，以及芝加哥世博会上表演埃及肚皮舞的影
片。[145]曾在许多国家风靡一时的电影，是卢米埃尔拍摄的介绍
自己工厂工人生活的纪录片。[146]这种新媒体很早便暴露出其演
绎与记录的双重本性。由于1900年夏天中国北方爆发义和拳起
义时，没能有摄影师在场留下记录，于是人们便在英国的草坪
上，在法国的公园里，重新排演那些骇人听闻的恐怖场面，并
拍成电影，然后作为记录这一事件的真实证据向外界发布。其
中最轰动的镜头，是义和团拳民攻击一个基督教传教所的场面。
而真正流传后世的纪录片史料，实际上是1901年在暴乱平息后
的北京拍摄的。[147]但是，辨别电影的真实与虚构，的确是一件
难事。被奉为艺术电影鼻祖的乔治·梅里爱（Georges Méliès）
经过对一年前发生的真实事件的潜心研究，在一位英国庆典专
家的帮助下，在摄影棚拍摄了著名影片《国王爱德华七世的加
冕礼》（Le Couronnement du roi Edouard VII，1902年）。他于此
前执导的关于德雷福斯事件的影片，即是根据报刊图片资料编
辑制作的一部移动影像记录。[148]

强调媒体的视角性与主观性本质，对媒体自我宣示的真实
性与客观性提出普遍质疑，是现代传媒学研究的趋势之一。如
今，在人们对媒体的可塑性以及技术或内容受操纵的可能性已

有充分认识的大环境下，这种怀疑是颇有道理的。此外，当代的艺术作品也早已背离了以纯粹写实为目的的"现实主义"风格。虽然文学与电影中的纪实主义潮流自 19 世纪诞生以来从未曾消失，但早已褪去了当年的稚气。因此，要理解被视为 19 世纪特征的对客观化的热衷以及对"实证论"的尊崇，并不是一件容易的事。从这一角度看，以追求真实为标志的 19 世纪（其 82 渊源可追溯至由弗兰西斯·培根开创的早期经验论）是一个陌生的世界，尽管在这个世界里，从浪漫派到尼采都曾对神化实证主义和现实主义的现象提出过警告。从另一方面看，19 世纪可以说是当代的"史前史"。在这一时期出现的社会自我观察的各种媒介与认知方式，即使在发达国家广泛普及电视，甚至在 20世纪末"数字革命"出现之后，也没有发生根本性变化。超越狭小的精英文化圈的大众传播媒介，由国家规划组织、以服务公众为目的的对知识与物品的储藏，借助统计与社会研究对社会进程实行监控（monitoring）以及与此同步的社会自我认知的形成，通过大批量印刷、照片洗印和录音技术实现文字和艺术品的可复制性：所有这些进步在人类刚刚迈入 19 世纪时都是前所未闻和难以预想的，然而在 1910 年前后，这一切早已再平常不过。

在 19 世纪与以往的历史之间，形成了一种充满矛盾的关系，这种关系对今天的人类来说也并不陌生。一方面，对未来的乐观态度，对发现新事物的意识，对技术和道德进步的信心，以及对旧事物的摒弃，都在 19 世纪达到空前的高度；另一方面，这个世纪同时也是历史主义盛行的时代，这种历史主义潮流不仅致力于模仿和重构，同时也注重收藏和保存。19 世纪是博物馆和档案馆的时代，也是考古学和考据学的时代。它以收集、保护和整理的方式搭建起一座通往远古历史的桥梁，这座桥梁今天我们仍在使用。在 1800 ~ 1900 年的 100 年间，关于人类早期历史的化诸文字的知识呈倍数增长，其速度远远超过以往任何一个世纪。

从严格意义上讲，上述特征仅仅是针对西方而言，也就是欧洲以及各方面都在迅速崛起的北美。各种技术和文化创新都是诞生于西方，之后再由西方传播到全世界。其中一部分——例如电报——是借助帝国主义势力和资本扩张，另一部分——例如新闻业、歌剧以及整个西方音乐娱乐业——则是通过非帝国主义式的"品味输出"或者是有关国家自主借鉴的复杂过程。没有人强迫埃及人创办自己的报纸，也没有人强迫日本人去听古诺和威尔第的歌剧。从东向西的文化流动也是存在的，曾在欧洲风靡一时的日本和非洲的艺术便是一个例子。[149] 但是，随着时间逐渐实现普世化并最迟在 1930 年前后成为全球进入"现代"标志的每一种新的思维方式、技术、机制和"决定性要素"（Dispositive），无一不是在 19 世纪由西方发明并从这里踏上其形形色色的世界之旅的。就人类的记忆和观察而言，其内容无论在过去还是现在，始终都具有地方性和"文化"特殊性的色彩；然而其媒介和形式却与此相反：在这方面，世界每一处地方都深陷于西方的影响之下，尽管程度不一，表现各异。各方都是根据其对欧洲化或畏惧或欢迎的态度，在适应和反抗之间做出各自的选择。

注释

[1]《南德意志报》，2006 年 6 月 24 日。

［2］《南德意志报》，2007 年 11 月 9 日，2008 年 5 月 28 日。

［3］Gluck, *Past in the Present*（1993），第 80 页。

［4］摘自 Blight, *Race and Reunion*（2001），第 1 页。

［5］Peterson, *Lincoln*（1994），第 320 页及后页。

［6］Schreiber, *Kunst der Oper*，第 1 卷（1988），第 28 ~ 36 页；Mackerras, *Peking Opera*（1972），第 11 页。

［7］J. H. Johnson, *Listening in Paris*（1995），第 239 页。

［8］Walter, *Oper*（1997），第 37 页；有关歌剧史的欧洲维度抑或全球维度问题可参见 JMEH 5：1（2007）。

［9］"磁石之城"（«magnet city»）的说法出自 Scherer, *Quarter Notes*（2004），第 128 页。

［10］Burns, *Brazil*（1980），第 335 页。

［11］Papin, *Hanoi*（2001），第 238 页。

［12］Bereson, *Operatic State*（2002），第 132 页及后页。

［13］Roger Parker, "The Opera Industry"，收录于 Jim Samson, *Cambridge History of Nineteenth-Century Music*（2002），第 87 ~ 117 页。

［14］Takenaka, *Wagner-Boom*（2005），第 15、20 页。

［15］参见 Rutherford, *Prima Donna*（2006）。

［16］Schlaffer, *Geschichte der deutschen Literatur*（2002），第 120 页。

［17］可参阅本书第 6 章。

［18］Pomian, *Sur l'histoire*（1999），第 347 页；Fohrmann, *Gelehrte Kommunikation*（2005），第 326 页及后页。

［19］Esherick/Ye（1996），*Chinese Archives*，第 7、10 页。

［20］有关土耳其档案史的评述可参见 Faroqhi, *Approaching Ottoman History*（1999），第 49 ~ 61 页。

［21］D. M. Wilson, *British Museum*（2002），第 118（插图 19）。

［22］日本议会图书馆直到 1948 年才成为全国最重要的图书馆，原皇家图书馆的收藏也被并入其中。

［23］MacDermott, *Chinese Book*（2006），第 166 页。

［24］Kornicki, *Book in Japan*，（1998），第 364、382、384、407、410、412 页。

[25] 有关阿拉伯图书史的发展阶段问题可参见 George N. Atiyeh, "The Book in the Modern Arab World: The Cases of Lebanon and Egypt", 收录于同作者作品集 *Book* (1995), 第 233~253 页。

[26] Sheehan, *Museums* (2000), 第 9 页及后页。

[27] Plato, *Präsentierte Geschichte* (2001), 第 35 页及后页。

[28] Hochreiter, *Musentempel* (1994), 第 64 页。

[29] 有关 1750~1850 年间的印度和埃及古董收藏可参见 Jasanoff, *Edge of Empire* (2005)。

[30] D. M. Reid, *Whose Pharaohs?* (2002), 第 104~106 页。

[31] 本书遵照德国奥斯曼学学者习惯, 采用 "伊斯坦布尔" 这一 1930 年被正式命名的更为人熟知的名称。在 19 世纪时, "伊斯坦布尔" 是土耳其口语中的说法, 西方史料大多称之为 "Stambul" 或 "Stamboul", 外交史学家迄今仍习惯称之为 "Konstantinopel"。

[32] 参见 Anja Laukötter, "Das Völkerkundemuseum", 收录于 Geisthövel/Knoch, *Orte der Moderne* (2005), 第 218~227 页; 有关英格兰和新西兰等国展览收藏政策和文化的研究可参见 Henare, *Museums* (2005), 第 7、8 章。

[33] Penny, *Objects of Culture* (2001), 第 2 页。

[34] Zimmerman, *Anthropology* (2001), 第 173 页及后页。

[35] 参见 Coombes, *Reinventing Africa* (1994), 第 9~28 页有关英国军队在 1897 年西非 "讨伐式探险" 中洗劫贝宁古城的描述, 这次讨伐以夺走著名的 "贝宁铜雕" 并将其运抵大英博物馆而告终。

[36] P. Conrad, *Modern Times* (1998), 第 347 页。

[37] 参见 Poignant, *Professional Savages* (2004) 有关 19 世纪 80 年代布鲁塞尔、巴黎、哥德堡、莫斯科、伍珀塔尔、伊斯坦布尔等地的澳大利亚土著展的介绍。

[38] 学术界就这一问题出版了大量著作, 例如: Greenhalgh, *Ephemeral Vistas* (1988); Hoffenberg, *An Empire on Display* (2001); Tenorio Trillo, *Mexico* (1996); V. Barth, *Mensch versus Welt* (2007)。

［39］ Geppert, *Welttheater*（2002），第 1 页。

［40］ 参见 Haltern, *Londoner Weltausstellung*（1971）；Bosbach/Davis, *Weltausstellung von 1851*（2002）。

［41］ Headrick, *Information*（2000），第 142 页。

［42］ Sayer, *Bohemia*（1998），第 96 页。

［43］ Rétif, *Pierre Larousse*（1975），第 165 页。

［44］ Cykar, *Fortschritt durch Wissen*（2001），第 35、74 ~ 76 页。

［45］ Kaderas, *Leishu*（1998），第 257 ~ 280 页。

［46］ Schumpeter, *Economic Analysis*（1954），第 519 页及后页。

［47］ Stierle, *Paris*（1998），第 108（引语）、113、128 页。

［48］ *Essai politique sur l'i le de Cuba*，刊载于 Humboldt, *Relation historique*（1814 – 25）第 3 卷；亦可参见德文版 Humboldt, *Studienausgabe*，第 3 卷（1992）。

［49］ Buchanan, *Journey*（1807）.

［50］ K. Marx/Engels, *Werke*，第 2 卷（1970），第 233 页。

［51］ Mayhew, *London Labour*（1861 – 62），第 1 卷，第 iii 页。

［52］ 其众多作品中的代表之作是 *Les ouvriers européens*，Paris 1855。

［53］ 这种现实主义风格在其他艺术门类也有表现，例如绘画或威尔第的歌剧。

［54］ Lepenies, *Die drei Kulturen*（1985），第 vi 页。

［55］ 有关 19 世纪世界小说史可参见 Moretti, *Il romanzo*，第 3 卷（2002）。

［56］ Fluck, *Das kulturelle Imaginäre*（1997），第 260 页。

［57］ Schmidt-Glintzer, *Geschichte der chinesischen Literatur*（1990），第 490 ~ 493 页。

［58］ Kato, *Geschichte der japanischen Literatur*（1990），第 497 页、第 533 ~ 539 页；Hammitzsch, *Japan-Handbuch*（1984），第893 ~ 900 页，第 1052 ~ 1058 页。

［59］ 德国东欧史学家通常将沙皇俄国称为 "Russländisches Reich"；为便于读者阅读，本书一律采用通俗说法 "Russisches Reich"（两个词均为俄罗斯帝国之意。——译者注），或直接称之为 "沙皇帝

国"（Zarenreich），权威解释见 Kappeler, *Rußland* (1992)。

[60] 其中大部分作者作品的相关评述可参见 D. Henze 的经典名著 *Enzyklopädie* (1978 – 2004)。

[61] 更多分析可参见 Osterhammel, *Ex-zentrische Geschichte* (2002)。

[62] Robertson, *Raja Rammohan Ray* (1995)；李圭日记英文版：Desnoyers, *A Journey to the East* (2004)。

[63] Wang Xiaoqiu, "A Masterful Chinese Study of Japan from the Late-Qing Period: Fu Yunlong and his Youli Riben tujing"，收录于 J. A. Fogel, *Sagacious Monks* (2002)，第 200～217 页。

[64] Das, *History of Indian Literature* (1991)，第 83、100、132 页。

[65] Keene, *Japanese Discovery of Europe* (1969)，亦可参阅本书第 4 章。

[66] Godlewska/Smith, *Geography and Empire* (1994)。

[67] 关于探险式旅行的非理性一面可参见 Fabian, *Im Tropenfieber* (2001)；Driver, *Geography Militant* (2001)。

[68] 有关近代地图史的精彩论述可参见 Headrick, *Information* (2000)，第 96～141 页；U. Schneider, *Macht der Karten* (2004)。

[69] Yonemoto, *Mapping Early Modern Japan* (2003)，第 173 页及后页。

[70] 有关考据学的兴起可参见 Elman, *From Philosophy to Philology* (1984)，第 39～85 页。

[71] 最典型的是拿破仑时代，参见 Godlewska, *Geography Unbound* (1999)，第 149～190 页。

[72] Dabringhaus, *Territorialer Nationalismus* (2006)，第 57 页。

[73] Dahrendorf, *LSE* (1995)，第 3、94 页；D. Ross, *Origins* (1991)，第 123 页。

[74] Schwentker, *Max Weber in Japan* (1998)，第 62～64 页。

[75] Gransow, *Geschichte der chinesischen Soziologie* (1992)，第 51 页。

[76] Lai, *Adam Smith across Nations* (1999)。

[77] Ho Ping-ti, *Studies* (1959)，第 97 页。

[78] Hanley/Yamamura, *Preindustrial Japan* (1977)，第 41 页；Hayami, *Historical Demography* (1997)，第 21～38 页。

［79］ Karpat, *Ottoman Population*（1985），第 22 页。

［80］ Livi-Bacci, *World Population*（1997），第 30 页。

［81］ 关于欧洲各国统计局建设的具体情况可参见 Dupaquier/
Dupaquier, *Histoire de la démographie*（1985），第 256 页及后页。

［82］ P. C. Cohen, *A Calculating People*（1982），第 176 页。

［83］ Cohn, *An Anthropologist*（1987），第 231～250 页。

［84］ Maheshwari, *Census Administration*（1996），第 62 页及后页。

［85］ Joshua Cole, *Power of Large Numbers*（2000），第 80～84 页。

［86］ Bourguet, *Déchiffrer la France*（1988），第 68、97 页。

［87］ Vgl. Cullen, *Statistical Movement*（1975），第 45 页及后页。

［88］ Patriarca, *Numbers*（1996），第 4 页。

［89］ 该观点多见于思想史学者，可参见 R. D. Brown, *The Strength of a
People*（1996）。

［90］ Stöber, *Deutsche Pressegeschichte*（2000），第 164 页。

［91］ 同上书，第 136 页及后页。

［92］ Robin Lenman,“Germany”，收录于 Goldstein, *War for the Public
Mind*（2000），第 35～79 章。

［93］ 关于“煽动诽谤罪”问题可参见 L. W. Levy, *Emergence of a
Free Press*（1985），第 1 章。

［94］ Bumsted, *Peoples of Canada*（1992），第 1 页及后页。

［95］ Macintyre, *Australia*（1999），S. 118；Rickard, *Australia*（1996），
第 93 页。

［96］ Carr, *Spain*（1982），第 287 页。

［97］ R. J. Goldstein, *Political Censorship*（1989），第 34～43 页（及第
35 页图表 2.1.），部分内容有待质疑。

［98］ R. Price, *French Second Empire*（2001），第 171～187 页；Charle,
Le siècle de la presse（2004），第 111 页。

［99］ Robert Justin Goldstein,“France”，收录于同作者作品集 *War for
the Public Mind*（2000），第 156 页；Livois, *Histoire de la presse
française*（1965），第 2 卷，第 393 页。

［100］ Lothar Höbelt,“The Austrian Empire”，收录于 R. J. Goldstein,

War for the Public Mind（2000），第 226 页及后页。

［101］ Beyrau/Hildermeier, *Von der Leibeigenschaft*（1983），第 90 页。

［102］ Bayly, *Empire and Information*（1996），第 239 页。

［103］ Abeyasekere, *Jakarta*（1989），第 59 页。

［104］ 相关精彩评述可参见 Janku, *Nur leere Reden*（2003），第 179 页。

［105］ Huffman, *Creating a Public*（1997），第 222 页。

［106］ Judge, *Print and Politics*（1996），第 33 页。

［107］ Vittinghoff, *Journalismus in China*（2002），第 73 页及后页。

［108］ Ayalon, *Press in the Arab Middle East*（1995），第 30 页。

［109］ Christoph Herzog, "Die Entwicklung der türkisch-osmanischen Presse im Osmanischen Reich bis ca. 1875", 收录于 Rothermund, *Aneignung*（1999），第 15～44 页。

［110］ Ayalon, *Press in the Arab Middle East*（1995），第 41 页。

［111］ Ayalon, *Political Journalism*（1997），第 103、108 页。

［112］ 参见 Watenpaugh 关于阿勒颇问题的研究，*Being Modern*（2005），第 70 页及后页。

［113］ W. König/Weber, *Netzwerke*（1990），第 522～525 页；Smil, *Creating the Twentieth Century*（2005），第 204～206 页。

［114］ T. C. Leonard, *Power of the Press*（1987），第 137 页及后页，关于此类新闻的起源以及后来升级为八卦新闻的过程。

［115］ T. C. Leonard, *News for All*（1995），第 47 页。

［116］ Eine schöne Charakterisierung des Blattes gibt Emery, *Press and America*（1962），第 225～235 页。

［117］ Livois, *Histoire de la presse française*（1965），第 1 卷，第 274 页。

［118］ Juergens, *Joseph Pulitzer*（1966），第 vii 页。

［119］ Cranfield, *Press and Society*（1978），第 160、220 页。

［120］ Emery, *Press and America*（1962），第 345 页。

［121］ 关于美国的情况可参阅 Baldasty, *Commercialization of News*（1992），第 59 页及后页；英国的情况可参阅 L. Brown, *Victorian News*（1985），第 16 页。

［122］ Huffman, *Creating a Public*（1997）。

［123］ 可参见其作品汇编 Russell, *Meine sieben Kriege*（2000），亦可参阅 Daniel, *Augenzeugen*（2006）。

［124］ Headrick, *Tools*（1981），第 158 页。亦可参阅本书第 14 章。

［125］ S. J. Potter, *Communication*（2003），第 196 页；Standage, *Victorian Internet*（1998），系科普读物，但不乏参考价值。

［126］ Read, *Power of News*（1992），第 7、32、40 页（引语）。亦可参见 S. J. Potter, *News*（2003），第 16 ~ 35、87 ~ 105 页。关于电缆公司与新闻社的企业发展史可参见 Winseck/Pike：*Communication and Empire*（2007），第 6 ~ 7 章。

［127］ 关于驻外新闻机构问题可参见 L. Brown, *Victorian News*（1985），第 10 章。

［128］ Briggs/Burke, *Media*（2002），第 155 ~ 163 页。

［129］ 有关摄影术发明前的观察技术手段问题在此未予涉及，相关论述可参见 Crary, *Techniques of the Observer*（1990）。另外，关于摄影与"现实主义"绘画的复杂关系问题在此也不予讨论，相关论述可参见 Fried, *Menzels Realismus*（2008），第 277 ~ 283 页。

［130］ Hörisch, *Sinn*（2001），第 227 ~ 229 页。

［131］ T. C. Leonard, *Power of the Press*（1987），第 100 页。

［132］ Gernsheim, *Geschichte der Photographie*（1983），第 154 页。

［133］ Newhall, *Geschichte der Photographie*（1989），第 90 页。

［134］ M. Davis, *Late Victorian Holocausts*（2001），第 147 页及后页。

［135］ Jäger, *Photographie*（2000），第 48、51 页。

［136］ Stiegler, *Philologie des Auges*（2001），第 136 ~ 141 页。

［137］ 民族风情摄影的源头是配合展览的图册。参见 Theye, *Schatten*（1989），第 61 页。

［138］ Gernsheim, *Geschichte der Photographie*（1983），第 584 页。

［139］ 参见 J. R. Ryan, *Picturing Empire*（1999），第 73 页及后页。

［140］ 相关事例可参见 Gernsheim, *Geschichte der Photographie*（1983），第 212 页。

［141］ Faroqhi, *Kultur und Alltag*（1995），第 285 页及后页。

［142］ 这方面最成功的例子是：Ayshe Erdogdu, *Picturing Alterity*：

Representational Strategies in Victorian-Type Photographs of Ottoman Men，收录于 Hight/Sampson，*Colonialist Photography*（2002），第107～125 页。

[143] 有关电影早期发展史可参见 Hörisch，*Sinn*（2001），第284～292 页。

[144] Rittaud-Hutinet，*Le cinéma*（1985），第 32、228～239 页。

[145] Leyda，*Dianying*（1972），第 2 页。

[146] Harding/Popple，*Kingdom of Shadows*（1996），第 20 页。

[147] Leyda，*Dianying*（1972），第 4 页。

[148] Toeplitz，*Geschichte des Films*（1975），第 25 页。

[149] 可参阅本书第 16 章。

第 2 章 时间
—— 何时谓 19 世纪？

一 年代划分与时代特征

历法意义上的世纪

19 世纪究竟是指哪一段时间？当人们谈到某个"世纪" 84
时，总是把它当作一个不言而喻的概念，并自认为在所有人心目
中，这个概念都指向一个具体乃至共同的含义。但是，一个"世
纪"除了 1801 ~ 1900 年这一时间段所包含的内容之外，是否还有
其他的内涵？作为一种时间尺度，人类对它并没有任何感性的经
验。一个人无法凭感官去感知一个新世纪的开始，就像感觉昼夜
交替或四季更迭。对此，人们只能依靠计算。世纪是历法的产
物，是 16 世纪才开始通行的一种计算时间的标准。对历史学家
而言，正如世界史学家约翰·M. 罗伯茨（John M. Roberts）所
说，它"不过是一种权宜之计"（only a convenience）。[1]一位历
史学家愈不相信每个历史阶段都具有可以识别的"客观"特征
或特性，或者说，如果他更多是把时代划分看作为排列时间顺
序而达成的人为约定，他便愈有可能对以百年作为时间分期这
样一种简单而程式化的做法提出异议。具体就 19 世纪而言，由

于其前后两个分界点都是平淡无奇的年份，这使得世纪划分法的形式主义色彩愈加暴露无遗。无论是这个世纪在历法意义上的起始还是终结，都不曾有任何影响深远的重要历史事件与之相伴。那些数字当中含有两个或三个"0"的年份，往往并不是能够成为人类永恒记忆的重大转折点。人们在记忆中印象最深的年份并不是 2000 年，而是 2001 年。

85　　　　对于历史学阐述来说，这有可能是件好事。在欣赏一幅油画时，窄边的画框可以减少干扰，使观者更多地将注意力集中于画面本身。世纪的划分可以使与历史分期有关的所有问题以决断论方式一劳永逸地得到解决。它从盲目正义出发，设定了一个不受空间或文化因素制约的行动框架，将全世界范围内一切形式的演变都纳入其中，并借此摆脱了围绕历史分期重要界点问题的无休止纷争。只有采用一种相机取景器式的框架（frame），才能将不同历史进程的内容全部摄入其中，而避免赋予其中某一个单独进程以优先地位，并将其作为衡量其他进程的尺度。人们往往撰写各种书籍，来讲述某个特定年份——例如 1688 年或 1800 年——在世界不同角落发生的各类事件。[2]这些叙述产生了一种全景式效果，它通过强制的形式上的同步性，使某些现象实质上的非同步性得以呈现。这种同步性效应同样适用于对一个世纪的描述。但是，当时间跨度被拉长到 100 年时，历史的变迁自然也将随之进入我们的视野。当我们将镜头对准一个历法意义上的百年时，只要从它的首尾两端分别截取若干瞬间，就必然会捕捉到世界不同地区、不同发展阶段的历史进程。这时，在我们所熟悉的有关西方社会进步的各种叙述之外，其他与之不同的时代叙事也将浮出水面。

　　尽管如此，这种形式主义的做法仍然难以令人满意。内容空洞的历史分期法尽管一目了然，却无法为人类的历史认知带来帮助。因此，历史学家往往对此采取回避态度。他们当中一些人甚至认为历史分期是"使历史编纂成为一门过时学问的核心形式"，并因此视其为史学理论的首要问题。[3] 而那些不赞成这种偏激观点的人，则习惯于就"长世纪"和"短世纪"的话题展开讨论。许多历史学家倾向于"长世纪"的理念，将1789年法国大革命一直到1914年第一次世界大战爆发的一百余年全部纳入19世纪的范畴。另外一些人则提出不同版本的"短世纪"概念，认为19世纪的跨度应短于100个日历年。他们以国际政治作为界定标准，将1814～1815年维也纳会议确立欧洲新秩序以及美国借1898年美西战争之机登上国际政治舞台，视为19世纪开始和结束的标志。根据内容对时间框架做出选择，往往会使这些选择所具有的诠释性色彩得以暴露。因此，对一个世纪的范围和时间形式加以追问，绝不是一种吹毛求疵的无谓之举。正因为每一位历史学家都必须对这个问题做出隐性（implicit）回答，因此他/她必须预先采取显性（explicit）的行动。那么，我们究竟应当如何确定19世纪在时间这一结构化的连续统一体当中所处的位置呢？特别是当我们不能以纯粹发生在欧洲的重大政治事件、经济态势和思想潮流来架构这一连续统一体，并将其视为得出结论的前提时，这一问题的提出就变得尤为重要。

86

世纪是时间的一个片段，其意义则是由后世所赋予。回忆具有梳理时间的作用：它时而将时间推向久远的过去，时而把时间拉回眼前的现在；它延伸它，压缩它，间或甚至抹杀它。而宗教的直接性则往往可以穿越时间：施主、先知、殉道者完全有可能存在于当下。直到19世纪历史主义的出现，这些才最终被归结为过去的历史。线性编年是抽象的，它与人类对时间的感知往往并不吻合。当按年代排序的时间连续体获得普世认同之后，在一些非西方文明社会中，如何确定历史事件发生的具体年代，变成了一个难题。唯有通过年代的线性秩序，才能将历史知识按照前后顺序加以排列，才能按照历史主义的标准去阐述历史。在世界各国，"现代"历史研究和考古学都把确定年代的问题作为自身的首要工作。在这方面，日本是欧洲以外地区的先行者之一。在这里，直到世纪之交，一份拥有时间纵深的较为完善的国家历史编年表才最终制定完成。[4]在拥有深厚的、堪与欧洲匹敌的历史编纂学传统的中国，除修订编年史之外，还必须辅之以全面广泛的考据学研究。从 20 世纪 20 年代起，人们开始着手这项工作。[5]在其他许多国家，例如非洲和南太平洋地区，考古学发现尽管为人类活动提供了丰富的证据，但是，即使对于近代史来说，具体年代的确定仍然十分困难。在夏威夷，人们干脆将 1795 年文字记载出现之前的所有时期，统称为"史前史"时期。[6]

在本书中，我选择了如下方案："我的"19 世纪并非一个从某年某月开始至某年某月截止的时间连续统一体。我所感兴趣的历史，并不是一段以百年或更长时间为跨度的线性的、可以用"于是……后来……"模式来表述的叙事性进程，而是历史的种种过渡和演变。历史的每一次演变都呈现出其特殊的时间结构、特殊的速度、特殊的转折点、特殊的空间差异以及一定程度上的地方时态。揭示这种时间结构，是本书的重要目的之一。因此，本书包含大量的年代数字，并将对一些年代划分的细节问题予以反复重申。每一次历史演变的开始和结束，都是在不同的时间点发生的。其时间的连续性体现在两个方面：

一方面，这些演变在不同程度上延续着上一个历史阶段的发展潮流，例如我们常说的"早期近代"；即使那些翻天覆地的革命，也不可能在没有任何铺垫的情况下发生。另一方面，19世纪是当代的"史前史"。那些开始于19世纪或被认为具有19世纪特点的历史演变，很少随着1914年（或是1900年）的到来戛然而止。因此在本书中，我会经常有意地打破规矩，将视线投向20世纪，有时甚至投向我们生活的今天。我想要阐释和论述的对象，并非一段封闭的、自我满足的19世纪历史，而是一个时代与漫长历史轨迹相融合的关系，也就是历史之中的19世纪。

对于叙述的时间框架来说，这又意味着什么呢？假如在一个人看来，时间连续性比清晰的时代划分更重要，那么强调具体的年份是没有意义的。因此，我将采用宏观分期的两种模式，并在两者之间灵活转换：有些时候，我所说的19世纪是一个形式化的、没有实质性内容的时间段（1801～1900年），也就是历法意义上的19世纪；在另外一些时候，我所指的19世纪是一个"长世纪"，只有对与之相关的历史关联进行观察，其轮廓才会显现出来。这个"长世纪"大约是从18世纪70年代开始的。如果用某个具有象征性意义的"世界史"重大事件作为标记，这就是促成美利坚合众国建立的美国内战。假如将1914年8月第一次世界大战爆发作为这一世纪的结束，其效果既简单又富于戏剧性，同时也包含着某种经得起推敲的内在逻辑。在分析世界经济格局以及某些领域的历史演变进程时，这样做是可取的，然而在其他时候，这种做法并不妥当。第一次世界大战本身是一个重要过渡和连锁效应蔓延的阶段。它从法国东北部和波罗的海地区之间的一场战事开始，其影响最初仅波及西非和东非，此后随着战局的扩大，才最终演变为一场世界大

战。[7] 参战国之间的内在关系，直到 1916～1917 年才发生了前
所未有的戏剧化转变。1919 年是欧洲、近东与非洲政治新格局
形成的一年，同时也是革命或反殖民主义浪潮从爱尔兰、埃及、
印度，一直蔓延到中国的一年。此外，由于许多人预言的和平
未能如期而至，一时间，由此导致的失望情绪在全世界弥漫。[8]
用矫情的话来说：直到战争结束，人类才真正意识到，自己已
不再生活在 19 世纪。因此，从某种角度看，从 18 世纪 70 年代
开始的"长"19 世纪，应该是在 20 世纪 20 年代随着全球向战
后时期过渡才真正结束。在战后时期，新的科技和新的意识形
态在当时人们所处的"当代"与 1914 年之前的旧时代之间划
上了一道深刻的鸿沟。除了从"历法"和"长世纪"的双重角
度对 19 世纪做出时间定义之外，关于历史学家眼中的年代和时
代同龄人眼中的年代，还有许多更具体的问题值得我们探讨。
而这些，正是本章所要论述的主题。

时代结构

历史年代形成的诸多可能性之一，是时间合并而生成时代。
至少在欧洲人的意识里，过去的历史只是一连串时间的碎片，
每个时代的名称很少是由经过梳理的记忆升华而成，而更多是
历史反思和构想所得出的结果。许多历史时期的名称实际上是
一些权威历史学家很晚才创造的，例如"希腊化时期"（德罗
伊森 [Droysen]）、"文艺复兴"（米什莱 [Michelet]，布克哈
特 [Burckhardt]）、"后中世纪"（赫伊津哈 [Huizinga]）、"后
古典时期"（彼得·布朗 [Peter Brown]）等。有些由学术界发
明并为专业人士所采用的历史分期名称，甚至完全不为公众所
知。"早期近代"便是一个例子。20 世纪 50 年代初，史学界提

出将这一概念作为历史时期的称谓，当时联邦德国已为此设立了专门的教职。这一标签很快便为历史学家所接受，并将其用于史学界的专业划分。有人甚至将"早期近代"看作具有同等地位的第四个历史时期①，从而使旧约圣经《但以理书》中世界四大帝国的末日预言从数字上得到呼应。[9] 含义更加模糊的是"现代"这一近乎泛滥的概念。它可以用于形容欧洲 16 世纪之前的任何一个世纪，甚或是 11 世纪的"中世纪"中国。严格地讲，在社会历史意义上，"现代"应该是指从 19 世纪 30 年代到今天的所有时代。而从高雅文化和美学角度讲，时间指向则更晚，具体讲，是在波德莱尔、德彪西和塞尚之后。[10] 我们今天所说的现代、后现代（postmodern）以及多元现代性（multiple modernties）等概念往往没有任何具体的编年标记，由此也可以看出当代人的历史分期意识是多么淡薄。因此我们有理由推测，"早期近代"很可能是最后一个被专业人士所认可的历史分期定义。[11]

89

实际上，19 世纪早已脱离了历史分期的术语范畴。尽管界定各有不同，但几乎所有历史学家都将它看作一个独立而难以命名的时代。在以往年代里，通常是由几个世纪共同构成一个历史时期（"中世纪"包括近 10 个世纪，"早期近代"包括 3 个世纪），而 19 世纪却是自成一体。从没有人严肃地提出过类似"晚期近代"的概念，以作为这个世纪的代名词。仅就 19 世纪应被归属于"近代"还是"现代"的问题，在德国便众说纷纭。假如将其归于前者，那么，它或许可以被视为始于 1800 年之前的历史潮流的巅峰期；而假如将其归于后者，那么它则

① 欧洲历史学家通常将世界历史分为三个时期：古代、中世纪和近代。

是为第一次世界大战开启的历史新时期所做的铺垫。[12]曾为法国大革命之后的欧洲历史写下杰出传记的埃里克·J. 霍布斯鲍姆（Eric J. Hobsbawm）没有为这一世纪——他选择的是"长世纪"视角——冠以总的概括性名称，而是将其划分为三个时期：革命时期（1789～1848年）、资本时期（1848～1875年）和帝国时期（1875～1914年）。[13]另外，从思想史角度看，同样也无法为这个世纪找到一个统一的名称，就像18世纪常常被称作"启蒙时代"一样。因此可以说，19世纪是一个无名的、断章式的世纪，一个介于人们自认为了解更透彻的其他历史形态之间的漫长过渡期，或许也可以说，是一个尴尬期。

二　历法与年代分期

1800年或1801年时，在世界大多数地区，人们对新世纪的开始浑然不知。在法国，官方有意淡化这个日子，因为就在1792年，法国刚刚决定将共和国成立的这一年确立为元年（1793年相当于共和2年），并于1793年起正式实行一部与众不同的新历法。在1806年初恢复格里历之前，这部历法在法国越来越令人反感，因为除了年份之外，新历对月份的计算也采用了新的方法。例如，公元1801年1月1日在新历中是共和9年4月（Nivoŝe，雪月）11日。根据穆斯林的日期计算方法，1801年1月1日是伊斯兰历1215年8月的一个寻常日子。该历法是从公元622年7月16日——先知穆罕默德迁移（hijra）到麦地那的这一天开始纪元的。因此在信奉伊斯兰教的地区，人们早在1786年便已进入新世纪（13世纪）。在暹罗等信奉佛教的国家，公元1801年相当于佛历2343年，按照犹太历计算，则是 5561 年。而在中国，这一年是嘉庆五年庚申年。在地域辽阔的中华帝国，人们同时也在使用其他历法：回族、藏族、彝族、傣族等少数民族都在按照各自不同的历法计算时间。对中国人来说，新纪元的开始并非 1800 年或 1801 年第一天，而是1796 年 2 月 9 日。这一天，在位 60 年的乾隆皇帝将皇位传给自己的第十五子颙琰，后者登基后定年号为嘉庆。越南是亚洲最早实行公历的国家。1802 年越南统一后，政府出于某些特殊的官方目的，决定引进公历，但与此同时，民间却仍在使用中国明代历法。而在中国，该历法自 1644 年明朝灭亡后便已被废弃。[14]在历法问题上，这类例子可谓数不胜数。人类历法的丰富性和多元性由此可见一斑。这一切向我们传递了一个信息：1800 年或 1801 年世纪之交的魅力仅仅是针对基督教盛行的地区而言。但凡"世纪之交"能够被感知的地方，即是"西方"之所在。"我们的"19 世纪，仅仅开始于西方。

格里历与其他历法

如果有谁对此感到惊讶，不妨想一想，即使在欧洲，历法的统一也经历了一个渐进而缓慢的过程。格里历从 1582 年开始被天主教国家采用，不久后传到西班牙海外帝国，并在 1600 年即被引进苏格兰。但是，直到整整 170 年之后，它才被英格兰以及整个大不列颠帝国接受。[15]罗马尼亚、俄国和土耳其正式采用格里历的时间分别是 1917 年、1918 年和 1927 年。格里历堪称近代欧洲最成功的文化输出品之一。实际上，它并非一部全新的历法，而是在儒略历基础之上的一种技术性改良。它是由反对宗教改革的教宗格雷戈里十三世（Gregor XIII，1575 ~ 1585 年在位）倡议推行的，但经由信奉新教的大不列颠帝国传

播到地球最偏远的角落。在殖民地之外的地区，格里历的引进
更多是出于自愿，而非文化霸权强加于"其他"文明的结果。
对格里历存在争议的国家，往往是出于技术性原因或现实因素
的考虑。例如，实证主义哲学家孔德曾极力推行一部由其自行
设计的历法，该历法将一年分为 13 个月，每月 28 天，然后在
364 天的基础上额外增加一天。这部于 1849 年提出的孔德历法
还建议用一些为人类做出突出贡献者的名字替代传统的月份名
称，例如摩西、阿基米德、查理大帝、但丁、莎士比亚等。[16]
从历法科学的角度看，孔德的建议绝非一种不切实际的空想。
此后，曾有不少人以此为基础提出过类似的改进方案。

　　俄罗斯东正教教会迄今仍在使用未经改良的儒略历。儒略
历诞生于公元前 45 年，它是身为古罗马大祭司的儒略·恺撒
（Julius Caesar）以古希腊和埃及天文学家的古典时间观念为背
景，组织制定的一部沿用数百年的纪年法。但是从长期来看，
依此计算出的时间每隔几年总会多出几天。在奥斯曼帝国以及
后来的土耳其，情况尤为复杂。先知穆罕默德确定将月亮作为
时间的测量仪，并宣布阴历为唯一有效的历法。而与此同时，
民间也残留着来自拜占庭时期的儒略太阳历传统。奥斯曼朝廷
虽然认识到，实行太阳历对国家统治来说更为简便，却依然决
定按照季节来划分财政年度，这种做法对确定收缴农产品税的
时间十分重要。在阳历与阴历之间，不存在任何直接的关联，
因此，两者的交叉、错位和计算错误是难以避免的。直到今天，
在世界某些地区，地方历法与格里历并行的情况仍然屡见不鲜。
在一些伊斯兰国家，农村居民仍在使用阴历，而城市居民则早
已习惯采用国际通行的阳历。[17]世界各地的华人，包括他们当
中那些全球化的先行者，无一例外会按照阴历在 2 月的某一天

庆祝自己的新年。除了各种"传统"和"现代"纪年法之外，各种新发明同样层出不穷：首先自然是新兴民族国家为纪念以往历史和建国史而树立的象征性坐标——国庆节、英雄纪念日等一系列节日，除此之外，甚至还出现了全新的纪年法。例如，源自伊朗的巴哈伊教以该教创始人得道的 1844 年作为纪元，制定了一部每年 19 个月、每月 19 天的独特历法。[18]

　　世界各地对历史年代也并不都是按照公历纪元（拉丁文所谓 Anno Domini，今天大多被称为 Common Era，即"公元"）计算的。我们当今所采用的这种用数字精确标注每个时间点、以公元元年（annus domini）为起点对年代进行前后推算的线性纪年法，其最初的创意产生于公元 6 世纪，并于 1627 年由耶稣会教士狄奥尼修斯·佩塔维斯（Dionysius Petavius，亦称 Denis Péteau）加以改进，不久后又得到了笛卡儿的鼎力宣传。[19] 19世纪时，公历纪年法虽在全世界获得广泛普及，但并未取代所有纪年法而成为唯一通行的历法。在全球最发达的地区之一——中国台湾，人们迄今仍在采用与古代王朝相类似的年号纪年法。在中国古代，每一位皇帝即位后便开始采用新的年号，而不像犹太教、基督教或伊斯兰教历法一样实行连续性纪年（直到共产党掌权后，中国大陆才彻底改为公历纪元）。同样，日本也一直是根据天皇年号来确定年份。依此计算，1873 年为明治六年。除此之外，日本还于 1869 年下令推行一部具有连续性、不受朝代更迭影响的皇号纪年法，以神话中的太阳神后裔神武天皇即位作为纪元，1873 年即相当于皇纪 2533 年。在日本人看来，自从采用了这种纪年方法，他们便在日本与西方的线性时间观之间找到了关联。[20] 尽管一些历史学家曾对皇纪委婉地提出异议，然而这种将公元前 660 年作为虚拟元年的颇具古风的纪年法却一直延续下来，并经历了二战的洗礼，成为日本民族主义的重要象征。1989 年随着明仁天皇的即位，皇纪的重要性再次得到了确证。[21] 这种新式纪年法的实行具有明确的政治目的，这就是巩固天皇作为新兴民族国家精神世界核心的地位。日本于 1873 年——比俄国早近半个世纪——开始实行格里历，并同时引进了当时尚鲜为人知的七日星期制。这一年的阴历十一月九日，天皇颁布诏书，宣布将当年十二月三日更改为阳历 1873 年 1 月 1 日。尽管诏书竭力颂扬现代化，并指责阴历为迷信和落后的标志，但是这次突如其来的历法改革，其根本目的实际上是为了挽救濒于破产的国家财政。因为按照旧历，这一年将迎来闰月，这意味着国家必须为所有公职人员支付 13 个月工资。在当时财政窘迫的困境下，这笔开支是国家无力承担的。而在实行新历法之后，元旦突然间被提前了 29 天，措手不及的主妇们甚至来不及按照传统习俗在新年前把房子打扫干净。与最具国际影响力的历法制度的接轨同时还意味着，从此之后，日本皇室再也不需要雇用御用天文学家，去专门负责日历的核对工作了。[22]

年代顺序

纵览人们在描述历史年代时所采用的形形色色的称谓，时间秩序的相对性将变得更加清晰。自 17 世纪 80 年代起逐渐为人们所采用的以古代、中世纪和近代划分历史的欧洲历史三段论，在其他任何一个同样有丰富史料证明其延续性的文明中，都找不到可与之类比的理论。在这些文明中，尽管也有所谓革新或复兴的说法，但是在与欧洲发生接触之前，人们从来不曾萌生过自己正处于一个超越过去的全新时代的想法。在日本，直到明治维新给国家带来制度性转折之后，在以大久保利通为代表的思想活跃的新生代贵族的引领下，方才出现了各种着眼于未来的新时代观，而这种观念是所有"现代"意识都必须具备的实质性内容。[23] 但是，新时代观的表现形式却充满传统主义色彩：一方面是通过对重建神圣天皇统治（尽管对明治时期的政治实践来说，在日本历史上找不到任何一个可以参照的榜样）的公开宣扬；而另一方面是，在1868年之后，人们开始努力找寻本国的"中世纪"历史，并力图通过这一方式与地位尊贵的欧洲历史模式找到契合点。[24] 有关"中间年代"的理念对伊斯兰传统历史学产生了一定影响，但对中国历史学研究却毫无触动。即使在中国引进西方思维方式之后，这方面也没有发生任何变化。无论在大陆还是在台湾，"中世纪"概念都从未被用于对本国历史的叙述。不仅是传统主义历史学家，所有人都偏向于采用朝代分期法，就连中国的当代历史编纂以及1978年首次出版的西方论述中国史的旗舰著作——《剑桥中国史》（*Cambridge History of China*），都无一例外地遵循了这一原则。

94

直到涉及19世纪的问题时，情况才开始出现偏移。根据正统马克思主义观点，1842年签订的被视为"帝国主义侵略"开端的中英《南京条约》开启了中国近代史，而发生于1919年的反帝国主义运动则拉开了中国现代史的序幕。依照这一理论，拥有明确内涵定义的19世纪是从19世纪40年代才真正开始的。与此相反，占据国际主导地位的美国中国史研究界以及越来越多的中国历史学家则提出了"晚期帝制中国"（late imperial China）的概念。这一概念所指向的年代并不仅仅是帝王统治的最后几十年（在涉及后者时，人们仍会采用"晚清"的说法），而是指从16世纪中叶开始，直到"长"19世纪结束的整个历史阶段。有些学者甚至将这段历史追溯至 11 世纪，当时的中国正处于政治稳定、社会革新、文化繁荣的时期。"晚期帝制中国"的时间覆盖面一直延伸到 1911 年帝制的结束，从形式上看，这一概念与欧洲的"早期近代"理论，或者说与认为"旧欧洲"实际始自"中世纪"的时间跨度更大的早期近代论版本，有一定的相似性。但两者所不同的是，前者忽略了后者所强调的一点，即将 1800 年前后视为一段历史形态的终结期。在悠远的中国历史长河中，19 世纪尽管也出现了一些不容忽视的历史新走向，然而将这一时期视为曾经不可撼动的旧政权（Ancien Régime）走向衰落的终结期，却已成为一种普遍共识。在涉及 19 世纪实质性定义的问题时，人们可以得出各自不同的答案，而中国仅仅是印证其诸多可能性的事例之一。

三　转折与过渡

民族剧变与全球性转折

95　　假如一个人不认同每一个历史时期的所有"生命表述"都具有某种统一的"时代精神"这一带有神秘色彩的判断，那么在历史分期问题上，他必然会遭遇"文化地域的分期差异性"的困扰。[25]在多数情况下，政治史的重大事件与经济史的重要转折在时间上是错位的。不同艺术风格时期的开始与结束，通常与人们所认定的社会发展史的节点并无关联。社会史研究者往往默默地沿用政治史的习惯分期，并以此来回避关于历史分期问题的争论。而另一些人则警告人们不应对事件史的重要性过于高估。身为神学家和社会历史学家的恩斯特·特勒尔奇

（Ernst Troeltsch）即对此持怀疑态度。经过一场围绕黑格尔、孔德、马克思和库尔特·布莱西希（Kurt Breysig）、维尔纳·桑巴特（Werner Sombart）、韦伯等人的非事件史式分期模式展开的讨论，特勒尔奇得出结论："只有从社会、经济、政治、法律的下层建筑出发"，并将"强大的根本性的基础力量（Grundgewalten）"[26] 置于首位，才有可能实现"真正客观的历史分期"。特勒尔奇同样也不相信，依靠这些基础力量，可以列出一份清晰明确、没有重叠的历史编年表。

特勒尔奇的观点所涉及的是整个欧洲的历史，而非某一个民族的历史。当问题仅仅涉及某个特定民族时，就其历史上的重要转折点达成共识或许并不困难，而在涉及欧洲历史时，要找到各方一致认可的历史分界点则困难得多。如果以德国作为观察视角，结果很可能使人步入误区，因为德国近代史的重要节点对欧洲各国来说没有任何代表性。而对英国的政治史来说，就连 1848 年的大革命也不过是一个平常事件。英国的历史书籍——不仅是科普性的历史书——迄今仍然将"维多利亚时代"（1837～1901 年）作为一段历史时期的称谓，而这一名称原本只是指维多利亚这位君主立宪制女王的执政期。英国早在 96 17 世纪的两次革命期间便已经历了具有革命性意义的巨变，1789 年的法国大革命在这里产生的影响远远比不上它给欧洲大陆所带来的冲击。在英国当代历史学著作中，经常被提及的一个重要年份不是 1789 年，而是 1783 年。就在这一年，英国彻底失去了其在北美的殖民地。因此，作为世纪之交的 1800 年在这个岛国受到重视的程度远不及法国、德国和波兰。英国在经历了由海峡另一岸发动的拿破仑战争的风云后，平静地从 18 世纪迈入了 19 世纪。

在欧洲史的时间形式上，人们的看法已然如此争执不下，众说纷纭，那么要为整部世界史确定分期又将是怎样一件困难事？在这一问题上，政治大事记所能提供的帮助微乎其微。在20世纪之前，没有任何一个年份可以被视作整个人类的划时代之年。当我们回过头来看，也许可以说，法国大革命是一个具有全球性影响的历史事件，然而从这一事件对当时那个时代的影响来看，一个中等规模欧洲国家的君主被推翻并被送上断头台，远远称不上是一次世界性事件。在亚洲、太平洋地区以及南部非洲，这场革命在很长时间里一直不为人知。早在1888年，法国哲学家和文化历史学家路易·布多（Louis Bourdeau）即指出，对4亿中国人来说，法国大革命根本不曾发生，因此，对其重要性的质疑是合乎情理的。[27]对外部世界真正具有直接影响的，并非局限于法国领土的革命性纲领以及与此相关的政治实践，而是这些纲领通过军事扩张得到传播的过程。在美洲（除加勒比地区的法国殖民地之外）和印度，法国大革命本身并没有受到重视，直到拿破仑与英国陷入战争冲突，它才真正唤起了人们的关注。即使第一次世界大战的爆发，对地球上的很多地方来说，最初也没有形成任何冲击。直到1918年战争结束引发世界性危机，并伴随着全球流感疫情的蔓延，形势才彻底发生逆转。[28]1929年世界经济危机的爆发是一个真正具有全球性分量的经济事件。在短短几个月内，来自所有大陆的生产商和销售商都感受到了纽约股市暴跌所导致的后果。第二次世界大战的帷幕同样也是一步步拉开的：1937年7月在中国和日本，1939年9月在苏联以西的欧洲。对世界其他地区而言，随着1941年德国进攻苏联以及日本对美国发动袭击，二战才真正开始。而二战给拉丁美洲和撒哈拉以南非洲带来的影响，从程度来看远不及一战。1945 年之前，在全球政治史上找不出任何一个能够令整个人类同时感受到其近距离影响的日子，直到 1945 年之后，以重大历史事件为标志的统一世界史才逐渐显露端倪。

接下来，我们不妨做一个思维试验，看一看按照历史学家的判断以及受其影响或许已成为大众认知的观点，对每个民族的历史而言，在"长"19 世纪都曾出现过哪些国内政治的重大转折点。如果一个人首先看到的是德法历史在一些关键年份——1815 年、1830 年、1848 年、1870 ~ 1871 年、1914 ~ 1918 年——密切的平行和交叉关系，他必然会难以相信，从更广阔的视角来看，尽管政治剧变发生的时间偶有交集，然而政治发展的主旋律却是无法统一的。

历法意义上的 19 世纪拉开帷幕的前后几年，对于那些被拿破仑军队推翻或摧毁的旧政权，或至少对旧政权衰败起到推动作用的每一片疆土来说，都具有划时代的意义。其中包括德国西部各邦、西班牙、葡萄牙、殖民岛国海地（圣多明戈）、埃及等，而沙皇俄国则是一个例外。拿破仑战争还对另一些地区产生了间接影响：假如西班牙国王的统治没有在 1818 年被推翻，西属拉美的独立运动将会延迟，而不会早在 1810 年便全面爆发。1798 年，法国对埃及的占领——尽管为时不长，因为法国人在短短三年之后便撤离了尼罗河——使奥斯曼帝国统治受到严重冲击，并由此引发了各领域的现代化改革。但是，从长远来看，对奥斯曼帝国影响更为深远的，是 1878 年对俄战争的失败。这场战争的失利导致帝国一些最富裕地区沦为别国领土。1876 年，巴尔干半岛 76% 的土地仍然归属于帝国的疆域，而到 1879 年，只剩下 37%。这才是奥斯曼帝国后期历史的重大政治转折点，是标志着衰亡的一场巨变。1908 年，"青年土耳其"
军官推翻专制的苏丹统治，是由此衍生的一个几乎不可避免的
革命性结果。在英国武装干涉的地区，同样也能够感觉到拿破
98 仑战争的间接影响：好望角和锡兰（斯里兰卡）脱离了拿破仑
附属国荷兰的统治，在国家衰亡后也一直被英国所控制；在以
爪哇为首府的印度尼西亚，荷兰殖民统治在短暂的英国占领期
（1811～1816 年）之后得到了恢复，但英国人遗留的影响却引
发了一场深刻的变革；1798 年在印度，英国军队在杰出的殖民
总督韦尔斯利侯爵（Marquis of Wellesley）的领导下，为谋求对
印度的统治权展开军事扩张行动，并最终于 1818 年将权力牢牢
地掌握在自己手中。

　　在其他国家，那些最具历史性意义——其重要性远远超过
1800 年前后发生的各种历史事件——的重大政治转折，都是在
19 世纪期间出现的。许多国家甚至是在人类进入历法意义上的 19
世纪之后才刚刚成立：1804 年，海地宣布建立共和国；1810～
1826 年，西属拉美各国陆续独立；1830 年和 1832 年，比利时
王国和希腊王国相继成立；此外，还有 1861 年建立的意大利王
国，1871 年成立的德意志帝国和 1878 年成立的保加利亚公国。
今天新西兰国家形态的形成则源自 1840 年英国王室代表与毛利
族酋长签订的《怀唐伊条约》（Vertrag von Waitangi）。加拿大
和澳大利亚分别于 1867 年和 1901 年签署邦联协议，由相互毗
邻的殖民地所组成的联合体演变为民族国家。挪威直到 1905 年
才脱离与瑞典的联盟，成为一个独立的国家。在所有上述情况
下，19 世纪都无一例外地被民族国家的建国日期分割为两段：
统一或独立前，以及统一或独立后。这些时间节点对历史的构
建能力，远远超出了那个被我们称作"世纪"的即使在历法意

义上也含糊不明的时间框架的意义。

类似的例子可谓不胜枚举：英国在政局稳定的形势下度过了大革命时期，平静地进入了 19 世纪。此时的英国政治体制，仍然具有极端的寡头政治的色彩。直到 1832 年选举法改革实行后，英国的选民范围才大幅度扩大，其大不列颠旧政权也就此告终。从英国宪法史的内在延续性来看，1832 年这一年份标志着一次飞跃性巨变，其象征意义或许远在其现实意义之上。在未受拿破仑军队铁蹄践踏的匈牙利，国家遭遇的重大政治危机是随着 1848 ~ 1849 年革命的爆发才真正到来的。后者的激烈程度，在整个欧洲都颇为罕见。对中国来说，1850 ~ 1864 年的太平天国起义无疑是一次具有革命性质的时代挑战，它是两百年来中国所经历的最严重的一次国内危机。19 世纪 60 年代，政治体制的变迁在世界各地接踵而至。其中最重要的两次巨变，一次是 1865 年美国内战结束后南方联盟的解体以及国家统一的恢复，另一次是 1868 年日本幕府政权的倒台以及雄心勃勃的民族国家建设的开始，也就是明治维新。在两次变迁中，从 18 世纪延续下来的政权结构和政治实践都是随着制度性危机的爆发和改革的推进才彻底消亡：一边是德川氏 1603 年执政后建立的封建幕藩体制，另一边是北美南方各州的奴隶制。无论日本还是美国，从一种政治体制到另一种政治体制的过渡都是在 19 世纪完成的。

"早期近代"——一个适用于全球的概念？

由此可见，19 世纪在政治意义上的开端，是难以用日历上的某个年份来确定的。假如将法国大革命作为节点则意味着，观察者在思考这一问题时，更多是出自法国、德国或海地的视

角。旧政权的垮台，实际贯穿于整个 19 世纪。在类似日本这样
的重要国家，现代政治史是从 1868 年才开始的。现在让我们看
一看，如果按照特勒尔奇提出的将社会文化"基础力量"作为
标准，又将意味着什么呢？这个问题将我们的目光重新拉回到
"早期近代"这一时代概念。将早期近代视为一个完整历史时
期的理由愈充分，将 19 世纪置于其上的基础便愈牢固。在这
里，它所传递的信息是矛盾的：一方面，在研究领域的分工、
知识分子特性以及学术利益政治等综合因素的影响下，许多职
业历史学家将早期近代看作一个固有的概念，并从格式化思维
出发，将其时间框架自动设定为 1500～1800 年。[29] 当某种分期
模式通过惯例化的方式成为貌似可信的独立存在时，必然会导
致一个不可避免的结果：过渡期现象将因此被人们忽略。因此，
一些人建议将重大历史事件发生的年份——1789 年、1871 年或
1914 年——放在历史时期的中央而非边缘的位置，并不是一个
愚蠢的想法。通过这种方式，我们可以从时间的外围，从事前
与事后的双重角度，对这些事件进行观察。[30]

　　另一方面，很多迹象表明，人们通常用来界定早期近代的
前后两个时间节点，哪怕从历史延续性的角度看，也应该模糊
化处理。[31] 长期以来唯一的、至少对欧洲史来说鲜有争议的划
时代年份，是 1500 年。尽管有些历史学家认为，应当将 1450～
1520 年定义为过渡期。在这一时期，各种具有深远影响的历史
革新进程在时间上的重合性，是有目共睹的：（后）文艺复兴，
宗教改革，早期资本主义的萌芽，近代国家的兴起，通往美洲
以及热带亚洲的航海线路的发现，等等。如果将时间追溯到 15
世纪 50 年代，那么还应当再加上活字印刷术的发明。许多世界
历史的编纂者同样也沿用了 1500 年这一年代坐标——或是未经

思考，或是怀有明确的特殊目的。[32]但是，即使在"1500"这一历史节点的适用范围问题上，近来也出现了争执。有的人提出了另一种可能性：将从中世纪到现代之间的一段时间，视为一个漫长渐进的过渡期。中世纪与早期近代之间的分界因此消失。海因茨·席林（Heinz Schilling）特别强调了欧洲近代历史形成的缓慢过程，并认为，1500 年前后这一划时代节点与 1250年和 1750 年前后的历史转折点相比，其重要性有所不及。人们之所以断然认定人类是在某个时间点一步迈入近代史的，其原因在于人们从 19 世纪的角度对哥伦布和马丁·路德的过分神化。在席林看来，人们没有任何理由可以不加审视地去捍卫这些神话。[33]此前，迪特里希·格哈德（Dietrich Gerhard）在论述 800～1800 年欧洲历史的制度性结构时，便曾放弃使用"中世纪"和"早期近代"的概念，而是将其统称为"旧欧洲"。[34]这一说法与"晚期帝制中国"概念之间有着明显的相似性。

尽管"早期近代"这一以欧洲为中心的传统历史分期概念对欧洲自身来说已受到质疑，然而目前推崇这一概念的，恰恰是一些来自非欧洲文明的历史学者。他们从各自的动机出发，尝试用这类概念来评述历史。他们当中或许只有少数人，是想把这些并不周全的概念生搬硬套地强加于亚洲、非洲和美洲的历史。而大部分人则与此相反，他们是在寻求某种路径，以借此将自己所在地区纳入通行的现代史，并将其各自独有的历史经验，翻译成一种欧洲式思维可以理解的语言。费尔南·布罗代尔（Fernand Braudel）是在非教条路线上走得最远的一个。他在论述 15～18 世纪资本主义与物质生活发展史的著作中，的确是把整个世界都拉进了视野，仿佛在他看来，这样做是理所当然的。[35]布罗代尔小心翼翼地避免让自己陷入关于世界史分

101

期问题的争论，他所感兴趣的话题并不是这一时间框架内的科技、贸易结构或世界观的重大转变，而是社会以及社会内部网络的运转方式。

令人惊讶的是，布罗代尔的全景式视角并没有得到太多人的效仿。近期有关"早期近代"概念之适用性问题的讨论，更多是针对一些具体地区的历史而进行的。在涉及俄国、中国、日本、奥斯曼帝国、印度、伊朗、东南亚以及南美和北美殖民地区的历史时，人们提出了关于这些地区与同时代（西部）欧洲政治和社会组织之间的共性与差异的问题。例如，在英国与日本之间，便有许多可供比较的话题。另外，布罗代尔所描述的西班牙腓力二世时代的地中海诸国，与安东尼·雷德（Anthony Reid）描述的同一时期、同样拥有文化多元性的东南亚地区，其历史进程具有明显的共同点：贸易的蓬勃发展，新的军事技术的引进，中央集权式的体制，以及宗教动乱（在东南亚，这些动乱是由来自外部的基督教和伊斯兰教引起的），等等。[36] 在这些讨论中，人们同时也谈到历法意义上的时间坐标问题。对此，人们基本达成一致，认为对欧亚和美洲大陆的大部分地区而言，1450～1600 年这一时期是一次极为深刻的大变革（big change）。[37] 某些现象证明，全球许多地区过渡到早期近代史的时间大致是同步的。除墨西哥、秘鲁和少数加勒比岛国之外，这种过渡尚未受到欧洲扩张行动的太多影响。直到进入以 1680 年作为起点的"长" 18 世纪之后，欧洲对全世界——不仅是大西洋地区——的影响才日益凸显。即使当年仍处于封闭状态、对所有殖民化企图都具有免疫力的中国，同样也被拖入了以丝绸、茶叶和白银贸易为标志的世界经济浪潮之中。[38]

在关于全球早期近代史的结束时间问题上，目前还没有形成类似的观点。对一些地区来说，结论似乎是一目了然的：在西属拉丁美洲，19 世纪 20 年代末西班牙殖民帝国各地区的民族独立，标志着早期近代的结束；1798 年拿破仑军队入侵埃及不仅推翻了从中世纪起统治埃及的马木留克（Mamluk）政权，同时还给其宗主国奥斯曼帝国的政治体制和政治文化带来了冲击，并成为穆罕默德二世苏丹（1808～1839 年在位）实行第一轮改革的导火索。因此，有人建议，将 1798～1922 年称为奥斯曼"长 19 世纪"（long nineteenth century），或把 1808～1908 年称为"改革的世纪"。[39] 日本的情况则与此截然不同。在 1600～1850 年期间，这里的社会虽然发生了诸多变化，但不曾出现过任何影响深远的变革能够与 19 世纪中叶国家开放后所发生的巨变相提并论。因此，"早期近代日本"（Early modern Japan）——假如这一历史分期并非毫无道理的话——应当一直延续到 19 世纪 50 年代才结束。[40] 在日本之外的几乎所有亚洲国家以及整个非洲，划时代转折是由欧洲殖民扩张带来的。在不同地区，殖民者入侵的时间也不尽相同。尽管难以判断这些国家的人们究竟从何时起才真正感受到来自欧洲的影响，但从总体上看，肯定是在 1890 年之后。英国对印度的占领是在 1757～1848 年期间一步步完成的，而法国占领印度支那的过程则从 1858 年一直持续到 1895 年。因此，任何一种政治军事的历史分期法都难有充分的说服力。在非洲问题上，权威专家甚至让"中世纪"涵盖的时间一直延伸到 1800 年前后，并彻底放弃用"早期近代"的概念来定义 19 世纪前四分之三时间的非洲史。[41] 欧洲殖民者入侵之前的几十年，迄今仍然是一段历史的无名期。

四　鞍型期—维多利亚时代—世纪末时期

　　因此，从全球视角来判断以内容而非形式或历法定义的 19
世纪究竟是从何时开始的，比单纯从欧洲来观察更为困难。许
多证据显示，人们有理由为跨度向前延展的"长"18 世纪与跨
度向后延伸的"长"19 世纪之间的时间重叠期，赋予某种时代
性的特征，并以形象化的"鞍型期"概念作为这一时期的称
谓。后者是莱因哈德·柯塞勒克（Reinhard Koselleck）在另一
种与此没有太多关联的语境下，附带提出的一个概念。[42]鞍型
期的时间大约从 1770 年延续到 1830 年，随后进入到一段中间
期。在今天看来，这段中间期所汇聚的种种文化现象至少对欧
洲而言具有典型的 19 世纪特征。19 世纪 80 年代和 90 年代，这
一"波"蔓延到全世界，以至于我们不得不将这 20 年看作一
个历史时期的特殊分支。我们可以借用当时的一个概念，称之
为"世纪末"（Fin de Siècle）。它不是一般意义上的百年之交，
而是一次独一无二的世纪转折。按照传统的理解，这一时期的
终结是以一战为标志的。但是，正如本章开头所分析的那样，
这里所说的一战并不是 1914 年，而是 1918～1919 年，因为战
前时期的潜在影响随着战争的深入才得以充分暴露。有些人甚
至将"世纪末"的时间跨度拉得更长，几位德国历史学者便曾
于 1989 年提出这一观点。他们从全球史视角出发，不仅主张将
世纪之交"拉长"到 1880～1930 年，而且还用丰富直观的史料
对其加以佐证，这些论证同时也赋予了科学、艺术很大的空
间。[43]至于说，将 1930 年作为"长"世纪之交的终结点是否合
乎道理，则有待于当代历史学家进一步讨论。人们甚至可以将

这一节点一直推后到 1945 年，并将从 19 世纪 80 年代至二战结束之间的整个时间段统称为"帝国与帝国主义时代"，因为从本质上讲，两次世界大战无疑都是发生在帝国之间的冲突。

另外还有一种说法，就是将"鞍型期"与"世纪末"之间没有名称的几十年，也就是"本来"意义上的 19 世纪，称为"维多利亚时代"，尽管这种说法很可能被扣上益格鲁中心主义（Anglozentrismus）的帽子。这一富有华丽色彩的名称可以帮助人们摆脱尴尬，以免不得不另外选择一种更偏重内容、含义也因此更狭窄的年代称谓，例如"第一次资本主义全球化时代""资本繁荣期"，或者是"民族主义和改革时代"（age of nationalism and reform），等等。为什么叫"维多利亚时代"？[44]这一名称体现了英国这几十年期间在经济、军事以及某种程度上也包括在文化领域所拥有的世界领先地位。对英国来说，这样的地位是空前绝后的。此外，它还是一个相对成熟的历史时期概念，在通常情况下，它与维多利亚女王在位的时间并不完全重合。杨格（G. M. Young）在 1936 年出版的名著《维多利亚时代的英国》（Victorian England）中对这一时期的定义，仅仅是指从 1832 年到"80 年代的厚重阴影"垂落的那一刻。[45]随后，很多人步其后尘，将 19 世纪 80 年代中期到一战爆发的几十年，看作一个因"至高无上"的维多利亚王朝的存在而"独具一格"（sui generis）的历史时期。[46]

"鞍型期"——一个全球适用的概念？

人们将最初由柯塞勒克提出的"鞍型期"概念引申为一个（几乎）覆盖全球的历史分期名称，从时代关联性来看到底有多少根据？鲁道夫·菲尔豪斯（Ruldolf Vierhaus）曾经提出，

104

应当把 18 世纪从与 "传统" 的早期近代过于紧密的联系中抽离出来，将其定义为一个向未来开放的 "通往现代世界的过渡性世纪"。[47]如今，"鞍型期" 概念的发展，将上述建议变成了现实。但是，世界史究竟有哪些标志性特征，能够证明 1800 年前后的五六十年的确具有某种独有的时代特性呢？[48]

第一，正如 C. A. 贝利（C. A. Bayly）等人所指出的，在这一时期，世界力量对比发生了深刻变化。16 世纪和 17 世纪是帝国并存与竞争的时期。当时，即使是那些起源于欧洲的、最富成就的庞大组织——西班牙殖民王国以及荷兰与英国垄断机构的洲际贸易网络，与中国和伊斯兰 "火药帝国"（gunpowder empires），也就是奥斯曼帝国、印度莫卧儿帝国与伊朗萨非帝国相比，也不占任何绝对性优势。直到（少数）欧洲国家发生体制性变革，以资源的合理化利用为基础、首先在英国被推向极致的经济军事占领型国家的形成，才使欧洲的战斗力得到了明显提升。在英国、叶卡捷琳娜二世（Katharina II）与两位继承人统治下的俄国以及大革命与拿破仑时代的法国，国家改革的出现往往披着各自不同的外衣。这三大帝国扩张势头之猛，扩张范围之广，使我们有理由将 1760/70 ~ 1830 年的一个时期，称之为 "全球帝国主义的第一阶段"。[49]七年战争（1756 ~ 1763 年）是一场在南北半球展开的英法争霸战争，作为盟友的印第安部落和印度各邦诸侯在战争中发挥了重要作用。[50]1793 ~ 1815 年爆发的一场严重的帝国冲突同样也没有局限于欧洲，而是在四大洲蔓延，成为一场真正的世界大战。战争不仅直接波及东南亚国家，甚至也对中国产生了间接影响。1793 年，随着公使马戛尔尼勋爵（Lord Macartney）出使中国，英国第一次将外交触手伸向了北京的朝廷。1780 年之后，除了七年战争的

105

"综合因素"之外，又多了两大新的因素：其一是以分裂主义为宗旨的独立运动的成功，它是由"克里奥尔"移民（Creole，西班牙语作 Criollo）① 先在英属北美、后在西属中南美洲发起的，而海地的黑奴也采取了相同的行动；其二是亚洲帝国的衰落，与其他大帝国一样，这一结果同样也是由这些国家各自特有（相互间未必存在关联）的国内因素导致的。面对欧洲，亚洲帝国在军事和权力政治上第一次陷入了防守的地位。在上述力量的相互作用下，世界政治地理彻底发生了改变。西班牙、葡萄牙和法国离开了美洲大陆，亚洲帝国的扩张也彻底停步。英国在印度的统治地位得到了巩固，并借此为下一轮扩张搭建起跳板。与此同时，英国也在澳大利亚站稳了脚跟，并建立了覆盖全球的海军基地网络。

以往曾有历史学家提出关于"大西洋"革命时代的说法，将日内瓦到利马之间的整个地域都纳入了革命的范围，并以此纠正了过去将目光局限于欧洲姊妹革命（"两次革命"）——法国政治革命和英国工业革命——的狭隘认识。[51]我们可以沿着这一思路更进一步，将欧洲"革命时代"看作一场普遍危机和力量转移的一部分，其涉及地区也包括美洲移民殖民地以及从巴尔干到印度的伊斯兰世界在内。[52]这场在 1800 年前后几十年出现的普遍危机，同时也是波旁王朝的危机，是英国、西班牙和法国在新大陆的殖民统治的危机，是曾经强大无敌的奥斯曼帝国和中华帝国等亚洲国家的危机，也是克里米亚鞑靼联邦和位于南亚次大陆的莫卧儿帝国的危机。1830 年法国入侵"海盗老巢"、法律上（de iure）隶属于奥斯曼帝国的阿尔及尔，以及

---

① 在 16～18 世纪时，这个名称是指生于美洲而双亲是西班牙人的白种人。

1842 年中国在鸦片战争中的失利（这是清王朝两百年来经历的第一次军事挫折），使得在鞍型期形成的新的力量对比以激烈的方式得到了充分暴露。

第二，西半球（仍受大英帝国控制的加拿大以南）早期近代移民国家于 1830 年前后暂告结束的政治平等运动，以及对澳大利亚的殖民移民，使"白人"在世界上的地位得到了巩固。[53]美洲各个共和国在经济文化上继续依附于欧洲，并在世界经济体系中发挥功能性作用的同时，以更加激烈的手段来对待本国以狩猎和畜牧为生的非白人群体。19 世纪 20 年代在美国，人们对待美洲土著（native Americans）的态度已不再是将其作为谈判伙伴，而是仅仅当作军事和行政压迫的对象。[54]这种以掠夺土地和排挤压迫为形式的移民，同样也出现在澳大利亚、新西兰和西伯利亚，某种意义上同样也包括南非。[55]

第三，鞍型期的重要新生事物之一，是在国民平等新理想的基础之上形成的具有融合性的民族一体化形式。这种"民族主义"倾向稳定了我族群体，划清了本族与邻邦和"外夷"之间的界限。从鞍型期早期到 1830 年前后，在一些地区，民族主义之风作为主权国家的民族融合理念为提高国力发挥了积极作用，再加上文化优越性所唤起的使命感，使得这一潮流在这些地区得到了长足发展。法国、英国以及不久后在墨西哥战争（1846~1849 年）中获胜的美国，都属于这类情况。在世界其他地区，民族主义的兴起一开始是被动的（后来情况有所变化）：最初是德国和西班牙反对拿破仑侵略的抵抗斗争，后来是西属拉美的解放运动。直到 1830 年之后，民族主义的潮流才逐渐蔓延到所有大陆。

　　第四，当时，只有在美国，以广大民众积极参与政治决策和权力监督为核心的政治实践，与人类宣扬的国民平等理想是相吻合的，却是在把妇女、印第安人和黑奴排斥在外的前提下。继杰斐逊（Thomas Jefferson）总统于1801～1809年推出第一轮民主化改革之后，随着1829年杰克逊总统（Andrew Jackson）上台，反寡头统治的民主政体在美国逐渐形成，并最终发展成为美利坚文明的独有特征。1830年之前，在美国之外的其他地区，现代民主的进程仍然举步维艰。尽管法国大革命并非如一味注重历史延续性的"修正主义"史学观所言，是一场温和、保守乃至多余的革命，然而它并没有推动欧洲的普遍民主化，甚至没能演变为一场世界性革命。这场革命的实践者拿破仑在国家统治上的专横跋扈，与路易十五相比毫不逊色。而复辟后的波旁王朝，就像是一幅旧时代的漫画图。在1832年之前的英国，贵族阶层始终占据着不可撼动的统治地位。在中欧和南欧大部分地区以及俄罗斯，政权一直掌握在专制主义反动派手中。直到1830年前后，欧洲才渐渐出现了通往宪政的趋势性转折。而欧洲列强的"有色"殖民地，则始终没有受到潮流的影响。从政治角度看，鞍型期无论在欧洲还是亚洲，都不是一个实现民主突破的时期，而是贵族或专制统治的最后尾声。直到鞍型期之后，政治意义上的19世纪才真正开始。

　　第五，与政治史分期相比，社会史的分期更加困难。在法国、荷兰、普鲁士等国以及几十年后的日本，可以清晰地看到从等级社会（Ständegesellschaft）向更多以市场机会来定义的阶级社会过渡的轨迹。然而在英国，到18世纪末，已很难找到"等级"的痕迹。在美国和英国自治领（Dominions），等级是一种发育不完全的事物，而印度、非洲和中国与这些地区相比则

107

过犹不及。但是，大西洋奴隶贸易的终结与 1834 年大英帝国废
奴运动的胜利，对各国乃至各大洲产生了重要影响。在接下来
的 50 年时间里，奴隶制在从西方文明及其海外势力范围缓慢撤
退的过程中逐步走向绝迹。反过来讲：这种早期近代极端父权
制（Herrengewalt）的遗毒直到 19 世纪 30 年代前后，仍维持着
近乎不可撼动的地位。从社会史视角来看，鞍型期的一大特征
是对历史沿袭的社会等级制度的抨击与诋毁的日益增多。对西
欧和中欧以外的地区而言，1800 年前后的几个年头是否也同样
是一个在频繁的农村动乱伴随下对农业社会施行改造的阶段，
仍然有待探讨。从某些迹象看，这一判断似乎是正确的。[56] 尽
管在法国和海地爆发了革命，但是从总体来看，这是社会传统
主义受到动摇但尚未彻底垮台的一个年代。在接下来的一个时
期，"市民阶层的崛起"以及社会新兴力量的形成，才开始在
108　越来越多的国家显露出迹象。但是，在整个 19 世纪期间，具有
清晰特征的"市民社会"在全世界仍然屈指可数。阶级形成的
大趋势——无论是在"等级制"还是在其他制度的背景下——
是工业资本主义生产方式在全球悄然蔓延所导致的直接后果或
衍生品，这种生产方式在 1830 年之前还十分罕见，并且一直到
1870 年之后，才在日本这个亚洲最发达的国家出现。

　　第六，经济学家必须面对的一个问题是：英国"工业革
命"的蓬勃发展究竟是从何时起演变为一场超越英国边界的经
济增长浪潮的。当代权威历史统计学家安格斯·麦迪森（Angus
Maddison）对此给出了明确的答案：在他看来，19 世纪 20 年代
是从全球经济萧条转入蓬勃——经济学称之为"集约化"
（intensiv）——发展的转折点。[57] 根据目前人们所掌握的为数不
多的、有关当时实际收入增长状况的数据，我们可以发现：即

使在先驱国英国，早期工业化带来的显著增长，也是在 1820 年
之后才出现的。也就是说，1770～1820 年的几十年是一个危机
四伏的过渡期。从这一时期开始，人均收入从 18 世纪后半叶的
缓慢增长，逐渐转入 19 世纪 20 年代之后的快速增长期。[58]
1830 年之前，在西北欧之外的其他地区，几乎找不到任何工业
化生产方式的痕迹。以科技和环境作为研究方向的历史学者同
样也强调这一年代的重要性，因为在他们看来，1820 年前后是
人类进入"化石燃料时代"的开端。从此之后，在科技的帮助
下，化石形态的有机能源（煤炭）取代了人力、畜力、木材和
泥煤，成为生产流程的动力来源。[59]燃煤推动蒸汽机转动，蒸
汽机则给纺车、水泵、轮船和火车带来动力。从 19 世纪 30 年
代开始的化石燃料时代不仅是商品制造业空前繁荣的时代，同
时也是网络化、高速度、民族融合以及帝国统治手段便捷化的
时代。而在 19 世纪 20 年代之前，充满活力的旧体制（Ancien
Régime）仍然在世界上占据着主导性地位。

　　第七，全球发展同步性程度最低的莫过于文化领域。各大
文明之间的接触与交流虽并非微不足道，却不足以为"世界文
化"的发展确立一个共同的基调。关于"发声的少数派"　　109
（Artikulierte Minderheiten）① 在 1800 年前后所经历的经验转变
这一柯塞勒克"鞍型期"理论的出发点，我们从非西方文化语
境中所了解到的内容极为有限。用于描述世界的概念的时间化，
对速度加快的感知，诸如此类的经验在欧洲（包括其移民殖民
地）之外的地区几乎无迹可寻。在这些地区，这类经验的明显
增多大概是在 19 世纪下半叶才开始出现的。而被福柯视为 1800

---

　　① 与"沉默的大多数"相对应。

年前后欧洲自然科学与经济学代表性思想的对深度与有机结构的发现，显然也是欧洲所独有的现象。[60]无论从任何角度看，在整个欧洲的哲学和艺术史上，1830 年都是一个重要的转折点：它标志着哲学理想主义（黑格尔 1831 年死于一场全球性霍乱）与严格功利主义（杰里米·边沁［Jeremy Bentham］逝于 1832 年）繁荣期的终结，它标志着"歌德时代"和"艺术时代"的结束，同时也标志着德国、英国和法国浪漫主义文学的衰落。随着 1827～1828 年贝多芬和舒伯特的相继辞世，音乐的古典主义风格宣告终结，"浪漫主义一代"（舒曼、肖邦、柏辽兹、李斯特等）则随之崭露头角。[61]而西欧绘画艺术，亦由此开始向现实主义和历史主义过渡。

因此，我们有充分理由将本来意义上或者说维多利亚时代的 19 世纪看作一段经过精简的历史"主干期"（Rumpfperiode），一如我们在谈及德国历史时所说，是一个"从 19 世纪 30 年代到 19 世纪 90 年代的相对短暂却充满活力的过渡期"。[62]

19 世纪 80 年代——过渡的十年

19 世纪 80 年代是一个特殊的变革期，一个连接维多利亚时代与"世纪末"的转折点。对世界许多地区来说，仅仅从政治和军事事件史的角度来观察，1900 年这一历法意义上的世纪之交也是一个风云多变的年份。对大多数欧洲国家的民族史来说，19 世纪最后几年并不是一个具有明显特征的历史节点，但是对中国来说，它却标志着一场深刻的政治巨变：1895 年，中国在甲午战争中败给了一向为自己所藐视的日本，并使国家主权受到了严重的损害。这场战争的失利为帝国主义强权瓜分中国领土的争夺打开了大门，并由此引发了一场空前的民族意识

110

危机。随着 1900 年义和团运动的爆发，危机最终演变为一场灾难。西班牙在 1898 年对美冲突中的军事失利也给国家带来了类似的影响，这段历史迄今仍被西班牙人视为民族历史上的低谷。与此相反，两次冲突的胜利者——一个是美国，另一个是日本——则通过赢得战争为各自的帝国主义扩张之路树立了信心。自 1882 年英国军队占领埃及之后，整个非洲大陆一直处于动荡之中。1898 年英国对苏丹的占领以及 1899 ~ 1902 年的南非战争，标志着"瓜分非洲"的过程已基本告终，从此，一个以系统化掠夺为标志、表面风平浪静的时代在非洲拉开了序幕。在新世纪的头几年，一场革命浪潮席卷世界：1905 年在俄国，1905 ~ 1906 年在伊朗，1908 年在奥斯曼帝国，1910 年在葡萄牙和墨西哥（后者一直持续到 1920 年，是这些革命当中最血腥的一场），1911 年在中国。所有这些国家都在萨拉热窝刺杀事件发生前，便以这种革命化的方式完成了政治的现代化转型。而随后爆发的世界大战从本质上讲，并没有为这些国家的政治转型添加太多新的内容。当莱茵河以东的欧洲君主政体随着一战的结束纷纷垮台时，在欧洲人眼中的一些"落后"地区，君主制早已被推翻或基本丧失了统治权。

上述历史潮流汇合在一处，共同开启了一个充满危机感的新时代，也就是所谓的"世纪末"（Fin de Siècle），或某些历史学家所说的"超现代"（Hochmoderne）。进入这一时期之前的过渡是在 19 世纪 80 年代完成的，其过程拥有一系列标志性特征：

第一，与 19 世纪 20 年代一样，全球环境史又迈过了一道新的门槛。在世界能源利用方面，矿物质能源（煤炭、石油）彻底超越了生物能源，尽管全世界大多数人还没有条件直接使用这些燃料。大约从 1820 年起，随着人类进入化石燃料时代，燃料的利用逐渐转向能源开采技术的革新。1890 年之后，在全球范围里，技术革新的趋势在数量上也同样占据了主流地位。[63]

111　　　第二，工业化作为一种全球性现象，从此进入了一个新的阶段。工业化覆盖的地理范围不断扩展：日本和俄国经历了经济史学家所说的经济"起飞"（take-off）或向内向型繁荣的过渡。印度和南非（1886 年这里发现了大型金矿）虽然还没有发展到这一水平，但工业与采矿业资本主义的发展已在这里形成了西方和日本之外的第一批"结晶核"（Kristalisationskerne）。[64]与此同时，在欧洲早期工业国和美国，经济结构的特征也开始发生变化。以科技为标志的"高度工业化"带来了蒸汽机之后的"第二次工业革命"。在此间出现的各种发明中，究竟哪些才称得上是最伟大、最重要的发明，每个人或许会有不同的见解。但无论答案如何，电灯（1876 年）、机枪（"Maxim gun"，1884 年）、汽车（1885～1886 年）、电影放映机（1895 年）、无线电传输（1895 年）和 X 光诊断仪（1895 年）都理当无愧于这一美誉。从经济史角度看，意义最为重大的，是电力（发电机、电动机和发电技术）和化工领域各项发明的技术与工业应用。对这两大领域而言，19 世纪 80 年代是具有决定性意义的创新之年。仅仅是电动机的批量化生产，就给那些不适用蒸汽机的工业和手工行业带来了一场翻天覆地的革命。[65]与此同时，科学与工业之间的联系也变得比以往更加密切。大规模工业研究的时代从此开启。与之相伴的，是美国和一些欧洲国家的资本主义向生产与资本集中化（即批评者眼中的"垄断资本主义"）和企业去姓氏化（公司资本主义［corporate capitalism］）阶段的过渡。由企业雇用的职业经理人，成为私人家族企业家之外的新型企业领导者。与此同时，在不断扩大的员工群体的内部，新的私营经济官僚体制以及日趋细化的等级结构也随之出现。[66]

第三，发达资本主义的新型结构随着越来越多的欧洲和北美大企业走向开拓海外市场之路，对全球产生了重要影响。跨国企业的时代从此拉开序幕。远洋运输业的发展以及越洋电报电缆的开通，给世界经济的联系带来了飞跃性变化。从大西洋一岸到另一岸，从西欧到东欧，在南非、印度等殖民地以及中国和奥斯曼帝国等名义上独立的国家，大规模的资本输出蓬勃展开，其操作者是分支遍布世界的欧洲大银行。自世纪之交之后，美国银行机构也成功跻身这一行列。[67]同样是在 19 世纪 80 年代，欧洲前往新大陆的移民人数也呈现急剧上升的势头。[68]随着新的越洋契约劳工体系的形成，大批亚洲劳工被运往北美和南美地区。从 19 世纪 80 年代开始，"世纪末"成为近代史上移民数量最多的一个时期。从总体来看，19 世纪 80 年代这十年在全世界大大推动了全球化的发展，使人类在历史上第一次拥有了覆盖各大洲的经济与通信网络体系。[69]国际贸易的大规模扩张期由此开始并一直持续到 1914 年，在少数地区（例如拉美国家）甚至持续到 1930 年才彻底结束。

第四，自 1882 年英国占领埃及以来，全世界到处都可以感受到帝国主义扩张加剧的新局面。一方面，经济控制手段日臻完善，欧洲各国政府与私人资本之间的合作日益密切；而另一方面，占有海外领土并尽可能对其实行有效主权统治的目标，得到了充分的暴露，而这一点，正是新帝国主义（new imperialism）本质之所在。此时的帝国主义已不满足于对其他国家间接施加影响，或以占据更多的基地和海外飞地为荣。非洲首先是在地图上，之后不久便在现实生活中被瓜分殆尽。包括暹罗在内的整个东南亚地区，都被纳入了欧洲殖民帝国的势力版图。

第五，19世纪80年代，在经历了一个风起云涌、充满动荡的时期之后，世界许多大国的政治秩序逐渐得到了巩固。从内容和起因来看，各国的情况则不尽相同：有的是民族国家的构建粗具雏形（德国和日本），有的是早期改革试验的终止（1877年"重建"［Reconstruction］结束后的美国；1881年和1876年分别在亚历山大三世与阿卜杜勒·哈米德二世统治下恢复极权的沙俄与奥斯曼帝国），有的是向改革型独裁体制的过渡（迪亚斯［Porfirio Diaz］时代的墨西哥，朱拉隆功国王［Chulalongkorn］统治下的暹罗，"同治中兴"时期的中国，以及克罗默勋爵［Lord Cromer］管辖下的埃及等），或是议会制民主的复兴（1880年第三共和国内乱平息后的法国，1884年选举法改革后的英国）。但是从结果来看，各国却具有惊人的相似性：在1905年新一轮革命浪潮爆发之前，各国的权力秩序在一段时间里看似比过去几十年更稳定。从消极意义上讲，这种现象可以被理解为国家政权僵化的表现；从积极角度看，可以视之为国家行动力得到恢复以及国内和平得到维护的证明。同样是在这一时期，由国家为公民提供系统化的、超越危机管理范畴的生存保障的尝试也开始露出苗头。在德国和英国等国，这些尝试为社会保障制度的建立打下了根基。这些国家中甚至也包括美国，因为在这里，一系列由内战所导致的影响深远的人道主义问题正亟待人们去解决。

第六，19世纪末发生在思想史领域和美学领域的重要转折和以往一样，在很大程度上仍然是由各国文化的特性所决定的。

19 世纪 80 年代是欧洲艺术创新的时代，对这一判断或许没有人会提出异议。当然，向"现代古典主义"过渡的潮流并不是一种覆盖全欧洲的现象，而是局限于西欧，准确地说，是一种法国现象。在绘画领域，代表这一潮流的是梵高和塞尚的后期作品；在文学领域，是马拉美（Stéphane Mallarmé）的诗歌；在音乐领域，是德彪西 1892～1894 年创作的《牧神午后前奏曲》（*Prélude à l'après-midi d'un faune*）；[70] 在哲学领域，德国哲学家尼采 19 世纪 80 年代创作的主要作品以及戈特洛布·弗雷格（Gottlob Frege）论述现代数理逻辑的《概念文字》（*Begriffsschrift*，1879 年），都对后世产生了重要影响，而在引领新潮流方面却又独辟蹊径；在经济学领域，奥地利的卡尔·门格尔（Carl Menger，1871 年），英国的威廉·S. 杰文斯（William Stanley Jevons，1871 年），特别是瑞士的里昂·瓦尔拉斯（Léon Walras，1874 年）都在 19 世纪 80 年代发表了具有全球影响力的经济学著作，为 20 世纪的经济学理论奠定了基础。在西方以外的地区，这一时期并没有出现类似的与以往截然不同的美学和哲学新流派。在文化领域，全球步调较为统一的是报刊业的蓬勃发展。在 19 世纪最后 20 年里，在欧洲、北美、澳大利亚、日本、中国、印度、埃及等地都出现了这一趋势。

第七，1880 年前后，在非西方世界里，还出现了另外一种新事物，这就是史无前例的富于批判性的民族自我意识，我们可以称之为反帝国主义的萌芽，或是以西方手段来应对西方的开端。这种立场有别于情绪化的、带有排外色彩的抵抗运动，同时也有别于维多利亚时期非欧洲国家改革派面对实力强大的欧洲所表现出的不假思索的迷恋。这种注重反思的自我意识 114（当时还不能一概而论地称之为民族主义）最早是在印度出现的。

1885 年，印度成立了效忠于英国政府但敢于发出不同声音的印度国民大会（Indian National Congress，即后来的"国大党"），并以此引发了在某种意义上与意大利文艺复兴相类似的印度"复兴运动"（Risorgimento）。自我意识思潮同时也出现在越南，直至今日，在越南人心目中，1885 年仍被视为抗击法国侵略的民族抵抗运动的诞生之年。[71]在伊斯兰世界里，以哲马鲁丁·阿富汗尼（Sayyid Jamal al-Din，"al-Afahani"）为代表的学者和社会活动家提出了改革伊斯兰教的倡议，以使其符合时代的要求，成为在欧洲面前树立自信心的源泉。[72]在中国，一位名叫康有为的年轻文人从 1888 年开始，大力宣扬其带有世界主义色彩、在对待西方态度上一改以往保守立场的改良主义儒学。十年后，康有为的改良派思想在一场由皇帝亲自发起的雄心勃勃的改革试验——"百日维新"当中发挥了政治纲领的作用。[73]另外，在我们对这些反帝国主义抵抗运动进行观察的同时，还应当注意到那些在同一时间发生在世界许多地区的、以底层劳动者和妇女为主体的抗议活动。这些抗议活动无论在形式还是规模上，都令人耳目一新。它突破了以往一味以独裁专制作为抗议对象的立场，为抗议找到了新的理由和目标以及更有效的全新组织形式。无论是 19 世纪 80 年代和 90 年代的美国罢工浪潮，还是同一时期发生在日本的自由和民权运动，都反映出这一特点。[74]此外，农村地区的抗议活动形式同样也发生了变化。在一些农业社会中，例如在整个近东地区，这一时期的农民运动开始由前现代的揭竿而起式的情绪化反抗（扎克雷式起义）①，转向以经济因素为主导的、以农民联合会为代表的利益表达或者是有组织的抗租运动。

---

① "扎克雷"［Jacquerien］法语意为"乡巴佬"，是贵族对农民的蔑称。

历史进程的细节性

但是，我们不应片面和幼稚地去寻找历史转折和变革的时间点。相对于某个国家或某个大陆的历史演变而言，要把世界历史分割成精确到年份的时间切片，其难度之大是显而易见的。每个历史时代的分界点，是无法通过对时代客观"特性"的深刻认知来加以辨识的。只有将无数精细的时间框架叠放在一起，115 这些年代的分界点才会逐渐显露。在某种意义上，历史年代的分界点正是这些细小的分界线层层叠放而变成的一道道粗线，或者换一种说法：是变化所出现的频率的密集化。因此，对微观的历史分期——每一个空间单位、每一种人类社会、从气候史到艺术史的每一个存在范畴——重新加以定位，其意义不亚于宏观的历史年代分期。所有这些架构都将为我们研究历史提供帮助：它既是非专业化历史观的辅助坐标，也是历史学家用以阐释历史的专业工具。

布罗代尔在其有关历史年代的理论中，以速度差异为标准，对相互重叠的不同历史层面加以区分：从精确到时刻的、对某次战役或政变的"事件史"叙述，到冰川变化般缓慢的气候史或农业史的演变进程。[75]判断某一历史进程的速度是快还是慢，取决于衡量的标准，它只能根据观察者的论证目的做出解答。历史社会学以及与其思维方式相近的世界史编纂学对待年代问题的态度往往是宽容的。例如，社会学家杰克·戈德斯通（Jack Goldstone）认为，西欧大部分国家是在1750～1850年，也就是说在"很短一段时间"之内，进入现代经济社会的。[76]这段表述便是上述思维的典型表现。但是，我们在分析世界历史时，除了这种"开放式"（Al-fresco）表述之外，并不能一味地把精确到年月的历史年代定位看作一种多余的无谓之举，而把它抛在一边。我们必须灵活地运用时间变量，特别是，必须对历史变化的速度和方向了如指掌。每一个历史进程都是在各不相同的时间框架内发生的，我们并不能简单地以长期、中期和短期对其加以划分，而是还要判断，其轨迹是延续还是非延续，是递增还是累积，是可逆还是不可逆，其速度是恒定的还是多变的。有些进程是反复出现的（即柯塞勒克所说的"重复性结构"），[77]而另外一些则呈现唯一性和多变性的特征。在这些变化进程当中尤其耐人寻味的，是那些历史学家据此分工的不同学科之间建立因果性关联的进程：例如环境因素对社会结构的作用，性格特征对经济行为的作用，等等。[78]假如这些进程的发展是并行的，那么它们彼此之间的关系则往往是"非同时"的：人们往往是在统一的自然时间秩序中，根据时间秩序之外的分期模式标准对这些历史进程的定位和意义做出判定。[79]与描述这些细微的时间结构对我们提出的挑战相比，以"世纪"来划定历史不过是一个必要的小麻烦。

五　时钟与速度

周期性历史与线性历史

被历史学家用以作为辅助研究工具的时间结构，从来都不是单纯地根据对历史客体的可重构的时间感知而创造的。否则，就不可能出现一种人为约定的时间秩序，取而代之的将是不同时间文化各自为据的混乱局面。只有在统一的时间秩序里，人类才能依靠对时间的感知对时间结构进行内在划分，而这种统一的时间秩序一方面是以天文学和数学架构为基础，另一方面是以人类用语言叙述故事和历史的线性次序来作为保障。只有在时间统一体的背景下，人类对速度变化的感受等种种经验才有可能得以表述。

在此必须注意到的是，我们在观察世界历史时，所面对的往往是一条条时间跨度极大的作用链。例如，对少数欧洲国家来说，工业化持续的时间只有几十年，然而作为一个全球性进程，工业化直到今天仍然没有结束。尽管各个国家的经济在工业化过程中都曾受到来自不同方面、不同性质的影响，但是英国"工业革命"的冲击在今天的一些亚洲国家也仍然可以感觉到，比如说中国。就连欧洲早期工业化的某些副作用也在这里又一次出现，例如对生态环境的掠夺性开发以及对人类劳动力的无限度剥削等。

与此同时，我们也不能将那些认为历史并非按照线性和累进式轨迹向前发展，而是不断重复"圆周"式运动的思想，看作一种前现代思维方式的表现而予以摒弃。从分析学的角度看，这种思想也并非毫无价值。在经济史研究中，我们必须与不同时间跨度的生产和经济周期模式打交道。这些周期的发现是 19世纪经济理论研究的重要成果之一。[80] 关于世界军事力量对比的研究实践证明，帝国主义和霸权统治的"长波理论"（long waves）是一种富有启发性的阐述模式。[81] 历史发展的线性模式和周期模式对西方来说都不陌生，然而自 18 世纪之后，西方却逐渐接受了一种对未来开放的历史发展观，认为历史总是处于一再停顿、偶有倒退的"进步"之中。[82] 这种源自欧洲的进步历史观后来才渐渐被其他文明所接受。某些文明——例如伊斯兰文明——在接受这一思想的同时，仍然没有放弃其原本的非

117

连续性线性历史观，即并非将历史看作一种连续的发展过程，而是视其为由无数瞬间排列而成、相互间断开的序列。[83] 在现代历史科学领域，这种本土化的历史和时间观是否可以被看作一种对可重构的现实世界的恰当描述，至少值得我们深思。

举例为证：迈克尔·昂－丁（Michael Aung-Thwin）认为，19 世纪前 30 年以前的东南亚社会史是呈螺旋式发展的。他之所以做出这样的判断——这也是其思想的根本核心——是基于对两种思维模式之间对立关系的观察：一方是那些把进化、进步和因果关系视为毋庸置疑之前提的历史学家；另一方是凡事都从构造、同功（Analogien）、同源（Homologien）和交叉作用出发进行思考的人类学家。历史学家经常犯下的错误是，将在某个特定时间段所观察到的变化，误认为是持续而长久的变革。在昂－丁看来，东南亚的历史是在内陆国家的"农业－人口"周期与沿海城市和政体的"商业"周期之间摇摆（oscillation）的历史。例如，18 世纪中叶的缅甸社会在经历无数风云之后，成功恢复了与 13 世纪蒲甘（Pagan）王朝盛世相类似的局面。这是缅甸国家权力的强势所导致的结果。[84] 英国从 1824 年到 1886 年对缅甸的逐步殖民化，使这一强势受到了削弱。但是，直到 1948 年独立运动兴起，古老的历史发展模式才彻底失去了效力。

缅甸和东南亚的例子究竟说明了什么，对此我们无须妄下结论。另外还有一个例子或许也能够为我们澄清问题提供帮助。这是一种更具普遍性的观点：大约自 1760 年开始，欧洲历史哲学便牢固树立了这样一种思想，即认为与充满活力的西欧社会相对应的，是"停滞不前"乃至"静止不变"的亚洲。[85] 黑格尔甚至在 19 世纪 20 年代仍然在宣扬这一观点，只是某些表述略有不同。不久之后，由此衍生的关于"没有历史的"民族的说法，一时间广为流传。在一些目光短浅的学者眼中，这些民族不仅是指那些没有文字和国家的"野蛮人"，同时也包括亚洲发达文明，还有斯拉夫人在内。当然，这种拒绝承认历史进程的同时间性，拒绝分享人类共有的时间空间的做法，是一个极端的例子，它代表了一种可以被我们用作批判对象的"二元简化"（Binäre Simplifikation）的观点。[86]将过去的历史，特别是亚洲国家的历史，仅仅看作动荡与战争交织的混乱表象下的同一模式的不断重复，是完全错误的。但是，如果走向另一种极端，将整个人类历史——哪怕只是"早期近代"这一段历史——全部置放于欧洲历史进步观的光芒照耀之下，同样也是错误的。流行于 20 世纪 60 年代、迄今仍然颇受争议的现代化理论，便属于后者。它错误地将历史看作一场竞赛：一路领先的是精明能干的北大西洋人，而其他人统统都是小字辈和后来者。我们最起码应当做到，对历史非线性发展的可能性保持开放心态，只有这样，才能帮助我们摆脱"二元简化"和以欧洲为中心的历史同质论（Homogenitätsannahmen）的错误视角。

时间革新

当我们试图了解在人类的时间经验当中，哪些对 19 世纪而言最具标志性特征时，我们所走近的实际上是一部 19 世纪的心态史（Mentalitätengeschichte）。如今，时间观已成为一个"文化架构"的概念，是人类学家和文化哲学家用以划分不同文明的常用标准。[87]此外，时间观念也是跨文化比较中要求最苛刻、内涵最丰富的研究视角之一。[88]时间观念是五花八门的，既有哲学和宗教语境下的用以描述时间现象的玄奥术语，也有可以观察到的日常行为层面的时间概念。在这样的情况下，我们是

119

否仍然可以从各种时间观念和时间经验中，找出某些对 19 世纪
来说具有普遍性意义的内容呢？

在 19 世纪，人类在统一时间测量方面所取得的成就，是任
何一个时代都无法比拟的。在世纪之初，全世界的时间测量方
法以及受地域和环境制约的时间文化，数量可谓成千上万。而
到世纪末时，世界时制度已在全球确立，与此同时，时间文化
的多样性虽有所减弱，但并未完全消失。1800 年前后，在世界
上任何一个国家都找不到一种超出城市范围的统一时间信号。
每一个地方，或者说至少每一个地区，都是根据对太阳最高点
位置的自主判断来校准时钟。然而到 1890 年时，不仅是在科技
发达的工业国家，而且是在全球各地，都已基本完成了时间测
量的内部协调和统一。假如没有科学技术的革新，这一点是不
可想象的。如何校准时间是对科技的一项挑战，从查理五世到
包括年轻的爱因斯坦在内的无数年轻工程师和理论家，都曾致
力于这项研究。直到电报传送电子脉冲信号技术的发明和使用，
才使这一难题从根本上得到了解决。[89]

1884 年在华盛顿召开的国际子午线会议上，来自 25 个国
家的代表达成协议，统一采用我们今天仍在使用的世界时或称
"标准时"（standard time），并以 15 经度为间隔，将地球平均
划分为 24 个时区。促成这一划时代协议的功臣，是从苏格兰流
亡加拿大的铁路工程师桑佛·弗莱明爵士（Sir Sandford
Fleming）。弗莱明爵士是当之无愧的 19 世纪最具影响力的全球
化领袖。[90]时间革新的倡导者早在世纪初便提出了类似的方案，
但各国政府却对此缺乏兴趣。铁路与列车时刻表的物性逻辑
（Sachlogik）早已将协调时间的必要性提上日程，然而在付诸实
施的问题上，却迟迟没有进展。直到 1874 年，德国仍在采用一

种极为繁复的方法，在各大城市地方时间的基础上制定列车时刻表，而这些城市的时间则由各地组织测量并由官方提供监督。[91]每一位乘客必须自行计算，自己能在什么时间到达什么地方。1870年，美国有400多家铁路公司和超过75种不同的铁路时刻（railroad times）。乘客只能在买票时询问具体的时间。 120
时间统一的第一步是铁路公司为内部计时标准化而采用的电子同步化时钟。[92]但标准又由何而来呢？航海人员在专业实践中，早在18世纪便已开始采用统一时制，其原则是将皇家格林尼治天文台所在的经度确定为本初子午线。早在1855年，英国境内98%的公共时钟已开始按照格林尼治时间（Greenwich Mean Time，GMT）转动，虽然直到1880年，官方才将其确定为一项制度。[93]1868年，新西兰成为全世界第一个正式采用格林尼治时间的国家。美国由于地域辽阔，在时间协调方面难度较大。1883年，美国决定在格林尼治时间基础上制定本国的统一时制，按照地理经度将全国划分为4个时区。第二年，这一原则被全球采纳。由于许多地方的国境线并非直线，因此在划分时区时也不得不根据实际情况做出相应的调整。[94]

由此可见，时间的统一是在两个层面发生的：一是在国家内部，二是在国家之间。而国家内部层面的协调未必总是早于国际层面。在疆域算不上辽阔从而使人们可免受东西时区之累的德意志帝国，全国统一的标准时间却直到1893年才正式实行。在军队的强烈要求下，已近暮年的陆军元帅冯·毛奇（von Moltke）在去世前5周在国会慷慨陈词，力主实行"统一时间"。而法国则更迟一步，直到1911年才正式采用格林尼治时间。法国人在采纳世界时问题上所表现出的犹豫和踌躇十分耐人寻味。其背后到底有哪些原因呢？

　　在这里值得一提的，是一个近似悖论的现象：全球在国际
标准化（同时也包括度量衡、货币、邮政和电报通信、铁路轨
距等）方面所取得的重大进展，与民族主义和民族国家的崛起
是紧密相伴的。弗莱明爵士的方案在法国遭到强烈反对，便与
此不无关联。当 1884 年华盛顿会议决定将位于泰晤士河畔格林
尼治的大英帝国中央天文台所在位置确定为零度经线时，在巴
黎，人们却坚持将建于 17 世纪的巴黎天文台所在经线作为本初
子午线（除巴黎外，其他备选方案还有耶路撒冷、塔希提等）。
但是多年以来，格林尼治经线不仅在航海导航系统中得到广泛
应用，而且美国也早已按照格林尼治时间调整了自己的铁路分
区系统。英国的霸权地位无疑由此得到了印证，但是，这种霸
权并不是一种强加的霸权，而是一种被自愿接受的霸权。因此
从现实角度看，法国人的反对是没有任何出路的。

　　当 1884 年世界时制度确立时，英法两国之间的关系并不算
太糟。唯一问题是，两国都把自己看作西方文明的至尊典范，
因此，国际标准究竟是采用英制还是法制，绝不是一件无关紧
要的小事。法国甚至向英国提出了一项对等交换的建议：如果
英国愿意以接受十进制度量标准作为回报，那么法国将做出让
步，承认将这条横贯伦敦郊区的经线作为本初子午线。结果众
所周知，法国人的希望落了空。早在大革命期间，当法国试图
推行十进制时间计量法时，便曾经历过一次类似的惨败。[95] 当
然，没有谁能够强迫法国人加入全球统一的时间体系。直到 19
世纪 80 年代，法国各个城市仍然在采用根据太阳位置分别测算
的本地时间，而铁路时刻表则以巴黎时间作为标准，后者比格
林尼治时间足足快了 9 分零 20 秒。1891 年，法国颁布硬性法
规，将巴黎时间确定为全国统一的"法国时"（heure légale）。

121

1911 年，法国决定加入 1884 年确立的全球标准时体系。截至此时，欧洲时间计量的混乱局面才大体结束。从法国的例子可以看出，国家标准的统一未必总是发生在全球标准化之前，而国际规范的确立也未必意味着国家惯例的自动失效。时间全球化与时间国家化的轨迹是平行的。但是从长远来看，全球统一化的大趋势至少在时间的问题上最终占据了上风。

计时技术

上述所有一切都是在那些计时手段广为普及的社会中发生的。钟表的流行以及钟表拥有者或使用者对这种机械计时装置的服从，总是令一些初次来到英美等国的亚洲和非洲游客惊讶不已。只有在那些既懂得如何测量时间，同时把测量时间变成一种习惯的社会中，时间标准的统一才有可能实现。究竟从哪一天起，机械钟表不再只是学者、教士和贵族的玩物，而是成为全社会统一的计时手段的呢？对此，人们很难找到答案。或许是随着大规模工业化生产使钟表出现在越来越多的客厅、床头和西装背心的口袋里，或者说是随着私人拥有钟表的普及，人类才得以迈出这一步。从时间上讲，大约是在 19 世纪中叶。由机器化生产廉价钟表所带来的"怀表的民主化"（大卫·兰德斯 [David Landes] 语），将"守时"变成了一种人人有条件遵守的美德。1875 年前后，全球怀表年产量由 18 世纪末的 35 万～40 万只，增长到 250 万只以上。这时，廉价手表设计技术的问世不过才短短几年时间。[96] 这些怀表主要是在瑞士、法国、英国和美国等地生产制造的。没有人知道，它们当中有多少只最终进入了非西方国家消费者的口袋。与世界时制度的确立一样，时间精确测量装置同样也掌握在白种人的手中。世界被分成两派：一边是有表族，另一边是无表族。传教士和殖民者纷纷将这种新的时间资源据为己有，并以此垄断对时间的统治权。刘易斯·芒福德（Lewis Mumford）曾经说过，工业时代的最重要技术发明不是蒸汽机，而是钟表。至少对非西方世界来说，这句话是符合事实的。[97]钟表的普及程度远远超过了蒸汽机。它以一种秩序化和规范化的方式对社会产生根本性影响，这是任何一项单纯的生产技术都望尘莫及的。在钟表所到之处，有的地方甚至从没有见过一台以燃煤为动力的机器或蒸汽机车。但是，这种尊贵的机械装置该如何校准，却往往是一个令人棘手的问题。

　　钟表既是西方文明的标志，也是西方文明传播的重要手段。在日本，由于没有西服口袋，人们一开始只能把怀表套在脖子上或拴在腰带上。当年，明治天皇奖励年度优秀学生的奖品便是怀表——最初一律是美国制造。[98]1880 年前后，在以模仿西方消费观为时尚的拉美上流社会，怀表成为除礼帽、紧身胸衣和假牙之外的另一种社会地位的象征。在奥斯曼帝国，最能体现国家和社会精英对西方模式现代化孜孜以求的，莫过于阿卜杜勒·哈米德二世在 19 世纪最后 30 年下令在各大城市建造的一座座钟楼。[99]英国人在这方面也不例外。1897 年，为庆祝维多利亚女王登基 60 周年，在大英帝国各地，钟楼纷纷拔地而起。作为教堂钟楼在世俗化和跨文化意义上的改良产品，这些钟楼的出现，把时间变成了公众既能看得到，也能听得到的事物。在中国，直到进入 20 世纪，钟楼仍然是最重要的报时手段，只不过它的信号只能纯粹通过声音来传递。

　　机械测时技术的普及同时也大大促进了各个领域工作流程的量化和稳定化。英国社会历史学家 E. P. 汤普森（E. P. Thompson）在一篇著名论文中提出过这样的观点：在前工业化时代的工作环境下，劳动是在没有任何规律和规则的状态下进行的。19 世纪，随着劳动分工的细化以及企业规模和投资日益扩大条件下的组织化生产的形成，企业主和市场力量成功实现了严格的时间管理，并以此使工作时间得以延长。来自农业和手工业的工人从进入工厂的那一刻起，便通过时钟、铃声和惩罚制度被一种陌生的抽象化时间理念所牢牢钳制。[100]这一论点听起来颇有说服力，并有一种格外的魅力：在社会纪律化和文化异化的相似处境下，英国产业工人、新兴工业化国家的工人以及殖民地的臣民，俨然变成了一个同病相怜的共同体。因此，汤普森的现代性批判理论看上去似乎是一个放之四海而皆准的真理。按照这种说法，无论在世界哪一个地方，钟表都已成为现代化的一种武器。但是，这一切发生的时间很可能并不像汤普森所想象的那样早。即使在英国，按照法定时间校准的、运行精确的时钟，也是到 19 世纪末才在人类日常生活中真正得到了普及。[101]

因此，我们有必要从量和质两个方面对上述观点加以甄别。马克思早就说过，工作日的延长是显而易见的。无数同时代的见证者同样确认，工业化生产的开始，往往或者说总是与个体投入工作时间总量的增加分不开。在机械化棉纺厂发展的早期阶段，每个工作日的时间往往长达甚至超过 16 小时。要想借助务求数据严谨、注重量化研究的历史科学手段来弄清这一问题，是一件难事。但是通过深入细致的研究，我们至少可以确定，在 1830 年之前以英国为代表的早期工业化阶段，工作时间明显呈上升之势。[102]这一势头持续的时间长达 80 年，在此期间，工人当中私人拥有钟表的数量也在不断增加。自从有了钟表，他们对其个人所承担的劳动负荷有了精确的量化认识。[103]为缩短

124

工作时间而进行的斗争，正是以劳动者对其真实付出的了解为前提的。握在劳动者手中的钟表，是检验资本家是否盘剥工人的利器。

因此，从质性（qualitativ）角度看，钟表是否仅仅是一种为企业主服务的束缚工具，还有待于人们进一步探讨。假如我们不把这种科技进步的产物当作独立变量来观察的话，那么，究竟是机械化钟表的发明创造了对精确计时的需求，还是人类先有了这方面的需要，随后才唤起了对满足它的技术手段的需求呢？[104]无可置疑的是，在引进钟表的每一处地方，这种精确到分秒的时间装置，无一不成为使人类生产和生存行为走向机械化乃至节奏化的工具。钟表是时间管理的象征，而后者与自然农耕生活方式对时间的感知相比，更为统一，也更有秩序。[105]在 19 世纪，全世界的农牧民都不得不面临一种来自于城市的时间管理理念的挑战。

我们每个人都有这样的经验：各个国家的人们对"准时"的理解，迄今仍然缺乏统一而严格的标准，对欧洲尚且如此，更遑论世界。但是，没有人会低估人类对时间的抵抗力，也没有人会低估人类在超越时间秩序之外的更广阔空间中生存的能力，换句话说，是在具体的、非连续性的时间经验与抽象的钟表和历法时间之外管理自身的能力。[106]人类学家找来了各种证据，证明那些既没有天文学知识也没有钟表的社会同样有能力以不同的方式来确定时间"点"和持续的时间进程，并对自身行为从时间上进行精确的协调。[107]汤普森以英国早期工业化为例所提出的由时间感知差异导致文化冲突的观点尽管直白易懂，但对其他地区和其他历史阶段来说却未必适用。日本便是一个反例。在德川时代晚期（该时代结束于 1868 年），日本农民大多以小型企业的形式从事农业和手工业生产，这些企业之间处于相互竞争的关系，农民们过的也并非日出而作、日落而息的田园式生活，而是必须对有限的时间资源精打细算，并最大限度地加以利用。那些不擅长时间经济的人，很可能会面临家族破败的命运。当日本于1880年前后进入工业化阶段时，市场上的劳动力早已对连续的、不受季节因素影响的工作流程习以为常，适应工厂的时间纪律对他们来说并不是难事。况且，在很长一段时间里，日本工厂对这方面的管理是相对松散的。人们对剥削压力的增大很少有怨言，这里的工人也很少像欧美国家的阶级兄弟一样，把缩短工作时间变成自己的核心诉求。对他们来说，更重要的是在企业等级制之下的和谐相处，并在人格上受到管理者的尊重。[108]

在美国内战爆发前南部各州的棉花种植园，却是另外一番景象。奴隶们被分成不同的帮组（gangs），在工头的监视下从事田间劳动。从很早开始，他们的劳动便已有了严格的节奏，充满暴力的纪律化管理更是达到了极限。机械式钟表很快在奴隶主当中流行起来，然后理所当然地变成了他们用以监督奴隶劳动的宝物。与工厂工人——无论英国、日本，还是在奴隶获得解放的美国北部各州——有所不同的是，这些奴隶根本没有资格与他们的主人为工作时间长短的问题讨价还价。在这里，钟表这一物件比在工业资本主义国家更加赤裸裸地变成了由单方操纵的束缚工具。但是到最后，奴隶主的生活也在不知不觉中被改变：在冷漠无情、嘀嗒作响的指针之下，主仆双方所面对的，是一个共同的新世界。与此同时，钟表还产生了另一种效应：种植园主们自从有了钟表，在心理上感觉自己已然可以和北方发达地区的富人平起平坐。与世界其他地区以及其他许多事物一样，在这里，作为私人所有物的钟表最终也成为现代时尚的显赫标志之一。[109]

如果进一步观察就会发现，时间的含义是丰富多彩的，我们可以将其划分为城里人的时间和乡下人的时间，男人的时间和女人的时间，老人的时间和年轻人的时间，军人的时间和市民的时间，音乐家的时间和建筑师的时间。在计时器测量的客观时间与主观感受到的时间之间，是决定家庭和职业生活"典型"生命周期的社会时间。反过来看，由文化规范、经济职责和情感需求所决定的各种复杂关系，也在对社会时间产生影响。尤其值得探讨的是，将社会时间看作一个时代的周期，是否也符合社会的集体认知，而注重建构的历史学家对此是否持同样的态度。透过错综复杂的表象，找出事物的本质，是历史主义人类学和社会学的一大任务。

速度的提高

我们或许可以这样说：速度的提高，是许多人在进入 19 世纪之前的过渡期所共同拥有的独特经验。[110]蒸汽机及其与车轮和螺旋桨之间的机械联动装置的发明，使 19 世纪演变为一个速度革命的时代。虽然直到 20 世纪，随着航空业的出现以及公路交通的完善，运输速度才实现大幅提升，然而铁路与电报的发明，才真正堪称具有划时代意义的转折。它们的速度，胜过最快的马车和最快的邮差。客货运输以及信息的传送，以此摆脱了生物动能的束缚。这一切完全得益于科技的发展。而铁路技术给世界各地带来的影响——尽管受文化因素的制约，各地的反应与应用形式也各有差异——从原则上讲是相同的。[111]对物理速度提高的感受，是新的技术可能性所带来的直接结果。铁路最初是由欧洲人发明的，然而在铁路遍布每一片大陆的事实面前，这一点已变得不再重要。在应用可能性方面，铁路并不具有任何文化属性；而其应用本身，则与此相反。人们对待这种机械的态度是千差万别的。甚至有人指出，在很长一段时间里，俄国公众对铁路运输的高速度一直反应冷淡，况且俄国的火车和西欧国家相比，的确是慢得多。只有那些和国外有过比较，并对自身的落后状况有所意识的人，才能逐渐摒弃这种对慢速度的文化偏好。[112] 与古老的运输方式相比，铁路不仅速度更快，而且也更舒适。1847 年，柏辽兹乘坐一辆冰冷的雪橇——"一只密封的金属箱子"，在从陶拉盖（Tauroggen）到圣彼得堡的路上颠簸了四天四夜，经历了种种"意想不到的痛苦"。如果几年后再走同一段路，他可以改乘火车，不用再担心冻伤，也不用再担心患上雪盲症。[113] 但是，一种新的灾难形式——铁路事故——也与此相伴而生：在英国，狄更斯在从沿海搭乘火车前往伦敦时经历意外事故，并侥幸逃过一劫；在俄国，沙皇亚历山大三世 1888 年也曾遭此厄运；此外，在印度和加拿大，也都出现过类似的铁路事故。时间经验的机械化提速和非自然化，是 19 世纪人类的真实经验。最迟到 1910 年前后，全世界大多数人原则上（未必是现实意义上）都已具有获得这种经验的可能性。[114]

但是，我们并不能草率地将上述变化概括为"世界观的时间化"，后者是柯塞勒克在描述 19 世纪初西欧鞍型期时所做出的论断。历史经验的提速与旅行和交往的物理提速之间，并没有必然的联系。与后者不同的是，前者并不是一种全球性现象。早有人指出，法国大革命的直接影响是有限的。被柯勒塞克视为 1800 年前后欧洲划时代转折之核心的历史哲学模式是否也适用于世界其他地区，同样也是值得怀疑的。这

127

场历史哲学模式的转折意味着：一个时间连续体被一场革命的强烈现实感"击破"。[115]在那些没有受到法国大革命冲击的地区，人们是否也曾有过类似的体验？如果有，又是在什么时间？当时，这些地区是否依然在前现代的梦境中沉睡？还是说，那里的人们对时间连续体的断裂有着别样的经验？在早在1649年便曾把国王送上断头台的英国，巴黎所发生的事件仅仅造成了些许波动，而远非震撼。而在1789年的美国，人们早已将本国革命纳入安全的制度化轨道，并通过宪法加以规范。

19世纪时，人们对熟悉的生活环境以及传统的未来预期发生翻天覆地变化的意识，还在哪些方面有所表现呢？千禧年运动和宣扬末日论的预言家们，便是借助这一效应赖以为生。从中国、北美——包括印第安人和白人（例如摩门教徒）——到非洲，到处都能见到他们的身影。正如许多历史见证者所述，奴隶制的结束对被解放的奴隶来说，仿佛是一个新时代骤然降临，虽然在现实生活中，"奴隶制的死亡"是一个漫长、艰难而不乏失望的过程。[116]无论是法国大革命还是19世纪50年代中国太平天国运动的参与者，他们对新时代的幻想往往都伴随着同一种意愿：希望随着新时代的到来，能够迎来焕然一新的时间秩序。打破传统历法，正是其革命的内容之一。但是，我们绝不能把它泛泛地理解为一种弥赛亚式的形而上诉求，或是针对传统"霸权"文化的所谓"逻各斯中心主义"的一种反抗。对晚期近代史来说更具典型性的一大特征，是时间观念的理性化以及使之与现代世界相适应的努力。无论在1792年的法国，还是在1868年明治维新之后的日本，都可以看到这样的特点。此外，类似的例子还出现在1918年2月的俄国（布尔什维克政府上台后颁布的第一批措施之一便是引进格里历），以及中国的太平天国。正如太平天国文献中所述，其目标是以"新天地"和"新乾坤"扫除古老的迷信与异端邪说，让农民能够理性地安排自己的劳作时间。[117]其眼中的新时代是一个简单明晰的时代，一个懂得如何运用时间资源的时代。

注释

[1] J. M. Roberts, *Twentieth Century* (1999)，第 3 页。

[2] 这些书籍虽然通俗，但并非没有价值。参见 Bernier, *The World in 1800* (2000)。

[3] Pot, *Sinndeutung* (1999)，第 52 页，持这一观点的权威还有 Jan Romein、Lucien Febvre、R. G. Collingwood 等。

[4] Tanaka, *New Times* (2004)，第 112 页。

[5] 关于时间理论的产生背景可参见 Kwong, *Linear Perspective* (2001)。

[6] Kirch, *On the Road* (2000)，第 293 页及下页。

[7] 有关这一问题的详细论述可参见当代经典著作：Strachan, *First World War*，第 1 卷 (2001)。

[8] 参见 Manela, *Wilsonian Moment* (2007)。

[9] 参见 Eichhorn, *Geschichtswissenschaft* (2006)，第 145~52 页。

[10] 关于"现代"概念的不同应用问题可参见 Corfield, *Time* (2007)，第 134~138 页。

[11] 持此观点者如 Wolfgang Reinhard, *The Idea of Early Modern History*，收录于 Bentley, *Companion* (1997)，第 281~292 页。

[12] 参见 P. Nolte, *Einheit* (1997)。

[13] Hobsbawm, *Europäische Revolutionen* (1962)；*Blütezeit* (1977)；*Das imperiale Zeitalter* (1989).

[14] E. Wilkinson, *Chinese History* (1998)，第 196 页。

[15] 关于格里历的实用性问题可参见 Watkins, *Time Counts* (1954)，第 47 页。除 Watkin 的经典著作外，有关近代历法史的另一名著见 E. G. Richards, *Mapping Time* (1998)。

[16] 同上书，第 114 页。

[17] 参见 Gardet 等人，*Cultures and Time* (1976)，第 201、208 页。

[18] E. G. Richards, *Mapping Time* (1998)，第 236 页。

[19] Wilcox, *Measure of Times Past* (1987)，第 8 页。

[20] Tanaka, *New Times* (2004)，第 11 页。

[21] Brownlee, *Japanese Historians* (1997)，第 209 页。

[22] Coulmas, *Japanische Zeiten* (2000)，第 127 页；Zöllner, *Japanische Zeitrechnung* (2003)，第 9 页；Tanaka, *New Times* (2004)，第 5、9 页。

[23] Zerubavel, *Time Maps* (2003)，第 89 页及下页；关于欧洲的新时代观可参见 Hölscher, *Zukunft* (1999)。

[24] Keirstead, *Inventing Medieval Japan* (1998).

[25] 参见 Pot, *Sinndeutung* (1999)，第 63 页。

[26] Troeltsch, *Historismus* (1922)，第 756、765 页。

[27] Raulff, *Der unsichtbare Augenblick* (1999)，第 19 页。

[28] Barry, *Influenza* (2004).

[29] 这一概念的确立在"早期近代"一词的词形从小写（frühe Neuzeit）到大写（Frühe Neuzeit）的变化上亦有体现。在本书中，我用大写作为规范的年代名称表述，用小写来指代 19 世纪之前的两三百年（德语在表述规范概念时，通常将形容词开头的第一个字母由日常用语中的小写改为大写。——译者注）。

[30] Wigen, *Japanese Periphery* (1995)，第 19 页；作者在这里指的是 1868 年这一日本 19 世纪史的关键年份。

[31] Hans-Heinrich Nolte 日前甚至提出了 15～19 世纪世界史大时代的概念，*Weltgeschichte* (2005)。

[32] 参见 Green, *Periodization* (1992)，第 36、46、50、52 页及下页（Wallerstein 在世界体系分析中对这一观点提出了佐证）。

[33] Schilling, *Die neue Zeit* (1999)，第 10～15 页。

［34］ Gerhard, *Abendland*（1985），英文版出版于 1981 年；此前，Otto Brunner（1956）亦曾提出类似的观点；观点较为宏观、从各方面来看更为理性的论述可参见 Otto Hintzes（1861 - 1940）的一系列著作。在这些著作中，作者成功摆脱了传统年代表述的束缚。

［35］ Braudel, *Sozialgeschichte*（1985）。

［36］ Macfarlane, *Savage Wars of Peace*（1997）；A. Reid, *An Age of Commerce*（1990），第 5 页及后页；*Charting the Shape*（1999），第1 ~ 14 页，第 7 页。

［37］ 参见 Peter Feldbauer 对这一问题的概括性总结，*Globalgeschichte 1450 - 1620*；关于从扩张史到交流史的演变见 Edelmayer 等人的著作，*Globalgeschichte*（2002），第 23 ~ 32 页。

［38］ 关于"长"18 世纪史（约 1680 ~ 1830 年）的提法见笔者旧作 Osterhammel, *Entzauberung*（1998），第 31 ~ 37 页；关于 18 世纪概念的其他解读见 Blussé/Gaastra, *Eighteenth Century*（1998）；Nussbaum, *The Global Eighteenth Century*（2003）；Grandner / Komlosy, *Weltgeist*（2004）。

［39］ Quataert, *Ottoman Empire*（2000），第 54 页；Kreiser, *Der osmanische Staat*（2001），第 36 页及下页。

［40］ 代表性观点见 Totman, *Early Modern Japan*（1993）；J. W. Hall, *Cambridge History of Japan*，第 4 卷（1991）。

［41］ R. Oliver/Atmore, *Medieval Africa*（2001）。

［42］ Reinhart Koselleck, " Einleitung ", 收 录 于 Brunner 等 人，*Geschichtliche Grundbegriffe*，第 1 卷（1972），第 xiii ~ xxvii 页。

［43］ Nitschke 等人，*Jahrhundertwende*（1990）；该著作是在 1989 年电台播出的讲座《Jahrhundertwende》基础上改编而成。

［44］ 这种说法并不幼稚，或者说人们在使用这一概念时对它所带来的多重效应并非没有意识。关于维多利亚人的后维多利亚观问题可参见 Gardiner, *The Victorians*（2002）。

［45］ G. M. Young, *Portrait*（1977，1936 初版），第 151 页。

［46］ 最新观点见 Searle, *A New England?*（2004）。

［47］ Rudolf Vierhaus, *Vom Nutzen und Nachteil des Begriffs «Frühe Neuzeit».*
Fragen und Thesen；收录于同作者 *Frühe Neuzeit* (1992)，第 21 页。

［48］ 也可以换一种问法：在从 19 世纪 40 年代开始进入新时代之后，
世界史有哪些与以往不同的标志性特征呢？相关的精彩论述见
Blum, *In the Beginning* (1994)，这是这位伟大的社会史学家生
前的最后一本著作。

［49］ 参见 Bayly, *Geburt der modernen Welt* (2006)，第 110 页及下页；
作者在其尚未涉及全球化理论的早期著作中，曾就此做出更为
明确的表述：*First Age* (1998)。

［50］ 参见 F. Anderson, *Crucible* (2000)；McLynn, *1759* (2004)；特别
是经典名作 Marshall, *Making* (2005)，第 86 ~ 157 页。

［51］ Palmer, *Zeitalter* (1970, 英文首版 1959 ~ 1964)；Godechot,
France (1965)；相关背景参见 Bailyn, *Atlantic History* (2005)，
第 15 ~ 15（页码有误，原文如此。——译者注）、24 ~ 30 页。

［52］ Bayly, *Imperial Meridian* (1989)，第 164 页；关于全球军事关系问
题可参见 Förster, *Weltkrieg* (1995)；Michael Duffy, "World-Wide War
and British Expansion, 1793 – 1815"，收录于 Louis, *Oxford History of
the British Empire*，第 2 卷 (1998)，第 184 ~ 207 页。

［53］ 在涉及这一问题时，必须将美利坚合众国成立、海地革命以及
南美洲和中美洲独立作为一个相互关联的整体进程来加以观
察。参见 Langley, *The Americas* (1996)。

［54］ 参见 Meinig, *Shaping of America*，第 2 卷 (1993)，第 81 ~ 96 页。

［55］ C. A. Bayly, "The British and Indigenous Peoples, 1760 – 1860：
Power, Perception and Identity"；收录于 Daunton/Halpern, *Empire
and Others* (1999)，第 29 ~ 31 页；并参见本书第 7 章。

［56］ 相关模式见 Dipper, *übergangsgesellschaft* (1996)。

［57］ Maddison, *World Economy* (2001)，第 27 页；*Contours* (2007)，
第 73 页及下页。

［58］ Wrigley, *People* (1987)，第 3 页。

［59］ 同上书，第 10 页及下页；J. R. McNeill, *Something New Under the
Sun* (2000)，第 xxiii, 298 页；Smil, *Energy* (1994)，第 156 页

及下页。

[60] Foucault, *Ordnung der Dinge*（1971），第 269 页。

[61] C. Rosen, *Classical Style*（1971）; *Romantic Generation*（1995）.

[62] 参见 P. Nolte, *1900*（1996），第 300 页。

[63] J. R. McNeill, *Something New Under the Sun*（2000），第 14 页；直观描述：Smil, *Energy*（1994），第 233（图 6.5）。

[64] Stearns, *Industrial Revolution*（1993），第 87 页及下页。

[65] Smil, *Creating the Twentieth Century*（2005），第 33 ~ 97 页（《The Age of Electricity》）。

[66] 参见 A. D. Chandler, *Visible Hand*（1977），第 5 章及其他多处；Zunz, *Making America Corporate*（1990），第 40 页及下页。

[67] Woodruff, *Impact*（1966），第 150（图表 IV/1）。

[68] Nugent, *Crossings*（1992），第 12 页。

[69] 换言之，19 世纪 80 年代开启了 Therborn 所说的第四次全球化浪潮。Therborn, *Globalizations*（2000），第 161 页。

[70] Richard Taruskin 在关于西方音乐史的论著中在阐述自己的观点——为何 19 世纪西方音乐史直到一战才真正结束时，对这种通行的观点提出了异议。他认为，以马勒、德彪西、斯克里亚宾与理查德·施特劳斯的早期歌剧创作以及勋伯格的《古雷之歌》（*Gurrelieder*）和斯特拉文斯基的俄罗斯芭蕾舞曲为代表的“长”世纪末（Fin de Siècle）只是浪漫派的一种“马克思主义式”的升级。只有在艺术手段趋向简约以及以新古典主义、新即物主义（Neue Sachlichkeit）和十二音列技术（Zwölftontechnik）为代表的讽刺、模仿风和结构主义出现后，音乐史的 20 世纪才真正开始。参见 Taruskin, *Western Music*，第 4 卷（2005），第 448、471 页。

[71] 印度与意大利的比较参见 Antony Copley, “Congress and Risorgimento: A Comparative Study of Nationalism”，收录于 Low, *Indian National Congress*（1988），第 1 ~ 21 页；Marr, *Vietnamese Anticolonialism*（1971），第 47 页。

[72] A. Black, *Islamic Political Thought*（2001），第 295 ~ 299、301 ~

304 页。

[73] 关于康有为的具体生平可参见 Hsiao Kung-chuan, *A Modern China* (1975)，第 56 页。

[74] 参见 R. W. Bowen, *Rebellion* (1980)。

[75] 该观点并未形成完整的理论，相关论述可参见 Fernand Braudel, *Geschichte und Sozialwissenschaften*：*Die lange Dauer* [1958]，收录于其本人作品集 *Schriften*，第 1 卷 (1992)，第 49～87 页。

[76] J. Goldstone, *Problem* (1998)，第 269 页。

[77] Koselleck, *Zeitschichten* (2000)，第 21 页。Charles Tilly 在近期发表的许多著作中也提出了类似的观点。

[78] 关于各种历史转折模式的划分问题参见 Laslett, *Social Structural Time* (1988)。

[79] 参见 Koselleck, *Vergangene Zukunft* (1979)，第 132 页。

[80] Schumpeter, *Economic Analysis* (1954)，第 738～750 页。

[81] 有关这一新理论的概括性总结参见 Rasler/Thompson, *Great Powers* (1994)。该流派代表人物有 George Modelski、Joshua S. Goldstein 和 Ulrich Menzel 等。

[82] 相关讨论见 Schmied, *Soziale Zeit* (1985)，第 144～163 页。

[83] Gardet u. a., *Cultures and Time* (1976)，第 212 页。

[84] Aung-Thwin, *Spirals* (1991)，第 584、590、592、595 页。

[85] 参见 Osterhammel, *Entzauberung* (1998)，第 390～393 页；1900 年前后的日本知识分子看待亚洲其他地区，特别是朝鲜的态度，同样也是出于类似的视角。

[86] 参见 Fabian, *Time and the Other* (1983)；他称之为"对同时间性的否定"(denial of coevalness)。

[87] 相关论述见 Östör, *Vessels of Time* (1993)，第 12～25 页。

[88] 参见 Wendorff, *Zeit und Kultur* (1980)；J. T. Fraser, *Voices of Time* (1981)；Needham, *Grand Titration* (1969)，第 218～298 页。

[89] 这是 Galison, *Einsteins Uhren* (2002) 的主要观点之一。

[90] 参见 Blaise, *Zähmung der Zeit* (2001)。

[91] Dohrn-van Rossum, *Geschichte der Stunde* (1992)，第 319 页。

［92］ Bartky, *Selling the True Time*（2000），第 93、114 页。

［93］ Whitrow, *Time*（1988），第 164 页。

［94］ Bartky, *Selling the True Time*（2000），第 139、146 页。

［95］ Galinson, *Einsteins Uhren*（2002），第 153 页，第 162 页及下页。

［96］ Landes, *Revolution in Time*（1983），第 97、287 页。

［97］ Mumford, *Technics*（1934），第 14 页。

［98］ Coulmas, *Japanische Zeiten*（2000），第 142、233 页。

［99］ Kreiser, *Istanbul*（2001），第 181 页。

［100］ E. P. Thompson, *Time*（1967）。

［101］ Gay, *Clock Synchrony*（2003），第 112、136 页。

［102］ Voth, *Time and Work*（2001），第 257 页及其余多处。另参早期研究的相关总结与评价。

［103］ 同上书，第 47～58 页。

［104］ David Landes 在其关于钟表历史的巨著中对该问题给出了这样的答案："The clock did not create an interest in time measurement, the interest in time measurement led to the invention of the clock."（*Revolution in Time*, 1983，第 58 页）。

［105］ 关于节律化这一（并非十分成熟的）概念可参见 Young, *Metronomic Society*（1988）。关于时间机械化问题可参见瑞士建筑历史学家和理论家 Sigfried Giedion 的经典著作（*Mechanisierung*, 1982，英文首版 1948 年）。

［106］ 摩洛哥半游牧民族的例子见 Eickelman, *Time*（1974），第 45 页；今天巴厘的例子见 Henk Schulte Nordholt, "Plotting Time in Bali: Articulating Plurality", 收录于 Schendel/Schulte Nordholt, *Time Matters*（2001），第 57～76 页。

［107］ 早在 20 世纪初，功能主义学派创始人布罗尼斯拉夫·马林诺夫斯基（Bronislaw Malinowski）便曾提出这一观点。参见 Munn, *Cultural Anthropology*（1992），第 96、102～105 页。

［108］ T. C. Smith, *Peasant Time*（1986），第 180、184～189 页，第 194 页及下页。

［109］ M. M. Smith, *Mastered by the Clock*（1997），第 5～7 页。

[110] 与该问题有关的（主要来自于西欧地区的）资料与评析见 Borscheid, *Tempo-Virus* (2004), 第 5 ~ 7 章; Kaschuba, *überwindung* (2004); Kern, *Culture* (1983), 第 109 ~ 130 页。

[111] 参见 Schivelbusch 关于铁路旅行的历史现象学研究, *Eisenbahnreise* (1977); Freeman, *Railways* (1999); Borscheid, *Tempo-Virus* (2004), 第 5 章。

[112] Cvetkovski, *Modernisierung* (2006), 第 192、222、236 页, 第 242 页及下页。

[113] Berlioz, *Memoiren* (2007), 第 503 页及下页。

[114] Koselleck, *Zeitschichten* (2000), 第 153 页。

[115] 在柯塞勒克之后是 E. W. Becker, *Zeit der Revolution* (1999), 第 14 ~ 16 页; 以及 Lucian Hölscher 的大量著作。

[116] Litwack, *Been in the Storm so Long* (1979), 第 172 页与其余多处。

[117] Shih, *Taiping Ideology* (1967), 第 75 页。

第3章 空间
——何处谓 19 世纪？

一 空间/时间

历史事件是按照编年顺序、被经历或被叙述的次序抑或是因果关联，在时间长河中依次发生的。与此同时，历史的发生总是与某个地点有关，这一点似乎是不言而喻的。历史编纂学很少注意到这一问题，特别是史学的两大经典领域——思想史和政治史，长久以来一直是没有地点指向的。但凡有可能导致对人类"善行"之自然性产生怀疑的做法，早在 19 世纪历史主义思潮中即已遭到摒弃。自此之后，地理决定论甚或是地缘政治决定论，一直是历史学家有可能被扣上的最恶劣罪名之一。只有在法国学术传统中，人们不必有这方面的顾虑。以往在德国，历史的地域化（Lokalisierung）或"接地性"（Bodenhaftung）只有在军事史、农业史或地方史等史学旁支研究中，才有可能勉强得到认可。但是，自从环境史和历史地理学越来越受到重视，这种情况已经发生了改变。此外，以人类交往、迁徙与殖民扩张为研究方向的历史学家，对空间维度问题向来都是无法回避的。卡尔·施勒格尔（Karl Schlögel）曾经明确指出：所谓空间维度并不是后现代地理学的抽象化，而是被看到和被经历空间的"庞大总和"。[1]

时间与空间的关系问题，是一个重大的哲学话题。历史学家可以用相对较宽松的态度来处理这一问题。就像柯塞勒克所说："每一个历史空间都是由时间构成的，人们用时间来测量它，并借此从政治或经济上把握它。时空问题总是彼此纠葛，尽管所有时间图像的隐喻力量最初无不来自对空间的感知。"[2] 对历史学家来说，这样的解释似乎已足以说明问题。地理学家大卫·哈维（David Harvey）试图从另一个角度对时间与空间问题做出解答，并提出了关于"时空压缩"（time-space compression）的概念。[3] 由此可见，从某种意义上讲，时间观与空间观的划分是人为的。这一点从一个表示时间跨度和纵深的难以翻译的德文词"Zeitraum"①，便可得到印证。

130

尽管空间与时间的关系是错综复杂的，但是从历史角度看，空间与时间相比拥有三个不容忽视的重要差异：

● 空间的感官特性比时间更直接。我们可以用所有感官感觉到它。作为"自然"，它是所有人类生命周期赖以存在的物质基础：地球，水，大气，植物和动物。时间通过机体的自然损耗过程来限制人类的生命，而空间则有可能以敌对、压迫和毁灭的具体形式与人类作对。因此，人类共同体的生命活动是在极其具体的空间——自然环境——中进行的，却未必是在某种特殊的时间状态之下。时间是独立于天文学的昼夜节律、气候的四季轮回以及海洋的潮汐涨落之外的文化创造物；空间则恰恰相反：它首先是作为人类生存的先决条件而存在，而后从某一时刻开始，才被人类在文化意义上加以解读。

---

① 由"时间"（Zeit）和"空间"（Raum）合并而成的复合词，意为"时期"。

●除了数学——或者说极少数专家——之外，人们对空间很难做出抽象的思考。空间缺少一种像时间那样可以用年代顺序排列并以数字加以标记的格式化规律。难道真的存在某种纯粹意义上的空间吗？还是说，只存在与生存于其中的每个生命体相关的相对意义上的空间？难道说，不正是因为人类试图对空间加以改造，用神话来承载它并赋予其某种意义，才使得空间成为历史学家的一项课题吗？除了作为地点的标志之外，空间还有可能以其他形式存在吗？

●人类可以在天文学规律的限度内对时间任意加以定义和排列，但却不能从物性上改变它，并使后人能够感受到这种改变所带来的影响。在地球空间里，劳动是物质化的。与时间相比，空间更容易被塑造。空间是"制造"的产物（列斐伏尔［Henri Lefebvre］语），它比时间更容易被"战胜"，被征服，被破坏：通过占领和物质榨取，或通过"粉碎化"而变成不计其数的私有空间。空间是国家形成的前提。国家从空间中获取资源。但是在不同历史时期，空间的重要性是不断变化的。直到欧洲进入近代史之后，空间作为"领土"才真正拥有了政治上的含义。

131

19世纪到底在何处？一个历史时期从本质上讲是以时间来定义的，但与此同时，它的空间形态也是可以被描述的。这些形态的重要基本模式是中心与边缘之间的关系。所谓中心，是人与权力、创造力与象征性资本在一个较大的关联体之中彼此汇聚的地方。这些中心既向外辐射，也向内吸引。而边缘则与之相反，它是与中心处于非对称关系的力量较弱的各极。它们更多是脉冲信号的接收者，而非发送者。另外，在不同的边缘位置，总有新的事物不断涌现。庞大帝国的兴起，总是从边缘地带开始的。宗教在这里得到资助，重大的历史在这里书写。在天时地利的条件下，这些活力充沛的边缘地带也有可能转化为中心。中心与边缘之间的力量重心总是在一寸寸地发生转移，在某些时候，这种变化也有可能是翻天覆地的。人们往往必须同时与几个中心打交道，这些中心之间有可能是合作关系，也有可能是竞争关系。因此，世界地图总是呈现不同的面貌，一切取决于人们从哪一个系统化角度去观察它。政治地理与经济地理是难以协调的，全球文化中心的分布与军事力量重心的分布也往往截然不同。

二　元地理学：空间的名称

在地理学知识的发展过程中，19 世纪在双重意义上扮演着过渡期的角色。[4]首先，19 世纪是欧洲地理学超越其他文明的地理学理念，占据主流地位的一个时期。1900 年前后，欧洲的地理学已然演变为一门独立的科学：它拥有独立的研究方法，独立的体系和术语，有地理学家的职业身份，以及独立的学术机构、教材和专业刊物。在职业地理学家当中，一部分人将自己定位为与地质学、地球物理学、水文学等具体学科有着密切关联的自然科学家，另一部分人则自视为人类学家或人类地理学家。其共同点在于，他们都不再将自己看作为地位至尊的历史编纂学提供服务的帮手。他们利用每一次编写教科书、教材或绘制地图的机会——特别是当这项任务出自执政者的授意时——将掌握在自己手中的"命名权"发挥得淋漓尽致。[5]于是，这些地理学家变成了炙手可热的政府智囊，以帮助后者实现其追求的目标为己任：或开拓新的殖民地，或借助于科学的手段实现原有殖民地的"价值化",换言之,就是掠夺。很快,这种最早诞生于德国和法国的地理学模式便在其他欧洲国家以及海外地区受到追捧和效仿,并通过由业外人士和利益集团代表所组成的地理学会或协会得到了传播和普及。所有将地理学确立为一门正式"学科"的国家和地区,一律都采用了欧洲的地理学模式,无论引进这门科学的是一个独立的国家,还是欧洲的殖民地。到 1920 年前后,地理学已成为一种全球通行的固定语境,虽然在一些拥有悠久地理学传统的国家——例如中国,同时也出现了一些中西合璧的混合模式。[6] 19 世纪是地理学从少数地理学家独辟蹊径的私人化研究向一门正规学科、一种拥有制度化保障的集体行为转型的时期。

欧洲地理发现的最后时代

19 世纪既是地理科学化的初级阶段,同时也是地理发现走向终结的时代。这是 19 世纪作为地理学发展过渡期的第二个特点。在这一时期,仍然有单枪匹马闯世界的英雄踏上欧洲旅行家以往不曾踏足的土地;地图上,仍然有许多空白等待人们去填补;对探险者来说,这种极限旅行仍然充满了风险。1847年,约翰·弗兰克林爵士(Sir John Franklin)率领一群精明能干的皇家海军军官,携带着当时世界上最先进的科学器材,在探寻著名的西北航道时失踪。直到 1857~1859 年,搜救人员才陆续发现了这 133 名从英国启程的弗兰克林探险队成员的尸骨残骸。[7] 从时间上看,这个地理发现的最后时代,与"长"19 世纪的概念是基本重叠的。它是从詹姆斯·库克(James Cook)1768 年第一次环游世界开始的。在这次旅行中,库克船长和他的科学家同伴们将足迹带到了塔希提、新西兰和澳大利亚。在

133

接下来的一个时期，英国皇家海军成为全世界探险旅行中最活跃的一支力量，到弗兰克林探险队遇难后，才告一段落。1911年12月，随着罗兰德·阿蒙森（Roland Amundsen）抵达南极点，地理发现的辉煌年代彻底宣告结束。此后，虽然各类登山以及沙漠和航海探险活动仍然活跃，但是再没有哪一片土地在等待着人类去发现。

在19世纪期间，人类首次踏足并留下文字记述的地区包括：

● 人们早已熟悉的沿海狭长地带之外的撒哈拉以南非洲；进入这一地区的探险家有南非医生安德鲁·史密斯（Andrew Smith）、受英国人委托到非洲从事探险活动的德国地理学家海因里希·巴尔特，以及英格兰传教士大卫·利文斯通（David Livingstone）等。

● 整个北美大陆西部；虽然杰斐逊总统在任期内曾派遣梅里韦瑟·路易斯（Meriwether Lewis）与威廉·克拉克（William Clark）前往西部从事探险考察（1804～1806年），但是直到19世纪末，从地图学角度看，人类对整个西部地区的认识才真正达到了完整的程度。

● 澳大利亚内陆地区；1848年，来自德国勃兰登堡州的探险家路德维希·莱卡特（Ludwig Leichardt）在试图横穿澳大利亚大陆时意外失踪。在很长时间里，这块大陆一直是测绘领域的一项空白。

● 中亚大部分地区；自18世纪以来，中国地理学对该地区的了解程度远在欧洲之上。大约从1860年开始，这一地区逐渐成为俄国、英国和法国——自世纪之交之后又加上德国——探险和科学考察的目标。

对上述地区以外的其他地区，欧洲自早期近代以来已积累了丰富的地理学知识。这些地区包括西班牙帝国扩张的古老核心区——墨西哥，早在殖民时代之前已有详尽文字描述的印度，以及一些未被纳入欧洲殖民版图的地区，如暹罗、伊朗，或是土耳其所属的小亚细亚。当时欧洲人所掌握的有关亚洲大部分地区的知识堪称包罗万象。1817 年，与亚历山大·洪堡并称人文地理学鼻祖的柏林地理学家卡尔·李特尔（Carl Ritter）创作了厚达 1.7 万页的 21 卷本地理学巨著《地理学——地理与自然和人类历史的关系》（*Die Erdkunde im Verhältniβ zur Natur und zur Geschichte der Menschen*），对这些知识加以归纳并做出批判性分析。该书内容是对欧洲数百年来有关亚洲知识的一个大汇总，由于很多知识已经过时，因此，为从浩如烟海的数据中筛选出有价值的数据，治学严谨的李特尔投入了大量心血。例如在 1830 年前后，欧洲对中国内陆省份的了解仍然只局限于 17 和 18 世纪耶稣会传教士留下的文字记述。而欧洲人对具有排外倾向的日本的了解，除了德国威斯特法伦州医生恩格尔伯特·肯普费（Engelbert Kaempfer）17 世纪 90 年代访日后写下的见闻之外，几乎一无所知。[8] 在这种情况下，用亲身体验来更新旧的知识已经迫在眉睫。于是，新一轮探险活动由此启程。其中许多探险活动是由李特尔和洪堡等科学经纪人发起，在英国，则是由约瑟夫·班克斯爵士（Sir Joseph Banks）和约翰·巴罗爵士（Sir John Barrow）等人倡议。此后，探险活动的组织工作逐渐由非洲协会（African Association）或 1830 年成立的皇家地理学会（Royal Geographical Society）接手。[9] 洪堡本人以其美洲之行（1799 年 6 月至 1804 年 8 月）为这类探险活动树立了榜样。此后，他花费近四分之一世纪的时间，将旅行中的见闻加以整

134

理，创作出一部以游记为主体、内容涉猎广泛的巨著。[10]1900年前后，描写世界各地风情的地理学专著纷纷面世，并作为体现当时科学最高水平的经典著作得到广泛认可。

对欧洲的地理探索与大规模海外行动是在同一时间展开的，从时间上看，前者未必比后者更早。当亚历山大·洪堡登上驶往哈瓦那的帆船几个星期之后，哥哥威廉也踏上旅程，开始向西班牙进发。在这里他将面对的是一片崭新的天地，从科学和探险意义上讲，其未知程度毫不逊色于弟弟亚历山大即将踏足的新大陆。对柏林和巴黎的人们来说，西班牙帝国巴斯克各省与美洲大陆一样充满了异域情调。地处欧洲大陆边缘的许多地区，同样也不例外。[11]在整个19世纪，不断有单枪匹马的旅行者在冒险精神和求知欲的驱动下踏上探险之路。这些人当中也包括英国旅行家毕晓普夫人（Isabella Bird）这样的女性。后者虽然算不上科学家，却是一位以细腻目光体察和记录异国风情的观察者。[12]除了这些探险家之外，还有另外两类人对地理探索发挥着日益重要的作用：一类是以帮助本国统治者"占据"更多领土为目标的帝国主义先驱；另一类是紧随其后的以开发矿产和耕地资源、促进交流为目的的殖民地理学家。

135　　地理学家的视野是各不相同的。亲临现场的旅行家和测绘者所看到的，是他们直接接触的环境。只有在研究室里，人们才能根据数量庞大的记录和测量数据，描绘出大视野的空间图像。那些曾经绘制出18世纪亚洲地图的法国地图学先驱，还有像李特尔这样的地理学巨头，他们的双足甚至从未踏上过这片对他们来说了如指掌的大陆。19世纪时，人类对地球的圆形形状当然早有认识，并通过环游世界的航行获得了更为直观的感受，但是不能忘记的一点是：在空中摄影术出现之前，人类观察地球的视角仍然是平面的，这个视角来自那些在陆地上行走或在海上航行的时代同龄人。从空中或从宇宙更远的距离俯瞰地球，只能停留于想象之中。人们最多可以借助捆绑式热气球，获得一种类似的体验。因此，面对大峡谷之类的特殊地貌，那些用于勘测阿尔卑斯山谷地形的传统测绘技术是无法派上用场的。人们找不到任何一个角度，可以将这片深不可测的峡谷尽收眼底。为突破自然视角的局限性，1857～1858 年首次对科罗拉多河流域进行科学考察的地图学家，以距离地球表面 1 公里的假想视角，绘制出一份假想中的科罗拉多河空中俯视图。[13]

大陆的名称

地理学家和地图学家往往也是地点和空间的命名者。[14] 无论每一个名字起源于何处，一旦这个名字出现在地球仪上，或出现在一份制作严谨并经过科学或政治权威验证的地图上，它便正式成为公共知识的一部分。在涉及山脉、河流、城市等具体的地物地貌时，欧洲人有可能会采用当地的本土名称。19 世纪时，负责英属印度测绘工作的人员遵循的原则是：每当在绘图过程中遇到陌生的地点时，都要与熟悉地理的当地人进行商议，尽可能采用本土名称作为正式地名。但情况也有例外。其中一个著名例子是，1856 年，人们根据退休的印度测绘负责人（印度测绘局局长）乔治·埃非勒斯（George Everest）的名字，将喜马拉雅山脉"十五峰"（Peak XV）更名为埃非勒斯峰，虽然埃非勒斯本人对此一再婉拒。他的理由是，这个名字对印度人来说太难读了。[15] 在世界其他地区，以欧洲传教士、国家首脑或探险家的名字命名的地名则比比皆是。维多利亚湖、阿维尼翁、墨尔本、威灵顿、罗得西亚、布拉柴维尔、俾斯麦群岛、

136

卡普里维地带等，都是其中具有代表性的例子。

但是，这些具体地点的名称由来与大范围地理空间的命名相比，其随意性与意识形态色彩都略逊一筹。谈到这一问题，人们往往会提到"元地理学"（Metageographie）的概念，即每个人头脑中固有的、未经认真揣度的世界空间秩序模式。[16] 它是人类无数心理地图（mental maps）当中的一种，人们根据这一模式，将地球划分为大陆以及其他"世界区域"。自从 16 世纪一位宇宙学家灵机一动，把自己的名字"亚美利哥"（Amerigo）变成一片大陆的名称之后，地理空间的命名权一直没有摆脱浓厚的权威主义色彩。19 世纪时，地理学重要概念的定义仍然是模糊的，当人们使用某个出现较晚的地理名称时，必须对混淆年代的危险性有所意识。就连"拉丁美洲"这样的概念，其含义也并不像人们想象的那样一目了然。特别是那些希望将"西属拉美"地区与葡萄牙语地区加以区别的人，往往为此伤透脑筋。直到今天，人们在是否应当将同样通行英语和法语（或克里奥尔语）的加勒比群岛（亦称"西印度群岛"）纳入这一地理概念范畴的问题上，仍然未能达成一致。当年，当洪堡一行踏上美洲大陆时，拉丁美洲的概念还没有出现。洪堡所看到的美洲是西班牙帝国在新世界的"午夜"属区或热带属区，而古巴当然也不例外。西蒙·玻利瓦尔（Simón Bolivar）一代人则称之为"南部美洲"。直到 1861 年，在法国圣西门主义者的泛拉美主义思潮下，"拉丁美洲"这一名称才浮出水面，并很快被赋予了政治化色彩。当时，拿破仑三世正图谋在南美洲建立一个法兰西帝国。1867 年，随着法国军队被驱逐出墨西哥以及法国地方长官、马克西米利亚大公（Maximilian von Habsburg）被处决，拿破仑三世的计划遭到了惨败。对这位国王来说，"拉丁"一词的战略魅力在于，可以借此在法国和美洲以罗曼语为母语的民族之间建立一种政治正确的"自然"纽带关系。[17]

但是，"拉丁美洲"毕竟是一个相对古老的地域概念。其他一些"世界区域"名称的出现，在时间上则比它晚得多。"东南亚"作为一个大的地域概念，最早诞生于第一次世界大战期间的日本。其普及则归功于另外一次机缘：1943 年太平洋战争期间，人们出于政治因素考虑，需要为一位英国司令官管辖的作战区域找到一个专有的名称，于是，蒙巴顿勋爵（Lord Mountbatten）被任命为东南亚盟军司令部（South East Asia Command）的最高长官。[18] 在此之前，西方人对这片无论在地貌还是文化意义上都独具风情的地区，一直没有找到一个统一的概括性名称。假如一个欧洲人不是泛泛地称之为"东印度"的话，他最多会在这些王国或殖民地的具体名称之上，将其笼统地划分为"中南半岛"（今天的缅甸、泰国、越南、柬埔寨和老挝）和"马来群岛"两部分。就在几十年以前，这些"南亚人"还没有多少文化认同感可言。有关这一地区的第一部历史书，直到 1955 年之后才问世。[19]

当我们把视线移向北方时，所看到的情况也与此相仿。在早期近代史的地图上，亚洲大陆的中间部分往往被描绘为一片边界模糊的地域，名曰"鞑靼"。粗略来看，它的含义与"中亚"大致相当，而对于后者，人们迄今仍然没有找到明确的定义。俄国学者一般将它理解为前俄属突厥斯坦的穆斯林居住区，而从广义来讲，这一概念所涵盖的地域还包括蒙古、中国的西藏和蒙古族地区（"内蒙古"）。更多时候，西藏是被排除在外的。这样一来，西藏便成了一个没有归属的地方，因为它同样

137

也无法被划归于"南亚"。南西伯利亚和满洲地区各省在 18 世纪时往往仍被视为"鞑靼"的一部分，而如今则已彻底从"中亚"概念中消失。长时间以来，人们对如何确定中亚与"东亚"以及"中东"之间界线的问题，一直争论不休。另外，还有学者提出了类似"中央欧亚"（Central Eurasia）等颇有创意的新概念。[20]

　　但是，当我们听到"鞑靼"和"中亚"等词时，毕竟可以联想到那一片地处世界中央、普通人几乎难以踏足的神秘土地，也就是哈尔福德·麦金德（Halford Mackinder）① 1904 年在简明世界地理史《历史的地理枢纽》（*The Geographical Pivot of History*）——一份经常被引用的报告——中所说的欧亚大国政治之战略"核心区"（heart-land）。[21] 相形之下，另一个概念"东方"（Orient）的地域指向则更加模糊不明。从原则上讲，它主要是一个文化概念，其涉及的是阿拉伯、土耳其和伊朗穆斯林居住的地区。数百年来，欧洲评论家为这一地域赋予了不同层面的意义。奥斯曼帝国所属的巴尔干半岛同样也是人们所理解的"东方"的一部分。但是，一些地处遥远的伊斯兰地区——例如莫卧儿帝国、马来亚、爪哇等——是否也归属于这一地域，则始终是一个疑问。在 19 世纪下半叶，人们所说的"东方"通常也包括印度和中国在内。但是，无论具体含义如何，"东方"毕竟是 19 世纪西方观察家普遍接受的唯一一个大的地域概念。直到世纪末，"近东"（Near East；几乎在同时，德语中也出现了"前东方"［Vorderer Orient］的说法；俄语称之为"Blizkij Vostok"，而法文的相应词汇"Proche-Orient"则

138

———————

① 英国近现代地理学家与地缘政治家。

诞生于一战之后）的概念才开始在外交圈流行，其所指地区是
奥斯曼帝国，其中也包括当时实际已脱离奥斯曼控制的北非地
区（例如埃及和阿尔及利亚）。1916 年出现的"新月沃土"
（Fertile Crescent）一词是考古学家热衷的概念，这一词语本身
便隐隐透出一股前伊斯兰时代的凌厉之风。而"中东"则是美
国海军军官和军事学家阿尔弗雷德·T. 马汉（Alfred Thayer
Mahan）于 1902 年发明的一个概念。它不具有任何历史或文化
的内涵，而是指波斯湾以北地区——英国与沙皇俄国之间展开
较量的一片重要疆场。一些地缘政治观察家认为，阿富汗、尼
泊尔和中国西藏（后者被另外一些人归入"中亚"范畴）同样
也属于这一地域。而从英国的角度看，这一概念首先令人联想
到的是那些极具战略敏感性的印度邻国。[22]另外还有一些被专
业和非专业人士所认可并被当地社会精英普遍接受的地域名称，
则更多是帝国主义时代的地理学地缘政治化的产物。

"远东"与"东亚"

最能清楚地体现欧洲空间语义学变化的例子，是今天我们
称为"东亚"的这一地域。"东亚"概念往往被更多地应用于
地理学和社会科学领域的地域学研究（area studies），其次才是
东亚语言学。从语言文字角度看，将中日韩三国作为一个相互
关联的整体来看待，并没有必然的合理性。这三门语言的结构，
是完全不同的。汉学、日本学和朝鲜学，迄今仍然是三个彼此
互不相属的学科。各方往往从虚荣心出发，强调自身的独立性。
这些学科自 19 世纪创立之后，并没有花费过多的精力去创造一
个三者共属的"东亚"概念。一个词义略微接近但更多侧重于
地形学研究的类似概念，是 18 世纪末出现的"东部亚洲"或

139

"东方亚洲"（l'Asie orientale）的说法。这一概念的普及是在 20
世纪 30 年代之后。当时，在美国崛起成为太平洋强国的背景
下，如果继续使用以欧洲为中心的"远东"概念，难免有些不
合时宜。从逻辑上讲，只有"俄罗斯远东"（Russian Far East,
意指西伯利亚）的说法是经得起推敲的。于是，更多是在"东
亚"所涉地区之外而非其内部，人们开始做出尝试，确立一个
彼此认可的、以"儒家思想"为纽带的"中华文化圈"。无论
从历史还是宗教文化角度看，这一架构都是有很大疑问的。

　　另外，我们今天偶尔还会听到的"远东"的说法，与"近
东"和"中东"一样，也是出自帝国主义的辞典。这一术语反
映了当时的一大潮流：从地缘政治和战略意义出发，对世界进
行元地理学概念上的重新划分。这是后帝国主义时代——或曰
"世纪末"——地理学家和政客们所热衷的一项工作。一些醉
心于地理学研究的政治家，例如印度总督、后任英国外交大臣
的寇松勋爵（Lord Curzon），对探讨世界各大地域的兴衰更是情
有独钟。当 19 世纪末人们提出"远东"这一概念时，其表达
的含义是双重的。一方面，它是"东方"这一针对伊斯兰国家
的传统说法在空间意义上的"东扩"。从此，中日韩三国成为
广义"东方"的特殊代表，作为"黄种人"居住的东方，与自
恃天赋异禀的西方相呼应。另一方面（其重要性在前者之上），
"远东"在人们心目中成为一个地缘政治和战略意义上的概念。
它的出现，是在以中华帝国为中心的传统世界秩序成为历史之
后。在欧洲人的视角下，"远东"成为世界政治的一个亚体系。
在这个体系里，欧洲的影响力依然重要，却无法像在印度或非
洲一样，通过殖民占领的方式得到可靠保证。对"远东"概念
而言，这些国家首先是大国的作战区，其文化特性在其中只发

140

挥次要作用。"远东"的战略重心是黄海，并逐渐向被称为"枢纽与支点"（麦金德所说的"privots"）的满洲地区转移。而"远东问题"（Question d'Extreme-Orient）的政治核心，是中国作为一个统一国家联合体的未来走向。与以往以另一个多民族国家——奥斯曼帝国的命运为核心的"东方问题"（Eastern Question）所不同的是，在远东问题上，一支独立的新兴军事力量作为新的因素进入了人们的视野。这便是日本。

日本的特殊地位使元地理格局变得更加复杂。从权力政治角度看，日本是远东地区除英国和俄国之外最重要的力量之一，但与此同时，它与该地区其他国家的关系却始终充满了矛盾。朝鲜作为中原王朝的重要朝贡国，在历史上与中国一直保持着传统的密切关系。而朝鲜与日本虽然往来不多，但积怨颇深。明治维新时代的日本将朝鲜看作自身势力范围的潜在组成部分，并于1910年借天时地利之机，一举吞并了朝鲜。从19世纪最后三四十年开始，特别是自1890年之后，日本一步步从精神上脱离了亚洲大陆。正如福泽谕吉在《脱亚论》一文中所述，日本在地理上属于亚洲，但在文化上却不再是亚洲的一部分。它在政治和物质生活上处处以发达的"西方"世界为典范，并以越来越藐视的态度对待自己的文化先师中国。[23] 从世纪之交开始，日本涌现出一股潮流：在"泛亚主义"意识的支配下，以亚洲改革先驱的姿态与强大的西方相抗衡。这种矛盾心理同样也体现在日本对"东亚"（Toa）的构想上：既要和平相处，同时又要凌驾于其他国家之上，并对其施以"文明化"改造。这种思想首先被日本军队应用于对未来战场的描绘，日本与其他东亚国家之间的紧张关系亦由此暴露无遗。[24]

元地理学的另类学说

141　　在李特尔和洪堡生活的时代，地理学研究采用的地域框架，比后来"世界区域"大格局定形后的年代精细得多。大约从 19 世纪头十年开始，地理学研究抛弃了 18 世纪通行于德国等国的以国家学和"统计学"为核心的模式化纲要地理（Kompendiengeographie），而致力于寻求地理认知的新标准。李特尔便是这一领域的一位重要思想家。他拒绝将国家作为地域划分的基本单位，质疑演绎分类法的合理性，并反对以往地理学手册在忽视关联的前提下对数据的简单罗列。[25]李特尔根据物理学标准，提出了新的地表划分法，以按地貌划分的"地域"和"自然形态"取代统计学意义上的"王国"，作为新的地理学分类单位。对物理学重要性的强调，并不妨碍他对人类共同体在地球这一历史舞台上的物质生活和行为方式进行研究。在他看来，通过"国土"（Landesheimath）和"自然体"（Landesnatur）的关联，去探寻各民族——其眼中重要"个性群体"——的发展轨迹，是地理学的一大任务。与此同时，他努力避免将社会生活和"历史演变"简化为类似于气候的自然常量。李特尔并不是一位地理决定论者，他把自然看作"人类的教化所"，以及集体认同感与特殊社会类型形成的根源。[26]在他看来，自然与历史之间是一种彼此互动而非因果的关系。李特尔沿用了 17 世纪和 18 世纪地理学创造的一套精确的描述性词汇，[27]并以阐释人类发展和活动的"生动"譬喻加以补充。他从宏观的"国家地理学"的理念出发，尝试将自然的地表形态，特别是山脉与"水系"，放置与历史场景的关系之中加以审视。在这一过程中，李特尔反复强调关于"陆地划分"（Gliederung der Erdtheile）的问题。[28]将后者视为一个问题并予以严肃对待，正是其超越前世和后世许多地理学家的不凡之处。例如，李特尔按照这一思路，提出了并非以"平面"地缘政治为视角而是由地貌所决定的"高地亚洲"（Hoch-Asien）概念，这一概念在强调自然特征的同时，也包含了当地居民生活方式的内容。[29]他没有采用"东方"或后世的"近东"和"中东"等笼统性概念，而是将包括伊朗在内的西亚与阿拉伯以及两河流域的"阶梯式地域"区别开来。

李特尔独创的这一套术语体系并没有为后世所接受。但是，他在地理术语方面的丰富想象力却在 19 世纪最后 30 年的两位重要地理学家的著作中得到了传承。这两位地理学家的观点往往彼此相左，但是他们都对元地理学趋向简化的时代潮流持反对态度。无论是先后流亡瑞士和比利时的法国无政府主义者、自由思想家艾利塞·勒克吕（élisée Reclus），还是政治保守但在方法论领域具有划时代影响的莱比锡地理学家和人类学家弗里德里希·拉采尔（Friedrich Ratzel），都在寻找阐述世界的新词语方面做出了不懈的努力。拉采尔在其撰写的《人类地理学》（Antropogeographie，1882～1891 年）和《政治地理学》（Politische Geographie，1897 年）等著作中，对当时新兴的宏观地域分类法采取不屑态度，并通过实例对自然形态和空间"位置"与政治形态之间的关系做出详尽分析。关于岛屿问题的探讨，即是其中一例。[30]相反，勒克吕则在生前最后一部作品中（其中部分内容在其去世后才得以出版），从地理学角度对世纪之交后的世界格局做出分析，并大胆提出了一种独树一帜的世界宏观划分法。这一架构既摒弃了传统的大陆概念，也没有使用任何地缘政治的新词。作为与李特尔比肩的地理学和政治学

142

文献专家，勒克吕放弃了欧洲这一大的地域概念，而选择从权力政治和经济重心的视角出发，将这一地域划分为向欧洲以外世界开放的三大区域：①拉丁人与日耳曼人，包括整个地中海周边地区和奥斯曼帝国。在其看来，这些地区"完完全全被资本主义所控制"。[31]②俄罗斯人和亚洲人，也就是从波兰到日本的整个欧亚大陆。③大不列颠及其"附属地"（cortège），包括整个大英帝国及其以印度为代表的亚洲英属殖民地；勒克吕认为，这些地区迟早将被彻底西化。[32]而南北美洲和太平洋地区（英国自治领除外），则共同构成一个正在形成中的区域统一体。从现代意义上讲，勒克吕是一位注重关系思维的思想家，而不是一个从大的地域划分出发进行思考的人。正因为如此，他的著作在今天来看堪称19世纪地理学的巅峰之作，其地位甚至在偏重于模式化理论的拉采尔之上，尽管这些著作对19世纪欧洲地理学来说，并不具有代表性。

与此同时，拉采尔——勒克吕当然也不例外——对世纪之交兴起于德国和奥地利的"文化圈"学说也保持着较大的距离。此外，在政治上具有左派倾向的勒克吕对地缘政治的空间定义同样也采取排斥的态度。文化圈学说利用丰富的民族学资料，力图从整体科学观的角度，建立关于大范围地域文明的构想。这些构想往往并没有被人们单纯地理解为一种辅助的研究方法，一些人甚至相信，文化圈是一种真实的客观存在。因此，"文化圈"成为后自由主义的核心学说，并取代了李特尔一代理想主义地理学和历史观当中"个体"的位置。[33]直到民族学奥地利学派的兴起，并借助列奥·弗洛贝纽斯（Leo Frobenius）和奥斯瓦尔德·斯宾格勒（Oswald Spengler）的影响，文化圈学说才逐渐赢得了公众影响力以及虽然有限却不容忽视的学术影响力。这些学说是一种典型的"世纪末"现象，是人类对世界的认知粗线条化的表现。在地缘政治家的空间术语中，这种现象也通过其他形式有所体现。

三 "心理地图"：空间观念的相对性

为了重构 19 世纪的空间观，我们有必要对一些在今天人们看来理所当然的说法提出质疑。这其中也包括那些我们再熟悉不过的概念，例如"西方"，也就是以基督教为核心的"价值共同体"。与其相对应的另一方，最早是伊斯兰"东方"，1945年之后是苏联特色的无神论共产主义，再后来又重新变成了"伊斯兰世界"。1890 年之前，"西方"还远远没有发展成为一种占主导地位的思想观念。[34] 众所周知，西方与东方——"黄昏之地"（Abendland）与"晨曦之地"（Morgenland）——之间的对立，最早可追溯至古代宇宙观以及波斯战争的经验。但是，直到具有广泛影响的跨大西洋文明模式的理论出现之后，"西方"的概念才真正问世。此外，关于西方的说法还必须具备另一项前提，这就是，必须承认欧洲与北美在文化和国际政治领域中的地位是平等的。然而直到世纪之交，欧美对等在欧洲人眼中仍然是值得怀疑的。将"犹太基督教文明"理解为今天尽人皆知的"西方"的同义词，是一个相对较新的观念，在 20世纪 50 年代之前，这种说法还没有任何公众影响力可言。[35]

"西方"概念的地域指向从一开始便比"东方"更加模糊。大英帝国的新欧洲移民殖民地，例如加拿大、澳大利亚和新西兰，是否也应当被纳入这一地域范畴呢？另外，我们又有什么理由，把那些欧洲裔人口比例颇高的拉丁美洲国家——例如阿

144

根廷和乌拉圭——排除在这一范畴之外呢？在"长"19世纪里，人们更多提到的概念是"文明世界"，而不是"西方"。前者是一种极为灵活，而且几乎没有任何地域指向的自我称谓。其信服力取决于，自诩"文明"的一方是否有能力让对方相信自己的确当得起这一称号。反过来看，自19世纪中叶以来，全世界的精英也都在朝着满足欧洲这一诉求的方向而努力。日本甚至将成为世界承认的文明国家，确定为国家政治的奋斗目标。因此，"西化"不仅意味着有选择地借鉴欧洲和北美的文化元素，而且更多代表了一种雄心：努力使自己成为"文明世界"的一员。从根本上讲，"文明世界"是完全无法用空间意义来描述或在地图上做出定位的。它与近义词"西方"一样，并不是单纯的空间概念，而更多是国际等级秩序的参照物。[36]

欧洲

在19世纪，甚至连欧洲的概念也不像我们今天所想象的那样界定清晰。可以肯定的是，人们大体将欧洲看作一个"历史单位"，一个原则上形态统一但内在却千差万别的人类生活空间。而超越"基督徒"这一宗教自我认知之外的"欧洲意识"，则是在启蒙过程中逐渐被各地精英所认可。从整个欧洲的范围来看，欧洲意识的普及最迟是在拿破仑时代完成的。[37]但是，直到19世纪上半叶，人们对欧洲的构想仍然是充满矛盾、五花八门的，其中每一种构想都与其自身的空间观念密切相关：[38]

145

• 拿破仑眼中的帝国主义欧洲。其组织和结构是围绕一个核心区建立的，它西至图尔，东至慕尼黑，北至阿姆斯特丹，南至米兰，其余所有地方都无外乎是"中间区域"或"帝国的外环"。[39]

● 夏多布里昂（François-René de Chateaubriand）、诺瓦利斯（Novalis）等反动浪漫派作家笔下的"基督教欧洲"（Europa christiana）。

● 维也纳会议从权力平衡的角度出发所构建的大国体系。这种权力平衡思想并没有太多的西方意识形态色彩，而是以巩固体制、维护和平的规范化设想作为基础。[40]

● 1815 年由俄国、普鲁士、奥地利"神圣同盟"提出的欧洲观。这种构想从实用政治角度看并没有太大的影响力，它以极具浪漫主义色彩的言辞宣扬罗马天主教、新教和东正教的联合，并对斯拉夫东正教的复苏能力寄予厚望。

● 以历史学家和政治家弗朗索瓦·基佐（François Guizot）为代表的西欧自由派心目中的欧洲。这些人与"神圣同盟"的观点相反，他们严格强调西欧与东欧的界线，认为北大西洋联盟特别是英法轴心的重要性，远远超过了欧亚之间的联合。

● 民主派眼中的欧洲；这些人把人民看作历史的主体（例如法国历史学家儒勒·米什莱［Jules Michelet］在其文学色彩浓郁的随笔集《人民》［Le peuple，1846 年］以及另一部作品《法国大革命史》［Histoire de la Révolution française，1847～1853 年］中所阐述的观点），同时强调民族意识和欧洲民族联合的思想，并呼吁回归古希腊的自由理想。这种民主主义欧洲观走向激进后，演变成为全世界工人阶级联合的思想，其核心首先是欧洲工人阶级的联合。

英国人对欧洲有独特的理解。少数政治精英，或是类似自由贸易倡导者理查德·科布登（Richard Cobden）以及自由派哲学家和经济学家约翰·穆勒之类的人士，是国际主义的信奉者，偶尔亦流露出明显的亲法倾向。而大多数英国人却反对将英伦三岛看作欧洲大陆的一部分，他们否认欧洲大陆作为文化典范的地位，支持政府对欧洲大陆的力量平衡采取回避态度，以便将更多精力用于维护英国在海外的强权。自 19 世纪 80 年代之后，种族主义风潮在欧洲盛行一时。在英国，种族主义的表现形式是盎格鲁－撒克逊主义。其信奉者崇尚“盎格鲁－撒克逊种族”（Anglo-Saxon race）的优越性，因为该种族在世界各个地区都已成为权力和文化的主导，只有欧洲大陆除外。[41]

俾斯麦于 1876 年提出的欧洲不过是一个地理概念的说法，表达了那个时代一种带有普遍性的反欧洲情绪。在这一时代，各种古老的革命、自由或保守同盟都已分崩离析，欧洲再次战火弥漫。[42]俾斯麦这种说法的背后，不仅隐含着一种政治判断，同时也代表了一种特殊的空间观念：一种大国沙文主义的空间观。各大强国彼此展开较量，而对欧洲小国不仅缺乏尊重，甚而还把它们看作潜在的动乱制造者。对于富有教养的英国人、法国人和德国人来说，他们不愿花费心思与西班牙、比利时和瑞典这样的小国打交道，或者说，他们根本不把这些国家放在眼里。而爱尔兰、挪威、波兰或捷克等国，这时甚至还没有成为独立的国家。在 19 世纪后期，国家不分大小的欧洲多元化思想还是难以想象的，这种多元化思想既是启蒙主义和平构想的基础，也是 1957 年之后欧洲走向统一的基石。另一个重要因素是：在所谓“民族国家时代”，帝国仍然是最强大、最重要的势力。这一因素不仅为英国的对外关系及其空间观带来了一股反欧洲的趋向，而且也对其他地区产生了影响。例如，法国与西班牙的关系，远不及法国与阿尔及利亚沿海地区的关系更密切。相对于比利牛斯山脉而言，地中海似乎是一道更容易跨越的屏障。西班牙和葡萄牙仍在坚守着其海外帝国的几片残土。而对荷兰来说，在整个 19 世纪期间，至少还有今天印度尼西亚这片东亚殖民地仍然处于其控制之下。从某种意义上讲，这是除英属印度之外最令人瞩目的一片欧洲殖民地。对当时那一代人来说，他们在观察民族国家语境下的欧洲时，始终是在帝国这一大的框架之内。

在时代同龄人的眼中，19 世纪的欧洲不仅缺少某种内在的同一性，其外部边界同样也是模糊的。将乌拉尔河作为欧洲大陆的东部边界，是一种带有较强随意性的做法，一种没有太多政治和文化内涵的学术性构想。[43]在 19 世纪时，这条边界在沙皇俄国内部可以说是不为人知的。这一问题同时也对关于俄国是否归属于欧洲的争论产生了影响，直到今天，对于西欧的自我认知而言，这仍然是一个至关重要的问题。俄国官方意识形态则试图弱化欧洲与亚洲之间的矛盾对立。俄国对"亚洲"的看法，往往也反映了其对西欧的态度。继拿破仑战争时期的新彼得大帝式的西化风潮之后，1825 年尼古拉一世继位后的俄国，重新踏上了通往斯拉夫故土的心灵回归之旅。反过来看，从彼得大帝时代直到维也纳会议召开，西欧一直将沙皇俄国看作一个逐步走向"文明"的国家。然而，在 1825 年俄国镇压君主立宪派的十二月党人起义并于 5 年后平息波兰十一月暴动后，随着各路民族英雄为逃避迫害而开始"大流亡"，欧洲对俄国的印象被彻底颠覆，俄国亦由此成为西欧自由主义思潮的替罪羊。[44]尼古拉一世的暴政是对西方心目中的俄国形象的一记重击，以至于这种印象在很长时间里——或许永远——无法得到扭转。在西方公众眼中，俄国是一个处于欧洲边缘的独具一格的特殊文明，一些俄国人对这种判断也深信不疑。

147

　　克里米亚战争的失利，以及在 1878 年柏林会议上提出的强权要求所受到的冷遇，将沙皇俄国进一步推向了东方一边。在俄国的国家宣传和构想中，西伯利亚地区越来越受到青睐并通过大规模的科学投入得到"开发"。俄国在精神上开始向东方靠拢。许多关系民族强盛的重大使命似乎都与东方紧密相连。在 19 世纪上半叶，人们仍然怀有一种信念，认为俄国东进的目的是作为自封的西方文明代表，履行向亚洲传播文化的使命。[45] 而如今，俄国的社会潮流却开始向反西方的倾向逆转。泛斯拉夫主义和欧亚主义学说试图在民众中树立一种处于欧洲边缘的民族或帝国认同感，并对俄国的边缘性以及作为欧亚桥梁的地理地位重新加以诠释，使其成为一种精神层面的优势。[46] 泛斯拉夫主义者与上一代温和内省的浪漫斯拉夫派有所不同的是，他们大胆地推行进攻性外交政策，甚至不惜为此与西欧强国发生争端。这仅仅是俄国各种潮流之一种。与此相反的另一种潮流，则使"亲西方主义者"的势力在克里米亚战争之后不断壮大。19 世纪 60 年代，亲西方派竭尽所能宣扬自己的主张，希望将俄国发展成为一个符合这一时代强国标准的"正常"欧洲国家。其努力并非毫无收获：在沙皇亚历山大二世统治时期，俄国实行的一系列改革似乎使国家重新找到了与"普世"文明的契合点。[47] 俄国对欧关系的亲近与疏离，是一对永远无法解决的矛盾。在是否情愿归属欧洲的问题上，作为国际政治强大对手的俄国所表现出的，是与世界强国英国所不同的另一种犹豫。两大巨头都是对外扩张型的跨大陆国家，同时也都缺乏坚定的作为欧洲民族国家的身份认同感。

欧洲土耳其 （La Turquie en Europe）

　　欧洲东北部辽阔无际的延伸地带——"原生态民族"生活

的西伯利亚——在欧洲人看来，无论在现实还是精神的层面，都是欧洲向外部开放的一个侧翼。而在东南部，基督教欧洲则始终面对着一个古老的对手。奥斯曼帝国正走向"衰落"——这是欧洲历史学家长期以来大肆渲染的一个热门话题。最迟在1774年对俄战争全面失利后（《小卡伊纳尔贾条约》），这一变化给国际政治带来的影响已不容小觑。[48]之后，哈布斯堡王朝认识到，在其与南部邻国之间保留一条宽阔的缓冲带，即所谓"军事边疆"，是十分必要的。这片军事殖民区至少一直延续到1881年，其地域从亚得里亚海岸一直延伸到锡本布尔根（Siebenbürgen）①。随着时间的变化，这一地区存在的目的从抵御奥斯曼攻击，转变为拉拢那些逐步脱离土耳其统治的地区和族群，并将其纳入自己的阵营。在最后解体之前，这里仍然是一个拥有3.5万平方公里领土的军事自治国，大小与今天的巴登符腾堡州相仿。[49]19世纪的哈布斯堡王朝已不再有对外扩张的企图，其视野更多地局限于欧洲本土。但是在某种意义上，它仍然是与奥斯曼帝国对峙的"前沿国"。从另一方面看，在整个19世纪期间，维也纳在支持反土耳其民族运动方面一直采取小心翼翼的态度，因为这种做法随时有可能被蒙上亲俄反奥的色彩。到1815年时，奥斯曼帝国的势力依然远及摩尔多瓦。贝尔格莱德、布加勒斯特和索菲亚，无一不属于奥斯曼帝国的疆域。1877～1878年的俄土战争，使奥斯曼帝国丧失了巴尔干地区近一半的领土。但是，直到1913年第二次巴尔干战争爆发，"欧洲土耳其"（La Turquie en Europe）作为欧洲地理边界内的一个国家始终存在，当时大部分地图也都采用这一名称作

---

① 即特兰西瓦尼亚，位于罗马尼亚中西部。

149 为标记。[50]数百年以来，欧洲大国与"高门"（Hohe Pforte）①
之间一直保持着外交往来，与其缔结各种条约，并于1856年正
式接纳奥斯曼帝国为"欧洲协调"（Concert of Europe）② 的成
员。当时，"欧洲协调"已不再是一种有效的和平保障机制，
而是由临时性会议成员国组成的一个团体，与今天的"八国峰
会"大抵相仿。[51]

　　受东方异域情调和文化圈学说的影响，当代历史学家在19
世纪欧洲史的整体叙述中，往往把奥斯曼帝国仅仅看作一个地
处东方的异国。[52]但是，在当时人们的眼中，这一切却是另外
一番景象。即使一个人深受古欧洲反土耳其思想或19世纪20
年代兴盛一时的亲希腊思潮之害，把奥斯曼帝国贬低为一个缺
乏合法性的占领型政权，他也不得不承认，后者曾经对巴尔干
大片领土——即使其面积不断缩小——拥有事实上的主权。在
巴尔干半岛的民族国家形成之前，生活在同时代的人还没有一
套专门的词汇，可以用来描述东南欧的政治地理格局。1830年
前后，"罗马尼亚""保加利亚"等名称虽然已经出现，但影响
仅限于少数政治活动家和知识分子。对英国公众来说，1867年
出版的一本游记方才使南斯拉夫这一名字变得家喻户晓。[53]在
当时的北欧地区，几乎没有人听说过"阿尔巴尼亚""马其顿"
这些名字。就连受大国恩准成立于1832年的希腊王国（其面积
大约相当于今天希腊领土的一半），在很长一段时间里，在
"文明"欧洲的地理想象范畴里也几乎没有任何地位可言。在
20年代大规模宣传运动（Agitationsbewegung）过后，希腊王国

----

① 君士坦丁堡别称，意指奥斯曼土耳其政府。
② 拿破仑战争结束后欧洲列强以会议的方式协商处理欧洲重大问题的协商外
　　交机制，对维持欧洲近百年的稳定局面起到了重要作用。

的名字很快便被人们淡忘。

　　由此可见，所有描述空间的概念都需要被历史化。历史学家凭借对近代社会地理的了解可以发现，将"空间"、"自然形态"和"地域"看作先天存在的事物，完全是一种幻想。[54] 在研究（或"解构"）历史的过程中，人们只能将目光投向各类学术著作和教科书，论述国际政治的出版物，反映现实或历史状况的地图，以及由一幅幅地图合并而成的地图集。特别是地图，它既是表述地理概念的有效媒介，也是确立空间意识的手段和工具。在对地图精确性的要求背后，有可能隐藏着截然不同的动机。除了长期以来占首要地位的各种实用性目的——交通、战争、殖民统治——之外，自 19 世纪开始，地图的绘制又多了一个新的目的，即借助地图实现国家领土的视觉化。近年来，一些学者通过各种实例，对民族意识与地图学表述之间的密切关联做出了分析。[55] 与领土相对完整的民族国家相比，那些领土散落于世界的庞大帝国更加需要对视觉信息不断进行更新。许多迹象显示，正是大英帝国地图的广泛传播，才真正唤起了英国民众的帝国意识。在这些大约从 1830 年起投入使用的地图上，大不列颠领土被标记为醒目的红色。

150

中国人的空间观

　　心灵地图是每一个个体基本认知的一部分。个体与集体对世界的空间认知之间，是一种交互影响的复杂关系。[56] 我们绝不能将人类的空间观念，单纯地理解为静止的图像和固定的符号。所谓中国式空间观或伊斯兰式空间观，是不存在的。人类的空间观念是开放的，它必须不断地接受新事物，并将各种"前所未闻"之事变成自我认知的一部分。民族历史学家丹尼尔·里希特（Daniel Richter）曾经提出过一种设想，想象当年的北美土著是如何获知欧洲人在美洲东海岸登陆这一消息的：他们首先听到传闻，一些很可能自相矛盾并且不乏夸张成分的消息；之后，各种稀奇古怪的物品通过不同途径流入印第安人的村庄；最后，终于有一天，一个白人赫然出现在他们面前。[57]印第安人的宇宙观，正是这样随着时间一步步形成的。世界上许多民族都曾经历过与此类似的过程。

　　在 19 世纪，没有任何一种非欧洲空间观能够与欧洲人的全球宇宙观相匹敌。除了欧洲之外，没有哪个地方曾经出现过一种能够对世界各大洲和各大区域做出系统化划分的元地理学理论。诞生于欧洲的现代地理学区别于前现代空间观的核心特征是：①对空间的自然——而非文化和政治！——平等性的认识；②以精确的测绘技术作为基础；③将大范围空间单位乃至整个 **151** 世界作为整体进行观察。反过来讲，是将地球结构化的球体形状作为基本假设。此外，再加上人类地理思维长期发展的一大成果：④地理学语境的独立性以及作为科学门类的制度化升华。例如，前现代地图往往是作为配合其他叙述的插图出现的，其内容有可能是一段宗教故事、一篇旅行游记或一次远征。而在以文字和图像为形式的现代地理学语境下，地图本身便足以作为叙述主体而存在。

　　鉴于人们目前对中国这方面的情况了解较多，在此我们不妨把中国作为一个例子。身兼管理者和文化传播者之职的清代文官，对搜集全国各地信息的工作一向十分重视。他们利用地图学方法，为完善国家行政规划的目的提供服务。这些官员对各省州县之间的边界格外看重，并通过行政、司法与军事的区域化管理积累了丰富的地理学知识，为中央对地方的监督提供

手段。[58]18 世纪时，清朝皇帝对测量和地图学研究予以大力扶
持，以期借助这些技术，实现与同时代欧洲君主一致的外交目
标：捍卫国家领土，抵御外邦侵略。这里的外邦，首先是沙皇
俄国。但是，即使在清朝鼎盛时期，人们对了解国家边界之外
的外部空间结构也没有太多的兴趣。在 1842 年鸦片战争结束
前，中国从不曾向距离遥远的外国派遣过一位官方使者，同时
也不鼓励人们以私人身份到国外旅行。人们甚至很少想到利用
那些出入宫廷的外国传教士，将之作为了解欧洲的信息渠道。
直到中国对外打开国门之后，第一篇由中国人根据亲身经历撰
写的海外见闻才终于面世，其作者是 1847 年从厦门出访纽约的
年轻商贸通译林鍼。在美国游历一年半之后，林鍼于 1848 年回
到家乡，创作了一本小书《西海纪游草》。由此可以看出，中
国人对"西方"——这一表述在书中已有提及——的最初印象
并非来自欧洲，而是来自美国。从目前我们所掌握的资料看，
这部篇幅不长的著作是由中国人撰写和出版的第一本介绍西方
国家的游记。与欧洲游记作家的鸿篇巨制相比，这本书的内容
略显单薄，但是作者从中透出的对美国物质文化和科技的浓厚
兴趣与开放态度，却令人为之惊叹。林鍼在书中明确表示，希
望中国能够对这些西方经验加以借鉴。[59]从形式来看，这本书
算不上一本国家志，而是一份反映现实的报告，并且没有夹杂
一丝一毫对陌生事物的偏见和排斥。但是，林鍼本人不过是中   152
国儒家官僚体系当中一位微不足道的小人物，他的文字既不能
代表当时中国对世界的看法，也没有太大的知名度和影响力，
因此，很快便在人们的记忆中被淡忘了。

　　比《西海纪游草》更有分量的一部著作是 1844 年由清朝
学者和官员魏源编撰出版的《海国图志》。博学多才的魏源之

所以下决心投身于海外研究，从根本上而言是受鸦片战争失败的触动，从动机上讲，是出于国家防御的政治考虑。尽管魏源搜集了大量关于欧美各国的资料，但是他主要感兴趣的问题却是长期被忽视的中国与东南亚诸国的关系。魏的目标是在抵御欧洲殖民列强进攻的同时，建立（或重建）南海地区以中国为核心、以等级制为形式的朝贡体系。[60] 从政治角度看，这一目标是保守的。无论是魏源还是其中国海外研究的后继者徐继畲，都没能为中国奠定世界地理研究的科学传统。后者在 1848 年出版的《瀛环志略》一书中，首次从儒家现实主义思想的角度对世界政治格局做出了全面阐述。徐本人不懂任何外语，在搜集资料时，他所能依赖的仅有为数不多的几本译成汉语的外国书籍。[61] 徐最初曾因为这本书给自己惹来了不小的麻烦，直到 1866 年之后，这部著作才在官僚士大夫阶层广泛流传并获得认可。这时的中国刚刚又一次经历了对英战争（这次参战的还有法国）的失败，其了解西方的愿望变得极为迫切。19 世纪时，中国自身并没有在思想认识上打开全球视野，却开始尝试在其中为自己定位，特别是在 90 年代中期之后，这一点对中国而言已成为一个不可回避的问题。[62]

日本早在中国之前，便对外部世界走向及其空间观念产生了浓厚兴趣。17 世纪中叶，在日本对欧洲关闭国门之后，德川幕府成立了某种形式上的海外秘密情报组织，负责搜集亚洲大陆发生的重大事件的有关信息，特别是在 17 世纪 40～80 年代清王朝征服中原的近 40 年时间里。[63] 日本人担心这些"野蛮"的满族人有可能像 13 世纪的蒙古人一样，再次对日本产生觊觎之心。18 世纪，日本创立了"兰学"。在所有欧洲人当中，只有荷兰东印度公司（Verenigde Oostindische Compagnie，VOC）

的商贸人员可以获准在服从规定和严格监管的前提下，在日本生活居住。在荷兰商馆所在的港口城市长崎，幕府指派一批翻译人员，从政治和学术目的出发，对荷兰语（后来又增加了英文和俄文）文学做出评析。1800 年前后，日本通过这种方式对西方，包括西方在亚洲的殖民活动，获得了深入了解，其程度远远超过中国。但是，日本对西方的真正"发现"，却是在 19 世纪 50 年代打开国门之后。直到此时，日本才开始着手对外部世界的系统化研究，其中既包括全面引进西方地理学，同时也包括有计划地搜集有关外国的资讯和见闻。1871 年，49 位日本要人和官员踏上了为时长达一年半的欧美考察之旅，半数以上的国家政要加入其中。尽管在此之前，人们通过书籍以及 20 年来与西方外交官的交往，对海外情况已有大致了解，但是，除了因初次接触陌生文化而导致的笑话之外，这个以团长岩仓命名的使节团在这次出访中的更大感触则来自其他方面：日本在许多领域的落后状况，欧洲与美国的差异，欧洲各地区之间的文明落差（其程度从巴黎、伦敦往东依次递减），等等。而令其感受最深的一点是，欧洲所取得的令人瞩目的成就，实际上是在过去短短几十年时间里创造的。[64]

19 世纪下半叶，出现了两种并行发展、相互之间存在诸多关联的历史进程：首先，欧洲职业和非职业地理学家开始以前所未有的规模，实施他们的"探索"计划。这些人往往以国家为阵营，彼此展开竞争。世界地图上那些从未被描述或测量过的"空白点"，一一得到填补。此外，旅行者和地理学家还创造了越来越多的可以为殖民和帝国主义所利用的统治知识。与此同时，区域地图的精确度也在不断提高。但是直到 18 世纪 80 年代初，第一张精确到每一栋房屋的巴黎市区地图才最终面世。它并

154

不是一份面向旅行者的旅游指南，而是为清点私有资产而制作的工具。[65]这份地图的问世所带来的结果是：人类终于拥有了一幅不受观察角度影响、测量数据精确的客观世界图像，一种对地表形态的科学描述，而不是一张由立场决定的心灵地图。绘制世界地图的工作早在一战之前便已完成，并为欧美地理学界带来了享誉世界的威望。这些资料同时也给军事指挥家带来了帮助。在 1894～1895 年对华战争以及 1904～1905 年对俄战争中，日本军队制胜的关键之一，就在于他们手中的地图比对手更精确。

其次，随着客观化潮流的发展，在世界各地，人们对空间的主观认识也在重新进行调整。人类的视野变得越来越广阔。古老的中心逐渐解体，许多地区突然意识到，自己不再是自我世界的中心，而是与新发现的更大的空间范畴——全球国家体系、国际贸易和金融网络等——有着千丝万缕的联系。新的中心和坐标不断涌现。例如，1868 年之后的日本已不再将中国，而是把军事和经济上更亲近的“西方”，作为自己的参照物。而后又过了 30 年，日本才重新转移目光，将亚洲大陆视为自身帝国扩张的空间。以往更多将目光瞄准内陆的国家开始意识到，各种前所未有的危险正在越过大洋向自己逼近，而伴随着危险的来临，新的机会也在向人们发出召唤。一些古老的帝国中心由此获得了新的视野，例如在奥斯曼帝国，统治者在眼看自己的势力被一步步挤出巴尔干半岛的同时，开始意识到阿拉伯世界对自身统治的潜在价值。

四　互动空间：大陆与海洋

历史地理学所使用的不同“空间”认知，对世界历史的课题

研究也同样适用。在这些认知当中，主要有以下五种思路：[66]

（一）作为地域分布的空间——地域化的历史

历史现象在不同的时期，其空间上的分布有哪些特点？在我们研究一系列空间分布的过程中，能够发现哪些规律？在研究移民史时，我们常常会遇到这类问题。具体到 19 世纪，城市化的空间形式或许就是一个例子。还有农业史，当我们探究土地利用与经营方式的分布状况时，也会遇到同样的问题。此外，还有地域高度集中、与自然资源分布密切相关的工业化历史，同样也逃不开这一问题。[67] 上述思路对历史研究之所以大有帮助，还有另外一个原因：通过这些研究，可以使我们冲破国界的束缚，对制度结构、技术与实践的传播和蔓延——例如报刊业、蒸汽机和农业合作制的普及——获得全面认识。另外，还有瘟疫或者语言应用的空间分析，等等。所有这一切都可以根据不同的时间截面，绘制成图表。

（二）作为环境的空间——由自然条件决定或受自然条件制约的历史

在人类共同体与其所处的自然环境之间，存在着哪些交互性影响？假如说地域化的历史更多是一种空洞的、形式化的平面描述，是对关系、比例和顺序的一种记录，那么我们可以将环境史的空间理解为一种作用型空间。人类的社会生活是建立在自然条件基础之上的：气候，土壤性质，获取水资源与矿产资源的可能性，等等。另外，距离海洋的远近同样也是一个不容轻视、对政治和军事来说至关重要的因素。例如，英国和日本的岛国性质，是无法忽略的一个问题。[68] 在世界史编纂领域，菲利浦·费南德斯－阿梅斯托（Felipe Fernández-Armesto）为我们从环境史角度观察历史提供了启迪。他致力于探究环境条件与文明形式之间的相互作用，通过对不同因素的综合分析，对具有社会影响力的环境形式加以分类：荒漠，未开垦的草原，大陆多雨地带，温和与半湿润气候下的冲积平原，高原，山脉，沿海地带，岛国文明（seaboard civilizations），航海文明，等等。[69]对世界许多地区而言，19世纪初是人类社会生活受地理环境严格制约的最后一个历史时期。在工业化阶段，人类开始大规模对自然进行改造，其程度超出了以往任何一个时代。对全球大多数国家而言，工业化阶段是在19世纪中叶之后才开始

156 的。工业化意味着人类社会改造自然能力的大幅度提高。通过科技在交通、采矿和土地开垦等领域的应用，地球的环境空间不断被改变。这一特点成为最醒目的时代标志之一。在这一时期，人类改造自然的行为是以机械化为特点的。而随后到来的20世纪，我们可以称之为化学的时代（化肥带来的农业产量提高，石油、橡胶、人工合成材料的广泛应用，等等）。

（三）作为自然界的空间——自然观的历史[70]

自然界的概念为我们开启了文化多样性的范畴。不同社会——准确地讲，是社会的不同部分——彼此间的一大差异在于，人们是否拥有对自然界的意识，如果有，其程度又如何。塞尚曾经说过，艾克斯小镇一侧的圣维多利亚山（Sainte-Victoire）这一画家笔下最钟爱的风景，在普罗旺斯的农民眼里从来没有被"看见"。[71]从广义上讲，这种说法代表了一种观点：在农业社会中，人类是以"质朴"的方式在环境中生活或与之相处，而没有从欣赏的角度去看待大自然。当然，在涉及这一问题时，我们有必要提醒自己，要避免从非历史或"文化主义"的角度对这些现象的成因进行解读。例如，所谓"典型的"中国式环境观是不存在的。从对大自然肆无

忌惮的掠夺和破坏，到对自然资源的精心保护，以及以歌颂自然为主题的诗歌和绘画创作，所有这一切在不同的时代和不同的社会形态下都有可能出现。事实也的确证明了这一点。[72]从跨国界的视角看，最令人感兴趣的是不同自然观之间的交流过程，例如欧洲对亚洲园林美学的借鉴，或者是通过欧洲移民或殖民者输出的某些"理想化景观"。[73]对自然风景的解读与对威胁或破坏自然的认知一样，都必须经历一段历史过程。

（四）作为区域的空间——有限认同感的历史

任何一种空间，都难免涉及一个核心问题：究竟是哪些因素为其整体性提供了依据，并使人们有理由把它看作具有内在同一性的空间关联体。从全球史角度看，区域是由交往与迁徙、通信与贸易的密度所构成的交互空间。但是，从这一视角看，即使我们将区域理解为小范围、亚民族的空间单位，同样也必须将其置于历史之中加以观察。因为在历史现实中，在远距离交往之外，不同空间的交互作用更多是在较小区域之间，而非在民族国家之间发生的。不同地区之间通过交往而形成网络。人群从一地迁出，又被另一地接纳。原料在一地制造，又在遥远的另一个大陆上的某一地被消费或再加工。大英帝国的经济中心并非整个"大不列颠"，而是仅仅集中于伦敦和南英格兰。[74]就对比而言，也往往只有区域间的比较才有意义，甚至是不可替代的。例如，从整体的角度比较中英两个国家，或者仅仅将英国中南部与数百年来经济最发达的上海和南京地区相对比，必然会得出截然不同的结论。[75]另外，人们往往很难做出判断，各个区域究竟是如何形成的，又是凭借哪些因素来保持其内在的一体性。欧洲中东部的加利西亚地区（Galizien）便是一个例子。19 世纪时，这片面积并不辽阔的地域被普遍看作一个独立的地区。这里生活着不同的民族，他们拥有不同的语言和不同的信仰。它所带给外界的印象更多是反差，而不是共性。在发挥某种意义上的桥梁作用的同时，当地居民却又因为深刻的文化鸿沟而彼此隔膜。[76]像加利西亚这样具有高度不确定性和不稳定性的中间地带，我们还能找出许多类似的例子。

（五）作为接触场所（Kontaktarena）的空间——交互作用的历史

所谓交互空间是指形形色色的文明彼此持续发生接触的区域，在这里，尽管矛盾和龃龉时有出现，但是各种混合形式的新架构和新格局也在不断形成。在航空运输业崛起前的技术条件下，文化多元性和互动性主要是依靠航海实现的。海洋也因此成为最受全球史学家喜爱的空间范畴之一。[77]但是，人们对海洋的观察更多集中于早期近代史的研究。而对 19 世纪而言，海洋的交互作用关系则始终有着较大的模糊性。

地中海与印度洋

自布罗代尔的经典著作《菲利普二世时代的地中海和地中海世界》（*La Méditerranée et le Monde Méditerranéen à l'Epoque de Philippe II*，1949 年出版，1966 年修订）问世后，地中海和地中海世界成为海上交互空间的典范。数百年来，地中海地区尽管一直处于古罗马、阿拉伯、基督教意大利和奥斯曼帝国的交替控制之下，但始终呈现"与争夺（海上）交往路径控制权相伴的碎片化"特征。[78]19 世纪，这里出现了彼此矛盾的发展趋势：一方面，在这一时期，来自北方的海上和殖民势力覆盖了整个地中海，其代表包括紧邻地中海的法国及其北非殖民地以及（克里米亚战争结束后重建的）俄罗斯黑海舰队。而最强盛的代表势力则是远在地中海地区以外的英国。从直布罗陀、马耳他、埃及到塞浦路斯，该地区所有战略要地几乎全部被英国占据。与此同时，曾经名震天下的奥斯曼帝国海军和阿尔及利亚海盗团则渐渐消失在人们视线之外。另一方面，整个地中海地区，包括巴尔干半岛以及法国、英国和意大利殖民统治下的南部地区，在经济上则一步步走向衰落，被阿尔卑斯山脉另一侧的工业化潮流远远抛在了后面。以中世纪古城热那亚为起点、远至黑海的古老贸易联系得到了进一步巩固。敖德萨发展成为具有强大辐射力的港口城市。1869 年苏伊士运河的开通，使地中海演变为全世界最重要的中转航线之一。[79] 在相距遥远的地中海沿岸各地区之间，是否存在某种以文化相似性为基础的统一的地中海文化，比如说某种"荣誉文化"，乃至可以逾越伊斯兰教与基督教拉丁派和希腊正统派之间的矛盾？对此，注重历史思维的人类学家长期以来一直争论不休。[80] 但是，人们既然有理由提出这一问题，这至少说明，关于地中海地区一体化程度相对较高的说法，有可能是正确的。

由于人们总是将目光集中于各大洋，而往往忽略了数量众多的另一种意义上的"地中"海——一些从航海学角度看比深海更容易征服的水域。由于这些水域算不上辽阔，因此可以方便人们进行更频繁的交流。波罗的海和北海便属于这一类"中间海域"或大洋的附属海域，而几内亚湾、波斯湾、孟加拉湾、中国南海，甚至包括诞生了印第安文明的北美五大湖，也都属于这一范畴。

受布罗代尔的启发，人们提出了一种观点，认为应当将海岸沿线的内陆地区以及港口城市，一并纳入观察者的整体视野。

这一派观点首先被用于印度洋的研究，其最杰出的代表人物是乔杜里（K. N. Chaudhuri）。他从以贸易为中心的传统交往史的研究入手，逐渐过渡到对印度洋周边四大文明的宏观考察。[81]但是，乔杜里所描绘的印度洋与布罗代尔眼中的地中海是不同的。在地中海地区，16世纪的基督教与伊斯兰教教徒对其共同的命运至少有所意识；而在印度洋这片覆盖东非到爪哇——按照乔杜里后来的观点，甚至包括中国——整个地域的辽阔空间里，却缺少一种历史主体的共属意识，一种哪怕微乎其微的共同文化认同。[82]来自地理和文化意义上的"外国"的参与者在早期贸易活动中所占据的重要地位，是印度洋这一交互空间的特点之一。过去人们曾经认为，在19世纪之前，欧洲人经营的东印度贸易公司垄断了印度洋及附近海域的贸易活动。这种观点如今已被否定。但是，人们经过大量研究后发现，另一种截然相反的观点即欧洲早期近代的亚洲贸易只限于对总体而言无足轻重的奢侈品贸易，同样是站不住脚的。[83]

英国对南亚地区的统治是19世纪印度洋地区的基本政治态势，而印度则是具有广泛影响力的政治、军事和经济"力场"的中心，是控制整个东方的军事基地。早在1801年，印度便向埃及派遣了士兵（即所谓"印度兵"［sepoys］）。印度政府不惮于对一切与保证航路安全有关的事务进行干预，并自认为对加强英国在加尔各答以东地区的影响力同样负有责任。轮船航运技术的引进以及苏伊士运河的开通，大大推动了贸易和人口迁徙，并使两者发展成为最重要的地区一体化力量。与其他世界海域相比，印度洋的一大特点是新欧洲移民殖民地的缺位。南非是一个例外。但是，作为离开或前往欧洲的海上旅行的中转站，南非的自身经济结构并没有因此对海洋产生严重的依赖。

尽管自 19 世纪 80 年代之后，印度洋沿岸以及所有重要岛屿，都无一例外地落入了帝国主义的统治或控制之下（欧洲借助英国对酋长国的扶持，同时也掌握了对波斯湾的控制权），然而从人口统计学角度看，印度洋仍然是一片亚非海域。旅行者、传教士和劳务移民在这里云集，为该地区在 1900 年前后几十年的社会生活创造了一种独具特色的国际化氛围。这种氛围在许多方面与大西洋地区不乏相似之处。[84]

太平洋与大西洋

在所有大洋当中无论面积还是岛屿数量都首屈一指的太平洋，却又是另外一番情形。19 世纪为这一地区带来的巨变，远远超过了印度洋。自古以来，这片"太平"之洋便是海洋文化发达、擅长航海术的文明的生活区域，从某种意义上讲，我们可以称之为传统爱琴海的"放大版"。在 1650 年之前的 500 年间，这里经历了一个以岛屿间迁徙以及跨地区交往网络不断扩大为标志的漫长时期。[85] 早在 1571 年西属马尼拉政权成立时（其居民数量在 17 世纪中叶达到 5 万人，与当年维也纳的人口相仿），太平洋地区在世界贸易中已然占据了举足轻重的地位。推动贸易的重要动力之一，是中国对安第斯山脉和日本矿山出产的白银的巨大需求。18 世纪时，欧洲人对遥远异邦的想象力，几乎全部被塔希提以及类似的热带岛屿世界中的"人间天堂"所吸引。[86] 而在同一时期，今天在环太平洋地区（Pacific Rim）拥有举足轻重地位的日本，却没有对海洋表现出丝毫的兴趣。他们既不热衷于航海，也没有对海洋资源进行积极的商业利用。即使是那些学识渊博的日本学者，也很少将目光投向海岸线以外。[87] 然而 19 世纪的到来，却使太平洋地区的格局发生了革命性巨变，没有哪一个周边

160

国家能够逃脱它的影响。这些变化包括：澳大利亚和新西兰被开辟成为欧洲的流放地；加利福尼亚以及整个美国西海岸地区得到了开拓性发展；早期近代史上曾经对海洋文化持排斥态度的中国、日本等国对外打开国门，为商品贸易、思想交流和人口迁徙创造了条件。另外一个重要变化是，许多与世隔绝的岛屿也成为国际网络的一员，但是由于当地居民的生物和文化抵抗力的缺乏，往往不得不为此付出惨痛的代价。[88]

在太平洋研究中，历史学家迄今仍然将目光更多集中于沿海地区的经济发展，而对各地区之间的交互影响则关注较少。其原因之一在于，在历史上，除了美国的华人劳工潮外，跨太平洋的移民活动并不活跃，到这一地区从事私人旅行的欧洲人也为数寥寥。对经济发展的偏重，同时也是对 20 世纪下半叶人类经验的一种折射：在这一时期，加利福尼亚、澳大利亚和日本崛起成为全球经济增长的发动机，这一点在一定程度上（而非在绝对意义上）也是太平洋地区劳动分工的一个结果。[89]太平洋从此跻身"第一世界"，而印度洋这片曾经的香料、茶叶和丝绸贸易之海则相对沦落为第三世界。早在 1890 年，日本经济学家稻垣满次郎便曾发出关于"太平洋时代"（Pacific Age）的预言。[90]但是，从来没有人预言过，某一天印度洋也有可能迎来类似的美好未来。

太平洋沿岸国家在文化方面的同一性，甚至还不及印度洋。在印度洋地区，至少还有伊斯兰文化在发挥作用。在南印度、锡兰以及中南半岛的佛教国家之外的所有地区，甚至在中国南方沿海的飞地，到处都可以感受到伊斯兰文化的影响。对整个印度洋地区而言，其作用相当于一种强力黏合剂。而在太平洋地区，中国和美国这两个文化极端代表——世界最古老和最年轻的伟大文明——隔洋相望，两个国家都雄心勃勃，意欲夺取对本地区的领导权。即使在国力最衰落的几十年里，中国也不曾放弃过这一雄心。从政治角度看，太平洋地区在 19 世纪从未出现过像印度洋那样明显的一国独霸天下的局面。在历史上，印度洋一度几乎相当于英国的领海。而澳大利亚很早就表现出一副大英帝国"逆子"的形象，从来都不是一个伦敦的"听差"。在 1941 年之前，没有任何一个外国势力能够像太平洋战争之后的美国那样，占据对整个太平洋地区的主导权。[91]

除地中海之外，人类对任何海上交互空间的了解，都无法与大西洋匹敌。关于前哥伦布时代大西洋史的巨著比比皆是，而论述后哥伦布时代大西洋历史的书籍，则足以装满整座图书馆。随着 1492 年的到来，人类步入了一个崭新的时代。自此之后，再没有任何人能够对新老大陆之间的密切影响产生怀疑。但是，对于交互作用的动力以及行为、反应和作用的分配，人们很久以来却一直存在分歧。仅就欧洲人"发现"美洲的说法，便曾引发激烈的争论。18 世纪，克利奥尔"爱国者"对欧洲中心主义的历史架构展开讨伐。[92] 1893 年，弗雷德里克·杰克逊·特纳（Frederick Jackson Turner）提出"边疆（frontier）学说"，将北美历史诠释为人类居住区与人类文明边界逐渐推移的过程，而政治和社会意义上的所谓美国文化正是在这一边疆地带形成的。自特纳的观点提出后，人们对美利坚合众国的历史和史前史的构想，不再拘囿于大西洋海岸线的束缚。此外，出生于特立尼达的历史学家和板球专家 C. L. R. 詹姆斯（C. L. R. James）1938 年出版的论述海地革命的《黑色雅各宾党》（The Black Jcobins）一书，在学术界产生了广泛影响，并为人们开启了一个新的视角。关于大西洋地区奴隶贸易和奴隶制的历史叙

162

述，从此彻底摆脱了纯粹受害者的语境。一个充满活跃生命力的"黑色大西洋"（Black Atlantic），就此呈现在世人面前。[93]

在大西洋研究中，我们同样可以发现这样一个特点：历史学家对早期近代作为互动空间的历史研究，比 19 世纪和 20 世纪更加透彻和深入，其描绘也更加生动多姿。[94] 人口买卖和商品交易，制约关系与自由理念，革命间的关联与新殖民身份认同的形成，所有这一切都在这片介于南北美洲、欧洲和非洲之间的四方形海域得以呈现。民族国家的历史，例如爱尔兰历史，也在大西洋和帝国的框架里被重新加以诠释。一个安分守己的岛国民族的历史，由此演变为一部全球化先驱的历史，虽然其先驱行为在一定程度上并非出于自愿。[95] 英国大西洋、伊比利亚大西洋与非洲大西洋，如何从历史学角度统一这三个概念，迄今仍然是一大挑战。这些分支体系各自有哪些不同的特点？我们为何认为它们彼此相关，并视之为一个具有高度共性的统一体？这种共性有哪些表现？因为我们明明知道，大西洋与其他"世界"海域一样，不同于生态环境相对单一、海岸线呈闭合状的小小地中海，它并不是一个天然的历史竞技场，或李特尔所谓的历史"舞台"。[96] 除此之外，我们还不得不面对另外一些问题："大西洋区域"向大陆腹地延伸的范围究竟有多广？它是否一直延伸到密西西比河，与太平洋流域紧密接壤？通过七年战争——持大英帝国视角的人以及美洲人称之为"法印战争"——的历史经验，我们早已看到，发生在欧洲内陆与北美地区的各种事件，其彼此之间的关联和影响是多么密切。或者说，我们应当接受关于宽阔沿海地带的说法，并固守"海洋"和"内陆"之分，例如把法国或西班牙划分为"外向"和"内向"两部分（南特—里昂，加的斯/巴塞罗那—马德里），将美国划分为思想开放的新英格兰和精神封闭的中西部？从移民史角度看，西西里与北美之间的距离，难道不是比与非洲的距离更近吗？在1876～1914年期间，大约有1400万意大利人移民北美、阿根廷和巴西。从这一意义上讲，我们是否至少应当把这一时期的意大利，看作大西洋人口流动与社会化空间的一部分呢？[97]

在19世纪，大西洋地区出现了与太平洋地区截然不同的发展趋势。当"太平"之洋在所有领域经历一体化热潮的同时，大西洋两岸却无论在现实中还是在思想上，都渐渐彼此游离。大西洋地区在早期近代史上最重要的交往关系——奴隶贸易，于19世纪70年代在数量上达到高峰后开始下降，并于1840年之后锐减。大约自1810年起，奴隶贩运主要将巴西和古巴作为目的地，美国和英属加勒比海地区则逐渐退出了奴隶贸易。[98]伊拉·柏林（Ira Berlin）曾经提出过一种观点，认为早在18世纪中叶，北美奴隶们的生存空间已变得越来越狭窄，在这些被不断扩大的种植园束缚住手脚的奴隶当中，能够与广阔的、被柏林称为"国际化"（Kosmopolitisch）[99]的大西洋世界继续保持联系的人越来越少。导致分化的另一大因素是西属拉美国家和巴西的独立。两地于1826年和1823年分别摆脱西班牙和葡萄牙的统治，成为独立的国家（尽管领导巴西实现独立的是一位葡萄牙国王的后代）。古老的帝国纽带从此被切断。在此期间，门罗总统（James Monroes）于1823年发表的"门罗主义"宣言，表明了美国对欧洲的排斥性冷淡态度。尽管门罗主义是在外交困境下诞生的产物，但它却成为美国脱离大西洋体系，将西方大陆视为战略新坐标的象征。当我们进一步观察19世纪90年代之前的欧美关系史时，难免会获得一种印象，即欧美关系自60年代美国内战

163

以及法国武装干涉墨西哥期间出现严重裂痕之后，经历了一个犹疑而缓慢的过程，才彼此重新修好。人们因此认为，19 世纪的大西洋两岸关系与大革命"鞍型期"的密切联系相比，丝毫没有拉近。但是，仅仅从 1870 年之后的强大移民浪潮以及交通技术的划时代革新来看，便足以使上述判断得到纠正。

陆地空间

对人类频繁便捷的交往而言，大范围陆地空间的适宜性远不及海洋。在前工业化时代的交通技术条件下，借助水路的长距离旅行与骑马（骆驼）、坐车（雪橇）、徒步或乘轿相比，虽然更快捷，更舒适，但安全性却未必更高。欧洲是一个例外。借助于海岸线曲折、天然港口资源丰富的优势，欧洲沿海和内陆航运的发达程度超过了其他所有地区。水路和陆路交通技术的优势，在这里合而为一。除欧洲外，只有海岸线长达 2.8 万公里的日本，拥有类似的便利条件。[100] 欧洲究竟有哪些共同的本质性特点，使其能够迥异于那些被人们归为另类的其他文明呢？这是一个答案无穷并且很容易被意识形态化的问题。历史学家对这一问题的兴趣，远不及对欧洲内部地域划分的兴趣更浓厚。而这些区域的界线，与政治地域的界线往往并不吻合。按照欧洲自我描述的古老说辞，欧洲是全世界独一无二的一体性与多元性的统一体。但是，这种多元性该如何定位？它所包含的元素又有哪些？由赫尔德提出、曾在 19 世纪初兴盛一时的浪漫主义民族学"三元论"，将欧洲划分为"罗曼 – 日耳曼 – 斯拉夫"三大区域。许多人对这种说法趋之若鹜，并利用它为第一次世界大战进行宣传。后来的纳粹分子则以极端化的方式，使这种观点再度复苏。

与此相反，民族国家的地域划分则看似鲜有争议。但是，即使是"斯堪的纳维亚"这种早在老普林尼（Gaius Plinius Secundus）《自然史》（*Historia naturalis*）中便曾出现过的说法，听起来似乎顺理成章，但对19世纪而言，是否称得上一个无可争辩的地域性概念，也是令人怀疑的。北欧和东欧的概念性划分是从19世纪才开始的。俄国因此从原来的北方国家变成了一个"半亚洲"的东方国家。兰克（Leopold von Ranke）在其著作中仍然将瑞典卡尔七世国王与彼得大帝并称为"北方英豪"。斯堪的纳维亚身份认同感形成的前提，是瑞典大国雄心的彻底破灭。而导致这一结果的原因，是1795年波兰立陶宛联合王国的消亡，以及1809年芬兰大公国被割让与沙俄帝国的现实。1848年在政界和知识界小圈子里出现的"斯堪的纳维亚主义"（Skandinavismus）思潮，并不能替代瑞典、丹麦和挪威逐渐觉醒的民族意识。在1864年德国与丹麦的战争中，瑞典并没有与斯堪的纳维亚国家站在同一个阵营。挪威自1814年被丹麦转让给瑞典之后，一直在努力谋求国家的独立，并最终于1905年实现了这一目标。通用语言有别于其他三国但习惯于将瑞典语作为第二语言的芬兰，直到1917年才成为一个独立的国家。作为"斯堪的纳维亚人"的自我认知，在第二次世界大战之后才被人们普遍接受。今天，芬兰、瑞典、挪威和丹麦习惯自称为"北欧四国"，而外界往往也将芬兰看作斯堪的纳维亚国家的一员。[101]

既然像斯堪的纳维亚这样在自然地理上有着相对明确分界的地域，在名称问题上尚且存在许多疑问，那么我们日常使用的其他地域概念，其严谨性和确定性又如何能够得到保证呢？包括德国（西德）在内的"西欧"概念，是在1945年之后的冷战环境下诞生的。在 1871 年德意志帝国统一、德法民族主义公开对峙之前，用西欧这一概念来描述德国以西的欧洲地区，是没有任何意义的。西欧概念的前提是英法的联合，而在第一次世界大战之前，这种联合的局面还没有形成。英法两国在外交上彼此拉近关系，是从 1904 年之后开始的。从民主宪政价值观的角度看，两国之间也没有太多的一致性可言。当时英国政治阶层看待拿破仑三世"专制政权"（Despotie）的态度，仍然充满了不信和疑虑。因此，对 19 世纪而言，"西欧"是一个令人困惑的地域坐标。而"中欧"则是地理学家凭空编造的一个概念，最初并不具有任何政治上的含义。地理学家所理解的"中欧"，更多是一个联合经济区的概念，而不是指日耳曼帝国。后来，这一概念被德意志帝国以谋求大德意志霸权的名义加以篡改，并在第一次世界大战期间被打造成为战争的终极目标。[102] 直到冷战结束后，人们才又一次提出"中欧"的概念，并以此来标识波兰、匈牙利、捷克和斯洛伐克所在的地区。如今，还有人提出更宽泛的中欧概念，将德国和奥地利重又纳入其中。[103] 这些建议与当年大德意志帝国的霸权野心没有任何关联，其中获得较多认可的是"中东欧"——一个带有强烈反俄色彩的概念。

　　在匈牙利经济历史学家伊万·拜伦德（Ivan T. Berend）看来，19 世纪最突出的特征是"西方"的魅力和榜样地位。按照他的建议，在论述 19 世纪时，应当采用广义的"中央与东部欧洲"（Central and Eastern Europe）的概念。这一概念所描述的是一片大的地域，其范围从波罗的海一直延伸到奥斯曼帝国北部边境，囊括了整个多瑙河王朝的疆土以及俄罗斯欧洲部分。他对 1789 ~ 1914 年该地区历史的整体描述，是在下述前提的基础之上做出的：这一地区正是在这段历史时期内，形成了一种独特的文化认同感以及一系列使其明显区别于西欧和世界其他地区的特征。[104] 在这张虚拟的地图上，德意志帝国被定义为西欧的一部分。

拜伦德的东西两分法与以往一些人主张的消除东西二元对立、将东欧纳入整个欧洲历史格局的观点是背道而驰的。例如，波兰历史学家奥斯卡·哈莱齐（Oskar Halecki）早在 20 世纪 20 年代便曾提出以东西为轴线、从地理文化角度对欧洲进行内部划分的想法。[105] 20 世纪 80 年代初，匈牙利中世纪学学者杰诺·斯苏兹（Jenö Szücs）通过将欧洲划分为三大"历史区域"的建议，对当时刚刚兴起的关于"中欧"问题的讨论起到了重要推动作用。[106] 此外，人们还以中东欧为例，提出了有关"历史区域"的若干新设想。[107] 但是，以地域划分为基础的缜密严谨的 19 世纪欧洲历史地理学，迄今仍然是一个空白。

欧亚

另外还有一些地域概念，则纯粹是人类灵感的创造物。"欧亚"便是其中之一。"亚洲"本身便是一个欧洲人的发明，而把欧洲与亚洲合并在一起，变成一个"二合一"大陆，更是一种想当然的创造。在俄国，"欧亚"从 20 世纪 20 年代开始逐渐演变为一个被严重意识形态化的概念（甚至早在 19 世纪便已有类似的提法），并一直持续到今天。这种情况一方面表达了俄国人内心的一种愿望：希望在盛气凌人的西方人面前打好"亚洲"这张牌；另一方面也暴露出一种恐惧心理，即害怕其介于西欧与中国之间的地理位置有可能给自身带来不利。[108] 但是，"欧亚"概念本身并不是毫无意义的，其原因有二：首先，现实中存在这样一类人群，他们在两个大陆的交往中生活，并切身体验着这种交流。我们可以将这些人称为有"欧亚"身世背景的人。亚洲的"混血儿"（在印度，他们被称作"欧亚人"
［Eurasian community］）便属于这一人群。这些人最初大多是葡
萄牙人与亚洲人诞下的结晶，后来则更多是英国人与亚洲人的
混血儿。19 世纪初，许多印度欧亚人则是英国军人留下的后
代。这些军人由于军饷少，在本国社会地位低，因此很难在印
度找到欧洲裔女性作为伴侣。在早期近代，甚至一直到 1830 年
前后，欧亚人无论在亚洲还是欧洲都颇有市场。他们凭借自身
的双重文化背景和沟通能力，对殖民体系的运转发挥着不可或
缺的作用。这些基督徒的社会地位，大致与亚美尼亚人和犹太
人相当。进入 19 世纪中叶以后，欧亚人的身份认同感出现了动
摇。能够像高级骑兵指挥官、巴斯勋章获得者詹姆斯·斯金纳
（James Skinner）中校那样在仕途上平步青云的人，几乎绝无仅
有。这时的欧亚人往往因为他们的"混杂血统"和不伦不类的
社会身份，而到处受到排挤。他们在殖民政府机构中获得升迁
的机会，甚至还不如印度人。在整个 19 世纪，这种恶劣处境可
谓每况愈下。由于缺少机会而导致的贫困使他们被排斥于上流
社会之外，其地位甚至在"穷白人"（poor whites）以下。按照
欧洲种族论的观点，这些人属于"劣等人"。反过来，在刚刚
兴起的亚洲民族主义潮流面前，这些人同样也成为受排挤的对
象。[109] 欧亚出身的人群当中，还包括一些欧洲殖民家庭。作为
移民或官员世家，这些家庭往往连续几代生活在亚洲，特别是
在荷属东印度和英属印度地区。[110]

　　如果说上面所提到的是社会和种族意义上的"欧亚"概
念，那么作为交互空间名称的"欧亚"之说，则是不久前才重
新流行的一个概念，并且仅仅是针对早期近代而言。[111] 当时欧
洲人感觉自身与亚洲的关系，比 19 世纪欧洲人对亚洲的感觉更

亲近。标志地位尊卑关系、界限分明的东西二分法（East-West dichotomy），是 19 世纪 30 年代之后方才出现的。[112] 从中国到匈牙利的整个欧亚大陆在蒙古帝国及其后继王朝统治下的短暂统一，如今已成为世界史研究的标准课题。在亚洲"中世纪"过后的数百年间，在亚洲大陆的腹地仍然存在着许多小国。长期以来在以突厥族为主的各民族中传播的伊斯兰教，在其中发挥了重要的凝聚作用。[113] 随着沙皇俄国、清帝国和英属印度霸权三大帝国势力的扩张，中亚这一世界史发展的古老核心区，一步步被"殖民化"。18 世纪 50 年代，14 世纪中叶蒙古帝国灭亡后的残余军事势力被清朝军队一举剿杀。到 1860 年，伊斯兰汗国一部分被并入了中华帝国的版图，另一部分则被沙皇俄国吞并。19 世纪期间，随着民族主义的崛起以及西欧和日本的现代化改革，从莫斯科到北京这一片发展相对停滞的亚洲中央地带，逐渐变成了落后地区。此外，由于帝国势力的侵略、占领和改造，欧亚大陆的内在差异日益明显，以至于各大帝国彼此交汇融合的局面从此一去不复返。此后发生的一系列历史插曲，无论是 1931～1945 年日本对亚洲大陆的占领（除内蒙古外，整个中亚地区几乎没有受到波及），还是从易北河到黄海的共产主义联盟的临时性缔结（1950～1963 年），都未能使欧亚大陆的状况得到根本性改变。用略嫌夸张的说法讲，欧亚大陆的时代始自成吉思汗，终结于 18 世纪末。对 19 世纪而言，"欧亚"已不再是一个头等重要的地域概念。

168

五　区域划分：权力与空间

区域划分是一项古老的国家职能，但是，并不是所有国家都有能力行使这一职能。在封建世袭制度下，地方豪绅为保护自己的利益，借助在当地的势力和背景，与上级机构的管理和调控展开对抗。在这样的社会里，国家在区域规划方面是无能的。只有专制政权和法治国家才有能力实现国家统筹的计划目标。要完成区域划分的任务，必须具备如下前提：中央层面的制度合理化意愿，以及实现意愿的方法和工具。多数情况下，只有在现代社会里，才有可能具备这些条件，但是也有例外。下面我将以三个国家为例，对 19 世纪各国在区域规划方面的巨大差异性做出分析。这三个国家分别是中国、美国和俄罗斯。

从中国的例子我们可以看出，其区域划分模式的历史延续性是全世界独一无二的，甚至一直持续到今天。中国行省制的实行最早可追溯至 13 世纪。自明朝（1368 ~ 1644 年）以来，中国 15 个行省从数量上没有发生任何变化，其边界的变化也十分有限。[114]由于中国的领土面积与欧洲大致相当，因此我们不妨想象一下，假如欧洲版图自 1500 年之后再没有发生大的变化，将会是怎样一种情形。中国的行省并不是欧洲宪法史意义上的"自然"生成，而是行政设计的产物。中国行政区划的强大规范力经历了朝代更迭的考验，并对老百姓的生活方式产生了深刻影响。直到今天，各省份所固有的身份认同仍然对中国人的自我认知发挥着决定性影响，而对不同省份的模式化思维，在一个人对待外地人的态度上亦有所表现。这与欧洲各民族彼此之间的模式化印象如出一辙。中国古老行政区划的持久影响力，还可以通过另外一个现象得到印证：中国各省份除现有名称之外，其古代称谓也仍然在被人们沿用（例如山东也被称为"鲁"）。有些（并非所有）省份同时也是划分合理、符合经济地理和社会地理特征的单位。在历史地理学研究中，人们通常将中国省份合并为 8 ~ 9 个主要以物理特征划分的"宏观区域"（例如西北、长江中下游、长江上游等），每个区域的大小都与欧洲大国的领土面积相当。[115]实际上，在古代行政区划中，已经出现了超越行省层面的大的地域概念。在清代，朝廷通常将两到三个行省的管辖权交由一位总督掌管。

中国相对稳定的国家行政区划所代表的更多是一种特例，而非历史的常态。唯一能够与中国相提并论的是美国联邦州制度。与许多欧洲和拉美国家相比，美国各州的边界也和中国一样，很少发生变化。但是，中国的行政区划制度在 19 世纪虽然没有发生变化，但朝廷却实际丧失了对边疆地区的控制权，只有内陆省份未受影响。而在同一时期，美国的版图却在持续不断地扩大。1783 年建国时，美国已经是全世界势力范围最大的政治实体。到 1850 年，美国的疆土面积扩大了三倍，并且仍然在继续扩张，没有任何停止的迹象。[116]不断有新的区域以不同形式被并入美国的版图：有的是通过购买（从法国人手里买下的路易斯安那州，从墨西哥人手里买下的新墨西哥和南亚利桑纳州，从俄国人手里买下的阿拉斯加州），有的是通过与印第安部落签订的协议，有的是通过移民，有的是通过战争胜利后的割让（得克萨斯州）。每一个州加入联邦，都会带来一个新的政治上的麻烦。在美国内战之前，是否允许新联邦州实行奴隶制的问题成为一个危险的火药桶。这一问题进而引发了宪法之争，并最终导致内战的爆发。

尽管一眼望去，北美白人移民的西进运动更像是一种头脑发热的行为，而不是一次有计划的行动，但是美利坚合众国毕竟是全世界第一个以简单划一的方式实现国家领土区划的国家，其时间甚至比法国完成从拿破仑时代开始的全国区域整编与土地登记工作的时间更早。美国的地图迄今仍然具有网格状特点， 170

无论是各州之间的边界，还是城镇规模的设置，或是私人土地的分界线，大多都采用直线。当人们抱怨非洲国家的边界往往由殖民者"人为"划定时，不妨想一想，美国国内政治地理同样不乏人为设计的色彩。这些纵横覆盖全美 2/3 领土的网格（grid），其来源可追溯至美国国会委员会于 1784 年、1787 年和 1796 年分别制定和通过的几部土地法令（Land Ordinances）。它所仿照的模式是由 16 世纪宇宙学家格哈德·墨卡托（Gerhard Mercator）发明的用于航海航空图绘制的直线投影法。如"海洋"般广袤无垠、很少有人类踏足的北美"荒野"被画上了一道道真实的网格，而采用同样方法给海洋划界时，网格的性质只能是虚拟的，并借助天文学作为坐标。这些网格与英国在行政区划和土地法律属权问题上杂乱无章的局面形成了鲜明对比。按照杰斐逊总统以及该体系其他创始者的想法，为避免土地所有权的混乱，必须首先对土地进行测量，之后再向私人出售。

在横跨北美大陆的西部扩张行动中，"网格线"发挥的作用相当于"一台机器"，"它将所有权问题上的主权诉求和领土统治关系转化为经济利益，并以此将国家与私人对占有土地的兴趣结合在一起"。与此同时，无论是涉及民族构建的宏观政策，还是移民个体的生活抉择，都因此具有了可计划性。[117] 此外，国家还可以通过向私人出售土地，获得额外收益。1902 年，中国清朝政府正是出于这一考虑，决定向满洲地区各省的外来人口出售国有土地，从而以变卖土地获得的收入填补财政亏空。[118] 美国的实用政治理念，早已超越了单纯的土地测量。在 19 世纪时，土地测量的前提通常是：人们首先将一个大的区域设想为一个完整的几何形状，然后再想办法准确地把握其物理学表面形态。印度在 1814 年之后便是这样做的。其目的是利

用来自各层面的最新测量数据，结束地图领域的无政府状态，
并推动地理学知识得以完善。另一个年代相近、在时间上与印
度部分重叠的例子来自欧洲：英国政府下令对爱尔兰进行土地
测量，这项工作所取得的成就甚至远远超越了英格兰本土。[119]
在美国，土地测量的目的并不（仅仅）是对现状做出尽可能精
确的描述。实际上，"网格线"同时也是对未来蓝图的一种
规划。

171

国家统一行政区划的第三种类型是以集权方式建立城市。
这类形式主要出现在俄国。在中国近代史和美国早期历史上，
这种情况则十分罕见。要做到这一点，需要具备两方面因素：
一方面是专断的执行意志，这是美国民主体制所缺乏的（新首
都华盛顿的建设是一个例外）；另一方面是强大的执行力，而
1800 年之后的中国专制政权已不再具备这一能力。1775～1785
年，叶卡捷琳娜二世统治下的沙俄政府决定在全国设立 42 个总
督管辖区（后改称省），下设 481 个郡县（uezdy）。每个辖区分
别以一座城市作为中心。从此，建立在统计学基础上、平均人
口 30 万至 40 万的行政区，取代了历史自然形成的自治州和管
辖区。由于原有的城市数量不足以肩负起核心区的职能，许多
村镇借助国家的一纸法令被破格提升为城市。在东部与东南部
边疆地区，政府在城市建设问题上表现得尤为慎重。但是实际
上，这些新建城市并非每一座都能被称为名副其实的城市。进
入 19 世纪之后，这种撤镇建市的做法被彻底废止。[120]尽管这次
行政区划改革是一项半途而废的计划，不像北美的"网格"体
系一样具有持久的生命力，但是，它在沙皇俄国的历史地理发
展史上却留下了永久的烙印。

中国明代以及俄国和北美在鞍型期时代的统一区划，为 19

世纪的地域空间赋予了名称。自从有了这些行政单位——联邦
州、省、县——的名称，人们可以明确无误地对自己所在的地点
做出判断。然而在世界其他地方，情况却复杂得多。人们经常会
遇到这样的现象：一个地区往往有五花八门的名字，其中既有当
地人的说法，也有外界对它的称谓，这些名称之间的关系总是令
人纠缠不清。假如一位历史学家在研究今天的世界地图时，不把
它与19世纪的状况加以比照，那么他在判断地理名称问题上必
然会陷入混乱。印度、非洲和西亚地区，便属于这一情况，今天
许多国家的名称与19世纪的说法往往是不一致的。例如"西苏
丹"，这种说法现在几乎已没有人使用，它指的是撒哈拉以南广
172　阔的热带稀树草原，从大西洋一直到达尔富尔，即今天的苏丹。
在1920年以前，"叙利亚"这一概念所指的是包括今天叙利亚、
黎巴嫩、以色列和约旦在内的一个大的地理区域。而印度的概念
则包括相互交叉但互不重叠的四层含义：①前英国时代、以封建
公国为形式的政治地理；②殖民时期的各省以及英国中央直辖区
（加尔各答、孟买、马德拉斯）；③当今印度共和国诸邦；④地理
学意义上的自然地域。更为复杂的一个概念是"伊斯兰世界"。
这个以宗教信仰为标准的概念，是无法从地域意义上准确加以定
义的。对近代史而言，它应当包括南亚部分地区、阿富汗以及马
来群岛的众多岛屿在内。这显然与人们的习惯认识是矛盾的。文
化地理学家提出了对狭义"伊斯兰世界"进一步加以细化的建
议，例如，一些人提出了超越语言界限、作为整体的"土耳其 -
伊朗世界"的概念，以此与包括"前东方"、北非和撒哈拉三重
意义的"阿拉伯世界"相对应。[121]与东亚和东欧 - 北亚不同的
是，19世纪的近东和中东地区没有一个领土覆盖整个地域的帝
国，尽管奥斯曼帝国在统治管理方面的影响力也是不容低估的。

地域划分是在不同层面上进行的：从大的地域格局的政治整合（如1919年的巴黎和会）到以铁路线为基础的区域规划，以及农村土地私有权关系的微观秩序。公地（Allmende）的解体和私有化过程有时候是混乱的，缺乏国家调控的；而在其他时候，这一过程则是在政府严格指导下按计划进行的。当国家征收土地税的对象不再是村镇，而是土地占有者或所有者时，便对国家提出了一种要求，这就是必须搞清楚，谁应当对公共财政负担哪些义务。无论在世界任何地方，这一点都是推动国家行为向地方层面扩展的重要动力之一。此后又出现了另一种现象：人们试图对分散农田进行清理，并通过合并，将其集中在一起，变成可供合理化耕作的小块土地。在19世纪和20世纪的农业改革中，各国无不采取措施，在这方面加以防范。[122]土地规划是现代社会的基本行为之一。20世纪苏联、东欧与中国的大规模集体化运动，使这一问题得到了充分暴露。除此以外，这方面的问题往往很难引起历史学家的注意。但是有一条规律是不变的：假如一个国家没有土地登记制以及在法律意义上可自由支配的土地私有权，这个国家就不能被称为一个"现代"国家。

173

六　领土所有权、离散地与边界

领土所有权

本章中提到的所有观点，都是以地域空间的平面性作为前提。事实上，19世纪的空间在很大程度上的确呈现为形状单一的延续性空间，而这一点正是国家地域规划所带来的结果。从美国土地法到许多国家（从荷兰到印度）的系统化土地测量与所有权关系的登记造册，以及某些权力统治薄弱地区的殖民化管理，国家行为无一不对地域空间发挥着同质化的作用。特别是在 1860 年之后，出现了一种时代趋势：人们对国家统治的认识和组织，不再局限于对战略重点的控制，而是视之为地方政权的一项长期性工作。我们可以把这一趋势看作不断深入的"领土主权化"或"领土所有权"形成的过程。这种现象不仅仅在欧洲早期近代史上拥有深厚的根基。[123]领土的主权化既与民族国家的形成，同时也与帝国的改革以及殖民统治的巩固有关。人们对殖民统治的理解不再只是对贸易基地的操控，而是转变为对土地的控制。在土地升格为富有生命力的领土的过程中，地球上独立政治实体的数量也在急剧下降。在欧洲，相对独立的政治实体的数量从 1500 年的大约 500 个，减少为 1900 年的 25 个。[124] 1803 年通过的《帝国代表团会议主决议》①、1871 年德意志帝国的成立、同一年日本的废藩置县以及印度与非洲的殖民占领，同时也意味着众多半自治政权的消失。对欧洲以外地区而言，这种情况的出现不仅仅是欧洲扩张所带来的结果。以中南半岛为例，早在 18 世纪前殖民时期，独立政治实体的数量便已从 22 个减少到 3 个：缅甸、泰国和越南。[125]各大王朝的附属国纷纷合并。一些大国和庞大的政治实体相继出现，例如美国、1867 年成立联邦的加拿大以及沙皇俄国。直到这一时期，西伯利亚才真正成为俄国统治下的领土。与此同时，俄国把疆域的范围一直扩张到中亚南部。从这一角度看，头脑冷静的拉采尔之所以提出"国家空间增长规律论"，绝不仅仅是出于对社会达尔文主义的帝国主义梦想的沉迷。[126]

174

---

① 1803 年 2 月 25 日，在拿破仑的胁迫下，德意志诸侯通过决议，宣布取消德意志内部 112 个邦，并以小邦并入大邦的方式使德意志邦国数量减少到 30 多个。

领土所有权不仅是现代国家的标志，从宽泛意义上讲，它也是君主政治的一种形式。19 世纪的伊朗便是一个例子。当时，西方的影响在伊朗仍然微乎其微。人们衡量统治者功绩的一个重要尺度，是看他是否为国家夺取了新的地盘，或者至少没有使国家损失一寸疆土。假如一位君主做不到这一点，等于是为那些觊觎王位的皇子们提供了谋反的借口。对领土的控制既是王权（mulk），也是后来的民族国家（millat）得以立足的基础。[127] 鉴于伊朗的实力与相邻的帝国相比处于劣势，因此，伊朗沙阿当时的处境着实难以令人羡慕。

非连续性社会空间

并非所有空间都必须以连续性为前提。在 19 世纪，人类的社会生活也并不总是在一块与其血脉相连的土地上展开的。非连续性社会空间的最重要形式是"离散地"（Diaspora）。这一概念的含义是指某个社会群体虽然生活在远离真实或想象中的出生地的地方，但对"故乡"却仍然怀有深厚的感情，并对它保持着忠心。这一群体或是被迫离开家乡，流落到世界各地；或是为了寻找工作机会，从事贸易活动，或是为了殖民目的而远离故土。在这些人当中，代代流传着关于（想象中）故土的理想主义神话乃至复国兴邦的梦想。重返故乡的决心可以使个人借此赢得集体的认同。这些人与当地社会的关系是错综复杂的，其中既有得不到社会充分认同的苦闷，也有对自身所属群体再次遭遇厄运的担忧。此外，与生活在其他国家（第三国）的同胞之间心心相印、同舟共济的情感，也是这一群体的特征之一。[128]

由于形成背景以及历史经验特征的差异，每一种离散地的性质也各有不同。我们可以据此将其划分为受迫害者离散地

175

（美国的非洲人，亚美尼亚人，犹太人），劳工离散地（印度人，华人），贸易离散地（生活在移民殖民地的欧洲人）和文化离散地。[129] 它们当中有些是在很久以前形成的，并一直延续到19世纪，有些则是在19世纪才刚刚出现。在此需要说明的是，亚美尼亚离散地的形成并非在一战以后，而是早在1895年反亚美尼亚大骚乱初起时便已开始了。离散地性质的差异还取决于中心与边缘之间的关系：有的缺少一个空间意义上的中心（"阿里亚" [aliya]① ——从欧洲迁往巴勒斯坦——之前的犹太人），有的拥有一个地位至尊、对离散地起保护作用的中心（中国），有的中心是被殖民化的（爱尔兰），而有的中心则受到外来民族的控制并因此具有某种政治流亡地的色彩（19世纪的波兰）。离散地的差异还取决于与当地社会的文化融合度。在这方面，有限度的融合往往更有优势。19世纪在美国和其他国家兴起的"唐人街"，便是一个对所有群体成员都有益处的局部融入形式。

在19世纪，受人类大规模迁徙的影响，离散地的出现成为一种普遍现象，甚至是一种常态。只有留恋故土的法国人是一个例外。就连中国这样的博大包容的文明典范，也成为海外移民群体的来源地。在明代第一次移民潮之后，直到19世纪，"大中华文化圈"的基础才真正形成。就连一辈子没有离开过岛国、对旅行的兴趣甚至远不及中国人的日本人，也向政府提出移民申请，要求到北美寻找新的生存机会。1885～1924年，大约20万人从日本来到夏威夷，另外还有18万人前往北美大陆谋生。[130] 直到1941年12月日本偷袭珍珠港事件爆发后，美

---

① 希伯来语，意为"上升"。

国人才意识到，在自己身边原来生活着这么多日本人。民族的形
成，是为了把种族和文化彼此共属的人群聚集在一起。而与此同　176
时，人们还表现出一种愿望，希望把那些远在他乡的离散地群体
也视为本民族的一部分，虽然人们不可能因为这些群体的存在，
而以民族统一为理由对离散地所在的国家提出领土方面的诉求。

　　离散地的出现导致了非连续性社会空间的形成。在某些情况
下，这种现象可以被视为移民群体与接受国社会走向融入的一个
过渡阶段。例如，生活在美国的德国移民虽然在纽约等大城市形
成了联系紧密的社会团体，但从长远来看，这一群体却无法成为
抗拒被新大陆同化的桥头堡。[131]在其他情况下，离散地的存在远
远超越了乡愁和民俗的意义。旅居国和出生地之间的"横向"网
络，成为一些侨乡不可或缺的支柱。例如印度和中国南方部分地
区、西西里岛、爱尔兰以及（20世纪初的）希腊，都曾对侨民从
海外汇入的资金有很大的依赖性。19世纪时，以离散地为形式的
非连续性社会空间获得了前所未有的重要意义，并对领土主权化
的观念形成了挑战。在欧洲，民族国家的形成使少数民族的处境
变得更加艰难，随着海外劳务市场的开放，这些少数民族的移民
愿望变得越来越强烈。此外，通信手段的改善则为侨民保持与家
乡的联络提供了便利。于是，一对彼此并存的现象也随之出现：
一方面是国家地域空间的合并，在这些空间里，拥有明确界线的
领土成为权力统治与情感归属的象征；另一方面是跨国空间的形
成，在这里，领土意识尽管淡薄，但绝没有消失。[132]

边界[133]

　　边界是空间的结束点。其形式是多种多样的，例如军事界
线、经济界线、法律界线、地理界线等。[134]这些界线之间很少

重叠。19 世纪，出现了一些新的边界理念及其信奉者。例如语言界线，在早期近代，这一问题很少受到人们的关注。大革命结束后，法国在全国实行语言统计，并依此绘制了地图。从 19 世纪 40 年代开始，德国也出现了类似的语言地图。[135] 这种做法最初是以军事目的为原始动机，这一点在 19 世纪并没有发生变化。军事占领区被画上了界线，而边界则随时有可能成为战争

177　的导火索。边界的出现，为一国与邻国的关系史赋予了某种物质化的形式。国家主权的界线往往是以特定的象征物作为标记，例如界桩、瞭望塔、哨所等。因此，政治的界线是具体的，它是国家的物理化和客观化，是从象征和物质双重意义上对政权加以巩固的方式。它之所以具有巩固政权的作用，是因为通过边界可以使人们在日常生活中对国家的存在始终保持意识。[136] 反过来讲，还有一些几乎难以察觉的象征性边界，实际上比国界更加坚固，更加不可撼动。

　　政治边界概念的前提，是以强者法则为基础的"国家自我中心主义理念"。[137] 法学家的和平边界概念——约定边界，则是后来出现的。19 世纪时，两种形式的边界——强制性边界和约定边界——是并存的。1830 年比利时建国时，欧洲大国决定恢复采用 1790 年的省界。[138] 1871 年，新的德法边界是由战胜国一方强行划定的。1878 年，当柏林会议对巴尔干半岛的政治版图进行重新构架时，巴尔干国家的代表只能在一旁洗耳恭听。非洲国家之间的边界，很大一部分是根据欧洲殖民列强之间签订的备忘录和协议而划定的。欧洲各国代表在现场对地形进行目测，然后在土地上划出标记。1884 年，当俾斯麦在柏林主持召开西非会议时，西非地区的领土关系早已由活跃于当地的各大列强（英、法、德、葡和利比亚）事先做出了安排。首先划

定的是关境。直到 19 世纪 90 年代，这些关境才被正式确定为各个殖民地（包括利比亚）之间的领土边界。这次会议上，列强还对一些欧洲人未曾涉足地区的国境线进行了勘定，其目的主要是为确认比利时利奥波德二世国王对刚果自由邦的所有权。[139] 与非洲相反，拉美各共和国之间的边界，大部分则是在没有外界参与的情况下勘定的。[140]

人们通常认为，勘定边界以及将边界区简化为边界线，是近代史，特别是 19 世纪的一大特征。这种观点未免有过于笼统之嫌。实际上，早在属人管辖权（personale Jurisdiktionen）通行的年代，即已出现了拥有明确界线的主权区。而"线形"国境线，也并非由帝国主义传播到欧洲以外世界的一项欧洲发明。 178 早在 1689 年和 1727 年，清王朝和沙俄帝国便在维护地区力量平衡的前提下经过现场谈判，签订了两部条约，就中俄两国领土的明确界定达成协议。但是，以几何直线为形式的边界线却并不常见。这种现象更多出现在非洲，而不是亚洲。[141] 在非洲，国境线（包括穿越撒哈拉沙漠的边界线）总长度的大约 3/4 是采用直线。欧洲人在这里划定国界时，偶尔也会遵循"自然"边界的理念——来自法国大革命时期的一大信条——努力去寻找"有合理意义"的边界。[142]

此外，人们往往也会投入精力，从现实角度对地区力量对比的真实状况进行研究。1843～1847 年，由伊朗、奥斯曼、俄罗斯和英国代表组成的委员会举行磋商，试图确定一条各方认可的伊朗和奥斯曼管辖区之间的边界线。谈判的前提条件是，只有国家才能获得认可，而作为土地所有者的游牧民族则不具备这样的资格。双方都拿出了丰富的历史资料，作为勘定边界的凭据。当然，伊朗政府实际上并不可能真正做到，让所有边疆部落都服从于自己的权威。[143] 自从有了新的测量工具和测量方法，边界勘定的精确性达到了前所未有的水平。19 世纪 50 年代举行第二轮谈判的边界委员会虽然没能彻底解决伊朗和奥斯曼之间的边界问题，但促使双方加强了对土地价值的重视。在这些与"民族主义"毫不相关的因素影响下，国家领土的形成进程大大加快。在涉及边界问题时，人们往往会邀请第三方——以大英帝国代表居多——作为协调人介入谈判。伊朗与阿富汗的边界勘定即是一例。

当殖民列强将它们自认为具有文明优越性的固定线形边界理念带入亚洲和非洲时，在当地人的普遍意识里，边界仍然是游动的，具有渗透性的。这些游动边界的功能不仅是划定领土的范围，而且还具有划分语言群体和族群的作用。不同边界理念的冲突更多发生在勘定边界的现场，而不是在谈判桌前。而最后的胜者通常是在当地势力最强的一方。1862 年中俄两国重新勘定边界时，俄方提出的以自然地貌划界的方案最终被采纳，虽然这种做法将使一些族群——例如吉尔吉斯人——被国界分割成两半。俄国专家用一个傲慢无礼的理由，驳回了中方的质疑：对一个连最基本的地图学原理都一无所知的民族，没有必要太当回事。[144] 当欧洲边界理念与另一种理念发生冲突时，占上风的往往是欧洲人，其原因不仅仅在于力量对比的不平衡。19 世纪时，暹罗政府多次为与英国殖民地缅甸之间的边界问题与英国人进行谈判。暹罗政府是一个有尊严的谈话伙伴，而不是一个可以轻易蒙骗的对象。但是，按照当时暹罗人的观念，边界是驻扎在边防哨所的边防巡逻队的有效活动区域。因此在很长时间里，暹罗人对英国人坚持用线条来确定边界的要求始终无法理解。因为这样做意味着，暹罗将无谓地损失大面积土地。[145]但反过来看，这时的暹罗和其他许多地区一样，对确定边界的标准还没有清楚的概念。殖民列强的代表出现在勘界现场时，手头往往并没有一份事先经过周密思考的边界地图。边界勘定（border making）更多是一种临时性的、注重实效的行为，但由此产生的后果却是难以修正的。

19世纪初次出现的直线形边界是一个极端的例子，其影响是毁灭性的。在游牧民族生活的地区，或者是非洲撒哈拉地区，这样的边界有可能意味着一场灾难，因为通往牧场、水源和圣地的道路突然间被一道边界硬生生隔断了。但是在边界周围，即边境线两侧，一些特殊的边境群体也由此应运而生。这些人主动适应边界的环境，并借助环境来改善自己的生活处境。在撒哈拉以南和南亚地区，可以找出很多这样的例子。人们有可能利用边界作为逃避迫害的屏障，例如，因法国和阿尔及利亚殖民军侵略而被迫流亡的突尼斯部落，为逃避法国殖民者征税而在邻国英属尼日利亚落脚的达荷美人（Dahomey）①，以及在"坐牛"酋长（Sitting Bull）率领下逃亡加拿大的印第安苏人（Sioux）。事实上，边境地区作为商人、走私者和劳工活跃的地盘，总是充满了活力，它与地图上标识的边界，是一种若即若离的关系。边界地带的小范围交往，还为人们提供了许多新的谋生机会。[146]从更高层面的帝国战略的角度来看，边界还有另外一层含义：必要时，可以以"侵犯"边界为借口随时对邻国发动军事进攻。

将标记明确，设有主权标志物，由警察、士兵和海关人员　180把守的国家边界视为主权国家的"外围器官"（peripheres Organ），这种理念是在19世纪出现并得到普及的。它是国家权

---

① 达荷美，即今天的贝宁。

力领土化过程的副产品和标志：控制土地的重要性远远超过了对
人的控制。主权所有者不再是统治者个人，而是"国家"。领土
应当是彼此关联并连成一体的地域，属地、飞地、城邦（日内瓦
于 1813 年成为瑞士的一个州）和其他政治"拼凑物"从此变成
了不合时宜之物。在 1780 年前后，对于瑞士纳沙泰尔州
（Neuchatel）作为普鲁士皇帝统治的辖区，没有多少人会感到奇
怪。然而在 1857 年纳沙泰尔正式加入瑞士联邦之前，它已然变成
了一个不入流的异类。欧洲和南北美洲是最早将领土和国界理念
转化为现实的两个大洲。而在各大新老帝国，情况则复杂得多。
帝国疆域之内的边界，有的是缺乏深层地域背景的行政划分，有
的是前殖民时代统治辖区的标志。后一种情况在"间接统治"的
条件下尤其常见。帝国之间的疆界很少有完整的物理地标，也无
法像欧洲国家间的边界一样，处处有人驻守。每一个帝国都有其
开放的一翼，例如法兰西帝国的阿尔及利亚撒哈拉沙漠，大英帝
国的印度西北边疆，沙俄帝国的高加索地带等。因此，国家边界
的历史性时刻是在 1945 年之后的去殖民化时代，随着众多主权国
家的形成才真正到来的。在同一时期，欧洲和朝鲜半岛分别被一
道"铁幕"一分为二。这是一条高度军事化的边界，其不可侵犯
性不仅通过铁丝网，而且还通过原子弹得到捍卫。直到 20 世纪
60 年代，19 世纪的边界思想才充分展现出其强大的魅力。

注释

[1] Schlögel, *Im Raume* (2003)，第 22 页。

[2] Koselleck, *Zeitschichten* (2000)，第 9 页，亦参见第 90 页。

［3］ Harvey, *Postmodernity*（1989），第 240 页。

［4］ 相关科学史论著可参见 Livingstone, *Geographical Tradition*（1992）及 Marie-Claire Robic，"Geography"，收录于 T. M. Porter/Ross，*Modern Social Sciences*（2003），第 379 ~ 90 页。

［5］ 瑞 士 人 绘 制 的 达 尔 富 尔 地 图 即 为 一 例，Gugerli/Speich，*Topografien*（2002），第 76 页。

［6］ 参见 Dabringhaus, *Territorialer Nationalismus*（2006），第 57 页及下页。

［7］ 这段历史因斯特恩·那多尔尼（Sten Nadolny）的小说《发现缓慢》（*Entdeckung der Langsamkeit*, 1983）而广为人知。

［8］ 1830 年之前由欧洲人撰写的有关日本的游记作品几乎全部被收录于一册：Kapitza, *Japan in Europa*（1990），肯普费的作品也被收入其中。这种针对非欧洲国家的游记合集，只有日本一例。

［9］ 关于科学考察的组织工作问题可参见有关默奇森科考的经典名著：Stafford, *Scientist of Empire*（1989）。

［10］ Humboldt, *Relation historique*（1814 – 25）.

［11］ 洪堡据此撰写了游记《巴斯克人，或关于 1801 年春季比斯开和法国巴斯克地区之行的记述》（*Die Vasken, oder Bemerkungen auf einer Reise durch Biscaya und das französischee Basquenland im Frühling des Jahres* 1801），作品集，第 2 卷（1961），第 418 ~ 627 页。

［12］ 1997 年，毕晓普夫人的游记作品以 12 卷本的形式（*Collected Travel Writings*）再版。

［13］ 参见 Cosgrove, *Apollo's Eye*（2001），第 209 页（并参见图 210）。

［14］ 相关经典论述见 Carter, *Botany Bay*（1987），第 4 ~ 33 页。

［15］ Barrow, *Making History*（2003），第 101、103 页。

［16］ M. W. Lewis/Wigen, *Myth of Continents*（1997），第 ix 页。

［17］ 同上书，第 181 页；Foucher, *Fronts et frontières*（1991），第 156 页。

［18］ M. W. Lewis/Wigen, *Myth of Continents*（1997），第 172 页。

［19］ J. D. Legge, "The Writing of Southeast Asian History"，收录于

Tarling, *Cambridge History of Southeast Asia*（1992），第 1～50 页，
与此处相关的解释见第 1 页。

［20］Sinor, *Introduction*（1990），第 18 页。

［21］麦金德报告收录于 *Geographical Journal* 23（1904），第 421～37 页。

［22］M. W. Lewis/Wigen, *Myth of Continents*（1997），第 65 页；尤参
Scheffler,‹*Fertile Crescent*›（2003）；Said 在 *Orientalism*（1978）
中作为欧洲"他者"（othering）的典型范例，对具有广泛影响
力的"东方"概念进行了解构。

［23］福泽谕吉部分文章收录于：Lu, *Japan*，第 2 卷（1997），第 351～
53 页；另参 Tanaka, *Japan's Orient*（1993），书中论据大多引自
1890 年之后的各类史料。

［24］Sven Saaler, "Pan-Asianismus im Japan der Meiji-und der Taisho-
Zeit：Wurzeln, Entstehung und Anwendung einer Ideologie"，收录于
Amelung u. a., *Selbstbehauptungsdiskurse*（2003），第 127～57 页。

［25］C. Ritter, *Erdkunde*，第 1 卷：*Der Norden und Nord-Osten von Hoch –
Asien*（1832），第 xv 页。

［26］C. Ritter, *Einleitung*（1852），第 161 页。

［27］有关描述性地理词汇演变过程可参见 Godlewska, *Geography
Unbound*（1999），第 41～45 页。

［28］C. Ritter, *Erdkunde*，第 1 卷：*Der Norden und Nord-Osten von Hoch –
Asien*（1832^2），第 63 页及下页。

［29］C. Ritter, *Erdkunde*，卷 1（1832），2（1833），3（1835）。

［30］Ratzel, *Politische Geographie*（1897），第 11～28 页；有关岛屿问
题见第 24 章，这一部分内容的学术价值甚至超过了 Ratzel 著名
的"国家空间增长基本规律"理论（第 8～10 页）。

［31］Reclus, *L'Homme et la terre*，第 1 卷（1990），第 123 页。

［32］同上书，第 348～353 页。

［33］W. D. Smith, *Sciences of Culture*（1991），第 154～161 页；
Petermann, *Geschichte der Ethnologie*（2004），第 583 页及下页。

［34］Bonnett, *Idea of the West*（2004），第 14 页及下页。

［35］Bulliet, *Islamo-Christian Civilization*（2004），第 5 页。

［36］参见本书第 17 章。

［37］Asbach, *Erfindung*（2005）; Woolf, *European World View*（1992）.

［38］Boer, *Europa*（1999），第 99～110 页。

［39］同上书，第 181 页及下页（并参见第 182 页地图）。

［40］Schroeder, *Transformation*（1994），第 575～582 页。

［41］Gollwitzer, *Geschichte des weltpolitischen Denkens*（1972－82），第 2 卷，第 83 页及下页。

［42］Pflanze, *Bismarck*，第 2 卷（1998），第 426 页。

［43］有关地图参见 Lichtenberger, *Europa*（2005），第 43 页。

［44］Malia, *Russia*（1999），第 92 页。

［45］Bassin, *Imperial Visions*（1999）第 37 页及下页。

［46］Hauner, *What Is Asia to Us?*（1990），第 2～4 章。

［47］参见 Malia, *Russia*（1999），第 165 页。

［48］我们在这里所采用的是 Kreiser/Neumann 的观点，参见 *Türkei*（2003），第 283 页；另一种观点将卡洛维茨和约的签订（1699 年）视为转折点。

［49］Nouzille, *Histoire de frontières*（1991），第 254 页；另参见 Hösch, *Balkanländer*（1988），第 91 页。

［50］有关这一问题的形象描述参见 Ruthven/Nanji, *Historical Atlas of Islam*（2004），第 89 页。

［51］关于 1856 年之后的会议活动参见 Baumgart, *Europäisches Konzert*（1999），第 155 页及下页。

［52］少数例外之一是 J. Fisch, *Europa*（2002），第 228～235 页。

［53］Mazower, *Balkan*（2002），第 158 页；Todorova, *Balkan*（2002），第 145 页。

［54］Werlen, *Sozialgeographie*（2000），第 215 页。

［55］苏格兰见 Withers, *Geography*（2001），第 142 页及下页；泰国见 Thongchai, *Siam Mapped*（1994）；墨西哥见 Craib, *Cartographic Mexico*（2004）.

［56］在目前已经出版的为数众多的宇宙现象学和心理学著作中，最具开拓性的作品之一当属 Tuan, *Space and Place*（1977）。

[57] Richter, *Facing East* (2001)，第 11 页及其余多处。

[58] Rowe, *Saving the World* (2001)，第 356 页。

[59] Eggert, *Chinesische Reiseschriften* (2004)，第 283 页。

[60] J. K. Leonard, *Wei Yuan* (1984)，第 121 页及下页。

[61] Drake, *Hsu Chi-yü* (1975)，第 67 页及下页。

[62] 参见 Karl, *Staging the World* (2002)。

[63] Toby, *State and Diplomacy* (1984)，第 161～167 页。

[64] 参见 Beasley, *Japan Encounters the Barbarian* (1995)，Pantzer, *Iwakura-Mission* (2002)，Duus, *Japanese Discovery of America* (1997)。由当时为数不多的中国高级外交官撰写的西方见闻录之一：Chen Feng, *Entdeckung des Westens* (2001)。

[65] Konvitz, *Urban Millenium* (1985)，第 82～85 页。

[66] 第一至第四条系根据 A. R. H. Baker, *Geography and History* (2003)，第 2～5 章。

[67] 有关近代历史地理的早期经典论述之一是 Pounds, *Historical Geography* (1985)。

[68] 近来在历史地理领域出现了一种令人瞩目的"岛屿语境"，参见 Dodds/Royle, *Rethinking Islands* (2003) 以及 Pocock, *Discovery* (2005)；在书中，Pocock 将从海峡群岛到设得兰群岛的英国岛屿重新定义为"大西洋群岛（Atlantic archipelago）"，第 78 页。

[69] Fernández-Armesto, *Civilizations* (2000)，多处；相关背景知识可参见布罗代尔的文明空间观：*Grammaire* (1993)，第 40～43 页；还有一位权威学者更多是从地方而非整体角度分析这一问题：Richards, *Unending Frontier* (2003)。

[70] 参见 F. Walter 的经典名著：*Les figures paysagères de la nation* (2004)。

[71] 摘自 A. R. H. Baker, *Geography and History* (2003)，第 112 页。

[72] 这是 Elvin, *Elephants* (2004) 的主要论点之一。

[73] 参见 Dunlap, *Nature* (1999)。

[74] 参见 Cain/Hopkins, *British Imperialism* (2001)。

［75］这是现代比较研究中最重要的方法论思想之一，其目的是为比较寻找更好的视角。参见 Pomeranz, *Great Divergence*（2000），第 10 页及其余多处。关于地方史的诸多可能性（以地区文化认同作为重点）可参见 Applegate, *Europe of Regions*（1999）。

［76］Werdt, *Haly-Wolhynien*（1998），第 98 页。

［77］在一系列以海洋为主题的概述性作品中可参见 B. Klein/ Mackenthun, *Das Meer*（2003），书中论述了人类看待海洋的多种视角。但遗憾的是，书中采用了"海洋景观"（seascapes）这一不当概念。因为与地貌景观相比，海洋的形态是人类无法改变的。

［78］Horden/Purcell, *Corrupting Sea*（2000），第 25 页，作者采用了布罗代尔式的空间尺度。

［79］C. King, *Black Sea*（2004）; Herlihy, *Odessa*（1991）; Farnie, *Suez Canal*（1969）.

［80］持这类地中海主义观点的重要代表人物之一是 Horden/Purcell, *Corrupting Sea*（2000），第 461 页及其余多处；人类学家 Michael Herzfeld 等人在各类作品中对这种同质化论点提出了不同意见。

［81］K. N. Chaudhuri, *Trade*（1985）; *Asia*（1990）.

［82］参见 Wong, *Entre monde et nation*（2001），第 11 页。

［83］参见 J. de Vries, "Connecting Europe and Asia: A Quantitative Analysis of the Cape-Route Trade, 1497 - 1795", 收录于 Flynn 等, *Global Connections*（2003），第 35～106 页（图表 2.5）。

［84］关于人口流动的多种形式: Bose, *A Hundred Horizons*（2006）。

［85］Kirch, *On the Road*（2000），第 293、300、302 页。

［86］论述太平洋问题的经典著作: Spate, *Pacific*（1979-88）; 该书同样出自一位历史地理学家之手，但遗憾的是，其内容所涉及的时间跨度仅限于 1800 年之前。

［87］Yasuo Endo, "Ein Meer namens Daitoyo. Das Konzept des Pazifiks aus japanischer Sicht 1660 - 1860", 收录于 Klein/Mackenthun, *Das Meer*（2003），第 201～222，本处引自第 210 页。

［88］参见 Scarr, *Pacific Islands*（1990），第 134～144 页。

［89］参见 Flynn 等, *Pacific Centuries*（1999）; E. L. Jones 等, *Coming*

Full Circle（1993）。

［90］Korhonen, *Pacific Age*（1996），第 44 页。

［91］Heffer, *United States*（2002），第 249 页及下页，虽然从书名看似乎专指美国，但书中内容实际是以整个现代太平洋史作为论述对象。

［92］Brading, *First America*（1991），第 447 页及下页；书中对"爱国主义"问题同样做出了解释。

［93］参见 Zeuske, *Schwarze Karibik*（2004）。

［94］相关文献概览：Bailyn, *Atlantic History*（2005）；Pietschmann, *Atlantic History*（2002），书中不无道理地将 18 世纪拉长到 1830 年；Armitage/Braddick, *British Atlantic World*（2002），其核心内容见第 11～27、233～249 页。最大胆的理论性假设是由一位社会学家提出的：Jeremy Smith, *Europe and the Americas*（2006）。

［95］参见 Nicholas Canny 等人撰写的相关论文。

［96］后来出现了与之相关的"局部一体化"的概念，例如根据大的法律体系的覆盖范围来确定北大西洋和南大西洋早期近代边界的位置 Gould, *A World Transformed?*（2003）；Benton, *Legal Regime*（2000）。

［97］数字引自 Bade 等, *Enzyklopädie Migration*（2007），第 210 页。

［98］P. D. Curtin, *Slave Trade*（1969），第 266（图 266）、268 页（图 77）。

［99］Berlin, *Many Thousands Gone*（1998），第 95 页及下页（引语见第 95 页）。

［100］参见日本现代史学经典之一：Amino, *Les Japonais et la mer*（1995），第 235 页；书中同样强调称，日本人从未形成过一种对海洋文化的认同感（就像所处地理环境与其相似的英国人那样）。

［101］Lemberg, *Entstehung*（1985），第 77 页及下页；Kirby, *Baltic World*（1995），第 5 页；Mead, *Scandinavia*（1981），第 9～13、210～212 页；J. Fisch, *Europa*（2002），第 148 页。

［102］关于中欧概念的多样化问题可参见 H. - D. Schultz,

Deutschlands «natürliche Grenzen»（1989）；*Raumkonstrukte*（2002）；不同中欧概念的边界划分图：Dingsdale, *Mapping Modernities*（2002），第 18 页。

[103] 参见 L. R. Johnson, *Central Europe*（1996）。

[104] Berend, *History Derailed*（2003），第 xiv 页。

[105] Halecki, *Europa*（1957）.

[106] Szücs, *Regionen Europas*（1990）. 关于"两个欧洲"的深层维度问题可参见 Valerie Bunce, "The Historical Origins of the East-West Divide：Civil Society, Political Science, and Democracy in Europe"，收录于 Bermeo/Nord, *Civil Society*（2000），第 209～236 页。

[107] 参见 Troebst, *Kulturstudien*（2006）.

[108] 参见 Scherrer, *Kulturologie*（2003），第 128～151 页；与"欧亚"相关的另外三种概念可参见 Schmidt-Glintzer, *Eurasien*（2002），第 189～192 页。

[109] Hawes, *Poor Relations*（1996），第 10、39、152、168 页。

[110] 参见 Buettner, *Empire Families*（2004）。

[111] Fletcher, *Integrative History*（1985）；Lieberman, *Binary Histories*（1999）.

[112] 参见 Osterhammel, *Entzauberung*（1998）。

[113] 参见 Findley, *Turks*（2005），第 2～3 章；Wong, *Entre monde et nation*（2001），第 18 页及下页。

[114] Mote, *Imperial China*（1999），第 485 页及下页。

[115] 相关的基本观点参见下述著作中的编者按部分：Skinner, *City*（1977）；关于微观区域作为社会历史单位的问题可参见 Naquin/Rawski, *Chinese Society*（1987），第 138～216 页。

[116] Meinig, *Shaping*，第 2 卷（1993），第 3 页。

[117] Stefan Kaufmann, "Landschaft beschriften. Zur Logik des «American Grid System»"，收录于 *Ordnungen der Landschaft*（2002），第 73～94 页，引语第 78 条；并参见 Schlögel, *Im Raume*（2003），第 188 页。

[118] Reardon-Anderson, *Reluctant Pioneers*（2005），第 72 页。

[119] Edney, *Mapping an Empire* (1997)，第 200 页；Bayly，*Empire and Information* (1996)，第 303 页及下页；O'Cadhla，*Civilizing Ireland* (2007)。

[120] Lappo/Hönsch，*Urbanisierung Russlands* (2000)，第 34 页。

[121] Planhol，*Les fondéments* (1968)。

[122] 参见 J. C. Scott，*Seeing Like a State* (1998)，第 37 ~ 47 页。

[123] Maier，*Consigning the Twentieth Century* (2000)，第 808、814、816 页；书中夸大了 1860 年前后出现的新趋势的意义，认为只有铁路才真正可以称得上是一种新的要素。

[124] Charles Tilly，"Reflections on the History of European State-Making"，收录于同作者 *Formation of National States* (1975)，第 3 ~ 83 页。

[125] Lieberman *Strange Parallels* (2003)，第 455 页，有关 "three post - 1750 consolidations of the mainland" 的说法在书中有所提及。

[126] Ratzel，*Politische Geographie* (1897)，第 193 页及下页。

[127] Kashani-Sabet，*Frontier Fictions* (1999)，第 23 页。

[128] R. Cohen，*Global Diasporas* (1997)，第 26 页，第 177 页及下页；关于 "后殖民时代" 视角可参见 R. Mayer，*Diaspora* (2005)。

[129] R. Cohen，*Global Diasporas* (1997)，第 2 ~ 6 章。

[130] Takaki，*Mirror* (1993)，第 247 页。

[131] Nadel，*Little Germany* (1990)，第 10 页：一部有关社会历史学案例研究的经典作品。

[132] 目前流行的有关离散地本身具有 "去领土化" 色彩的观点是有失偏颇的。

[133] 遗憾的是，在这里我们不得不放弃就 "边界社会学" 新领域的各种文献加以论证。

[134] 相关概念见 Böckler，*Grenze* (2003)。

[135] Nordman，*Frontières* (1998)，第 486 页及下页。

[136] T. M. Wilson/Donnan，*Introduction* (1998)，第 25、9 页；Windler，*Grenzen vor Ort* (2002)，第 143 页。

[137] Nordman，*Frontières* (1998)，第 40 页。

［138］Bitsch, *Belgique*（2004），第 83 页。

［139］有关非洲边界确定过程的细节记录，目前已很难找到。但有关西非地区的情况却有精确记载：John D. Hargreaves, "The BerlinConference, West African Boundaries, and the Eventual Partition"，收录于 Förster u. a. , *Bismarck*（1988），第 313～320 页。

［140］Foucher, *Fronts et frontières*（1991），第 114 页，第 135 页及下页。

［141］同上书，第 122 页。

［142］"自然"边界是以"内容"定义的边界中的一种特例。相关论述可参见 Burnett, *Masters*（2000），第 208 页及下页。

［143］Kashani-Sabet, *Frontier Fictions*（1999），第 24～28 页。

［144］S. C. M. Paine, *Imperial Rivals*（1996），第 90 页及下页。

［145］Thongchai, *Siam Mapped*（1994），第 68～80 页：关于空间"结构"的最经典论著之一。

［146］参见经典名著 Windler, *Grenzen vor Ort*（2002），第 138～145 页；Baud/Schendel, *Comparative History*（1997），第 216 页及下页。

第二部分　全景

第 4 章　定居与迁徙

一　规模与趋势

1890 ~ 1920 年，黎巴嫩近 1/3 的农村人口陆续移居海外，其目的地主要是美国和埃及。导致大规模移民的原因是黎巴嫩国内的内战乱局，与国家教育水平的提高背道而驰的经济萧条状况，阿卜杜勒·哈米德二世苏丹政权对言论自由的压制，以及来自移民目标国的强大吸引力。[1]但是，即使在如此极端的形势下，仍然有 2/3 人口选择了留在家乡。古代民族史学界对跨国界人口流动并没有太多的意识，而世界史学者则恰恰相反，有时候，后者眼中所看到的，甚至只有迁徙、网络化和世界主义。实际上，这两类人群同样都值得我们关注，这就是 19 世纪所有社会中的少数移民，以及在原居住地生活的大多数人。

如果离开数字，一切都只能是空谈。然而对 19 世纪而言，人口数据在很多时候仍然是未知的。当年的塔希提岛曾是人们心目中富有"哲学"意境的人间天堂，按照 18 世纪末到塔希提旅行的游客们的猜测，当地居民数量是在 1.5 万到 20.4 万之间。后来，人们根据所有掌握的资料重新计算，得出的结论是大约 7 万多人。[2]19 世纪 90 年代，当民族主义思潮在朝鲜蔓延时，令这些早期社会活动家感到恼火的是，竟然从来没有人曾经对王国的臣民人数做出过统计。据不确实猜测，这一数字应当在 500 万至 2000 万之间。直到 1913 年，日本殖民者才通过调查得出了确切结论：朝鲜人口大约为 1500 万。[3] 在中国，随着中央集权统治的衰落，人口统计的水准也在不断下滑。根据历史统计，1750 年和 1850 年的中国人口数量分别为 2.15 亿和 3.2 亿。这两个如今经常被引用的数字，比另一个年代较晚的数据——1900 年的 4.37 亿至 4.5 亿——更具可信性。[4]

各大洲的人口比例

184   自古以来，亚洲一直是全球人口数量最多的一个大洲。但是随着年代的更迭，亚洲人口的领先优势也在不断发生变化（表1）。

表 1   亚洲占世界人口的比重

单位：%

年代	比例	年代	比例
1000	60	1700	64
1200	65	1800	66
1400	54	1900	55
1500	53	2000	60
1600	58		

资料来源：Massimo Livi - Bacci, *A Concise History of World Population*, Oxford 1997, 第 31 页，表 I.3。

在 17 世纪和 18 世纪，亚洲人口的相对优势日益明显。从欧洲旅行者对中国和印度等地"人满为患"景象的充满感叹的描述，便可以使这一点得到印证。在当时人们的眼中，人口众多是富裕的一种标志。亚洲各国君主往往将臣民数量的庞大视为炫耀的资本。进入 19 世纪后，亚洲占世界人口的比重急剧下降。当年，那些认为亚洲"停滞不前"的欧洲人，是不是因为对这一变化已有所意识呢？可以肯定的是，当时并没有人曾经对人口动态做出过统计。亚洲占世界人口的比例，迄今再没有恢复到1800年的水平。究竟是什么因素使亚洲人口的相对优势受到了动摇呢（表2）？

表2 世界各大洲占世界人口比例

单位：%

	亚洲	欧洲	俄国	非洲	美洲	大洋洲	世界
1800	66.2	15.1	5.0	11.0	2.5	0.2	100
1900	55.3	18.0	7.8	8.4	10.1	0.4	100

资料来源：Massimo Livi - Bacci, *A Concise History of World Population*, Oxford 1997，第31页，表 I.3。

从上述数据可以看出，亚洲人口数量优势的下滑是随着欧 185 洲或整个西半球的崛起开始的。[5] 600～1700年，非洲人口规模有可能一度超过欧洲，但很快便重新被欧洲超越。在非洲人口增长陷入停滞的同时，欧洲人口规模却在急剧扩大。1700～1900年，欧洲（不包括俄国）人口数量从9500万增长到1.38亿，而非洲人口则仅由1.07亿增长到2.95亿。[6] 至少从人口统计学角度看，19世纪包括阿根廷、乌拉圭、巴西等移民国家在内的整个"西方的崛起"，是一个无可争辩的事实。从全球范围看，人口增长路径存在着很大的差异。在这一时期，世界人口的增长速度比20世纪末人们习惯的速度慢得多。1800～1850年，全球人口数量年均增长约0.43%。19世纪下半叶，这一数字仅仅提高到0.51%，与20世纪70年代1.94%的增速仍相去甚远。[7]

大国

即使在进入 19 世纪后，世界上仍然存在着一些人口很少的小国。1832 年建国时，希腊人口数量尚不足 80 万，仅相当于英国大都市人口的一半。1900 年前后，瑞士只有 333 万人，与半个大伦敦区（Greater London）的人口规模（658 万）大致相当。19 世纪初，生活在加拿大辽阔地域上的欧洲裔居民人数大约为 33.2 万，直到 1830 年，才突破百万大关。19 世纪中叶的淘金热大大推动了澳大利亚人口的增长，到 1858 年时，澳大利亚人口已超过 100 万。[8] 位于世界人口谱系的另一端、人口数量众多的大国又有哪些呢？1913 年的人口数据可以为此提供最佳答案。在帝国统治的世界里，如果把今天的民族国家作为衡量标准，未免有些不妥。因此，最好的办法是以政治联合体或大

186 的联盟作为单位，对相关数据进行比较（表 3）。

这张统计表有哪些明显特点呢？这就是，所有大国一律被定义为"帝国"。在这些国家中，大部分的确是以此作为自己的名号，而美国则是唯一一个没有以帝国作为国名的大国。但是从国家结构来看，美国理当被视为帝国的一员。从人口数量来看，1898 年主权被美国所控制的菲律宾是当时全世界最大的殖民地之一，尽管从实力来讲，它远远无法与英属印度和荷属东印度（印度尼西亚）两大殖民地相抗衡。其850 万的人口数量仅略少于埃及，但超过澳大利亚、阿尔及利亚和德属东非。在既没有海外殖民地亦非地域庞大的多民族帝国的主权国家当中，人口数量最多的是墨西哥，其人口数量约为 1500 万，面积与尼日利亚、越南等中等规模的殖

187 民地相当。但是早在 1913 年，这个国家便因革命和内战而

走向分裂，因此无法被视为领土完整、政权稳定的民族国家典范。在欧洲，人口数量最多的非帝国性质的国家是瑞典（人口数量大约 600 万）。

表3　1913 年全球人口数量最多的政治实体

单位：百万人

大英帝国	441（联合王国：10.4%）
中华帝国	437~450（汉族占 95%）
俄罗斯帝国	163（俄罗斯人占 67%）[a]
美利坚合众国	108（联邦占 91%）
法兰西帝国	89（法国本土占 46%）
德意志帝国（包括所属殖民地）	79（德国本土占 84%）
大日本帝国	61（日本群岛占 85%）
荷兰王国	56（荷兰本土占 11%）
哈布斯堡王朝	52[b]
意大利	39（意大利本土占 95%）
奥斯曼帝国	21[c]
墨西哥	15

a. 据 1897 年人口统计，具体数据为：大罗斯族占 44%，小罗斯族占 18%，白俄罗斯族占 5%；

b. 1910 年；

c. 1912/13 年巴尔干战争前的数据，不包括埃及。

资料来源：Angus Maddison, *Contours of the World Economy*, 1 – 2030 *AD*: *Essays in Macroeconomic History*, Oxford 2007, 第 376 页（Tab. A. 1）; Bouda Etemad, *La possession du monde*: *Poids et mesures de la colonisation*（*XVIIIe – XXe siècles*）, Brüssel 2000, 第 231 页（Tab. 21）, 第 236 页（Tab. 22）, 第 241 页（Tab. 23）, 第 311 页（附录 4）; Jean-Pierre Bardet/Jacques Dupaquier（Hg.）, *Histoire des populations de l'Europe*, Bd. 2: *La révolution démographique* 1750 – 1914, Paris 1998, 第 493 页; Jean Bérenger, *Geschichte des Habsburgerreiches 1273 bis 1918*, Wien 1995, 第 691 页; Kemal H. Karpat, *Ottoman Population*, 1830 – 1914: *Demographic and Social Characteristics*, Madison, Wisc. 1985, 第 169 页（Tab. I. 16. B）; *Meyers Großes Konversations-Lexikon*, Bd. 17, Leipzig 1907, 第 295 页。

人口规模并不能直接转化为一个国家的政治实力。在工业化时代里，人口的绝对值已不再是政治实力的保障。这种情况在人类历史上还未有过先例。中国在 1750 年前后仍然是欧亚大陆势力最强的军事大国，但是到了 1913 年，中国在外交上几乎已没有任何行动力，其军事实力甚至还不及小国日本（人口只有中国的 12%）。因为印度的庞大人口而跃居人口排行榜之首的大英帝国，在现实中也并非在各方面都领先于世界的"世纪末"超级大国。但是作为帝国，它毕竟掌握着雄厚的人口和经济资源，并且懂得如何在关键时刻运用这些资源。在第一次世界大战期间，这一优势得到了充分展现。这份统计表虽然并不能准确地反映各国实力的排列次序，但各国在国际舞台上的力量对比形势，却可由此略见一斑。在 1913 年前后，英国、俄国、美国、法国、德国和日本以及作为国家特殊形式的哈布斯堡王朝，是当时世界仅有的几个大国：既有雄厚实力，也有对相邻领土以外地区发动侵略的意愿。

在这份统计表上，还有一些特点值得我们注意：荷兰虽是欧洲小国，却拥有大面积的殖民地。其中，居民人数多达 5000 万的印度尼西亚在人口规模上超过了英伦诸岛，仅比整个哈布斯堡王朝的人口略少，从人口数量来看，相当于荷兰本土的 8 倍。奥斯曼帝国在统计表上的落后排名未免有些令人意外。这是由领土持续萎缩、人口自然增长率偏低等一系列综合因素导致的结果。鉴于巴尔干地区人口数量有限，因此失去巴尔干领土对奥斯曼帝国人口的影响实际并不大。而埃及在整个 19 世纪期间（直至 1914 年沦为英国保护国）虽然在名义上隶属奥斯曼，但始终游离于伊斯坦布尔的有效控制之外。因此，如果抛开埃及不计，那么在 1878 年柏林条约导致奥斯曼领土大规模丧

失之前，其全国人口大约只有 2900 万。[9]仅从人口角度看，这
个早期近代史上的地中海和西亚强国在进入帝国主义时代后，
便已失去了往日的雄风。

增长路径

如前所述，在亚洲居高不下的人口绝对值的背后，是人口　188
相对优势的下降。19 世纪期间，无论在世界任何地区，人口增
长率都没有达到我们记忆中的 20 世纪"第三世界"的人口增
长水平（表4）。

表 4　世界主要地区的人口增长率（阶段平均值）

单位：‰

	1500 ~ 1820	1820 ~ 1870	1870 ~ 1913
西欧	0. 26	0. 69	0. 77
俄罗斯帝国[a]	0. 37	0. 97	1. 33
美国	0. 50	2. 83	2. 08
拉丁美洲	0. 07	1. 26	1. 63
印度	0. 20	0. 38	0. 43
日本	0. 22	0. 21	0. 95
中国	0. 41	- 0. 12	0. 47

a. 俄国全境（不包括波兰等）。

资料来源：Angus Maddison, *Contours of the World Economy*, 1 - 2030 AD: *Essays in Macroeconomic History*, Oxford 2007, 第 377 页（Tab. A. 2），略有删减。

这张统计表上一个令人惊讶的数字是"维多利亚时代"中
国人口的负增长。在之前的早期近代阶段，中国的人口增长率
远远超出了欧洲和亚洲其他地区的平均水平。出现人口负增长
的原因，并不是中国人的生育习惯出现了改变，而是由社会动

乱造成的。1850～1873 年，中国各地战乱带来的毁灭性后果，在整个 19 世纪世界史上是绝无仅有的。这些动乱包括太平天国革命、反抗清政府的捻军起义、西北地区和云南省的回族暴动等。受太平天国之害最深重的 5 个省份（安徽、浙江、湖北、江西和江苏）的人口，在 1819～1893 年期间由 1.54 亿减少到 1.02 亿。到 1953 年人口普查时，这些省份的人口才重新恢复到 1.45 亿的水平。回族暴动最集中的 3 个西北部省份（甘肃、山西和陕西）的人口，由 1819 年的 4100 万减少到 1893 年的 2700 万。[10]在太平天国革命以及清政府残酷镇压下丧生的受害者人数，是一个需要仔细斟酌的数据。其主要原因在于，人们很难判定，到底有多少人是直接死于战乱，还有多少人是死于革命和内战所引发的饥荒。据专家保守估计，总人数应当在 3000 万左右。[11]

亚洲相对较低的人口出生率之所以令人感到意外，不仅是与 20 世纪下半叶相比较而得出的印象，同时也与欧洲人对亚洲根深蒂固的模式化印象有关。伟大的人口学家马尔萨斯（Thomas Robert Malthus）就 19 世纪前的西欧特别是英国人口发展状况做出的分析，大体是经得起推敲的。但是他同时还提出一种观点，认为以中国为代表的亚洲民族没有能力像欧洲人一样，有意识地控制生育行为（预防性抑制［preventive checks］），并以这种方式避免因食物匮乏而导致的灾难。每隔一定时间，无节制的人口增长与固定的粮食产量极限值之间便会产生冲突。之后，人口只能通过以饥荒为形式的现实性抑制（positive checks）得到平衡。中国人没有能力做到通过理性限制生育（例如通过晚婚）的手段，制止这种恶性循环。这种观点背后所隐藏的是一种预设的人种学判断，即认为"亚洲人种"具有缺乏理性的先天特征，没有能力实现从必然王国到自由王国的文明过渡。在 1798 年该观点问世后的两百年里，马尔萨斯学说在未受质疑的前提下被人们反复引用，就连中国学者也把自己的国家描绘为一片被贫穷和饥荒所困的土地。[12]

今天人们对此已有不同看法。19 世纪中国人口的非正常低增长是不容否认的一个事实，但究其原因，马尔萨斯的解释却是令人怀疑的。中国人口绝不是盲目受本能支配而无节制地繁衍，然后每隔一段时间再通过大自然的无情杀戮，使人口过剩得到抑制。新的研究结果表明，中国人完全有能力在生育问题上做出决策，最主要的办法是通过溺婴和弃婴。当时的中国农民显然并不把这种行为视为"杀戮"，因为在人们看来，人的"生命"是从出生后第 6 个月才开始的。[13]溺弃女婴、婚内生育率低、收养率高以及婚姻市场性别失衡，成为 19 世纪中国应对恶劣生活环境的特殊人口模式。"正常"的人口低增长率在经过 19 世纪六七十年代的战乱之后转为负增长，其根源来自人类对资源日趋匮乏的有意识适应。因此，将理性、有节制的欧洲与缺乏理性、受本能支配而走向衰落的中国相对立的观点，是完全站不住脚的。

关于日本，人们也提出了类似的观点。18 世纪上半叶，在经历长达一个半世纪的国内和平环境下的对外扩张之后，日本人口增长率出现了下降趋势。导致人口增长放缓的主要原因并非饥荒和自然灾害，而是人们保持或提高现有生活水平，并以此维护自身社会地位的愿望。[14]与中国一样，杀婴在日本也是一种常见的控制人口的手段，但是在这里，杀婴的目的是为了更好地规划未来生活，而不是为了适应物质紧缺的环境。1870年前后，在进入工业化时代前不久，日本终于告别了贯穿其

"漫长"早期近代史的人口稳定状态。从这一时期开始直到 20
世纪 90 年代（1943～1945 年二战后期曾一度中断），日本人口
进入了持续增长期。在最初阶段，高出生率、婴儿死亡率下降
以及人均寿命的提高，是促进人口增长的主要因素。其背景，
一方面是医疗卫生条件的进步，另一方面是本国粮食产量的提
高和粮食进口的增加，使全民的营养状况得到了改善。后德川
时代日本人口的稳定状态并不是马尔萨斯人口抑制理论的一种
表现，而是人们努力维持原有的生活水平所导致的结果。当年日
本人的生活虽然清贫，但与世界其他地区相比却是令人羡慕的。
1870 年之后日本人口增长的恢复，是现代化的一个副产品。[15]

191 　　欧洲最令人意外的变化是英国社会的生物性激变。截至
1750 年，英国（不包括苏格兰）仍然是欧洲政治大国中人口最
少的国家。当时，英国人口仅有 590 万。法国在路易十五统治
时期，人口数量是英国的 4 倍。甚至连拥有 840 万人口的西班
牙，在人口规模方面也远远超过了英国。然而在之后的一百年
间，英国人口却迅速膨胀，不久便超过了西班牙，并大大缩短
了与法国之间的差距。到 1850 年时，法国人口已不到英国人口
的两倍（法国人口大约 3580 万，英格兰、威尔士和苏格兰的人
口总数为 2080 万）。1900 年，英国（3700 万）与法国（3900
万）的人口数量几乎持平。[16] 在整个 19 世纪期间，英国人口增
长率（1.23%）在欧洲国家当中遥遥领先，将位居第二的荷兰
（0.84%）远远抛在了身后。[17]

　　美国人口始终保持着稳定增长的势头，在 19 世纪人口发展
史上写下了辉煌的一页。直到 1870 年，美国人口规模仍然在德
国之后。然而到 1890 年时，美国人口却已超过了除俄国之外的
所有欧洲国家。在 1861～1914 年期间，俄国人口数量增长了一

倍以上，与英国的人口膨胀几乎同时。沙皇俄国与英国在人口增长方面拥有一个共同特点：俄国对中亚与东亚地区的殖民扩张对人口增长的影响极其微小，因为这些新增领土大多是人口稀少的地区。可以说，俄国，特别是其农村地区，几乎与日本同时进入了人口的快速增长期。在19世纪下半叶，旧政权统治下的俄国农民成为全世界人口增长速度最快的社会群体。俄国农村人口的增长速度超过了城市人口，是这一历史时期十分罕见的一种现象。[18]

如果要把这些以国家为单位的量化数据，概括为标志1820～1913年一个世纪的本质性特征，我们可以将其归纳为覆盖全球各大洲的三种不同类型：[19]

爆炸式增长：这种现象发生在那些实行大规模边疆开发的气候温和的地区，在这些地区，由于原有人口的基数较小，因此从表面的统计结果来看，很容易给人造成错觉。例如，美国人口增长了10倍，在以澳大利亚、加拿大和阿根廷为代表的新欧洲（所谓西方旁支国家［western offshoots］，以往更多被称为"白人移民殖民地"），也出现了类似的极端现象。

另一种极端是近乎停滞的人口缓慢增长，这种现象不仅出现在印度中北部地区和中国（以及1870年之前的日本），同时也出现在欧洲腹地，特别是法国。在1750年前后，法国的人口数量仍然位居欧洲之首。然而到1900年，意大利的人口数量几乎与法国持平。导致法国人口下降的主要原因并非外部因素的影响。尽管在1870～1871年的普法战争中，法国经历了严重的人口危机，其程度之深在整个19世纪期间，没有其他任何一个欧洲大国可与之相比。战争、内战和瘟疫，使法国每年的死亡人数比出生人数超出近50万。即使在1939～1944年二战期间，人口的赤字也没有达到这一水平。[20] 但是，法国人口减少是一种非典型的特殊现象，而不是持久性危机的一种表现。导致这种情况的主要原因是生育率的下降。出于各种难以解释的原因，法国很早便遭遇了低生育率的问题。根据经验，生育率的下降无一例外总是与生活水平的提高有着密切关联。但是，早在1800 年以前，法国便已出现了这种现象，而英国和德国则是在1870 年之后。在法国，"人口减少"成为一个越来越受人关注的公共话题，特别是1871 年其在普法战争中失利之后。[21] 在西班牙、葡萄牙和意大利，同样也出现了人口增长过缓的现象，而这三个国家并不属于现代化先驱国之列。因此，人口增长的迟滞不能被视为现代社会的一个典型标志。

人口高速增长的现象出现在欧洲（英国以及1860 年之后的俄国欧洲部分）、南美（巴西）以及非洲（特别是1870 年之后的阿尔及利亚）和亚洲（爪哇、菲律宾以及1870 年之后的日本）一些地区。人口增长相对较快但并未达到英国水平的国家是德国和荷兰。19 世纪人类的繁衍规律既不符合东西二分法，也与大陆宏观地理甚少关联。将世界分成对立的两半——一边是充满活力的欧洲，另一边是停滞不前的"其余"世界——这种简单化判断至少从人口发展史的角度看是难以成立的。

人口灾难与人口过渡

19 世纪的人口灾难也并不总是局限于世界上的某一个地区，然而与其他大陆相比，欧洲经历的灾难显然要少一些。爱尔兰是19 世纪欧洲的不幸儿，是欧洲唯一出现全国性人口负增长的国家。在1780 年前后，爱尔兰进入了人口的快速增长期，然而1846～1852 年的一场大饥荒，却使爱尔兰原有的人口状况发生了彻底改变。引发饥荒的原因是由霉菌导致的马铃薯歉收。在这场饥荒中，至少有 100 万人丧生，这一数字相当于爱尔兰人口的 1/8。[22] 此前已经出现的移民群体如潮水般暴涨，在 1847～1854 年期间，每年大约有 20 万人离开爱尔兰岛。在接下来的几十年里，爱尔兰人口由 1841 年的 820 万减少到 1901 年的 450 万。人口减少的另一原因是天主教会和地主阶层提倡的晚婚。在 19 世纪下半叶，爱尔兰经济呈现复苏的势头，从某种程度上讲，这也是移民潮所带来的一个结果。一方面，农村劳动力的实际收入有所增加；另一方面，与意大利或中国南方一样，海外移民汇到家乡的资金对爱尔兰经济发展起到了重要的促进作用。[23] 因此，在饥荒过去短短几十年之后，其悲剧性影响在某种意义上已经被人们所克服。

在拿破仑远征结束后，战争和内乱作为导致欧洲人口下降的因素，其重要性远不及 18 世纪以及后来的 20 世纪。严重的大规模暴力冲突都是在欧洲以外地区发生的：

● 革命性质的内战，如 1850～1876 年的中国，或 1910～1920 年的墨西哥；

● 分离战争（Sezessionskrieg），如 1861～1865 年的美国南北战争（仅阵亡的士兵人数便高达 62 万人）以及世纪之交的南非战争；[24]

● 殖民侵略战争：1825～1830 年在爪哇（死亡人数很可能超过 20 万），[25] 1830 年之后在阿尔及利亚，后来在非洲其他很多地区。此外，还有持续整个世纪的白人移民及其背后的国家机器对美洲原住民的排挤和屠杀；

● 欧洲以外的大国冲突，如 1904～1905 年发生的影响深远的日俄战争。

194

在上述战乱发生的同时，欧洲却是一派和平景象。从 1815 年直到 1853 年克里米亚战争爆发，欧洲不曾发生过任何战争。而克里米亚战争和德意志统一战争的残酷性，也比不过欧洲以外地区的军事冲突，与早期近代史上的历次战争或 20 世纪的大规模战争相比，更是远远不及。1500 年之后死亡人数最多的 10 场大国战争中，没有一场是在 1815 ~ 1914 年发生的。1701 ~ 1714 年西班牙的王位继承战争，其残酷性在欧洲历史上堪称绝无仅有，在战争中死于各大战场的人数多达 120 万。与 1792 ~ 1815 年发生的历次战争相比，19 世纪的欧洲更显得一派祥和。在这些战争中，仅阵亡者人数便超过 250 万。[26] 从欧洲与全世界人口的比例来看，18 世纪的战争中的死亡人数是 19 世纪的 7 倍。[27]

"微生物袭击"与暴力屠杀

19 世纪，在欧洲以外的其他地区，因为"微生物袭击"而导致整个国家人口近乎灭绝的事例仍然时有发生。在塔希提岛，由于病菌传入而引发了一连串瘟疫。1881 年，塔希提人口减少到 6000 人，与 18 世纪 60 年代布干维尔（Louis Antoine de Bougainville）① 和霍克船长初次登岛时相比，只剩下不到 1/10。同样也是因为瘟疫，法属新喀里多尼亚（Neu-Kaleonien）② 原住民人数在 19 世纪下半叶减少了 70%。在斐济岛，1875 年暴发的一场严重流感夺去了 20 万 ~ 25 万人的生命，占总人口的比例超过 1/4。[28] 在北美洲，无数印第安部落被天花、霍乱和肺结核吞噬。在 19 世纪，几乎每一场全球性瘟疫都会使新大陆的印第安人受到波及。除瘟疫之外，更多是由于"淘金热"给印第安

---

① 18 世纪法国著名探险家。

② 南太平洋岛屿。

传统生活方式带来的冲击，加利福尼亚地区的印第安人数量在1848～1860年期间由10万～25万减少到2.5万～3.5万。这些数字的背后，同时也意味着恐怖和屠杀，甚至是种族灭绝。[29]1803～1876年，塔斯马尼亚（Tasmanien）①居民数量由2000人减少到零。在1850年前夕的澳大利亚，当没有法律的年代逐渐走向终结时，白人统治者开始了针对当地土著的"合法"迫害行动。当发生命案时，如果被杀者是土著，杀人者将不会受到任何追究。由于土著居民往往会不顾一切，拼死抵抗，因此白人在各种纠纷和暴力事件中丧生的例子也屡见不鲜。据估计，在当时所有"非土著"居民死亡案中，有1/10是由暴力事件直接导致的。1789年，在欧洲人踏上澳大利亚的土地短短几个月后，第一例天花病例便被确诊。天花病毒的蔓延，物质生存条件的恶化，再加上文化上的排挤和迫害，导致澳大利亚土著人数急剧下降。[30]直到1788年，生活在澳大利亚各地的土著居民还有近110万人，而到1860年时，却只剩不到34万人。[31]

由欧洲殖民扩张所导致的人类死亡数量，是一个难以量化的数字。[32]但是我们有必要对这一问题进行深入研究，以便从生命损失的角度，对殖民扩张的代价做出尽可能准确的判断。这其中也包括西方的损失，特别是那些被派往热带地区作战的军事无产者。日内瓦历史学家博达·埃特迈德（Bouda Etemad）通过研究得出结论：1750～1913年，有28万～30万欧洲或北美士兵在海外殖民战争中（后者在菲律宾）丧生，这些人或死于战火，或死于疾病。对当时的欧洲士兵来说，印度和阿尔及利亚是最危险的战场。[33]此外，在支持殖民者的地方军队中，

① 澳大利亚南部岛屿。

也有大约 12 万人在战争中死于非命。据埃特迈德猜测，在抵抗
白人侵略的战斗中阵亡的亚洲和非洲士兵人数，大约在 80 万至
100 万之间。而死于战场之外的非欧洲裔平民，则更是不计其
数。埃特迈德同样认为，1860～1921 年印度人口的高死亡率是
"殖民冲击"（choc colonial）造成的后果，并且猜测，由饥荒以
及新型 "疾病生态"（Krankheitsökologie）等外部因素所导致的
死亡人数大约为 2800 万。但是，印度高死亡率的根源并非英国
殖民者的屠杀或其他有预谋的暴行。在埃特迈德看来，从 19 世
纪 60 年代到 90 年代，由严重饥荒导致的死亡率上升比例最多
为 5%。印度人口的高死亡率，更多是现代化的一种衍生现象。
其原因在于，现代化发展（铁路与大型水利工程的建设，人口
流动的增加，落后卫生条件下的城市化发展）为疟疾以及其他
本土（非外来）疾病的传播提供了土壤。只有考虑到印度的自
身因素以及各种间接影响，才能为 5000 万～6000 万非欧洲
"殖民侵略受害者" 这一庞大数字找到合理的解释。埃特迈德
的观点虽然指向 "殖民屠杀"，但他本人却并未直接得出这一
结论。[34]

　　与 1492 年之后的美洲、早期近代史上的锡兰以及前文提到
的澳大利亚和大洋洲的情况有所不同的是，在 19 世纪欧洲对亚
洲和非洲的殖民侵略过程中，由病毒输入所导致的 "微生物袭
击" 并没有给这些地区带来太大的影响。实际影响更多是反向
的，因为欧洲人对殖民地的某些本土疾病往往缺乏抵抗力。然
而在殖民扩张所波及的每一处地方，当地的政治、社会与生物
学平衡都必定会遭到破坏。殖民战争以及随后发生的同样有可
能导致严重伤亡的 "平暴运动"，也就是殖民者对抵抗运动的
镇压，其结果不仅使当地的生产遭到破坏，而且还迫使大批人

背井离乡，并以此为地方性疾病的传播和蔓延提供了机会。因此，由欧洲殖民侵略而导致人口减少几乎是一种必然，特别是在撒哈拉以南的非洲，在1882～1896年期间，这种现象的发生十分普遍。然而在殖民扩张的第二阶段（非洲是从世纪之交开始的），大规模战争的平息以及殖民医疗政策的推行从总体上讲则为当地人口的增长创造了有利条件。

在不同地区，殖民侵略的破坏程度也不尽相同。在1884～1885年柏林非洲会议上被划为利奥波德二世"私人殖民地"的刚果自由邦，情况尤为恶劣。残暴的殖民政府对老百姓的死活不闻不问，而一味将其视为剥削和压榨的对象。在1876～1920年期间，刚果人口有可能减少了一半，尽管这一猜测并不能为当今国际舆论流行的1000万刚果人"遭屠杀"的说法提供可靠依据。[35]在阿尔及利亚，残酷血腥的"平暴运动"持续了30余年。在1830～1856年期间，当地人口数量以每年0.8%的速度递减。此后，特别是1866～1870年，干旱、疾病和蝗灾使阿尔及利亚人民的生活更加雪上加霜。直到1870年之后，人口的持续增长才逐渐恢复。[36]另外几场从残酷性和伤亡人数来看极为惨烈的战争是在苏丹、象牙海岸和东非等地发生的。当地民众的反抗越激烈，战争持续的时间便越长。例如，1893～1899年，由2万人组成的英国殖民军在乌干达发动了一场异常残酷的战争。尽管英国人投入了机枪等新型武器，但这一仗却赢得并不轻松。在战争中，英国人采取了"焦土战术"，其目标是彻底摧毁当地平民的生存基础，特别是畜牧业。[37]1904～1907年，在德属西南部非洲，当地的德国"护卫队"（Schutztruppen）以及德国本土派遣的海军陆战队以极端残酷的手段对当地赫雷罗（Herero）和纳马（Nama）两大族裔的抵抗展开围剿。当非洲

197

人在军事上彻底落败之后，以平民和战俘为目标、针对非洲的种族灭绝式战争却仍然没有停止，其手段包括将非洲人遣送到沙漠地区，逼迫他们在生不如死的环境下从事强制性劳动。尽管没有确切的数字统计，但据估计，由此导致的死亡至少有几万人，"种族屠杀"一词用在这里毫不为过。但是，这场发生在西南非洲的种族灭绝战争并不是无数类似事件中的一个插曲，从德国人的行为及其后果的恶劣性来看，这次事件只是一个极端的特例。其背后的动机，并非置殖民地臣民于死地的"殖民主义逻辑"，而是对劳动力的需求。[38]

人口过渡

世界人口的发展变化是否有某种统一的模式，只是各地在时间上有早晚之分？就此，人口统计学家提出了"人口过渡"的说法。[39]这一概念所描述的是人类繁衍行为从"前现代"到"现代"秩序的演变过程。最初阶段的特征是高出生率和高死亡率：出生的人数很多，寿命很短。在"后转型"时期，即人口发展达到某种平衡之后，出生率和死亡率大体持平并保持较低水平，而人的平均寿命则大大提高。这一模式将人口从初始到终端平衡之间的过渡划分为几个阶段，在这一过程中，出生率和死亡率的变化呈现巨大的差异：首先是死亡率下降，而生育率并没有随之降低。新出生的人口越来越多，人的寿命越来越长，人口也因此迅速膨胀。"人口过渡"模式并非一种凭空的推测，而是人们根据对英国、澳大利亚以及斯堪的纳维亚国家的观察研究，从中摸索出来的规律，之后又通过其他实例加以验证。从历史角度看，它的意义在于让人们看到，许多民族国家在不同的时间段都曾经历相同的变化：家庭的规模不断扩大；婴儿夭折的比例越来越小；随着寿命的提高，人类对生活的规划有了更远的时间纵深。这些经验原则上应该是相似的，但是涉及每一个具体事例，人们可以发现，导致这类发展趋势的不同因素之间的关联却是千变万化的。生育和死亡之间并不存在某种机械式的联系，而是在一定程度上被某些独立的决定性因素所左右。

首先，以死亡率下降为标志的转型期在不同地区，其延续时间的长短也不尽相同：英国用了 200 年（1740～1940），丹麦用了 160 年（1780～1940），荷兰用了 90 年（1850～1940），德国用了 70 年（1870～1940），而日本则用了 40 年（1920～1960）。[40] 只有少数欧洲国家以及被称为"新欧洲"的海外殖民地，早在 1900 年便已进入了这一人口变化的转型期。在美国，这种变化早在 1790 年便已显露迹象，并一直持续到人口学意义上的"长"19 世纪的结束。然而在美国，这一过程还具有一种与众不同的特征：在整个人口转型期，出生率始终呈现下降的趋势，甚至比死亡率下降出现的时间还要早。从这一意义上讲，美国模式与欧洲的特例法国有相似之处。[41] 从世界范围看，在"维多利亚"的 19 世纪，大部分国家或者仍处于前现代的人口发展阶段，或者正处于人口过渡的转型期。如果要找到一个出生率与不断下降的死亡率实现平衡的转折点，我们便会意外地发现，这一转折点与"世纪末"的开始是同步的，至少在欧洲是这样。除法国之外，直到 19 世纪 70 年代或 70 年代之后，人口发展的转折在其他地区才得以通过人口统计得到确认。[42] 在第一次世界大战爆发前夕，大多数欧洲国家都已实现了家庭规模的个人规划，其原因是复杂的，也是颇有争议的。我们只需看到一点：人类经验史上的一条基本规律对此同样发挥着重要的作用，即"从无序到有序、从浪费到节约的过渡"。[43]

早期近代远距离移民的遗产：克里奥尔人和奴隶

199　　我们想象中的"人口"乃至"社会"，往往是与某一片土地相关、地点固定、可以在地图上加以标识、相互间有着明确界线的概念。特别是对于 19 世纪而言，这种理解乍看起来似乎再恰当不过。因为 19 世纪正是统治趋向领土化，人类借助技术性基础设施在土地上扎根立足的一个时代。人们修建铁路，挖掘运河，为开采矿藏而无休止地向地球深处掘进。但是，19 世纪同时也是一个人口流动日益频繁的年代。这一时期最典型的人口流动方式，是远距离的迁徙：一些人走过持久而漫长的路程，跨越不同社会秩序之间的边界，将生活重心从一地迁移到距离遥远的另一地。这种远距离迁徙与少数先行者率领的以开拓"不毛之地"为目标的边疆移民（Frontiermigration）存在本质的区别。[44] 19 世纪，在欧洲大部分地区以及亚洲一些国家，远距离移民逐渐形成气候，并成为影响社会的一大因素。推动移民的主要动力，是全球资本主义经济不断扩张所导致的对劳动力的需求。移民涉及不同的行业、不同的阶层以及不同的性别，其背后既有物质动机，也有非物质动机。无论是移民输出国，还是移民接受国，都无一不因此而发生改变。

在 19 世纪，世界各地的民族史书写往往都将迁徙活动的结束视为民族形成的起源。这一段段历史就像埃涅阿斯（Aeneas）传说一样，充满了神话色彩。传说中，这位特洛伊英雄当年是经过漫长的辗转流亡后，最终在意大利落脚。无论是民族大迁徙时代的日耳曼部落，还是希腊的多雷尔氏族（Dorer），或者是 1066 年征服英国的诺曼人，这些与民族迁徙有关的故事早已成为各国民族史上的重要篇章。亚洲民族同样热衷于关于民族起源问题的考证，并对祖先的迁徙之路充满丰富的想象。他们大多认为，自己的祖先最初是在北方生活，比如说越南人，他们认为自己的祖先最早来自中国。在 19 世纪的定居社会里，人们将迁徙奉为民族的起源；而同样是在 19 世纪，对澳大利亚等新兴国家而言，人口流动却是正在发生中的现实，是这些国家赖以形成的根基。"移民社会"是 19 世纪最伟大的社会创新之一。对近代移民社会来说，迁徙是具有决定性意义的社会进程，它包括密切相关的三方面内容：离开故土，创建新的社会共同体（如"五月花"号），通过后续移民并最终通过对空间的扩张性占有使其生存获得保障。19 世纪的人类迁徙可以有三种不同时间层面的解释：首先，它有可能是刚刚结束的早期近代史进程所带来的以迁徙为形式的结果；其次，是从旧的历史时期一直延续到 19 世纪的人类活动，例如奴隶的强制性迁徙；最后，是由 19 世纪新生势力所引发的移民潮，这些势力包括交通运输革命以及资本主义发展所创造的就业机会。移民潮的兴衰与政治史的变迁并不总是吻合。例如，对许多地区的移民来说，1914 年是一个重要的转折点，然而对移民影响更为深远的则是1929 年爆发的世界经济危机。

200

欧洲海外移民的早期近代史背景

在早期近代，海外移民已然成为欧洲区别于其他大陆的一大标志。当中国和日本等国政府采取种种措施，限制百姓离开自己国家到海外谋生时，欧洲人的足迹却早已踏遍了全世界。英国和荷兰是海外移民比例最高的两个欧洲国家，其中英国的移民目标主要是美洲新大陆，而荷兰人的目的地则更多是亚洲。位居第三的是西班牙，而法国这个沙俄帝国以西人口最多的国家，在移民排行榜上却默默无名。许多移民后来又回到了家乡，他们从海外带回的经验为丰富本国的社会和文化生活做出了重要的贡献。1602～1795 年被东印度公司派往亚洲的 97.3 万欧洲人（其中一半来自德国和斯堪的纳维亚国家），至少有 1/3 最终又返回了欧洲。[45] 并不是每一位留在海外的人，都能安度一生并建立自己的家庭。

在热带地区，完全依靠内部繁衍的欧洲移民寥寥无几。在新大陆定居的 75 万西班牙移民大多搬到了高原地区，因为这里的环境给健康带来的威胁相对较小。他们在这里组建了西班牙社群，并通过自然繁衍——与当地妇女结合生下混血儿（métissage）——以及随着时间逐渐减少的后续移民，成功地在这片土地上立足。葡萄牙的经验则与此截然不同。从人口规模来看，葡萄牙要比西班牙小得多。在 1800 年之前，葡萄牙的人口数量从没有超过 300 万的大关。据猜测，在 1500～1760 年期间移民海外的葡萄牙人，最多有可能达到 150 万，这一数字相当于西班牙移民的两倍。16 世纪是葡萄牙的黄金世纪。在这一世纪里，葡萄牙人在亚洲、非洲和巴西海岸等许多地区建立了自己的根据地，这些地方的自然环境比墨西哥和秘鲁的高原地区更加恶劣。此外，与西班牙相比，葡萄牙输出海外的移民更多是没有受过教育的劳动力（这一点与荷兰相似），在此基础上，很难形成自己的"克里奥尔"社会。而荷兰人采取的战略是，在向环境恶劣的热带地区派遣人员时，更多会选择外国人。于是出现了这样一种现象：在整个殖民史上，除了被殖民者和来自殖民国家的国民之外，还存在着一个来自"第三国"的人口群体。例如在 19 世纪末，在阿尔及利亚某些殖民部门工作的西班牙人数量甚至超过了法国人。[46]

18 世纪的英国移民（同样也）是有选择性的。到环境恶劣的热带岛屿生活的英国人，只有为数极少的种植园管理者。与北美南部殖民地一样，在种植园里干活的都是从非洲运来的奴隶。而北美边疆的开拓则像以往一样，仍然是英格兰人和爱尔兰人的事情。在 1660～1800 年期间移民美国的英国人大多受过较高的教育，并将古老的移民核心区和城市作为移民的目标。在 1800 年之前，英国在印度的人员需求，远远不及荷兰在印度尼西亚的需求。当荷兰人在德国北部和萨克森地区为本国的殖民军招兵买马时，英国早已将印度人，即所谓印度兵（sepoys），纳入了自己的殖民队伍。从整体来看，最初热衷于移民的只有西班牙人，在当时的整个欧洲，人们都能感觉到这一点。对原则上同样有移民意愿的其他西欧民族——如英国、爱尔兰、苏格兰和德国——而言，直到 18 世纪中叶，北美才成为充满魅力的移民目的地。[47]其原因在于，这时候无论在哪里，人们都能找到办法，把那些又脏又累的活儿交给非欧洲人去做。在从欧洲向海外的连续性移民模式之外，还存在另外一些特殊模式：身为 17 世纪中叶荷兰移民后裔的南非布尔人已不再通过新的移民，而是完全依靠地方繁衍，延续着部族的血脉。同样，19 世纪的法裔加拿大人（1881 年约有 136 万人）大都是 1763 年法国结束殖民统治之前移民北美的法国移民的后代，而后来的新移民的数量则为数寥寥。

因此，人们在研究 19 世纪社会史时，必须将刚刚结束的前一个历史时期的人类迁徙活动，作为观察这段历史的前提。许多社会诞生的基础并不是在古老的"民族大迁徙"时代，而是

202

在 17 世纪和 18 世纪奠定的。因此，从 19 世纪初的视角来看，它们是一批年轻的社会，与拥有悠久历史的地中海或中国社会形成了鲜明对比。在拉丁美洲和加勒比海地区，由外来移民为起源的民族生成（Ethnogenese）的例子比比皆是，这种现象在全球堪称独一无二。[48] 拉美国家的社会构成包括三个部分：在殖民掠夺和瘟疫侵袭后幸存的剩余原住民，来自欧洲的移民，受奴役的非洲裔移民。通过这些群体之间的比例关系变化，我们可以了解到，为什么从早期近代的跨大西洋奴隶贸易一直到 19 世纪初西半球海外移民的总体进程，对四种不同社会形态的构成产生了决定性影响。

奴隶贸易与新大陆的社会构成

第一种社会形态出现在巴西。在这里，一个巴西葡萄牙社会逐渐形成，其构成包括葡萄牙殖民者与移民的后代，以及一半由非洲人、一半由印第安人组成的奴隶群体。在这些大的群体之间，还有形形色色的中间群体。他们的肤色深浅不一，从出身来看，既有白人与印第安人的混血儿，也有白人与黑人的混血儿，而在这些在法律上享有自由的社会阶层之间，也和他们渐变的肤色一样，并不存在清晰而明确的界限。尽管在整个 18 世纪期间，以"开拓者"（bandeirantes）自诩的殖民军在不受法律约束和政府监管的条件下对印第安族群实行大肆剥削和奴役，然而巴西的种植园和采矿业却依然对非洲奴隶"进口"有着严重的依赖。由于在这些大多从安哥拉贩来的奴隶当中存在严重的性别失衡现象，再加上由恶劣劳动条件所导致的高死亡率的影响，巴西的非洲奴隶群体完全无法通过自然繁衍得以维系。1701 ~ 1810 年，从非洲贩运到巴西的奴隶人数接近 190 万。

但是直到 19 世纪 20 年代，奴隶贸易才以年均近 4 万人的规模达到了高峰。[49]巴西的奴隶进口一直持续到 1851 年，这时在拉美大陆的其他地区，奴隶贸易早已被废止。与新大陆的其他奴隶社会相比，生活在巴西的奴隶可以通过赎买或放赦的途径，较容易地获得自由人的身份。这些拥有自由人身份的黑人和混血儿，因此成为巴西所有社会群体当中人口增速最快的一大群体。[50]在 1888 年废除奴隶制之前，巴西始终是一个具有浓厚奴隶制色彩的国家，这也是早期近代强制性移民所导致的结果之一。

在终止奴隶贸易之后，各国的奴隶制仍然持续了一段时间。美国在 1808 年停止奴隶进口后，直到 1865 年才正式宣布奴隶制的非法性。在停止奴隶进口之前的 7 年中，从非洲贩运到美国的奴隶人数达到 15.6 万，并以此创造了纪录。[51]美国与其他奴隶社会的不同之处在于：在国际奴隶贸易废止之前，这里的奴隶人口便已通过内部的自然繁衍实现了快速增长。1808 年之后，一个自我延续的奴隶群体在美国已经形成，而土生土长的非洲人在其中只占少数。[52]人们无须再通过进口奴隶来满足对非自由劳动力的需求。与此同时，美国国内的奴隶贸易则日渐兴旺，一些特殊的生意人——所谓投机者（speculators）或"灵魂驱动者"（soul drivers）——以此大发横财。拥有自由人身份的黑人被拘役和贩卖，一个个奴隶家庭被活活拆散。美国南部各州的种植园主专程前往弗吉尼亚州或马里兰州，为自己采买新的家丁。在 1790~1860 年期间，大约有 100 万黑人在违背自身意愿的前提下被迫从一个联邦州迁到另一个联邦州。[53]美国的国内奴隶贸易使奴隶制最嚣张、最丑恶、最令人发指的一面得到了充分暴露。几乎与此同时，随着跨大西洋奴隶贸易的终结，非洲大陆内部的奴隶交易也变得更加活跃。

204　　　　人口迁移与社会形态关系的第三种模式出现在墨西哥。新西班牙（墨西哥）作为西班牙帝国的行政中心，虽然与整个新大陆一样也实行了奴隶制，但从未形成一个真正意义上的奴隶社会。奴隶制在这里并不像在巴西和美国南部诸州一样，成为一种影响社会所有领域的一体化制度。这并不是因为西班牙人对这种奴役体制有某种特殊的反感。同样由西班牙人统治的古巴，直到 19 世纪 70 年代仍然是一个奴隶制高度发达的殖民地。其原因更多是在于墨西哥生态环境的特殊性，大规模种植园经济在这里是无法立足的。与巴西和美国不同的是，墨西哥早在 1800 年前后已不再属于移民国家之列。从 18 世纪初到 1817 年禁止奴隶贸易，被贩卖到墨西哥的非洲奴隶数量最多不超过 2 万人。[54] 印第安人口在经历多次严重衰退后，在 1750 年之后开始缓慢回升。根据 1793 年人口普查结果，黑人占人口总数的比例仅有 0.2%。位居倒数第二位的人群是出生于欧洲的西班牙人（peninsulares），比例大约为 1.5%。占墨西哥人口比例最大的是土生土长的印第安人（52%），其次是所谓 "criollos"，即出生在墨西哥的西班牙后裔。[55] 1800 年前后的墨西哥是一个被跨洋移民潮排斥在外的国家，其人口繁衍只能依靠自身的生物资源来维系。

第四种模式的代表是英属和法属加勒比国家。在安的列斯群岛的大部分岛屿上，当地原住民早在第一次欧洲殖民潮期间便已被屠杀殆尽。进入 17 世纪后，随着国际市场的形成以及早期资本主义生产的蓬勃发展，新型社会组织在这片杳无人烟的土地上应运而生，其成员几乎是清一色的外族人。这是一种没有任何地方传统的百分百的纯移民社会。为满足其生存之本——以种植园为形式的糖业生产，只能源源不断地从非洲进口奴隶。这里从没有像美国南部诸州一样，最终实现向依靠自然繁育维系奴隶人口的过渡，从而替代以进口满足劳动力需求的原有模式。在经历 17 世纪初期来自英国、法国与荷兰的移民潮之后，欧裔人口的增长陷入了停滞。实际上，在整个 18 世纪期间，尽管很少有出身上流社会的欧洲种植园主移民到这里，但来自欧洲的技术工人和受雇监工却从未间断。但是在这里，白人始终是一个少数群体。在 18 世纪法属圣多明戈、英属牙买加和巴巴多斯等"蔗糖之岛"上，黑人奴隶人口的比例达到了70% ~ 90%。[56]

    在加勒比地区，奴隶很难像在巴西等地一样，通过赎买或放赦的方式获得自由。因此直到奴隶制结束，有色自由人（free persons of colour）这一社会中间阶层依然相对薄弱。1800 年前后，巴西近 2/3 人口在法律上都是自由的。在美国，自由人在所有人口当中始终占据多数。这也是这两个地区与加勒比"蔗糖群岛"在社会结构方面的最大差异（巴西的自由人大多是黑人或混血儿，而美国的自由人则主要是白人）。加勒比模式还有另外一个特点：加勒比地区比巴西和美国更早地废除了奴隶制，部分是通过奴隶革命（1791 ~ 1804 年在圣多明戈/海地），部分是通过宗主国颁布的法律（1833 年在英国，1848 年在法国，1863 年在荷兰）。奴隶解放运动结束后，加勒比各国相继进入了自己的"19 世纪"。对这些国家而言，作为新纪元的 19 世纪是随着奴隶制的废除才真正开始的。在奴隶贸易中止之后，自由移民对社会的影响已微不足道。在奴隶革命与解放运动时期，曾有众多白人逃离了加勒比地区。只有古巴对那些希望借制糖业发财的人仍然保持着吸引力。在 1830 ~ 1880 年期间，大约有

205

30万新移民来到了古巴，其中大部分是西班牙人。在古巴以外地区，白人或不受欢迎（如海地），或对这片经济萧条的岛屿的未来前景不抱太大的希望。因此从总体来看，19世纪加勒比地区的人口增长速度明显慢于18世纪。

跨大西洋奴隶贸易从早期近代一直持续到19世纪，其规模和数量在"鞍型期"达到了顶峰，并为奴隶制的存在提供了肥沃的土壤，以至于奴隶制作为一种制度，直到奴隶贸易中止几十年之后，才最终被废除。19世纪中叶，西半球移民国家的形成进入了一个新的阶段。在这一时期，跨大西洋强制移民的规模大大萎缩。但是，每一位到安的列斯群岛、巴西或美国旅行的游客都会一眼发现，19世纪的美洲简直就像是非洲的翻版。

二　流亡与流放地

西伯利亚、澳大利亚与新喀里多尼亚

206　　在19世纪期间出现了哪些移民史发展的新迹象呢？让我们暂且将"边疆移民"抛在一边，关于这一问题，我将在后面的一章专门进行论述。另外，关于各个地区或民族国家的内部移民问题，也不在本章的讨论之列，因为人们很难从中得出具有普遍性的结论。说到19世纪的移民史，首先引起我们注意的是一些特殊的移民形式，而逐渐兴起的流放地便是其中之一。在这里，人们用孤独、穷困和极端恶劣的气候作为惩罚罪犯或政治异己的手段。西伯利亚早在1648年便已成为沙俄的流放地，在彼得大帝统治时期，也曾被用作战犯的囚禁地。在沙皇俄国，有可能被判处流放的罪名不断增多。被流放到西伯利亚的犯人中，有谋反的奴隶（1857 年之前）、妓女，还有不守乡规的刁民和流浪汉（19 世纪在某些地区，后者一度在被流放者当中占据多数）。在 1800 年之后，连续三年逃税的犹太人也成为被流放的对象。在 18 世纪，强迫罪犯在国家建筑工地上从事苦役（katorga）的做法变得越来越普遍。但是，直到 1825 年十二月党人起义失败后，北亚大陆才成为政治犯的重要流放地。从统计数字来看，这些人的数量最初并不是很多。沙皇尼古拉一世实行专制镇压政策，以此来恐吓臣民，使其不敢对国家政权提出挑衅。一批又一批反抗沙皇专制的激进分子被流放到西伯利亚。1880 年前后，这里还有许多 1863 年波兰起义的流放者，如今，第一批马克思主义者和无政府主义者也加入了他们的阵营。并非每一位沦落到西伯利亚的流放者都能得到像巴枯宁（Michail Bakunin）一样的优厚待遇：作为总督的亲戚，后者甚至被允许出入当地上流社会的交际场。其他流放者当中，很多人只能在煤矿或金矿做苦工。正常情况下，流放者并不会被关在监牢里，而是过着某种形式上的社会生活，有些甚至还有家人陪伴左右。

在 19 世纪最后 30 年，每年平均有 3300～3500 人被沙俄法院判处流放。根据官方统计，1898 年 1 月西伯利亚的流放者人数为 29.86 万。如果将随行家眷计算在内，所有流亡人员的数量至少有 40 万，相当于西伯利亚总人口的 7%。19 世纪末，判处流放西伯利亚的人数逐渐下降，但在 1905 年革命之后又再度上升。[57] 在西欧国家里，人们总是把流放西伯利亚当作抨击沙俄统治"野蛮性"的证据。但是如果换一个更具普遍性的标准来衡量，从数据比较的结果可以看出，19 世纪末沙俄执行死刑的比例远远低于美国（这里的死刑执行率是俄国的 10 倍！）、普鲁士、英国和法国。[58]而流放犯人的死亡率与法国热带殖民地相比，也远在其之下。从逻辑角度来看，流放西伯利亚作为一种刑罚机制，既可以被看作为改造政治异己和社会不良分子而设立的"没有屋顶的监狱"，同时也是为国家的殖民化和"文明化"宏大计划解决劳动力供应的一种手段。作为一项殖民开拓计划，它与殖民地的苦役制有更多相似之处，而与北美的西部大开发则有较大差异。相比之下，后者更多是一场受市场力量和自主意愿驱使的拓荒运动。

在 1905 年俄国革命期间，流放和强制劳动在西欧民众眼中早已被视为一种落后于时代的极端不可理喻的刑罚。在同一时期的中国，人们对这种刑罚对国家统治的必要性以及合法性同样产生了怀疑。在中华帝国，这类做法最常见的时期是 18 世纪。1759 年，乾隆皇帝在平定西部边疆叛乱之后，开始尝试将偏僻荒芜的边陲地带作为流放地之用。在此后几十年中，数以万计的人员被流放到现属新疆的这一地区。这些人成为一种刑制的处罚对象，这种刑制与俄国的流放制度十分相似。在中国，流刑制度的实行与边疆开拓同样有着密切的关联。清政府的流刑实践大约持续到 1820 年，在 1911 年清朝灭亡之前，尽管流放之刑并未被废除，然而由于国家内外交困，开垦边疆所需要的大环境变得越来越恶劣，因此，这种刑罚渐渐地不再被朝廷所重视。中国的流放制度有许多独特之处，例如：在被判处流放的人员中，文武官员占很大比例，另外，还有连坐制以及对品德改造的重视等。有的官员在西部边陲度过 3～10 年颠沛流离的流放生活之后，又返回内地重入仕途，这样的例子也不在少数。帝制中国在对待死刑的态度上，比旧政权（Ancien Régime）统治下的许多欧洲国家更加谨慎。而流刑，可以说是一种最常见的死刑"变种"。运送犯人或流放人员前往回疆地区服刑的整个路途都经过周密的组织和安排，是清朝行政机制运转最高效的环节之一。但是，与此相关的具体数据却并不多见。[59]

法国政府在 1848～1851 年国内动乱之后，同样采用放逐手段来处置不受欢迎的政治异己。巴黎公社起义被镇压后，法国政府用 19 艘船将 3800 多名叛乱分子运送到太平洋的新喀里多尼亚岛 (Neu-Kaledonien) ——从 1853 年起成为法国殖民地的一个岛屿。将巴黎公社社员流放到这里的初衷，是对当地原住民，即所谓土著，以及这些被放逐的法国革命者一起实行"教化"。事实证明，这一设想的确得到了兑现。[60] 在此之前，法国政府曾试图通过移民对这个岛屿进行开发，但由于当地的恶劣气候，计划最终流产。在 1898 年之前，每年被流放到新喀里多尼亚的犯人平均为 300～400 人。[61] 法国的另一处流放地是位于南美洲西北部以卡宴 (Cayenne) 为首府的法属圭亚那。与新喀里多尼亚相比，这里的气候条件更加艰苦。1895 年，法国上尉军官阿尔弗雷德·德雷福斯 (Alfred Dreyfus) 因犯叛国罪 (后查明是一起冤案) 被装在铁制囚笼里，运送到圭亚那沿海的恶魔岛。从此，这块全世界最偏僻、最荒凉的地域逐渐被世人所知。20 世纪初，法属圭亚那已建立起一整套监狱和劳役体系，生活在这一体系中的人口占整个殖民地人口 (不包括印第安部落和淘金者) 的比例将近 1/5。直到 1936 年，判处流放"胡椒岛"的刑罚才最终被废除。[62]

澳大利亚曾是历史上规模最大的流放地。1788 年 1 月 18 日，由 11 艘船只组成、载有 759 名囚犯的"第一舰队"(first fleet) 驶入悉尼附近的植物湾 (Botany Bay)，并以此开启了澳大利亚的殖民史。自从失去北美殖民地之后，英国政府在无奈之下不得不另外寻找一处流放地，用来囚禁那些被判处流放的犯人。在一些极端建议——例如把犯人流放到西非冈比亚河中的一个小岛——出于人道主义考虑被否决之后，人们忽然想到了 1770 年库克船长发现的植物湾。尽管不排除与法国争夺海上霸权等其他方面的动机，但假如没有 80 年代中期英国监狱人满为患所导致的危机，这种将犯人流放到万里之遥的匪夷所思之举是很难想象的。澳大利亚成为殖民地之后最初 40 年的历史，几乎是一部纯粹的流放地史。这里的第一批移民，全部是被法庭判处流放大洋洲的苦役犯。

在 1868 年最后一批犯人抵达澳大利亚之前，陆续被流放到这里的犯人总数大约为 16.2 万。这些人当中大部分都是英国早期工业化导致城市犯罪率上升的产物，例如入室盗窃犯，小偷，骗子，等等，只有一小部分是出于政治原因被判刑的人员。从 19 世纪 20 年代末起，政府开始鼓励老百姓自愿移民澳大利亚。与此同时，被判罚流放的人数也依然没有减少，甚至恰恰相反：88% 的流放犯人是 1815 年之后才来到这里的。19 世纪 30 年代，被流放者的人数规模达到了高峰。仅 1831～1835 年，便有 133 艘平均载有 209 名犯人的轮船在经过 4 个月海上颠簸之后抵达澳大利亚。[63] 但是，流放犯当中大多数人仍然拥有英国公民的基本权利，可以在法庭上为自己辩护，在选择职业时也有一定的自主权。正是基于这一重要前提，澳大利亚才能够在没有经历大的风波和动荡的情况下，逐渐完成向公民社会的过渡。

自卡夫卡的小说《在流放地》（*In der Strafkolonie*，1914 年创作，1919 年出版）问世后，"流放地"已成为人类记忆中难以湮灭的概念。它是一种遍布世界的特殊地域类型，是 19 世纪帝国主义时代的特征之一，直到今天，也没有彻底从地球上消失。在来自欧洲的移民群体中，流放者始终是一个重要的组成部分。关于流放地的例子，可谓不胜枚举。西班牙的流放地是古巴和北非，葡萄牙是巴西、果阿（Goa），特别是安哥拉。在百慕大和直布罗陀地区，同样可以找到英国流放者的踪迹。甚至连殖民地的臣民，也有可能被判处流放之刑。例如，一些印度人被流放到缅甸、亚丁、毛里求斯、明古鲁（Bencoolen）、安达曼群岛，或是地处马来半岛的海峡殖民地（Straits Settlements）。与流放有关的各种初衷，未必都能够如执政者所愿得以实现。无论是从警示世人，还是从"教化"罪犯的角度看，其效果都是令人怀疑的。从总体上讲，劳役制或许对当地的经济发展起到了一定的推动作用，但是在一些殖民地，例如缅甸、毛里求斯等，殖民地管理机构愿意接受的只有那些年轻的壮劳力，而对普通的印度囚犯则毫无兴趣。[64] 只有当人们无法通过其他渠道获得劳动力时，强制劳役的合理性才能得到体现。

210

流亡

政治流亡作为某些个体或少数群体的命运，并非 19 世纪出现的新事物。在任何一个年代里，都会有逃亡者为逃避战争、瘟疫和饥荒而踏上流亡之路。在近代历史上，尤其是在欧洲，还出现了一种新的难民类型，这就是宗教难民。他们当中有西班牙穆斯林和犹太人，有法国胡格诺派新教徒（Hugenotten），还有拒绝信奉英国国教的非圣公会教徒（Nonkonformisten）。虽然这方面的数据难以考证，但可以肯定的是，与第一次世界大战后规模空前的难民潮相比，19 世纪的群体性迁移还远远谈不上是人类迁徙的最主要形式。尽管如此，19 世纪群体性迁徙的重要性却明显超出了以往。其原因有三：①在由世俗因素引发的内战中，意识形态的氛围导致对政治异见者的迫害日益加重；法国大革命便是最早的一个例子；②由于不同国家之间的自由度差异，使得其中一些国家成为人人向往、在有限范围内对移民持欢迎态度的自由庇护所；③富裕程度较高的社会拥有相对优越的物质条件，可以为外来者至少在一段时间内提供谋生的机会。

与接下来的一个历史时期相比，至少在 19 世纪 60 年代之前，19 世纪的突出特征并不是以群体形象出现的流浪人群，而是拥有清晰个体特征、大多出身于高贵富裕阶层的流亡者。在大革命的狂潮中，类似的流亡者不断涌现，其中包括：1776 年逃离刚刚宣布独立的北美殖民地、流亡到加拿大和加勒比地区的大约 6 万名英国王室的效忠者（1791 年之后到第二次革命爆发，一些逃亡到加勒比地区——例如圣多明戈/海地——的人不得不再次踏上流亡之路）；1789 年，效忠于波旁王朝的流亡者（émigrés）；1848～1849 年欧洲革命失败后的镇压行动的受害者。自 1848 年之后，瑞士接收了大约 1.5 万名流亡者，其中大部分是德国人和意大利人。将近 4000 名德国人流亡到美国。[65] 1819 年的《卡尔斯巴德决议》以及 1878 年的《反社会党人法》导致一部分人做出了流亡的选择。从法律史角度看意义最重大的事件是 1830 年"七月革命"。这次事件发生后，以法国、比利时和瑞士为代表的西欧国家将政治庇护——即保护政治犯不被引渡——正式纳入了法律条款。在 1848～1849 年欧洲大革命期间，这项条款在大部分地区被付诸实施。该条款还涉及通过国家财政拨款为政治流亡者提供经济资助，以及对后者的行为直接施加影响的可能性等。[66]

　　流亡与革命之间的关系是错综复杂的。1830 年的法国革命唤醒其他民族对自由的渴望，并鼓起了他们反抗统治者的勇气，同时也为法国成为流亡者寻求庇护的目标创造了良好的政治环境。1830 年波兰反抗沙俄统治的十一月革命遭到镇压后，波兰的一大批政治精英——大约 9000 人，其中包括 2/3（出身庞杂的）波兰贵族的嫡亲——穿越德国，浩浩荡荡地来到了法国，其中大多数人最终在巴黎落脚。这次大流亡（Wielka Emigracja）将丰富的文化创造力和政治理念带到了国外，在流亡者眼中，它被看作一项"具有象征意义的重任"，是为欧洲所有被压迫者做出的自我牺牲。[67] 为了让这些流亡革命者当中的活跃分子有用武之地，法国政府于 1831 年专门成立了"外籍兵团"（Fremdenlegion）。在 19 世纪，许多政治上的重大决策是在流亡中拟订的，这是以往历史上从未有过的现象。被称为"一人之国"的"波兰无冕之王"恰尔托雷斯基亲王（Adam Czartoryski）在巴黎操纵着针对沙皇尼古拉一世的欧洲反抗运动，制定相关的政治纲领，以期将人心涣散的波兰同胞团结在一起，为共同的战略和目标而战。[68] 亚历山大·赫尔岑（Alexander Herzen）、朱塞佩·马志尼（Giuseppe Mazzini）以及数度流亡的朱塞佩·加里波第（Giuseppe Garibaldi）都是在流亡期间积极投身政治运动，而希腊反抗奥斯曼统治的起义也是在国外酝酿的。反过来看，奥斯曼帝国并不仅仅是专制主义的庇护所，其本身也有可能成为受压迫的自由斗士的流亡地。212 1849 年，当匈牙利独立运动被外来的沙皇军队镇压后，拉约什·科苏特（Lajos Kossuth）带领数千名追随者逃到了奥斯曼帝国。英法两国外交界鼓动苏丹王室，以遵守"文明世界"惯例为由拒绝俄国人提出的引渡要求，于是，奥斯曼帝国就这样被破例纳入了文明世界的行列。[69]

19 世纪后期，亚洲帝国也成为海外流亡者密谋颠覆的对象，这种情况在这些国家的以往历史上鲜有发生。例如在 17 世纪的中国，那些主张反清复明的前朝遗老从没有想过到海外去建立行动基地。从 1850 年持续到 1864 年的太平天国运动被镇压后，流亡的残余势力也没能在海外形成自己的阵营。在 19 世纪，虽然不断有身在海外的土耳其人对奥斯曼帝国发出反抗的声音，然而在最初，这些只不过是少数政治流亡者的个人行为。早在阿卜杜勒·哈米德二世苏丹实行独裁统治之前，以诗人和政论家纳米克·凯末尔（Namik Kemal）为代表的一些富于批判精神的知识分子，便被流放到外省（如塞浦路斯）或国外。19 世纪 90 年代初，这些人以"青年土耳其党人"（Juenes Turcs）为名在巴黎掀起了反抗哈米德二世暴政的反叛运动，并联合奥斯曼军队中的谋反者，组织发动了 1908 年的青年土耳其革命。[70] 从 19 世纪 80 年代起，日内瓦、第比利斯等地成为亚美尼亚民族主义运动的摇篮。[71] 在中国，主张效仿西方的反清人士利用地理优势，在紧邻国境的周边地区密谋发动政变。革命领袖孙中山及其同人便是其中的代表，他们从 1895 年起首先在英国殖民统治地香港，之后在美国特别是日本的华人社会中，秘密策划推翻清政府的行动。[72] 甚至连国际（或者说西方）监管下的上海公共租界，也变成了反政府的组织与活动基地。1898 年，在年轻而缺少政治实权的光绪皇帝支持下进行的宪政改革试验（"百日维新"），由于慈禧太后操纵的保守势力的反扑而遭到失败。之后，几位维新派人士在英国人保护下逃亡国外。其核心人物康有为在印度大吉岭写下了世界著名的乌托邦作品之一——《大同书》。[73] 美国同样也成为以推翻旧政权为目标的流亡运动的发源地。例如，弗兰西斯科·马德罗（Francisco Madero）将支持者召集在一起，在得克萨斯州圣安东尼奥秘密进行筹划，并于 1910 年发动政变，将多年的政治对手、自 1876 年起统治墨西哥的老独裁者波菲里奥·迪亚斯（Porfirio Díaz）赶下了台。[74]这些流亡者和流亡运动的一个共同特点是：他们都成功利用了国家之间的自由度差异，同时也没有让自己沦落为大国干预别国事务的工具。

"流亡"为相关人员逃避其反抗对象的迫害提供了某种程度上（即使并非百分百）的安全保障，同时，它还为那些善于利用现代媒介的知识分子提供了积聚和扩大自身势力的机会，以及赢得外国同人和私人捐募者支持的可能性。从这些特点可以看出，流亡政治是一种"现代"产物，其出现的前提是通信技术的进步与国际社会的形成。为这些不肯沦于边缘的流亡活动家提供机会的，往往只是极少数地区。例如，1789 年法国大革命之后的流亡者，最初大多都集中在科布伦茨地区。在进入 19 世纪后，伦敦、巴黎、苏黎世、日内瓦和布鲁塞尔才逐渐成为流亡运动的重要根据地。当我们今天回过头看时，不禁会对许多流亡政治家在当局（例如法国）严密监控的环境下所享受到的自由感到惊讶。在整个 19 世纪，没有一位来自欧洲大陆的政治流亡者在入境英国时受到阻拦或被遣返。[75]从没有人想过，要向流亡伦敦的马克思或流亡巴黎的海涅颁布禁言令。当时，各国政府之间尚未就有关司法协助问题签署过任何协议。有关调查反政府人士的请求总是遭到拒绝，或干脆得不到回复。即使是针对其所在国英国的帝国主义制度的批评，也很难找到相应的法律条文来加以限制。从总体上讲，这些热衷于政治的流亡者既不会被看作本国外交的反叛者，也不会被视为对所在国安全的威胁。

在流亡者当中，不仅有革命者、殖民统治的反抗者（如阿尔及利亚的阿卜杜勒·卡迪尔［Abd al-Qadir］和高加索的伊玛目·沙米尔［Imam Shamil］），同时也有被赶下台的执政者。一些默默无闻的小地方——例如囚禁过拿破仑的圣赫勒拿岛——正是因为流亡者的踏足，才被载入史册。1833 年，当夏多布里昂（François-René de Chateaubriand）① 携孙儿在空寂无人的布拉格古堡里散步时，竟然与三年前被迫逊位的波旁王朝国王查理十世不期而遇。后者的继承人路易·菲利普一世（Louis-Philippe）1850 年在流亡期间，死在英国萨里郡的一座庄园里。阿根廷独裁者胡安·曼努埃尔·罗萨斯（Juan Manuel Rosas）在倒台 1/4 世纪之后，在英国南安普顿默默离开了人世。整个 19 世纪期间，君主专制者流亡的最奇特场景，是于 1807 年 11 月出现的。这一年，葡萄牙摄政王若奥六世（Dom Joao）为逃避拿破仑军队的侵袭，带着所有王室成员和大部分幕僚共 1.5 万人，乘坐 36 艘船只，一路乘风破浪，来到殖民地巴西。在此后 13 年里，总督辖区首府里约热内卢成为整个葡萄牙世界的中心。从两方面来看，这一事件都开创了历史的先河：它不仅是整个权力体系流亡海外的第一例，同时也是欧洲海外扩张史上一位在位君主对所辖殖民地进行的首次造访。在大革命年代里，这个后专制主义王朝不得不冒着风险，在一个完全陌生的政治环境里扎根落脚，并在自我保全与爱国大义的纠葛中挣扎。这种兼具悲剧性与合法性色彩的流亡，使人们对君主制的革新与复兴再次萌生希望，并幻想着能够以经济富足的巴西为中心，

---

① 法国 18、19 世纪作家、政治家和外交家。

建立一个庞大的帝国。1815 年葡萄牙 - 巴西联合王国的成立，正是人们为实现这一目标所做出的尝试。然而这次尝试最终却以失败告终。[76]

三　集体性逃亡与种族清洗

高加索、巴尔干与其他驱逐地

假如说政治流亡以及由此衍生的英雄式流亡是最早在欧洲、后来在其他地区出现的一种 19 世纪所特有的标志性现象，那么成千上万的难民背井离乡、集体到国外谋生的景象，则更多与"全面战争"（totaler Krieg）以及以种族歧视为背景的极端民族主义泛滥的年代紧密相关。然而事实上，由国家行为导致的跨国难民潮在 19 世纪也并不罕见。在这一时期的几次重大行动或国家行动的背后，往往隐藏着残酷的现实。比如说，希腊独立战争与其说是以拜伦勋爵为代表的满怀热忱的亲希腊志愿者以及古波斯勇士的希腊后裔所发起的一场英雄行动，不如说是后来发生在这一地区的种族大清洗的一个先兆。1828 年，希腊人口由 1821 年的 93.9 万减少到 75.3 万。土耳其人的逃亡和被遣，是导致这一现象的主要原因。[77] 而土耳其人自己也于 1822 年在爱琴海的希俄斯岛（Chios）发起暴动：信仰基督教的居民一部分被屠杀，一部分被贩卖为奴，另外几千人则被迫流亡，并在伦敦、的里雅斯特和马赛等地形成了希俄斯移民群体。

自 18 世纪末起，克里米亚鞑靼人陆续离开其居住的克里米亚半岛，移民奥斯曼帝国。导致这种现象的原因是俄国人对鞑靼人生活方式的歧视，对鞑靼人土地的侵占，以及反伊斯兰主

215

义风潮的日益猖獗。这场流亡是在 1768～1774 年俄土战争期间开始的，并在 1783 年克里米亚汗国被沙俄吞并后达到高峰。在接下来的十年里，至少有 10 万克里米亚鞑靼人，包括几乎整个克里米亚上流社会（die Notabeln）在内，陆续移居到安纳托利亚（Anatolien），成为鞑靼人所说的"第一次流亡"（sürgün）的中坚。对留在半岛的鞑靼人来说，后来的克里米亚战争是一场灭顶之灾。他们被俄国人视为其仇恨的奥斯曼人的"第五纵队"。早在战争结束前，便有近 2 万鞑靼人以难民身份被各国船只运送到沙俄领土以外地区，另外还有大约同样数量的鞑靼人通过其他途径逃离克里米亚半岛。19 世纪 60 年代初，从克里米亚逃亡的鞑靼难民人数大约有 20 万。[78] 但是在 19 世纪后期，沙俄政府更多是希望将鞑靼人和其他穆斯林民族留在自己的国家，因此可以说，政府并没有通过政策的制定，对这些民族进行系统化驱逐。[79] 更大规模的流亡，是高加索穆斯林民族的大逃亡。它是在沙米尔（Shamil）领导的抵抗运动 1859 年被沙俄军队镇压后开始的。俄国人在占领和"平定"高加索期间，不惜一切手段在该地区实行种族清洗。1859～1864 年，至少有 45 万，甚至上百万穆斯林山民被赶出了家乡。在逃往苏丹帝国的路途中，数万人因为饥饿、疾病或意外而丧生。1860 年，40 万车臣人选择了流亡。此外，格鲁吉亚的穆斯林当中，只有很少一部分留在了家乡。[80] 鞑靼人在不幸中的万幸，是能够在邻国找到避难所。他们当中越来越多人逐渐将这个收留自己的国度，看作宗教意义上的故乡。另外，对神圣"哈里发王国"的向往也成为推动流亡的另一动因。流散地信奉弥赛亚的人群，更将流亡称作一种回归。

而另外一些受迫害的族群，却未能幸运地找到一个类似的

216

可供避难的容身之地。1877 年 5 月初，经过多年的反抗斗争，并在头一年的小大角河（Little Big Horn）战役中大败美国军队之后，残余的印第安苏族人在坐牛酋长率领下，越过了被他们视为生命线的边境，来到"白人国母"维多利亚女王统治的国家。据说这位女王对待臣民的态度比华盛顿的"国父"更仁慈，在她领导的国家里，所有人在法律面前都是平等的。在加拿大，坐牛酋长有生以来第一次得到了白人的礼貌款待，并以为自己从此可以将信任交予对方。然而外交的算计却使他的希望化为泡影。美国人从内心里仍然将这些奄奄待毙的苏族人看作不共戴天的仇敌，要求加拿大政府下令拘捕他们。在饥饿的折磨下，再加上美方的不断施压，这支稀稀落落的印第安人队伍，历史上曾经强悍无敌的苏族人的后代，最终被迫回到了美国。在这里，他们所受到的待遇与战俘没有两样。[81]

在民族主义思潮日渐盛行的欧洲，跨国难民潮是武力胁迫或政治约定的驱逐行动所导致的结果。德法战争爆发后，8 万名德国人被法国驱逐出境。相反，1871 年《法兰克福和约》将阿尔萨斯 – 洛林（Elsass-Lothringen）割让给德意志帝国后，13 万不愿受德国人统治的居民离开了这片曾经属于法国的领土。[82] 在东部边境地区，一向不睦的德国与波兰在俾斯麦反对天主教的"文化战争"中陷入了全面对峙的状态。在"文化战争"逐渐平息后，两国之间以"语言和土地之争"为形式的纠纷使其沙文主义特性得到更充分暴露。德国制定了日耳曼化政策，以抵制德意志帝国东部地区的所谓"波兰化"威胁，即当时人们所说的波兰"渗透"（Herüberfluten）。在推行日耳曼化的过程中，德国政府同样不惮于用驱逐手段来对待本国的波兰人。1885 年和 1886 年，2.2 万波兰人以及 1 万多名拥有俄国或

217

奥地利国籍的犹太人被赶出德意志帝国的东部省份。他们当中许多人被驱逐到沙皇统治下的"波兰王国",在这里,这些人甚至没有办法维持最基本的生计。[83]反过来,德国人也在纷纷逃离俄罗斯民族意识越来越强烈的俄国。1900~1914年,近5万名生活在伏尔加地区的德意志人下决心离开了自己的居住地。在第一次世界大战爆发前的几十年间,但凡是新兴民族国家出现之地,或是在古老的多民族帝国推行"民族政策"之时,便存在着"民族不融合"(unmixing of peoples,寇松勋爵[Lord Curzon]语)的危险。

在整个19世纪期间,巴尔干是全世界在民族政治方面最不安宁的地区之一。在俄土战争中,沙俄军队长驱直入,距伊斯坦布尔仅有15公里之遥。1877年4月,当黑塞哥维那、波斯尼亚、保加利亚等地反土耳其起义被残酷镇压后,沙皇政府利用民众日益高涨的反土情绪,发动了这场战争。英国反对党领袖威廉·E. 格莱斯顿(William E. Gladstone)对所谓"保加利亚恐怖事件"(Bulgarian Horrors)的公开谴责,成为道德主义演说的经典名篇。[84]在向伊斯坦布尔推进的过程中,沙俄军队及其保加利亚援兵一路展开屠杀,20万~30万名穆斯林被夺去性命,失去家园的人更是不计其数。[85]战争结束后,逃亡到奥斯曼帝国的穆斯林难民人数已接近50万。[86]1878年召开的柏林会议试图重建东南欧的政治秩序,但是这种新的政治秩序却给一些宗教群体或少数民族带来了深重的影响。为逃避来自不同信仰、不同种族的占领军的报复,或为摆脱异教徒统治,这些人群不得不走上流亡之路。基督教徒将那些新成立的自治国或受沙俄和奥匈帝国保护的政治实体(这里的国界当时是流动的)作为逃亡目标;而穆斯林则把版图逐渐萎缩的奥斯曼帝国作为新的安身之地。这时候，在公开驱逐与被形势所迫的逃亡之间，已不再有明确的界限。到 19 世纪 90 年代中期，大约有 10 万名以保加利亚语为母语的居民离开了仍然隶属于奥斯曼帝国的马其顿，到保加利亚谋生。相反，许多穆斯林移民和土耳其官员则陆续返回在奥斯曼的家乡，在这些人当中还包括信仰东正教的波斯尼亚农民。因为在柏林会议上，波斯尼亚被划归哈布斯堡王朝，也就是天主教统治的辖区。[87] 在 1877～1878 年俄土战争期间，为逃避战乱而离开家乡的难民总数约有 80 万。

218

东南欧地区的难民潮高峰是 1912～1913 年巴尔干战争时出现的。这两年间发生的大屠杀和种族清洗成为 20 世纪 90 年代爆发的南斯拉夫战争的先兆。数百年来，类似规模和范围的人口迁徙在欧洲是空前的。从刚刚被巴尔干国家占领的前奥斯曼帝国领土逃离的穆斯林难民来自各个民族（土耳其人和其他突厥民族，阿尔巴尼亚人，信仰伊斯兰教的保加利亚人等），另外，还有从版图扩张后的塞尔维亚和保加利亚、色雷斯（Thrakien）以及小亚细亚逃亡的希腊人。在两次巴尔干战争之后，萨洛尼卡（Saloniki）——一片自 15 世纪以来由奥斯曼帝国管辖的和平的多民族地区——变成了一座希腊城市。生活在当地的土耳其人、犹太人和保加利亚人，不得不臣服于希腊占领者的统治。1925 年之前，穆斯林居民陆续迁出了这个曾是凯末尔（Kemal Atatürk）家乡的城市。[88] 据当时英国政府统计，从 1912 年到一战爆发，仅在马其顿、西色雷斯、东色雷斯和土耳其这一四方形地带便有近 74 万平民被迫流亡。[89] 第一次世界大战和 1919～1922 年希土战争结束后，在地中海东部地区，民族分裂的趋势愈演愈烈，并不可避免地导致了与流亡相关的衍生问题：新移民与接受国社会的融合问题。1919 年之后，国际联盟，特别是其下属的难民事务委员会（Refugee Settlement Commission）通过努力，在解决难民问题引发的混乱方面向前迈出了一小步。

正在发生中的暴力以及对暴力的恐惧，是导致难民潮的根本原因。而暴力的出现，并不仅仅是因为基督教徒与穆斯林之间势不两立的宗教矛盾。实际冲突远远比宗教问题复杂得多。在第二次巴尔干战争中，基督教国家之间同样也展开了交火。在穆斯林当中，也同样存在差异：在希腊与土耳其关系日趋恶化之前，穆斯林对遭到希腊人残酷对待的担忧，与对那些为保加利亚和塞尔维亚军队卖命的斯拉夫农民的恐惧相比尚有不及。各民族国家往往将一些新的、大多是临时拼凑的概念，拿来当作融合或排斥异族的标准。从总体上看，各国政府对待移民的态度是宽容的。受欢迎的外来移民的融入，恰好可以对本国移民外流起到平衡作用。但是，大多数政府并不愿在移民问题上采取过于宽松的政策，因为这样做有可能为唤起外国少数领土收复主义者的兼并野心埋下隐患，并由此被人利用，成为推行民族主义外交政策的工具。

犹太人的流亡与迁徙

由政治因素引发的跨国移民潮的一个新的重要原动力，是沙俄帝国与其他东欧国家兴起的反犹太主义潮流。[90] 从 19 世纪80 年代初到 1914 年，大约有 250 万犹太人从东欧流亡西方。在分析这一问题时，我们必须采取谨慎的态度，避免将这次或许可以被称为后圣经时代犹太历史上最大规模的一次人口迁徙，笼统地看作一场政治流亡运动。成千上万的犹太人为了改善自身的生存环境，如潮水般涌向经济发达的西欧地区。但是，其原所在国的政府机构对犹太人表现出的越来越严重的敌意，对促使其流亡无疑起到了推波助澜的作用。19 世纪 70 年代，生活在德意志帝国以东的犹太人大约有 560 万。其中 400 万生活在沙俄境内的"犹太人定居点"，75 万人生活在加利西亚（Galizien）、布科维纳（Bukowina）等哈布斯堡王朝统治下的地区，另外还有 70 万和 20 万犹太人分别居住在匈牙利和罗马尼亚。在沙皇俄国，随着亚历山大二世的登基，人们对犹太人在政府鼓励下融入当地社会曾一度抱有希望。但是当 1863 年波兰起义遭到镇压后，形势发生了逆转。只有少数歧视性法律被废除。这位 1881 年 3 月被刺杀的沙皇统治俄国的最后几年，是独裁统治重新得到巩固、俄国保守民族主义日益兴起的一个年代，而后者所针对的主要目标之一正是犹太人。到 70 年代时，最初支持赋予犹太人以平等地位的俄国公众也大多改变了态度。但是，犹太人的大规模流亡暂时还没有出现。

随着 1881 年第一轮暴力事件亦即"反犹暴动"（Pogrom）的开始，事态彻底发生了改变。[91]一位犹太裔恐怖分子参与刺杀沙皇行动，成为俄国反犹浪潮的导火索。反犹暴动最早发生在乌克兰，后来一直蔓延到华沙。这些暴力活动究竟在多大程度上是受政府的煽动，以及在多大程度上属于城市底层百姓"一时情绪失控"的行为，目前人们对此仍有争议。但无论如何，当时犹太人的社会处境是无可争辩的：普遍的严重贫困，由于缺少就业机会以及子女众多而导致的拮据，遭遇暴力袭击的危险日渐增多，等等。除此之外，政府还颁布了一项新的政策，对犹太人实行隔离，使其无法在俄国社会中立足。在 19 世纪 90 年代，几乎所有犹太工匠和商人都被赶出莫斯科，强制搬迁到西部的犹太人居住区生活。与此同时，政府还采取各种措

施，为申请移民的犹太人（包括其他民族的移民申请者）设置
障碍。因此对很多人来说，离开沙皇俄国变成了一件类似逃亡
的非法冒险行为，要达到这一目的，他们必须想方设法与边防
人员和贪官恶警们进行周旋。目前，我们只能根据移民接受国
的统计数字，来估算当时犹太移民的大致人数。19 世纪 80 年
代，每年大约有 2 万名俄国犹太人流亡到当时的首选目的地——
美国。1906 ~ 1910 年，每年移民美国的人数达到 8.2 万人。移
民人数的增多一方面是由第一波移民潮之后的家庭团聚效应造
成的，另一方面是因为 19 世纪末航运公司的激烈竞争所导致的
越洋船票价格的下降。另外，重返东欧的回迁移民也不在少数，
其占移民总数的比例大约为 15% ~ 20%。[92] 这一事实同时证明，
犹太人的迁徙并不完全是政治迫害所导致的结果。

　　同一时期从哈布斯堡王朝统治下的加利西亚流亡国外的犹
太人，大多是为贫困所迫。1867 年，加利西亚的犹太人获得了
法律上的平等地位，并在一定程度上成功融入了当地社会。然
而由于缺少谋生的手段和机会，这些进步并没有给犹太人的生
存处境带来根本性改变。虽然 90 年代在加利西亚也出现了某些
反犹迹象，但哈布斯堡政权从没有以官方名义，采取过任何排
斥犹太人的行动。在柏林会议上正式被承认主权国家地位的罗
马尼亚，犹太人所面临的是严重贫困与由来已久的极端反犹主
义的双重压迫。国家将犹太人这一少数群体定义为民族的敌人，
在竭尽手段为其谋生制造困难的同时，还拒绝在防范"突发
性"暴力方面为其提供必要的保护。西方列强曾敦促罗马尼亚
政府履行《柏林和约》，尊重犹太人的公民权，但没有取得任
何成效。在这种形势下，罗马尼亚犹太移民的比例在东欧国家
中位居榜首，也就不足为奇了。在 1871 ~ 1914 年期间，罗马尼

221

亚的犹太人口数量减少了近 1/3。[93]

东欧犹太人是第一批出现在西欧国家街头的从外表便可一眼判断出身份的新难民。这些人大多讲意第绪语（Jiddisch）①，身着犹太传统民族服装，形貌寒酸而落魄。在码头、火车站还有繁华的市中心，到处都可以见到他们的身影。居住在本土的犹太人在面对这些人时，内心的感受是矛盾的。对本地犹太人来说，这些同胞"既是兄弟，又是陌生人"，一方面他们需要自己向其伸出援手，另一方面又有可能使自己费尽艰辛才刚刚站稳的脚跟再次被动摇。大多数新移民只是把西欧看作通往新大陆的一个中转站，而最终留在欧洲的则以手工业者为主。对后者而言，留在欧洲生活并不是一件容易的事。在德意志帝国，无论从国家政策（虽然其反犹倾向还没有严重到让船运公司打消赚钱愿望的程度）还是从社会气氛来讲，这些人都是不受欢迎的。但是尽管如此，在 1910 年前后，来自东欧的移民占德国犹太人总人口的比例仍然达到了近 1/10 的水平。[94]

四　内部迁徙与奴隶贸易的转型

尽管 19 世纪还称不上是一个"难民的世纪"，但它无疑可以被称为一个跨大陆劳务移民的时代，其规模在人类历史上是空前的。抛开当时尚未绝迹的奴隶贸易不谈，这些劳务移民虽然并非都是出于自愿，但从总体来看，却具有非外部强制前提下的个体自主抉择的特征。在这一问题上，人口增长与交通技术的发展，工业化与边疆垦荒带来的新就业机会，以及移民输

222

---

① 犹太人的主要语言。

出国与接受国的后重商主义时代的自由迁徙政策，有可能发挥了关键性作用。

跨国移民：欧洲与东亚

在所有大陆都出现了新型"跨国移民"的现象。[95]历史研究者目前对欧洲的跨国移民史已有较充分的了解，而对世界其他地区类似问题的认识则相对模糊。在欧洲中部地区，早期近代各种移民体系当中唯一在 1800 年前后仍在正常运转的"北海体系"（Nordsee-System），在 19 世纪中叶逐渐被"鲁尔体系"（Ruhr-System）所取代。[96]产煤区的工业化开发成为吸引移民的重要"磁石"，取代了荷兰贸易与殖民活动以往所发挥的作用。始自早期近代的活跃的地域性人口流动在工业化时代呈现更加蓬勃的势头，并一直延续到 20 世纪才逐渐衰落。如果将目光集中到具体的国家，那么这种由工业化引发的人口流动最活跃的地区，自然当属英国与德国无疑。而在少数一些国家，这类移民则寥寥无几。这种新型跨国移民的输出国主要集中于南欧、东欧与东南欧地区，特别是意大利、沙俄统治下的波兰中部地区，哈布斯堡王朝管辖的加利西亚，另外还有规模相对较小的比利时、荷兰和瑞典。最具吸引力的移民目标国是德国、法国、丹麦和瑞士。从波兰迁往鲁尔区的移民以及从意大利移居法国的移民，堪称这一轮大规模、多方位移民浪潮的主力军。70 年代初，这两股移民流的势头达到了巅峰。各大移民接受国之间的人员流动，可以说是主流之外的一个分支。从德国移居到巴黎的从亚无产者（subproletarisch）到小市民的劳工移民，便是其中一例。1850 年前后，生活在巴黎的德国移民大约有 10 万人，其中一些人的日子过得十分贫寒。这个法国人口中的德国

"殖民地"直到德法战争之后才逐渐解体，并在80年代经济危机期间彻底销声匿迹。[97]

当我们在讨论亚洲和非洲19世纪的新移民问题时，必须将这类移民与危机年代出现的逃荒式人口迁徙以及季节性劳务移民等古老模式区分开来。长期以来，欧洲人往往把亚洲人与故土难离的小农意识联系在一起，因此忽略了由战乱或灾荒导致的移民潮。在1825～1830年爪哇战争期间，具有典型亚洲传统农民意识的当地农村人口中，近1/4变成了背井离乡、无家可归的难民。[98]在中国太平天国战乱期间，一些省份的灾民比例也大致与此相当。无论在什么地区，农民"植根于"故土的前提是能够依靠农作物收成维持生计，如果这一前提发生变化，他们必然要为谋生另寻出路。此外，在人口不断增长的农业社会中，那些在自家田地里找不到活儿干的年轻人不得不离开家，到外地去打工。在19世纪，垦荒、采矿等新兴劳动密集型产业提供了稳定增长的劳动力需求，于是，一种重要的移民模式便在这类产业集中的地区应运而生。

在中国，一场从18世纪开始的移民运动依然方兴未艾：政府从人口稠密的内陆省份调集人力到边疆的丘陵山地去开荒屯田。为鼓励边疆开发，清政府不仅亲自制定规划，减免赋税，而且还向当地派驻军队，为移民提供安全保障，以抵御蛮夷的侵犯和骚扰。这些移民带到边疆地区的并不是传统的小麦和水稻种植术，而是玉米、土豆等清代刚刚从美洲引进的农作物。这些作物对气候环境要求较低，适宜大规模种植，并且不需要经常性培土、施肥和灌溉。[99]进入19世纪之后，一些新的移民形式陆续出现：清政府批准汉族人到蒙古经商或购置田产。1858年，汉族人被允许跨越边境，以季节性务工者或永久移民的身份到俄国东部地区生活。19 世纪末，大约有 20 万汉族人成为这一政策的受惠者。1860 年之后，当俄国移民源源不断地涌入黑龙江以北地区时才发现，来自边境另一边的汉族农民已抢先一步，在这里扎根落户。在接下来的几年里，汉族人在这片土地上开垦荒地，种植燕麦、小麦和罂粟。汉族商贩则利用边境两侧的自由贸易区，走村串寨，做着五花八门的生意。1886 年之后，俄国政府对"黄祸"的危险开始感到恐慌，于是连续多次针对华人以及东西伯利亚地区人数虽少但同化意识更强的朝鲜移民展开排外行动。但是，这一东方人离散族群的重要性并没有因此而受到削弱。1914 年一战爆发后，华人劳工更成为俄罗斯远东地区一支不可缺少的力量。[100] 如今在黑龙江以北的俄罗斯土地上，华人对当地经济仍然发挥着至关重要的作用。这一点与上述历史背景不无关系。

　　这场史上最大规模的陆地性汉族大迁徙并不是一次严格意义上的"跨国"移民活动，同时也不能被定义为一种典型的国家内部人口迁徙。这些移民的目的地是清政府长期禁止汉族人移民的满洲地区，也就是清朝政权的发源地。虽然在 1878 年之后，清政府原则上已经放宽了对移民的限制，但是真正导致大规模移民潮的因素来自两个方面：一方面是中国北方持续不断的严重灾荒；另一方面是长城以北的广阔土地上涌现出的新的谋生机会，即以出口为目的的大豆种植，铁路建设，煤矿开采，伐木业，等等。廉价的铁路和轮船运输，为人员与货物的流动提供了必要的基础。在 1891～1895 年期间，每年有近 4 万人到关外谋生。20 世纪 20 年代末，闯关东的人数以每年 100 万的数量达到了高峰。1890～1937 年，大约有 2500 万汉族人移民到东北地区。他们当中有 2/3 陆续返回了家乡，大约 800 万人在当地落户。这是近代史上规模最大的人口迁徙活动之一，其人数仅次于欧洲的跨大西洋移民潮。[101]

在东南亚半岛上，同样出现了规模可观的农业人口迁徙。在这一地区，人口迁徙的地理模式与中国恰恰相反。与中国人口从平原地区向高原地区迁移不同的是，这里的移民是从气候条件优越、自古便有人类居住的高地（highlands）移居到河流的三角洲地带。这种很早便已出现的人口迁徙在 19 世纪步入了尾声。1852 年英国吞并下缅甸之后，为发展灌溉式水稻种植业决定开放缅甸三角洲，并由此引发了人口迁徙的最后一次高潮。这片新开辟的稻米边疆（rice frontier）吸引了来自上缅甸以及后来从印度过来的数十万农民。1901 年，生活在下缅甸的 400 万居民当中的 1/10 是来自上缅甸的第一代移民，另外还有 7% 来自印度。[102]大量来自东北地区的农民也以类似方式参与了暹罗中部平原的移民式开发。在越南，直到 1866 年开始的法国殖民占领时期，广阔的湄公河三角洲地带才通过北方移民得到了开发。殖民政府投入大量资金用于修建水道和运河，将交趾支那（Cochinchina）变成了世界最重要的稻米出口地之一。在越南人、法国人和华人经营的农庄里，以外来移民为主的雇工从事着种植水稻的劳动。[103]在同一时期，还有数万名农民从越南移居老挝和柬埔寨。

从流动人口的数量和比例来看，南亚地区内部迁徙的规模远不及欧洲。此外，国家还采取各种措施，为人口的流动设置障碍。就像在旧政权统治下的欧洲，统治者想方设法加强对流浪汉和流动人口的控制一样，在印度，人们也以同样手段来对待那些居无定所的人群。英国殖民政府把拥有固定住所、依法交纳赋税的印度农民树立为道德榜样，并将流动人口看作破坏社会安定秩序的不法分子乃至反对英国统治的暴徒，而予以严厉打击。例如在 1826 年，当马拉塔战争结束未满十年、国内形势仍然危机四伏之时，政府便打着法治的旗号，对所谓"暗杀团"（Thugs）的流动宗教活动展开剿灭行动，并将这些人描绘成以宗教为名的杀人犯和恶魔。进入 19 世纪 70 年代后，人们又开始将印度北方的游牧民族定性为"犯罪部落"（criminal tribes），并采取刑事手段加以惩治。[104] 当新的劳动力需求出现后，人口流动大潮也随之而至，对此，政府不得不采取容忍的态度。除孟买、德里、加尔各答、马德拉斯等早在 18 世纪便吸引了大量外来移民的核心城市之外，人口迁徙的目标主要集中于新开辟的种植园，特别是阿萨姆（Assam）地区的茶园。在 1860～1890 年的 30 年间，一向受到青睐的中国茶叶被挤出世界市场，取而代之的是产自阿萨姆和锡兰（Ceylon）地区的红茶。由于当地农民对种植园这种新的经营形式感到陌生，不愿到阿萨姆和大吉岭的茶园去做靠工资为生的劳工，而没有田地的农村无产者又寥寥无几，因此人们不得不用低工资从外地招募工人，与其签订有效期长达数年的雇佣合约。这些外地打工者往往携家带口，并要求在每年农闲的季节里至少能有两个月的探亲假。[105]

全球移民史权威专家狄克·霍尔德（Dirk Hoerder）在论述俄国以及 19 世纪 90 年代之前处于俄国有效统治之下的北亚地区的移民问题时，提出了"俄国－西伯利亚移民体系"的概念，以区别于另外两大体系——大西洋体系和亚洲契约劳工体系。[106]"俄国－西伯利亚移民体系"与后两种海洋性体系相反，它是一种大陆性的内陆型体系。拥有自由身份的农民、逃亡的家奴以及地主和罪犯，再加上从 1762 年到 19 世纪 30 年代

从德国有计划招募的移民，共同组成了这场农业人口移民潮的
先行军。在 1801～1850 年期间，每年来到西伯利亚的移民（包
括流亡者和刑事犯）只有大约 7500 人。1851～1890 年，西伯利
亚新移民的数量从每年 1.9 万攀升到 4.2 万。据估计，1851～
1914 年西伯利亚的移民总数大约为 600 万，另外再加上哈萨克
斯坦以及跨里海和跨咸海地区的 400 万移民，1911 年，由不同
族群构成的原住民占西伯利亚总人口的比例下降到 1/10。在东
部地区，这些原住民则沦为中俄两国殖民竞赛中被任意宰割的
羔羊。[107]

游牧生活与流动劳工

辨别劳工和农业移民的迁徙与游牧民族的流动之间的差
异，是一个具有原则性的重要问题。而牧民生活则是游牧
（Nomadismus）——群体性的非定居生活——的一种特殊形
式。[108]在世界不同地区，游牧人口在社会中所占据的分量各不
相同，在欧洲，这一人群也并不罕见。在 18 世纪的法国，由各
种因素而形成的"游牧"人口占总人口的比例高达 5%。在记
载历史时，游牧民族往往是最容易被忽略的对象。对历史学家
身处其中的城市文明而言，这些群体自古以来就被视为"野蛮
人"或曰另类。与此相关的价值判断既有可能是积极的，也有
可能是消极的。例如，旧约中的族长在犹太教和基督教世界中
享有崇高的文化威望；在 19 世纪的欧洲，到处都流传着贝都因
（Beduinen）① 一类的浪漫神话，在这些传说中，这些"沙漠之
子"或是北美大陆西部的印第安人被描绘为善良淳朴、体现人

227

———————

① 生活在沙漠地区的阿拉伯游牧民族。

类自然和率真本性的化身。他们是"高贵的野蛮人"，其在西方世界所受到的尊崇，超过了在以城市为中心的伊斯兰文明中所享有的地位。但是，很少有人从现实出发，对这些游牧民族的生活方式进行内在观察。在 18 世纪 70 年代之前，欧洲有关游牧社会内部"运转"结构的描述仍十分罕见。直到现代民族学诞生后，人们才开始有系统地去探寻游牧生活方式的内在逻辑。

在世界每一片陆地上，都生活着流动的放牧者。欧洲在这方面则拥有其独有的特点：在这里，当畜牧业成为整个经济领域当中一个劳动分工的行业之后，除信德人（Sinti）和罗姆人（Roma）之外，已不再有哪一个民族是纯粹依靠放牧来维持生存。欧洲不曾有过真正意义上的游牧民族，而只有一些赶着牲畜外出放牧的牧羊人（有时候是携家带口）或其他牧民所组成的群体。那种夏季在山坡草场上放牧、冬天回到低地过冬的所谓"季节性迁徙"（Transhumanz），只是在阿尔卑斯山、比利牛斯山、喀尔巴阡山以及瓦拉几亚地区（Wallachei）才偶尔能够看到的一种规模不断萎缩的边缘现象。大规模的远距离放牧，即人们所说的"肉类活体运输"，只存在于美国西部，而在 19 世纪的欧洲则早已绝迹。从 19 世纪 80 年代开始，随着欧洲大部分地区牲畜饲养技术的改善、屠宰行业的工业化、铁路以及冷藏技术的普及，人们再没有必要像以往一样，赶着庞大的牛群，从匈牙利一路翻山越岭，到德国中部和阿尔萨斯山区去放牧。由 15 万到 40 万甚至 60 万头牛组成的牛群，在 2 万多名骑在马背上的牛仔的驱赶下，在长达 3 个月的时间里，从得克萨斯向北缓缓推进，这是 19 世纪六七十年代美国西部独有的风景，在世界其他任何地方，都找不出第二例。[109]

在西亚（阿富汗与地中海之间的区域）、蒙古和非洲，游牧作为一种群体性生活方式，其重要性是其他任何地区都无法相比的。要准确完整地了解这些地区哪怕只是亚洲一个地区的游牧生活的全貌，也是一项不可能完成的工作。从兴都库什山脉翻越安纳托利亚高原一直到西奈和也门的广阔地带，是游牧生活仍然兴旺的一个地区。19世纪下半叶，伊朗游牧民族占总人口的比例从1/3减少到1/4。[110]但是在整个世纪期间，畜牧业仍然是伊朗经济的支柱产业之一。相当数量的人口依然过着迁徙式生活，这一现实导致了一系列对欧洲人来说已然陌生的社会问题：城市居民、有固定居所的农民和游牧人群三者之间的冲突与合作，有关放牧权和过境权的问题，生态环境的破坏，部落之间的战争等。此外，游牧民族始终是每一位统治者都必须认真权衡的一个力量因素。直到独裁者和后来成为伊朗国王的礼萨汗（Reza Khan，1915～1941年在位）掌权后，才通过极端残暴的手段，使游牧民族彻底屈服于自己的统治。[111]在礼萨汗眼里，这些游牧者都是不安分的野蛮人，与现代民族国家的形象是相悖的。在奥斯曼帝国，国家早在19世纪下半叶便成功挫败了游牧部落的势力，或将其驱赶到边疆地区。这一举措一方面加强了国内的安定，并为非游牧人口的流动提供了便利；另一方面，在耕地面积扩大、商业财富不断积累的同时，广阔的荒野则成为游牧民族控制的地盘。[112]在非洲，从阿特拉斯山脉到南非高原，除热带和沙漠地带之外，几乎每一处地方都能够见到游牧民族的身影。另外，还有一些游牧者生活在苏丹地区（19世纪撒哈拉以南整个非洲大草原，其面积远远超过今天的苏丹共和国）、埃塞俄比亚高原、东非和纳米比亚。[113]在各游牧民族中，每一个群体迁徙的半径都各不相同：小到一个定

228

居点的周边，大到北非干旱地带的大范围、横穿沙漠的大迁徙
（grand nomadisme）。[114] 在好望角，从海岸线一直到内陆腹地，
甚至生活着一个白色人种的游牧群体，即所谓迁徙布尔人
（Treckburen）。这些人常常为争夺牧场与相邻的土著牧民科萨
人（Xhosa）发生冲突。[115] 在整个 19 世纪期间，非洲始终是一
个处于流动和迁徙之中的大陆。

　　这一类迁徙与移民略有不同。后者的前提条件是：并不是
整个社会或"民族"都处于流动状态，而是其中部分成员出于
被迫或自愿的原因而做出迁移的决定。每一位移民都有自己的
家乡。有时候，他会回到那里：或是完成了一年当中某个阶段
的季节性外出劳务，或是在异国他乡生活多年之后下决心叶落
归根，或是当年离家时所追求的梦想彻底破灭。在非洲，这类
移民有两个不同的起源：其一是农民或农业工人自愿移居到从
事市场所需的经济作物（cash crop）生产的中心，例如塞内冈
比亚（Senegambia）、金色海岸（加纳）等地的花生和可可种植
区。这些经济作物的生产全部由非洲人经营，只有与国际市场
之间的沟通才是借外国人之手完成的。[116] 其二是生产环节也完
全由外国人控制的直接殖民经济带来的新的就业机会，如采矿
业，或者是劳动密集型的拓荒式农业，后者往往只有依赖殖民
政权的扶持才能与非洲原始农业相抗衡。所有这些变化都是在
短时间之内发生的，以至于人们将 1865 ~ 1900 年，特别是 1880
年之后发生在南部和中部非洲的变革称作一场"矿业革命"
（mineral revolution）。[117] 从刚果南部（加丹加 ［Katanga］ 地区）
到南非威特沃特斯兰德（Witwatersrand）出现了一座座钻石矿、
金矿、铜矿和煤矿。欧洲矿主最初都是指派训练有素的欧洲工
人带领未经训练的非洲雇工一起工作，直到有一天为了降低生

产成本而不得不培养起一支纯粹由非洲人组成的技术工人队伍。但是，这种情况大多是在 20 世纪 20 年代之后发生的。在此之前，各地普遍采用的都是雇用未经训练的短期劳动力的新模式。在各类游牧社会的传统迁徙模式之外，一种由新型资本主义经济增长核心区主导的劳务移民模式逐渐形成了气候。

非洲奴隶出口

在跨大西洋奴隶贸易的影响下，非洲西海岸沿线的许多地区（包括一些受间接影响的非洲内陆地区）逐渐演变为一个庞大移民体系的组成部分。除此之外，苏丹还是跨撒哈拉和"东方"奴隶贸易的活动区域之一，对于这方面问题的研究，目前还没有形成清晰而完整的体系。随着奴隶贸易的缓慢衰落——从整个非洲来看，这一过程贯穿了整个 19 世纪——非洲融入跨大洋移民潮的程度也随之减弱。从数量上看，1900 年前后的非洲与全球移民网络的关联远不及一个世纪之前密切。我们姑且可以称之为"去全球化"的一个特例。如果从非洲的视角来观察，19 世纪的奴隶贸易究竟达到了怎样一种规模呢？由于缺少相关的硬性数据，再加上其承载的沉重的政治和道德负荷，人们对这一问题的看法存在着严重的争议。持不同观点的各派往往指责对方是在美化或夸大问题。根据较可信的分析，1500 年之后从非洲被运到美洲的奴隶总数大约在 960 万至 1540 万不等。有的专家通过对这些数据的进一步考证，得出的结论是：从非洲"启程"的奴隶人数大约为 1180 万，由于穿越大西洋的航程——所谓"中央航线"（middle passage）[①]——充满了凶

230

---

① 自非洲西岸至西印度群岛的航线。

险，最终抵达美洲的实际人数比出发时减少了 10% ~ 20%（相比之下，欧洲移民船只的人员损失比例最多不超过 5%）。[118]

在"东方"奴隶贸易的输入国，奴隶们或在种植园充当苦役，或被卖到有钱人家里做家奴，帮助料理家务，侍候女眷。穆罕默德·阿里及其后任埃及统治者源源不断地从非洲进口奴隶，以扩充自 20 年代建立起来的庞大的军事奴隶队伍，从而使伊斯兰军事奴隶制的古老传统得以延续。1838 年前后，当埃及对奴隶的需求达到高峰时，每年从非洲运来的军事奴隶大约有 1 万 ~ 1.2 万人。在这一时期，招募奴隶兵的途径也从武力俘获方式的直接征募，逐渐改变为由私人商贩提供"货源"。在苏丹地区，奴隶交易因此发展成为一个私有化的增长型产业。[119]北非阿拉伯国家从埃塞俄比亚进口的奴隶以儿童为主，其中大部分是女孩。19 世纪三四十年代，这些国家每年进口的奴隶人数为 6000 ~ 7000 人。[120]在"东方"奴隶贸易体系中，并没有欧洲人以奴隶贩子的身份参与其中。但是，东方奴隶贸易给非洲有关国家带来的伤害，其严重程度绝不亚于大西洋奴隶贸易所造成的后果，而前者比后者更难以用数字加以量化。但可以肯定地讲，东方奴隶贸易的规模并不会（像某些观点所说）比欧洲人经营的奴隶贸易超出太多。假设我们认可这样的判断：从非洲经过撒哈拉、红海和印度洋被贩运到海外的奴隶总数大约在 1150 万人，那么从数量上看，它的规模与跨大西洋奴隶贸易可以说水平相当，而且这一数字还不包括被贩卖到埃及的奴隶在内。[121]如果说 18 世纪期间"东方"奴隶贸易规模一度停滞并保持在每年大约 1.5 万人的水平，那么到 1830 年，曲线则再次上升，并达到每年 4 万人以上。[122]这一年是阿拉伯国家在苏丹东部、非洲角和东非地区对奴隶的争夺战达到白热化的时期。穷凶极恶的穆斯林奴隶贩子从喀土穆或达尔富尔成群结队地杀入"无神论者"居住的地区，在他们面前，这些手无寸铁的人们只能无奈地束手就擒。被俘获的奴隶队伍往往一路跋涉上千公里，直抵红海海岸。

当我们对 18 世纪与 1800 年之后的奴隶贸易进行比较时，我们所注重的究竟是奴隶贸易总量略有下降这一事实，还是更多地强调这种残酷的人口交易在新时代的延续呢？因为至少在欧洲，奴隶买卖已不再被视为一件天经地义的事情。上述两种结论当中，我们会选择哪一种，完全取决于我们的视角。可以肯定的是，1800 年之后从非洲各地输出的奴隶总数比 18 世纪的确减少了大约 160 万，但是，即使按照最保守的估计，在人类进入 19 世纪以后，仍然有 560 万人沦为奴隶贸易的牺牲品。[123]

东非是非洲唯一一个既为美洲市场也为亚非市场供应奴隶的地区。18 世纪末，欧洲商人来到这里，为印度洋的法属岛屿毛里求斯（原属法国，1810 年之后划归英国）和留尼旺岛（Reunion，1793 年之前被称为波旁岛）不断扩大的种植园购买奴隶。继欧洲人之后来到东非的，是在安哥拉无法立足的巴西奴隶贩子。随后，为古巴市场组织"货源"的西班牙人和美国人也接踵而至。此外，马达加斯加岛上的麦利那（Merina）王国也加入奴隶输入国的行列。而不无荒谬的是，在奴隶买卖过程中，一些当地居民也被卖身为奴。1836 年，安哥拉和莫桑比克的殖民宗主国葡萄牙迫于英国的压力，颁布了"彻底废除"奴隶贸易的禁令。但事实上，这份禁令不过是一纸空文。1842年，英国政府加大施压力度，强迫葡萄牙签署协议，判定奴隶贸易为海盗行为，并授予皇家海军巡视和搜查权。协议签订后，英国下令派出军舰，对东非海岸附近的洋面进行巡察。但事实证明，市场的力量仍然更胜一筹，而为市场注入活力的正是英国在全世界推行的自由贸易政策。19世纪40年代，随着蔗糖和咖啡价格的日益攀升，对非洲劳动力的需求也在不断扩大。奴隶贩子们总能千方百计找到办法，满足市场的这一需求。对于这些驾轻就熟的生意人来说，瞒住一小撮英国海军军官和传教士的耳目，在背地里进行人口的非法买卖，不过是个简单的小把戏。19世纪60年代在莫桑比克，"非法"贸易之活跃甚至不亚于1842年之前的"合法"贸易。当时，每年从这里贩运的奴隶在1万人以上。[124]

直到1860年前后，从非洲到美洲的跨大西洋奴隶贸易——至少作为被载入史册、对历史学家来说有据可查的贸易活动——才真正终止。[125]在奴隶出口的不同地区，奴隶贸易结束的时间点也各有差异。我们必须将目光着眼于贸易活动的真实状况，才能做出准确的判断。奴隶贸易最早消失于非洲西海岸，这里曾经是奴隶贸易的发源地，同时也是多年来屡屡创下交易额最高纪录的地区。到19世纪40年代末，奴隶贸易在这里已基本绝迹。[126]西非——从塞拉利昂到比夫拉湾（Biafra）的狭长沿海地带——在19世纪80年代被卷入殖民战争风云之前，是非洲第一个在经历人口流失的重创后重新恢复元气的地区。在中非西部地区，也就是刚果和安哥拉，和平最多只持续了短短一代人的时间。相反，在从索马里兰（Somali-Land）到莫桑比克的整个非洲东部地区，当欧洲殖民军队于19世纪80年代进入这一地区时，奴隶贸易在这里仍然生意兴隆。另外还有南非。这里虽然和非洲其他地区一样，也曾经历过奴隶制（当大英帝国下令废除奴隶制时，开普殖民地的奴隶比例达到了总人口的1/4），[127]但是它在奴隶贸易中所扮演的角色却始终微乎其微。因此，传统的奴隶买卖与新兴的出口农产品（例如西非的棕榈油制品）"合法"贸易之间的关系，并不像在西非一些地区那样一目了然。如果对各个地区的具体情况进行更深入的观察，我们就会发现，不同的体系往往是并存的：利益关系自成一体的地方奴隶制经济仍然余势未消，一群群非洲自由商贩却已涌入城市并占领了市场。[128]当欧洲殖民者在非洲开创新的人口迁徙模式时，奴隶贩子们留下的足迹以及在人们头脑中留下的记忆，还远远没有消逝。

　　奴隶贸易的最重要遗产是奴隶制本身。虽然早在16世纪欧洲奴隶贩子第一次出现在非洲之前，奴隶制形式在这里便已经存在。但是，在奴隶贸易出现后，奴隶制作为一种制度才真正得到普及，一些国家甚至将通过战争手段掠夺奴隶作为自己的生存逻辑。1750～1850年，非洲大约1/10人口都是奴隶身份，虽然在不同情况下，这一身份的含义也不尽相同。[129]随着趋势的进一步发展，新的内部奴隶市场逐渐形成。例如，位于今天马里的巴南巴（Banamba）虽然直到1840年才刚刚建城，但很快便发展成为一个庞大奴隶贸易网络的中心，环绕其四周的是一条50公里宽的奴隶种植园带。[130]在殖民地的早期人口统计中，奴隶人口总是占较高比例。殖民者往往以此为据，将"教化"作为干预的借口以及统治合法性的来源。许多迹象显示，19世纪的奴隶制绝不单纯是一种与时代节奏不符的前现代遗存，实际上，这种以奴役为基础的生产方式（slave mode of production）与新世纪出现的各种新的可能性在很多方面是相辅相成的。在殖民政权（特别是在早期阶段）通过劳役（corvée）对非洲劳动力资源加以利用的同时，一些非洲国家政府仍然是将奴隶作为生产工具使用，对这些国家而言，奴隶是其经济赖

233

以维系的基础。这些奴隶当中有战争中的俘虏，有买来的奴隶，有进献的贡物，还有无力偿还债务的人、被拐卖的受害者以及专门用于祭祀的牺牲品，等等。在一些西非国家，例如索科托王国（Sokoto-Kalifat）、阿善提（Asante）和达荷美（Dahomey），人们往往从远处进口奴隶，然后派他们到种植园干活或从事手工业劳动。拉各斯城（Lagos）在 19 世纪 50 年代时，就在成为英国庇护国（1861 年）之前不久，其 90% 的人口仍然是奴隶身份。[131] 19 世纪期间，奴隶制在非洲一些地区一度复苏。其原因一方面是经济发展带来的新机会，另一方面是受到轰轰烈烈的伊斯兰复兴运动的影响。在这场运动中，促使民族国家形成的所谓"圣战"（jihads），席卷了撒哈拉以南从今天的马里到乍得湖的辽阔稀树草原地带，使大片地区变得人丁凋落。[132] 除海外奴隶贸易遗留的影响外，非洲大陆内部对大规模、跨地区人口流动的需求也同样不可小觑。在每一个实行奴隶制经济的国家，都存在这样的需求。跨地区人口流动仅从一个因素来看就是必要的：没有哪一个国家希望将本国的底层百姓悉数变成奴隶。1850 年之后发生的"武器革命"——把欧洲淘汰的破旧枪支加以改造，然后卖到非洲（并教会非洲人如何使用这些武器）——给非洲人带来了组建新型军队的可能性，同时也使跨地区人口流动的进程进一步加快。

234　　　尽管随着奴隶贸易的衰落，非洲作为一种特殊的跨大陆移民体系基础的作用已不复存在，换句话说，非洲不再有一种持续的、有固定规律和清晰地理特征的模式化劳动力输入，就像世纪末的欧洲、南亚和中国那样，但是，迁居到这块大陆的外来殖民移民（koloniale Immigration）却是不能忽视的。在第一次世界大战爆发前夕，旧世界的欧洲移民最集中的地区并不是亚洲那些人口众多的古老殖民地，而是非洲。[133] 阿尔及利亚是大英帝国以外最重要的移民殖民地，在这里生活着 76 万欧洲人，远远超过了最多只有 17.5 万欧洲移民（包括所有类型移民）的印度。在同一时期，在南非生活着大约 130 万白人居民。移民的大量涌入是在 19 世纪 80 年代矿业革命爆发后开始的。在被英国人占领和统治的埃及，生活着超过 14 万欧洲人，这些人几乎全部集中在大城市，其中人数最多的是希腊裔移民。在法国庇护国突尼斯生活的 15 万欧洲人当中，大部分是意大利人。1913 年前后，在撒哈拉以南的欧洲殖民地定居的欧洲人大约有 12 万。当时在非洲大陆生活的"白人"或者说拥有欧洲血统的移民，总数大约为 240 万。他们当中大部分人是在 1880 年之后移民到这里的。在同一时期，生活在亚洲的欧洲殖民移民总共只有 37.9 万，另外再加上居住在菲律宾的 1.1 万美国人。

19 世纪时，由欧洲人组织的以亚洲为目标的非洲劳务移民并没有出现。虽然早在 17 世纪，荷兰人便从开普敦把奴隶贩运到巴达维亚（Batavia），但是这种现象就像反过来从印度和印度尼西亚被运往开普殖民地的奴隶一样，并不能被看作持续大规模人口输出的开端。这种特殊的人口交换出现的原因是荷兰东印度公司（VOC）禁止对所在国的当地百姓实行奴役。此后在很长一段时间里，这类做法一度中断。在进入 19 世纪之后，从亚洲到非洲的奴隶贩运重新复苏，其人数远远超过以往。1860～1911 年，大约有 15.3 万印度劳工被运到纳塔尔（Natal）的甘蔗种植园做苦力。有些自愿移民的商人也随之而至。在肯尼亚，大约有 2 万名印度劳工参与了肯尼亚—乌干达铁路的建设。他们当中很多人在劳务契约到期后，仍然留了下来。[134] 在毛里求斯，同样生活着许多印度人。在今天的坦桑尼亚地区，早在殖民时代开始之

前，便生活着一个由印度商人组成的小群体。1912 年，在德属东

235　非居住着大约 8700 名印度移民，这些人是维系殖民经济运转不可
缺少的中坚力量，但是政府却对其心存疑虑，因为从法律意义上
讲，他们当中大部分人仍然是英国臣民。[135] 1800～1900 年的 100
年间，总共大约有 20 万人从亚洲移民到非洲。[136] 19 世纪的非洲
作为一片地处各种跨地域移民体系交叉点的大陆，同时也是人类
迁徙形式最丰富、最活泼的一块土地。

五　人口迁徙与资本主义

19 世纪是一个远距离大迁徙的时代，其规模之巨是任何一
个历史时期都无法与之相比的。1815～1914 年，至少有 8200 万
人自愿跨越边境，踏上迁徙之路。每年在 100 万人口当中，便
有 660 人选择了移民。这里有另外一个数字，可以供人们作为
参照：1945～1980 年，每百万人口中的移民只有 215 人。[137] 在
这个远距离大迁徙的世纪里，最引人注目、影响最为深远的，
是从欧洲到美洲的数千万移民。对此，人们通过观察得出了一
系列不同的结论：

● 从欧洲视角来看，它是一种输出性移民，其部分是由活
跃的欧洲内部迁徙所导致；

● 从美洲视角来看，它是一种输入性移民，是持续数百年
的对美洲移民式占有的一部分；

● 从美洲土著的视角看，它是一种敌对性入侵；

● 从社会历史学角度看，它标志着移民和离散地社会的诞
生与兴起；

● 从社会学角度看，它意味着同化现象的集合；

- 从经济史角度看，它标志着新资源的开发以及全球生产力水平的提高；
- 从政治学角度看，它标志着从君主专制统治下的旧世界的逃离；
- 从文化史角度看，它是漫长的全球西化过程中的一个阶段。

在这里，我要做的工作，只是对人口发展的轨迹做一番梳理。

移民目的地：美洲

鉴于人口发展史的进程并不总是连续和一成不变的，因此 **236** 我们不妨以一场具有划时代意义的重大事件为节点，从不同阶段对 19 世纪进行更细致的观察。这次转折发生于 1820 年前后，以 "赎身工制度"（Redemptioner-System）迅速而近乎彻底的消亡为标志。[138] 在实行赎身工制度时，凡有意从欧洲移民美洲者无论男女，均可通过信贷的形式获得越洋旅费的资助，在其抵达美洲后，一俟偿清船票费用，即可解除债务关系。从法律和人道角度看，这种制度比最早出现在加勒比地区、后来流行于北美的 "契约工"（indentured service）模式略有改善。契约的存在不可避免地意味着，签约方必须在一定期限内、在失去人身自由的前提下为雇主提供私人劳役服务。而在赎身工制度下，雇工则可以通过支付保证金等其他方式解除雇佣关系，虽然其最终的出路往往与契约工一样，只能通过出卖自身乃至子女的劳动力来抵偿贷款。因此，赎身工制度的核心仍然是一种自愿选择的非自由关系。直到 20 世纪初期，这种制度依然具有法律上的效力[139]，但是在 1820 年之后，其重要性却迅速下滑。欧洲移民——德国人更早于爱尔兰人——越来越不愿意在缺少人

身自由的情况下充当劳役。在北美社会，特别是在那些已在当
地安家落户的移民当中，这种"白人奴隶制"越来越为人们所
不齿。1821 年，印第安纳州最高法院通过了一项原则性法案，
禁止对白人移民实行债务奴役制。从此，这种做法在实践中逐
渐失去了法律上的根基。此后从欧洲来到美洲大陆的数百万移
民几乎都是为生计所迫，而在法律形式上则是自由的。

　　在此期间，大西洋两岸在移民问题上出现了下述趋势：欧洲
各种传统的移民模式与跨洋移民模式逐渐合一，并在进入 20 年
代后，形成了霍尔德所说的"北半球一体化体系"（integriertes
hemisphärisches System）。[140] 这是正在形成中的国际劳动力市场
的一个分支体系，其范围覆盖了从俄国西部犹太人聚居区到芝
加哥、新奥尔良和布宜诺斯艾利斯的广阔地域，并与西伯利亚
和亚洲移民体系相衔接。该体系内部的人口流动是由各种因素
237　的不平衡导致的，这些因素包括：贫困与富裕地区之间的不平
衡，低工资与高工资经济之间的不平衡，农业社会与西欧和北
美早期工业化中心之间的不平衡，等级森严、个人前途渺茫的
社会与各方面形成反照的美国社会之间的不平衡，以及专制与
自由政治体制之间的不平衡，等等。所有这些维度的变化，对
整个体系的内部运行节奏产生了决定性作用。欧洲各个地区在
不同的时间点通过这一体系使其过剩人口得以疏导，而无产者
则构成了整个移民人群的主体。从人数来看，那些希望借移民
改善生活境遇的平民百姓，远远超过了因喜爱冒险而远游他乡
的名流富绅。

　　从美利坚合众国成立到 1820 年，移民到美国的人数大约有
36.6 万人。[141] 这些移民中一半以上（54%）来自爱尔兰，近
1/4 来自英格兰、苏格兰和威尔士。在 1820 年前后，每年被贩

运到巴西的奴隶比自愿移民美国的人数，仍然超出两倍以上！在 1820 年之前，移民美国的人流仍然很稀少，然而在 1820 年以后，曲线却陡然上升。19 世纪 40 年代、20 世纪 50 年代和 20 世纪 90 年代，美国迎来了移民的鼎盛时期。[142]

移民美国的人数从 19 世纪 20 年代的每年 1.4 万人达到 19 世纪 50 年代的 26 万人，并于 1911 年以近百万的数字达到高峰。在整个 19 世纪期间，为移民潮提供源源不断动力的因素来自两个方面：其一是美国经济的良好形势，其间，经济增长的曲线与移民人数的增多大体是平行的；其二是越洋船票价格的不断降低。大约从 1870 年开始，来自北欧和西欧地区的移民比例逐步下降，与此同时，从中东欧、东欧和南欧地区移民到美国的人数则日渐上升。这是一种颇富戏剧性的变化：在 1861 ~ 1870 年期间，东欧与中东欧地区的移民比例仅为 0.5%，南欧移民为 0.9%，而在 1901 ~ 1910 年期间，这两个数字则分别达到 44.5% 和 26.3%。[143] 这一变化对美国社会的文化特别是宗教结构产生了深刻的影响。

如果将目光转向欧洲，我们就会发现，各国每 10 万人口中的跨大西洋移民比例是耐人寻味的。在 19 世纪最后 30 年，爱尔兰在所有西欧和南欧国家中始终列居首位。紧随其后的是英国和挪威，意大利、葡萄牙、西班牙和瑞典共同构成了第三阵营，而德国则忝列第四。1870 年之后的 10 年中，各国每 10 万人口中的移民人数分别为：德国 147，爱尔兰 661，英国 504，挪威 473，葡萄牙 289。[144] 按照绝对数字计算，跨洋移民人数最多的国家依次为英国、意大利、德国以及哈布斯堡王朝属地。在 1880 年之前，从意大利移民到欧洲其他地区的人数超过了海外移民。在欧洲国家当中，唯独只有一个大国没有加入跨洋移

238

民潮的行列，这便是法国。通过各国的平均数字，我们所了解到的更多是欧洲移民状况的一个概貌。如果把目光集中到一个民族国家的内部，我们可以发现，移民的来源主要集中于一些特定的地区，例如卡拉布里亚（Kalabrien）①、英格兰西部、爱尔兰西部和西南部、瑞典东部以及德国波莫瑞（Pommern）地区等。

自愿从欧洲移民到美洲的总人数，同样也没有确切的统计。根据较为可信的猜测，1820～1920 年的 100 年间，欧洲跨大西洋移民的总数大约为 5500 万。[145]其中 3300 万人（60%）移民到美国，位居美国之后的第二大移民目标国是阿根廷（1857～1924 年共有大约 550 万人，占总数的近 10%），接下来是加拿大和巴西。[146]这些数字当中不包括重返故土的人员。虽然欧洲移民并不像大多数印度或华人劳工移民那样，走到哪里便在哪里扎根，但是他们很多人在返回家乡后，又决定再次移民，或在海外立足后又从一地迁到另一地。加拿大作为一个地广人稀的国家，一心希望能够从涌向美国的移民大潮中"分一杯羹"，吸引一部分移民继续北上，到自己的国家落脚。但是，这一希望不仅没有实现，其结果恰恰相反：在 19 世纪末，从加拿大辗转到美国的移民，数量远远超过了留下来的人。加拿大是一个传统的移民中转站，一张人口流动的"滤网"。[147]

阿根廷是人类移民史上的一个极端特例。在世界任何一个地方，包括美国在内，外来移民的比例都无法与 19 世纪末的阿根廷相比。1914 年，在面积约为法国 5 倍的阿根廷，其 800 万人口中，大约 58% 都是在国外出生，或是第一代外来移民的子

---

① 意大利南部的一个大区，包含了那不勒斯以南的整个意大利半岛。

嗣。[148] 在长达数十年的时间里，首都布宜诺斯艾利斯的半数居民都是来自国外的移民。从西班牙迁入拉普拉塔地区的非官员或军人出身的移民，是从 19 世纪中叶才开始的。它与西班牙曾经统治阿根廷的历史背景并没有太多的直接关联，换言之，这并非一种后殖民现象。[149] 1914 年，布宜诺斯艾利斯是位居马德里和巴塞罗那之后的全世界西班牙裔人口最多的第三大城市。但是，数量最庞大的移民群体仍属意大利人。这些人当中很多人是临时性移民，这是因为从意大利到阿根廷的航运十分便捷，从而为跨越南大西洋的季节性迁徙创造了条件。在阿根廷，由于殖民时代的遗存已消弭殆尽，因此，这里的移民并非一种旧传统的沿革，或者说，它不像北美那样深受古老的契约工制度的影响。另外一点不同于巴西的是，奴隶制在这里从未形成大的气候。所以，阿根廷的外来移民是一种"现代"现象，而并没有受到非自由劳役关系的影响。从经济学逻辑来看，由于国内市场规模有限，阿根廷的经济生产从一开始便是以满足国际市场需求作为目的。最初，阿根廷的经济支柱是养羊业（在 1900 年之前，牛肉生产在经济中的地位还微不足道）。1875 年之后，阿根廷爆发了农业革命，在短短几年里，这个粮食进口国便发展成为全世界最大的小麦出口国之一。外来移民成为受欢迎的农业工人或土地承包户，只有极少数移民能够有条件购置大片土地，成为土地的所有者。阿根廷并没有像美国一样，变成各民族融合的一个"熔炉"。一方面，由西班牙－克利奥尔人构成的上层社会不肯为新移民的融入提供帮助，反过来看，新移民为逃避兵役，有 90% 主动放弃加入阿根廷国籍。[150] 布宜诺斯艾利斯的意大利移民一向以爱国闻名，马志尼（Giuseppe Mazzini）、加里波第（Giuseppe Garibaldi）在这里拥有众多的追

239

随者，世俗主义者与忠实于教会的一派之间常常因情绪冲动而
发生激烈冲突。[151]

契约工

在 19 世纪期间，还出现了来自非欧洲国家的新移民。这类
移民的拉动因素（Pull-Faktor）是对劳动力的需求，其所涉地区
虽然并不仅仅局限于大英帝国的疆土，但是，这些移民活动当中
很大一部分的确是在这一区域，或至少是在英属领地上发生的。
其经济动力并非来自加工业，而更多是来自资本主义技术革新的
另外三大领域：种植园经济，机械化采矿业和铁路。从数量来
看，这三大领域当中占比重最大的是种植园经济。种植园经济是
农业和工业革命的综合产物，是工业机械化和劳动组织在农业原
材料的生产和加工领域的应用。移民的主体无一例外，全部是有
色人种。移民活动的覆盖范围，甚至超过了欧洲的跨大西洋移民
潮。印度劳工的移民目标是东非、南非、南美东海岸、加勒比群
岛以及太平洋的斐济岛，而华人劳工的移民目的地则是东南亚、
南非、美国以及南美洲西部地区。移民活动的地理范围之广，从
表 5 中列举的数据便可窥见一斑。这些数据所显示的只是各项统
计的最低值，因为黑工和偷渡者的数量在当时也是相当可观的。

表 5 契约劳工的主要输入国 \ 地区（1831～1920 年）

单位：人

英属加勒比地区（特立尼达、圭亚那）	529000
毛里求斯	453000
非洲（以南非为主）	255000
古巴	122000
秘鲁	118000
夏威夷	115000

续表

留尼旺	111000
法属加勒比地区（瓜德罗普、马提尼克）	101000
斐济	82000
昆士兰（澳大利亚）	68000

数据来源：David Northrup, *Indentured Labour in the Age of Imperialism*, 1834 - 1922, Cambridge, 1995, 第159～160页（Tab. A.2），略有删减。

1860 年之前，这些移民的作用主要是填补奴隶制废除后英属加勒比地区和毛里求斯岛的甘蔗种植园所面临的劳动力空缺。这些地区是英国 19 世纪中期最重要的蔗糖产地。原来的奴隶们无一例外地离开了大片的蔗田，返回自己家乡谋生，虽然在那里，他们的生活处境有可能比身为奴隶时的日子还不如。随着全球蔗糖需求的持续增长以及蔗糖价格的不断下跌，本地劳动力的供应越来越难以满足需求，同时，这也是发展速度超过蔗糖的甜菜糖生产所带来的结果。[152] 人们需要劳动力，而价格则必须尽可能压低。特立尼达、秘鲁和斐济等一些新兴蔗糖产地也纷纷加入了市场竞争的行列。在激烈竞争的环境下，对可控的廉价劳动力的需求大大增加。[153]

此后，亚洲移民又将目标瞄准了加利福尼亚从未有过奴隶制历史的新种植园，以及采矿业和铁路业。1840 年前后，亚洲契约劳工制度（asian contract labour system）的轮廓已大体成形。该体系建立在一种适应于全球的、可操控的、成本低廉的就业方式——契约制——的基础之上。在通过组织移民实现劳役目的的旧制度消失后不久，契约式强制劳役便以亚洲契约劳务制的形式再度复苏。但是，这种新型劳役制的特点与以往旧的形式之间的差异却是不容低估的。尽管契约劳工大多和奴隶一样是被绑架或诱骗而来，尽管他们往往与早期工业化时代的欧洲产业工人一样，不得不忍受恶劣的工作环境的摧残，但是他们却拥有人身自由，或者说，他们是既没有社会标签也不必担心被"主人"粗暴干预私人生活的权利主体。他们被雇用的时间是有一定限期的，他们的子女在法律上可以不受雇佣关系的约束，这一点也与奴隶截然不同。当然，这些移民在其所在国家难免会遭受种族主义者的冷眼，这种经历是白人契约工不可能遇到的。

横渡大洋的航程总是一路充满了凶险。约瑟夫·康拉德（Joseph Conrad）在其创作的小说《台风》（*Taiphoon*，1902 年）中以华人"苦力"返乡的故事为背景，描述了这种可怕的景象。其中条件最为恶劣的，是驶往拉丁美洲和加勒比地区的船只。即使在蒸汽轮船投入使用后，从中国南方到古巴和秘鲁的航行仍然长达 170 天和 120 天。在这两个航段上，以帆船作为远洋运输工具的时间比其他任何一个航段都要长。在船上，成群的劳工挤在狭小的船舱里，有时甚至还被锁链拴在一起。另外，船上还备有囚笼和刑具，用以惩治那些不守规矩的"恶徒"。尽管如此，当年运送奴隶船只上的恐怖景象终究已成为历史，那时候，每艘船只运载的奴隶人数，是苦力船的 6 倍。[154]

从某种角度看，这些苦力的待遇甚至超过了早期近代史上的欧洲契约工。与后者不同的是，亚洲劳工不仅可以得到一个住处，而且还可以挣到工资，除此之外，大多数人还可以享受免费住宿和最基本的医疗保障。[155] 契约劳工制并不是一种改头换面的奴隶制，换言之，它并非一种落后于时代的"复古"现象，而是原则上属于自愿的传统劳务移民以满足资本主义时代的帝国需求为目的，对自身所进行的调整和改变。在这里，我们不应将亚洲契约劳工作为一种"热带"独有形式而归于另类，而是应当通过与跨大西洋移民之间的关联对其加以审视。当海外劳务报酬的水平过低，以至于只能吸引那些一无所有的穷人时，为之预付或垫付船资的做法往往是不可避免的。此外在现实生活中，白人"移民"和深色皮肤的"漂泊者"之间也没有明显的差异。除非因政治原因而遭到排挤（如南非德兰士瓦的华人劳工），选择在移民国定居的亚洲劳工人数并不比欧洲移民少。例如在加勒比地区，当年的南亚劳工几乎悉数留了下来。1900 年前后，毛里求斯的印度移民数量超过了非洲人，成为当地人口最多的群体，占总人口比例达到 70%。在南非纳塔尔（Natal），印度人的数量也超过了欧洲人。在特立尼达和英属圭亚那，印度移民占总人口的比例达到了 1/3。在夏威夷，日本和华人移民的比例分别为 40% 和 17%。[156] 在世界各地，亚裔少数族群逐渐成为当地社会的一个稳定因子，有些甚至成为中产阶层的成员。从根本上讲，亚洲契约劳工移民是中印两国所特有的一种现象。在 1831~1920 年期间移民海外的 200 万非欧洲裔契约工当中，有 66% 来自印度，还有 20% 来自中国。[157]

　　印度移民是唯一贯穿整个世纪的规模可观的人口迁徙活动。[158] 它始于 19 世纪 20 年代，很快便于 19 世纪 50 年代达到高峰，此后以每 10 年 15 万~16 万人的水平一直持续到 1910 年前后。这类人口输出是印度国内人口流动日趋频繁所造成的外溢现象，同时也是印度向缅甸和东南亚其他地区大规模移民所引发的副作用。印度的移民潮不仅与大英帝国对劳动力的需求有关，同时也和印度许多地区的连年饥荒有直接关系。另外，1857 年印度民族起义遭到镇压后，压抑混乱的社会环境也对海外移民产生了巨大的推动力。但除此之外，一些具有长期影响的因素也在这一问题上发挥了一定作用。例如，之所以有为数众多的纺织工人选择移民，是因为印度农村的纺织业遭到了破坏。印度的海外移民绝非一种单纯的逃荒式移民，在远走他乡的人群中间，同样也有不少出身高贵种姓的人。通过对加尔各答移民状况的深入研究可以发现，这些移民的构成堪称印度北部农村人口结构的一个缩影。

印度移民是有相应法律作为保障的，其基础条款的制定始于 1844 年。另外，与华人劳务输出相比，印度劳工受到的凌辱和虐待相对较少。印度移民在很大程度上是自愿的，在招募劳工过程中出现的欺诈、蒙骗和拐卖现象，也远远少于中国。[159]一开始，契约劳工制遭到了废奴主义者、人道主义者和殖民官员的激烈反对，[160]但是，种植园主的强大利益以及从自由主义政治经济学原则出发反对阻挠老百姓自由择业的思想，最终占据了上风。在大英帝国内部，各地政府也就如何解决雇工难的问题达成了框架性协议。在 1845 年被英国吞并的南非纳塔尔省，一些新开发的甘蔗种植园很难在当地找到足够的劳动力，因此，纳塔尔政府于 60 年代和印度政府就引进契约工问题达成了协议。协议规定，劳工在契约有效期结束后应当返回自己的印度家乡，但是他们当中的大多数人却留了下来，并在当地形成了自己的印度社团。[161]

无论在英国还是印度，反对契约劳工制度的声音一直都没有平息，并由此引发了一场持续整个世纪的大讨论。这场讨论围绕的主题是：在剥夺人身自由的问题上，可以接受的底线究竟在哪里。在印度早期民族主义出版物中，印度海外劳工的命运始终是一个热门话题。律师甘地在南非纳塔尔发起的反对侵犯印度侨民权利的运动产生了巨大影响。1915 年，契约工问题甚至成为印度政治的核心议题。在同一年，印度通过了废除契约工制度的决议，决议于 1916 年正式生效。[162] 从某个特定的角度看，契约工制度与欧洲跨大西洋移民体系之间存在着根本性差异，这就是：前者更容易受到政治上的操控，执政者可以通过行政手段将其轻易废除。印度政府做出这一决定是出于多方面的考虑：一方面是为了让甚嚣尘上的批评声音彻底平息，另一方面是为了给"白人"劳动力提供保护，使其免受"深色皮肤的"竞争者带来的冲击。因为后者在契约关系解除后，便可获得绝对的自由，他们的后代则更是如此。因此，契约工制度的废止既是人道主义和边缘民族主义的胜利，同时也是在种族主义日渐兴起的大环境下对"棕祸"或"黄祸"的恐惧心理所导致的逻辑结果。从来没有任何人为此征询过移民们的意见。当年奴隶制的废除曾得到整个奴隶群体的一致拥护，然而在印度契约工问题上是否也同样如此，却是令人怀疑的。但可以确定的是，从没有人为此提出过抗议，印度的海外移民也并没有因为契约工制度的废除而停止。对印度方面而言更重要的一点在于，英国自治领加拿大和澳大利亚在种族主义思想的影响下，为了维持白人劳动力的高工资水平而对印度劳工关闭了国门。这一举动惹怒了印度中产阶级，使他们的民族自尊心大受伤害。

244

中国的"苦力贸易"

当印度废除契约工制度时，中国的"苦力贸易"（coolie trade）已基本终止。苦力贸易在 1842 年鸦片战争后悄然兴起，在 1850 ~ 1880 年期间达到高峰，之后迅速萎缩。苦力贸易的最后繁荣，是为开采南非德兰士瓦金矿而从中国东北招募的 6.2 万名劳工。引进华人劳工的目的，是为了压低非洲劳动力的价格。这一目标确实实现了。1906 年，华人劳工的地位及其待遇在英国和南非两地都成为议会政治和竞选宣传的重要话题。在伦敦，新上台的自由党政府展开了打击华人劳工贸易的行动。在此期间，南非采矿业也制定了恢复雇用本地劳动力的战略。[163]华人劳务移民的高峰期是一个名副其实的"黄金时代"：从 1848 ~ 1849 年的加利福尼亚淘金热（gold rush）开始，中间经过了澳大利亚金矿的华人劳工潮，随着 1910 年南非遣返最后一批华人劳工而结束。

中国海外劳务移民的发源地是南部沿海省份广东和福建。自 17 世纪初引进番薯和花生种植后，这一地区的人口迅速增长。这些沿海居民在开始与海外交往时，自然把目标瞄准了驾船便可以到达的东南亚。但是，中国人传统上并不像印度人那样，喜欢离开家乡到外面闯荡。在印度，阻挠海外旅行的最大障碍是宗教；而在中国，阻力则来自国家。作为天朝臣民，老百姓的自由迁徙普遍受到很大的限制。朝廷多次组织大批移民到边疆地区垦荒，但对人口的自由流动却抱以不信任的态度。朝廷屡屡颁布旨令，禁止国人移居海外，并对私自出境者课以重罪。此外，深受儒家思想影响的社会体制也给地域流动带来了障碍。对个体而言，每个人都有老家，有祠堂，有祖坟，有需要尽孝的父母和需要供奉的祖先。一个离家远游的人，是无法履行这些义务的。15 ~ 18 世纪期间，在一些东南亚地区，零散的贸易移民逐渐形成了独立的华人社区。在菲律宾、爪哇、马来半岛等地的华人社区中，不同文化的相互融合逐渐衍生出一种独具特色的传统。[164]当一批批中国商人在东南亚各地的港口和城市扎根落脚后，普通劳动力也陆续而至。随着欧洲殖民势力在这一地区的蔓延，对矿业工人和种植园农工的需求不断扩大，依靠本地劳动力已无法满足。这些华人劳工为维护自身利益联合起来，组成了类似中国传统秘密社团的各种帮会。[165]

在1842年中国走向"开放"的那一刻，新的海外移民模式已渐具雏形。在动荡不安、人口过剩、生活穷困的中国南方与社会安定、经济繁荣、人口稀少的暹罗之间，形成了一对互补型关系。在以出口为目的的稻米生产被纳入大的市场体系之后（在时间上比邻国缅甸略早），以族群为单位的劳动分工迅速形成：暹罗人负责种植稻米，而稻米的加工、运输和买卖则由华人来经营。到19世纪中叶，暹罗的中国侨民已发展成为全世界最大的海外华人社团。[166]在苦力贸易出现之前，暹罗一直是中国海外移民的首选目标。这些人大多是随迁移民，他们的船票费用一般都由在暹罗定居的亲戚或其他家族成员来支付。而被运往马来亚、印度尼西亚、澳大利亚和加勒比地区的华人苦力，则主要是通过契约形式招募而来。与以往的中国移民实践相比，这是一次革命性的突破。另一项革新出现在交通技术领域。传统的驳船运输或被从欧洲引进的帆船所取代，或沦为其附属品。19世纪下半叶，随着轮船航运业的普及，东南亚和美洲的移民潮规模不断扩大。亲属关系和同乡会成为组织华人劳工走向海外的重要网络。中国商人们以东南亚为根据地，组织劳工过境，并指派中间人到中国东南沿海一带的农村搜罗劳动力。苦力贸易是一项跨国生意。在中国的各大移民港口，这项生意逐渐被来自英国、美国、法国、西班牙、德国、荷兰、葡萄牙和秘鲁的中介所包揽。他们通常是委托中国合伙人去招募劳工，然后再按人头向其支付中介费。一些农村小伙往往只是因为父母收取了中介人的薄礼，或听信了那些天花乱坠的发财故事，或被中介人"私授"了几样博彩之技，便糊里糊涂地上了船。这

246

些人或被拐卖，或成为家族世仇的牺牲品。对中介人来说，诱拐是捕获可供出口的劳动力的最简便办法。[167]实际上，这种做法并不是一种野蛮的"亚洲"实践，当年英国皇家海军正是采用这种办法，解决了招募新兵时应征者寥寥的老问题。

　　早期劳工输出与鸦片贸易一样，是一项违背中国法律的非法行为，从一开始便引起了中国社会的极大关注。早在1852年，厦门便出现了呼吁打击拐匪的抗议活动。1855年，抗议活动在整个中国南方蔓延。1859年，在上海周边地区，拐卖劳工现象的日益猖獗在民众当中造成了严重恐慌，袭击洋人事件时有发生。清政府曾试图借此之机，彻底制止苦力贸易，但最终却未能如愿。1859年，当广州在所谓"第二次鸦片战争"中被英国占领之后，清政府被迫采取"合作"态度，对洋人在华招工予以默许，但是，这并没有阻止其继续对被抓获的拐匪施以极刑。[168]对中国政府而言，苦力贸易从问世之初便是一个严肃的法律和秩序问题（Law – and – order – problem），这一点到结束时也始终未变。1866年，当一位中国总督的儿子也不幸落入拐匪之手后，清政府推动签署了一份国际性条款，将拐卖行为列入西方法律承认的罪名之下。但是，葡萄牙统治下的澳门却成为不法分子的藏身之地。在这里，许多被招募的劳工从苦力贩口中得到的承诺是去加利福尼亚做工，但最后却被送到了秘鲁。在秘鲁，华人劳工的生活境遇比在加利福尼亚更加恶劣。当西班牙和秘鲁于19世纪70年代向中国提出签署贸易协定的要求时，中方派出调查团到当地考察，并提出将保护华工作为签署协定的条件。1874年，清政府进一步加大打击力度，下令彻底禁止苦力贸易，并派遣领事官员赴海外保护侨民利益。1885年怀俄明州石泉镇（Rock Springs，Wyoming）28名华人矿工遭屠杀后，清政府成功迫使美国政府向受害者支付了赔款。[169]

反抗华人和印度契约劳工制的斗争与早期反跨大西洋奴隶贸易运动之间的一大差异，还在于来自这两大移民输出国的政治压力。印度殖民政府从未坚定不移地对契约移民表示过支持，但它至少在努力避免使这一问题成为印度早期民族主义挑起事端的借口。中国政府作为一个主权国家的代表，在帝国主义列强面前的表现虽然软弱无能，但是，那些充满爱国情怀的中国外交官在维护华人劳工利益方面所表现出的执着与坚韧，却并非毫无收效。这一点在某种程度上加速了契约劳工制的衰落，但却并非其中起决定性作用的因素。更重要的原因在于，在移民输入国的经济体系中，对华人劳动力的需求已不复存在。

种植园是实行契约工制度的传统行业，同时也是印度海外移民的主要立足点。而在华人移民当中，很多人却另有目标。尽管这些人往往不得不通过贷款来解决船票费用，但是他们并没有因此被迫去服苦役。换句话说，远渡重洋的大部分华人劳工实际上并没有成为真正的"苦力"。自 1848～1849 年加利福尼亚淘金热开始的中国赴美移民潮是"自愿"的，其性质更接近于同时代的欧洲移民，而不具备苦力贸易的强制性特点。前往东南亚和澳大利亚的中国移民，大部分也属于同样情况。1854～1880 年，也就是在中国海外移民的高峰期，仅从香港登船远航的非契约华人移民，人数便超过了 50 万。[170]

在 19 世纪各地大规模移民中，中国侨民的返乡率高居首位。这些华侨对故乡的依恋是如此强烈，以至于有些人虽然已连续几代在海外生活，却依然把这种生活看作一种临时状态。很少有人像欧洲人一样，把移民当作斩断与过去的联系、实现新的人生理想的方式，以及顺应时世的意愿表达。而中国的海

248

外移民准确地讲，可以被理解为中国南方经济向海外的一种扩张。19 世纪下南洋的华人侨民中，大概有 80% 陆续返回了家乡。相比之下，欧洲返乡的移民比例大约只有 1/4。[171] 华人移民的高流动性和循环性同时也说明，人们在统计人口的有限时间里所获得的绝对数据，是远远低于实际数字的。1870 年美国人口普查结果显示，在美国生活的华人超过 6.3 万。1880 年，当中国赴美移民潮已开始回落后，华人侨民人数最多为 105465 人。[172]

全世界唯一一片华人侨民聚集的地区，是东南亚这一历史最悠久的海外移民地（移居暹罗、越南和缅甸的侨民大部分也是采用乘船出海的方式）。这里的欧洲殖民政府通常对华人侨民采取欢迎的态度。这些以经商、开办企业或在矿山打工为生的中国人在当地经济生活中所扮演的角色，是当地人或欧洲侨民不足以胜任的。更重要的是，他们都是安分守己的纳税人。从当局角度来看，这些华人除勤劳和头脑精明之外，还有另外一大优点，即他们在一些德高望重的侨领和帮会的领导下把自我管理得井井有条。这些内部运转良好的华人社群，很少给殖民当局找麻烦。生活在东南亚地区的华人作为当地的少数族群尽管有着浓厚的思乡情结，但毕竟是欧洲殖民统治下的奉公守法的臣民。其长远结果与移民方式本身并无关联：在中印两国的一些沿海地区，移民已成为整个社会生活所围绕的重心，并对当地经济发挥着决定性影响。整个地区、所有的村庄和每一个家庭，都因此而拥有国际化的性质。人们从内心里感觉自己与生活在爱达荷（这里的华人比例一度达到了 30%）或秘鲁的亲朋之间的感情，比与邻乡同胞的关系更加密切。[173]

无论从法律还是政治意义上讲，对以契约工为形式的移民的管理都比其他没有固定秩序的移民更加严密，与之相关的统计数据也比后者更完备。如果把零散移民与契约劳工加在一起，整个东南亚地区海外移民的数量将大大增加。此外，到海外经商而非务工的移民人数同样也不能低估。据估计，1846～1940年抵达印度洋周边与南太平洋地区的印度和中国侨民人数分别为2900万和1900万，从数量上看，与欧洲到美洲的移民大致相当。这些人当中的契约工比例只有1/10，另外，还有不少人通过私人或国家贷款的方式得到了资助。[174]一战对这场发生在地球"南部"的移民潮所造成的冲击，并不像对跨大西洋移民的影响那样深重。真正使印度和中国移民路径受到破坏的是世界经济危机，以及随后爆发的太平洋战争。

六 全球移民动机

在19世纪，一批又一批人离开故乡踏上远行之旅，其人数之众是前所未有的。对这些人来说，眼前的路总是漫长而遥远。1882年，虚云法师启程前往位于中国山西省境内的佛教圣地五台山朝拜。他一路上三步一拜，用了整整两年的时间，才走完了这段总长1500多公里的路程。[175]虚云是一位朝圣者，当我们在讨论人类的大规模迁徙时，同样也不能忘记其所属的这一人群。在19世纪的欧洲、亚洲和非洲，受宗教圣地的吸引而踏上朝拜之路的人多达数十万，其中人数最多的是前往麦加的朝圣者。他们当中大部分人是采取集体行动的方式，或乘船，或与商队结伴。后来苏伊士运河与汉志（Hijaz）铁路的开通，更为朝圣者的旅行提供了极大的便利。朝圣者的人数每年都有很大的波动（目前大概已超过100万），但可以确定的是，在19世纪，人数至少增长了3倍，达到了30万以上。在长途跋涉的朝圣者当中，最具代表性的是马来亚人。他们大都是年长的当地精英，家境殷实，可以用自己的钱来支付一路的旅费。[176] 在 19 世纪，人们又开辟了以巴尔干和沙皇俄国为出发点的新的朝圣之路。在世纪之交之后新建的西非伊斯兰教国家，信徒们对圣地所在的东方充满了向往，这一点正是非洲一些信众乃至整个族群从非洲大陆一地迁往另一地的原因之一。人们将弥赛亚或"马赫迪"（Mahdi）看作拯救人类于末日的救世主，并希望当末日来临时，救世主就近在身旁。殖民侵略带来的威胁，进一步推动了这股潮流。[177] 在 19 世纪到来之前，世界各地的朝圣者网络已然形成：中国穆斯林以麦加和开罗作为朝圣目标，反过来，位于中国境内的伊斯兰苏菲教圣徒的墓碑也成为吸引朝圣者的重要磁石。

19 世纪不同于以往之处在于奴隶贸易之外的大规模远距离迁徙。这种现象自 1820 年之后逐渐兴起，并于 70 年代中期之后呈现急剧增长的势头，其规模的扩张速度明显超过了世界人口的增长速度。在移民问题研究中，人们已不再将这些"群体性"人口流动不加区分地用粗线条笼统地简化成一些概念化图表，而是将这种现象看作由具有地方特殊性的各地移民流汇聚而成的总和，并将一个村庄或其中一部分居民的迁徙作为微观研究的框架。各地移民史在下述问题上呈现跨文化的一致性：先驱、组织者和群体意识是其不可或缺的构成元素；做出移民决定的往往是一个家族，而不是每一个单独的个体。在运输革命的年代里，一方面人类出行的便捷性大大改善，另一方面资本主义的飞速发展与跨地域性组织结构反过来也对劳动力的流动提出了更高要求。这些移民，无论其来自欧洲、印度还是中国，大多都是社会底层的成员。他们的奋斗目标是在其客居的国家跻身中产阶层，而与奴隶出身的移民及其后代相比，这些人实现目标的机会要大得多。[178]一个国家或地区的内部与外部（"跨国"）人口流动之间的关系是不断变化的。如果说在现代社会，人类生活总是在朝着更快、流动性更强的方向发展，这样的判断未免过于肤浅。人们在对德国和瑞典两国的移民研究中早已发现，在20世纪（和平时期），呈下降之势的不仅是迁居国外的移民，同时也包括社会内部的横向人口流动。[179]19世纪末欧洲人口迁徙的频繁，仅仅是一个特例。

在19世纪80年代之前，各国政府对人口的远距离迁徙并没有以法律方式加以阻挠，虽然对每一个移民个体而言，政府机关的各类审查总是必不可少的。由国家出面为移民提供资助的做法，是在世纪之交之后才开始的。这种两方面的行政开放性是庞大移民体系形成的一个重要前提，它的出现并不是自然而然的：日本和中国曾试图像管理对外贸易一样，对人口的输入与输出实行控制。从世纪之交起，日本逐渐改变政策，积极鼓励老百姓移民拉丁美洲，甚至采用经济手段为其提供资助。除日本之外，为移民提供政策支持的还有另外一些国家：奥斯曼帝国曾一度鼓励老百姓到巴尔干人口稀少的地区定居；澳大利亚同样也曾实行积极的移民政策。对澳大利亚来说，实行这一政策十分必要，因为高昂的旅行费用给非资助移民（unassisted emigration）造成了极大的困难。澳大利亚急迫地需要引进人口，因此不得不与拉丁美洲为争夺移民而展开竞争。直到1831年国家以经济资助吸引外来人口之后，大规模移民的出现才成为可能。在19世纪移民到澳大利亚的150多万英国人当中，近一半人得到了由国家提供的全额资助。这些资助并非采用贷款的形式，而是通过一次性补贴，其资金主要是通过出售国有土地的方式来筹募。当时在长达数十年的时间里，位于伦敦的殖民地与移民事务委员会（Colonial Land and Emigration Commission）是澳大利亚最重要、最有影响力的政府机构。[180]这种做法同时也为移民的管理和移民对象的选择提供了便利。在希望借移民手段驱逐"暴民"的英国政府与更愿意引进"良民"的殖民者之间，总是难免发生冲突。在冲突过程中，掌握决定权的是接纳移民的当地社会。澳大利亚的例子证实了一条经济规律：民主国家政府在制定移民政策时更多考虑的，是能否以此保障或提高本国选民的收入水平。而进一步需要考虑的问题是，应当在多长时间之后允许移民在公正平等的条件下加入当地国籍。

对每一个移民个体而言，其移民动机难免会受到文化因素的影响。来自气候炎热地区的移民，自然不愿意到寒冷的国家工作和生活，反之亦然。此外，人们在选择移民目的地时，更愿意选择那些有亲属或同乡可以提供关照的地区，而他们从后者那里所获得的信息，对其移民决定往往发挥着至关重要的作用。在极端情况下，例如在大饥荒暴发后的伊朗，很可能会出现一种磁石效应，这时候，移民几乎是一种必然的选择。在其他时候，对移民具有决定性影响的，是在拥有较大自主决策权的前提下不受文化因素影响的理性权衡。其核心一点是新旧世界之间工资水平的巨大落差。随着移民的不断增多，工资收入的差异被逐渐缩小，并成为导致移民规模下降的重要因素之一。[181]工资差异作为移民重要动机是全球适用的。在19世纪最后三四十年，印度劳动力更愿意到缅甸而不是海峡殖民地去打工，因为在马来亚橡胶业蓬勃发展前，缅甸的工资水平明显更高。另外有些人选择移民，是出于对未来的长远规划。一些小农经济的经营者为了避免一辈子受穷，常常不惜冒一时倾家荡产之险。但是，这种谋算往往并不牢靠。信息闭塞或容易轻信的人，很可能因为某种诱惑的吸引而盲目做出冒险的决定。这些诱惑有可能是一段编得天花乱坠的致富传奇，或是一纸伪造的婚约。对于历史研究者而言，摸清微观差异的来龙去脉——例如为什么一个地区的移民会多于另一地区——是一件令人兴奋的事情。尽管我们必须承认，那些相互关联的庞大移民体系从某种意义上讲的确有其各自的独立性，但是它们的形成、维系和变化却是取决于不计其数的、在具体生存处境下做出的个人抉择的共同作用，简而言之，取决于实践。

注释

[1] Khater, *Inventing Home* (2001)，第 52 ~ 63 页。

[2] Rallu, *Les populations océanniennes* (1990)，第 222 页。

[3] Schmid, *Korea* (2002)，第 101 页；Etemad, *Possession* (2000)，第 312 页。

[4] Lavely/Wong, *Malthusian Narrative* (1998)，第 719 页；另参 J. Z. Lee/Wang, *One Quarter of Humanity* (1999)，第 149 ~ 157 页。

[5] 参见 McEvedy/Jones, *Atlas* (1978)，第 349 页插图。

[6] Livi-Bacci, *World Population* (1997[2])，第 31 页，表 1 – 3。

[7] Bähr, *Bevölkerungsgeographie* (2004[4])，第 217 （表 23）。

[8] Bardet/Dupaquier, *Histoire des populations de l'Europe* (1998)，第 469 页 （表 84）；Marvin McInnis, "The Population of Canada in the Nineteenth Century"，收录于 Haines/Steckel, *Population History* (2000)，第 371 ~ 432 页，此处引自第 373 页 （表 9.1）；M. Reinhard 等, *Histoire générale* (1968)，第 391、423、426 页；R. V. Jackson, *Population History* (1988)，第 27 页 （表 6）；*Meyers Großes Konversations-Lexikon*，第 12 卷 (19056)，第 695 页；第 18

卷（19076），第 185 页。

[9] Karpat, *Ottoman Population*（1985），第 117 页（表 I. 6）；埃及为 405 万（1872/74）。

[10] Maddison, *Chinese Economic Performance*（1998），第 47 页。

[11] 参考 Rudolf G. Wagner《*Taiping-Aufstand*》一文，收录于 Staiger 等，*China-Lexikon*（2003），第 735～739 页，此处见第 736 页。

[12] 参见 J. Z. Lee/Wang, *One Quarter of Humanity*（1999），第 14～23 页。

[13] J. Z. Lee/Campbell, *Fate and Fortune*（1997），第 70 页。

[14] Hanley/Yamamura, *Preindustrial Japan*（1977），第 320 页。

[15] Totman, *History of Japan*（2000），第 326 页及下页。该书是唯一涉及人口问题的西方现代日本史论著。

[16] Wolfram Fischer, "Wirtschaft und Gesellschaft Europas 1850 - 1914"，收录于 Fischer, *Handbuch*，第 5 卷（1985），第 1～207，此处见第 14 页（表 3）。

[17] 欧洲人口增长概况见 Tortella, *Modern Spain*（2000），第 33 页（表 2. 2. ）。

[18] Saunders, *Russia*（1992），第 270 页。

[19] 有关欧洲的类似观点见 Bade, *Europa*（2000），第 64 页。本处数据来自 Maddison, *World Economy*（2001），第 241 页（表 B - 10）。

[20] Dupaquier, *Histoire de la population française*（1988），第 293 页。

[21] 参见 Bardet/Dupaquier, *Histoire des populations de l'Europe*（1998），第 287～325 页。

[22] O'Gráda, *Ireland's Great Famine*（2006），第 16 页。

[23] O'Rourke/Williamson, *Globalization*（1999），第 150～152 页。

[24] 数据引自 McPherson, *Battle Cry*（1988），第 854 页。

[25] Ricklefs, *Indonesia*（20013），第 153 页。

[26] 数据引自 J. Levy, *War*（1983），第 90 页；Rasler / Thompson, *War*（1989），第 13 页（表 1. 2）。

[27] Schroeder, *International System*（1986），第 11 页；相关数据的二次分析见 Eckhardt, *Civilizations*（1992）。

［28］ Rallu, *Les populations océanniennes* （1990）, 第 6 页; Etemad, *Possession* （2000）, 第 133 页。

［29］ Thornton, *American Indian Holocaust* （1987）, 第 107～109 页; 悲观分析见 Nugent, *Into the West* （1999）, 第 35 页。

［30］ 有关目前学术界在该领域研究成果的总结与探讨见 Broome, *Aboriginal Victorians* （2005）, 第 79～93 页。

［31］ R. V. Jackson, *Population History* （1988）, 第 5 页（表 1）。

［32］ 各类不同性质的数据见 Ferro, *Livre noir* （2003）。

［33］ Etemad, *Possession* （2000）, 第 103 页。Etemad 在第 104 页将 20 世纪 20 年代西班牙对摩洛哥战争也纳入其中, 并以此得出 28 万人的结论。有关俄国和日本的侵略问题则未予涉及。

［34］ 同上书, 第 130、134（Tab. 8）、135 页。

［35］ Coquery-Vidrovitch, *L'Afrique* （1999）, 第 22 页; Vanthemsche, *La Belgique et le Congo* （2007）, 第 40～42 页。

［36］ Ruedy, *Modern Algeria* （1992）, 第 93 页。

［37］ S. Doyle, *Population Decline* （2000）, 第 438 页。

［38］ 参见 C. Marx 的相关概述与评论, *Geschichte Afrikas* （2004）, 第 143～147 页。

［39］ Bähr, *Bevölkerungsgeographie*, （2004）, 第 219～229 页; 相关解释见 Buchheim, *Industrielle Revolutionen* （1994）, 第 25～32 页。

［40］ Bähr, *Bevölkerungsgeographie* （2004）, 第 222 页。

［41］ H. S. Klein, *Population History* （2004）, 第 77～79 页。

［42］ Bardet／Dupaquier, *Histoire des populations de l'Europe* （1998）, 第 149 页（表 9）。

［43］ Livi-Bacci, *World Population* （1997）, 第 113 页。

［44］ 参见本书第 7 章。

［45］ Gelder, *Duitsers* （1997）, 第 14、41、64 页。

［46］ Liauzu, *Histoire des migrations* （1996）, 第 66～73 页; Nicholas Canny, "In Search of a Better Home? European Overseas Migration, 1500 – 1800", 收录于同作者 *Europeans* （1994）, 第 263～283 页。

［47］ 同上书, 第 279 页。

［48］相关概述见 Ribeiro 的社会历史学论著 *Amerika* （1985）。

［49］H. S. Klein, *African Slavery* （1986）, 第 82 页; P. D. Curtin, *Slave Trade* （1969）, 第 207 页 （表 62）。

［50］Bernecker u. a. , *Geschichte Brasiliens* （2000）, 第 131 页及下页。

［51］H. S. Klein, *Slave Trade* （1999）, 第 45 页。

［52］H. S. Klein, *Population History* （2004）, 第 83 页。

［53］Gudmestad, *Troublesome Commerce* （2003）, 第 3 、8 页 （数据）。

［54］P. D. Curtin, *Slave Trade* （1969）, 第 27 页 （Fn. 16）。

［55］Meyer/Sherman, *Mexican History* （1991⁴）, 第 218 页。

［56］Stanley L. Engerman/Barry W. Higman, " The Demographic Structure of the Caribbean Slave Societies in the Eighteenth and Nineteenth Centuries", 收录于 Knight, *Slave Societies* （1997）, 第 45 ~ 104 页, 此处见第 50 页 （表 2 – 1）。

［57］Kaczyn'ska, *Gefängnis* （1994）, 第 24 、44 、53 （总数）页。

［58］Jonathan W. Daly, "Russian Punishments in the European Mirror", 收录于 McCaffray/Melancon, *Russia* （2005）, 第 161 ~ 188 页, 此处见第 167 、176 页。

［59］Waley-Cohen, *Exile* （1991） .

［60］Bullard, *Exile* （2000）, 第 17 页。

［61］Pérennès, *Déportés* （1991）, 第 483 页。

［62］Bouche, *Colonisation française* （1991）, 第 185 页及下页; 更详尽分析见 Pérennès, *Déportés* （1991）。

［63］Rickard, *Australia* （1996）, 第 21 ~ 25 页; Marjory Harper, "British Migration and the Peopling of the Empire", 收录于 Louis, *Oxford History of the British Empire*, 第 2 卷 （1999）, 第 75 ~ 87 页, 此处见第 78 页。

［64］案例分析见 C. Anderson, *Convicts* （2000）, 作者在书中特别强调了非奴隶身份的印度流放犯的文化自治权问题。

［65］Marrus, *The Unwanted* （2002²）, 第 17 页。

［66］Reiter, *Asyl* （1992）, 第 28 ~ 33 页。

［67］Alexander, *Geschichte Polens* （2003）, 第 203 页及下页。

［68］ N. Davies, *God's Playground*（1981），第 276、287～289 页。

［69］ Reiter, *Asyl*（1992），第 38 页。

［70］ 参见 Hanioglu, *Young Turks*（1995），第 71～78 页。

［71］ Suny, *Looking toward Ararat*（1993），第 67 及下页。

［72］ Bergère, *Sun Yat-sen*（1994）是有关孙中山的最权威传记。

［73］ Hsiao Kung-chuan, *A Modern China*（1975），第 409 页及下页。

［74］ M. C. Meyer/Sherman, *Mexican History*（1991），第 498～500 页。

［75］ Marrus, *The Unwanted*（20022），第 18 页。

［76］ K. Schultz, *Tropical Versailles*（2001），第 4、76 页。

［77］ Todorov, *Balkan City*（1983），第 328 页。

［78］ B. G. Williams, *Crimean Tatars*（2001），第 106～108、119、138、148 页；Kirimli, *National Movements*（1996），第 6～11 页。

［79］ J. H. Meyer, *Immigration*（2007），第 16 页，第 27 页及下页。

［80］ Jersild, *Orientalism*（2002），第 25 页及下页。

［81］ Utley, *Sitting Bull*（1993），第 182、191、231 页。

［82］ Marrus, *The Unwanted*（2002），第 23 页。

［83］ Neubach, *Ausweisungen*（1967），第 129 页（总数）及其余多处。

［84］ Shannon, *Gladstone*（1982－99），第 2 卷，第 166、171 页。

［85］ Karpat, *Ottoman Population*（1985），第 49 页。这些数字看似惊人，但我们应当对 Karpat 的权威性予以信任。

［86］ McCarthy, *Death and Exile*（1995），第 90 页（表 90）。

［87］ Malcolm, *Bosnia*（1994），第 139 页及下页。

［88］ Mazower, *Salonica*（2004），第 298～304、349 页。

［89］ Boeckh, *Von den Balkankriegen*（1996），第 257～275 页。总数系根据第 271 页的数据相加得出。有关罗马尼亚和阿尔巴尼亚的情况在书中未予涉及。

［90］ 参见 Marrus, *The Unwanted*（20022），第 27～39 页；Kappeler, *Rußland*（1992），第 220～224 页；Haumann, *Ostjuden*（19995），第 84 页及下页。

［91］ 参见 Klier/Lambroza, *Programs*（1992）。

［92］ Marrus, *The Unwanted*（20022），第 32 页。

［93］ 同上书，第 34 页；Fink, *Defending the Rights of Others* （2004），
第 22～24、27～30 页。

［94］ Volkov, *Juden* （20022），第 58 页。

［95］ Bade, *Europa* （2000），第 69 页。

［96］ 参见 Hoerder, *Cultures* （2002），第 288～294 页有关 19 世纪中叶
之前的欧洲地区性劳务移民体系的论述。

［97］ Bade, *Europa* （2000），第 76 页及下页。

［98］ N. G. Owen, *Paradox* （1987），第 48 页。

［99］ Naquin/Rawski, *Chinese Society* （1987），第 130 页。

［100］ Stephan, *Russian Far East* （1994），第 71～73 页，第 79 页及下页。

［101］ Gottschang/Lary, *Swallows* （2000），第 2、38 页，这本书堪称
案例研究的典范之作。

［102］ Adas, *Burma Delta* （1974），第 42～44 页，第 85 页及下页。

［103］ Brocheux/Hémery, *Indochine* （1995），第 121 页及下页。

［104］ Woerkens, *Le voyageur étranglé* （1995），第 63 页及下页；A. J.
Major, *State and Criminal Tribes* （1999）。

［105］ Hoerder, *Cultures* （2002），第 381 页及下页；Macfarlane/
Macfarlane, *Green Gold* （2003），第 141 页及下页。

［106］ 参见 Hoerder, *Cultures* （2002），第 306～321 页；Kappeler,
Rußland （1992），第 52、139～76 页。

［107］ James Forsyth 在其作品中描绘了这一景象：*Peoples of Siberia*
（1992），第 216 页。

［108］ Ilja Mieck 曾对此做出较为系统的论述，并在书中采用以法国
学术界观点为根据的泛义游牧概念，见 Ilja Mieck, "Wirtschaft
und Gesellschaft Europas von 1650 bis 1850"，收录于 Fischer,
Handbuch，第 4 卷 （1993），第 1～233 页，此处见第 72～74
页；另参见 W. Reinhard, *Lebensformen* （2004），第 325～330
页。以人类学为视角的有关论述见 Barfield, *Nomadic Alternative*
（1993）。

［109］ Paul, *Far West* （1988），第 195 页。

［110］ A. K. S. Lambton, "Land Tenure and Revenue Administration in the Nineteenth Century", 收录于 H. Bailey, *Cambridge History of Iran*, 第 7 卷 (1991), 第 459～505 页, 此处见第 470 页及下页。

[111] Abrahamian, *Iran* (1982), 第 141 页及下页。

[112] Donald Quataert, "The Age of Reforms", 收录于 Inalcik/Quataert, *Ottoman Empire* (1994), 第 2 卷, 第 759～943 页, 此处见第 768 页, 第 873 页及下页。

[113] 参见民族考古学与经济史学经典之作：A. B. Smith, *Pastoralism in Africa* (1992), 此处见第 6～9 章。

[114] "大迁徙" (Grand nomadisme) 出自 Planhol, *Les nations* (1993), 第 313 页及下页。

[115] J. Fisch, *Geschichte Südafrikas* (1990), 第 92 页。

[116] 参见 Zeleza 名著 *Economic History of Africa* (1993), 第 72 页, 第 117 页及下页。

[117] Austen, *African Economic History* (1987), 第 162 页。

[118] David Eltis, "Trans-Atlantic Trade", 收录于 Drescher/Engerman, *World Slavery* (1998), 第 370～375 页, 此处见第 374 页。

[119] Lovejoy, *Transformations* (2002), 第 154 页; 另参见 Ewald, *Soldiers* (1990), 第 53～56, 163～66 页。

[120] Lovejoy, *Transformations* (2002), 第 155 页。

[121] 对目前种种猜测数据的分析见 Clarence-Smith, *Islam* (2006), 第 11～13 页, 此处数字系采用 Lovejoys 最新修订的数据。

[122] Manning, *Slavery* (1990), 第 83 页 (Fig. 4. 20)。

[123] Lovejoy, *Transformations* (2002), 第 142 页。据作者猜测, 19 世纪跨大西洋奴隶贸易的人数大约为 346 万。这一数字与 Eltis (Volume, 2001, 第 43 页, 表 1) 近来根据其他资料考证得出的 344 万的数字不谋而合。

[124] Newitt, *Mozambique* (1996), 第 268～272 页; 关于毛里求斯奴隶市场的情况见 Vaughan, *Creole Island* (2005), 第 103～108 页。

[125] H. S. Klein, *Slave Trade* (1999), 第 210 页 (Appendix Tab. A. 1)。

[126] 参见地方史论著 Law, *Ouidah* (2004), 第 189～203 页。

[127] J. Fisch, *Geschichte Südafrikas* (1990)，第 103 页。

[128] 例如塞内加尔：Searing, *West African Slavery* (1993)，第 166 页。

[129] Manning, *Slavery* (1990)，第 84 页。

[130] H. S. Klein, *Slavery and Colonial Rule* (1998)，第 55 页。

[131] Lovejoy, *Transformations* (2002)，第 165 页及下页；Law, *Ouidah* (2004)，第 77 页。

[132] 参见 Isichei, *History* (1997)，第 290~312 页。

[133] 这是综合不同观点得出的结论：Zeleza, *Economic History of Africa* (1993)，第 73~75 页；Etemad, *Possession* (2000)，第 264 页及下页（表 26）；J. Fisch, *Geschichte Südafrikas* (1990)，第 405 页；Daly/Petry, *Cambridge History of Egypt* (1998)，第 2 卷，第 7 页。

[134] Zeleza, *Economic History of Africa* (1993)，第 74 页及下页。

[135] Iliffe, *Tanganyika* (1979)，第 138~140 页。

[136] 持该观点者如 Zeleza, *Economic History of Africa* (1993)，第 75 页。

[137] Amsden, *Rise of «the Rest»* (2001)，第 21 页（表 1.11）。

[138] Bade, *Europa* (2000)，第 127 页。

[139] 详见 Grabbe, *Flut* (2001)，第 333~364 页。

[140] Hoerder, *Cultures in Contact* (2002)，第 331 页。

[141] Grabbe, *Flut* (2001)，第 94 页（表 13）。

[142] 参见 Michael R. Haines，"The White Population of the United States, 1790–1920" 中的图表，收录于 M. R. Haines/Steckel, *Population History* (2000)，第 305~369 页，此处见第 345 页（Figure 8.1.）。

[143] 同上书，第 346 页（表 8.5.）。

[144] Nugent, *Crossings* (1992)，第 43 页（表 9）。

[145] 同上书，第 29 页及下页。

[146] 同上书，第 30 页（表 8）。

[147] Marvin McInnis, "The Population of Canada in the Nineteenth Century"，收录于 Haines/Steckel, *Population History* (2000)，第 417、422 页（数字）。

［148］ Nugent, *Crossings* (1992), 第 137、112 页。

［149］ 参见 Moya, *Cousins* (1998) 对大西洋两岸情况的分析。

［150］ Rock, *Argentina* (1987), 第 133 ~ 143 页。

［151］ Bernand, *Buenos Aires* (1997), 第 194 页。

［152］ Galloway, *Sugar Cane Industry* (1989), 第 132 页。

［153］ Kale, *Fragments of Empire* (1998), 第 1 页。

［154］ Passenger densities: Northrup, *Indentured Labour* (1995), 第 85 页。

［155］ 同上书, 第 9 页。

［156］ 同上书, 第 149 页（表 6.1）；David Northrup, "Migration from Africa, Asia, and the South Pacific", 收录于 Louis, *Oxford History of the British Empire*, 第 3 卷（1999）, 第 88 ~ 100 页, 此处见第 96 页。

［157］ 数据出自 Northrup, *Indentured Labour* (1995), 第 156 页（表 A.1）。

［158］ 结论参见 Tinker, *New System of Slavery* (1974); Northrup, *Indentured Labour* (1995), 第 59 ~ 70 页；A. J. H. Latham, "Southeast Asia: A Preliminary Survey, 1800 – 1914", 收录于 Glazier/Rosa, *Migration* (1986), 第 11 ~ 29 页。

［159］ P. C. Emmer, "The Meek Hindu: The Recruitment of Indian Indentured Labourers for Service Overseas, 1870 – 1916", 收录于 同作者 *Colonialism and Migration* (1986), 第 187 ~ 207 页。

［160］ 关于反对派意见的起源参见 Kale, *Fragments of Empire* (1998), 第 28 ~ 37 页。

［161］ Philip D. Curtin, "Africa and Global Patterns of Migration", 收录于 Wang Gungwu, *Global History* (1997), 第 63 ~ 94 页, 此处见第 83 页。

［162］ Tinker, *New System of Slavery* (1974), 第 334 页。

［163］ Richardson, *Chinese Mine Labour* (1982), 第 177 页及其余多处。

［164］ G. William Skinner, "Creolized Chinese Societies in Southeast Asia", 收录于 Reid, *Sojourners* (2001), 第 51 ~ 93 页, 此处见第 52 页。

［165］有关中国海外移民史的情况可参见 Wang Gungwu, *The Chinese Overseas* (1997)。

［166］Skinner, *Chinese Society* (1957), 第 30 页, 数字 73。

［167］Wang Sing-wu, *Chinese Emigration* (1978), 第 50 ~ 53 页, 引语 62。这是一部在专业文献中也很少被提及的经典论著。

［168］Irick, *Coolie Trade* (1982), 第 183 页。

［169］关于晚清政府苦力保护政策的情况可参见 Yen Chinghwang, *Coolies* (1985)。

［170］David Northrup, "Migration from Africa, Asia, and the South Pacific", 收录于 Louis, *Oxford History of the British Empire*, 第 3 卷 (1999), 第 88 ~ 100 页, 此处见第 94 页 (表 5.3)。

［171］参见 Hunt, *Special Relationship*, 第 64 页; 欧洲情况参见 Baines, *Migration* (1985), 第 126 页。

［172］Gyory, *Closing the Gate* (1998), 第 67 页。

［173］参见 McKeown, *Chinese Migrant Networks* (2001)。

［174］McKeown, *Global Migration* (2004), 第 157 页。

［175］Susan Naquin/Yü Chün - fang, "Introduction: Pilgrimage in China", 收录于同作者的 *Pilgrims* (1992), 第 19 页及下页。

［176］Faroqhi, *Herrscher über Mekka* (1990), 第 223 页, 第 252 页 (表 7); Mary Byrne McDonnell, "Patterns of Muslim Pilgrimage from Malaysia, 1885 – 1985", 收录于 Eickelman, *Muslim Travellers* (1990), 第 111 ~ 130 页, 此处见第 115 页。

［177］Umar Al-Naqar, *Pilgrimage Tradition* (1972), 第 82 页及下页。

［178］Bodnar, *The Transplanted* (1985), 第 117 ~ 143 页。

［179］Hochstadt, *Mobility* (1999), 第 218 页。

［180］E. Richards, *Poor People* (1993), 第 251 ~ 253 页; R. F. Haines, *Emigration* (1997)。

［181］这是 O'Rourke/Williamson, *Globalization* (1999) 的基本论点, 参见第 165 页。

第5章　生活水平
——物质生存的安全与风险

一　"生活水平"与"生命质量"

物质生活的质量与标准

在研究 19 世纪历史时，我们无法忽视的一个问题是人类的 253物质生活水平问题。在这里，我们不妨对普遍性层面的研究结果做一概括。在论述这一问题时，我们必须分清"生活水平"与"生命质量"之间的差异。"生活水平"是一个社会史概念，而"生命质量"则属于人类历史学的范畴。[1]生命质量同时也包括对舒适度——或曰幸福——的主观感受。幸福与个体或小的群体紧密相关，而质量则是无从测量，也难以比较的。即使在今天，我们仍然很难判定生活在 A 社会的人是否比生活在 B 社会的人更有"满足感"。在回望过去时，要重构人类在这方面的自我认知，更是比登天还难。此外，我们还必须分清贫穷与苦难的差异。在历史上，一些社会尽管在市场商品方面是匮乏的，但它却为人们提供了拥有成功人生的可能性。这些社会赖以运转的基础，除市场经济之外，还有共同体经济和自然经济。那些备受个体或集体苦难折磨的人，往往并不是一无所有的无产者，而是没有机会实现自身追求的人。其追求的目标有可能是得到某个共同体的承认，获得可信赖的安全保障，或是拥有一小片土地或森林。与"生命质量"相比，"生活水平"的含义似乎更实在一些。但是即使是后者，仍然无法摆脱"收入"这一"硬性"经济指标与个体或群体依靠收入所获得的"利益"这一"软性"标准之间的矛盾。近来有人提议，应当将克服突发性或短期危机的能力作为衡量生活水平的尺度，这些危机包括因失业造成的收入损失，物价大幅上涨，家庭供养者的死亡，等等。有能力战胜这些危机并有能力对生活进行长远规划的人，其生活水平则相对较高。在人类进入现代社会之前，这一切都围绕着一个问题：个体和群体可以采用哪些策略来避免过早死亡，其努力的成效又是如何。[2]

在研究生活水平的发展历史时，经济学家的做法比社会历史学家更"粗暴"一些。他们尝试对按某种标准划分的不同经济体（在近代晚期，这些经济体以国家经济体为主）的收入做出估测，然后与人口基数相除，由此得出人均国内生产总值（GDP）这一著名数值。经济学家关注的另一个问题是各经济体的储备能力，也就是说，为未来积蓄财富并在可能的情况下对部分积蓄进行"投资型"利用，从而创造更大价值的能力。但是，在通过统计学手段得出的经济增长率与人们真实感受到的生活水平之间，并不存在一种明确的正比关系。任何程度的增长，即使是高增长，也未必一定会被用于改善人类生活之目的。欧洲许多国家的实例证明，在早期近代史上，实际工资水平呈下降之势的同时，全社会的物质财富却在不断增多，在这种情况下，必然会出现社会财富分配的两极分化：富者更富，穷者更穷。[3]此外，在收入与判断生活质量的其他标准之间，也不存在直接的关联。19世纪时，随着日本国民收入的逐渐提高，能够买得起昂贵的、代表社会身份的精制大米的消费者越来越多。但是，接下来出现了一个问题，即这些精米中缺少了稻壳中所富含的维生素。甚至一些皇室成员也丧生于维生素B1缺乏所导致的脚气病——一种危险的富贵症。另外，在蔗糖消费与牙齿健康之间，也存在类似的关联。从历史经验中我们无法得出结论：经济上的富足必然会转化为生物学意义上的生命质量的提高。

收入的地理分布

在分析与收入有关的数据时，如果所涉及的年代是在全球经济学统计出现之前，那么我们的估测结果必然会含有许多不确定成分，但是这并不妨碍我们将目前现有的相对较为可信的量化方案，作为讨论有关问题的基础（表6）。

表6　1820~1913年各国人均国民生产总值估测表
（以1990年美元币值计算）

单位：美元

	1820 年	1870 年	1913 年	1870~1913 年增长比
欧洲				
英国	1700	3200	4900	1.5
荷兰	1800	2700	4000	1.5
法国	1200	1900	3600	1.9
德国	1000	1800	3600	2.0
西班牙	1000	1400	2300	1.6
美洲和大洋洲				
澳大利亚		3600	5700	1.6
美国	1200	2400	5300	2.2

续表

	1820 年	1870 年	1913 年	1870~1913 年增长比
阿根廷		1300	3800	2.9
墨西哥	760	670	1700	2.5
亚洲				
日本	670	740	1400	1.9
泰国（暹罗）		700	830	1.2
越南	540	520	750	1.4
印度	530	530	670	1.3
中国	600	530	552	1.04
非洲				
南非		1600		
埃及		700		
黄金海岸（加纳）			700	

资料来源：Angus Maddison, *The World Economy: A Millennial Perspective*, Paris: OECD 2001, 第 185、195、215、224 页（数字取整，增长比一栏由作者计算并补充）。

256 　　由于缺乏统计学方面的依据，因此，麦迪森的判断很难经得起推敲。人们对上述数据的最大质疑，在于它对亚洲经济实力的评价过低。虽然麦迪森也曾尝试通过对质量数据的综合分析，使其结论能够大体真实地反映出当时各国经济实力的对比关系，但是从根本上讲，这些数字仍然是"不可靠"的。尽管如此，假如我们姑且将麦迪森的数据看作一种至少合乎逻辑的对实力对比关系的描述，并承认其对人均 GDP 值的估测多少具有一定的说服力，那么我们就会从中发现以下几个特点：

　　●1820~1913 年，全世界最富与最穷国家之间的物质生活水平差距迅速拉大。1820 年前后，两者之间的差距只有 3 倍或 4 倍，到 1913 年，至少已达到 8 倍。[4] 即使我们不相信这些数字，但是不容置疑的是，这一时期各国收入和富裕程度的差距的确在不断扩大，其程度很可能超过了以往任何一个历史时期，更何况这一切是在全球财富不断增长的大环境下发生的。直到1950 年，当一些既没有享受到工业化的好处也没能从原材料出口中获利的"最穷"国家的形势趋于稳定之后，全球贫富差距扩大的势头才逐渐放缓。[5]

• 除北欧和西欧的工业化核心区之外，被麦迪森称为"西方旁支"（Western Offshoots）的北美、大洋洲以及拉普拉塔河地区的新欧洲移民社会，是全世界收入增长幅度最大的地区。

• 早在第一次世界大战之前，美国和澳大利亚的发展速度便已超越了欧洲的几只"领头羊"。但是，这些"发达"国家之间的差距与它们和世界其他地区之间的差距相比，却是微不足道的。[6]

• 与发达国家相对应的，是一些在低收入水平上停滞不前的落后国家，这个统计学意义上的"第三世界"早在 19 世纪，特别是这一世纪的最后几十年，便已形成。

• 在亚洲和非洲国家中各有一个异类：19 世纪 80 年代步入工业化的日本，以及拥有全球最大黄金储量的南非。

• 许多国家都经历了一个人均收入与消费水平显著增长的转折期。英法两国的转折期是 19 世纪 40 ~ 60 年代，德国和瑞典是在 19 世纪中叶，日本是在 19 世纪 80 年代，巴西是在 1900 年之后，印度、中国和韩国则是在 20 世纪 50 年代之后。[7]

257

二　寿命的延长与"健康人"
（Homo Hygienical）

麦迪森的人均收入分析在论证生活水平问题上的局限性，

还体现在另外一个方面。我们只需将他的统计册翻到关于人均预期寿命的章节，这一点便一目了然。亚洲相对于欧洲的"贫困"并没有通过人均寿命这一坐标得到明显反映，而人均寿命恰恰是衡量健康水平的一个可信赖的指标。从麦迪森的数据来看，亚洲人当中最健康的日本人并没有比高收入的西欧人寿命更短。换句话说，在近代早期，全世界大部分人几乎都一样短命。在 1800 年之前，只有少数精英阶层——如英国权贵或日内瓦资产阶级（Bourgeoisie von Genf）——当中男性人口的平均寿命才超过了 40 岁。在亚洲，这一数值略低，但差距并不严重。在中国清朝的贵族中，出生于 1800 年前后的人的平均预期寿命为 37 岁，1830 年之后出生的人的寿命预期则下降到 32 岁。这种负面变化，正是当时中国社会总体形势恶化的一个写照。[8] 1820 年前后，西欧地区——从长寿的瑞典人到短寿的西班牙人——的平均寿命是 36 岁，日本是 34 岁。1900 年前后，西欧和美国的平均寿命分别提高到 46 岁和 48 岁，日本以 44 岁位居其后，但远远领先于亚洲其他国家。[9] 如果考虑到日本当时的经济发展水平比美国和西欧发达国家落后至少一代这一事实的话，那么由此可以说明，日本在工业化早期便已达到了在其他国家堪称高度工业化时代特征的国民健康水平。无论我们对收入估测数字的说服力如何评判，可以肯定的是：在 1800 年前后，一个虚拟的日本"平均人"比同时代的"典型"西欧人生活得相对简朴，但寿命却没有太大差异。即使在 100 年之后，当这两个地区的社会财富都翻了几番时，人均寿命方面的差距也并没有明显变化。但是，日本的财富分配有可能更公平一些。特别值得一提的是，在目前人均寿命位居世界第一的日本，老百姓活得非常健康。早在 17、18 世纪，日本人便已研究出与饮食结构、房屋修造、穿衣讲究以及公共与个人卫生习惯有关的一整套方法，这些方法可以大大降低被疾病感染的风险，另外对节约资源也十分有利。[10]当时的日本人虽然比西欧人"穷"，但这并不意味着他们的日子过得比西欧人"差"。

延长的寿命

1800年前后，全球人口的平均预期寿命最多只有30岁，只有在极为罕见的特殊情况下，才有可能达到或超过35岁。一半以上的人还没有进入成年，便已经夭折。业余生活对大多数人来讲是不存在的：既没有每个工作日之后的"下班"，也没有职业生涯结束后的"退休"。最常见的死因是感染恶疾。当时，死亡拥有比今天"更锋利的武器"（亚瑟·E. 伊姆霍夫［Arthur E. Imhof］）①，只有在富裕社会，慢性病才有可能成为死亡的主要原因。[11]截至2000年，随着全球人口绝对数字的迅速增长，人均寿命预期也在不断提高，达到了67岁。这意味着在各社会之间以及每个社会内部，人类生物学意义上的生存概率与收入状况相比，更加趋向于公平。换言之，人类的衰老比物质生活的改善来得更快。从某种意义上讲，人的寿命预期已经实现了"民主化"。这是近代历史的一条重要经验。但是，凡事皆有例外。今天，在艾滋病肆虐的撒哈拉以南最贫穷的非洲国家，20岁的年轻人（而非新生儿）的平均寿命预期还不及前工业化时代的英国，甚至石器时代的中国和日本。[12]为什么人类寿命恰恰在19世纪呈现"爆炸式增长"的势头呢？对此，人们的说法莫衷一是。有的人将原因归结于医

259

---

① 瑞士著名历史学家。

疗卫生条件的改善，有的人认为是因为膳食的进步，还有的人认为，关键因素是政府在公共卫生监督方面掌握了新的技术。另外还有一些专家则强调因素的多重性，认为是在各种因素的综合作用下，才最终导致这一结果的出现。

认清导致人类长寿革命的历史进程的具体年代，对确定19世纪的时代特征来说十分重要。1993年诺贝尔经济学奖获得者罗伯特·W. 福格尔（Robert W. Fogel）在今天人类知识水平的基础上得出结论：人类进入长寿时代的决定性飞跃，是20世纪上半叶特别是1890～1920年在"西方"发生的。这里所说的西方，指的是西欧、北美和日本。[13] 在此之前，人类寿命并非始终呈直线式上升，并贯穿整个19世纪。在英国早期工业化时代，大约从1780年到1850年，人均寿命预期曾一度下降，与英国在莎士比亚时期曾经达到的峰值相去甚远。[14] 总体来看，英国劳动人口的物质生活在1780～1850年期间并没有得到改善。这一时期过后，工资增长的速度明显超过了物价增幅，人均寿命预期也逐渐开始回升。[15] 在1820年前后刚刚步入工业化的德国，短短几年过后，"贫困化"（Pauperismus）便成为人们热议的一个话题。它指的是一种新型的、灾荒式的群体性贫困，这种现象既发生在农村，同时也出现在城镇地区。[16] 它是此前英国所经历的进程的一个翻版，只是在时间上略有错后。这场出现在鞍型期的"低潮"主要是由两方面原因造成的：首先，食物的数量特别是质量的改善，与早期工业化时代工厂劳动所带来的不断增长的热量需求未能同步。19世纪初，在所有"西方"社会中，只有美国一个国家有能力为其公民提供热量超过生存最低需求的食物保障。从收入增长被转化为物理性质的福利这一视角来看，统计学家计算出的实际收入增长率事实上含

有很大的水分，据福格尔判断，这些水分所占比例高达
40％。[17]其次，迅速膨胀的城市成为健康风险的孕育地。来自
各地的人群从四面八方涌入城市，这一点本身便对健康构成了
巨大的威胁。人们生活在狭小的空间里，城市居住环境越来越
拥挤，而与之配套的卫生防疫体系却没有建立，有可能导致死
亡的病源无处不在。威胁人类健康的最大杀手，并不是集中暴
发的瘟疫，而是与生活环境有直接关联的"普通"疾病。这是
欧洲国家在工业化时代所经历的普遍现象，而且这种现象仅仅
局限于城市。当时，农村居民的生活相对更健康，在西北欧地
区，这种城乡之间的差异直到 1900 年前后才逐渐消失。[18]

260

假如说人均寿命延长的全球性潮流是 1890 年前后从欧洲、北
美和日本开始的，那么这一潮流波及其他地区的时间则各有先后：

● 拉丁美洲经历的飞跃性变化是在 1930 ~ 1960 年期间发生
的；

● 苏联是 1945 ~ 1965 年（在 20 世纪 90 年代，前独联体国
家出现了人均寿命大幅下降的现象）；

● 中国是在 1949 年之后；共产党政府实行的医疗卫生政策
取得了巨大成效：1949 年之前，中国人均预期寿命尚不足 30
岁；到 1980 年时，已提高到近 70 岁；[19]

● 许多非洲国家是在独立后的 20 年期间，即大约 1960 ~
1980 年；

● 日本在 1947 ~ 1980 年期间经历了人均寿命延长的又一次
高峰。[20]

洁净的水源

20 世纪全球人均寿命提高的基础很大程度上是在 19 世纪

奠定的，而基础的扩大则有待时日。促使人均寿命提高的两大因素来自 19 世纪：一是关于疾病预防的新认识，二是公共卫生体系的形成。这里，我们首先来谈谈第二点。大约从 1850 年起，各国政府对建立公共卫生体系的必要性逐渐有所意识。西欧各国开始从传统的对病患或疾病传染源的控制和隔离（例如在地中海和黑海地区，由政府下令对港口实行隔离已经成为一种传统的习惯做法）[21]，转向对基础设施建设的投入，以便从根本上清除导致疾病滋生的土壤。直到 19 世纪，欧洲人才改变意识，不再把公共医疗保障单纯地看作教会或私人慈善事业的内容，而是视之为政府的一项职责。从当时盛行的"环境主义"（Environmentalismus）理论可以看出，人们是将哪些工作视为公共卫生的重点，即清理城市中的粪便和污水，保障无害饮用水的供应。英国是引领全球卫生运动（sanitary movement）的先驱。早在 19 世纪 30 年代，英国便形成了一整套与公共卫生有关的基础理念，并着手进行各种具有未来前瞻性的尝试。与此同时，人们对工业革命带来的破坏性后果也已有所意识。英国的做法很快得到了响应，首先在美国，不久后在欧洲大陆。[22]

　　建立公共卫生体系的第一步是通过国家和社会的行动改善水的质量，而制定水资源政策的前提，是承认水资源的公共物品属性，定义水权，划分公私需求。制定完善的法律制度，以确定水资源的所有权和使用权以及在工业领域的应用，是一个长期而复杂的进程。即使在实行集权化管理的法国，与水资源相关的法律体系也是到 1964 年才基本成形，而在世界某些地区，这一进程迄今仍未结束。除了政治意愿与法律环境，水资源的改善还需要有相应的技术作为支持。各项条件兼具的第一个例子，是纽约现代化供水体系的建设。1842 年，纽约举行规模空前的盛大典礼，庆祝由引水渠、管道和储水设施组成的城市供水系统的落成。该系统的供水对象包括公共水源、家庭日常用水以及城市消防。[23] 1849 年，英国医生约翰·斯诺博士（Dr. John Snow）的一项发现使人们对利用科技手段完成饮用水净化的重要性有了新的认识。斯诺博士发现，霍乱的传播并不是通过空气或人体的接触，而是通过水。但是又过了整整 15 年的时间，斯诺的发现才得到社会的普遍认可。在伦敦，供水系统被控制在少数私人企业的手中，这种情况为水质的改善带来了困难。1866 年，正是其中一家公司所属的供水管道将霍乱病毒带入了城市，并引发疫情。仅伦敦东区，便有 4 万多人因感染霍乱而丧生。这一事件发生后，伦敦城市的水质得到了根本性改善，私人供水设施逐渐消失。1866 年之后，霍乱、伤寒等传染性疾病在伦敦彻底绝迹。[24]

在各地实践中，学术界观点对公共卫生体系的发展同样具有决定性影响。慕尼黑的例子便反映出这一点。身为医生和药剂师的马克斯·冯·彼腾科费尔（Max von Pettenkofer）是慕尼黑卫生领域的一位权威人物，他与斯诺一样，很早便致力于霍乱传播学的研究，并将 1854 年慕尼黑暴发的第二次霍乱疫情作为研究案例。根据彼腾科费尔的霍乱传播理论，防疫的当务之急在于保证土壤不受污染。为此采取的第一项措施，是对城市排污系统进行改造。但是，由于彼腾科费尔排除了霍乱病毒经由劣质饮用水传播的可能性，因此慕尼黑对改善供水的投入远远不及伦敦。直到 1874 年，人们才开始制定与现代化中央供水系统相关的建设规划。但是即使在慕尼黑第三轮霍乱大暴发之后，水传播理论的反对者也仍然不肯放弃自己的观点。直到

262

1881 年，慕尼黑市才开始动工修建新的供水设施。[25] 彼腾科费尔的错误使巴伐利亚王国的首都付出了惨重的代价。

即使在城市排污系统改造方面，慕尼黑同样也落后一步。尽管有彼腾科费尔的大力推动，但工程却一直拖到 19 世纪 80 年代才得以竣工。在此之前，伦敦已经成功完成了城市排污系统的建设，为伤寒、痢疾、霍乱等水传播疾病在大英帝国都城的绝迹再添一功。在伦敦，人们早已认识到清洁饮用水供应与污水排放之间在卫生学方面的密切关联。这种认识绝非一件平常之事。拿破仑尽管慷慨地为巴黎市民修建了公共水井和引水渠，但对其他卫生设施的改造却不予过问。伦敦 1855 年成立了"首都公共事务委员会"（Metropolitan Board of Works），这是历史上第一个负责整个伦敦城事务的管理机构。一开始，职责分工的混乱再加上极端自由市场经济信奉者的反对，给委员会的工作带来了重重困难。不久后，发生了著名的"大恶臭"（the Great Stink）事件。1800 年前后，人们在伦敦泰晤士河还能钓上三文鱼，几年后，拜伦爵士还曾在这里游过泳。但是到了 1858 年 6 月，河水却变得臭气熏天，就连下议院在开会时也不得不用浸泡过氯化钙溶液的窗帘遮住窗户，到最后，只能宣布休会。尽管这些高贵的议员们被恶臭的空气搞得心神不宁，但是这并不妨碍他们做出判断：河水泛出的这股浊气不仅令人感到不适，而且很有可能对人的健康造成危害。欧洲最大城市的现代设计者之一、公共事务委员会首席工程师约瑟夫·巴扎尔盖特爵士（Sir Joseph Bazalgette），接受了建造伦敦庞大下水道系统的重任。1861 年 12 月 14 日，英国女王的丈夫阿尔伯特亲王据传死于伤寒，去世时年仅 42 岁。这一不幸的消息使这项亡羊补牢式的城市工程变得更加紧迫。[26] 到 1868 年，伦敦共修建了长达 1300 英里的地下水道,其中 82 英里的下水道都是用砖石砌成的大型隧道,为此专门烧制的砖石多达 3.18 亿块。伦敦下水道因此成为 19 世纪规模最大、造价最昂贵的市政工程之一。与庞大的下水道系统相配套的泰晤士河河堤加固工程,也是其中的一部分。伦敦市民对这项位于地下深处的建设工程投入了巨大的热情。[27]令人惊讶的是,除了配有蒸汽机涡轮的佛罗伦萨或摩尔风格的豪华泵站之外,这座宏伟的现代工程所采用的都是前工业化时代的技术。用砖石砌成的管道以及涂釉的陶制排水管都不是什么新鲜的发明,而排水所利用的原理也不过是管道的坡度。如果单纯从技术上看,这项维多利亚时期的排水工程的建造时间完全可以提前 100 年。由此可见,问题的关键在于人们的危机意识,在于从政者的意愿以及对污染的认知变化。[28]这些备受赞誉的新设施能否使各方面的愿望都得到满足,却又另当别论。1878 年 9 月 3 日,一艘豪华游轮在泰晤士河的排污管道处与一艘货船迎面相撞。事故引起了公众的广泛热议,人们纷纷猜测,在这次事故的无数受害者当中,究竟有多少人是溺水,又有多少人是因为喝了有毒的河水而中毒身亡。[29]

目前还没有人对其他大陆的城市卫生发展史做过全面系统的研究,因此我们能够引为参考的,只是一些与此相关的感受和印象。当年去西亚伊斯兰地区旅行的欧洲游客,往往都对当地发达的城市供水系统赞不绝口。每一篇有关伊斯法罕城的游记,在描述这座 1722 年被阿富汗人摧毁的波斯都城时,都会无一例外地提到这一点。在传说中,伊斯法罕和其他西亚城市的供水体系之发达,是当时的欧洲远远无法企及的。1784 年克里米亚被沙俄吞并之后,由鞑靼人修建的供水管道被毁于一旦。

这种野蛮行径同样也受到了来自西方的目击者的严厉谴责。早在 1872 年，一位向来对东方文化不屑一顾的德国旅行者来到叙利亚之后惊讶地发现，在大马士革这座拥有 15 万人口的城市里，"每一条街道、每一座清真寺、每一所公共或私人房屋以及每一座花园"都修建了水渠和喷水池。[30]在孟买，人们在修建现代化供水设施之初，更多是为了解决城市规模迅速扩大所导致的缺水问题，而不是出于卫生方面的考虑。该计划遭到了印度贵族阶层的激烈反对，因为后者担心政府有可能为此提高税收（这种想法并非毫无道理）。经过一番斗争之后，1859 年，由市政部门管理的供水系统在孟买修建完成，这一时间甚至比某些欧洲城市还要早。这套供水系统同时还负责为印度西部大城市迅速崛起的棉纺业提供用水，以此降低了私人蓄水池所有者利用缺水牟取私利的危险。[31]加尔各答于 1865 年完成了排污系统的建设，并从 1869 年开始启用饮用水过滤设施。[32]最早接触自来水的中国人，是 19 世纪 60 年代奉旨出使东洋的密使。1883 年，在水质优于同时代欧洲大城市的上海，一家现代化自来水厂连同配套的供水管网正式投入使用。最初，这家水厂的供水对象只是那些有钱的欧洲人，以及在租界里生活的少数中国富人。这家水厂曾试图扩大供水范围，让中国普通百姓也能享受到洁净的饮用水，而不要成为被殖民者歧视的对象。但是，中国老百姓却对自来水这一新事物将信将疑，因为他们祖祖辈辈都是吃黄浦江水长大，无论好歹，也都活到了今天。另外，拥有 3000 多辆水罐车的私人水贩们对这个新冒出来的竞争对手也纷纷提出了抗议。[33]

公共健康状况的衰落与复苏

现代化诞生之初，带给人类的是"非健康"。在 19 世纪前五六十年，工业化给英国劳动人口带来的是生活上的艰辛与贫困，文化上的歧视，以及对身体健康的摧残。英国进入工业化的时间，是在人们对现代大城市的卫生环境获得充分认识并采取必要应对措施之前。为此，英国不得不付出沉重的代价。但是在当时，很多人是自愿冒险去城市里闯荡，换言之，这是他们慎重思考后做出的自主选择。在大城市以及随着工业化发展起来的新兴工业城市，生活环境与农村相比是恶劣的，但是，人们在这里挣到的钱却比农村多得多。工厂的劳动纪律虽然严格，但对一些人来说重要的是，他们可以摆脱地主和教会的严密监控，成立属于自己的帮会和教派组织。[34] 在美国工业化的最初阶段（1820 ~ 1850 年），居民的健康水平——历史学家总喜欢将人的身高作为衡量指标——与 1800 年前后的良好状况相比也大大下降。在德国，老百姓的生活水平出现了严重的波动，但从长远来看，则呈现上升的势头。荷兰和瑞典的趋势与德国相仿，这两个国家虽然还远远没有进入工业化，但是在繁荣的贸易和金融业以及现代化农业的带动下，经济发展也经历了与工业化国家相似的过程。[35] 在 1820 年前后进入工业化的法国，全国各地的生活水平随着工业化的发展获得了明显而持久的改善。这种情况是罕见的。作为第二代工业化国家之一，法国并没有像同一时期的美国那样，为之付出牺牲全民健康的巨大代价。两种彼此关联的因素对此发挥了决定性作用：首先，法国的城市化速度比英国慢得多，因此，由城市人口膨胀而导致的贫民窟现象在这里并不多见，而后者正是威胁公共健康的一大根源；其次，法国城市居民的肉食消费量比英国多（在 18 世纪时，情况还是相反），因此，人体对疾病的抵抗力更强。除此之外，法国大革命对收入分配起到了一定的平衡作用，而收入分

265

配在人们看来，也是促进健康水平的要素之一。[36]

从总体来看，后起国家为工业化所付出的生物学成本相对较低。一旦人们对瘟疫的病因有了新的认识，并掌握了将这些知识付诸实践的技术，大城市的"过高死亡率"（übersterblichkeit）便会随即消失，城市的生活环境也会变得比物质匮乏的农村更健康。在德国以及印度等殖民地，人们看到的便是这样的情况。加尔各答、孟买、马德拉斯等印度城市，至少从英国城市的卫生改善措施中汲取了一部分经验。在德印两国，形势的转折是从 19 世纪 70 年代开始的。[37]医疗卫生知识与供排水技术的普及是一次典型的"跨国界"行动，至少对欧洲来说是如此。在短短几年时间里，公共卫生的新风气便传遍了欧洲各国。例如，柏林和华沙分别于 1853 年和 1880 年建立了现代化供水系统（后者是由英国公司修建的）。很多时候，立法的速度甚至赶不上实践的步伐。英国是公共卫生立法的先驱，但是这些法律付诸实施的过程却相对漫长。相反，作为工业化后起之秀的德国却在法律环境完善之前，便迅速完成了对公共卫生设施的现代化改造。传统的政府干预权对此发挥了重要作用。在（普鲁士）各大城市，市政管理机构的高度自治权显示出其强大的优势。相比之下，在英国，面对势力强大而不愿为公共事务自掏腰包的中产纳税人，缺乏权威的市政机构在很长时间里一直难有作为。[38]

无论对任何国家或地区而言，公共卫生体系的建立都是一次具有划时代意义的转折。即使在那些传统医学发达并获得普遍认可的地方，人们同样也能感受到这一深刻变化。因为传统医学——例如在非洲——具有浓重的个人化色彩，它与医师个人的高超医术和威望是分不开的。[39]公共卫生体系的建立需要具备以下前提：①对政府职责的新定义以及为这些新职责投入资源的意愿；②包括实践应用在内的生物医学知识；③公民对政府负责健康事务的期待。

全球公共卫生事业的学术基础，是路易斯·巴斯德（Louis Pasteur）的微生物理论。19 世纪 80 年代，这一理论在欧洲获得了广泛认可。巴斯德的理论为约翰·斯诺等实践家的观察提供了科学基础，同时也使卫生政策的制定不再受政治斗争的羁绊。人类的早期实践——其初衷往往是"正确"的——总是建立在不确定的前提之上，从而无法使人们从中获得具有普遍性的认知。直到微生物理论问世后，清洁才成为公认的至高准则。作为细菌学产物的"健康人"（homo hygienicus）概念由此诞生，而路易斯·巴斯德、罗伯特·科赫等人的地位也从科学家上升为代表整个时代的文化理论家。疾病从此摆脱了其原有的生态、社会、政治和宗教语境，健康本身被赋予崇高的价值，同时也成为中产阶层崇尚并逐渐被更多阶层接受的一大信条。[40]在欧洲和北美地区，卫生条件的改善对降低死亡率的作用，比那些迄今仍然希望能够以更简便、更廉价的技术达到类似效果的地区，显然要大得多。在这一问题上，手段的普世化与目标的普世化并不同步。而在实践方面，西方的影响力同样也超过其他地区。

267

从全球范围看，各地投入大规模公共资金用以建设包括医院在内的"覆盖面广泛"的医疗服务体系，是 20 世纪才开始的。1784 年由约瑟夫二世授意修建的维也纳总医院（AKH），是全世界第一所大型现代化医院。18 世纪是英国医院建设的黄金时期。1800 年前后，英格兰和苏格兰的几乎每一座大城市，都建成了自己的医院。在伦敦，甚至已经出现了一系列专业化医院。纵览全球，英国无疑是这一领域当之无愧的先驱。在美国，这方面的发展就比欧洲慢得多。美国的早期诊所全部是由私人修建，这一点与欧洲大陆截然不同。[41] 在德意志帝国，医院数量从 19 世纪 70 年代起逐渐增多。一战爆发前，医院的病床数量已经达到了供过于求的水平。19 世纪末的医院与早期近代的病患收容所或看护所在性质上是有所不同的。现代医院是根据卫生学知识而设计，其功能是以提供紧急医疗救治服务为主，同时也越来越多地发挥着医务人员培训站和医学实验室的作用。随着医学科目的细化以及专业化医疗队伍的崛起（德国是在 19 世纪 80 年代之后），医院的后一种职能也进一步得到强化。[42] 只要有瘟疫的危险在，做好紧急救护准备便永远是医院的天职。但是，在很长一段时间里，人们并不能肯定，有了医院以后，人的生存概率到底是增大了，还是减小了。[43] 西方医疗模式在全世界的普及是近代的一大产物，它与医疗融资的新形式是密不可分的。

（相对）健康的牙买加奴隶

某一人群的平均健康水平是由诸多因素决定的：对气候环境的适应，膳食的数量和质量，劳动对身体和心理造成的负担，可降低风险的行为习惯（如个人卫生），享受医疗服务的可能性与便捷性，等等。根据目前所掌握的资料，我们只能对 19 世纪少数人群的健康情况获得大致了解，而这些人群大多集中于欧洲。例如，我们对全球第一人口大国中国在这一时期的健康状况迄今仍所知寥寥。但是，凡事皆有例外。从 1807 年禁止非洲奴隶出口到 1833 年大英帝国宣布废除奴隶制的过渡期，在英属加勒比地区从事劳务活动的奴隶人群，便是这些例外中的一个。在这一时期，即使是那些最恶毒、最没有人性的种植园主，也不会再逼着奴隶拼死拼活地为自己卖命，因为这时候，黑人劳动力已不再是一种唾手可得的商品。大多数种植园主都雇用了欧洲医生，或曾在英格兰或苏格兰接受医学培训的克里奥尔人。一些规模较大的种植园，甚至开设了自己的诊所。在这种以剥削驱动的逻辑体系里，难免会出现这样的情况：那些年轻力壮的奴隶可以得到更多的关照，而年老体衰的奴隶则往往受到轻视，甚至被赶出种植园。但是从总体来看，这些奴隶的待遇与同一时期英国产业工人的处境相差无几。无论在欧洲还是加勒比地区，医疗服务效率的最大局限是欧洲医学知识水平的欠缺。在 19 世纪初期，人们对很多疾病的病因，特别是热带疾病，仍然一无所知。因此，许多奴隶对欧洲人的医术抱有疑虑，宁愿去向黑人治疗师，也就是民间医术的代表求助。这也是他们有别于欧洲工业无产者的一项得天独厚的条件。[44]

三 对瘟疫的恐惧与预防

大趋势

促进死亡率降低的另一因素是人类对疾病预防的新认识，这也是理论应用于实践的又一范例。与"人口过渡期"一样，流行病学的过渡期在世界各地出现的时间也有先后之分。从总体来看，在 19 世纪，由瘟疫暴发导致大规模死亡——人口统计学家所说的"死亡率危机"——的概率大大降低。在西欧和北欧，流行病的发展大致经历了如下过程：在 1600 年前后开始并于 1670 ~ 1750 年达到高峰的第一阶段，鼠疫和伤寒的发病率明显降低；在第二阶段，因感染猩红热、白喉和百日咳而致死的病例大幅下降；在大约 1850 年开始的第三阶段，呼吸道疾病——除肺结核外——对人类生命的威胁逐渐减少；在进入 20 世纪之后，类似今天欧洲的死亡率结构逐步形成，即心血管疾病和癌症成为导致死亡的主要病因。[45] 在世界不同地区，新老疾病的关系变化都有其各自不同的特点。

肺结核是这一时代新发现的疾病之一。由于直到 19 世纪初，人们对肺结核的病象才获得了统一认识，因此，对于这种疾病的早期历史，人们迄今所知甚少。肺结核的实际发病率无疑要比历史记录的数据高得多。另外可以肯定的是，在欧亚大陆和非洲北部的许多地区，或许包括前拿破仑时代的美洲，都曾出现过这样的病例。但是，结核病成为一个时代的标志，却是在这种疾病于 19 世纪演变为一种令人恐慌的流行病之后。它不仅在聚居城郊的无产者中间传播，同时也在巴黎上流社会的沙龙里蔓延。在小仲马 1848 年创作的小说中被称为"茶花女"、在威尔第 1853 年创作的歌剧中以薇奥莱塔之名流传于世的名媛玛丽·杜普莱西（Marie Duplessis），是肺结核感染者当中最著名的一个。19 世纪上半叶，法国死于结核病的人数占死亡总数的比例比以往增加了一倍。直到一战结束，结核病仍然是最严重的社会危害之一，政府为此制定了具有针对性的卫生政策，但结果却令人失望。在结核病的药物治疗方面，一时间人们还看不到任何希望。直到 1944 年，利用药物治疗结核病的可能性方才出现，1966 年以后，治疗效果才取得根本性突破。由于结核病被视为一种遗传性疾病，因此在市民家庭中，人们往往对此讳莫如深。但是，那些被结核病夺去生命的伟人的名字——从济慈（1821 年）到肖邦（1849 年），从史蒂文森

（1894 年）、契诃夫（1904 年）到卡夫卡（1924 年）——却被世人永远铭记。[46]

一些罹患肺结核的富人搬进疗养院，过着半隐居式的疗养生活。这些新修的疗养院大都建在居高临下的山坡上，仿佛大海中耸立的孤岛。在这里，病人与外界是隔绝的，但并不孤单。在这里，他们可以调养生息，有规律地进食，顺从地听任护理人员的摆布，不必再担心受到来自尘世的干扰。[47]托马斯·曼（Thomas Mann）在小说《魔山》（1924 年）中以一战前夕阿尔卑斯山某疗养院为背景，描述了一种富有时代色彩的生活体验。这类疗养院遍布世界各地，甚至包括朝鲜，在这里，结核病感染者的比例达到了全国人口近 1/5。[48]由此可见，肺结核的暴发并不仅仅局限于欧洲。在日本，结核病感染者的数量在 1900 年之后急剧上升，直到 1919 年之后才开始回落。尽管西方科学对日本学术界的影响无处不在，但在治疗结核病方面，日本却远远落在了后面。在罗伯特·科赫发现结核杆菌（1882 年），为人类解开结核病病源之谜后（但是直到 19 世纪 90 年代，人们才发明了有效预防结核病的疫苗），又过了数十年，日本医学界才明确承认结核病的存在，并确认其为一种传染性疾病。在此之后，与欧洲当年经历的过程一样，民间和学术界在对结核病的认识上存在严重的差异。老百姓依然把"痨病"看作一种遗传性疾病，并千方百计加以隐瞒。而负责医疗事务的官员们则想尽办法，希望尽可能把所有病例都记录在案。工厂老板们同样也倾向于将结核病归入遗传性疾病之列，以此来否认改善劳动环境的必要性。因为在日本，棉纺业或丝织业的工人是感染肺结核人数最多的一个群体，这些人还把病菌带回了自己的家乡，从而导致疾病的进一步蔓延。[49]

270

　　此外，19 世纪还出现了一些前所未有的新病种。1805 年在日内瓦青少年当中首次确诊的脑膜炎便是其中之一。这种病一经感染，有可能导致患者在短短几天内死亡。在法国，士兵在军营之间的调动被视为最重要的传染源。很快，这种疾病便在法国和阿尔及利亚各地蔓延开来。在 1837～1857 年的疫情高峰期，被脑膜炎夺去性命的患者数以万计，其中几乎百分之百都是不满 30 岁的年轻人。小儿麻痹症同样也是 19 世纪的流行病之一。尽管多年来类似的病例偶有发生，但是在 19 世纪最后 30 年，在法国和欧洲其他国家的新型传播环境之下，这种疾病的发生率迅速增加，并演变为一种瘟疫。在 1953 年之前，人类还没有能力对此加以预防。无论过去还是现在，小儿麻痹的病因都与不洁的环境因素没有直接关联。最早出现脑膜炎疫情的国家，都是世界上环境条件最发达的地区。首当其冲的是瑞典，时间是在 1881 年。另外还出现了一些在特定人群中传播的疾病，例如可怕的绝症犬瘟热。这种病原本是一种马匹的传染病，其患者都是马车夫和军队里的马匹饲养员，或者是因为食用被病菌污染的马肉而被感染的人。

　　从全球史角度看，19 世纪出现了一对彼此矛盾的趋势：疾病的传播比以往更容易，而人类抗击疾病的能力也变得更强大。一方面，交往和迁徙的增多为传染病在全球的传播提供了便利。早在 14 世纪，一场鼠疫便曾席卷整个地球，不仅欧洲未能幸免，就连埃及也在这场灾难中损失了近 1/3 人口。[50] 进入 19 世纪之后，瘟疫的传播速度进一步加快，并在 1918 年暴发的一场全球性流感中达到顶峰。据估计，死于这场流感的人数多达 5000 万乃至 1 亿。这一数字超过了在刚刚结束的一战中死亡的人数，就连南太平洋的偏僻岛屿也未能幸免。受灾最严重的是意大利和墨西哥，两国在这场全球性流感中的死亡人数占总人口比例分别达到 1% 和 4%。[51]另一方面，人类首次采用医学和防疫手段，对一些历史上曾给人类带来严重危害的传染病展开阻击。尽管这些措施并没能使疾病彻底绝迹，但其迅猛的传播势头却得到了遏制。了解这些变化的时间和空间模式，可以为我们认识全球发展进程提供帮助。从 19 世纪起，人类才第一次在全球范围内针对瘟疫展开了大规模歼灭战。这场战役若要取胜，必须具备两个条件：一是丰富的生物学和医学知识，二是与公共卫生政策相关的理念。下面举几个例子。

瘟疫预防：抗击天花的战斗

不断被新的历史所改写的人类过往史，是一部与天花作战的历史。在欧洲，这段历史最迟是从爱德华·琴纳（Edward Jenner）1796 年成功研制出牛痘疫苗（vaccination）的那一刻开始的。这种疫苗是在欧洲以外地区防治天花的古老经验的基础上发明的，它替代了中国从 17 世纪后期开始采用、后流传到印度和奥斯曼帝国的预防接种术（inoculation）或人痘接种术（variolation）。这种办法是把从天花病人身上提取的病毒直接注入健康人的皮肤，使其通过感染而获得免疫力。18 世纪初，身为外交官之妇的著名游记作家孟塔古夫人（Lady Mary Wortley Montagu）在土耳其注意到，当地农民，包括一些上层社会的有钱人，往往采用痘苗接种的办法来预防天花。于是，她把这一发现告诉了伦敦知识界的朋友。尽管在 18 世纪后 30 年，人痘接种术曾在英国、德国和法国等地受到许多人的追捧，但由于操作方法的不当，特别是忽略了对传染性极强的新感染者的隔离，结果反而导致瘟疫的进一步蔓延。在琴纳发现毒性较弱的

272

牛痘对天花的预防作用之前，人类还没有找到任何一种适用于所有人群的、无风险的天花防治办法。1798 年，在经过为期两年的试验之后，琴纳向世人公布了他的创造性发明。从此，人类终于掌握了牛痘接种这种替代人痘接种的安全廉价的天花防治术。

人们很快发现，只有实行全民强制免疫，才能彻底遏制瘟疫。在传统的中央集权制国家以及热衷现代化改革的专制体制内，全民疫苗接种迅速得到了普及。早在 1800 年，拿破仑便下令在全国实行强制性免疫。1808～1811 年，法国共有近 170 万人接种了牛痘。[52]埃及早在穆罕默德·阿里帕夏统治期间便将义务接种纳入了法律，并派遣由法国医生组成的医疗队走村串寨，为儿童接种疫苗，并向当地理发匠传授接种疫苗的技术。1842 年，埃及在首都和各省建立了常设的医疗服务站点，以此取得了人类防疫史上最重要的突破。[53]在防疫领域，埃及走在了英国的前面。英国从 1853 年起才开始实行疫苗接种义务制，1909 年，当信奉自由至上、反对一切形式国家强制的一派在议会占据上风后，该法令一度被废止。同一时间在美国，公众也就接种疫苗的利弊问题展开了轰轰烈烈的讨论。[54]琴纳的发明很快被传播到世界各地。以往因传播瘟疫而背负恶名的欧洲船只，将牛痘疫苗运送到世界的许多国家，成为全球知识传播与人类共同战胜危机的早期典范。这些疫苗是如何运输的呢？最好的办法是通过人体。为此，需要召集一群没有接种过疫苗的人（被招募者大多是失去双亲的孤儿），在上船前，先为这些人当中的一个人接种牛痘，然后再从痘疤中提取痘苗接种给第二个人，在抵达目的地之前，必须保证船上至少有一个人身上还带有活的菌苗。1803 年，西班牙政府特意派遣一支探险队，将疫苗运送到各个殖民地。这只探险队从菲律宾出发，一路跋涉来到中国南方。与此同时，另一支来自孟买的探险队也把疫苗带到了这里。从1805年起，东印度公司的医生们开始在广州为老百姓进行疫苗接种。在同一年，介绍防疫知识的书籍也被翻译成中文。1803年，琴纳发明天花疫苗的消息传到日本，但是人们对这方面知识的了解，则是1812年之后从日本战俘带回的一本俄国医学手册里得来的。但这时候，日本还没有疫苗。直到1849年，人们才把疫苗从荷兰殖民首府巴达维亚带到了日本。从世界范围来看，其滞后程度令人惊讶。[55]

但是，我们必须避免将人类防疫史看作一部呈直线发展的进步史。在很长时间里，疫苗接种的必要性并没有得到世人的理解。接种过程中的交叉感染，又会导致其他病毒在人群中的传播。一些国家的政府并没有像拿破仑一样，充分认识到实行全民义务接种的重要性，由此导致了各地防疫水平的严重不平衡。1870年德法战争中，德国士兵在奔赴战场前都已接种了两次牛痘，而法国军队则大多没有采取任何防疫措施。此时，天花疫情正在法国许多地区又一次蔓延。换言之，德法战争是在一个瘟疫肆虐的年代里发生的。防疫水平的不对称，是导致法国在战争中失利的因素之一。在战争中，死于天花的法国兵人数是德国兵的8倍。此外，在1869～1871年期间还有近20万法国平民被天花夺去了性命。但是，病毒同样也被战俘带到了德国。而老百姓的防疫能力，还远远没有达到军队的水平。1871～1874年，德国因感染瘟疫而导致死亡的人数超过了18万。[56]

一个国家对天花的防疫能力与其经济发展水平未必成正比。例如，穷国牙买加消灭天花的时间，比富裕的法国还早几十年。274

从 18 世纪 70 年代起，西印度群岛已开始采用人痘接种术，在琴纳的发明问世后不久，便改为牛痘接种。牙买加这一英属"蔗糖群岛"中面积最大、殖民历史最悠久的岛屿，无疑是其中当之无愧的典范。殖民当局甚至设立了疫苗局（Vaccine Establishment），专门负责防疫事务的管理。在 19 世纪 20 年代中期以及后来几年里，天花在牙买加和英属加勒比地区陆续绝迹。这一时间，比世界大部分地区都要早。[57]同样由英国人统治的锡兰岛在 1821 年发起的一场大规模牛痘宣传活动之后，也彻底根除了天花。然而在亚洲，这一切的发生却并非如此顺理成章。大国印度在 19 世纪当中的每一年，都会在某个地区发现天花病例，而 1883 年和 1884 年则是疫情发生最频繁的两个年头。克什米尔地区直到 1894 年才开始采用牛痘接种术。由于印度支那的法国殖民当局对防疫的重视程度远不及印度的英国殖民政府，因此，天花病毒在这里也表现得尤为顽固。[58]日本在 1895 年占领台湾之后，对当地中国居民实行了有效的防疫宣传，在世纪之交后不久，天花已在台湾基本绝迹。[59]在朝鲜，当欧洲人于 19 世纪 80 年代第一次踏上这片对外封闭的土地时，吃惊地发现，大街小巷到处都是满脸痘疤的人。天花在这里并不是一种通过与外界的交往传入的疾病，它的根除是在 20 世纪二三十年代日本殖民统治期间实现的。[60]尽管直到 1980 年，世界卫生组织才正式宣布全世界成功消灭天花，然而其突破却是在 19 世纪实现的。二战之前偶有发生——此后罕有出现——的天花病例，大多是政府管理疏漏、卫生机构的腐败或特定的疫情环境所造成的结果。西方的最后一次疫情记录来自 1901 ~ 1903 年的美国。1895 年，瑞典成为全世界第一个成功根除散发性（endemisch）天花的国家。在非洲和近东地区，直到一战爆发前，天花的流行依然很猖獗，老百姓当中只有极少数人有条件接种疫苗。[61] 直到进入 20 世纪之后，这一地区才在防疫领域取得了重大进展。

各国在实现全民免疫问题上需要解决的难题，从原则上讲是相同的：必须克服来自反对派的阻力，无论在英国还是非洲殖民地（这里的老百姓对殖民政府怀有深刻的不信任），反对接种的声音总是无处不在；政府必须实行强制疫苗接种，并保证数量充足、质量可靠的疫苗供应。与此相关的组织和安排工作是复杂的，在这方面，欧洲国家的表现并不比亚洲国家更好。表现最出色的是那些制度完善、管理有序的社会，但即使是这些社会，在具体做法上也不乏差异：由于受拿破仑的影响，黑森和巴伐利亚在德国各邦国中率先实现了天花疫苗的强制接种（1807 年），而普鲁士则只对军队实行疫苗接种，给普通平民接种的任务则被交予民间医生来完成。[62]

西方医学与本土医学

至少从理论上讲，殖民地在防疫方面是拥有优势的：他们可以通过直接途径获得疫苗接种的新技术。对其他地区而言，技术传输的路径则相对曲折。一战之前除利比亚外唯一没有被殖民的非洲国家埃塞俄比亚，是最晚引进琴纳牛痘接种术的国家。而其他地区尽管很早便掌握了这项接种技术，但疫苗接种的对象却仅限于社会上层人士。例如，在奴隶贸易枢纽马达加斯加，用活埋来处置感染天花的病人是这里的传统做法。虽然国王早在 1818 年便开始对王室成员实行疫苗接种，然而岛上的普通居民却迟迟无法得到有效的防疫保护。[63] 在暹罗，尽管改革政策在很多领域都取得了颇为可观的成效，但在引进国外疫苗方面，暹罗国王却一直鲜有作为。直到 19 世纪末，在亚洲和加勒比地区的大部分欧洲殖民地之后，作为独立国家的暹罗才开始实施国家防疫接种计划。[64]而殖民地，特别是那些受殖民者重视的殖民地，在这方面则享有相对优越的条件。对预防接种持欢迎态度的殖民政府清楚地懂得，实行强制免疫是一件一举多得的好事：既可以增强殖民地劳动力的体质，给殖民政权带来良好声誉，还可以保护宗主国免受外来病毒的侵袭。[65]

在这方面，科学知识又发挥了哪些作用呢？让我们按年代顺序对相关进程做一番梳理。人类的许多重大医学突破是在 19 世纪中叶之后实现的。19 世纪 50 年代末，巴斯德与科赫发现了微生物是一些疾病的传播源，并研究出针对某些病例的药物治疗方法。在琴纳之后，直到巴斯德成功分离出炭疽杆菌，人类才找到了牛痘之外的第一种疫苗。1890 年，科赫发明了针对白喉的抗毒素。[66]在 1900 年前后，医学界发现某些毒品具有可信赖的疗效，其中包括奎宁、洋地黄和鸦片。1899 年，阿司匹林问世。直到 20 世纪，人类才真正进入了针对各种传染病实行全民免疫并利用磺胺和抗生素有效杀灭细菌的伟大时代。19 世纪的一大医学成就是对炎症病因的认识。大约在 1880 年之后，磺胺和抗生素类药物在西方国家——但仅限于此地——的广泛应用，使婴幼儿的夭折率大大降低。[67]从总体上看，为改善人类生活质量贡献最大的，是疾病的预防，而非治疗。这方面的趋势性转折发生于 20 世纪。西方战后一代是人类历史上的第一批幸运儿，他们再也不用像祖辈一样，在传染病这把达摩克利斯之剑下惴惴度日。以美国为例，1900 ~ 1980 年，死于传染病的风险降低到 1/20 以下。

但是，对医学知识应用于实践的速度，我们却不能高估，即使对欧洲来说也是如此。在欧洲以外地区，西方医学知识在传播过程中，不可避免地会与当地的传统医学知识与医疗实践发生碰撞。在本土医学没有形成文字的地方，例如非洲，这些治疗方法往往被现代医学的倡导者（既包括欧洲人，也包括当地人）所不耻，而只能作为偏方流传于民间。[68] 在与伟大传统（great traditions）相互碰撞的地区，则又是另一番情形。在日本，人们在近代早期便已对欧洲医学略知一二，并在19世纪中叶以后将这些知识在实践中加以应用。在明治时期，西方现代医学正式取代了传统中医的地位。在新上台的明治政府中，有相当多政客都拥有医学的教育背景。政府在颁布的第一批法令中即规定，自1868年3月起将西方医学作为医学教育的唯一法定内容。自1870年起，日本以德国为榜样，在众多德国医学专家的帮助下，对医学课程进行了全面修改。"旧式"教学内容，也就是中医，将按照政府的意愿逐步被取缔。谁要想做一名拥有从业资格的医生，就必须通过西医考试。这一做法受到了传统医学倡导者的激烈反对。在治疗脚气等日本常见病方面，国内主张西医的一派占据了上风。因为在欧洲，这种病对人的健康已不再构成危害。在现实生活中，两大医学体系以互补的形式继续并存。统计数据显示，在世纪之交时，日本传统中医的比例仍然高达2/3。[69] 在19世纪，从亚洲到欧洲的逆向知识输出则近乎零。尽管人们从个别传教士口中，特别是通过威斯特法伦（Westfalen）① 医生恩格尔伯特·肯普费（Engelbert Kaempfer）1727年出版的日本游记，对针灸等亚洲传统医术有所耳闻，但是中医在西方真正被纳入医疗实践，却

① 原普鲁士省份名。

是从 20 世纪下半叶开始的。新的医学和生物学知识的实际应用
并不是一件自然而然的事情，它既需要有一大批有志于实践的
医生和自愿接受治疗的病人，同时还需要与之相适应的制度环
境，即所谓"卫生事业"。

四 流动的风险——今与昔

鼠疫在地中海沿岸的绝迹

每一场瘟疫给不同社会带来的挑战都是特殊的。每一次瘟
疫的传播都有其特有的速度、特别的空间模式和特定的人群指
向，同时也有其独特的形象（image）以及被人为赋予的特殊意
义。最重要的是，每一次瘟疫都有属于自己的传播方式和与众
不同的传染源。曾在欧洲人的意识里留下不可磨灭记忆的鼠疫
（腺鼠疫）——一种由鼠类经由跳蚤传播给人类的瘟疫，在 19
世纪期间彻底转移到了亚洲。1663～1679 年，一场严重的鼠疫
席卷了英国、荷兰、莱茵河谷和奥地利等地。此后，鼠疫逐渐
在西欧地区绝迹。之前的最后两次疫情，一次是在 1720 年，其
原因是一艘法国轮船把病毒从鼠疫流行的叙利亚带回了法国，
278 导致普罗旺斯 10 万多居民在接下来的两年里染病身亡；[70]另一
次，同时也是巴尔干以外欧洲地区的最后一次大规模鼠疫，发
生于 1738～1742 年，其波及地区包括匈牙利、克罗地亚和特兰
西瓦尼亚（Transsylvanien）等地。由于港口卫生安全措施的改
善，再加上奥地利于 1770 年之后在巴尔干设立的由军队严密把
守的防疫封锁线（cordon sanitaire），病毒从亚洲到欧洲的传播
途径被阻断。[71]法国和哈布斯堡王朝作为抗击鼠疫的两大前沿

国，在防疫方面积累了丰富的经验。欧洲之所以能够在近代晚期成功消灭鼠疫，这两个国家功不可没。另外一个重要因素是，18世纪时，欧洲房屋普遍由木结构建筑改为砖石建筑，使传播鼠疫的重要元凶——家鼠的生存空间大大缩小。[72]

18世纪中叶，中亚地区暴发了新一轮鼠疫，这是自6~8世纪和14~17世纪两轮瘟疫后的第三波疫情。在奥斯曼帝国，库尔德斯坦和美索不达米亚两大传统疫区也遭受到新一轮鼠疫的冲击。在人们眼中，伊斯坦布尔被看作"老鼠的王国"和危险的传染源，奥斯曼军队则是把病毒散布到全国各地的传播者。另外，鼠疫还通过伊斯坦布尔、士麦那（Smyrna）、萨洛尼卡（Saloniki）、阿卡隆（Akkon）等奥斯曼港口城市的离岸船只，以及宽阔的国家公路向各地蔓延。[73]拿破仑军队在1799年从埃及向叙利亚进军的途中感染了鼠疫。为了鼓舞士气，统帅亲赴设立在雅法（Jaffa）的鼠疫隔离病院探望感染瘟疫的士兵。在占领雅法期间，拿破仑军队因感染鼠疫、痢疾、疟疾等传染病身亡的人数超过了一半。[74]在接下来的几年里，在伊斯坦布尔（1812年，15万人死亡）、叙利亚（1812年）、贝尔格莱德（1814年）和萨拉热窝等地，瘟疫一直肆虐不断。1836年，苏丹王的年轻普鲁士军事顾问毛奇（Helmuth von Moltke）亲身经历了伊斯坦布尔的大瘟疫，这场灾难导致近8万人丧生。在返回德国途中，毛奇不得不在奥地利边境接受为期10天的"禁闭"——一种在当时最常见的防疫措施。[75]毛奇因此成为鼠疫灭绝的见证者。在从1824年到1845年的20年里，鼠疫迅速从奥斯曼帝国的领土上消失，只有库尔德斯坦和伊拉克等局部地区偶有例外。严格的隔离措施以及新型国家卫生机构的设立，在这一问题上发挥了关键性作用。然而从疫病史角度看，鼠疫的终结作为奥斯曼帝国历史上一大重要事件，还有许多疑问有待澄清。即使在今天，这段历史也仍然是一个谜。[76]尽管防疫取得了显著的成效，但是直到 1845 年在地中海东部地区出现最后一次疫情之前，鼠疫这片笼罩在欧洲上空的阴云始终没有散去。只要危险存在一天，相关的防范措施便一刻也不能松懈。[77]

279

来自中国的新鼠疫

人类历史上最后一次大规模鼠疫是 1892 年在中国西南部暴发的。1893 年，瘟疫蔓延到南方大城市广州。1894 年，与之相邻的由英国实行殖民统治的香港也受到波及。最迟从这一刻起，疫情引起了国际社会的广泛关注，并造成一片恐慌。1896 年，病毒通过远洋轮船传播到印度，又先后于 1898 年和 1899 年传播到越南和菲律宾。到 1900 年，就连距离遥远的旧金山和格拉斯哥也受到了鼠疫的侵袭。1901 年，开普敦的感染者当中有近一半人死亡，具体数字是 371 人。[78]最令人吃惊的例外是澳大利亚。虽然在港口多次发现疫情，但鼠疫在这里始终没有演变为大规模的瘟疫，其原因在于，政府部门凭本能做出正确判断，并以斩草除根的方式对鼠类展开灭杀行动。[79]这场瘟疫一直肆虐到 20 世纪第一个十年，一些医学史专家甚至认为，它的实际结束期是在 1950 年前后。1910 年，瘟疫通过一艘运送稻米的轮船从缅甸蔓延到从未遭遇过鼠疫的爪哇。1911～1939 年，死于瘟疫的爪哇居民超过了 21.5 万。瘟疫带来的一个后果是，殖民地的居住条件和医疗保障得到了明显改善。[80]

如同这一时期每次瘟疫流行时一样，专家们在第一时刻展开了行动。一开始，人们显得有些束手无策，因为没有人预料到鼠疫竟会在亚洲重现。日本从未接触过鼠疫，在印度，人们对这种疾病几乎一无所知，就连中国人所说的瘟神也从未听说过。随着瘟疫的蔓延，由英国实行殖民统治的香港很快变成了全球鼠疫研究热潮的主要实验场。对疫情高度重视的日本政府迅速派出了曾为科赫担任助手的著名细菌学家北里柴三郎，而巴斯德研究所西贡分所也派遣巴斯德的学生亚历山大·耶尔森（Alexandre Yersin）赶赴香港疫区。正是耶尔森于1894年发现了鼠疫杆菌，为鼠类作为重要疫源提供了明确证据。不久，人们又发现了跳蚤作为传染源的作用。[81]老鼠的厄运从此来临。在鼠疫流行期间，河内市民每打死一只老鼠，便可以从市政府得到0.2皮阿斯特的赏金。这一措施取得了明显成效，但同时也给一些私自饲养老鼠的人提供了发财的机会。[82]1899年，日本出现了个别天花病例，然而大规模的瘟疫并没有发生。从另外一个现象也可看出，这种疾病对日本来说是陌生的：鼠疫在日本被称为"Pesuto"，这是拉丁文的音译，因为在日文里并没有鼠疫这个词。[83]

　　这场流行于世纪之交的瘟疫绝非像当时人们所想象的那样，是凭空而生或是从神秘的"中亚"悄悄潜入的。地处偏远的云南省是黄胸鼠的栖居地，早在1772年，这里便曾有过关于天花的记录。尽管天花病历史在这一地区或许由来已久，但是地区的经济发展才是导致瘟疫肆虐的真正原因。清政府鼓励下的云南铜矿大开发，吸引了周边方圆数百公里的劳动力。1750～1800年，25万外来人口将一片渺无人烟的荒地，变成了一座座工棚遍野、人口稠密的城镇。随着铜矿的开采，贸易和交通日趋繁荣。与此同时，食品需求的增长对邻国缅甸的稻米生产也产生了刺激作用。[84]正是地区交往的大幅度增加，才为鼠疫的

280

流行创造了条件。因此可以说，这场瘟疫是边疆大开发造成的后果之一。其影响最初仅局限于中国国内，确切地讲，局限于中国西南部地区，因为在当时，云南与内地市场的联系仍然十分松散。由于鼠疫最初只是一场中国的国内危机，因此并没有引起西方的关注。19世纪上半叶的经济大萧条，更使人们忽略了这一危险。1856～1873年，一连串的大规模回民暴动使中国西南部地区陷入动荡，同时也为鼠疫的蔓延提供了新的土壤。叛军和暴乱分子成为病菌的主要携带者。与此同时，随着鸦片贸易在沿海地区的兴起，西南各省逐渐被不断扩大的市场网络所覆盖。中国地方志对这场瘟疫在各地之间传播的具体时间，留下了详尽的记载。

中国传统医学对瘟疫并非毫无研究。中医一方面注重个人养生，另一方面则强调人与自然和社会环境的和谐关系。从后一点来看，它与19世纪中叶以前流行于欧洲的瘴气学说（miasma）颇有相似之处。人们往往以念咒画符、公开祭祀或281 其他象征性仪式，作为与瘟疫抗争的群体性手段。与早期近代的欧洲和伊斯兰世界一样，中国人也把瘟疫看作鬼神作祟，或是上天对人类的一种惩罚。为了驱赶瘟神，人们清扫街道，淘洗水井，焚烧亡者的遗物。而中国与前现代欧洲在对待瘟疫问题上的一大区别在于，无论是精通医术的江湖郎中，还是各地官僚，都没有人相信疾病是由传染所致，更无人意识到对感染者和疑似病患采取隔离措施的必要性。然而在西方，这些却是最早在港口隔离区得到验证的有效防疫手段。1894年，香港当局采取了另一种战略，用以抗击瘟疫的威胁。这是国家干预有可能采取的最强硬手段，其出发点系基于一种判断，即认定肮脏的贫民窟是引发鼠疫的病菌来源地。于是，政府下令对这些区域实行封锁，禁止华人与欧洲人接触，拆毁破烂不堪的房屋。这些做法在华人当中引起了激烈乃至暴力的反抗，其参与者不仅是那些身受其害的"贫民"，同时也包括一些热心于慈善的社会名流。

这种反抗并不是亚洲人的迷信和落后思想意识的一种表现，而是人们出于对这类过激手段效果的怀疑而做出的合理反应。当时的西方医学，同样无法为人们提供治愈鼠疫的有效方法，另外，尽管耶尔森已经发现了鼠疫杆菌，但是人们对杀灭老鼠和跳蚤的重要性仍缺乏意识。1910～1911年，中国东北地区再次暴发严重鼠疫，这一次，病菌并非是从南方，而是从蒙古传播而来的。这是东亚历史上最后一次大规模鼠疫。在缺少国外援助的情况下，中国权力机构和医务人员依靠自己的力量，成功战胜了瘟疫。其间，中国首次采取了欧洲的隔离防疫法，并对人群实行严格的健康监控。如果说1894年鼠疫横行时，广州地方官员对待疫情的态度依然是不闻不问，那么这一次，官方的立场则发生了根本性改变。中国君主制政权在1911年被推翻之前，已将防疫事务确定为国家的一项职责。在清期末期，政府将推行有效的卫生政策作为收买民心的手段之一，一方面可以借此提高老百姓的身体素质，另一方面还可以防止洋人以"改造落后"为借口进一步干预中国事务。这些做法，使中国与欧洲在传染病医学和防疫政策领域的差距大大缩小。

在印度，鼠疫的肆虐程度在全世界是空前的。[85] 1896年，瘟疫首先在孟买爆发。在1894～1938年全球死于鼠疫的1320万人当中，大约有1250万来自印度。饥荒和鼠疫的彼此作用，使灾情不断加重。英国殖民当局在印度采取了与不久前在中国香港同样严格的防疫措施，其力度远远超出了以往的历次天花

282

或霍乱疫情。病人被关进收容所，或强行拉到医院实行隔离，在这些地方，病人的死亡率高达九成。当局挨家挨户进行搜查，寻找被藏匿的感染者或病亡者尸体。所有旅行者都必须接受身体检查。为保证通风和采光，人们不惜揭掉屋顶，凿开墙壁。大街小巷，到处都被喷洒上消毒药水。[86]这场声势浩大的行动是多方面因素促成的结果，其中包括来自国际社会的呼吁遏制疫情的压力，防止瘟疫对城市经济秩序造成毁灭性破坏的意愿，此外，还有对科学的意识以及医学界显示自身重要性的欲求，等等。在印度，防疫效果与中国香港一样不尽如人意。人们为了逃避搜捕而东躲西藏，从而导致病毒传播的进一步加剧。但是，政府机构在调整政策方面却表现得较为灵活。以往殖民政府总是将外国人的健康安全放在首位，而忽略了对印度老百姓的保护。这一次，印度政府与晚清政权一样，将建设公共卫生体系确定为自身应尽的职责。

这场发生于世纪之交的亚洲大规模疫情，为国际社会就如何保障欧洲安全问题进行磋商提供了契机。自1851年第一届国际卫生会议召开以来，人们始终将霍乱列为会议的首要议题。[87]1897年，以鼠疫防疫为主题的国际卫生会议在威尼斯举行，中日两国派代表出席了会议。同时，许多欧洲国家还派遣本国防疫委员会代表前往孟买，考察疫情。世界卫生组织的前身——国际联盟卫生组织，正是在这些防疫行动的基础上诞生的。

从疫情的地理分布来看，这场于19世纪90年代初引起全世界关注的鼠疫潮，并不比19世纪的其他几场瘟疫更具"全球性"，从全球化程度来看，甚至还不及14世纪席卷英国的黑死病（这次的鼠疫有可能是与当年英国流行的鼠疫完全不同的另一种疾病）。死亡病例主要集中在印度、中国和印度尼西亚（荷属东印度）。据统计，欧洲死于这场鼠疫的人数大约为7000人，美国有500人，中美和南美也"仅"有不到3万人。"西方"之所以能够在这场瘟疫中幸免，其原因并不仅仅归功于这些"高度发达"国家较为完善的公共卫生设施。"第一"世界与"第三"世界的对立，中心与边缘的对立，并不能为这一问题提供完整的答案。如果没有大范围地域交往的日益密切，如此大规模的瘟疫流行是不可能出现的。这场瘟疫是从中国西南部地区与异地市场的接触开始的。在疫情泛滥后，香港、孟买等航运和铁路业发达的"现代"城市，一度成为全球疫情最严重的地区。卫生标准的低下以及远距离交往的加深，为鼠疫病毒的传播提供了便捷的环境条件。政府对待瘟疫的态度并不能以东西轴线来进行划分。微生物学革命以及刚刚问世的实验医学给卫生政策带来的帮助，在人们的意识里还过于新鲜和陌生，因此，西方国家政府的表现往往并不比亚洲国家更聪明。在旧金山等城市，人们面对瘟疫的威胁干脆闭上眼睛，充耳不闻。在被美国兼并的城市火奴鲁鲁，人们为了发泄愤怒，甚至放火烧毁了华人和日本人的居住区。[88] 在许多国家，一些少数族群，特别是有色人种，往往被看作传染瘟疫的元凶，而不得不接受负责卫生事务的警察的严格监管。摇摇欲坠的中国清政府，是各国政府中对形势判断最理性的一个，它没有像印度的英国政府一样，采取一系列于事无补的过激措施。

来自亚洲的蓝色死神

19世纪末的欧洲绝不是一个没有瘟疫威胁的安全之岛。正当鼠疫在港口城市香港肆虐时，另一座港口城市汉堡也遭受到

霍乱疫情的重创。19 世纪给欧洲带来最大恐惧和威胁的瘟疫，
非霍乱莫属。霍乱并不是一种突发的短期危机，而是给世界许
多国家的生活质量带来严重影响的持久性威胁。霍乱已成为一
种全球性灾害，其阴影几乎笼罩了整个地球。尽管科赫早在
1884 年便在一次由德意志帝国政府资助的加尔各答考察之旅中
发现了霍乱弧菌，从而澄清了人类以往对霍乱病源的种种混乱
猜测，但是又过了整整 20 年，人们才终于找到了治疗霍乱的简
便、廉价而有效的方法：为病体补充损失的水分和盐分。长期
以来，欧洲和其他地区一样，也曾为战胜霍乱做出过无数既荒
唐又可怕的尝试。不愿去看医生的人，往往试着用各种偏方来
解决病痛：樟脑，大蒜，醋蒸，甚至用沥青熏烤。[89]在科赫之
前，欧洲在这一领域的医学知识和治疗经验与中国相比，并没
有明显优势。关于洁净饮用水的重要性，上海名医王士雄在其
编纂的《霍乱论》（1838 年创作，1862 年修订）一书中早有论
述。这些观点是他在未受约翰·斯诺和其他欧洲或英裔印度权
威影响的情况下独立提出的。[90]面对霍乱病毒，欧洲与其他地
区一样束手无策。在整个 19 世纪期间，霍乱的威胁一刻也不曾
消失。每一种疾病在不同的地域，都有其不同的年代史。印度
与欧洲，便是一对差异鲜明的例子。鼠疫在欧洲已有数百年历
史，人们在对它的恐惧中战战兢兢地生活，但同时也随着时间
推移渐渐学会了如何制服它，消灭它。然而在印度，直到 1892
年，当地百姓对鼠疫仍茫然不知。当疫情暴发后，唯一做出反
应并采取针对性措施的，是统治这里的欧洲殖民者。霍乱则与
此不同，无论在欧洲还是印度，霍乱都是 19 世纪送给人类的一
个恐怖之礼。在长达数十年的时间里，在澄清病因和研究对策
方面，欧洲医学界并不比印度人表现得更有智慧。

霍乱是一种流动性瘟疫，这一点与鼠疫相似，而不同于痢疾、伤寒或疟疾。它与鼠疫一样，也是来源于亚洲，因此在许多时代同龄人口中，这场霍乱也被称作"亚洲霍乱"。这一说法唤起了人们由来已久的对东方人入侵——所谓"东方之祸"——的恐惧，而霍乱发作时的病象使这种威胁的面目变得更加可怖。它在毫无征兆的情况下突然袭来，有可能在短短几个小时内便置人于死地，而感染它的概率也与鼠疫一样，超过了50%。从原则上讲，每个人都有可能成为下一个被感染者。与天花等发热性疾病不同的是，霍乱常常也被称为"寒病"，另外，它也不像肺结核那样，可以成为文学家浪漫化描写的对象。感染它的人不可能像痨病患者一样，自怨自艾地一步步缓慢地迈向死亡，而是刹那间便被死神夺去了性命。腹泻，呕吐，面部和四肢部位的紫癜——这些病征与急性砒霜中毒十分相似。

霍乱的传播路径是有清晰轨迹可寻的。早在16世纪初，到印度旅行的欧洲人在游记中，便曾对类似病状有过详细的描述。直到1814年，一些印度地区才开始出现病例增多的迹象。从1817年起，在孟加拉地区，因霍乱导致死亡的人数骤然上升，病毒以前所未有的速度向外部扩散，很快演变为一场跨南亚大陆的大规模瘟疫。医学史学者习惯将疫情暴发的几轮高峰作为研究霍乱病史的坐标：前6轮疫情高峰是于1817～1923年期间出现的，第7轮疫情暴发则是在1961年之后。其中最引人注意的，是每一次疫情结束的突然性。霍乱总是来得快，去得疾，两轮疫情之间的间隔甚至有可能长达数十年。1819年，瘟疫传播到锡兰地区，并经由繁忙的水路航线向各地蔓延，西抵毛里求斯和东非，东至东南亚和中国。1820年，病毒出现在暹罗和巴达维亚，然后一路经过菲律宾，另一路通过缅甸陆路，很快

285

传播到中国南方。次年，两千公里以北的京城也出现了霍乱疫情。1821 年，一支伊拉克军队将病毒带到了巴格达。1823 年，在叙利亚、埃及以及里海沿岸也发现了霍乱病例。在北方，病毒从中国东北传播到西伯利亚。1829 年，疫情扩散到奥伦堡（Orenburg），1830 年蔓延到哈尔科夫（Charkiw）和莫斯科，1831 年春直抵华沙和里加。[91] 1831 年夏，疫情出现在伊斯坦布尔、维也纳和柏林，10 月出现在汉堡，之后从汉堡传播到英格兰，4 个月后又蔓延到爱丁堡。1832 年 6 月，霍乱病毒横越大西洋，据猜测，很可能是通过一艘驶往魁北克的爱尔兰移民船。1832 年 6 月 23 日，纽约发现首例霍乱病例。1833 年春，哈瓦那 12% 的人口死于瘟疫。在墨西哥城，短短几周内便有 1.5 万人被病魔夺去了生命。之后的几轮霍乱浪潮造成了各地疫情的反复暴发，同时还使一些新的地区受到波及。尽管第一轮霍乱在全球肆虐时，已让人充分领教了它的凶猛，然而在许多地方，后几轮瘟疫的破坏力却远在其之上。第三轮霍乱大流行（1841 ~ 1862 年）是鸦片战争期间从中国开始的，并由英印军队将病毒带到了孟加拉。1849 年，巴黎自 1832 年首次受到霍乱侵袭后，再次损失了 1.9 万人口。在同一时期（1848 ~ 1849 年），沙皇俄国大约有 100 万人死于霍乱。[92] 此后，巴黎先后于 1854 年、1865 ~ 1866 年、1873 年、1884 年和 1892 年多次出现霍乱疫情，其破坏力逐次递减。1910 年，法国彻底消除了霍乱。[93] 伦敦自 1866 年起，再未发现霍乱病例。这无疑是伦敦具有示范性的城市现代化改造所带来的一大成果。由于采取了有效的防疫措施，纽约在 1866 年一场席卷全美的霍乱潮中成功得以幸免。美国最后一次霍乱疫情发生在 1876 年。[94]

在克里米亚战争期间（特别是 1854 ~ 1855 年冬天），由于没有任何防疫措施，再加上营地的恶劣卫生条件，霍乱在军队中大肆横行。面对危急形势，弗洛伦斯·南丁格尔（Florence Nightingale）——既是一位富有仁爱精神的护士，也是一位天才的政治家和管理者[95]——等改革派人士发出了改善军队医疗条件的呼吁。在死于战争的 15.5 万英国、法国、撒丁和奥斯曼士兵中，至少有 9.5 万人死于霍乱或其他传染病。1850 年，墨西哥又一次暴发严重霍乱。1861 年，瘟疫侵袭日本。次年，中国再度成为霍乱的重灾区。[96] 1854 ~ 1855 年，在一向有疫源地恶名的慕尼黑，出现了继 1836 ~ 1837 年之后的新一轮霍乱疫情。1873 ~ 1874 年，瘟疫再次卷土重来。[97]维也纳在 1873 年夏季举办世博会期间暴发霍乱，导致近 3000 人死亡。在前几轮瘟疫肆虐时，汉堡虽然也曾或多或少受到波及，但真正的高峰却是在 1892 ~ 1893 年发生的。这一轮瘟疫给汉堡造成了前所未有的损失，其死亡人数超过了以往历次瘟疫的总和。由于这场瘟疫是在社会统计学水平大幅提高的年代里发生的，因此，这场群体性疾病灾害留下的历史资料，比以往任何一次都更加翔实。对灾害造成的社会影响的详尽分析，代表了 19 世纪末人类所能达到的最高水平。[98]菲律宾早在 1882 年和 1888 年便曾两次遭遇霍乱，1902 ~ 1904 年，瘟疫再次暴发，其感染源有可能是从香港和广州进口的被污染的蔬菜。这场瘟疫造成近 20 万人死亡，使美国侵略战争导致的人口损失更加雪上加霜。[99]在那不勒斯，自 1884 年霍乱流行之后，1910 年夏天，病毒从俄国（在当地造成 10.1 万人死亡）再次传入，给当时接纳了众多意大利移民的美国造成了严重的不安。在那不勒斯航运业的施压下，意大利政府想尽办法，对疫情加以隐瞒。在欧洲霍乱史上，这种隐瞒疫情的做法是唯一的一次。[100]

人类死于霍乱的总数是无法估算的。在印度这一全球受灾很可能最严重的地区，1817～1865 年（从这一时期开始，人们尝试对灾情进行统计，这些数据可以为我们的研究提供不少帮助）死于霍乱的人，据猜测大约有 1500 万。1865～1947 年，霍乱再次夺去了 2300 万人的生命。[101] 在大城市，病毒通过被污染的饮用水迅速传播，常常在一夜之间，便有成千上万人被感染。瘟疫传播的迅猛，使人们对疫情严重性的判断难免出现高估。1831～1832 年和 1872～1873 年，匈牙利连续两次暴发大规模霍乱，其程度非其他欧洲国家所能及。19 世纪 70 年代，匈牙利的人口死亡率比前后两个十年整整高出了 4 个百分点。在大城市，每千名居民中死于霍乱的人数，从伦敦的最多 6.6 人、斯德哥尔摩和彼得堡的 40 多人，到 1832 年蒙特利尔的 74 人不等。[102]

1830～1832 年暴发的一场大规模霍乱，在西欧民众的记忆中留下了不可磨灭的印迹。黑格尔和格奈森瑙伯爵（Neidhardt von Gneisenau）① 便死于这场灾难。瘟疫来袭的迅猛势头，如蒙古风暴般所向披靡的亚洲细菌"大军"，以及受害者绝望无助的惨状，导致了人们对这场"新鼠疫"的妖魔化。各式各样的恐惧随瘟疫的肆虐而生：富人对底层百姓的恐惧（后者被视为传播死亡的元凶），穷人对统治者的恐惧（前者认为是当局为了解决失业问题而对自己下毒），"文明世界"对"原始落后"的东方的恐惧（几十年来，西方对自身的优越性已确信无疑。在其看来，东方欲借瘟疫之机来显示其拥有的颠覆性威力）。[103] 当俄国暴发瘟疫的消息传来后，英、法、德等国的医

① 普鲁士陆军元帅，军事改革代表人物。

务人员开始着手为抗击瘟疫做准备。但是，人们对瘟疫的传播范围和传染途径以及应对措施仍然一无所知。尽管生活在印度的英国医生曾对霍乱有过详尽的描述，但是在欧洲，了解这些情况的人为数寥寥。

瘟疫初抵法国时的情景及其对法国城市社会所造成的影响，在史料中多有记载。1832 年 3 月 14 日，在从波兰返回法国的医生中，发现了第一例霍乱病例。不同于鼠疫的是，这一次，病毒并非经由地中海沿岸的各大港口，而是与后来发生的多次疫情一样，是通过莱茵河或英吉利海峡传播到英国的。3 月，死于霍乱的人数大约有 90 人。4 月，数字上升到 12733 人。公共场所变得空寂无人，每个有条件的人都在想办法逃离城市。如何清运尸体，已经变成了一件难以解决的麻烦事。街头巷尾，到处流传着关于霍乱病因的谣言。一个古老原始的时代，在谣言里复活。[104] 抗议和暴乱此起彼伏，至少造成 140 人死亡。 288
1832 年 10 月 1 日，霍乱疫情得到平息。与每次瘟疫暴发时一样，底层老百姓是整个社会中受创最严重的阶层。在这些遭遇霍乱的国家中，有些正处于政治发展史上最动荡的年代。法国刚刚经历了 1830 年的大革命，七月王朝统治下的社会新秩序还没有形成。霍乱暴发之际，"被解放"的资产阶级正在着手为其接管的国家机器寻找新的任务。于是，这场霍乱便成为国家采取新的方式对社会生活实行调控的一场试验。[105]

印度 1817 年暴发霍乱的一刻，正值英国殖民者以军事手段制服最强大的印度对手——马拉地（Marathen）土邦，为巩固自身统治进行社会整顿之时。军队的后续调动为病毒的传播创造了条件。此外，印度刚刚对新教传教士放开了禁令。在印度人看来，瘟疫的暴发与殖民统治有着密切的关联。人们普遍认为，是因为英国人破坏了印度教的禁忌，才招来天神对人类的报复。因此，无论对英国官员还是印度农民来说，霍乱的意义都不仅仅是一场疾病灾害，而是对"秩序"的一种破坏。[106] 在整个 19 世纪期间，英印殖民政府在霍乱问题上一直采取自由放任（Laisser-fair）政策，而没有像 19 世纪 90 年代对付鼠疫一样，实施严格的卫生防疫措施。没有封锁，没有隔离，只是对朝圣的印度教徒稍稍加强了控制，因为人们意识到，这些人的行为有可能具有促进瘟疫传播的作用。1865 年发生的爪哇教徒将霍乱病菌带到麦加，并通过埃及航运引发全球多米诺效应的事件，为此提供了证据。[107] 在霍乱病因被澄清之前，人们宁愿采取听天由命的态度。这种反应是由两方面因素决定的：其一是殖民政府以低成本解决问题的倾向，其二是教条化的自由主义之风。后者所根据的是当时英国和印度医学界的主流观点：在霍乱的传染性特征没有得到确认的情况下，任何劳民伤财的卫生防疫措施都是多余的。

在欧洲大陆，各国普遍采用对付鼠疫的方式来应对霍乱，封锁和隔离被视为有效的防疫手段。俄国、奥地利和普鲁士设立了一道挨一道的封锁线（cordons）：沙俄在亚欧交界的喀山（Kasan）；普鲁士在紧邻东方的波兰边境沿线；普鲁士在长度仅200 公里的安全带上，派驻了整整 6 万名士兵。每一个穿越边境的人，都要由检疫人员严格按规定实行隔离和消毒。每一张纸币都要清洗，每一封信件都要熏蒸。[108] 这些做法的依据，是得到医学权威和政界支持的一个理论：霍乱是通过空气、水和直接接触传播的。在不赞成"传染论"的地区，例如在彼腾科费尔所在的巴伐利亚，看不到任何一处防疫封锁线或隔离区。而疫情不可阻挡的蔓延势头，更令人们对传染说的正确性产生了质疑。人们同时也开始怀疑，那些依照暹罗国王的旨意排演的祭祀歌舞，是否真的能起到驱瘟祛灾的作用。在各种理论的交锋中，19世纪90年代，"新检疫法"在欧洲重新占据了上风。[109]检疫成为航运大规模扩张时代国际旅行的一个重要标志。各大港口纷纷配备了高效而简便的检疫设施，以博取旅行者和商人们的信任。贝鲁特之所以能够在19世纪30年代成为"黎凡特（Levante）① 之门"，正是从现代传染病医院和检疫站的建成开始的。[110]那些既不愿意也没有能力阻止移民涌入，但同时又不得不采取防范措施的移民国家，所面临的困难尤为棘手，尽管严格检疫措施的有效性最初并没能得到充分的证明。[111]

天花、鼠疫、霍乱、黄热病和流感是流动的、从某种意义上讲适合于全球化的疾病，对人类来说，它们是具有军事化特征的敌人：进攻，征服，撤退。大部分情况下，人类只能将希望寄托于物理性防御：隔离和封锁。19世纪，随着国际贸易和航运交通的发展，病毒传播的速度大大提高。人、动物，甚至商品，都有可能被感染，并成为导致病毒蔓延的可怕传染源。[112]除此之外，还有一些非大规模传播、影响仅限于特定区域的地方性传染病，同样也给人类带来了痛苦和死亡。

在19世纪，这类疾病的典型代表是伤寒，它是人类特殊历史困境的一个重要指征。在历史上，有关饥饿型伤寒的经典描写出自鲁道夫·菲尔绍（Rudolf Virchow）之手。这种疾病的易感人群，主要是营养不良、生活处境"极端凄惨"的穷人。1848年2月和3月间，菲尔绍以普鲁士宗教、教育与医学部特

290

---

① 泛指地中海东部地区。

使的身份走访了上西里西亚地区（Oberschlesien），随后根据其所见所闻，为人们描绘了一幅黑暗压抑的中欧贫困地区社会百态图。[113]工业化和城镇化，将无数欧洲大城市变成了"多发性伤寒"的固定滋生地。伤寒同时也是一种军队流行病，是军事不发达的标志之一。当年，拿破仑的大军自1798年通过受污染的尼罗河水感染伤寒病之后，便再也没能摆脱瘟神的困扰。1808年在西班牙，伤寒再度肆虐。而更大规模的暴发，是在讨伐俄国的征途上。1870～1871年德法战争中，在梅茨周边地区出现了局部性伤寒疫情。在1877～1878年的俄土战争中，伤寒病的横行又一次达到巅峰。可以说，在人类进入新世纪之前，每一场伤寒疫情都有可能把一个国家的军事医疗体系推到毁灭的边缘。[114]

最后值得一提的传染病，是斑疹伤寒。它外表"其貌不扬"，其发作时，也不像恐怖的末日骑士一般，不加选择、"讲究民主"地把社会最高贵和最低贱的人统统踏在自己足下。斑疹伤寒是一种由寒冷导致的恶性疾病，与热带疾病恰恰相反。它的传播是以人虱为媒介，其主要发病人群是那些居住空间狭小、卫生和取暖条件差、没有办法做到勤换衣勤洗澡的人。斑疹伤寒与伤寒和痢疾一样，也是一种传统的战争瘟疫。在第一次世界大战之前，欧洲的每一场近代战争无一不与斑疹伤寒相伴。拿破仑大军到最后仅剩下一成，其原因并不是因为对手的强悍，而是由于痢疾和斑疹伤寒的侵袭。

医学旧时代的尾声

从多重角度看，19世纪都依然属于医学发展史的旧时代。高危人群仍然存在，而首当其冲的是各个国家的军人。欧洲征服新西兰的战争，或许是 19 世纪唯一一场阵亡人数超过死于疾病人数的战争。与其相反的另一个极端例子，是 1895 年马达加斯加之战。在这场战役中，大约有 6000 名法国士兵死于疟疾，而死在战场上的却只有寥寥 20 人。[115] 医学史的新时代是在欧洲以外，随着 1904～1905 年日俄战争的爆发才真正开始的。在这场战争中，由于事先给士兵注射了各种疫苗，再加上军队配备的优良卫生和医疗装备，日本成功地将疾病导致的人员损失减少到死亡总数的 1/4。[116] 一心图强的日本军国主义者要想摆脱军事上的落后地位，珍惜和爱护稀缺的物质与人力资源，是其唯一的出路。但是，医学旧时代实际上早在 19 世纪已然进入了尾声。尽管经历了无数挫折与坎坷，但进步却是毋庸置疑的。笼统地讲，这一过渡可分为三个层面，或者说按时间顺序排列的三个阶段。

第一个层面是：琴纳牛痘接种术的发明使全球天花发病率大幅下降，另外，从金鸡纳树皮中提炼的生物碱的成功研制和应用，使人类预防和治疗疟疾的能力大大提高。1840 年特别是 1854 年之后，疟疾死亡率——至少对欧洲人而言——已呈现下降的趋势，并以此为欧洲征服南半球的军事行动提供了至关重要的条件。[117] 这是微生物学问世前仅有的两项具有全球性影响的医学发明。

第二个层面是以巴斯德和科赫为代表的实验医学的诞生。实验医学是该时代的一项重要发明，它于 19 世纪 70 年代初次显露威力，并在接下来的十年里发展成为学术界的一个独立学科。但是，从各种疾病病源的发现到成功找到可应用于实践的预防术，甚至是可以大规模推广的治疗方法，却经历了一个漫长的过程。此外，对于人类能否在实验室里进行真正的科学研究，在"西方"社会中也长期存在争议。这些质疑往往被人们用来作为反对动物实验（"活体解剖"）的理由。[118]

在琴纳和巴斯德分别写下医学史新篇章的两大里程碑之间，是一个中间期，即我们这里所说的第三个层面。这一阶段的胜利者是实践，而非理论。那些伟大的代表人物更多是社会改革家和医疗卫生的实践者，而不是显微镜背后的研究者。[119]这里的实践指的是 19 世纪中叶由西欧和北美发起，并于不久之后在世界其他地区至少造成局部性影响的卫生运动。早在因果关联得到科学上的论证之前，人们已经凭经验认识到，在城市里，如果有洁净的饮用水和良好的排污系统，并做到有组织地清运垃圾（与今天不同的是，在 19 世纪，需要清理的垃圾主要是煤灰和马匹粪便等有机物）和清扫街道，人的生活会变得更健康。在人们还没有能力从细菌学角度为洁净水做出定义之前，这些认识已然深入人心。

第三个层面所涉及的是观念转变的问题。从根本上讲，观念的转变是由不同的文化背景决定的，而非取决于对来自欧洲的最新科学理论的正确认识。在拥有改善城市健康状况的意愿并愿意（并有能力）为此投入财力的社会里，人们所收获的是寿命的提高、军队战斗力的增强，以及更大的社会活力。而对瘟疫的不同经验，亦有可能导致国际力量对比的改变。全球卫生改革或曰"卫生革命"是 19 世纪的重大突破之一。它于1850 年之后在西欧和北欧兴起，并一直延续到今天。这场运动很早便传播到印度一些地区，然后是中东欧地区和俄国，大约从 1930 年起，又陆续影响到巴西、伊朗和埃及等国家。[120]我们应当避免把这场全球性进程，简单地解释为工业革命或这一时代诸多科学新发现的直接后果。国民收入的增加与新的专业知识的出现，并不能直接转化为全社会健康水平、人均寿命与生活质量的改善。除上述条件之外，固有观念的转变也是必不可少的，即愿意接受新的思想，不再将瘟疫看作上天的惩罚或对人类个体和群体不当行为的报复，这种转变亦可被称为医学世界观的去道德化。人们对社会干预在防疫问题上的作用认识愈明确，国家推行的公共卫生体系建设便可以获得愈多的支持。由中央统一管理、在处理地方问题时拥有较大自主权的地方卫生网络，或许称得上具有决定性意义的一项创新。伦敦、纽约等城市，在这方面堪称全世界的佼佼者。如今，每个人都希望水管里能够流出干净的饮用水，希望那些令人厌恶且望之生畏的污物能够得到有组织的清理。与此同时，消费者也愿意为有利于健康的卫生设施支付费用。

293

与那些曾经肆虐欧洲的各种瘟疫相比，热带病——在赤道地区的特殊气候条件下出现的疾病——在 19 世纪尚未得到同样有效的遏制。相对于城市而言，改善非城市地带的生活环境，耗费的成本也更高。在热带地区，这一问题尤其突出。进步的迟缓是由多种因素造成的：一方面，殖民医疗体系的覆盖范围相对有限，尽管在治疗嗜睡症等疾病方面取得了一定效果，但还远远没有具备从源头有效遏制瘟疫的能力；另一方面是清除传染病隐患所需的高昂成本，例如抽干孑孓滋生的洼地（1879年之后，人类才确定许多传染病是由蚊虫叮咬传播的）。这些费用既无法由当地财政来支付，更不可能由殖民国家的税收体系来承担。此外，营养不良与抗病能力的低下形成了恶性循环，而欧洲和北美则有幸可以逃脱这一怪圈。很多迹象显示，在全球抗击瘟疫的整个过程中，在地球的温带地区，人们在减轻生物学和经济负荷方面所需要的时间比热带地区短得多。气候虽然并不是决定经济能力的直接原因，而且人们也无法因此排除社会和政治因素的影响，但是，我们不能不承认，热带地区所承受的健康负荷比气候温和地带大得多。在一些热带国家，这种情况甚至导致"环境宿命论"的出现，使人们对进步和发展的渴望受到了抑制。[121]热带疾病学当年是否曾经是医学帝国主义的一门工具，对此我们很难一概而论地做出判断。在某些方面（如疟疾），它的确曾为欧洲和北美的殖民战争提供了医学上的帮助，但在另外一些方面（如黄热病），情况却未必如此。一方面，许多重要的医学发现是在殖民地诞生的；另一方面，一些在欧洲受到排斥的医疗和药物试验，也是在殖民地完成的。在殖民地，医疗和卫生业的首要目标，是改善殖民者的生存条件。但与此同时，在许多殖民地，人们同样也希望借助医学手段提高被殖民者的劳动能力，并以此使殖民统治的合法性得到巩固。从病源地入手，对一些有可能在全球流行的瘟疫——例如鼠疫——加以遏制，是人类的一种新理念，它为传统的封锁和隔离战略提供了有效的补充。防疫工作是国际社会的一大职责，对此，人类在 19 世纪已达成共识。在进入 20 世纪之后，瘟疫预防逐渐发展成为全球危机管理和危机预防的重要领域之一。

五　自然灾害

在 19 世纪，除了瘟疫之外，其他威胁人类生存的杀手也并不罕见。自然灾害从形式上看，是从外部干预历史的一股力量。它是反历史的，它是自由的行动者和不受约束的变量。而最具毁灭力的，是那些人类无法防备也对其奈何不得的灾害。地震便是其中之一。人们可以记录地震——或者洪水和火山爆发——的历史，却无法将这些历史书写成一部进步史。直到 20 世纪下半叶，地质学、气象学以及探测技术的发展，才为人类提供了一定程度的避灾可能性。人们可以预报灾害，也可以通过有限的手段对其加以预防。

地震和火山

从对人类心理造成的冲击来看，在 19 世纪欧洲经历的所有事件中，没有哪一个事件能够与 1755 年的里斯本大地震相比。时隔 30 年后，当人们听到海顿的弦乐四重奏《耶稣基督的临终七言》（*Die SiebenletztenWorte des Erlösers am Kreuz*）时，仍然能够感觉到那莫大的恐惧所留下的余悸。海因利希·冯·克莱斯特（Heinrich von Kleist）早期创作的小说《智利地震》（*Das Erdbeben von Chili*，1807 年），便是根据 1647 年的一个真实事件改编的。与里斯本地震一样给人类留下刻骨记忆的，是 1906 年 4 月 18 日凌晨 5 时发生在旧金山的大地震。许多维多利亚时期修建的毫无抗震能力的房屋，转眼间变成了一片瓦砾。整个社会的正常秩序陷入了崩溃的边缘，趁火打劫的现象随处可见。旧金山市市长向警方和军队发出了求援的呼声。在接下来的几天里，地震引发的火灾吞没了大半个城市。在最危急的时刻，数万名难民经过海上通道被救出。据称，这是 1940 年英法联军敦克尔刻大撤退之前规模最大的一次海上转移行动。在这场地震中，3000 多人被夺去生命，22.5 万人变得无家可归。[122] 幸好早期的水泥建筑比砖石结构的房屋具有更强的抗震能力，不然的话，一定还会有更多的人成为这场地震的牺牲品。从伤亡数字来看，1906 年的旧金山地震与 1923 年造成 10 万余人丧生的

295

日本关东大地震相比，可谓小巫见大巫。后者是一次具有重要历史意义的事件，一方面是因为这场地震受到了媒体前所未有的巨大关注，另一方面是因为它与1891年本州岛发生的大地震（约7300人死亡）一样，被视为"民族"灾难的新化身。当年的本州大地震曾在日本引发了一轮反对全盘西化的浪潮，因为在地震中倒塌的大多是依照欧洲样式建造的房屋。在日本，人们将这些灾难看作大自然对坚不可摧的大和民族的一种挑战，同时也是日本国民通过救灾和重建显示其团结和意志力的良好时机。[123] 日本人在地震中的表现，反映了人类应对自然灾害的一种普遍趋势：19世纪70年代，来自洛基山脉的蝗群在美国西部引发了大规模灾害，造成了不可估量的损失；美国政府宣布将蝗虫列为民族的敌人，并调动军队赴灾区救援。指挥救灾的是一位曾经领导过美国内战和镇压印第安人行动的老牌将领，在当时的情形下，这样的人选实在是再合适不过。在军队的组织下，赈灾物资被统一有序地发放到受灾农民的手中。仅1874～1875年冬天，在科罗拉多、达科他、爱荷华、堪萨斯、明尼苏达和内布拉斯加等州发放的赈灾食品，便多达200万份。这是1865年内战结束后美国投入人力、财力和物力最多的国家行动之一。[124]

　　火山爆发和地震一样，也是一种突发的地方性灾害，但是其波及的地理范围很可能在后者之上。位于今天印度尼西亚巽他海峡喀拉喀托（Krakatau）岛上的同名火山的喷发，便是这样一场具有全球性影响的地质灾害。1883年8月27日从这座火山中喷出的火山灰，撒遍了整个地球。由此引发的海啸，夺去了东南亚沿海近3.6万人的生命。地震监测设备在当时已十分普及，以至于在地球的每一片陆地上，都有人测出了从喀拉喀托发出的地震波。一场地方性自然灾害也因此演变为一场全球性科学事件。[125] 相比之下，1815 年 4 月 10 日印度尼西亚松巴哇岛（Sunbawa）上的坦博拉（Tambora）火山的喷发，却未曾引起世人太多的关注，虽然其爆发的强度以及所造成灾害的程度，都远远超过了喀拉喀托火山。据猜测，受灾地的死亡人数多达 11.7 万。在火山灰的笼罩下，印度尼西亚群岛的大部分地区连续三天三夜看不见天日。火山喷发时的巨响一直传到了几百公里之外，被很多人误认为是开炮的声音。望加锡（Makassar）和日惹（Jogyakarta）等地的军队，甚至做好了随时投入战斗的准备。碎石和火山灰如雨点一般，洒落在这个人口稠密、以出口加工业为主的小岛之上。森林大部分被毁，由火山喷发引起的海啸将靠近海岸线的稻田尽数吞没。坦博拉山的海拔高度从火山爆发前的 4200 米下降到 2800 米。整个岛屿几乎已无法再供人类居住。受伤灾民得不到救治，食品供应匮乏，饮用水受到了污染，岛上的生活只能依赖进口物资维系。直到几个月后，外界和殖民当局才大致掌握了松巴哇岛的受灾情况，但是，调遣人员赴灾区救灾在当时却是行不通的。巴厘岛、龙目岛等邻近岛屿，都被一层厚达 20～30 厘米的火山灰所覆盖。这一年，这些地方也和松巴哇一样颗粒无收，并由此导致饥荒的暴发。直到 1821 年，巴厘岛的农业仍未能恢复元气。但是从 20 年代末开始，在火山灾害中损失了 2.5 万人口的巴厘岛，却渐渐尝到了火山灰的肥田效应所带来的好处。今天巴厘岛农业生产的繁荣，与此不无关联。

坦博拉火山的喷发在世界范围内造成了影响。1815 年，欧洲和北美许多地区经历了有气象记录以来最寒冷、最潮湿的一年，就连接下来的 1816 年也以"无夏之年"之名被载入史册。

296

新英格兰和西加拿大是受波及最严重的地区。瑞士、德国、法国、荷兰、英国和爱尔兰等国家也出现了气候异常的情况，农业歉收成为各地的普遍现象。在瑞士，甚至暴发了饥荒。时隔几年后，平流层中的颗粒物仍然对光照发挥着阻碍作用，从而导致气温比历史平均水平低了3℃到4℃。1816～1817年冬天，南莱茵兰和瑞士遭遇了空前的粮荒。霜冻期提前和恶劣天气使波罗的海沿岸港口的航运受阻，导致进口粮食供应全面崩盘，食品紧缺、物价上涨、非农业品需求下降等连环效应也随之出现。大批的灾民纷纷逃往俄国和哈布斯堡王国，或从荷兰港口乘船逃往新大陆。许多身无分文的灾民在港口登船时被拒，因而不得不一路乞讨，重又踏上返乡之路。这场1815～1817年发生在中欧地区的突发性农业危机，往往被看作人类经历的最后几次"旧式"危机之一。一些历史学家甚至认为，这场危机破坏了欧洲国家政权的稳定。但是直到20世纪，历史学家和气候学家方才认识到，当年引发这场危机的导火索来自遥远的印度尼西亚。[126]

水利

在部分由人为因素导致的自然灾害谱系中，水灾是一个极富代表性的例子。尽管水灾与降雨量和积雪融化之间存在一定的规律性，但是即使在今天，准确地预报水灾仍然是一件难事。在一些国家，人们很早便开始尝试对水流的自然状态进行调节。虽然这些工程只有在少数亚洲国家才具备完整的"水利学"特征，但可以肯定的是，在世界某些地区，农业等行业只有在人工灌溉和防止洪涝的基础之上才能得以维系。许多地区早在古代便已发明了与此相关的必要技术，并随着时代的发展不断对其加以完善。19 世纪期间，水利技术的进步实现了新的飞跃。借助新的技术，人类完成了上莱茵河河道和莱茵河入海口的改造，以及北美、中欧与后来埃及和中美洲的大型运河建设项目。另外，许多地区还在古代设施的基础上，利用现代技术，建成了新的水利灌溉系统。例如，印度早在 19 世纪 60 年代便提出了在孟买地区修建大型灌溉设施的倡议。[127] 从 1885 年起，英印政府花费了数十年时间，对位于今天巴基斯坦旁遮普地区、由莫卧儿王朝修建的水利设施进行改造和扩建，通过这种方式将印度西北部的干旱高原变成了小麦种植田。人们到外地招募劳动力，用顺从殖民者统治并依法缴纳赋税的外来农民替代本地的牧民。[128]

当以满足公共利益为目标的统筹调节被私欲驱动下的无序滥用取代时，那些脆弱的水利灌溉系统很可能会被一点点侵蚀，并逐渐丧失其应有的效能。此外，水利设施只有通过持续不断的技术维护，才能使其最基本的功能得到保障。[129] 当发生战争时，水利设施随时有可能在炮火的攻击下毁于一旦。在 13 世纪，美索不达米亚平原的水利灌溉设施便曾遭遇这样的厄运。而最严重的灾害，往往是由堤坝溃决造成的。这不仅是那些围海筑堤的沿海地区，同时也是大的江河流域所面临的持久威胁。拥有悠久水利历史的中国，是这类灾害的多发地。事实上，19 世纪最严重的几场洪涝灾害，的的确确是在这里发生的。研究人员尝试利用文献资料中有关赈灾减赋的各种记录，对黄河这条中国水患最严重的河流历次泛滥所造成的损失加以估算。数百年来，黄河沿着不断被加高的河堤，一路穿过河南和山东，流向大海。堤坝的溃决，成为日益严重的一大隐患。1855 年，黄河北堤在河南境内发生

298

决口，汹涌的洪水一直漫延到 300 公里之外。官府派出 10 万余名壮年男子赶赴决口处救险，但是在滔天的洪水面前，人们却只能望洋兴叹。这条中国第二大河流发生了自有历史记载 361 年以来第六次大的改道，河流走向从过去的东南向改为东北向，入海口的位置向北偏移了足足 300 公里。从此之后，面积与黑森州相仿的大片耕地（其中 60% 位于河床高度以下），成为洪涝灾害的重灾区。

1938 年，中国当局为抵御日本侵略，下令炸开黄河大堤，导致黄河沿岸近 90 万人丧生。相比之下，19 世纪死于洪涝灾害的人数则"少"得令人吃惊。其原因在于，晚清政府在倒台前仍在竭尽所能做好洪水的预报工作，并在某些地段加筑了高度低于黄河大堤的第二道防洪堤。但是，因洪水肆虐而丢掉性命或失去家园的人，仍然不计其数。此外，洪水的暴发往往还伴随着饥荒和瘟疫。据官方记载，在 19 世纪 80 年代和 90 年代发生的历次水患中接受官府赈济的灾民人数，最多时甚至达到了 270 万，相当于山东人口总数的 7%。社会矛盾不断激化，烧杀抢掠的事件时有发生。在土匪猖獗的地盘，在太平军和捻军曾经活跃的地方，或是老百姓通过民兵形式武装起来的地区，社会秩序很快便陷入崩溃。在多数情况下，社会动荡并不是单纯或直接由自然灾害所导致的结果。但是，对于中国北方这片旱灾与洪灾一样频繁的土地而言，自然灾害无疑是引发动荡的一个不可忽视的因素。[130] 在中国北方，水灾绝不是一种简单意义上的"人祸"（man-made disasters）。在这一地区，人们所面临的工程技术、施工组织和资金方面的挑战，用一切可以想象的标准来衡量都是空前的。河堤防务作为 19 世纪清政府下设的规模最大的专项职能部门，在擅权妄为的同时也部分履行了自己的职责。但是，在腐败加剧、国家财力削弱、管理无序、行动的被动性和无预见性以及对新技术的排斥等诸多因素的影响下，河道管理的效率大大受到了限制。[131]

　　从总体来看，传统的基本格局在 19 世纪并没有发生大的改变。原则上讲，这一格局甚至一直延续到今天。拜自然条件所赐，欧洲人不必像亚洲大部分地区一样，整日在自然灾害的威胁下惴惴度日。当时，从国家机器的调控能力而论，各国之间并不存在明显的差异（在与自然灾害打交道方面，任何一个国家都不及中国有经验）。即使在"西方"，也需要有强大的外部动力，才能使自然灾害成为国家行动的一个理由。在这方面，欧洲有可能拥有一定的优势：人们可以用更多的资源来应对数量有限、危害性较小的灾害。但是从普遍情况看，受灾者更多是依靠自救或邻里亲朋之间的互助。在 19 世纪，无论医疗救援或其他形式的人道主义援助，还是来自国际方面的赈灾支援，都仍然是一个空白。这些都是 1950 年之后出现的新事物，其前提是在国际共同体建立过程中形成的空中桥梁的理念，以及对救援责任的道德意识。这是近现代史上人类文明所取得的最大进步之一。

300

六　饥荒

　　饥荒究竟在多大程度上是由人为因素造成的，对此很难有明确的定论。此外，如何定义"饥饿"，同样也是一件难事。其原因有二：一方面，饥饿是"由文化架构的"。人们口中所说的"饥饿"，并非在任何时间和任何地点都有着同样的含义。另一方面，除了人类生理以及不同文化背景下对饥饿的"语义

学"定义之外，还应当考虑哪些因素，才能对"饥饿"的本质
形态获得相对全面的认知，同样也是一个疑问。这个大的问题
还可以分解为不同的小问题：①食物的数量问题；换句话说，
根据不同的年龄和性别，一个人至少需要摄入多少卡路里的热
量，才能使生命得以维系；②膳食的质量问题，同时还需要考
虑营养欠缺有可能造成的危险；③食品供应的规律性与可靠
性，供应方式包括自给、分配或市场；④社会分配的真实状
况，或者说膳食水平的阶层差异；⑤在不同的社会环境下，人
类与饮食相关的诉求和权利（entitlements）；⑥必要时可以调
动的饥荒救助机制，其中既包括政府层面，也包括私人慈善层
面在内。

欧洲最后的饥荒

对饥荒的一种简单划分，是将其划分为慢性饥荒或曰长期
性食物匮乏，以及以高死亡率为特征的突发性饥荒，即导致群
体性死亡的饥荒。[132] 后一种饥荒在 20 世纪比在 19 世纪更具有
代表性。20 世纪是医学大发展和人类寿命翻番的时期，同时也
301 是人类记忆中大饥荒暴发最频繁的时期：1921～1922 年、
1932～1934 年在苏联，1943 年在孟加拉，1941～1942 年在华沙
犹太人聚居区，1941～1944 年在德军围攻斯大林格勒时期，
1944～1945 年冬天在荷兰，1959～1961 年在中国，1984～1985
年在苏丹。大饥荒的后果是不受文化因素制约的，无论在何地，
人们看到的都是同一幅景象：各个年龄段的人——首当其冲的
是老人和儿童——能找到的食物越来越少，质量越来越差，而
不得不以草根、树皮和不洁的动物肉为食。人们一个个变得骨
瘦如柴，形容枯槁。饥饿还将不可避免地引发坏血病等附带效

应，特别是在那些习惯于富含维生素饮食的地区（如爱尔兰）。人类的求生本能将社会和家庭的纽带硬生生扯断，对食物的争夺常常使亲人反目，邻里成仇。自杀，卖子，动物吃人的事件时有发生。关于人吃人的问题，尽管相关的报道未必完全可信，但是这种现象本身毕竟与饥荒中的绝望场景是相吻合的。对幸存者来说，饥荒将成为其一生无法摆脱的梦魇。在大饥荒时期出生的一代人，身体往往会受到持久的物理性损害。对饥荒负有罪责或在救灾方面表现不力的政府，很可能会为此背负长达数十年的恶名。对饥荒的回忆将作为人类的群体性记忆被永远铭记。

那么在 19 世纪是否也曾发生过类似的饥荒呢？如果有，又是在哪里发生的呢？在历史教科书中，这一问题很少被提及。在德国，当人们谈到饥荒时，联想到的首先是三十年战争特别是 1637 ~ 1638 年的饥饿时期，以及 1771 ~ 1772 年的大饥荒。1816 ~ 1817 年，同样也是一个与饥饿相伴的年代。1846 ~ 1847 年，当这种"古老形式"的生存危机再度肆虐之后，这类因粮食歉收、赋税过重和政府不作为而造成的饥荒便彻底从中欧国家和意大利（1846 ~ 1847 年大饥荒的重灾区）的历史上销声匿迹了。[133] 当然，当我们谈论这段历史时，必须将其放置于更大的历史框架内加以考量。我们不应忘记的是，拿破仑战争的年代对欧洲许多地区来说，也是以饥荒为特征的。甚至在当时欧洲最富有的国家英国，在 18 世纪 90 年代这一多重意义上的困难时期，也曾多次出现由饥民发起的暴动。虽然在英国，由于《济贫法》的制定以及宗教和私人慈善业对该法案的鼎力支持，对穷困人口的救助已远远超出了欧洲其他国家。当时在英国，真正饿死人的事件并不多见。但对于大多数老百

姓来说，日子明显变得拮据起来。吃不起面粉的人，只能把
口粮换成大麦。连大麦也仍然负担不起的人，只能靠马铃薯
302 和萝卜来糊口。在每个家庭里，女人和孩子的付出往往更大，
因为他们要省出粮食给男人，好让他能够积攒体力，外出打
工挣钱。家庭财产纷纷被变卖，盗窃案件的发生率迅速上升。
值得注意的是，这些饥荒现象发生的背景，是一个有能力通
过海外渠道保障本国食品供应的国家，因为这个国家拥有得
天独厚的两大优势：一是财富，二是 1800 年以后建立起来的
全球网络。[134]

　　1816 ~ 1817 年之后，在整个欧洲大陆，以饥荒为形式的生
存危机的危害性逐渐下降。在一些历史上的饥荒多发区，例如
18 世纪 80 年代之后的巴尔干，饥荒渐渐变成了一种罕见的现
象。西班牙仍然是灾害的易发地，1856 ~ 1857 年，这里又一次
遭遇了严重的生存危机。芬兰甚至在 1867 年还经历了一场因粮
食歉收而导致的饥荒，在全国 160 万居民中，近 10 万人在饥荒
中丧生。而真正意义上的最后一次欧洲大饥荒，是在俄国西部
发生的。[135]在同一时期和相似的气候条件下，瑞典北部的北博
滕省（Norbotten）同样出现了严重的食品紧缺，但是由于救灾
组织工作较为周密，瑞典死于这场饥荒的人数比邻国芬兰少得
多。[136]在整个 18 世纪，苏格兰并没有像法国等国家一样遭遇严
重的饥荒。自 1690 年以来，只有 1846 年和 1855 年是苏格兰最
困难的年头。造成危机的原因是西部高原和各个岛屿的马铃薯
连年歉收。苏格兰高原的饥荒虽然没有造成大的人口损失，但
对移民潮的兴起却产生了巨大的推动作用。因此，从人口学角
度看，其意义是不可低估的。这场饥荒是不列颠群岛经历的最
后一次重大的生存危机。[137]

欧洲的个案：爱尔兰与沙俄帝国

在联合王国最贫困的地区——爱尔兰，1845～1849年的连年马铃薯歉收引发了一场大规模饥荒。这里的薯苗染上了一种神秘的霉疫——"马铃薯晚疫病"（Phytophthorainfectans）。[138]在这个受马铃薯病害侵袭的国家里，穷人一直过着衣不蔽体、食不果腹的生活，既没有地方住，也得不到任何受教育的机会。早在饥荒暴发前，来这里旅行的英格兰游客便曾对爱尔兰百姓的悲惨生活，有过许多令人触目惊心的描述。对于来自一个人均收入高出两倍的国家的贵族或平民旅行者而言，这样的反应是在所难免的。但是，为了准确地把握比例关系，我们必须看到，在当时的欧洲国家中，爱尔兰并不是最差的一个。这个国家1840年的人均收入与同一时期的芬兰、1870年的希腊、1890年的俄国或是1970年前后的扎伊尔，处于同一水平。

1845年，马铃薯的收成比平常年份减少了1/3。1846年，收成只有往年的1/4。1847年，形势略有改善。但是到了1848年，却几乎颗粒无收。与其他各地饥荒的区别在于，爱尔兰大饥荒几乎完全是由食物匮乏直接导致的。粮食涨价、投机倒把等早期近代史上常见的引发饥民暴动的导火索，并不是造成这次饥荒的重要原因。如果以马铃薯种植田的面积作为衡量受灾程度的标准，情况就会变得更加一目了然。在饥荒暴发前，马铃薯的种植面积大约为200万英亩，到1847年时，却只有不到25万英亩。1847～1848年，灾民的死亡人数达到高峰。痢疾、伤寒等传染病的流行，使人口下降的形势更加严重。成千上万人死在贫民窟里。与此同时，出生率也急剧下降。不愿生孩子的，不仅仅是穷人，因为在传染病面前，没有一个人是安全的。

303

与 19 世纪传染病流行时的常见情况一样，许多医生也被瘟疫夺去了性命。当今的研究结果证实了人们以往的判断，死于这场饥荒的人数多达 100 万。而在受灾之前，爱尔兰的全国人口也仅有 850 万。此外，还有大约 10 万人死在逃荒途中或初抵异乡之后。

这种毁灭性疫菌当初究竟是通过何种途径进入爱尔兰的，对此人们迄今没有找到明确的答案。一种较为可信的说法是，这些霉菌是通过从南美进口的马铃薯饲料——鸟粪——传播进来的。当歉收的苗头刚刚出现不久，由私人发起的第一轮救灾工作便已开始启动。由天主教会和贵格会（Quaker）① 教徒组织发布的灾情报道，赢得了许多国家民众的同情和支援。就连印第安乔克托部落（Choctaw）也从俄克拉荷马州寄来了捐款。1822 年，爱尔兰曾经艰难地战胜过一场饥荒。那一次饥荒的经验已经证明，如果政府一开始便投入全力展开救灾行动，战胜危机完全是有可能的。例如，政府可以从美国进口粮食。因为就在 1846 年，美国农业（与欧洲恰恰相反）迎来了创历史纪录的大丰收。英国政府的反应是由多种因素决定的。当时占主导地位的自由放任主义理念对任何干预市场自由竞争的行为均采取排斥态度，因为在他们看来，这种做法将使土地所有者的利益和自由贸易受到损害。另一种具有广泛影响的观点是，马铃薯经济的崩盘可以为农业的现代化和结构性调整创造机会，使农业实现"自然平衡"。在一些人内心里还隐藏着另一种想法，认为这场马铃薯危机是天神的旨意，其目的是为了纠正爱尔兰天主教社会的种种不公。除此之外，英国政府与爱尔兰

---

① 又称教友派或者公谊会，基督教新教的一个派别，成立于 17 世纪。

地主阶层之间的敌对关系同样也对政府的行为发挥着决定性作用。在前者看来，后者对金钱的贪欲以及对农业改造的不重视，才是导致这场危机的原因。而作为政府，并没有义务为这些过失埋单。1845～1846年，饥荒暴发后的第一个年头，由罗伯特·皮尔爵士（Sir Robert Peel）领导的托利党政府从美国采购了玉米粉（Indian Meal）——一种廉价的玉米和谷物混合物，作为赈灾食品在官方销售点向灾民发放。与此同时，政府还制订了一项关于公共工程的计划。1846年6月上台的由约翰·罗素伯爵（Lord John Russell）领导的辉格党政府延续了这项计划，但却反对一切形式的贸易干预。1847年，各地建起了赈济灾民的粥棚，但没过多久又纷纷拆除。人们总是不禁会问，为什么一个拥有300万人口的民族竟会依赖于马铃薯这一单一品种的食品？答案有可能是，几十年来，这里的人们已经习惯了将这种果实作为食品来源，从来没有考虑到其潜在的风险和不可测因素。有一种观点认为，1845～1849年的大饥荒是爱尔兰经济长期低迷的终结点。还有一派历史学家认为，这场霉疫袭击是来自外部的对经济现代化缓慢进程的直接干预。

1891～1892年，一场由不同于爱尔兰饥荒的其他因素引发的大饥荒在沙皇俄国特别是伏尔加河流域暴发，导致大约80万人死亡。俄国的这场饥荒并不是因为食物的极端匮乏。1891年，农业收成的确少得可怜，但是并没有超过1880年或1885年两个荒年。当时，俄国在没有采取特殊救灾措施的情况下，便顺利度过了粮荒。19世纪90年代初，一连串具有持久影响力的因素开始发生作用。早在头几年，俄国农民，特别是黑土地上的农民，不断加大对农业的投入，一味追求农作物产量的提高，而对土壤的过度开发则毫无顾忌。如今，正当人、牲畜和土壤都处于疲惫状态时，坏天气又不期而至。这时候，所有的生存储备都已消耗殆尽。1891～1892 年大饥荒是俄国历史的重要转折点。它结束了沙皇亚历山大二世被刺后的"反动"时期，并带领俄国进入了一个社会动荡的年代，直到 1905 年大革命爆发。从总体上看，沙皇政府在救灾方面的表现并不算太坏，但是对于象征性政治而言，却是远远不够的。在当时的俄国公众看来，饥荒只有在那些"没有开化的"殖民地或半殖民地国家，如爱尔兰、印度或中国，才有可能发生。对一个"文明"国家来说，饥荒是一种耻辱。1890～1892 年发生的这场不合时宜的大饥荒，似乎又一次向世人证明了沙皇俄国与繁荣发达的西方国家之间不断扩大的差距。[139]

新大陆也是地球上的"文明"地区之一。在 19 世纪，北美洲没有发生过一场大的饥荒。只有少数印第安部落有可能遭遇过暂时性的生存危机。由于西半球没有食物匮乏之忧，当 1816～1817 年和 1846～1847 年欧洲暴发大饥荒时，这里吸引了大量来自欧洲的灾民。在意大利北部，人们只有在逢年过节的时候才能吃到肉食，很多人因此患上了维生素缺乏导致的糙皮病（Pellagra）。这些人移民阿根廷之后发现，这里的肉食多得吃也吃不完。在非移民国家墨西哥，饥荒同样也已成为历史。这里发生的最后一场饥荒是在 1786 年。19 世纪下半叶，老百姓的营养状况明显得到了改善，粮食产量的增长是人口增长速度的两倍。另外，墨西哥采取的灾害预防措施也好于殖民宗主国西班牙。自 1845 年以来，墨西哥政府多次从美国进口粮食，以抵御粮荒。[140] 在澳大利亚和新西兰，饥荒也已不再是令人担忧的一大威胁。

305

非洲和亚洲

在非洲和中东地区，情况则与此大相径庭。在 1869～1872 年伊朗大饥荒中，大约有 150 万人丧生。[141] 19 世纪 30 年代、60 年代和 80 年代，在撒哈拉以南的非洲地区出现了严重的旱灾。19 世纪 80 年代开始的殖民战争使各地的灾情进一步恶化。1913～1914 年，在 1900～1903 年刚刚经历饥荒的萨赫勒地区（Sahil）① 又一次暴发大规模饥荒。在这场或许是一战前最严重的大饥荒中，25%～30% 的人口被夺去了生命。[142] 旱灾往往并不会直接演变为饥荒。非洲各国在抵御旱灾方面积累了丰富的经验，凭借这些经验，人们可以有效地避免食物短缺和饥荒，从而使灾情得到缓解。这种危机预防和危机管理机制包括改变生产方式、调动社会力量以及充分利用生态资源等。在这些地区，食物储藏技术同样也十分发达。当旷日持久的旱季以及随后而至、危害不亚于干旱并有可能导致疟疾和各种"热病"的漫长雨季到来后（其他热带地区，如亚洲季风区，也同样饱受旱季与雨季交替之苦），这些地区的日常社会秩序便会自然解体。人群四散躲进树丛里，寻找求生的机会。一些土匪势力往往趁火打劫，导致暴力事件上升。在西南部非洲的一些地区（如安哥拉），奴隶贸易依然十分活跃。很多逃到大城市的灾民，不得不过着寄人篱下、形同"奴隶"的生活。在 1810～1830 年的大旱年间，这类情况仍然十分普遍。[143] 但是，早在 19 世纪 80 年代殖民战争开始前，在两大新的趋势影响下，非洲的传统避灾机制已越来越难以维系：在撒哈拉以南的非洲稀树草

306

---

① 意为"边缘"，指非洲南部撒哈拉沙漠和中部苏丹草原地区之间的长达 3800 千米的地带。

原地带，自 19 世纪 30 年代后，随着沙漠商旅贸易和（"东方"）奴隶贸易规模的日益扩大，一股新兴的商业化潮流逐渐兴起。食品储备可以通过各地区的商品流通网络，实现异地贸易。在南非，非洲当地社会与欧洲移民为争夺土地而展开激烈竞争，成为改变现实的另一因素。此外，有关自然保护和原生态化的殖民理念使形势更加趋向复杂化，这些理念更多是出自欧洲人对"原始"非洲的美好想象，而不是为满足非洲当地百姓的生存需求而考虑。[144]

　　亚洲虽然在 20 世纪下半叶比非洲更早地告别了大饥荒的历史，但是在 19 世纪期间，全球最严重的饥荒恰恰是在这里发生的。在农业生产力水平长期低下、少有盈余的地区，在食品市场日趋商业化和救灾能力滞后的双重因素作用下，灾害造成的损失尤为惨重。但是，我们并不能由此得出适用于整个亚洲的普遍性结论，而是应当对不同国家的个体经验加以比较。江户时代的日本尽管农业相对发达，卫生条件也堪称优良，但是仍然没能杜绝饥荒的发生。在早期近代史上，日本与欧洲一样成为饥荒的频发地。特别是在 1732 ~ 1733 年以及受 1783 年浅间火山喷发影响的 18 世纪 80 年代，日本的生态环境和经济环境都出现了恶化的趋势。日本的最后一场大饥荒是 1833 年由粮食歉收引发的天保大饥馑。接下来的两年里，农业收成仍然没有大的改观，1836 年的收成更是一场灾难。死于饥荒的人数没有确切的统计，据猜测，这几年的人口死亡率有可能比平时高出了三倍。另外，社会暴动的明显增加也与饥荒有着直接的关系。饥荒后的日本与同时代的欧洲大部分国家一样，逐步摆脱了饥荒的频繁威胁。但是我们应当注意的是，饥荒对日本的威胁原本也是有限的，与亚洲大陆某些国家相比，日本面临的饥荒威胁明显小得多。从气候条件来看（除海拔较高的日本北部外），日本出现因自然原因导致歉收的危险性较低。另外，日本农业的生产能力也是不可小觑的。江户时代的日本经济基本能够保证为不断扩大的城市提供充足的供应，18世纪日本人的平均膳食水平与西欧地区并没有大的差异。19世纪三四十年代的日本，刚刚经历了自1790年前后开始的一段相对繁荣期。[145]灾害程度与1846～1847年的欧洲饥荒大致相当的天保大饥馑之所以被看作一场严重的动荡以及社会重大危机的标志，是因为它是非典型的，是因为日本人虽然也曾经历过饥荒，但却没有不断克服经常性食物匮乏的经验。[146]

19世纪亚洲死亡人数最多、最受世人关注的饥荒是在印度和中国发生的。这两个国家在1876～1879年和1896～1900/02年几乎同时遭遇了极为恶劣的气候危机。在巴西、爪哇、菲律宾以及北部和南部非洲，这几年也同样出现了严重的农业歉收。据称，这些灾害都是由同一个原因——厄尔尼诺现象（El Niňo）——造成的（人们迄今对此看法不一）。在这几年中，中印两国因饥荒造成的额外死亡人数大约在3100万到5900万之间。[147]对两国来说，这场饥荒是否有别于19世纪90年代的俄国大饥荒和19世纪30年代的日本天保大饥馑，可以被称作历史巨变的导火索，始终是一个疑问。在中国，19世纪60年代的大饥荒比发生在世纪之交的饥荒严重得多，但并没有使政治和社会动荡的局势更加恶化。此前刚刚经历了比饥荒更艰巨的太平天国考验的清朝政权并没有因此受到致命的冲击，它于1911年的倒台是出于与饥荒完全无关的其他原因。英国对印度的统治同样也没有因饥荒而动摇，正如爱尔兰大饥荒未能撼动英国对爱尔兰的统治一样。著名自然学家阿尔弗雷德·R.

308

华莱士（Alfred Russel Wallace）在 1898 年发表的关于维多利亚时代的论著中，将这两场大饥荒称作"19 世纪最可怕、最不幸的挫折"。[148]

虽然并不是每一场饥荒都能被视为历史的转折点，但是它们能为我们了解那些遭遇饥荒的社会的现实状况提供启示。无论在印度还是中国，饥荒都是在局部地区发生的。在印度，导致饥荒的主要因素是季风的缺席。这场 19 世纪末最严重的饥荒，主要集中于马德拉斯、迈索尔（Maisur）、海得拉巴（Hyderabad）等南部各邦。[149]另一个饥荒的重灾区是德里以南的北印度中心区。在中国，饥荒波及的地区仅限于京沪之间的北方省份，特别是山西、河南和江苏。毋庸置疑，印度殖民政府在处理饥荒问题上的态度是导致灾情恶化的重要因素。早在当时，便有人对政府一味强调市场自由的教条主义做法提出批评，认为正是这一点才导致饥荒演变为一场严重的灾害。饥荒暴发后过了很长一段时间，政府才终于承认了灾情的严重性，并做出暂缓征收赋税的决定。[150]在印度北方，农作物的减产实际并不严重，但是，英国市场粮食价格的高昂却使农产品输出超出了农民维持生存所需的最低限额。尽管一些下级机关也曾发起救济灾民的倡议，但是英国统治者却坚持以两项原则作为政策的主导思想：不为私人农产品贸易设限，同时尽最大可能避免额外公共支出。1896～1898 年，在政策影响下，同一种效应总是不断重演：即使在农业歉收最严重的地区，也能够买到高价粮食。[151]

对英国殖民机构的批评，是由伦敦政府设立的印度事务委员会提出的。但是，在"不能为殖民主义浪费金钱"（colonialism on the cheap）的原则面前，这些委员们也无可奈何。发生于 19

世纪后 30 年的大饥荒并不是印度缺乏进步能力的一种落后表现（当时不少西方人持这样的观点），而是恰恰相反：它是印度早期现代化危机的一种征兆。铁路、运河等原本可以为运输救灾物资提供便利的基础设施，同时也为农村地区的农产品投机生意创造了条件。它既方便了粮食的运入，也方便了粮食的外流。收成的减产不可避免地转化为粮价的暴涨。[152] 当然，在"前现代"的社会环境下，同样也有可能发生这样的情况。而此时不同于以往的是，各个村庄的传统粮食储备也变成了全国乃至国际贸易的交易品。在这种情况下，粮食收成的微小变化也有可能推动价格成倍上涨。因此，身处社会最底层的农村居民成为最大的受害者（城市居民的生活在一定程度上是有保障的），因为在刚刚开始的经济现代化进程中，一些特定人群——特别是佃农、没有土地的雇农和家庭织工——的弱势也越来越暴露出来。另外，农村家庭手工业的衰落以及以往为灾民提供保护的传统社会机制（种姓、家族、村民团体）的解体，进一步加剧了问题的恶化。

在印度许多地区，农民已将农业生产的规模推到了极限，其中最突出的现象是荒地的过度开垦。为种植这些荒地，必须投入更多的人力和提供充足的水利灌溉。但是很多地区并不具备这样的条件。在为争夺农产品出口机会而展开的竞赛中，大片的公有土地被转到私人名下。牧民被赶到高山上放牧，成片的树林和灌木丛被夷为平地。对土地资源的过度滥用，也成为残酷的现代化危机的一部分。经济上的日益拮据使得许多家庭和个人不得不依靠借高利贷来维持生活。居住在大城市、通过农村代理人经营放贷生意的高利贷主，成为粮食投机商之外威胁农民生存的另一股势力。由于缺少充足的、由集体或国家监管、服务于小农的贷款渠道，高利贷和丧失土地的现象比比皆是。而殖民统治者却把这些现象看作市场力量的自由竞争，任其存在和发展。在农村社会中，被饥荒伤害最深的阶层是那些没有土地的无产者。他们既不拥有任何生产资料，也无法利用建立在共同体互利原则基础上的道德经济（moral economy）所赋予的古老权利（无论这些权利是多么原始）为自己申辩。农作物歉收之所以演变为饥荒，其原因不仅在于市场力量的"自由竞赛"以及殖民政权的利己主义政策。农业生产者大部分是与市场隔绝的，因而不得不听任地主、商人和债权人的摆布。而后者当中，很多人一心只想趁饥荒为自己牟利。因此可以说，饥荒同时也是农村社会权力分配的一大产物。[153]

1876～1879 年，在中国北方出现了与印度相类似的悲惨景象。自 1786 年以来，这一地区从未发生过类似程度的饥荒。[154] 这场导致 900 万～1300 万人口丧生（其中许多人死于伤寒）的中国北方大饥荒，是清朝和平年代里发生的程度最严重、地理波及面最广的一场"人祸"。见证这场饥荒的并非殖民官员，而是个别来自西方的传教士和领事官员。因此，西方史料中有关这场饥荒的记载，远不及中国史料中的记载丰富。印度饥荒之所以在国外引起一片哗然，部分归功于那些初次面世的令人触目惊心的饿殍图片。而有关中国北方的这类图片则寥寥无几。从媒介角度看，这场饥荒在某种意义上或许是人类历史上最后一场"旧式"饥荒。当生活在上海或香港的外国人对发生在陕西等偏远省份的灾情有所耳闻时，距离饥荒暴发已经过去了近一年的时间。但是在英国，私人性质的中国赈灾基金委员会（China Famine Relief Fund）很快便成立了，并通过电报形式将筹募的善款汇往中国。这也是电报技术被应用于公益事业的早期事例之一。[155] 中国北方的大环境在某些方面与印度有所不同。这里还没有开通铁路，也看不出丝毫资本主义萌芽的迹象。例如，连接山西与沿海地区之间的唯一通道，只有几条狭窄崎岖、常常无法通行的盘山公路。因此，从其他省份向灾区运送救灾物资的组织工作与印度相比，难度要大得多。更何况数百年前为将稻米从长江中下游运往京城而修建的京杭大运河由于泥沙沉积和疏于维护，也几乎变成了一条废河。这次遭遇饥荒的重灾区，都是自古以来中国经济最落后、农业生产率最低下的地区。而中国的"粮仓"——长江中下游以及南方沿海省份，则丝毫没有受到这场最终演变为饥荒的自然灾害的影响。尽管清政府也曾为赈灾采取了一系列措施，但是相对于严重的灾情而言，这些努力不过是杯水车薪。与18世纪的一些大规模赈灾行动相比，中国政府的投入是远远不够的。但是，导致这一结果的原因并非减少公共开支和维护市场竞争的教条思想，而是因为清政府为镇压太平天国运动和回民起义而导致的财政亏空。与发生在同一时代的印度饥荒相比，中国北方的饥荒在更多意义上是一场生产危机，而非分配危机。它发生在一个经济发展极度滞后的夹缝地带，数百年来，发生在这里的天灾每每因政府的干预而得以抑制，而未曾转化为大规模的灾害。但是随着形势的变化，到这一次饥荒暴发时，政府的干预力与以往相比已变得力不从心。

中国——"饥饿的国度"？

　　这场发生在中国北方的大饥荒将人们的注意力引向了19世纪中国的整体生活水平问题。难道说，这时的中国已经变成了一个"饥饿的国度"？这是一个令人感兴趣的问题，特别是当我们看到，近来无论是中国还是西方的学术界在分析 18 世纪中国经济形势时，所描绘的景象都是那么美好——这种判断与生活在那一时代的西方传教士对中国的正面描述十分合拍。在清帝国，农业发展呈现丰富的形态：从蒙古草原的畜牧业经济，到南方鱼米之乡的发达综合型经济，以及以茶叶和蔗糖加工为主的出口型经济。因此，要对这一时期中国经济状况得出一个准确的概括性结论，可谓难乎其难。然而尽管如此，目前学术界对下述问题的看法却是一致的：在 18 世纪最后三四十年，面对迅速膨胀的人口，中国农业仍然有能力实现自给自足。从今天的人类知识水平来看，一种长时间以来令西方人感到难以置信的说法是有一定道理的：18 世纪中国农民的日子至少和路易十五时期的法国农民过得一样好，甚至有可能在后者之上。

312　　与东欧地区的农村人口相比，中国农民的生活处境要优越得多。在这个庞大的帝国里，几乎每天都有地方官吏向上呈报灾情，并奏请朝廷拨款赈济。朝廷对灾报的重视程度和反应力度，在整个欧洲都没有一例可与之相比。在乾隆年间（1737～1796 年），享誉天下的中国粮仓体系发展到了鼎盛期。各州县都建立了粮仓，其管理和维护工作是地方官吏的重要职责之一。遇到灾情时，官府打开粮仓，向灾民发放赈济。灾年的放粮规模往往比平年收缴的粮赋多出几倍。皇帝和各地巡抚亲自过问灾情，指挥救灾。由满族入侵者建立的清朝政权统治中国的合法性，很大程度上在于它成功维护了国内安定，并为公共福利提供了保障。自 18 世纪 90 年代起，除官府之外，一些地方士绅也开始投身慈善事业，并将设立私家粮仓视为一大善举。[156]官府粮仓除赈灾外，还肩负着处理日常性事务的责任。特别是京城及其周边地区的粮仓，在收缴粮赋、平抑粮价等方面发挥着不可替代的作用。官府对私人粮食贩子实行严格监管，以防止其囤积居奇，牟取私利。通过这种方式，形成了一个官府和民间共同经营的粮食市场，并使粮价得到了有效抑制。在18世纪最后20年中，公共粮仓的粮食储备达到了全国粮食总收成的5%。尽管旱涝灾害不断，但是在整个18世纪，全国没有发生一起与19世纪70年代大饥荒规模相当的饥荒灾害。[157]

对19世纪中国的农业生产状况，我们所了解的情况十分有限。基本可以确定的是，大约从世纪之交开始，国内的气候条件越来越恶劣，自然灾害日益频繁。与此同时，国家对社会的干预能力逐渐降低。对遭遇灾情的地区实行减征或缓征赋税的传统措施已很少被采用，直接向灾民发放赈济的情况越来越罕见。伴随着官场风气的败坏与腐败现象的增多，清王朝开始全面走向衰落。类似粮仓体系这样复杂而周密的赈灾机制，不可避免地沦为政权衰败的直接牺牲品。一方面，由于疏于管理，仓里的粮食渐渐发霉生虫；另一方面，因为缺少补充，许多粮仓变得空空如也。鸦片战争爆发后，中国与西方列强陷入了接连不断的战争。短短几年后，太平天国运动又引发了各地一连串的起义，财力日渐匮乏的清朝政府不得不集中精力应付新的挑战。对灾民的赈济和救助，远不及保障军队的供给重要。在政策调整的影响下，到了19世纪60年代，粮仓制度在告别鼎盛期大约一百年之后，已经名存实亡。[158]但是从规模来看，19世纪70年代的大饥荒仍然是唯一的一次，这或许是因为，直到20世纪20年代，中国的农业生产仍然具备满足老百姓基本生存需求的能力。

整个欧亚大陆与北美和太平洋移民殖民地之间的一大区别在于，直到19世纪下半叶，这块大陆的西部和远东地区（日本）才彻底摆脱了饥荒灾害的持续威胁。尽管在一些国家，食品匮乏和营养不良的现象仍然普遍存在，个体的极端贫困仍然没有消除，然而群体性饥荒以及导致大规模死亡的饥饿灾害却已绝迹。在 19 世纪，另一种古老形式的饥荒——战争中由围城导致的饥饿——也变得十分罕见。但是，1870～1871 年的巴黎至少是一个例外。德国军队断绝食品与燃料供应的战略，是导致巴黎平民死亡率大幅上升的主要原因之一，受害者大多是儿童和老年人。最终迫使巴黎投降的原因是食品储备的枯竭，而不是德国军队的炮火。[159] 在此十年之前，中国曾经出现了极为相似的一幕。1861～1862 年冬天，清朝军队包围了被太平军占领的杭州城。经过两个月的围城和经济封锁，城里大约有 3 万人至 4 万人被活活饿死。[160] 在第一次世界大战期间，对个别地点实施饥饿封锁的战术已很少被采用。1915～1916 年，土耳其军队曾对把守底格里斯河畔库特城（Kut）的英国驻军展开围剿，但是在当时城里的居民中，士兵的数量远远超过了平民。第二次世界大战时，围城战术一度死灰复燃，但是其动机——例如列宁格勒战役——却更多是由意识形态主导的灭绝战争。另一种类型的封锁是对多个国家和大片地域的封锁。这种大规模封锁在历史上先后出现过两次，而每一次都对这些地区的平民人口造成了严重的后果。一次是 1806 年由拿破仑首次采用、后被英国人以变本加厉的方式加以效仿的大陆封锁政策；另一次是 1914 年 8 月至 1919 年 4 月德国对英国实施的海上封锁。

七 农业革命

在分析 19 世纪贫富水平的地理分布变化时，我们必须将其置于更大的背景下进行观察，这便是全球范围内的农业发展。[161]关于 19 世纪农业在世界各地的重要性，再高的评价也不为过。直到一战爆发前夕，世界大多数国家仍然处于农业社会。当时的世界，依然是农民的世界。但是这并不等于说，整个世界仍然处于僵化保守的状态，就像 19 世纪城市居民对乡下人的印象那样。总体来看，自 19 世纪中叶之后，全球农业进入了快速发展期。其最明显的表现是耕地的扩张。对东亚和东南亚的稻米经济而言，耕地的扩张是受空间限制的。但是，在欧洲、俄国以及海外的新欧洲社会里，耕地面积在 1860～1910 年期间从 2.55 亿公顷扩大到 4.39 亿公顷，也就是说，在短短 50 年时间里，耕地面积扩大了 1.7 倍，这在人类历史上是空前的。在扩大的耕地面积中，西欧只占很小的比例。而加拿大北美大草原的垦殖和农业开发，则是在 1900 年之后开始的。19 世纪耕地面积的扩大主要归功于美国和俄国的大规模垦荒。[162]根据目前的资料，1800～1910 年期间只有少数国家，特别是英法两国，用于农作物和果木种植的土地面积比以往有所减少。耕地面积的缩小与工业发展之间并没有直接的关联，因为即使在美国、德国、俄国和日本这些最迟于 1800 年前后进入工业化的国家，农业发展的势头也并未减缓。[163]

　　1870～1913 年，全球农业产量以每年 1.06% 的速度增长，在两次世界大战之间的几十年里，农产品产量的增长再没能达到这一水平。如果按人均计算，速度当然低得多，只有 0.26%。但是这意味着，在一战爆发前，食品和农产品的人均拥有量已明显超过 19 世纪中叶的水平。这一结论是对各国参差不齐的数据汇总后得出的，而在这些国家当中，发展最快的并不仅仅是北大西洋国家，例如，俄国的农业产量增长速度便在

315

美国之上，而位居前茅的则是农业结构各异的阿根廷、印度尼西亚等国家。[164]在农业产量增长的背后所隐藏的是生产率的巨大差异，也就是农业的投入与产出比。例如在 19 世纪末，北美每公顷小麦产量与印度每公顷水稻产量大致相仿，但是，北美的农业生产率却高于印度约 50 倍。[165]

比农业生产增长速度更快的是国际农产品贸易，虽然其增长率与国际贸易的总体增长相比仍然略低。新兴的小麦和稻米（以及作为重要工业原材料的棉花）出口产地的相继崛起，使一些传统"粮仓"的地位变得岌岌可危。在美国中西部地区、哈萨克斯坦以及西非、缅甸和越南等地，农业拓荒运动如火如荼地展开。在法国殖民者抵达前，人烟稀少的湄公河三角洲及其腹地，即所谓交趾支那地区，稻米出口呈现蓬勃发展的势头，其主要出口目的地是中国南方的缺米地区，而缅甸生产的稻米则主要被销往印度。在 1880～1900 年期间，用于稻米种植的农田面积至少翻了一番，稻米出口量增长了 3 倍。[166]咖啡、可可、棕榈油产品以及其他新型热带农产品逐渐占领了海外市场。在国际市场上，既有"发达"国家出口的农产品，也有产自"落后"国家的农产品，例如，英国进口的小麦有的来自美国或俄国，有的则来自印度。[167]

这一发展变化具有哪些社会历史学意义呢？比如说对欧洲而言？尽管欧洲三大产业——①农业和渔业；②工业和机械采矿业；③服务业——的比例关系逐渐发生变化，但是第一产业的就业人数在很长时间里始终占据绝对领先的地位。到 1910 年时，只有在少数欧洲国家，例如英国、比利时、丹麦、瑞士以及爱尔兰（后者是出于与其他国家完全不同的原因），农业劳动力的绝对数量低于 1870 年的水平。在欧洲各国，农业就业人数占全社会就业人数的比重减少到 50% 以下，是在不同的时间点发生的：英国是在 1750 年之前，此后进入一个漫长的停滞期；西欧和北欧大部分国家在 1850～1880 年期间完成了这一变化，而意大利、葡萄牙和西班牙则是在 1900 年之后。[168]导致农业就业人数下降的主要原因是农业工人向工业化大城市的转移，以及家庭企业数量的减少。在整个 19 世纪，除英国（威尔士和苏格兰稍逊）之外，几乎所有欧洲国家都仍然保留着深厚的农业社会色彩。即使在英格兰，由于大地主阶层的强大势力，前工业化时代的农耕文化理想仍然在社会生活中占据着重要的地位。在整个欧洲大陆，农业的急剧萎缩以及农村地区的社会和文化边缘化，是从 1945 年之后开始的。而在中国等一些国家，这一进程直到今天才刚刚达到高峰。

因此，从统计学角度看，全球食物供应水平的根本性变化是在 1800～1913 年或 1850～1913 年发生的。根据恩格尔定律（由普鲁士统计学家恩斯特·恩格尔［Ernst Engel］提出）这一少数拥有雄厚实证基础的社会科学定律之一，随着家庭收入的提高，用于购买食品的支出比例相应下降，因此，从人均农业产量增长中获得好处的，不可能只是有钱人。人们曾试图用农业革命（agricultural revolution）的概念对这种变化加以论证。[169]但是到后来，人们对农业革命的概念问题，特别是在英国经济史或曰工业革命史前史领域，出现了严重的争议。其核心问题是：农业革命究竟是不是工业革命的前身，乃至不可或缺的条件？在这里，我们不必对这一问题做出明确的回答。从全球史角度看，各种比例关系才是最令人感兴趣的话题，值得我们予以关注和思考。

第一，英国和欧洲史学家普遍将农业革命定义为农业产能长期稳定增长的开端，其衡量标准是每公顷土地的产量（在欧洲，产量的提高主要是轮作制和前工业化时代技术改良带来的结果）[170]以及（或者）劳动力生产率的提高（主要受益于机械化和规模化生产，即所谓"规模经济" [economies of scale]）。换言之，农业生产效率的提高既可以用单位劳动力，也可以用单位面积来加以判定。根据记载，早在 14 世纪的荷兰，农业产能便以这种方式实现了明显增长。而"真正"意义上的农业革命则是 18 世纪末从英国开始，并一直持续到 19 世纪上半叶。[171]它所带来的结果是：1800 年前后，英国农业工人的生产效率已达到俄国农民的两倍，英国和荷兰的每公顷小麦产量超过其他地区两倍以上。正是出于这一原因，英国在 18 世纪一跃成为欧洲大陆市场的重要粮食出口国。直到世纪之交之后，随着人口的迅速增长，英国才逐渐由粮食出口国转向粮食"纯"进口国。导致这一变化的前提是：自 1815 年第一部谷物法（Corn Law）生效后，粮食进口关税成为英国内政的一大焦点。[172]

第二，英国发展的特例并不能使我们得出结论，认为在 18 世纪末，整个欧洲乃至"西方"的农业都已达到世界领先的水平。在欧洲大部分地区，农业的生产效益甚至还比不上印度、中国、日本、爪哇等国的农耕文化发达地区。即使在欧洲经济最活跃地区，机械化的优势也经过了相当长的时间，才给农业发展带来了帮助。例如在南英格兰，直到 1790 年，99% 的小麦仍然是用老式镰刀收割的。后来，人们才逐渐改用长柄大镰。直到 1900 年前后，当割捆机作为重要农业技术已在英国得到普及时，欧洲大陆的大部分庄稼仍然是用镰刀收割的。[173]从 19 世纪 80 年代开始，英国大部分地区已采用蒸汽脱粒机进行脱粒，而其他地区则是在很久之后。1892 年，美国的第一款拖拉机进入批量生产，但是在 1914 年之前，美国实际投入使用的拖拉机数量只有不到 1000 辆（1930 年已达到 100 万辆）。直到 1950 年，欧洲农业生产仍然有 85% 是以马匹作为动力。[174]最早在德国和荷兰得到广泛应用的人工肥料，直到 20 世纪 30 年代，也就是在尤斯图斯·冯·李比希（Justus von Liebig）①的重要发明问世整整一个世纪之后，才在整个欧洲得到普及。即使对欧美而言，农业的全面机械化和科学化也是 20 世纪的一大革新。在农业技术革新的同时，原始的农耕方式在某些地区也仍有残存。从斯堪的纳维亚半岛到意大利南部，技术落后的自然经济形式随处可见，有的地方甚至像非洲一样，仍在采用烧荒的办法来开荒屯田。另外，欧洲还出现了某些农业"倒退"的现象。例如在西班牙，自从最后一批犹太人和穆斯林于 1609 年被驱逐之后，他们所信奉的农业知识受到鄙视，其修建的先进水利设施遭到了废弃，西班牙农业从此一蹶不振，再未能得到恢复。[175]

第三，热带和亚热带地区的劳动力密集的田园式水田稻米种植业，是人类历史两千年以来最高效的农业形式之一。它经历了一个漫长的发展过程，在中国南方，水稻种植技术直到 12 世纪才臻于成熟。正如费尔南·布罗代尔所言，这是"远东人类历史上最重要的事件"。[176]只有当"传统"农业文化发展到鼎盛时，人类才有可能从根本上超越农业既有的可能性——这一点正是以英国为代表的农业革命的普遍含义。从这一角度看，亚洲一些地区当时已经完全有条件迈出这一步。另外，农业革

①　德国化学家，因发现氮对于植物营养的重要性而被称为"肥料工业之父"。

命需要具备的前提还包括人口稠密、运转良好的市场体系、自由劳动力以及农业知识的高水平与高普及率等。18 世纪末在中国南方和中原地区，也已经具备了这些条件。但是，另外一些因素却对独立的农业革命在中国或亚洲的出现形成了阻碍，其中包括：水稻种植业在稻田规模不变的前提下不断吸纳新劳动力的能力；应对额外需求的可利用土地资源的匮乏；密集型农业对生态的破坏性影响的日益暴露，在这方面，中国（包括日本和印度）的问题明显比欧洲更突出；农民在自己居住的村庄以外很难找到其他就业机会；居住在城市、以租佃形式出租土地的大地主在农业改造方面缺乏能动性；在 19 世纪和 20 世纪初，农民缺少获得用工业手段制造的人工肥料的途径。中国北方的生态条件比南方恶劣得多，很多地区只能用小麦和谷类作物来替代稻米。另外，土地所有权的极度分散和土地规模的局限性，也给规模化经济的实行带来了困难。[177] 但是，即使对水稻种植业而言，规模化种植——无论是农庄还是农场——也是没有意义的，而集中化管理同样也对提高农业效益难有帮助。除了 1910 年之后首先在日本得到应用并对提高生产率发挥巨大作用的小型柴油或电动抽水机，机械化工具在稻田或茶园很难被派上用场。[178] 此外，实行对土壤具有保护作用的轮作制的可能性也十分有限：那些阶梯形的水田除了种稻和养鱼之外，还能用来做什么呢？

所有这一切意味着，如果以荷兰与英国的农业革命作为标准，用它来衡量各种受不同生态和社会背景制约的农业类型，是有悖于现实并有失公允的。在亚洲各国，农业的发展在不同时间段遇到了同一个问题：要靠农业来养活不断增长的人口，已变得十分困难。各国到达这一历史节点的时间先后，与外部环境有很大关系。例如在中国南方，水稻种植业是包括鱼类养殖、茶叶种植和养蚕业在内的整套农业生产体系的一部分。自18世纪初以来，茶叶和丝绸在中国一直是严重依赖出口的两大行业。19世纪末，由于来自印度和日本的强大竞争，中国的海外市场全面崩溃，首先是茶叶，然后是丝绸。这一变化对20世纪初中国农业危机的爆发产生了决定性影响。当时的许多西方观察家对这场危机都做出了详细的描述。

320

第四，即使在西方国家里，英国农业革命也不是一种具有普遍代表性的模式，它不像工业生产方式一样，可以与完全不同的社会环境相适应。和工业相比，农业总是更多地受到特殊生态条件的制约，并且往往难以摆脱历史沿袭的社会结构的影响。仅从农业效益来看，各国之间便存在显著的差异。在提高农作物收成和生产率方面成就最大的，是欧洲大陆的少数国家：首先是德国（早在19世纪上半叶，每公顷粮食产量便提高了27％），[179]其次是丹麦、荷兰和奥匈帝国，而西欧最大农业国法国则不在这些国家之列。另外，农业产量绝对值的增长也呈现与此相似的模式：1845～1914年，德国的粮食产量增幅达到了3.7％，而法国只有1.2％。[180]与亚洲以及非洲大多数国家相比，欧洲和北美农业的一大特点是农耕与畜牧业相结合的混合型经济。这种经济模式的总体效益很难用数据来衡量，因为饲料种植往往是以侵占种植谷类和番薯的耕地为代价。即使在进入19世纪之后，亚洲的农业和（以游牧为主的）畜牧业之间的差距也仍然远大于欧洲。这一点十分重要，因为欧洲正是依靠畜牧业和农业的良好结合，才使得生产效率得到大幅度提升。[181]丹麦等一些国家则通过畜类养殖的专业化，成功实现了本国独具特色的农业革命。黄油、奶酪和火腿，同样可以帮助人类实现富裕。

第五，农业革命的"纯粹"模式是将农业产能的提高作为核心，也就是说，如果要实现更高的效益，首先必须提高劳动生产率，其次才是扩大耕地的面积。在英格兰和威尔士，耕地和牧场面积在 1700～1800 年扩大了近 50%，而在之后的 100 年里没有再发生任何大的变化。[182] 19 世纪全球农业产量的提高，很大程度上归功于生产的粗放化（Extensivierung），即通过边疆垦荒开辟新的农业用地，例如在沙皇俄国、美国、阿根廷、加拿大，同时也包括印度。[183] 基础农产品（更多属于低端奢侈品的"殖民地产品"所遵循的是另一种与此略有不同的模式）生产的扩大，对政治史进程产生了深刻影响。在这里，我们首先联想到的是两点：其一，在第一次世界大战中，这一点成为同盟国的对手所拥有的一大决定性优势，因为他们有能力调动北美和澳大利亚的庞大农业潜能，为战争服务。[184] 而德国领导人由于缺乏对国际政治的现实判断力，忽视了这一基础性因素的重要性。

其二，早在一战之前，农业在许多国家便已成为政治冲突的焦点。贵族权势阶层的僵化保守（正如长时间以来人们在谈论德国时所说的那样），只是导致这种现象的部分原因。在贵族阶层并未形成气候或势力薄弱的美国、荷兰等国家，同样也出现了类似的情况。最迟在 19 世纪中叶（沙俄是在 1861 年农奴制改革之后），农业在深度（intensiv）和广度（extensiv）上的进步，促进了大西洋两岸农业资本主义的兴起。农业资本主义以工资制的形式组织生产，并在很大程度上将出口作为目标。1873 年爆发、持续长达 20 年的农业危机，充分反映了农产品价格不断下跌与农业工人的工资居高不下乃至继续上涨之间的

321

矛盾。农村劳动力价格的攀升，是适应不断提高的城市工资水平的结果。面对收入的减少，庄园主们不得不在其各自所处的政治体制内为维护自身利益而大声疾呼，首先是呼吁对进口农产品征收保护性关税。在德意志帝国，这些呼吁取得了令人满意的效果，而在英国或美国，却没能引起太大的反响。农业问题在公共讨论中的重要性以及自我文化认知上的乡村浪漫主义之风，掩盖了农业领域在许多日益强大的西方经济体中地位不断下降的趋势。[185] 在其他一些国家，农业资本主义的趋势尚未形成。在政治体制内代表农业利益的并非小农或大农业生产者，而是与农村并无切身关系的城市养老金领取者。在这些国家，人们对农业领域的问题几乎毫无意识。当时的奥斯曼帝国和日本，都属于这样的情况。而最令人感到意外的，是全世界最大的农业社会——中国——的集体性失语。令人不解的是，太平天国革命后开始并随着 1894~1895 年中日战争的结束进一步升级的维新之争，对农民和农业问题从始至终几乎只字未提。面对农业这一国家所面临的最紧迫的问题，中国这场公共大讨论采取了完全无视的态度。

322

八　贫困与富裕

贫困与现代性

抛开在众多文明中都占有一席之地的乌托邦神话不谈，可以说，人类在进入 19 世纪之前从来不曾怀疑，贫困是由上帝安排的自然秩序的一部分。就连从马尔萨斯到穆勒的以悲观主义为基调的古典政治经济学，也对现代资本主义可以推动生产率的提高采取不信任的态度，并认为穷人的"发迹"只有作为个人努力的结果才有可能发生。但是与此同时，也出现了另一股较为乐观的思想潮流。持这一派观点的人认为，贫困并不是天经地义的，因此也是可以消除的。这一思潮的开山人物是两位后启蒙主义思想家：托马斯·潘恩（Tom Paine）和孔多塞（Marquis de Condorcet）。他们两人于18世纪90年代分别提出了同一种观点：在现代社会里，贫困是不可接受的。贫困不应通过好心的施舍得到缓解，而应当通过生产力的扩大和再分配得以消除。那些没有能力自救的人，应当从他人那里获得帮助。从潘恩和孔多塞这两位最终被其领导的革命所遗忘或杀害的革命家开始，在西方世界里，贫困原则上已被贴上"耻辱"（Skandalon）的标签而受到谴责。[186]

贫困与饥饿之间的关系是紧密的，但相互间却未必存在必然的关联。一个穷人有可能家徒四壁，但并不缺少勉强可以糊口的食物。并不是所有穷人都会挨饿，也并不是所有挨饿的人都一定是穷人。贫困是一个宽泛的概念。每个社会都在按照自己的想象来定义"穷人"，然后由"非穷人"就穷人的问题进行讨论，并把后者变成慈善行为的接受者。与发达工业化国家相比，所有前现代社会都是贫穷的，无论其文明程度如何。但是，经济的现代化并没能彻底消除贫困，这一点也是"现代化"成就无法令人类为之自豪的原因之一。甚至在进入21世纪之后，非洲和亚洲仍然存在饥荒的现象，由饥饿导致的暴乱也时有发生。目前，地球上每6人中便有1人长期营养不良。在通常情况下，生产力的提高（在19世纪，主要体现为农业效益的提高以及化石能源的开发和廉价利用）并不能够让每个人的物质生存机会变得更加平等。即使在一个社会的内部，贫困与富裕的概念也是相对的，正如在不同社会之间，其含义的相对性一样。一个社会——例如 19 世纪中叶的英国——有可能从总体上看确实变得富裕了，但是，社会最顶层与最底层成员在收入、消费能力、受教育机会方面的差距却并没有缩小，而是扩大了，也就是说，相对贫困比以往变得更加明显。在收入分配的发展趋势问题上，即使对统计数据完备的西欧国家也很难做出全面的判断，对世界其他地区则更是难上加难。很久以来，"乐观派"与"悲观派"对这一问题总是各持己见，争执不休。许多迹象显示，至少在英法两国，收入和财富的差距从 1740 年起迅速增大，之后又过了近 100 年，差距才逐渐缩小。特别是上层社会与靠体力维生的底层社会之间的鸿沟，在这一时期明显加深。19 世纪最后三四十年对许多国家而言，是一个社会差距不断缩小的新时代。这种现象与一种简单的概念化观点不谋而合："高度工业化"的发展进程不可能通过无产者的"低消费"（Unterkonsumption），而只能通过扩大大众需求的方式得到推进。[187]当然，这并不意味着富人将会因此变穷。

富人与富豪

即使全世界最有钱的富人，也一样逃不过生老病死的命运。与普通人相比，他们拥有更好的衣食住行条件，可以不必为了生存而受体力之苦；他们有条件去旅行，可以轻松地享受到高雅的文化；他们生活在一个安逸奢华的世界里，并通过自身的公共行为为消费制定标准并树立榜样。资本主义的发展进程，为世界各地——从欧洲、北美到南非——庞大财富的积累创造了条件。在以往的历史年代里，如此大规模的财富只有通过对政治或军事权力的控制——极少数情况下有可能通过长途贸易

324

的方式——得以积累。在 1900 年前后，无论在绝对还是相对意义上，生活在资本主义环境下的富人都比生活在其他地方的富人更富有。在一些欧洲国家，地主豪绅们依然固守着从祖辈那里继承来的雄厚家产。直到 19 世纪末，英国和俄国贵族中的佼佼者（包括少数刚刚发迹的商界名流）仍然是全世界最有钱的富人，奥地利、匈牙利、普鲁士（特别是上西里西亚）贵族以微弱的差距位居其后，而法国贵族在遭受 1789 ~ 1794 年法国大革命的冲击之后，再也未能恢复以往的地位。[188] 如果要使这些财富得以延续，最好的办法是在妥善维护农村土地资产的同时，对现代投资行业——银行、采矿、城市房地产等——进行投资。与此同时，在银行业、制造业等领域也涌现出诸多富甲一方的新贵。特别是在英国，这些暴发户们（nouveaux riches）总是将贵族的生活方式和行为举止作为效仿的对象。在这里，贵族阶层并没有一种等级森严的种姓式结构，而是通过身份的细微差异，反映出其高低有序的尊卑关系。在由豪华的城市别墅和规模浩大的庄园所组成的世界里，新老富豪、世袭贵族（Lords）、骑士（Knights，他们亦可自称为“爵士”［Sir］）和没有头衔的百万富翁比邻而居。这些人加在一起，人数最多不超过 4000 人。[189]

在新大陆和大洋洲的“拓荒者社会”（Proniergesellschaft）里，几乎所有巨额财富都是以资本主义方式积累起来的，而没有任何封建的渊源，虽然英属北美洲的一些大地主总爱摆出一副英国贵族式的派头。但是在这些新欧洲国家中，也存在许多明显的差异。在澳大利亚淘金热时期，很少有人能在一夜间暴富并长久地守住财富，而靠养羊发家的人也同样屈指可数。尽管在 1913 年，澳大利亚的人均收入明显超过了英国，甚至略高于美国，但是真正能称得上富豪的人却十分罕见。即使是最有钱的澳大利亚人，和英国或美国的富人相比也多少显得有些寒酸。在加拿大尽管生活着比澳大利亚更多的有钱人，但是真正能够被称为历史奇观的却唯有美国。托克维尔于 1831～1832 年在美国考察期间所获得的印象是：这是一个真正实现了人人平等的社会。但是，他的这种说法不仅忽视了正在积聚中的庞大私有资产，同时也低估了美国社会中收入差距不断扩大的趋势。当后世历史学家研究这段历史时，才逐渐揭开了这一进程的真实面目。随着财富的增长和集中化，在美国北方以及南方各州的种植园主当中，形成了一个富有的寡头群体。19 世纪中叶那些白手起家的人（self-made men）——曾经的反寡头统治的平等主义者，也陆续加入了精英的队伍。

1865 年美国内战结束后，南北精英阶层之间的对立随着时间逐渐化解。与此同时，美国经济向高增长的成熟工业经济的过渡、规模经济的效应以及公司制度（corporation）的建立，给人们提供了史无前例的资本积累的良机。1860 年前后，占美国人口总数 1/10 的富人拥有全国近一半的财富，到 1900 年时，比例更达到 2/3。美国 1% 的家庭所拥有的财富，占国家总资产的比例超过了 40%。[190] 大约在 1900～1914 期间，美国收入分配的不公平程度达到了有史以来的最高点。以杰斐逊为代表的具有革命精神的一代建国元勋认为，按照共和党的道德观念，社会中的物质不平等必须保持在适当的程度。如果说直到 19 世纪 80 年代，这种思想的影响在美国仍然余势未消，那么新型自由市场理念的普及，则为无限度的资本积累贴上了合法的标签。此后，尽管对自由市场思想的质疑在美国时有出现，但从没有人以极端的方式与其展开对抗。[191] 而超级富豪也随之成为美国刚刚确立的全球霸主地位的象征之一。阿斯特、范德比尔特、杜克、洛克菲勒等家族神话般的财富令欧洲人自叹弗如，其引领的奢侈品消费经过公共解读，成为世界各地的人们争相追逐的时尚。

模仿英国的 country houses、法国的 chateaux 和意大利的 palazzi① 建造，里面塞满了从旧大陆搜集而来的珍稀艺术品的大型庄园，成为新生代富豪的典型标志。这些大亨们还慷慨解囊，捐资修建了一所所大学。如今，这些大学已然成为全世界最有声誉的高等学府。大西洋彼岸的财富大爆炸，使美国的一流或二流富豪甚至可以毫不费力地与欧洲的名门望族联姻。例如，范德比尔特家族 140 亿美元（按今天的币值计算）家产的继承人之一——康斯萝·范德比尔特（Consuelo Vanderbilt）嫁给了家道中落的第九代马尔伯勒公爵（Ninth Duke of Marlborough），成为欧洲最大宫殿之一布伦海姆宫（Blenheim Palace）的女主人。继第一代创业者之后，在世纪之交前后出现了一代以挥霍家产为乐的富家子弟。这些奢侈品消费的"世界领袖"，正是社会学家托斯丹·范伯伦（Thorstein Veblen）在《有闲阶级论》（*Theory of the Leisure Class*，1916 年）一书中所抨击的对象。美国社会真正的"人上人"，是那些生活在查尔斯顿、费城、波士顿、纽约等大城市，出身于殖民时代延续下来的古老家族的后代。其前提是，他们必须能够守住祖业，甚至使家产在自己手中得到增加。1787 年的美国宪法禁止授予贵族头衔，外国贵族头衔的使用至少在国家公职人员当中是不被允许的。在美国，"贵族"一词是世代沿袭的尊贵地位的标志，是无可

326

---

① 上述三个外文词均为庄园之意。

争辩的高雅生活方式的象征，即使与最显赫的欧洲贵族后代相比也毫不逊色。在 19 世纪末的纽约，美国贵族的人数大约有 400 人。这些人自视高人一等，并处处流露出一种自负。在这种自负面前，就连那些身家在其之上的大亨和工业巨头也会意识到自己不过是一个暴发户。在城市里，新老富豪们常常为争夺政治权力展开竞争。这种竞争无异于一种身份和名望的比拼，因此，即使是那些家境破落的贵族在胜率上往往也会更胜一筹。[192]

美国富豪所拥有的财富规模在整个世界史上是绝无仅有的，在他们之前，从没有谁能够作为个人积累起如此庞大的物质财富。19 世纪末美国富豪在石油、铁路和钢铁业所掌握的财富，比欧洲工业化时期最富有的棉纺业巨头所拥有的资产高出数倍。可以说，在英国工业革命的先驱者当中，真正成为富人的寥寥无几。[193] 而普通的富豪在真正的大鳄面前，则如小巫见大巫。1914 年，当银行家约翰·P. 摩根（John Pierpont Morgan）留下 6800 万美元遗产撒手人寰后，钢铁大王卡内基（Andrew Carnegie）以充满同情的口吻评论道，摩根"实在算不上是个有钱人"。[194] 卡内基本人的资产与洛克菲勒、福特、梅隆等实业家的资产加在一起，数额远在 5 亿美元以上。美国财富的集中化速度从另外一组数字中也可得到反映：1860 年前后，全美富豪的资产额大约为 2500 万美元，20 年之后，这一数字增长到 1 亿，又过了 20 年，则已逼近 10 亿。1900 年前后，美国富豪所拥有的资产规模，比作为欧洲富人佼佼者的英国贵族足足高出 12 倍。在平民富豪当中，就连罗斯柴尔德（Rothschild，金融业）、克虏伯（Krupp，钢铁、机械制造和军工）、贝特（Beit，英国 - 南非黄金与钻石开采）等大家族也无法与美国富人相抗衡。美国私人资产的空前规模是在多方面因素的作用下形成的，这些因素包括：

327

庞大的国内市场，经济发展的高起点，丰富的自然资源，没有阻碍资本主义发展的政治和法律障碍，等等。此外，工业体系中的协同效应也功不可没。例如，洛克菲勒的真正发迹，是在美国汽车业为人们开启百年一遇的创业良机之后。在美国，没有一位大财阀的发迹是以农业为背景的。在英国也是一样，大约在 1880 年以后，所有富豪的资产也都是通过金融业、报刊业或黄金钻石贸易，而非依靠大的田产积累起来的。当然，城市中的土地作为资本投资的对象，则深受富人们的青睐。[195]

19 世纪 70 年代对整个西方（俄国或许除外）来说，无疑是一个"新富"辈出的时代，其地位按等级高低依次排列。位于最底端的，是那些身价以百万或数十万计的普通富人。与此同时，资本精英们的文化品位也在发生变化。老牌富人开始千方百计发泄对新富们的不满。他们指责后者的炫富行为是低俗和缺乏教养的表现，嘲笑其假贵族式做派是东施效颦。此外，还出现了第三个方面的变化：直到 19 世纪 30 年代和 40 年代，在杰克逊总统执政时的美国、七月王朝时期的法国、议会改革（1832 年）后的英国以及三月革命前的德国，富人当中仍然有许多人在政治观点上偏向于民主乃至激进。最迟在 19 世纪 80 年代，具有世纪末之风的传统富豪阶层逐渐形成。政治自由主义者阵营出现了根本性分裂。在由保守派或右派自由主义政党作为利益代表的问题上，富人们几乎已达成共识。虽然并不能说，欧洲和美国的所有富人或富豪都是保守价值观的鼓吹者，但是"激进派富豪"却从此变成了一个悖论式的概念。

亚洲的富人

和美国一样，亚洲富豪的发迹史也很少起源于"中世纪"，或者说混乱的 17 世纪。在亚洲，个人财富积累的大环境也与欧洲或新欧洲有着明显的不同。在满族人占领中原并建立清朝政权之前，拥有大面积土地资产的世袭贵族在中国十分罕见，或者说，大地产制对中国来说并不具有典型性。精英身份的获得更多是来源于教育，而非来自财富。在官场谋生的人尽管可以做到衣食无忧，但却难以成为巨富，而能够将财富传承数代的人更是寥寥无几。在 18 世纪和 19 世纪初的中国，最有钱的人当属满族的八旗子弟，例如居住在京城各处深宅大院的王爷们。[196] 还有一些富人是靠经营官府专营的生意发家的商贩（例如盐商和行商），或以经营票号为业的山西商人。在进入 19 世纪之后，一些在通商口岸为外国商人充当中间人的商贾，即所谓买办，也加入了富人的行列。在中国，商人的社会形象和地位，远在那些物质上并不富有的官僚士大夫之下。尽管这些人可以一掷千金，肆意挥霍，就像被文人所不齿的暴发户一样，但是他们也看到，更明智的做法是用这些钱来置办产业，购买官衔，为子孙后代投资教育。一夜间暴富的例子在中国是极为罕见的。在 19 世纪，亚洲真正的富豪当属东南亚殖民地的华人商贩、包税人和矿山老板，例如在巴达维亚，早在 17 世纪早期，华商便已成为当地经济的一支重要力量。18 世纪从中国移居海外的许氏家族，是 1880 年前后巴达维亚和周边地区最富有的大庄园主之一。他们在位于城市黄金地段的豪华庄园里，过着帝王般的生活。[197] 中国人普遍不喜欢露富，这样做也是怕引起官府的注意，给自己惹来不必要的麻烦。庄园式建筑作为欧洲贵族及其美国效仿者的炫富标志，在中国几乎没有留下一处印迹。一方面是因为，在后帝制时代的中国，"富人"并不是社会的榜样。另一方面是因为，清皇室尽管居住在全世界最大

329 的宫殿建筑群中，但其拥有的财富更多是以家族世系而非皇室一族的财产作为形式。

日本的社会制度虽与中国完全不同，然而其现实结果却与后者颇为相似。在享有贵族特权、身份与"贱民"有着明确界限的武士阶层，很难找到符合欧洲标准的富人。武士的生活来源主要是依靠其隶属的封建领主（大名）向其发放的世袭俸禄，另外还有担任官职所得到的微薄职俸。而这些封建大名，则仅在其所辖领地享有征税权。许多武士由于客观的、更多是主观感受上的贫困化，而逐渐滋生出对江户旧政权的不满，并在 19 世纪 60 年代中期的明治维新中将这些不满转化为政治上的诉求。[198] 从某种形式上讲，江户时代是一个炫富式消费的时代，而在崇尚节俭的中国，这种情况则十分罕见。在诺贝尔特·伊利亚斯（Norbert Elias）① 分析天皇制度时所说的日本式"皇权体制"下，德川幕府作为近代日本的实际统治者以"参觐交替制"的形式对各藩领主实行控制，即强令各地大名定期轮流赴江户（东京）参觐。于是，此时的江户俨然变成了封建大名及其家臣争相斗富的舞台，宅院的建筑、筵席的排场以及礼品价值和妻妾数量，无一不成为大名之间相互攀比和炫耀的内容。因为怕给自己丢脸，大名们甚至要求自己的家臣也必须做到出手阔绰。一些因财力不济而不得不在花销上有所节制的藩主，在这场财富的比拼中难免受到冷落和排挤。在支付武士俸禄以及家庭的日常开销后，大名们大多都已囊中空空。[199] 因此，当日本进入明治时代后，拥有庞大家产的富绅已所剩无几。1868 年，封建藩主被剥夺权力，并在得到一定赔偿后交出了其

---

① 德国犹太裔社会学家。

原有的领地。在短短几年时间里，武士特权被彻底废除。1870年后的日本，变成了比普鲁士、英国和俄国更加"市民化"的社会。在工业化过程中出现的少数新富（其中一些是在德川幕府时期靠经商发家的人）并没有形成一个"富人"阶层，个人炫富的现象也十分罕见。通过修建豪宅来炫耀财富，被视为一种有悖礼仪之举。

在南亚和东南亚地区，财富有史以来一直被掌握在封建主手中。欧洲殖民者的入侵使这些封建主的赚钱机会比以往大大减少，其王公贵族般的地位也因此受到影响。但是，殖民入侵同时也在贸易领域为人们提供了新的就业机会。1815 年之后，印度的富豪主要集中于少数孟加拉商人家族，大约从 1870 年开始，西印度的一些棉纺业巨头也陆续加入了这一行列。在亚洲和北非许多地区，各类社团所拥有的财富，与宗教改革和法国大革命前欧洲的教会资产相比有过之而无不及。家族、世系（lineages）、各类神庙、佛教寺院、穆斯林圣所与信众组织（waqf）或占有和出租土地（其权利是神圣不可侵犯的，连政府也不得干预），或囤积并经营着无以计数的货币性资产。[200] 在 18、19 世纪，最可观的个人财富积累往往发生在一些与宗教文化有关的少数群体当中，例如犹太人、拜火教徒、亚美尼亚人、奥斯曼帝国的希腊人以及东南亚华人。

由于我们对这些商贾王朝、印度大土邦主、马来西亚苏丹、菲律宾大庄园主或西藏寺庙的财富状况所知甚少，因此我们很难将其与欧美富人所拥有的财富加以对比。但有一点可以肯定：这些社会精英的生活水平是处于富足和奢华之间。类似西方的由贵族或大市民构成的富人阶层在亚洲并不具有代表性或楷模意义。假如抛开印度君主以及 19 世纪中叶前日本江户时代的封

330

建藩王的奢靡生活不谈，那么可以说，炫富式的奢侈品消费在亚洲之所以没有形成气候，并不仅仅是因为这些社会普遍还较为贫困，而更多是因为：在这些社会里，物质上的成功所具有的文化主导作用并没有得到普遍的认可。

贫困的类型

从第一眼看上去，那些身处社会阶梯最底端的穷人之间，似乎并不存在太大的差异。然而只要仔细观察就会发现，他们之间的差别是形形色色的。仅就 1900 年前后的伦敦而言，按照社会调查家查尔斯·布思（Charles Booth）的观点，生活在"富裕"（well-to-do）水平之下的人便可分为 5 种类型。判断富裕与否的最低标准是能否长期雇用家仆，哪怕房子是租来的。从这一标准到"装阔气"（Shabby gentility），再到真正意义上的穷人，则有着遥远的距离。而我们在这一节的观察对象，仅限于最极端的那一部分。假如说资本主义社会的富人与富豪阶层的崛起对人类财富史产生了决定性影响的话，那么贫困的历史意义又该如何评判呢？

贫困与富裕是具有文化特性的相对概念。在撒哈拉沙漠以南的非洲地区，划分贫富的标准更多是对附属物的控制，而非对土地的占有。在非洲进入殖民时代之前，许多统治者所拥有的可贮存性财富未必比其臣民多出很多。前者的优越地位，体现在其拥有的女人、奴隶和牲畜的数量以及粮仓的规模。财富意味着占有劳动力的可能性，以及由此而获得的在显性消费方面优于他人的能力，例如，可以摆宴席请客吃饭。在非洲，穷人是指那些在社会上处于极端弱势、缺乏或完全没有能力占有他人劳动力的人。位于社会最底层的，是那些孑然一身、无儿无女甚至有可能因为身体残疾而丧失劳动能力的人。与这些无依无靠的人相比，奴隶虽然有可能做到温饱无忧，但是他们无疑同样属于社会上最贫困的阶层。在非洲，有些国家专门设立了负责收容和照料穷人的机构，但另外一些国家却没有（其中包括信仰基督教的埃塞俄比亚）。和谐共处、"充满关爱"的前殖民时代的非洲社会，不过是一个浪漫的神话。[201] 对人身控制的重视超过对土地所有权的重视，并不是非洲独有的现象，因为人们对财富的普遍定义是对稀有物品的占有。例如在 1861 年废除农奴制之前，俄国地主豪绅的身份更多是根据其属下的农奴数量，而非物质财富的规模来衡量的。在同一时代的巴西，判断大庄园主地位的标准是其拥有的奴隶的数量。在 19 世纪初的巴达维亚，如果一个欧洲人想要在社会上高人一等，就一定不能在雇佣黑奴的数量上让别人觉得自己太小气。[202]

在游牧社会里——不仅是非洲，同时也包括从西亚、安那托利亚到阿富汗和蒙古——衡量财富的标准是一个人所拥有的畜群规模。流动生活方式阻碍了庞大资产的积累，并排除了投资修筑房屋的可能性。欧洲的贫富观念对牧民来说，比其他任何人群都更不适用。因此，在人们的普遍印象里，这些人的生活是苦不堪言的。许多亲眼见证过非洲牧民、蒙古人和阿拉伯贝都因人生活的旅行者，都曾有过这样的体会。这种印象至少有一点是正确的：无论在过去还是今天，游牧民族的生存始终都充满了风险。他们与农耕者之间总是不断发生利益冲突，其面临的干旱与饥饿威胁也最为严重。当饥荒暴发时，牧民总是首当其冲。对他们来说，一旦失去了牲畜，将意味着他们不仅丧失了生存的手段，同时也失去了灾后重振家业的能力。[203]

332

在非洲南部地区，早在一战爆发前，贫困便开始以一种欧洲和亚洲人口高密度社会所熟悉的形式呈现出来：土地的丧失成为比个体的物理性残疾更常见的导致物质生活恶化的重要根源。受政府鼓励的外来移民的占地行为，是导致这一类贫困的典型原因。在非洲贫困问题上，城市扮演的角色与欧洲略有不同。最迟从19世纪下半叶开始，城市贫困现象在欧洲日益凸显，其程度甚至比农村更严重。然而非洲的贫困，却主要是在农村地区"发生"的（这种情况一直延续到今天）。当然，居住在约翰内斯堡贫民窟中的穷人大概会认为，他们的日子比生活在农村的亲戚要好得多。在拥有劳动能力的男性打工者当中，出现极端结构性贫困的概率，远不及他们留在农村的家眷（正如今天的中国一样），特别是在那些直到20世纪20年代仍然没有条件得到食品援助的地区。但是对务工者来说，维系与家乡之间的亲情关系是一件好事。这是因为，在不断扩张的非洲城市中，那些穷人中的穷人往往是在遭遇危机时无路可退的人。根据目前掌握的资料我们很难得出结论，认为在包括非洲和中国在内的世界大多数地区，那些按各自标准被定义为"穷人"的人，其生活水平在19世纪有了明显的改善。

相对而言，在城市中判断贫困较为容易，因为在这里，可以清晰地观察到完整的从乞丐到富有的工厂主、银行家和大地主等各阶层之间的收入分配谱系。另外，只有在城市空间里，人们才能够利用新型社会调查手段对居民收入与生活水平的整体状况做出判断。在英国城市里，转折是于1860年前后出现的。底层人口的膳食水平总体上趋于改善，居住环境极端狭小（两名以上成年人共居一室）的居民比例开始下降。导致这种变化的部分原因，是一些打工者从城市举家迁到了郊区。但是即使在英国这个全球最富裕的国家里，城市底层人群的命运也未能从根本上发生扭转。英国劳工营中男性劳动力的数量，是判断城市极端贫困规模的重要指标。从 1860 年到第一次世界大战爆发，这些人的人数并没有明显减少。无家可归者（vagrants）的数量同样也没有发生大的变化。[204]

要想对 19 世纪全世界的贫困状况做出量化判断，是一件不可能做到的事情。只有在极少数情况下，我们才有可能对欧洲与其他文明之间的对比关系获得一定的了解。但是，要想了解极端贫困人群的规模，即使对城市而言，也是难以做到的。只有在最低收入者是以工资作为收入来源，而工资的支付情况也被登记在册的地方，人们才能对这方面的数据或多或少有所掌握。例如，人们根据这类数据得出结论：1500 ~ 1850 年，在欧洲大陆的第一大伊斯兰城市伊斯坦布尔，普通建筑工人的实际工资与地中海以北欧洲大城市的总体趋势基本相当，与本地工资水平的差距也十分有限，直到 1850 年之后，差距才明显拉大。另一种猜测认为，在 1800 年前夕，伊斯坦布尔和开罗的工人的实际工资按每日小麦当量计算超过了莱比锡和维也纳，更远在南印度或中国长江三角洲地区的工人工资水平之上。[205]

乞讨与施舍

从 19 世纪末开始，福利国家建设在德国和其他一些欧洲国家陆续兴起。面对这一事实，我们同时也应当看到：对世界许多地区而言，19 世纪末同样也是以济贫为目标的慈善活动得以延续并获得新动力的一个时代。从许多欧洲国家的例子可以看出，由政府或社团出面组织、由公共财政负担的扶贫活动与私人慈善行为是携手并进的。在不同地区，两者之间的比例关系

333

各有差异，其背后的动机也是五花八门。例如在沙皇俄国，并没有形成一套可以被称为公共救济体系的机制（就像从《济贫法》出台到 1834 年废除之前的英国济贫机制一样）。大地主与国家官员阶层当中为数不多的利他主义行为，在一定程度上是出于对西欧作为社会参与榜样的追随和效仿。[206] 在非欧洲地区，与之形成鲜明反差的是伊斯兰世界的慈善行为。在埃及，乐善好施、向穷人捐赠旧衣物的古老传统一直得到了延续。根据伊斯兰教教义，施舍是不能公开炫耀，而只能在私下里完成的行为。它是一种道德上的责任，在很多时候，这一责任是由基金会作为集体机构承担的。这种特殊的穆斯林式济贫行为给欧洲观察家留下了深刻印象，以至于在他们口中，乞丐变富豪的故事成为一种美谈。实际上，在 19 世纪的埃及，社会救助也越来越多地被看作政府的一项职责。在这一问题上，我们不应当盲目地夸大西欧与伊斯兰世界以及西欧与北美之间的差异。在任何一个地区，福利国家的发展都并非呈现直线式上升的轨迹，以家庭或社团为单位的救济形式与新型国家救助机制始终是并存的。埃及政府之所以在解决城市乞讨问题上表现得比西欧国家无能，在一定程度上与公众对乞讨行为的宽容态度有关（沙俄的情况与此相似）。当然，埃及与欧洲地区的差异体现在很多方面：①经济发展水平的相对落后使政府掌握的扶贫资源受到了限制。②埃及的贫民窟只是穷人的临时性住所，从未演变成为英国式的劳工营。③传教士的出现以及 1882 年英国占领埃及后由殖民政府发起的（数量极为有限的）扶贫倡议，使埃及的贫困救助机制多了一层殖民主义的维度。此后，埃及人制订了各种本土扶贫计划，力图以此与殖民者的行为相抗衡。④在埃及，穷人从来没有刻意躲开公众的视野，而是公开向社会提出自己的诉求,这一点与生活在英国城市最底层的穷人有着明显的不同。1860 年以后,在英国底层老百姓眼中,接受救济和沿街乞讨已经变成了一件令人羞耻、没有尊严的事情。[207]

彻底根除乞讨,在历史上是一件稀罕事。可以说,在 20 世纪之前,人类从未真正实现过这一目标。即使在 19 世纪这一历史时代里,乞讨仍然被人们视为社会存在的一种正常状态。这一点是 19 世纪历史构境不可缺少的内容。从古至今,乞讨一直是贫困乃至悲惨境遇的形象化标志之一,但是,它同时也有可能具有另外一层含义:一种特殊的寄生型经济。这种经济形式往往拥有复杂的组织结构(在中国甚至形成了帮会),并且在一定限度内得到了统治者的容忍。如果以人们通常用来描绘维多利亚时代英国社会状况的"地下社会"(Unterwelt)一词来形容它,往往并不贴切。即使在 19 世纪的欧洲,一无所有的社会弃儿(outcast)——从舒伯特《冬之旅》中的街头艺人到卓别林扮演的流浪汉——作为一种社会身份仍然没有被消除,或作为"生存照顾"(Daseinsvorsorge)对象被社会所接纳。以满足最低需求为目标的生存抗争,仍然无处不在。

335

九 消费全球化

无论农村还是城市中的极端贫困,都可以被定义为一种持续性营养匮乏的状态。在这道虽不致命却又无法跨越的饥饿门槛背后,我们可以发现,食物的差异比其他消费支出之间的差异要小得多。换言之,一个比穷人的收入高出 100 倍的富人,他的日常饮食未必会比穷人好 100 倍。正如布罗代尔所言,各大文明的膳食体系之间的差异所产生的影响,远远超过了单一或同一社会中不同阶层之间在饮食文化方面的纵向差异。[208]富人的食物品种更丰富，更有营养，品质更新鲜，其加工制作往往由专业人员或者说厨师来完成，但是在通常情况下，它的变化仍然是在单一或同一饮食体系的大框架之内。因此，从全球史角度看，我们只能总结出为数不多的普遍性规律：

不同饮食体系之间跨大陆的全方位的交互影响早在 16 世纪便已开始。[209]这场哥伦布大交流（Columbian Exchange）将欧洲的农作物和动物运到了新大陆，同时也将美洲的植物带到了亚洲和欧洲。早期近代的全球植物交换所涉及的不仅是少数稀有的奢侈作物，而且通过对全球众多地区的农业效益和消费习惯的深刻影响，使农耕经济和园林经济发生了改变。从 1600 年前夕第一批土豆种苗被运到欧洲，到土豆变成德国、荷兰和英国最重要的主食，其间经历了大约两百年的时间。在此之前，高产水稻品种的引进使东南亚和中国的水稻产量获得了大幅度提高。在土豆被引进欧洲的同时，番薯也被人们从马尼拉带到了中国，并成为饥荒时救济灾民的重要食品之一。玉米、烟草和花生等作物也在这一时期被引进到中国，川菜中的重要调味料辣椒便来自美洲新大陆。中国饮食文化体系仅用了短短几十年的时间，便将这些新事物全部化为己有。此后，中餐在原则上没有再发生大的变化。[210]美洲的木薯被引进非洲后，最初主要是在葡萄牙人统治的地区栽种。19 世纪最后三四十年，在殖民政府或非洲当地政府的推动下，木薯种植在非洲大陆的其他地区得到了推广。如今，木薯已成为非洲热带地区种植范围最广的农作物。而那些远渡重洋、被人们从美洲带到"旧世界"的经济作物，则是在新的需求或用途出现后，才被欧洲人逐渐接受，其间经历了数百年的时间。花生即是其中一例。这种作物最早在巴西"落户"，之后在秘鲁印加人当中受到欢迎。在引进中国之后，花生很快便成为当地人获取食物油的主要渠道。19世纪，美国种植花生的目的主要是为了用作饲料，直到有一天，当人们发现可以用种植花生来替代受病虫害袭击的棉花之后，情况才发生了变化。如今，花生已成为亚洲和西非许多传统菜肴中不可缺少的一道原料。由于烹调时的耐高温性，花生在欧洲也越来越受到推崇。可以说，热带油料的普及（不仅是作为食品，同时也被用于肥皂和化妆品生产）是19世纪最重要的交流成果之一。[211]蓬勃发展的跨大陆农产品贸易将热带水果带到气候条件不适宜种植的地区，使生活在那里的人们也可以品尝到这些美味。

美食的流动

不同的饮食文化在接受新事物方面也表现出很大的差异，这是历史学家最初很少注意到的一个问题。在饮食习惯几乎全部由海外输入的地区，例如美国，情况是一目了然的。随着19世纪海外移民的涌入，新的饮食口味也被带到了美洲。19世纪中叶淘金热出现后，越来越多的意大利移民来到加利福尼亚定居，并从这里移居美国其他地区。他们带来了家乡特有的硬质小麦（Durum），这是制作意大利面的必备原料。由此可以看出，意大利饮食文化在全世界的传播，早在比萨饼风靡世界之前便开始了。[212]

饮食文化影响力的地理分布与政治经济实力的分配并无关联。比如说中国。早在16世纪，中国便已显示出在饮食文化方面的强烈学习欲。在因鸦片战争而被迫打开国门后，中国在政治上虽然软弱不堪，但并没有因此而失去文化上的自信心。一开始，中国人对西餐文化表现得毫无兴趣，直到 1900 年之后，随着三种用西方技术加工制作（其中一部分产自中国企业）的"白色"大众消费品在大城市的流行，这种情况才稍稍发生了变化。这三种商品分别是：白面、白米和白糖。从 19 世纪 60 年代起，在一些中国大城市出现了零星的西餐厅。在 19 世纪 80 年代以后，携同亲友到铺着雪白的桌布、摆着银制刀叉的西餐厅品尝"西式风格的中餐"，成为富人们炫耀身份和品位的一种时尚。但是，中国有购买力的阶层对西餐以及西方消费品仍普遍反应冷淡。[213] 日本对西方的态度虽然在许多领域都表现得颇为开放，但是在饮食方面，至少在 19 世纪，借鉴西方的例子在日本并不多见。唯一例外是肉类消费量的增长，这是因为日本人将肉类消费看作文明高度发达的一种表现，并将它看作西方人体魄强健的秘诀。

相反，继马可·波罗之后，无数来自欧洲的旅行者、传教士以及在广州定居的西方商人都对中餐有过亲身体验并用文字做出了记述。19 世纪 40 年代中国对外开放后，更有成百上千的外国人在通商口岸的餐馆或借助私人厨师的烹调手艺，获得了对中国饮食文化的了解。许多不习惯或不愿尝试中餐的人，则不惜花费财力和人力，保证自己每顿都能吃到西餐。在中国以外的国家，人们在很长时间里一直没有机会品尝到中餐。在华人苦力出入的酒馆和欧美唐人街的中餐馆里，除了华人以外，几乎见不到一个外国人。当年身为记者的马克·吐温是第一个用文字描述在中国以外地区用筷子吃饭经历的西方人。1884 年，欧洲第一家中餐厅作为国际健康博览会的参展项目在伦敦南肯辛顿区（South Kensington）问世，使欧洲人终于有了品尝中国美食的机会。促成该项目的是时任中国海关总税务司司长，来自爱尔兰的罗伯特·赫德爵士（Sir Robert Hart）。但是，这并不意味着中餐由此踏上了征服西方消费者之旅。这一步的迈出，是 20 世纪 20 年代从加利福尼亚才逐渐开始的。而中餐的真正"全球化"则是在 1945 年之后。[214] 反过来，直到 20 世纪最后三四十年，西方饮食文化才对东亚地区的饮食习惯——不仅仅是在豪华酒店和西方飞地——产生了决定性影响。而这里所说的西方饮食文化，指的是工业标准化生产的大众食品。

19 世纪末，在欧洲的食品店里出现了越来越多的"殖民地商品"。在伦敦和英国其他大城市，人们在 18 世纪时便可以在少数专卖店买到蔗糖、茶叶以及其他异域商品。[215] 论及海外进口食品和奢侈品的重要地位，任何一个欧洲国家都无法与英国相比。东印度公司——特别是在 1784 年茶叶进口税大幅度下调之后——成功地把英国人变成了一个酷爱喝茶的民族。1820 年前后，英国每年的茶叶消费量达到近 3000 万磅。[216] 除茶叶以外，只有一种海外进口商品超越了狭小的奢侈品消费圈，对大众饮食习惯产生了重大影响。这种商品就是白糖。早在 17、18 世纪，对蔗糖的需求便曾促成了加勒比和巴西的种植园经济以及跨大西洋奴隶贸易的蓬勃发展。但是直到 18 世纪末，随着在日常生活中的广泛普及，蔗糖才成为一种真正的大众消费品，而不仅仅是作为红茶的甜味剂。蔗糖消费量的大幅度增长是在进入 19 世纪以后开始的。1880~1900 年，全球蔗糖产量翻了一番，此后到 1914 年，产量又翻了一番。[217] 在整个 19 世纪，白糖在英国人均卡路里摄入量中所占比例从 2% 提高到 14%。正如人类学家西敏思（Sydney W. Mintz）在其具有广泛影响力的著作中所说，白糖简直变成了一种穷人食品，一种为工业化时代深受剥削的劳动力提供的快速能量补充剂。[218] 整个 19 世纪白糖"实际"零售价格的持续下降，是实现白糖大众化普及不可或缺的条件。[219]

339　　白糖只有两种：一种是从热带种植的甘蔗中提炼的蔗糖，另一种是从温带种植的甜菜中提炼的甜菜糖。食盐的生产则有多种方法，因此比白糖更易实现地方化。畜牧业也与此相类似。它与屠宰业一样，都属于传统的地方性行业。而肉类保鲜期较短，也是导致这种现象的重要原因。19世纪食品行业的大趋势之一是肉类生产的工业化，以及肉食品市场向跨大陆贸易的转型。在早期近代，西欧地区的人均肉类消费量缓慢下降。直到19世纪，这一趋势在某些地区仍然持续一时，或者呈现需求量下降的假象。在饥荒时期，巴黎的穷人们甚至以猫为食。[220]最迟从19世纪中叶开始，西欧各国包括底层人群在内的肉食品消费量明显增长。从19世纪60年代至90年代，英国工人家庭的肉类消费增长了一倍，达到每周人均1磅以上。[221]日本在进入明治时代后，虽然在饮食的其他方面依然延续了德川时期的习惯，但是一向喜爱素食的日本人却逐渐开始偏向于肉食。尽管在1866年之前，日本的某些特定人群，例如武士和相扑运动员，平时也会吃大量的肉，但是直到19世纪最后30年，日本人才越来越相信，西方人的魁梧身材在很大程度上与当地人偏爱肉食有关。另外在很多人看来，对一个"开化"的民族来说，吃素是一件没有尊严的事情。[222]

　　在肉类需求扩张的影响下，1865～1892年，欧洲牛存栏数的增长速度超过了人口的增长速度。与此同时，在美国西部、加拿大、阿根廷、巴拉圭、乌拉圭、澳大利亚和新西兰，养牛业得到了大力开发。1876年，阿根廷生产的牛肉第一次通过冷藏船被运到了欧洲。[223]大约从1880年开始，新型冷藏技术的发

明为人们将牛肉从阿根廷和大洋洲各国大规模运送到欧洲提供
了条件。自 1900 年之后，阿根廷逐渐发展成为全世界最重要的
牛肉出口国。此时在美国，庞大的牛肉产量已经能满足迅速扩
大的国内市场之需。[224]阿根廷对欧洲牛肉出口量增长的直接原
因是英国政府的一项计划：为布尔战争中的英国军队供应罐装
和冷冻的肉食品。但是，阿根廷牛肉出口的真正繁荣是从 1907
年开始的，这一年，拥有先进冷藏技术的美国肉食包装企业接
手了阿根廷对欧洲的出口业务，这是美国与阿根廷之间最早的
一项重要投资合作。在此之前，这项业务更多属于英国经济界
的势力范围。但是，进入美国市场对阿根廷企业来说仍然是不
被允许的。[225]北美牛仔、阿根廷高乔人（Gaucho）等充满浪漫
色彩的社会群体，在全球运营的肉类产业中扮演着流动无产者
的角色。

340

那些在美国西部荒野上驰骋的牛仔，渐渐变成了芝加哥巨
型屠宰场的供货商。在这座城市的南部出现了一道吸引游客目
光的独特风景：工业化屠宰基地——一座猪和牛的地狱。配套
铁路设施的建成，为芝加哥屠宰业的兴旺提供了得天独厚的条
件。这些屠宰工厂里的地狱般景象大概只有布宜诺斯艾利斯的
屠宰场可与之相比。食品生产的工业化是从美国内战开始的，
其动力来自对新发明的奶粉制品和罐头食品的巨大需求。而满
足北部各邦这方面需求的，便是被人们贬称"猪肉城"
（Porcopolis）的芝加哥。这些屠宰场可以同时加工 2.1 万头牛
和 7.5 万头猪。1905 年，共有 1700 万头牲畜被宰杀。[226]厄普
顿·辛克莱（Upton Sinclair）创作的小说《屠场》（The
Jungle），便选择了芝加哥屠宰场作为故事的背景地。这部小说
是迄今抨击美式资本主义的最尖锐的文学作品之一。作者在书

中以类似左拉的自然主义风格的语言，将屠宰场描绘成了一座
但丁式的地狱。小说一经出版便成为畅销书，许多读者看过书
后，甚至对吃肉没了胃口，市场上的肉类需求也因此一度下降。
在世纪之交前后，美国中西部老百姓的人均热量摄入大概是每
日 4000 卡路里。在同一时期，英国工人家庭的人均热量摄入大
约为 2400 卡路里。[227]美国人对牛排的迷恋正是从这个肉类供应
过剩的年代开始的。除了阿根廷之外，在其他任何一个国家的
饮食文化中，牛排的地位都没有像在美国一样神圣。

百货公司与餐馆

341   西方世界的食品生产工业化——德国大约从 19 世纪 70 年
代开始[228]——与其他社会变革的关系是相辅相成的。随着底
层和中下层人员当中女性就业率的上升，人们用来做家务的时
间大大减少，对半成品食物的需求随之增加。这类产品只有通
过跨地区销售体系，才能抵达终端消费者。而实现这一目标的
前提是：在自给自足的农庄、周期性集市、本地肉店和面包房
之外，出现了通过批发市场和批发商获得定期供货的商店。这
一新事物直到 19 世纪末才在欧洲得到了传播，然而其传播既没
有规律，覆盖面也十分有限。在欧洲大陆的许多农村地区，在
整个 19 世纪，非地方性商品的供应一直是由流动商贩和走街串
巷的货郎操控。这种销售机制与同时代的中国没有太大的差别。
在中国，除了县城里的周期性集市之外，另一条主要销售途径
是由各路商贩组成的蛛网般严密的供应链。从市场到商店（包
括作为商店变种的消费合作社）的过渡是食品生产工业化和国
际化必不可少的副产品。[229]

        百货公司是 19 世纪商业的一大奇妙发明，其诞生的前提是

众多销售商品的大批量标准化生产。百货公司的诞生为人类开启了一个全新的商业和社会空间。它为人们提供了一个展示商品世界的舞台，像微型世博会一样吸引着来自四面八方的"观众"。最早的百货公司是 19 世纪 50 年代在巴黎出现的。瓦尔特·本雅明（Walter Benjamin）在阐析法国资本主义文化时，曾将百货公司作为与其著名城市拱廊计划相并列的核心论题。[230]巴黎并不是一个像伦敦和汉堡一样的港口城市，也并非类似于纽约或柏林的工业中心。在法国，手工业受大规模工业化生产冲击的程度也远不及美国。工业与手工业的合璧，形成了巴黎独特的消费文化。[231]19 世纪 30 年代和 40 年代是巴黎拱廊街的鼎盛期，而百货公司的黄金时期则是在 1880~1914 年的"美丽年代"出现的。伦敦百货公司的诞生比巴黎略迟几年，然而在实现百货公司"应有尽有"的宗旨方面，英国人却比法国人做得更彻底。就连殡葬用品，也可以在这里买到。19 世纪 80 年代，查尔斯·D. 哈罗德（Charles Digby Harrod）将其创办的百货公司扩建成一个集商场和俱乐部于一身的复合体。[232]纽约第一家百货公司出现的时间比伦敦更早，具体时间是 1851 年。这时，巴黎之风甚至还没来得及刮到这里。亚历山大·T. 斯图尔特（Alexander T. Stewart）在位于百老汇的一座五层楼高的意大利文艺复兴风格的大理石建筑里开设了这家商场，并由此引发了一轮百货公司建筑的竞赛潮。包括芝加哥在内的一些新兴城市也加入了这场竞赛。[233]但是，这种商业形式并非在每一座大城市都能很快立足。1875~1885 年的十年间，随着魏尔特海姆（Wertheim）、迪茨（Tietz）、卡尔施塔特（Karlstadt）、阿尔特霍夫（Althoff）等家族企业的成立，德国进入了百货公司的创立期。格尔利茨（Görlitz）德米安广场上的卡尔施塔特百货公司，其华丽程度堪与大都市中最辉煌的建筑相媲美。然而在欧洲大陆的另一座消费中心城市维也纳，直到世纪之交，大型专业化商店的重要地位才最终被百货公司取代。[234]

在东京，第一批百货公司是在明治时代最后几年出现的。这段历史是从 1886 年一家老牌绸缎行首次经营西式服装开始的。在接下来的几年里，各大百货公司变成了展示新事物的舞台：全城第一批电话机在这里投入使用，第一批女售货员（按照日本传统，只有男人才可以摆摊或站柜台）在这里登场。1908 年，第一座西洋风格的商厦正式开业。另外，日本还发明了一种新的商业组织形式：人称"劝工场"的商品市场。它借鉴了东方巴扎的经营理念，在某些方面又与巴黎的拱廊街有相通之处。一个个独立的店铺汇集在同一座建筑里，从这一角度看，它也可以被看作 20 世纪风靡全球的大型购物中心（shopping mall）的前身。但是在 20 世纪 20 年代，东京的这些市场却被百货商场彻底挤出了商业圈。[235]

另一种与 19 世纪拥有密切关联的新事物——餐馆，并不是欧洲人的发明。关于这种商业化餐饮形式的起源，有许多不同的说法。餐馆与那些在许多国家自古已有的各种酒馆、食铺或茶肆在性质上有两点不同：一方面是高水平的烹调技艺。只要付得起钱，每个人都可以在这里享受到以往只有在宫廷或富贵人家才能吃到的美食。换言之，餐馆帮助人类实现了美食的民主化。另一方面，每一位餐馆老板都是一位独立的企业家，他为消费者提供产品和服务，而不必依附于行会或帮会组织。一个新的世界由此而诞生，它的中心是巴黎。在这里，饮食不再是一种纯粹满足生理需求的行为，而是一种充满艺术激情的享受。撇开各种错综复杂的文化史考据不谈，巴黎之所以成为美食世界的中心，其过程实际上并不神奇，甚至有些乏味：法国大革命将在美食方面同样极尽奢靡的法国宫廷赶下了台，王公贵族被没收财产而纷纷逃往国外，一大批为宫廷和贵族效力的御厨因此失去了工作。于是，一个新的市场应运而生，它为消费者供应的是一种前所未有的"商品"：拥有购买力的城市平民阶层有条件享用的烹饪技术。在 19 世纪，消费者群体变得越来越国际化，高档餐厅成为蓬勃发展的巴黎旅游业最具特色的项目之一。[236] 但是，我们在这里所说的餐馆并不仅仅是指少数昂贵的高档餐馆。在烹饪艺术的殿堂里，上到豪华的顶级餐厅，下到工人住宅区的小酒馆，餐馆的种类可谓五花八门，无所不有。与此同时，富有民族文化特色的餐馆也成为一大潮流：1910 年，英国的炸鱼薯条快餐店达到了 2.6 万家，每周消耗的食用油超过 1000 吨。这种前途无量的鱼排配薯条的小吃到底是何时发明的，如今仍然是一个谜。据猜测，时间大概是在 19 世纪 60 年代。从此之后，炸鱼薯条逐渐演变成为英国工人阶级的标志性食物与英格兰民族豪放精神的象征。[237]

在中国，高水准的商业化公共餐饮业出现的时间显然要早得多，因此法国人自诩为餐馆"发明者"的说法是经不起推敲的。在明朝末期，特别是 16 世纪，随着对外贸易的繁荣而出现的富商阶层推动了中国城市文化很大程度上的平民化，私人餐饮业也随之兴起。大众餐饮文化的规模不断扩大，历经 17 世纪各种风云变幻而依然长盛不衰。后世的无数纪实和文学作品，都曾对丰富多彩的中华美食以及公共餐饮业的繁华景象做了生动的描述：从街边食摊到茶馆，从特色小吃店到富丽堂皇的宴会厅，任何一种价格和档次的需求都可以在这里得到满足。与

344

欧洲或日本相比，中国近代社会的阶层和等级意识相对薄弱，民间文化和精英文化之间的界线也较为模糊。另外，要论豪华和气派，那些有着亭台楼阁的中国富人宅邸，也远远无法与法国的乡间别墅（hôtel）或是巴黎、伦敦城里的贵族宫殿相媲美。因此，中国大众与高档美食的接触相对要早得多。法国人经过大革命才争取到的事物，在中国早已是一件平常事。

日本的情况又是如何呢？在日本，最早的餐馆是在 18 世纪出现的。直到 19 世纪，日本的社会和文化仍然具有浓厚的等级制色彩。不同种类餐馆的发展变化所反映出的社会地位的高低与尊卑之分，比欧洲特别是中国更加明显。1883 年，第一家中餐馆——一处典型的异域文化坐标——在日本开业，而西餐厅的踪影则依然难觅。在餐饮世界里，每一处"细微差异"都清晰可辨。由此看来，餐馆可以被看作一种亚欧大陆的共同发明，而亚洲在其中扮演的角色显然更加重要。但是，没有任何迹象可以证明，欧洲的餐馆是从中国原样照搬而来，就像 18 世纪"借鉴"中国园林艺术的方式一样。[238]

与饮食乃至消费习惯变化相关的，是新的市场化形式的出现。在这一领域，美国无疑是全世界的领导者，而德国则紧随其后。19 世纪 80 年代是名牌产品诞生并通过"市场营销"（marketing）进行推广，或者说通过精心策划的战略"占领"市场的年代。胜家（Singer）牌缝纫机、个性化玻璃瓶包装的德堡力娇酒（Underberg）都属于第一批推向市场的名牌产品。这些产品之所以能够问世，是因为人类已经能够从技术上实现大多数消费品的标准化大批量生产。如果说以往的消费者对其所购产品的来源大多一无所知（从生产者手中直接购买的情况除外）的话，那么现如今，他们从香烟、肥皂或罐头包装上的

名称和标识便可以了解关于生产商的所有信息。商标 345
（branding）以及与之相关的专利法，是有组织的大众消费新时
代的重要标志。[239] 对于这一文化史和经济史上的重大转折而
言，没有哪一种产品比药剂师约翰·S. 彭伯顿（John Styth
Pemberton）发明的棕红色、口味甜腻的活力饮品更具代表性，
这就是可口可乐。它是彭伯顿 1886 年 5 月 8 日在寻找治疗醉酒
和头痛的药方时偶然配制出来的。1887～1913 年，可乐销售量
从 57 HL（百升）增长到 25.6 万 HL。[240] 可口可乐是大规模工
业化食品和饮料生产的第一代产品之一。这种生产方式始于 19
世纪 80 年代的美国，在其影响之下，欧洲很快也出现了一大批
食品和饮料生产企业。这一行业的主要产品从亨氏（Heinz）番
茄酱、家乐氏（Kollegg）麦片到利华牌（Lever）人造奶油，无
一不来自实验室的发明。这些名牌产品很快便风靡世界。早在
新世纪的最初几年，即使在中国最偏僻的村庄，也能够买到洛
克菲勒创办的美孚石油公司出产的煤油，或者是化肥和西方名
牌香烟。构成复杂的新型营销网络的另一大要素，一项对市场
覆盖面起决定性作用的要素是邮购。可以想见的是，这种营销
形式同样也是美国人的发明。国家地域的广阔以及许多农场所
处的偏僻地理位置是促成这项发明的重要原因。邮购的一个不
可或缺的前提是铁路，美国邮政从 1913 年起新增的包裹邮寄业
务则为其提供了更大的便利。[241]

综合上述种种现象，我们是否可以将其定义为一种新的社
会形态，即"消费社会"呢？20 世纪 80 年代初，历史学家对
消费者的重要性获得了新的认识，并据此对以往将工业化生产
效率视为唯一核心的历史观做出了修订或补充。需求、竞争以
及对享乐和时尚的追求是推动商业之轮高速运转的润滑剂。这

一点不仅从文化史角度看颇具意味，它对于解释经济进步的动因也十分重要。因为唯有足够的需求才能将从生产合理化衍生的动力，转化为宏观经济的增长进程。那么，消费社会是从何时开始的呢？假如我们不把消费社会理解为人人以消费作为个人目标加以追逐的富裕社会，而将目光集中于除极少数精英的传统奢侈型消费之外的社会不同消费阶层存在的现实，那么我们完全有理由将 18 世纪的英国定义为这一类消费社会。[242]但是也许有人会问，照这样讲，是不是也可以将 1550～1644 年间的中国称作"消费社会"呢？当时在中国朝廷和官僚士大夫阶层或者说中国式贵族群体之外，的确存在着来自更广泛人群的有购买力的需求。另外，面对那些把时装视为 18 世纪欧洲人的发明，认为当时的亚洲完全没有时装概念的老一套说法，人们可以理直气壮地用明末中国的例子来加以驳斥：在这一时期，由国家确立的服饰制度被彻底打破，传统卫道士们对世风败坏的抱怨甚嚣尘上。由此人们可以想象，在服饰领域里，传统规范的瓦解已达到何种程度。[243]

汉内斯·西格里斯特（Hannes Siegrist）[①] 曾对"消费社会"的理想模式做出如下定义："财富达到相当的规模，并且没有被少数精英所独揽。（社会）拥有最基本的公民平等和政治权利，拥有一个广大的中产阶层以及社会流动性和竞争。另外，还要有一定程度的价值多元化，由世俗或宗教动机驱动的勤奋、劳动伦理观以及对财富的追求成为普遍现象并得到认同。在农业、工业和贸易领域，劳动分工和合理化已达到一定水平。此外，还要有每个家庭在工作、谋职和购买行为上的外向取向，

---

① 德国社会学家。

细化的制度体系和法律体系，能够使可预见的计划性行为得以存在并受到鼓励的理性认知，以及能够促进生产者、中间商和消费者之间的沟通，并对购买和消费行为发挥引导作用的文化机制。货币则作为一种被人们普遍认可的交换工具在其中发挥作用。"[244]

上述大部分特征在明代末期的中国几乎都已具备。但是，中国并没有沿着这一方向一路发展下去，而是与其他许多国家一样，在19世纪被欧洲超越。在欧洲和北美，逐渐形成了朝着西格里斯特所定义的社会类型发展的、具有持久性的强大活力。在这一过程中，民族文化的差异究竟是变得更加突出，还是在逐渐缩小呢？关于这一问题，人们对20世纪争论最多的是"欧洲的美国化"。从全球史角度看，更值得关注的问题是，欧美的消费模式和消费目标究竟在多大程度上早在19世纪便已被世界其他地区所接受。这一问题并没有一个普遍的答案，而只能通过具体事例来回答。

在新成立的拉丁美洲共和国的克里奥尔精英当中，出现了明显的欧化消费趋势。拉美独立后不久，英国进口的纺织品便已泛滥市场。在铁路开工之前，英国棉布早已通过马帮从各大港口城市运到墨西哥和秘鲁的高原和高地山谷地区。经过短短二三十年，拉美的英国纺织品市场便已基本饱和。在进口商品中，只有极少数商品能够跨越城市的界线，抵达内地的庄园和矿山。拥有购买力的社会精英逐渐培养起一种欧洲式的生活方式。由于当地生产力的落后，那些代表西方进步成就、象征身份和地位的商品只能从英国、德国、意大利、法国或美国进口。商品种类从机器到法国葡萄酒和英国啤酒，从马车、眼镜、自行车到富人盖房用的大理石，可谓包罗万象，应有尽有。吉尔贝托·弗雷耶尔（Gilberto Freyre）① 称，在 19 世纪早期，巴西的富人们甚至用镶上满口假牙的方式来仿效那些以往被其贬称为新教异教徒的英国佬。[245] 一小群拉美消费者过着炫耀张扬的欧洲式生活，而这里的欧洲并不包括其原来的偶像西班牙。从 19 世纪中叶起，在布宜诺斯艾利斯等城市也开始出现类似的风气。购物街、豪华酒店、茶点沙龙（salons de thé）和甜食店应运而生。向欧洲生活方式的转型还带来了新的种族观念：人们不再去非洲人开的面包坊，而是改到正宗法式糕点店去买面包。人们在聘请钢琴教师时也不再像以往一样会首选黑人，而是干脆从欧洲请人过来。[246] 对大多数老百姓而言，社会的现代化与他们的生活并无关系。反过来看，消费者的需求，则大多是通过拉美对欧洲出口（咖啡、铜、鸟粪肥料）所得支付的。

衣着打扮一向是判断消费观的一个良好指征。在拉丁美洲，特别是在印第安人口比例较高的国家，社会被分为两半，一半是乡下人，一半是城里人：前者的穿着和殖民时代几乎没有两样，而后者对着装则十分看重，以此将自己与那些"没有开化"的同胞区别开来。那些白人和印第安人的混血儿对衣着的重视更是细致入微，比如说，他们大都偏爱抛光的漆皮鞋。在其他领域，城乡在物质文化方面的差异也在明显拉大。在世纪之交的"美丽年代"里，拉美上流社会以英法文明和商品作为身份标志的风气已发展到登峰造极的程度。由于人们在"发达"与"外国"之间画上了等号，于是，所有外国商品都被不加选择地视为现代化的象征。因此，这些出口型经济体同时也是严重依赖进口的社会，在国际秩序的这两条坐标线上，它们

---

① 巴西历史学家。

都处在边缘的位置。因为拉丁美洲国家的经济繁荣并非建立在工业生产的基础之上，因此几乎所有高档商品都不得不从国外进口。拉丁美洲的整个城市风景被蒙上了一层浓厚的欧洲色彩，除了时装和家具之外，同时被引进的还有当代欧洲的一些标志性事物：餐馆，剧场，歌剧院，舞会，等等。一时间，法国厨师变得炙手可热。在1910年庆祝独立的官方盛宴上，竟然找不到一道墨西哥本地菜肴。在利马，高尔夫和赛马成为风靡一时的运动。各地火车站也被建造成巴黎火车站和伦敦火车站的翻版。

欧化的一个极端例子是将厚重的英式西服引进到这些地处热带和亚热带的国家。在此之前，英国人曾经在印度有过这样的尝试。1790年前后，印度总督康沃利斯侯爵（Lord Cornwallis）还允许人们只穿衬衣出席晚宴。过了20年之后，对殖民精英及其家眷来说，在酷暑天气里身着正装赴宴，已经变成了一种不成文的规矩。1830年，东印度公司领导层下令，禁止员工穿印度服装出席正式场合。[247] 在拉美地区，人们在这方面的做法比印度有过之而无不及。在里约热内卢和其他许多城市，在任何气温和湿度的条件下，出现在公共场合的绅士永远是一副"企鹅"打扮：黑色的燕尾服，浆过的白衬衣，白马甲，领带，白手套和大礼帽。贵妇们一个个裹着紧身的胸衣，外面套着里三层外三层的厚裙。直到19世纪60年代末，克里诺林裙（Crinoline）① 在巴西仍然是淑女的标准着装。这种对身体的磨难是人们为"文明"而付出的代价。

在另外一些热带文化统治下的国家，这条通往"文明"的

———————————

① 一种里面带裙撑的长裙，19世纪中期流行于巴黎。

349 路途却是漫长的。在这里，即使上层人士在公开场合露面时，也不习惯于像欧洲人或伊斯兰教徒一样，把自己包裹得严严实实。暹罗的改革家朱拉隆功（Chulalongkorn）国王曾经费尽心思，想让他的臣民养成穿长衫上街的习惯。进入 20 世纪后，长袖服装终于在暹罗的城市地区得到了普及。[248]在拉各斯，早在 19 世纪七八十年代，在崇尚西方文化的非洲上流社会的小圈子里，身着礼服和华丽的淑女裙去教堂礼拜、出席舞会和音乐会，或去观看板球比赛，已经成为社交生活的一个重要部分。[249]倡导节俭生活的伟大政治家甘地，则采取了反其道而行之的做法。他从人们在早年照片上看到的一个后维多利亚时代的纨绔子弟，变成了丘吉尔口中的"赤身裸体的苦行僧"。[250]在不加批判地全盘照搬欧洲文明的物质表象方面，任何一个欧洲以外的地区都无法与拉美相比。或许只有在伊斯梅尔（Ismail）总督统治下的埃及（1863～1879 年），热衷模仿的拜物主义之风的盛行与拉美有些类似。[251]

　　相反，西亚和东亚国家在对待西方文化方面则显示出强大的抵抗力。穆罕默德二世苏丹做出规定，要求奥斯曼帝国所有高级官员都必须着西装，军队的军服也换成了欧洲式样。但是这种做法不过是职业装的一种表面变化，并不代表欧洲的时装观念在埃及已经深入人心。在宫廷和官场之外，人们的衣着打扮几乎依然如故。在伊斯坦布尔街头，男人们大多依然穿的是传统服装。在 19 世纪 70 年代以前的照片上，看不到一个西式装扮的妇女形象。与数百年来一样，受国外影响的唯一表现是在制作传统服装时采用新式面料（例如从法国或中国进口的丝绸）。直到 19 世纪最后三四十年，在这些地区，西式时装才成为除了传统服装之外在文化上得到认可的、受人欢迎的另一种选择。[252] 使用外国进口面料制作衣服并不是一种有意识的文化借鉴。对于那些本国纺织业被欧洲进口货彻底击垮的国家，这往往是人们迫不得已的一种选择。早在 19 世纪 80 年代，在还没有成为殖民地的摩洛哥，每个人身上的衣服几乎都已经换成了进口的棉布。[253]

日本与欧洲之间自然并没有像拉丁美洲与欧洲之间一样的殖民过往。在 1853 年之前，日本与西方之间只有很少的接触，而这些接触从总体上看并没有对日本社会造成明显影响。1853 年以后，特别是在 1868 年明治维新带来政治体制的变迁之后，日本向西方打开了国门，并借鉴西方——首先是欧洲，其次是美国——的国家、司法和经济组织形式，对内推行现代化改革。但是这种全面的结构性的欧化改革，并没有给私人生活造成相应程度的"去日本化"影响。日本传统服装等优势并没有因此而遭到摒弃。自 1872 年太政官令颁布之后，包括天皇在内的明治政府首脑人物在公开场合露面时一律换成了礼服、大礼帽和西式制服，自 19 世纪 80 年代后，甚至连级别较低的地方官员也改成了西式装束，但是在私下里，人们依然穿的是本国的民族服装。耗资昂贵的换装热没过多久便让位于对和服的适度"改良"。在物质文化的其他领域，人们对传统习俗的恪守则表现得更为自信。一开始，人们曾一度对皮鞋表现出极大的热情，那些走起路来像唱歌一样吱吱作响的皮鞋尤其受到偏爱。那些希望将传统与现代融于一身的人，会选择用皮鞋来搭配传统和服。直到今天，这仍然是佛教僧侣们喜爱的一种着装搭配。[254] 礼帽成为一种风靡全球的中产阶级标志。日本公务员出门时，会像非洲或印度律师，或者像波兰工业城洛兹（Lodz）那些待遇不错的工人周日上街时一样，给自己的头顶套上一顶礼

帽。[255]20 世纪 20 年代，凯末尔下令强制所有土耳其男人必须改
戴礼帽，禁止继续佩戴 1836 年作为国家改革象征而引进的费兹帽
（fez）。在 19 世纪的奥斯曼帝国，礼帽是只有非穆斯林少数民族
才会佩戴的服饰。在戴礼帽成为一项规定之前，年轻土耳其革
命者选择了具有鲜明的反奥斯曼风格的"高加索"毡帽。[256]

中国在抵制西方消费模式方面比日本表现得更为强大。直
到 1900 年清朝军事改革之后，西式服装才真正进入中国的服饰
领域。在 1919 年民族主义示威运动，即所谓"五四运动"的
图片和影像资料中，那些走在北平街头的政治激进、对欧洲文
化深有研究的教授和大学生们，身上却大多穿的是传统的长衫。
20 世纪 20 年代才在知识分子圈中流行起来的长裤和夹克，在
351　传统上原本是农民和士兵的日常穿着。[257]即使是那些与香港、
上海和其他港口城市的西方生意伙伴有着密切合作关系的中国
商人，也仍然恪守着祖祖辈辈延续下来的传统生活方式，对欧
洲进口的奢侈品兴趣了了。直到 20 世纪 20 年代，在中国城市
里，西方消费品的魅力才开始提升，但是爱国主义者却又往往
为此而饱受良心的谴责，因为在他们看来，崇尚"洋货"是对
自己国家的一种背叛。中国城市消费者对欧美商品和生活方式
的真正开放，是从 20 世纪 80 年代中期开始的，比拉美整整晚
了一个世纪。推动这一场潮流的是国家工业化的全面发展以及
名牌仿制品的大规模泛滥。

人们同时还可以发现另一种相反的效应，这就是亚洲风俗
习惯对欧洲文化的渗透性作用。19 世纪期间，在中国特别是印
度，这种所谓的"土著化"（going native）被看作一种有碍种
族身份的越轨行为而备受指摘。反过来，那些试图按欧洲人的
习俗对亚洲传统做出调整的做法，同样也遭到反对。正如人们

后来在非洲嘲笑那些"穿裤子的黑鬼"（Hosenneger）一样，在 19 世纪初的印度，英国人对那些西装革履的印度人也十分看不惯。这种人通常被看作狂妄自大、装腔作势的假洋鬼子。在人们看来，印度中产人士应当把自己打扮成正统印度人的样子。英属印度的一些知名设计师甚至为那些被称为封建遗老的王公贵族专门设计了极具"民族化"风格的华丽衣装。1911 年 12 月，当印度最尊贵的王侯之一、以改革派著称的巴罗达（Baroda）王公盖克瓦德三世（Savaji Rao Gaekward III）没有像其他王公一样身着东方民族服装，而是一袭白色西装，戴着钻石首饰，挂着手杖（而不是规定的佩剑）出现在乔治五世在德里举行的觐见典礼上时，全场一片哗然，甚至演变为一场严重的丑闻。[258]而在 18 世纪时，入乡随俗还是一件司空见惯的平常事。当时，主动接受印度生活方式的做法十分常见，而且很容易得到人们的包容和理解。[259]19 世纪，在荷属东印度地区也仍然存在这样的情况。18 世纪时，生活在这里的白人的"东方化"程度之深，甚至使 1811～1816 年拿破仑战争期间占领爪哇的英国人做出决定，要对那些"颓废"的荷兰殖民者施行"文明化"教育：男人们应当停止公开包养本地妇女的行为，而荷兰女人则应当改掉好吃懒做、嚼槟榔、喜欢穿东方情调服装等陋习。结果却令人大失所望：生活在巴达维亚的欧洲人乃至华人的生活方式变得比以往更加亚洲化：他们吃印尼餐；平日里，特别是在家的时候，喜欢穿纱笼裙；爱睡午觉，甚至会一觉睡到天黑。[260]

在很多情况下，人们对欧洲风格的崇尚和模仿完全是一种建立在自愿基础上的自主文化行为。这一点无论怎样强调都不为过。殖民政府和传教士们在这方面或许多多少少发挥了一些

352

作用，但是这种情况绝非惯例。为证明这一点，人们可以举出一连串的例子，因为即使在亚洲和非洲一些没有被变成殖民地或准殖民地的地区，同样也出现了各种欧洲式样的建筑。中国清朝皇帝指派天主教耶稣会的工匠为其在北京郊外建造了一座洛可可风格的夏宫。越南统治者阮福映（Nguyen Anh），这位在历经多年战乱后实现越南统一并于 1806 年登基的嘉隆帝，曾按照著名军事工程师沃邦（Sébastien Le Prestre de Vauban）① 的理念在首府河内以及各大城邦修建了一座座要塞。这些军事要塞的设计图系出自以雇佣兵身份（并非受巴黎政府派遣）辅佐皇帝的法国军官之手。嘉隆帝之所以放弃在传统上一向被越南奉为楷模的中式建筑，而决定选择欧洲风格，是因为他看到了后者的超凡实用性，而不是因为受到法国的影响力或曰法兰西魅力的感召。与其说嘉隆帝是一位西方的追随者，不如说他是一位在众多国外供货单中择优而取的自由采购商（free shopper）。尽管与天主教传教士相交甚好，但他依然要求身边的文武官员首先必须精通儒学。[261]

最后再举一个例子：在 1896 年成为（法国）殖民地的马达加斯加岛，自 19 世纪 20 年代起出现了一种由欧洲业余建筑师设计的颇具想象力的建筑样式。它最早源自一些传教士的朴素构想，之后被让·拉波尔德（Jean Laborde）进一步发扬光大。拉波尔德是一位探险家，1831 年在一次海难中因船只搁浅而偶然来到马达加斯加。1839 年，他为女王修建了一座新的宫殿。在建造过程中，他巧妙地将本土元素与新哥特式风格融合，并利用欧洲工艺使整个建筑结构变得更加牢固。在建造其他公

---

① 路易十四时代法国著名军事工程师和建筑师，一生设计并建造了 180 多座城堡。

共建筑时，他又将自己在印度旅行时看到的印度风格融入其中。 353
后世建筑师们又为这些建筑添加了花岗岩外墙、阳台和罗曼式
穹顶等新的元素。于是，一种全新的官方建筑风格诞生了。在
宫廷贵妇们身着时髦的巴黎和伦敦时装招摇过市的首都塔那那
利佛（Antananarivo），因此又多了一道独一无二的风景。但是
在那个时代里，麦利那（Merina）王朝远远算不上一个激进的
西化楷模。在政治上，这个国家对外屡次实行闭关锁国政策，
人们从内心里对欧洲人的图谋总是怀有深刻的疑虑。[262]

生活水平作为人类物质生活状况的标志或作为衡量物理舒
适度的标准，对于人口较多、相对独立的社会而言，在有些方
面是大体一致的，而在另外一些方面则因社会身份、地区或性
别和肤色的不同而存在严重的差异。例如，一个社会中的成员
虽然收入高低不同，但是他们在瘟疫问题上的处境却十分相似。
在天花或疟疾面前，富人并不比穷人更安全。一方面，人们可
以对生活水平笼统地加以量化，并依此来排列高低次序。例如，
当今瑞士人的生活水平无疑要比海地高得多。另一方面，每个
社会和社会类型都有其各自不同的标准：稻农当中的富人与贝
都因人或小商贩当中的富人肯定是有差别的。不同社会与这些
社会中的不同群体之间的差异，还体现在其对"疾病"的认知
以及谈论"疾病"时所使用的语言。另外，有些疾病还具有明
显的时代特征。在世纪之交时，中欧地区的人们常常受到"精
神衰弱"（Neurasthenie）的困扰，这一概念作为诊断术语和疾
病名称，如今几乎已彻底从医学界消失。[263] 相反，在 19 世纪
时，还从没有人听说过"精神压力"（Stress）的概念，这种说
法是 20 世纪 30 年代从物理材料学借用而来的。当然这并不是

说，按照我们今天的标准，生活在 19 世纪的人们活得完全没有压力。贫穷/富裕，疾病/健康，饥饿/温饱，所有这些用来描述人类生活状况的概念都是相对的，用时髦的话讲，是"由文化建构的"。但是这些概念的所指，却是可感知的身体与物质生活的真实状态。

从全球范围以及整个时间跨度来看，19 世纪无疑是全世界大部分人口的物质生活状况获得明显改善的一个时代。我们对自启蒙时代以来成为欧美文化基本理念的进步观的怀疑，即使理由再充分，也无法使我们否认上述事实。但是从另一方面讲，这种笼统的判断难免会有肤浅之嫌。更值得我们研究的一个现象是，并不是所有发展变化的趋势都是朝着同一个方向，有时候，这些趋势之间甚至是矛盾的。为此，我们可以举出大量的例子：19 世纪初，许多居住在大城市里的人比居住在农村地区的人拥有更高的收入，但是其生活的环境却比后者恶劣得多。在同一个社会里，生活水平的差异并不能简单地以高低或多少为坐标，而更多是以人们经营生活的不同方式相区别。19 世纪时，工人家庭的收入往往只够维持最基本的生存，因此他们只能在较短的时间跨度内对生活进行安排；相比之下，受教育阶层或中产家庭却有能力对未来做出长远规划，并对来自不同渠道的收入做出合理的分配。[264] 在膳食领域，同样也存在类似的情况：如果将 18 世纪"拉长"到 19 世纪 40 年代，那么可以说，欧洲的 18 世纪仍然是一个饥饿的世纪。然而从 19 世纪中叶开始，欧洲出现了明显的饥饿"去地域化"（Delokalisierung）现象，换一种角度讲：人们拥有了从远距离之外获取食物的能力。运输技术的发展，食物储藏方法的改善以及食品工业化的兴起，是导致这一变化的重要原因。[265] 但是对经济水平低下的

354

食品产区而言，食品流通范围的扩大却有可能为其带来灾难性后果，印度饥荒即是一例。因此，人类进步的受害者并不仅仅局限于那些"落后"或被技术革新所忽略的地区和人群，"现代化"的无休止、无限度的扩张同样有可能造成可悲的结果。

在本章中，还有许多与生活水平有关的话题未及讨论。例如，很少有哪一种现象能够比弱势群体——老弱病残和婴幼儿——所受到的待遇，更加清楚地反映出一个社会的特性。[266] 要说清这一问题，有太多的故事需要讲述，关于童年，关于衰老，等等。或许通过这些故事，我们才能更准确地了解，人类在 19 世纪以及之后所取得的进步，是仅仅体现在经济增长曲线的变化上，还是说，包括婴幼儿和残疾人在内的弱势群体的生存概率同样也获得了提高。由此我们才能更好地判断，这个世界是否变得更人道了。

注释

[1] W. Reinhard, *Lebensformen* (2004)，第 453 页；亦参见 Michael Argyle, "Subjective Well-Being"，收录于 Offer, *In Pursuit* (1996)，第 18～45 页，关于幸福指数的若干标准。

[2] Bengtsson 等, *Life under Pressure* (2004)，第 33 页。

[3] 相关概述见 Zanden, *Wages* (1999)，第 191～193 页。

[4] 另一种分析见 G. Clark, *Farewell to Alms* (2007)，第 319 页，第 324 页及下页。

[5] Bourguignon/Morrison, *Inequality* (2002)，第 731、743 页。

[6] 与麦迪逊不同的观点见 Bourguignon/Morrison, *Inequality* (2002)，第 728 页。

[7] 以麦迪逊观点为基础的深层分析见 Easterlin, *Worldwide Standard*

of Living （2000），第 10 页。

[8] Lavely/Wong, *Malthusian Narrative* （1998），第 723 页。

[9] Maddison, *World Economy* （2001），第 30 页（表 1 - 5a）；亦参见 R. W. Fogel, *Escape* （2004），第 2 页（表 1 - 1）。

[10] 除 Hanley, *Everyday Things* （1997）外，亦可参见 Macfarlane 的日英比较：*Savage Wars of Peace* （1997）。

[11] Imhof, *Lebenszeit* （1988），第 63 页；Imhof 涉足不同领域的研究为理论范畴的确立奠定了基础。

[12] G. Clark, *Farewell to Alms* （2007），第 45、95 页。

[13] R. W. Fogel, *Escape* （2004），第 2、8 页。

[14] 亦参见 Szreter/Mooney, *Urbanization* （1998），第 108 页及下页。

[15] Hans-Joachim Voth, "Living Standards and the Urban Environment", 收录于 Floud/Johnson, *Cambridge Economic History of Britain* （2004），第 1 卷，第 268 ~ 294 页，此处见第 293 页。

[16] 与之相关的精彩概述见 Siemann, *Vom Staatenbund* （1995），第 149 ~ 152 页；Wehler, *Gesellschaftsgeschichte*，第 2 卷（1987），第 281 ~ 296 页。

[17] R. W. Fogel, *Escape* （2004），第 11、18、35、38、40 页。

[18] Riley, *Rising Life Expectancy* （2001），第 34 页；Imhof, *Lebenszeit* （1988），第 84 页。

[19] Cameron Campbell, "Mortality Change and the Epidemological Transitionin Beijing, 1644 - 1990", 收录于 Liu Ts'ui-jung 等, *Asian Population History* （2001），第 221 ~ 247 页，此处见第 222、243 页。

[20] Riley, *Rising Life Expectancy* （2001），第 39 页。

[21] 相关精彩描述见 C. King, *Black Sea* （2004），第 168 ~ 172 页。

[22] D. Fraser, *Evolution* （2003），第 66 ~ 78 页；有关美国的分析见 G. Rosen, *History of Public Health* （1958），第233 ~ 248 页。

[23] Burrows/Wallace, *Gotham* （1999），第 625 ~ 627 页。

[24] R. Porter, *London* （1994），第 265 页及下页。

[25] Münch, *Stadthygiene* （1993），第 128、132 ~ 136、191 页。

[26] Weintraub, *Uncrowned King* （1997），第 430、435 页；真实的死亡原因应当是胃癌。

［27］R. Porter, *London*（1994），第 263 页及下页；Inwood, *London* （1998），第 433 页及下页；Halliday, *Great Stink*（1999），第 84、91～99 页；Fahmy 在 *Olfactory Tale*（2002）中以埃及为例，就气味史角度的城市史做了精彩论述。

［28］关于城市污染的 "文化" 认知问题见 VerenaWiniwarter, "Where Did All the Waters Go? The Introduction of Sewage Systems in Urban Settlements"，收录于 Bernhardt, *Environmental Problems*（2001），第 106～119 页。

［29］Halliday, *Great Stink*（1999），第 103 页。

［30］Wedewer, *Reisenachdem Orient*（1877），第 216 页；关于伊斯坦布尔实现供水现代化之前的城市供水情况见 Kreiser, *Istanbul* （2001），第 58～64 页；近东地区其他城市的有关情况见 Raymond, *Grandesvillesarabes*（1985），第 155～167 页。

［31］Dossal, *Imperial Designs*（1996），第 116 页。

［32］Arnold, *Colonizing the Body*（1993），第 167 页。

［33］MacPherson, *Wilderness*（1987），第 116、120 页；Dikötter, *Exotic Commodities*（2006），第 145 页。

［34］Daunton, *Progress*（1995），第 439 页。

［35］D. C. North, *Understanding*（2005），第 97 页，插图 7. 10.；Richard H. Steckel/Roderick Floud, "Conclusions"，收录于同作者 *Health*（1997），第 423～449 页，此处见第 430 页及下页，数字见第 424 页（表 11.1）；根据 Steckel 等人对美国人口发展状况的追溯式分析，美国人口在 1830～1860 年期间经历停滞之后迎来了一段持续增长期。

［36］同上书，第 436 页。

［37］Vögele, *Sozialgeschichte*（2001）第 84 页，第 87 页及下页；Arnold, *Colonizing the Body*（1993），第 167 页；Harrison, *Public Health*（1994），第 99 页及下页。

［38］Vögele, *Urban Mortality Change*（1998），第 213 页。

［39］Gloria Waite, "Public Health in Precolonial East-Central Afric" a，收录于 Feierman/Janzen, *Social Basis*（1992），第 212～231 页；但是作者在此采用了广义的 "公共" 概念，因此在论述前现代时期的状况时也得出了同样的结论。

［40］ Labisch, *Homo Hygienicus* (1992), 第 134 页。

［41］ G. Rosen, *History of Public Health* (1958), 第 147～151 页。

［42］ Huerkamp, *Aufstieg der Ärzte* (1985), 第 177 f. 页及下页。

［43］ Witzler, *Großstadt und Hygiene* (1995), 第 131～138 页。

［44］ Higman, *Slave Populations* (1984), 第 262～264、271、328、341 页。

［45］ Riley, *Rising Life Expectancy* (2001), 第 21～24 页。

［46］ 参见 Dormandy 对这一问题的演义式研究 *White Death* (1999); 亦可参见 Barnes, *Making* (1995)。

［47］ 与此相关的精彩论述见 Hays, *Burdens of Disease* (1998), 第 168～171 页。

［48］ Kiple, *Human Disease* (1993), 第 403 页。

［49］ Johnston, *Modern Epidemic* (1995), 第 70、73、90 页, 第 135 页及下页, 第 305～308 页 (统计表)。

［50］ S. Watts, *Epidemics* (1997), 第 25 页。

［51］ Barry, *Influenza* (2004), 第 398、450 页。

［52］ Kiple, *Human Disease* (1993), 第 101 页。

［53］ Kuhnke, *Lives at Risk* (1990), 第 113～115 页。

［54］ R. Porter, *Kunst des Heilens* (2000), 第 424 页。

［55］ Jannetta, *Vaccinators* (2007), 第 71、145 页。

［56］ Winkle, *Geißeln* (1997), 第 893 页及下页; Smallman-Raynor/ Cliff, *War Epidemics* (2004), 第 452～469 页。

［57］ Higman, *Slave Populations* (1984), 第 278 页及下页。

［58］ D. R. Hopkins, *Princes* (1983), 第 149～154 页。

［59］ John R. Shepherd, "Smallpox and the Patterns of Mortality in Late Nineteenth-Century Taiwan", 收录于 Liu Ts'ui-jung 等, *Asian Population History* (2001), 第 270～291 页。

［60］ Kiple, *Human Disease* (1993), 第 403 页及下页。

［61］ D. R. Hopkins, *Princes* (1983), 第 194、303 页。

［62］ Huerkamp, *Smallpox Vaccination* (1985), 第 622 页及下页。

［63］ D. R. Hopkins, *Princes* (1983), 第 186、189 页。

［64］ Terwiel, *Acceptance* (1988).

［65］ 在一个国家的"内部边疆"甚至也可观察到类似的现象, 例如

在日本北部的北海道地区，日本政府对早期居民虾夷人（Ainu）便曾实施过所谓"现代化"改造。参见 B. L. Walker, *Early Modern JapaneseState*（1999），第 156 页及下页。

[66] 关于细菌学早期史参见 Gradmann, *Krankheitim Labor*（2005），第 31 页及下页。

[67] Riley, *Rising Life Expectancy*（2001），第 113 页。

[68] Iliffe, *East African Doctors*（1998），第 11 页。

[69] Rosner, *Medizingeschichte Japans*（1989），第 113 ~ 117 页；Nakayama, *Traditions*（1984），第 197 ~ 200 页。

[70] S. Watts, *Epidemics*（1997），第 24 页。

[71] 关于 18 世纪防疫实践的发展可参见 Panzac, *Quarantaines*（1986），第 31 ~ 56 页（港口），第 61 页（法国防疫封锁线），第 67 ~ 78 页（巴尔干防疫封锁线）。

[72] Winkle, *Geißeln*（1997），第 498 页及下页。

[73] 关于传播途径的细节描述见 Panzac, *La peste*（1985），第 134 ~ 173 页。

[74] 这一数字与 1802 年法国征服海地过程中的死亡人数（近 2/3）相比可谓小巫见大巫。参见 Laurens, *L'Expéditiond'égypte*（1989），第 468 页。

[75] Moltke, *Briefe*（1987），第 146 ~ 151 页。

[76] 关于鼠疫在奥斯曼帝国的灭绝过程参见 Panzac, *La peste*（1985），第 446、509 页。

[77] Panzac, *Quarantaines*（1986），第 79 页。

[78] Bickford-Smith, *Cape Town*（1999），第 19 页。

[79] Hirst 的 *Conquest of Plague*（1953）迄今仍然是这一领域不可超越的经典之作，相关论述见第 254 页，第 378 页及下页；关于澳大利亚的情况参见 Christabel M. Young, "Epidemics and Infectious Diseases in Australia prior to 1914", 收录于 Charbonneau/Larose, *Mortalities*（1979），第 207 ~ 227 页，此处见第 216 页。

[80] Terence H. Hull, "Plague in Java", 收录于 N. G. Owen, *Death*（1987），第 210 ~ 234 页，此处见第 210 页及下页。

[81] Winkle, *Geißeln*（1997），第 511、514 页。

[82] Papin, *Hanoi* (2001)，第 252 页。

[83] Jannetta, *Epidemics* (1987)，第 194 页。

[84] Benedict, *Bubonic Plague* (1996)，第 25 页及下页；本段余下的内容亦均出自 Benedict 这一经典论著中的相关资料。

[85] 参见 Arnold, *Colonizing the Body* (1993)，第 200~239 页。

[86] 同上书，第 203 页。

[87] Huber, *Unification of the Globe by Disease?* (2006).

[88] Echenberg, *Pestis Redux* (2002)，第 432 页，第 444 页及下页。

[89] Rosenberg, *Cholera Years* (1962)，第 38 页。

[90] Kerrie L. MacPherson, "Cholera in China: An Aspect of the Internationalization of Infectious Disease"，收录于 Elvin/Liu Ts'ui-jung, *Sediments of Time* (1988)，第 487~519 页，此处见第 498、511 页；亦参见 Harrison, *Climates and Constitutions* (1999)，第 190 页及下页；在印度反对水传播论的一派人士看来，该理论过于片面和简单。

[91] 有关 1823 年后霍乱向西欧蔓延过程的深入分析见 Dettke, *Die asiatische Hydra* (1995)，第 26 页及下页。

[92] Winkle, *Geißeln* (1997)，第 191 页。

[93] Bourdelais/Raulot, *Peurbleue* (1987)，第 85 页。

[94] Rosenberg, *Cholera Years* (1962)，第 226 页。

[95] Strachey, *Eminent Victorians* (2002)，第 132~136 页。

[96] Smallman-Raynor/Cliff, *War Epidemics* (2004)，第 417 页；Gruzinski, Mexico (1996)，第 413 页。

[97] Münch, *Stadthygiene* (1993)，第 134 页及下页。

[98] R. J. Evans, *Death in Hamburg* (1987)，第 285 页及下页。

[99] Rodney Sullivan, "Cholera and Colonialism in the Philippines, 1899–1903"，收录于 MacLeod/Lewis, *Disease* (1988)，第 284~300 页，此处见第 284 页。

[100] Snowden, *Naples* (1995)，第 247 页及下页。

[101] Arnold, *Colonizing the Body* (1993)，第 161 页。

[102] R. J. Evans, *Death in Hamburg* (1987)，第 293 页及下页。

[103] 参见 Delaporte, *Disease* (1986)，第 10~18、47 页，第 97 页及下页（关于文明优越感的危机）；亦参见 Briese 的里程碑式著

作 *Angst*（2003）以及 Reichert 的语境学论著 *Diskurs der Seuche*（1997）。

[104] Vigier, *Paris*（1991），第 76、80、85 页；另参见 Willms, *Paris*（1978），第 275 ~ 287 页。

[105] Kudlick, *Cholera*（1996），第 81 页及下页。

[106] Arnold, *Colonizing the Body*（1993），第 178 页。

[107] Baldwin, *Contagion*（1999），第 140 页。

[108] 同上书，第 43 ~ 45 页。

[109] 同上书，第 190 页。

[110] Kassir, *Beyrouth*（2003），第 129 页。

[111] 加拿大的例子见 Bilson, *Darkened House*（1980），第 8 页及下页。

[112] 参见 Igler, *Diseased Goods*（2004），书中强调了海员作为病毒传播源的作用。

[113] Virchow, *SämtlicheWerke*，第 4 卷（1992），第 357 ~ 482 页，引语第 374 条；关于饥荒与瘟疫问题见第 420 页及下页。

[114] Smallman-Raynor/Cliff, *War Epidemics*（2004），第 370 页及下页。

[115] P. D. Curtin, *Disease*（1998），第 177 页。

[116] W. H. McNeill, *Plagues*（1976），第 261 页；P. D. Curtin, *Death by Migration*（1989），第 13 页。

[117] 同上，第 62 ~ 68 页。

[118] Bowler/Morus, *Making Modern Science*（2005），第 450 页；另参 Sternberger, *Panorama*（1974/1938），第 70 ~ 76 页。

[119] 对 19 世纪"卫生革命"（以法国为例）的精彩分析见 La Berge, *Mission and Method*（1992）。

[120] Easterlin, *Growth Triumphant*（1997），第 161 页。

[121] S. W. Miller, *Environmental History*（2007），第 110 页；Sachs, *Tropical Underdevelopment*（2001），第 15 ~ 18 页。

[122] Winchester, *Crack*（2005），第 259、271 页。

[123] 2008 年中国四川地震后，人们所做出的反应与此十分相似：危机成为调动民众爱国热情的一种契机。

[124] J. A. Lockwood, *Locust*（2004），第 83 页及下页。

［125］ Winchester, *Krakatau* (2003).

［126］ DeJong Boers, *Tambora* 1815 (1994), 第 375 ~ 377、382 ~ 385 页; Bade, *Europa* (2000), 第 129 ~ 131 页。

［127］ Kaiwar, *Nature* (2000), 第 25 页。

［128］ Ali, *Punjab* (1988), 第 8 ~ 61 页; Beinart/Hughes, *Environment and Empire* (2007), 第 130 ~ 147 页; 关于灌溉与疟疾之关联的问题见 Radkau, *Natur* (2000), 第 154 ~ 159 页。

［129］ 另参与此相关的中国案例研究: Schoppa, *Xiang Lake* (1989)。

［130］ Amelung, *Der Gelbe Fluβ* (2000), 第 1、28 ~ 37、43、55 页; Esherick, *Boxer Uprising* (1987), 第 7 页及下页。

［131］ Amelung, *Der Gelbe Fluβ* (2000), 第 379 ~ 381 页; 与此略有不同的观点见 Elvin, *Elephants* (2004), 第 115 ~ 124 页。

［132］ T. N. Srinivasan, "Undernutrition: Concepts, Measurements, and Policy Implications", 收录于 Osmani, *Nutrition* (1992), 第 97 ~ 120 页, 此处见第 97 页。

［133］ Wilhelm Abel, "Landwirtschaft 1648 – 1800", 收录于 Aubin/ Zorn, *Handbuch* (1971), 第 524 页及下页; Woolf, *Italy* (1979), 第 279 页。就连富国荷兰也曾在 1840 年代的饥荒中损失了 6 万人口, 另外再加上佛兰德地区近 5 万人。

［134］ Wells, *Wretched Faces* (1988).

［135］ Tortella, *Modern Spain* (2000), 第 33 页及下页; YrjöKaukiainen, "Finnland 1860 – 1913", 收录于 Fischer, *Handbuch*, 第 5 卷 (1985), 第 274 页。

［136］ Nelson, *Bitter Bread* (1988), 第 117 页及下页, 关于救灾措施问题。

［137］ Devine, *Great Highland Famine* (1988), 第 33 页及下页。

［138］ 参见 Daly, *Famine in Ireland* (1986); Kinealy, *Death-DealingFamine* (1997), *Great Irish Famine* (2002); O'Gráda, *Ireland* (1995), 第 173 ~ 209、85、97 页, *Ireland's Great Famine* (2006); Clarkson/Crawford, *Feast* (2001)。

［139］ Robbins, *Famine in Russia* (1975), 第 3、10 页, 第 176 页及下页。

［140］ Robert McCaa, "The Peopling of Mexico from Origins to

Revolution", 收录于 M. R. Haines/Steckel, *Population History*（2000），第 241 ~ 304 页，此处见第 288 页；Livi-Bacci, *Population*（1991），第 68 页及下页。

[141] A. K. S. Lambton, "Land Tenure and Revenue Administration in the Nineteenth Century", 收录于 Bailey, *Cambridge History of Iran*，第 7 卷（1991），第 459 ~ 505 页，此处见第 469 页。

[142] Gado, *Sahel*（1993），第 67 ~ 88、104 页。

[143] J. C. Miller, *Significance*（1982），第 21、23、25 ~ 31 页。

[144] Zeleza, *Economic History of Africa*（1993），第 35 ~ 40 页；Coquery-Vidrovitch, *Africa*（1988），第 32 页。

[145] Harold Bolitho, "The Tempo Crisis", 收录于 J. W. Hall 等，*Cambridge History of Japan*，第 5 卷（1989），第 116 ~ 167 页，此处见第 117 ~ 120 页；Totman, *Early Modern Japan*（1993），第 236 ~ 242 页。

[146] 同上，第 4、6、5（引语）页，第 504 页及下页。

[147] Davis, *Holocausts*（2001），第 7 页（数据）。

[148] Wallace, *Wonderful Century*（1898），第 375 页。

[149] 有关历次饥荒的数据参见 Bhatia, *Famines in India*（1991）。

[150] M. Davis, *Holocausts*（2001），第 50 页。

[151] Bhatia, *Famines in India*（19913），第 241 页及下页。

[152] 同上，第 9 页。

[153] Ludden, *Agrarian History*（1999），第 199 ~ 201 页；关于债权人的作用（以及政府不干预政策的影响）参见 Hardiman, *Feeding the Baniya*（1996），第 57 ~ 61 页，第 272 页及下页；概括性分析亦参见 Seavoy, *Famine*（1986），第 241 ~ 285 页；关于阿马蒂亚·森（Amartya Sen）"权利论"的最新阐述见 Chakrabarti, *Famine of 1896 – 1897*（2004）。

[154] 参见 L. M. Li, *Fighting Famine in North China*（2007），第 272 ~ 277 页；另参见本书第 8 ~ 10 章。

[155] Bohr, *Famine in China*（1972），第 13 ~ 26 页。

[156] 案例分析参见 Rankin, *Managed by the People*（1994）。

[157] 参见 Will, *Bureaucratie*（1980）。

[158] Will/Wong, *Nourish the People*（1991），第 75 ~ 92 页。

［159］Robert Tombs, "The Wars against Paris", 收录于 Förster/Nagler, *On the Road to Total War* (1997), 第 541 ~ 564 页, 此处见第 550 页。

［160］Crossley, *Orphan Warriors* (1990), 第 132 页及下页。

［161］这是一个没有穷尽但在历史学家当中却很少被探讨的话题。对这一问题, 在此只能做简要说明。迄今为止最权威的观点见 Bairoch, *Les troisrévolutionsagricole*s (1989)。

［162］Grigg, *Transformation* (1992), 第 19 页 (表 2.2)。

［163］Federico, *Feeding the World* (2005), 第 33 页及下页 (表 4.1)。

［164］同上, 第 18 ~ 19 页 (表 3.1, 3.2)。

［165］Bairoch, *Victoires* (1997) 第 1 卷, 第 278 页。

［166］Bray, *Rice Economies* (1986), 第 95 页。

［167］数据汇总见 Pohl, *Aufbruch* (1989), 第 99 页及下页。

［168］Wolfram Fischer, "Wirtschaft und Gesellschaft Europas 1850 - 1914", 收录于 Fischer, *Handbuch*, 第 5 卷 (1985), 第 1 ~ 207 页, 此处见第 137 页及下页; Grigg, *Transformation* (1992), 第 19 页 (示意图 3.1.)。

［169］相关概念分析见 Overton, *Agricultural Revolution* (1996), 第 1 章; 另外还有一种含义极广的概念是将农业社会的总体转型视为工业化的一部分 (如 Karl Marx, RichardH. Tawney 与 Hammond 夫妇)。下文论述中并未采用这一概念。

［170］同上, 第 8、206 页; 宏观论述见 Grigg, *Transformation* (1992)。

［171］学术界最新研究成果证实了以往的判断, 认为英国农业产量的大幅度提高系始于 1800 年之后。假如这一观点正确的话, 那么农业革命则并非"工业革命"的前奏, 而是与整个社会转型同步的一个过程。参见 M. E. Turner 等, *Farm Production* (2001)。

［172］Bairoch, *Victoires* (1997) 第 1 卷, 第 273 页及下页; Daunton, *Progress* (1995), 第 44 页; Robert C. Allen, "Agriculture During the Industrial Revolution", 收录于 Floud/Johnson, *Cambridge Economic History of Britain*, 第 1 卷 (2004), 第 96 ~ 116 页, 此处见第 96 页。

［173］ Overton, *Agricultural Revolution*（1996），第 121、124 页。

［174］ Grigg, *Transformation*（1992），第 48 ~ 50 页。

［175］ 关于 18 世纪欧洲农业状况的精彩全景式描述见 Cameron, *Economic History*（1997³），第 109 ~ 114 页。

［176］ Braudel, *Sozialgeschichte*（1985），第 1 卷，第 159 页；另参 Chaudhuri, *Asia*（1990），第 233 ~ 238 页。

［177］ Huang, *Peasant Family*（1990），第 77 页及下页；Pomeranz, *Great Divergence*（2000），第 215 页及下页。

［178］ Bray, *Rice Economies*（1986），第 55、205 页。

［179］ Achilles, *Deutsche Agrargeschichte*（1993），第 206 页。

［180］ Wolfram Fischer, "Wirtschaft und Gesellschaft Europas 1850 – 1914"，收录于 Fischer, *Handbuch*，第 5 卷（1985），第 1 ~ 207 页，此处见第 140 页（表 38）。

［181］ Overton, *Agricultural Revolution*（1996），第 131 页。

［182］ Robert C. Allen 认为发展期应当为 1700 ~ 1850 年："Agriculture during the Industrial Revolution"，收录于 Floud/Johnson, *Cambridge Economic History of Britain*，第 1 卷（2004），第 103 页及下页。

［183］ 参见以环境史为重点的经典巨著：Dunlap, *Nature*（1999）；印度部分见 Markovits, *Modern India*（2002），第 306 ~ 308 页。

［184］ Offer, *First World War*（1989），第 404 页及多处。

［185］ 持此观点者如 Koning, *Failure*（1994），第 71 页及下页。

［186］ 参见 Stedman Jones, *End to Poverty*（2005）。

［187］ 参见 Kaelble, *Industrialisierung*（1983），第 55 页；Colin Heywood, "Society"，收录于 Blanning, *Nineteenth Century*（2000），第 47 ~ 77 页，此处见第 57 页及下页；另参见 Hoffman 等人的量化论证：*Real Inequality*（2002），第 348、351 页。

［188］ D. Lieven, *Abschied*（1995），第 2 章。

［189］ 参见社会史与建筑史经典著作：J. M. Crook, *Rise of the Nouveaux Riches*（1999），第 37 页及下页；另参见 Mandler, *Fall and Rise*（1997）。

［190］ 参见 Rubinstein, *Wealth*（1980）中有关英国、法国、意大利和

美国的研究报告；有关美国的论著见 Lee Soltow，"Wealth and Income Distribution"，收录于 Cayton, *Encyclopedia* (1993)，第 2 卷，第1517~1531 页；Ronald Story, *The Aristocracy of Inherited Wealth*，收录同上，第 1533~1539 页（第 1536 页数字）。

[191] Williamson/Lindert, *American Inequality* (1980)，第 75~77 页；Huston, *Securingthe Fruits* (1998)，第 339 页及下页。

[192] Homberger, *Mrs. Astor's New York* (2002)，第 1 页及多处；Bushman, *Refinement* (1992)，第 413 页；Sarasin, *Stadt der Bürger* (1997²)，第 4 章。

[193] G. Clark, *Farewell to Alms* (2007)，第 236 页，第 298 页及下页。

[194] Carosso, *The Morgans* (1987)，第 644 页；按当前币值计算，约折合 8 亿美元。

[195] W. D. Rubinstein, "Introduction"，收录于同作者 *Wealth* (1980)，第9~45 页，此处见第 18~21 页；Cannadine, *Decline and Fall* (1990)，第 90 页及下页；Beckert, *Monied Metropolis* (2001)，第 28 页。

[196] Naquin, *Peking* (2000)，第 392~394 页（平面示意图见第 393 页）。

[197] Abeyasekere, *Jakarta* (1989²)，第 62 页。

[198] 有关武士制度下的时代背景参见 McClain, *Japan* (2002)，第 120~124 页。

[199] Ravina, *Land and Lordship* (1999)，第 68 页。

[200] 关于 18 世纪信众组织的透彻分析见 Leeuwen, *Waqfs* (1999)，第 207 页，信众组织同化作用概论。

[201] Iliffe, *African Poor* (1987)，第 14、29、114、124、143、148、164 页及多处。

[202] D. Lieven, *Abschied* (1995)，第 74 页；Freyre, *Land in der Stadt* (1982)，第 26 页；Abeyasekere, *Jakarta* (1989²)，第 37 页。

[203] Iliffe, *African Poor* (1987)，第 65~81 页；关于游牧生活的制度条件参见 Khazanov, *Nomads* (1992)。

[204] George R. Boyer, "Living Standards, 1860－1939"，收录于 Floud/Johnson, *Cambridge Economic History* (2004)，第 2 卷，

第 280~313 页，此处见第 298 页及下页。

[205] Özmucur/Pamuk, *Real Wages* (2002), 第 316 页及下页；G. Clark, *Farewell to Alms* (2007), 第 49 页（表 3.5）。

[206] 参见 Lindenmeyer, *Poverty* (1996), 第 142~144 页；关于包括法国、德国、俄国在内的"北欧地区"的贫困救助问题参见 Grell 等, *Health Care* (2002)。

[207] Ener, *Managing Egypt's Poor* (2003), 第 19~23 页。

[208] Braudel, *Sozialgeschichte* (1975), 第 1 卷, 第 193 页及下页。

[209] 系统性论述见 Wendt, *Kolonialismus* (2007), 第 83~85、184~190、372 页；按产品分类：Kiple, *Movable Feast* (2007)。

[210] E. N. Anderson, *Food of China* (1988), 第 97 页及下页。

[211] Yves Péhaut, "The Invasion of Foreign Foods", 收录于 Flandrin/Montanari, *Food* (1999), 第 457~470 页, 此处见第 457~461 页。

[212] Peter W. Williams, "Foodways", 收录于 Cayton, *Encyclopedia* (1003), 第 2 卷, 第 1331~1344 页, 此处见第 1337 页。

[213] G. G. Hamilton, *Commerce* (2006), 第 76 页及下页；Dikötter, *Exotic Commodities* (2006), 第 222~224、228 页, 此处见第 231 页。

[214] J. A. G. Roberts, *China to Chinatown* (2002), 第 6~7 章；另参见 Goody, *Food* (1998), 第 161~171 页。

[215] Walvin, *Fruits of Empire* (1997), 第 168~173 页。

[216] 同上书, 第 30 页。

[217] Pohl, *Aufbruch* (1989), 第 111 页。

[218] Mintz, *Sweetness* (1985), 第 78、114~120、133、148 页, 第 180 页及下页；Mintz 视之为一种英国独有的现象。

[219] Galloway, *Sugar Cane Industry* (1989), 第 239 页。

[220] Vigier, *Paris* (1991), 第 316 页。

[221] D. J. Oddy, "Food, Drink and Nutrition", 收录于 Thomson, *Cambridge Social History of Britain*, 第 2 卷, 第 251~278 页, 此处见第 270 页及下页。

[222] Hanley, *Everyday Things* (1995), 第 162 页。

[223] Mokyr, *Lever of Riches* (1990), 第 141 页。

[224] Pohl, *Aufbruch* (1989), 第 106 页及下页。

[225] Rock, *Argentina* (1987), 第 171 页及下页。

[226] Cronon, *Nature's Metropolis* (1991), 第 207 ~ 212、225 ~ 247 页；关于美国肉食文化所占比重参见 Horowitz 等, *Meat* (2004)。

[227] Peter W. Williams, "Foodways", 收录于 Cayton, *Encyclopedia* (1003), 第 2 卷, 第 1336 页；另参见 D. J. Oddy, *Food, Drink and Nutrition*, 收录于 Thomson, *Cambridge Social History of Britain*, 第 2 卷, 第 274 页及下页。

[228] Ellerbrock, *Geschichte der deutschen Nahrungs – und Genuβmittelindustrie* (1993), 第 235 页。

[229] Pounds, *Hearth and Home* (1989), 第 394 页及下页；关于 1914 年之前德国社会状况的全面阐述见 Spiekermann, *Basis der Konsumgesellschaft* (1999)。

[230] Benjamin, *Passagenwerk* (1982), 第 5/1 卷, 第 83 页及下页；另参见 Crossick/Jaumain, *Cathedrals of Consumption* (1999); Spiekermann, *Basis der Konsumgesellschaft* (1999), 第 363 页及下页。

[231] Higonnet, *Paris* (2002), 第 194 ~ 200 页。

[232] R. Porter, *London* (1994), 第 201 页。

[233] Burrows/Wallace, *Gotham* (1999), 第 667 页及下页。

[234] Bled, *Wien* (2002), 第 216 页。

[235] Seidensticker, *Low City* (1983), 第 110 ~ 114 页。

[236] 参见 Jean-Robert Pitte 的散文式描述: "The Rise of the Restaurant", 收录于 Flandrin/Montanari, *Food* (1999), 第 471 ~ 480 页；以复杂的文化科学视角论述该问题的著作见 Spang, *Restaurant* (2000), 第 150 页（引语）及多处。

[237] Walton, *Fish and Chips* (1992), 第 5、8、25 页。

[238] Hanley, *Everyday Things* (1997), 第 164 页; Nishiyama, *Edo Culture* (1997), 第 164 ~ 178 页。

[239] W. König, *Konsumgesellschaft* (2000), S. 94.

[240] Tedlow, *New and Impoved* (1990), 第 14 页及下页；关于可口可乐见第 23 ~ 111 页（表 2 – 2, 第 29 页, 由加仑换算为公

升）。

[241] W. König, *Konsumgesellschaft* (2000)，第 94 页及下页。

[242] McKendrick 等，*Birth of a Consumer Society* (1983)；Brewer/ Porter, *Consumption* (1993)。

[243] Brook, *Confusions of Pleasure* (1998)，第 190~237 页：关于时装见第 218 页及下页。

[244] Hannes Siegrist, *Konsum*, *Kultur und Gesellschaftimmodernen Europa*，收录于同作者等人，*Europäische Konsumgeschichte* (1997)，第 3~48 页，此处见第 18 页及下页。

[245] Freyre, *Land in der Stadt* (1982)，第 241 页；关于怀表的类似象征性意义见本书第 2 章。

[246] Bernand, *Buenos Aires* (1997)，第 187~189、98 页。

[247] Cohn, *Colonialism* (1996)，第 112 页（亦参见第 123 页关于英印殖民军着装重归东方风格的论述）；Mukherjee, *Calcutta* (1993)，第 90 页。

[248] C. J. Baker/Phongpaichit, *Thailand* (2005)，第 100 页。

[249] Zachernuk, *Colonial Subjects* (2000)，第 30 页。

[250] 关于印度的英国人与少数印度人眼中的"裸体"问题：Cohn, *Colonialism* (1996)，第 129 页及下页。

[251] A. J. Bauer, *Goods* (2001)，第 130、138~164 页；Needell, *Tropical «belle époque»* (1987)，第 156 页及多处；Needell 称之为"consumer fetishism"（第 156 页）；关于埃及的拜物主义之风：Luthi, *La vie quotidienneen égypte* (1998)。

[252] Charlotte Jirousek, "The Transition to Mass Fashion Dress in the Later Ottoman Empire"，收录于 Quataert, *Consumption Studies* (2000)，第 201~241 页，此处见第 208、210、223、229 页。

[253] Abu-Lughod, *Rabat* (1981)，第 107 页。

[254] Seidensticker, *Low City* (1983)，第 97、10 页；Hanley, *Everyday Things* (1997)，第 173~175、196 页；另参见 Esenbel 的经典著作 *Anguish* (1994)，第 157~165 页。

[255] 关于洛兹城的情况见 Pietrow-Ennker, *Wirtschaftsbürger* (2005)，第 200 页。

[256] Esenbel, *Anguish* (1994)，第 168 页及下页。

[257] 参见该研究领域的经典名著：Finnane, *Changing Clothes in China* (2008)，第 77 页。

[258] Nuckolls, *Durbar Incident* (1990)；Cohn, *Colonialism* (1996)，第127 ~ 129 页。

[259] 参见 Dalrymple 精彩且极富可读性的名著 *White Mughals* (2002)。

[260] J. G. Taylor, *Social World of Batavia* (1984)，第 112 页及下页；Abeyasekere, *Jakarta* (1989)，第 75 页。

[261] Papin, *Hanoi* (2001)，第 197、200 页。

[262] Gwendolyn Wright, *Politics of Design* (1991)，第 236 ~ 243 页。

[263] 参见 Radkau, *Nervosität* (1998)，第 17 ~ 23 页。

[264] Klaus Tenfelde, "Klassenspezifische Konsummusterim Deutschen Kaiserreich"，收录于 Siegrist 等, *Konsumgeschichte* (1997)，第 245 ~ 266 页，此处见第 256 ~ 259 页。

[265] Montanari, *Hunger* (1993)，第 155、189 页。

[266] 参见 Dasgupta, *Inquiry* (1993)，作者在书中汇集了所有与生活水平相关的不同视角，其论述既全面且带有一定的数学公式化色彩。

第6章 城市
——欧洲模式与全球特色

一 城市的正常形态与特殊形态

"城市"是空间的社会组织形式之一，它与其他形式之间的差别是很难清晰界定的。城市与"非城市"之间的关系总是处于一种紧张的状态，而后者又可体现为不同的形态：由农民定居的村庄所组成的"农村"，牧民生活的荒漠和草原，作为地主阶层权力集合的大型农庄和种植园，抑或是周边可及范围内的另一座城市。这两座城市之间往往是一种和平竞争的关系，但有时候也有可能是一种不可调和的敌对关系，就像雅典和斯巴达，罗马和迦太基。[1] 如果单纯从城市区别于非城市的极端特征来理解城市，那么辨别一个城市并不困难。但是，如果要制定一个规范，明确一个人类聚居地必须满足哪些条件才能被称为城市，却是难上加难的。城墙＋集市＋城市法：在其他文明空间里，这些特征即使在 19 世纪，也不像前现代西欧城市那样一目了然。居民数量并不是一个可信赖的标准：2000，5000，10000，人口到底要达到多少，才可被称为城市？甚至连各国统计机构也始终未能就"城市"的定义达成一致意见，因此，用统计数据来进行对比，往往并不容易。即使在其他领域，城市的特性也同样存在疑问。目前，一些城市史学家甚至就城市史

（urban history）能否成为一门有别于其他历史学分支的独立学科展开讨论：从某种意义上讲，历史发展的每一个侧面难道不都是在城市得以呈现吗？此外，对于下述问题，人们也同样看法不一：究竟应当将城市看作一个个拥有不同性格特征和特殊"精神"的社会空间，还是应当更多地视之为城市化宏大进程随机变幻的表象呢？[2] 城市史与城市化历史是相互并行、形式各异的两种视角：前者关注的是每一个城市的形貌，而后者所看到的则是近代史乃至整个人类居住史的重大趋势之一。[3]

城市模式

形成城市的每一种文明都有其对理想城市的独特想象，以及用以描述不同类型城市的特殊词语。中文里的"都市"与希腊文的 polis 或英文的 township，其含义并不是完全吻合的。从长远发展——例如从拜占庭到伊斯坦布尔的演变——来看，一座城市有可能在不同时期呈现迥然不同的面貌。每一种城市文化都有其对"城市"和"城市性"的独特诠释。从这一角度看，城市是文明特殊性的集中化表达，是社会想象力得以最充分展示的场所。在 18、19 世纪时，大概没有人会把北京和阿格拉（Agra）①，江户（1868 年更名为东京）和里斯本，伊斯法罕和廷巴克图（Timbuktu）② 混为一谈。当一个人身处城市时，可以比在农村更清楚地判断自己所在的位置，因为城市建筑使文明的特征比在其他任何地方都更加清晰可辨。在这里，文化特征被化身为石头。直到现代超大城市（Mega-Cities）崛起这一 20 世纪下半叶社会史重大进程的出现，这种具有文明标志性

①　印度古城，原莫卧儿帝国首都所在地。
②　位于撒哈拉沙漠南端，古代伊斯兰文化中心之一，现位于马里境内。

的城市个性才被逐渐抹杀。但是，即使在讨论古代问题时，我们也应当有所警惕，避免将地理学家和社会学家所说的"城市模式"误认为真实的存在。所谓中国城市、印度城市或拉美城市的说法，以及由此归纳出的某些反复出现的规律性特征，只有在我们将这些模式理解为众多案例的极端抽象化结果时，才是有意义的。这些模式把问题极度简单化，因而难以帮助我们对随时间推移逐渐发生的变化（例如 19 世纪的城市化）获得全面认识，而更多只能为我们提供一幅关于城市的静态图。[4] 同时，这类模式还忽视了另外一个问题：功能相似的城市——例如首都或港口城市——之间所拥有的共性往往大于差异，并以此超越了文明的界线。而最重要的是，我们究竟能否将各大文明（或者德国地理界常说的"文化区域"）看作内部形态统一、彼此界线分明的社会秩序界域，仍然是令人怀疑的。并不是在东南亚任何一处地方，都能看到所谓"印度式城市"。即使对华人世界而言，如果以为凡是有中国人落脚的地方，都会形成同样模式的华人聚居区，同样也是一种谬识。城市形态并不是一些沉睡的、在不断变化的环境中一再被唤醒的"文化密码"。当然，城市生活的每一种形态都有其独有的特点：欧洲人更喜欢住在市中心，而在北美，人们则没有这样的偏好。但是，探寻人们如何在不同环境下追求和实现城市的目标，远比假设每一座城市都有其预设的文化模式更有意义。例如，在观察"中国城市"时，我们应当将那些"非中国"元素作为观察的焦点。

357

城市是各种关系和网络的交叉点，并对周边地区发挥着组织性作用。市场、独占权力的国家机器或外交自主的城市管理者，为商业网络、行政秩序与各类联合性社团的形成创造了条件。没有哪一座城市是一个孤岛，来自外界的影响总是通过城市向社会渗透。每一座城市都是通往"世界"的一扇大门。无论西方还是近东伊斯兰思想的强大传统，都将城市视为一切文明的发祥地。古代旅行者总是将城市作为旅程的目的地，对其而言，城市是脱离来自荒野的各种危险的避风港。作为陌生环境中的外来者，他们在城市所遇到的威胁比在农村小得多。城市是知识、财富和权力汇聚的中心，无论是胸怀远大抱负的人，对世界充满好奇的人，还是因失意而对生活感到绝望的人，都可以在这里找到自己的生存机会。与农村社会相比，城市从来都像一个"大熔炉"。它是帝国的统治中心，是全球城市体系的操控者：金融业的中心是伦敦，天主教的中心是罗马，时尚业的中心是米兰和巴黎。城市的记忆总是与人类对众多已逝文明的神话式回忆有着密切的关联：巴比伦，雅典，第一圣殿期的耶路撒冷，哈里发时代的巴格达，公爵统治下的威尼斯，等等。城市既是古代的起源，也是现代的摇篮。城市与周边地区的分野在于它的优越感，在于其拥有的无限能量以及相对的发达。这是亘古不变的规律。那么对 19 世纪来说，又有哪些不同以往之处呢？

"石质化" 与普世性

358   城市生活方式的多样性是不容低估的：从拥有最早一批摩天大楼的大都市——1885 年建成史上第一座 17 层高楼的芝加哥，无疑是这方面的佼佼者[5]——到大规模临时性聚居区，城市的形式可谓千姿百态，异彩纷呈。即使在进入 19 世纪以后，类似欧洲中世纪早期临时政权所在地的流动性城市（villes itinérantes）也仍然没有绝迹。直到 1886 年孟尼利克二世

（Menelik II）建立亚的斯亚贝巴城，埃塞俄比亚延续数百年的流动都城时期才宣告结束。6000 名家奴扛着皇室的所有日用家什、金银珠宝和祭祀用品，赶着成千上万的牲畜，跟随皇帝东迁西移的场面，从此成为历史。具有深远象征性意义的建都之举，推动埃塞俄比亚向现代社会迈出了第一步。1896 年，孟尼利克二世率众在阿杜瓦（Adua）一举挫败了意大利军队的入侵，为埃塞俄比亚进一步赢得了国际社会的承认。为"奖励"这场意外的胜利，各大列强在埃塞俄比亚修建了一座座欧式风格的公使馆。[6] 在 19 世纪末之前，摩洛哥历任皇帝的鞍马生涯，比居住在皇宫里的时间要长得多。苏丹王穆莱·哈桑（Mulay Hassan）虽然在修造宫殿方面的表现堪称勤奋，然而直到 1893 年，这位君王依然在 4 万名随从和家丁组成的大队人马的陪伴下，过着漂泊在外的游荡生活。[7] 我们是否应当将这种"游牧"性质的生活方式，看作一种与时代发展不相称的落后现象呢？事实上，即使在中国、俄国或大英帝国，统治者也都在各地为自己修建了冬宫和夏宫。1860 年之后，在全世界最大的国家之一——印度，统治者每年都有长达几个月的时间是在一处避暑胜地行使其管理国家的职责的。这就是位于喜马拉雅山麓、气候凉爽的西姆拉（Simla，后称 Shimla）。每年夏天，英印总督府的全班人马都会由马帮开道，移师这座群山环抱中的山城。作为维多利亚女王的全权代表，印度总督的临时府邸当然不会是一顶简陋的篷帐，而是一座依照英国后文艺复兴风格修建的总督府（Viceregal Lodge）。[8]

但是尽管如此，19 世纪从总体上看仍然称得上是一个权力得以安顿、城市确立地标的时代。1800 年前后，石质结构的住宅建筑即使在欧洲也不是一件寻常事物。在冰岛等边缘地带，这类房屋直到 1915 年之后才开始出现。[9]建筑向"石质材料"的过渡，在各处殖民地表现得尤为明显。殖民者试图通过这种方式使城市面貌变得更加有序，并为巩固当地的政治秩序打下坚实的基础。与此同时，殖民者还希望用这些石头建造的房屋，向世人宣示其捍卫海外永久控制权的决心，并将实现从土木结构向石质结构的转变，视为自身肩负的一项文明使命。然而最终的结果却不乏讽刺意味：用砖木建造的房屋是易逝的，它有可能毁于一场大火，也有可能因政治和经济环境的变化而被拆除重建。而石质房屋却不具备这种特点。于是，这些建筑的遗迹——颓圮的石壁残垣、变成贫民窟的后殖民时代豪宅或总督府、为招徕游客而整饬一新的古迹——如今已成为殖民主义衰亡的最醒目的见证者。在有的地方，这些殖民时代修建的房屋甚至是当地保存时间最久的历史遗迹。

除上述原因外，在一些地区，森林资源的枯竭也迫使人们不得不选择以石头来替代木材。木结构房屋在人们眼里渐渐成为原始和落后的标志，或作为对旧王朝的回忆而被有选择地重新加以审视：维多利亚都铎式建筑的木梁结构是在装饰纹样上对石质古典建筑的一种回应，而后者的坚固性特点则同样得到了保留。在那些受生态或经济条件限制而别无选择的城市里，土木结构的房屋仍然是城市建筑的主体。这种传统风貌的城市，或可被视为人类顺应自然的理性态度的一种表现。美国生物学家和艺术收藏家爱德华·S. 莫尔斯（Edward S. Morse）1885 年曾经说过，和西方一样，在日本只有极少数人可以拿得出足够多的钱，为自己修建具有防火功能的住宅。因此对他们来说，唯一合理的做法是用可燃材料建造简易的、可随时拆建的房屋，以便把损失尽可能降到最低。一旦左邻右舍有哪家着了火，也许还能赶在自家房子被火舌吞噬前抢出几根橡木或几块砖瓦。[10]这种宿命论式哲学迄今仍为一些人所推崇。但是，今天的日本城市也早已开始用水泥和石料来修建房屋。由斑驳的古木和低矮的芦檐所构成的美感在水泥的防火实用性面前，不得不沦为牺牲品。[11]

城市是一种近乎全球性的现象。或许我们有理由将国家（State）视为欧洲人的发明，但是我们却不能用同样的判断来定义城市。城市文化是在彼此独立的前提下在所有大陆出现的，北美和澳大利亚除外。在中东、尼罗河流域和地中海东部，在中国、印度以及后来的日本、中美洲和撒哈拉以南地区，分别形成了各自独有的城市文化。大多数情况下，城市文化的形成都与农业有着密切的关联。城市作为物理形态和生活方式，绝非从欧洲借鉴而来的一种事物。如果说"现代"城市最早从欧洲起源，继而传播到世界，那么我们可以发现，在它所到的每一处地方，几乎无一例外都会与本土的城市文化产生冲突，通常情况下，后者并不会轻易让步。16世纪20年代，为了给墨西哥城的建设让路，特诺奇提特兰（Tenochtitlán）古城被夷为平地。古都北京（呈三重矩形排列）的雄伟城墙和16座城门虽然躲过了欧洲和日本侵略者的炮火，然而在20世纪50年代和60年代，却被城市规划者和毛泽东的红卫兵们视为"封建"残余而彻底拆毁。这是在西方侵略势力面前，与消逝和坚守有关的两个极端例子，而其他地区的情况则处于这两者之间。城市建筑和组织结构的各种元素总是不断被合并、替代、混杂，或在狭小空间里彼此发生激烈的冲突。城市现代化的大趋势在不同时间出现在世界各地，但很少是完全按照西方的模式。

360

19 世纪的趋势

在 19 世纪期间，"城市"究竟发生了哪些变化呢？19 世纪，特别是 19 世纪下半叶，是城市化高度发展的时代。在以往任何一个历史时期，人类的社会生活从未在空间上变得如此紧密。城市人口的增长速度，远远超过了此前的几个世纪。在一些地域辽阔的领土国家（Flächenstaat）中，城市生活有史以来第一次成为在经济和文化领域占主导地位的生活方式。在此之前，大概只有在古代地中海核心区、宋代（960～1279 年）的中原地区以及早期近代的上意大利，曾经出现过类似的现象。无论在欧洲、中国还是印度，如此大规模的"进城潮"对任何一种传统城市体系而言都是毫无防备的。因此，城市化发展的初级阶段是一段危机四伏的调整和适应期。一部分无法被旧体系所接纳的人口随着新兴城市的出现而得以疏导。在社会而非美学意义上成就最突出的，是那些没有任何城市历史的地区，其中最具代表性的是美国中部地区和西部太平洋沿岸以及澳大利亚。大约从 19世纪 20 年开始，城市化在这里从零起步。在这一过程中，一些地理位置优越的印第安人居住区自然也被纳入城市的地界。因为是从零开始，延续性和非延续性的问题也便无从谈及。

361　　　在世界其他地区，城市的发展轨迹很少是连续不断的。欧洲的许多时代同龄人都有这样的印象：自 19 世纪中叶开始在欧洲大陆几乎所有国家陆续出现的大城市，与以往的城市历史原则上是割裂的。18 世纪末的法国经济学家最早观察到，大城市——人们首先想到的自然是巴黎——是"社会"聚集以及社会标准形成的地方。它既是推动经济循环的动力，也是社会运动的策源地。在这里，价值的增长并非像在农村地区那样单纯依靠生产，而更多是通过交换。货物运输的迅捷同样可以创造财富。[12]人们越来越意识到，新兴大城市的本质在于流通：随着交通技术的发展而不断加快的城市内部以及城市与周边地区之间的人员、牲畜、交通工具和商品的流动。持批评态度的人对现代大城市生活的高速度怨声不断；相反，城市改革者则希望通过一系列措施，使城市环境更好地与其现代化本质相适应，并使流通变得更加顺畅：通过拓宽道路、修建林荫道和铺设铁轨来改善交通，通过修建自来水管道和地下排污设施来解决城市供排水，通过清理贫民窟和扩大建筑间隔来净化空气。这一点是从英国城市卫生改革者到中世纪之后的巴黎的缔造者奥斯曼男爵（Baron Georges-Eugène Haussmann）的众多城市改造项目得以实施的核心动力。[13]

在 19 世纪末的欧洲大城市，社会的划分远比早期近代的城市更复杂。权力集团的构成不再是单一的。社会不再像以往一样，可以简单地被划分为拥有政治决策权的城市贵族、从事商业或手工业的"中产"市民与城市贫民三个层面。精英阶层的统一审美趣味已不复存在，城市结构也不再是脱胎于"同一个模子"。无论在诸侯们的府邸，还是南英格兰巴斯（Bath）这样的市民城市，都可以观察到这样的迹象。巴斯这座维多利亚风格的小城无论从美学还是社会政治的角度来看，都像是一个群雄博弈的"战场"。[14]但是，它却比以往任何一座城市都更加坚固：很少的石膏装饰，更多的金属材料，墙体变得更加厚重。可以说，这是一座"万年牢"的城市。与此同时，它的体积也变得更加庞大。大城市里一个普通的市政厅或者火车站建筑所拥有的规模，以往只有主教教堂或者是仿照凡尔赛宫样式修建的宫殿才有可能达到。近乎悖论的是，这些宏伟的市

362

民建筑使人类变得愈加渺小，其程度甚至在那些华美的王宫殿宇之上。

在 19 世纪，除了城市面积、居民人数及其占总人口比例在数量上的膨胀之外，我们还可以观察到以下几个方面的趋势：

第一，几乎遍及全球的城市化进程以不同的速度在世界不同地区展开。在城市发展速度与城市化程度上，各地区之间的差距不断扩大。社会发展速度的地区性差异作为现代性的基本特征，比其他大多数领域都表现得更加明显。

第二，世界各地的城市类型变得越来越多样。一些旧的类型陆续消失，大量新的类型相继涌现。城市类型的多样化是城市新增特殊功能的出现导致的结果：例如，由铁路衍生出铁路枢纽这一城市类型；随着闲余时间以及市民休闲娱乐需求的增加，出现了海滨浴场的新概念。

第三，自巴比伦和古罗马时代以来，人类对地域广阔、呈辐射状的大都市早已有所领略。但是直到 19 世纪，能够在全世界大城市之间建立持久联系的国际化网络才粗具规模。世界城市体系在此基础上诞生。这套体系一直维系到今天，只是比以往更紧密，其内部的力量分配也发生了改变。

第四，城市基础设施建设呈现前所未有的势头。几千年来，城市建筑环境（built environment）主要是由房屋构成的。现如今，除了建造房屋之外，人们还修筑道路和港口，铺设地下排污管道，修建地铁线路，铺设铁路和有轨电车轨道，给街道安装照明设施。除地上工程之外，还出现了地下工程。到 19 世纪末，城市变得越来越干净，越来越明亮。与此同时，在大城市里还形成了一个神秘的地下世界，并由此引申出各种与恐惧和逃离有关的魔幻传说。[15]城市的基础设施建设吸引了庞大的私人和公共投资，成为工业化时代除工业投资之外的重要资本利用手段。[16]

第五，与物质的牢固化紧密相关的是商品化与城市土地资产的持续增值，以及"房地产业"的兴起和租赁关系重要性的提高。自此之后，城市土地资产才逐渐演变成一种资本投资手段和投机对象。土地的价值不再只有通过农业利用才能实现，而是可以仅仅凭借其地理位置而变得价值连城。"摩天大楼"正是这一变化的标志性象征。[17]土地价值有可能以经济生产领域无法想象的速度成倍增长。一块在 1832 年芝加哥建城时标价 100 美元的土地，到 1834 年时价格已达到 3000 美元，再过一年之后，价格则超过 1.5 万美元。[18]在类似巴黎这样的老城，房地产业是从 20 世纪 20 年代兴起的。[19]在东京、上海等亚洲城市的房地产业繁荣期，市场机制的作用与此并无二致。在这样的形势下，土地登记制度的细化及其在经济生活中的重要性也达到了新的水平。土地法、建筑法和租赁法成为法学的新学科。如果没有房地产抵押的存在，金融业的发展是无法想象的。一些新的社会身份也随之出现：房地产中介，地产投资商，为中下层百姓修建系列标准化住房的建筑商或开发商（developer），另外，当然还有租客。[20]

第六，城市变得越来越富有规划性。它们是宇宙几何形状在地球上的投影。当年，王公贵族总是按照想象来搭建自己理想中的城市，特别是在欧洲巴洛克时代，这曾是最令他们痴迷的爱好之一。然而在 19 世纪，城市规划已被理解为国家或地方政府的一项长期性任务。伴随着与野蛮扩张的不断斗争和屡屡失败，市政规划最终成为城市政治和城市管理不可缺少的组成部分。一个城市若要成为"现代"城市，首先必须为自己制定一份关于未来发展的技术蓝图。

第七，与城市公共空间和地方政治有关的新理念逐渐形成并得到普及。在公共空间"登台表演"的不再只是一些身份混杂、行为不可预见的民众和少数寡头。在城市空间里，专制式管理的削弱、政治参与的扩大、新的大众媒体以及利益集团与政党组织的形成，使地方政治的性质发生了改变。在各国首都，至少是在宪政国家里，议会作为公共利益的代表同时也对国家政治发挥着主导作用。在实行选举制度的国家里，人们怀着前所未有的参与意识，关注着首都的政治事态。包括俱乐部、协会、教友会和其他宗教团体在内的形式多样、充满活力的社团组织，在不同的政治环境下逐渐萌芽。关于早期近代英国和德国这方面的情况，历史学家曾经做出过全面的研究和论述。在后帝制时代中国的各大省会城市，也出现了类似的迹象。[21]

第八，新出现的有关"城市性"的讨论以及对城市生活的批判，使城市成为价值观之争的焦点。自古以来，城市一直有着某种特殊的含义，城里人——至少在地中海周边的城市文化中——一向都习惯于抱着居高临下的态度来对待那些"乡巴佬"（rustici）。但是，只有随着 19 世纪历史进步观的盛行，城市的地位才被提升到人类进步的先驱以及文化和政治创造力源泉的高度。儒勒·米什莱（Jules Michelet）① 甚至将巴黎誉为寰球之城，这种说法后来发展成为一个固定的概念，将这座法国大都市变成了举世公认的"19 世纪之都"。[22] 那些赞美乡村生活的人多半会被认为没有见识，甚至被看作一个因循守旧的"反动派"。那些为农村辩护的人，往往并不是出于维护城乡和

---

①　19 世纪法国著名历史学家，被誉为"法国史学之父"。

谐的目的，而是带有浓厚的文明批判色彩：它既有可能是对乡村浪漫主义精神的歌颂，也有可能是容克地主阶级愤世情绪的一种宣泄。到 19 世纪末，就连传统的田园牧歌式的理想生活也被"城市化"，从而衍生出"花园城市"（Gartenstadt）的概念。社会学作为一门新兴科学——从圣西门到齐美尔——从根本上讲是一项研究城市人生活的科学，它所关注的更多是"社会"而非"团体"；是速度和张力，而非乡村式的麻木与迟钝。政治经济学不再像 18 世纪重农主义者一样，把土地看作创造社会财富的源泉。土地这一"生产要素"被视为阻挡经济发展的障碍，并因此受到质疑。在马克思、穆勒这一代政治经济学家看来，价值是通过工业的形式在城市空间里创造的。从另一角度看，城市相对于农村的文化优势同时也是农民政治地位丧失的一种表现。从俄国东南部的普加乔夫起义（1773～1775 年）到世纪之交的农民运动浪潮（1900 年中国义和团运动，1907 年的罗马尼亚农民起义，1910 年墨西哥萨帕塔民族解放运动的爆发），其间在全世界发生的对旧制度形成挑战的大规模农民起义寥寥无几。给人们留下较深印象的几场大规模暴动，无论是 1857 年的印度民族大起义，还是同一时期的中国太平天国运动，都是在超出农民群体的更大社会层面上发生的，而不仅仅是农民愤怒情绪的一时性爆发。

人们经常可以听到这样的说法：从 19 世纪开始，城市进入了"现代"（modern），而"现代史"（Moderne）正是在城市中诞生的。如果要确定城市的现代性，进而为"现代史"的年代坐标找到可信的依据，就必须将上述进程全部纳入定义的范畴。那些常见的说法虽然不无道理，但往往过于片面。人们尝试从不同的角度来把握 19 世纪下半叶出现的城市现代性特征：或称

之为理性规划与文化多元性的结合（大卫·沃德/奥利弗·聪茨
［David Ward/Oliver Zunz］），或称之为密集化中的秩序（大卫·
哈维［David Harvey］），或是试验和"断裂主观性"（fractured
subjectivity）的空间（马歇尔·伯曼［Marshall Berman］）。[23] 维
多利亚时代早期的伦敦，第二帝国时期的巴黎，1890 年之后的
纽约、圣彼得堡和维也纳，20 世纪 20 年代的柏林以及 20 世纪
30 年代的上海都被视为具有上述现代特征的城市。城市的现代
性与纯粹意义上的大小无关，就像没有人会想到把今天的拉各
斯和墨西哥城等超大城市看作"现代性"的化身一样。轰轰烈
烈的城市"现代史"是人类历史上一个短暂的瞬间，有时候，
它所持续的时间仅有短短几十年。它是秩序与混乱的平衡，是人
口迁徙与有效运转的技术性结构（Technostrukturen）的融合，是
非结构化公共空间的开放，是在探索和试验中所迸发出的活力。
现代化的前提是城市在其"传统"期结束时依然可以辨识的某种
形态，亦即其区别于非城市的那些特征。在由辽阔无际、人口密
度适中、呈多中心散射式分布的卫星城所组成的超大城市里，内
部边界与外部边界是模糊不明的，甚至连作为城市剥削对象以及
供城里人以"郊游"名义消费的郊区（countryside）也不复存在。
城市的 19 世纪，正是随着大城市的形成而告终的。

二　城市化与城市体系

366　　　过去，人们通常将城市化狭义地理解为机械化生产的普及
所导致的城市规模的迅速扩张。在人们眼中，城市化与工业化
就像是一枚硬币的两面。这种观点是经不起推敲的。今天，城
市化的概念更多是广义的，它指的是社会发展加快、人口密度

提高以及社会结构重组的过程，这一过程有可能在完全不同的环境下发生，[24]其导致的最重要结果是人类密切交往空间的形成。在这些空间里，人们可以快速地交流信息，对其有效地加以利用，并在良好的制度环境下创造新的知识。城市——尤其是大城市——是知识的汇聚地，很多人正是出于这一原因而纷纷奔向它。[25]一些历史学家将"城市化"分为两类：一类是由新的就业机会的大量涌现而导致空间密度大幅提升的量变（quantitativ）过程；另一类是由人类新的行为和经验空间的出现，换句话说，是由城市特殊生活方式的演变而引发的质变（qualitativ）。[26]这种划分有助于唤起人们对城市化现象多元性的认识，但难免有些教条，因而难以在实践中被加以运用。

城市与工业

由于在 19 世纪城市的发展几乎遍及全球，因此在这一历史阶段，城市化可以说是一种在地理意义上比工业化更为普及的现象。即使在那些工业并未成为社会发展重要动力的地区，城市的规模同样在扩大，人口密度同样也在提高。城市化所遵循的是其自身固有的逻辑，而并非工业化、人口增长以及民族国家形成等其他历史进程的副产品。城市化与这些进程之间的关系是一种变量。[27]前现代时期结束时的城市化程度，并非决定工业化成就高低的先决条件，不然的话，意大利北部地区也应当顺理成章地成为工业革命先驱中的一员。[28]

通过工业化的发展，生活在城市居民区的人口集中化程度发生了质的飞跃。正如安东尼·瑞格雷爵士（Sir Anthony Wrigley）① 367

---

① 英国当代著名人口地理学家。

在关于伦敦的经典论述中所说，人们应当对城市化所产生的交互作用有所认识。早在工业革命前夕，伦敦已经发展成为一座大都市，1750 年前后，伦敦居民数量占全国人口的比例超过了1/10。商业财富、购买力（其中对食品的巨大需求甚至成为农业合理化改革的导火索）以及劳动力和人才（即"人力资本"）在大城市的高度集中为经济发展注入了充沛的活力，而经济发展反过来又借助乘数效应，为新的生产技术在实践中的应用创造了优越的条件。[29]伦敦的发展与英格兰和苏格兰地方城镇的城市复兴潮流（后者对大城市的过度膨胀同时起到了平衡的作用）一道，成为社会效益与社会容量不断提高的整体进程的一部分。在英国，曼彻斯特、伯明翰、利物浦等产业集中地陆续步入了大城市的行列，然而在 19 世纪下半叶，英国发展速度最快的城市并非这些工业革命的重镇，而是那些服务业发达、在通过即时接触对信息进行加工方面拥有超强能力的城市。[30]在欧洲大陆和世界其他地区，甚至包括英国，城市化的快速发展同样也出现在某些地方工业并没有能力成为城市化终极动因的地区。

许多事例显示，在 19 世纪，一些城市的发展是在工业基础依然薄弱的背景下发生的。英格兰南部沿海城市布莱顿（Brighton）是当时英国发展速度最快的城市之一，然而在这里，却没有任何工业可言。布达佩斯的蓬勃活力并非来自工业，而更多是源自农业现代化及其作为贸易与金融中心的共同作用。[31]在彼得堡、里加等俄国城市，人口的持续增长归功于庞大发达的手工业所带来的商业扩张，而工业在其中所扮演的角色是次要的。[32]但是，一些城市也有可能在工业这一经济发展最具活力的领域与机会失之交臂：19 世纪 40 年代中期以前，圣路易斯（St. Louis）曾以令人窒息的速度在短时间内一跃成为密西西比河谷首屈一指的大城市以及整个北美西部地区的中心。但是，由于没能抓住机会为自身发展奠定工业基础，因此仅仅过了几年，圣路易斯便不得不把领先地位让给了芝加哥。在机遇之窗（window of opportunity）关闭之后，圣路易斯的经济甚至一度陷入崩溃。[33]漫步伦敦、巴黎、维也纳的市中心，人们会发现，在这里找不到任何工业城市的痕迹。在这种现象背后所隐藏的，是人类为保护城市文化免遭工业破坏而进行的抗争。这些具有 19 世纪标志性意义的大都市之所以能够保持古老面貌的经久不衰，更多是得益于对工业化的抗拒，而非对工业化后果的妥协和迁就。[34]那些在 20 世纪并非以工业为基础发展起来的超大城市（例如拉各斯、曼谷、墨西哥城等）可以使我们更加清楚地看到，城市化和工业化之间的关系是松散的，它们相互之间并不存在必然的联系。城市化是一个实实在在的全球性进程，而工业化则是中心区形成的"不同"方式中的一种个别现象。

368

顶级城市

只有将城市化从 19 世纪的时间框架及其与"现代史"过于紧密的联系中抽离出来，我们才能够准确地判断 19 世纪在漫长的城市发展史上所处的坐标。[35]同时我们也会发现，欧洲自诩为城市化源头的说法是令人质疑的。正如城市不是欧洲人的发明一样，大城市的起源也并非来自欧洲。在有文字记载的人类历史上，大多数时候，全世界人口最多的城市都位于亚洲或北部非洲。据猜测，巴比伦的人口早在公元前 1700 年前后便已超过 30 万。恺撒时代的罗马在人口规模上虽然超过了巴比伦，甚至超过了同时代的中国最大城市，但是在历史上，这不过是一个独一无二的特例。罗马只代表自己，而不代表"欧洲"。公元 2 世纪时，罗马的人口数量已逼近 100 万，北京和伦敦分别在 18 世纪末和 19 世纪初才相继达到这一水平。[36]恺撒时代的罗马是人类居住史上的一个孤本。它所处的位置并不是按人口规模逐级排列的欧洲城市金字塔的塔尖，而是在云端之上，俯瞰着散落在地球各处的人类聚居地。只有同样处于城市金字塔体系之外的拜占庭在鼎盛时期，即第四次十字军东征（1204 年）的大劫难发生前，曾一度逼近世界之都的规模。

369　　　从总体来看，人们目前所掌握的 19 世纪以前非西方城市的人口数据与欧美城市相比，更多是依赖于猜测。这些数据往往是不牢靠的。早在 1899 年，城市比较统计学之父阿德纳·F. 韦伯（Adna Ferrin Weber）便曾直言不讳地指出，奥斯曼帝国遍地是城市，而统计学家所了解的却"只有它们当中最大的那几个，并且了解得很不充分"。[37]因此，下文所提到的数据充其量只是一些有根据的假设。由于城市规模愈大，它在旅行者和评论家当中所唤起的认识欲则愈强，所以我们至少可以借助这些数据，对全球最大城市在不同时间截面的规模比例做出大致的判断。

　　　在 1300 年前后，欧洲城市中只有巴黎能够跻身于全球十大城市之列。它以第 6 名的位置名列杭州、北京、开罗、广州和南京之后，随后是非斯（Fes）①、镰仓、苏州和西安。[38]这十大城市当中有 6 个是中国城市，当年马可·波罗曾经以游记的形式使欧洲人对这些城市的情况获得了初步了解。1700 年

---

　　① 摩洛哥古城。

前后，形势发生了变化。随着早期近代伊斯兰帝国的崛起，伊斯坦布尔、伊斯法罕、德里和印度莫卧儿帝国的另一大城市艾哈迈德巴德（Ahmedabad）跻身十大城市之列，分列第1、第3、第7和第8位。伦敦（第4位）以微弱优势排在巴黎（第5位）之前，这两个城市是十大城市排行榜上仅有的两座欧洲城市。此后，巴黎再未能在人口规模上超越伦敦。北京在城市排行榜上仍然保持着第2名的位置，其余几座榜上有名的城市全部来自日本，分别是江户、大阪和京都。当时，日本在德川家族统治下刚刚经历了持续一个世纪的城市高速发展期。[39]

1800 年前后，世界十大城市排名发生了微小的变化：[40]

1. 北京	110 万人	6. 杭州	50 万人
2. 伦敦	90 万人	7. 江户（东京）	49.2 万人
3. 广州	80 万人	8. 那不勒斯	43 万人
4. 伊斯坦布尔	57 万人	9. 苏州	39.2 万人
5. 巴黎	54.7 万人	10. 大阪	38 万人

这些城市当中有 6 个是亚洲城市，如果算上伊斯坦布尔，是 7 个。直到排行榜第 15 位，才出现了伦敦、巴黎、那不勒斯之外的另一个欧洲城市——莫斯科（23.8 万人），紧随其后的是规模与其相差无几的里斯本，第 17 位是维也纳（23.1 万人）。钱德勒（Tertius Chandler）和福克斯（Gerald Fox，与钱同为美国历史学家，曾共同撰写了历史学名著《四千年城市发展史》［*Four Thousand Years of Urban Growth*］）以其他史料为据，从另类统计学的城市概念出发，提出了世界 25 大城市之说。根据这份"榜单"，1800 年前后，在信仰基督教的西方国

370 家中，只有 6 座城市榜上有名。其中，柏林拥有 17.2 万人口，
规模与孟买、贝拿勒斯（Benares）① 相仿。美洲人口最多的城
市是墨西哥城（12.8 万人），其次是美洲葡萄牙语地区的中心
城市里约热内卢（10 万人）。即使到 1800 年，北美洲的城市
规模也仍然落后于殖民统治下的南美。美国第一个首都费城
（6.9 万人）仍然是北美第一大城市，但从发展势头来看，随
时有可能被后起之秀纽约超越。后者凭借外来移民和经济繁荣
的空前浪潮，已然成为美国大西洋沿岸最重要的港口城市，在
进入新世纪后，更是一跃成为美国第一大城市。[41]澳大利亚虽
然在不久后也经历了类似于北美的人口爆炸式增长，但是在
1800 年前后，城市史在这里还是一片空白。当时，只要一座小
小的德国公爵府，便可以毫不费力地容下生活在澳洲的所有欧
洲裔居民。[42]

从这些排行榜可以看出，直到 1800 年前后，中国、印度和
日本仍然是全球城市文化的佼佼者。当然，"城市"的含义究
竟是什么，人们的理解各不相同。欧洲旅行者所熟悉的有城墙
环绕的城市，只有在中国还能够找到，但也并不普遍。在欧洲
人撰写的游记中，人们经常可以看到关于一些没有固定形态、
完全不像"城市"的亚洲城市的描写。有些时候，甚至连城乡
之间的反差似乎也难发现。19 世纪的爪哇岛便是一例。这是一
个人口密集的地域，但是这里既没有作为中心地带的大城市，
也没有人们想象中的地理上彼此分隔、经济上自给自足的亚洲
式村庄，而是一片介于城市和乡村之间、非此非彼的灰色地
带。[43]但是尽管如此，每一座城市仍然有其所属的共性：它是

---

① 印度东北部城市瓦拉纳西的旧称。

高密度的交往空间，是农村生产的剩余产品的消费场所，是贸易或移民网络的枢纽。每一座城市都必须解决供应与公共秩序的问题，这些问题与人们在"空旷的田野"上所面临的问题是不同的。在亚洲大城市，这些问题似乎早已被解决，抑或从未在这里存在过。当一位旅行者来到一座城市的时候，即使他再迟钝，再缺乏见识，也会意识到自己所在的地方是一座城市。城市生活的规律是超越文化界限、人人可以理解的一种事物。

城市人口：东亚与欧洲

371

城市化作为一种可测的社会状态是一个由 19 世纪统计学家发明的、相对的、自然也是人为的概念，其目的是通过城市与周边环境的关系对城市的发展进行观察。衡量这一关系的最重要尺度是城市居民占总人口的比例，而比例最高的未必是那些大城市所在的地区。因此，将欧洲与东亚国家进行比较是很有意义的，因为这两地是早期近代史上城市特征最集中的地区。早在 1600 年前后，欧洲的城市化程度已经达到了比中国略高的水平。此时的中国 1000 多年以来城市人口的比例没有发生太大的变化。从平均水平看，中国城市的规模普遍大于欧洲城市。中国的两大区域——长江下游（上海、南京、杭州、苏州等城市所在地）和东南部地区（港口城市广州的周边和腹地）——常常因其人口的高密度和城市规模的庞大而令早期近代到这里旅行的欧洲游客惊叹不已。1820 年前后，中国万人以上的城市有 310 个，在 1800 年前后的欧洲（不包括俄国）有 364 个。中国城市的平均人口数量是 4.8 万，欧洲是 3.4 万。[44]

下面的表格中是 19 世纪几个特定年代的城市人口比例数据：

表 7　万人以上城市占总人口比例（1820～1900 年）

单位：%

	中国	日本	西欧
1820～1825 年		11.7	12.3
19 世纪 40 年代	3.7		
1875 年		10.4	
19 世纪 90 年代	4.4		31

　　资料来源：中国和日本：Gilbert Rozman, East Asian Urbanization in the Nineteenth Century: Comparisons with Europe, in: Ad van der Woude/Akira Hayami/Jan de Vries (Hg.), *Urbanization in History: A Process of Dynamic Interactions*, Oxford 1990, 第 65 页, Tab. 4.2a/4.2b；西欧：Angus Maddison, *The World Economy: A Millennial Perspective*, Paris 2001, 第 40 页, Tab I-8c。

372　　　从上面的表格我们可以发现两个明显特点：其一，日本始终处于中国与西欧之间的中游位置；其二，自 19 世纪三四十年代开始，欧洲城市化的速度急剧加快。在中日两个东亚大国被西方打开国门之前，日本城市人口的比例比中国高出 3 倍以上。但是，这种比较从方法上讲是不是合理呢？如果用城市化程度来衡量的话，莫非当时的日本已经比中国更"现代"？如果将庞大的中国按地区加以划分并重新计算平均值，或者不是以整个中国，而是以中国经济最发达的微型区域——例如人口数量与日本相近的长江下游地区——与日本进行比较的话，中日之间的差距必将大大缩小。19 世纪 40 年代，长江下游地区的城市人口比例为 5.8%。到 1890 年时，这一数字上升到 8.3%，与日本现代化初期的 10.4% 十分接近。[45]如果用绝对数字来阐述这一问题，或者说让我们来了解一下，在这两个人口密集的地区，到底有多少人拥有城市生活的经验，那么我们看到的结果是：1825 年前后，日本有 370 万人生活在 1 万人口以上的城市里，到 1875 年时，下降到 330 万人。在中国，这一数字在鸦

片战争期间约为 1500 万，到 19 世纪 90 年代时，增长到 1690
万。[46]关于欧洲的情况，我们目前所掌握的只有保罗·贝洛赫
（Paul Bairoch，1930～1999 年）[①] 及其助手通过研究分析而得出
的数据。在研究中，他们将人口超过 5000 人的定居点一律纳入
了城市的范畴。根据贝洛赫等人的分析，在 1830 年前后，欧洲
大陆的城市居民人数共有 2440 万，到 1890 年前后，达到了
7610 万。[47]通过这些数据，我们只能对上述地区的城市规模比
例做出笼统的判断：在 1830 年前后，并不存在欧洲以城市人口
居多，而东亚以农村人口居多的情况。到 1890 年，形势的发展
开始走向两极分化。

　　中日两国 19 世纪的城市化经验之间存在着很大的差异，因
此，如果将两者归纳为一种共同的所谓东亚城市化模式，难免
会给人们带来认识上的谬误。在日本，我们可以观察到一种不
无矛盾的现象：由国家推行的现代化改革一度造成了社会的
"去城市化"：废藩置县、解除武士对藩王或幕府的侍奉义务等
措施促进了农村人口的水平流动，而中等规模的城市是这一过
程中最大的受益者。在德川时代到明治时代的过渡期，东京人
口从 100 多万下降到 1875 年的 86 万。而日本的复兴正是从人
口缩减开始的，因为东京附近的许多藩地落入了新政府手中，
从而为城市发展的规划带来了便利。在中国，城市化率的微增
在很大程度上同样是由现代化效应导致的。其中包括沿海地区
与世界经济的融合，以上海为代表的少数港口城市的繁荣发展
等。因此，中国城市化发展最快的地区几乎全部集中于长江下
游和广州、香港周边地区。但是从总体上看，与中国相比，日

373

---

① 法国著名经济史学家。

本与19世纪初一样，始终是一个城市化程度更高的社会。

从长远来看，中日与欧洲之间的比较似乎更有意义。在早期近代史上，欧洲的城市人口绝对值从来没有达到过中日两国之和的水平。此外，东亚的超大城市数量也远远超过了欧洲。欧洲在1550年之后经历了第一轮城市化浪潮，1750年之后又经历了第二轮。[48]城市人口比例从1500年到1800年翻了一番。在1650～1750年期间，欧洲的城市化程度略低于日本，与长江下游地区接近并超过了中国的整体水平。19世纪欧洲城市化的突飞猛进并不仅仅是工业化和与之相伴的新兴工业城市崛起所造成的结果。它的起因可追溯至德·弗里斯（Jan de Vries）①所说的1750年之后的"新城市化"：一场始于英国、自1800年后抵达南欧的城市人口增长浪潮。这场浪潮几乎波及所有城市，而受影响最大的则是中小型城市。相比之下，大城市的扩张并不像中小城市那样来得猛烈，而是与人口增长的整体节奏保持同步。直到铁路业的兴起，才给大城市的迅猛发展带来了新的动力，同时也没有像20世纪在欧洲以外地区的常见情况一样，导致"脑水肿式城市化"（Wasserkopfsurbanisierung）以及巨型城市的形成。

城市等级体系

在18世纪，西欧国家（不包括俄国和西班牙）逐渐形成了一套层次分明的城市等级体系，其中每一个级别都有属于自己的代表性城市。一向喜欢将注意力放在"微型地区"（Mikroregion），而不愿对民族国家乃至欧洲的大格局做出评判

---

①　美国历史学家。

的德·弗里斯（Jan de Vries）——一位治学严谨的经验论
者——认为，从不同大小/等级（Rank/Size）的城市均衡分布
的角度看，得出欧洲拥有其独特的城市化模式的结论，是合乎
逻辑的。[49]（俄国以西的）欧洲拥有一套通过密切的相互作用
而形成的、地理关系紧密、可由上至下细分为无数级别的城市
体系，欧洲的海外殖民城市同样也属于这一体系，虽然人们最
初对两者间关系的具体结构并不完全了解。德·弗里斯同时还
发现了 19 世纪末欧洲的另一个特点，即欧洲一些国家成功跨越
了一道门槛：在这些国家里，城市化的主要动力不再是来自农
村或国外的移民，而是城市人口的自然繁衍，这在人类历史上
或许还是第一次。与此相反，移民聚集的北美各大城市虽然与
欧洲西北部地区的经济发展水平不相上下，但是在一战之前，
这里的人口却依然不具备自我更新的能力。[50]无论人们有多么
充分的理由，对那些从意识形态出发宣扬欧洲特殊道路
（Sonderweg）优越性的说法表示怀疑，都不得不承认：欧洲城
市化的独特之路似乎是经得起实践论证的。

　　专事城市化研究的学者往往倾向于用比较法对城市的结构
做出评判。他们所关注的是，大中小城市之间的关系究竟是不
是"协调"。按照这一标准，除了英国、法国、荷兰和德国，
19 世纪的美国同样也拥有一套"成熟"的城市等级体系。以哥
本哈根和斯德哥尔摩为代表的丹麦和瑞典却不具备这样的体系，
俄国也是一样，除了圣彼得堡（1913 年名列欧洲第四大城市）
和莫斯科，整个俄国再也找不出一座类似规模的大城市。19 世
纪 90 年代，俄国第三大城市萨拉托夫（Saratov）的人口只有圣
彼得堡的 1/10。这座典型的根据国家中央权力机构旨令设立的
州府城市主要是出于行政和军事的考虑，其功能也始终没有超

374

越这一范畴。沙皇时代末期人口的蓬勃发展，并没能使这座只有 5 万人口的小城受到触动。[51]缺少一个等级分明的城市体系，曾经是俄国现代化道路上的一大障碍。

相反，日本与层次分明的城市谱系的理想则较为接近。中国在历史上也曾具备这一特点，然而在 19 世纪，人口在 1 万至 2 万之间的小城市在中国却十分罕见，而大都市的快速发展也仅仅局限于少数大城市，而这些城市几乎清一色都是沿海或靠近海岸线的城市。一些城市研究者认为，城市等级的空白和比例失衡是整个城市体系商业联络不发达的标志，而中国历史学家的研究结论则否定了这一判断。这些证据显示，当时的中国"国内"市场已经显露出日趋一体化的迹象。换句话讲，如果一味地用这种以西方为参照的、更具"美感"的均衡型城市等级体系作为标准，而不认真地分析不同结构给经济带来的影响，难免会导致认识上的谬误。在中国，除少数沿海大城市，一些并非行政中心、其商业发展较少受到国家调控制约的中型城市（专家称之为"非行政市场中心"［non administrative market centres］），无论在数量上还是平均规模上都在不断上升。从这一点来看，"非理想化"等级制的存在显然也有一定的道理。

三　在"去城市化"与超增长之间

城市的萎缩

对任何问题，我们都不应当妄下定论。城市化的急速量变式增长并不等同于现代化进程的迅猛发展，而"去城市化"也并不总是意味着危机和停滞。日本与欧洲一样，都曾在 18 世纪

的工业化初始阶段出现了大城市人口外流的现象。特别是在
1800 年之前,"去城市化"现象在欧洲一些地区,例如葡萄牙、
西班牙、意大利、荷兰等地,表现得尤为明显。[52]南欧城市生
活的衰落同时也是欧洲城市文化重心从南向北转移的大趋势的
一种反映。直到 1840 年前后,欧洲各地的去城市化趋势才得以
扭转。

巴尔干是一个特例。与经济发展水平相当的其他地区相比,
巴尔干的城市化程度颇高。这一点并不是 19 世纪自身蓬勃发展
所带来的结果,而是得益于历史的传承,这就是奥斯曼人对城
市文化的尊重以及各大要塞城市的重要地位。奥斯曼统治结束
后,许多巴尔干国家经历了一段去城市化的过程,例如,1789～
1815 年,塞尔维亚的城市化程度急剧衰退。据记载,1777 年,
贝尔格莱德有近 6000 处房屋,到 1834 年时,却只剩下 769
处。[53]塞尔维亚革命不仅在一夜间摧毁了奥斯曼帝国的政权,
同时也使得奥斯曼城市文化从此荡然无存。蒙特尼哥罗
(Montenegro)① 也曾在 1878 年之后经历了类似的突变,而在保
加利亚,城市的衰退则至少经历了一个漫长而持久的过程。

在东亚地区,去城市化现象则是由其他原因导致的。大约
在 1750 年之后,在商业繁荣的背景下,各地的城市人口迅速膨
胀。在 19 世纪初,曼谷的人口数量占暹罗总人口的比例超过了
1/10。[54]缅甸与马来西亚各州的情况与此类似。但是,大约从
1850 年 开 始,随 着 稻 米 文 化 的 急 剧 扩 张,农 村 化
(peasanitization) 现象随之出现,并由此导致农村人口数量的相
对增长。1815～1890 年,爪哇2000 居民以上城市的人口比例从

376

① 现黑山共和国。

7% 下降到 3%。这是当地经济向出口转型所造成的直接后果。在 1930 年前后，东南亚已成为全球城市化程度最低的地区之一。只有在未被殖民的暹罗各州，州府城市的传统优势地位依然得到保持。而曼谷则是在 1767 年之后，才逐渐确立了这一地位。除此之外，殖民统治下的其他各州府作为中心城市的重要性，则远远无法与王朝时代的辉煌历史相媲美。[55] 只有在菲律宾，由于政治体系的松散，在殖民时代之前，作为权力中心的城市几乎是一个空白。正是由于这一原因，由西班牙人建立的马尼拉城（1656 年）从一开始便成为集行政、军事、宗教、经济等各种功能于一身的中心城市，马尼拉对菲律宾这个殖民地的重要意义，在其他任何地区都找不出第二个例子。菲律宾也因此成为"脑水肿式结构"最早、历时最持久的例子之一，这种结构后来发展成为暹罗、匈牙利等国家的重要标志性特征。[56] 荷兰对爪哇的统治虽然比西班牙人统治菲律宾第一大岛吕宋岛的历史只晚了几十年，但是，与马尼拉一样主要依靠华人来维持经济运转的巴达维亚，却从来没能为自己赢得超越各地方政权所在城市的霸主地位。直到 19 世纪末，一些实力相对较弱的二线城市才在菲律宾陆续形成。[57]

377

　　由此可见，殖民统治有可能视情况不同对城市化分别产生促进、阻碍乃至导致倒退的作用。1800～1872 年，印度城市人口的数量几乎没有出现任何增长。在英国对印度实行殖民统治之前，几乎所有大城市，从阿格拉、德里、瓦拉纳西（Varanasi）到巴特那（Patna），人口都比以往有所减少。英国在 1765～1818 年占领印度次大陆期间保留并延续了当地发达的原有城市体系，这种做法在殖民历史上是独一无二的。在殖民战争中，一些城市当中以及连接城市的基础设施遭到了破坏，曾经备受赞誉的印度国道便是其中之一。英国人在印度建立了新的税收和垄断体系，并以此阻碍了当地贸易的发展。商人们为了逃避纳税，纷纷离开城市迁往农村。此外，解除当地军队的武装，缩减城市中的工业和军工企业规模，废除地主豪绅的行政管理权等，都对推动去城市化进程产生了推波助澜的作用。到 19 世纪 70 年代初，去城市化的势头开始扭转，但十分缓慢。1900 年前后，印度的城市化水平与 100 年前相比并没有根本性提高。[58]

　　与整个社会的去城市化现象相对应的个体变化是城市规模的萎缩。[59]如前文所述，东京曾在一段时间里有过类似的经验。在亚洲其他地区，许多城市直到 19 世纪末仍然没有从以往的历史破坏中得到恢复。萨非王朝（Safavid Empire）① 的雄伟都城伊斯法罕的人口在 1700 年时曾经达到 60 万，然而在 1722 年，随着阿富汗军队的入侵，整个城市几乎被夷为平地。此后，直到 1800 年，仅有 5 万人口的伊斯法罕仍然没能走出历史的阴影。到 1882 年时，这里的人口也仅有 7.4 万。莫卧儿王朝的都城阿格拉在帝国衰落后，直到 1950 年才重新达到 1600 年 50 万的人口水平，然而其曾经的政治中心地位却已一去不返。在亚洲和非洲，一些曾经与国家一起经历历史风云的城市或因殖民侵略而被毁坏殆尽，或由于商路的改道而逐渐寥落。在近代早期的欧洲，城市的衰败并不是什么新鲜事。在伦敦、巴黎、那不勒斯等新兴城市崛起的同时，另一些城市则在一步步走向停滞或衰落。许多德国中型城市在从宗教改革到 19 世纪初的几百年间，规模几乎没有发生任何变化，例如纽伦堡、雷根斯堡、美因茨、吕贝克等。威尼斯、安特卫普、塞维利亚、莱顿　378

---

① 1501～1736 年统治伊朗的王朝。

（Leiden）①、图尔（Tours）② 等城市 1850 年时的居民数量与 1600 年相比大大减少。罗马 1913 年的人口数量大约为 60 万，仅相当于古罗马人口规模的大约一半。如果说在伯里克利时代的雅典生活着大约 15 万居民，那么可以肯定，在 1900 年之前，雅典的人口规模再没能恢复到这一水平。直到 1850 年前后，欧洲的人口趋势才开始扭转。在这一时期，全面城市化的浪潮席卷欧洲，包括一直处于落后位置的葡萄牙在内，欧洲大陆上几乎所有国家都被卷入其中。此后，再没有哪个欧洲重要城市出现过严重的人口萎缩。城市衰落的现象暂时被归入了历史。

超增长

如果将单个城市作为观察对象，我们就会发现，在那些统计数据以零为基数的地区，城市的发展从数字上看是最令人惊叹的。因此，如果说澳大利亚和美国的城市是 19 世纪全球发展速度最快的城市，我们不应当为此感到吃惊。墨尔本——维多利亚殖民地（及其后身，今天的维多利亚联邦州）的首府在 1841 年之前，只是一个拥有 3500 名居民的规模较大的村庄。随着金矿的发掘，特别是维多利亚经济的繁荣发展，到 1901 年，当地人口已经突破 50 万大关。[60] 在世纪之交时（并一直延续到今天），澳大利亚形成了一个上大下小的城市等级体系，处于上端的是许多规模庞大，同时集联邦州府、远洋港口和经济中心为一身的大城市，而位于底端的则是一些发展落后的中型城市。我们可称之为“第三世界模式”，但是在澳大利亚，这种模式并没有对经济的蓬勃发展造成障碍。从统计学角度看，

---

① 荷兰南部古城。
② 法国城市。

澳大利亚堪称全世界城市化速度最快的地区。[61]

北美殖民地是一片由众多一眼可以望见边际的小城市组成的世界，在这里，所谓"城市的匿名性"（Städtische Anonymität）尚无从谈起。只有少数城市——波士顿、费城、纽约、纽波特（Newport）或查尔斯顿（Charleston）①——的规模，堪与当时英国的地方城镇相比。美国的城市化热潮在 1830 年之后方才出现，并持续长达近百年的时间。从 1930 年开始，美国 10 万人口以上大城市占全国人口的比例没有再发生大的变化。[62]在美国城市化问题上，运河和铁路等新型交通工具所发挥的作用大大超过了欧洲。像科罗拉多州丹佛市（Denver）这样一个没有水路港口的城市，完全是依赖铁路才得以存在。[63]正是由于铁路业的兴起，才在单个城市的基础上形成了纵横交错的城市体系。在大西洋沿岸、殖民时代初期形成的老城聚集的东北部地区，随着铁路的繁荣，许多新的城市相继诞生，并由此推动城市体系进一步向横向和纵向延伸。在美国西部，这种城市体系是在 19 世纪中叶之后突然间形成的。位居其首的是芝加哥，这里的人口只经过短短 40 年，便从 1850 年的 3 万人暴增到 110 万人。[64]芝加哥以及中西部其他城市与澳大利亚的城市一样，都是从无到有发展起来的。在向西部延伸的城市边疆地带（urban frontier）陆续兴起的一座座城市并非遵循欧洲的模式，而是在周边地区的农业开发开始之前先行建起的贸易"桥头堡"。[65]在太平洋沿岸的西部地区，由西班牙教区组成的松散网络至少已为城市的形成勾勒出大致的地理轮廓。在历史上，加利福尼亚从来都不是美国牛仔和印第安人的跑马场。由于缺

379

---

①　西弗吉尼亚州首府。

少配套的乡村基础体系，加利福尼亚的城市人口比例早在1883 年便已超越 50% 的大关。在同一时期，全国平均城市人口比例大约为 32%。[66]但是，真正的、绝对数字意义上的人口繁荣却是在此之后开始的。直到 19 世纪 70 年代，洛杉矶还具有明显的墨西哥"普韦布洛"（pueblo）特征①，此后才逐渐转向"盎格鲁化"，即以英语为母语、信仰新教的白人居民作为人口主体。[67]

除了工业革命期间英格兰中部地区的高速城镇化，19 世纪美国中西部和澳大利亚东南部沿海地区迅速崛起的城市群，无疑是城市化进程中最令人惊叹的案例。在特定环境下，一些相对孤立的单个城市也有可能出现短时间内的迅速膨胀，例如布宜诺斯艾利斯。在这座西班牙殖民帝国不起眼的城市里，在以农业开发为基础建立起来的出口型经济的带动下，人口从 6.4万（1836 年）一路增长到 157.6 万（1914 年）。[68]

这种倍数式增长在欧洲城市中十分罕见。1800 ~ 1890 年，柏林、莱比锡、格拉斯哥、布达佩斯和慕尼黑以 8% 至 11% 的人口年增长率成为欧洲发展速度最快的城市。伦敦、巴黎等其他大城市的扩张速度，则相对缓慢得多。在整个欧洲，没有任何一座城市的发展速度能够达到美洲新大陆，哪怕是那些诞生于殖民时代的"老城"的水平，例如纽约的 47%，费城和波士顿的 19%。[69]如果将 19 世纪分成两段并分别加以观察，那么我们所看到的景象将会有所不同。这时我们将会发现，美国东海岸大城市在 19 世纪下半叶的发展速度与欧洲并没有明显差别。从总体上看，1850 年之后的几十年对全世界而言都是外来人口

380

---

① 普韦布洛人是一个传统的美洲原住民社群，"普韦布洛"一词源于西班牙语，意为"村落"。

涌入大城市的高峰期。而行政区的合并则使城镇的面积和人口进一步扩大。只有在英格兰和苏格兰以及比利时、萨克森和法国少数地区，19世纪上半叶的发展速度超过了下半叶。丹麦和荷兰的城市人口比例在这一期间甚至有所下降。1850~1910年的60年，是整个欧洲历史上城市人口年均增长速度最快的时期。[70]1850年，欧洲的百万人口城市只有两个：伦敦和巴黎。在这两个城市之后，隔着一个巨大的断层，是一群人口介于30万到40万之间的城市。到1913年时，这种台阶式结构逐渐得到了平衡。百万人口城市的数量达到了13个，它们分别是伦敦、巴黎、柏林、圣彼得堡、维也纳、莫斯科、曼彻斯特、伯明翰、格拉斯哥、伊斯坦布尔、汉堡、布达佩斯和利物浦。[71]

城市增长究竟是由哪些力量推动的呢？与以往历史上曾经出现过的现象所不同的是，政治意志不再是占主导地位的因素。那种轰轰烈烈的建城运动——如德川家康在江户（东京）设立幕府，1561年马德里"获封"西班牙首都（1850年之后经过扩建才真正成为中心城市），彼得一世下令在涅瓦河一座岛屿之上修建圣彼得堡要塞，年轻的美利坚合众国1790年决定在波托马克河畔建立新首都华盛顿等——在19世纪已难得一见。但是，英属印度总督府1911年从加尔各答迁都德里并在新址修建气势恢宏的首都新城，依然可以被归入这类事件的范畴。一个城市的增长不再是因为它是政府所在地或诸侯的都城。在这方面，只有少数非洲殖民地的首都城市（如拉各斯或葡属东非首都洛伦索马贵斯［Lourenço Marques］①；1900年前后，拉各斯人口只有尼日利亚另一大城市伊巴丹［Ibadan］的1/3）以及

———————

① 现莫桑比克首都马普托。

沙俄东扩时建立的海兰泡（Blagovescensk，1858 年）、海参崴（Vladivostok，1860 年）、伯力（Chabarovsk）等前沿城市，属于为数不多但从人口规模来看并不成功的特例。与此相反的例子是德国、意大利和日本等国大大小小的诸侯都城。随着民族国家的建立，这些城镇逐渐失去了其原有的功能。在地位丧失的同时，许多地方的人口也大大减少。

19 世纪的城市增长比以往任何时期都更多地受到市场和私人因素的推动，一些充满活力的大城市的崛起是私人"民间"力量促成的结果。这些城市不再是权力和尊贵文化的中心，而是与那些政治等级更高的地区展开激烈竞争的商业重镇。芝加哥、莫斯科和大阪正是这类城市的杰出代表。[72] 一个城市真正起决定作用的优势在于其他方面：社会劳动分工的出色组织能力，能够满足高水准需求的服务业（如金融行业），完备的市场机制，发达的通信，等等。大城市可以凭借新的技术手段（轮船航运、开凿运河、铁路、电报等），使自身活动半径不断得到扩展。拥有巨大增长潜力的是那些最初并不是工业重镇，但可以通过对雄厚的周边资源的开发来满足国际市场需求的城市，布宜诺斯艾利斯、上海、芝加哥、悉尼、墨尔本便属于这种城市。而那些港口城市无论在殖民还是非殖民时代的环境下，都显露出强大的发展优势。例如人们普遍认为，日本城市崛起的根本动力并非工业化，而是国家开放后的国际贸易交往。[73]

城市体系

尽管一个城市的建立已很少是出自统治者的旨令，但是在通常情况下，由中央政府出面进行统筹和协调，其作用仍然是积极的。一个强有力的中央政权的存在，可以通过在大的范围内创造相对统一的基础环境，为城市体系的形成和建设提供便利，例如：为城市创造大的法律空间和货币空间，实现交换和通信方式的标准化，为服务公众的基础设施建设提供资金并制定规划。最后一点尤其重要。早在铁路时代到来之前，英美两国的河流和运河体系便曾为城市间关系的加深做出重要贡献。早在19世纪初，英国便可以借助河流和运河，将来自四面八方的货物运送到伦敦。美国人在1825年庆祝伊利（Erie）运河开通时所洋溢出的骄傲之情，实属情理之中。[74] 从地理角度看，当时全世界只有恒河平原、广州腹地以及江南地区才有修建这类运河的可能性。但是在中国，各种城市体系从未能合并成为一个统一的全国性体系（哪怕仅仅是在中原地区），新的科技手段也很少在实践中得到应用。由此可见，城市体系的横向统一与纵向分级不仅与工业化等社会经济基础进程，同时也与民族国家的形成有着密切关联。在19世纪，那些经济成就最大的城市往往都拥有这样一套城市体系：它对外开放，对内既统一又等级分明。对民族国家来说，城市体系是必不可少的；而反过来看，城市却未必只有在运转良好的民族国家框架内才能得以发展。无论是香港这样被英国实行殖民统治的港口，还是贝鲁特这种地处奥斯曼帝国边缘的非殖民地沿海城市，都没有因为国家和领土意识的缺乏或相对淡薄，而使城市的发展受到阻碍。[75]

　　国家的城市体系大多是对外开放的。在19世纪，但凡民族国家已经形成的地区，国家都在逐渐演变成为国家经济的组织者，而城市的工业化空间则在其中发挥着愈加重要的作用。与此同时，那些超大城市则越来越受到贸易、移民和通信等国际网络的制约。换言之，即使在"民族国家的时代"里，国家也

382

未必比大城市更"强大"，而后者所扮演的角色既是包括国家资本在内的各种资金的汇聚地和分配者，同时也是"跨国家"关系赖以存在的基础。城市的发展既不是国家形成所导致的直接结果，也不是工业化的次生现象。[76]

早在近代早期，城市间的远距离交往便已成为书写城市史不容忽视的维度之一。当时在欧洲城市，特别是各会展城市之间，已经形成了固定的贸易联系。与此同时，各大港口城市的海上贸易活动也日趋活跃，首先是地中海沿岸港口，之后是那些面向大西洋、以大洋另一端的港口作为贸易交往对象的港口城市：里斯本，塞维利亚（Sevilla）①，阿姆斯特丹，伦敦，南特（Nantes）②，布里斯托尔等。这些城市在大洋另　端的贸易伙伴既有殖民地的港口城市（开普敦，孟买，澳门，巴达维亚，里约热内卢，哈瓦那），也有当地政权统治下的重要港口（伊斯坦布尔，桑给巴尔，苏拉特，广州，长崎）。这些殖民地城市，如巴达维亚和西属拉美地区的城市，大都是经过简化的欧洲城市的翻版。但是，在殖民者建立的诸多城市中，至少有一个城市并不甘于充当欧洲的附庸和桥头堡，而是将政治和文化中心的角色揽于一身。这便是费城。早在 1760 年，这个历史不足 80 年的城市便已拥有 2 万居民，这一规模甚至超过了英语世界最具活力的城市之一纽约。费城的政治、贸易和文化中心区，是宾夕法尼亚州与整个大西洋区域的联络枢纽。[77]

19 世纪与以往所不同的是，各殖民地的城市发展地理在国际层面上也越来越遵循市场规则，而非听凭政治指令的安排。例如在大英帝国，《航海法》（Navigation Laws）的实行一直持

---

① 西班牙南部城市。
② 法国西北部城市。

续到 19 世纪 40 年代。该法案对英国本土与殖民地区的海外贸易关系做出了明确规定，例如依照规定，牙买加等出口加工国的所有外国商品一律要从英国本土进口，以作为其出口商品垄断英国市场的回报。《航海法》因此成为欧洲贸易大国较量中的一柄利剑，在其影响之下，阿姆斯特丹在世界经济中的重要地位最终于 18 世纪被伦敦超越。在《航海法》实行的同一时期，由于英国对中国的施压，广州作为欧洲航运贸易中转站的垄断地位彻底宣告结束。这些由亚洲、欧洲及其殖民地分别制定的重商主义条款直接或间接地推动了一些城市的发展，同时也对另一些城市的崛起造成了障碍。这种早期近代史上形成的路径依赖现象对后世造成了长期影响，某些结构性格局也由此产生。但是，随着 19 世纪 40 年代之后自由贸易与人口流动在全球的普及，在城市体系的结构变化中，非政府性市场经济因素的作用逐渐得到了强化。

网络与枢纽

但是，城市体系究竟是什么？这一经常被使用的概念迄今尚无明确的定义。因此，我们有必要在这里从理论角度对此略做说明。关于城市体系的含义，我们可以采用两种不同的方式对其加以诠释。其一，我们可以将它纵向理解为一个金字塔模式：位于最下端的是无以数计的村庄，最顶端是某一处核心区，在两者中间是由不同规模的人类居住区所组成的等级体系，其中既有以周期性集市即某种固定的市场组织形式为标志的小城市，也有兼具服务和管理功能的中型城市。其二，我们可以从城市之间的横向关系来理解城市体系，也就是说，以将城市联系在一起并对其形成和运转产生作用的网络作为观察对象。如

384

果说第一种模式是一种虚拟的等级秩序结构，那么第二种模式则是指一个城市的中心与周边地区乃至与另一个类似的城市中心之间的互动关系。我们在观察这种等级结构时将视线抬得越高，便越容易发现这两种模式之间的密切联系。因为许多城市，特别是大城市，都受到严格的纵向和横向关系的制约。理解这种横向的网络模式，可以为我们了解全球史提供更多的帮助。当我们更多地强调一个城市的枢纽特性，而不是这个城市在某一区域的等级结构中所占据的主导地位时，我们就会清楚地看到，对一个城市来说，对周边区域的控制远不及对远在异地的市场和货源地的控制来得更加重要。例如，兰开夏郡（Lancashire）①与作为粮食供应地的俄国黑海沿岸城市以及埃及中部棉花产地之间的关系密切度，绝不亚于与地处后方、与之相毗邻的萨克福郡（Suffolk）之间的关系。这种无法在任何一张传统地图上得以呈现的经济地貌同时也带来了与之相应的政治后果。对曼彻斯特和布拉德福德（Badford）等城市来说，美国内战比 1848～1849 年发生在邻近大陆的大革命所造成的影响更为直接。即使在同一个民族国家的范围内，每个城市也都无法摆脱大的关联范畴的制约。那些工业革命的重镇或许可以依靠自己的力量来完成生产、原材料供应和商品销售的组织工作，但是伦敦政府做出的任何一项政治或财政决策，都必定会对这些城市造成影响。

从网络来观察城市体系还有另外一个优点：它可以使我们对地处外围的新兴城市的形成有所认识。诞生于 19 世纪的许多新城市并不是从城郊自然演变而生，而是在外部参与者的推动

---

①　位于英格兰西北部。

下发展起来的。[78]这种现象既发生在殖民地和美国西部地区，同时也出现在达累斯萨拉姆或贝鲁特这样的城市。其中，达累斯萨拉姆是在19世纪60年代末由桑给巴尔苏丹赛义德·马吉德（Seyyid Majid）作为商旅贸易的终点在一片荒地之上建立起来的，[79]而贝鲁特作为一个异军突起的城市直到19世纪初仍然只有6000名居民，然而到世纪之交时，人口却已突破10万。虽然说，如果缺少了叙利亚充满活力的古老城市传统，贝鲁特的崛起是无法想象的，但是，推动其发展的真正动力却是以欧洲作为发源地的整个地中海贸易的兴起。[80]

385

城市体系的边界从原则上讲是开放的，这是周而复始的流通所导致的直接结果。网络是人类行为的产物。它并没有一种"客观"存在的形态，就连历史学家也不得不尝试变换视角，以创造者和使用者的不同身份对它进行观察。网络的内部总是处于不断调整之中，网络上的每个交叉点——城市——之间的关系也在一刻不停地发生变化。当一个城市陷入停滞或走向衰落时，我们只有通过这个城市与其所属的城市体系之间的关联，才能对这一现象的来龙去脉做出判断。在时代变迁的过程中，某些体系往往也会展现其恒定不变的一面。例如，在过去一个半世纪里，欧洲没有任何一个新兴城市能够真正跻身一流城市的行列。另外也有可能出现一种现象：一个体系的内部虽然已发生巨变，但是其整体的城市化程度却依然保持在原有的水平。一个城市的萎缩和功能的丧失，可以通过另一个城市的崛起得到平衡。在印度，许多人在回忆起那些在历史上曾经繁华一时的古城时，往往会为其衰落的命运唏嘘不已，然而他们并没有意识到，当年那些城市曾经拥有的蓬勃活力，如今已经转移到按功能和名气排列的城市等级体系中较低一级的城市身上，这种活力既反映在经济领域，同时也在文化领域有所表现。在官方城市地理的背后，一种全新的城市体系格局或许正在若隐若现中一步步形成。[81]

那些在两种模式中都占据重要地位的城市，也就是说，那些既是横向网络中的重要交叉点，同时也是纵向等级秩序中位居顶端的核心城市，我们可以称之为"大都市"（Metropole）。所谓大都市不仅是一个大的城市，同时也①是某一种文化的公认代表；②拥有对周边辽阔腹地的控制权；③对外来人口具有强大的吸引力。假如这个大都市除此之外还是某个全球网络的一部分，那么它还可以被冠以"世界级城市"的称号。在早期近代和 19 世纪，是否也曾出现过这种"世界级城市"呢？这个问题是很难回答的，因为对世界城市概念的含义，人们总是各执一词。一种流于俗套而且过于简单化的说法是把世界城市定义为"拥有现实或潜在的全球性影响"的城市。如果按照这一标准，那么由苏美尔人创立的乌鲁克城（Uruk）便是历史上第一座世界级城市。[82] 布罗代尔的观点比上述说法更精确一些。他认为，所谓"世界城市"是指那些在其自身有限空间内统领"世界经济"的城市，正如威尼斯或阿姆斯特丹在历史上某一时期曾经做到的一样。[83] 然而真正拥有全球垄断性地位的城市却是在 19 世纪方才出现的，并且只有一个：伦敦。直到 1920 年之后，其地位才被纽约所取代。但是，这同样也是一种过于简单化的视角。在 19 世纪时，堪称世界"文化之都"的城市并不是伦敦，而是巴黎（其地位迄今仍无人质疑）。1800 年前后和 1900 年前后，维也纳曾两次成为巴黎的竞争者，而维也纳在世界贸易和金融领域的地位，却是不值一提的。另外，世界城市的接力棒从伦敦交到纽约手中的过程也并没有那么"爽利”，人们甚至很难用年代为其做出准确的定位。而伦敦毕竟仍然是一个世界帝国的中心，即使当它在贸易和工业领域的相对优势逐渐削弱之后，其金融中心的地位仍然得以保持。今天我们所说的“世界城市”往往是一个复数，世界城市不再是一个拥有无可匹敌的影响力的大都市，例如某个庞大帝国的中心城市，而是一个“全球玩家”（global player），它以某一个国家作为地理坐标，但同时又是由众多“玩家”所组成的多元化世界中的一员。它是全球城市体系的一部分，在这一体系当中，来自不同国家的世界级城市之间的联系比这些城市与其各自所在国家或帝国的周边地区或腹地的关系更为紧密。这种与领土基础之间的距离感只有在当今通信技术发达的前提下才有可能出现。[84]全球网络的某些参数，或者说用以判断一个城市在全球城市等级体系中所处地位的标准，是19世纪末才逐渐形成的，这些参数包括：拥有一套由总部和分公司所组成的内部等级制结构的跨国企业，国际组织的所在地，与全球媒体网络的密切联系，等等。

针对19世纪世界大城市之间交往方式与频率的实证研究目前仍然是一个空白。这类考证或许会引导我们得出一个结论：只有20世纪末的科技进步才为独立的大都市体系——一个真正的世界城市体系——的诞生创造了条件。在越洋电话、无线电通信和定期航班进入人类日常生活之前，各大洲主要城市之间的往来，还远远称不上是一种稳定持久的互动和交往关系。此后，卫星技术和互联网的出现，使城市间的交往密度又一次迎来了新的飞跃。从这一视角来看，19世纪就像是当代的一段灰色的史前史。在那个年代里，越洋旅行仍然是一种昂贵的冒险，而非经济能力可以负担的日常行为。甚至连齐柏林飞艇和乘坐

387

豪华邮轮横渡大西洋（用时 4 ~ 5 天）的时代，也还没有结束。
这个时代的黄金期是从 1897 年世界第一艘超级邮轮——北德意
志－劳埃德公司（Nordeutsche Lloyd）制造的 1.4 万吨邮轮"威
廉大帝"（Kaiser Wilhelm der Große）号下水开始的。而伦敦、
苏黎世、纽约、东京、悉尼以及其他世界顶级城市之间的持续
性密集交往，则是大约 1960 年之后，随着空中航运的兴起才刚
刚出现的一种新事物。

四　特殊城市与一般性城市

圣地、海滨城市与矿山城市

当一个城市达到一定规模时，它的功能很难再是单一的，
而是在同一时间扮演着不同的角色。城市往往是多元的。然而
在任何一个历史时期，都有一些城市不符合这种说法。人们在
这些城市所看到的，是某一特定指向的劳动力的高度专业化集
中。在 17 世纪中叶，位于现玻利维亚境内、拥有 20 万人口的
波托西（Potosi）是全美洲第一大城市。这个海拔高达 4000 米、
自然条件极不适宜人类居住的城市之所以能够获得这样的地位，
仅仅是因为这里蕴藏着美洲新大陆储量最丰富的银矿资源。人
口规模在波托西之上的是 18 世纪的景德镇。这个地处中国中部
省份江西省的瓷都据称是人类进入机器时代之前全球第一大手
工陶瓷生产基地，这里生产的陶瓷不仅供应国内市场，同时也
向国际市场出口。在 19 世纪，世界上还存在着另一种传统的单
一功能的城市：这些作为宗教圣地的城市尽管人口流动频繁，
人口规模波动很大，但是这些城市本身却往往既稳定又充满活

力。除了麦加、瓦拉纳西等古老的宗教中心，在信仰印度教、 388
佛教、伊斯兰教和基督教的国家里，还出现了许多新的宗教圣
地，位于比利牛斯山脉北麓、自 19 世纪 60 年代初开始逐渐发
展成为朝圣之都的卢尔德城（Lourdes）便是其中之一。19 世纪
末，去圣地朝觐的信众达到了前所未有的规模。荷兰东方学家
克里斯蒂安·S. 霍尔格罗翁杰（Christiaan Snouck Hurgronje）
曾经以伊斯兰学研究者身份从 1884 年到 1885 年在阿拉伯地区
生活过一年多的时间，他认为，对朝圣者的商业剥削对麦加人
的性格产生了负面影响，同时也令许多虔诚的朝圣者感到失
望。[85]卢尔德城当年的情形大概与此没有两样。由宗教领袖式
人物领导的运动具有一呼百应的特点，它可以在短时间内将成
千上万人聚集在一处。苏丹马赫迪运动（Mahdi-Bewegung）① 的
宗教中心恩图曼（Omdurman） 自 1883 年建立后，在短短几年
里便发展成为拥有近 15 万人口的城市。这些居民当中既有投奔
领袖马赫迪的信徒，也有起义军士兵，这两种身份往往掺杂在
一起，难以区分。[86]出于战略考虑，城市通往沙漠一侧是开放
的，马赫迪的大部分人马都是从这里招募；而在朝向尼罗河的
一侧，则筑起了一道道壁垒。这些做法与喀土穆恰恰相反。恩
图曼城既是一处圣地，也是一座兵营，当1898 年马赫迪运动被
英国军队镇压后，这座昔日的城池也从此消失。

其他单一功能的城市类型直到 19 世纪才陆续出现。随着铁
路业的发展，在铁路干线的交汇处形成了高度专业化的铁路枢
纽：伦敦克拉珀姆（Clapham Junction），堪萨斯城（Kansas
City），弗吉尼亚州的罗诺克（Roanoke），还有中国东北的长

---

① 19 世纪末由马赫迪·穆罕默德领导的苏丹反英民族大起义。

春——这座 1898 年由俄国人修筑的中东铁路沿线的重要城市，是其中最具代表性的城市。内罗毕也是从铁路居民区演变而来的一座城市，它是由英国人于 1899 年修建，其目的是为乌干达铁路工程提供后勤服务。[87] 在这类城市里，通常还建有与铁路配套的机车修配厂。如果它同时还具有连接铁路与水路的功能（如辛辛那提和田纳西州的孟菲斯），那么对这座城市的未来发展而言，更是得天独厚的一大优势。

19 世纪的另一个新事物是海滨浴场。海滨浴场与 18 世纪兴起的疗养地是两个不同的概念。到疗养地疗养的人大都是上层社会成员，这些人去这里的目的，是为了通过泡温泉来养生。这些疗养地同时也是社会精英的交际场，在整个 18 世纪，随着时间的推移，其影响力也在不断攀升。波希米亚的卡罗维发利（Karlsbad）、比利时的斯帕（Spa）、德国的威斯巴登（Wiesbaden）和巴登 - 巴登（Baden-Baden）等，都曾是历史上著名的温泉城市。这些疗养胜地同时也是东欧国家王室的西部行宫，后来随着疗养地按豪华程度与价位的分级，逐渐成为来自市民阶层的银行家和枢密顾问家庭经常光顾的地方。而博彩业的流行，则为这些温泉城增添了一种不光彩的名声。1870 年7 月，普鲁士国王威廉一世在巴德埃姆斯（Bad Ems）① 疗养时，与法国大使陷入了一场外交纠纷，这场纠纷给通过电报跟踪谈判进程的俾斯麦提供了 "以民族自卫战争为名发动挑衅" 的机会。[88] 弗兰茨·约瑟夫皇帝除了偶尔去法国里维埃拉（Riviera）过冬之外，余下的冬天几乎都会在小城巴德伊舍（Bad Ischl）② 度过。1895 年的一天，他在自己下榻的饭店里与

① 德国莱茵兰 - 普法尔茨州的温泉小镇。
② 位于奥地利萨尔茨堡附近。

英国前首相格莱斯顿（William Ewart Gladstone）邂逅，但是两人却彼此连个招呼也没有打。[89]

海滨度假的"民主化"是从英格兰和威尔士开始的。同样是在这里，度假胜地首次完成了向假日产业（holiday industry）基地的转型，并逐渐发展成为重要的经济领域之一。1881 年，英格兰和威尔士共有 106 个正式的海滨浴场，1911 年，增加到 145 个，当地居民人数多达 160 万，占总人口的近 4.5%。在度假产业蓬勃发展的过程中，对度假的需求随着全社会财富的增多逐渐从有支付力的上层社会向下渗透。而供应商们则挖空心思，推出花样繁多的度假产品，以满足不同阶层消费者的需求。在彼此作用下，供应和需求不断增长。如果说传统型的疗养地是以治疗某些疾病为重点的话，那么海滨浴场从某种意义上讲则是为不同社会阶层的消费者量身定制的一项服务。早在 18 世纪，英格兰便已出现了温泉疗养地的社会分级，其中最高级别的是贵族和大市民阶层的度假地巴斯（Bath）和坦布里奇韦尔斯（Tunbridge Wells）。而在地处英格兰北部的兰开夏郡（Lancashire），早在 18 世纪中叶，一些来自社会底层（lower class）的成员便已在这里享受着沐浴沙滩的快乐。

海滨浴场是一种特殊的城市类型，因为在这里，城市发展不再是以泉水、温泉和公园为中心，而是一切以开放的海滩为龙头。与地处内陆的疗养地相比，海滨城市的社会气氛要宽松得多。在这里，人们可以没有拘束地享受生活，不用在意身份和排场。孩子们可以在游乐场上自由嬉戏，不必再为找不到玩耍的空间而发愁。从度假季节的长短来看，海滨城市则远远比不上温泉疗养地，人们在这里逗留的时间一般是几个星期，而不是几个月。早在 1840 年前后，英格兰和威尔士的一些海滨

390

城市便已具备了今天我们所熟悉的海滨度假地的大部分特征。位于英格兰西海岸的黑池（Blackpool）是新的大众海滨浴场当中最具代表性的一个。1900 年前后，生活在当地的 4.7 万名居民每年接待的游客超过了 10 万人。当初为各种世博会设计的景观建筑（Fun-Architektur）作品在这里得到展示：在马戏棚、歌剧院和舞厅旁边是屹然高耸的埃菲尔铁塔仿制品，还有供游客参观的英格兰古村（Old Englisch Village）[90]从这时起，随着老百姓假期的增多和消费能力的提高以及铁路和公路的修建，海滨城市的发展日益兴旺。1900 年前后，在中大西洋和地中海地区，在太平洋周边和大洋洲国家，在波罗的海沿岸、克里米亚半岛和南非，类似的海滨浴场比比皆是。在中国，人们放松身心的传统方式是漫步于山林。说起浴场，人们联想到的首先是温泉，而不是海滨。位于渤海湾的北戴河海滨浴场的开放，最初是为了满足 19 世纪末生活在京津两地的众多欧洲侨民的休闲需求。今天的北戴河已经发展成为拥有数百家酒店、深受大众喜爱的旅游胜地。而当地最好的海滩只有党和国家领导人才有资格享受。海滨浴场显然是 19 世纪初西方人的一种发明，它始于前工业时代，并在此后一直到后工业化现代服务型社会形成的漫长历史进程中，在全球各地得到普及。[91]

　　不久，另一种城市类型又在各个大陆逐渐兴起，这便是矿山城市，前面我们曾经提到过的早期近代的波托西城便是这类城市的代表之一。19 世纪时，人类向地球内部的掘进达到了前所未有的深度。煤炭开采成为工业化的能源支柱，反过来，技术的进步则使开采效率得到了提升，开采深度也因此而不断递增。专业化的矿山城市俨然已成为时代的一种标志。从西里西

亚、鲁尔区到洛林，以及英格兰中部、乌克兰顿涅茨盆地和阿
巴拉契亚山脉地区，到处都可以看到这样的城市。在 1900 年之
后不久，中国北方地区也开始了煤炭开采，其经营者一部分是
英国企业，还有一部分企业来自日本。正是他们把先进的煤炭
开采技术从国外带到了中国。工业化同时还衍生出对其他矿产   391
品的需求，而地质学的发现以及开采和提炼技术的进步则为人
类获取更多新的矿产资源创造了条件。当年加利福尼亚和澳大
利亚的淘金热之所以在短时间内吸引了成千上万的劳动力，
并不仅仅是因为淘金本身对技术和资金要求较低，同时也是
因为很多人心甘情愿投入巨资来寻找金矿。智利在殖民时期
除了金矿和银矿之外，也开始进行铜矿开采。在 19 世纪 40
年代，铜矿的产量和出口量大幅度上涨。但是在最初几十年
里，铜矿开采主要是采用小规模的形式，并通过人力完成的，
使用蒸汽机的地方则十分罕见。即使当现代化技术在世纪之
交得到广泛应用之后，智利也没能形成真正意义上的矿山城
市。矿工的工棚就像是一座座孤岛，在当地经济的边缘地带
维系着自己的生存。[92]

　　位于科罗拉多州的阿斯彭（Aspen）是一个地地道道的矿
山城市。1879 年，人们在这里发现了银矿。在第一批勘探者抵
达后不久，城市规划者便随即而至。到 1893 年，这座当初仅有
两座楼房的城市已经发展成为科罗拉多州的第三大城市。这里
有铺了柏油的公路和煤气照明，有一条两公里长的有轨电车线，
一套市政供水系统，三家银行，一家邮局，一座体育馆，一座
监狱，一家酒店，三份日报和一座歌剧院。但是从 1893 年开
始，这座人称"全世界最精致的矿山城市"便因银价的暴跌而
逐渐丧失了其赖以存在的经济根本。[93]

首都城市

与上述特殊城市相对应的是除某些特殊职能之外，同时还能够满足各种核心功能的大都市，这些功能包括：①公民与宗教事务管理；②海外贸易；③工业生产；④服务业。[94]假如我们将"服务业"看作许多城市普遍具备的一种在生活中无所不在、内容包罗万象的持久性功能，那么我们可以根据另外三项功能的侧重程度将城市划分为三种类型：首都，工业城市和港口城市。当然，某一座城市同时集三项功能于一身的情况，也是有可能存在的。但是，这样的例子的确十分罕见。纽约、阿姆斯特丹和苏黎世并非其所在国的首都，巴黎、维也纳和柏林并非港口，而远离海岸线的北京城直到几十年前，还几乎没有任何工业可言。同时扮演着政府所在地、港口和工业中心三种角色的城市，只有伦敦和东京。但是，由于每个城市的功能分配通常有着明确的趋向，因此，城市类型的划分并没有太大的随意性。

一个国家的首都——无论人口多少和面积大小——与其他城市的区别，在于其作为政治和军事权力中心的地位。因此，作为首都的城市同时还具有另外一些特征：它是统治者的驻地，或者说是宫廷或中央官僚机构的所在地。首都的劳动力市场向服务业的倾斜往往超过其他城市：小到为权力机构成员提供的各类保障，大到充满活力、对美学有颇高要求的建筑业市场。对生活在首都的居民，统治者必须给予更多的关心，因为无论在什么政治体制，哪怕是最集权、最专制的体制下，首都都是大众政治的舞台。在前现代社会里，保障都城的粮食供应是国家的一级政务。无论是皇帝或教皇统治下的罗马，还是以京杭大运河作为漕运要道的北京城，在这一点上并没有分别。在奥斯曼帝国，解决老百姓的温饱问题是苏丹王的直接职责。老百姓对他的期待不仅是能够得到基本的衣食保障，而且还希望他能够为自己提供保护，以免受高利贷盘剥和其他形式的压迫。直到 19 世纪初，奥斯曼帝国的形势也依然如此。[95] 在伦敦活动猖獗、令老百姓闻声色变的城市"暴民"（Mob），是随时有可能引发革命的导火索。在其他一些国家的首都城市，同样也存在这类现象。统治者对这些暴民既可以利用，也可以镇压，但永远无法令它随时随地听从自己的掌控。对各国君主来说，都城是这样一处所在：每个人都在这里登基，很多人在这里被埋葬，有的人甚至在这里被送上断头台。即使在 19 世纪，后一种情况也时有发生，就像 1808 年奥斯曼苏丹穆斯塔法四世（Mustafa IV）所遭遇的命运一样。首都是公共展示的舞台，是一片充满象征性的土地。在这片土地之上，关于政治秩序的理念被转化为一块块砖石和几何形状。没有其他任何城市像一个国家的都城一样承载着如此厚重的内涵，另外往往还附带着其自身历史所留下的层层积淀。每个首都城市中的标志性建筑，都是这个国家所特有的权力意志的一种视觉表达。

　　除罗马之外，很少有哪个都城同时也是地位显赫的宗教中心。而像麦加、日内瓦、坎特伯雷这样的宗教名城，则从来不曾在某个民族国家的框架内扮演过一国之都的角色。然而在任何一种形式的神权君主制国家中，都城本身也是宗教祭祀的场所。在清代中国，皇帝必须按照礼法，在一年当中的规定日子里举行各种祭祀仪式。在奥斯曼帝国，身为哈里发的伊斯坦布尔苏丹同时也是逊尼派教徒的领袖。1848 年之后，在信仰天主教的维也纳，政权合一体制得到了确立。弗兰茨·约瑟夫皇帝

393

不顾阻拦，每年坚持亲临圣体节（Fronleichnam）① 庆典，迈着庄严的步伐与盛大的游行队伍一起沿街巡游，并在每年一度的濯足节（Gründonnestag）②，亲自为从市立养老院中精心挑选出来的 12 位耄耋老人沐足。[96]

另外还需要提到的一点是，许多首都城市总是想尽办法，希望把自身建设成为具有个性的文化之都。但是，这样的愿望未必总能得到实现。一个真正的文化之都，并不是由政府或委员会册封的，只能在密切交流和文化市场发展的过程中自然形成，而这一过程却是难以规划的。只有通过这种方式，一个城市才能获得对于文化之都来说至关重要的磁石效应。并不是每个城市都能做到这一点。例如，费城在 18 世纪曾一度提出口号，要把自身建设成为 "新大陆的雅典"。而取代其成为美国首都的华盛顿与美国其他城市相比，从来没有在文化领域占据佼佼者的地位。而柏林也和它们一样，最终没能成为像伦敦、维也纳或巴黎一样拥有文化优势的首都城市。

在 19 世纪，除了西属拉美各国，新出现的首都城市屈指可数。这些新独立的拉美共和国大多选择将原殖民时代的政权所在地作为本国首都。仅有的两个例外是与上文提到的亚的斯亚贝巴一样，严格按欧洲模式建设的塞拉利昂③首都弗里敦（Freetown），[97]以及 1808 年之后的葡萄牙王朝所在地、自 1822 年起成为新独立的巴西王国首都的 "热带凡尔赛" ——里约热

① 又称 "基督圣体瞻礼"，天主教规定恭敬 "耶稣圣体" 的节日。
② 基督教纪念耶稣建立圣体圣血之圣餐礼的节日，亦称 "授命星期四"，因礼仪中有模仿耶稣给 12 门徒洗脚的濯足礼而得名。
③ 原文误为利比里亚。

内卢。[98]欧洲最重要的几大新都是柏林、罗马（意大利在历史上曾三次迁都：一次是从罗马到都灵，一次是从都灵到佛罗伦萨，直到 1871 年才把首都重新迁回罗马）和伯尔尼（1848 年成为瑞士联邦的"邦都"）。另外还有布鲁塞尔，虽然布鲁塞尔也曾拥有过一段作为都城的历史，但是直到 1830 年比利时王国独立后，它才真正成为集各种核心功能于一身的首都城市。一个有趣的例子是布达佩斯。1867 年"奥匈折中方案"通过后，布达佩斯成为奥匈帝国的两个首都之一。在与布拉格的竞争中，其首要目标是无论如何不能让这座哈布斯堡王朝的捷克大城市抢走这个位子。1872 年刚刚由布达和佩斯两个城市合并而成的布达佩斯，很快便成为欧洲城市现代化的一个示范性样板。随着匈牙利化政策的深入推进，到 19 世纪末，布达佩斯无论从文化还是民族学角度看都已显露出清晰的民族特征。然而在奥匈帝国这一联合体中，布达佩斯与维也纳之间的矛盾却自始至终没有得到缓和。

394

于是，这个"双元帝国"又多了一对大城市之间的双元关系。在世界各地，这种双城竞争的现象比以往任何一个时代都表现得更加突出。这一现象的产生，是首都与经济中心功能的有意识划分造成的。与贸易、工业和服务业中心纽约相比，华盛顿看起来就像是个充满乡土气息的农村小镇。这样的对比还有很多，比如堪培拉与渥太华，墨尔本与悉尼，蒙特利尔与多伦多等。有些国家的政府甚至有意识地对这种竞争关系加以鼓励。例如埃及帕夏穆罕默德·阿里（Muhammad Ali）便在维护开罗首都地位的同时，将更多的力量投入到废都亚历山大的重建之中。[99]而在其他地区，"二号城市"（second city）与大都市的较量则主要是依靠市民自我意识的力量。莫斯科在 1872 年痛失沙俄首都地位之后潜心发展，最终成为俄国早期工业化的重镇之一。在日本，大阪自 1868 年明治维新之后尽管很少从中央政府得到资助，但是这个迅速崛起的工业和港口城市却成为东京最强大的对手。驻扎江户的德川幕府与身居京都的天皇之间的权力较量，从此被商业中心大阪和政府所在地东京之间的现代竞争关系取代。在中国，19 世纪 50 年代后崛起的新兴城市上海对权力中心北京发出了强有力的挑战。自 15 世纪以来，在中央集权制度下的中国，从未发生过这样的情况。在官僚保守的北京与自由商业的上海之间，从此形成了一种彼此对峙的紧张关系，并且一直延续到今天。在殖民城市地图上，特别是一些古老的殖民地，同样也存在这种双元制现象，而在这些地方，这种情况的发生往往并不是出于政府有意识的规划：约翰内斯堡、拉巴特（Rabat）[①]、泗水（Surabaya）[②] 等经济中心分别成为开普敦（1910 年比勒陀利亚取代其首都之位，成为南非联盟的政权所在地）、菲斯和巴达维亚（雅加达）的竞争对手。在越南，位于北部的政治首都河内（1806 年之前为越南皇城、1889 年在法国统治下成为政权所在地）与南部经济重镇西贡之

395　　间的角色分配，也与此类似。当意大利建立统一的民族国家之后，罗马和米兰之间的竞争关系也日益凸显。在印度，两大城市之间矛盾的激化是从 1911 年开始的。这一年，政府决定将整个国家机器从经济中心加尔各答迁往刚刚落成的新城新德里。综上所述我们可以发现，在 19 世纪期间，全球只有很少的城市是按照伦敦和巴黎模式，朝着集各种职能于一身的全能型城市发展的。即使是那些拥有数百年历史、充满活力的大城市（如

---

① 现摩洛哥首都。

② 又译苏腊巴亚，印度尼西亚第二大城市。

东京或维也纳），在来自"二号城市"的竞争面前也同样无处可逃。在罗马，双元关系还存在于另一处：世俗政权与梵蒂冈之间的对立。

皇城与首都

1900 年前后在欧洲城市排行榜上位居前茅（同时也是人口最多）的五大城市——伦敦、巴黎、柏林、圣彼得堡和维也纳，没有一个是工业时代的产物，就像 1800 年之后从第 24 位跃至第 7 位，从此跻身欧洲大城市之列的曼彻斯特那样。而且，这几个城市实在太大了，以至于无法使自身的功能局限于一个单纯的政治中心，或是各国君主为自己建造宫殿的地盘。在法国，拿破仑和约瑟芬命人修建了一座新式王宫，这座王宫从里到外透着一股暴发户和靠战争发迹者的气息。但是由于拿破仑常年在外征战，直到 1815 年，这里始终没有形成一个稳定的城市权力中心。而复辟的波旁王朝，特别是后来的"平民国王"①，对外观朴素的建筑风格更为推崇。突尼斯行省总督艾哈迈德（Ahmad Bey of Tunis）对这种风格青睐有加，并把它原封不动地搬到了突尼斯，以此来表明自己不愿与奥斯曼最高统治者为伍的态度。[100]在伦敦，英国王室的表现则更为低调。普克勒尔－姆斯考侯爵（Fürst Pückler-Muskau）1826 年在一封发自伦敦的信中写道：多亏约翰·纳什（John Nash）②和他对摄政街（Regent Street）的大器设计，这个城市才终于有了些一国之都的模样。[101]但是，1825～1850 年在纳什主持下由几近废弃的白金汉屋改建而成的白金汉宫，却算不上是一个建筑学的杰作，

① 指路易－菲利普一世，1830～1848 年在位。
② 19 世纪英国著名建筑师。

而维多利亚女王本人也更钟情于她在温莎、苏格兰和怀特岛上的几处行宫。在奥匈帝国，紧邻维也纳环城大道的霍夫堡皇宫与周围的华丽建筑相比，显得多少有些朴素。在所有城市中最具皇城气派的莫过于后专制主义的两大都城——伊斯坦布尔和北京。在北京，整个城区的每一砖每一瓦都是为了满足皇帝和朝廷的需求。而在 19 世纪的伊斯坦布尔，城里的大片土地或被用来修建花园和木结构宫殿，或被改造为公共区域，以供修建港口设施、军械库或铁路之用。[102]北京城在 1897 年之前一直没有通火车，而现代工业出现在这里的时间比铁路更晚。从城市面貌看，北京似乎比伊斯坦布尔更古老。直到 1900 年前后，中央政府机构与工室的所在地仍然是合二为一的：它们都在同一道城墙所围起的紫禁城中。但是，皇宫中的权力却已流失大半。真正掌握权力的是使馆区里的西方使节，是盘踞各省的军阀，还有称霸上海滩的大资本家。这时的北京城已经变成了一个雕梁画栋的空壳，一道繁华熙攘却没有实质内容的陈列式景观。1900 年，经过义和团和八国联军的两度洗劫，一个时代从此宣告结束。足蹬马靴的洋兵闯入紫禁城的一道道大殿，皇宫内院被变成了马厩。满朝文武纷纷逃离了京城，大量的文书资料被付之一炬。北京作为都城的地位一直持续到 1927 年，并在二战结束后重新得到了恢复。在义和团起义被镇压后，被拳民拆毁的教堂得到了重建，但是同时被毁掉的众多寺庙却很少得到重修。这座古都在遭受 1900 年的浩劫之后，再也没能恢复往昔的光彩。它的帝都之尊以及笼罩于其上的神圣光环，从此一去不复返。[103]多年后，北京城里建起了一家家新式的酒店和旅馆，并从此成为与罗马古城、埃及金字塔和印度泰姬陵齐名的世界旅游胜地。[104]

另一个共和国之都华盛顿同样也经历了一场战乱的洗礼：1814 年，英国兵纵火烧毁了白宫和国会大厦。华盛顿是规划型首都中的一个样本。早在 1790 年，国会便已通过了建立新都的决议。自 1800 年起，这片位于波托马克河畔的居住区成为总统的常驻地。新都的大致地理位置是南北各州相互妥协所达成的结果，其具体坐标则是由华盛顿总统亲自确定，并委托建筑师皮埃尔·C. 朗方（Pierre Charles L'Enfant）主持设计。华盛顿城的最初设计方案和其他许多城市一样，也是由杰斐逊总统提出的。朗方将这一棋盘式方案加以放大，将新都建成了一个有着宽阔街道和大面积公共空间的"宏大辽阔之城"（City of Magnificent Distances）。这位建筑设计大师的童年是在凡尔赛宫的勒诺特（Le Nôtre）① 花园旁度过的（他的父亲是法国宫廷画师）。在这里，他对中轴线理念有了最初的认识。因此，他的设计方案从轮廓上看仍然带有明显的后巴洛克风格。在这里值得一提的是，同一时期（1800～1840 年）在俄国首都圣彼得堡——一座古典主义风格的理想城市，人们以一种与华盛顿相似的"狂妄自大的精神"（esprit mégalomane）对城市实施了改造。没有任何证据可以证明这两项城市建设工程之间存在直接的关联，而与华盛顿相比，圣彼得堡的改造所投入的资金更多，取得的成果也更为具体。[105] 这项工程的倡议者是与共和党政治家乔治·华盛顿截然相反的一位人物：沙皇保罗一世——那个时代最负恶名的一位暴君。两个城市的另一大区别是教堂建筑在圣彼得堡城市建设中的核心地位。在这里，人们的目标是把喀山大教堂建成俄国版的罗马圣彼得大教堂，把圣以撒大教堂

397

---

① 法国路易十四时期的著名园林设计师。

建成欧洲传统教堂建筑的大荟萃。而在华盛顿，宗教建筑则很少受到人们的重视。

在很长时间里，华盛顿的原始设计方案无论是在细节还是设计思想上，都没能得到贯彻。1792 年，在与性情温和的华盛顿总统发生激烈争执后，设计者朗方一怒之下，带着一大堆设计图纸扬长而去。[106]华盛顿城区从此变成了一片试验田。但是它仍然延续了朗方的思路，只是规模略有缩小。按照原来的设计，总统的办公楼将被建成一座宫殿，其规模是今天白宫的六倍。在刚刚建成的华盛顿城，几乎找不出任何朗方所设想的"宏伟"（grandeur）城市的影子。狄更斯 1842 年初来到这里时，对这个城市印象平平。这并不是一个有着宏伟格局的城市，而是一个有着"宏伟意愿"的城市。"道路非常宽，不知道哪里是起点，哪里是终点。街道上没有住宅，没有居民，有公共建筑，但没有公众。"[107]拥有圆形屋顶和两翼大楼的国会两院所在地——国会大厦直到 19 世纪 60 年代才建成。而国家广场（National Mall）的整体设计则是在 20 世纪 20 年代完成的。其中林肯纪念堂落成于 1922 年，而修建杰斐逊纪念堂的预算直到 1934 年才得到批准。这片布局无序、中间甚至还混杂着一个 19 世纪末修建的新罗曼式古堡——史密森尼城堡（Smithsonian Castle）的古典主义风格的建筑群，大部分是建筑师约翰·R. 波普（John Russell Pope）在两次世界大战间隙的几十年里完成的作品。华盛顿的面貌几乎已让人忘记，它原本是一个年轻的城市。

"惊悚之城"（Shock city）曼彻斯特

398　　　　作为美国首都，华盛顿从一开始便是一个处于城市体系边

缘的城市，同时也是一个与工业——推动时代发展的重要经济
动力——距离最遥远的城市。在 19 世纪的各国首都中，柏林是
最早被称为工业城市的一个。无论从历史积淀还是在本国城市
体系中的重要性来讲，柏林都无法与伦敦、巴黎和维也纳相比。
在工业化过程中，德国没有任何一座城市像柏林一样，能够将
如此众多、代表着科技发展最新水平的"大型"工业汇聚在一
处，而最重要的是电子工业。柏林并不是工业化第一阶段——
蒸汽机时代——的中心。其独有的城市特征是在与工业生产相
关的科学知识被纳入系统化应用的过程中形成的。大型企业与
作为科学组织者和企业大客户的政府密切合作，共同推动实验
室研究工作的开展。这些研究对经济领域创新所发挥的重要作
用，在以往的任何城市都是没有先例的。柏林这个德意志帝国
的首都因此而成为世界上第一个"科技城"（Technopolis），或
用彼得·霍尔（Peter Hall）① 不无夸张的话来讲，成为全球
"第一个硅谷"。[108]与柏林相比，其他大都市，特别是巴黎，则
仍然是以服务业与小型工商业为主的城市。从经济角度看，这
样的城市既是属于过去，也是属于未来的。

　　不仅仅是巴黎，另外还有一些世界上发展速度最快、在当
时人们眼中经济最发达的城市，也从来没有成为典型的工业城
市。与 19 世纪末的柏林和莫斯科不同的是，伦敦的经济始终是
中小型生产企业和服务业为主，后者还包括国际金融服务业在
内。纽约直到 1890 年前后，从总体上看也仍然是一个商业和港
口城市。[109]这两个城市的经济发展在很大程度上是由内需推动
的，而建筑业则是其中的重要动力之一。伦敦几乎没有一个与

---

　　① 英国当代著名城市地理学家、英国科学院院士。

克虏伯公司规模相当的大型钢铁企业，在纺织业领域，面料加工或者说缝纫和成衣生产所占比重远远超过了机械化纺织。伦敦和泰晤士河下游地区直到 19 世纪初仍然是全球造船业的领导者，但是到世纪末时，其领先地位却早已被格拉斯哥和利物浦所超越。[110] 伦敦的经济优势并不在于大规模专业化生产，而在于生产门类的多样化。正是出于这一原因，伦敦看上去从来都不像是一个典型的纺织、钢铁或化工城市。人们往往有一种印象，认为大型企业从总体上看比小型经济（small-scale businesses）更"现代"，这种认识是有欺骗性的。在 19 世纪，随着时间的推移，一个大城市经济的现代化越来越多地取决于这个城市为创新提供有利环境的能力。[111]

那么，那些"典型"的工业化城市——一种无疑属于 19 世纪的史无前例的全新城市类型——到底在哪里呢？[112] 这样的城市最初只有在英国可以见到。1850 年之前来到英格兰中部地区的法国或德国游客以往所熟悉的都是那些早期近代的传统城市，他们对由工业驱动的城镇化往往一无所知。他们当中有些人或许对本国城市贫民的悲惨生活曾有所耳闻，因此，当他们在曼彻斯特见到那些生活在潮湿、拥挤的地下室里的英国工人时，并不会感到意外。只不过这一切，比他们所熟悉的那些场景更悲惨。但是，当他们面对一片片巨大的厂房和烟囱林立的景象时，却会变得目瞪口呆。19 世纪三四十年代的曼彻斯特之所以被称为"惊悚之城"（shock city），与其全新的物理维度有着很大的关联。[113] 这里有一排排 7 层楼高的厂房，这些楼房既没有任何美感，也和周围其他建筑格格不入。这种景象最常出现的地方并不是城市的核心地带，而是那些工业刚刚落脚的郊区小镇。而一旦有了工业，城镇的原有面目便会在转眼间发生

彻底改变。早在工业化第一阶段（英格兰是从 1760 年到 1790
年），大部分乡镇便已被新建成的巨大厂房改变了模样。只要两
三个工厂，便足以把一个村庄变成一个小型城市。在工业发展
的后期阶段，往往只要一个大企业在某个地方落户，就可以把
周围整个区域变成一个工业重镇。烟囱成为一种新型经济形式
的象征，特别是那些仿照意大利钟楼样式盖起的烟囱，甚至有可
能成为一个城市的标志物。[114] 还有一些城市完全是作为工业区建
设起来的，并且在很长时间里以工业作为其存在的唯一目的。谢
菲尔德、奥伯豪森（Oberhausen）①、卡托维兹（Kattowitz）②、
匹兹堡，是这些城市中的代表。相反还有另外一些城市，它们
虽然拥有相当悠久的工业传统，但是只有借助工业化，这些城
市才真正变成了大城市。

　　曼彻斯特是单一功能大城市中最著名的范例，这个当年备
受诋毁的城市曾被恩格斯、狄更斯、托克维尔等观察家称为将
文明人变成野蛮人的机器。[115] 当工业厂区以及庞大的工人群体
在这里出现时，各项基础设施建设还远远没有开始。伯明翰的
人口在 1800～1850 年间翻了三倍，从 7.1 万人增长到 23 万人。
在同一时期，曼彻斯特的人口从 8.1 万人增长到 40.4 万人，港
口城市利物浦的人口数量也从 7.6 万攀升到 42.2 万。[116] 曼彻斯
特等工业城市给当时的人们留下的最可怕印象除了城市的肮
脏、噪声和臭气之外，还有一点是，这里找不出一丝一毫人们所熟
悉的城市的模样。这种新型曼彻斯特式城市的发展速度实在太
快，以至于无法与那些被人们视为城市不可或缺的机制和特征
的形成同步。经济功能变成了空间和社会环境的创造者，而在

400

----

① 位于德国鲁尔区。
② 波兰南部城市，因盛产煤炭而被称为"波兰煤都"。

此之前人们根本无法想象，经济本身竟然能够成为城市生活存在的终极原因。[117]这一点同样也反映在建筑领域。工厂很难作为一种建筑元素融入一座城市。在这些工业城市里，城市规划的含义从对城市建筑的整体布局（如巴洛克时期的棋盘式格局）转向了"因地制宜"的实用性方案。由于厂址的选择完全是从获取利润的角度出发，因此这些工厂不可避免地给城市带来了一种离心效应，这一点与以往强调市中心作用的传统城市理念是完全背道而驰的。[118]当年，从曼彻斯特、利兹到汉堡和维也纳，到处盖起了一座座气势雄伟的新市政厅大楼，其规模远远超过了早期近代修建的同类建筑，也许这种现象背后的原因，正是人们希望用这种象征公民意识的建筑物与那些代表资本（或宫廷，比如在维也纳）的标志性建筑形成对比，以达到某种意义上的平衡。

曼彻斯特模式当然并不是工业与城市相结合的唯一形式。例如，伯明翰的多样化经济结构在形式上便与曼彻斯特有着很大的不同，当年托克维尔在对两个城市进行亲身观察后曾经发现了这一点。而曼彻斯特在这些城市当中，也并不像恩格斯所说的那样具有典型性。[119]鲁尔区的出现同样也是各种经济因素共同作用的结果，但是由此形成的城镇格局却与曼彻斯特等城市完全不同。鲁尔区的成功秘诀在于四个方面因素的碰撞：煤炭开采，炼焦技术，铁路以及来自东部地区劳动力的大量涌入。一开始，在鲁尔河谷几乎看不到任何城市的形态，而只有一些大面积、没有任何规划的工人居住区，其中有些地方的人口甚至多达 10 万人。从法律上讲，这些工人居住区的地位仅仅相当于村庄。在整个 19 世纪，鲁尔区没有形成一个可以称之为城市的核心。因此，它是一种早期的"卫星城"，一个多极化城市聚合体，一种与曼彻斯特式的集中化工业城市一样全新但形式却有所不同的城市类型。[120]

但是就曼彻斯特而言，我们对这个反人类的纯粹工业化城市的程式化印象是否与其当年的实际情况相符，同样也受到了当今一些历史学家的质疑。这些历史学家指出，即使在早期工业化时代的曼彻斯特，经济的运转格局也比我们仅仅通过对棉纺业的观察所获得的印象复杂得多。曼彻斯特同样也是劳动分工细化的城市体系的一部分，这一体系随着时间的推移逐渐覆盖了整个英格兰中部地区。对大的工业城市来说，只有当它们在这些城市体系中扮演好自己的角色，并成功地解决与周边环境——从相邻地区到国际市场——的组织和协调，才能使自身的发展得到保证。因此，包括第一代创业者在内的实业家并不是一群只会奴役工人的工厂主。他们必须学会"网络"运筹，了解科技进步的动态，随时把握经济和政治形势的走向，并为维护自身所属群体的利益付出努力。[121]因此，工业城市并不等同于工厂。至少在那些并非由少数企业所垄断的工业城市里，必然会随着发展形成一种能够为创新提供充分空间的文化环境。类似曼彻斯特、伯明翰、利兹这样的城市最终也将在公民参与力量的推动下，使早期工业化阶段的混乱得以消除。在这些城市里，人们修缮市政设施，创办博物馆乃至大学（不同于牛津、剑桥等中世纪基金大学的市立大学［civic university］），并通过修建公共标志性建筑的方式来改变市中心面貌，特别是修建剧院和气势宏伟的市政大楼等。在市政大楼的中心大厅里，务必还要安装一把巨大的管风琴。[122]工业区的住宅建筑是多种多样的，既有原始简陋、与市区的贫民窟一般无二的木板房（在俄国和日本十分常见），也有某些家族企业的示范式厂区，在这些

厂区里，工厂主就住在工厂旁边，并努力为工人们创造良好的
工作环境和与之相配套的居住条件。[123]

五　港口城市的黄金期

402　　全能型城市伦敦同时也是一座港口城市。自 17 世纪末英国
对印度东西部的庞大海外贸易兴起之后，这座城市的整个历史
几乎都与水有着密切的关系。如果要讨论首都城市中的沿海商
业型模式与大陆政治型模式的差异问题，那么伦敦无疑是两者
合一的一个完美典范。[124] 从第一眼看上去，工业城市给人的感
觉是现代的、先进的，而港口城市则是过时的、老派的。这种
印象是有偏差的。这不仅是因为一些大城市——例如安特卫
普——的发展轨迹是从前工业化时代的制造业经济逐渐转变为
以港口贸易为中心的服务型经济，[125] 同时也是因为发生在 19 世
纪的交通业革命使港口城市的性质发生了彻底的改变。在世界
一些地区，城市化恰恰是从港口开始的，并且迄今仍然局限于
这一区域：在加勒比地区，所有在当今拥有重要地位的城市都
是在 17 世纪作为出口港口发展起来的。这些规模不大的殖民地
港口逐渐形成了一个由贸易和海盗（大约在 1730 年之前）所
主宰的世界，而金士顿（牙买加）和哈瓦那则是统领这个世界
的两大重镇。[126]

港口城市的崛起

　　19 世纪是港口与港口城市的黄金时代，准确地讲，是大型
港口的黄金时代，因为只有少数港口能够满足迅速扩张的国际
贸易对港口吞吐量的巨大需求。1914 年前后，英国的出口主要

集中在 12 个港口城市，而在 19 世纪初，从事海外贸易的港口数量则比这一数字多出几倍。在美国西海岸，纽约的领先优势日益扩大，到 1820 年之后，成为运输美洲最重要出口货物——棉花——的主要港口。以往运输棉花的船只都是选择三角式航线：从查尔斯顿（Charleston）或新奥尔良直接驶往利物浦或勒阿弗尔（Le Havre），在载满移民和欧洲货物之后，再从欧洲返回纽约。如今，越来越多的棉花是从南部种植园先从陆路运到纽约，然后再装船运往欧洲。在美国内战爆发之前，南部的海外贸易一直被纽约的中间商、船主、保险商和银行家所控制。[127] 在 1842 ～ 1861 年期间，中国的许多重要港口城市作为通商口岸向海外陆续开放（后来通商口岸的范围更进一步扩大）。到 19 世纪末，能够满足远洋运输需求的港口只有上海和英国实行殖民统治的香港，后来至少又增加了两个：北方第一大港天津和东北最南端的港口城市大连。

　　海港（包括 20 世纪下半叶出现的空港）是连接国家和大陆的最重要交汇点。那些远渡重洋的旅行者抵达异国后第一眼看到的，是码头上的各种设施和港口沿岸的建筑物，他们所遇到的第一批当地居民，是领港员、码头搬运工和海关人员。正是轮船客运业的繁荣，远洋货运规模的成倍增长以及跨洋移民潮的出现，才使得海洋与航运无论在数量上还是在文化内涵上都达到了前所未有的高度。在历史上，并非所有生活在海边的人都会对海洋抱有天生的好感。一些岛民甚至连祖辈当年借以漂洋过海的航海术都已荒疏，而塔斯马尼亚人甚至干脆放弃了吃鱼的习惯。[128] 正如阿兰·科尔班（Alain Corbin）① 所说，欧

403

---

① 法国历史学家，19 世纪法国史专家。

洲大陆居民——至少是被其作为研究重点的法国人——直到 18
世纪中叶才开始对海洋抱以开放的态度。1607 年依规划而建、
横跨水陆的水城（waterscape）阿姆斯特丹，是早年的一个特
例。[129] 在 18 世纪之前，在荷兰以外的其他地区，海岸和港口并
不是艺术家们所热衷的绘画题材。随着人类对海洋态度的改变，
港口作为展示建筑和工程技术精华之舞台的作用也被人们发现。
在许多海滨城市第一次出现了沿海林荫道。即使在英国，这种
海滨林荫道在 1820 年之前的港口城市里也是不多见的。[130] 但
是，来自亚洲大陆的奥斯曼上层社会却早在 14 世纪便发现了傍
海而居的美妙之处。在 1453 年被奥斯曼占领的伊斯坦布尔建起
了一处处宫殿、楼阁和别墅，从这些地方望出去，可以将整个
博斯普鲁斯海峡和金角湾的美景尽收眼底。[131] 然而在欧洲，把
一片光秃秃的沙滩当作享受阳光和海水的宝地，却是 19 世纪末
才被人们逐渐接受的观念。

404　　　　对海洋的亲近并非在所有地方都是一种"自然"的过程，
有时候，这种变化也有可能是早期近代一些富于远见的执政者
为建立贸易和航海基地而付出努力的结果。路易十四时期的法
国和彼得大帝统治下的俄国，便属于这种情况。在 19 世纪之前
的几乎每一个历史时期，世界上的多数大城市以及权力中心或
文化名城都不是在沿海地区出现的，例如开封、南京、北京、
阿瑜陀耶（Ayudhya）①、京都、巴格达、阿格拉、伊斯法罕、
开罗、罗马、巴黎、马德里、维也纳、莫斯科，以及后来的墨
西哥城。北美是第一个打破这一规律的代表性例子：美利坚合
众国成立后的所有重要城市，全部都是港口或靠近海岸的城市。

――――――――――――――

①　又译"大城"，泰国大城王朝首府。

伟大的日本历史学家网野善彦在对沿海地区居民的生活进行深入研究后发现，就连拥有长达 2.8 万公里海岸线的岛国日本也将自己定义为农业社会，而从未将航海、捕鱼和海上贸易看作决定日本国民性的核心要素。[132] 但是在这里，我们必须认清渔村和港口城市之间的区别。在所有文明社会里，渔民都是作为人口稀少、大多与世隔绝的群体而存在，他们的特殊生活方式往往表现出异常持久的生命力。而港口城市则恰恰相反，它们总是自觉顺应于大的社会潮流，其经济行为总是由国际市场的走向来决定。一个港口城市与大洋对岸另一个港口城市之间的关系，往往比它与相邻渔村之间的关系更为密切。

在历史书写中，港口城市及其居民的待遇，就像是后妈养大的孩子。[133] 在人们的定义里，港口城市总是处在边缘，也就是远离内陆中心的位置，当地居民在人们的印象里总是性情多变，不易控制，另外，他们大多是以四海为家，因此在那些代表文化、宗教或民族正统的人士眼中，这些人是不值得信赖的。对于正在形成中的德意志民族共同体而言，就连汉萨同盟（Hanse）① 也始终是一个遥远的边缘。汉堡直到 1883 年才正式成为德国关税区的一部分。在此之前，汉堡一直是关税意义上的外国，它与相邻的内陆地区被一道关境线隔开。在港口城市很难找到顶级的宗教圣地或学术机构，大型寺庙、教堂、清真寺以及顶尖的大学或科学院大都建在内陆城市。这一点无论是在欧洲还是北非，或是整个亚洲世界，几乎都没有例外。

---

① 德意志北部城市之间形成的商业、政治联盟，形成于 13 世纪，14 世纪达到兴盛，加盟城市最多达到 160 个。15 世纪渐趋衰落，1669 年解体。

独立世界——港口

在 19 世纪，两种具有普遍性的趋势使港口城市的地位得到了提高，同时也使其性质发生了改变：其一是航海活动的类别化，其二是以金属制造的船只取代木船。

随着海外贸易的繁荣与船队实力的增强，航海活动变得越来越专业化，其形式也变得越来越丰富。航海的功能不再像以往一样被少数海外巨头（如东印度公司）包揽，而是按照性质的不同被加以区分。首先，航海活动被划分为以民事为目的的航海以及以军事为目的的航海。18 世纪的海上战争迫使各国不得不修建专业化设施，并由国家机器实行统一管理。建造集大规模舰队停泊点、造船厂与船只修配厂为一体的海军基地，成为国家的头等大事，例如英国的普利茅斯、朴次茅斯和查塔姆（Chatham），法国的布雷斯特（Brest）和土伦（Toulon），俄国的喀琅施塔得（Kronstadt）等。德国在这方面的行动略显迟缓：1856 年，普鲁士建立了军港威廉港（Wilhelmshaven）。19 世纪，这类海军基地几乎已遍布全球。大英帝国在马耳他（1869 年苏伊士运河的开通使其战略重要性大幅提升）、百慕大和新加坡等地还拥有大型的军舰制造厂。[134] 在轮船航运业兴起的最初阶段，由于船只必须经常在陆地停靠，一种新的港口类型也由此应运而生，这就是专门为船只补充燃料的加煤港。19 世纪末爆发的几场看似荒诞的帝国间纠纷，例如在太平洋地区的冲突，其核心正是为了解决舰队的燃料保障问题。[135]

与航海的民事和军事之分同样清晰的是客运与货运的划分。从港口格局的功能性分割便可以看出这一变化。旅客的上下船码头总是尽可能靠近市中心，而自从有了铁路之后，港口的货

运码头则往往被安排在港口较为偏远的位置。马赛是这种港口
空间二分制的一个代表性例子。19世纪中叶，从罗马时代起一
直保持着古老面貌的马赛旧港口经过改造，变成了一个"现代
港口"（这正是当时马赛港的新名称）。在过去，旧港口与繁华
的都市生活是融为一体的。在波士顿或布里斯托尔等城市，巨
大的船只甚至已成为市区里最引人注目的一道风景。而新型港
口则是一个属于自己的与外界相隔绝的世界。从技术层面讲，
它是一个整体规划、自我管理的独立体；从空间和精神的角度
看，它都与城市隔着遥远的距离。[136] 最早一批独立码头区
（docklands）是在伦敦、赫尔（Hull）和利物浦等地出现的。马
赛港的现代化改造是将伦敦西印度码头作为样板，后者于1799
年开始动工修建。在整个19世纪期间，伦敦又增建了许多新的
港口设施，以应对轮船吨位呈倍数增长的现实。伦敦每年进出
港的外国船只数量从1820年的77.8万增长到1901年的1000
万，增幅高达近13倍。在同一时期，伦敦港的航道承载能力也
增长了10倍。[137] 西印度码头与被其替代的泰晤士河沿岸原有的
开放式码头所不同的是，新码头区是一片封闭的区域，它与外
界之间由一道高达8米的围墙隔开，围墙由警卫严密把守。形
象地讲，这片新码头区就像是一座由深不见底的人工湖所组成
的"城池"，四周是如堡垒般的城墙，城墙四面还建有中世纪
风格的城门。就在欧洲一道道城墙相继倒塌的历史性时刻，各
地的港口却又纷纷筑起了高高的壁垒。在围墙的背后，是一个
内部分工日趋细化的独立世界。伦敦码头区被视为工程学的一
大奇迹，著名的《贝德克尔旅游指南》① 称之为人的一生中不

——————

① Karl Baedecker，德国出版商。

406

可错过的一处风景。[138]

19世纪法国第二大城市马赛的新港在各方面都超过了它的样板伦敦港。水泥材料的使用为修建航道提供了更大的便利，因此巨型货轮可以轻松地驶入航道深处，直抵货区。同时，钢铁技术的发展也使人们有能力建造出更高大、更坚固的蒸汽或液压吊车。在现代化的压力之下，欧洲各地港口不得不下决心步伦敦和马赛的后尘，对港口设施实行改造。因此，对港口建造史来说，19世纪中叶堪称自中世纪以来最具历史性意义的一次转折。汉堡也是实行现代化改造的港口之一，1866年之后，旧码头被新建的港口设施彻底取代。[139]与其他许多地方一样，汉堡在港口扩建的同时，还必须解决大量人口的安置（resettlement）问题。

407　港口改造的风潮同样也出现在亚洲，时间比欧洲略迟，这一点当然并不令人意外。经过长时间因资金问题导致的周折之后，1875年，孟买这个因1869年苏伊士运河开通而获得巨大优势的城市终于拥有了一个与时代水平同步的港口。在日本，大阪市民在没有日本政府帮助的情况下自筹资金，完成了港口的大规模扩建。这是19世纪末日本最重要的一项城市建设工程。巴达维亚直到1886年才具备了在码头直接装卸货物的条件，这一步来得实在太迟，以至于这座古老的殖民地都城在新兴港口城市泗水（Surabaya）的挑战面前不得不甘拜下风。1888年香港第一座现代化码头的建成，堪称中国港口现代化的开端。[140]但是，中国沿海地区的港口建设一直步伐缓慢，其原因在于过剩的廉价劳动力使机械化的发展受到了阻碍。假如到处都是不花钱的苦力，又要吊车做什么呢？

这些新建成的港口形成了一个特殊的世界：到处是堆积如

山的货物、人拉肩扛的苦力和偶尔可见的机器。它与上流社会的有钱人和拉家带口的移民上下船的码头彼此隔开，成为两个相互独立的区域。大约在 1950 年以后，远洋客运彻底退出了人类生活，与此同时，集装箱码头和油轮停泊港则被迁移到远离城市的河流入海口。19 世纪盛极一时的"现代"港口被一步步关闭，拆毁，填平，变成了修筑高楼大厦的地基。有些时候，落后的港口设施有可能成为贸易发展的严重阻碍。在布宜诺斯艾利斯，由于这里一直没有一个可供利用的自然港，因此远洋货轮只能停泊在远离陆地的锚地，然后通过小船完成货物的装卸。直到后来，当阿根廷寡头统治集团中支持港口建设的一派力量上台后，项目才最终获得通过。1898 年，这项耗资巨大的工程宣告完工。从此，拉普拉塔河上终于拥有了一个配有长达9 公里的水泥码头，还有深海航道和现代化装船设备的港口。[141] 在开普敦，港口改造是在布尔战争推动下完成的。这项工程无论从资金还是技术方面看，都是开普省所遇到的前所未有的艰巨挑战。[142]

铁船与铁路

以金属船只取代木船，以及与此相关但时间略为滞后的从风力向燃料动力船只的过渡，是航运发展的另一大趋势。这一潮流于 1870 年前后初露苗头，并于 1890 年前后结束。它所带来的影响是运输能力的提高，货运和客运价格的下降以及航行速度的加快。此外，它还使航运受天气条件的制约大大降低，并以此为人们带来了依照时刻表安排班轮运输的可能性。速度的提高并不仅仅体现在跨越大洋的时间上。由于蒸汽机轮不需要像帆船一样在港口停泊太长时间，因此，港口的工作和生活节奏比以往明显加快。

蒸汽轮船的普及所带来的另一大变化是，它在一定程度上打破了海运与河道运输之间的屏障。对帆船来说，逆流航行是一件困难事。而机动炮艇和小型商船却可以毫不费力地沿江而上，直抵以往船只难以抵达的内陆地区。中国曾被两度"打开"国门：一次是在纸上，通过 1842 年签订的不平等条约；另一次是在现实中，通过现代化的蒸汽轮船。早在中原腹地开通铁路几十年之前，西方和本国的蒸汽机船便已抵达了这一地区。在 1863～1901 年期间，在长江水位最高时，大大小小的远洋轮船可以一路长驱直入，直抵汉口（今天的武汉）这个位于中国版图正中央的大城市。直到世纪之交过后，随着港口设施的修缮和扩建，上海港才最终成为拥有垄断地位的远洋终点港。此后，所有来自或运往汉口的货物全部改由在上海装卸。[143]

铁路的开通对港口城市的功能同样产生了重大影响。在这里，我们仍然以东亚和东南亚为例：虽然有极少数海港——比如中国香港和新加坡——由于其所处的优越地理位置，可以在缺少与内地相连接的铁路线的情况下，长期维持港口运输的正常运转，但是，它们不过是一些罕见的特例。正常情况下，无论在任何大陆，一个没有铁路相连接的港口都是没有前途可言的。那些大的现代港口城市的优势正在于，它们是水路与陆路交通相互交汇和融合的连接点。

并非所有大的港口同时也是造船业的重镇，但是，这样的港口却不在少数。很多时候，造船业恰恰是这些城市最早出现的工业形式，例如巴塞罗那或卑尔根。在当时，造船业是整个机械制造业中难度最大、技术要求最高的行业，特别是在船体是用铆钉而非通过焊接来打造的年代。在中国，工业化正是从上海、香港和福州等地的大型造船厂开始的，从时间上看，比各地创办棉纺厂还早得多。这些造船厂最初无一例外都是受到官府的控制。不仅是在中国，许多国家政府都已认识到造船业对国家发展的重要性，无论是在经济还是军事意义上，因此都对本国刚刚兴起的造船业采取了鼓励和扶植的态度。在格拉斯哥、基尔等港口城市，造船业的地位远远超过了海外贸易。格拉斯哥自19世纪50年代之后成功实现了从停滞不前的棉纺业向造船业和机械制造业的转型。在19世纪八九十年代的巅峰期，格拉斯哥的造船能力达到了全世界首屈一指的水平。[144]

港口的社会百态

从社会史角度看，港口城市——特别是那些逐步走向工业化的港口城市——的最大特征在于其劳务市场的多样性和流动性。在这些城市里，劳动力的需求来自方方面面：从海员到搬运工，从造船厂的技工到轻工行业的非技术工人，还有船长、大副、领港员、港口工程师等。服务业的需求与供应也是多种多样，从贸易投资到红灯区，其种类可谓无所不有。因此，我们完全有理由从就业结构的特殊性，而非其所处的特殊地理位置来对港口城市做出定义。[145]港口城市与内陆城市的最大区别，是短期就业在港口经济中所具有的极端重要的地位。到处都有人在招零工，而等候招工的壮劳力也总是随处可见。港口的码头工人几乎都是清一色的男性，而在工业化初期的轻工企业里，女性工人的比例则占更大优势，甚至达到3/4。在欧洲，码头工人在整个工人群体中处于最底层的位置，相反在中国，这些人作为反帝国主义罢工和抵制运动的生力军却在国内政治中扮演着先锋的角色。在欧洲，码头工是收入最低、受剥削最残酷的一个群体，其受雇形式几乎都是按日付薪的临时工。当其他行业的临时工比例日趋减少的时候，港口的零工比例却始终居高不下。随着运输机械化的普及，对体力工人数量的需求逐渐下降。由于对劳动力的需求往往因季节变化而大幅波动，因此妇女和儿童作为劳动力市场的后备力量是不可或缺的。这些童工虽然很少在码头上出现，但是他们的存在却是由港口劳务市场的特殊性所决定的必然。[146]

港口城市的人口流动性和不稳定性并不是 19 世纪才形成的。在很早之前，这里便已成为某种意义上的贸易"离散地"。但是，我们并不能把它们仅仅看作由外国移民构成的多元混合体。那些来自内地的移民，不过是更多外来群体中的一个。例如在中国，各港口城市的外地劳工往往按各自的籍贯集中在某一个行业，他们在一起生活，并逐渐形成了自己特有的社会圈子、帮会组织和招工网络。特别是上海，更是一个以亲情和血脉为纽带联系在一起的各种人群所组成的大杂烩。在 20 世纪初，如果有谁想通过工会或其他政治形式把港口城市的无产者组织起来，首先必须克服的便是各种帮派势力带来的阻力。[147]

不同族群的形成并非亚洲城市所独有的特点。在与海内外有着密切联系的港口城市，以族裔划分的社会结构是不可避免的一大趋势。例如在的里雅斯特（Triest）①，19 世纪时，在这里生活着亚美尼亚人、希腊人、犹太人、塞尔维亚人等不同的"民族"。1805 年之后，敖德萨在政策鼓励下迎来了大量犹太人以及来自瑞士、德国、希腊等国的移民，城市规模因此迅速扩

---

① 意大利东北部港口城市。

大。[148]爱尔兰大饥荒暴发后，许多爱尔兰饥民逃到利物浦、格拉斯哥、卡迪夫等港口城市，并在当地形成了一个封闭乃至与外界完全隔绝的劳工群体。1851 年，爱尔兰移民占利物浦总人口的比例甚至超过了 1/5。在汉堡，外来移民在社会生活中所表现出的自我封闭特征并不明显。但是，这种情况在港口城市中只是一个例外。对外来移民来说，他们所处的生活环境往往十分恶劣，其子女出人头地的机会也比本地人少得多。

从社会治安来看，港口城市一向有着暴乱和犯罪活动策源地的名声。实际上，用这种说法来描述 20 世纪的状况，会比描述 19 世纪更贴切。1918 年，德国基尔港的水兵起义引发了一场革命。1921 年，俄国海军发动兵变，将矛头对准出卖其利益的革命者。在反抗殖民者和外国势力的斗争中，码头工人总是站在战斗的最前沿：无论是在中国香港和广州，印度马德拉斯，还是在越南海防，或是肯尼亚蒙巴萨。与内陆城市相比，港口城市的开放性不仅表现在对待外国人的态度上，同时也表现在对待外来观念的态度上。在德国，汉堡、不来梅等汉萨同盟城市所倡导的公民自由理念对普鲁士专制统治起到了平衡的作用。这种对立关系在世界其他地区也可以找到类似的例子。在反叛和创新方面，港口城市所提供的空间往往更大。这里有代表国家利益的特殊机构——海关和关税员，在其他城市，他们大概很少会派上用场；另外，还有专设的法庭和特殊的法律——《海洋法》。受地理位置的影响，港口城市很容易成为海盗和海上战争威胁的目标。自从伊丽莎白一世发起海盗行动之后，大英帝国总是时刻不忘如何通过港口封锁和炮轰等手段从海上施压（naval pressure）。一场恶名昭著的事件是 1807 年英国皇家海军对哥本哈根古城的轰炸。这是一次在没有受到挑衅的情况

411

下对一个中立国家所发起的攻击，它使得英国在欧洲的名声严重受损。令所有欧洲人憎恨的"海盗老巢"阿尔及尔早在 1815年便曾受到美国海军护卫舰的炮击。[149] 1863 年，当一位英国商人被杀后，英国军舰为了报复而炮轰日本堡垒城市鹿儿岛，导致古城大面积被毁。[150]

　　海外贸易无论对殖民地还是欧洲而言，同样都是推动城市化的重要动力。1850 年前后，在全世界 10 万人口以上的城市中，有 40% 是港口。直到 20 世纪中叶，在欧洲城市等级体系中，工业城市的比例才超过港口城市，跃居第一位。[151] 在欧洲一些国家，城市化从原则上讲只是沿海地区所特有的一种现象。除马德里之外，西班牙所有大城市（巴塞罗那、加的斯、马拉加、塞维利亚、瓦伦西亚）无一例外都是沿海城市。荷兰和挪威的情况与西班牙相似，甚至在"大陆国家"法国，也有一些大的地方重镇是位于海岸沿线（波尔多、马赛、南特、鲁昂）。除某些超大城市外，港口城市的经济结构往往与内陆城市有所不同。典型的港口工业有粮食和油料加工，制糖，鱼类包装，咖啡烘焙等，后来又加上石油加工。而重工业企业，包括较大规模的轻工业企业，在这里则很少见到。技术创新的重要基地并不是那些工业区，而是像纽约或汉堡之类的港口。[152] 从港口演变为工业重镇的城市屈指可数，而热那亚便是其中一个。这个港口城市后来发展成为意大利最重要的工业中心之一，早在 19 世纪末，工业对城市发展的贡献已经超过了对外贸易。除热那亚之外，类似的例子还有巴塞罗那和二战后的上海。

　　港口城市大多是由少数商人、银行家和船主构成的寡头集团，即所谓大资产阶级阶层（grande bourgeoisie）所掌控。在

19 世纪时，这些寡头往往通过组建商会的方式来维护自身利益，巩固其在社会上的特权地位。无论是在鹿特丹和不来梅，还是上海或伊兹密尔（Izmir）①，都可以看到这样的现象。在这些城市里，大地主阶层的政治影响力比在内陆大城市要小得多。但是在寡头集团内部，意见也并不总是统一的。在贸易利益与工业利益之间，在自由贸易的支持者与反对者之间，随时有可能出现矛盾。从总体来看，作为商业资本家的寡头们所信奉的主流观念是主张政府充当"守夜人"，实行少干预、低税收的政策，将保护贸易的平稳流动作为最高信条。城市管理领域的新创新很少是从这些城市产生的。商人则大多对城市规划怀有疑虑，对港口之外的基础设施投资持抵触态度。因此，在城市卫生设施改造方面，港口城市很少会扮演先行者的角色。在这里，人们往往会更多地依赖于公益或慈善机构，而不是通过社会保障的形式来解决这类问题。在利物浦和热那亚，一个突出的问题是由社会等级结构的两极分化所导致的各阶层之间的激烈冲突。在这些城市的社会结构体系中，手工业者以及后来的职员阶层的地位，远不及他们在伯明翰、柏林、都灵等以工业为重点的内陆城市中的同类。

六 殖民城市：通商口岸和帝国都市

假如一个港口城市或行政中心是在某个殖民地的版图之上，那么我们是不是把它称为"殖民城市"才更有意义呢？[153] 在 19 世纪末，地球很大一部分区域是处于殖民者的统治之下，因此

---

① 土耳其第三大城市，旧称士麦拿。

413　我们不免会由此引申出"殖民城市"这一富有时代色彩的城市类型。这一城市类型的前身可以追溯至早期近代。西班牙从一开始便把伊比利亚城市模式"出口"到了美洲新大陆，虽然其基本结构或许略有不同。16 世纪末，西属美洲的城市模式被输入到菲律宾：马尼拉除了有大量华人外，与普通的墨西哥城市几乎没有差别。它不仅是一个贸易港口，同时也是世俗和宗教统治的中心，在欧洲对亚洲早期扩张的各桥头堡当中，马尼拉的地位是独一无二的。[154]同样来自城市化高度发达地区的荷兰人在亚洲效仿了西班牙人的做法，只是规模略有不及。在 1619 年建立的堡垒式城市巴达维亚，这一做法取得了可观的成效。

加尔各答与河内

英国人在统治印度期间，把他们在印度的大本营加尔各答变成了一座"宫殿之城"。自 1798 年起，在东印度公司掌握对该地区的最高统治权 40 余年之后，这个孟加拉邦的首府被加以改造，变成了一个全世界数一数二的古典建筑云集的华丽之城。从功能来看，这个城市并没有发生根本性变化，因为它以往所缺少的东西只有一样：虽然自 18 世纪 60 年代以来，英国人对建造房屋投入了巨大的热情，但是这座城市始终没有一件合身的建筑"外衣"。新的城市规划的核心是建造一栋新政府大楼，一座规模庞大的总督府，好让那些挑剔的印度人和不怀好意的法国人从今往后再不会像对待简陋的旧总督府那样，对其嗤之以鼻。1803 年，当新总督府落成时，它所散发出的光芒令所有为英国殖民者提供的官邸和私宅都黯然失色。除总督府外，同时还建成了一大批公共建筑（市政厅、法院、海关等）和教堂以及东印度公司管理层和商人的私人别墅。而高耸于一切之上的，是一座古老的城堡——威廉堡（Fort William）。[155]

　　满目门廊和多立克式柱廊的加尔各答并不是英国城市在印度土地上的简单拷贝，它是人们对帝国时代罗马城的一种乌托邦式想象，并以砖石的形式被转化为现实。与其说它是一座功能型城市，不如说是一个精心打造的权力之地，即使是印度人，也可以在这里找到自己的归属。从建筑学角度看，要在这个地球上追踪欧洲殖民的痕迹并不是一件难事。但是，这些痕迹并不是在任何地方都像在加尔各答这样密集，这样气势雄伟。很少有哪个殖民地像印度一样，承载着如此深重的象征性意义；也很少有哪个殖民地像印度这样富有，这样容易被剥削，以至于那些华丽的殖民建筑都可以通过当地财政来支付。因为假如不是出于国际形象的因素考虑，殖民地很可能只是一笔亏本生意。因此，欧式建筑很难成为某一殖民城市的整体风格。一个殖民地的首府哪怕再贫穷，也必须配备几样最基本的建筑设施，比如说总督府、兵营和教堂。在这些核心建筑之外，还要有一所医院和几栋供欧洲官员和商人居住的别墅。在一个城市里是否会形成一个或多个具有完整欧洲风格的居住区，往往是由生活在这里的外国居民的规模决定的。既有人为规划也有资金支持的殖民地标志性城市建设，是一种极为罕见的情况。1857 年建立、后来成为法属西非首都的达喀尔，便是其中一个最具代表性的例子。[156] 而都柏林则是一个特例：这里并没有规划性的殖民城市建设，但它却是一个具有浓厚帝国主义特征的标志性城市。在这个作为爱尔兰首府的城市里，英国国王或女王的雕像到处可见，它们既是伦敦政府权力意志的一种象征，同时也是各种基督教仪式的重要地标。由于英国人从来没有掌握对都柏林市政府的绝对控制权，因此到后来，这些帝国时代的雕像作为反抗英国统治的象征，渐渐变成了宣示爱尔兰民族精神的纪念场所。[157]

　　20 世纪的河内是一个规模浩大的殖民都市，它是北圻保护地的首府，自 1902 年起又成为由法属越南三圻（pays）以及柬埔寨和老挝共同组成的印度支那联盟（Indochinesische Union）的首都。越南从一开始便是一个难以驯服的国度，因此在第三共和国时期的法国看来，有必要给当地人一些颜色瞧瞧，顺便也让世界领教一下法兰西民族的殖民能力。河内是越南北圻最重要的城市，自 1806 年之后成为越南皇帝的住地。1889 年，法国人掌握了对河内的实际控制权，并立即着手城市改造，力图将其打造成为一座亚洲土地上的法国城市。原有的城墙，甚至包括 19 世纪初建造的一座沃邦（Vauban）式城堡被夷为平地。法国人重新划定了街道的布局，修建了棋盘式的林荫大道，给部分路面铺设了坚固的材料。除政府大楼和一座华丽俗气的教堂之外，这个城市里还多了一个火车站，一家歌剧院（法国加尼叶歌剧院的缩小版），一所中学（Lycée），一座（臭名昭著的）监狱，一座用先进技术修建的红河大桥，几个寺庙和尼姑庵，数不清的办公楼，还有带玻璃穹顶的巴黎风格的百货店。另外，在政府官员和富商的别墅之外（这些为私人量身打造的豪宅多达 200 多座），还在郊区修建了供法国普通侨民居住的标准化住宅区。在被拆除的佛塔和贡院的位置上，建起了作为殖民主义赤裸裸象征的巨型建筑：总督府和大教堂。在加尔各答，英国人是在老城的旁边另建殖民新城；而在河内，法国殖民者却是在老城的地盘上修建新城。新城的街道和广场都是用征服印度支那的法国"英雄"，或是法国历史和当代名人的名字来命名。这些殖民时代初期的建筑在对待亚洲建筑语言的态度上表现得毫不妥协，在西贡，法国殖民者为强调政治立场，甚至公开对越南建筑元素予以抵制。他们的宗旨是要让法国文化的光芒普照天下，让全世界都感受到法兰西文明的魅力。科林斯柱式，新哥特式，早期巴洛克式，各种不同的建筑风格被掺杂在一起，看不到任何的规划和章法。在同一时期的英属印度，尽管人们在对待历史传承的态度上同样表现得鲜有顾忌，但也有少数例外：1888 年落成的孟买维多利亚火车站在英国、法国和威尼斯哥特式风格之外，也融入了一些被人们称为"印度撒拉逊风格"（indo-sarazenisch）① 的建筑元素。[158]

世纪之交之后，在越南和巴黎，人们对 19 世纪 90 年代的浮夸造作之风渐渐产生了反感。而科学家们则在中国和越南传统的背后，发现了以高棉和吴哥风格为代表的"古"印度支那这一在政治上不易引发争议的概念。第一次世界大战之后，河内也陆续出现了一些装饰艺术风格（Art-déco）的建筑。[159] 在政治领域，人们同样也在不遗余力地对殖民地实行欧化改造。在只有 1000（1901 年）到 4000（1908 年）法国侨民的河内，从市长、议会、预算到党派之争，整个政治体系的架构都与法国省会城市没有两样。[160] 它与图尔或里昂的最大区别在于，当地居民——包括非欧洲裔侨民（华人，印度人等）在内——虽然在一定程度上可以享受到法律保护和民间参与的机会（一些华人富商甚至加入了商会），但是在政治上却没有任何发言权。　416

"殖民城市"的理想范式

河内是全世界所有殖民城市中最具欧洲风格的一个。从第

---

① 受伊斯兰文化影响的印度建筑形式。

一印象看，我们甚至可以把它作为定义"现代"殖民城市（不同于早期近代殖民城市）标准的依据。现代殖民城市与 20 世纪末的全球化城市一样，都有一个最普遍的特征：一切以外国为标准，不受政治界线的约束。除此之外，它还具备以下几个特征：[161]

- 由外裔统治者掌握对城市政治、军事和警察组织的控制权（"权力独占"），其获取执政合法性的唯一途径是通过占领（强权）；

- 对当地原住民（包括精英阶层在内）的排斥，拒绝其参与有关城市生活规则的决策；

- 引进欧洲（世俗和宗教）标志性建筑，其中大部分采用宗主国时下最流行（或此前流行）的或能够反映其"民族"特色的建筑风格；

- 空间"二元化"与横向隔离：一边是按照欧洲城市规划标准建设的大面积、环境宜人的外国人居住区，另一边是现代化改造迟缓、在人们眼中原始落后的原生态城市（native city）；

- 缺少社会平等，而是按照种族观念将社会严格划分为不同的阶层，并将原住民归入没有独立身份、为上层社会提供服务、收入微薄的最底层位置；

- 以满足外国利益与国际市场需求为准则，对内地进行开发、改造、剥削和掠夺。

将殖民城市的特征排列成清单的好处是，它可以避免人们草率地为殖民城市的概念贴上标签。一方面，"殖民城市"不能仅仅根据其拥有的建筑形态或经济功能来加以判定；从另一方面看，这些特征并非处在"同一个层面"之上，比如说，不能将形式和功能混为一谈。此外，如果将所有上述特征作为殖民城市的定义，那么得出的只能是一个抽象的概念，在现实中只有很少的例子能够与之相符。例如，河内虽然并不是一个经济上无足轻重的城市，但是它既不是一个港口城市，也不是一个典型的殖民主义的"抽血机"。它所扮演的角色只能在一个大的城市体系的背景下才能做出准确的判断，该体系的成员近有印度支那的海防港和南越大城市西贡，远有香港和巴达维亚以及更远的马赛和南特。

与所有理想范式一样，上述"殖民城市"范式也仅仅是一种辅助性工具，它可以帮助我们更清晰地把握观察对象的现实脉络，并通过比较使殖民城市的不同特点得以呈现。另外，这种范式同时还具有排除的作用。比如说，如果我们将殖民城市理解为不同文化之间持续发生接触的场所，[162]那么所有具备多元文化特点的大港口，无论是在殖民地还在殖民地以外，可以说或多或少都具有某种殖民色彩，例如伦敦、新奥尔良、伊斯坦布尔或上海。所有这些城市都拥有一种多元化的社会结构。因此，这一特征本身并不能成为判断殖民城市的标准。相反，如果我们单纯从政治角度来理解"殖民城市"，将排斥当地"精英"加入由外国"移植"的专制权力体系作为决定性标准，那么作为沙俄帝国一部分的华沙也一样可以满足这一条件。直到19世纪末，在这个尚未成为波兰这一民族国家首都的城市里，长期驻扎着4万俄国士兵。一座外观丑陋、令人望之生畏的城堡从高处俯瞰着整个城市，哥萨克骑兵在街上巡逻，而最高指挥权则掌握在由莫斯科直接任命的俄国警察总长手中。举一个例子作为对比：当时在维也纳等欧洲"正常"城市里，常驻军队一般只有1.5万人，其中大部分来自本地。[163]

殖民城市的某些特征必须视情况不同来加以区分，而不能

从"二元论"出发，仅仅根据其有无而做出判断。那些强调殖
民城市的隔离或"种族隔离"特性的历史学家，与那些注重不
同文化的混合、融合与"杂交"（Hybidität），甚至对某些大的
殖民城市的"世界大同"氛围赞赏有加的同行，难免会产生矛
盾。实际上，在这两种状态之间，还有着许多差别细微的不同
层面。殖民城市的社会结构是以殖民者与被殖民者之间原则性
418　的但并非对所有生命表达都能够发生作用的二分制结构作为背
景，呈现渗透、过渡和交融等种种特点。社会等级与种族等级
之间的关系是错综复杂的。即使在种族主义思想盛行的年代里，
肤色和民族的凝聚力也未必能战胜由阶级地位带来的团结意识。
在殖民大城市里，英国人组织的俱乐部不仅将印度富商和马来
王子，同时也把所谓"穷白人"（poor white）拒之门外。一位
在印度文职机构（Indian Civil Service）任职的英国官员与一名
在印度劳工局工作的白人职员之间的社会地位差距，也许比这位
官员与一名受过良好教育、生活优越的印度律师之间的差异更
大，当然，其前提是两者关系没有受到政治因素的干扰（这一前
提只有在一战之后才有可能存在）。一个"典型"的殖民城市社
会，绝不是一种简单的由两个阶级或两个种族所构成的秩序。

隔离

空间的二元性——一边是享有特权并受到保护、气候环境
更宜人的外国人居住区，另一边是当地老百姓的聚居区——是
殖民城市较易辨别的一个特征。但是，即使是这种二元对立关
系同样也是一种模式化假设。并非在任何地方，权力关系与社
会等级的划分都是以简单的二分式城市格局作为表现。即使这
种格局真的存在，那些在殖民地生活的欧洲人对雇用当地人作

为家仆的依赖，也对生活空间的彻底隔绝形成了阻碍。殖民者很难做到只和自己人打交道。在日常生活中，他们更多是在一个半官方的舞台上活动，在他们面前，是密切观察着其一举一动的本地"观众"。居住区的隔离未必总是意味着明确的主次关系。例如，在位于伏尔加河畔的喀山市，有一片俄国人居住区和一片鞑靼人居住区，但是人们很难看出在两者之间存在着一种殖民和被殖民的关系。[164]一些超大规模的城市——最起码是在亚洲——自前现代以来，便对出身少数民族的特殊族群采取了包容的态度，而这些人大多会选择集中居住。例如在伊斯坦布尔，1886年，长期生活在这里的非穆斯林居民至少有13万。[165]在南亚和东南亚许多城市，当欧洲人来到这里时，所看到的是各自为据的不同族群彼此共生的景象，这种共生关系虽然并不总是和睦，但在大多数情况下却彼此相安。我们可以将这些城市称为多元化城市（villes pulrielles，奥斯曼帝国的城市全部属于这一类型），在这里，划分群体的最重要标准首先是宗教，其次是语言。[166]欧洲殖民主义将自身覆盖于这种马赛克式结构之上，并未改变或消除它。种族隔离并不是从殖民城市的"本质"中衍生出的一种现象，而是有其自身的发展史。在1803年被英国占领的德里，直到1857年印度民族大起义爆发，一直没有形成独立的英国人居住区。起义被镇压后，巴麦尊勋爵（Lord Palmerston）和另外一些人呼吁铲平德里，以作为对印度人的惩罚。尽管城市因此而遭到严重破坏，其中包括大半被毁的莫卧儿帝国皇宫——红堡（Red Fort），但终究没有被夷为平地。[167]经过1857年的一场恐慌之后，许多英国人不愿意留在这个"土著城市"（Native city）继续生活，但是在新建的外国人居住区，印度人购买地产始终是被允许的，而且警察从来都

419

不能为这些殖民"宗主"提供百分之百的保护，使其免受"印度强盗"的威胁。有的英国人住在属于"自己"的新区——从印度人手中租来的房子里，然后继续到老城上班（和消遣）。1903 年的一场瘟疫使居住在郊区的好处得到了验证，于是，越来越多的印度有产者把家搬到了被称为"文明区"（civil lines）的英国人居住区。[168] 孟买的情况则与此不同：在这里，壁垒森严的东印度公司总部成为整个城市发展的中心，直到 19 世纪初，在它的旁边才逐渐形成了一个印度人聚居的"土著区"（native town）。在此之后，又出现了第三种元素——欧洲有钱人的郊区花园式住宅。[169]

那么一个城市中的殖民式隔离与其他形式的空间分隔究竟有何不同呢？无论过去还是今天，在欧洲城市里，我们都可以找到各种与隔离有关的微型模式，有时候是以街道为界，有时候是一栋楼的垂直分割——住在主要楼层的是有产者，阁楼上住的是穷困潦倒的诗人。[170] 从宽泛的意义上讲，隔离是一种普遍存在的现象，它是社会划分的一种基本形式，其表现方式则数不胜数。"殖民"在这里的含义不过是：一种由少数外国人掌握的政权以族群为标准、强制实行的城市种族隔离。在现实中，这样的例子并不多见。近代史上曾经发生过的与隔离有关的少数极端事件大多与种族歧视无关，德川时代江户地区的武士与平民分治便是一个例子。反过来看，在维多利亚时代早期的英国工业和港口城市以及后来的北美，爱尔兰人之所以沦落到社会金字塔的最底层，究竟是由社会还是"种族"（抑或是宗教）因素所导致，则是一个难以回答的问题。[171] 爱尔兰人虽然也是"白人"，但是即使是"白种人"，也是分三六九等的。[172]

总之，只要我们仔细观察就会发现，"殖民城市"的理想 420
范式并没有一个清晰的轮廓。并不是每一个地处殖民地的城市
都可以被视为典型的殖民城市，而拥有类似功能的殖民与非殖
民城市之间的差别也不能被高估。以马赛和马德拉斯为例，这
两个城市作为港口而拥有的共性已远远抵消了殖民与非殖民环
境所造成的差异。从另一方面看，全球城市发展史的确经历了
一段殖民过渡期，它从 19 世纪末一直延续到 20 世纪中叶。如
果说像波士顿、纽约、里约热内卢、开普敦这样的在没有任何
城市史背景的条件下崛起的"边城"（Frontierstadt）是早期近
代的一种城市发明，那么由欧洲人建立的"现代"殖民城市则
是对北非和亚洲古老城市文化的一场冲击，同时也是对其抵抗
能力的一次考验。在人类历史上，欧洲城市模式从不曾像这一
时期一样对世界造成如此巨大的影响。随着殖民帝国的覆灭，
严格意义上的殖民城市也已成为历史。从今天来看，殖民城市
更像当代后殖民超大城市在发展过程中经过的一个中转站，这
些城市随着演变，渐渐脱离了欧洲榜样的模式，并从本土与全
球古老文化传统中不断汲取营养。换言之，推动这些城市发展
的，并不仅仅是来自欧洲或西方的蓬勃活力。

殖民地的西化

一个城市的殖民历史与其发展成为超大城市的过程之间是
一种复杂多变的关系，因此，不能笼统地对此做出定义。在
2000 年全球十大城市中，曾经的帝国主义城市只有一个，这就
是东京。如果我们把纽约看作美国世界霸权的中心，那么这样
的城市一共是两个。[173] 1850 ~ 1941 年比东京地位更显赫的两大
帝国都市，也就是伦敦和巴黎，如今早已不属于人口最多的大

城市之列，然而其作为全球城市（global city）——位居世界城市体系最顶端、在众多领域拥有全球影响力——的地位则未被撼动。除伦敦之外，当今的全球城市（以东京、纽约、伦敦和巴黎作为第一集团）之所以能够享有这一地位，并非因为它们在历史上曾经是殖民都市。在全球十大城市中，除东京外，所有其他城市（包括纽约！）都曾一度是"殖民城市"，只是形式和年代各有不同。当汉城 1905 年沦为日本殖民地时，墨西哥城已经拥有了近百年的后殖民历史。开罗作为正式意义上的殖民地只有短短 36 年（1882～1918 年），而巴达维亚（雅加达）的殖民史则长达 330 年（1619～1949 年）。另外一些曾经辉煌一时的殖民城市后来没有走上超大城市化的道路，例如开普敦、河内、达喀尔等，现如今，这些城市已经变成了相对安静的小城。当年各殖民帝国的一些中心城市，比如马德里或阿姆斯特丹，目前从全球范围来看，仅仅称得上是以旅游业为主的中型城市。另外还有一些城市，如果用其他尺度而非统计学标准来衡量，也可以被归入超大城市之列。在这些城市中，莫斯科和曼谷从未有过被殖民的历史，而上海的殖民历史则有着特殊的含义，其程度也相对有限。殖民城市阶段仅仅是以一种非典型的方式，对超大城市与全球网络式联系的建立发挥了铺垫的作用。至于说殖民历史对今天的影响究竟是好还是坏，人们的说法更是莫衷一是。对这一问题的答案，我们充其量只能以排除法来表述：作为殖民城市的殖民史，并不是自 20 世纪中叶以来的城市扩张浪潮的必要条件和主要原因；一个城市曾经有一个强大的殖民帝国作"靠山"，也并不能为其在后殖民时代的世界里跻身一流城市提供保证。

在英国移民殖民地（自治领）——首先是澳大利亚，其次是加拿大和新西兰——出现的新欧洲边疆城市是一种特殊的城市类型。这类城市是欧洲殖民化的间接产物，其文化"杂交"的特点并不明显。由于这些城市的形成并不是建立在已有的城市文化的基础之上，而是在边界条件下的一种全新规划，因此，它们与上文所述的"殖民城市"定义是不相符的。澳大利亚的城市并不是英国城市的简单复制，从这一点来看，它们与美洲新兴的西班牙城市是不同的，而是与那些几乎在同一时间发展起来的美国中西部城市更为接近。因为美洲的西属殖民城市虽然也存在一定的地方性差异，但从根本上讲却完全是西班牙城市模式的翻版。与亚洲和北非殖民城市不同的是，澳大利亚城市的发展是连续的，它没有经历轰轰烈烈的去殖民化，而是在英国宪法传统的框架内，经过缓慢、持久而和平的演变，逐渐实现政治权利的平等。从经济角度看，在脱离对伦敦金融市场的依赖（这种情况在 1860 年之后逐渐发生变化），[174]大英帝国市场仍占有不可替代的地位，自身对外贸易在很大程度上仍被英国代理商所操纵的时期，[175]澳大利亚的城市一直是"被殖民"的。在进入 20 世纪 50 年代后，英国自治领温和的经济去殖民化进程大体已经结束。

422

　　19 世纪所特有的殖民地新形式是通商口岸。[176]在亚洲和非洲，统治者通常将外国人的贸易活动限定在某些特定的区域，并对其实行严格监控。[177]自中国、日本和朝鲜从 1840 年开始陆续对国际贸易"开放"之后，即使是那些信奉自由贸易的激进派也清楚地知道，如果仅仅依靠市场的力量，绝不可能在这些经济区实现真正的"突围"。为此，必须建立一种特殊的机制，并以军事威慑作为背后的支撑。通过五花八门的国际性协议（"不平等条约"），来自西方的外国人被赋予单方面的特权，其中最重要的一项特权是不受亚洲国家法律的约束。此外，西方还成立了自己的贸易管理机构，以避免所在国政府借助关税政策对其加以控制。在一些根据协议向外国商人开放的城市（并非所有"通商口岸"都是与水相傍），还设立了不受当地政权控制的外国人居住区，其管辖权或被交予外国领事馆（法定租界［Konzession］），或由内部自治的外国商业寡头（商业租界［Niederlassung］）掌控。从总体上看，这些享有治外法权的飞地或港口殖民地在历史上所发挥的作用并不能被高估。[178] 在日本对外开放后的头几年，这里是西方势力侵入日本的最重要大门。但是在 1868 年之后，由于明治政府对西方文明采取主动迎合的态度，并在国内大力推行现代化政策，这些城市的重要性也随之消失。在日本城市化问题上，其发挥的作用微乎其微。在日本主要城市中，曾作为通商口岸的城市只有横滨一个。1859 年，这里迎来了第一批来自外国的侨民，30 年之后，这个港口城市的人口已达到 12 万（绝大多数当然是日本人），其发展速度与 9 年后建城的海参崴相接近。[179] 在中国，通商口岸的重要性远远超过了日本。到 1915 年停止港口开放为止，协议约定的通商口岸共有 95 个，但是，其中只有 7 个可以被称为欧洲的微型殖民地。而在这 7 个当中，只有两个城市被这段历史打下了深刻的烙印：一个是设有一处"国际公共租界"和一处与其相邻的法租界的上海，另一个是北方城市天津。后者拥有 9 处租界，但规模比上海的租界小得多。这两个城市自 1860 年之后的蓬勃发展主要源自中国经济对国际市场重视度的提高，但是从另一方面看，在租界受到保护的外国侨民也对城市的发展发挥了促进作用。

　　一些规模较小的租界地（如广州和厦门）就像是外国人聚

居的一处处"孤岛",但是如果用同样的比喻来形容上海或天津的租界,却很不贴切。直到 20 世纪 20 年代,上海的公共租界始终是由西方大企业驻中国公司的代表负责管理,即使在形式上也没有任何中方介入。但是在租界中生活的 99% 的居民却是中国人,他们可以在这里购买地产,也可以从事各种各样的经济活动。此外,在租界里,政治异见者享有的自由也比在中国政府的司法管辖区大得多。中国最早的批评性舆论,大部分都是在这片原则上可称之为法治之土的环境下诞生的。[180]虽然上海的优势还体现在其他方面,但是整个城市无疑是围绕租界这一核心发展起来的。通商口岸的各处租界成为将欧洲城市理念引进中国的空间。这里没有像加尔各答或河内一样的雄伟的宫殿式建筑,而更多是以开拓国际市场为目的的功能性建筑:国际大企业的办公楼。但直到 20 世纪 30 年代,这些建筑才共同构成了一道著名的城市风景线——外滩。在租界里,偶尔还可以见到一些迪斯尼乐园式的神话式建筑,例如有许多尖塔和城堞、看起来就像是一座破败的中世纪古堡的天津英租界工部局大楼——戈登堂(Gordon Hall)。另外,在青岛——位于中国北方省份山东的德国"保护区"(也就是殖民地),还建起了一座到处是传统木结构建筑和牛眼形玻璃窗的德国式小镇。更重要的是,在租界所在的城市里出现了一种中国前所未有的城市景观:宽敞的街道,低建筑密度,砖石和混凝土结构的房屋(包括中国传统式样的房屋);一个特别的变化是:建筑物的临街一侧也有了门窗,而传统中式房屋朝向街道的一面通常是封死的墙壁,只有店铺的门才是临街的。[181]

424

城市的自我西化

并不是只有在殖民地才有可能出现"殖民城市",这一点是对殖民城市理想范式的最强有力质疑。因为一些从城市外观来看具有明显"殖民"特征的城市，与殖民统治者的旨意并没有丝毫的干系，而是这些城市为防范目的而实施的自我西化所导致的结果。这种现象在 20 世纪已不再是一件新鲜事。最迟到 20 世纪 20 年代，全世界对"现代文明"城市的标准已经达成了共识，这些标准包括：用石块或柏油铺设的道路，供水和地下排污系统，垃圾清运，公共卫生和建筑防火设施，街道和广场的照明，市内公共交通以及与铁路网的连接，公立学校的建设（即使不能做到全民普及，至少也要让社会的部分成员获得接受公共教育的机会），包括医院在内的公共卫生服务，一位市长，一支有行动能力的警察队伍和一整套专业化行政管理机构。即使在外部环境不利的情况下，例如在两次世界大战的间歇期被军阀混战所困的中国，地方统治者和社会精英也在竭尽所能，为接近这一目标而努力。[182] 对于这种模式原本来自西方的事实，没有人在意。只是由于客观条件的差异，人们不得不以各种各样的方式对原有模式做出调整和改变。

　　一战爆发前，当欧洲在世界上的形象仍然如日中天之时，城市的自我西化除了满足现实需要之外，同时也是一种政治上的信号。开罗在 1882 年被英国占领并由此进入殖民时代之前，便为此提供了一个很好的例子。在 1865～1869 年的短短几年中，开罗即已形成了与少数法国殖民地首府相类似的二元式格局。在 1798 年和 1800 年拿破仑领导的法国军队占领埃及期间，开罗城遭到了严重的毁坏。此后，埃及的第一位现代化改革者穆罕默德·阿里帕夏（1805～1848 年执政）并没有像人们预想的一样，在人口陷于停滞的首都展开大规模城市建设。只是原有的建筑风格开始缓慢地发生变化，例如采用玻璃窗，调整房屋的内部格局，给街道门牌编号，等等。另外，穆罕默德·阿里还请一位法国建筑师设计建造了一座"新马木留克"风格的大型清真寺，并将这种样式定义为埃及的民族风格。除此之外，开罗的城市面貌在穆罕默德·阿里以及两位后继者执政期间并没有发生大的变化。[183]直到心怀"西化梦想"的伊斯梅尔帕夏（Ismail，1863～1878 年执政，1867 年获得埃及总督"赫迪夫"的称号）上台，开罗才最终迎来了城市历史上的一场巨变。[184]伊斯梅尔下令在在迷宫式的老城——其狭窄的街巷就连穆罕默德·阿里的马车也无法通过——与尼罗河之间，修建一座有着对称式格局的新城：一边是只有步行才能通过的黑暗街巷，另一边是灯火通明、可容马车通行的宽阔大道；一边是尘土飞扬，臭气熏天，另一边是绿树成荫，空气清新；一边是排水沟和露天的污水渠（与不久前的巴黎一样），另一边是铺设在地下的排污管道；作为长途运输的工具，一边是马帮和商队，另一边是铁路。与同时代的伊斯坦布尔一样，将笔直而有着开阔纵深的林荫大道引入城市，对开罗而言无异于一场美学的革命。

伊斯梅尔总督在 1867 年赴巴黎参观世博会时，被欧洲城市规划的优越性深深地折服。于是，他找到了巴黎城市规划的总设计师豪斯曼，并向其求教。回到开罗后，他派遣手下负责公共事务的部长、精明能干的阿里·穆巴拉克（Ali Mubarak）帕夏再赴巴黎，进行深入的实地考察。伊斯梅尔将计划于 1869 年开通的苏伊士运河，确定为这场轰轰烈烈的城市建设运动的最高目标，意欲将开罗打造成一颗璀璨的东方现代化明珠。为此他不惜巨资，命人修建剧场、歌剧院、公园，还有一座新的总督府，以及尼罗河上最早的两座大桥。[185]至于说庞大的开支最终导致国家财政破产，则是另一个话题，在此姑且不论。伊斯梅尔的建设规划一方面是为了现实的目的考虑，即向欧洲人表明埃及的现代化决心，说服他们将埃及纳入欧洲的魔法圈；另一方面的原因是，他在地中海以北地区目睹了现代化的优越性，在他看来，城市规划是实现现代化并向世人展示现代化成果的理想手段。在开罗改造的过程中，伊斯梅尔并没有放过老城。他下令修建的几条横贯老城的主干道，在穆罕默德·阿里统治的时代是完全无法想象的。尽管伊斯梅尔同时也看到了改善城市卫生环境的必要性，但是在这方面，他所取得的成就仅仅是通过修建水厂和铺设管道系统来解决饮用水供应，而这些从城市的外表几乎是看不到的，[186]新老城区之间的鲜明反差，自然也不会因此而缩小。[187]在 1882 年之后的英国殖民时期，开罗仍然保留了由伊斯梅尔总督和阿里·穆巴拉克帕夏创立的城市格局，而少有新的变化。因此，"殖民化"的开罗实际上是一位埃及统治者的杰作。作为一国之君，他崇尚进步的力量并奉欧洲现代文明为圭臬，同时也希望通过现代化改造，使自己的国家避免在政治上沦为列强的附庸（从长远来看，这一努力是徒劳的）。

亚洲和北非的其他一些城市也曾经历过类似的自我西化的历史：

●贝鲁特：这座与开罗截然不同的新城经过"自我西化"，变成了一个没有历史感压迫的奥斯曼现代化的橱窗，一个具有跨洋文化特点、充满市民化气息的"新"马赛；

●伊斯坦布尔：作为借鉴欧洲城市模式的另一范例，其改造过程虽不像开罗那样大刀阔斧，但却比开罗更深入。在这里，人们对基础设施的改善更为重视，并且成功避免了新旧对立的城市二元式结构的形成；

● 东京：分离主义势力一方面早在 1880 年前后便已将古老的江户城部分改造成芝加哥或墨尔本郊区的模样，使整个城市的建筑景观变得面目不堪；另一方面，他们却又不惜一切，力图在日常生活方式上树立自信的新传统主义之风；

● 汉城：在朝鲜结束闭关锁国（1876 年）到 1910 年沦为日本殖民地的几十年中，人们按照时下流行的西方或国际建筑语言对首都汉城重新进行了改造。[188]

而汉口的历史，则又是另外一副面貌。

非殖民式繁荣：汉口

全球越来越多的地区被纳入国际贸易网络的潮流，给沿海地带的发展创造了有利条件。澳大利亚的整个城市化进程几乎都是以沿海为中心发展起来的。在拥有古老城市体系的非殖民国家（如中国或摩洛哥），人口、经济和政治的重心逐渐从内陆转向沿海。[189]上海和香港、卡萨布兰卡和拉巴特是这次空间转移的受益者。但是在内陆地区，也有一些城市成功地借助于国际市场与国内贸易的结合，成为城市发展的活力地带。如果这个内陆城市是在殖民国家，人们一定会不假思索地称之为"典型的殖民地"。因为唯有这样，它才有可能逆潮流之所趋，跨越相对活跃（"发达"／"西方"）的经济环境与相对静止（"落后"／"东方"）的经济环境之间的结构性鸿沟。

这类城市有大有小，在其所属的城市体系中（未成体系者自然另当别论）所处的等级也各不相同。北尼日利亚索科托王国（Sokoto-Kalifat）首府、地处萨赫勒地区的卡诺（Kano），便是其中一例。1824～1826 年，休·克莱普顿（Hugh Clapperton）曾到这里探险。1851 年和 1854 年，海因里希·巴尔特

(Heinrich Barth)① 受英国人委托，两度深入这一地区进行考察。这座被城墙围起的繁华城市给两人都留下了深刻的印象。在每年春天穿越撒哈拉的商旅贸易最活跃的季节里，城里的居民数量可以达到 6 万~8 万人。在 1894 年萨赫勒被英国占领并从此进入殖民时代前夕，这里的人口已经达到 10 万人，其中一半是奴隶。当年的卡诺城是一个手工业发达、商业覆盖面广的经济中心。这里出产的皮革制品被运到北非，布匹和成衣被出口到苏丹西部。此外，周边地区还盛产棉花、烟草和靛蓝，其中大部分也被用于出口。奴隶和奴隶贸易在这里仍然占有举足轻重的地位。无论军队还是生产，样样都离不开奴隶。作为伊斯兰圣战的发源地，卡诺掌握着自己独立的奴隶来源。这个借天时地利之便发展起来的城市，是当时萨赫勒几大工业重镇（villes industrieuses）当中最具分量的一个。[190]

从经济地理的角度看，汉口（今天的武汉三镇之一）所在的位置无疑是一个梦想：土壤肥沃，人口稠密，还有四通八达的水路，其中包括中国第一大河长江。从这里沿江而下，可以一路直抵上海乃至海外。[191]汉口的历史与位于南部沿海、直到 1842 年之后才被英国人扩建成为重要港口的香港相比，有着本质的不同。在史料记载中，汉口作为人类聚居地的历史可以追溯到 1465 年。到 19 世纪末，汉口已发展成为一个有着密切海外交往的内陆重镇，而不是其反面——一个与内地联系薄弱、作为货物集散地（entrepôt）的海港。[192]据西方传教士的描述，汉口早在 18 世纪便是一个充满活力的中原重镇，在中国史书中，更享有"九省通衢"之美誉。[193]与卡诺相比，汉口是一个

---

① 19 世纪德国探险家和地理学家。

人口超过百万（1850 年之后，太平天国起义爆发前）的大城市，可以说，它是当时全球最大的城市之一，其规模堪与伦敦媲美。街道上鳞次栉比的房屋和拥挤嘈杂的人流，都会让来自欧洲的观察者不由自主地联想到自己家乡的城市。在此之前，汉口的繁荣始终与外国人的活动以及国际市场的密切联系毫无关联。1861 年，汉口被宣布为通商口岸。英国和法国很快在这里设立了租界，只有在外国人家里做工的华人才被准许进入。1895 年之后，德国、俄国和日本也相继在汉口设立了租界。随后，大批的外国领事官员、商人和传教士接踵而至（其中传教士的活动区域更多是中国人生活的城区，而非租界）。一夜间冒出来的洋人和一栋栋洋楼，还有他们以停泊在江面上的炮艇作为军事后盾而提出的种种要求，给这座城市的历史带来了一场巨变。

但是，汉口的城市性质并没有因此而走向"殖民"。租界对整个城区的影响也和上海的租界全然不同。在其中最重要的租界——英租界里生活的外国人数量，到 1870 年前后也不足 110 人。汉口并没有像上海、香港、开罗或河内一样，变成一座真正的"欧洲城市"。更重要的是，这里的贸易活动并没有因此被外国经济利益所左右，其结构没有转向帝国主义，而汉口这个"国内"商业重镇，也没有被变成欧洲和北美帝国主义国家的"抽血机"。罗威廉（William T. Rowe）[1] 曾对此做出精辟的分析，他认为，1861 年开埠前的汉口并不是一个静态的、拥有对称式结构、受国家权力控制的西方社会学意义上的"东方城市"；而开埠后的汉口，也不是一个典型的"殖民城市"。

---

[1] 美国著名汉学家、城市史学家。

罗威廉没有为汉口贴上某个特定的标签，而是为人们描述了一个带有"市民化"气息的城市社会。在这个社会里，一个有着精细专业化分工的商业群体将原有的商业网络不断扩大，并将贸易活动不断向新的领域拓展。按照罗威廉的城市史观点，这时的汉口帮会已不再是一种"前现代"落后事物，而是为适应形势的变化进行了调整；传统的金融机制并没有被西方式的银行所替代，而是变得比以往更有效率。外来人口的迁入给城市社会不断增添新的血液，社会因此而变得更加多元，并在城市精英的领导下发展成为一个社会共同体，在这个共同体当中，身处社会最底层的人员同样可以找到自己的容身之地。在太平天国这场由外部强加于这座城市的动荡结束后，面对艰巨的重建任务，人们成功经受住考验，使受到破坏的城市基本得到了恢复。汉口的老百姓从来都不肯把自己变成被动的殖民对象。直到 19 世纪 90 年代工业化开始后，汉口的社会环境和城市结构才逐渐发生变化。这里最早的几家工厂虽然是由外国人开办，但是一些大型企业，包括 1894 年建成的大型现代化钢铁厂——汉阳铁厂，却是出自中国人之手。进入早期工业化时代的汉口，仍然没有变成一座殖民城市。这座地处长江中游的大都市为一种具有普遍性的认知提供了直观的证据：并非每一个弱小的经济体与国际市场的接触，都会导致殖民依赖。

在 19 世纪时，第一批后殖民城市也已初现端倪。这些城市以比年轻的美利坚合众国的城市更加鲜明的姿态，告别了以往的殖民历史，试图"脱胎换骨"，成为一个从某种意义上讲全新的城市。当年的墨西哥城便属于这类情况。从 1810 年开始，也就是说，早在墨西哥正式宣布独立之前，这个城市便已迈出"去殖民化"的第一步：解散所谓"印第安共和国"，首先是废除印第安人的监护和贡赋制度。但是在此后的几十年里，城市的格局并没有发生大的变化。印第安人依然居住在城市周边星罗棋布的村庄里，继续以种植玉米为生。与以往不同的是，对印第安人的控制权渐渐落入了私人投机商的手中。1812 年 11 月，根据新制定的加的斯（Cadiz）宪法，墨西哥首次在全国举行地方选举。从 1813 年 4 月起，即在墨西哥宣布独立 8 年之前，由市民投票选举的市议会成为墨西哥城的管理者。议会全部由"美洲人"组成，其中包括少数印第安上层人士。这是一场名副其实的反殖民主义革命，其目标是与旧政权一刀两断。但是，现实生活中的变化并不像人们所期待的那样轰轰烈烈。在这场解放运动中，墨西哥城发挥的作用也十分有限。在新成立的共和制国家中，这座城市彻底失去了在殖民时代曾经拥有过的荣耀和权力。直到 19 世纪中叶，城市的面貌几乎一切如故。尤其重要的是，天主教作为国教的地位并未被撼动。整个城市依然和过去一样，一眼看去就像是一座巨大的修道院。到 1850 年时，城里共有 7 座男修道院和 21 座女修道院。墨西哥城仍然保持着其"巴洛克式"的风格，国家和教会的关系依然密不可分。直到 19 世纪下半叶，城市更大的变革才真正开始。[194]

430

帝国城市

与殖民城市相对应的概念是帝国城市，它是帝国的统治中心，也是殖民者获取动力的源泉。帝国城市的定义并不复杂：它是政治权力的中心和信息的汇聚地，是经济上依附于帝国外围地区并从两者之间的非对等关系中获取好处的"寄生虫"，同时也是具有象征性意味的权力理念的展示空间。元首制时代以及公元后前两个世纪的罗马是这类帝国城市的标志性代表，另外还有 16 世纪的里斯本和伊斯坦布尔，以及 19 世纪的维也纳。在进入近代后，很少有哪个城市能够与上述帝国城市的标准百分之百地吻合。例如，柏林的城市面貌中虽然可以找到许多殖民时代（从 1884 年到 1914/18 年）留下的帝国都市的痕迹，但是柏林在经济上对德国在非洲、中国和南太平洋地区为数不多的几块殖民地的依赖性却十分有限。[195] 荷兰则恰恰相反，如果没有对印度尼西亚的压榨和剥削，其 19 世纪的繁荣是不可想象的。但是，对于这种以近代帝国史的标准来衡量程度颇深的依附关系，当年的荷兰人却采取了极为谨慎（和节俭）的态度，他们并没有借此大张旗鼓地把阿姆斯特丹打造成一个帝国城市的样板。如今，这里的皇家热带博物馆是对荷兰辉煌的殖民史最直接的记忆。相反，以罗马为中心的意大利殖民帝国虽比荷兰帝国小得多，但是在 1870 年之后，罗马却建成了一系列帝国式雄伟建筑，与恺撒时代留下的古迹相映生辉。[196] 巴黎在这方面同样拥有得天独厚的条件：法兰西第二帝国和第三共和国时期的海外殖民扩张，给拿破仑一世时代形成的帝国式城市风范增添了新的光彩。在法国，马赛是巴黎之外的第二大帝国城市，它与巴黎的关系与马德里和塞维利亚（Sevilla）之间的关系大致相当。某种意义上可以被视为苏格兰帝国中心的格拉斯哥一向自诩为"大英帝国的第二城市"（the second city of the Empire），虽然它的城市面貌并不会给游客留下这样的印象。

431　　实际上，即使是伦敦这个 19 世纪唯一的世界帝国的中心，从外表也看不出太多的帝国式气派。在 1870 年前后，加尔各答的"帝国气息"甚至在伦敦之上。长期以来，伦敦在修建帝国标志性建筑方面一直鲜有作为。在建筑领域与巴黎的竞争中，这个大英帝国的都城处处都落在后面。由纳什主持设计的摄政街，很难与雄伟的凯旋门（建于 1806~1836 年间）相媲美；拿破仑三世时代对巴黎的大规模改造，更令古老的伦敦相形见绌。另外，随着时代的发展，法国人在举办世博会和殖民地博览会方面也逐渐积累了丰富的经验。在欧洲的大都市当中，伦敦始终是一只外貌寒酸的"丑小鸭"。在整个 19 世纪，伦敦只有在地下水管道和街道照明方面超过了臻于完美的巴黎。

如果一定要为伦敦的"帝国式"节制找到一个理由的话，或许我们可以将其归结于英国在私人和公共领域的节俭风气，以及君主立宪制对专制主义奢靡之风的排斥。除此之外还有另一个原因：伦敦缺少一个在城市规划方面拥有决定权的城市统一管理机构。即使当越来越多的人发出怨言，认为伦敦作为世界之都不应被维也纳甚至慕尼黑抢走风头，而城市旅游业也因为景点（和正规酒店）太少而受到影响时，伦敦的面貌一时间也没有发生大的改观。直到 1887 年维多利亚女王登基 50 周年，特别是 10 年后的女王（同时也是印度女皇）登基钻禧之年（Diamond Jubilee），这个民族才终于从帝国的睡梦中苏醒过来。但是，除了特拉法尔加广场（Trafalgar Squeare）西南端的海军拱门（Admiralty Arch）之外，这一时期英国在建筑学方面的成就依然乏善可陈。[197] 在 1914 年之前，伦敦除了几座帝国征服者的雕像以及海德公园北端的阿尔伯特纪念碑（Albert Memorial），并没有太多的帝国气派。在这方面，它甚至还比不上清朝皇帝的避暑胜地——位于河北与内蒙古交界处的承德。后者的建筑风格与布局，清楚地暴露出中国统治者意欲征服中亚的野心。而伦敦的澳大利亚专员公署（Australia House）和印度公署（India House）等建筑，则是第一次世界大战后作为外国高级专员（身份相当于大使）驻地而修建的专用建筑物。伦敦并不是一座城市规划和建筑学意义上的帝国都市，其"帝国"特征更多体现在其他方面：港口和码头上的亚洲和非洲裔劳工，街头游客的各色面孔，返乡殖民官充满异国情调的生活方式，音乐厅里演奏的海外作曲家作品。伦敦的帝国气势是含蓄内敛的，[198] 它无须借用虚张声势的排场来显示自己的不凡。

七 内部空间与地下空间

城墙

前现代城市是一处以城墙包围并用防御工事保护起来的空间。当城墙不再为军事目的服务后，它还可以作为关卡继续发挥它的作用。即使这一功能也已不复存在，它还可以作为分隔空间的象征性手段为城市服务。在历史上，许多帝国都曾利用其在修筑城墙方面所拥有的技术、组织和财政能力，来显示自己高高在上、藐视四面"蛮夷"的霸主地位。"蛮夷"充其量可以摧毁城墙，却没有能力建造它。城墙和城门是分隔城市与乡村、聚居区与散居区的隔断。欧洲、亚洲和非洲的"典型"城市通常都筑有城墙，但是就每一座城市而言，却又情形各异。例如，大马士革和阿勒颇（Aleppo）① 都有城墙，开罗却只有许多划分不同城区的内部城墙，而从来没有一道从外部将整个城市包围起来的"环形工事"。法国在占领开罗的短短几年里（1798～1801 年）出于军事目的的考虑，拆除了一些内城墙。在

---

① 叙利亚第二大城市。

法占期结束后，这些被拆毁的城墙很快得到了恢复。从 19 世纪 20 年代起，城墙的看守者由私人家丁换成了公共警察。[199] 在新大陆，有城墙的城市并不多见，魁北克和蒙特利尔是罕有的例外。美国和澳大利亚的城市发展从来都没有因为城墙的存在而受到阻碍。但是，自 20 世纪 80 年代之后，美国人却开始对一种新型城墙萌生了兴趣：用修筑防护墙、篱笆和岗楼的办法对富人居住的小区和城区进行封闭（gating），以此来达到隔离和保护的目的。在居民收入与居住环境的差异达到较高水平的地方，这种富有殖民色彩的做法很快得到了普及。甚至在社会主义国家中国，这种做法也已成为大城市的普遍现象。

在 1800 年前后，对大部分欧洲城市来说，城墙仍然是一种常见的事物。并不是在每一道城墙的背后，都是一幅人烟稠密、鸡犬相闻的景象，比如说在俄国，就有许多城市因为人口稀少而显得有些空旷。随着城郊的发展，城墙作为防御工事的意义逐渐丧失，但是其物理形态却往往得到保留。城墙的消失并非一个线性过程，一个城市的现代化程度也很难根据它来做出判定。在汉堡这样一座从许多方面看都称得上现代的城市，到 1860 年底还依然延续着夜闭城门的传统。在后来成为殖民都城的摩洛哥拉巴特，直到 1900 年前后，每天天黑后还会关闭城门，然后将钥匙交给城防长官保管。[200]

拆除一个城市的设防绝不仅仅是拆掉城墙，填平壕沟，在开阔地盖上房屋那样简单。这些变化将不可避免地给土地市场带来重大影响，并因此引发各方面利益之间的激烈冲突。城市管理者不仅要考虑城墙拆除后的地皮利用和巨额财政支出，同时还要考虑新扩充土地的基础建设开发。城市物理边界的消失还难免会导致城镇的合并，而这一点同样也总是与冲突相伴。[201]通常情况下，城墙的拆除都是从大城市开始的，之后再陆续扩大到中小城市。早在 18 世纪中叶，波尔多（Bordeaux）便在对城市空间实行现代化改造的过程中拆掉了城墙，拆除城墙后的一圈空地被广场和林荫道所替代。在尼姆市（Nimes），城墙也被变成了滨海大道。[202]在城墙拆除问题上，并非所有法国城市都是同步的。格勒诺布尔（Grenoble）直到 1832 年仍然被一道城墙牢牢围住，在后来的一段时间里，城墙不仅没有被拆除，反而得到了扩建。[203]德国许多大城市在 1800 年之前便已完成了城墙的拆除工作，例如柏林、汉诺威、慕尼黑、曼海姆、杜塞尔多夫等。之后，在拿破仑战争期间，又有大量城市被迫将城墙夷为平地，其中包括乌尔姆（Ulm）、法兰克福和布雷斯劳（Breslau）①。由于城墙拆除后的空地大多被改造成绿地或林荫道，因此从整个城市景观看，古城墙的痕迹依然清晰可辨。在维也纳会议后的几十年当中，德国的整个社会几乎陷入停滞，这一点从城墙拆除速度的放缓上同样也得到了反映。但是到 19 世纪下半叶，最后一批城墙也最终陆续消失，例如 1881 年的科隆与 1895 年的格但斯克。欧洲很少有哪一座大城市能够像布拉格一样，将城墙一直保留到 19 世纪末。就在 19 世纪 30 年代，布拉格刚刚将自身重新打造成为一座充满魔幻浪漫色彩的中世纪城市，与一心致力于现代化改造的布达佩斯相比，形成了鲜明的反差。[204]19 世纪中叶，在英国已经找不到一座为美学和怀旧之外的目的而存在的城墙。在荷兰，各地的城墙都在 1795 ~ 1840 年期间被陆续拆除。[205]在保守的贵族阶层掌握话语权并依然沉浸于"封闭城市之梦"（菲利普·萨拉辛 [Philipp

---

①　现波兰城市弗罗茨瓦夫的德文旧称。

Sarasin]① 语）的城市里，城墙的拆除则往往受到了拖延。例
如在巴塞尔，城墙的拆除一直被拖延到 1859 年之后，而早在 19
世纪 30 年代，苏黎世与伯尔尼等地的农村居民和城市激进分子
便已就城墙拆除问题共同发出了呼吁。[206]

　　在西班牙，城墙的拆除工作是在 1860 年之后完成的。在此
之前，像巴塞罗那这样充满活力的大城市也仍然被困于城墙之
中。在意大利，只有热那亚和那不勒斯等港口在很早之前便拆
掉了城墙，而其他绝大多数意大利城市直到 20 世纪之交还被束
缚在“中世纪后期或早期近代为其定制的墙裙”里。[207]如果城
墙的拆除与大规模街道建设是在同一时间发生的，人们往往会
将城墙拆除后的环形空地改建为具有标志性意义并且有助于减
轻市中心交通压力的环路，维也纳、米兰和佛罗伦萨便属于这
种情况。1857 年，弗兰茨·约瑟夫皇帝下令拆除土耳其战争时
代遗留的古老城防工事并制定明确的蓝图，要为维也纳增添一
座展示帝国与王室恢宏气派的新舞台。[208]

　　特别是在小城市里，人们往往出于美观的考虑而对一些城
门予以保留。在 19 世纪，人们甚至又建造了一些新的城墙。
1840 年，当人们对 1814～1815 年反法同盟占领仍然记忆犹新的
巴黎又一次面临战争威胁时，人们决定为城市修筑一道新的防
御屏障。1841～1845 年，一道 36 公里长、拥有 94 座碉堡和一
条 15 米宽壕沟的城墙在巴黎拔地而起，甚至连一些行政上并非
由巴黎管辖的郊区也被围在城墙之内。废弃后的城墙遗址直到
1920 年才被彻底拆除，其中部分被改造成为公园、体育场等公
共设施。[209]在印度，英国人曾经因为城市筑防而使自己受到了

---

① 德国当代哲学家。

435　连累：德里的城墙在 1720 年的一场地震中受到了严重毁坏，在 1804～1811 年期间，英国人投入巨大精力对城墙进行了彻底重建。然而在 1857 年印度大起义爆发后，英国人却不得不花费整整 4 个月的时间并在付出沉重的代价后，才将城市重新夺回到自己手中。为吸取 1857 年的教训，英国下决心拆除其在印度所到之处的所有城墙。但是在德里，由于要炸毁 7 公里长的厚厚的城墙需要太多的资金，因此，这座由千疮百孔的碉堡环绕的城寨（walled city）得到了保留，只是城门从此不再关闭。[210]

在伊斯坦布尔的陆地和海上城防工事陆续被拆除之后，只有北京的城垣依然屹立，看上去就像是一座穿越时空的旧时代纪念碑，又像是城北数十公里之外的万里长城在城市中的翻版。在义和拳时期，清朝帝都这座气势宏伟的城墙通过各种摄影作品而在全世界广为人知。它象征着中华帝国古老的历史，特别是从建筑形式来看，堪称中国传统建筑风格的缩影。这一点与当年伊斯坦布尔的城墙是不同的，因为在后者身上看不到一丝一毫欧洲早期近代城防建筑的痕迹。1900 年 8 月初，八国联军对北京城发动攻击。当时的场面与中世纪的攻城战毫无二致：攻打的目标是东部城门，军队一边用炮击打开缺口，一边在城墙上架设云梯，士兵从云梯攀上城墙，与守城的士兵展开肉搏。中国城墙的双重结构最后一次显示出威力，尽管效果只是一时的：内城门与外城门之间的开阔地成为不少俄国士兵的葬身之地。[211]北京这座中华帝国的都城是全世界最大的一片由城墙围起的地域。城中心是高墙环抱的皇宫，也就是紫禁城（该格局一直保留至今），外面是同样由城墙包围的皇城，城内有湖泊、公园，还有官办机构和商用的各种建筑物。皇城的外面是由北城（19 世纪欧洲人称之为“鞑靼城”）和南城（“中国城”）两

部分组成的内城，一道建有 13 座把守严密的高大城楼的城墙将
其围在其中。内城墙的主体建成于 15～16 世纪，并于 18 世纪
中叶得到扩建。在打败义和拳之后，西方列强并没有向清政府
提出拆除城墙的要求，这使后者既保住了脸面，也省下了资金。
直到 1915 年，为了缓解交通的压力，政府才决定拆除一座城门
前的一小截城墙。[212]

　　在历史上，所有中国城市都是由城墙包围——汉字中的
"城"字既有"城墙"，也有"城市"的含义——并且大都
（以宽松而非教条的形式）采用了中国传统的天圆地方式格局。　436
但是在城墙建设方面，每一座城市却都是根据地方的具体情况
来做出决定。例如，上海的城墙是 16 世纪 50 年代之后修筑的，
当时海盗的猖獗使整个沿海地区的百姓生活受到了严重威胁。
几十年之后，随着海盗的绝迹，城墙也逐渐失去了用途。到 19
世纪中叶时，这些用泥土或土坯垒起的城墙已濒于颓圮，城墙
边的壕沟和水道则布满了淤泥。19 世纪 50 年代末，这座崛起
中的大都市开始展现出新的面貌，而那些残破的城墙则依然挺
立，它所围起的城池（walled city），是高官政要的办公大楼和
城隍庙的所在地。

　　20 世纪初，城墙的拆除问题在主张现代化的"拆墙派"与
信奉保守主义的反对派之间引发了一场激烈的论战。在城墙的
外面，由无数狭窄曲折的街巷所构成的繁华郊区逐渐形成了规
模。在短短几年的时间里，在被外国人称为"南市"的城区旁
边，便出现了所谓"北市"。鸦片战争结束后，上海按照条约
的规定对外开埠。在之后的几年中，城区的大片地盘在英法两
国的控制之下。于是，一座欧洲风格的城市在这里孕育而生：
垂直交错的街道和四方形的广场，一座公园，一个跑马场，还

有一条沿黄浦江而建的宽阔大道，在这条沿江大道上，是鳞次栉比的外国洋行大楼。[213] 与后来的中国北方大城市天津和越南西贡一样，外国人在上海建立了一座与古老的中国式围城形成鲜明对照的新城。明代修建的古城墙在这里拥有与以往完全相反的意义。其存在的目的不再是为了抵御外敌的进攻，而是为了把一片城区与外界隔离开来。被城墙围起的，是一块外国人不愿涉足的地盘，是这些人眼中肮脏和破败的旧中国的象征。在香港，也有这样一座小小的类似于飞地的"寨城"，令英国警察和官员避之唯恐不及。在 19 世纪末英国人绘制的上海市区图上，城墙以内的区域往往被涂成白色。外国人眼中的上海，437 是没有任何物理意义上的围墙包围的。而在其他一些地方，洋人生活的地盘却是层层设防：北京的使馆区被一道高墙从四面围起，义和拳起义爆发后，围墙又被进一步加固；在广州，外国人则集中居住在城市最南端、位于珠江中的一座人工修建的岛屿上。

铁路的入侵

如果说有哪样东西把城墙变成了一件过时之物的话，那么这样东西就是铁路（汽车与城墙的相处则容易得多）。[214] 在所有基础设施中，没有任何一样发明对城市结构的破坏程度能够与铁路相比。后者的出现使"传统的城市内部结构第一次遭遇重创"。[215] 在这里，人们首先想到的是城市之间的铁路联系。英国的第一条铁路是 1838 年开通的伦敦—伯明翰铁路，而印度（亚洲早期铁路业的代表）最早的铁路线是从孟买到小城塔那（Thana）的铁路。一个人类聚居区的发展前景从此不再是由距离河流或海洋的远近来决定。一个国家的不同城市以及不同国家的不同城市通过铁路彼此连接，并逐渐形成网络。在欧洲和北美，这一过程只经历了短短二三十年，主要集中在 19 世纪五六十年代。比铁路最早出现的年代更值得研究的，是铁路形成网络的那一道"门槛"。这里所涉及的不仅是铁路线的网络式扩张问题，铁路网络化还必须具备一定程度的对物力和组织的掌控水平，其中包括最基本的安全、规范、经济效益与公众的支持。19 世纪 50 年代在法国和哈布斯堡王朝统治之外的德意志小国，铁路业达到了可以被称为铁路网的整体化程度，而在几年前，新英格兰各州已率先达到了这一水平。1880 年前后，乌拉尔山脉以西的整个欧洲除巴尔干和斯堪的纳维亚北部地区之外，都已被符合系统化标准的铁路网所覆盖。[216] 在 1910 年之前，印度、日本、中国北方和阿根廷也形成了类似的铁路网。

　　铁路的出现对一座城市又意味着什么呢？在第一波铁路建设热潮（railway manias）所到之处，人们所面临的不仅是资金和技术，同时还有与城市未来规划有关的一系列问题。各方围绕铁路建设给城市带来的后果展开热烈的讨论，另外还有私人利益与公共利益之间的关系处理，火车站的选址和设计，等等。在英国和欧洲中部地区，铁路建设的先锋时期早在 40 年代便开始了。在这一时期不仅出现了新的技术，同时也诞生了新的美学观念。1852 年，巴黎完成了最后一座火车站——里昂车站（Gare de Lyon）——的建设。人们对修建铁路的热情还出于另一个原因，这就是铁路沿线地价的攀升。铁路和火车站是吞噬土地的巨兽。当英国城市完成从前铁路时代向铁路时代的过渡时，铁路公司名下的土地高达 5%（伦敦）至 9%（利物浦），同时还对另外 10% 土地的利用拥有间接决定权。[217] 铁轨像巨蛇一样向城市腹地延伸，一路直抵市中心。最初有些人提出的在

438

市内修建铁路和火车站有助于清理贫民窟的理由很难得到兑现，因为对于如何安置搬迁户的问题，很少有人过问。人们对这个问题往往采取视而不见的态度。在英国铁路建设过程中，数十万人失去了自己的住所。一个城市原有的城区结构在短短几个星期里就会变得面目全非，在铁路线的两侧，新的社区（neighbourhoods）往往在一夜间诞生。最初受人欢迎的高架桥并不能使这些问题得到解决，铁路和火车站永远是嘈杂和肮脏的。人们希望借助铁路刺激周边地区商业发展的愿望有可能实现，但常常也会落空。在类似莫斯科这样的典型移民城市里，火车站周围出现的打工者聚集的贫民窟给城市带来了新的隐患。[218] 在英国等地，铁路的兴起最早是从长途客运开始的。第二阶段发展起来的是轨道货运，为此人们不得不修建占地面积更大的货运车站。1880 年之后，当铁路业发展进入第三阶段时，周边地区的短途客运才陆续出现，但是铁路公司对此往往并不重视，有时候甚至不得不由市政府提供补贴。[219] 1870 年前后，在铁路业最早兴起的国家里，火车站的修建给城市面貌带来的物理变化已基本定形。

　　火车站不仅使城市的景观发生了改变，同时还有可能给整个城市的性质带来一场革命。1889 年落成、在 3 个人工岛和 8687 根木桩上搭建起来的阿姆斯特丹火车站，在城区与港口之间竖起了一道巨大的屏障。当初，熙熙攘攘的街景与辽阔无际的海景之间的强烈视觉反差，曾是这个城市一道亮丽的风景。如今随着火车站的建成，这一切都不复存在，阿姆斯特丹从此对大海转过了身子。在人们的视觉和生活感受中，阿姆斯特丹几乎从一座水城变成了一个陆地城市。在修建火车站的同时，一条接一条的运河也被填平，加在一起足足有 16 条。城市规划者希望将阿姆斯特丹变成一座"现代化"城市，向那些被他们视为榜样的大都市看齐。直到1901年，在传统保护派的抗议下，填平运河的工作终于停止，早期近代阿姆斯特丹的城市基本结构才勉强得以保留。[220] 在1863年开通铁路的康斯坦茨，铁轨和火车站的建成同样也使老城通往勃登湖的道路被截断。

从建筑学角度看，火车站的修建也给这一时代的人们提出了巨大挑战，特别是在铁路公司或主管机构愿意为此提供资金之后。因为在修建最早一批火车站时（例如伦敦尤斯顿车站），人们由于缺少资金而只能在施工中采取因陋就简的做法。在历史上，人类从不曾设计过如此规模的有天花板遮盖的流动空间。对一座火车站而言，它必须具备流动管理、车辆与人员疏导、保证时刻表运行等各项功能。不久前在修建巴黎各大百货店时首次投入使用的钢铁和玻璃等新型材料，为建筑结构的简化设计提供了新的可能性，纽卡斯尔车站（Newcastle，1847～1850年修建）便是其中最具代表性的例子之一。与结构相比，人们对建筑的外观越来越重视，并力图通过设计给公众带来强烈的视觉冲击。火车站所在的位置往往是数条道路的汇合点，从很远的地方便一眼可以望见。最令世人赞叹的建筑学杰作，是那些成功地融合了先进技术、舒适性和出色外观设计的火车站。由希托夫（J. I. Hittorf）设计的巴黎北站（Gare du Nord），便是它们当中的一个。[221] 在建筑风格的决策问题上，火车站设计师以及集各种权力于一身的重量级人物的胆量是无穷无尽的。[222] 没有哪一种风格不曾被尝试：文艺复兴式（阿姆斯特丹，1881～1891年），罗曼与哥特混合式（马德拉斯，1868年），粗犷的欧洲折中主义融合印度工艺（孟买，1864～1873年），碉堡式（拉合尔，1861～1864年），新哥特式奢华风配之以精致的铁艺（伦敦圣潘克拉斯车站，1864～1873 年），巨大的拱形屋顶（巴黎北站，1861～1866 年；法兰克福，1883～1888 年），混搭风（安特卫普，1895～1899 年），摩尔式梦幻风格（科伦坡，1894～1897 年），青年风格（巴黎奥赛车站，1898～1900 年），古罗马风格（纽约宾夕法尼亚车站，1910 年落成），北欧国家浪漫主义风格（赫尔辛基，1910～1914 年），等等。[223] 我们从这些例子可以看到，印度同样也是一处早期火车站建筑设计师的竞技场。在伊斯坦布尔的两座由德国工程师建造的火车站（分别落成于 1887 年和 1909 年），来自不同地区的人们可以找到其各自眼中的亮点：吸引欧洲游客目光的是"伊斯兰风格"的建筑结构，而来自小亚细亚的旅行者喜爱的则是希腊古典主义风格的外墙装饰。

行人与马匹

假如一个人在 1870 年前后乘火车进入欧洲某个大城市，虽然他所选择的旅行方式是一种原则上沿用至今的技术，但是他只需迈出几步，便会进入一个以马匹作为运输工具的旧世界。直到 1800 年前后，全世界的所有城市还是以行人为主的城市，从这一点来看，可以说它们都处于进化的同一阶段，[224] 其形态上的主要差异在于马匹利用范围的大小。不是在任何地方和任何条件下，马匹的利用都是不受限制的。在中国城市里，当一个人不愿步行时，他可以选择乘轿。在伊斯坦布尔，非穆斯林在市区里骑马是被禁止的。即使在进入 19 世纪之后，在货物运输上，驴车或马车所发挥的作用仍然远不及人力。[225] 在日本，直到德川时代末期，仍然只有身份高贵的武士才有权力乘坐马车出行。其他人只能步行甚至打着赤脚走过尘土飞扬或泥泞的街道。日本 19 世纪中叶对外开放后，政府颁布法令禁止赤足上街，因为在人们看来，这种做法在外国人面前是有失体面的。[226]

在步行城市里，从住所到工作地点的路不能太远。这一点是市区高密度居住的贫民窟环境之所以产生，以及贫民窟难以从根本上得到清除的主要原因。为此，找到一种低收入人口也可以负担得起的大众交通工具，是城市发展必不可少的一个前提。前工业时代的交通技术没能在这方面带来太多的改善。即使在进入"工业时代"之后，那些传统的交通工具也仍然在长期发挥着作用。马车是城市交通中出现最早的一项重要发明，它的运营依赖于私人马车主的商业化组织，而不需要以任何先进的技术作为前提条件。马车作为一种按照固定时刻、固定路线和固定价格来运行的公共交通工具，是美国人的一项发明。它是 1832 年在纽约诞生的，并在 1853 年，也就是说在整整 21 年之后，才在巴黎街头出现。[227]马车的价格是昂贵的，因为它的经营需要高成本来维持：车主必须饲养大量的马匹作为储备，一匹马的工作寿命通常只有 5～6 年，另外，马匹的饲养和维护也需要投入很高的成本。而马车的速度最多相当于人类平均步行速度的两倍，因此，打工者从住所到工作地点的交通问题是不可能通过马车来解决的。马匹还会产生大量的粪便。1900 年前后，仅在芝加哥一地，每天街道上需要清理的粪便便多达 60 万吨。[228]踢踢踏踏的马蹄声和噼啪脆响的马鞭声成为令人生厌的噪声，当年居住在法兰克福的叔本华便曾对此深有感触。城市里每天发生的拥堵和车祸接连不断，仅清理马粪一项便给城市的清洁工作造成了巨大的负担。

1859 年在利物浦首次投入使用并于 19 世纪 70 年代在整个

441

欧洲大陆得到普及的轨道马车（Pferdetram）并没有使问题得到根本解决，但在技术方面却带来了一定程度的进步。因为通过轨道，马车的载重能力比一匹马拉的车提高了两倍。经营成本和车票价格有所下降，但幅度并不大。轨道马车在美国受欢迎的程度远远超过了其他地方。1860 年，纽约的马车轨道达到了142 英里，每日乘坐的人数超过了 10 万人。19 世纪 80 年代，美国共有 415 家街轨公司（street railway companies），年客运能力高达 1.88 亿人次。[229] 在水路交通迄今拥有重要地位的伊斯坦布尔，宽阔的西式风格的街道上也被铺上了马车轨。这些轨道完全是按照欧洲大城市的模式建造的，但不同的是，在马车前方总是有壮汉挥舞着棍棒，把那些臭名昭著的土耳其犬从轨道上赶走。[230]

由于英国（而非美国）明令禁止街轨公司从事土地投机，因此轨道马车的兴起并没有对城郊的开发形成刺激。但是，马车和轨道马车对社会空间的分化产生了重要影响。能够负担得起车票和交通线路周边不断攀升的土地价格的中产阶级可以把家搬到距离工作地点较远的地方，并以此导致社会学家所说的工作场所社区（workplace communities）的解体。[231] 为了保证效益，马车巴士和轨道马车必须将铺设铁轨作为前提，因为轨道的最大优势便在于城市之间和城郊地区的交通运输。反过来，轨道的发展则迫使人们必须不断增加城市里的马车数量，因为城市内部的流动性因为轨道的出现而大大提高。由此出现了一个充满矛盾的现象：到 19 世纪末，时代的运输技术进步并没能使城市的内部交通状况得到改善。直到 1890 年，在欧洲和美洲的大城市，人们日常的交通工具采用的仍然是 1820 年的技术。

1890 年，英国用于马车和轨道马车运输的马匹数量大约为

28 万。[232] 在利用马匹方面经验最丰富的城市非巴黎莫属。据估计，1862 年整个法国约有 290 万匹马（其中大部分是用于农业和军事用途）。1880 年，巴黎的马匹数量至少有 7.9 万，1912 年约为 5.5 万。出租马车是从 17 世纪开始投入使用的，1828 年首次成为按固定线路运行的公共交通工具。直到 1855 年通用公共汽车公司（Compagnie Générale des Omnibus）成立之后，马车巴士才真正得到普及。在同一时期，还出现了各种对运输服务的新需求。例如，新成立的乐蓬马歇（Le Bon Marché）百货公司 19 世纪 50 年代在自家的地下养马场饲养了 150 多匹马，还有一个巨大的停马场，以便为顾客提供送货上门服务。另外，邮局、消防和警察部门同样也需要马匹。富人们直到进入汽车时代之后仍然保留着养马的习俗，有的是为了骑，有的是为了拉车。1891 年在伦敦城里大约有 2.3 万辆私人马车。[233] 在法兰西第二帝国，由于受到英国人的影响，骑马成为一种前所未有的时尚。马术训练课、赛马、马匹出租成为市民休闲生活的重要内容，同时也是富人们与那些没有能力供养私家马车的人划清身份界限的重要标志物。对底层百姓来说，马匹的最后黄金时代给他们带来的最大好处是能够买到便宜的马肉。[234]

从长远来看，马车交通自然无法与铁路带来的新的竞争相抗衡。但是，马车并不会因此而在一夜间消失。恰恰相反：19 世纪初，欧洲的邮政马车无论在效率还是尊贵性方面都达到了巅峰。它所信奉的是法国人发明的一句新格言：以传递信件的速度，或者说像信使一样，把旅客运送到目的地。在进入铁路时代之前的过渡期，跨国马车在英国的利用率比任何一个时期都更加频繁。直到 19 世纪 30 年代初，伦敦最大的马车公司查普林公司（Chaplin & Company）还有 64 辆马车和 1500 匹马。 443

1835 年，每天有 50 辆马车从伦敦驶往布莱顿，22 辆驶往伯明翰，16 辆驶往朴次茅斯，15 辆驶往多佛尔港。伦敦长途马车客运的载客能力总计达到了 5.8 万人次。和帆船一样，邮政马车在最后退出历史舞台之前在技术完美性方面达到了不可超越的水平。由于道路的改善（用柏油铺设路面）——经济利益与政治决策的推动对此也功不可没——和车辆性能的改进，从伦敦到爱丁堡（距离 530 公里）只需要两天时间，而在 1750 年，这段路还需要整整 10 天。1822 年引进"快车"后，从法兰克福到斯图加特的时间从原来的 40 个小时减少到 25 个小时。从莫斯科出发，只要 4~5 天就可以抵达圣彼得堡。这时候的马车距离"便捷、舒适和准点"的理想比以往任何一个时代都更加接近。[235] 在平坦的路面上，轻便马车的速度可以达到每小时 20 公里甚至更快。与其形成鲜明对比的是美洲移民的四驾或六驾马车，这些马车只能以每小时 3~4 公里的速度从东向西穿越新大陆。19 世纪 80 年代，这些马车随着铁路的扩建被逐步淘汰。[236] 在其他地方，即使现代化早已露出苗头，但是马匹在长途运输中的重要作用直到世纪之交过后也仍然没有被替代。1863 年，一条从贝鲁特到大马士革的新公路正式开通。在这条公路上行驶的高速马车只需要 12~15 个小时，便可以从一端抵达另一端。为保障马车的运行，至少需要上千匹马作为储备。尽管 1895 年通车的铁路线将这段路程所需时间缩短到 9 个小时，但是直到 20 世纪 20 年代，火车才彻底取代了马车。[237]

有轨电车、地铁和汽车

　　城市客运交通的诸多问题最终得以解决，是在有轨电车投入使用之后：1888 年在美国，1891 年在利兹和布拉格，1896

年作为沙皇的政绩工程在下诺夫哥罗德（Nižnij Novgorod），1901 年在伦敦，1903 年在弗莱堡。在技术方面，它是以电能向动能的转化作为前提。有轨电车的出现给城市的市内交通带来了一场真正的革命。它的速度比有轨马车快一倍，而价格却只有后者的一半。从家门口坐车到工厂上班，终于变成了一件可行的事情。车票价格下降带来的影响与几十年前跨大西洋邮轮票价下跌十分相似。在英国，人均乘坐公共交通工具的次数从 1870 年的 8 次增加到 1906 年的 130 次。在第一次世界大战爆发前，几乎所有欧洲国家的大城市都已建成了有轨电车网。与此同时，城市中的马匹运输也终于迎来了自己的末日。1897 年，纽约的所有马车巴士全部停驶。1913 年，作为公共交通工具的马车在巴黎也被废除。[238] 但是，电车的价格对于穷人来说仍然是负担不起的，真正从中享受到好处的是那些有固定工作的工人阶层。

在亚洲国家，将乘客运送到火车站的公共交通工具是由人力而非马力驱动的。1870 年，日本发明了人力车（日语名称为 kuruma）。这种车就像是有两个轮子的轿子。不久，人力车便被投入大规模生产，并于 19 世纪 80 年代出口到中国、朝鲜和东南亚国家。[239] 在日本大城市，人力车很快得到了广泛普及，各人力车车行之间展开了激烈的价格竞争。1898 年前后，大阪火车站前等候顾客的人力三轮车超过了 500 辆。1900 年，东京的人力车夫大约有 5 万人。这种由人力拉动的单轴车从一开始便是一种奢侈品，对很多人来说，其价格越来越难以承受。在明治时代末轨道车辆得到普及后，人力车更成为一种只有富人才有条件享受的服务。[240] 世纪之交过后，日本以马力驱动的轨道车辆不久便被有轨电车所取代。但是，为有身份地位的人提供

444

服务的出租马车在街头仍然时常可见。

在 19 世纪末，人类还没有进入汽车时代。只有汽车这种新的科技发明的诞生，才给城市带来了真正的爆炸性影响。最早是在美国，二战之后才波及欧洲。1914 年，全世界大约有 250 万辆机动轿车，1930 年增加到 3500 万辆。在世纪之交时，对欧洲大陆的许多人来说，汽车仍然是难得一见的稀罕物。即使是那些没有能力为自己购买这种昂贵奢侈品的人，也会找机会去坐一坐这种用机器驱动的车子。从 1907 年开始，柏林的马车数量急剧下降，到 1914 年时，包括电动车在内的机动车已经和马车数量相当。1913 年，德国每 1567 名居民拥有一辆家用轿车，法国是 437 人，美国则达到 81 人。这时在南欧和东欧国家，私人汽车仍然十分罕见。在第一次世界大战之前，特别是在大城市以外，汽车还没有真正进入人们的日常生活。而美国则是唯一的例外。当时全世界最先进的汽车，也是在这里生产的。从交通技术的角度看，20 世纪是从美国开始的。只有在美国一个国家，汽车早在 1920 年前后便已不再是一件稀有品，而是新型公共交通体系的技术性基础。[241]

短途公共交通领域最伟大的创举是全球第一条地铁——伦敦地下铁（Underground）的设计与建造，它是铁路技术与下水道工程所开创的隧道技术相结合的产物。伦敦地下铁是由私人倡议修建的。在整个 20 世纪，地铁一直是一项以追求利润为目的、象征着资本主义创业精神的建设工程。这项工程的启动并非来自目光远大的城市规划者的决策，而是出自一个名叫查尔斯·皮尔逊（Charles Pearson）的人的创意。地铁建设于 1860年开始动工。3 年后，第一段地铁线路——全长 3.5 英里的"大都会线"（Metropolitan Line，这也是地铁在全世界被通称为

"Metro"的由来）正式通车。地铁线修建在地面以下15～35米处，但是真正意义上的"地铁"（tube）——管道式的地下铁路——却是在1890年之后建成的，因为这时候，随着地下挖掘技术的日益成熟，人们方才拥有了将站台修建在地下更深处的能力。与此同时，地铁开始改用电力驱动。在此之前，最初甚至连窗户都没有的地铁车厢是由蒸汽机头拉动的。在封闭的隧道内，这种技术往往会带来很大的麻烦。在煤油灯或汽灯照明的车厢里，永远是昏暗一团。当车厢满员时，爬坡会变得十分困难，停驶或倒退的情况时有发生。城里的许多地产大亨总是千方百计阻挠将地铁修建在自己的地盘之上或之下。一些地铁线路之所以不惜辛苦地改成弯道，正是出于这一原因。但是，由于地上铁路建设在土地所有者当中遭遇到的阻力更大，因此，地铁的问世实际上是一种两害相权取其轻的选择。与铁路一样，地铁在问世之初同样也受到了怀疑论者的质疑。1863年，79岁高龄的首相巴麦尊勋爵拒绝出席地铁的通车典礼，他的理由是：像他这样岁数的人，还是尽可能活在地面上的好。公众在接受这种新型交通工具方面却表现得毫无顾虑。在1863年1月10日地铁正式通车的第一天，便有3万人乘坐了地铁。尽管这时的地铁又脏又不舒适（一位退休的前苏丹殖民官员曾用鳄鱼呼出的臭气来比喻伦敦地铁里的空气），但是事实证明，它的确是一种相对便捷和安全的交通工具。地铁网络的逐步扩大对城市一体化和郊区建设产生了巨大的推动作用。地铁价格对大部分人来说是可以负担的，而对经营者来说也是有利可图的一笔生意。仿照伦敦模式修建的第一批地铁在世界各地相继落成，如布达佩斯（1896年），格拉斯哥（1896年）、波士顿（1897年）、巴黎（1900年）、纽约（1904年）、布宜诺斯艾利斯

446

（1913 年）等。1927 年，亚洲第一条地铁线（东京地铁）正式开通。[242] 如今，由英国工程师创造的古老理念已在全世界被付诸实践。1970 年之后，各地修建地铁的热潮更是达到了前所未有的高峰。

贫民窟与郊区

在以步行为主的城市里，对私人居住来说最好的地段同时也是城市最核心的部分。从巴黎到江户，在每一座早期近代的城市里，住在郊外居民区的大多是下等人。1800 年前后的墨西哥城便是这种同心圆式结构的绝佳例子：西班牙人居住在政府机构、教堂、修道院、学校和商铺所在的市中心，在他们当中还夹杂着为数众多的黑人仆役；在市中心周围居住的，是按原籍划分为不同人群的新移民；而印第安人的村落，则构成了城市最外侧的一个圆。[243] 在 1900 年前后的莫斯科，也可以看到类似的情况：城市最好的地段是在市中心，然后越往外，地段越差。距离市中心最远的城区，一眼望去总是满目荒凉：灯光昏暗的街道，连煤油灯都没有的木屋，大片的荒地，赤着脚的行人……对莫斯科市民和贵族阶层来说，这里就是文明的尽头。[244] 在今天的许多超大城市里，失业人群聚居的棚户区也大多处在城市外围的边缘位置，与城市的核心区很少往来。

由此可见，一个城市的中心与边缘的价值逆转，并不是天经地义的。如果一个城市出现了这种现象，或者说当生活在这里的人们更希望到远离市中心的地方居住时，那么我们可以说，这个城市正在经历着 19 世纪城市史上继铁路入侵和城市卫生运动之后的第三次革命。郊区化（Suburbanization）是城市周边区域的发展速度超过核心区，并导致市区与市郊间的往返成为常态的过程。这一进程大约是 1815 年从英美两国开始的，并最终在美国和澳大利亚被推向极致。相比之下，欧洲人对郊外住宅的喜好则从未超过对市区的偏爱。[245] 在美国，早在 20 世纪 20 年代家用轿车得到普及之前，拥有独立的住宅便已成为人们心目中的理想生活。对私有房产的热衷，对居住在远离工作地点的独栋房屋的向往，以及对低居住密度的重视，是北美（除加拿大外）所特有的最具代表性的文明模式之一。在 1945 年之后的都市扩张（metropolitan sprawl）中，这种特点得到了淋漓尽致的表现，其中最极端的例子莫过于"以排挤都市来发展郊区"的洛杉矶。[246]

447

各国的郊区化进程都有其各自的特点，这些特点反映在不同的方面：法国的"banlieue"（郊区）与德国或斯堪的纳维亚国家的"Schrebergartenkolonie"（份地花园，自 19 世纪 80 年代开始流行）之间多少是有区别的。但是，我们可以用英国作为例子，找出欧洲郊区化的一些基本规律：在郊区概念的发源地伦敦以及南英格兰其他地区，退休后归隐乡野，在贵族气派的农庄或别墅（自谦的说法是"茅庐"［cottage］）里安享晚年，是流传已久的一种习俗。而郊区化的含义则与此不同。它指的是一个在城市里拥有固定工作的人放弃城里的住宅，把家搬到郊外，然后在市区和城郊之间每日往返。早在 1820 年前后，一些有条件乘坐马车上下班的上层人士便在伦敦周边地区盖起了豪华的独栋或连体别墅，并在此安家。约翰·纳什设计修建的城乡风格兼具的摄政公园，成为全英格兰花园式别墅区的典范。当巴黎城里人依波利特·丹纳（Hippolyte Taine）60 年代来到曼彻斯特和利物浦的别墅区时，对当地宁静的环境感到大为吃惊。[247] 在曼彻斯特，"有身份的人"把家搬出核心城区的时间比伦敦更早。这些人中午到俱乐部用餐，晚上坐马车回家。在皇权时代的德国——郊外别墅和远离市中心的"高级住宅区"的第二大国——情况与英国类似。但是，"别墅"（Villa）这一源自古罗马时代的概念真的是一种欧洲特色吗？19 世纪最后三四十年，当摩洛哥苏丹实行自由化政策，有钱人不必再像以往一样在统治者面前刻意保持低调之后，在非斯——一座中世纪风格的非伊斯兰城市——的高地上，很快便盖起了大片的豪宅。[248]

越来越多的中产阶级选择到郊区居住的前提条件是收入的改善、便捷的交通、可供路途消耗的时间的增加以及地产商的商品化住宅供应。当然，我们不能从孤立的视角对早期郊区化问题进行观察。郊区化与维多利亚时期大城市的另一大变化有着密切的关联，这就是贫民窟的兴衰。[249] 由中产阶级推动的工业化导致城区低品质居住空间的高密度化。此后，中产阶级为了逃避这种威胁健康的居住环境，纷纷把家搬到了郊区。但是，这些人却依然享受着贫民区给自己带来的经济利益：或通过租金收入，或通过出售贫民区的地皮。从这一角度看，贫民区的形成与郊区化发展似乎是资本主义同一发展进程的两面。不受政治约束的市场，是其得以存在的前提。1880 年之前，在欧洲国家中从来没有人意识到，自由的住房市场无法给所有人提供最基本的居住保障，直到第一次世界大战之后，英国等一些国家才开始着手制定有效的国家住房政策。[250] 住房问题的逐步政治化，首先取决于对问题的意识。如果政治决策者把极端贫困与贫民窟环境看作一种"正常现象"，甚至从道德判断上视之为当事人的咎由自取，那么他们将不会对行动的必要性有所意识。与此同理，如果决策者认为，贫民区不过是外来人口融入城市社会的过渡期现象，那么结果必然也和前者一样。[251]在美国，在贫民窟作为偶然现象出现在拥挤的市中心（其形式主要是简易的出租楼房）的地区（如纽约和辛辛那提），或是在那些外来人口比例较高并被视为与社会格格不入的危险源的地方，决策者对底层移民同化迫切性的意识到19世纪末达到了较高的水平。在贫民区规模较大的欧洲的一些城市，如格拉斯哥、利物浦、都柏林、里斯本以及巴黎12区和13区，问题严重性的暴露则愈加明显。[252]在英国，人们更多是将贫民区看作健康和道德危害的传播源而对其感到恐惧和厌恶，同时人们还把贫民区看作对现代性界限的警示，以及对宝贵的土地资源的低效滥用。[253]

在贫民区改造之后，很少有中产阶级愿意搬回这里居住，于是，这些区域往往被变成了商业区。但是，把家从城区搬到空间开阔、绿色宜居的郊区或别墅区的做法，并没有在欧洲包括美国成为一种被普遍认可的规范。巴黎、布达佩斯和维也纳的有产者更愿意留在城区的住宅里生活，这些住宅大多有陈设华丽的客厅，而私人空间的布置则相对朴素。在1890年前后，这些城市的市中心居住密度相当于伦敦市区的两倍。[254]尽管在这里也出现了郊区，城区的居住密度也在逐渐降低，但是这些变化的程度和速度从未达到英国郊区化的水平。纽约的城市发展与典型的美国模式是有所差别的。从60年代到80年代，纽约城区的居民住宅规模越来越庞大，这些住宅大多是形状细高的联排式房屋。由于地皮价格不断上涨，这些房屋的建造只能以牺牲绿地为代价。到最后，除了超级富豪，每一位纽约市民所拥有的可供利用的私人地皮几乎相差无几。19世纪80年代，住宅向城市外围发展的迫切性日益凸显。与此同时，作为郊区之外的另一种选择，法式公寓（French flats）变成了一种时尚。随着液压或电动升降机的普及，人们如今已经有能力通过商业化的形式为居民提供位于市中心的高层豪华公寓（high rise luxury apartments）。在世纪之交之后，如果一个人不奢望能住上昂贵的市内别墅，那么他可以在曼哈顿的某个住宅区为自己选择一套宽敞的公寓，里面有电话、气动管道输送系统，有冷热水供应，还有修建在地下的洗衣房和游泳池。[255]

为什么北美和澳大利亚的（大部分）城市能够成功避免贫民区的形成？为什么在这些城市里，包括工人家庭在内的大部分人都有能力负担的独栋房屋能够成为城市化的主流模式呢？为什么这些城市没有出现平民国王（指路易–菲利普一世）时期巴黎那样的现象：1/5 甚至 1/4 的打工者都住在拥挤不堪的小旅店里，这些名叫 garni 的连锁旅店都是 5 层楼，房间低矮潮湿，大多数都没有暖炉和地垫，只有一些简陋的实用家具。[256] 或者，我们可以换一种问法：为什么在这些"新欧洲"城市里，能够形成一种与"旧世界"截然不同的居住空间利用模式？

这或许是城市发展史上与这个时代相关的最有趣的问题。当人们看到这一问题时，第一反应很可能是：这些地方有比欧洲更广阔的土地。这种解释貌似有说服力，但实际并不充分。要解开这个谜团，必须在其他方面寻找答案。与地域集中的城市化相比，大范围城市化的成本要昂贵得多，因为人们必须为修建基础设施投入更多的资金：距离更长、车站更多的近郊铁路，覆盖范围更大的地下水系统，等等。要实现分散式居住，必须同时具备以下三方面条件：①建造廉价住房（如框架式的预制房屋）的新技术；②机械化交通工具的运营，如有轨电车以及由蒸汽驱动的地铁和郊区铁路等；③水平较高且分配相对均衡的人均收入。当年欧洲国家在进入城市化高度发展阶段时，没有一个城市能够同时具备上述所有前提。然而像墨尔本这样的城市，则完美地做到了这一点。[257]因此，我们不能将"盎格鲁－撒克逊"或"美利坚"文化对独栋住宅的偏爱当作一个独立变量来看待。这种偏好总是难免与其转化为现实的实际可能性发生冲突。如果以欧洲城市美学的标准来衡量，那些澳大利亚和美国中西部的新兴城市或许是单调和丑陋的，但是它们却使"小市民"梦想——在属于自己的房子里享受健康、能够为私生活提供安全保护的小康生活——对大多数工薪阶层来说变得触手可及。自19世纪初开始，资本主义批量化生产成功地打造出各种形式的规格统一的居民住宅：从英国城市用砖瓦建造的间隔狭窄、没有花园的联排房屋，到格拉斯哥、巴黎、柏林的大规模住宅区。在维多利亚时代的伦敦，9/10的住宅——与今天一样——都是以满足需求为目的的"投机型"项目，而非"特色建筑"（purpose-built）。但是，这种生产方式在当时还不能为产品质量提供保证。只有新世界的民主化郊区（suburbia），才使住宅区的人满为患问题真正得到了解决，但与此同时也带来了20世纪市区萧条的附带问题。

　　1910年问世的技术化郊区即使对今天的人们来说也是亲切和熟悉的，我们甚至可以毫不犹豫地冠之以"现代"之名。相反，19世纪初的步行城市则依然充满了中世纪气息：在这里，即使在用法国人发明的断头台所进行的流水线式杀戮成为历史之后，公开处决仍然是一项深受喜爱的全民娱乐活动：在"文明之都"伦敦，1816～1820年便有140人被公开执行绞刑。[258] 451
另外，这时的城市仍然是漆黑一团。[259]天黑以后，家家户户很早就熄了灯，街巷里的行人只能靠举在手里的火把或灯笼来照明。最早安装煤气灯的只有棉纺厂，其目的是为了把工作日的时间拉得更长。1807 年，伦敦的街道第一次被煤气灯照亮。1860 年前后，德国 250 座城市拥有了煤气照明系统。[260]日本于19 世纪 70 年代中期同时引进了公共场所的煤油和煤气照明。煤油之所以没有被煤气替代，是因为它几乎不需要任何基础设施方面的投入：铁路可以将煤油分送到全国大大小小的用户手中。在明治天皇去世的 1912 年，日本仍然是一个主要依靠煤油灯照明的国家。[261]新型照明技术被广泛用于室内照明的时间，比城市主要广场和街道要晚得多。

从 19 世纪 80 年代之后，普通的英国工人家庭也拥有了用煤气照明、做饭和取暖的条件。煤气技术的发展与工业有着密不可分的关系。特别是在 19 世纪 80 年代西欧地区普遍使用煤气灶之后，铁消费量因此大幅上升。1875 年，巴黎首次将电力用于公共照明。1882 年，纽伦堡成为第一个安装路灯照明系统的德国城市，1884 年柏林紧随其后。1897 年，墨西哥城也步入这一行列，其设备全部是从国外进口。在采用电力照明之初，要在以煤气为主的市场上占有一席之地，并不是一件易事。因为在满足照明需求方面，煤气是可以胜任的，而电力照明的优势则要在一段时间之后，才会逐渐显露出来。例如在剧场的舞台照明方面，后者便体现出其强大的优势。早在 19 世纪 30 年代末，巴黎剧场的照明系统已达到了颇为先进的水平，人们只需扭动煤气开关，便可以使整个观众席的灯光瞬间熄灭。但是只有当整个舞台被灯光照亮时，注重身体语言的现代表演艺术才充分展现出魅力。[262]正是这项新技术的广泛普及，为真正的舞台灯光艺术的诞生创造了条件。一场为争夺"灯光之城"（Lichtstadt）之名的竞赛，在欧洲城市之间展开。[263]城市照明带来的影响是巨大的：它实现了黑夜的民主化，从此之后，不再只有马车主和有举着火把的家仆带路的人才敢在夜晚走出家门。与此同时，统治者还可以借助照明更好地监控其臣民和市民的夜间活动。但是在满目旷野的农村，夜晚仍然是漆黑的。城乡之间的巨大差距，在灯光照明从微弱的烛火到大规模技术化产品的演变中得到了淋漓尽致的反映。

八　象征、美学与规划

惩罚与异国情调化

不同城区和城市景观（townscape）的独有特征仅仅通过形 452
式分析是难以把握的，在描绘地方风情，即所谓"genius loci"①
方面，文学显然比前者更加胜任。[264]把城市的建筑景观视为社
会"精神"的一种表现，这样的提法并没有太大的意义，远不
如去探寻时代同龄人有关城市本质的各种思想表述，来得更简
便。顺着这一思路我们可以看到，在19世纪的欧洲有一种常见
的观点，即把城市视为一个自然有机体。这种观点是城市社会
学的早期思想之一。以"现代性"作为外在标准来衡量一个城
市，是不妥当的。一个历史学家如果这样做，难免会草率地得
出结论，认为在商业或工业城市的崛起面前，新型"大都市
人"（Groβstadtmenschen）所表现出的兴奋是正常的，或反过来
讲，认为旧的社会精英——地主和官僚士绅——对这一潮流的
反感在情理之中。"落后"的含义是复杂的，当我们说一个城

---

① 拉丁语，原意为"地方的守护神"。

市就像是一个"大村庄"时，究竟是想表达什么思想？一位来到莫斯科或北京的欧洲人很可能一边在嘲笑当地街头乡下人的寻常和多见，另一边却又对这种不同社会阶层的融合表示赞赏，因为这种现象意味着，这里的城市社会结构的构成与西欧国家是不同的。

一个城市的面貌以及对这个城市的评价有可能在突然间发生彻底转变。拥有 40 万人口的阿瓦德（Nawab von Awadh）首府、印度最富有的一位邦主的驻地——勒克瑙（Lucknow），或许是 19 世纪中叶印度次大陆富裕程度最高的内陆城市，同时也是注重生活品质的波斯精英阶层的文化中心，但是在 1857 年，这个城市却在一夜间变成了英国人眼中暴乱与邪恶的滋生地，其对这块印度古老伊斯兰之邦的敬仰转瞬间便化为乌有。在印度大起义爆发期间，勒克瑙的英国驻地被叛乱分子占领了足足 140 天。起义者之所以能够做到这一点，与这座古城错综复杂的结构有着很大关系。于是在 1857 年之后，出于安全因素的考虑，英国人开始对城市进行改造，并对城市的卫生条件加以改善。因为在当时，欧洲人死于疾病的人数甚至超过了战争。1877 年，在经过整整 20 年的改造后，城市已变得面目全非。其他几座在大起义期间成为战场的重要的前殖民城市，也经历了类似的境遇，如阿格拉、密拉特（Merrut）、詹西（Jhansi）等。这些城市的老城大部分被拆除，所有象征性符号都被一笔勾销：勒克瑙最重要的伊斯兰圣迹之一，同时也是一位受人爱戴的纳瓦布的纪念堂，被改建成兵营。英国兵穿着马靴在里面东走西串，肆无忌惮地喝酒吃（猪）肉。以往的宗教中心——礼拜五清真寺被关闭，在岁月流逝中一点点坍塌，成为资本入侵城市社会空间的见证。在整个城市里，只剩下几处小的清真寺。另外，城里还修建了可用于军事用途的宽阔大道，七拐八弯的胡同和窄巷从此在地图上消失。在英国人眼中，每一座传统的印度标志性建筑，都变成了具有军事意义的清理对象。[265]于是，人们便这样以极端的方式完成了勒克瑙的"去异国情调化"（ent-exotisiert）。

各种城市理念与建筑风格总会在不同方向上发生交互性影响。建筑风格是容易模仿的，而模仿整个城市的结构则困难得多。要模仿一种具有文化特性的城市"精神"，更近乎天方夜谭。在19世纪，人类始终在折中主义与对文化真实性的探寻之间摇摆。这一点不仅反映在欧洲。在大阪，建筑师野口孙市与日高胖将欧洲新艺术（art nouveau）和最新设计理念引进到日本。新建成的城市横滨成为汇集各种风格的大杂烩：圆顶，柱廊，哥特式尖顶与摩尔风格的穹顶，在城市里交映成辉。[266]另一个未被殖民化的国家暹罗则在20世纪初有意识地追求一种泰国"民族"风格，但是作为一个正在形成中的民族国家的建筑表达，这种风格只有通过对原有的各种元素的整合来重新创造。[267]

相反，欧洲大约从1805年开始经历了自18世纪中叶之后的第二波建筑艺术的"异域风"。时隔不久，这股风潮第一次刮到了北美。在此期间，在英国海滨城市布莱顿盖起了有着"印度式"穹顶和伊斯兰式尖塔的布莱顿皇宫（Royal Pavilion），在皇宫附近是一个华丽的具有浓郁东方风格的养马场，里面饲养着威尔士亲王的纯种马。今天，这个养马场已被改建成音乐厅。[268]美国演出商费尼尔司·T. 巴纳姆（Phineas Taylor Barnum）投资修建了一座三层楼高的神话式建筑"伊朗尼斯坦"（Iranistan），并希望以这座"莫卧儿风格"的宫殿建筑来超越布莱顿皇宫。1848 年落成后仅仅过了 9 年，这座结构脆弱的建筑便在一场大火中化为灰烬。相比之下，大西洋对岸的那些"东方式别墅"则寿命更长，其美学意义上的成就也更大。[269] 在这里，人们看到的往往并不是整栋的东方式建筑，而是带有浓郁东方风情的各种装饰：琉璃瓦，镂空的木雕或金属雕件，地毯，壁毯等。作为技术先锋派代表的火车站和泵站建筑被装饰成"摩尔式"风格，墓地也以各种东方元素作为点缀。中国塔和木制日式拱门则成为在市民公园中常见的一道风景。[270] 反过来，具有典型欧洲风格的骑士像却从来没有在亚洲国家受到如此推崇。世博会成为世界各国建筑的大荟萃，或者说，是那些被人们视为世界建筑艺术之精华的展示会。[271] 在世博会的影响下，两种"东方"建筑元素在超越个体建筑装饰的层面上风靡世界，这就是巴扎（Basar)① 与方尖碑（Obelisk)。从西方第一条被冠以"巴扎"之名的购物街的开业，到现代购物中心（shopping malls）的出现，这种东方样式的有棚顶的市场一直深受西方人喜爱。但是，欧洲"巴扎"的不同之处是，顾客不能与商家讨价还价。正相反，这些市场可以称得上是实行固定价格制的先驱。[272]

方尖碑则另有一段属于自己的历史。自文艺复兴时期的欧洲将古埃及文明奉为人类智慧楷模以来，方尖碑便一直被人们看作古埃及文明在美学意义上的完美象征。其含义并非代表着现代的东方，而更多是作为人类远古文明的化身。如今，人们又产生了一种新的想法，即用这些来自异域文明的事物美化欧洲大都市的视觉核心区域。在这方面，美国人后来采取的办法

454

---

① 意为集市。

更简单：他们自己动手为华盛顿市 1885 年落成的华盛顿纪念碑修建了一座 50 米高的方尖碑。而 19 世纪帝国主义列强所想到的，却是想办法把原装的方尖碑搞到手。于是在 1880 年以及一年之后，两座"克娄帕特拉方尖碑"（Cleopatra's Needles）被分别竖立在伦敦泰晤士河畔和纽约中央公园。比这次行动更具榜样意义的，是 1836 年 10 月 25 日在巴黎协和广场正中央竖起的巨型方尖碑。这块重达 220 吨的条形巨石是埃及帕夏穆罕默德·阿里赠送给法国国王的礼物。这位埃及统治者对这些前伊斯兰古典时期的文物向来没有太多的感情，他希望借此机会，向那些自拿破仑远征埃及以来对古埃及文物一直怀有觊觎之心的法国人表达外交友好之意。因为说到底，他需要法国人为自己提供帮助，从而使埃及彻底摆脱伊斯坦布尔苏丹的统治。他所提出的唯一要求是：运送方尖碑的工作必须由法国人自己来完成。于是，法国人派出了一位大人物——在法国和埃及同样 455 受到尊敬的古埃及象形文字的破译者让-弗朗索瓦·商博良（Jean-François Champollion），于 1828 年前往埃及完成这份礼物的验收工作。商博良建议，将卢克索西侧的方尖碑作为送礼之选。1831 年，新上台的七月王朝政权派出一支由工程师组成的团队，乘坐专门的船只前往上埃及。法国人将方尖碑拆除，装船，经由尼罗河、地中海和塞纳河运抵法国，然后搬上陆地，并在万众瞩目下将其竖立在广场的中央。这一过程整整花费了 5 年多的时间。这项耗资巨大的工程带来的结果是：巴黎这座"19 世纪之都"用一块拥有 3300 年历史的来自古代东方的纪念碑，装饰着这个城市最活跃的一处公共空间，同时也是断头台的行刑处。[273]巨石的静谧肃穆与大革命时代的血腥记忆形成了鲜明的对比。方尖碑还有另外一个好处：由于碑上的文字只有内行才能看懂，因此没有人能够对它提出任何非议。作为一种象征物，它所起到的作用是融合，而不是分裂。与之相反的例子是蒙马特尔高地上的圣心教堂（Sacré-Cœur）。这座教堂与方尖碑一样，也是大革命后的产物。它是在巴黎公社起义（1876~1914年）失败后，人们为强调秩序与教会的重要性而修建的，但在许多人眼里，却被看作一种挑衅。

北美和澳大利亚城市在引进不同的欧洲模式后，对其加以改造，以使其适应不同的环境与社会需求。正如我们所看到的，郊区这种最早由英国人发明的事物在美国和澳大利亚最终被变成了本土文化的一部分。还有一些事物的影响是反向的。例如"圆形监狱"（Panoptikon）。这种监狱模式是以中央瞭望塔为圆心，四周围是一间间呈放射状排列的囚室。这一想法最初是由英国哲学家、社会理论家和改革家杰里米·边沁（Jeremy Bentham）于1791年提出的，但最早却是在美国被变成现实，之后又从美国被重新"进口"到欧洲。在酒店建设方面，美国同样也扮演着先行者的角色。从19世纪20年代开始，美国出现了第一批大型酒店。在欧洲旅行者眼里，这些酒店的感觉就像是兵营。直到1855年，随着设有700个床位的卢浮宫大酒店（Grand Hotel du Louvre）的开业，这种大型豪华商业酒店才被首次引进欧洲。这种新的建筑类型很快便风靡巴黎，以至于爱德蒙·德·龚古尔（Edmond de Goncourt）早在1870年便对巴黎的"美国化"提出了批评。[274] 从此，全世界每一座自诩现代和时尚的城市，或者简单地说，每一座需要为游客提供住宿的城市，都再也离不开酒店。在欧洲和殖民地部分城市，第一次世界大战爆发前的20年成为许多富有传奇般色彩的豪华酒店的创业期。贝鲁特早在1849年便已建成了一家符合欧洲概念的酒店。在北非和西亚地区，人们还可以利用古老的驿站设施这一特殊优势，在其基础上加以改造。这些驿站大多有一个封闭的院落，南来北往的商人可以牵着他们的牲口在这里过夜，也可以在这里谈生意。[275]

调整型与设计型城市规划

19 世纪的城市是按规划而建的吗？对这一问题或许我们可以这样回答：在历史上，很少有哪个时期像 19 世纪一样，人类对城市的规划是如此之多，又如此之少。对这一时代的标志性城市，那些以曼彻斯特、芝加哥和大阪为代表的迅速崛起的"惊悚之城"而言，任何规划意愿在社会变迁的自发力量面前都是软弱无力的。此外，规划只有在被纳入政治机构的职责范畴时，才能发挥其作用。但是像伦敦这样的城市，在很长时间里却一直处于某种意义上的无政府状态。直到 1869 年，伦敦才拥有了第一个掌握足够财权的城市核心管理机构——都市工作委员会（Metropolitan Board of Works）。在 1885 年之前，这座大都市始终没有一个与城市级别相匹配的议会机构，并通过议会的途径对国家政治发挥影响。直到 4 年之后，由民众直选的市议会——伦敦郡议会（London County Council）——才正式成立。再来看曼彻斯特。当年，托克维尔和狄更斯等人第一次来到这里时曾经吃惊地发现，这座城市里的所有新事物，很少有哪一样是出自城市总体规划的考虑。在这一问题上，批评者却往往忽略了一点：恰恰是在曼彻斯特，早在 19 世纪三四十年代那些对舆论产生重要影响的报道发表短短几年后，对社会政治反应敏锐的服务行政机制（Leistungsverwaltung）便已开始形成。[276]如果由此将话题进一步延伸，并借用约瑟夫·科恩维茨

（Josef Konvitz）的提法，我们可以将城市规划分为以下两种不同的类型：一种是设计型规划，即从基本结构到美学意义上的整体外观对城市进行设计；另一种是调整型规划，即把城市规划理解为一项长期的、技术性的、与社会政治相关的管理职责。两种类型的共同点，是拥有重要影响力的城市规划专业队伍的崛起。

　　调整型规划是 19 世纪 80 年代在欧洲和北美地区出现的。当时，城市精英们对从早期城市改造运动中普遍采用的镇痛式临时措施向整个城市环境的持续性构建转变的必要性已经有所认识。从这时起，人们开始将基础设施看作可供调整的体系。技术和社会政治的系统化视角超越了从经济利益出发、相互间难以协调的私人动机（当年伦敦火车站建设时的混乱局面便是一个突出的例子），成为城市规划中占主导地位的因素。这一变化同时也意味着，人们对土地和地产所有者利益的重视程度比以往有所下降。调整型规划的兴起有一个明显的标志，这就是以全局利益为由的对土地所有权的肆意剥夺。[277]

　　设计型规划从本质上讲是一件自古已有的事物，而不是欧洲的特殊发明。在 19 世纪，这种规划形式得到了进一步发展和延续。在中国和印度等国，权力几何学和宗教几何学的传统比西欧更悠久，其特点也更为突出。而在西欧地区，宗教几何学的影响充其量反映在对校准教堂中轴线位置的要求上。在城市规划中，最简单同时也最有效的原始形式是对空间的统一网格状划分。从中国古代城市的矩形格局，到欧洲一些城市的对称式结构（如曼海姆和巴里），以及美国从乡村到城市的网格模式（grid），这方面的例子随处可见。除了波士顿和曼哈顿下城等少数特例，美国的网格状格局所遵循的是一种直角式细胞繁殖规律。对初到美国的游客来说，19 世纪早期的波士顿在很多地方都会让他们联想到中世纪的欧洲城市，但是一旦到了费城，一股以着眼未来的实用启蒙主义为背景的城市理性主义气息便会扑面而来。在这里，人们先是把土地划分成一个个网格，然后分配给所有者，之后，这些网格再被一点点填满。[278] 但是，土地投机的泛滥反过来却又使秩序化的城市发展陷入混乱。[279]

19 世纪的城市规划之所以给人们留下突出的印象，是因为它在当时还没有成为一种常态。各个大陆的许多城市还处在肆意的扩张中，例如大阪，直到 1899 年，类似城市规划的一些做法才开始在这里出现。[280] 另外，规划的有无还取决于特定的环境。一场大火有可能为城市规划创造积极的条件，但也可能相反。在 1812 年莫斯科的一场大火之后，人们原本计划按照 1770 年的一份图纸对城市进行重建，但实际结果却仍然是乱糟糟一团。1790 年的马德里大火，使卡洛斯三世时代的城市改造所赋予这个城市的洛可可式风韵彻底消逝。从此之后，马德里再也未能重现其黄金时代曾有的辉煌。[281] 汉堡则恰恰相反。1842 年的大火为城市规划提供了有利的契机。1871 年，芝加哥的整个商业区被大火吞没（工厂区不在其内）。经过重建之后，这座城市变成了全世界第一座摩天大楼之城。[282]

458

大都市的迅猛扩张所带来的影响是双重的：一方面，它使得仍然习惯于巴洛克式思维的政府机构的良好意愿落了空；另一方面，它也使得对肆意扩张实行规划性干预的必要性变得更加紧迫。例如在莫斯科，房屋、公园和街道的无序建设将城市变成了一个庞大的怪物，当外来人来到这里时，他们所看到的不是一座城市，而是一堆人类建筑物的大杂烩。在这里，城市化的现实结果与所有城市规划理念——无论传统还是现代，西欧还是俄国——都是背道而驰的。[283] 世界其他地区的许多城市也都有过类似的经历。而矛盾冲突最激烈的地方，是注重建筑美学和城市整体规划的后专制主义被任由私人利益操纵一切的新政权所取代的城市。当年的墨西哥城便属于这种情况。特别是在 19 世纪中叶的过渡时期之后，围绕新旧城市规划理念的冲突得到了最充分的表现。1855 年之后，在贝尼托·胡亚雷斯（Benito Juárez）① 领导的自由派政权执政期间，墨西哥城原有的巴洛克式城市面貌被无情地摧毁。由于教会特权被取缔，这一切的发生没有遇到任何抵抗。1861 年成为巨变的一年。在短短几个月内，数十座宗教建筑被夷为平地。士兵冲进教堂，拆下圣坛上的神像，用马匹拖走。少数建筑由于被用作其他用途而侥幸逃过一劫：国家图书馆在一座改造后的教堂里得到了安置。这场大规模破坏圣像运动（Ikonoklasmus）是在政治纲领的主导下进行的，它所体现的是一个独立民族的自由派知识分子对殖民旧时代的反叛，在这些人眼里，所有来自殖民时代的艺术都是以欧洲为样板的廉价仿制品。正如半个世纪之前法国曾经历过的一样，公共空间在这里遭遇了一场暴力的"去神圣化"（Laisierung）改造。[284]

豪斯曼的巴黎与鲁琴斯的新德里

设计型城市规划又一次成为潮流，其形式原则上可分为三类：第一类是对原有的市中心面貌进行外科手术式的改造，以使其为宏大的美学构想服务。这便是豪斯曼模式。这种模式最初是巴黎独有的特色，其始作俑者是法兰西共和国总统、后来

---

① 墨西哥民族英雄，曾 5 次出任墨西哥总统。

的法兰西帝国皇帝路易 – 拿破仑·波拿巴。后者为实现重振拿破仑一世时代法兰西雄风的政治抱负，决定对国家实行现代化改造。1853 年，时任塞纳省省长的豪斯曼男爵被任命为公共工程负责人，并在接下来的时间里成为众多项目和资金的掌控者。多年来，豪斯曼的目标和方法在法国一直备受争议。但最终结果证明，豪斯曼的做法是正确的，其城市规划理念成为整个欧洲所效仿的榜样。然而在欧洲大陆，只有少数城市有能力以豪斯曼式的大手笔对整个城市建设进行规划，其佼佼者当属巴塞罗那。[285] 更多的城市只是借鉴了这一模式的某些元素，例如诺丁汉很早便仿照豪斯曼式风格修建了宽阔的林荫大道，布宜诺斯艾利斯也在 19 世纪 80 年代追随其后。这种现象是文化模式从以往备受推崇的英国模式向法国模式全面转变的标志，因为在人们眼中，后者比前者更 "现代"。法国模式也因此被奉为城市新格局的典范。一些诞生于这一时期的法式茶点沙龙（Salon de Thé）一直到 20 世纪 80 年代麦当劳快餐文化入侵之前还依然生意不衰。[286] 当巴黎模式风靡世界之后，一些城市开始按照自己的创意对其加以改造。当时在布达佩斯，人们正计划修建一座全世界最美丽的歌剧院。为此，他们用选择性目光观察着周围的城市：除了巴黎之外，德累斯顿塞帕歌剧院和维也纳的城堡剧院都成为可借鉴的对象。1881 年落成的布达佩斯歌剧院至少有一点是不可超越的：它配备了最先进的技术设备，同时也是全世界防火功能最强大的歌剧院之一。[287] 作为一个城市发展中的后起之秀，布达佩斯尽管在 18 世纪最后几年才彻底完成了从木结构到石质结构的转变，但是在选择理想的借鉴对象方面，却拥有其得天独厚的优势。特别是在 1872～1886 年城市建设和改造的高峰期，这一优势更得到了充分的展现：它借

459

鉴了伦敦由一个核心管理机构负责项目统筹以及河岸公路扩建和议会建筑设计方面的经验，并仿照维也纳的思路修建了内环路，参照巴黎的模式修建了宽阔的林荫道。到世纪之交时，布达佩斯已经由城市发展中的后来者变成了令德国和美国建筑师垂青的一颗明珠。[288]

推动法国城市实行改造的直接动力系出自形势所需，这就是为修建新火车站开辟空间，为前往火车站的人流提供交通的便利等。此外，还有其他一些因素也在发挥作用，例如把贫民窟清理出城区的愿望，重振帝国雄风的怀旧情怀等。有计划地恢复经济元气，同样也是城市改造的初衷之一。建筑业的繁荣可以为一个城市乃至国家的整体经济带来复苏的活力。巴黎是这一场由政界发起但更多是由私人投资带动的城市改造浪潮中的最早受益者，在这里，早在19世纪40年代，人们便开始尝试对城市进行一系列改造。当时，政府的大力干预还缺少相应的法律依据。为此，政府颁布了一项法令，为巴黎市政管理者在城区征用土地提供了便利。这一时期，由于受到建筑业繁荣的感染，这项法令同时也得到了司法部门的鼎力支持。对豪斯曼而言，这可谓天赐良机。但是，豪斯曼的权力并不是万能的，由于与私人利益的冲突，他所提出的几项关于拓宽街道的计划最终因受阻而落空。尽管如此，他的大部分设想仍旧成功地被转化为现实，其原因在于来自两方面因素的支持：一方面是政府目标坚定的政治意愿，另一方面是那些希望从地价上涨中牟利的众多投机商的精明考虑。正如彼得·霍尔（Peter Hall）所说，豪斯曼是"把未来当作了筹码"（was gambling on the future）。[289]

豪斯曼对城市改造的热情体现在三个方面：对几何学特

别是直线条的迷恋，创造实用与享受兼备型空间的愿望（例如车流缓慢，可供行人悠闲漫步的林荫道），以及将巴黎建成世界第一大都市的野心。他一心希望能够让这座城市成为世界的一大奇迹。直到 1870 年之后，巴黎留给世人的仍然是这样一种印象。豪斯曼和他的同事们在美学方面所花费的心思，与整个城区改造的庞大技术投入相比毫不逊色。他们成功地对 17、18 世纪的巴黎古典主义加以改造，使其与现代大都市的维度相适应。风格的统一使工程的整体性得到了保证，而细节的变化与工艺的高质量则避免了建筑的单调和乏味。整个工程的基础元素是五层楼高的公寓楼，其水平的线条与普遍采用的石灰岩材料（直到铁路的建成，人们才有条件将石灰岩大批地运到巴黎）使之与新建的林荫道一侧的建筑群和谐地融为一体。而一座座广场和纪念碑，则成为整个城市景观的结构支撑点。[290]

城市规划的第二种形式带有明显的德国印记。在德国，习惯于规划的传统与地方政权的传统强势地位合而为一。与英国和西欧地区相比，德国开始工业化的时间相对较晚，因此，人们可以更快地发现现代化大城市发展过程中出现的问题，并及时找到解决办法。德国城市规划模式的重点并非对核心城区的大规模改造，而更多是从边缘入手，对城市的发展做出规划。从本质上讲，德国的城市规划是一种扩张型规划。它始于 70 年代中叶，并于 90 年代初逐渐转变为全面的整体性城市规划。[291]在世纪之交前后，德国已成为有秩序的城市扩张与整体性地方城市规划的楷模。在其规划设计中，大城市是集社会空间、流通体系、美学地标与私有财产汇集地于一身的统一体。[292]换句话讲，德国很早便在设计型城市规划之外并与

461

之相协调的基础上，成功地将调整型城市规划的意识转化为现实。

　　除法国和德国模式之外，并不存在一种具有明显特色的英国模式，当然，后者在城市公共卫生体系建设方面的开创性精神则另当别论。伦敦在 1666 年大火之后的重建工程中采取了相对较为保守的态度。在 19 世纪 20 年代摄政街建成后，或者说在摄政王宫（卡尔顿府）与伦敦北部新建的摄政公园之间的道路打通后，伦敦在城市建设方面没有再采取类似的激进式做法。摄政街是第一条贯穿人口密集的欧洲老城区的交通主干道，此前数百年人们一直有此计划，但始终未能付诸实施。虽然在伦敦建成了许多新的房屋，城市面貌也有很大改观，但是，类似于豪斯曼式的宏大工程却并未出现。要想找到这类气势恢宏的城市改造的例子，我们必须将视野扩大到整个大英帝国。在第一次世界大战爆发前不久，印度新首都的建设开始动工，并一直持续到 20 世纪 30 年代方才结束。因此——同时也是因为其在某些东方装饰风格之外所透出的明确现代意识——这项工程的建设已跨越了 19 世纪的界线，无论人们对这一世纪的概念如何定义。但是尽管如此，从这项计划背后的帝国主义动机以及为此投入资金（准确地讲是通过纳税人来负担）的意愿来看，仍然可以看出人们将殖民统治视为（近乎）永恒形态的前战争时代思维的烙印。在新德里，英国建筑师埃德温·鲁琴斯爵士（Sir Edwin Lutyens）和赫伯特·贝克爵士（Sir Herbert Baker）在当地规划部门与近 3 万名印度工人的帮助下，将城市整体设计的蓝图变成了现实，无论在两人的家乡英国，还是在大英帝国的其他任何地方，都不具备这样的条件。这座新建成的城市并不是一座功能完备、"适宜人类居住"的城市，而更多是一个具有象征性的地标。但所幸的是，它并不是一处赤裸裸炫耀帝国主义美学的地标，就像 19 世纪 80 年代的河内，或几年后由阿尔伯特·斯佩尔（Albert Speer）为"大德意志帝国"首都所做的狂妄张扬的规划一样。总督府、政府办公大楼、各邦驻新德里办事处、档案馆、花园、喷泉、林荫道等，共同构成了一幅和谐的城市建筑景观。由鲁琴斯和贝克规划设计的新德里是一个不同风格的混合体，它将源自国外并已被当地人认可的建筑语言与印度本土元素成功地融合在一起，在这些元素中，既有伊斯兰元素，也有印度教的元素。鲁琴斯认真研究了老一辈城市规划大师的作品，特别是豪斯曼的巴黎和朗方的华盛顿，他对花园城市设计——不久前在欧洲复苏并被加以改造的伊斯兰古老理想——和最新的现代派建筑潮流都一样了如指掌，并对孟买火车站一类的维多利亚式浮华风格从内心里感到厌恶。在我们所述的时代即将进入尾声时，一部城市规划史上的宏伟杰作诞生了，不是在欧洲，不是在华盛顿，也不是在 1911 年之后刚刚开始建设的澳大利亚首都堪培拉，而是在一个拥有古老建筑传统的国家——印度。[293]

从风格上看，在鲁琴斯和贝克设计的平面与直线条中，去庸俗化的东方风格与西方反对华丽装饰的潮流被合而为一。这些后维多利亚时代的建筑因此而透出某种超越时代的永恒气息，与人们对多元文化混合体（Kultursynthese）的想象极度接近。新德里的建设工程是独一无二的，也是空前绝后的。而在 20 世纪成为全球建筑业通用语言的现代派建筑，则是在世界另一端出现的。19 世纪 80 年代末，芝加哥建起了全世界最早的一批摩天大楼。这一栋栋高楼将建筑的现代主义风格表现得淋漓尽致。蒙纳德诺克大厦（Monadnock Building，建于 1891 年）大

概是人们一眼望去便会立刻将其归入建筑新时代的第一座高
楼。[294] 在 1910 年之前，建造 50 层以上的楼房从技术上讲还是
无法做到的。在很长时间里，这种现代派建筑一直是美国人的
专利。城市规划师与建筑设计师们逐渐形成了一种类似"国际
联盟"的网络，他们相互观察，互访并交流经验，以至于风格
的借鉴和技术的交流变成了一种常态。但是，这并不代表人们的
口味已经实现了世界大同。19 世纪马德里最引人注目的新建筑是
巨大的斗牛场，这未必是一件适合出口的热门货。[295] 另外，欧洲
人对摩天大楼的态度就像对美国人对郊区的普遍观念一样难以接
受。对这种不合比例的高度，这种使教堂和其他标志性建筑沉没
于视野的城市剪影，欧洲城市规划师全力展开了反抗。[296]

　　19 世纪是城市作为物质性与生活方式标志的数千年历史上
最重要的世纪之一。从 1900 年来看，特别是当我们回首 20 世
纪 20 年代时，这一世纪可以说是城市史上"现代派"奠基的
时期。它与早期近代的延续性关联，远不及其伸向 20 世纪的未
来线更清晰。除了"超大城市"与远近一体化通信网络的形
成，所有今天我们所熟悉的城市特征无一不是诞生于 19 世纪。
就连汽车时代的轮廓也已大致显现，尽管私人轿车在当时还远
未成为全世界所有城市中独领风骚的一道风景。

　　那些以往的城市社会学乃至今天的城市地理习惯于区分的有
着明确定义和文化内涵的不同城市类型，目前还剩下哪些呢？即
使在前现代时期，所谓"欧洲"、"中国"或"伊斯兰"（等）城
市之间的区别也已变得模糊不清。功能的相似性与文化特殊性相
比，其重要性至少不在后者之下。但是，如果因此走向极端，认
为全世界所有城市都是千篇一律的"混合体"或"杂交物"，却

未免会流于浮浅。[297] 在欧洲人口、军事和经济扩张的现实背景下，某些发展趋势的确呈现向全球扩展的势头，但是这种现象的出现却绝非帝国主义和殖民主义所衍生的副产品。我们只需将目光投向欧洲以外的一些非殖民国家（阿根廷、墨西哥、日本、奥斯曼帝国）的城市，这一切便会一目了然。城市未来蓝图的构建往往是在大的地域空间的范畴中进行的：跨大西洋，跨地中海，跨太平洋，跨欧亚大陆，等等。"殖民城市"作为一种划分城市类型的定义已不再有实质性意义，而"西方"与"东方"城市之间的对立二分法也是完全站不住脚的。仅仅从西方一个方面来看，就可以明显看出这一点。在北美和澳大利亚出现了一幅幅全新的城市景观，它们绝非对欧洲城市样板的简单复制。没有任何一种欧洲模式，可以被看作 1900 年之前的芝加哥或洛杉矶的直接参照物。我们很难将"美国"或"澳大利亚"式城市定义为某一种类型，而从世界史角度看，我们又可以发现许多交叉重合的关系：墨尔本的低密度和分散化特征与美国西海岸城市十分相似，而悉尼的高密度与集中化结构则与纽约、费城和欧洲一些大城市颇为相像。[298]

464

城市基础设施的现代化是一个全球性进程，以政治意愿、一定的行政执行力、资金、技术、以公益为目的的公民社会以及以追求利润为目标的私人投资者的共同参与为前提。不同的地区，经历这一现代化进程的时间则有先后之分。但可以肯定的是，到 1930 年前后，这一潮流已经蔓延到全球所有大城市。例如在经济贫穷、国家权力衰落的中国，城市的卫生设施建设与物理性改造并不仅仅局限于国际化橱窗上海。在 1900 年之后，城市的现代化改造更多是在受外国影响较少的内陆地区发生的，推动并使之得以实现的，往往是来自城乡上层人士受民族主义理念驱动而发出的倡议。[299]但是，建筑、技术与组织形式的革新并不意味着城市社会必然会随之发生变化。每一个城市都是一个独立的社会整体，同时也是反映其社会环境的一面镜子。因此，在不同的城市社会里，促成社会一体化的结构和机制也各不相同。例如，如果以社会阶层的模式来了解近中东伊斯兰地区的城市状况，我们必须首先对宗教基金会（瓦克夫）的持久性地位有所认识，这些组织的核心作用体现在以下三个方面：它是政治权威、宗教与世俗精英汇聚的中心，同时也是交流与寄托精神的中心；它保护私有财产，确定私有财产在社会空间中的地位，并以此发挥着稳定社会的作用；它为私人和团体利益以及城市社会更高需求之间的沟通提供了媒介。[300]在世界各地，我们都可以找到类似的例子。这些往往拥有数百年历史的特殊社会机制与来自外界的调整压力展开对抗，并成为迅速变化的城市社会肌体当中不可剥离的一部分。

注释

[1] 由此可见，人类对城"乡"的语境化难免有狭隘之嫌。例如在研究巴西问题时，人们难免会将 19 世纪的种植园与城市相对立。参见 Freyre, *Land in der Stadt* (1982)，第 33 页及其余多处。

[2] 参见 H. S. Jansen, *Wrestling with the Angel* (1996)。

[3] Bairoch, *De Jéricho à Mexico* (1985)，第 63 页，第 129 页及下页，作者在谈及古代东方时已采用了城市化这一概念。

[4] Hofmeister, *Stadtstruktur* (1996)，作者在书中提出了 12 种城市类型，这些类型之间很少重合，例如"欧洲"城市与"盎格鲁美洲"城市，这种说法给人的印象是，英国与欧洲大陆的城市发展似乎是不相干的。

［5］ E. Jones, *Metropolis*（1990），第 76 页。

［6］ Coquery-Vidrovitch, *Histoire des villes*（1993），第 274、276、281 ~ 286 页；P. B. Henze, *Layers of Time*（2000），第 154 页。

［7］ Geertz, *Local Knowledge*（1983），第 137 页。

［8］ Kanwar, *Imperial Simla*（1990）；D. Kennedy, *Magic Mountains*（1996）。

［9］ Kent, *Soul of the North*（2000），第 320 页。

［10］ Morse, *Japanese Homes*（1886），第 12 页及下页。

［11］ Seidensticker, *Low City*（1983），第 263 页。

［12］ Lepetit, *Les villes*（1988），第 94 页。

［13］ Martin Daunton, "Introduction"，收录于 P. Clark, *Cambridge Urban History*，第 3 卷（2000），第 1 ~ 56 页，此处见第 6 页及下页。

［14］ Girouard, *English Town*（1990），第 190 页。

［15］ 参见 Pike, *Subterranean Cities*（2005）；关于维克多·雨果之后一些作家笔下的黑暗压抑的巴黎地下世界可参见 Prendergast 的文学论著：*Paris*（1992），第 74 ~ 101 页。

［16］ Dodgshon 在其著作中特别强调了这一经常被人们忽略的观点，见 *Society*（1998），第 159 页；有关基础设施的理论和历史参见 Grübler, *Infrastructures*（1990），作者在书中将城市间交通作为论述的基础；另参见 Laak, *Infra-Strukturgeschichte*（2001）。

［17］ 一种有趣的解释见 Soto, *Mystery of Capital*（2000）；作者认为，对城市土地价值的长期忽视是导致"第三世界贫困"的根源。

［18］ Chudacoff, *American Urban Society*（1981²），第 37 页。

［19］ Chartier u. a., *La ville des temps modernes*（1980），第 567 页。

［20］ 这些问题在经济和社会史研究中很少受到重视，但也有例外：Day, *Urban Castles*（1999），作者在书中对此做出了精彩论述。

［21］ 参见 P. Clark, *British Clubs*（2000）；Hardtwig, *Genossenschaft*（1997）；关于中国可参见 Rankin, *Elite Activism*（1986），该书引发了有关中国"公共领域"形成时间和过程的争论。

［22］ Lees, *Cities Perceived*（1985），第 79 页；这种说法之所以能够深入人心，应当归功于瓦尔特·本雅明，而后者当然更多是把它看作一种陈词滥调。

［23］ David Ward/Olivier Zunz，" Between Rationalism and Pluralism：Creatingthe Modern City"，收录于同作者 *Landscape of Modernity*（1992），第 3 ~ 11 页；Harvey，*Postmodernity*（1989）；Berman，*All That is Solid*（1982）。

［24］ J. de Vries，" Problems in the Measurement，Description，and Analysis of Historical Urbanization"，收录于 Woude u. a.，*Urbanization*（1990），第 43 ~ 60 页，尤参见第 44 页。该文是有关城市化理论的一篇杰作。

［25］ Hohenberg/Lees，*Making of Urban Europe*（1985），第 200 ~ 205 页。

［26］ Reulecke，*Urbanisierung in Deutschland*（19923），第 11 页及下页。

［27］ Hohenberg/Lees，*Making of Urban Europe*（1985），第 244 页。

［28］ Bairoch，*De Jéricho à Mexico*（19852），第 340 页及下页。

［29］ E. A. Wrigley，" A Simple Model of London's Importance in Changing English Society and Economy，1650 – 1759"，收录于同作者 *People*（1987），第 133 ~ 156 页，第 146 条引语（1867 年首版）。

［30］ Martin Daunton，" Introduction"，收录于 P. Clark，*Cambridge Urban History*，第 3 卷（2000），第 1 ~ 56 页，此处见第 42 页。

［31］ Gerhard Melinz/Susan Zimmermann，" Großstadtgeschichte und Modernisierungin der Habsburgermonarchie"，收录于同作者 *Wien – Prag-Budapes*t（1996），第 15 ~ 33 页，此处见第 23 页。

［32］ Daniel R Brower，" Urban Revolution in the Late Russian Empire"，收录于 Hamm，*City in Late Imperial Russia*（1986），第 319 ~ 353 页，此处见第 325 页。

［33］ Adler，*Yankee Merchants*（1991），第 1、4 页及其余多处。

［34］ Olsen，*City*（1986），第 4 页。

［35］ 参见 Mumford，*Die Stadt*（1963），尽管书中观点不乏矛盾，但仍不愧为一本世界城市史的经典之作。另一部论述城市发展的名著是 P. Hall，*Cities in Civilization*（1998）。

［36］ Inwood，*London*（1998），第 270、411 页；P. Clark，*Cambridge Urban History*，Bd. 2（2000），第 650 页（表 19.1）；Bairoch，

De Jéricho à Mexico（1985），第 115 页，作者认为当时的罗马人口甚至达到了 130 万，与 1823 年前后欧洲最大城市的人口相当。

［37］ A. F. Weber, *Growth of Cities*（1899），第 122 页。

［38］ T. Chandler/Fox, *3000 Years*（1974），第 313 页。

［39］ 同上书，第 321 页。

［40］ 同上书，第 323 页；伦敦的数字有所修改，系根据 P. Clark, *Cambridge Urban History*, Bd. 2（2000），第 650 页（表 19.1）。

［41］ 关于 18 世纪 90 年代是纽约城市发展最快时期的观点参见 Burrows/Wallace, *Gotham*（1999），第 333～338 页。

［42］ Weber, *Growth of Cities*（1899），第 139 页。

［43］ Kumar, *Java*（1997），第 180 页。

［44］ Maddison, *Chinese Economic Performance*（1998），第 35 页，有关中国的数据系依据 Gilbert Rozman 的观点。

［45］ Gilbert Rozman, "East Asian Urbanization in the Nineteenth Century: Comparisons with Europe"，收录于 Woude u. a., *Urbanization*（1990），第 65 页，图表 4.2b。

［46］ 同上书，第 64 页，图表 4.1a/4.1b。

［47］ Bairoch in: Bardet/Dupaquier, *Histoire des populations de l'Europe*（1998），第 212 页（表 21）。

［48］ J. de Vries, *European Urbanization*（1984），第 28、39 页，第 258 页及下页。

［49］ 同上书，第 84 页。

［50］ J. de Vries, "Problems in the Measurement, Description and Analysis of Historical Urbanization"，收录于 Woude u. a., *Urbanization*（1990），第 43～60 页，此处见第 58 页及下页；H. S. Klein, *Population History*（2004），第 142 页及下页。

［51］ Lappo/Hönsch, *Urbanisierung Russlands*（2000），第 38 页；Goehrke, *Russischer Alltag*（2003），第 290 页；另参见 Hildermeier, *Bürgertum*（1986），第 603 页及下页。

［52］ Paul Bairoch, "Une nouvelle distribution des populations: Villes et campagnes"，收录于 Bardet/Dupaquier *Histoire des populations de l'Europe*（1998），第 193～229 页，此处见第 204 页及下页。

［53］ Palairet, *Balkan Economies* (1997)，第 28 页及下页。

［54］ Skinner, *Chinese Society* (1957)，第 68 页及下页。

［55］ Anthony Reid, "South-East Asian Population History and the Colonial Impact"，收录于 Liu Ts'ui-jung u. a., *Asian Population History* (2001)，第 45~62 页，此处见第 55 页。

［56］ 1910 年时，曼谷人口规模相当于暹罗第二大城市的 12 倍，参见 C. J. Baker/Phongpaichit, *History of Thailand* (2005)，第 99 页。

［57］ Doeppers, *Philippine Cities* (1972)，第 783 页，第 791 页及下页。

［58］ Narayani Gupta, "Urbanism in South India: 18th-19th Centuries"，收录于 Banga, *City in Indian History* (1991)，第 121~147 页，此处见第 137、142 页；Mishra, *Economic History* (1998²)，第 23 页；Ramachandran, *Urbanization* (1989)，第 61 页及下页。

［59］ 下面的数字大部分是依据 Chandler/Fox, *3000 Years* (1974)。

［60］ M. Reinhard u. a., *Histoire générale* (1968)，第 426 页。

［61］ Hofmeister, *Australia* (1988)，第 54、64~67 页。

［62］ Monkkonen, *America Becomes Urban* (1988)，第 70 页。

［63］ 同上书，第 81 页。

［64］ A. F. Weber, *Growth of Cities* (1899)，第 450 页。

［65］ Chudacoff, *American Urban Society* (1981)，第 36 页。

［66］ Monkkonen, *America Becomes Urban* (1988)，第 85 页。

［67］ Abu-Lughod, *New York* (1999)，第 134 页。

［68］ Boyer/Davis, *Urbanization* (1973)，第 7 页（表 2）。

［69］ A. F. Weber, *Growth of Cities* (1899)，第 450 页。

［70］ Bairoch, *De Jéricho à Mexico* (1985)，第 282 页。

［71］ Bardet/Dupaquier, *Histoire des populations de l'Europe* (1998)，第 193~229 页，尤参见第 227 页（表 24）；Karpat, *Ottoman Population* (1985)，第 103 页（表 5.3）。

［72］ Ruble, *Second Metropolis* (2001)，第 15 f. 、25 页。

［73］ T. O. Wilkinson, *Urbanization of Japanese Labor* (1965)，第 63~65 页。

［74］ Hohenberg/Lees, *Making of Urban Europe* (1996)，第 42 页；Meinig, *Shaping of America*, Bd. 2 (1993)，第 318~321 页。

［75］Kassir, *Beyrouth*（2003），第117页。

［76］这一观点依根据 C. Tilly, *Coercion*（1992），第51页；更极端的说法见 C. Tilly/Blockmans, *Cities*（1994），第6页；另参见 Hohenberg/Lees, *Making of Urban Europe*（1985），第169页及下页。

［77］Lemon, *Dreams*（1996），第78页；G. B. Nash, *First City*（2002），第45页及下页。

［78］Hohenberg/Lees, *Making of Urban Europe*（1985），第241页。

［79］Coquery-Vidrovitch, *Histoire des villes d'Afrique noire*（1993），第235～237页。

［80］Kaffir, *Beyrouth*（2003），第38、101、127页；Hanssen, *Beirut*（2006），第84页及下页。

［81］另参见 Lepetit, *Les villes*（1988），第51页。

［82］George Modelski, "World Cities in History"，收录于 W. H. McNeill, *Berkshire Encyclopedia*（2005），Bd. 5，第2066～2073页，此处见第2066页。

［83］Braudel, *Sozialgeschichte*, Bd. 3（1986），第93页及下页。

［84］Paul Knox, "World Cities in a World System"，收录于 Knox/Taylor, *World Cities*（1995），第3～20页，此处见第12页。

［85］Snouck Hurgronje, *Mekka*（1931），第10页。

［86］Coquery-Vidrovitch, *Histoire des villes d'Afrique noire*（1993），第244页。

［87］相关经典分析见 David D. Buck, "Railway City and NationalCapital: Two Faces of the Modern in Changchun"，收录于 Esherick, *Remaking the Chinese City*（1999），第65～89页；"国都"之说系因为长春曾于1932～1945年期间被确立为日本傀儡国满洲国的首府；关于内罗毕见 Karl Vorlaufer, "Kolonialstädte in Ostafrika. Genese, Funktion, Struktur, Typologie"，收录于 Gründer/Johanek, *Kolonialstädte*（2002），第145～201页，此处见第164页及下页。

［88］Mommsen, *Das Ringen um den nationalen Staat*（1993），第230页。

［89］Shannon, *Gladstone*; Bd. 2（1999），第572页。

[90] Girouard, *English Town* (1990)，第 289～291 页。

[91] Walton, *English Seaside Resort* (1983)，第 5 页及其余多处。

[92] Collier/Sater, *Chile* (1996)，第 76～80、161 页。

[93] 参见城市史经典之作：Rohrbough, *Aspen* (1986)，第 13 页，第 288 页及下页。

[94] 根据 J. M. Price, *Economic Function* (1974)。

[95] Mantran, *Istanbul* (1996)，第 258 页。

[96] Bled, *Wien* (2002)，第 183 页及下页。

[97] 参见 Coquery-Vidrovitch, *Histoire des villes d'Afrique noire* (1993)，第 297～306 页。

[98] K. Schultz, *Tropical Versailles* (2001)，第 101 页及下页。

[99] Raymond, *Le Caire* (1993)，第 298 页。

[100] Perkins, *Modern Tunisia* (2004)，第 14 页。

[101] 引语出自 Ackroyd, *London* (2000)，第 520 页。

[102] Kuban, *Istanbul* (1996)，第 379 页。

[103] Naquin, *Peking* (2000)，第 684 页；城市史新作见 L. M. Liu. a. , *Beijing* (2007)。

[104] Dong, *Republican Beijing* (2004)，第 90～100 页《北京游客》(*Tourist Beijing*)。

[105] Berelowitch/Medvedkova, *Saint-Pétersbourg* (1996)，第 317 页。

[106] 参见 Reps, *Making of Urban America* (1965)，第 240～262 页。

[107] Dickens, *American Notes* (2000/1842)，第 129 页。

[108] Gerhard Brunn, "Metropolis Berlin. Europäische Hauptstädte im Vergleich"，收录于 Brunn/Reulecke, *Metropolis* (1992)，第 1～39 页，此处见第 13 页及下页；P. Hall, *Cities in Civilization* (1998)，第 377、386 页。

[109] Kenneth T. Jackson, "The Capital of Capitalism: The New York Metropolitan Region, 1890 – 1940"，收录于 Sutcliffe, *Metropolis* (1984)，第 319～353 页，此处见第 347 页。

[110] Ball/Sunderland, *Economic History of London* (2001)，第 313 页。

[111] 最新史学概述否定了关于伦敦作为工业城市在 19 世纪陷入衰落的观点：同上书，第 55～66 页，此处见第 65 页；另参见 Martin Daunton, "Introduction"，收录于 P. Clark, *Cambridge*

Urban History, Bd. 3（2000）第 1 ~ 56 页，此处见第 45 页。

[112] 相关精彩论述见 R. J. Morris, "The Industrial Town", 收录于 Waller, *English Urban Landscape*（2000）, 第 175 ~ 208 页。

[113] Briggs, *Victorian Cities*（1968）, 第 96 页; 正如 Briggs 所指出 的, 在 1851 年之后, 几乎没有人再会为曼彻斯特感到兴奋 （第 112 页）。

[114] Girouard, *English Town*（1990）, 第 249 页, 第 253 页及下页。

[115] 有关曼彻斯特印象参见 Lees, *Cities Perceived*（1985）, 第63 ~ 68 页和第 49 ~ 51 页（对曼彻斯特的赞颂）。

[116] Bairoch, *De Jéricho à Mexico*（19852）, 331 页（表 15/1）。

[117] 参见 Konvitz, *Urban Millenium*（1985）, 第 98 页及下页。

[118] Lichtenberger, *Die Stadt*（2002）, 第 41、43 页。

[119] 参见 Dennis, *English Industrial Cities*（1984）, 第 17 页及下页。

[120] Jürgen Reulecke, "The Ruhr: Centralization versus Decentralization in a Region of Cities", 收录于 Sutcliffe, *Metropolis*（1984）, 第 381 ~ 401 页, 此处见第 386 页。

[121] Hohenberg/Lees, *Urban Europe*（1985）, 第 188、213、234 页。

[122] Barrie Trinder, "Industrialising Towns 1700 – 1840", 收录于 P. Clark, *Cambridge Urban History*, Bd. 2（2000）, 第805 ~ 829 页; David Reeder/Richard Rodger, "Industrialisationand the City Economy", 收录同上, Bd. 3（2000）第 553 ~ 552 页, 此处见 第 585 页及下页; 关于兰开夏郡的创新气氛可参见 P. Hall, *Cities in Civilization*（1998）, 第 314 页, 第 334 页及下页。

[123] Goehrke, *Russischer Alltag*（2003）, 第 292 页及下页; 关于积极 的一面: *Carl Scheibler inLodz*（Pietrow-Ennker, *Wirtschaftsbürger*, 2005, 第 187 页）; Shao Qin, *Culturing Modernity*（2003）。

[124] Lepetit, *Les villes*（1988）, 第 123 页。

[125] Lis, *Social Change*（1986）, 第 27 页及下页; 转变的前提是引 进机械化纺织业的失败。

[126] 参见 F. W. Knight/Liss, *Atlantic Port Cities*（1991）, 特别是其中 Barry Higman 有关牙买加的论述（第 117 ~ 148 页）。

[127] L. Ray Gunn, "Antebellum Society and Politics（1825 – 1860）", 收录 于 M. M. Klein, *Empire State*（2001）, 第307 ~ 415 页, 尤参见第

319 页。

[128] Fernadez-Armesto, *Civilizations* (2000), 第 381 ~ 384 页。

[129] Konvitz, *Cities and the Sea* (1978), 第 36 页。

[130] Corbin, *Meereslust* (1990), 第 239 ~ 243 页, 第 319 页及下页; Girouard, *English Town* (1990), 第 152 页。

[131] Kreiser, *Istanbul* (2001), 第 218 ~ 225 页。

[132] Amino, *Les Japonais et la mer* (1995), 第 235 页。

[133] 由 Frank Broeze 编辑出版的两本关于亚洲港口城市的珍贵文集是个例外: *Brides* (1989); *Gateways* (1997); 另参见 *Comparativ* 杂志文摘 17: 2 (2007)。

[134] Friel, *Maritime History* (2003), 第 198 页。

[135] Hugill, *World Trade* (1993), 第 137 页。

[136] Borruey, *Marseille* (1994), 第 5、10 页及其余多处。

[137] Dyos/Aldcroft, *British Transport* (1969), 第 247 页。

[138] Konvitz, *Urban Millennium* (1985), 第 65 页; R. Porter, *London* (1994), 第 188 页及下页; 有关旧伦敦港的精彩描述见 Bird, *Major Seaports* (1963), 第 366 ~ 390 页。

[139] Grüttner, *Arbeitswelt* (1984), 第 19 页。

[140] Dossal, *Imperial Designs* (1996), 第 172 页; Ruble, *Second Metropolis* (2001), 第 222 ~ 226 页, 此处见第 222 页; Abeyasekere, *Jakarta* (1989), 第 48、82 页; Chiu, *Port of Hong Kong* (1973), 第 425 页。

[141] Bourdé, *Urbanisation* (1974), 第 56 ~ 60 页。

[142] Worden u. a., *Cape Town* (1998), 第 166 页; Bickford-Smith u. a., *Cape Town* (1999), 第 26 页, 注释见第 406 ~ 442 页。

[143] Bergère, *Shanghai* (2002), 第 63 页。

[144] John Butt, "The Industries of Glasgow", 收录于 W. H. Fraser/ Maver, *Glasgow*, Bd. 2 (1996), 第 96 ~ 140 页, 此处见第 112 页及下页。

[145] 类似观点见 J. M. Price 经典论文: *Economic Function* (1974)。

[146] Robert Lee/Richard Lawton, "Port Development and the Demographic Dynamicsof European Urbanization", 收录于 Lawton/ Lee, *Population and Society* (2002). 第 1 ~ 36 页, 此处见第

17 页；关于临时工问题参见 Phillips/Whiteside, *Casual Labour* (1985)。

[147] 相关精彩论述见 Linda Cooke Johnson, "Dock Labour at Shanghai", 收录于 S. Davies, *Dock Workers* (2000), 第269~289 页。

[148] Marina Cattaruzza, "Population Dynamics and Economic Change in Triesteand Its Hinterland, 1850 – 1914", 收录于 Lawton/Lee, *Population and Society* (2002), 第 176~211 页，此处见第 176~178 页；Herlihy, *Odessa* (1991), 第 24 页，第 248 页及下页。

[149] Panzac, *Les corsaires barbaresques* (1999), 第 226 页。

[150] Auslin, *Negotiating with Imperialism* (2004), 第 97 页：英国与日本死亡人数比例为 18：1500；4 年前，法国人纵火烧毁了西贡老城。这是一次在未受挑衅情况下的蓄意破坏。此前，拿破仑一世的军队便曾在西班牙城市（马德里除外）有过类似的劣迹。

[151] Robert Lee/Richard Lawton, "Port Development and Demographic Dynamicsof European Urbanization", 收录于 Lawton/Lee, *Population and Society* (2002), 第 1~36 页，此处见第 3 页。

[152] Josef W. Konvitz, "Port Functions, Innovation and Making of the Megalopolis", 收录于 T. Barker/Sutcliffe, *Megalopolis* (1993), 第61~72 页，此处见第 64 页及下页。

[153] 另参 Lees/Lees, *Cities* (2007), 第 244~280 页。

[154] Doeppers, *Philippine Cities* (1972), 第 778、785 页。

[155] Bildband：Losty, *Calcutta* (1990). 背景分析见 P. J. Marshall, "Eighteenth-Century Calcutta", 收录于 R. Ross/Telkamp, *Colonial Cities* (1985), 第 87~104 页。

[156] 参见 Raymond F. Betts, "Dakar：ville impériale (1857 – 1960)", 收录同上，第 193~206 页。

[157] Whelan, *Reinventing Modern Dublin* (2003), 第 38、53 页，第 92 页及下页。

[158] Irving, *Indian Summer* (1981), 第 42 页。

[159] Papin, *Hanoi* (2001), 第 233~246 页；Logan, *Hanoi* (2000),

第 72、76、81、89 页；Gwendolyn Wright, *Politics of Design* (1991)，第 83、162、179 页。

[160] Papin, *Hanoi* (2001)，第 251 页。

[161] 就特征的定义问题，史学家提出了一系列建议。其中，尤参见 A. D. King, *Colonial Urban Development* (1976)，第 18、23~26 页，第 33 页及下页；以及同作者的另一本论述略嫌烦琐的著作：*Global Cities* (1990)，第 39~49 页；另参见 Franz-Joseph Post 对概念化做法的质疑："Europäische Kolonialstädte in vergleichender Perspektive"，收录于 Gründer/Johanek, *Kolonialstädte* (2002)，第 1~25 页；另一派独辟蹊径的观点见 Beinart/Hughes, *Environment and Empire* (2007)，第 148~166 页。

[162] 类似观点见 E. Jones, *Metropolis* (1990)，第 17 页及下页。

[163] Hamm, *City in Late Imperial Russia* (1984)，第 135 页；Bled, *Wien* (2002)，第 178 页；军事占领下的其他首都城市：墨西哥城 1847/48，布达佩斯 1849~1852，北京 1900~1902。

[164] Häfner, *Gesellschaft* (2004)，第 75 页及下页。

[165] Mantran, *Istanbul* (1996)，第 302 页。

[166] 关于萨洛尼卡城的精彩分析见 Anastassiadou, *Salonique* (1997)，第 58~75 页；另参见 Raymond, *Grandes villes arabes* (1985)，第 101、133、175 页，第 295 页及下页。

[167] Dalrymple, *Last Mughal* (2006)，第 454~464 页，有关城市被毁过程的描述。

[168] N. Gupta, *Delhi* (1981)，第 15、17、58~60 页。

[169] Kosambi, *Bombay* (1986)，第 38、43、44 页。

[170] Lichtenberger, *Die Stadt* (2002)，第 240 页及下页。

[171] 以生活在维多利亚城市中的爱尔兰人为例，对区分种族隔离与社会隔离之困难性的分析见 Dennis, *English Industrial Cities* (1984)，第 221~233 页。

[172] Jacobson, *Whiteness of a Different Color* (1998).

[173] Daten nach Bronger, *Metropolen* (2004)，第 174 页（表 19：Mega cities），第 191 页（表 55：Global cities）。

[174] W. J. Gardner, "A Colonial Economy"，收录于 Oliver, *Oxford*

History of New Zealand（1981），第 57～86 页，此处见第 67
页。

[175] 关于"代理商体系"重要作用的分析见 Davison, *Marvellous
Melbourne*（1979），第 22 页。

[176] 详见Jürgen Osterhammel, "Artikel 'Konzessionenund Niederlassungen',
'Pachtgebiete' und 'Vertragshäfen'"，收录于 Staigeru. a.,
China-Lexikon（2003），第 394～397、551～553、804～808 页；
与暹罗、摩洛哥和奥斯曼帝国同样也有类似的合约。

[177] 关于摩洛哥"通商口岸"现代化变种的专题研究见 Schroeter,
Merchants of Essaouira（1988）；但是作者认为，与欧亚大陆模
式更加接近的是"旧中国贸易"（Old China Trade），即 18 世
纪末的广州公行制度，而非通商口岸。

[178] Osterhammel, *China*（1989），第 167、176 页。

[179] 关于日本通商口岸城市见 Hoare, *Japan's Treaty Ports*（1994）；
Henning, *Outposts of Civilization*（2000）。

[180] 权威著作见 Bergère, *Shanghai*（2002）；关于天津的情况：没
有西方人曾经撰写过有关这一问题的专著，但可参见 Shang
Keqiang/Liu Haiyan, *Tianjin*（1996）。

[181] Schinz, *Cities in China*（1989），第 171 页。

[182] 更多例子见 Esherick, *Remaking the Chinese City*（1999）；详尽
的个案分析见 Zhang Hailin, *Suzhou*（1999）。

[183] Raymond, *Le Caire*（1993），第 297～304 页；另一派观点见
Fahmy, *Olfactory Tale*（2002）。

[184] Raymond, *Le Caire*（1993），第 306 页。

[185] Abu-Lughod, *Cairo*（1971），第 98、104～106 页。

[186] Fahmy, *Olfactory Tale*（2002），第 166～169 页。

[187] Raymond, *Le Caire*（1993），第 306～315 页；T. Mitchell 在
Colonising Egypt（1991）中提出了一个关于埃及自我殖民化的
有趣但略嫌过激的观点。

[188] Kassir, *Beyrouth*（2003），第 158 页及下页；Çelik, *Remaking of
Istanbul*（1986），第 3、5 章；Eldem u. a., *Ottoman City*
（1999），第 196 页及下页；Seidensticker, *Low City*（1983）–
《Chicago/Melbourne》是英国旅行家 Isabella Bird 的一份观察记

录，引语见第 60 页；M. E. Robinson, *Korea's Twentieth-Century Odyssey*（2007），第 8 页。

[189] 关于摩洛哥的情况见 Abu-Lughod, *Rabat*（1981），第 32、98 页。

[190] Coquery-Vidrovitch, *Histoire des villes d'Afrique noire*（1993），第 248～252 页；关于东非的类似发展情况见同一本书第 226～229 页。

[191] 参见中国社会史研究中的里程碑式巨著 Rowe, *Hankow*（1984 - 89）。

[192] 关于香港经济崛起的精彩论述见 D. R. Meyer, *Hong Kong*（2000），第 4～5 章；关于香港殖民地身份的政治与社会学分析见 Tsang, *Hong Kong*（2004），第 2、4、5 章。

[193] 引语见 Rowe, *Hankow*（1984 - 89），Bd. 1，第 19、23 页。

[194] Gruzinski, *Mexico*（1996），第 326、329、332 页。

[195] Heyden/Zeller, *Kolonialmetropole Berlin*（2000）.

[196] 参见 David Atkinson u. a.，"Empire in Modern Rome：Shaping and Rememberingan Imperial City"，收录于 Driver/Gilbert, *Imperial Cities*（1999），第 40～63 页。

[197] Port, *Imperial London*（1995），第 7、14、17、19、23 页。

[198] Schneer, *London 1900*（1999），第 3 章。

[199] Abu-Lughod, *Cairo*（1971），第 85 页。

[200] Abu-Lughod, *Rabat*（1981），第 117 页。

[201] Lichtenberger, *Die Stadt*（2002），第 153 页。

[202] 同上书，第 154 页及下页。

[203] Chartier u. a., *La ville des temps modernes*（1980），第 563 页。

[204] Michel, *Prague*（1998），第 202 页。

[205] Woud, *Het lege land*（1987），第 324～328 页。

[206] Sarasin, *Stadt der Bürger*（1997），第 247 页及下页。

[207] Lichtenberger, *Die Stadt*（2002），第 154 页。

[208] Olsen, *City*（1986），第 69 页。

[209] Lavedan, *Histoire de l'urbanisme à Paris*（1993），第 376、494 页；关于空间构想的精辟分析见 Rouleau, *Paris*（1997），第 316 页及下页。

[210] Catherine B. Asher, "Delhi Walled: Changing Boundaries", 收录于 Tracy, *City Walls* (2000), 第 247~281 页, 此处见第 279 页及下页; N. Gupta, *Delhi* (1981), 第 79 页。

[211] Fleming, *Belagerung zu Peking* (1961), 第 210 页。

[212] Steinhardt, *Chinese Imperial City Planning* (1990), 第 178 页及下页; Naquin, *Peking* (2000), 第 4~11 页。

[213] L. C. Johnson, *Shanghai* (1995), 第 81、320 页。

[214] 如果一个城市直接跨过了铁路时代, 那么会相对容易一些, 人们可以在城墙上开设新的城门, 为公路交通创造条件。20 世纪 30 年代的兰州便属于这类情况: Gaubatz, *Beyond the Great Wall* (1996), 第 53 页。

[215] Carla Giovannini, "Italy", 收录于 R. Rodger, *European Urban History* (1993), 第 19~35 页, 此处见第 32 页。

[216] 精彩论述见 Pounds, *Historical Geography* (1985), 第 449~461 页; "体系"形成的条件见 F. Caron, *Histoire des chemins de fer en France*, Bd. 1 (1997), 第 281 页; 技术性分析见 W. König/Weber, *Netzwerke* (1990), 第 171~201 页。

[217] Kellett, *Impact of Railways* (1969), 第 290 页。

[218] Dennis, *English Industrial Cities* (1984), 第 128 页及下页; Brower, *Russian City* (1990), 第 53 页, 另见第 85 页及下页关于城市移民的社会学精辟论述。

[219] Kellett, *Impact of Railways* (1969), 第 18 页。

[220] Mak, *Amsterdam* (1997), 第 213~217 页。

[221] Sutcliffe, *Paris* (1993), 第 97 页及下页。

[222] Brower, *Russian City* (1990), 第 52 页, 作者认为, 铁路工程师和筑路者从国家机构手中夺走了关于城市形态的决定权。

[223] 参见 Parissien, *Bahnhöfeder Welt* (1997)。

[224] Pinol, *Le monde des villes* (1991), 第 73 页及下页。

[225] Kreiser, *Istanbul* (2001), 第 53 页; Kuban, *Istanbul* (1996), 第 369 页。

[226] Frédéric, *La vie quotidienne au Japon* (1984), 第 336 页。

[227] Vance, *Continuing City* (1986), 第 366 页。

[228] Merchant, *Columbia Guide* (2002), 第 109 页。

［229］K. T. Jackson, *Crabgrass Frontier* (1985), 第 41 页。

［230］Çelik, *Remaking of Istanbul* (1986), 第 90 ~ 95、102 页。

［231］Dennis, *English Industrial Cities* (1984), 第 125 页。

［232］John Armstrong, "From Shillibeer to Buchanan: Transport and the Urban Environment", 收录于 P. Clark, *Cambridge Urban History*, Bd. 3 (2000), 第 229 ~ 257 页, 此处见第 237 页。

［233］Ball/Sunderland, *Economic History of London* (2001), 第 229 页。

［234］Bouchet, *Le cheval à Paris* (1993), 第 40、45、83、123、170 ~ 176、215、254 ~ 256 页; 除这本内容丰富的著作之外, 亦可参见 Kutscher: Papayanis, *Coachmen* (1993)。

［235］Dyos/Aldcroft, *British Transport* (1969), 第 74 页及下页; Ball/ Sunderland, *EconomicHistory of London* (2001), 第 204 页及下页; Beyrer, *Postkutschenreise* (1985), 第 235 ~ 238 页。

［236］Bartlett, *New Country* (1976), 第 293 页, 第 298 页及下页。

［237］Kassir, *Beyrouth* (2003), 第 144 页, 第 148 页及下页。

［238］Bouchet, *Le cheval à Paris* (1993), 第 214 页。

［239］作为人力车与自行车结合物的人力三轮车是 20 世纪 40 年代才发明的。

［240］Frédéric, *La vie quotidienne au Japon* (1984), 第 349 页。

［241］Bairoch, *De Jéricho à Mexico* (1985²), 第 405 页; Merki, *Siegeszug des Automobils* (2002), 第 39 ~ 40 (表 1)、88、95 页; Hugill, *World Trade* (1993), 第 217 ~ 220 页。

［242］Wolmar, *Subterranean Railway* (2004), 第 1 ~ 7 章; 关于巴黎地铁参见 Pike, *Subterranean Cities* (2005), 第 47 ~ 68 页。

［243］Gruzinski, *Mexico* (1996), 第 321、323 页。

［244］Bradley, *Muzhik and Muscovite* (1985), 第 55、59 页。

［245］K. T. Jackson, *Crabgrass Frontier* (1985), 第 13 页及下页; Vance, *Continuing City* (1986), 第 369 页, 为郊区化问题提供了一份内容丰富的城市社会学与城市地理学文献。

［246］Fogelson, *Fragmented Metropolis* (1967), 第 2 页。

［247］Girouard, *Die Stadt* (1987), 第 275 ~ 279、282 页 (Taine); Girouard, *English Town* (1990), 第 270 页; 关于郊区别墅的经典论述见 Olsen, *City* (1986), 第 158 ~ 177 页, 注释见第

446～464 页。

[248] Escher/Wirth, *Medina von Fes*（1992），第 19 页。

[249] H. J. Dyos/David A. Reeder, "Slums and Suburbs", 收录于 Dyos/Wolff, *VictorianCity*（1973），第 359～386 页；并非所有贫民窟都是工业化的产物。都柏林享有恶名的贫民窟是随着经济衰落出现的。

[250] Pooley, *Housing Strategies*（1992），第 6、328～332 页。

[251] 以莫斯科为例对相关问题的探讨见 Brower, *Russian City*（1990），第 79 页。

[252] D. Ward, *Poverty*（1989），第 13、15、52 页。

[253] Yelling, *Slums*（1986），第 153 页及下页；关于英国贫民窟问题的"发现"：Koven, *Slumming*（2004）。

[254] 关于城市高尚住宅问题见 Olsen, *City*（1986），第 114～131 页；Lichtenberger, *Stadt*（2002），第 208～216 页。

[255] Plunz, *Housing in New York City*（1990），第 60～66、78～80 页。

[256] 对当时事态的描述见 Vigier, *Paris*（1991），第 314 页；尽管鲁尔区建成了少数模范工人住宅区，但是这里同样也没能逃脱欧洲工人住宅环境恶劣的常态。参见 Reulecke, *Urbanisierung in Deutschland*（1992³），第 46、98 页。

[257] Frost, *New Urban Frontier*（1991），第 21、34、92、100 页，第 128 页及下页；另参见 Davison, *Marvellous Melbourne*（1979），第 137 页及下页。

[258] Inwood, *London*（1998），第 372 页。

[259] 对这一话题的深入探讨见 Schivelbusch, *Lichtblicke*（1983）；Schlör, *Nachts in der großenStadt*（1991）。

[260] Pounds, *Hearth*（1989），第 388 页。

[261] Frédéric, *La vie quotidienne au Japon*（1984），第 341～344 页。

[262] Daniel, *Hoftheater*（1995），第 370 页。

[263] Schlör, *Nachts in der großen Stadt*（1991），第 68 页。

[264] 在对城市的这一类描述方面，社会学家 Richard Sennett 与历史学家 Karl Schlögel 是两位杰出的大师。

[265] Oldenburg, *Colonial Lucknow*（1984），第 24、36 页，第 96 页及下页。

［266］Ruble, *Second Metropolis* (2001), 第 221 页及下页；Frédéric, *La vie quotidienne au Japon* (1984), 第 340 页。

［267］C. J. Baker/Phongpaichit, *History of Thailand* (2005), 第 72 页。

［268］Conner, *Oriental Architecture* (1979), 第 131 ~ 153 页。

［269］Sweetman, *Oriental Obsession* (1988), 第 218 页及下页。

［270］与此相关的精彩概述见 MacKenzie, *Orientalism* (1995), 第 71 ~ 104 页。

［271］Timothy Mitchell, "Die Welt als Ausstellung", 收录于 S. Conrad/Randeria, *Jenseitsdes Eurozentrismus* (2002), 第 148 ~ 176 页。

［272］Girouard, *Die Stadt* (1987), 第 291 ~ 293 页；Girouard, *English Town* (1990), 第 229 页及下页。

［273］相关历史细节见 Solé, *Le grand voyage de l'obélisque* (2004)。

［274］Girouard, *Die Stadt* (1987), 第 301 ~ 303 页。

［275］Kassir, *Beyrouth* (2003), 第 141 页。

［276］Briggs, *Victorian Cities* (1968), 第 115 页；C. Zimmermann, *Metropolen* (1996.), 第 66 页。

［277］Konvitz, *Urban Millennium* (1985), 第 132 页及下页。

［278］参见 "Urbana, Ill. 1869", 收录于 Monkkonen, *America Becomes Urban* (1988), 第 133 页。

［279］Reps, *Making of Urban America* (1965), 第 380 页, 亦参见第 349 页及下页。

［280］Ruble, *Second Metropolis* (2001), 第 216 页。

［281］Bessière, *Madrid* (1996), 第 135 页及下页。

［282］H. M. Mayer/Wade, *Chicago* (1970), 第 117、124 页。

［283］Brower, *Russian City* (1990), 第 14 页。

［284］Gruzinski, *Mexico* (1996), 第 57、59 页, 第 339 页及下页。

［285］C. Zimmermann, *Metropolen* (1996), 第 162 页: "19 世纪欧洲最大的城市 '翻新' 工程。"

［286］Bernand, *Buenos Aires* (1997), 第 209、213 页；仿英式建筑的最后一个例子是 1878 年建成的一座中世纪古堡式监狱 (第 191 页)。

［287］Horel, *Budapest* (1999), 第 183 页。

［288］同上书, 第 93、155、174 页。

［289］ P. Hall, *Cities in Civilization*（1998），第 737 页，关于豪斯曼时代巴黎的最出色描述见第 707～745 页；另参见 Sutcliffe, *Planned City*（1981），第 132～134 页，以及 D. P. Jordan, *Die Neuerschaffung von Paris*（1996），Van Zanten, *Building Paris*（1994）。

［290］ Sutcliffe, *Paris*（1993），第 83～104 页，尤参见第 86～88 页。

［291］ Sutcliffe, *Planned City*（1981），第 9 页及下页。

［292］ 经典分析见 S. Fisch, *Stadtplanung*（1988）；与日本的鲜明对比见 Hanes, *City as Subject*（2002），尤参见第 10 页及下页。

［293］ 相关经典著作（及丰富的图片）见 Irving, *Indian Summer*（1981），关于鲁琴斯与传统问题见第 82～87 页；关于鲁琴斯其人见 Ridley, *EdwinLutyens*（2003），尤参见第 209 页及下页。

［294］ 对这一建筑学伟大历史性时刻的精彩记录见 H. M. Mayer/Wade, *Chicago*（1970），第 124 页及下页。

［295］ Bessière, *Madrid*（1996），第 205 页。

［296］ E. Jones, *Metropolis*（1990），第 76 页；Vance, *Continuing City*（1990），第 374～376 页；Girouard, *Die Stadt*（1987），第 319～322 页。

［297］ 关于欧洲城市固有特征的重要论述见 H. Häußermann 和 H. Kaelble：*Leviathan* 29（2001）。

［298］ Frost, *New Urban Frontier*（1991），第 14 页。

［299］ 参见 Esherick, *Remaking the Chinese City*（1999）。

［300］ 参见 Leeuwen, *Waqfs*（1999），尤参见第 206 页及下页；关于伊斯兰城市的其他特点参见 Haneda/Miura, *Islamic Urban Studies*（1994）。

让 我 们 一 起 追 寻

于尔根·奥斯特哈默 / 作品 / /

世 界 的 演 变

19 世纪史

/ III /

[德] 于尔根·奥斯特哈默　著

（Jürgen Osterhammel）

Die Verwandlung der Welt: Eine Geschichte des 19. Jahrhunderts

强 朝 晖　刘　风　译

译　歌德学院（中国）
　　翻译资助计划

社会科学文献出版社
SOCIAL SCIENCES ACADEMIC PRESS (CHINA)

目　　录

I

第一部分　近景

第1章　记忆与自我观察

第2章　时间

Ⅲ

第三部分 主题

附 录

第三部分　主题

第12章　能源与工业

——谁，何时，何地解放了普罗米修斯？

一　工业化

如果说 1910 年前后这个世界的大部分地区看上去与 1780年前后有所不同，那么导致这颗行星外观发生变化的最重要原因就是工业。19 世纪是工业化生产方式及与此相关的社会形态在世界大部分地区广为传播的时期。不过这个时代的工业化并非单一形态和均衡发展的。有些地方工业已经扎了根，有些地方工业化失败，有些地方工业起步较晚，有些地方还未曾进行工业化尝试——这成为决定各地区未来发展走向的重要转折点，并形成了一幅由中心和外围、工业快速发展地区和工业发展停滞地区组成的新的世界版图。但何谓工业化？这个貌似简单的概念直到今天仍然让人争论不休。

论争

工业化这个概念的使用始自 1837 年，"工业革命"概念首次出现在 1799 年，于 1884 年成为科学术语；尽管如此，对于到底使用哪个词，历史学家们并未达成共识。[1]关于工业化的讨论纷乱无绪：讨论中人们无法专注于任何一个具体问题，而不得不反复说明正在讨论的是哪个问题。此外，参与讨论的各派历史学家都搬出他们各自的经济理论和学说来论证，这更使讨论乱上加乱。有些历史学家认为工业化是主要由技术革新推动的可测量的经济增长过程，而另一些历史学家则认为这个过程当中的制度变化更重要，并认为这个变化也是一个动因，甚至想用"制度革命"概念代替"工业革命"。[2] 研究工业化的学者们在两点上观点一致：第一，1900 年前后世界各大洲发生的工业经济及工业社会的变化是由于革新的推动，而这些革新发源于 1760 年的英国。连那些认为这些革新相对而言并不那么剧烈、算不上工业革命的人们也认同这种说法。第二，没有人否认，工业化现象从来都不是以国家为单位发生的，自始至终都是区域性的，起码在初期是这样。即使是高度评价 19 世纪民族国家制度法框架之意义的人也承认，工业化与某些区位的资源配置密切相关，它并不必然或长期地对民族国家的整个社会产生影响。1920 年前后全世界仅有寥寥几个国家是"工业社会"。即使在意大利、西班牙或俄国这些欧洲国家，一些地区的工业发展对整个社会的辐射也没有产生决定性影响。[3]

当今，最有趣的讨论围绕如下几个问题：

（1）通过对不完整历史统计资料的更精准的重新分析，人们得以证实，在 18 世纪最后四分之一世纪和 19 世纪最初四分之一世纪，英国的经济增长比大爆炸理论的拥护者们一向宣称的要缓慢和不均衡。人们也发现，很难找到说明经济急剧增长的数据，甚至找不到有关当时领先的棉纺织工业的数据。可是，如果连英国工业化"革命性"的起步都是如此缓慢和渐进的，那么我们不禁要问，工业化是从哪些更久远的历史时期延续过来的？一些历史学家甚至在研究中一直追溯至中世纪，发现从中世纪开始有多个经济快速发展时期，工业革命是这些经济快速发展时期的延续。

（2）即使是极力从量的角度否认曾经发生过工业革命的强硬怀疑论者，也不得不直面这个事实，即存在大量工业革命同时代人的质的见证，他们见证了工业及其社会效应的传播所带来的天翻地覆的变化，见证了一个"新时代"的开启。不独在英国如此，在其后出现了类似发展局面的其他欧洲国家也是如此，在全世界所有"伟大"的工业来临、新的劳动制度产生、新的社会等级制度形成的地方皆如此。于是就提出了一个问题，即在描述和分析工业革命时是否应将量的因素和质的因素结合起来？所谓制度经济学被视为当今流行的新古典理论的替代（不太极端的）理论，它的拥护者将质的因素做了一个有益的区分，即区分为对经济行为的"有形限制"（尤其在合同和法律条文方面）和"无形限制"（即各个文化中所通行的准则、价值观和习俗等）。[4] 这样一个更加丰富工业化概念无疑很受欢迎。不过风险在于，太多观点和角度的堆砌会令其繁复啰唆，想必要舍弃"简洁"解释之优雅。

（3）工业化一般被认为是历史上"欧洲独特道路"的重要标志。19 世纪末世界各地区均出现了财富和生活水平的空前差距，实际上这主要是由于有些社会已成功完成了工业社会转型，有些尚未完成。[5] 由此可提出各种课题。其中一个课题是研究这个"欧洲奇迹"的成因。埃里克·L. 琼斯（Eric L. Jones）研究发现，英国、欧洲、西方（或任何其他最适用于此处的单位）具备其他文明中所没有的自然/地理、经济和文化条件。该观点是已被证明了的，可一直追溯到马克斯·韦伯 20 世纪初所做的关于世界经济史和世界宗教经济伦理的研究。其他有些研究则一味提出反事实推论，寻找具备相似条件的地区，尤其是

911

912 中国，然后追问为何在中国没有发生使生产力水平提高的自主
变革。[6]如果说中国也具备与欧洲相似的条件，那就必须要解释
这些条件为什么没有被利用。

（4）瓦尔特·W. 罗斯托（Walt W. Rostow）对工业化进行
了教科书所通用的描述。他认为，各国经济会逐一达到一个腾
飞点，一种起飞前的准备状态，从这个点开始，各国的国民经
济就会在一条稳定的向着未来"自动持续增长"的道路上发
展。以这种方式进行研究会获得一系列重大事件的数据，这些
数据分别标志着各国经济现代化的开端。这一见解直到今天仍
有其价值。罗斯托还有个观点，认为一个工业化的标准模式会
受其内在逻辑的推动重复性地依次从一国推移到另一国。这个
观点今天就少有人赞同了。因为经济加速增长总是由特殊的内
因（endogenen）和外因（exogenen）共同促成。问题也在于，
很难就具体情况对哪些因素共同作用促成了各国经济的急速增
长进行调查。由于所有非英国的，即后起的工业化过程中都至
少有一次技术转让发生，所以跨国关系在工业化历史上始终起
着某种作用。19 世纪早期，来自欧洲大陆和美国的技术间谍就
已遍布英国。有很多依据支持以下说法，即在印度、中国、奥
斯曼帝国及墨西哥之所以没有发生大规模的工业化——至少在
1914 年前没有发生——主要是由于这些国家当时还不具备成功
引进技术的政治和文化先决条件。只有通过引进新的生产和管
理技术，这些国家高度发达的商业传统才有可能实现现代
化——之前，手工业国法国即如此。[7]具体到以区域为单位或以
国家为单位发生的工业化过程，其自主化程度存在着差异。有
些地方的工业化纯粹由外国资本推动，是工业生产形式的移植，
且仅限于飞地之内。而有些地方整个国民经济的深刻工业化由

自己主导，很少有"殖民"资本参与，却很成功，比如日本——在 19 世纪北大西洋以外地区绝无仅有，只此一例。

关于工业化的古典理论

913

专家们就工业化所进行的争论无法掩盖一个事实，即过去三十年里除有关工业化的旧理论或"古典"理论之外，很少有人再贡献货真价实的新观点。这些理论的共同点是把工业化看作一个大规模社会经济转型过程的一部分。

卡尔·马克思及马克思主义者（自 1867 年起）：工业化是从封建主义到资本主义的过渡，是通过资本积累和集中、开工厂、建立生产关系而发生，生产关系建立的基础是自由的雇佣劳动和生产资料拥有者占有这些劳动的剩余产品。后来又补充以竞争资本主义向垄断（或有组织的）资本主义的转变理论。[8]

尼古拉·康德拉捷夫（Nikolaj Kondrat'ev）（1925）与约瑟夫·A. 熊彼特（Joseph A. Schumpeter）（1922/1939）：工业化是资本主义世界经济周期性的增长过程，这个过程会与以前的过程相衔接，每个周期有不同的领先行业。[9]

卡尔·波兰尼（Karl Polanyi）（1944）：工业化是全面"大转型"的一部分——是自我调节的市场体系从交换与需求满足型经济的社会关系中"脱嵌"，根本上使经济摆脱了对社会、文化和政治等外部环境的依赖。[10]

瓦尔特·W. 罗斯托（1960）：工业化是一个发生时间先后有别但普遍发生的发展过程，分为五个阶段，其中最重要的是第三个阶段——起飞阶段（take off）——经济发展进入一个持续的"指数"增长阶段，但不必然与社会的质的改变相联系，即它是制度中性化的，缺乏背景关联性。[11]

亚历山大·格申克龙（Alexander Gerschenkron）（1962）：工业化是"后起工业化国家"利用模仿优势逐步克服障碍并形成自己独有的工业化形式和发展路径的过程——整个过程具有普遍性，在普遍性框架之外又具有多样性。[12]

保罗·贝洛赫（Paul Bairoch）（1963）：工业化是先前农业革命的延续以及继之而来的工业经济形式在全世界的缓慢传播，同时伴随着尚未发生工业化进程的经济体的被边缘化。[13]

914

大卫·S. 兰德斯（David S. Landes）（1969）：工业化是由技术革新和需求增长的相互作用推动的经济增长过程，该过程在 19 世纪后半叶因欧洲大陆对工业化先锋国英国的效仿而最终成为一种在全欧洲普及的发展模式。[14]

道格拉斯·C. 诺斯（Douglass C. North）与罗伯特·P. 托马斯（Robert Paul Thomas）（1973）：欧洲制度框架秩序历经几个世纪逐步建立，而工业化是这个过程的副产品，它保障了个人的支配权，并由此使资源的有效利用成为可能。[15]

这些理论提出的并不完全是同一个问题，也并没有都使用工业革命这个概念。[16]但它们的相同之处在于（诺斯/托马斯除外），都认为工业革命是基本按时间顺序发生的一个历史进程，其中在 1750～1850 年形成了大过渡的大致框架。一些理论强调变化之深刻和剧烈（马克思、波兰尼、罗斯托、兰德斯），这些理论可称为"热"理论。另一些则是"冷"理论，认为工业化前有很长时间的酝酿和准备，是一个渐变的过程（熊彼特、贝洛赫、诺斯/托马斯）。对转变发生前的社会状况有若干种叫法：封建生产方式、农业社会、传统社会、前现代等，不一而足。与此相应，转变发生后的状况也被赋予各种名称，有的被泛泛称作资本主义，有的被称为工业资本主义，有的被叫作科学工业世界，而波兰尼感兴趣的是社会内部的调节机制对市场的控制作用，而非工业本身。

这些理论的区别还在于，它们能在何种程度上由其创始人应用于全球范围内。在这方面，理论学家要比历史学家慷慨。马克思预计工业资本主义将会革命性地瓦解封建主义，世界很多地区会同质地发展进步；直到晚年，他才预示亚洲可能会走一条特殊道路（亚细亚生产方式）。在新一代理论学家中，罗斯托、贝洛赫和格申克龙是最早乐于就亚洲状况发表见解的，其中罗斯托的观点较笼统，对各国的结构特色兴趣不大。不过所有理论学家关注的并非二分法问题：为什么西方国家（欧洲）急速发展，而东方世界（据称）却踯躅不前，即"为什么是欧洲"这个自启蒙运动晚期和黑格尔以来被反复讨论的问题。只有诺斯/托马斯（含蓄地）和大卫·兰德斯，尤其是后者在其著作中，特别是晚期著作中将该问题作为核心问题来研究。[17]贝洛赫认为不存在独立的可作为单元进行比较的文明地区，这一点与费尔南·布罗代尔的观点相近，贝洛赫对他认为"欠发达"的19、20世纪经济体间的相互作用做了极为细致的研究。与同时代的罗斯托不同，他不认为全世界各地区最终会按同一种模式发展，他更强调差异。格申克龙能利用其落后补偿式发展模式来轻松解释日本现象；与熊彼特一样，他对非工业化不太感兴趣（这一点又与原本很多观点与其接近的马克斯·韦伯截然相反）。[18]

自亚当·斯密论国民财富的先锋论著于1776年发表以来，各种工业化理论折射出该问题的复杂性，也让人不由得出一个发人深省的结论，正如帕特里克·奥布莱恩（Patrick O'Brien）在1998年总结的那样："历史学和社会学领域最杰出的学者经

915

过近三百年的实证研究和思考，没有提出一个关于工业化的普遍性理论。"[19] 作为经济家学，奥布莱恩想必为此感到遗憾，而作为历史学家他并不太难过：将会有一个何等伟大的理论，既能概括工业化现象的丰富多样而又不失好的理论应有的朴素和优雅呢？

英国工业革命

2000 年前后中国的国民生产总值年均增长 8%（1950 年后，工业国的平均增长率长期保持在 3%），这在 19 世纪的欧洲是根本无法想象的。当前中国的增长仍靠工业扩张推动，将来才会由服务业、通信业等"后工业"领域所驱动，由此可见，事实上工业革命到今天仍在持续，而且势头更强劲。今天的工业比任何时代都更富有革命性。不过这当然与历史学家们使用的工业革命不是一个概念。[20] 根据他们的理论，工业革命是 1750～1850 年——不必拘泥于早十年或晚十年——发生在英格兰主岛（不包括爱尔兰）上的复杂的经济变革过程。其他所有的均应被称作"工业化"，其确定标准为，一国人均国民经济产值（output）的年增长率超过 1.5%，且持续增长数十年。理想情况下，居民平均实际收入应有相应或更高的增长。[21] 这种增长的发生以新的能源管理制度为基础，它开发化石能源以满足物质生产需要并更好地利用已知的能量来源。其特点还包括，在组织生产过程中，机械化的大公司，也就是工厂，虽未取代所有其他的生产形式，但占有主导地位。工业化大多数情况下是资本主义产生的预兆，但并不必然如此——20 世纪一些"社会主义"国家的工业化其实很成功。不能期望工业化能渗透国民经济的全部领域。全面现代化在今天可能是理所当然的事情，但在 19 世纪却几乎鲜有所见。那时，放眼全世界没有一个"工业社会"实现了全面现代化。1910 年前后，除美国、英国和德国外，只有少数几个国家勉强能用"工业社会"这个词来形容。不过那时在印度、中国、俄国或西班牙这样以原始农业为主的国家，已经有了大型工业设备和一些工业增长的迹象。如果工业化过程只限于少数几个领域和/或地区，也应称之为工业化。

并非所有国家的富裕之路都经由工业化。像荷兰、丹麦、澳大利亚、加拿大、阿根廷这些经济成就显著的国家，与其他高度发达的工业国有一个共同之处，就是它们在所有的生产领域及交通领域都应用了新技术，到 19 世纪末，这些国家就已经有一半就业人员从事非农业工作。即使如此，在这些国家寻找"工业区"也是徒劳。并非每个强大的军事政权背后都有长期支撑这个政权、同时还能满足人们基本生活需求的工业基础。从世界史的角度来看，弄清楚这些因素的排序很重要。象征现代社会的基本经济事实并非工业增长本身，而是在贫富日益分化的情况下，世界各地区人们生存状况的普遍改善（大致以平均寿命为参考）。

工业革命发生在英国。只有在那里，各种条件相结合产生的特殊状况才使经济得以发展到一个新的水平。列举这个过程当中起作用的最重要因素并非难事：存在一个未因关税壁垒而四分五裂的大型国家经济区；自 17 世纪中叶以来国内局势和平稳定；地理条件具有运输成本优势，尤其是沿海船运；有高度发达的精密机械和机床制造传统；大规模殖民贸易为能源供应和销售市场的开拓提供了方便；农业生产水平极高，可以释放出劳动力；大多数社会精英有改善（improvement）生活的愿

917

望，在一些社会小圈子，尤其是宗教异见者中，甚至有强烈的创业意识。[22]

与其他国家相比，在这个长长的清单中，可以强调尤为重要的三点：

（1）整个 18 世纪英国经济持续增长，国内出现了对"较高品质商品"，即介于生活必需品和奢侈品之间的商品的极大需求。逐渐形成的中产阶层成为消费主力军，而在欧洲大陆，这样的消费还仅局限于贵族阶层和商业精英。法国观察家在英格兰岛上特别注意到，英国那时已经出现了大众商品市场这类事物，这与法国不同。[23]

918　　　（2）18 世纪初，英国比任何一个欧洲国家都强盛，海外贸易量也超过荷兰。尤其是北美 13 个殖民地逐渐成为大不列颠岛所生产商品的重要销售市场，国内市场已消化不了产量日益增长的产品。反过来，英国又通过世界贸易和海运打通的关系保障了基本原料的供应，比如棉花，最初主要来自西印度群岛，到 19 世纪中叶则主要由被贩卖的非洲黑奴在美国南部各州新开垦的土地上廉价生产。这样的贸易不是工业革命的最终原因，但或许是重要的补充因素，若非如此形式的贸易，技术革新不可能产生如此广泛的经济影响。在一个封闭的"民族经济"中，工业革命的投入（inputs）成本会过于高昂。19 世纪英国在"世界工厂"角色之外又增添了一个角色，即欧洲大陆工业化所需原料和半成品贸易的组织者和分配者；这一中间人的身份也有近代早期渊源。这其中的关联性尚需进一步研究，不过有一点很明确，即撇开世界经济的背景和关联性就无法解释工业革命。工业革命并不单纯是英国"闭门造车"的产物。[24]

（3）法国和中国也同样有着伟大的科学传统及丰富的技术经验。不过在英国，"理论家"圈子和"实干家"圈子有更多的接触。他们逐渐找到了一套解决问题的共同语言，通过牛顿的物理学掌握了一种更易实践的思维方式，并成立机构，将技术革新工艺常态化，尤其是专利权。这样在英国就首次出现了另一个标志着工业化概念的事物：技术革新的标准化。与以前各时期不同，此时的革新浪潮没有中断或无疾而终。"伟大"的发明并非一蹴而就，而是在锲而不舍的一步步探索和改良中实现，并在这个过程中带动或激发新发明。通过实践人们熟练掌握了技术。真正重要的知识无一遗漏。于是，一波又一波持续发生并转化为技术文化的伟大革新浪潮在英国展开。早在18世纪，英国各地就已普遍达到极高的技术水平，工业革命又使其得以巩固。所有这一切并非发生在一个与世隔绝的国家。18世纪，科学技术知识在整个欧洲流转并跨越了北大西洋。技术领先地位一旦为他国所取得，就不再只被英国垄断。法国、德国、瑞士、比利时以及北美的科学家和工程师在很多领域都赶上甚至超过了其英国同行。[25]

假设1720年前后，人们就将来的工业革命向一位见多识广的观察家做一番乌托邦般的描述，请他预测世界哪些地区会最早发生工业革命，他一定会说是英国，此外肯定还有荷兰、比利时和法国西部沿海弗兰德地区（Flandern）、法国北部地区、日本中部地区、中国长江三角洲，或许还有波士顿和费城一带。所有这些地区有一个共同点，即都发生了趋于形成规模经济的各类活动：人们越来越崇尚劳动和手工业活动；农业生产力水平很高并持续增长；有以市场为导向的发达的农业分工生产体系，也常包括高品质的精加工；大量利用出口市场；具备生产

能力，部分以农户为单位，部分以大型"手工业工场"为单位
进行的纺织业生产。所有这些都发生在自由的劳动制度条件下，
而非奴隶制和农奴制下，这保障了生产资料所有制和"资产阶
级"的商业交际方式，比如买卖双方的相互信任和契约的可靠
性——在日本和中国则较少提到这一点。1720 年前后英国已经
在某些方面独占鳌头，但无论当时还是以后，英国的情况都并
非独一无二，并非放眼望世界农业一派萧条，唯英格兰独放光
芒。这一令人信服的假设至今并未在所有提到的地区得到足够
的印证，有待进一步研究。作为该观点的理论基础，如今有关
920   于"industrious revolution"，即勤劳革命的讨论。这一说法基于
以下观察，即工业革命中产量提高了，但实际收入并没有以同
等程度增长。根据这一理论，在工业化开始前一个世纪，欧洲
西北部地区、日本以及北美殖民地都已经出现了类似情况：家
庭的消费要求高了，需求也随之增长，于是愿意付出更多劳动。
为了多消费，就要多生产。工业革命对接上了这一由需求拉动
的快速增长过程。同时这也意味着，可能在工业化开始之前体
力劳动者阶层的负担就已加重，并不是快乐的农民在走进阴森
的工厂之后负担才骤然增加的。[26]

延续性

更宽泛的勤劳革命概念有一个特殊角度："原始"工业化，
发现这个角度是在 20 世纪 70 年代初，至今人们仍在对此进行
研究。"原始"工业化，简单说，就是为满足跨区域市场需求，
以乡村家庭为单位的进行的生产的扩大化。[27] 其典型特征是，
生产不是由古老的城市行会组织的，而是在"分加工包销体
制"下由城市企业主组织，并以乡村家庭有剩余劳动力及他们

自愿接受剥削为前提。越是在那些地方政权给予农民一定"企业经营"决策空间的地方，这种生产方式就越活跃，不过也有些地方，商户的增加得到了"封建"地主的扶持，村集体的集体主义没有对此产生阻碍。[28]在若干国家都发现了不同形态的原始工业，比如在日本、中国、印度以及俄国。人们以俄国棉纺手工业及小型的铁锻造手工业为例对此进行了特别有益的研究。不过，认为原始工业是通往工业化的一个必经阶段的假设并未得到证实。该模式似乎不是特别适合英国。工业革命并非线性地由普遍的原始工业化发展而来。[29]18世纪的前75年，英格兰和苏格兰南部的生产极其活跃，以至于安装用于大型生产的蒸汽机似乎不是一个新开端，而更像是先前发展趋势的延续。英国无疑有原始工业，但除此之外，手工业或工场手工业的产量及生产能力也普遍得以提高，谢菲尔德的刀具和剪刀锻造即是一例。[30]在其他一些情况下，原始工业化为后来的以工厂为组织形式的工业化打下了基础。在另一些情况下，原始工业化关系稳固下来，并没有因为内在力量的积聚和发展而成为多余。

921

　　若要去寻找更加长期的延续性，人们会注意到西欧和南欧部分地区的经济从中世纪开始就经历由若干繁荣期延续而来的工业革命；第一个千年末信奉伊斯兰教的中近东，11、12世纪的宋代中国，18世纪的清代中国及1400～1650年间的东南亚沿海地区，都经历了经济的异常繁荣期。若将工业革命与早期的各繁荣周期相比较，就会发现其增长效应并不特别令人刮目。工业革命和接踵而至的各国各地区的工业化为长期稳定的增长趋势奠定了基础，"长波"和经济繁荣于是就在这个趋势下做周期性循环，这是不曾有过的新情况。随着工业革命和与之相关的社会变化的发生，一个根本上属于静态经济的时代宣告结束。所谓静态经济，是指生产力的提升和财富的增长总会在持续一段时期后被反作用——主要是人口增长——所抵消。与很大程度上有着自身内在规律的人口发展相关，工业革命及随之而来的工业化在19世纪上半叶就已彻底跳出了"马尔萨斯人口陷阱"。[31]

922　虽然观点甚为不同的两大理论阵营——通过量化进行论证的增长怀疑论者和应用文化因素进行论证的"制度"革命信徒们——都表示异议，但英国工业革命具有独一性这一说法仍然有其合理性。尽管如此，起飞（take-off）这个具有航天色彩的技术描述还是太过戏剧化。一方面，经济不会在急剧增长时骤然停滞：在18世纪整整一个世纪，英国经历了长期而稳定的经济发展。另一方面，19世纪最初的几十年并不像人们认定的那样有着惊人的增长。[32]各种制约经济新增长的因素随着时间的推移才逐渐消失。直到19世纪中叶，经济增长才得以自由全面地展开。19世纪初的几十年，尖锐的社会冲突频发，这其实是个过渡期，与其说是工业化真正的"突破期"，毋宁说是孵化期。经济增长勉强跟得上人口增长的步伐；不过毕竟人口增长没有使已有的生活水平降低，这在此前的历史上均是如此。当然，一些工人群体已经陷入极度贫困。新技术的普及还很缓慢，尤其是作为新能源的煤的利用。直到1815年，战争状况及由此带来的所有财政负担还重压着这个国家。自1688年以来基本上没有变化的陈旧的政治体制使政府颇受掣肘，没有能力设立机构来满足新的经济和社会需要。直到1832年进行政治秩序改革后，才得以设立新机构。改革后，禁止不受制约的"利益群体"对政治决策施加影响，尤其是禁止大地主和垄断商人享有特权。自由贸易和通过金本位对货币供应进行自动调节提高了制度的合理性。1851 年，世博会在水晶宫举办，工业国大不列颠联合王国首次正式亮相。在这个具有象征意义的年份之后，英国才完成了从工业革命到真正的工业化的过渡。之后，人均收入显著增长，无论在工厂里、轮船上还是铁路上，蒸汽机成为输送能量的最重要媒介，食品价格下降趋势开始动摇拥有地产的贵族的权力垄断。[33]

不过不要高估英国起初相对于欧洲大陆的领先地位。著名的英国发明传播速度很快，1851 年人们在水晶宫就清楚地看到，美国的机械制造技术已经超过英国。[34] 尽管一开始有出口限制，但英国技术还是短时间内就在欧洲大陆和北美为人们所熟悉——主要是通过英国的工程师和工人。[35] 根据经济史的时间标度，"落后"三四十年不足为奇，有时个别发明都需要如此长时间来发展和传播。人们总是试图确定各个国家起飞的准确时间，这在很大程度上是个伪问题。有些国家工业化是骤然开始的，有些则发生在不知不觉间；有些经济突然就开始增长，有些则需要好几轮助跑准备。有政府关注工业化的地方——比如 1885 年之后维特（Sergej J. Vitte）任财政大臣的俄国，比没有政府关注的地方有更深刻的变化。即便没有确切的时间，欧洲各国发生工业化的顺序也还是较明确的：比利时和瑞士发生工业化较早，法国开始于 1830 年后，德国是在 1850 年后，其他欧洲国家都晚得多。不过比在工业化队列中的排序更重要的是工业化的全貌。这里有一个基本的矛盾点。一方面，每个欧洲国家都有自己的工业发展路径。若说它们都是效仿"英国模式"呢，这其中没有一个国家谈得上是直接照搬"英国模式"——再说，当时在英国之外人们并不是很清楚有英国模式这回事。当时英国的状况如此独特，直接照搬几乎不可能。[36]

923

可是另一方面，如果退后一步看，就会认识到在各具特色的民族之路以外，泛欧洲工业化内部有越来越多的相互交融。到了19世纪中叶，在几乎所有地方，工业化都得到了政府的支持。贸易往来和国际协议（包括自由贸易）促进了整个欧洲市场的融合，欧洲大陆文化的同质性使科学技术交流越来越容易。[37] 1870年前后，有些欧洲国家的经济已经发展到相当的水平，开始和英国工业市场平分秋色。这时人们已经普遍认识到，除了优越的自然条件，还有一些因素是工业化成功不可或缺的：一个是土地改革，土地改革使农民摆脱了非经济因素的束缚；还有就是投资开发"人力资源"，也就是投资教育事业，从普及识字到设立国家研究机构不一而足。受过良好教育的劳动力能弥补土地和矿产资源的匮乏，这是一些欧洲国家及日本在19世纪末的几十年里率先得出的一个有益结论。[38]

924

工业化生产方式的一大优点是，至少从某一方面来看它不是革命性的：它没有摧毁一切旧的价值创造形式，没有造就一个彻头彻尾的新世界。换言之，无论以前还是现在，工业都是以各种形式出现，能轻松地使非工业生产方式为己所用，而无须破坏它们。上千名工人集中在一座工厂里的大企业，除少数特例外，当时在世界各地都很少见。除持续吞并其他领域的批量生产外——这可能是中国人的发明，他们几个世纪以来在制陶业或木器业实践着一种分工协作的批量生产方式[39]——被人们称作弹性生产（flexible production）的生产方式也被保留下来了。[40] 在集中模式和分散模式有机结合的地方，工业化成果尤为卓著。直到20世纪20年代末，才出现了另外一种截然不同的工业化模式——实行中央计划调控的斯大林式工业化。不过，斯大林式工业化的成果很有限。当时已可以制造各种规格的电动机，也可以直接从插座取电，这在19世纪末又一次推动了小企业生产的发展。[41]其基本模式无论何处都如出一辙，在日本、印度及中国均如此：在拥有大工厂的大企业周围，密布着众多小供货商和竞争对手。如没有政府的干预，这些小企业的工作条件会比程序规范、雇用专业技工、间或具有家长式自身形象的大企业差得多。

第二次经济革命

人们经常谈到"第二次工业革命"，主要是指19世纪末领先行业从棉纺和制铁业转向钢铁（规模远远超过1880年前工业革命开始时的"大钢铁垄断企业"）、化学和电力行业。随着领先行业的转移，工业发展也从英国向德国和美国转移，这两个国家在新技术领域已大大处于领先地位。[42]比仅局限于技术领域的说法更有意义的是维尔纳·阿贝尔斯豪泽（Werner Abelshauser）的理论，它认为这是"第二次经济革命"。该理论所涉领域要宽广得多。[43]这次经济革命造就了20世纪占主导地位的企业形式——"康采恩"。阿贝尔斯豪泽认为，发生于1880～1890年间的新一轮变革，比最初的工业革命具有更重要的意义。因为它产生了直接的全球性影响，而第一次工业革命的远距离影响是缓慢发生的。在19世纪的最后四分之一世纪，除领先技术行业发生转移之外还出现了很多新情况：发达的国民经济体都实现了生产的全部机械化，即前工业时代的"小作坊"消失；自营的小企业主向职业经理过渡，成为当时的主导社会形态和文化主流；与此相关，通过交易所进行融资的股份公司兴起，私营企业管理日渐官僚化，"白领"职业阶层兴起；生产开始集中，形成卡特尔，由此压制了传统竞争机制；多国康采恩出现，以品牌为支撑在全世界销售自己的商品，并为此与世界各地的若干合作者合作建立全球性销售网络。

最后一点尤其凸显世界各地工业生产方式转变形式的重要性。比如，19 世纪 90 年代，新泽西标准石油公司（Standard Oil of New Jersey）和英美烟草公司（British-American Tobacco Corporation，BAT）等"多国康采恩"就已抢滩中国，开始以前所未有的方式直接渗透中国消费品市场。具有"垂直"管理架构的康采恩控制着原材料源头、产品继续加工和销售。纯粹的工业变成了商业（business），这是一种新的跨国商业运营模式，在这种模式中工业企业需要和银行有更多合作，联系更紧密。这种商业模式（Business）率先在美国孕育出了大企业集团（Big Business）。19 世纪 80 年代中期才开始工业化的日本，具有特殊的起始优势，因为德川时代的一些大商业家族实力犹存，平稳进入新时代，在一定程度上改头换面成为"财阀"（zaibatsu）——多样化经营的大企业，多为家族企业，这些企业共同对国家的大部分经济进行寡头垄断。日本财阀与美国那些垂直架构的大型混合企业体的相似之处甚少。19 世纪末，美国的大企业对国内工业行业进行了瓜分，形成了拥有多样业务但业务间关联度不高的控股公司（holding companies）。大约从 1900 年开始，大财阀如三井、三菱和住友才开始具备严格的中央集权组织形式。其后，除美国和德国外，日本也拥有了具备垂直和横向组织架构的大企业集团，但又与英国和法国有所不同。[44]

大分流

过去二三十年，杂志及各类文集中关于工业化的讨论并未形成一个新的综合性理论，于是人们转向对宏大理论构想的探讨。[45]研究成了点式研究，简单肤浅，大多依据传统的增长理论。20 世纪 70 年代和 80 年代最有影响的世界体系理论学者伊曼纽尔·沃勒斯坦（Immanuell Wallerstein）未参与这一讨论。他引经据典，列出若干反对工业革命理论的陈旧观点，认为工业革命理论"极具误导性"，因为它诱导人们偏离真正的核心问题，即世界经济发展这一问题。[46]主流理论界重启工业化讨论是在 2000 年左右，荒诞的是，这一讨论是由深入的历史研究引发的，而且并非是对欧洲历史的研究。研究区域史的专家们发现，17、18 世纪的中国、日本、印度部分地区及伊斯兰世界部分地区完全不符合欧洲社会学界最初凭借一星半点的知识兀自拼凑的那个贫困萧条的亚洲刻板形象。这些地区当时完全具备一些发生工业革命的条件。又有一些学者出于补偿式正义热情走向另一个极端，对前现代时期的亚洲过多赞赏，以致认为"欧洲奇迹"如非错觉，便是欧洲的虚假宣传或是一系列偶然事件相互作用的结果，不存在内在必然性——意思是说，其实，工业革命本来一定会在中国发生。[47]这样的说法太夸大其词。不过对亚洲近代早期积极的再评价为"为什么是欧洲"这一几乎穷尽所有话题的讨论注入了新气息。因此，细数欧洲的优势和成就（从罗马法、基督教、印刷术，到精确的自然科学、理性的经济观念、竞争式国家体制及"个人主义的欧洲人形象"），然后笼统地断定，欧洲以外的其他地区均不具备所有这些条件，这种对比已不能令人满意。近代早期的欧洲和亚洲越互相拉近，它们的质和量的差别就变得越小，19 世纪中叶出现的把世界分为成功者和失败者的明显的大分流（great divergence）就越令人费解。[48]如果说迄今为止似乎是欧洲的地理生态优势（埃里克·L. 琼斯 ［Eric L. Jones］）[49]或其独特的

927

文化特质（马克斯·韦伯、兰德斯及其他大多数学者）注定了它的成功，那么打破砂锅问到底，又是什么造就了欧洲的独特呢？

如将相对的"亚洲衰退"时期确定得越晚，则亚欧差别实际显现的时间就越往后推，直至进入 19 世纪。有那么一段时期，人们认为欧洲特殊道路开始得较早，始于中世纪（琼斯及迈克尔·米特罗尔［Micheal Mitterauer］），其他历史学家则以充分依据论证说，这个时期的中国（尤其在 11 世纪）及伊斯兰世界的部分地区，其社会、经济和文化均处于世界领先地位，因此上述观点流行一段时间后，人们最后还是将大分流发生的时间往后推，确定在通常认定的工业革命发生的时期内。确实有若干依据证实大分流直到 19 世纪才发生。由于欧洲和亚洲的社会经济鸿沟现在开始弥合，所以这个课题具有 20 年前尚不具928 备的时效性和紧迫性。在欧洲，人们将中国和印度的崛起看作"全球化"的一部分（现在人们已经习惯了日本，态度较淡然）。事实上，这些发展的背后也真实地发生着工业革命，这个工业革命是"追补"欧洲 19 世纪所经历的一切，同时又并非完全重复欧洲道路。

二　能源体系：煤炭世纪

能源作为文化主旋律

1909 年，马克斯·韦伯感觉到必须对"能源文化论"进行鞭笞。这一年，化学家、哲学家、该年度诺贝尔奖获得者威廉·奥斯特瓦尔德（Wilhelm Ostwald）挑起了相关讨论。韦伯说，按照奥斯特瓦尔德的观点，"每一次的文化骤变……都是由新的能源关系引起"，"自觉的文化工作"要以"致力于获取自由能源"为己任。[50] 当时，社会科学正努力在研究方法上摆脱自然科学的束缚，其最核心的领域——文化——却被并入一元论理论体系中。其实不必进入韦伯指出的理论陷阱，也会把能源看作经济发展史上的一个重要因素。韦伯所处的时代还没有环境史这一学科。在当今能源问题的背景下，它主要让我们明了这一因素的重要性。

能源文化论出现在 19 世纪很合乎时宜。几乎没有哪个概念像能源那样让科学家们呕心沥血地研究并如此吸引公众的关注。从早期的动物电实验开始，到 19 世纪中叶，已经发展出一门具有广泛覆盖面的能源科学，而动物电的发现使伏打（Alessandro Volta）于 1800 年左右发明了第一个电流源。在能源科学基础上又建立了宇宙学体系，尤其是自亥姆霍兹（Hermann Helmholtz）具有划时代意义的论文《论力的守恒》发表以后。新宇宙学不再基于浪漫的自然哲学猜想，而是依赖扎实的实验物理基础，对其规律性的表述经得住实践检验。继法拉第（Michael Faraday）1831 年证实了电磁感应并发明了第一台发电机后，苏格兰人麦克斯韦（James Clark Maxwell）发现了电动力学原理和基本方程并描述了大量电磁现象。[51] 与光学密切相关的新能源物理学继续发展，使得大量技术成果转化得以实现。该时期的一位关键人物是威廉·汤姆森（William Thompson，自 1892 年起被称为开尔文勋爵，他是第一位科学家勋爵）。他身兼多种角色，备受瞩目，他是科学管理者、帝国政治家、基础物理学家，又是结合实际的技术践行者。[52] 西门子兄弟通过应用弱电技术实现跨洲通信赚取了第一桶金，而 1866 年，维尔纳·西门子

929

（Werner Siemens）又发现了电动原理，也就是强电技术。[53]从西门子、美国人爱迪生等伟大的发明家到业余电爱好者，成千上万的专业人士参与到在全世界传播越来越广的电气化过程当中。从19世纪80年代开始，发电站投入使用，城市电力系统建成。90年代，小型三相电动机已经可以批量生产，可以以低廉的成本大规模生产。[54]不过早在19世纪上半叶能量生产和转化的最重要发明就已服务于生活实践了。蒸汽机不外乎就是这样一个物件：一台把没有生命的物质转化为有效技术力量的机器。[55]

　　能源成为整个19世纪的主旋律。能源此前仅作为自然力为人们所熟悉，主要以火的形式出现，如今成了一种不可见却发挥功效的力量，有着令人意想不到的种种功能和作用。19世纪的自然科学理想不再是近代早期的机械主义，而是动力能源整合。其他的科学领域皆依赖于此。此前政治经济学比受到韦伯抨击的能源文化论更有成果。1870年之后，新古典经济学对物理学颇为艳羡，因此也大量使用能源概念。[56]具有讽刺意味的是，恰恰是在用动物身体获取能量已失去经济意义的时候，人们发现人体充满着能量。正如亥姆霍兹指出的那样，人体一定参与到了无限的、不会被破坏的力的宇宙中。"劳动力"这个在古典政治经济学那里还很抽象的哲学表述受物理热力学的影响变成了"人体发动机"。它作为肌肉与神经的组合体可以应用到有计划的工作程序当中，而其能量吸收和传输关系可以通过实验精确测定。马克思与他首创的劳动力概念在19世纪中叶已经受到亥姆霍兹的影响，韦伯在其研究生涯之初就仔细研究过工业劳动的心理物理学问题。[57]

　　在19世纪的欧洲和北美，人们表现出对能源的超级迷恋并非偶然。工业化是能源体系的一次更迭，这是他们最重要的观点之一。每一种经济活动都需要能源的供给。缺少获取廉价能源的渠道，会让一个社会遭遇发展瓶颈，而且是最危险的瓶颈之一。在前工业化时代，即使自然资源相对丰富并占尽各种文化上的天时地利人和的国家，除人力资源外赖以生存的能源也不过寥寥数种：水、风、木柴、泥煤和畜力。能源有限，只有通过扩大耕作、伐木及利用较有营养价值的农作物来实现能源供应。可支配能源的增长跟不上人口增长的危险始终存在。各国在利用各种可支配能源种类的比例上是有差异的。有人估算，1750 年前后，在欧洲消耗的能源中木材占到一半，而在同一时期的中国，木材最多只占 8％。反过来，当时人力资源在中国要比在欧洲重要得多。[58]

开发化石能源

931

随着工业化出现了一种新能源，这种新能源当然不是突然冒出来的，而是逐渐产生的。它就是化石燃料煤。在欧洲，自 16 世纪开始，煤的使用越来越多，其中英国的用煤量最大。[59] 不过不要高估这一变化的速度。在欧洲，到 19 世纪中叶，在被利用的能源中煤的份额微不足道。之后，传统能源的份额才开始减少，现代能源份额急剧增长，如煤、后来的石油以及水力——由于修建拦河坝及新型涡轮机的出现，水力得到更好的利用。[60] 我们今天所知的能源种类的多样化是工业化的遗产。能源的多样化是在经历了木柴作为主要燃料的上千年后才出现的。19 世纪的欧洲还在大量使用木柴，这在今天看来很不可思议。[61] 除了用途越来越广的煤和越来越少被利用的木柴，直到进入 19 世纪下半叶，交通和磨坊中一直都利用风力。可燃气体最初是从煤中提取的。以前大城市马路上的汽灯就使用这种气体。如今满足世界 1/4 能源需求的天然气，在 19 世纪尚未被利用。与人类所熟知的煤不同，天然气的历史有确切的日期：1859 年 8 月 28 日，宾夕法尼亚首次成功打出了一口商业油井。该事件马上带来了淘石油热，这是在加利福尼亚的淘金热过去了 10 年以后。自 1865 年起，一位名叫约翰·D. 洛克菲勒（John. D. Rockefeller）的年轻人，以石油起家，奠定了一个大财团的基业。到 1880 年，他创建于 10 年前的标准石油公司（Standard Oil Company）几乎垄断了增长中的世界石油市场——之前没有任何人能作为个体在煤炭市场上达到这个高度。起初主要从汽油中提炼润滑油和煤油，用来点灯和烧炉子。直到约 1920 年后，汽车的普及才使石油在全球能源格局中拥有了货真价实的分量。在全世界使用的燃料中，煤在 20 世纪 20 年代达到了其相对意义的最大值。[62] 动物能源依然受欢迎，比如，运

932 输中使用骆驼和驴（两种极廉价的交通工具），农业中使用公牛和水牛，雨林中使用大象（印度）。在欧洲，马越来越多地取代人力是"农业革命"的一部分。1700 ~ 1850 年间英国马匹数量翻了两番。1800 ~ 1850 年，也就是工业革命的高潮时期，英国从事农业的劳动人口人均拥有的马匹能量增长了 21%。直到 1925 年后，英国每公顷土地的马匹数量才开始减少，在该发展趋势的先锋国家美国，这个过程早在几十年前就已开始。拖拉机取代马匹在无须开垦新土地的情况下扩大了耕地面积，因为只需要较少土地用于生产马饲料（草、燕麦）。[63] 即使如此，在 1900 年前后的美国，农业用地的 1/4 仍然用来饲养马匹。亚洲种植稻子，几乎没有动物耕作，机械化耕作很困难，所以不曾经过这样一个效率增长的农业现代化的重要缓冲期。

19 世纪的工业文明有赖于化石燃料的开发，有赖于对从化石燃料中获取的能源进行越来越高效的技术和机械转化。[64]燃煤蒸汽机的使用开启了一个自主螺旋式上升的发展过程，因为有了蒸汽机驱动的升降机和鼓风机，人们才得以到达地下深处的煤层进行开采。在蒸汽机发明之初，人们还在寻找更适合矿井排水的水泵。设计出第一台功能还很差的蒸汽机是在 1697 年。1712 年，由纽科门（Thomas Newcomens）设计的第一台真空泵，也就是世界上第一台活塞式蒸汽机，在一个煤矿进行了安装。[65]工程师瓦特（James Watt，1736～1819 年）和他的商业伙伴及投资人博尔顿（Matthew Boulton，1728～1809 年）不是在一个纺织厂首次推出体积较小但性能较好的蒸汽机，而是在英国康沃尔（Cornwall）的一个锌矿。康沃尔地处偏僻，后来的工业成就也乏善可陈，却是最富有成果的早期蒸汽机实验场。1784 年，坚持进行实验的瓦特实现了关键性的技术突破，他设计的蒸汽机不但能产生垂直运动，还能产生旋转运动，并且有效功率非常高。[66]由此，蒸汽机作为机器的驱动装置在技术上已经成熟，尽管整个 19 世纪实际上可以提高该类机器的效率（释放的可进行机械驱动的那部分能量）并降低煤耗。[67]1785 年，瓦特的蒸汽机在英国一家棉纺厂首次投入使用。但几十年后，蒸汽机才真正在轻工业行业成为最重要的能量来源。1830 年，在欧洲大陆最重要的工业区之一——萨克森，大多数纺织厂仍然以水力为主。直到有了铁路，实现了廉价煤炭的供应，很多地方才从转型为蒸汽驱动中获益。[68]采煤成为工业化的关键。应用先进技术，即用蒸汽力采煤，用蒸汽火车和蒸汽轮船将煤运到需要的地方，是取得工业成就的一个重要前提。

煤的获得，对日本来说极其困难，因为日本自有煤炭储量

933

很少。所以日本使用蒸汽机的时间非常短，也就不足为奇了。
第一台固定式蒸汽机，即不随轮船漂浮的蒸汽机，于 1861 年在
长崎的一个国营钢铁厂投入使用；该蒸汽机是从荷兰进口的。
此前大部分商用能源都来源于水轮驱动。就如起初在英国，早
期的棉纺厂也是通过这种方式驱动的。在一段时期内，各种不
同的能源采集方式并存。到 80 年代中期，日本的工业化突飞猛
进，仅数年时间，日本的工厂就普遍拥有了蒸汽机。90 年代中
期，蒸汽（动力）采用量已达到高潮。作为最先使用电力的国
家之一，日本最大限度地应用从水力和煤炭中获得的电力，使
工业发展具备了很大优势。60 年代，蒸汽机刚在日本投入使用
时，日本比英国落后 80 年。到 1900 年左右，落后局面已完全
扭转。在能源发展方面，日本以电影快动作的速度赶上了
西方。[69]

934   煤炭生产发展的统计数据一方面是工业发展水平的一个指
数，另一方面也揭示出发展的原因。应抱着某种怀疑态度看这
些数字，因为，举例来说，没有人重视中国的非机械化煤矿矿
井生产，连这样的尝试也不曾有；不过其生产大概也几乎从未
被导向工业化应用。对于统计在列的世界石煤产量，19 世纪中
叶是一个转折点。石煤年产量从 1850 年的最高 8000 万吨增长
到 1914 年的超过 13 亿吨，就是说，在 60 年里增长了约 16 倍。
起初英国以占全世界采煤量的 65% 位居世界第一，第一次世界
大战前夕，则让位于美国降至第二位（25%），居于美国
（43%）和德国之间（15%）。除了这三大煤炭生产国，其他国
家的煤炭生产微不足道。有几个正在增长的国家，几年内就建
立了令人刮目相看的煤矿开采业，尤其是俄国、印度和加拿大。
但这些小煤炭国中产量最大的国家——俄国，其在 1910～1914

年间的煤炭产量占世界总产量的平均份额也只有 2.6%。[70]一些国家，如法国、意大利和中国南部，不免要从煤炭资源过剩的地区，如英国的近海采煤区、鲁尔区以及越南，进口煤炭以满足需求。

60 年代，世界煤炭资源即将耗尽的恐慌之言甚嚣尘上，半个世纪后，勘探出的大量新煤层使煤炭供应充足，同时也导致了煤炭市场的分散，英国无法保持其在煤炭市场上固有的统治地位。[71]有些政府已经认识到实行能源政策的必要性，有些则还没有。在俄国，一个天然条件良好的矿冶基地的扩建停止了，因为由谢尔盖·尤里耶维奇·维特（Sergej J. Vitte，1892 年起任职）担任沙俄晚期现代化设计师和财政大臣的俄国政府，片面发展钢铁工业和机械制造的高科技项目。[72]而在日本，煤矿开采业和工业发展并重。尽管日本拥有的煤炭储量不像美国或中国那样大，但其煤炭生产在 1885 年后工业化的第一阶段完全实现自给自足。直到工业化的第二阶段，冶金工业继续发展，日本煤炭的质量已达不到要求。将中国东北三省掠为殖民地之所以对日本有利可图，是因为那里有更适合提炼焦煤的优质煤矿。1905 年后，南满铁道株式会社开始开采南满铁路殖民区的优质煤矿。[73]比日本更明目张胆的资源掠夺式帝国主义实不多见，资源掠夺式帝国主义即指以抢占工业资源为目的而征服其他民族。[74]

中国是一个被殖民统治的例子。能源匮乏长期困扰着这个人口稠密、大片国土上林木几乎被砍伐殆尽的国家。中国北部和西北部煤炭储量很大，直到今天也只有一部分煤炭资源得到了开采。这些矿产并非一直无人问津、无人利用，它们很早就被大规模地用于炼铁。据可靠来源估计，中国的铁产量在 1100

935

年前后可能就超过了整个欧洲（俄国除外）1700 年前后的铁产量。[75] 为何这样的生产没有继续下去，原因不得而知。总之，中国在 18、19 世纪的煤产量规模不大，尤其是因为西北的矿床距离贸易中心路途遥远，这些贸易中心指的是 1842 年开放后在沿海地区形成的通商口岸。在英国，路途短，水路良好，人们很早就以较低的成本使用煤炭，而中国缺乏这些条件。1895 年后，大型煤矿组织的机械化采煤开始在中国出现，日本公司控制的煤矿将生产的煤直接出口到日本，或用在同样由日本人控制的附近的钢铁厂里。如果说 1914 年后中国正在兴起的工业集中地区，尤其是上海，深受能源匮乏之苦，而能源匮乏可能又制约了工业发展，那么原因不仅在于产能不足和殖民剥削，也在于该国的政治动荡，例如动乱常常使铁路陷于瘫痪。中国是一个潜在的能源大国，在工业化第一阶段只能有限利用自有化石能源。与日本不同，中国当时没有一个能够在实施工业建设方面的经济政策调控时优先重视能源供应问题的中央政府。

936　　全球性能源鸿沟

总体来看，到 20 世纪早期世界上出现了一个很深的能源鸿沟。1780 年前后，地球上的所有国家和地区都依赖于生物能源，差别在于不同国家制定的——或因特殊自然条件被迫制定——不同的能源利用优先次序。1910 年或 1920 年前后，世界分裂成一个少数派阵营和一个多数派阵营，少数派阵营是那些有渠道获得化石能源并为化石能源的利用修建了必要基础设施的国家，多数派阵营是指那些即使能源紧缺压力增长也不得不靠传统能源勉力维持的国家。从世界煤炭生产分布可以清楚地看到世界其他国家和西方的差距。1900 年代，亚洲煤产量份额只占世界总产量的 2.82％，澳大利亚占 1.12％，非洲占 0.07％。[76]分摊到每个国家，比例会发生变化。1910～1914 年间按年均煤产量算，日本的煤产量超过奥匈帝国，印度紧随其后。[77]1910 年前后，美国商用能源人均消耗量大概是中国的 100 倍。另外，水力发电新技术使水资源丰富的国家将古老的水磨机技术提高到一个新的水平。如果说蒸汽机起初作为发动机比水车效率更高，那么到 19 世纪后半叶，水车以水涡轮的新形象又超越了蒸汽机。[78]从 19 世纪 80 年代开始，拦河坝和涡轮技术为瑞士、挪威、瑞典以及法国一些地区提供了弥补煤炭匮乏的机会。非西方国家中，只有日本利用了新出现的种种可能性。在某些特定的生态环境下，没有任何其他替代性方案。在中近东和非洲，有大片地区既没有煤炭也没有可以产生能量的水资源。像埃及这样的国家，煤炭储量很少，尼罗河稀少的水量几乎无法让水车转动，因此与水资源丰富的日本相比有很大劣势：在工业化的第一阶段，埃及已建成出口经济的加工业，灌溉工程已部分实现机械化，但主要还是依靠人力和畜力。[79]20 世纪早期，恰恰在中东开采出了石油，例如几乎没有工业的伊朗。该国 1912 年首次出口石油，其石油开采完全供出口，与本土经济形式没有任何联系。

937

蒸汽机得到广泛应用。蒸汽机不仅用于生产工业商品；稍晚些时候，约从 1850 年开始，荷兰将蒸汽泵用于排水和围海造田。到 1896 年用风车排水的地域面积只占 41％。高昂的成本不仅通过高效能，更通过蒸汽机良好的可操控性得到平衡。随着时间的推移，常见于 17、18 世纪绘画作品中的荷兰风车图景消失了。总之，若干事实表明，能源体系的更迭是工业化最重要的标志之一。这个更迭不是突然发生的，不是革命性的，不像人们据英国发展所推测的那样早。直到 20 世纪，继俄国、美国、墨西哥、伊朗、阿拉伯及其他国家开采出石油，并且石油作为煤之外的新能源在工业经济中得到应用之后，一个以广泛矿物能源为基础的能源经济才在世界范围内建立起来。[80]

能源丰富且自认为"充满活力"的西方，于是也以这样的形象面对非西方世界。这个时代的文化英雄们不是无所事事的闲散之徒，不是苦行僧，不是沉默寡言的学者，而是精力充沛、积极生活（vita activa）的践行者：不知疲倦的征服者、无所畏惧的旅行家、永不停歇的探索者、专横傲慢的经济领航人。这些西方大力士反映着祖国能源过剩的强悍，所到之处，无不令人惊异和畏惧。西方在现实中的优势被认为是自然属性，并被固化为人类学优势。该时期的种族主义不只取决于肤色，它将"人类种族"在一个体力和脑力潜能标度盘中做了划分。因此，最晚到世纪交替之际，非欧洲世界的特点是，他们感知的西方是"年轻的"，而自己的传统及当下的当权者是"衰朽的"、懒散的、死气沉沉的。欧洲以外国家的年轻爱国者们认为，自己的首要任务是推动本国社会的发展，唤醒沉睡的能量，并给社会一个政治方向。在奥斯曼帝国出现了"青年土耳其党人"；在中国，自 1915 年开始大大推动了政治和文化革新的杂志就被命名为《新青年》。这个时期，在几乎亚洲所有地方，人们发现，民族主义革命，有时也包括社会主义革命，是一个国家自身重获新生的工具。

三　经济发展（不发展）的路径

即使从来没有一个统计标准来衡量工业化程度，在第一次世界大战前夕的欧洲，哪些国家是工业化国家，哪些不是，大致也已明确。如果按工业生产的绝对数字来衡量，则只有两个工业大国：德国和英国。其后是俄国和法国，但与前者的差距相当大，属于第三梯队的有奥匈帝国和意大利。按照人均工业产值计算，排序略有不同：英国排在德国之前，居首位。比利时和瑞士与德意志帝国的工业化水平相近。法国和瑞典以较大差距排在后面。欧洲其他国家中没有一个国家能达到英国人均工业产值的 1/3；按照这一标准，俄国与西班牙和芬兰被打入最末梯队。[81] 这些统计出来的——很多时候是推测出来的数字当然并没有显示人均收入及由此推导出的一国平均生活水平。对欧洲各国的细微观察表明，根本谈不上存在"工业化的欧洲"——作为一个整体与世界其他落后地区（美国除外）相对的欧洲——这回事。

出口型经济，主要以拉丁美洲的出口型经济为例

到约 1880 年，探入世界各个角落的帝国地质学——一门极富实用价值的学科，已在世界各大洲勘探出了矿物原料储藏：在印度和巴西发现了锰，一种最重要的钢精炼提纯添加剂；在智利、墨西哥、加拿大、日本和刚果发现了铜；在马来亚和印度尼西亚发现了锌。墨西哥从 17 世纪至一战时期是全世界最大的银生产国，南非是最大的黄金生产国。智利是制造炸药不可缺少的硝石的最重要产地，它甚至曾于 1879～1883 年为争夺公共边界地区的硝石矿与秘鲁和玻利维亚开战。这些矿藏在北美储量也很大，在世界各大洲中，北美的工业原料储藏最丰富。欧洲以外地区，特殊矿藏很少按照西欧模式开发。这些矿藏常被外国资本开发，在本国境内的外国飞地中被开采以供出口，整体而言对本土的国民经济没有任何帮助。用于工业的农业原

939

料的生产和出口同样如此：橡胶用于生产橡胶产品，棕榈油用于生产肥皂等。不过英属马来亚在一战前的 20 年中由于拥有锌和橡胶而成为相对比较富裕的殖民地。在这里，不仅原料生产掌握在国际财团手中，少数族裔华人在企业经营方面也发挥了重要作用。

通过新型的消费需求拉动，欧洲和美国的工业企业在世界很多国家——不管是形式上被殖民的国家还是未被殖民的国家——成立了出口生产部门。拉丁美洲几个世纪的贵金属贸易优势由此终结。新产品在很多国家取代了银和黄金在对外贸易中的位置。1890 年后，在传统的银生产国秘鲁，电气工业有大量需求的铜具有特殊重要性，1913 年铜占到了出口总量的 1/5。在玻利维亚，银的重要性在下降，而锌的重要性在上升。1905 年锌出口已经占到玻利维亚出口总额的 60%。智利起初以铜生产国的身份进入世界市场，之后转向硝石生产，1913 年硝石出口占到其出口总额的 70%。[82] 尽管产品种类在变化，但出口集中于少数几种产品则一直是很多拉美国家的经济特征。出口——也包括农业原料的出口，比如咖啡、糖、香蕉、羊毛或橡胶——会产生增长效应，但是出口越是集中于少数几种产品，这种由出口拉动的增长模式就越易受到世界市场价格变动的影响。比如，秘鲁在 80 年代，即在热带原料生产世界性大扩张开始之前，就已经历了鸟粪繁荣后的崩溃。只有阿根廷在 1914 年前实现了分散风险的出口产品多样化。阿根廷人口不到拉丁美洲的 10%，但当时成为出口成绩最为显著的出口国，出口收入几乎占到次大陆出口总收入的 1/3。[83] 影响外向型经济宏观经济成就的因素有：①生产是在劳动密集型的家庭企业中进行，出口收益由本国获得并且较平均地分配到社会中，还是②由种植园和矿山控制，大多由雇佣劳动者进行生产，所有权在外国企业主手中，大部分利润被汇到国外。一般而言，上述第二种结构不如第一种对国民经济和社会整体发展有利。即使在第二种经济结构中有增长，也常常只局限于封闭的飞地一隅，不会带动其他的经济领域。只有南非是个较大的例外。[84]

并非每个国家在工业化过程中都能使它拥有的机会得到最佳利用。20世纪有若干失败的、无视本地特色的工业化战略例子。对于出口经济，各大洲始终面临一个问题，即出口所得利润是否用于投资进行工业生产，换言之，出口飞地所得生产利润能否转移到非出口产业中。只有当这样的工业主要为本土市场服务时，才谈得上有一定程度的独立的工业化萌芽。拉丁美洲在1870年前都不属于这种情况。在一些国家，出口收益以某种方式分配到社会中，使本土购买力增强。铁路的扩展解决了传统上制约发展的运输问题，电气技术的应用则打破了能源瓶颈。在那些本土没有棉花及羊毛等原料的地方，纺织工业也成为工业发展的先行行业，在全世界几乎都是如此。人人都需要衣服，外围地区的政府如要实行关税保护，则首先会对进口纺织品征收关税。另外，拉美一些城市化程度较高的地方形成了集中的市场，在市场周围则出现了纺织厂。1913年前后，在拉美所有的共和国中，阿根廷的工业化程度最高，尽管其纺织工业并未起主导作用，紧随其后的是智利和墨西哥。但整个次大陆几乎没有重工业，以小企业经营的食品和享乐品生产为主，其次是纺织业。尽管工业化萌芽之后，消费品进口受到机器进口（包括铁路和铁路材料）的挤压，只有奢侈品消费需求还是一如既往通过从欧洲进口来满足，但这里形成了比世界任何其他地方都更复杂的工业结构。巴西这个大国没能摆脱贫困的恶

941

性循环，没能通过拉动内需刺激工业发展。该洲没有任何一个国家建起具有出口能力的工业生产体系，也没有任何一个国家的手工业和原始工业（曾经很普遍）成为自主工业化的预备阶段。即使在巴西，偶尔出现的高增长率也没有带动整个经济。很多小国连工业化萌芽也未出现。[85] 为什么在两次大战之间，在进行由国家支持的替代进口式工业化试验之前，拉美国家没能搭上西欧、北美或日本工业化高速发展的顺风车，依然是个无解的问题。

中国：起飞被阻断

我们不打算踏遍世界去系统寻找工业萌芽的痕迹，最重要的几个事例可能就已足够。与大分流（Great Divergence）讨论的反事实问题——为什么印度和中国在 1800 年前没有发生自主的工业革命同样有趣的是这样一个事实，即这两个国家确实在近一百年后开始了工业化。中国有着悠久的前机械化手工业生产传统和普遍的原始工业传统，在这里，没有一条路从古老的技术和组织形式直接通向现代工厂生产。1895 年之前，外国人在中国领土上建厂是不被允许的，即使在通商口岸也不行。仅有的少数几个工厂分量微乎其微。中国工业化的第一阶段由国家主导，但不是朝廷亲自主导，而是由几个省的巡抚主导。他们从 1862 年开始实施一系列大项目，完全应用外国技术并聘用外国顾问：首先是建军工厂和造船厂，然后 1878 年在中国北方建造了一座大型煤矿，不久又建了一些棉纺厂，1889 年在湖北建了汉阳铁厂。这一政策背后的主要动机是军事防御，70% 的资本用于建造重要的军工企业。不能简单地认为这些早期的发展统统是失败的。其中的大多数证明，中国还是有能力汲取新技术的。汉阳铁厂 1894 年投产，最初几年它甚至是亚洲最大、最现代化的钢铁厂。这些项目当然缺乏协作，没有任何一个项目成为工业化战略，哪怕是地区性工业化战略框架内的增长核心。在给这片土地带来大倒退的 1894～1895 年甲午战争爆发前，中国开始了工业化，但尚未走上大规模工业化转型之路。[86]

1895 年后，中国的情况更加复杂，发展也在加速。英国、日本和其他国家在上海、天津、汉口和其他一些大城市建造了工厂。政府仍然无所作为。这时，中国企业家们不愿任由外国人来主导刚刚兴起的现代经济产业。在几乎所有领域他们都与外国企业进行竞争。[87]中国早在 19 世纪 60 年代就有了蒸汽船运输，最初是国营性质，后成为私营。18 世纪以来中国最重要的出口行业之一——丝绸工业，也迅速掌握了新的驱动技术。因为竞争对手日本也同样掌握了新技术，而且日本更加系统地着力提高产品质量，推出更适合世界市场的商品，所以 20 世纪的第二个 10 年中，在争取国际消费者的竞争中日本更胜中国一筹。棉纺织工业也是中国最重要的行业——自 1905 年起被日本占领的南满地区快速增长的钢铁业除外。1913 年，中国领土上的工厂中安装的锭子，60% 在中国人手中，27% 由欧洲企业集团控制，13% 由日本企业集团控制。第一次世界大战前夕，中国的棉纺织业还相对比较落后。那时中国安装的锭子总数为 86.6 万个，而日本是 240 万个，印度甚至达到了 680 万个（与法国差不多）。直到战争期间的建厂热才使锭子的数量增至 360 万个。1912～1920 年，现代中国工业的增长率在全世界名列前茅。[88]1920 年前后，中国具备了一个薄弱但具有发展潜力的工业化经济基础。军阀混战，缺少一个致力于发展的强有力的政

943

府，再加上日本的帝国主义政策，这些是使中国整个经济起飞推迟了半个多世纪的主要原因。1980 年后中国经济开始腾飞。在此之前，体现中国工业化历史特征的不是清末迟滞的、政府几乎未加主导的发展过程，而是 1920 年后已然开始的起飞被阻断。

新型的英国批量生产方式所生产的廉价棉布摧毁了中国和印度本土的纺织业，由此毁灭了可能萌发的自主工业化萌芽，这个笼统的说法站不住脚。在中国，尽管没有关税保护，满足地方和区域性需求的乡村纺织户被证明相当具有抵抗力。20 世纪初，通商口岸的新型工厂所生产的棉纱（很少是从国外直接进口的）越来越多地取代了手工纺纱，于是棉纺织户就改用机器纺纱，用这种方式继续生产。在印度，以"去工业化"为题对亚洲市场被摧垮进行了旷日持久的讨论。讨论基于以下观察：印度手工业在 18 世纪时能够大量生产各种质量的棉布，高品质棉布在欧洲销量很大。中国同样如此，只不过棉布出口规模比印度略小。这些亚洲商品常常是到了欧洲才印花，这才从根本上让欧洲人对棉制品产生了兴趣，并由此产生了对棉制品的需求。后来工业革命的产品满足了这一需求。到约 1840 年，兰开夏郡（Lancashire）生产的棉布完全将亚洲进口棉布挤出了本地市场。英国绅士不再穿来自东方的精细的南京棉布（nankeens）。欧洲工业化伊始就用本国产品替代了亚洲进口产品，这在经济上成为可能是因为英国具备了技术上的竞争优势。[89] 这种——从印度和中国的角度来看——对出口市场的阻断，如奥斯曼纺织工业在 19 世纪上半叶所遭遇的那样，给以织物出口为特色的亚洲地区带来灾难性的后果。不过，这并不是说，以本土市场为目标的生产也被欧洲进口产品摧垮了。在此必须看到不同地区间存在的差异。孟加拉人受到出口危机的重创，而印度南部为国内市场从事生产活动的织工则维持了较长时间。进口纺织品永远达不到印度自产产品的精细品质，以至于奢侈品市场长期被印度生产商占据。和中国的情况一样，机器纺纱在印度已很普遍，以至于其不断走低的价格比纺织作坊——甚至是乡村家庭极端自我剥削条件下的纺织作坊——的成本还要低。家庭手工纺织作坊之所以维持了下来，主要是因为，如经济学家所言，市场被"分割"，就是说，在进口产品和本土产品之间根本不存在普遍的竞争。[90]

印度："落后"的相对性

与中国不同，当孟买和其他地方1856年建起棉纺工业时，几乎没有外国资本参与。最初的创建者是也在生产领域进行投资的印度纺织品商人。[91]殖民政府和英国工业界都对这样的竞争不感兴趣，但也未给他们设置不可逾越的障碍。政治手段也无法抑制的银价普遍下跌使印度卢比在19世纪最后四分之一世纪里贬值了1/3。这对技术上毫不落后的印度纺纱厂大有裨益，甚至使它们成功地在亚洲市场上压制了价格更高的英国棉纱。945单看欧亚间的贸易量，会低估亚洲生产商在距其较近地区的活跃程度。主要得益于向中国和日本的出口，印度工业在世界棉纱市场中的份额增长到原来的9倍，从1877年的4%增长到1892年的36%。[92]现代印度工业最初的产生并不是殖民背景下引入资本和技术的结果。最重要的背景是印度始自18世纪的普遍的商业化，市场因此得到扩张，商业财富聚集，而且——尽管存在大量廉价劳动力——也有鼓励技术创新的措施。[93]历史学家一致认为，高度集中于印度某些地区的工业一战前在整个印度经济中的作用只是边缘性的。不过，若从量上与欧洲相比，印度的表现并不算太差。它在 1913 年生产了 680 万个锭子，沙皇俄国是 890 万个，其差距并非天壤之别。[94] 单纯看量，印度棉纺织工业的成绩绝对说得过去。与中国和日本不同，印度棉纺织工业是在完全没有政府扶持的情况下建立起来的。

中国早期的钢铁工业（一战后被日本大规模控制）在很大程度上依赖官方，而印度早期的钢铁工业则都归功于一个人：贾姆谢特吉·塔塔（Jamshedji Tata, 1839~1904），一位 19 世纪伟大的企业巨擘。从其生平来看，他并非后起之秀，而是生于 1842 年的德国钢铁之王奥古斯特·蒂森（August Tyssen）的同时代人。塔塔通过经营纺织工业赚了钱，在美国参观钢铁厂使他受到启发，于是委托美国工程师在印度东部靠近煤矿和铁矿的地方寻找一处场所。塔塔去世后，在贾姆谢德布尔（Jamshedpur）诞生了大型塔塔家族钢铁厂。从一开始这家钢铁厂就被宣传为爱国企业，因此吸引了成千上万人以私人名义注入资本。创立者早就认识到印度必须在技术上走独立自主之路，因此为成立印度科学研究所（Indian Institute of Science）捐赠了原始资金。从 1911 年投产开始，塔塔钢铁厂就力争使产品质量达到国际最高水平。政府订单从一开始就是很重要的一部分，世界大战使公司进入了成功的轨道。但是到 1914 年，一枝独秀的塔塔钢铁公司（Tata Iron and Steel Company）没有足够的能力承托起整个重工业行业，在中国也是如此，国营的汉口汉阳铁厂也同样无能为力。

印度这个情况能够触发工业化研究对普遍性模式的思考。"落后"是一个相对的概念，使用这个概念时，必须阐明它所对应的单位。在某些时期，即使到了 19 世纪末，欧洲社会经济最落后的地区无疑并不比印度或中国较发达地区先进。拿来衡量经济成就的是欧洲和北美少数几个大的增长地区。在印度，是企业家决策而不是政府决策使印度于1910年或1920年前后在若干领域——也应提到主要由英国资本控制的黄麻工业——出现了大企业组织的工厂生产，并由此产生了学会表达自己利益诉求的工业无产阶级，在印度的城市地区出现了"现代化"标题概括下的工业化及其他若干发展过程。若不曾被殖民统治，印度的经济是否会发展得"更好"，就如民族主义者和马克思主义者之所见，这永远不会有定论。文化决定论，即认为社会结构（"种姓制度"）、国民性或宗教倾向（"印度教敌视劳动"）是印度自主发展和成功向外部世界学习的根本障碍，这种论调在西方社会学界长期以来颇有市场，但到20世纪末，印度高科技的成功又使这一说法遭到质疑。同样，不断有人论证说，"儒家思想"及其所谓不逐利的经济学说阻碍了中国在19世纪及以前各时期"正常的"经济发展。自从中国大陆、新加坡和中国台湾等华语国家（包括至少间接受儒家思想影响的日本和韩国）和地区取得惊人的经济成就以来，老一套论调被悄悄颠覆，同一个儒家思想又被大加颂扬，说它是特殊的东亚资本主义的文化基础。失败和成功用同一套理论工具来解读，让人心生疑惑。现在一些历史学家已不再研究为何像印度和中国这样的国家没有按照它们"本来"应该采取的模式发展。因此眼下的课题是，要认真细致地描述它们各自的特殊发展道路。[95]

947

日本：作为国策的工业化

关于印度和中国，人们讨论了长达一个多世纪的问题是，为什么它们尽管具备一些很好的初始条件，却未沿着正常的经济发展路径发展。而关于日本，人们讨论的是，为什么日本"做到"了。[96] 19世纪中叶，日本社会已经高度城市化和商业化。民族市场一体化趋势非常明显。国家边界由于其为岛国也已明确确定。国内形势安定，投入高额费用进行对外防御也无必要。整个国家直到最基层都管理得极好。在有限的自然资源管理方面也有了经验。民众的文化发展水平，按推断的识字率算，即使按亚洲以外的标准看也是相当高的。由此看来，日本具备了学习新技术和新生产组织形式的绝佳条件。

不过，如果在这里只看到工业进步的客观逻辑则是肤浅的。日本的条件也不绝对比中国或印度的一些地区好。关键是日本工业化项目的政治性质，它是由政府和企业家共同实施的。1868年德川幕府的倒台和明治秩序的建立与其说是经济和社会变化的结果，毋宁说是日本在与西方突然对抗之下做出的反应。之后才开始的日本工业化，是民族革新庞大政策的一部分，该革新计划是19世纪发生的革新中规模最大、最野心勃勃的计划，而且并未按照一个拟定好的战略规划进行。日本精英们对西方大国进行了仔细研究后发现，工业建设是国家强盛的一把钥匙。所以如中国一样，工业项目都是由政府倡议主导，最初的项目花费了宝贵的外汇进行支持。与中国不同的是，在日本有中央协调而且有一些外来压力。这个过程当中没有值得一提的外国资本参与。日本与同期沙皇俄国以及奥斯曼帝国和中国的做法都不同，沙俄从西欧资本市场尤其是从法国，接受了大量贷款，而奥斯曼帝国和中国则被以苛刻条件强加了大量贷款，日本则因不平等条约导致的外交上尚未完全独立、经济上依然脆弱，直到19世纪90年代，都一直避免了对外国债权人产生任何形式的依赖。在日本国内，有可变现的资本和将这些资本进行生产性投入的政治意愿。早在幕府时代，日本就在未受任何欧洲影响（在欧洲以外世界显然是独一无二的）的情况下出现了银行同业拆借（interbank lending）实践，为后来的发展项目融资提供了大力支持。从1879年开始日本迅速建立了一个为工业提供灵活融资支持的现代化银行体系。该银行体系，与日本工业化早期的财政与经济政策一样，大都是松方正义（Matsukata Masayoshi）的杰作。他从一个一贫如洗的武士的儿子成长为财政大臣并在任多年，是那个时代伟大的经济魔术师之一。[97]

明治政府的税收政策对这一时期产量增长的农业造成了体制性负担。农业行业是日本工业化早期最重要的资本来源。1876年后，国家收入的70%来自征收的土地税；其中大部分用于工业和基础建设。这是和同期中国最大的区别之一，当时中国农业发展停滞，政府财政虚弱，管理无能，从所剩无几的盈余中也很少获益。日本还有其他一些优势。它人口足够多，可以激发内需。日本也很早就开始系统地开拓国际市场，尤其是国际丝绸市场，但日本的发展并没有一边倒地陷入外向型增长模式——如拉丁美洲那样。在一些地区，如在大阪周围，除蒸汽机驱动的工厂生产，尤其是棉制品生产外，较有生产能力的原始工业还维持了较长一段时间。这是英国曼彻斯特和"东方曼彻斯特"的最大区别之一，尽管它们一向在很多方面颇有共同之处。[98]

明治政府无意持续建设国有经济。在最初的主导行为完成后，政府就逐步从大多数工业项目中抽身而出，这也是为了减少预算负担。企业界先驱也把工业化看作全日本的爱国项目，

949

其总动机是服务于祖国而不是为个人赚取最大利润；惊人的美国式奢侈消费（社会学家范伯伦［Thorstein Veblen］称之为炫耀性消费［conspicuous consumption］）是为日本的工业缔造者们所不齿的。这一民族观念导致了一个结果，即日本人在 1858 年后被迫在极短时间内掌握的如何与世界经济打交道的宝贵知识，大量迅速地流传到公司之外并得到广泛传播。官僚和资本家谋求并实现了一个覆盖面广又多样化的工业结构，使日本尽可能摆脱对进口的依赖。这既是出于安全政策的考虑，同时还有另外一个动机，即明治政治寡头希望通过物质上的改善拓宽其薄弱的民众根基。日本的工业化并不是因循幕府时代的条件自然而然发生的。它需要借由开放所带来的震慑，最初，开放导致本土市场充斥着外国工业产品，但到 1868 年后，当有了一个国家机制系统地利用现有潜力时，开放就具备了某种自有逻辑。与此同时，又有足够多的私营企业家积极进行投资。日本一开始不可避免地依赖于西方技术、进口机器和聘请的外国顾问。不过他们不断地改进技术，使之符合本国国情，很少有其他国家政府这么早就开始有目的地引进技术。[99] 有若干事例表明，早在明治时代日本工业就已不满足于应用简单技术，而是以国际最高水平进入市场。以 1892 年成立的精工（意为"精准"）公司为旗舰的钟表工业就是一个范例，这个行业很快就精于生产高品质的计时器了。

950

在此不想对欧洲以外的另一个伟大工业奇迹也进行一番探究，即美国用了一代人的时间（约 1870～1900 年）上升为发达工业国（也不打算赘述最令人瞩目的欧洲成功故事：1880 年后完美的瑞典工业化），但想对此发表两点看法。在如今被人们称为市场革命（Market revolution）时代（约 1815～1850 年）的美国奴隶制北部各州，在勤劳革命（industrious revolution）及人均收入显著增长的基础上，工业化的发展比日本更剧烈；不过与日本相比，国际贸易在这里发挥了更大的作用。[100] 对美国工业化的萌发也不应做过于戏剧化的描述，应认识到其长期的延续性。另外，美国工业化的发生虽然主要遵循着私有资本主义市场力量的自由发展规律，但并非仅仅如此。1862～1913 年间仅有两届总统职位由共和党担任的联邦政府，把工业化当作政治项目来实施，并以整合全国市场、使金本位货币发挥作用、对本国工业进行关税保护为己任。[101] 完全没有政府支持的工业化——一些自由派经济学家认为这是值得追求的和可能实现的——在历史上属于特例。绝对不存在西方自由主义工业化和东方重点计划经济工业化两大模式截然对立的情况。

四　资本主义

在过去的 20 年中，很多国家的史学研究彻底改变了我们对世界工业化的固有印象。对于世界若干地区，18 世纪作为一个急速发展和商业运动的时代凸显出来。在 18 世纪市场越来越密集，规模越来越大，专业的手工业生产得到鼓励，生产的产品既在近距离市场和远途市场销售，也销往其他国家，甚至其他洲。政府，即便是在那些常被欧洲斥为黑暗的"东方专制政体"的国家，也很少压制这种繁荣的经济活动——这本来也常常是国家收入增长的来源。然而，由于人口增长和全世界几乎所有国家对"马尔萨斯"制约的易感，人均收入并未出现真正的、稳定的、普遍的增长。因此或许可以更确切地说：这个时期的许多经济是活跃的，有些经济体人均收入也有缓慢增长，

951

但除了 18 世纪最后四分之一世纪的英国，没有任何一个国家的经济是有目的的快速增长，也就是现代意义上的增长。关于 18 世纪的这一新描述模糊了传统的时间顺序。勤劳革命有时会被推算至远远越过 1800 年这个时代标志年份。如果有变化，也很少像人们长期以来所认为的那样，是突然的"冲刺"。就这点而言，格申克龙的理论似乎是正确的，后期的工业化进程比第一代和第二代更突然，时间间隔更短。瑞典、俄国和日本就是这样的例子。就如最初的英国工业革命一样，后来的工业化也并非从零开始。它们更像是一般性经济运动内部速度和步态的变化。倘若工业化在区域范围内，或越来越多地在一国范围内开始，那么也很少完全由大工业主导。马克思所谓的"小商品生产"无比顽强地占据着一席之地，有时甚至与工厂生产平分秋色。最初几代工厂工人当然来自农村，他们常常在很长时间内都保持着和农村的联系。工厂和矿山成为城市化的磁石，但也吸引着乡村工人在乡村与生产场所间周期性流动。

　　这一新秩序自该世纪中叶起被叫作资本主义。马克思很少把它用作名词，而更愿称其为"资本主义的生产方式"，他在《资本论》中做了分析。《政治经济学批判》（1867～1894 年）中将这一新秩序叫作资本关系，是劳动力所有者与中性生产资料所有者的对立。由恩格斯、卡尔·考茨基（Karl Kautsky）等权威以简化形式进行解释，世纪之交又经鲁道夫·希法亭（Rudolf Hilferding）和罗莎·卢森堡修改，马克思的资本主义分析成为欧洲工人运动的主导学说。资本主义这个概念不久也被较之马克思及其追随者对新秩序持较少批判态度的人们所接受。世纪更迭后，研究与讨论更加具有"资产阶级特征"，但被受马克思影响的国民经济学家，尤其是德国国民经济学家发展成为一套庞杂的资本主义理论，其中桑巴特和马克斯·韦伯是最重要的代表人物。[102]这些理论的共同之处在于，它们将资本主义概念从与19世纪工业的紧密联系中剥离；"资本主义"从国民经济某一发展阶段的名称成为一种几乎处处可见的经济活动形式，有些学者甚至认为这一经济活动形式可上溯至欧洲古典时代；对资本主义进行了分类，分为农业资本主义、商业资本主义、工业资本主义、金融资本主义，等等。非马克思主义流派的德国经济学家不赞同马克思以劳动价值"客观"说为核心基础的理论——马克思主义认为，只有劳动以可测定的方式创造价值。但他们也并未追随自约1870年以来在英国和奥地利上升为正统理论的"边际效用价值论"，该理论是该思想体系根据买卖双方对产品"主观效用"的评价和彼此均衡的过程推导而出的。

世纪交替之际的资本主义理论派别之间有细微的区别，比如马克斯·韦伯、桑巴特及其他经济学家，但他们都没有忽视制度（问题），并且对历史变迁保持着灵敏的嗅觉。他们绝不回避资本与劳动的矛盾，但比马克思更重视资本主义条件下的生产企业状况，也同样更重视观念、国民性和保持这一秩序活力的"经济思想"。这一理论的最重要代表人物极其偏重历史研究，以至于他们有些忽视对当下现状的分析。尽管桑巴特不断对他所处时代的经济生活进行评述，马克斯·韦伯从早期对股市、报业和普鲁士乡村工人进行实证研究起就密切关注现实，但他们的研究兴趣在很多年里都聚焦在后来被称作"近代早期"的那段时期。韦伯在这个时期发现了新教伦理起源，桑巴特发现这个时期已经出现了铺天盖地的商业资本主义。从马克思到韦伯，资本主义一直是社会科学领域历史研究的核心课题。

953

涵盖极端自由主义理论和社会主义帝国主义理论的各色资本主
义理论，与马克斯·韦伯、桑巴特及其他德国国民经济"新历
史学派"成员的著述在同一时期诞生，[103] 它们是一幅幅面貌迥
异的 19 世纪自画像。这期间，对于资本主义概念并未达成统一
的认识，1918 年——马克斯·韦伯尚在世——据说有人在文献
中找到了 111 种关于"资本主义"的释义。[104]

　　这种不确定性并没有使资本主义概念变得可有可无。自古
典时期以来，尽管正统经济理论回避使用资本主义概念，但它
不仅坚守在马克思主义传统阵地中，而且也被公开的体制辩护
者所应用。正统经济理论更愿明确使用市场经济这个说法。过
去 20 年的发展导致了资本主义概念的回潮。如果说工业发展的
力量、早期无产阶级的贫困化或世界屈服于有目的的商业理性
是早期人们研究这一题目的动因，那么导致资本主义概念回潮
的则是跨国康采恩遍布全球这一现象，以及非资本主义道路的
失败。从 20 世纪 90 年代开始，人们做过无数尝试，试图对全
球资本主义进行描述，创立阐释性的理论；然而并没有产生一
个新的综合性理论。[105] 如今类型学分类和 100 年前不同；现在
主要追问的是各区域间资本主义的差别：欧洲模式（比如可往
下细分至莱茵模式），美国模式，东亚模式，等等。现在很多资
本主义研究者偏重于当代研究，缺乏历史纵深，他们忽视了，
布罗代尔及其学生就曾追随桑巴特的研究足迹，将发源于欧洲
954　但并非单纯由欧洲人推动的近代早期世界贸易，作为类似于
"全球"资本主义的表现形式进行过研究和描述。

　　若把 19 世纪看作资本主义发展过程中一个史无前例的新阶
段，那么会与约 1920 年前各时期的若干观察者观点一致；而若
把资本主义看作一个起源于远早于 19 世纪的一个长期的发展过

程，则会与桑巴特、布罗代尔或者沃勒斯坦不谋而合。那么关于 19 世纪资本主义一般有哪些说法呢？[106]

（1）资本主义不可能是单纯的交换和流通现象。奢侈品远途贸易可以转移财富、增加财富，但并不会为新型的经济制度奠定基础。对此需要有一个特殊的生产组织形式。这个特殊的生产组织形式到 19 世纪才出现。

（2）资本主义是这样一种经济制度：它建立在为市场进行分工生产的基础之上，个体雇主或企业自行决策进行组织生产，创造利润并将大部分利润用于投资再生产（"积累"）。[107]

（3）资本主义与普遍的商品化，即事物及关系的转化相关。虽然商品化不能把所有东西，但会把每一个生产要素都变为可在市场上交易的商品。土地如此，资本、知识，尤其是劳动力亦如此。所以资本主义的前提是可流动的"自由的雇佣劳动"。资本主义常常有办法在其制度边缘保留一些奴隶劳动，却无法在其核心领域容忍这样的劳动。奴隶制及其他"经济制度以外"的形式与资本主义无限的可支配性的自有逻辑相悖。

（4）资本主义作为经济制度具有应用当时最富创造性的技术和组织形式（市场证明了其效率）的灵活性。在 19 世纪除了工业/工厂生产外，还有了机械化程度越来越高的大型农业企业，尤其是北美的大型农业企业形式——农场（farming）。农业资本主义从正在酝酿中的农业革命意义上来说是工业资本主义的前置，与工业资本主义共生共栖。[108] 自 19 世纪末以来，这两种形式在控制了从原始生产、加工到销售的完整商品产业链的农产品加工业中相互靠近。[109]

（5）马克思主义关于"封建主义向资本主义过渡"的著名问题是个相当学术的问题，至多可以针对一些欧洲国家和日本

955

提出该问题。一些 19 世纪资本主义最成功的国家并没有经历封建主义，比如美国、澳大利亚或南非的采矿业——在 20 世纪末产生了一种特殊的市场经济制度形式的中国，封建主义的比重同样也很少。对这个题目的表述要比对为资本主义创造制度性框架条件这个题目的表述更笼统。这样的框架条件主要通过制定法规产生，也就是通过国家，但国家又不能诞育（Geburt）市场。尽管市场能够"自发地"——也就是经济主体不受国家控制地——形成和发展，但市场所拥有的"自由发展空间"却是国家主动推行自由放任（Laisser-faire）政策，即"秩序政策"的结果。自由贸易是 19 世纪英国政治精英们的创造物。20世纪末，中国的社会主义一党专政建立了一个市场经济制度。通过细致完备的"资产阶级"法制——从 1804 年的拿破仑法典（Code Napoleon）到至今被世界许多地区视作典范的 1900 年德国民法典——国家机器在所有领域都保障了资本主义经济活动，并借此才使资本主义经济活动得以实现。这里首先从所有资本主义的法律基础着手：国家对私有财产权的保障。在东亚，在相当长的一段时期内，国家对私有财产权的保障是由经济主体间一种非常强大的非政府（公民社会）信任机制替代。从德国的采矿业到中国的工业化，政府也长期作为企业主以公/私混合形式参与。

（6）资本主义和领土之间的联系尤其富有争议。1945 年后出现的全球资本主义是"跨越国界"的，与以前的资本主义形式相比它显然并不需要固定在一个确定的区域。生产越来越具有流动性，有些业务借助互联网和先进的电信设备几乎可在世界任何一个地方办理。近代早期远洋商人和包船运输公司的商业资本主义所建立的商贸网络也很少扎根在其本土荷兰或英国。

956

但 19 世纪资本主义和（民族）领土国家（Territorialstaat）的联系异常密切。在资本主义跨过国界之前，主要受益于国家对全国市场的强力整合，比如在法国、1834 年德意志关税同盟诞生后的德国和 1868 年之后的日本。从欧洲大陆和美国的视角来看，极端的自由贸易只是发生在 19 世纪第三个四分之一世纪的一段插曲。1870 年后兴起、在第二次经济革命中成形的大多具有全球规模的大企业集团（Big Business），在世界主义观念之下（在金融领域比在工业领域明显），涌动着独特的民族精神。[110]

（7）工业化过程中的行业分割与工业的物质属性有关。现代早期的批发商将其生产性资产——无论是个体占有的还是与他人共有的——投资到商船和在运的商品中。正在兴起的工业时代的技术结构又提供了具有较长期限的经济投资的新途径。矿山、工厂和铁路网的建设都着眼于较长的使用周期，而不像近代早期批发业和远洋运输业中典型的资本周转那样。以某种方式确定投入生产的资本，此前只有建筑业有这样的做法。由此，产生了对自然环境的空前侵害。没有哪种经济制度比 19 世纪工业资本主义对自然环境的改变更剧烈。

（8）另外，资本显著增长的流动性也符合其物质化特征。从纯技术角度看，这是货币市场和金融市场更好融合的结果。18 世纪晚期，从殖民地向国内汇款对于在印度的英国人来说是个莫大的现实困难。到了 19 世纪，随着国际支付手段的发展，这一难题变得越来越简单。伦敦跃升为世界资本市场中心，欧洲、北美和世纪末亚洲地区次资本市场中心的发展使金融网更加稠密。英国的银行以及越来越多其他国家的银行和保险公司面向全世界提供金融服务。1870 年后资本主义发现了资本输

957

出，即海外投资这个工具。但资本输出在相当长一段时间内是英国的专利。同时，除在时间维度上实行分期偿还外，空间的规划维度也在扩展。人们不仅把未来进行了切割，而且也隔着遥远的距离对其他地区进行规划。欧洲的纺织工业从一开始就必须依赖遥远国度的原料供应来支撑。而随着远程电报这一技术挑战的出现，电气工业才得以产生，并从一开始就向全世界销售产品。人们肯定要保留"全球资本主义"这个概念，用于专门描述1945年后甚至1970年后的这段时期，但1913年前后在若干国家就已出现了具有全球活动范围的国家资本主义。工业化，具体而言就是利用区位内的能源发展机械化的工厂生产，是一个不同区域各具特色的发展过程。但19世纪的资本主义却可以理解为是一种经济制度，随着时间的推移，它创造越来越多的可能性，使地方商业活动扩展为大范围的区域活动，进而发展成为全球范围的商业活动。

注释

[1] Pierenkemper, *Wirtschaftsgeschichte* (2005)，第21页及下文，对比阅读可参阅 Buchheim, *Industrielle Revolutionen* (1994)。

[2] Wischermann/Nieberding, *Die institutionelle Revolution* (2004)，第17~29页。

[3] 对比阅读可参阅：Pollard, *Peaceful Conquest* (1981)。

[4] Wischermann/Nieberding, *Die institutionelle Revolution* (2004)，第26页，根据 D. C. North 的观点。

[5] 参阅本书第5章。

[6] Pomeranz, *Great Divergence* (2000)；P. H. H. Vries, *Via Peking* (2003)。该问题于20世纪50年代由中国经济史学家首次提出。

［7］ Amsden 在 Rise of "the Rest" 中提出的论点（2001），第 51 页及下文。

［8］ 该流派仍具有吸引力的非教条阐释：Hobsbawm, *Industrie und Empire*（1969），第 1 章，第 33 ~ 78 页。

［9］ Schumpeter, *Konjunkturzyklen*（1961 年版，1939 年初版）。康德拉捷夫（Kondrat'ev）于 1938 年 9 月在莫斯科的一所监狱中被枪杀。其文集直到 1998 年才在西方全部出版。

［10］ Polanyi, *Great Transformation*（1957）。该理论的重要扩展观点请参阅乡村人类学及 E. P. Thompson 和 James C. Scott 的 "moral economy"。

［11］ 该理论的最终版：Rostow, *World Economy*（1978）。

［12］ Gerschenkron, *Economic Backwardness*（1962），对有益的讨论感兴趣可参阅 Verley, *La Révolution industrielle*（19972）第 111 ~ 114 页，第 324 页，第 26 页。

［13］ Bairoch, *Révolution industrielle*（1963）；最终版：Bairoch, *Victoires*（1997），卷 1。

［14］ Landes, *Der entfesselte Prometheus*（1973）——历史综合理论的杰作，现在仍是探讨该题目依据的重要著作。

［15］ D. C. North/Thomas, *Rise*（1973）.

［16］ Schumpeter 明确拒绝这一概念：*Konjunkturzyklen*（1961 版，1939 年初版），卷 1，第 264 页。Max Weber 仅在反驳技术决定论时顺带提及，对比阅读可参阅 Swedberg, *Max Weber*（1998），第 149 页及下页。

［17］ Landes, *Wohlstand und Armut*（1999）.

［18］ Sylla/Toniolo, *Patterns*（1991），逐一研究世界各国来检验 Gerschenkron 的理论，但关于日本着墨不多。

［19］ Patrick K. O'Brien: "Introduction"，文章见同一作者的文集 *Industrialisation*（1998），卷 1，第 43 页。

［20］ 例外：Stearns, *Industrial Revolution*（1993）。

［21］ 根据 Easterlin, *Growth Triumphant*（1997），第 31 页；E. L. Jones, *Growth Recurring*（1988），第 13 页，后者谈到 "急剧" 增长。

[22] 该类分析的范例：Mathias, *First Industrial Nation*（1969）。

[23] Verley, *La Révolution industrielle*（1997），第 34~36 页。

[24] 目前居于研究最前沿的是：Inikori, *Africans*（2002）；得出类似结论的其他观点有：Findlay/O'Rourke, *Power and Plenty*（2007），第 330~352 页，尤其是第 339~342 页。

[25] Mokyr, *Gifts of Athena*（2002），循着具有划时代意义的著作的足迹 Jacob, *Scientific Culture*（1997）；对比阅读可参阅具有普遍历史观并着重讲述技术转让的著作：Inkster, *Science*（1991）。

[26] J. de Vries, *Industrial Revolution*（1994），第 255 页及下文。在他之前日本经济史学家 Akira Hayami 和 Osamu Saito 就已提出过类似观点。有关日本详情可参考：Hayami 的著作，*Economic History of Japan*（2004），尤其是第 1 章和第 9~11 章。

[27] Ogilvie/Cerman, *Proto-Industrialization*（1996）；Mager, *Protoindustrialisierung*（1988）.

[28] 比如在沙俄：Gestwa, *Proto-Industrialisierung*（1999），第 345 页及下文。

[29] 此为态度审慎的 Daunton 的判断，*Progress*（1995），第 169 页。

[30] M. Berg, *Age of Manufactures*（1985）对此提供了特别鲜明的看法。

[31] Komlos, *Industrial Revolution*（2000）.

[32] Findlay/O'Rourke, *Power and Plenty*（2007），第 313 页，对经济史方面形成的一个新共识的表述。

[33] Martin Daunton, "Society and Economic Life"，文章见 C. Matthew, *Nineteenth Century*（2000）的第 41~82 页，该处在第 51~55 页。

[34] Verley, *La Révolution industrielle*（1997²），第 107 页。

[35] 重要著作：Jeremy, *Transatlantic Industrial Revolution*（1981）。

[36] Cameron, *New View*（1985）.

[37] Craig/Fisher, *European Macroeconomy*（2000），第 257 页及下文，第 280 页，第 309 页：Pollard, *Peaceful Conquest*（1981）；Teich/Porter, *Industrial Revolution*（1996）。

[38] 宏观史学的一个新理论甚至在此看到了经济增长的原因：

"Growth is generated overwhelmingly by investments in expanding the stock of production knowledge in societies." G. Clark, *Farewell to Alms* (2007), 第 197 页, 第 204~7 页。

[39] 对比阅读可参考: Ledderose, *Ten Thousand Things* (2000), 第 2~4 页; 关于西方批量生产的重要著作: Hounshell, *From the American System* (1984)。

[40] Sabel/Zeitlin, *World of Possibilities* (1997).

[41] 关于德国的情况可参阅: Herrigel, *Industrial Constructions* (1996)。

[42] Matis, *Industriesystem* (1988), 第 248~265 页有一个可供教科书使用的很好表述。A. D. Chandler, *Visible Hand* (1977) 曾长期保持最有影响力的分析家的地位; 同一作者的 *Scale and Scope* (1990)。为国家转型过程的研究提供了典范的是: M. S. Smith, *Emergence* (2006), 第 325 页及下文。Peter Temin 新近提出了另一种替代性"典范"。

[43] Werner Abelshauser, "Von der Industriellen Revolution zur Neuen Wirtschaft. Der Paradigmenwechsel im wirtschaftlichen Weltbild der Gegenwart", 文章见: Osterhammel, *Wege* (2006), 第 201~218 页。

[44] Blackford, *Rise of Modern Business* (1998²), 第 103 页及下文; Boyce/Ville, *Modern Business* (2002), 第 9 页及下文。

[45] O'Brien, *Industrialisation* (1998) 是一部优秀文集, Church/Wrigley, *Industrial Revolutions* (1994) 内容则更为丰富。

[46] Wallerstein, *Modern World-System III* (1989), 第 33 页。

[47] Frank, *ReOrient* (1998) 及毫无事实依据、完全不可信赖的 J. M. Hobson, *Eastern Origins* (2004) 均有如此说法, 前者以不屈不挠的姿态宣扬其论点。

[48] 概论: Pomeranz, *Great Divergence* (2000); 论点并不出奇, 但在实证方面具有指导意义的是: Blussé/Gaastra, *Eighteenth Century* (1998)。

[49] E. L. Jones, *European Miracle* (1981), 第 160 页。

[50] M. Weber, *Wissenschaftslehre* (1968³), 第 407 页。

［51］ C. Smith, *Science of Energy*（1998），主要在第 126～169 页。

［52］ C. Smith/Wise, *Energy and Empire*（1989）为 Lord Kelvin 及其时代提供了一幅宏伟的画像，在此饶有趣味的还有——与西门子情况一样——电报作为科学挑战的重大意义（第 445 页及下文）。

［53］ Feldenkirchen, *Siemens*（20032），第 55 页及下文。

［54］ W. König/Weber, *Netzwerke*（1990），第 329～340 页；Smil, *Creating the Twentieth Century*（2005），第 2 章。

［55］ 人们免不了要从技术史角度来形象描述这台 19 世纪最重要的机器，现在可参考的著作还有 Wagenbreth u. a., *Dampfmaschine*（2002）。

［56］ Mirowski, *More Heat than Light*（1989）.

［57］ Rabinbach, *Human Motor*（1990）.

［58］ Malanima, *Economia preindustriale*（1995），第 98 页。

［59］ Malanima, *Uomini*（2003），第 49 页，对比阅读可参考两种新的世界采矿史：C. E. Gregory, *Mining*（2001）；M. Lynch, *Mining*（2002），这两本书讲述的不仅仅是煤。全面了解关于工业化中的能源问题可参阅：Sieferle u. a., *Ende der Fläche*（2006），主要在第 4～5 章。

［60］ Paolo Malanima, "The Energy Basis for Early Modern Growth, 1650-1820", in Prak, *Early Modern Capitalism*（2001），第 51～68 页，该处在第 67 页。技术史上的重要著作：Hunter, *Industrial Power*（1979）。

［61］ Malanima, *Uomini*（2003），第 45 页，估计近代早期欧洲人均消耗为 2000 克：一个最低值，大概来自意大利南部。

［62］ Grübler, *Technology*（1998），第 250 页。关于 1914 年前的石油史可参阅 Yergin, *Der Preis*（1991），第 1～8 章。

［63］ Overton, *Agricultural Revolution*（1996），第 126 页；Grübler, *Technology*（1998），第 149 页（第 5.8 段）。

［64］ Wrigley, *People*（1987），第 10 页。

［65］ M. Lynch, *Mining*（2002），第 73 页及下文。有关纽可门机器的技术及国际传播可参阅 Wagenbreth, *Dampfmaschine*（2002），第

18～23页。

[66] Marsden, *Watt's Perfect Engine*（2002），第 118 页及下文。

[67] Grübler, *Technology*（1998），第 209 页（第 6.3 段）。

[68] Wagenbreth u. a., *Dampfmaschine*（2002），第 240 页。

[69] Minami, *Power Revolution*（1987），第 53 页及下文，58 页，第 331～333 页。

[70] Pohl, *Aufbruch*（1989），第 127 页（表 VI.4），计算出百分数。

[71] Debeir u. a., *Prometheus*（1989），第 177 页：除 Smil, *Energy*（1994）之外最好的全面讲述能源史的著作。

[72] Trebilcock, *Industrialization*（1981），第 237 页。

[73] W. W. Lockwood, *Economic Development of Japan*（1968），第 91 页。

[74] Sugihara Kaoru, *Japanese Imperialism in Global Resource History* 提出的概念（University of Osaka, Department of Economics, Working Paper 07/04），2004，第 13 页。

[75] Pomeranz, *Great Divergence*（2000），第 62 页。

[76] R. Reinhard, *Erdkunde*（19296），第 119 页。

[77] Pohl, *Aufbruch*（1998），第 127 页（表 VI.4）。

[78] Smil, *Energy*（1994），第 228 页。

[79] Alleaume, *Industrial Revolution*（1999），第 341 页。

[80] Verley, *La Révolution industrielle*（19972），第 492 页及下文。

[81] Wolfram Fischer, "Wirtschaft und Gesellschaft Europas, 1850 - 1914", 在 Fischer, *Handbuch* 中, 卷 5（1985），第 149 页（表 42）。

[82] Bulmer-Thomas, *Economic History*（1994），第 58 页及下文。Haber, *How Latin America Fell Behind*（1997）可作为历史编纂学的中期报告；Cárdenas, *Economic History*（2000）是拉丁美洲诸国 19 世纪 80 年代以来的出口经验分析。

[83] Bulmer-Thomas, *Economic History*（1994），第 61 页。

[84] Feinstein, *Economic History of South Africa*（2005）第 90～99 页对此进行了阐述。

[85] Bulmer-Thomas, *Economic History*（1994），第 130～139 页。

［86］更详细的论述参见 Osterhammel，*China*（1989），第 188～194 页；中日情况对比可参阅 Yoda，*Foundations of Japan's Modernization*（1996），第 119～125 页。

［87］Köll，*From Cotton Mill*（2003）；Cochran，*Encountering Chinese Networks*（2000）．

［88］Osterhammel，*China*（1989），第 263 页及下文。

［89］Vgl. etwa Inikori，*Africans*（2002），第 428 页。

［90］Dietmar Rothermund，"The Industrialization of India：Technology and Production"，文章见 B. B. Chaudhuri，*Economic History of India*（2005）中，第 437～523 页，该处在第 441 页及下文；Roy，*Economic History*（2000），第 123～131 页。

［91］Farnie/Jeremy，*Fibre*（2004），第 401 页，该书第 400～413 页讲述的是印度棉纺织工业的早期历史。

［92］同上书，第 418 页。

［93］同上，*Economic History*（2000），第 131～133 页。

［94］Arcadius Kahan，"Rußland und Kongreßpolen 1860 – 1914"，文章见：Fischer，*Handbuch*，卷 5（1985），第 512～600 页，该处在第 538 页（表 11）。

［95］关于此题目富有启发性的著作：Chandavarkar，*Imperial Power*（1998），第 30～73 页。

［96］很好的介绍性文章：McClain，*Japan*（2002），第 207～245 页；Janet E. Hunter，"The Japanese Experience of Economic Development"，文章见：O'Brien，*Industrialisation*，卷 4（1998），第 71～141 页。Church/Wrigley，*Industrial Revolutions*，卷 7（1994）对专家讨论有纪录。

［97］Tamaki，*Japanese Banking*（1995），第 51 页及下文。

［98］Mosk，*Japanese Industrial History*（2001），第 97 页。关于日本棉纺织工业在世界大环境中的崛起的重要著作：Howe，*Origins*（1996），第 176～200 页。

［99］Morris-Suzuki，*Technological Transformation*（1994），第 73 页。

［100］总结：Sean Winlentz，"Society，Politics，and the Market Revolution，1815 – 1848"，文章见 Foner，*New American History*（1997），第 61～84

页；另外还可参阅 Barney, *Companion*（2001）的第 9 ~ 10 章。

［101］ Bensel 的核心论点, *Political Economy*（2000）。

［102］ Takebayashi, *Kapitalismustheorie*（2003）, 第 155 页及下文。

［103］ 对比阅读可参阅 Mommsen, *Imperialismustheorien*（19873）; Semmel, *Liberal Ideal*（1993）。

［104］ Grassby, *Idea of Capitalism*（1999）, 第 1 页。

［105］ 对比阅读可参阅 Leslie Sklair, "Artikel Capitalism：Global", 文章见：Smelser/Baltes, *International Encyclopedia*, 卷 3（2001）, 第 1459 ~ 1463 页。

［106］ 特别有理论启发性的还有两本在新一轮资本主义讨论开启之时出版的书：P. L. Berger, *Capitalist Revolution*（1986）; Heilbroner, *Nature and Logic*（1985）。Arrighi, *Long Twentieth Century*（1994）对 *longue durée*（在与 Braudel 的争论中）做了特别细致的描述。Richard Swedberg, "The Economic Sociology of Capitalism：An Introduction and Agenda" 为进一步讨论提供了很好的出发点, 文章见：Nee/Swedberg, *Economic Sociology*（2005）, 第 3 ~ 40 页。

［107］ 依据 P. L. Berger, *Capitalist Revolution*（1986）, 第 19 页修改后的表述。

［108］ 基本内容请参阅 Byres, *Capitalism from Above*（1996）。

［109］ 在此 Lever Brothers/Unilever 的兴起及其自 1895 年以来的海外活动是一个范例。

［110］ 对比阅读还可参阅 A. D. Chandler, *Big Business*（1997）关于民族特色的论述。Arrighi, *ng Twentieth Century*（1994）认为"资本主义"与"地方主义"之间存在着尖锐的矛盾, 这是另一种有趣的角度, 文见第 33 页及下文。

第13章 劳动

—— 文化的物质基础

　　大多数人一生都在劳动。[1]成年人中不事劳作的在任何社会里都是少数：他们或是病人或是残疾人，或是幸运之人——属于极少数悠闲度日的上流社会成员，既不曾打过仗，也不曾当过牧师。由于劳动有若干种类和关系，所以与较高级的组织体系比如"工业"或"资本主义"相比，对劳动进行一般概述要困难得多。劳动的历史只能是它的某种独特状态的历史，在资料特别充分的情况下或许可能是劳动量的历史或是男女劳动分工的历史。[2]如不将劳动视为抽象概念，而是作为具体生活状况的一个方面，那么就会出现若干劳动领域。我们通过一个诉讼案了解到1873年孟买的一名屠户，就是生活在这样一个特殊的劳动领域中。当歌剧赞助制完全过渡为歌手自由职业时，意大利罗西尼时代的一位女歌剧演员必须设法自谋出路，这又是一个完全不同的劳动领域。一名中国苦力被运到南非的矿山从事廉价雇佣劳动，或是远洋航行中不可缺少的船医，则又属于另外的劳动领域了。[3]

　　有劳动就有产出——最频繁的劳动是烹制膳食，所以烹调恐怕是整个历史上劳动力使用最普遍和最耗时的。不是所有劳动都以市场为导向，不是所有劳动力都以市场为中介。劳动可以发生在家庭中，可以发生在较大范围内，比如村庄里，或是更复杂、更综合的组织，比如工厂、政府机关或军队中。在欧洲，采用正规"工作岗位"的想法到19世纪才出现；大部分工作过去（现在仍然）都是"非正规"进行的。劳动一般是遵守标准化程序，也就是按照"工作流程"一步步进行的。这样 **959** 的过程具有社会属性。大多数情况下，都会涉及人与人之间的直接合作，也总是被间接地纳入社会秩序中。具体的劳动者和具体的劳动程序会处在社会等级的某个阶层中。权力和统治关系来确定劳动在多大程度上是自主决定，多大程度上是服从他人决定。如果劳动程序的标准化与一个基本通过劳动而定义的意识相结合，那么一个"职业"就诞生了。具有职业身份认同的人，不仅看重雇主的赞许，也会有衡量自己工作成绩和质量的内在标准。不过这样的标准也是由集体定义的。换言之，某种职业的从业者控制或者垄断其职业领域，绕开市场，操纵该职业的准入，并常常能够获得政府支持。通过这种方式行业组织得以出现，拥有一个组织的成员资格（行会、帮会、职业协会，等等）本身就是资本，借助这个身份也可以创造收益。[4]

　　关于劳动的可能性如此之多，要寻找整个世纪劳动在全世界的普遍发展趋势是一件难事。[5] 所以 19 世纪对劳动的特别重视就更为重要。在那些崇尚劳动的文化中，比如西欧和日本，新出现的种种资本主义的可能性为从事劳动提供了机会。在西方，劳动开始得到尊重，同时成为人们喜欢的自我展现方式。即使在上流社会，不事劳作、悠闲度日也不再是令人向往的。皇后会手拿针织物出现在公众面前。在经济理论，比如人类学的一些理论派别中，工匠人（homo faber）成为固定类型。古典政治经济学的劳动价值学说或"客观"价值学说认为，创造性和体力劳动是价值创造的源泉，这一学说也成为社会主义的基本原则。因此，应该付给劳动者优厚的报酬并善待他们。另有一些人试图想象，人类可以通过劳动改过自新。宣扬劳动解放的乌托邦思想与资本主义社会中劳动被异化和被剥削针锋相对。
随着机器越来越普及，手工劳动优势成为一个专门的课题。机器
的反对者，如英国工艺美术运动（Arts and Crafts-Bewegung）的
发起者、作家、早期社会主义活动家及颇有影响的设计艺术家威
廉·莫里斯（William Morris）在理论和实践中回归岌岌可危的前
现代手工艺理想。在欧洲一些地区和美国，当世纪末平均劳动时
间经过工业化早期的增长又减少时，业余时间这个问题出现了，
即工作时间和非工作时间在一天、一年和一生中的划分问题。哈
特穆特·凯博（Hartmut Kaelble）认为欧洲的特色在于，两者的
划分泾渭分明。[6]但即使在欧洲，关于劳动的概念也五花八门，
要想对劳动的"典型欧洲式"认识进行定义不无困难。[7]

　　尚无关于 19 世纪非欧洲文明劳动伦理的研究。若有这类调
研，通过研究可能会发现，虽然在不同文化中劳动观念存在差
异，但不同劳动观念的产生并非主要沿着文化边界。一方面，劳
动观念在很大程度上取决于社会阶层；另一方面，外部激励和各
种不同情况下有利的制度框架条件会激发劳动能量。很多西非农
民对出口生产的新机遇做出了快速积极的反应，就是一个很好的
例子。前殖民时代已存在的高效生产领域（比如棉花）适应了变
化，新的生产部门建立起来。[8]在所有或大多数文明中，无论过
去还是现在，尽管有着各种不同的期待，但劳动观念终究都与应
如何使劳动者得到合理的待遇有关。[9]

一　农业劳动的比重

土地占主导地位

农业在 19 世纪的世界各地，也包括欧洲，是最大的就业领

域。[10] 直到二战后紧接着的那些年，在整个欧洲，也包括苏联，
工业社会才成为主导社会形态。工业居主导地位的时间不长，　961
1970 年前后欧洲服务业的就业份额就已超过了工业行业。所
以，传统工业社会是世界史上短暂的一瞬。仅在少数国家，如
英国、德国、比利时和瑞士，工业作为主导性就业领域的持续
时间超过半个世纪。在荷兰、挪威、丹麦、希腊，甚至在法国，
工业从未有过这样的地位，在意大利、西班牙、瑞典和捷克斯
洛伐克则持续了更短的时间。如果从欧洲向外部看，工业社会
占据主导地位的时间还要短暂：即使在工业效率最高的国家，
如美国和日本，工业劳动也从未超过农业和服务业的就业率。
在这些国家及其他国家当然有工业密集区，但 1900 年前后，世
界上只有少数几个国家的工业劳动比农业劳动重要，比如英国、
德国和瑞士。[11] 19 世纪，对于在世界上大部分地区来说，农业
的意义变得更加重要，因为往前推进的边疆地区大多是农垦边
界。[12] 有时拓荒者主要是种植园主和大农场主，更常见的是小
农：他们分布在中国的高原地区、非洲、哈萨克草原、缅甸或
爪哇岛。就整个东南亚地区而言，人们称这个世纪为农业世纪
（peasantization）。东南亚的平原地带在 1900 年前后布满了无数小
块农田。[13] 农民不是"一直以来"就存在的，或者确切地说，不
是从新石器时代革命以来就自然"出现了"。甚至在 19 世纪农民
还有可能是被"创造"出来的。

　　1900 年或 1914 年前后世界上大多数人都从事农业。他们
在土地上劳作或以土地为生。他们主要在田间野外劳动，看天
吃饭。劳动可以在室内进行，是 19 世纪的一大创新。对于所有
来自乡村的人，一开始想必觉得工厂像是劳动之屋。同时，由
于矿山的技术革新，劳动在越来越深的地下进行。甚至该世纪

最普遍的发展趋势，尤其是城市化，也很少能撼动农业的强势
地位。一些"较现代"的相反的趋势甚至助推了农业发展。世
界经济在 1870～1914 年间（尤其在 1896 年后）的扩张大规模
刺激了农业的出口生产。在最发达的国家，农业利益也有着巨
大的政治影响。除拥有土地的上层贵族的比例相对减少外，直
到该世纪的最后四分之一世纪，英国的政治精英主要还是由大
地主构成。在欧洲大陆的许多国家，乡村大地主仍然是一言九
鼎的人物。在法国，所有政权，无论君主制还是共和制，都必
须顾及小农阶层的强大势力；在美国，农业利益在政治体制中
有着充分的体现。

　　大多数人是农民，这意味着什么？农业史、农业社会学、
人类学及某些方面与其相近的民俗学等若干科学领域都对此进
行了长期研究。对于前现代时期的欧洲和整个 19 世纪的世界大
部分地区，不需要一部单独的"农业史"。该时期的农民和农
村社会本身就是经济和社会历史的核心课题。[14] 从俄国人亚历
山大·恰亚诺夫（Alexandr Čajavov） 20 世纪 20 年代早期具有
划时代意义的研究开始所进行的若干讨论中，从全球史的角度
来看，关于理性的讨论尤有趣味。[15] 对于此，在 70 年代，"道
德经济"学说的追随者与理性决策理论的代表人物互相对立。
根据前者的观点，农民对市场怀有敌意，是自给自足的，在集
体所有制和个体所有制之间倾向于前者，农民作为群体其对外
行为是防御型和风险回避型的。他们的理想是传统框架内的公
平，以及团结互助的相互关系，包括地主与佃户之间，赞助者
与接受者之间的关系也应如此。出卖土地只被看作最后的无奈
之举（ultima ratio）。而按照对立者的观点，农民至少是潜在的
小企业主。若有市场机会，他们会去利用，虽然他们不一定追

求利润最大化，但也靠自己的能力追求生存的物质保障，而并不想完全依赖集体的团结互助。这个学派还认为，资本主义的传播导致一些当初处于相同社会状况的农民之间产生了差别。

每个学派都列举不同的事例，以至于无法在比较中明确他们实证经验的可信度。人们发现，在某些确定的历史情境中，农民更倾向于企业主类型，而在另外的历史情境中却是集体传统主义占主导。对于我们寻求的关联性来说，重要的是，以区域特征或文化特征进行分类的结果差别不大，不存在典型的西欧农民或亚洲农民。在莱茵兰地区、中国北部地区及西非发现了相似的市场意识/企业经营倾向。在 17 世纪的日本就曾有人寻找传说中在与世隔绝的小村庄过着自给自足生活的刻板的"亚洲"农民形象，徒劳无果。根据市场情况决定自己种植什么作物的农民，利用最新灌溉技术的农民，使用最优良种子的农民，不断有意识提高生产能力的农民，都不符合古朴的、寸步不离狭小的亘古不变的生活圈子的村民形象。[16]

村庄

在农村，具体到劳动的情况千差万别。大自然偏爱某些作物种类，而排斥另外一些，它决定收获的次数和收获季节的长短。在干燥土地上种植需加薅锄的作物与种植需要灌溉的作物，与东亚和东南亚需要在水田中精耕细作的稻米经济尤其不同，它们要求不同的劳动组织形式。家务劳动的参与形式千差万别，可以以各种不同的方式在男女老少之间进行分工。巨大的差异出现在两种极端情况之间：一种情况是，除儿童外，全部家庭成员都能从事农田劳动，并且也许还将空闲时间用于家务生产；另一种情况是，农民工离开家庭，生活在纯男性的临时性集体中，脱离了与乡村组织的联系。

在大多数农业社会中都有村庄，其功能差异性很大。极端情况下，村庄兼具多种功能："它是经济共同体、税务共同体、宗教共同体，并在其辖区内维护和平与秩序，守护其村民的公德与私德。"[17]乡村制度在至少具备以下因素之一的地方会特别牢固：①村庄是行政单位，比如作为政府纳税的咨询点，甚至法律制度可能承认它是独立法人。②村庄拥有属于地方并供村集体使用的土地，或者甚至——如俄国的集体财产（Obšina）一样——必须由集体决定分配或重新分配土地。这并非理所当然。在中国北方精耕细作的小农经济中，几乎所有土地都归私人所有。行政机关只到地区一级的国家，不是从作为法人的村庄收税，而是通过一个由村庄核心圈子推举的负责征税的权威人士（乡保）——他得考虑如何筹集到这些钱款。[18]因此与欧洲相比，中国北部地区的发展很薄弱。在中国南部地区，扩大的、可能但并不一定与一个封闭的居民区相吻合的宗族组织，承担着融合与协调的功能。若将这些宗族组织本身从发展历史的角度看作落后甚至"原始"的，那就错了；它们能为特别高效的农业创造条件。寺庙也有类似的功能，它们也常作为共同物主出现，这种情况不仅仅限于中国。

在欧亚大陆，村庄的地位差别很大。在俄国乡村，拥有较少私产土地又有权对土地进行平均再分配的村庄在1907年总理斯托雷平（Stolypin）的土地改革前都占有主导地位。在日本，村庄是由"团体精神"（kyodotai）凝聚在一起的多功能协作共同体。而在中国大部分地区，村庄内聚力较差，尤其在那些缺乏宗族关系且失地佃户比例又很高的地方。[19]日本的例子又引出一个重要问题，即农民中的乡村精英如何稳固自己的地位？

在日本及西欧的很多地方是通过长子继承权：长子继承庄园和财产。在中国和印度的一些地方，私有财产通过遗产继承常常被瓜分，即便是微薄的家庭财产，其延续性也难以保证。[20]

涉及农民生存的一个同样重要的因素是与土地的拥有关系：谁是"物主"？谁拥有——可能是按等级——使用权？这些权利牢靠吗？比如这些权利是可以被继承的吗？租赁情况（有若干说法）[21]是否已明了？租赁规模是怎样的？租户缴纳一笔固定租金还是缴纳一部分收成？缴税是以何种形式？换言之，乡村经济达到了怎样的货币化程度？是否还要求农民主要为地主，但也为国家（修路、筑堤坝）付出（封建的）劳役？土地可以自由买卖吗？土地交易市场是如何组织的？

最后一个重要参数是生产以市场为导向的程度。是为近距离市场还是为远途市场进行生产？是否有一个地方交换关系网络，比如在中心小城有定期市场作为售卖点？农民生产的专门化程度如何，也许甚至以牺牲自给自足为代价？他们亲赴市场售卖，还是依托中间商？一言以蔽之，在农民和非农民间有哪些常规性的接触？这些"他者"可能是城里人，也可能是相邻的游牧民族。外居地主（absentee landlord），即由代理人在村中代理其事务的地主，也属于城里人，农民和他们无任何文化上的共同之处。人们在教堂或寺院还能见到当地实力较大些的财主，而真正的城市大地主或以出租土地为业的城市巨富则完全生活在另一个世界。

以印度为例

多样的农业生活方式的特殊性就在于，不能简单地按照东方、西方或按属于哪个大陆来归类。作为开端我们以一个发达

965

的、初看似乎很典型的农业社会为例。我们现在是在 1863 年。这个国家约 100 万人口中有 93% 生活在人口不足 2000 人的村子里。一个村子里的村民几乎全部属于一个家族：一部分是多代繁衍的家庭，一半以上是核心家庭。几乎每人都拥有土地，土地并不匮乏。15% 的土地用于耕作、放牧和种植果树，剩余的就是森林和荒野。几乎没有失地的情况。谁需要土地，谁就会从村子里得到土地。不存在个人大规模占有土地和土地租赁的情况。有些农民比另外一些富裕，但没有地主阶层，没有贵族。农民的劳作几乎全是为维持自己的生活所需。他们生产自己食用的食品，自己制作衣服、鞋子、居家物件和家具。有玉米仓库以备饥荒之用。只有极少几个城市需要市场来供应。缴税所需的现金通过出售牲口可以轻松筹集到。没有铁路，几乎没有可以跑马车的道路，没有手工业或者原始工业，没有金融机构。98% 的农村人口是文盲。尽管他们名义上信仰一个"正统宗教"，但他们的日常生活却充斥着迷信。对生活的期待很低，几乎没有让人改善生活和辛勤劳动的由头；很少有农民会多耕一些超出养家糊口所需的土地。而由于有丰富的自然资源，这个国家并不是很贫困，人均居民收入大概是同时期德国的 1/3。

我们描写的这种平等的农民田园生活，不是"典型亚洲"式自给自足的农耕社会，就像人们 19 世纪中叶所想象的那样：一个个安宁自足的村落，由安分守己的农户组成，来自外部的管理很宽松，居住的都是固定居民。也不是较富饶的非洲次大陆的一些地区。这里描述的是塞尔维亚进行第一次较可靠的人口普查时的情况。[22]

这种农业社会对于欧洲和亚洲都不具代表性。让我们从欧亚大陆无数不同农业社会类型中选取印度作为第二个例子。印度在 19 世纪的欧洲被认为是古代农民社会的典范，于是我们看到如下画面：[23] 乡村生活的基本单元实际上是村庄；乡村社会是等级社会，几乎每个村庄都有一些人具有较高的社会地位，主要是高种姓成员或军队成员；他们不一定都是大地主，他们很少——像中国乡村典型的地主那样——完全不从事体力劳动；但他们一般能识文断字，扮演乡村生活"管理者"的角色，是文化权威。在中国，最深的社会鸿沟是在只靠收取佃租过寄生生活的地主和辛苦劳作的小佃户或小农之间；和中国不同，在典型的印度村庄中，最深的社会鸿沟是在拥有较稳定的土地使用权的阶层（常常是村中的大多数人）和没有土地只靠雇佣劳动生存的下层之间。印度的村庄既非由城市大地主或居住在豪华庄园的大地主掌管，也不是由拥有少量财产的中国式地主掌管，而是由一些拥有支配地位（dominant）的农民掌管，大多数资源（土地、财产、可出借的资金）集中在他们手中。他们的地位并不因属于一个高种姓而自然获得，但大多数情况下他们属于较高种姓等级。他们一般自己也从事农业，不仅耕种自己的土地，也耕种租赁的土地。殖民法原则上把所有农民看作自由人。在现代印度，大型农业企业中基本没有奴隶，通过1848 年废除奴隶制——在其他英属国家法律明令禁止奴隶制15 年后——也废除了剩余的家奴制度。不过，通过放贷（和中国类似）有各种途径使乡村等级制度中的弱势成员陷于依附地位。

966

印度农民的目标首先是保障自己的家庭生活。作为追溯到殖民时代（1760 年后在孟加拉开始的）前的发展过程的延续，商业关系越过村庄边界不断扩展。在一些地方，集中种植经济作物（cash crops）——主要是为中国市场种植槐蓝属植物和鸦片——导致了出口生产专门化。不过总体来看，这并没有成为印度（中国同样）的特色，就像新大陆的某些地区那样，比如19世纪下半叶以外向型单一经济生产为主导的东南亚和非洲。印度的乡村一般对城市是开放的，它被纳入一个贸易网中。有城市背景的中间商收购农民的剩余产品，然后到市场上出售。大多数农业生产者完全有能力做出市场决策，但因受到产权关系、环境条件（比如灌溉或失误）以及有支配权的农民的限制，其行为不是理性选择（rational-choice）理论意义上的"独立企业主"行为。印度的殖民地地位从1760年后几十年的毁灭性征服战争所造成的经济后果以及平均税赋负担增加即可见一斑。殖民统治长期来看有三个后果：①常规化征收高额的但可以估计的税赋；②在乡村慢慢实行了可由殖民法庭审核的私法/契约交往方式；③优待村庄中占有支配地位的农民，这一殖民政府的决策一方面是为了抵制农业平均主义，另一方面也是为了抵制新老贵族明显的特权化。

印度前殖民时代的社会结构在19世纪发生了变化，变化方式多种多样，而且无数反抗运动也显示，这些变化常暗含危机。变化的发生是社会和经济的自主发展与殖民政府共同作用的结果，殖民政府当然不愿被看作所有变化的始作俑者。印度的农业社会结构富有弹性，足以应对新的挑战，但从自己内部却无法产生原动力，使之向着另外一种全然不同的、"资本主义"的农业发展。回顾历史会发现，这样的期待会过于天真，因为即便以最大的反事实想象也无法设想印度会重复西北欧的农业革命。在这一点上，印度农业、中国农业以及爪哇农业情况类似：廉价劳动力的大量存在，极少合理使用机器，缺少西北欧特有的农牧业混合经济方式，这些都阻碍了彻底变革的发生。

经营类型

从文中穿插的中印对比可以看出，这两个世界上最大的农业社会在某些方面很相似。农民原则上是法律上的自由人，他们生产的产品一部分用于出售，经营的最重要单位是——也常常是原始工业生产方式——家庭，也有少量的仆役和雇工。这三个特征使得印度和中国与西欧，至少是法国及易北河西岸的德国，比较相近。由此看来，它们与世界部分地区，即19世纪使用奴隶或依附劳动的种植园、大地产经营园和大庄园等大型农业企业的差别也愈加明显。因此，认为东方与西方之间存在着差距，即一边是自由的西方，一边是被奴役的东方的观点是错误的。中国的农业状况（各地区存在差异）要比东欧的乡村秩序自由开放得多。

多样的农业生产形式和乡村生活方式使我们很难对其进行分类，因为必须考虑若干标准，而这些标准又不易与实际状况相吻合。即使只考虑最重要的三个标准，情况亦如此：①生物／生态基础（种植什么？）②经营形式和劳动体制（谁，在怎样的组织框架内，以多大的经营空间，做什么？）③产权关系（谁拥有土地？谁有效使用土地？谁以何种方式从中获益？）。举个例子，与种植小麦和棉花不同，水稻的种植不大可能以大农业企业形式进行经营，但在完全不同的产权关系下（个人小产权、租赁、宗族产权或寺庙产权）也是可能的。

比如第一项标准就有以下分类：水稻种植、农牧混合经济、园林经济（等）。[24]第二和第三项标准放在一起就出现了另一种分类：

（a）自足经济（包括自给自足式生产和在有政治支配地位

的主人领地上的无报酬劳动);

（b）有租赁关系的家庭式经营（收取佃租的地主对租户）;

（c）拥有少量地产的家庭式经营（家庭小农场 [family smallholding]）;

（d）种植园（使用非本地、大多为外族劳动力的资本密集型热带植物出口经济）;

（e）资本主义大型农场（农场主使用雇佣劳动的自营企业）。[25]

不过（b）和（c）间的过渡无明显界限：无论在爪哇还是在莱茵兰，谁有依据证明自己拥有可继承的租赁关系，谁就拥有土地，而不必是法律上的土地所有者。

整个 19 世纪农业劳动几乎在世界各地都是手工劳动。在这方面，欧洲的许多地区与亚洲、非洲和拉丁美洲并无差异。[26]阶层状况在不同的文化间有其共同之处：波莫瑞或波兰庄园里的农业雇佣劳动与印度的雇佣劳动没有本质的区别，尽管它们处于各自特有的等级制度和文化环境中。[27]本能的生存危机感和游走四方谋生的必要性为生活状况和经验的基本相似性奠定了基础。与之前各时期一样，在 19 世纪，农业知识的传播仍然是通过远距离的人口流动。然而这些相似的情况和联系并未转化为跨越国界的团结与协作。与在工业和交通行业成长起来的工人运动及其早期国际视野不同，农民劳动者之间没有建立大范围的联系，没有产生农民国际组织。比哈尔（Bihar）的农业劳动者和农民对他们梅克伦堡（Mecklenburg）或墨西哥的同行一无所知。农村的日常工作变化比城市及新兴农村矿区和工业区的日常工作变化发生得缓慢。

劳动如果发生变化，那么在全球变化过程的影响下会在何处发生，如何发生？一般而言，农产品，尤其是热带产品国际需求的扩大，并不必然对农业劳动关系产生自由化影响。自由经济理论预测，国际贸易会废除前现代"封建"制度，使人们摆脱古老的束缚，焕发劳动热情和创业精神。这是完全可能发生的。尤其在那些没有外国经济利益介入，小农经营者能利用海外销路销售产品的地区。不过只有在本国政府（比如日本）明确支持出口并为此创造有利的法律条件和基础设施的情况下，或者在殖民政府——常出于政治稳定需要，有意识保护当地农民——抵制外国种植园公司的情况下，才可能有望获得长期的成功。如不具备这些条件，那么大多数情况下外国利益都会占据上风。

种植园

971

奴隶制在欧洲殖民地、美国和巴西法律上的终结绝不意味着种植园这种经营形式的终结。咖啡、茶或香蕉这些紧俏产品的生产主要集中在种植园中，它们有时会与世界其他地区的小生产商形成竞争，却不必然占据竞争优势。1860 年后出现了新的种植园行业：南非纳塔尔（Natal）的糖，马来亚和交趾支那（Cochinchina，越南南部）的橡胶，苏门答腊的烟草。种植园是一种新型的，也就是"现代"的经营形式，约 1600 年由欧洲人向新大陆地区大规模引进，1900 年前后经历了再次繁荣。种植园并非由当地持续缓慢发展而来，而是通过外国干预建立并组织起来的，尽管有的地方也有当地企业主利用出现的新机会，进入种植园行业中，比如在爪哇和锡兰。[28]对于当地社会，一个新种植园就像一个新工厂，意味着深刻的变化。19 世纪晚期新种植园的资本和管理必然来自欧洲和北美。种植园追求以收益最大化为目标、科学合理的农业种植方式。不过除了少量技术人才，它们只需要非技术工人。因为种植园大多建在人烟稀少的地区，所以常常必须从很远的地方寻找劳动力。比如东苏门答腊的大型烟草种植园喜欢雇用华人，让他们住在仓库里。工人至多是名义上的"自由"雇佣工人。他们的报酬大多是计件支付，还受到承包人的额外剥削，屈从于严苛的纪律和管制，以致其条件和一些奴隶制种植园没有太大区别。离开工作岗位被视作犯罪，会受到惩罚。[29] 1900 年前后仅有很少的种植园属于家族所有。它们大多属于股份公司，股份公司间或向自己的铁路和港口投入大量资金，密切关注着世界市场。殖民地种植园是古老的奴隶制种植园进一步发展的产物，不是一种全新的模式。它是全球资本主义的一个工具，几乎无一例外地出现在热带国家。与工业不同，种植园经济很少被纳入国民经济发展的宏大进程中。[30]

972 　　就此而言，当在本地进行初级产品加工时，种植园往往就拥有了一种工业成分。这种一体化经营模式的典范是橡胶种植园，因为橡胶树可以一年四季割胶，能保证生产持续进行，不受季节影响。这使种植园更像工厂了。1900 年前后，在东南亚和非洲出现的种植园创建浪潮并不是正在兴起的全球农业综合企业不可阻挡的发展进程的开端。在整个 20 世纪，种植园和外向型小农经济并存并互相竞争。因为劳动力和资本来自若干国家，从这个意义上来说种植园经济也具有全球性。在苏门答腊这一新发展趋势的核心地区，1913 年仅有一半种植园的投资由荷兰人掌控。此外，英国、美国、法属比利时和瑞士的利益也参与其中。[31] 建种植园所用土地是从当地头领手中买下的，这些头领因此失去了影响广大种植园地区内部关系的能力。但荷兰殖民政府的权力也受到限制，在实际生活中往往无法行使。

所以出现了一个特殊的法律领域，从某种意义上来说就是一部专门的种植园法，与易北河东岸游离于政府管辖之外的大庄园领主制有相似之处。[32] 在印度西南部地区也有类似情况，并且在此前几十年就出现了。

大庄园 （Haciendas）

种植园不是以大型农业企业方式适应出口市场的唯一模式。在埃及，19 世纪出现了政治权力操纵下的大庄园：国家将负债的村庄转给高官显贵，期望他们能保证政府的税收收入。土地于是集中在与帕夏有着某种联系的政府阶层手中。此外还有另外一个原因：尼罗河畔的灌溉设施几百年来持续坍塌，只有通过修复基础设施才能改观，而这是通过大型农业企业应用现代知识而实现的。在这些大庄园中，种植的都是能给物主带来短期收益以筹集投资款和保障政府税收的经济作物，主要是棉花和甘蔗。除雇用当地农民外，常常还要从他乡招募劳工。埃及自 19 世纪 20 年代起成为世界最重要的棉花出口国，这并非由于外国的积极倡议和埃及被强制"纳入"世界经济体系，而是得益于穆罕默德·阿里（Muhammad Ali）及其继任者的政策。埃及的大庄园有着与种植园相似的组织架构，只是外国资本在这里并未起主导作用。[33]

不必把 19 世纪所有的大型农业企业放置于与世界经济关联的框架中来看待。拉丁美洲大庄园里的债役雇农（peones）劳动既非奴隶劳动，也非雇佣劳动。大庄园是按照家长制家庭模式建立的。债役雇农与庄园主之间甚至常常是一种由监护责任联系着的类亲戚关系。他们之间存在一种契约外性质的相互义务，即市场外"道德经济"关系。很多大庄园单从外观结构上看就是一个

973

封闭的世界。庄园主的宅邸就像一个有重重保护的堡垒，债役雇农住在四周的村子里。与种植园不同，19 世纪末大庄园的特征是资本投入甚少，技术落后。债役雇农的依附性不是由于公开的强制关系而是由于欠庄园主（heciendado）的债务，这让人联想到中国和印度乡村中普通农民与占有支配地位的精英之间的债务关系。如同（奴隶制）种植园，大庄园也是现代早期殖民时代的残留。不必非要把大庄园描述为"封建"，以标明其为种植园的对立面，虽然这种说法很常见。大庄园其实在经济上是自给自足的，不以出口为导向。大庄园里的劳动关系是非经济的。这种依附关系是农民未能成为拉丁美洲各共和国享有个人权利的自由公民的一个因素。他们没有机会从独立时期的自由承诺中获益，大多数反抗运动也以失败告终。[34]

至于墨西哥，可以把 1820～1880 年这段时期看作其大庄园发展的过渡时期。[35]随着殖民国家体制被打破，殖民地土著失去了保护国，尽管这个保护国并不可靠。在 19 世纪，占有统治地位、思想进步的"自由派"主要把殖民地土著看作墨西哥以欧洲或是后来的美国为榜样进行发展的障碍，因此他们毫不顾及土著人口的利益。如果说殖民地时期的大庄园原则上还注意在一定程度上平衡大庄园主和印第安村社的利益，那么共和时期的政策则大规模废除了土著的村社财产所有制，使土著完全屈服于庄园主的经济利益，这一趋势在独裁者波菲里奥·迪亚斯（Porfirio Díaz）1876 年上台后进一步加剧。这也是大庄园未能如与其类似的东南亚或巴西的种植园一样成为外向型经济重要支柱的原因。不过大庄园也并非在任何方面都陷入历史绝境。1880 年后，随着铁路的兴建，墨西哥也慢慢开始了工业化。一些大庄园利用机会，开始订立更自由的劳动契约，进行更细的生产劳动分工，对庄园进行专业化经营并废除监护制社会关系。[36]除了大量仍沿用殖民地时期经营方式的小庄园外，也有现代化的具有特大规模的大庄园。总体而言，19世纪拉丁美洲的大庄园是封闭王国，在这里庄园主（patrón）基本主宰一切。虽然很多情况下也存在先进的法律基础，但警察和法律很少会维护债役雇农的利益，而债役雇农再也无法通过功能良好的村社组织得到生存保障。不能把债役雇农看作失地的无产阶级，像种植园雇工，或像易北河东岸、智利或非洲流动农业工人那样。债役雇农在本地定居，其生活以"他们的"大庄园为中心。但他们也并非俄国、西欧或印度意义上的被纳入村集体中的农民。这并不是说，拉丁美洲没有流动的、失地的、无上升渠道去获得土地的——此为关键点——无产阶级。在阿根廷，这样的无产阶级是一个普遍现象。[37]那里的雇工或（佃农）常常是意大利人或西班牙人。他们的典型特征是，都独自在外谋生；起码大多数情况下，都是把妻子和孩子留在城市。

二　工作场所：工厂，工地，办公场所

975

手工作坊

可以根据工作发生的场所来描述一项工作的特征。19世纪的很多工作场所与以前各时代相比变化不大。在19世纪末电动机投入使用、工业批量生产普及之前，欧洲的独立手工业者——亚洲和非洲的独立手工业者亦如此——仍基本在"近代早期"劳动条件下工作。在其他文明中，手工业劳动的组织形式也是古老的作坊式。通过行会、同业公会和其他形式的组织

口授知识、调节市场，这在奥斯曼帝国和中国的出现时间比欧洲要早得多，而这仍然是手工业者和"简单"劳动者的区别。由于工业增长的竞争，一些手工业行业的生产成果遭遇贬值；也有手工业行业适应变化的市场环境的例子。总体来看，19世纪与20世纪相比，手工业和精品工艺还没有变得可有可无。在欧洲，（精致华美）的衣服还是裁缝缝制的，鞋子还是鞋匠制作的，面粉还是磨坊磨的。从广义上讲，手工业应是融合了自助、精诚团结和专业协作精神的行业。世界大部分地区仍然是以这种方式建造民宅——从西欧的桁架结构建筑到各式各样的非洲房屋。[38] 筑屋盖房是"前工业的"，其建造流程中的一部分至今仍然沿用前工业方式。

19世纪又增加了一些新的手工业行业，古老的手工业行业也获得了新的意义。比如，由于马匹数量不减反增，整个世纪铁匠都颇有用武之地，同时打铁也具有了新的工业意义。重工业与它的"钢铁锻造"似乎就是锻工艺术在更高能量水平上的新发明，只是没有富有个人特色的工匠参与。在很多文化里，铁匠作为大力士、工具制造者、武器制造者及驾驭火的人享有很高的威望，甚至神话般的社会等级——除了在印度，因为在印度打铁是低种姓人口从事的工作。在大部分撒哈拉以南非洲地区，锻造不是一门古老的手艺。此地锻造传统在18世纪才建立起来，在1820～1920年之间达到繁荣期。铁匠打制有用的和漂亮的物件，漂亮的物件比如象征身份的具有收藏价值的首饰；此外，在国家不实行钱币垄断的地方，铁匠还打制钱币。他们在工作场所享有自主权，可以在很大程度上自主控制生产流程。纯粹的乡村铁匠形象是一种假象。铁匠实际上常常要为满足跨地区需求而工作。在刚果，很多铁匠的顾客都来自不同地区、不同部族和不同的社会阶层。[39]采购原料使铁匠有很大的商业活动圈子，并促使他们去经营和维系广泛的社会关系。

造船厂

古老的劳动场所在 19 世纪得以旧貌换新颜——与工厂不同，造船厂几千年来在若干文明中都是作为手工劳动的合作场所而著称。近代早期，在英国、法国及荷兰等国，造船业就已成为具有大企业组织形式的最重要的经济部门之一。那时造船是木匠的一门手艺，之后成为工业化的一个主导领域。1900 年左右，造船业是英国最重要的工业行业之一，英国因此在世界市场上占据了主导地位。这主要应归功于苏格兰船厂的生产效率。该行业面临彻底的技术更替，但这样的更替非一朝一夕之功。1868 年在英国，新式铁船的总吨位首次超过同年下水的木船。[40]造船木工和改行造铁船的技术员及技术工人属于不同形式的社会组织。比如，木工仍然是以封闭的、自成一体的行会形式组织在一起，在相当长一段时间内他们仍然在一起生活和工作。[41]并非所有地方都成功实现了由木船到铁船的转轨，但这也绝非西方特色。印度尼西亚的造船业成功完成了这一转变，当时其殖民母国的船厂不敌英国的竞争而甘拜下风。[42]在船厂工作的主要是男性，而且需要具备较高的素质和技能，这在很多国家为早期工人政治组织的形成提供了条件，这种组织常常是与港口其他部门的工人联合。在一些国家，比如中国，船厂和军械库的工人是工业无产者组织最早的核心。

977

工厂

19 世纪工厂具有了一个新的特质——双重性，它既是大型生产场所，又是社会行为场所。[43]工厂里出现了各种合作形式和权力等级，这些后来都扩展至社会的大部分领域。工厂是纯粹的生产场所，从物理角度看，与家庭完全分离。工厂需要改变旧的劳动习惯、旧的劳动节奏并需要纪律，这种纪律使"自由的"雇佣劳动理念只能得到部分贯彻。工厂劳动是分工协作——按劳动者的情况进行各种不同的安排和调整。从一开始人们就进行提高工作效率的方法试验，直到美国工程师和第一位知名管理咨询师弗雷德里克·温斯洛·泰勒（Frederick Winslow Taylor）在 1911 年创立了心理物理学优化学说"泰勒主义"。该学说旨在优化工作流程并通过"科学"地规划管理来强化对工作流程的控制。

　　具体来讲，在那些第一次出现工厂的地方，工厂也是新鲜事物。工厂不一定出现在城市。事实上情况常常相反：是围绕着工厂出现了城市。有时候工厂是孤零零矗立在"田野"上的一个建筑群，比如在俄国，1900 年前后 60% 的工厂都在郊外。[44]极端情况下，新建的工厂住宅区成为封闭的"全控机构"（totalen Institutionen），企业主提供膳食和住处，住宅区与外部社会几乎完全隔离。[45]这样的情况并非只发生在俄国。南非的钻石矿区于 1885 年变成封闭式矿区（closed compounds），黑人矿工被禁闭在矿区中，如同在兵营和监狱中一样。[46]不过也不必完全否定自治式工厂这种主张。也有一些德高望重、博爱仁慈的企业家，如苏格兰的罗伯特·欧文，耶拿（Jena）的恩斯特·阿贝（Ernst Abbe）以及中国南通的张謇，他们都曾试图通过建立模范工业公司为进行选择性社会改良创造空间。[47]

978　　第一代工厂工人不都是从附近招募的。尤其是坐落在市郊的工厂，比如乌克兰的顿巴斯（Donbaz）地区，工人常常从很远的地方蜂拥而至。[48]若企业主委托当地承包人招工，那么为从乡村向新建工厂输送劳动力常要动用大范围的人脉网络。在没有劳务市场、来自异族文化的管理者面对大量非熟练劳动力的地方，都有承包招工。向当地承包人支付一笔一次性酬金，他们就会找到某个固定时段所需要的以固定工资支付的劳动力。承包人为劳动力的良好行为负责，所以也常起到纪律监督的作用。承包人也常常是放贷人，以不利条件向依附于他的借贷人强加贷款。在轻工业发展的第一阶段，除了基本的原始工业熟练技巧，人们很少指望工人还拥有其他特殊技能。因此承包人不必去寻找具备特殊技能的人。中国、日本、印度、俄国和埃及均有替代劳务市场。[49]在这些国家，工人运动最早提出的要求中就有禁止令人憎恶的承包招工这一条。而从管理者的角度来看，这种对工人的间接控制也妨碍人事政策的执行，以至于从某一刻开始无法坚持下去。所以这种做法基本上是一个过渡现象。如果说乡村和工厂间这种有组织的循环过程推迟了最早与乡村渐行渐远的工人阶层的产生，那么工人也在相当长一段时期内仍保留着乡村特质。

　　世界不同地区、不同文化的各类工厂的共通之处就是对劳动者的强制和束缚。可以列举大家较熟悉的英国和德国的例子，也可以列举印度或日本的例子来描述早期工厂劳动的悲惨景象（于尔根·科卡［Jürgen Kocka］）。在日本，1891～1899 年间，机器纺丝厂的数量翻了四番。它们大多数位于日本中部的蚕茧产区。女工——男工几乎可以忽略不计——一般都来自贫穷的佃户家庭。很多女工其实还是孩童，其中 2/3 不到 20 岁。[50]大多数待在工厂的时间不会超过三年。她们都是承包人招来的，承包人向她们支付工资，大都直接付给她们的父母。在工厂，

979

迎接这些年轻女工的是恐怖的工作条件：住在受监视的大宿舍里，饭食是馊米饭加一点蔬菜，一天工作 15～17 小时，中间只有很短的休息时间，还有性暴力。工作单调，但需要全神贯注；在蒸煮蚕茧的锅旁，事故时有发生。这样的工厂是最可怕的肺结核疫源地。在同一时期进入繁荣期的棉纺工业的工作条件也好不到哪里去。在日本，该工业行业不久就成为比纺丝业更重要的行业雇主。棉纺工业的特点是让人筋疲力尽的夜班。在 1916 年之前，每天工作 14 个小时很普遍。听着震耳欲聋的噪声，呼吸着飘浮着危险纤维的空气，没有任何防护措施，女工们就这样在机器旁工作，不断有人被机器夺去性命。监工手拿棍棒和皮鞭维持工作纪律。直到 1905 年以后，一些积极的鼓励性措施才逐渐出现。在棉纺业中，工人们也住在空气污浊的牢狱一样的大宿舍里，有时候都没有自己独用的被褥，几乎没有医疗设施。工作环境比纺丝业更有损健康，患病导致 3/4 的女工在工厂里熬不过三年。[51]

最初的"工厂"组织形式在各种不同的环境中派生出无数类型。尽管如此，最早一批工厂的出现还是意味着重大转折，劳务市场完全变了样，生活机会被重新分配，出现了新的等级秩序。[52]转折不一定是随着最早出现的工厂而发生的，更可能是伴随着一个早期出现的、存在了很长时间、规模够大、释放出组织影响力的工厂而发生的。关键转折期大概应从第一批固定全日制工人的出现算起：很多人成为产业工人，并且从此一直是产业工人。[53]

在 19 世纪很长一段时期内，人们对工作景象的印象主要来自对"主导生产部门"钢铁业，亦即"重工业"的想象。阿道夫·冯·门采尔（Adolph von Menzel）的《轧铁工厂》（1875

年完成）作为反映时代精髓的作品让所有见过这幅画的人深深铭记。[54]不过1913年前后钢铁生产在全世界仍极少见，只集中在少数几个国家的少数几个地区。美国是远超其他国家的最大钢铁生产国（3180万吨），其次是德国（1760万吨），然后相差较多的是英国（770万吨）、俄国（480万吨）、法国（470万吨）、奥匈帝国（260万吨）。日本的钢产量不到30万吨。有些国家只有零星的几家钢铁厂（比如印度塔塔家族的钢铁厂和中国的汉冶萍钢铁公司），但没有对就业有着重大意义的钢铁工业。整个非洲、东南亚以及中近东地区（包括奥斯曼帝国）都不生产钢铁，荷兰、丹麦和瑞士同样也不生产钢铁。[55]全世界只有极少数劳动人口见识了这一早期工业时代最壮观的生产形式。

980

运河工程

还有第二类工作场所，不是重工业那样的新生事物，但其时代标志性意义并不逊于重工业，且比后者有更广泛的地理分布，这就是巨型建筑工程。自从有了金字塔、长城和中世纪大教堂，巨型建筑工程就自然而然出现了。在19世纪，这样的大建筑工程数量更多，地理分布更广，规模更大。它们不再仅用于表现宗教的神圣庄严及统治者的奢华排场，而且也为人们的社会生活提供了所需的基础设施。

在有铁路之前先有了运河。在18世纪，英国的运河不是由一个固定的"无产阶级"建造的，而是由流动的农业工人建造的，很多都是承包人从其他国家招募来的。在美国，1780～1860年间的80年，尤其是19世纪二三十年代，是伟大的运河开凿时代。在此期间，美国和加拿大开凿了44条运河；1860

年，美国共有 6800 公里可通航的运河。[56]19 世纪中叶，修建运
河成为最先进的工业行业之一。该行业需要大量的资本和先进
的技术，同时需要对大量劳动力进行组织和纪律培训。修建运
河是这个时代的大规模建设活动（large-scale enterprise）。它开
拓了新市场，需要新式商业战略，同时还是具有高度象征意义
981　的活动：地球不再只是农民和矿工的天下；资本主义的动脉已
深深嵌入。这是对已变化的劳动世界的独特体验，也常常是冰
冷的体验。从手工作坊到工厂不是人们在 19 世纪踏上的唯一一
条路。大批来历和出身各不相同的工人，主要是非熟练工人，
蜂拥来到美国运河工地：从农村出来找工的、新移民、奴隶、
自由黑人、妇女和儿童。这些人没有势力，没有合法地位，对
工作条件也无控制权。他们团结互助的机会很小，从这类工作
中不会产生有组织的工人运动。单从地理分布上看，运河工人
也处于边缘状态。他们的生活世界就是工地，就是临时工棚。

　　与 18 世纪的河流整治不同，开凿运河是规模异常浩大的工
程：开垦土地，抽沼泽，深挖沟渠，坚固斜坡，炸掉岩石，烧
砖砌砖，修闸，建桥，造高架桥。简单的开掘劳动，平均每人
每天挖 70 车土。[57]夏季每天工作 12～14 小时，冬季 8～10 小
时。与农业劳动相比，这种工作是极其单调的苦役。因为承包
人按绩效拿工资，所以他们会给下边的工人施加类似工业般的
工作压力。补充劳动力起初只有马匹，机器到晚些时期修建苏
伊士运河时才起到较大作用。工程要求最高的运河是 1817～
1825 年间修建的伊利运河，全长 584 公里，连接奥尔巴尼
（Albany）和水牛城（Baffalo），这是个具有最大经济价值的工
程项目。[58]运河建造中事故不断，工人中间也常暴发瘟疫：如
通过蚊子传播的疟疾、痢疾、伤寒、霍乱等病。医疗条件十分

恶劣。对死者遗属和无劳动能力者没有救助。建造运河是美国崛起沾满血泪的物质基础。

该时代最壮观的运河工程当属苏伊士运河。[59] 1854 年 11 月斐迪南·德·雷塞布（Ferdinand de Lesseps）首次接到埃及特许状，被授权为这个自 1846 年起就开始论证的项目成立融资公司。在进行了近两年的勘测后，1859 年 4 月 25 日，在塞得港的海水浴场，工程正式开工。1865 年 8 月 12 日，第一支煤炭商船队首次抵达红海。1866 年 2 月划定苏伊士运河区界，1868 年 7 月伊斯梅利亚市（Ismailia）到开罗间的常规列车开通。1869 年 8 月 16 日，红海的水流进大苦海和小苦海，这意味着历经十多年，全程 162 公里的运河的绝大部分工程完工。1869 年 11 月 20 日苏伊士运河向海运开放。

苏伊士运河是一个法国私营项目，埃及政府拥有一半股份——以大量举债为代价，这最终在 1882 年导致了英国的占领。苏伊士运河是该世纪最大的工程之一，项目组织复杂，项目领导是下榻在王宫般府邸的总经理，其下依照法国路桥学院模式（Ponts et Chaussées）按等级排列依次是政府官员和工程师。苏伊士运河在环境方面遇到了和北美运河不一样的问题，比如极端温度导致向工人供应饮水成为难题。早在 1859 年 4 月，一家荷兰公司就安装了若干蒸汽机驱动的海水淡化设备，然而由于耗煤量太高被证明不适用，因此只能靠骆驼和帆船从达米埃塔（Damiette）运水。埃及总督的第一道诏书（firman）就规定，必须有 4/5 的劳工是埃及人。在埃及，强迫劳役（Corvée），即未犯有刑事罪的平民被强制从事义务劳动，自古以来就很普遍，不过只是农民在他们本地的灌溉设施处定期值班。这并不一定显示东方的落后。在法国，1836 年前每个农民每年都必须要三天时间维护

982

居住区的街道；在危地马拉，20 世纪 20 年代之前，殖民地土著还被派工从事劳役（无薪酬）。[60] 在运河建造之初，承建运河工程的公司从全国各地征集农民。不过，因要考虑在法国的公共影响，承建运河工程的公司一开始先招募自由工人，在所有的清真寺、火车站和警察署张贴招工广告，在农村散发招工传单。招工一直招到埃及北部、叙利亚和耶路撒冷。招工广告收效甚微。来的人中的多数也由于恶劣的劳动条件——比如在浅水湖的淤泥中挖土方等——很快就消失了。招募欧洲工人（比如从马耳他）更难。甚至有计划要招募 20000 名中国人：这个时期中国的"苦力输出"刚刚开始，此计划颇引人瞩目。

　　当所有措施都不奏效，雷赛布和埃及总督开始采取强制劳役（corvée）：1862 年 1 月开始大规模征用民工。帕夏遵守提供劳动力的承诺，而运河公司的（法国）分包商却不遵守诺言。薪水欠付，或常付给没用的法国法郎或生丁，有时候分文不付。对生病和因事故身亡的民工没有照顾和抚恤。每天工作 17 个小时是常态。不满情绪弥漫，民工纷纷逃跑。埃及的强制劳役在英国公众中激起了强烈愤怒，并成为伦敦政府试图用以阻挠运河工程的重要武器。毕竟俄国的农奴和美国奴隶都已得到解放！在英国施加的压力下，苏丹作为帕夏名义上的统治者禁止了强制劳役。1864 年 7 月拿破仑三世宣布业已被双方接受的仲裁法庭的判决。之后，1864 年底法国公司停止了对埃及民工的强制劳役；但在埃及政府的庇护下，一些辅助工作中仍存在强制劳役。对于征用的强制劳役民工人数没有统计。据估计，每月新增 2 万名民工，总计有 40 万名民工为建造运河付出劳动。[61] 不过最重要的工作都是由招募的自由工人完成的。强制劳役民工只是短期征用，并且是在他们家乡附近的工地工作。他们如征

自埃及北部，光路途就耗去征用时间的一半。^[62]

建造运河是对若干国家的资源整合：蒸汽挖土机和蒸汽泵用的是英国的煤（1867 年末，到了工程最后一个阶段也是技术上最难的一个阶段，每天要消耗 12250 吨煤），搭建工棚用的是克罗地亚和匈牙利的木料，技术设备和标准钢铁小部件来自法国。随着时间的推移，工人的住宿条件得到了改善，尽管住宿还是泾渭分明地分隔为欧洲工程师宿营区和阿拉伯村（由帐篷组成）。健康问题从一开始就受到关注。新建规划城市伊斯梅利亚市及工地上的很多家医院及急救站也为埃及人提供健康服务。随着时间的推移卫生防疫、住宿和伙食得到了明显改善，这也是为了堵住英国及其他国家批评者的嘴巴。总体来看，出现了一个规模庞大的技术/行政体系，出色地履行其各种职能。1869 年 11 月 20 日，运河落成典礼隆重举行，出席典礼的有法国皇后欧仁妮（Eugénie）及其随行的宫廷侍从，奥地利皇帝弗兰茨·约瑟夫（Franz Joseph）及众多欧洲王储。英国派大使作为代表参加典礼，苏丹派了较低官位的使节参加。伊斯梅利亚市这个至多有 5000 人的小镇，接待了 10 万名来宾。埃及总督自费邀请了数千名客人；旅行社为游客安排亲历世纪盛典之旅；在典礼上致辞的来宾及报纸社论作者都把得了无数勋章的雷赛布与历史上最伟大的英雄相提并论。^[63]另外，威尔第（Giuseppe Verdi）也未与创作《阿依达》失之交臂，而是在运河通航之后得到了这项著名的创作任务。该剧于 1871 年圣诞夜在开罗，在来自世界各国的观众面前举行了首演。

984

铁路

当成千上万的阿拉伯农民在沙漠里一锹一锹挖土时，世界的很多地方正在铺设铁轨，建造火车站。在各大洲，原则上铺设铁路与建造运河的技术任务是一样的。修铁路需要对地形地势进行细心勘测，对桥梁和隧道的建造有很高的要求，这造就了以修建铁路为专长的土木工程师这个职业。修建铁路所需的土方运输量比此前道路工程所需要大。须同时调遣 15000 名工人的情况并不少见。修铁路与建运河一样既需要用铁锹、斧子和镐进行原始手工劳动，也需要使用现代动力技术，比如蒸汽吊车。[64]和苏伊士运河一样，从芝加哥经奥马哈（内布拉斯加州）到萨克拉门托（加利福尼亚州）的横贯东西海岸的铁路也于 1869 年完工，修建时工人浩浩荡荡而来，规模好比内战时的小型部队。实际上筑路工地确实是战事结束后收容被遣散士兵的地方。此外还雇用了 10 万名华人劳工。当第一次提出雇用华人劳工的建议时，曾有人怀疑他们体质太弱。不过首席建筑师查尔斯·克罗克（Charles Crocker）反驳说，可他们建造了长城。[65]华工是通过承包人招募的。他们 12 ~ 20 人为一组（gangs），每组配一名厨师和一位负责的组长（headman）。后来，不仅在执行西方人的计划方面，而且在创造性地解决地下出现的疑难问题方面，他们均证明自己聪明过人。华工自己想法子合理安排饮食。喝茶和喝热水的习惯使他们免遭很多折磨欧美工人的疾病的侵扰，减少了事故数量。与同样人数众多的伊朗人不同，他们没有嗜酒的毛病。吸食鸦片也只在星期天，打架斗殴和罢工几乎闻所未闻。尽管华人勤劳、严谨，作为劳工受到重视，但他们还是受到种族歧视。灵巧的铺轨工每天最多能铺设三英里。之后由其他工人上道钉、砸道钉，道钉锤的叮当声声奏出合唱，宛如瓦格纳歌剧《莱茵黄金》（*Rheingold*，创作于 1853 ~ 1857 年，欧洲中部铁路建设的高潮期）中的《尼

985

伯龙根之歌》。每英里轨道要上 4000 个道钉，每个道钉需用道钉锤砸三下。这段横贯东西海岸的铁路从 1869 年开始运营，从纽约到旧金山只需七天行程，这也是美国最后一个主要通过手工劳动完成的大规模工程项目。

在世界各地，大型铁路工程出现在具有跨国性质的流动工地上。[66]1860 年之前，铁路融资以英国和法国资本为主；1860 年之后，补充性的"民族"融资渠道才变得更为重要。物资、手工劳动、技术知识很少只来自内陆，所到之处欧洲和北美的设计师和工程师均垄断了就业链最顶端的位置。经验丰富的专业技工同样抢手。仅有少数几个正在修筑铁路的国家拥有所需的重工业和足够规模的机械制造业。俄国财政大臣维特想依靠俄国一己之力建设西伯利亚铁路，而且取得了非凡的成就；就算如此，他也不得不使用美国的钢铁。在西西伯利亚，修建铁路的是招募来的当地农民。工程越往东推进，地形地势越复杂，人口越稀少，于是开始从俄国的欧洲地区招募劳动力，他们中有很多鞑靼人，此外还有外国人，主要是意大利人。在乌苏里段征用了士兵和 8000 名来自中国、朝鲜和日本的民工。从乌克兰及其他地区调来了服刑犯，在其工作一段时间之后甚至也付给他们全薪。征用服刑犯和劳改犯预示了未来的斯大林模式。[67]

在罗得西亚，铁路建设集中在 1892～1910 年间，筑路工来自世界各地，其中有不少意大利人和希腊人。技术水平很高的白种工人是从英国招募的，较低技术水平的工人招自南非。所以，在铁路完工很久之后，铁路常常仍然是农业之外最大的私营行业雇主，在罗得西亚也是如此。印度也不例外。印度铁路是 19 世纪亚洲最大的技术建设项目，同时也是英帝国最大规模的单项资本投资。1901 年印度拥有世界第五大铁路网，居美

986

国、沙俄、德国和法国之后。铁路线全长 40800 公里，与法国接近（43600 公里），比英国（35500 公里）和奥匈帝国（37500 公里）的铁路线长。[68]印度铁路建设从 1853 年开始，筑路工人的密度是英国铁路工程的三倍之多，在接下来的 50 年里共有超过 1000 万名工人参与了铁路建设。1898 年的高峰期，同时有 46 万印度人在修筑铁路。[69]人数之多世界罕见，主要是由于其中也包括妇女和儿童。以最低廉的工资雇用整个家庭这种方式很受欢迎。他们大多没有土地，来自社会下层，很多人和乡村无任何联系。其中有很多人在某种意义上是"职业"非熟练工人，他们从一个工地到另一个工地找活干。对此没有确切的统计数字，不过在印度肯定有很多人命丧筑路工地。这个工作比在最恶劣的工厂工作还要凶险。[70]

在世界各大洲，围绕着铁路建设出现了跨地区的，有时是全球性的新型劳务市场。很多大工程从亚洲农业社会的大量劳动力储备中招募非熟练工人。铁路运营需要高水平技术人员：火车司机，列车员，巡道工，修理工等。于是出现了提高技术水平及职业上升的新机会，在殖民地不断变化但一直存在的种族歧视（colour bar）下，本地人也获得了这样的机会。这种上升可能与民族主义情绪激发的权利要求相关。比如，在墨西哥，1910 年革命开始之前，当地工人就为在美国出资的铁路中争取高端职位进行斗争。世界各地都产生了一种新型的、相似的"铁路人"特质，尤其在那些铁路国有化、铁路职员能代表公共权威的地方。

工作场所——船

19 世纪另外一个典型的工作场所是船。[71]在只配备寥寥数名船员的巨型油轮时代这是无法想象的。但是只要扬帆出航，就需要大量船员，他们多数是无任何技能的水上无产阶级。在工业化之前很长时间，欧洲远洋航行的船上通常都使用自由雇佣工人。[72]在有了蒸汽船后的最初几十年，船上的人员高需求量变化不大。由于各种形式的船运量同时显著增加，尤其是内河航运，比如在莱茵河、长江和密西西比河上（马克·吐温在他的自传、出版于1883年的《密西西比河上的生活》[Life on the Mississippi]中对船上生活做了细致的描述），就重要性而言，船作为工作场所在19世纪达到了其历史巅峰。[73]就像近代早期一样，载着来自世界各地船员的船仍然是一个世界性的场所。船也是除军营和种植园外最暴力的工作场所。美国船上的鞭刑到1850年才被废止。直到19世纪70年代中期，皇家海军（Royal Navy）还允许使用九尾猫鞭，一种极其残酷的体罚刑具。军官对水手施暴的现象在商船航运中也是一个顽固的现象。毕竟船是一个极端等级化和分工细致的社会场所：一边是后甲板（quarterdeck），无标志的船长领地；另一边是前甲板（forecastle），船员们的地狱。

988

　　尽管有《白鲸记》般的惊险浪漫，捕鲸船仍是除前现代矿山（1900年前后在其他领域已经很现代的美国，矿山仍然是臭名昭著的危险场所）或人们在上面挖鸟粪的秘鲁鸟粪岛之外，能想到的最令人厌恶的工作场所，尤其是当它们——不像澳大利亚捕鲸船那样——在自家门前就有最重要的深海捕捞区。1840年前后，长达四年、中途只偶尔在港口停靠的捕鲸航行并不鲜见。这方面创下纪录的是"尼罗河"号（Nile）捕鲸船，出航11年后于1869年4月才回到康涅狄格（Connecticut）的家乡港口。食物难以下咽，三四十人挤住在狭小的空间里，几乎没有医疗措施，受着统领一切的船长严苛的管制，船员们经历各种凶险的狩猎航程，最后消耗掉多达 10 吨的动物腐肉。巨大的鲸油提炼炉下，烧鲸鱼皮的火不停地熊熊燃烧。有油的地方则无安全可言。人们常把捕鲸工作场面比作地狱。捕鲸业没落的原因之一就是其他行业提供了不那么令人厌恶的工作条件。[74]

办公室与家庭

"办公室"本身并非 19 世纪的发明。只要有了管理机构，必然有办事人员坐在一个地方办公，所以办公室陪伴见证了所有需要用到笔墨文字的文明的发育。在北京的故宫现在还能看到简朴的高级官吏办公室，可以想象，若干世纪前这些房间的样子和今天可能没什么两样。实际上在 19 世纪之前就已经有了"私人文员"。规模庞大的东印度公司在伦敦或阿姆斯特丹设有管理机构，要处理大量的文件往来，因此需要秘书——用现代的说法，就是文员。[75]19 世纪，尤其是 1870 年之后的一个新现象是，企业从一定规模开始官僚机构化趋势增强。因此出现了一个越来越重要的社会类别，即在办事处及办公室等工作场所的男职员和女职员。不过"职员"只是一个类型，那些在工作中不必从事体力工作的人们被称为白领（White-collar）。这个类型上至经理，下至较低等的会计工作和女性从事的秘书工作等；随着打字机的广泛应用，70 年代中期秘书工作也普及开来。随着职场等级减少，决策空间相应缩小，纯粹执行性的工作量增加。在大型工业公司，尤其是在财会及发展壮大的工程部门也有职员。在几乎没有工人的批发及远洋贸易行业、银行和保险业，工作人员中职员是占主导地位的类型。白领工作的壮大造就了新的职能和性别等级秩序。在"第三"产业领域，包括小商店和大商场这样的零售业，妇女劳务市场比在手工业和工业这样的"第二"产业领域发展得更快。其实不能将此称为劳动世界的"女性化"——如当代讨论中已然提出的那样，因为妇女往往是在新出现的职业中找到工作。她们几乎没有升迁机会。男性管理者愿意在哪里雇用她们，她们就在哪里工作。[76]

在欧洲和北美以外的国家，最开始只在外国公司驻本地的分公司里有职员。因为所有这些公司必须和它们不熟悉的商业环境打交道，所以它们不得不在决策位置上任用本地人。自然，就如现在的"本地员工"一样，本地职员的待遇要差得多，但他们往往发挥着非常重要的作用。尤其突出的是在中国，出现了"买办"这个行当，不过在其他地方也有类似情况。买办本来是名声不错的当地商人，有一定的经济基础，被欧洲或北美公司以支付佣金的形式聘用。买办负责拓展生意，为当地供货商和客户的偿付能力做担保，为他自己招聘和支付工资的本地员工负责。[77]20 世纪 20 年代，较大规模的中国公司出现了，一开始是银行，后来出现了中西合璧的公司。这是中国本地职员阶层的起源。在日本，因其现代经济发展的领先地位和城市经济的早期官僚机构化，这一过程的出现比中国早几十年。 990

如果说随着服务业的发展和西方国家大工业的官僚机构化，职员这个行业才成为那个时代的生存形式，那么家仆则是世界上最古老的行业之一。至今史学研究对职业领域中任何行业的忽视都比不上对该行业的忽视这样不可原谅；在世界上大部分地区关于该行业几乎无任何研究。从古至今，无分东西，富贵之家都是仆役成群；家仆的数量是地位的象征。在所有文明中，宫廷中的人，其生活都是靠成千名仆役来侍奉。只要有宫廷和"深宅大院"存在，这种现象就少有改观，整个 19 世纪都是如此。此外，在很多国家，城市市民阶层对周期性家政服务、厨师、保育员和车夫的需求迅速增长。还有一些佣人工作随着时间的推移消失了。19世纪初，一些出身贫寒的文人靠当家庭教师或庄园总管维持生计，比如诗人荷尔德林（Friedrich Hoelderlin），就从未从事过其他工作。[78] 19世纪末，由于较高水平的公共教育事业的发展，这个职业在西方几乎不存在了。那个时代，乐师也不再是统治阶层仆从的一部分，就像海顿曾为艾斯台尔哈奇亲王（Esterházy）效劳一样，至少沙俄以外的国家是如此——在1850年前后的沙皇俄国，势力强大的领主还蓄有农奴作为弦乐四重奏乐手和管弦乐乐手。巴伐利亚皇帝路德维希二世也曾拥有一支宫廷四重奏乐队。[79]

　　而其他的就业形式获得了新的意义。在欧洲，雇用仆人——哪怕只雇用一名女仆——是区分中高市民阶层与小市民阶层的明显标志。这是富裕，至少是小康的象征，是西方社会最显著的身份标志之一。[80] 无论对很多情况下具剥削性的劳动关系的控诉多么在理，对于乡村年轻女性来说，女佣都是一份重要工作，使她们有机会在城市劳动市场中获得相对有保障的生活。作为工业劳动或者甚至卖淫之外的另一种选择，以煮饭洗衣为生并非不值得考虑。例如在世纪末俄国的大城市，来自农村的大部分流动人口不是去工厂当工人，而是去当家庭帮工。1882年，莫斯科39%的家庭都有佣人，在柏林也还有20%的家庭有佣人。[81] 随着整个19世纪的发展，从数量上看，家庭帮工越来越重要。英国的人口普查结果显示，在1911年家庭帮工是规模最大的就业门类。农业行业之外，从事家庭帮工的人数达250万之多，而矿山和采石场的就业人数只有120万。[82] 在美国，19世纪的第三个四分之一世纪即使在经济最发达的东北部城市地区，帮佣也是妇女最重要的工作，远远超过其他行业。对于黑人妇女这样的少数群体，除了帮佣几乎没有其他选择。[83]

富裕程度稍差的家庭往往只雇用一名女佣，因此女佣和"深宅大院"雇用的按职能和性别划分等级的仆人有区别。19世纪似乎出现了一个家庭帮工女性化的普遍趋势，但并非在世界各地都像在欧洲一些国家那么明显。在那些农业劳动失去意义，而在办公室、其他服务行业和工厂工作的新机会尚不充分的地区，城市家庭中的女佣是备受青睐的职业。[84]欧洲和北美以外的地区，有很多家庭在相当长一段时期内仍雇用大量家仆，大部分是男仆。如果这种就业不按市场经济的供需调节的话，雇用大量仆役随从有时会成为东家的负担。在有些国家，从佣人转变为家庭成员比在欧洲顺畅，比如一些地区（如中国）有纳妾的风俗，把妾转为正室很普遍而且容易操作。在殖民地，即使是最低级的白人政府代表或私营企业代表也使唤着一群侍从和其他各类听差。亚洲和非洲有大量廉价劳动力可供使用，这作为殖民地生活方式之优势为其受益者们所津津乐道。

992

家庭帮佣其实是一个地方性职业，只要附近不缺少合适的愿意从事这一行的劳动力。女佣或男管家必须能与"主人"及其客人进行顺畅的合乎习俗的交流，他们身上也应体现出一些中产阶层的余晖。欧洲中产家庭中的少数非洲人（黑人宫廷侍从）是罕见的例外。家庭帮佣的全球化——柏林的波兰清洁妇，阿拉伯海湾国家的菲律宾女佣——则是后来20世纪的现象。不过在19世纪出现了一种小规模的劳动力反向流动现象：欧洲，主要是英国向世界各地输送家庭女教师——重要的文化传播者。她们或当女管家或当幼儿教师，不仅受到侨居此地的欧洲人的赏识，也受到这些东方国家本地富豪的赏识，他们认为，王子和其他孩子应该学习和掌握英语、法语、钢琴和西方餐桌礼仪。家庭女教师在欧洲及欧洲以外地区属于社会地位较高的佣工类职业。倘若进入较高级的学校当教师或当教授的机会很小，那么当家庭女教师是可供中产阶层"受人尊敬"的妇女选择的最体面的职业之一。[85]

三　劳动世界的解放之路：奴隶，农奴，解放的农民

自由劳动

基本学说大部分源于19世纪的自由主义经济理论如今教导说，劳动是自由的，它服从市场的供需规律。人们不会在强迫下劳动，而是在"激励"下劳动。如果这是对现实的描述，那么即使涉及20世纪我们也必须有所保留。苏联的古拉格——它的对应物纳粹集中营，是史上所知最大的强制劳动营。这个世界在很大程度上消除这类大规模强制劳动体系也不过才几十年，极端依附性劳动的新形式，有时被称作"新奴隶制"，在全球化的风潮下又在传播。在这方面，19世纪也是一个过渡时期。该时期出现了一种从历史的角度来看新型的自由劳动的趋势。人们可以仅从形式上和法律上对"自由"劳动进行模糊定义。据此，可以理解为是一种在无直接外部压力下的契约关系，在这种关系中，工作"接受者"以货币工资为条件将其劳动力的使用——大多是一个特定时间段——转让给工作"提供者"。原则上这种关系双方都可以解除，没有赋予雇主任何其他权力

去支配雇员本人。

1900 年前后，这样的劳动概念在世界大部分地区已是不证自明的概念，而 1800 年前后的情况还完全不同。即使使用一个超出雇佣劳动范畴、略宽泛些的定义，亦是如此：自由劳动是指在公民自由和人身自主权不受限制的情况下所进行的劳动。在近代早期，奴隶制（有若干形式）在大半个世界都是一个很重要的社会制度：在包括加勒比海在内的北美和南美、非洲以及整个伊斯兰世界皆如此。没有奴隶制的地区主要是中国、日本和欧洲，但在新大陆他们却变本加厉地实行奴隶制。如果使用更普遍的奴役（servitude）这个概念，则范围更广。除①奴隶制外，奴役还包括至少其他四种形式：②农奴制（serfdom），③契约服务（indentured service），④债务奴（debt bondage）和⑤劳役拘禁（penal servitude）。[86] 尽管有普遍性，但以上所述基本还是西方概念，在其他社会环境中各形态之间的界限不像欧洲那么清晰，因为若干个世纪以来，欧洲受主张明确定义的罗马法学派的熏陶。例如在东南亚，从依附性劳动到公开的奴隶制，各种形态差别的变化不是那么突兀。

不过几乎在世界所有地区都至少存在其中一种基本的奴役形式。在欧洲，1800 年前后虽然只有少量债务奴（因为他们会很快就蹲进债务人监狱），但仍然有农奴制度。在印度情况正好相反。澳大利亚起初只不过是流放犯人的殖民地。1800 年前后，也就是在法国大革命自由烽火点燃之后，经法律批准的剥夺自由的形式一般绝不会声名狼藉。实行了宪政的领先的自由民族国家，如法国和荷兰，直到 1848～1863 年才在其殖民帝国范围内废除了奴隶制：法国是在新的革命发生期间，荷兰是由于苏里南（Surinam）的种植园收益不佳，此外奴隶人口的繁殖也带

994

来了问题。推行自由劳动是个曲折的、不断停滞反复（拿破仑于
1802 年在法国殖民地重新实行奴隶制）的复杂过程，在最需要实
行自由劳动的欧美地区，这个过程分成了若干不同阶段。

奴隶制[87]

近代早期，欧洲人在美洲殖民地大规模复兴了在西方很大
程度上已消失的奴隶制生产方式，并且在此基础上发展了具有
极强生产能力的种植园经济。在美洲各地区的土著人口纷纷丧
命，或证明无法承担重活，而且在欧洲下层中寻找劳动力的尝
试失败后，他们便从非洲贩运黑奴来充当劳动力。[88]这些热带
和亚热带种植园经济为欧洲生产糖和烟草等奢侈消费品以及欧
洲和北美早期工业化所需的重要原料棉花。对吃人的种植园所
依赖的奴隶制和跨大西洋奴隶贸易的最早批评来自新教异教徒
文化圈，主要是贵格会教徒。由此，在以英语为母语的大西洋
两岸展开了一场大规模的废奴运动。[89] 1808 年大不列颠和美利
坚同时（各自）宣布国际奴隶贸易为非法，该运动就此取得双
重胜利。从那时起，美国不再进口奴隶；英国封锁了需要进口
新奴隶的殖民地，禁止英国船只贩卖奴隶，并且对第三国从事
奴隶贸易不惜动用海军进行打击。

奴隶制本身并未就此完全消失。奴隶制首次被摧毁是在 1791～
1804 年革命期间的圣多明戈/海地。所有其他地方奴隶制的废除
并非奴隶革命的结果，而是由于各殖民国家首都社会中自由派势
力施加的压力。欧洲殖民地的奴隶制非法化始于 1834 年的大英帝
国，终于 1886 年的古巴。在拉丁美洲各共和国，早在独立运动期
间奴隶制就已被废止；不过这些国家的奴隶人口占总人口的比例
微不足道。在巴西，最后一批奴隶于 1888 年获得自由。在美国，

奴隶解放运动持续了八十余年。1780 年宾夕法尼亚州作为第一个北美殖民地宣布反对奴隶制。接下来的几十年里，美国北部各州先后颁布禁止奴隶制的法律。而在同一时期，蓄奴制却在南部各州得到巩固，而且由于全世界棉花经济繁荣，该制度在那时达到了其经济地位的巅峰。奴隶制扩展到联邦西部新增的部分地区，这成为引起分歧的核心内政问题，并最终导致南部各州脱离联邦，南北战争开始；随着战争结束，美国的奴隶在法律上得到了解放。

有数百万非洲奴隶在最有活力的国民经济部门劳动的地区，奴隶制远不是逐渐萎缩的近代早期的残留物。在美国南部各州、巴西、古巴和安的列斯群岛的另外一些岛上，奴隶制存在期间，它是基本的社会制度。这些社会原则上是奴隶制社会，主奴关系在日常生活中无处不在，并决定着社会意识。奴隶制，无论我们如何去理解，它都是一种广泛的存在形式；奴隶无法用其他什么自我定义，其不同程度的奢侈生活依赖于奴隶制的蓄奴者同样如此。不过大西洋地区的奴隶制实质上是一种劳动关系，因此必须在此加以讨论。 996

罗马法意义上的奴隶是主人的中性财产，而罗马法在大西洋地区具有权威性。主人有权无限使用奴隶的劳动力，并有权以暴力强制达到使用目的。他对奴隶没有支付报酬和供养的义务。国家的一般性法律对奴隶不适用或有很大的限制。因此奴隶如鱼肉一般任主人宰割。可以将奴隶卖给他人，而不必考虑其家庭关系——这是当时的真实状况，斯托夫人（Harriet Beecher Stowe）以此创作的《汤姆叔叔的小屋》（*Uncle Tom's Cabin*）引起了强烈反响。奴隶身份一般是终身的，很多情况下还会传给女奴的后代。反抗和逃跑被视为犯罪，会遭到严惩。

这是跨大西洋奴隶制的基本模式：从世界史比较角度来看，这是一种极其严苛的剥夺权利的奴役方式。史学家长期以来一直在争论，奴隶的生存状况在现实生活中是否总是体现这一身份的最极端遭遇。废奴主义者出于道德义愤和策略必要性将奴隶描述成纯粹的客体，而更新一些的研究则向人们展示出，奴隶在自己的群体中也有丰富的生活文化，并揭示出，即使在奴隶制下他们也有行动空间和个人塑造生活的空间。[90]不过一个重要事实是，在19世纪上半叶——在西方有些地区维持的时间甚至更长（但不包括东亚）——数百万人的劳动条件与同期自由主义所宣扬的作为道德和经济理想的"自由"劳动有着天壤之别。他们为之劳动的部门并非各个地区国民经济中原始落后的部门。如今已证实，无论是在英国废奴前夕的加勒比海地区还是在南北战争前的美国南部各州，奴隶制种植园都是有效率、有收益，因而也是经济上合理的生产形式。[91]

没有捷径可以从奴隶制直通自由王国。通过废奴措施一举获得解放的前奴隶也不会立即拥有各种新的实际权利和物质生存基础。在任何地方，奴隶都没有即刻成为实际上享有完全公民待遇的公民。在殖民地，他们先是政治上只享有部分权利的殖民地仆役，如同他们先前的"自由"邻居一样，但在英国领地他们拥有某些获得合法利益的途径。美国直到1870年才在所有联邦州实现了没有肤色限制的男性公民普选权。在南部，该权利自90年代起通过歧视性的特别立法（混乱的登记方式、产权和教育障碍等）几乎完全失去效用。[92]南北战争后又过了整整一个世纪，黑人才在现实生活中争取到最重要的公民权。在大多数的奴隶解放过程中，以前的蓄奴者都得到了补偿，一般是通过让前奴隶在过渡期继续为其付出一定劳动的方式。政府也常常要筹措大笔钱款偿付赎金。

　　唯独在美国，奴隶制的终结伴随着蓄奴阶层的军事失败。[93]此地奴隶制终结的后果最像是一场惩罚性剥夺私产的社会革命。但即使在美国，获得解放的奴隶也没有马上成为工厂的自由雇佣工人或是在自己土地上劳作的独立自主的小农。相反，大种植园被分成租佃制（share-cropping）取代，种植园主仍拥有土地产权，前奴隶租佃土地，收成必须与种植园主分成。[94]因为南部各州的种植园贵族虽然普遍失去了对奴隶的所有权，但并未失去对土地和其他财产的所有权，因此，以前的种植园奴隶现在成了没有土地、真正受到白人种族歧视的下层，通过分成租佃制和雇佣劳动他们苦熬日子，生存越来越艰难。不久贫困白人（poor whites）也加入了这个行列，阶层与种族藩篱相互交织。[95]在海地，种植园在革命期间已遭到破坏，殖民地曾经一度收益不菲的全部甘蔗经济被毁。直至今日，在小土地所有制基础上经营的小农生产仍是该国特色。在英国和法国殖民统治的加勒比海地区，大型农业经济生产同样也被削弱。有些岛屿上，种植园主成功保留了甘蔗种植园，但很少雇用前奴隶，而大多雇用由承包人从印度新招募的工人（苦力）来种植。此地的奴隶一般变成了小农，不过总体而言比美国南部的前奴隶较少受到歧视，并且受到英国法律最基本的保护。[96]

　　从解放运动的经验得出一个普遍教训，即自由不是一个要么全部，要么全无的问题。自由表现为各种不同的形式和程度。一个人是自由还是不自由这个问题，在学术上与更加现实性的问题相对照，即他有多大程度的自由，在自由状态下能够做什么，他一直以来被剥夺了什么，他最近又被剥夺了什么。[97]像巴西那样，在无任何预防过渡措施的情况下"给奴隶自由"，和那些毫无私利地关心奴隶为奴隶着想的人们，这两者之间有很大的区别。曾身为奴隶的人缺少与社会的天然纽带，是脆弱的、特别易受伤害的人群，他们在刚获得自由时需要一些帮助来缓冲对市场经济中生存斗争的不适应。

农奴

在信奉基督教的欧洲本土，至少是阿尔卑斯山以北，从中世纪开始就没有奴隶了。受压迫劳动的典型形式是农奴制。[98] 19 世纪初这一制度主要存在于俄国，18 世纪时又得到强化。下面介绍一下农奴保有量的大致规模：1860 年美国有近 400 万人口是奴隶身份，占南部各州总人口的 33%，占全国总人口的 13%。巴西的奴隶人口在 50 年代有 225 万，占总人口的 30%，达到高峰，数量上与美国南部相近。[99] 沙皇俄国的农奴人数更多，他们几乎全分布在俄国的欧洲地区：1858 年私人拥有的农奴人数达 1130 万，另有 1270 万不一定全是自由身份的国有农民人口。农奴约占俄国男性人口的 40%，如果把国有农民也算进去，则占俄国男性人口的 80%。[100] 俄国与同期美国南部各州在人口方面最重要的区别在于拥有农奴的密度。在俄国，一个庄园拥有几百个农奴很平常，而在美国这样规模的种植园却很少见。此外，在美国南部城市化程度较高的一些州完全没有奴隶的白人的比例要高得多。很多白人仅拥有几名做家务的奴隶。1860 年所有南部蓄奴者中只有 2.7% 拥有五名以上的奴隶，而同期 22% 的俄国贵族大地主（pome ciki）拥有 100 名以上的农奴。[101]

农奴不是奴隶。[102] 俄国的农奴大多享有一定权利，除了在庄园劳动外可以自己种地自给自足。因为大多是当地农民，所以典型的农奴不像奴隶那样被从出生地掳走运到遥远的他乡。农奴仍然浸润在农民文化里，生活在自己的村社中。农奴中男女有更严格的分工。农奴对领主有申诉权，而奴隶一般无任何向法院起诉的权利。在欧洲的法律环境中，农奴享有某些习惯法规定的权利，奴隶则不享有这样的权利。归根结底，农奴是农民，而奴隶不是。对于这两种不同制度产生的影响无法发表一般性见解。泛泛而言，奴隶制比农奴制严酷，但涉及具体情况也并非都如此。狭义上的农奴指俄国传统的身份世袭的臣仆，可被转卖、作为礼物赠予他人及作为赌资输与他人。他们也并非"不离故土"，因此原则上是流动的，他们与美国奴隶几乎同样任人摆布。

两种制度的摒弃在时间上完全同步，可把它们看作虽非全球性但是发生在乌拉尔与得克萨斯之间地区的一个整体进程的两个分支。俄国的农奴制也具有收益性，在经济上具有持续发展能力。两国的资本主义都没有强大到成为足以废除现有体制的最重要力量，尽管新兴自由资本主义思想的代表人物期盼着，建立在强制劳动基础上的生产方式其扩张能力很快就达到极限。在西欧、美国北部各州及主要以西方文明模式为标杆的沙俄的公共舆论中，在 19 世纪中叶形成了一种共识，认为在现代社会对无罪之人进行长期奴役是过去时代的残留，是令人憎恶的。沙皇于 1861 年 1 月颁布法令废除农奴制，这对俄国而言是一个堪比林肯在 1863 年 1 月 1 日发表《解放黑人奴隶宣言》的革命性事件，尽管法令很少正面攻击占有农奴的领主，而且法令也要通过他们的配合来执行。

解放运动发生时，美国向被解放的黑人提供了更有利的未来前景，因为获胜的北方实行了重建（reconstruction）政策，帮助前奴隶在社会上找到合适的位置。相比之下，摒弃农奴身份是一个逐渐的缓慢的过程。在美国，有个崭新的开始，简单

1000

彻底，有适用于所有人的普遍性原则做基础；和美国不同，俄国出台了一个异常复杂、行文晦涩难懂、义务和权利分别按时间和地域做了不同规定的文件，其司法设计从趋势上看是向农民利益倾斜的。[103]这些俄国"魂灵"①曾经的占有者获得了大量赔偿，被解放的农奴则受到若干限制，负担加重，生活仍然艰难。直到1905年，政府才在革命的压力下才颁布法令取缔了遗留的农奴支付赎金的所有形式；1907年通过法律免除了最后一批农奴债务。

从1900年前后来看，两个解放进程的差别不像60年代中期所预料的那样大。它们证实了一个规律，即在所有废除了奴隶制和农奴制的地方，并没有立刻实现平等和富裕，而是出现了新的压迫性稍弱的依附性劳动形式和贫困。在美国，有着良好初衷的重建政策几年后失败，种植园主重又获得政治主导地位，未让前奴隶拥有自己的土地造成了恶果；而在俄国，农民拥有购买贵族大地主以前所占有土地的一半的合法权利。俄国"变成了农民国家"，新的"农民问题"取代了旧的农民问题，而美国的前奴隶却没有机会成为农民。从1907年斯托雷平（Stolypin）土地改革开始，俄国在20世纪进行了一系列试验以解决农民问题，大部分并非为了农民本身的利益。迟疑不决地进行了发展资本主义大中型农业企业的尝试，这类尝试却被1928年的农业集体化粗暴地阻断。[104]1861年的解放农奴运动也并非文化革命。绝非田园牧歌式的乡村状况未有任何改变，农村粗鄙的社会风气没有好转，在提高农村教育水平和减少农村伏特加消耗方面也少有作为。因此这里用严格

1001

①　俄语中"魂灵"与"农奴"为同一词语。

的西欧启蒙运动意义上的"解放"概念有些过于夸大。在美国南部，前奴隶在"重建"之后也几乎没有得到帮助以便能接受学校教育。

农民解放

根据自由派的认识，俄国农奴受到双重奴役：一方面他是主人的占有物，另一方面他还被纳入村社的集体主义中。1861年取缔了第一重义务，1907年取缔了第二重义务。对于欧洲其他地区而言，较难指出农民摆脱了什么。尝试划分类型（比如俄国农奴制）应避免简单划分为自由的西方和被奴役的东方。即使寻找最具普遍性的趋势也不应忽视无人身自由是分为不同程度的。比如，18世纪中叶，荷尔施泰因（Holstein）或梅克伦堡（Mecklenburg）农民的平均状况与俄国农民的状况并没有太大的差别。1803年作家恩斯特·莫里茨·阿恩特（Ernst Moritz Arndt）就曾用"奴隶制"这个程度强烈的词语来描述他的家乡吕根岛上的状况。[105]人们一般用"农民解放"来形容1870年——最迟至1900年前后使欧洲大部分农民摆脱旧身份获得100年前不曾有的新身份的艰难过程：新身份是指享有平等国民待遇的国家公民，根据各国标准又具体指具有完全行为能力的经济主体，享有不受限制的自由迁徙权，是纳税人和佃租人，没有义务为任何人付出契约以外的劳动（更不用说"不合理的"、无限制的劳动）。这样的自由不必以个人拥有地产为条件。英国佃农的生活比西班牙北部拥有地产的农民的生活还要好。重要的是，英国政府能在一定程度上保障他们以有利的经营条件使用土地。而这种情况也可以是有保障的长期租佃，但若是地主趁农村劳动力过剩挑唆小佃户争斗以抬高租佃条件，

1002

则另当别论。不过这样的高额佃租（rack renting），无论在欧洲还是在中国，都是完全"自由"了的农民不得不面对的一个"现代"做法。包含某种程度的家长制救济义务的道德经济（moral economy）残余的消失将农民家庭的生存与市场运行极为紧密地捆绑在一起——如果政府没有实行保护农民的"农业政策"，就像欧洲一直以来所做的一样。

农民解放是波及整个欧洲的大事件，法律定义的解放一直持续到 1864 年罗马尼亚发布解放诏书为止，实际上还要持续得更久一些。解放运动遗漏了欧洲的一些地区，比如英国。马克斯·韦伯曾讽刺说，18 世纪的圈地运动（enclosure）使土地摆脱了农民。[106]进入 19 世纪时，英国农村是三级社会结构：大地主、大佃户和雇农。部分大庄园承袭自中世纪的安达卢西亚（Andalusien），大庄园的经营主要靠雇佣短工（jornaleros）；短工比例占农民人口的 3/4。[107]农民解放意味着乡村社会要去适应正在形成中的普遍的社会和政治角色，农民"阶层"的特殊性被剥夺。这个过程背后有哪些力量存在是比较清晰的，不太清晰的是这些力量的特殊混杂关系及引发这个过程的初始原因。杰罗姆·布鲁姆（Jerome Blum）是从整个欧洲视角研究这一问题的大家。他认为，从 1771 年萨伏依（Savoyen）公国颁布解放法开始，农民解放是开明的专制统治的最后胜利。[108]据他观察，由非专制体制实行的农民解放是少数特例，主要是在大革命期间的法国。然而，也正是在拿破仑传播的法国大革命的推动下，各国政府才采取了措施。军事失利也常使得君主专制政府意识到必须重视农民问题。1807 年，普鲁士在对法战争失败后废除了农奴制。后来俄国在克里米亚战争中的失败是致使俄国实行一揽子改革计划的起因，其中也包括解放农奴，而美国南北战争导致了奴隶解放。

整个农民解放进程的发生还有其他根源，其中一个主要根源是早在法国大革命发生很久以前农民就开始追求自由，他们在各种古老的封建体制的限制中已经争取到行动空间。[109] 对农民起义的恐惧到 19 世纪早期也还未消失。与美国庄园主害怕奴隶起义一样，海地发生了血腥革命后，人们担心会发生奴隶起义，而 1816 年和 1823 年在牙买加，1831 年在弗吉尼亚（奈特·特纳起义［Nat Turner］）都确实发生了奴隶起义。农民解放几乎从来都是一种改良性的妥协。像法国那样采取极端措施，剥夺贵族地主土地的情况在世界上再无第二例。地主阶级熬过了农民解放，如果说在大多数欧洲国家他们的政治和社会地位比一个世纪前削弱了的话，那么也很少是由于他们丧失了地主的特权。有些地主的行动空间比以前扩大了，选择的出路也更明确：在自己的土地上经营大农业企业，或者退隐下来靠剪息票过活。在惊人一致的欧洲农民解放过程中也掺杂了其他的企图和利益：早在法国大革命前，奥地利王室曾试图通过由贵族承担费用来提高国家从农民盈余中分成的比例。那时及后来都常有这种情况，远离乡村的职务贵族想出这样的办法并付诸实践。不过拥有土地的精英阶层在特殊条件下也可能走改革路线，尤其当他们需要寻求农民阶层政治支持的时候，比如当波兰要防止出现分裂，或者当匈牙利反抗哈布斯堡王朝的时候。

普遍的社会发展最终创造了新的框架条件。农奴制，尤其是 17 世纪新建立的东欧"二次"农奴制，就如新大陆的奴隶制种植园一样，是对劳动力匮乏的一种反应。19 世纪欧洲人口的迅速增长消除了这一问题。城市发展和工业化开始为来自农

1004

村的人们提供新的就业机会。劳动力市场更加灵活，与以前相比，较少需要通过强制措施维持稳定，而强制维稳从意识形态上也越来越难以实施。在那些 18 世纪时还存在"封建"依附关系的国家，解放农民使大部分农民摆脱了对主人的非经济义务。解放的结果在各国不尽相同。法国农民状况改善最为明显。奥地利也不错。普鲁士和俄国对农民的妥协要少得多。在这个标度盘上处于另一极的是波莫瑞（Pommern）、梅克伦堡和罗马尼亚，这些地区 19 世纪末农民的状况与世纪初相比没有根本的改善。农民解放的最大"输家"除法国大革命前的法国贵族外，就是欧洲数百万未能成功摆脱无地工人身份的人们。以前的领主和占有过农奴的人也没有受到严重损失。赢家是大多数农民，而不容置疑的赢家是国家官僚机构。在农民解放进程结束时，欧洲农民由国家直接管辖，但不是享受国民待遇的国有农民。欧洲农民在乡村及与主人的关系中所享有的"旧"自由终结了；19 世纪的"新"自由不能逾越进行管理的国家所设定的框架。即使最坚定的自由主义者也逐渐认识到，没有任何市场像农业市场那样强烈呼唤政策调控。于是在 19 世纪最后的四分之一世纪诞生了农业政策，欧洲农民的生存从此依赖于此。

四　雇佣劳动的不平衡性

1005

艰难的过渡

农民解放进程结束时，农村形成了两种占主导地位的角色：农业企业主（无论大小）和雇佣工人。这是"自由"劳动的两个区别很大的变种。然而市场的自由与以前农民乌托邦式的自由只有间接的关系。这一家系学还解释不了被简化为从封建主义到资本主义过渡这一关联性之外的"自由"劳动概念的产生。对于英国和美国，法律史学家罗伯特·J. 斯坦菲尔德（Robert J. Steinfeld）讲述了另一种历史。他认为，到自由劳动的重要过渡发生在劳动者可以辞工、离开工作岗位不再作为犯罪被追究责任的地方。这段历史的开端不是奴隶制或农奴制，而是随着新大陆的殖民及移民在此定居而产生的一种劳动关系——契约服务关系（indentured service）。[110] 对此我们理解为是将自己的劳动力抵押一定的年限来换取横渡大西洋的旅费，换言之，就是有一定时间限制的被奴役。在英国的法律文化中，对这种形式的自愿放弃个人权利的解释从一开始就不甚明晰。源于 17 世纪、作为一种社会标准迅速传播的"生而自由的英国人"观念与受奴役的劳动形式相对立。

在约 1830 年后的美国，对奴隶制的批评如火如荼，这种对立现象于是迅速弥漫开来。在美洲殖民地，18 世纪早期就有了自由劳动；只是很长一段时期内，在各种契约型劳动形式中自由劳动并非常态而是个别特例。除了时间限制外，契约服务与奴隶制及农奴制的最重要区别就在于它是契约型的。契约也未被视为旧时代的残留物，而完全被看作劳动关系的"现代"形式，从社会历史学和法律史学角度来看是有道理的。所有这一切减轻了摒弃奴隶制需要克服的困难。对奴隶制的批评产生了另外一个影响，即人们对契约服务是否确实是自愿订立的关系表示质疑。这事关事情的本质，而非契约工人的具体待遇。与奴隶制的情况不同，这里没有出现为现实公开辩护的辩护士。所以 19 世纪 20 年代在论证了其不合法性之后，很快就于 30 年

1006

代实际废除了契约服务。自由劳动是正常情况，英美法成了不证自明的条款。美国法院在 1821 年首次以如下原则为出发点做出解释，即承担劳动责任必须出于自愿，如劳动者决定离开工作岗位，不得以外力进行阻拦。这样的解释反过来又对关于奴隶制的讨论产生了强烈影响。在美国北部各州，自由劳动（free labor）在反对南部分裂的战争中成为战斗口号。同时，对劳动者施以暴力侵害在根本上被视作非法。这还有另一重含义：在自己承担家务的劳动者和由主人供养的奴仆、女仆或佣人之间划分的界限作废，对这种情况的法律裁决在美国比在英国发生得要早。[111]

除此之外，还有其他各种历史可以讲述。比如自由劳动在后法国革命时代法国民法中的发展史，《拿破仑法典》对此有表述并且在欧洲引起了很大反响。还有一段历史涉及德国仆役法的发展，因为直到进入高度工业化时代后很长一段时间，在普鲁士和其他德国诸侯国，仆役还受到若干非经济的自由限制。主人对仆役的体罚权虽然通过《德国民法施行法》被废除，但直到德意志帝国终结，该法都一直以比以前温和的方式（"间接"体罚权等）鬼魅般地出现在司法实践中。换句话说，这类体罚曾经相当普遍。[112]

罗伯特·斯坦菲尔德的解释别有趣味，因为他的解释为19 世纪在自由劳动发展中分配了一个关键位置。什么位置呢？斯坦菲尔德解释的历史还有第二部分。自由劳动作为主导劳动形式并不是紧随契约服务的终结而出现的。在这方面，如同奴隶制及（尤其是俄国）农奴制一样，也有一个过渡阶段。即使在英国工业中非经济的，确切点说，就是不支付货币的强制劳动也绝不是突然消失的。成文法与实际司法裁决均赋予企业主和农业雇主以各种强迫手段继续维持劳动关系，大约类似如今人们称作"强制拘役"的法律程序。就这样，剩余的部分强制劳动关系隐藏在自由雇佣劳动关系中达十数年之久。

罗伯特·W. 福格尔（Robert W. Fogel）与斯坦利·L. 恩格尔曼（Stanley L. Engerman）在一项著名的研究中证实，与古典经济学家的观点不同，奴隶劳动，无论是种植园中的奴隶劳动还是手工业及工业企业中的奴隶劳动，至少与自由劳动一样具有效益性和合理性。[113]自此后，从强制劳动到自由劳动是线性发展这一观点不再具有可信性。所以应摒弃认为自由劳动和强制劳动间没有关系、属于不同时期、代表完全不同的社会领域的看法。而存在一种连续统一体，劳动者在其中承受各种混杂的劳动强制形式的观点更合乎道理。[114]因此19世纪伟大的历史转折向前推移了。即使在英国，非经济性强制劳动在约1870年后才从工业雇佣劳动关系中消失，在其他我们了解较少的国家，出现这样的情况甚至可能还要晚。即便在契约服务废除后，契约仍起到一定作用，移入新欧洲国家的移民向已定居的同乡寻求庇护。如果说华人很快就有了自己的唐人街，那么对于来到美国的南欧人而言，半合法的保护人则既是工作中介、保护伞，也是剥削者。与承包人类似，在欧洲以外地区，涌入城市的第一代工人大部分都是由他们组织的。[115]这不是自由主义理论意义上的自由劳动。另外，已经多次提到的以承包人作为缓冲的间接劳动关系并不是"非欧洲"地区的特色。例如在意大利，直到19世纪末都是经理人负责为歌剧院找歌手，经理人与这样的承包人并无多大不同。[116]

1008　　　**失衡的劳动力市场**

　　到世纪末又增加了一个新的因素：有组织的工人运动的兴起。当作为集体的工人与强大的资本占有者进行挑战的条件逐渐形成时，劳动力市场的不平衡才得到根本矫正。而只有当国家立法承认劳资谈判（集体协商，collective bargaining）的可能性时，工人运动才会取得真正的突破。[117] 于是，阻碍重重的自由劳动的发展导致一个悖论出现：只有当工人一方形成谈判垄断组织来限制市场自由时，工人个体才被给予自由来摆脱劳动力购买方的控制手段，主要是摆脱他们意在让互相竞争工作机会的工人内斗的煽动行为，摆脱遭短期解雇的境遇。自由劳动的实质是以社会福利国家为目的的对无限契约自由的限制。仅凭劳动关系的契约化并不能防止或消除"雇佣工人阶层的无尊严状况"（罗伯特·卡斯特，Robert Castel）。工人除自身体力外别无所长，既无保障又无权利，在这一点上堪比他们的对立面——奴隶。劳动力市场的纯粹的自由因此必定是一种不稳定状态。在工人反抗、精英阶层阻止革命和一些改革者小群体道德认识的合力作用下，几十年后出现了社会福利国家的一些基本特征。最初还是仁慈的企业主发现，毫无保护的劳动自由作为社会融合的基础，作用很小。自 19 世纪 80 年代发展而来的早期的社会福利国家对这类救济进行了系统化，然后又用引发了一场无声革命的新的强制保险原则取代了该救济体系。[118] 在这样的发展背后有观念的支持，即没有把社会看作个体的集合，而是看作由充满矛盾和对立的各种集体构成的多元集成，对此，保守派和社会主义者基本达成了共识。正因如此，超越古典自由主义建立早期的社会福利国家体系才成为可能。不过也并非古典自由主义（尤其是英国和法国的）理论及政策的所有拥护者都赞同绝对个人主义观念和"曼彻斯特模式"。所以"新自由主义"能够接受当时通过政府进行劳动（市场）调节的普遍趋势。在一战前的二三十年间，欧洲工业化国家对"社会福利问题"的定义存在一定程度的基本共识。社会保险在德国最初是稳定体制的一项保守性措施，1906年后在英国被主张自由主义的政府采用。[119]

　　无论自由雇佣劳动如今在我们看来是如何正常的一种劳动关系，它也不是在任何情况下都值得向往的。尤其在农业社会里，"无产阶级化"被认为是社会地位的降低。比如，在东南亚的乡村社会中，劳动受到尊重，人们与自己土地的关系很紧密，庇护人与当事人之间的关系并不是过度剥削性的。在这些地区，直到附近出现了城市劳动力市场，人们才慢慢产生了想法，认为去找工作可能也不错。在这些地区，长期以来人们更愿意选择在富人家做工和从事其他非市场化的依附性劳动。[120]对于弱势群体，要想生存下去基本上只有两条路可走：依靠强者或与其他弱者团结。第一条路一般更保险。常常出现这种情况，即殖民政府虽然愿意取缔奴隶制，但又犹豫不决，担心取缔后会出现一个政治上不安定的无地工人阶层——受到严格控制的种植园经济飞地是个例外。没有政治野心也没有满腹怨气的定居农民，他们为粮食自给和出口辛勤劳动，老实纳税，这样的农民是19世纪晚期世界上大多数政权——无论是殖民政权还是非殖民政权——所希望的理想的农民形象；相反，农村的"自由雇佣劳动"反而是一种令人怀疑的改革。在工业行业情况不同，但并不仅仅只有社会主义者对该领域不平衡市场条件下的纯粹个人主义自由表示怀疑。

1009

注释

[1] Kocka/Offe, *Arbeit*（2000），第 121 页及下文会为阅读本章提供大量启发性见解。

[2] 参见本书第 5 章。

[3] Siddiqi, *Ayesha's World*（2001）；Rosselli, *Singers*（1992），第 3 ~ 4 章；Richardson, *Chinese Mine Labour*（1982）；Druett, *Rough Medicine*（2000）——这类研究很珍贵：是根据自述体文献对特殊职业领域的复原。

[4] Chris Tilly/Tilly, *Work*（1998），第 29 页。

[5] 有关本章的研究报告和传记：Lucassen, *Global Labour History*（2006）。

[6] Kaelble, *Erwerbsarbeit*（1997），第 22 ~ 25 页。

[7] Biernacki, *Fabrication of Labor*（1995）对此有阐述。

[8] 对比阅读可参阅 Lynn, *Commerce*（1997），第 34 ~ 59 页，是关于棕榈种植和棕榈油贸易的个案调研。

[9] 关于非洲情况的对比阅读可参阅 Atkins, *The Moon is Dead*（1993），第 128 页。

[10] 几乎没有研究世界农业史的尝试，但起码有关于大西洋地区农业史的研究，对比阅读可参阅 Richard Herr, "The Nature of Rural History"，文章见同一作者, *Themes*（1993），第 3 ~ 44 页；Hobsbawm, *Blütezeit*（1977），第 10 章，是出色的对欧洲农村全景式描述（包括侧面描写）

[11] Kaelble, *Erwerbsstruktur*（1997），第 8 页，第 10 页。

[12] 参见本书第 7 章。

[13] Elson, *End of the Peasantry*（1997），第 23 页及下文。

[14] 对该领域研究的简短概述：M. Kearney, "Peasants and Rural Societies in History"，文章见：Smelser/Baltes, *International*

Encyclopedia, 卷 16 (2001)。第 11163 ~ 11171 页。Wimmer, *Die komplexe Gesellschaft* (1995) 也很好地概括了有关农民社会的各种理论。大部分理论的形成是以俄国和东南亚为例。

[15] Little, *Understanding Peasant China* (1989)，第 29 ~ 67 页进行了很好的总结。

[16] Hanley/Yamamura, *Preindustrial Japan* (1977)，第 332 页。

[17] Blum, *Internal Structure* (1971)，第 542 页。

[18] Huang, *Peasant Economy* (1985)，第 225 ~ 228 页。

[19] 关于欧洲的村庄除 Blum 外可参阅 Rösener, *Bauern* (1993)，第 202 ~ 220 页；关于俄国的对比阅读可参阅 Ascher, *Stolypin* (2001)，第 153 ~ 164 页。关于亚洲尚无可对比的参阅文献；无历史深度的人类学研究（日本，中国，印度）对比阅读可参阅 Fukutake, *Asian Rural Society* (1967)，其他的还可参阅 Gilbert Rozman, "Social Change"，文章见 J. W. Hall, *Cambridge History of Japan*，卷 5 (1989)，第 499 ~ 568 页，该处在第 526 页及下文。当然不存在"典型的"欧洲式村庄或日本式村庄。

[20] Fukutake, *Asian Rural Society* (1967)，第 4 页。

[21] 1885 年的一项调研结果证实仅在日本就发现了 20 多种不同的租佃形式。Waswo, *Japanese Landlords* (1977)，第 23 页。

[22] Palairet, *Rural Serbia* (1995)，第 41 ~ 43 页，第 69 页及下文，第 78 页，第 85 ~ 90 页。

[23] 主要根据 Robb, *Peasants' Choices?* (1992)；较新的优秀的综合性论述是 Jacques Pouchepadass 发表在 Markovits 等编写的 *Modern India* (2002) 上的文章，第 294 ~ 315 页，第 410 ~ 431 页。对比阅读也可参阅区域概述 M. Mann, *Geschichte Indiens* (2005)，第 149 ~ 187 页，以及 Ludden, *Agrarian History* (1999)。

[24] 比如 Grigg, *Agricultural Systems* (1974)。

[25] Stinchcombe, *Stratification* (1986)，第 33 ~ 51 页。

[26] 参见本书第 5 章。

[27] 有关印度情况的对比阅读可参阅 Prakash, *World of the Rural Labourer* (1994)。

[28] Peebles, *Sri Lanka* (2006)，第 58 页。

[29] 有关劳动条件细节的对比阅读请参阅 Breman, *Taming the Coolie Beast* (1989)，第 131 页及下文。

[30] Grigg, *Agricultural Systems* (1974)，第 213～215 页对该类型有简单的描述。

[31] Stoler, *Capitalism* (1985)，第 20 页。

[32] 同上书，第 25～36 页。

[33] Alleaume, *Industrial Revolution* (1999)，第 331、335、338、342 页及下文；R. Owen, *Middle East* (1981)，第 66～68 页。

[34] 有关墨西哥和秘鲁的情况请参阅：Mallon, *Peasant and Nation* (1995)。

[35] Nickel, *Soziale Morphologie* (1978)，第 73～83 页。

[36] 出处同上，第 110～116 页。有关大庄园的概况也可参阅 Wasserman, *Everyday Life* (2000)，第 23～29、70～72、150～154 页。

[37] Adelman, *Frontier Development* (1994)，第 130 页。

[38] Zeleza, *Economic History of Africa* (1993)，第 213～216 页，对非洲情况有很好的描述。

[39] Kriger, *Pride of Men* (1989)，第 119 页。

[40] Friel, *Maritime History* (2003)，第 228 页。

[41] 直到该世纪末至少在汉堡是这样的情况（英国和苏格兰的行会元素要弱些），对比阅读可参阅 Cattaruzza, *Arbeiter* (1988)，第 118 页及下文。

[42] Peter Boomgaard, "The Non-Agricultural Side of an Agricultural Economy: Java 1500 – 1900", Alexander 等编著的 *Shadow* (1991)，第 14～40 页，该处在第 30 页。

[43] Akos Paulinyis 发表在 Eggebrecht 等编著的 *Geschichte der Arbeit* (1980)，第 206～234 页的文章对工业化第一阶段工厂经营管理的实际状况有很好的描述。*Labour historians* 大多仍是对城市工厂劳动的描述，关于综述可参阅 Heerma van Voss/Linden, *Class* (2002)。

[44] Bradley, *Muzhik and Muscovite* (1985), 第 16 页。

[45] 对比阅读可参阅 R. E, Johnson, *Peasant and Proletarian* (1979), 第 26 页。

[46] Turrell, *Capital and Labour* (1987), 第 146～173 页。

[47] 关于鲜为人知的中国情况可参阅 Shao Qin, *Culturing Modernity* (2003)。

[48] Friedgut, *Iuzovka and Revolution* (1989 – 1994), 卷 1, 第 193 页及下文。

[49] 对比阅读可参阅 Beinin/Lockman, *Workers on the Nile* (1987), 第 25 页; Tsurumi, *Factory Girls* (1990), 第 59～67 页。

[50] 童工这个重要题目不得略过。这方面缺乏来自欧洲以外国家的研究。Rahikainen, *Centuries of Child Labour* (2004) 概括了十个欧洲国家的情况。总体结论是, 在任何时代任何地方都有童工现象, 直到 19 世纪 80 年代若干欧洲国家, 首先是英国和德国实行了慎重的保护法, 但也仅限于工业领域。(同上, 第 150～157 页)。对比阅读还可参阅 Cunningham, *Geschichtedes Kindes* (2006)。

[51] Johnston, *Modern Epidemic* (1995), 第 74～80 页; Tsurumi, *Factory Girls* (1990), 尤其是第 59 页及下文; 有关德国的情况比如可参阅 Kocka, *Arbeitsverhältnisse* (1990), 第 448～461 页。

[52] 权威著作: G. A. Ritter/Tenfelde, *Arbeiter* (1992), 第 265 页及下文。

[53] 对比阅读可参阅早期工业时代的新英格兰个案调研: Prude, *Industrial Order* (1983), 第 76 页及下文。

[54] 关于德国以外钢铁业的劳动关系可参阅 Kocka, *Arbeitsverhältnisse* (1990), 第 413～436 页。

[55] P. M. Kennedy, *Aufstieg und Fall* (1989), 第 310 页 (表 15); B. R. Mitchell, *Europe* (1992³), 第 456 页及下文。

[56] Way, *Common Labor* (1993), 第 8 页。

[57] 对劳动现实状况的描述: 出处同上书, 第 133～143 页。

[58] Meinig, *Shaping of America*, 卷 2 (1993), 第 318～321 页。

[59] 以下内容出自 Montel, *Le chantier* (1998) 根据苏伊士运河公司档案资料所进行的精彩调研；相关背景参阅 Karabell, *Parting the Desert* (2003)，有关运河开航后的意义参阅 Farnie, *Suez Canal* (1969)。

[60] McCreery, *Sweat* (2000)，第 117 页及下文。

[61] Montel, *Le chantier* (1998)，第 64 页。

[62] Diesbach, *Ferdinand de Lesseps* (1998)，第 194 页。

[63] 对庆典的详细描述同上书，第 261 ~ 272 页。

[64] 关于德国铁路工人的状况参阅 Kocka, *Arbeitsverhältnisse* (1990)，第 361 ~ 366 页。

[65] Ambrose, *Nothing Like It* (2000)，第 150 页。最系统的研究是 Licht, *Railroad* (1983)。

[66] Shelton Stromquist, "Railraod Labor and the Global Economy"，文章在：Lucassen, *Global Labour History* (2006)，第 623 ~ 647 页，尤其是第 632 ~ 635 页。

[67] Marks, *Road to Power* (1991)，第 183 ~ 185 页。

[68] *Meyers Großes Konversations-Lexikon*, Leipzig 1903[6]，卷 5，第 505 页。

[69] Kerr, *Building* (1997)，第 200 页，第 214 页（表 2）。

[70] 同上书，第 88 ~ 91 页，第 157 页及下文。

[71] 第 6 章（城市）已阐述过的港口劳动与此密切相关。主要有 S. Davies 等著的 *Dock Workers* (2000)。

[72] Stinchcombe, *Sugar Island Slavery* (1995)，第 57 ~ 88 页，有令人意想不到的进一步描述。

[73] 这一点常被人忽略，但这部早期的依然有用的著作没有忽略：Fohlen/Bédarida, *Histoire générale du travail* (1960)，第 166 ~ 173 页。

[74] 观点援引自 Mawer, *Ahab's Trade* (1999)，第 14、73 ~ 75、230 页。亦见本书第 7 章。

[75] H. V. Bowen, *Business of Empire* (2006)，第 6 章。

[76] Simonton, *European Women's Work* (1998)，第 235 页。

[77] Osterhammel, *China*（1989），第 185～188 页。

[78] 仅在黑森－洪堡做过很短时间的宫廷图书馆员。

[79] Stites, *Serfdom* （2005），第 71 ～ 82 页；Finscher, *Streicherkammermusik*（2001），第 84 页。

[80] Gunilla-Friederike Budde, "Das Dienstmädchen", 文章在：Frevert/Haupt, *Der Mensch*（1999），第 148～175 页；其他的还有：Simonton, *European Women's Work*（1998），第 96～111、200～206 页。

[81] Rustemeyer, *Dienstboten*（1996），第 88 页。

[82] MacRaild/Martin, *Labour in British Society*（2000），第 21 页（表 1.1）。

[83] Dublin, *Transforming Womens' Work*（1994），第 157～162 页。

[84] L. A. Tilly/Scott, *Women*（1987），第 69 页。

[85] 此处比主要讲述德国女教师在国外的一流著作 Hardach-Pinke, *Gouvernante*（1993），第 206～240 页，提供了更宽广的视野。

[86] Die Systematik nach Bush, *Servitude*（2000）.

[87] 第 13 章中从另外一个角度对该题目进行了阐述。

[88] Eltis, *Rise of African Slavery*（2000），尤其是第 137 页及下文。

[89] 关于该题目讨论的对比阅读可参阅最重要的当代奴隶制研究者：Davis, *Inhuman Bondage*（2006），第 12～13 章；Hochschild, *Bury the Chains*（2005）的描述生动但不深刻。

[90] 这一流派的先锋和经典著作是 Genovese, *Roll, Jordan, Roll*（1992）。

[91] 关于该讨论的整体回顾，对比阅读可参阅 Smith, *Debating Slavery*（1998）。

[92] Cooper/Terrill, *The American South*（19962），卷 2，第 517～519 页。

[93] 亦见本书第 10 章。

[94] Byres, *Capitalism from Above*（1996），第 282～336 页提供了系统分析。

[95] Jones, *The Dispossessed*（1992）生动描写了两种肤色的"农村

一无所有者"的命运。

[96] Ward, *Poverty* (1985), 第 31 页及下文。

[97] 对比阅读参阅一流的比较研究: Scott, *Degrees of Freedom* (2005)。

[98] 我们在此略过与自 1570 年以来在欧洲易北河以东地区逐渐成为农业关系主导形式的"领地庄园制"的术语学关系这个棘手问题

[99] Berlin, *Generations of Captivity* (2003), 表 1 (附录); Drescher/Engerman, *World Slavery* (1998), 第 169 页及下文。

[100] Kolchin, *Unfree Labour* (1987), 第 52 页 (表 3)。

[101] 同上书, 第 54 页 (表 5, 表 6)。

[102] 对比阅读可参阅 Bush, *Servitude* (2000), 第 19 ~ 27 页; Stanley L. Engerman, "Slavery, Serfdom and Other Forms of Coerced Labour: Similarities and Differences", 文章在: Bush, *Serfdom* (1996), 第 18 ~ 41 页, 该处在第 21 ~ 26 页。

[103] Kolchin, *Sphinx* (2003), 第 98 页及下文。

[104] 作者同上, *Unfree Labour* (1987), 第 359 ~ 375 页; 作者同上, "After Serfdom: Russian Emancipation in Comparative Perspective", 文章在: Engerman, *Terms of Labour* (1999), 第 87 ~ 115 页。

[105] Blickle, *Leibeigenschaft* (2003), 第 119 页。

[106] Weber, *Wirtschaftsgeschichte* (19814), 第 106 页。

[107] Teófilo F. Ruiz, "The Peasantries of Iberia, 1400 – 1800", 文章在: Scott, *Peasantries* (1998), 第 49 ~ 73 页, 该处引自第 64 页。

[108] Blum, *End of the Old Order* (1978), 第 373 页。

[109] 这是 Blickle, *Leibeigenschaft* (2003) 的基本论调。

[110] 参见第 4 章以及 Northrup, *Indentured Labour* (1995)。

[111] Steinfeld, *Invention of Free Labor* (1991), 第 4 ~ 7 页, 第 147 页及下文, 第 155 ~ 157 页。

[112] Vormbaum, *Politik und Gesinderecht* (1980), 第 305、356 ~ 359 页。

［113］ Fogel/Engerman, *Time on the Cross* (1974)。

［114］ Steinfeld, *Coercion* (2001)，第 8 页。

［115］ Peck, *Reinventing Free Labor* (2000)，尤其是第 84 页及下文。

［116］ Rosselli, *Singers* (1992)，第 5 页。

［117］ Linden/Rojahn, *Formation* (1990) 中有关于每个欧洲国家和美国的具体细节。

［118］ Castel, *Metamorphosen* (2000)，第 189 页，第 254 页及下文。

［119］ Hennock, *Origin of the Welfare State* (2007)，第 338 页。

［120］ Elson, *End of the Peasantry* (1997)，第 23 页及下文。

第14章 网络

—— 作用范围，密度，网眼

1010 　　"网"是个既直观又令人迷惑的隐喻。网建立起平面的二维关系，是一个平面空间构成的组织结构。网没有起伏。即使极有价值的社会科学领域的网络分析也总是倾向于忽略或低估网的等级，即垂直维度或第三维度。这与网是个具有一定民主结构的组织体有关。首先它所有的结都具有同等价值。不过，要是不承认在一个网中可能会形成较强的中心和较弱的外围，不承认网结可能"大小"不均的话，即使从历史角度来看问题对此也不会有多少领悟。每个网的构造不一定都像蜘蛛网一样，即只有一个控制中心，网体的其余部分由中心控制。城市网或贸易网的基本形式或为多中心或为单一中心，两种情况几乎同样常见。网的隐喻之所以有价值，是因为它令人联想到它上面的若干接触点和交叉点，也因为它吸引人们去关注那些未被结入网体的部分。每张网都有网眼，对如今世界上存在的不寻常的，迄今未被探究的联系和关系，尤其是对远距离的联系和关系的强大兴趣，不应让我们完全遗忘地图上的空白，即无人区或"人烟稀少"地带。

　　一张网由具有一定规律性和稳定性的关系构成。网是由重复性的关系或交往构成的可描摹的造型。因此它们是具有"中等"密度的组织：既非一次性的偶然关系，也非结构已固化的组织，尽管这样的组织可能是从网状关系发展而来的。19世纪
1011 一个最显著的标志就是这种重复交往的增多和加快，尤其是跨

越民族国家边界的、常发生在各大城市区域或各大洲之间的重复交往。在这里时间上也要准确一些：从 19 世纪中叶到第一次世界大战正好是 60 年，这段时间是空前的网络形成时期。特别是，当我们注意到很多这类网络在一战期间被撕裂，并在之后的几十年里进一步分散化时，这一点更加引人注目。若把覆盖整个世界的网络的形成称作"全球化"的话（这一含混概念的宽泛定义），那么 1860～1914 年则是全球化被显著推进的时期。通过跨洲人口迁移和殖民国家再度扩张这两个例子我们已看到了这一点。[1]本章将深入探讨已在各章节出现过的题目：交通，通信，贸易和金融关系。

置身于网中去思考问题是 19 世纪才出现的一种直观形式。[2]17 世纪时威廉·哈维（William Harvey）发现人体是一个循环系统，在 18 世纪，医生和重农主义者弗朗斯瓦·魁奈（Francois Quesnay）将该模式应用到经济和社会领域。[3]下一个阶段就到了网络时期。1838 年弗里德里希·李斯特（Friedrich List）设计了一个铁路轨道交通网，对，就是一个覆盖德国的"全国运输系统"（National-Transport-System）。这是对未来的勇敢展望。1850 年前在欧洲大陆任何一个国家都还没有真正意义上的铁路网。李斯特为这个规划确定了基础系统图，当铁路确实建造完工并投入运行时，批评者拿着图纸，把铁路描述成危险的、令猎物窒息的蜘蛛。后来网成为形象直观地描述一座城市的典型方式。同时，"网"还与"迷宫"，尤其在美国，与"网格"（grid）在一段时间内形成相互竞争态势。社会作为网的自我理解就源于 19 世纪，尽管很久以后其含义才变得更加丰富，如人们可能联想到的"社交网络"。日常生活中人们对运行着的，乃至易出故障的网络有着依赖，通过连接每户家庭与中央控制系统和接口，人们对此有着最深刻的体会。水龙头出水，管道出煤气，电线来电。[4]电报机与电话机的区别也在于此。电报机是一个公共物件，谁也不能把它摆放在客厅里，而经过长期努力，电话机终于成为生活日用品和家用设备。在 20 世纪初，全世界只有极少数人在现实生活中拥有与技术系统连接的接口。如果有人说，印度（任意举个例子）已被纳入国际电报系统，其实也意味着，大多数印度人对此根本就一无所知——尽管像铁路和电报机这样的系统对物流和信息流的影响也间接渗透到了日常生活中。要区分潜在的机会与切实可行的情况。到 19 世纪 70 年代，在赤道以北仅靠蒸汽机驱动的交通工具环游世界已成为可能，无须人力、马和骆驼，不用徒步就可环游伦敦 - 苏伊士 - 孟买 - 加尔各答 - 香港 - 横滨 - 旧金山 - 纽约 - 伦敦。但是，除了儒勒·凡尔纳（Jules Verne）的小说《八十天环游地球》（1872）中的人物绅士福格，还有他的原型——1870 年欲创造该纪录并最终于 1890 年仅用了 67 天打破该纪录的古怪的美国商人乔治·弗朗西斯·崔恩（George Francis Train），以及 1889 ~ 1890 年用了 72 天环游世界的美国女记者娜丽·布莱（Nellie Bly），谁会去进行这样的旅行呢?[5]

一　交通与通信[6]

轮船

在交通史上，任何一条发展路径都绕不过温和的技术决定论。新交通工具的出现不是由于人们文化上的渴望，而是由于有人产生了制造它们的想法。它们在文化上是否被接受、被拒绝或被赋予特殊的意义和功能，则另当别论。除了拉纤，即靠人力在岸上拖拽船只，船运一直都是利用无机能源，即风力和水流，这与陆路运输不同。蒸汽驱动是这些已被利用的能源类型的补充。酝酿中的交通现代化在世界上两个地区，即英国（包括苏格兰南部）和美国东北部这两个工业化先锋之地，对轮船（的发展）大有裨益。早在轮船和蒸汽火车出现之前，有商业用途的纵横交错的运河系统就已出现，大部分由私人投资兴建，因为他们想借此使地产升值。在英国，运河也成为极受青睐的投资项目，1791～1794 年，运河热达到高潮。运河创造了一部分铁路能更好地去满足的运输需求。一些史学家所谓的运河时代（canal age）一直延续至早期铁路时代。两种交通工具一方面互为竞争，另一方面又相互联合形成更大规模的运输系统。19 世纪中叶，英国内河航道有超过 25000 台起重机在运转。在这里有 50000 余人过着流动的几乎是水陆两栖的生活，其中 1/3 受雇于大型运河公司。[7] 船只主要靠马拉，而在亚洲，在一个相当长的时期里这类苦活累活还是靠人力：直到 1940 年，长江上游的小船逆流而上过激流越险滩时还是靠"纤夫"拉，这些激流险滩如今已淹没在长江三峡大坝身后了。轮船太大，不适合在修建于 18 世纪的狭窄的运河中航行。但它们在静止水域可以顺利通行，因此大力推动了人们去建造河道更宽更长的运河。一些城市由于濒临具有很强通航能力的运河而进入了一个新的发展时期，比如，1825 年伊利运河通航之后的纽约，以及 1876 年北海运河完工后的阿姆斯特丹。在荷兰，早在 1814～1848 年，由于国王威廉一世（William I）的个人兴趣而形成了完整的运河网，该运河网既用于运输也用于河流整治。运河网的修建归功于荷兰拥有一支形成于法国占领时期的优秀的工程师队伍。[8] 发达

1013

的运河系统推迟了荷兰的铁路扩建。而在美国，在人们看来，最初的几条铁路的用途基本就是连接运河。在纽约州，直到1851年，铁路都被禁止与国营运河竞争从事货运。[9]

1014　　　　轮船不依靠外部能源，它随身携带燃料——煤，在1910年柴油发动机用于船运之后，轮船也越来越多地使用油。轮船可自主导航，与帆船相比能在更大程度上摆脱环境因素的影响，因此很适合用于沿海、风平浪静的内陆湖、逆流航行和运河航运。不再受制于风的变化莫测使人们终于在历史上首次可以制定航行时刻表，水路运输的网络化由此达到了一种新的水平：构成一个网络的各种关系变得可靠和可以预测。轮船最初的伟大意义不是全球性的，而是仅对欧洲和北美的内陆运输而言的。19世纪30年代，轮船在技术和经济领先地区开始快速发展。当时在格拉斯哥（Glasgow），轮船已经是每十分钟一班。[10]1826年，维也纳和布达佩斯间的定期船开航，从1829年开始由著名的多瑙河轮船公司经营。1850年投入运行的船只有71艘，航程约14小时。[11]提供的新运力与产生的新需求相互影响，比如密西西比河上和墨西哥湾中的轮船运输的扩张就与奴隶种植园棉花生产的扩张密切相关。

　　　　并非所有的商业轮船运输都被纳入运输网络中。轮船也适用于在商业开发尚薄弱的地区先行探路。在这种情况下，轮船是资本主义世界贸易体系扩张的外围工具。它们并非一定受外国资本控制。中国政府自19世纪60年代起通过本国国营的（后来又增加了私营的）船运公司非常成功地阻止了外国资本在中国几大河流和沿海确立运输垄断地位。[12]1860年，中国迫于压力不得不同意开放所有水域供自由通航。英国船运公司（后来是日本船运公司）在中国的竞争优势不像在印度那么突出。在印度，本地船主获得的市场地位微不足道。其中一个原因是，在印度的英国轮船公司作为官方邮政递送机构得到大量国家补贴。作为殖民地的印度和半殖民地的中国有一个共性，即它们的本土力量，无论私营的还是国营的，都没能建起一支远洋船队。在这方面，日本又是亚非地区的一个特例。最迟至1918年，日本的军事和民用造船业均达到了世界水平，日本成为海运贸易领先国家和世界一流的海军强国，这既显示了日本民族的成功，同时也是它获得成功的原因之一。[13]而在亚洲其他地区——拉丁美洲同样如此——由于远洋贸易被外国船运公司控制，新型的技术和经济依附关系十分明显。在亚洲和非洲，没有任何一个国家（日本除外）在国际运输市场上建立起自己的不依赖于欧洲人和北美人的运输事业。在印度，塔塔家族的钢铁厂虽然比较成功，但在英国的竞争压力之下，它在市场上开设新船运航线，尤其是到日本的航线的尝试以失败告终，这是一个典型的例子。[14]自从1828年威廉·本廷克勋爵（William Bentinck）乘一艘轮船抵达加尔各答担任总督开始，英国人就很重视轮船作为新时代标志物的实际意义与象征意义。

第一条远洋轮船航线是跨北大西洋航线。技术进步如此之大，以至于19世纪中叶后从布里斯托尔到纽约的航程只需要14天，几十年后，航行时间才再次大大缩短。[15]流向新大陆的大规模移民潮的开始，导致规模空前的新型客运需求。在世界其他地区未出现类似情况。在新大陆，与最初在印度一样，由政府资助的邮政轮船服务成为海洋扩张的主要力量。所有的帝国及殖民政府都认为，它们不能放弃在本土和殖民地之间提供邮政递送服务。俾斯麦看到了这一点，遂采取措施为德国邮政业务提供财政支持。1869年苏伊士运河开航刺激了欧亚远洋客

运业务的扩张。此外，海运公司的业务还包括运输热带出口商
品。19 世纪中叶后，美国因其大规模的内河航运已跃升为全世
界船运载货量最大的国家，而英国保持了其远洋运输翘楚的地
位。1914 年，英国及其殖民地的海运贸易载运量占世界总吨位
的 45%；紧随其后的是德意志帝国和美国，分别占 11% 和 9%；
日本达到了 3.8%，稍落后于法国（4.2%），但超过了 17 世纪
的海洋霸主荷兰（3.2%）。[16]

　　不应把世界远洋贸易看作一个编织均匀的网络。尚有大片
区域不在该网络中，比如北亚，只在 1860 年建市的海参崴有一
个不冻港。1888 年，按离港船只吨位算，世界最重要的海港是
伦敦、纽约、利物浦和汉堡。香港是通往中国内地市场的门户，
同时也是东南亚的重要装运港，如今是世界最大的集装箱转运
港，当时已位列世界第七，但之后很长一段时间内香港之外并
没有再出现另一个亚洲港口。[17]重要的海运航线有：①从日本
出发，经香港，穿过马六甲海峡（新加坡），经过北印度洋，
过红海、苏伊士运河、直布罗陀海峡到达大西洋及北海港口；
②从澳大利亚出发，绕过好望角，沿非洲西海岸到达欧洲；
③横跨大西洋的是纽约到伦敦/利物浦航线，这条航线是最宽的
航线；④另一条航线是从欧洲到里约热内卢和拉普拉塔的港口；
⑤最后是从旧金山和西雅图跨大西洋到日本主要港口横滨的重要
航线。[18]虽然 1900 年前后个别航运支线已能到达大洋深处最偏远
的岛屿，但全球航运从地理分布来看仍然非常集中。

　　这个行业本身就是个集中的行业。这是私营海运公司的黄
金时代（政府尽管对追求“海洋强国”的理想有着世纪末的热
情，但基本上在海运行业的参与远少于在铁路行业的参与），其
中一些海运公司是当时资本实力最雄厚的股份公司。它们的市

1016

场标志是定期、准时、良好的服务、提供不同的价位以及在帆船时代和轮船海运事故频发的最初几十年几乎无法想象的安全水准。虽然也发生了一些惊人的海难，比如 1912 年 4 月 14 日巨轮泰坦尼克号（Titanic）在纽芬兰附近沉没。大型海运公司，比如荷兰 – 美国的 Lijn，德国北部的北德意志 – 劳埃德公司（Lloyd）、汉堡 – 美国航线（也称为赫伯，HAPAG）、卡纳海运公司（Cunard）、蓝烟囱轮船公司（Alfred Holt）、半岛和东方蒸汽航运公司（Peninsula & Oriental Line），也体现出一种辐射全球的资本主义、成熟的技术水平和优雅旅行之"文明的优越"。"水上宫殿"是当时颇受欢迎的广告词，自 19 世纪 80 年代起，豪华的"水上宫殿"成为时代的象征。[19] 各国大型海运公司间的竞争自 60 年代起不断通过市场划分和有着类似卡特尔职能的海运大会进行平衡，海运大会的作用主要是稳定价格。

　　被西北欧和美国主导的世界航运业遍布全球南纬 40° 和北纬 50° 间的所有海岸，并将这些地方纳入世界航海时刻表。尽管如此，若以 20 世纪下半叶的世界航空为标准来衡量，这仍算不上是全球性的交通网。[20] 直到空中交通的出现才消除了陆地与海洋间的差别。空中交通在各机场间进行，大部分机场——包括一些重要机场——都位于内陆。如今几乎所有大城市都与空中交通网络联结，航班频次超过高潮时期的轮船客运频次若干倍。欧洲和北美最初的运输垄断被打破。从 20 世纪 70 年代开始，即使世界上最小的国家也清楚拥有一个国家航空公司的重要性；在私营化和国家垄断被瓦解的趋势下，直到 2001 年瑞士航空公司（Swissair）破产才标志着转折的发生。交通史上对全球化的最大推动发生在二战后，尤其是自 20 世纪 60 年代以来乘飞机长途旅行不再是政客、经理和富人的专

1017

利。这一发展的技术基础是航空客运中喷气式驱动的应用。从
1958 年开始，当波音 707 机型开始执飞，我们就进入在喷气
机时代了，这是一个真实的现实，是 19 世纪最大胆的幻想也
无法想象的。

作为网络技术的铁路

铁路不像早几十年出现的轮船那样有如此大的全球化效应。
铁路是空间上受限制的系统。[21] 它在技术上是全新的，是在没
有任何铺垫的情况下出现的，而轮船在几十年的缓慢过渡中还
可以沿用过去水上运输的基础设施。当以煤炭为基础的技术出
现时，已经有了港口，但还没有火车站和铁轨。铁路建成后对
环境和气候的依赖不像轮船那么大。铁路不用担心风暴、港口
封冻或旱季的低水位。铁路运输更可靠，车次更正常，因此能
更好地被纳入生产流程计划。铁路才能保障发展中大城市的食
品供应，而这又促进了城市的进一步发展。铁路货物运输风险
较小。船只沉没可能意味着巨大的财产损失，而铁路事故很少
会导致重大财产损失，因此保险费用也低。铁路由政府控股比
船运公司由政府控股更加常见，尽管在英国不是这样，但比如
在比利时、一些德意志邦国、中国和日本都是如此情形。有一
种混合形式：在荷兰，人们经过几十年的试验发现，单凭私营
公司无法建立一个完整的网络，直到 1875 年颁布了铁路法，一
个国有铁路公司才诞生，其组织机构包括运行规章规程几乎完
全照搬德国。[22]

至于如何理解铁路网，见仁见智。尤其在欧洲以外地区，
有各种孤零零的铁路支线末端未与其他铁路网联结，比如法国
修建的从越南北部港口海防（Haiphong）到中国省会城市昆明

的滇越铁路。在非洲，这样的铁路支线末端很常见。它们连接起那些——比如刚果河、尼日尔河和尼罗河沿岸——无法通航的河段。非洲大陆南部的二维铁路网在 1937 年铁路扩建完工时已从好望角延伸到北罗得西亚（赞比亚）铜带省。[23]尽管有几条连接支线，但西伯利亚铁路无论过去还是现在都是绵延在荒野上的一条孤零零的铁路线。鄂木斯克（Omsk）以东的路段只有战略用途，没有大规模运输过移民，也未用于开发内陆经济。在俄国的欧洲地区有一个铁路网，但西伯利亚没有。中国从 1897 年开始一直在修建铁路，但一些既有建造计划也存在可行性的路段过了几十年都没能建成，因此只能说它是一个由若干烂尾路段组成的残缺不全的铁路网，尤其在长江以南的山区。[24]亚洲内陆地区到 20 世纪才通铁路，西藏于 2006 年通了铁路。叙利亚和黎巴嫩的铁路由法国公司控制，其轨距和奥斯曼的铁路轨距不同，导致两种系统只能各自独立运行。[25]并非所有的网络乍看是网络，再看还是网络。

在第一批修建铁路但还没有能力进口全套技术的国家（即使到后来其技术也大多带有各国特色），[26]修建铁路被证明是一个必须从头开始积累经验的早期的网络系统技术。[27]铁路的建造和运行需要大量专业知识：钢铁技术，机械制造，采矿，通信，地质，桥梁、隧道、火车站设计，大工程工地的组织调度，资金筹措，人员管理，列车时刻表的协调，等等。尤其在初期，人们必须临时发挥，寻找解决方案；直到后来铁路事业才变得"科学"了。关于技术问题可以寻找解决方案，而同时也出现了法律问题，比如土地征用和对所征用土地的补偿问题。此外，铁路也常常是一个有着深层军事含义的政治话题。美国铁路及部分英国铁路的特点是，其中战略考量的分量不像在欧洲大陆那么重，所以政府——撇开南北战争这个插曲不论——毫无顾虑地放弃了直接参与。

1020

　　1880 年前后，英国、法国、德国、意大利和奥匈帝国都已建成了我们今天所看到的铁路网（一部分已按原貌重建），20年后欧洲其他地区也同样如此。铁路建设技术跨越国界使各国从一开始就很难发展出自己的特色。基本上，唯一的可能性就是坚持本国的轨距。铁路之父乔治·史蒂芬逊（George Stephenson），确定轨距标准为"4 英尺 8.5 英寸"。由于英国铁路技术的主导地位，该标准也输出到了国外。荷兰、巴登和俄国一开始选择了较宽的轨距，不过最后只有俄国坚持使用宽轨距。1910 年前后，火车旅途除了因更换轴距会有短暂的中断，人们基本上可以乘火车从里斯本直达北京。同样是在 1910 年，1900 年就开始了铁路建设高潮的朝鲜也与横跨大陆的长途铁路运输线连接起来了。由此，欧洲及欧亚大陆的交通技术统一告完成了。

铁路与国家一体化

　　火车，这个轮子上的庞然大物，最初其速度难以估测，窗外景物飞速闪过，它带来全新的体验，似乎成为现代性的化身，火车现身之处到处引起关于这样的现代性是否为人们所愿的讨论。[28] 比如在法国，19 世纪 40 年代火车问题成为精英阶层关于国家未来讨论的核心问题。直到后来，在与天主教保守派发起的对抗进行斗争时，人们才达成共识，认为铁路建设会为国家带来福祉。[29] 几十年后，当火车的出现在世界其他地区引起类似反应时，欧洲人已经忘记自己当初的恐惧，转而嘲笑又落后又迷信的东方人。中国的第一个铁路工程——16 公里长的上海吴淞铁路，于 1880 年被拆毁，因为当地居民担心它破坏风水。这在西方被讥讽为对现代性的愚昧反抗。但仅数年后，需要修建铁路的认识已很普遍，在 20 世纪初的那些年，一些上层社会爱国人士在各省筹集了大量资金，以从外国人手中买回铁路经营许可证。清政府在 1911 年春试图在全国实行统一的铁路政策，即实行欧洲标准的合理的铁路政策，这一尝试最终成为清王朝垮台的重要原因之一。地方和中央势力争夺对现代获利技术的控制权，获利的不仅是外国投资者和供货商，中国人也越来越多地从中获利。铁路就这样在中国书写了伟大的历史。

1021

中国进入铁路时代较晚，但仅数年后，中国就已经有能力自主建造铁路。在此之前，大多数铁路都由外国人投资，也是外国工程师设计的，尽管它们大都为中国政府所有。第一个例外是技术难度极大的北京到京西北张家口的铁路，这条铁路于 1909 年完工，它让中国国有铁路和蒙古的商队贸易建立起了联系。平绥铁路是第一条中国自主设计建造的铁路。连外国专家也认为这是个了不起的技术成就，尤其因为它是以较低成本建成的。不过铁轨上行驶的部分却并非中国制造。抵御欧洲控制和影响的一个类似的象征性工程是从大马士革经阿曼到麦地那（Medina）的汉志（Hijaz）铁路。其中一条支线到海法（Haifa），鉴于英国和法国在该地区的直接利益，其地缘战略意图更明显。在一战前的 15 年中，奥斯曼帝国在其各阿拉伯省中进行自力更生、奋发图强的最后尝试。其余的奥斯曼铁路，其中包括著名的巴格达铁路，都是欧洲人修建的，而据说汉志铁路是由奥斯曼人自主投资、修建和运营的。他们的尝试不完全像在中国那样成功：由一位德国总设计师领导的外国工程师拥有的股份比他们在平绥铁路拥有的股份要多得多。[30] 不过道理很明确：对于欧洲以外的国家而言，只有当它符合西方标准，建立起自己的技术结构时，才能最充分地证明其实力。这当然是日本的成功秘诀，这个秘诀在其他状况下同样适用，但不易实现。

1022　　　与航运和空中交通不同，铁路归根结底是国家统一的工具。1828 年歌德曾对艾克曼（Johann Peter Eckermann）说，他并不担心……德国将来不会统一；他们的很好的公路和未来的铁路一定会起作用。[31]铁路首先统一了全国市场，有时是因为有了铁路才出现了市场。地区间的价格差最能体现这一点。如今奥格斯堡（Augsburg）和基尔（Kiel）的面包价格基本相同。1870 年纽约城和艾奥瓦（Iowa）的小麦价格相差 69%，而到 1910 年只相差 19%。[32]铁路跨越国界的这种欧洲意义上的国际性引起人们的注意：各国的全国网络联合成一个（近乎）全欧洲的交通系统是一个重要成就。[33]它促使适用于全欧洲的标准产生，即火车在一定程度上遵守列车时刻表并正点行驶，同时一些旅行程序也得到规范。但由于火车不能跨海越洋，连拿破仑修建英吉利海峡海底隧道的梦想也直到 20 世纪末才成为现实，所以火车的全球化效应有限。客运量一直不大的西伯利亚铁路，也不过是一条现代丝绸之路罢了：一条单薄的路，连接世界上相隔遥远的地区，却没有将这些地区大规模地纳入铁路网。亚洲当时的铁路系统——除西伯利亚 - 中国东北地区 - 朝鲜半岛这一段外——都互不相连。印度的铁路，北边受到不可逾越的喜马拉雅山脉的阻隔，从未延长至阿富汗，以防为俄国打开一扇入侵印度的大门。只要铁路仍是"铁路帝国主义"的工具，就不需要——在印度以外——把它扩建成为欧洲国有铁路意义上的铁路网，扩建成为将无重要战略和经济意义的地区纳入其中的铁路网。[34]

在欧洲，各国政府推行维护国家利益的铁路政策。法德之间整个世纪都在进行激烈的铁路竞争，[35] 在一战前的冲突中，铁路与军队动员之间的联系起了重要作用。在世界大部分地区，铁路绝不像在西欧、美国、印度或日本那样对社会有如此大的影响，这些地区指的是除阿根廷以外的拉丁美洲（阿根廷拥有一个很大的但仅以布宜诺斯艾利斯为中心向外辐射的网络）、中亚和非洲。车子、步行或骆驼商队的传统陆路运输方式的地位在很长一段时间内都不可撼动，并且它们相对于费用高昂、缺乏灵活性的铁路也显示出一些优势。一直以来有充分理由"不通火车"的亚洲或非洲的一些国家在这个时期就保持了这种状况。[36] 这些地区中有些直接跨过铁路时代，从 20 世纪人力和畜力运输的漫长历史直接进入了越野车和飞机的时代。况且，倘若铁路与江河、运河、公路连接不畅的话，铁路所起到的一体化功能也很有限。比如，19 世纪 60 年代后，沙俄的交通政策完全以发展铁路为重心，但连接铁路的公路修建滞后，因此辽阔的俄国和西伯利亚地区交通不便、难以通行的状况没有太大改观，各地区间的运输费用差距很大，这是一体化水平较低的显著标志。[37]

用电缆连接起世界

随着电缆连接起世界，在 19 世纪的第三个四分之一世纪出现了一个清晰的网络。[38] 电报时代由此开始并持续了几十年，直到人们在一定程度上能负担得起长途电话费用。这个时代的很多私人通信也是书信和言简意赅的电报相混合。[39] 随着 20 世纪最后四分之一世纪传真、卫星通信和电邮的出现，电报宣告

1023

消失。用电缆连接起世界是个了不起的技术成就，因为人们得乘特种船将防护良好的很粗的海底电缆在海洋中敷设几千公里，而陆地上的电缆敷设工作往往也轻松不了多少。不同于修建铁路和运河，敷设电缆不需要大量的手工劳动，技术不太具有扩散性，不太影响市容。到80年代中期，世界已经以一种很具体的方式被电缆连通。除了引起轰动的越洋电缆，人们也不应忘记无以计数的近距离通信。每个中等城市——至少在欧洲和北美是这样——都有一个自己的电报局，美国中部一座偏僻的火车站里一位形单影只的报务员是狂野西部片中常见的现实场景。铁路和电信线路常常同时铺设。在偏僻地区，只有火车通了，才能在一定程度上方便修理长距离线缆。在澳大利亚，第一台电报机的投入使用甚至比第一条铁路还要早几个月。[40]

1024

　　电信的工作原则是使信息比人和物流动得更快，可以使用各种媒介达到这一目的。19世纪具有全球化作用的伟大的新媒介是电报，而不是电话。三四十年后，随着在纽约（1877～1878年）和巴黎（1879年）第一个电话中继站相继投入使用，以及随后不久跨城市电话通信的建立（美国是1884年，法国是1885年），电话的历史开始了。最初它并不是洲际网络化历史的一部分。电话，就如它在70年代后期的发展那样，在最初只是一个作用范围非常有限的技术装置，仅限于在城市内部使用，比如自1881年起在上海也有了几台电话机。它的早期历史主要是在美国的发展史。到19世纪80年代和90年代，电话通信条件不仅在各个城市内，而且在（美国）城市间也得到逐步改善。电话技术在1900年后加快发展，1915年后又一次急速发展。但直到进入20世纪20年代，北美和世界其他地区的电话通信在技术上仍无可能；从20世纪50年代开始，技术才发展到可靠的程度；自 20 世纪 60 年代晚期，私人（个人）才开始用得起电话。最初电话技术的研发几乎都在贝尔电话实验室进行，之后，在美国反垄断法框架允许的范围内，美国电报电话公司（AT&T）享有某种垄断。贝尔和美国电报电话公司享有并向全世界出售和推广最重要的专利。

20 世纪早期出现的国家电话网几乎都是国家垄断公司经营的。[41] 在较早使用电话的地方，电话也成为那些当初迅速接受了电报的人们的工具。第一批电话用户是纽约的证券经纪人，他们已经会使用亚历山大·格拉汉姆·贝尔（Alexander Graham Bell）发明的早期的电话机。[42] 后来爱迪生发明的标准机型于 1895 年开始投入批量生产。1900 年美国平均每 60 人拥有一台电话机，瑞典是每 115 人，法国是每 1216 人，俄国是每 7000 人。这时，像英格兰银行（Bank of England）这样的机构才刚刚装了一个电话端口。[43] 美国在 1910 年就已向着电话社会发展，当时电报在私人通信中所占比例已在下降。在欧洲，电话在战后才具有了重要的文化影响。这项技术经过了极其缓慢的发展才形成了功能强大的网络。20 世纪 20 年代晚期，各国基本上已经有了国家网络，但出于技术上——更多是政治上的原因，又过了几十年才实现了国家网络之间的顺畅通话。某个国家引进了公共电话业务（如印度于 1882 年，埃塞俄比亚于 1899 年，或者土耳其于 1908 年），并不能说明电话这个媒介的实际意义。[44] 对于一些曾经预想的用途，电话被证明并不适用。比如，1914 年架设野战电话线路的工作跟不上德国军队向西线挺进的步伐，仅有的几台无线电收发机又不够用。因此通信技术无法保证各兵团之间迅速有效的协调，而这是保障施里芬计划取得成功的前提条件。[45]

1025

尽管电报对用户私人生活的革命性改变远小于后来的电话和互联网，但它对商业、军事和政治的意义不容低估。林肯总统在南北战争期间就通过电报进行指挥，人们称之为"T邮"。[46]在 1800 年前后，也就是在相应的技术出现之前，一个通过电报连接成网络的世界已经是可想象的。穆罕默德·阿里（Muhammad Ali）1823 年让人在亚历山大港和开罗之间，以及俄国政府 19 世纪 30 年代在圣彼得堡和华沙之间铺设线路，用光信号进行信息传输，是第一个实际的进步。[47]1837 年人们对电报进行了测试，1844 年莫尔斯电报电码投入使用。在 19 世纪的第三个四分之一世纪，世界各地均铺设了水下电缆。自从可以通过电缆发电报到印度（1870）、中国（1871）、日本（1871）、澳大利亚（1871）、加勒比海（1872）、南美的所有大国（直到 1875 年）、南非和东非（1879）以及西非（1886），在短时间内出现了空前密集的商业信息传输，尽管直到 1902 年10 月由于太平洋海底电缆投入使用，才出现了一个全球电报网。[48]公共商业信息，如股票数据和交易所行情，其传输速度以消息发布和线路另一端公布的时间差为准，这些信息在 19 世纪 80 年代晚期从世界各地到达伦敦需要 2 ~ 3 天。私人电报到达接收人手中一般在一天之内。1798 年拿破仑入侵埃及的消息过了 62 天才到达伦敦，几乎不比 16 世纪初的信息传递速度快。1815 年，伦敦内阁只用了两天半就已获知拿破仑滑铁卢战败的消息；但内森·梅耶·罗斯柴尔德（Nathan Mayer Rothschild）仅过了 24 小时就得到了私人信使传递的消息。1815 年 1 月 8日，上千名英国和美国士兵在新奥尔良战役中战死，因为他们的指挥官还不知道，交战双方已于 1814 年 12 月 24 日在日内瓦达成和解。在电报诞生前夕，信件从世界各地到达伦敦需要的

1026

时间分别为：从纽约 14 天，从开普敦 30 天，从加尔各答 35 天，从上海 56 天，从悉尼 60 天。在跨大西洋电报电缆投入使用一年前，1865 年 4 月 15 日林肯在华盛顿特区遇刺，伦敦得知这个消息是在事件发生 13 天后，而伦敦得知沙皇亚历山大二世于 1881 年 3 月 13 日在圣彼得堡被暗杀则是在 12 小时后。[49]

于是，个别市场相互间的反应更迅速，价格水平相互靠近。由于可以很快下订单，所以很多行业无须储存大量货物，这对小公司尤为有利。电报通信也有利于大企业的发展。业务庞杂的大型综合性公司可以在各地建分部，而此前主要交由代理人代管的交际事务由集团收回。中间人和捐客（brokers）逐渐淡出。政治影响的产生也在所难免。电报不但给在外的外交官，也给决策机构，比如各国首都的内阁，带来更多压力。国际危机中的反应速度加快了，大型会议——不仅仅由于这个原因——会期缩短。用密码书写的内容有可能出现解码错误或误读。军事总部和大使馆都很早就配备了报务员，他们忙于研究复杂的、易被间谍盯上的"密码电报书"。可能碰巧被其他人看到或者密码被"破译"的担心并非总是毫无根据的。[50] 新的恐惧遮蔽了通信的光辉，审查机构则出现了新的可能性，尽管有时候有一定的实际操作难度。

1027

电报通信中的等级和颠覆

正如后来的电话是美国的产物一样，电报最初是英国的产物，这一事实对新媒介的军事和政治应用都不无影响。1890 年前后，全世界 2/3 的电报通信线路为英国所有，大多数在英国大东电报局和其他由国家颁发许可的私营公司手中。美国电报线路居世界第二位。德国的电报线路刚好占到总数的 2%。在属于英国私营公司的 15.6 万公里电报线路之外，只有 7800 公里为政府拥有，大部分在印度。全世界直接由政府控制的线路不到1/10。[51]对英国利用其对电报电缆的垄断卡死其他国家的通信或暗中监视他国的担心未得到证实。而英国维护其垄断地位的行动也不总是奏效。一战前，北大西洋的电报电缆越来越多地被美国掌控。不久人们发现，必须严格规定对电报的使用权。在首次使用这个新媒介的克里米亚战争中，英国和法国的指挥官被淹没在大量非军方政治家们发来的乱七八糟、矛盾百出的电报中。[52]由此看来电报并没有创造公平，而是制造了新的等级，只有机构的最高领导才能使用电报通信。驻外机构当然受到首都总部直接下达指示的压力，因此大外交官自己说了算的日子就要到头了。[53]可如果这种自主是被迫的，比如，与外界的电报通信被切断或像战争中常见的那样与外界的联系完全被断绝，则十分令人不快。1898 年 9 月，在帝国对抗史上最著名的一次"对决"中——实际上是好战分子一起喝了一瓶香槟——英国军队和法国军队在苏丹的法绍达狭路相逢，英军指挥官基钦纳将军（Kitchener）有条件使用电报通信（通过苏丹的恩图曼城[Omdurman]），而他的对手马尔尚少校（Marchand）则不能，英国人利用这一优势进行外交军事威胁，大大削弱了马尔尚的力量。[54]

在其他情况下，电报还能起到颠覆性的作用。它可以帮助协调分布很广的政治抵抗运动，比如 1908 年在印度（一年前在美国）就已发生了全国性的报务员群体罢工。这次从拉合尔（Lahore）到马德拉斯（Madras）①、从卡拉奇到缅甸的曼德勒

---

① 印度第四大城市金奈的旧称。

（Mandalay）的罢工使政府行政管理和商业陷于瘫痪。电报电缆也是国际政策甚至是帝国内政的目标。比如加拿大花费了 20 年时间致力于铺设一条太平洋电报电缆，以便借此接近它的西方邻国，但伦敦政府要维持其传统的帝国格局——在这个格局中外围国家间的接触必须经由帝国中心，因此总是不断给加拿大旨在摆脱控制的通信政策设置障碍。[55]世界在 20 年里由电报电缆联结成网，且后起者或模仿者并未获得技术转让，硬件的所有权和应用知识都掌握在少数发明者和投资者手中。

在新兴的电子媒介之外也不应忘记那些被臆断为已经过时的媒介。通信发展也有大的飞跃。1871～1913 年，德意志帝国的年信函往来量从 4.12 亿件增至 68 亿件；与国外的函件往来也有类似规模的增长。[56]欧洲的国际通信往来从未像 1914 年夏天那样密集。那时候人们自然还丝毫不会想到，原则上通过邮件可以联系地球上的每个人。在欧洲边缘地带，邮路明显稀少。比如大多数俄国农村居民仍然没有邮局和信箱。与沙俄不同，幅员辽阔的美国，包括边疆地区，在南北战争前夕已完全通了邮路；通信媒介和读书识字（率）相互作用，呈螺旋式增长趋势。[57]

最后一项新的网络技术是电力供应。它在 19 世纪 80 年代伟大的转折性十年中被纳入规划，成为使世界——从每户家庭到大城市区域系统——被电线联结成网的另外一个原因。电力供应系统从最初几个大城市简陋的城市照明系统和第一次长距离电力传输（1891 年从内卡河畔劳芬［Lauffen］到美茵河畔法兰克福）已发展成为 20 世纪 20 年代庞大的区域电力生产和分配系统。如果说英国是全球电报通信的先驱，美国是电话的诞生地，那么世界电力中心则在德国，确切地说，是在"电都"（electric metropolis）柏林[58]。到 1914 年才出现了与铁路事业早期统一类

1029

似的大规模的电力标准化，所以在此之前所有地方的电压和频率
都是混乱的。电网的作用还未超出区域性范围。直到 20 世纪 20
年代建立大型能源联盟的技术和政治条件才得以具备，1924 年第
一次"世界电力大会"的召开也说明，电力方面已出现了国际性
的电力规范需求。

二　贸易

世界市场，区域市场和少数族裔市场

　　长期以来，西方观点认为，现代世界经济的发展是从欧洲这
个唯一的中心生发的各种关系和联系的扩展。"现代世界体系"
的阶段性发展这一简单易记的概念（沃勒斯坦 [Immanuel
Wallerstein]）也加深了这一看法。现在看来，17 世纪和 18 世纪
早期产生的世界经济有多个中心的猜想更具说服力：分布在世界
各地区的若干不同类型的贸易资本主义同时繁荣起来，并且都伴
随着为远距离市场进行生产的工商业的增长。[59]欧洲贸易主宰着
大西洋地区，并自 18 世纪中叶开始压制亚洲竞争者。尽管如此，
如把 1840 年后在自由贸易趋势下被重构的世界经济看作一个完整
的覆盖全世界的贸易网，则过于简单。[60]世界市场是一个相当抽
象的理论假定。根据商品（也可以是人）种类不同，存在着很多
市场，其中会有越来越多的市场在地理范围上不断发展，发展到
一定程度，就可以把它们称作世界市场。这些世界市场中，没有
哪个市场可以脱离其特有的地理环境，没有哪个市场可以以几何
式的均匀度覆盖整个地球。

　　区域次级体系保持着自己的发展速度或有新的发展。1883 ~

1030

1928 年亚洲内部贸易的发展比亚洲与西方间的贸易快得多。[61]
最初并非源自欧洲或由欧洲人掌控的区域次级体系，发展出了
自己的内部角色分配体系。比如在约 1800 年后——肯定不会更
早！——在亚洲出现了一个国际大米市场：缅甸、暹罗和印度
尼西亚出口大米，锡兰、马来亚、荷属印度、菲律宾和中国进
口大米。[62]对大米的需求与其说是一个贫困指数，毋宁说是区
域（生产）专门化的结果，部分是由于较高消费水平的拉动，
因为大米在所有亚洲国家被看作细粮，类似于小麦之于欧洲。
即使现代技术也不必然导致跨国区域市场上"前现代"式交通
和经济形式的消失。比如，广州这个大港口与东南亚的帆船贸
易绝不是"古老中国"的遗产，而是由于乾隆皇帝 1757 年昭
告天下给予广州贸易垄断地位。中国式帆船到 19 世纪也仍然没
有过时，一如印度洋上的阿拉伯两桅船。欧洲船只也仅限于运
输棉花和鸦片，没有取得根本性的突破。东南亚贸易还是被中
国掌控。[63]

　　从贸易史的角度看，19 世纪在某些方面延长了近代早期的
跨度。17 世纪和 18 世纪的欧洲商人可能就已很成功地进行跨
越文化边界的洲际贸易。特许公司，尤其在亚洲贸易中，一度
是个极富生产效率的创新，它不是毁于自身的不足，而是毁于
自由主义在意识形态上的保留态度。在非洲被殖民的过程中，
它曾从 19 世纪 70 年代开始经历过一次（小范围的）复兴。在
英国东印度公司和荷兰东印度公司这样的大型官僚机构之外，
主要在大西洋地区，活跃着生意跨若干洲的个体商户。在 18 世
纪，这个群体主要由伦敦和英国南部港口的绅士资本家
（gentlemanly capitalist）构成，另外还有特别多苏格兰人和越来
越多的北美人。这些人在帆船和重商主义时代编织的贸易网在

1031

很大程度上抢占了 19 世纪世界贸易的先机。[64]若从电缆通信蓬勃发展的时代，即 1900 年前后回望，这种来往的方式和频率至多可被称作"前现代"的。通过不断的书信往来，个体企业主组成的大型贸易组织和商业网络得以凝聚并保持繁荣。它们是存在于书信中的帝国（empires in writing）。[65]若片面地将 19 世纪看作工业化和工业时代，则会遮蔽商人在该时代持续的重要性。他们始终是全球经济网络最重要的构建者。他们适应着、同时影响着各种情况的变化，在相隔遥远的市场间建立起联系，联结起各种不同的生产体系，如纺织厂和棉花种植园；他们积聚可能流入银行和工业的资本，创造跨国协调和调控需求，这种需求又导致了新的协调实践和跨国商法的创立。

　　商业组织能力不是西方的专利。商人贸易网在 18 世纪对中国经济繁荣做出了贡献，它们成功地对帝国各省的商业分工予以最佳利用。这些网络，同样也是以发达的书信往来为前提，主要建立在出身相同者团结互助的基础上，这里的出身指的是地域的，而非宗族的。某个城市的商人掌控着某些行业，全国各地均如此。无论在东方还是西方，商业技巧都有相似之处。此地也好，彼处也罢，伙伴关系都是聚集资本、增强实力的重要工具。在欧洲如此，在中国和奥斯曼帝国也同样如此。[66]一个重要区别在于，在西欧，商业资本主义不但被政府包容，而且还得到政府的大力扶持。在 19 世纪，欧洲以外地区的商人贸易网大多仍继续存在，并适应新的挑战。它们绝不是随着西方资本主义降临到"外围地区"就突然消失了。它们的一个标志就是与原始工业生产的紧密联系。有些这样的贸易网，比如 19 世纪下半叶中国棉布的国内批发贸易，就承担着各个不同生产环节及工业"阶段"生产的产品的销售任务：当地的家庭工业产品，刚兴起的中国工厂生产的产品和工业进口产品。[67]

　　另外一个从 18 世纪流传下来的结构要素就是宗教少数派教徒或少数族裔从事商业活动的市场。他们在国与国之间、洲与洲之间建立起联系：奥斯曼帝国和埃及的亚美尼亚人和希腊人，印度和中亚的拜火教徒，以及英国的爱尔兰人和苏格兰人。在上述一些群体中，犹太人的分量越来越重，对于这些群体，19 世纪提供了可大力利用的新的商业条件。大部分世界贸易被欧洲人掌控这个事实并没有阻碍当时巴基斯坦境内的信德省（Sind）的印度教商人进一步发展早已与亚洲腹地建立的关系，并巩固自己作为游走在中国、英国和俄国利益之间的中间人的地位。这是希卡布尔（Shikapuris）商人团体的一个特点。另一个由海得拉巴（Hyderabad）商人建立和经营的贸易网络，利用 19 世纪末几十年间迅速发展的欧洲旅游业带来的新机会，专门从事有异域特色的纺织品和东方工艺品的经销，并沿旅游线路设立分支机构。这些商人团体主要通过亲缘纽带——也完全可能是想象的亲缘纽带——联系在一起。他们的生意一直到两次世界大战期间都很兴隆，倘若不是仔细观察市场的快速变化并做出正确决定，他们可能不会如此成功。国家的政治边界对这些商人而言几乎无关紧要，他们对自己的定位就是"跨国"一族。[68]跨国商人贸易网与印度或中国内陆的商人贸易网有着紧密的联系。泛印度贸易网的发展和一些商人团体远途贸易活动的扩张，与中国各省间流通加快及中国人将中国国内商业关系扩展到东南亚或美国一样，是一枚硬币的两面。[69]简言之：亚洲人和非洲人作为劳动者，对于新型的欧洲化的世界经济来说不可或缺，同时他们作为商人也常能紧跟时代步伐并能适应变化。对于他们来说，更难的是摆脱在工业和金融业中的低端地位。在一战开始时，只有日本成功地做到了这一点。在竞争亚洲第三方市场方面，日本工业逐渐能和欧洲及北美分庭抗礼，其贸易公司和海运公司的活动范围已远远超出了自己的群岛疆域。

旧模式，新权重

统计数字显示，1840～1913年世界贸易额的平均增长规模是史无前例的，直到1948～1971年的战后"黄金"时代才被超越。按恒定价格计算，世界贸易额在1850～1913年增长了10倍。[70]1500～1820年世界贸易额年均增长了（至少！）近1%，1820～1870年增长4.18%，1870～1913年增长3.4%。[71]在这一大规模增长阶段，大部分国际贸易是在欧洲人之间或在欧洲人和新欧洲侨居地侨民之间进行的。欧洲（包括俄国）和北美的跨国贸易总量在1876～1880年占世界贸易总量的3/4，1913年这一比例变化极小。[72]这主要是收入水平较高的经济体间的往来。自19世纪20年代起，欧洲对热带产品的需求与糖在欧洲成为紧俏品的18世纪相比有所下降。因此从温带地区进口食品和工业原料变得更为重要。直到90年代中期，从亚洲、非洲和拉丁美洲进口热带产品的贸易才再次开始繁荣。

当西方进出口公司面向西方以外的销售市场时，它们必然会接触当地的贸易结构，并不得不与之合作开拓亚洲市场及规模有限的非洲市场。至于西方产品的直销，直到世纪之交仍然是不可想象的。在任何地方都必须找到沟通各种不同经济文化的复杂的中介机制。在较之东亚较少文化藩篱的拉丁美洲，极少完全控制市场的欧洲进出口公司也不得不与西班牙和克里奥尔批发商合作，以利用他们在市场行情和商业关系网方面的优势；同时，与中国的情况类似，他们也冒着卷入其支付麻烦的

1034

高风险。电报削弱了大贸易公司的地位，因为公司只需少量启动资金就可以进入市场，很多欧洲和当地的（常常是意大利人或西班牙人这样的新移民）小公司都利用这样的机会。[73]如果客户是欧洲以外的政府，事情就简单些，可以直接与他们就军火或铁路财产进行商谈。

而谈到从未来的"第三世界"进口的产品，情形又有所不同。在这一领域，西方资本得以直接控制种植园和矿山飞地的初级生产，较之它在销售西方产品时的介入，要早得多和强势得多。在这种情况下，他们较少与独立自信的当地商人打交道，而是与具有依附性的劳动人口打交道。以出口为导向的飞地的扩大会削弱当地企业主的势力，倘若他们无法靠自己在此地站稳脚跟的话。当然这里成功的例子比迄今人们想象的要多，由拉丁美洲的情况即可看到这一点。[74]在外围地区进行以出口为导向的生产一直是一种相当"新"的经济形式，对于这种经济形式，其与内地的整合意义不大。在这种"双轨"制结构中，与海外商业关系网的融入度一般比与本国"民族"经济的融合度更高。将19世纪前三个四分之一世纪的发展称作世界经济的"欧洲化"，其理由很充分，[75]这个过程的发生不单纯是欧洲影响的扩散，而是由于欧洲公司与已有的本土贸易公司建立联系，或者建立以出口为导向的生产桥头堡，或者按欧洲标准调整澳大利亚、新西兰或阿根廷这类大垦殖区的结构（这种情况下，整个国家在某种程度上成为一个桥头堡）。

总体来看，19世纪世界贸易行业所发生的一切无法只通过具体的联系环节来描述。在这些联系之外及背景之下还应考虑其他进程：①关税壁垒的取消，尤其是在欧洲、大英帝国、中国及奥斯曼帝国等国；[76]②一些发展进程，比如工业化及高生产效率的垦殖区的开辟，使收入水平不断提高，因此出现了新的需求；③铁路的出现开启了新的运输通路；④客货运运输成本降低。上述几点中最后一点尤为重要。节约时间就是节约金钱。1869 年苏伊士运河通航使伦敦与孟买之间的路程缩短了41%。乘船跨越北大西洋从 1840 年前后的平均 35 天缩短到 1913 年的 12 天。从最初帆船的改进，到平稳过渡到蒸汽轮船，再到铁船和船用发动机的效率提升，经过了整整一个世纪，货运（虽然规模很小）和客运航行收费标准终于降低了。1906 年英国和印度之间每质量单位的运输费用是 1793 年的 2%。同一时期，从利物浦到孟买每吨棉制品的船运费用只是从曼彻斯特到利物浦 45 公里铁路运费的两到三倍。[77] 这些运输革命在世界各地产生的影响原则上是相同的。

　　19 世纪世界贸易体系的基本脉络在 18 世纪中叶就已成形：北大西洋和南大西洋上密集的贸易往来络绎不绝，毛皮贸易连接起欧亚大陆和美洲的北半球地区，欧洲和亚洲的海洋贸易从北海直到南中国海和长崎湾，商路横穿欧亚大陆，驼队穿越戈壁滩，西班牙商船 Manila Galleon① 跨越太平洋。只有澳大利亚和非洲南部的一些地区还未被纳入全球贸易网。即便在 19 世纪晚期，贸易的组织形式在多国康采恩出现之前也尚未发生革命性变化。正如 18 世纪时一样，个别企业家和家族建立了庞大的商业网，这样的商业网越来越多地出现在商业便捷的地区：如罗斯柴尔德（Rothschild）家族及其金融帝国，在 1830 年后成长为业务遍及欧洲的大公司（european player）；或者威廉·麦金农（William　Mackinnon）先生及其投资集团（investment

----

　　① 从墨西哥南部港口城市阿卡普尔科（Acapulco）到马尼拉的运宝船。

group），该集团在 19 世纪 90 年代倒闭前从事的业务从苏格兰造船业、印度进出口到东非海岸航行，可谓无所不包。[78]

欧洲和北美的商业资本主义绝没有将现有的海外商业网荡涤一空。由于西方工业化产品并不一定是由西方贸易机构来推广的，因而工业经济的出口大大推动了世界很多地区的本土商业发展。甚至还有欧洲人和北美人在新兴的快速发展的市场领域根本无法立足的情况，比如，在中日棉花或煤炭贸易领域。[79]人们若知道，东亚的商业基础结构至少自 18 世纪起就一直在持续发展——虽遭帝国主义损坏，但并未被毁掉，那么今天常引来怀疑和诧异目光的"亚洲腾飞"其实就没有那么令人费解。19 世纪下半叶的广泛的市场扩张创造了机会，而利用这些机会的不仅仅是西方人。

1036

除了源自近代早期的某些延续性，关于 19 世纪的商业网还有哪些因素是新的因素呢？

第一，1800 年前的世界贸易绝不仅限于分量轻的、珍贵的奢侈品。原棉、糖或印度织物在 18 世纪就已是跨洲贸易中的量产产品，但直到运输革命使费用急剧降低，小麦、大米、铁和煤炭这类产品的运输才达到了一定规模，以至于这些产品按价值算也在世界贸易中占据了主导地位。在近代早期的贸易中，只有当进口产品在进口地区没有竞争时，才能获得高收益：1780 年左右，茶叶只来自中国，糖几乎全部来自加勒比海地区。80 年后，远途运输那些很多地方都生产的商品也有利可图。因此，在大港口汇集了来自世界各国的产品，"自然"（即非政府性的）贸易垄断比以前少得多，因此竞争也多了。[80]

第二，如果不是大规模运输这个因素，无论是按贸易价值还是按贸易量来看，人们都无法解释跨洲贸易空前的扩张。商品交

易大规模增长——19世纪50年代及后来在1896年和1913年均
达到创纪录的规模——对外贸易由此才在世界范围内对若干社会
产生了深远的影响，它不再只关系富人的生活水平。这个扩张与
市场的一体化相伴而来。从国际商品价格逐渐相互接近就可看到
这一点。1800年之前，大洋此岸与彼岸的价格形成几乎没有体系
性的联系。在19世纪的发展进程中，相距甚远的市场价格变动
间逐渐建立起密切的联系，价格水平相互接近。[81]这其中有3/4
是由于运输费用降低，1/4是由于取消了关税壁垒。[82]市场一体
化并不总是沿着国界线发生。例如，孟买、新加坡和香港就是英
国海外经济一体化中的部分。它们的价格与伦敦价格的相互关系
要比与印度、马来亚或中国内地本土价格的相互关系更为密切。

　　第三，因为跨洲船运货物——从原棉和铁到棕榈油和橡
胶——作为原料进入工业生产中，商品链（commodity chain）变
得更加复杂：在初级生产商和终端消费者之间又增加了加工环
节。[83]由于亚洲、非洲和拉丁美洲缺少扩展的工业部门，附加值
也更多地转移到发达国家。如果说近代早期欧洲从海外购买商业
成品（印度的精细棉布，中国的茶叶和丝绸，加勒比海地区的精
制糖），那么当时的加工则主要集中在大都市。在那里，人们用
机器将棉花纺成棉纱，烘焙生咖啡，把棕榈油加工成植物黄油和
肥皂。这些成品中有些又被原料来源国购回，如棉制品又卖到印
度——今天看来是很自然的事情，在19世纪却是新鲜事物。

三　货币和金融

标准化

　　在另外两个领域——钱币/货币和金融中大城市区域体系的

形成更富有戏剧性。在这两个领域，相对于不久前还和欧洲几乎实力相当的经济体，欧洲人拥有巨大的合理化和效率优势，这种优势比在贸易领域更为突出。复杂的货币关系、不同币种的并存及在不同币种间建立可预测关系之困难，这些都意味着始终存在的摩擦损耗和额外成本。近代早期的欧洲是如此，1935 年前中国也是如此。清王朝尽管进行了多次尝试，但也没能简化混乱的银铜平行复本位制。可靠的纸币的流通非常缓慢，五花八门的外国货币——18 世纪晚期西班牙银圆是长江三角洲的通行货币——继续流通，这也是中国在 19 世纪和 20 世纪早期落后的最重要原因之一。1914 年前，发行"袁大头"时，中国尚无任何实行统一币制的迹象。纸币仅在省一级发行。到 1928 年才有了中央银行，但其由于内忧外患亦是先天不足。[84] 这样的情况对于世界很多其他地区也具有代表性。

与上述情况相反，19 世纪的欧洲建立了国家货币区域。这对于新形成的民族国家尤为困难。在这一领域，重要的是经济学专业知识、政治意愿和地方利益的融合。若无此重要前提，全国市场的一体化和通常完全归功于工业化的经济增长是不可能的。[85] 有了标准化和对货币稳定的可靠保障，一些西方币种，尤其是英镑，才坚挺起来，它们才具备了国际行动能力。货币形式从来都是一件极为错综复杂的事务，必须以成功的先例为榜样，而且必须要有可以发行并管理新货币的银行。在这方面达成全国统一有多艰难，从信贷市场持续的四分五裂便可见一斑。例如，意大利 1862 年以里拉作为法定货币后又过了几十年，各地区间的利息差才消失。[86] 当然下一步就是要对各种币种进行国际调整，不过在实践中，这一步骤可能与全国的（货币）统一同步实现。但在此要提防越来越大无所不包的一体化。

1039

西班牙帝国在 18 世纪时是世界上最大的货币和财政地区。1810~1826年帝国的分崩离析使这个联合体分裂，丧失了优越性，分裂后的每个国家都面临着建立自己的金融和财政秩序的问题。由于政治不稳定，经济无效率，二者相互影响，形成恶性循环，金融财政秩序不会立刻就建立起来。[87]

对于欧洲大部分地区，直到 1866 年缔结了拉丁货币同盟才真正有了方便经商和旅行的统一货币。不过这并非货币同盟的主要目的。货币同盟其实主要源于两个原因：①法国在欧洲大陆强势推行其金银复本位制的愿望；②重建金银价格平衡的必要性，金银价格平衡因北美和澳大利亚发现黄金（黄金价格大跌）而被打破。[88]另一个以如此国际化的方式实施经济政策的目的就是稳定价格。拉丁货币同盟的成员除了法国，还有比利时、瑞士、意大利，后来又有西班牙、塞尔维亚和罗马尼亚加入，该同盟的货币实际上是银币，因为各国按照固定的含银量来确定本国的货币单位。一个"体系外"的意外事件导致了这一体系的衰亡：新银矿的发现使银价下跌，导致拉丁货币同盟国家白银泛滥。很多因素显示可实行替代货币秩序政策方案——金本位制。然而，白银却表现出令人惊叹的持久性。

1040　　**白银**

19 世纪的国际货币秩序是若干国家首次合作进行的尝试，尝试对自 1540 年来世界各地流通的贵金属进行控制。[89]即使力图对对外经济（及其他）关系进行严格限制的国家，如日本，尤其是中国，也加入这样的流通并承受着——常常并不知晓个中原因——货币或金属全球性流通所带来的通货膨胀或通货紧缩后果。其后果可能影响到政治。中英鸦片战争（1839~1842）

的最重要原因就是白银问题。中国在整个 18 世纪用出口产品（尤其是丝绸和茶叶）换取了大量白银，振兴了本土经济。19 世纪初，英国人终于找到一种中国人感兴趣的商品——由东印度公司在印度领土上生产的鸦片。然后，流通就发生了逆转。此外，这个决定对世界上一些偏远地区也产生了影响：自约 1780 年以来，卖什么东西给中国人这个让人头痛的难题，成为开发太平洋地区原始资源，如斐济岛和夏威夷岛上的檀香林的主要动力。印度鸦片作为中国的进口产品越重要，太平洋所承受的经济和生态压力就越小。

对中国而言，鸦片贸易的开始改变了其融入世界经济的方向。自此后，中国要为购买鸦片支付白银。这导致了严重的通货紧缩危机，危机使中国南方地区，包括村庄都受到影响，危机自然也影响到国家的税收。在这种情况下，朝廷决定禁止一直被视为非法，即走私行为的鸦片进口。一名朝廷派遣的钦差大臣在广州下令收缴并销毁了英国鸦片，按照英国的定义，这已达成开战的条件（casus belli）。在收缴和销毁鸦片前，英国在当地的最高代表断然宣布走私商品为英国王室财产。于是，问题升级为国家冲突。中印白银－鸦片经济当然继续在相互关联的全球背景下运行，这些关联性提供了比仅仅控诉英国人——无疑是肆无忌惮地——毒害中国人民更为全面的解释：中国丝绸和茶叶出口市场的萎缩在 1820 年后使中国白银收入减少，而同时南美白银产量的减少又抬升了国际银价，从而更加刺激了中国白银的外流。因此侵略性鸦片贸易不是 19 世纪 30 年代中国经济危机的唯一原因。[90]

白银也对印度的经济命运产生了很大影响。中国的白银原本产自西属美洲的银矿，在 1820 年后大量流入生产鸦片的印

1041

度。不久又增添了产自新开掘的北美矿层的白银，这些白银也被用来购买增长中的印度出口产品（茶叶和靛蓝）。美国南北战争期间跨大西洋地区对欧洲工业的棉花供应停滞时，埃及和印度暂时代为供应。印度似乎——如同 18 世纪的中国——能无限吸收白银。这正合英国殖民政府的心意，因为这有助于农村经济的不断货币化和征收土地税，而这是英国统治的基础。但从 1876 年开始，世界银价持续下跌，印度卢比汇率也随之下跌。印度农产品的出口价格降低，出口规模增长，但印度政府未能从中获益，因为自由贸易的主导意识形态禁止以任何方式提高关税。印度政府承受着压力，因为它要继续向公务员支付承诺的高薪，此外还要向伦敦支付贡金（home charges）。1893 年，加尔各答政府通过一项激进措施摆脱了主要由银币制度导致的收入不灵活和支出增长的陷阱，该措施完全背离各种力量自由博弈的理念。政府关闭了此前谁都可以花少量手续费拿银币换卢比的造币厂。从这时起印度有了一个被操纵的货币，该货币所体现的卢比的票面价值与其金属货币价值不符。卢比的票面价值由在伦敦的印度事务大臣决定。印度因此被排除在全球各种货币力量的博弈之外，于是对于殖民政府而言又出现了新的渠道插手印度经济，以使其朝着有利于大不列颠首都的方向发展的渠道。[91] 从印度的例子可以看出，自由白银市场这一整个近代早期最重要的全球化因素，怎样一直到 19 世纪晚期都显示着它的存在（在中国甚至直到世界经济危机在此开始的 1931年）。这个例子同样形象地说明，各西方大国——作为唯一的（区域力量）——怎样最终实现了对这一力量博弈的干预。

1042

黄金

为规避白银风险，政府和投资者都购入黄金以寻求安全性。

19 世纪时远超其他国家的最强盛的国民经济——英国经济，早在 18 世纪实际上（de facto）就已使用黄金作为货币，但这其实属于偶然。在中世纪时的英国，法律规定"英镑"就是一磅白银的重量。自 1774 年起，金币成为法律支付手段：著名的几尼金币（guineas），因最重要的黄金产地而得名。在日常使用中，金币不久就取代了银币。拿破仑战争之后，英国政府公开宣布实行金本位制，这在当时的欧洲是个非同寻常的决定。1821 年，英国在法律上实行了具有连贯性的货币体系。皇家造币厂必须以固定价格进行无限量的黄金买卖；英格兰银行（Bank of England）和受其委托的其他英国银行必须把纸币兑换成黄金。黄金的进出口不受任何限制，这意味着黄金是作为国家全部货币流通量的储备金。直到 19 世纪 70 年代初，全世界只有英国采用这种货币形式。在拉丁货币同盟这一与英国相对的货币形式实行不久即夭折后，金银复本位制取消，各欧洲民族国家纷纷实行了金本位制：德国于 1873 年，丹麦和瑞典在同一年，挪威是在两年后，法国和其他拉丁货币同盟成员国于 80 年代实行。

所有国家都出现了关于赞成还是反对金本位制的大辩论。不只在法国存在理论和实践的差距。实际上，美国从 1879 年开始就采用（极有争议的）金本位制，尽管国会 1900 年才正式承认。俄国一直实行银本位制直至进入 19 世纪，后来印了大量无准备金的纸币，1897 年宣布实行金本位制。日本在把 1895 年中国的高额战争赔款用于充实其央行的黄金储备后，便于同年实行了金本位制。这也与日本试图参与"文明世界"的实践有关，当时的日本常有这样的做法——而越来越受到日本蔑视的中国却无法摆脱古老的银本位制。以这种方式做出反应的不

仅仅是日本。除英国外，几乎所有其他国家都是暴发户，尤其
是欧洲以外的国家。加入金本位制意味着受到国际尊重，表现
了接受西方游戏规则的意愿。有些国家也希望因此可以吸引外
资，比如俄国就在这方面取得了巨大成功，它在沙皇时代末期
成为世界上最大的债务国。[92] 俄国决定实行金本位制后，欧洲
所有较大的经济体都采用了这种货币形式。该领域的大陆一体
化比沙俄从未加入的 19 世纪 60 年代自由贸易一体化规模还要
大。不过进一步仔细观察时必须要有所区分。与英国不同，所
有国家，即使是财政实力雄厚的德法等债权国，也都为它们的
金融管理部门配备了（金融）工具，以便在危急时刻能保护自
己的黄金储备。比如，会预先考虑到一些意外状况，当这些状
况出现时要放弃严格执行发行纸币的黄金准备金。欧陆国家
（法国除外）中没有一个国家是资本净出口国，没有一个国家
拥有英国那样覆盖面广的银行组织。因此，它们也只能部分地
效法英国这个榜样。

金本位制作为道德秩序

金本位制中稳定货币和价格的技术自动控制机制在此不做
赘述。[93] 从形成网络的角度来看，重要的是以下内容。

第一，英国在 18 世纪实行金本位制本属偶然。之后该制度
相对于金银复本位制也未显示出明显的内在优势。欧洲国家纷
纷采用金本位制的一个重要因素是基于一个事实，即英国——
在此应该强调，并非主要因为其金本位制——在维多利亚时代
已经成为发达的工业国和世界最重要的金融中心。后来新兴工
业国德国效仿英国，就触发了连锁反应。对于与英国和德国有
贸易和金融往来的国家，加入其货币体系会有利可图。在这里

实用主义想法和追求名望的动机兼而有之。黄金被认为是现代的，而白银不是。

第二，一个真正以黄金为基础货币的国际货币制度过了很久才具备了发挥作用的能力。实际上，该制度在进入20世纪数年后才达到这个程度，不久却又被第一次世界大战破坏。

第三，作为国际调节机制，其影响从北美扩展到日本的金本位制，并不仅仅是经济学教科书的抽象工具。它是——正如经济史学家巴里·艾肯格林（Barry Eichengreen）所言——"一个有着社会构造的机构，其生命力取决于它发生作用的环境"。[94]以各成员国政府公开或默许的意愿为前提，该机构竭尽所能维护货币可兑换性，即经济政策上的一致性。这意味着，任何成员国都别想贬值或升值。此外，哪怕是在一个相当具有竞争性的国际体系中，名成员国也需要达成默契，通过互相支持来共同解决金融危机。比如，在1890年的巴林危机中，当一家英国大型私人银行宣布无偿付能力破产时，伦敦市场上的流动性只能通过法国和俄国国有银行提供快速援助来维持。之后那些年在若干国家都出现了很多类似的状况。在尚无电话，没有高级官员定期会晤（机制）的时代，这样的国际协调要比现在困难得多。尽管如此，由于专业化的协调一致行动——说"信任"有些夸张——这一制度在政府和央行层面被证明是行之有效的。因此与外交领域和军事领域相比，在1914年的国际体系中，金融政策领域的利益趋同程度更高，更富有合作精神。不同层次的国际关系的相互分离——事关大国国家形象政策的独立——是一战爆发前25年里全球性最重要的标志之一。

第四，金本位制不是真正运用于全世界的体系。银本位制国家，如中国，就在这个体系之外；殖民地国家的货币，如印

1045

度事例所示，也不受外部干预。试验性实行金本位制的最大的外围地区非殖民地国家群是拉丁美洲国家。20 世纪 20 年代之前，它们一般没有中央银行和具备一定抗危机能力的私有银行机构。没有主管机构能阻止货币金属的流入流出。公众对这些国家发行纸币的黄金准备保障能力信心不足。南美国家，不过也包括南欧国家多次被迫禁止黄金的可兑换性，任其货币贬值。这种情况的发生常常是因为受到精英群体，如地主或出口商（常常是同一群人）的影响，通货膨胀符合他们的利益。寡头政治国家感兴趣的是疲软的货币和金融乱局，他们能顶住外国资本同盟者和外国债权人的压力贯彻自己的意图，而且这种情况非常多。因此他们进行货币改革大多是三心二意的，一般都会以失败而告终：有些国家从未加入过金本位制，另有一些国家实行金本位制只是流于形式和口头，如阿根廷和巴西。尽管拥有"霸权地位"，但英国施加的压力不足以撼动它们去采取行动。他们与日本的差异很有启发性。日本从来不是重要的原料出口国，专门化产品的出口没有太大的政治分量。相反，日本对有利于其快速现代化的商品进口感兴趣，因此也对拥有一个稳健的货币感兴趣。因此综合各种情况来看，日本是实行金本位制的最佳候选国。[95]

　　另外，金本位制的运行是以 19 世纪中叶创建的自由世界贸易秩序为前提的。荒谬的是，进入 20 世纪后，当时世界上最大的经济体——美国经济，成了不稳定因素。其庞大的农业部门缺乏发达的覆盖面广的农村银行业作为支撑，又有很大的周期性黄金需求，给有黄金储备的欧洲国家造成很大负担。因此，不能只赞美金本位制是在全球化和网络化方面的真正进步，也必须看到这个主要以英格兰为中心的制度的内在风险。尤其是

1046

世界经济外围地区，无论是殖民地还是非殖民地，要么根本没有加入这个体系，要么只是间接地加入或与其只有很微弱的联系。

金本位制在某种程度上是一种道德秩序。它普及了古典自由主义价值：自我负责的、追求个人利益的个体，经济框架条件的可靠性和可预见性，以及一个最小的政府。该制度发生作用的前提是：成员国要遵守这些标准，并认同支撑该制度的"观念"。反过来，金融秩序的成功则突出了自由主义世界观在实际生活中的适用性。[96]该制度并非无懈可击，它也是在自然（经济的）、一定程度上属于前资本主义的条件下建立的。若非自1848年以来在三个大陆的垦殖区开采的大量黄金，最终形成的这一形式也不会保留下来。黄金和白银的采掘本身，无论后来是以多么资本主义的方式进行的（尤其在南非），都是无法计划和不可预见的，而是作为外部介入的力量在发生着作用和影响。在加利福尼亚、内华达和澳大利亚，黄金的发现原本源于普通淘金者群体"原始"的致富本能。[97]在粗野的淘金者和英格兰银行董事办公室里高贵的绅士们之间有一条功能链。该制度的后果持续显现。常被后世神化的1914年前的美丽年代的迅速稳定也是以劳动人口屈从于在20世纪极权体制外已不存在的一种纪律为基础的。有组织的工人运动还无力保护自己所得利益或赢得提高实际工资斗争的胜利。面对短期危机，可以通过降低工人工资来应对。欧洲和北美工人的状况在真正的资本主义"黄金时代"比以前好了。即使在垦殖区生产率大大提高的地方，在那些农民而非种植园苦力为扩张劳动主力的热带出口飞地，除一身力气别无所长者也能有所作为。不过调整和改变的成本可以轻易转嫁到经济弱势群体的身上。

1047

金本位是经济秩序的规则和象征，在该秩序中，自由思想以荒谬的方式与资本及劳动对经济机制"铁"律同等程度的屈服联手。[98]

资本输出

如果说 19 世纪是世界经济网络形成的时期，那么这一说法除适用于自由贸易制度和货币（金本位）外，也适用于第三个领域——国际金融市场。[99]与货币关系相似而与贸易领域不同，该领域与近代早期的非延续性大于延续性。"现代"的欧洲银行业是从 16 世纪开始逐渐产生的。发行长期国债和借用外国政府贷款融资等工具发展良好。比如，外国大量认购英国国债就是两种工具的结合。海外联系也已存在：当时刚独立的美利坚合众国在顺利挺过了荷兰贸易霸权崩溃的阿姆斯特丹资本市场上寻找长期贷款。18 世纪形成的欧洲内部资本自由转移，由于 1792～1815 年的战争而受到很大限制。之后，有更多政府参与的各国资本市场被重建为"全国性"市场，这些市场到了下一阶段才通过国际一体化再次彼此靠拢。[100]

近代早期的"世界主义"仅局限于欧洲。在亚洲或非洲，没有一个统治者或个人会想到在伦敦或巴黎，阿姆斯特丹或安特卫普筹措资金。到 19 世纪，尤其是下半叶，这种情况发生了变化。在数以千万计的欧洲人和亚洲人踏上海外移民之路的同时，有 900 亿～1000 亿英镑作为外国投资流出国界。[101]这些资金从少数几个欧洲国家流出，几乎流到世界各地，其中英国以最高资金总额遥遥领先。它们有以下三种形式：①外国政府借贷；②外国私人借贷；③欧洲公司在其他国家的直接投资。

原则上，资本输出是 19 世纪下半叶的一项创新。1820 年前后只有很少量的外国直接投资，且其全都掌握在英国、荷兰和法国手中。[102]1850 年后，借入国和贷出国特别金融机构的建立，新兴中产阶层积蓄的累积，利用对外投资机会的意识的产生，逐渐为国际金融业务创造了条件。尤其是出现了一个拥有流动性财富并具备管理它们的能力的史无前例的混合体，人们称之为伦敦金融城（City of London）。[103]到 1870 年，全世界只有英国和法国有值得称道的对外投资（荷兰已是无足轻重）。在开始于 1870 年左右的资本输出大繁荣期间，又有其他债权国加入其中：德国、比利时、瑞士、美国。在一战前夕，当时英国早已失去它的工业领先地位，纵使如此，它的境外投资额仍占全世界的 50%，在有境外投资的国家中遥遥领先，紧随其后的是法国和德国。美国的境外投资当时只占 6%，在世界资本市场上尚分量不足。在 19 世纪，英国资本无处不在。它为伊利运河的开凿、阿根廷早期铁路的修建提供资金，向日本提供资金，为 1848 年美墨战争提供资金。在相当长一段时间里英国占据相对领先的地位，后来（1960 年）美国仅短暂享有过这样的地位。

若将资本流的基本结构想象成网络，会对人们产生误导。与贸易不同，关系在这里不是交互的。资本不是用于交换的，而是从中心流向外围。从债务国和投资目的国回流的资金并非借款，而是作为利润流进了资本占有者的腰包。所以这是一种有着明显落差的典型的帝国主义主导的情形。也可从少数几个调控中心更好地调节资本输出。因为，仍然与贸易不同，世界各地新成立的现代机构为资本输出创造了前提条件，所以资本输出合作，以及欧洲商人和已有的地方贸易网间的合作也仅有些许相似。资本流与各种货币相互交织形成的网络间的差别也很大，尽管它们一起构成对外金融业务的前提。在 1914 年前没有任何国际协议对投资资本的流通进行调节。任何地方都没有资本控制，没有类似于关税的贸易调节机制，没有资本转移限制。只是在各国人们都必须缴纳资本收益税——倘使有该项税赋的话。在德国和法国，1871 年后政府有权阻止公开发行外国债券（这种情况很少发生）；而英国和美国则连这些工具也没有。

与现在不同，当时政府一般不允许向外国提供贷款，发展援助当然闻所未闻。需要资金的国家，不是向伦敦、巴黎或柏林的某部委，而是向自由资本市场寻求援助。若有较大型的项目，已有的或专为此组建的临时性银行团会行动起来。不同国家的银行联合起来的情况很常见，就如 1895 年后中国国债的例子所示。那时的所有大银行在发行国际债券最多的伦敦都设有分部。数额高得吓人的战争赔款常常也不得不在私有资本市场上筹集，比如中国在 1894～1895 年中日甲午战争后的战争赔款就是如此筹得的。

尽管欧洲各国政府本身并不以债权国，甚或援助国身份进行活动，但它们通过外交和军事支持为银行家们的业务提供了方便，比如强使债务国，如中国或奥斯曼帝国，接受某种长期贷款。如果贷款谈判背后有英国或法国政府的支持，债务国则很难拒绝不利的贷款条件。为获得由借入国为接受贷款而付出的抵押金（物），也需要外交干预。德国和俄国的银行自 1890 年以来与本国政府密切合作，而英国的大银行则与白厅（Whitehall）保持着一定距离。这个时代的英国大银行家们从未当过伦敦政治的傀儡；反之亦然，英国政府，尤其在它代表印度政府时，有时能坚持与私营银行和私营经济保持很大距离。

金融寡头与国际政治并不完全琴瑟相合。否则，当 1887 年沙俄与德国尚为盟友时，法国银行家们大力将资本输往俄国又如何成为可能？[104] 但在很多情况下，私营商业利益和国家战略间的界限并不清晰，在外国贷款须经批准或设法通过外交斡旋（good offices）拿到官方许可和订单时尤其如此。公然针对中国（1913 年）和奥斯曼帝国（1910 年）的两起事件均为这种性质，当时两国政权都因革命被削弱，他们利用两国的贷款意愿向其施加巨大压力。至于国家资本和私人资本在该种形式的金融帝国主义中各占多少比例，对受贷人而言可能无关紧要。

1870 年后之所以出现了大规模资本输出，是因为小投资户，尤其是英国和法国的小投资户产生了在海外和俄国投资回报率高且较安全的投资期望。每个投资者的愿景都是投资这样的国家：它正在进行现代化，是西方工业产品（尤其在修筑铁路方面）的消费者且具有强劲的消费力，政治稳定但当然又足够弱以至于可以接受并满足其债权国的条件。这样的愿景并不总能够实现。俄国、澳大利亚和阿根廷比较接近这样的理想投资国。像中国、奥斯曼帝国、埃及和摩洛哥这类国家，"靠剪票息过活"的欧洲百姓（列宁语）只能指望强国对这些国家虚弱的政府给予充分的支持，或债权国在危机情况下有能力弥补损失。那么投资回报期望是否得到了满足呢？在 1850～1914 年，从给 10 个最重要借入国的贷款中平均所获利润率并不比本国国债利率高。[105]

日本则怎么看都不像是个动荡不安的债务国。它完成了华丽转身，成长为金融市场上享有最高信任度的模范借入国。它必须靠外债来平衡常年的国际收支逆差，并且筹集中日战争和日俄战争所需的巨额战争费用，不过 1895 年它拿到了中国的高额战争赔款。世纪末时，日本银行（Bank of Japan）已具备足够实力，必要时甚至可以向英格兰银行提供援助。不过日本政府很谨慎，它从不迫于压力贷款，从不在无准备的情况下贷款，也绝不过量贷款。1881～1895 年外国在日本进行商业投资几乎已不可能。因此日本不是个"容易对付"的顾客，它渐渐地就具备了为自己争取最优惠借贷条件的能力。这首先得益于这样一个秉持谨慎思路的政策，其次也得益于日本擅长通过改革税制和它在亚洲独树一帜的储蓄体制将本国基金盘活的事实，日本未在欧洲金融帝国主义面前暴露可被其侵入的任何软肋。[106] 与日本相比，伊斯兰世界的一个根本发展障碍就在于，那里没有由本土控制的银行业，在与西方密集接触后也未能产生这样的银行业。[107] 内部的外债压力因此非常之大，难以抵抗西方谋求金融霸权的企图。

在 19 世纪的（如今也还部分存在的）统计条件下统计资本输出要比统计跨国贸易困难得多，毕竟只有参股银行的卷宗才能提供详细情况。经伦敦金融城办理的巨额"英国"资本输出业务不全是来自不列颠岛的资本。其中也有第三国投资者的资本，由于其本国没有金融机构，他们大多别无选择，只能经由伦敦将其投资转移到国外。1850 年前后，英国境外资本约一半投在欧洲，另有 1/4 投在美国，之后是拉丁美洲，最后才是大英帝国（Empire）。约 1865 年后，新的分配模式形成，其基本格局一直到 1914 年未有变化。根据该模式，这个时期新发行的有价证券 34% 投往北美（美国和加拿大），17% 投往南美，14% 投往亚洲，13% 投往欧洲，11% 投往澳大利亚和新西兰，11% 投往非洲（其中绝大部分是在南非）。[108] 引人注目的是欧洲的意义在萎缩，而美国崛起为英国资本最重要的投资目的国。

投在英联邦国家的资本恰好占到 40%，其中印度始终是重要的投资目的国，澳大利亚直到 1890 年一直是大英帝国最重要的借入国，后被蓬勃发展的加拿大取代。非洲及加勒比海地区的若干殖民地小国能得到的资本少之又少。不过，资本输出对于殖民地的意义在于，实施大型项目不再仅依赖当地资源。1800 年前后，加尔各答经改扩建后成为璀璨的建筑艺术之城，当时所需资金尚全部来自印度税收。后来规模浩大的印度铁路若仅靠这些资金恐怕无法建成。

1052

新的资本输出实践开始后的几十年里，出现了遍及全球的金融网，"南半球"若干地区也被纳入其中。其范围有多广，与现在的情况比较一下便可知晓。1913～1914 年全世界所有境外投资中近 42% 在拉丁美洲、亚洲和非洲，2001 年这个数字只有 18%。拉丁美洲所占份额急剧下降，从 20% 降为 5%，非洲从 10% 降到 1%，亚洲所占份额为 12%（1913～2001 年与 2001 年相同），未有变化。[109] 从绝对规模上看，与百年前相比，如今是完全不同的资本量，但其地理分布并没有更广，而是高度集中在西欧和北美。全球资本网不像贸易网或（自 1950 年起）航空网那样密集和均匀。拉丁美洲在很大程度上已与资本流隔断，非洲则完全与资本流隔断。相反，如今巨大的资本流从 1913 年时的世界金融体系外围地区（阿拉伯产油国，中国）流入北美和西欧的中心城市。20 世纪经历了世界金融的去全球化，穷国比一战前更难有渠道获得外国资本。好消息是，自此以后殖民主义被消除了；坏消息是，完全没有外国资本参与的经济发展更加困难。

不管是作为间接投资（portfolio investment），即以贷款的方式，还是通过公司利用资本进行直接投资，英国境外投资的绝大部分——与大概全部的欧洲境外投资——在 1914 年前没有投在工业建设领域，而是投在了基础设施建设领域（铁路，港口，电报线路等）。仅在某些条件下呈网络状的资本输出，是世界各地建立通信网络的决定性条件。当然，资本输出在很大程度上为欧洲的机械制造业出口提供了资金支持。大量（不是全部）贷款直接与贸易订单挂钩。那么——与贸易类似——本土金融体系又是如何与国际资本流联通成网的，这是个人们知之甚少的课题。大部分输入的资本无疑最后都流入了国库和私营企业现代化项目，直到 1910 年前后都很少涉及农业社会极为重要的农业融资循环，在那些与西方发生接触之前本土已有具备工作效能的信贷机构的地方尤其如此。与西方人对此的刻板印象不同，亚洲和非洲的贷款并不都是高利贷。[110]

债务

在一战爆发前的 50 年里，资本输出将债权人和债务人之分投射到了国际层面上，[111] 自此后产生了债权国和债务国。积极寻求资本的债务人不在少数。19 世纪 70 年代，美国各大银行派代表到伦敦和欧洲大陆的金融机构募集投资资金，尤其是为美国的基础设施建设募集资金。[112] 对寻找资金者而言，通过谈判争取到优惠利率、有利的贷款期限和贷款发放形式是明智之举。一些外国政府，比如日本以及 1876 年后迪亚斯（Porfirio Díaz）统治下的墨西哥，都千方百计巩固其作为可靠的，即能准时偿付债务的金融合作伙伴的信誉。若哪个国家是受欢迎的投资目的国，便可指望能以马马虎虎的条件吸引源源不断的外国资本。[113] 也有完全不同的情况，欧洲马贼作风与非欧洲的马虎轻率及挥霍滥用相结合，导致一些债务依附国发生了金融灾难。19 世纪第三个四分之一世纪的埃及就是这样的例子。政府一开始为开凿苏伊士运河投入了 1200 万英镑，而从中未获任何经济收益，后来不得不以 400 万英镑的价格将股票卖给英国政府。事实上是斐迪南·德·雷赛布（Ferdinand de Lesseps）说服赛义德帕夏进行了如此大手笔投资，1875 年英国首相迪斯雷利（Benjamin Disraeli）在埃及总督面临财政破产时趁机耍手腕，使英国迅速介入了埃及政治，与一直以来更有影响的法国比肩而立，同时又为英国国库谋划了一单好生意。这笔资金需要国会批准，但当时尚不到国会会议召开日期，所以首相向罗斯柴尔德家族（Rothschild）借贷，该家族为此索要了 10 万英镑佣金。当然，苏伊士运河的股权关系极其复杂，迪斯雷利一定很快就认识到，英国掌握的 44% 的股份不能使其拥有对运河的控制权（controlling interest）。当时迪斯雷利尚不知道这将是多么划算的一笔生意。股票价值后来翻了 10 倍，达到 4000 万英镑。[114]

在伊斯梅尔（Ismail）统治下，埃及不仅在为运河融资方面受骗上当吃了大亏，总督还过分大方地向外国人颁发许可证，并接受了实际利率奇高、发行利率极低的贷款。1862 ~ 1873 年，埃及接受了名义价值（需支付利率的数额）为 6800 万英镑的贷款，实际只得到了 4600 万英镑。[115] 一些喜欢把伊斯梅尔描述成东方歌剧总督的国外的嘲讽者和批评者声称，他对这些资金的利用非常不负责任。至今仍然有人这样认为，但其实并非完全如此。其中一部分资金也投在了一些有益的项目中，如修建铁路和修缮亚历山大港。[116] 问题的核心不在这里，而在于：陈腐僵化的埃及税制不允许政府从发展迅速的经济部门扩张中获利，而棉花出口所得收入在 1865 年美国南北战争结束后也明显减少。1876 年埃及不得不宣布国家破产。接下来的这些年里，埃及的财政几乎完全被英法控制。埃及国债管理部门（Commission de la Dette）膨胀

1054

为一个庞大的埃及中央政府机构，其中的雇员几乎全是外国人。[117]从那时到 1882 年由英国人接管实行准殖民统治只有一步之遥。埃及作为债务国的命运比奥斯曼帝国还要惨烈。奥斯曼帝国 1875 年不得不宣布无偿付能力，而外国人对其债务管理的干预程度没那么大。拒绝偿还对外国债权人所负债务并非"东

1055　方"特色，拉丁美洲所有国家都曾陷入此种境地。美国南北战争前南部若干联邦州、奥地利（五次）、荷兰、西班牙（七次）、希腊（两次）、葡萄牙（四次）、塞尔维亚和俄罗斯都出现过这种情况。[118]另外，也有债台高筑的非欧洲国家认真偿还债务的情况，主要指中国。中国的铁路贷款在 20 世纪 20 年代的政治乱局中才陷入危机。中国偿还债务并非出于觉悟。自 19世纪 60 年代以来，其外贸关税管理机构虽不是帝国政权的直接工具，但颇受欧洲影响。到 90 年代晚期，该海关机构迫于外国压力，越过中国财政部，直接将关税收入汇给外国的债权人银行财务科。1825 年后在拉丁美洲国家常常集中发生的一种新型危机——国际债务危机，最迟自 19 世纪 70 年代成为某些地区国家的标志。该危机大多是欧洲以外的政府与欧洲私有债权人之间发生的冲突，但很少会在无任何政治外交后果的情况下解决。债权人就是想拿回他们的钱，但必要时只有双方政府介入这事才可能办到。因此在国际借贷中存在着强烈的金融帝国主义国家干预倾向。对几乎所有参与者来说，负债既无法避免，又有风险。[119]在近一个世纪的时间里——从 1820 年到 1914年——国际借贷中未发生极端的、因干预而难以修复的信贷崩溃，即金融网络出现很深的断裂。这样的断裂是 20 世纪特有的：1914 年墨西哥国库消耗一空（由于革命，不是由于一战）；1918 年，年轻的苏维埃政权拒绝支付沙皇所负外债；1949 年

后，如出一辙，中华人民共和国单方面宣布对"帝国主义"债务国的所有债务无效。这样的金融极端主义在 19 世纪是难以想象的。

注释

[1] 参见本书第 5 章与第 8 章。

[2] 关于网及网络（对于本章内容无须对它们进行术语区分）目前已有大量理论和历史文献。其中有份展览目录册尤有启发性：Beyrer/Andritzky, *Das Netz*（2002）。

[3] Sennett, *Flesh and Stone*（1994），第 256 ~ 281 页，此处对于理解城市意味着什么，有精彩阐述。

[4] R. Millward, *Enterprise*（2005）提供了全欧洲概况综述。

[5] Dehs, *Jules Verne*（2005），第 211、368 页。

[6] F. Voigt, *Verkehr*（1965 – 73），卷 2 是最好的综合性阐述著作。

[7] Bagwell, *Transport Revolution*（1974），第 17、33 页。

[8] Woud, *Het lege land*（1987），第 115 ~ 132 页。

[9] L. Ray Gunn, "Antebellum Society and Politics（1825 – 1865）"，发表于 M. M. Klein, *Empire State*（2001）第 307 ~ 415 页，该处见第 312 页。

[10] P. Clark, *Cambridge Urban History of Britain*（2000 – 1），卷 2，第 718 页。

[11] Bled, *Wien*（2002），第 199 页。

[12] Rawlinson, *China's Struggle*（1967）。

[13] C. Howe, *Origins*（1996），第 268 页。

[14] Broeze, *Underdevelopment*（1984），第 445 页。

[15] Hugill, *World Trade*（1993），第 127 页。

[16] R. Reinhard, *Erdkunde*（1929[6]），第 194 页。

[17] Sartorius von Waltershausen, *Weltwirtschaft*（1931），第 269 页。

关于香港从"渔村"崛起为亚洲最重要的船运港口可参见 D. R. Meyer, *Hong Kong*（2000），第 52 页及下文。

[18] 地图见 Hugill, *World Trade*（1993），第 136 页（3.3 段）；R. Reinhard, *Erdkunde*（1929⁶），第 201 页。

[19] Rieger, *Technology*（2005），第 158～192 页。

[20] Hugill, *World Trade*（1993），第 249 页及下文。

[21] 文献对铁路的记载也是如此。Roth, *Jahrhundert der Eisenbahn*,（2005）是关于德国铁路的综述；英国铁路的综述请参见 Wolmar, *Fire and Steam*（2007）。

[22] Veenendaal, *Railways*（2001），第 29 页，第 50 页。

[23] 地图见 Fage/Oliver, *Cambridge History of Africa*, 卷 7（1986），第 82 页。

[24] Huenemann, *Dragon*（1984），有关于建造进度的细节描述。（第252～257 页）。

[25] R. Owen, *Middle East*（1981），第 246 页。

[26] 关于早期美国和德国各自的铁路建设技术风格可参见 Dunlavy, *Politics*（1994），第 202～234 页。

[27] Francois Caron, "The Birth of a Network Technology: The First French Railway System", 发表于 M. Berg/Bruland, *Technological Revolutions*（1998），第 275～291 页。

[28] Schivelbusch, *Eisenbahnreise*（1977）；Freeman, *Railways*（1999）.

[29] F. Caron, *Histoire des chemins de fer en France*, 卷 1（1997），第 84、113、169 页。

[30] Ochsenwald, *Hijaz Railway*（1980），第 30 页及下文，第 152 页。

[31] 1828 年 10 月 23 日的谈话。Eckermann, *Gespräche*（1976），第 702 页。

[32] Ronald Findlay/Kevin H. O'Rourke, "Commodity Market Integration, 1500－2000", 发表于 Bordo 等编著的 *Globalization*（2003），第 13～62 页，该处见第 36 页。

[33] 最早的看法请参见 Florian Cebulla, 关于跨国轨道交通、问题提

出、方法与研究状况请参见 Burri 等编著的 *Internationalität*（2003），第 21～35 页。

[34] C. B. Davis, *Railway Imperialism*（1991）提供了很好的各国状况研究。

[35] A. Mitchell, *Train Race*（2000）.

[36] Bulliet, *Camel*（1975），第 216 页及下文。

[37] Cvetkovski, *Modernisierung*（2006），第 79 页，第 167 页及下文，第 189 页。

[38] 也请参见本书第 1 章和第 4 章。

[39] Karl Kraus 的信函往来就是个例子。

[40] Briggs／Burke, *Media*（2002），第 134 页。

[41] Hugill, *Global Communications*（1999），第 53 页及下文。

[42] Winston, *Media Technology*（1998），第 53 页。

[43] 同上书，第 254 页及下文。

[44] Horst A. Wessel, " Die Rolle des Telephons in der Kommunikationsrevolution des 19. Jahrhunderts", 发表于 North, *Kommunikationsrevolutionen*（2001²），第 101～127 页，此处见第 104 页及下文。

[45] Strachan, *First World War*（2001），第 233 页及下文。

[46] Wheeler, *Mr. Lincoln's T-Mails*（2006）.

[47] Wobring, *Globalisierung*（2005），第 39 页及下文，第 80 页及下文。

[48] 网络扩大方面可参见 Headrick, *Invisible Weapon*（1991），第 28～49 页。

[49] Jorma Ahvenainen, "The Role of Telegraphs in the 19th-Century Revolution of Communications", 发表于 North, *Kommunikationsrevolutionen*（2001²），第 73～80 页，该处见第 75 页及下文；G. Clark, *Farewell to Alms*（2007），第 306 页及下文；Ferguson, *Rothschilds*, 卷 1（2002），第 127 页。

[50] Roderic H. Davison, "Effect of the Electric Telegraph on the Conduct of Ottoman Foreign Relations" 提供了很好的例子，发表于 Farah,

Decision Making（1993），第 53~66 页。

[51] Headrick, *Invisible Weapon*（1991），第 38 页及下文；Jürgen Wilke, "The Telegraph and Transatlantic Communications Relations", 发表于 Finzsch/Lehmkuhl, *Atlantic Communications*（2004），第 107~134 页，该处见第 116 页。

[52] Nickels, *Under the Wire*（2003），第 33 页。

[53] 同上书，第 44~46 页。

[54] Headrick, *Invisible Weapon*（1991），第 84 页及下文。

[55] R. W. D. Boyce, *Imperial Dreams*（2000），第 40 页。

[56] Cornelius Neutsch, "Briefverkehr als Medium internationaler Kommunikation im ausgehenden 19. und beginnenden 20. Jahrhundert", 发表于 M. North, *Kommunikationsrevolutionen*（2001^2），第 129~155 页，该处见第 131 页及下文。

[57] Cvetkovski, *Modernisierung*（2006），第 135 页及下文，第 149 页。Henkin, *Postal Age*（2006），第 1~2 章。

[58] Hughes, *Networks of Power*（1983），第 232、175~200 页，该书是有关历史"大"转折的最重要的技术史著作之一。

[59] 这类阐释的先驱是 Frank Perlin，可参见他影响最大的文集：*Invisible City*（1993）。

[60] 关于自由贸易的较新的内容丰富的文献以英国为主。主要可参见 A. Howe, *Free Trade*（1997）；把自由贸易作为英国政治文化核心要素的较有新意的著作：Trentmann, *Free Trade Nation*（2008），尤其是第 1~3 章。从整个欧洲角度来阐述的经典著作是：Kindleberger, *Rise of Free Trade*（1975）。

[61] Sugihara, *Japan as an Engine of the Asian International Economy*（1989）.

[62] Latham, *Rice*（1998）.

[63] Cushman, *Fields from the Sea*（1993），第 66 页。

[64] Hancock, *Citizens of the World*（1995），尤其是第 279 页及下文关于绅士生活方式的章节。

[65] H. V. Bowen, *Business of Empire*（2006）中的叫法，第 151 页及

下文，涉及东印度公司的内容。

[66] Cizaka, *Business Partnerships*（1996）.

[67] Gary G. Hamilton/Chang Wei-An，"The Importance of Commerce in the Organization of China's Late Imperial Economy"，发表于 Arrighi u. a.，*Resurgence of East Asia*（2003），第 173～213 页。

[68] Markovits, *Global World*（2000），主要是第 5 章。

[69] 可参见 Claude Markovits，"Merchant Circulation in South Asia（18th to 20th Centuries）: The Rise of Pan-Indian Merchant Networks"，发表于 Markovits 等编著的 *Society and Circulation*（2003），第 131～162 页；有关以香港为中心的中国商业网方面可参见 D. R. Meyer, *Hong Kong*（2000），第 91～98 页。

[70] Torp, *Herausforderung*（2005），第 41 页；Rostow, *World Economy*（1978）有细节描述，第 67 页（表 II‑7）；Rogowski, *Commerce and Coalitions*（1989）第 21～60 页，对产生的后果有精彩阐述，但太复杂，不适合本书。

[71] Maddison, *Contours*（2007），第 81 页（表 2.6）。

[72] Kenwood/Loughed, *Growth*（19994），第 80 页。

[73] R. Miller, *Britain and Latin America*（1993），第 79 页，第 83 页及下文，第 98 页。

[74] 有关一个（显然可以普遍化的）范例的研究报告：Topik, *Coffee Anyone?*（2000），尤其是第 242 页及下文。

[75] Sydney Pollard, "The Europeanization of the International Economy 1800‑1870"，发表于 Aldcroft/Sutcliffe, *Europe*（1999），第 50～101 页。

[76] 世界各地进口关税数据：Amsden, *Rise of "The Rest"*（2001），第 44 页及下文（表 2.3）。

[77] G. Clark, *Farewell to Alms*（2007），第 309 页。

[78] Ferguson, *Rothschilds*（2002）；Munro, *Maritime Enterprise*（2003）.

[79] Sugihara, *Japan*（2005），第 2～4 章；若干事例，也包括朝鲜，请参见 Sugiyama/Grove, *Commercial Networks*（2001），尤其是第 1、3、5、6 章。

[80] Findlay/O'Rourke, *Power and Plenty* (2007)，第 307 页及下文。

[81] Torp, *Herausforderung* (2005)，第 34 ~ 36 页。

[82] Peter H. Lindert/Jeffrey G. Williamson, "Does Globalization Make the World More Unequal?" 发表于 Bordo u. a., *Globalization* (2003)，第 227 ~ 271 页，该处见第 233 页。

[83] 关于该主题及类似主题的典范个案研究: *From Silver to Cocaine* (2006)。

[84] Akinobu Kuroda, "The Collapse of the Chinese Imperial Monetary System"，发表于 Sugihara, *Japan* (2005)，第 103 ~ 126 页，尤其是第 106 ~ 113 页。

[85] 可参见精细分析: Otto, *Entstehung eines nationalen Geldes* (2002)。

[86] Toniolo, *Economic History* (1990)，第 59 页。

[87] Leandro Prados de la Escosura, "The Economic Consequences of Independence in Latin America"，发表于 Bulmer-Thomas 等编著的 *Cambridge Economic History of Latin America*，卷 1 (2006)，第 463 ~ 504 页，该处见第 481 页及下文。

[88] 概述: M. North, *Das Geld* (1994)，第 143 ~ 151 页。

[89] 有关研究的概览可参见 Flynn/Giráldez, *Cycles of Silver* (2002)。

[90] Lin Man-houng, *China Upside Down* (2006)，第 114 页。有关鸦片战争根源的经典著述: Chang Hsin-pao, *Commissioner Lin* (1964)。

[91] Rothermund, *Indiens wirtschaftliche Entwicklung* (1985)，第 56 ~ 58 页。

[92] P. R. Gregory, *Before Command* (1994)，第 67 页。

[93] Eichengreen, *Vom Goldstandard* (2000)，第 45 ~ 50 页；Frieden, *Global Capitalism* (2006)，第 6 页及下文，第 14 ~ 21 页，第 48 页及下文也有精彩论述。

[94] Eichengreen, *Vom Goldstandard* (2000)，第 51 页。

[95] Cecco, *Money and Empire* (1974)，第 59 页；R. Miller, *Britain and Latin America* (1993)，第 168 页，第 174 页及下文 (im Fall

Chiles Zweifel am stabilisierenden Einfluss des Auslandes); Richard Salvucci，"Export-led Industrialization"，发表于 Bulmer-Thomas 等编著的 *Cambridge Economic History of Latin America*，卷 2 (2006)，第 249～292、256～260 页。

[96] 可参见提供了不同观点的文章：Gallarotti，*Anatomy* (1995)，第 207～217 页。

[97] 有关黄金供应作为独立变量：Eichengreen/McLean，*Supply of Gold* (1994)，尤其是第 288 页：需求带动的黄金生产量有限，所以它只是一个基于供应的独立变量。

[98] 依据 Frieden，*Global Capitalism* (2006)，第 121 页。

[99] Allen，*Global Financial System* (2001)，第 8～9 页，第 12 页提供了一个不太有条理的引言。

[100] Neal，*Financial Capitalism* (1990)，第 229 页。

[101] Kenwood/Loughed，*Growth* (19994)，第 6 页。

[102] 1825～1995 年的数据来自 Maurice Obstfeld/Alan M. Taylor，"Globalization and Capital Markets"，发表于 Bordo 等编著的 *Globalization* (2003)，第 121～183 页，该处见第 141 页及下文 (表 3.2)。

[103] 可参见 Kynaston，*City* (1994)。

[104] Girault，*Diplomatie européenne* (1979)，第 39 页。

[105] Peter H. Lindert/Peter J. Morton，"How Sovereign Debt Has Worked"，发表于 Sachs，*Developing Country Debt* (1989)，第 225～235 页，该处见第 230 页。

[106] Suzuki，*Japanese Government Loan Issues* (1994) 对此有极好的阐述，该书同时对伦敦资本市场有精彩描述 (见第 23 页及下文)；亦参见 Tamaki，*Japanese Banking* (1995)，第 87 页及下文。

[107] Kuran，*Islam and Mammon* (2004)，第 13 页及下文。

[108] I. Stone，*Global Export* (1999)，第 381 页，第 409 页 (包括上页及下页部分内容)。

[109] Schularick，*Finanzielle Globalisierung* (2006)，第 44 页 (表

　　1.10，包括上页及下页部分内容）。

[110] G. Austin/Sugihara, *Local Suppliers of Credit*（1993），第 5、13
　　　　页。

[111] 参见本书第 9 章。

[112] Kindleberger, *Financial History*（1984），第 222 页。

[113] Topik, *When Mexico Had the Blues*（2000）.

[114] Blake, *Disraeli*（1966），第 581～587 页。

[115] R. Owen, *Middle East*（1981），第 127 页，表 19。

[116] 有关伊斯梅尔斥巨资美化开罗市容的内容参见本书第 6 章。

[117] R. Owen, *Middle East*（1981），第 130～135 页。

[118] 有关 1914 年前国家破产的情况参见 Petersson, *Anarchie*
　　　　（2009），第 2 章。

[119] 有关拉丁美洲的情况可参见 Marichal, *Debt Crises*（1989）；关
　　　　于亚洲尚无类似的综合性概述。

第 15 章　等级制度
——社会领域的垂直维度

一　一部世界社会史？

　　"社会"有若干维度，其中最重要的维度之一就是等级制度。[1]大部分社会的等级划分客观上是不平等的：有些社会成员比他人占有更多资源，得到更多机会，较少从事重体力劳动，得到更多尊重，他们的愿望和命令更易被遵从。社会成员主观所感知的通常也是一个有上层等级和下层等级组成的关系集合。在过去若干时代和很多文明中，人们都梦想着实现社会平等的乌托邦。平等社会之所以是乌托邦，是因为它与被阐释为等级秩序的生活现实相矛盾，在这个等级秩序中，个体的他或她都要确定自己的位置。即使在英国这样一个相当现代的社会中，在维多利亚时代，下至工人群体都划分了层层叠叠的阶层和等级的社会图景也很普遍。[2]

　　等级制度只是研究社会史的若干路径之一。社会史研究工作探讨阶级和阶层，团体和环境，家庭形态和性别关系，生活方式、角色与身份，冲突与暴力，通信关系和集体符号世界。这些角度有很多适用于人们对相距遥远的社会进行比较。有些角度值得人们去探讨如下假设，即在 19 世纪有过远距离的、跨越文明边界的影响和传播。这类传播在经济网络化、文化内

1057 涵和政治制度领域比在社会结构形成领域的可能性更大，也更易被证实。社会是在某些确定的地点和确定的时间从日常生活实践中生长出来的。它也取决于由所在区位决定的生态框架条件：人类的共同生活在热带雨林中定会与在沙漠中或在地中海沿岸不同。北京和罗马大致位于同一地理纬度，而这两个地方在时间的长河中却形成了极为不同的社会形态。生态框架决定着存在的可能性，但并不解释为什么有些可能性的确变成了现实。

还有一个难点在于：随着 19 世纪的发展进程，一种自然而然的期待出现了，即一个具有自己特征的民族社会必须与政治疆界内的民族国家吻合。当时在很大程度上也的确如此。单一民族国家常常是从古老的社会关系中发展而来的。社会最初是团结互助的"民族"的集合，后来才开始寻找一种合适的政治形态。反之，每个社会又深受其各自政治框架的影响。国家产生的持续影响给社会形态打上烙印。这一影响的基本形式就是法，倘若国家权威机构赋予其有效性的话。因此通过各自独特的法律制度尤能突出"民族"社会的特征。亚历西斯·德·托克维尔（Alexis de Tocqueville）曾在 1835 年以财产继承法为例指出这一点。有关物主去世后财产分配的法律规定"虽然属于民法范畴，但应处于所有政治安排的首要位置，因为它们不可思议地影响着体现在政治法令中的民族社会秩序。此外，它们还以某种确定的、稳定的方式影响着社会；可以说，这些法律规定在后代出世前就已将他们考虑在内了"。[3] 因此，所实行的不同的财产继承制产生了截然不同的农业社会类型，比如实行不可分财产继承制以保护地产和农场完整的社会（英国）和实行分割继承制使财产分散的社会（中国）。

　　尽管形成这样的社会形态是立法者在某个确定的司法管辖范围内推行其意志的结果，但对德国社会、中国社会或美国社会笼统地发表看法非但是难事，也往往没有意义。况且 1800 年前后的德国是否已是一个社会也是个问题。[4]涉及那个年代的中国，人们描述了 10 种不同的"地域社会"。[5]又比如，19 世纪中叶及以后，埃及社会的种族和文化阶层划分严明，根本谈不上是一个哪怕有丝毫聚合力的"整体社会"：说土耳其语的奥斯曼埃及精英阶层统治着占人口大多数的说阿拉伯语的民众，除纳税贡之外他们之间并无太多联系。[6]联合为美国的英国殖民地基本就是 13 个拥有各自不同社会形态和宗教认同的不同国家。[7]这一点在接下来的 10 年里变化不大，有些差异甚至更明显。1860 年前后的美国，在东北部新英格兰、实行奴隶制的南部各州、太平洋沿岸的加利福尼亚和内陆的垦殖区之间存在着极大差异。那时，在世界上很多地方的一些生态、技术或制度小环境中，存在着一些古老的甚至是远古的社会形态，它们在停止进步或不再是主导社会形态后还会维持很长时间，其存在的规模是今天的人们几乎难以想象的。[8]

1058

　　而在较高的、超国家的"文明"层面上进行社会学概括则更成问题。善于洞察时代的细微差别和变化的史学家们，并不愿意运用像"那个欧洲社会""那个印度社会"或"那个伊斯兰社会"这类静态的宏观概念。试图确定欧洲文化及社会特征的尝试不计其数，但这些尝试的问题在于，人们罗列出这些特征，然后不加核实就宣称欧洲以外的其他地区缺少欧洲的这些重要优势。最极端的情况下，对欧洲自身的刻板印象更甚于对"那个"印度社会或"那个"中国社会的偏见。[9]

宏大叙事

迄今为止，关于 19 世纪社会史，无论是整个欧洲的，还是美国的，都缺乏综合性的整体描述。原因不在于缺乏研究，而在于很难对大量的知识进行归纳整理并进行细致的抽象研究。而要对世界其他地区进行这样的综合描述则更是难上加难，因为关于这些地区的很多实证问题尚不明了，而对源自西方的社会学和社会历史学概念的应用又比较麻烦。完整呈现整个 19 世纪世界社会史的想法过于大胆。它没有可以用文字记述的对象，因为无论对于 1770 年和 1800 年，还是对于 1900 年和 1920 年，人们都没有发现一个具有统一性的"世界社会"。生活在 19 世纪的人们较有勇气。在启蒙进步思想的基础上，这一时代的领军人物创立了他们常常认为具有普世性，即适用于全世界和全人类的社会发展理论。18 世纪苏格兰道德哲学家、经济学家和历史哲学家，如亚当·弗格森（Adam Ferguson）和亚当·斯密就已认定，人类社会是从狩猎、采集，经过游牧、农耕的物质生存保障阶段发展到他们置身其中的早期资本主义商业社会（commercial society）阶段。德国经济历史学派在 19 世纪以这些观点为基础进行研究，而在法国，孔德（Auguste Comte）创立了一个社会发展阶段理论，将人类的智力发展置于核心地位。马克思及其信徒认为，人类社会会经历原始社会、奴隶社会、封建社会和市民社会及资本主义社会这样一个必然的发展顺序。马克思本人在晚年也曾偶尔预示，在亚洲可能会出现偏离这一正常发展路径的情况，即出现"亚细亚生产方式"。

另有一些学者认为（人类社会的发展）不是梯级上升的阶段式发展，而是经历大的过渡期，这些过渡期蕴含着发展的总趋势，他们认为当时的 19 世纪就是这样一个大过渡期。英国哲学家赫伯特·斯宾塞（Herbert Spencer）在 1870 年发布了一个论断，认为社会从"军事社会"进步到了"工业社会"，他把这一思想补充进他的包含从分化到重新整合各阶段的复杂的社会发展理论中。对印度也很熟悉的法律史学家亨利·梅因爵士（Sir Henry Maine）观察到，在世界若干社会中身份关系是如何被契约关系所抑制而逐渐式微的。费迪南·滕尼斯（Ferdinand Toennies），德国社会学创立者之一，看到了从集体到社会这样一个发展趋势；马克斯·韦伯观察到从经济、政府到音乐等若干生活领域的"理性化"过程；涂尔干则认为，"机械凝聚"的社会被"有机凝聚"的社会所取代。尽管对欧洲以外地区有些关注，至少在梅因、涂尔干和韦伯的理论中有所体现，但这一时代思想范畴的所有理论都是"欧洲中心主义"的，只是大多以包容的而非排外的方式展现，这并不令人惊讶：原则上他们相信非欧洲文明中的后起民族，不论肤色和信仰，都有能力适应社会进步的普遍模式。直到世纪末，根本地、决绝地否定"原始民族"（当时的说法），有时甚至否定"东方民族"具备贡献"更大文化成就"的能力——不过真正的权威学者很少有这种观点——使现代化思想蒙受了种族主义阉割。[10]

1060

从等级到阶级？

19 世纪（晚期）的社会学架构和所用术语至今仍未从讨论中消失。只不过它们过于笼统，无法供历史学描述具体的变化。史学家们习惯于他们自己的宏大叙事：有关工业化、城市化或者民主化的宏大叙事。把从"等级社会"或者"封建等级社会"到"阶级社会"或"市民社会"的过渡发展模式作为对

19 世纪的阐释模式就属于宏大叙事。这一模式在如此尖锐的反命题趋势中已经显现源自启蒙运动的反封建君主秩序的论战传统，并在 19 世纪成为社会自我界定的基本模式。根据这一模式，近代早期接近尾声时，欧洲社会的基本组织原则发生了变化。个体支配私有财产，个体在市场中的地位决定其生活机会的多寡、在行业等级体系中的级别和社会等级的社会，这取代了明确规定身份组别及其特殊的权利、义务和标志的僵化的等级秩序。社会地位的上升和下滑比在僵化的等级秩序中更具可能性。形式上的权利平等是发生这种流动的前提。[11]

该模式源自西欧，并非一开始就完全契合欧洲所有地区的实际状况。甚至"现代化"的先驱英国也仅在某些条件下符合这一模式。英国在 1750 年前后就已经是一个亚当·斯密所谓的商业社会（commercial society），而非欧陆式等级社会。而在苏格兰高地，与非洲的社会形态不无相似之处的古老的盖尔人氏族制度在 18 世纪的最后四分之一世纪未经历社会等级发展过程，直接进入了农业资本主义社会。[12]俄国是无等级的欧洲社会的一个突出的例子。那里在 18 世纪时不存在法国或德国意义上的等级，也就是说，不存在因有确定的法律地位和领地范围、根植于当地法律传统并有政治参与机会而构成的群体。社会（狭义上是指从事国家公职的精英）等级的划分和群体特权的分派是由国家进行的。反之，没有一种群体权利能免于被君主重新剥夺。[13]俄国社会是一个相对较开放的社会，通过从事国家公职谋求社会地位的上升是可能的，非农城市居民与其他社会群体间的界限模糊而不稳定。沙皇政府欲给社会套上一个有法律明确规定的等级制度的不屈不挠的努力，与现实身份的可塑性形成持续的矛盾。因此，人们说，沙俄晚期的社会根本上是"缺乏结构"的，缺少被普遍认同的社会秩序方案。[14]

鉴于各地区起初的情况千差万别，"从等级到阶级"模式对欧洲社会变迁的描述尚不全面。[15]19世纪伊始，"等级"并不是所有欧洲社会的主要划分原则。1800年前后，"等级社会"在世界其他地区很少见。最早使用此概念的是德川时代的日本，当时贵族（武士）和平民之间无论在法律上还是在身份象征上都存在着很深的鸿沟，尽管这种等级没有政治代表性作用，就如我们所知的德意志神圣罗马帝国或法国的情况那样。[16]在亚洲，社会等级划分标准不像在中欧那样分明。有些情况下——在暹罗尤其极端——一条深深的鸿沟隔开了贵族（nai）和平民（phrai），而这两个群体都屈服于国王的极端暴力统治；[17]还有比如在中国，国家自古以来就宣扬士、农、工、商的社会阶层划分，但这种划分并没有升华为森严的法律等级和特权制度，后被更细致的阶序体系所覆盖而淹没在18世纪的历史现实中了。在世界所有地区，只要是氏族部落占统治地位的地方，如非洲、中亚、大洋洲及北美的印第安人聚居区，都会看到与等级社会完全不同的组织原则。而建立起由内婚制、寄生阶层和洁净禁忌构成的等级制的印度教种姓制度则遵循另外一种等级划分模式。尽管人们怀疑种姓制度是殖民政府和西方民族学的幻象，但确定的是，印度次大陆上重要的前现代社会形态遵循的是有别于欧洲传统等级社会的阶序规则。然而这些规则因传统化意图被强化：英国人1796年后扩张到锡兰岛，他们用印度人的眼光来看当地的社会关系，实行了一种前所未有的种姓制度。[18]

欧洲传统的等级社会制度仅零零落落地传播到海外殖民地。在英属北美，从最开始起重要的就是那些细微的差别，正如它

1062

们造就了英伦岛社会的特色一样。享有等级特权的世袭贵族从不曾在此地立足，社会结构以有着内部阶序精细划分的新教平等主义为主。在美国所有的移民垦殖社会中，种族隔离和排斥产生的影响是欧洲从未有过的。在北美，平等原则从一开始就是适用于白人。至于西属美洲地区，启蒙时代晚期最专注于研究的实践社会学家之一亚历山大·冯·洪堡（Alexander von Humboldt）在殖民时代终结时就曾指明，在种族混居的社会里，肤色是压倒一切的阶层标准。[19]16世纪从西班牙越过大西洋传入并导致出现了贵族征服者的社会等级因素，不久即被这一新的等级划分原则所取代。在19世纪后半叶，墨西哥人在确定自己及他人地位时仍先看肤色深浅和"血统混杂程度"，其次才看职业或所属阶层。[20]

1063

    19世纪的世界社会史大部分与移民史吻合，并且与散居民族形成的历史和边界历史密切相关，而这本身又是移民的结果。[21]1780年后大洋彼岸的新欧洲移民垦殖社会或是新建的（澳大利亚遭到较少土著抵抗，新西兰则遇到激烈的土著抵抗），或是由于从欧洲移民的力度加大而从人口稀少的边缘地区扩展而来的实质性的大社会和国家（美国、加拿大、阿根廷）。这些社会无一例是欧洲社会结构的全盘输出。本来能在社会上繁衍生息的贵族阶层，在英国的移民垦殖殖民地从未扎下根。而在社会光谱的另一端，除爱尔兰大饥荒后大规模的贫困移民外，并不存在过量的底层贫困人口。澳大利亚是个特例，因为对它的殖民（在新南威尔士）始于输送囚犯来此。[22]但脱离了其原属等级框架的下等阶层在殖民疆界开放的社会情境下不再是下等阶层。殖民地必须重新建立和议定世界观以及社会阶层划分机制，[23]这里的社会上升机会比在欧洲要多。除了下等社会阶层成员外，跨大西洋移民潮也向新欧洲移民国家输送了数以百万计的欧洲中产阶层人口，其中包括失去身份的贵族和贵族家庭中享有较少特权待遇的成员。欧洲移民建立了超越欧洲传统等级秩序的新社会，这是 19 世纪世界社会史上最引人注目的发展现象之一。

19 世纪世界上的各种社会都在实践着形形色色的等级划分规则，其中一种是根据财产关系和通行的社会地位上升标志来划分的。一个包罗大部分可能性、清晰严明的等级划分模式几乎是不存在的。除了以西欧、中欧以及北美的视角看，成为 19 世纪最典型社会类型的法律上平等、由市场调节的所有者社会（"市民"社会）外，还有残留的等级社会（如日本直至约 1870 年），部落社会，僧侣统治的神权社会，由少数精英统治的社会（中国，被殖民统治前的越南），奴隶社会（美国南部各州直至 1863～1865 年，巴西直至 1889 年，朝鲜半岛还有残余），[24] 殖民统治背景下各族群混居的殖民地多元社会（plural societies）及拓殖边疆地区的流动社会（边疆社会，frontier societies）。社会类型之间界限模糊，混合社会形式几乎是常态。如果不罗列等级制度的特征，而是择取具体的等级地位进行对比，则要简单一些。我们先以从欧洲选取的两个例子来进行比较：贵族和市民阶层。[25]

二　贵族的缓慢衰亡

国际性与民族化

19 世纪是一个最古老的社会群体扮演了重要角色的最后一

个时代，这个社会群体就是贵族。18 世纪时，欧洲的贵族"社会地位尚可说是无可匹敌"，[26] 到 1920 年前后则已风光不再。当时，在欧洲任何一个国家，贵族都不再拥有雄厚的政治势力或重要的文化影响。欧洲贵族的没落，部分是由于 18 世纪晚期及 20 世纪早期的革命，部分是由于能带来财富和声望的地产已相对贬值。在革命推翻君主政体的地方，贵族失去了他们的庇护者——皇帝或国王。但在未受体制破裂干扰、贵族得以维持其大部分势力的地方，如英国，一部分享有骑士和贵族头衔的人也失去了他们对最高政治行政机构的类垄断（Quasi-Monopol）。除了两次例外，1908 年以来的英国首相都出身中产之家。贵族这一古老的社会制度在欧洲的衰落发生在约 1789 ~ 1920 年这一相对较短的时间段内，当然在这两个时间点中间并不是一条始终下行的直线。在一战进入最后阶段前，莱茵河以东欧洲地区的贵族政治处境并未发生急剧的变化。总体而言，19 世纪对于贵族来说是个"好时代"。[27]

1065

除在"部分"社会外，贵族是一个世界性的、几乎到处可见的现象：社会中的一小部分人，手中握有权柄，拥有支配经济资源（土地，劳动力）的特殊渠道，鄙视体力劳动（打仗和狩猎除外），保持着体现尊荣和高贵的生活方式，其特权世代相传。贵族阶层势力常常壮大以致形成贵族统治。这样的贵族统治在历史上因战争不断减少，有的甚至消亡。在近代，殖民征服在大多数情况下会打击贵族统治。贵族统治被摧毁，贵族的政治和经济地位急剧下降，16 世纪墨西哥阿兹特克贵族最先遭遇了这样的命运，后来世界各地不断有类似事件发生。不过也有这样的情况，即贵族在维持原有生活状况、保留贵族名号的前提下臣服并被并入大的帝国同盟。比如 1680 年后，本身就有满洲贵族阶层的清王朝通过给蒙古贵族封侯封爵而剥夺了其权力，令其归顺。欧洲殖民帝国的间接统治（indirect rule）就是采取类似的统治策略。其他国家则杜绝贵族产生。奥斯曼帝国镇压了巴尔干地区信奉基督教的封建政权，并阻止新的地主精英产生。所以塞尔维亚和保加利亚是不符合欧洲模式的特例。它们在19世纪初没有贵族，而有一个依"东"欧标准来看相对自由的农民阶层。[28]在异族统治下还保留了贵族的地方，贵族也往往没有参政权，比如统一前的意大利就是这种情形，以至于贵族缺乏行使公共职务的经验。

与阿拉伯世界不同，在18世纪时的欧洲，贵族骑士时代已经一去不复返了。即使没有了这一古老的功能，在1900年前后如同1800年前后一样，仍能一眼看出在欧洲各国哪些人属于贵族。只有在社会阶层归类极为灵活的英国，一些平步青云者得自问，他是否已跨过那个关键的界限。[29]在直到一战前贵族仍享有一些法律特权的地方，尤其在欧洲大陆的东部地区，有着细微内部等级划分的贵族世界的范围原本就十分明显。此外，贵族还通过头衔、姓名附加成分和其他荣誉称号与其他阶层区分开来。贵族比任何一个社会族群都更重视高贵的地位。贵族属性必须明显可见。

除像天主教教士或犹太金融寡头等为数极少的跨国精英外，19世纪的贵族是欧洲社会中最有国际化倾向的群体。他们彼此了解，能相互评价所属等级，拥有相同的行为标准和文化理想，必要时会讲法语，参与跨国婚嫁市场。等级越高，财富越多，深入这样宽广的（交际）网的接触面就越大。另外，由于贵族与地产、农业和乡村生活联系紧密，所以他们也常常固守一隅，不像其他社会群体那么富有流动性。处于这两个阶层之间的是

1066

中等贵族。这一阶层的团结和身份形成在 19 世纪得到了强化。由于新的通信技术，贵族继续国际化，但同时也更加民族化。[30]在此基础上，在自由民族主义之外产生保守民族主义成为可能，尤其是在统一后的德国。

欧洲贵族历史的三条路径：法国、俄国、英国

在大革命期间，贵族的特权和头衔一概被剥夺。大革命后大部分贵族原有的权利没有恢复，尤其是移居国外的贵族，常常仅剩"空头"名号。尽管贵族大地主的地产不应被低估，但法国贵族在一个"市民"化程度极高的社会中所起的作用微不足道。在出身于科西嘉小贵族阶层的拿破仑统治下，在有着古老传承的旧制度贵族之外，一种新贵族产生了，旧式贵族视其为暴发户，对他们的态度是轻蔑与羡慕兼而有之：他们大多身居军事要职，被赋予长子继承权，成为可世袭的新贵族精英阶层核心。[31]1807 年曾发生过这样的故事，一位磨坊主的儿子因身为元帅，功绩卓著而平步青云成为丹泽公爵，这在旧制度下是不可想象的。19 世纪几乎欧洲所有地方都效仿拿破仑大量进行贵族授衔，并以此作为国家职务任免的工具。此外拿破仑还设立了荣誉军团杰出贡献人物称号，这是一个非世袭的后封建精英群体，后来轻松过渡为共和形式。1830 年以后，法国没有被贵族围绕的强大的中央机构，就像英国议会或其他国家被贵族围绕的王室或皇室一样。无论是"市民国王"路易·菲利普（Louis-Philippe）还是专制皇帝拿破仑三世都没有建立庞大的宫廷机构，其统治和代表性并不依赖强大的上层贵族。随着皇帝的垮台，残存的宫廷生活也于 1870 年消失殆尽。在 19 世纪前三分之二世纪，法国贵族——倘若他们的身份可以识别的

话——不是一个自我封闭的阶层，就像欧洲远东地区的贵族那样。在法国也比在其他地方（波兰除外）更可能见到那类穷困潦倒的贵族。成为社会主导阶层的是家世出身各不相同的较富有的人士：在法国早就被称为"名流"的地方意见领袖。[32]在约1880年后，这种大多居住在地方城市的贵族－平民混合阶层越来越被边缘化。没有一个欧洲大国像法兰西第三共和国那样，贵族在重要的地方管辖层面拥有如此微弱的财产和权力优势。[33]

而在欧洲（政治）光谱的另一端是内部结构极不均质的俄国贵族。[34]一直以来，与其他欧洲国家的贵族相比俄国贵族更依附于皇室。直到1785年叶卡捷琳娜二世颁布了《俄国贵族权利、自由和特权诏书》，才将贵族成员从国家严苛的束缚中解放出来，赋予他们完全的产权，使他们获得了与西欧贵族平等的法律地位。但国家和皇室依然是最大的地主。从彼得大帝开始，历代沙皇都向贵族赠送土地和"魂灵"，即农奴。俄国贵族相对比较"年轻"，封贵族易如反掌，19世纪末俄国封了大量的贵族。一些豪绅巨富的财富和特权也只追溯几十年甚至寥寥数年。也有若干"小"贵族，就是一些倘使在英国则不属于贵族圈的人。以地产来衡量的上等阶层（upper class）这样一个含混的概念比欧洲传统的"名流"（nobilitas）概念更切合实际。1861年废除农奴制并未对大地主的财产状况和社会地位产生太大影响，因此其影响与1865年美国南部各州奴隶制的废除不能相提并论。由于未彻底实施改革，前农奴主的政治主导地位毫发未损，所以对地主来说，变成资本主义大庄园主的吸引力有限。

而另一方面，英国贵族明显有别于法国及俄国贵族，总体而言，他们是欧洲最富有的贵族阶层，他们拥有的法律特权相

1068

对要少，但占据着政治和社会权力中心。继承法规定的长子继承权保障了大量财富的集中。家庭中其他儿子及其家庭则逐渐游离到贵族社会的边缘。同时英国贵族本身又较少具有特权阶层的特质。法律上只明确规定了作为世袭贵族（peer of the realm）在贵族院拥有席位的权利，1830 年左右有 300 个，1900 年左右有 500 多个这样的世袭上等贵族。[35]早在 18 世纪 80 年代，小威廉·皮特（William Pitt d. J.）任首相时，政府就加快了授封贵族的步伐，人们升为较低等的骑士贵族相对容易。人们至今都不清楚，维多利亚时代有多少新富们为讲究排场而买房置地。[36]一座乡间别墅（country house）作为交际场所是必不可少的。反之，即使最高贵的大地主也不惧参与平民"事务"。

英国贵族树立了一种具有绅士（gentleman）风范的社交理想，起到了极好的社会融合作用，使英伦岛和整个大英帝国产生了均质的生活方式和文化，这是欧洲大陆等级分明的贵族精英阶层常常欠缺的[37]。绅士（gentleman）越来越成为超越社会阶层的教育理想，"贵族血统"几乎不再重要。即使生来就具备了这些条件，男孩子也要被送进牛津大学及剑桥大学等贵族学校去接受社会生活的锤炼，学做绅士。具备一定财富基础者，财富来源不论，只要去学习并践行与该理想相关的生活方式、价值观和细致入微的举止礼仪，都可以成为一名绅士。私立公学（public school）如艾顿（Eton）、哈罗（Harrow）和温切斯特（Winchester），以及精英荟萃的中央机构的教育不是近代早期欧陆骑士学院式的等级教育，也不是基本的智力教育，而是一种超越阶层的市民－贵族混合性格养成教育，但随着时间的推移越来越具有帝国军国主义倾向。[38]这种教育方式遵从成绩原则。在英国社会中贵族日子固然好过，但他必须要面对竞争。单在法律上就区别于苏格兰和爱尔兰贵族的英格兰贵族也总是努力在本阶层之外赢得盟友。英国贵族不依附于皇室，到维多利亚时代也不再是世袭贵族。他们在若干社会领域担任领导职务，作为履行这些职务的回报，他们期望人们对他们的感恩和顺从（deference）。不过这种对顺从的期待不是暴力压制式的，而是一种可以通过政治生活制度加以引导并逐渐民主化的观念。[39]英国比其他地方突出的一点是，贵族与其说是一种确定的法律身份，毋宁说是一种精神气质：气定神闲，一言九鼎。

生存之道

欧洲贵族在走向没落前无不尝试过五花八门的生存之道，有的成功了，有的失败了。[40]最成功的做法有：克服传统的剪息票过活心态，去从事平民营生（约1880年后正值欧洲大部分地区的农业长期减产），改变投资结构，与本身强烈向往购置地产（贵族大地产，在拉丁国家由国家出售的教堂财产等）和贵族地主生活方式的富有的市民阶层进行社会融合，实行避免财产分割的家族策略，最后还包括担任国家领导职务，尤其在担任这类职务的其他候选人太少的地方。

这些在欧洲各地以不同组合方式应用的策略尽管在个别情 1070
况下也立见成效，但欧洲贵族到世纪交替之时还是失去了其古老的文化主导功能。直到海顿和莫扎特时期还对艺术和音乐发展有着莫大贡献的贵族资助制，此时被市场化的艺术运作方式取代。音乐家通过城市音乐会机制、画家通过举办开放式展览及正在兴起的艺术市场筹措经费。文学中的贵族题材越来越稀少，仅在比如安东·契诃夫（Anton Cechov）描写俄国贵族地主没落的忧伤故事中还能见到。著名思想家中只有少数，如尼采和托马斯·卡莱尔（Thomas Carlyle）仍继续——或重新——鼓吹贵族生活理想，当然这是脱离了现实社会根基的，他们强调的是贵族精神和贵族的贡献而非贵族出身。

帝国曾是欧洲贵族们的游戏场？恐怕只有涉及大英帝国时才可以毫无顾虑地这样说，拿破仑三世和第三共和国时期的法国殖民地可是具有浓烈的市民色彩的。大英帝国的军事和行政要职仍主要由贵族担任。他们认为，超越殖民地社会的文明和政治藩篱、与为高尚的帝国使命效劳的亚非贵族保持一种特殊的所谓意气相投的关系，是他们的特色之一。[41]这个说法用于描述印度这个最稳固的贵族领地尤为恰当，而在非洲和其他地区，出身于市民阶层的行政管理人员的数量在增长。殖民地走向衰败所散发出的某种浪漫气息让臣服于大英帝国的非欧洲人生发出一丝对跨文化事物的好感。[42]一种特殊的贵族意识出现在美国南北战争前的南部各州。统治着大型奴隶制种植园的为数极少的种植园主精英幻想并确信自己是"天生的"统治阶层。奴隶主视自己为新中世纪的庄园主（lords of the manor）。不事劳作、厌恶所谓工业北方的"物质主义"的粗鄙、对奴隶任意行使主人的权力——所有这些确乎可以让人认为这是过时的骑士制度的特殊残留物。[43]

1071　　　相较于1917年后发生的"贵族萎缩"，[44]19世纪是欧洲贵族，尤其是上等贵族的"黄金时代"。在那里市民化呈不可阻挡之势，但也并非如疾风骤雨般迅猛。贵族的衰亡发生在其他地区：在南北战争后的北美、1910年革命后的墨西哥及亚洲的三大社会中。[45]

印度：新式英国乡村贵族？

在印度，一个又一个地区的王公贵族及其追随者的职能被剥夺。1857 年大起义后，英国殖民政府放弃了决绝的反王公贵族政策。19 世纪 20 年代和 30 年代颇具影响力的英国功利主义者幻想的印度"市民化"理想社会失去了吸引力。自此后，英国人努力进行封建式统治，至少表面如此。只要王公和尼扎姆（Nizame）无力反抗，没有财政自决权，并且忠心耿耿，英国人就无须担心。他们是装点殖民国家官僚特质的饰物。[46]一个独特的印度新贵族阶层被缔造出来，自 1876 年起远在英国的维多利亚女王任印度女皇。维多利亚时代对骑士精神的推崇在英伦岛上通过新哥特式建筑或一场场骑士比武大赛被尽情展现，在印度则被搬上了更大的舞台，以更加恢宏华丽的演出进行演绎。

在印度应如何具体理解"贵族"，是一个复杂的问题。与在世界其他地区情况类似，英国人，至少那些早期在"市民化"的东印度公司谋到职位的贵族，试图在印度寻找一个对应物，即贵族地主（landed nobility），但找到他们并非易事。原因在于西欧法律发展的特殊路径。当近代早期的欧洲理论家指出，亚洲基本没有土地私有产权，天下之大莫非王土时，他们就认识到了这个问题。最著名的"东方专制政体"理论家，尤其是孟德斯鸠，描绘了一幅亚洲国家土地私有产权（和其他产权）极无保障的画面，尽管过分夸大了这个问题，但也并非完全是错的。在情况各异的若干亚洲国家，无论其法律关系多么不同，都很少见到一块土地和一个贵族家庭间有着任何统治者都不得侵犯的不可撼动的关系，就像欧洲大部分地区那样。在亚洲，上等阶层的法律地位和收入大多不是来自其拥有的地产，而是

1072

通过常常是暂时性的土地授封或由君主赋予个人或群体的地税包收权而获得的。例如，当时英国人曾详细讨论过的孟加拉地区的地主，在东印度公司接管前夕，他们并不是英国意义上的利益受到绝对保障的贵族地主（landed nobility），而是有权从事各种肥差的乡村精英，他们当然保持着地主的生活方式，手中掌握着乡村实权。在英国人的眼中，他们是一种准贵族，被视作乡村当前和未来社会稳定的保障。曾有相当长一段时间，人们费尽心思要把他们变成和一个"文明"国家相匹配的"真正的"贵族，但并未赋予他们贵族应有的警察权和审判权。[47]

拥有可强制执行的地权凭证的孟加拉地主表面上的地位上升，实际上是其衰败的前奏。他们中的一些人不能适应殖民政府释放的市场力量；另外一些人则不得不接受英国人无情提出经济要求、剥夺其财产的命运。古老的家族被毁，另有一些家族从经商开始重开炉灶。稳定印度地主的地位、使他们成为类似欧洲世袭贵族的努力失败了，希望他们作为英式改良派地主（improving landlord）、通过投资和科学种植方法推进孟加拉地区农业的想法落空了。在孟加拉地区和印度其他地方，在 20 世纪早期成为农村主导阶层的不是印度地主，而是拥有土地的"中层"，他们逐渐也成为正在兴起的独立运动的社会基础。1920年前后，在印度，地主的思维方式和生活方式被边缘化的程度与欧洲不相上下。

1073　日本：武士的自我革新

日本走了一条独特的道路，[48]世界上没有任何一个其他国家的特权群体有类似的转化。在日本，对应欧洲贵族的阶层是武士。他们原本是侍从主君的士兵，与主君结成紧密的效忠和主从关系。在约 1600 年日本安定后的数十年中，大部分武士已不再需要去作战，但他们仍然继续为幕府将军或是瓜分了日本群岛的 260 家大名（daimyo）中的一家效力，他们被添加到幕府为其统治而煞费心思想出的等级秩序中。武士被授予象征身份的各种名号和标志，在那个已不需要杀伐征战的时期，以这种方式确立了其突出的"武士贵族"风格。很多武士放下刀剑，拿起笔杆，转而从事行政管理工作。日本由此成为世界上行政管理环节最多的国家，尽管并非在所有方面都最有效率。即使如此，仍有很多武士和他们的家人无事可做。他们有的当老师，有的当护林员或庭院护卫，还有一些甚至暗地里偷偷经商——这一向是遭人鄙视的。越是如此，他们越是执着于他们的特权：拥有姓氏，佩带两把剑，穿戴特殊的服饰，骑马，路遇非武士有优先行路权。享有若干世袭特权的武士与欧洲贵族颇为相似。不过他们在总人口中所占比例要高得多：在 19 世纪时约占 5%～6%。这与属于欧洲特例的波兰和西班牙两国的贵族比例差不多，但比远不足 1% 的欧洲平均数要高得多（德国 19 世纪时是 0.5%，之后下降）。[49]因此，武士无用武之地，单从其人数上来看就是个很大的社会问题，况且也会产生高昂的社会成本。与欧洲贵族的最重要区别在于，武士与土地是分离的。他们一般没有受封的土地，更不是拥有得到承认的法定权利的地主。他们的报酬是按米折算的年俸，当然一般也能全数付给他们。真正的武士没有三个生产要素中的任何一个，既没有土地，也没有工作，更没有资本。因此，原则上武士是日本社会最易受到伤害的群体。

当常年累积的问题因 1853 年后日本与西方的对抗被激化时，首先是远离德川家族的各藩武士倡议在国家层面上进行革

1074

新。就是这个在 1867～1868 年推翻了幕府统治并开始建设新的明治秩序的小群体认识到，武士作为民众的组成部分只有丧失其传统身份，才能够生存下去。随着藩主被夺权和藩制改革，武士生存的最重要的制度框架也不复存在。自 1869 年开始，日本逐步废除了武士身份。最致命的经济打击是取消年俸（一开始作为过渡先兑换成公债），最严重的身份屈辱是 1876 年废除了当时已显得颇为怪异的佩剑特权。少数武士不得不自谋出路。1871 年允许自由择业的规定（法国 1790 年就已颁布此项规定）为此奠定了重要的法律基础。1877 年发生了最后几起武士起义后，该政策就没有再遇到抵抗。[50] 它让很多武士及其家庭陷入了极度困境，国家也只能部分地从社会福利上给予扶持。在日本，武士道精神仍然存在，但武士作为显见的社会组成部分到 19 世纪 80 年代就已经消失了。明治政府效法英国的贵族爵位（peerage）造出来的新上等贵族，只不过是残存的大名家族及京都古老的宫廷贵族接受的、1867～1868 年政权交替时不足 40 岁的年轻的寡头政治家们用来犒赏自己的"拿破仑式"艺术品。明治政府计划从 1890 年起设立第二个议院作为上院，在新政治体制中，新上等贵族作为高高在上的天皇和"普通民众"间的缓冲层发挥了重要作用。

1075   中国："官吏"的衰落和转化

中国与欧洲的情况最接近，而且，就现代性而言，它在某些领域要领先于欧洲。这里在 18 世纪就已存在一个很大程度上不受限制的土地市场。已经几乎不存在个人缴纳封建税赋和履行仆役义务的情况，对某个家庭拥有某块土地的持续的监管无法在法律上固化。不过一旦拿到了契据——如在欧洲一样——

基本上就不用怕政府伸手了。可否把中国的官吏——马克斯·韦伯和他之前的欧洲人都称他们为"文人"——看作欧洲贵族在中国的对应阶层？从某些方面而言完全可以这么看。官吏有效控制着大部分农田，而且相比近代早期的欧洲贵族，他们更是无可争议的文化主导阶层。最重要的区别在于，一个家庭的私有田产虽然可以传给后代，但身份是不能继承的。身份和田产几乎完全分离。人们一般通过定期的科举考试获得功名，步入这个中文叫绅士，西方译作 gentry 的阶层，他们占人口总数的 1.5%，介于欧洲和日本之间。[51] 只有在九个等级的考试中至少考取了最低等级功名的人，才能享有一名绅士应有的名望和各种显见的好处，包括享有赋税及笞刑优免权等。一旦成为绅士，他和他的家族就成为当地上流社会的一部分。他会被委任以地方要职。在有宗族组织的地方，绅士属于宗族组织内部精英。他参加儒士的文化和社交圈子，其基本架构在某些方面与其在英国的对应阶层类似。中央从在最高级科举考试中中榜、一般由皇帝在京城亲自面试的人中招贤纳士。一个家庭若出了一个在中央或省一级担任官职的，那么在具有等级意识的帝制中国，这个家庭就算实现了最高目标。

在历史描述中，人们总是拿日本的成功与中国的失败进行对照。日本把开放带来的冲击创造性地化为大规模的现代化和国家构建计划，而中国则误判了时代信号，错失革新图强的时机。这种说法在很多方面是有道理的。中国的僵化有很多原因。1820 年后缺少强有力的君主统治、国家机器中满汉官员间关系的不稳定与文化封闭同样都是重要原因。每一个强有力的改革步伐必会危及这一极为脆弱的平衡。不过也可以尝试对历史做另外一种解读。那么提出的核心问题应当是：在日本，外部世

1076

界对其小得多的冲击——因为舰队司令佩里（Commodore Perry）打开日本门户的过程中没有发生流血冲突，与1839~1842年鸦片战争的暴力程度根本不可同日而语——却产生了与中国相比强烈得多的后果。为什么会这样？答案有两个。第一个答案是，涉及边界问题，中国的高官重臣在对付各种外敌入侵方面比日本武士更有经验，日本武士面对长鼻子海外野蛮人时没有熟悉的等级范式和行为规则可以参照，晕头转向，被迫完全接受新的规则。在中国，只要外部威胁没有危及北京的权力中心（不过1860年圆明园被洗劫焚毁时则很接近了），抵御外敌的老办法似乎总能奏效。他们不会完全陷入晕头转向、不知所措的境地，以至于迫使他们彻底对问题进行反省。直到1900年义和团战争期间八国联军入侵的屈辱才标志着朝廷陷入毫无退路的绝境（point of no return）。第二个答案是，在中国，官僚机构和其依存的根基——绅士阶层，不像日本武士那样被严重削弱。就在日本发生巨变的同时，尽管蒙受巨大损失，但中国统治阶层在经济上和政治上经受住了可怕的太平天国革命。1860年清王朝也成功地与英法俄几个侵略大国达成了一种临时协定（modus vivendi），使中国免受三十多年的外交和军事压力。在日本的旧秩序崩溃时，中国的旧秩序没有经历太多引起时局动荡的变革，维持了稳定。

1077

到1900年，朝廷和整个国家都到了生死存亡的关头，此时，中国政府的高层决策者，无论满人还是汉人，都有进行彻底变革的意愿。[52]废除存在了数百年的科举制度——迄今为止无可替代的人才选拔机制，与30年前日本废除武士身份的举措非常相近。由此，与日本类似，在中国，活跃的精英势力失去了形成其社会阶层的土壤。中国的变革既缺乏明治新政的制度特征，也缺少能实施变革的外交缓冲空间。清王朝1911年垮台，随之，为数不多的清朝贵族一夜之间失去了特权。[53]此后，成千上万个汉族士绅家庭一方面失去了获得功名的旧管道，另一方面也失去了在中央官僚机构任职的机会。帝国鼎盛时期富有学养、实干、关注公众利益（至少理想形象如此，但现实生活中也不少见）的绅士，很快变成了落魄寄生的地主阶层，无论在现实生活中还是在社会感觉上皆如此，而同时（确切地说是从1915年新文化运动开始），中国大城市新兴的知识分子阶层起来激烈反对士绅阶层所代表的一整套价值体系。被政府抛弃、受到关心政治的知识分子的鄙视和反对、陷入与农民的结构性冲突，帝制中国传统的上等阶层成为中国社会中最脆弱的一部分。自我废除式的武士拯救之路对他们而言行不通。自20世纪20年代起作为"地主阶层"受到中国的马克思主义者敌视的这部分人，既没有物质资料可供自我防卫，也没有关于国家未来的愿景使他们找到同盟。经过1937年后第二次中日战争，中国古老的乡村上等阶层被持续削弱，已无力对抗20世纪40年代晚期发生的共产党领导的农民革命。

　　中国的绅士不是欧洲或日本意义上的军事贵族。绅士的产生不是看家世而是论才封官。具体到每个家族，高官厚爵不会维持很长时间。一个家族从兴到衰常常只经过几代人。精英性质的延续不是通过血统继承而是通过与国家关系紧密的机构不断招募人才补充实力来保障。绅士与统治者的接近、他们对于国家所起的主导作用、他们不以作战和狩猎等体能竞赛为标准而是以对经史子集等知识的掌握程度而论的竞争世界观，使他们与"传统"的贵族有某种联系。相同之处还包括对土地的控制和对体力劳动的疏离。总体来看，相似之处多于不同之处。

在很多方面，绅士的功能与欧洲贵族阶层相当。与欧洲贵族一样，绅士也比较平稳地度过了 19 世纪。1864 年太平天国起义的威胁过去之后，他们面临的直接社会竞争甚至比在欧洲还要少。新兴的中国中产阶层对绅士统治地位的挑战远不如欧洲类似情况下的挑战激烈。在中国，威胁主要来自农民革命和外国资本主义。士绅阶层走到终点是在 1905 年，好比 1790 年的法国贵族、1873 年的日本武士和 1919 年的德国贵族。绅士也是最终走向没落的以土地为根基的精英阶层，是世界上人数最多的精英阶层。

　　贵族和准贵族精英的命运一部分是各国本土发展所致，一部分受到跨国发展形势的影响。在此有两个发展势头相反的趋势。一方面，贵族理想的吸引力被证明是有限的。在美国和澳大利亚发育起来的社会以史上空前的方式对贵族免疫。殖民帝国也只是暂时稳定了贵族阶层。近代早期欧洲的殖民扩张大大扩展了欧洲贵族的地理活动范围。尽管贵族们之间会有一定程度的超越文化的惺惺相惜，但非欧洲贵族很少接受欧洲贵族的世界观和角色认知。相比之下，欧洲中产文化作为出口产品更具吸引力。19 世纪晚期的新殖民地不再有贵族烙印。1875 年后，所有欧洲强国在非洲及东南亚的殖民地中占主导地位的是职能型中产阶层人士，即使在印度，封建假面舞会也难掩殖民国家的官僚特质。另一方面，变化开始逐步显现。当大国的外交官不再完全由侯爵、伯爵、勋爵担任时，贵族国际开始走向终结。早在 1914 年前，美利坚合众国和法兰西共和国的外交人员就已几乎全部来自中产阶层。在 19 世纪，国家的形成在所有地区均导致中央政府机构与力图掌控自己所拥有的地方权力资源的贵族之间的距离拉大。如果国家雇用他们，那么纵使贵为贵族也不过是国家的"仆人"。同时，贵族对古老的农业收入来源、权力和名望的攫取也在减弱：工业改组及世界经济扩张时代各种形式的农民解放、地方特权的弱化、农业收入的减少限制了贵族阶层惯常的发展可能。即使在 20 世纪早期，贵族们也以最快的速度把握住了自己的命运，贵族视自己为已无明显身份特征的"精英"的一部分，在这个范围内以务实低调的风格打造社会和政治同盟。

三　市民与准市民

市民的现象学

19 世纪似乎是以市民和市民性（Bürgerlichkeit）为主导的世纪，至少在欧洲是如此。[54]在城市中，在适当的退却中提出富裕者阶级妥协建议的贵族和该世纪最后三分之一世纪参与了政治自治和文化独立并走上了"从暴民到无产阶级"（维尔纳·孔策［Werner Conze］）之路的雇佣工人之间出现了一个拥有自己独特价值观和生活方式的社会领域。在一战前的 20 年中欧洲许多城市出现的郊区别墅群即是这一具代表性、彰显自己有别于其他阶层特质的已消失的市民阶层可见的遗留物。"市民"是哪些人，是什么人，无法以身世、收入和职业等客观标准准确界定。[55]市民是指那些自认为属于这一阶层并在生活方式上践行自己信念的人——大量研究和讨论得出的几乎都是这样一个结论。极端的怀疑派甚至对整个"市民阶级"（Bürgertum）概念表示怀疑。人们或许可以在文学虚构作品（托马斯·曼［Thomas Mann］的《布登勃洛克一家》，1901 年出版）中和历史真实中辨识出个别毋庸置疑的市民阶级家庭及其世代传承。[56]市民阶级作为一个阶层或阶级却无法被定义。正如人们所问，"资产阶级"（Bourgeoisie）从根本上说难道不就是一个"神话"吗?[57]

若要说市民不是什么则较容易：他们不是靠地产和血统获得身份的封建主，不是处于依附地位的体力劳动者。另外，"市民"的范畴比任何一个社会概念都要宽泛。它包括1900年前后这个时代里世界上最富有的一些人——企业主、银行家、船主、铁路大亨，也包括人数众多但收入并不高的教授和法官。它包括从事学术性工作的"自由职业"者（英语简称为professions），比如医生或律师，[58]也包括杂货铺老板、自主经营的鞋铺老板或警察。此外，在1900年前后"白领"雇员这个新的职业类别引起了人们注意。它是一个处于市民阶层边缘的职业类别，工作具有依附性，但十分注重工作环境，一般在银行出纳处或企业的会计处从事非体力劳动。自从越来越多的公司不再由其所有者管理，而是由薪金经理人管理，就出现了具有上层中产阶级风范、遍布若干工作部门的雇员阶层，他们得以成为市民阶级价值最热忱的守护者。[59]

1081　　"市民阶级"作为概念之所以具有欺骗性，是因为市民阶级生活方式在一些人的命运中会如昙花一现。市民追求（阶层的）"上升"，没有什么比相反的境遇，即堕入底层，更让他们感到恐惧。一个落魄贵族依然是贵族，一个落魄的资产阶级分子却会完全丧失社会地位（déclassé）。[60]成功的市民认为是自强自立和自我奋斗成就了他的地位，对他来说没有什么是生来固有的。社会在他眼中是个阶梯，他自己处在这个阶梯中间的某个位置，始终受到向上攀爬的欲望驱使。市民的雄心并不仅仅出于个人的进取心、为了家庭幸福以及维护他直接的阶级利益。市民要参与创造和安排，他对他的责任有更高层次的理解，并乐于——只要其生活条件允许——为改变社会生活尽一己之力。[61] 在最不济的资产阶级分子（bourgeois）身上也闪耀着一些公民（citoyen）的光芒。几乎没有哪个非宗教价值体系像市民阶级文化那样提出了"普遍性要求"（Anspruch der Verallgemeinerung），[62] 从而超越了其初创者和最初的中坚力量。总有许多人居于市民之下，市民面对他们有优越感，也就是自认为高人一等，起码少有人在他之上。只要存在非市民阶级精英，即贵族或者富有名望的神职人员（这里也包括乌莱玛[ulama]），市民，即使是最富有的市民，也永远不会处于社会等级的最顶端。只有少数社会，如瑞士、荷兰、1870 年后的法国及美国东部海岸在 19 世纪的情形有所不同。最富有市民阶级色彩的社会是市民在所有领域自己共同制定竞争规则的社会。这种情况到 20 世纪从趋势上看已是普遍现象，但在 19 世纪时的世界各地还属于特例。

不过在 20 世纪，市民作为一个阶级也经历了其地位的大幅滑落，即整个社会极端的去市民化与去封建化：自 1917 年起发生在俄国，其后不久在中欧，1949 年后在中国重演的极端事件。市民阶级和遗留贵族遭到了同样程度的革命的荼毒。而在 19 世纪的欧洲，市民虽然常常处境艰难，但从未因此遭遇凶险的命运。1917 年之前，欧洲的市民——作为社会阶层——从未经受命运的折磨，就如 1789 年后一部分法国贵族那样。布尔什维克革命对其抵制的生活方式的摧毁比以前历次革命都更残暴。20 世纪 20 年代回望 1861 年后才产生、仅仅发展了 50 年的俄国经济资产阶级（Wirtschaftsbourgeosie）世界，它已然是陷落的

1082

文明了。[63] 德国和奥地利在一战后遭遇通货膨胀，这是欧洲传统市民阶级经受的最沉重打击，在通货膨胀和 1929 年开始的世界经济危机之前，大部分市民从未集体失去支撑其"高端"生活水准的要素。对于市民而言，19 世纪也是一个相对较好的时代。

小资产者（Kleinbuerger）

市民阶层的规模有多大？"原本意义"上的资产阶级与小店主和独立手工业主等小资产者之间术语的接近至今仍让人困惑。一位钢铁大亨和一位烟囱清扫工，表面看都是市民，那他们的共性何在？较容易引起注意的是差异。"大"资产者和"小"资产者的社会特性乍看很容易区分：两个群体的发展是在不同的轨道上。比如 19 世纪后半叶在欧洲很多国家"有财产、受过良好教育"的市民与担心自己和产业工人间的可分辨性的小资产者在精神和政治领域拉开了更大距离。另外，小资产阶级又在这些国家不同程度地凸显出来。法国完全变成了小资产者之国，而俄国由于中小城市较少，由资本主义企业创办者和有文化的绅士构成的新阶层只能附着于单薄的小资产者阶层构成的基础之上。

"小"市民阶级的概念特别难以界定。在解决给社会中等阶层命名这个问题上，即使英美两国人们一向偏爱的、1889 年才在一部美国辞典中出现的中产阶级（middle class）概念[64]，也不是一个普遍令人满意的答案。即使在起初就比欧洲有更广泛的中产阶级共识的美国，这样一个中产阶级（middle class）（德语通常译作中等阶层［Mittelschicht］）的一致性和统一性也难以证实。人们曾坚持不懈地试图找到下层中产阶级（lower middle class）与上层中产阶级（upper middle class）的社会界限，但并未得出一个普遍性的结论，却很少能避免划出一条内部分界线，比如英国是在资本家中产阶级（capitalist middle-class）和非资本家中产阶级（non-capitalist middle class）或职业中产阶级（professional middle-class）之间划上界限，这是一种类似德国"经济市民阶级"（Wirtschaftsbürgertum）和"文化市民阶级" （Bildungsbürgertum）间的区分。[65]中产阶级（middle class）或中等阶层（Mittelschicht）这两个概念都不如市民阶级（Bürgertum）概念的文化内涵丰富。所以前者可以应用在更多语境中，更适用于描述世界社会史。并非每个中等阶层成员都胸怀全套"市民阶级价值观念"。区分为不同的社会圈子，即不同的交际圈和拥有不同基本信念的圈子尤为有益。哈特穆特·凯博（Hartmut Kaelble）建议，在狭义的中产阶级圈子——"上层中产阶级"和小资产者圈子间加以区分。[66]这些圈子并不是经过精确划分、界限分明的群体，而是界限模糊、相互重叠和相互影响的社会力场。可以把圈子更具体地想象为生活有交集的地方群体。最先形成的是交际圈、嫁娶圈、社团圈，这方面各个城市又具有各自不同的群体结构和文化特征，继而可能才会形成跨地区的阶层和阶级。

"小资产者"是"世界"社会史尚未展开研究的一个课题。这并不奇怪，因为他们在19世纪是一种高度地域化的存在。[67]其经济活动半径很少超出左邻右舍的范围：他们与顾客都熟稔。青年学徒漫游期——常在大量浪漫主义诗歌中出现——结束后，他们就很少再踏出其社会圈子半步。他们的文化影响范围也有限。小资产阶级是一个极不国际化的阶层——即使1899年召开了第一届世界小资产阶级（petits bourgeois）大会：他们不像终日游走的下等阶层那么有流动性，也不像亲戚关系遍布远近各地的贵族和在遥远的他乡有生意往来的大资产阶级那样处在国际关系网中。由于这种地域固化特征，很难将小资产者的概念从一个语境套用到另一个语境中。把伊斯法罕（Isfahan）的一名银匠或汉口的一位茶馆老板唤作小资产者又有何意义？在德语中，小资产者的概念容易让人联想到带有贬义的小市民（Spiesser），而这种联想在其他语境中不太常见。

在"小资产者"这一笼统的从未彻底摆脱人们轻视的类别背后，颇有一些具有地方特色的手工业者拥有自己的伦理和凭手艺吃饭的特殊职业自豪感。[68]这样一些有着价值支撑的手工业文化在世界各地都存在，比如在印度的一些地方，有些行业甚至具有种姓制度般的排他性，常常比经商更受人尊敬：它们是稳固的社会中层圈子，依赖于垄断上层社会也无法触动和取代的实际技能。代代相传的技能与法律特权和可没收财产相比，更容易摆脱遭遇政治革命而贬值的命运；手工业者和保障基本生活需求的人总有用武之地。直到机械生产的出现才使这类职业遇到了问题，但并未使它们变成多余的行业。因此，小手工业者有着顽强的生命力来抵御小资产者的无产阶级恐惧症。小资产者（广义上的）未必会仰视社会等级制度的更高等级。小资产者并无创立或承载一种上层文化的鸿鹄大志。因此他不会在教育上投入太多文化资本，对教育秉持务实的态度，教育——毋宁说是职业培训——只要对子女够用就可以了。当然，小资产者具备采取集体政治行动的能力。如果控制了社会流通的渠道，他们会比一些工厂主更能发挥影响力。中国港口城市市集商人罢工或小商人集体抵制就曾屡次产生过政治压力。若这种行动是针对外国势力的，那么它们则成为民族主义政治的一种早期表现形式。战争是小资产者重要的国际化经历。除农民和工人外，小资产者是欧洲军队的主要组成部分，在殖民地也是如此。校尉和军士等下等军官出身于小资产阶级，行为举止也是小资产者做派。下等军官就是穿军装的小资产者。军队中的等级制度常准确而鲜明地反映出市民阶层的等级阶序，在争夺军官委任状和博取贵族军事头领赞赏的斗争中比任何其他领域更能看到市民阶层变幻无常的上升之路，这方面每个欧洲国家又都各具特色。[69]

1085

社会尊重度

原本意义上的资产阶级（Bourgeoisie），大致相当于哈特穆特·凯博所谓的"上等中产阶级"（obere Mittelschicht），由那些比小资产者思维开阔、拥有资本——也包括文化资本和学术知识——且不从事体力劳动的人构成。自负的埃德蒙·戈布罗（Edmond Goblot）在一篇写于 20 世纪 20 年代的精彩绝伦的文章中说，"资产阶级分子是戴手套的"。[70]这是中产阶级外在特征的一个基本要素。另一个特征是失去名望之忧。贵族重视荣誉，而典型的资产者注重的是社会尊重度，尽管他有时会为贵族荣誉决斗习俗所折服。市民主要从其他市民那里寻求尊重，但也在不愿被其轻视的上等阶层和位居其下的社会阶层中寻求尊重，并且希望后者对待自己态度恭敬并认可自己作为意见领袖的地位。追求社会尊重度在欧洲和欧洲以外地区的社会中等阶层中都很普遍。其经济表现形式就是信用，即商业信誉。市民有较有保障的收入，若他自己需要资金，会示意债权人贷款不会亏本。受人尊重的市民遵纪守法，恪守道德规范。他知道何为"体面"，并体面行事。市民阶层的女性忌讳懒惰，但也忌讳出门在外从事体力劳动。市民是这样一种人，他是较高等级的市民阶级社会成员，他的太太和女儿不用在别人家当女佣，相反他还有经济能力在自己家中雇佣仆人。

"受人尊重"，与英国绅士这种性格模型（gentleman）一样，是一个不固定的、可以通过学习去实现的文化理想。无论欧洲人还是非欧洲人都可以追求这一理想。例如，在19世纪南非的城市中，白人和黑人中产阶层在追求社会尊重度的氛围中彼此接近——直到日益抬头的种族主义使这种趋同发展越来越困难。[71]阿拉伯、中国和印度的商人也远离体力劳动，注重家庭美德（在一夫多妻制社会中也以特殊方式践行这些美德），强调其行动的支配性，根据理性商业规则进行筹划和安排，并努力用行动证明其名望乃实至名归。"市民阶级"特征与西方文化环境并无必然联系。因此，没有充分理由说明自20世纪最后三分之一世纪以来在日本、印度、中国以及土耳其出现的数以亿计的中产阶级（middle class）只是西方社会形态的输出。若没有各国本土的发展基础，这是不可想象的。

19世纪，上等市民阶层（gehobener Bürgertum）在世界各地都是少数。"有财产、受过良好教育"的市民占德国总人口的比重很少超过5%（加上非农业小资产阶级至多占到15%）。[72]与此相对照，美国出现了一个至今都很有影响的传统，即认为美国社会只由中产阶级（middle class）构成，此外别无其他阶层。史学家路易斯·哈茨（Louis Hartz）写道，美国人民是"资产阶级概念的一种国家体现"。[73]社会史研究对"熔炉论"神话的孪生姐妹——无阶级神话进行了解构，并梳理出了美国市民阶级生活状况及世界观的特殊性和差异性。偏巧美国的大资产阶级与位居其下的社会阶层的界限并不比欧洲同等状况下的界限模糊。[74]如果说，除在英国、荷兰、比利时、瑞士、法国北部、加泰罗尼亚、德国西部及美国北部各州等少数国家和地区外，1900年前后市民即使在所谓的"西方"也大多是非市民社会的点缀，那么对于整个世界而言他们的数量则更为稀少。在"市民阶级时代"，"有财产、受过良好教育"的市民占世界人口的比重极小。市民和市民阶级生活方式在世界上的分布极不均衡。不过这种分布并不遵循"西方和非西方"（the West and the rest）模式。欧洲绝不是作为一个"整体"步入市民阶级时代的，而且在欧洲和北美以外的地区并非完全没有市民阶级及准市民阶级产生的迹象。

社会中等阶层的普遍性

1087

世界社会史研究从这个环节开始发生兴趣。当然，市民和市民阶级生活方式是近代早期西欧城市文化和远途贸易的产物，在19世纪工业资本主义和革命平等思想的影响下进一步发展成形。"市民社会"（bürgerliche Gesellschaft）理念和部分得以实现的现实同样也是新的历史时期（西部）欧洲特殊道路最具特色的一个方面。世界上没有哪个地区像在西欧和欧洲新移民社会中那样似乎产生了一种观念，认为社会等级制度的中等阶层能够以其生活理想影响整个社会。尽管如此，还是值得探问，19世纪在西方的北大西洋地区以外，在哪些地区怎样产生了与西欧中产阶级（middle class）近似，甚至作用完全与其相当的社会圈子。以下评述不是对"欧洲以外"地区市民阶级生活方式的全景式描述，[75]只是举出一些相似的情况和关系，通过事例，主要通过亚洲地区的事例加以形象地阐释。近代早期在这些地区形成的商业文化就复杂性和生产能力而言，都不逊于同时期的欧洲。[76]那里的很多地方最晚至 20 世纪 20 年代，在资本主义和较高教育水平的相互作用下产生了资产阶级的雏形，他们——这是前所未有的——从国家政治角度出发去思考问题。当时在非洲若干地区也开始了新的社会结构形成过程。不过，与亚洲相比撒哈拉以南非洲地区的社会发展过程更不具有延续性。这里有两个原因。一方面，与在亚洲大部分地区不同，欧洲人更全面地控制了正在形成中的非洲现代经济部门（矿山，种植园）。在这一新的经济秩序中非洲人的角色只是雇佣工人或小农供货商。另一方面，基督教传教士在非洲的出现导致在非洲出现了比几乎所有亚洲地区都更深刻的社会文化断裂。就是这种传教和教化活动使得在非洲出现了一个以西方价值为导向的知识精英群体，而在东亚或南亚，本土知识文化的变化过程更为复杂。[77]所以让我们到 19 世纪的亚洲去寻找准市民吧（Quasibürger）。

1088　　　总体上看，19 世纪，尤其是 19 世纪中叶以后，社会中间阶层在世界很多地区的相对比重开始增长。这与促使社会进一步分化的人口增长有关，也与远途和近途商贸活动的普遍扩张有关，这个过程波及所有大陆，甚至波及殖民征服行动开始很久以前的撒哈拉以南非洲地区。[78]商人和银行家，也就是交换和流通领域的行家，在很多文化环境中推动了这一发展并从中获益。第三个决定性因素是政府管理机构的扩大，这为等级秩序的中间阶层提供了就业机会，中间阶层即指那些不是贵族但受过良好教育、至少上过学的官员。在 19 世纪，市民是指这样一些社会群体，他们把自己或定位于边缘的"第三层"位置，或定位于社会垂直等级的中层位置。

　　　这样的社会图景并非理所当然。可以想象社会阶序由内而外或是兄弟式平等划分，或是二分法划分（上层/下层，内部/外部），或是按等级和身份精确划分。形成一个介于精英和农村大众及城市平民间的第三阶层，换言之，就是占据一个非徒有虚名，而是具有实际意义的中心位置，这样的观念18世纪时在一些欧洲和亚洲国家经过初步发展，在经济市民阶级（Wirtschaftsbuergertum）势力壮大后才成为19世纪的一个特征。这个时期，商人和银行家不仅在现实生活中被包容并暗地里受到尊敬，而且在理论上，即在社会主流价值体系中也受到普遍认可。中等阶层受认可度的上升并不必然意味着"市民阶级的上升"。有时利益天平向富贾显贵的倾斜几乎无从察觉，只能通过交往的细枝末节才能洞悉。但这方面的趋势已在全世界蔚然成风：更多与商业和非正统知识而不是农业、乡村生活和正统文化相关并且视野超出了"教堂尖顶"的职业、生活方式和心态，其重要性超出了以往任何一个时期。

这些职业、生活方式和心态的主体，即准市民，往往是（也不总是）抛弃传统的新型社会力量，他们通过成就和竞争思维而不是套入现有身份等级来定义自己的社会身份并追求流动财富的积累和保障，尽管很多人出于安全和名望的考虑而投入部分资金购置不动产：这是与史学家们长期争论不休的欧洲国家市民阶级"封建化"矛盾的现象。准市民阶级群体从未在亚洲任何地区"掌过权"，不过他们尽管为数甚少却影响很大，对社会的现代化产生了影响。这个过程当中没有深思熟虑的纲领，也没有明确告白的"市民性"，而是通过应用先进生产技术和商业组织，在增长行业（如外向型农业生产和机械化矿山开采）进行投资，运用超出本土传统渠道的资本运作方式。这些市民从其客观作用而言是一批有企业经营头脑、具备企业家

1089

素质的经济先锋。不过他们很少以经济甚至政治自由主义的自信的代言人形象出现。这遮蔽了他们的存在，使欧洲同时代人和史学家们犹如雾里看花。史学家们是先寻找自由主义说辞，然后再去寻找隐藏在说辞背后的市民。

亚洲的准市民本来也承受不起持反中央集权的自由主义观点所要付出的代价，因为他们和政府的关系很矛盾。和所有地区的经济市民一样，他们的目的一方面是尽可能顺畅地进行自我组织并对市场活动进行自我监督。例如，18 世纪的中国经济就曾是这样一种市场经济。1911～1927 年中国资产阶级重新争得自由空间并非偶然，当时的中国政府正处于空前绝后的衰弱时期。[79] 另一方面，很多亚洲国家的商业中产阶级依赖于政府，和政府是一种休戚与共的关系。作为纳税人和银行家，他们向政府提供资金，反过来他们享受政府的保护。他们常遭到周围人的嫉妒，政府，无论是本地政府还是殖民政府，必须为他们提供保护，保障他们最低限度的法律安全。这个范围很广：从少数族裔商人在一些欧洲东南亚殖民地享受的垄断性质的优惠——如中国商人享受的鸦片垄断特权[80]——到通过建立几乎不进行任何干预的实行自由放任政策（Laisser-fair）的殖民政府来保障本土以外的自由空间，比如英国统治下的香港。大多数情况下，市民阶级与政府的亲近度比西欧要高。19 世纪末产生的亚洲资产阶级并不主要是国家公务员阶层。他们也很少是直接由政府倡议而产生的，而是都有各自经商成功的独特经历。不过他们——从奥斯曼帝国到日本——主要还是受政府保护和扶持的人数很少的商业群体。19 世纪世界大部分地区缺少形成私有市场调节自治体系所需的制度条件。

因此，充分发育的"市民社会"，即起码是政治制度也

"市民化"的社会在世界上很少见。具有世纪特色的是在殖民地地区和在亚洲独立国家及欧洲南部及东部外围地区出现的、伊万·拜伦德（Ivan T. Berend）谈及中东欧时所称的二元社会类型（dual society）:[81]新旧（市民）精英阶层的不均衡共存，中产阶级的经济意义上升，但旧精英阶层还保有政治主导地位和部分文化主导地位，尽管他们在勤奋、渴求知识、自律的社会中等阶层眼中常常既颓废又缺乏劳动能力。

增长的世界经济中的少数族裔商人

并非所有非西方准市民都向世界经济看齐，但他们所起到的网络构建作用无疑是其最显著的标志之一。整个商人团体，比如东非的斯瓦希里族（Suaheli）商人团体通过适应不断变化的外部条件得以长期兴盛。[82]准市民绝大部分从事贸易与金融——一些家族早在 18 世纪就在这些行业赚取了巨额财富，比如印度商人（bania）。当其他国家本土专门化群体，如印度伊斯兰行政官员或鸦片战争前与欧洲人进行中国商品交易的香港商人早已变得可有可无时，英国人还部分地依赖这些印度商人。这些群体在 1780 年后由于欧洲，尤其是英国的亚洲贸易扩张受到影响，丧失了财富和名望：印度商人受东印度公司贸易垄断的影响，而他们的中国同行则受到被逐步取消乃至最终被彻底废除的国家外贸垄断以及中国对有限自由贸易的开放的影响，这使习惯了寄生性官僚主义和僵化的垄断行为的商人之家无法找到新出路。[83]这些"近代早期"的商人很少摇身一变就成了"现代"资产阶级，如同欧洲的巨商富贾通常很少直接化身为企业家一样。在世界各地——日本和帕西（Parsi）商人在孟买及周边地区建起棉纺工业的印度西部除外——即便到了 1900 年前后，工业领域里企业经营活动空间依然很小。在欧洲很多国家及美国大大推动了私营企业发展的铁路大都掌握在外国人手中。倒是种植园提供了进入资本主义生产领域的有利渠道，因为相对而言种植园无须太大技术投入。殖民统治时期的锡兰资产阶级是亚洲历史最悠久的市民群体（一些 19 世纪兴盛起来的拓荒者家族迄今仍掌控着斯里兰卡的政治），这些人最初就是通过经营种植园发迹的。在马来亚和印度尼西亚的阿拉伯商业帝国也在该领域进行投资。[84]

非欧洲的准市民自与欧洲有贸易联系起，就常起着牵线搭桥的"买办"作用。[85]他们在这个过程中得以积累与本土商业网打交道的经验，并将这些网络与世界经济挂钩。只有通过他们，不同商业文化间的交流才得以实现，比如印度及中国（买办这个词就源自近代早期葡萄牙语和汉语交融的语境）与西方商业文化间的交流。他们开辟融资渠道并利用他们与本国商业伙伴的关系。仅在中国，1870 年前后就有 700 个这样的买办，1900 年前后有 20000 个。[86]宗教少数派群体或少数族裔（犹太人，亚美尼亚人，印度的帕西人，黎凡特［Levante］的希腊人）常扮演这样的角色。[87]这并非"欧洲以外"地区所特有的。比如在匈牙利，实力雄厚的贵族对现代经济生活兴趣不大，所以犹太人和德国企业主在相应的商业资产阶级内部占据着核心地位。[88]他们是匈牙利与世界经济接轨的最重要的倡议者。在中国，商业中介一直由中国人掌控，通商口岸的中国商人群体专门从事这一行当。不过在东南亚的所有国家也可见到从事商业活动、部分在矿山（在马来亚的锡矿）及种植园劳作的作为少数族裔的海外华人。他们在内部又形成按财富和名望划分的等级体系，下有内陆乡村杂货店的华裔店主，上至吉隆坡、

1092

新加坡及巴达维亚（Batavia）生意庞杂富可敌国的大资本家。[89]在荷兰殖民地爪哇，19世纪初几乎全部国内贸易都被华人掌控。殖民政权掠夺该岛几乎完全依赖自1619年殖民政府在巴达维亚建都以来控制着此地商业的该少数族裔群体。尽管后来欧洲人在爪哇岛上加强了干预，但华裔（其人口不足总人口的1.5%）对殖民统治体制而言一直是不可或缺的，他们反过来也从体制中获益：直到1949年荷兰统治终结，他们一直是外国公司与爪哇居民间的桥梁。[90]少数族裔商人也经营——仍是作为"第三方"——远途业务。比如19世纪初俄国小麦经敖德萨出口到美国的生意都被来自希俄斯岛（Chios）的希腊商业家族掌控。[91]

这些少数族裔的地位很少能使他们抵御危机，他们没有多少理由成为自信的市民阶级。来自希俄斯的希腊人在1838年奥斯曼帝国实行自由贸易之后降为西方公司的代理商，很多人加入了英国或法国国籍。中国买办全是汉人，他们在1900年后逐渐被中国沿海日本和西方大型进出口公司雇用的中国经理人（Chinese manager）取代。尽管有政府庇护，但侵害和财产剥夺时有发生。随着多数居民民族主义情绪的高涨，这种侵害越来越具有传染性，侵害的规模和程度在20世纪达到了极致。1956年苏伊士运河危机后欧洲少数族裔被驱逐出埃及，1964年印度尼西亚对华人实施大屠杀，这样的事件在19世纪不曾发生过。[92]欧洲殖民政府常常庇护少数族裔，它们的财政依赖于少数族裔的纳税实力。欧洲以外地区的准资产阶级无论相对于本土社会还是相对于世界市场的力量都处于弱势地位，但这并不妨碍他们利用自主经营政策的可能性，扩大经营空间。不过他们会谨防过度片面依赖某种经营，往往是谋求自己家庭乃至家

1093

族财富积累的安全性。今天仍是若干亚洲资本主义变种之特色的密切的家庭关系被证明是最大限度降低风险的有效策略。另一个策略是尽可能从事多种经营：贸易，工商业生产，放贷，农业，城市房产等。如果说独立经营、较少制度保障的自主经营活动及在高风险环境中经营的必要性这几点是中产阶级的经济概念特征，那么它们非常符合世界经济"外围"地区那些靠自我奋斗成功的人群的特征（self-made men）。[93]

现代性与政治

在欧洲以外地区被看作准市民阶级的群体很少表现出强大的政治自信。他们的政治影响力不大，在社会中常处于孤立状态。如果他们是具有明显辨识度的少数族裔，就如奥斯曼帝国的希腊人或东南亚的华人那样，那么他们适应社会环境的可能性及意愿常常有限。因此他们更加维护少数族裔的特殊文化——一种准市民阶级的小社会特色。这样一种孤立却常与谋求开放和与世界趋势及普遍性规则接轨的努力相矛盾。在西欧的犹太市民阶级中就有类似的矛盾：在被环境同化——基于信1094 念而对普遍文化价值的接纳——和维护犹太宗教社群团结的愿望之间纠结。若要寻找一个超越国界的在世界若干地区存在的文化价值取向，会发现，人们在适应过程中在意的其实不是对政治权力和文化自治权的要求，而是对"文明"的要求。在亚洲和非洲，市民性自19世纪末以来（就如以前对于摩西·门德尔松［Mosel Mendelsohn］时代以来的西欧犹太人一样）就意味着与社会习俗和生活方式文明化的伟大进程接轨。他们不一定把这个过程看作欧洲的辐射，也绝不认为自己只是在被动模仿。尽管在巴黎、伦敦和维也纳等城市，文明化进程明显向前推进，但欧洲以外的准市民有足够自信把这个过程看作他们自身积极投身其中的一个普遍的时代趋势。像伊斯坦布尔、贝鲁特、上海或东京等城市都发生了现代化，（本土）知识分子通过描写城市故事同时塑造了一个"文字中"的城市。[94]

无论置身世界何处，"中产阶级"成员都可通过想表现得"现代"而认出彼此。在这里，对现代性的普遍要求所用的限定性修饰词是次要的。现代性应该具有英国、俄国、奥斯曼或日本特色，不过更重要的是现代性的不可分割性。唯有如此才能避免将现代性愚蠢地区分为真正的现代性和模仿的现代性。因此，19世纪晚期就已显现并在当今的社会学中具有重要意义的"复合"现代性体系，对正在形成中的亚洲准市民阶级精英而言是个害人的礼物。现代性必须有着文化中性和跨国界的诉求，以呈现其权威性且不论在何处都能为人们所理解。它应该是与本土方言一致的一种符号语言。[95]

若"中产阶级"（middle classes）——正如起初在印度或1920年前后在印度尼西亚和越南那样——分别处在殖民地鸿沟的两侧，则会出现矛盾的情况。合作伙伴可能会变成经济和文化上的竞争对手。欧化了的亚洲人或非洲人，无论他们作为文化掮客有多大价值，都会搅乱"现代"欧洲人的价值阶序。本土对现代化的要求遭到严厉拒绝，这样的伤害又导致满腔怨怼。不被认可具有同等的中产阶级身份——或具有同等国籍——恰恰把一些"最西化"的亚洲人变成了殖民主义的死敌。亚洲和非洲的中产阶级直到1900年后，实际上是在一战后，当从爱尔兰、俄国外围地区、埃及、叙利亚、印度，直到越南、中国和朝鲜半岛地区掀起的反抗巨浪令帝国主义世界震惊时，才制定了自己的民族主义政策。即使在日本，在宪法发展上最先进的

1095

亚洲国家，也是直到这个时期资产阶级的政治代表人物才在此前一直被有武士背景的明治统治者控制的政治体制中有了一定的发言权。20 世纪的革命（包括 1945 年后的去殖民化）通常需要这样的政策来促动，以便为"市民社会"的市民阶级政策开启政治空间。

当然，在前政治地区（vorpolitisch）很早就有"市民社会"因素且很普遍。绵延东去直到俄国各大省城的欧洲市民社会在世界其他地区也可找到其对应物。中国、中东或印度的富商积极从事慈善事业，他们支援救灾，捐资兴建医院，筹款建寺庙或清真寺，资助传教士、学者和图书馆。他们常常要通过跨地区协调来组织这些活动。[96] 有组织的慈善活动往往是进一步处理公共事务的良好开端和社会"中层"人士与贵族和国家政权代表相遇的场所。另一个市民社会因素就是城市同业行会，比如 1860 年后在中国中部大都市汉口，它们承担了越来越多的功能，成为与其说是"市民阶级"联合体，毋宁说是跨阶层联合体的凝聚要素。[97]

文化市民（Bildungsbürger）

一些具有明显"市民性"的社会群体类型比另外一些更具有普遍性。德意志帝国信仰新教的人文中学教授或法兰西第三帝国享受俄国国债利息靠剪息票过活的人，是本土的特殊产物，不像最迟至 1920 年前后世界各地出现的工业和金融领域的企业创办者那样更"适合向国外输出"，尽管在有些国家他们还为数尚少。从事商业的市民原本就遍布世界各地，文化市民却是中欧特色，更确切地说，是德国特色。[98] 原因不仅在于语言形式考究或用在别处难以理解的独特的美学及哲学用语表述的文

1096

化内容，还在于"教育"在社会中的相对重要意义。在 1810
年后实施的新人文主义教育改革基础上，尤其是通过利用新教
牧师住宅，文化市民在德国开辟了独有的发展空间，与贵族绝
非天生固有的优先受教权及贵族文化形式和题材形成分庭抗礼
之势。市民之所以能够通过文化主张其权利、彰显其优势，是
因为前现代精英阶层的价值在于其他领域——这并不排除贵族
的特殊专长和技能，比如海顿及莫扎特时代跨阶层的维也纳音
乐领域。无家世渊源者能跨越社会阶层成为一国之文豪大哲，
成为通过自我修养实现自我完善之人生理想的楷模，仅在某些
条件下才是可能的。其中最重要的条件之一就是德国大力推动
的"学术等级的国有化"：在国家的庇护下，"职业"和"教
育"长期挂钩，为人们创造了在"国家公职领域"的上升机
会，而这些机会不遵循自由劳动市场规律。[99] 要想了解通过市
场经济、远政府的方式进行的"文化"职业调控，只须看看瑞
士和英国（更不用说美国）。另外，一个亲政府的体制并不能
保障一个均质的文化阶层的积聚形成。在沙俄，大多为法律从
业者的高级行政官员的自信不是基于较高的文化水平，而是基
于他们在等级阶序中的位置。[100]

　　文化市民阶层是如此罕见的一朵奇葩，以至于无须解释为
什么其他地方不盛开这样的花朵；仅"教育"这个德语概念本
身就是出了名的不可译。当然在若干有文字传承的文明中也有
文学－哲学教育和精神完善的崇高理想，可把它们解释为"教
育"的变体。通过传统的性格磨砺完善内心世界在亚洲有时也
被认为是个体的使命，在帝制时代晚期的中国甚至成为商人追
求的目标，这与欧洲－德国的教育观念并无明显不同。与此类
似，在德川幕府统治晚期，武士文化和经商的町人（chonin）

1097

文化尽管价值观和喜好不同，但也在彼此接近。[101]可是，且让我们思考一下，为什么在中国——在最有可能的地方——没有产生文化市民阶级？在主流精英阶层本身就是通过文化进行自我定义且垄断着教育制度及其表现形式的地方未能产生一个这样的社会群体。帝制时代晚期的中国就是如此情形，在这里，直至1905年废除科举和1911年帝制终结前，这一正统的教育制度始终未能受到一种更高理念的挑战。儒家传统不容超越，它只能被文化革命摒弃和摧毁。世纪之交，知识分子内部维新运动失败后确实发生了这样的革命。1915年对传统中国世界观的全面攻击开始了。发动攻击的不是经济市民和国家公职人员，而是极端反对旧传统、以新文学为生或在西式教育机构任职的知识分子代表人物，他们中不乏前朝遗老的后代。[102]因此，在中国没有产生政治中立或寂静主义的文化市民阶级，而是产生了高度政治化、集中在大城市的知识分子阶层，后来几乎所有的共产革命领导人都来自这个阶层。它与欧洲波西米亚及其反资产阶级的亚文化群特征有某些明显的相似之处。[103]鉴于当时的外部世界时代状况，中国知识界的西化程度有限，因此没有出现一个富有自己特色的新型的后传统文化圈。

产生文化市民阶级的第二个前提是在精神取向上摆脱无所不在的宗教影响。即使具有德国新教文化特色的欧洲文化市民阶级也是以启蒙运动及其宗教批判为前提的。只有在这样的前提下，对世俗内容的高度重视才是可以想象的，若上升至教育至上、艺术宗教化及科学替代宗教的高度就更不用说了。在其他宗教环境中，比如伊斯兰教或佛教社会中，对世俗内容的重视并没有达到这样的程度。在一般性的世界认识问题

1098

上遏制宗教影响力的过程，在这些社会刚刚开始，以实行"文明的"生活方式之名弱化和程序性地降低宗教约束力的行动也才起步。所以说，文化市民作为有着价值和品位共识的发达文化的成熟展品，是欧洲中部的稀有产物。在许多其他文化和政治环境中，正统观念的代表人物与反传统的、受西方现存社会批判传统的各种思潮（无政府主义，社会主义）影响的知识分子中激进派核心人物针锋相对。

殖民地资产阶级和世界主义资产阶级

西方的殖民地资产阶级在 19 世纪相对而言并不突出。总体上看，殖民主义对欧洲市民性输出的贡献乏善可陈。除加拿大和新西兰外，欧洲社会在殖民地的复制是碎片化和断裂的。所有欧洲人都自然而然荣升为统治者的角色并不能避免输出中发生的扭曲。殖民政府或私营公司中最低等级的白人雇员或公职人员的社会等级及收入都高于所有被殖民者，只有上层的王公贵族（倘若尚存的话）例外。殖民地资产阶级因此是欧洲母国市民阶级群体的一种荒诞形式，在文化上对后者也有相当程度的依赖。只在少数非移民殖民地地区能有足够多人口聚集形成一个地方社交圈（society）。各殖民地的社会构成特色迥异。在印度，英国人在私营经济领域的参与相对较少，因此市民阶级生活方式主要集中在仅高级职位大部分由贵族担任的殖民政府机构中。在这里有官方英国人（offical British）和非官方英国人（unofficial British）之分，政府官员、军官和商人共同组成了一个地方混合社会。1857 年印度民族大起义后，他们越来越以肤色为界与外界隔离。其家庭成员往返于印度和英国之间。"印度化"以及几代后将家庭重心转移到印度的情况不常见。[104] 他们

1099

与其说是殖民地移民，毋宁说是临时寄居者（sojourner）。英属马来亚是这种状况的缩小版，居民中的移民因素要多于英国在亚洲的其他殖民地。[105]

南非是个独一无二的特例，由于黄金和钻石的发现，南非短时间内出现了少数富可敌国的企业家，一个与外界隔绝的"大"经济资产阶级阶层，如矿业大亨塞西尔·罗兹（Cecil Rhodes），巴尼·巴诺托（Barney Barnoto）或阿尔弗雷德·贝特（Alfred Beit）。这些人并未被吸收进有若干内部界限的市民阶层中，他们与好望角世居的市民关系微弱。移民殖民地的"白人"等级大多只间接地与母国的社会关系复制机制接轨，并非直接照搬母国的社会关系。一般情况下，人们会着眼于家庭在殖民地长期居住来安排生活，常会发展出一种相应的殖民地地方主义和沙文主义。在法国最大的移民殖民地阿尔及利亚，19世纪末种植粮食和葡萄的地产相对比较分散。这导致阿尔及利亚产生了一个与法国大城市资产阶级有着很大社会和精神距离的农民和小资产阶级殖民者社会。阿尔及利亚是小资产阶级殖民地的一个范例，在这里尽管存在着种种歧视，但一个规模不大却在成长的由商人、地主和政府机关工作人员构成的本土中产阶层找到了自己的位置。[106]

市民的另一个标志是家庭。它不一定与某些特定的家庭形式相关，例如欧洲中部的一夫一妻制核心家庭，但基本标志很明确：家庭领域与公共领域有着明确的划分，形成了陌生人不得踏足的私人领域。对于生活奢华的上等市民阶级，私人空间与半公共空间的分界线就在其居室或宅邸之内。他们在沙龙或餐室接待客人，但不允许客人进入他们的内室。就这一点而言，西欧的市民阶级家庭和奥斯曼家庭没有什么区别。家庭中居室功能的划分在欧洲和在奥斯曼帝国的城市一样，都发生在 19 世纪。[107] 凡在兴起中的市民阶级群体仰视欧洲的地方，其居室中都摆满了西方物件：桌子，椅子，金属餐具，甚至还有敞开式英式壁炉——不过是有选择性的。日本抗拒椅子，中国则拒绝刀叉。色彩单一、剪裁窄紧的欧洲市民的统一服装成了整个"文明"世界及正在追求文明的世界的公共服饰，不过人们常在公共场合穿用这样的服装，居家仍着旧式传统服装。世界性的市民阶级文化体现在服装剪裁的统一性上，在对市民阶级文化态度较有隔膜的国家，传教士则以他们对"体面"服装的具体想象进行弥补。被着意强调的事物本身就具有了"市民阶级"的意味：在奥斯曼帝国，历来不同款式和面料的帽子象征着不同的等级，直到苏丹马哈茂德二世（Mahmud II）1829 年宣布毡帽为所有政府工作人员和臣民必须佩戴的统一便帽。[108] 这个东方物件通过其无分别的统一性具有了资产阶级的平等（égalité）意义。而到 1839 年，马哈茂德二世才颁布了赋予所有奥斯曼臣民——无论其族群属性——以平等权的坦志麦特法令。事关男性头部的平等早了 10 年。

最终出现了一种超越东西方市民阶级文化的具有决定性影响的现象：近代早期的大西洋早就通过欧洲和美国商人实现了商业一体化，同期，阿拉伯航海家和商人也同样实现了印度洋的商业一体化。大型荷兰或英国商贸公司，无一例外由属于城市富商阶层的市民经营，同样连接起了各大陆。特殊的世界主义资产阶级阶层的产生是 19 世纪的新鲜事物。对此可以有两种理解。一方面，随着时间的推移，西方富裕国家出现了一个靠远方资本盈利获益的食利者群体。一个像 19 世纪中叶后出现的世界资本市场使欧洲的投资者（当然也包括其他地区的投

1101　资者）能够从全世界的商业活动中获益：从埃及和中国国债、阿根廷铁路建设到南非金矿。[109]从这个方面来讲，世界性与其说是经营活动的丰富多样和超越国界的影响范围，毋宁说是其后果：世界各地对利润的消费，但消费的地点是大都市，因为投资全球化的受益者居住在巴黎的城市寓所和英国的郊区别墅中。另一方面，出现了一种类似于失败的资产阶级世界主义乌托邦的事物。[110]该世纪中叶其作用达到顶点的贸易自由主义的愿景是，各国与各大陆之间商品流通自由，不受政府约束，不再有边界障碍，由不同信仰和肤色的热衷于经营的个体推动。在该世纪的第三个三分之一世纪，国家主义、殖民主义和种族主义扼杀了这样的愿景。

　　世界主义资产阶级从未成为一个真实存在的意识共同体和社会群体。资产阶级的民族化在此起到了阻碍作用，世界各地区不平衡的经济发展也导致缺少形成这样一种世界主义的现实基础。剩下的只是一些有民族根基的企业家，其中有些成了真正的跨国经营者（international operators），他们一部分是冒险家，一部分是（两者的界限是模糊的）跨国企业集团战略家。在各大洲，人们进行原料开发，获得经营许可，提供贷款，建立交通联系。英国、德国、北美甚至包括比利时和瑞士的大商业资产阶级在 1900 年前后的活动范围是以前的任何精英阶层难以想象的。在这个正在兴起的全球资本主义层次上恐怕非西方国家中无人可以立足。即使是日本的跨国企业（除了一些船主）在一战前也仅限于在有政治保障的中国大陆的日本殖民统治地和势力范围内进行扩张。[111]

　　在 19 世纪和 20 世纪分别出现了一些时期，在这些时期，一些社会（无论在地区层面还是在国家层面上）发展到一个难以确定的阶段，在这些阶段出现了很多松散的"中层"因素。18世纪的英美社会称之为中间群体（middlling sorts），他们是一种社会群体，其团结互助活动之影响超出了个别城市或个别城区，他们聚拢在某些机构周围比如德国的人文中学，他们拥有共同的"价值观念"，与社会上层和下层均有界限，形成了有着政治诉求的自我意识。在法国，这些中间群体从这一阶段发展到被吸收进市民阶级是在19世纪20年代，美国东北部地区或德国的城市是在19世纪中叶，尽管德国市民阶级的构成远不如法国的均质。[112]

1102

作为一个过渡时代，资产阶级世界观和人生观在19世纪扩大了影响，但并不一定取得了胜利。在欧洲，市民阶级世界观和人生观受到不断壮大的工人阶级的挑战。工人阶级部分的"市民化"未必增强了市民阶级的实力。世纪末，在一些欧洲国家和美国，一些跻身职员阶层的工人接近市民的程度已经十分令人害怕，尽管他们很少会按照工人运动方式在政治上独立。一战后，在经历产业化的娱乐文化受到普遍欢迎之前，资产阶级文化本身就已经吸收了大众文化因素。世纪之交，除了传统的市民阶级高雅文化和正在兴起的大众文化，在文化领域出现了第三种文化——先锋文化。一些艺术家小圈子，比如以阿诺德·勋伯格（Arnold Schoenberg）为中心旗帜鲜明地"抛弃调性"（Emanzipation der Dissonanz）的维也纳音乐家圈子，退出大资产阶级的公共视线，成立私人演出机构。19世纪90年代，在慕尼黑、维也纳和柏林，"脱离派"造型艺术家从主流艺术流派中分离出来。这是对市民阶级文化博物馆化及历史化的一个近乎必然的反应，时代艺术创作与市民阶级文化从未如此隔阂。最终，市民阶级社交文化在20世纪早期随着因郊区开发和汽车兴起而蔓延的郊区化而被削弱。传统的市民是城里人,不是郊区居民。城市形式的异化和居民成分的变化弱化了市民阶级的交际强度。

1103   所以,对贵族和上层中产阶级而言,未必只是一战的"冲击"终结了美好年代(belle époque),他们早在 1914 年之前就有了趋于分化的迹象。20 世纪上半叶的欧洲市民阶级危机到 1950 年后逐渐转变为中产阶级社会的大幅度扩张,以消费取向取代了"传统"市民阶级对美德和社会尊重度的诉求。这是一个在全世界范围内发生的不均衡的发展过程。即使在 19 世纪市民阶级文化影响微弱的地方,中产阶级的数量和影响也都有明显增长。共产主义统治抑制了这一过程,尽管"土豆烧牛肉共产主义"(Gulaschkommunismus)与小资产阶级特征十分合拍,领导干部的生活方式是对大资产阶级甚至贵族榜样(想想最高领导干部的狩猎狂热)的滑稽模仿。在东欧各国和中国,中产阶级历史直到 20 世纪 90 年代后才得以重新延续。在某些方面的传承还可追溯至 19 世纪。

    一部 19 世纪世界社会史可以提出若干与本书所勾勒的主题不同的其他课题。比如可以问,知识的守护者和"知识工作者"在各个不同的社会领域有怎样的地位;在西方,"知识分子"群体是如何形成的,其概念又是如何被世界其他地区加以改动后采用的——这个进程在 1900 年后似乎加快了。[113]可以关注性别角色的发展和家庭形式,其繁杂和多样尤难概括。[114]过去以及现在是否存在一个典型的欧洲家庭和亲缘关系模式及 19 世纪发生了哪些特殊的变化,有待商榷,只能通过大量对比进行探究。[115]欧洲家庭理想肯定不是通过简单的扩散和榜样作用

"传播到全世界"的。倒是欧洲技术和欧洲作战方法的优势一目了然，人们也乐于效仿，异种的生物和社会繁殖方式的优势却非如此。这些社会关系"迁移"（reisen）的基本因素尤其难以复制。殖民政府在这方面比在其他领域的态度更为克制，政府和私营机构的改革尝试到世纪交替之后才大规模开始。[116] 即使是针对一夫多妻制和姘居这样最明显偏离欧洲标准、对基督徒而言最有伤风化的社会现象的斗争也大多只是装装样子，然后交由传教士处理，很难达到预期效果。

1104

注释

[1] 这一概念从社会学理论角度看并不确切，我把它用作语义较窄、听起来有技术意味的"阶层"的近似同义词。这里我感兴趣的只是社会结构中被其成员感知或"想象"为"不平等"的某些确定的层（主要是"上层""中层""外层"）。笼统地谈 19 世纪的"等级制度"不意味着把"社会阶层区分"（Niklas Luhmann）视作全世界的时代特征而否认实践中可观察到的向"功能区分"的过渡过程。参见 Luhmann, *Gesellschaft der Gesellschaft* (1997)，卷 2，第 4 章。

[2] Cannadine, *Rise and Fall* (1999)，第 88 页及下文，第 91 页，第 99 页。

[3] Tocqueville, *Demokratie* (1976)，第 55 页及下文，（第 3 章，第一部分）。

[4] Kocka, 19. *Jahrhundert* (2002)，第 100 页。

[5] Naquin/Rawski, *Chinese Society* (1987)，第 138 页及下文。

[6] Toledano, *State and Society* (1990)，第 157 页及下文。

[7] 对三个区域类型的概述参见：Heideking, *Geschichte der* USA (2003³)，第 6~18 页。

[8] Stinchcombe, *Economic Sociology* (1983), 第 245 页——该书在史学界名气不大，但对社会史很有启发意义。涉及法国的精彩事例可参见 G. Robb, *Discovery of France* (2007)。

[9] Goody, *Theft of History* (2006) 的研究课题。

[10] Burrow, *Crisis of Reason* (2000), 第 2 章提供了有关概述。

[11] 可参见: Gall, *Bürgertum* (1996), 第 81 页及下文。关于概念的详细阐述请参见: Kocka, *WederStand noch Klasse* (1990), 第 33 ~ 35 页。

[12] Devine, *Scottish Nation* (1999), 第 172 ~ 183 页。

[13] Wirtschafter, *Structures of Society* (1994), 第 148 页; Elise Kimerling Wirtschafter, "The Groups Between: *raznochintsy*, Intelligentsia, Professionals", 发表于 D. Lieven, *Cambridge History of Russia* (2006) 第 245 ~ 263 页, 该处参见第 245 页。

[14] Hartley, *Social History* (1999), 第 51 页。

[15] 有关 18 世纪晚期（西部）欧洲社会可参见 Christof Dipper, "Orders and Classes. Eighteenth-Century Society under Pressure", 发表于 Blanning, *Eighteenth Century* (2000), 第 52 ~ 90 页。

[16] 可参见 "Status Groups" 这一章, 发表于 M. B. Jansen, *Modern Japan* (2000), 第 96 ~ 126 页。

[17] 此处内容极为简略。一个关于 19 世纪早期亚洲社会等级制度的——相对于欧洲——极端复杂性及其术语描述的范例请参见 Rabibhadana, *Thai Society* (1969), 第 97 ~ 170 页。

[18] V. Das, "Caste", 发表于 Smelser/Baltes, *International Encyclopedia*, 卷 3 (2001), 第 1529 ~ 1532 页; Peebles, *Sri Lanka* (2006), 第 48 页。

[19] A. v. Humboldt, *Studienausgabe*, 卷 4 (1991), 第 162 页及下文。

[20] Wasserman, *Everyday Life* (2000), 第 12 页。

[21] 参见本书第 4 章及第 7 章。

[22] 参见本书第 4 章。

[23] Rickard, *Australia* (1996²), 第 37 页。

［24］朝鲜是近代东亚唯一一个奴隶制社会，奴隶制残余一直进入 19 世纪仍大量存在。可参见 Palais, *Korean Uniqueness*（1995），第 415 页。

［25］有关农民和工人状况参见本书第 8 章。

［26］Walter Demel, "Der europäische Adel vor der Revolution: Sieben Thesen", 发表于：Asch, *Adel*（2001），第 409～433 页，该处见第 409 页。可参见 Lukowski, *European Nobility*（2003）。

［27］D. Lieven, *Abschied*（1995），第 27 页。有关贵族缓慢衰亡的原因可参见 Demel, *Der europäische Adel*（2005），第 87～90 页。

［28］Maria Todorova, "The Ottoman Legacy in the Balkans", 发表于 L. C. Brown, *Imperial Legacy*（1996），第 46～77 页，该处见第 60 页。

［29］Beckett, *Aristocracy*（1986），第 40 页。

［30］Demel, *Der europäische Adel*（2005），第 17 页。

［31］Woloch, *Napoleon and His Collaborators*（2001），第 169～173 页。

［32］在中近东历史上也使用此概念，不过更多指的是他们在统治者和民众之间的中间人作用（大约类似于中国的绅士或上流社会人士）。可参见 Albert Hourani, "Ottoman Reform and the Politics of Notables", 发表于由同一作者与其他作者所著, *Modern Middle East*（1993），第 83～109 页。

［33］Haupt, *Sozialgeschichte Frankreichs*（1989），第 116 页及下文；Charle, *Histoire sociale de la France*（1991），第 229 页及下文。

［34］对其特征的精彩刻画可参见 D. Lieven, *Empire*（2000），第 241～244 页。

［35］Beckett, *Aristocracy*（1986），第 31 页。

［36］论争对手主要有 F. M. L. Thompson 和 William D. Rubinstein。

［37］Asch, *Europsäicher Adel*（2008），第 298 页。

［38］Searle, *A New England?*（2004），第 37 页及下文。

［39］有关概况可参见 Beckett, *Aristocracy*（1986），第 16～42 页。

［40］Maria Malatesta, "The Landed Aristocracy during the Nineteenth and Early Twentieth Centuries", 发表于 Kaelble, *European Way*

（2004），第 44 ~ 67 页。

[41] Cannadine, *Ornamentalism* (2001)，第 85 页及下文。

[42] Liebersohn, *Aristocratic Encounters* (1998) 以北美为例阐述了该主题，也借助了欧洲贵族旅行者对印第安骑士制度的评述事例。

[43] Fox-Genovese/Genovese, *Mind of the Master Class* (2005)，第 304 ~ 382 页。

[44] Wasson, *Aristocracy* (2006)，第 156 页中应用的这一夸大但并不完全错误的概念。

[45] Nutini, *Wages of Conquest* (1995)，第 322 页所持观点是，从殖民时代早期起，墨西哥贵族阶层最后因拥有大庄园而能毫无障碍地维持下去。

[46] 经典阐述参见 Cohn, *Anthropologist* (1987)，第 632 ~ 682 页。

[47] Panda, *Bengal Zamindars* (1996)，第 2 页。

[48] 以下内容参见 Schwentker, *Samurai* (2003)，第 95 ~ 116 页。此外一位从历史角度进行研究的女社会学家的著作提供了有趣的诠释（主要是德川时代）：Ikegami, *Taming of the Samurai* (1995)。描写低等武士生活的著作：Katsu Kokichi：*Musui's Story* (1993)。

[49] Demel, *Der europäische Adel* (2005)，第 88 页。

[50] Ravina, *Last Samurai* (2004)，第 191 页及下文。起义首领并不是明治维新的牺牲品，而是明治维新最重要的先驱之一。

[51] Elman, *Civil Examinations* (2000)，此外还有社会史的经典著述：Chang Chung-li, *Chinese Gentry* (1955)，以及 R. J. Smith, *China's Cultural Heritage* (1942)，第 55 ~ 64、71 ~ 75 页；Joseph W. Esherick/Mary Backus Rankin, "Introduction"，发表于作者同上，*Chinese Local Elites* (1990)，第 1 ~ 24 页。

[52] Reynolds, *China* (1993) 提供了相关概况。

[53] Crossley, *Orphan Warriors* (1990).

[54] 有关德国的情况（提出了一些质疑）参见 Kocka, *19. Jahrhundert* (2002)，第 98 ~ 137 页。对欧洲市民社会范例的大

量瞬间描述参见 Bank/Buuren, *1900*（2004）；基于丰富的实证基础对世界"最具市民性"的国家的肖像式描述参见 Tanner, *Arbeitsame Patrioten*（1995）。

［55］Lundgreen, *Sozial-und Kulturgeschichte*（2000）参考了大量文献；Kocka/Frevert, *Bürgertum*（1988）中有若干篇有关德国以外欧洲国家的文章；Gall, *Stadt und Bürgertum*（1993）；"比勒菲尔德"和"法兰克福"学派的批评性比较可参见 Sperber, *Bürger*（1997）。

［56］Gall, *Bürgertum in Deutschland*（1989）以 Bassermann 家族为例。

［57］Maza, *Myth of the French Bourgeoisie*（2003）。

［58］概况：Pilbeam, *Middle Classes*（1990），第 74～106 页。

［59］可参见 Youssef Cassis, "Unternehmer und Manager", 发表于：Frevert/Haupt, *Mensch*（1999），第 40～66 页。

［60］Goblot, *Klasse und Differenz*（1994/1925），第 37 页——描写资产阶级的最有思想见地的著作之一。

［61］Daumard, *Les bourgeois*（1991），第 261 页。

［62］Jürgen Kocka, "Bürgertum und bürgerliche Gesellschaft im 19. Jahrhundert. Europäische Entwicklungen und deutscher Eigensinn", 发表于 Kocka/Frevert, Bürgertum（1988），卷 1，第 11～76 页，该处参见第 31 页。

［63］可参见 J. L. West/Petrov, *Merchant Moscow*（1998），包括图片。

［64］Cindy S. Aron, "The Evolution of the Middle Class", 发表于 Barney, *Companion*（2001），第 178～191 页，该处参见第 179 页。

［65］有关英国的情况参见 Perkin, *Origins*（1969），第 252 页及下文。

［66］Hartmut Kaelble, "Social Particularities of Nineteenth-und Twentieth-Century Europe", 发表于作者同上，*European Way*（2004），第 276～317 页，该处见第 282～284 页。

［67］关于欧洲的情况（德国、英国、法国、比利时）参见 Haupt/Crossick, *Kleinbürger*（1998）。

［68］Farr, *Artisans* (2000)，第 10 页及下文。

［69］Pilbeam, *Middle Classes* (1990)，第 172 页。

［70］Goblot, *Klasse und Differenz* (1994/1925)，第 69 页。

［71］R. Ross, *Status* (1999)。其他关于非洲文化精英——这里指拉各斯秉持的"维多利亚价值"的事例参见 K. Mann, *Marrying Well* (1985)。

［72］Jürgen Kocka, "Bürgertum und bürgerliche Gesellschaft im 19. Jahrhundert. Europäische Entwicklungen und deutscher Eigensinn"，发表于 Kocka/Frevert, *Bürgertum* (1988)，卷 1，第 11～76 页，该处见第 12 页；Jürgen Kocka, "The Middle Classes in Europe"，发表于 Kaelble, *European Way* (2004)，第 15～43 页，该处见第 16 页。两部有关该题目的基本著作。

［73］引文出自 Blumin, *Emergence of the Middle Class* (1989)，第 2 页。作为那个时代的理想图景这使人大致可以联想到 Lothar Gall 描述的德国 19 世纪早期的无阶级市民社会。

［74］Beckert, *Monied Metropolis* (2001).

［75］对此需要进行很多像 Pernau, *Bürger mit Turban* (2008) 这样高质量的个案研究。

［76］关于该题目的综述首先推荐 Braudel, *Sozialgeschichte* (1985)，卷 2。

［77］A. Adu Boahen, "New Trends and Processes in Africa in the Nineteenth Century"，发表于 Ajayi, *General History of Africa* (1998)，第 40～63 页，该处见第 48～52 页。

［78］关于西非在这方面的情况人们早有所知。另一个人们不太关注的商业中心请参见 G. Campbell, *Imperial Madagascar* (2005)，第 161～212 页。

［79］Bergère, *L'Ae d'or* (1986).

［80］Trocki, *Opium and Empire* (1991).

［81］Berend, *History Derailed* (2003)，第 196 页。

［82］关于相关内容的一部典范专题论著：Horton/Middleton: *The Swahili* (2000)。

［83］ Markovits 等，*Modern India*（2002），第 320 页，第 325 页及下文；Cheong，*Hong Merchants*（1997），第 303 页及下文。

［84］ Jayawardena，*Nobodies*（2002），第 68 页及下文；Freitag，*Arabische Buddenbrooks*（2003），第 214 页及下文。

［85］ 参见本书第 14 章。

［86］ Bergère，*L'Age d'or*（1986），第 47 页；Hao Yen-p'ing，*Commercial Revolution*（1986）。

［87］ Dobbin，*Asian Entrepreneurial Minorities*（1996）.

［88］ Györgi Ránki，"Die Entwicklung des ungarischen Bürgertums vom späten18. zum frühen 20. Jahrhundert"，发表于 Kocka/Frevert，*Bürgertum*（1988），卷 1，第 247～265 页，该处见第 249、253、256 页。

［89］ Robert E. Elson，"International Commerce, the State and Society：Economic and Social Change"，发表于 Tarling，*Cambridge History of Southeast Asia*，卷 2（1992），第 131～195 页，该处见第 174 页。

［90］ Dobbin，*Asian Entrepreneurial Minorities*（1996），第 47、69、171 页。

［91］ Frangakis-Syrett，*Greek Merchant Community*（1991），第 399 页。

［92］ 不过早在 1730 年在爪哇岛上就发生过类似原因导致的对华人的大屠杀。

［93］ 可参见关于 1870 年前印度北部商人家族商业策略的评述：Bayly，*Rulers, Townsmen and Bazaars*（1983），第 394～426 页。

［94］ 精彩范例：Hanssen，*Beirut*（2006），第 213～235 页。也请参见本书第 6 章。

［95］ 基本观念可参见 Watenpaugh，*Being Modern*（2005），第 14 页及下文。

［96］ Rankin，*Elite Activism*（1986），第 136 页及下文；Kwan，*Salt Merchants*（2001），第 89～103 页；Freitag，*Indian Ocean Migrants*（2003），第 9、238～242 页。

［97］ Rowe，*Hankow*，卷 1（1984），第 289 页及下文。

[98] 关于此概念语义的基本著作：Engelhardt，*Bildungsbürgertum* (1986)。尽管已经有若干类似概念，但这一概念起源于 20 世纪 20 年代。其他相关著作包括：Conze 等编著，*Bildungsbürgertum* (1985–92)，卷 1 有欧洲内部情况比较。

[99] Peter Lundgreen，"Bildung und Bürgertum"，发表于同一作者，*Sozial-und Kulturgeschichte* (2000)，第 173～194 页，该处见第 173 页。

[100] Dietrich Geyer，"Zwischen Bildungsbürgertum und Intelligenzija：Staatsdienst und akademische Professionalisierung im vorrevolutioneären Russland"，发表于 Conze u. a.，*Bildungsbürgertum* (1985–92)，卷 1 (1985)，第 207～230 页，该处见第 229 页。

[101] Lufrano，*Honorable Merchants* (1997)，第 177 页及下文。这部权威著作将 Lufrano 描述中国商人的同一概念"自我修养"用于表述德国的教育思想：Bruford，*German Tradition of Self-Cultivation* (1975)。有关日本情况参见 Gilbert Rozman，"Social Change"，发表于 J. W. Hall 等编著，*Cambridge History of Japan*，卷 5 (1989)，第 499～568 页，该处见第 513 页。提出的问题是，日本商人文化是否比同期中国商贾文化多些自主，少些封闭。

[102] 可参见 Schwarcz，*Chinese Enlightenment* (1986)。

[103] 在社会史学和文化史学方面同等重要的著作：Kreuzer，*Boheme* (1971)。

[104] Buettner，*Empire Families* (2004)；讲述轶闻的著作：Yalland，*Boxwallahs* (1994)；可参见关于毫不贵族化的中国通商口岸的著作：Bickers，*Britain in China* (1999)。

[105] 该书调研扎实：Butcher，*British in Malaya* (1979)。

[106] Ruedy，*Modern Algeria* (1992)，第 99 页及下文。

[107] Quataert，*Ottoman Empire* (2000)，第 153 页

[108] 出处同上书，第 146 页。也参见本书第 5 章。

[109] 对这一国际金融领域的最新的综合描述：Cassis，*Capitals of Capital* (2005)，第 74 页及下文。

［110］ 笔者对 C. A. Jones, *International Business*（1987）有趣论点的评述。

［111］ Wray, *Mitsubishi*（1984），第 513 页。

［112］ 该进程的经典分析：法国的情况参见 Garrioch, *Formation of the Parisian Bourgeoisie*（1996），美国的情况参见 Blumin, *Emergence of the Middle Class*（1989）；Bushman, *Refinement*（1992）。

［113］ 本书第 16 章对此有提及。

［114］ 关于研究路径可参见 Gisela Bock, "Geschlechtergeschichte auf alten und neuen Wegen. Zeiten und Räume", 发表于 Osterhammel 等著, *Wege*（2006），第 45 ~ 66 页。

［115］ 对于很多地区暂时还没有像关于欧洲的研究综合方法：Gestrich 等著, *Geschichte der Familie*（2003）。

［116］ 极好的个案研究：Clancy-Smith/Gouda, *Domesticating the Empire*（1998）。

第 16 章　知识

——增多，浓缩，分布

1105　　"知识"是一种特别易逝的东西。作为一种社会元素，知识有别于哲学对它的各种定义，它是知识社会学这个历史不足百年的古老学科的发明。知识社会学把唯心主义哲学称为"精神"的那部分推到了社会的核心位置，并使之与生活实践和社会境况发生关联。较之"文化"这个无所不包的概念，"知识"的外延窄一些。在此我们且把宗教和艺术排除在外。[1] 本章所讲的"知识"是指用以在现实世界中解决问题和应对生活状况的认知资源。这是一个与 19 世纪现实状况相符的初步概念。当时至少在欧洲和北美产生了对知识的理性主义和工具化的理解。知识应该有用。它应该提升人类掌控大自然的能力，通过运用技术增加整个社会的财富，使人们的世界观摆脱迷信的影响，即知识应尽可能在方方面面发挥作用。较之其他事物，知识的丰富和增长最能体现进步，而在欧洲精英眼中进步是时代的标志。

从知识界（res publica litteraria）到现代科学体系

　　人们把"现代知识社会"产生的时间确定在近代早期至约 1820 年间这样一个很长的时间段内，[2] 接下来的百年里这个过程一直延续。知识产生后接着便是知识的传播、制度化和普及，而且在知识产生之初就已出现了"现代知识社会"

1106

的全球化。但是我们不应夸大这一持续性。谈到科学领域，在 19 世纪，"科学"这个古老的概念通过吸收如今在我们看来与科学密不可分的一些因素，首次得到了扩充和丰富。今天依然在应用的专业体系就源于该时期。学习和传播知识的现代制度形式被创造出来：研究型大学、实验室、人文科学的讨论课。在技术和医学领域，科学与应用的关系紧密起来。科学对宗教世界观的挑战具有了更大的分量。一些专业名词如"生物学"——一个 1800 年才开始使用的专业术语——或"物理学"直到这时才被广为接受。科学家（也是个新词，英语 scientist 是 1834 年造的新词）成为一种独立的类型，与"学者"或"知识分子"（该词也是 19 世纪的新创）区分开来，尽管与它们也有重叠的部分。总体来看，科学与哲学、神学及其他传统的知识学科的界限从未如此分明。

19 世纪中叶，在科学家圈子中科学成为共有的精神财富，它放弃了过去"对高度普遍性、绝对必要性和真理绝对性的要求"，强调知识的内省特征、有效条件、主体间性及其在特殊的科学社会体系中的独立性。[3] 从文化史学家彼得·柏克（Peter Burke）及塞缪尔·泰勒·柯勒律治（Samuel Taylor Coleridge）虚构的、被称作"知识分子"（Klerisei）的学者同盟中，一个有着更狭义属性标准的科学界（scientific community）［即知识界］脱颖而出。[4] 科学家视自己为"职业人"：一个被明确界定的领域的专家，与从事语言文字艺术、面向更多公众、积极投身政治的"知识分子"联系甚少。通往"两种文化"之路已经开辟，但只有少数自然科学家，如亚历山大·冯·洪堡、鲁道夫·菲尔绍（Rudolf Virchow）及赫胥黎，才寻求并得到了人们对其关于自然科学领域以外的问题所持见解的关注。19 世纪末，政府开始空前地重视科学；科学政策成为系统性政府工作的一个新分支。大企业，如化学领域的大企业，也越来越把自然科学研究视为自己的工作领域。科学与战争、帝国主义扩张之间也存在着前所未有的密切关系。

科学的权威

第一次世界大战前夕，在很多国家，现代科学制度——其基本特征如今依然保留着——在制度架构上已经成熟。科学成为解释世界的权威力量，成为极富声望的文化载体。人们在论证和陈述理由时若不以科学标准为依据，就会陷于被动。即使虔诚的基督徒也必须承认科学思想。学校的科学课程也是必修课。职业科学家人数之多史上空前，其中绝大多数是男性。如果说在 17、18 世纪，有许多"科学革命"英雄——甚至包括把继承的财产都奉献给科学事业的洪堡——均依靠其他收入来支撑其科学研究的话，那么到 1910 年前后人们就能以科学工作为生了。面对大量某一领域的专家，业余科学家退隐而去。没有人还能像集色彩学家、地貌学家和解剖学家于一身的歌德那样作为业余科学家得到认可。

所有这些只是欧洲一部分地区和美国的情形。不过，从全球史的角度切入问题并不会推翻上述根本看法。如同以化石能源为基础的现代工业在欧洲产生那样，今天占据着至高无上统治地位的科学也正在欧洲出现。但从全球史的角度来看问题，欧洲的发展就可以被放在一个可比较的位置上，这就会促使人们去关注西方知识爆炸对全世界产生的影响。不过在此之前要把"知识"的概念扩展到科学之外。要使人领会科学本身的含义并让更多公众了解其成果，就需要依赖使科学内容具有可传播性的符号体系。1875 年后成为经济科学重要表达方式之一的数学，以及一些跨大陆传播的自然语言保障了科学含义的流动性。对于有组织的科学之外的许多其他知识门类来说，语言当然也是最重要的传输工具。因此，不涉及语言就无法谈论 19 世纪的知识历史。语言的传播和使用毕竟也是始终变化的政治和文化关系图景的一个细微的表征。

1108

一　世界性语言：大语言地区

在 19 世纪，一些大语言地区（Sprachgebiet）在近代早期扩张之后又继续扩张。1910 年前后，世界语言（该概念首次证明自己的正当性）以一种至今依然通用的模式传播到全世界。这里必须区分两种情况，尽管在现实生活中界限并不分明。一种情况是，人口中的大多数吸收了一种外语作为其日常生活的重要交流媒介，将该语言作为第二母语；另一种情况是，一种语言始终是"外"语，但人们会为了某些实际用途使用它：贸易、文化学习、宗教事务、管理或跨文化交流等。政治－军事帝国的形成使语言扩张变得容易，但语言扩张不是这个过程的必然结果。如在亚洲，近代早期波斯语和葡萄牙语的传播并非由于葡萄牙和伊朗对领土的殖民统治。另外，存在时间较短的帝国，如中世纪时的蒙古帝国和 20 世纪上半叶的日本帝国，几乎未留下任何具有可持续性的语言痕迹。在印度尼西亚，尽管荷兰实行殖民统治达 300 年之久，但荷兰语并未保留下来与当地语言共存；与在印度的英国人不同，荷兰人从未致力于打造一个欧化的文化阶层。

1109   在印度洋地区，葡萄牙语直到 19 世纪 30 年代一直是多元文化背景下的商业交际用语。13 ~ 17 世纪在西亚、南亚和中亚西部地区盛极一时的"波斯语区"到 18 世纪时作为一个文学国度败落了。[5]但波斯语作为行政和商业用语直至 19 世纪 30 年代都一直扮演着它的旧角色，而且这样的角色超越了伊朗国界。葡萄牙语和波斯语随后都被英语取代。英语在 1837 年后的印度升格为唯一通用的官方语言；最迟至 1842 年，伴随着中国的开放，英语成为东部沿海地区非中国人的通用语言。到 20 世纪初，葡萄牙语的传播范围缩小至葡萄牙、巴西和非洲南部的葡萄牙语国家。在中南美洲，西班牙语是殖民地时代的遗产。西班牙语国家的地理范围在 19 世纪未发生根本变化。随着华人劳工的输出，汉语继续小范围地向国外传播，但汉语是海外华人社会的内部语言，未能成为向周围环境辐射的书面语。大部分海外华人来自福建和广东，他们的方言连讲普通话的中国人也听不懂，这导致了汉语的封闭。

语言全球化的赢家

    德语在殖民地地区的传播范围很小，在非洲没有产生值得称道的影响。但 1871 年德意志帝国建立和德语自 18 世纪在文学和科学领域享有的声望，巩固了这门语言在中东欧的地位。德语是哈布斯堡王朝的官方语言，并且直到沙俄时代终结，除法语和拉丁语外，德语是沙俄最重要的学术交流用语。圣彼得堡科学院的大部分著作是用德语写成的。在德意志帝国推行日耳曼化政策的所有边界地区，强制使用德语的情况也有增多。

1110   俄语的扩张范围更广。这是沙皇俄国形成和自 19 世纪中叶起文化俄罗斯化的直接后果。俄语是帝国的统一官方语言。所有反抗它的民族都被迫使用俄语，无论波兰人还是被征服的高加索人。俄语不但是沙皇统治的象征，还是帝国最重要的文化凝聚工具。与哈布斯堡王朝由多民族构成的军队不同，沙皇军队里的大多数士兵讲俄语。[6]这个时代，俄语作为经典文学语言享誉世界。但沙皇俄国是否确实成了一个语言共同体，总体看来不免令人疑惑。尤其在西北部的波罗的海各省和南部的伊斯兰省份，讲俄语的人不会超出俄罗斯族居民和政府官员圈子。

法语在欧洲文人学者中作为标准语言逐渐式微的时候，讲法语的人口数量在殖民地却在增长。加拿大法语区魁北克省自1763年脱离法国后坚持了下来；在所有曾被法国控制的海外地区，19世纪末法语作为口语仅在精英群体外得到了普及（现在仍有80%的人口母语为法语）。但在非洲和亚洲的殖民地却是另外一种情形。在殖民时代结束一个世纪后，阿尔及利亚人中讲法语和懂法语的人估计还占总人口的1/4。[7]在曾是法国殖民地的西非国家中，法语现在无一例外都是官方语言（在喀麦隆英语也是官方语言），尽管在生活中大概只有近8%的人口使用法语。[8]海地在通过革命脱离了法国200年后还坚持使用法语作为官方语言。如果1913年前后一位世界旅行者在旅行中讲法语比讲除英语之外的任何一种语言都更加畅通无阻，那么这是法国1870年后再次进行军事殖民扩张的结果，也与法国享有的很高的文化声望，尤其是在中近东精英中享有的文化声望有关。比如自1834年以来，法语成为奥斯曼精英军官培训项目的内容；在埃及于1882年被英国占领后，法语还依然在上流社会流行。[9]19世纪末存在着一个延伸至太平洋深处的"法语区"，不过很难将其称作世界语言帝国，因为脱离了政治帝国的文化自主聚合力量太微弱。

1111

19 世纪，全球化的最大语言赢家是英语。1800 年前后英语在整个欧洲是受尊重的商业、文学和科学语言，但还绝不是无可争议的头号语言。然而，最迟至 1920 年前后，英语就成了全世界具有文化权威、地理分布最广的语言。据粗略估计，1750～1900 年，有影响的（自然）科学和技术出版物中有一半是用英语撰写的。[10]1851 年，当时著名的语言学家雅各布·格林（Jacob Grimm）说，没有任何一种语言像英语那样富有活力。[11]在北美（与传说相悖，德语从未可能成为美国的统一语言）如同在澳大利亚、新西兰和好望角一样，英语是当地语言。在所有这些地方，英语都是移民和侵略者的语言，很少接受原住民语言的影响，原住民语言对于官方也从来都无关紧要。印度的情况不同，英语在 19 世纪 30 年代才成为高等法院的标准语言，而地方法院审理案件继续使用当地语言，因此常常要借助翻译。在印度和锡兰，英语不是通过欧洲移民传播的，更不是殖民政府粗暴的英国化政策的结果，而是由于它与文化声望和具体的职业优势挂钩，因此精通英语成为明智之选。[12]新的文化阶层最先出现在孟加拉、殖民政府首府孟买及马德拉斯周围地区，后来也出现在次大陆的其他地区。19 世纪 30 年代，关于英语教学与印度语言教学孰优孰劣的问题，在"英语派"和"东方学派"之间有过激烈的争论。[13]1835 年英语派在高层政策层面上获得胜利，但在实践中根据具体情况做出一些妥协也是可能的。输入英国语言专家也是印度中产者和知识分子的意愿，他们希望借此与更广阔的外部世界接轨。19 世纪下半叶，随着时间的推移，经由英国殖民政府官员和传教士，英语在东南亚和非洲传播开来。在太平洋地区（菲律宾、夏威夷），美国英语有着决定性影响。[14]不过在 19 世纪，英语在全世界的广泛传播主要是由英国而不是美国推动的。我们今天所看到的英语在教育、商业、大众传媒、流行音乐、科学和国际政治等各个领域所向披靡的胜利进军，是在美国的强力推动下，于1950年后才开始的。

作为单行道的语言传播

在殖民地以外的地区，学习欧洲语言的压力和刺激也在增长。清朝时期使用三种官方语言（汉语、满语、蒙古语）的中国政府，从未觉得有必要促进欧洲语言的学习。荒谬的是，这是近代早期耶稣会传教士拥有高超语言能力的原因之一。他们中很多人汉语造诣极高，以至于当皇帝召见来自俄国、葡萄牙、荷兰和英国的使节时由他们充当翻译。因为修会解散后留在中国的前耶稣会会士不懂英语，所以1793年首次建立外交关系时，为了能让这些耶稣会会士听懂，英国使节的发言先部分翻译成拉丁语。而当1840年必须进行意义完全不同的外交谈判时，这些翻译已经不存在了。中国没有任何受过语言训练的人才——这是中国与西方不平衡关系中的又一劣势。皇室长期固守清朝的老规矩，极力阻止"鬼子们"学习汉语。在奥斯曼帝国，直到19世纪早期都没有任何措施鼓励人们学习欧洲语言。但与1877年才开始改变的中国不同，奥斯曼帝国从1834年就开始向最重要的欧洲国家首都长期派驻使节，这让一些坦志麦特改革的领导人得以有机会在外交职位上掌握了外语和外国知识。坦志麦特时期的新权力精英很少来自军队和乌莱玛（ulema）（伊斯兰教神学家和教法学家），而是来自政府翻译部门和大使馆。[15]清政府在1860年第二次鸦片战争失败后才开始改变政策；1862年在北京创办了翻译学校京师同文馆——第一

1113

所效仿西方样板建立的中国政府教育机构。它承担着双重任务：一是培养英语人才，二是把技术文献从西方译介到中国。这是一个真正的先锋使命，因为——如同几十年前的奥斯曼帝国一样——在翻译过程中先得创造技术词汇。[16]这个时期出现的一些大型政府军械库和船厂也都设了外文部。不过外语传播的最重要途径当属教会学校和教会大学。在 1919 年的巴黎和会上，中国派年轻有为的外交家参会，他们的外语水平给与会者留下了深刻印象。

　　在与中国的语言交流中积累了长期经验的日本，直到幕府时代末期古汉语一直是最富声望的书面语，1854 年前由长崎的分等级的专业译员负责与荷兰的交流事务；真正的学界与此关系不大。通过唯一被许可的荷兰贸易这一针孔般的狭小渠道，欧洲知识进入了封闭的日本。1800 年后日本政府才逐渐意识到荷兰语不是最重要的欧洲语言，于是开始越来越多地译介俄文或英文文献。[17]此外，日本从 17 世纪开始了解并接触很多翻译成古汉语的西方科学和医学文献，它们是耶稣会士与当地学者合作翻译完成的。[18]因此，自 18 世纪 70 年代以来，“兰学”（rangaku）——以自然科学内容为主——并不是西方知识进入封闭的日本的唯一途径。明治时期更密集地输入西方知识之所以成为可能，是因为除了聘请西方专家外还建立了系统培养翻译人才的制度。

1114　　直到 19 世纪，欧洲语言才零星地被非欧洲国家纳入国家规定的普通教育体系中，而这些国家有不少本身也是多语种的，比如学者被要求具备土耳其语、阿拉伯语和波斯语知识。欧洲语言知识长期以来是一些不可或缺但并无多少名望的专家们的专有领域，这类专家的原始模型是奥斯曼帝国的译员：一个政府任命的口语和书面语翻译小群体，1821 年前这些译员主要由信基督教的希腊人担任。[19]反之，在欧洲人们从未想过把一门非欧洲语言提升为"教学语言"。波斯语和 18 世纪才为欧洲人所熟悉的梵语都被欧洲的语言专家们视为最完美的语言。如果说这种语言本可能发展成为一种与希腊语和拉丁语抗衡的竞争语言，也许就在 1810 年或 1820 年前后，但人们并未利用这一时机。[20]高级中学、公立中学（lycées）和公学（public schools）的欧洲人文主义始终是纯粹希腊罗马式的，欧洲教育始终是西方式的。直到现在越来越多的德国文理高级中学开设了汉语课，这一传统才有了转变的迹象。

语言杂交：皮钦语

世界性语言就是那些在其母国疆域之外也能用来与人交流的语言，它们大多松散地附着于若干本地语言和方言之上。在印度，即使在殖民时代结束后，也还有至多 3% 的人口懂英语（在印度共和国现在是 30%）。[21]简化的混杂语言方便交流和沟通。它们很少会取代其语言母本，其存在证明了本土语言面对袭来的殖民语言具有多么顽强的抵抗力。很多情况下皮钦语比殖民主义存活得还要长久。自 1713 年签署《乌得勒支和平协定》后，法语作为外交和合同语言取代了此前常用的拉丁语，其后，在地中海东部地区和阿尔及利亚，人们仍然使用混合语（lingua franca），一种混合意大利语。[22]在世界其他地区，比如加勒比海地区和西非，克里奥尔语成为独立的语言体系。[23]"洋泾浜"英语最初被叫作广东英语（Canton jargon），自 1720 年以来在漫长的发展过程中作为第二语言出现在中国东南沿海。它是中国门户被打开后在所有通商口岸

1115

中国人和欧洲人之间的商业用语。至于当初它的产生是由于西方商人缺乏学习汉语的意愿、能力和条件，后来则被淡忘了。简化的、不变格不变位的洋泾浜英语（"Likee soupee"意为"喜欢汤吗？"）的可笑成为对"蒙昧"的中国人的种族主义刻板印象的主要内容。因此，努力摆脱这一屈辱成为 20 世纪早期具有民族主义思想的中国知识分子学习外语的重要动力。伴随着这个过程出现了英语去洋泾浜化。细察之下会发现，世纪之交从洋泾浜英语发展而来的成熟的中国沿海英语（China Coast English）被证明是一种完全切合当时状况的交流媒介。在中国沿海，现实生活里的丰富语汇混杂了若干语言特色，包括马来语、葡萄牙语或波斯语。[24]

　　如同在印度一样，用欧洲语言进行高层次的交流并不意味着屈服于语言帝国主义，而是意味着向着文化认可和平等迈出了重要的一步。洋泾浜英语始终是商业用语，以西方为榜样的知识分子则学习正规英语。在中国，洋泾浜英语在 20 世纪没有保留下来，甚至在香港也只残留了一些词汇。汉语书面语在与西方的交流中未受到冲击；在日本甚至都未产生皮钦英语的萌芽。在中国文化所辐射的地区古汉语继续发挥其实际作用。著名的越南爱国主义志士潘佩珠（Phan Boi Chau）1905 年拜访流亡东京的伟大的中国知识分子梁启超，两人找不到可以交谈的语言。由于潘佩珠精通文言文——它是几个世纪以来越南官员的交流媒介——所以潘梁二人得以用文言文进行交谈，潘在回忆中称此次会谈为"笔谈"。[25]

　　知识传播的载体是语言。19 世纪大语言区的扩张，一方面通过一种新增语言需要被关注而丰富了本土语言的多样性、强化了多语种的实际必要性，另一方面也开拓了交流空间，使知识的流动更加畅通。殖民主义和全球化创造了世界性的语言秩序。在高雅语言从未丧失其统一性和抵抗力的中华文明中，没有发生像南亚那样的急剧变化；在南亚，之前几个世纪作为统治性语言的梵语式微，而地方语言传播开来，于是在精英层面出现了新的思想辐射范围。语言四分五裂的印度通过使用英语从语言上得以重新统一。[26]

语言融合的界限

不过，不应夸大语言在精英小众圈子之外所起到的融合作用。在欧洲也是随着19世纪的发展进程才在单一民族国家疆界之内出现了语言同质性。在大量地区方言之外，民族语言成为交际的规范语言和衡量正确性的标准，不过这个过程发生得十分缓慢。[27]甚至中央集权制的法国也是如此。1790年的一项官方调查显示，大部分法国居民讲话和阅读所使用的语言不是法语，而是其他语言：凯尔特语、德语、奥克语、加泰罗尼亚语、意大利语或弗拉芒语。1893年，7～14岁的学生中甚至每8人中就有1人不会法语。[28]意大利的语言情况更分散。19世纪60年代，只有不到1/10的人口能流利地讲民族国家形成时宣布为官方语言的托斯卡纳意大利语。[29]在西班牙殖民帝国后出现的民族国家中情况也差不多。在迪亚斯（Porfirio Díaz）统治下的墨西哥，政府压根不打算为印第安人和印欧混血人建学校。1910年，200万殖民地土著，也就是全部人口的14%，不讲西班牙语。[30]

在整个欧洲，各种语言的学者们搜集零星散落的语言汇集成词典（补充新词），描述语法，用规则对正字法、语音和文体进行规范。欧洲各民族首先被设想和宣传为语言共同体，开始把高雅的书面语视作本民族的核心成就，而这时很多其他地

1117

区的地方语言实践还顽固地拘泥于局部地区的习俗。亚洲国家
的科学家和知识分子启动了旨在填补精英和大众文化之间深邃
鸿沟的语言、文字和文学的简化改革——奥斯曼帝国是在1862
年前后的第一波改革要求之后，世纪之交后更加深化，中国是
在1915年之后，他们所做的事情正是欧洲国家几十年前做过
的，甚至是同期正在进行的，所以谈不上是直接的模仿。在19
世纪，精英与大众之间的语言鸿沟、书面语与口语之间的差异，
即使在欧洲也很普遍，其差别程度是我们今天难以想象的。双
语现象并非殖民地和种族高度混杂的社会的特产。但对于成熟
的单一民族国家而言，几十年后双语现象变得让人难以忍受；
它们极力追求民族语言的单一性或者至少努力保持这样一种民
族语言的假象。二战以后，横扫加泰罗尼亚、威尔士直到巴尔
干半岛的欧洲地区运动和民族主义运动则开启了一种反向趋势。

二　读写能力教育和学校化

识字能力在大部分人口中的传播是19世纪最重要的文化基
础进程之一。大众读写能力普及是一个过程，这个过程的开端
在若干社会都追溯到几个世纪前，在不同地区的发展速度迥异，
不应草率地将这个过程的产生归因于其他的基础进程，如国家
的形成、宗教化、知识社会的产生甚或工业化。[31] 对于应如何
确切地理解"读写能力教育"（也包括非拼音文字的书写能力）
及其成果——人们一般喜欢用英文 literacy 来表示，这是一个用
其他文字难以传达的说法——尽可见仁见智。这些概念所描述
的不是绝对的而是相对的状况。读写能力包括能够在结婚证上
签名、有定期阅读宗教经文的习惯、书写私人信函，以及能够

1118

积极参与公共文学活动。不过其核心意思很清楚：对阅读（包括次要一些的书写）文化技能的掌握，它使人们除了现场参与听说之外还可以参与到其他的交际圈子中。识文断字者会成为跨地区社会的一员，同时他也面临着会受到他人更多的控制和操纵。到 1914 年欧洲男性人口读写能力普及程度已达到交战各方士兵能看懂武器使用说明书、理解将领的战争宣传及从前线阵地向家中汇报自己的情况。

欧洲的读写能力普及

19 世纪读写能力的普及首先是欧洲文化史的一个进程。在具备古老的、只有中国具备类似（而且没有相互影响）大规模图书印刷能力的欧洲大陆，有些地方读写能力普及的源头可追溯至宗教改革时代或 18 世纪倾向于实用性教育的"全民启蒙运动"时期。19 世纪延续并一定程度上终结了这些趋势。全民教育的历史——而不是近代早期业已出现的"知识社会"——孕育了我们这个时代的基础。读写能力在能力提高这一功能之外获得了新的象征性意义，它标志着进步、文明，还能带来民族凝聚力——通过创造一个相互间进行交流、可被引导向着共同目标努力的想象的共同体。[32] 1920 年前后，欧洲主要国家中的男性人口和部分女性人口掌握了读写技能。不过必须区分欧洲内部差异以免导致产生这种印象，即有文化的欧洲和无知蒙昧的非欧洲地区相对立。1910 年前后，只有英国、荷兰和德国的识字率达到了 100%，法国是 87%，而在欧洲"发达"国家中读写普及率最低的比利时，识字率是 85%。欧洲南部的识字率明显低得多：意大利是 62%，西班牙是 50%，葡萄牙只有 25%。[33] 在欧洲东部和东南部外围地区，情况也不佳。不过整

1119

个欧洲地区的趋势是：整个大陆的男性及女性文盲人口占总人口的比例在持续下降，没有任何一个地方的下降趋势停滞。包括瑞典在内的个别国家，由于文盲率的原始数值高，所以它们的进步尤其快。

1860 年前后的这段时期是这一普遍发展趋势在整个欧洲的转折点。在此之前，只有普鲁士接近完全消除文盲这一目标。1860 年后发展加速。这不仅体现在统计数字上，也体现在整体社会氛围上。世纪之交，在整个欧洲，包括在巴尔干地区和俄国，文盲不再被认为是理所当然的。具备一般读写能力普遍被认为是政治上值得追求的目标和社交中人们所期望的正常状态。掌握书面文字能力者从贵族和城市中产阶级扩展至城乡手工业阶层、高技能工人和越来越多的农民。[34]地区差异并未因此完全消失。欧洲大陆各帝国内部仍然存在很大的地区差异。1900 年的人口普查显示，福拉尔贝格（Voralberg）的文盲率为 1%，而同一时期属于哈布斯堡王朝的达尔马提亚（Dalmatien）的文盲率为 73%。[35]还要过很久读写教育才会普及到俄国、塞尔维亚、西西里或伯罗奔尼撒的偏远村庄。

读写教育无法一蹴而就。它是一个漫长的过程，不是骤然间就在各单一民族国家普及开来的。它先从一小群人开始。一个家庭中只有个别成员识字，最初大多是年轻人，其他人不识字。这影响了父母的权威。村庄、邻里和教区逐渐改变了其文化技能的构成。若笼统地认为这是一个从口语到书面语的过渡则过于简单。书面文字，如同过去各时期一样，为新的文化权威奠定了基础。尽管用途少了，但口述文化仍继续存在。自1780 年起，欧洲的城市知识分子开始搜集和记录童话、传说和民歌，并以高度艺术化的自然风格加以呈现，这标志着口述传统作为一种不言而喻的存在正在消失。在德国，从事搜集整理工作的最初有约翰·哥特弗雷德·赫尔德（Johann Gottfried Herder）——自 1778 年开始出版有多部民歌集——后来有阿希姆·冯·阿尼姆（Achim von Arnim）、出版了《少年的魔角》的布伦塔诺（Clemens Brentano，1805～1808）以及格林兄弟。后来格林兄弟出版的第一部童话集《儿童与家庭童话集》成为德国经久不衰的文学经典。[36]不过，只有"稀少的"或开始变得稀少的事物才有待重新被发掘。读写教育开始于城市，非常缓慢地向乡村社会辐射。在向读写能力普及过渡的这一时期，城乡间的文化鸿沟在加深。它也使"文化"参数发生了变化。只有通晓文墨者才能分享高雅文化的精深隽永。不过读写能力的传播也使人们对从历书到宗教书刊等通俗读物的需求上升。从事阅读研究的史学家对"高雅文化"和"民间文化"——被划分为若干层次的文化光谱两端的两个概念——之间的阅读行为的不同程度的大众化进行了细致的研究。[37]

　　精英们对读写能力普及的反应是矛盾的。一方面，开启理智的阅读和规范文化实践对"普通民众"进行启蒙、祛除"迷信"，这似乎是自上而下的"文明化"、现代化的实施和对民族融合的促进。另一方面，精英对大众文化解放仍然存有疑虑，大众文化的解放同时——工人文化协会很快说明了这一点——也与提高大众的社会和政治地位的要求相勾连。权力和文化拥有者的疑虑不无道理。读写能力——也就是书面交际渠道——的"大众化"通常会导致名望和权力等级的改变，并可能会触及现存秩序。[38]文化人的担心也受到性别政治因素影响。大量无节制地阅读脱离现实的作品——尤其是女性——会助长人们狂热的情色想象，这是福楼拜的《包法利夫人》（1856）及其他文学作品的一个讽刺主题，也是男性卫道士们的心腹之忧。[39]

1121　　　读写能力普及计划主要由国家制订。小学是实施该计划的最重要工具，不过欧洲很多政府仍暂时任由教会掌控这个工具。政府实力越弱，宗教机构的教育作用就越强，虽然也许只是主日学校在悄无声息地发挥作用。或者换个角度：国家、教会和私人在增长的教育市场上呈竞争态势。总体来看，并非只有欧洲是如此。比如，英国的教育事业就与同期伊斯兰国家的教育事业有着相似性：基础教育都高度集中在宗教机构手中，其教育目标大同小异——读、写、道德价值内化及保护孩子不受日常生活环境的负面影响。两者的差别其实是程度的差别而非原则性的差别：英国的学校较少要求背诵和朗诵圣经篇章，以实用性为主，学校的教具和家具等硬件配备较精良。[40]

　　　全民教育无法完全强制。只有当受教育者自己有兴趣并乐于接受教育时，才可能是成功的教育。世界所有国家在 19 世纪（以及 20 世纪）不同时期都面临着落实法律规定的义务教育的困难，这一困难让人注意到父母参与教育的极端重要性。必须在具备一定经济基础的前提下，国家才有可能普及读写教育，尽管低估很多社会中大多数群体对教育的天然追求是错误的。不能单纯将自学读写并让孩子学习读写的动机解释为对物质利益的追逐。但是，只有达到一定富裕程度的家庭才能让孩子免于劳动并能筹集孩子按时上学所需的费用。有固定上课时间和学业定额、不受当地经济周期影响的学校形式的全民教育，只在那些孩子无须为家庭生计参加劳动的地方才有可能。从欧洲的平均水平来看，直到 19 世纪第三个四分之一世纪，人们才决

1122　心将 7～12 岁的儿童托付于"学校"这个特殊机构（当然对其

专业性常有争议）——在这里，外部几乎无法干预专业化教育者的权威。[41] 不过，学生的实际出勤率不容高估。1895 年，在英国注册的接受义务教育的儿童中只有 82% 按时上学。[42] 在欧洲的许多其他国家这一比例要低得多。

美国的"阅读时代"

在欧洲之外是否有类似的发展？在墨西哥、阿根廷或菲律宾统计的在校儿童人数并不比南欧和巴尔干地区少太多。[43] 关于读写能力的比较研究才刚刚起步。世界很多地区缺少关于整个 19 世纪的统计数据。当然北美不属于这类情况。北美殖民地很早就达到了相当于欧洲最先进国家水平的识字率。19 世纪的移民增长导致英文识字能力直接与"美国化"画等号。语言背景各异的移民要尽快掌握英语，包括英语书面语。一些初来乍到者，尤其是天主教徒，接受了学习读写的要求，但也建立了他们自己的教育机构，这些机构把学习、宗教和民族团结紧密结合起来。自 1840 年开始，美国到处弥漫着一种阅读时代（age of reading）来临的气息。新闻业和图书业的迅速扩张也助推了这一发展。美国，尤其是东北部地区，成为纸媒文化（print culture）蓬勃发展之地。

早在 1860 年，新英格兰地区各州的男性识字率已达 95%，妇女识字率也达到了近似水平，这在世界上是绝无仅有的现象。全国平均识字率（这里的数字尤其没有说服力）之所以明显低于以上数字，不是由于西部和南部的白人识字能力有差距，而是由于黑人和印第安人的低识字率。一些女主人教她们的奴隶读圣经，但一般不会让奴隶学习读写；识字的奴隶总被怀疑是潜在的起义头目。而在北方，尽管仍有某种程度的歧视，但获

1123

得人身自由的黑人在南北战争前就已对书面交流表现出浓厚的兴趣。南北战争前 20 年出现的几百部自传是其文学表达欲望的明证。1890 年，美国黑人的全国平均识字率为 39%，1910 年已达 89%，到 1930 年又回落至 82%。[44] 由此，这一少数族裔的识字率高于非洲任何近似规模的黑人族群，也高于东欧和南欧若干农村地区的族群。美国南部各州 1870 年重新确立统治地位后，美国黑人不得不通过集体力量反抗仇视他们的白人社会和对他们漠不关心的政府，争取受教育的机会。[45] 美国社会其他受歧视族群的情况也大抵如此。一些印第安人部族克服巨大阻碍利用识字能力维护本民族文化。在这方面，彻罗基族（Cherokee-Nation）是最成功的例子，他们在 1809 年后有了文字——奠定了同时用彻罗基语和英语学习读写的基础。在世界很多地方都有这样的情况：语言先得由传教士——常常如此，但也不总是如此——用字母表标注并制成词汇表，然后由他们翻译圣经的部分篇章当作练习材料：这是通过文字丰富口语交际的基础。

古老的亚洲书面文化

在那些自古就高度重视文字和学识的文明中，情形则另有不同。它们包括与《古兰经》及司法 - 神学解释文献有密切文字关联的伊斯兰国家和中华文化辐射圈的汉文化国家。1800 年前后埃及人口的识字率不足 1%，至 1880 年，由于实行了本土现代化政策识字率提高到 3% ~ 4%。1897 年近代埃及的首次人口普查结果显示，当时埃及的识字人口有 40 万，约占 7 岁以上人口（不包括游牧民族和外国人）的 6%。[46]

1124　　　日本早在 1800 年前后，即使依据严格的欧洲标准也已经是一个书面文化相当普及的社会了，在 17 世纪就已出现了一个面对城市人口的大众书面文化市场。所有武士和数量众多的村长必须有相当的文字功底并能识汉字以履行行政职能。当局者一般并不惧怕有文化的臣民；一些王侯之家视提高广大民众的道德水准和技能为己任。在 19 世纪最初的几十年间基础教育已从乡村绅士圈向外扩展。在德川幕府末年（1867），45% 的男孩和 15% 的女孩在家庭之外按时接受课堂读写教育；按照其他估计，比例还要高些。[47] 所有这些发展并未受欧洲的任何影响：从 1630 年起日本禁止传教士进入。自 1871 年设立国家教育部开始，明治政府高度重视优先发展教育事业，在中央政府监督之下，从乡村学校到大学等各层面的教育在全国范围内得到大力发展。德川幕府时期的很多学校和教师被纳入四年制义务教育的新体制中。这时日本也着手研究西方模式并吸收了其中的一些内容，不过由于日本在其孤立于世界的前现代时期就已确立教育之国为发展方向，所以其教育制度较之同期也实行了改革的军事制度更富有自己的特色。1909 年，即明治末年，在几乎日本所有地区，20 岁的新兵中文盲不足 10%：这样的成就在亚洲绝无仅有。[48]

1912 年前后，日本在民众识字能力方面位居世界前列。而在中国，早在公元 500 年前后就已出现了用于读写教育并沿袭了几个世纪的权威教科书，作为一个前现代社会，较之其他国家，中国的读写教育水平较高，但在 19 世纪其读写教育似乎停滞了。清朝时期的中国在 17 世纪从丰富的书面文化传统中继承对书写文化，尤其是对被赋予了高度书法美感的文字的崇拜，继承了大量生产和传播各类图书的技术手段，还继承了形形色色几乎不受政府管制、毫无系统性可言的私立学堂，包括

1125　村塾、义塾、族塾和寺庙学馆。这些学堂由地方出资兴办，大多只有一名塾师，塾师来自约 500 万饱读诗书但在科举考试初试阶段落榜因而无缘在仕途上出人头地之辈。他们中的很多人在富家大户任家塾塾师。[49] 由于缺乏统计数字，只能依靠正史资料和野史趣闻，据此得出的结果是，30% ~45% 的男性人口和 2% ~10% 的女性人口具备基本的读写能力。[50] 当然这并不意味着他们符合上流社会交际的高标准，但他们掌握基本词汇，因此认识政府旨在激励、警告和禁止臣民某些行为的文字，这些文字常是简化的古文。帝制国家也在一定程度上对建学堂和为学堂筹资提供支持，但并不谋求对学校的一般控制权，如欧洲在 19 世纪逐渐发生的情况那样。几个世纪以来政治和社会秩序的合法性基础在于，接受教育进而出人头地并非上层社会家庭子孙们的特权。必须保持社会上升渠道的畅通，就如欧洲近代早期教会在必要情况下采取的举措那样。在实际操作上则比较灵活，比如农家子弟的基础课程集中于较少需要下田劳作的月份。

古老的中国教育文化为何落后了？

　　19 世纪中国的基础教育事业与其整体教育制度安排在国际上均处于落后水平，几乎不再具有竞争力。与日本德川幕府时代的教育不同，曾经在某些方面十分强大的中国传统教育模式并不具备现代化的潜力。清政府一直在拖延教育改革，过了很久，终于自己认识到了这一点。1904 年它颁布了一个全国性的办学章程，并表示此章程旨在效法西方尤其是日本的做法（这

1126　又与欧洲有关）建立一个全国性的、分三个阶段的学制。一年后，通过科举考试分配功名、选拔官吏的旧体制在无任何预案

和过渡的情况下被废除。[51]朝鲜是除中国和越南之外第三大拥有悠久科举传统的国家，它早在 1894 年就采取了类似的激进措施。[52]从 1911 年辛亥革命到整个民国时期（直到 1949 年）都无法阻挡的中央集权的崩溃，阻碍了世纪之交改革计划的实现。如今中国社会普及了学校教育，拥有一个多样化的成绩导向型教育体制，它将国际经验与本国经验和知识融合，在国际排名中成绩斐然，这些都归功于 1978 年后共产党推行的政策。200 年后，中国终于改变了 1800 年前后其教育在国际上的落后局面。

可是这一落后局面又是如何形成的呢？有如下三个原因：

第一，传统的教育事业皆由"顶层"设计。所有形式的教育均围绕着科举考试。即使人们并不指望学堂里的大多数农家子弟将来能完成这套高度形式化的考试流程，可他们在掌握了基本词汇后也必须熟背简单的儒家经典篇章。在这样一种对教育的单一化理解中，不存在区别对待不同社会阶层成员不同教育需求的空间。虽然学校与日常生活密切结合，但缺乏那种把学校视作与日常生活有距离的特殊场所的欧洲认识（如今在中国却异常发达）。而教材却越来越脱离实际，教学方法僵化——这是暂时性的创造力丧失，因为在中国过去的各个时期，对教学方法的讨论频繁发生。

第二，1842 年后，这个过去无可匹敌的国家遭遇了一系列失败，直到这时，中国教育国际竞争力的缺失才暴露出来。对导致中国军力落后和经济停滞的原因的分析则持续了几十年。对学者官吏而言，承认教育——他们借此获得了社会地位和身份——可能对中国的衰败不无责任、需要适应新的挑战，比登天还难。不久人们认识到西学在一些领域的优势，但并不想让它与本土文化平分秋色。西学是侵略者的知识，加之西学最重

1127

要的输入者基督教传教士很多时候言行不当，导致了中国人普遍的疑虑。1860 年后，一些社会小圈子思想上向西方开放，国家设立了翻译学馆。然而整个 19 世纪下半叶，中学与西学的势不两立成为大多数文人固守的信条。[53] 1904～1905 年，一次严重的民族危机使民族情绪低落到极点，这时中华传统又一次被视为百无一用。反之，西学则被奉为万应灵药，输入西学，尤其是通过人们对其钦佩有加的日本进行输入，成为迫在眉睫之要务，于是匆忙之中，中国借鉴了日本的教育体制（或至少是其中的一些因素）。在整个民国时期（1912～1945），中国的知识分子和教育改革者都在与各种来源的知识同化和融合问题进行斗争。有些人试图借助史源学考证方法进行批判性检验以挽救传统文化之精华，另外一些人则认为反西方的布尔什维克派马克思主义或者最大程度的西化才是拯救之途。但由于中国政府的衰弱和无能，无论哪种方案都没能转化为可在全国范围内实施的政策。1949 年后的中华人民共和国时期不得不对 19 世纪的思想和教育政策的基本问题进行重新梳理。

第三，清朝末年的政府既无行政资源亦无财力把中国变成教育之国。这个国家幅员辽阔，传统上缺乏教会教育作为家庭教育和国家教育之外的第三种力量，缺乏乡村层面的行政机构，中央政府财力匮乏等，这些因素导致中国无法按照日本明治模式推行目标明确的政策。[54]

1128　　学校之国（Schulstaat）与国立学校（Staatschule）

以识字率这个知识指标开始的讨论很快会扩展为关于制度化教育的比较阐述。这里有两个一般性论断。其一，到 19 世纪人们才开始把社会中关于知识学习和道德教化的所有形式设想为一个教育体系，并在实践中做出这样的安排：统一学校形式、设计前后衔接的课程、使学生按年级连续上课完成学制、教师经过特殊培训并获得资格证书、设有专门的政府机构指导并监督这些革新——这些构想无论在欧洲还是其他地区都是直到19世纪才具备了现实意义。其二，国家与包括教会在内的私立学校处于竞争之势，开始努力争取对"学龄"儿童和青少年的教育垄断。在一些国家，如法国和荷兰，关于学校由国家控制还是由教会控制的问题导致了很大的内政分歧。教育国家垄断甚至在中央集权的法国也是非常缓慢地实现的，而在一些西方发达社会，如美国和英国，从未实现过哪怕是近似于完全的教育国家垄断。在今天的欧洲大陆，教育国家垄断也受到影响越来越大的私立学校的冲击。毫无疑问，这并非"西方"的突出特征。教育国家垄断在20世纪的"现实社会主义"国家得到了最广泛的实现，但在中华人民共和国，自20世纪90年代国家放松教育垄断以来，文盲（识字数不足1500）人数急剧增长。[55]

　　国家掌握着年轻人接受学制教育的决定权，这是19世纪的一个革命性创新。来自社会底层和中产阶层的子弟首次被国立学校一视同仁地"纳入"入学名单，富家子弟越来越少由家庭教师授课，而更多在学校一起上课。国家成为"学校之国"，社会成为"学校社会"（Schulgesellschaft），托马斯·尼佩代（Thomas Nipperdey）这样描述当时的德意志各邦国。[56]那里的学校普及程度尤其高，不过全世界都可以看到这样的趋势，而德国，尤其是普鲁士，则成为其他国家仔细观摩和纷纷效仿的榜样。其中普鲁士的组织和行政准备措施似乎尤其具有标杆意义，但这并不是指——历史上绝无仅有的——宗教改革早期重塑普鲁士使之成为教育之国的理想主义宏伟蓝图；到19世纪中

1129

叶，普鲁士制定的政策也放弃了这样的崇高目标。[57]世界各国政府在扩大公共教育事业方面有各不相同的目的和优先顺序：对民众进行纪律教育，为"模范国家"培养"模范公民"[58]，提高军事打击能力，创造均一的民族文化，对帝国进行文化融合，通过培养"人力资本"的素质和技能促进经济发展。当然这样的政府主张须有来自"底层"的观念予以支撑。政府精英意图如何先撇开不谈，在很多国家，人们都认为更好的教育预示着更好的生活。通过教育出人头地的梦想，使人们纷纷争取政府、教会、慈善机构提供的教育机会或者进行自学。

最无办学雄心和热情的是殖民政府。殖民国家根本不抓教育，或完全交由传教士来办教育。刚果共和国（自 1908 年开始是比利时属刚果）当时就是这样的情形，1960 年前后非殖民化开始时，即在经历了 80 年殖民统治之后，几乎不存在一个受过欧洲教育的精英阶层，以几种本土语言进行的读写教育也七零八落。尼日利亚（自 1851～1862 年开始由英国统治）和塞内加尔（自 1817 年开始由法国统治）的情况要好一些，但那里提供继续学习机会的学校极少。在阿尔及利亚，国家学校教育与殖民当局难以管控的古兰经学校平分秋色：这是一种双轨制教育。[59]自 1898 年由美国控制的菲律宾则是另外一个极端，此地早在 1919 年前后识字率就达到了 50%。欧洲人在亚洲的大殖民地的识字率要低得多：印度尼西亚是 8%，法属印度支那是 10%，英属印度是 12%。[60]印度是殖民地中的特例，因为此地的殖民政府早在一战前就扶持中高等教育，不过只是面对少数学生和大学生，与庞大的人口数量很不相称。1817 年加尔各答就已开设了印度学院（Hindu College），之后，殖民政府 1857 年相继在加尔各答、孟买和马德拉斯，1882 年在拉合尔，1887

1130

年在阿拉哈巴德（Allahabad）开办了多所大学。这些大学并非从事教学与研究活动的综合性大学，它们本质上只是考试机构，向来自全国各地的各类学院的大学生颁发学位和证书；只有拉合尔的大学有教学活动。各学院几乎只教授文科（liberal arts）课程，即欧洲高雅文化。英国人主要关心的是培养可纳入该国管理领域的英国化的印度文化阶层。自然科学和技术教育的地位微不足道。直到总督寇松勋爵（Lord Curzon）颁布了《印度教育法》（1904）之后，一些印度大学，也包括邦国巴罗达（Baroda）和海得拉巴（Hyderabad）的一些不受拉伊（Raj）领导并拥有高远的现代化目标的大学，才设立了科研部门。在印度，科研只要是在英国统治者控制下，就主要以应用为主，理论和基础研究举步维艰。对殖民政府有用的科学，如可用于农业的植物学，倒是最早得到了扶持。[61]

亚洲各独立国家的政府想必对此有不同的看法，并致力于建立一个基础广泛的科学体系。在日本，人们很早就认识到技术实力的重要性；在中国，少数改革派人士数十年如一日徒劳地与大多数官员的"人文"文化自豪感进行斗争。直到1911年后，科学技术才在北京和上海一些教会学校和大学里受到高度重视。19世纪末，奥斯曼帝国新建了若干建筑风格恢宏壮观的学校，这里在学科方向上也存在着同样的矛盾：高等教育首先应当依托伊斯兰文化培养国家公职人员，还是应当培养具备技术技能和经济学知识的实干型人才，即具有"创造性"的个体？直到世纪之交前仍然主要以培养官员为主。[62]与中国的情况一样（在日本则很少见），在奥斯曼帝国，外国学校多为教会学校，是官办学校的强大竞争对手。它们设有外语课，比公立学校享有更好的声誉。与其说外国学校和大学的存在是帝国　1131

主义文化侵略，毋宁说它们刺激了当地政府扩大和改善本国的教育事业。[63]不过，将此论断推及"整个伊斯兰世界"则是错误的。比如伊朗，全世界第二大没有经历殖民统治的伊斯兰国家，直到20世纪的第一个十年里都一直未实施教育改革，而埃及和奥斯曼帝国则都由于实行教育改革而出现了明显的变化。学校几乎都被乌莱玛控制，而国家并不进行干预。[64]

世界的学校化

社会的学校化是19世纪早期欧洲和北美的一项计划，随着时间的推移在世界范围内发展成为国家政策目标。学校成为国家控制社会的一个重要工具，不过同时也成为中产阶级积极开展活动的一个核心领域。无论过去还是现在，关键是看国家、地方组织或家长是否为办学提供资助。小学入学率和识字率至今仍是衡量社会发展水平的重要指标，即指19世纪在欧洲语言里称为一个国家"文明程度"的要素。学校集中了三方面的功能：社会化方面，即学校是塑造人格的机构，它培养某些特定类型的人；政治方面，实质是指世俗的国家和宗教教育机构之间的关系；最后还有对知识的保障和传播。科学作为发现知识的体系，需要系统培养未来科学家所需的生产力和社会活力，而这需要通过对教学活动的恰当安排来实现，这是19世纪新型知识社会超越近代早期以前各社会的认识之一。在该时期，科学上领先的国家其学校发展路径各不相同。在法国、英国、普鲁士/德国和美国形成了对教育事业，尤其是对高等教育事业的不同设想。没有任何一个国家像独创了文理高级中学这种制度的德国那样赋予中等教育如此大比重并给予如此多的支持——尤其是教育政策先锋普鲁士和巴伐利亚——到19世纪中叶在文

1132

理高级中学之外产生了与"实用学科"紧密结合的中学类型。文理高级中学，一个自 19 世纪 30 年代就已规范化的制度，并非直到帝国时期才奠定了德国科学腾飞的基础。英国——举个截然不同的例子——虽然也有各类颇有效率的私立学校，但在 1902 年教育立法前，它们还不能被称作中等教育体系。[65] 就如这个时期在军事领域一样，德国在教育领域的成就鼓舞了全世界。德国的大学同样如此。

三　作为欧洲文化输出品的大学

近代早期大学和现代大学之间的断档

19 世纪产生了具有三重维度的现代大学：整理、保存和传递知识的教育场所；研究场所，即产生新知识的场所；社会化机构，即年轻人摆脱学校强制性学习、塑造个性、发现自我的场所。在大多数欧洲国家，大学教育和科学研究革新都是先于中学改造而实现的；教育体制的改变是"上层"发动的。大学作为学者自治团体是古老而受人尊敬的机构，是拉丁欧洲的标志。在其他文明中，如中华文明和伊斯兰文明，在与西方接触之前，就存在不少高效的学习和传授知识的机构：修道院、较高级的宗教学校或学院，学者们在那里不拘形式地聚谈（就如中国的书院那样）。在前现代时期，"进行严肃的思想辩论的论坛"不是欧洲特色。[66] 在如此丰富的学者文化中，富有中世纪特色的欧洲大学引人注目的一点在于，它们相对不受外部势力干预，是自治的领域。

中国政府——在此举个极端的反例——不容忍学者的半自

治共和国（res publica）。中国文人一部分在政府机构中得到固定职位——其中很多进了京城的翰林院任职——另一部分聚集在近似于私人的圈子中，始终被皇帝狐疑的目光注视。中国没有受到法律保护的甚至拥有自己的政治代表的学者团体——就如英国大学在议会有自己的议员那样。

这样的"前现代"机构在 19 世纪的不同时期纷纷消失，在中国和日本是 1870～1910 年之间，尽管在日本，公立学校体制之外的教学内容较少以西方为标准的私立学院也维持了一段时间。只有伊斯兰国家的一些学校，主要是独立于政府的宗教学校（玛德拉萨［madrasa］），在改革之后仍继续存在；追溯至 10 世纪的开罗的神法学院爱兹哈尔大学（al-Azhar，光辉照耀的）被认为是世界上最古老的大学。[67] 而欧洲的大学在 19 世纪进行了彻底的改革，然后以这样的形式在全世界传播开来。现代大学作为世俗知识的生产场所是在 1800 年后与欧洲单一民族国家的兴起紧密相随产生的，在 19 世纪的最后三分之一世纪发展成为现代世界的基本制度之一。我们可以准确地说出大学的创立者、创立时间和地点：创立者是一小群贵族改革者（施泰因［von Stein］，哈登堡［Hardenberg］）和胸怀理想的哲学家（费希特，黑格尔，施莱尔马赫［Schleiermacher］）——威廉·冯·洪堡是这两类人的联络人——创立地点是柏林，时间是 1803 年后，特别是 1806 年后，当普鲁士王国几近崩溃之时，地方权力真空开启了意想不到的行动空间，也出现了挽救国家和民族的非正统的新思想。尽管当时产生的现代大学——其原型是 1810 年创立的柏林大学——保留了它从中世纪延续下来的一些仪式和象征，但它本质上是革命时代的革命性创新。[68]

1134　　　随着新型大学的产生，特殊类型的人也出现了：如英国的

"导师"——作为位于牛津或剑桥的某所大学的迂腐的学者共和国成员，或德国的教席教授——作为凌驾于学院和大批助理之上的权威。[69]特别是出现了"大学生"，他们在欧洲取代了四处漫游的学生（Scholar）这一较古老的类型，至今还能看到其后果。在一些国家，只有当大学生因政治行动引起人们关注时，与大学没关系的人才会注意到大学的存在。直到19世纪早期，"大学生－青年－反叛"这一联想链才得以形成。德国的1815年首次引人注意的"学生社团"使大学生反抗成为一个政治因素。至于法国，人们认为1814年后的30年是"大学生作为一个社会群体诞生"的时代。[70]在19世纪发生的所有法国革命中大学生都起了重要作用。后来在许多国家，"现代"教育机构的大学生和毕业生成为越来越具有民族主义色彩的激进政治积极分子。在克里米亚战争后的那些年里，在起初受到严格监管的帝国的五所大学里萌发了俄国大学生运动；1861年首次发生了骚乱。[71]在印度，1905年大学生参与并领导了大规模群众抗议活动，抗议孟加拉湾的分裂，这是印度民族主义历史上对实现民族独立有影响的事件之一。在日本殖民地朝鲜，1919年3月大学生在全国范围内发起了反日抗议活动，有超过200万朝鲜人参与了这次抗议活动。[72]仅仅两个月后，在中国，"五四运动"的大学生骚乱（Studentenunruhen），成为反帝国主义和文化革命的信号，革命进程由此进入了一个新阶段。在运动如火如荼的所有地方都有一个前提，即都出现了效法西方建立的大学，它们为学生产生政治觉悟提供了自由空间。

殖民地的大学

1800年前，只有新大陆建立了欧洲式大学。在西班牙统治的美洲，大学在一个教会控制着文化生活的体制之内。北美殖民地，创办大学要自由得多，仅通过数字就可见一斑。现在英国只有两所 1800 年前建立的大学，而在美国有 13 所。在加拿大，创办大学的兴趣就明显减弱。在西班牙属安的列斯群岛，人们懒得自己建大学，克里奥尔人精英把儿子送往欧洲让他们接受较高层次教育。在葡萄牙属美洲根本就没有大学，直到 1922 年巴西才建了第一所大学。1636 年在波士顿附近建了一所大学，该大学三年后被冠以其赞助者牧师约翰·哈佛（John Harvard）的名字，自此，北美的英国殖民地成了除欧洲和西班牙属美洲之外的世界第三个兴办大学的中心。耶鲁大学、普林斯顿大学、哥伦比亚大学、宾夕法尼亚大学和罗格斯大学在美国革命前就已建立。这些学校各具特色，组织形式也各不相同；它们的共同点在于，在相当大程度上都独立于政治当局。这些大学中没有一所完全照搬牛津和剑桥模式。苏格兰的大学、长老会信徒创办的学院及有不同政见的学院几乎有同样大的影响力。它们还有一个相同之处，即它们都比较穷。像约翰·哈佛那样慷慨的遗赠是极个别的特例。大部分学校都得到地产馈赠，但在一个土地资源过于丰富的地方，地产馈赠最初并无多大价值。所以早期的大学都不得不通过各种渠道筹集资金，主要是通过征收学费。教学人员数量很少，据估计，1750～1800 年间在所有北美大学授课的教授总人数不超过 210 人。除了培养神职人员这一主要目的，其他学术人才的职业培养发展得非常缓慢。[73]

　　直到 19 世纪中叶后，关于大学的理念和实践才在全世界广为传播。在半自治的大英帝国移民垦殖殖民地，殖民当局和城市绅士都认为兴办大学是无上荣光之事，尽管很长一段时间内

1135

并没有机会摆脱伟大的英国榜样的束缚。1850年在悉尼诞生了
第一所澳大利亚大学，1869年新西兰的第一所大学诞生。在欧
洲各国的"有色人种"殖民地，只有当当局认为大学有利于培
养当地高级工作人员时才会建大学。殖民当局官员和垦殖者的
儿子被送往大都市继续接受高层次教育。殖民地的大学长期资
金不足，所以发展受到限制，没有授予博士学位的资格。其殖
民色彩也体现在，欧洲人（无论个人能力如何）总是处于学术
等级的最顶端。甚至在阿尔及利亚这样一个相对较老的、距离
母国较近的殖民地，也是自1909年才有了第一所综合性大学。
后来声名鹊起的河内大学，这个法国殖民政策在高校领域最富
独创性的杰作，是1917年才建立的。如果说有殖民地大学作为
富有名望的、高水准的学校从若干中等和高等学校中脱颖而出
的话，那么它们也是在世纪之交后出现的，大多数创建于一战
后。在埃及，1908年若干家独立的学校合并为（私立）埃及大
学。在西非，引起了20世纪兴办大学热潮的观念，非洲人早在
1865年后就表达过；但直到20世纪40年代在热带非洲的英国
殖民地才建起了具有有效功能的大学。在所有殖民地国家中，
拥有最广泛高等教育的是美国统治的菲律宾，此地1908年就效
仿美国的农业和工程大学在马尼拉创建了一所国立大学；此外
还有各种私立大学，其中有些是传教士兴办的。

　　任何一个殖民地都未出现以德国为蓝本的高等教育体系。
在一所综合性大学松散领导下、具有民主理念、采取自治形式
的英国学院制模式同样也很少输出到亚洲和非洲。殖民地大学
的组织管理权威性较强，其教学计划大多以母国首都的教学大
纲和殖民当局的特殊目的为准。有些情况下殖民地当权者完全
放弃了教育体系中最高层次的教育。荷兰的大学，主要是莱顿

1136

（Leiden）大学，有重要的亚洲学研究中心。与英属印度和法属印度支那不同，在印度尼西亚本土，这样的研究很少。在二战前，荷兰人不曾想过去满足印度尼西亚精英的教育需求。此外，总督寇松勋爵治下鼓吹的、大英帝国所有天才都应参与的短暂的英国帝国科学计划（imperial science），也未在荷兰殖民地找到对应物。直到 1946 年，印度尼西亚独立三年前，设有法学系、医学系和哲学系的"印度尼西亚临时大学"才得以创建，它是后来"印度尼西亚大学"的雏形。[74]

亚洲非殖民国家的学者传统和新开端

总体上看，欧洲新移民国家以外地区在世纪之交前都还未开始采用欧洲大学模式。在这方面，亚洲和非洲政治上独立的国家也不例外。早在英国殖民统治时期南非的高等学校就比任何一个非洲国家都多，但直到 1916 年后才奠定了今天仍存在的大学体系基础。在近东地区，黎巴嫩是个例外。黎巴嫩是该地区高等教育发展最早的地方，但这并非由于奥斯曼中央政府的倡导，而是由传教士传入的。经过一系列筹备工作，新教贝鲁特美国大学（American University of Beirut）于 1910 年诞生，而同期由法国耶稣会会士兴办的圣约瑟夫大学（Unversite Saint-Joseph）也逐渐成形：该校原本是一所单纯的神学院，19 世纪 80 年代又增加了医学院，其所授学位也得到政教分离的法兰西第三共和国政府的承认。[75]奥斯曼帝国在土耳其地区的最重要创新是伊斯坦布尔大学（1900），这所大学在经过四轮努力后终得建成，主要模仿美国和欧洲大学模式，共设有五个学院。与黎巴嫩的大学不同的是，在伊斯坦布尔，自然科学从一开始就占据重要地位。[76]伊斯坦布尔大学是新生事物，没有延续古

1137

老的奥斯曼制度。其前身并非传统的神法学院,而是人们在其中学习并研究西方知识及其与本土文化传统关系的半私立学校(存在时间常常很短)。

　　中国的高等教育发展始于同期,本质上也很相似。最初的几所大学都出现在1895年后,京师大学堂(北京大学的雏形)诞生于1898年。1911年辛亥革命发生之时,精研学问之所已几近消失,不过——又与奥斯曼帝国的情况很相似——一些做学问的传统价值和观念仍然存在。比如,人们强烈反对划分专业,不过,在1905年科举制度被废除以前,儒家学者也确实在几乎所有领域都证明了自己的能力。帝制时期的中国并不缺少批判性思维。一方面,中国有对传统进行思辨式质疑的先进方法;另一方面,倘若上至皇帝的达官显贵偏离了圣贤之道,也有政治谏言的法律可循。但直至科举体制终结,负责出考题的最高政府机构作为文化权威都是无可置辩的。在政府机构以外,地方书院等场所的大胆谏言先得进入新兴大学的公共舆论空间中。[77]在不认可大学是自治机构的所有国家,这是个艰难的过程,有些地方这个过程至今都未结束,而在鲜有公共讨论经验的地方则更是阻碍重重。

　　中国大学的起源有各种各样的路径。1898年成立的京师大学堂是参照东京大学建立的,而东京大学本身又受到法国和德国学术模式的很大影响。当一战期间日本对华侵略政策升级时,中国正在兴起的学术知识分子中的一部分人不再模仿日本,转而以效法欧洲和北美的大学为主。一些教会大学在一战后成为这个国家最好的大学,在学术领域也是顶尖的,而教会大学原本也是按照欧洲和北美模式建立的。直到20世纪20年代,中国才出现了各类形式不一的大学,并产生了学术共同体

1138

（academic community）。著名学者蔡元培是教育改革最有力的推动者，他自 1917 年起任北京大学校长，模仿德国模式将北大改造成了一所研究型综合大学，这个过程中他十分重视研究与教学统一的原则——这在殖民地的大学不太受重视。在最艰难的

1139　条件下民国时期的中国出现了具备高水平研究能力的科研活动，中央研究院（Academia Sinica）的科研工作就具备了如此水准。但由于晚清时期科学研究发展滞后，所以，尽管学术传统根基深厚，但直到民国早期才奠定了中国今天作为科学之国的科研基础。

　　整个亚洲只有日本的情况不同。日本前现代时期的条件并不见得比中国有利，但日本吸收欧洲知识的过程没有像 18 世纪晚期的中国那样因为耶稣会士知识输入的停止而骤然中断。19 世纪早期，基于"兰学"的发展，日本对欧洲科学的态度变得更加开放。自 1840 年起，人们就可以在江户（东京）学习西方外科学和医学了。明治政府在 1868 年后就试图系统应用西方知识，在此前提下于 1877 年创办了东京大学。它完全向西方科学看齐，放弃开设日本文学课和中国文学课。虽然私人力量的贡献不容忽视，但对于大学改造日本政府给予了强有力的支持，这方面任何其他亚洲国家的政府都无法企及。1886 年 3 月 18 日颁布的帝国大学令明确规定，此后建立的大学需要教授"服务国家所需"的学术技艺。[78] 在日本，围绕着得到大规模扩建、数量不断增长的大学发展出一个各类大学百花齐放的高等教育体制。一战后，日本就拥有了一个仅次于美国和少数欧洲国家的高等教育体系。尽管政府作用极其强大，但明治晚期（约自 1880 年开始）的大学教授绝不是俯首听命之辈和庞大机构中的小小齿轮。日本大学除吸收了法国，尤其是德国大学的组织形

式外，也吸收了其作为非政治性的研究和讨论之所的办学理念。明治时期的学术精英们以有趣的方式将两种"官员"传统结合在一起：一方面，他们得以承袭中国古代文人的自我意识和独立精神（效仿他们的日本人中当然很少有官吏）；另一方面，他们又继承了德国学术"官员"的权威特质及其骄傲，正如弗里茨·K. 林格（Fritz K. Ringer）所称的那样。[79]不过他们的待遇却比不上德国官员，而是与中国官员的待遇一样差。[80]

1140

研究型大学的理想与模式

在资金充足、没有直接的研究成果转化压力、有必要的设施配备（实验室、图书馆、校外研究站等）的条件下进行研究这样一个理想是 19 世纪欧洲大陆大学理念的一个重要因素，但同时也是一个特殊发展的产物，与大学作为教育制度的一般性框架相比更难以输出或输入。早在近代早期，一些大学——首先是莱顿大学——就自视为研究型大学。但至今依然卓有成效的研究型大学模式作为"一揽子项目"的出现是在近现代过渡时期，确切地说，是在 18 世纪 70 年代至 19 世纪 30 年代间的德国新教地区：哥廷根、莱比锡及诞生了洪堡和弗里德里希·施莱尔马赫的柏林。[81]并非所有德国大学都是研究型大学。研究型大学是以其卓越成就引人瞩目的少数大学中的翘楚。该模式本质上就是把分散在科学界的课题集中起来进行研究。虽然在德国，大学之外也仍有研究场所存在，甚至到 19 世纪末还扩大了规模（帝国技术物理研究所［Physikalisch-Technische Reichsanstalt］，威廉皇帝协会［Kaiser-Wilhelm-Gesellschaft］等），但把科研工作从研究院转移到大学，将此前独立的"研究院"作为学院或专题研究班并到大学旗下，毕竟是德国教育改革者的一项基本主张。

　　由此，大学有了比以前更长远的目标。它们首次成为除研究院、学者团体（如英国自然科学家核心团体——皇家协会［Royal Society］）、博物馆或植物园以外的主导科学机构，并成为产生学术团体的重要社会领域。[82]大学也为那些不考虑科研成果转化的研究项目提供了机会。由此，理论物理学这一新的学科领域才得以从占主导地位的实验物理学中分离出来，该领域发展的重要时期始于世纪之交。[83]研究型大学这一模式成为自宗教改革以来除古典浪漫派音乐之外（涉及音乐，准确地说，也包括奥地利）德国最重要的文化输出品，一个有世界性影响但影响力分布不均的文化复合体。也不应忽略德国模式的缺点：由于一些学校规定，如通过高级中学毕业考试可以保证入读大学，所以大学人满为患的风险是体制固有的。德国的高等教育完全由国家掌控，但又分权到州，由各州分管，德国文化市民阶级和技术人才便是这样一个高等教育体系的产物，这导致德意志帝国时期大部分德国精英有偏狭的国家化倾向。英国和美国的普通教育，也就是通才教育（liberal education），至今依然由第三级教育部门负责，德国的普通教育以文理高级中学毕业为终点。德国大学培养的是专业人才。德国在研究和教学领域均有极其精细的专业划分，这方面没有任何一个国家可与之相比。[84]

欧洲推迟采用德国模式

　　德国模式在欧洲并没有立刻受到狂热模仿。1800年前后，除了个别例外，科学进步主要集中在法国、英国和德意志各邦国。意大利和荷兰落后于这三个科学强国。斯堪的纳维亚半岛国家在语言学和考古学领域有所突破，俄国后来在自然科学领域（如门捷列夫 1869 年制定了元素周期表）取得了一些零星的成就。据许多观察家的观察，19 世纪在三个科学领先国家中科学重点发生了转移。法国和英国也继续做出了一些重要的科学发现，但与德国相比这两个国家更多的科学发现是在大学以外的机构中产生的。拿破仑统治下创建了高水平、实行严苛权威式管理的大学校（les Grandes Écoles），它是培养政府机构骨干和工程技术精英的摇篮，但对自然科学和古代语言文学研究领域没有给予足够的重视。在英国，牛津和剑桥传统上以培养 1142 神职人员为宗旨，它们在很长一段时间内拒绝自然科学，对建科学实验室毫无兴趣。这些做法的背后是这样一种观念：高等教育（higher education）就是精研诗词文赋，应与医院、法院或博物馆的实用教育（practical education）严格加以区分。这样的观念在中国也被视作天经地义。于是，地质学成为最早在大学设立的自然学科也就顺理成章了：这是一门阅读石质"大自然之书"的学科。

　　绅士学者（gentleman scholar）查尔斯·达尔文，其父是富有的医生和投机商，外祖父约书亚·威治伍德（Josiah Wedgwood）是英国早期工业化伟大的企业家先驱之一。像达尔文这样的绅士学者在英国科学界仍然有着重要意义，而对于德国而言，在亚历山大·冯·洪堡之后这样的情况已经不可想象了。孟德尔（Gregor Mendel）是个别现象，他在布尔诺（Brno）的奥古斯汀修道院离群索居的生活中做出了天才的遗传学发现，但长达三十余年的时间里，他的成果并未受到科学界关注。在法国和英国的科学领域，科学学会——有些是 19 世纪新建的——长期以来有极为突出的影响。就像近代早期那样，对于英国的自然科学而言，伦敦仍然是一个远比牛津和剑桥更重要的中心，这里汇集了所有在各自不同领域具有全国性影响的科学学会。高等教育领域的现代发展趋势则来自伦敦大学（University of London）内部的专门机构或逐渐兴起的新建城市，如曼彻斯特（1851）。

当时还未设立诺贝尔奖，首次颁发诺贝尔奖是在 1901 年。那时也还缺少量化的排名（ranking），名望的形成须通过学者间逐渐密集的个人交流。这样的交流从一开始就是全国性的或国际性的。德国的科学家在民族国家建立之前的几十年里就已形成了一个团体，他们由于自己的成就以及亚历山大·冯·洪堡的科学外交努力而与欧洲科学界水乳交融。自 19 世纪中叶开始，少数国家的科学团体开始相互观望。科学成为国家间竞争的公共舞台，如微生物学家路易斯·巴斯德（Louis Pasteur）和罗伯特·柯赫（Robert Koch）之间的竞争。1896 年威廉·伦琴（Wilhelm Roentgen）的 X 射线发现公之于众时，皇帝威廉二世向这位未来的诺贝尔奖获得者致电说，感谢上帝让德意志祖国取得这一巨大成就。[85]

同时，科学、技术、工业和国家实力之间的联系也更加明显。在英国，公众普遍认为英国在 1867 年巴黎世博会上的表现很丢脸。在法国，人们也把 1871 年法国败给新生的德意志帝国归咎于教育和科学的落后。人们强烈要求政府按"德国模式"建大型的综合型大学，但直到 1880 年前后法兰西第三共和国得到巩固之后，这一愿望才得以实现。后于 1896 年奠定了建立现代法国高等教育体系的法律基础。

然而，自近现代过渡时期以来，德国大学独具特色的研究属性在其他国家并不像在原产国那样受欢迎。[86]法国现代高等教育体系的产生并不早于日本；而在英国，分散的学术研究结

构一直到进入 20 世纪都阻碍着高等教育体系的诞生。剑桥大学
和牛津大学在 19 世纪中叶后对其教学进行了现代化改革，取缔
了不预先参加课程和预考就授予学位的传统和对研究员的结婚
禁令。这两所大学在一战后才成为也从事大量自然科学研究的
研究型大学。由于新型实验室研究费用高昂，因此也需要有一
个超出各院系预算范围的集中管理的财政规划。在英国，理工
科大学至今都不像在德国、法国、瑞士或日本那样享有重要地
位；1858 瑞士苏黎世联邦理工大学建立，创同类大学之先河。
在剑桥，1919 年才引入了最初也授予自然科学专业的哲学博士
学位（Ph. D.），而这在当时的德国和美国早已十分普遍。[87]在
牛津和剑桥，教师招募中的近亲繁殖成为排斥外部新鲜思想的
巨大障碍，而遏制这一现象也花费了很长时间。

美国大学的崛起

1144

在足足拖延了半个世纪后，欧洲其他的科技强国才采用了
经过修正的德国研究型大学模式。而在欧洲以外地区，德国大
学模式在此之前就已有很大影响。世界上第二个研究型大学成
为突出的大学形式的国家是美国。不过，殖民时代结束前，甚
至南北战争前的北美大学的效率不应被高估。该国最重要的一
位史学家称 1780 ~ 1860 年这段时期是虚幻的曙光（false
dawn），他认为，美国研究型大学真正开启霸主时代是在 1945
年之后。[88]直到南北战争结束后的 20 年间才在一些大的学科领
域形成了科学共同体，类似事物在法国、德国和英国早在 19 世
纪 30 年代就已出现。在美国，当时人们对德国研究型大学模式
进行了认真研究；1876 年随着巴尔的摩大型综合性大学约翰·
霍普金斯大学（Johns Hopkins University in Baltimore）的创立，

德国研究型大学模式首次在大西洋彼岸落地。其他地方对该模式的采用当然很迟疑，研究（research）在那里常被看作提高声望的奢侈之举，却不被视为大学的核心特征。[89]

　　若非得益于该世纪最后四分之一世纪的经济繁荣，美国的大学还远远发展不到奇迹般崛起的程度。北美的大学自约翰·哈佛和伊莱休·耶鲁时代之后便依赖于私人捐助和基金会。1850 年前后，富人以个人名义对学术研究进行慈善资助的积极性显著提高。1880 年后，美国财富爆炸式增长，通过资助大学让自己的名字永世流芳的愿望也随之高涨。不但有匿名捐助，如约翰·D. 洛克菲勒捐助的哥伦比亚大学（Columbia University），当时也诞生了以铁路、烟草及钢铁巨头的名字命名且沿用至今的大学。这其中有很多也有宗教背景。新式大学的学校建筑是清一色的新哥特式风格；也有一些例外，比如帕罗奥图的斯坦福大学，则依照斯坦福家族的愿望建成了地中海风格。旧式的美国学院狭小而简陋，需要大面积的场地和空间建造新的图书馆、实验室和体育设施。与欧洲相比，此地金钱铸就的中产阶级的自豪感更明显地体现在富丽恢宏的大学建筑上面；即使在芝加哥这样的大都市，大学建筑也常常是城市建筑的炫目之笔。德国的影响主要体现在打造研究型大学的雄心及专业和院系设置上。与德国不同的是，由国家进行规划、控制和提供资金支持的大学仅限于少数公立大学。迅速增长的顶尖大学建起了自己的内部行政管理机制。这一时期社会声望得到提升的教授在大学内部被看作服从管理的雇员。大学校长越来越倾向于视自己为企业家。在行政人员、教师和学生身上融合了对自己所在大学的自豪感和关于教育和科学的冷静的市场经济观念。于是，在 19 世纪晚期的美国，一个崭新的一揽子发展

1145

计划出炉：要把美国研究型大学打造成跨大西洋地区独具特色的大学。[90]

日本：引进了半个德国大学模式

与美国相比，一战前日本的大学发展尚还薄弱。所有被认为是现代的学科都集中在东京大学和另一所帝国大学，然而它们缺少使美国大学及一些德国大学受益的充足的资金支持。医学和工程学得到的资助最多。日本也最先在这两个领域取得了具有国际水平的成就。在其他领域，日本对西方科学尚有很大程度的依赖，研究人员只知重复研读规范的研究材料而没有任何突破。这时已有成百上千日本人从欧洲和美国留学归来。那些回国后担任学术领导职位的人有时连每个微小的细节都模仿他们的西方导师。在各类学科建设方面西方顾问起了很重要的作用，到明治晚期他们的作用逐渐降低；这样的专家日本共聘请了约8000人[91]，有些专家和外国大学教师推动了某些学科的发展。无论在自然科学领域和医学领域，还是在法学及历史学领域均是这种情况。柏林历史学家汉斯·德尔布吕克（Hans Delbrueck）的学生路德维希·里（Ludwig Rie）在帝国大学期间（1887~1902）作为教师、文化传递者和早期专业机构的创建者扮演了很重要的角色。因为无法在国外系统地聘请专家，尽管报酬优厚，来日本奔前程并非所有人的梦想，很多时候招募外国专家是靠运气。路德维希·里的例子也显示出知识输入的限度。[92]在日本，人们吸收了德国历史学派提倡对史料进行批判与审查的实证主义（这正与从中国学来的史料考订相得益彰），但并没有同时借鉴德国历史主义的哲学方法和文学描述技巧，更不用说其对广大读者的感染力了。历史研究的范围很窄、

1146

很学术，不敢对同期新造的明治维新制度的民族神话，即虚构的皇室血统，进行研究。与人们钦佩不已的德国不同，在日本，历史学未在人文科学领域和思想自由的文化群体中成为主导学科。

　　日本早期高等教育体系的另一个弱点是伴随东京大学不可撼动的顶尖地位而产生的极端等级化。这阻碍了产生像存在于美国的大学及德国的大学间的那种竞争；德国的高教体系是管理相当分散的联邦制体系，其劳动市场除德意志帝国外还包括奥地利、布拉格和瑞士德语区。尽管如此，国际科学界最迟至20世纪20年代就清楚地认识到，寥寥数年间在东亚已经开始了以研究为主的科学体系的建设。它们不仅采用了欧洲大学的组织形式，也借鉴了一些研究型大学属性。在这方面中国和奥斯曼帝国与日本均存在差异。土耳其科学历史学家埃克迈勒丁·伊桑奥卢（Ekmeleddin Ihsanoglu）认为，在中国和日本有类似创举的几十年前，奥斯曼帝国的改革精英们就计划通过译介和"购买"（从欧洲专家那里）来获取西方知识，但这样的努力在实验性的思想态度和开放性的研究文化发端前就止步了。[93]

1147

四　知识的流动性和译介

不同的接受模式

　　以如此崭新的组织形式繁荣起来的科学本身起源于欧洲。知识库中仅有少量非欧洲的知识被纳入1900年前后普适性的科学大系统框架中。尽管中世纪时阿拉伯的博物学超过同期的拉丁西方，尽管古印度人曾是出色的数学家和语言学家，但欧洲19世纪的科学并不归功于非欧洲人，归功于非欧洲人的是近代早期的自然地理学（Naturbeschreibung）——在亚洲本土专家的协助下才完成了大量样本的收集、分类和制图。18世纪时欧洲人还相信可以向亚洲学习纺织技术和农耕方法，比如施肥和轮作。[94] 19世纪时他们已不太情愿相信他者拥有实用知识了。世纪之交的"科学"殖民主义常会得到一些当地农民早已家喻户晓的常识性认识，或者犯一些当地农民本可以轻易指出来的错误。在殖民狂症的高潮期，欧洲人至多只在建房修路时还用得上本地向导的地方概况知识和本地工匠的手艺，但对他者在其他方面的知识早就嗤之以鼻了。

把欧洲以外文化的本土知识——现在常称作 local knowledge——浪漫化是幼稚的，而不分青红皂白地谴责扩张中的欧洲压制了这些知识则是不公正的：这是比单纯的不重视更严重的错误。来自欧洲以及越来越多来自美国的自然科学和技术知识的意义被亚洲和非洲的精英所认可。他们努力地汲取、批判性地审视这些知识，将它们用非西方语言和思维方式译介过来，结合自己的传统和经验进行传播。在这个过程当中，知识群的抵抗力是有差异的。有些知识比其他的知识"游走"得更容易更迅速。欧洲科学借助固有的"优越性"，通过貌似自然的过程"扩散"到全世界。这一老套的观念并非全无道理，但却过于简单，它忽视了知识接触和知识传播中特殊的文化和政治情境。[95]

历史学家中山茂（Nakayama Shigeru）就东亚的各种知识接受模式进行了调查：因为欧洲数学和日本数学从结构和符号来看属于各成一体、不可协调的体系，所以在1868年明治维新后日本数学就迅速消失了。这并不是因为日本数学"更落后",而是因为对日本数学家来说全盘接受新体系比修正旧体系更实用、更经济。医学的发展则全然不同。在该领域,中国本土医学和日本本土医学与舶来的西方医学各自为政,这两个知识体系从未发生过融合。它们所发生的联系过去(和现在)都不是在理论上,而是在临床实践中。不过日本在所有的知识输入决策上都立志要摆脱中国这个老师的影响,并成为学习西方现代化的优等生。因此本土医学在明治时期丧失了其科学地位,新式大学里根本不开设医学课程,本土医学沦落为民间医道——不过仍继续得到应用。在天文学领域中山茂发现了另外一种知识接受模式。早在17世纪耶稣会传教士就已将欧洲天文学带到中国,不过他们算出的数据和计算方法比较容易与中国的天文历法融合,因此宫廷天文学支撑皇权合法性的传统地位因耶稣会士的贡献而得到进一步巩固。在长达两个半世纪的时间里,没有人认为西方天文学是"现代的"或者占优势。本土天文学之所以消失,主要原因并不是它在观念竞争中处于劣势,而是由于它丧失了社会功能。当中国和日本取缔宫廷天文学家和天文生之职时——直到19世纪晚期!——就是这种情形。在欧美受过教育的年轻天文学家在新式大学里迅速建起了一个新学科。在此之前舶来的科学一直对本土科学起着巩固作用。[96]

　　西方知识的传播之路曲折莫测。今天被我们看作不言而喻的国际学者团体直到20世纪晚期才出现。在19世纪,欧洲以外地区的人们不但要掌握当时的研究状况,还要学习全部的科学宇宙观。耶稣会士已向17、18世纪的中国学者介绍了欧几里得几何学和牛顿物理学说的一些基本概念,但直到19世纪60年代才有了牛顿《原理》(*Principia*)和欧几里得《几何原本》

的全译本。[97]这个时期，当新教传教士和中国学者开始密切合作进行大规模翻译项目时，他们先在西方教科书中寻找浓缩的信息，而这些知识本身就已经是特殊研究成果的浓缩版和通俗版。这些介绍性的文字首先被译介过来。在20世纪早期，中国的自然科学家几乎全看得懂英语和德语专业文献。西方人认为，这样的努力当时遭到了同时代人的讥笑，后来，也被嘲讽为这是企图"追赶"（别国）而又往往走不通的路。不过也可以换个角度来看：考虑到其传统文人文化的顽固性，西方知识能够在短短几十年内被日本、中国及奥斯曼帝国这些国家所接受，更值得钦佩。只有在日本，政府通过财政资助有计划地为文献翻译提供了支持。而在传教士是重要的知识传播媒介的地方，如中国，这些都属于个人行为范畴。

单从语言方面来看这就是巨大的挑战。对以拉丁文为主的欧洲科学术语的吸收在近代早期已陆续开始。这个过程当中肯定不是总能形成固定的术语表。比如，在中国人们常常批评和纠正19世纪耶稣会士选用的术语。日本的情况亦是如此，经常是若干译者在同一个学科领域进行合作。翻译常常需要花费很长时间，并且需要进行若干扩展性讨论，以便创制出用固定词语表达的专业用语。在哲学、神学、法学及所有人文科学领域，确定概念的难度更大。像"自由""权利"或"文明"这样源于西方、拥有复杂的语义学解释的概念，无法直接用日语、汉语、阿拉伯语或土耳其语清楚明白地表述出来。这些文化和语言都有自己特有的同样复杂的语意世界。不能生硬地翻译新的西学概念，必须进行阐释使其符合接受者的语境，在这个过程中几乎总会吸收一些原本没有的微妙的词义色彩。1870年前后日本的词典编纂者和翻译家足足用了四个含义不同、用汉字表述的概念来说明英文单词 liberty 的含义。渐渐地其中一个概念 jiyū（意为毫无限制地遵循自己的意图）才成为标准译法。[98]

　　"科学"这个概念本身也属于人们感到陌生而又必须深入研究的新概念。再以中国为例：在古汉语词汇中有多个词语与西学的"科学"意思相近，但并不完全一致。比如传统概念"致知"意即"达到完善的理解"，而"格致"则是"穷究事物的道理而求得知识"。19 世纪的所有中国文人都知道，这两个都含有"知"（知识）字的词语是在 12 世纪理学背景下出现的。自 19 世纪 60 年代起，格致这个概念渐渐作为"科学"以及"自然哲学"的译法固定下来。但是，在此之外，由日本舶来的概念"科学"，在约 1920 年后获得承认，现在是"science"的公认译法。"科学"这个词不太强调求得知识的过程，更强调知识的分类，尤其是其学科组织体系。当 1915 年后新文化运动的领导人不满于此概念的狭义和静态时，为强调现代科学概念的新颖，他们有时甚至索性使用"science"的音译——赛因斯。这个用了一长串其他词语来说明其意的后儒学科学概念除了表现知识体系外还应传达道德觉醒的观念：从僵化中觉醒，从沉闷中复苏，通过启蒙和批判实现中华文明和中华民族的复兴。[99]

以艺术和非理性主义交换科学？

　　在漫长的 19 世纪，知识在全世界的流通之路比以往任何一个时代，也比 20 世纪中叶以来各时期都更像一条单行道。西方的自然科学令世界其他地区的与自然相关的知识贬值。在西方自 20 世纪中叶起被重新发现，且今天影响愈加显著的中国和印

度的医药学，在 19 世纪甚至尚未被接受。在东西方之间双向流
动的只有美学和宗教。这里所说的并非其跨文化普适性经过可
检验的研究及科学批判过程已被验证的知识，而是亚洲，包括
后来的非洲，对西方寻找新的精神性和艺术灵感之源的回应。
印度人、中国人、日本人以及西非的贝宁人在欧洲并不宣传自
己的文化。1897 年英国曾"讨伐"贝宁，劫掠了象牙和青铜器
等大量珍宝，在欧洲引起了轰动。西方艺术家和哲学家亲赴探
寻之旅，并将他们的发现用来满足自己所需。浪漫主义诗人和
思想家弗里德里希·W. J. 谢林和弗里德里希·克罗伊策
（Friedrich Creuzer）对东方的"神秘"怀有异乎寻常的兴趣。
自 18 世纪 80 年代以来被译为多种欧洲语言的古印度的梵文文
学，几十年来一直备受西方知识分子关注。叔本华则迷恋上同
样新译介过来的印度教经典著作。拉尔夫·沃尔多·爱默生，
那个时代北美知名的哲学家，深入研究了印度宗教思想，对基
督教和启蒙时代理性主义的唯我独尊进行批判，呼吁西方在思
想上去接近这个令人尊敬的东方。[100]

1857 年，日本艺术家，最先是高桥由一（Takahashi Yuichi），
开始实践欧洲油画技术，这引发了日本人对西方艺术的兴趣的
第一次热潮。在同一个十年间，日本第一批木刻作品随着旅行
者和外交官的行囊来到欧洲；1862 年其中的一些作品首次在伦
敦公开展出。这些并不是全面展现日本古典艺术和新艺术的代
表性藏品和展览。但像葛饰北斋（Hokusai）和安藤广重
（Hiroshige）等大师的个别画作就已让艺术家们和批评家们激动
不已。在这些交流与接触中出现的所谓日本风（Japanismus）
是新鲜事物。欧洲以外地区的素材不再仅充当装饰和服饰元素，
就如中国和土耳其元素在 18 世纪用于各种东方时尚，或北非东

1152

方成为 1830～1870 年法国异域风格绘画表现沙漠和伊斯兰闺阁题材的异化的载体一样（欧仁·德拉克罗瓦［Eugène Delacroix］，让·奥古斯特·多米尼克·安格尔［Jean Auguste Dominique Ingres］，欧仁·弗罗芒坦［Eugène Fromentin］等）。日本绘画对欧洲先锋派艺术所探讨的当代问题做出回应。欧洲现代艺术运动的顶级艺术家在日本人完全不受其影响而取得的成就中看到了与他们一脉相承的追求。就在这一时期，欧洲对日本艺术的迷恋及日本对欧洲艺术的狂热都达到了高潮。厄内斯特·范诺罗莎（Ernest Fennelosa）无论在东方还是西方都颇有影响，就是在他向日本人指出他们拥有丰富的艺术文化遗产，以及他担任了受到政府文化政策支持的日本画爱国主义复兴运动领导这个角色之后，日本人对西方艺术的狂热降温了。一位美国亲日派人士奠定了日本新传统主义的基础。范诺罗莎的作品在欧洲也颇受重视，为欧洲的日本研究奠定了艺术批评基础。[101]

　　东亚音乐也有重要影响，但并不具有划时代意义。认为西方人难以忍受中国音乐的古老偏见长期以来挥之不去。当然这无非是根据一些旅行者的印象和他们用欧洲记谱法对这些异国乐音所做的粗陋和片面的记录。直到 1870 年留声机的发明才为欧洲了解非欧洲音乐提供了技术前提。比如，普契尼（Giacomo Puccini）和马勒（Gustav Mahler）就曾录制（东）亚洲音乐的唱片。普契尼把这些研究用在了他的歌剧《蝴蝶夫人》（*Madame Butterfly*）（1904）和《图兰朵》（*Turandot*）（1924～1925）中，而马勒据此创作了《大地之歌》（*Lied von der Erde*）（1908）和《第九交响曲》（*Neunte Symphonie*）（1909）。在音乐上，尤其是清新风格的音乐，人们满足于通过配器和音色来营造东方情调。

1153

常常听上去已是俗不可耐的庸常曲调在威尔第（阿依达 ［*Aida*］，1871）、圣桑（［Camille Saint-Saëns］，《阿尔及利亚组曲》［*Suite algerienne*］，1881）或里姆斯基-柯萨科夫（［Nikolaj Rimskij-Korsakov］，《天方夜谭》［*Sheherazade*］）等大师笔下，可以变得如天籁般新鲜悦耳。在西方调性音乐吸收了异国有声素材并因此被撼动的领域，亚洲音乐产生了深远的影响。德彪西（Claude Debussy）是这一领域的先驱，他最初是在 1898 年的巴黎世博会上受到启发，在那里他第一次听到爪哇的甘美朗演奏。[102]

在约 1860～1920 年间欧洲对亚洲的迷恋达到了高潮，之后的几十年里这种迷恋复又冷却。一战后的欧洲自顾不暇；同时，那个"富有东方风情"的亚洲由于城市开始现代化、反抗帝国主义运动风起云涌、频繁爆发革命运动和有些地方出现军事独裁等，似乎正在丧失它的异域风情魅力。如果说 19 世纪末尚有欧洲知识分子从事亚洲研究（仅有极少数人进行这样的研究），那么他们也很少对亚洲当时的现状感兴趣。在一场一些人看来危及基督教及自然科学理性世界观的危机中，亚洲与其形形色色的深邃的"智慧哲理"吸引着人们。人们应用这些智慧——或从文化批判的角度或作为自我精神救赎——来反抗西方所提供的精神养料。汉学家及传教士卫礼贤（Richard Wilhelm）在欧根·狄特利希斯出版社（Eugen Diederichs）——一个进行保守生活改革的堡垒——翻译出版了包括《论语》《老子》及其他中国古代典籍在内的一系列书籍，这些作品无论从语文学还是从文学角度来看都成就斐然。特别具有国际影响的、包括在印度和锡兰也很流行的所谓神智学（Theosophie），它是调和了不同信仰与哲学的一种学说，融合了各种近东及亚洲的宗教和哲学传统，包括犹太教神秘主义、印度教《吠陀经》以及些许

1154

白人至上种族主义；海伦娜·彼罗夫纳·布拉瓦茨基（Helena
Petrovna Blavatsky）自 1875 年起通过神秘诡异的通灵术仪式鼓
吹和宣扬神智学。[103]鲁道夫·斯坦纳（Rudolf Steiner），华德福
学校的创建者，出身于神智学这一神秘主义组织，后于 1912 年
自己创建了思想较温和节制的人智学协会，与神智学分离。

　　由此，一个不加区分被等量齐观的"亚洲"作为救赎之道
的出产地成为非理性主义的化身，而非理性主义会被拿来在论
争中与西方理性主义相抗衡，而后者的影响似乎一直渗透到具
有理性神学特质的文化新教中。在欧洲人们甚至不会想到总体
偏理性的伊斯兰教会产生这样的影响；伊斯兰教始终没有摆脱
在诗歌和建筑艺术上受重视、作为宗教和世界观却被轻视的命
运。于是在 19 世纪的最后三分之一世纪出现了一个荒谬的局
面：在西方以外的地区，精英们热衷于学习他们认为代表着当
代全部成就的西方的先进科学和技术。[104]同时，他们欲借此弥
补令人痛心的文明上的落后地位，武装自己的国家来与西方抗
衡。此外，在印度和（几十年后的）中国等国家，受过西方教
育的文化阶层强烈抨击本国传统中的非理性主义和"迷
信"。[105]而与此同时，欧洲和北美的少数知识分子却把"东方
智慧"用作他们反对西方科学理性文化的工具。马克斯·韦伯
晚期在对世界宗教经济伦理的研究中所提出的讽刺性的相反论
点并未受到公众关注。韦伯认为世俗与超世俗世界观的紧张关
系是西方经济发展的驱动力。根据他的观点，印度过分信仰精
神救赎，而前现代的中国则缺乏对精神救赎的信仰。所以在世
纪之交，在某些西方思想领域亚洲具有前所未有的重要性。不
过亚洲同时也成为投射欧洲非理性主义的幕布：一个似乎未留
给它任何自身发展机会的历史角色。那个被敬慕但显然在隐遁

避世的"精神性"中僵化的亚洲既没有现在也没有未来。直到莫罕达斯·K. 甘地（Mohandas K. Gandhi），即后来的圣雄甘地横空出世，这种现象才有改观；甘地在南非逗留数年回国后（1915），展现了具有以柔克刚、以弱制强之策的亚洲先知和圣者形象，至少在欧洲人眼中是如此。

五　关于自我及他者的人文科学

1900 年前后，在一些欧洲国家、美国、日本和印度，科学获得了空前的文化权威地位。[106]一些最初规模很小但迅速扩大的学者团体（communities of scholars）诞生了，它们组成了各种学科体系。世界上的大部分科学家不再只是受过教育的业余科学家，而是在大学、政府研究机构或工业行业工作的拿薪水的职业科学家。在最发达的知识社会，教育事业不仅包括"纯"科学，也包括应用科学，这种区分正是在该时期才出现的。数学和（古）语文学这种可普遍应用的基础知识学科通过培养年轻人实现了科学体系在多个领域的进一步扩展。科学家数量成倍增长，科学创造力当然不会有同等程度的提升。随着科学家数量的增长，也出现了大量平庸的科学家，依样画葫芦的平庸科学家比比皆是。社会对天才培养的引导工作十分有限。[107]

人文科学与社会科学

科学的制度化扩张不仅发生在自然科学领域和 20 世纪早期不再只被人们看作手艺和技术的医学领域，也发生在人文科学和社会科学领域。这些概念尽管不是 19 世纪末新创的，却是这个时期在科学界流行起来的。在德国哲学家威廉·狄尔

1156

泰（Wilhelm Dilthey）的《人文科学导论》（*Einleitung in die Geisteswissenschaften*）（1883）发表之前，这些名词少有耳闻。类似的词语有 the humanities 或 les sciences humaines：人类科学。[108]"社会科学"概念的出现是在几十年后。它最初并不是一个涵盖"统计学"（研究国家的学问）或政治经济学等古老学说的无所不包的综合性概念，而是用来描述出于实际的——尤其是社会改革的——目的将现代自然研究的科学方法移植到"社会"研究中的"科学的"要求。最初，除个别出身哲学的早期理论家如奥古斯特·孔德和赫伯特·斯宾塞外，其他对该科学的研究（洛伦兹·冯·施泰因［Lorenz von Stein］，及 1873 年在德国成立的社会政策协会早期代表人物等）都是实证性多于理论性。不知疲倦地从事社会现实研究的马克思是在著作中消弭了这种对立的少数研究者之一。

　　1890 年前人们不曾尝试对社会科学各领域有别于其他科学领域的专业特征进行概括。[109]之后，在欧洲和美国才设置了大量社会学教授职位。社会学和经济学暂时有密切联系，尤其在马克思主义和德国历史学派两大德国传统和马克斯·韦伯的研究中。经济学在 1870 年后在国际范围内与着眼于社会关系中的生产和劳动的传统政治经济学分离，转向主要研究主观和个体的欲望结构及市场行为的边际效用学派和平衡理论。经济行为脱离了社会前提。这是社会科学及心理学在一战后 40 年里发生的普遍的学科分化的一部分。[110]1930 年前后，社会学与经济学之间的鸿沟几乎已无法逾越，除了在历史学派还有一息尚存的德国。这种对立也是认同现存社会制度的经济学与批评资本主义发展的阴暗面并试图通过社会改革对之进行矫正的社会学之间的一种断裂。在日本，对西方社会科学的接受很片面。对于

1157

日本早期的社会学和政治学研究者来说，"团体"比"社会"重要，集体比个体重要。他们参与由强权政府主导的对民族崛起进行新传统主义融合的大型项目，不敢对明治时期的各种新神话，尤其是天皇崇拜和整个日本国是一个大家庭的谎言进行科学的批判。[111]

自 19 世纪中叶起，人文"科学"先后在德国和法国成为大学专业；而在英国，个人主义的绅士学者（gentleman scholar）在相当长一段时期内还是主流。人文科学的学术化属于新生事物。比如，历史编纂学者已经存在两千多年了，尤其是在欧洲和中国，但以前从未把历史学作为一门有计划有步骤的科学在学校里教授。1760 年后在当时德国最负盛名的哥廷根大学出现了最早的一批历史学教授，至今他们都值得科学史纪念；除了历史他们还教授具有现实意义的国家学（"统计学""警察科学"）或政治。同一时期，这个时代最伟大的历史学家爱德华·吉本（Edward Gibbon）在日内瓦湖畔过着富有舒适的独立学者生活，写出了划时代的著作《罗马帝国衰亡史》（1776 ~ 1788）（*Decline and Fall of the Roman Empire*）。在英国，1866 年，著名历史学家威廉·斯塔布斯（William Stubbs）获得大学教授职位，他是英国首位获得该职位者。在德国再次敢为天下先设置了历史学教授职位后（利奥波德·兰克［Leopold Rankes］1834 年被聘赴柏林担任教职，在那里任教至 1871 年，此事被证实具有里程碑意义），又过了几十年，所有的欧洲国家才在德国影响下将历史学设为学术专业。在这方面俄国属于走在前列的国家，自 1850 年起，著名历史学家谢尔盖·M. 索罗维约夫（Sergej Michailovic Solov'ev）在莫斯科教授历史学。法国直到 1868 年才建立了高等研究实践学院（école Pratique des Hautes études），开始了类似进程；这个研究院仿效兰克学派进行科学的历史研究。19 世纪法国最著名的历史学家儒勒·米什莱（Jules Mechelet）曾在这里演讲和写作，但几乎不曾担任过教职；自路易·拿破仑 1851 年出于政治原因罢免了他在国家档案馆和法兰西公学院（Le Collège de France）的职位后，他以自由作家的身份靠写作为生。

历史学的专业化在欧洲和美国是 1860 年后出现的一个现象。[112]在文学艺术领域，同样的过程持续了更长时间。最迟自 18 世纪中叶起欧洲出现了具有很高知识水平的文学、艺术和音乐评论。[113]直到 1900 年前不久，除了文学家、记者、独立学者、神职人员及职业音乐家等举办的较自由的公共论坛外，艺术科学、音乐学和依托各种民族语言的文学研究等大学专业出现了——不是取代。在这些领域无法对评论工作和研究工作像在史学领域那样进行清晰的区分，至多是在严格遵循教学法、最初从事古典时期和中世纪时期史料研究的语文学和编纂学领域有教学和艺术推论之区分。当各民族越来越倾向于通过共同的文化遗产来界定自己，文学评论家作为文学史家获得了一个突出的新角色；民族诗歌文学史获得了与政治史同等的地位；作为民族形成之核心，语言文学比单调的政治认同形成的历史更重要。历史学家及自由派政治家乔治·戈特弗里德·格维努斯（Georg Gottfried Gervinus）的《德意志民族诗歌文学史》（1835～1842）因此成为一部时代基础巨著。

东方学与民族学

在人文科学兴起之时，也出现了有关他者文明的科学。[114]在欧洲的大学里它们从未占据过重要地位。对欧洲人而言更重要的是确定自己文化的起源。人们认为，欧洲文化一部分起源于古希腊罗马文化，一部分起源于中世纪早期后古典时期的社会形成过程中，这被认为是欧洲民族的发端。与其他民族和文明的接触在欧洲自然总是唤起人们对"异国"的好奇。除了有关对欧洲侵略的带有意识形态色彩的婉转描述，中世纪和近代时期还有大量作品，在这些作品中欧洲人描写他们的旅行见闻和经历。他们试图详细描述有别于欧洲的他者，试着理解他们的风俗、社会秩序和宗教信仰，这些作者中很多人是未直接参与帝国军事行动的旅行者。欧洲人的一大专长是语言研究。他们自 12 世纪起就开始研究阿拉伯语言文学，尤其是古兰经，从未间断。汉学自 1600 年后经由耶稣会传教士的介绍而为人所知。在一些与奥斯曼帝国往来频繁的地方，比如威尼斯和维也纳，很早就有了研究奥斯曼文化的专家。在新大陆，传教士在征服后就开始对印第安部落语言进行系统研究。在印度专业权威人士的帮助下，古老的印度标准书面语梵文自 18 世纪 80 年代起在加尔各答和巴黎被欧洲——从某些方面也被印度——重新发现，他们在语言学上对其进行了深入研究。[115] 1822 年，商博良（Jean-François Champollion）解开了象形文字之谜，人们才得以读懂法老统治下的古埃及。早在 1802 年，乔治·弗里德里希·格罗特芬德（Georg Friedrich Grotefend）就找到了破译（古波斯）楔形文字的第一把钥匙。

在悠悠数百年的岁月里出现了包括游记、地方概况、植物百科全书、词典、语法和译文在内林林总总的各色文献，它们是无数个人作品的汇总，而且常常诞生于远离学问圣殿之地。在近代早期，只有对圣经神学有意义的阿拉伯语文学和其他近东语言的研究在莱顿大学和牛津大学等大学是已确

1159

定的专业。尽管如此，自中世纪以来，欧洲对欧洲以外世界的总体感知还是突出体现了学者的兴趣。即便是游记一般也不是单纯记述离奇冒险和奇异怪兽的流水账，而是行囊中装着当时先进知识的旅行者的观察记录。这种具有高知识层次的对外部世界的好奇是近代早期欧洲人的一个特征。其他地区的国家没有在海外进行殖民，除派出很少的外交使节外，也不派人去往遥远的异国旅行。穆斯林除了有一些奥斯曼通讯员外对"不信真主"的国家毫无兴趣。日本政府恐吓岛上的居民，如离开岛国将受到严惩。中国学者虽然在有"蛮夷"造访朝廷时也对他们进行研究，但直到19世纪早期才有人著文描述自己在大清帝国版图内非汉族外围地区的亲身经历。从1800年前直到1900年前后，有大量欧洲人记载的关于异国文明的文献，但只有少量文字以外部视角来讲述欧洲。[116] 只有在欧洲产生了一门"东方学"；而在亚洲和非洲，"西方学"萌芽则是20世纪末的事情了。

　　欧洲东方学的特质在19世纪早期发生了变化。它比以前更明显地分化为局限于某地区的学科：汉学、阿拉伯学、波斯学及其他学科。同时它作为研究古文字的科学对自己的界定比以前更为狭窄，追求更理性的科学性，一如其榜样希腊拉丁语文学那样。这导致了对当时东方现实的漠不关心。所有令亚洲弥足珍贵的宝藏似乎都深埋在久远的历史中，只有在以莫名的方式留传下来的文字和残砖片瓦中才能有所发现，而对此亚洲和埃及考古学界具有垄断性阐释权。波拿巴1798年率领考察尼罗河的庞大科考队重新发现了古埃及。由此开始了持续的埃及学研究，而在该领域，法国人、英国人、德国人以及意大利人长期以来占据着比埃及人更重要的地位。在两河流域，考古发掘始于 19 世纪 20 年代。发起考古的人，如同后来在安纳托利亚和伊朗一样，都是英国领事馆官员。[117]这些领事都受过教育，大多无所事事，因此能够在早期近东研究中扮演类似英国军官在印度所扮演的角色。1860 年前印度历史研究人员中大部分是英国军官。[118]

早在 1801 年，第七代额尔金伯爵——英国驻奥斯曼帝国大使托玛斯·布鲁斯（Thomas Bruce）——就获得了奥斯曼政府的许可，将被威尼斯人和土耳其人严重损毁的雅典帕特农神庙的浮雕——人称额尔金大理石雕——运往伦敦。百年后，在自 19 世纪中叶起走向专业化的考古学的支持下，公共博物馆和私人收藏家在欧洲的大都会积聚了大量东方"古代文物"，它们与古希腊罗马的珍宝一起被陈列展出。来自不同文化的手稿飘落在西方各大图书馆的专门部门。在缺乏直接攫取文化宝藏渠道的地方，比如东亚，则通过市场购买艺术品（在木结构建筑领域石质见证较少见），但也会通过大规模的劫掠来盗取，比如在第二次鸦片战争战事最激烈时（1858～1860）的中国，圆明园被劫掠一空化为灰烬；1900 年夏，义和团起义被镇压，北京被外国军队占领，大规模的文物掠夺再次发生。世纪之交后不久，今中国西北部甘肃省敦煌石窟的上万件 4～11 世纪的经文被廉价收购，运往欧洲的图书馆和博物馆。不过考古学不只是一门殖民科学；无论过去还是现在，它都有助于凝聚民族意识。考古学通过发现远在有文字记载之前的古远的文化渊源而赋予民族存在以真实性。

1161

开始于 19 世纪的欧洲人（也包括北美人）对亚洲、北非和中美洲的物质掠夺，挽救了若干湮没在沙漠和热带地区的历史遗物，也许还保护了一些文物免遭损毁；研究埃及坟墓、中国瓷器、玛雅雕塑、柬埔寨寺庙、波斯铭文和巴比伦浮雕为科学的专业研究奠定了基础。在 19 世纪很少出现对西方人行为合法性的质疑之声，当地政府有时还会同意让人挖掘和运走文化珍宝。直到殖民时代终结后，这些学术掠夺行径的法律和道德问题才浮出水面。

　　1780 年前后，在欧洲只有少数专家通晓欧洲以外地区的语言，看得懂欧洲以外的民族的宗教、语文学、文学和历史文献，东方珍宝堆积在皇亲贵胄的"珍宝馆"中无人问津；而到 1910 年前后，在法国、德国、俄国、英国和美国有了专业划分精细的东方学来管理和扩展关于"异域"文明的庞大的知识资源。

1162　考古学、东方学及 19 世纪 70 年代由萨克森人弗里德里赫·马克斯·缪勒（Friedrich Max Müller）创建于牛津的新学科比较宗教学等领域在 19 世纪取得了一些巨大的人文科学成就。当时对欧洲以外地区的社会，由于它们没有文字、没有形成有自卫能力的国家形式、不居住在城市中，无法用东方学的语文学方法进行研究。对于这些当时称作"未开化民族"或"原始民族"的民族，自 19 世纪 60 年代起逐渐成形的新学科民族学（Ethnologie）认为有责任对它们进行研究。最初几十年民族学着重于从认为人类经历了普遍演变过程的进化论角度进行理论研究，寻找过去社会关系的残留；"文明"的西方人早已经历过这些社会关系，在其中应能辨识出自己的过去。一些早期的民族学家并不亲自周游世界。他们中有些人对科考队和殖民军收集的工具、武器、衣服和圣物进行整理和阐释；另有一些人在民间传说中寻找基本模式。随着时间的推移，人们没有了要对普遍的"人类科学"——一个覆盖面广的"人类学"——做贡献的野心，取而代之的是对特殊种族进行专门的深入研究。

通过彼此之间并无专业联系的波兰人布罗尼斯拉夫·马林诺夫斯基和移民美国的威斯特法伦人弗朗兹·博厄斯，民族学（博厄斯称人类学［Antropologie］）不再基于零星分散、道听途说的材料进行臆想和推测，而是变成了一门科学，严谨的实证研究、研究者进行长期实地考察成为基本工作程序。这一典范性变化发生在1920年前后。于是，对各类非西方社会的独特的内在逻辑进行描述终于成为可能和通行的做法。这导致了一个荒诞的现象。一方面，"人类文化学"（Völkerkunde）——这是德国的叫法——虽然与殖民主义有着千丝万缕的联系，却是个相对较少渗透了种族主义的学说。尤其弗朗兹·博厄斯的"文化相对主义"（kultureller Relativismus）学说与当时大行其道的种族主义针锋相对。另一方面，该学科从19世纪晚期无所不包的进化论到20世纪早期专门化的个案研究的转变，将没有文字的社会与它和人类形成历史的联系剥离，使它们成为特殊个案，1163 将它们置于远离历史和社会学的特殊领域。这导致民族学/人类学在科学界陷入某种程度的孤立，与社会学——如涂尔干在法国所实践的社会学——的分化还算程度最轻的。自20世纪70年代起人类学才开始对其他人文和社会科学学科产生影响。那一刻，英勇地对全世界未知人种进行描述和分类的时期已基本宣告结束。这个时期从约1920年到1970年。

对于是否应将东方学、考古学和民族学评价为殖民主义和帝国主义的辅助科学，有很多争议，[119]无法做出一个笼统的评价。可以肯定的是，仅帝国的存在就为一些学科提供了有利的发展机会，如植物学、动物学或热带医学。[120]对于其他方面一定有各式各样的评价。[121]从21世纪早期的视角来看，一方面，欧洲科学家认为其文明拥有全面优越性，这种傲慢自信让人惊愕。但是这一假定又恰恰通过在系统了解非西方世界方面取得的巨大成就而得到证实。这些成就也绝对是脚踏实地实现的，因为如果有精准的地图、通晓他者的语言、熟悉他们的风土人情，那么就比较容易征服、统治和剥削这些他者。所以从这个角度来说，东方学和民族学创造了殖民"统治知识"，尽管并非其个别代表人物之所愿。另一方面，这些知识到底有多重要、得到了多少实际应用也成问题。直到一战后，政治界才受命尝试将殖民统治置于"科学的"基础之上来看待，这时经济学家成了最重要的专家，而不是民族学家。1914 年之前，民族学家，尤其是殖民官员手下的业余民族学家，在试图把殖民帝国的臣民套入一个等级秩序中时起了一定的作用。

　　不过，当时民族学家的人数极少，当一战后这些人的人数增加时，他们往往是令人生厌的殖民统治的批评者。[122] 另外，东方语文学提供的可直接用于殖民统治实践的知识很少。这又反过来招致谴责，说正因为民族学家们不问政治的自我认知，"客观"上卷入了西方对世界的统治。如果有证据证实由殖民地支撑的西方的知识优势剥夺了亚洲人和非洲人的行为能力，导致他们的失语，那么这是十分严重的事情。但证明自己的文明压制了本土知识的例子并不易找到。比如印度传统的科学复兴原则上是欧洲和印度的合作项目，在 1947 年印度独立后得以延续。在非殖民国家，如日本、中国和土耳其，且以历史学为例，与兰克学派史料批判方法的接触使人们学会多角度看待自己的历史并使科学研究总体水平有了明显提升。因此，19 世纪西方他者研究科学的发展看来与其说是帝国主义对活跃的知识文化的侵入，不如说是推动了那个时代全球化的人文科学的建立。

作为帝国科学的地理学

如果说有学科充当了类似欧洲扩张的帮凶的角色，那么首推地理学。[123] 在 19 世纪最初的 30 年间，地理学从采集数据、对国家进行描述发展成为一门关于地球表面上、可具体限定的空间和地域范围内自然和社会关系的综合学科。地理学最重要的创始人与欧洲殖民主义毫不相干。亚历山大·冯·洪堡对殖民时代晚期的西班牙属美洲的研究比任何人都深入细致，在同时代人中他是最激烈的殖民主义批判者之一。卡尔·李特尔（Carl Ritter），地理学知识无所不晓的柏林大学伟大的地理学家，早在弗朗兹·博厄斯阐述文化相对主义之前就持该观点，即承认世界上各种不同的社会和文化形态之间没有高低优劣之分。与政治保持如此大的距离并非不言而喻。拿破仑是地理学的狂热支持者，他曾聘请私人地理顾问为他建立帝国从科学的角度进行谋划。整个 19 世纪的若干帝国行动中都有地理因素。很多征服者都在军校学过地理学和地图学。官方绘图员为新占领的地区绘制地图。地理学专业人员协助划定边界，建立基地时出谋划策，充当矿藏（在该领域地质学家也很受欢迎）、交通和农业专家。这些职务的出现是由于各国公众对地理学的广泛兴趣。了解有关其他大陆的地理概况属于教育学知识，帝国扩张得到了地理学协会业余会员们的大力支持。自 1880 年起在欧洲殖民国家的首都出现了一门特殊的殖民地理学，尤其在大英帝国有了产生勘察和"开发"整个世界的愿景的前提。由于英国特有的私人行为和政府行为间的相互渗透性，创建于 1830 年的皇家地理协会（Royal Geographical Society）成为组织科考旅行、收集全世界地理知识的总指挥部。帝国的利益虽然不总是处于核心地位，

1165

却从未被忽视。在所有学科中，地理学与西方帝国扩张的关系最为密切。[124]

但是，不能因此就笼统地指责地理学是压迫异国民族的帮凶。地理学很晚才在大学中占据一席之地，在英国是在 1900 年或之后，在德国、法国和俄国是直到该世纪的后三分之一世纪。长期以来它是更富名望的历史学的小妹妹，但到 19 世纪在"历史主义"的影响下它排斥所有倾向于人类自由自然决定论的学说。在洪堡的研究中尚为一体的自然地理学和文化地理学观点后来发生了分化，但仍属于同一个学科大类：这个分化是必然的，却造成了难解的身份问题，它使地理学陷入了严格遵循物理学的自然科学和"正宗"人文科学的夹缝中。另外，除了专业殖民地理学家，并非所有地理科学家都直接服务于帝国扩张。很多人认为自己的主要工作是对本国地域进行描述。

帝国扩张和考察间的联系密切而久远。海外旅行和占领土地与殖民统治的意图自哥伦布以来一直是一枚硬币的两面。发现者和征服者在欧洲来自同一个文化圈子。他们的教育背景、目标及关于自己国家、基督教和整个欧洲在世界上的地位和使命的想法都很接近。在 18 世纪，各强国应以政府名义为揭开地球面纱做出贡献成了不言而喻的期待。英国和法国均派遣有科学知识储备、供给充足的帆船队环游全球。沙皇俄国也紧随其后踏上航海之旅（克鲁森施滕使命 [Kruzenstern-Mission]，1803～1806），从而宣告在帝国扩张及科学考察方面它亦拥有同等权利。与这些航海行动可相提并论的美国行动当属同年由托马斯·杰斐逊总统提议的由东向西横跨大陆的首次远征。梅里韦瑟·路易斯（Meriwether Lewis）与威廉·克拉克（William Clark）进行的这次远征（1803～1806）肩负着科考任务，这些任务与自库克（James Cook）船长以来的大型航海旅行所负使命就连具体细节都十分相似。

发现者这类人物自打一开始就没有好名声。哥伦布和达·伽马都使用过武力。不过在 400 年里也至少有同样多的例子可以说明探险考察之旅不使用武力也达到了目的。最著名的发现者中很多都是这样的人物：亚历山大·冯·洪堡、海因里希·巴尔特（Heirich Barth）以及大卫·利文斯通（David Livingstone）。但帝国主义全盛时代也是盛产征服者类型的探险家的最后一个时期。俾斯麦、比利时国王利奥波德二世（Leopold）及法兰西共和国都利用科考探险家的（科考能力千差万别）的服务，以就地宣示对非洲和东南亚土地的占有权。被国王利奥波德二世任命为其在非洲的代理人的职业记者亨利·莫顿·斯坦利（Henry Morton Stanley）就代表着在一些大陆的媒体上引起极大反响的这类人物（1870～1889 年三次远征非洲）。在下一代探险家中属于这类人物的有斯文·赫定（Sven Hedin），他从 1894 年起就开始了漫长的中亚探险考察生涯，是那个时代最富名望的瑞典人，获得过无数勋章、金牌和名誉教授称号，并且可以随意接近东西方的君主及政府首脑。在 19 世纪的代表人物斯文·赫定身上再次体现了欧洲与东方的矛盾关系。赫定通晓多种语言，在德国接受过高水平的制图学和地理学教育。他进行过多次大规模的探险考察，最后一次于 1935 年结束。安排这些探险考察、筹措资金证明了他是一个天才的科学管理者。赫定确信欧洲面对东方的全面优势。他是瑞典（及德国）民族主义者和军国主义者，而且根本就是一个右派人士，热衷于参与关于在强国竞争中中亚"权力真空"作用的地缘政治思想游戏和规划。不过作为西方最早的研究者之一，他非常看重当时努力争取国际承认的刚起步的中国科学界，并与中国专家合作。今天他在中国享有盛誉——典型的身后之荣，因为为数不少的欧洲考察探险家尽管曾以其考察活动为帝国扩张效劳，但他们还是被后帝国时代国家列入被民族铭记的名单中。[125]

民俗学：发现民族乡村生活

成为 19 世纪科研课题的"他者"研究也包括对本国居民的研究。革命时代的理性主义精英们把农民、城市底层人口和流浪汉看作社会现代化的障碍和"迷信"精神的残余。拿破仑帝国的军事和行政管理者对意大利或西班牙的天主教信仰了解甚少，正如服务于东印度公司的功利主义哲学信徒杰里米·边沁对维护印度的印度教及穆斯林传统不以为然一样。对欧洲"内部野蛮人"的态度和行为与殖民地的情形基本没有区别，无论在欧洲本土还是在殖民地，都鼓吹并实施当局的"劳动教育"。[126] 在欧洲本土更多靠政府，在殖民地则更多靠强制手段。其目的和作用差不多：结合天然的、往往受基督教思想激发的"提高"社会底层人口文明水平的努力来有效利用人力资本。1865 年创建于伦敦、后来成为国际性组织的救世军（Salvation Army）就表现了这种慈善为怀、促进文明的意愿，"海外"布道团与欧洲新教地区救助社会弱势群体的"国内布道团"具有同等地位。与这种早期社会福利政策类似的现象，无论是慈善性质的还是政府性质的，都体现了对"人民"生命形式的一种尊重，这种尊重有时上升到了被神化的程度。约翰·哥特弗雷德·赫尔德（Johann Gottfried Herder）是这一精神立场的首创者。19 世纪早期，语言学家、法律史学家和"民歌"收集者又强化了这一立场。

1168

社会浪漫主义（Sozialromanktik）在政治立场上可以是极端分化的。按照法国历史学家儒勒·米什莱的观点，社会浪漫主义指对国家和革命缔造者的极端崇敬，而 1851～1869 年出版了四卷本《作为德国社会福利政策基础的德国民族发展史》（*Naturgeschichte des deutschen Volkes als Grundlage einer deutschen Socialpolitik*）的威廉·海因里希·里尔（Wilhelm Heinrich Riehl）则对导致社会撕裂的城市化和工业持怀疑态度。在截然不同的条件下，米什莱和里尔两人几乎同时对现在和过去的社会底层生活进行了描述（米什莱特别关注妇女历史），他们作品中流露出的对社会底层的同情和作品极为写实的风格是当时罕见的。里尔创立了一门学说，在德国称作"民俗学"（Volkskunde）——基于保守派社会浪漫主义精神而诞生的关于"民族精神"和风俗的学说。[127]里尔的崇拜者主要在俄国；他们的偏爱——尽管政治上是对立的——在里尔的著作中得到了证实。刚从农奴制中解放出来的农民和他们原始古朴的乡村被城市上层知识分子颂扬为革命的主体。随着"人民之友"民粹派（narodniki）的出现，俄国政治激进主义历史翻开了新的一页。[128]

在欧洲的艺术领域，民俗学因素也重新受到重视。在具有东方化倾向的文化吸收过程中，来自欧洲外部的异国风与欧洲内部的民俗风几乎同时兴起。在流传于乡野村舍不知何人所做的音乐中寻找新的灵感，同时挖掘具有民族特色的风格，这些探索成果很快被证明是可以输出的旋律语言；于是在欧洲出现了音乐东方主义。法国作曲家（乔治·比才［Georges Bizet］1875 年创作《卡门》，爱德华·拉罗［Edourd Lalo］1874 年创作《西班牙交响曲》）酷爱西班牙情调；约瑟夫·海顿（Jeseph

1169

Haydn）很熟悉"匈牙利"吉卜赛音调，来自布尔根兰州（Burgenland）的作曲家弗兰茨·李斯特（Franz Liszt）（1851年开始创作钢琴曲目《匈牙利狂想曲》）对这种音乐进行了艺术加工，使其成为匈牙利民族的文化标志。这种吉卜赛音调轻松融入定居在维也纳的汉堡人约翰内斯·勃拉姆斯（Johannes Brahms）的音乐语言中。由于对民族浪漫主义的庸俗不堪和低劣趣味不满，年轻的匈牙利人巴托克·贝拉（Bartók Béla）1904年开始与柯达伊（Zoltan Kodály）相伴，到匈牙利的乡野民间和哈布斯堡王朝境内非匈牙利人种的少数民族地区采集原生态民谣。在采风中，他们使用了正在兴起的民族音乐学的方法，这种方法很快就被应用到欧洲以外地区的音乐创作中。当然，巴托克·贝拉和柯达伊在创作中将他们的发现糅进了自己具有高度独创性的音乐作品中。巴托克这位背离了浪漫主义的作曲家[129]也是位欧洲少数民族的研究者。他的民族音乐学作品证明，不通过民族主义和民粹主义的意识形态化进行民族研究是可能的。

在19世纪，由于文字的使用，人们有更多机会参与更大范围的交往。这是由于读写教育的进一步普及和纸媒应用的增长。受到个体或群体的富裕水平、政治动机、宗教目的和教育野心的影响，读写教育的发展极不平衡。大多数情况下，读写教育需要地方来推动，而这些地方措施必须转化为某种形式的有制度支撑的可持续措施，并最终落实为普遍的义务教育。世界性语言的传播也扩大了人们的交往圈，至少对那些能利用额外的语言学习机会的人来说是这样，因为欧洲扩张过程中使用的语言蛰伏在当地现有的语言环境中，绝不会取代本土语言。

迈进通往知识的大门更容易了。但必须付出努力才能获得知识，确切地说是掌握知识。阅读对于个体来说是项复杂的文化技能，而打开广播或电视机收听收看节目就不用这么费劲，文盲也可以做到。就此而言，20 世纪的技术降低了文化努力的强度，但同时也降低了至少是被动参与交往的门槛。但是什么样的知识更容易获取呢？关于知识的内容不太容易得出一个普适性的笼统结论。在 19 世纪，高于日常生活的系统知识和开始被广泛称为科学的知识空前增长。创造这类知识的科学家越来越多。知识是在一些机构内，尤其是在大学中被创造出来的。大学不仅是开展教学活动的机构（像欧洲近代早期的学院），而且是借助辅助工具系统地、有计划地创造知识的场所。科学继续如火如荼地发展，因为所有的社会话语领域被最新定义为科学领域并被纳入科学机构中：文学评论和在欧洲十分兴盛的校勘学（在 19 世纪末）发展为文学研究，词语收集和语法描述发展为寻找规律性的语言史，后被费尔迪南·德·索绪尔（［Ferdinand de Saossure]《普通语言学教程》1916）发展成为认定了语言深层结构的语言学。1800 年前的欧洲还不存在有成形学科的人文科学和社会科学。1910 年前后，我们今天看到的专业体系和科学机构的核心部分均已建立起来。这一状况首先隔着较大的时间跨度先后出现在欧洲的一些国家，其后不久出现在美国，虽并非与局部发展全无关系，但处在一个越来越国际化的进程中。

同样在 1910 年前，若干超越国界的科学共同体诞生了，在这些团体中信息流通迅速，它们举办争取优先权的竞赛，形成质量评价和荣誉授予标准。这都是一些男性主导的圈子，渐渐地一些非西方成员也加入进来，起初是一些日本自然科学家，一战后慢慢有越来越多印度和中国科学家也参加进来。跨国标准在自然科学领域得以贯彻实施。一战和二战期间人们曾试图在该领域建立分别具有"德国""日本"或（在苏联）"社会主义"特色的科学，这种做法既过时又荒谬。至于科学家常常渴望自己的工作能有益于自己的国家，则另当别论。尽管科学家们为跨国交流创造了很多客观条件、制定了界定好科学的标准，但世界各地的科学家们还是感到要对本国科学机构负责（科学家的这种责任感在一战时达到顶峰），而人文科学家，这些古希腊雄辩家的继承者，则暂时在本国公共领域发挥着影响。科学的国际化和民族化处在紧张关系中。

1171

注释

［1］关于宗教方面的内容参见本书第 18 章。

［2］Dülmen/Rauschenbach, *Macht des Wissens* (2004).

［3］H. Pulte, "Wissenschaft (III)", 发表于 *Historisches Woerterbuch der Philosophie*, 卷 12, Darmstadt 2004, 表第 921 列。

［4］Burke, *Papier und Marktgeschrei* (2001), 第 30 页及下文。

［5］Fragner, *Persophonie* (1999), 第 100 页。

［6］Ostler, *Empires of the Word* (2005), 第 438 页及下文。

［7］同上书, 第 411 页及下文。

［8］Mendo Ze 等著, *Le Francais* (1999), 第 32 页。

［9］B. Lewis, *Emergence* (1968^2), 第 84 页。

［10］Crystal, *English* (1997), 第 73 页。

［11］同上书, 第 66 页。

［12］Phillipson, *Linguistic Imperialism* (1992), 详细讨论了掌握英语在多大程度上是由上面"规定"的。

［13］ Zastoupil／Moir, *Great Indian Education Debate* (1999)，其中的引言部分第 1～72 页。

［14］ Crystal, *English* (1997)，第 24 页及下文，对各地区情况有（粗浅的）概述。

［15］ B. Lewis, *Emergence* (1968²)，第 88、118 页。

［16］ Adamson, *China's English* (2004)，第 25 页及下文。

［17］ Keene, *Japanese Discovery of Europe* (1969)，第 78 页及下文。

［18］ Elman, *Modern Science* (2006)，第 86 页及下文。

［19］ B. Lewis, *Emergence* (1968²)，第 87 页。

［20］ Schwab, *La renaissance orientale* (1950)，发现了这一人文科学发展时机。

［21］ Ostler, *Empires of the Word* (2005)，第 503 页。

［22］ H. M. Scott, *Birth* (2006)，第 122 页及下文：Haarmann, *Weltgeschichte der Sprachen* (2006)，第 314 页。

［23］ 概述：同上书，第 309～334 页。

［24］ Bolton, *Chinese Englishes* (2003)，第 146～196 页。

［25］ Marr, *Reflections from Captivity* (1978)，第 30、35 页。

［26］ Pollock, *Cosmopolitan Vernacular* (1998).

［27］ Sassoon, *Culture* (2006)，第 21～40 页，讲述有关欧洲民族语言的崛起。

［28］ Vincent, *Mass Literacy* (2000)，第 138 页及下文，第 140 页。

［29］ Janich／Greule, *Sprachkulturen* (2002)，第 110 页。

［30］ M. C. Meyer／Sherman, *Course of Mexican History* (1991⁴)，第 457 页。

［31］ 问题研究入门：Ernst Hinrichs, "Alphabetisierung. Lesen und Schreiben"，发表于 Dülmen／Rauschenbach, *Macht des Wissens* (2004)，第 539～561 页，特别是第 539～542 页。Barton, *Literacy* (2007²) 讨论了该课题的复杂性；Messerli／Chartier, *Lesen und Schreiben* (2000) 提供了个案研究。

［32］ Graff, *Legacies* (1987)，第 262 页——关于该题目无可超越的权威著作。

［33］ Tortella, *Patterns of Economic Retardation*（1994），第 11 页（表 6）。

［34］ Vincent, *Mass Literacy*（2000），第 11 页。像 Brooks, *When Russia Learned to Read*（1985）这样高水平的关于某个国家的个案研究不多见。

［35］ Graff, *Legacies*（1987），第 295 页（表 7 - 2）。

［36］ 欧洲总体情况见 Sassoon, *Culture*（2006），第 93～105 页。

［37］ Schenda, *Volk ohne Buch*（1970）；Engelsing, *Analphabetentum*（1973），Chartier 和 Martyn Lyons 的若干著作阐述有关法国的情况。

［38］ Giesecke, *Entdeckung der kommunikativen Welt*（2007），第 166 页。

［39］ M. Lyons, *Readers*（2001），第 87～91 页。

［40］ Starrett, *Putting Islam to Work*（1998），第 36 页。

［41］ Vincent, *Mass Literacy*（2000），第 56 页。

［42］ Gillian Sutherland, "Education"，发表于 F. M. L. Thompson, *Cambridge Social History of Britain*，卷 3（1990），第 119～169 页，该处见第 145 页。

［43］ Easterlin, *Growth Triumphant*（1997），第 61 页（表 5.1）提供了 1882 年的数据。

［44］ William J. Gilmore-Lehne, "Literacy"，发表于 Cayton, *Encyclopedia*，卷 3（1993），第 2413～2426 页，该处见第 2419 页及下页，第 2422 页。

［45］ Graff, *Legacies*（1987），第 365 页。

［46］ Ayalon, *Political Journalism*（1997），第 105 页。

［47］ Gilbert Rozman, Social Change, 发表于：J. W. Hall 等, *Cambridge History of Japan*，卷 5（1989），第 499～568 页，该处见第 560 页及下页。

［48］ Rubinger, *Popular Literacy*（2007），第 184 页。

［49］ Pepper, *Radicalism*（1996），第 52 页。

［50］ Rawski, *Education*（1979），第 23 页。

［51］ P. Bailey，*Reform the People*（1990），第 31～40 页。

［52］ M. E. Robinson，*Korea's Twentieth-Century Odyssey*（2007），第 11 页。

［53］ 这一现象一直持续到该制度的终结，参见 Elman，*Civil Examinations*（2000），第 597～600 页。

［54］ Alexander Woodside，"The Divorce between the Political Center and Educational Creativity in Late Imperial China"，发表于：Elman/Woodside，*Education and Society*（1994），第 458～492 页，该处见第 461 页。

［55］ 据德通社 2007 年 4 月 2 日报道。

［56］ Nipperdey，*Deutsche Geschichte 1800－1866*（1983），第 451 页。

［57］ Karl-Ernst Jeismann，"Schulpolitik，Schulverwaltung，Schulgesetzgebung"，发表于：C. Berg 等，*Handbuch*，卷 3（1987），第 105～122 页，该处见第 119 页。

［58］ T. Mitchell，*Colonising Egypt*（1991）提供了依据 Foucault 观点的有关埃及的分析，分析很有影响。但提供批判性分析的是：Starrett，*Putting Islam to Work*（1998），第 57～61 页。

［59］ Bouche，*Histoire de la colonisation francaise*（1991），第 257～259 页。

［60］ Wesseling，*Europa's koloniale eeuw*（2003），第 84 页。

［61］ D. Kumar，*Science*（1997），第 151～179 页；Ghosh，*History of Education*（20002），第 86 页，第 121 页及下页；Arnold，*Science*（2000），第 160 页；Bhagavan，*Sovereign Spheres*（2003）。

［62］ Somel，*Modernization of Public Education*（2001），第 173～179 页。Somel 用"技术现代主义和伊斯兰主义二元制"（第 3 页）的说法来表述。关于建筑亦可参见 Fortna，*Imperial Classroom*（2003），第 139～145 页。

［63］ Somel，*Modernization of Public Education*（2001），第 204 页。

［64］ Szyliowicz，*Education and Modernization*（1973），第 170～178 页；Keddie，*Modern Iran*（2006），第 29 页；Amin 等，*Modern Middle East*（2006），第 43 页及下页。

［65］ Ringer, *Education and Society*（1979），第 206 页。

［66］ 引文见 Goonatilake, *Toward a Global Science*（1998），第 62 页，此处以贝纳勒斯为例。对比阅读可参见 Burke, *Papier und Marktgeschrei*（2001），第 64～67 页。

［67］ 关于（含蓄比较）伊斯兰知识机构特点的对比阅读可参见 Huff, *Early Modern Science*（2003），第 147～179 页。

［68］ Björn Wittrock, "The Modern University: The Three Transformations"，发表于 Rothblatt/Wittrock, *European and American University*（1993），第 303～362 页，该处见 304 页及下页，第 310 页及下页。

［69］ 关于"大学教师"特征的精彩社会学描述参见 Rothblatt, *Revolution of the Dons*（1968），第 181～208 页。

［70］ J. -C. Caron, *Générations romantiques*（1991），第 167 页。

［71］ Brim, *Universitäten*（1985），第 154 页。

［72］ Lee Ki-baik, *Korea*（1984），第 342 页；Lee Chong-sik, *Korean Nationalism*（1963），第 89～126 页。

［73］ John Roberts 等, Die übernahme europäischer Universitätsmodelle, 发表于 Rüegg, *Universität*, 卷 2（1996），第 213～232 页。

［74］ Edward Shils/John Roberts, "Die übernahme europäischer Universitätsmodelle"，发表于同一系列著作，卷 3（2004），第 145～196 页，特别是第 166、169、175、181～184 页；有关非洲情况可参见 Nwauwa, *Imperialism*（1997）。

［75］ Rüegg, *Universität* 卷 3（2004），第 164 页。

［76］ Isanoglu, *Science*（2004），第 3 篇文章，第 38 页及下页。

［77］ Hayhoe, *China's Universities*（1996），第 13 页。对比阅读亦可参见 Lu Yongling/Ruth Hayhoe, "Chinese Higher Learning: The Transition Process from Classical Knowledge Patterns to Modern Disciplines, 1860 - 1910"，发表于 Charle 等, *Transnational Intellectual Networks*（2004），第 269～306 页。

［78］ 引文出自 Edward Shils/John Roberts, "Die übernahme europäischer Universitätsmodelle"，发表于 Rüegg, *Universität*, 卷 3（2004），第 192 页。

［79］ Ringer, *Die Gelehrten*（1983）；B. K. Marshall,“Professors and Politics：The Meiji Academic Elite”, 发 表 于 Kornicki, *Meiji Japan*, 卷 4（1998）, 第 296～318 页。

［80］ Bartholomew, *Science in Japan*（1989）, 第 84 页及下页。

［81］ W. Clark, *Academic Charisma*（2006）；对 比 阅 读 亦 可 参 见 Schalenberg, *Humboldt auf Reisen?*（2002）, 第 53～75 页。R. D. Anderson, *European Universities*（2004）第 2 章阐述了洪堡大学不是突然冒出的新事物，而是与开明专制制度下在整个欧洲传播的改革理念一脉相承的。有关洪堡的内容见该书第 4 章。

［82］ David Cahan,“Institutions and Communities”, 发表于作者同上, *From Natural Philosophy*（2003）, 第 291～328 页，该处见第 313～317 页。

［83］ Jungnickel/McCormmach, *Intellectual Mastery*（1986）, 卷 2，第 166 页及下页。

［84］ Konrad H. Jarausch,“Universität und Hochschule”, 发 表 于 C. Berg 等著, *Handbuch*, 卷 4（1991）, 第 313～339 页，该处见第 38 页及下页。

［85］ R. D. Anderson, *European Universities*（2004）, 第 292 页。

［86］ W. Clark, *Academic Charisma*（2006）, 第 461 页。

［87］ Leedham-Green, *Concise History*（1996）, 第 195 页。

［88］ John R. Thelin,“The Research University”, 发 表 于 Cayton, *Encyclopedia*, 卷 3（1993）, 第 2037～2045 页，该处见第 2037 页。

［89］ Veysey, *Emergence*（1965）, 第 171 页。

［90］ Thelin, *American Higher Education*（2004）, 第 114、116、122～131 页，第 153 页及下页。讲述世纪转折的另一部不可超越的著作：Veysey, *Emergence*（1965）。

［91］ Bartholomew, *Science in Japan*（1989）, 第 64 页，第 68 页及下页，第 123 页。

［92］ 关 于 Riess 的 对 比 阅 读 可 参 见 Mehl, *History and the State*

（1998），第 94～102 页。

［93］ Ihsanoglu, *Science*（2004），第 5 篇文章，第 53 页。

［94］ Goonatilake, *Toward a Global Science*（1998），第 53～55 页。

［95］ 关于基本理念的对比阅读参见 Raina, *Images and Contexts*（2003），第 176～191 页；也可参见精彩文集：（von Reprints）Habib/Raina, *Social History of Science*（2007）。

［96］ Nakayama, *Traditions*（1984），第 195～202 页。

［97］ Elman, *On Their Own Terms*（2005），第 298 页。

［98］ Howland, *Translating the West*（2000），第 97 页。

［99］ Wang Hui, "The Fate of 'Mr. Science in China': The Concept of Science and Its Application in Modern Chinese Thought"，发表于：Barlow, *Formations*（1997），第 21～81 页，该处见第 22 页及下页，第 30 页及下页，第 33、56 页。Lackner 等，*New Terms*（2001）及 Vittinghoff/Lackner, *Mapping Meanings*（2004），提供了若干关于译入汉语的概念的精彩个案研究。

［100］ C. T. Jackson, *Oriental Religions*（1981），第 57 页。

［101］ 对比阅读参阅 Sullivan, *Meeting of Eastern and Western Art*（1989），第 120～139、209～229 页；也可参阅 K. Berger, *Japonismus*（1980）。

［102］ 对比阅读参阅 Thomas Betzwieser/Michael Stegemann, "Exotismus"，发表于：Ludwig Finscher（出版者），*Die Musik in Geschichte und Gegenwart*，第 2 期，内容部分，卷 3，Kassel 1995，第 226～240 页；Bellman, *The Exotic*（1998）。

［103］ 特征描述 Burrow, *Crisis of Reason*（2000），第 226～229 页；对比阅读页可参阅 Aravamudan, *Guru English*（2006），第 105～141 页。

［104］ 有关印度情况参见 Arnold, *Science*（2000），第 124 页；Yamada Keiji, *Transfer of Science*（1994）也是相关重要著作。

［105］ Prakash, *Another Reason*（1999），第 6 页，第 53 页。

［106］ 关于印度的特别精彩的分析参见作者同上书，第 52 页及下页。

［107］ Bowler/Morus, *Making Modern Science*（2005），第 338 页。

［108］Alwin Diemer, Geisteswissenschaften, 发表于 *Historisches Wörterbuch der Philosophie*, 卷 3, Basel 1974, 第 213 页。

［109］Theodore M. Porter, "The Social Sciences", 发表于 Cahan, *From Natural Philosophy* (2003), 第 254~290 页, 该处见第 254 页。也参见本书第 1 章。

［110］Dorothy Ross, "Changing Contours of the Social Science Disciplines", 发表于: D. Porter/Ross, *Modern Social Sciences* (2003), 第 205~237 页, 该处见第 208~214 页。

［111］Barshay, *Social Sciences* (2004), 第 40~42 页。

［112］Iggers/Wang, *Modern Historiography* (2008), 第 117~133 页, 有简略概述。该书其他篇章还有关于 19 世纪及 20 世纪早期亚洲历史学发展的内容。

［113］René Wellek: 权威学者, 于 1750 年左右开启了文学批评历史。欧洲的艺术批评从 Giorgio Vasari (1511~1574) 时就已开始。

［114］Osterhammel, *Entzauberung* (1998) 对此亦有阐述。

［115］最新的许多专门研究也无法超越的著作: Schwab, *La renaissance orientale* (1950)。

［116］其中的几部经典著作: Tahtawi, *Ein Muslim* (1989); Pantzer, *Iwakura-Mission* (2002); Kume Kunitake, *Iwakura Embassy* (2002); Chen Feng, *Entdeckung des Westens* (2001); Parsons, *King Khama* (1998)。对比阅读亦可参见 Osterhammel, *Exzentrische Geschichte* (2002)。

［117］Gran-Aymerich, *Naissance de l'archéologie moderne* (1998), 第 83~86 页。

［118］Peers, *Colonial Knowledge* (2005)。

［119］Said, *Orientalism* (1978) 引发了这一讨论, 是有关该题目最重要的文章。关于英语和阿拉伯语的讨论对比阅读可参见 Varisco, *Reading Orientalism* (2007)。

［120］Stuchtey, *Science* (2005) 提供了个案研究。

［121］借助一个法国案例对这一矛盾进行了透彻研究: Singaravélou, *L'école Francaise* d'Extrême-Orient (1999), 第 183 页及下页。

[122] Stocking, *Victorian Anthropology* (1987)；作者同上，*After Tylor* (1996)。

[123] 亦可参见本书第 1 章与第 3 章。

[124] Stafford, *Scientist of Empire* (1989)；Robert A. Stafford, "Scientific Explora-tion and Empire"，发表于 Louis, *Oxford History of the British Empire*，卷 3 (1998)，第 224 ~ 319 页；Driver, *Geography Militant* (2001)。

[125] Wennerholm, *Sven Hedin* (1978).

[126] S. Conrad, *Globalisierung* (2006)，第 2 章。

[127] Schleier, *Kulturgeschichtsschreibung* (2003)，卷 2，第 813 ~ 841 页。

[128] Venturi, *Roots of Revolution* (1960)，第 633 页及下页。

[129] 不过年轻的巴托克（Bartók）通过他的老师李斯特最有天赋的弟子伊斯特万·托曼（István Thomán），见识了浪漫主义鼎盛时期技巧精湛的风格。

第17章 "文明化"与排异

一 "文明世界"及其"布道"

数千年来总有某些人类群体自觉高人一等。[1]城里人看不起
乡下人,定居的蔑视游牧的,识文断字的小看目不识丁的,放
牧的瞧不起狩猎的,富人轻视穷人,行复杂祭礼的鄙视"异教
徒"和信仰泛灵论的。生活方式和思维方式由野蛮粗粝到精致
文雅经历了不同发展阶段这一观念在世界各地区和人类各时期
都很普遍。若干语言中用来表述该观念的词语均大致相当于欧
洲普遍使用的"文明"概念。这一概念只有在与其对立概念的
不可调和的对立中才有意义。只有在消除了"野蛮"或"野
性"的地方才会有文明。文明需要其对立物的衬托。如果"野
蛮"在世界上消失,那么就失去了文明人在自鸣得意时用以攻
击他人或忧心忡忡时用以自我防御的评价需求标准。文明程度
较低者作为文明大戏的观众是必不可少的。因为对文明与否的
认定不全然是一个自我认定过程。文明人需要他者的承认,承
认可以出于各种动机。文明人最受用的是他者的敬慕、崇拜和
默默感恩,必要时也能容忍他者的羡慕和嫉妒,而野蛮人的仇
恨和攻击性则是所有文明都不得不提防的。文明人进行自我观
察,并观察以各种不同方式向文明人看齐的他者的反应,文明
人的价值感来自这两种观察的相互作用。而且文明人清楚地知

1173
道自身的文明成就面临持续的威胁。一次蛮夷的入侵或一场国内野蛮人的暴动随时都会让文明人的成就灰飞烟灭，而更大的威胁在于，道德追求、文化创造欲和对现实的理性认识失去了动力。在中国、欧洲和世界其他地区，传统上人们用宽泛定义的"堕落腐化"概念对此做了概括：若骥骜之气尽，则运道（fortuna）衰。

所以按照社会上所确定的文雅化（Verfeinerung）的规范意义，"文明"是一个普遍概念，时间上并不局限于现代。人们经常会听到与此相关的观念，即文明人有责任，甚或有义务推广他们的文化价值和生活方式（way of life）。这样做可以有各式各样的理由：给荒蛮之地带来安定，宣传一种自认为正确的信条，或者干脆就是为野蛮人做好事。"文明布道"（Zivilisierungsmission）主张受到凡此种种理由和动机的滋养。"布道"（Mission）在此不一定仅指传播宗教信仰，更确切地说，它是一种普遍的使命感（Sendungsbewusstsein），指向他者传播自己的标准和制度，甚至或多或少强迫他者接受。这一切的前提是文明人坚信自身生活方式的优越性。

"文明布道"及其矛盾

在中国传统高雅文化（Hochkultur）与其周围"蛮夷之族"的关系中发生过文明布道。在欧洲古典时期和所有的扩张性宗教中均有过此类现象。文明化主张在任何一个时期都不像在19世纪那样所向披靡。在近代早期的欧洲，可以把新教改革解释为针对"堕落"文化的一场浩大的文明化运动；反之则把反宗教改革解释为试图抵抗再次发生的文明化行动并夺回阵地的动力。路德的《圣经》和大巴洛克教堂等文化历史遗迹被视为文明布道的工具。不过不应对近代早期的文明布道发展予以过高评价，尤其是与欧洲海外扩张相关的行动。近代早期的帝国很少充斥着传教布道的观念。在西班牙君主国之外，没有人梦想建立均质的帝国文化。[2]对荷兰人和英国人而言，帝国是个商业企业，不太需要道德约束。传教布道的热情只会妨碍商业活动，令摇摆不定的帝国和谐想象失衡。因此直至18世纪末，新教政府一般都不允许在其殖民地进行传教活动，在伊比利亚帝国的天主教布道活动到18世纪下半叶就已失去了其宗主国的大部分支持。那种欧洲法律在海外除向欧洲移民社会传播外也应传给当地人的想法很少见，也几乎从未实现过。

在近代早期尚无世界上只有唯一一个文明标准——欧洲文明——的信念。文明标准的全球化是在漫长的19世纪出现的新生事物。前提是欧洲与其他大陆，尤其是与亚洲间的传统的军事、经济和文化平衡出现了偏差。一方面，欧洲人在全世界的文明布道是帝国征服世界的意识形态工具。另一方面，开展文明布道不能只靠坚船利炮和远征军。19世纪文明布道的成就建立在另外两个前提之上：第一，无论欧洲的权力精英代表还是各类全球化个体代理人均相信，如果非欧洲人能吸取优越文明的成果，世界将会变得更好；第二，在若干"世界外围地区"出现了一些也持该观点的社会力量。文明布道的原初理想是极端欧洲中心主义的，反对任何形式的文化相对主义。其他说辞还包括：欧洲人不想独享他们的高等文明，应该允许他人分享。文明化既发生在殖民秩序内也发生在殖民秩序外，因此它在政治上是多形态的。它可能发生在殖民占领之前，或与殖民占领毫无关系，或为殖民占领进行事后辩护。文明和文明化论调同

1174

1175   样可以服务于与欧洲毫不相干的国家的形成和统治地位的巩固。
它建立在社会进步和世界上各种文化趋于相互接近的乐观思想
之上。同时它还用于为各类谎称有助于社会进步的"方案"进
行辩护和宣传。如此不但可以轻而易举地对野蛮人和异见者，
而且也可以对植物、动物和风景进行"文明化"。拓荒者、专
猎大型猛兽的猎人、河流整治者都是席卷一切的地球文明化的
象征性角色。他们要去战胜的强大对手是大自然、混乱、传统
及各种形式的"迷信"的幽灵和妖魔。

　　文明布道的理论和实践有着历史渊源。它开始于18世纪晚
期，在"文明"概念成为欧洲社会自我描述的中心语汇后不
久，最先出现在法国和英国。其后，它在19世纪中叶进入了一
个阶段，此时欧洲文明在欧洲以外地区的声望达到了顶点，并
在1900年前后的几十年里受到了前所未有的重视，但因帝国主
义政策大规模使用高压手段而越来越被认为是假仁假义。第一
次世界大战令"白种人"的声望和光芒受损，[3] 但文明布道并
未因此销声匿迹。1918年后，所有的殖民帝国转向干预性的殖
民主义（殖民发展［colonial developement］）——文明布道的一
个时代变种——在约1960年后以各国政府和国际机构的发展援
助政策形式继续存在。

　　在1800年前后的近现代过渡期，文明布道开始付诸大规模
行动。思想史为此提供了两个前提条件：一是欧洲启蒙运动晚
期对教育学的信赖，即相信，真理一旦掌握在手，就是用来教
导他人和实际运用的；二是人类经历了一个普遍的梯级发展模
式的说法，即从原始蒙昧到建立在法制和勤奋劳动基础上的全
面发展的市民社会。人们对此已经有不同的选择。有人更愿相
信进化论之自然选择法则，有人则强烈渴望用武力消除世界上

的野蛮蒙昧，前者不像后者那样激进和具有干涉主义特质。

"文明化"概念在 19 世纪也在社会内部使用。一些民族国　1176
家的整部民族史被有影响的知识分子描述为文明与野蛮的截然
对立——后来阿根廷总统多明戈·福斯蒂诺·萨米恩托
（Dominga Faustina Sarmiento）在其划时代的著作《文明与野蛮》
（*Civilizacion y Barbarie*，1845）中就对阿根廷的民族史有如此描
述。[4]无论在老牌的还是新兴的民族国家内部，其外围地区均被
视为人类社会早期发展阶段的残留和未开化的边缘地带。苏格
兰高地的古代宗法制氏族社会遗迹变成了南方游客眼里的民俗。
倘若是在 18 世纪 70 年代，发现苏格兰会像发现了北方非洲一
样，但在水晶宫博览会时代（1851），苏格兰却成了露天社会
史博物馆。北意大利人看撒丁岛、西西里岛和梅索兹阿诺等边
界地区的目光一直冷若冰霜。在意大利民族国家形成后，北方
对边缘地区的难以融入越失望，谈及他们时所用语言就越接近
谈论非洲时所透着的种族主义论调。[5]工业化大城市的社会底层
似乎同样被视为异"族"，必须通过强加给他们政府和市场，
通过私人的善行义举及宗教影响来教给他们少许文明的，亦即
市民阶级的行为方式。

文明布道的不同民族变种：巴伐利亚式，法国式，英国式

文明布道也明显呈现出独特的民族方式。德国人直到 1884
年都没有海外殖民地可供他们进行"文化工作"（当时的说
法）。德国古典和浪漫时期的教育理念是性格的自我修养，其中
不乏大量的政治乌托邦思想。由于缺少具体存在的野蛮人，文
明化的过程是个人化的、内敛的、反省式的。不过德国人一旦

有机会参与较大规模的文明化计划，他们就会以无比的热情行动起来。1832年列强把新成立的希腊王国交由巴伐利亚摄政。希腊得到一位巴伐利亚王子任国王，一套巴伐利亚行政班子和实行"改良性"改革的巴伐利亚意识形态。改革陷入矛盾中，在土耳其异族统治结束后，人们打算重建所有德国高级中学学生都心生向往的古希腊，但似乎没人想到"现在"的希腊人完全无法胜任这一崇高任务。后来巴伐利亚摄政被取缔，希腊人终于摆脱了不受他们待见的奥托国王，将其流放法兰克地区。[6]至于他们不久后即陷入希腊式文明布道则是历史的讽刺。他们称之为"伟大理想"（megali idea），将矛头对准土耳其人，立志从他们手中夺回尽可能多的古希腊领土——1919年，他们高估了自己的力量，又受到英国鼓动，于是向土耳其军队发起进攻，铸下大错，结果遭到毁灭性失败。在若干失败的文明布道中，一战后希腊野心勃勃的扩张计划破灭尤其令人注目。

此前，拿破仑马背上的文明布道产生了各种不同的影响。以远征意大利和埃及拉开帷幕的拿破仑早期远征，从一开始就被宣扬为一场宏大的解放运动。在埃及以及后来在西班牙和法属加勒比海地区，这一布道使命遭遇失败。安的列斯群岛上已被解放的奴隶1802年甚至重新陷入奴隶制中。与此相反，法国在莱茵联盟的统治总体上达到了文明化和现代化的实际效果。法国人在此地推行适合市民阶级的法律和制度，消灭了旧时代的传统残余。间接的法国影响在普鲁士，甚至以较弱的形态在奥斯曼帝国产生了类似的效应。法国式文明化成为特色模式。在欧洲占领区，尤其当遇到以信仰天主教为主的民族文化时，法国军官和政府官员对他们眼中落后的当地人的态度极端傲慢和蔑视。同时占领区的管理又具有理性有效、与被统治者保持最大距离的特征。在意大利，除了与一小撮叛国者之外，法国统治者很少能与当地人建立关系。[7]

拿破仑治下的法国是第一个西欧专制文明国家的体现。国家成为在法国境内外实施旧时代体制有计划转型的工具。改革的目的不再是消除某些特有的弊端，如近代早期，或在哈布斯堡王朝的激进改革者皇帝约瑟夫二世之前那样。此时的改革是为了实现一个全新的制度。这种自上而下的拿破仑式技术至上派改革并不仅限于法国，它发生在殖民世界的若干不同地区。比如在1882年英国占领埃及后，克罗默勋爵作为总督几乎是万能的统治者，他偏好采用拿破仑式冷酷的理性管理方式，但又与之有别。区别在于，在他那里"解放"本土民众的想法已荡然无存。1798年波拿巴曾打算在埃及传播启蒙运动思想。1882年后，克罗默的唯一想法就是维持这个作为亚洲和非洲的联结纽带、拥有重要战略地位的国家的安定，保证其财政基础的稳固——基本就是印度兵变后印度统治技术在另一个环境下的改良版。这种统治与广大的埃及民众有着很大的隔阂。埃及的"文明化"只服务于占领国利益，丧失了所有的革命诉求。[8]另外，整个后期的法国殖民政策已完全不是"拿破仑式"的了。至多像西非那样，向着实现理性教育之国的目标前进了一步。即使在那里，国家也必须妥协，不过不是向殖民地移民妥协（像在阿尔及利亚那样），而是向本地当权者妥协，这种妥协使赤裸裸的直接统治化为泡影。

与拿破仑政府敌视宗教和教会的干涉主义不同，早期英国的文明布道有着强烈的宗教色彩。它的首位颇有影响力的代言人查尔斯·格兰特（Charles Grant），一位东印度公司的高级官员和很有影响力的《关于大不列颠的亚洲事务中社会状态的观

1178

察》（*Observations on the State of Society among the Asiatic Subjects of Great Britain*，1792）的作者，是法国大革命时期兴起的新教传教运动的代表人物。新教对印度人进行道德"教化"的自我承诺是一种富有英国特色的殖民浪漫主义。另外还有晚期启蒙运动的英国特殊形式——杰里米·边沁的功利主义思想，其合理化动机论和对专制的偏爱与拿破仑的国家构想相去并不太远。[9]在印度，由虔诚的福音派教徒和宗教信仰淡漠的功利主义者组成的这个特殊联盟至少导致一些令人厌恶的陋习被废除，如寡妇殉夫自焚（sati）的陋习在1829年被废除——在每年让数百人丧命的这一陋习在英国统治的孟加拉被默许了70年之后。[10]按西方模式对印度进行文明化的尝试在19世纪30年代达到高潮，又于1857年随着印度民族大起义的震慑而告终。

这个时期又出现了若干热衷于布道的其他活动领域。世纪中叶后出现了一种富有英国特色的文明布道模式，它不是一个简单易行的蓝图，而是混杂了各种态度和立场的一种模式。该模式透着强烈的基督教新教责任感，这在戴维·利文斯通这位著名的非洲探险家、传教士和殉教者身上有着突出体现。在这里传播西方文化价值在很大程度上也是传教士的职责。基督教传教组织与政府保持着较大的距离，这与法国殖民地不同，在法国殖民地，拿破仑三世把天主教布道活动直接打造成其实施帝国扩张政策的工具，就连实行政教分离制度的第三帝国也不排斥与传教士在殖民地进行合作。在大英帝国，传教士仍然热衷于使其被保护人和信仰改变者的日常生活彻底改观，而殖民政府对这些企图的态度要保守得多。[11]新教传教组织多如牛毛，并非所有组织都认为它们除让人改变信仰外还有别的什么职责。不过大多数组织对于宗教和生活并无严格的区分。19世纪典型的英国传教士可提供的东西很多:《圣经》与初级课本,肥皂与一夫一妻制。英国人类教化者其言其行的第二个特征是他们的布道越来越普世化。最迟从世纪中叶开始,以个别民族为传教目标的活动背后产生了致力于让人类文明本身取得突破的信念。尽管法国欲与英国在普世性问题上一较高下,但法国的文明布道(mission civilisatrice)透着更浓烈的爱国主义色彩。英国文明化的普世主义反映了大英帝国的舰船、传教士和出口商品的无处不在,但也反映出,与任何其他人相比,英国人对于原则上有着无限活动半径的两个政策——国际法和自由市场,有着更高的认同感。

通过法律实施文明化

到世纪中叶,古老的自然法(ius gentium)经过修改成为具有普遍约束力的法定文明标准(standard of civilization)。在19世纪,法律成为跨文化文明化进程的最重要媒介。法律比宗教更有效,因为通过其输入者,法律在那些本国价值和标准不受宗教侵袭影响的领域也能满足当地需求。比如在日本,即使在1873年禁教令解禁后,各种教派的基督教传教活动也都未能真正在此地扎根,但它大量吸收了欧洲的法制因素。伊斯兰国家因其信仰与法律的密切联系,对基督教传教活动亦有抗拒,抗拒程度不亚于日本,但这一地区的非殖民地国家如奥斯曼帝国和埃及(在1882年英国占领前)也引进了部分欧洲法律。法律的威望和有效性源自它的双重性:它一方面是立法权威机构手中的政治工具,另一方面是社会价值观自主发展或"模糊"发展的结果,就如德意志政治浪漫主义法学理论所乐见的那样。法律介于进化与建构之间的这种双重性在与殖民地相关

1180

的情景中亦有体现。在此，法律以及法官和警察对法律的贯彻和执行常常是文化侵略的有力武器。例如，在整个殖民主义历史上禁止使用本土语言是最为人们深恶痛绝的殖民当局措施之一。这样的措施注定是乌龙，从未达到过预期的"文明化"效果。不过若与其他殖民帝国相比较，大英帝国则有其优势，其中包括开放的和适应性强的英国法律传统，它在一些殖民地实施这些法律的过程中预留了与当地法律习惯妥协和共存的空间。

1181　英国法律传统的基本精神在于其在欧洲无可比拟的法制意识，它把政府官员不仅对上级负责也对密切注意他们的言行是否合乎道德和法律的公众负责的认识看作文明的重要标志之一。因此，可在国际范围内应用的文明标准（standard of civilization）在一个社会内部的对应物就是法治（rule of law）。[12]

　　维多利亚时代的文明标准以那个时代的观点来看，其进化性多于建构性。[13]这个显示着种族优越感的文明标准作为现代人权的前身是随着时间的推移而产生的，并被理解为各种普适性规范的基础，而这些规范改写了成为"文明世界"成员须遵守的规则。在若干法律法规中都可看到这样的规范，从禁止残酷体罚、财产和民法合同的不可侵犯到国际交往中国家行为的可接受性等不一而足。其中包括政府互换大使，相互间至少在象征性层面上平等以待。这样一种跨文化领域通行的对法律的认识，其进化性在于如下观念，即认为文明标准是在欧洲出现的一个漫长的文明发展进程的产物，所谓的发达国家——在1870年前常仅指英国和法国——必定是这样一种法律完善状况的守护者。[14]依照该观念，欧洲作为道德权威的资格来自其成功的自我教育。欧洲人难道不是在18世纪就把宗教战争的残暴野蛮抛在了身后，取消了刑法（至少是当其适用于白色人种时)中的古老条款,把人与人的文明相待写进了切实可行的规则中了吗?

直到进入19世纪70年代,欧洲的法学理论家仍在以文明标准为尺度批评非欧洲国家的"野蛮"行为。那时尚未有直接大规模落实文明标准的想法。其至通过战争使中国、日本、暹罗和朝鲜的"开放门户"或气焰嚣张的坚船利炮政策也很少被视为在这些地区进行的大规模文明布道的一部分,而更多被认为是减少国家间交往障碍的行动。照此来看,1842年使中国开放通商口岸的条约体系与其说是西方的胜利,毋宁说是让步。中国被迫给予外国人在中国的"治外法权"(Exterritorialitaet), 1182 但人们绝没有强迫中国更换它的整个法律制度。中国法制的西化是一个极为艰难的过程,1900年后才开始,至今尚未结束。19世纪继如此形式的"开放门户"后,下一个阶段来临,西方要求对有限的一些法制领域进行改革,其中包括物权法和继承法。不过在欧洲的影响下,一些国家如巴西和摩洛哥的婚姻法也向着"文明"习俗靠拢。

通过市场和武力进行文明化

维多利亚时代实施教育使命的第二大工具是市场。通过利益来抑制欲望的自由主义梦想是维多利亚文明思想的关键要素。传统自由主义认为,市场会使国家安定,军人无须作战,个人勤劳努力,企业主雄心勃勃。在19世纪新出现了一个观念,认为市场是创造财富和分配生活机会的一个"自然"机制。它所需要的只是逐渐消除不利的传统,政府放弃对自然循环机制的不当干预。如此一来,无论在何种文化条件下,人的能力都会发挥到极致。古典自由主义认为,任何人都会对市场刺激有强烈反应。通过轮船运输和电报通信，市场活动范围会越来越大。
维多利亚时代的贸易革命（trade revolution）会席卷整个地球；
并非所有 19 世纪中叶的经济学家都赞同这种幼稚的乐观主义。
敏锐的社会现实观察家们很快发现，市场经济并不一定让人完
美，并不必然提高一般道德水平。市场让有些人变得文明，对
有些人丝毫没有影响，让另外一些人暴露出人类天性中最丑陋
的一面。如同约翰·穆勒（John Stuart Mill）和其同时代人所猜
想的那样，经济人（homo oeconomicus）也需要某种程度的指导
和教育。这个论据在政治上具有两面性：它一方面试图保护前
现代经济文化在突然面对无约束的竞争时免受震慑性打击；另
一方面它又得出结论，认为将非欧洲人小心翼翼地帮扶上经济
现代化开放之路的保护性殖民主义是必要的。殖民实践所采用
的形式非穆勒这样的改革者之所愿，打着"劳动教育"标签的
实践常常是很小比例的教育和很大比例的劳动。不过，这样的
经济集体教育也取得了一些可喜的成果，即后殖民时代的发展
援助。

    市场经济、法律和宗教是在全世界支撑最宏大的文明布道
工程的最有效方式，是英国式文明布道的三大支柱。至于法国
式文明布道，则还要加上殖民国家高雅文化的同化这一条，当
然没有任何一个国家像法国那样坚决有力地推行它的文化。[15]
具体到个别的"文明化"行为，不仅因民族而异，也因时间、
实施者、当地状况和所感受的文化落差的不同而不同。如若认
为这一落差十分巨大而难以弥合，并从而断定文明教育接受者
无法适应"高等"文化的要求，那么很快就会断定他们无用、
多余、在"文明教育"方面无可救药。这可能会导致对他们的
排斥和边缘化，极端情况下还会发生灭绝现象。不过即使在帝

国主义扩张高潮期，这也属于个别现象。没有哪个殖民帝国有兴趣在和平时期实施系统的种族屠杀。然而自 19 世纪 80 年代起，比利时统治的刚果自由邦发生了大规模屠杀，德国军队在1904～1905 年屠杀了德属西南非洲的赫雷罗族人（Herero）和纳马部族人（Nama）。这个时期的一些殖民战争，如美国占领菲律宾，属于有目的地实施极端暴行，以至于历史学家对此常使用种族灭绝这个概念。[16]

不安与自信

文明布道作为集体生活方式的改革项目处于不干预政策的两极之间。一方面，欧洲的人道主义道德姿态与以冷漠及高傲的宿命论看待"野蛮人"或"蒙昧者"衰亡的漠视态度并存。在世纪之交，关于帝国外围地区的垂死的种族（dying races）之说喧嚣一时，垂死的种族指人们不应阻挡其走向灭亡的种族，但 1846～1850 年的爱尔兰大饥荒就被异常固执的经济学家解读为不可避免的适应性危机。[17]另一方面，所有的欧洲殖民国家在特殊条件下都更乐于实行间接统治（indirect rule），即刻意避免任何深入干预当地社会结构的政策。实行间接统治的地方，只要本地居民安分守己，缴纳税赋，听从殖民官员的"建议"，老实上缴可供出口的产品，殖民当局就不会去打扰他们。因此很多时候殖民当局并不去触碰当地法律，包括一些"野蛮"的刑罚。他们会约束过于狂热的传教士，有时与本地上层社会保持互敬互重的关系，人们不愿因西化的单调而失去多姿多彩的本土异国风情。英国人与印度王公贵族或马来苏丹就保持着这种关系，自 1912 年以来法国的被保护国摩洛哥对待本地精英的态度亦是如此。[18]

1184

在这样的情况下，文明布道只会打破文化共存的有效权力平衡和妥协，因为文明布道的本质是企图用他们自己的生活方式全面彻底地改造整个社会。令人诧异的是，在一些远离帝国保护的地方，常属于易受伤害的少数群体的传教士如何笃信这种全面改革的可能性。总而言之，文明布道大多是少数群体从事的项目和事业。即使在欧洲社会中，中产阶级改革积极分子也发现自己被"不文明的"大多数所包围：农民、城市下层、流浪汉。不断增长的大都市是迁徙目的地，这样的迁徙导致大都市出现了一种矛盾现象：一方面是拒绝；另一方面是仁慈地改变意愿。恩格斯和亨利·梅休（Henry Mayhew）等观察家认为，英国贫民窟的贫民和殖民地的穷苦大众之间几乎没什么区别。梅休认为游荡在家乡的无财产的"城市"游牧民族与遥远戈壁滩上的真正的游牧民族极其相似。在中产阶级改革少数派看来，"国内野蛮人"几乎与异域野蛮人一样令人感到陌生和望而生畏。这并非欧洲特色。以欧洲城市寡头政治和有效的政府机制为榜样的墨西哥自由精英（científicos）——一个官僚精英阶层，长期压制印第安乡村居民和他们拥有土地所有权的所谓落后理想。该精英阶层的种族主义代表自然断定印第安土著种族低劣，因此无法教化。[19]东京、伊斯坦布尔以及开罗的城市知识分子和行政官员亦均把各自国家的农村地区视为化外蛮荒之地。

在以文明高尚为傲的世界里，惊世骇俗的"野蛮行为"大爆发发生在 1871 年巴黎公社起义期间。巴黎公社起义遭到了残酷镇压，其残暴程度不亚于 1857 年印度大起义所遭到的英国的镇压，镇压后 4000 名幸存的公社社员被流放到新喀里多尼亚（Neu-Kaledonien），南太平洋中的一个新殖民地。在那里，被镇压的反叛分子受到的文明教化几乎与同期当地非白种人一样严苛。[20]在 19 世纪的文明人看来，野蛮无处不在，野蛮以各色面貌出现，世界的每个角落都需要采取措施来消灭野蛮。只有在白人人口数量优势明显的地方，才能以无可争辩的优越姿态实施文明化，主要在印第安人战争后针对北美印第安人，以及在第一次世界大战前美国已启动了系统改革计划的菲律宾。

文明和文明化的语言是 19 世纪的主导语言。在 20 世纪前后的几十年里，它受到质疑他者可教育性的极端种族主义的短暂侵蚀和挑战。第一次世界大战后，在种族主义论调在全世界——除了德国和中东欧——普遍减弱的氛围中，文明思想经历了一次复兴；之后，到 20 世纪 30 年代，意大利人、日本人和德国人开始相信他们是拥有天赋强权的优越民族，有权对被殖民者实施冷酷无情的殖民主义，而最低限度的同情本是文明布道过程中关系转化绝对必要的。维多利亚时代的文明布道衍生出各种不同的未来发展路径。一种在 20 世纪发展到一个转折点，随着对他者人性的否定关于自身文明的想象破灭，这条路走到了尽头。另一条路径由殖民主义晚期萌芽的殖民发展计划（colonial developement）成长为 20 世纪后半叶由一些国家乃至国际联合实施的发展援助。第三条路径遭遇的是反应淡漠，尽管个体文明布道者竭尽心力，但他们还是失败了。乐观的文明促进者始终冒着枉费心血的风险。英国人在 1857 年就经历了这样的时刻，"印度"（这是在英国人们的集体感受）经过几十年的英国改革后令人震惊地、赤裸裸地证明了他们的"忘恩负义"和"冥顽不化"。传教士常有类似经历：人们对他们传入的基督教的皈依流于表面，又或者是彻底皈依，以致新皈依的

1186

信徒脱离了其信仰引领者。形形色色的政治独立运动常被诠释为西方思想传播招致的意外结果。亚洲人和非洲人拿起他们从欧洲人那里学来的法律武器来对付欧洲人,在反抗不光彩的殖民实践中将崇高的法律原则的普遍性发挥得淋漓尽致。费尽心力传播的欧洲语言成为反帝国主义的言论工具。

在历史的长河中,19 世纪成为一个突出的时期,这个时期欧洲统治阶层和知识精英坚信他们处在进步的最前沿,体现着世界顶级文明——如此露骨的自信在 19 世纪前不曾有过,一战以来也未再出现。或者反过来说:欧洲创造的物质财富、应用科学技术对大自然的征服、军事和经济支撑的统治的扩张等种种成就以及对世界的影响使人产生了一种优越感,而普世的欧洲"文明"这一说法是这种优越感的象征性表述。关于此,世纪末诞生了一个新词——现代(Moderne)。[21] 该词没有复数形式,直到 20 世纪最后的几十年里人们才开始谈到"多元现代性"(multiple Modernen)。"现代"概念至今仍含混不清。对于现代始于何时,人们从未能达成共识。此概念在早期就曾用于表达两个外延不同的含义。人们曾经笼统地把(西)欧文明描述为"现代"的,同时又用以把它与其他文化区别开来。但人们也就欧洲内部出现的矛盾进行了讨论。这些矛盾又分两个层面。一方面,"现代"(Moderne)和"现代性"(Modernitaet)表示一种走在传统主义和庸俗主义之前的小部分人的先锋性对抗精神。艺术领域的各种创新风潮就被视为这种狭义的"现代性",它们以现代性之名突破和超越现有的艺术审美标准。另一方面,没有人会忽略欧洲内部的地理分级。在 1900 年前后的很多欧陆国家,"现代"至多指城市精英的生活方式、精神意识和品位,乡村则处于穷苦困顿中。至于所有超大地区,从伦敦、巴黎、阿姆斯特丹、维也纳、柏林、米兰、布达佩斯以及波士顿或布宜诺斯艾利斯的知识分子、中产阶级和贵族的角度来看，它们是文明施予者还是穷困的文明接受者则是个问题。巴尔干、加利西亚或西西里地区，爱尔兰或葡萄牙以及美洲大陆的乡村垦殖区属于"文明世界"吗？从哪种意义上来说它们是"西方"的一部分呢？

一方面，对自身文明目空一切的自豪和自认为有权利和义务在全世界传播文明的信念是纯粹的意识形态。该意识形态被无数次用来为侵略、暴力和掠夺辩护。在任何形式的文明布道中都潜伏着文明帝国主义（civilizational imperialismus）。[22]另一方面，西欧和新欧洲社会所具有的无限活力和丰富的想象力不容忽视。历史性创举的天平暂时向"西方"倾斜。他者除了吃力模仿西方、追赶西方外，似乎看不到别的出路。他们要么困于前现代的"无历史"状态踏步不前，要么与沉重的历史负担斗争。西方的文明领先论如是认为。1860年左右，人们有充分理由如此看待这个世界。1920年前后西方最富裕国家与世界其他地区最贫穷国家的贫富差距继续拉大。但与此同时，第一股质疑西方普世价值的力量开始萌生。这些力量在一战结束时还很微弱。在1919年成立的国际联盟中他们尚未获得发出自己声音的席位，像1945年后在联合国那样。当美国总统威尔逊（Woodrow Wilson）用他"民族自决"的含混口号在世界若干地区唤起了民族解放的希望时，1919年的承诺烟消云散。[23]战胜国仍保有其全部殖民地。欧洲的自相残杀让外部世界惊讶，它的魔力丧失暂时并没有产生太多实际影响。西方内部的自我怀疑（奥斯瓦尔德·斯宾格勒［Oswald Spengler］，《西方的没落》，1918~1922）和来自外部的挑战，尤其是日本帝国的崛

1188

起，还没有伤及欧洲、北美目空一切的文明自信。虽然，当一战和二战期间西方在亚洲最大的对手甘地面对记者提出的如何看待"西方文明"这个问题时，回答"这将会是个好主意"（It would be a good idea），由此讽刺地点出了问题的要害，[24] 但当20世纪30年代末整个西方又发生撕裂，国家社会主义的挑战通过种族仇恨险些淹没英国人的文明自负时，甘地和争取民族独立的几乎所有印度领导人都毫不迟疑地迅速站到了他们的英国敌手一边。

二　奴隶解放和"白人的统治地位"

蓄养奴隶的西方，没有奴隶的东亚

1800年前后野蛮还盘踞在文明的心脏地带。那些自认为是世界上最文明国度的国家在包括其殖民地在内的司法管辖范围内一如既往地容忍奴隶制。1888年，在第一批小型反奴隶制组织在费城、伦敦、曼彻斯特和纽约成立一个世纪后，新大陆的所有地区和其他大陆的若干国家都宣布奴隶制为非法。从当时的情形发展到奴隶制被视为反人类罪和违反人道罪的目前的法律状态只有一小步。一个几个世纪以来南北美洲包括加勒比海地区的大部分经济建立在其基础上的制度不会一夜间消亡，奴隶制带来的精神和社会后果还持续了几十年之久，有些至今仍清晰可辨。在为美洲的种植园供应奴隶的非洲，奴隶贸易和奴隶制的残余一直延续到20世纪。直到20世纪60年代，美国废除奴隶制整整一个世纪后，伊斯兰国家才达成了反对奴隶制的合法性和社会可接受性的广泛共识。毛里塔尼亚于1981年废除奴隶制，是世界上最后一个废除奴隶制的国家。[25]

但是1888年仍是人类历史上的一个重大转折年份。到世纪末，那个在违背时代自由精神方面无出其右者的制度在伊斯兰世界以外的地区已被广泛宣布为非法，遭到唾弃，实际上除少量残余外大部分已销声匿迹。如果说仍有些地方蓄养奴隶的话，那么在巴西宣布奴隶制为非法之后，就再没有非常典型的奴隶制社会了。奴隶制在17世纪经历了第一次大繁荣，当西方势力范围内的所有地区都不再允许把人当作财产买卖和继承时，源自这个世纪的最后的奴隶制残余便消失了。

如果说人们在西方陶醉于在自我文明化的大规模进程中消除了奴隶贸易和奴隶制的野蛮，终于建立起一个真正的基督教社会的话，那么也应当指出，在18世纪和19世纪早期，奴隶制并非在世界所有地区还占有主导地位。在16～17世纪的欧洲，向自由雇佣关系发展的趋势无论在海外殖民地还是在易北河以东地区——以"第二次农奴制"形式——畸形发展到了其反面。同一时期，在中国和日本几乎已不存在值得一提的奴隶制关系了，这与朝鲜不同，朝鲜于1894年才在日本的影响下废除了奴隶制。[26]在儒家文化占主导的越南，奴隶制在18世纪逐渐式微。在近代早期的几百年中，当西方奴隶制大面积死灰复燃时，奴隶制在越南也未再恢复。所以说，在18世纪，原则上没有奴隶的文明是中国和日本，而不是西方。与伊斯兰教和基督教相比，在东南亚具有最大影响力的佛教对奴隶制保持着更大的距离，虽然该地区直到19世纪才做出了废除奴隶制的决定。1874年，在以信仰佛教为主的暹罗，在对奴隶劳动和极端的社会身份耻辱化进行了长达几十年的打压后颁布了第一部废除奴隶法令。该法令并不涉及所有的奴隶类型（1908年取缔了

1190

最后特例），它的颁布与其说是由于西方的直接压力，不如说是佛教复兴运动的（revival）的结果，它让人联想到佛陀典范的一生，又与暹罗君主国强化其正在形成的现代形象的意愿相结合。在 20 世纪早期，一直维持到 1932 年的开明专制君主政体成功地使暹罗这个古老的奴隶制国家获得了新的身份——泰国。其国家性质直接被确定为无奴隶制国家。[27]

连锁反应

然而在世纪之交西方很少有这样的对比性思考。西方对日本以外的东方社会甚少关注，以至于对它们所取得的重要历史优势视若无睹。还有另外一个事实也淹没在当时奴隶制终结的一片欢喜声里，即这并不是社会进步的自然结果，若没有无数个人愿意将道德情感化为政治行动，就不会有如此大的进步。人们积极投身于反奴隶制的斗争。欧洲和美洲的奴隶制反对者不得不接受一些地方出现的倒退现象，在有些地方取得胜利的过程可谓艰苦卓绝，因为奴隶制受到利益群体的极力维护。它不是随着时间"自然消亡"的，不是因所谓不合时宜而崩溃的。它的命运与时代的大震荡息息相关。奴隶制遭受最严重打击并非在和平时期，而是在革命、内战及激烈的国际对抗风起云涌之时。

1191　　　奴隶制在自家屋檐下的终结在 19 世纪末给了欧洲人和北美人为文明布道辩护的新理由。文明世界似乎再次证明了其优越性和领导全世界的权利。尤其面对当时仍认为奴隶制无伤大雅的伊斯兰世界，人们可以——不无根据地——轻易获得道德优越感。在非洲，欧洲反对奴隶制的斗争甚至成为军事干预的最重要动机和说辞。殖民主义主要因其反奴隶制立场而被看作进步力量。进步的帝国主义者、持废奴主义立场的白人、反对奴隶制的美国黑人在同大西洋彼岸非洲的奴隶制做斗争方面不谋而合。[28]人们深入非洲大陆腹地，以图终止奴隶贩子的贩卖奴隶行径，摧毁奴隶占有者的政权。在帝国主义鼎盛时期新占领的殖民地未再实行奴隶制。严酷的强制劳动完全是常态，但没有任何一个欧洲的海外殖民地允许奴隶贸易和在殖民地法律中规定奴隶身份。如果说近代早期欧洲人在欧洲大陆本土的法制领域和海外殖民地的法律关系之间划了一道深深的界限的话，那么鼎盛时期的帝国主义至少在这方面实现了法律实施范围的统一。在英国、荷兰、法国或意大利的殖民地都不允许买卖、赠与人口以及在未经政府委托，即非执行判决的情况下，对殖民地人口实施酷刑。

　　对奴隶贸易和奴隶制的打击是波及整个大西洋地区的连锁式反应，在这个过程中，每个地方的行动都通过更大范围内事件的相互关联性具有额外的意义。英国的废奴主义者更积极，他们从最开始就把自己看作一个世界性计划的积极执行者。奴隶制在自己的统治范围内被成功废止后，他们又向奴隶制国家派遣代表团，组织国际会议。[29]奴隶制反对者与维护者都密切关注国际局势并不断试图重新评估相互间的力量对比。连锁反应不是持续发生的，在奴隶解放运动的各阶段之间有时会有长时间的停滞，有时奴隶制甚至卷土重来。因此海地革命的历史地位具有双重性。一方面，在1804年成为独立国家海地的法属圣多明戈于18世纪90年代通过革命手段彻底摧毁了奴隶制。凡大西洋地区有奴隶闻知此事的地方，都点燃了解放的烽火。另一方面，发生在前法属殖民地甘蔗种植园的事件加剧了其他地方的奴隶制。法国种植园主从圣多明戈逃往英属牙买加和西班牙属古巴岛，致使那里的奴隶制经济规模扩大。就是由于此

1192

次资本的进入和人口迁入带来的能量,古巴才从一个被遗忘的殖民世界角落成为一个拥有外向型农业综合企业的国家。[30]谁若在此地或美国南部各州寻找否认奴隶不满情绪的理由,只要相信是法国革命年代放松了对奴隶的约束才为奴隶激烈反抗创造了条件就可以了。

作为对奴隶解放行动的回应,更冷酷的奴隶制模式分别于19世纪30年代和40年代反复出现。准奴隶制结束后,经过一段短暂的过渡期,废奴在英属加勒比海地区和南非于1838年具有了法律效力,80万男人、女人和儿童获得了人身自由。这是政府的解放行动,与海地不同,在海地废奴是革命的结果。不过它带来的经济和社会后果在英属西印度群岛是相似的。在牙买加、巴巴多斯、特立尼达和安提瓜等岛上的大种植园经济被取缔后,农业形式恢复为小农经济。这些岛屿不再为帝国出口进行生产。从英国国库流出的货币补贴进了大多作为未在场物主(absentee owners)在英国生活的种植园主的口袋;这些资金没有重新投入加勒比海地区(与此相反,同一时期在南非补贴大部分补给了当地经济,繁荣了当地经济)。奴隶制的辩护者——主要还是美国南部各州的奴隶制辩护者——认为,这证实了此事的荒谬。奴隶解放的道德进步——在他们看来是臆想的——被让所有参与者蒙受损失的经济倒退严重抵消。英属加勒比海地区奴隶解放的状况使其他地区的种植园主更加坚定了避免重蹈覆辙的决心。[31]

反奴隶制:英国对法国大革命的回应

在"理性时代",仅有少数欧洲人对18世纪在大西洋地区越来越重要的奴隶贸易和奴隶制反感。个别批评之声(如孟德斯鸠，雷纳尔神父［Abbé Raynal］及孔多塞）无法掩盖奴隶制与启蒙运动的道德情感论及自然法思想鲜有矛盾的事实。由于被劫掠贩卖为奴的几乎全是非洲黑人，所以对与黑人相关的一切均予以排斥和蔑视的欧洲传统也在暗中作祟。尽管启蒙学派仍坚守人类大同的原则，不像19世纪晚期的种族理论家那样欲将人类按种族划分为不同的人种，但依照欧洲近代早期的观点，黑种人是不折不扣的异族人种，比阿拉伯人或犹太人还令人感到陌生。[32]

18世纪80年代，一些人士受博爱思想的激发成立了最初的反奴隶制宣传联合会。博爱思想并非诞生自新时代的崇高哲学思想，而是有另外两个来源：其一，主流宗教的一些另辟蹊径者对基督教博爱思想的重申；其二，一种新型爱国主义，即不仅希望通过经济实力和军事力量，还希望通过拥有在道德上和法律上为世界指明方向的实力来展现自己国家的优越性。这一基督教爱国主义博爱思想是英国特产。作为一种立场而不是阐明的学说，它最初只打动了少数积极分子，在他们中间早期就有像奥拉达·艾奎亚诺（Olaudah Equiano）这样的前黑奴。[33]但不久这一思想就在英国社会中引起了强烈反响，随着反奴隶制运动，英国社会本身也进入了一个新的发展阶段。

反奴隶制（Antislavery）成为一个口号，在运动高潮时该口号使成千上万人联合起来举行院外和平行动。在一个独立议会被少数政治寡头紧握掌中的政治制度中，人们纷纷通过捐款资助逃跑的奴隶，参加揭露大西洋贩奴船上和加勒比海种植园里悲惨景象的群众活动，联名上书向威斯特敏斯特宫①的立法者

1194

---

① 指英国议会。

请愿。他们还通过抵制某些商品，比如抵制产自加勒比海的糖，向奴隶制的利益群体施加经济压力。在这样的情势下，在通过详细听证全面深入了解奴隶贸易后，议会上下两院成员于 1807 年 3 月在英国国旗下投票通过了禁止商船奴隶贸易法令，该法令于 1808 年 1 月 1 日生效。早在 1792 年这样的决定就曾呼之欲出，如今经过第二轮努力终于成功了。诗人塞缪尔·泰勒·柯勒律治（Samuel Taylor Coleridge）说出了很多人的想法：亚历山大和拿破仑征服世界的丰功伟绩与战胜奴隶贸易的成就相比都黯然失色。[34]

从属于最大规模之列的一个奴隶制度的中心摧毁了一项帝国机制，这一惊世之举无法只用经济理由和原因来解释，学界对此有着共识。[35] 到 18 世纪末，奴隶制种植园经济的生产能力和经济效益都达到了顶点，个别种植园主积累了大量财富，在国民经济方面也没有任何迹象说明现行体制需要改变。亚当·斯密关于自由劳动比强制劳动更有效率的观点，在当时并不是英国经济学家的主流观点。最终起决定作用的是思想动机，当时为数不少的不属于西印度群岛奴隶制直接受益者的政治精英阶层成员逐渐对此产生了兴趣。总体来看，这是英国对法国大革命和拿破仑的意识形态回应。

法国大革命——尤其在恐怖时期前的初期阶段——高举的是普世主义旗帜，若单纯强调本民族利益不是具有说服力的回应。关于人权和公民权的解释只会招致保守的防守意识形态的反对，除非定义一个自己的具有跨民族普世性的领域。奴隶制就是这样一个领域。与英国议会情况类似，种植园利益在其中占很大比重的法国国民大会在奴隶制领域的行动迟缓且不太具有连贯性。虽然国民会议于 1794 年终于宣布法国所有殖民地的奴隶制为非法，法国和法国殖民地所有男性不分肤色都拥有法国国籍，然而任第一执政官的拿破仑·波拿巴于 1802 年又重新宣布奴隶制和奴隶贸易为合法。于是法国在数年内丧失了在该领域的舆论领袖地位，跌回到旧制度（Ancien Régime）利己主义的老路上。在 1807 年议会废奴决议通过前的那些年里，即在关于拿破仑的争论的高潮期，英国社会的爱国者掌握了意识形态主动权。他们依据如下事实，即世界上没有任何一个国家像英国那样拥有被证明有效的反专制统治——无论君主专制还是革命专制——的制度保障，认为应该将这些制度保障移植到殖民地。

这样的政治动机很容易与个人行为动机相结合。出于废奴主义的良好意愿而付出的个人努力，同时使得在英国政治体制民主化尚未开始时就能展现女性公民——有许多女性参加了废奴运动——和男性公民的积极行动，并减轻因越来越感觉到是集体罪责而带来的精神负担。废奴运动领导者们富有针对性的言辞就从这里切入：与受害者的共鸣和当时同样流行的解放主题（贝多芬的《费德里奥》［Fidelio］，1805）。对于前者，18世纪的感伤主义小说（sentimental novels）已有大量表现。[36]

权威废奴主义者的传播战略混合了仁爱道德呼吁和维护国家军事和帝国利益的理由。[37] 全球展开的关于法国的大辩论不可避免地触及英国所有的政治领域。随着 1815 年的到来，这一背景不复存在。奴隶贸易由于缺少英国的参与而大受限制，尤其是作为世界海上霸主的皇家海军擅自截获、搜查第三国船只并不经查验其财产关系便将在船上搜出的奴隶直接释放。这导致了一些外交纠纷，比如与法国之间，但并未阻碍其他国家填补英国退出所造成的贸易空缺；当然无法禁止一定规模的奴隶

1196

走私。同样是在 1807 年，美国国会宣布终止美国公民参与非洲的奴隶贸易，由此终止了进一步合法输入奴隶。最初的废奴主义的道德驱动足够强大，使部分英国公众即使在后期帝国主义上升时也依然保持着对奴隶制的憎恶。"反奴隶制"始终是一个强有力的动员口号。例如，1901 年吉百利巧克力公司发现——令作为贵格会教徒的所有人大为吃惊——他们从葡萄牙属大西洋岛屿圣多美购进的可可豆是那里的奴隶生产的，因此爆发了博爱团体反对吉百利和葡萄牙的大规模骚乱，英国外交部出面进行了成功的外交干预。[38]

印度：种姓制度社会里的废奴运动

仔细看去，大英帝国奴隶制的废除经历了若干条路径。在加勒比海地区，废除奴隶制削弱了种植园经济，但赔偿却遂了英国种植园主的心意。在南非，主要靠剥削奴隶来进行农业经营尤其是小麦和葡萄种植的是白人（布尔人），但也有英国人认为新的立法是对其地位的侵犯。开始于 19 世纪 30 年代的布尔人向南非内陆的大迁徙，也是对 20 年代新的博爱言论、宗法制权威受到法律平等政策削弱、好望角劳动宪法自由化的回应。[39] 在社会身份芜杂的印度社会，直到 19 世纪 40 年代早期废奴才逐渐推行下去。与加勒比海地区不同，印度没有统一的、一目了然的奴隶制。传统奴隶制度（chattel slavery）与其他极端人身依附关系形式的界限难以确定。法典和不同团体的习惯法对无人身自由状态都有细微的等级划分：家庭奴隶和农业强制劳工；妇女被卖身为性奴；在饥荒中儿童被卖与他人；无债务偿还能力的债务人充当奴仆，其身份常常近似于奴隶，尤其是当父母将债务遗留给子女时。

1197

在这样的情况下，英国和印度改革者必须谨慎从事，不同地区采用不同的策略来对待。在奴隶制根深蒂固的伊斯兰教地区，要避免激怒统治精英。在多数人口为印度教徒的情况下，会面对一个极复杂的问题，就是从何种程度开始低种姓人口的人身依附性可被看作奴隶制形式。并不是所有地区的情况都像克拉邦那样明确。在19世纪伊始，该邦最低种姓人口会被买卖、被作为财产抵押给他人，有时甚至会被主人直接杀掉。直到现在，印度社会仍特别容易出现债奴制和奴役童工现象。但总体来看，印度在19世纪中叶前就已开始了一个缓慢的奴隶解放进程。1843年是一个重要的司法年份，从此以后印度的法院拒绝接受以被告所谓的奴隶身份为依据提出的诉讼请求。[40]此后几十年中很多契约工之所以离开印度，就是想摆脱虽正在缓慢退出舞台却更加严酷的奴隶制。

法国和荷兰的废奴运动

尽管英国拼命施压，但法国仍不慌不忙一直把废奴拖延到1848年。法国政府满足于必要的口头决心以安抚英国。博爱为怀的废奴主义在法国公众中得到的支持很少。复辟时期（1815～1830）的殖民政府管理机构与种植园有着紧密的利益勾连。加勒比海地区——当然海地除外——以较温和的方式重又恢复了旧制度下的奴隶制，在印度洋的甘蔗岛留尼旺岛（Reunion）新建起了一个这样的种植园经济体制，与西班牙殖民地古巴恰在同一时期。在自由贸易时代开启之前，仍然可以一如既往地把法国作为殖民地生产商的食糖市场。荒谬的是，恰恰是国王查理十世，一个即使以欧洲复辟时期的标准来看也尤为反动的政权，于1825年与海地签署了双边自由贸易协定，

1198

而且是第一个承认这个背叛法国的黑色共和国地位的欧洲国家，但条件是海地须支付给被驱逐的法国种植园主极高数额的补偿。[41] 1830 年推翻波旁王朝取而代之的七月王朝，废止了招致太多与英国纠纷的法国殖民地的走私奴隶贸易，严格限制种植园主的利益，遵循同时期英国的政治模式而不是过去的旧制度。

但直到 1848 年革命期间，一个由维克多·舍尔歇（Victor Schoelcher）领导的反奴隶制小团体于 1848 年才成功地使废除奴隶制法案得以通过和实施。舍尔歇是一位企业家的儿子，他曾于 1829～1830 年在加勒比海地区目睹奴隶的悲惨境遇。1848 年法国废奴成功的一个原因是，此前少数利益群体之外的奴隶制维护者已越来越少。很多著名知识分子，从托克维尔、拉马丁（Lamartine）到维克多·雨果，在 19 世纪 40 年代都支持废奴。再加上，只有在种植园精英阶层顺从的情况下，新成立的共和国政府才能掌控殖民地。共和国以及其后的拿破仑三世君主政权均做出关怀殖民地黑皮肤臣民的慈善家长姿态。[42] 在法国从未出现过广泛且持续的大规模反奴隶制运动。

作为最后一个废除奴隶制的西欧国家，荷兰于 1863 年在其面积不大的美洲殖民地，尤其是苏里南（Surinam），废除了奴隶制。在这一地区也曾有过一个准奴隶制的过渡期，一直持续到 1873 年。如同英国和法国（但与美国和巴西不同），是由国库拨款对奴隶主进行补偿。补偿费用直接来自荷属东印度的收入，此地的收入在 19 世纪中叶的几十年里作为"文化制度"的成果大幅增长。也就是说，印度尼西亚的强制劳工为加勒比海地区的奴隶解放埋单。[43]

西欧殖民地奴隶制的废除是一个延迟出现的多米诺骨牌效应。在英国的先期行动之后，没有哪个想成为"文明之国"的欧洲国家还允许自己置身废奴运动之外。也应把俄国1861年废除农奴制看作整个欧洲发展趋势的一部分，它在很大程度上是一个国家计划。无论农民起义还是群众运动都没有起到促进建立自由劳动关系的重要作用。在沙皇亚历山大二世的眼中，农奴制是有损俄国国际威望的一个污点，是妨碍社会现代化的制度。

1199

奴隶制在美国的终结

美国的情况极为不同。[44] 任何地方建立的奴隶制社会都不如美国南部各州的牢固。尽管来自非洲的奴隶输入不足，但美国的奴隶单从人口统计看就有很大增长。南北战争爆发前夕在美国生活着400万奴隶，而在1840年只有250万。[45] 这些奴隶与白人生活在同一个社会中；而英国和欧洲大陆的废奴主义者只能隔洋关心着奴隶的命运，他们在自己国家很少接触非洲人。废奴运动在没有奴隶的北方风起云涌，而在南方寸步难行。南北战争前，南部各州无论在思想上还是政治上越来越有一种受困心态，不容忍任何反体制的声音。大多数不是奴隶主的白人作为选民也支持"南方"煽动性的主张，共同维护着他们自身并不能从中直接受益的社会关系。无论如何，大种植园主的生活是很多不属于统治精英阶层的白人的梦想。直到19世纪30年代早期，在很多妇女和美国黑人的参与下才形成了好战队伍的北方废奴主义者看到英国的废奴者正处于1833年前如火如荼的运动高潮时，他们才动员起了少量群众力量。他们的斗争环境比他们的英国先驱艰难，因为美国北方和南方比英国和它遥远的甘蔗殖民地的联系要紧密得多。北方的社会中也充斥着比

1200

19 世纪早期的英国更强烈的种族主义，仍受到自身奴隶制过往的影响。

美国北部的废奴主义者发现自己面对的是更巧妙的奴隶制辩护词，因此他们以更极端的宗教史料为依据，在美国意识形态领域的表现比其英国同道更偏激。懦弱地容忍奴隶制是该受到惩罚的罪恶，这对他们中很多人来说近乎强迫信念。因为他们原本关心的是消除奴隶制这个弊端，而不是让黑人融入美国社会，所以通过把获得解放的奴隶遣返非洲来解决问题的建议在温和的废奴主义者圈子之外得到了广泛赞同；有人会在抨击奴隶制的同时拒绝黑人在美国的存在。[46]不过聚集在办报人威廉·劳埃德·加里森（William Lloyd Garrison）周围的激进派拒绝这样的计划。[47]美国废奴主义者即使在北方也遇到了强力反抗，这样的反抗是英国从不曾有过的。反抗可能是以对个人和废奴主义文学施以暴力的形式出现，但也可能以沉默的方式出现。在 1819~1821 年所谓的密苏里危机后，美国的权威政治力量悄悄达成共识，将奴隶制问题列为禁忌。1836~1844 年间国会甚至出台一项言论限制法规（gag rule），禁止关于该问题的一切形式的讨论。因此很长时间内，美国缺少英国那样的政治改革意愿——在英国，人们将奴隶问题与选举权问题挂钩并促成了 1832~1833 年的大型改革规划。

仅仅白人和黑人的反奴隶制斗争不会导致南北战争，而若没有发生南北战争，奴隶制可能还会维持相当长一段时间。北方进行内战并不仅仅是为了废除奴隶制。林肯 1863 年 1 月 1 日颁布的《解放黑人奴隶宣言》——美国黑人历史在 19 世纪最重要的转折点，除了其原则性还有实际的一面，即它有号召黑人奋起反抗并支持北方开战的企图。林肯本人原本不是废奴主义者，但自 1854 年起公开以奴隶制反对者的形象出现。[48]他从一开始就认为奴隶制是不道德的，但很长时间内都未能找到一个备选制度，因为他没有料到在一个白人占多数、权利平等的社会中黑人有生存的能力。林肯的信念——人人都应该享受自己的劳动果实并能让自己得到发展——亦同样古老。作为总统，林肯也小心翼翼地朝着全面解放黑人奴隶的方向努力，最终坚决果敢地迈出了这一步。如果说废奴在美国并不是政府改革意愿和公众行动相结合持续发展的顶点，而是战争副产品的话，那么奴隶制问题在内战开始之初确实是个问题。它是中央政府的薄弱机制——总统、国会和最高法院——再也无法使离心离德的各地区和衷共济的主要原因。在 1820～1860 年的 40 年间，支持还是反对在新开发的西部地区实行奴隶制扩张一直是美国内政秘不外宣的核心问题。跨大西洋的革命进程，其中包括海地革命、1794 年法国宣布在所有殖民地废除奴隶制（1802 年重又恢复）以及英国的废奴运动，削弱了奴隶制的基础，而几乎与此同时，远离东海岸的美国南方内陆地区却成为种植园经济新的重点开发地区。

暂且撇开林肯的美国联邦宪法不可废止原则不谈，若从华盛顿执政到林肯当选总统这段时间南部蓄奴者未在国家政策上施加绝对影响力的话，完全可能导致美国领土上出现两个拥有不同宪法的国家并存的情况。南方在内战前表现出退缩回避的心理，同时却抱有迫使北方放弃自己道德原则的企图。所以国会在 1850 年颁布了一项法律，授权各联邦当局追缉逃奴，也包括已解放各州的逃奴，用暴力手段把他们送还给他们在南方的主人（《逃奴追缉法》[Fugitive Slave Law]）。还有若干诸如此类的挑衅。这说明，美国联邦形式上的统一这个建国时期凭情感维系的神话破灭了。如此错综复杂的紧张形势触发了南北

1202　战争，开战之初双方都扮演着无辜的受害者的角色。南北两个
阵营都越来越以外部世界的状况为参照。对于正在工业化的北
方而言，尽管与英国有着现实政治冲突，但英国依然是其最重
要的政治和文化参照系，而南方诸州的精英阶层则与巴西和古
巴残留的蓄奴者关系更密切。林肯的《解放黑人奴隶宣言》使
英国公众明显站到了北方一边，就这点而言它对外交政策也产
生了影响。如果说在此之前巴麦尊勋爵（Lord Palmerston）领导
下的英国政府迫于拿破仑三世的压力还打算干预南北战争的话，
那么林肯的《解放黑人奴隶宣言》则在英国引发了大规模游行
示威，示威行动点燃了 30 年来废奴运动积蓄的道德能量，阻止
了伦敦方面做出有利于南部各州的干预举动。[49]

巴西与美国之比较

在海地和美国，奴隶制的终结伴随着大规模的暴力现象。
在大部分废奴法令于 19 世纪 50 年代颁布的地区，如加勒比海
殖民地和西班牙属美洲地区新建立的各共和国，废奴的过程更
为和平，沙皇俄国 1861 年贯彻解放农奴决策也同样是以和平的
方式。古巴和巴西的废奴之路也较少使用暴力。拉丁美洲的奴
隶制是否不像比加勒比海地区和美国的奴隶制那样残酷，这在
史学家界有争议。直到奴隶制终结，巴西奴隶的死亡率都始终
高于美国南部诸州的事实似乎与以上说法相悖。不过有一点是
明确的：无论在政治上独立的巴西，还是在西班牙殖民地古巴，
都有强大的势力支持奴隶制——否则奴隶制不会维持到 1886 年
及 1888 年。在巴西，到 80 年代初还有蓄奴者手持武器捍卫他
们的财产。奴隶们公开及秘密的反抗同样此起彼伏，从未停止
过，但对这些反抗的强力镇压防止了大规模奴隶起义的发生。

在古巴，直至进入 60 年代仍有非洲人被劫掠至此，解放奴隶这个主题成为 1868～1878 年独立战争的若干目的之一。战争虽然失败了，但无论是起义的克里奥尔人还是西班牙政府都向奴隶们示好并许诺给他们自由。[50]　　1203

　　与古巴（及所有其他西属美洲地区）相比，巴西拥有西方世界第二大规模的奴隶制，仅次于美国南部诸州。与美国的情况一样，在巴西，废除奴隶制不是突然间发生的。当时，奴隶制的意义早已微不足道，很多奴隶已经被释放。随着摄政王伊莎贝拉（Isabel）1888 年签署的《黄金法案》的颁布奴隶制终被废除，签署该法令是这个君主政权最后一次轰动于世的政府行为。迫于英国的压力，巴西于 1831 年颁布了一项法律，许诺给所有新输入的奴隶以自由，但大规模的奴隶走私并未受到制裁，绕过了此项法律，到 40 年代，走私奴隶数量甚至重又增长。直到 1850 年巴西才采取了较有效的措施遏止奴隶进口，原因是害怕贩奴船会将霍乱带入境内。之后奴隶价格增长，奴隶解放停滞。在巴西，解放奴隶一直比美国南部各州容易，奴隶获得自由的机会更大。只要非洲奴隶贸易和奴隶走私源源不断地供给奴隶，对巴西的奴隶主来说，允许奴隶赎身，用所得款买进新奴隶补充奴隶数量，经济上更划算。1808 年美国停止进口奴隶，加之奴隶价格暴涨，上述途径不复存在。大约到 19 世纪中叶，在巴西有着地区差异的奴隶制对于巴西经济的重要性开始降低，首先是城市，继而是技术上越来越现代化（蒸汽碾磨机）、由英国投资者雇用自由劳动力经营的甘蔗种植园，最后是咖啡豆生产区。与美国南部诸州不同，巴西废除奴隶制时，奴隶制已不再是强有力的经济制度。它主要在生产力低下、技术落后、交通不发达的生产部门和地区苟延残喘。

巴西废除奴隶制的过程相对较和平的原因有三：其一，巴西的经济重点从东北部的蔗糖种植转为南部不断扩大的咖啡种植，该地区的南欧移民起着越来越重要的作用。在那些劳动力市场不饱和的地区奴隶制维持了很久，但企业主越来越清楚地看到自由移民劳动力的好处。其二，巴西是废奴主义（自19世纪60年代开始）在知识分子、自由派政治家和企业主之外也获得了城市中产阶级和自由雇佣工人（无论是移民还是巴西本地人）广泛支持的唯一一个加利福尼亚以南的美洲地区。其三，尽管形成了一些经济重点地区，但在巴西各地区奴隶人口的分布是分散的，因此奴隶问题没有导致无奴隶制地区和奴隶制地区的两极分化，像在美国导致各州可以脱离联邦独立的情形那样。[51]与加勒比海地区和美国南部诸州相比，在巴西，该时代终结时奴隶制作为劳动形式已在更大范围内失去作用。然而奴隶制不会就此彻底谢幕。不以赔偿为前提的废奴（与英属加勒比海地区不同，而是像美国那样）在君主立宪制框架内是内部权力斗争的内容。在这些权力角逐中，那些把一个消除了奴隶制的共和国视作实现现代化——以盎格鲁-撒克逊世界为标准——民族国家前提的人们赢得了胜利。[52]在发生了奴隶群体罢工、成千上万奴隶自发离开种植园这样的事件之后，如在美国那样，巴西终于做出了（废奴）决定。

于是，"西方"文明的奴隶制和"第二次"农奴制的漫长兴衰史在19世纪80年代走到了它的终点。后来在欧亚大陆出现了纳粹灭绝营——1945年后希特勒的军事部长阿尔伯特·斯佩尔（Albert Speer）曾说它是纳粹党卫军的"奴隶国"——以及苏联等国家的劳改营，它们比传统的黑人奴隶制还要恐怖。

1204

这是一种不以人口贩卖为目的、视劳动为附带产物而非生存理由的体制性压迫。不过,在西半球后来未出现这样的灭绝营和劳改营。[53]不过,在西方即便最强大的反动势力和反人道主义者也未再产生过将奴隶制作为正常的社会制度和社会关系重新合法化的念头。

伊斯兰世界的奴隶解放?   1205

伊斯兰国家的奴隶制经历了另外一种不同的发展过程。该地区传统上许可的奴隶制在 18 世纪经历了一次衰退。在 19 世纪的第二个三分之一世纪,许多地方对进口商品需求的增长导致在生产部门使用奴隶的数量重又激增。其特色不是大型种植园奴隶制,而大多是小规模占有奴隶的情况。19 世纪 60 年代及 70 年代的埃及棉花种植业就是一个这样的例子。欧洲工厂的棉花供应因美国南北战争中断,这导致了埃及棉花种植业的繁荣,当时就连普通的埃及农民也有能力购买非洲黑奴。同一时期,国家对强制劳动力和奴隶兵的需求增长,而拥有来自黑海地区的性奴则在埃及很多地方成为身份的象征。在安纳托利亚、伊拉克或印度的伊斯兰地区使用奴隶做家务和进行田间劳动也很普遍。伊斯兰国家使用奴隶进行生产的情况大概自 19 世纪 80 年代开始减少。[54]对公众舆论有影响的知识分子——主要指伊斯兰教法学者——的观点和社会的价值取向总体来看并不像大西洋西岸地区那样是坚决反对奴隶制的,彻底废除奴隶制的提议几乎无任何政治影响。突尼斯贝伊艾哈迈德·阿尔-侯赛因(Ahmad al-Husain)于 1846 年——比法国早两年——为其国家终结奴隶制打下了基础,是伊斯兰国家历史上首位采取这种措施的统治者,这是较早出现的一个特例。艾哈迈德既有个人信念,又努力想在废奴主义大国英国那里为他衰弱的国家争取好名声，同时让法国没有任何借口从阿尔及利亚插手干预自己的统治。艾哈迈德贝伊 1846 年访问巴黎时受到法国自由主义者的赞赏，被认为是为自由而斗争的"文明"的开路先锋，这让他感到颇为受用。[55]

但艾哈迈德是绝无仅有的一个特例。在奥斯曼帝国，本土自由主义者，如总督米德哈特帕夏（Midhat Pascha）① 无法持久贯彻自己的意图。苏丹阿卜杜勒·哈米德二世只是很不情愿地采取反对非洲和高加索地区奴隶贸易的措施，他也没有终结伊斯兰宫廷奴隶制。1903 年在土耳其苏丹宫廷中还有 194 名太监和近 500 名女奴。[56] 直到 1908 年青年土耳其党人发动革命之后，奴隶制才明显开始走下坡路，然而 1915 年后，一部分幸存的亚美尼亚人遭受了像奴隶一样被奴役的命运。在埃及，在其他方面都公开讨好西方的总督伊斯梅尔是该国最大的奴隶主。直到 1882 年被英国占领时，埃及才取缔了所有形式的奴隶制。像其他中东国家一样，伊朗很早就加入了 1890 年签署的反奴隶贸易的《布鲁塞尔公约》，但直到在巴列维统治下效法土耳其进行了彻底的世俗现代化，它才终于在 1928 ~ 1929 年废止了奴隶制。[57] 受到若干地方法学流派不同观点的阻碍，全世界伊斯兰地区的废奴进程比西方缓慢、温和。并非所有的废奴行动都是迫于西方的压力，也有本地原生的、以《古兰经》解释为依据的排斥奴隶制的基本因素，但这在一战前很少成为强力贯彻的民族国家司法权的基础。

奴隶制后的过渡期

奴隶制终结后会怎样？理想的情况下，那振奋人心的获得

---

① 伊拉克总督，1869 ~ 1872 年在位，亲西方，思想先进。

1206

解放的时刻，砸碎锁链的时刻，本来必须转化为保障新自由的司法政治秩序和社会结构。这样的秩序和结构可以在前奴隶的协助下建立起来，但不能只靠他们自己，还必须改变接纳前奴隶新公民身份的民族国家和殖民国家的框架。人们必须改变心态：从蔑视或者居高临下的同情变为心甘情愿地接纳，不仅把前奴隶看作抽象的"人"，还要明确地承认他们是公民和有用的社会成员。这样一种自由理想在19世纪几乎从未实现过。一些早期的废奴主义者早就预见到这一点，他们平淡地看待取得的局部成功，树立了更高的目标，比如他们从全球文明布道的主张中得到了支持。他们的基本主张是，只有所有地方都根除了奴隶制，世界才不会重新回到野蛮状态。所以一些主张英国废除奴隶制的先驱在1840年建立非洲文明协会（African Civilization Society）时特别积极。维多利亚时代政府机构的大部分人员，从女王的丈夫阿尔伯特亲王到几十位议员都支持成立该协会。新协会最初的几次行动之一就是于1841～1842年向西非尼日尔地区派遣了一支反奴隶制远征军。这一还不曾带有帝国主义企图的冒险远征在非洲遭遇了重重困难，无法实现其崇高目标。它只是那种普遍使命感的突出体现，就是这种普遍的使命感在19世纪初对反对奴隶制的人起到了促动作用。[58]

这样的惊世之举——一如后来传教士戴维·利文斯通的非洲之旅——是混合了原始基督教精神、博爱思想和爱国主义的早期废奴主义推动奴隶解放的结果。这些推动对建立后解放秩序作用不大。在这里，问题的解决方法都具有本土特色，很少越过国界发生相互关联。发展路径的多样化使得比较难以进行。[59]因此，对个别情况的微历史研究被证明特别适用。他们研究可记录的个人命运、个别奴隶制种植园向各种多少还具有

1207

依附劳动形式的小农经济的转型或者对当事者来说几乎觉察不到的从奴隶关系向更换了名称和法律定义的其他强制关系的转变。发展变化较普遍的地方，今天人们称之为"后解放社会"。[60]这些社会彼此间通过一些客观标志显示其差异，诸如前奴隶的数量及其在总人口中的占比、现存种族主义的方式和强烈程度、就业和社会上升机会、暴力程度、不同性别生活机会的差异，简言之，就是"自由的程度"。[61]

并不是所有地方的种植园经济都已被摧毁。在海地，随着种植园经济的消失，出口生产行业也消失了；该国的国民生产总值急剧下降。牙买加的情况类似，不过不像海地那么极端，它仍然是英国的殖民地。在英属特立尼达，几十年后又新建起了种植园，只是使用的劳动力不是当地的前奴隶，而是从亚洲输入的契约劳工；在印度洋上的岛国英属毛里求斯，也出现了类似情况。在海地废奴 80 年后进入了后解放时代的古巴，走的又是一条完全不同的道路。在种植园经济特别突出的古巴，蔗糖生产技术变革和西班牙白种移民的涌入成为鲜明特色。蔗糖生产熬过了奴隶解放所导致的中断，产值只有很小幅度的下降，几年后就超过了以前的水平。[62]这样的变化限于农业部门。甚至在美国南部各州，解放后也暂时没有发生大规模的工业化。

所涉群体对奴隶解放的结果有各种不同的解释。前奴隶与前奴隶主利益不同，殖民政府和废奴主义者期望各异。奴隶解放，19 世纪最雄心勃勃的改革工程之一，也让很多人极度失望。有些人的失望是虚伪矫情。有些欧洲殖民政府一边抱怨消除非洲本土的奴隶制多么艰难，一边毫无顾忌地通过各种强制劳动形式（直到 1946 年法国殖民地的强迫劳役才被禁止）施加赋税压力或干预农业，造成新的奴役关系。这样的奴隶制很少会发展成为极端奴役与臣服的稳定结构。欧洲的殖民制度迫于殖民地民众的压力和宗主国首都的公众批评，能够进行适度的自我修正。因此一战后极端的强制劳动和大量使用暴力的情况与此前比已很少见。在所有奴隶制曾是被认可的法律形式的地方，废除奴隶制意味着道德和政治的断层，而低估这种断层是错误的。1910 年前后，撒哈拉以南地区除极个别地方外成功地废除了奴隶制。[63]

美国南方奴隶解放后的种族社会　　1209

在美国，废除奴隶制的过程中各种各样的行动可能和途径急剧增加，这方面没有任何一个国家可与之相比。早在南北战争期间就有成千上万名美国黑人把握住了自己的命运，他们有的是自由黑人（free blacks），有的是从南方逃跑的奴隶，他们或走上战场为联邦而战，或以其他形式为北方战场效力，或在南方占有了无主地。在《解放黑人奴隶宣言》颁布时，大规模的美国黑人起义正在酝酿。[64]在通向自由的过渡期，前奴隶们更名换姓，搬去新的住地，把流落各处的家人聚拢起来，在经济上自谋出路。曾被主人剥夺言论自由的，现在可以公开地畅所欲言。迄今为止一直在地下活动的黑人团体机构，比如教会、学校或殡葬机构都浮出了水面。黑人女性和男性作为奴隶时是主人的财产，因此在法律上不是权利主体。现在他们不再被禁锢在主人有限的家宅田地范围内，而是可以到法庭出庭作证，签订双边合同，自己坐在陪审席上，在选举中投票，甚至可以作为候选人参加竞选。[65]

恰恰是这种大规模的觉醒突然间一百八十度大转弯，变为强烈的种族歧视。19 世纪 70 年代解放时期的成果遭到大面积破坏。80 年代，在以前实行奴隶制的南部诸州，种族间关系急剧恶化。1890 年后，美国黑人虽然没有重新变成奴隶，但承受着一种具有极端歧视性和限制性、伴以白色恐怖和私刑的种族歧视制度。公民权的实施则根本谈不上了。在奴隶制之外，历史上仅有过三次如此严酷的种族歧视制度：19 世纪 90 年代至 20 世纪 20 年代的美国南部，1948 年后的南非和 1933 年后的德国及二战期间的欧洲德国占领区。撇开德国不谈，可大体上进行比较的就剩美国和南非了，因为南非种族隔离制度的发端一直追溯到 19 世纪。[66] 1903 年，W. E. B. 杜波依斯（W. E. B. Du Bois）——其时知名的非洲裔美国知识分子——大胆预言，20 世纪的问题将会是种族歧视（color line）。[67] 在这个预言尤其灵验的地方，奴隶制被白人至上主义取代，即通过国家权力及非国家权力强力推行某些单纯以肤色界定的群体的特权。

如果说在奴隶社会体力劳动几乎全由奴隶和被释放的奴隶来完成，这两类人口的上升机会很小，由此显现出明确的等级关系的话，那么在奴隶解放后前奴隶在劳动力市场上则与白种穷人（poor whites）直接进行竞争。在自由的政治状况下，黑人代表他们自己的政治利益，无须降低身份追随白人意见领袖。白人社会的一部分人对于这一双重挑战以歧视和暴力抗拒来回应。种族主义是这种思想及其相应结构产生的前提并由此自我滋养和不断加剧。白人占统治地位的排异性种族主义取代了奴隶制社会的压迫性种族主义。这种排异性种族主义作为广泛的社会立场已经出现在美国北部各州，这些州在革命时期就已放弃了奴隶法。在 19 世纪晚期的新南方出现了排异性种族主义的扩大化和极端化。以平权原则为基础宣布所有"在美国出生和加入美国国籍"（born or naturalized in the Unite States）的人为美国公民的美国宪法第十四修正案被削弱，这一法令没有落实为联邦法律。在最后几支联邦军队从南部撤出以后，黑人失去了种族主义观念较弱的中央政府本可以给予的保护。以从 1869 年开始活跃的三 K 党为标志的南部新种族歧视制度，其传染性在世纪之交达到了顶点，20 世纪 20 年代开始逐渐式微，直至 20 世纪 60 年代才在美国民权运动中被推翻。[68]

南非 - 美国 - 巴西：产生种族歧视制度的地方？ 1211

美国与南非的差别非常大，以至于无法全面对比；但也可以找到一些零星的具有启示性的横向关联。较少发生较大规模人口迁移的两国，它们的发展是不同步的。南非的奴隶解放比美国南部诸州早了近 30 年。1914 年前后有些地方还存在种族等级划分和隔离的意识形态和工具。自 1920 年起南非比美国南部更是跨进了一步，种族隔离政策（Apartheid）成为国家立法的基本原则。因此消除种族歧视制度只能通过政府更选来实现，如 1994 年那样，而不是像美国，在二战后通过改变联邦立法和裁决权"逐步地"实现。在这两个国家，受白人自由主义者支持的黑人民权运动都具有极大的意义。两国 20 世纪早期的种族歧视制度都有着很深的历史根源。工业化的美国北方和南非开普殖民地的英国人所赞成的自由劳动力思想，陷入了与主张种族歧视合理化、实行纯白色人种民族民主政治权力垄断的南部诸州种植园寡头政治和布尔人的优先权的冲突中。1861～1865 年在美国发生的战争和 1899～1902 年在南非发生的战争都是独立战争，都确保了自由资本主义力量的胜利：在美国是压倒性的军事胜利，在南非是勉强获胜。美国在 15 年内，南非大概用了美国一半的时间，两个白人阵营均以牺牲黑人利益为代价达成了妥协。

大英帝国于 1910 年允许南非的白人移民自治。在一个仅限于白人的"民族"统一进程中，占人口多数的黑人曾经拥有的和许诺给他们的权利被剥夺。在美国，北方在 1877 年重建（Reconstruction）结束后面临类似的结果，于是放弃了阻止南部各州剥夺黑人权利和实施种族隔离。在美国北部，尽管日常生活中处处都发生着歧视，但黑人再也没有被剥夺投票的权利。合法的歧视只是个别地区的现象，不是全国性的常态。[69]在两国（南非起初是间接通过英国的殖民输出行动）均推动了废奴进程的博爱思想，20 世纪初从它们的政策中消失了。反对白人至上主义的斗争持续了几十年。19 世纪中叶明显作为政治纲领实施的无肤色歧视的民主，无论在南非还是在美国南部都发生了倒退，费尽千辛万苦才得以挽回局势。

除美国南部诸州外，另外一个 19 世纪拥有大规模奴隶制的国家巴西，没有出现白人占统治地位的情况。巴西的奴隶制比拉丁美洲大陆地区其他任何地方的奴隶制持续的时间都长，这有若干原因。其中一个并非无足轻重的原因是，巴西人没有发生反抗殖民政权的独立战争，因此，与其邻国反抗西班牙人的斗争不同，它无须招募黑人士兵。奴隶起义此起彼伏，但缺少那种得到白人许可武装起来、为其付出要求回报的黑人角色。就是说，此地缺乏一种"现代"政治参与的重要动机。为什么巴西在 1888 年后没有产生"系统化"的种族歧视制度？在巴西，奴隶制的终结恰好同时伴随着从君主政体向共和政体的和平过渡。奴隶制终结后，开始了一场关于巴西的民族身份、种族身份、现代化机会的旷日持久的讨论。与美国相比，在巴西，

1212

释放奴隶更容易，对种族混杂的制裁也不那么严厉，因此肤色与社会地位并不像美国那样绝对相符，社会意识也不是习惯性的截然的二元对立。因此在一部分白人精英的现代化观念中，释放的奴隶早就占有一席之地。

不过更为重要的策略是，用新招募的欧洲移民来替代迅速发展的经济部门中的奴隶。这些移民和经济上边缘化的大量前奴隶不会在同一个劳动力市场上相遇，因此就不会产生在世界各地成为典型的种族主义温床的竞争局面。在巴西，种族问题从未成为领土政策中有争议的话题，没有任何想搞独立的特殊地区像美国南部那样通过种族身份来界定自己。相反，精英阶层努力鼓吹包容的民族主义和前奴隶特别良善的神话。如此一来也可以建构从殖民时期经过君主政体到共和国的具有长期延续性的国家历史。在解放后的巴西，奴隶的经济状况绝不比阿拉巴马或南非的奴隶更好。政府直接弃他们于不顾。没有类似于南方重建那样的措施，但与此相应也没有官方建立的种族隔离体制，当局并不认为自己是种族隔离的支持者。政府的软弱导致许多种族主义暴力免于被惩罚，但这些暴力并不是国家体制导致的直接后果。废奴主义者没有能力对奴隶解放后的社会秩序产生影响。[70]在古巴，白人和黑人终于在独立战争中肩并肩地反抗西班牙人。此外，蔗糖业工人人种肤色混杂程度较高。所以在奴隶制终结后，与其他奴隶解放后的社会相比，尤其与美国相比，古巴肤色平等程度较高。在古巴岛上没有形成一个白人统治的社会。[71]

所有导致西方废除奴隶制的进程有一个共性：除了基督教和博爱思想的驱动，它们都受到经济自由主义希望的刺激，即在自由劳动力市场条件下，前奴隶至少会像以前那样为农业出

1213

口商品生产贡献劳动力，况且现在又受到积极的鼓励。经济学家和政治家把奴隶解放视作一个大型试验。前奴隶得到机会，通过自由经济理论所说的勤奋的、追求利益和节俭的经济人（homo oeconomicus）行为来证明他们的"理性"，即启蒙时代标准所定义的人的价值。安排的常被（比如在大英帝国）称作"学徒期"（apprenticeship）的从奴隶制向自由的过渡，会为他们减少障碍。赋予充分的公民政治权最终将为这种"道德人"的发展画上圆满的句号。[72] 现实状况则常常完全不同。被解放的奴隶表现出让人意想不到的选择倾向。比如他们更愿意自己经营小块土地，追求稳定，而不是到大工业企业当雇佣工人；许多人更喜欢各种策略并用。其结果是，与高度的外向型种植园经济时代相比，如今的农业生产与市场接轨的程度低了。当中产阶级改革者们看到，前奴隶并不一定都竭力仿效他们自己的中产阶级家庭生活理想时，对他们而言又是一种失望。综合这两点似乎暗示，由于非洲黑人的人类学特征他们既适应不了市场理性的需要，也适应不了私人生活方式"文明"规则的需要。即使这并非种族主义的根源，但也加剧了种族主义趋势。奴隶解放的大型实验让其富于幻想并以自我为中心的开明的发起者的希望大部分落了空。[73]

三　排外与"种族斗争"

扩散性种族主义的兴衰

1900 年前后"种族"这个词在世界很多语言中是常用词。世界各地的舆论氛围充斥着种族主义。[74] 至少在帝国主义时代足迹遍布所有大陆的"西方人"很少怀疑这样一种观念，即人类划分为不同种族，不同种族由于生物遗传特质的原因具有不同的能力，因而也拥有自主安排生活的不同权利。1800 年前后，只在少数欧洲学者的书房中能听到这样的观点，尽管在殖民实践和跨大西洋奴隶贸易中对不同肤色的人并非一视同仁。1880 年前后，这些观念是西方社会集体想象的主要元素。1930 年前后，与几十年前相比世界范围内对种族主义的接受度低了些；虽然在白种人聚居的"西方"，即使家道殷实、有着中产阶级行为范式的非洲裔美国人也仍然很难找到允许他们入住的酒店。不过，至少人们对"种族"作为科学概念不像过去那样不加批评地接受。在 1919 年的巴黎和会上，日本试图把反对种族歧视条款写入新成立的国际联盟章程中的努力由于英国和美国的阻挠而失败，但无论如何，这个倡议还是显示出，这时的种族主义言论和实践在人们心目中颇有争议。[75]1933 年后纳粹的种族主义论调和行为令国际社会感到诧异，而同样的言行如果放在 19 世纪初则不会引起这么强烈的反应，在其他国家，人们将之看作德国人的一种怪癖，未加重视。2000 年前后种族主义在全世界已是臭名昭著，在很多国家里，鼓吹种族主义会遭到惩罚，其所有的科学性要求都被认为是荒谬的。从世界史的角度看，种族主义作为对历史发生过影响的势力存在于 1860 ~ 1945 年这个短暂的时间跨度内。这一阴森恐怖的时期把 19 世纪和 20 世纪紧紧捆绑在了一起。

1215

1900 年前后，"种族"不仅在"白人"占人口多数的国家是核心话题。在殖民地，占统治地位的少数"白人"也担心臣服于他们的"低等"种族威胁其至高无上的地位。在日本和中

国，知识分子群体正在学习应用欧洲种族学（Rassenlehre）① 的
词汇。"种族"被视作严肃的科学概念。生物学家和民族学家
尤爱把该词挂在嘴边；它也传播到一些相邻学科中。如果在这
些学科中讲到"人民"（Volk），那么其含义很少是指前几十年
所说的以共同政治意愿结成的民主（demos）群体，而越来越
倾向于指生物学意义上的有共同血缘的人类群体（ethnos）。对
于种族论调，一部分政治"左派"人士也未能置身事外；甚至
出现了社会主义优生学，即通过研究改良遗传素质产生优秀后
代的学说，该学说致力于为创造一个同类同种的理想社会服务。
不过，种族学在政治上主要属于"右派"阵营。它与人生而平
等，拥有追求自由、和平和幸福的天赋权利的启蒙思想背道而
驰。种族学倾向于集体主义而非个人主义；尤其在德国，"人
民"（Volk）和"民族的"（Völkisch）这两个概念成为其最重
要的语义学支撑，尽管种族思想（völkisches Denken）与种族主
义思想（rassistisches Denken）并不完全一致。持种族间相互竞
争、"弱肉强食"观点的"社会达尔文主义"就属于种族学。
此外，白种人也可能会是失败者：一些早期的种族理论家
（Rassetheoretiker）就流露出悲观思想，一些陷于"帝国悲情"
情绪中的殖民者预料白人会在热带受尽折磨而垮掉。[76]

种族思想有自己一贯嫌恶和仇恨的对象：犹太人及其他肤
色人种、民主人士、社会主义者及女权主义者。平素彼此间毫
无共同之处的政府领导人、学者及街头暴民在种族主义偏见这
一方面颇有共识。种族理论聚焦于肉身（Koerper）与肉身性
（Koerperlichkeit）。说"人民的身体"（Voelkeskoerper）受到敌

1216

---

① 德语中 Rassenlehre 与 Rassenkunde 及 Rassentheorie 通用，本章中根据语境译
作"种族理论""种族学"或"种族思想"。

人和有害群体的威胁。18世纪古老的观相术又裹以种族"劣根性"和犯罪秉性(一些犯罪学专家声称其遗传性)肉身表现说的新皮囊出现。种族思想为一系列屠杀埋下了种子,开启了方便之门,并最终导致了屠杀的发生,如发生在刚果自由邦、德属西南非洲殖民地和亚马孙地区的大屠杀,针对沙俄犹太人的杀戮,对异族移民的侵犯以及发生在美国南部各州的暴虐的私刑屠杀。在这些事件中,侵略性和恐惧大多如影随形。不过,单纯的"种族仇恨"从来不是这种暴力的唯一根源,也很少是最重要的根源。凶残的民众与和善的教授在制造种族和国家的"纯洁性"这件事上是心照不宣的同谋。因此,在19世纪的最后三分之一世纪,一个短暂的扩散性种族主义时代开始了。它为德国屠杀欧洲犹太人做了铺垫——此时屠杀尚非不可避免,由于一战后又增添了新的因素,才致使形势激化。

革命前和革命后的种族理论

对由种族思想和种族主义激发的行为这个庞大的概念群须另辟章节耐心剖析,在此无法论及。需要区分种族主义的不同变种,根据采用的手段它们大致可分为:

(1)形成次等人种的压迫性种族主义;

(2)形成限制区的隔离性种族主义;

(3)封闭民族国家边界的排斥性种族主义;

(4)消灭"种族敌人"的灭绝式种族主义。

对"种族"进行论证和叙述有各种不同的方式方法,此外还需要通过大量跨越国界的关联性事物来补充这一概念。正如1900年前后的几十年间"种族"成为最受西方知识分子青睐的

1217

范畴，以将国家和民族的关系依次归入宏观概念一样，国家种族歧视与少数民族种族歧视也相互应和，于是相信人种具有可培育性的持有种族思想的人首先结成了跨越国界的小团体。[77]

种族主义是一种传播甚广的民族中心主义（Ethnozentrismus）的极端形式。这种民族中心主义认为人类不同群体差异的最重要标志不在于可变的文化行为方式，而在于不可改变的生物遗传体质。种族主义产生于世界不同社会间的联系紧密起来的近代早期，不过，这样的种族主义直到进入 18 世纪后很久都绝不是欧洲人——包括航海者和殖民征服者——的主流世界观。在旅行见闻中读到的每句对非欧洲人群体的诋毁性言论，都会有尊重有加、充满赞赏的文字与之相对。旅行者更感兴趣的是其他民族的风土人情，而非这些民族的表型（Phänotyp）。尚未出现明确阐述的人种理论，但在跨大西洋奴隶贸易领域、美洲种植园和西半球以肤色划分等级的移民社会中出现了种族主义态度。第一篇详细使用种族主义语言、引据该时期人类学成果的奴隶制辩护词是出自种植园主爱德华·朗格（Edward Long）之手的《牙买加历史》（*The History of Jamaica*，1774）。种族主义不是奴隶制产生的根源，但在 18 世纪晚期，尤其是 19 世纪上半叶，越来越成为奴隶制的辩护词。[78] 在欧洲扩张时期的很多边界地区，直到进入 19 世纪后很长时间，移民和本地人之间的差异还被解释为很大程度上是文化差异而非遗传体质差异。奴隶制和种族归属间的关系不是固定的。历史上若干奴隶制度归根结底并非依据人种体质差异。古希腊罗马时期的奴隶制或从巴尔干地区和黑海周边地区补给人员的奥斯曼帝国奴隶军队，就是很好的例证。在北美和南美，有的奴隶的肤色甚至比他们的一些欧洲奴隶主和监工还要浅。[79]

1218

在 18 世纪的最后四分之一世纪，欧洲知识分子中间流行着将分类和比较作为科学的工作方法。有人提议将人类划分为不同"类型"（Typen）。比较解剖学和通过测量头盖骨来推断其主人智力水平的骨相学，给这些努力涂上了一种合乎时代标准的科学色彩。一些学者甚至故意背离基督教的创世说而认定多元发生说（Polygenesis），进而怀疑废奴主义所强调的白人和黑人之间的基本好感。划分人种直到 20 世纪中叶都一直是一些解剖学家和人类学家最喜欢做的事情。殖民官员试图通过这种方式在多人种杂处令人眼花缭乱的臣民中间理出秩序。如同骨相学一样，这种人种多样性在整个 19 世纪都是热点话题，并通过世界博览会和人种展览得到生动的展示。1800 年前创造出来的一些人种概念十分顽固："黄种人"，"黑人"（Neger）和"高加索人"，后者是哥廷根自然科学家约翰·弗里德里希·布卢门巴赫（Johann Friedrich Blumenbach）发明的术语，至今在美国还是"白人"的委婉说法。对人种进行分类导致了解不开的混乱，尤其是英美单词"种族"（race）也用于表示民族，如"西班牙民族"等。1888 年，仅在美国文献中种族（races）的词义数量就有 2 ~ 63 种。[80]启蒙运动晚期的分类学和对人种类型或人类亚种划分等级的最初尝试，至多会导致压迫性或剥削性种族主义，而绝不会导致灭绝式种族主义。1900 年前后以及后来的如此特殊的以种族肤色为樊篱（color bars）隔离生活领域的要求也未由此而具有合法性，并且事实上到约 19 世纪中叶在殖民地实践中所起的作用远不如后来。19 世纪的种族主义并非 18 世纪的种族主义持续发展而来的。

19 世纪的种族学是后革命的。基督教约束力的松懈，尤其是当时的等级制度不再被看作神的秩序或自然秩序的一部分，

1219

这是人种学产生的前提。种族学较少出现在最大的殖民帝国英国，在法国和美国则较多。英国的政治思想从来不是突出的平等思想，所以，人们所感受到的理论上的平等承诺和现实中的不平等之间的落差不像在发表了《独立宣言》（Declaration of Independence）和《人权宣言》（Déclaration des droits de l'homme et du citoyen）的国家那么强烈。1815 年后产生新的种族学成为可能。它有两个前提。首先，种族学提出了环境论，即环境条件会对人的体质包括表型变化持续地产生影响的观点。[81] 种族学中认为人种可以"改良"的观念此时一度沉寂，直到在该世纪的最后三分之一世纪化身为优生学生物技术卷土重来。人种改良计划（Rassenkonzept）自此后也与文明布道的主张相对立。其次，与启蒙运动晚期的自然科学家相比，新的种族理论家更追逐名望。"种族"被提升为历史哲学范畴，被标榜为理解历史和现实的万能钥匙，与其他的主导词如"阶级""国家""宗教"或"国民精神"分庭抗礼。

此类种族思想的突出标志——托克维尔认识到这是最早的标志之一——就是强烈的决定论倾向和由此而导致的对政治和形态历史学的边缘化倾向。[82] 直到 1815 年后，尤其是在发生了令保守者惊惧不安的 1848～1849 年革命后，产生了以人种为依据的普遍性理论，或者，从批判的角度来说，一些自成一体的荒唐的理论体系。在此主要有两位学者：苏格兰医生罗伯特·诺克斯（Robert Knox）以其演讲辑录《人类种族》（The Races of Men，1850）试图向其同时代人指出当时欧洲政治冲突发生的种族背景。[83] 诺克斯的巨大影响被法国戈平瑙伯爵（Arthur de Gobineau）的《人种不平等论》（Essai sur l'inégalité des races humaines，1853～1855）所超越。戈平瑙执

1220

着地相信种族混杂的危险。戈平瑙和诺克斯只是 19 世纪中叶后迅速高涨的欧美种族讨论中尤为引人注目的两位早期学者。自然科学家从未放弃过这个课题,尽管他们中最伟大的人物之一亚历山大·冯·洪堡始终毫不妥协地反对所有的种族理论。达尔文及其早期追随者对生物学和人类学的彻底变革后来使得讨论的参变量发生了变化。[84]

革命时期之后,在种族主义思想国际代言人中仅有少数德国学者和作者。并非迫于革命的或反革命的发展形势,而是为了在因 1789 ~ 1815 年的历史发展而改变了的欧洲确立民族自信,他们中的一些人继承了哲学家约翰·戈特利布·费希特(Johann Gottlieb Fichte)(《对德意志民族的演讲》[*Reden an die deutsche Nation*],1807 ~ 1808)的思想,寻求由于政治决议之故尚未确立的那个德意志民族的"民族"统一。受到对起源——比如罗马国家的发端——尤为感兴趣的新历史编纂学的启示,他们研究了关于德国人身上的"日耳曼特征"的推想和想象。[85] "日耳曼"是个后来有各种不同解释的含混不清的文化 - 血统混杂概念。浪漫的民族主义者用它来证明本民族不但比其东部(斯拉夫民族)、西部、南部的邻居优越,而且也比希腊罗马的古典文化优越。甚至在从来不是、也不会成为极端种族思想温床的英国,人们也不再满足于现今英国起源于中世纪诺曼底人结成的联盟和法律制度(古代宪法[ancient constitution]词条下的解释)的说法,而是在异教徒的盎格鲁 - 撒克逊人中寻找民族之根。在工业化逐渐蔓延的时代对自己"民族"纪元前的历史渊源进行探究和想象的不只是欧洲的"日耳曼民族"国家,比如也出现了像芬兰《英雄国》(*Kalevala*,终稿完成于 1849 年)这样的新"民族史诗"。这部史诗由医生和诗歌收集者艾里阿斯·隆洛特（Elias Loennrot）根据原诗整理而成。

所有欧洲国家（但不包括芬兰）都痴迷于本民族属于"印度日耳曼人"或"雅利安人"的理论，该理论起初多指相同的语言根基而非血统纽带，其成就在于阐明了"雅利安人"和"犹太人"截然对立的根据。这一自相矛盾的理论经由科学的崇高化后被反犹主义者利用，以将非"雅利安人"的犹太人排斥于欧洲文化共同体之外。不过雅利安人神话也引发了矛盾。比如在英国，人们绝对不会对与印度人有亲缘关系这样的前景感到高兴，至少在 1857 年印度民族大起义之后是这样，他们宁愿尽可能把印度看作"异族"。[86]并非所有的种族思想都是自相矛盾的（或者说"二律背反"）。有些人绞尽脑汁研究肤色深浅度和"混血"百分比，或者制作由高贵（在英国人中指好战气质和"男子气概"）到不高贵过渡的标度盘。[87]归根结底，种族主义就是关于差异的思想，不管是大的差异还是细微的差异。

占主导地位的种族主义及其反对者

于 1850 年开始的这一段时期可以说是种族主义占统治地位的时期。种族主义在西方世界及其殖民地的分布很不均衡，但它无处不在，而且是该时期最有影响力的世界观模式之一。它从非主流人士和少数派的偏好发展成为一个秩序模式，不仅影响了文化和政治精英的感知，借此在特殊情况下也能赢得正在兴起的大众选民的支持。蔑视"低等"种族，至多是以居高临下的恩赐态度对待他们，成为不言而喻的行为。这个时期人们可以肆无忌惮地公开发表种族主义言论而不会受到任何责罚，而这样的言论在 1820 年前后还是难以想象的，到 1960 年前后则会引发

丑闻。以种族为依据的世界观在瓦格纳（Richard Wagner）的
女婿，英国作家张伯伦（Houston Stewart Chamberlain）那里达
到了高峰。他的著作《19世纪之基础》（*Die Grundlagen des 19.
Jahrhunderts*，1899）出版不久即风靡全欧洲，对国家社会主义
的种族理论产生了巨大影响。[88]在奥地利的种族主义者圈子中，
人们追随戈平瑙，越来越频繁地大肆谈论种族和血统。国际政
治被解读为"种族斗争"，比如极有影响力的泛德意志联盟
（Alldeutscher Verband）就解释说，"日耳曼文化"和"斯拉夫
文化"间的冲突是注定要发生的。而亚洲，廉价华人劳工和日
本行军队伍的"黄祸"似乎正滚滚而来。[89]

1222

也有不属于大卫·布莱恩·戴维斯（David Brion Davis）所
谓"西方文化中的官方种族歧视"之列的例子。[90]在因1865年
的牙买加莫兰特贝丑闻（Morant-Bay-Skandal）所采取的紧急干
预行动中，约翰·穆勒（John Stuart Mill）就反对他的作家同行
托马斯·卡莱尔（Thomas Carlyle）的种族主义论调。[91]也有人
质疑现代文明源于日耳曼人或"雅利安人"的观点。有影响力
的非洲裔美国知识分子杜波依斯和美国民族学及文化人类学的
创始人之一、出生在德国的弗朗兹·博厄斯，对戴着科学面具
的种族主义进行了长达10年的反抗。[92]鲁道夫·菲尔绍
（Rudolf Virchow）以伟大的自然科学家的权威驳斥种族主义。
社会学作为新兴学科与其创立者涂尔干、马克斯·韦伯、格奥
尔格·齐美尔（Georg Simmel）和维弗雷多·帕累托（Vilfredo
Pareto）从一开始就通过声明不接受生物学和遗传学因素，而与
时代主流针锋相对。在这些先锋学科中也有以种族主义为依据的
社会学，比如奥地利人路德维希·贡普洛维奇（Ludwig
Gumplowicz）的学说；但这类社会学却走进了科学史的死胡同。

一战后种族划分享有的科学声望开始走向衰落，至少在英国和美国是如此。[93]

国家，外国人政策和种族主义

自 1860 年以来，种族主义占统治地位的另一个标志是它的国家化（Verstaatlichung）。以往的种族主义具有个人化特点。自 1860 年以来占主导地位的种族主义则有着欲成为种族秩序的内在趋势。对此需要国家的支持，换言之：种族主义者必须攫取国家政权。这种情况仅出现在北美洲的南部、国家社会主义统治的地区（法西斯意大利和 1931～1945 年的日本均有类似的趋势，但还不具备典型的种族主义国家［Rassestaat］的特征）以及前移民垦殖殖民地南非。欧洲的殖民地也不属于把官方种族主义上升为思想和实践纲领的明显的种族主义国家。通行的规则是，大多数是纳税人的殖民地臣民，虽然比白人低贱，但也须得到体面（decently）的对待。

19 世纪最后三分之一世纪出现了一个新的现象，即民族国家政府及帝国政府把推行其领土内文化的均一性和种族的"纯洁性"视为己任，后者程度略轻。推行措施五花八门，执行力度不一。在 19 世纪的前两个三分之一世纪的欧洲，下层民众出境的自由度大大提高，很多地方已取消随身携带护照义务。[94]到该世纪末，趋势发生了逆转：实行了随身携带护照和护照检查制度，民族国家沿边界竖起了高度不一的纸墙（文件关卡）。英国仍是一个自由的特例。联合王国的公民在世界大战前没有身份证。他们离开自己的国家无须护照或当局批准，他们可以随意兑换外币。反过来，外国人也可以自由进入英国国境并在该国生活而无须在警察局登记。在大英帝国的殖民地之间出入也

1223

同样不需要任何护照手续。在欧洲大陆，到世纪末，本国国民和外国人之间逐渐出现了一条更严格的界限。入境、居留、国籍和入籍成为法律规定和行政管理事务。这大多并非种族主义膨胀的表现，而是整个欧洲随着移民潮的加剧政府活动普遍扩展的结果。[95]出于民族国家内部巩固的需要，必须更坚决地提出"国民"成员的资格问题。19世纪70年代末在欧洲大陆重新实行保护关税显示了政府是如何做到在另外一个领域跨越本国国界控制移民潮。具体到个人，产生的问题则是，谁不属于"不受欢迎"的人，以及在入籍资格评估系统中什么人该属于哪个等级。

1224

19世纪末，在欧洲的许多地方，当地人对外国人不信任甚至怀有敌意的意愿增强。尽管如此，民族国家并没有对外国移民紧锁国门，按种族政策标准判定国民资格没有占上风。不独在人们一如既往可自由迁徙的英国是如此，爱国主义情绪高涨的第三共和国时代的法国对外来移民也甚少设置障碍。不过法国本地人口增长极缓造成了一种人口危机氛围。自19世纪中叶起"客籍工人"一波波涌入，他们逐渐成为具有高度同化意愿的外国人团体。仇视外国人的运动从未能够对国家立法产生重要影响。法国十分相信其语言、教育和军队的融合能力。[96]在德意志帝国，政治右派更强劲地鼓吹种族化的民族概念，在一战前由于波兰和犹太移民的涌入而引起恐慌，但在移民政策方面民族国家并没有成为"种族主义国家"（Rassestaat）。1913年的国籍改革中，采纳生物遗传学种族观念在帝国议会没有获得多数票支持。将种族主义的殖民管理实践，如阻止"异族婚姻"①化为帝国法律的行动也宣告失败。[97]

---

① 在此指雅利安人和犹太人的婚姻。

防御性种族主义

在北美和大洋洲的民主移民社会——而不是在欧洲——产生了政治上具备赢得多数支持潜力的防御性种族主义。[98] 它主要针对亚洲人。华人通过各种渠道来到美国：到加利福尼亚淘金，修铁路；在夏威夷种植园做苦力。他们中有很多人后来拥入城市，当厨师或洗衣工，结成相互依存的团体。如果说一开始他们作为出卖苦力的劳动者受到欢迎的话，后来越来越多的美国白人开始排斥他们，要求终止来自中国的入境移民。华人越来越频繁地被攻击为是"半开化"的人，无法适应美国环境。所用语言在很多方面与攻击解放后的非洲裔美国人很相似。工会领导人害怕华人的工资倾销。对华人妓女的愤怒成为压制华人妇女移入、由此而抑制华人人口在美国增长的借口。尤其在加利福尼亚发生了大屠杀般的针对华人的侵犯行为，死伤者众。1882 年，禁止外来移民的拥护者终于在联邦层面获得了成功。国会通过了排华法案，10 年内几乎完全禁止华人入境。这是众多类似措施的开端，它们一直延续至 1943 年排华法案被废止。[99] 不是通过苦力贩运，而是通过政府的移民输出项目来到美国的日本人遭到了更激烈的攻击。他们比华人进入经济领域早，与美国白人直接竞争，因此招致更为严重的排斥。

与亚洲移民的主要聚居地美国西部类似，自 19 世纪 80 年代起亚洲移民在澳大利亚也成为工会动员的由头和竞选话题。对外来影响的惧怕情绪歇斯底里般爆发，以致对亚洲人即将入侵、大敌当前的想象成为图书市场上的一个专门的文学门类。[100] 已经居住在该国的亚洲人的境遇比在美国的亚洲人好些，他们享有一定程度的政府保护，保有大部分公民权。但是，白澳政策（White Australia-Politik）比美国的类似政策得到了更多的官方支持。从 19 世纪 60 年代至 20 世纪 60 年代整整一个世纪，澳大利亚殖民地和后来的联邦政府一直推行阻止非白人大规模移入的政策，其理性的核心是要阻止非白人社会下层的产生。但这些理由越来越具有强烈的种族主义色彩，自 1901 年起，入境移民变得极为困难。[101] 1910 年，加拿大转向白加政策（White Canada-Politik）。巴拉圭早在 1903 年就颁布了严格的移民法，南非的殖民地纳塔尔省（Natal）1897 年为保护非洲人利益试图禁止印度人进入。

这一太平洋排外主义，在美国集中于西部沿海，是除美国南部和一些殖民地区的种族歧视外，全世界种族主义在世纪之交具体化的最赤裸裸的一种形式。支撑它的是白人优越论，必须保护其宝贵财产不受蜂拥而至的外来者的侵犯。在美国，自 19 世纪 80 年代起，第一代移民中占多数的英国、爱尔兰和德国移民受到来自东欧和南欧的新移民的挑战。老资格的国民用怀疑的眼光看待他们，这使美国的情况更加复杂。这是在按肤色深浅和文化程度划分等级这个话题上争论不休的原因。[102] 当时在美国的自我意识中首次出现一个至今仍然显而易见的矛盾：由于其全面优势，合众国把自己看作世界各民族的救星，同时又十分惧怕被这些民族传染上毛病，被他们毁了。[103]

非西方种族主义：中国

当然，按照那个时代的看法，任何一个独立自主的民族国家都有权确定什么人可以居住在其疆域之内。在中国有成千上万的人走上街头抗议美国严苛的排华法案，原因也在于中国自己无法以其人之道还治其人之身。1860 年中国被迫允许外国人在中国自由出入。因此，在中国虽然有若干理由对外国人有所保留，但没有防御性种族主义的基础，缺少一个先前被征服为奴的少数民族。曾有少量犹太人历经几个世纪成为充分融入当地的皇帝的子民。中国没有出现本可能诞生反犹太主义的反犹太教现象。尽管如此，关于"种族"的讨论在中国并不鲜见。[104] 在此，可以中国为例来说明 19 世纪的种族主义并不局限于西方。今天，在弥漫着后殖民时代负罪感的世界形势下，被视为西方白人意识上的特殊缺陷的种族偏见，也完全能够在非西方文明中找到。这种种族偏见没有在中国传统中充分发育起来，愈加使之成为关于 19 世纪的一个令人感兴趣的现象。

帝制时期的中国熟悉各种"蛮夷"的刻板形象，而且也注意到在帝国边境遇到的各类异族人的体貌特征。但蛮夷一律被看作非个体原因所致的文化欠缺之人，是可教化的。传统中国思想不认为文化相异必然种族相异。到 19 世纪末，由于与西方的接触，情况发生了变化。相对于中国人几千年来与之为邻的亚洲邻国国民，欧美人更奇异的体貌特征和文化以及他们极富攻击性的举止，导致旧有的"蛮夷"印象之外又增加了同样古老的民间宗教的妖魔化因素。比如，中国有"洋鬼子"或"红毛番"的叫法。这样一种贬义的对人种的定型也间接套用在了非洲人身上，尽管几乎没有哪个中国人有机会遇上非洲来客。不过令人欣慰的是，即使在殖民统治者看来，在欧洲帝国主义的受害者中也还有居于中国人之下者。

19 世纪末西方的种族学在中国为人所熟知是产生中国式种族主义的一个前提，另一个前提是 1895 年甲午战争惨败导致中国中心论世界观的彻底破灭。在给中国在世界上的位置寻找一个新解释的过程中，知识分子中的意见领袖发现种族斗争这个主意不错，于是满怀热情地制定了人种等级表，一如一百多年来的欧洲那样。非洲人无疑处在人种等级表的最下端，对他们，中国人与"白人"一样有着最严重的成见。有人呼吁，通过移民、改变营养、人种混杂和绝育消除他们的体貌特征。"黄种人"（这是直到1915年前后中日暂时的和睦关系结束时的笼统叫法）不会永远居于白人之下。白种人和黄种人其实已卷入争夺世界统治地位的斗争。这些观点在欧洲处于政治光谱的右下端，而在中国则是世纪之交的改革者们所特有的观点。政治自由化和社会现代化旨在提升中国进行种族斗争的实力。至于人们就此欲推翻的清朝是由非汉族的满族人统治的，在对清朝的早期批评中并不是最重要的。不过透过种族理论的有色眼镜看，满族人似乎确实是劣等异族，对他们使用任何手段都不过分。知识分子的这些威胁性言论于1911年辛亥革命中在中国一些地方化为了屠杀行动，遭杀戮的不仅是战败的八旗兵，也包括他们的家人；不过这些行动不是全国性的，而且也不是革命党人战略的一部分。[105]

另一个民族塑造的方法是把黄帝这个古老的先祖形象从一个神话式的文化英雄重新诠释为"中华民族"的血缘上的祖先，但这种塑造在中国从未像天皇血统传承在日本那么重要——明治时期以来天皇血统成为天皇崇拜最重要的根据之一。从中国这个案例可以看出，无法轻易将欧洲人中间产生的种族思想强加于自身未产生类似观念的其他社会，种族思想本身也不会兀自向这些地方扩散。它需要欧洲以外地区的一些特殊群体——多半为知识分子小圈子——熟悉这样的思想，对其进行研究并为达到自己的目的重新进行阐明。当用普遍性的（自然）科学术语来阐释，使其带上客观的不容辩驳的色彩时，种族言论才大肆兴起。而这样的种族言论泛滥又以世纪之交独特的舆论氛围为前提，当时甚至连美国黑人民权主义者和（典型的）泛非主义者都自然而然按"种族"的不同类型来思考问题，其政治方案就是依据"黑人种族"（negro race）——当时的叫法——所具有的同一性。

1229

四　反犹主义

犹太人的解放

近代早期欧洲社会中典型的异类是犹太人。可用不同方式讲述和阐释他们19世纪的历史，并需要按时间地点加以区分。一个可能的角度是文明化和排异。19世纪是犹太宗教团体取得史无前例成功的一个时期。在约1770～1870年，西欧犹太团体的生存方式发生了深刻变化，这种变化甚于欧洲居民中所有其他人口规模可与之相比的群体的变化——是"整个社会生活本质"的改变。简言之，是一次社会变革。[106] 该时期，由摩西·门德尔松（Moses Mendelssohn）和几位比他年轻的同时代人一道在18世纪70年代开启的犹太民族内部的启蒙改革运动，彻底改变了犹太团体内部的交际方式、与非犹太世界的文化关系，以及对欧洲社会变化的态度。这一被一些核心人物认为是自我文明化的犹太人自我改革，意味着在保持犹太身份本质的同时尽量去适应外部环境。

因此，改革导致了犹太人的解放，即犹太人的法律地位得到了改善，甚至还获得了平等的权利，因为西欧诸国政府中的自由开明力量支持犹太人这种自觉自愿的追求。尤其在德国和法国，犹太人的解放被视为由政府引导的犹太人"文明化"和融合的进程。通过内外力的交互作用，越来越多的犹太教徒获得了使他们从正处在现代化进程中的欧洲新增的经济机会中受益的身份。[107]在沙皇俄国以西的所有欧洲地区，迄今为止犹太人一直居住在内的犹太人区的围墙纷纷被推倒。犹太人可在经济领域和自由职业领域就业，但通往国家公职之路还十分艰难。正在兴起的欧洲资产阶级中有一小部分活跃的成功人士是犹太教徒。犹太人本杰明·迪斯雷利（Benjamin Disraeli）当上了世界领先强国的首相，可以自称是第一世比肯斯菲尔德伯爵（Earl of Beaconsfield）。一些犹太出身的男性，其中有些接受过基督教洗礼，在欧洲大陆文化界取得了举足轻重的地位：费利克斯·门德尔松·巴托尔迪（Felix Mendelssohn-Bartholody）是享誉欧洲的作曲家和乐队指挥；贾科莫·梅耶贝尔（Giacomo Meyerbeer）在罗西尼沉寂后和威尔第崛起前的这段时间是欧洲歌剧舞台上的霸主；雅克·奥芬巴赫（Jacques Offenbach）创造了讽刺类型的轻歌剧艺术形式并迅速把这一形式推向了顶峰。

1230

一种由来已久且主要根植于宗教的仇恨不会一夜间消失，就连著名艺术家也会遭到憎恶和排斥。农村的贫困犹太人是最易受到伤害的群体。反犹事件仍然屡见不鲜。不过在 19 世纪的第一个三分之一世纪后，在一些地方，如德国，反犹事件减少了。西欧的犹太人在 19 世纪中叶的几十年里感到前所未有的安全。他们现在不像近代早期的"宫廷犹太人"那样受情绪变化无常的贵族的保护，而是受到法律的保护。

反犹主义的兴起

在约 1870 年后，几乎在整个欧洲反犹言论又开始甚嚣尘上。反犹主义者开始转向对犹太人发起攻击。[108]尤其在法国和德国，人们不仅没有完全放弃犹太人传统的宗教形象，而且又增添了一些世俗理性主义的论据。对犹太人作为混乱的现代社会的罪魁祸首和受益者的指控上升为阴谋论。除了指责他们道德低下外，民族主义者还指责他们不忠诚。在新兴的生物遗传决定论影响下，犹太人越来越被虚构成一个奇特的"种族"（race）。抱持这种想法并付诸文字者言外之意是说，犹太人的同化只是在做表面文章，个别犹太人皈依基督教没有意义，犹太人禀性难移。不过，在一战前的欧洲，在若干反犹主义的表现中种族主义并非主流。

1231　　反犹没有只停留在知识分子们撰写的书和制作的小册子上——这些书中包括理查德·瓦格纳（Richard Wagner）的作品《音乐中的犹太教》（*Das Judentum in der Musik*，写于 1850年，蜚声遐迩的是 1869 年的新版）——出现了反犹联盟和党派。尤其在乡村地区，自古就有的对犹太人的血祭诽谤指控几十年来本已沉寂下去，如今又开始抬头。在法国、英国、意大利和德国，犹太人尚无须担心自己的生命和财产安全。较典型的是日常生活中遭遇的排斥和侮辱，比如在一些有"无犹太人场所"标示的德国疗养地就会有此类事情发生。但反犹主义也遭到了社会和政治力量的对抗。在英国和意大利，反犹主义没有多大发展，且不具备"社会动员能力"。在法国和德国它也绝没有持续地发展壮大。在德国，反犹主义在 19 世纪 70 年代末比 10 年后有更强烈的蔓延趋势。在世纪之交的法国，受德雷福斯（Dreyfus）事件影响反犹主义严重受挫，当时，左派与中产阶级中间派联合抵抗具有反犹动机的军事阴谋并取得了胜利。[109]

效尤德国，不过主要还是源于当地的状况，匈牙利和奥地利的反犹煽动活动也趋于增多。在拥有大部分欧洲犹太人口的沙皇俄国的波兰地区，反犹主义的表现比其他地方更暴力。此地出现了一种尤为矛盾的状况。一方面，犹太人内部改革运动并未触及大部分的东欧犹太人——奥地利的加利西亚（Galizien）① 除外，他们也未得到有解放犹太人意愿的政府的帮助。沙皇甚至实施了一种几近种族隔离的歧视政策，东欧犹太人的经济状况十分悲惨。另一方面，在沙皇俄国又有少数非常成功的犹太企业家，俗称"大财阀"。犹太人在正在兴起的革命团体中起了十分突出的作用。这使东欧成了暴戾反犹主义的温床，其在很大程度上是一种有社会根源、反现代主义的且并非完全基于血统种族主义的反犹太主义。在若干屠杀行动中，尤其在 1881～1884 年和 1903～1906 年，无数犹太人被杀害（仅1905 年——最惨烈的年份，就有 3000 余人被杀），或遭到伤害和抢劫。这些行为大部分发生在城市，是"突发"事件，当局大多隐瞒了这些事件，或至少是未予以制裁。这引发了犹太人大规模仓促外逃，也导致产生了在巴勒斯坦建立一个（东欧）犹太人自己的家园，即犹太复国主义的思考。这些思考由奥地利记者西奥多·赫茨尔（Theordor Herzl）形成初稿（《犹太国》[Der Judenstaat]，1896），不过他当初产生撰写此书的想法是由于受到德雷福斯事件及法国反犹行动的刺激。

1232

19 世纪末的沙皇俄国西部对于犹太人来说是世界上最凶险的地区。沙俄的反犹主义不只是德国或奥地利反犹主义的翻版，而是有着自己独立的意识形态。1902～1903 年出现了一份可疑的文

---

① 旧地区名，在今波兰东南部。

件——《锡安长老会纪要》(Protokolle der Weisen von Zion),描绘了犹太人控制世界的意图。该文件后被证实是伪造的,但极度妄想的俄国反犹主义炮制的该产品在全世界迅速传播,尤其是在一战后。[110]为它所感动并助其传播的读者有阿道夫·希特勒和美国汽车制造商亨利·福特(Henry Ford)。福特远不是美国唯一的反犹主义者,在美国,19世纪的最后25年里,对犹太人的社会歧视很普遍,针对犹太人的暴力侵犯时有发生。[111]

对于反犹主义在欧洲各地同时兴起但地区分布并不均衡的现象,无法简单地做出解释。若1910年有人大胆预测,30年后欧洲哪些地区会发生针对犹太人的大规模犯罪行为,他可能会说是俄国、罗马尼亚甚至是法国,德国大概会排在较后面的位置。[112]各色反犹主义带有不同的国家特色。仇恨犹太人的言论首先在各国社会出现,鉴于各自特殊的经济、社会和政治状况而引起不同的反响。在此之上有一个超国家的联系层面。较早的种族概念就是在当时具有国际社会功能的层面上发育的。个人出国旅行或在流亡中所获得的有关种族关系(race relations)的经验也可用于其他的相关情景。从事科学研究的优生学家和"人种优化论者"也在国际范围内组织起来。反犹主义自然只是一个"跨国程度"有限的运动,有些地方甚至只是局部现象。例如1900年前后,在自1879以来反犹主义者卡尔·吕格尔(Karl Lueger)担任市长的维也纳,反犹主义就占据着重要地位,而在奥地利其他城市则未必如此。

特殊状况:欧洲大陆

反犹主义出现在有犹太人的地方,但反过来,犹太人的存在并不自然而然导致排犹反应。比如在奥斯曼帝国晚期,穆斯林中间没有产生与欧洲类似的反犹主义。在整个东方伊斯兰地区，犹太人未遭遇与根植于宗教的强烈的欧洲反犹太教现象类似的对待。直到一战发生，犹太人一直受到奥斯曼帝国政府的保护，而后者也视犹太人为其重要的支撑力量。对于犹太人而言，危险的是基督教反犹主义。在19世纪每当奥斯曼统治被压制，基督教反犹主义就总是明显抬头：比如在塞尔维亚、希腊、保加利亚或罗马尼亚等地区。针对犹太人和穆斯林的暴力侵害在这些地方逐步升级且几乎相伴发生。在新兴的巴尔干国家，犹太人受到其基督教邻人、当局和教会的迫害；其中以希腊东正教会的迫害最为突出。犹太人大多在奥斯曼基督教界的金融和远途贸易网中进行经营。如果有些地区从这些商业网中退出，重新建立一个闭关锁国的农业国，那么就会危及这些地区犹太居民的生存。大量犹太人纷纷离开巴尔干地区，移居法国、巴勒斯坦和美国，或在苏丹统治的地区寻求庇护之所。[113]后奥斯曼时期犹太人在巴尔干地区的悲惨遭遇引起了国际社会的关注。在1878年柏林会议上，欧洲大国迫使巴尔干国家签署了对占人口少数的非基督徒的保护条款。由于没有一个欧洲大国愿意着力保护那些远方国家犹太人的利益，此举也不过是空头威胁而已，不过至少是创造了保护少数族群的新国际法工具，使得以人权名义限制国家的自主权成为可能。[114]

以1870~1945年的反犹形式呈现的反犹主义是欧洲大陆的特殊发展产物。1900年前后，全世界1600万犹太人中有4/5生活在欧陆地区。[115]英国的犹太人数量不多，至少在东欧犹太难民到来前是这样（1860年前后英国有约6万犹太人，而在德意志各邦国有50万）。在英国，坚持不以基督徒的真正信仰起誓的犹太教信徒自1846年起可以享有完整公民权，比解放犹太人

1234

的先锋国家法国迟了几十年。1858 年，英国犹太人终于获得进入议会的权利，晚于法国，早于德国。德国直到 1871 年帝国建立才实现了犹太人在法律上的全面解放。当然英国从不曾有过欧洲大陆意义上的"犹太人问题"。近代早期的英国法没有"专门针对犹太人的律条"，不因他们是非我族类而歧视他们，不强迫他们在隔离区居住，对他们基本上只有一些限制规则，这些限制与对不信国教者（天主教徒、新教非国教徒）的限制类似。19 世纪初，犹太人是英国公民，尽管享有的部分权利为有限权利。因此在英国，犹太人的解放不像在德国那样，是政府引导一个独特的少数族群融入市民社会的漫长进程，而是中央政府层面上的立宪行动，是天主教徒获得法律平权地位过程的重现。[116] 在这样的前提下，不同于德国和法国，英伦岛上 1914 年前没有出现明显的及有组织的反犹主义，原则上英国在海外的移民垦殖地区和殖民地情况亦如此。基于未发生宣导和实施反犹暴行这一事实，某些仇视犹太人的社会现象几乎不足为道。若比较之下认定英国人主导的社会中反犹主义程度较轻这个事实的话，并不算犯了轻描淡写的错误。

　　反犹主义是否对远方的国家和地区产生了影响？在对欧洲的愚蠢亦学而效之的日本，出现了不以犹太人肉身存在为前提的模仿式反犹主义。1924 年译介到日本的《锡安长老会纪要》更是强化了已有的对（犹太）阴谋论的恐惧，助长了少数日本人长期以来所抱持的仇外民族主义。在该国，犹太人似乎是据称否认日本生存权的某些西方国家的同谋。[117] 中国的反应恰恰相反。在中国，直到 1904 年莎士比亚的《威尼斯商人》（*Merchant of Venice*）译本的出现，欧洲犹太人这个类型才为人所熟知，不过人们对他们抱以同情，认为他们是受害者，与全世界被压迫者休戚相关。中国不存在那种日本式的虚幻的反犹主义。

反犹主义和种族歧视制度

若把 1870 年以来的欧洲反犹主义解释为种族学的具体实践则过于肤浅。犹太人早就在一些早期的种族理论家视野中了，比如罗伯特·诺克斯就把犹太人描述为没有文化创造力的寄生者。[118]其他的种族理论创立者，如戈平瑙，不接受别人称其为反犹主义者。血统种族主义的基本理念应用于美国黑人远早于德国或法国的犹太人。[119]一战前对反犹主义的论证大多并非基于种族主义。倘若有，也只是种族学形式的一种延续。[120]想必是潜在的社会危机被触发，加之在民主化和寻找民族身份认同的过程当中发生了政治扭曲，才形成了反犹主义的社会基础。[121]

漫长的 19 世纪的反犹主义没有演变为种族歧视制度。相反，取缔了犹太人隔离居住的种族隔离政策，也没有出现新的制度化的种族隔离。欧洲的犹太人头上不再悬着时刻被驱逐的达摩克利斯之剑，至少在沙皇俄国以外的地区是如此。1791 年宣布、通过 1804 年的犹太人安置计划得到强化的将犹太人集中在波罗的海和黑海之间的 "安置区" ——一个极大规模的安置区——居住的规定是该时期最重要的对犹太人人口流动的限制规定。[122]在沙皇俄国，犹太人和其他非东正教群体一样，不享有平等的公民权。有些歧视性特殊规定继续存在，有些则于 1856 年后在亚历山大二世治下的改革时期被放宽或被取消。在这位改革沙皇于 1881 年被刺杀后，犹太人的法律地位重又恶化。在 1917 年革命前，他们未获得法国或德国意义上的公民解

放。1880 年前后的罗马尼亚是除俄国外唯一一个——尽管 1878
年的柏林会议施加了国际压力——犹太人仍然以次等公民身份
在特殊法律状况下生活的欧洲国家。[123] 世纪中叶后最后一批大
型的犹太隔离区被取缔：布拉格于 1852 年，罗马于 1870 年。

波兰以西欧洲地区的反犹主义恰如南北战争后美国南部发
生的对黑人的侵犯一样，是一种解放后现象。此时正逢"本
族"与"异族"，多数派民族与四处迁徙的少数族裔或遍布世
界的少数群体间有了更严格的界限划分。1900 年前后，对于所
有这些酝酿中和正在发生着的形形色色的排外事件，均可找到
对应的种族主义的自我辩护词。这种排外主义绝不必然导致帝
国（扩张）的结论。按照极端种族主义逻辑（罗伯特·诺克斯
就持这一观点），帝国统治应避免与异族发生不必要的密切接
触。在 1941 年后德国在东欧发动的屠戮战争之前，帝国主义及
殖民主义历史上都没有出现过以对异族人民进行种族侵害甚或种
族谋杀为目的的统治。殖民主义总是按照自己的计划有这样那样
的建设性特色。19 世纪殖民扩张的一个强烈动机是传播文明，而
不是种族主义。反之，恰恰是极端的种族主义者建议将美国黑人
送回非洲，后又建议将欧洲犹太人运往马达加斯加。早在 1848
年，吞并更多墨西哥地区的计划因担心受过多异族影响而流产，
直到 19 世纪 90 年代晚期，白人至上（white supremacy）思想抑
制了而不是促动了美国可能的领土扩张，因为其时的原则是要尽
量减少与"低等种族"的扩散性接触。[124] 即使殖民历史上罕见的
对菲律宾人的早期独立承诺背后也不只是仁慈和善意，其背景是
这一主张的拥护者希望美国尽快摆脱它的"异族"殖民地。[125]

两种大打折扣的解放运动

且让我们与乔治·M. 弗雷德里克森（George M. Fredrickson）

一道就北美和中欧的两种解放运动继续做一番比较。[126]废除奴隶制和将大部分欧洲犹太人从被隔离被压迫的生存状况下解放出来需要外援：此处需要废奴主义者的帮助，彼处需要上层政府机构开明代表的支持。两者的共同之处在于，他们都把改革看作文明传播使命：要"提升"美国黑人的地位，"提高"犹太人的文化水平，要在保持适当距离的前提下让他们适应主流社会。在美国，直到南北战争的结束才创造了条件，使该计划在"彻底重建"政策的庇护下得以实现；而使犹太少数民族融入（欧洲）社会的条件要有利得多。在传统的反犹情绪减弱和现代反犹主义兴起的空当，对犹太人的意识形态排斥相对较弱，欧洲犹太人与美国所有黑人，包括北方的"自由"黑人遭遇的种族主义不可同日而语。这种种族主义在 1877 年（南部）重建（Reconstruction）结束后加剧，几乎就在德法两国的反犹论调和沙皇俄国的反犹屠杀双管齐下的同一年。在大西洋两岸，1873 年后的世界经济危机和自由派势力的衰落在各国内政上，尤其是在美国、德国（俾斯麦与自由派决裂后）和沙皇俄国的内政上均有明显的不利体现。由此，犹太人和黑人都失去了重要同盟。

与美国黑人相比，欧洲民族国家的少数族裔犹太人处在更易受到伤害的境况中，尽管很多犹太人通过自己的拼搏已跃居经济和教育中产阶层并身居要职。另外，恰恰是这样的成就比几乎所有美国黑人在社会等级中卑微低下的地位更容易引起多数人口群体的嫉恨。在白人至上主义者（white suprematists）看来，只需通过剥夺其权利和对其进行恐吓来限制"黑鬼们"（the negros），而不必主动控制他们。越严格地将异族间性关系列为禁忌并追究刑事责任，就越容易确定美国黑人的群体归属。如此坚守"白色人种（雅利安）""纯洁性"的做法推迟

1237

几十年后被引进欧洲反犹主义中。由于无法从外表识别犹太人，需要"种族生物学"（Rassenbiologie）耗费大量精力进行伪科学思考，而在美国，经过时间检验的基于肤色的日常标准就已足够。毕竟对白人而言，美国黑人与非洲殖民地的零星接触并没有太大的威胁性，以致让人担心会危及国家利益，而犹太人团体在国际上的各种各样的联系却会激发种族民族主义对犹太人资本和犹太人世界革命阴谋的想象。在德国，一如在美国，占人口多数的群体会反感那些与本民族性格相违背的类型。如果说美国黑人在一个狂热的现代社会中不够现代的话，那么，犹太人在德国中等阶层眼中则过于现代。[127]当世纪之交越来越多贫困的、有着东方前现代外貌特征的"正统犹太教徒"从东欧拥入时，两种对犹太人的刻板印象相遇了。

被亚伯拉罕·林肯解放后不足十年，美国黑人在南部的境遇就骤然恶化，而德意志帝国总体上保证了德国犹太人的人身安全并赋予他们较好的发展机会。欧洲犹太人历史新时期的不详开端是在一战结束后。在俄国和乌克兰内战期间主要是反革命军队和民兵于1919~1920年对犹太人的大规模屠杀，犹太人常被不分青红皂白一概认定为同情布尔什维克。这些罪行不单纯是众所周知的一波又一波屠杀犹太人浪潮的蔓延，它们在受害者人数和屠杀的暴虐程度上也远远超过1914年前的屠杀。由兽性大发的残暴士兵对整个犹太人群体实施毁灭性暴行在19世纪是十分罕见的特例。[128]20世纪20年代，当美国黑人的境遇逐渐开始好转时，在德国和东中欧部分地区，尤其是在罗马尼亚，一种意在灭绝犹太人的反犹主义正在酝酿，此前它还只是未得到政府统治工具支持的零散的言论威胁。在1914年前的反犹主义和1933年后国家社会主义的犹太人政策之间，并不存在直接的因果关系。[129]

注释

［1］ 下文参考书目：B. Barth/Osterhammel, *Zivilisierungsmissionen*（2005）; Mazlish, *Civilization*（2004）; 关于南亚内容参见 Fischer-Tiné/ Mann, *Colonialism*（2004）。精彩概述参见 Costa, *Civitas*, 卷 3 （2001），第 457～499 页。

［2］ Pagden, *Lords*（1995），第 79 页及下页。

［3］ Adas, *Contested Hegemony*（2004）。

［4］ 相关内容德国版著述，有精彩评论：Sarmiento, *Barbarei und Zivilisation*（2007）。有关阿根廷及其他地区野蛮/文明对立的主要观点参见：Brading, *First America*（1991），第 621～647 页，及 Manrique, *De la conquista a la globalización*（2006），第 147～ 166 页。

［5］ Nani, *Ai confini della nazione*（2006），第 97 页及下页；Moe, *View from Vesuvius*（2002）。

［6］ Seidl, *Bayern in Griechenland*（1981）.

［7］ Broers, *Napoleonic Empire*（2005），第 245 页及下页，及其他段落。

［8］ R. Owen, *Lord Cromer*（2004），特别是第 304 页及下页。

［9］ 有关功利主义者在印度所起作用的经典著述：Stokes, *English Utilitarians*（1959）。

［10］ J. Fisch, *Tödliche Rituale*（1998），第 365 页及下页（数字见第 236 页及下页）。在非殖民地尼泊尔寡妇焚身殉夫直到 1920 年都是合法的！

［11］ 关于殖民的"国家模式"与传教士实行的"文明殖民主义"的类型学区分对比阅读参阅 Comaroff/Comaroff, *Ethnography* （1992），第 198～205 页。

［12］ 以 1865 年的牙买加事件为例：Kostal, *Jurisprudence of Power*

（2005），第 463 页及其他段落。

［13］ Gong, *Standard of "Civilization"* (1984).

［14］ Koskenniemi, *Gentle Civilizer* (2002)，第 49、73 页。

［15］ 权威著述：Betts, *Assimilation* (1970)。

［16］ Ferro, *Le livre noir* (2003) 是有关于殖民罪行的可靠记述。有关德国在西南非洲采取的行动不久前引起了很多关注。

［17］ Brantlinger, *Dark Vanishings* (2003)，第 94 页及下页。

［18］ Rivet, *Le Maroc* (1999)，第 36～77 页。

［19］ M. C. Meyer/Sherman, *Course of Mexican History* (1991⁴)，第 457 页。

［20］ Bullard, *Exile* (2000)，第 17 页，第 121 页及下页。

［21］ 亦可参见本书"结束语"（第 1281～1284 页）。

［22］ 概念见 Stephanson, *Manifest Destiny* (1998)，第 80 页，有关美国文明化观念的很好的引入性著述。

［23］ Manela, *Wilsonian Moment* (2007).

［24］ 显然是 1930 年说的话，具体出处难以考证。

［25］ Clarence-Smith, *Islam* (2006)，第 146 页。

［26］ Palais, *Korean Uniqueness* (1995)，第 418 页。

［27］ Thanet Aphornsuvan, "Slavery and Modernity: Freedom in the Making of Modern Siam"，发表于 Kelly/Reid, *Asian Freedoms* (1998)，第161～186 页，特别是第 177 页。

［28］ Sanneh, *Abolitionists Abroad* (1999).

［29］ 这种国际主义的具体描述：Temperley, *British Antislavery* (1972)。

［30］ Gott, *Cuba* (2004)，第 45 页及下页。

［31］ 有关该题目的基础著作：Green, *British Slave Emancipation* (1976)。

［32］ D. B. Davis, *Inhuman Bondage*，第 79 页。

［33］ 有浓重传记色彩的突出事件的历史描述：Hochschild, *Bury the Chains* (2005)；有关英国废奴主义者思想世界的内容深刻的著作：D. B. Davis, *Slavery and Human Progress* (1984)，第 107～

168 页；关于该思想的"自私自利"：C. L. Brown, *Moral Capital* (2006)，全面描述该运动文化的著作：Turley, *English Anti-Slavery* (1991)。

[34] Coleridge, "1808"，引文见 C. L. Brown, *Moral Capital* (2006)，第 8 页。

[35] 持该观点的一位特别有影响力的有若干著述的代表人物：Seymour Drescher。

[36] Carey, *British Abolitionism* (2005).

[37] D. B. Davis, *Inhuman Bondage*，第 236 页。

[38] Satre, *Chocolate on Trial* (2005)，第 77 页及下页。

[39] Keegan, *Colonial South Africa* (1996)，第 35 页及下页。

[40] Dharma Kumar, "India"，发表于 Drescher/Engerman, *Historical Guide* (1998)，第 5～7 页。

[41] Blackburn, *Overthrow* (1988)，第 480 页；Bernecker, *Geschichte Haitis* (1996)，第 69 页。

[42] N. Schmidt, *L'Abolition de l'esclavage* (2005)，第 221 页及下页。

[43] Emmer, *Nederlandse slavenhandel* (20032)，第 205 页及下页。

[44] 关于其他角度的对比阅读亦可参见本书第 10 章。

[45] 详细数字参见 Berlin, *Generations of Captivity* (2003)，附录表 1。

[46] Drescher, *From Slavery to Freedom* (1999)，第 276 页及下页。

[47] 概述：Stewart, *Holy Warriors* (1997)；白人废奴主义者中最著名的，尽管不是最有影响力的人士之一：H. Mayer, *All on Fire* (1998)，可惜太欠缺批判性。

[48] 阅读关于林肯和奴隶制的大量文献可由本书入门：Oakes, *The Radical and the Republican* (2007)，特别是第 43 页及下页。

[49] D. B. Davis, *Inhuman Bondage* (2006)，第 317 页。

[50] Zeuske, *Kleine Geschichte Kubas* (2000)，第 124 页及下页；Schmidt-Nowara, *Empire and Antislavery* (1999)。

[51] Viotti da Costa, *Brazilian Empire* (1985)，第 125～171 页；A. W. Marx, *Making Race* (1998)，第 64 页。

[52] Bernecker 等, *Geschichte Brasiliens* (2000)，第 210 页。

［53］关于比较奴隶制与犹太人大屠杀的对比阅读可参阅 Drescher,
From Slavery to Freedom (1999)，第 312 ~ 338 页。

［54］Clarence-Smith, *Islam* (2006)，第 10 页及下页。

［55］同上书，第 100 页及下页。

［56］同上书，第 107 页及下页。

［57］同上书，第 116 页。

［58］Temperley, *White Dreams* (1991).

［59］奴隶制研究比较的基本著作（倾向于疑虑态度）：Zeuske,
Sklaven (2006)，第 331 ~ 360 页。一些作者，如 Seymour
Drescher，以本人浅见，对比研究法应用得很成功。

［60］例如 F. Cooper, *Beyond Slavery* (2000)；关于重要的区域分析的
对比阅读亦可参阅 Temperley, *After Slavery* (2000)。

［61］重要的个案研究：R. J. Scott, *Degrees of Freedom* (2005)。

［62］Stanley Engerman, "Comparative Approaches to the Ending of
Slavery"，发表于：Temperley, *After Slavery* (2000)，第 281 ~
300 页，该处见第 288 ~ 290 页。

［63］有关非洲多路径发展的对比阅读参阅合集：Miers/Roberts, *End
of Slavery* (1988) 及 F. Cooper 等, *Beyond Slavery* (2000)，第
106 ~ 149 页（关于 1910 年的日期见第 119 页）。

［64］Berlin, *Generations of Captivity* (2003)，第 248 ~ 259 页对此有重
点阐述。

［65］同上，第 266 页及下页。

［66］Keegan, *Colonial South Africa* (1996)，认为 1850 年前就已开始，
并非在矿业革命之后。

［67］引言出自 Winant, *The World is a Ghetto* (2001)，第 32 页。

［68］原因仍然很有争议，关于争议的对比阅读可参阅 James Beeby/
Donald G. Nieman, "The Rise of Jim Crow, 1880 – 1920"，发表
于 Bowles, *Companion* (2002)，第 336 ~ 347 页。

［69］Fredrickson, *White Supremacy* (1981)，第 197 页。

［70］Winant, *The World is a Ghetto* (2001)，第 103 ~ 105 页；A. W.
Marx, *Making Race* (1998)，第 79、178 ~ 190 页；Drescher,

From Slavery to Freedom（1999），第 146 页及下页。

［71］ R. J. Scott, *Degrees of Freedom*（2005），第 253 页及下页。

［72］ F. Cooper u. a., *Beyond Slavery*（2000），第 18 页。

［73］ Drescher, *Mighty Experiment*（2002），第 158 页及下页；以及 Holt, *Problem of Freedom*（1992）。

［74］ 没有很多关于种族主义思想史的著作，最早的著述：Mosse, *Rassismus*（1990）。最佳入门著作：Geulen, *Rassismus*（2007）。

［75］ Shimazu, *Japan, Race and Equality*（1998）；阐释性著作：Lake/Reynolds, *Global Colour Line*（2008），第 285 ~ 309 页。

［76］ Frank Becker, "Einleitung：Kolonialherrschaft und Rassenpolitik"，发表于同一作者，*Rassenmischehen*（2004），第 11 ~ 26 页，该处见第 13 页。

［77］ Christian Geulen, "The Common Grounds of Conflict：Racial Visions of World Order 1880 – 1940"，发表于 S. Conrad/Sachsenmaier, *Competing Vision*（2007），第 69 ~ 96 页。

［78］ 内容翔实的种族主义思想史的伟大经典著作：W. D. Jordan, *White over Black*（1968）。一个无解的问题常常是作者在其中产生的影响。Long 是为"种植园主"还是在为"英国公众"辩护？Drescher, *From Slavery to Freedom*（1999），第 285 页对后者持怀疑态度。

［79］ Patterson, *Slavery and Social Death*（1982），第 61 页。

［80］ Roediger, *Working toward Whiteness*（2005），第 11 页；种族划分历史主要著作：Banton, *Racial Theories*（1987）；简略概述：Fluehr-Lobban, *Race*（2006），第 74 ~ 103 页。

［81］ Augstein, *Race*（1996），第 18 页。

［82］ 19 世纪 50 年代 Gobineau 和 Tocqueville 之争揭示了其他的可能性。对比阅读可参阅 Ceaser, *Reconstructing America*（1997），第 6 章。

［83］ Banton, *Racial Theories*（1987），第 54 ~ 59 页。

［84］ 关于 19 世纪生物学种族理论的精彩概述：Graves, *Emperor's New Clothes*（2001），第 37 ~ 127 页。

[85] Hannaford, *Race* (1996), 第 226 页及下文, 第 232 页及下页, 第 241 页。

[86] Ballentyne, *Orientalism* (2002), 第 44 页; 基础著作: Poliakov, *Derarische Mythos* (1971); Olender, *Sprachen des Paradieses* (1995); Trautmann, *Aryans* (1997)。

[87] Lorcin, *Imperial Identities* (1995); Streets, *Martial Races* (2004).

[88] Hannaford, *Race* (1996), 第 348 页及下页。

[89] Lauren, *Power and Prejudice* (1988), 第 44 页及下页; Gollwitzer, *Die gelbe Gefahr* (1962); Mehnert, *Deutschland* (1995); Geulen, *Wahlverwandte* (2004), 第三部分。

[90] D. B. Davis, *Inhuman Bondage* (2006), 第 76 页。

[91] 参见本书第 8 章。

[92] L. D. Baker, *From Savage to Negro* (1998), 第 99 页及下页。

[93] Barkan, *Retreat of Scientific Racism* (1991).

[94] Torpey, *Invention of the Passport* (2000), 第 91 页及下页。

[95] 全面介绍 (主要介绍欧洲): Caplan/Torpey, *Documenting Individual Identity* (2001)。

[96] Noiriel, *Immigration* (2007), 第 135 页及下页。

[97] Gosewinkel, *Einbürgern* (2001), 第 325~327 页。

[98] 全面概述: Lake/Reynolds, *Global Colour Line* (2008)。

[99] 精彩概述: Reimers, *Other Immigrants* (2005), 第 44~70 页; 此外还有: Takaki, *Strangers* (1989); Gyory, *Closing the Gate* (1998); 有关中国的情况: E. Lee, *At America's Gates* (2003)。

[100] D. R. Walker, *Anxious Nation* (1999), 第 98 页。

[101] 权威著作: Markus, *Australian Race Relations* (1994)。

[102] Jacobson, *Whiteness* (1998).

[103] Jacobson, *Barbarian Virtues* (2000), 第 261 页及下页。

[104] Dikötter, *Discourse of Race* (1992).

[105] Rhoads, *Manchus and Han* (2000), 第 204 页。

[106] Katz, *Out of the Ghetto* (1973), 第 1 页; 有关政治解放的一部较新的综述著作: Vital, *A People Apart* (1999)。

[107] 从世界史的角度看犹太教改革的对比阅读可参阅 M. A. Meyer, *Response to Modernity* (1988)。

[108] Katz, *Vorurteil* (1980), 第236页。

[109] 大量相关文献一览：Noiriel, *Immigration* (2007), 第207~286页。

[110] 关于俄国反犹主义研究的综述：Marks, *How Russia Shaped the Modern World* (2003), 第140~175页。

[111] Sorin, *A Time for Building* (1992), 第55页; Dinnerstein, *Antisemitism in America* (1994), 第35页及下页。

[112] 类似观点见 Mosse, *Final Solution* (1978), 第168页。

[113] Shaw, *Jews of the Ottoman Empire* (1991), 第187~206页。

[114] Fink, *Defending the Rights of Others* (2004), 第5~38页。

[115] 犹太人口在全世界的地理分布统计数字：Karady, *Jews of Europe* (2004), 第44页及下页。

[116] Reinhard Rürup, "Jewish Emancipation in Britain and Germany", 发表于 Brenner 等, *Two Nations* (1999), 第49~61页。

[117] Goodman/Miyazawa, *Jews in the Japanese Mind* (2000), 第81页。

[118] Poliakov, *Der arische Mythos* (1971), 第267页。

[119] Fredrickson, *Racism* (2002), 第72页。

[120] Geulen, *Wahlverwandte* (2002), 第197页。

[121] 该角度的较近的欧洲国家比较：Brustein, *Roots of Hate* (2003)。

[122] Haumann, *Ostjuden* (1999), 第81页及下页。

[123] 同上, 第178页及下文; Weeks, *From Assimilation* (2006), 第71页及下页。

[124] Love, *Race over Empire* (2004), 第1~5页, 第25页及下页。

[125] P. A. Kramer, *Blood of Government* (2006), 第356页。

[126] Fredrickson, *Racism* (2002), 第75~95页。

[127] 同上, 第95页。

[128] Vital, *A People Apart* (1999), 第717页, 第725页。

[129] Volkov, *Antisemitismus* (2000) 明确得出如此结论, 见第57页。

第18章 宗教

　　有充分理由把宗教信仰、宗教和宗教派别置于 19 世纪世界历史的核心位置。[1] 或许对一些西欧国家而言，把宗教作为"文化"大类之下的若干子项之一来对待并局限于其教会组织形式是有道理的，教科书中这种情况并不鲜见。在 19世纪，宗教在世界各地都是最高级别的力量，它是个人人生价值的源泉，是形成团体和集体身份认同的基础，是划分社会等级的结构原则，是政治斗争的原动力，是人们进行深奥的思想讨论的领域。实现上述宗教功能的途径异常之多，涵盖从宗教史、人类学到各类东方哲学等若干学科的文献典籍亦浩如烟海，这使得即使对宗教进行笼统的整体描述亦无法做到。在 19 世纪，宗教还是人们日常生活中最重要的意义建构形式，即全部精神文化的中心。宗教的种类多种多样，上至普世宗教，下至只有少数信徒的民间神明崇拜。它是唯一一种文化精英和未受过教育、以口头表达和形象比喻进行宗教沟通的普通大众均使用的文化表现形式，甚至常常是他们之间最重要的纽带。在整个 19 世纪的发展进程中，仅在罕见的社会条件下，宗教会成为与法律、政治或经济诸体系比肩的功能独立的分体系，也就是成为一个其自有逻辑，尤其是其传播、更新和发展模式是可阐明的、某种程度上可被明确界定的领域。

一 宗教的概念和条件

模糊与去模糊

观察者认为，从全世界范围来看宗教现象并不构成一段宏观的整体历史，而城市化、工业化或识字教育等宏观发展进程，尽管发生的时间和地点千差万别，但还是形成了一段宏观整体史。有一种说法认为 19 世纪总体而言是个超然于宗教的时代，这是站不住脚的，与此同时，人们又看不到与这种"世俗化"叙事不同的另一种"宏大叙事"。[2]而另一种暂时具有说服力的内在联系又把事情过于简单化了。16 世纪以降，欧洲人通过征服、殖民、旅行和传教所进行的扩张无疑为欧洲最有影响力的宗教的传播创造了更有利的条件，然而从 1900 年或 1914 年回溯，基督教在世界上的宗教影响远不及欧洲及整个西方的政治军事力量的影响大。基督教在若干 19 世纪时与欧洲往来频繁、至今生活方式仍在西化的非西方社会中未能扎根。基督教发生了全球化，但并没有成为全世界的主导性宗教。这是世界各地对基督教攻势进行反抗和革新运动的结果。不过，宗教的变迁不仅可被看作冲突不断的扩张与反扩张的过程，而且在不同情形下亦可被看作各种关系交织和一段共同的历史所导致的结果，或被看作发生在西方和世界其他地区、有着各自地方根源、彼此关系松散或毫不相关的"相应的转化过程"。[3]所以，像民族国家的形成或印刷品大量传播等进程在世界范围内原则上与宗教领域的变化有着类似的相互关联性。

宗教概念之模糊人尽皆知，比较宗教社会学的先驱之一马

克斯·韦伯清楚他为何从不染指"宗教"的定义。甚至对一些
古老的问题也从来难以给出明确的答案，这里首先就涉及"真
正"的宗教与"迷信"或准宗教的"哲学"模糊地带之间的界
限划分问题。例如，中国的"儒教"，它既没有教会，也没有
来世观和救赎观或履行宗教教仪的复杂义务。它是西方教科书
中常说的那种"宗教"吗？同样具有世俗性质的共济会呢？一
切"偶像崇拜"和宗教活动都可被称为"宗教"吗？还是必须
要对世界观、组织、宗教实践等一系列特征有具体要求的才算？
信徒的自我认知和他人对宗教的认可有怎样的作用？当传统宗
教信仰面临弱化时，怎样的情况下将宗教概念扩展到"艺术宗
教"（Kunstreligion）或"政治宗教"（politische Religion）才合
乎情理？[4]我们不必像有些宗教学代表人物那样夸张，他们认为
历史现实中的宗教现象无法辨认，除谈论宗教外再无其他兴趣。
受历史学"语言学转向"影响的如此极端的怀疑态度着实过
头。此外，对名称和概念的建构性认识会轻易导致走向宗教的
现实作用的反面。对于一个形成了"印度教徒"身份意识的人
而言，被告知"印度教"是欧洲的"发明"又有什么意义？若
基于宗教是19世纪欧洲创造的概念这一事实而推论说宗教是不
"存在"的，这个概念无非是傲慢的西方建立霸权秩序的一种
工具，这是有问题的。[5]

　　不过至少如下说法是正确的：具有抽象的、普世性含义的
"宗教"概念是19世纪欧洲知识分子，尤其是有着新教价值取
向的知识分子的创造。[6]这个概念包含认为1600年以降欧洲在
基督教、犹太教和伊斯兰教三大宗教之外有多元宗教存在这样
一种可能的观念，但背后常隐含着一个没有言明的观点，即认
为基督教从发展史的角度看是最进步的，因而是唯一真正普世

性的宗教。这样的宗教概念大多结合了四个要素：①有核心天启经典（如《圣经》或《古兰经》）及明确的教规教仪；②排他性特征，即宗教忠诚的唯一性和对所"信仰"宗教认同的唯一性；③与其他生活领域的分离；④一定程度上客体化地摆脱了具超凡个性的领袖人物的人格魅力影响（即使这不必然导致建立等级制教派）。[7]该宗教概念于19世纪末传播到其他的文化中，而且不仅仅是通过殖民途径。此概念绝不总是受到冷落，在有些情况下，人们以基督教和伊斯兰教为样板，对理解宗教的教义和实践加以修改，然后将其作为"宗教"来重新阐释、整合和系统化。

1242

例如中国，在长达几个世纪的时间里，人们一直讲的是"教"，翻译过来意思大约是"教义"或"学说"，大多用作复数。19世纪晚期，从西方经日本引入了一个综合性的宗教概念，以"宗教"词条纳入汉语词典。第一个字"宗"意指"祖先和祖宗"或"家族"，但也有"众人所师法的人物"或"大师"之意。由此这个新造的词把当时百花齐放的学术争鸣的重点推向了世代相传的传统的历史纵深处。不过——这使中国这个例子尤为有趣——在吸收（宗教概念）方面这也是极限了，因为中国的精英们拒绝了一些晚清学者及后来清政府（于1907年）提出的将极富声望的儒家学说立为孔教的尝试。[8]如同1700年前后耶稣会士在复杂莫名的思想传播乱局中尊奉孔子为"中国智慧"的标志性人物一样，康有为及其同道较成功地将孔子塑造成了"中华文化"的象征，不久还成了中华民族的象征。[9]孔子被马克思和毛泽东革命性地拉下圣坛后，在20世纪末又经历了惊人的复兴。随着第一所"孔子学院"于2004年在首尔设立，孔子成为中华人民共和国对外文化政策的"守护神"。不过清帝国（1911 年灭亡）和民国（1912～1949）时期进行的类似于日本神道教国教化的儒家思想国教化的所有尝试均告失败。关于日本神道教国教化下文还会谈及。欧洲的宗教概念在此达到了其可输出性的极限。荒谬的是，中国文化领域的意见领袖在世纪之交（并不总是有意识的）偏爱一个更早的概念——孔子的"哲学思想"。对此欧洲人并非没有责任：耶稣会士在当时理学一统天下的情况下重新恢复了孔子哲学思想的地位。

与中国的情况相反，从欧洲传入的这样一个宗教概念在其他地区产生了强烈的社会影响，有时甚至是政治影响。伊斯兰教、佛教和印度教都努力追求作为宗教的更鲜明的特征，这些努力总是融合了传统和新的想象，比如在伊斯兰教中最终突出了伊斯兰教法（sharia）作为具有约束力的宗教法的作用，而在印度教中吠陀梵语比其他古老的传统语言更常被用作神学经典语言。[10] 20 世纪也有若干新诞生的单一民族国家用单一官方宗教取代了前现代呈等级分布的多信仰派别局面。由此可能产生新型的宗教少数群体，在那些被正式赋予平等待遇的公民中间，同时也可能产生新型的、通过隔离特别法难以解决的宗教冲突。宗教的去模糊化和宗教身份明确化过程大多伴随着对其他宗教的关注，也常与它们发生直接冲突。这种全世界宗教在相互作用下的重组直到 19 世纪才大规模开始。

"世界性宗教"

一个至今都决定着公共语言运用的 19 世纪遗产就是"世界性宗教"观念，它像一座高山在宗教风景中巍然耸立。大量宗教派别在新兴起的宗教学讨论中被浓缩为诸如"佛教"或"印度教"这样的大的门类。包括基督教、伊斯兰教、犹太教，也包括儒学在内的"世界性宗教"使制定清晰的宗教版图、确定宗教的"文明"归属并在世界"主要宗教"地图上进行标示成为可能。不明确的（宗教）关系直到不久前还常被贴上"自然宗教"的标签。专家们把世界性宗教这个大框架作为精细分类的基础，无论是信仰派别还是社会学意义上的宗教类别的分类。"世界性宗教"这个观念隐含着一个基本假设，它至今都决定着西方的他者形象，尤其是伊斯兰教的形象：所有非欧洲人都牢牢地陷于宗教控制中，"东方"社会和"未开化"社会界定自己、理解自己的最佳方式就是通过宗教。只有开明的欧洲人成功突破了宗教的思维定式，甚至可以用"外部"视角来相对地看待自己的宗教——基督教。[11]

1244

　　这一非西方社会中的宗教特权论在19世纪具有一定的意义。其一，这些社会（中国由于其丰富的历史编纂学遗产属于例外）最早通过宗教经文向西方语文学家展现了自己的面貌（马克斯·缪勒［Max Müller］1879~1910年出版的著名的50卷译著集就名为"东方圣书"［Sacred Books of the East］）。其二，在欧洲人看来，对殖民征服最激烈的反抗来自身居要职的宗教界人士及有宗教根源的运动。该论点无疑导致人们以持续的去物质化、去历史化和去政治化的视角看待这些社会。将宗教与国家等量齐观（"印度教的印度"、"儒学的中国"）的陈腐观念至今都在暗中作祟，让人以为宗教的现代化仅局限于西方这个宣布宗教信仰为个人私事、自我形象基于世俗的"现代性"的世界上唯一的文明。"世界性宗教"的说法并没有错，但它不应误导人们将个别宗教地区视为封闭的、各自兀自发展几乎不受外部影响的区域。最后它还有另一层含义：宗教政策的扩大化。关于文化碰撞的想象是以这类对势力强大的宗教联盟的想象为前提的。

革命与无神论

在欧洲，19 世纪是伴随着对宗教的全面攻击开始的。在以往的历次革命当中都发生过精英被剥夺权力、统治者被处决的事件，而法国大革命的革命者对教会和宗教的攻击更是史无前例的，是革命性变革展现的最为极端的一面。启蒙运动期间的宗教批判及极端反教会言论为此做了铺垫。早在 1789 年末，教会财产就被收归国有。正是教士，即第一等级的代表，为 1789 年 6 月分为三个等级的"三级会议"向革命性的国民议会的转变创造了条件，但教会作为权力要素很快便被清除。天主教丧失了其国教地位，教士失去了大部分传统收入。所有修道院被关闭，这是一个之前在哈布斯堡王朝约瑟夫二世皇帝治下就已开始的进程。1790 年，通过《神职人员民事组织法案》① 法国断绝了与教皇的关系。教士，起码是部分教士被较顺利地纳入国家薪酬体系。革命的立法者由此又迈进了一步。神职人员被宣布为国家雇员，纳入新的管理等级体系中。他们由世俗机构选举，必须宣誓效忠国家。这使得在宣誓效忠与拒绝宣誓效忠的神职人员之间、法国（宪法）教会与罗马教会之间产生了很深的裂痕，这成为后来那些年里部分法国教士受迫害的根源。不过，若从近代早期法国宗教战争的背景来看，这些不过是无关大碍的冲突。

这一史无前例的对宗教组织的极端攻击是法国的特殊发展过程，其最重要的长期后果就是打破了天主教的垄断地位。北

1245

---

① 该法案是法国大革命时期通过的一项针对法国教士，尤其是天主教教士的法案，于 1790 年 7 月 12 日通过。根据此法，法国国内的所有罗马天主教教堂都隶属于法国政府。

美的革命者此前摆脱了英国圣公会的统治，但并未从根本上质疑基督教，就像法国的"非基督教化"政策所导致的后果那样，不过法国的这一运动中的圣像破坏暴行早在 1793 年就已受到在罗伯斯庇尔促动下成为国家规定的"最高主宰崇拜"抑制。在北美，神职人员没有遭受肉体迫害。因此总体而言，对教会的仇视，甚至连国家支持的无神论都绝非大西洋革命的遗产。第一执政波拿巴就曾（1801 年政教协约）表示，愿意对罗马教会采取策略性的妥协态度，化干戈为玉帛，自此后尊重教皇在欧洲外交中作为权力要素的地位。1815 年后，在复辟的君主专制统治下，教会重新赢得大部分影响力。在天主教地区拥有最忠诚的追随者的拿破仑三世对教会爱护有加。直到第三帝国统治时期，政权归还俗人主义，即坚决要求政教分离的政策，才成为法国政策的基本模式，但与国家强加的无神论相去甚远。1246 18 世纪 90 年代在法国发生的针对宗教组织的暴行是 20 世纪的前奏。此类暴行在苏联、革命中的墨西哥以及二战后的专制国家以更激烈的暴力方式重演。在 19 世纪，世界上没有任何一个其他国家发生过反对宗教本身的类似革命转折。世界上没有一个国家宣布信奉无神论。

宽容

大西洋革命留下一个不太引人瞩目却有着持续性影响的遗产：宗教宽容。[12]其基本理念早在宗教战争时期，即 16、17 世纪的欧洲就在酝酿。它自皮埃尔·贝尔（Pierre Bayle）和约翰·洛克以来就是启蒙思想的基石，在早期就已不仅涉及欧洲内部的宗教矛盾，而且也涉及西方以外地区宗教的权利平等问题。[13]1791 年，法国（法国 1791 宪法）和美国（美国宪法第一修正案）同时在国家基本法中规定，国家不得规定公民信仰何种宗教，不得优待或歧视某些宗教团体。也就是说，美国从一开始就保障宗教活动的自由，尽管信奉新教有利于政治生涯还持续了很久。[14]在英国还要再过几十年天主教徒（1829）和犹太教徒（1846～1858）才得到公民平权待遇。在欧洲大陆，宗教自由是除新闻自由之外自由派纲领的最重要目标之一。在德国，犹太人最先在巴登，继而于1869年在北德意志联盟获得宗教自由。1905年沙皇俄国作为欧洲最后一个大国颁布了宗教宽容诏书，承诺"信仰自由"。从中受益的主要是穆斯林以及俄国东正教各教派，而不是犹太教徒。叶卡捷琳娜二世已于1773年给予伊斯兰教合法地位：执行废除政府迫害令第一阶段。罗马天主教会于1965年在第二届梵蒂冈大公会议上才宣布接受宗教自由。

1247　　　　宗教宽容首先在"实践启蒙思想"的国家，即美国和法国，被纳入法典，并由此开始了最终促成《联合国人权宣言》于1948年诞生的进程。这并不意味着在世界其他地区罕有宗教多样性。在近代早期，欧洲发生过激烈的宗教冲突和宗教战争，这在大多数时期多宗教和平共存的世界上是个异数。在伊斯兰王朝统治的多民族国家，强硬的伊斯兰化政策并不可行。这样亦会悖逆古老的政治习俗。先知穆罕默德本人就曾多次与阿拉伯半岛上同属圣书子民的信徒群体达成协议。奥斯曼人向政府得益于其经济活动的群体（主要是基督徒、犹太教徒和拜火教徒）提供"保护"，作为对他们缴纳贡赋的回馈（巴尔干地区信奉基督教的农民除外）。在印度的莫卧儿帝国，作为征服者的伊斯兰王朝统治着分裂为无数宗教派别的占人口多数的非穆斯林。单从政府的统治智慧而言莫卧儿帝国也需要实行一种宽容政策，就如 16 世纪曾实行的深入人心的政策那样。当王朝在莫卧儿帝国唯一一位讨伐异教徒的皇帝奥朗则布（Aurangzeb，1658～1707）统治下，放弃宗教宽容政策，企图在全国实行伊斯兰教教法（sharia）时，引发了矛盾，这些矛盾导致莫卧儿王朝的统治在 18 世纪早期崩溃。不过伊斯兰教不承认其他宗教和最后的先知穆罕默德所揭示的唯一天启真理原则上拥有平等地位。对其他宗教的慷慨大度突出的是伊斯兰教的特权，不应美化伊斯兰帝国的宗教多样性。非穆斯林被容忍并在很大程度上免遭迫害，但他们也只是二等臣民。不过与近代早期西欧对异教徒的暴力排斥相比，差别还是相当明显。到 1800 年前后，宗教少数派群体在东方伊斯兰国家的境遇仍要好过他们在西方基督教国家的境遇。

在中国，有着北亚萨满教背景的满族征服者对于各思想流派和宗教派别实行了深思熟虑的谨慎的平衡政策。他们尤为用心扶持在蒙藏两民族中起着重要政治作用的藏传佛教。不过在清政府和其穆斯林臣民间存在着很大的结构性对立，后者在少数民族等级阶序中的地位与明朝（1368～1644）时期相比恶化了。普遍热情好客是"传统"非洲社会的特征，这也表现在其对待外部宗教影响的开放态度上；这大大方便了 19 世纪伊斯兰教及基督教的传教活动。[15] 由于宗教宽容观念与现代宪政国家密不可分，因此严格来讲，该观念无法应用于这些社会。不过在受到欧洲自由主义影响之前，宗教强迫在非西方社会中并非常态。在宗教政策方面，从近代早期开始欧洲就对犹太人（1492）和卡斯蒂利亚王国的穆斯林（1502）进行强制洗礼和驱逐。与世界其他地区相比，这个时期的欧洲在接受宗教多样性方面其实暴露出了它的落后与不足。

1248

二　世俗化

欧洲的非基督教化？

19世纪常被视为"世俗化"时代。[16]直到19世纪中叶，"世俗化"一直是指教会领土移交世俗社会，后来又有了一层新的含义：宗教对人的思想、社会组织和国家政策的影响的减弱。对于欧洲而言，简言之，关键是确定自启蒙运动和法国大革命开始、至今仍在持续的非基督教化的发展轨迹。对此，史学家们也因对宗教的不同理解，得出了极为不同的结论。休·麦克劳（Hugh McLeod）这位英国比较宗教史学家将宗教世俗化区分为六个领域：①个人信仰；②参与宗教实践；③宗教在公共机构中的作用；④宗教在大众传播领域的意义；⑤宗教对个体及集体身份认同形成的作用；⑥它与民间迷信及大众文化的关系。通过研究1848年至1914年间西欧的宗教世俗化他得出如下结论：前两个领域的世俗化在法国、德国和英国最为明显。定期去教堂做礼拜、参加圣餐仪式的人口比例大大减少。这无法量化，但将观察汇总后会得到这样一个总体印象。同时对基督教信仰表示冷漠和敌意的人口比例也有增加，而这不仅仅限于知识分子小圈子。这一点在这三个国家中基本相似。

在宗教公共作用的转变方面，三国之间差别较大。法国政教分离最干净利落，尤其自19世纪80年代以来；同时天主教徒颇为成功地建立了自己的另类圈子。"潜滋暗长"的世俗化是英国维多利亚时期的特征，但并没有明显的世俗化意识形态与之应和。英国官方表现得很虔诚。威廉·E.格莱斯顿首相时常感到政治决策灵感拜《圣经》所赐，像他这样公开表现出来的虔诚与前任首相巴麦尊勋爵对宗教的冷漠形成鲜明对照。在新教教徒与天主教教徒间的对立有着重大影响的德国，教会得以确保其在教育事业和福利事业方面的极为重要的作用——在德国，教会的经济状况相当好。[17]在世界任何地方，宗教取向最深的根源都在于民间文化。即使不常去教堂者和非教徒也会追随某种宗教世界观的基本概念，识别和使用宗教象征，重视周而复始的宗教节日，遇到困境时在宗教中寻求救助。民族主义和社会主义同样提供了面面俱到的世界观，但从未能取代基督教。宗教亚文化在这三个国家中——在荷兰尤为突出——逐渐形成并呈现前所未有的活跃态势，宗教政党也是其中的一部分（在英国则不是这样）。大部分西欧民众（包括犹太团体）都至少遵守某些外在的宗教形式。[18]"官方"基督教的吸纳能力如此强大，以至于连公开宣布自己为不可知论者的达尔文也被以基督教国葬仪式葬于威斯敏斯特大教堂，虽然坎特伯雷大主教并未出席葬礼。[19]

1250

象征性符号与权利

西欧这种克制的世俗化是否反映了一种普遍趋势？对于世界上很多地区的个体宗教信仰的发展变化，我们所知不多。在宗教权利与非官方操控导致参与宗教团体生活实际上成为强制性质的地方，在通过个人化的师徒关系而非传统的宗教祭礼活动来表现宗教虔诚的地方，进教堂做礼拜作为衡量标准失去了说服力。但是，有一些关于在修道院修行的人口规模方面的估计数字。1750年前后，当修道院发展处于自宗教改革以来的高峰时，位于葡萄牙和波兰之间的天主教地区至少有20万名修士和

15 万名修女，这占俄国以西欧洲地区总人口的近 0.3%。[20]在佛教国家，世界第二大寺院文化区域，则是另一种规模。缅甸所保有的僧侣数量整个世纪持续不变甚至增长，1901 年其男性人口数量中的 2.5% 是僧人。[21]从所有百姓中招募的并不脱离世俗生活的 10 万名身穿橘黄色僧袍的男性是缅甸社会的重要黏合剂。1700 年前后，据说西藏寺庙的僧人数量达到了 76 万这一不可思议的规模，是大革命前欧洲僧侣人数的两倍。[22]到 1900 年前后，这个世界屋脊上的地区实行的仍是寺庙占统治地位的神权政治，达赖喇嘛是精神和政治领袖，然而该地区并不太平，因各教派和寺庙之间的争斗而始终骚乱不断。僧侣统治并非东方独有，因为同一时期，甚至一直到殖民时期末，西班牙僧侣都是菲律宾最强大的政治势力，发生于 1896～1898 年间的独立革命主要是反对其令人憎恶的霸权统治。不过，即便在西藏也存在着某种形式的世俗化：十三世达赖喇嘛（在西藏被称为"伟大的十三世"，1894～1935 年在位）绝不是不食人间烟火的空想家，而是洞晓世事的祭司王，他早就认识到西藏发展的机会并制订了计划。[23]

就世俗化意味着把宗教象征从公共空间中抽离这层意思而言，欧洲和亚洲的差距不大。只要存在着坚持最低限度宗教认可的君主政体，就会有国家规格的宗教礼仪。苏丹阿卜杜勒·哈米德二世（同时亦兼哈里发称号）与最后两任沙皇及维也纳的约瑟夫皇帝都处心积虑地扮演这一角色。凡是在革命消灭了君主统治的地方，诸如此类的权力神圣化也被终结。自 1912 年起中国再没有皇帝在天坛举行祭祀仪式；在苏丹哈里发统治结束后，凯末尔共和国的政权还俗主义符号取代了前朝的宗教自我表演。

在世俗权利与宗教权利间无明显界限的地方，世俗化的问题尤为凸显——至今依然。在这样的条件下，世俗论者是这样一些人，他们力图从拥有宗教权力的权威（伊斯兰教教法）那里为欧洲式世俗法争取空间，埃及是这方面的一个很好的范例。由当地知识分子在保护国的支持下推行的法律改革成为埃及整个国家世俗化的开端。这一改革被视作将前现代的权限和法规乱局变为有秩序的现代体系的全面现代化进程的一部分。[24] 实际上伴随着 1826 年后的一些奥斯曼改革开始的国家世俗化成为奥斯曼世界的核心话题。[25] 以凯末尔（Kemal Atatürk）治下的土耳其共和国作为开端，后帝国时代国家在 20 世纪大多转变为政权还俗主义体制，而 1979 年伊朗的霍梅尼革命则戏剧性地说明了这一进程的可逆性。

美国的宗教虔诚度

根据休·麦克劳的大部分标准，1910 年前的世俗化趋势是在非西方世界中推行开来的。如若对此深表怀疑，那么看一下美国就会明白，"西方"所采取的路径也各不相同。在西欧，世纪中叶后克制的世俗化绝非直接延续了 1800 年前后宗教信仰的衰退。在大革命时期，从康德、杰斐逊到歌德等杰出人物均对超自然力量信仰保持冷静的距离；大革命时期后，在大部分欧洲知识分子中出现了以浪漫为名的宗教复苏现象。称生活在早期工业化中心的贫困下层民众"不信上帝"有几分道理，因为新型的虔敬和基督教劝诫文化属于中产阶级特征，至少在新教国家是这样。其副产品之一是成功的反奴隶制运动，前一章已经阐述过。在英国这个新趋势蓬勃兴起的先锋国家，在人们感觉宗教上无创造性、道德上堕落的英国圣公会之外，宗教发展集中于新教福音派革新团体，后来也包括英国国教会内部的反对派。无论在哪里落地生根，福音派都强调：精神冲突无所不在，魔鬼对世事的侵害及其可抵御性，个体自身的罪孽，末世审判一定到来，信耶稣而得救，以及圣经的至高地位。对于个体信仰成长而言，最根本的是信仰复兴，悔改重生，恢复到真正的基督教信仰"生活"；因此要在现世接受试炼。[26]

多次发生的新教复兴运动兴盛于 1790 年，数十年后也激发英格兰圣公会高层采取了改革措施。19 世纪下半叶这种狂热"冷却下来"，逐渐转为上文已描述过的世俗化趋势，这一趋势在英国的进展不像欧洲其他国家那么明显。在美国，新教教徒也于同期发起了类似的信仰复兴运动（rival），这是贯穿 18 世纪的一系列宗教复兴运动的延续。年轻共和国的新宗教觉醒与当时美国西北部在印第安肖尼族（Shawnee）首领特库姆塞（Tecumseh，1768 ~ 1813）及其受到神启的弟弟坦斯克瓦特瓦（Tenskwatawa）领导下的预言中的印第安人行动同时发生。19 世纪早期的觉醒运动（awakeing）（史学家们后来对该运动的叫法）发展成为北美人大规模的皈依基督教浪潮。与欧洲不同，该运动并没有演化为官方教会组织，始终以流动教会和教派的形式发展。在 1780 ~ 1860 年间，美国人口增长了 8 倍，基督教牧区从 2500 个发展到 52000 个，即原来的 21 倍。[27] 这一其实持续至今的宗教复兴运动将美国变成了一个基督教信仰浓厚、自认为无论在道德方面还是物质方面均已达到了"文明"程度的国家，这个国家同时拥有最大的宗教多样性。[28] 来自世界各地的移民努力稳固自己的宗教身份，迁徙不但在空间上传播了宗教形式，而且也常常使其发生了变化并强化了相关的宗教实践。爱尔兰人将他们信奉的天主教带到世界

1253

每个角落，爱尔兰教会派遣神父随行。由于大量来自爱尔兰和南欧的移民到来，天主教教徒在美国总人口中的比重从 1850 年的 5% 增长到 1906 年的 17%。[29]世纪末在信奉新教的欧洲出现的明显世俗化趋势在美国均未重现，无论在新教教徒中还是在天主教圈子中都没有。美国的情况显示，宗教焕发生机、开明的评论界的"追捧"并不必然导致神权政治、极端的社会控制和其他生活领域中的非理性行为。当明确区分了私人空间与公共空间，宗教情感引起的后果是可控的。

宗教，国家，民族

西欧在 19 世纪选择了一条特殊道路，这是因为只有在这里，教会对民族国家内政的影响变成了时代的核心冲突。原则上讲，这与现代国家的世俗性无关。国家的世俗性质经过长期斗争在革命结束时确立。欧洲最后的神权政治随着教皇国在1870 年并入意大利而消失。只有在俄国，东正教教会和沙皇制结成同生共栖的关系，这种关系离间了沙俄的自由派教会，但也并未给皇帝的统治提供支撑。君主制与教会于 1917 年在革命中双双消亡。发生在西欧的冲突（英国只是由于信奉天主教的爱尔兰的地方自治问题而被意外波及）是由于以下三个因素的相互结合而引起的：①在世纪中叶达到其影响巅峰的自由派对天主教会原则上的反感；②教皇统治又雄风重振，尤其是在庇护九世（1846～1878 年在位）治下，它明确反对民族国家和自由主义的时代趋势，同时加强对各国教会的教义约束；③民族国家形成的均一化趋势使由远在罗马的教皇对部分人口实施"极权"控制变得不可接受，即使在非自由派政客看来也是如此。比如美国的天主教徒由此陷入了一场旷日持久的跨大西洋

1254

的忠诚冲突：作为民主制度下的公民，尤其是很多意大利裔公民，他们中很多人不禁赞同建立一个自由的意大利民族国家；而作为罗马天主教会成员他们又曾起誓支持教皇反对这样的民族国家及其原则。[30]

在欧洲，关键问题始终有三个：任命主教权、承认世俗婚姻以及对教育事业的影响。这些混乱的冲突局面在 1860～1870 年间演变成一场几乎遍及全欧洲的教会与国家间的斗争。在比利时和荷兰，学校问题数十年来一直居内政议题之首。[31] 如今看来，这些属于撤退式行动。1850～1859 年间的这些年，用伟大的史学家欧文·查德威克（Owen Chadwick）的话来说，是天主教势力统治欧洲的最后岁月。[32] 当 1859 年教皇的两个保护国奥地利和法国（在毫不虔诚的拿破仑三世治下）的同盟瓦解时，教皇的政权随之崩塌。各民族国家随着时间的推移都找到了折中方案。1880 年前后，这些教会斗争与"文化"斗争渐趋平息。但罗马天主教会即使在僵化保守的庇护九世之后也很难适应现代世界：对于一个仍设有臭名昭著的异端裁判所且直至 1929 年还有"异端裁判所大审讯官"之职的制度而言这不足为怪。

天主教会对真实的或臆想的"跨国"背叛的抵抗从宗教和民族主义各种形式的相互靠近中反映出来。凡对自己的民族未来有着大体一致的愿景的地方，距离这些愿景被赋予宗教合法性并不遥远。凡是缺乏如此共识的地方，则出现了各种宗教派别相互竞争的民族未来方案。这当然是欧洲发展的特殊现象，其他地区鲜有类似情况。宗教上中立且只能借宗教中立立场产生影响的民族主义，比如 19 世纪 80 年代出现的弥漫整个印度的民族主义，其勉强能够实现的基本前提就是超越各大宗教团体——尤其是印度教教徒和穆斯林——的团结。中国的民族主义从世纪之交萌发直到今天也都始终没有宗教意味。美国是彻头彻尾的基督教国家，但在那里，教会与国家严格分离，从未出现过拥有根深蒂固的特权和大面积地产的教会，而且国家不向教会提供补助。多种多样的新教教派，加上天主教和犹太教，防止了民族与宗教间发生定向归属关系。美国的民族主义具有强烈的基督教色彩，但是一种超越不同教派的民族主义。其核心是神学救世史所谓美国白人是上帝的选民、承担特殊使命这样一种模糊的感情。所以美国的民族主义不可能明显与某个教派挂钩，就如德意志帝国新教教派在反抗天主教的"文化斗争"结束后，即自 1897 年起，还仍然拥有的地位那样。若要如此，必须让卫理公会教徒和摩门教徒、浸礼会信徒和天主教徒都称心如意。

19 世纪日本的民族主义比其他任何一种民族主义都更具有宗教色彩。日本精英阶层直到明治时期仍对基督教怀有极大的疑虑。基督教于 17 世纪初在日本被彻底禁止，似乎很长时间里在日本销声匿迹了。1865 年人们意外地发现了共约 60000 名"地下基督徒"，他们在长达两百多年的时间里在长崎周边地区秘密坚持其信仰。这其实更像一件奇闻逸事而非日本再次基督教化的开端。即使在 1873 年基督教解禁后，天主教、新教和俄国东正教的传教努力也均未在日本取得成果。自约 1890 年起民族主义势头越来越强劲，产生的一个后果是，被打上"无日本本色"烙印的基督教愈加失去了公共意义。日本的精英阶层于是调动自己的宗教资源，以便同时赋予新建立的帝国宗教与民族主义的合法性。为此日本本土传统宗教神道教被推到了民族宗教生活的中心位置。1868 年前，神道教神社与佛教寺庙享有平等的地位。遍布全国的上万座地方神社用于在日常生活中祭祀神明（Kami），因此融入了很多人的日常生活中。新形成的

1256

明治寡头政治势力决计整治乱局，建立民族等级体制，使新的国家神道体制成为新确立的天皇崇拜的根基。位于金字塔顶端的是供奉太阳神天照大神的伊势神宫（Ise-Schrein），天照大神是神话传说中日本皇室的始祖，同时也是整个民族的守护神。神宫与国家神社在财政上得到中央政府的鼎力支持。它们的神官享有公务员身份，每户家庭都根据职务配有一座保佑神社。一批新的神社建起来，其中首推后来供奉阵亡军人的靖国神社。此前日本各地分散不成体系、远离政治的宗教界由政府进行了整治，形成了国教。佛教遭到贬损和排挤：这是一场佛教寺庙处于劣势的宗教文化斗争。几年内 1/5 的佛教寺庙被关闭，上万名和尚和尼姑被迫还俗，大量佛教文化艺术品被毁。波士顿艺术博物馆（Boston Museum of Fine Arts）之所以拥有亚洲以外最大规模的日本佛教艺术收藏，就是因为美国收藏家利用该时机以低价收购了大量艺术品，使它们免于被毁。19 世纪新出现的一些具有感召力的宗教也必须从属于国家神道教。

1257

　　在 19 世纪，就国家介入宗教生活的程度而言，没有任何一个大国比日本介入得更深。国家神道教通过新的宗教日历和全国性的宗教仪式统一了宗教实践。神道教神职人员成为新的政治秩序的重要支柱。在日本，政府凭空臆造了宗教传统，对政权重新进行神圣化，其程度远远超出在欧洲最保守的国家才可想象的国家与宗教间的联盟。由此为侵略性民族主义奠定了基础，这种侵略性民族主义把 1931～1945 年间的侵略战争视为一个优等民族执行神的旨意。[33] 国家神道教不是外部输入的。年轻的明治维新领导者认识到，倘若没有国家控制的统一意识形态就几乎无法实现民族融合。他们对当时欧洲民族国家的概念有些模糊的了解，但他们的意识形态设计没有采用欧洲的民族国家方案，而是采用了 1820 年学者会泽正志斋（Aizawa Seishisai）复兴的"国体"（kokutai）概念，即认为日本从古代繁盛时代起就以祭政合一而傲视四方。[34] 对 Kokutai 作为"国体"神话进行宗教诠释并与已被拔高的明治天皇的皇权紧密联系在一起，从帝国扩张和民族血统的角度对该民族统一方案进行解释，原则上没有障碍。有了这样一种具有凝聚力的民族主义，日本就没有仿效西方的做法。它走在了时代的前头。

神道教作为明治时代的民族融合工具与该时期其他发展趋势相悖。它是官方规定的宗教崇拜，对遵从者的信仰意愿和"虔诚度"要求不高，更像是一种正确的行动（Orthopraxie），而非经过神学阐明的正确的信念（Orthodoxie）。就此而言，它与宗教感情冷却的历史非常合拍，是大觉醒运动的对立面。另外，由于国家神道教并不与其他宗教并立（也非世界性宗教），而是日本的国教，因此它与宗教概念的现代多样性相矛盾。它完全服务于国家目的，体现的也是个体信仰的反面——从个体信仰的角度而言，宗教是若干社会领域之一。两相对照，日本与中国有着天壤之别，晚清和民国时期的中国政府（1912～1949）对宗教投入甚少。

1258

三 宗教与帝国

宗教多样性

掠夺与征服给帝国带来信仰其他宗教的臣民。比如，犹太人被罗马帝国统治，埃及的科普特（koptisch）教徒自 7 世纪以来被阿拉伯人统治，16 世纪时，巴尔干地区的东正教徒被穆斯林统治，信仰多神教的阿兹特克人被天主教徒统治，爱尔兰的天主教徒被新教教徒统治。在 19 世纪，多宗教并存的帝国的形成达到了高峰。19 世纪时的奥斯曼帝国随着时间推移领土不断缩水，从而失去了其绝大部分基督教臣民，因此仅出于人口学原因仍在继续伊斯兰化，但除奥斯曼帝国之外再无其他伊斯兰帝国。不过，在英国、俄国、法国、荷兰和中国等帝国的穆斯林均属于人口数量庞大并且自信的群体。最迟到埃及和大部分信仰伊斯兰教的非洲地区被吞并，维多利亚女王比世界上任何其他统治者统治的穆斯林人数都要多，而同时她还是大多数印度教徒的女皇。在暹罗和缅甸的英国人，在柬埔寨和老挝的法国人分别统治着占人口多数的佛教徒。在非洲、东南亚的部分地区或南洋诸岛上，欧洲人面对着多如牛毛、逐渐被发现和描述的令人眼花缭乱的各类宗教表现形式。欧洲人的最初印象是，这些民族没有宗教信仰，所以，放眼望去，所有人皆为一张白纸，只待接受基督教的传教布道；又或者是这种印象——他们刀枪不入，不为任何"文明化"所动。[35] 自 1860 年以来，受民族学创始人之一爱德华·伯内特·泰勒（Edward Burnett Tylor）影响，"万物有灵论"（Animismus）这个集合名词开始广为使用：它是个中性词，替代了近代早期术语"偶像崇拜"，偶像崇拜与所有的一神论相对，被人们憎恶。[36]

在"世界性宗教"组织规范有序的表象之下，世界所有地区，也包括信仰基督教的欧洲，都存在形形色色的地方民间迷信。各种不同的正确信念的守护者皆与它们相安无事，尽管无论是世俗主义的启蒙学派还是传教士原则上都拒绝向迷信妥协。在殖民地往往形成复杂的宗教等级，完全无法通过清晰的权威关系理清它们的秩序。欧洲人越是习惯了垂直下达指示的透明的教会等级，就越难在既有修会与教团，又有寺庙与神社的杂乱无序中找到他们可以依托来启动其宗教政策的机构。所有的帝国进行宗教控制的重要目的必定在于建立可靠的从属关系。近代早期的奥斯曼政府在这方面尤有作为。兼任哈里发的苏丹坚持的做法是，任何与非穆斯林臣民的接触都要通过其宗教领袖，而非穆斯林宗教领袖反过来又在有契约保障的制度中享有很大程度的自治权。这又促进了宗教少数派信仰团体中的"教会化"。[37]宗教领袖可能会面临残酷追责。当1821年希腊起义的消息传来，奥斯曼政府当即处决了未参与起义的主教格里高利五世（Grigorios Ⅴ）。

在19世纪基督徒统治的非基督徒人数比以往任何一个世纪都多，这意味着什么？尽管很容易将文明布道的自我任命，即帝国自我辩护的最重要的思想组成部分，转述为宗教使命，但各殖民国家几乎都未推行令其臣民皈依基督教的激进政策。进行殖民统治的欧洲人的宗教需求得到照顾，殖民统治的宗教仪式必然包含基督教的象征。另外，对常常属于不同宗教信仰团体的人口进行统治的异族统治者的逻辑是，要通过避免宗教挑衅来维护和平安定。因此在19世纪晚期，各帝国在结构上仍属于宗教中立国家，而非民族国家。1857年印度民族大起义后，维多利亚女王于次年11月发表宣言向印度封建主和人民申明，政府不干涉印度宗教团体的事务。[38]在1870年后与马来亚苏丹签订的条约中也添加了不干涉条款。这样的承诺并不总能兑现，不过无论英国人还是荷兰人对待伊斯兰教都慎之又慎。无疑，人们想通过等级化和官僚化使漫无头绪的宗教事务长期处于更可靠的监管之下。[39]帝国喜欢按这样的方式行事：在1772年波兰第一次被瓜分后，玛丽娅·特蕾莎（Maria Theresia）在加利

1260

西亚设置了由国家委任的新职务——大拉比，负责监督其教友。[40]在西藏，清政府在18世纪重新调整了喇嘛教的等级，试图将其改造成为一个顺从的被操纵的工具。为试图控制宗教权力关系而又不使其丧失作用而采用的若干其他办法包括，对高级宗教职务人选的任用进行干预——就如欧洲各国政府很重视在遴选主教时拥有发言权一样。所以穆斯林是特别难对付的臣民，因为他们中很多人是商人和朝圣者，与殖民地以外地区有接触和联系。因此殖民国家认为明智的做法常常是，将"他们的"穆斯林与该宗教团体其他信徒隔离开来，例如，限制他们去麦加的朝圣之行等。[41]

在努力谋求与"可靠的"宗教领袖保持良好关系的过程中，帝国统治者会陷入一种矛盾的处境。比如，将伊斯兰教神秘主义教派的苏菲修士视为合作伙伴就令人生疑。殖民地官员偏爱定居当地并且某种程度上表现"理性"的本地权威人士。但在1914年前的塞内加尔，法国人逐渐了解到，为了巩固内部秩序更明智的做法不是与"酋长"合作，而是与难以驾驭和对付的苏菲派教团的宗教领袖，即穆拉比特合作。他们不像酋长那么腐败，但又在民众中享有很高的威望，因此具有较强的执行力。[42]无论对于大英帝国、沙皇俄国还是对于法兰西殖民帝国，宗教政策都是殖民政府无法回避的长期工作。对帝国而言，如果在该领域犯下错误，可能会导致暴动，处理起来非常棘手。19世纪所有帝国的历史，也包括清帝国的历史，一直伴随着对穆斯林暴动的恐惧。"伊斯兰的暴动"（*The Revolt of Islam*）——珀西·比希·雪莱（Percy Bysshe Shelley，1818）一部小说的醒目书名，其实内容是关于法国大革命的——在西方看来，并不是直到1979年阿亚图拉·霍梅尼（Ayatollah Khomeini）的胜利，或是到 2001 年 9 月 11 日才开始，而是从 1800 年前后的伊斯兰激进运动就开始了。各大帝国一直都在以某种方式干预宗教版图和殖民地的宗教等级，却从未能使它们有根本的改变。有时会发生强迫皈依基督教和强迫受洗事件，但一般情况下，这被认为违人心愿，是被禁止的。在自己殖民地以外的地区，当某个欧洲大国在某个东方帝国充当当地属于宗教少数派的基督徒的保护者时，往往会成为蓄意制造事端的借口。俄国曾保护过奥斯曼帝国的希腊人，法国保护过黎巴嫩山区的基督徒（反之，苏丹阿卜杜勒·哈米德二世宣布保护基督徒统治下的所有穆斯林），两种情况都导致了国际纠纷和战争。在敌对的帝国内部煽动宗教少数派、少数族裔或正在兴起的民族国家的少数派人口，最终在一战中成为德国针对大英帝国及英国针对奥斯曼帝国的战略（阿拉伯的劳伦斯，Lawrence of Arabia）。[43] 该战略在 19 世纪的英俄大博弈中就已被实际应用过。

传教士：动机与动力

基督教传教的兴与衰属于 19 世纪世界宗教史最重要的脉络。[44] 近代早期欧洲人的传教努力尽管有着巨大的文化影响——且想想耶稣会士 17、18 世纪在欧洲与中国间所起的桥梁作用——但从量上来看成绩乏善可陈。欧洲殖民国家和当地统治者都不容许和希望在亚洲发生大规模改变宗教信仰的行动；非洲尚在传教的行动领域之外。在 17、18 世纪随荷兰东印度公司（VOC）赴亚洲的约 100 万人中只有大概 1000 名基督教神职人员，其最重要的任务是对抗与之竞争的天主教。[45] 与此相反，19 世纪则是为使更多人口，甚至整个民族基督教化而开辟新传教区的伟大时期。新的传教行动是一种

1262

新教现象，在英国的传教行动是以 1700 年前后的传教先驱们为楷模（在印度东南部丹麦属特兰奎巴的哈雷虔敬主义传教活动），时隔不久，美国的新的传教行动则产生于新教复兴运动（evangelical revival）的余波。有别于近代早期试图令异邦统治者皈依基督教的尝试，现在是一种大规模的"使异教徒皈依基督教的传教行动"。若要探寻这一大规模传教行动的起始时间，应当是新颁布的东印度公司《1813 年特许状法案》中规定的英属印度向传教士开放的时间，而不是个别传教团的建立时间（如 1792 年建立的大英浸信会［Baptist Missionary Society］，1795 年建立的最初跨宗派的伦敦传道会［London Missionary Society］或 1799 年圣公会人士组成的圣公会差会［Church Missionary Society］）。自此开始，越来越多的商人和传教士来到印度。商品市场和精神需求市场现在同时得到开发。在亚洲的第二大传教区中国，传教士自 1807 年起就已开始在外国贸易区有限和危险的条件下以广东和飞地澳门为根据地开展活动，后来中国于 1858 ~ 1860 年间被若干"不平等"条约打开了大门。[46]1900 年前后中国共有约 2000 名传教士。在非洲，传教活动于 1800 年前后在西部和南部地区最先开始，开展得较缓慢和分散。该地区显然没有可以规范管理传教士准入的中央政府。到该世纪中叶，新教的所有宗派和教会都已派传教士在非洲传教。在 19 世纪 70 年代，即欧洲大规模入侵前夕，传教活动规模再次扩大，不久军事征服行动开始，传教行动从中受益，但同时也面临着带来的新问题。[47]和天主教会一样，大革命时期后，天主教传教活动艰难地慢慢恢复了元气。主要在拿破仑三世野心勃勃的国际政策和殖民政策的支持下，天主教传教活动几十年后在所有地区都

追赶了上来。到1870年前后，天主教传教活动在世界各地都 1263
很活跃，被人数更多的新教传教士视为危险的对手。

19世纪的新教传教活动有许多新的特点：它依据的基本教义是要拯救成千上万、在中国甚至是数百万——传教士乐此不疲地如此宣告——"异教徒"，使其免于沦入万劫不复的境地。他们发动成千上万名男女奔赴遥远的热带地区去从事既危险又往往收入微薄的工作，而为他们提供的职前准备比今天的发展援助人员要差得多。那时候殉教还是可能的：在中国反基督教的义和团运动期间约有200名传教士及其家属殉难。传教活动是特殊形式的"市民社会"组织和志愿行动取得的巨大成就。大部分新教传教团很重视保持独立于国家和教会组织的地位，他们主要依靠捐款。就此而言，它们是首批把募捐发展成一门高超艺术的组织。它们得设法让家乡的资助者乐于捐助，不断激发其积极性，让他们相信付出会得到精神回报。传教也是集商业和运筹规划于一体的活动。

当今传教史是被纳入欧洲以外地区基督教史的一个广阔的研究领域，发生在传教士与当地人之间的事件越来越被视为平衡的互动关系，而且人们从各个角度对此进行了研究。[48]如若有普遍化情况，人们会迅速以世界某些特殊地区的个别传教团为例表示质疑。尤有争议的问题是，传教士以怎样的方式充当了帝国扩张和殖民统治的"帮凶"？对此不可能有一个让人普遍接受的答案。当然，若没有欧洲征服世界的时代大环境，传教事业的极度扩张是难以想象的。在一些地区，传教活动先行推进，政治占领紧随其后的事例很多。传教士往往是帝国保护的直接受益者。他们属于殖民地白人社会圈子，至少在英国殖民地是如此，不过他们处于下层，因为他们典型的小市民做派

1264　似乎与上流社会格格不入。另外传教士也有自己的目的，其目的并不总与殖民国家机器——他们并非这一机器的组成部分——的目的一致，也常与个体移民垦殖者的目的相冲突。从殖民政府的角度而言，如果传教士建学校，并且尽可能自筹资金的话，他们便会受欢迎。传教士"不负责任地"在当地民众中制造乱子——这方面颇多抱怨之声——然后还指望欧洲政府代表救其于危难之中，则是总督或像中国这样的非殖民地国家的领事很不乐于见到的。在民族主义运动兴起的地方（最先是印度），总会有个别传教士被怀疑是民族运动的支持者。

　　数目众多的传教团在神学信念、宗旨、方法和风险承受度方面存在着差异。至于是像原教旨主义的中国内地会（China Inland Mission）① 的激进分子那样试图改穿中式服饰，跑到偏远省份的乡村传福音，还是坚持欧式服装这个象征性标志，集中精力在城市建设高等教育和开展医疗卫生活动，则另当别论。19 世纪传教士的世界主义精神几乎不逊于近代早期其耶稣会先驱。使用英语的福音运动从一开始就是一个跨大西洋工程，在遥远国度进行的传教工作常常是调和了教义中包含敌意的成分，增强了世俗的共同性。欧洲大陆的传教士有自己的教团，但在盎格鲁 – 撒克逊组织中也有他们的身影。单一民族组成的传教团很少见，至少在 19 世纪的前三个四分之一世纪期间，对于传教士而言自己的民族身份并不重要。他们中很多人也没有理由为外国政府的帝国扩张野心效力。圣公会差会的初期成员中德国人和瑞士人多于英国人。[49] 即使在 1914 年，当民族独立趋势渐趋强烈时，在印度的 5400 名传教士中还有超过 1/10 是来自

---

　　① 　英国人戴德生牧师于 1865 年创办的超宗派、跨国家的基督教差会组织。

欧洲大陆的新教传教士。[50]

　　跨越不同文化的离奇惊险之旅并非不同寻常之事。像施约瑟（Samuel Isaac Joseph Schereschewsky）那样匪夷所思的生平虽然绝非寻常故事，但是可能发生的。19世纪早期圣公会会员开始在普鲁士、俄国和奥地利占领的波兰地区的犹太人中传教——仅该行动就已算是一个跨大西洋行动。皈依基督教的犹太人中就有塞缪尔·谢雷谢甫斯基，他在立陶宛就读过拉比学校，受犹太启蒙运动（俗称哈斯卡拉，Haskalah）影响很大。在布雷斯劳（Breslau）完成神学学业后，这位年轻人前往美国，在那里（此时才）由浸礼会信徒为他施行洗礼。在神学院接受了进一步的神学教育后，他向美国新教圣公会①申请中国的传教士职位。1859年他抵达上海，1862～1874年居住在北京，1877年他被祝圣为圣公会上海传教区的首任主教。施约瑟成为那个时代最伟大的汉学家之一。译希伯来文的首个也是至今常用的旧约圣经中译本主要是出自施约瑟之手。他与帝国扩张政策始终保持着很大的距离，他不赞同他那位于1865年创建了中国内地会的一副先知做派的同行戴德生（J. Hudson Taylor）让人皈依基督教的狂热做法。传教这片广阔的天空容纳着性格品性各异的各色人物。[51]

传教士：总结

　　几乎无法对基督教传教活动取得的成就进行总体概括。人们对基督教皈依者的人数统计始终有怀疑。实现将整个民族纳入世界基督徒大家庭这个乌托邦目标的只是个别现象。信仰皈

---

　　①　即安立甘，意译为英国圣公会，是英国国教会发展出来的普世圣公宗，美国及苏格兰的圣公会英文名称使用 The Episcopal Church。

1265

依也不一定终生不变：当 1796 年后英国人在暹罗放松了法律规定，很多当地的新教教徒又重新皈依了佛教或印度教。[52]传教活动卓有成效的往往是那些与殖民政府联系极少的地区。印度就是个很好的例证。[53]当地社会的边缘和弱势群体，也常常包括妇女，都特别容易对宗教产生兴趣。经过几个世纪狂热的传教活动，印度人中也仅有 2% 皈依了基督教。在中国，巨大的投入和微不足道的成就之间的落差或许更引人注目（基督教近期在中国的再度活跃是否源于前共产党时代，尚需核实）。传教成绩最可观的是西非和南非。这里——就像同期在新西兰的毛利人中一样——出现了本土教会，在传教士的支持下，这些本土教会常常很快就有了具备自身特色的会众生活和信仰生活。传教活动无疑对基督教的全球化做出了重要贡献。在传教士的推动下常常产生独立教会，它们与欧洲的母教会——倘若有的话——不再有任何依附关系。例如，当代世界各地的英国圣公会就是帝国扩张的副产品，它早已将它的帝国过往抛在了身后。[54]

　　若事关传教士的传教热情则情形会略有不同。很少有事情像传教士的到来那样让当地政府，至少是亚洲国家的地方当局，感到畏惧。传教士的思维有别于他们通常接触的外交官或士兵。他们的逻辑不是各文化间耳熟能详的权力政治逻辑，而是颠覆现行关系的纲领。传教士更像是来自另一个星球的人。他们挑战当地统治者的权威，发展壮大成为当地的对抗力量，尤其当他们知晓帝国炮艇巍然在后时。即便他们并非有意为之，也总是令现行的社会等级秩序受到质疑。他们使奴隶获得自由，把当地的社会边缘人员聚拢在自己周围，提高妇女地位，削弱主教、巫医或萨满的威信——与圣波尼法爵

（Bonifatius）1100 年前的做法如出一辙。传教士是不请自到的客人，而非人们恭请的智者——就像中国唐代初期佛教僧侣那样。如果说起初人们还谨遵待客之道对他们表示欢迎，不久他们就打破了默契，因为他们留了下来并且甚至开始改变社会游戏规则。

在人们的想象中，传教士大多是在殖民地或"无政府"国家开展活动，像在非洲或南洋那样。然而就算是根基牢固的奥斯曼帝国也感觉到了这种新型神圣战士的挑战，他们不错过任何机会来显示自己是"更高级"文明的代表。这样一种意识形态的军事化，尤其是美国新教传教运动的意识形态军事化在世纪之交达到了巅峰，当时有 15000 名来自美国各个不同教会和教团的男女传教士在海外传教。奥斯曼政府的处境相对有利，因为 1878 年的《柏林条约》承认它拥有抵制穆斯林改信其他宗教的权利；中国自 1860 年起再无这样的可能。尽管如此，对待传教士的态度还须慎之又慎。他们在新闻传播领域很活跃，又与西方媒体界有着良好关系，因此可能会严重损害帝国在国外的形象。如果说在奥斯曼帝国看来，天主教传教士在一定程度上尚可以信赖——他们是罗马教皇的使者，罗马教皇被视为担任哈里发教职的苏丹的同行——而新教教徒，尤其是美国新教教徒，则以其坚定的自信引发了极大的混乱。他们不但以宗教对手的面貌出现，而且也确定了世俗目标：培养有文化的中产阶层。这个目标恰与奥斯曼帝国晚期的宗旨相悖。[55]

从影响上来看，传教士与国际资本主义代理人不同，后者仅数年内便得以改变整个国家的结构并融入有着分工的世界经济中。传教士根据当地的实际状况开展工作。他们在这里建一座教堂，在那里建一所学校，仅仅如此就已经令生活区域的外部面貌发生了变化。他们直接影响（他人的）生活，而不是走世界市场或殖民政府这样抽象的"权力"曲折路线。受他们影响，个别人获得了新的生活机遇，包括在大都市深造的机会，另有一些人在抵抗传教士侵略的过程中找到了生活的意义。传教活动的影响因此远远超出改变信仰者和支持者的圈子。传教士现身其中的本土社会不会就此而自行"现代"起来。传教士，尤其是原教旨主义传教士，即认为圣经正确无误的信心差会（faith mission）所宣讲的西方与精神行囊中装着改革、科技征服自然的自由派所宣讲的西方完全不同。不过无论以何种方式，这些本土社会都在经历着一种对自我理解的空前挑战。

1268　　在一些国家帮助本地人学习包括医学在内的西方科学是基督教传教运动的最重要历史贡献。尤其在中国，新教传教士自世纪中叶以来对技术传播做出了极大贡献。他们的译作中只有小部分内容涉及基督教，大部分涉及科学、技术和社会生活的实际问题。从约 20 世纪 20 年代开始，中国的科学就达到了一个新阶段，不再依赖传教士的推动。在新教传教活动于 19 世纪 80 年代才开始的拉丁美洲（尤其是巴西）和朝鲜，传教士起了类似的作用。传教活动（主要是美国的传教活动）在朝鲜卓有成效，比在中国——更不要说日本——更见成效，因为它提供了一种与朝鲜官方儒学和沉重压迫着朝鲜的中国文化霸权相对的温和方案，而且并没有与西方帝国主义同流合污（朝鲜在 1910 年被日本吞并）。它维护英语和受旧时代精英歧视的朝鲜语，为正在兴起的民族主义的表达开启了文化空间，对其塑造吸引力起了作用。1884 年前后一个曲折的进程开始了，这个进程使得今天的韩国几乎 1/3 人口信奉基督教，成为亚洲基督教信徒最多的国家之一。

四 改革与革新

君权神授与新国家的建立

较之 18 世纪，19 世纪发生了更多宗教革新与改革，对于这些革新与改革，很多可以用"现代化的挑战"这一老套的说辞来解释，但并不能解释全部。很多革新是对欧洲世界霸权的回应，但并不全是。与虔信主义（此处指超越德国的、宽泛意义上的虔信主义）的基本动机转化成 19 世纪的各种新教运动相类似，在伊斯兰世界，18 世纪是在固有的神职人员等级制度（"教会"一词被禁用）之外革新运动悄然兴起的时代。与虔信主义相仿，这些革新运动也志在探寻虔敬的真实根源。[56] 这些宗教"升温"运动的源头与其说是伊斯兰学界中心，毋宁说是外围地区，如东南亚、中亚或 18 世纪时属于奥斯曼帝国的边界地区但同时又是最古老的伊斯兰地区的阿拉伯沙漠地区。这些运动中最著名的是以激愤的讲道者穆罕默德·伊本·阿卜杜勒·瓦哈卜（Muhammad ibn Abd al-Wahhab，1703～1791）命名的瓦哈比派运动。瓦哈卜指斥几乎所有通行的伊斯兰教教派为异端，要求对穆斯林的宗教信仰进行彻底的净化。1803～1813 年间瓦哈比派在其宗教暴行中甚至严重损毁了麦加和麦地那的圣地，这激起了伊斯兰世界大部分人的愤怒。

该运动的意义与其说在于其（朴素的）神学独创性，不如说在于建立新国家的成就。该运动的发起人与一位地方统治者结成联盟，就此产生了一个进行伊斯兰革新的好战国家。1818 年，埃及帕夏穆罕默德·阿里经奥斯曼苏丹批准征服了第一个

1269

瓦哈比派沙漠国家，暂时使该试验告一段落。但是 1902 年信奉瓦哈比教义的沙特王室开始崛起，从而为 20 世纪初沙特阿拉伯王国的逐步建立拉开了序幕。伊斯兰教的几大圣地于 1925 年重又被瓦哈比派控制。[57] 瓦哈比派运动与后来印度、北非、东非或高加索地区的好战的伊斯兰教派不同，不能把最初的瓦哈比派运动看作反抗西方的运动，18 世纪时西方在阿拉伯地区尚无任何影响。一种非正统的分裂导致了一个国家的建立，这属于特例而非常规。在 19 世纪的伊斯兰世界中，宗教能量往往正是来自国家体制——无论是印度、印度尼西亚及阿尔及利亚这样的殖民地还是伊朗和奥斯曼帝国等独立国家——与灵活的、机制上不那么僵化的修会及兄弟会之间的紧张关系。[58]

源于君权神授理念而试图建立国家的其他例子有中国的太平天国运动和美国的摩门教。在先知洪秀全率领下开始于 1850 年的太平天国运动是一次社会革命运动，它结合基督教新教教义与中国传统宗教观念建立了一套完整的世界观。[59] 太平天国运动建立国家的计划失败了，而摩门教信徒则成功地实现了其政治意图。这一也被称作"耶稣基督后期圣徒教会"的教派于 1830 年由一位美国先知约瑟·斯密（Joseph Smith）创立。与七年后处于不同情形中的太平天国创始人洪秀全类似，约瑟·斯密年轻时也目睹了异象，他认为这是天降大任于先知。1844 年他被心怀仇恨的暴徒谋害后，他的接班人杨百翰（Brigham Young）于 1847~1848 年带领数千名追随者历尽艰险迁往渺无人烟的大盐湖地区。其他皈依摩门教的信徒，也包括来自英国和斯堪的纳维亚的信徒，后追随而至，1860 年在美国犹他州共生活着 40000 名摩门教信徒。但后期圣徒们（Latter-day Saints）被禁止建立自己的神权国家。犹他建州，被宣布为美国领土，直接受总统控制。1857～1861年（恰与清政府镇压太平天国发生在同一时期）摩门教信徒居住地区甚至被联邦政府军事占领。如果说可把太平天国的主张理解为一种本土化但与圣经原意相去甚远的基督教教义的话，那么由创始人记录了自己专有圣书的摩门教，也同样是基督教教义适应本土的产物。[60] 其"基督教"名称至今都很有争议。也由于其一夫多妻制特征，对于很多摩门教创建时的同时代人来说，该教似乎像"美国的伊斯兰教"一般陌生。不过摩门教是对圣经中为何未谈到美国这个问题的回应，它以旧约时代发生了以美国为目的地的人口迁移的大胆猜想将美国这方热土纳入圣经中神的拯救计划之中。就此而言，它是美国所有宗教中最富有美国本土特色的。

在世界其他地区也出现了先知运动，其中一些怀揣对救世主的信念期盼世界末日的来临。苏丹的救世主运动（1881～1898）就具有这样的特点，美国中西部的北部印第安人中发生的鬼舞运动（1889～1890），1843年在伊朗出现的以"巴布派运动"（Bab）著称的萨义德·阿里·穆罕默德·设拉子运动（Sayyid Ali Muhammad Shirazi），或激发了1905～1907年德属东非反殖民政权的马及马及起义的运动都具备同样的特征。针对帝国侵略或殖民统治加剧的反抗运动常常由先知率领，被千禧年主义的期待所鼓舞。[61] 所有这些运动都预言世界会发生彻底的改变。他们不想去适应"现代世界"，而是要推翻它并重建他们所认为的自主状态。不过弥赛亚主义并非实行极端政策的必要前提。出于宗教动机建立的组织坚固的各类宗教团体遇到外部压力时可能会奋起反抗。因此在东南亚的部分地区，并不熟悉弥赛亚主义的组织良好的佛教僧侣制度成为殖民政权的强

1271

大对手。[62]

　　比如对宗教叛乱和宗教改革进行二元区分，对常常相信未来在于被神化的过去的黄金时代的弥赛亚运动和理性谨慎地适应时代变化的一些宗教和实践进行二元区分，这样的区分是有问题的。但当我们借助事例看到同一种运动如何从一极滑到另一极时，这样一种区分就具有了说服力。伊朗的什叶派异教巴布派运动就是这种情况。萨义德·阿里·穆罕穆德·设拉子本人以传统方式鼓吹并谋求神选者降临并建立新统治。在他被政府以叛教和政治反叛的罪名于 1850 年处决后，该运动并没有流产，而是在原有的神授权柄信念的传播中得到逐步改革。巴布的一名战友，以巴哈欧拉（Bahaullah）闻名的米尔扎·侯赛因·阿里·奴里（Mirza Husain Ali Nuri），在流亡奥斯曼帝国的数十年中，承担了这个使命。他有时自称是世界的救世主，是耶稣再现，是马赫迪（Mahdi）和琐罗亚斯德（Zoroaster）合体，但此外他也尽力用世界主义的、迎合现代化的表现形式来表述该派别的教义。他 1892 年辞世时，创始人所创立的什叶派救世主说已发展成为现代的巴哈伊教。宗教和组织中心位于海法（以色列）的这一教派 1910 年后在欧美得到传播，是诞生于 19 世纪的为数不多的宗教中除摩门教和印度锡克教外现今尚存的宗教之一。与同样流亡在外、创立了"世界大同学说"乌托邦哲学的中国哲学家康有为一样，巴哈欧拉也属于 19 世纪晚期伟大的、超

1272

越文化界限的"非正统思想家"。巴哈伊教的现代性体现在：赞同宪政国家和议会民主、拥护扩大妇女权利、拒绝宗教民族主义、放弃圣战教义、主张世界和平和对待科学的开放态度。[63]

现代性与现代主义

　　无论过去还是现在，现代主义可能都是——恰恰从 21 世纪

早期达尔文派和其反对者、笃信圣经的"特创论者"辩论的角度来看——衡量宗教现代性的最重要标准。并非科学知识的所有方面都家喻户晓，对外行而言都通俗易懂。根据这一标准，宗教的现代化意味着原则上不拒绝作为真理源泉的科学。通过天体学证明多行星系的存在，通过地质学和古生物学年代划分的渺无尽头，尤其是通过被一些追随者，如英国的托马斯·H.赫胥黎（Thomas H. Huxley）和德国的恩斯特·海克尔（Ernst Haeckel）极端化并竭力捍卫的达尔文的进化论，自然科学令所有宗教信徒都面临巨大挑战。[64]信仰与知识的关系因此成为哲学认识世界的核心课题，至少在欧洲是如此。宗教与科学之间的和谐不再像毕德迈耶时期和维多利亚时代早期所期待的那样纯粹。各种强调理性主义和后神论（post-theistisch）的准宗教都不能长久地填补宗教和科学之间的这道鸿沟：无论是将科学上升为信仰（科学教），还是和基于共济会主义的 19 世纪的各种秘密学说，抑或是 1820 年前后由法国早期社会主义者克劳德·昂利·圣西门（Claude-Henri de Saint-Simon）创立、在其去世后几十年里像邪教般被维护的"社会宗教"（soziale Religion）都不能做到这一点。根据圣西门的这一学说，科学家和艺术家应赋予新工业时代以道德基础并使生产力得到最大程度的发挥。奥古斯特·孔德（Auguste Comte）的实证主义主要在墨西哥、巴西和孟加拉——出于各种原因——被视作世俗化的救世哲学，更被大师本人在其晚期著作中上升为"人道教"：一种基于科学指导进步的学说，在其中政治自由思想和经济自由竞争（Laisser-fair）为技术专家政治建立秩序让路。孔德预料他的学说将在西欧一路高歌，不过也曾——徒劳地——力图使埃及帕夏穆罕默德·阿里成为其信徒，圣西门主义者曾一度试图在该国以公社形式实现其乌托邦理想。实证主义在此地并不吃香，只有在那些人们视之为追赶型现代化的全面世界观的国家它才受到青睐。[65]

　　就如自然科学修正圣经的创始说所产生的问题一样，人文科学由于被历史化也产生了类似的问题。人们对艺术、哲学和科学曲折的形成过程做了研究，将它们阐释为意义在时间长河中的演进。除文学批评外还出现了一种呈现"国民文学"缓慢发展的历史学。康德对古老的哲学思想仅做了简略的概括；康德去世不过数年，黑格尔就在讲座中就此做了详尽的讲述。宗教也没有逃脱被历史化。宗教观念和对历史性的新的认知之间的对立成为很多团体及教会的难题。对于犹太教而言，对改革观念的陌生根植于传统，因此较之基督教面对更大的困惑。搭建与历史和时间性的关系成为使犹太教信仰现代化的核心要务。[66]在基督教世界中，圣经批判产生了广泛但或许不那么强烈的影响。由于圣经批判是由基督教神学家和历史学家对旧约全书的出处和传统文本所进行的研究，所以它也直接涉及犹太教的自我认知。广大的受教育阶层对基督教历史化的推动并不是通过像大卫·弗里德里希·斯特劳斯（David Friedrich Strauss）撰写的《耶稣传》（*Leben Jesu*，1835）那样的猛烈抨击，而是通过尊重科学的文献学家的艰辛劳动。通过文献学的方法，人们一方面获得了越来越准确的史料，另一方面也得到了完全不同、起码与圣经描述拉开相对距离的阐释。19 世纪的自由派新教神学和教会历史倾向于将耶稣刻画成一位传播超验价值的道德楷模。当将基督教置于与其他宗教的相互关联中的宗教史学研究兴趣兴起，则出现了一个与耶稣作为试图拯救世界免于毁灭的东方先知形象截然相反的形象。[67]欧洲学者也对其他宗教，如伊斯兰教或佛教创立的历史，进行这样的历史化批评及批评性历史化，在这些地区这种行为同样被认为是挑衅和去神圣化攻击——这是当今对"东方主义"谴责之声的一个根源。

将世界区分为宗教被引上了市民阶级理性之金光大道的西方和宗教发展陷于好战狂热、权柄神授的领袖文化和圣战中的非基督教的世界其他地区，如此简单的对立是不恰当的。顽固的传统、权柄神授带来的挑战和边改革边发展，19 世纪时这些现象在东方和西方都存在。庇护九世治下的天主教会明确表示反对启蒙运动的遗产，事实上庇护几乎就像欧洲自由派人士所批评的那样反动。他为他的继任者利奥十三世（Leo XIII，1878 ~ 1903 年在位）遗留下一种天主教受困心态。思想也极端保守的利奥大胆进行了谨慎的开放，他关注当时的社会问题并力求在自由资本主义和社会主义之间找到第三种立场。总体而言，教会仍然是一股顽固力量。

恰在这两任教皇任期期间，伊斯兰教的现代革新得到了极大重视。其开始兴盛的时间可确定为 19 世纪 40 年代。这一分为若干部分的改革运动席卷了从北非、中亚到马来亚和印度尼西亚的整个伊斯兰世界，它是 19 世纪思想史上的重要瞬间。在法律学者、宗教学者，包括一些人生阅历迥异的政治领袖的领导下，改革运动力量出于一个特殊原因而团结在一起，这一特殊原因就是，他们担心，在一个欧洲雄霸世界的时代，伊斯兰教会因自身之过而陷入为自己进行理性辩护的境地，进而在政治上更加衰弱。在这些现代化实施者，最富国际声望的有独具领袖魅力、马不停蹄地在伊斯兰国家穿梭的哲马鲁丁·阿富汗尼（1838 ~ 1897），埃及的高级神职人员、政治家和系统神学家——（称其为系统神学家是）相对于阿富汗尼而言——穆罕默德·阿卜杜（Muhammad Abduh），北印度哲学家和教育家赛义德·艾哈迈德汗爵士（Sir Sayyid Ahmad Khan）及克里米亚鞑靼族知识分子伊斯梅尔·加斯普林斯基（Ismail Gasprinskij），他们在伊斯兰教固有传统（其正统辩护者处处可见）和现代世界的要求与机会间寻求折中路径。他们为争取批评的自由空间而斗争，比如可对伊斯兰经文的文本出处做出新阐释的自由空间。其讨论随着 1870 年后伊斯兰世界中新闻媒体的出现而引起了异乎寻常的公共反响，讨论关乎社会现代化的必要性和可能性、关乎宪法统治、向现代科学靠拢、学校课程的内容和方法及妇女权利。[68]在发声的数十位思想家中（其中也有几位女性）几乎没有一位是希望从根本上就伊斯兰教本身进行商榷的自由思想者。对欧洲人普遍持有的认为伊斯兰教教义僵化专横的观点，人们则会以相反的例子反驳。（他们认为）应当发掘伊斯兰教话语中蕴含着的新东西。

　　伊斯兰现代化实施者们未止步于坐而论道。他们中很多人积极投身实践，尤其是教育领域，如学识渊博的学者赛义德·艾哈迈德汗（他原本是法官）。他于 1875 年创建的伊斯兰英国东方学院（Anglo-Oriental College，今位于北方邦的阿里格尔穆斯林大学前身）致力于将塑造穆斯林身份认同与培养英国绅士型人才相结合，由此造就了一所印度的剑桥，其首要目的是为殖民政府培养高级行政官员。更富有成效的是从补充新人员和发展角度考虑而建立的一个富有改革精神的神学院网络，这些神学院主要培养乌莱玛（ulama），即社区伊斯兰经师。其起源是 1867 年在德奥班德（北印度）创建的古兰经学院（玛德拉萨［madrasa］），故称德奥班德运动。后来，在次大陆的大部分地区涌现出大量分支机构。印度伊斯兰地区传统宗教机构由来已久的乱象一定程度上得到整治并被官僚机构化，但它们却与殖民政府保持着距离。人们并不需要殖民政府作为财政来源，而殖民政府则对其穆斯林臣民中的"市民社会"行动抱着怀疑的态度。[69]在1900年前后，预言伊斯兰教中相互间千差万别的各种现代主义趋势前景辉煌，这并非不现实。它们在世俗（如基马尔）民族主义、法西斯主义和布尔什维克社会主义时代的衰落则属于另一个时代了，属于一段错失良机的历史了。

1276

19世纪，在印度多姿多彩的非伊斯兰宗教世界里也出现了改革运动，这些改革运动常常不仅谋求宗教的纯洁化，而且谋求广泛的文化革新。[70]在印度之外声名远播的有拉姆·莫汉·罗伊（Ram Mohan Roy）、罗摩克里希那（Ramakrishna Paramahamsa）和其弟子辨喜（Svami Vivekananda），辨喜于90年代初以将印度教提升至普世主义高度的纯粹不二论而名扬世界。[71]基督徒面对有不同信仰的亚洲文化精英时愈来愈流露出笃定的优越感，这也倒逼另一方产生更强烈的宗教认同从而促进"印度教"（此概念在19世纪初才兴起）突出自己作为统一的教义和社会制度的特色。随时从自身文化资源中汲取营养，改革运动以各种不同方式对新的推动力做出反应，这些新的推动力包括往往是在印度本土开展的欧洲东方研究，由传教士传播的基督教，此外，各类改革运动之间也相互影响，因为与在基督教和伊斯兰教中的情况类似，现代主义力量反过来又会引起新正统主义反响。直接由外部推动的情况属于例外，比如在19世纪80年代的暹罗，美国神智学信徒（Theosophen）与暹罗弟子对佛教进行了再创造：撰写佛教问答手册，修缮宗教纪念碑，普及佛教标志。[72] 在任何地方，人们面对问题情境做出的基本选择是相似的，介于对外来事物、新事物的顽固抗拒和对被视为时代主导力量的事物的很大程度的适应之间。比极端选择更有意思的是各种各样的中间选择，用"传统"和"现代"的简单对立无法尽数涵盖。

1277　宗教传播

宗教是除科学以外的大规模传播网络的伟大缔造者。若称这样的网络是"跨国的"则过于平常。今天仍存在的很多这样的传播网络的规模比现代民族国家还要庞大，并且几乎都比它们更古老。它们并不一定依赖国家结构，它们跨越老界限，划出新界限。它们绝不是仅以官方教会组织的形式留存下来。伊斯兰教的神秘主义教派也曾在逾几百年的时间里建立并扩大了从中国经中亚直到地中海地区的庞大网络。[73]

除了边界地区发生的转信基督教和伊斯兰教的情况，以及1893 年作为芝加哥世博会（哥伦比亚展览会，"Columbian Exhibition"）一部分的世界宗教议会这一个别事件外，19 世纪的宗教传播大多发生在一个单一的宗教区域内。[74] 其中一些区域规模足够大，借助当时的新型交通工具得到了前所未有的开发。亚洲和非洲的很多穆斯林乘坐蒸汽船或前往阿拉伯圣地朝觐，或去往开罗、大马士革、伊斯坦布尔等学问之都。在马来亚，由于越来越多的人踏上麦加朝圣之旅才出现了旅游业。[75] 由于有了铁路，人们才能负担得起前往沙俄的伊斯兰圣寺或欧洲天主教圣地的朝圣之行（1858 年圣母玛利亚显现使法国比利牛斯省的小城卢尔德成为朝圣中心）的路费。有了新型的交通工具，罗马才成为广大天主教徒的目的地，并有了"永恒之城"的美名。[76]几乎从不离开罗马半步并向现代的时代精神宣战的庇护九世一反常态，打造了世界性的罗马天主教会，他更多地以神职人员而不是官僚①的身份寻求与信徒的接触，而且他是首位把世界各地的主教召集到梵蒂冈的教皇。早在1862年，第一次梵蒂冈大公会议（1869～1870）召开数年前，就有255名主教齐聚罗马，人数空前。主教聚首的由头也具有一定的世界性：追封250年前在日本殉教的26名修士为圣徒。[77]在亚洲对基督徒最后的大规模"旧式"迫害事件中，越南有若干传教士和皈依者殉教，此次举行圣徒追封是在该事件发生一年后。

1278

19世纪的新媒体也进一步加速了宗教传播，罗马由此成为世界天主教中心，外国报社开始向罗马派驻记者。教皇制成了具有新闻性的事物。集神权统治者、教派首领和商人于一身的摩门教首领杨百翰迅速摸到了时代的脉搏，很早就让人在犹他州铺设了电报线。通往盐湖城的铁路使人更难抗拒堕落的诱惑，方便了联邦军队的进入，但也迫使摩门教徒从极端封闭中脱离出来，正合了开明的教派首领的心意。[78]到19世纪下半叶，印刷术价格降低、技术简化使人们首次可以成百万册地印制《圣经》，使其他国家民众能够读到若干种语言版本的《圣经》。总体来看，必须在印刷前完成的翻译工作是19世纪最伟大的跨文化传播成果。在较少以圣经为至上依据的天主教圈子中流传着大量廉价的宣传册子、传单和圣经选集，它们作为媒介推动了游离于官方教会边缘的新的民间宗教形式的发展。在所有正统教派疏于控制的地方，民间宗教蓬勃发展。该发展局面的出现基于一个前提，即19世纪文盲人口的减少和出现了向兴起中的

---

① 庇护九世是最后一任兼任世俗君主的教皇。

大众读者提供宗教印刷读物的途径。无论在欧洲还是在传教区，向新读者提供《圣经》成为开展活动的重要动机，尤其是成为新教投入发展教育事业的重要动机。在人们认为要抵御基督教铺天盖地的文字宣传式扩张的地方，印刷机是恰当的防御武器。这是伊斯兰经师（乌莱玛，ulama）在持怀疑态度几个世纪后最终于 19 世纪的最后三分之一世纪热情接受了印刷机并让它为自己所用的原因之一。[79]

注释

[1] Beyer, *Religions*（2006），本章尤为感谢这一精彩的社会学研究著述所激发的灵感。

[2] 有关近代宗教史的"主导叙事"参见 D. Martin, *On Secularization*（2005），第 123 ~ 140 页。

[3] "Analoge Transformation"：Beyer, *Religions*（2006），第 56 页；关于英国与印度间"纠缠的历史"，参见相关典范著作：Veer, *Imperial Encounters*（2001）。

[4] 目前"政治性宗教"观念的主要代表人物是历史学家 Michael Burley。

[5] 相关主题令人信服的评论：Graf, *Wiederkehr*（2004），第 233 ~ 238 页，及 Beyer, *Religions*（2006），第 62 页及下页。

[6] 有关"世界性宗教"所涉及的各种宗教概念参见 Haußig, *Religionsbegriff*（1999）。

[7] J. R. Bowen, *Religions in Practice*（20063），第 26 页及下页（补充）。

[8] Jensen, *Manufacturing Confucianism*（1997），第 186 页。

[9] Hsiao Kung-chuan, *A Modern China*（1975），第 41 ~ 136 页。

［10］Beyer, *Religions*（2006），第 83 页及下页。

［11］Masuzawa, *Invention*（2005），第 17～20 页。

［12］关于欧洲和美洲 19 世纪的对比参见 Helmstadter, *Freedom and Religion*（1997）。有关解放进程的比较：Liedtke／Wendehorst, *Emancipation*（1999）。

［13］Cassirer, *Philosophie der Aufklärung*（1998），第 221 页。

［14］Zagorin, *Toleration*（2003），第 306 页。

［15］Sanneh, *Crown*（1997），第 9 页。伊斯兰教和基督教在非洲的传教活动是 Coquery-Vidrovitch, *L'Afrique*（1999）的主题。

［16］在下文中我主要从社会历史的角度进行阐述。精彩的思想史讨论（以法国为例）见 Lepenies, *Sainte-Beuve*（1997），第 317～362 页。

［17］McLeod, *Secularisation*（2000），第 285 页。

［18］同上书，第 224、262 页。

［19］Browne, *Darwin*，卷 2（2002），第 496 页。

［20］Beales／Dawson, *Prosperity and Plunder*（2003），第 291 页及下页。

［21］Spiro, *Buddhism*（19822），第 284 页。

［22］Joseph Fletcher,"Ch'ing Inner Asia",发表于 Fairbank／Twitchett, *Cambridge History of China*，卷 10（1978），第 35～106 页，该处见第 99 页。

［23］M. C. Goldstein, *Modern Tibet*（1989），第 41 页及下页。

［24］Asad, *Formations*（2003），第 210～212、255 页。

［25］Berkes, *Secularism in Turkey*（19982），第 89 页及下页。

［26］Hilton, *A Mad, Bad and Dangerous People?*（2006），第 176 页。

［27］Butler, *Sea of Faith*（1990），第 270 页。

［28］对整个进程的分析见 Casanova, *Public Religions*（1994），第 134 页及下页。

［29］Finke／Stark, *Churching of America*（20025），第 114 页（表 4.1）。

［30］D'Agostino, *Rome in America*（2004），第 52 页。

[31] 关于整个欧洲的概况参见 C. M. Clark/Kaiser, *Culture Wars* (2003)。

[32] Chadwick, *History of the Popes* (1998)，第 95 页。

[33] Hardacre, *Shinto* (1989)，第 27 页及下页；McClain, *Japan* (2002)，第 267~272 页。

[34] 参见 Wakabayashi, *Anti-Foreignism* (1991)，是最重要原始资料的译作和阐释。

[35] Chidester, *Savage Systems* (1996)，第 11~16 页。

[36] Petermann, *Geschichte der Ethnologie* (2004)，第 475 页及下页。

[37] Hösch, *Balkanländer* (1988)，第 97 页。

[38] Keith, *Speeches* (1922)，第 382~386 页。

[39] Tarling, *Southeast Asia* (2001)，第 320 页及下页；Gullick, *Malay Society* (1987)，第 285 页及下页。

[40] Bartal, *Jews of Eastern Europe* (2005)，第 73 页。

[41] Federspiel, *Sultans* (2007)，第 99 页及下页。

[42] F. Robinson, *Muslim Societies* (2004)，第 187 页。有关苏菲教团对殖民统治的基本立场参见 Abun-Nasr, *Muslim Communities of Grace* (2007)，第 200~235 页。

[43] Strachan 强调指出，是德国人最先将这种帝国策反方法发展成了真正应用于世界大战的战略：Strachan, *First World War* (2001)，第 694 页，该书第 9 章有详细描述。

[44] 精彩但有些过时的整体描述：Gründer, *Welteroberung* (1992)；以英国视角所做的极好的概述：Andrew Porter, "An Overview, 1700 - 1914"，发表于 Etherington, *Missions and Empire* (2005)，第 40~63 页。出处：Harlow/Carter, *Archives of Empire* (2003)，卷 2，第 241~364 页（突出传教士的好战特点）。这里略掉伊斯兰的传教/扩张活动，尤其是在非洲的活动。参见 Hiskett, *Islam in Africa* (1994)。作为对基督教传播的反应，佛教中也出现了传教趋势，比如在暹罗。

[45] Tarling, *Southeast Asia* (2001)，第 316 页。

[46] 简要概述：R. G. Tiedemann, "China and Its Neighbours"，发表

于 Hastings, *World History of Christianity*（1999），第 369～415 页，该处见第 390～402 页。

[47] 总览：Kevin Ward, "Africa"，发表于出处同上，第 192～237 页，该处见第 203 页及下页；C. Marx, *Geschichte Afrikas*（2004），第 90～100 页；Coquery-Vidrovitch, *L'Afrique*（1999），第 212～232 页。

[48] 关于南非的大型人类学全面研究：Comaroff/Comaroff：*Of Revelation and Revolution*（1991 - 1997）。有关传教策略的近期优秀著述：A. Porter, *Religion versus Empire?*（2004）；完全不同视角的著作：C. Hall, *Civilising Subjects*（2002）。若干传教史文集中的最重要著作：Veer, *Conversion*（1996）。

[49] Brian Stanley, "Christian Missions, Antislavery, and the Claims of Humanity, C. 1813 - 1873"，发表于 Gilley/Stanley, *Cambridge History of Christianity*（2006），第 443～457，该处见第 445 页。

[50] Andrew Porter, "Missions and Empire, C. 1873 - 1914"，发表于出处同上，第 560～575，该处见第 568 页。

[51] 参见两位著名传教士的传记：Eber, *Jewish Bishop*（1999）；A. J. Austin, *China's Millions*（2007）。

[52] Peebles, *Sri Lanka*（2006），第 53 页。

[53] Robert Eric Frykenberg, "Christian Missions and the Raj"，发表于 Etherington, *Missions and Empire*（2005），第 107～131，该处见第 107、112 页。

[54] K. Ward, *Global Anglicanism*（2006）.

[55] Deringil, *Well-Protected Domains*（1999），第 113、132 页。

[56] 参见有关这一多姿多彩的宗教世界的描述：Voll, *Islam*（1994²），第 3 章。

[57] Cook, *Understanding Jihad*（2005），第 74 页及下页。

[58] John Obert Voll, "Foundations for Renewal and Reform：Islamic Movements in the Eighteenth and Nineteenth Centuries"，发表于 Esposito, *Oxford History of Islam*（1999），第 509～547 页，该处见第 523、525 页。

[59] 亦参见本书第 5 章。

[60] Shipps, *Mormonism* (1985)。

[61] 具有广度的概览：J. R. Bowen, *Religions in Practice* (2006[3])，第 216 ~ 228 页。

[62] Reynaldo Ileto, "Religion and Anti-colonial Movements"，发表于 Tarling, *Cambridge History of Southeast Asia*，卷 2 (1992)，第 198 ~ 248 页，该处见第 199 页及下页。

[63] 关于巴哈欧拉的有趣的研究：J. R. Cole, *Modernity* (1998)。

[64] Nikolaas A. Rupke, "Christianity and the Sciences"，发表于 Gilley/Stanley, *Cambridge History of Christianity* (2006)，第 164 ~ 180 页。

[65] Wernick, *Auguste Comte* (2001)，极富批判性；关于欧洲以外地区对孔德理念的接受情况的简要描述：Forbes, *Positivism* (1975)，尤其第 147 ~ 158 页。

[66] Funkenstein, *Jüdische Geschichte* (1995)，第 186 ~ 196 页。

[67] John Rogerson, "History and the Bible"，发表于 Gilley/Stanley, *Cambridge History of Christianity* (2006)，第 181 ~ 196，该处见第 195 页。

[68] 基本著作：Kurzman, *Modernist Islam* (2002)，编者的引言尤为精彩，第 3 ~ 27 页；A. Black, *Islamic Political Thought* (2001)，第 279 ~ 308 页；政治思想领域的经典著述仍然非此书莫属：Hourani, *Arabic Thought* (1962)。

[69] B. D. Metcalf, *Islamic Revival* (1992)；F. Robinson, *Islam* (2000)，第 254 ~ 264 页；Pernau, *Bürger mit Turban* (2008)，第 219 ~ 224 页。

[70] 概述：Stietencron, *Hinduismus* (2001)，第 83 ~ 88 页；细节描述见 K. W. Jones, *Reform Movements* (1990)，该书按地域进行叙述，也探讨了伊斯兰运动。有关根植于 19 世纪的当前印度教民族主义，参见 Bhatt, *Hindu Nationalism* (2001)，第 2 ~ 3 章。参见有关"印度灵性"观念产生的著述：Aravamudan, *GuruEnglish* (2006)。

［71］概述：Sharma, *Modern Hindu Thought*（2002）。

［72］Peebles, *Sri Lanka*（2006），第 74 页及下页。

［73］提供相关方面最佳案例的著述：Weismann, *Naqshbandiyya*（2007）。

［74］Lüddeckens, *Weltparlament*（2002）.

［75］Gullick, *Malay Society*（1987），第 299 页。

［76］Boudon 等编, *Religion et culture*（2001），第 39 页及下页，第 134 页；Chadwick, *History of the Popes*（1998），第 113 页。

［77］同上书，第 159 页，第 181 页及下页。

［78］Arrington, *Brigham Young*（1985），第 321 页及下页。

［79］该论点出在：F. Robinson, *Islam*（2000），第 76 页及下页。

结束语
——历史上的 19 世纪

1279   "（建构）一种全面的世界历史是必要的，但是鉴于当今的研究水平，这是不可能做到的。……不必因此而绝望；专题研究总是有益的，只要它能够在历史的纵深处发现鲜活的、具有普遍意义的历史元素。这一点在历史研究中比在其他任何领域都更明显。"[1]兰克在 1869 年如此评论，他的这些话现在来看也颇有道理。在本书中，我尝试书写的正是这样一部"不可能完成的"世界史，纵然它不是一部全面的世界史。读者与学者终究要回到"专题研究"，而不是绞尽脑汁、雄心勃勃地对世界史进行更全面的概括。站在峰顶俯瞰四面群山，的确是一种美妙的体验。但是，正如阿尔诺·波斯特（Arno Borst）所说，作为历史学家又能在山顶撑得了多久呢？[2]以下评述既不是对整个时期的精髓的凝练，也不是对时代精神的揣度。它们是本书最后的但并非总结性的评述。

自我诊断

    本书在开篇中把 19 世纪描述为（西方）更深刻反省自身的时期。从 18 世纪 70 年代的亚当·斯密到 20 世纪最初几十年的马克斯·韦伯都进行了伟大的尝试，试图全面理解自己所处的时代并将其纳入更久远的历史进程中。时代诊断不仅发生在欧洲。在学者或知识分子阶层形成的社会中，在思想被记录和言说的地方，在观察和批评促使人们对自身生活的世界及其更广阔的时空环境进行全面反思的地方，都可看到时代诊断的发生。这些反思并不总是以一种今天看来轻易被视作时代诊断或"当代理论"[3]的形式出现。它们可能以各种形式出现：以当代史的形式，这方面的学者有埃及的杰巴尔迪（Abd al-Rahman al-Jabarti），他经历了拿破仑对埃及的占领，详细描述了这段历史，[4]或著名的古代史研究者巴尔托尔特·格奥尔格·尼布尔（Barthold Georg Niebuhr），他也以自己所处的时代——"大革命时代"为题举办讲座；以对政治事务发表意见的形式，如黑格尔1831 年撰写的《论英国改革法案》（*Ueber die englische Reformbill*）或马克思关于路易·波拿巴及其从民选总统成为受到拥戴的独裁者的极有影响的文章（《路易·波拿巴的雾月十八日》[*Der Achtzehnte Brumare des Louis Napoléon*]，1852）；以哲学文化批评风格描述国家概况的形式，如斯达尔夫人（Madame de Staël）（《论德国》[*De l'Allemagne*]，1813），亚历西斯·德·托克维尔（《论美国的民主》[*De la démocratie en Amérique*]，1835～1840），埃及教育改革家和翻译家里法阿·艾尔·塔哈塔维（Rafaa al-Tahtawi）（关于他 1826～1831 年在巴黎之行的报告，1834 年发表）；[5]以日记形式，如爱德蒙·龚古尔和儒勒·龚古尔兄弟（Edmond und Jules de Goncourt）（1851～1896 年所写的日记）或日本军医和作家森鸥外（Mori Ogai）（1884～1888 年在欧洲逗留期间所写的日记）；[6]以自传形式，如曾身为黑奴的知识分子和民权运动人士弗雷德里克·道格拉斯（Fredrick Douglass）（他三部自传中最重要的一部：《我的奴隶生涯和我的自由》[*My Bondage and My Freedom*]，1855），或美国历史学家亨利·亚当斯（Henry Adams）（《亨利·亚当斯

1280

的教育》1907 私人版，1918 年出版）；另外还有各种零散的出版物，如约翰·穆勒，他的时代诊断更多出现在一些篇幅短小的文字中，较少出现在他的鸿篇巨制里，或者梁启超，在长达 30 年的时间里他持续参与中国的文化和政治事件并进行评述。

　　社会学于 1830 年前后基于久已存在的研究基础而诞生，当时的社会学是解释社会现状的一门学问。最初与政治经济学和同期兴起的民族学相关联的社会学创造出了理解社会各时期的基本模式，这些模式至今还被人们讨论，比如社会的组织原则从身份（status）到契约（contract）的转变（法律史学家亨利·梅因爵士 [Henry Maine]，《古代法》，1861）或费迪南·滕尼斯（Ferdinand Tönnies）在《共同体与社会》 （*Gemeinschaft und Gesellschaft*）一书中提出的共同体与社会的类似对比（1887）。马克思认为，资本主义是随着历史发展而产生的社会形态，而恩格斯在晚年为马克思的分析做出了符合当时社会现实的精辟的补充。约翰·穆勒此前把古典政治经济学概括为一套宏大的综合理论（《政治经济学原理》[*Principles of Political Economy*]，1848）。斯宾塞阐释了温和的工业主义是从军事型野蛮社会进化而来，并有可能再度倒退回去（《社会学原理》 [*Principles of Sociology*] 第一卷，1876）。福泽谕吉（Fukuzawa Yukichi）把日本归入普遍的文明化发展进程中（《文明论概略》[*Bummeiron no gairyaku*]，1875）；[7]伊朗裔亚美尼亚人（Malkom Khan）根据伊斯兰精神来诠释欧洲的现代性（《改革之书》 [*Daftar-i Tanzimat*]，1858）。[8]哲学家及批评家，如弗里德里希·施莱格尔（Friedrich Schlegel）、海因里希·海涅（Heirich Heine）（尤其体现在《论德国宗教与哲学的历史》[*Zur Geschichte der*

1281

Religion und Philosophie］，1835）、拉尔夫·沃尔多·爱默生（Ralph Waldo Emerson）、马修·阿诺德（Matthew Arnold）、弗里德里希·尼采（Friedrich Nietsche），以及该时期末的卡尔·克劳斯（Karl Kraus）和拉宾德拉纳特·泰戈尔（Rabindranath Tagore）都记录了其时代的文化敏感性和矛盾性。[9]任何一种理解 19 世纪特征的尝试都必须以这一时代的大量自我诊断为起点。

现代性

此外还有今天的社会学所提供的阐释方法。它们围绕着"现代性"这个概念做文章。[10]大多数情况下对过去它们亦有话可说，因此会或明或暗地提及 19 世纪；但常见的是对欧洲整个近代时期的笼统概括：几乎并未随着时间的推移确定"个别详述"这个范畴。出于传统和习惯，几乎全部的社会学现代讨论都将该词指向局限于（西）欧和美国。伟大的社会学家施谬·诺阿·艾森施塔特（Shmuel Noah Eisenstadt）自 2000 年起宣扬的"多元现代性"（multiple modernities）理论是个重要进步。艾森施塔特认为，现代性内部的区分主要出现在 20 世纪。据他观察，在 19 世纪，主要是欧洲和北美的现代性路径间出现了差异，这个现代性在他看来绝没有构成一个均质化的"西方"，而他在非西方世界中只看到日本具备特色鲜明的现代性。[11]的确，人们很难在 1800～1900 年这一时期发现与西欧霸权现代性模式相抗衡的印度、中国、近东伊斯兰或非洲独有的现代性路径。直到世纪之交后这样的区分才开始变得明显，确切地说，最初是思想史上的区分而非结构性区分。

今天若有历史学家欲对"现代性"范畴进行有意义的研究，　1282

面临的工作难度会相当大：他们得遵循社会学所涵盖的最高水平的现代性理论，必须记住 19 世纪同时代人对该世纪的阐释，同时还须努力使研究在时空精确度方面超越已有的概念。"资产阶级主体"、社会内部的"功能性区分"或"市民社会"等笼统的概念只有当说明它们在历史现实中的具体指向时才会有用。推测现代性是随着 19 世纪的时间进程，甚至到 19 世纪末才自发产生的所有企图都颇有争议。现代性的理性基础于近代早期——最早于蒙田（Montaigne）时代，最迟于启蒙运动时期——在欧洲奠定。

到底如何理解"现代性"的基本含义？人均收入开始了长期增长？理性的、可预见的生活方式的出现？从等级社会到阶级社会的转变？政治参与范围的扩大？统治关系和社会交往的法治化？新型破坏力量的发展？艺术从对传统的模仿转变为对审美标准的创造性破坏？没有一个现代性概念能不偏不倚地全部概括所有这些（以及其他）方面，而单纯罗列现代性特点又不能令人满意。现代性概念始终有着自己的优先次序并对现代性的若干方面——即便它们并非单一主题的——进行排序。有一点它们通常也不会忽视，即现代性林林总总的各个方面仅在少数历史事件中能和谐共存。细察现代性先驱之一法国，就足以发现发展中存在的差异和滞后现象。法国启蒙运动的哲学家们在他们生活的世纪是全世界最现代的思想家群体，法国大革命时期，尤其是国王行刑和恐怖时期开始前的早期阶段，至今仍被若干历史学家和理论家视为政治现代性的一个特别重要的源起。另外，法国又是这样一个国家，即除巴黎和其他少数几个大城市外，其他地区直到进入 19 世纪后很长一段时间仍然维持着古老的社会形态，而在同一时期的英国、荷兰或德国西南部地区此种现象已很罕见。[12] 在大革命之后又历经整整 90 年，法国才实现了资产阶级民主政治。现代性在思想史上"诞生"后又经历了漫长曲折的过程才转化为接近社会理论所定义的现代性的制度和思维方式。19 世纪，尤其是 20 世纪的经验表明，经济现代性可与政治专制相伴相随；对德意志帝国的权威性解释至今都以此为依据。虽然在受到极端压制的环境中进行审美创新是难以想象的（迪米特里·肖斯塔科维奇［Dmitrij Šostakovic］和安娜·阿赫玛托娃［Anna Achnatova］作为两个例外证明了这一规律），但反过来，并非政治环境最现代的地方审美创作就必然最繁荣。比如 1900 年前后，哈布斯堡君主国的首都就是比民主和自由资本主义大都会伦敦和纽约还重要的文化中心。

关于"现代性"还有另外一个问题：我们主要是对现代性的"诞生"，即它当初是如何在特殊的时间及空间条件下产生的感兴趣吗？搞清楚现代性原则是在某个地方以某种方式诞生，这就够了吗？还是更应该去探问现代性的传播和影响，探问从何时起整个社会可被看作现代的或"完全现代化了的"？如何以比较的方式确定现代性程度的不同阶段？充分发展的现代性（"高度现代性"）不再是小众的或孤立的，而是成为主导生存方式。它不再像在诞生后的第一阶段那样是破坏规则的、革命性的，而是已经日常化，并且它自身又招致反现代或后现代的对立思潮。因为在 20 世纪晚期"现代化"这个概念退居"现代性"之后，所以很少会出现问及现代性的影响范围或体制特点的问题。1910 年前后现代性占主导地位的国家屈指可数：英国、荷兰、比利时、丹麦、瑞典、法国、瑞士、美国、英属加拿大、澳大利亚和新西兰，还有现代性程度稍逊的日本和德国。谈及欧洲易北河以东地区、西班牙和意大利时就已出现对现代性发育成熟的质疑之声。不过，通过这些评价又能得到什么启发呢？

再论：一个世纪的开始与结束

今天的历史写作无须为满足欧洲政治言论需求而就欧洲"特质"做出实质性表态。如今它亦很幸运，可以将过去关于欧洲形象的政治意识形态斗争抛诸脑后。目前关于欧洲形象的讨论已很少围绕天主教欧洲与新教欧洲、罗马欧洲与日耳曼欧洲（或是斯拉夫欧洲）、社会主义欧洲与自由资本主义欧洲这样的话题。对于在漫长的 19 世纪中有哪些最重要的标志和趋势，各类历史文献有着相当一致的记载。这些如今都是教科书上的内容。[13]这些标志和进程在多大程度上能证明欧洲特殊的历史作用，历史文献大都无法阐明，因为它们仍很少应用与非欧洲地区进行对照的方法。哈特穆特·凯博（Hartmut Kaelble）常常进行比较研究，尤以美国作为参照，这种方法颇为成功；迄今为止极少有人沿用他的方法进行研究。不过，约斯特·杜尔佛（Jost Dülffer）也断言："无法从欧洲内部对欧洲进行描述或理解。"[14]只有通过比较，也包括与日本或中国、澳大利亚或埃及的比较才能凸显欧洲的特殊性。若由非欧洲人亲自进行这样的比较会更有收获。他们会注意到一些欧洲人从其自身的文化理念出发认为理所当然因而意识不到的现象。[15]当然，人们只能在不依赖外部视角或非自我中心视角的情况下来呈现全球史视角。就世界整体而言，没有任何事物可与之相对照。

如果人们不是基于单纯对欧洲的观察，那么 19 世纪会是什么样子呢？首先必须强调一点，即认为 19 世纪是一个从 18 世纪 80 年代持续到一战的长世纪的流行看法虽然是个有益的假设和辅助构想，但不应假定它是理所当然的、对全世界普遍适用的历史形态。即使我们大方地认同 1789 年和 1914 年是欧洲19

世纪开始与结束的年份，也仍有若干国家和地区的历史不在此框架内。倘若有欧洲以外地区的历史符合这种划分，究其原因也常与欧洲本身并无多大干系。[16] 有文献记载的澳大利亚的历史开始于 1788 年一支囚犯船队抵达此地，这与法国大革命毫无关系。在中国的政治历史上，1796 年乾隆皇帝退位和 1911 年辛亥革命之间的这段时间与这种划分有着某种程度的一致，但这是内部发展的结果，并不能归因于欧洲在东亚所进行的活动。更多国家倾向于选择其他的分期法。在日本，1853 年门户开放和 1945 年帝国垮台之间的这段时间构成了一个完整的历史周期。拉丁美洲的 19 世纪从 20 年代的独立革命（其起源可追溯至 18 世纪 60 年代）一直延续至 1929 年世界经济危机爆发前夜。在美国，19 世纪 60 年代的南北战争终结了随 18 世纪 60 年代跨大西洋危机开始的的一个时代。美国政治史和社会史的新时代肯定不是于 1914 年或 1917 ~ 1918 年就已终结，而是结束于 1941 年或 1945 年，从社会史上很重要的种族关系（race relations）角度来看，甚至直到 20 世纪 60 年代才结束。无论是按历法意义上的 19 世纪还是"长"19 世纪，对整个非洲而言——埃及和南非除外——都不重要。在非洲，19 世纪 80 年代的殖民侵略开启了一个时代，这个时代经过两次世界大战一直持续到 20 世纪 60 年代去殖民化的高潮期。因此，世界史的分期不能依据各国历史上发生的重大事件的确切日期，即使依据欧洲的历史也行不通。19 世纪何时开始，何时结束，恐怕没有答案。

不过，拙作讲述的诸多内容和线索凑成了下面这个现实性答案（如同把荷尔德林［Hölderlin］的诗歌残稿整理成可诵读的诗篇）：18 世纪 60 年代，随着整个大西洋地区的多重政治危机、英国把印度变成殖民地和新的生产技术的发展，一个新时代逐渐拉开帷幕。至 20 世纪 20 年代，当第一次世界大战的各种后果（在东亚和拉丁美洲也有好的结果）显现，当世界上所有的殖民地，或受西方其他形式的压迫的地区——非洲热带地区除外——出现了民族独立运动时，这个时代宣告结束。进行世界革命的苏维埃政权变成了苏联新帝国，也是一个影响力巨大的事件。在一个幅员如此辽阔的统治区域，19 世纪最重要的具有现实批判精神的思潮——社会主义脱颖而出缔造了一个奇特的国家，实现了亘古未有的制度模式，在世界政治舞台上树立了新的对立面，最初也引起了新型的世界革命运动。第一次世界大战令西方魅力不再，它欲统治或起码是监护和教化他者的资格受到质疑。战前时期形成的纵横交错的全球化网络变得稀疏。[17] 1919 年巴黎和会达成的新的政治秩序虽然没有彻底失败，但很多期望并未实现；威尔逊（Wilson）没有缔造永久的和平。资本主义的再生能力似乎力有不逮，至少在欧洲是如此。自由主义在其所有四个面向——道德 - 个人伦理、内政 - 宪法、国际和经济——都承受着证明自身合理性的强大压力，在世界范围内丧失了影响力。[18] 20 世纪 20 年代是告别 19 世纪跨入一个新时代的关键过渡期。

五个标志

如何从若干其他观点中抽离，仅从世界史的观点来刻画这样一个漫长且无头无尾的 19 世纪的特征呢？既不应三言两语地概括本书内容，也不应让人以为是在重复那些大体准确描述了该时代主要发展趋势的核心概念：工业化、城镇化、民族国家的形成、殖民主义、全球化等诸如此类的概念。在此谨提出五个较生僻的角度供参考。

（1）19 世纪是一个生产效率不均衡提升的时代。生产效率的提高主要体现在三个方面。首先，人类劳动效率提高的程度明显超过以前各时期。即便在此很难通过统计来满足量化表示的要求，但无人否认的是，1900 年前后全世界人均创造的经济价值明显高于一个世纪前。人均收入提高，人们的物质生活更富足，历史上首次实现了经济的长期增长；虽然总的经济发展尚有波动，但总体经济形势呈现稳定上扬的发展趋势。出现这样的发展有两个原因。其中一个原因是工业生产方式的实行和推广，主要特点是劳动分工精细化、以工厂方式组织生产和应用燃煤驱动的机器。工业化的发生遵循着区域性模式。它在各大陆的发展分布很不均衡，即使在欧洲西北部和美国北部各州等工业化发端于此且工业化程度最高的地区，工业化也仅集中在一些"工业区"。初创时期的工业技术有一种精妙的简单。它主要依据已家喻户晓的自然科学原则。随着时间的推移美国和欧洲一些国家形成了技术创新机制，以及使这些创新得到有效应用的市场体制和法律环境。随着该世纪的推进，从中又产生了知识生产和"人力资源"培养体系：国立和私立大学的技术应用研究及工业部门自有的研发部门。哲学家阿尔弗雷德·诺思·怀特海（Alfred North Whitehead）特别指出，19 世纪最伟大的发明是"发明了搞发明的方法"。[19]

除了工业，还有一个常被人忽略的财富增长源，即在所有大陆的边疆地区开垦新土地：在美国中西部地区及阿根廷，在哈萨克斯坦及缅甸无不如此。这种财富增长源也是与现代性的特殊愿景联系在一起的；并非所有的现代性都指向工业。有一种先于"工业革命"发生的"农业革命"，尤其在英国，后来随着工业化的缓慢扩展，它也指更大规模的土地利用，在一些边疆地区则与个别生产者的生产效率提高有关。特别的是，这些边疆地区的产品不是为当地消费者生产的，而是进入了不再仅限于奢侈品交易的跨大陆商业流通领域。工业技术化身蒸汽船和铁路进入运输领域，使运输成本迅速下降，这对小麦、稻米、棉花和咖啡等传统边境产品的贸易扩张起到了推动作用。从这个角度来讲，当对原材料的需求增加，又必须养活乡村释放出的工业劳动力时，边疆农业垦殖区的开发与工业化是有关联的。直到进入 20 世纪才谈得上真正意义上的农业生产的工业化。

生产效率显著提高的第二个领域是军事领域。个体士兵的战斗力得到提升。这不是工业化的直接结果，而是与工业化同时发生的一个进程。除兵器技术革新外，掌握更多军事组织知识和战略战术也是军事效率提升的一个独特原因。此外，最终必须要有将国家资源集中用于军事领域的政治意愿。军事效率的差异在德国统一战争中、在该时期若干殖民战争中及在日俄战争中都很显著。1914 年政治上几乎无法控制的军事机器间发生了相互碰撞。换个角度说：这些有着或真实或牵强的自我逻辑的军事机器——一个著名事件是德国总参谋长施里芬的战争计划——增加了无能的或不负责任的外交政策的危险性。世界大战本身又导致若干领域生产效率的提升，比如德国、英国及美国的战争经济的组织实施领域。该世纪末，世界军事力量分布的不均衡达到了前所未有的程度。它与工业潜力相吻合——在 1850 年前后还绝不是这种情形。此时世界强国中已没有非工业化国家。尽管当时阿富汗人、埃塞俄比亚人及南非布尔人取得了暂时的军事胜利，但欧洲以外地区除日本外无任何一个军事国家能抵抗"西方"军事强国。这一特殊的军事大分流（great divergenz）直到 20 世纪 50 年代初中国抵抗美国的朝鲜战争和越南抗法的奠边府（Dien Bien Phu）战役的胜利（1954）才逐渐弥合。

生产效率提高的第三个领域是国家机器对本国民众越来越多的控制：行政管理措施增加；地方管理部门宣布其职权范围；当局对人口、其不动产和纳税能力进行统计和分类；税赋征收更常规化、更公平，税赋来源更多；警察制度规模在广度和深度上均得到了发展。政治制度形式与当局对民众生活的管控程度间并无明显的关联性。即使现在，有的民主体制也可能是高压式的；相反，有的专制政体在社会基层并无太多体现。在 19 世纪，产生了地方管理（governance）新技术，它们也是全民义务兵役制、全民教育国家和福利国家的前提。国家开始变成一个庞然大物，但并不必然会成为一个巨型怪物。在政府行为效率提升方面也存在着极大的地区差异。日本的政府化程度比中国高得多，德国比西班牙高得多。所有地方的殖民政府都欲掌控和管制其臣民，只不过它常常缺少所需的财力和人力资源。19 世纪在欧洲兴起的民族国家的主张，即理想情况下领土和文化（语言）边界重合的国家形式，与实施干预的国家处于一种互为条件的关系。一个国家的成员想成为一个均质化集体中自由的、享受公平待遇的公民（citizen），而绝不是臣民。他们致力于使自己的国家得到世界的认同和尊重。反过来，人们又在民族统一、民族利益和民族荣誉的名义之下忍受着对当局管控的愤怒，若在以前各时代他们会对当局的管控进行反抗。

在世界很多地方都出现了生产效率的部分提升现象。工业化绝不是一个独立的变量和令经济发展的所有其他形式得到释放的最终原因。边疆农业垦殖区比工业化中心更普遍。华盛顿和苏沃洛夫（Suvorov），拿破仑和威灵顿（Wellington）正在进行前工业时代的战争。经济、军事和政府这三个效率提升领域并不是固定的互为条件关系。在奥斯曼帝国，在并无显著工业化背景的情况下，开始产生一种"现代的"的政府官僚体制。美国在南北战争后的几十年里是经济上的巨人，军事上的矮子。俄国在工业化过程中，拥有一支庞大的军队，但在 1917 年前政府实际渗透到社会中尤其是乡村社会中的程度，则是有争议的。

1290 基本上，作为成熟的现代民族国家楷模的仅剩德国、日本和法国。英国地面部队规模不大，地方政府（local government）官僚机构化程度较低，情况和美国一样。尽管如此：与之前和之后各时期相比，19 世纪欧洲、美国和日本相对于世界其他地区的崛起都是一个更加无可置疑的事实，它们的崛起归功于众多因素的合力作用。这种崛起，起码直到第一次世界大战，也是这些国家奋发图强的结果。占优势地位的国家得益于它们自己创造的自由经济秩序。它支撑着经济增长，经济增长带来丰厚的税收，从而能保障维持优势国际地位所需的资金支持。帝国主义同样可以是一项很好的投资。即使殖民扩张在具体情况下从国民经济方面而言可能不会有直接的货币收益，但在军事效率优势的条件下征服和管理殖民地具有成本优势。进行帝国主义扩张从政治角度而言从来都是一件有利可图之事，只要它不花费或很少花费国库的银两；在经济上它会造就给予其政治支持的利益群体。

（2）对于流动性增大这一划时代特征在此不多赘述，因为该题目直接承接前述章节。本书记录的整段历史都是流动的：旅行，民族迁移，出征作战，远途贸易，宗教、语言和艺术风格的传播。对于 19 世纪而言有三点与以前各时期不同。第一，人口迁移规模骤然增大。此前的历史没有向北美洲和南美洲、西伯利亚或满洲地区大规模人口迁移的先例。在 1870 年和 1930 年间所达到的人口迁移强度此后也未再出现过。这是该时代尤为引人注目的一个全球性特征。当近代早期批发商们所从事的丝绸、香料、茶叶、糖和烟草等奢侈品贸易被生活必需品和工业原料的大宗货物运输所取代，商品的流通也达到了前所未有的水平。即便有关远超出生产扩大范围的世界贸易扩张的最一般性数据都可表明这一点。直到这一时期，才出现了可称得上规模的流动资本。在世纪中叶前是一些富人借钱给有资本需求的人，比如王公贵族。近代早期的印度公司（特许公司 [chartered companies]）就已需要以那个时代标准来看很复杂的资金安全保障措施。但从约 19 世纪 60 年代起才有了世界资本市场这个东西。资本首次开始了全球性"流动"，而且不再（只）是以被装在小小船舱里的金属货币的形式，推动资本流动的与其说是工业化的工厂经济，毋宁说是遍及全球的铁路建设。流动性时代开始了。蒸汽船和铁路为人们出行和货物流通提供了便利，电报机和后来的电话机则方便了信息的传递。

1291

这些技术革新也促使——此为第二点——所有形式的流通速度加快。在许多城市，人们在城里的通行速度也加快了：这些城市从步行城升格为有轨电车城。把速度加快看作时代的特征几乎算是老生常谈，但对这样的重大历史事件并不易高估，因为它意味着，人们破天荒第一次移动得比马儿还要快还要稳，在水上也不再仰仗风力的恩赐。1910 年前后，所有大陆，就连几乎没有工业的地方，都修建了铁路。一个印度人参与修建铁路或是乘火车的机会比他在工厂做工的机会要大得多。第三，直到这一时期，通过基础设施建设，流动性才得到了支持。即使不应低估印加帝国、13 世纪的蒙古帝国或是毕德麦耶时期组织良好的邮政马车公司信息传递系统的复杂性，但铁路系统的修建、全球性海运公司的创立和电缆连接起整个地球也意味着在技术具体化和组织稳定化方面达到了一个新的水平。流动生活不再只是游牧人口的生活方式、逃亡者和被驱逐者不得已的选择或是海员讨生活的手段，它成了有组织的社会生活的一个维度，其节奏与小范围的日常生活节奏存在着差异。20 世纪直接延续了这一趋势。"全球化"这个关键词在此找到了其归属，但全球化在这里可被理解为——该概念的实际用法和可能的含义并未穷尽——资源跨越不同国家和文明界限的加速流通。

1292   （3）19 世纪还有一个显著的特征，我们可以稍嫌啰唆地描述为不平衡的相互关系的加强（asymmetrische Referenzverdichtung）。用"跨文化感知和交流的增加"来表述更明白易懂，但对事实的表达不够准确。这里的意思是指：观念，尤其是文化内容——即比电报所能传达的信息碎片更丰富的内容——在 19 世纪更具流动性。不能低估流动性对于以前各时期的意义。比如，佛教从印度传播到中亚、东亚和东南亚等若干地区就是一个分为多个部分的巨大的文化迁移过程，常常完全是游走四方的僧人一步一步丈量着大地完成的。使人们隔着遥远的距离、跨越文化边界进行相互了解的媒介传播途径增加了，这在 19 世纪之前是不曾有的。其中也包括，这个时代的作品翻译量超过以前任何一个时代：不仅在 18 世纪就经历了辉煌的翻译时代的欧洲国家间如此，在欧洲和语言学上与其相隔甚远的其他文学间艰难的语言学交流方面也是如此。1900 年前后，西方的大型图书馆就向读者提供讲述亚洲传统的基本文本的译本。反过来，若干知识领域的欧洲教科书及各种哲学、法律和经济理论著作也有日文版、中文版或土耳其文版。自己所掌握的英语或法语知识使东方文化精英能够直接接触西方的观念和思想。

不过"相互关系的加强"不只是开阔了彼此的视野。美国社会学家莱因哈特·本迪克斯（Reinhard Bendix）指出，在历史上"示范效应"是如此强大的力量，是与既是效仿榜样也用于划界的"参照社会"的对照。[20]在 18 世纪，对于欧洲很多地区来说，法国由于其宫廷与沙龙间的敌对关系而成为这样一个参照物。越南、朝鲜和日本很久以前就以中国为榜样。在 19 世纪出现了两种现象：一方面，这类外向型情况的数量在增加。在世界上大部分人口仍丝毫不知其他国家的存在或对它们只有模糊概念的同时，文化精英则以前所未有的浓厚兴趣观察着外部世界。另一方面，参考点变成了单极的。"西方"作为全世界标杆式文化参照系取代了若干样板式文化中心。不过"西方"绝不是指欧洲全部国家；美国也是直到近 19 世纪末才具备了作为一个独特文明模式的分量。对于 1870 年或 1880 年前后的中国、日本、墨西哥或埃及而言，"西方"首先指英国，其次指法国。明治时期的日本对俾斯麦政府的军事和科学效率敬佩有加，因此对于日本来讲还多了德国这个榜样。

在欧洲地理边界以内也存在着西方的外围，即西方文明中不确定的国家类型。俄国有着作为基督教世界前哨的长期经历，但直到 19 世纪也还仍然认为自己相对于作为西方的法国、英国和德国而言是外围。"西化派"与"斯拉夫派"之间的辩论在基本立场上与奥斯曼帝国、日本或中国所发生的辩论类似。对西方采取的立场五花八门，从对西方文明的倾心热爱到对西方物质主义崇拜、西方的浅薄和傲慢的轻蔑拒绝，前者必然与对本民族传统所持的批判性的甚至是偶像破坏式的态度密不可分。"外围国家"知识分子和政客的大多数观念都是在一

1293

种矛盾的中间立场上徘徊。他们对是否能学习和如何学习西方的技术、军事和经济成果，同时又避免在文化上屈服于西方，争论不休。在中国，人们简单明了地表述为体用之说：西学为用，中学为体。基于对西方文明模式及其参差不齐的内部发展水平的观察——这瞒不过观察家们的眼睛——出现了各种防御式现代化改革策略，从奥斯曼帝国的坦志麦特改革到波菲里奥时期墨西哥的技术至上主义统治等，不一而足。如果说一般而言这些策略是受到可向西方学习有用之术的认识的驱动，那么大多数情况下，通过及时的民族自强避免被军事占领和被殖民的努力也起了一定作用。有些成功了，有很多则失败了。

1294　　　自由派爱国者的处境尤为复杂。这类人，无论他们圈子多小，在欧洲以外的世界中都普遍存在。作为自由主义者他们怀着浓厚的兴趣阅读卢梭、弗朗索瓦·基佐（Francois Guizot）、穆勒、约翰·卡斯帕尔·布伦奇利（Johann Kaspar Bluntschli），要求新闻与结社自由、宗教宽容、宪政和代议制。而作为爱国者和民族主义者他们又必须抗拒出产所有这些理念的那个西方。在现实中如何分辨"好的"西方与"恶的"西方？如何在不输入帝国主义的情况下有节制地输入文化甚至资本？这是 19 世纪外围国家政策面临的巨大的两难问题。不过一旦帝国主义出手打击，那就为时已晚。行动空间大大受限，选择的可能性急剧减少。

　　　相互关系的加强既不像单纯获得知识那般无害，也不是毫无矛盾之处，以至于可将其简化为"文化侵略"这个生涩的概念。大多数情况下它关涉政治，但并不总是有一个明显的开端。欧洲殖民者的权力从来没有大到可以强迫反抗他们的殖民地臣民接受西方最重要的文化输出品——基督教。相互关系加强的不平衡不只表现在始终不平衡的殖民关系上。说它不平衡还有另外两个原因。首先，每当欧洲强国自身的民族和帝国主义利益有需要时，它们总是采取对东方和南方那些以西方为榜样的改革者弃之不顾的政策。世纪交替之时亚洲和非洲几乎再无人相信，西方对殖民地和独立自主的外围国家的真正的现代化感兴趣，这些外围国家在新兴现代化国家这个术语尚未出现（avant la lettre）之前就自认为是这样的国家了。在 19 世纪 60、70 和 80 年代，即在坦志麦特改革时代晚期，埃及总督伊斯梅尔统治时代及日本所谓鹿鸣馆（Rokumeikan）时代，[21]达到了高潮的东西方现代化合作梦想，由于对欧洲极度的不信任而夭折。其次，虽然由于东方语言学、宗教学和民族学的兴起，西方对非欧洲世界的知识了解增多了，但并未产生任何实际影响。在东方，人们从西方吸纳从法律体系到建筑等领域所有可能的知识，而在欧洲和美国没有人打算承认亚洲和非洲在一些具体领域的典范意义。日本的彩色木刻版画或西非的青铜制品得到一些西方美学家的赞赏，但无人建议以他们为楷模，就像 18 世纪时有人建议西欧政体以中国为榜样那样。理论上文化传输在一定程度上是双向的，实际上则是单向的。

（4）该世纪的另一个特征是平等和等级制度间的对立。约尔格·菲施（Joerg Fisch）把"通过消除各种歧视、解放受歧视群体而逐步实现权利平等"称作 19 世纪下半叶欧洲的核心进程之一有其道理。[22]权利平等的趋势在此与向社会阶层化原则的转变相结合，社会阶层化原则旨在减少根本性的、由出身决定的社会上升障碍，按照此原则个人和家庭在社会等级中的位置与以前相比更多取决于其市场地位。随着独立战争中奴隶制的废除，西方国家中此前等级秩序本就不很鲜明的美国，掉转

1295

方向朝着普遍的平等趋势发展。

欧洲人对自身秩序理念的完美和普世性深信不疑。欧洲文明世界以外的精英们一经接触欧洲的法律思想就明白，它既为欧洲独有，也同时具有普遍性。这其中，视具体情况和各自政治信仰的不同，既隐藏着危险，也包含着机会。平等要求尤其符合此类情况。若欧洲人谴责妇女地位低下、奴隶制或对宗教少数派的压制，就会刺激潜在的巨大爆炸力。其后果必定是社会权力关系的彻底改变：家长制受到限制、蓄奴阶层瓦解或宗教及教会垄断被废除。社会平等概念并非纯粹的欧洲特色；它们在"环节"社会（segmentaere Gesellschaften）以及若干其他地方以剥夺权力、平均化和结兄弟之盟等乌托邦形式普遍存在。近代欧洲的各类平等思想，无论是基于基督教博爱思想、天赋人权观念、功利主义还是基于社会主义思想，均成为本土政策的最锐利武器。保守力量的反抗在所难免，现代派与传统派之间的文化斗争成为常态。

1296

西方对自己平等思想的依赖当然有限。平等原则与新的等级划分对立，比如在国际关系秩序中就可看到这种新的等级划分。在欧洲，通过 1648 年的《威斯特伐利亚合约》，在形形色色的等级关系和各类特权中引入了一种简化的等级秩序，尽管将此视为迅速缔造了一个据称持续至 1914 年或 1945 年的由主权大国组成的"威斯特伐利亚体系"过于简单。[23] 直到 19 世纪，尤其在 19 世纪 60 年代地缘政治发生根本变化之后，我们才看到中小国家从欧洲政治中消失——就如 1950 年后的情况所示：是暂时消失。直到这时才剩下著名的"强国"五国联盟独领风骚。若哪个国家在军备竞赛中不能与其他国家并驾齐驱，就不再具有国际政治影响。像荷兰、比利时或葡萄牙这样的国家均被降格为较低等级殖民国家。1914 年德意志帝国肆意践踏比利时的中立，由此可见欧洲弱国的地位变得多么微不足道。

至于非欧洲国家——当然美国除外——都被划定在等级秩序的最底端。例如曾身为 16 世纪超级大国的奥斯曼帝国就是如此。唯有日本，通过举世罕见的全民奋斗、机智的外交政策和一些运气，成功跃入少数强国之列，但是在进行了一场对中国和朝鲜的最残暴的侵略战争之后，也要忍受世界政治的主角"白人"对它的冷落。直到 1921～1922 年在华盛顿会议上，日本作为太平洋地区一流海军强国的地位才被认可，由此它的强国地位最终得到正式承认。我们可将该世纪最后三分之一世纪的"二度"等级分化视为对平等要求的另一种形式的破坏。在赋予西欧犹太人平等公民权后不久，对他们的社会歧视就紧随而至。在美国，废除奴隶制很快就发展为新的种族隔离行动。新的等级差别先以"文明"或"文明世界"对野蛮这样的语言来表达，后则使用在西方几乎不被质疑的种族主义特用语来表达。种族主义对平等原则的抵消影响国际气氛长达整整一个世纪，从约 19 世纪 60 年代到去殖民化时期。直到朝着人权、反种族主义、普及国家主权原则和加强民族自决权方向发展的国际规则意识发生了悄悄的变革，才自 20 世纪 60 年代起导致了对 19 世纪的摒弃。

（5）最后，19 世纪是一个解放的世纪。这几乎没有令人意外之处。人们反复读到的关于"革命年代"的说法，或泛指 1789 年至 1849 年这一时期，或指整个世纪直至 1905 年和 1917 年的俄国革命这一时期，也有"解放和参与"是整个时代的基本趋势之说。[24] 有关于此始终指的是欧洲。"解放"这个起源于罗马法、极为突出的欧洲概念应用到全世界的情况恐怕十分罕

1297

见。解放意指"自我解放或使某些社会群体摆脱精神的、法律的、社会的或政治的约束、歧视或被认为是不合理的统治"。[25] 此外，该概念常指摆脱邻国或帝国异族统治的民族解放。难道说贝奈戴托·克罗齐（Benedetto Croce）的理想主义观点，即认为对自由的渴望是 19 世纪欧洲发展的重要推动力，被推而广之套用到了全世界?[26] 从某种程度上说是这样。

有些解放进程卓有成效。它们带来了更多的自由和权利平等——罕有事实上的平等。作为合法制度的奴隶制在西方国家和殖民地销声匿迹了。沙俄以西的欧洲犹太人获得了有史以来最好的法律和社会地位。在欧洲，农民被解除了封建负担和义务。工人们通过斗争获得了结社自由，在欧洲若干国家，他们还争取到了选举权。较有难度的是对直到 19 世纪才成为公共话题的妇女解放进行总结回顾。在妇女获得政治权利和机会方面，英帝国的自治领和美国属于先锋。至于妇女在伴侣关系和家庭中的状况是否有改善，即使就欧洲而言也无法笼统地评价。中产阶级家庭会带有某种特殊形式的束缚。

1298　　　假定这个时期的革命也都事关解放，那么成功比失败更引人注目——也许是错觉，因为历史更喜欢记住胜者。有些矛盾的情况，比如 1789 年开始的法国大革命，它早期的代议制民主目标历经几度制度变化直到第三共和国才终于实现并得到稳固，而雅各宾专政的直接民主模式则瓦解了，仅在 1871 年巴黎公社时再度昙花一现。1848～1849 年革命的影响和作用亦不明确。若将它与彻头彻尾的失败的例子相比，比如秘鲁图帕克·阿马鲁（Tupac-Amaru）起义和中国太平天国起义，无疑它并不是彻底的失败。一方面是革命，另一方面是防止革命的改革性措施和后革命时代对革命力量的抑制，在它们的相互作用下，在欧洲，起码在沙俄以西地区，总算实现了有宪法保障的参与权的逐步扩大。代议制宪法在该地区比世界其他地区有着更深的历史渊源也为此减少了障碍。然而在一战前夕并没有特别多 20 世纪晚期意义上的民主政体。并非每个有过共和形式的国家，就如大多数拉美国家和 1912 年以降的中国，都因此会保障民主政治的实质。地域辽阔的殖民地空间分化为十分民主的英帝国自治领——实际上就是独立的民族国家——和"有色"（"有色"是当时的叫法）世界中皆为专制统治的殖民地。

总体而言，即便是关于欧洲，得到的印象亦是模糊和矛盾的。在 1913 年前后回顾过去几十年，只能说民主得以传播，但谈不上民主胜利前进，势不可挡，而政治自由主义此时已是大势已去。尽管如此，这仍是一个解放的世纪，或者用一种中性的语言来说，这是一个反抗剥夺人身自由和权利的世纪。传统的统治与被统治关系较少像以前各时期那样自动维系。北美联邦制的发展证实，与所有的理论预测相悖，一个由多个（政府）分享权力的大国是具有生命力的。在欧洲及欧洲以外的广大地区，君主专制制度陷入危机，沙俄貌似最少受到波及，但它在 1917～1918 年的结局却更为悲惨。在君权神授的合法性继续存在的地方（像在俄国那样），需要极力鼓吹，以使民众信服。像日本天皇制这样强大的君主政体不是旧制度的延续，而是自信的新传统主义的。欧洲宪法思想在亚洲和非洲的大部分非殖民地地区都有真挚而热情的拥护者。最大的世界强国英帝国，本身在自治领熟悉了法治与宪法统治，并在一战前夕也决心在印度首次在宪法上进行妥协。解放压力总是来自"底层"，来自"人民"，他们通过时代伊始的大革命的历练成为真正的活动家及被反复颂扬的传奇。奴隶们起来反抗，小规模反抗频

1299

繁发生，力量不断凝聚，助推了他们自身的解放。西欧的犹太人没有坐等开明当局大发慈悲，而是启动了大规模的自我改革项目。社会利益有了常设组织；此前从未有过类似工会和社会主义群众性政党这样的组织。

即便在殖民主义和帝国主义的巅峰，解放这个概念也没有彻底缺位。即使征服战争后很多殖民地的局势暂时平静了下来，在异族统治下形势偶尔确实也和平融洽，但殖民统治的合法性基础是不足的。这是有现实原因的。对最受欢迎的辩护模式——文明布道，可以轻易用结果来衡量。被殖民者可以接受殖民者自鸣得意的雄辩，如果干涉行动确实带来了其承诺的善行：和平与安定，富裕一些，卫生状况好一些，有新的教育机会，并且这些又非通过完全的文化异化来换取。异族统治是一个古老的历史事实。就这点而言，欧洲的殖民主义在被殖民者看来本身并不比其他方式的异族统治更无耻：莫卧儿王朝统治印度，奥斯曼人统治阿拉伯，满族人统治中国等。然而一旦承诺的进步没有实现或者被殖民者生活状况甚至恶化，那么所储备的殖民合法性就会迅速耗尽。一战前在很多地方都出现了此类情况。后来第三世界的解放运动，无论人们是否愿意把 20 世纪早期的解放运动称作"民族主义"运动，它们的发生都是对这样一种信任缺失的回应。对于殖民地或流亡中的持批评态度的知识分子来说，揭露西方普世原则和常常糟糕透顶的殖民地现实之间的矛盾并不难。因此革命时代后的殖民主义在意识形态上是不稳定的（在殖民国家的公共舆论中也有争议），[27] 渴望摆脱殖民主义早在所有的民族主义出现之前就是建立在不平等、不公正和虚伪之上的，又如阿尔弗雷德·R. 华莱士（Alfred Russel Wallace）在其写于 1898 年的时代总结中所言，建立在"最强大的文明国家无耻的利己主义"之上的殖民秩序的组成部分。[28]

19 世纪并非戛然而止，不是终止于 1914 年 8 月，也不是终止于 1916 年凡尔登战役之前，或列宁抵达彼得格勒芬兰火车站的 1917 年 4 月。历史不是戏剧，帷幕会突然落下。不过 1918 年秋，很多人察觉到，"昨日的世界"——斯蒂芬·茨威格（Stefan Zweig）的回忆录正是以此为名（1944 年，遗稿）——已黄鹤一去不复返。在欧洲，一些人中间弥漫着怀旧情绪，一些人超越已撩去面纱的"美好时代"（belle époque）看到了新生活开始的机会。美国总统伍德罗·威尔逊（Woodrow Wilson）和其全世界的支持者盼望着摆脱信誉扫地的过去。20 年代成为全世界重新寻找方向的十年，成为两个世纪间的磨合期，起码在政治方面。从经济方面看，这十年，如后来所证实，是大萧条的序幕，是一场比世界大战更具有全球性质的危机。在文化方面，这十年欧洲持续了战前时代的艺术先锋主义，而在其他地区，比如中国和日本，这个时代则开启了艺术审美新方向。把 1914～1945 年这段时间称为"第二个三十年战争"是否有益于历史认识暂且不论，反正这一强烈暗示性的类比也仅适用于欧洲。我们试着换一种说法：从 1918 年至 1945 年，世界范围内寻找到的持久的建设性的问题解决方案少之又少。世界大战暴露了 19 世纪的若干问题，两次世界大战的间隙也未给这些尚存的问题提供解决办法。19 世纪产生的很多问题在 1945 年后也还具有传染性。这些趋势从 19 世纪末一直延续至 20 世纪末。二战后时代人们重新确定方向，尽管不总是成功的，但总体而言比一战后时代的调整要有成效。在 1945 年后再度寻找新方向的那些较年长者中，有些是在 19 世纪出生并走入社会的。有些早在 1919 年及之后的岁月里已在重要位置上从政或

1301

起码可能已积累了政治经验，比如温斯顿·丘吉尔、康拉德·阿登纳、约翰·福斯特·杜勒斯、斯大林、吉田茂及毛泽东，或者像约翰·梅纳德·凯恩斯和让·莫奈（Jean Monnet）那样充当顾问的角色。在 1914 年前就影响了其时代的大艺术家们继续从事自己的工作。19 世纪为 1914 年以来发生的灾难铺平了道路；汉娜·阿伦特等人认为 19 世纪为此负有责任。[29] 但该世纪也奉上了它的一些传统，比如自由主义、和平主义、工会思想或民主社会主义，它们在 1945 年后没有出尽洋相或被废弃不用。在 1950 年回望 1910 年，那个弗吉尼亚·伍尔芙（Virginia Woolf）所谓人类天性改变的年份，似乎显得无比遥远。但从某些方面来看，它却比最近一次战争的恐怖离我们更近。

注释

［1］ Ranke, *Aus Werk und Nachla*（1975），第 463 页。

［2］ Borst, *Barbaren*（19902），第 134 页。

［3］ 社会学家 Hans Freyer 一本书的书名（*Stuttgart*，1955）。

［4］ 这一重要文献的全译本由 Philipp/Schwald 出版，*Abd-al-Rahman al-Jabarti's History of Egypt*（1994）；德文版精选于 1983 年由 Arnold Hottinger 出版社出版。下述注释仅涉及本书读者可能不太熟悉的作者。

［5］ 译著：Tahtawi, *Ein Muslim entdeckt Europa*（1989）。

［6］ *Deutschlandtagebuch 1884 – 1888*，译者：H. Schöche, Tübingen，1992。

［7］ Blacker, *Japanese Enlightenment*（1964），第 90 ~ 100 页。Fukuzawa 的重要作品有英文版，他的十分有趣的作品

Lebensschilderung（1971）有德文版。

[8] A. Black, *Islamic Political Thought*（2001），第 288～291 页有介绍；Abrahamian, *Iran*（1982），第 65～69 页；出处摘录：Kurzman, *Modernist Islam*（2002），第 111～115 页。

[9] 精彩的泰戈尔人物特写：Sen, *Argumentative Indian*（2005），第 89～120 页。关于其影响的基础著作：Hay, *Asian Ideas*（1970）。

[10] 现今有十几种现代性理论。对比阅读可参阅选集：Waters, *Modernity*（1999）。以我来看以下学者的视角对历史学家特别有用：S. N. Eisenstadt, Anthony Giddens, Richard Münch, Alain Touraine, Johann P. Arnason, Stephen Toulmin 及 Peter Wagner。

[11] Eisenstadt, *Vielfalt*（2000），第 1～3 章。

[12] 列举了大量事例的优秀著述：G. Robb, *Discovery of France*（2007）。

[13] 精彩总结：F. J. Bauer, *Das "lange" 19. Jahrhundert*（2004）；Langewiesche, *Neuzeit*（2003）。

[14] Dülffer, *Im Zeichen der Gewalt*（2003），第 245 页。

[15] 参见 Osterhammel, *Ex-zentrische Geschichte*（2002）。

[16] 亦见本书第 2 章。

[17] Adas, *Contested Hegemony*（2004）.

[18] 关于欧洲的经典诊断，1925 年在意大利首版：De Ruggiero, *Liberalismus*（1930）。

[19] Whitehead, *Science*（1967），第 96 页。

[20] Bendix, *Kön ige oder Volk*, 卷 1（1980），第 17 页。

[21] 1881～1883 年英国建筑师 Josiah Conder 在东京建造的意大利风格的政府会馆而得名，它里面设有一个舞厅，一个台球厅，一间阅览室和客房。对比阅读可参阅 Seidensticker, *Low City*（1983），第 68 页及下文，第 97～100 页。

[22] J. Fisch, *Europa*（2002），第 29 页。

[23] 政治学文献中广泛使用的惯用语句。

[24] F. J. Bauer, *Das "lange" 19. Jahrhundert*（2004），第 41～50 页。

[25] Martin Greiffenhagen, "Emanzipation", 发表于 *Historisches Wör*

terbuch der Philosophie，卷 2，Basel 1972，第 447 页。

[26] Croce, *Geschichte Europas* (1979)，特别是第 1 章。

[27] 参见 Stuchtey, *Die europäische Expansion* (2008)。

[28] Wallace, *Wonderful Century* (1898)，第 377 页。

[29] Arendt, *Elemente und Ursprünge* (1955，1951 年在纽约首版)。

附　　录

后　记

自 20 世纪末对世界史的兴趣重新兴起，理论就跑在了实践的前面，至少在德国是如此。人们讨论书写世界史的可能的方法和原则，厘清各种历史学传统。但同时从世界史角度做的分析却还太少，特别是缺少可称为"整体描述"的全方位的时代特写，倘若此说法不会让人产生错误的印象，以为整体描述是分析的反面，即纯粹从工具书知识中提炼的内容的话。唯一一部较新的出自德国史学家之手的高水平世界性时代描述是汉斯－海因里希·诺尔特（Hans-Heinrich Nolte）出版于 2005 年的《15～19 世纪世界史》（*Weltgeschichte des 15. bis 19. Jahrhunderts*）。我本人写了一些文章参与了纲领性讨论，之后感觉到一种强烈的愿望，甚至是一种责任，要试验一下自己的方法——照菜谱试着做菜。

本书的诞生方式不符合流行的做法，是无第三方资金和社会科学联合研究项目参与的个人行为。我写此书没有应丛书出版者的邀请，没有提项目申请，因此无须被鉴定，无写总结报告之累。尽管如此，本书的面世仍要归功于各方的慷慨支持。作为专攻近代史的研究者，启蒙时代是我最钟爱的时期，迄今为止我对 19 世纪所做的研究少于对其相邻时期的研究。直到应位于瓦瑟纳尔的荷兰高等研究院（NIAS-Netherlands Institute for Advanced Study）时任院长亨克·L. 韦瑟灵（Henk L. Wesseling）的邀请，与家人在这个杰出的机构共同度过了 2001～2002 学术年度，才给了我勇气和动力，做出大胆的决定，阅读 19 世纪，涉足这一新的研究领域。2003 年夏，我带着大量笔记和可能会成书的书稿大纲离开了荷兰高等研究院。但在接下来的时间里，我根本无法在大学的日常工作期间写作。直到 2005 年我有了一个学期的研究假期轮休，又请了半年假——费用由康斯坦茨大学校长与特殊研究领域"标准与象征"均摊，写作才得以重新迅速推动。此外，校长在之后的那一年还将我的授课时间每周减少了四个课时。但书是否能完成，仍悬而未知。卡尔·弗里德里希·冯·西门子基金会（Carl Friedrich von Siemens Stiftung）于 2007～2008 学术年度邀请我前往慕尼黑担任研究员，它们的热情好客拯救了这本书。在那里我得以从容完成了书稿并使之达到了一个新的水平。在此衷心感谢基金会董事会，特别是董事、总经理海因里希·迈耶（Heinrich Meier）。他是除亨克·韦瑟灵外本书问世最重要的支持者。

　　在本书诞生的过程中，仅有少部分章节的内容接受过公众的检验。在华盛顿特区和伦敦的德国历史研究所的年度讲座（Annual Lectures）及在埃尔富特马克斯－韦伯学院所做的一次报告使我有机会介绍我的一些观点。在此感谢上述机构（时任）负责人为我提供的这些机会，他们是克里斯托夫·茂赫（Christof Mauch）、哈根·舒尔策（Hagen Schulze）和汉斯·约阿斯（Hans Joas）。当对合乎时代地书写世界史这一宏伟计划产生疑问时，是斯文·贝克特（Sven Beckert）、塞巴斯蒂安·康拉德（Sebastian Conrad）、安德里亚斯·埃克特（Andreas Eckert）和皮尔·弗里斯（Peer Vries）不断鼓励我，而他们四人在这方面无论在理论上还是实践上均堪称典范。当初稿完成，我的康斯坦茨大学全球与国际历史工作小组的出色成员们，尤其是鲍里斯·巴特（Boris Barth）、贝恩德－斯特凡·格鲁厄

（Bernd-Stefan Grewe）、瓦勒斯卡·胡伯（Valeska Huber）和尼尔斯·P. 彼得森（Niels P. Petersen）给我提出了宝贵建议。大卫·布鲁德（David Bruder）对全稿进行了终审，使我避免了一些错误和疏陋。他也承担了大部分制作索引的工作。伊洛纳·托米克（Ilona Tomic）细心、准确、耐心地完成了付印稿样。

这样一个计划若没有好的图书馆是无法实现的。凡我所需要的，康斯坦茨大学图书馆及我的居住地布莱斯高地区弗赖堡的大学图书馆都能提供，没有的大部分也能设法帮我找到。在该计划的最初和最后阶段，海牙皇家图书馆、莱顿大学图书馆和巴伐利亚国家图书馆提供了大力协助。这本书是我在 C. H. 贝克（C. H. Beck）出版社出的第五本书。感谢出版人沃尔夫冈·贝克（Wolfgang Beck），感谢 1988 年介绍我到出版社的恩斯特－彼得·威肯贝格（Ernst-Peter Wieckenberg），感谢德特雷夫·菲尔肯（Detlef Felken），尤其要感谢本书编辑莱蒙德·贝措尔德（Raimund Bezold），感谢他们逾 20 年之久的着力鞭策、关心与督导。诚挚感谢颜斯·马尔特·费舍尔（Jens Malte Fischer）在我居留慕尼黑期间，于每周三 16：00 到 18：00 在 E2 阶梯教室，对我的指教和与我的交谈。我的家人曾耐心地或者说急不可耐地期待着这项工作的完成。菲利普（Philip）在他学校生涯的前六年陪伴了这本书的成长。从一开始他就坚持认为，这应该是他的书。而我亏欠最多的人是达素彬（Sabine Dabringhaus）。

2008 年 9 月，于慕尼黑

缩略语

LARR	拉丁美洲研究评论（Latin American Research Review）
AES	欧洲社会学杂志（Archives européennes de sociologie）
AER	美国经济评论（American Economic Review）
AHR	美国历史评论（American Historical Review）
AJS	美国社会学期刊（American Journal of Sociology）
AKG	文化史杂志（Archiv für Kulturgeschichte）
CSSH	社会与历史比较研究（Comparative Studies in Society and History）
EcHR	经济史评论（Economic History Review）
EHR	英国历史评论（English Historical Review）
EREcH	欧洲经济史评论（European Review of Economic History）
GG	历史与社会（Geschichte und Gesellschaft）
GWU	Geschichte in Wissenschaft und Unterricht
HAHR	西属美洲历史评论（Hispanic American Historical Review）
HEI	欧洲思想史（History of European Ideas）
HJ	历史杂志（Historical Journal）
HJAS	哈佛亚洲研究学报（Harvard Journal of Asiatic Studies）
HZ	（德国）历史杂志（Historische Zeitschrift）
IHR	国际历史评论（International History Review）

IJMES	国际中东研究杂志（International Journal of Middle Eastern Studies）
IRSH	国际社会史评论（International Review of Social History）
JAfH	非洲史杂志 Journal of African History
JAH	美国历史杂志（Journal of American History）
JAS	亚洲研究期刊（Journal of Asian Studies）
JbLA	拉丁美洲历史年鉴（Jahrbuch für Geschichte Lateinamerikas）
JBS	英国研究杂志（Journal of British Studies）
JEEcH	欧洲经济史杂志（Journal of European Economic History）
JEH	经济史杂志（Journal of Economic History）
JESHO	东方经济史与社会史杂志（Journal of the Economic and Social History of the Orient）
JGH	全球史杂志（Journal of Global History）
JGO	东欧历史年鉴（Jahrbücher für Geschichte Osteuropas）
JICH	英帝国与英联邦史杂志（Journal of Imperial and Commonwealth History）
JInterdH	跨学科史学期刊（Journal of Interdisciplinary History）
JLAS	拉丁美洲研究杂志（Journal of Latin American Studies）
JMEH	欧洲近代史杂志（Journal of Modern European History）
JMH	近代史杂志（Journal of Modern History）
JPH	太平洋历史杂志（Journal of Pacific History）
JPS	农民研究杂志（Journal of Peasant Studies）
JSEAS	东南亚研究杂志（Journal of Southeast Asian Studies）

JTS   土耳其研究杂志（Journal of Turkish Studies）

JWH   世界史杂志（Journal of World History）

LIC   晚期中华帝国（Late Imperial China）

MAS   现代亚洲研究（Modern Asian Studies）

NPL   新政治文学（Neue Politische Literatur）

P&P   过去与现在（Past & Present）

PHR   太平洋历史评论（Pacific Historical Review）

VSWG   社会与经济史季刊（Vierteljahresschrift für Sozial- und
          Wirtschaftsgeschichte）

WP   世界政治（World Politics）

ZHF   历史研究杂志（Zeitschrift für historische Forschung）

参考文献

作者或主编超过两人的情况下仅标注第一作者的名字。同时多个出处也仅标注出第一出处。斜体字在注释中指标题缩写。同一位作者的作品以首字母顺序排列。

Abelshauser, Werner: *Umbruch* und Persistenz. Das deutsche Produktionsregime in historischer Perspektive, in: GG 27 (2001), S. 503–23.

Abernethy, David B.: The Dynamics of *Global Dominance*. European Overseas Empires, 1415–1980, New Haven, CT 2000.

Abeyasekere, Susan: *Jakarta*. A History, Singapur 1989².

Abrahamian, Ervand: *Iran*. Between Two Revolutions, Princeton, NJ 1982.

Abu-Lughod, Janet L.: *Cairo*. 1001 Years of the City Victorious, Princeton, NJ 1971.

Abu-Lughod, Janet L.: *New York*, Chicago, Los Angeles. America's Global Cities, Minneapolis, MN 1999.

Abu-Lughod, Janet L.: *Rabat*: Urban Apartheid in Marocco, Princeton, NJ 1981.

Abun-Nasr, Jamil M.: A History of the *Maghrib* in the Islamic Period, Cambridge 1987.

Abun-Nasr, Jamil M.: *Muslim Communities of Grace*. The Sufi Brotherhoods in Islamic Religious Life, London 2007.

Acham, Karl: *Einleitung*, in: ders. (Hg.), Geschichte der österreichischen Humanwissenschaften, Bd. 4, Wien 2002, S. 5–64.

Acham, Karl/Winfried Schulze: *Einleitung*, in: dies. (Hg.), Theorie der Geschichte, Bd. 6: Teil und Ganzes, München 1990, S. 9–29.

Achilles, Walter: *Deutsche Agrargeschichte* im Zeitalter der Reformen und der Industrialisierung, Stuttgart 1993.

Ackroyd, Peter: *London*. The Biography, London 2000.

Adams, Willi Paul: Die *USA vor 1900*, München 1999.

Adamson, Bob: *China's English*. A History of English in Chinese Education, Hong Kong 2004.

Adas, Michael: The *Burma Delta*. Economic Development and Social Change on an Asian Rice Frontier, Madison, WI 1974.

Adas, Michael: *Contested Hegemony*. The Great War and the Afro-Asian Assault on the Civilizing Mission Ideology, in: JWH 15 (2004), S. 31–63.

Adas, Michael (Hg.): *Islamic and European Expansion*. The Forging of a Global Order, Philadelphia 1993.

Adas, Michael: *Machines* as the Measure of Men. Science, Technology, and Ideologies of Western Dominance, Ithaca, NY 1989.

Adelman, Jeremy: *Frontier Development*. Land, Labour, and Capital on the Wheatlands of Argentina and Canada, 1890–1914, Oxford 1994.

Adelman, Jeremy: *Republic of Capital*. Buenos Aires and the Legal Transformation of the Atlantic World, Stanford, CA 1999.

Adelman, Jeremy: *Sovereignty* and Revolution in the Iberian Atlantic, Princeton, NJ 2006.

Adelman, Jeremy/Stephen Aron: *From Borderlands* to Borders. Empires, Nation-States, and the Peoples In Between in North American History, in: AHR 104 (1999), S. 814–41.

Adler, Jeffrey S.: *Yankee Merchants* and the Making of the Urban West. The Rise and Fall of Antebellum St. Louis, Cambridge 1991.

Afary, Janet: The *Iranian Constitutional Revolution*, 1906–1911. Grassroots Democracy, Social Democracy, and the Origins of Feminism, New York 1996.

Ageron, Charles-Robert: *Histoire de l'Algérie contemporaine*, Bd. 2: De l'insurrection de 1871 au déclenchement de la guerre de libération (1954), Paris 1979.

Agoston, Gabor: *Guns for the Sultan*. Military Power and the Weapons Industry in the Ottoman Empire, Cambridge 2005.

Ahrweiler, Hélène/Maurice Aymard (Hg.): *Les Européens*, Paris 2000.

Ajayi, J. F. Ade (Hg.): *General History of Africa*, Bd. 6: Africa in the Nineteenth Century until the 1880s, Paris 1989.

Albertini, Rudolf von: *Europäische Kolonialherrschaft* 1880–1940, Zürich 1987[3].

Aldcroft, Derek H./Anthony Sutcliffe (Hg.): *Europe* in the International Economy 1500–2000, Cheltenham 1999.

Aldcroft, Derek H./Simon P. Ville (Hg.): The *European Economy*, 1750–1914. A Thematic Approach, Manchester 1994.

Aldrich, Robert: *Greater France*. A History of French Overseas Expansion, Basingstoke 1996.

Alexander, Manfred: Kleine *Geschichte Polens*, Stuttgart 2003.

Alexander, Paul, u. a. (Hg.): In the *Shadow* of Agriculture. Non-Farm Activities in the Javanese Economy, Past and Present, Amsterdam 1991.

Ali, Imran: The *Punjab* under Imperialism, 1885–1947, Princeton, NJ 1988.

Alleaume, Ghislaine: An *Industrial Revolution* in Agriculture? Some Observations on the Evolution of Rural Egypt in the Nineteenth Century, in: Proceedings of the British Academy 96 (1999), S. 331–45.

Allen, Larry: The *Global Financial System* 1750–2000, London 2001.

Amado, Janaina, u. a.: *Frontier in Comparative Perspective*. The United States and Brazil, Washington, DC 1990.

Amanat, Abbas: *Pivot* of the Universe. Nasir al-Din Shah Qajar and the Iranian Monarchy, 1831–1896, Berkeley, CA 1997.

Amaral, Samuel: The *Rise of Capitalism* on the Pampas. The Estancias of Buenos Aires,1785–1870, Cambridge 1998.

Ambrose, Stephen E.: *Nothing Like It* in the World. The Men Who Built the Transcontinental Railroad, 1863–1869, New York 2000.

Amelung, Iwo: *Der Gelbe Fluß* in Shandong (1851–1911). Überschwemmungskatastrophen und ihre Bewältigung im China der späten Qing-Zeit, Wiesbaden 2000.

Amelung, Iwo, u. a. (Hg.): *Selbstbehauptungsdiskurse* in Asien. China – Japan – Korea, München 2003.

Amin, Camron Michael, u. a. (Hg.): The *Modern Middle East*. A Sourcebook for History, Oxford 2006.

Amino, Yoshihiko: *Les Japonais et la mer*, in: Annales HSS 50 (1995), S. 235–58.

Amitai, Reuven/Michal Biran (Hg.): *Mongols*, Turks, and Others. Eurasian Nomads and the Sedentary World, Leiden 2005.

Amsden, Alice H.: The *Rise of «the Rest»*. Challenges to the West from Late-Industrializing Economies, Oxford 2001.

Anastassiadou, Meropi: *Salonique 1830–1912*. Une ville ottomane à l'âge des réformes, Leiden 1997.

Andaya, Barbara Watson/Leonard Y. Andaya: A History of *Malaysia*, London 1982.

Anderson, Bonnie S.: *Joyous Greetings*. The First International Women's Movement, 1830–1860, New York 2000.

Anderson, Clare: *Convicts* in the Indian Ocean. Transportation from South Asia to Mauritius, 1815–53, Basingstoke 2000.

Anderson, Eugene N.: The *Food of China*, New Haven, CT 1990.

Anderson, Eugene N./Pauline R. Anderson: *Political Institutions* and Social Change in Continental Europe in the Nineteenth Century, Berkeley, CA 1967.

Anderson, Fred: *Crucible* of War: The Seven Years' War and the Fate of Empire in British North America, 1754–1766, New York 2000.

Anderson, Matthew S.: The *Eastern Question* 1774–1923, Basingstoke 1966.

Anderson, Matthew. S.: The *Rise of Modern Diplomacy* 1450–1919, London 1993.

Anderson, Perry: *Lineages* of the Absolutist State, London 1974.

Anderson, Robert D.: *European Universities* from the Enlightenment to 1914, Oxford 2004.

Appleby, Joyce: *Inheriting the Revolution*. The First Generation of Americans, Cambridge, MA 2000.

Applegate, Celia: A *Europe of Regions*. Reflections on the Historiography of Subnational Places in Modern Times, in: AHR 104 (1999), S. 1157–82.

Aravamudan, Srinivas: *Guru English*. South Asian Religion in a Cosmopolitan Language, Princeton, NJ 2006.

Arendt, Hannah: *Elemente und Ursprünge* totaler Herrschaft, Frankfurt a. M. 1955.

Arendt, Hannah: *Über die Revolution*, München 1968.

Ariès, Philippe/Georges Duby (Hg.): *Geschichte des privaten Lebens*, 5 Bde., Frankfurt a. M. 1989–93.

Arjomand, Saïd Amir: *Constitutions* and the Struggle for Political Order. A Study in the Modernization of Political Traditions, in: AES 33 (1992), S. 39–82.

Armitage, David/Michael J. Braddick (Hg.): The *British Atlantic World*, 1500–1800, Basingstoke 2002.

Arnold, David: *Colonizing the Body*. State Medicine and Epidemic Disease in Nineteenth-Century India, Berkeley, CA 1993.

Arnold, David: *Police Power* and Colonial Rule. Madras 1859–1947, Delhi 1986.

Arnold, David: *Science*, Technology and Medicine in Colonial India, Cambridge 2000.

Arrighi, Giovanni: The *Long Twentieth Century*. Money, Power, and the Origins of Our Times, London 1994.

Arrighi, Giovanni, u. a. (Hg.): *The Resurgence of East Asia*. *500, 150 and 50 Year Perspectives*, London 2003.

Arrington, Leonard J.: *Brigham Young*. American Moses, New York 1985.

Asad, Talal: *Formations* of the Secular. Christianity, Islam, Modernity, Stanford, CA 2003.

Asbach, Olaf: Die *Erfindung* des modernen Europa in der französischen Aufklärung, in: *Francia* 31/2 (2005), S. 55–94.

Asch, Ronald G. (Hg.): Der europäische *Adel* im Ancien Régime. Von der Krise der ständischen Monarchien bis zur Revolution (ca. 1600–1789), Köln 2001.

Asch, Ronald G.: *Europäischer Adel* in der Frühen Neuzeit. Eine Einführung, Köln 2008.

Ascher, Abraham: *P. A. Stolypin*: The Search for Stability in Late Imperial Russia, Stanford, CA 2001.

Ascher, Abraham: The *Revolution of 1905*. A Short History, Stanford, CA 2004.

Atiyeh, George N. (Hg.): The *Book* in the Arab World. The Written Word and Communication in the Middle East, Albany, NY 1995.

Atkins, Keletso E.: *The Moon is Dead*! Give Us Our Money! The Cultural Origins of an African Work Ethic, Natal, South Africa, 1843–1900, Portsmouth, NH 1993.

Atwill, David G.: The *Chinese Sultanate*. Islam, Ethnicity, and the Panthay Rebellion in Southwest China, 1856–1873, Stanford, CA 2005.

Aubin Hermann/Wolfgang Zorn (Hg.): *Handbuch* der deutschen Wirtschafts- und Sozialgeschichte, Bd. 1, Stuttgart 1971.

Augstein, Hannah Franziska: *Race*. The Origins of an Idea; 1760–1850, Bristol 1996.

Aung-Thwin, Michael: *Spirals* in Early Southeast Asian und Burmese History, in: JInterdH 21 (1991), S. 575–602.

Auslin, Michael: *Negotiating with Imperialism*. The Unequal Treaties and the Culture of Japanese Diplomacy, Cambridge 2004.

Austen, Ralph A.: *African Economic History*. Internal Development and External Dependency, London 1987.

Austin, Alvyn J.: *China's Millions*. The China Inland Mission and Late Qing Society, 1832–1905, Grand Rapids, MI 2007.

Austin, Gareth/Kaoru Sugihara (Hg.): *Local Suppliers of Credit* in the Third World, 1750–1960, Basingstoke 1993.

Ayalon, Ami: *Political Journalism* and Its Audience in Egypt, 1875–1914, in: Culture & History 16 (1997), S. 100–21.

Ayalon, Ami: The *Press in the Arab Middle East*. A History, New York 1995.

Aydin, Cemil: The *Politics of Anti-Westernism* in Asia. Visions of World Order in Pan-Islamic and Pan-Asian Thought, New York 2007.

Baczko, Bronisław: *Ending the Terror*. The French Revolution after Robespierre, Cambridge 1994.

Bade, Klaus J., u. a. (Hg.): *Enzyklopädie Migration* in Europa. Vom 17. Jahrhundert bis zur Gegenwart, Paderborn 2007.

Bade, Klaus J.: *Europa* in Bewegung. Migration vom späten 18. Jahrhundert bis zur Gegenwart, München 2000.

Badran, Margot: *Feminists*, Islam and Nation. Gender and the Making of Modern Egypt, Princeton, NJ 1995.

Bagehot, Walter: The *English Constitution* [1867], hg. v. R. H. S. Crossman, London 1964.

Baguley, David: *Napoleon III* and His Regime. An Extravaganza, Baton Rouge, LA 2000.

Bagwell, Philip S.: The *Transport Revolution* from 1770, London 1974.

Bähr, Jürgen: *Bevölkerungsgeographie*, Stuttgart 2004⁴.

Bailey, Harold (Hg.): The *Cambridge History of Iran*, 7 Bde., Cambridge 1968–91.

Bailey, Paul: *Reform the People*. Changing Attitudes towards Popular Education in Twentieth-Century China, Edinburgh 1990.

Bailyn, Bernard: *Atlantic History*. Concept and Contours, Cambridge, MA 2005.

Baines, Dudley: *Migration* in a Mature Economy. Emigration and Internal Migration in England and Wales, 1861–1900, Cambridge 1985.

Bairoch, Paul: *De Jéricho à Mexico*. Villes et économie dans l'histoire, Paris 1985².

Bairoch, Paul: *Les trois révolutions agricoles* du monde développé. Rendements et productivité de 1800 à 1985, in: Annales ESC 44 (1989), S. 317–53.

Bairoch, Paul: *Révolution industrielle* et sous-développement, Paris 1963.

Bairoch, Paul: *Victoires* et déboires, 3 Bde., Paris 1997.

Baker, Alan R. H.: *Geography and History*. Bridging the Divide, Cambridge 2003.

Baker, Christopher J./Pasuk Phongpaichit: A History of *Thailand*, Cambridge 2005.

Baker, Lee D.: *From Savage to Negro*. Anthropology and the Construction of Race, 1896–1954, Berkeley, CA 1998.

Bakhash, Shaul: *Iran*. Monarchy, Bureaucracy and Reform under the Qajars, 1858–1896, London 1978.

Baldasty, Gerald J.: The *Commercialization of News* in the Nineteenth Century, Madison, WI 1992.

Baldwin, Peter: *Contagion* and the State in Europe, 1830–1930, Cambridge 1999.

Balfour, Sebastian: The *End of the Spanish Empire*, 1898–1923, Oxford 1997.

Ball, Michael/David Sunderland: An *Economic History of London* 1800–1914, London 2001.

Ballantyne, Tony: *Orientalism* and Race. Aryanism in the British Empire, Basingstoke 2002.

Banga, Indu (Hg.): The *City in Indian History*. Urban Demography, Society, and Politics, New Delhi 1991.

Bank, Jan/Maarten van Buuren: *1900* – The Age of Bourgeois Culture, Assen 2004.

Banner, Stuart: *How the Indians* Lost Their Land. Law and Power on the Frontier, Cambridge, MA 2005.

Banti, Alberto M.: *Il Risorgimento italiano*, Rom 2004.

Banti, Alberto M./Paul Ginsborg (Hg.): *Il Risorgimento*, Turin 2007.

Banton, Michael: *Racial Theories*, Cambridge 1987.

Barclay, Harold B.: The *Role of the Horse* in Man's Culture, London 1980.

Bardet, Jean-Pierre/Jacques Dupâquier (Hg.): *Histoire des populations de l'Europe*, Bd. 2: La révolution démographique 1750–1914, Paris 1998.

Barfield, Thomas J.: The *Nomadic Alternative*, Engelwood Cliffs, NJ 1993.

Barkan, Elazar: The *Retreat of Scientific Racism*. Changing Concepts of Race in Britain and the United States between the World Wars, Cambridge 1991.

Barker, Hannah/Simon Burrows (Hg.): *Press*, Politics and the Public Sphere in Europe and North America, 1760–1820, Cambridge 2002.

Barker, Theo/Anthony Sutcliffe (Hg.): *Megalopolis*. The Giant City in History, Basingstoke 1993.

Barlow, Tani E. (Hg.): *Formations* of Colonial Modernity in East Asia, Durham, NC 1997.

Barman, Roderick J.: *Citizen Emperor*. Pedro II and the Making of Brazil, 1825–1891, Stanford, CA 1999.

Barnes, David S.: The *Making* of a Social Disease. Tuberculosis in Nineteenth-Century France, Berkeley, CA 1995.

Barney, William L.: *Battleground* for the Union: The Era of the Civil War and Reconstruction, 1848–1877, Englewood Cliffs, NJ 1990.

Barney, William L. (Hg.): A *Companion* to Nineteenth-Century America, Malden, MA 2001.

Barrett, Thomas M.: At the *Edge of Empire*. The Terek Cossacks and the North Caucasus Frontier, 1700–1860, Boulder, CO 1999.

Barrow, Ian J.: *Making History*, Drawing Territory. British Mapping in India, c. 1756–1905, New Delhi 2003.

Barry, John M.: The Great *Influenza*. The Epic Story of the Deadliest Plague in History, New York 2004.

Barshay, Andrew E.: The *Social Sciences* in Modern Japan. The Marxian and Modernist Traditions, Berkeley, CA 2004.

Bartal, Israel: The *Jews of Eastern Europe*, 1772–1881, Philadelphia 2005.

Barth, Boris: *Die deutsche Hochfinanz* und die Imperialismen. Banken und Außenpolitik vor 1914, Stuttgart 1995.

Barth, Boris/Jürgen Osterhammel (Hg.): *Zivilisierungsmissionen*. Imperiale Weltverbesserung seit dem 18. Jahrhundert, Konstanz 2005.

Barth, Volker: *Mensch versus Welt*. Die Pariser Weltausstellung von 1867, Darmstadt 2007.

Bärthel, Hilmar: *Wasser für Berlin*, Berlin 1997.

Bartholomew, James R.: The *Formation of Science* in Japan. Building a Research Tradition, New Haven, CT 1989.

Bartky, Ian R.: *Selling the True Time*. Nineteenth-Century Timekeeping in America, Stanford, CA, 2000.

Bartlett, Richard A.: The *New Country*. A Social History of the American Frontier 1776–1890, New York 1976.

Barton, David: *Literacy*. An Introduction to the Ecology of Written Language, Malden, MA 2007[2].

Bary, William T. de, u. a. (Hg.): *Sources of Chinese Tradition*, 2 Bde., New York 1960.

Bassin, Mark: *Imperial Visions*. Nationalist Imagination and Geographical Expansion in the Russian Far East, 1840–1865, Cambridge 1999.

Baud, Michiel/Willem van Schendel: Toward a *Comparative History* of Borderlands, in: JWH 8 (1997), S. 211–42.

Bauer, Arnold J.: *Goods*, Power, History. Latin America's Material Culture, Cambridge 2001.

Bauer, Franz J.: *Das «lange» 19. Jahrhundert*. Profil einer Epoche, Stuttgart 2004.

Bauman, Zygmunt: *Society under Siege*, Cambridge 2002.

Baumgart, Winfried: *Europäisches Konzert* und nationale Bewegung. Internationale Beziehungen 1830–1878, Paderborn 1999.

Bawden, C. R.: The Modern History of *Mongolia*, revised ed., New York 1989.

Baxter, James C.: The *Meiji Unification* through the Lens of Ishikawa Prefecture, Cambridge, MA 1994.

Baycroft, Timothy/Mark Hewitson (Hg.): *What is a Nation?* Europe 1789–1914, Oxford 2006.

Bayly, C. A.: *Empire and Information*. Intelligence Gathering and Social Communication in India, 1780–1870, Cambridge 1996.

Bayly, C. A.: The *First Age* of Global Imperialism, c. 1760–1830, in: JICH 26 (1998), S. 28–47.

Bayly, C. A.: Die *Geburt der modernen Welt*. Eine Globalgeschichte, 1780–1914, Frankfurt a. M. 2006.

Bayly, C. A.: *Imperial Meridian*. The British Empire and the World 1780–1830, London 1989.

Bayly, C. A.: *Indian Society* and the Making of the British Empire, Cambridge 1988.

Bayly, C. A.: *Rulers, Townsmen and Bazaars*. North Indian Society in the Age of British Expansion, 1770–1870, Cambridge 1983.

Beachey, R. W.: A History of *East Africa*, 1592–1902, London 1996.

Beales, Derek/Eugenio F. Biagini: The *Risorgimento* and the Unification of Italy, London 2002².

Beales, Derek/Edward Dawson: *Prosperity and Plunder*. European Catholic Monasteries in the Age of Revolution, 1650–1815, Cambridge 2003.

Beasley, William G.: *Japan Encounters the Barbarian*. Japanese Travellers in America and Europe, New Haven, CT 1995.

Beasley, William G.: *Japanese Imperialism* 1894–1945, Oxford 1989.

Beasley, William G.: The *Meiji Restoration*, Stanford, CA 1973.

Beasley, William G. (Hg.): *Select Documents* on Japanese Foreign Policy 1853–1868, London 1955.

Beck, Hanno: *Alexander von Humboldt*, 2 Bde., Wiesbaden 1959–61.

Becker, Ernst Wolfgang: *Zeit der Revolution!* Revolution der Zeit? Zeiterfahrungen in Deutschland in der Ära der Revolutionen 1789–1848/49, Göttingen 1999.

Becker, Frank (Hg.): *Rassenmischehen* – Mischlinge – Rassentrennung. Zur Politik der Rasse im deutschen Kolonialreich, Stuttgart 2004.

Beckert, Sven: *Emancipation and Empire*. Reconstructing the Worldwide Web of Cotton Production in the Age of the American Civil War, in: AHR 109 (2004), S. 1405–38.

Beckert, Sven: The *Monied Metropolis*. New York City and the Consolidation of the American Bourgeoisie, 1850–1896, Cambridge 2001.

Beckett, J. V.: The *Aristocracy* in England, 1660–1914, Oxford 1986.

Beinart, William/Peter Coates: *Environment and History*. The Taming of Nature in the USA and South Africa, London 1995.

Beinart, William/Lotte Hughes: *Environment and Empire*, Oxford 2007.

Beinin, Joel/Zachary Lockman: *Workers on the Nile*. Nationalism, Communism, Islam and the Egyptian Working Class, 1882–1954, Princeton, NJ 1987.

Belich, James: *Making Peoples*. A History of the New Zealanders from Polynesian Settlement to the End of the Nineteenth Century, Honolulu 1996.

Belich, James: The *New Zealand Wars* and the Victorian Interpretation of Racial Conflict, Montreal 1986.

Bell, David A.: The *First Total War*. Napoleon's Europe and the Birth of Modern *Warfare*, London 2007.

Beller, Steven: *Franz Joseph*. Eine Biographie, Wien 1997.

Bellman, Jonathan (Hg.): *The Exotic* in Western Music, Boston 1998.

Bello, David Anthony: *Opium* and the Limits of Empire. Drug Prohibition in the Chinese Interior, 1729–1850, Cambridge, MA 2005.

Bender, Thomas: *A Nation among Nations*. America's Place in World History, New York 2006.

Bender, Thomas (Hg.): *Rethinking American History* in a Global Age, Berkeley, CA 2002.

Bendix, Reinhard: *Könige oder Volk*. Machtausübung und Herrschaftsmandat, 2 Bde., Frankfurt a. M. 1980.

Benedict, Carol: *Bubonic Plague* in Nineteenth-Century China, Stanford, CA 1996.

Bengtsson, Tommy, u. a.: *Life under Pressure*. Mortality and Living Standards in Europe and Asia, 1700–1900, Cambridge, MA 2004.

Bengtsson, Tommy/Osamu Saito (Hg.): *Population* and Economy. From Hunger to Modern Economic Growth, Oxford 2000.

Benjamin, Walter: Das *Passagenwerk*, in: ders., Gesammelte Schriften, hg. v. Rolf Tiedemann, Bd. 5/1 und 5/2, Frankfurt a. M. 1982.

Bensel, Richard Franklin: The *Political Economy* of American Industrialization, 1877–1900, Cambridge 2000.

Bensel, Richard Franklin: *Yankee Leviathan*. The Origins of Central State Authority in America, 1859–1877, Cambridge 1990.

Bentley, Michael (Hg.): *Companion* to Historiography, London 1997.

Benton, Lauren: *Law and Colonial Cultures*. Legal Regimes in World History, 1400–1900, Cambridge 2002.

Benton, Lauren: The *Legal Regime* of the South Atlantic World, 1400–1750. Jurisdictional Complexity as Institutional Order, in: JWH 11 (2000), S. 27–56.

Berelowitch, Wladimir/Olga Medvedkova: Histoire de *Saint-Pétersbourg*, Paris 1996.

Berend, Iván T.: *History Derailed*. Central and Eastern Europe in the Long Nineteenth Century, Berkeley, CA 2003.

Bérenger, Jean: *Geschichte des Habsburgerreiches* 1273 bis 1918, Wien 1995.

Bereson, Ruth: The *Operatic State*. Cultural Policy and the Opera House, London 2002.

Berg, Christa, u. a. (Hg.): *Handbuch* der deutschen Bildungsgeschichte, Bd. 3 (1987), Bd. 4 (1991), München.

Berg, Maxine: The *Age of Manufactures* 1700–1820, London 1985.

Berg, Maxine/Kristine Bruland (Hg.): *Technological Revolutions* in Europe. Historical Perspectives, Cheltenham 1998.

Berger, Klaus: *Japonismus* in der westlichen Malerei 1860–1920, München 1980.

Berger, Peter L.: The *Capitalist Revolution*. Fifty Propositions about Prosperity, Equality, and Liberty, New York 1986.

Berger, Stefan (Hg.): A *Companion* to Nineteenth-Century Europe, 1789–1914, Malden, MA 2006.

Bergère, Marie-Claire: *L'Âge d'or* de la bourgeoisie chinoise 1911–1937, Paris 1986.

Bergère, Marie-Claire: Histoire de *Shanghai*, Paris 2002.

Bergère, Marie-Claire: *Sun Yat-sen*, Paris 1994.

Bergmann, Werner: Geschichte des *Antisemitismus*, München 2002.

Berkes, Niyazi: The Development of *Secularism in Turkey*, New York 1998[2].

Berlin, Ira: *Generations of Captivity*. A History of African-American Slaves, Cambridge, MA 2003.

Berlin, Ira: *Many Thousands Gone*. The First Two Centuries of Slavery in North America, Cambridge, MA 1998.

Berlioz, Hector: *Memoiren*, hg. v. Frank Heidlberger, Kassel 2007.

Berman, Marshall: *All That is Solid* Melts into Air. The Experience of Modernity, New York 1982.

Bermeo, Nancy/Philip Nord (Hg.): *Civil Society* Before Democracy. Lessons from Nineteenth-Century Europe, Lanham, MD 2000.

Bernand, Carmen: Histoire de *Buenos Aires*, Paris 1997.

Bernecker, Walther L.: Kleine *Geschichte Haitis*, Frankfurt a. M. 1996.

Bernecker, Walther L.: *Sozialgeschichte Spaniens* im 19. und 20. Jahrhundert. Vom Ancien Régime zur Parlamentarischen Monarchie, Frankfurt a. M. 1990.

Bernecker, Walther L., u. a.: Kleine *Geschichte Brasiliens*, Frankfurt a. M. 2000.

Bernecker, Walther L., u. a.: Eine kleine *Geschichte Mexikos*, Frankfurt a. M. 2004.

Bernecker, Walther L., u. a. (Hg.): *Handbuch* der Geschichte Lateinamerikas, 3 Bde., Stuttgart 1992–96.

Bernecker, Walther L., u. a. (Hg.): *Lateinamerika 1870–2000*. Geschichte und Gesellschaft, Wien 2007.

Bernhardt, Christoph (Hg.): *Environmental Problems* in European Cities in the 19th and 20th Century, Münster 2001.

Bernier, Olivier: *The World in 1800*, New York 2000.

Bessière, Bernard: Histoire de *Madrid*, Paris 1996.

Best, Geoffrey: *War and Society* in Revolutionary Europe, 1770–1870, London 1982.

Bethell, Leslie (Hg.): The *Cambridge History of Latin America*, 11 Bde., Cambridge 1984–95.

Betts, Raymond F.: *Assimilation* and Association in French Colonial Theory, 1890–1914, New York 1970.

Beyer, Peter: *Religions in Global Society*, London 2006.

Beyrau, Dietrich, u. a. (Hg.): *Reformen* im Rußland des 19. und 20. Jahrhunderts. Westliche Modelle und russische Erfahrungen, Frankfurt a. M. 1996.

Beyrau, Dietrich/Manfred Hildermeier: *Von der Leibeigenschaft* zur frühindustriellen Gesellschaft (1856 bis 1890), in: Gottfried Schramm (Hg.): Handbuch der Geschichte Russlands, Bd. 3/1: 1856–1945, Stuttgart 1983, S. 5–201.

Beyrer, Klaus: Die *Postkutschenreise*, Tübingen 1985.

Beyrer, Klaus/Michael Andritzky (Hg.): *Das Netz*. Sinn und Sinnlichkeit vernetzter Systeme, Heidelberg 2002.

Bhagavan, Manu: *Sovereign Spheres*. Princes, Education, and Empire in Colonial India, New Delhi 2003.

Bhatia, Bal Mokand: *Famines in India*, Delhi 1991³.

Bhatt, Chetan: *Hindu Nationalism*. Origins, Ideologies and Modern Myths, Oxford 2001.

Bickers, Robert: *Britain in China*. Community, Culture and Colonialism 1900–1949, Manchester 1999.

Bickford-Smith, Vivian, u. a.: *Cape Town* in the Twentieth Century, Claremont 1999.

Biernacki, Richard: The *Fabrication of Labor*. Germany and Britain, 1640–1914, Berkeley, CA 1995.

Billingsley, Philip: *Bakunin* in Yokohama. The Dawning of the Pacific Era, in: IHR 10 (1998), S. 532–570.

Billington, Ray Allen: *Westward Expansion*. A History of the American Frontier, New York 1949.

Bilson, Geoffrey: A *Darkened House*. Cholera in Nineteenth-Century Canada, Toronto 1980.

Bird, James: The *Major Seaports* of the United Kingdom. London 1963.

Birmingham, David: A Concise History of *Portugal*, Cambridge 1993.

Bitsch, Marie-Thérèse: *Histoire de la Belgique*. De l'Antiquité à nos jours, Brüssel 2004.

Black, Antony: The History of *Islamic Political Thought*: From the Prophet to the Present, Edinburgh 2001.

Black, Jeremy: *War and the World*. Military Power and the Fate of Continents 1450–2000, New Haven, CT 1998.

Blackbourn, David: The *Conquest of Nature*. Water, Landscape and the Making of Modern Germany, London 2006.

Blackbourn, David: *History of Germany* 1780–1918. The Long Nineteenth Century, Malden, MA 2003².

Blackburn, Robin: The *Overthrow* of Colonial Slavery, 1776–1848, London 1988.

Blacker, Carmen: The *Japanese Enlightenment*. A Study of the Writings of Fukuzawa Yukichi, Cambridge 1964.

Blackford, Mansel G.: The *Rise of Modern Business* in Great Britain, the United States, and Japan, Chapel Hill, NC 1998².

Blaise, Clark: Die *Zähmung der Zeit*. Sir Sandford Fleming und die Erfindung der Weltzeit, Frankfurt a. M. 2001.

Blake; Robert: *Disraeli*, London 1966.

Blanning, Timothy C. W. (Hg.): The *Eighteenth Century*. Europe 1688–1815, Oxford 2000.

Blanning, Timothy C. W.: The *French Revolutionary Wars* 1787–1802, London 1996.

Blanning, Timothy C. W. (Hg.): The *Nineteenth Century*. Europe 1789–1914, Oxford 2000.

Blanning, Timothy C. W. (Hg.): The *Oxford Illustrated History* of Modern Europe, Oxford 1996.

Bled, Jean-Paul: *Wien*. Residenz, Metropole, Hauptstadt, Wien 2002.

Blickle, Peter: Von der *Leibeigenschaft* zu den Menschenrechten. Eine Geschichte der Freiheit in Deutschland, München 2003.

Blight, David W.: *Race and Reunion*. The Civil War in American Memory, Cambridge, MA 2001.

Blom, J. C. H./E. Lamberts (Hg.): History of the *Low Countries*, New York 1999.

Blum, Jerome: The *End of the Old Order* in Rural Europe, Princeton, NJ 1978.

Blum, Jerome: *In the Beginning*. The Advent of the Modern Age. Europe in the 1840s, New York 1994.

Blum, Jerome: The *Internal Structure* and Polity of the European Village Community from the Fifteenth to the Nineteenth Century, in: JMH 43 (1971), S. 541–76.

Blumin, Stuart M.: The *Emergence of the Middle Class*. Social Experience in the American City, 1760–1900, Cambridge 1989.

Blussé, Leonard/Femme Gaastra (Hg.): On the *Eighteenth Century* as a Category of Asian History, Aldershot 1998.

Boahen, A. Adu (Hg.): *General History of Africa*. Bd. 7: Africa under Colonial Domination 1880–1935, Paris 1985.

Bock, Gisela: *Frauen* in der europäischen Geschichte. Vom Mittelalter bis zur Gegenwart, München 2005.

Böckler, Stefan: *Grenze*. Allerweltswort oder Grundbegriff der Moderne?, in: Archiv für Begriffsgeschichte 45 (2003), S. 167–220.

Bockstoce, John R.: *Whales, Ice, and Men*. The History of Whaling in the Western Arctic, Seattle 1986.

Bodnar, John: *The Transplanted*. A History of Immigrants in Urban America, Bloomington, IN 1985.

Boeckh, Katrin: *Von den Balkankriegen* zum Ersten Weltkrieg. Kleinstaatenpolitik und ethnische Selbstbestimmung auf dem Balkan, München 1996.

Boemeke, Manfred F., u. a. (Hg.): *Anticipating Total War*. The German and American Experiences, 1871–1914, Cambridge 1999.

Boer, Pim den: *Europa*: De geschiedenis van een idee, Amsterdam 1999.

Bohr, Paul Richard: *Famine in China* and the Missionary. Timothy Richard as Relief Administrator and Advocate of National Reform, 1876–1884, Cambridge, MA 1972.

Boles, John B. (Hg.): A *Companion* to the American South, Malden, MA 2002.

Boles, John B.: *The South* through Time. A History of an American Region, Englewood Cliffs, NJ 1995.

Boli, John/George M. Thomas (Hg.): *Constructing World Culture*. International Nongovernmental Organizations since 1875, Stanford, CA 1999.

Bolton, Kingsley: *Chinese Englishes*. A Sociolinguistic History, Cambridge 2003.

Bonnett, Alastair: The *Idea of the West*. Culture, Politics and History, Basingstoke 2004.

Boomgaard, Peter: *Children* of the Colonial State. Population Growth and Economic Development in Java, 1795–1880, Amsterdam 1989.

Boomgaard, Peter: *Forest Management* and Exploitation in Colonial Java, 1677–1897, in: Forest and Conservation History 36 (1992), S. 4–21.

Boomgaard, Peter: *Frontiers of Fear*. Tigers and People in the Malay World, 1600–1950, New Haven, CT 2001.

Booth, Anne: The *Indonesian Economy* in the Nineteenth and Twentieth Centuries. A History of Missed Opportunities, London 1998.

Bordo, Michael D., u. a. (Hg.): *Globalization* in Historical Perspective, Chicago 2003.

Bordo, Michael D./Roberto Cortés-Conde (Hg.): *Transferring Wealth* and Power from the Old to the New World. Monetary and Fiscal Institutions in the Seventeenth through the Nineteenth Centuries, Cambridge 2001.

Borruey, René: Le port moderne de *Marseille*. Du dock au conteneur 1844–1974, Marseille 1994.

Borscheid, Peter: *Das Tempo-Virus*. Eine Kulturgeschichte der Beschleunigung, Frankfurt a. M. 2004.

Borst, Arno: *Barbaren*, Ketzer und Artisten. Welten des Mittelalters, München 1990[2].

Bosbach, Franz/John R. Davis (Hg.): Die *Weltausstellung von 1851* und ihre Folgen, München 2002.

Bose, Sugata: *A Hundred Horizons*. The Indian Ocean in the Age of Global Empire, Cambridge, MA 2006.

Bose, Sugata/Ayesha Jalal: *Modern South Asia*. History, Culture, Political Economy, New York 2004[2].

Bossenbroek, Martin: The *Living Tools* of Empire. The Recruitment of European Soldiers for the Dutch Colonial Army, 1814–1909, in: JICH 23 (1995), S. 26–53.

Bouche, Denise: *Histoire de la colonisation française*, Bd. 2: Flux et reflux (1815–1962), Paris 1991.

Bouchet, Ghislaine: *Le cheval à Paris* de 1850 à 1914, Genf 1993.

Boudon, Jacques-Olivier: *Histoire du consulat et de l'Empire* 1799–1815, Paris 2000.

Boudon, Jacques-Olivier, u. a.: *Religion et culture* en Europe au 19e siècle (1800–1914), Paris 2001.

Bourdé, Guy: *Urbanisation* et immigration en Amérique Latine. Buenos Aires (XIXe et XXe siècles), Paris 1974.

Bourdelais, Patrice/Jean-Yves Raulot: Une *peur bleue*. Histoire du choléra en France, 1832–1854, Paris 1987.

Bourguet, Marie-Noëlle: *Déchiffrer la France*. La statistique départementale à l'époque napoléonienne, Paris 1988.

Bourguignon, François/Christian Morrison: *Inequality* among World Citizens, 1820–1992, in: AER 92 (2002), S. 727–44.

Bowen, H. V.: *British Conceptions* of Global Empire, 1756–83, in: JICH 26 (1998), S. 1–27.

Bowen, H. V.: The *Business of Empire*. The East India Company and Imperial Britain, 1756–1833, Cambridge 2006.

Bowen, John R.: *Religions in Practice*. An Approach to the Anthropology of Religion, Boston 2006[3].

Bowen, Roger W.: *Rebellion* and Democracy in Meiji Japan. A Study of Commoners in the Popular Rights Movement, Berkeley, CA 1980.

Bowler, Peter J./Iwan Rhys Morus: *Making Modern Science*. A Historical Survey, Chicago 2005.

Boyce, Gordon/Simon P. Ville: The Development of *Modern Business*, Basingstoke 2002.

Boyce, Robert W. D.: *Imperial Dreams* and National Realities. Britain, Canada and the Struggle for a Pacific Telegraph Cable, 1879–1902, in: EHR 115 (2000), S. 39–70.

Boyer, Richard E./Keith A. Davis: *Urbanization* in Nineteenth-Century Latin America, Los Angeles 1973.

Brading, D. A.: The *First America*. The Spanish Monarchy, Creole Patriots and the Liberal State 1492–1867, Cambridge 1991.

Bradley, Joseph: *Muzhik and Muscovite*. Urbanization in Late Imperial Russia, Berkeley, CA 1985.

Brancaforte, Charlotte L. (Hg.): The *German Forty-Eighters* in the United States, New York 1989.

Brandt, Hartwig: *Europa 1815–1850*. Reaktion, Konstitution, Revolution, Stuttgart 2002.

Brandt, Peter, u. a. (Hg.): *Handbuch* der europäischen Verfassungsgeschichte im 19. Jahrhundert. Institutionen und Rechtspraxis im gesellschaftlichen Wandel, Bd. 1: Um 1800, Bonn 2006.

Brantlinger, Patrick: *Dark Vanishings*. Discourse on the Extinction of Primitive Races, 1800–1930, Ithaca, NY 2003.

Braudel, Fernand: *Grammaire* des civilisations [1963], Paris 1993.

Braudel, Fernand: *Schriften* zur Geschichte, 2 Bde., Stuttgart 1992–93.

Braudel, Fernand: *Sozialgeschichte* des 15. bis 18. Jahrhunderts, 3 Bde., München 1985.

Braunthal, Julius: *Geschichte der Internationale*, Bd. 1–3, Hannover 1961–71.

Bray, Francesca: The *Rice Economies*, Oxford 1986.

Breen, T. H.: The *Marketplace* of Revolution. How Consumer Politics Shaped American Independence, Oxford 2004.

Breman, Jan: *Taming the Coolie Beast*. Plantation Society and the Colonial Order in Southeast Asia, Delhi 1989.

Brenner, Michael: Geschichte des *Zionismus*, München 2002.

Brenner, Michael, u. a. (Hg.): *Two Nations. British and German Jews in Comparative Perspective*, Tübingen 1999.

Breuer, Stefan: *Der Staat*. Entstehung, Typen, Organisationsstadien, Reinbek 1998.

Breuilly, John: *Nationalism* and the State, new ed., Manchester 1993.

Brewer, John/Roy Porter (Hg.): *Consumption* and the World of Goods, London 1993.

Breyfogle, Nicholas B.: *Heretics* and Colonizers. Forging Russia's Empire in the South Caucasus, Ithaca, NY 2005.

Bridge, Francis R.: The *Habsburg Monarchy* among the Great Powers, 1815–1918, New York 1990.

Bridge, Francis R./Roger Bullen: The *Great Powers* and the European States System, 1815–1914, Harlow 1980.

Briese, Olaf: *Angst* in den Zeiten der Cholera. Seuchen-Cordon, 4 Bde., Berlin 2003.

Briggs, Asa: *Victorian Cities*, Harmondsworth 1968.

Briggs, Asa/Peter Burke: A Social History of the *Media*. From Gutenberg to the Internet, Cambridge 2002.

Brim, Sadek: *Universitäten* und Studentenbewegung in Russland im Zeitalter der großen Reformen 1855–1881, Frankfurt a. M. 1985.

Brocheux, Pierre/Daniel Hémery: *Indochine*. La colonisation ambiguë (1858–1954), Paris 1995.

Brody, Hugh: The *Other Side of Eden*. Hunter-Gatherers, Farmers and the Shaping of the World, London 2001.

Broers, Michael: *Europe* under Napoleon 1799–1815, London 1996.

Broers, Michael: The *Napoleonic Empire* in Italy, 1796–1814. Cultural Imperialism in a European Context? Basingstoke 2005.

Broeze, Frank: *Brides* of the Sea. Port Cities of Asia from the 16th-20th Centuries, Honolulu 1989.

Broeze, Frank: *Gateways* of Asia. Port Cities of Asia in the 13th-20th Centuries, London 1997.

Broeze, Frank: *Underdevelopment* and Dependency. Maritime India during the Raj, in: MAS 18 (1984), S.429–57.

Bronger, Dirk: *Metropolen*, Megastädte, Global Cities. Die Metropolisierung der Erde, Darmstadt 2004.

Brook, Timothy: The *Confusions of Pleasure*. Commerce and Culture in Ming China, Berkeley, CA 1999.

Brook, Timothy/Bob Tadashi Wakabayashi (Hg.): *Opium Regimes*. China, Britain, and Japan, 1839–1952, Berkeley, CA 2000.

Brooks, Jeffrey: *When Russia Learned to Read*. Literacy and Popular Literature, 1861–1917, Princeton, NJ 1985.

Broome, Richard: *Aboriginal Victorians*. A History Since 1800, Crows Nest (New South Wales) 2005.

Brötel, Dieter: *Frankreich im Fernen Osten*. Imperialistische Expansion und Aspiration in Siam und Malaya, Laos und China, 1880–1904, Stuttgart 1996.

Brötel, Dieter: *Frankreichs indochinesisches Empire* in der neuen Forschung, in: Jahrbuch für Europäische Überseegeschichte 1 (2001), S.87–129.

Brower, Daniel R.: The *Russian City* between Tradition and Modernity, 1850–1900, Berkeley, CA 1990.

Brower, Daniel R.: *Turkestan* and the Fate of the Russian Empire, London 2003.

Brower, Daniel R./Edward J. Lazzerini (Hg.): *Russia's Orient*. Imperial Borderlands and Peoples, 1700–1917, Bloomington, IN 1997.

Brown, Christopher Leslie: *Moral Capital*. Foundations of British Abolitionism, Chapel Hill, NC 2006.

Brown, Howard G.: *War*, Revolution and the Bureaucratic State. Politics and Army Administration in France, 1791–1799, Oxford 1995.

Brown, L. Carl (Hg.): *Imperial Legacy*. The Ottoman Imprint on the Balkans and the Middle East, New York 1996.

Brown, Lucy: *Victorian News* and Newspapers, Oxford 1985.

Brown, Richard D.: The *Strength of a People*. The Idea of an Informed Citizenry in America, Chapel Hill, NC 1996.

Brown, Richard Maxwell: *No Duty to Retreat*. Violence and Values in American History and Society, New York 1991.

Browne, Janet E.: Charles *Darwin*. A Biography, 2 Bde., New York 1995–2002.

Brownlee, John S.: *Japanese Historians* and the National Myths, 1600–1945, Vancouver 1997.

Bruford, Walter H.: The *German Tradition of Self-Cultivation*. «Bildung» from Humboldt to Thomas Mann, London 1975.

Bruhns, Hinnerk/Wilfried Nippel (Hg.): *Max Weber* und die Stadt im Kulturvergleich, Göttingen 2000.

Brunn, Gerhard/Jürgen Reulecke (Hg.): *Metropolis Berlin*. Berlin als deutsche Hauptstadt im Vergleich europäischer Hauptstädte 1870–1939, Bonn 1992.

Brunner, Otto, u. a. (Hg.): *Geschichtliche Grundbegriffe*. Historisches Lexikon zur politisch-sozialen Sprache in Deutschland, 8 Bde., Stuttgart 1972–97.

Brustein, William I.: *Roots of Hate*. Anti-Semitism in Europe Before the Holocaust. Cambridge 2003.

Bryant, G. J.: *Indigenous Mercenaries* in the Service of European Imperialists. The Cause of the Sepoys in the Early British Indian Army, 1750–1800, in: War in History 7 (2000), S. 2–28.

Buchanan, Francis: A *Journey* from Madras through the Countries of Mysore, Canara, and Malabar, 3 Bde., London 1807.

Buchheim, Christoph: *Industrielle Revolutionen*. Langfristige Wirtschaftsentwicklung in Großbritannien, Europa und in Übersee, München 1994.

Buettner, Elizabeth: *Empire Families*. Britons and Late Imperial India, Oxford 2004.

Bull, Hedley: The *Anarchical Society*. A Study of Order in World Politics, London 1977.

Bull, Hedley/Adam Watson (Hg.): The *Expansion* of International Society, Oxford 1984.

Bullard, Alice: *Exile* to Paradise. Savagery and Civilization in Paris and the South Pacific, 1790–1900, Stanford, CA 2000.

Bulliet, Richard W.: The *Camel* and the Wheel, New York 1975.

Bulliet, Richard W.: The Case for *Islamo-Christian Civilization*, New York 2004.

Bulmer-Thomas, Victor: The *Economic History of Latin America* since Independence, Cambridge 1994.

Bulmer-Thomas, Victor, u. a. (Hg.): The *Cambridge Economic History of Latin America*, 2 Bde., Cambridge 2006.

Bumsted, J. M.: A *History of Canada*, Toronto 1992.

Bumsted, J. M.: A *History of Canadian Peoples*, Toronto 1998.

Bumsted, J. M.: The *Peoples of Canada*. A Post-Confederation History, Toronto 1992.

Burbank, Jane/David L. Ransel (Hg.): *Imperial Russia*. New Histories for the Empire, Bloomington, IN 1998.

Burckhardt, Jacob: *Werke*. Kritische Gesamtausgabe, München 2000 ff.

Burke, Peter: *Papier und Marktgeschrei*. Die Geburt der Wissensgesellschaft, Berlin 2001.

Burke, Peter (Hg.): The Cambridge Modern History, Bd. 13: *Companion Volume*, Cambridge 1979.

Burnett, D. Graham: *Masters* of All They Surveyed. Exploration, Geography, and a British El Dorado, Chicago 2000.

Burns, E. Bradford: A History of *Brazil*, New York 1980².

Burri, Monika, u. a. (Hg.): Die *Internationalität der Eisenbahn* 1850–1970, Zürich 2003.

Burrow, John W.: The *Crisis of Reason*. European Thought, 1848–1914, New Haven, CT 2000.

Burrows, Edwin G./Mike Wallace: *Gotham*. A History of New York City to 1898, Oxford 1999.

Burton, Antoinette (Hg.): *After the Imperial Turn*. Thinking with and through the Nation, Durham, NC 2003.

Burton, Antoinette: *Burdens of History*. British Feminists, Indian Women, and Imperial Culture, 1865–1915, Chapel Hill, NC 1994.

Bush, Michael L. (Hg.): *Serfdom* and Slavery. Studies in Legal Bondage, London 1996.

Bush, Michael L.: *Servitude* in Modern Times, Cambridge 2000.

Bushman, Richard L.: The *Refinement* of America. Persons, Houses, Cities, New York 1992.

Bushnell, David/Neill Macaulay: The *Emergence of Latin America* in the Nineteenth Century, New York 1994².

Butcher, John G.: The *British in Malaya* 1880–1941. The Social History of a European Community in Colonial South-East Asia, Kuala Lumpur 1979.

Butler, Jon: Awash in a *Sea of Faith*. Christianizing the American People, Cambridge, MA 1990.

Buzan, Barry/Richard Little: *International Systems* in World History. Remaking the Study of International Relations, Oxford 2000.

Byres, Terence J.: *Capitalism from Above* and Capitalism from Below. An Essay in Comparative Political Economy, Basingstoke 1996.

Byres, Terence J.: Historical Perspectives on *Sharecropping*, in: JPS 10 (1983) S. 7–40.

Cahan, David (Hg.): *From Natural Philosophy* to the Sciences. Writing the History of Nineteenth-Century Science, Chicago 2003.

Cain, Peter J.: *Hobson* and Imperialism. Radicalism, New Liberalism, and Finance 1887–1938, Oxford 2002.

Cain, Peter J./A. G. Hopkins: *British Imperialism*, 2 Bde., London 2001².

Calhoun, Craig: *Nationalism*, Minneapolis, MN 1997.

Cameron, Rondo: A Concise *Economic History* of the World. From Paleolithic Times to the Present, New York 1997³.

Campbell, Gwyn: An Economic History of *Imperial Madagascar*, 1750–1895, Cambridge 2005.

Campbell, Judy: *Smallpox* in Aboriginal Australia, 1829–1831, in: Australian Historical Studies 20 (1983), S. 536–56.

Campbell, Peter R. (Hg.): The *Origins* of the French Revolution, Basingstoke 2006.

Cannadine, David: The *Decline and Fall* of the British Aristocracy, New Haven, CT 1990.

Cannadine, David: *Ornamentalism*. How the British Saw Their Empire, London 2001.

Cannadine, David: The *Rise and Fall* of Class in Britain, New York 1999.

Canny, Nicholas (Hg.): *Europeans* on the Move. Studies on European Migration, 1500–1800, Oxford 1994.

Cao Shuji, *Zhongguo yimin shi* [Geschichte der Migranten in China], Bd. 6: Qing-Minguo shiqi [Qingzeit und Republik], Fuzhou 1997.

Caplan, Jane/John Torpey (Hg.): *Documenting Individual Identity*. The Development of State Practices in the Modern World, Princeton, NJ 2001.

Caramani, Daniele: *Elections in Western Europe* since 1815. Electoral Results by Constituencies, London 2004.

Cárdenas, Enrique, u. a. (Hg.): An *Economic History* of Twentieth-Century Latin America, Bd. 1, Basingstoke 2000.

Careless, James M. S.: *Frontier and Metropolis*. Regions, Cities, and Identities in Canada before 1914, Toronto 1989.

Carey, Brycchan: *British Abolitionism* and the Rhetoric of Sensibility. Writing, Sentiment, and Slavery, 1760–1807, Basingstoke 2005.

Caron, François: *Histoire des chemins de fer en France*, 2 Bd., Paris 1997–2005.

Caron, Jean-Claude: *Générations romantiques*. Les étudiants de Paris et le Quartier Latin (1814–1851), Paris 1991.

Caron, Jean-Claude/Michel Vernus: *L'Europe au XIXe siècle*. Des nations aux nationalismes 1815–1914, Paris 1996.

Carosso, Vincent P.: *The Morgans*. Private International Bankers, 1854–1913, Cambridge, MA 1987.

Carr, Raymond: *Spain 1808–1975*, Oxford 1982.

Carter, Paul: The Road to *Botany Bay*. An Essay in Spatial History, London 1987.

Casanova, José: *Public Religions* in the Modern World. Chicago 1994.

Cassels, Alan: *Ideology* and International Relations in the Modern World, London 1996.

Cassirer, Ernst: Die *Philosophie der Aufklärung* [1932], Hamburg 1998.

Cassis, Youssef: *Capitals of Capital*. A History of International Financial Centres, 1780–2005, Cambridge 2005.

Castel, Robert: Die *Metamorphosen* der sozialen Frage. Eine Chronik der Lohnarbeit, Konstanz 2000.

Cattaruzza, Marina: *Arbeiter* und Unternehmer auf den Werften des Kaiserreichs, Wiesbaden 1988.

Cayton, Mary Kupiec, u. a. (Hg.): *Encyclopedia* of American Social History, 3 Bde., New York 1993.

Ceadel, Martin: The *Origins of War Prevention*. The British Peace Movement and International Relations, 1730–1854, Oxford 1996.

Ceaser, James W.: *Reconstructing America*. The Symbol of America in Modern Thought, New Haven, CT 1997.

Cecco, Marcello de: *Money and Empire*. The International Gold Standard, 1890–1914, Oxford 1974.

Çelik, Zeynep: The *Remaking of Istanbul*. Portrait of an Ottoman City in the Nineteenth Century, Seattle 1986.

Chadwick, Owen: A *History of the Popes* 1830–1914, Oxford 1998.

Chakrabarti, Malabika: The *Famine of 1896–1897* in Bengal. Availability or Entitlement Crisis? New Delhi 2004.

Chandavarkar, Rajnarayan: *Imperial Power* and Popular Politics. Class, Resistance and the State in India, c. 1850–1950, Cambridge 1998.

Chandler, Alfred D. jr.: *Scale and Scope*. The Dynamics of Industrial Capitalism, Cambridge, MA 1990.

Chandler, Alfred D. jr.: The *Visible Hand*. The Managerial Revolution in American Business, Cambridge, MA 1977.

Chandler, Alfred D. jr., u. a. (Hg.): *Big Business* and the Wealth of Nations, Cambridge 1997.

Chandler, Tertius/Gerald Fox: 3000 *Years* of Urban Growth, New York 1974.

Chang Chung-li: The *Chinese Gentry*. Studies on Their Role in Nineteenth-Century Chinese Society, Seattle 1955.

Chang Hao: *Liang Ch'i-ch'ao* and Intellectual Transition in China, 1890–1907, Cambridge, MA 1971.

Chang Hsin-pao: *Commissioner Lin* and the Opium War, Cambridge, MA 1964.

Chang Kwang-chih (Hg.): *Food in Chinese Culture*. Anthropological and Historical Perspectives, New Haven, CT 1977.

Chanock, Martin: *Law*, Custom and Social Order. The Colonial Experience in Malawi and Zambia, Cambridge 1985.

Chanock, Martin: A *Peculiar Sharpness*. An Essay on Property in the History of Customary Law in Colonial Africa, in: JAfH 32 (1991), S. 65–88.

Charbonneau, Hubert/André Larose (Hg.): The Great *Mortalities*. Methodological Studies of Demographic Crises in the Past, Lüttich 1979.

Charle, Christophe: *Histoire sociale de la France* au XIXe siècle, Paris 1991.

Charle, Christophe: *Le siècle de la presse* (1830–1939), Paris 2004.

Charle, Christophe, u. a. (Hg.): *Transnational Intellectual Networks*. Forms of Academic Knowledge and the Search for Cultural Identities, Frankfurt a. M. 2004.

Chartier, Roger, u. a.: *La ville des temps modernes*. De la Renaissance aux révolutions, Paris (= Histoire de la France urbaine, 3) 1980.

Chaudhuri, Binay Bhushan (Hg.): *Economic History of India* from Eighteenth to Twentieth Century, New Delhi 2005.

Chaudhuri, K. N.: *Asia before Europe*. Economy and Civilization of the Indian Ocean from the Rise of Islam to 1750, Cambridge 1990.

Chaudhuri, K. N.: *Trade* and Civilisation in the Indian Ocean. An Economic History from the Rise of Islam to 1750, Cambridge 1985.

Chen Feng: Die *Entdeckung des Westens*. Chinas erste Botschafter in Europa 1866–1894, Frankfurt a. M. 2001.

Cheong, Weng Eang: The *Hong Merchants* of Canton. Chinese Merchants in Sino-Western trade, Richmond 1997.

Chew, Sing C.: *Ecological Degradation*: Accumulation, Urbanization, and Deforestation, 3000 B. C.–A. D. 2000, Walnut Creek, CA 2001.

Chi Zihua: *Hongshizi yu jindai Zhongguo* [Das Rote Kreuz und das moderne China], Hefei 2004.

Chidester, David: *Savage Systems*. Colonialism and Comparative Religion in Southern Africa, Charlottesville, VA 1996.

Chiu, T. N.: The *Port of Hong Kong*. A Survey of Its Development, Hongkong 1973.

Ch'oe, Yŏng-ho, u. a. (Hg.): *Sources of Korean Tradition*, Bd. 2: From the Sixteenth to the Twentieth Centuries, New York 2000.

Christian, David: *Maps of Time*. An Introduction to Big History, Berkeley, CA 2004.

Chudacoff, Howard P.: The Evolution of *American Urban Society*, Englewood Cliffs, NJ 1981².

Church, Roy A./E. A. Wrigley (Hg.): The *Industrial Revolutions*, 11 Bde., Oxford 1994.

Cikar, Jutta R. M.: *Fortschritt durch Wissen*. Osmanisch-türkische Enzyklopädien der Jahre 1870–1936, Wiesbaden 2004.

Çizakça, Murat: A Comparative Evolution of *Business Partnerships*. The Islamic World and Europe, Leiden 1996.

Clancy-Smith, Julia A.: *Rebel and Saint*. Muslim Notables, Populist Protest, Colonial Encounters (Algeria and Tunisia, 1800–1904), Berkeley, CA 1994.

Clancy-Smith, Julia A./Frances Gouda (Hg.): *Domesticating the Empire*. Race, Gender, and Family Life in French and Dutch Colonialism, Charlottesville, VA 1998.

Clarence-Smith, William Gervase: *Islam* and the Abolition of Slavery, London 2006.

Clarence-Smith, William Gervase: The *Third Portuguese Empire*, 1825–1975. A Study in Economic Imperialism, Manchester 1985.

Clark, Christopher M.: *Kaiser Wilhelm II*, Harlow 2000.

Clark, Christopher M.: *Preußen*. Aufstieg und Niedergang 1600–1947, München 2007.

Clark, Christopher M./Wolfram Kaiser (Hg.): *Culture Wars*. Secular-Catholic Conflict in Nineteenth-Century Europe, Cambridge 2003.

Clark, Gregory: A *Farewell to Alms*. A Brief Economic History of the World, Princeton, NJ 2007.

Clark, Ian: The *Hierarchy of States*. Reform and Resistance in the International Order, Cambridge 1989.

Clark, Ian: *International Legitimacy* and World Society, Oxford 2007.

Clark, Peter: *British Clubs* and Societies 1580–1800. The Origins of an Associational World, Oxford 2000.

Clark, Peter (Hg.): The *Cambridge Urban History* of Britain, 3 Bde., Cambridge 2000–2001.

Clark, William: *Academic Charisma* and the Origins of the Research University, Chicago 2006.

Clarke, Prescott/J. S. Gregory: *Western Reports* on the Taiping. A Selection of Documents, London 1982.

Clarkson, L. A./E. Margaret Crawford: *Feast* and Famine. Food and Nutrition in Ireland, 1500–1920, Oxford 2001.

Clive, John: *Macaulay*. The Shaping of the Historian, New York 1973.

Clodfelter, Michael: The *Dakota War*. The United States Army versus the Sioux, 1862–1865, Jefferson, NC 1998.

Clogg, Richard: A Concise History of *Greece*, Cambridge 1992.

Coates, Peter: *Nature*. Western Attitudes since Ancient Times, Berkeley, CA 1998.

Cochran, Sherman G.: *Encountering Chinese Networks*. Western, Japanese, and Chinese Corporations in China, 1880–1937, Berkeley, CA 2000.

Cohen, Patricia Cline: *A Calculating People*. The Spread of Numeracy in Early America, Chicago 1982.

Cohen, Paul A: *Between Tradition and Modernity*. Wang T'ao and Reform in Late Ch'ing China, Cambridge, MA 1974.

Cohen, Paul A.: *History in Three Keys*. The Boxers as Event, Experience, and Myth, New York 1997.

Cohen, Robin: *Global Diasporas*. An Introduction, London 1997.

Cohen, Robin (Hg.): The Cambridge Survey of *World Migration*, Cambridge 1995.

Cohen, Robin/Paul Kennedy: *Global Sociology*, Basingstoke 2007².

Cohn, Bernard S.: An *Anthropologist* among the Historians and Other Essays, Delhi 1987.

Cohn, Bernard S.: *Colonialism* and Its Form of Knowledge. The British in India, Princeton, NJ 1996.

Cole, Joshua: The *Power of Large Numbers*. Population, Politics, and Gender in Nineteenth-Century France, Ithaca, NY 2000.

Cole, Juan R.: *Colonialism* and Revolution in the Middle East. Social and Cultural Origins of Egypt's Urabi Movement, Princeton, NJ 1993.

Cole, Juan R.: *Modernity* and the Millenium. The Genesis of the Baha'i Faith in the Nineteenth-Century Middle East, New York 1998.

Colley, Linda: *Britons*: Forging the Nation 1707–1837, New Haven, CT 1992.

Collier, Simon/William F. Sater: A History of *Chile*, 1808–1994, Cambridge 1996.

Comaroff, Jean/John L. Comaroff: *Of Revelation and Revolution*, 2 Bde., Chicago 1991–97.

Comaroff, John L./Jean Comaroff: *Ethnography* and the Historical Imagination, Boulder, CO 1992.

Connelly, Owen: The *Wars of the French Revolution* and Napoleon, 1792–1815, London 2006.

Conner, Patrick: *Oriental Architecture* in the West, London 1979.

Connor, Walker: *Ethnonationalism*. The Quest for Understanding, Princeton, NJ 1994.

Conrad, Peter: *Modern Times*, Modern Places, London 1998.

Conrad, Sebastian: *Globalisierung* und Nation im Deutschen Kaiserreich, München 2006.

Conrad, Sebastian, u. a. (Hg.): *Globalgeschichte*. Theorien, Ansätze, Themen, Frankfurt a. M. 2007.

Conrad, Sebastian/Shalini Randeria (Hg.): *Jenseits des Eurozentrismus*, Frankfurt a. M. 2002.

Conrad, Sebastian/Dominic Sachsenmaier (Hg.): *Competing Visions* of World Order. Global Moments and Movements, 1880s-1930s, New York 2007.

Conway, Stephen: The *British Isles* and the War of American Independence, Oxford 2000.

Conze, Werner, u. a. (Hg.): *Bildungsbürgertum* im neunzehnten Jahrhundert, 4 Bde., Stuttgart 1985–92.

Cook, David: *Understanding Jihad*, Berkeley, CA 2005.

Coombes, Annie E.: *Reinventing Africa*. Museums, Material Culture and Popular Imagination in Late Victorian and Edwardian England, London 1994.

Cooper, Frederick, u. a.: *Beyond Slavery*. Explorations of Race, Labor, and Citizenship in Postemancipation Societies, Chapel Hill, NC 2000.

Cooper, Sandi E.: *Patriotic Pacifism*. Waging War on War in Europe, 1815–1914, New York 1991.

Cooper, William J./Thomas E. Terrill: The *American South*. A History, 2 Bde., New York 1996².

Cope, R. L.: Written in *Characters of Blood?* The Reign of King Cetshwayo Ka Mpande 1872–9, in: JAfH 36 (1995), S. 247–69.

Coquery-Vidrovitch, Catherine: *Africa*. Endurance and Change South of the Sahara, Berkeley, CA 1988.

Coquery-Vidrovitch, Catherine: *Histoire des villes d'Afrique noire*, Paris 1993.

Coquery-Vidrovitch, Catherine: *L'Afrique* et les Africains au XIXe siècle. Mutations, révolutions, crises, Paris 1999.

Corbin, Alain (Hg.): *L'Invention du XIXe* siècle. Le XIXe siècle par lui-même (littérature, histoire, société), Paris 1999.

Corbin, Alain: *Meereslust*. Das Abendland und die Entdeckung der Küste, Berlin 1990.

Corfield, Penelope J.: *Time* and the Shape of History, New Haven, CT 2007.

Corvol, Andrée: *L'Homme aux bois*. Histoire des relations de l'homme et de la forêt (XVIIe–XXe siècle), Paris 1987.

Cosgrove, Denis: *Apollo's Eye*. A Cartographic Genealogy of the Earth in the Western Imagination, Baltimore, MD 2001.

Costa, Pietro: *Civitas*. Storia della cittadinanza in Europa, 4 Bde., Rom 1999–2001.

Coulmas, Florian: *Japanische Zeiten*. Eine Ethnographie der Vergänglichkeit, Reinbek 2000.

Countryman, Edward: The *American Revolution*, New York 2003².

Craib, Raymond B.: *Cartographic Mexico*. A History of State Fixations and Fugitive Landscapes, Durham, NC 2004.

Craig, Lee A./Douglas Fisher: The *European Macroeconomy*. Growth, Integration and Cycles, 1500–1913, Cheltenham 2000.

Cranfield, Geoffrey A.: The *Press and Society*. From Caxton to Northcliffe, London 1978.

Crary, Jonathan: *Techniques of the Observer*. On Vision and Modernity in the Nineteenth Century, Cambridge, MA 1990.

Croce, Benedetto: *Geschichte Europas* im neunzehnten Jahrhundert [1932], Frankfurt a. M. 1979.

Cronon, William: *Changes in the Land*. Indians, Colonists, and the Ecology of New England, New York 1983.

Cronon, William: *Nature's Metropolis*. Chicago and the Great West, New York 1991.

Crook, David P.: *Darwinism*, War and History. The Debate over the Biology of War from the «Origin of Species» to the First World War, Cambridge 1994.

Crook, J. Mordaunt: The *Rise of the Nouveaux Riches*. Style and Status in Victorian and Edwardian Architecture, London 1999.

Crosby, Alfred W.: *Ecological Imperialism*. The Biological Expansion of Europe, Cambridge 1986.

Crossick, Geoffrey/Serge Jaumain (Hg.): *Cathedrals of Consumption*. The European Department Store, 1850–1939, Aldershot 1999.

Crossley, Pamela Kyle: *Orphan Warriors*. Three Manchu Generations and the End of the Qing World, Princeton, NJ 1990.

Crossley, Pamela Kyle: A *Translucent Mirror*. History and Identity in Qing Imperial Ideology, Berkeley, CA 1999.

Crouzet, François: A History of the *European Economy*, 1000–2000, Charlottesville, VA 2001.

Crystal, David: *English* as a Global Language, Cambridge 1997.

Cullen, Michael J.: The *Statistical Movement* in Early Victorian Britain. The Foundations of Empirical Social Research, New York 1975.

Cunningham, Hugh: Die *Geschichte des Kindes* in der Neuzeit. Düsseldorf 2006.

Curtin, Mary Ellen: *Black Prisoners* and Their World. Alabama, 1865–1900, Charlottesville, VA 2000.

Curtin, Philip D.: *Cross-cultural Trade* in World History, Cambridge 1984.

Curtin, Philip D.: *Death by Migration*. Europe's Encounter with the Tropical World in the Nineteenth Century, Cambridge 1989.

Curtin, Philip D.: *Disease* and Empire. The Health of European Troops in the Conquest of Africa, Cambridge 1998.

Curtin, Philip D.: *Location* in History. Argentina and South Africa in the Nineteenth Century, in: JWH 10 (1999), S. 41–92.

Curtin, Philip D.: The Atlantic *Slave Trade*. A Census, Madison, WI 1969.

Curtin, Philip D.: The *World* and the West, Cambridge 2000.

Curwen, Charles A.: *Taiping Rebel*. The Deposition of Li Hsiu-ch'eng, Cambridge 1977.

Cushman, Jennifer Wayne: *Fields from the Sea*. Chinese Junk Trade with Siam during the Late Eighteenth and Early Nineteenth Centuries, Ithaca, NY 1993.

Cvetkovski, Roland: *Modernisierung* durch Beschleunigung. Raum und Mobilität im Zarenreich, Frankfurt a. M. 2006.

D'Agostino, Peter R.: *Rome in America*. Transnational Catholic Ideology from the Risorgimento to Fascism, Chapel Hill, NC 2004.

Dabringhaus, Sabine: *Geschichte Chinas* 1279–1949, München 2006.

Dabringhaus, Sabine: *Territorialer Nationalismus*. Historisch-geographisches Denken in China 1900–1949, Köln 2006.

Dahlhaus, Carl: Die *Musik des 19. Jahrhunderts*, in: ders., Gesammelte Schriften in zehn Bänden, Bd. 5, Laaber 2003, S. 11–390.

Dahrendorf, Ralf: *LSE*. A History of the London School of Economics and Political Science, 1895–1995, Oxford 1995.

Dalrymple, William: The *Last Mughal*. The Fall of a Dynasty, Delhi, 1857, London 2006.

Dalrymple, William: *White Mughals*. Love and Betrayal in Eighteenth-Century India, London 2002.

Daly, Jonathan W.: *Autocracy* under Siege. Security Police and Opposition in Russia, 1866–1905, DeKalb, IL 1998.

Daly, Martin/Carl Petry (Hg.): The *Cambridge History of Egypt*, 2 Bde., Cambridge 1998.

Daly, Mary E.: The *Famine in Ireland*, Dundalk 1986.

Danbom, David B.: *Born in the Country*. A History of Rural America, Baltimore, MD 1995.

Daniel, Ute (Hg.): *Augenzeugen*. Kriegsberichterstattung vom 18. zum 21. Jahrhundert, Göttingen 2006.

Daniel, Ute: *Hoftheater*. Zur Geschichte des Theaters und der Höfe im 18. und 19. Jahrhundert, Stuttgart 1995.

Dann, Otto: *Nation* und Nationalismus in Deutschland 1770–1990, München 1994².

Dann, Otto: *Zur Theorie* des Nationalstaates, in: Deutsch-Norwegisches Stipendienprogramm für Geschichtswissenschaften, Bericht über das 8. deutschnorwegische Historikertreffen in München, Mai 1995, Oslo 1996, S. 59–70.

Danziger, Raphael: *Abd al-Qadir* and the Algerians. Resistance to the French and Internal Consolidation, New York 1977.

Darwin, John: *After Tamerlane*. The Global History of Empire Since 1405, London 2007.

Darwin, John: *Imperialism* and the Victorians. The Dynamics of Territorial Expansion, in: EHR 112 (1997), S. 614–42.

Das, Sisir Kumar: A *History of Indian Literature*, Bd. 8: 1800–1910. Western Impact – Indian Response, New Delhi 1991.

Dasgupta, Partha: An *Inquiry* into Well-Being and Destitution, Oxford 1993.

Daumard, Adeline: *Les bourgeois* et la bourgeoisie en France depuis 1815, Paris 1991.

Daunton, Martin J.: *Progress* and Poverty. An Economic and Social History of Britain 1700–1850, Oxford 1995.

Daunton, Martin J.: *Trusting Leviathan*. The Politics of Taxation in Britain, 1799–1914, Cambridge 2001.

Daunton, Martin J.: *Wealth* and Welfare. An Economic and Social History of Britain 1851–1951, Oxford 2007.

Daunton, Martin J./Rick Halpern (Hg.): *Empire and Others*. British Encounters with Indigenous Peoples, 1600–1850, Philadephia 1999.

David, Saul: The *Indian Mutiny* 1857, London 2002.

Davies, Norman: *God's Playground*. A History of Poland. Bd. 2: 1795 to the Present, Oxford 1981.

Davies, Sam, u. a. (Hg.): *Dock Workers*. International Explorations in Comparative Labour History, 1790–1970, Aldershot 2000.

Davis, Clarence B./Kenneth E. Wilburn, jr. (Hg.): *Railway Imperialism*, New York 1991.

Davis, David Brion: *Inhuman Bondage*. The Rise and Fall of Slavery in the New World, Oxford 2006.

Davis, David Brion: *Slavery and Human Progress*, New York 1984.

Davis, David Brion/Steven Mintz (Hg.): The *Boisterous Sea* of Liberty. A Documentary History of America from Discovery through the Civil War, Oxford 1998.

Davis, John A. (Hg.): *Italy* in the Nineteenth Century 1796–1900, Oxford 2000.

Davis, Lance E./Robert A. Huttenback: *Mammon* and the Pursuit of Empire. The Economics of British Imperialism, Cambridge 1986.

Davis, Mike: Late Victorian *Holocausts*: El Ninō Famines and the Making of the Third World, New York 2001.

Davison, Graeme: The Rise and Fall of *Marvellous Melbourne*, Melbourne 1979.

Davison, Roderic H.: *Reform* in the Ottoman Empire, 1856–1876, Princeton, NJ 1963.

Davison, Roderic H./Clement Dodd: *Turkey.* A Short History, Huntingdon, TX 1998³.

Day, Jared N.: *Urban Castles.* Tenement Housing and Landlord Acitivism in New York City, 1890–1943, New York 1999.

Deák, István: The *Lawful Revolution.* Louis Kossuth and the Hungarians 1848–1849, New York 1979.

Dean, Warren: With *Broadax* and Firebrand. The Destruction of the Brazilian Atlantic Forest, Berkeley, CA 1995.

Debeir, Jean-Claude, u. a.: *Prometheus* auf der Titanic. Geschichte der Energiesysteme, Frankfurt a. M. 1989.

Dehio, Ludwig: *Gleichgewicht* oder Hegemonie. Betrachtungen über ein Grundproblem der neueren Geschichte [1948], Darmstadt 1996.

Dehs, Volker: *Jules Verne.* Eine kritische Biographie, Düsseldorf 2005.

DeJong Boers, Bernice: *Tambora 1815.* De geschiedenis van een vulkaanuitbarsting in Indonesië, in: Tijdschrift voor Geschiedenis 107 (1994), S. 371–92.

Delaporte, François: *Disease* and Civilization. The Cholera in Paris, 1832, Cambridge, MA 1986.

Deloria, Philip J./Neal Salisbury (Hg.): A *Companion to American Indian History,* Malden, MA 2004.

Delort, Robert/François Walter: *Histoire de l'environnement européen,* Paris 2001.

Demel, Walter: *Der europäische Adel.* Vom Mittelalter bis zur Gegenwart, München 2005.

Deng Gang: *Maritime Sector,* Institutions, and Sea Power of Premodern China, Westport, CT 1999.

Dennis, Richard: *English Industrial Cities* of the Nineteenth Century. A Social Geography, Cambridge 1984.

Denoon, Donald (Hg.): The *Cambridge History of the Pacific Islanders,* Cambridge 1997.

Denoon, Donald: *Settler Capitalism,* Oxford 1983.

Denoon, Donald/Philippa Mein-Smith: A *History of Australia,* New Zealand and the Pacific, Oxford 2000.

Deringil, Selim: The *Well-Protected Domains.* Ideology and the Legitimation of Power in the Ottoman Empire, London 1998.

Desnoyers, Charles: A *Journey to the East,* Ann Arbor, MI 2004.

Dettke, Barbara: *Die asiatische Hydra.* Die Cholera von 1830/31 in Berlin und den preußischen Provinzen Posen, Preußen und Schlesien, Berlin 1995.

Devine, T. M.: The *Great Highland Famine.* Hunger, Emigration and the Scottish Highlands in the Nineteenth Century, Edinburgh 1988.

Devine, T. M.: The *Scottish Nation* 1700–2000, New York 1999.

Dickens, Charles: *American Notes* for General Circulation [1842], hg. v. Patricia Ingham, London 2000.

Diesbach, Gislain de: *Ferdinand de Lesseps*, Paris 1998.

Dikötter, Frank: *Crime*, Punishment and the Prison in Modern China, New York 2002.

Dikötter, Frank: The *Discourse of Race* in Modern China, London 1992.

Dikötter, Frank: *Exotic Commodities*. Modern Objects and Everyday Life in China, London 2006.

Dingsdale, Alan: *Mapping Modernities*. Geographies of Central and Eastern Europe, 1920–2000, London 2002.

Dinnerstein, Leon: *Antisemitism in America*, New York 1994.

Dipper, Christof: *Übergangsgesellschaft*. Die ländliche Sozialordnung in Mitteleuropa um 1800, in: ZHF 23 (1996), S. 57–87.

Dobbin, Christine: *Asian Entrepreneurial Minorities*. Conjoint Communities in the Making of the World Economy 1570–1940, Richmond 1996.

Dodds, Klaus/Stephen A. Royle: *Rethinking Islands*, in: Journal of Historical Geography 29 (2003), S. 487–98.

Dodgshon, Robert A.: *Society* in Time and Space. A Geographical Perspective on Change, Cambridge 1998.

Doel, H. W. van den: *Het Rijk van Insulinde*. Opkomst en ondergang van een Nederlandse kolonie, Amsterdam 1996.

Doeppers, Daniel F.: The Development of *Philippine Cities* before 1900, in: JAS 31 (1972), S. 769–792.

Doering-Manteuffel, Anselm: *Die deutsche Frage* und das europäische Staatensystem 1815–1871, München 1993.

Doering-Manteuffel, Anselm: *Internationale Geschichte* als Systemgeschichte. Strukturen und Handungsmuster im europäischen Staatensystem des 19. und 20. Jahrhunderts, in: Wilfried Loth / Jürgen Osterhammel (Hg.): Internationale Geschichte, München 2000, S. 93–115.

Dohrn-van Rossum, Gerhard: Die *Geschichte der Stunde*. Uhren und moderne Zeitrechnung, München 1992.

Dominguez, Jorge I.: *Insurrection* or Loyalty: The Breakdown of the Spanish American Empire, Cambridge, MA 1980.

Donald, David Herbert: *Lincoln*, New York 1995.

Dong, Madeleine Yue: *Republican Beijing*. The City and Its Histories, Berkeley, CA 2004.

Dormandy, Thomas: The *White Death*. A History of Tuberculosis, London 1999.

Dossal, Mariam: *Imperial Designs* and Indian Realities. The Planning of Bombay City, 1845–1875, Bombay 1996.

Doumani, Beshara: *Rediscovering Palestine*. Merchants and Peasants in Jabal Nablus, 1700–1900, Berkeley, CA 1995.

Dowd, Gregory Evans: *A Spirited Resistance*. The North American Indian Struggle for Unity, 1745–1815. Baltimore, MD 1992.

Dowe, Dieter, u. a. (Hg.): *Europa 1848*. Revolution und Reform, Bonn 1998.

Doyle, Michael W.: *Empires*, Ithaca, NY 1986.

Doyle, Shane: *Population Decline* and Delayed Recovery in Bunyoro, 1860–1960, in: JAfH 41 (2000), S. 429–58.

Doyle, William: The Oxford History of the *French Revolution*, Oxford 2002².

Drake, Fred W.: China Charts the World. *Hsu Chi-yü* and His Geography of 1848, Cambridge, MA 1975.

Drescher, Seymour: *From Slavery to Freedom*. Comparative Studies in the Rise and Fall of Atlantic Slavery, Basingstoke 1999.

Drescher, Seymour: The *Mighty Experiment*. Free Labor versus Slavery in British Emancipation, Oxford 2002.

Drescher, Seymour/Stanley L. Engerman (Hg.): A Historical Guide to *World Slavery*, New York 1998.

Driver, Felix: *Geography Militant*. Cultures of Exploration and Empire, Oxford 2001.

Driver, Felix/David Gilbert (Hg.): *Imperial Cities*. Landscape, Display and Identity, Manchester 1999.

Druett, Joan: *Rough Medicine*. Surgeons at Sea in the Age of Sail, New York 2000.

Dublin, Thomas: *Transforming Women's Work*. New England Lives in the Industrial Revolution, Ithaca, NY 1994.

Dubois, Laurent: *Avengers* of the New World. The Story of the Haitian Revolution, Cambridge, MA 2004.

Dubois, Laurent: A *Colony of Citizens*. Revolution and Slave Emancipation in the French Caribbean, 1787–1804, Chapel Hill, NC 2004.

Duchhardt, Heinz: *Balance of Power* und Pentarchie. Internationale Beziehungen 1700–1785, Paderborn 1997.

Duchhardt, Heinz: *Europa am Vorabend der Moderne* 1650–1800, Stuttgart 2003.

Dudden, Alexis: *Japan's Colonization of Korea*. Discourse and Power, Honolulu 2005.

Duggan, Christopher: The *Force of Destiny*. A History of Italy since 1796, London 2007.

Dülffer, Jost: *Im Zeichen der Gewalt*. Frieden und Krieg im 19. und 20. Jahrhundert, Köln 2003.

Dülffer, Jost: *Regeln* gegen den Krieg. Die Haager Friedenskonferenzen 1899 und 1907 in der internationalen Politik, Frankfurt a. M. 1981.

Dülffer, Jost, u. a.: *Vermiedene Kriege*. Deeskalation von Konflikten der Großmächte zwischen Krimkrieg und Erstem Weltkrieg, München 1997.

Dülmen, Richard van/Sina Rauschenbach (Hg.): *Macht des Wissens*. Die Entstehung der modernen Wissensgesellschaft, Köln 2004.

Dumoulin, Michel, u. a.: *Nouvelle histoire de Belgique*, 2 Bde. Brüssel 2006.

Dunlap, Thomas R.: *Nature and the English Diaspora*. Environment and History in the United States, Canada, Australia and New Zealand, Cambridge 1999.

Dunlavy, Colleen A.: *Politics* and Industrialization. Early Railroads in the United States and Prussia, Princeton, NJ 1994.

Dunn, John: *Africa* Invades the New World. Egypt's Mexican Adventure, 1863–1867, in: War in History 4 (1997), S. 27–34.

Dupâquier, Jacques: *Histoire de la population française*, Bd. 3: De 1789 à 1914, Paris 1988.

Dupâquier, Jacques/Michel Dupâquier: *Histoire de la démographie.* La statistique de la population des origines à 1914, Paris 1985.

Duroselle, Jean-Baptiste: *Tout empire périra.* Une vision théorique des relations internationales, Paris 1992.

Dutton, George: The *Tây Son Uprising.* Society and Rebellion in Eighteenth-century Vietnam, Honolulu 2006.

Duus, Peter: The *Abacus* and the Sword. The Japanese Penetration of Korea, 1895–1910, Berkeley, CA 1995.

Duus, Peter (Hg.): The *Japanese Discovery of America.* A Brief History with Documents, Boston 1997.

Duverger, Maurice (Hg.): *Le concept d'empire*, Paris 1980.

Dyos, H. J./D. H. Aldcroft: *British Transport.* An Economic Survey from the Seventeenth Century to the Twentieth, Leicester 1969.

Dyos, H. J./Michael Wolff (Hg.): The *Victorian City.* Images and Realities, 2 Bde., London 1973.

Earle, Peter: The *Pirate Wars*, London 2003.

Easterlin, Richard A.: *Growth Triumphant.* The Twenty-First Century in Historical Perspective, Ann Arbor, MI 1997.

Easterlin, Richard A.: *How Beneficent is the Market?* A Look at the Modern History of Mortality, in: EREcH 3 (1999), S. 257–94.

Easterlin, Richard A.: The *Worldwide Standard of Living* since 1800, in: Journal of Economic Perspectives 14 (2000), S. 7–26.

Eastman, Lloyd E.: *Family*, Fields, and Ancestors. Constancy and Change in China's Social and Economic History, 1550–1949, New York 1988.

Eber, Irene: The *Jewish Bishop* and the Chinese Bible. S. I. J. Schereschewsky (1831–1906), Leiden 1999.

Eberhard-Bréard, Andea: *Robert Hart* and China's Statistical Revolution, in: MAS 40 (2006), S. 605–29.

Eckermann, Johann Peter: *Gespräche* mit Goethe in den letzten Jahren seines Lebens [1836–48], hg. v. Ernst Beutler, München 1976.

Eckhardt, William: *Civilizations*, Empires and Wars. A Quantitative History of War, Jefferson, NC 1992.

Edelmayer, Friedrich, u. a. (Hg.): *Globalgeschichte 1450–1620*, Wien 2002.

Edney, Matthew H.: *Mapping an Empire.* The Geographical Construction of British India, 1765–1843, Chicago 1997.

Edsall, Nicholas C.: *Richard Cobden.* Independent Radical. Cambridge, MA 1986.

Eggebrecht, Arne, u. a.: *Geschichte der Arbeit.* Vom alten Ägypten bis zur Gegenwart, Köln 1980.

Eggert, Marion: Vom Sinn des Reisens. *Chinesische Reiseschriften* vom 16. bis zum frühen 19. Jahrhundert, Wiesbaden 2004.

Eggert, Marion/Jörg Plassen: *Kleine Geschichte Koreas*, München 2005.

Eichengreen, Barry: *Vom Goldstandard* zum Euro. Die Geschichte des internationalen Währungssystems, Berlin 2000.

Eichengreen, Barry/Ian W McLean: The *Supply of Gold* under the Pre-1914 Gold Standard, in: EcHR 47 (1994), S. 288–309.

Eichenhofer, Eberhard: *Geschichte des Sozialstaats* in Europa. Von der «sozialen Frage» bis zur Globalisierung, München 2007.

Eichhorn, Jaana: *Geschichtswissenschaft* zwischen Tradition und Innovation, Göttingen 2006.

Eickelman, Dale F. (Hg.): *Muslim Travellers*. Pilgrimage, Migration, and the Religious Imagination. Berkeley, CA 1990.

Eickelman, Dale F.: *Time* in a Complex Society. The Maroccan Example, in: Ethnology 16 (1974), S. 39–55.

Eisenstadt, Shmuel N.: Die *Vielfalt* der Moderne, Weilerswist 2000.

Eklof, Ben, u. a. (Hg.): *Russia's Great Reforms*, 1855–1881, Bloomington, IN 1994.

Eldem, Edhem, u. a.: The *Ottoman City* between East and West. Aleppo, Izmir, and Istanbul, Cambridge 1999.

Elleman, Bruce A.: *Modern Chinese Warfare*, 1795–1989, London 2001.

Ellerbrock, Karl-Peter: *Geschichte der deutschen Nahrungs- und Genußmittel-industrie* 1750–1914, Stuttgart 1993.

Elliott, John H.: *Empires* of the Atlantic World. Britain and Spain in America 1492–1830, New Haven, CT 2006.

Ellis, Richard: *Mensch und Wal*. Die Geschichte eines ungleichen Kampfes, Gütersloh 1993.

Elman, Benjamin A.: A Cultural History of *Civil Examinations* in Late Imperial China, Berkeley, CA 2000.

Elman, Benjamin A.: From *Philosophy to Philology*. Intellectual and Social Aspects of Change in Late Imperial China, Cambridge, MA 1984.

Elman, Benjamin A.: A Cultural History of *Modern Science* in China, Cambridge, MA 2006.

Elman, Benjamin A.: On *Their Own Terms*. Science in China, 1550–1900, Cambridge, MA 2005.

Elman, Benjamin A./Alexander B. Woodside (Hg.): *Education and Society* in Late Imperial China, 1600–1900, Berkeley, CA 1994.

Elson, Robert E.: The *End of the Peasantry* in Southeast Asia. A Social and Economic History of Peasant Livelihood, 1800–1990s, Basingstoke 1997.

Eltis, David: The *Rise of African Slavery* in the Americas, Cambridge 2000.

Eltis, David: The *Volume* and Structure of the Transatlantic Slave Trade. A Reassessment, in: William and Mary Quarterly 58 (2001), S. 17–46.

Elvert, Jürgen: *Geschichte Irlands*, München 1999³.

Elvin, Mark: *Another History*. Essays on China from a European Perspective, Broadway (New South Wales) 1996.

Elvin, Mark: The Retreat of the *Elephants*. An Environmental History of China, New Haven, CT 2004.

Elvin, Mark/Liu Ts'ui-jung (Hg.): *Sediments of Time*. Environment and Society in Chinese History, Cambridge 1998.

Elwin, Verrier: *Myths of the North-East Frontier* of India, Itanagar 1993.

Emery, Edwin: The *Press and America*. An Interpretative History of Journalism, Englewood Cliffs, NJ 1954².

Emmer, Pieter C. (Hg.): *Colonialism and Migration*. Indentured Labour before and after Slavery, Dordrecht 1986.

Emmer, Pieter C.: De *Nederlandse slavenhandel*, 1500–1850. Amsterdam 2003².

Emsley, Clive: *Gendarmes and the State* in Nineteenth-Century Europe, Oxford 1999.

Ener, Mine: *Managing Egypt's Poor* and Politics of Benevolence, 1800–1952, Princeton, NJ 2003.

Engelhardt, Ulrich: «*Bildungsbürgertum*». Begriffs- und Dogmengeschichte eines Etiketts, Stuttgart 1986.

Engelsing, Rolf: *Analphabetentum* und Lektüre. Zur Sozialgeschichte des Lesens in Deutschland zwischen feudaler und industrieller Gesellschaft, Stuttgart 1973.

Engerman, Stanely L. (Hg.): The *Terms of Labor*. Slavery, Serfdom, and Free Labor, Stanford, CA 1999.

Engerman, Stanley L./João César das Neves: The *Bricks* of an Empire 1415–1999. 585 Years of Portuguese Emigration, in: JEEcH 26 (1997), S. 471–509.

Engerman, Stanley L./Robert E. Gallman (Hg.): The *Cambridge Economic History of the United States*, Bd. 2: The Long Nineteenth Century, Cambridge 2000.

Epkenhans, Michael/Gerhard P. Groß (Hg.): *Das Militär* und der Aufbruch in die Moderne 1860 bis 1890, München 2003.

Erbe, Michael: *Revolutionäre Erschütterung* und erneuertes Gleichgewicht. Internationale Beziehungen 1785–1830, Paderborn 2004.

Erdem, Y. Hakan: *Slavery* in the Ottoman Empire and Its Demise 1800–1909, Basingstoke 1996.

Ertman, Thomas: *Birth of the Leviathan*. Building States and Regimes in Medieval and Early Modern Europe, Cambridge 1997.

Escher, Anton/Eugen Wirth: Die *Medina von Fes*, Erlangen 1992.

Esdaile, Charles J.: *Fighting Napoleon*. Guerrillas, Bandits, and Adventurers in Spain, 1808–1814, New Haven, CT 2004.

Esenbel, Selçuk: The *Anguish* of Civilized Behavior. The Use of Western Cultural Forms in the Everyday Lives of the Meiji Japanese and the Ottoman Turks During the Nineteenth Century, in: Japan Review 5 (1994), S. 145–85.

Esherick, Joseph W.: The Origins of the *Boxer Uprising*, Berkeley, CA 1987.

Esherick, Joseph W. (Hg.): *Remaking the Chinese City*. Modernity and National Identity, 1900–1950, Honolulu 1999.

Esherick, Joseph W./Mary Backus Rankin (Hg.): *Chinese Local Elites* and Patterns of Dominance, Berkeley, CA 1990.

Esherick, Joseph W./Ye Wa: *Chinese Archives*. An Introductory Guide, Berkeley, CA 1996.

Esping-Andersen, Gøsta: The *Three Worlds* of Welfare Capitalism, Cambridge 1990.

Esposito, John L. (Hg.): The *Oxford History of Islam*, Oxford 1999.

Etemad, Bouda: *La possession* du monde. Poids et mesures de la colonisation (XVIIIᵉ–XXᵉ siècles), Brüssel 2000.

Etherington, Norman: The *Great Treks*. The Transformation of Southern Africa, 1815–1854, Harlow 2001.

Etherington, Norman (Hg.): *Missions and Empire*, Oxford 2005.

Evans, David C./Mark R. Peattie: *Kaigun*. Strategy, Tactics, and Technology in the Imperial Japanese Navy, 1887–1941, Annapolis, MD 1997.

Evans, Eric J.: The *Forging* of the Modern State. Early Industrial Britain 1783–1870, London 1996².

Evans, Richard J.: *Death in Hamburg*. Society and Politics in the Cholera Years, 1830–1910, Oxford 1987.

Evans, Richard J: *Rituale der Vergeltung*. Die Todesstrafe in der deutschen Geschichte 1532–1987, Berlin 2001.

Everdell, William R.: *The First Moderns*. Profiles in the Origins of Twentieth-Century Thought, Chicago 1997.

Ewald, Janet J.: *Crossers of the Sea*. Slaves, Freedmen, and Other Migrants in the Northwestern Indian Ocean, c. 1750–1914, in: AHR 105 (2000), S. 69–91.

Ewald, Janet J.: *Soldiers, Traders, and Slaves*. State Formation and Economic Transformation of the Greater Nile Valley, 1700–1885, Madison, WI 1990.

Ewans, Martin: *European Atrocity*, African Catastrophe. Leopold II, the Congo Free State and Its Aftermath, London 2002.

Fabian, Johannes: *Im Tropenfieber*. Wissenschaft und Wahn in der Erforschung Zentralafrikas, München 2001.

Fabian, Johannes: *Time and the Other*. How Anthropology Makes Its Objects, New York 1983.

Fage, J. D./Roland Oliver (Hg.): The *Cambridge History of Africa*, 8 Bde., Cambridge 1975–86.

Fahmi, Halid: *All the Pasha's Men*. Mehmed Ali, His Army and the Making of Modern Egypt, Cambridge 1997.

Fahmy, Khaled: An *Olfactory Tale* of Two Cities. Cairo in the Nineteenth Century, in: Jill Edwards (Hg.), Historians in Cairo. Essays in Honor of George Scanlon, Kairo 2002, S. 155–87.

Fairbank, John K./Denis Twitchett (Hg.): The *Cambridge History of China*, Cambridge 1978 ff.

Faragher, John Mack: *Sugar Creek*. Life on the Illinois Prairie, New Haven, CT 1986.

Farah, Caesar E. (Hg.): *Decision Making* and Change in the Ottoman Empire, Kirksville, MO 1993.

Farah, Caesar E.: The Politics of *Interventionism* in Ottoman Lebanon, 1830–1861, Oxford 2000.

Farnie, Douglas A.: The *English Cotton Industry* and the World Market 1815–1896, Oxford 1979.

Farnie, Douglas A.: East und West of Suez. The *Suez Canal* in History, 1854–1956, Oxford 1969.

Farnie, Douglas A./David J. Jeremy (Hg.): The *Fibre* that Changed the World. The Cotton Industry in International Perspective, 1600–1990s, Oxford 2004.

Faroqhi, Suraiya: *Approaching Ottoman History*. An Introduction to the Sources, Cambridge 1999.

Faroqhi, Suraiya (Hg.): The *Cambridge History of Turkey*. Bd. 3: The Later Ottoman Empire, 1603–1839, Cambridge 2006.

Faroqhi, Suraiya: *Herrscher über Mekka*. Die Geschichte der Pilgerfahrt, München 1990.

Faroqhi, Suraiya: *Kultur und Alltag* im Osmanischen Reich. Vom Mittelalter bis zum Anfang des 20. Jahrhunderts, München 1995.

Faroqhi, Suraiya: The *Ottoman Empire* and the World Around It, London 2004.

Farr, James R.: *Artisans* in Europe, 1300–1914, Cambridge 2000.

Federico, Giovanni: *Feeding the World*. An Economic History of Agriculture, 1800–2000, Princeton, NJ 2005.

Federspiel, Howard M.: *Sultans, Shamans, and Saints. Islam and Muslims in Southeast Asia*, Honolulu 2007.

Fehrenbacher, Don E.: The *Slaveholding Republic*. An Account of the United States Government's Relations to Slavery, New York 2001.

Fehrenbacher, Don E.: *Slavery*, Law, and Politics. The Dred Scott Case in Historial Perspective, abridged ed., Oxford 1981.

Feinstein, Charles H.: An *Economic History of South Africa*. Conquest, Discrimination and Development, Cambridge 2005.

Feldbauer, Peter, u. a. (Hg.): *Die vormoderne Stadt*. Asien und Europa im Vergleich, München 2002.

Feldenkirchen, Wilfried: *Siemens*. Von der Werkstatt zum Weltunternehmen, München 2003².

Fenske, Hans: Der moderne *Verfassungsstaat*. Eine vergleichende Geschichte von der Entstehung bis zum 20. Jahrhundert, Paderborn 2001.

Ferguson, Niall: Die Geschichte der *Rothschilds*. Propheten des Geldes, 2 Bde., Stuttgart 2002.

Fernández-Armesto, Felipe: *Civilizations*, London 2000.

Ferro, Marc (Hg.): *Le livre noir* du colonialisme, XVIe–XXIe siècle, Paris 2003.

Fetscher, Iring/Herfried Münkler (Hg.): *Pipers Handbuch* der politischen Ideen, 5 Bde., München 1986–93.

Findlay, Ronald/Kevin H. O'Rourke: *Power and Plenty*. Trade, War, and the World Economy in the Second Millenium, Princeton, NJ 2007.

Findley, Carter V.: *Ottoman Civil Officaldom*. A Social History, Princeton, NJ 1989.

Findley, Carter V.: The *Turks* in World History, Oxford 2005.

Finer, Samuel E.: The *History of Government* from the Earliest Times, 3 Bde., Oxford 1997.

Fink, Carole: *Defending the Rights of Others*. The Great Powers, the Jews, and International Minority Protection, 1878–1938, Cambridge 2004.

Finke, Roger/Rodney Stark: The *Churching of America*, 1776–1990. Winners and Losers in Our Religious Economy, New Brunswick, NJ 2002⁵.

Finnane, Antonia: *Changing Clothes in China*. Fashion, History, Nation, New York 2008.

Finscher, Ludwig: *Streicherkammermusik*, Kassel 2001.

Finzsch, Norbert: Die *Goldgräber* Kaliforniens. Arbeitsbedingungen, Lebensstandard und politisches System um die Mitte des 19. Jahrhunderts, Göttingen 1982.

Finzsch, Norbert: *Konsolidierung* und Dissens. Nordamerika von 1800 bis 1865, Münster 2005.

Fisch, Jörg: *Die europäische Expansion* und das Völkerrecht. Die Auseinandersetzungen um den Status der überseeischen Gebiete vom 15. Jahrhundert bis zur Gegenwart, Stuttgart 1984.

Fisch, Jörg: *Europa* zwischen Wachstum und Gleichheit 1850–1914, Stuttgart 2002.

Fisch, Jörg: *Geschichte Südafrikas*, München 1990.

Fisch, Jörg: *Tödliche Rituale*. Die indische Witwenverbrennung und andere Formen der Totenfolge, Frankfurt a. M. 1998.

Fisch, Stefan: *Stadtplanung* im 19. Jahrhundert. Das Beispiel München bis zur Ära Theodor Fischer, München 1988.

Fischer, Wolfram: *Expansion*, Integration, Globalisierung. Studien zur Geschichte der Weltwirtschaft, Göttingen 1998.

Fischer, Wolfram (Hg.): *Handbuch* der europäischen Wirtschafts- und Sozialgeschichte, 5 Bde., Stuttgart 1980–93.

Fischer, Wolfram, u. a. (Hg.): The *Emergence* of a World Economy, Bd. 2: 1850–1914, Wiesbaden 1986.

Fischer-Tiné, Harald/Michael Mann (Hg.): *Colonialism* as Civilizing Mission. Cultural Ideology in British India, London 2004.

Fisher, Michael H.: *Counterflows to Colonialism*. Indian Travellers and Settlers in Britain 1600–1857, Delhi 2004.

Fisher, Michael H.: *Indirect Rule in India*. Residents and the Residency System, 1764–1858, Delhi 1991.

Flandrin, Jean-Louis/Massimo Montanari (Hg.): *Food*. A Culinary History from Antiquity to the Present, New York 1999.

Fleming, Peter: Die *Belagerung zu Peking*. Die Geschichte des Boxeraufstandes, Stuttgart 1961.

Fletcher, Joseph: *Integrative History*. Parallels and Interconnections in the Early Modern Period, 1500–1800, in: JTS 9 (1985), S. 37–57.

Flores, Dan: *Bison Ecology* and Bison Diplomacy. The Southern Plains from 1800–1850, in: JAH 78 (1991), S. 465–85.

Floud, Roderick, u. a.: *Height*, Health and History. Nutritional Status in the United Kingdom, 1750–1980, Cambridge 1990.

Floud, Roderick/Paul Johnson (Hg.): The *Cambridge Economic History of Britain*, 3 Bde., Cambridge 2004.

Fluck, Winfried: *Das kulturelle Imaginäre*. Eine Funktionsgeschichte des amerikanischen Romans 1790–1900, Frankfurt a. M. 1997.

Fluehr-Lobban, Carolyn: *Race and Racism*. An Introduction, Lanham, MD 2006.

Flynn, Dennis O., u. a. (Hg.): *Global Connections* and Monetary History, 1470–1800, Aldershot 2003.

Flynn, Dennis O., u. a. (Hg.): *Pacific Centuries*. Pacific and Pacific Rim History since the Sixteenth Century, London 1999.

Flynn, Dennis O./Arturo Giráldez: *Cycles of Silver*. Global Economic Unity through the Mid-Eighteenth Century, in: JWH 13 (2002), S. 391–427.

Foerster, Roland G. (Hg.): Die *Wehrpflicht*. Entstehung, Erscheinungsformen und politisch-militärische Wirkung, München 1994.

Fogel, Joshua A.(Hg.): *Sagacious Monks* and Bloodthirsty Warriors. Chinese Views of Japan in the Ming-Qing Period, Norwalk, CT 2002.

Fogel, Robert W.: The *Escape* from Hunger and Premature Death, 1700–2100. Europe, America, and the Third World, Cambridge 2004.

Fogel, Robert W: The *Slavery Debates*, 1952–1990. A Retrospective, Baton Rouge, LA 2003.

Fogel, Robert W.: *Without Consent or Contract*. The Rise and Fall of American Slavery, New York 1989.

Fogel, Robert W./Stanley L. Engerman: *Time on the Cross*. The Economics of American Negro Slavery, Boston 1974.

Fogelson, Robert M.: The *Fragmented Metropolis*. Los Angeles, 1850–1930, Cambridge, MA 1967.

Fohlen, Claude/François Bédarida: *Histoire générale du travail*, Bd. 3: L'Ère des révolutions (1765–1914), Paris 1960.

Fohrmann, Jürgen, u. a.: *Gelehrte Kommunikation*. Wissenschaft und Medium zwischen dem 16. und 20. Jahrhundert, Wien 2005.

Foner, Eric: The Story of *American Freedom*, New York 1998.

Foner, Eric (Hg.): The *New American History*, rev. ed., Philadelphia 1997.

Foner, Eric: *Reconstruction*. America's Unfinished Revolution, 1863–1877, New York 1988.

Foner, Eric/John A. Garraty (Hg.): The *Reader's Companion* to American History, Boston 1991.

Forbes, Geraldine Hancock: *Positivism* in Bengal. A Case Study in the Transmission and Assimilation of an Ideology, Kalkutta 1975.

Foreman-Peck, James: A History of the *World Economy*. International Economic Relations since 1850, Brighton 1983.

Förster, Stig: *Die mächtigen Diener* der East India Company. Ursachen und Hintergründe der britischen Expansionspolitik in Südasien, 1793–1819, Stuttgart 1992.

Förster, Stig: Der *Weltkrieg* 1792–1815. Bewaffnete Konflikte und Revolutionen in der Weltgesellschaft, in: Jost Dülffer (Hg.), Kriegsbereitschaft und Friedensordnung in Deutschland 1800–1914, Münster 1995, S. 17–38.

Förster, Stig, u. a. (Hg.): *Bismarck*, Europe and Africa. The Berlin Africa Conference 1884–1885 and the Onset of Partition, Oxford 1988.

Förster, Stig/Jörg Nagler (Hg.): *On the Road* to Total War. The American Civil War and the German Wars of Unification, 1861–1871, Cambridge 1997.

Forsyth, James: A History of the *Peoples of Siberia*. Russia's North Asian Colony, 1581–1990, Cambridge 1992.

Fortes, Meyer/E. E. Evans-Pritchard (Hg.): *African Political Systems*, London 1967.

Fortna, Benjamin C.: *Imperial Classroom*. Islam, the State and Education in the Late Ottoman Empire, Oxford 2003.

Foster, Roy F.: *Modern Ireland*, 1600–1972, London 1988.

Foucault, Michel: Die *Ordnung der Dinge*. Eine Archäologie der Humanwissenschaften, Frankfurt a. M. 1971.

Foucher, Michel: *Fronts et frontières*. Un tour du monde géopolitique, Paris 1991.

Fox-Genovese, Elizabeth/Eugen D. Genovese: The *Mind of the Master Class*. History and Faith in the Southern Slaveholders' Worldview, Cambridge 2005.

Fragner, Bert G.: Die «*Persophonie*». Regionalität, Identität und Sprachkontakt in der Geschichte Asiens, Berlin 1999.

Frangakis-Syrett, Elena: The *Greek Merchant Community* of Izmir in the First Half of the Nineteenth Century, in: Daniel Panzac (Hg.), Les villes dans l'Empire ottoman, Bd. 1. Marseille 1991, S. 391–416.

Frank, André Gunder: *ReOrient*. Global Economy in the Asian Age, Berkeley, CA 1998.

Fraser, Derek: The *Evolution* of the British Welfare State. A History of Social Policy since the Industrial Revolution, Basingstoke 2003³.

Fraser, J. T. (Hg.): The *Voices of Time*, Amherst, MA 1981².

Fraser, W. Hamish/Irene Maver (Hg.): *Glasgow*, Bd. 2: 1830 to 1912, Manchester 1996.

Frédéric, Louis: *La vie quotidienne au Japon* au début de l'ère moderne (1868–1912), Paris 1984.

Fredrickson, George M.: *Racism*. A Short History, Princeton, NJ 2002.

Fredrickson, George M.: *White Supremacy*. A Comparative Study in American and South African History, New York 1981.

Freehling, William W.: The *Road to Disunion*, 2 Bde., Oxford 1990–2007.

Freeman, Christopher/Francisco Louçã: *As Time Goes By*. From the Industrial Revolutions to the Information Revolution, Oxford 2001.

Freeman, Michael J.: *Railways* and the Victorian Imagination, New Haven, CT 1999.

Freitag, Ulrike: *Arabische Buddenbrooks* in Singapur, in: Historische Anthropologie 11 (2003), S. 208–23.

Freitag, Ulrike: *Indian Ocean Migrants* and State Formation in Hadhramaut. Reforming the Homeland, Leiden 2003.

Freund, Bill: The *African City*. A History, Cambridge 2007.

Frevert, Ute: *Die kasernierte Nation*. Militärdienst und Zivilgesellschaft in Deutschland, München 2001.

Frevert, Ute (Hg.): *Militär und Gesellschaft* im 19. und 20. Jahrhundert, Stuttgart 1997.

Frevert, Ute/Heinz-Gerhard Haupt (Hg.): Der *Mensch* des 19. Jahrhunderts, Frankfurt a. M. 1999.

Frey, Linda/Marsha Frey: The History of *Diplomatic Immunity*, Columbus, OH 1999.

Freyre, Gilberto: Das *Land in der Stadt*. Die Entwicklung der urbanen Gesellschaft Brasiliens, Stuttgart 1982.

Fried, Michael: *Menzels Realismus*. Kunst und Verkörperung im Berlin des 19. Jahrhunderts, München 2008.

Friedberg, Aaron L.: The *Weary Titan*. Britain and the Experience of Relative Decline, 1895–1905, Princeton, NJ 1988.

Frieden, Jeffry A.: *Global Capitalism*. Its Fall and Rise in the Twentieth Century, New York 2006.

Friedgut, Theodore H.: *Iuzovka and Revolution*, 2 Bde., Princeton, NJ 1989–94.

Friedrichs, Christopher R.: The *Early Modern City* 1450–1750, London 1995.

Friel, Ian: *Maritime History* of Britain and Ireland, c. 400–2001, London 2003.

Frost, Lionel: The *New Urban Frontier*. Urbanisation and City-Building in Australasia and the American West, Kensington (New South Wales) 1991.

Fry, Michael: The *Scottish Empire*, Phantassie 2001.

Fueter, Eduard: Die *Schweiz* seit 1848. Geschichte – Politik – Wirtschaft, Zürich 1928.

Fujitani Takashi: *Splendid Monarchy*. Power and Pageantry in Modern Japan, Berkeley, CA 1996.

Fukutake Tadashi: *Asian Rural Society*. China, India, Japan, Seattle 1967.

Fukuzawa Yukichi: Eine autobiographische *Lebensschilderung*, Tokyo 1971.

Fung, Edmund S. K.: The *Military Dimension* of the Chinese Revolution. The New Army and Its Role in the Revolution of 1911, Vancouver 1980.

Funkenstein, Amos: *Jüdische Geschichte und ihre Deutungen*, Frankfurt a. M. 1995.

Gado, Boureima Alpha: Une histoire des famines au *Sahel*. Étude des grandes crises alimentaires (XIXᵉ–XXᵉ siècles), Paris 1993.

Galison, Peter: *Einsteins Uhren*, Poincarés Karten. Die Arbeit an der Ordnung der Zeit, Frankfurt a. M. 2002.

Gall, Lothar: *Bismarck*. Der weiße Revolutionär, Berlin 1980.

Gall, Lothar: *Bürgertum in Deutschland*, Berlin 1989.

Gall, Lothar: *Bürgertum*, liberale Bewegung und Nation. Ausgewählte Aufsätze, München 1996.

Gall, Lothar: *Europa* auf dem Weg in die Moderne 1850–90, München 1997³.

Gall, Lothar: *Krupp*. Der Aufstieg eines Industrieimperiums, Berlin 2000.

Gall, Lothar (Hg.): *Stadt und Bürgertum* im Übergang von der traditionalen zur modernen Gesellschaft, München 1993.

Gallarotti, Giulio M.: The *Anatomy* of an International Monetary Regime. The Classical Gold Standard, 1880–1914, New York 1995.

Galloway, J. H.: The *Sugar Cane Industry*. An Historical Geography from the Origins to 1914, Cambridge 1989.

Gammer, Moshe: *Muslim Resistance* to the Tsar. Shamil and the Conquest of Chechnia and Daghestan, London 1994.

Garavaglia, Juan Carlos: *Les hommes de la pampa*. Une histoire agraire de la campagne de Buenos Aires (1700–1830), Paris 2000.

Gardet, Louis, u. a.: *Cultures and Time*, Paris 1976.

Gardiner, John: *The Victorians*. An Age in Retrospect, London 2002.

Garrioch, David: The *Formation of the Parisian Bourgeoisie*, 1690–1830, Cambridge, MA 1996

Gasster, Michael: *Chinese Intellectuals* and the Revolution of 1911. The Birth of Modern Chinese Radicalism, Seattle 1969.

Gaubatz, Piper Rae: *Beyond the Great Wall*. Urban Form and Transformation on the Chinese Frontiers, Stanford, CA 1996.

Gay, Hannah: *Clock Synchrony*, Time Distribution and Electrical Timekeeping in Britain 1880–1925, in: P&P 181 (2003), S. 107–40.

Geertz, Clifford: *Agricultural Involution*. The Processes of Ecological Change in Indonesia, Berkeley, CA 1963.

Geertz, Clifford: *Local Knowledge*. Further Essays in Interpretive Anthropology, New York 1983.

Geertz, Clifford: *Negara*. The Theatre State in Nineteenth-Century Bali, Princeton, NJ 1980.

Geggus, David: *Slavery*, War and Revolution. The British Occupation of Saint-Domingue, 1793–1798, Oxford 1982.

Geisthövel, Alexa/Habbo Knoch (Hg.): *Orte der Moderne*. Erfahrungswelten des 19. und 20. Jahrhunderts, Frankfurt a. M. 2005.

Gelder, Roelof van: Het Oost-Indisch avontuur. *Duitsers* in dienst van de VOC (1600–1800), Nijmegen 1997.

Gelvin, James L.: The *Modern Middle East*. A History, New York 2005.

Genovese, Eugene D.: *Roll, Jordan, Roll*. The World the Slaves Made, New York 1972.

Georgeon, François: *Abdulhamid II*. Le Sultan Calife, Paris 2003.

Geppert, Alexander C. T.: *Welttheater*. Die Geschichte des europäischen Ausstellungswesens im 19. und 20. Jahrhundert. Ein Forschungsbericht, in: NPL (2002), S. 10–61.

Geraci, Robert P./Michael Khodarkovsky (Hg.): *Of Religion and Empire*. Missions, Conversion, and Tolerance in Tsarist Russia, Ithaca, NY 2001.

Gerhard, Dietrich: Das *Abendland* 800–1800. Ursprung und Gegenbild unserer Zeit, Freiburg i. Br. 1985.

Gernsheim, Helmut: *Geschichte der Photographie*. Die ersten 100 Jahre, Frankfurt a. M. 1983.

Gerschenkron, Alexander: *Economic Backwardness* in Historical Perspective, Cambridge, MA 1962.

Gestrich, Andreas, u. a.: *Geschichte der Familie*, Stuttgart 2003.

Gestwa, Klaus: *Proto-Industrialisierung* in Rußland. Wirtschaft, Herrschaft und Kultur in Ivanovo und Pavlovo, 1741–1932, Göttingen 1999.

Geulen, Christian: Geschichte des *Rassismus*, München 2007.

Geulen, Christian: *Wahlverwandte*. Rassendiskurs und Nationalismus im späten 19. Jahrhundert, Hamburg 2004.

Geyer, Dietrich: *Der russische Imperialismus*. Studien über den Zusammenhang zwischen innerer und auswärtiger Politik 1860–1914, Göttingen 1977.

Geyer, Martin H./Johannes Paulmann (Hg.): The *Mechanics* of Internationalism. Culture, Society, and Politics from the 1840s to the First World War, Oxford 2001.

Geyer, Michael/Charles Bright: *Global Violence* and Nationalizing Wars in Eurasia and America. The Geopolitics of War in the Mid-Nineteenth Century, in: CSSH 38 (1996), S. 619–57.

Geyer, Michael/Charles Bright: *World History* in a Global Age, in: AHR 100 (1995), S. 1034–60.

Ghosh, Suresh Chandra: The *History of Education* in Modern India, 1757–1998, Hyderabad 2000².

Giedion, Siegfried: Die Herrschaft der *Mechanisierung*. Ein Beitrag zur anonymen Geschichte, Frankfurt a. M. 1982.

Giesecke, Michael: Die *Entdeckung der kommunikativen Welt*. Studien zur kulturvergleichenden Mediengeschichte. Frankfurt a. M. 2007.

Gildea, Robert: *Barricades* and Borders. Europe 1800–1914, Oxford 1996.

Giliomee, Hermann: The *Africaners*. Biography of a People, London 2003.

Gillard, David: The *Struggle for Asia*, 1828–1914. A Study in British and Russian Imperialism, London 1977.

Gilley, Sheridan/Brian Stanley (Hg.): The *Cambridge History of Christianity*, Bd. 8: World Christianities, c. 1815–c. 1914, Cambridge 2006.

Gilmour, David: *Curzon*, London 1995.

Gilmour, David: The *Ruling Caste*. Imperial Lives in the Victorian Raj, London 2005.

Ginsborg, Paul: *Daniele Manin* and the Venetian Revolution of 1848–49, Cambridge 1979.

Girault, René: *Diplomatie européenne* et impérialismes. Histoire des relations internationales contemporaines, Bd. 1: 1871–1914, Paris 1979.

Girouard, Mark: *Die Stadt*. Menschen, Häuser, Plätze. Eine Kulturgeschichte, Frankfurt a. M. 1987.

Girouard, Mark: The *English Town*, New Haven, CT 1990.

Glazier, Ira A./Luigi de Rosa (Hg.): *Migration* across Time and Nations. Population Mobility in Historical Contexts, New York 1986.

Gluck, Carol: *Japan's Modern Myths*. Ideology in the Late Meiji Period, Princeton, NJ 1985.

Gluck, Carol: The *Past in the Present*, in: Andrew Gordon (Hg.), Postwar Japan as History, Berkeley, CA 1993, S. 64–95.

Goblot, Edmond: *Klasse und Differenz*. Soziologische Studie zur modernen französischen Bourgeoisie [1925], Konstanz 1994.

Göçek, Fatma Müge: *Rise of the Bourgeoisie*, Demise of Empire. Ottoman Westernization and Social Change, New York 1996.

Godechot, Jacques: *France* and the Atlantic Revolution of the Eighteenth Century, 1770–1799, New York 1965.

Godlewska, Anne/Neil Smith (Hg.): *Geography and Empire*, Oxford 1994.

Godlewska, Anne: *Geography Unbound*. French Geographic Science from Cassini to Humboldt, Chicago 1999.

Goehrke, Carsten: *Russischer Alltag*. Bd. 2: Auf dem Weg in die Moderne, Zürich 2003.

Goldblatt, David: *The Ball is Round*. A Global History of Football, London 2006.

Goldstein, Melvyn C.: A History of *Modern Tibet*, 1913–1951. The Demise of the Lamaist State, Berkeley, CA 1989.

Goldstein, Robert Justin (Hg.): The *War for the Public Mind*. Political Censorship in Nineteenth-Century Europe, Westport, CT 2000.

Goldstein, Robert Justin: *Political Censorship* of the Arts and the Press in Nineteenth-Century Europe, Basingstoke 1989.

Goldstone, Jack A.: *Revolution and Rebellion* in the Early Modern World, Berkeley, CA 1991.

Goldstone, Jack A.: The *Problem* of the «Early Modern» World, in: JESHO 41 (1998), S. 249–84.

Gollwitzer, Heinz: *Die gelbe Gefahr*. Geschichte eines Schlagworts. Studien zum imperialistischen Denken, Göttingen 1962.

Gollwitzer, Heinz: *Geschichte des weltpolitischen Denkens*. 2 Bde., Göttingen 1972–82.

Gong, Gerrit W.: The *Standard of «Civilization»* in International Society, Oxford 1984.

Goodman, Bryna: *Native Place*, City, and Nation. Regional Networks and Identities in Shanghai, 1853–1937, Berkeley, CA 1995.

Goodman, David G./Masanori Miyazawa: *Jews in the Japanese Mind*. The History and Uses of a Cultural Stereotype, Lanham, MD 2000.

Goody, Jack: The *East in the West*, Cambridge 1996.

Goody, Jack: *Food* and Love. A Cultural History of East and West, London 1998.

Goody, Jack: The *Theft of History*, Cambridge 2006.

Goonatilake, Susantha: *Toward a Global Science.* Mining Civilizational Knowledge, Bloomington, IN 1998.

Goor, Jurrien van: *De Nederlandse koloniën.* Geschiedenis van de Nederlandse expansie 1600–1975, Den Haag 1994.

Gosewinkel, Dieter/Johannes Masing (Hg.): Die *Verfassungen* in Europa 1789–1949, München 2006.

Gosewinkel, Dieter: *Einbürgern* und Ausschließen. Die Nationalisierung der Staatsangehörigkeit vom Deutschen Bund bis zur Bundesrepublik Deutschland, Göttingen 2001.

Gott, Richard: *Cuba.* A New History, New Haven, CT 2004.

Gottschang, Thomas/Diana Lary: *Swallows* and Settlers. The Great Migration from North China to Manchina, Ann Arbor, MI 2000.

Gouda, Frances: *Dutch Culture Overseas.* Colonial Practice in the Netherlands Indies, 1900–1942, Amsterdam 1995.

Gould, Eliga H.: *A World Transformed?* Mapping the Legal Geography of the English-Speaking Atlantic, 1660–1825, in: Wiener Zeitschrift zur Geschichte der Neuzeit 3 (2003), S. 24–37.

Gould, Eliga H.: The *Persistence of Empire.* British Political Culture in the Age of the American Revolution, Chapel Hill, NC 2000.

Gould, Eliga H./Peter S. Onuf (Hg.): *Empire and Nation.* The American Revolution in the Atlantic World, Baltimore, MD 2005.

Grab, Walter (Hg.): *Die Französische Revolution.* Eine Dokumentation, München 1973.

Grabbe, Hans-Jürgen: Vor der großen *Flut.* Die europäische Migration in die Vereinigten Staaten von Amerika 1783–1820, Stuttgart 2001.

Gradenwitz, Peter: *Musik* zwischen Orient und Okzident. Eine Kulturgeschichte der Wechselbeziehungen, Wilhelmshaven 1977.

Gradmann, Christoph: *Krankheit im Labor.* Robert Koch und die medizinische Bakteriologie, Göttingen 2005.

Graf, Friedrich Wilhelm: Die *Wiederkehr* der Götter. Religion in der modernen Kultur, München 2004.

Graff, Harvey J.: The *Legacies* of Literacy. Continuities and Contradictions in Western Culture and Society, Bloomington, IN 1987.

Graham, Richard: *Independence* in Latin America. A Comparative Approach, New York 1994².

Gran-Aymerich, Ève: *Naissance de l'archéologie moderne, 1798–1945,* Paris 1998.

Grandner, Margarete/Andrea Komlosy (Hg.): Vom *Weltgeist* beseelt. Globalgeschichte 1700–1815, Wien 2004.

Gransow, Bettina: *Geschichte der chinesischen Soziologie,* Frankfurt a. M. 1992.

Grant, Jonathan A.: *Rulers,* Guns, and Money. The Global Arms Trade in the Age of Imperialism, Cambridge, MA 2007.

Grant, Susan-Mary: The *War for a Nation.* The American Civil War, New York 2006.

Grassby, Richard: The *Idea of Capitalism* before the Industrial Revolution, Lanham, MD 1999.

Graves, Joseph L.: The *Emperor's New Clothes.* Biological Theories of Race at the Millennium. New Brunswick, NJ 2001.

Grebing, Helga (Hg.): *Geschichte der sozialen Ideen* in Deutschland, Essen 2000.

Green, William A.: *British Slave Emancipation*. The Sugar Colonies and the Great Experiment, 1830–1865, Oxford 1976.

Green, William A.: *Periodization* in European and World History, in: JWH 3 (1992), S. 13–53.

Greene, Jack P./Jack R. Pole (Hg.): A *Companion* to the American Revolution, Malden, MA 2000.

Greenhalgh, Paul: *Ephemeral Vistas*. The «Expositions universelles», Great Exhibitions and World's Fairs, 1851–1939, Manchester 1988.

Gregor-Dellin, Martin: *Richard Wagner*. Sein Leben, sein Werk, sein Jahrhundert, München 1983.

Gregory, Cedric E.: A Concise History of *Mining*, Lisse 2001.

Gregory, Desmond: *Brute New World*. The Rediscovery of Latin America in the Early Nineteenth Century, London 1992.

Gregory, Paul R.: *Before Command*. An Economic History of Russia from Emancipation to the First Five-Year Plan, Princeton, NJ 1994.

Grell, Ole Peter, u. a. (Hg.): *Health Care* and Poor Relief in 18th and 19th Century Northern Europe, Aldershot 2002.

Grewal, J. S.: The *Sikhs* of the Punjab, Cambridge 1990.

Grewe, Wilhelm G.: *Epochen* der Völkerrechtsgeschichte, Baden-Baden 1988².

Grewe, Wilhelm G. (Hg.): *Fontes historiae iuris gentium*, 3 Bde. (in 5 Teilbdn.), Berlin 1988–1995.

Grigg, David: The *Agricultural Systems* of the World. An Evolutionary Approach, Cambridge 1974.

Grigg, David: The *Transformation* of Agriculture in the West, Oxford 1992.

Grossi, Verdiana: *Le pacifisme européen* 1889–1914, Brüssel 1994.

Grove, Eric: The *Royal Navy* since 1815. A New Short History, Basingstoke 2005.

Grove, Richard H.: *Ecology*, Climate and Empire. Colonialism and Global Environmental History, 1400–1940, Cambridge 1995.

Grove, Richard H.: *Green Imperialism*. Colonial Scientists, Ecological Crises and the History of Environmental Concern, 1600–1800, Cambridge 1995.

Grübler, Arnulf: The Rise and Fall of *Infrastructures*. Dynamics of Evolution and Technological Change in Transport, Heidelberg 1990.

Grübler, Arnulf: *Technology* and Global Change, Cambridge 1998.

Gründer, Horst: *Geschichte der deutschen Kolonien*, Paderborn 2004⁵.

Gründer, Horst: *Welteroberung* und Christentum. Ein Handbuch zur Geschichte der Neuzeit, Gütersloh 1992.

Gründer, Horst/Peter Johanek (Hg.): *Kolonialstädte*. Europäische Enklaven oder Schmelztiegel der Kulturen? Münster 2002.

Grüttner, Michael: *Arbeitswelt* an der Wasserkante. Sozialgeschichte der Hamburger Hafenarbeiter 1886–1914, Göttingen 1984.

Gruzinski, Serge: Histoire de *Mexico*, Paris 1996.

Gugerli, David (Hg.): *Vermessene Landschaften*. Kulturgeschichte und technische Praxis im 19. und 20. Jahrhundert, Zürich 1999.

Gugerli, David/Daniel Speich: *Topografien* der Nation. Politik, kartografische Ordnung und Landschaft im 19. Jahrhundert, Zürich 2002.

Guha, Sumit: *Environment and Ethnicity* in India, 1200–1991, Cambridge 1999.

Guha, Sumit: *Health and Population* in South Asia. From Earliest Times to the Present, London 2001.

Guibernau, Montserrat: *Nationalisms*. The Nation-State and Nationalism in the Twentieth Century, Cambridge 1996.

Gullick, J. M.: *Malay Society* in the Late Nineteenth Century. The Beginnings of Change, Kuala Lumpur 1987.

Gump, James O.: The *Dust* Rose Like Smoke. The Subjugation of the Zulu and the Sioux, Lincoln, NE 1994.

Gupta, Narayani: *Delhi* between Two Empires 1803–1931. Society, Government and Urban Growth, Delhi 1981.

Gupta, Partha Sarathi/Anirudh Deshpande (Hg.): The *British Raj* and Its Indian Armed Forces, 1857–1939, Delhi 2002.

Gutiérrez, David G.: *Walls and Mirrors*. Mexican Americans, Mexican Immigrants and the Politics of Ethnicity, Berkeley, CA 1995.

Guy, Donna J./Thomas E. Sheridan (Hg.): *Contested Ground*. Comparative Frontiers on the Northern and Southern Edges of the Spanish Empire, Tucson, AZ 1998.

Gyory, Andrew: *Closing the Gate*. Race, Politics, and the Chinese Exclusion Act, Chapel Hill, NC 1998.

Haarmann, Harald: *Weltgeschichte der Sprachen*. Von der Frühzeit des Menschen bis zur Gegenwart, München 2006.

Haber, Stephen (Hg.): *How Latin America Fell Behind*. Essays on the Economic Histories of Brazil and Mexico, 1800–1914, Stanford, CA 1997.

Habermas, Jürgen: *Strukturwandel* der Öffentlichkeit. Untersuchungen zu einer Kategorie der bürgerlichen Gesellschaft, Neuwied 1962.

Habib, S. Irfan/Dhruv Raina (Hg.): *Social History of Science* in Colonial India, Oxford 2007.

Hachtmann, Rüdiger: *Epochenschwelle* zur Moderne. Einführung in die Revolution von 1848/49, Tübingen 2002.

Häfner, Lutz: *Gesellschaft* als lokale Veranstaltung. Die Wolgastädte Kazan' und Saratov (1870–1914), Köln 2004.

Hagen, Mark von: *Empires*, Borderlands, and Diasporas. Eurasia as Anti-Paradigm for the Post-Soviet Era, in: AHR 109 (2004), S. 445–68.

Haines, Michael R./Steckel, Richard H.(Hg.): A *Population History* of North America, Cambridge 2000.

Haines, Robin F.: *Emigration* and the Labouring Poor. Australian Recruitment in Britain and Ireland (1831–60), London 1997.

Haj, Samira: *Land*, Power and Commercialization in Lower Iraq, 1850–1958. A Case of «Blocked Transition», in: JPS 2 (1994), S. 126–63.

Halecki, Oskar: *Europa*. Grenzen und Gliederung seiner Geschichte, Darmstadt 1957.

Hall, Catherine: *Civilising Subjects*. Metropole and Colony in the English Imagination, 1830–1867, Cambridge 2002.

Hall, D. G. E.: A History of *South-East Asia*, Basingstoke 1981[4].

Hall, John Whitney, u. a. (Hg.): The *Cambridge History of Japan*, 6 Bde., Cambridge 1989–1999.

Hall, Peter: *Cities in Civilization*. Culture, Innovation, and Urban Order, London 1998.

Halliday, Stephen: The *Great Stink* of London. Sir Joseph Bazalgette and the Cleansing of the Victorian Capital, Stroud (Gloucestershire) 1999.

Halperin-Donghi, Tulio: The *Aftermath* of Revolution in Latin America, New York 1973.

Haltern, Utz: Die *Londoner Weltausstellung* von 1851. Ein Beitrag zur Geschichte der bürgerlich-industriellen Gesellschaft im 19. Jahrhundert, Münster 1971.

Hamilton, C. I.: *Anglo-French Naval Rivalry*, 1840–1870, Oxford 1993.

Hamilton, Carolyn: *Terrific Majesty*. The Powers of Shaka Zulu and the Limits of Historical Invention, Cambridge, MA 1998.

Hamilton, Gary G.: *Commerce* and Capitalism in Chinese Societies, London 2006.

Hamm, Michael F. (Hg.): The *City in Late Imperial Russia*, Bloomington, IN 1986.

Hammitzsch, Horst (Hg.): *Japan-Handbuch*, Stuttgart 1984².

Hamnett, Brian: *Juárez*, Harlow 1994.

Hampsher-Monk, Iain (Hg): The *Impact* of the French Revolution. Texts from Britain in the 1790s, Cambridge 2005.

Hancock, David: *Citizens of the World*. London Merchants and the Integration of the British Atlantic Community, 1735–1785, Cambridge 1996.

Haneda Masashi/Miura Toru (Hg.): *Islamic Urban Studies*. Historical Review and Perspectives, London 1994.

Hanes, Jeffrey E.: The *City as Subject*. Seki Hajime and the Reinvention of Modern Osaka, Berkeley, CA 2002.

Hanioğlu, M. Şükrü: A *Brief History* of the Late Ottoman Empire, Princeton, NJ 2008.

Hanioğlu, M. Şükrü: *Preparation* for a Revolution. The Young Turks, 1902–1908, Oxford 2001.

Hanioğlu, M. Şükrü: The *Young Turks* in Opposition, New York 1995.

Hanley, Susan B.: *Everyday Things* in Premodern Japan. The Hidden Legacy of Material Culture, Berkeley, CA 1997.

Hanley, Susan B./Yamamura Kozo: Economic and Demographic Change in *Pre-industrial Japan*, 1600–1868, Princeton, NJ 1977.

Hannaford, Ivan: *Race*. The History of an Idea in the West, Washington, DC 1996.

Hansen, Mogens Herman (Hg.): A Comparative Study of Thirty *City-State Cultures*, Kopenhagen 2000.

Hanssen, Jens, u. a. (Hg.): The *Empire in the City*. Arab Provincial Capitals in the Late Ottoman Empire, Würzburg 2002.

Hanssen, Jens: Fin-de-siècle *Beirut*. The Making of an Ottoman Provincial Capital, Oxford 2006.

Hao Yen-p'ing; The *Commercial Revolution* in Nineteenth-Century China. The Rise of Sino-Western Mercantile Capitalism, Berkeley, CA 1986.

Hardach-Pinke, Irene: Die *Gouvernante*. Geschichte eines Frauenberufs, Frankfurt a. M. 1993.

Hardacre, Helen: *Shinto and the State*. 1868–1988, Princeton, NJ 1989.

Hardacre, Helen/Adam L. Kern (Hg.): *New Directions* in the Study of Meiji Japan, Leiden 1997.

Hardiman, David: *Feeding the Baniya*. Peasants and Usurers in Western India, Delhi 1996.

Hardiman, David: *Usury*, Dearth and Famine in Western India, in: P&P 152 (1996), S. 113–56.

Harding, Colin/Simon Popple: *In the Kingdom of Shadows*. A Companion to Early Cinema, London 1996.

Hardtwig, Wolfgang: *Genossenschaft*, Sekte, Verein in Deutschland, Bd. 1, München 1997.

Hardtwig, Wolfgang/Klaus Tenfelde (Hg.): *Soziale Räume* in der Urbanisierung. Studien zur Geschichte der Stadt München im Vergleich 1850 bis 1933, München 1990.

Harlow, Barbara/Mia Carter (Hg.): *Archives of Empire*, 2 Bde., Durham, NC 2003.

Harrison, Mark: *Climates and Constitutions*. Health, Race, Environment and British Imperialism in India, 1600–1850, New Delhi 1999.

Harrison, Mark: *Public Health* in British India. Anglo-Indian Preventive Medicine 1859–1914, Cambridge 1994.

Hartley, Janet M.: A *Social History* of the Russian Empire 1650–1825, London 1999.

Harvey, David: The Condition of *Postmodernity*. An Enquiry into the Origins of Cultural Change, Oxford 1989.

Hastings, Adrian (Hg.): A *World History of Christianity*, London 1999.

Haumann, Heiko: Geschichte der *Ostjuden*, München 1999[5].

Hauner, Milan: *What Is Asia to Us?* Russia's Asian Heartland Yesterday and Today, Boston 1990.

Haupt, Heinz-Gerhard: *Sozialgeschichte Frankreichs* seit 1789, Frankfurt a. M. 1989.

Haupt, Heinz-Gerhard/Geoffrey Crossick: Die *Kleinbürger*. Eine europäische Sozialgeschichte des 19. Jahrhunderts, München 1998.

Hausberger, Bernd/Gerhard Pfeisinger (Hg.): Die *Karibik*. Geschichte und Gesellschaft 1492–2000, Wien 2005.

Haußig, Hans-Michael: Der *Religionsbegriff* in den Religionen. Studien zum Selbst- und Religionsverständis in Hinduismus, Buddhismus, Judentum und Islam, Bodenheim 1999.

Hawes, C. J.: *Poor Relations*. The Making of a Eurasian Community in British India 1773–1833, Richmond 1996.

Hay, Stephen N.: *Asian Ideas* of East and West. Tagore and his Critics in Japan, China, and India. Cambridge, MA 1970.

Hayami Akira: The *Historical Demography* of Pre-modern Japan, Tokyo 1997.

Hayami Akira, u. a. (Hg.): *Economic History of Japan*, 1600–1990, Bd. 1: Emergence of Economic Society in Japan, 1600–1859, Oxford 2004.

Hayhoe, Ruth: *China's Universities*, 1895–1995. A Century of Conflict, New York 1996.

Hays, Jo N.: The *Burdens of Disease*. Epidemics and Human Response in Western History, New Brunswick, NJ 1998.

Headrick, Daniel R.: When *Information* Came of Age. Technologies of Knowledge in the Age of Reason and Revolution, Oxford 2000.

Headrick, Daniel R.: The *Invisible Weapon*. Telecommunications and International Politics, 1851–1945, New York 1991.

Headrick, Daniel R.: The *Tentacles* of Progress. Technology Transfer in the Age of Imperialism, 1850–1940, New York 1988.

Headrick, Daniel R.: The *Tools* of Empire. Technology and European Imperialism in the Nineteenth Century, New York 1981.

Heathcote, T. A.: The *Military in British India*. The Development of British Land Forces in South Asia, 1600–1947, Manchester 1995.

Heerma van Voss, Lex/Marcel van der Linden (Hg.): *Class* and Other Identities. Gender, Religion and Ethnicity in the Writing of European Labour History, New York 2002.

Heffer, Jean: The *United States* and the Pacific. History of a Frontier, Notre Dame, IN 2002.

Heideking, Jürgen: *Geschichte der* USA, Tübingen 2003³.

Heilbroner, Robert L.: The *Nature and Logic* of Capitalism, New York 1985.

Helmstadter, Richard J. (Hg.): *Freedom and Religion* in the Nineteenth Century, Stanford, CA 1997.

Hemming, John: *Amazon Frontier*. The Defeat of the Brazilian Indians, London 1987.

Henare, Amiria J. M.: *Museums*, Anthropology and Imperial Exchange, Cambridge 2005.

Henkin, David M.: The *Postal Age*. The Emergence of Modern Communications in Nineteenth-Century America, Chicago 2006.

Hennessy, Alistair: The *Frontier in Latin American History*, London 1978.

Henning, Joseph M.: *Outposts of Civilization*. Race, Religion, and the Formative Years of American-Japanese Relations, New York 2000.

Hennock, Ernest P.: The *Origin of the Welfare State* in England and Germany, 1850–1914. Social Policies Compared, Cambridge 2007.

Henze, Dietmar: *Enzyklopädie* der Entdecker und Erforscher der Erde, 5 Bde., Graz 1978–2004.

Henze, Paul B.: *Layers of Time*. A History of Ethiopia, New York 2000.

Herbert, Christopher: *War of No Pity*. The Indian Mutiny and Victorian Trauma, Princeton, NJ 2008.

Herlihy, Patricia: *Odessa*. A History, 1794–1914, Cambridge, MA 1991.

Herr, Richard (Hg.): *Themes* in Rural History of the Western World, Ames, IA. 1993.

Herren, Madeleine: *Hintertüren zur Macht*. Internationalismus und modernisierungsorientierte Außenpolitik in Belgien, der Schweiz und den USA 1865–1914, München 2000.

Herrigel, Gary: *Industrial Constructions*. The Sources of German Industrial Power, Cambridge 1996.

Herrmann, David G.: The *Arming of Europe* and the Making of the First World War, Princeton, NJ 1996.

Herzfeld, Michael: *Anthropology*. Theoretical Practice in Culture and Society, Malden, MA 2001.

Hevia, James L.: *Cherishing Men from Afar*. Qing Guest Ritual and the Macartney Embassy of 1793, Durham, NC 1995.

Hevia, James L.: *English Lessons*. The Pedagogy of Imperialism in Nineteenth-Century China, Durham, NC 2003.

Heyden, Ulrich van der/Joachim Zeller: *Kolonialmetropole Berlin*. Eine Spuren-suche, Berlin 2000.

Hibbert, Christopher: *Queen Victoria* in Her Letters and Journals, London 1984.

Hight, Eleanor M./Gary D. Sampson (Hg.): *Colonialist Photography*. Imag(in)ing Race and Place, London 2002.

Higman, B. W.: *Slave Populations* of the British Caribbean, 1807–1834, Baltimore, MD 1984.

Higonnet, Patrice: *Paris*. Capital of the World, Cambridge, MA 2002.

Hildebrand, Klaus: *Das vergangene Reich*. Deutsche Außenpolitik von Bismarck bis Hitler, Stuttgart 1995.

Hildebrand, Klaus: *No Intervention* – die Pax Britannica und Preußen 1865/66–1869/70. Eine Untersuchung zur englischen Weltpolitik im 19. Jahrhundert, München 1997.

Hildermeier, Manfred: *Bürgertum* und Stadt in Rußland 1760–1870. Rechtliche Lage und soziale Struktur, Köln 1986.

Hilton, Boyd: *A Mad, Bad, and Dangerous People?* England 1783–1846, Oxford 2006.

Hinde, Andrew: *England's Population*. A History since the Domesday Survey, London 2003.

Hine, Robert V./John Mack Faragher: The *American West*. A New History, New Haven, CT 2000.

Hinsley, F. Harry: *Power and the Pursuit of Peace*. Theory and Practice in the History of Relations between States, Cambridge 1963.

Hirschhausen, Ulrike von/Jörn Leonhard (Hg.): *Nationalismen* in Europa. West- und Osteuropa im Vergleich, Göttingen 2001.

Hiskett, Mervyn: The Course of *Islam in Africa*, Edinburgh 1994.

Ho Ping-ti: *Studies* on the Population of China,1368–1953, Cambridge, MA 1959.

Hoare, James E.: *Japan's Treaty Ports* and Foreign Settlements. The Uninvited Guests, 1858–99, London 1994.

Hobsbawm, Eric J.: Die *Blütezeit* des Kapitals. Ein Kulturgeschichte der Jahre 1848 bis 1875, München 1977.

Hobsbawm, Eric J.: *Das imperiale Zeitalter* 1875–1914, Frankfurt a. M. 1989.

Hobsbawm, Eric J.: *Europäische Revolutionen*, Zürich 1962.

Hobsbawm, Eric J.: *Industrie und Empire*. Britische Wirtschaftsgeschichte seit 1750, 2 Bde., Frankfurt a. M. 1969.

Hobsbawm, Eric J.: *Sozialrebellen*, Neuwied 1962.

Hobson, John A.: *Imperialism*. A Study [1902], London 1988[3].

Hobson, John M.: The *Eastern Origins* of Western Civilisation, Cambridge 2004.

Hobson, Rolf: *Maritimer Imperialismus*. Seemachtideologie, seestrategisches Denken und der Tirpitzplan 1875 bis 1914, München 2004.

Hochreiter, Walter: *Vom Musentempel zum Lernort*. Zur Sozialgeschichte deut-scher Museen 1800–1914, Darmstadt 1994.

Hochschild, Adam: *Bury the Chains*. The British Struggle to Abolish Slavery, London 2005.

Hochstadt, Steve: *Mobility* and Modernity. Migration in Germany, 1820–1989, Ann Arbor, MI 1999.

Hodgson, Marshall G. S.: The *Venture of Islam*. Conscience and History in a World Civilization, 3 Bde., Chicago 1974.

Hoensch, Jörg K.: *Geschichte Ungarns 1867–1983*, Stuttgart 1984.

Hoerder, Dirk: *Cultures in Contact*. World Migration in the Second Millenium, Durham, NC 2002.

Hoerder, Dirk/Leslie Page Moch (Hg.): *European Migrants*. Global and Local Perspectives, Boston 1996.

Hoffenberg, Peter H.: *An Empire on Display*. English, Indian, and Australian Exhibitions from the Chrystal Palace to the Great War, Berkeley, CA 2001.

Hoffman, Philip T., u. a.: *Real Inequality* in Europe since 1500, in: JEH 62 (2002), S. 322–55.

Hofmeister, Burkhard: *Australia* and Its Urban Centres, Berlin 1988.

Hofmeister, Burkhard: Die *Stadtstruktur*. Ihre Ausprägung in den verschiedenen Kulturräumen der Erde, Darmstadt 1996[3].

Hohenberg, Paul M./Lynn Hollen Lees: The *Making of Urban Europe*, 1000–1950, Cambridge, MA 1985.

Holden, Robert H.: *Armies* Without Nations. Public Violence and State Formation in Central America, 1821–1960, Oxford 2004.

Hölscher, Lucian: Die Entdeckung der *Zukunft*, Frankfurt a. M. 1999.

Holt, Thomas C.: The *Problem of Freedom*. Race, Labor, and Politics in Jamaica and Britain, 1832–1938, Baltimore, MD 1992.

Homans, Margaret: *Royal Representations*. Queen Victoria and British Culture, 1837–1876, Chicago 1998.

Homberger, Eric: *Mrs. Astor's New York*. Money and Social Power in a Gilded Age, New Haven, CT 2002.

Hopkins, A. G. (Hg.): *Global History*. Interactions Between the Universal and the Local, Basingstoke 2006.

Hopkins, A. G. (Hg.): *Globalization* in World History, London 2002.

Hopkins, Donald R.: *Princes* and Peasants. Smallpox in History, Chicago 1983.

Hoppen, K. Theodore: The *Mid-Victorian Generation* 1846–1886, Oxford 1998.

Horden, Peregrine/Nicholas Purcell: The *Corrupting Sea*. A Study of Mediterranean History, Oxford 2000.

Horel, Catherine: Histoire de *Budapest*, Paris 1999.

Hörisch, Jochen: Der *Sinn* und die Sinne. Eine Geschichte der Medien, Frankfurt a. M. 2001.

Horn, Eva, u. a. (Hg.): *Grenzverletzer*. Von Schmugglern, Spionen und anderen subversiven Gestalten, Berlin 2002.

Horowitz, Roger, u. a.: *Meat* for the Multitudes. Market Culture in Paris, New York City, and Mexico over the Long Nineteenth Century, in: AHR 109 (2004), S. 1055–83.

Horton, Mark/John Middleton: *The Swahili*. The Social Landscape of a Mercantile Society, Oxford 2000.

Hösch, Edgar: Geschichte der *Balkanländer*. Von der Frühzeit bis zur Gegenwart, München 1988.

Hounshell, David A.: *From the American System* to Mass Production, 1800–1932. The Development of Manufacturing Technology on the United States, Baltimore, MD 1984.

Hourani, Albert: *Arabic Thought* in the Liberal Age 1798–1939, London 1962.

Hourani, Albert: Die *Geschichte der arabischen Völker*, Frankfurt a. M. 1992.

Hourani, Albert, u. a. (Hg.): The *Modern Middle East*. A Reader, London 1993.

Howard, Michael: *War in European History*, London 1976.

Howe, Anthony: *Free Trade* and Liberal England, Oxford 1997.

Howe, Christopher: The *Origins* of Japanese Trade Supremacy. Development and Technology in Asia from 1540 to the Pacific War, London 1996.

Howe, Stephen: *Empire*. A Very Short Introduction, Oxford 2002.

Howe, Stephen: *Ireland* and Empire. Colonial Legacies in Irish History and Culture, Oxford 2000.

Howland, Douglas, R.: *Translating the West*. Language and Political Reason in Nineteenth-Century Japan, Honolulu 2002.

Hoxie, Frederick E.: A *Final Promise*: The Campaign to Assimilate the Indians, 1880–1920, Lincoln, NE 1984.

Hroch, Miroslav: Das *Europa der Nationen*. Die moderne Nationsbildung im europäischen Vergleich, Göttingen 2005.

Hsiao Kung-chuan: A *Modern China* and a New World. K'ang Yu-wei, Reformer and Utopian, 1858–1927, Seattle 1975.

Hsiao Kung-chuan: *Rural China*. Imperial Control in the Nineteenth Century, Seattle 1960.

Hsü, Immanuel C. Y.: The Rise of *Modern China*, New York 2000⁶.

Huang, Philip C. C.: The *Peasant Economy* and Social Change in North China, Stanford, CA 1985.

Huang, Philip C. C.: The *Peasant Family* and Rural Development in the Yangzi Delta, 1350–1988, Stanford, CA 1990.

Huber, Valeska: The *Unification of the Globe by Disease?* The International Sanitary Conferences on Cholera, 1851–1894, in: HJ 49 (2006), S. 453–76.

Hucker, Charles O.: A *Dictionary* of Official Titles in Imperial China, Stanford, CA 1985.

Huenemann, Ralph William: The *Dragon* and the Iron Horse. The Economics of Railroads in China, 1876–1937, Cambridge, MA 1984.

Huerkamp, Claudia: Der *Aufstieg der Ärzte* im 19. Jahrhundert. Vom gelehrten Stand zum professionellen Experten. Das Beispiel Preußens, Göttingen 1985.

Huff, Toby: The Rise of *Early Modern Science*. Islam, China, and the West, Cambridge 2003².

Huffman, James L.: *Creating a Public*. People and Press in Meiji Japan, Honolulu 1997.

Hughes, Thomas P.: *Human-Built World*. How to Think about Technology and Culture, Chicago 2004.

Hughes, Thomas P.: *Networks of Power*. Electrification in Western Society, 1880–1930, Baltimore, MD 1983.

Hugill, Peter J.: *Global Communications* since 1844. Geopolitics and Technology, Baltimore, MD 1999.

Hugill, Peter J.: *World Trade* since 1431. Geography, Technology, and Capitalism, Baltimore, MD 1993.

Humboldt, Alexander von: *Essai politique* sur le Royaume de la Nouvelle-Espagne [1808]., 3 Bde., Paris 1825–27²

Humboldt, Alexander von: *Reise durchs Baltikum* nach Russland und Sibirien 1829, hg. v. Hanno Beck, Stuttgart 1984[2].

Humboldt, Alexander von: *Relation historique* du voyage aux régions équinoxiales du Nouveau Continent, 3 Bde., Paris 1814–25.

Humboldt, Alexander von: *Studienausgabe*, hg. v. Hanno Beck, 7 Bde., Darmstadt 1989–93.

Humboldt, Wilhelm von: *Werke*, hg. v. Andreas Flitner, 5 Bde., Darmstadt 1960–81.

Hunt, Michael H.: The Making of a *Special Relationship*. The United States and China to 1914, New York 1983.

Hunter, Louis C.: A History of *Industrial Power* in the United States, 1780–1930, Bd. 1: Waterpower in the Century of the Steam Engine, Charlottesville, VA 1979.

Hurewitz, Jacob C. (Hg.): *Diplomacy* in the Near and Middle East. A Documentary Record, 1535–1956, 2 Bde., New York 1956.

Hurt, R. D.: *Indian Agriculture* in America. Prehistory to the Present. Lawrence, KS 1987.

Hurtado, Albert L.: *Indian Survival* on the California Frontier, New Haven, CT 1988.

Huston, James L.: *Securing the Fruits of Labor*. The American Concept of Wealth Distribution, 1765–1900, Baton Rouge, LA 1998.

Hwang, Kyung Moon: *Beyond Birth*. Social Status in the Emergence of Modern Korea, Cambridge, MA 2005.

Hyam, Ronald: *Britain's Imperial Century 1815–1914*. A Study of Empire and Expansion, Basingstoke 1993[2].

Iggers, Georg G./Q. Edward Wang: A Global History of *Modern Historiography*, Harlow 2008.

Igler, David: *Diseased Goods*. Global Exchanges in the Eastern Pacific Basin, 1770–1850, in: AHR 109 (2004), S. 693–719.

İhsanoğlu, Ekmeleddin: *Science*, Technology and Learning in the Ottoman Empire. Western Influence, Local Institutions, and the Transfer of Knowledge, Aldershot 2004.

Ikegami, Eiko: *Citizenship* and National Identity in Early Meiji Japan, 1868–1889. A Comparative Assessment, in: IRSH 40, Supplement 3 (1995), S. 185–221.

Ikegami, Eiko: The *Taming of the Samurai*. Honorific Individualism and the Making of Modern Japan, Cambridge, MA 1995.

Iliffe, John: The *African Poor*. A History, Cambridge 1987.

Iliffe, John: *Africans*. The History of a Continent, Cambridge 1995.

Iliffe, John: *East African Doctors*. A History of the Modern Profession, Cambridge 1998.

Iliffe, John: *Famine in Zimbabwe* 1890–1960, Gweru (Simbabwe) 1990.

Iliffe, John: A Modern History of *Tanganyika*, Cambridge 1979.

Imhof, Arthur E.: Die *Lebenszeit*. Vom aufgeschobenen Tod und von der Kunst des Lebens. München 1988.

İnalcık, Halil/Donald Quataert (Hg.): Economic and Social History of the *Ottoman Empire*, 2 Bde., Cambridge 1994.

Ingrao, Charles W.: The *Habsburg Monarchy 1618–1815*, Cambridge 2000[2].

Inikori, Joseph E.: *Africans* and the Industrial Revolution in England. A Study in International Trade and Economic Development, Cambridge 2002.

Inkster, Ian: *Science* and Technology in History. An Approach to Industrial Development, Basingstoke 1991.

Inwood, Stephen: A History *of London*, London 1998.

Irick, Robert L.: Ch'ing Policy toward the *Coolie Trade*, 1847–1878, San Francisco 1982.

Irokawa Daikichi: The *Culture of the Meiji Period*, Princeton, NJ 1985.

Irschick, Eugene F.: *Dialogue and History*. Constructing South India; 1795–1895, Berkeley, CA 1994.

Irving, Robert G.: *Indian Summer*. Lutyens, Baker, and Imperial Delhi, New Haven, CT 1981.

Isenberg, Andrew C.: The *Destruction of the Bison*. An Environmental History, 1750–1920, Cambridge 2000.

Isichei, Elizabeth: A *History* of African Societies to 1870, Cambridge 1997.

Jackson, Carl T.: *Oriental Religions* and American Thought. Nineteenth-Century Explorations, Westport, CT 1981.

Jackson, James Harvey: Migration and Urbanization in the *Ruhr Valley*, 1821–1914, Atlantic Highlands, NJ 1997.

Jackson, Kenneth T.: *Crabgrass Frontier*. The Suburbanization of the United States, New York 1985.

Jackson, R. V.: The *Population History* of Australia, Fitzroy (Victoria) 1988.

Jacobs, Wilbur R.: *On Turner's Trail*. 100 Years of Writing Western History, Lawrence, KS 1994.

Jacobson, Matthew Frye: *Barbarian Virtues*. The United States Encounters Foreign Peoples at Home and Abroad, 1876–1917, New York 2000.

Jacobson, Matthew Frye: *Whiteness* of a Different Color. European Immigrants and the Alchemy of Race, Cambridge, MA 1998.

Jacoby, Karl: *Crimes* against Nature. Squatters, Poachers, Thieves, and the Hidden History of American Conservation, Berkeley, CA 2001.

Jäger, Jens: *Photographie*. Bilder der Neuzeit. Einführung in die Historische Bildforschung, Tübingen 2000.

James, John A./Mark Thomas (Hg.): *Capitalism* in Context, Chicago 1994.

Janich, Nina/Albrecht Greule (Hg.): *Sprachkulturen* in Europa. Ein internationales Handbuch, Tübingen 2002.

Janku, Andrea: *Nur leere Reden*. Politischer Diskurs und die Shanghaier Presse im China des späten 19. Jahrhunderts, Wiesbaden 2003.

Jannetta, Ann Bowman: The *Vaccinators*. Smallpox, Medical Knowledge, and the «Opening» of Japan, Stanford, CA 2007.

Jansen, Harry S.: *Wrestling with the Angel*. Problems of Definition in Urban Historiography, in: Urban History 23 (1996), S. 277–99.

Jansen, Marius B.: *China in the Tokugawa World*, Cambridge, MA 1998.

Jansen, Marius B.: The Making of *Modern Japan*, Cambridge, MA 2000.

Janssen, Helmut: Die *Übertragung von Rechtsvorstellungen* auf fremde Kulturen am Beispiel des englischen Kolonialrechts. Ein Beitrag zur Rechtsvergleichung, Tübingen 2000.

Jardin, André: Alexis de *Tocqueville*. Leben und Werk, Frankfurt a. M. 1991.

Jasanoff, Maya: *Edge of Empire*. Conquest and Collecting in the East, 1750–1850, New York 2005.

Jayawardena, Kumari: *Nobodies* to Somebodies. The Rise of the Colonial Bourgeoisie in Sri Lanka, New York 2002.

Jelavich, Barbara: History of the *Balkans*, 2 Bde., Cambridge 1983.

Jelavich, Barbara: *Russia's Balkan Entanglements* 1806–1914, Cambridge 1991.

Jelavich, Charles/Barbara Jelavich: The *Establishment* of the Balkan National States, 1804–1920, Seattle 1977.

Jen Yu-wen: The *Taiping* Revolutionary Movement, New Haven, CT 1973.

Jennings, Francis: *Founders of America*, New York 1993.

Jensen, Lionel M.: *Manufacturing Confucianism*. Chinese Traditions and Universal Civilization, Durham, NC 1997.

Jeremy, David J. (Hg.): *International Technology Transfer*. Europe, Japan and the USA, 1700–1914, Aldershot 1991.

Jeremy, David J.: *Transatlantic Industrial Revolution*. The Diffusion of Textile Technologies between Britain and America, 1790–1830, Oxford 1981.

Jersild, Austin: *Orientalism* and Empire. North Caucasus Mountain Peoples and the Georgian Frontier, 1845–1917, Montreal 2002.

Jessenne, Jean-Pierre: *Révolution* et Empire 1783–1815, Paris 2002.

Jeurgens, Charles: *De Haarlemmermeer*. Een studie in planning en beleid 1836–1858, Amsterdam 1991.

Johnson, James H.: *Listening in Paris*. A Cultural History, Berkeley, CA 1995.

Johnson, Linda Cooke: *Shanghai*. From Market Town to Treaty Port, 1074–1858, Stanford, CA 1995.

Johnson, Lonnie R.: *Central Europe*. Enemies, Neighbors, Friends, New York 1996.

Johnson, Paul: The *Birth of the Modern*. World Society 1815–1830, New York 1991.

Johnson, Robert Eugene: *Peasant and Proletarian*. The Working Class of Moscow in the Late Nineteenth Century, Leicester 1979.

Johnston, William: The *Modern Epidemic*. A History of Tuberculosis in Japan, Cambridge, MA 1995.

Joll, James: The *Second International* 1889–1914, London 1974.

Joll, James: Die *Ursprünge* des Ersten Weltkriegs, München 1988.

Jones, Charles A.: *International Business* in the Nineteenth Century. The Rise and Fall of a Cosmopolitan Bourgeoisie, Brighton 1987.

Jones, Emrys: *Metropolis*. The World's Great Cities, Oxford 1990.

Jones, Eric L.: The *European Miracle*. Environments, Economies and Geopolitics in the History of Europe and Asia, Cambridge 1981.

Jones, Eric L.: *Growth Recurring*. Economic Change in World History, Oxford 1988.

Jones, Eric L., u. a.: *Coming Full Circle*. An Economic History of the Pacific Rim, Boulder, CO 1993.

Jones, Geoffrey: *Multinationals* and Global Capitalism. From the Nineteenth to the Twenty-First Century, Oxford 2005.

Jones, Howard: *Union in Peril*. The Crisis over British Intervention in the Civil War, Chapel Hill, NC 1992.

Jones, Jacqueline: *The Dispossessed*. America's Underclasses from the Civil War to the Present, New York 1992.

Jones, Kenneth W.: Socio-Religious *Reform Movements* in British India, Cambridge 1990.

Jones, William C.: The *Great Qing Code*, Oxford 1994.

Jordan, David P.: *Die Neuerschaffung von Paris*. Baron Haussmann und seine Stadt, Frankfurt a. M. 1996.

Jordan, Teresa: *Cowgirls. Women of the American West*, Lincoln, NE 1982.

Jordan, Winthrop D.: *White over Black*. American Attitudes toward the Negro, 1550–1812, New York 1968.

Jourdan, Annie: *L'Empire de Napoléon*, Paris 2000.

Jourdan, Annie: *La révolution, une exception française?* Paris 2004.

Judge, Joan: *Print and Politics*. «Shibao» and the Culture of Reform in Late Qing China, Stanford, CA 1996.

Juergens, George: *Joseph Pulitzer* and the New York World, Princeton, NJ 1966.

Jungnickel, Christa/Russell McCormmach: *Intellectual Mastery* of Nature. Theoretical Physics from Ohm to Einstein, 2 Bde., Chicago 1986.

K'ang Yu-wei: *Ta T'ung Shu*. Das Buch von der Großen Gemeinschaft, Düsseldorf 1974.

Kaczyńska, Elżbieta: Das größte *Gefängnis* der Welt. Sibirien als Strafkolonie zur Zarenzeit, Frankfurt a. M. 1994.

Kaderas, Christoph: Die *Leishu* der imperialen Bibliothek des Kaisers Qianlong (reg. 1736–96), Wiesbaden 1998.

Kaelble, Hartmut: Der Wandel der *Erwerbsstruktur* in Europa im 19. und 20. Jahrhundert, in: Historical Social Research 22 (1997), S. 5–28.

Kaelble, Hartmut (Hg.): The *European Way*. European Societies during the Nineteenth and Twentieth Centuries, New York 2004.

Kaelble, Hartmut: *Industrialisierung* und soziale Ungleichheit. Europa im 19. Jahrhundert. Eine Bilanz, Göttingen 1983.

Kaiwar, Vasant: *Nature*, Property and Polity in Colonial Bombay, in: JPS 27 (2000), S. 1–49.

Kale, Madhavi: *Fragments of Empire*. Capital, Slavery, and Indian Indentured Labor Migration in the British Caribbean, Philadelphia 1998.

Kalland, Arne/Brian Moeran: *Japanese Whaling*. End of an Era? London 1992.

Kanwar, Pamela: *Imperial Simla*. The Political Culture of the Raj, Delhi 1990.

Kapitza. Peter (Hg.): *Japan in Europa*. Texte und Bilddokumente zur europäischen Japankenntnis von Marco Polo bis Wilhelm von Humboldt, 2 Bde., München 1990.

Kappeler, Andreas: *Rußland* als Vielvölkerreich. Entstehung, Geschichte, Zerfall, München 1992.

Karabell, Zachary: *Parting the Desert*. The Creation of the Suez Canal, London 2003.

Karady, Victor: The *Jews of Europe* in the Modern Era. A Socio-Historical Outline, Budapest 2004.

Karateke, Hakan T./Maurus Reinkowski (Hg.): *Legitimizing the Order*. The Ottoman Rhetoric of State Power, Leiden 2005.

Karl, Rebecca E.: *Staging the World*. Chinese Nationalism at the Turn of the Twentieth Century, Durham, NC 2002.

Karpat, Kemal H.: *Ottoman Population*, 1830–1914. Demographic and Social Characteristics, Madison, WI 1985.

Karpat, Kemal H.: The *Politicization of Islam*. Reconstructing Identity, State, Faith, and Community in the Late Ottoman State, Oxford 2001.

Kasaba, Reşat (Hg.): The *Cambridge History of Turkey*, Bd. 4: Turkey in the Modern World, Cambridge 2008.

Kaschuba, Wolfgang: Die *Überwindung* der Distanz. Zeit und Raum in der europäischen Moderne, Frankfurt a. M. 2004.

Kashani-Sabet, Firoozeh: *Frontier Fictions*. Shaping the Iranian Nation, 1804–1946, Princeton, NJ 1999.

Kassir, Samir: Histoire de *Beyrouth*, Paris 2003.

Kato Shuichi: *Geschichte der japanischen Literatur*, Darmstadt 1990.

Katsu Kokichi: *Musui's Story*. The Autobiography of a Tokugawa Samurai, Tucson, AZ 1993.

Katz, Jacob: *Out of the Ghetto*. The Social Background of Jewish Emancipation, 1770–1870, Cambridge, MA 1973.

Katz, Jacob: Vom *Vorurteil* bis zur Vernichtung. Der Antisemitismus 1700–1933, München 1980.

Kaufmann, Stefan: *Kommunikationstechnik* und Kriegführung 1815–1945. Stufen telemedialer Rüstung, München 1996.

Kaufmann, Stefan (Hg.): *Ordnungen der Landschaft*. Natur und Raum technisch und symbolisch entwerfen, Würzburg 2002.

Kaur, Amarjit: *Economic Change* in East Malaysia. Sabah and Sarawak since 1850, Basingstoke 1998.

Kavanagh, Thomas W.: *Comanche Political History*. An Ethnohistorical Perspective, 1706–1875, Lincoln, NE 1996.

Kazemi, Farhad/John Waterbury (Hg.): *Peasants and Politics* in the Modern Middle East, Miami, FL 1991.

Keddie, Nikki R.: *Iran* and the Muslim World. Resistance and Revolution, Basingstoke 1995.

Keddie, Nikki R.: *Modern Iran*. Roots and Results of Revolution, New Haven, CT 2006.

Keddie, Nikki R.: *Qajar Iran* and the Rise of Reza Khan, 1796–1925, Costa Mesa, CA 1999.

Keegan, Timothy: *Colonial South Africa* and the Origins of the Racial Order, Charlottesville, VA 1996.

Keene, Donald: *Emperor of Japan*. Meiji and His World, 1852–1912, New York 2002.

Keene, Donald: The *Japanese Discovery of Europe*, 1720–1830, rev. ed., Stanford, CA 1969.

Keirstead, Thomas: *Inventing Medieval Japan*. The History and Politics of National Identity, in: Medieval History Journal 1 (1998), S. 47–71.

Keith, Arthur Berriedale (Hg.): *Selected Speeches* and Documents on British Colonial Policy, 1763–1917, 2 Bde., Oxford 1961.

Keith, Arthur Berriedale (Hg.): *Speeches* and Documents on Indian Policy, 1750–1921, Bd. 1, London 1922.

Kellett, John R.: The *Impact of Railways* on Victorian Cities, London 1969.

Kelly, David/Anthony Reid (Hg.): *Asian Freedoms*. The Idea of Freedom in East and Southeast Asia, Cambridge 1998.

Kennedy, Dane: *Islands of White*. Settler Society and Culture in Kenya and Southern Rhodesia, Durham, NC 1987.

Kennedy, Dane: The *Magic Mountains*. Hill Stations and the British Raj, Berkeley, CA 1996.

Kennedy, Paul M.: *Aufstieg und Fall* der großen Mächte. Ökonomischer Wandel und militärischer Konflikt von 1500 bis 2000, Frankfurt a. M. 1989.

Kennedy, Paul M.: The Rise and Fall of *British Naval Mastery*, London 1983.

Kennedy, Paul M.: The *Costs and Benefits* of British Imperialism, 1846–1914, in: P&P 125 (1989), S. 186–99.

Kennedy, Roger G.: *Orders from France*. The Americans and the French in a Revolutionary World, 1780–1820, New York 1989.

Kent, Neil: The *Soul of the North*. A Social, Architectural and Cultural History of the Nordic Countries, 1700–1940, London 2000.

Kenwood, A. G./A. L. Lougheed: The *Growth* of the International Economy 1820–1990, London 1999⁴.

Kern, Stephen: The *Culture* of Time and Space, 1880–1918, Cambridge, MA 1983.

Kerr, Ian J.: *Building* the Railways of the Raj, 1850–1900, Delhi 1997.

Kershaw, Roger: *Monarchy in South-East Asia*. The Faces of Tradition in Transition, London 2001.

Keyssar, Alexander: The *Right to Vote*. The Contested History of Democracy in the United States, New York 2000.

Khater, Akram Fouad: *Inventing Home*. Emigration, Gender, and the Middle Class in Lebanon, 1870–1920, Berkeley, CA 2001.

Khazanov, Anatoly M.: *Nomads* and the Outside World, Madison, WI 1994².

Khodarkovsky, Michael: *Russia's Steppe Frontier*. The Making of a Colonial Empire, 1500–1800, Bloomington, IN 2002.

Khoury, Philip S./Joseph Kostiner (Hg.): *Tribes* and State Formation in the Middle East, London 1991.

Kiernan, Victor G.: The *Lords of Human Kind*. European Attitudes to the Outside World in the Imperial Age, Harmondsworth 1972.

Kieser, Hans-Lukas: *Der verpasste Friede*. Mission, Ethnie und Staat in den Ostprovinzen der Türkei, 1839–1938, Zürich 2000.

Kim Key-hiuk: The *Last Phase* of the East Asian World Order. Korea, Japan, and the Chinese Empire,1860–1882, Berkeley, CA 1980.

Kimmel, Michael S.: *Revolution*. A Sociological Interpretation, Cambridge 1990.

Kindleberger, Charles P.: A *Financial History* of Western Europe, London 1984.

Kindleberger, Charles P.: The *Rise of Free Trade* in Western Europe, in: JEH 35 (1975), S. 20–55.

Kinealy, Christine: A *Death-Dealing Famine*. The Great Hunger in Ireland, London 1997.

Kinealy, Christine: The *Great Irish Famine*. Impact, Ideology and Rebellion, Basingstoke 2002.

King, Anthony D.: *Colonial Urban Development*. Culture, Social Power and Environment, London 1976.

King, Anthony D.: *Global Cities*. Post-Imperialism and the Internationalisation of London, London 1990.

King, Charles: The *Black Sea*. A History, Oxford 2004.

King, Michael: The *Penguin History of New Zealand*, Auckland 2003.

Kingston, Beverley: The *Oxford History of Australia*, Bd. 3: 1860–1900. Glad, Confident Morning, Melbourne 1988.

Kingston-Mann, Esther: *In Search of the True West*. Culture, Economics, and Problems of Russian Development, Princeton, NJ 1999.

Kiple, Kenneth F.: The *Caribbean Slave*. A Biological History, Cambridge 1984.

Kiple, Kenneth F. (Hg.): The Cambridge World History of *Food*, Cambridge 2000.

Kiple, Kenneth F. (Hg.): The Cambridge World History of *Human Disease*, Cambridge 1993.

Kiple, Kenneth F.: A *Movable Feast*. Ten Millennia of Food Globalization, Cambridge 2007.

Kirby, David: The *Baltic World* 1772–1993. Europe's Northern Periphery in an Age of Change, London 1995.

Kirby, David: A Concise History of *Finland*, Cambridge 2006.

Kirch, Patrick V.: *On the Road* of the Winds. An Archaeological History of the Pacific Islands before European Contact, Berkeley, CA 2000.

Kirimli, Hakan: *National Movements* and National Identity among the Crimean Tatars (1905–1916), Leiden 1996.

Kirsch, Martin: *Monarch* und Parlament im 19. Jahrhundert. Der monarchische Konstitutionalismus als europäischer Verfassungstyp. Frankreich im Vergleich, Göttingen 1999.

Klaits, Joseph/Michael H. Haltzel (Hg.): The *Global Ramifications* of the French Revolution, Cambridge 1994.

Klein, Bernhard/Gesa Mackenthun (Hg.): *Das Meer* als kulturelle Kontaktzone. Räume, Reisende, Repräsentationen, Konstanz 2003.

Klein, Herbert S.: *African Slavery* in Latin America and the Caribbean, New York 1986.

Klein, Herbert S.: A Concise History of *Bolivia*, Cambridge 2003.

Klein, Herbert S.: A *Population History* of the United States, Cambridge 2004.

Klein, Herbert S.: The Atlantic *Slave Trade*, Cambridge 1999.

Klein, Kerwin Lee: *Frontiers* of Historical Imagination. Narrating the European Conquest of Native America, 1890–1990, Berkeley, CA 1997.

Klein, Martin A.: *Slavery and Colonial Rule* in French West Africa, Cambridge 1998.

Klein, Milton M. (Hg.): The *Empire State*. A History of New York, Ithaca, NY 2001.

Klein, Thoralf/Frank Schumacher (Hg.): *Kolonialkriege*. Militärische Gewalt im Zeichen des Imperialismus, Hamburg 2006.

Kleinschmidt, Harald: *Geschichte der internationalen Beziehungen*. Ein systemgeschichtlicher Abriß, Stuttgart 1998.

Klier, John D.: *Imperial Russia's Jewish Question*, 1855–1881, Cambridge 1995.

Klier, John D./Shlomo Lambroza (Hg.): *Progroms*. Anti-Jewish Violence in Modern Russian History, Cambridge 1992.

Knight, Alan: The *Mexican Revolution*, 2 Bde., Lincoln, NE 1986.

Knight, Alan: The *Peculiarities* of Mexican History. Mexico Compared to Latin America, 1821–1992, in: JLAS, Supplement 24 (1992), S. 99–144.

Knight, Franklin W.: The *Haitian Revolution*, in: AHR 105 (2000), S. 103–15.

Knight, Franklin W. (Hg.): The *Slave Societies* of the Caribbean, London 1997.

Knight, Franklin W./Peggy K. Liss (Hg.): *Atlantic Port Cities*. Economy, Culture, and Society in the Atlantic World, 1650–1850, Knoxville, TN 1991.

Knöbl, Wolfgang: *Polizei* und Herrschaft im Modernisierungsprozeß. Staatsbildung und innere Sicherheit in Preußen, England und Amerika 1700–1914, Frankfurt a. M. 1998.

Knox, Paul L./Peter J. Taylor (Hg.): *World Cities* in a World-System, Cambridge 1995.

Koch, Hannsjoachim: Der *Sozialdarwinismus*. Seine Genese und sein Einfluß auf das imperialistische Denken, München 1973.

Kocka, Jürgen: *Arbeitsverhältnisse* und Arbeiterexistenzen. Grundlagen der Klassenbildung im 19. Jahrhundert, Bonn 1990.

Kocka, Jürgen: *Weder Stand noch Klasse*. Unterschichten um 1800, Bonn 1990.

Kocka, Jürgen: Das lange *19. Jahrhundert*. Arbeit, Nation und bürgerliche Gesellschaft, Stuttgart 2002.

Kocka, Jürgen/Ute Frevert (Hg.): *Bürgertum* im 19. Jahrhundert. Deutschland im europäischen Vergleich, 3 Bde., München 1988.

Kocka, Jürgen/Claus Offe (Hg.): Geschichte und Zukunft der *Arbeit*, Frankfurt a. M. 2000.

Koebner, Richard/Schmidt, Helmut Dan: *Imperialism*. The Story and Significance of a Political Word, 1840–1960, Cambridge 1964.

Koenig, William J.: The *Burmese Polity*, 1752–1819. Politics, Administration, and Social Organization in the Early Kon-baung Period, Ann Arbor, MI 1990.

Kohlrausch, Martin: Der *Monarch im Skandal*. Die Logik der Massenmedien und die Transformation der wilhelminischen Monarchie, Berlin 2005.

Kolchin, Peter: *American Slavery*, 1619–1877, London 1993.

Kolchin, Peter: A *Sphinx* on the American Land. The Nineteenth-Century South in Comparative Perspective, Baton Rouge, LA 2003.

Kolchin, Peter: *Unfree Labor*. American Slavery and Russian Serfdom, Cambridge, MA 1987.

Kolff, Dirk H. A.: *Naukar*, Rajput and Sepoy. The Ethnohistory of the Military Labour Market in Hindustan, 1450–1850, Cambridge 1990.

Köll, Elisabeth: *From Cotton Mill* to Business Empire. The Emergence of Regional Enterprises in Modern China, Cambridge, MA 2003.

Komlos, John: Ein *Überblick* über die Konzeptionen der Industriellen Revolution, in: VSWG 84 (1997), S. 461–511.

Komlos, John: The *Industrial Revolution* as the Escape from the Malthusian Trap, in: JEEcH 29 (2000), S. 307–31.

König, Hans-Joachim: Kleine *Geschichte Lateinamerikas*, Stuttgart 2006.

König, Wolfgang: Geschichte der *Konsumgesellschaft*, Stuttgart 2000.

König, Wolfgang: *Wilhelm II.* und die Moderne. Der Kaiser und die technisch-industrielle Welt, Paderborn 2007.

König, Wolfgang/Wolfhard Weber: *Netzwerke*, Stahl und Strom. 1840 bis 1914, Berlin 1990.

Koning, Niek: The *Failure* of Agrarian Capitalism. Agrarian Politics in the UK, Germany, the Netherlands and the USA, 1846–1919, London 1994.

Konvitz, Josef W.: *Cities and the Sea*. Port City Planning in Early Modern Europe, Baltimore, MD 1978.

Konvitz, Josef W.: The *Urban Millenium*. The City-Building Process from the Early Middle Ages to the Present, Carbondale, IL 1985.

Korhonen, Pekka: The *Pacific Age* in World History, in: JWH 7 (1996), S. 41–70.

Körner, Axel (Hg.): *1848*. A European Revolution? International Ideas and National Memories of 1848, Basingstoke 2000.

Kornicki, Peter: The *Book in Japan*. A Cultural History from the Beginnings to the Nineteenth Century, Leiden 1998.

Kornicki, Peter (Hg.): *Meiji Japan*. Political, Economic and Social History 1868–1912, 4 Bde., London 1998.

Kosambi, Meera: *Bombay* in Transition. The Growth and Social Ecology of a Colonial City, 1880–1980, Stockholm 1986.

Koselleck, Reinhart: *Vergangene Zukunft*. Zur Semantik geschichtlicher Zeiten, Frankfurt a. M. 1979.

Koselleck, Reinhart: *Zeitschichten*. Studien zur Historik, Frankfurt a. M. 2000.

Kossmann, E. H.: The *Low Countries* 1780–1940, Oxford 1978.

Kossok, Manfred: *Ausgewählte Schriften*, 3 Bde., Leipzig 2000.

Kossok, Manfred: *Revolutionen* der Weltgeschichte. Von den Hussiten bis zur Pariser Commune, Stuttgart 1989.

Kossok, Manfred/Werner Loch (Hg.): *Die französische Julirevolution* von 1830 und Europa, Berlin (DDR) 1985.

Kostal, Rande W.: A *Jurisprudence of Power*. Victorian Empire and the Rule of Law, Oxford 2006.

Koven, Seth: *Slumming*. Sexual and Social Politics in Victorian London, Princeton, NJ 2004.

Kowner, Rotem (Hg.): The Impact of the *Russo-Japanese War*, London 2007.

Kraay, Hendrik/Thomas Whigham (Hg.): *I Die with My Country*. Perspectives on the Paraguayan War, 1864–1870, Lincoln, NE 2004.

Kracauer, Siegfried: *Jacques Offenbach* und das Paris seiner Zeit (= Schriften, Bd. 8), Frankfurt a. M. 1976[2].

Kramer, Lloyd S.: *Lafayette* in Two Worlds. Public Cultures and Personal Identities in an Age of Revolutions, Chapel Hill, NC 1996.

Kramer, Paul A.:The *Blood of Government*. Race Empire, the United States, and the Philippines, Chapel Hill, NC 2006.

Krauss, Marita: *Herrschaftspraxis* in Bayern und Preußen im 19. Jahrhundert. Ein historischer Vergleich. Frankfurt a. M. 1997.

Krech, Shepard: The *Ecological Indian*. Myth and History, New York 1999.

Krech, Shepard, u. a. (Hg.): *Encyclopedia* of World Environmental History, 3 Bde., New York 2004.

Kreiner, Josef (Hg.): *Der Russisch-Japanische Krieg* (1904/05), Göttingen 2005.

Kreiser, Klaus: *Der osmanische Staat* 1300–1922, München 2001.

Kreiser, Klaus: *Istanbul*. Ein historisch-literarischer Stadtführer, München 2001.

Kreiser, Klaus/Christoph K. Neumann: Kleine Geschichte der *Türkei*, Stuttgart 2003.

Krell, Alan: *The Devil's Rope*. A Cultural History of Barbed Wire, London 2002.

Kreuzer, Helmut: *Boheme*. Analyse und Dokumentation der intellektuellen Subkultur vom 19. Jahrhundert bis zur Gegenwart, Stuttgart 1971.

Kriger, Colleen E.: *Pride of Men*. Ironworking in Nineteenth-Century West Central Africa, Portsmouth, NH. 1999.

Kroen, Sheryl: *Politics and Theater*. The Crisis of Legitimacy in Restoration France, 1815–1830, Berkeley, CA 2000.

Krüger, Peter (Hg.): *Das europäische Staatensystem* im Wandel. Strukturelle Bedingungen und bewegende Kräfte seit der Frühen Neuzeit, München 1996.

Krüger, Peter/Paul W. Schroeder (Hg.): *The Transformation* of European Politics, 1763–1848. Episode or Model in Modern History?, Münster 2002.

Kuban, Doğan: *Istanbul*. An Urban History, Istanbul 1996.

Kudlick, Catherine J.: *Cholera* in Post-Revolutionary Paris. A Cultural History, Berkeley, CA 1996.

Kuitenbrouwer, Marten: *The Netherlands* and the Rise of Modern Imperialism. Colonies and Foreign Policy, 1870–1902, New York 1991.

Kulke, Hermann/Dietmar Rothermund: *Geschichte Indiens*, München 1998².

Kumar, Ann: *Java* and Modern Europe. Ambiguous Encounters, Richmond 1997.

Kumar, Deepak: *Science* and the Raj, 1857–1905, Delhi 1997.

Kumar, Dharma/Tapan Raychaudhuri (Hg.): The *Cambridge Economic History of India*. 2 Bde., Cambridge 1982.

Kume Kunitake: The *Iwakura Embassy*, 1871–73. A True Account of the Ambassador Extraordinary & Plenipotententary's Journey of Observation through the United States of America and Europe, hg. v. Graham Healey u. a., 5 Bde., Matsudo 2002.

Kundrus, Birthe: *Moderne Imperialisten*. Das Kaiserreich im Spiegel seiner Kolonien, Köln 2003.

Kuran, Timur: *Islam and Mammon*. The Economic Predicaments of Islamism, Princeton, NJ 2004.

Kurzman, Charles (Hg.): *Modernist Islam*, 1840–1940. A Sourcebook, Oxford 2002.

Kwan, Man Bun: The *Salt Merchants* of Tianjin. State Making and Civil Society in Late Imperial China, Honolulu 2001.

Kwong, Luke S.K.: The Rise of the *Linear Perspective* on History and Time in Late Qing China, in: P&P 173 (2001), S. 157–90.

Kynaston, David: The *City* of London, Bd. 1: A World of Its Own, 1815–1890, London 1994.

La Berge, Ann F.: *Mission and Method*. The Early Nineteenth-Century French Public Health Movement, Cambridge 1992.

Laak, Dirk van: *Infra-Strukturgeschichte*, in: GG 27 (2001), S. 367–93.

Labanca, Nicola: *Oltremare*. Storia dell'espansione coloniale italiana, Bologna 2002.

Laband, John: *Kingdom in Crisis*. The Zulu Response to the British Invasion of 1879, Manchester 1992.

Labisch, Alfons: *Homo hygienicus*. Gesundheit und Medizin in der Neuzeit, Frankfurt a. M. 1992.

Labourdette, Jean-Francois: Histoire du *Portugal*, Paris 2000.

Lackner, Michael, u. a. (Hg.): *New Terms* for New Ideas. Western Knowledge and Lexical Change in Late Imperial China, Leiden 2001.

Lademacher, Horst: Die *Niederlande*. Politische Kultur zwischen Individualität und Anpassung, Berlin 1993.

LaFeber, Walter: The *American Age*. United States Foreign Policy at Home and Abroad since 1750, New York 1989.

Lai, Cheung-chung (Hg.): *Adam Smith across Nations*. Translations and Receptions of The Wealth of Nations, Oxford 1999.

Lake, Marilyn/Henry Reynolds: Drawing the *Global Colour Line*: White Men's Countries and the International Challenge of Racial Equality, Cambridge 2008.

Lamar, Howard R. (Hg.): The New *Encyclopedia* of the American West, New Haven, CT 1998.

Lamar, Howard/Leonard Thompson (Hg.): The *Frontier in History*. North America and Southern Africa Compared, New Haven, CT 1981.

Landes, David S.: *Der entfesselte Prometheus*. Technologischer Wandel und industrielle Entwicklung in Westeuropa von 1750 bis zur Gegenwart, Köln 1973.

Landes, David S.: *Revolution in Time*. Clocks and the Making of the Modern World, Cambridge, MA 1983.

Landes, David S.: *Wohlstand und Armut* der Nationen. Warum die einen reich und die anderen arm sind, Berlin 1999.

Langewiesche, Dieter (Hg.): *Demokratiebewegung* und Revolution 1847 bis 1849. Internationale Aspekte und europäische Verbindungen, Karlsruhe 1998.

Langewiesche, Dieter: *Europa* zwischen Restauration und Revolution 1815–1849, München 1993³.

Langewiesche, Dieter: *Fortschrittsmotor Krieg*. Krieg im politischen Handlungsarsenal Europas im 19. Jahrhundert und die Rückkehr der Idee des *bellum iustum* in der Gegenwart, in: Christina Benninghaus u. a. (Hg.): Unterwegs in Europa. Beiträge zu einer vergleichenden Sozial- und Kulturgeschichte, Frankfurt a. M. 2008, S. 23–40.

Langewiesche, Dieter: Eskalierte die *Kriegsgewalt* im Laufe der Geschichte? in: Jörg Baberowski (Hg.), Moderne Zeiten? Krieg, Revolution und Gewalt im 20. Jahrhundert, Göttingen 2006, S. 12–36.

Langewiesche, Dieter (Hg.): *Liberalismus im 19. Jahrhundert*. Deutschland im europäischen Vergleich, Göttingen 1988.

Langewiesche, Dieter: *Liberalismus in Deutschland*, Frankfurt a. M. 1988.

Langewiesche, Dieter: *Nation*, Nationalismus, Nationalstaat in Deutschland und Europa, München 2000.

Langewiesche, Dieter: *Neuzeit*, Neuere Geschichte, in: Richard van Dülmen (Hg.), Das Fischer-Lexikon: Geschichte, Frankfurt a. M. 2003, S. 466–89.

Langford, Paul: *A Polite and Commercial People*. England 1727–1783, Oxford 1992.

Langfur, Hal: The *Forbidden Lands*. Colonial Identity, Frontier Violence, and the Persistence of Brazil's Eastern Indians, 1750–1830, Stanford, CA 2006.

Langley, Lester D.: *The Americas* in the Age of Revolution, 1750–1850, New Haven, CT 1996.

Lapidus, Ira M.: A History of *Islamic Societies*, Cambridge 1988.

Lappo, Georgij M./Fritz W. Hönsch: *Urbanisierung Russlands*, Berlin 2000.

Laslett, Peter: *Social Structural Time*. An Attempt at Classifying Types of Social Change by Their Characteristic Paces, in: Tom Schuller/Michael Young (Hg.), The Rhythms of Society, London 1988, S. 17–36.

Latham, A. J. H.: *Rice*. The Primary Commodity, London 1998.

Lattimore, Owen: *Inner Asian Frontiers* of China, New York 1940.

Laubach, Ernst: Der *Vertrag von Waitangi* und seine Bedeutung in der neuseeländischen Geschichte und Politik, in: Saeculum 51 (2000), S. 228–49.

Lauren, Paul Gordon: *Power and Prejudice*. The Politics and Diplomacy of Racial Discrimination, Boulder, CO 1988.

Laurens, Henry: *L'Expédition d'Égypte* 1798–1801, Paris 1989.

Lavedan, Pierre: *Histoire de l'urbanisme à Paris*, Paris 1993².

Lavely, William/R. Bin Wong: Revising the *Malthusian Narrative*. The Comparative Study of Population Dynamics in Late Imperial China, in: JAS 57 (1998), S. 714–48.

Law, Robin: *Ouidah*. The Social History of a West African Slaving «Port» 1727–1892, Athens, OH 2004.

Law, Robin: The *Oyo Empire*, c. 1600–c. 1836. A West African Imperialism in the Era of the Atlantic Slave Trade, Oxford 1977.

Lawton, Richard/Robert Lee (Hg.): *Population and Society* in Western European Port-Cities, c. 1650–1939, Liverpool 2002.

Layton, Susan: *Russian Literature* and Empire. Conquest of the Caucasus from Pushkin to Tolstoy, Cambridge 1994.

Lê Thành Khôi: *Histoire du Viêt Nam* des origines à 1858, Paris 1982.

LeDonne, John P.: The *Russian Empire* and the World 1700–1917. The Geopolitics of Expansion and Containment, New York 1997.

Lee Chong-sik: The Politics of *Korean Nationalism*, Berkeley, CA 1963.

Lee, Erika: *At America's Gates*. Chinese Immigration During the Exclusion Era, 1882–1943, Chapel Hill, NC 2003.

Lee, James Z./Cameron D. Campbell: *Fate and Fortune* in Rural China. Social Organization and Population Behavior in Liaoning 1774–1873, Cambridge 1997.

Lee, James Z./Wang Feng: *One Quarter of Humanity*. Malthusian Mythology and Chinese Realities, 1700–2000, Cambridge, MA 1999.

Lee Ki-baik: A New History of *Korea*, Cambridge, MA 1984.

Leedham-Green, Elisabeth S.: A *Concise History* of the University of Cambridge. Cambridge 1996.

Leerssen, Joep: *National Thought* in Europe. A Cultural History, Amsterdam 2006.

Lees, Andrew: *Cities Perceived*. Urban Society in European and American Thought, 1820–1940, Manchester 1985.

Lees, Andrew/Lynn Hollen Lees: *Cities* and the Making of Modern Europe, 1750–1914, Cambridge 2007.

Leeuwen, Richard van: *Waqfs* and Urban Structures. The Case of Ottoman Damascus, Boston 1999.

Lemberg, Hans: Zur *Entstehung* des Osteuropabegriffs im 19. Jahrhundert. Vom «Norden» zum «Osten» Europas, in: JGO 33 (1985), S. 48–91.

Lemon, James T.: *Liberal Dreams* and Nature's Limits. Great Cities of North America since 1600, Toronto 1996.

Lenger, Friedrich: *Industrielle Revolution* und Nationalstaatsgründung (1849–1870er Jahre), Stuttgart 2003.

Leonard, Jane Kate: *Wei Yuan* and China's Rediscovery of the Maritime World, Cambridge, MA 1984.

Leonard, Thomas C.: *News for All*. America's Coming-of-Age with the Press, New York 1995.

Leonard, Thomas C.: The *Power of the Press*. The Birth of American Political Reporting, New York 1987.

Leonhard, Jörn: *Liberalismus*. Zur historischen Semantik eines europäischen Deutungsmusters, München 2001.

Lepenies, Wolf: *Die drei Kulturen*. Soziologie zwischen Literatur und Wissenschaft, München 1985.

Lepenies, Wolf: *Sainte-Beuve*. Auf der Schwelle zur Moderne, München 1997.

Lepetit, Bernard: *Les villes* dans la France moderne (1740–1840), Paris 1988.

Lesaffer, Randall (Hg.): *Peace Treaties* and International Law in European History, Cambridge 2004.

Levine, Bruce C.: *Half Slave* and Half Free. The Roots of Civil War, rev. ed., New York 2005.

Levine, Bruce C.: The *Spirit of 1848*. German Immigrants, Labor Conflict, and the Coming of the Civil War, Urbana, IL 1992.

Levy, Jack S.: *War* in the Modern Great Power System, 1495–1975, Lexington, KY 1983.

Levy, Leonard W.: *Emergence of a Free Press*, New York 1985.

Lewis, Bernard: The *Emergence* of Modern Turkey, Oxford 1968².

Lewis, Martin W./Kären E. Wigen: The *Myth of Continents*. A Critique of Metageography, Berkeley, CA 1997.

Leyda, Jay: *Dianying*. An Account of Films and the Film Audience in China, Cambridge, MA 1972.

Li, Lillian M.: *Fighting Famine in North China*. State, Market and Environmental Decline, 1690s–1990s, Stanford, CA 2007.

Li, Lillian M., u. a.: *Beijing*. From Imperial Capital to Olympic City, Basingstoke 2007.

Liauzu, Claude: *Histoire des migrations* en Méditerranée occidentale, Paris 1996.

Liauzu, Claude, u. a.: *Colonisation*. Droit d'inventaire, Paris 2004.

Licht, Walter: Working for the *Railroad*. The Organization of Work in the Nineteenth Century, Princeton, NJ 1983.

Lichtenberger, Elisabeth: *Europa*. Geographie, Geschichte, Wirtschaft, Politik, Darmstadt 2005.

Lichtenberger, Elisabeth: Die *Stadt*. Von der Polis zur Metropolis, Darmstadt 2002.

Lieberman, Victor (Hg.): *Beyond Binary Histories*. Re-imagining Eurasia to c. 1830, Ann Arbor, MI 1999.

Lieberman, Victor: *Strange Parallels*. Southeast Asia in Global Context, c. 800–1830, Bd. 1: Integration on the Mainland, Cambridge 2003.

Liebersohn, Harry: *Aristocratic Encounters*. European Travelers and North American Indians, Cambridge 1998.

Liedtke, Rainer/Stephan Wendehorst (Hg.): The *Emancipation* of Catholics, Jews and Protestants. Minorities and the Nation State in Nineteenth-Century Europe, Manchester 1999.

Lieven, Dominic: *Abschied* von Macht und Würden. Der europäische Adel 1815–1914, Frankfurt a. M. 1995.

Lieven, Dominic (Hg.): The *Cambridge History of Russia*, Bd. 2: Imperial Russia, 1689–1917, Cambridge 2006.

Lieven, Dominic: *Empire*. The Russian Empire and Its Rivals, London 2000.

Lieven, Dominic: *Nicholas II*. Twilight of the Empire, New York 1993.

Lieven, Dominic: *Russia* and the Origins of the First World War, London 1983.

Lieven, Michael: «*Butchering* the Brutes all over the Place». Total War and Massacre in Zululand, 1879, in: History 84 (1999), S. 614–32.

Limerick, Patricia Nelson: The *Legacy of Conquest*. The Unbroken Past of the American West, New York 1987.

Limerick, Patricia Nelson: *Something in the Soil*. Legacies and Reckonings in the New West, New York 2000.

Lin Man-houng: *China Upside Down*. Currency, Society, and Ideologies, 1808–1856, Cambridge, MA 2006.

Lincoln, Abraham: *Speeches and Writings*, 2 Bde., hg. v. Don E. Fehrenbacher, New York 1989.

Lincoln, W. Bruce: The *Great Reforms*. Autocracy, Bureaucracy, and the Politics of Change in Imperial Russia, DeKalb, IL 1990.

Lincoln, W. Bruce: *Nikolaus I.* von Rußland, 1796–1855, München 1981.

Lincoln, W. Bruce: In the *Vanguard of Reform*. Russia's Enlightened Bureaucrats, 1825–1861, DeKalb, IL 1982.

Linden, Marcel van der/Jürgen Rojahn (Hg.): The *Formation* of Labour Movements, 1870–1914. An International Perspective, 2 Bde., Leiden 1990.

Lindert, Peter H.: *Growing Public*. Social Spending and Economic Growth since the Eighteenth Century, Bd. 1: The Story, Cambridge 2004.

Lindert, Peter H.: *Poor Relief* Before the Welfare State. Britain Versus the Continent, 1780–1880, in: EREcH 2 (1998), S. 101–40.

Lindig, Wolfgang/Mark Münzel: *Die Indianer*, 2 Bde., München 1985³.

Lipsey, Richard G., u. a.: *Economic Transformations*. General Purpose Technologies and Long-term Economic Growth, Oxford 2005.

Lipson, Charles: *Standing Guard*. Protecting Foreign Capital in the Nineteenth and Twentieth Centuries, Berkeley, CA 1985.

Lis, Catharina: *Social Change* and the Labouring Poor. Antwerp 1770–1860, New Haven, CT 1986.

Liss, Peggy: *Atlantic Empires*. The Network of Trade and Revolution, 1713–1826, Baltimore, MD 1983.

Little, Daniel: *Understanding Peasant China*. Case Studies in the Philosophy of Social Science, New Haven, CT 1989.

Litwack, Leon F.: *Been in the Storm so Long*. The Aftermath of Slavery, New York 1979.

Livi-Bacci, Massimo: *Europa* und seine Menschen. Eine Bevölkerungsgeschichte, München 1999.

Livi-Bacci, Massimo: *Population* and Nutrition. An Essay on European Demographic History, Cambridge 1991.

Livi-Bacci, Massimo: A Concise History of *World Population*, Oxford 1997².

Livingstone, David N.: The *Geographical Tradition*, Oxford 1992.

Livois, René de: *Histoire de la presse française*, 2 Bde., Lausanne 1965.

Lockwood, Jeffrey A.: *Locust*. The Devastating Rise and Mysterious Disappearance of the Insect that Shaped the American Frontier, New York 2004.

Lockwood, William W. jr.: The *Economic Development of Japan*, Princeton, NJ 1968.

Logan, William Stewart: *Hanoi*. Biography of a City, Seattle 2000.

Lombard, Denys: *Le carrefour javanais*. Essai d'histoire globale, 3 Bde., Paris 1990.

Lombardi, Mary: The *Frontier* in Brazilian History. A Historiographical Essay, in: PHR 44 (1975), S. 437–57.

Look Lai, Walton: The *Chinese in the West Indies*, 1806–1995. A Documentary History, Kingston (Jamaica) 1998.

Lorcin, Patricia: *Imperial Identities*. Stereotyping, Prejudice and Race in Colonial Algeria, London 1995.

Lorenz, Richard (Hg.): Das *Verdämmern* der Macht. Vom Untergang großer Reiche, Frankfurt a. M. 2000.

Losty, Jeremiah P.: *Calcutta*. City of Palaces. A Survey of the City in the Days of the East India Company 1690–1858, London 1990.

Louis, W. Roger (Hg.): *Imperialism*. The Robinson and Gallagher Controversy, New York 1976.

Louis, W. Roger (Hg.): The *Oxford History of the British Empire*, 5 Bde., Oxford 1998–99.

Love, Eric T. L.: *Race over Empire*. Racism and U. S. Imperialism, 1865–1900, Chapel Hill, NC 2004.

Lovejoy, Paul E.: *Transformations* in Slavery. A History of Slavery in Africa, Cambridge 2002².

Low, D. A. (Hg.): The *Indian National Congress*. Centenary Hindsights, Delhi 1988.

Lu, David J.: *Japan*. A Documentary History, 2 Bde., Armonk, NY 1997.

Lucassen, Jan (Hg.): *Global Labour History*. A State of the Art, Bern 2006.

Lüddeckens, Dorothea: Das *Weltparlament* der Religionen von 1893. Strukturen interreligiöser Begegnung im 19. Jahrhundert, Berlin 2002.

Ludden, David: An *Agrarian History* of South Asia, Cambridge 1999.

Ludden, David: *Peasant History* in South India, Delhi 1985.

Lufrano, Richard John: *Honorable Merchants*. Commerce and Self-Cultivation in Late Imperial China, Honolulu 1997.

Luhmann, Niklas: Die *Gesellschaft* der Gesellschaft, 2 Bde., Frankfurt a. M. 1997.

Lukowski, Jerzy T.: The *European Nobility* in the Eighteenth Century, Basingstoke 2003.

Lundgreen, Peter (Hg.): *Sozial- und Kulturgeschichte* des Bürgertums. Eine Bilanz des Bielefelder Sonderforschungsbereichs (1986–1997), Göttingen 2000.

Lunn, Jon: *Capital and Labour* on the Rhodesian Railway System, 1888–1947, Basingstoke 1997.

Lustick, Ian: *State-Building Failure* in British Ireland and French Algeria, Berkeley, CA 1985.

Luthi, Jean-Jacques: *La vie quotidienne en Égypte* au temps des khédives, Paris 1998.

Lynch, John: *Argentine Dictator.* Juan Manuel de Rosas, 1829–1852, Oxford 1981.

Lynch, John: *Caudillos* in Spanish America, 1800–1850, Oxford 1992.

Lynch, John: *Simón Bolívar.* A Life, New Haven, CT 2006.

Lynch, John: The *Spanish American Revolutions* 1808–1826, New York 1986².

Lynch, Martin: *Mining* in World History, London 2002.

Lynn, Martin: *Commerce* and Economic Change in West Africa. The Palm Oil Trade in the Nineteenth Century, Cambridge 1997.

Lyons, Francis S. L.: *Internationalism in Europe* 1815–1914, Leiden 1963.

Lyons, Martyn: *Readers* and Society in Nineteenth-Century France. Workers, Women, Peasants, Basingstoke 2001.

MacDermott, Joseph P.: A Social History of the *Chinese Book.* Books and Literati Culture in Late Imperial China, Hongkong 2006.

Macfarlane, Alan/Iris Macfarlane: *Green Gold.* The Empire of Tea, London 2003.

Macfarlane, Alan: The *Savage Wars of Peace.* England, Japan and the Malthusian Trap, Oxford 1997.

Macintyre, Stuart: A Concise History of *Australia*, Cambridge 1999.

MacKenzie, John M.: The *Empire of Nature.* Hunting, Conservation and British Imperialism, Manchester 1988.

MacKenzie, John M.: *Orientalism.* History, Theory and the Arts, Manchester 1995.

Mackerras, Colin P.: The Rise of the *Peking Opera* 1770–1870. Social Aspects of the Theatre in Manchu China, Oxford 1972.

MacLeod, Roy/Milton Lewis (Hg.): *Disease*, Medicine, and Empire. Perspectives on Western Medicine and the Experience of European Expansion, London 1988.

MacPherson, Kerrie L.: A *Wilderness* of Marshes. The Origins of Public Health in Shanghai, 1843–1893, Hongkong 1987.

MacRaild, Donald M./David E. Martin: *Labour in British Society*, 1830–1914, Basingstoke 2000.

Maddison, Angus: *Chinese Economic Performance* in the Long Run, Paris 1998.

Maddison, Angus: *Contours* of the World Economy, 1–2030 AD. Essays in Macroeconomic History, Oxford 2007.

Maddison, Angus: The *World Economy.* A Millennial Perspective, Paris 2001.

Maheshwari, Shriram: The *Census Administration* Under the Raj and After, New Delhi 1996.

Maier, Charles S.: *Among Empires.* American Ascendancy and Its Predecessors, Cambridge, MA 2006.

Maier, Charles S.: *Consigning the Twentieth Century* to History. Alternative Narratives for the Modern Era, in: AHR 105 (2000), S. 807–31.

Major, Andrew J.: *State and Criminal Tribes* in Colonial Punjab. Surveillance,

Control and Reclamation of the «Dangerous Classes», in: MAS 33 (1999), S. 657–88.

Major, John: *Prize Possession*. The United States and the Panama Canal, 1903–1979, Cambridge 1993.

Mak, Geert: *Amsterdam*. Biographie einer Stadt, Berlin 1997.

Malanima, Paolo: *Economia preindustriale*. Mille anni, dal IX al XVIII secolo, Mailand 1995.

Malanima, Paolo: *Uomini*, risorse, tecniche nell'economia europea dal X al XIX secolo, Mailand 2003.

Malcolm, Noel: *Bosnia*. A Short History, London 1994.

Malia, Martin: *Russia* under Western Eyes. From the Bronze Horseman to the Lenin Mausoleum, Cambridge, MA 1999.

Mallon, Florencia: *Peasant and Nation*. The Making of Postcolonial Mexico and Peru, Berkeley, CA 1995.

Mandler, Peter: The *Fall and Rise* of the Stately Home, New Haven, CT 1997.

Manela, Erez: The *Wilsonian Moment*. Self-Determination and the International Origins of Anticolonial Nationalism, Oxford 2007.

Mann, Kristin: *Marrying Well*. Marriage, Status and Social Change among the Educated Elite in Colonial Lagos, Cambridge 1985.

Mann, Michael: *Geschichte Indiens*. Vom 18. bis zum 21. Jahrhundert, Paderborn 2005.

Mann, Michael: The *Sources of Social Power*, Bd. 2: The Rise of Classes and Nation-States, 1760–1914, Cambridge 1993.

Manning, Patrick: *Slavery* and African Life. Occidental, Oriental and African Slave Trades, Cambridge 1990.

Manrique, Luis Esteban G.: *De la conquista a la globalización*. Estados, naciones y nacionalismos en América Latina, Madrid 2006.

Mantran, Robert: Histoire d'*Istanbul*, Paris 1996.

Mantran, Robert, u. a.: *Histoire de l'Empire Ottoman*, Paris 1989.

Mardin, Şerif: The *Genesis of Young Ottoman Thought*. A Study in the Modernization of Turkish Political Ideas, Princeton, NJ 1962.

Marichal, Carlos: A Century of *Debt Crises* in Latin America. From Independence to the Great Depression, 1820–1930, Princeton, NJ 1989.

Markovits, Claude: The *Global World* of Indian Merchants, 1750–1947. Traders of Sind from Bukhara to Panama, Cambridge 2000.

Markovits, Claude, u. a.: A History of *Modern India*, 1480–1950, London 2002.

Markovits, Claude, u. a. (Hg.): *Society and Circulation*. Mobile People and Itinerant Cultures in South Asia 1750–1950, Delhi 2003.

Marks, Steven G.: *How Russia Shaped the Modern World*, Princeton, NJ 2003.

Marks, Steven G.: *Road to Power*. The Trans-Siberian Railroad and the Colonization of Asian Russia, 1850–1917, Ithaca, NY 1991.

Markus, Andrew: *Australian Race Relations, 1788–1993*, St. Leonards 1994.

Marr, David G. (Hg.): *Reflections from Captivity*. Phan Boi Chau's «Prison Notes» and Ho Chi Minh's «Prison Diary», Athens, OH 1978.

Marr, David G.: *Vietnamese Anticolonialism 1885–1925*, Berkeley, CA 1971.

Marrus, Michael R.: *The Unwanted*. Euopean Refugees from the First World War through the Cold War, Philadelphia 2002².

Marsden, Ben: *Watt's Perfect Engine*. Steam and the Age of Invention, Cambridge 2002.

Marsden, Ben/Crosbie Smith: *Engineering Empires*. A Cultural History of Technology in Nineteenth-Century Britain, Basingstoke 2005.

Marshall, Peter J.: The *Making* and Unmaking of Empires. Britain, India, and America c. 1750–1783, Oxford 2005.

Martin, David: *On Secularization*. Towards a Revised General Theory, Aldershot 2005.

Martin, Vanessa: *Islam and Modernism*. The Iranian Revolution of 1906, London 1989.

Martin, Vanessa: The *Qajar Pact*. Bargaining, Protest and the State in Nineteenth-Century Persia, London 2005.

Martin, Virginia: *Law and Custom* in the Steppe. The Kazakhs of the Middle Horde and Russian Colonialism in the Nineteenth Century, Richmond 2001.

Marx, Anthony W.: *Making Race* and Nation. A Comparison of South Africa, the United States, and Brazil, Cambridge 1998.

Marx, Christoph: *Geschichte Afrikas*. Von 1800 bis zur Gegenwart, Paderborn 2004.

Marx, Christoph: *Grenzfälle*. Zu Geschichte und Potential des Frontierbegriffs, in: Saeculum 54 (2003), S. 123–43.

Marx, Karl/Friedrich Engels: *Werke*, 43 Bde., Berlin (DDR) 1957–90.

Mason, R. H. P.: *Japan's First General Election* 1890, Cambridge 1969.

Masuzawa Tomoko: The *Invention* of World Religions, Chicago 2005.

Mathias, Peter: The *First Industrial Nation*. An Economic History of Britain 1700–1914, London 1969.

Matis, Herbert: Das *Industriesystem*. Wirtschaftswachstum und sozialer Wandel im 19. Jahrhundert, Wien 1988.

Matsusaka, Yoshihisa Tak: The Making of *Japanese Manchuria*, 1904–1932, Cambridge, MA 2001.

Matthew, Colin (Hg.): The *Nineteenth Century*. The British Isles, 1815–1901, Oxford 2000.

Matthew, H. C. G.: *Gladstone* 1809–1898, Oxford 1997.

Mawer, Granville Allen: *Ahab's Trade*. The Saga of South Seas Whaling, New York 1999.

May, Henry F.: The *Enlightenment in America*, Oxford 1976.

Mayaud, Jean-Luc/Lutz Raphael (Hg.): *Histoire de l'Europe rurale contemporaine*, Paris 2006.

Mayer, Arno J.: *Adelsmacht* und Bürgertum. Die Krise der europäischen Gesellschaft 1848–1914, München 1984.

Mayer, Harold M./Richard C. Wade: *Chicago*. Growth of a Metropolis, Chicago 1970.

Mayer, Henry: *All on Fire*. William Lloyd Garrison and the Abolition of Slavery, New York 1998.

Mayer, Ruth: *Diaspora*. Eine kritische Begriffsbestimmung, Bielefeld 2005.

Mayhew, Henry: *London Labour* and the London Poor, 4 Bde., London 1861–62.

Maylam, Paul: A *History* of the African People of South Africa, London 1986.

Maylam, Paul: *South Africa's Racial Past*. The History and Historiography of Racism, Segregation, and Apartheid, Aldershot 2001.

Maza, Sarah C.: The *Myth of the French Bourgeoisie*. An Essay on the Social Imaginary, 1750–1850, Cambridge, MA 2003.

Mazlish, Bruce: *Civilization* and Its Contents, Stanford, CA 2004.

Mazower, Mark: Der *Balkan*, Berlin 2002.

Mazower, Mark: *Salonica*. City of Ghosts. Christians, Muslims and Jews 1430–1950, New York 2004.

McCaffray, Susan Purves/Michael S. Melancon (Hg.): *Russia* in the European Context, 1789–1914. A Member of the Family, New York 2005.

McCalman, Iain (Hg.): An Oxford Companion to the *Romantic Age*. British Culture 1776–1832, Oxford 1999.

McCarthy, Justin: *Death and Exile*. The Ethnic Cleansing of Ottoman Muslims, 1821–1922, Princeton, NJ 1995.

McClain, James L.: *Japan*. A Modern History, New York 2002.

McClain, James L., u. a. (Hg.): *Edo and Paris*. Urban Life and the State in the Early Modern Era, Ithaca, NY 1994.

McClain, James L./Wakita Osamu (Hg.): *Osaka*. The Merchants' Capital of Early Modern Japan, Ithaca, NY 1999.

McCord, Edward A.: The *Power of the Gun*. The Emergence of Modern Chinese Warlordism, Berkeley, CA 1993.

McCreery, David J.: The *Sweat* of Their Brow. A History of Work in Latin America, New York 2000.

McCusker, John J./Russell R. Menard: The *Economy of British America*, 1607–1789, Chapel Hill, NC 1985.

McEvedy, Colin/Richard Jones: *Atlas* of World Population History, London 1978.

McFadden, Margaret H.: *Golden Cables* of Sympathy. The Transatlantic Sources of Nineteenth-Century Feminism, Lexington, KY 1999.

McKendrick, Neil, u. a.: The *Birth of a Consumer Society*. The Commercialization of Eighteenth-Century England, London 1983.

McKeown, Adam: *Chinese Migrant Networks* and Cultural Change. Peru, Chicago, Hawaii, 1900–1936, Chicago 2001.

McKeown, Adam: *Global Migration*, 1846–1940, in: JWH 15 (2004), S. 155–89.

McLeod, Hugh: *Secularisation* in Western Europe 1848–1914, New York 2000.

McLynn, Frank: *1759*. The Year Britain Became Master of the World, London 2004.

McMichael, Philip: *Settlers* and the Agrarian Question. Foundations of Capitalism in Colonial Australia, Cambridge 1984.

McNeill, John R.: *Something New Under the Sun*. An Environmental History of the Twentieth-Century World, New York 2000.

McNeill, John R./William H. McNeill: The *Human Web*. A Bird's-Eye View of World History, New York 2003.

McNeill, William H.: *Europe's Steppe Frontier*, 1500–1800, Chicago 1964.

McNeill, William H.: *Plagues* and Peoples, Harmondsworth 1976.

McNeill, William H.: The *Pursuit of Power*. Technology, Armed Force, and Society since A. D. 1000, Oxford 1982.

McNeill, William H.: The *Shape* of European History, New York 1974.

McNeill, William H., u. a. (Hg.): *Berkshire Encyclopedia* of World History, 5 Bde., Great Barrington, MA 2005.

McPherson, James M.: *Abraham Lincoln* and the Second American Revolution, New York 1990.

McPherson, James M.: *Battle Cry* of Freedom. The American Civil War, New York 1988.

Mead, W. R.: A Historical Geography of *Scandinavia*, London 1981.

Mehl, Margaret: *History and the State* in Nineteenth-Century Japan, Basingstoke 1998.

Mehnert, Ute: *Deutschland*, Amerika und die «gelbe Gefahr». Zur Karriere eines Schlagworts in der großen Politik, 1905–1917, Stuttgart 1995.

Mehra, Parshotam: An «*Agreed*» *Frontier*. Ladakh and India's Northernmost Borders, 1846–1947, Delhi 1992.

Mehrotra, Arvind Krishna (Hg.): A History of *Indian Literature in English*, London 2003.

Meinig, Donald W.: The *Shaping of America*. A Geographical Perspective on 500 Years of History, 4 Bde., New Haven, CT 1986–2004.

Meissner, Jochen, u. a.: *Schwarzes Amerika*. Eine Geschichte der Sklaverei, München 2008.

Melinz, Gerhard/Susan Zimmermann (Hg.): *Wien – Prag – Budapest*. Blütezeit der Habsburgermetropolen. Urbanisierung, Kommunalpolitik, gesellschaftliche Konflikte (1867–1918), Wien 1996.

Mendo Ze, Gervais, u. a.: *Le Français* langue africaine. Enjeux et atouts pour la francophonie, Paris 1999.

Merchant, Carolyn: The *Columbia Guide* to American Environmental History, New York 2002.

Merki, Christoph Maria: Der holprige *Siegeszug des Automobils* 1895–1930. Zur Motorisierung des Straßenverkehrs in Frankreich, Deutschland und der Schweiz, Wien 2002.

Messerli, Alfred/Roger Chartier (Hg.): *Lesen und Schreiben* in Europa 1500–1900. Vergleichende Perspektiven, Basel 2000.

Metcalf, Barbara Daly: *Islamic Revival* in British India. Deoband, 1860–1900, Princeton, NJ 1982.

Metcalf, Thomas R.: *Ideologies of the Raj*, Cambridge 1994.

Metcalf, Thomas R.: *Imperial Connections*. India in the Indian Ocean Arena, 1860-1920, Berkeley, CA 2007.

Meyer, David R.: *Hong Kong* as a Global Metropolis, Cambridge 2000.

Meyer, James H.: *Immigration*, Return, and the Politics of Citizenship: Russian Muslims in the Ottoman Empire, 1869–1914, in: IJMES 39 (2007), S. 15–32.

Meyer, Jean, u. a.: *Histoire de la France coloniale*. Des origines à 1914, Paris 1991.

Meyer, Michael A.: *Response to Modernity*. A History of the Reform Movement in Judaism, Detroit, MI 1988.

Meyer, Michael C./William H. Beezley (Hg.): The *Oxford History of Mexico*, Oxford 2000.

Meyer, Michael C./William L. Sherman: The Course of *Mexican History*, New York 1991[4].

Michael, Franz: The *Taiping Rebellion*, 3 Bde., Seattle 1966–71.

Michel, Bernard: Histoire de *Prague*, Paris 1998.

Middell, Matthias: *Weltgeschichtsschreibung* im Zeitalter der Verfachlichung und Professionalisierung. Das Leipziger Institut für Kultur- und Universalgeschichte 1890–1990, 3 Bde., Leipzig 2005.

Miers, Suzanne/Richard L. Roberts (Hg.): The *End of Slavery* in Africa, Madison, WI 1988.

Migeod, Heinz-Georg: *Die persische Gesellschaft* unter Nāsiru'd-Dī Šāh (1848–1896), Berlin 1990.

Mill, John Stuart: *Collected Works*, 33 Bde., hg. v. John M. Robson, Toronto 1965–1991.

Miller, Aleksej I./Alfred J. Rieber (Hg.): *Imperial Rule*, Budapest 2004.

Miller, James R.: *Skyscrapers* Hide the Heavens. A History of Indian-White Relations in Canada, Toronto 1989.

Miller, Joseph C.: The *Significance* of Drought, Disease and Famine in the Agriculturally Marginal Zones of West-Central Africa, in: JAfH 23 (1982), S. 17–61.

Miller, Rory: *Britain and Latin America* in the Nineteenth and Twentieth Centuries, Harlow 1993.

Miller, Shawn William: An *Environmental History* of Latin America, Cambridge 2007.

Miller, Stuart Creighton: «*Benevolent Assimilation*». The American Conquest of the Philippines, 1899–1903, New Haven, CT 1982.

Millward, James A.: *Eurasian Crossroads*. A History of Xinjiang, New York 2007.

Millward, Robert: Private and Public *Enterprise* in Europe. Energy, Telecommunications and Transport, 1830–1990, Cambridge 2005.

Milner, Anthony: The *Invention of Politics* in Colonial Malaya, Cambridge 1995.

Milner, Clyde A., u. a. (Hg.): The Oxford History of the *American West*, New York 1994.

Milner, Clyde A./Allan G. Bogue (Hg.): *A New Significance*. Re-Envisioning the History of the American West, New York 1996.

Minami Ryoshin: *Power Revolution* in the Industrialization of Japan, 1885–1940, Tokyo 1987.

Mintz, Sidney W.: *Sweetness* and Power. The Place of Sugar in Modern History, New York 1985.

Mirowski, Philip: *More Heat than Light*. Economics as Social Physics, Physics as Nature's Economics, Cambridge 1989.

Mishra, Girish: An *Economic History* of Modern India, Delhi 1998².

Misra, Bankey Bihari: The *Bureaucracy in India*. An Historical Analysis of Development up to 1947, Delhi 1977.

Mitchell, Allan: The Great *Train Race*. Railways and the Franco-German Rivalry 1815–1914, New York 2000.

Mitchell, Brian R.: International Historical Statistics. *Africa*, Asia and Oceania. 1750–1988, New York 1995.

Mitchell, Brian R.: International Historical Statistics. The *Americas*, 1750–1988, New York 1993².

Mitchell, Brian R.: International Historical Statistics: *Europe*, 1750–1988, Basingstoke 1992³.

Mitchell, Timothy: *Colonising Egypt*, Berkeley, CA 1991.

Mitterauer, Michael. *Warum Europa?* Mittelalterliche Grundlagen eines Sonderwegs, München 2003.

Moch, Leslie Page: *Moving Europeans.* Migration in Western Europe since 1650, Bloomington, IN 1992.

Mock, Wolfgang: *Imperiale Herrschaft* und nationales Interesse. «Constructive Imperialism» oder Freihandel in Großbritannien vor dem Ersten Weltkrieg, Stuttgart 1982.

Moe, Nelson: The *View from Vesuvius.* Italian Culture and the Southern Question, Berkeley, CA 2002.

Mokyr, Joel: The *Gifts of Athena*, Princeton, NJ 2002.

Mokyr, Joel: The *Lever of Riches.* Technological Creativity and Economic Progress, New York 1990.

Moltke, Helmuth von: *Briefe* über Zustände und Begebenheiten in der Türkei aus den Jahren 1835–1839 [1841], hg. v. Helmut Arndt, Nördlingen 1987.

Mommsen, Wolfgang J.: *1848. Die ungewollte Revolution.* Die revolutionären Bewegungen in Europa 1830–1849, Frankfurt a. M. 1998.

Mommsen, Wolfgang J.: *Bürgerstolz* und Weltmachtstreben. Deutschland unter Wilhelm II. 1890–1918, Berlin 1995.

Mommsen, Wolfgang J.: *Das Britische Empire.* Strukturanalyse eines imperialistischen Herrschaftsverbandes, in: HZ 233 (1981), S. 317–61.

Mommsen, Wolfgang J.: *Das Ringen um den nationalen Staat.* Die Gründung und der innere Ausbau des Deutschen Reiches unter Otto von Bismarck 1850 bis 1890, Berlin 1993.

Mommsen, Wolfgang J.: *Der europäische Imperialismus.* Aufsätze und Abhandlungen, Göttingen 1979.

Mommsen, Wolfgang J.: *Großmachtstellung* und Weltpolitik. Die Außenpolitik des Deutschen Reiches 1870–1914, Berlin 1993.

Mommsen, Wolfgang J.: *Imperialismustheorien.* Ein Überblick über die neueren Imperialismusinterpretationen, Göttingen 1987[3].

Mommsen, Wolfgang J./Jürgen Osterhammel (Hg.): *Imperialism and After*, London 1986.

Monkkonen, Eric H.: *America Becomes Urban.* The Development of US Cities and Towns, 1780–1980, Berkeley, CA 1988.

Monkkonen, Eric H.: *Police* in Urban America, 1860–1920, Cambridge 1981.

Monnett, John H.: *Tell Them We Are Going Home.* The Odyssey of the Northern Cheyennes, Norman, OH 2001.

Montanari, Massimo: Der *Hunger* und der Überfluß. Kulturgeschichte der Ernährung in Europa, München 1993.

Montel, Nathalie: *Le chantier* du Canal de Suez (1859–1869). Une histoire des pratiques techniques, Paris 1998.

Moore, Barrington: *Soziale Ursprünge* von Diktatur und Demokratie. Die Rolle der Grundbesitzer und Bauern bei der Entstehung der modernen Welt, Frankfurt a. M. 1969.

Moorehead, Caroline: *Dunant's Dream.* War, Switzerland and the History of the Red Cross, London 1998.

Morelli, Federica: *Entre ancien et nouveau régime.* L'Histoire politique hispano-américaine du XIXe siècle, in: Annales HSS 59 (2004), S. 759–81.

Moreman, T. R.: The *Army in India* and the Development of Frontier Warfare, 1849–1947, Basingstoke 1998.

Moretti, Franco (Hg.), *Il romanzo*, Bd. 3: Storia e geografia, Turin 2002.

Morris, Donald R.: The *Washing of the Spears*. A History of the Zulu Nation under Shaka and Its Fall in the Zulu War of 1879, London 1965.

Morris-Suzuki, Tessa: *Re-inventing Japan*. Time, Space, Nation, New York 1998.

Morris-Suzuki, Tessa: The *Technological Transformation* of Japan. From the Seventeenth to the Twenty-First Century, Cambridge 1994.

Morse, Edward S.: *Japanese Homes* and Their Surroundings [1886], Boston 1986.

Mosk, Carl: *Japanese Industrial History*. Technology, Urbanization, and Economic Growth, Armonk, NY 2001.

Mosley, Paul: The *Settler Economies*. Studies in the Economic History of Kenya and Southern Rhodesia 1900–1963, Cambridge 1983.

Mosse, George L.: Toward the *Final Solution*, New York 1978.

Mosse, George L.: Die Geschichte des *Rassismus* in Europa, Frankfurt a. M. 1990.

Mote, Frederick W.: *Imperial China* 900–1800, Cambridge, MA 1999.

Motyl, Alexander J.: *Imperial Ends*. The Decay, Collapse, and Revival of Empires, New York 2001.

Motyl, Alexander J.: *Revolutions*, Nations, Empires. Conceptual Limits and Theoretical Possibilities, New York 1999.

Moya, José C.: *Cousins* and Strangers. Spanish Immigrants in Buenos Aires, 1850–1930, Berkeley, CA 1998.

Mukherjee, S. N.: *Calcutta*. Essays in Urban History, Kalkutta 1993.

Mumford, Lewis: *Die Stadt*. Geschichte und Ausblick, Köln 1963.

Mumford, Lewis: *Technics* and Civilization, New York 1934.

Münch, Peter: *Stadthygiene* im 19. und 20. Jahrhundert. Die Wasserversorgung, Abwasser- und Abfallbeseitigung unter besonderer Berücksichtigung Münchens, Göttingen 1993.

Münkler, Herfried: *Imperien*. Die Logik der Weltherrschaft. Vom Alten Rom bis zu den Vereinigten Staaten, Berlin 2005.

Munn, Nancy D.: The *Cultural Anthropology* of Time. A Critical Essay, in: Annual Review of Anthropology 21 (1992), S. 93–123.

Munro, J. Forbes: *Maritime Enterprise* and Empire. Sir William Mackinnon and His Business Network, 1823–93, Woodbridge (Suffolk) 2003.

Murphy, Craig N.: *International Organization* and Industrial Change. Global Governance since 1850, Cambridge 1994.

Nadel, Stanley: *Little Germany*. Ethnicity, Religion, and Class in New York City, 1845–80, Urbana, IL 1990.

Nakayama Shigeru: Academic and Scientific *Traditions* in China, Japan and the West, Tokyo 1984.

Nani, Michele: *Ai confini della nazione*. Stampa e razzismo nell'Italia di fine ottocento, Rom 2006.

Naquin, Susan/Evelyn S. Rawski: *Chinese Society* in the Eighteenth Century, New Haven, CT 1987.

Naquin, Susan/Yü Chün-fang (Hg.): *Pilgrims* and Sacred Sites in China, Berkeley, CA 1992.

Naquin, Susan: *Peking*. Temples and City Life, 1400–1900, Berkeley, CA 2000.

Nash, Gary B.: *First City*. Philadelphia and the Forging of Historical Memory, Philadelphia 2002.

Nash, Roderick: *Wilderness and the American Mind*, New Haven, CT 1982[3].

Nasson, Bill: The *South African War*, 1899–1902, London 1999.

Navarro Floria, Pedro: *Sarmiento* y la frontera sur argentina y chilena. De tema antropológico a cuestión social (1837–1856), in: JbLA 37 (2000), S. 125–47.

Navarro García, Luis (Hg.): *Historia de las Américas*, 4 Bde., Madrid 1991.

Neal, Larry: The Rise of *Financial Capitalism*. International Capital Markets in the Age of Reason, Cambridge 1990.

Nee, Victor/Richard Swedberg (Hg.): The *Economic Sociology* of Capitalism, Princeton, NJ 2005.

Needell, Jeffrey D.: A *Tropical «belle époque»*. Elite Culture and Society in Turn-of-the-Century Rio de Janeiro, Cambridge 1987.

Needham, Joseph: The *Grand Titration*. Science and Society in East and West, London 1969.

Neff, Stephen C.: *War* and the Law of Nations. A General History, Cambridge 2005.

Nelson, Marie C.: *Bitter Bread*. The Famine in Norrbotten 1867–1868, Stockholm 1988.

Neubach, Helmut: Die *Ausweisungen* von Polen und Juden aus Preußen 1885/86, Wiesbaden 1967.

Newbury, Colin: *Patrons*, Clients and Empire. Chieftaincy and Over-rule in Asia, Africa and the Pacific, Oxford 2003.

Newhall, Beaumont: *Geschichte der Photographie*, München 1989.

Newitt, Malyn: A History of *Mozambique*, London 1996.

Nichols, Roger L.: *American Indians* in U. S. History, Norman, OK 2003.

Nickel, Herbert J.: *Soziale Morphologie* der mexikanischen Hacienda, Wiesbaden 1978.

Nickerson, Thomas/Owen Chase: The *Loss of the Ship «Essex»*, Sunk by a Whale, hg. v. Nathaniel Philbrick, New York 2000.

Nipperdey, Thomas: *Deutsche Geschichte 1800–1866*. Bürgerwelt und starker Staat, München 1983.

Nipperdey, Thomas: *Deutsche Geschichte 1866–1918*, 2 Bde., München 1990–92.

Nish, Ian H.: The *Origins* of the Russo-Japanese War, London 1985.

Nishiyama Matsunosuke: *Edo Culture*. Daily Life and Diversions in Urban Japan, 1600–1868, Honolulu 1997.

Nitschke, August, u. a. (Hg.): *Jahrhundertwende*. Der Aufbruch in die Moderne 1880–1930, 2 Bde., Reinbek 1990

Noiriel, Gérard: *Immigration*, antisémitisme et racisme en France (XIXe–XXe siècle). Discours publics, humiliations privées, Paris 2007.

Nolte, Hans-Heinrich: *Weltgeschichte*. Imperien, Religionen und Systeme. 15.–19. Jahrhundert, Wien 2005.

Nolte, Paul: *1900*. Das Ende des 19. und der Beginn des 20. Jahrhunderts in sozialgeschichtlicher Perspektive, in: GWU 47 (1996), S. 281–300.

Nolte, Paul: Gibt es noch eine *Einheit* der Neueren Geschichte? in: ZHF 24 (1997), S. 377–99.

Nordman, Daniel: *Frontières* de France. De l'espace au territoire, Paris 1998.

North, Douglass C.: *Understanding* the Process of Economic Change, Princeton, NJ 2005.

North, Douglass C./Robert Paul Thomas: The *Rise* of the Western World. A New Economic History, Cambridge 1973.

North, Michael: Das *Geld* und seine Geschichte. Vom Mittelalter bis zur Gegenwart, München 1994.

North, Michael (Hg): *Kommunikationsrevolutionen*. Die neuen Medien des 16. und 19. Jahrhunderts, Köln 2001².

Northrup, David: *Africa's Discovery* of Europe. 1450–1850, New York 2002.

Northrup, David: *Indentured Labour* in the Age of Imperialism, 1834–1922, Cambridge 1995.

Norton, Mary Beth, u. a.: A *People* and a Nation. A History of the United States, Boston 2001⁶.

Nouzille, Jean: *Histoire des frontières*. L'Autriche et l'Empire Ottoman, Paris 1991.

Nuckolls, Charles: The *Durbar Incident*, in: MAS 24 (1990), S. 529–59.

Nugent, Walter: *Crossings*. The Great Transatlantic Migrations, 1870–1914, Bloomington, IN 1992.

Nugent, Walter: *Into the West*. The Story of Its People, New York 1999.

Nussbaum, Felicity A. (Hg.): The *Global Eighteenth Century*, Baltimore, MD 2003.

Nutini, Hugo G.: The *Wages of Conquest*. The Mexican Aristocracy in the Context of Western Aristocracies, Ann Arbor, MI 1995.

Nwauwa, Apollos O.: *Imperialism*, Academe and Nationalism. Britain and University Education for Africans 1860–1960, London 1997.

O'Cadhla, Stiofán: *Civilizing Ireland*. Ordnance Survey 1824–1842. Ethnography, Cartography, Translation, Dublin 2007.

O'Gráda, Cormac: *Ireland*. A New Economic History 1780–1939, Oxford 1995.

O'Gráda, Cormac: *Ireland's Great Famine*. Interdisciplinary Perspectives, Dublin 2006.

O'Brien, Patrick K.: *Historiographical Traditions* and Modern Imperatives for the Restoration of Global History, in: JGH 1 (2006), S. 3–39.

O'Brien, Patrick K. (Hg.): *Industrialisation*. Critical Perspectives on the World Economy, 4 Bde., London 1998.

O'Brien, Patrick K./Armand Clesse (Hg.): *Two Hegemonies*. Britain 1846–1914 and the United States 1941–2001, Aldershot 2002.

O'Rourke, Kevin H./Jeffrey G. Williamson: *Globalization* and History. The Evolution of a Nineteenth-Century Atlantic Economy, Cambridge, MA 1999.

O'Rourke, Shane: The *Cossacks*, Manchester 2007.

O'Rourke, Shane: *Warriors* and Peasants. The Don Cossacks in Late Imperial Russia, Basingstoke 2000.

Oakes, James: *The Radical and the Republican*. Frederick Douglass, Abraham Lincoln, and the Triumph of Antislavery Politics, New York 2007.

Ochsenwald, William: The *Hijaz Railroad*, Charlottesville, VA 1980.

Ochsenwald, William: *Religion*, Society and the State in Arabia. The Hijaz under Ottoman Control, 1840–1908, Columbus, OH 1984.

Offen, Karen: *European Feminisms*, 1700–1950. A Political History, Stanford, CA 2000.

Offer, Avner: The *British Empire*, 1870–1914. A Waste of Money, in: EcHR 46 (1993), S. 215–238.

Offer, Avner: The *First World War*. An Agrarian Interpretation, Oxford 1989.

Offer, Avner (Hg.): *In Pursuit* of the Quality of Life, Oxford 1996.

Ogilvie, Sheilagh C./Markus Cerman (Hg.): European *Proto-Industrialization*. An Introductory Handbook, Cambridge 1996.

Okey, Robin: The *Habsburg Monarchy* c. 1765–1918. From Enlightenment to Eclipse, Basingstoke 2001.

Okey, Robin: *Taming Balkan Nationalism*. The Habsburg «Civilizing Mission» in Bosnia, 1878–1914, Oxford 2007.

Oldenburg, Veena Talwar: The Making of *Colonial Lucknow*, 1857–1877, Delhi 1989.

Olender, Maurice: Die *Sprachen des Paradieses*. Religion, Philologie und Rassentheorie im 19. Jahrhundert, Frankfurt a. M. 1995.

Oliver, Roland/Anthony Atmore: *Africa Since 1800*, Cambridge 2005.

Oliver, Roland/Anthony Atmore: *Medieval Africa 1250–1800*, Cambridge 2001.

Oliver, W. H. (Hg.): The *Oxford History of New Zealand*, Oxford 1981.

Olsen, Donald J.: The *City* as a Work of Art. London, Paris, Vienna, New Haven, CT 1986.

Omissi, David E.: The *Sepoy* and the Raj. The Indian Army, 1860–1940, Basingstoke 1994.

Osmani, S. R. (Hg.): *Nutrition* and Poverty, Oxford 1992.

Osterhammel, Jürgen (Hg.): *Asien* in der Neuzeit. Sechs historische Stationen, Frankfurt a. M. 1994.

Osterhammel, Jürgen: *China* und die Weltgesellschaft. Vom 18. Jahrhundert bis in unsere Zeit, München 1989.

Osterhammel, Jürgen: Die *Entzauberung* Asiens. Europa und die asiatischen Reiche im 18. Jahrhundert, München 1998.

Osterhammel, Jürgen: *Expansion* und Imperium, in: Peter Burschel u. a. (Hg.), Historische Anstöße. Festschrift für Wolfgang Reinhard, Berlin 2002, S. 371–92.

Osterhammel, Jürgen: *Ex-zentrische Geschichte*. Außenansichten europäischer Modernität, in: Jahrbuch des Wissenschaftskollegs zu Berlin 2000/2001, Berlin 2002, S. 296–318.

Osterhammel, Jürgen: *Forschungsreise* und Kolonialprogramm. Ferdinand von Richthofen und die Erschließung Chinas im 19. Jahrhundert, in: AKG 69 (1987), S. 150–195.

Osterhammel, Jürgen: *Geschichtswissenschaft* jenseits des Nationalstaats. Studien zu Beziehungsgeschichte und Zivilisationsvergleich, Göttingen 2001.

Osterhammel, Jürgen: *Globalgeschichte*, in: Hans-Jürgen Goertz (Hg.), Geschichte. Ein Grundkurs, Reinbek 2007³, S. 592–610.

Osterhammel, Jürgen: *Kolonialismus*. Geschichte – Formen – Folgen, München 2006⁵.

Osterhammel, Jürgen (Hg.): *Weltgeschichte*, Stuttgart 2008.

Osterhammel, Jürgen, u. a. (Hg.): *Wege* der Gesellschaftsgeschichte, Göttingen 2006.

Osterhammel, Jürgen/Niels P. Petersson: Geschichte der *Globalisierung*. Dimensionen – Prozesse – Epochen, München 2007[4].

Ostler, Nicholas: *Empires of the Word*. A Language History of the World, London 2005.

Östör, Ákos: *Vessels of Time*. An Essay on Temporal Change and Social Transformation, Delhi 1993.

Otto, Frank: Die *Entstehung eines nationalen Geldes*. Integrationsprozesse der deutschen Währungen im 19. Jahrhundert, Berlin 2002.

Overton, Mark: *Agricultural Revolution* in England. The Transformation of the Agrarian Economy 1500–1850, Cambridge 1996.

Owen, Norman G.: The *Paradox* of Nineteenth-Century Population Growth in Southeast Asia. Evidence from Java and the Philippines, in: JSEAS 18 (1987), S. 45–57.

Owen, Norman G., u. a.: The *Emergence* of Modern Southeast Asia. A New History, Honolulu 2005.

Owen, Roger: *Lord Cromer*. Victorian Imperialist, Edwardian Proconsul, Oxford 2004.

Owen, Roger: The *Middle East* in the World Economy 1800–1914, London 1981.

Özmucur, Süleyman/Şevket Pamuk: *Real Wages* and Standards of Living in the Ottoman Empire, 1489–1914, in: JEH 62 (2002), S. 293–321.

Pagden, Anthony: *Lords* of all the World. Ideologies of Empire in Spain, Britain and France c.1500-c.1800, New Haven, CT 1995.

Paine, Sarah C. M.: *Imperial Rivals*. Russia, China and Their Disputed Frontier, 1858–1924, Armonk, NY 1996.

Paine, Sarah C. M.: The *Sino-Japanese War* of 1894–1895. Perceptions, Power, and Primacy, Cambridge 2003.

Paine, Tom: *Common Sense* [1776]., hg. v. Isaac Kramnick, Harmondsworth 1976.

Palairet, Michael: The *Balkan Economies* c. 1800–1914. Evolution without Development, Cambridge 1997.

Palairet, Michael: *Rural Serbia* in the Light of the Census of 1863, in: JEEcH 24 (1995), S. 41–107.

Palais, James B.: A Search for *Korean Uniqueness*, in: HJAS 55 (1995), S. 409–25.

Palais, James B.: *Politics and Policy* in Traditional Korea, Cambridge, MA 1991.

Palmer, Robert R.: Das *Zeitalter* der demokratischen Revolution, Frankfurt a. M. 1970.

Pamuk, Şevket: The *Ottoman Empire* and European Capitalism, 1820–1913. Trade, Investment and Production, Cambridge 1987.

Panda, Chitta: The Decline of the *Bengal Zamindars*. Midnapore, 1870–1920, Delhi 1996.

Pankhurst, Richard: The *Ethiopians*, Oxford 1998.

Pantzer, Peter (Hg.): Die *Iwakura-Mission*. Das Logbuch des Kume Kunitake über den Besuch der japanischen Sondergesandtschaft in Deutschland, Österreich und der Schweiz im Jahre 1873, München 2002.

Panzac, Daniel: *Les corsaires barbaresques*. La fin d'une épopée 1800–1820, Paris 1999.

Panzac, Daniel: *Population et santé* dans l'empire ottoman (XVIIIe–XXe siècles), Istanbul 1996.

Panzac, Daniel: *Quarantaines* et lazarets. L'Europe et la peste d'orient (XVIIe– XXe siècles), Aix-en-Provence 1986.

Panzac, Daniel/André Raymond (Hg.): *La France et l'Égypte* à l'époque des vicerois 1805–1882, Kairo 2002.

Papayanis, Nicholas: *Coachmen* of Nineteenth-Century Paris. Service Workers and Class Consciousness, Baton Rouge, LA 1993.

Papin, Philippe: Histoire de *Hanoi*, Paris 2001.

Parissien, Steven: *Bahnhöfe der Welt*. Eine Architektur- und Kulturgeschichte, München 1997.

Parker, Linda S.: *Native American Estate*. The Struggle over Indian and Hawaiian Lands, Honolulu 1989.

Parsons, Neil: *King Khama*, Emperor Joe and the Great White Queen. Victorian Britain through African Eyes, Chicago 1998.

Pasquier, Thierry du: *Les baleiniers français* au XIXe siècle (1814–1868), Grenoble 1982.

Patriarca, Silvana: *Numbers and Nationhood*. Writing Statistics in Nineteenth-Century Italy, Cambridge 1996.

Patterson, Orlando: *Slavery and Social Death*. A Comparative Study, Cambridge, MA 1982.

Paul, Rodman W.: The *Far West* and the Great Plains in Transition 1859–1900, New York 1988.

Paulmann, Johannes: *Pomp und Politik*. Monarchenbegegnungen in Europa zwischen Ancien Régime und Erstem Weltkrieg, Paderborn 2000.

Peck, Gunther: *Reinventing Free Labor*. Padrones and Immigrant Workers in the North American West, 1880–1930, Cambridge 2000.

Peebles, Patrick: The History of *Sri Lanka*, Westport, CT 2006.

Peers, Douglas M.: *Colonial Knowledge* and the Military in India, 1780–1860, in: JICH 33 (2005), S. 157–80.

Peers, Douglas M.: Between *Mars* and Mammon. Colonial Armies and the Garrison State in India 1819–1835, London 1995.

Pelzer, Erich (Hg.): *Revolution und Klio*. Die Hauptwerke zur Französischen Revolution, Göttingen 2004.

Pennell, C. R.: *Morocco* since 1830. A History, London 2000.

Penny, H. Glenn: *Objects of Culture*. Ethnology and Ethnographic Museums in Imperial Germany, Chapel Hill, NC 2001.

Pepper, Suzanne: *Radicalism* and Education Reform in Twentieth-Century China. The Search for an Ideal Development Model, Cambridge 1996.

Perdue, Peter C.: *China Marches West*. The Qing Conquest of Central Eurasia, Cambridge, MA 2005.

Pérennès, Roger: *Déportés* et forçats de la Commune. De Belleville à Noumea, Nantes 1991.

Perkin, Harold: The *Origins* of Modern English Society 1780–1880, London 1969.

Perkins, Kenneth J.: A History of *Modern Tunisia*, Cambridge 2004.

Perlin, Frank: The *Invisible City*. Monetary, Administrative and Popular Infrastructures in Asia and Europe, 1500–1900, Aldershot 1993.

Pernau, Margrit: *Bürger mit Turban*. Muslime in Delhi im 19. Jahrhundert, Göttingen 2008.

Petermann, Werner: Die *Geschichte der Ethnologie*, Wuppertal 2004.

Peterson, Merrill D.: *Lincoln* in American Memory, New York 1994.

Petersson, Niels P.: *Anarchie* und Weltrecht. Das Deutsche Reich und die Institutionen der Weltwirtschaft, ca. 1880–1930, Göttingen 2009.

Pétré-Grenouilleau, Olivier (Hg.): *From Slave Trade to Empire*. Europe and the Colonisation of Black Africa 1780s-1880s, London 2004.

Petrow, Stefan: *Policing Morals*. The Metropolitan Police and the Home Office, 1870–1914, Oxford 1994.

Pflanze, Otto: *Bismarck*, 2 Bde., München 1997–98.

Philipp, Thomas/Guido Schwald (Hg.): *Abd-al-Rahman al-Jabarti's History of Egypt*, 3 Bde., Stuttgart 1994.

Philippot, Robert: *Les zemstvos*. Société civile et état bureaucratique dans la Russie tsariste, Paris 1991.

Phillips, Gordon A./Whiteside, Noel: *Casual Labour*. The Unemployment Question in the Port Transport Industry, 1880–1970, Oxford 1985.

Phillipson, Robert: *Linguistic Imperialism*, Oxford 1992.

Pieper, Renate/Peer Schmidt (Hg.): *Latin America* and the Atlantic World, Köln 2005.

Pierenkemper, Toni: *Wirtschaftsgeschichte*, München 2005.

Pietrow-Ennker, Bianka: *Wirtschaftsbürger* und Bürgerlichkeit im Königreich Polen. Das Beispiel vom Lodz, dem «Manchester des Ostens», in: GG 31 (2005), S. 169–202.

Pietschmann, Horst (Hg.): *Atlantic History*. History of the Atlantic System 1580–1830, Göttingen 2002.

Pike, David L.: *Subterranean Cities*. The World beneath Paris and London, 1800–1945, Ithaca, NY 2005.

Pilbeam, Pamela M.: The *1830 Revolution* in France, Basingstoke 1991.

Pilbeam, Pamela M.: The *Middle Classes* in Europe 1789–1914. France, Germany, Italy and Russia, Basingstoke 1990.

Pinol, Jean-Luc: *Le monde des villes* au XIXe siècle, Paris 1991.

Pitts, Jennifer: A *Turn to Empire*. The Rise of Imperial Liberalism in Britain and France, Princeton, NJ 2005.

Planhol, Xavier de: *Le paysage animal*. L'Homme et la grande faune. Une zoo-géographie historique, Paris 2004.

Planhol, Xavier de: *Les fondéments* géographiques de l'histoire de l'Islam, Paris 1968.

Planhol, Xavier de: *Les nations* du prophète. Manuel géographique de politique musulmane, Paris 1993.

Plato, Alice von: *Präsentierte Geschichte*. Ausstellungskultur und Massenpublikum im Frankreich des 19. Jahrhunderts, Frankfurt a. M. 2001.

Plunz, Richard: A History of *Housing in New York City*. Dwelling Type and Social Change in the American Metropolis, New York 1990.

Pocock, J. G. A.: The *Discovery* of Islands. Essays in British History, Cambridge 2005.

Pohl, Hans: *Aufbruch* zur Weltwirtschaft, 1840–1914. Geschichte der Weltwirtschaft von der Mitte des 19. Jahrhunderts bis zum Ersten Weltkrieg, Stuttgart 1989.

Poignant, Roslyn: *Professional Savages*. Captive Lives and Western Spectacle, New Haven, CT 2004.

Polachek, James M.: The *Inner Opium War*, Cambridge, MA 1992.

Polanyi, Karl: The *Great Transformation* [1944], Boston 1957.

Poliakov, Léon: *Der arische Mythos*. Zu den Quellen von Rassismus und Nationalismus in Europa, Wien 1971.

Pollard, Sidney: *Peaceful Conquest*. The Industrialization of Europe 1760–1970, Oxford 1981.

Pollock, Sheldon: The *Cosmopolitan Vernacular*, in: JAS 57 (1998), S. 6–37.

Polunov, Aleksandr Ju.: *Russia* in the Nineteenth Century. Autocracy, Reform, and Social Change, 1814–1914, Armonk, NY 2005.

Pomeranz, Kenneth: The *Great Divergence*. China, Europe, and the Making of the Modern World Economy, Princeton, NJ 2000.

Pomian, Krzysztof: *Europa* und seine Nationen, Berlin 1990.

Pomian, Krzysztof: *Sur l'histoire*, Paris 1999.

Pooley, Colin G. (Hg.): *Housing Strategies in Europe, 1880–1930*, Leicester 1992.

Port, Michael H.: *Imperial London*. Civil Government Building in London; 1850–1915, New Haven, CT 1995.

Porter, Andrew: *Atlas* of British Overseas Expansion, London 1991.

Porter, Andrew: *European Imperialism* 1860–1914, Basingstoke 1994.

Porter, Andrew: *Religion versus Empire?* British Protestant Missionaries and Overseas Expansion, 1700–1914, Manchester 2004.

Porter, Bernard: The *Absent-minded Imperialists*. Empire, Society and Culture in Britain, Oxford 2004.

Porter, Bernard: The *Lion's Share*. A Short History of British Imperialism 1850– 1995, London 1996³.

Porter, Roy: Die *Kunst des Heilens*. Eine medizinische Geschichte der Menschheit von der Antike bis heute, Heidelberg 2000.

Porter, Roy: *London*. A Social History, London 1994.

Porter, Theodore M./Dorothy Ross (Hg.): The *Modern Social Sciencess* (= The Cambridge History of Science, Bd. 7), Cambridge 2003.

Pot, Johan Hendrik Jacob van der: *Sinndeutung* und Periodisierung der Geschichte. Eine systematische Übersicht der Theorien und Auffassungen, Leiden 1999.

Potter, David M.: The *Impending Crisis*, 1848–1861, New York 1976.

Potter, Simon J.: *Communication* and Integration. The British and Dominions Press and the British World, c. 1876–1914, in: JICH 31 (2003), S. 190–206.

Potter, Simon J.: *News* and the British World. The Emergence of an Imperial Press System, 1876–1922, Oxford 2003.

Pounds, Norman J. G.: *Hearth* and Home. A History of Material Culture, Bloomington, IN 1989.

Pounds, Norman J. G.: An *Historical Geography* of Europe 1800–1914, Cambridge 1985.

Prak, Maarten (Hg.): *Early Modern Capitalism*. Economic and Social Change in Europe, 1400–1800, London 2001.

Prakash, Gyan: *Another Reason*. Science and the Imagination of Modern India, Princeton, NJ 1999.

Prakash, Gyan (Hg.): The *World of the Rural Labourer* in Colonial India, Delhi 1994.

Prendergast, Christopher: *Paris* and the Nineteenth Century, Oxford 1992.

Price, Don C.: *Russia* and the Roots of the Chinese Revolution, 1896–1911, Cambridge, MA 1974.

Price, Jacob M.: *Economic Function* and the Growth of American Port Towns in the Eighteenth Century, in: Perspectives in American History 8 (1974), S. 121–86.

Price, Pamela G.: *Acting in Public* versus Forming a Public. Conflict Processing and Political Mobilization in Nineteenth-Century South India, in: South Asia 14 (1991), S. 91–121.

Price, Pamela G.: *Kingship* and Political Practice in Colonial India, Cambridge 1996.

Price, Roger: The *French Second Empire*. An Anatomy of Political Power, Cambridge 2001.

Price, Roger: *People* and Politics in France, 1848–1870, Cambridge 2004.

Pröve, Ralf: *Militär*, Staat und Gesellschaft im 19. Jahrhundert. München 2006.

Prucha, Francis Paul: The *Great Father*. The United States Government and the American Indians, abridged ed., Lincoln, NE 1986.

Prude, Jonathan: The Coming of *Industrial Order*. Town and Factory Life in Rural Massachusetts, 1810–1860, Cambridge 1983.

Purcell, Victor: The *Chinese* in Southeast Asia, Kuala Lumpur 1965².

Pusey, James Reeve: *China and Charles Darwin*, Cambridge, MA 1983.

Quataert, Donald (Hg.): *Consumption Studies* and the History of the Ottoman Empire, New York 2000.

Quataert, Donald: The *Ottoman Empire*, 1700–1922, Cambridge 2000.

Quataert, Donald: *Ottoman Manufacturing* in the Age of the Industrial Revolution, Cambridge 1993.

Quataert, Donald: *Social Desintegration* and Popular Resistance in the Ottoman Empire, 1881–1908. Reactions to European Economic Penetration, New York 1983.

Rabibhadana, Akin: The Organization of *Thai Society* in the Early Bangkok Period, 1782–1873, Ithaca, NY 1969.

Rabinbach, Anson: The *Human Motor*. Energy, Fatigue, and the Origins of Modernity, New York 1990.

Radkau, Joachim: *Natur* und Macht. Eine Weltgeschichte der Umwelt, München 2000.

Radkau, Joachim: Das Zeitalter der *Nervosität*. Deutschland zwischen Bismarck und Hitler, München 1998.

Rahikainen, Marjatta: *Centuries of Child Labour*. European Experiences from the Seventeenth to the Twentieth Century, Aldershot 2004.

Raina, Dhruv: *Images and Contexts*. The Historiography of Science and Modernity in India, New Delhi 2003.

Rallu, Jean-Louis: *Les populations océanniennes* aux XIXᵉ et XXᵉ siècles, Paris 1990.

Rallu, Jean-Louis: *Population* of the French Overseas Territories in the Pacific, Past, Present and Projected, in: JPH 26 (1991), S. 169–86.

Ralston, David B.: *Importing the European Army*. The Introduction of European

Military Techniques and Institutions into the Extra-European World, 1600–1914, Chicago 1990.

Ramachandran, Ranganathan: *Urbanization* and Urban Systems in India, Delhi 1989.

Rangarajan, Mahesh: *Fencing the Forest.* Conservation and Ecological Change in India's Central Provinces 1860–1914, Delhi 1996.

Ranke, Leopold von: *Aus Werk und Nachlaß*, Bd. 4: Vorlesungseinleitungen, hg. von Volker Dotterweich u. Walther Peter Fuchs, München 1975.

Ranke, Leopold von: *Die großen Mächte* [1833], hg. v. Ulrich Muhlack, Frankfurt a. M. 1995.

Rankin, Mary Backus: *Elite Activism* and Political Transformation in China, Zhejiang Province, 1865–1911, Stanford, CA 1986.

Rankin, Mary Backus: *Managed by the People.* Officials, Gentry, and the Foshan Charitable Granary, 1795–1845, in: LIC 15 (1994), S. 1–52.

Raphael, Lutz: *Recht und Ordnung.* Herrschaft durch Verwaltung im 19. Jahrhundert, Frankfurt a. M. 2000.

Rasler, Karen A./William R. Thompson: *War* and State Making. The Shaping of the Global Powers, Boston 1989.

Rathenau, Walther: *Der Kaiser.* Eine Betrachtung, Berlin 1919.

Ratzel, Friedrich: *Politische Geographie*, München 1897.

Raulff, Ulrich: *Der unsichtbare Augenblick.* Zeitkonzepte in der Geschichte, Göttingen 1999.

Ravina, Mark: *Land and Lordship* in Early Modern Japan, Stanford, CA 1999.

Ravina, Mark: The *Last Samurai.* The Life and Battles of Saigō Takamori, Hoboken, NJ 2004.

Rawlinson, John L.: *China's Struggle* for Naval Development, Cambridge, MA 1967.

Rawski, Evelyn S.: *Education* and Popular Literacy in Ch'ing China, Ann Arbor, MI 1979.

Rawski, Evelyn S.: The *Last Emperors.* A Social History of the Qing Imperial Institutions, Berkeley, CA 1998.

Raymond, André: *Grandes villes arabes* à l'époque ottomane, Paris 1985.

Raymond, André: *Le Caire*, Paris 1993.

Read, Donald: The *Power of News.* The History of Reuters, 1849–1989, Oxford 1992.

Reardon-Anderson, James: *Reluctant Pioneers.* China's Expansion Northward, 1644–1937, Stanford, CA 2005.

Reclus, Élisée: *L'Homme et la terre.* Histoire contemporaine [1908], 2 Bde., Paris 1990.

Reclus, Elisée: *Nouvelle géographie* universelle, 19 Bde., Paris 1876–94.

Reed, Bradly W.: *Talons and Teeth.* County Clerks and Runners in the Qing Dynasty, Stanford, CA 2000.

Reichardt, Rolf: Das *Blut der Freiheit.* Französische Revolution und demokratische Kultur, Frankfurt a. M. 1998.

Reichert, Ramón: Der *Diskurs der Seuche.* Sozialpathologien 1700–1900, München 1997.

Reid, Anthony: An *Age of Commerce* in Southeast Asian History, in: MAS 24 (1990), S. 1–30.

Reid, Anthony: *Charting the Shape* of Early Modern Southeast Asia, Chiang Mai 1999.

Reid, Anthony: *Humans and Forests* in Pre-Colonial Southeast Asia, in: Environment and History 1 (1995), S. 93–110.

Reid, Anthony (Hg.): The *Last Stand* of Asian Autonomies. Responses to Modernity in the Diverse States of Southeast Asia and Korea, 1750–1900, Basingstoke 1997.

Reid, Anthony (Hg.): *Sojourners* and Settlers. Histories of Southeast Asia and the Chinese, Honolulu 2001.

Reid, Donald Malcolm: *Whose Pharaohs?* Archaeology, Museums, and Egyptian National Identity from Napoleon to World War I, Berkeley, CA 2002.

Reid, Richard: The *Ganda* on the Lake Victoria. A Nineteenth-Century East African Imperialism, in: JAfH 39 (1998), S. 349–363.

Reimers, David M.: *Other Immigrants. The Global Origins of the American People.* New York 2005.

Reinhard, Marcel, u. a.: *Histoire générale* de la population mondiale, Paris 1968.

Reinhard, Rudolf: Weltwirtschaftliche und politische *Erdkunde*, Breslau 1929[6].

Reinhard, Wolfgang: Geschichte der europäischen *Expansion*, 4 Bde., Stuttgart 1983–1990.

Reinhard, Wolfgang: *Lebensformen* Europas. Eine historische Kulturanthropologie, München 2004.

Reinhard, Wolfgang: Geschichte der *Staatsgewalt*. Eine vergleichende Verfassungsgeschichte Europas von den Anfängen bis zur Gegenwart, München 1999.

Reinhard, Wolfgang (Hg.): *Verstaatlichung* der Welt? Europäische Staatsmodelle und außereuropäische Machtprozesse, München 1999.

Reinkowski, Maurus: Die *Dinge der Ordnung*. Eine vergleichende Untersuchung über die osmanische Reformpolitik im 19. Jahrhundert, München 2005.

Reiter, Herbert: Politisches *Asyl* im 19. Jahrhundert. Die deutschen politischen Flüchtlinge des Vormärz und der Revolution von 1848/49 in Europa und den USA, Berlin 1992.

Reps, John W.: The *Making of Urban America*. A History of City Planning in the United States, Princeton, NJ 1965.

Reséndez, Andrés: *Changing National Identities* at the Frontier. Texas and New Mexico, 1800–1850, Cambridge 2005.

Rétif, André: *Pierre Larousse* et son œuvre (1817–1875), Paris 1975.

Reulecke, Jürgen: Die *Mobilisierung* der «Kräfte und Kapitale». Der Wandel der Lebensverhältnisse im Gefolge von Industrialisierung und Verstädterung, in: ders. (Hg.): Geschichte des Wohnens, Bd. 3: 1800–1918. Das bürgerliche Zeitalter, Stuttgart 1997, S. 15–144.

Reulecke, Jürgen: Geschichte der *Urbanisierung in Deutschland*, Frankfurt a. M. 1992[3].

Reynolds, Douglas R.: *China*, 1898–1912. The Xinzheng Revolution and Japan, Cambridge, MA 1993.

Rhoads, Edward J. M.: *Manchus and Han*. Ethnic Relations and Political Power in Late Qing and Early Republican China, 1861–1928, Seattle 2000.

Ribbe, Wolfgang: *Geschichte Berlins*, 2 Bde., München 1987.

Ribeiro, Darcy: *Amerika* und die Zivilisation. Die Ursachen der ungleichen Entwicklung der amerikanischen Völker, Frankfurt a. M. 1985.

Ribeiro, Darcy/Gregory Rabassa: The *Brazilian People*. The Formation and Meaning of Brazil. Gainesville, FL 2000.

Rich, Norman: The *Age of Nationalism* and Reform 1850–1890, New York 1977².

Rich, Norman: *Great Power Diplomacy* 1814–1914, New York 1992.

Richards, Edward G.: *Mapping Time*. The Calendar and Its History, Oxford 1998.

Richards, Eric: How Did *Poor People* Emigrate from the British Isles to Australia in the Nineteenth Century? in: JBS 32 (1993), S. 250–79.

Richards, John F.: The *Mughal Empire*, Cambridge 1993.

Richards, John F.: The *Unending Frontier*. An Environmental History of the Early Modern World, Berkeley, CA 2003.

Richardson, Peter: *Chinese Mine Labour* in the Transvaal, London 1982.

Richter, Daniel K.: *Facing East* from Indian Country: A Native History of Early America, Cambridge, MA 2001.

Richthofen, Ferdinand Freiherr von: *China*. Ergebnisse eigener Reisen und darauf begründeter Studien, 5 Bde., Berlin 1877–1912.

Rickard, John: *Australia*. A Cultural History, Harlow 1996².

Ricklefs, M. C.: A History of *Modern Indonesia* since c. 1300, Basingstoke 2001³.

Ridley, Jane: *Edwin Lutyens*. His Life, His Wife, His Work, London 2003.

Rieger, Bernhard: *Technology* and the Culture of Modernity in Britain and Germany, 1890–1945, Cambridge 2005.

Riekenberg, Michael: *Ethnische Kriege* in Lateinamerika im 19. Jahrhundert, Stuttgart 1997.

Riekenberg, Michael: *Gewaltsegmente*. Über einen Ausschnitt der Gewalt in Lateinamerika, Leipzig 2003.

Riesenberger, Dieter: *Für Humanität* in Krieg und Frieden. Das Internationale Rote Kreuz 1863–1977, Göttingen 1992.

Riley, James C.: *Rising Life Expectancy*, Cambridge 2001.

Ringer, Fritz K.: *Die Gelehrten*. Der Niedergang der deutschen Mandarine 1890–1933, Stuttgart 1983.

Ringer, Fritz K.: *Education and Society* in Modern Europe, Bloomington, IN 1979.

Rittaud-Hutinet, Jacques: *Le cinéma* des origines. Les frères Lumière et leurs opérateurs, Seyssel 1985.

Ritter, Carl: *Einleitung* zur allgemeinen und vergleichenden Geographie, Berlin 1852.

Ritter, Carl: Die *Erdkunde* im Verhältniß zur Natur und zur Geschichte des Menschen, 2. Aufl., 19 Bde., Berlin 1822–59.

Ritter, Gerhard A./Klaus Tenfelde: *Arbeiter* im Deutschen Kaiserreich 1871 bis 1914, Bonn 1992.

Rivet, Daniel: *Le Maroc* de Lyautey à Mohammed V. Le double visage du protectorat, Paris 1999.

Roach, Joseph: *Cities of the Dead*. Circum-Atlantic Performance, New York 1996.

Robb, Graham: The *Discovery of France*. A Historical Geography from the Revolution to the First World War, New York 2007.

Robb, Peter: *Peasants' Choices?* Indian Agriculture and the Limits of Commercialization in Nineteenth-Century Bihar, in: EcHR 45 (1992), S. 97–119.

Robbins, Richard G.: *Famine in Russia*, 1891–1892. The Imperial Government Responds to a Crisis, New York 1975.

Roberts, Andrew: *Salisbury*. Victorian Titan, London 1999.

Roberts, J. A. G.: *China to Chinatown*. Chinese Food in the West, London 2002.

Roberts, John M.: *Twentieth Century*. The History of the World, 1901 to 2000, New York 1999.

Robertson, Bruce Carlisle: *Raja Rammohan Ray*. The Father of Modern India, Delhi 1995.

Robinson, David: *Muslim Societies* in African History, Cambridge 2004.

Robinson, Francis: *Islam* and Muslim History in South Asia, New Delhi 2000.

Robinson, Michael E.: *Korea's Twentieth-Century Odyssey*. A Short History, Honolulu 2007.

Rock, David: *Argentina*, 1516–1987. From Spanish Colonization to Alfonsín, Berkeley, CA 1987.

Rodger, Nicholas A. M.: The *Command of the Sea*. A Naval History of Britain 1649–1815, London 2004.

Rodger, Richard (Hg.): *European Urban History*. Prospect and Retrospect, Leicester 1993.

Rodgers, Daniel T.: *Atlantic Crossings*. Social Politics in an Progressive Age, Cambridge, MA 1998.

Rodríguez O., Jaime E.: The *Emancipation* of America, in: AHR 105 (2000), S. 131–52.

Rodríguez O., Jaime E.: The *Independence of Spanish America*, Cambridge 1998.

Roediger, David R.: *Working Toward Whiteness*. How America's Immigrants Became White, New York 2005.

Rogan, Eugene L.: *Frontiers of the State* in the Late Ottoman Empire. Transjordan, 1850–1921, Cambridge 1999.

Rogin, Michael Paul: *Fathers and Children*. Andrew Jackson and the Subjugation of the American Indians, New York 1975.

Rogowski, Ronald: *Commerce and Coalitions*. How Trade Affects Domestic Political Alignments, Princeton, NJ 1989.

Röhl, John C. G.: *Wilhelm II.*, 3 Bde., München 1993–2008.

Röhl, Wilhelm (Hg.): *History of Law in Japan* since 1868, Leiden 2005.

Rohrbough, Malcolm J.: *Aspen*. The History of a Silver Mining Town, 1879–1893, New York 1986.

Rohrbough, Malcolm J.: *Days of Gold*. The California Gold Rush and the American Nation, Berkeley, CA 1997.

Rokkan, Stein: *Staat*, Nation und Demokratie in Europa, hg. von Peter Flora, Frankfurt a. M. 2000.

Romein, Jan: The *Watershed* of Two Eras. Europe in 1900, Middletown, CT 1978.

Rosanvallon, Pierre: *La démocratie inachevée*. Historie de la souveraineté du peuple en France, Paris 2000.

Rosanvallon, Pierre: *Le sacre du citoyen*. Histoire du suffrage universel en France, Paris 1992.

Rosanvallon, Pierre: Der *Staat in Frankreich* von 1789 bis in die Gegenwart, Münster 2000.

Rosen, Charles: The *Classical Style*. Haydn, Mozart, Beethoven, London 1971.

Rosen, Charles: The *Romantic Generation*, Cambridge, MA 1995.

Rosen, George: A *History of Public Health*, New York 1958.

Rosenberg, Charles E.: The *Cholera Years*. The United States in 1832, 1849, and 1866, Chicago 1962.

Rösener, Werner: Die *Bauern* in der europäischen Geschichte, München 1993.

Rosner, Erhard: *Medizingeschichte Japans*, Leiden 1989.

Ross, Dorothy: The *Origins* of American Social Science, Cambridge 1991.

Ross, Robert/Gerard J. Telkamp (Hg.): *Colonial Cities*, Dordrecht 1985.

Ross, Robert: *Status* and Respectability in the Cape Colony, 1750–1870. A Tragedy of Manners, Cambridge 1999.

Rossabi, Morris: *China and Inner Asia*. From 1368 to the Present Day, London 1975.

Rosselli, John: *Singers* of Italian Opera. The History of a Profession, Cambridge 1992.

Rostow, Walt W.: The *World Economy*. History and Prospect, Austin, TX 1978.

Rotberg, Robert I.: *The Founder*. Cecil Rhodes and the Pursuit of Power, New York 1988.

Roth, Ralf: Das *Jahrhundert der Eisenbahn*. Die Herrschaft über Raum und Zeit 1800–1914, Ostfildern 2005.

Rothblatt, Sheldon: The *Revolution of the Dons*. Cambridge and Society in Victorian England, London 1968.

Rothblatt, Sheldon/Björn Wittrock (Hg.): The *European and American University* since 1800. Historical and Sociological Essays, Cambridge 1993.

Rothermund, Dietmar (Hg.): *Aneignung* und Selbstbehauptung. Antworten auf die europäische Expansion, München 1999.

Rothermund, Dietmar: *Indiens wirtschaftliche Entwicklung*. Von der Kolonialzeit bis zur Gegenwart, Paderborn 1985.

Rothfels, Nigel: *Savages and Beasts*. The Birth of the Modern Zoo, Baltimore, MD 2002.

Rouleau, Bernard: *Paris*. Histoire d'un espace, Paris 1997.

Roussillon, Alain: *Identité et modernité*. Les voyageurs égyptiens au Japon (XIXe–XXe siècle), Arles 2005.

Rowe, William T.: *Hankow*, 2 Bde., Stanford, CA 1984–89.

Rowe, William T.: *Saving the World*. Chen Hongmou and Elite Consciousness in Eighteenth-Century China, Stanford, CA 2001.

Rowley, Charles D.: The *Destruction* of Aboriginal Society, Harmondsworth 1974.

Royle, Edward: *Revolutionary Britannia*? Reflections on the Threat of Revolution in Britain, 1789–1848, Manchester 2000.

Rubinger, Richard: *Popular Literacy* in Early Modern Japan, Honolulu 2007.

Rubinstein, William D. (Hg.): *Wealth* and the Wealthy in the Modern World, London 1980.

Ruble, Blair A.: *Second Metropolis*. Pragmatic Pluralism in Gilded Age Chicago, Silver Age Moscow and Meiji Osaka, Cambridge 2001.

Ruedy, John: *Modern Algeria*. The Origins and Development of a Nation, Bloomington, IN 1992.

Rüegg, Walter (Hg.): Geschichte der *Universität* in Europa, 4 Bde., München 1993–2008.

Ruggiero, Guido de: Geschichte des *Liberalismus* in Europa, München 1930.

Rupp, Leila J.: *Worlds of Women. The Making of an International Women's Movement*, Princeton, NJ 1997.

Russell, William Howard: *Meine sieben Kriege.* Die ersten Reportagen von den Schlachtfeldern des 19. Jahrhunderts, Frankfurt a. M. 2000.

Rustemeyer, Angela: *Dienstboten* in Petersburg und Moskau 1861–1917. Hintergrund, Alltag, soziale Rolle, Stuttgart 1996.

Rutherford, Susan: The *Prima Donna* and Opera, 1815–1930, Cambridge 2006.

Ruthven, Malise/Azim Nanji: *Historical Atlas of Islam*, Cambridge, MA 2004.

Ryan, James R.: *Picturing Empire.* Photography and the Visualization of the British Empire, London 1997.

Ryan, Mary P.: *Civic Wars.* Democracy and Public Life in the American City during the Nineteenth Century, Berkeley, CA 1997.

Sabel, Charles F./Jonathan Zeitlin (Hg.): *World of Possibilities.* Flexibility and Mass Production in Western Industrialization, Cambridge 1997.

Sachs, Jeffrey D. (Hg.): *Developing Country Debt* and the World Economy, Chicago 1989.

Sachs, Jeffrey D.: *Tropical Underdevelopment*, Cambridge, MA 2001.

Sahlins, Marshall D.: *Anahulu.* The Anthropology of History in the Kingdom of Hawaii, Bd. 1: Historical Ethnography, Chicago 1992.

Sahlins, Peter: *Forest Rites.* The War of the Demoiselles in Nineteenth-Century France, Cambridge, MA 1994.

Said, Edward W.: *Orientalism*, London 1978.

Samson, Jane (Hg.): The *British Empire*, Oxford 2001.

Samson, Jim (Hg): The *Cambridge History of Nineteenth-Century Music*, Cambridge 2002.

Sanneh, Lamin: *Abolitionists Abroad.* American Blacks and the Making of Modern West Africa. Cambridge, MA 1999.

Sanneh, Lamin: The *Crown* and the Turban. Muslims and West African Pluralism. Boulder, CO 1997.

Sanneh, Lamin: *Disciples of all Nations.* Pillars of World Christianity, New York 2007.

Sarasin, Philipp: *Stadt der Bürger.* Bürgerliche Macht und städtische Gesellschaft. Basel 1846–1914, Göttingen 1997².

Sarmiento, Domingo Faustino: *Barbarei und Zivilisation.* Das Leben des Facundo Quiroga [1845], Frankfurt a. M. 2007.

Sartorius von Waltershausen, August: Die *Entstehung* der Weltwirtschaft. Geschichte des zwischenstaatlichen Wirtschaftslebens vom letzten Viertel des achtzehnten Jahrhunderts bis 1914, Jena 1931.

Sassoon, Donald: The *Culture* of the Europeans. From 1800 to the Present, London 2006.

Satre, Lowell J.: *Chocolate on Trial.* Slavery, Politics, and the Ethics of Business, Athens, OH 2005.

Saunders, David: *Russia* in the Age of Reaction and Reform 1801–1881, London 1992.

Sautter, Udo: *Geschichte Kanadas.* Von der europäischen Entdeckung bis zur Gegenwart, München 1992.

Sayer, Derek: The Coasts of *Bohemia*. A Czech History, Princeton, NJ 1998.

Scarr, Deryck: The History of the *Pacific Islands*. Kingdoms of the Reefs, Basing-stoke 1990.

Schalenberg, Marc: *Humboldt auf Reisen?* Die Rezeption des «deutschen Universitätsmodells» in den französischen und britischen Reformdiskursen (1810–1870), Basel 2002.

Schama, Simon: *Patriots* and Liberators. Revolution in the Netherlands, London 1977.

Scheffler, Thomas: «*Fertile Crescent*», «Orient», «Middle East». The Changing Mental Maps of Southwest Asia, in: European Review of History 10 (2003), S. 253–72.

Schenda, Rudolf: *Volk ohne Buch*. Studien zur Sozialgeschichte der populären Lesestoffe 1770–1910, Frankfurt a. M. 1970.

Schendel, Willem van/Henk Schulte Nordholt (Hg.): *Time Matters*. Global and Local Time in Asian Societies, Amsterdam 2001.

Scherrer, Jutta: *Kulturologie*. Rußland auf der Suche nach einer zivilisatorischen Identität, Göttingen 2003.

Scherzer, Kenneth A.: The *Unbound Community*. Neighborhood Life and Social Structure in New York City, 1830–1875, Durham, NC 1992.

Schieder, Theodor: *Nationalismus* und Nationalstaat. Studien zum nationalen Problem im modernen Europa, Göttingen 1991.

Schieder, Theodor: *Staatensystem* als Vormacht der Welt 1848–1918, Frankfurt a. M. 1977.

Schilling, Heinz: *Die neue Zeit*. Vom Christenheitseuropa zum Europa der Staaten 1250 bis 1750, Berlin 1999.

Schinz, Alfred: *Cities in China*, Berlin 1989.

Schivelbusch, Wolfgang: Die Geschichte der *Eisenbahnreise*. Zur Industrialisierung von Raum und Zeit im 19. Jahrhundert, München 1977.

Schivelbusch, Wolfgang: *Lichtblicke*. Zur Geschichte der künstlichen Helligkeit im 19. Jahrhundert, München 1983.

Schlaffer, Heinz: Die kurze *Geschichte der deutschen Literatur*, München 2002.

Schleier, Hans: Geschichte der deutschen *Kulturgeschichtsschreibung*, 2 Bde., Waltrop 2003.

Schlögel, Karl: *Im Raume* lesen wir die Zeit. Über Zivilisationsgeschichte und Geopolitik, München 2003.

Schlör, Joachim: *Nachts in der großen Stadt*. Paris, Berlin, London 1840–1930, München 1991.

Schmale, Wolfgang: *Geschichte Europas*, Wien 2000.

Schmid, André: *Korea* between Empires, 1895–1919, New York 2002.

Schmidt, Manfred G.: *Sozialpolitik* in Deutschland. Historische Entwicklung und internationaler Vergleich, Opladen 1998.

Schmidt, Nelly: *L'Abolition de l'esclavage*. Cinq siècles de combats, XVIe–XXe siecle, Paris 2005.

Schmidt, Peer: *Der Guerrillero*. Die Entstehung des Partisanen in der Sattelzeit der Moderne. Eine atlantische Perspektive 1776–1848, in: GG 29 (2003), S. 161–90.

Schmidt, Peer, u. a.: *Kleine Geschichte Spaniens*, Stuttgart 2002.

Schmidt-Glintzer, Helwig: *Eurasien* als kulturwissenschaftliches Forschungsthema, in: Wolfgang Gantke u. a. (Hg.): Religionsbegegnung und Kulturaustausch in Asien, Wiesbaden 2002, S. 185–99.

Schmidt-Glintzer, Helwig: *Geschichte der chinesischen Literatur*, Bern 1990.

Schmidt-Nowara, Christopher: *Empire and Antislavery.* Spain, Cuba, and Puerto Rico, 1833–1874, Pittsburgh 1999.

Schmied, Gerhard: *Soziale Zeit.* Umfang, «Geschwindigkeit» und Evolution, Berlin 1985.

Schmoeckel, Matthias: Die *Großraumtheorie.* Ein Beitrag zur Geschiche der Völkerrechtswissenschaft im Dritten Reich, insbesondere der Kriegszeit, Berlin 1994.

Schneer, Jonathan: *London 1900.* The Imperial Metropolis, New Haven, CT 1999.

Schneider, Ronald M.: *Latin American Political History.* Patterns and Personalities, Boulder, CO 2007.

Schneider, Ute: Die *Macht der Karten.* Eine Geschichte der Kartographie vom Mittelalter bis heute, Darmstadt 2004.

Schölch, Alexander: *Ägypten den Ägyptern!* Die politische und gesellschaftliche Krise in den Jahren 1878–1882 in Ägypten, Zürich 1972.

Schölch, Alexander: *Ägypten* in der ersten und Japan in der zweiten Hälfte des 19. Jahrhunderts. Ein entwicklungsgeschichtlicher Vergleich, in: GWU 33 (1982), S. 333–46.

Schölch, Alexander: Der *arabische Osten* im 19. Jahrhundert 1800–1914, in: Ulrich Haarmann (Hg.): Geschichte der arabischen Welt, München 2001⁴, S. 365–431.

Scholte, Jan Aart: *Globalization.* A Critical Introduction, Basingstoke 2000.

Schoppa, R. Keith: *Xiang Lake.* Nine Centuries of Chinese Life, New Haven, CT 1989.

Schorkowitz, Dittmar: *Staat und Nationalitäten* in Russland. Der Integrationsprozess der Burjaten und Kalmücken, 1822–1925, Stuttgart 2001.

Schrader, Abby M.: *Languages of the Lash.* Corporal Punishment and Identity in Imperial Russia, DeKalb, IL 2002.

Schramm, Gottfried: *Fünf Wegscheiden* der Weltgeschichte, Göttingen 2004.

Schreiber, Ulrich: Die *Kunst der Oper*, 3 Bde., Frankfurt a. M. 1988–2000.

Schröder, Hans-Christoph: Die *Amerikanische Revolution.* Eine Einführung, München 1982.

Schröder, Iris/Sabine Höhler (Hg.): *Welt-Räume.* Geschichte, Geographie und Globalisierung seit 1900, Frankfurt a. M. 2005.

Schroeder, Paul W.: The Nineteenth-Century *International System.* Changes in the Structure, in: WP 39 (1986), S. 1–26.

Schroeder, Paul W.: The *Transformation* of European Politics 1763–1848, Oxford 1994.

Schroeter, Daniel J.: *Merchants of Essaouira.* Urban Society and Imperialism in Southwestern Morocco, 1844–1886, Cambridge 1988.

Schudson, Michael: The *Good Citizen.* A History of American Civic Life, New York 1998.

Schularick, Moritz: *Finanzielle Globalisierung* in historischer Perspektive, Tübingen 2006.

Schulin, Ernst: Die *Französische Revolution*, München 2004⁴.

Schulte Nordholt, Henk: The *Spell of Power*. A History of Balinese Politics 1650–1940, Leiden 1996.

Schultz, Hans-Dietrich: Deutschlands «natürliche Grenzen». «Mittellage» und «Mitteleuropa» in der Diskussion der Geographen seit Beginn des 19. Jahrhunderts, in: GG 15 (1989), S. 248–91.

Schultz, Hans-Dietrich: *Raumkonstrukte* der klassischen deutschsprachigen Geographie des 19./20. Jahrhunderts im Kontext ihrer Zeit, in: GG 28 (2002), S. 343–77.

Schultz, Kirsten: *Tropical Versailles*. Empire, Monarchy, and the Portuguese Royal Court in Rio de Janeiro, 1808–1821, New York 2001.

Schulze, Hagen: *Staat und Nation* in der europäischen Geschichte, München 1994.

Schulze, Reinhard: The *Birth of Tradition* and Modernity in 18th and 19th-Century Islamic Culture. The Case of Printing, in: Culture and History 16 (1997), S. 29–72.

Schulze, Reinhard: *Die islamische Welt* in der Neuzeit (16.–19. Jahrhundert), in: Albrecht Noth/Jürgen Paul (Hg.): Der islamische Orient. Grundzüge seiner Geschichte, Würzburg 1998, S. 333–406.

Schulze, Winfried: Die *Zahl der Opfer* der Französischen Revolution, in: GWU 59 (2008) S. 140–52.

Schumpeter, Joseph A.: *Aufsätze zur Soziologie*, Tübingen 1953.

Schumpeter, Joseph A.: History of *Economic Analysis*, London 1954.

Schumpeter, Joseph A.: *Konjunkturzyklen*. Eine theoretische, historische und statistische Analyse des kapitalistischen Prozesses, 2 Bde., Göttingen 1961.

Schwab, Raymond: *La renaissance orientale*, Paris 1950.

Schwarcz, Vera: The *Chinese Enlightenment*. Intellectuals and the Legacy of the May Fourth Movement of 1919, Berkeley, CA 1986.

Schwebell, Gertrud C. (Hg.): Die *Geburt des modernen Japan* in Augenzeugenberichten, München 1981.

Schwentker, Wolfgang: Die *Samurai*, München 2003.

Schwentker, Wolfgang: *Max Weber in Japan*. Eine Untersuchung zur Wirkungsgeschichte 1905–1995, Tübingen 1998.

Scott, Hamish M.: The *Birth* of a Great Power System, 1740–1815, Harlow 2006.

Scott, James C.: *Seeing Like a State*. How Certain Schemes to Improve the Human Condition Have Failed, New Haven, CT 1998.

Scott, Rebecca J.: *Degrees of Freedom*. Louisiana and Cuba after Slavery, Cambridge, MA 2005.

Scott, Tom (Hg.): The *Peasantries* of Europe from the Fourteenth to the Eighteenth Centuries, London 1998.

Sdvižkov, Denis: Das *Zeitalter der Intelligenz*. Zur vergleichenden Geschichte der Gebildeten in Europa bis zum Ersten Weltkrieg, Göttingen 2006.

Searing, James F.: *West African Slavery* and Atlantic Commerce. The Senegal River Valley, 1700–1860, Cambridge 1993.

Searle, Geoffrey R.: *A New England?* Peace and War 1886–1918, Oxford 2004.

Searle, Geoffrey R: *Morality* and the Market in Victorian Britain, Oxford 1998.

Seavoy, Ronald E.: *Famine* in Peasant Societies, New York 1986.

Seely, Robert: The *Russian-Chechen Conflict*, 1800–2000. A Deadly Embrace, London 2001.

Seidensticker, Edward: *Low City*, High City. Tokyo from Edo to the Earthquake, London 1983.

Seidl, Wolf: *Bayern in Griechenland*. Die Geburt des griechischen National-staats und die Regierung König Ottos, München 1981.

Semmel, Bernard: *Jamaican Blood* and Victorian Conscience. The Governor Eyre Controversy, Westport, CT 1962.

Semmel, Bernard: The *Liberal Ideal* and the Demons of Empire. Theories of Imperialism from Adam Smith to Lenin, Baltimore, MD 1993.

Sen, Amartya: The *Argumentative Indian*. Writings on Indian Culture, History and Identity, London 2005.

Sennett, Richard: *Flesh and Stone*. The Body and the City in Western Civilization, New York 1994.

Seton-Watson, Hugh: *Nations and States*. An Inquiry into the Origins of Nations and the Politics of Nationalism, London 1977.

Seton-Watson, Hugh: The *Russian Empire* 1801–1917, Oxford 1967.

Shang Keqiang/Liu Haiyan: *Tianjin* zujie shehui yanjiu [Untersuchungen zur Gesellschaft der Konzessionen in Tianjin], Tianjin 1996.

Shannon, Richard: *Gladstone*, 2 Bde., London 1982–99.

Shao Qin: *Culturing Modernity*. The Nantong Model, 1890–1930, Stanford, CA 2003.

Sharma, Arvind (Hg.): *Modern Hindu Thought*. The Essential Texts, Oxford 2002.

Shaw, Stanford J.: *Between Old and New*. The Ottoman Empire under Sultan Selim III, 1789–1807, Cambridge, MA 1971.

Shaw, Stanford J.: The *Jews of the Ottoman Empire* and the Turkish Republic, New York 1991.

Sheehan, James J.: *Museums* in the German Art World. From the End of the Old Regime to the Rise of Modernism, Oxford 2000.

Shih, Vincent Y. C.: The *Taiping Ideology*. Its Sources, Interpretations, and Influences, Seattle 1967.

Shimazu Naoko: *Japan, Race and Equality*. The Racial Equality Proposal of 1919, London 1998.

Shipps, Jan: *Mormonism. The Story of a New Religious Tradition*, Urbana, IL 1985.

Showalter, Dennis: The *Wars of German Unification*, London 2004.

Siddiqi, Asiya: *Ayesha's World*. A Butcher's Family in Nineteenth-Century Bombay, in: CSSH 43 (2001), S. 101–29.

Sieferle, Rolf Peter, u. a.: Das *Ende der Fläche*. Zum gesellschaftlichen Stoff-wechsel der Industrialisierung, Köln 2006.

Siegrist, Hannes, u. a. (Hg.): *Europäische Konsumgeschichte*. Zur Gesellschafts- und Kulturgeschichte des Konsums (18. bis 20. Jahrhundert), Frankfurt a. M. 1997.

Siemann, Wolfram: *Vom Staatenbund* zum Nationalstaat. Deutschland 1806–1871, München 1995.

Silberman, Bernard S.: *Cages of Reason*. The Rise of the Rational State in France, Japan, the United States, and Great Britain, Chicago 1993.

Silva, K. M. de: A History of *Sri Lanka*, London 1981.

Simey, T. S./M. B. Simey: *Charles Booth*. Social Scientist, Oxford 1960.

Simmons, I. G.: An *Environmental History* of Great Britain. From 10 000 Years Ago to the Present, Edinburgh 2001.

Simonton, Deborah: A History of *European Women's Work*, 1700 to the Present, London 1998.

Singaravélou, Pierre: *L'École Française d'Extrême-Orient* ou l'institution des marges (1898–1956), Paris 1999.

Singer, James D./Melvin Small: *Resort to Arms*. International and Civil Wars, 1816–1980, Beverly Hills 1982.

Singh, Chetan: *Natural Premises*. Ecology and Peasant Life in the Western Himalaya, 1800–1950, Delhi 1998.

Sinor, Denis: *Introduction*. The Concept of Inner Asia, in: ders. (Hg.): The Cambridge History of Early Inner Asia, Cambridge 1990, S. 1–18.

Skinner, G. William: *Chinese Society* in Thailand. An Analytical History, Ithaca, NY 1957.

Skinner, G. William (Hg.): The *City* in Late Imperial China, Stanford, CA 1977.

Skocpol, Theda: *States* and Social Revolutions, Cambridge 1979.

Slatta, Richard W.: *Cowboys* of the Americas, New Haven, CT 1990.

Slatta, Richard W.: *Gauchos* and the Vanishing Frontier, Lincoln, NE 1983.

Slezkine, Yuri: *Arctic Mirrors*. Russia and the Small Peoples of the North, Ithaca, NY 1994.

Slotkin, Richard: The *Fatal Environment*. The Myth of the Frontier in the Age of Industrialization, 1800–1890, New York 1985.

Slotkin, Richard: *Regeneration* through Violence. The Mythology of the American Frontier, 1600–1860, Middletown, CT 1973.

Smallman-Raynor, Matthew/Andrew D. Cliff: *War Epidemics*. A Historical Geography of Infectious Diseases in Military Conflict and Civil Strife, 1850–2000, Oxford 2004.

Smelser, Neil J./Paul B. Baltes (Hg.): *International Encyclopedia* of the Social and Behavioral Sciences, 26 Bde., Amsterdam 2001.

Smil, Vaclav: *Creating the Twentieth Century*. Technical Innovations of 1867–1914 and Their Lasting Impact, Oxford 2005.

Smil, Vaclav: *Energy* in World History, Boulder, CO 1994.

Smith, Andrew B.: *Pastoralism in Africa*. Origins and Development Ecology, London 1992.

Smith, Anthony D.: *Nationalism* and Modernism, London 1998.

Smith, Crosbie: The *Science of Energy*. A Cultural History of Energy Physics in Victorian Britain, London 1998.

Smith, Crosbie/M. Norton Wise: *Energy and Empire*. A Biographical Study of Lord Kelvin, Cambridge 1989.

Smith, David A., u. a. (Hg.): *States* and Sovereignty in the Global Economy, London 1999.

Smith, Jeremy: *Europe and the Americas*. State Formation, Capitalism and Civilizations in Atlantic Modernity, Leiden 2006.

Smith, Joseph: The *Spanish-American War*. Conflict in the Caribbean and the Pacific, 1895–1902, Harlow 1994.

Smith, Mark M.: *Debating Slavery*. Economy and Society in the Antebellum American South, Cambridge 1998.

Smith, Mark M.: *Mastered by the Clock*. Time, Slavery and Freedom in the American South, Chapel Hill, NC 1997.

Smith, Michael Stephen: The *Emergence* of Modern Business Enterprise in France, 1800–1930, Cambridge, MA 2006.

Smith, Richard J.: *China's Cultural Heritage*. The Qing Dynasty, 1644–1912, Boulder, CO 1994².

Smith, Thomas C.: The *Agrarian Origins* of Modern Japan, Stanford, CA 1959.

Smith, Thomas C.: *Peasant Time* and Factory Time in Japan, in: P&P 111 (1986), S. 165–97.

Smith, Woodruff D.: Politics and the *Sciences of Culture* in Germany, 1840–1920, New York 1991.

Snouck Hurgronje, Christiaan: *Mekka* in the Latter Part of the Nineteenth Century. Daily Life, Customs and Learning, Leiden 1931.

Snowden, Frank M.: *Naples* in the Time of Cholera, 1884–1911, Cambridge 1995.

Sohrabi, Nader: *Global Waves*, Local Actors. What the Young Turks Knew about Other Revolutions and Why It Mattered, in: CSSH 44 (2002), S. 45–79.

Sohrabi, Nader: *Historicizing Revolutions*. Constitutional Revolutions in the Ottoman Empire; Iran, and Russia, 1905–1908, in: AJS 100 (1995), S. 1383–1447.

Solé, Robert: *Le grand voyage de l'obélisque*, Paris 2004.

Sombart, Werner: *Warum gibt es in den Vereinigten Staaten keinen Sozialismus?* Tübingen 1906.

Somel, Seluk Akin: The *Modernization of Public Education* in the Ottoman Empire 1839–1908. Islamization, Autocracy and Discipline, Leiden 2001.

Sondhaus, Lawrence: *Naval Warfare*, 1815–1914, London 2001.

Sorin, Gerald: *A Time for Building*. The Third Migration, 1880–1920, Baltimore, MD 1992.

Soto, Hernando de: The *Mystery of Capital*. Why Capitalism Triumphs in the West and Fails Everywhere Else, New York 2000.

Souçek, Svat: *A History of Inner Asia*, Cambridge 2000.

Spang, Rebecca L.: *Paradigms* and Paranoia. How Modern is the French Revolution? in: AHR 108 (2003), S. 119–47.

Spang, Rebecca L.: The Invention of the *Restaurant*. Paris and Modern Gastronomic Culture, Cambridge, MA 2000.

Spate, O. H. K.: The *Pacific* since Magellan, 3 Bde., London 1979–88.

Speirs, Ronald/John Breuilly (Hg.): *Germany's Two Unifications. Anticipations, Experiences, Responses*, Basingstoke 2005.

Spellman, William M.: *Monarchies* 1000–2000, London 2001.

Spence, Jonathan: *Chinas Weg* in die Moderne, München 1995.

Spence, Jonathan: *God's Chinese Son*. The Taiping Heavenly Kingdom of Hong Xiuquan, New York 1996.

Spence, Mark David: *Dispossessing the Wilderness*. Indian Removal and the Making of the National Parks, New York 1999.

Sperber, Jonathan: *Bürger*, Bürgertum, Bürgerlichkeit, Bürgerliche Gesellschaft. Studies of the German (Upper) Middle Class and Its Sociocultural World, in: JMH 69 (1997), S. 271–97.

Sperber, Jonathan: The *European Revolutions* 1848–1851, Cambridge 2005².

Spiekermann, Uwe: *Basis der Konsumgesellschaft*. Entstehung und Entwicklung des modernen Kleinhandels in Deutschland 1850–1914, München 1999.

Spiro, Melford E.: *Buddhism* and Society. A Great Tradition and Its Burmese Vicissitudes, Berkeley, CA 1982².

Stadler, Peter: *Cavour*. Italiens liberaler Reichsgründer, München 2001.

Stafford, Robert A.: *Scientist of Empire*. Sir Roderick Murchison, Scientific Exploration and Victorian Imperialism, Cambridge 1989.

Staiger, Brunhild, u. a. (Hg.): Das große *China-Lexikon*, Darmstadt 2003.

Stampp, Kenneth M.: *America in 1857*. A Nation on the Brink, New York 1990.

Standage, Tom: The *Victorian Internet*. The Remarkable Story of the Telegraph and the Nineteenth Century's Online Pioneers, London 1998.

Stanley, Peter: *White Mutiny*. British Military Culture in India, 1825–1875, London 1998.

Staples, John R.: *Cross-Cultural Encounters* on the Ukrainian Steppe. Settling the Molochna Basin, 1783–1861, Toronto 2003.

Starrett, Gregory: *Putting Islam to Work*. Education, Politics, and Religious Transformation in Egypt, Berkeley, CA 1998.

Stearns, Peter N.: The *Industrial Revolution in World History*, Boulder, CO 1993.

Steckel, Richard H./Jerome C. Rose (Hg.): The *Backbone* of History. Health and Nutrition in the Western Hemisphere, Cambridge 2002.

Steckel, Richard H./Roderick Floud (Hg.): *Health* and Welfare during Industrialization, Chicago 1997.

Stedman Jones, Gareth: An *End to Poverty*. A Historical Debate, London 2005.

Steinberg, David Joel et al. (Hg.): In Search of *Southeast Asia*. A Modern History, Honolulu 1987.

Steinberg, John W., u. a. (Hg.): The *Russo-Japanese War* in Global Perspective. World War Zero, Leiden 2005.

Steinfeld, Robert J.: *Coercion*, Contract and Free Labor in the Nineteenth Century, Cambridge 2001.

Steinfeld, Robert J.: The *Invention of Free Labor*. The Employment Relation in English and American Law and Culture, 1350–1870, Chapel Hill, NC 1991.

Steinhardt, Nancy Shatzman: *Chinese Imperial City Planning*, Honolulu 1990.

Stephan, John J.: The *Russian Far East*. A History, Stanford, CA 1994.

Stephanson, Anders: *Manifest Destiny*. American Expansionism and the Empire of Right, New York 1998².

Stern, Fritz: *Gold und Eisen*. Bismarck und sein Bankier Bleichröder, Frankfurt a. M. 1978.

Sternberger, Dolf: *Panorama* oder Ansichten vom 19. Jahrhundert [1938], Frankfurt a. M. 1974.

Stevenson, David: *Der Erste Weltkrieg* 1914–1918, Düsseldorf 2006.

Stewart, James Brewer: *Holy Warriors*. The Abolitionists and American Slavery, rev. ed., New York 1997.

Stiegler, Bernd: *Philologie des Auges*. Die photographische Entdeckung der Welt im 19. Jahrhundert, München 2001.

Stierle, Karlheinz: *Der Mythos von Paris*. Zeichen und Bewußtsein der Stadt, München 1993.

Stietencron, Heinrich von: Der *Hinduismus*, München 2001.

Stinchcombe, Arthur L.: *Economic Sociology*, New York 1983.

Stinchcombe, Arthur L.: *Stratification* and Organization. Selected Papers, Cambridge, MA 1986.

Stinchcombe, Arthur L.: *Sugar Island Slavery* in the Age of Enlightenment. The Political Economy of the Caribbean World, Princeton, NJ 1995.

Stites, Richard: *Serfdom*, Society, and the Arts in Imperial Russia. The Pleasure and the Power, New Haven, CT 2005.

Stöber, Rudolf: *Deutsche Pressegeschichte*. Einführung, Systematik, Glossar, Konstanz 2000.

Stocking, George W.: *After Tylor*. British Social Anthropology, 1888–1951, London 1996.

Stocking, George W.: *Victorian Anthropology*, New York 1987.

Stokes, Eric: The *English Utilitarians* and India, Oxford 1959.

Stoler, Ann Laura: *Capitalism* and Confrontation in Sumatra's Plantation Belt, 1870–1979, New Haven, CT 1985.

Stolleis, Michael/Yanagihara Masaharu (Hg.): *East Asian and European Perspectives* on International Law, Baden-Baden 2004.

Stone, Bailey: *Reinterpreting the French Revolution*. A Global-historical Perspective, Cambridge 2002.

Stone, Irving: The *Global Export* of Capital from Great Britain, 1865–1914. A Statistical Survey, New York 1999.

Strachan, Hew: The *First World War*, Bd. 1: To Arms, Oxford 2001.

Strachey, Lytton: *Eminent Victorians* [1918], definitive ed., London 2002.

Streets, Heather: *Martial Races*. The Military, Race and Masculinity in British Imperial Culture, 1857–1914, Manchester 2004.

Stuchtey, Benedikt: *Die europäische Expansion* und ihre Feinde. Kolonialismuskritik vom 18. bis in das 20. Jahrhundert, München 2008.

Stuchtey, Benedikt (Hg.): *Science* across the European Empires 1800–1950, Oxford 2005.

Sugihara Kaoru: *Japan as an Engine of the Asian International Economy*, c. 1880–1936, in: Japan Forum 2 (1989), S. 127–45.

Sugihara Kaoru (Hg.): *Japan*, China, and the Growth of the Asian International Economy, 1850–1949, Oxford 2005.

Sugiyama Shinya/Linda Grove (Hg.): *Commercial Networks* in Modern Asia, Richmond 2001.

Sullivan, Michael: The *Meeting of Eastern and Western Art*, Berkeley, CA 1989.

Sunderland, Willard: *Taming the Wild Field*. Colonization and Empire on the Russian Steppe, Ithaca, NY 2004.

Sundhaussen, Holm: *Geschichte Serbiens*. 19.–21. Jahrhundert, Wien 2007.

Suny, Ronald Grigor: *Looking toward Ararat*. Armenia in Modern History, Bloomington, IN 1993.

Sutcliffe, Anthony (Hg.): *Metropolis* 1890–1940, London 1984.

Sutcliffe, Anthony: *Paris*. An Architectural History, New Haven, CT 1993.

Sutcliffe, Anthony: Towards the *Planned City*. Germany, Britain, the United States and France 1780–1914, Oxford 1981.

Sutherland, Donald M. G.: The *French Revolution and Empire*. The Quest for a Civic Order, Malden, MA 2003.

Suzuki Toshio: *Japanese Government Loan Issues* on the London Capital Market 1870–1913, London 1994.

Swedberg, Richard: *Max Weber* and the Idea of Economic Sociology, Princeton, NJ 1998.

Sweetman, John: The *Oriental Obsession*. Islamic Inspiration in British and American Art and Architecture 1500–1920, Cambridge 1988.

Sylla, Richard/Gianni Toniolo (Hg.): *Patterns* of European Industrialization. The Nineteenth Century, London 1991.

Szreter, Simon/Graham Mooney: *Urbanization*, Mortality, and the Standard of Living Debate. New Estimates of the Life at Birth in Nineteenth-Century British Cities, in: EcHR 51 (1998), S. 84–112.

Szücs, Jenö: Die drei historischen *Regionen* Europas, Frankfurt a. M. 1990.

Szyliowicz, Joseph S.: *Education and Modernization* in the Middle East, Ithaca, NY 1973.

Taguieff, Pierre-André: *Le racisme*, Paris 1997.

Tahtawi, Rifa'a Rafi' al-: *Ein Muslim entdeckt Europa*. Rifa'a al-Tahtawi. Bericht über seinen Aufenthalt in Paris 1826–1831, hg. v. Karl Stowasser, München 1989.

Takaki, Ronald T.: A Different *Mirror*. A History of Multicultural America, Boston 1993.

Takaki, Ronald T.: *Strangers* from a Different Shore. A History of Asian Americans, New York 1989.

Takebayashi Shirō: Die Entstehung der *Kapitalismustheorie* in der Gründungsphase der deutschen Soziologie, Berlin 2003.

Takenaka Toru: *Wagner-Boom* in Meiji-Japan, in: Archiv für Musikwissenschaft 62 (2005), S. 13–31.

Tamaki Norio: *Japanese Banking*. A History, 1859–1959, Cambridge 1995.

Tanaka, Stefan: *Japan's Orient*. Rendering Pasts into History, Berkeley, CA 1993.

Tanaka, Stefan: *New Times in Modern Japan*, Princeton, NJ 2004.

Tanner, Albert: *Arbeitsame Patrioten* – wohlanständige Damen. Bürgertum und Bürgerlichkeit in der Schweiz 1830–1914, Zürich 1995.

Tarling, Nicholas (Hg.): The *Cambridge History of Southeast Asia*, 2 Bde., Cambridge 1992.

Tarling, Nicholas: *Imperialism* in Southeast. «A Fleeting, Passing Phase», London 2001.

Tarling, Nicholas: *Southeast Asia*. A Modern History, Oxford 2001.

Taruskin, Richard: The Oxford History of *Western Music*, 6 Bde., Oxford 2005.

Taylor, Jean Gelman: The *Social World of Batavia*. European and Eurasian in Dutch Asia, Madison, WI 1984.

Taylor, Miles: The *1848 Revolution* and the British Empire, in: P&P 166 (2000), S. 146–80.

Taylor, Miles: The *Decline* of British Radicalism, 1847–1860, Oxford 1995.

Taylor, P. J. O. (Hg.): A *Companion* to the «Indian Mutiny» of 1857, Delhi 1996.

Tedlow, Richard S.: *New and Improved*. The Story of Mass Marketing in America, New York 1990.

Teich, Mikuláš/Roy Porter (Hg.): The *Industrial Revolution* in National Context, Cambridge 1996.

Teich, Mikuláš/Roy Porter (Hg.): The *National Question* in Europe in Historical Context, Cambridge 1993.

Temperley, Howard (Hg.): *After Slavery*. Emancipation and its Discontents, London 2000.

Temperley, Howard: *British Antislavery* 1833–1870, London 1972.

Temperley, Howard: *White Dreams*, Black Africa. The Antislavery Expedition to the River Niger, 1841–1842. New Haven, CT 1991.

Teng Ssu-yü/John K. Fairbank (Hg.): *China's Response to the West*, Cambridge, MA 1954.

Teng Ssu-yü: The *Nien Army* and Their Guerilla Warfare, 1851–1868, Paris 1961.

Tenorio Trillo, Mauricio: *Argucias de la historia*. Siglo XIX, cultura y «América Latina», Mexico City 1999.

Tenorio Trillo, Mauricio: *Mexico* at the World's Fairs. Crafting a Modern Nation, Berkeley, CA 1996.

Terwiel, Barend J.: *Acceptance* and Rejection. The First Inoculation and Vaccination Campaigns in Thailand, in: Journal of the Siam Society 76 (1988), S. 183–201.

Terwiel, Barend J.: A History of *Modern Thailand*, 1767–1942, St. Lucia 1983.

Teuteberg, Hans Jürgen (Hg.): *Durchbruch zum modernen Massenkonsum*, Münster 1987.

Thant Myint-U.: The Making of *Modern Burma*, Cambridge 2001.

Thelin, John R.: A History of *American Higher Education*, Baltimore, MD 2004.

Therborn, Göran: *Globalizations*. Dimensions, Historical Waves, Regional Effects, Normative Governance, in: International Sociology 15 (2000), S. 151–79.

Theye, Thomas: Der geraubte *Schatten*. Eine Weltreise im Spiegel der ethnographischen Photographie, München 1989.

Thom, Martin: *Republics*, Nations and Tribes, London 1995.

Thompson, Dorothy: *Queen Victoria*. Gender and Power, London 2001.

Thompson, E. P.: The *Making* of the English Working Class, London 1963.

Thompson, E. P.: *Time*, Work-discipline and Industrial Capitalism, in: P&P 38 (1967), S. 56–97.

Thompson, F. M. L. (Hg.): The *Cambridge Social History of Britain*, 3 Bde., Cambridge 1990.

Thongchai Winichakul: *Siam Mapped*. A History of the Geo-Body of a Nation, Honolulu 1994.

Thornton, Russell: *American Indian Holocaust* and Survival. A Population History since 1492, Norman 1987.

Tilchin, William N.: *Theodore Roosevelt* and the British Empire. A Study in Presidental Statecraft, Basingstoke 1997.

Tilly, Charles: *Coercion*, Capital, and European States, AD 990–1992, Oxford 1992.

Tilly, Charles: The Politics of *Collective Violence*, Cambridge 2003.

Tilly, Charles: *Democracy*, Cambridge 2007.

Tilly, Charles (Hg.): The *Formation of National States* in Western Europe, Princeton, NJ 1975.

Tilly, Charles: Die europäischen *Revolutionen*, München 1993.

Tilly, Charles/Wim P. Blockmans (Hg.): *Cities* and the Rise of States in Europe, A. D. 1000 to 1800, Boulder, CO 1994.

Tilly, Chris/Charles Tilly: *Work* under Capitalism, Boulder, CO 1998.

Tilly, Louise A./Joan W. Scott: *Women*, Work and Family, New York 1987.

Tinker, Hugh: A *New System of Slavery*. The Export of Indian Labour Overseas, 1830–1920, London 1974.

Tipton, Frank: The *Rise of Asia*. Economics, Society and Politics in Contemporary Asia, Basingstoke 1998.

Tobler, Hans Werner: *Die mexikanische Revolution*. Gesellschaftlicher Wandel und politischer Umbruch, 1876–1940, Frankfurt a. M. 1984.

Toby, Ronald P.: *State and Diplomacy* in Early Modern Japan. Asia in the Development of the Tokugawa Bakufu, Stanford, CA 1984.

Tocqueville, Alexis de: Über die *Demokratie* in Amerika [1835–40], übers. v. Hans Zbinden, München 1976.

Todorov, Nikolaj: The *Balkan City*, 1400–1900, Seattle 1983.

Todorova, Maria: Der *Balkan* als Analysekategorie. Grenzen, Raum, Zeit, in: GG 28 (2002), S. 470–92.

Toennes, Achim: Die «Frontier». Versuch einer Fundierung eines Analyse-Konzepts, in: JbLA 35 (1998), S. 280–300.

Toeplitz, Jerzy: *Geschichte des Films*, 1895–1927, München 1975.

Toledano, Ehud R.: *State and Society* in Mid-Nineteenth-Century Egypt, Cambridge 1990.

Tombs, Robert: *France 1814–1914*, London 1996.

Tombs, Robert: The *Paris Commune*, 1871, London 1999.

Tomlinson, B. R.: The *Economy of Modern India* 1860–1970, Cambridge 1993.

Tone, John L.: *War and Genocide* in Cuba, 1895–1898, Chapel Hill, NC 2006.

Toniolo, Gianni: An *Economic History* of Liberal Italy 1850–1918, London 1990.

Topik, Steven C.: *Coffee Anyone?* Recent Research on Latin American Coffee Societies, in: HAHR 80 (2000), S. 225–66.

Topik, Steven C.: *When Mexico Had the Blues*. A Transatlantic Tale of Bonds, Bankers, and Nationalists, 1862–1910, in: AHR 105 (2000), S. 714–38.

Topik, Steven C., u. a. (Hg.): *From Silver to Cocaine*. Latin American Commodity Chains and the Building of the World Economy, 1500–2000, Durham, NC 2006.

Torp, Cornelius: Die *Herausforderung* der Globalisierung. Wirtschaft und Politik in Deutschland 1860–1914, Göttingen 2005.

Torpey, John: The *Invention of the Passport*. Surveillance, Citizenship and the State, Cambridge 2000.

Tortella, Gabriel: *Patterns of Economic Retardation* and Recovery in South-Western Europe in the Nineteenth and Twentieth Centuries, in: EcHR 47 (1994), S. 1–24.

Tortella, Gabriel: The Development of *Modern Spain*. An Economic History of the Nineteenth and Twentieth Centuries, Cambridge, MA 2000.

Totman, Conrad: *Early Modern Japan*, Berkeley, CA 1993.

Totman, Conrad: A *History of Japan*, Oxford 2000.

Touchet, Elisabeth de: *Quand les Français armaient le Japon*. La création de l'arsénal de Yokosuka 1865–1882, Rennes 2003.

Townshend, Charles: *Making the Peace*. Public Order and Public Security in Modern Britain, Oxford 1993.

Tracy, James D. (Hg.): *City Walls*. The Urban Enceinte in Global Perspective, Cambridge 2000.

Trautmann, Thomas R.: *Aryans* and British India, Berkeley, CA 1997.

Traxel, David: *1898*. Year One of the American Century, New York 1998.

Trebilcock, Clive: The *Industrialization* of the Continental Powers 1780–1914, Harlow 1981.

Trentmann, Frank: *Free Trade Nation*. Commerce, Consumption, and Civil Society in Modern Britain, Oxford 2008.

Trentmann, Frank (Hg.): *Paradoxes* of Civil Society. New Perspectives in Modern German and British History, New York 2000.

Trigger, Bruce/Wilcomb E. Washburn (Hg.): The *Cambridge History of the Native Peoples of the Americas*, Bd. 1: North America, in 2 Teilen, Cambridge 1996.

Trocki, Carl A.: *Opium and Empire*. Chinese Society in Colonial Singapore, 1800–1910, Ithaca, NY 1991.

Trocki, Carl A.: *Opium*, Empire and the Global Political Economy. A Study of the Asian Opium Trade, 1750–1950, London 1999.

Troebst, Stefan: *Kulturstudien* Ostmitteleuropas. Aufsätze und Essays, Frankfurt a. M. 2006.

Troeltsch, Ernst: Der *Historismus* und seine Probleme. 1. Buch: Das logische Problem der Geschichtsphilosophie, Tübingen 1922 (= Gesammelte Schriften, Bd. 3).

Trotha, Trutz v.: *Koloniale Herrschaft*. Zur soziologischen Theorie der Staatsentstehung am Beispiel des «Schutzgebietes Togo», Tübingen 1994.

Trotha, Trutz v.: *Was war der Kolonialismus?* Einige zusammenfassende Befunde zur Soziologie und Geschichte des Kolonialismus und der Kolonialherrschaft, in: Saeculum 55 (2004), S. 49–95.

Tsang, Steve Yui-sang: A Modern History of *Hong Kong*, London 2004.

Tsunoda Ryusaku, u. a. (Hg.): *Sources of Japanese Tradition*, 2 Bde., New York 1958.

Tsurumi, E. Patricia: *Women* in the Thread Mills of Meiji Japan, Princeton, NJ 1990.

Tuan Yi-fu: *Space and Place*. The Perspective of Experience, Minneapolis 1977.

Tulard, Jean: *Napoleon* oder der Mythos des Retters, Tübingen 1978.

Turfan, Naim: *Rise of the Young Turks*. Politics, the Military and Ottoman Collapse, London 2000.

Turley, David: The Culture of *English Anti-Slavery*, 1780–1860, London 1991.

Turnbull, C. Mary: A History of *Singapore* 1819–1975, Kuala Lumpur 1977.

Turner, B. L., u. a. (Hg.): *The Earth* as Transformed by Human Action. Global and Regional Changes in the Biosphere over the Past 300 Years, Cambridge 1990.

Turner, Bryan: Outline of a *Theory of Citizenship*, in: Sociology 24 (1990), S. 189–217.

Turner, Frederick Jackson: The *Frontier* in American History, new ed., Tucson, AZ 1986.

Turner, Michael E., u. a.: *Farm Production* in England 1700–1914, Oxford 2001.

Turrell, Robert Vicat: *Capital and Labour* on the Kimberley Diamond Fields 1871–1890. Cambridge 1987.

Tutino, John: The *Revolution in Mexican Independence*. Insurgency and the Renegotiation of Property, Production, and Patriarchy in the Bajio, 1800–1855, in: HAHR 78 (1998.), S. 367–418.

Tyrrell, Ian: *Peripheral Visions*. Californian-Australian Environmental Contacts, c. 1850s–1910, in: JWH 8 (1997), S. 275–302.

Tyrrell, Ian: *True Gardens* of the Gods. Californian-Australian Environmental Reform, 1860–1930, Berkeley, CA 1999.

Ullmann, Hans-Peter: Der deutsche *Steuerstaat*. Geschichte der öffentlichen Finanzen vom 18. Jahrhundert bis heute, München 2005.

Umar Al-Naqar: The *Pilgrimage Tradition* in West Africa. A Historical Study with Special Reference to the Nineteenth Century, Khartum 1972.

Unruh, John D.: *The Plains Across*. The Overland Emigrants and the Trans-Mississippi West, 1840–60, Urbana, IL 1979.

Uribe, Victor M.: The *Enigma* of Latin American Independence. Analyses of the Last Ten Years, in: LARR 32 (1997), S. 236–55.

Uribe-Uran, Victor M.: The *Birth of a Public Sphere* in Latin America during the Age of Revolution, in: CSSH 42 (2000), S. 425–57.

Urlanis, Boris Z.: *Bilanz* der Kriege. Die Menschenverluste Europas vom 17. Jahrhundert bis zur Gegenwart, Berlin (DDR) 1965.

Utley, Robert M.: The *Indian Frontier* of the American West 1846–1890, Albuquerque, NM 1984.

Utley, Robert M.: The Lance and the Shield. The Life and Times of *Sitting Bull*, New York 1993.

Van Young, Eric: The *Other Rebellion*. Popular Violence, Ideology, and the Mexican Struggle for Independence, 1810–1821, Stanford, CA 2001.

Van Zanten, David: *Building Paris*. Architectural Institutions and the Transformation of French Capital, 1830–1870, Cambridge 1994.

Vance, James E.: *Capturing the Horizon*. The Historical Geography of Transportation since the Transportation Revolution of the Sixteenth Century, New York 1986.

Vance, James E.: The *Continuing City*. Urban Morphology in Western Civilization, Baltimore, MD 1990.

Vandervort, Bruce: *Indian Wars* of Mexico, Canada and the United States, 1812–1900, New York 2006.

Vandervort, Bruce: *Wars* of Imperial Conquest in Africa, 1830–1914, London 1998.

Vanthemsche, Guy: *La Belgique et le Congo*. Empreintes d'une colonie, 1885–1980, Brüssel 2007.

Varisco, Daniel Martin: *Reading Orientalism*. Said and the Unsaid, Seattle 2007.

Vaughan, Megan: Creating the *Creole Island*. Slavery in Eighteenth-Century Mauritius. Durham, NC 2005.

Vec, Miloš: *Recht und Normierung* in der industriellen Revolution. Neue Strukturen der Normsetzung in Völkerrecht, staatlicher Gesetzgebung und gesellschaftlicher Selbstnormierung, Frankfurt a. M. 2006.

Veenendaal, Augustus J. jr.: *Railways* in the Netherlands. A Brief History, 1834–1994, Stanford, CA 2001.

Veer, Peter van der (Hg.): *Conversion* to Modernities. The Globalization of Christianity, New York 1996.

Veer, Peter van der: *Imperial Encounters*. Religion and Modernity in India and Britain, Princeton, NJ 2001.

Ven, G. P. van de, u. a.: *Leefbar laagland*. Geschiedenis van de waterbehersing en landaanwinning in Nederland, Utrecht 1993.

Venturi, Franco: *Roots of Revolution*. A History of the Populist and Socialist Movements in Nineteenth-century Russia, Chicago 1960.

Verley, Patrick: *L'Échelle du monde*. Essai sur l'industrialisation de l'Occident, Paris 1997.

Verley, Patrick: *La révolution industrielle*, Paris 1997².

Verrier, Anthony: Francis *Younghusband* and the Great Game, London 1991.

Veysey, Laurence R.: The *Emergence* of the American University, Chicago 1965.

Vierhaus, Rudolf, u. a. (Hg.): *Frühe Neuzeit* – Frühe Moderne? Forschungen zur Vielschichtigkeit von Übergangsprozessen, Göttingen 1992.

Vigier, Philippe: *Paris* pendant la monarchie de juillet 1830–1848, Paris 1991.

Viglione, Massimo (Hg.): *La Rivoluzione Italiana*. Storia critica del Risorgimento, Rom 2001.

Vincent, David: The Rise of *Mass Literacy*. Reading and Writing in Modern Europe, Cambridge 2000.

Viotti da Costa, Emília: The *Brazilian Empire*. Myths and Histories, Chicago 1985.

Virchow, Rudolf: *Sämtliche Werke*, hg. v. Christian Andree, Berlin/Hildesheim 1992 ff.

Vital, David: *A People Apart*. The Jews in Europe 1789–1939, Oxford 1999.

Vittinghoff, Natascha: Die Anfänge des *Journalismus in China* (1860–1911), Wiesbaden 2002.

Vittinghoff, Natascha/Michael Lackner (Hg.): *Mapping Meanings*. The Field of New Learning in Late Qing China, Leiden 2004.

Vögele, Jörg: *Sozialgeschichte* städtischer Gesundheitsverhältnisse während der Urbanisierung, Berlin 2001.

Vögele, Jörg: *Urban Mortality Change* in England and Germany, 1870–1913, Liverpool 1998.

Voigt, Fritz: *Verkehr*, 2 Bde. in 4 Teilbdn., Berlin 1965–73.

Voigt, Johannes: *Geschichte Australiens*, Stuttgart 1988.

Volkov, Shulamit: *Antisemitismus als kultureller Code*, München 2002².

Volkov, Shulamit: Die *Juden* in Deutschland 1780–1918, München 2002².

Voll, John Obert: *Islam*. Continuity and Change in the Modern World, Syracuse, NY 1994².

Vormbaum, Thomas: *Politik und Gesinderecht* im 19. Jahrhundert, Berlin 1980.

Voth, Hans-Joachim: *Time and Work* in England 1750–1830, Oxford 2001.

Vries, Jan de: *European Urbanization*, 1500–1800, Cambridge, MA 1984.

Vries, Jan de: The *Industrial Revolution* and the Industrious Revolution, in: JEH 54 (1994), S. 249–70.

Vries, Jan de/Ad van der Woude: The *First Modern Economy*. Success, Failure, and Perseverance of the Dutch Economy, 1500–1815, Cambridge 1997.

Vries, Peer H. H.: *Via Peking* back to Manchester. Britain, the Industrial Revolution, and China, Leiden 2003.

Wade, Richard C.: The *Urban Frontier*. The Rise of Western Cities, 1790–1830, Urbana, IL 1996.

Waechter, Matthias: Die *Erfindung* des amerikanischen Westens. Die Geschichte der Frontier-Debatte, Freiburg i. Br. 1996.

Wahrman, Dror: *Imagining the Middle Class*. The Political Representation of Class in Britain, c. 1780–1840, Cambridge 1995.

Wakabayashi, Bob Tadashi: *Anti-Foreignism* and Western Learning in Early-Modern Japan. The «New Theses» of 1825, Cambridge, MA 1991.

Waley-Cohen, Joanna: *Exile* in Mid-Qing China. Banishment to Xinjiang, 1758–1820, New Haven, CT 1991.

Walker, Brett L.: The *Early Modern Japanese State* and Ainu Vaccinations. Redefining the Body Politic 1799–1868, in: P&P 163 (1999), S. 121–60.

Walker, David R.: *Anxious Nation*. Australia and the Rise of Asia, 1850–1939. St. Lucia (Queensland) 1999.

Wallace, Alfred Russel: The *Wonderful Century*. Its Successes and Its Failures, London 1898.

Waller, Philip (Hg.): The *English Urban Landscape*, Oxford 2000.

Wallerstein, Immanuel: The *Modern World-System III*. The Second Era of Great Expansion of the Capitalist World-Economy, 1730–1840s, San Diego, CA 1989.

Walsh, Margaret: The *American West*. Visions and Revisions, Cambridge 2005.

Walter, François: *Les figures paysagères de la nation*. Territoire et paysage en Europe (16e–20e siècle), Paris 2004.

Walter, Michael: «Die *Oper* ist ein Irrenhaus.» Sozialgeschichte der Oper im 19. Jahrhundert, Stuttgart 1997.

Walton, John K.: The *English Seaside Resort*. A Social History 1750–1914, Leicester 1983.

Walton, John K.: *Fish and Chips* and the British Working Class, 1870–1940, Leicester 1992.

Walvin, James: *Fruits of Empire*. Exotic Produce and British Taste, 1660–1800, Basingstoke 1997.

Wang Guanhua: *In Search of Justice*. The 1905–1906 Chinese Anti-American Boycott, Cambridge, MA 2001.

Wang Gungwu: *The Chinese Overseas*. From Earthbound China to the Quest for Autonomy, Cambridge, MA 1997.

Wang Gungwu (Hg.): *Global History* and Migrations, Boulder, CO 1997.

Wang Sing-wu: The Organization of *Chinese Emigration*, 1848–1888, San Francisco 1978.

Ward, David: *Poverty*, Ethnicity, and the American City, 1840–1925. Changing Conceptions of the Slum and the Ghetto, Cambridge 1989.

Ward, David/Olivier Zunz (Hg.): The *Landscape of Modernity*. Essays on New York City, 1900–1940, New York 1992.

Ward, J. R.: The *Industrial Revolution* and British Imperialism 1750–1850, in: EcHR 47 (1994), S. 44–65.

Ward, J. R.: *Poverty* and Progress in the Caribbean 1800–1960, London 1985.

Ward, Kevin: A History of *Global Anglicanism*, Cambridge 2006.

Wasserman, Mark: *Everyday Life* and Politics in Nineteenth-Century Mexico. Men, Women, and War, Albuquerque, NM 2000.

Wasson, Ellis A.: *Aristocracy* and the Modern World. Basingstoke 2006.

Waswo, Ann: *Japanese Landlords*. The Decline of Rural Elite, Berkeley, CA 1977.

Watenpaugh, Keith David: *Being Modern* in the Middle East. Revolution, Nationalism, Colonialsm, and the Arab Middle Class, Princeton, NJ 2005.

Waters, Malcom (Hg.): *Modernity*. Critical Concepts, 4 Bde., New York 1999.

Watkins, Harold: *Time Counts*. The Story of the Calendar, London 1954.

Watt, John R.: The *District Magistrate* in Late Imperial China, New York 1972.

Watts, David: The *West Indies*. Patterns of Development, Culture and Environmental Change since 1492, Cambridge 1987.

Watts, Sheldon: *Epidemics* and History. Disease, Power and Imperialism, New Haven, CT 1997.

Wawro, Geoffrey: The *Austro-Prussian War*. Austria's War with Prussia and Italy in 1866, Cambridge 1996.

Wawro, Geoffrey: The *Franco-Prussian War*. The German Conquest of France in 1870–1871, Cambridge 2003.

Wawro, Geoffrey: *Warfare* and Society in Europe, 1792–1914, London 2000.

Way, Peter: *Common Labor*. Workers and the Digging of North American Canals, 1780–1860, Baltimore, MD 1993.

Weaver, John C.: The *Great Land Rush* and the Making of the Modern World, 1650–1900, Montreal 2006.

Webb, James L. A.: *Desert Frontier*. Ecological and Economic Change along the Western Sahel, 1600–1850, Madison, WI 1995.

Webb, Walter Prescott: The *Great Frontier*, Austin, TX 1964.

Weber, Adna Ferrin: The *Growth of Cities* in the Nineteenth Century. A Study in Statistics, New York 1899.

Weber, David J.: The *Spanish Frontier* in North America, New Haven, CT 1992.

Weber, Eugen: *Peasants into Frenchmen*. The Modernization of Rural France, 1870–1914, London 1977.

Weber, Max: *Wirtschaftsgeschichte*. Abriß der universalen Sozial- und Wirtschaftsgeschichte, Berlin 1981[4].

Weber, Max: Gesammelte Aufsätze zur *Wissenschaftslehre*, Tübingen 1968[3].

Weber, Petra: *Sozialismus als Kulturbewegung*. Frühsozialistische Arbeiterbewegung und das Entstehen zweier feindlicher Brüder Marxismus und Anarchismus, Düsseldorf 1989.

Webster, Anthony: *Gentlemen Capitalists*. British Imperialism in Southeast Asia 1770–1890, London 1998.

Wedewer, Hermann: Eine *Reise nach dem Orient*, Regensburg 1877.

Weeks, Theodore R.: *From Assimilation* to Antisemitism. The «Jewish Question» in Poland, 1850–1914. DeKalb, IL 2006.

Wehler, Hans-Ulrich: Deutsche *Gesellschaftsgeschichte*, 5 Bde., München 1987–2008.

Weichlein, Siegfried: *Nationalismus* und Nationalstaat in Deutschland und Europa. Ein Forschungsüberblick, in: NPL 51 (2006), S. 265–352.

Weintraub, Stanley: *Queen Victoria.* Eine Biographie, Zürich 1987.

Weintraub, Stanley: *Uncrowned King.* The Life of Prince Albert, New York 1997.

Weis, Eberhard: Der *Durchbruch des Bürgertums* 1776–1847, Frankfurt a. M. 1982.

Weismann, Itzchak: The *Naqshbandiyya.* Orthodoxy and Activism in a Worldwide Sufi Tradition, London 2007.

Wellenreuther, Hermann: *Von Chaos und Krieg* zu Ordnung und Frieden. Der Amerikanischen Revolution erster Teil, 1775–1783, Münster 2006.

Wells, Roger: *Wretched Faces.* Famine in Wartime England 1793–1801, Gloucester 1988.

Welskopp, Thomas: Das *Banner der Brüderlichkeit.* Die deutsche Sozialdemokratie vom Vormärz bis zum Sozialistengesetz, Bonn 2000.

Wende, Peter: *Das britische Empire.* Geschichte eines Weltreichs, München 2008.

Wende, Peter (Hg.): *Große Revolutionen* der Geschichte. Von der Frühzeit bis zur Gegenwart, München 2000.

Wendorff, Rudolf: *Zeit und Kultur.* Geschichte des Zeitbewußtseins in Europa, Opladen 1980[2].

Wendt, Reinhard: Vom *Kolonialismus* zur Globalisierung. Europa und die Welt seit 1500, Paderborn 2007.

Wennerholm, Eric: *Sven Hedin,* Wiesbaden 1978.

Werdt, Christophe von: *Halyč-Wolhynien* – Rotreußen – Galizien. Im Überlappungsgebiet der Kulturen und Völker, in: JGO 46 (1998), S. 69–99.

Werlen, Benno: *Sozialgeographie.* Eine Einführung, Bern 2000.

Wernick, Andrew: *Auguste Comte* and the Religion of Humanity. The Post-theistic Program of French Social Theory, Cambridge 2001.

Wesseling, H. L.: *Europa's koloniale eeuw.* De koloniale rijken in de negentiende eeuw, 1815–1919, Amsterdam 2003.

Wesseling, H. L.: *Imperialism and Colonialism.* Essays on the History of European Expansion, Westport, CT 1997.

Wesseling, H. L.: *Les guerres coloniales* et la paix armée, 1871–1914. Esquisse pour une étude comparative, in: Histoires d'outre-mer. Mélanges en l'honneur de Jean-Louis Miège, Bd. 1, Aix-en-Provence 1992, S. 105–26.

Wesseling, H. L.: *Teile und herrsche.* Die Aufteilung Afrikas, 1880–1914, Stuttgart 1999.

West, Elliott. The *Contested Plains.* Indians, Goldseekers and the Rush to Colorado. Lawrence, KS 1998.

West, James L./Jurii A. Petrov (Hg.): *Merchant Moscow.* Images of Russia's Vanished Bourgeoisie, Princeton, NJ 1998.

Westney, D. Eleanor: *Imitation* and Innovation. The Transfer of Organizational Patterns to Meiji Japan, Cambridge, MA 1987.

Wheeler, Tom: *Mr. Lincoln's T-Mails.* The Untold Story of How Abraham Lincoln Used the Telegraph to Win the Civil War, New York 2006.

Whelan, Yvonne: *Reinventing Modern Dublin.* Streetscape, Iconography and the Politics of Identity, Dublin 2003.

White, Jerry: *London* in the Nineteenth Century. A Human Awful Wonder of God, London 2007.

White, Richard: The *Middle Ground*. Indians, Empires, and Republics in the Great Lakes Region, 1650–1815, Cambridge 1991.

White, Richard: «It's Your *Misfortune* and None of My Own». A History of the American West, Norman, OK 1991.

Whited, Tamara L.: *Forests* and Peasant Politics in Modern France, New Haven, CT 2000.

Whitehead, Alfred North: *Science* and the Modern World [1925], New York 1967.

Whiteman, Jeremy J.: *Reform*, Revolution and French Global Policy, 1787–1791, Aldershot 2003.

Whitrow, G. J.: *Time in History*. The Evolution of Our General Awareness of Time and Temporal Perspective, Oxford 1988.

Wiebe, Robert H.: The *Search for Order*, 1877–1920, London 1967.

Wigen, Kären: The Making of a *Japanese Periphery*, 1750–1920, Berkeley, CA 1995.

Wilcox, Donald J.: The *Measure of Times Past*. Pre-Newtonian Chronologies and the Rhetoric of Relative Time, Chicago 1987.

Wilentz, Sean: The *Rise of American Democracy*. Jefferson to Lincoln, New York 2005.

Wilkinson, Endymion: *Chinese History*. A Manual, Cambridge, MA 1998

Wilkinson, Thomas O.: The *Urbanization of Japanese Labor*, 1868–1955, Amherst, MA 1965.

Will, Pierre-Étienne: *Bureaucratie* et famine en Chine au XVIIIe siècle, Paris 1980.

Will, Pierre-Étienne/R. Bin Wong: *Nourish the People*. The State Civilian Granary System in China 1650–1850, Ann Arbor, MI 1991.

Williams, Brian G.: The *Crimean Tatars*. The Diaspora Experience and the Forging of a Nation, Leiden 2001.

Williams, Michael: *Americans and Their Forests*. A Historical Geography, Cambridge 1989.

Williams, Michael: *Deforesting the Earth*. From Prehistory to Global Crisis, Chicago 2003.

Williamson, Jeffrey G./Peter H. Lindert: *American Inequality*. A Macroeconomic History, New York 1980.

Willms, Johannes: *Paris*. Hauptstadt Europas 1789–1914, München 1978.

Wilson, A. N.: The *Victorians*, London 2002.

Wilson, David M.: The *British Museum*. A History, London 2002.

Wilson, Thomas M./Hastings Donnan: *Introduction*, in: dies. (Hg.), Border Identities. Nation and State at International Frontiers, Cambridge 1998., S. 1–30.

Wimmer, Andreas: *Die komplexe Gesellschaft*. Eine Theorienkritik am Beispiel des indianischen Bauerntums, Berlin 1995.

Winant, Howard: The *World Is a Ghetto*. Race and Democracy since World War II, New York 2001.

Winchester, Simon: A *Crack* in the Edge of the World. The Great American Earthquake of 1906, New York 2005.

Winchester, Simon: *Krakatau*. Der Tag, an dem die Welt zerbrach, 27. August 1883, München 2003.

Windler, Christian: *Grenzen vor Ort*, in: Rechtsgeschichte 1 (2002), S. 122–45.

Windler, Christian: *La diplomatie* comme expérience de l'autre. Consuls français au Maghreb (1700–1840), Genf 2002.

Winkle, Stefan: *Geißeln* der Menschheit. Kulturgeschichte der Seuchen, Düsseldorf 1997.

Winkler, Heinrich-August: Der lange *Weg nach Westen*, 2 Bde., München 2000.

Winseck, Dwayne R./Robert M. Pike: *Communication and Empire*. Media, Markets, and Globalization, 1860–1930, Durham, NC 2007.

Winston, Brian: *Media Technology* and Society. A History from the Telegraph to the Internet, London 1998.

Wirtschafter, Elise Kimerling: *Structures of Society*. Imperial Russia's «People of Various Ranks», DeKalb, IL 1994.

Wirz, Albert: *Sklaverei* und kapitalistisches Weltsystem, Frankfurt a. M. 1984.

Wischermann, Clemens/Anne Nieberding: *Die institutionelle Revolution*. Eine Einführung in die deutsche Wirtschaftsgeschichte des 19. und frühen 20. Jahrhunderts, Stuttgart 2004.

Witte, Els, u. a. 2006. *Nouvelle histoire de Belgique*, Bd. 1: 1830–1905, Brüssel 2006.

Witzler, Beate: *Großstadt und Hygiene*. Kommunale Gesundheitspolitik in der Epoche der Urbanisierung, Stuttgart 1995.

Wobring, Michael: Die *Globalisierung* der Telekommunikation im 19. Jahrhundert. Pläne, Projekte und Kapazitätsausbauten zwischen Wirtschaft und Politik, Frankfurt a. M. 2005.

Woerkens, Martine van: *Le voyageur étranglé*. L'Inde des Thugs, le colonialisme et l'imaginaire, Paris 1995.

Wolmar, Christian: *Fire and Steam*. A New History of the Railways in Britain, London 2007.

Wolmar, Christian: The *Subterranean Railway*. How the London Underground Was Built and How It Changed the City Forever, London 2004.

Woloch, Isser: *Napoleon and His Collaborators*. The Making of a Dictatorship, New York 2001.

Woloch, Isser: The *New Regime*. Transformations of the French Civic Order, 1789–1820s, New York 1994.

Woloch, Isser (Hg.): *Revolution* and the Meanings of Freedom in the Nineteenth Century, Stanford, CA 1996.

Wong, R. Bin: *China Transformed*. Historical Change and the Limits of European Experience, Ithaca, NY 1997.

Wong, R. Bin: *Entre monde et nation*. Les régions braudéliennes en Asie, in: Annales HSS 56 (2001), S. 5–41.

Wood, Gordon S.: The *American Revolution*. A History, New York 2002.

Wood, Gordon S.: The Americanization of *Benjamin Franklin*, New York 2004.

Wood, Gordon S.: The *Radicalism* of the American Revolution. A History, New York 1992.

Woodruff, William: *Impact of Western Man*. A Study of Europe's Role in the World Economy 1750–1960, London 1966.

Woodside, Alexander B.: *Lost Modernities*. China; Vietnam, Korea, and the Hazards of World History, Cambridge, MA 2006.

Woodside, Alexander B.: *Vietnam* and the Chinese Model. A Comparative Study of Nguyen and Ch'ing Civil Administration in the First Half of the Nineteenth Century, Cambridge, MA 1971.

Woolf, Stuart J.: The Construction of a *European World View* in the Revolutionary-Napoleonic Years, in: P&P 137 (1992), S. 72–101.

Woolf, Stuart J.: A History of *Italy* 1700–1860. The Social Constraints of Political Space, London 1979.

Woolf, Stuart J.: *Napoleon's Integration of Europe*, London 1991.

Worden, Nigel, u. a.: *Cape Town*. The Making of a City, Hilversum 1998.

Wortman, Richard S.: *Scenarios of Power*. Myth and Ceremony in Russian Monarchy. From Peter the Great to the Abdication of Nicholas II (one-volume edition), Princeton, NJ 2006.

Woud, Auke van der: *Het lege land*. De ruimtelijke orde van Nederland, 1798–1848, Amsterdam 1987.

Woude, A. M. van der, u. a. (Hg.): *Urbanization* in History. A Process of Dynamic Interactions, Oxford 1990.

Wray, William C.: *Mitsubishi* and the N. Y. K., 1870–1914. Business Strategy in the Japanese Shipping Industry, Cambridge, MA 1984.

Wright, Denis: *The Persians amongst the English*. Episodes in Anglo-Persian History, London 1985.

Wright, Gavin: The *Origins* of American Industrial Success, 1879–1940, in: AER 80 (1990), S. 651–68.

Wright, Gwendolyn: The *Politics of Design* in French Colonial Urbanism, Chicago 1991.

Wright, James Leitch: *Creeks* and Seminoles. The Destruction and Regeneration of the Muscogulge People. Lincoln, NE 1986.

Wright, Mary C.: The *Last Stand* of Chinese Conservatism. The T'ung-Chih Restoration, 1862–1874, Stanford, CA 1957.

Wrigley, E. A.: *People*, Cities and Wealth, Oxford 1987.

Wrigley, E. A.: *Poverty*, Progress, and Population, Cambridge 2004.

Wrobel, David M.: The *End of American Exceptionalism*. Frontier Anxiety from the Old West to the New Deal, Lawrence, KS 1993.

Wunder, Bernd: Geschichte der *Bürokratie* in Deutschland, Frankfurt a. M. 1988.

Wunder, Bernd: *Europäische Geschichte* im Zeitalter der Französischen Revolution, 1789–1815, Stuttgart 2001.

Wyatt, David K.: *Thailand*. A Short History, New Haven, CT 1984.

Xiang Lanxin: The *Origins of the Boxer War*. A Multinational Study, London 2003.

Yalland, Zoë: *Boxwallahs*. The British in Cawnpore 1857–1901, Norwich 1994.

Yamada Keiji (Hg.): The *Transfer of Science* and Technology between Europe and Asia, 1780–1880, Kyoto 1994.

Yapp, Malcolm E.: The *Making* of the Modern Near East, 1792–1923, London 1987.

Yelling, J. A.: *Slums and Slum Clearance in Victorian London*, London 1986.

Yen Ching-hwang: *Coolies* and Mandarins. China's Protection of Overseas Chinese during the Late Ch'ing Period (1851–1911), Singapur 1985.

Yergin, Daniel: *Der Preis*. Die Jagd nach Öl, Geld und Macht, Frankfurt a. M. 1991.

Yoda Yoshiie: The *Foundations of Japan's Modernization*. A Comparison with China's Path towards Modernization, Leiden 1996.

Yonemoto, Marcia: *Mapping Early Modern Japan*. Space, Place, and Culture in the Tokugawa Period (1603–1868), Berkeley, CA 2003.

Yoshitake Oka: *Five Political Leaders* of Modern Japan, Tokyo 1986.

Young, David C.: The *Modern Olympics*. A Struggle for Revival, Baltimore, MD 1996.

Young, Ernest P.: The *Presidency of Yuan Shih-k'ai*. Liberalism and Dictatorship in Early Republican China, Ann Arbor, MI 1977.

Young, G. M.: *Portrait* of an Age. Victorian England, Oxford 1977 [1936].

Young, Michael: The *Metronomic Society*. Natural Rhythms and Human Time-tables, London 1988.

Young, Robert J. C.: *Postcolonialism*. An Historical Introduction, Oxford 2001.

Zachernuk, Philip S.: *Colonial Subjects*. An African Intelligentsia and Atlantic Ideas, Charlottesville, VA 2000.

Zagorin, Perez: How the Idea of *Religious Toleration* Came to the West, Princeton, NJ 2003.

Zamagni, Vera: The *Economic History of Italy*, 1860–1990, Oxford 1993.

Zanden, Jan L. van: *Wages* and the Standard of Living in Europe, 1500–1800, in: EEcH 2 (1999), S. 175–97.

Zastoupil, Lynn/Martin Moir (Hg.): The *Great Indian Education Debate*. Documents Relating to the Orientalist-Anglicist Controversy, 1781–1843, Richmond 1999.

Zeleza, Paul Tiyambe: A Modern *Economic History of Africa*, Bd. 1: The Nineteenth Century, Dakar 1993.

Zernack, Klaus: *Polen und Russland*. Zwei Wege in der europäischen Geschichte, Berlin 1994.

Zerubavel, Eviatar: *Time Maps*. Collective Memory and the Social Shape of the Past, Chicago 2003.

Zeuske, Michael: *Schwarze Karibik*. Sklaven, Sklavenkultur und Emanzipation, Zürich 2004.

Zeuske, Michael: *Sklaven* und Sklaverei in den Welten des Atlantiks, Berlin 2006.

Zeuske, Michael: *Sklavereien*, Emanzipationen und atlantische Weltgeschichte. Essays über Mikrogeschichten, Sklaven, Globalisierungen und Rassismus. Leipzig 2002.

Zhang Hailin: *Suzhou* zaoqi chengshi xiandaihua yanjiu [Untersuchungen zu den Anfängen städtischer Modernisierung in Suzhou], Nanjing 1999.

Ziegler, Dieter: *Die Industrielle Revolution*, Darmstadt 2005.

Zimmerman, Andrew: *Anthropology* and Antihumanism in Imperial Germany, Chicago 2001.

Zimmermann, Clemens: Zeit der *Metropolen*, Frankfurt a. M. 1996.

Zimmermann, Ekkart: *Krisen*, Staatsstreiche und Revolutionen. Theorien, Daten und neuere Forschungsansätze, Opladen 1981.

Zöllner, Reinhard: *Geschichte Japans*. Von 1800 bis zur Gegenwart, Paderborn 2006.

Zöllner, Reinhard: *Japanische Zeitrechnung*. Ein Handbuch, München 2003.

Zürcher, Erik J. (Hg.): *Arming the State*. Military Conscription in the Middle East and Central Asia, London 1999.

Zürcher, Erik J.: *Turkey*. A Modern History, London 1993.

人名索引

（索引页码为原书页码，即本书边码）

地名索引

（索引页码为原书页码，即本书边码）

481, 491, 517, 529, 533, 584, 603,
604 f., 670, 675, 687–93, 722, 730,
734, 762, 803, 814, 832 f., 837, 847,
856, 860, 901, 914, 927 f., 936, 942,
945, 957, 966, 970, 986, 991, 1013,
1015 f., 1030, 1033, 1035–37, 1047,
1051–53, 1059, 1061, 1071 f., 1087,
1089–91, 1094 f., 1108, 1123 f., 1139,
1147 f., 1153–55, 1160 f., 1174, 1178,
1208, 1222, 1251, 1261 f., 1268, 1294 f.
Aspen 391
Athen 355, 357, 378, 1160
Äthiopien 230, 275, 331, 358, 532, 555,
577, 604, 698, 700, 713, 833, 847, 1025
Atjeh 635 f., 700
Atlanta 345, 796
Atlantik, Atlantischer Ozean 74, 76, 101,
105, 107, 111, 143, 145, 160–63, 202–
205, 226, 229–32, 236–39, 242 f., 247,
249, 315, 354, 383, 387, 540, 556–58,
586, 679, 747–49, 751–77, 854, 893,
919, 994–96, 1015 f., 1026–30, 1035,
1062 f., 1100, 1191–94, 1201, 1245 f., 1295
Australien 13, 25, 34, 49, 64 f., 75, 80,
98, 105 f., 113, 133, 144, 160 f., 185 f.,
191, 194–197, 199, 206–210, 240,
244 f., 247, 251, 255 f., 279, 305, 321,
324, 339, 359 f., 370, 378 f., 391, 421 f.,
426, 432, 446, 449 f., 455, 462, 464 f.,
467, 471, 476, 478, 481, 500 f., 512,
535 f., 539–41, 548, 557 f., 563 f., 582,
594 f., 603, 612 f., 615, 618, 626, 629,
631, 650, 659 f., 698, 726 f., 729, 782,
829, 857, 894, 916, 936, 955, 988, 994,
1024 f., 1034, 1039, 1046, 1050 f., 1063,
1078, 1111, 1135, 1225, 1283–85
Ayudhya 404

B

Bad Ems 389
Bad Ischl 389
Baden 724, 741, 782, 835, 1020, 1246
Baden-Baden 388
Baikal-See 525
Baku 802 f.
Bali 296
Balkan 97, 105, 138, 148 f., 154, 158, 177,
186 f., 214, 217 f., 249, 251, 278, 302,
375 f., 437, 519 f., 574, 593, 602, 606,
608, 626, 662, 670, 677 f., 700, 725,
745, 778, 813, 815, 1065, 1117, 1119,
1122, 1187, 1218, 1233, 1247, 1258

Baltimore 71, 1144
Bangkok 368, 376, 421
Barbados 205, 1192
Barcelona 41, 162, 239, 408, 411 f., 434,
459
Baroda 351, 1130
Basel 434
Batavia (Jakarta) 68, 234, 273, 285, 328,
331, 352, 376, 382 f., 394, 407, 413,
417, 421, 635, 830, 1092
Bayern 37, 262, 275, 289, 585, 589, 835,
868, 990, 1132, 1176 f.
Beijing: siehe «Peking»
Beirut 289, 382, 385, 443, 456, 898,
1094, 1137
Belgien 59, 66, 98, 146, 177, 211, 222,
316, 380, 393, 577, 588 f., 601 f., 622,
634, 702, 733, 769, 778, 805, 837, 858,
923, 938, 961, 1018, 1039, 1048, 1118,
1183, 1254
Belgrad 148, 278, 376, 588
Bengalen 67, 158, 285, 301, 330, 576,
617, 790 f., 854 f., 944, 967, 1072, 1111,
1134, 1179, 1272
Benin 1151, 1417
Berlin 40, 266, 285, 341, 365, 370,
379 f., 393, 395, 398, 430, 433, 444,
451, 554, 886, 991, 1029, 1133, 1140
Bermuda 209, 405
Bern 393, 434, 753
Betschuanaland (Botswana) 637 f.
Birmingham 367, 380, 400 f., 412, 437,
442
Blackpool 390
Blagoveščensk 380
Böhmen (auch: Tschechien) 42, 66,
146, 165, 388, 393, 619, 626, 670
Bolivien 387, 587, 684, 698, 856, 939
Bombay (Mumbai) 67, 80, 172, 225,
263 f., 265, 273, 281–3, 297, 370, 407,
415, 419, 437, 439, 462, 637, 944, 998,
1035, 1037, 1091, 1111, 1130
Bordeaux 411, 433
Bosnien(-Herzegowina) 217, 624, 722
Boston 326, 378, 404, 420, 446, 457,
465, 919, 1135, 1256
Brasilien 29, 162 f., 185, 192, 201–5, 209,
214, 237–39, 257, 292, 307, 331, 336,
338, 347 f., 370, 393, 467, 501–5, 523,
547 f., 587, 602, 683 f., 686 f., 719,
734, 757, 762, 767, 770, 840, 939, 941,
971, 974, 995, 998, 1045, 1064, 1109,

关键词索引

（索引页码为原书页码，即本书边码）

图书在版编目（CIP）数据

世界的演变：19世纪史：全3册／（德）奥斯特哈

默著；强朝晖，刘风译. －－北京：社会科学文献出版

社，2016.11（2019.3 重印）

ISBN 978 - 7 - 5097 - 8162 - 3

Ⅰ.①世… Ⅱ.①奥… ②强… ③刘… Ⅲ.①世界史

－近代史－研究－19 世纪 Ⅳ.①K14

中国版本图书馆 CIP 数据核字（2015）第 232374 号

世界的演变：19 世纪史（全 3 册）

著　　者／〔德〕于尔根·奥斯特哈默（Jürgen Osterhammel）
译　　者／强朝晖　刘　风

出 版 人／谢寿光
项目统筹／段其刚　董风云
责任编辑／段其刚　白　雪

出　　版／社会科学文献出版社·甲骨文工作室（分社）（010）59366432
　　　　　　地址：北京市北三环中路甲 29 号院华龙大厦　邮编：100029
　　　　　　网址：www. ssap. com. cn
发　　行／市场营销中心（010）59367081　59367083
印　　装／三河市东方印刷有限公司

规　　格／开本：889mm × 1194mm　1/32
　　　　　　印 张：58.25　字 数：1338 千字
版　　次／2016 年 11 月第 1 版　2019 年 3 月第 5 次印刷
书　　号／ISBN 978 - 7 - 5097 - 8162 - 3
著作权合同
登 记 号／图字 01 - 2012 - 0349 号
定　　价／238.00 元（全 3 册）

让 我 们 一 起 追 寻

于尔根 · 奥斯特哈默 / 作品 / /

世 界 的 演 变
19 世纪史
/ II /

[德] 于尔根 · 奥斯特哈默　著
（Jürgen Osterhammel）

Die Verwandlung der Welt: Eine Geschichte des 19. Jahrhunderts

强 朝 晖　刘　风　译

译　歌德学院（中国）
　　翻译资助计划

社会科学文献出版社
SOCIAL SCIENCES ACADEMIC PRESS (CHINA)

目　录

I

第一部分　近景

第 1 章　记忆与自我观察

第 2 章　时间

Ⅲ

第三部分 主题

附 录

第7章 边疆
——征服空间、入侵游牧民族的生活

一 侵略与边疆进程

进入 19 世纪以后，与城市截然相对的已不再是"农 465
村"——依附于土地的农民的生存空间，而是"边疆"（即美
国人所说的"Frontier"）：开采资源过程中的移动疆界。它在空
间中不断被向外推进。这些空间很少如扩张者对自己或对他人
所言，是"荒无人烟"的。对移动疆界所抵之处的原住民来
说，"边疆"是侵略者的矛头。一俟其到来，过去的一切都将
面目全非。人群的流动总是以城市和边疆为指向。在城市和边
疆这两者之间，存在着一种共性：它们都是吸引 19 世纪人口迁
徙的巨大磁石。它们为渴望实现梦想的人们提供了无穷的机会，
其魅力之大令以住任何一个历史时期都望尘莫及。城市和边疆
的另一个共同点是社会地位关系的渗透性与可塑性。那些一无
所有但不乏才能的人，有可能在这里成就自己的一番事业。机
会的增多同时也意味着风险的上升。在边疆，赢家和输家手中
的牌被彻底重洗。

相对于城市而言，边疆属于"边缘地带"。从根本上讲，
对边疆的统治是在城市中组织筹划的，征服边疆所需的武器和
工具也是在城市中"打造"。一旦在边疆建起了城市，疆界就

会进一步向外拓展，新开辟的贸易基地将成为下一轮扩张的据点。但是，边疆作为边缘地带，它所发挥的作用并不是被动的。特殊的利益、身份认同、生活方式与性格特征在这里形成，并反过来对中心地带造成影响。边疆所呈现的形态，有可能与城市截然相反。对来自波士顿的城市贵族来说，那些生活在木屋中的"边疆居民"（backwoodsmen）与原始粗野的印第安土著并无分别。这些在边疆发展起来的社会形成了特殊的生活圈，有些随着时间逐步走向独立，有些则因城市的压力或自身资源的枯竭而最终消亡。

侵占土地与资源开采

所有考古学或历史学记载的历史，都被殖民式侵占土地的进程充斥。人类共同体不断地开发土地和土壤，以作为自身生存保障的基础。19 世纪将这一潮流推向巅峰，在某种意义上也将其推向终结。在以往任何一个世纪里，用于农业生产的耕地面积从未有过如此大幅度的扩展。这无疑是世界许多地区人口增长所导致的结果。但是，这一理由并不足以解释一切。因为我们看到，20 世纪的世界人口增长虽然超过了 19 世纪，然而在粗放式（extensive）土地资源利用方面，其发展速度却并非与人口同步。从整体来看，20 世纪的主要特征在于资源的深层利用，而非侵占空间式的资源开采。当然，即使在今天，当人类借助纳米技术和实时通信手段将资源的深层利用推上新的台阶时，毁坏热带雨林与海洋渔业过度捕捞等原始的资源掠夺模式仍然没有绝迹。

在 19 世纪的欧洲（特别是俄国以外地区），通过殖民大规模侵占土地的现象已不多见，土地的侵占主要是以欧洲移民向全世界扩张的形式来表现。欧洲历史的一幕幕旧戏，在海外再度上演。此外，在华人以及热带非洲的某些民族中，也出现了类似的移民潮。受全球稻米出口的影响，大量移民涌向缅甸的稻米边界和东南亚其他地区的"种植园边疆"（plantation frontier）。侵占土地式的殖民给人类带来的是截然不同的经验，这些经验的矛盾性在历史编纂中同样得到了反映：一方面是充满活力的殖民者策马扬鞭（这也是这些人对自我形象的认识）深入"荒野"，在从事畜牧业之外，把"杳无人烟"的荒地变成了良田，并将人类的"文明"成果带到了这里。在早期历史学著作中，人们更倾向于歌颂和美化这些拓荒者的功绩，称之为对现代国家建设乃至整个人类进步的贡献。但另一方面，也有少数人尝试着将自己置身于那些千百年来生活在所谓"蛮荒之地"的民族的角度，去进行换位思考。詹姆斯·费尼莫尔·库柏（James Fenimore Cooper）在 1824～1841 年出版的"皮袜子"系列小说中，便曾描写过印第安民族衰落的悲剧。库柏是一位城市贵族后裔，他的家族在纽约州的边疆地区拥有大片田产。直到 20 世纪初，这种负面视角才零星进入了美国的历史编纂之中。[1]

467

　　第二次世界大战后，最迟是在去殖民化时期，对"白人"向世界传播良物之角色的质疑甚嚣尘上。历史学家们逐渐对民族学的研究对象萌生了兴趣，并开始将目光投向殖民扩张的受害者。美洲土著、巴西的印第安人和澳大利亚原住民所遭受的不公待遇，由此进入了学术界和公众的视野。早期历史书中被尊为英雄的拓荒者一改形象，变成了残忍阴险的帝国主义分子。[2]随后，研究者又迈出了第三步：他们在单调的黑白图像中掺入了灰色调，使其变得更细腻、更清晰。历史学家们发现了被美国环境史学家和民族志学家理查德·怀特（Richard White）称为"中间地带"（the middle ground）的现象：在经过长期渗透性接触的空间里，施害者与受害者的角色变得模糊难辨；在"原住民"（natives）与"新人"（newcomers）之间，形成了经谈判达成的妥协、暂时的权力平衡与经济利益的制约，另外，往往还伴有文化和生物学意义上的"杂交"。[3]直到今天，我们的史学研究工作仍然处于上述第三阶段。在这一阶段里，我们对历史的认知变得丰富多样：地区性差异受到重视，扩张进程中的"第三类"少数族群——如北美西部的华人——的角色得到了认可，许多（但并非所有）扩张进程是以家庭为主体的现象受到了关注。除了男牛仔之外，女牛仔也开始进入了研究者的视野。[4]在文学创作中涌现出大量以神化殖民进程为主题的作品，这一主题同样也在其他艺术形式中得到了反映：从早期的插图式游记，到后来的好莱坞西部片。

尽管不同的叙述之间有着种种细微的差异，但是，有一个基本事实却是无法回避的：在殖民式的土地侵占中，赢家和输家是一目了然的。虽然也有少数非欧洲民族——如新西兰的毛利人（Maori）——在抵御入侵方面取得了一定胜利，但是从全球角度看，对原始生存方式的攻击最终几乎都是以原住民的失败为结局。土著社会失去了其传统的赖以生存的基础，同时也无法在原属于自己的土地上所诞生的新秩序中获得立足之地。即使是那些没有受到无情迫害的原住民，也不得不接受"文明化"的改造，这种"文明化"的根本宗旨，是对传统原生态文化的贬低和蔑视。从这一意义上讲，1955 年克洛德·列维·斯特劳斯（Claude Lévi - Strauss）以充满感情的笔触所描写的"忧郁的热带"，早在 19 世纪便已出现。欧洲和北美人对那些被其粗暴地判定为"原始人"的土著族群的大规模攻击，与他们对那些可作为臣民在经济上加以利用的非欧洲人的殖民相比，在历史上所留下的印迹要深刻得多，虽然后者从表面来看似乎更富有戏剧性。

在20世纪，殖民统治在形式上已被消除。但是，那些原本是其土地唯一主人的所谓"少数民族"却仍然和过去一样，在社会上处于从属地位。这种地位的形成是在相对较短的时间里发生的：18世纪时，世界许多地区还存在着一些作为"中间地带"的相对稳定的接触区域。然而到19世纪下半叶时，这种脆弱的共存形式已变得难以维系。直到1945年之后，随着殖民统治与种族主义普遍失去合法性，人们才开始对过去的不当行为、原住民权利（aboriginal rights）以及赔偿（包括对贩奴和苦役的赔偿）等问题展开反思。对作为受害者的少数族群而言，外部世界的逐渐认可也为其身份认同的构建提供了新契机。然而，其生活方式被边缘化这一基本事实却再也无法改变。

弗雷德里克·杰克逊·特纳及其影响

侵占土地式的殖民是帝国形成的路径之一。在大规模侵略开始时，冲在第一线的未必总是士兵，在很多时候，扮演冲锋陷阵角色的也有可能是商人、移民或传教士。在某些情况下，是民族国家本身通过殖民的手段，对预先划定的领土进行"填充"。于是，便出现了所谓内部边疆或内部殖民现象。在先驱者的拓荒行动中，最引人注目、对全球影响最大的是欧洲人在北美从大西洋海岸到西部的拓荒式殖民。在早期的美国历史学著作中，人们对这场"征服西部"（the winning of the west）（西奥

469

多・罗斯福［Theodore Toosevelt］语）的壮举大加赞赏。这一重大历史进程的命名同样也是出自美国人。它是由年轻的历史学家弗雷德里克・杰克逊・特纳在 1893 年的一次演说中首次提出的，这篇演说稿或许是迄今为止美国史学界最具影响力的一篇文章。[5] 特纳在演讲中首次提出了"边疆"的概念。它从东向西不断推移，在特纳本人在处的时代，疆界的移动已趋于静止并走向终结（closure）。在边疆，文明与野蛮在权力与历史权利的非对称分配中展开交锋。在先驱者的辛勤耕耘下，一种独一无二的美利坚民族性格得以形成。美国民主中所特有的平均主义，与拓荒者在西部森林和草原上患难与共的经历是分不开的。"边疆"概念的出现，为美利坚民族史的"宏大叙述"提供了可能，后来又作为一种意义广泛、对其他情境同样适用的概念进一步得到延伸和发展。[6]

在数百份著作和论文中，各类学者从思想史的角度，对特纳的"边疆"理念做出了诠释：新特纳学派通过对其理论的完善与细化，批评者通过原则性质疑，注重实用主义的历史学家则通过与现实问题的关联。在那些不知特纳为何人的地方，特纳的理念以及与之相关的民族历史观，同样也对美国人的自我认知产生了深刻影响。边疆神话有其自身的历史。[7] 特纳的独创性在于，他找到了这样一种概念：它既可以为学术研究提供帮助，也可以成为解释美国在历史中的特殊角色的一把钥匙。在特纳看来，对人烟稀少的"西部"地区实行的垦荒式开发，是 19 世纪美国历史的基本事实。"文明"随着边疆的推移进入原始的大自然之中。由于在这片"荒野"上生活着各种原住民，因此，处于社会进化不同"阶段"的人群彼此相遇。边疆的移动并不仅是在地理意义上，它同时也为社会流动开启了空间。

那些"跨边疆者"(transfrontiersmen)及其家庭可以在与大自然和"原始民族"的搏斗中,通过艰苦的垦荒式劳作,获得可观的物质上的收获。这些人既是自身幸福的打造者,也是新型社会的建设者。这种新型社会的一大特征是,它在极大程度上实现了出身、机遇与地位的公平性,这不仅是相对于欧洲,同时也是相对于美国东海岸较稳定的等级制社会而言。

特纳既是空想家,也是治学严谨、注重细节的学者。他将边疆划分为许多不同的类型。后来,他的追随者们更进一步将这种划分推向极致。正如人们在模式研究中经常见到的一样,这些人的做法是对相对宽泛的基础理论加以修改和调整,使其与变化无穷的历史表现形式相适应。例如,新特纳学派的代表人物雷·艾伦·比林顿(Ray Allen Billington)将边疆的推进划分为 6 个依次出现的"领域"或"推动力":首先是皮毛商,然后是牧民,第三位是矿工,第四位是拓荒农民(pioneer farmers),随后是"机械化农民"(equipped farmers),最后是作为边疆终结者和城市建设者的"城市先驱"(urban pioneer)。[8]批评者指责这种排序太过理想化,以至于忽略了政治和军事因素在其中所发挥的作用。同时,他们还指出一个问题:当人们谈到某处边疆的"开放"和"终结"时,其判断标准究竟是什么?特纳本人并未对此做出明确的定义。后来的边疆研究者继承了特纳的物力论思想(Dynamismus),并以"接触地带"的构想取代了"文明"与"荒蛮"的鲜明界线。然而直到今天,人们仍未能就边疆概念本身提出一个能够获得广泛认同的定义。

另一派从特纳学派分离出来的边疆研究者,则趋向于从普遍历史观的角度对边疆做出定义,并特别强调边疆的有机特性

（Organcharakter），即改变与其接触之物的能力。[9]瓦尔特·普雷斯科特·韦伯（Walter Prescott Webb）是该学派中最重要的代表人物。这一派的观点对伊曼纽尔·沃勒斯坦（Immanuel Wallerstein）有关边缘地带融入充满活力的世界体系的理论产生了重要影响。埃利斯泰尔·海涅斯（Alistair Hennessy）在一篇广受关注的比较研究论文中，将所有边疆进程一律概括为"欧洲资本主义向非欧洲地区的扩张史"，即商品经济、货币经济与欧洲财富观向远离海洋、被无垠草原所覆盖的地域不可逆转的扩展。这些地域包括加拿大草原三省、美国西部大平原、阿根廷潘帕斯草原、南非稀树草原、俄国与中亚地区的草原以及澳洲"内陆"（outback）。[10]另外，伟大的世界史学家威廉·H. 麦克尼尔（Willliam H. Mcneill）还将特纳理论应用于欧亚大陆的研究，并沿用了特纳本人也十分看重的自由动机说。麦克尼尔认为边疆是具有矛盾性的：它既是政治与文化的分水岭，也是开放的自由空间。在中心地带的结构相对稳定的社会里，这样的自由空间是无处可寻的。举例来讲，居住在边界地区的犹太人，其社会地位明显比在流动性较低的环境下要高得多。[11]

　　人们是否必须把边疆看作一种在地图上被明确界定的空间呢？一些人认为，边疆应当被理解为一种特殊的社会关系形态。这样，我们便可以为其做出既宽泛又不至于太过含糊的定义：[12]边疆是一种在大的空间范围内形成的——并非局限于地方的——渐变式的接触情境形式；在一片可以在地图上标明的土地上，（至少）生活着两个种族起源不同、文化取向各异的群体，他们大多是借助武力或武力威胁来保持彼此的交往关系，而不是通过某种统一的、至高无上的国家和法律秩序对其加以规制。其中一个群体扮演着侵略者的角色，其成员的主要兴趣是对土地以及（或者）其他自然资源的占有和掠夺。

有一种特殊的边疆是外部渗透的产物，它首先是由私人发起，之后才受到国家/帝国的保护，或被国家有目的地作为工具加以利用。其开拓者既不是士兵，也不是官员。这种边疆有可能是一种旷日持久但原则上却脆弱多变的形态，且具有高度的社会不稳定性。在这里，首先是（至少）两个地方边疆社会（frontier societies）相互对峙，它们同时也受到更深层的、由外部因素推动的社会变迁的影响。在少数情况下，它们将彼此融合，进而演变为一种（按种族划分为不同阶层的）混合型社会（融合式边疆［inclusive frontier］）。在其中，尤其是在北美，混血儿（métissage）大多生活在"底层"，上面是由信奉新教的白人"家长"组成的高尚社会。[13] 但是在通常情况下，两个边疆社会之间不稳定的平衡关系往往会因一方势力的衰败而被打破。在逐渐巩固（"步入现代化"）的社会秩序环境中，失势的群体将受到强势群体的排斥、隔离，甚至是驱逐。在走到这一步之前，双方将经历一个过渡期，其表现是：弱势一方在经济上越来越依赖于强势一方。虽然说，边疆为交流的开启——如洋泾浜式语言的出现——以及文化自觉意识（身份认同）的增强提供了空间，但是，双方的主要冲突却是在非文化领域展开的：一方面是为了争夺土地，并通过土地所有权制度使权益得到保障，另一方面是围绕着劳动的不同组织形式与劳务市场的秩序。

侵略者一方将依情势所需，用以下三种（或其中一种）说辞为自己的行为做出辩解：

（1）占领者的权利，即宣布另一方原有的土地所有权无效的权利；

（2）17 世纪清教徒惯用的 "无主地"（Terra nullius）之说，将狩猎者、采集者或畜牧者居住的土地视为 "无主" 的、可以任意占有并有待于开垦的荒地；

（3）向 "野蛮人" 传播文明的宗教使命说，这种说辞往往是后来作为意识形态化手段出现的。

在今天的日常话语中，边疆概念的含义变得越来越宽泛，所有可以想象的、有可能借助开拓和创新赢得收获的情境，都可以被纳入这一范畴。然而在历史学意义上，"边疆" 概念所指仅仅是走出前现代状态后所进入的过渡期。一旦某个地区形成了 "边疆" 态势，并与大范围的现代技术性宏观体系相融合，就会很快失去其边疆的特性。人类对自然的征服也将随之转变为对自然资源的大规模掠夺。举例而言，铁路的出现所带来的影响，并不仅仅是打破了美国西部原有的脆弱的平衡状态。因此，边疆是一种特殊的社会形态，从本质上讲，它是人类进入蒸汽机车和机关枪时代前的一种过渡期现象。

边疆与帝国

在边疆与帝国之间，是怎样一种关联呢？[14] 在这里，我们必须首先从空间意义上来解释。民族国家在它的边界上并没有边疆空间。只有在具备下述因素的地区，边疆才有可能在侵略阶段结束后继续存在：一是在国界线（borders）尚未明确划定的地区；二是在国家化尚不完全或仍然留有空白的地方，在这里，边疆与 "国家" 间的距离相对较遥远。帝国的边界是典型的边疆，但也并非总是如此。一旦帝国不再扩张，边疆（假如它仍然存在的话）便不再是潜在的吞并目标，而是为抵御外来威胁提供安全保障的开阔地带。从这一意义上讲，边疆是防御线以外的不受控制或不可控制的空间：它是最后一个边界哨所之后、时常有游击队和匪帮出没的区域。在 19 世纪的英帝国，印度的西北部边界就是这样一片危险四伏的防御区。在那里，人们必须掌握特殊的作战方式，首先是在复杂地形中展开的轻装"山地战"（mountain warfare）。俄国人在高加索地区，法国人在阿尔及利亚都曾发动过类似的战争。[15] 与此不同的是，英属印度的北部边界并没有这样的安全开阔地。在这里，边界是国家之间经过艰难的谈判所约定的国界线（border），而非边疆（frontier）。[16] 在非洲或东南亚这些被多个国家殖民的地区，由欧洲殖民宗主国划定的边界同样也是约定的边界，也就是国界。不过，由于这些国界很少会对地区特征产生影响，各殖民地之间的主权界线的政治地理，往往与边疆地理是重叠的。例如，边疆情境往往会出现在平原地区的居民与山地民族的接触区域里，有些地方因为宗教的差异而使形势变得更复杂。假如两个或两个以上殖民国家围绕领土主权这一现代概念，为某一地区的归属发生争端，那么这里所涉及的地域并不是边疆，而是"边境"（borderland）。按照特纳的门徒赫伯特·尤金·博尔顿（Herbert Eugene Bolton）的观点，这类"边境"指的是"殖民地之间有争议的边界地带"。[17] 在边境地区，原住民的行为空间不同于边疆。他们可以在一定程度上利用侵略者之间的矛盾，引其彼此相斗，另外，他们也可随时穿越边境线进入另一地。然而一旦侵略者彼此间达成一致，受害的仍然是这些原住民。在极端情况下，甚至会将整个族群驱逐出境，或通过谈判进行交换。18 世纪在沙俄与清帝国之间的边境地区，便曾出现过类似的情况。

474　　　有时，边疆是帝国的需要；有时，边疆是被强加于帝国。殖民统治中心与边疆之间的关系永远充满了矛盾。边疆总是处于动荡之中，因此对帝国而言，它是一个无法回避的威胁。它所威胁的是帝国在完成征服之后所面对的首要任务：维护秩序与安定。身佩武器的边境拓荒者对国家权力垄断有可能造成危害，而垄断暴力同样也是（现代）殖民国家致力于实现的目标。因此，地处殖民地边缘的边疆并不是一种永久性状态，而是永远处于"即将加入（或脱离）帝国"的过程中。相对于民族国家而言，帝国对边疆社会的容忍度更高。在民族国家中，只有在受自然环境所限的地区，边疆社会的存在才有可能被容忍。可以说，边疆并不是帝国理念的完美实现，而更像是一个勉强被接受的异类。从普遍意义上讲，拓荒式殖民主义和帝国是两个完全不同的事物。从帝国统治中心的视角来看，拓荒者的身份是矛盾的（为了军事安全目的被派到边境地区的"屯田兵"除外）：一方面，他们是"理想的合谋者"（罗纳德·罗宾逊［Ronald Robinson］语）；[18]另一方面，从拥有自己的劳工和庄园、充满叛逆的西班牙征服者，到1965年单方面宣布脱离大英帝国而独立的南罗得西亚（Süd - Rhodesien）的白人统治精英，这些拓荒者给帝国管理者带来的政治麻烦之多，几乎无人能及。

　　近来人们对边疆概念的新诠释中最有趣的一种，是在生态层面上。特纳当年便曾在拓荒式边疆之外，提出过另一种形式（通过其他方式占有的）、意义或许更为重要的边疆：矿业边疆（mining frontier）。在这类边疆地区所形成的，往往是比纯粹的农业社会更复杂的社会。我们可以泛泛地把边疆统称为对资源的攫取式掠夺。这种说法既与经济有关，同时也与生态相关。

在传统的拓荒式边疆，"生态"便曾扮演着重要的角色。直到特纳之后，生态这一概念才正式出现。为了适应新的环境，拓荒者必须对其原有的农业生产方式做出调整。他们与动物一起生活，并从事畜牧业生产。笼统地讲，他们是把以家牛为基础的文明推向印第安式的以美洲野牛为基础的文明。只要谈到边疆，就必然要涉及生态问题。

另一种独立于特纳理论的观点也指向了类似的方向。1940年，美国旅行家、记者和中亚专家欧文·拉铁摩尔（Owen Lattimore）出版了他的开创性著作《中国的亚洲内陆边疆》（*Inner Asian Frontiers of China*）。在书中，拉铁摩尔将中国历史诠释为一部以长城为象征的持续不断的冲突史。冲突是在农业文化与游牧文化，即两种不同的社会生活方式之间发生的。这两种生活方式主要是由其所处的自然环境决定的。[19]拉铁摩尔的观点并非以地理决定论为出发点。在他看来，耕地与草原之间的对立是可以借助政治加以改造的。在中国与周边屡屡崛起的草原帝国之间，形成了一种可为双方所利用和操控的关系。这种关系的根本在于游牧民与农民的矛盾。从生态学的新视角来看，特纳学派与视野更宽阔的拉铁摩尔，其思路可谓不谋而合。如今，很多历史学家都把人类对自然——以粗放式开发为主——的干预行为一律都纳入边疆范畴之中，这些人的观点与资源开采式边疆的理念同样是一脉相承的。例如，约翰·F. 理查兹（John F. Richards）撰写的近代早期全球环境史，便是以世界各地出现的拓荒式边疆（frontiers of settlement）作为主线。这一在 19 世纪达到巅峰并走向终结的进程，早在近代早期便已拉开了帷幕：拥有精良技术装备的拓荒者将牧民、狩猎者和采集者居住的土地据为己有，这些土地以往虽被利用，但并没有

475

在农业方面得到"深度"开发。拓荒者在其所到之处，以提高土地利用效率为名，对原有的耕种和狩猎方式进行干预。他们放火烧荒，抽干沼泽，浇灌旱地，并对那些在其眼中没有利用价值的物种实行毁灭性屠杀。与此同时，他们也不得不对原来所习惯的方法做出调整，使之与新的环境相适应。[20] 按照理查兹这本巨著中的观点，边疆的不同层面——社会、政治、经济与生态——是密不可分的。理查兹本人曾对全世界的各种边疆形态进行过深入的研究，正因为如此，他才能够对每一处边疆在不同层面所呈现出的差异性做出阐述。但是，若要在一个章节的篇幅中，以同样的方式对各地的边疆形态做出全面分析，是不可能办到的。因此，关于自然开发式边疆的问题，我只能在后面的一个小节中略做一番梳理。

476　　## 跨越边界与国有化

生态学视角的最大贡献是，它使边疆进程的脉络变得更加清晰。我们很难用静止的方式来描述边疆。边疆是社会空间的特殊形态，它所产生的影响以"社会变迁"这样的词语来描述仍嫌苍白。边疆的进程可分为不同的类型，其中最常见的是以下两种：

（一）人们将跨越生态界线的人群流动称为"跨边疆进程"。在这方面，最佳的例子是 18 世纪后三四十年出现在南非的迁徙布尔人。当肥沃且容易灌溉的土地在南非变得日益紧缺时，许多熟悉非洲语言的白人放弃了精耕细作的欧洲农业生产方式，过上了半游牧式生活。他们当中一些人（比例大约为 1/10）成功融入了当地的非洲社会。19 世纪初，这些出身不同族裔的人们以"格里夸人"（Griquas）自称，建立了自己的社会组织、城市以及类似于国家的体制（东格里夸兰和西格里夸兰）。在南美，也出现了类似的"跨边疆者"（transfrontiersmen）。但是，这类人群的出现并不是因为自然资源的短缺，而是因为动物数量的过剩为畜牧业创造了良好的条件。尽管如此，非洲与美洲之间仍然有许多相似之处，其中最突出的一点是，这些地处内陆的跨边界人群都很难从外部来进行管理。另一个明显特征是人种和生物学意义上的杂交。直到 19 世纪，人们才根据种族理论对这一人群加以单独划分。其他相似的例子还有加勒比地区以掠夺为生的海盗（buchaneers），以及澳大利亚的"丛林居民"（bushranger）。后者是以丛林为藏身之地的匪帮，其中大部分人都是过去的囚犯。大约在 1820 年之后，这些匪帮便逐渐被政府镇压。[21]

（二）边疆的国有化：虽然说殖民和边界暴力最初是在没有固定军事支持的情况下进行的，而且我们也难以通过规范的法律程序来判定哪些是犯罪，哪些是合法行为，但是一旦土地的所有权需要由国家提供保障，国家自然就会登场。早在近代早期，政府便在边疆问题上显示出它的重要作用：它将实际被非法占有的土地一概宣布为合法，并对原住民提出的权利诉求予以驳回。各边疆政权之间的差别在于：国家在完成土地登记以及预先的土地测量和分配任务时，是否能够做到彻底。恰恰是在人们印象中呈无政府状态的美国"西部荒野"，土地所有权的分配与保障开始得最早，规定也最严格。但是，政府很少会对土地资产的集中化进行干预。在美国边疆地区，土地的供应最初看似是无穷无尽的，这使得人们产生了一种幻想，认为在分配相对公平的基础上实现共同富裕，在原则上是有望达到的。这正是托马斯·杰斐逊（Thomas Jefferson）的伟大梦想：

477

一个没有底层的社会，无限的土地供应将打破资源短缺的枷锁。在这一问题上，如果我们比较一下加拿大和阿根廷的情况，或可从中获得一些启发。在这两个国家，边疆的土地最初都被视作公共财产。在加拿大，国家的土地供应是由一群热爱冒险、喜欢四处闯荡的小农场主操纵的。从很早开始，人们就可以通过土地来进行投机。阿根廷的情况则相反，在这里，土地都是被大庄园主控制。租种者虽然可以获得较优惠的条件，然而从长远来看，那些希望在阿根廷实现公平梦想的人们，最终都难逃失望的结局。加拿大和阿根廷拥有相似的自然环境，两国与世界市场的关系也大致相仿，但是，两国所有权制度的发展却背道而驰。造成这一结果的原因之一是，阿根廷政府奉行的是以出口为导向、重增长的经济政策，而加拿大政府则更多是将社会秩序放在首位。加拿大的统治阶层对自身拥有的土地资产的多少并不感兴趣，在阿根廷则恰恰相反。[22]

二　北美的"荒蛮西部"

作为特例的美国边疆

在所有边疆中，最引人注目的是美国边疆，特别是在 1840 年到 1890 年这一时间段。这种现象是由许多原因造成的：

首先，在 19 世纪，没有任何一场拓荒式殖民运动能够在人口数量上达到如此规模。从人类通过人口迁徙占领一个大陆的意义上讲，它甚至比澳洲更具典型性。这不仅是就移民的漫长过程而言，从中间出现的几段以人口急剧增长为标志的插曲来看，澳洲也同样望尘莫及。加利福尼亚的淘金热便是这些插曲中的一个。它是美国历史上规模最浩大的移民运动。仅1849年一年，便有8万人涌入加利福尼亚。1854年，这里的白人居民数量已经超过了30万。另一场类似规模的移民潮是较少为人所知的1858年科罗拉多淘金热。[23]结构相似的热潮（rushes）还出现在南非的威特沃特斯兰德（Witwatersrand）、澳大利亚的新南威尔士（New South Wales）和阿拉斯加等地。但是在这些地区，移民热潮的影响往往仅限于当地，而不像在美国一样，与一场横贯整个大陆的殖民突进运动紧密相连。

其次，没有其他边疆能够像美国的边疆一样，对超出周边地区以外的社会产生如此重大的影响。此外，也没有任何一处边疆能够在社会结构上如此成功地与整个民族的大环境相融合。美国西部并没有变成一片"内部殖民主义"统治下的落后边缘地带。这种状况的形成与美国地理的特殊性不无关系：19世纪中叶的淘金潮之后，在太平洋沿岸形成了一个拥有强大经济活力的区域。在这里，经济发展的主要动力并不是从土地的粗放式开发利用中产生的。真正意义上的边疆是介于下述两地之间：一边是长期以来始终充满活力的东海岸，另一边是靠近美洲大陆另一侧海岸线的新兴经济带，后者的崛起是基于其他方面的原因。美国边疆是地地道道的"中心"，正如这个词的字面含义一样。按照社会历史学的标准，我们可以将美国西部的边疆社会划分为两种类型：一种是由农场和中产阶层生活的小城镇所构成的西部，它以家庭、宗教和联系紧密的社团为特征；与之相对应的另一种类型是嘈杂喧闹的拓荒者西部，它以牲畜、淘金者和军事要塞为标志。在后一种社会里，最具典型性的社会身份是孤身一人的年轻男性劳工，这些人很多是季节工，具有高度的流动性，其工作环境往往充满了危险。此外，在淘金热之后的加利福尼亚，还出现了另一种具有地区性特点的社会类型。它在很多方面都与传统的西部社会有着明显不同，以至于在很长时间里，人们一直在争论，地处太平洋沿岸的加利福尼亚是否以及在何种意义上应当被归属于"西部"。

再次，对于作为原住民的印第安人来说，19 世纪的美国边疆是一种强大的独一无二的排外性体制。南美的情况也与此类似。在亚洲和非洲，原住民的生存空间则相对要大一些。最早在北美洲的土地上，也曾出现过印第安人与欧洲人同化的现象。18 世纪，法国人比英格兰人和苏格兰人更好地实现了与印第安人"彼此相安"（modus vivendi）的局面。同样，在今天的新墨西哥州，西班牙人与普韦布洛人（Pueblos）的关系也在权力大致平衡的前提下，发展成为一种长期稳定的包容式边疆（frontier of inclusion）。[24] 在美国的势力范围里，这种情况再未出现过第二例。在 19 世纪逐步形成的对待原住民的典型方式，是为其划定居留地（Reservat）。大陆中部地区的拓荒者人数越多，将印第安人驱赶到"荒野"的可能性就越小。在美国内战，特别是 19 世纪 80 年代的印第安战争结束后，为印第安人划定分散居住地的做法变成了一种广泛应用的实践形式。在其他任何一处边疆，对原住民的包围式隔离都没有发展到如此严重的程度。只有 20 世纪南非的"黑人家园"体制（Homeland - System）在某些方面与其略有相似。[25]

最后，无论是作为学术概念，还是作为人所皆知的神话（近年来学术界对边疆的去神圣化并没有对它产生太大的影响），"边疆"早在特纳为其冠名之前，便已成为民族历史建构中一个包罗万象的宏大主题。杰斐逊早在 1800 年前后便曾断言，美国的未来取决于西部大陆。19 世纪 40 年代，在杰斐逊

480

的预言之外，又出现了"昭昭天命"说（Manifest Destiny），这种说法后来变成了美国侵略性外交政策的常用说辞。正是基于这一视角，一些历史学家将美国在太平洋的海上扩张——以捕鲸船为先锋——诠释为边疆向陆地边界之外的扩张。[26] 无论是过去还是现在，西部开发都被看作北美所特有的民族建构模式。边疆之所以是一个具有包容性的主题，还有另外一个原因：北美几乎每一个地区在其历史上都曾一度属于"西部"。

有关美国西部的研究是一个庞大的课题，我们无法在这里对此做出全面总结。[27] 在极端情况下，西部历史的书写甚至有可能与边疆理论完全脱钩。从某种意义上讲，这样做也是不得已而为之。这是因为，当研究者几乎将所有目光全部集中于某个地区的历史时，他实际上已经背离了特纳边疆说的基本理念，即各种以地域或以行业划分的边疆从根本上讲都是彼此关联的，它们是同一进程的不同表象。美国研究的另一种倾向——与本书的观点相接近——是反对西部在地理上的具象化，认为西部并不是一个可以用客观地理特征加以描述的区域，而是各种依赖关系所导致的结果。依照这一观点，"西部"是一种特殊形式的力场，而不是一个可以在地图上标记的地点。另一些研究者则强调这些地区中社会角色的多样性，认为不能将西部社会笼统地简化为农场主与印第安人之间的对立。进入 20 世纪后，有关西部的城市特征问题也开始受到关注。在 20 世纪三四十年代的经典西部片中，从来没有出现过城市的画面。但事实上，在拍摄这些影片时，西部的部分地区已经属于美国城市化程度最高的地区。对历史解释的修正很少是来自经验知识的进步。因此，新特纳学派与反对派之间的争论不能仅仅以学术上的进步来判定。每一种修正主义都有其政治背景，要推翻特纳的正

481 统派观点，必然会涉及对美国"例外论"（Exzeptionalismus）的批判。至少可以肯定，一旦边疆学说被推翻，那些与美国特殊论相关的诉求也将因此失去根基。

　　然而从 19 世纪全球史视角来看，美国的特殊性仍然是显而易见的。在城市化问题上我们可以看到，新世界的城市化并不是对欧洲模式的简单复制。在美国，随着卫星城的发展，形成了一种特殊的新欧洲模式，从类型学的角度看，它与澳大利亚的模式更为接近。假如在欧洲人眼中，美国西部的征服与开拓并不是一个史无前例的伟大壮举，他们绝不会以如此迷恋的笔触去描写它、评点它，并以此作为自身幻想与想象的依托。如今，美国人努力想让自己民族的历史变得更"正常"，这一愿望与欧洲人对美国边疆发展特殊性的赞美是相悖的。正因为如此，欧洲人对美国"例外论"的批判，绝不会像某些美国历史学家那样犀利。从南亚或东亚人的角度来看，美国的特殊性更是一目了然：那片一望无际的沃土，让他们羡慕无比。在亚洲许多地区，早在 1800 年前后，几乎所有高产的土地都已被开垦和利用，土地资源的储备几近枯竭。从这一视角看，美国的确称得上是一片富饶肥美的乐土。

印第安人

　　如果强调北美边疆的特殊性，就必须正视欧裔美洲人与印第安人的关系问题。正如此前在加勒比地区以及中美洲和南美洲一样，随着欧洲人的入侵，北美原住民的数量明显减少。关于白种人对印第安人实施种族灭绝式大屠杀的笼统指责虽有夸张之嫌，但是，一些北美族群消亡的现象的确是存在的，在一些地区，原住民人口急剧减少的情况也确有发生，特别是在加利福尼亚。1769 年前后，在西班牙移民刚刚来到这里的时候，当地的土著居民大约有 30 万人。到 1821 年西班牙时期结束时，还有近 20 万人。然而在淘金潮过后，到 1860 年时，原住民的数量却只剩下 3 万。疾病、饥荒和屠杀———一位权威历史学家称之为"系统性杀戮计划"———是导致土著人口急剧减少的原因。[28]对于幸存者而言，这同样是一场灾难，因为加利福尼亚的白人社会没有为他们提供任何融入的机会。[29]

482

印第安人的最明显特征是其巨大的差异性。他们既没有统一的生存方式，也没有统一的语言，因此，他们很难在军事上协调行动，共同抵抗白种人的侵略。印第安族群是五花八门的，从西部平原以捕猎为生的印第安人，到固定居住、经营种植业（谷物与豆类）的普韦布洛人，还有以养羊和制造银饰品为业的纳瓦霍人（Navajo）和生活在最西端的组织松散的印第安渔民。[30]直到 19 世纪，他们彼此之间仍然鲜有联系，他们既没有统一的印第安意识，也没有组成共同抵抗入侵的印第安统一战线，甚至在彼此有血缘关系的相邻部落之间，也没有任何团结可言。当欧洲人还把印第安人视为盟友并向其示好时，印第安人往往可以利用这些白种人——英国人、法国人、西班牙人和叛乱的殖民者——之间的矛盾关系，引其彼此相斗并从中渔利。不过，在 1812 年英美战争之后，这种做法很难再行得通。印第安人原本可以在军事化的先知精神指引下，以北方作为大本营，开展泛印第安人抵抗行动，但是，这样的机会也被白白错过了。[31]在未来的所有印第安战争中，都会有印第安叛徒投靠欧裔美洲人，替他们打仗卖命，并为其提供后勤上的支援。

大多数印第安人都有一个共同点：他们都受到了技术革命的冲击。马匹作为负重与骑乘家畜的引进就是一个例子，这是

1680 年前后从北美南部的西班牙殖民地开始的。[32]随马匹一起到来的是火药武器。这些武器最早是由法国人带来的，其目的是为了将印第安人武装起来，共同对付西班牙人。马匹和枪支以极端的方式改变了数万人的生活，这些人以前甚至连白人的面都没有见过。据记载，马匹的饲养、交易、偷盗和骑兵战早在 18 世纪 40 年代就出现了。到 1800 年前后，几乎所有密西西比河以西的印第安人都过上了依赖于马匹的生活。从此之后，整个族群都开始以半人半马的神兽来自诩，而不仅仅是那些祖祖辈辈在平原周围生活的印第安居民。部分是为了投奔自己的移民目的地，部分是受西部拓荒的欧裔美洲人的排挤，东北部的印第安族群——如拉科塔苏人（Lakota - Sioux）——开始向大平原地区迁移。在迁徙过程中，他们不仅与农民，同时也与作为竞争对手的游牧民发生了冲突。当这些马背上的猎人和战士（苏人、科曼奇人［Comanche］、阿帕奇人［Apache］等）经过谈判于 1840 年实现相对稳定的和平时，以游牧为生的印第安人与定居生活的印第安人之间的激烈争斗却仍然没有平息：这是美国内战爆发前的 40 年里，发生在北美地区的最血腥的冲突。[33]另一方面，马匹饲养者对果蔬种植者和农民有着很大的依赖性，这既是为了保障自身的碳水化合物供应，同时也是为了用打猎的收获（以鱼干和兽皮为主）来换取东部出产的物品。[34]这一切之所以成为可能，是因为印第安农业在技术简陋（没有犁，也没有肥料）的条件下仍然实现了较高的效率，这一点最初也给欧裔美洲人带来了好处。1830 年前后，北美大平原的人口密度达到了空前的水平。据猜测，当时在这片辽阔无垠的空间里，大约生活着 6 万名印第安人，36 万 ~ 90 万匹驯马，200 万匹野马，150 万只狼和将近 3000 万头美洲野牛。[35]

483

只有借助马匹，人类才有能力对这片地处密西西比河与洛基山脉之间、东西纵深 300 公里、南北跨度 1500 公里的大平原实行全面开发。马的作用相当于能量转换器，它把在草原上积蓄的能量转换为脚力，供人类驱使——这也是马匹与其他无法被驯服的牲畜之间的最大不同。[36] 从此，人类终于可以与美洲野牛的速度一竞高下。成为猎物的野牛不再是被全部落的男女老少以围猎的方式赶下深谷，而是被一支支行动敏捷、由骑在马背上的年轻男性组成的小型狩猎队射杀。这种新的狩猎技术给印第安族群带来了一场革命。女性的劳动价值因此而下降。她们的主要工作不再是制作食物，而是对猎物进行处理和加工。另外，对野牛皮需求的增长，也需要更多的妇女从事剥皮工作。因此，每个男人都需要有尽可能多的女人。女人是用马匹换来的，仅仅是这一原因便使得马匹数量的增加变得不可或缺。盗马现象也因此变得更加严重。[37] 以狩猎队为单位的男性分配导致了社会的碎片化和去等级化，同时也对合作与协调提出了新的要求。此外，因为要跟上庞大马群的移动步伐，印第安族群和部落变得比以往更具流动性。[38] 直到"驯马－野牛文化"的出现，大平原地区的印第安人才变成了真正意义上的游牧民族。有马匹驮运辎重，人们才有能力搬运帐篷一类的笨重家当。谁的家产多，就需要更多的马，于是，马匹本身也变成了财富和地位的一种象征。另外，马匹也提高了人们在打仗时的优势。在这一方面，印第安人同样也需要发挥他们的创造力和适应力。因为在当地，并没有骑马打仗的传统。17 世纪他们在南方见识过的西班牙重骑兵，并不是值得学习的榜样。由于马匹具有狩猎和作战的双重功能，因此人们必须尽最大可能把这两样技艺结合起来。于是，印第安人发明了轻骑兵的战术，其中部分战

484

术成为后世难以超越的绝技。印第安人作为技艺高超的马背勇士这一经典形象，仅仅适用于这一族群自由生存的最后阶段。声名赫赫的印第安骑术，实际上是在短短三四代人的时间里发展起来的。在印第安人中，骑术最高的当属科曼奇人。科曼奇人控制着南洛基山脉以东和阿肯色河以南的地区，他们是在赶走了过去生活在这里的部落之后，进入这一地区的。[39]

从根本上讲，18 世纪新出现的驯马 - 野牛文化堪称人类适应环境的绝佳事例。在这种文化形成的地区（大约在东经 99 度以东），干燥的自然环境不适合于农业。爱护生态、与大自然和谐相处的印第安人形象，不过是一种脱离现实的臆想。[40]在融入大范围的商业流通体系后，印第安人也因此受到了束缚。印第安人与白人之间最早的固定接触是通过毛皮贸易。在长达200 年的时间里，这种贸易方式将北美内陆，包括西伯利亚的捕猎者与世界贸易紧紧联系在一起。"穿行于林间"的欧裔美洲人的强大适应力以及跨越种族界限的联姻关系，使这种联系变得更加牢固。但是，我们并不能因此美化兽皮贸易，因为正是通过这一途径，印第安人第一次接触到了酒精。酒精作为一种毒品，大大削弱了印第安族群的凝聚力和抵抗力，正如几十年后鸦片在中国一样。驯马 - 野牛文化强化了印第安人与外界市场之间的联系。一方面，印第安人越来越多的日常需求必须通过购买与交换来满足。这些与白人不共戴天的仇敌同样也离不开刀具、锅、地毯和布匹，他们只有通过中间商，才能得到这些在东部地区的工厂和作坊生产的货物。许多印第安人除了弓箭（猎杀野牛的必需品）之外，也开始使用火药武器。这些武器他们既不会制造，也不会修理，而只有依赖贸易渠道才能得到解决。另一方面，在 1830 年之后，当兽皮在跨边疆贸易中的重要性超过肉制品之后，以野牛资源为主体的单一经济模式对市场不可控因素的依赖性不断提高。在当时，过度捕猎的现象已初露端倪。根据目前人类所掌握的知识，每人每年最多"采获"6~7头野兽，才有可能使动物的自然繁殖不受威胁。凡是超过这一数量的部分，都意味着滥捕。[41]

北美大平原的生存环境在需求的刺激下所发生的一系列变化从经济角度看是合理的，但从生态视角看却是非理性的。其导致的结果，是生存根基的逐渐丧失。造成这一结果的还有另外一些因素：野牛疫病，频繁的干旱，垦殖者为商业目的饲养的畜群对野牛生存空间的压迫，等等。此外，工业用皮革（例如传送带制造）的增多，进一步刺激了市场对牛皮的需求。许多白人也加入狩猎者的行列，对野牛展开大肆屠杀，其规模是以往印第安人从未达到的。欧裔美洲白人猎手平均每人每天射杀约25头野牛。从内战结束到19世纪70年代末，大平原地区的野牛数量从1500万头减少到几百头。[42]狩猎者们用一个颇为讽刺的借口，来掩盖其追逐利润的贪欲：通过剿杀"肆意"繁衍、数量不断增多的野牛群，为"文明化"养牛业创造空间，同时迫使印第安人放弃其"原始野蛮"的生活方式。1880年前后，大平原的驯马－野牛文化被彻底消灭，印第安人在生存基础被破坏的同时，也失去了对自身赖以生存的资源的控制权。这些过去的草原主人们如今只剩下一条路：到为其划定的居留地去生活。

对印第安人来说，他们并没有成为被拓荒者以系统化方式大肆剥削的劳动力，这究竟是一种幸运还是不幸？他们或许因此躲过了受压迫和受奴役的命运，但由此换来的却是社会边缘化的结果。印第安牛仔虽到处可见，但印第安无产者却没有出

现。早在 17 世纪，将印第安人作为底层劳动力纳入殖民社会的
486 尝试便以失败告终。加利福尼亚的印第安人虽然在一定程度上
融入了市场经济，但是他们并没有因此获得稳定的生存空间。
对环境的主动适应很少能够成为比抵抗更有效的策略。强大的
白人势力四处推进，使印第安人的行动空间越来越受到限制。
印第安人对此的反应从一开始就是各行其是，从没有任何规律
可言。即使是相邻的部落，也有可能采取完全不同的行为方式。
伊利诺伊的印第安人选择的策略是主动被同化，近乎彻底地放
弃了自己原有的文化。其相邻的基卡普部落（Kickapoo）则相
反，他们以激烈的抵抗来面对所有侵略者，无论是欧洲人，还
是其他部落的印第安人。在很长时间里，他们都被视为白人最
凶狠的敌人。尽管基卡普人的军事抵抗行动到 1812 年便已失
败，这些人最终也被逐出了自己的家园，但是其原有的文化却
在一定程度上得到了保留。[43]

拓荒者

北美边疆的特征体现在两个方面：一方面是印第安人受到
排挤，另一方面是美国领土以国家和私人侵占土地的形式实现
扩张。从人口的角度看，这两方面的情况也不尽相同：印第安
人口变化的具体状况只能靠推测。在与欧洲人第一次发生接触
前，印第安人口的数量究竟是多少，各方的判断存在着极大差
异。115 万或许是一个较为可信的数字。1900 年前后，印第安
后裔的人数大约是 30 万。[44] 关于外来移民的人数，则有相对准
确的记录。如果按照美国官方统计，将新英格兰、最南端的大
西洋沿岸各州一直到佛罗里达（再加上阿拉斯加和夏威夷）以
外的所有美国领土一律视为"西部"，那么在 1800 年前后，生

活在这里的居民大约是 38.6 万，占全国总人口的 7.3%。到 1900 年时，西部人口增长到 4470 万，占当时总人口的 53%。早在 19 世纪 50 年代，西部人口所占比例便已突破了 50% 的大关。此后，东西部人口的增长速度大致持平。[45] 西部的拓荒并不完全像特纳学派所说，是对人口空白地带的逐渐"填充"。经由"俄勒冈小径"（Oregon – Trail）对太平洋沿岸地区的直接开发，以及几年后加利福尼亚黄金边疆的开放，引发了井喷式的移民潮。俄勒冈小径所在的地界当时还没有公路，这条小径是从密苏里河到俄勒冈（它到 1859 年才成为美利坚合众国的第 33 个联邦州）境内的哥伦比亚河入海口的唯一可供通行的道路。1842 年，第一批拓荒者驾着马车，赶着牲口，在这条 3200 公里长的小路上辗转奔波，抵达遥远的西部。在短短几年内，这条路便从猎人和商贩们行走的羊肠小道，变成了一条人来车往的跨大陆交通要道。这条路一直使用到 19 世纪 90 年代，直到铁路出现后，才被彻底废弃。[46]

487

　　西进运动的实现是由数百万个体的抉择造就的，但是从整体上看，它同时也是一个宏大政治构想的组成部分。对于建国的一代人而言，美国向西部的转向为他们开启了一扇实现伟大空间梦想的大门。在这方面，杰斐逊堪称这一代人的代言人。在杰斐逊看来，美国拥有一种新的契机，可以通过以空间而非时间为主的自我发展，避免重蹈旧欧洲社会衰落的覆辙。这种认识与另一种固有观念是分不开的：西部这片空间应当而且必须为了大众利益与个人致富的目的而得到利用，亦即开发。[47] 杰斐逊对美国东部和西部的理想设计是，农场主作为小企业主，与其家庭成员在自给自足的社会共同体中生活，并以民主的方式对公共事务实行管理。在 19 世纪的西部拓荒运动中，这一构想仍然被人们视为理想，并通过法律的形式得到了国家支持。其中尤为重要的是 1862 年林肯总统颁布的《宅地法》（Homestead Act）。它是为反对南部州的奴隶制而制定的一项社会政策法案。该法规定，每一位一家之主或成年公民，均有权以近乎无偿的形式获得总数不超过 160 英亩（约 65 公顷）的西部公有土地，在连续耕种满 5 年后，即可成为该宅地的所有者。但实际情况却往往并不是这样。许多来自东部城镇的移民家庭在申请得到宅地后又选择放弃，这些土地大部分都落入了投机商的手中。因此可以说，掮客和土地投机者与那些不善言辞、粗手粗脚的拓荒者一样，都是最具个性的边疆人物形象。

在与边疆有关的神话中，拓荒者的流动性往往是被赞美的主题。但是对于他们当中的很多人来说，这样的生活更多是一种痛苦的无奈之举。他们只能到那些有土地出售、价格也可以承受的地方去寻找机会，或为了逃避冲突而一次次迁移。很多人因为无法坚持而最终离开。在无数有关边疆创业者的成功故事之外，失败者的经历却很少被人提起。拓荒者从东部城镇来到这样一个几乎没有任何基础设施，也得不到国家权力有效保护的世界，对这里的艰苦生活，他们往往毫无准备。很多人整日忧心忡忡，害怕自己会变成乡巴佬，重新又回到过去业已摆脱的文化水准。[48] 东部城镇的一些人同样也抱有这样的想法。边疆的逐渐被神化，并不能让城市人自视尊贵的态度发生改变。城里人大多是以鄙夷的目光看待游牧民，这种态度常常也对流动的边疆拓荒者产生影响。在同时代人的叙述中，人们经常会把西部移民与世界其他地区的民族迁徙相提并论，比如说把他们称作边疆的"鞑靼人"。

在稳定的小城镇共同体形成之前，男性拓荒者都是到已经被开发和"文明化"的内地去寻找结婚的对象,于是,人员的来来往往变成了一种常态。与18世纪毛皮商不同的是,跨种族通婚在这些人当中被视为禁忌。至少在理论上,保持"白皮肤"是最基本的底线。基督教家庭在坚守这一底线的前提下自我繁衍,并形成了"男主外,女主内"的明确角色分工。在北美西部地区,以家庭为核心,在自食其力的同时与邻里保持密切的联系,始终是人们心目中不可动摇的理想,这种情况在世界上其他任何地方,都很难找出第二个例子。[49]自给自足的拓荒者之家既是一个家庭,同时也是一个小型企业。这种模式被一些人排斥,这些人不仅仅是那些信奉个人主义的掘金者和淘金者。在加利福尼亚,土地迅速落入了大地主的手中。在这里,农业从一开始便是以野蛮的资本主义方式经营的。大多数移民的唯一出路,是去做依靠工资为生、没有自己土地的雇工。[50]那些以农场临时工或佃户的身份进入这一体系的人,很难有出人头地的机会。许多第二代移民也仍然生活在相对困苦的处境之下,比如说爱尔兰人,还有那些无法得到属于自己的土地,不得不寄人篱下的欧洲大陆移民。

在西南部地区,由农业工人和矿工构成的社会底层人员中,大部分都是受歧视和受剥削的墨西哥人。导致这种现象的主要原因,是美国对墨西哥的侵略战争。这场战争在一夜间将10万墨西哥人变成了合众国的居民。此外,种族主义观念也在其中发挥着作用。[51]在边疆社会中,除了特纳所说的"经典"拓荒者——受爱国主义精神指引来到西部的美利坚公民,还有其他各种形形色色的族群。他们当中有直接从欧洲过来,而不是先在东部城市落脚,再辗转到西部的移民,这些人有的是只身一人,但更多是以群体为单位(例如来自斯堪的纳维亚国家的移

656 / 边 疆

民）；另外，还有自由人或奴隶身份的黑人（其中一些人是印第安部落的奴工），以及淘金热，特别是铁路开工后来到这里的华人。在 19 世纪下半叶，边疆社会的种族构成甚至比东部城镇更复杂。与东部社会一样，边疆也没能自然而然地变成一个"大熔炉"。[52] 因此，我们不能把边疆社会简化为白皮肤人与红皮肤人之间的"二元"对立。在拓荒者中，同样也存在与城市社会相类似的肤色等级制关系。

相对于欧洲许多地区而言，在北美边疆，人们可以相对容易且以较低廉的价格获得土地。通常情况下，人们是通过购买或拍卖的方式从国家手中获得土地。国家则以法律的形式，对单位面积土地的最低价格和经营的最低规模做出规定。由于土地很少是由国家无偿赠送的（就像《宅地法》一样），而且土地的投机性滥用也很少会受到法律的限制，因此，很多拓荒者都会遇到资金上的困难。[53] 由此导致的结果是，那些生活在木屋中的拓荒者很难依靠纯粹的自然型经济来维持生计。究竟是哪些拓荒者在何时何地以何种方式与市场建立了联系，是人们长久以来一直争论的问题。毋庸置疑的是，商业化的发展是不可扭转的大趋势。世纪中叶以后，在边疆农业社会中占主导地位的不再是淳朴的自给自足者，而是拥有企业思维的农场主。土地绝不可能像意识形态宣传所言，是可以自由获取的。优质的土地必然会面临竞争，购买和开发土地的成本只能通过经营来得到补偿。在野牛和印第安人被"清除"出大平原之后，从德克萨斯开始，由畜牧业大亨们经营的"大生意"（Big Business）蓬勃展开。其资金主要是由大城市的金融渠道和英国资本提供。正如其他大陆的边疆社会一样，北美的畜牧业也变成了一种"大佬式经济"（big man economy）。[54] 边疆经验的差异性同时也反映在各地区所面临的主要问题上。在这方面，人们可以观察到明显的"非同时性"现象，它与特纳当年所提出的社会进化阶段论的观点是不谋而合的。当来自印第安人的威胁不复存在后，在从南部的德克萨斯到北达科他的大草原上，农场主们所面对的是如何解决 19 世纪的典型问题——抵押权、铁路票价、日常流动资金等；而在同一时期，加利福尼亚的农场主却已在讨论 20 世纪所特有的一系列问题：供水，果树种植，跨太平洋贸易，城市房地产市场，等等。在这里，供水并不是一个顺带提及的关键词。在西部，再没有比水更具威胁性的生态问题了。当边疆神话论者吹嘘这里有"取之不竭"的自然资源时，我们只消用一条理由来反驳：有一种资源从一开始便是稀缺的，这就是水。[55]

印第安人战争与左轮枪恐怖统治

边疆情境总是与暴力关系分不开的。在这方面，北美西部无疑是一个典型。从 1609～1614 年弗吉尼亚的"第一次盎格鲁－波哈坦战争"（First Anglo－Powhatan War）到 1886 年西南部与阿帕奇族（Apache）的最后一场战争结束，白人与印第安人之间的关系始终是通过一系列战争决定的。[56] 从总体上看，东部的印第安族群时常结成联盟，他们在战争中表现得更顽强，相比较而言，他们是白人更强大的敌人。直到最后一批塞米诺尔族（Seminolen）勇士在 1842 年被逐出佛罗里达的沼泽地带，东部的印第安族群才在军事上被彻底征服。在东部地区，战争持续了近 230 年。相反，白人与密西西比河以西的印第安人之间的冲突仅仅持续了大约 40 年。直到 19 世纪 40 年代，欧裔美洲拓荒者才开始其对大平原的入侵。1845 年，印第安人对"陆路旅行者"（overland trailers）发动了史料记载的第一次有人员伤亡的攻击。不过在多数情况下，只要垦荒者交纳过路费，或按对方觉得公平的条件进行货物交换，这些部落都不会再纠缠。针对迁徙队伍的最残暴的几次袭击都是由白人匪帮实施的，有时候，这些人还会穿上印第安人的衣服作为伪装。[57]进入50年代后，冲突的数量逐渐增多。到60年代时，经典意义上的印第安人战争正式爆发。这场战争在美国的民族记忆里留下了深刻的烙印，并通过好莱坞电影成为永恒的话题。1862年，印第安人（这次是苏族人）对白人拓荒者发动了自美国建国以来最大规模的一次屠杀行动，造成数百人死亡。当时人们甚至一度担心，印第安人有可能会在内战军队的背后发动大规模袭击。[58]但是，参与印第安人战争的部落仅仅是少数。只有阿帕奇人、苏人、科曼奇人、夏安人（Cheyenne）和基奥瓦人（Kiowa）坚持了长时间的抵抗。其他部落，如波尼人（Pawnee）、奥色治人（Osage）、克劳人（Crow）、霍皮人（Hopi）等，则站到了联邦军一边。[59]1850年，当新墨西哥作为战利品被归入合众国后，美国与暴乱的印第安族群之间形成了一条军事分界线。此后，在西南部地区到处布满了军营，白人从这里对"野蛮"的印第安人实行控制。[60]如果说这些堡垒最初还要时刻防范阿帕奇人和科曼奇人的进攻和偷袭的话，那么到内战结束后，这里则变成了有效维持地区"治安"的据点。当年参加内战的联邦军被调往南方，以摧毁印第安人的独立图谋。

　　对于印第安人战争中的部分冲突而言，近代欧洲的战争概念是适用的。在印第安人当中相继出现了几位杰出的战略家，在物质条件大致相当的情况下，他们让白人吃了不少败仗。大平原的印第安人是全世界最优秀的轻骑兵，面对那些未经训练、装备简陋的敌人，他们几乎无往而不胜。况且，他们的对手往往并不愿打仗，要塞和荒野中的艰苦生活条件也会让他们丧失斗志。在联邦军方面，除了年轻的精英骑兵外，也有一些临时拼凑的年龄偏大的部队，这些人当中有英军中的爱尔兰老兵和匈牙利轻骑兵，还有19世纪初拿破仑战争的幸存者。印第安人在军事上的弱势主要在于装备的简陋（他们最终也没有办法对付可怕的榴弹炮），这一点是可想而知的，但是他们的弱点同样也反映在纪律性的缺乏、没有统一的指挥系统以及对营地和村庄的警戒不足等方面。这种实力不对称的例子并不罕见，在亚洲和非洲的许多地区，从长远来看，欧洲人正是借助这一优势，最终实现了军事上的征服。[61]

战争与类似的暴力形式之间的过渡是模糊的。由交战双方实施的杀戮行为以及对毫无戒备的平民区的袭击，时有发生。双方都是全副武装。在边疆发展的许多阶段，人们的日常生活都是与前国家时代的边境暴力相伴。双方都继承了18世纪末殖民战争所遗留的极端暴力遗产，[62]不同文明间的暴力与边疆欧裔美洲人日常生活中的普遍暴力，形成了一种彼消此长的关系。"荒蛮西部"用左轮手枪和步枪来维持日常秩序的平民拓荒者，是19世纪全球武装化程度最高的人群。暴力的戒备与实施对和平时期的社会生活也产生了严重影响，类似的情况以往只有在内战时才可能发生。在这里，暴力成为衡量男性尊严的极端标准，这在美国东部城市是闻所未闻的。西部价值观所包含的内容，既有激化而非缓和冲突（"无退让义务"［no duty to retreat]）的原则，也有用拳头捍卫自身利益的意志，还有在很多时候不惜牺牲性命的自杀式"勇气"文化。西部的另一大特点是"民团主义"（Vigilantism）：在国家法律难以生效的情况下，民团就会出面，替代国家的角色。因此，民团的行为从客观上讲是革命性的，这种现象的背后是自卫权思想以及对人民主权（Volkssouveränität）原则的粗暴诠释。

按照理查德·麦克斯维尔·布朗（Richard Maxwell Brown）的分析，民团是一种与规范的法律体系相比成本较低——但生命成本更高——的维护秩序的方法。在 1865 年内战结束后大约 40 年的时间里，持左轮手枪的英雄们所制造的恐怖在严重性与普遍性方面都达到了巅峰。布朗认为，这种状况相当于某种形式的小规模"内战"：在两三百个名扬天下的杀手（还有大量不知名的杀手）当中，大多数人都是受大农场主委托，为了保护后者的利益，与零散宅地上的小农场主和农民作对。这些人并不是富有正义感、杀富济贫的侠客，而是一场阶级斗争中的上层代理人。但是，针对印第安人的大屠杀——例如 1864 年发生在东科罗拉多、导致近 200 名夏安族人丧生的桑德河大屠杀（Sand Creek Massacre）——却更多是军队而非民兵或私人民团所为。而在其他多起印第安人反抗白人暴力的事件中，军队却又站到了印第安人一边，并为其提供保护。当时局势的复杂性由此得到了充分体现。[63]

驱逐

印第安人政策主要是由首都制定的，但是在边疆被付诸实践。当合众国成立时，大部分印第安族群在应对外部挑战方面已积累了丰富的经验。他们经历了疾病、生态和军事上的重重打击，并一次又一次地陷入被迫做出回应、"重新认识自我"的困境。1800 年前后，白人与印第安人之间的关系，并不是一种诡计多端的"文明人"与纯洁无辜的"野蛮人"的关系。[64]

印第安人偶尔也会受到公平对待，特别是在宾夕法尼亚的贵格会教徒那里。但是在更多时候，他们所受到的待遇是歧视性的，这与他们内心的正义感是完全相悖的。美国政府对印第安人的态度则充满了矛盾。一方面，它在事实上承认了印第安人作为"民族"（nationhood）的性质，其表现方式是与印第安人签订和约，和约的内容也并不完全是出自单方授意；另一方面，认为基督教徒在各方面都优于印第安异教徒的清教徒式古老观念，在进入启蒙时代后被传播文明使命的意识所替代。华盛顿的"伟大父亲"应当以严厉加慈悲的态度去照料他的印第安"孩子"。[65]文明化的影响应当首先来自外部。在 19 世纪中叶之前，美国政府并没有以法律手段对印第安部落的内部事务实行干预，对印第安人的管理更多是一种特殊条件下的间接治理（indirect rule）。直到 1870 年后，要求印第安人服从国家各项法律法规的思想才占据了上风。[66]

1831 年，年迈的联邦首席大法官（Chief Justice）——美国政界 35 年来最具影响力的人物之一——约翰·马歇尔（John Marshall）宣布，切罗基民族（Cherokee）是一个"独立的政治社会，它有别于其他社会，并有能力管理自己的事务并实行自治"。但是，这些"部落"并非美国土地上的主权国家，而是如马歇尔所言，属于"内部依附性民族"（domestic dependent nations）。[67]这一判断对后世产生了极大影响。从字面来看，它对印第安人是一种保护。但是在很长时间里，执法者却始终遵循着另一种方针，对宪法法院的立场采取无视态度。1829 年就职的美国第七任总统安德鲁·杰克逊（Andrew Jackson）上将是一位战争英雄，曾经参与过与英国、西班牙和印第安人的历次战斗。在他看来，撕毁与印第安人之间的和约是无碍的。另外，

494

他也不赞成马歇尔的下述观点：剥夺印第安人的土地至少应当有法律上站得住脚的依据。杰克逊所推行的驱逐印第安人（Indian removal）政策得到了广泛实施，并取得了强大的效果。一些人试图从个体心理学的角度，对这一政策做出解释：杰克逊总统的童年经历是不幸的，因此他对印第安人这些"长不大的孩子"既感到嫉妒，同时也在内心萌生出一种要向他们显示其强大父权的欲望。[68]这些猜测或许不无道理。但是这一政策所造成的结果，却比这些猜测的对错重要得多。

在杰克逊眼中，杰斐逊一代的文明化使命是失败的。他崇尚"帕克斯顿伙计"（Paxton boys）的性格——这些人曾于 18 世纪 60 年代在宾夕法尼亚对印第安人实施了残酷的大屠杀[69]——并且认为，容忍印第安人保留飞地是毫无意义的。他的目标是，用今天人们称之为"种族清洗"的方式，将印第安人驱赶到密西西比河以西地区。对北美印第安人来说，19 世纪 30 年代或许是仅次于 70 年代的最具灾难性的十年。在此期间，大约有 7 万名印第安人（以东南部印第安人为主）被驱逐。该计划一直波及大湖区，只有纽约州的易洛魁人（Irokesen）在抵抗斗争中取得了胜利。各地建起了集中营，一个又一个印第安部落带着很少的家当，在极端恶劣的气候条件下，被驱赶到所谓的"印第安人保留地"（Indian Territory）。在这些部落中，有的部落尽管在自我文明化方面已经取得了很大进步，但最终却依然无法逃脱被驱逐的命运。在漫长的迁徙途中，数千名印第安人死于疾病、食品短缺和严寒。杰克逊的驱逐印第安人政策所造成的结果是可怕的，但是我们同时也应当看到，这一政策对西部开发也起到了促进作用。从 1814 年开始，便有一些人自愿从克里克人居住的地区移民到西部。对一部分敢于冒险的印第安人而言，"开放"的西部有着与对白人拓荒者一样的吸引力。[70]

驱逐印第安人行动中最悲惨的插曲，是在佛罗里达的塞米诺尔族人身上发生的。在当地，杰克逊的政策与奴隶问题交织在一起。在塞米诺尔族人当中，生活着大量美国黑人，其中不少是逃跑的奴隶。这些人有的生活在独立的村庄里，有的已经融入了印第安社会。佛罗里达的白人们对这些非洲裔美洲人的兴趣，远远超过了对塞米诺尔人居住的沼泽地的兴趣。由于塞米诺尔人的顽强反抗，战争持续了数年之久，许多白人也因此丢掉了性命。[71]一些被驱逐的部落在来到新的居住地后，依然在努力对自己的生活做出调整，以使其与欧裔美洲人的社会相适应，虽然以往的努力并未给他们带来任何的奖赏。在从1850年到内战爆发前的一段时间里，"文明化五部族"（Five Civilized Tribes）——切罗基人、克里克人、乔克托人（Choctaw）、契卡索人（Chickasaw）和塞米诺尔人——的日子过得并不坏。他们克服了驱逐带来的不良后果，实现了新的团结。他们制定规则，将古老的印第安民主与美国民主的制度化形式相结合，建立起自身独有的政治机制。许多人以家庭为单位从事农业生产，还有一些人则雇用黑人奴隶，开辟了种植园。这些人对新的土地（虽然这里并不是他们祖祖辈辈生活的故土）逐渐产生了归属感，这种感情与白人农民对自己土地的感情并无二致。19世纪50年代，他们创办了教育事业，这让邻近的阿肯色州和密苏里州的白人都不禁感到羡慕。在这里，传教士受到欢迎并被当地社会所接纳。这五大部族实际上是在沿着白人为其规划的道路走向"文明化"，与此同时，它们同相邻印第安部落之间的隔膜也越来越深。[72]

495

假如印第安人能够在新的土地上得到有效的生存保障，那么杰克逊的粗暴政策或将意味着印第安人的边界推移将就此止步。但是，这种永久性保障却并没有出现。[73]拓荒者和铁路公司对土地的占有欲，再加上一批又一批采矿工人不断涌入印第安人生活的区域，这些因素都对印第安人共同体的形成造成了阻碍。内战结束后，由战争造成的美国社会的暴力化在对印第安人的新一轮攻击中得到了延续。彻底消灭印第安人的言论开始蔓延，人们上一次听到类似的话还是在一个世纪以前。1860年，一句臭名昭著的名言问世了：只有死了的印第安人，才是好的印第安人。这句话充分反映了这个时代的精神。[74]对生活在所谓印第安人保留地（今天的俄克拉荷马州）的五大部族来说最

496　糟糕的是，它们在内战中站在了南部州的一边。战后，联邦政府对印第安人保留地各部落的政策，是以下述基本原则作为出发点：它们是被打败的联盟敌军，必须为自己的不忠付出代价。这些部落丧失了属于自己的大部分土地，并且不得不准许铁路公司进入该地区从事铁路建设。在短短 20 年里，这些印第安族群就变成了少数民族——他们脚下的这一片土地，是他们在杰克逊总统执政时用自己的故土换来的。[75]19 世纪六七十年代的印第安人战争必须被置于上述背景下才能得以分析和观察。东部战争的爆发加剧了西部的拓荒潮，地方性争端也随之不断增多。在这样的形势下，印第安人的抵抗斗争在大平原各地风起云涌地展开。军队早先大多是与印第安部落保持着疏远和中立的关系，并常常以保护者的身份为其反抗暴力提供支持。但是到后来，军队却变成了国家实施永久性解决"印第安人问题"计划的工具。19 世纪80 年代初，印第安人的抵抗运动以失败告终。1881 年著名苏人首领坐牛酋长的投降和西南部阿帕奇战争的结束，标志着美国印第

安人的历史从此走向了没落。[76]

在印第安人战争的背后，我们可以观察到整个事件发展的大致脉络。在白人与印第安人兵戎相见之前，他们彼此之间已经有了许多接触。随着时间的推移，双方的大多数接触都是与不信和猜疑相伴的。联邦政府的民事和军事代表在其中扮演了重要角色，这是因为华盛顿将处理印第安人事务视作中央的特权。联邦政府代表在面对当事各方时，总是把自己摆在至高无上的位置（也就是说，他们与当地的欧裔美洲人同样也保持距离），以统治者的眼光去处理纠纷。其结果往往是使局面变得更加混乱，并进一步引发军事上的冲突。双方最初的纠纷很少是有预谋的挑衅所带来的结果，而更多是情绪冲动所致。很快，这些纠纷就会进一步升级。在这样的特殊环境下，欧裔美洲人未必一定是把自己看作一场伟大历史扩张浪潮的代言人。但是在很多时候，地方局势的变化却足以让他们自视为真理的化身。一方面，他们很少去分辨在印第安人当中哪些是匪徒，哪些是平民；另一方面，他们把印第安人对拓荒者的袭击，一律都当作证明西方道德和法律优越性的证据。每当遇到印第安人犯下的恶行，他们就会不由分说地把白人看作正确的一方。

直到印第安人战争接近尾声时，印第安人还时常会在战斗中——甚至在与联邦军交手时——取得令人惊讶的战术上的胜利。白人一方往往会高估自己的优势，同时低估了对手的军事才能。因为在他们看来，这些人是"原始"和笨拙的。这种妄自尊大的心理严重禁锢了人们的头脑，其顽固之程度令人几乎难以想象。但是对印第安人来说，战术上的胜利只是暂时的，而最后的失败却是在劫难逃。这些战争很少是按照当时常见的"文明化"战争方式，以签订和约而结束。印第安人的抵抗一旦被挫败，余下的便不再是一支有尊严的败军，而是一大群悲惨、饥饿和受冻的流民。这些人或挤在临时搭建的棚屋中，或是在逃难的路上奔波。战场上威风凛凛的印第安人是令人生畏的敌人，而被打败的印第安人却是一群哀怨的可怜人。战争给双方都留下了太深的创伤，以至于没有人会想到去神化它，就像后来的文学和电影中那些有关印第安人的浪漫描写一样。双方的暴行在彼此的记忆中无异于一场噩梦，因此对任何一方而言，和解或哪怕是彼此相安的共处都近乎天方夜谭。[77]

　　印第安人文学和西部片中所描绘的神话式西部即使真的存在过，它在时间上也仅仅局限于 1840～1870 年，在空间上则局限于洛基山脚下的大平原。在 1890 年前后，当特纳的边疆学说问世时，走向"终结"的并非拓荒式边界——按照今天许多历史学家的观点，直到 20 世纪 20 年代，这条边界仍然是开放的。真正终结的是印第安人在军事、经济和生态维度上的抵抗。与此同时，在辽阔的中西部地区，土地的商业化分配也取得了重大进展。随着 1874 年注册专利并很快投入大规模生产的铁丝网的普及，以及私人土地所有权的全面落实，"开放的西部"走到了终点。[78]"荒野"被分割，被开垦，"游荡的野蛮人"（这是当时流行的说法）失去了生存的空间。美国的整个领土版图通过统一测绘在原则上被确定，跨边界生存形式已再无维系的可能。[79]保留地的时代由此开启。余下的印第安人变成了"被挟持的民族，承受着自我改变的巨大压力，这样的改变对他们来说无异于脱胎换骨。"[80]

　　19 世纪 80 年代，最后一批负隅顽抗的印第安人也被解除了武装，变成了没有人身自由的受保护者。1871 年，政府便做出决定，不再与印第安人签署任何协议。从这一点即可看出，即使在形式上，人们也已不再把印第安"民族"视为谈判对象。就在世纪中叶时，白人和印第安人还共同筹备和组织过几场大型活动，其高潮是1851年9月拉勒米堡的条约理事会（Treaty Council），它是在联邦政府委派的印第安事务官托马斯·费茨帕特克（Thomas Fitzpatrick）的主持下举行的。当时有1万名来自不同部族的印第安人代表与270名白人特使和军人出席了会议，双方举行会谈并相互馈赠礼物。[81]尽管这次会谈是在和平的气氛下进行的，但是政府代表们清楚地意识到，很少有印第安人自愿被禁锢在保留地中。19世纪80年代后，人们已无法想象这样的场面还有可能再次上演。在加利福尼亚和西北部海岸，印第安人很早便被暴力强制驱赶到保留地。在德克萨斯、新墨西哥和大平原地区，类似的情形是在内战后发生的。从印第安人的视角来看，保留地是在"祖先留下的故土"之上还是作为永久的流放地，这两者间有着根本性不同。正是出于这一原因，1850年3月，大约350名夏安人在族长钝刀（Stumpfes Messer）和小狼（Kleiner Wolf）的率领下，踏上了长达两千多公里的艰苦旅途。这幅场景仿佛是1770～1771年蒙古达尔扈特人（Torghut）从伏尔加河返回故乡之旅的重现。[82]夏安人选择逃亡的原因，并不仅仅是出于对故乡的思恋。政府机构为其提供的食品的匮乏，也是导致这一决定的重要因素。在夏安人未有任何挑衅性举动的情况下，政府便出动军队对其发起攻击，因此，这些人当中只有很少人最终抵达了目的地。负责调查夏安族流亡事件的委员会最后得出结论：如果印第安人把自己的处境视为一种监禁，那么要想对其实行"文明化"改造则是徒劳的。[83]

所有权

499

并非在所有地区，土地的农业利用都是边疆社会的核心。

在加拿大，由于缺少类似密西西比河平原的肥沃土地，这里的草原也相对贫瘠，因此，对"荒野"及其原住民的入侵并非以拓荒者家庭的农业垦殖化作为主要形式。加拿大的传统边疆是捕猎者和兽皮商活跃的中间地带（middle ground）。在 19 世纪，边疆仍然保留着这样的商业特征，但是在形式上却开始向资本主义转变。兽皮贸易、木材砍伐和畜牧业以工业化、规模化和高投入的方式组织和经营。开拓大自然的体力活不是由单枪匹马的拓荒者，而是由产业工人承担的。[84] 与加拿大不同的是，美国边疆始终是一场围绕农业用地而展开的持久争夺。在这里，导致原住民与后来者之间矛盾激化的因素，并不是基督教的优越感或种族主义，而是土地。贸易接触可以通过"跨文化"来塑造，对土地的控制却截然相反，它是一个非此即彼的问题。欧洲的所有权概念是拓荒者的意识形态武装，在这一问题上，任何形式的妥协都是不可容忍的。

对于所有权问题，人们的习惯认识是：欧洲的所有权概念是个人主义式的，与交换有关；印第安人的所有权概念是集体主义式的，与使用有关。这种说法虽有将复杂问题简单化之嫌，却不无道理。印第安人与其他许多以狩猎、采摘和耕种为生的民族一样，是承认"私"有权的。但是，这里的所有权所涉及的并非土地"本身"，而是土地的产物，其中包括收获的庄稼。从原则上讲，庄稼应当属于生产它的人所有。[85] 以划定边界的方式对土地进行分割的思想对印第安人来说是陌生的，他们同样也无法想象，个人、家庭或宗族可以将超出其耕种能力之外的土地长期据为己有。在他们看来，对土地的控制权只能通过劳作而反复被确认。凡是规规矩矩使用土地的人，都可以不受阻碍地继续这一行为。令人感到荒谬的是，被 19 世纪的欧洲人视为"原始落后"的土地公有制（Gemeineigentum）恰恰是为了对付白人入侵，才被进一步强化。[86]例如在 18 世纪末，当切罗基人发现自己的土地不断被白人骗走之后，他们下令禁止将土地卖给白人，并强化了土地的公有制度。[87]对土地所有权的态度是一个极其复杂的问题，特别是像英帝国这样的国家，由于法律传统上的巨大差异性，情况就会变得更加复杂。法国人在北美从未承认过印第安人对土地的所有权，并且从一开始便强调占领者和有效占有的权利。英国人在澳大利亚也采取了同样的做法。美洲的英国殖民机构则与此不同，他们一方面宣布所有土地均归王室"主权"所有，但同时也承认印第安人对土地的"私有"权利的存在。正因为如此，印第安人才可以直接对土地进行转让和出售。美国法院认可了这一做法。1787 年，美国政府通过了《西北条例》（Northwest Ordinance），这是新成立的美利坚合众国的一份基础性文件（其问世时间甚至早于宪法，并以禁止蓄奴的条款而闻名）。该条例为美国确定了通过协议实行土地转让的原则：对印第安人来说，这不是一个好的解决方案，但也并不是最坏的可能性。[88]然而在实际操作中，政府却很少为印第安人提供保护，以避免其受到来自边民的攻击。从这一角度看，我们可以把杰克逊总统的驱逐政策理解为政府为顺应时势而对官方路线进行的调整：事实上，早在 1830 年前后，东部印第安人的地位已经被动摇。[89]

因此，北美边疆的历史可以被书写为一部印第安人持续不断地、不可逆转地丧失土地的历史。[90]即使是像 18 世纪驯马－野牛文化这样的伟大发明，从长远来看也无法为其带来任何转机。在这一过程中，北美原住民逐渐脱离了其自然的生产方式：这是被马克思称为"资本原始积累"的一个经典例证。由于人

500

们既无法容忍印第安人作为土地占有者存在，也不需要他们充当劳动力，此外，他们在过去几十年中作为兽皮供应商所发挥的作用也已经过时，因此在以移民为主体的社会中，他们再也无法找到一个属于自己的有尊严的位置。从此，"荒野"变成了国家公园：渺无人迹或以民俗为点缀的自然保护区。[91]

501

三　南美与南非

阿根廷

在更早被欧洲殖民的南美洲，也曾出现过边疆吗？[92]有可能与拓荒者西部相提并论的，主要是两个国家：阿根廷和巴西。在南美，最早的边疆是在发掘金矿和银矿过程中形成的采矿业边疆。农业开发则是后来发生的事情。与美国情况最相似的是阿根廷。在这里，潘帕斯草原从北部的格兰查科（Gran Chaco）地区一直延伸到南部的科罗拉多河（Rio Colorado），从大西洋海岸往西，纵深长达一千余公里。不过，这里并没有一条像密西西比河一样能够将移民带入大陆腹地的河流。与美国西部不同的是，直到1860年，这里的自然环境仍然没有太大的改变：到处是野生植被，还有称得上肥沃的土壤。19世纪20年代，随着大规模占地行动的开始，潘帕斯草原的"开发"拉开了帷幕。[93]有别于美国边疆的是，阿根廷的土地并没有被分割成小块。政府或将土地大块出售，或将其作为政治礼物进行派送。于是便出现了大牧场主，有些人又把这些土地租给较小的牧场主。最初的产品只有兽皮，小麦并非重要产物，甚至还要从外地进口。[94]阿根廷的边疆是大佬式边疆（big man's frontier），它和澳大利亚的边疆类似，与美国则迥然不同。为自给自足的拓荒者及其家庭提供优惠的法律法规，在这里从来都不曾出现。所有权制度是随着时间缓慢形成的，并且存在很多漏洞。[95] 19世纪末，意大利人大量涌入阿根廷。这些人大多是以佃户的身份融入体制，而不是作为拥有自己土地或田产的农民。他们当中只有少数人最终成为阿根廷公民，因此，这些人在政治上也很难与大庄园主们相抗衡。随着时间的推移，土地占有变得越来越集中。在这里，没有稳定的农业中产阶层赖以形成的基础，不像在美国，农业中产阶层为整个中西部地区赋予了强大的社会凝聚力。美国西部特色之一——有着服务功能和逐步完善的基础设施的小城镇，在阿根廷也难得一见。因此，在阿根廷人对边疆的认识中，"文明化"城市与"野蛮"的乡村是截然对立的。缺少针对小农的信用体系，放弃对土地进行登记造册——这些因素使小型农业企业的发展变得更加困难。从严格意义上讲，阿根廷根本不存在任何拓荒式边疆，也没有任何具有政治分量与创造神话潜力的独特"边疆社会"。阿根廷的边界地带从来都没有形成一个独具魅力的中心，就像密西西比和密苏里河畔的那些城市一样。铁路建成后，被打开方便之门的是涌向沿海城市的人潮，而不是对内陆地区的开发。在布宜诺斯艾利斯，人们担心的是那些没有教养的拓荒者从潘帕斯又回到城市，从而造成城市风气的败坏。铁路在导致边疆萎缩方面所起的作用，至少不会逊色于它在边疆扩张上所表现出的能力。[96]

502

阿根廷的独特社会群体是高乔人（Gaucho）：他们是潘帕斯草原上的季节工、牧场雇工和马夫。[97]（牛仔实际上是一种拉丁美洲的发明：它最早是通过墨西哥北部的大型牧场传到了

德克萨斯，之后又从那里传到了西部的其他地区。牛仔在政治
舞台上最后同时也是最精彩的一次亮相同样也是在美国以外：
1910 年后墨西哥革命中以潘乔·比利亚［Pancho Villa］为代表
的农民军。）[98]高乔人作为一个引人瞩目的社会群体，是在 19
世纪最后三四十年消失的。是强大的农业精英阶层和国家官僚
体系彼此联手，将他们从社会中排挤了出去。这是 19 世纪阿根
廷历史的核心进程。"高乔人"（这一概念大概出现在 1774 年）
是 18 世纪从那些靠捕猎野兽为生的猎人中产生的。这些人大多
是西班牙人和印第安人的混血儿，并因此而成为阿根廷殖民和
后殖民时期盛行的种族主义的牺牲品。高乔人在独立战争
（1810～1816）中的英勇表现曾使他们一度名扬天下，但是这些
声誉不久便烟消云散。早在 1820 年前后，骑马捕猎、现场屠宰
野牛以获取牛皮和脂肪的时代便已成为历史。简陋的加工企业
开始制作腌制的肉脯，并将大部分产品出售给巴西和古巴的奴
隶种植园。

　　在此后的二三十年间，绵羊成为阿根廷的重点经济要素：
绵羊是一种体格健壮、对饲养条件要求不高的牲畜，人们不用
把它杀掉，也可以从它身上获益。修建围栏，成立专门的牧
场——通过这些措施，畜牧业逐渐转变为一种混合型经济。大
约在 1870 年之前，在阿根廷人口最多的省份布宜诺斯艾利斯，
大约 1/4 的农村人口都被称为"高乔人"。此后，高乔人的人
数迅速减少。围栏的修建大大降低了对骑马牧人的需求。到
1900 年左右，"冰箱"（frigorifico）这种现代化肉类贮存和冷藏
机器开始普及。随着肉类生产的工业化，对高乔人劳动力的需
求急剧下降。高乔人最后仅存的一点点独立性也因此被夺走，
变成了一群没有价值的人。在 1879 年胡利奥·A. 罗卡（Julio

A. Roca）将军向阿根廷最重要的印第安部落阿劳卡人（Araukanier）发动攻击并实行大规模剿杀的同时，高乔人当中最不安分的分子也被彻底制服。社会精英们把高乔人看作（潜在的）罪犯，并强迫他们当中的很多人去充当佃农、雇工或去服兵役，另外还制定严格的法规，对高乔人的自由流动加以限制。当城市知识分子开始用浪漫主义笔调去美化高乔人时，正是这些人作为一个社会群体从历史上销声匿迹之时。高乔人从此被视作阿根廷民族的化身，这一变化是在这一群体衰落的过程中以及衰落之后发生的。[99]

不同于巴西的是，阿根廷的印第安人在很长时间里始终都不肯屈服。直到19世纪30年代，布宜诺斯艾利斯还不断受到印第安人的袭击，数百名妇女和儿童被掳走。内部边疆的萎缩是由两个前提决定的：一是对国家版图的最大化界定；二是关于原住民属于劣等民族、无法被纳入国家共同体的话语体系。这场斗争已不再是针对某个具体的原住民群体，而是针对"野蛮"本身。1879年，阿根廷政府发动了征服印第安人的"荒漠之战"，这场战争一直延续到1885年才结束。共和党政府凭借刚刚投入使用的新武器装备——后膛装填式步枪，方才赢得了战争的胜利。这场战争与美国最后一场大规模印第安人战争几乎是在同一年。战后，阿根廷内陆的大片土地被用于经济开发，而印第安人却连能够勉强维系生存的"保留地"也没有得到。

巴西

504

在土地资源储备至少与美国一样雄厚的巴西，边疆的发展却既不同于美国，也与阿根廷迥然相异。[100] 自1492年开始的以掠夺和殖民为形式的美洲边疆开发，在巴西迄今依然没有绝迹，这在全世界是独一无二的。在巴西，除了早期的采矿业边疆外，还出现了一种以奴隶作为劳动力的蔗糖种植园边疆，这些种植园与美国内战前的阿拉巴马河（Alabama）和密西西比河沿岸的种植园颇有相似之处。农业型边疆在这里发展得较晚，并且也不充分。直到今天，巴西的社会生活仍然集中在沿海岸线的狭长地带。葡萄牙语中的"Sertão"（内地荒漠）一词最初是指葡萄牙征服者炮火范围之外的所有地区，后来（现在某些时候仍然如此）则被用来象征那些没有太大开发价值的荒地。在人类于 20 世纪最后几十年开始对热带雨林实行大规模砍伐之前，亚马孙丛林堪称"边疆外的边疆"。[101] 在巴西文学中，边疆是一个纯粹的空间概念，而不是指某一段历史进程。作为地域概念的"Sertão"是与特纳的边疆概念最接近的词，而"fronteira"一词则是指有形的国界。

巴西缺少一些内陆开发所必需的客观前提。首先，这里没有可以利用的水路网络，就像美国的俄亥俄－密苏里河－密西西比河水系一样。另外，对工业化进程至关重要的矿产资源（煤炭和钢铁曾在美国西部发挥了一定作用），巴西也同样缺乏。直到巴西成为世界咖啡市场的早期开拓者，农业式的边疆开发才逐渐开始出现。19 世纪 30 年代中期，巴西的咖啡出口量首次超过蔗糖，巴西从此成为世界上最重要的咖啡出口国。[102] 在当时的技术条件下，土壤的利用效率只能维持一代人的时间。当土壤的肥力耗尽后，种植者们继续向西部拓展。1888 年废除奴隶制后，对种植园工人的需求急剧上升。对此，意大利人率先做出了反应。这些人在进入劳务市场后，其工作的环境甚至比在阿根廷更恶劣。由于问题过于严重，意大利政府甚至于 1902 年颁布法令，禁止介绍本国公民去巴西打工。巴

西和阿根廷的权力结构十分相似。巴西咖啡种植园主所拥有的
权势，相当于阿根廷的大庄园主（latifundistas）。与阿根廷一   505
样，针对小农的土地分配或再分配政策在巴西也极为罕见。[103]
巴西的"fronteira"实际上是单一的咖啡种植地，在使用或不使
用奴隶的条件下进行大规模生产。它并不是特纳所说的边疆：
一片具有独立的开拓者个性和淳朴的中产阶层氛围的土地，一
所民主的露天学堂。正如约翰·海明（John Hemming）在一部
感人肺腑的三部曲中所描写的一样，巴西的印第安人尽管没有
涉足蔗糖和咖啡经济，却或多或少地卷入了亚马孙河的橡胶贸
易，在 1910 年之前，他们甚至连一块可供安身的保留地也没有
得到。[104] 热带雨林是一道开放的边界，而不像美国大平原一
样，被欧裔美洲拓荒者的地盘所包围。因此，印第安人不得不
一步步退缩到更偏远的地带，其反抗殖民者的最后一场斗争于
世纪之交被镇压。

南非

南美与南非的边疆进程之间，并没有任何直接的彼此作用
关系。恰恰是因为这一点，两者在时间上的同步性便更加引人
注目。北美和南美的最后一轮印第安人战争分别发生在 19 世纪
70 年代和 80 年代，正是在同一时间，白人（英国）征服者结
束了他们在南非内陆的征服行动。对南非而言，1879 年是一个
终点的标记。在这一年，祖鲁人（Zulu）——非洲最重要的一
支抗英力量——在军事上被彻底击败。这也是殖民宗主国与非
洲军队之间发生的一系列战争中的最后一场。祖鲁国王塞奇瓦
约（Ketchwayo）被英国人提出的种种无法满足的要求所激怒，
于是调动了 3 万多兵力（这样的规模是北美印第安人望尘莫及

的）与其展开对抗。但是，在英国人的绝对优势面前，祖鲁人最终没能逃脱失败的命运。[105]苏人和祖鲁人都是重要的地方军事力量，其强大的影响力令周边的许多土著部落也为之臣服。在同白人打过数十年交道后，他们清楚地看到了对方在军事上的强大优势。这两个部族都很少被入侵者及其生活方式同化。他们建立了复杂的政治结构与信仰体系，欧洲人和欧裔美洲人始终无法看透其中的奥妙。后者在宣传中将这些人描绘为缺乏理性、与文明为敌的"野蛮人"，也与此不无关系。1880 年左右，无论在美国还是在被殖民的南非，白人的统治地位都已不可撼动。[106]

506

　　苏人和祖鲁人虽然有很多共同点，但是在许多方面却是命运各异。面对外界强加于他们的巨大经济压力，这两个部族表现出不同程度的抵抗力。苏人是过着游牧生活的野牛狩猎者，虽有狩猎团之类的组织形式，但并没有形成任何政治或军事上的等级制结构。在美国不断扩张的国内市场上，他们变成了在经济上毫无用处的人。祖鲁人则相反，他们的生存是以畜牧业与农耕业相结合的混合型经济为基础，这种定居式的经济形式要比苏人的游牧式经济强大得多。祖鲁人拥有自身所特有的集权式组织结构，并形成了以不同年龄段划分的社会一体化体系。因此，祖鲁人在遭遇军事上的失败和故土被侵占的厄运后，并没有像苏人一样被打垮而从此一蹶不振。在南非的经济生活中，祖鲁族并没有被边缘化，而是变成了廉价劳动力的储备库。在本国经济的劳动分工中，逐渐被无产者化的祖鲁人依然扮演着重要角色。

　　南非和北美边疆的早期发展史，同样也呈现许多令人惊讶的共性。在两地，欧洲移民与土著人之间的第一次接触都发生在 17 世纪，两段历史都在 19 世纪 30 年代出现了重要的转折点：在美国，安德鲁·杰克逊总统出台了驱逐南部印第安人的政策；在南非，布尔人开始大迁徙。南非的独特性在于，当英国人于 1806 年占领好望角后，白人群体出现了分裂。此后在南非，除了以 17 世纪荷兰移民为前身的布尔人之外，形成了一个人数较少的英国社团（community）。后者以富裕和强大的英帝国作为靠山，掌握着南非所有重要事务的决定权。完全依靠农业为生的布尔人最初是因为土地短缺，才被迫踏上了迁徙之路。19 世纪 30 年代初，伦敦宣布废除奴隶制，成为推动布尔人迁徙的另一大因素。废奴政策在南非也得到了实施，布尔人社会的核心结构要素因此被触动。伦敦所宣扬的各肤色人种在法律上一律平等的观念，对布尔人来说是无法接受的。当布尔拓荒者赶着牛车开始大迁徙时，他们的行进方向是由装备精良的非洲军事力量发动的抵抗斗争决定的，其中势力最强的是东部的科萨人（Xhosa）。在北部的高韦尔得草原（High Veldt）地区，非洲人的反抗相对较薄弱。另外，对布尔人有利的一大因素是：在非洲部族之间刚刚结束的一场严重的军事冲突中，大量非洲部落被摧毁。这场冲突在历史上被称为"姆菲卡尼"运动（Mfecane）：1816～1828 年，一夜间崛起的祖鲁军事王国在恰卡（Shaka）国王的带领下四处征战，使草原上大片地区变得人烟萧条，同时也使得白人拓荒者的队伍由于反祖鲁阵营同胞的加入，而变得更加壮大。[107]

507

大迁徙是南非各族群中的一支为争夺土地而发起的行动，无论在军事还是组织上都十分成功。最初，它只是一次"私人"性质的殖民征服之旅，国家的建立是后来才发生的事情，它是私人侵占土地所产生的"副作用"（约尔格·菲施［Jörg

Fisch〕语）。布尔人建立的共和国有两个：1852 年成立的德兰士瓦共和国（Republik Transvaal）和 1854 年成立的奥兰治自由邦（Oranje – Freistaat）。这两个国家都是在反抗英国殖民统治的斗争中形成的分离派组织。开普省的英国统治者以签署和约的形式承认了它们的存在。英国公民在两国的经济生活中也发挥着一定的影响力。因此，在 19 世纪的南非，并没有一个统一的、抽象意义上的国家像美国政府制定"印第安人政策"一样，推出一项普遍适用的"黑人政策"。[108] 在军事方面，布尔人并没有属于自己的中央军队。但是，这些持有武器的拓荒者必须想办法保护自身安全，并向世人证明，他们有能力保卫自己的国家。在奥兰治自由邦，他们基本做到了这一点。而在1877 年被英国人一度吞并的德兰士瓦，这方面的努力则收效甚微。但是在这两个布尔共和国，国家机构的功能都很不健全，财政都很拮据，除了教会之外，都没有形成一种"公民社会"式的融入机制。[109] 19 世纪 80 年代，南非的边疆实际上已经"封闭"，再没有剩余的"自由土地"可供分配，因此，布尔共和国已不再是拓荒边界上的两个国家政体。

　　任何一处边疆在人口发展上都会呈现不同的特点，在这方面，北美和南非有着极大的差异。在 19 世纪 80 年代前，从没有出现过以南非为目标的大规模移民。即使在金矿和钻石矿吸引了大批移民之后，南非也没有形成堪与北美跨大西洋移民相比的移民潮。19 世纪中叶时，印第安人在美国人口中所占比例已经微乎其微；然而在南非，非洲人占总人口的比例却超过了80%。与北美印第安人相比，非洲黑人很少因感染外来疾病而导致人口锐减。同样，他们在文化上所受到的迫害也没有导致人口的明显变化。在南非，这些前殖民时代的原住民并没有变成自己土地上的少数民族。[110]

无论在南非还是北美，以自给自足方式养活自己或家庭的全副武装的拓荒者都是占人口多数的边疆人群。但是在北美边疆，很早就出现了以满足出口市场为目的的大企业生产。18 世纪，边疆地区的一些烟草和棉花种植园加入了跨地域的贸易网络。在整个 19 世纪，边疆一步步演变为资本主义发展进程的载体。在南非，布尔人在大迁徙后，一部分人搬到了内陆深处去生活，他们与世界市场的联系变得比过去更加疏远。直到 19 世纪 60 年代，当人们在布尔共和国的地盘上发现了钻石矿和金矿（后者比前者晚两年）之后，在布尔农场主经营的农业经济之外，才出现了很大程度上是以世界市场为导向的矿业边疆（mining frontier）。[111]

19 世纪末，南非以班图语（Bantu）为母语的人口在社会秩序中仍然保持着相对有利的地位，这一点远远胜过了北美的印第安人。早在殖民初期，开普省南部的科伊桑人（Khoisan）便已失去了对近乎所有农业用地的控制权，然而那些说班图语的内陆人群尽管被一步步逼近的拓荒边界所压迫，却依然有条件对丰富的土地资源进行有效利用。在莱索托（Lesotho，即巴苏陀兰［Basutoland］）的大部分地区以及斯威士兰（Swasiland）和今天南非共和国东部的部分地区，非洲小农仍在耕种着属于自己的土地。这部分是反抗所带来的结果，部分则归功于各地政府的特殊政策：放弃全面没收非洲人的财产。在北美，这样的妥协从未出现。当地野牛狩猎者的游牧式生活，与耕地的扩张和开发草原使之为资本主义畜牧业服务的做法发生了直接冲突。这些新经济形式中的任何一种，都不需要印第安人为其充当劳动力。然而在南非，农场和矿山都离不开当地

509

劳工。因此，非洲人不仅可以从事自给自足的小农经济，还可以在按种族划分的等级秩序中，以社会底层人的身份融入经济的活跃领域。南非统治者并不希望黑人无产者分散到全国各地，为此，政府划出了特定的区域，供黑人集中居住。这些黑人居民区与北美印第安人的保留地有几分相似，但是直到1951年之后，被冠以"家园"（homelands）之名的南非黑人区才显现出其作为保留地的特征。这些黑人居住区并不是为了隔离一群经济上毫无用处的人而修建的露天监狱，而更多是出于对黑人劳动力实行有效的政治控制和经济疏导的考虑。这种做法是基于下述原则：保留地里的家庭可以用种地来养活自己，男性劳动力可以到新兴经济领域去打工，同时还可以通过这样的方式将劳动力的物理再生成本维持在最低水平。

　　白人对占人口多数的黑人群体的态度大多是既冷酷又不屑，由此导致的一个副作用是：他们（少数传教士除外）不愿花费精力对这些非洲人实行"文明化"改造，或采取措施对其文化自治加以限制。而这正是19世纪最后几十年，美国一些怀有善心的"印第安人之友"所投身的事业。就总体而言，南非以班图语为母语的非洲人并没有遭遇全面的失败。在人口比例上，他们仍然占大多数；在文化上，他们仍然保留着最低限度的独立；在经济上，他们则扮演着不可或缺的角色。在美国，当政府于20世纪30年代首次推出人道主义的印第安人政策时，对真正意义上的"印第安复兴"（Indian revival）来说已然为时太晚。而此时在南非，针对黑人群体的大规模迫害还没有开始。直到20世纪末，当种族隔离政府被推翻后，南非民众才真正拥有了自决的条件。边疆对南非的国家构建产生了深刻影响，在经过漫长的踌躇和徘徊之后，南非最终走上了通往"正常"民族国家的发展之路。在美国，印第安人保留地今天依然存在；而南非的"家园"在纸面上虽已消失，但它对土地所有权的分配却仍在发挥着重要作用。

特纳学说在南非

在用边疆理论来阐述民族史方面，除美国之外，人们谈论最频繁、时间最久，同时也最富争议的例子莫过于南非。这些人尽管表述各异，但核心思想却是一致的，这就是：南非社会矛盾与种族主义倾向的加剧与这里的殖民和国际化氛围是相悖的。移民到内陆深处的布尔人通常都被看作没有开化的边疆垦荒者化身，但是，这一看法背后的含义却不尽相同：在一些人眼里，这些边疆人是热爱自由的大自然之子；而在另一些人看来，他们却是野蛮的种族主义者。无论哪一种解释，它所强调的都是边疆居民与"西方文明"——至少是以开普殖民地作为非洲前哨的欧洲城市文明——之间的隔膜。在这种印象中，同时也包含着一种陈腐的加尔文式使命感。按照这种批判性的边疆理论，南非后来出现并在 1947 ~ 1948 年达到巅峰的种族隔离制度，正是在边界孕育而生的。因此，19 世纪的边疆经验决定了 20 世纪后半叶南非的整体社会秩序。从 19 世纪 30 年代的边疆到种族隔离制度的彻底成熟，南非的种族主义倾向表现出一种持久的延续性。这种对南非种族主义延续性的假想，构成了整个南非边疆论的核心。

1991 年，一部在南非流传甚广的著作再次重申了一种观点：启蒙与自由主义没有对南非布尔人产生任何影响，布尔人是"近代西方文明中最浅薄、最落后的元素"。[112] 反对这一观点的人则认为，不应将种族主义的包袱完全转嫁给布尔人，而应当在 18 世纪末的南非民众中寻找种族主义思想的根源。另一派反对者则对白人与非洲人之间的矛盾尖锐性提出质疑，并提出了类似北美边疆论中有关"中间地带"的观点，以大量事例来证明不同种族之间曾经有过的交往与合作。在这两种截然不同的立场之间，是以史学家列奥纳德·格尔克（Leonard Guelke）为代表的折中派。格尔克提出了关于双重边界共同体的说法：一种是正统的"排他性边疆"（frontier of exclusion），另一种是自由的"包容性边疆"（frontier of inclusion）。另一种建议是，应当对边界的开放阶段和封闭阶段加以区分，矛盾的加剧与激化是在进入封闭阶段后才出现的。在当今的南非历史学家当中，固守种族主义长期延续性观点的人已寥寥无几。正如南非奴隶制（在 1833~1834 年英帝国废除奴隶制之前），19世纪的边疆很少再被视作种族隔离制度的直接源头。不过，奴隶制和边疆这两大因素都对 19 世纪末白人（部分由宗教原因导致的）文化优越感和种族排斥的出现产生了一定影响。边疆理论并不是一把解读南非历史的万能钥匙，但它为我们指出了地理与环境的影响对社会立场形成所具有的重要意义。[113]

　　另外，特纳提出的有关自由在边疆问题上的重要性的观点，在南非只能得到零星的印证。布尔人的大迁徙同时也是对一场社会革命的回应：1834 年南非废除奴隶制。1828 年，在布尔人开始大迁徙之前，殖民地总督便颁布了一项法令，宣布拥有奴隶身份的人在法律上享有平等地位，并一样可以享受法律的充分保护。[114] 从政治角度看，布尔人之所以离开城市化水平较高、对世界开放的开普殖民地，是对法律上的平等主义的一种逃避。当他们创立自己的共和国时，即便在欧洲，共和制的国家形式仍属罕见。在这里，布尔人建立了一种类似古希腊的自治与民主机制，所有男性公民均享有广泛的参与权，而其他被视为政治上不成熟的群体则被排除在外（奴隶制在布尔共和国也是被禁止的）。这种边疆民主令人联想到的并不是现代宪政国家，而更多是世界各地的"跨边疆者"（transfrontiersmen）所推行的平等主义。在阿根廷，考迪罗①的鼻祖胡安·曼努埃尔·德·罗萨斯（Juan Manuel de Rosas）最初是作为印第安勇士在边界地区建立了自己的权力基础，后来才以"强人"身份被布宜诺斯艾利斯的城市寡头阶层"招安"。之后他掉转矛头，对以往支持过他的高乔人实行镇压。英国殖民当局在南非有着深厚的根基，因此他们对布尔人的解放运动并不感到惧怕。反过来看，布尔人的愿望是在他们与世隔绝的共和国里安静地生活，而从未企图征服整个南非。但是，1886 年在威特沃特斯兰德开始的"淘金热"却打破了这种与世无争的状态。布尔人一心想借此机会发一笔大财，他们一方面让英国资本家放手去干，但同时又想尽办法，把政治权力牢牢掌握在自己手中。如此一来，边界民主需要防范的对象除了底层黑人之外，又多了这些新来的白人，即所谓"外侨"（uitlanders）。1899 ~ 1902 年的南非战争或布尔人战争便是在这样一种复杂的局势下爆发的。这场战争最终以英帝国的军事胜利而告终，但是为了打败布尔人这个军事上似乎不堪一击的对手，它所付出的代价却是惨重的。于是人们不禁怀疑，以如此高昂的代价来巩固殖民统治——更何况对手也是白人——究竟是不是值得。

512

战争给高韦尔得草原上的布尔人社会造成了重创，1/10 的人口在战争中丧生。尽管如此，布尔人在南非白人中仍然占据

---

① Caudillo，在西班牙语中原指割据一方的军事首领，后引申为军事独裁者。

多数，并控制着农业。在这片土地上，英国人再也找不到其他的同盟者。由于英国人并不打算长期以占领者的身份执掌政权，因此他们不得不与被打败的布尔人进行谈判。此时，新上台的具有自由主义倾向的布尔政府恰好也有同样的想法，这为双方达成妥协创造了良好的条件。1910 年南非联邦的成立，使双方的愿望得以实现：这是布尔人的胜利，是非洲黑人的失败；而对英国人来说重要的是，他们的经济和战略利益由此得到了保障。在 1931 年之前，南非联邦一直是英帝国的自治领，地位与加拿大和澳大利亚相仿。[115]

此后，种族歧视的旧风俗越来越盛行，直至把南非变成了一个彻头彻尾的种族国家。布尔人边疆的政治与文化价值观成为整个国家的主导。一开始，它的影响是潜移默化的，但是当 1948 年奉行种族主义的国家党（Nationale Partei）赢得选举后，局势出现了戏剧性转折。在阿根廷，高乔人的边疆势力很快被摧毁。然而在南非，边疆却占据了整个国家的政治中心，在几乎贯穿整个 20 世纪的时间里，给这个国家打上了深刻的烙印。即使在美国，也不曾有过类似的例子。1829 年，随着安德鲁·杰克逊总统的上台，边疆代言人首次取代了东海岸的城市寡头，成为国家的最高首脑。从此之后，一直到布什家族的德克萨斯石油王朝掌权，"西部"观念始终在影响着美国的政治。然而在 19 世纪，更大的挑战来自蓄奴的南方。内战对美国政治发展的意义，相当于布尔人战争之于南非，只是在时间跨度上要短得多。1860～1861 年美国南方各州脱离联邦之举，堪比布尔人的大迁徙。而南方州在脱离前所实行的种植园主民主，则与布尔拓荒者在同一时期建立的"优等民族的共和制"（Herrenvolk - Republikanismus）颇为相似。只不过后者并不像美国南方州一样，是用精心论证的种族主义意识形态为自己辩护，而是以一种暗藏的、很少公开宣扬的优越感作为立足点。1865 年因南方失败而未能在美国国家层面实现的目标，却于 1910 年后在南非得到了巩固和贯彻：白人统治的意识形态和实践。然而在美国，从 19 世纪 70 年代末起，黑人在内战中和内战后被赋予——或至少被承诺——的权利，部分又被陆续收回。奴隶制的结束，并没有把美国黑人变成在法律上（更不是在事实上）拥有平等地位的公民。在美国内战和南非战争结束后（分别是在 1865 年和 1902 年）所达成的妥协中，被打败的白人一方在很大程度上捍卫了自己的利益和价值观——两者都是以牺牲黑人利益为代价。但是在美国，边疆的获胜方式与南非显然是不同的："荒蛮西部"的价值与象征并没有在政治秩序的层面上得到体现，而是变成了美国集体意识与"民族特性"的构成元素。在美国，南北对立使政治地理变得更复杂，它是世界其他地区的边疆叛乱在美国的一个变种。[116]

四 欧亚大陆

在本章开头，我们将边疆定义为人类交往情境的一种特殊形式。在其中，两个起源和文化趋向各异的群体共同进入交往进程，并在此过程中形成冲突与合作并存的复杂关系。按照特纳的观点，这两个群体是处于不同"发展阶段"的两种社会。如今人们通过研究已经证明，这种判断并非永远成立。这一点只需一个例子便可说明：在布尔人大迁徙的时代，以畜牧业为主的布尔人与周围的班图语人群相比，并没有处在进化程度更高的社会发展阶段。另外，我们也同样无法明确分辨，在他们

514

当中，哪些是"野蛮人"，哪些是"文明人"。而这正是特纳所强调的另一个论据。在北美，不同经济形式之间的尖锐对立是在较晚时候，当印第安人的野牛狩猎潮兴起后才出现的。对立的双方，一边是从事农业耕种、以牲畜饲养（圈养）为副业的垦荒者，另一边是以放牧或骑马打猎为生的游牧民。在非洲，人们所见到的是形形色色的游牧式经济，而不同经济形式之间的对立则极为罕见。但是，正如拉铁摩尔曾经指出的，后者却是整个亚洲北部的明显特征。直到 19 世纪初，在亚洲北部的辽阔土地上，以畜群饲养和利用为基础的流动生活方式仍然四处可见：从斯堪的纳维亚 - 西伯利亚 - 满洲森林带的南端到喜马拉雅山脉，从伊朗高原和安纳托利亚高原一直到阿拉伯半岛，从伏尔加河往东，直抵北京城郊——其地域之大，远远超过了今天的"中亚"版图。定居式的农业生产则集中在欧亚大陆的边缘地带：从中国北方到旁遮普（Panjab），以及伏尔加河——牧场与草原世界的西部边界线——以西的欧洲。[117]在强调静止与流动之间的典型化对立的同时，我们也应当看到：19 世纪时，即使在欧洲和南亚（中国也不例外），仍有一些族群还在过着迁徙式生活。[118]

草原边界的游牧民族

在流动生存方式这一庞大范畴里，民族学家将游牧式生活划分为以下几种类型：①荒漠地带的骆驼牧民，这些人群同时也活跃在整个北非；②阿富汗、伊朗和安纳托利亚的牧羊人；③欧亚草原上的骑马牧民，其中最著名的是蒙古人和哈萨克人；④最后，还有西藏高原上饲养牦牛的牧民。[119]这些不同类型的游牧人群有许多共同特征：他们与城市生活都保持着很远的距离，并往往对其抱以排斥的态度；他们都是以部落作为社会组织形式，由推选出的首领来管理部落的事务；在各群体中，人与动物的亲密感情都对文化认同的构建具有重要意义。在亚洲，游牧民族的生存区域跨越了无数生态边界，许多族群都有自己的语言，在宗教信仰上大致可划分为三大派别：伊斯兰教、佛教和萨满教（每一个派别又有众多的分支和变种）。这片地域在面积上占据了欧亚大陆的绝大部分，不过，在这片广阔世界的边界地带，环境相对是简单的。如果游牧民族活动的区域并不直接靠海（就像在阿拉伯和波斯湾），那么它必定会在某一处地方与过着定居生活的农民的地盘发生接触。这是几千年来欧洲与东亚之间的一大共同点：它们都拥有一条草原边界。

历史很少是以游牧民族的视角书写的。无论在欧洲、中国还是伊朗，历史编纂们始终都是把游牧民族视为异族，一种来自外部的富有挑衅性的威胁。为了抵御这一威胁，任何手段都是正当的。而其中最常用的手段是进攻性防御。尽管爱德华·吉本早就提出过一个问题：究竟是什么因素把古代穆斯林骑兵和成吉思汗麾下的蒙古人变得如此勇猛强悍？那些过着定居生活并以"文明"自居的社会，始终没能理解这一点。反过来看，游牧民族在这些代表着城市与非流动文化的人们面前，总是感到无所适从。这种情形使得双方无法在彼此的接触中，共同摸索出一套具有普遍适用性的交往策略。正因为如此，中国统治者自古以来一直把"制夷术"视为治国方略的精粹。早在 14 世纪，伊本·赫勒敦（Ibn Chaldun）便将城市居民与贝都因人之间的对立，作为其（伊斯兰）文明论的基础。

游牧民族的生活比农耕民族的生活更具风险性，这一点也对他们的世界观产生了影响。畜群的数量有可能以指数级的速度增长，并使饲养者在短时间内变成富人。但是从生物学角度看，牲畜饲养在应对环境变化方面的脆弱性，比植物种植要高得多。流动生活需要人们不断对行进路线、畜群管理以及面对邻人和途中遇到的陌生人的态度做出选择。因此，游牧式生存方式本身蕴含着一种独特的理性成分。正如俄裔人类学家安纳托利·M. 哈扎诺夫（Anatoly M. Kahzanow）所强调的，游牧社会与农耕社会的差别是，它从不曾实现过自给自足，因此永远也无法孤立地存在。游牧社会的社会分化愈细，就会愈加主动地寻求与外界的接触和交流。依照哈扎诺夫的观点，游牧民族选择的策略通常有以下四种：①自愿转变为定居生活；②与互补型社会开展贸易，或借助许多游牧社会所擅用的交通工具（如骆驼）从事中间贸易；③自愿或在抵抗无果的情况下被迫归附于某个定居式社会，并对其形成依赖性关系；④或反过来使定居式社会臣服于己，并与其建立相应的非对称式的长期关系。[120]

　　上述策略中的第四种在中世纪取得了辉煌成就。当时，从西班牙到中国的农业社会都落入了马背上的游牧民族的控制中。那些在近代早期统治亚洲大陆的盛世王朝，全部来自中亚。这些民族即使不是游牧民，也一定有着非农业民族的背景。这其中也包括 1644～1911 年统治中国的清王朝。自 1644 年之后，这一类型的国家建构模式便从此绝迹（当然，清朝的帝国和国家机构的建立便持续了一个多世纪的时间）。[121] 但是，在欧亚大陆的各个地区，游牧民族的势力却依然强大，足以让他们对周边定居式社会进行肆意掠夺，并逼迫其成为自己的贡赋附属国。就连俄国到 17 世纪后期，还在向克里米亚的鞑靼人

（Krimtataren）缴纳天文数字般的巨额贡赋。因此，在很长时间里，不同类型的边疆始终是欧亚大陆的历史现实的一部分。在这片大陆上，中央集权式国家的构建——无论是按照俄国还是清代中国的模式——大多都是以抵御游牧民族进犯为契机。这些边疆当中的每一处，往往都经历过一段不同寻常的权力与交往关系的发展史。由于农耕者与游牧者各自都掌握着对方所需要的资源，因此双方之间的相处更多是合作，而非势不两立的对抗关系。即使在双方的关系当中并没有形成一个文化杂糅、彼此交融和多元共生的中间地带，边疆所起的作用也仍然是合大于分。这种情况一直持续到 18 世纪。长久以来，人们在对世界史的解释中始终有一种共识：13 世纪初蒙古人的征服行动开辟了一个相互交往与交流的空间，其跨度之大可谓空前绝后。甚至有人称，蒙古人创建了一个"中世纪的世界体系"。人们通常认为，在此之后，亚洲的国家和文明重新回到了各自为据的状态——盘踞在长城背后的明代中国（1368～1644）就是一个典型的例子——中世纪的"世界性"欧亚大陆从此终结。但最新研究却指出，交往渠道的开放性与跨边疆关系的多样性实际上一直延续到 18 世纪与 19 世纪之交，因此人们有理由认为，这一时期的欧亚大陆并没有失去其历史的延续性。欧洲与亚洲的二分法虽然早在希罗多德和 18 世纪一些欧洲史学家的著作中便已有所表露，但是直到 19 世纪初，它才最终演变为一种意识形态建构。

517

帝国边缘

欧亚大陆的边疆有一个特点：它们都被帝国的版图所覆盖。与美洲和撒哈拉以南的非洲所不同的是，以等级制为结构的中央集权制帝国在欧亚大陆是占主导地位的政治形式。这些帝国大致可分为两种形式：一种是由马背上的游牧民族所统治的草原帝国，它与周边的定居式农业社会之间是一种寄生式关系；另一种帝国主要是通过对本国农民直接征收赋税，来保障自身的资源供应。[122]这两种类型之间有可能发生转换。例如，奥斯曼帝国最初兴起时，只是奥斯曼军事领袖之间所缔结的一个松散联盟，在结构上与蒙古帝国相类似，后来随着时间的推移，逐渐演变为第二种类型的帝国。这一类型的帝国也被人们称为"火药帝国"（gunpowder empire）。随着势力的壮大，这些帝国的疆域越来越接近，以至部分国界彼此相接壤。特别是 1760 年之前清帝国的一路扩张以及随后沙皇俄国的崛起，将许多开放的边疆变成了帝国内部的边地（borderlands，这一概念是由赫伯特·博尔顿［Herbert Bolton］提出的）。早在近代早期，中亚各游牧民族便已被帝国势力所包围。这些游牧民族（特别是蒙古人、哈萨克人和阿富汗人）本身虽然还有能力偶尔发起大规模的军事攻击，但已无法再像成吉思汗或帖木儿那样，去创建自己的新帝国。对世界历史影响最深远的，是中华帝国在中亚的扩张。在 1680～1760 年间，恰恰是清朝这个由非汉族人建立的征服者王朝，成功地将蒙古部落的一部分变成了自己的臣民（内蒙），将另一部分变成了附属国（外蒙），并将信仰伊斯兰教的绿洲国东突厥斯坦（今天的新疆）纳入了帝国的联合体。到 18 世纪末，那些由军事上强盛一时的古老游牧民族所创建的国家，都已被各大帝国瓜分。这种状态一直持续到 1991 年苏联解体，随着各中亚共和国的成立才最终结束。

　　边疆被纳入帝国版图所带来的结果是，边疆事务成为与帝国构建相关的重要因素，19 世纪各游牧民族的命运也为此所左右。倚仗帝国的强大实力,人们可以在帝国构建的框架内去考虑边疆问题。清帝国在 1680 年之后的扩张中,在边疆的许多地区不断与外夷发生碰撞:在中国南方,在被收复的台湾岛,以及蒙古。[123] 这些人在血统上都不属于汉人,因此必须对其实行有效的国家统治和文明教化。这些外族被大清帝国征服后,受到清廷的直接统治或管辖。它们与清廷之间的关系则依具体情况不同,存在细微的差别。这些外族并不是像朝鲜或暹罗一样的半自治纳贡国,而是帝国内部的被殖民的民族,这其中也包括自 18 世纪中叶起受北京政府间接统治的藏族人。在中国,政治始终是起决定性作用的因素。不受政府控制的移民潮只有在中原各省,当人们对山区荒地实行开发时才会出现。非汉族居住的边缘地带的首要作用,是作为战略意义上的缓冲区,其针对的对象北面是沙俄帝国,西面是奥斯曼帝国,南面是刚刚进入印度的英帝国势力。因此,中央政府并不希望扰乱这些地方的社会,以至于使和平受到威胁。最理想的方案是采取间接统治的方式,同时再派遣足够多的汉人和满人军队在当地驻扎,以确保其对帝国的归顺。直到 19 世纪,清廷仍然在竭尽其所能,阻止大批汉人到新疆、蒙古,特别是被视为清王朝发祥地和大本营的满洲地区拓荒。

但是,这些限令并不能阻止汉族商人四处留下他们的足迹,特别是那些在经商方面毫无经验的蒙古人,往往因此而债台高筑。不过,在人口数量上成规模的汉族殖民化运动是到 20 世纪初才开始的,其目标首先是地理距离最近的满洲。然而直到 20 世纪 30 年代,对国内边疆特别是蒙古族居住的省份的轻视,仍然是备受非议的话题。在人们口中,这些地区被称作民族力量的源泉。数以百万计的汉族人向边疆地区的扩张是在 1949 年之后，共产党执政后开始的。因此，直到 20 世纪，中国才出现了通过移民式资源开发所形成的国内边疆，这一过程也不可避免地导致了当地原住民的土地丧失。然而像北美一样以设立保留地为形式的对原住民的隔离，在中国并没有出现。特别是对新疆的穆斯林居民来说，其文化和政治上的自治权在很大程度上得到了保留，一直到 20 世纪中叶共产党政权得到巩固后，新疆作为帝国之间的边区（borderland）所得到的好处仍多于坏处。[124]

　　尽管清帝国的实力相对越来越衰弱，但是它却出乎意料地牢牢守住了帝国的大陆边界（除南满之外），一直到辛亥革命爆发。[125]而且它也不像奥斯曼帝国一样，丢掉了许多在经济和人口方面具有重要地位的地区。随着奥斯曼帝国对巴尔干统治的逐渐萎缩，原有的边界走向与边界管辖也变成了历史。取而代之的是新巴尔干国家的国界，这些国家大都是在欧洲列强的主导与庇护下成立的。在奥斯曼帝国的疆域里，从不曾发生类似清帝国或沙俄式的内部殖民化运动。在奥斯曼传统中，也从未有过类似的先例。这是因为在近代早期，当奥斯曼军事力量进入巴尔干和埃及等地时，这些地区已经拥有了稳定的农业，不再有任何空白地带可供土耳其人去开垦。另外，在土地开发利用的技术方面，安纳托利亚地区的农民也与中国或俄国农民相去甚远。除此之外，生态环境也构成了屏障，因为在整个奥斯曼帝国几乎找不出一块大片的土地，能够通过劳动的投入而得到开发。但尽管如此，不同形式的扩张性边疆运动在这里却并非无迹可寻。面对东南欧民族运动的兴起以及沙俄帝国在军事上的不断扩张，再加上自身对从埃及到阿尔及利亚的北非地区的控制力丧失，奥斯曼帝国受到的压力愈大，就愈发把精力集中于对东安纳托利亚残存的部族领地的控制之上。

19 世纪初，这些地区的主要居民是可汗领导下的库尔德人。奥斯曼统治者即使在其权力的鼎盛时期，也对库尔德人心存忌惮。只要能与后者维持一种松散的宗主国关系，他们便已心满意足。这一传统政策之所以在 1831 年后发生了偏离，是由奥斯曼精英自我认知的变化导致的。这些人自视为热衷改革的现代领导者，认为应当将更多的民族国家要素赋予奥斯曼帝国。为此，必须结束那些半自治的特殊体制，将边界地区变成大一统国家联盟的一部分，这其中也包括靠近伊朗边界的库尔德斯坦。在坦志麦特（Tanzimat）改革初期，奥斯曼政府不惜采取军事手段实现这一目标。19 世纪 30 年代，经过多次讨伐后，几个最主要的库尔德可汗部落都已被剿灭。从 1845 年起，库尔德斯坦有史以来第一次被看作奥斯曼帝国的直接管辖区。然而继军事胜利之后，奥斯曼政府却并没有制定出一项富有建设性的库尔德人政策。库尔德斯坦变成了一片满目疮痍、有些地方甚至连人烟都已绝迹的占领区。生活在这里的居民，是一群对土耳其满怀仇恨的人。尽管中央财政在该地区投入了大量资金，但并没有促成能够创造税收的经济增长。库尔德部落的居民并不会因高压政策的实行，而转变为效忠奥斯曼政权的公民。随着巴尔干边界的不断南移，帝国不得不投入更多的军费来捍卫东部边界。但是，以大规模人口迁移为形式的殖民却并没有随之出现，库尔德斯坦与大的市场网络间的联系也没有建立。[126] 不过，内部的移民式殖民多少还是有迹可寻的，这些新移民主要是来自巴尔干和高加索地区的穆斯林难民，其中大约有几千人作为拓荒者，被遣送到叙利亚和外约旦（Transjordanien）。

521　　　　假如说 19 世纪的欧亚大陆的确存在着某种边疆，那么我们必须将目光投向沙俄帝国的东部和南部。[127] 俄罗斯帝国是作为边疆国家出现的，它是以反抗蒙古金帐汗国各路势力的联合为开端。蒙古人的"枷锁"尚未摆脱，西欧强大的经济文化威胁又一步步逼近。彼得大帝是第一个致力于使国家摆脱弱国地位的俄国统治者。直到叶卡捷琳娜大帝执政时，俄国才真正跻身于一流帝国的行列。在这位女沙皇的统治下，克里米亚鞑靼人的强大汗国被摧毁，俄国通往黑海的通道被打开。在奥斯曼帝国面前，俄国第一次占据了军事上的优势。即使面对奥斯曼人的屡屡反抗，俄国人的强势也从未丧失。1780 年之后，俄国开始了征服高加索地区的行动。这场征战历时漫长，一直延续到 1865 年才结束。但是，高加索战役的真正高潮是在 19 世纪 30 年代当车臣人为抗击俄国组成联合阵线后出现的。[128] 到叶卡捷琳娜大帝统治结束时，俄国政府的代表已同欧亚大陆东部的众多民族和国家体建立了关系：从通常只有毛皮商和探险者光顾的西伯利亚部落，到各鞑靼部落和哈萨克族群，甚至包括格鲁吉亚皇帝。[129] 除奥斯曼帝国外，俄国还与其他帝国建立了关系，例如中国（早在 1689 年，中俄两国便在边境城市尼布楚签订了长期边界协议），还有在 1826～1828 年俄伊战争之前一直沉迷于对外扩张的伊朗（1795 年，格鲁吉亚大片地区被伊朗蹂躏，数万人成为俘虏）。另外，当然还有大不列颠。自 1798 年起，俄国便与英国为对抗大革命时期的法国结成了联盟。

　　　　尽管拥有上述诸多基础，但是俄罗斯多民族帝国的形成以及远至亚洲大陆另一端的军事扩张，却是在进入 19 世纪后才实

522　现的。从时间跨度讲，这场在整个欧亚大陆绝无仅有的扩张行动是以吞并格鲁吉亚（1801 年，部分地区最初只是在名义上）

为开端，并以 1905 年对日战争的失败为结束。

虽然说就连特纳本人也在其后期著作中提醒人们要警惕一种过于简单化的倾向：认为在北美仅仅有一种边疆，即不断向西部推进的拓荒者边疆。然而与俄国影响下的欧亚大陆上各式各样的边疆相比，新世界的情况仍然要简单得多。欧亚大陆的边疆多样性是由多种原因导致的，其中既有地理、生态因素，也有所涉族群的社会与政治组织形式，以及沙皇政策和俄国地方指挥官的决策等。最迟从 1655 年沙皇与卡尔梅克人（Kalmücke）签署边界协定的一刻起，一种可以被称为边界政策的事物在欧亚大陆出现了：并非作为征服工具，而是以相对平等的协议为形式。[130] 因此可以说，俄国政府很早就采取了美国理应从一开始便用以对待印第安人的手段。这些协议性规定尽管也包含某些不平等的内容，但它毕竟是以保障双方的基本行为权利作为前提。因此，这些协议并非高度发达的殖民主义的工具，充其量只能算作殖民主义的初级阶段。类似卡尔梅克一类的协议，其最初目的不过是为了安抚边界另一侧拥有强大军事力量的邻国。此后，随着时间的推移，沙俄在边界政策问题上有了越来越大的灵活性，可以在从安抚到屠杀的无数可能性当中自由做出选择。[131] 在这些手段的背后，从没有一种类似总体规划的帝国扩张和内部殖民化管理的统一政策。因此，正如今天的历史研究所做的一样，我们只能对每一个边界案例逐一加以分析。[132]

沙俄帝国与北美的比较

如果将边疆问题作为视角，那么我们在这里所要做的工作，就不应是从俄国中心主义出发，对沙俄多民族帝国的建设做出阐述，而是要探寻欧亚边疆的特殊性。通过与北美的比较，我们可以发现以下特点：

第一，在美利坚合众国成立前，或者说在 1812 年美英战争之前，强大的印第安民族在某种意义上仍然是白人殖民者的外交盟友，其关系大致相当于莫斯科公国和鞑靼人、吉尔吉斯人和哈萨克人之间的关系。在美俄两国，权力关系的变化都是从 1800 年前后开始的。然而在北美，印第安人从未在边界的内侧被纳入殖民者的社会之中。正是由于北美边疆从一开始便具有排他性这一现实，中间地带——具有混杂性和过渡性特征的接触区域——的出现才成为可能。沙俄帝国则相反。正如安德烈亚斯·卡佩勒（Andreas Kappeler）在其经典著作中所说，这里有着"上溯中世纪的多民族共栖的古老传统"。[133] 那些被纳入帝国版图的非俄罗斯族群并没有被彻底解除武装，其精英作为在一定程度上享有特权的贵族也获得了俄罗斯人的认可。在那些界定模糊的边疆区域，甚至出现了一些半自治式的特殊体制，例如自 15 世纪末以来以武士社会的形式聚居在今天乌克兰等地的哥萨克人。在北美从未出现过这样的现象。从某种意义上讲，它与巴西的班代兰蒂斯（bandeirantes）有几分相像。哥萨克人是典型的边民，其生活方式和军事策略与周边的草原游牧民族（例如诺盖鞑靼人和卡尔梅克人）几乎没有差别。长期以来，沙皇一直对这些人心存畏惧。在近代早期，哥萨克人从来都不是自愿为中央政权所操纵的工具。像这样的边界自治，在北美从不曾出现。

这类特殊社会是一种暂时性现象，因为它总有一天会对稳定的帝国或民族构建造成阻碍。正如英国政府自 1720 年开始，对以往曾在对抗西班牙人和法国人的斗争中为其提供帮助的加勒比海盗发动大规模镇压一样，随着哥萨克人作为抵抗草原游牧民族的缓冲器作用的逐渐减弱，以及沙皇政府自身安全保障需求的逐步满足，哥萨克人的地位也开始走向衰落。如果把哥萨克人想象为反抗亚洲游牧部落进犯的"欧洲"战士，这样的想法是错误的。在许多方面，他们的社会结构与文化理想与相邻的非俄罗斯民族远比与首都更接近。特别是在高加索地区，情况则更加典型。在这里，捷列克哥萨克人（Terek‐Kosaken）与高加索山民在彼此间的密切交流中形成了结构相似的武士文化。对哥萨克人而言，与拥有强大防御能力的邻居相比，俄罗斯商人和马帮是更容易捕获的猎物。19 世纪上半叶，当沙皇政府向哥萨克人施压，逼其与自己联手，共同对抗高加索人时，许多人因为不知究竟应对谁效忠而陷入了困惑。一些人投靠了高加索阵营，并皈依了伊斯兰教。直到 1824 年，捷列克哥萨克人才正式成为沙俄帝国的一员，对其承担相应的义务并缴纳赋税。[134]

524

　　第二，在与印第安人的战争中，美国军队发挥了不可低估的作用。除了内战这一插曲，在墨西哥战争（1846～1848）到美西战争（1898）期间，军队的最重要用途是在边疆开发上的投入。美国军队活跃于西部的高峰期，与沙俄军队出征高加索和中亚汗国（以希瓦［Chiva］和布哈拉［Buchara］为首）在时间上几乎同步（两者间并不存在因果关系）。两国的主要差异在于，美国军队是从侧面为私人垦荒者提供保护，换言之，其行为更像是一场规模浩大的警察行动，而非以军事为目的的远征。俄国的情况则相反。沙皇军队在整个 19 世纪一直是作为征服工具被利用，其行为与农业开发式的垦荒运动并无任何因果关联。在这一问题上，一个古老的模式又一次得到印证：俄国政府在军事行动上的谋略，一向远胜于组织系统化拓荒的能力。当然，在沙俄军事扩张行动的背后，往往也不乏经济上的动机：1864 年征服中亚便是在一个对俄国经济至关重要的时期发生的。当时，美国内战给俄国纺织业的棉花供应造成了困难，于是，作为原料产地的中亚因此进入了莫斯科决策者的视野。[135] 在与奥斯曼帝国、伊朗和英帝国的冲突中，战略目的作为动机所发挥的作用，至少与地方军事指挥官（现场决策者[men on the spot]）的征服欲一样强大。这样一种军事性帝国主义并不会导致边疆的形成。作为一种国家行为，它将不可避免地对那些遭受攻击的非俄罗斯社会造成冲击，但无法促成新的社会形态的构建。

第三，与北美和南美印第安人不同的是，受沙俄侵略的中亚民族依然有机会（虽然机会往往只有一线）去寻求与第三者结盟，或至少能够找到一个愿意接纳他们的流亡地。北美印第安人最多可以逃到加拿大，但是在那里，只有很少的人能够作为难民得到庇护。而高加索民族已经深深地融入了同舟共济的伊斯兰教网络，他们至少能确保自己可以在奥斯曼帝国找到落脚之地。到 18 世纪末，在沙俄帝国和清帝国的双钳夹击下，中亚各民族的生存空间变得越来越狭窄。然而在很长一段时间里，他们仍然成功地做到了在两大帝国之间的夹缝中勉强偷生。1864 年之前，他们当中的一些部族一直是向中俄两国纳贡。1820 年之后，当清政府对新疆的攻势减弱后，当地以及边界另一侧的浩罕城（Kokand）穆斯林民众发动了一连串起义。在1878 年之前，在两大帝国之间创建独立伊斯兰国家的尝试屡屡不断。[136] 除了西伯利亚的少数部族外，沙俄帝国扩张的受害者仍然可以维持自己的行动空间，而北美的印第安人却绝无这样的可能。

第四，类似于边疆的拓荒式入侵主要是在两个大的区域里发生的：西伯利亚西部和哈萨克草原。俄罗斯征服西伯利亚——乌拉尔山脉以东的辽阔地带——是从 17 世纪开始的，其动力来自对动物毛皮的需求。西伯利亚以这种方式加入了大范围的毛皮贸易，北半球森林地带的毛皮产地与欧洲和中国的销售市场通过毛皮交易联系在一起。[137] 由于毛皮资源主要是从分散在各地的捕猎者手中获取，因此并没有出现一种特殊的"兽皮边疆"。与北美情况相似的是，当地人也从新的市场契机中获得了收益。但是自 18 世纪起，随着西伯利亚西部农业垦殖的发展，当地人的处境变得越来越恶劣。1763 年，人们开始着手修建一条从乌拉尔山到贝加尔湖畔的伊尔库茨克（Irkutsk）的道路。后者距离中国边界仅有咫尺之遥。正是这条公路的开通，为农业开发提供了运输上的条件。为修建这条公路，必须在森林中开辟出一条长达数千公里的通道，并修整路面以供马车和雪橇通行。这项工程是技术上的一大杰作，它的修建时间比北美俄勒冈小径早了几十年，比西伯利亚铁路早了一个多世纪。这条人称"大路"（Trakt'）的公路一直延伸到遥远的南部，将跨越纵横交织的河道所带来的风险降到了最低点。它推动了新城市的建设，促进了原有城市的经济发展，其中最具代表性的是 1824 年成为西伯利亚总督府所在地的鄂木斯克（Omsk）。但是，"大路"的建成同时也给自然环境的破坏带来了"方便"，并对沿途的西伯利亚各民族的生活造成了深刻影响。

526

另一个历史性转折是 1861 年农奴的解放。尽管在农奴制改革后，人口的自由流动仍然受到限制（因为按照规定，在法律上获得自由的农民必须留在其原来所在的村镇），但仍有数十万人勇敢地冲破了这一束缚。19世纪80年代，每年平均有3.5万名来自俄国欧洲部分的移民抵达西伯利亚。到19世纪90年代末，这一数字上升到9.6万。1906年之后，涌向西伯利亚的人群已如潮水一般。1908年，移民的数量达到了高峰，超过75.9万人进入了西伯利亚疆界。[138] 在西伯利亚的第一批移民（所谓"老移民"［staroily]）与新移民之间，出现了各种各样的矛盾。[139] 前者大多已经适应了当地自给自足的生活方式，有些人甚至连俄语都忘记了。对西伯利亚的原住民而言，殖民化带来的后果则是灾难性的。正如北美印第安人面对欧裔美洲人以及蒙古人面对汉族人一样，西伯利亚土著的社会抵抗力同样是不堪一击。打鱼和捕猎变得越来越困难，欠债和酗酒使传统的生活方式和文化取向遭到毁灭性打击。在远至鄂霍次克海的辽阔土地上（东部再加上来自中国的移民潮压力），西伯利亚人或为适应新的环境而苦苦挣扎，或干脆搬到森林深处去过隐居生活。如同南美印第安人一样，这些人连借以安身的保留地也没有得到。[140]

　　农业垦殖的最重要地区是哈萨克草原，即从伏尔河下游到阿尔泰山脉之间、以塞米巴拉金斯克（Semipalatinsk）为中心的区域。[141] 为了抵御以大型"部落"为形式组织起来的哈萨克游牧民以及周边巴什基尔人（Baschkiren）等草原民族的进犯，俄国政府自18世纪30年代后在该地区修筑了一座座要塞，其中最重要的是奥伦堡（Orenburg）要塞。沙皇代表们以这里为据点，实施包括谈判、分化和威慑在内的混合型政策。尽管这些政策取得了一定成效（从俄国视角看），但直到19世纪，这片草原边陲仍未能实现真正的和平。当亚历山大·洪堡于1829年受沙皇之邀出访该地区时，俄国人为他配备了一支强大的哥萨克卫队作为保护，因为奥伦堡与奥尔斯克（Orsk）之间的边界当时仍然是一片危机四伏的地带。在这里，游牧民族时常对俄罗斯族居住区发动袭击，掠夺人口和牲畜。其中一部分人作为奴隶被贩卖到奇瓦等地，据说这些人在当地的水利工地上颇受欢迎。俄国士兵站在木制瞭望台上，观察着草原上发生的一切。哈萨克人最终融入俄罗斯帝国并非通过迅速的征服，而是经历了一个漫长的过程。这其中既包括对固定目标的军事讨伐，也包括以效忠沙皇为核心的封建观念的不断灌输。其目的一方面是保障地区安全，另一方面是对这些游牧民族实行"文明化改造"。为了达到后一个目标，必须让这些人服从于帝国的法律制度，并从游牧转变为农耕。[142]

比上述目标的实施带来更大影响的，是到这一地区拓荒的俄罗斯和乌克兰农民。这些人在草原边陲进行大规模农业开荒，其力度远非以往哥萨克人的半游牧混合型经济所能及。与西伯利亚一样，这里的农奴也获得了解放，并成为地区发展的原动力。与俄国扩张的每一个阶段一样，国家在其中再一次发挥了强有力的作用。随着1891年《草原管理条例》的颁布，哈萨克人的土地所有权受到了严重的限制。不愿意改变为定居生活的游牧民被迫迁往南方，从此离开了气候潮湿的北方牧区。对季节性迁徙放牧而言，北方牧场的重要性是不可替代的。人们仔细观察就会发现，俄国边疆的发展在时间上要晚于美国和南非。直到19世纪90年代，当美国边疆和南非的垦荒边界已经"封闭"，无论是美国中西部还是南非的高韦尔得草原都再也找不到一处"无主"之地时，俄国南部的草原边疆才刚刚"开放"。在这里，边疆的发展同样也是以牺牲原住民的利益为代价。但是，这些人并没有被四围的飞地吞噬，而是转到边缘地带，继续着过去的游牧式生活。哈萨克的垦荒型边疆是整个沙俄帝国版图上最具典型性的边疆例子。游牧生存方式因农耕者的到来而受到排挤。这场冲突并非处于不同"发展阶段"的人群之间的矛盾，而是不同社会形式和不同民族间的一次碰撞。这片经历边疆演变的地域，"从游牧民和哥萨克人居住的边区，变成了农民和官僚们生活的帝国领土"，从土耳其人和蒙古人的世界，变成了以斯拉夫人为主的多民族地域。[143] 它到底应当算作"内部殖民地"还是"边区"，其实并不重要。不过，由于国家并未对当地实行特殊化管理，而是将其纳入了俄国的国家体系之中，因此，它在某些方面是与殖民地概念不符的。

　　沙俄帝国的其他边界地区，同样也经历了类似的过程：最早出现的是哥萨克人，然后是兵营和要塞，最后是从事农耕的垦殖者。国家为掌控这一进程所投入的精力，远远超过了美国。实际上，在俄国边界开发的所有形式中，国家的规划和控制都是美洲和南非望尘莫及的。美国政府对边疆的最大贡献是制定法规，将土地廉价出售给垦荒者。这些边疆开拓者都是完全的自由人，从没有人强迫他们必须到哪里去。俄国则相反。在内务大臣斯托雷平（Stolypin）实行土地私有化改革之前，沙皇政府始终在推行一种引导性的移民政策。对于所谓国家农民来说，这种做法当然是顺理成章的，然而对其他农民——无论是受奴役还是已"被解放"——国家同样也在扮演着监管人的角色。尽管对许多垦荒者来说，其命运最终还是由个人来决定，然而从原则上讲，俄国的边疆并不是通过移民的自由抉择而形成的，就像在美国一样。[144] 俄国与美国的另一大差异在于城镇发展的相对滞后。在北美，边疆总是与小城镇的形成联系在一起。有些城镇借助于地理和交通上的便利，在很短时间内便发展成为重要的核心城市。在北美大陆的西部边缘，边疆消失在一片人口稠密的城市群之中，而后者的形成并不完全是边疆自身的功劳。然而在俄国，类似于加利福尼亚的城市却从未出现，海参崴也并没有成为第二个洛杉矶。在西伯利亚以外的其他地区，俄国的边疆城镇化也从未有过大的发展。

第五，在 18 世纪和 19 世纪的俄国，任何一种形式的扩张都具有强烈的意识形态化色彩。在美国，即使是对印第安人的态度，也经历过不少反复：有时，人们认为对印第安人实行"文明化"改造是徒劳的，有时却又视之为人类的重要使命。然而在沙皇俄国，东部永远是与满怀雄心的梦想紧密相连，其程度令美国人对西部的热情相形逊色。在整个欧洲扩张的历史中，从没有哪个国家像俄罗斯帝国一样，以如此严肃的态度对"文明化使命"进行规划。[145] 在当时许多俄国人眼中，殖民是实现文明化的主要途径。因此在俄国史学界，早在特纳之前，便有人提出了类似的边疆理论，莫斯科的历史学家谢尔盖·M. 索罗维约夫（Sergej M. Solov'ev）便是其中一个。[146] 早在 19 世纪初，俄国便流行着一种观点：俄国应当在亚洲面前充当进步欧洲的代言人。在持这派观点的人看来，在从北冰洋到高加索的东部地区，正是受过启蒙的俄国上层社会发挥其欧洲文明使者作用的空间。于是，他们征服它，对它实行殖民，并以骄傲的目光回望西欧。他们希望能以这样的方式与殖民主义和帝国主义的坏名声撇清关系，就像人们在俄国和苏联历史学家的著作中看到的一样，他们始终都不愿承认俄国政治所具有的帝国主义性质。即使是人们常说的对非俄罗斯地区和人口实行"开发"（osvoenie）这样的惯用说辞，也明显带有遮掩的味道。这与美国人不肯承认自身的大陆扩张具有帝国主义的一面，几乎

529

是如出一辙。美俄两国边疆说的一大差异在于对欧洲的定位：如果说特纳的边疆是与欧洲的分道扬镳和美利坚开拓者个性的诞生，那么对索罗维约夫及其后继者而言，西欧则始终是衡量一切的标尺。在后者看来，俄国的欧洲化应当通过对帝国疆域内各民族的俄罗斯化得到延续。

在俄国，类似于美国"荒野"一类的说法似乎没有产生太大的影响。但是，俄国边疆的意识形态化却在另一问题上达到了特殊的高度，这就是将扩张描绘为与伊斯兰教的斗争。崇尚历史哲学的宣传家们认为，俄国有能力扭转基督教在伊斯兰教面前的"历史性衰落"；考古学家则醉心于到被征服地区去寻找"纯粹的"、前伊斯兰教的文化形式。伊斯兰教被视为一种从外部输入的异教，因此必须予以清除。格鲁吉亚等基督教前沿地带也被纳入了这一拯救计划。[147]边疆的宗教清洗同时也是为了俄罗斯人的利益考虑。为此，俄国政府在1830年之后特意将一批宗教异端分子（例如于17世纪中叶脱离东正教会的旧教徒）遣送到边疆，其目的之一是避免核心地区的东正教徒们受到这种叛教行为的传染。到19世纪80年代时，在跨高加索地区的俄罗斯族人口中，非正统派基督教徒数量已占绝对多数。[148]与其他地区一样，帝国语境在俄国同样也具有内在的矛盾性。比如说，达吉斯坦（Dagestan）的伊斯兰抵抗者往往被丑化为基督教文明世界的敌人，但在另一种情境下，这些人却又可能被描绘为浪漫的山地战士和"高贵的野蛮人"。透过这种浪漫化的东方主义观念，我们可以看出俄罗斯人对"异族"的认识与其他帝国的意识形态思想的相通之处：例如法属北非对柏柏尔人（Berber）的神化，以及印度和东非的英国人对"尚武民族"（martial races）的赞美等。[149]

第六，不同于北美印第安人的一点是，在沙俄帝国的边疆民族中，至少还有一些成功的故事可供人称颂。比如说，布哈拉人（Bucharis）在凶猛的扩张势力面前，表现出强大的文化抵抗力和适应能力。他们凭借对城市生活的良好适应能力、对俄国政府的相对恭顺以及阿拉伯语和波斯语的普及，在 18 世纪的西伯利亚鞑靼人中脱颖而出。这些人构成了商贾阶层的中坚力量，并在布哈拉与沙俄帝国的穆斯林当中发挥着沟通作用。另一个例子是雅库特人（Jakuten）和布里亚特人（Burjaten）。布里亚特人是俄国境内仅有的两个蒙古部族中的一支（另一支是卡尔梅克人）。在俄国人眼中，与那些"原始的"、信奉萨满教的西伯利亚民族相比，布里亚特人代表着较高的文化发展阶段，此外，他们还有着划分清晰的社会结构，以及可以被利用、成为殖民"帮凶"的贵族阶层。布里亚特人尽管受到了来自宗教和行政等多方面的压迫，却依然以某种方式捍卫了自己的尊严和行为自由。这是美洲大陆上的任何一支印第安部族都不曾做到的。尤其值得一提的，一些布里亚特人成功地打破了传统的政治和宗教等级制的束缚，成为拥有现代思想的知识精英，并在公共领域和体制内部为维护本民族利益发声。[150] 纵观全球，那些最终陷入厄运的民族和社会，都是因为从长远来看无法满足下述三项条件中的任何一项：军事上的威慑力，经济上的可利用性，在现代政治舞台上为自身利益代言的能力。

531

五　移民式殖民主义

20 世纪国家殖民主义的移民计划

边疆既有可能是毁灭之地，也有可能是新事物的诞生地。

解构与建构时常以辩证的方式彼此交叠。约瑟夫·熊彼特（Joseph Alois Schumpeter）曾在另一种语境下称之为"创造性破坏"。在 19 世纪期间，众多边疆民族惨遭灭绝，或至少蒙受了重创。与此同时，这里也形成了最早的一批民主宪政国家。因此可以说，边疆既是无政府主义暴力的舞台，也是现代政治和社会的摇篮。

即使到了 20 世纪，边疆也仍然没有绝迹。在这些地区，19世纪的边疆进程在一定程度上得到了延续。然而边疆所具有的两面性却似乎已经消失，建设性的发展变得十分罕见。边疆变成了帝国严格控制下的边缘地带，与英帝国的内部多元化迥然相异。

不同于以往的是，一战后，在农业垦荒者对新土地的开发中，呈现出日益明显的意识形态化和国家化趋势。这些垦荒者并不是想要一闯天下的个体，就像同期前往加拿大和肯尼亚的移民那样。他们大多出身于贫寒的家庭，在军队占领边界地区之后，这些人被派到边区，在艰苦的环境条件下为国家确立"边界地标"。在 20 世纪初的右翼意见领袖和右倾思潮中流行着一种观点："强大的"民族需要更多的"生存空间"，以解决人口过剩所导致的资源紧缺问题。与此同时，这些民族还负有责任和义务，对那些勤勉不足的民族或"劣等种族"没能充分利用的土地进行"开垦"。这种生存空间战略的实施者，大多是 20 世纪 30 年代崛起的新兴帝国：意大利法西斯在利比亚（还有埃塞俄比亚，但规模相对较小），日本 1931 年之后在满洲里，纳粹德国于二战时在其创建的短命的东部帝国。在上述三个例子里，以发动边界战争来证明民族实力、用掠夺土地来捍卫民族尊严的思想，得到了充分的反映。作为卡尔·麦

（Karl May）① 的忠实读者和拥趸，希特勒则把"老沙特汉德"（Old Shatterhand）② 的荒野西部直接等同于野蛮的东方，并于 20 世纪 40 年代初开始亲手对其实施改造。[151] 于是，边疆变成了这些人眼中的"实验田"。在这里，他们要打破传统，创造"新人类"和新的社会形式——满洲的军事化理想秩序和东欧占领区的"雅利安人"种族统治都属此列。德国"血与土"（Blut und Boden）的意识形态观念是上述思想的极端表现形式，它为大规模种族清洗与大屠杀埋下了伏笔。垦荒者本身并非上述极端目标的执行者，但是他们所扮演的角色却相当于国家政策的工具。他们是受国家招募和派遣，是国家在边界和海外殖民地区为他们提供了土地，并让他们相信：他们是在履行一项意义重大的民族使命，因此必须克服日常生活中的种种艰辛，为"全民族"的利益造福。法西斯帝国空间——无论是非洲、满洲还是伏尔加河流域——的垦殖者们都是国家主导下的民族政策的试验品，在他们身上，缺少特纳边疆说所描述的拓荒者的主要特征：自由和自立（self‑reliance）。

进入 20 世纪后，又出现了超越法西斯主义或超国家主义（如日本）体系的另一种边疆动机，社会学家詹姆斯·C. 斯科特（James C. Scott）称之为农业垦殖与农业生产的"社会工程"（social engineering）。许多人都曾经相信，人类可以通过有计划、有组织的大规模劳动力投入以及对农业生产环境的合理化安排，实现对大自然的最大限度利用。[152] 由此导致的副作用之一是国家对农业人口的控制越来越严格。苏联与中华人民共和国的农业集体化便是遵循了这一逻辑，其每一项措施都与粗放性土地开发规

---

① 德国著名探险小说家。
② 卡尔·麦小说中的人物。

划（"被开垦的处女地"［Neuland unterm Plfug］①）密切相关。
533　罗斯福新政下的田纳西水利工程（Tannesse Valley Authority）的
某些项目也属于这一范畴，虽然从非自由特征上看，远远比不
上苏联和中国。在共产主义的集体化政策中，垦荒者的个人自
由是完全缺失的。此外，开拓新土地的使命通常是由垦荒部队
和国有农场来承担。但是，空间的可塑造性以及生态和"文
明"边界的不断拓展，却是20世纪所有由国家发动的土地开发
与移民式殖民主义的传统形式之间的一致认知。

　　人们在提到"移民式殖民"这一概念时，通常是把它与帝
国与帝国主义联系在一起。这样一来，"移民式殖民"就变成
了一种非正常的特殊类型的代名词，特别是在涉及19世纪和
20世纪时。因为在1930年之前，以欧洲移民作为人口主体和
政治进程主导力量的殖民地仅有寥寥几个：除英国各自治领之
外（这些地区很早便开始实行准民族国家形式的自治），只有
阿尔及利亚、肯尼亚、南罗得西亚、安哥拉和莫桑比克。在整
个亚洲地区，并没有一处欧洲的移民式殖民地。北爱尔兰是欧
洲内部的一个特例。在殖民史编纂中，移民殖民地所受到的待
遇就像是后妈的孩子。只有阿尔及利亚作为法兰西海外帝国的
重要组成部分，获得了相对较多的关注。将移民式殖民主义归
入边疆这一话题可以起到变换视角的作用，这时我们所看到的
移民殖民地不再是殖民统治的特殊类型，而是边界扩张特殊形
式的结果和表现。

移民式殖民主义：凝固的边疆[153]

　　并非任何一种由非国家行为体实施的边界扩张，都会导致

---

① 出自苏联作家肖洛霍夫的同名小说。

不同经济形式与社会形式之间的明显界线的持久性推移。加拿大的早期边疆是印第安狩猎者、白人狩猎者与毛皮商的接触区域，这里没有任何划定的边界，所有人群都保持着高度的流动性，与定居式垦荒者的生活状态截然相反。亚马孙边疆也不例外，它是盗匪和滥伐者猖獗的地带。因此，边界殖民只是边界扩张的一个分支，[154] 它指的是为满足人类需求而进行的粗放式土地开发，是耕地边界向"荒野"深处的推进，其目的是发展农业或获取资源。在大多数文明空间中，这都是一种常见的现象。这种殖民方式从本质上讲就是与移民相伴的，从经济学角度看，它是流动生产要素——资本与劳动力——与地点固定的自然资源相结合的过程。[155] 这一类殖民未必一定与建立拥有独立政体的殖民地相关，而更多是在既有的人类居住区的边缘发生的。最具代表性的例子是汉族农耕区域的逐步扩张，它是以牺牲中亚畜牧业经济为代价，并在 19 世纪和 20 世纪达到了高峰。但是，这一类殖民也有可能是发生在海外新移民核心区的一种附带现象，其中最突出的例子是从东海岸开始的对整个北美大陆的开发。工业技术使殖民的可及范围（以及对自然的破坏力）大大增加，特别是铁路的出现，使国家在边疆进程中的作用得以强化。在历史上，这一进程的组织工作主要由非国家性团体承担。由国家主导的最大规模的铁路殖民，是自 19 世纪末开始的俄国亚洲土地的开发。[156]

反过来看，作为边界殖民的一种特殊形式，移民式殖民在欧洲的最初表现是古希腊（还有此前腓尼基人［Phönizier］）的殖民运动：在地中海对岸那些难以或没有必要动用军事力量来实行统治的地区设立"殖民城邦"（Pflanzstadt）。不仅仅是在古代，即使在近代早期的条件下，地理和交通仍然是"殖民城

534

邦"与其他边界殖民形式之间的关键性差异。海洋以及与之相类似的陆地荒漠等中间地带（在前工业化时代的交通条件下，从新疆伊犁到北京所花费的时间比从费城到伦敦还要长），阻碍了地区间关系的规律性和频繁性的形成。没有这样的关系，社会延续性便无从谈起。

正是在上述条件下，从殖民进而产生了真正意义上的殖民地，其性质不只是边界上的定居点，而且是一种非同寻常的制度，并由此形成了拥有独特政治结构的移民社会。最典型的例子是英国向北美的移民。这些移民殖民地的第一代创业者一心想把这片土地打造成经济上自给自足的桥头堡，使自身的生存既不依赖于故乡的援助，也不依赖于与周边原住民的贸易。在北美、阿根廷和澳大利亚，没有现成的高效农耕体系可供欧洲人利用，让他们能够以征收赋税的方式为军队支持下的殖民政权提供给养。这同时也意味着，没有一套成熟的纳贡制度可以从旧政权手中直接转交给新的统治者。另外，印第安人和澳大利亚土著也不适合在欧洲式的农业生产中充当苦力。移民式殖民的第一种类型——"新英格兰"类型——便是在这种情况下出现的：农业移民人口不断增多，他们通过家庭成员和招募的欧洲裔"契约工"（indentured servants）解决对劳动力的需求，并将占人口少数、在经济上毫无用处的当地土著无情地赶出其居住的土地。通过这样的方式，1750 年前后在北美——当时整个非欧洲世界里唯一一例——出现了在社会和民族方面高度同质的欧洲化区域：新欧洲式民族国家构建的核心地带。在早期对囚犯采取强制性移民的澳大利亚，后来在遭遇原住民毛利人强烈抵抗的新西兰，英国人也采取了相同的殖民化模式。

移民式殖民的第二种类型出现在下述地区：掌握政治大权

的少数移民在殖民政府支持下，虽将从事传统农耕生产、占人口多数的原住民赶出了土壤肥沃的良田，但是，他们对后者的劳动却仍然具有依赖性，并在争夺短缺的土地资源时不断与其展开竞争。我们可以根据这一类型中几个最具代表性的地区（阿尔及利亚、罗得西亚、肯尼亚和南非）而称之为"非洲"类型。它与"新英格兰"类型的差异是在经济上对当地居民的依赖。[157]这也是导致这一类型的不稳定性的主要原因。只有欧洲对北美、澳大利亚和新西兰的殖民是不可逆转的，而在非洲的各处移民式殖民地，激烈的去殖民化斗争总是此起彼伏。

移民式殖民的第三种类型形成的原因是，在驱逐或消灭原住民后，为解决劳动力问题而以强制性手段输入奴工，并雇用他们从事以中型或大型企业形式组织起来的种植园经济的相关工作。根据这种形式的代表性地区，我们可称之为"加勒比"类型。在英属北美殖民地的南部，也可以发现类似的现象。一个重要的变量是各族群的人口比例关系。1770 年前后，在英属加勒比地区，黑人居民大约占总人口的 90%；同一时期，在后来成为美国殖民地的北美地区，黑人占比仅为 22%，即使在后来的"南部州"，比例也不超过 40%。[158]但是，第三种类型是一种边缘案例。除了内战前半个世纪的美国南部州之外，其他任何地区都没有在近代奴隶制的基础上，形成一种具有政治行动力与独特政治理念的种植园主寡头统治。特别是在牙买加或圣多明各等地，由于许多"大型"种植园主都常住欧洲，这种情况几乎不可能出现。因此，我们只能在并不精确的意义上将这些种植园主称作移民。

在移民殖民主义的漫长历史中，以第一种类型作为典型形式的 19 世纪，其独特性究竟体现在哪些方面？作为传统的巅峰与未来的样本，19 世纪的"经典性"主要包含以下几方面含义：

第一，它遵循了自由移民的原则与个人主义式的市场逻辑——就像亚当·斯密早在 1776 年便曾指出的一样：移民以小企业主的身份，涌向那些有机会借助土地价格低廉的有利条件、实现自身资源——劳动力，偶尔也包括资本——最大化利用的地区。因此，这些人并不是受政府委派的殖民者或帝国代表，其经济形式是以家庭经营为基础，但是只有在早期拓荒阶段或极个别情况下，是以追求纯粹的自给自足为目标。在劳动分工上，移民的农业生产是为国内和出口市场供应某些特定的大宗商品（staples），而其自身的生活供应也同样离不开商业。[159] 他们放弃采用非经济式的奴役性劳动，而是以支付工资的方式雇用工人。在 19 世纪期间，这些地区在许多行业——从阿根廷的小麦生产到澳大利亚的羊毛业——都显现出超越平均水平的生产能力、价格优势与国际竞争力。简言之，在 19 世纪，以资本主义经济模式为主体的边疆变成了全世界的粮仓。通过农业开垦将草原纳入资本主义世界经济的进程，在世纪之交达到了巅峰。直到 1870 年前后，加拿大和阿根廷仍然是相对贫困、对移民缺乏吸引力的国家。1890 ~ 1914 年，这两个国家迎来了经济的高速增长。作为世界领先的小麦产地和出口国，两国在没有经历工业化的情况下实现了繁荣。1909 ~ 1914 年，阿根廷出产的小麦占世界小麦出口总量的 12.6%，加拿大所占比例甚至达到了 14.2%。[160] 这一切只有通过对开放式边疆的开发才成为可能。这一开发过程一直持续到一战爆发才结束。

第二，传统的移民殖民主义是建立在对过剩的廉价土地资源的利用基础之上。移民们采用包括买卖、欺骗和暴力驱赶在

537

内的一切手段，将这些土地据为己有。[161]但是，如果说这些土地是从原所有者手中"夺走"的，这样的说法也有失偏颇。最关键的问题是，那些以流动的部落社会为主的原土地使用者被排斥在了土地之外。用马克思的话讲，生产者或被迫与生产资料相分离，或被排挤到边缘地带：游牧民族失去了他们最肥美的牧场，在垦殖者手中，这些牧场被变成了耕地或被篱笆围起的畜圈。移民殖民主义将"所有权"这一欧洲现代概念带到每一个所到之处，按照这一理论，私人所有者仅享有经过精确测量和划界的土地或耕地的所有权。因所有权的不同界定而导致的冲突和纠纷，是欧洲边疆扩张中普遍存在的伴生现象。[162]随着对原住民共有财产的侵占，一些曾经或正在欧洲发生的进程——特别是公地的私有化——在海外得以延续。然而即使在欧洲，权利概念也是存在分歧的，其核心在于土地的自由交易问题。在英帝国及其衍生国（如美国），土地变成了可以自由买卖和抵押的商品。相反，在西班牙的法律传统中，家庭与所有权之间的关联则扮演着更重要的角色。在殖民时代之后，诸如产权不可分割等限制在土地交易中仍然存在：大的庄园和领地是不可随意分割和出售的。这一举措为巩固西属美洲的土地寡头统治做出了重要贡献，但同时显然也对当地的经济发展造成了阻碍。

538

第三，与20世纪"法西斯式"移民式殖民主义不同的是，经典的移民式殖民主义与殖民政府之间是一种双重意义上的关系：早在近代早期，西班牙王朝便成功地阻止了私人土地资产的长期积累，并在最初一段时间里借助此举避免了从殖民征服者当中衍生出一个难以掌控的大地主阶层。在19世纪，英国王室也并非总是扮演着移民利益保护者的角色。例如在新西兰这一重要的移民殖民地，从 1840 年开始殖民的头几十年里，国家权力机关明令禁止将毛利人的土地直接转让给英国私人所有，以此为毛利人提供保护，以免其受到土地投机商的侵害。毛利人与北美印第安人一样，很少把土地视作不受部族共同体和酋长权威制约的物品：使用权可以转让，甚至可以买卖，但土地本身却不得买卖和转让。因此对他们而言，欧洲的产权概念最初是完全不可理解的。殖民当局坚持英国王室拥有对所有土地的天赋特权，其中也包括被原住民有效利用的土地，并在实践中采用类似优先购买权的政策，以期通过王室财产的转让来避免私人利益纷争的混乱局面。当然，这种"产权授予"（grants）的做法实际上是向土地永久性转让的一种缓慢过渡，法庭原则上更看重的是"对所有权之名的保护"，而非被视同虚构的"原住民权利"。但是，假如土地的利用未能得到"改善"，"王室授权"（crown grants）有可能被收回。在所有英国殖民地（包括其他一些地区），都会在某一刻出现这样的情况：当局以"保护原住民"的名义驳回垦荒者提出的极端要求。这种情况当然是在垦荒者与殖民政府的利益总体一致的框架内发生的，其中一个重要的共同利益是打击流动性族群，尽管其背后的动机往往不同：在垦殖者眼中，这些"游荡的部落"是土地的争夺者；而从国家角度看，这些人则是秩序的破坏者和潜在的纳税人。[163]

539　　　第四，经典的移民殖民主义具有一种向半自治国家过渡的内在趋势。垦殖者希望实现自我管理，追求建立民主或至少是寡头政治式的权力关系。1776 ~ 1783 年北美大多数英国移民宣布彻底脱离英国统治，以及 1852 ~ 1854 年南非布尔共和国的独立，则属于例外。直到 1965 年，在南罗得西亚（现津巴布韦）

还发生了一起国家政治意义上的移民暴动。大部分垦殖者都需要帝国作为保护伞：他们既希望母国任其自由发展，同时又希望母国能够在危机时刻利用权力手段为其提供保护。因此，这些移民——特别是在原住民占人口多数的非洲式移民殖民地——实际上是处于半自治的状态。在任何情况下，他们都不会是简单的受帝国操纵的工具。相反，他们总是在努力寻求对母国的政治进程施加影响。在这方面最成功的是阿尔及利亚的农场主（colons）。他们在巴黎议会中的席位是其强势的证明，但是，他们对殖民军队的依赖性却使其地位的不稳定性暴露无遗。英国自治领则选择了另一条道路。在加拿大、澳大利亚、新西兰，特别是南非，垦殖者在 19 世纪陆续接管了殖民政府，并掌握了对所有暴力手段的控制权，但是在形式上，他们并没有因此而成为英国政治体系的一员。没有任何一处英国殖民地能够像阿尔及利亚在巴黎议会一样，在英国下院中拥有自己的议席。恰恰是这些自治领，对加强帝国内部一体化的方案屡屡加以抵制。早在民族解放运动爆发前，垦殖者便已成为欧洲海外帝国最大的不安定因素。从殖民政府的角度看，这些移民既是"理想的合谋者"，同时也是自行其是、难以对付的当事人。从根本上讲，"垦殖者民主"是一个远远超出帝国范畴的目标。

第五，经典的移民殖民主义是一种蕴含着巨大变革能量的历史性力量。对这种力量感受最深的，莫过于自然界。有史以来，很少有哪个少数群体能够像新欧洲移民地区的垦殖者一样，在相对较短的时间里，给自然环境带来如此深刻的巨变。更何况这一切是发生在人类通过技术性革命——拖拉机、化肥、链锯（1947 年后才成为可应用的技术）——对自然界实行大规模 **540**

改造之前。在很长时间里，这些欧裔和欧美裔混血移民对他们周围的自然界所知甚少。他们所要做的事，是在这片陌生的地域里为自己打造新的生存空间。因此，他们的第一反应是按照自己所熟悉的模式去开发农业用地。[164] 最初，这种做法在那些自然条件与欧洲相仿的地区获得了成功。然而随着时间的推移，人们在发现这片陌生的自然环境所蕴藏的潜力的同时，也看到了所有垦殖手段都无法突破的自然界限。落基山脉、澳大利亚内陆地区、加拿大北部高地、西伯利亚西部的沼泽地、阿尔及利亚南部的撒哈拉沙漠地带：这些地区的自然环境给垦殖者带来的挑战，远远超越了其欧洲经验的范畴。他们打破旧的生态体系，创建新的体系；他们灭绝旧的物种，引进新的物种。这些做法有些是有意识的，有些则是"生态帝国主义"——将小到微生物的生物物种传播到全世界——驱使下的无意识行为。在新西兰这个在欧洲人眼中远在天边的世界里（在人们踏上旅途的那一刻，便抱定了一去不返的决心），对自然界的物种改造是以激进的革命性方式进行的。1769 年，当库克船长的船队抵达这里时，这片土地上除了狗、蝙蝠和鼠类之外，没有其他任何哺乳类动物。库克的船队，便如同挪亚方舟一般。随着这些人的到来，一批小到病菌、大到家猪的新物种被带到了这里，并从此在这里扎根繁衍。此时距离第一批拓荒者到来还有数十年。拓荒者抵达新西兰后，又带来了马、牛、羊、兔子、麻雀、鳟鱼和青蛙，还有各种供狩猎的野兽——打猎是英国绅士最钟爱的运动，即使在殖民地也不例外。对毛利人而言，这种生态入侵既是威胁，同时也是机会。他们怀着极大的热情投入到养猪业中，并取得了可观的成就。羊毛则成为垦殖者经济中最重要的出口商品。早在 1858 年，两大岛屿上的羊的数量就达到了

150万只，20年后又增长到1300万只。[165]在移民殖民主义给世界各地的自然环境所带来的诸多变化中，新西兰只是一个极端的例子。在19世纪，植物与动物的"哥伦布式交换"从一种跨大西洋行为扩展成为一种全球性现象，拓荒式农业对自然界造成的影响无论在广度还是深度上，都达到了空前的水平。

六　征服自然：对生物圈的入侵

541

各地的边疆之间是一种彼此作用的关系。特定的经验在一地产生，之后又在类似的环境条件下被进一步传播。西班牙贵族抵抗摩尔人（Mauren）的边界战争，以及此后西班牙人对加那利群岛（Kanarische Inseln）原住民的攻击，为征服美洲提供了一个初始样板。17世纪曾在爱尔兰为英国王室效力的人们，同样也在海外被派上了用场。各地边疆通过国际贸易来相互协调，并在来自全球市场的压力下进行自我调整。那些出产相同的大宗出口商品——小麦、稻米或羊毛——的边疆，则陷入了彼此间的激烈竞争。它们为了保护自身利益，往往会采取相似的策略。例如在19世纪末，加利福尼亚和澳大利亚为抵御世界粮食价格波动所带来的冲击，都开始大力发展园艺和水果种植业。[166]在生态领域，边疆之间的关系也是密不可分的。各地逐渐开始在这一领域进行有计划的交流：加利福尼亚引进了澳大利亚的桉树，作为荒漠绿化中的主要树种。在澳大利亚，加利福尼亚的辐射松（Monterey Pine）则成为最受喜爱的造林树种。[167]在这些貌似单纯的植物学试验的背后，也有政治构想的因素在起作用：澳大利亚的一些人总是梦想着，这个世界第五大洲有朝一日将会成为第二个美洲。

最迟从拉铁摩尔开始，我们对边疆的认知除了人口、民族、经济和政治维度之外，又多了一层生态的维度。环境史的很大一部分甚至可以被改写为边界扩张史。这一点尤其适用于 19 世纪。它是粗放式开发的最重要、同时也是最后的一个阶段，此后，在 20 世纪前三四十年中，最后一批开放的边疆（除深海和热带雨林外）都彻底"关闭"。本书并没有将环境史作为独立章节，这主要是出于两方面原因：一是从研究条件看，对 19 世纪的研究甚至不及近代早期或 20 世纪来得方便；二是因为"环境"和"自然"今天几乎已成为人类所面临的最现实、最广为人知的话题。[168]

542　　在这一节中，我们将针对一些以往很少受到关注的、生态学意义上的边疆发展进程加以探讨。这些进程的共同点在于，人类大幅度扩大了对自然资源的控制。它是历史潮流的一种延续，这些变化早在过去的年代里便已经开始了。当然不可否认的是，工业化的发展给环境造成的负荷是前所未有的，它开辟了人类对土地产物的全新需求领域，创造了使人类改造自然能力大大提高的新技术。但是，工业化的影响更多只是对由来已久的历史进程的"修订"。下文中的例子并非取自粗放式农业开发这一领域，同样，它们也与人类对自然的认识或感知的扩展无关。在这些例子中，既有抽象意义上的边疆，也有具体的实实在在的边疆。一个绝佳的例子是欧洲人对高山态度的变化。越来越多的人成群结队地迁往高山谷地和山坡上居住，并尝试以新的方式对土地加以利用。这是在世界许多地区都可以观察到的现象。例如在阿尔卑斯山脉和喜马拉雅山脉地区以及中国西南部山区，早在 18 世纪便形成了一种无政府主义式的、国家几乎无法控制的"边疆社会"（frontier society），与平原地区的农业官僚制结构形成了鲜明的反差。[169]欧洲的独特之处是（更多是美学意义上的）"攀登文化"在 18 世纪所发生的演变：它从最初在日内瓦和苏黎世知识分子小圈子里流行的另类趣味，变成了与体育相关的登山运动。在这项活动中，两种不同的文化彼此碰撞：一边是来自外部世界、热爱攀登的绅士，另一边是当地土生土长的登山向导。[170]登山运动是 1800 年前后，从攀登勃朗峰（Mont Blanc）和大格洛克纳山（Großglockner）开始的。在同一时期，亚历山大·洪堡在安第斯山脉完成了一系列登山壮举，这位德国自然科学家登顶的高峰，是以往欧洲人从未踏足的。19 世纪时，在世界各大洲，一座座山峰被攀登，被测量，被命名。这场登山热潮同样也意味着边界的开放和关闭，它的结束是以 1953 年埃德蒙·希拉里（Edmund Hillary）和丹增·诺盖（Tenzing Norgay）首次登上珠穆朗玛峰作为象征性标志。此后，这项运动的更大挑战是选择困难的攀登路线、放弃氧气装备等。然而开拓性意义上的征服高峰行动则已终结，正如征服南极圈的行动早在 1911 年便已完成一样。下文所要讨论的，是生态性边疆开发的三种形式：森林砍伐，捕鲸和土地围垦。

543

森林砍伐

人类有计划地砍伐森林以及与此相关的批评有着悠久的历史，在欧洲和中国，这部历史早在公元前 500 年就开始了。但是，要想判定 19 世纪在其中的位置，却并非易事。可以肯定的是，19 世纪是地球上的原始森林遭受毁坏最严重的时期之一，但是与 20 世纪相比，却是小巫见大巫。据分析，自农业出现以来，人类的大规模垦荒运动近一半是在 20 世纪发生的。[171]在

19 世纪，森林砍伐的速度大大加快。1850～1920 年，全世界范围内原始森林的损失面积，与 1700～1850 年这段两倍于此的时间里所减少的面积，几乎不相上下。在各垦区中遥遥领先的是北美（36%），其次是沙俄帝国（20%）和南亚（11%）。[172] 1920 年前后，发生在全球温带地区的大规模毁林行动几乎都已停止。这是全球环境史上的一个重要转折点。在法国和德国，这一有利于森林保护的转折早在 19 世纪就开始了，美国是在 19 世纪最后三四十年，俄国则是在沙皇时代结束后。在此之后，许多地区的森林资源逐渐稳定了下来，甚至重新开始复苏。[173] 这种情况的出现，原因有二：一方面，以牺牲森林为代价的粗放式开发已经结束；另一方面，人们越来越多地通过引进热带出产的木材，来满足北方对木材的需求。

　　直到今天，人们仍然很难用草原化和木材短缺的说法，为人类的毁林行为寻找合理解释。即使就某一时期或某一地区而言，这样的解释是说得通的，但是，还有另一个难题是难以说清的，即应当如何来判断森林损失所导致的短期和长期后果？从一个地区的森林面积的减少，到灾难性后果的出现，很可能要经历一个漫长的过程。在这个过程中，危机的"普遍化"究竟是从哪一刻开始的？其跨地区影响又是在何时出现的？对此，有许多内容不同的故事可以讲述。从这些故事中可以看出，在森林的破坏和非持续性利用这一全球大趋势中，存在着许多彼此相异的特殊发展路径。[174]

544　　在中国，毁林从 2500 年前就开始了。但是，直到 18 世纪，人们才可以有把握地说，中国出现了广泛的木材危机。从这时候开始，不仅是少数人口稠密、农业发达的省份，即便是中原地区的大部分省份也都面临着建筑用木材和燃料木材的严重短缺。生活在偏远边陲的非汉族群体首次组织起来，为保卫森林资源与汉人展开对抗。这些汉人大都是以大规模伐木队的形式开展活动。在中原地区，偷盗木材变成了一种常见的犯罪现象。当人们为了商业目的植树造林时，大都会选择那些速生树种。但即使是这些树，也往往不及成材便被砍伐。[175] 19 世纪时，中国进入了全国性毁林危机的阶段。无论是国家还是个人，都没有采取措施对此予以抵制——直到今天，这一点仍然没有太大的变化。中国并没有政府出面对森林实施保护的传统，就像 16 世纪之后的欧洲一样。中国今天面临的环境危机，实际上根源于 19 世纪。19 世纪清朝政府的衰弱和缺乏公益意识，对森林的控制在中国从不曾发挥过权力基础作用这一事实（与地中海地区相似，但与印度不同；在印度，一些地区的山林俨然已成为国家形成的起源），[176] 神化与美化森林的文化意识淡薄，以上种种因素即使加在一起，也无法为中国的毁林现象提供充分的解释。另外，至少还有一种经济上的因素需要考虑，即某种路径依赖式的困境。危机已经达到了这样的程度：消除其根源所需付出的代价，已经超出了社会所能承受的水平。[177]

在上述整个发展过程中，外部因素并未发挥作用。中国并不是一个传统的木材出口国，在西方入侵的年代（即 1840 年后），外国商人也从未对中国的森林产生过兴趣。事实上，中国一直走在一条"自我制造"的森林危机之路上，且不曾有过任何转机。这种情况并不能用"亚细亚"社会的"本质性"缺陷来解释。因为日本从 16 世纪末开始，特别是受国家统一时期修筑城防与舰船制造的影响，也曾一度出现了严重的毁林危机。然而在 18 世纪末之后，日本便开始着手植树造林，使森林资源的损失得到了遏制。这一幕发生在德川幕府执政的旧政权时期，并不是受欧洲造林意识的影响。19 世纪 80 年代开始的工业化，使森林资源又一次遭到破坏。当时的日本政府也并没有意识到保护森林的重要性。日本几乎没有任何化石燃料，因此在很长时间里，其工业能源大部分都是来自木炭（还有部分来自水力）。直到 1950 年之后，保护森林资源才再度成为潮流。[178] 日本也和中国一样，从来都不是一个重要的木材出口国。暹罗（泰国）当时虽然和日本一样，也是一个独立的国家（东南亚地区的唯一一个），但是其丰富的柚木资源却吸引来了大批欧洲企业，并从政府方面获得了采伐许可。当时，这里的人们还从未想到过森林保护的问题。

另一段故事发生在印度尼西亚的爪哇岛。这里是全世界殖民时间最久、影响最深远的地区之一。在东南亚，早在 19 世纪以侵占森林为基础的种植园经济时代到来之前，大规模森林砍伐便已开始。许多林区甚至早在 1400 年前后，殖民者尚未踏足时，就已经变成了为出口而修建的胡椒种植园。这些产品经由地中海各港口，后来则通过葡萄牙垄断贸易，抵达欧洲消费者手中。这种以单一种植园经济来取代原始森林的做法，在此后数百年间越来越普及，特别是在苏门答腊岛（Sumatra）。[179] 在受荷兰人统治的 330 年当中，爪哇岛经历了一个个不同的发展阶段。[180] 18 世纪 40 年代，爪哇岛上的绝大多数柚木林都被荷兰东印度公司掌控。这些柚木林是当地森林资源中价值最高也最适于出口的部分，它与难以利用的热带雨林形成了明显的反差。随着时间的推移，这种破坏性的资源获取手段所导致的后果逐渐显现出来。殖民政府继 1722 年对特定林区实行临时性禁伐之后，于 1797 年首次提出了所谓"可持续性"原则（sustained yield）。保护森林资源的基本理念由此成为人类所面对的另一种选择。该原则最初是针对当地居民焚烧柚木林的危害性做法提出的（1857 年，这种做法被彻底禁止）。1808 年，森林管理机制被引进到爪哇岛，私人采伐森林的行为被禁止，资源保护原则进一步得到了细化。在同一时期，德国出现了以科学为依据的森林文化（Forstkultur），并很快在欧洲大陆其他国家、英帝国和北美地区受到了广泛的关注。

546

1830 年，荷兰统治者开始在爪哇实行所谓"耕种制"（Kultursystems）。这种以殖民掠夺为目的的强制性措施，与荷兰人以往在爪哇岛的传统做法是完全背道而驰的。保护森林资源的倡议从此被抛到了一边。对木材和土地的需求呈飞跃式增长（后者主要来自农业，特别是新建的咖啡种植园，以及公路和 1860 年后开始的铁路建设）。以私人采伐为主的森林滥伐阶段一直持续到 1870 年。在 1840 ~ 1870 年期间，爪哇岛的柚木林面积缩小了近 1/3，植树造林的问题从无人过问。此后，爪哇又一次进入了以保护资源为目标的改革阶段（1808 年后的一幕再次重现）：恢复森林管理制度，打击私人采伐，通过苗圃种植来实现森林资源的再生。1897 年，柚木林最终回到了国家的控制之下，并通过植树造林得到了维护。从此以后，对木材的需求不再像以往一样以破坏性的方式得到满足。爪哇岛的例证表明：从很多方面看，殖民主义都堪称"环境史上的一道分水岭"，[181]在边疆的森林资源开发方面，它所起到的作用是多重的：既有可能是为追求短期利润而实行滥伐，也有可能是为长远打算对森林资源实行保护。因此，如果一概而论地把殖民政府斥为印度尼西亚森林资源遭受破坏的元凶，是不符合事实的。它同时也是森林保护的新理念和新方法的引进者，就像印度和加勒比地区的殖民政府所做的一样。[182]

殖民统治者在印度扮演的角色同样也是矛盾的。英国人在喜马拉雅地区的森林大规模采伐可用木材，特别是贵重的珍稀木材。对木材的紧迫需求主要来自造船业。自拿破仑战争之后，除东印度公司外，皇家海军也开始在印度各地船坞建造大型船只。当帆船时代结束后（大约从 1850 年开始），印度的森林砍伐进一步加剧，这是多种因素共同作用的结果，如铁路建设（就像在世界许多地区一样，为了修建铁路，人们必须在林中开辟宽阔的通道）、人口增长、农业商品化的发展等。[183]殖民政府一方面积极鼓励和推动国家的"现代化"，另一方面也为植树造林制订规划并付诸实施，从而使印度的森林保护传统得到了延续。在印度，这一传统的起源主要来自执政者，而非农民。

547 凡是殖民者对当地人的诉求在一定程度上予以尊重的地区（就像英国人在印度一样），他们都要面对因森林使用权而导致的无数纠纷，并通过长期的谈判来寻求妥协。[184]如果执政者能够在官僚体系内部的竞争中成功地说服各方，使他们相信，森林保护从长远看对国家经济是有益的，这时候，森林保护的实施就会变得相对容易。森林保护政策——不仅仅是在殖民环境下——所带来的负面问题是，那些世代生活在森林中并依靠森林为生的群体，因此变成了国家干预的对象："受森林管理摆布的沉默被动者"。[185]正如近代早期欧洲的森林条例和狩猎法一样，具有环境意识的政府为保护森林资源而实行干预，通过制定新的法规，来明确合法与非法之间的界线。[186]这些措施总是不断引发农民群体的反抗。[187]

从印度的例子，我们可以格外清晰地看出殖民政府的上述矛盾性：19 世纪六七十年代期间，英国人在德国林业专家的帮助下，设立了森林管理局，并颁布了一整套相应的法律法规。

在此后数十年当中，这套法规在全世界都是独一无二的。森林管理局制定并实施了一系列堪称典范的合理有效的森林管理措施，将印度森林从肆意滥伐的状态引入了有序控制的轨道。这一做法成为世界各地争相借鉴的模式，其中也包括英格兰和苏格兰。这种做法之所以受到推崇，是因为它不仅有效，同时还可以创造经济效益。但是在许多印度人看来，它却是殖民主义丑恶嘴脸的暴露：无论对森林是保护还是破坏，它都是外国侵略者对亿万人生活的粗暴干涉，因为对后者来说，他们的生活都与森林有着千丝万缕的联系。[188]

印度与印度尼西亚是 19 世纪一场全球性风潮的参与者：为种植单一经济作物（茶叶、咖啡、棉花、橡胶、香蕉等）而对森林进行采伐和烧荒。在这一问题上，对木材的需求是次要的，起主导作用的仍然是对不断扩大耕地面积的原始追求，资本主义则是它的催化剂。在这种动机的驱动下，巴西沿海地区的毁林现象越来越严重。咖啡种植的传播早在 1770 年后便开始了。19 世纪 30 年代，第一株咖啡树苗从东非引进到巴西，并取代甘蔗，成为当地最重要的经济作物。直到 20 世纪 60 年代初，咖啡的地位都是不可替代的。为了种植咖啡，丘陵地带首先被开垦，由于没有采取任何防范措施，很快便导致水土流失，使咖啡园因土壤沙化而一再被废弃。这种流动性经济的极端化做法原本是可以避免的，导致这种现象的原因之一是当时流行的一种观念：最适宜咖啡种植的土壤，是在林中开辟的"处女地"。因此，一直到 19 世纪下半叶，咖啡文化变成了一种"现代"资本主义经济与原始迁徙文化的独特混合体，一道清晰可见的、以不可阻挡之势不断向内陆推进的边疆。从 19 世纪 60 年代起，铁路建设为距离海岸线遥远的高原地区的开发

548

创造了条件。与此同时，来自南欧的移民人数剧增，他们取代黑奴，成为种植业的主要劳动力。到 1900 年时，巴西的铁路线长度已达到 6000 公里。随着铁路线的延伸，大片的森林被毁，咖啡种植面积不断扩大。但是，人们在开荒时所采用的方法却没有太大变化。像过去一样，放火烧荒仍然是最重要的手段，虽然这种办法很容易造成火势的失控。另外，由于牲畜都是在没有围栏的草地上自由放养，那些被荒弃的林地无法再长出新的树木。巴西的土地和森林开发既没有考虑森林作为一种资源的未来发展，也忽视了对耕地的可持续性利用。因此到最后，往往只剩下草原和低矮的灌木林。从来没有人对森林资源的价值产生过兴趣，因为人们可以用更方便、更廉价的方式，从美国进口木材建造船只，后来又从澳大利亚进口木材用作铁路枕木。

巴西的例子所代表的是一种在没有任何林业监管的情况下、极度浪费式的森林利用形式。与那些在资源保护问题上富有远见的殖民政府相反，独立的巴西政府对私人利益所采取的是毫无限制、自由放任的态度。在巴西，大西洋沿岸热带雨林被毁虽然是从葡萄牙殖民时期开始的，却是在后殖民的帝国时代（1822～1889）以及之后的共和国时期才真正发展到灾难性的程度。这是近代历史上最残酷、最彻底的毁林事件之一，更可悲的是，它没有给经济的总体发展带来一丝一毫的好处，同时也没有任何一支来自政界或学术界的反对派力量能够挺身而出，阻止这种破坏性的行为。[189]

欧洲并没有一部统一的 19 世纪森林史。究其原因，仅一条理由便足以解释：在欧洲大陆的所有岛屿和半岛地区（伊比利亚半岛、意大利半岛、大不列颠和丹麦），早在 19 世纪初，森林资源便已十分稀少，甚至绝迹。荷兰的情况也是一样。与此相反的另一个极端是斯堪的纳维亚国家，特别是瑞典和芬兰。 **549**在这里，各种有利因素——热爱森林的文化情怀，与稀少的人口相比过剩的森林资源，森林与农业的逐步融合，以及以瑞典为代表的重视林业政策的政府——结合在一起，形成了一股积极的力量，使斯堪的纳维亚的森林完好地保留到今天。英国的情况则相反：在这里，皇家海军对木材的无止境需求在导致滥伐之后，又引发了各方对依赖木材进口所造成的战略隐患的不满和指责。每制造一艘大型军舰，都至少要消耗 2000 根优质的橡木成材。木材短缺迫使英国海军（在下院的施压下）很早便开始采用铁作为造船材料。自 1870 年起，这种技术性转变已经十分普及：用铁制造的大型船只比木船在重量上要轻得多。从铁到钢的发展更进一步增强了这种效应。同样，在法国，从 1855 年到 1870 年，海军也近乎彻底地完成了从木材到钢铁的转型。由此一来，造船业和铁路建设给欧洲森林带来的双重负荷大大减轻。恰好在同一时期，大约在 1870 年前后，英国农业陷入了持续性危机，这为土地的林业化利用带来了新的空间。人们在荒地上重新栽种了速生型经济树种，与此同时，城市居民也第一次发现了森林作为休闲场所的价值。从此，英国土地上那些残存的森林，便成为备受关注的保护对象。[190]

在上述个案中，有可能存在某些关联性因素。木材贸易范围的明显扩大，便是其中之一。受 1807 年拿破仑大陆封锁政策的影响，英国的木材交易活动从波罗的海地区和俄国转向加拿大。在 19 世纪 40 年代，仅加拿大新不伦瑞克省（New Brunswick）一地每年出口到欧洲的木材便高达 20 万吨。[191]到 19 世纪末，出现了真正意义上的全球木材市场。促进市场发展的动力，主要来自报刊业对纸浆用木材的日益增长的需求。另外，始于 18 世纪的全球性树种交换及其对气候的适应性，也得到了进一步发展。例如在英国，1800 年之前，大约有 110 种树种被引进到英国。在 1800～1900 年间，引进树种的数量则超过了 200 种。尽管我们有理由甚至必须从关联性角度来看待各地区的历史，但是我们却很难将这些历史合并在一起，变成一部完整的全球环境破坏史。森林的砍伐并不总是在最后一棵树被伐倒时才会止步。19 世纪时，许多国家已经出现了与环境破坏相对立的能源利用观念，以及逐渐萌芽的环境保护意识。其背后的动机是千差万别的：它既有可能是源自热爱大自然的浪漫主义情怀，也有可能是出自对滥砍滥伐所造成的危害性后果的清醒认识。如果认为是工业化才使得木材业被看成是一种过时的"原始行业"而不断受到压制，这样的认识是一种误解。最初，在蒸汽机和炼铁炉还需要用木炭作为燃料的地区，木材消耗量恰恰是因为工业化而迅速增长。这种现象不仅仅是出现在一些能源短缺的经济体中，比如说日本，而且同样有可能在廉价木材过剩的环境下发生，例如宾夕法尼亚州和俄亥俄州——在这里，木炭长期以来始终在重工业的能源投入中占据着一席之地。

对木材的另一大需求来源是家庭取暖。温暖的住房很快便成为代表物质进步的舒适生活必需品。1860 年前后，木材仍然是美国最重要的能源来源，其占比高达 80%，直到 19 世纪 80 年代，才被煤炭超越。[192] 即使在制造业的工业化尚不发达的地区，交通工业化也需要大量的木材，以满足铁路枕木之需。例如在印度，为修建铁路，人们一度要到很远的地方去采买木料。此外，早期的铁路还需要木材作为燃料。在印度，直到 1860 年左右，大约80%的机车还是用木炭燃料作为动力，直到世纪之交才逐渐转向煤炭。[193]在经济上已步入"现代化"的国家，如加拿大，甚至美国，木材业（包括大型锯木厂在内）仍然是创造产值最高的行业之一。当时，一些全球最富有的大亨就是以经营木材起家的。

现在，再让我们看一看生态边界的另一种类型。它的出现并不是由人类对环境的破坏造成的，而更多是长期气候变化导致的结果。在非洲，受气候原因的影响，人们不得不向荒漠边疆——萨勒赫（Sahel）地区迁移。萨勒赫是地处撒哈拉南部边缘的一片宽约300公里的生态区。大约从1600年开始，当地人的生活便一直与越来越严重的干旱相伴随，畜牧业也不得不因此一步步南移。在靠近沙漠的地方，适宜沙漠气候的骆驼变成了当地的主要牲畜，因为骆驼在连续8至10天不喝水不吃草的情况下依然可以生存，而且还可以在沙地中轻松地行走。于是，到19世纪中叶时，这里出现了所谓的"大骆驼区"（great camel zone），它从马格里布（Maghreb）向南一直延伸到阿德拉尔高原（Adrar Plateau）。日益严重的干旱还迫使南部相邻牧区的居民不得不采用季节性迁徙放牧的新模式，并形成了以牛、羊和骆驼为主的混合型经济。在这样的环境下，出现了一种多民族混居的"沙漠边疆"（desert frontier）：阿拉伯人、柏柏尔人和黑非洲部族在这里共同生活，并在身份认同上将自己定义为"白人"，以此与南方的黑人相区分。迁徙式放牧与农业这两种截然不同的生活方式，形成了日益鲜明的反差。两者的差异同样也体现在流动性方面：骑骆驼或骑马的游牧民可以轻而易举地对那些毫无防备的黑人部落或村落发动袭击。于是，"边界"内外形成了一种复杂的双向依赖关系："白人"越难在自

551

己的地盘上依靠农业生产来维系生存，南方的黑人农民受其束缚的程度便越深。但是，社会等级制度上的巨大共性却最终促成了边疆地区的一体化。这一共同点就是武士与教士的明确区分，以及社会等级之间的界限。伊斯兰教以和平加战争的手段在整个萨勒赫地区得到传播。与此同时，北方的奴隶制也随伊斯兰教一起被带到了该地区，并在这里深深扎下了根。在毛里塔尼亚，奴隶制一直延续到 20 世纪下半叶，便是由此所导致的结果。[194]

大规模捕猎

　　另一种生态边疆是狩猎边界。19 世纪时，各种以打猎为生的民族仍然遍布世界：不仅是在美国中西部，从北冰洋、西伯利亚到亚马孙和中非的热带雨林地区，到处都生活着这一类人群。[195]与此同时，欧洲人和欧裔美洲人也在狩猎这一人类古老活动中发掘出新的维度。这项曾属于贵族特权的活动，在新世界彻头彻尾的市民社会里，顺理成章地演变为一种平民化活动。在欧洲那些无论在财富还是生活方式上都处处以贵族为榜样的资产阶级当中，打猎也开始流行起来。狩猎由此变成了身份地位的一种象征。绅士都喜欢打猎，但并不是每个喜欢打猎的人都会成为绅士——这是讽刺小说家所热衷的题材。这场以热带大型野兽为目标的有组织进攻是史无前例的，它是自古罗马斗兽场的血腥献祭仪式以来最大规模的捕猎行动。像刘易斯·芒福德（Lewis Mumford）这样的反传统历史评论家，甚至因为献祭仪式这一独特习俗的存在而对整个古罗马文明抱有反感。[196]19 世纪，在与最初征兆完全相反的情况下，一场针对大型野兽的空前大屠杀开始了。在早期的大部分游记中，人们还在以赞美的口吻描绘着非洲、东南亚和西伯利亚等地野生动物成群、一派祥和的天堂般景象。但是，从"文明化"战争将矛头转向动物的一刻起，事态彻底发生了变化。在维护殖民秩序——对殖民者而言，老虎一类的猛兽无论在现实还是象征意义上都代表着叛逆——的名义下，为了满足北方大城市各类野生动物展和马戏表演的观众们的好奇心，同时作为对统治者威权的一种诠释，人们开始大肆屠杀和捕猎野生动物。猎枪的普及更为此创造了技术上的条件。有了猎枪的装备后，一些亚洲人和非洲人也开始效仿欧洲人，加入剿杀动物的行列。但是猎人作为一种职业，却是在来复枪普及后才出现的，因为有了来复枪之后，猎手因遭遇老虎或大象的顽强反抗而导致弹尽人亡惨剧的概率大大降低。

在亚洲的许多社会里，狩猎曾是皇室的特权。如今，在欧洲榜样的影响下，一些身份较低的王公贵族也开始从事这一活动。在印度，猎虎成为巩固英国殖民者与本地诸侯之间联盟的一种方式，两者的联合对英属印度的稳定是不可或缺的。一位印度土邦主和一位殖民政府的高官很难有太多共同语言，但是，他们却可以在狩猎这一生活方式上找到志趣相投的话题。欧洲人对狩猎的喜好通常是通过"涓滴效应"（Trickle-down-Effekt）来传播的。在20世纪初，柔佛（Johore）苏丹——新加坡内陆地区受英国管辖的王侯——是众人眼中的猎虎英雄，在他的王宫中，陈列着35个作为奖杯的老虎标本。不过，这并不是他从先人那里继承而来的传统。事实上，当地根本不存在这样的传统。这位苏丹是出于巩固自身威望的考虑，从印度土邦主那里学来了这套做法，而后者所效仿的对象则是当地的英国执政者。

553　　　　同样，村民们对待野兽的态度也变得越来越粗暴。当然，在人与动物之间从未有过纯洁的和睦之谊。比如说老虎，很可能会成为为害一方的凶神。当牲畜——村民最宝贵的财产——的安全无法得到保护，当采集果实和柴火（年轻女子和老年妇女所从事的工作）无法再进行，当幼儿变成了野兽的腹中之物，逃离便成为村民们的唯一出路。关于这一话题，有太多令人心酸的故事，但是，类似水牛保护幼童免受野兽伤害的感人故事在文学创作中也同样屡见不鲜。有些区域只有冒着巨大的风险才能穿越，很多马帮在上路时都会牵上一匹老马，以供必要时用以饲虎。直到 1911 年，西苏门答腊还发生了一起邮政马车遇袭的事件，遇害的马车夫被老虎拖入了密林。[197]

　　猎虎不仅仅是一种奢侈，在很多时候，它也是一种必要之举。早在欧洲殖民者到来之前，猎虎习俗便已存在。有时候，整个村庄的人都要集合起来，在某位长者或下层殖民官的带领下，对为害一方的猛虎展开定期性讨伐行动。特别是在爪哇，老虎更是被视作军事上的劲敌，必须对其实行报复和剿杀。在这一问题上，信仰伊斯兰教的爪哇人是毫无顾忌的。他们的一神论信仰禁止他们相信老虎乃神仙附体——不论是好神仙还是坏神仙——之类的迷信思想，在他们眼中，老虎不过是一种必须与之搏斗的猛兽。但是，要把老虎赶尽杀绝的想法似乎并不常见，人们往往更倾向于给那些"安分听话的"老虎留一条生路。从总体上看，亚洲的非穆斯林——包括一部分受民间文化影响的穆斯林——在杀虎时，心理上都会有一种不适感。这一点表现在，当人们杀死老虎后，往往会向它赔罪，强调自己的所作所为是不得已而为之，就像犯了弑君罪的臣子一样。在有些地方，人们会把虎尸抬到村子里的空场上，以载歌载舞和格斗表演等形式向它表示敬意。[198]欧洲人按照动物王国的等级顺序来制定狩猎"路线"，并根据不同的动物种类规定相应号音的习俗，与上述做法在精神上有着某种相通之处。

在20世纪初，出现了一个明显的变化：买卖老虎的现象越来越罕见。尽管爪哇贵族们依然将虎肉视为美味，但是在老百姓当中，已经没有人吃虎肉。至少在东南亚地区，并没有迹象能够证明，人们会为了获取虎皮而去猎杀老虎。虎皮本身是不值钱的，用虎皮装饰居室的做法在贵族中也不多见。欧洲人把猎物做成标本，放在床头作为装饰的做法，看来只是欧洲人自己的一种发明。20世纪初，在印度港口城市出现了来自旅行者的对虎皮乃至完整老虎标本的需求。商人和标本制作者通常是向本地（而非英国）狩猎者订货。特别是在美国，这些老虎遗骸更是大受欢迎。[199]

一些狩猎者专门为欧洲和北美的动物园和马戏团捕猎大型猫科动物。欧洲第一家"现代"动物园是1828年开业的伦敦动物园。1844年，柏林紧随其后（直到1865年，大型食肉动物馆才正式落成）。美国各地的动物园则是1890年之后才陆续出现。为这些动物园供货的，是一小撮以跨国合作形式开展动物贸易的商人。约翰·哈根贝克（Johann Hagenbeck）是汉堡动物经销商和马戏团主卡尔·哈根贝克（Carl Hagenbeck）的同父异母兄弟（后者于1907年创办了自己的动物园），1885年，他以狩猎者的身份在锡兰定居。他除了向当地供货商收购动物外，还亲自出马到印度、马来半岛和印度尼西亚等地从事捕猎活动。尽管这些人所采用的捕猎方法较为谨慎，但其行为所造成的后果却与其他狩猎者毫无二致，这就是动物数量的减少。这门生意本身是有风险的，许多动物死在了运输途中。但是，巨额的商业利润却足以使这些损失得到补偿。19 世纪 70 年代，东非的犀牛价格为 160～400 马克不等，而在欧洲却可以卖到 6000～12000 马克。截至 1887 年，哈根贝克公司共销售了 1000 多头狮子和 300～400 只老虎。[200]

　　老虎是森林砍伐和源自欧洲的狩猎潮的最大牺牲品。在印度、西伯利亚和苏门答腊地区，一名猎人在职业生涯中射杀的老虎大约有 200 只甚至更多。1933～1940 年，尼泊尔国王和他邀请的狩猎宾客甚至将这一数字提高到 433 只。[201]尽管殖民者从一开始便在猎虎问题上表现得十分小心，但是真正有效的老虎保护却是 1947 年之后在印度共和国统治下开始的。大象受到法律保护比老虎要早。1873 年，锡兰便颁布了相关法令。从此，猎手以一人捕杀 1300 头大象为荣的时代彻底成为历史。但是大象在日常劳动中的应用，似乎并没有对亚洲动物种群的生物稳定性产生促进作用。另外，各殖民列强结束了将大象用于战争的做法。在亚洲，这曾是导致大象数量减少的传统因素之一。

　　19 世纪时，部分狩猎活动已经变成了在世界经济中具有重要意义的"大生意"（big business）。这并不完全是一件新鲜事。早在 17 世纪，皮毛贸易便已是横跨各大洲的一门生意。另外，它也并不是一种彻头彻尾的"前现代"事物，约翰·雅克布·阿斯托（Johann Jocob Astor）到 1808 年时才创立了美国毛皮公司（American Fur Company），该公司很快便成为美国第一大企业。商业化狩猎边疆的不断拓展所造成的最大伤害，是非洲的大象。在布尔人建立的德兰士瓦共和国，在钻石和金矿被发掘之前，象牙一直是地位无可匹敌的主要出口货物。为了满足欧美国家对刀把、桌球和钢琴键盘的原料需求，人们对大象进行大规模屠杀。仅在 19 世纪 60 年代，英国每年进口的象牙便高达 550 吨。这些象牙来自印度，以及当时尚未被殖民的非洲各地。非洲象牙出口的高峰期是在 1870～1890 年间出现的，这恰恰是殖民列强为争夺对非洲的控制权展开激烈竞争之时。在此期间，非洲每年有 6 万～7 万头大象被猎杀。此后，出口数量逐渐下降（在这方面从未有过准确的统计数据）。尽管如此，1900 年欧洲进口的象牙数量仍然高达 380 吨，这些"战利品"来自大约 4 万头大象，而去掉象牙后的大象残余部分则无任何商业价值。[202] 当一些殖民地的大象数量急剧下降，或者是在第一批由政府制定的谨慎的保护性措施颁布实施后（例如英帝国），比属刚果自由国成为最后一个出产象牙的保留地：这里不仅是人类受到残酷剥削的一片土地，同时也是一个巨大的大象墓园。从 19 世纪初到 20 世纪中叶，非洲大多数地区的大象都已消失：从北部稀树草原地带和埃塞俄比亚，到整个南部地区。直到一战之后，非洲被屠杀的大象数量仍然高于新出生的大象数量。在两次世界大战之间的几十年里，类似于物种保护的有效措施才开始实行。

在其他许多动物身上，也发生过类似的故事。对所有这些动物——包括北美洲的野牛——而言，19 世纪都是一个缺少保护与大规模死亡的时代。犀牛被视作对欧洲竞技型狩猎者的特殊挑战，但是（直到不久前），给犀牛带来巨大灾难的并非来自欧洲的需求，而是亚洲。在信奉伊斯兰教的东方和远东地区，犀牛角的成分被看作春药，其价格十分昂贵。当鸵鸟羽毛作为帽饰成为一种时尚后，人们开始对这种非洲的野生鸟类进行人工饲养，这种做法至少可以避免这一物种因此而灭绝。在动物保护问题上，全世界经历的都是同一种模式：首先是 19 世纪人类对野生动物的肆意杀戮，然后是观念的缓慢转变，最早是从生态学家和英国殖民官员开始。在人类历史上，20世纪是一个无可争议的"暴力的世纪"。但是从老虎、豹子、大象和山鹰的视角来看，20世纪却是一个相对有利的世纪：从此时起，人类开始尝试与这些生物"达成妥协"，数千年以来——在火药武器发明之前——它们一直是在机会均等的条件下与人类共同生活。

当然，人类从事狩猎的动机是多种多样的，并非单纯是为了追求利润。狩猎者是文化意义上的英雄。当一名猎人在野外与棕熊狭路相逢并成功经受住考验时，他所显示出的这份能力堪称北美人优秀品格的至尊体现。罗斯福总统在世纪之交时曾经想尽办法，要向世人证明这一点。那些被媒体大肆渲染的狩猎行动，一直将他带到了乞力马扎罗山。绅士们都喜欢打猎，但狩猎同样也是拓荒者的天赋特权，这些人大多数都兼具农民和猎人的双重身份。至少到19世纪初时，在全世界所有垦荒区，依然有野兽出没。于是，这便给拓荒者们提供了一个完美的狩猎理由：保护自身财产不受侵害。[203]

《白鲸记》：捕鲸

捕捞鲱鱼和鳕鱼更像是一种海洋作业，而不是诡计多端的偷猎行为。然而在19世纪，至少存在着一种针对海洋生物的攻击性形式，它同时兼具狩猎与竞技的双重特征，这就是捕鲸。捕鲸是19世纪的伟大史诗之一，同时也是工业的一种类型。早在中世纪，巴斯克人（Basken）便已开始捕猎鲸鱼，并发明了许多与此相关的技术。到17世纪时，这些技术被荷兰人和英国人所沿用。19世纪，捕鲸行动开始在格陵兰岛周边海域出现。[204]在斯匹次卑尔根岛（Spitzbergen）周围，早在19世纪初，鲸鱼资源便已接近枯竭，捕鲸因此变成了一件无利可图的事情。1715年，北美人以马萨诸塞州的港口城市楠塔基特（Nantucket）为基地，加入了捕鲸者的行列。最初，这些人是以猎捕大西洋中的抹香鲸为重点。1789年，美洲捕鲸者首次进入了太平洋。在接下来的30年间，全世界几乎所有的鲸鱼栖息地都已被人类发现。[205]大约在1820~1860年期间，捕鲸业在全球范围内达到了巅峰。1812年战争之后，美国成为最重要的捕鲸国。美国捕鲸船最初驻扎在新英格兰的各处港口，这些港口为了争夺优势地位，展开了激烈的竞争。1846年，美国的捕鲸船至少有722艘，其中半数是以捕捞抹香鲸为目标。抹香鲸是齿鲸的一种，其硕大的头颅中所富含的鲸蜡（spermaceti）可以用来炼油，同时还是制作全球最考究、最昂贵的蜡烛必不可少的原料。

557

　　捕鲸是一门全球性生意，它有着复杂的地理学背景和发展历史，后者在很大程度上是由不同种类鲸鱼的特征所决定的。在南太平洋，人们在智利海岸发现了抹香鲸的捕捞区。1810年前后，一头名叫莫比·迪克（Mocha Dick）的白色抹香鲸在当地引起了巨大的恐慌，后来，这头白鲸成为赫尔曼·梅尔维尔（Herman Melville）小说中神秘恶魔的原型。[206]当时，全球捕鲸业主要集中在智利和新西兰之间的狭长海域，以及夏威夷附近海域。新发现的鱼群常常会引发捕鲸船只和各国船队之间的"油争"，其场面与加利福尼亚和澳大利亚的淘金热颇为相似。1830年前后，澳大利亚一度成为捕鲸业中的佼佼者。[207]1848年，人们在北冰洋西部（阿拉斯加、白令海峡等地）发现了丰富的鲸鱼资源，其中数量最大的是今天已近乎绝迹的格陵兰鲸。

这是 19 世纪捕鲸活动中最重要的发现，因为这种鲸鱼的鱼须是所有 "鲸须"（Fischbein）中品质最好的。美国从此开始了在北极海域的商业捕猎活动，最初主要是以新贝德福德（New Bedford）为基地。新贝德福德是楠塔基特的竞争者，与旧金山同为重要的补给港。假如没有这些发现，美国对阿拉斯加的兴趣是很难想象的。1871 年，捕鲸业迎来了转折点。[208] 这一年，美国大量捕鲸船因在北极被冰山所困而被弃。与此同时，各大捕鲸区的鲸鱼资源也接近枯竭。19 世纪 70 年代，美国捕鲸业陷入了全面危机。以细腰为美的时尚观念以及由此产生的对鲸骨裙撑的大量需求，一度为捕鲸者带来了转机，让他们重新获得了动力，向海洋的更深处进发。[209]

558　　　捕鲸并非英美人的专利。尽管新英格兰人为了满足巴黎女性对蜡烛和裙撑的需求，在南太平洋对鲸鱼展开猎捕，但是从 19 世纪 60 年代末开始，法国人自己也从勒阿弗尔（Le Harvre）出发，加入了捕鲸者的队伍。他们的捕鱼区一直延伸到澳大利亚、塔斯马尼亚和新西兰。在这片海域里，直到 1840 年前后，袭击和杀害抛锚的捕鲸者的事件还时有发生。从各方面来看，捕鲸都是一项充满危险的活动：在 1817~1868 年间，5.7% 的法国捕鲸行动是以船只沉没而告终，其中大部分渔船是毁于飓风。在这一时期，法国捕鲸者共猎杀了 1.2 万~1.3 万头鲸鱼。在第二次世界大战爆发前，全球每年平均有 5 万头鲸鱼被捕杀。与这一数字相比，法国人的捕鲸规模可谓小巫见大巫。[210]

随着捕鲸炮和鱼雷的应用，人类与鲸鱼决斗的 "莫比·迪克" 时代彻底结束，动物对手的获胜概率降至有史以来的最低点。"靠一叶扁舟用鱼叉捕猎鲸鱼" 的时代从此一去不复返。只有少数浪漫主义者还习惯于用鱼叉捕猎，但是由于抹香鲸在吃尽了苦头之后变得十分警惕，以至于人难以近身，因此用鱼叉捕获鲸鱼变得越来越困难。捕鲸业的"后亚哈时代"（Post - Ahab）① 是由挪威人斯文德·福因（Svend Foyn）开启的，他于 1860 年前后发明了可以安装在甲板上的捕鲸炮：104 毫米长的弹头可以在鲸鱼的身体中爆炸，其威力相当于狩猎界的一枚重武器。美国捕鲸者随即引进了这种新方法。[211]1880 年之后，蒸汽船的使用成为捕鲸界的又一新现象，但是这种技术一开始也让船只设计成本提高了一倍，就连捕鲸者本身也对这项技术革新持怀疑态度。到 1900 年左右时，许多捕渔区的鲸鱼都已被捕光，[212]不少鲸鱼种类濒临灭绝，其余幸存的鲸鱼则潜入了大洋深处那些人类无法接近的海域。此外，技术的发展还使许多鲸鱼产品变成了过时之物。特别是各种植物和化石油料以及油类产品的应用，成为鲸脑油的替代品（新贝德福德的一些富有远见的鲸鱼加工商早在 1858 年便建立了用于提炼石油的炼油厂）。[213]至于捕鲸业为何很快便走出低谷而实现复苏，则是与此无关的另一段故事。

日本是唯一一个并非受西方影响而从事捕鲸的非西方民族。日本的捕鲸业与大西洋沿岸的捕鲸业大致是在同一时间开始的，到 16 世纪末，近海捕鲸已经成为许多生活在海边的渔民赖以维生的唯一手段。从 17 世纪末开始，日本渔民放弃鱼叉，改用渔网围猎法（日本沿海的鲸鱼大多是体形较小、游速缓慢的品种）。对鲸鱼的加工（整条鱼都会一点不剩地得到利用）是在陆地，而不是在船上进行的（就像美国捕鲸者那样）。1820 年前后，当夏威夷和日本之间海域的丰富鲸鱼资源被英美捕鲸人

559

① 亚哈是电影《白鲸》的主人公，一位勇猛无畏的捕鲸船船长。

发现后，在日本近海很快便聚集起数百艘捕鲸船。据猜测，早在1823年，便曾有日本官员登上了外国渔船。在日本最广为人知的是中滨万次郎事件。1841年，这位遭遇海难的年轻渔夫被一艘美国捕鲸船救起。船长将他带回自己的家中，并让他接受了良好的学校教育。由此，万次郎成为第一个在美国就读的日本学生。他在大学中学习航海术等，并取得了优异的成绩。1848年，万次郎受雇成为捕鲸船上的一名船员。由于思乡心切，他于1851年历经艰险，辗转回到日本。在日本，万次郎受到了长达数月的审问，因为日本当局千方百计地要利用一切难得的机会，了解有关外部世界的信息。此后，万次郎在土佐藩一家宗族学堂担任教师，他门下的几位弟子后来成为明治维新的领袖人物。1854年，万次郎作为幕府译员参加了与佩里准将（Commodore Perry）的谈判，后者因率领黑船打开日本国门而闻名于世。中滨万次郎还翻译了一系列有关航海学、天文学和造船术的外国书籍，并在日本现代海军的建设中担任政府顾问。[214]

捕鲸业是1853/54年日本对外开放的外交背景的一部分。因为在当时，美国与日本的交往动机之一，是给停泊在日本海岸的美国捕鲸者提供保护，使其免受当局的处罚。两百多年来，这个国家一直实行严格的闭关锁国政策。佩里准将的任务是，让美国渔民在这里获得最起码的法律保护，并使船只的燃煤供给得到保障。[215]假如没有捕鲸业的迅速扩张，日本的开放很可能还会延后。日本是最早采用斯文德·福因发明的不道德炮击法捕鲸的国家，但是，教会日本人这项"挪威"技术的并不是美国人或挪威人自己，而是俄国人。日俄两国的鲸鱼交道同样也是出于外交的考虑。直到1905年在对俄战争中获胜后，日本才将这个

560

最重要的竞争对手赶出了日本海域，并将南到中国台湾、北至库页岛（Sachalin）的捕鲸区纳入本国的垄断之下。[216]

梅尔维尔于 1851 发表的小说《白鲸记》（Moby Dick）是 19 世纪最伟大的文学作品之一。这部小说中所描写的捕鲸人世界在同时代以及后世的思想意识里留下了深刻的印记。在小说中，作者用大量篇幅讲述了与鲸鱼相关的各类知识。梅尔维尔本人是一位鲸鱼专家，年轻时，他曾在长达 4 年的时间里与捕鲸船一同出海捕鱼，对捕鲸者的圈子有着切身的体验。《白鲸记》中的亚哈船长和捕鲸船沉没的悲剧，都是以现实为原型的。其中最著名的，也是梅尔维尔潜心研究过的一起事件，是来自楠塔基特的埃赛克斯号（Essex）捕鲸船所遭遇的海难。1820 年 11 月 20 日，这艘捕鲸船在远离家乡几千公里的南太平洋上被一头愤怒的抹香鲸撞沉。20 位船员爬上了 3 艘狭小的救生艇，在海上漂泊了 90 天之后，8 位船员最终获救，另外有 7 位同伴被这些人吃掉。直到 1980 年，当一位幸存者的笔记被发现后，这段梅尔维尔在书中借幸存者欧文·契斯（Owen Chase）之口所讲述的经典故事，才最终得到证实和补充。[217]这起海难与著名的梅杜萨（Méduse）事件仅仅相隔 4 年。当时，这艘法国护卫舰在西非海域沉没后，有 149 人爬上了救生筏，而最后幸存的只有 15 人。在这两起海难中，都发生了令人毛骨悚然的食人惨剧。[218]

《浮士德》：围垦造田

如果说捕鲸和深海捕鱼所反映的是人类与海洋和海洋生物之间的一种攻击性关系，以及以鲸鱼和鱼类为中心的海上生活方式，那么沿海地带的围海造田则与此截然相反，它所体现的

561　是人类对海洋的一种防御性态度。大河的水系改造——例如
1818 年开始的上莱茵河治理[219]以及一个世纪后的密西西比河
水利工程——已足以令人惊叹，但是，相比于人类将海洋改造
为永久性可利用土地的"浮士德式"壮举，其光芒则黯然失
色。歌德早在 1786 年便曾对威尼斯的水利技术做过潜心研究，
并于 1826～1829 年间亲历了不来梅港的扩建工程。在其传世名
作《浮士德》中，他将老年浮士德塑造成为一个雄心勃勃投身
于围海造田事业的实干家：

> 英主的悍仆们
> 挖了沟，筑了堤，
> 侵犯了大海的权利
> 取而代之地变成了主人。[220]

　　诗人还认识到，这些大型建设工程需要人类为之投入大量
的劳动，甚至不惜牺牲生命（"一定是用活人流血献过祭，怪
不得夜间响起了痛苦的呻吟"）。围堤筑坝，抽干沼泽，挖掘运
河，这些都是近代早期最艰苦繁重的劳作，大多都是由政府部
门负责安排和组织。这些机构通常是将刑事犯和战争中的俘虏
（例如在土耳其战争后）组成劳动大军，派往工地施工。修筑
大型堤坝和圩田的热情是 20 世纪所独有的特征。当时，全世界
近 1/6 的湿地被抽干。[221]此外，沿海地带的围海造田工程也在
20 世纪取得了重大进展：在长江入海口，19 世纪 70 年代开始
在东京湾，以及于 1890 年完成规划、直到 1920 年之后才正式
动工的须德海（Zuiderzee）工程。后者持续的时间长达数十年，
并最终将荷兰的国土面积扩大了 1/10 以上。

19 世纪时，世界许多地区都活跃着这一类生态型边疆。法国早在 1860 年前后，所有大面积沼泽地都已被抽干，变成了牧场。这是社会富裕所带来的肉类消费增长得以满足的前提。在荷兰，防洪与围海造田是保障国家安全的重要手段。自中世纪以来，排水防涝便成为一项有组织的任务。自 16 世纪初之后，政府开始对水利设施实行统一维护，农民可以用缴税来替代劳役。这类措施一方面促进了农业的商品化，另一方面也促使形成了一支由筑堤工构成的流动无产者队伍。从技术层面看，其决定性进步是在 16 世纪而非 19 世纪实现的。早在 1610 ~ 1815 年间，填海造田便达到了后世再未超越的巅峰。1500 ~ 1815 年，荷兰通过这一方式获得的土地高达 25 万公顷，占全国耕地面积的近 1/3。[222]风车技术的改良使抽水能力大大提高。如果说在 18 世纪，人们是将精力集中于莱茵河与瓦尔河（Waal）的治理与改造，那么 19 世纪人们则更注重于通过围垦来获得更多的土地。1833 ~ 1911 年，新增耕地面积共计 35 万公顷，其中 10 万公顷是通过筑堤圩田的方式获得的。[223]此后，受 1825 年一场严重海啸的影响，人类对海岸防护的重视才第一次超越了对围垦式造田的投入。例如，人们从此开始着手于对沙丘的治理。[224]另外一点变化是：兴修水利被公认为政府的核心职责（中国早在两千年前便认识到这一点），而不再被看作地方或私人的事务。

562

19 世纪的一项大工程是 1836 ~ 1852 年对 1.8 万公顷的哈勒姆湖（Haarlemermeer）所实行的圩田开发。哈勒姆湖是荷兰最重要省份——荷兰省的一处平坦的内陆湖，它是 1836 年秋天的连续暴雨后，由洪水蓄积而形成的。它所导致的严重后果主要体现在交通方面：周边地区的道路被淹没或冲毁，特别是荷兰人引以为傲、在技术上处于先进水平的高速路（Straatweg，路面是用砖和天然石块混合铺就）。此外还有两方面因素在起作用：一方面，人们担心哈勒姆湖面积的不断扩大有可能对阿姆斯特丹和莱顿等城市的安全造成威胁；另一方面则是经济政策的新视点，即创造就业。排干湖水的组织工作是以现代化方式进行的，在当今的基础设施建设中，这种方法仍然被广泛采用。在开工前和施工的过程中，都有专家从科学的角度进行精密筹划。为了平衡周边居民的利益，还聘请了法律专家作为顾问。各项工程都采用公开招标的方式分配给私人企业。这些被称为"挖掘工"（polderjongens）的工人每 8 人至 10 人为一组，在工头监督下施工。这些工人大多数都是单身，但也有一些人是有家眷随行。为此，人们在工地上用芦苇或秸秆搭建了工棚，以解决这些人的住宿问题。在施工高峰期，在工地上干活的人多达数千人。在如此规模的工程建设工地上，一些常见问题是难以避免的：健康风险，饮用水安全和犯罪现象等。1848 年之后，英国的蒸汽抽水机被投入使用，其中包括三座大型泵站。这是除工业生产外，蒸汽机在日常生活中得以广泛应用的另一实例。[225] 1852 年，哈勒姆湖被彻底抽干，并逐步转变为可利用的土地。今天的阿姆斯特丹史基浦机场（Schiphol）便是在这片土地上修建的。[226]

　　所有边疆都具有一种生态上的维度。它们既是社会空间，也是自然空间。这并不意味着我们应当对边疆所特有的社会关系的自然化采取顺应的态度。对狩猎民族的排挤与对海洋空间的排挤是不同的，游牧民族与草原并非同属于"荒野"的难以区分的元素。[227] 但是，人类对草原、荒漠和热带雨林的推进式开发都会导致同一结果：破坏原生态环境，使当地原住民失去其固有的生存根基。在世界历史的长河中，19世纪是这样一个时期：以资源开发为目的的扩张和粗放式利用实现了最大化，边疆对社会乃至政治的影响力达到了空前绝后的水平。在今天热带雨林遭受破坏的地区或太空世界里，再也不会出现像19世纪美国、阿根廷、澳大利亚或哈萨克斯坦一样的新兴社会。许多边疆——并非仅仅是美国的边疆——在1830年前后都已"终结"。这些边疆的出现往往始于近代早期，而19世纪则通过大规模人口迁徙、垦荒式农业、资本主义和殖民战争为其开启了一个新时代。一些边疆的后续历史一直延续到20世纪：1930~1945年国家殖民主义对"生存空间"的征服，以社会主义为旗号的大规模社会与环境改造工程，等等。19世纪的边疆具有多重层面的意义：它是开垦土地与提高产量的空间，是吸引移民的磁石，是帝国之间富有争议的接触区域，是阶级构成的焦点，是种族冲突和暴力的地盘，是殖民者民主与种族主义政权的诞生地，是各种梦想与意识形态的起点。在一段时间里，边疆曾是推动历史发展的活力之源。只有那种将目光聚焦于工业化的时代观，才会认为这些活力仅仅来自曼彻斯特、埃森或匹兹堡的工厂和高炉。当我们谈论这些活力所带来的后果时，有一个重要差异是不可忽视的：欧美与日本的产业工人逐渐融入了社会之中，他们推出了自己的利益代言人，并有机会通过几代人的努力，使自身的物质生活状况得到改善；边疆扩张的受害者却始终被排斥于社会之外，他们的财产被没收，权利被剥夺。直到几年前，美国、澳大利亚、新西兰和加拿大的法庭才开始认可这些受害群体的某些权利诉求。政府愿意为此承担道义上的责任，并为过去的不当行为做出了道歉。[228]

564

注释

[1] K. L. Klein, *Frontiers* (1997)，第 145 页。

[2] 美洲研究中对这一历史地理演变的简要概述见 Walsh, *American West* (2005)，第 1 ~ 18 页。

[3] R. White, *Middle Ground* (1991).

[4] 参见 T. Jordan, *Cowgirls* (1992)。

[5] 收录于 F. J. Turner, *Frontier* (1986)，第 1 ~ 38 页。

[6] 基本阅读书目：Waechter, *Erfindung* (1996)，特别是第100 ~ 120 页；Jacobs, *On Turner's Trail* (1994)；Wrobel, *End of American Exceptionalism* (1993)。

[7] 在这里，特别重要的作者是 Richard Slotkin，他出版过大量的相关著作。

[8] Billington, *Westward Expansion* (1949)，第 3 ~ 7 页。

[9] W. P. Webb, *Great Frontier* (1964)，初版于 1952 年。

[10] Hennessy, *Frontier in Latin American History* (1978)，第 22、144 页。此后作为补充之作的是 Toennes, *Die 'Frontier'* (1998)。阐述同一理念的精彩之作见 Cronon, *Changes in the Land* (1983)。

[11] W. H. McNeill, *Europe's Steppe Frontier* (1964).

[12] 重要的推动力来自以下著作：Howard Lamar／Leonard Thompson, "Comparative Frontier History", in：Lamar／Thompson, *Frontier* (1981)，第 3 ~ 13 页，特别是第 7 页及下页；C. Marx, *Grenzfälle* (2003)；Walter Nugent, "Comparing Wests and Frontiers", in：Milner u. a., *American West* (1994)，第 803 ~ 833 页；Hennessy, *Frontier in Latin American History* (1978)；Careless, *Frontier and Metropolis* (1989)，第 40 页。

[13] E. West提出了"共享历史"（Shared history）这一有趣观点，*Contested Plains* (1998)。"边疆并未分离任何东西，而是把它们

结合起来"（第 13 页）。相反，把"全球性边疆之地"视作降临灾祸的无主之地的观念，体现在 Bauman, *Society under Siege* (2002)，第 90～94 页。

[14] 也可参见 Maier 的思考：*Among Empires* (2006)，第 78～111 页，特别是第 99 页以下的边疆类型。

[15] Moreman, *Army in India* (1998)，第 24～31 页以及其他各处。

[16] Mehra, *An "Agreed" Frontier* (1992).

[17] Adelman / Aron, *From Borderlands to Borders* (1999)，第 816 页；这一概念的另一种运用，可参见 Baud/Schendel, *Comparative History* (1997)，第 216 页。

[18] 参见其帝国主义理论的最后版本：Ronald Robinson, "The Excentric Idea of Imperialism, With or Without Empire"，收录于 Mommsen / Osterhammel, *Imperialism and After* (1986)，第 2676～2689 页；此处是第 273～276 页。

[19] Lattimore, *Inner Asian Frontiers* (1940).

[20] J. F. Richards, *Unending Frontier* (2003)，第 5 页及下页。

[21] P. D. Curtin, *Location* (1999)，第 49 页及后页；关于澳大利亚的边疆史，可参见 Rowley, *Destruction* (1974)。

[22] Adelman, *Frontier Development* (1994)，第 21、96 页。

[23] Rohrbough, *Days of Gold* (1997)，第 1 页；E. West, *Contested Plains* (1998)，第 xv 页。关于淘金的社会史，也可参见 Finzsch, *Goldgräber* (1982)；概览性的描述参见 Nugent, *Into the West* (1999)，第 54～65 页。

[24] Hine/Farragher, *American West* (2000)，第 36～38、71～73、79 页；详尽描述的著作参见 D. J. Weber, *Spanish Frontier* (1992)。

[25] Prucha, *Great Father* (1986)，第 181 页及后页；Banner, *How the Indians* (2005)，第 228～256 页。

[26] 这是以 William Appleman Williams 为中心的历史学派的标志，相关概述可参见 Waechter, *Erfindung* (1996)，第 318～328 页。对这一理念的精彩阐述参见一位法国历史学家的著作：Heffer, *The United States and the Pacific* (2002)。

[27] 概览性杰作见 Richard White，"Western History"，收录于 Foner，*New American History*（1997），第 203 ~ 230 页；亦可参见 C. A. Milner / Bogue 主编的大量合集 *A New Significance*（1996）。

[28] Jennings，*Founders of America*（1993），第 366 页。

[29] Hurtado，*Indian Survivals*（1988），第 1 页。

[30] 当然，他们总是拥有一个好的领袖，参见 Lindig / Münzel，*Die Indianer*（1985³），第 1 卷（W. Lindig）。

[31] 参见 Dowd，*A Spirited Resistance*（1992）。

[32] 基本阅读参见 Barclay：*Role of the Horse*（1980），第 166 ~ 188 页。此处谈到"骑马游牧生活的彻底改造"。

[33] E. West，*Contested Plains*（1998），第 78 页。

[34] Hurt，*Indian Agriculture*（1987），第 63 页。这是一本出色的、细节丰富的著作。

[35] Isenberg，*Destruction of the Bison*（2000），第 25 页及下页。

[36] 有关这种能量的讨论，参见 E. West，*Contested Plains*（1998），第 51 页。

[37] Utley，*Indian Frontier*（1984），第 29 页。

[38] 有关印第安人生活方式本质上的流动性，可参见 Cronon，*Changes in the Land*（1983），第 37 页及下页，以及其他各处。

[39] Kavanagh，*Comanche Political History*（1996），第 61 页。

[40] Krech，*Ecological Indian*（1990），特别是第 123 ~ 149 页上关于印第安人与野牛关系中饲养和滥用之间的矛盾。

[41] Isenberg，*Destruction of the Bison*（2000），第 83 页。

[42] 同上，第 121、129、137、第 139 页及下页。

[43] Farragher，*Sugar Creek*（1986），第 22f。

[44] Nugent，*Into the West*（1999），第 24 页。

[45] Walsh，*American West*（2005），第 46 页（表格 3.1）。

[46] 基本知识参见以下这部著名作品 Unruh，*The Plains Across*（1979）。

[47] Limerick，*Legacy of Conquest*（1987），第 94 页。

[48] Faragher，*Sugar Creek*（1986），第 51 页。

［49］ Danbom, *Born in the Country* (1995)，第 87、93 页。

［50］ Nugent, *Into the West* (1999)，第 83～85 页（注释 85）。

［51］ Gutiérrez, *Walls and Mirrors* (1995)，第 14 页；Walsh, *American West* (2005)，第 62 页。到 1900 年左右，在西南部，最多有 50 万墨西哥裔移民。

［52］ Walsh, *American West* (2005)，第 58 页及后页，特别是第 68 页；Limerick, *Legacy of Conquest* (1987)，第 260 页。

［53］ 细节描述参见 Walsh, *American West* (2005)，第 27 页。

［54］ Paul, *Far West* (1988)，第 189 页，199 页及下页；Hennessy, *Frontier in Latin American History* (1978)，第 146 页。

［55］ Nugent, *Into the West* (1999)，第 99 页。

［56］ 参见 Axelrod 的插图本 *Chronicle* (1993)。

［57］ Unruh, *The Plains Across* (1979)，第 189、195～198 页。

［58］ Clodfelter, *Dakota War* (1998)，第 2 页、第 66 页及下页。

［59］ 同上，第 16 页。

［60］ 军事分界线的地图见 Howard R. Lamar / Sam Truett，"The Greater Southwest and California from the Beginning of European Settlement to the 1880s"，收录于 Trigger / Washburn, *Cambridge History of the Native Peoples of the Americas* (1996)，Teil 2，第 57～115 页，这里是第 88 页及下页。

［61］ 权威著作是 Vandervort, *Indian Wars* (2006)。很好的入门之作是 "Michael Hochgeschwender, The Last Stand. Die Indianerkrieger im Westen der USA（1840 - 1890）"，in：T. Klein/Schumacher, *Kolonialkriege* (2006)，第 44～79 页。印第安人在印第安战争中的体验，特别参见一部传记：Utley, *Sitting Bull* (1993)。

［62］ 参见 Peter Way，"The Cutting Edge of Culture：British Soldiers Encounter Native Americans in the French and Indian War"，in：Daunton / Halpern, *Empire and Others* (1999)，第 123～148 页。

［63］ Richard Maxwell Brown，"Violence"，in：Milner u. a., *American West* (1994)，第 293～425 页，此处是第 396、399 页，第 412 页及下页；也可参见 R. M. Brown, *No Duty to Retreat* (1991)，

第 41、44、48 页和其余各处。此外，与布朗的阴森画面相反的
另一种观点认为，边疆日常生活的暴力性远逊于当下美国内陆
城市的局势。

[64] Richter, *Facing East* (2001)，第 67 页。

[65] 关于早期的协议，参见 Prucha, *Great Father* (1986)，第 7 页，
第 19 页及后页，以及第 140 页及下页，第 165 页及下页。

[66] 同上，第 44 页。

[67] 转引自 Hine / Faragher, *American West* (2000)，第 176 页。

[68] Rogin, *Fathers and Children* (1975).

[69] Richter, *Facing East* (2001)，第 201 ~ 208 页，第 235 页及下页。

[70] J. L. Wright, *Creeks* (1986)，第 282 页。

[71] Hin / Faragher, *American West* (2000)，第 179 页及下页。今天，
塞米诺尔人在商业上的表现十分活跃。2006 年，他们购买了硬
石咖啡连锁店 (Hard - Rock - Café - Kette)，*Süddeutsche
Zeitung*, 8. 12. 2006，第 12 页。

[72] Utley, *Indian Frontier* (1984)，第 59 页及下页。Prucha, *Great
Father* (1986)，第 97 页。

[73] 同上，第 83 页。Prucha 关于印第安人迁徙的描述见第 64 页及
下页。

[74] Hine / Faragher, *American West* (2000)，第 231 页。

[75] Michael D. Green, "The Expansion of European Colonization to the
Mississippi Valley, 1780 - 1880", in: Trigger/Washburn, *Cambridge
History of the Native Peoples of the Americas* (1996), Teil 1, 第 461 ~
538 页，此处是第 533 页。

[76] 关于阿帕奇人的顽强反抗，可参见 Vandervort, *Indian Wars*
(2006)，第 192 ~ 210 页。

[77] Limerick, *Something in the Soil* (2000)，第 36 ~ 64 页。

[78] 关于铁丝网的历史，可参见 Krell, *The Devil's Rope* (2002)，此
处是第 12 页。

[79] Nugent, *Into the West* (1999)，第 100 页；Hine/Farraghar,
American West (2000)，第 324 页及后页。

［80］ Meinig, *Shaping of America*, Bd. 2（1993），第 100 页。

［81］ Utley, *Indian Frontier*（1984），第 60 页。

［82］ Perdue, *China Marches West*（2005），第 292～299 页。

［83］ Prucha, *Great Father*（1986），第 186 页；出色的个案研究见 Monnett, *Tell Them We Are Go Home*（2001）。

［84］ Careless, *Frontier and Metropolis*（1989），第 41 页。关于加拿大的印第安人与白人之间的关系，参见 J. R. Miller, *Skyscrapers*（1989）。

［85］ Cronon, *Changes in the Land*（1983），第 65 页及下页，第 69 页。

［86］ 关于土地集体占有，当时最全面深入的讨论发生在俄国。参见 Kingston-Mann, *In Search of the True West*（1999）。

［87］ Hurt, *Indian Agriculture*（1987），第 68 页。

［88］ Jennings, *Founders of America*（1993），第 304 页及下页。

［89］ Hurt, *Indian Agriculture*（1987），第 78 页及下页，第 84 页及下页，第 90～92 页。

［90］ Parker, *Native American Estate*（1989）做出了让人印象深刻的研究。

［91］ M. D. Spence, *Dispossessing the Wilderness*（1999）。

［92］ 有关数目众多的边疆，可参见 Guy / Sheridan, *Contested Ground*（1998）中的个案研究。在阿根廷，远在 F. J. Turner 之前，Domingo Fausto Sarmiento 便已经提出了一种有关边界的独特理论。参见 Navarro Floria, *Sarmiento*（2000）。

［93］ Hennessy, *Frontier in Latin American History*（1978），第 84 页。

［94］ Garavaglia, *Les homes de la pampa*（2000），第 396 页。

［95］ Amaral, *Rise of Capitalism*（1998），第 286 页及下页。

［96］ Hennessy, *Frontier in Latin American History*（1978），第 19、92 页；Hoerder, *Cultures in Contact*（2002），第 359 页。

［97］ 对于南部巴西高乔人所进行的特别深层意义上的社会史反思，可参见 Ribeiro / Rabassa, *Brazilian People*（2000），第 293～303 页。

［98］ 牛仔拥有着另一种"谱系上的"根源，他们是北美的"探路者"，黄金期在 1820～1840 年间。参见 Bartlett, *New Country*

（1976），第 88 页。

［99］ Slattam, *Gauchos* (1983)，第 2、5、9、22、35 页，第 180 页及后页有关美洲牧羊人的比较历史，可参见 Slatta, *Cowboys* (1990)。

［100］ 参见 Lombardi, *Frontier* (1975) 的导言。

［101］ Amado u. a., *Frontier in Comparative Perspective* (1990)，第 18 页。

［102］ Bernecker u. a., *Geschichte Brasiliens* (2000)，第 181 页。

［103］ Walter Nugent, "Comparing Wests and Frontiers", in：C. A. Milner u. a., *American West* (1994)，第 828 页及下页。

［104］ 首先参见这一三部曲的第二部：Hemming, *Amazon Frontier* (1987)；在方法上，对于 1830 年之前时期富有开创性的当代作品是：Langfur, *Forbidden Lands* (2006)。

［105］ J. Fisch, *Geschichte Südafrikas* (1990)，第 179 页。

［106］ 参见 Gump, *Dust* (1994)。

［107］ 关于 19 世纪 20、30 年代南非的基础性著作是 Etherington, *Great Treks* (2001)，特别是第 5 ~ 9 章。

［108］ J. Fisch, *Geschichte Südafrikas* (1990)，第 138 页及后页。

［109］ Giliomee, *Africaners* (2003)，第 186 ~ 190 页。

［110］ Leonard Thompson / Howard Lamar, "The North American and Southern African Frontiers", in：dies., *Frontier in History* (1981)，第 14 ~ 40 页，此处是第 29 页。

［111］ 这是 Feinstein, *Economic History of South Africa* (2005) 的核心话题。

［112］ Allister Sparks, *The Mind of South Africa*, London 1991, 转引自 Maylam, *South Africa's Racial Past* (2001)，第 55 页。

［113］ 同上，第 51 ~ 66 页。

［114］ P. D. Curtin, *Location* (1999)，第 67 页。

［115］ 同上，第 74 ~ 76、87 ~ 90 页；对于布尔人的目标和价值构思的精彩讨论见 Nasson, *South African War* (1999)，第 47 ~ 49 页。

［116］ 参见 Fredrickson, *White Supremacy* (1981)，第 179 ~ 198 页。

[117] 关于"欧亚大陆"的概念，可参见上面第 3 章，以及 v. Hagen，*Empires*（2004），特别是第 454 页及后页。

[118] 参见 Markovitz u. a.，*Society and Circulation*（2003）。

[119] Barfield，*Nomadic Alternative*（1993），第 7~9 页，以及其他各处。

[120] Khazanov，*Nomads*（1994²），第 198~227 页。

[121] 综合性的讨论参见 Perdue，*China Marches West*（2005），第 524~ 532 页。

[122] Findley，*Turks*（2005），第 93 页。

[123] 相关概览见 Osterhammel，*China*（1989），第 86~105 页。

[124] J. A. Millward，*Eurasian Crossroads*（2007），特别是第 4~5 章。

[125] 参见 S. C. M. Paine，*Imperial Rivals*（1996），第 4~6 章。

[126] Rogan，*Frontiers of the State*（1999），第 9~12 页；Kieser，*Der verpasste Friede*（2000），第 24、43~44 页。

[127] 一部优秀的概览作品是 Brower／Lazzerini 的合集 *Russian's Orient*（1997）；简明性的作品参见 Moshe Gammer，"Russia and the Eurasian Steppe Nomads：An Overview"，in：Amitai／Biran，*Mongols*（2005），第 483~502 页。

[128] Seely，*Russian-Chechen Conflict*（2001），第 32 页。有关高加索地区的权威著作是 Gammer，*Muslim Resistance*（1994）。

[129] LeDonne，*Russian Empire*（1997）：这是对于沙皇帝国最好的地理政治学研究，尤其是在西部边界、南部边界和东部边界的研究中位于前列。

[130] Khodarkovsky，*Russia's Steppe Frontier*（2002），第 137~138 页。

[131] 关于针对车臣人的斗争，人们从 1819 年开始便谈到了"大规模恐怖主义，几近于大屠杀"，参见 Seely，*Russian‐Chechen Conflict*（2001），第 34 页。

[132] 概览性著作是 LeDonne，*Russian Empire*（1997）；D. Lieven，*Empire*（2000），第 208~213 页；Kappeler，*Rußland*（1992），第 99 页及后页。

[133] 同上，第 136 页。

[134] Barrett，*Edge of Empire*（1999）；O'Rourke，*Cossacks*（2007），第

2~3 章；Alfred J. Rieber，"The Comparative Ecology of Complex Frontiers"，in：Miller / Rieber，*Imperial Rule*（2004），第 177~207 页，此处是第 188 页及下页。

[135] Kappeler，*Rußland*（1992），第 162 页。

[136] Forsyth，*Peoples of Siberia*（1992），第 130 页；Rossabi，*China and Inner Asia*（1975），第 167~179 页；Jersild，*Orientalism*（2002），第 36 页。

[137] 当代权威性描述可参见 J. F. Richards，*Unending Frontier*（2003），第 463~546 页。

[138] Forsyth，*Peoples of Siberia*（1992），第 123 页，第 190 页及下页。

[139] Slezkine，*Arctic Mirrors*（1994），第 97~99 页。

[140] Forsyth，*Peoples of Siberia*（1992），第 159 页及下页，第 163、177~179、181、216~218 页。

[141] 关于结果可参见 Kappeler，*Rußland*（1992），第 155~159 页。

[142] Virginia Martin，*Law and Custom*（2001），第 34 页及后页。在该书中，第 17~24 页为我们精确描述了哈萨克人的游牧生活及其政治组织。

[143] Sunderland，*Taming the Wild Field*（2004），第 223 页。

[144] 也可参见有关克里米亚半岛东北部莫洛奇纳（Molochna）平原的个案研究：Staples，*Cross - Cultural Encounters*（2003）。

[145] 关于文明化传教，参见本书第 17 章。

[146] 索罗维约夫与特纳的比较，参见 Susi K. Frank，《*Innere Kolonisation*》*und Frontier-Mythos*，Konstanz，第 3~6（＝SFB 485，讨论集，H. 43）。

[147] Jersild，*Orientalism*（2002），第 56、87、97 页。

[148] Breyfogel，*Heretics*（2005），第 2 页。

[149] 关于俄国，参见 Layton，*Russian Literature*（1994）；关于西伯利亚人的观点，参见 Slezkine，*Arctic Mirrors*（1994），第 113~129 页。

[150] Forsyth，*Peoples of Silberia*（1992），第 118、120、164~166、176 页；关于布里亚特人的综合性著作参见 Schorkowitz，*Staat und Nationalitäten*（2001）。

[151] 精彩著作参见 Blackbourn, *Conquest of Nature* (2006), 第 280 页及后页。

[152] J. C. Scott, *Seeing Like a State* (1998), 第 181 页及后页。

[153] "凝固"或"固化"的表述出自 Weaver 的著名作品: *Great Land Rush* (2006): "边疆凝固为定居者社会"(第 69 页)。

[154] 下文部分来自于 Osterhammel, *Kolonialismus* (2006⁵), 第 10 ~ 13 页。

[155] 理论界定参见 McCusker / Menard, *Economy of British America* (1985), 第 21 页。

[156] 参见 Marks, *Road to Power* (1991), 第 196 页及后页。

[157] 参见 Mosley, *Settler Economies* (1983), 第 5 ~ 8、237 (注释 1)页。

[158] R. W. Fogel, *Without Consent or Contract* (1989), 第 30 页及下页。

[159] 参见 Mark Thomas, "Frontier Societies and the Diffusion of Growth", in: James / Thomas, *Capitalism in Context* (1994), 第 29 ~ 49 页, 此处是第 31 页。

[160] Adelman, *Frontier Development* (1994), 第 1 页。

[161] 参见 Stefan Kaufmann, "Der Siedler", in: Horn u. a., *Grenzverletzer* (2002), 第 176 ~ 201 页, 特别是第 180 ~ 186 页。

[162] 对此, 存在着大量来自各洲的历史性和民族志的个案研究, 特别系统的是 Janssen, *übertragung von Rechtsvorstellung* (2000), 第 86 ~ 134 页。关于非洲, 可参见 Martin Chanock 的不同著作。

[163] 关于殖民土地政策的基本知识, 可参见 Weaver, *Great Land Rush* (2006)。

[164] Dunlap, *Nature and the English Diaspora* (1999), 第 19 页。

[165] Crosby, *Ecological Imperialism* (1986), 第 217 ~ 269 页; M. King, *Penguin History of New Zealand* (2003), 第 196 页及下页。

[166] Tyrrell, *Peripheral Visions* (1997), 第 280 页及下页。

[167] 同上, 第 286 页及下页。详尽但缺少准确性的著作是 Tyrrell, *True Garden* (1999), 特别是第 2 ~ 4 章。

[168] 没有任何一种文献的概括可以同下列著作媲美: J. F. Richards, *Unending Frontier* (2003) 和 J. R. McNeill, *Something New Under*

the Sun（2000）。此外，Krech u. a., *Encyclopedia*（2004）也是最为重要的辞典式著作。

[169] Naquin ∕ Rawski, *Chinese Society*（1987），第 130 ~ 133 页。

[170] 关于这种重新评价的简要分析参见 Coates, *Nature*（1998），第 129 ~ 134 页。同样，在这场登山热潮期间及之后，仍然存在着对于山峰的畏惧和崇敬之心。

[171] J. R. McNeill, *Something New Under the Sun*（2000），第 229 页。

[172] Chew, *Ecological Degradation*（2001），第 133 页；比例数据来自 John F. Richards, "Land Transformation", in：B. L. Turner u. a., *The Earth*（1990），第 163 ~ 178 页，此处是第 173（表格 10 – 2）页。

[173] J. R. McNeill, *Something New Under the Sun*（2000），第 232 页；Delort ∕ Walter, *Histoire de l'environnement européen*（2001），第 267 页。

[174] 该主题权威著作（其中还讲述了更多的故事）是：M. Williams, *Deforesting the Earth*（2003）。

[175] Elvin, *Elephants*（2004），第 85 页。

[176] Guha, *Environment and Ethnicity*（1999），第 62 页及后页。

[177] Elvin, *Elephants*（2004），第 470 页。Elvin 认为，中国人对木材、树木和森林的文化立场存在着许多地区性的差异。

[178] Totman, *Early Modern Japan*（1993），第 226 页及下页，第 268 页及下页。

[179] A. Reid, *Humans and Forests*（1995），第 102 页。

[180] 以下参见 Boomgaard, *Forest Management*（1992）。

[181] Radkau, *Natur*（2000），第 183 页。

[182] 权威性的描写参见 R. H. Grove, *Green Imperialism*（1995），特别是第 6 ~ 8 章；Rangarajan, *Fencing the Forest*（1996）；Beinart∕Hughes, *Environment and Empire*（2007）。

[183] 对相关问题的深入研究参见 M. Williams, *Deforesting the Earth*（2003），第 354 ~ 369 页。

[184] 来自喜马拉雅山的例证参见 Singh, *Natural Premises*（1998），第

147 页及下页，第 153 页。

[185] Guha, *Environment and Ethnicity*（1999），第 167 页。

[186] 关于美国的例证可参见 Jacoby, *Crimes*（2001）；关于法国的例
证可参见 Whited, *Forests*（2000），特别是第 3 章。

[187] 关于全球概览可参见 R. H. Grove, *Ecology*（1995），第 179 ~
223 页。

[188] M. Williams, *Deforesting the Earth*（2003），第 368 页及下页。

[189] 同上，第 371 ~ 379 页；详尽描述可参见 Dean, *Broadax*
（1995），特别是第 9 章。

[190] Simmons, *Environmental History*（2001），第 153 页。

[191] John F. Richards, "Land Transformation", in：B. L. Turner
u. a., *The Earth*（1990），第 163 ~ 178 页，此处是第 169 页。

[192] M. Williams, *Americans and Their Forests*（1989），第 332 页及下页。

[193] M. Williams, *Deforesting the Earth*（2003），第 360 页。

[194] J. L. A. Webb, *Desert Frontier*（1995），第 5、11 页，第 15 页及
下页，第 22 页。

[195] 21 世纪的欧洲历史学家对这一世界仍然所知甚少。介绍性著
作可参见 Brody, *Other Side of Eden*（2001）。

[196] Mumford, *Die Stadt*（1963），第 268 ~ 274 页。

[197] Boomgaard, *Frontiers of Fear*（2001），第 56、111 页。

[198] 同上，第 121、125、127 页。

[199] Mackenzie, *Empire of Nature*（1988），第 182 页。

[200] Rothfels, *Savages and Beasts*（2002），第 44 ~ 80 页，特别是第
51 页及下页，第 57 页及下页，第 76 ~ 80 页。

[201] Planhol, *Le Paysage animal*（2004），第 689 页。

[202] 同上，第 705 页及下页。

[203] Beinhart / Coates, *Environment and History*（1995），第 20 ~ 27 页。

[204] 关于 1800 年左右之前的捕鲸历史，可参见 J. F. Richards,
Unending Frontier（2003），第 574 ~ 607 页。

[205] Ray Hilborn, "Marine Biota", in：B. L. Turner u. a., *The Earth*
（1990），第 371 ~ 385 页，此处是第 377（图标 21.7）页。

[206] Mawer, *Ahab's Trade* (1999)，第 23、179、213 页。

[207] Ellis, *Mensch und Wal* (1993)，第 99～110 页。

[208] 同上，第 22 页；Bockstoce, *Whales, Ice, and Men* (1986)，第 24、159 页。

[209] 同上，第 208 页。

[210] Pasquier, *Les baleiniers français* (1982)，第 28 页及下页，第 32 页及下页，第 194 页。

[211] Mawer, *Ahab's Trade* (1999)，第 319～321 页。

[212] Bockstoce, *Whales, Ice and Men* (1986)，第 324 页。

[213] Ellis, *Mensch und Wal* (1993)，第 151 页。

[214] Kalland / Moeran, *Japanese Whaling* (1992)，第 74 页。

[215] Millard Fillmore 总统致日本天皇书，1852 年 11 月 13 日，in：Beasley, *Select Documents* (1955)，第 99～101 页（第 100 页是关于捕鲸的）。

[216] Kalland / Moeran, *Japanese Whaling* (1992)，第 78 页。

[217] Nickerson / Chase, *Loss of the Ship "Essex"* (2000).

[218] 1819 年，这一事件发生 3 年后，这一幕成为 Thédore Géricault 著名油画作品描绘的对象。

[219] Blackbourn, *Conquest of Nature* (2006)，第 71～111 页。

[220] *Faust. Der Tragödie zweiter Teil*，11091－11094. 相关评论参见 Johann Wolfgang von Goethe, *Sämtliche Werke, Briefe, Tagebücher und Gespräche*, Bd. 7/2, hg. v. Albrecht Schöne, Frankfurt a. M. 1994，第 716 页及下页。

[221] J. R. McNeill, *Something New Under the Sun* (2000)，第 188 页及下页（引文是第 189 页上的）。

[222] J. de Vries / Woud, *First Modern Economy* (1997)，第 28 页及下页，第 31 页。

[223] Ven u. a. , *Leefbar Laagland* (1993)，第 152 页及下页。

[224] Woud, *Het lege land* (1987)，第 83 页及下页。

[225] Jeurgens, *De Haarlemmermeer* (1991)，第 97、99、167 页。

[226] Ven u. a. , *Leefbar Laagland* (1993)，第 192 页。

［227］关于这一动机的经典作品是 Nash, *Wilderness and the American Mind* （1982^3）。

［228］澳大利亚政府和加拿大政府分别在 2008 年 2 月和 2008 年 6 月做出了这样的道歉。

第 8 章　帝国与民族国家
——帝国的持久力

一　趋势：大国外交与帝国扩张

565　　帝国与民族国家是 19 世纪人类聚居的两大政治单位。1900 年前后，它们成为仅有的两种具有全球影响力的政治实体。几乎所有的人都生活在某一帝国或民族国家的权威统治之下，所谓世界政府或超国家机构当时尚未出现。只有在热带雨林、大草原或两极地带的深处，生活着一些人数稀少的族群，它们不需要承担向更高权力机构纳贡的义务。在世界所有地区，自治城市都已彻底失势。数百年来一直被视作城邦自治之典范的威尼斯，于 1797 年丧失了独立性。日内瓦共和国在经过法国统治（1798～1813）的短暂插曲后，于 1815 年作为联邦州加入了瑞士联邦。威尼斯和日内瓦这两座城市的命运象征着漫长的城邦时代的终结。[1]帝国和民族国家从此构成了社会生活的主框架。只有少数宗教共济会团体——如基督教社团（societas christiana）或穆斯林"乌玛"（umma）——还拥有较强的势力，但并没有形成类似于城邦的覆盖辽阔地域的权力结构。帝国和民族国家还有另外一面：它们都是一个特殊舞台上的行为体，这个舞台就是"国际关系"。

国际政治的推动力

战争与和平是国际政治的核心问题。在 20 世纪由国家组织的大屠杀出现之前，战争是人类有可能犯下的最大的恶，于是，避免战争便成为一种至高无上的善。征服者或许可以享一时之荣耀，但在所有文明当中——至少在后世评价中——更受人尊敬的，却是和平的缔造者与维护者。而真正流芳百世的，是那些集二者于一身之人：征服一个帝国，并为它带来和平。战争是对整个社会的一场冲击，除此之外，只有瘟疫、饥荒等灾难能与之相比。战争的反面——和平——往往是不易觉察的，但唯有它才能为保障人类的社会生活与物质生存创造条件。因此，国际政治从来都不是一个孤立的领域，现实生活的方方面面都与它有着密切的交互关系。一旦国际政治被战争波及，经济、文化和环境必然会受到影响。历史上的许多戏剧性时刻都与战争有关。革命往往因战争而始（如 17 世纪英国革命、1871 年的巴黎公社或 1905 年和 1917 年的俄国革命），或以战争而终（如 1789 年法国大革命）。只有少数革命，如 1989 ~ 1991 年苏联霸权体制内的革命，没有引发战争性后果。[2] 但是，1989 ~ 1991 年发生的这些事件仍然有着间接的军事起因：此前由"冷战"导致的军备竞赛。当时没有任何人能够预知，这场冷战会不会升级而变成一场热战。

国际政治与社会生活的所有层面都有着密不可分的关系。在认识到这一点的同时，我们不应忘记的是，在欧洲近代史上，国际关系曾是一个特殊的行为领域，它部分是遵循着自身的逻辑在发展。自（欧洲）外交在文艺复兴时期的意大利诞生以来，出现过许多擅长处理国家间关系的专家。这些专家的思维

566

方式及其奉行的价值观——如国家利益至上原则，王朝利益与后来的民族利益抑或统治者的威望和名誉高于一切等理念——对普通臣民或国家公民而言，往往是陌生的。它们构成了自身所特有的"密码"、语汇和规则体系。正是因为国际政治既与社会有着错综复杂的关联，又有符合自身规律的自主性，它才成为历史学家眼中极具魅力的学术研究对象。

正如我们今天所了解的一样，19世纪是国际关系诞生的时期。特别是最近几年，当美苏"两极"核对峙结束后出现的一些战争和国际关系模式，再次唤醒我们对冷战前时代乃至两次世界大战的记忆时，这一认识就变得愈加清晰。但是，国际关系的今昔之间存在着巨大的差异：自1945年以来，国家为实现政治目的而发动战争的做法，已不再是一件顺理成章的事情。侵略战争作为一种政治手段不再具有合法性，对此，国际社会已达成共识。发动这类战争的能力也不再像19世纪一样，被视为"现代性的证明"（迪特尔·朗格维舍［Dieter Langewiesche］语）。亚洲某些国家的核装备所具有的象征性意义则属于例外。[3] 19世纪的重要发展和变化可归纳为以下五点。

第一，通过北美独立战争（1775~1781）——这是介于旧式军官决斗与新式爱国民兵战之间的一种过渡形式——以及一系列战争（这类战争早在法国大革命时便曾出现过），全民武装的原则得以确立。它在欧洲的起点是1793年8月23日法国国民公会颁布的《全国总动员法令》。该法令颁布之前经过了4年的筹备期，它规定"全法国人民始终处于征发状态"。[4] 19世纪因此成为历史上第一个实行全民战争动员的时期。从此，大规模部队的组建成为可能，军队的组织也变得越来越完善。这一切都建立在全民兵役制的基础之上，尽管欧洲各国实行这一制度的时间有早有晚（英国直到 1916 年才开始推行），其实施效果以及民众的认可度也不尽相同。自 1815 年拿破仑帝国覆灭后，在整整一个世纪的时间里，全民动员很少在国家间战争中被付诸实施。其原因一方面在于威慑、制衡、理智等反对力量的作用，更重要的另一方面是，统治者害怕全副武装的人民力量会成为一头难以驾驭的猛兽。但无论如何，作为一种工具，它已经被制造出来。尤其重要的是，在那些实行全民兵役制的国家里，军队不再被纯粹地看作统治者的工具，而是被视为全民族政治意愿的化身。在这里，一种挣脱束缚的战争新形式悄然问世。

第二，只有在 19 世纪，才谈得上真正严格意义上的国际政治。因为人们可以将对王室的顾忌抛在一边，奉行国家利益至上这一抽象概念。国际政治的前提条件是，采取政治和军事行动的一般单位是国家。国家不是某个统治者家族肆意操控的世袭领地，它划定并守卫自己的边界，其机构组成并不是由某个具体的领袖人物决定。这样的国家——仍然只是在理论上——是一个民族国家。它是国家组织的一种全新的特殊形式，其形成以及在全世界范围内的实践都是始于 19 世纪。在 19 世纪的实践中，国际政治都是在"列强"之间展开的，从国家的组织形式来看，有些是帝国，有些是民族国家。当其他行为体——海盗、游击队、半私人性质的财阀和军阀、跨国性的教会组织、企业和游说集团等可以统称为"中间团体"（communautés intermédiaires）的各种势力[5]——被排除在国际政治舞台之外时，国际政治的实践才能够最大限度地贴近其概念本身的含义。议会和民主公共舆论以新的方式增添了国际政治的复杂性，而遏制这些力量所带来的难以预测的影响，则成为"外交家们"

努力的目标。从这一意义上讲，从 1815 年到 19 世纪 80 年代堪称国际政治史上的一个经典时代。这一时期的国际政治是 "一目了然" 的，与过去和未来相比，较少受到干扰因素的影响。掌握它的人，主要是外交官和军人等专业（但未必是有才能的）人员。[6]但是，这并不能排除出现以煽动民众为目标的民粹主义行动的可能性，甚至在沙皇俄国这样的传统威权体制下，也曾出现过这类事件。[7]公共舆论的作用并不仅仅是作为被操纵的公共政策 "共鸣器"，而且成为 "左右" 外交政策的决定性力量——这种新事物的出现，远远超越了 19 世纪人们对政治的理解和认知。在这方面，一个最早也最有分量的例子是美西战争。当时，激进的民族主义（"沙文主义"）大众媒体向最初持反对意见的威廉·麦金莱（Wilhelm McKinley）总统施压，迫使其改变态度，向（并非完全 "无辜" 的）西班牙宣战。[8]

第三，技术发展为民族国家提供了历史上前所未有的全新摧毁能力。这些技术包括：自动步枪的改进，机枪、更具杀伤力的重炮和新型化学炸药的发明，用机器驱动、船体越来越庞大的铁制军舰代替木制战船（一战前不久，潜艇的基础技术也已成型），给部队运输提供了全新可能性的铁路，用电报、电话乃至无线电取代传令兵和信号兵的通信技术革新，等等。[9]科技本身未必会导致暴力，但暴力的潜能却通过科技得到激发。直到 20 世纪后半叶，当核武器、细菌武器和化学武器（ABC 武器）的威慑力不断提高时，上述每一项发明仍然都处于应用之中。

第四，最迟从 19 世纪后三四十年开始，这些新的权力手段逐渐与一个国家的工业生产力发生了直接的关联。随着经济差距的拉大，各国在军事技术上的差距也在不断扩大。那些缺乏独立工业基础的国家，例如曾经的海上霸主荷兰，再也无法跻身于世界一流强国的行列。一种新型强国出现了：其地位不再是凭借一个国家的人口数量、控制力与海上实力来奠定，而是首先取决于工业制造业的水平，以及在军备方面的组织能力和财政能力。1890 年前后，在美国开始海外军事行动之前，它的军队规模仅有 3.9 万人，但是作为当时业已领先全球的工业强国，它在国际上所赢得的尊重与兵力超出 17 倍的俄国相比也毫不逊色。[10] 军队的人数规模仍然是重要的，至少比 1945 年之后的"核时代"重要得多，但已不再是决定胜负的关键因素。在欧洲以外，日本的政治精英很快便认识到这一点。从 1868 年开始，他们确立了"富国强兵"的目标，立志要将日本发展成为一个拥有强大军事能力的工业国。到 20 世纪 30 年代时，又进而把日本变成了一个工业化的军事国。在长达一个多世纪的时间里，大约从 19 世纪 70 年代到苏联在军备上被经济实力更强的美国所超越，工业实力始终是对国际政治起决定性作用的重要因素。在此之后，恐怖主义与弱者的古老武器——游击战——使工业实力的重要性被削弱。就连巴基斯坦、以色列这样的工业侏儒国也掌握着核武器，而日本、德国和加拿大等工业强国却没有。

570

第五，早在 17 世纪便已形成基本格局的欧洲国家体系，在 19 世纪进一步发展成为世界性的国家体系。这是通过两种途径实现的：一方面是美国和日本这两个非欧洲强国的崛起，另一方面是全球大片土地被强行并入欧洲帝国的疆域。这两个过程是密切相关的。殖民帝国是走向发达的世界国家共同体的一种过渡形式。它究竟是加快还是延缓了过渡的进程，是一个值得探讨的问题。但可以确定的是，在第一次世界大战之前，全球国家地理的丰富性在某种程度上仍处于帝国统治下的潜伏状态。直到 20 世纪，今天的国际体系才得以形成。这中间经过了两步：第一步是第一次世界大战后在国际联盟的组织框架内；有了国联，像中国、南非、伊朗、暹罗和拉美各共和国这样的国家才有可能与各大列强保持制度化的长期接触。第二步是二战结束后 20 年间的去殖民化。正如我们今天所看到的，帝国主义变成了其先驱者所期望的反面：它既是世界政治关系的伟大整合者，也是后帝国时代国际秩序的助产士。当然，这种国际秩序难免背负着许多帝国时代遗留的包袱。

叙事一：欧洲国际秩序的兴衰

在关于 19 世纪的历史教科书中，人们可以看到两种宏大叙事（master narratives）。它们往往彼此独立，各成一体。这两种叙事分别是欧洲大国外交史与帝国扩张史。几代历史学家都曾投身于这两段历史的研究工作。如果不嫌过于笼统的话，在这里，我们不妨对其加以简单归纳，以便对接下来将要探讨的问题有初步的了解。

571 　　第一段历史讲述的是欧洲国际秩序的兴衰。[11]这段历史既可以从 1648 年明斯特（Münster）和奥斯纳布吕克（Osnabrück）的和平条约，也可以从 1713 年的《乌德勒支和约》（Frieden von Utrecht）讲起。但是，即使从 1760 年开始，也并不算晚。这时候，欧洲国家中哪些是"强"国，哪些不是，已是无须争议的事情。像西班牙、荷兰这样的老一代霸主，还有幅员辽阔但组织松散的波兰－立陶宛王国，或在军事上活跃一时的几个中等国家，比如瑞典，都无法跻身强国之列。随着俄国与普鲁士的崛起，由五大列强构成的五头政治

（Pentarchie）形成了：它们分别是法国、英国、奥地利、俄国与普鲁士。[12]在《卡尔洛夫奇和约》（Frieden von Karlowitz, 1699）签订后，热衷于侵略、长期以来甚至被视为不可战胜的奥斯曼帝国，已不再构成来自外部的压力。在五头政治的局面下，形成了一种维持脆弱平衡的特殊机制。这种机制建立在国家利己主义的原则基础上，没有任何超越国家层面的和平构想能够对其发挥稳定的作用。在遇到纠纷的情况下，常常是以牺牲"小"国为代价，才能使其得以维系。多次被强大邻邦瓜分的波兰就是一个例子。革命时代的法国在军事领袖拿破仑的领导下，企图通过建立一个拥有霸权地位的大陆性帝国，来取代欧洲的"均势体系"（balance of power system）。1813年10月的莱比锡会战，使这项计划化为泡影。在1939年之前，再没有哪个国家敢于发起类似的以谋求欧洲霸权为目标的进攻性行动（德国在一战中的极端战争目标则另当别论）。在1814～1815年的维也纳会议上，两次被击败的法国（一次是1814年，另一次是在拿破仑从厄尔巴岛返回法国后）保住了自己的地位，五头政治重新恢复。但是，这次在其中起决定性作用的，是政治精英们希望维护和平、避免革命的广泛意愿。与18世纪不同的是，新均势体系通过一系列因素得到了稳定和巩固，这些因素包括：明确化的规则，基础性的协商机制，以及有意识地、部分是从社会保守主义思想出发放弃采用全民战争动员这一新型战术等。该体系在和平政策方面迈出了超越18世纪的重要一步，并在长达数十年的时间里成功地保障了欧洲的和平。它曾因1848～1849年的革命而受到动摇，但并未完全失效。但是尽管如此，维也纳体系仍然没能实现许多人所渴望的、至少在1795年的伊曼努尔·康德看来是有可能实现的"永久"和平。

在 19 世纪下半叶，这一体系一步步被瓦解。

572 　　　维也纳体系的真正创始者和精明的操盘手是奥地利政治家梅特涅亲王（Fürst Metternich），其出发点是以某种方式将欧洲格局"冻结"在 1815 年的状态（更准确切地讲是 1818 年，当法国重新被纳入大国圈之后）。换言之：只要这一体系的建立是从内政保守主义的角度考虑，只要欧洲各国政府合力打击的对象不仅是民众运动，同时也包括自由主义、立宪主义以及任何形式的以"公民性"为目标的社会变革，那么这一体系与新的历史潮流就是相悖的。在这些潮流中，最重要的当属民族主义。它既是一种意识形态，也是一种有可能引发政治运动的煽动性理念。民族主义有两种截然不同的导向：在多民族的大帝国中，如罗曼诺夫（Romanov）王朝和哈布斯堡王朝（包括自 1856 年以来成为"欧洲协调"［Konzert der Mächte］形式上一员的奥斯曼帝国），出现了许多自视受压迫的弱小民族为争取更多自决权利——在有些地方，甚至是为了谋求彻底的政治独立——而发起的斗争；另一种形式的民族主义则主要来自中产市民阶层，他们希望国家机器能够从效率与理性出发，为其开辟更广阔的经济活动空间。后一种形式的民族主义主要集中在意大利和德国的北部与中部。另外，1815 年到 19 世纪 80 年代期间法国政权的不断更迭，在很大程度上也是为了寻求一种对民族而言富有效率的政治。

　　　另一个新出现的因素是在不同地区依照不同轨迹发展的工业化。工业化创造了可为权力政治所利用的新潜能，但是对于 1860 年之前的一个时期而言，这些潜能的作用不应被夸大。在早年的史学研究中，人们通常认为，维也纳体系由于受到各种独立变量以及民族主义与工业化"不可阻挡"之势的影响而被

"削弱"。这种简单化认识难免有以偏概全之嫌。1853～1856年俄国对法国、英帝国以及稍后加入的皮埃蒙特—撒丁王国（Piedmont - Sardinia，后来意大利王国的核心邦国）发动的克里米亚战争，便是一个绝佳例证。这是近40年以来发生在欧洲列强之间的第一场战争，其战场却是在西欧"意境地图"（mental maps）外围的边缘地带。从这场战争可以看出，维也纳体系的一大缺陷是，它没能为奥斯曼帝国与基督教欧洲之间的关系做出明确的规制。"东方问题"——奥斯曼多民族帝国的未来问题——并没能通过克里米亚战争得到解决，正如欧洲政治中的其他诸多问题一样。[13]但是，克里米亚战争既不是工业化战争机器之间的一次碰撞，也不是一场受意识形态煽动的民族主义之战，因此，它并不能被看作这一时期的"现代化"潮流的一种表现。

克里米亚战争结束后，欧洲没能抓住时机，以顺应时势的方式对维也纳体系做出调整。克里米亚战争之后，"欧洲协调"机制渐渐失去了效力。这一段制度上的真空期，是各种马基雅维利式的"现实政治家"（"现实政治"［Realpolitik］的概念在德语中是1853年首次出现的）施展才能的大好时机。这些人以无所顾忌的态度，不惜冒挑起国际争端乃至战争之风险，大胆地推行其建立强大民族国家的宏伟计划。意大利的卡米洛·奔索·加富尔（Camillo Benso di Cavour）和德国的奥托·冯·俾斯麦（Otto von Bismarck）便是他们当中的代表性人物。[14]他们在维也纳和平体制的废墟上，分别实现了各自的目标。普鲁士领导下的德意志作为某种意义上的和平秩序扰乱者，于1866年和1871年相继打败了哈布斯堡王朝和拿破仑三世统治下的法兰西帝国，成为实力超过旧普鲁士王国的一大强国。在1871～

1890 年间，德意志帝国首相俾斯麦借助一套精心构建的条约和同盟体系，使其政策至少在欧洲大陆的范围内得到贯彻。该政策的最高目标是保住 1871 年建立的"德意志帝国"的国际地位，特别是防范来自法国方面的报复行动。俾斯麦体系经历了多个阶段，但它并不是一种以维也纳会议为榜样的覆盖全欧洲的和平体制。[15]尽管该体系的核心是以防御性为目的，并在短期内对和平起到了维护作用，但并没有成为推动欧洲政治的建设性动力。当俾斯麦执政期结束时，这种旨在于对抗中寻找平衡的复杂体系已经变成了一种"举步维艰的走钢丝表演"，其效用几近于无。[16]

俾斯麦的后继者们背离了这位"帝国创建者"所奉行的相对克制的政策。德国以"世界政策"（Weltpolitik）的名义，放弃了一切参与欧洲和平秩序构建的诉求。德国的"世界政策"部分是德国经济实力增长带来的结果，部分是由意识形态上的超民族主义思想驱动，另外还有一部分是对其他列强的类似的国际政策性主张做出的反应。德国的政策带来的另一个结果是：其他几大列强成功克服了被俾斯麦精心挑拨所制造的矛盾，彼此结成同盟，并将德国斥为异己。早在 1891 年，就在俾斯麦被威廉二世（Wilhelm II）解职后的第二年，他所担心的噩梦之一便已成真：法国与俄国彼此修好。[17]此外，在欧洲大陆政治几乎没有觉察的情况下，英帝国与美国彼此结成了跨大西洋的亲密关系。最迟从 1907 年开始，一种新的世界政治力量格局逐渐凸显，但并未形成固定的形式上的联盟体系：法国走出了俾斯麦一手推动的孤立状态，首先同俄国，1904 年又同英国（在解决殖民地纠纷之后）建立了友好关系。1907 年，英帝国和沙皇俄国在亚洲许多地区持续数十年的冲突得到了缓和。[18]英国与德意志帝国之间业已存在的隔阂，随着德国海军野心勃勃的扩张而进一步加深。与此同时，德国的一大弱点也逐渐暴露出来：德国尽管经济实力雄厚，但缺少推行真正的世界政策所必需的手段。到最后，它只能依靠其唯一的盟友：奥匈帝国。这位盟友在巴尔干实行的政策越来越不负责任，其态度始终是在咄咄逼人和歇斯底里之间摇摆。1914 年 8 月第一次世界大战的爆发并不是不可避免的，但唯有在各方都具备下述条件的前提下：高超的治国术、军事上的克制以及对民族情绪的抑制。只有这样，在冲突潜力不断增大的形势下，才有可能阻止各国——至少是欧洲各大列强——之间发生碰撞。[19]第一次世界大战彻底摧毁了过去一个半世纪以来的欧洲权力体系，到 1919 年时，人们已无法再像 1814 ~ 1815 年一样，重新建立起这样的体系。

在上述历史场景中，美国和日本这两个新崛起的强国仅仅扮演了次要的角色。在一场主要在中国领土上展开的战争（1904 ~ 1905 年的日俄战争）中，俄国意外地输给了日本，并由此引发了俄国政治的一场危机。对欧洲和"东方问题"而言，这场危机同样不无影响。1905 年，美国在战争双方之间进行调停，使之达成了和解（向来以好战闻名的美国总统西奥多·罗斯福为此获得了诺贝尔和平奖）。这是美国继 1898 年美西战争中的咄咄攻势以及 1900 年参与八国联军镇压义和团行动之后，第三次明确地表达出要扮演大国角色的愿望。日本的这一角色早在 1902 年便已得到承认。这一年，这个海岛王国与世界强国英国签订了盟约。[20]1905 年，从欧洲国际体系向世界国际体系的转变迈出了不可阻挡的一步。但是，日本和美国对一战的发生并未直接发挥作用。从起源来看，一战终究是一场欧洲的战争。欧洲国际体系的瓦解是由内部因素导致的。

575

叙事二：帝国的蜕变

除了上述与欧洲国际体系的重建、衰落和灾难有关的宏大叙事外，还有另一段历史，它被冠名为"海外扩张与帝国主义"。尽管近年来，与欧洲国际体系的标准叙事相比，这段历史的早期观点所受到的质疑，远远超过了前者，但是，我们仍然可以从中梳理出一条大致的脉络。这段历史的核心是无可争议的：1783 年，随着英国在美国独立战争中的失败，以及北美各殖民地脱离母国，成立"美利坚合众国"这一新型联邦，欧洲扩张与殖民史的近代早期阶段步入了尾声。同样，法国也遭遇了沉重的挫折。1804 年，经过漫长的斗争后，法国在经济上最重要的殖民地——加勒比地区盛产蔗糖的圣多明戈（Saint - Domingue，伊斯帕尼奥拉岛的西半部）以"海地"之名宣布独立。此前，早在 1763 年，法国便已失去了它在北美的领地。不无矛盾的是，使法国成为欧洲强国的两大因素——大革命与拿破仑帝国——与法国从海外的撤退是紧密相连的：拿破仑并未征服任何新的殖民地；在波拿巴于 1798 年入侵埃及短短 3 年后，法国人便撤出了该地区；法国欲在亚洲向英国发起挑战的宏伟计划，同样也以失败告终。相比于法国在殖民上的惨败，英国在美洲的失利则相对轻松地获得了补偿：它在 1799 ~ 1818 年间通过大规模远征，成功地赢得了对印度的宗主权。尽管早在 17 世纪，英国人便来到印度经商，并于 18 世纪 60 年代后成为孟加拉邦（Bengal）的领主，但是只有在与法国的世界范围内的交锋过程中（后者曾试图在印度各邦的邦主中寻找盟友），它才最终打败了当地的残余军事势力，或至少使其保持中立。到 19 世纪 20 年代中叶时，西班牙在南美和中美洲大陆的统治

576

已彻底沦陷，西班牙世界帝国的属地只剩下菲律宾和古巴。

在 19 世纪中叶的数十年里，欧洲人对殖民地并没有表现出太大的兴趣。这种兴趣是被少数政治家（如法国的拿破仑三世[Napoleon Ⅲ]和英国的本杰明·迪斯雷利[Benjamin Disraeli]）出于内政考虑唤醒和煽动起来的。在那些已被占领的殖民地（印度、荷属东印度、菲律宾、古巴等），人们开始投入精力，改善和加强经济上的利用。与此同时，一批新的殖民地陆续被征服：阿尔及利亚，法国从 1830 年开始入侵该地区，然而直到 19 世纪 50 年代，征服行动仍未彻底结束；信德（Sind，1843）和旁遮普（Panjab，1845~1849）这两个印度西部土邦相继被纳入英属印度的统治区域；新西兰，毛利人的军事抵抗在这里一直持续到 1872 年；在好望角和塞内加尔，原有的沿海殖民地进一步向内陆地区扩张；另外，还有高加索地区与中亚的几个汗国。在 19 世纪中叶，英法两国是全世界仅有的热衷于海外侵略的两大列强。它们各自在亚洲和非洲建立起若干据点（如拉各斯和西贡），并以此作为未来征服新领土的根据地。与此同时，它们还通过武力威胁，迫使亚洲各国对欧洲贸易做出让步。在这一时期，帝国主义的最典型工具并非远征军，而是相对廉价却极具威力的炮舰。这些炮舰一路长驱直入，驶入港口，形成威慑之势。不过，这些战争常常是与陆地行动同时进行的，而且赢得毫不轻松。至少从英国对中国发动的两场战争（1839~1942 年的第一次鸦片战争和 1856~1860 年的第二次鸦片战争或曰"亚罗号战争"[Arrow War]）来看，情况便是这样。有些帝国主义侵略行动更是遭遇失败，例如英国对阿富汗的第一次入侵（1839~1842），以及法国对墨西哥发动的一场对双方而言都代价惨重（近 5 万人丧生）的殖民行动。

拿破仑三世企图在一个无力偿还外债的国家里，将一位哈布斯堡家族的亲王扶植上台，充当法国卫星国的统治者。这段离奇插曲于 1867 年落幕，自称"墨西哥皇帝"的马克西米利安大公（Erzherzog Maximilian）受到军事法庭的审判，并被处以极刑。法国在中美洲的冒险行动最初是在英国和西班牙的支持下进行的，这一事实后来常常被人们忽视。[21]

577

在 19 世纪 70 年代，欧洲列强的行动方式和侵略欲望都发生了转变。奥斯曼帝国和埃及因欠下西方债权国的巨额债务而陷入财政压力，这使得列强可以借机在政治上对其提出要挟。与此同时，一些备受关注并被广泛报道的科考之旅将非洲重新带入了欧洲公众的视野。1881 年，突尼斯贝伊（Bey von Tunis）被迫接受一位法国"总督"垂帘听政。这是列强"瓜分非洲"的开端。1869 年苏伊士运河通航后，埃及在英帝国眼中的战略地位大幅提升。1882 年，英国借镇压民族解放运动之机，以武力占领了埃及，由此打响了非洲殖民争夺战的第一枪。短短几年后，整个非洲大陆的殖民势力范围便已被划定，并很快通过军事占领的方式被转化为现实。从 1881 年到 1898 年（这一年，英国成功镇压了苏丹的马赫迪起义），整个非洲被殖民列强瓜分。这几大列强分别是：法国、英国、比利时（最早出面的并不是比利时政府，而是殖民地的"所有者"利奥波德二世 [Leopold Ⅱ]）、德国和葡萄牙（后者在安哥拉和莫桑比克的沿海地带拥有几处古老的移民聚居区）。在最后阶段，摩洛哥（1912）落入了法国的控制之下，意大利则夺取了对利比亚沙漠地带的控制权（1911～1912）。这一地区事实上几乎是无法"控制"的，但伊斯坦布尔此前曾对其产生过兴趣。[22] 只有埃塞俄比亚和当初由美洲奴隶建立的利比里亚依然保持着独立。我们在讨论这场所谓的非洲争夺战（Scramble for Africa）时，必须把它看作一个整体统一但就个案而言却毫无计划、混乱且充满机会主义色彩的进程。这样一场在短短数年间占领一片广阔大陆的行动，在整个世界历史中是绝无仅有的。[23]

从1895年到大约1905年期间，一场类似的争夺战在中国再次上演。但是在中国，并非所有帝国主义列强都对领土占领抱有同样大的兴趣。一些国家，特别是英国、法国和比利时，更关心的是铁路建设权和矿山开采权，以及如何为了贸易目的划定各自的地盘。美国则提倡机会均等（门户开放原则），以保障所有国家在中国市场上的经济利益。当时，只有日本、俄国和德国在中国边缘地带占据了几处具有一定影响力、类似殖民地性质的领地：台湾（福尔摩沙），南满洲，青岛及山东半岛的部分内陆地区。但是，中国仍然以国家的形式继续存在，大部分中国人并未沦为殖民地的臣民。因此，中国的这场"微型瓜分战"所造成的影响，其程度远远无法与非洲的"大型"争夺战相匹敌。西欧列强寻找殖民地的目标并不是东北亚，而更多是东南亚。在这一地区，英国人占领了缅甸和马来亚，法国人则控制了印度支那（越南、老挝和柬埔寨）。美国在1898～1902年打败西班牙人和成功镇压当地的独立运动后，最终占领了菲律宾。到1900年前后，在东南亚这片政治和文化上极具多元性的地区，只有一个国家仍然在名义上保持着独立，这就是暹罗（尽管由于地位弱小，它在各方面都没有任何张扬的表现）。1881～1912年欧洲（与北美）在亚洲和非洲征服与夺取权力的全部进程，都是基于同一种意识形态上的说辞：富有种族主义意识形态色彩的"强者权利说"（Recht des Stärkeren），即所谓当地人没有能力对自身实行有序管理，以及在与欧洲对手的竞争中（更多是预防性地）维护本国利益，等等。

第二段大历史并不像第一段历史那样，在时间上直接与1914～1918年的第一次世界大战相衔接。早在一战爆发几年前，殖民列强间的紧张关系便已趋向缓和，有些甚至以协议的形式被加以规制。在欧洲以外地区的角逐，有时只是以象征性地炫耀实力为目的，其针对的对象实际上是欧洲民众。1905～1906年和1911年的两次摩洛哥危机便是如此。当时，德意志帝国将北非变成了为自身造势的舞台，并借用新闻媒体的力量，煽动冲突不断升级。在这两次危机的背后，并不存在真正意义上的殖民之争。第一次世界大战主要不是由帝国在亚洲和非洲的冲突引发的，这在历史地理学上所导致的结果是：第二段历史往往只是被看作直通1914年夏的第一段历史的一个旁支，其重要性也远不及后者。在有关19世纪欧洲史的不少通史性著作中，殖民主义和帝国主义仅仅是作为注释被简要提及。[24]由此便造成了一种印象，似乎欧洲在世界上的扩张并非欧洲史主体的一部分，而仅仅是欧洲自身发展的一种副产品。正因为如此，外交史和殖民史这两条脉络很难彼此衔接起来，所以我们也无法依靠它们构建起世界史的观察方式。要找到世界史的观察视角，我们必须在欧洲中心论与亚洲和非洲中心论之间搭建起一座桥梁，同时还要解决两个富有挑战性的难题：首先，我们必须尝试将19世纪末扩展到全球的欧洲国际体系的发展史，与殖民和帝国扩张史联系起来；其次，我们必须努力避免从目的论出发，将19世纪全球史与1914年8月4日的战争爆发自动联系在一起。今天我们都知道，战争是从1914年8月4日开始的，但是，就在这一刻到来的短短几年之前，还很少有人能够预料，战争会来得这样快。真正的世界大战并不是在历史行为体的行动视野内发生的，如果把这场争夺笼统地看作一战这场巨大灾难之前的漫长的史前史，我们对 19 世纪的认识就必然会受到局限。除此之外，还有第三项挑战：我们必须将帝国现象的多元性纳入视野。如果不加区分地将所有冠以"帝国"之名的事物都等同起来，显然太过肤浅。在不同的国家和文明里，帝国的语义有着完全不同的含义。我们必须从"语境"出发，对其加以分析，而绝不能把它当作某种具体历史现象的明确定义。从另一方面看，我们在观察不同条件下的边疆问题时便已发现，在一些看似毫无关联的事件之间，往往存在着巨大的相似性。帝国问题也与此类似。因此，我们应当尝试，对一种人们习以为常却未经推敲的帝国划分法提出质疑。这就是，将帝国划分为西欧的"海洋"帝国和维也纳、圣彼得堡、伊斯坦布尔和北京统治下的"大陆"帝国。不过，首先还是让我们来看一下民族国家。

二 通往民族国家之路

帝国语义学

19 世纪被历史学家（特别是德法两国的历史学家）视作民族主义和民族国家的时代。[25]普鲁士/德意志与法兰西的冲突是一场在欧洲最古老的民族国家之一与一个试图超越革命之邦的邻国之间展开的较量。德国历史与法国历史是彼此"纠缠的历史"（entangled histories），假如欧洲确曾有过这种历史的话。它并非发生在一对地位悬殊的伙伴之间，而是存在于从长远看逐渐走向平衡并在 1945 年之后最终达到均衡的态势之中。但

580

是，德国和法国的视角是否可以成为对 19 世纪欧洲乃至全世界的一种诠释呢？英国史学界在这一问题上始终保持着谨慎的态度。与长期以来热衷于民族主义研究的德国历史学家相比，英国史学家对"建国"问题的思考要少得多，他们很少把民族国家建构的视角摆在核心的位置。从英国人的角度来看，帝国的建立是一个具有欧洲影响的德国事件。相反，英帝国的存在则并非始于"创建"，假如人们不愿将伊丽莎白一世时代的几位海盗奉为"建国"元勋的话。英帝国并不是一场突如其来的建国行动所带来的结果，而是在世界各地的众多舞台上经由一个漫长而复杂的过程形成的，既没有一场有时间记载的"大裂变"（Urknall），也没有任何核心机构在对其进行操控。在 19 世纪，英国并不需要建立帝国，因为帝国很久以来便已存在。它也无须清楚地解释，其存在究竟是由何而来。在 19 世纪中叶之前，几乎没有人意识到，那些零零散散的王室领地和其他由英国人通过移民和殖民所占据的领土将会聚合在一起，共同构成一个完整的"帝国"。直到 19 世纪 70 年代，在人们的观念里，那些被英国自视为其"母国"的移民殖民地，仍然不同于另外一些和英国没有"母系"关系，而更多是一种严厉的教化式父权统治关系的殖民地。[26] 即使到后来，在英帝国的本质问题上，也始终存在着激烈的争议。

在其他例子中，帝国的语义也同样是多重的，甚至是矛盾的。在 1900 年前后，依据视角的不同，德意志"帝国"至少拥有三重含义：①一个位于欧洲中部的年轻的民族国家，它像暴发户一样将皇帝奉为国家元首（与彼得大帝 1721 年自行加冕为俄国皇帝相类似）；②一个殖民和商业霸权性质的小型海外"帝国"，直到俾斯麦 1884 年对非洲发起殖民征服行动后，它才"一点一点地"（peu à peu）发展成为真正的德意志帝国；③一个充满浪漫色彩、因俾斯麦推行的"小德意志"统一方案而令人失望的帝国幻影，而并非如人们设想的那样，是一个地域辽阔的大陆性帝国，一个重建的神圣罗马帝国，一个所有德意志人或"日耳曼人"的大集合，一个德意志"生存空间"之场域，甚至是一个以德意志为主体的"中欧"。这个想象中的帝国曾在1918年初——当俄国接受苛刻条件，与德国签署《布列斯特－立托夫斯克和约》（Brest－Litovsk）后——乍现风采，并于1939年后在纳粹统治下短暂地成为现实。[27] 我们可以由此进一步推论：在所有时代和众多文化中，都有"帝国"这一概念，即使是在近代晚期的欧洲，甚至是在单一民族的帝国语义中，它的含义都有可能存在巨大的差异。因此，我们不能仅仅通过帝国的自我描述对其做出界定。把所有自我冠名为帝国的国家一律都视为帝国，这样的做法是无法令人信服的。一个帝国必须能够从结构和可以观察到的特征两个方面来加以描述。

民族国家与民族主义

帝国是整个欧亚大陆所特有的拥有悠久历史的现象，其诞生可追溯到公元前3000年。因此，它包含着丰富的在众多形态各异的文化背景下形成的意义结构。民族国家则相反，它是一种相对年轻的西欧发明，它于19世纪的形成过程甚至是一种可以在实验室环境下观察的现象。但经验告诉我们，"民族国家"的定义仍然十分困难。或许可以这样讲："现代民族国家是这样一种国家：作为公民共同体的民族是国家的主权者，由它来建立并控制政权。所有公民平等地参与国家的公共机构管理、义务履行与规划实施是其首要原则。"[28] 这种定义乍看起来颇有说

服力，但由于它对政治参与提出了极高的要求，从而使众多的
案例被排除在外。共产主义统治下的波兰，佛朗哥（Franco）
时期的西班牙，种族隔离政策终结前的南非，如果按照上述定
义，都算不上是民族国家。再者，如果从性别中立的角度来理
解"所有公民"，那么我们又该如何界定英国这个身为"民主
之母"但直到 1928 年才赋予妇女普选权的国家呢？还有法兰西
第三共和国，它甚至到 1944 年才做到这一点。在 19 世纪，全
世界只有为数很少的国家符合上述定义中的民族国家标准，可
以确定的只有 1906 年之后的澳大利亚，特别是新西兰。1893
年，新西兰成为世界上第一个实现妇女主动普选权（被动选举权
是在 1919 年之后）的国家，就连土著毛利人也获得了选举权。[29]

　　另一种通往民族国家的路径是民族主义。[30] 我们可以将民
族主义理解为一种"我族"意识，其指向是一个数量庞大、自
视为政治行为体以及语言与命运共同体的人群。在欧洲，这种
观念是从 18 世纪 90 年代之后流行起来的。它建立在简单而具
有普遍性的基本理念之上：世界分裂成一个个"自然"的基本
单位——民族。相反，帝国则是一种人为的强制性建构。民
族——而非地方意义上的家乡或超民族的宗教共同体——是个
体效忠的主要基准点，是凝聚力形成的决定性框架。因此，一
个民族必须对这个庞大群体的归属标准做出明确定义，并定性
哪些属于少数民族。后者有可能是歧视的一种铺垫，但歧视的
出现只是一种可能，而并非必然。一个民族在被界定的领土上寻
求实现政治上的自治，并需要建立自己的国家以维护这种自治。

　　民族与国家之间关系的把握并非易事。哈根·舒尔策
（Hagen Schultze）曾经详细阐述过：欧洲如何首先提出"现代
国家"的方案，又如何在第二阶段形成"国家民族"

（Staatsnationen）和后来的"人民民族"（Volksnationen）——或自诩的"人民民族"，以及如何在法国大革命后，将拥有广泛社会基础的民族主义——舒尔策称之为"大众民族主义"（Massennationlismus）——套上国家的外壳。舒尔策回避对"民族国家"做出明确定义，但清楚地表达了自己的观点。他以"大叙事"（grand récit）的形式，将"民族国家"的发展过程划分为彼此衔接的三个阶段："革命性"的民族国家（1815～1871），"帝国性"的民族国家（1871～1914）以及"极权式"的民族国家（1914～1945）。[31] 无论在上述哪一个阶段，民族国家都是国家与民族的混合物或扬弃式的综合体：这里的民族并非某一个虚构的民族，而是一个被动员的民族。

583

沃尔夫冈·莱茵哈德（Wolfgang Reinhard）为有关民族国家历史定位的讨论指出了另一种方向。他提出了与民族主义理论家约翰·布罗伊利（John Breuilly）和埃里克·霍布斯鲍姆（Eric J. Hobsbawm）相近的观点："民族是历史发展中的非独立变量，而国家权力则是独立变量。"[32] 根据这一理论，民族国家——莱茵哈德同样认为它是直到19世纪才形成的[33]——并不是由"自下而上"的大众化的意识与身份建构所导致的近乎不可避免的结果，而是"自上而下"的集中化权力意志的产物。[34] 按照这样的理解，民族国家并不是一个固有民族的国家外壳，而是国家机器和权力精英（这里必须还要再加上：革命或反殖民的反对派精英）所运作的一个"项目"（Projekt）。民族国家往往是以固有的民族意识为基础，同时为了民族建构政策而对其加以操纵和利用。这种政策所要达到的目标是多重的：一是建立一个自给自足的经济空间，二是成为拥有行动力的国际政治参与者，三是构建拥有自己独有的符号和价值体系的同质性文化。[35]因此，不仅有民族在寻求建立属于自己的民族国家，反过来，也有一些民族国家在追求成为纯粹的民族，在理想情况下可以用它来作为自身的招牌。正如莱茵哈德的精辟观察一样，在今天自称为民族国家的国家中，大多数实际上是多民族国家，其成员中有很大一部分是少数民族。至少从组织形式上看，后者仍然还生活在前政治社会的空间中。[36]这些少数民族之间的差异主要体现在一点：其政治领袖是不是从分裂主义立场出发，对整个国家的存在提出质疑，就像巴斯克人（Basken）或泰米尔人（Tamilen）一样；还是像苏格兰人、加泰罗尼亚人（Katalanen）或以法语为母语的加拿大人（Frankokanadier）那样，对其已有的部分自治权感到满足。这些"少数民族"曾经是受帝国统治的"部族"（Völkerschaften）和（前现代语义下的）"民族"（Nationen）。所有帝国的多民族性都在民族国家中得到了延续，在它们当中同样也包括19世纪成立的年轻民族国家，尽管后者总是试图以统一化的语境来掩盖这种多民族性的存在。

那些被称作19世纪标志的民族国家，如今都在何处？如果我们看一眼世界地图，便会发现，它们更多是帝国，而非人们所说的民族国家。[37]1900年前后，还没有人能够预见，帝国时代即将终结。第一次世界大战后，三大帝国——奥斯曼、霍亨索伦与哈布斯堡三个多民族国家——变得四分五裂，但帝国时代仍在继续。所有西欧殖民帝国以及仅有菲律宾一处殖民地的小型殖民帝国美国都安然无恙，从宗主国自身发展来看，直到20世纪二三十年代，这些帝国才真正达到经济与精神层面的巅峰。新生的苏维埃政权在短短数年内，成功夺回了沙俄帝国晚期才征服的高加索与中亚走廊。日本、意大利和（短命的）纳

584

粹德国以古老帝国为榜样或以更为夸张的形式，各自建立起新的帝国。直到去殖民化浪潮兴起后（从 1956 年苏伊士运河危机到 1962 年阿尔及利亚战争结束），帝国时代才真正走向终结。

即使 19 世纪并不是一个"民族国家的时代"，有两点仍然是确定的：一方面，它是民族主义的时代；民族主义这一新的思维方式与政治神话在其间诞生，被奉为教义或纲领，并作为唤起民众情绪的动员性力量发挥作用。民族主义从一开始便呈现出强烈的反帝国色彩。正是对法国"外族统治"的经验，激化了德国的民族主义。无论是沙皇俄国、哈布斯堡王朝、奥斯曼帝国，还是爱尔兰，以新的民族构想为名的反抗运动在各地蓬勃兴起。这些运动未必总是与创建独立民族国家的目标联系在一起，很多反抗最初只是为了抵御侵犯或歧视，为在帝国联合体中更好地维护自身利益，或为语言和其他文化表达形式争取更大的空间。同样，在亚洲和非洲，作为对西方入侵直接回应的早期反殖民侵略运动（原发性抵抗，primary resistance），也很少是将建立独立的民族国家作为目标。直到进入 20 世纪后，当熟悉西方的教育精英对民族国家这一模式产生兴趣，并认识到与民族解放相关的说辞所蕴含的动员性力量之后，才出现了新一轮"继发性抵抗"（secondary resistance）。无论对民族国家的构想是多么模糊不明，但是，建设独立的民族国家已成为越来越富有吸引力的目标，对那些不愿再屈从于威权的政治领导者而言，这是他们施展抱负和勾画未来的框架：在波兰、匈牙利、塞尔维亚和欧洲其他许多地区，甚至还包括极少数欧洲以外的地区，例如 1881~1882 年的埃及独立运动以及大约从 1907 年开始的越南早期反殖民运动。埃及独立运动也被称为"奥拉比运动"（Urabi – Bewegung），奥拉比是这场运动主要领

585

导者的名字。当时，独立运动组织者们以"把埃及交给埃及人"为口号，将无数支持者召集在一起，为反抗与外国势力沆瀣一气的政府展开斗争。[38]

另一方面，19 世纪是民族国家形成的时代。尽管一些建国行动是以轰轰烈烈的形式进行的，但是在大多数情况下，民族国家的建立都经历了一个相对漫长的过程，而且人们往往很难断定，究竟从哪一刻起，一个国家才真正进入了民族国家的状态，又究竟是从何时起，"外在"与"内在"的民族国家建构才达到了足够成熟的水平。从"内在"视角看，这一点更难做出判断。它需要人们首先看清，一个在固定领土上组织起来的共同体，在经历各种进化式演变的过程中，究竟是从哪一刻开始，在制度一体化和群体意识同质化方面都达到了这样的高度：它与过去的形态（公国、帝国、古代欧洲的城邦共和国、殖民地等）相比，已经在性质上发生了脱胎换骨的变化。即使是法国这个堪称民族国家建构之样板的国家，到底是从何时起成为真正意义上的民族国家的，也是一个难以回答的问题。是以 1789 年大革命及其民族宣言和立宪为标志？还是在拿破仑的集权化改革之后？抑或是随着历时数十年的"农民变成法国公民"的过程而逐步成形？专注此项研究的权威历史学家①甚至认为，这一过程是从 1870 年之后才开始的。[39] 既然就法国问题做出定论已然如此不易，那些形势更为复杂的情况又如何能够理清呢？

与此不同的是，要判断一个共同体从何时起拥有了国际上的行动力，即具备了民族国家的外在形式，则相对容易。在 19

---

① 指尤金·韦伯（Eugen Weber），《从农民到法国公民》（*Peasants into Frenchmen*）是其代表性著作。

世纪和 20 世纪的国际秩序与国际公约的环境下，一个国家只有作为独立行为体获得大多数国家共同体的承认时，才能被视为民族国家。这种源自西方的主权理念是衡量民族国家的必要条件，但并非充分条件。并非任何一支外交力量都同时也是一个民族国家。否则就会导致"外部"视角的绝对化，那么 1850 年前后的巴伐利亚也有理由被称作一个民族国家。但是作为必要的基本条件，这个标准还是有参考意义的：假如一个国家没有自己的军队和自己的外交，也没有通过国际法协议的签署获得国际上的承认，它绝不可能被称为民族国家。在 19 世纪，国际行为体的数量与那些在社会和文化领域的民族建构方面取得一定成就的国家数量相比，明显要少得多。在 1900 年前后，受俄国控制的波兰、归属于哈布斯堡帝国的匈牙利以及联合王国统治下的爱尔兰，虽然已经显现出许多民族建构的特征，但它们仍然称不上是民族国家。直到第一次世界大战结束后，随着民族国家解放浪潮的掀起，这些国家才真正成为民族国家。和这场浪潮相比，"民族国家的世纪"里所发生的一切都黯然失色。在 20 世纪下半叶，情况则恰恰相反：许多得到外部认可的主权国家，实际上是在制度和文化上都缺乏统一性的、脆弱的准国家。

    586

    在 19 世纪，民族国家是经由三种不同的路径形成的：①革命式的殖民地独立；②霸权式联合；③演变式的自治化。[40]这与约翰·布罗伊利对民族主义三种形式的划分是一致的：反殖民式民族主义、联合式民族主义与分裂式民族主义。[41]

革命式的独立

    在历法意义上的 19 世纪期间诞生的新兴国家当中，大多数都是在这个世纪的前四分之一时间里形成的。它们是鞍型期的产物，并在大西洋革命时期结束时正式问世。[42]第一轮去殖民化浪潮是跨大西洋连锁反应的一部分，后者是从 18 世纪 60 年代伦敦和马德里对各美洲殖民地实行集权化干预开始的。英国和西班牙在美洲的行动在时间上与大西洋革命几乎同时，但原因却截然不同。[43]北美人迅速做出了反应，西属美洲人的反应则略有迟疑。当西属美洲人于 1810 年在墨西哥和拉普拉塔河流域（Rio de la Plata）发动公开叛乱时，形势已经有了新的变化：美国作为榜样的出现，但更重要的是 1808 年西班牙王朝的解体。西班牙王朝解体是拿破仑入侵伊比利亚半岛所致，而后者则是一开始便具有军事扩张性质的法国大革命所引发的结果。1789 年大革命的更早、更直接的影响是在伊斯帕尼奥拉岛（Hispaniola）出现的。在圣多明各殖民地，早在 1792 年便爆发了一场由中产混血儿（gens de couleur）和黑人奴隶发动的革命。这场反殖民性质的社会革命促成了 1804 年美洲第二个共和国的诞生：海地。[44]1825 年，海地被法国承认，之后又逐渐获得了其他大部分国家的承认。在美洲大陆一场多中心的独立革命的进程中，出现了一个又一个西属美洲共和国，这些国家直到今天仍然存在：阿根廷、智利、乌拉圭、巴拉圭、秘鲁、玻利维亚、哥伦比亚、委内瑞拉和墨西哥。然而建立更大规模政体的计划——就像西蒙·玻利瓦尔（Simón Bolívar）所追求的一样——则以失败告终。[45]经过后来的再度分裂，又相继诞生了厄瓜多尔（1830）、洪都拉斯（1838）、危地马拉（1839）等国家。于是，在墨西哥第一帝国（1822~1824）的插曲结束后，美洲便出现了这样一群新成立的全部实行共和国体制的国家。这些国家对外提出主权诉求并陆续得到认可，但在内部民族建构方面，却在很长时间里止步不前。

在巴西，事态的发展没有太大的革命性。这里的克里奥尔精英并没有和不受欢迎的帝国中心反目成仇。1807年，早在拿破仑入侵之前，葡萄牙王室便成功地逃到了这片葡萄牙最重要的殖民地。拿破仑失败后，摄政王若昂（Regent Dom João，后来的若昂六世）决定留在巴西。他将巴西升级为王国，并于1816年起成为葡萄牙－巴西－阿尔加维联合王国的国王（König von Portugal, Brasilien und der Algarve）。国王返回葡萄牙后，留下王子佩德罗（Petro）作为巴西摄政王。1822年，佩德罗登基，史称佩德罗一世（Peter Ⅰ）。巴西以和平的方式脱离母国葡萄牙，成为独立帝国。直到1889年，这个拉美人口最多的国家才成为共和国。

欧洲唯一一个从帝国分离出来的新国家是希腊，这也是欧洲仅有的个案。在这里，当地解放力量（包括部分海外流亡者）、英国和德国对希腊独立的声援，以及后来英、俄、法三国舰队的海上干预，这几股势力联合起来，最终使希腊于1827年成功脱离了奥斯曼帝国的统治。最初实现独立的，仅仅是包括今天希腊南部和爱琴海诸岛在内的几处边界地区。假如将最早可以追溯到15世纪的奥斯曼统治——在不考虑概念严谨性的前提下——定义为"殖民"的话，那么独立后的希腊与拉丁美洲新成立的那些国家一样，是一种后殖民式体制，它是一场受列强支持、缺少广泛群众基础、非自主的独立革命运动所导致的结果。希腊对各大列强的依赖性，甚至超过了拉美的新兴国家。根据1830年2月签订的《伦敦议定书》，希腊被正式承认为独立的国家，并以此赢得了国际法上的地位。但是，在这个独立国家的"外壳"之下，却并没有形成真正的社

588

会与文化内涵。"虽然有了希腊这个国家，但希腊民族的打造还有待时日。"[46]

1830～1831年，与希腊在同一时间，传统上被称为南尼德兰的地区实现独立，成立了比利时王国。不同于希腊的是，布鲁塞尔和周边地区的居民对长达数百年的外族统治并没有太大的反感。他们反抗的对象，主要是荷兰国王威廉一世（Wilhelm I）在1815年拿破仑失败、荷兰成立联合王国后所推行的专制政策。此外，人们也无法利用国内矛盾进行意识形态化宣传，就像希腊一样，将这场抗争渲染为一场自由欧洲人反抗东方暴政的斗争，以此来赢得各方的声援和支持。用革命产物之说来形容比利时，比希腊更贴切。当1830年法国七月革命在欧洲大部分地区引发动荡之后，8月，布鲁塞尔也发生了骚乱。最开始是在歌剧院，当时那里正在上演奥柏（Auber）的歌剧《波尔蒂契的哑女》（La Muette De Portici）。随后，在其他城市也陆续出现了暴动。荷兰立刻派遣军队镇压。在短短几周内，脱离荷兰统治便成为迅速激化的革命运动的目标，并在没有外国军事干预——与希腊反抗奥斯曼帝国的斗争截然不同——的情况下，成功地变成了现实。尽管沙皇和普鲁士国王也曾威胁要为自己的伙伴威廉一世提供援助，由比利时所引发的国际危机也曾一度升级，使得局势岌岌可危，但是与希腊相同的一点是，比利时同样也需要依赖与强国间的协约来保障自身的存在。[47]在这一问题上，英国又一次扮演了"助产士"的重要角色。

另一起较少受到国际舆论关注的事件发生在奥斯曼帝国的边界省份——大约有37万人口的贝尔格莱德帕夏管辖区（Paschalik）。1804年，信仰基督教的塞尔维亚族居民发动起义，与当地的土耳其近卫军——加内沙里军团（Janitscharen）

展开对抗。这些土耳其驻军在该地区实行恐怖统治，就连伊斯坦布尔也对其奈何不得。[48]在经过一场旷日持久的混战后，苏丹于1830年承认了塞尔维亚公国的自治权，但后者仍然是奥斯曼帝国的一部分。1867年（与加拿大的类似情形几乎同时），　589　塞尔维亚人终于迎来了这一时刻：最后一批土耳其军队撤离了该地区，他们再也不用担心遥远的宗主国干涉自己的内部事务。[49]1878年，塞尔维亚在柏林会议上获得列强承认，成为国际法意义上的独立国家。同时，蒙特尼哥罗（Montenegro）和罗马尼亚——长期以来，俄国和奥斯曼帝国一直为争夺对后者的庇护权而纠缠不休——也获得了同样的地位。当奥斯曼苏丹在1877～1878年俄土战争中失败后，保加利亚成为受益者，但在地位上却仍然是对"高门"负有纳贡义务的公国。直到1908～1909年奥斯曼帝国的青年土耳其党革命期间，它才成为国际社会承认的独立国家，并设立"沙皇"作为最高统治者。[50]

这些新成立的政体是否都是内在含义相同的"民族国家"呢？这一点是值得怀疑的。海地在国家成立百年之后，仍然身处"动荡的过去与混乱的当下"的纠缠之中，其政治体制的构建与社会经济的发展，始终是滞后的。[51]在南美和中美洲大陆上，各国在宣布独立后的头半个世纪里，一直没能进入社会稳步发展的轨道。大多数国家直到19世纪70年代，才最终实现了政治上的稳定。这十年，是全世界范围的国家权力集中与重组的一个时期。而希腊最初的状态，近似于巴伐利亚的保护国。列强指派巴伐利亚国王路德维希一世（Ludwig Ⅰ）之子——年仅17岁的奥托王子（Prinz Otto）出任希腊君主。此后，希腊又经历了数次政变（1843、1862和1909），直到1910年后，才在自由派首相埃莱夫塞里奥斯·韦尼泽洛斯（Eliftherios

Venizelos）执政期间建立起稳定的政治机制。[52] 即使是比利时，也称不上是一个统一民族国家的标准样板：在这里，占据统治地位、一心与荷兰划清界限的国家民族主义力量，将法语确定为宪法规定的唯一官方语言。19 世纪 40 年代之后，以弗拉芒人（Flamen）为领导的倡导民族和语言保护的民族主义一派，对国家民族主义发起了挑战。"弗拉芒运动"主张的目标，是实现整个国家内部的文化平等，以及荷兰语言和文化的跨边界一体化。[53]

霸权式联合

590 通过盟友间自愿联合的方式来组建国家，是一种有着悠久历史的古老模式。假如在这些盟友当中，不存在某一个占据压倒性优势的力量，那么国家领土主权的确立将会通过城邦或州县的"多头式"（polykephal）联合来实现。荷兰和瑞士便是这种实力均等式联合的代表性例子。[54] 这两个国家早在 19 世纪之前，便已具备了相应的基础条件。1800 年后，在周边大国的包围中，两国仍然保持着自身的联盟特质。这种特质具有充分的灵活性，社会和宗教上的种种矛盾和冲突都能够在这里得到包容。相比之下，荷兰这个近代早期曾被视为"异类"的国家，到 1900 年左右时，已十分接近于"正常"的民族国家；而瑞士则更多强调自身的特殊性，它坚持遵循宽松的联邦宪法，在宪法中赋予各州高度的自治权，同时进一步推进和发展其独有的直接民主制。[55] 美利坚合众国是一个类型学意义上的复杂案例。它是革命性质的独立运动与多头联合相结合的产物。美国独立契机的出现，是西属拉丁美洲独立运动的领导者们带来的。美国从成立之初，便将新的领土加入联邦作为建国之本。1787

年颁布的《西北法令》——建国时期的一份基础性文件——为此做出了明确规定。像美国这种拥有内部设定的扩张机制的国家，在欧洲找不出一例。

在同时期的欧洲，民族国家建构主要是依照霸权式而非多头式联合的模式完成的。它是由某个地区性强权做出决策，然后采取军事手段将其付诸实施，最后再把这个新建立的国家烙上自己的"徽章"。[56]这种"自上而下"的霸权式统一并非现代欧洲的发明。地处中华文明圈边缘的军事王国——秦——早在公元前 221 年，便通过这种方式建立了中国历史上第一个统一王朝。秦朝甚至与 18 世纪和 19 世纪的普鲁士有一定的相似性：它们都拥有相对强大的军事体系（1815 年后，普鲁士的威慑力比以往有所削弱），同时还掌握了与其相邻的核心文明——一边是华东，另一边是西欧——的文化与技术。正如普鲁士是推动德国统一的霸权力量一样，皮埃蒙特 – 撒丁王国此前曾在意大利扮演过同样的角色。这个边界小国之所以具备如此能力，是因为它是当时意大利唯一一个本地人统治的邦国，而其他地区都处于奥地利、西班牙和梵蒂冈的控制之下。普鲁士和皮埃蒙特 – 撒丁王国各自都有一位意志坚定、雷厉风行的"务实政治家"——俾斯麦首相和加富尔首相，他们不惜以挑起国际争端的方式，为实施自己的统一政策创造契机。意大利人率先取得了成功：1861 年 2 月，新的全意大利议会成立。随着 1866 年收复被奥地利人占领的威尼托（Venetien）以及 1871 年迁都罗马，意大利作为民族国家的外部建构彻底完成。罗马是意大利人以象征性占领的形式从教皇庇护九世（Pius IX）手中夺来的。罗马之所以能够被并入意大利王国，一是因为拿破仑三世兵败色当使教皇失去了一个可以依赖的

591

靠山，二是法国驻军的撤离。皮欧·诺诺(Pio Nono)① 愤然退居梵蒂冈，并威胁所有天主教徒，假如他们涉足国家政治，将受到开除教籍的惩罚。[57]

虽然从类型学角度看，德国和意大利的统一进程有很大的相似性，但是两者间仍然存在着一些差异：[58]

第一，在意大利，国家统一虽然是知识分子群体长久以来的精神追求，然而其组织结构上的准备却远逊色于德国。意大利从没有关税同盟（Zollverein）或北德意志邦联（Norddeutscher Bund）之类的统一机制作为铺垫，其内部民族建构——"交往空间的经济、社会与文化融合"[59]——也不及德国发达。在精神层面上，除了天主教信仰之外，没有任何一样事物能够将从伦巴第（Lombardei）到西西里的所有意大利人凝聚在一起。但是在1848年后，教会对意大利民族主义一直采取敌对的态度。

第二，在意大利，民族统一的结构性前提之所以缺失，其最重要的原因在于，几百年来，外来力量早已渗透到意大利的各个方面。意大利必须把自己从外国占领者的统治下解放出来，而德国却只需要战胜哈布斯堡皇帝的势力，尽管人们也为此付出了内战的代价（关于内战的说法略有夸张之嫌）。[60]但是，这场内战很快便在军事上决出了胜负：1866年7月3日的克尼格雷茨战役（Königgrätz，亦称萨多瓦［Sadová］战役）成为小德意志式民族建构的决定性事件。普鲁士是与弱小的皮埃蒙特 - 撒丁王国处于不同量级的独立军事力量，它可以在国际社会的众目睽睽之下，借助蛮力来实现德国的统一；皮埃蒙特王国却

---

① 意大利语，即教皇庇护九世。

只能依赖强国盟友的支持，在与强国的联盟中，其自身始终处于弱势地位。

第三，意大利的统一是"自上而下"推进的，虽然加富尔也曾诉诸武力（与拿破仑三世执政的法国一道），但其进程更多是在谈判桌前展开的。与德国相比，这种"自上而下的"统一更多地得到了全国性民众运动的支持，并引发了公众的广泛讨论。但是，以"自下而上"的形式对国家进行彻底的重建，在意大利却没有发生。广大"民众"完全是被富于领袖魅力的朱塞佩·加里波第（Giuseppe Garibaldi）领导的民族革命运动操纵。在意大利，并没有召开过以制宪为目标的国民大会，皮埃蒙特－撒丁王国的宪法、法律和官僚体系，大都是从拿破仑占领时期的"大区制"（Präfektensystem）简单移植过来的。这种皮埃蒙特化的做法遭到了来自许多方面的反抗。在德国，宪法问题（在宽泛的意义上）数百年来始终是政治事件所围绕的核心问题。就连近代早期的老帝国（意大利没有一个可与之相比的对应物），也并不是一个强制性的联合体，而更多是一种不断调整和平衡的妥协体制。在维也纳会议上创建的德意志邦联（Deutscher Bund）更加鲜明地反映出这一特点。德意志邦联就像是在跨国保障机制下，为一个形成中的民族所打造的国家框架。从趋势上看，德国的宪法传统一直是趋向于分权和联邦化的。即使是占统治地位的普鲁士（1866 后在北德意志邦联，1871 年之后在德意志帝国中）也不得不考虑这一点，并在很长时间里一直对南部的反普鲁士舆论有所忌惮。对"新"帝国而言，联邦制是"其存在的核心事实"（尼佩代［Nipperdey］语）。[61] 在意大利，从没有出现过类似于普鲁士－帝国这种长久延续的双元体制，加富尔创建的皮埃蒙特－撒丁王国，最后彻底

地演变为意大利这个中央集权式的国家。但是，国家内部的社会
经济发展差异（直到今天）一直是意大利面临的首要问题，在富
裕的北方与贫困的南方之间，从没有实现过真正的统一。

第四，在意大利，来自国内的反抗和暴动比德国激烈，持
续的时间也更久。德国各地诸侯一心只顾搜刮民脂，老百姓对
此的态度是听天由命。然而在西西里和意大利南部大陆，情况
则完全相反。在这里，内战贯穿了整个 60 年代。它是由农村底
层民众联手少数地方豪绅共同发动的，按照官方的说法，这是
一场"劫乱"（brigantaggio）——由匪帮作恶而引发的骚乱。
战争的形式具有明显的游击战特征（最典型的是马帮的闪电式
偷袭），其袭击的主要目标是所有被视为北方与新制度的合谋者
和帮凶的人。无论是叛乱者的残暴行径还是另一方的无情镇压，
都很难让人将这场战乱与同一时期那些以"正常"方式进行的
统一战争挂起钩来。人们由此联想到的，更多是 1808～1813 年
残酷血腥的西班牙战争。据猜测，在这场"劫乱"中丧生的人
数，很可能超过了 1848～1861 年意大利领土上所发生的历次战
争死难者之总和。[62]

在世界其他地区是否也曾有过类似的事件？是否也曾出现
过一位亚洲的"帝国创建者"，一位亚洲的"俾斯麦"？在遥远
的亚洲，类似的例子发生在 1802 年。在这一年，嘉隆帝实现了
越南的统一，并以此为今天的越南领土确立了基础。嘉隆帝将
都城设在越南中部城市顺化，并对北方（河内）和南方（西
贡）势力强大的地方诸侯采取了分权而治的政策。这种做法本
身未必是一件坏事。但是，放弃建立（或重建）中央集权制度
的决定所带来的后果，却是意义深远的。因为受中国的影响，
中央官僚体制在越南早已扎下了深厚的根基。另外，新王朝建

593

立后，军队的力量也被大大削弱。嘉隆帝的继任者们并未采取任何措施弥补这些缺陷。数十年之后，越南在面对法兰西帝国入侵时所表现出的软弱和无能，便与上述历史有着密切关系。[63]从1859年法国占领西贡开始的殖民侵略，使越南民族国家的发展至少拖延了一个世纪。

演进式自治

通过革命而脱离某个帝国，进而实现独立——在19世纪的欧洲（除巴尔干之外），没有一个国家以此方式获得成功；在20世纪和平时期，直到爱尔兰1921年成立自由邦，情况才发生了变化。除了上述路径之外，民族国家的构建还有另一条路径：在依然延续的帝国框架之内逐步实现自治，甚至是和平的分裂。1905年，瑞典和挪威以非战争的方式，在没有引发国内动荡和国际矛盾的情况下，结束了彼此之间的王室联盟关系。这是经过近30年演变后才达成的结果。在这一过程中，双方在政治上逐渐疏远，并形成了各自的民族身份认知。这是一次心平气和的分手，其采用的方式是由挪威——联盟中居从属地位的一方——就独立问题举行全民投票。挪威人民通过公决做出选择：解除瑞典国王以君合国形式（Personalunion）所拥有的挪威王位，并将其交予丹麦王子。[64]

在演进式自治方面最具典型性的例子，出现在英帝国内部。除加拿大的各殖民地之外，所有英国移民殖民地都是在1783年美国通过革命实现独立之后建立的：澳大利亚是从1788年开始渐渐地呈现出殖民地的面貌，南非和新西兰分别是在1806年和1840年之后。无论是英国拓荒者还是伦敦的帝国统治者都有充裕的时间，对北美独立斗争的经验进行消化和加工。因此，直到1965年南罗得西亚（后来的津巴布韦）脱离英国统治之前，再也没有出现过一次由英裔移民发起的暴动。19世纪30年代后半期在加拿大（从严格意义上讲，在1867年之前，它应被称为英属北美），形势忽然间变得严峻起来。在此之前，各省的地方寡头统治仍然稳如泰山。虽然也有选举出来的议会（assemblies），但是，这些议会甚至连财政大权都不掌握。各地的矛盾主要集中在雄霸一方的豪门贵族与作为地方执政官的总督之间。从20年代开始，议会逐渐变成了反对寡头统治、谋求政治生活民主化的政客们的论坛。这些人自视为"独立拓荒者"（independent cultivator of the soil）的代言人，他们提出的政治主张与同一时期的"杰克逊民主"（1829年后出现在美国）颇为相似。1837年，各地频频发生暴乱。其目标并非脱离英帝国，而是推翻各殖民地占统治地位的政治力量。这些自发性暴力行动没有联合起来，形成一场有组织的起义，并最终在残酷的镇压下被平息。

面对这一切，伦敦政府原本可以采取坐视不管的态度。[65] 但是，它并没有这样做，而是从中意识到，加拿大发生的事件绝非由表面的冲突因素汇聚在一起导致的结果。为此，伦敦政府派出了由达勒姆勋爵（Lord Durham）率领的调查团，赶赴加拿大。虽然达勒姆勋爵在加拿大逗留的时间并不长，但是，他在1839年1月提交的《关于英属北美事件的报告》（Report on the Affairs in British North America）中，却对加拿大问题做出了深刻透彻的分析。[66] 他提出的种种建议，使该报告成为英国宪政史上的一个里程碑。达勒姆报告提交时，西属美洲独立运动的成功与美国门罗主义的发表刚刚过去不到20年。整篇报告贯穿着这样一种印象：假如不采取应对措施，对美洲实行灵活有效的管理，英帝国在美洲统治的终结将指日可待。与此同时，达勒姆还将英国在印度获得的最新经验——从19世纪20年代末起，印度进入了雄心勃勃的改革期——运用于美洲。当然，印度和加拿大所走的道路是完全不同的。但是，帝国需要不断改革才能保持生命力这一基本思想，自此之后再也没有从英帝国的历史中消失。达勒姆勋爵提出的观点是：英国的政治体制从原则上讲对海外移民殖民地是适用的，但这些机制也应当创造机会，为殖民地臣民不断扩大的自决权服务。就在宗主国英国通过《改革法令》（1832），对政治体制实行民主化开放短短7年后，激进的改革措施也开始在帝国范围里启动，尽管在某些时候仍然略显犹疑。达勒姆勋爵提出的具体方案是实行"责任政府制"，即按照西敏制模式（Westminster - Modell）设立下院，下院负责选举内阁政府，同时也有权解散它。[67]达勒姆报告是全球宪政史上最重要的文件之一，它将移民与帝国中心的利益平衡原则，纳入了拥有应变力的民主体制的外壳之中。在一些领域，特别是在外交和军事政策领域，伦敦仍然掌握着主导权。加拿大和澳大利亚的法律只有在英国议会批准后，方能正式生效。但重要的是，英帝国从此确立了一个宪政上的框架，它允许各自治领（这是人们后来对那些引进"责任政府制"的殖民地的称谓）朝着原型民族国家（Proto - Nationalstaaten）的方向发展。

上述进程在加拿大、澳大利亚和新西兰是以各具特色的形式展开的。1901年，澳大利亚各殖民区宣布统一，组成联邦，并从此成为一个完整的国家。对澳大利亚而言，这一刻也同样具有重大的意义。直到1931年《威斯敏斯特法令》

596

（Westminster - Statut）① 通过后，各自治领（南非是一个特例）才在名义上正式成为独立的民族国家。自此之后，它们对古老殖民中心的从属关系只是象征性的，其中最重要的前提是：它们必须承认英国君主作为国家元首的地位。在整个 19 世纪下半叶，这些国家都经历了政治民主化与社会一体化逐步发展的不同阶段。我们可以将这一过程描述为内部的民族建构与相对迟缓的外部民族国家建构相结合的历史。经由这条在自由帝国框架内实现演进式自治的路径，形成了一些全世界制度最稳定、社会政治最发达的国家——其负面影响是对各地原住民的权利剥夺与隔离。[68]在第一次世界大战前，这一进程大体已经结束。[69]

特殊道路：日本和美国

并非 19 世纪所有民族国家建构的例子，都可以用上述三种路径来归纳。一些最引人注目的演变是独一无二的，既没有先例，也无法复制。在亚洲，有两个国家在历史上从来都不曾附属于某个帝国，因此，它们可以像西欧国家一样，在不必为反抗帝国主义奋战的前提下，自主实现国家的转型。这就是日本和暹罗。这两个国家在外交上一直是独立的（确切地讲，暹罗是自 18 世纪中叶之后），并且从未遭受过欧洲的殖民统治。因此，我们能否从赢得主权的外在意义上称之为"新兴的民族国家"，是值得怀疑的。两国虽然都无须为反抗外国统治而战，但是在改革过程中，它们都受到来自西方列强，特别是英法美三国的强大无形压力。在这两个国家，推动改革的动力都是出自对各自的民族共同体和王朝统治之未来命运的担忧。因为在当

---

① 亦称西敏法令。

时的世界里，西方国家对非西方国家内部事务的干预，似乎变成了一件理所当然的事情。到 1900 年前后，日本已经成为全球一体化程度最高的民族国家之一：它拥有一套像法国一样高度中央集权的政府体系，凡事唯中央是命的地方官僚机构，以及运转良好的国内市场。另外，日本在文化上还具有高度同质性的特点，因为除了生活在最北端的虾夷人（Ainu），日本没有任何种族或语言意义上的少数民族，也没有发生过一起由宗教或信仰原因导致的冲突，就像在 19 世纪欧洲许多国家常见的那样。日本的高度统一性是一场始于 1868 年的全面改革带来的结果，这场改革被人们称为"明治复辟"或"明治维新"。这是整个 19 世纪民族建构中最具特色的案例之一，从某种角度看，它甚至比德国的发展变化更富戏剧性。

但是，这一过程并没有同领土扩张联系在一起。直到 1894 年，除了 1874 年对中国台湾岛的一次失败的海上远征外，日本的势力从未超出过日本列岛的范围。受 17 世纪 30 年代"闭关锁国"政策的影响，在 1854 年之前，日本并没有通常意义上的"外交"。它同朝鲜拥有外交关系，但和中国却没有。在欧洲国家中，与日本有外交联系的只有荷兰（它是 17 世纪在东亚和东南亚最活跃的欧洲强国）。这种情况形成的原因，并不在于实际主权的缺失。假如日本在近代早期愿意主动参与国际事务，它无疑也会像中国一样，作为主权行为体被包括欧洲在内的世界各国所承认。在日本的例子中，外部民族国家建构的标志是：自 19 世纪 50 年代对外"开放"后，这个国家逐渐开始寻求在国际舞台上扮演一定的角色。就国内社会而言，在明治维新之前，日本原则上一直在维系着从 1600 年前后延续下来的旧秩序。这套秩序的基础结构是由当时的一些地方军阀打造的，例

597

如丰臣秀吉，特别是德川家康等。由于 17 世纪末之前执政者所实行的明智政策，这套秩序进一步得到了巩固，从而发展成为一套拥有史无前例的强大凝聚力的政治体系。该体系中的领土观念，用欧洲的概念是很难解释的。日本全国被划分为大约 250 个藩，各藩的首领是大名。这些大名并不是完全独立的统治者，他们原则上是以自治的形式对其领地进行管理，但实际却受封于所有封建领主中最强大的德川家族及其统治下的幕府。真正具有合法性的是身处京都、没有任何实权的天皇，而居住在江户（东京）的幕府将军则是既非宗教领袖亦无统治者光环的世俗人物。他既没有君权神授的理论作为说辞，也无法以"天子"之名自诩。大名们并没有构成一个阶层，也没有国会能够让他们以联合的形式对最高统治者形成制衡。这种严重分散化的体制很容易让人联想到神圣罗马帝国时代乃至后来德意志邦联时期欧洲中部的碎片化格局。在分散化体制下，日本通过大名轮流到江户居住并参谒幕府将军的制度，保证了全国各藩的融合与统一。另外，参觐交替制还对城市的繁荣与城市商人阶层的崛起产生了重要影响，特别是在江户地区。18 世纪时，日本的国内市场已十分发达。因此，早在近代早期，日本便设立了类似关税联盟式的功能性机构。

与德国北部的政治精英同步，日本富有政治影响力的有识之士也清楚地认识到，在这个变幻万千的世界里，国家的分裂与割据是不可持续的。与德国一样，这种认识在日本同样也没能促成这样的结果：各方在自愿原则的基础上结成联邦。因为这将意味着，各藩必须自主放弃对其领地的统治权。在这种情况下，只有霸权式的方法是可行的。当时，这个德川政府（幕府）统治下的岛国已经在日本人居住的疆域里实现了政治上的统一。问题在于，集权化的实施到底该由谁来启动。日本变革的主导力量并非来自幕府，而是在南部边藩长州（Choshu）和萨摩（Satsuma）的武士——拥有特权的家臣——圈子里产生的。他们从这片地理和政治意义上的边缘地带出发，在皇室幕僚（长期以来，天皇只是名义上的最高统治者）的支持下，在京都夺取了权力。1868年的明治复辟之所以得名，是因为皇室的权威在沦落数百年后重新得以恢复，年轻的天皇以精心选择的"明治"（"向明而治"）二字为年号，重新回到了政治体制的核心位置。造反的武士们既没有借助传统的政治思维也没有通过民主程序为其行为赋予合法性。在以天皇名义行事的臆想或自负背后，隐藏着的是赤裸裸的篡权欲望。事实上，这是一场革命，它在短短数年内便引发了一场导致日本政治和社会全面转型的激进变革。这场革命也并不是一场由社会保守思想出发、为避免革命性民众运动而发动的"自上而下"的革命。以武士为主体的改革派在很短时间里便废除了武士阶层的身份及其所有特权。因此可以说，这是19世纪中叶全世界范围内最深刻的一场革命。没有恐怖，没有内战。虽然在少数藩县出现了反抗并被武力平息，但是这些战斗在激烈和暴力程度上，远远无法与1866年普奥战争、1871年德法战争或意大利北部战争（交战双方一边是皮埃蒙特和法国，另一边是奥地利）相比。[70]大名们有的是被说服，有的是被要挟，有的是被金钱收买。简言之：日本在较少使用暴力的情况下，实现了意义深远的变革——内部与外部民族建构的和谐并进。它发生在欧洲国际体系之外的国际庇护环境下，既没有规模化的军事入侵，也没有任何殖民征服式的行动。[71]

远离欧洲的强权政治，是日本和美国的一大共同点。然而

599

在其他方面，两国的政治发展轨迹却相差甚远。美国没有"封建"制度需要被打破，早在 1778 年和 1783 年，这个北美大陆的叛逆国家便先后获得了法国以及前宗主国英国的外交承认。因此，美国从一开始对外便是一个主权国家。就国内社会而言，它在不同层面上都实现了良好的融合，形成了一批拥有统一公民意识的政治精英。从任何角度看，它都与现代世界的标准十分吻合。但是，这一充满希望的开端却并没有带来持久和谐的民族发展，这是 19 世纪的最大悖论之一。正是在这个自以为早已将军国主义和马基雅维利式的强权政治变为历史的国家，发生了自 1815 年拿破仑战争结束到第一次世界大战爆发之间世界历史上的第二大暴力冲突（第一是 1850～1864 年的中国太平天国运动）。为什么会发生这样的情况，这里暂不讨论。但可以肯定的是，政治和法律上都已失去控制的西进运动，以及南方州以奴隶制为基础的社会与北方的自由劳工 - 资本主义社会之间日渐加深的鸿沟，这两大问题不断积累并最终在某一刻爆发：南方 11 个州的脱离并不是一个偶发事件，而是在结构上被"预先设定"的。[72] 这一刻的到来是在 1861 年，从时间上看，意大利不久前刚刚实现了统一，在德国，一场以 1871 年德意志帝国成立为结果的政治和军事较量即将开始（1862）。与意大利和德国的统一进程相比，美国内战的史前史包含着更多的宿命论逻辑，而意大利和德国所依靠的更多是巧妙的策略，以及俾斯麦和加富尔等人的赌徒式运气。在进入 19 世纪 50 年代后半叶之后，南方州的脱离越来越难以避免。

南方州宣布脱离后，美国这个统一民族国家一时间陷入了分裂。历史发展的未来开放性，更多地体现在重大冲突的结局上。在 1866 年克尼格雷茨战役前夜，当时的许多人（即使不是大多数人）都认为奥地利将赢得胜利。回过头来看，普鲁士的胜利是合乎逻辑的：毛奇（Moltke）的分进合击策略、装备先进的步兵以及士兵的高素质，是普鲁士军队制胜的关键。但尽管如此，胜负仍然只在一线之间。因此，我们不妨做个假设：如果美国内战最后是以陷入军事僵局而结束，将会发生什么？那样的话，北方就不得不接受南方脱离联邦这一现实，接下来，如果南方邦联能够在和平环境下继续发展，这个蓄奴制国家很可能会成为北美洲土地上另一个富裕发达且拥有国际影响力的强国——1862 年时，就连英国的自由党政府也开始认定这一判断，直到战事的发展使这一切最终沦为幻想。[73]美国南方州脱离联邦的失败尝试，是 19 世纪谋求国家独立受挫的例子中最激烈、最富戏剧性的一个，其程度甚至超过了同样以失败告终的波兰（1830、1867）和匈牙利（1848～1849）民族大起义。

1865 年内战结束后，美利坚合众国在某种意义上不得不被"重建"。这个作为统一国家得到了拯救但其内部却远未实现"统一"的国家，自此进入了"民族建构"（nation-building）的一个新阶段，从时间上看，它与 1861 年意大利在自由派领导下开始的（艰难）建设、1868 年之后的日本明治维新，以及德意志"帝国内部建构"几乎是在同一年。在美国"重建时期"（1867～1877），南方州的重新融入与新一轮西部扩张是同时进行的。美国独特性还体现在另一个方面：在内部民族建构的核心阶段，融合是在三个层面同时展开的：①前奴隶制地区的融入；②把即将完成开发的边疆以外的中西部地区也并入国家的版图；③将数百万欧洲移民接纳到社会中来。1865 年后美国的民族国家重建，与霸权式统一的模式更为相像。从纯粹权力政

601

治的角度看，俾斯麦相当于德国的林肯，只是他没有解放任何
人。内战中的敌方在军事上投降后，重新融入美国社会。这一
过程是在既有的宪政发展轨道上完成的，没有给政治体制带来
任何改变。宪政主义在美国政治文化中的至高无上性由此略见
一斑。这部世界上最古老的伟大宪法，同时也是最稳定和最具
包容性的宪法。

被遗弃的中心

最后让我们来谈一谈 19 世纪出现的一种新状况：被遗弃的
帝国中心。在 1945 年后的去殖民化时期，许多欧洲国家——例
如法国、荷兰、比利时、英国和葡萄牙——都曾有过这样的经
验：这些国家都在 1945 年之后的某一刻，不得不面对这样的现
实，即它们已经不再是帝国了。假如英国没能实现对印度的扩
张并在印度洋地区建立新的殖民地和据点，从而在地缘政治上
使其在美洲的损失得到弥补，那么早在美洲独立战争失败时，
它便会陷入这样的处境。西班牙却不曾有过这种机会。在美洲
共和国纷纷独立后，它只剩下古巴和菲律宾两块殖民地。尽管
古巴逐渐发展成为一个赢利的殖民地，但从 19 世纪 20 年代起，
西班牙就不得不面对这样的任务：从一个世界性帝国的中心转
变为一个欧洲民族国家。这是民族国家发展的一种特殊形式，
其特点更多是收缩而非扩张。在长达半个世纪的时间里，和其
他国家相比，西班牙在转型方面一直没有取得太大的成就。直
到 1874 年，政局才终于稳定下来。但是到 1898 年，美西战争
602 的失败，让西班牙又丢掉了菲律宾和古巴。这一沉重的打击使
刚刚稳定下来的政局再度陷入了动荡。西班牙——而不是博斯
普鲁斯海峡和黄海边上的两个所谓"病夫"——才是 19 世纪

真正的没落帝国。古巴、波多黎各、菲律宾和太平洋上的关岛
作为丰厚的战利品，被割让给美国。就连没有参战的德意志帝
国也虎视眈眈，巴不得能从中分一杯羹。[74]西班牙对英国在美
西战争中没有给己方提供支持而备感失望，当英国首相索尔兹
伯里侯爵（Lord Salisbury）在1898年5月的一篇讲话中提到活
着的民族和垂死的民族时，西班牙认为这番话是在影射自己。
在数十年的时间里，西班牙内政一直被"1898"噩梦的阴影所
笼罩。[75]

　　与西班牙相似但略有差异的是葡萄牙：由于巴西的独立，
葡萄牙帝国的疆域缩减到安哥拉、莫桑比克、果阿、澳门和东
帝汶。与西班牙在世界上的地位的下滑程度相比，葡萄牙的情
况还不算太坏。但是，帝国的人口数量毕竟是从1820年的730
万下降到1850年的165万。[76]只有在非洲，葡萄牙势力仍然还
占有一定的分量。一个沉重的打击是：1890年英国要求葡萄牙
将安哥拉和莫桑比克之间的地带割让给英方。不过，葡萄牙在
非洲"第三"帝国的建设方面，倒也并非毫无收获：在安哥拉
和莫桑比克，葡萄牙移民最初大多都集中在沿海地区，到后来，
按照当时国际法的说法，葡萄牙已经实现了对这两个国家的
"有效占领"（effective occupation）。[77]因此，西班牙的损失相比
之下要大得多。失掉美洲之后的西班牙，变成了欧洲第一个后
帝国之国。在"帝国主义时代"来临之际，科尔特斯（Cortéw）
和皮泽罗（Pizarro）的后代们却必须苦苦地学习，如何在帝国
不复存在的状况下继续生存。

　　在今天世界上现有的民族国家中，有哪些是在1800~1914年
期间成立的呢？答案是这样的：在1804~1832年第一次浪潮中出
现的国家有海地、巴西帝国、伊比利亚美洲（Iberoamerika）各

共和国、希腊和比利时。在 19 世纪六七十年代的第二次浪潮
中，通过霸权式统一的方式诞生了德意志帝国和意大利王国。
1878 年，列强在柏林会议上决定，在原奥斯曼帝国统治的巴尔
干部分地区建立若干新的国家。1910 年成立的南非联邦是一个
"事实上"（de facto）的独立国家。与其他自治领相比，它与英
国之间的关系相对较松散。这种介于事实和国际法假定之间的
603 身份是很难确定的。在 1870 年前后，南非联邦的内部事务都是
由代议民主机构来负责处理，但是作为国家，它却不具有国际
法意义上的主权。南非联邦的和平独立进程经历了数十年的时
间，并在第一次世界大战期间步入尾声。加拿大、澳大利亚和
新西兰以人力和经济援助的方式为协约国的胜利做出了重要贡
献（这些援助更多是出于自愿而非强迫），这使得后者在 1918
年之后无法再把这些国家当作准殖民地来对待。那些在一战前
问世的新兴民族国家，并不都是借助"铁血政策"创立的。德
国、意大利和美国的确是依靠这一途径，而日本、加拿大、澳
大利亚等国则并非如此。

三 帝国：凝聚力的由来

即使在 19 世纪的欧洲，从帝国世界里衍生出来的新兴民族
国家也屈指可数。如果将目光转向亚洲和非洲，我们所看到的画
面会变得颇富戏剧性。在这里，帝国一路所向披靡。从 1757 ~
1764 年（普拉西［Plassey］战役和布克萨尔［Baksar］战役）
东印度公司首次以军事强权的姿态踏上印度土地，到两个重要
的中型国家——朝鲜和摩洛哥——于 1910 年和 1912 年相继被
殖民帝国吞并，在亚非大陆上，独立政治实体的数量以史无前

例的速度急剧减少。18世纪中叶时，在非洲和亚洲局部地区，如莫卧儿王国解体后的印度以及爪哇岛和马来半岛等地，各种形式的政体——王国、侯国、苏丹国、部落联盟、城邦等——几乎数不胜数。对于这种多中心、内部按等级划分的政治体系而言，西方的现代国家概念过于教条和死板，以至于无法依靠它对这一体系做出准确的描述。但是，其发展的脉络大致如下：在非洲，直到1800年前后，仍有大约几千个政治实体。100年之后，取代它们的是法国、英国、葡萄牙、德国、比利时等国统治下各据一方的近40个殖民地。殖民列强对非洲的所谓"瓜分"，从非洲的视角看恰恰相反：它是对统治区域的强行合并与集中，是一场轰轰烈烈的政治地盘大清洗。1879年左右，非洲大陆仍然有90%的土地是由非洲人统治，然而到1912年时，其比例已经变得微不足道。[78]当时在整个非洲，没有一个政治实体能够满足民族国家的标准。只有埃塞俄比亚还算得上是一个独立的外交行为体，它与许多欧洲强国签订了条约，并在列强的默许下，推行其"独立的非洲式帝国主义"。[79]从民族的视角看，埃塞俄比亚是统一的，但在行政治理上，整个国家却是一盘散沙，其凝聚力完全是依靠孟尼利克二世（Menelik Ⅱ）个人的超凡魅力，而这种状况也仅仅维持到这位皇帝于1909年身患重病之前。

在亚洲，权力集中化的程度并不像非洲那样严重。亚洲毕竟是一片由古老帝国称雄的大陆。但是在这里，同样也出现了大国吞并小国的现象。在19世纪，印度有史以来第一次实现了由覆盖整个次大陆的中央政权对国家的统治。莫卧儿王朝即使在1700年前后的鼎盛时期，也没能将势力扩大到印度的最南端。该地区一直处于英国的统治之下。在印度尼西亚诸岛，自

604

1825～1830 年封建主领导的爪哇大起义之后，荷兰逐渐由间接统治——给当地诸侯保留一定的合作空间——转向集权化和统一化的直接统治。[80]沙皇俄国在 1855 年之后，陆续兼并了里海以东（突厥斯坦）以及黑龙江以东和以北的大片领土，并结束了布哈拉和奇瓦两个伊斯兰酋长国的独立统治。1897 年，法国将越南（由交趾支那 [Cochinchina]、安南 [Annam] 和东京 [Tonkin] 三个古老辖区组成）、柬埔寨和老挝合并在一起，成立了印度支那联邦（l'Indochine）——一个在中南半岛上没有任何历史渊源的政体。1900 年前后，亚洲彻底落入了帝国的掌控之中。

中国本身就是这些帝国中的一个，过去是，此时依然还是。新兴民族国家日本在 1895 年以损害中国利益为代价兼并台湾岛之后，成为殖民强国中的一员。它处处以西方为榜样，从地缘政治的宏大构想出发，意欲成为大亚细亚（panasiatisch）的领导者。只有暹罗和阿富汗还维持着脆弱的独立。不过，阿富汗完全是一个民族国家的反面：一个松散的部落联盟（迄今仍然如此）。自 19 世纪中叶以来，暹罗在几位贤明君主的领导下大力推行改革，因此无论在内政还是外交方面，都具备了民族国家的诸多特征。但是，这时的暹罗仍然是一个没有民族主义的民族。在官方和民众的意识里，民族是由那些效忠于专制君主的人所组成的。直到 20 世纪 20 年代，泰族人的民族认同感以及将民族视为公民共同体的意识，在这里才开始得到普及。[81]

对亚洲和非洲而言，将 19 世纪称作一个民族国家的世纪比欧洲更不贴切。一个个曾经独立、从不附属于任何更高权威的共同体纷纷被帝国吞并。在第一次世界大战前，没有任何一个亚洲和非洲国家有能力挣脱帝国的枷锁。自 1882 年后受英国统

治的埃及，1922 年在欧洲立宪主义基础上实现了广泛的自治
（其程度比不上当时的爱尔兰）。在长达数十年的时间里，埃及
始终属于个案。非洲的去殖民化进程是从 1951 年的利比亚和
1956 年的苏丹开始的。在近东地区，随着奥斯曼帝国的解体，
出现了所谓的"托管地"。这些地区在国际联盟的监督下，由
英法两国以类似庇护国的形式实行控制。后来，从这些托管地
中诞生了第一批亚洲新国家，1932 年成立的伊拉克是第一个。
但从整体实力来看，伊拉克作为国家依然很弱小，长久以来，
它一直处在外部的"保护"之下。1945 年日本战败后，瞬时挣
脱了殖民统治的朝鲜，原本可以成为亚洲第一个社会文化高度
融合（这一特点是由历史因素决定的）的新兴民族国家。但
是，冷战所导致的分裂却阻断了朝鲜的"正常"发展。直到
1947 年印度共和国宣告成立（在菲律宾脱离美国统治一年后），
欧洲帝国从亚洲的撤离才真正开始。对亚洲和非洲而言，二战
结束后的 20 年才真正称得上是一个民族国家独立的时代。独立
的前期准备是从后殖民时期开始的，但在不同国家，其程度也
有所差别：菲律宾和印度可谓轰轰烈烈，然而在缅甸、越南和
比属刚果，却一直默无声息。只有在印度，民族国家独立的源
头可以追溯到 19 世纪。因为早在 1885 年，印度便成立了作为 606
全国温和派民族主义者大集合的国大党。

综上所述，可以得出一个简单的结论：20 世纪才是民族国
家的伟大时代。在 19 世纪，帝国而非民族国家，才是在全世界
占统治地位的领土性权力组织形式。[82]

这一结论让我们不禁对一种普遍流行的观点产生了质疑，
即"二者比较而言，民族国家是稳定的，帝国是不稳定的"。
这种观念的根源是一种以民族主义为基调的基本思想，即认为

民族是本源性的，是自然的；而帝国则相反，它是一种人为的权力关系，是民族要脱离的对象。早在中国和西方古代时期，人们便形成了一种观点，认为帝国的兴衰是有周期性的。这是一种表面化的错觉。因为帝国总有一天会走向衰落，于是人们相信，在衰落到来之前，必然会有征兆可寻。[83]在帝国问题上，人类毕竟已经积累了数千年的经验（民族国家相对而言是一种新事物），因此这种观点颇有市场。19世纪的欧洲人以胜利者的姿态和鄙夷又惋惜的口吻，对亚洲帝国的衰亡发出预言。他们认定，在国际竞争呈白热化的现代世界里，亚洲帝国完全没有能力维系自己的生存。这些预言统统落了空。奥斯曼帝国的最后解体是一战之后才发生的。当末代沙皇①惨遭处决，他的霍亨索伦表亲②在流亡中以伐木为生时，奥斯曼苏丹还依然在位。整个奥斯曼语学界今天已达成共识：把富有贬义色彩的"衰落"一词，清除出奥斯曼语的词汇表。在中国，王朝制度于1911年被推翻。但是，经过近40年的混乱与动荡，中国共产党在1949年之后成功实现了帝国的重建，其领土版图几乎达到了1760年前后乾隆皇帝在位时的规模。

哈布斯堡王朝在经历了1848~1849年革命（特别是在匈牙利，革命造成的破坏几乎是致命的）和1866年普奥战争的失败后，仍然没有倒台。19世纪其他帝国也和哈布斯堡一样，各自都经受住了形形色色的严峻考验：在中国，是太平天国运动（1850~1864）以及给帝国统一造成更大威胁的回民起义（1855~1873）；在俄国，是克里米亚战争的失败（1856年）。另外，奥斯曼帝国还在1877~1878年与俄国进行的两国间战争

① 指尼古拉二世。
② 指威廉二世。

中，经历了有史以来最沉重的打击。在这场战争中，奥斯曼帝国失去了巴尔干的大部分领土。由于巴尔干在地缘政治中的重要性甚至超过了土耳其中部的安纳托利亚，因此可以说，这是自拉美独立后，其他任何帝国在 19 世纪都不曾遭遇过的重创。但即使如此，奥斯曼帝国的"残肢剩体"仍然又维持了几十年的时间，并在其间经历了内部的一系列发展变化，为一个相对稳定、没有大的动荡的民族国家的形成做了结构上的准备：1923 年，土耳其共和国宣告成立。如果再看一看撑过了两次世界大战的欧洲殖民帝国，我们就会更加清楚地发现，这些帝国最突出的特点并不是它的脆弱和易损性，而是其强大的韧性和再生能力。从帝国形成的年代来观察，这些 15 世纪（奥斯曼帝国）、16 世纪（葡萄牙和俄国）或 17 世纪（英国、法国、荷兰，以清朝为终点的中华帝国最早甚至可以追溯到公元前 3 世纪）所遗留的历史"残骸"在经历无数风云变幻后，就这样一路挺进了现代社会。在 20 世纪初，这些帝国是除天主教会和日本皇室之外世界上最古老的政治体制。

假若帝国不是因为拥有强大的凝聚力和顺时应变的能力，那么它绝不可能维持如此之久。这些帝国中的佼佼者——例如 19 世纪的英帝国——甚至还有能力在其辽阔疆域里对局势加以操控，并迫使他人不得不按照它所设定的条件做出反应和调整。

类型：帝国与民族国家之比较

从类型学的角度看，帝国与民族国家的差异究竟是什么？其区别之一或许是精英阶层——或作为制度载体，或作为思想代言人——所代表的视角。换言之，即为两种政治制度形式提供支撑的基础架构。[84]

第一，民族国家与周边体制相似的民族国家之间，是以明确的固定边界来分隔。帝国在与"荒野"和（或）"蛮夷之地"以及相邻帝国的交界处，则较少有明确划定的外部边界。帝国习惯于在与相邻帝国之间设置一个缓冲带，没有缓冲的帝国边界则由重兵把守（例如哈布斯堡与奥斯曼帝国在巴尔干地区的边界，美苏在两德和朝韩之间的边界等）。[85]

608　　第二，民族国家（在理想情况下，它等同于一个民族）强调自身的同质性和不可分割性。帝国则相反，它强调各种类型的异质性和差异，并仅仅寻求在帝国精英构成的社会上层实现文化上的融合。即使在大陆帝国，中心与边缘地带也是有明显区别的。各地边疆之间的差异则主要体现在社会经济发展水平以及受中央掌控程度（直接或间接统治，宗主权等）的不同。当国家遭遇危机时，以核心区为重点的政策也不会改变，因为只有这样才能保证，即使事态发展到最坏的地步，帝国也可以在失去边疆的情况下维系生存。这种观点在近代历史上多次得到了验证。

第三，在任何宪法形式下——无论是民主还是为专制辩护——民族国家都信奉政治权力的合法性"来自下层"的观念：只有在为民族或人民利益服务的前提下，权力的行使才是合法的。而帝国甚至在进入 20 世纪后，仍然坚持执政合法性"来自上层"，其方式是通过标志效忠的象征物，对"和平之治"（拉丁文所称 Pax）和管理效益的宣扬，对庇护集团（Klientelgruppen）施予特殊恩惠等。帝国是强制性融合而非一致性融合的结果，"其本质是非民主的"，[86] "是一种没有共同体基础的主权联盟"。[87]几乎没有例外的是，每当殖民列强向被殖民者开放选举和政治竞争空间时，都必然会引发不可逆转的独立热潮，至少是在其涉及的局部地区。

第四，在民族国家中，每个人都是作为公民而成为国家的一员。"公民身份"（citizenship）是一种权利平等、直属国家的普遍身份。在这里，民族的含义并非由臣民组成的联合体，而是公民社会。[88] 在帝国中，取代公民平等的是以权利高低来划分的等级制。允许臣民直接参与城邦公共事务的所谓"帝国公民社会"（imperiale Bürgerschaft）即使真的存在，也仅限于生活在边缘地带的少数人群。在民族国家中，少数民族往往要通过斗争，才能赢得自身独享的特权。而帝国从一开始便是立足于特殊权利和义务的分配之上。

第五，在民族国家中，文化共性（语言、宗教、日常生活 609 习俗）从趋势上看是由全体民众所共享；而在帝国中，文化共性则仅仅局限于帝国核心的精英阶层及其殖民代理人。在帝国里，总是存在着普遍性的"大传统"（great tradition）与地方性的"小传统"（little traditions）之间的差异。然而在民族国家中，在以大众媒体为主导的同质化作用的影响下，这些差异大多被"磨平"。帝国比民族国家更倾向于宗教和语言的多元性，换言之，一种被有意识地容忍的多元化。

第六，在多元化的同时，帝国的核心精英们往往从自视的文明优越性出发，将"文明化使命"（mission civilisatrice）视为己任，其目标是在边陲地带打造一个被教化的知识阶层。在这一过程中，极端情况——将当地知识阶层彻底同化（法国至少在理论上做到了这一点）或彻底消灭（纳粹帝国在东欧）——是罕见的，人们将传播文明的任务更多地看作一种造福人类的善举。在民族国家中，类似的事务——如普及全民义务教育，建立行之有效的治安秩序，为公民提供基本的生存保障等——则被视为国家的首要职责，同时也是对公民权利诉求的一种兑现。

第七，民族国家对其历史谱系的描述，通常都会上溯至本民族在远古时代的发祥史，甚至是某个共同的生物学起源（有可能是杜撰，但最终都会让人信以为真），其中最典型的做法是虚构出一个古老的部族（tribe-nation）。[89]相反，帝国在追溯自身起源时，则会提起某些征战疆场的军事领袖和缔造者（législateurs）的建国伟业，并借助帝国"血缘传承"（translatio）之类的说辞（例如东印度公司和后来作为印度莫卧儿王朝继承者的维多利亚女王）作为佐证。因此，帝国很难虚构（或重构）自身的历史，尤其是当民族历史学有关组织结构延续性的观点上升为普遍规范之后。

第八，民族国家强调与某个特定地域——作为情怀寄托、常常被神圣化的回忆场所——之间的特殊关系。一个民族地理体（Geo - Körper）的"不可侵犯性"是"现代民族主义的信仰核心"。[90]帝国与其行使统治权的土地之间的关系，更多地在于扩张而非深化。而带有"原始民族主义"（protonationalistisch）色彩的移民式殖民主义则更偏重于开拓与土地之间的深层关系，这是殖民地与帝国管理机构的冲突源之一，同时也是殖民地的民族主义赖以发展的重要根基。

理论补充：帝国凝聚力的维度

首先从民族国家与帝国的不同内在"逻辑"以及人为赋予的外在含义着手，去理解两种政体的不同，是颇有好处的。同时，我们还可以将探究其凝聚力的特殊构成，作为辅助视角：一个典型的民族国家或者是帝国，其各自的凝聚力究竟来自何处？

帝国是一种大的地理空间内的权力统治形式，我们可以将它定义为一种在既有的技术和地理条件下实现地域最大化的政治单位。多民族性、文化多元性以及政治上的中央集权化，是帝国的特征。帝国的融合包括横向维度与纵向维度。在横向上，帝国必须将领土的各个区域与核心区联合在一起；在纵向上，帝国必须千方百计使其在殖民地社会的统治和影响力得到保障。横向融合最初总是离不开强制和武力。所有帝国在建立有效的法律秩序之外，必须以持久的暴力威胁作为立国之本。即使帝国并不具有长期恐怖统治的特征，即使我们至少在 19 世纪和 20 世纪英帝国的例子中看到，除去镇压起义的特殊情况外，它大体是在依照法治国家的基本准则行事，但是这仍然无法改变一点：帝国永远都处在紧急状态的阴影下。民族国家只有在最坏（且较为罕见）的情况下才有可能面临革命或分裂，而帝国却随时都要防备其臣民和内奸因不满而发动叛乱。镇压叛乱的能力是维系帝国生存的基本前提。殖民宗主国更是将这一能力维持到最后一刻：英国在印度一直维持到第二次世界大战，在马来亚甚至维持到 20 世纪 50 年代。二战后，法国在越南虽竭 611 尽全力却未能重新赢得这一能力，1954 年前后在阿尔及利亚也同样如此。帝国不能完全依赖于地方的权力资源，而必须时刻保持中央对地方的干预力。以讨伐为目的的远征军是这种干预主义的标志性象征。干预行动的原则之一是，受派遣的远征军必须是由非本地人组成的特别部队：当哈布斯堡帝国与意大利交战时，派出的是一支由哥萨克人、锡克人、廓尔喀人（Gurkha）、塞内加尔步兵（Tirailleurs Sénégalais）和波兰人组成的联合队伍——在某种意义上，我们可以称之为暴力的全球化。由此导致了一种奇怪的现象：当法国对墨西哥发动武装干涉时，替法国打仗的是一支由 450 名埃及人组成的精兵部队，这支部队是开罗执政者赛义德帕夏（Said Pascha）以收取佣金的方式"借给"其外交庇护人拿破仑三世的。这些埃及兵一直留守到战争结束，为法国人的撤退提供掩护，并成为有史以来获得最高嘉奖的帝国军队之一。[91]

远距离交通和大的空间范围内的信息传递始终是帝国的紧迫要务。[92]在大约 1870 年之后电报技术得到普及之前，信息的传递速度并不比信使和邮差更快。仅从这一点便可看出，在前现代时期，即使在文字传输系统臻于完善的情况下（16 世纪的西班牙帝国，东印度公司等），帝国的内部联系依照今天的标准也是极为松散的。但是，现代通信技术究竟能否对帝国起到稳定的作用，却是一个疑问。殖民列强并不是总能做到对信息传输的垄断。它们的对手也在使用同样的方法，建立起富有敌对性的通信系统：从非洲鼓到互联网。

一套体系健全的官僚制度能否作为工具为帝国的统一助一臂之力，这一方面取决于帝国核心的政治体制与执政风格，另一方面也是由地方在功能上的需求决定的。中国的汉帝国与同时代处于早期帝制的罗马帝国相比，其管理体系的严密性要超出数倍以上，然而在帝国的融合性方面，却并没有表现出明显的差距。在近代时期，各大帝国的官僚化程度也同样参差不齐，中央和边陲的政府机构在人员和组织结构上的联系——无论形式还是紧密度——也都相差甚远。结构统一、覆盖整个帝国的管理体制（除中国外）是罕见的，甚至从未出现。成功维系了数百年联合的英帝国所采取的是分级而治的管理方式，层层叠叠的机构设置令人几乎眼花缭乱，所有这些机构都是由名义上

掌握国家最高权力的伦敦内阁来进行统筹管理。法兰西海外帝 612
国的情况也大体相似，其制度结构上的复杂性与人们对"笛卡
儿式"清晰国家的一切想象都是背道而驰的。

与类似于民族社会的民族国家不同的是，帝国是一个政治
联盟，而非社会联合体。帝国性的"整体社会"是不存在的。
因此，帝国的融合模式是一种不具备社会融合前提的政治融合。
社会关系最密切的是那些有固定任期的外派官员，即上至副王
或总督的高级官员。在通过考试招揽贤才的制度实施之前，在
各地殖民官的选拔和任命问题上，家族关系和背景靠山始终发
挥着关键性作用。此后，帝国驻外官员的委派适情况不同，既
可以被看作提拔，也可以被视为贬谪。

与殖民官相比，殖民地的移民与家乡社会之间的关系则淡薄
得多。在殖民地，社会的"克里奥尔化"（Kreolisierung）——移
民独有的身份认同的形成——潮流不断涌现，并呈现多样化的特
点。当克里奥尔人将反抗矛头瞄准拥有特权的母国移民时（例
如在西属美洲），或当移民与帝国核心之间的社会差距过大时
（就像在早年的罪犯流放地澳大利亚），移民的独立愿望就会变
得格外强烈。这些地区往往因人口数量不足而无法形成具有再
生力的移民社会。这样一来，当地的外国人群体就会始终保持
着一种孤岛式和碎片化的社会特点，就像我们在许多通商口岸
和殖民机构所在地，甚至在一些移民人口就地理广度而言只占
极少数的地区（例如 1890 年后的肯尼亚）所看到的那样。比
上述关系更为松散的是超越种族藩篱与肤色界线的人与人之间
的关系。随着时间的推移，一些帝国开始吸纳殖民地臣民进入
帝国的行政、军事和教会等级制体系，或放宽这方面的相应限
制；而另外一些帝国在民族或种族问题上则始终采取排斥性立

场。在整个 19 世纪，这种排斥外族的趋势日益加剧，在一些国家——例如德国和比利时在非洲的殖民地——更是达到了极端化的程度。在近代早期，曾经出现过一种独一无二的现象：奥斯曼帝国和埃及马木留克王朝系统性地招募外国人加入帝国的军事精英队伍。在 19 世纪，这种现象再未出现。从总体上看，如果将殖民机构为维系自身运转不得已而为之的政治"合作"，与以婚姻关系为典型的社会融合混为一谈，显然是一种谬误。横向的社会关系从来都不是帝国统一的"黏合剂"。

　　与横向社会关系不同的是，对有利于融合的象征性资源的宣传和利用，却是至关重要的。在民族国家中，通过各种符号来建立认同感，是具有决定性意义的因素。而认同感的构建对帝国而言，其重要性至少不在民族国家之下。帝国可以利用它来替代那些相对薄弱的融合力量，发挥功能性作用。将君主与君主制作为帝国的浓缩式象征，有着双重意义上的好处：人们既可以用它来团结殖民地的欧洲移民，也可以通过它来强化帝国在当地民众心目中的印象。至少从表面来看，这一切都是顺理成章。但是，1876 年维多利亚女王被加冕为印度女皇是否令许多印度人为之欢欣鼓舞，却是无从知晓的。不过可以确定的是，她的祖父乔治三世当年在北美反叛者当中作为一个反面象征，倒是发挥过不小的作用。在所有实行君主制的地区，君主制都被视为促进融合的重点而加以利用：1898 年，哈布斯堡王朝借纪念皇帝登基 50 周年之机，大力宣扬以忠于弗兰茨·约瑟夫皇帝为核心的爱国主义，以此来制衡正在崛起中的民族主义力量。威廉帝国和沙皇帝国也是一样。在清帝国，朝廷巧妙地利用这一手段，笼络那些信奉佛教或伊斯兰教的少数民族。而日本帝国在这方面则显得手法拙劣，它试图将天皇崇拜强加于中国和朝鲜臣民，但是这种崇拜对两个国家的百姓来说，在文化上是完全陌生和令人反感的。另一个经常被利用的象征性符号是军队，在英国，主要是所向披靡的皇家海军。这些符号和其他一些用于笼络感情而非为利益考虑的团结手段，在两次世界大战中充分地展现出它们所具有的强大凝聚力。在战争中，英国自治领——加拿大、澳大利亚、新西兰，在特殊条件下甚至包括南非——都与英国站在了同一阵营，这种现象并不能单纯地用英帝国的宪法与事实上的权力关系来解释。

除此之外，横向融合还包括另外四个要素：①宗教和信仰的联系；②法律对扩张型帝国的统一作用，如罗马帝国和英帝国；③跨地区的市场联系；④帝国对外关系的建构。在上述要素中，第四个要素的重要性是不容小觑的。帝国总是要不断地通过军事手段来巩固和捍卫自己的边界，防止邻国、海盗、土匪以及所有寻衅滋事的"蛮夷"的进犯。但是，针对外国的商业活动，各国采取的防范措施却是千差万别。英国自 19 世纪中叶后在帝国内部推行并要求他国效仿的自由贸易，是一个独一无二的极端例子。其他大多数帝国都会在自身组织能力许可的条件下，从"重商主义"出发，对外贸经济实行某种形式的控制。一些帝国——从明初到鸦片战争时期的中华帝国，很长一个时期里的西班牙帝国——将第三国的活动空间限制在严格监管的飞地贸易活动之内。另外一些帝国，如奥斯曼帝国，则允许外国人（希腊人、亚美尼亚人、祆教徒等）在本国建立可控的贸易离散地，甚至对此予以鼓励。法国准许并保护殖民贸易的垄断权。在 19 世纪，英国的自由贸易政策在削弱实行贸易保护政策的帝国方面，曾经发挥了重要作用。然而到 20 世纪时，这一政策却未能阻止新重商主义的回潮。20 世纪三四十年代，

614

普遍实行的关税优惠、贸易壁垒与货币区等一系列政策有效地促进了英帝国和法兰西帝国的重新融合，但同时也为新崛起的法西斯主义和军国主义的侵略起到了推波助澜的作用。

区分横向与纵向融合之所以重要，其原因之一在于，帝国的组织结构是呈辐射状的，这是它与霸权式联合或联邦制的一大区别。[93]各边疆地区之间只有松散的联系，中央必须想方设法通过帝国"管道"对所有信息和决策流加以疏导。各地的解放运动也都是孤立的。这种由结构原因导致的集权化倾向，对拥有广泛基础的横向联合——整个帝国范围内的上层社会的形成——造成了阻碍。因此，要树立臣民对帝国的忠心，也必须从地方层面着手。这正是所谓纵向融合的含义。在横向融合机制中，大多都具有双重性，这其中也包含纵向的维度：通过招募地方"雇佣军"和警察来实现国家权力的"再生循环"（recycling），这种做法既象征性地满足了地方对合法政权认可的需求，同时，殖民政府还可以借此来观察和监视被其征服的社会。通过与世袭贵族和新赋特权的各类"精英同仁"的合作建立可控的权力联盟，是巩固帝国政权不可或缺的手段。人们所感受到的或"臆想"中的文化和种族差异愈大，政治融合的必要性与社会文化的排他倾向之间的辩证关系就会愈加清晰：如果"白人俱乐部"始终将地方权贵排斥在外，就会令后者感到不满。反过来讲，假如移民们能够实现政治上的独立，他们将会成为可为帝国利用的商业伙伴。这正是有益于双方的自治领模式（Dominion – Modell）得以形成的基础。这一点同样表现在：尽管英美两国在1812年兵戎相见，但自此之后，两国却始终保持着密切的经济联系，并在19世纪后三四十年——尽管此间也曾出现过一些风波——逐渐建立起全方位"特殊关系"。

在整个类型谱系的另一端，是毫无任何纵向融合的殖民体制。18 世纪英属和法属加勒比地区的奴隶制社会，即是其中最具代表性的例子。

将导致瓦解的根源归结于帝国内部融合关系的失衡，是一种合理的假设。但是，正如自古典时期以来人们所看到的一样，帝国往往并不仅仅是因为内部分裂而解体，而是在内部侵蚀与外部入侵的共同作用下成为牺牲品。夸张地讲，帝国的最大敌人永远是其他帝国。引人关注的是，瓦解后的帝国大多都是分化为一个个小的政治单位——"王国"（regna）或民族国家，而很少能够直接转型为霸权或联邦式体制。建立跨大洋民族的计划——如 1760 年后西属美洲的波旁改革，或 1900 年前后由英国殖民大臣约瑟夫·张伯伦（Joseph Chamberlain）提出的设想——均以失败告终。只有少数（而绝非全部）在帝国框架之内建立联邦制的尝试取得了成功，如 1867 年的加拿大和 1901 年的澳大利亚。在去殖民化时期，马来亚和英属中非的联邦制方案均未能取得成功。

让我们把上述内容归纳为一种"理想模式"：帝国是在辽阔空间里、由多民族组成的统治联盟，它具有一种非对称式、在专制实践中得以实现的中心－边缘结构。帝国是借助强制权力、符号化政策以及帝国政府所宣扬的普世主义意识形态来维系国家的统一。在帝国精英中间，并没有形成任何社会与文化意义上的融合。同质性的帝国社会和统一的帝国文化，同样也不存在。在国际层面上，帝国中心绝不允许边缘地区发展独立的外交关系。[94]

毫无疑问，帝国在处理各种关系的过程中，总是要不断地进行"协调"并做出妥协。帝国不是一个巨大的"兵营"，到

616

处都有反抗者借以栖身的狭小缝隙，以及为顽固势力发展提供
的自由空间。在形势一片大好的情况下，每个人都可以在帝国
的不同社会层面上享受舒适和安全的生活。但是即使在这时候，
我们仍然不能忘记，每一个帝国从本质上讲都具有强制性特征。
帝国并不是一个受到万众乃至全民拥戴的政体，而是一种由众
多实行自治的伙伴和一个位居中央的"同侪之首"（primus inter
pares）共同组成的霸权式联合，就像北约一样。

四　帝国：类型与比较

帝国之间的差异体现在它们在世界地图上所占地域的面积、
人口数量、边疆规模和经济实力。在长达一个世纪的时间里，
荷兰拥有当时仅次于印度、在所有殖民地中经济上最成功的殖
民地——印度尼西亚。由于除苏里南（Surinam）和几个安的列
斯小岛之外，荷兰并没有其他殖民地，因此作为"帝国"，它
与横跨全球的英帝国属于完全不同的类型。这一点同样适用于
1884 年才出现的年轻的德意志殖民帝国，只是形式上略有差
别。德意志帝国属下的殖民地散布于非洲、中国和南太平洋各
处，人口相对较少，经济上的重要性对帝国中心而言也没有达
到不可或缺的程度。荷兰是一个小国，但拥有一个地域辽阔、
经济富足的殖民地；德国的情况则恰恰相反。这两个例子都与
人们想象中的真正的全球扩张相去甚远。在 19 世纪，"世界帝
国"只有两个：英帝国和另一种类型的法兰西帝国。沙俄帝国
的疆域实在太过广阔，民族构成也过于复杂，因此，它本身便
是一个独立的"世界"。即使是中世纪由蒙古人创立的"世界
帝国"，在疆土面积上也没有超出俄国太多。

巨蟒与河马

我们无法做到将上文提到的对帝国理想类型的设定，精确地转换成一套完整的类型学理论。因为仅仅在这一个世纪里出现的各种帝国现象，无论从时间还是空间的角度看，便已令人眼花缭乱。尽管如此，我们仍然可以从几个方面入手，找出不同类型之间存在的主要差异。

大陆型帝国与海洋型帝国之间的差异往往被看作所有矛盾关系中最重要的一个，它不仅是一种学术分类，同时也是政治世界里的一种深刻对抗。地缘政治学家和地理哲学家——从哈金福德·麦金德爵士（Sir Halford Mackinder）到卡尔·施米特（Carl Schmitt）——都曾尝试在陆地强国与海洋强国之间所谓不可避免的冲突中，寻找和发现近代世界史发展的基本脉络。但是长期以来存在的障碍是，人们始终都是未经思考地将这两种帝国类型的不可比性作为预设条件。狭隘的、带有某种"汉萨同盟式"意味的"海外史"构想，阻碍了人们将俄国、中国、奥斯曼帝国与哈布斯堡帝国的历史经验用于帝国的比较性研究，拿破仑和希特勒的帝国当然更无须多言。大陆帝国与海洋帝国的划分并不总是清晰的，也未必总能为研究者带来帮助。对英国和日本而言，所有地区都是某种意义上的"海外"。当年的罗马帝国则是集两者于一身：它是地中海的统治者，但其统治的疆土却一直延伸到大不列颠和阿拉伯荒漠。纯粹的海洋型帝国应当是一个由固定港口作为连接点的跨大陆网络。在近代早期，按照类似方式建立起来的海洋帝国只有葡萄牙、荷兰和英国。到 18 世纪晚期，这些国家所控制的地域仅仅局限于若干桥头堡及其邻近的内陆地区。16 世纪的西班牙"世界帝国"实际也包含着某种大陆性成分，因为要巩固对美洲地区的控制，必须具备相应的领土管理术。当东印度公司于 18 世纪 60 年代控制孟加拉邦后，同样也要研究和掌握这方面的技术。

当据点式殖民地扩大成为统治式殖民地，或将二者合一时，如何控制这些地区便成为一个难题。对解决这一问题而言，帝国亚中心与欧洲核心区之间的地理跨度还是次要的。在电报技术发明前，信息传递是一大难题。于是，权力分散化便成为一种无奈之选，而这一点正是英国的优势之一。自从完成对印度的征服后，英帝国便成为一个水陆两栖的国家，集巨蟒和河马于一身。印度和加拿大都是独具特色的附属性大陆帝国。这两个幅员辽阔的大国都在 19 世纪通过铁路——地缘政治家称之为帝国陆地实力的现代力量源泉——得到了开发，其规模甚至不亚于沙俄帝国。[95] 在蒸汽机时代，这种新技术在陆地和海洋交通运输中的应用，并没有给两种类型帝国中的任何一方带来明显超过另一方的好处。大陆帝国和海洋帝国同样都随着交通速度和运载能力的提高，在性质上发生了变化。在前工业时代，要完成同样的地理距离，水路往往比陆路更快速、更便捷。19世纪末，一场投入了两个大陆的资源的世界大战爆发了。协约国之所以能够获胜，并不是凭借海上强国所拥有的天然优势，而是因为它们利用自身的民用航海能力，打开了通往澳大利亚和印度——美国两大以陆地为基础的工农业储备库——的通道。[96] 在这场战争中，德国和英国精心准备多年的海上军事大对决并没有出现。

尽管如此，"纯粹的"陆地帝国与海洋帝国之间的差异仍然是不容忽视的。"外族统治"一词在下述情况下，其含义是不同的：一种是针对两个古老邻邦间的关系；另一种是由毫无征兆的突然入侵所导致的结果。在地理因素决定的密切关系中，"外族统治"有可能是一场旷日持久的较量的一部分，正如波兰和俄国之间长达数百年的关系一样。陆地帝国不得不付出更大的努力，为其超越自身领土的主权诉求寻找合理解释并付诸实施：或建立共主邦联（Personalunion）以达成王室合并，通过这样的方式，奥地利皇帝成为匈牙利国王，俄国沙皇成为波兰国王，中国皇帝成为蒙古大汗；或建立统一行省制度，实现行政性融合，如奥斯曼帝国；或通过普世主义组织，如共产党执政下的苏联帝国。从趋势上看，一个大一统帝国的局部分裂对中央政权而言，往往比大洋彼岸的克里奥尔式自治潮流更危险。它不仅缩小了帝国作为大国的领土面积，而且脱离帝国的地区很可能会成为一个新的敌对邻邦，或是与本国处于竞争关系的另一个帝国的卫星国。因此，大陆帝国与海洋帝国相比，其地缘政治也略有不同。但我们同时也不应忘记，在革命的鞍型期时代，无论英国还是西班牙，都曾试图借助大规模军事投入来阻止美洲的分离。

殖民主义与帝国主义

在本章中被反复提到的"边缘地带"这一人为概念，比人们常用的"殖民地"一词在含义上要宽泛得多。在 19 世纪，陆地帝国（俄国、哈布斯堡帝国、中国、奥斯曼帝国）或许会矢口否认，其统治下的某些地区是属于"殖民地"性质；而其他帝国（如德意志帝国）反过来却是以"占有"殖民地为荣。英国人大概会坚称，印度并不是一个平常意义上的殖民地，而是一个独具一格（sui generis）的特例；在法国人眼中，阿尔及利亚作为法兰西共和国的一部分，与真正的殖民地是有明确界限的。对"殖民地"的结构性定义也必须是狭义的，而不能将之与其他类型的边缘区混为一谈。[97]

在19世纪晚期的"殖民地"概念中，包含着这样一种想象：这些地区相对于帝国中心而言，在社会经济发展方面是滞后的。但是，沙俄统治下的波兰地区，哈布斯堡帝国的波希米亚或奥斯曼帝国的马其顿，却远远谈不上落后。当然，不容怀疑的是，它们仍然是附属于帝国的边缘区，其政治命运是由圣彼得堡、维也纳、伊斯坦布尔来决定。在1900年前后的英帝国，以加拿大和牙买加为例，从与大不列颠的关系来看，它们都属于帝国的边缘区，但除此之外，两地之间几乎找不出任何共性：前者是实行民主自治的原始民族国家，后者则是一处王室殖民地（Kronkolonie），由总督作为伦敦殖民部的代表行使近乎不受限制的全权。从很多方面看，与同一个帝国联盟中的加勒比或非洲殖民地相比，加拿大自治领与欧洲的民族国家更为相像。同样的现象也适用于沙俄帝国的边缘区，例如芬兰和突厥斯坦。在19世纪绝大部分时间里，芬兰是一个由俄国军队驻守的半自治式大公国，最初是由少数讲德语的瑞典大地主和大商人掌握着社会上的话语权；而19世纪50年代被征服的突厥斯坦，自1865年塔什干被占领后，该地区在沙俄帝国中所受到的对待，与英国和法国在亚洲的殖民地更相近。与加拿大和牙买加一样，这两地对俄国的附属关系也很难被归为同一类。[98]并非帝国的所有边缘区都是殖民地，也并非在所有帝国都有同样充满活力的殖民边疆。殖民主义仅仅是19世纪帝国史的一种视角而已。

对非洲大陆的快速征服与瓜分，国际政治中新出现的胜者为王式的论调，欧洲银行和矿业公司在政府支持下的海外业务扩张，诸如此类的现象给世纪末的不少观察家造成了一种印象：世界发展已经进入了一个新阶段——帝国主义阶段。为了分析这种现象，研究者们创作和出版了一系列富有洞察力的著作。在这些著作中，首推英国经济学家和时事评论家约翰·A. 霍布森（John A. Hobson）撰写的《帝国主义研究》（*Imperialism: A Study*, 1902）。直到今天，这本书仍然称得上是一份深刻精辟、在某些方面颇有预见性的时代诊断书。[99] 一些马克思主义者，如罗莎·卢森堡（Rosa Luxemburg）、鲁道夫·希法亭（Rudolf Hilferding）和尼古拉·布哈林（Nikolaj Bucharin）等，也为这项研究做出了贡献。所有研究者的初衷，都是要从根源上找出欧洲（乃至整个"西方"）新一轮全球扩张浪潮的动因。[100] 尽管这些分析在细节上存在着诸多差异，但是有一点，大家的看法是一致的：帝国主义是时代最新潮流的一种反映。只有奥地利的社会科学通才约瑟夫·A. 熊彼特（Joseph A. Schumpeter）于 1919 年对此提出了不同意见。他认为，帝国主义是前公民时代的反自由派精英或是那些对国际市场感到畏惧的资本主义势力所采取的一种政治策略。[101] 这种说法同样不无道理。对于上述观点，我们无须明确断言，究竟谁对谁错。与时代同龄人对帝国主义这一新事物的震惊式体验相比，生活在今天的我们可以更加清楚地观察到欧洲与其他扩张进程的长期延续性。[102] 在这些扩张进程的背后，存在着全然不同的动力和动机。因此，以描述式方法来定义帝国主义是有好处的，它可以避免将这一概念的使用者框定在某个具体的（政治、经济或文化）解释中。根据这样的定义，帝国主义可以被理解为以帝国征服与维系为目标的各种行为之总和。由此一来，我们还可以将帝国主义进一步划分为罗马式帝国主义、蒙古式帝国主义或拿破仑式帝国主义。

621　帝国主义是以一种特殊的政治风格为特征的，这种风格就是：跨越边界，无视政治现状，富于干预性，动辄采取武力，不惜冒战争之险，强制推行和平，等等。帝国主义政治是以不同族群的等级秩序作为出发点，等级的高低总是以强弱——很多时候是以文化或种族——来划分。帝国主义者自视为文明上的强者，因而有权统治他人。

　　1900 年前后盛行的"经典"帝国主义理论所认定的帝国主义与资本主义现代性之间的密切关系，是一个时代的特例，但其分量却非同一般。在帝国到帝国主义的漫长发展过程中，1760 年左右，随着七年战争的爆发，"全球性帝国主义的第一个时代"拉开了帷幕。[103] 全球性帝国主义的第二个时代从 1880 年前后开始，到 1918 年结束。第三个时代（也是最后一个时代）从 1931 年日本入侵中国东北开始，一直持续到 1945 年。全球性帝国主义的第二个时代通常也被称作"新帝国主义时期"（Hochimperialismus），它是在最初互不相干的若干历史进程的共同作用下形成的：①世界经济一体化的飞跃式发展（从"全球化"的视角看）；②干预与征服的新技术；③欧洲国际体系中的和平维护机制的瓦解；④对国际政治的社会达尔文式诠释的盛行。与第一个时代相比，一个新出现的变化是：帝国主义政治不再是列强的专利，换言之，各大列强允许一些相对较弱的欧洲国家从帝国"蛋糕"中分一杯羹。在 1884 年柏林西非会议上，比利时国王利奥波德二世甚至绕过本国的政府机构，以个人名义将"刚果自由邦"变成了自己的私人领地。[104]

　　人们通常认为，新帝国主义是工业化所导致的直接后果。这种看法未免过于片面。在非洲以外地区，各大列强的领土扩张行动早在工业化之前便已蓬勃展开：沙俄帝国对西伯利亚、黑海、大草原和高加索地区的扩张，1720~1760 年清帝国在中亚的扩张，1818 年英国完成对印度的占领。印度成为英国工业的重要销售市场，是在英国征服印度之后才发生的。同样，英国并不是为了获得橡胶资源，才将马来亚逐步纳入了自己的控制之下。马来亚不久后成为重要的橡胶供应源，是另一段独立的历史。但是在这些事件之间，仍然存在着间接的关联：兰开夏郡（Lancashire）的棉花销售到美洲，使墨西哥的白银流入了英国的国库，这些白银为韦尔斯利侯爵（Lord Wellesley）征服印度的行动提供了资金上的支持。[105] 工业化并没有直接导向帝国主义政策。假如工业实力能够直接转化为国际上的强权，那么早在 1860 年前后，比利时、萨克森和瑞士便已成为傲视天下的强国了。对于原材料和国家"保障"的销售市场的追求——一种往往以失望告终的期待——作为动机之一，在个别情况下并非毫无作用：例如对法国而言，这一因素便曾在某个时期起到了一定的作用。但是直到 20 世纪，各国政府才将控制海外自然资源视为具有首要意义的国家职责。矿产资源的战略地位提升是从一战爆发前不久开始的，其最重要的动因是石油。在此之前，无论是资源开采还是资本的直接投资都是私人公司的事务，政府的支持只是为其提供额外的保障。在全球性帝国主义的第二个时代里，帝国主义政策很大一部分体现在欧洲国家通过政治施压，以优惠条件获取种植园、森林和矿山开发以及铁路和运河修建的许可权，并将其交予本国的私人商业利益集团。[106] 在 19 世纪的最后三四十年中，世界经济的转型已成为一种普遍现象。经济的全球化并不是国家政策的直接产物，两者之间的关系是彼此影响、相互作用的。原材料的获得不再是通过掠夺，而是采用榨取系统（Extraktionssystem，如种植园经济）与商业刺激相结合的方式。"形形色色的从属机制"发生了变化，其变化的程度同时也取决于殖民地自身的类型。[107]

工业化对帝国征战的方式产生了哪些直接影响呢？1800年前后英国征服印度，仍然是采用前工业化的军事技术完成的。韦尔斯利的主要对手马拉塔人（Marathen）甚至拥有更先进的重炮（由德国雇佣兵负责维修），但不懂得巧妙地运用这一技术。[108]直到以蒸汽机为动力的炮艇出现后，工业技术才成为决定战争胜负的重要因素。蒸汽炮艇第一次投入使用是在1823～1824年第一次英缅战争中，第二次是在1841年中英鸦片战争中。[109]殖民征服的第二阶段是以一种——按照欧洲人的标准——相对简单的创新为标志，即1884年发明的机枪（马克沁机枪）。19世纪90年代，这种新武器的使用将欧洲军队与土著军队之间的冲突变成了一场又一场大屠杀。[110]重要的并不是帝国本土的工业和技术发展的绝对水平，而在于地方政权的掌控力。强大的工业实力向地方优势的转化往往因地区而异，否则的话，英国在第二次阿富汗战争中（1878～1880）以及美国在20世纪的一系列军事干预行动中（越南、伊朗、黎巴嫩、索马里等）就不会遭遇惨败。

在19世纪，并非所有的帝国主义都是一样积极活跃，其中的差异与陆地帝国与海洋帝国的划分也并无关联。在欧洲国际体系中，在整个19世纪始终是以帝国主义原则行事的大国有三个：联合王国、俄国和法国。德国直到1884年才加入殖民国家的行列，但是在俾斯麦执政期间，德国仍在有意地避免推行"世界政策"。随后，到世纪之交时，"世界政策"成为威廉主义宣扬的口号。在威廉主义看来，德国的殖民疆域太过狭小了。奥地利无疑是一个强国，然而它在1866～1871年普奥战争中失利后，便沦为二流强国。虽然它仍然是一个帝国，但没有推行任何扩张性的帝国主义政策。作为非大国的荷兰、葡萄牙和西班牙则守护着自己原有的殖民地，没有新的大的收获。一向骁勇好战、充满活力的中华帝国和奥斯曼帝国虽然还在努力坚守着逐渐退化的帝国势力，但在欧洲面前却陷入了防守的地位（中国的处境略优于奥斯曼帝国）。自1895年起，日本变成了一个异常积极的帝国主义"玩家"（player）。19世纪的各大帝国因帝国主义程度的不同而彼此相异。乍看上去，或从抽象的理论视角来看，帝国主义似乎只有一种。但是，当我们进一步仔细观察，这幅单一图景就会化为碎片，变成由不同形式构成的复数的帝国主义。

624

五　帝国：案例与非典型案例

哈布斯堡王朝

典型的帝国在历史现实中是不存在的。由于标准的不同，我们甚至无法从类型学上给出帝国的精确定义。但是，我们不妨通过帝国特征的比较，对其中的一些个别案例做出分析。

一个极端的非典型案例是哈布斯堡王朝。[111]这个在领土上趋于饱和、几近膨胀的帝国地处欧洲中部，它拥有一条通往海洋的脆弱通道（的里雅斯特［Triest］和普拉［Pola］两大军港）和一支规模不大的舰队，在所有帝国中，这种情况是唯一的。[112]在维也纳会议上，梅特涅曾表示，奥地利的扩张已经达到了理想状态，因此他反对任何形式的扩大领土的企图。[113]不过到后来，在梅特涅的指挥下，奥匈帝国仍然将势力扩大到伦巴第（Lombardei）和威尼托（Venetien），并一度自视为意大利的统治者。这种状况一直维持到 1866 年。奥匈帝国在 1878 年占领波斯尼亚和黑塞哥维那两省之后，于 1908 年正式兼并了该地区，并以此为第一次世界大战的爆发埋下了伏笔。奥匈帝国此举与其说是一次深思熟虑的帝国建构行动，倒不如说是一出由维也纳宫廷中不负责任的好战派煽动的反塞尔维亚和反俄的闹剧。[114] 没有人愿意把波斯尼亚为数近 200 万的南斯拉夫人变成奥匈帝国的成员，从而使各民族之间的脆弱平衡受到破坏。因此，波、黑两省是在一种进退两难的情况下作为"帝国领地"被并入奥匈帝国的。

相对于其他任何帝国，对哈布斯堡王朝来说，殖民地的概念更不适用。在这里，甚至没有一处受歧视的"内部"殖民地，就像爱尔兰与英国之间的关系一样。尽管如此，奥匈帝国仍然显示出一个典型帝国所具备的许多特征。[115] 它是一个缺乏统一性的多民族帝国，一个由众多历史渊源各异的地区所组成的联合体。其中最具独立性的是匈牙利。1867 年，根据宪政性的奥匈折中方案，匈牙利作为半自治王国（由哈布斯堡家族的一位王储在布达佩斯代表弗兰茨·约瑟夫皇帝执政）并入了新成立的"双元君主制"帝国：它有自己的两院制议会，有自己的政府。在奥匈帝国，匈牙利人是除德意志奥地利人之外地位最高的族群。匈牙利在双元帝国中的地位与加拿大自治领（同样成立于 1867 年）在英帝国中的地位大致相当。它们与各自所属的帝国之间都是一种非强制性的关系，匈牙利人和加拿大人一样，都可以在帝国统治下尽情施展自己的才能。在经济发展上，两地都未受到中央的限制，一些政府性支出还可以由帝国分担。[116] 与英帝国一样，多瑙君主国同样没有发展成为一个联邦制国家。1867年之后，整个国家变得愈加缺乏向心力。斯拉夫民族不无理由地自视为折中方案的受害方，从内心对帝国越来越感到疏远，更没有谁会指望当朝的君主能够作为中立的仲裁者，为自己的利益代言。直到覆灭的那一刻，整个奥匈帝国的统一始终只停留在帝国的形式上。它从未以强制性手段，推行统一的帝国文化和认同感，横向的社会融合也十分有限。帝国的团结仅仅局限在最高层面上：通过君主制这一象征性符号，还有极具多元文化色彩的军官团。后者的人员构成之丰富颇像近代早期的西班牙军队，或在印度的英国军队。但是在大多数臣民眼中，奥匈帝国并不是一个军事化国家。只有伦巴第－威尼托地区的意大利人，感觉自己受到了外族统治的欺辱。在加利西亚（Galizien）这样的分裂地区，奥地利政府甚至采取了偏向于自由的特殊化政策，在对待庞大的犹太人群体的态度上，它也远比在俄国和普鲁士的分裂地区更开明。几个世纪以来并入哈布斯堡帝国的各民族一直抱着怀疑的态度，审视着彼此间的关系。众所周知的哈布斯堡"民族问题"并非针对边陲与中央的关系而言（就像在沙俄帝国一样），而更多是指相邻的边缘区之间的冲突性纠葛。而匈牙利本身，同样也存在着复杂和令人棘手的少数民族问题。[117]

　　哈布斯堡帝国是唯一一个没有开放的"蛮荒边界"的帝国，移民式殖民主义在这里也已不复存在。尽管存在着民族和文化上的种种差异，然而从形态上看，奥匈帝国仍然是统一的，这不仅是与西欧列强的海外帝国相比，同时也是相对于沙俄或奥斯曼帝国而言。随着民族意识的逐渐崛起，语言、习俗和历史传承上的差异或许会变得愈加明显。但是，维也纳皇帝的所有臣民毕竟都有白色的皮肤，而且大多数人都是天主教徒。信

626

奉东正教的塞尔维亚人作为最大的异教群体，在 1910 年时也仅占全部人口的 3.8%，穆斯林人口的比例甚至只有 1.3%。[118] 我们不妨将这些数据与其他帝国做一比较：以伊斯兰教为国教的奥斯曼帝国在 1878 年后失去巴尔干半岛大片领土之前，大约 40% 的臣民是非穆斯林；在信奉东正教的沙皇俄国，非东正教徒的比例高达 29%（1897）；在几乎涵盖了所有肤色和各大宗教信仰的英帝国，信徒人数最多的教派实际上是印度教。[119] 即使在维也纳、布达佩斯和布拉格人的眼中，南斯拉夫人或罗马尼亚少数民族或许被视作"蛮夷"，它与西欧、俄国或中国人在谈论高贵或低贱时对"野蛮人"的描绘也并不相符。哈布斯堡帝国是一个地理和文化意义上的欧洲－西方式多民族政体。法律的至高无上性与公民权利平等的原则在全国各地得到贯彻，从这一点来看，哈布斯堡帝国堪称所有帝国当中"最现代"和"最文明"的一个。[120] 但是，并非所有方面皆是如此：在民族建构方面，一些民族——至少是匈牙利人和捷克人——所取得的成就远远超过了德意志奥地利人。直到 1900 年前后，奥地利人仍然未能形成一个民族，要成为在整个帝国中占统治地位的民族自然更是空谈。而在其他地区，在帝国核心的外衣下，往往都隐含着一个由命名族群（Titularnation）构成的民族国家。当边缘地带的领土丧失后，这个隐藏在帝国背后的民族国家就会屹然崛起，成为独立的国家——在一战之后，从奥斯曼帝国中迅速诞生的土耳其共和国便属于此列。然而在多瑙君主国，却没有出现这样的情况。从这一意义上讲，哈布斯堡王朝可谓所有帝国中最守旧的一个，或许正是因为这一点，它也成为最早从世界地图上消失的帝国中的一个。

奥匈帝国的覆灭是由国家的全面瓦解导致的，在这方面，唯有一个例子堪与之相比：1990～1991 年苏联的解体。这一结果的出现是在一战之后，以军事上的失利为源头。相反，在这场战争中，英帝国的凝聚力却进一步得到了强化。尽管两大帝国的结局是如此不同，然而作为比较对象，最恰当的例子仍然是英帝国：在多瑙君主国的穹顶下，以伦巴第、匈牙利和捷克为代表的各民族在民族内部建构方面取得了突飞猛进的成就，因此，它们得以与澳大利亚、新西兰和加拿大一样，在不借助大规模暴力的前提下，成功地告别了帝国的历史，成为在政治和经济上拥有生存能力、在国际政治中占有一席之地的民族国家。相形之下，那些以奥斯曼帝国为前身的中东和巴尔干国家，则没能表现出如此的决断力。在帝国谱系的另一端，是中华帝国：在近代史上，成功实现分离的只有一个，这就是外蒙古（1911）。在经过最初一段不稳定的自治期之后，外蒙古成为苏联持续最久的卫星国，时间长达 70 年。直到 1991 年，这个国家才最终恢复了早在 1690 年前后便已丧失的独立地位。[121]

627

四个法兰西帝国

在长达数百年的时间里，哈布斯堡王室与法兰西王室为了争夺在欧洲大陆的统治地位而展开较量。1809 年，拿破仑一度将奥地利君主国推到了崩溃的边缘，并派兵占领了维也纳。于是，两个近乎纯粹的大陆帝国彼此发生了碰撞。由于拿破仑帝国的短命，在文学作品中，人们很少会把它与其他帝国相提并论。然而实际上，这个帝国却是一个真正意义上的帝国。在拿破仑执政的 16 年间，军事占据着超越一切的至高地位，所有政策都是为这一目标服务。为了满足军事上的需要，国家不断地搜敛财富，招募新兵。但是作为帝国，其系统性轮廓仍然是清晰可见的。[122]帝国最典型的两大特征在这里甚至十分突出。首先，拿破仑在很短时间内便打造出一支精良的帝国精英队伍。他将这些人分派到欧洲各地，并实行轮岗制管理。这支精英队伍的核心，是由波拿巴和博阿尔内（Beauharnais）两大家族的成员、拿破仑最亲密和最信任的军队统帅和一大批职业行政官员组成的。这些核心人员同样有可能被派遣到各地方任职。[123]由拿破仑这位历史上最后一位伟大开明的专制主义者所建立的帝国是一个极端中央集权化的政体，在各地建立起来的有着相似架构的国家机器宣称，它将从公共利益出发行使现代化职能，但拒绝赋予其属下臣民以制度化的表达权和参与权。和其他帝国一样，拿破仑帝国也必须依靠与地方统治者和精英的合作，若非如此，那些被其征服的社会的资源就无法得到调动。但这些人却没有被授予哪怕是最低限度的形式上的代理权，就像英帝国的模式一样。[124]18 ~ 19 世纪的任何一个帝国在中央集权化的程度上都无法与拿破仑帝国相比。巴黎颁布的每一项指令和每一条法律都会立刻在整个帝国生效。

628

其次，拿破仑的整个扩张计划渗透着一种强烈的文化优越感，这种优越感在种族主义盛行时期之前即使在欧洲人与非欧洲人之间亦极为罕见。它源于后革命时代世俗化法国社会随着启蒙的普及所带来的一种自信，即自认为法国在所有方面都处于文明巅峰的位置。正如米歇尔·布鲁斯（Michael Broers）所指出的，在帝国的核心地区——法国东部、荷兰、北意大利和德意志莱茵联盟各邦——这种文化优越感表现得并不明显，然而在"帝国外缘"，如波兰、西班牙和热那亚以南的意大利，却表现得十分强烈。[125]那里的法国人以军事占领者自居，对"迷信"且缺乏效率的当地人抱以极大蔑视，甚至对两者间赤裸裸的殖民剥削关系也毫不掩饰。拿破仑帝国在文化统一方面所表现出的强烈意愿，远远超过了其他所有帝国。拿破仑深受启蒙运动的和平幻想与欧洲蓝图的影响，至少在其回忆录中，他这样写道：他曾经梦想建立一个统一的欧洲，"所有地区都遵守共同的原则和同一制度的领导"。[126] 其想法是，首先对那些法国以外的精英实行法兰西化改造，之后再让广大民众接受彻底的文明使命（mission civilisatrice）教化——通过这一方式，将其从宗教和地方主义的枷锁中解放出来。然而仅在西班牙一地，自 1808 年起，上述计划便不断碰壁。[127]

1813 年 10 月，在莱比锡大会战的战场上，拿破仑帝国宣告覆灭。19 世纪的法兰西海外帝国是一个完全诞生于新起点之上的国家，它的形成是从 1830 年占领阿尔及利亚开始的。这是一起典型的以转移内政困境为目的的机会主义案例。[128] 正如人们经常以 1783 年美国独立为标志来划分第一英帝国与第二英帝国一样，我们或许可以如法炮制，将法兰西帝国划分为四个（尽管法国历史学家迄今为止没有这样做）：①旧政权统治下的第一帝国：以加勒比地区为重心，最迟随着 1804 年海地独立而终结。它严格奉行重商主义政策，很少通过移民来强化统治，其经济在很大程度上仍然依赖于奴役制劳动。②第二帝国：拿破仑依靠闪电战占领的"法兰西欧洲"（Fance-Europe）。③第三殖民帝国：它是在 1814~1815 年归还法国的几处殖民地（例如塞内加尔）的薄弱基础上，于 1830 年之后建立起来的。直到 19 世纪 70 年代，阿尔及利亚始终都在整个帝国中占据着核心地位。④第四帝国：通过扩大上一个帝国的领土而形成的第一个跨大陆世界帝国。从 19 世纪 70 年代到 20 世纪 60 年代，它始终是以北非、西非和印度支那作为地缘重心。

629

这一四段式法兰西帝国史留给今天的，都是源自第一帝国的遗迹，其中尤其具有代表性的，是作为欧盟属区的瓜德罗普（Guadeloupe）和马提尼克（Martinique）两个海外省。后拿破仑时期的几个法兰西帝国从始至终都是为了应对英帝国而生，并且从未能走出后者的阴影。即使是对阿尔及利亚的入侵——一场以打击穆斯林海盗和土匪统治的流氓国家为借口、可借此博得国际赞誉的讨伐行动——实际上也是为了占领一处尚未被英国人发现的权力政治真空地带而做的尝试。尽管英国人自1713年起便控制了直布罗陀海峡，将拿破仑舰队赶出了地中海，并于1814年占领（早在1802年便已实际控制了）马耳他岛，将其作为王室殖民地和海军基地，但除此之外，直到1882年占领埃及之前，英国在整个地中海区域并没有任何殖民利益。长期以来，法国的殖民史一直都是被低人一等的噩梦所困扰。

抛开与英国的竞争，用其他标准来衡量，法国的殖民扩张仍然是十分成功的。虽然远远落后于英国，但在19世纪的海外帝国中，法国稳居次席。然而领土面积（1913年，英帝国的面积为3230万平方公里，法国为970万平方公里）[129]是具有一定欺骗性的，因为英国的领土面积中算上了自治领，而法国的领土面积中则包含了被阿尔及利亚索回的荒无人烟的撒哈拉地带。1913年前后，英帝国在全球所有大洲都拥有重要的殖民地，而法国的殖民地则"仅仅"在北非（阿尔及利亚、突尼斯、摩洛哥）、西非、中非、马达加斯加岛和东南亚（1887年后在印度支那，即越南和柬埔寨；1896年之后又增加了老挝），以及加勒比地区（瓜德罗普和马提尼克）、南太平洋（塔西提岛和比基尼岛）和南美（圭亚那）。法国在亚洲的殖民利益并没有太多地超出印度支那的范围。在东非和南非，法国也像在北美和澳大利亚一样，几乎没有自己的殖民地。即使在法国领地最集中的非洲，英国也仍然占据着优势地位。从北部的埃及一直到好望角，在西部和东部海岸以及印度洋中最重要的岛屿毛里求斯，到处都遍布着英国人建立的殖民政权。

法国后来的一系列征服行动，也没能将阿尔及利亚从它在法国殖民地中的榜首位置上挤下来。从时间上看，法国对阿尔及利亚的征服经历了一个很长的阶段。最初的入侵行动遭到当地由阿卜杜勒·卡迪尔（Abd al‑Qadir，1808～1883）"埃米尔"① 领导的有组织抵抗。这支反抗力量一度（从 1837 年到 1839 年）成功地建立起拥有独立司法与税收体系的反对派政府。[130]正如欧洲殖民主义（和北美边疆）历史中常见的一样，侵略者的成功都是得益于地方势力之间的分裂与不睦。1847年，阿卜杜勒·卡迪尔宣布投降。他在法国的监狱里被关押了4 年，在余生中，他作为"尊贵的敌人"受到了法国人某种程度上的礼遇，其命运与高加索地区的穆斯林抵抗运动领袖沙米尔（Shamil）颇为相似，这两人的经历在很多方面都有一定的可比性。早在殖民征服阶段，来自法国和其他国家（主要是西班牙人和意大利人）的移民人数便呈现迅速上升的势头：从1841 年的 3.7 万增长到 10 年后的 13.1 万。[131]这些人当中的大部分人都生活在城市，只有少数人成为从事农业的拓荒者。尽管对阿尔及利亚的征服与殖民早在欧洲人刚刚在非洲最南端落脚时便已开始（值得注意的是，在时间上，它与布尔人的大迁徙完全同步），但是 80 年代对整个非洲而言是一个灾难深重的时期，对阿尔及利亚来说，同样也是一个转折期。拿破仑三世

630

---

① 各部落共同推举的领袖，阿拉伯语意为正统统治者。

在亚洲和墨西哥都扮演着帝国主义冒险家的角色，然而在阿尔
及利亚，他对移民群体的权力诉求却始终没有做出彻底的妥协，
阿尔及利亚部落对土地的所有权至少在纸面上仍然是被认可的。
1870 年第二帝国终结后，这一阻碍也随之被消除。共和国给殖
民者提供充分的自由，允许其建立自己的殖民政权，使后者得
以享受南非殖民政权拒绝赋予布尔人的种种权利。1871～1872
年，阿尔及利亚人的最后一场大型起义被镇压，其残酷程度令
人联想到 1857 年英国人对印度民族大起义的镇压。19 世纪七
八十年代成为当地原住民大规模丧失土地的一个时期：或通过
讨伐式的侵占和掠夺，或借助立法或以法律为名的欺骗。阿尔
及利亚的欧洲移民人数在短短 20 年的时间里，从 1872 年的 28
万增长到 53.1 万。如果说第二帝国是借助股份公司来实现土地
开发的话，那么第三共和国则是通过对那些在自己的土地上从
事垦荒的农民榜样的宣传，来达到这一目的。其目标是在殖民
地的空间里，对法国农业社会进行复制。

631　　　所谓的"典型"欧洲殖民地是不存在的，阿尔及利亚也同
样不是。但是，它在母国的民族情感维系上发挥着异常重要的
作用，并由此迎来了欧洲与伊斯兰世界之间的新一轮激烈对抗。
在任何一处殖民地，当地人利益所受到的忽视，其程度都难与
阿尔及利亚相比。无论是从地理交通还是历史的角度讲，北非
对欧洲而言都算不上真正意义上的"海外"。它曾是罗马帝国
地域空间的一部分，这也是后世的殖民者为自身辩护的重要说
辞。出现在阿尔及利亚的欧洲人与穆斯林之间的尖锐文化冲突
其实是一个悖论，因为在近代历史上（包括今天），没有哪一
个国家像法国一样，与伊斯兰世界有着如此密切与活跃的接
触。[132] 即使在邻国摩洛哥，欧洲人与穆斯林之间也不曾发生过

这样的冲突。驻摩洛哥总督赫伯特·利奥泰元帅（Hubert Lyautey）自 1912 年起开始实施社会保守政策，尽最大可能减少对当地社会的干预，有意识地遏制（人数相对有限的）移民在当地的影响力。[133]

另一个悖论体现在阿尔及利亚的外来移民地位上。这些移民在当地虽然势力强大，但从不谋求政治上的独立。这一点与"正常"的移民步伐很不合拍。与北美、澳大利亚和新西兰的英国移民不同的是，他们并不追求一种自治领类型的国家建构。这是什么原因呢？

第一，这里的移民由于人数相对较少，因此从始至终都依赖法国军队的保护。相反，加拿大、澳大利亚和新西兰的移民从大约 1870 年开始，便已将安全保护问题托付给自行招募的独立治安力量。第二，1848 年之后，阿尔及利亚在法律上不再是殖民地，而是法国领土的一部分。法国的强大中央集权体制不容许任何形式的政治自治或中间道路的存在，其结果是，在阿尔及利亚的法国移民群体中所形成的，更多是一种部落式而非民族式的自我意识。这一点与北爱尔兰信奉新教的英国人有些相似。此外，阿尔及利亚受本国民族主义的影响比其他所有欧洲殖民地都更加严重：在 1870～1871 年普法战争中失利而蒙羞后，人们开始把阿尔及利亚看作借助殖民实现民族复兴的演练场。[134]第三，阿尔及利亚的殖民经济始终是不稳定且具有依赖性的。它主要是以小企业作为组织形式，除了红酒之外，没有其他任何值得信赖的出口基础。而英国自治领则是通过大型企业的方式，生产和出口粮食、羊毛和肉制品。

除阿尔及利亚外，法兰西殖民帝国是一个相对年轻的帝国。632 直到它在西非征服了大片土地，并继而向东占据了今天马里、尼日尔和乍得所在的地域之后，帝国的领土基础才得以奠定，并让法国由此萌生了与英帝国一争高下的念头。但是，当英法两国殖民军于 1898 年在尼罗河上游法绍达（Fashoda）发生一场遭遇战之后，法国开始转入退守。在这场交战中，两国的真正实力尽显无遗。假如说非洲的稀树草原地带在经济上并没有多少利益可图的话，那么越南从一开始便让人们清楚地看到，这是一处产能发达、有丰富资源可供掠夺的殖民地。在越南三个组成邦国——交趾支那、安南和东京——逐步丧失独立的过程中，1884 年是一个具有决定性意义的年份。但此后，激烈的抵抗运动仍然延续不断。直到世纪之交，越南以及印度支那的另外两地才最终实现"和平"。在随后的 40 年间，印度支那成为整个法兰西帝国中最重要的银行业、采矿业与农业的投资市场。[135] 然而即使在这里，殖民经济的局限性也同样是难以掩盖的，例如人们无法做到，将印度支那从亚洲的货币体系中剥离出来。将法郎作为流通货币以替代银圆和其他小面值钱币，是完全行不通的。印度支那与作为独立国家的中国一样，仍然是以白银作为货币单位，而白银的价值则总是处于波动之中。[136] 出于这一原因，另外再加上信贷业的落后，法国银行不得不在各地设立分支机构。这种做法不仅仅是金融帝国主义侵略性的一种表现，同时也是顺应时势的一种无奈之举。在法国的所有殖民地中，印度支那是私营经济获利最多的一个。除了出口之外，这同时也归功于这一人口众多地区的庞大国内市场。越南不仅可以直通马赛，同时也是法国在中国香港、中国内地、新加坡、暹罗、英属马来亚与荷属东印度的重要经济据点。印度支那不仅为一个个法国企业带来了丰厚利润，同时也为法国资本主义的繁荣做出了贡献。[137]

从总体上看，法国殖民地在更大范围的全球体系中的影响力远远比不上英国殖民地：从未出现过以法国为源头的大规模移民潮（阿尔及利亚除外），巴黎也从未能够成为一流的、堪与伦敦媲美的国际资本流动中心。不过，资本的主要流向原本也并不是法兰西帝国，而是俄国、西班牙和意大利。在与奥斯曼帝国、埃及和中国的长期借贷业务中，法国同样表现得十分活跃。不少贷款项目给法国工业，尤其是军工制造业，开辟了广阔的销售市场，但从总体上讲，这是一种独立的金融帝国主义的表现。法国的金融利益版图与帝国的地理版图是不吻合的，其错位程度比英帝国有过之而无不及。法国没有像英国和荷兰那样历史悠久的海外传统与殖民传统。近代早期的东印度公司从来都没有达到过能够与英荷两国的强大竞争对手比肩的水平。直到一战后，法国百姓对殖民问题仍然没有太大兴趣。法国殖民政策在很大程度上是由一些小型利益团体掌控，特别是殖民军队、海军和地理学家。但从另一方面看，在法国，对殖民主义和帝国主义的批评也远远少于英国和其他国家。19世纪90年代，法国社会已基本达成共识，认为殖民地无疑是对民族有利的，同时也为法国借助"文明使命"向全世界传播其优越文化创造了良好的条件。[138]

令人惊讶的是，法国帝国主义在政治方面没有显示出任何繁衍能力。这个"公民"的国度并没有对外输出民主。在大多数情况下，法国的殖民政权都是极端专制的。在后来的去殖民化过程中，只有西非相对平稳，没有发生太多暴力事件。在早期的法国扩张史中，法国所经历的挫折在数量上远远超过英国。1882年，英国几乎是在法国人的眼皮底下夺走了埃及，更是令法国蒙羞的一记重拳。法国扩张所产生的最大文化效应是法语的传播，特别是在西非，其影响尤为持久。除此之外，"同化"
之路只对少数正在形成中的非欧洲知识阶层是开放的，它与后
者对激进式文化变革的期待有着密切关联。但是通过这种方式，
并没能产生真正具有凝聚力的帝国文化。因此，法兰西帝国覆
634　灭后并没有转型成为一种英联邦式的组织松散的团结共同体。

没有帝国主义的殖民地

　　另外，还有一种并非附属于某个帝国的殖民占领地。在这
方面，一个极端的例子是比属刚果（法国在刚果也有自己的殖
民地——刚果 - 布拉柴维尔 [Kongo - Brazzaville]，它是由探险
家皮埃尔·萨沃尼昂·德·布拉柴 [Pierre Savorgnan de Brazza]
于 1880 年个人宣布建立的）。[139] 直到 1908 年比利时国王利奥波
德二世的诸多恶行曝光之后，刚果才被比利时政府接管，用国
际法的术语讲：是被"兼并"。利奥波德二世是同时代最富野
心和最无忌惮的帝国主义者之一，但除了占有刚果之外，他所
制订的其他各种计划都未能实现。利奥波德统治下的刚果甚至
连殖民地的资格都算不上，只是一个纯粹的供剥削的对象。当
地老百姓遭受着暴政和专制的百般摧残，得不到任何形式的保
护。他们被强制从事最艰苦的劳作，并将绝大部分收获上缴给
政府以供出口（橡胶、象牙等）。所有利润都流入了国王的私
囊，或用于修建公共建筑。直到今天，这些建筑依然在装点着
比利时的城市街景。1877 年，出生于威尔士、后在美国从事记
者与科学考察工作的亨利·莫顿·斯坦利（Henry Morton
Stanley）成为第一个经由刚果、从东到西穿越非洲的欧洲人。
此后，他受利奥波德国王之托，率领全副武装的探险队进入刚
果地区进行探索和考察。最初，探险队一行很少遭遇当地人的

抵抗。1886 年之后，一支以凶残闻名的非洲雇佣军（后来为补充兵力又招募了大批当地士兵）——"共和国军"（Force Republique）——出面为维护刚果的和平而战。这支军队还在刚果东部加入了与斯瓦希里奴隶贩子（常常被称为"阿拉伯人"）之间的血腥冲突，这场冲突导致数万人丧生。因此，在这个美其名曰"刚果自由邦"的国家里，国家机器的功能极不健全。来自比利时的移民寥寥无几。即使在 1908 年之后，拥有特许经营权的各大公司（后来，正是这些公司私下瓜分了刚果的全部财富）也没能在刚果给比利时人创造达到一定规模的就业机会。非洲人几乎从未进入过比利时民众的视野。与法兰西帝国和英帝国不同的是，没有哪个刚果人能够有机会前往"母国"，接受更高水平的教育。双向的文化交流几乎为零。[140] 由于比利时的海外利益太过微不足道，因此，在帝国主义的高端外交中，比利时扮演的角色十分渺小，大概只有对中国的铁路投资是一个例外。

荷兰同样称不上是一个殖民帝国，但它至少有自己苦心经营的一处殖民地。从 1590 年前后到 1740 年，荷兰是世界贸易中最强大的一支独立力量，拥有一个由加勒比到日本的众多据点构成的"海上帝国"（seaborne empire）。到了 19 世纪之后，除了荷属东印度之外，这些海上据点已所剩无几。19 世纪 80 年代时，荷兰是唯一一个没有参与瓜分非洲的西欧国家。1872 年，它甚至将黄金海岸（加纳）最后几块领地卖给了英国。荷兰已经习惯于自己作为一个不再扩张甚至逐渐收缩的殖民强国这一角色。其心目中的自我形象是一个热爱和平、中立、为进步而服务的小国，一个奉行温和殖民主义，与那些热衷侵略、贪得无厌的大国迥然有别的民族。[141] 一旦荷兰有扩张之举，则必定是为了确保其对印度尼西亚群岛的控制。早在 17 世纪初，荷兰便已在印度尼西亚落脚（1619 年建立巴达维亚），但在经过整整一个世纪之后，才真正掌握了对几个较大岛屿的有效控制权。这个缓慢的征服过程直到亚齐（Atjeh，或 Aceh）战争时才达到巅峰，并以此画上了句点。在这场从 1873 年持续到 1903 年的战争中，荷兰顶住了亚齐人的激烈抵抗，成功将苏门答腊岛北端纳入了荷兰的统治之下。这场在荷兰颇有争议的战争造成了近 10 万人丧生，发动战争主要是出于对国际因素的考虑，因为人们担心会受到来自其他国家的干预，最初是美国和英国，后来是德国和日本。[142]这是一种进攻性防御，正如殖民扩张史上经常出现的情况一样，而不是殖民后来者唯恐错过"末班车"的仓促之举。或许亚齐战争给人们带来一种印象，认为荷兰放弃了其原有的自我认知，投入了日益激烈的帝国主义竞赛之中。但即使这种印象属实，荷兰也绝不像其他殖民国家那样，是被新的动力驱动。[143]印度尼西亚这片辽阔富饶的殖民地从任何角度看，都是欧洲在亚洲和非洲大陆上地位仅次于英属印度的重要领地。其吸引殖民者的魅力所在，与 1870 年之前并无任何分别。荷兰是"一个殖民巨人，但是一个政治上的侏儒"。[144]

　　然而在 1900 年左右，殖民行动的方式已经发生了变化。在这方面，荷兰并不是唯一的例子。在世纪之交前后，对非洲的殖民征服已基本结束。在和平环境下，各大殖民列强纷纷开始向系统化、较少使用暴力的殖民政策过渡。其目标都是同一个，即法国殖民理论所说的"价值变现"（mise en valeur）。在德国的非洲殖民帝国中，特别是在东非，这方面的尝试是在 1905 年之后的德恩伯格时代开始的。这个名称来自时任帝国殖民部长伯恩哈德·德恩伯格（Berhard Dernberg）。[145] 在同一时期的英属马来亚，人们同样可以观察到类似的现象。而"价值变现"最彻底并成为其他殖民列强效仿对象的，当属印度尼西亚：在1891～1904年间，仅法国便曾派出25个调研团前往荷属东印度考察，以了解利用当地劳动力赚钱的秘诀。[146] 在两次世界大战之间，当殖民主义在世界各地纷纷进入成熟期时，荷属东印度所起到的作用相当于所有殖民地中的样板，无论是在好的方面还是在坏的方面。印度曾在19世纪扮演过同样的角色，虽然在许多方面或许并不典型。随着解放运动的蓬勃发展，此时的印度已经走在迈向全新未来的道路上，其步伐远远超越了其他绝大多数殖民地。而荷属东印度为人们所展现的，则更多是殖民主义在演变过程中保持不变的持久力。

在1830～1870年间，荷兰通过"耕种制"（Kultursystem）之下的变相奴役制度对印度尼西亚实行残酷的盘剥，其国库中近1/5的净收入直接来自这块殖民地。在1870年之后的30年里，荷兰逐渐开始改变对印尼农民"竭泽而渔"的做法。1901年，在给殖民宗主国造成巨大消耗的亚齐战争临近结束时，荷兰甚至一度推出了所谓的"道德政策"。该政策的首要意义在于，殖民政府首次对印度尼西亚进行投资，特别是在基础设施建设方面：铁路、电力供应和水力灌溉（这是当地传统中十分发达的一项技术，特别是在爪哇），与此同时，也出现了一些福利国家式殖民主义的苗头。相比之下，印度从未出现过类似的现象；在非洲，直到1945年之后，这类措施才在某种程度上发挥了一定作用。[147] 在漫长的19世纪，几乎没有任何一个殖民强国像世纪之交时的荷兰那样，在印度尼西亚为今天人们所说的"发展"投入如此多的资金。这些投入自然也不无收获：假如印度尼西亚经济能够像 1900～1920 年一样持续发展，那么今天的这个国家很可能会是亚洲最富裕的国家之一。[148] 不过，印度尼西亚当年的发展首先应归功于岛国民众的勤奋和创业精神，而不是殖民政府所实行的政策。正如殖民世界的所有地区一样，在印度尼西亚，殖民者对当地百姓的教育和培训十分轻视，即使在 1901 年后的改革期也不例外。对人口素质（"人力资本"）的重视不足（所谓"不足"是与欧洲相比较而言），或许是欧洲殖民主义的最大疏漏。

私人帝国

以某个独立主权国最终掌握控制权为标志、主要通过权力从中央向边缘地区的辐射来驱动的帝国形成模式，可以被称作"初级性"（primär）帝国建构。它很少是以某种与帝国建构相关的宏大战略作为背景。历史学家约翰·罗伯特·希利爵士（Sir John Robert Seeley）于 1883 年——恰恰是在英国有计划地占领埃及后不久——提出了一个著名的论断：英帝国的征服是在"心不在焉"（Geistesabwesenheit）的状态下完成的。从"宏大战略"的角度看，希利爵士的观点并非毫无道理，该论断对其他欧洲帝国而言也同样适用。

但是在很多时候，现实情况往往偏离了这一模式。帝国并非总是通过军事途径来实现自身的扩张。1803 年，美国从法国人手中买下路易斯安那，使自己的国家版图瞬间扩大了一倍，并以此为更多新联邦州的开拓与建立开辟了新的空间。1867 年，美国从沙俄手中买下了阿拉斯加。1878 年，瑞典在报价遭到美国和意大利的拒绝后，将位于加勒比海的殖民地圣巴泰勒米岛（St. Barthelemy）出售给了法国。[149] 这类行为堪称通过王室联姻来实现领土所有权和平交换（1661 年，当查理二世迎娶葡萄牙公主凯瑟琳为王后时，孟买作为陪嫁被转让给英国）的现代翻版。在各种以和平方式实现领土扩张的模式中，还包括另一种情况：一些地区为寻求庇护而主动投靠更强大的政权，以此来抵御恶邻的侵犯。当年的贝专纳（Betschuanaland，今天的博茨瓦纳）便选择了这条道路。面对塞西尔·罗兹（Cecil Rhodes）的私人公司——不列颠南非公司（British South Africa Company）——的统治威胁，贝专纳的统治者决定两害相权择其轻，向英国提出了被兼并的请求（并获得同意）。[150] "自愿"臣服——不论是被三角关系所迫，还是对附庸关系的直接认可——是帝国扩张中最古老、最普遍的机制之一。甚至在二战后的美国霸权体系中，也可以看到它的踪影。用挪威当代史学家盖尔·伦德斯泰德（Geir Lundestad）的话来讲，这是一种自愿隶属机制（"受邀请的帝国"［empire by invitation］）。

在帝国主义强国的激烈角逐之外，还出现了一种私人性帝国。利奥波德二世的刚果并不是唯一一个。在文莱和砂拉越（Sarawak，北婆罗洲），布鲁克（Brooke）家族作为统治王朝，控制着这片面积大约 12 万平方公里的领土。1839 年，英国冒险家詹姆斯·布鲁克（James Brooke）踏上了这个岛屿。1841 年，不受荷兰控制的文莱苏丹王室授予其"罗阇"（Rajah）①头衔。在接下来的几年里，布鲁克成功将大片领土纳入自己的控制之下。1868 年布鲁克去世后，第二任罗阇、布鲁克的侄子查尔斯·布鲁克（Charles Brooke）在 1917 年前的执政期内，将领土进一步扩大。1941 年，第三任罗阇向日本人投降。布鲁克

638

———————

① 意为总督。

家族虽非典型的强盗团伙，但他们仍然有组织地推动了砂拉越财富的大量外流，其中一部分流入了英国。在当地经济的持久发展方面，布鲁克家族的贡献乏善可陈。尽管布鲁克家族将社会变迁视为对原住民不利的事情，但授予外国企业开采权，任其掠夺文莱的自然资源。砂拉越与利奥波德国王统治下的刚果的不同之处是，它至少保留了作为独立国家的表面假象。[151]

另外，在其他地区，还出现了一些建立不受国家管辖的准自治领地的尝试。在南部非洲，凭借南非钻石生意积累了庞大财富的塞西尔·罗兹成功地建立起一个私人统治下的经济帝国。1889 年，英国政府通过授予许可权（皇家特许状，Royal Charter）的方式，将贝专纳和赞比西河（Sambesi）之间的地区（南罗得西亚，即今天的津巴布韦）交给了罗兹和其他南非矿主投资成立的不列颠南非公司。对英政府来说，这是件既省钱又省力的好事。该公司承诺将大力推动地区"发展"，并独揽建设所需的所有开支。1891 年，公司获准将业务扩大到赞比西河以北地区（北罗得西亚，今天的赞比亚）。罗兹和他的公司所追求的并不是对领土的统治权，其核心目标是垄断所有已探明或尚待确认的贵金属资源开采权，并将矿区与整个南非的经济区连为一体。要实现这一目标，掌握控制权是必不可少的一步。1889 年，塞西尔·罗兹用一个再简单不过的理由概括了"瓜分非洲"背后的逻辑："如果我们不去占领（这一地区），也会有别人这样做。"[152]罗兹成功说服伦敦政府接受其计划的另一个具有诱惑力的理由是：他要将"罗得西亚"（该名称是在 1895 年前后才开始流行的）地区向英国移民开放。这种所谓企业法则（company rules）——曾在德属西南部非洲遭遇失败的一项措施——遭到了传教士们的

639

激烈批评，因为在后者看来，它与善待非洲人的殖民家长式作风是相违背的。但是这种做法却得到了当地其他白人的认可，在这些人眼中，这是大资本家与移民在准私人庇护关系框架下的一种共生现象。[153]

同样，大型种植园和特许公司的活动区域通常也是不受国家控制的空间。在这些地方，就像在易北河以东的农庄一样，国家法律只能间接地发挥作用。[154]传教士拥有极大的影响力，甚至有权力建立法律许可的保护领地。当特许公司在亚洲彻底失势之后（最后一个是 1858 年被解除在印度行政权力的东印度公司），当地又出现了一些新的半官方殖民代理机构。其中最重要的代表是南满洲铁道株式会社（South Manchurian Railway Company，SMR），它在 1905 年日俄战争后掌握了满洲南部和俄国铁路南段的控制权。南满洲铁道株式会社成为一股受日本政府支持的殖民势力，它所建立的这片有史以来最具经济效益的铁路殖民地是中国东北的经济核心区，同时也是东亚大陆最大规模的重工业基地。[155]

次级性帝国建构

在非欧洲的帝国建构中，取得惊人成就的只有一个，这就是 1895 年之后到 1945 年之前的日本帝国。但是，我们不应因此而忽视其他一些曾在某个时期内对其所在地区发挥过重要影响的例子。在此，我们不妨称之为次级性（sekundär）帝国建构，并将其定义为在不受欧洲政府控制的前提下借助欧洲军事技术完成的军事侵略和领土性权力扩张。在 19 世纪上半叶，恰恰是后来成为各大帝国建构之主要牺牲品的非洲，一度成为这类次级性帝国建构异常活跃的舞台。克里斯托弗·马克斯

640　（Christoph Marx）将欧洲在非洲的扩张划分为三种形式：①将
边疆垦殖升级为殖民征服的激进化方式，如南非；②军事化干
预的方式，如阿尔及利亚；③将贸易边疆转变为军事边疆的方
式，如塞内加尔。[156]在欧洲开始对非洲扩张的同时，在撒哈拉
以南的稀树草原地带，出现了众多扩张性的覆盖辽阔地域的国
家政体，它们彼此间保持独立，并有明显的军事化色彩和中央
集权式结构，这些特征与我们对帝国的定义在某些方面是相符
的。这些帝国都是以"伊斯兰圣战"（Jihad）作为自我激励的
动机，其彼此间跨地域关系的维持都是依赖于两种交往要素：
文字和适于骑兵战的骑乘牲畜。在该地区以南的非洲地区，这
两大要素条件是不具备的。[157]另外，还有一些帝国萌芽是在没
有伊斯兰教和骑兵战传统的情况下出现的：干达（Ganda，在
布干达［Buganda］地区）自19世纪40年代起，成立了一支由
战斗型独木舟组成的舰队，以类似帝国的形式赢得了对维多利
亚湖及其周边地区的统治权，并将弱小民族的劳动力作为供己
利用的对象。[158]在这些作战行动中，人们所使用的往往并不是
最先进的技术，有时候，这些技术甚至是原始和古老的。19世
纪初，布尔人的强大军事实力所依靠的是以火铳为装备的轻骑
兵。1804～1845年间建立起来的索科托（Sokoto）哈里发政权，
也同样是借助于骑兵和火铳枪。[159]在上述所有事例中，都不存
在与欧洲工业革命之间的直接关联。直到19世纪五六十年代奥
马尔·塔尔（Umar Tal）教长在上塞内加尔地区建立伊斯兰王
国时，其军事技术与欧洲的差距才大大缩小。

　　埃及的扩张是这类次级性帝国建构的绝佳例证。大约从
1813年到1882年，埃及作为独立国家拥有一个真正属于自己
的王国——一片通过军事手段控制的领土，而不仅仅是影响力

所覆盖的区域。这是 19 世纪帝国史上最引人关注的事件之一。假如我们注意到，日本帝国仅仅维系了大约 50 年的时间（从 1895 年到 1945 年），那么埃及的例子便值得我们予以特别关注。[160] 穆罕默德·阿里（Muhammad Ali）帕夏——据说是一位出身阿尔巴尼亚的移民后裔——自 1805 年起成为"事实上"的埃及独裁者。从一开始，他便对仅仅统治尼罗河一带的领土感到不满足。尽管并没有证据能够证明，他曾经有预谋地制订计划，要取代苏丹，成为整个伊斯兰世界的统治者，但无论如何，这位帕夏的确开始了筹建自己帝国的行动。这场行动与埃及和奥斯曼帝国的关系是矛盾的，尽管对于奥斯曼帝国作为埃及宗主国这一点，穆罕默德·阿里并未提出过质疑。一方面，他以叛逆的姿态对苏丹公开发起了挑战；另一方面，当时在奥斯曼苏丹看来，更大的威胁来自阿拉伯瓦哈比派教徒发起的清教徒式、原教旨主义反现代化运动。该教派最早是由穆罕默德·伊本·阿卜杜勒·瓦哈卜（Mohammad ibn Abd al-Wahhab）教长创立的。瓦哈比派教徒倡导回归先知和 7 世纪四位正统哈里发的纯洁信仰和完美修行方式，他们将所有反对者都斥为异教徒，并与包括奥斯曼苏丹在内的其他所有穆斯林展开了一场"圣战"。瓦哈卜教长将苏丹视为万恶之源，并号召穆斯林推翻他。在这位创始人 1792 年去世前，这场运动凭借其宗教热情和军事策略，将奥斯曼人赶出了阿拉伯半岛的大部分地区。1803 年和 1805 年，瓦哈比派甚至先后占领了麦加和麦地那，并于 1807 年切断了奥斯曼人前往圣地朝圣的通道。因此，苏丹对穆罕默德·阿里在抗击瓦哈比派斗争中提供援助是欢迎的。从穆罕默德·阿里的角度看，他一方面为埃及现代化规划了宏大的蓝图，另一方面，他对伊斯兰原教旨主义并无好

641

感。穆罕默德·阿里奉苏丹之命出兵镇压瓦哈比派教徒，为埃及的帝国建构打响了第一枪。1813 年，埃及军队收复了圣地和吉达港（Djidda）。一年后，瓦哈比派势力被摧毁，但这场运动及其抵抗并没有停止。

这场胜利在地缘政治上的结果是，埃及统治者占领了红海的东岸。由此，穆罕默德·阿里走上了与一个曾对其镇压瓦哈比派教徒的行动表示支持的国家相对抗的道路。这个国家就是英国。1839 年，英国占领了也门的亚丁港并向帕夏施压，要求其撤出阿拉伯半岛。外交史称之为"第二次穆罕默德·阿里危机"。到 1840 年，帕夏不得不做出妥协。1831～1832 年穆罕默德·阿里在叙利亚对奥斯曼帝国发动直接攻击，既显示出他在军事上的强大实力（1832 年 12 月，土耳其军队在科尼亚［Konya］遭受重创），同时也暴露出其政治上的脆弱处境。随后，英国、奥地利和俄国出于各自不同的动机，为维护奥斯曼帝国的存续而展开行动。只有法国站在了穆罕默德·阿里一边。1840 年 9 月，一支英国舰队对埃及军队驻守的叙利亚和黎巴嫩海岸发动袭击。不久后，奥地利和英国两国的部队攻入了叙利亚。与此同时，一支土耳其军队也在逼近这一地区。在重重压力下，穆罕默德·阿里被迫同意接受妥协式的解决方案。其作为埃及世袭统治者的地位得到了承认，但前提是放弃埃及在奥斯曼帝国的所有占领区和诉求。[161]

这些条款并没有对埃及在非洲的政治和地位产生影响。在穆罕默德·阿里及其后继者的统治下，开罗"土耳其－埃及"政权的势力延伸到整个苏丹。这场征服是由一支特殊的军队完成的——除了以独特方式在欧洲受到训练的部队外，还有来自奴隶市场的大量奴隶兵。但是不久后帕夏便发现，通过兵役制招募来的埃及农民比非洲奴隶更擅长打仗。在埃及统治下，苏丹的矿产资源（特别是黄金）遭到掠夺，苏丹百姓所承受的税赋负担无论在名目还是数额上都是前所未有的。苏丹民众的反抗被残酷镇压，在边疆的暴力市场上又多了一批新的军阀，成为压在百姓头上的又一座大山。

伊斯梅尔总督以消灭奴隶制作为借口，推动埃及对苏丹的入侵。对欧洲人来说，这是一个"政治正确"的说辞。为此，伊斯梅尔请来了60年代因镇压太平天国运动而扬名的查理·戈登（Charles Gordon）将军，授命其率军向苏丹南部扩张。为反抗埃及的持续扩张及其对奴隶贸易的禁令，1881年，一场弥赛亚式的革命运动终于在苏丹爆发。其领袖穆罕默德·艾哈迈德（Mohammad Ahmed）成为众人拥戴的救世主"马赫迪"（Mahdi）。在很短的时间内，反叛者便控制了苏丹的大部分地区，并于1883年剿灭了一支由英国人指挥的军队。1885年，因刚愎自用和低估对手而陷入孤立的戈登被马赫迪追随者刺杀身亡，埃及帝国在非洲的统治就此终结。马赫迪建立的松散权力体制，完全是依靠其个人的领袖魅力和权威。1885年马赫迪去世后，政权变得摇摇欲坠，一场严重旱灾的爆发更令其雪上加霜。因此，当1898年基钦纳勋爵（Lord Kitchener）（重新）占领苏丹时，没有遇到任何强有力的抵抗。马赫迪运动是在反抗埃及和欧洲入侵的斗争中诞生的，并具有许多典型的反帝国主义特征。其中包括将所有侵略者都贴上异族的标签：在这场运动中，这个标签就是"土耳其"，这些人同时也被斥为宗教上的离经叛道者。[162]

在18世纪晚期同样错综复杂的印度国家秩序中，人们所看到的是另外一种情形。1707年奥朗则布（Aurangzeb）皇帝去世后，莫卧儿帝国迅速解体。在分裂后形成的几个国家当中，大部分都不能被称为帝国。但是，有些国家也把领土扩张与通过向农民征收赋税来巩固统治，以及国家建构的一些基础性措施结合在一起，这些做法在某些方面难免让人联想到穆罕默德·阿里时期的埃及。海德尔·阿里（Haidar Ali）与其子提普（Tipu）领导下的迈索尔（Maisui）苏丹王国向东印度公司不断壮大的军事势力发起挑战，并于1799年被剿灭。假如阿里父子当时做出的是另外一种选择，迈索尔王国或许也会走向一条"埃及式"的发展道路。马哈拉加·兰吉特·辛格（Maharaja Ranjit Singh）在旁遮普采取了相对谨慎的策略，他像之前的提普苏丹一样，请欧洲军官来训练自己的军队，并在以此奠定的权力基础上，建立起强大一时的锡克王国，让其他弱小的部族向其缴纳贡赋——这种做法颇具帝国之风。与非洲稀树草原地区的圣战式王国不同的是，在锡克帝国的扩张中（其势力一直推进到兴都库什山脚的白沙瓦［Peshawar］），宗教因素并未发挥任何激励性作用。兰吉特·辛格一手打造起一支典型的帝国式或曰"世界主义"式的精英队伍，其成员中既有锡克人，也有穆斯林和印度教信徒。但是，在兰吉特·辛格执政的年代里，英国人的势力实在太过强大。只有当锡克王国作为与形势莫测的阿富汗之间的缓冲带可以给英国人带来好处时，这个新兴国家的存在才有可能得到维系。马哈拉加作为独裁者，并没有在自己的国家建立起一套具有持久性的机制，就像穆罕默德·阿里在埃及一样。当他于1839年去世后，锡克王国于1849年被兼并，变成了英属印度的诸邦之一。[163]

美国的内部殖民主义

美国在北美大陆的扩张也可被视作一种形式极为特殊的次

级性帝国建构，同时也是这类帝国建构中最成功的一种。[164]
1783 年，赢得独立的美利坚合众国成为全球地域最辽阔的国家
之一。在接下来的 70 年里，其国土面积扩大了 3 倍。18 世纪
90 年代，把国土边界推进到密西西比河是托马斯·杰斐逊和其
他热衷于地缘政治规划的人士所追求的首要目标。在这条河流
的另一侧，是路易斯安那的广阔土地，从北边的大湖区一直延
伸到南部的墨西哥湾，其首府是地处最南端的新奥尔良。1682
年，法国掌握了对这片土地的统治权。法国从未考虑过对该地
区实行深度殖民，因此其统治权更多是在名义上，而非在现实
意义上。法国对这一地区兴趣淡薄的一个突出表现是：法国国
王将 1763 年通过《巴黎和约》所得到的路易斯安那的部分土
地，转给了西班牙国王。卡洛斯三世（Karl Ⅲ）对这一馈赠并
不感到兴奋，过了很长时间之后，西班牙才正式接手了这一地
区。[165]美国商人们很早便已进入密西西比河流域活动，并在此
建立起重要的商业利益链。1801 年，西班牙（秘密地！）把路
易斯安那还给了法国。拿破仑最初曾经设想要对密西西比河进
行一次伟大的军事探险，并一度将路易斯安那视为帝国皇冠上
的一颗宝石。但是到了 1803 年 4 月，他突然改变了主意。当杰斐逊
总统委派美国驻巴黎大使向法方提出请求，就割让密西西比河出
海口一事进行谈判时，这位"第一执政"面对英法两国迫在眉睫
的战争正希望与美国修好，于是借机提出，要将法国在北美的所
有领地以优惠价格全部出售给美方。美国谈判人员当即表示同
意。12 月 20 日，新奥尔良被正式移交美国联邦政府。

　　从法律的角度看，这是一种兼并行为。生活在路易斯安那
的近 5 万名白人最初的身份是法国人，然后是西班牙人，不久
后又重新变成了法国人。现如今，这些人发现自己转眼间又成

644

了美国的臣民，而在这一问题上，从来没有人征求过他们（更遑论印第安人）的意见。这个全世界最大的共和国大笔一挥，只花了不多几个钱，便将自己的国土面积扩大了一倍。与此同时，当时全球首屈一指的军事强国对北美大陆的潜在威胁也画上了句号。合众国在摆脱自身被殖民的历史整整20年后，终于拥有了第一块属于自己的殖民地——这是在没有动用军事暴力的前提下完成次级性帝国建构的一大案例。这一变化同时也带来了许多与接管殖民地相关的典型问题：与一个文化上完全陌生的（以法语为母语的）群体的矛盾冲突，这一人群对权力转移持排斥态度，并将美国法律——它是以英国《普通法》（Common Law）为基础，与西班牙和法国的法律存在根本性差异——的实行，视为一种充满敌意的行为。例如，在1803年之前的路易斯安那，所有肤色的自由民都拥有平等的公民权利，而新实行的美国法律却几乎完全拒绝这一点，一个人只要在血统上有一丝一毫的"有色"之嫌，便无法享受这些权利。[166] 1812年，美国国会宣布赋予路易斯安那州以美国联邦州的地位，这是由前法属路易斯安那领地划分出的13个州中第一个正式加入美国联邦的州。路易斯安那的美国化改造十分缓慢。从法国又陆续来了一批新的移民，另外还有数千名来自古巴的移民。当时在海地革命爆发后，许多种植园主逃到了古巴，但是在西班牙对法国发动抵抗战争期间，这些人的生存环境变得越来越恶劣，于是又转到了路易斯安那。新奥尔良在城市规划上完全是依照典型的法国殖民首府样式而建，直到19世纪30年代的经济繁荣期，整个城市还被划分为讲英语的美国人和以法语为母语的"克里奥人"分居的独立城区。尽管美国实行严格的种族法，但是在路易斯安那，"肤色界限"的划分却并不像美国南方州那样清晰。正如唐纳德·麦尼格（Donald Meinig）在其有关美国史的历史地理学巨著中所言，路易斯安那正是美国自我意识所不愿承认的一种事物："一个帝国殖民地"。假如当时的路易斯安那是从某种受奴役的状态下被解放出来的话，那么它与美国的主流意识形态或许是可以融合的。但是，路易斯安那人"是来自陌生文化的人，他们不肯把自己变成美国人"。[167]在这一点上，他们与美洲大陆的原住民印第安人并无二致。

人们是否可以把美国1898年后占领菲律宾及其在中美洲和加勒比地区的无数干预行动称为美式"帝国主义"呢？这一问题长期以来一直困扰着人们。一些人认为，美国是一个概念意义上（per definitionem）的反帝国主义强国，另一些人则将美国看作资本主义式帝国主义的完美化身。[168]唐纳德·麦尼格将这场争论从意识形态的纠葛中解脱出来，以令人信服的方式指出了美国与其他帝国体制之间在结构上所具有的相似性。按照麦尼格的主要观点，19世纪中叶的美国是一个集各种形态于一身的国家：一个地方社会的聚合体，一个联邦，一个民族，同时也是一个帝国。[169]那么，它为什么是帝国呢？

美国建立了一套由堡垒、要塞和街巷控制等措施构成的军事化暴力机制，用以防御和遏制印第安人。即使是拥有最低限度自治权的特区，也是不容许存在的。这里既没有针对印第安人土地的保护法令，也没有类似于印度土邦的飞地。在大规模印第安战争期间，白人对印第安人的态度与沙俄对哈萨克草原各民族的态度十分相像。在美国，帝国核心同样提出了具有普遍性的主权诉求，修建了昂贵的军事设施，并对边界地区持有武器的拓荒者采取鼓励和纵容的态度；相比之下，哈萨克人的数量较多，内部很少出现分裂，对统治者的肆意妄为也从不忍让。哈萨克人长期保持着文化上乃至一定程度的军事上的自主性，这一点是俄国作为多民族国家的显著特征之一。如今，哈萨克人已经有了自己的（民族）国家。在麦尼格看来，基于美国的军事化占领和土地掠夺的政策，人们有理由说，它的确具有帝国的特性。但是如果因此认为，美国作为帝国已是无可辩驳之事，则未免过于简单（在麦尼格看来，甚至是一种误解）。美国是一个以联邦制作为组织形式、不断扩张的民族，其凝聚力并非源于某种统一的民族血缘学之说。美国的所有白人和黑人居民都是某种意义上的"外来户"。有关文化"熔炉"的神话——且不论其距离现实是多么遥远——从未成为整个民族的基本认知。因此，欧洲民族主义的"我者/他者"之二元论式基本理念，在美国也难成气候。在对"我们"的定义上，从来都没有一个统一的概念。19 世纪的美国人执着地相信，社会差异是以划分精细的等级制度决定的，种族（race）作为秩序标准是必不可缺的，同时也是不稳定的。[170] 这是一种典型的帝国式世界观藩篱，在各种各样的隔离制度实践中，人们都能够找到它的现实对应物。

六　不列颠治下的和平

帝国式民族主义与全球视野

在 19 世纪的帝国中，英帝国不仅仅是在领土面积和人口数量上遥遥领先的一个。[171] 从本质上看，它也同样有别于其他帝国。大不列颠可以被称作一个帝国式的民族国家：从内部趋势来看，早在前帝国时代，它已经是一个政治上统一、拥有固定边界、领土趋于稳定的民族国家。英国政治家们随着时间推移已经逐渐习惯将民族利益定义为帝国利益，或者相反。近年来的历史学著作则指出，不应当过分夸大联合王国的民族同质性。直到今天，大不列颠仍然是一个由四个不同民族组成的混合体：英格兰人、苏格兰人、威尔士人和北爱尔兰人。帝国史上的一些现象，同样证明了这一视角。在英帝国中，苏格兰人是一个异常活跃的民族，无论是作为商人、士兵还是传教士。甚至有这样一种说法：苏格兰是隐藏在大英帝国内部的英格兰分帝国。爱尔兰人则是一个矛盾体：一方面，这个岛屿上的天主教居民有充分理由认为自己（在 1801 年并入联合王国后）所受到的对待相当于准殖民地；另一方面，也有许多爱尔兰人——其中不乏天主教徒——抱着满腔热情，积极参与到英帝国的行动中。[172] 尽管存在着这些差异（人们更多是从英格兰的视角看，才会注意到它们），但是这并不能改变一个基本的事实：大不列颠在世人眼中，是一个自成一体的帝国式民族国家。

长时间以来，英国的上层人士和知识分子都自信地认为，这个国家从未受到过民族主义病毒的侵害。在他们看来，民族主义是那些头脑狭隘的大陆欧洲人的想法，而英国人向来是以世界主义的方式思考问题的。因此，在某种程度上，英国是一个没有民族主义的民族国家。今天，已经不会再有人这样讲。英国的特点更多体现为帝国式民族主义这一充满矛盾的现象。它最初是于 18 世纪 90 年代以民族意识的面目出现的，这种民族意识的能量主要来自英帝国当年所取得的辉煌成就。[173] 在英国（男）人眼中，英国的至尊地位体现在其征服的艺术、贸易的成就以及英国统治者为其臣民所做的一桩桩善行中。在英国人的自我意识里，英国的优越性不仅仅是针对有色族群——那些必须用文明和规则施以教化的人群，同时也是相对于其他欧洲国家而言：这些国家当中没有哪一个能够像英国一样，一路所向披靡地将势力推进到海外各地。在整个 19 世纪期间，这种独具特色的帝国主义一直长盛不衰。虽然它偶尔也会激化，从而演变为"沙文主义"，但是从重要性上讲，后者从来都无法超越英帝国主义本质延续不变这一事实。英国的帝国式民族主义与传播新教的宗教意识是紧密相连的，在新教教义中，领导权与性格刚毅等价值观因素具有重要的意义。英国人是实现改造世界之目标的工具——在那些目光超越本土视野的民众中，这种观念为其作为英国人的自我意识奠定了基础。正如大革命后的法国人一样，英国人也自视为一种"普世性"民族，其文化上的成就也同样具有普世性意义，作为这一文化的承载者，他们理当把它传播到全世界。

因此，在整个 19 世纪，英国与世界的关系始终透着强烈的传播文明使命的色彩。必须将那些受专制压迫和非基督教迷信愚弄的民众解放出来：这种惯用说辞总是能产生一呼百应的效果。英国是人道主义干预理念的诞生地，在这里，国家间干涉的问题——通过约翰·穆勒的理论——以今天仍然有效的方式得到了论证。[174] 1799 年以打败提普苏丹告终的第四次与印度迈索尔王国之间的战争便是一个例子。前三次英迈战争都被解读为权力政治的对抗，这一次则全然不同。在宣传中，人们将这场战争描绘为一场反抗伊斯兰暴君的解放之战。但是在英国人的自我意识里，意义更为重大的是为反对奴隶贸易而进行的公开斗争。1807 年，废奴派在英国议会中最终赢得胜利。在随后的 30 年中，追捕第三国的贩奴船，释放船上运送的奴隶成为英国皇家海军的主要任务之一。这种泛干涉主义的举措对促进国家的战略利益同样也发挥了积极作用，但是，这不过是一种令人愉悦的附带效应。正如熊彼特所言，英国这样做的目的并不是争当海上的世界霸主，而是要充当"海上的交通警察"。[175]英国对世界认知的意识形态核心是"文明使命感"（civilizing mission），它更希望借助务实的手段而非唯我独尊的狂热来实现这一目标。我们只需简短地回顾一下英帝国走过的历程，就会清楚地看到：作为榜样，英帝国的地位是不可超越的。

当然，英帝国的现实成就并不能仅仅用集体性的自我暗示来解释。这个北海中的小小群岛在实现帝国崛起之初，面对着三大有利因素：①荷兰贸易霸权的衰落与东印度公司在商业上的成功；②英国在七年战争中的全球性势力扩张，并通过1763年的《巴黎和约》得到确认；③英国逐渐掌握了对部分亚洲富裕地区的领土统治权，这些地区可以为英国财政带来可观的贡赋收入。除上述背景外，英国对国家财政的统筹比世界上任何一个国家都要完善。英国的政治精英下定决心，要源源不断地投入大笔资金用于皇家海军的建设，从而使英国最起码具备与拿破仑在海上一决雌雄的能力。早在18世纪60年代，英国的精英们便学会了如何从全球角度思考问题，在这方面，他们无疑是欧洲的先驱。如果说人们以往谈论的不过是散落在世界各地不多的几处领地，那么现如今，关于建立内部统一的全球性帝国的蓝图则已凸显轮廓。各种实施方案在伦敦被制定出来，并在全球被付诸实施。[176]这些构想是以海洋为基点，但同时也考虑到大陆统治的可能性——这是与早年哈布斯堡建立全球性帝国之构想的一大差别。七年战争结束后，英国在全世界的扩张已呈现不可阻挡的势头——并非在领土扩张的意义上，而是就其影响力而言。北美13个殖民地的丧失是英国遭遇的一次严

649

重挫折，但是英帝国的延续性仍然得到了挽救，因为早在1783年之前，东印度公司便通过一场大刀阔斧的改革为它在印度的统治地位（它当时还没有真正掌握对印度的统治权）打下了全新而坚实的基础。[177]

海军、自由贸易与大不列颠"帝国体系"

拿破仑战争时期，局势的发展还未能达到让英国人事事如愿的地步：1806年在布宜诺斯艾利斯和1812年与美国人的交战中，英国接连尝到了失败的苦果。当拿破仑被流放圣赫勒拿岛，来自欧洲大陆的威胁随之消失后（只有与俄国在亚洲长达数十年的冷战——所谓"大博弈"［Great Game］——是一个例外），英帝国才真正进入了成熟期。它所依靠的基础有哪些呢？

第一，英伦诸岛超出平均水平的人口增长率，以及大多数民众在移民问题上（以澳大利亚等地为目的地的强制性移民自然另当别论）所表现出的异乎寻常的热情，为英国的人口扩张带来了巨大的动力，这是其他任何欧洲国家都望尘莫及的。除美国外，以英国移民为主体、受英国文化影响最深的首先是加拿大，然后是其他各自治领。到1900年前后，在印度、锡兰、马来亚、[178]肯尼亚、罗得西亚，以及香港、新加坡、上海等港口殖民地，也出现了一些规模相对较小的英国"侨民"（expatriates）社团。由此便形成了一个文化上高度默契并通过语言、宗教和生活方式紧密联系在一起的不列颠世界（British World），一个遍布全球的盎格鲁－撒克逊群体，他们虽然身处远在海外的离散地，却从未割断与故土之间的联系。[179]

第二，英国早在七年战争中便已奠定了其作为海上霸主的地位。经过与拿破仑法国的大决战之后，英国海军成为唯一一支拥有全球作战能力的舰队。对此我们必须反复强调的是，英国的这一成就，是不惜一切代价调动财政资源取得的成果。在1688～1815年间，英国的国民生产总值增长了3倍，而税收增长的幅度则达到了15倍。英国政府所掌握的财力，相当于法国政府的两倍。由于英国的增税主要是通过提高消费税的方式间接进行的，因此，英国人对税收负担的感觉，并不比法国人更明显。1799年，作为战争应急措施，英国政府开始额外征收收入税，并一直保留到战后。这一税种同样获得了民众的广泛认可，并成为英国政府的重要财政支柱。在公共收入的获益者中，皇家海军是当之无愧的佼佼者。[180]皇家海军之所以拥有强大的行动力，完全是倚仗英国政府有计划建立的、由一个个海上据点构成的覆盖全球的基地体系。到19世纪末，世界上没有一条重要的航道和海峡不是在皇家海军的势力控制之下。[181]

英国海军极少利用这一优势，出于战略考虑封锁航线（在直布罗陀海峡、苏伊士运河、新加坡和开普敦，这样做简直是易如反掌！）或为非不列颠人的贸易施加不利影响。英国海军的总体目标更多的是保障交通要道的畅通，并阻止其他国家对通道实行封锁。在整个19世纪，大不列颠始终是海洋自由论（mare liberum）的实践者。英国在海上的绝对优势并不仅仅是基于物质条件的优越，而且也有政治上的原因：由于皇家海军的行动在欧洲各国政府眼中并不具有威胁性，因此这些国家没有理由让自己卷入一场无谓的军备竞赛。到19世纪后半叶，当法国、俄国、美国、德国和日本等国纷纷加大投入，加强海军军备建设后（有些国家虽然有足够的经济能力为自己组建一支由蒸汽机船组成的舰队，却放弃这样做，比如说荷兰），英国仍然拥有强大的实力，以保持自己遥遥领先的霸主位置。在决定

651

皇家海军优势的关键因素中，强大的后勤运输能力同样功不可没。庞大高效的商船队伍为英国在世界五大洋以及各大海域的军事独霸提供了有力支持。直到 1890 年，大不列颠所拥有的民用船舶吨位仍然超过世界其他国家的总和。[182]海上货运与客运为英国的国际收支做出了重要贡献。许多富可敌国的富豪，便是在这些领域中诞生的。

海洋霸权使英国无须同时养育一支庞大的陆军力量。"无常备军"（No standing armies！）原则一如既往地得到贯彻。国防军的实力十分薄弱，直到一战爆发前夕，印度雇佣军仍然是联合王国陆军中兵力最强的部队。不无矛盾的是，在整个 19 世纪，这都是全世界规模最大的一支常备军。印度雇佣军是 1770年之后，在不断扩大的印度雇佣兵市场的基础上建立起来的，并同时肩负着多方面的职责。正如英国首相大卫·劳合·乔治（David Lloyd George）1922 年所说，这支军队是官僚体系外、维护印度这个庞大国家统一的另一副"钢铁框架"。同时，作为一支流动的战斗部队，它还在平息亚洲和非洲各地的殖民冲突中发挥着重要作用。在上海公共租界里，它甚至还扮演着治安警察的角色。1925 年，正是在这里，一些锡克族士兵的行为引发了一场轰轰烈烈的全国性示威抗议活动。[183]

第三，直到 19 世纪最后三四十年，英国仍然是全球第一大经济体。1830 年前后，英国成为"世界的工厂"（workshop of the world）。英国的轻工业产品远销各大洲，铁船、铁轨和纺织机械绝大多数都是在英国制造。英国供应的许多产品，是其他任何地区都没有能力生产的。输出商品的同时，英国也将一种对文化产生深层影响的消费模式传播到各地。反过来，这种模式又进一步保障和扩大了对这些商品的需求。此外，高度发达的生产力也为英国创造了条件，使它能够利用出口商品的价格优势，打败各路竞争对手。另外，如果有需要的话，出口商在出口廉价商品的同时，还可以获得优惠贷款。帝国所创造的这些契机也给私人公司带来了好处。政府严格遵守自由的信条，在对帝国经济活动的干预上表现得十分克制。与法国或（1871年后的）德国同行相比，英国商人即使在殖民地活动时，也很少需要政府为其出面施压。但是，世界各地的英国外交官和领事官员要想获取信息，往往离不开商人的帮助。英国商人的早期活动往往还会通过另一种方式为帝国做出贡献：他们通过自身行为制造"麻烦"，并由此给"政治"提供干预的借口。[184]新的利益和机会以连锁反应的形式不断积累，新型投资风险也随之增多，并给人们带来可供利用的契机。在帝国组织结构的内部，时常会出现一些私人性的经济帝国，它们对形式上的英国主权边界毫不在意。

与18世纪的各大帝国不同的是，维多利亚鼎盛时代的英帝国是一个为资本创造契机的全球性体系。这也是它与那些重商主义的帝国式政体之间的本质性差异。后者往往是借助外贸控制乃至垄断来达到闭关锁国的目的，并将自身打造成为与邻国为敌的经济型战争机器。英国政府对创建大不列颠帝国体系——其势力范围远远超过了名义上受其统治的殖民地——的最大贡献，正是这种经济政策上的"自我消解"（Selbstdemontage），或用褒义的话讲，叫作经济政策的自由化。自由化是经由两条轨道实现的。其一是1849年废除《航海法案》（Navigation Acts）；这些最早诞生于17世纪的法律条例规定，所有运往英格兰或大不列颠的进口货物，必须使用英国公民或进口货物原产国公民所有的船只运输。该法案最初主要是针对荷兰中间商制定的。到 19 世纪中叶时，海上经济自由权得以确立。

另一条轨道是取消粮食关税（即规定关税的《谷物法》[Corn Laws]）。这是 19 世纪 40 年代英国内政的重大话题。粮食关税实行的时间并不长。它是 1815 年才开始实行的，其目的是防止因生产过剩或进口而导致粮食市场崩溃。当国内市场的价格没有达到一定水平时，小麦的进口是不被允许的。这种农业保护性关税是为了迎合农民利益，但日益遭到工厂主们的反对，因为在后者看来，人为抬高的食品价格是工业品需求不足的根源之一。此外，这一制度还被视为贵族特权的标志而受到抨击。罗伯特·皮尔爵士（Sir Robert Peel）是以保护关税派为主体的保守党领袖，为了维护国家利益，他不惜与党内强大的反对势力作对。1846 年，他作为首相宣布取消谷物关税，该决定于 3 年后正式生效。在 50 年代，英国还实行了一系列推动对外贸易自由化的措施，这十年也因此成为自由贸易的突破期。《谷物法》的废除很快便超越了党派界线，成为全国上下一致公认的经济进步象征。[185]

独一无二且颇具革命性的一点是，英国是单方面宣布采取这一措施的，也就是说，它并不期待从贸易伙伴那里得到对等待遇。英国的举措引起了一连串连锁反应，这样的结果是可想而知的，因为联合王国并未为此召集过一场大型的国际性会议，宣布推行一种新的"世界经济秩序"。随着自由贸易的迅速扩展，早在 19 世纪 60 年代中期，欧洲国家间的大部分关税便已被取消。当时的欧洲变成了一个自由贸易区，从比利牛斯山脉一直延伸到俄国边界。在英帝国内部，自由贸易原则同样得到了执行。各自治领的实力不断增强，一个明显的标志是：到 19

世纪末，它们已经有能力独立制定本国的关税政策。在自由化的世界市场上，大不列颠凭借其生产力优势仍然占据着主导地位。一旦遭遇贸易壁垒，在所有国内精英的支持下，英国便会立即采取严厉的干预措施与之对抗。[186] 对英国国家信条而言，任何以保护为由的封锁本国市场的行为都是文明落后的表现，是不可容忍的。为了抵御英国商品的进口潮，美国财政部长亚历山大·汉密尔顿（Alexander Hamilton）和来自施瓦本的德国经济学家弗里德里希·李斯特（Friedrich List）便曾分别于1791 年和 1841 年提出过这样的建议。在威胁或动用武力的情况下，各国被迫签订了自由贸易协议，近乎完全彻底地放弃了所有对本国市场的关税保护措施：拉美共和国于 19 世纪 20 年代，奥斯曼帝国于 1838 年，中国于 1842 年，暹罗于 1885 年，日本于 1858 年。在英国人看来，这是为各国人民"造福"的一种方式。人们将这种行为不无矛盾但又十分贴切地称为"自由贸易式帝国主义"。[187]

654

这种全球性的自由贸易体系为英国自身利益带来了巨大契机。但是，由于该体系是建立在所有国家一律平等以及严格反垄断主义的基础上，因此从原则上讲，机会对其他国家同样是开放的。随着欧美各大经济体的不断壮大，英国经济——至少是工业制造业（金融业则相对坚挺）——的优势逐渐消失，它从自由贸易中所获得的好处也在不断减少。1878 年后，大部分欧洲国家陆续恢复了关税，美国更是几乎从未完全脱离贸易保护主义的基调——这与其呼吁其他国家开放市场的态度往往是矛盾的。即使面对这样的局面，联合王国仍然坚守着自由贸易的方针。自由贸易获得了整个英国社会——从经济界人士到工人群体——的广泛认同，并于 19 世纪末演变为大不列颠政治文

化的一大支柱和民族意识的情感基础之一。[188]这种单边主义所
表现出的顽强和韧性，与它在 19 世纪中叶问世时一样，不能不
令人感到惊叹。

英国利用其全球性帝国体系所推行的，是一种有别于利己
主义强盗式霸权的"良性"（benign）霸权。它免费提供"公共
产品"（public goods）：维护全球各大海域的法律与秩序（包括
剿杀残余的海盗势力），保护跨越民族与文化界线的财产私有
权，保障迁徙自由，制定以平等主义为原则的普遍关税制度，
建立自由贸易协定体系，使其他国家得以通过最惠国条款自动
参与其中。该条款是全球自由化最重要的法律机制，它规定，
一个成员方按照协议给予另一个成员方的优惠待遇必须自动给
予所有其他成员。[189]

655

英帝国的成本与收益

在 20 世纪 80 年代的后半期，历史学家争论的一个问题是：
英帝国究竟是"赚"还是"赔"了？一个美国研究团队通过大
量实证分析得出这样的结论：英帝国的所作所为从根本上讲是
一场挥霍金钱的浩大行动。[190]这一结论彻底推翻了以往的马克
思主义式观点，即认为英国的帝国主义扩张是为"客观需求"
所迫；在英帝国的领地上，帝国主义者大肆进行掠夺和盘剥，
等等。经过这场争论，人们可以做出一个相对更为精确的判断：
英帝国最初在相当长的一段时间里，无疑是给众多私人企业乃
至整个英国经济带来了不少好处——通过利润的私有化和成本
的社会化。从个体层面看，帝国的各种生意的确让很多人赚得
盆满钵满。只要翻看一下一些企业的档案，就不难证明这一点。
由于英国是当时全世界唯一一个以海外贸易为重心的经济体，

与其他欧洲国家相比，英国在世界经济中的地位更多是倚仗其覆盖全球的贸易与金融关系。但是，英国与所谓"独立帝国"（dependent Empire）之间的这类关系（除印度外），远不及与欧洲大陆、美国以及各自治领之间的关系更密切。概括而言，帝国的确令英国经济获益颇丰，但并未因此使后者对前者产生依赖。一个例子可以从反面证明这一点：随着1947年印度独立，去殖民化时代开始后，英国经济令人意外地并没有因此受到太多的负面影响。

如果将问题集中于英帝国在其最大的殖民地印度身上所获得的收益，那么人们所看到的结果几乎是一目了然的：通过组织严密的殖民税收体系，印度在很长时间里承担了外族统治的全部开支，换言之，英国的殖民管理和军事机构是依靠印度的财政收入供养的。由于印度市场在政治的操作下对一些特定的英国进口货物保持开放，另外再加上印度长期的贸易逆差，因此，在维持英国的国际收支平衡方面，印度做出了巨大的贡献。在1914年前的半个世纪里，这颗帝国"王冠上的宝石"绝非一个亏本买卖。[191]

假如我们少一些账面上的算计，不把自己局限在经济学的 656 成本效益核算当中，那么我们应当注意到以下三点：①即便大多数英国民众确实对帝国缺少兴趣，但仍然有几百万人"为帝国感到骄傲"，并把帝国当作"身份象征物"（status good）进行消费。这些人沉浸在帝国的荣耀之中，即使不能让"当地人"因此对自己刮目相看，起码也能用它来愉悦自身。[192]②帝国创造了无以计数的就业机会，尤其是在军事领域。但更重要的是，从经济意义上讲，它所带来的移民机会可以更好地实现劳动力的有效配置，这在英国国内是做不到的。从社会政治学角度看，它可以起到向外疏导社会压力的阀门作用。但是，这种效应很难被人为操控。移民大多是一种个体抉择，帝国所做的只是为人们提供选项而已。③帝国为大不列颠提供了最大限度地推行（从英国视角来看）理性外交的可能性。英国的岛国优势——由于自然地理的因素而不受邻国之扰（邻国是不能自行挑选的）——进一步得到增强。

英国政治拥有超过其他所有强国的广阔行动空间。联合王国既可以主动与他国交好——如果它愿意的话，也可以保持疏远。在国际政治的舞台上，大不列颠的"朋友"并不多。但它的确没有交友的必要，而且也不愿自己被无谓地拖入那些烦人的义务和责任之中。19 世纪的历届英国政府——无论哪个党派执政——都采取了这种亲疏有度的治国策略。尽管在世纪末时，英国与其他国家陆续签订了一系列外交协议——1902 年与日本结盟，1904 年同法国签订《挚诚协定》（Entente cordiale），1907 年与俄国签署《英俄条约》，但是在这些协议中都没有规定，在爆发战争的情况下，英国必须与协议国站在一起并为之提供援助。即使是一战时英国决定参战（英国是于 1914 年 8 月 4 日以整个英帝国的名义宣布的），也并不是迫于某种无奈的联盟机制，而是出于自身意愿做出的抉择。因此，英帝国统治将英国的"光荣孤立"（splended isolation）——它只有在欧洲大陆势力均衡的条件下才能发挥作用——变成了一个外交上的利好之选。英帝国的资源是"唾手可得"的，而英国政治的务实风格则使得它可以一直保持随机转向的可能性。因此，在一战爆发之初，大不列颠并不是孤立的。帝国的真正价值则在 1914～1918 年间以史无前例的方式得到了展现。[193]

按照具有可比性的 19 世纪和 20 世纪的帝国史标准，英帝国无疑是一个成功的例子。要确认这一点，我们无须将自己变成帝国主义的辩护者便可以做到。英帝国平安度过了鞍型期的全球危机，以及 20 世纪使众多帝国遭遇覆灭的两次世界大战。不过，英国也曾经历了几次惨重的打击。在第二次世界大战之前，英国从未失去过一片其统治下的重要领地。（正因为如此，1942 年新加坡被日军占领才给英国人造成如此重创。）改变以不可阻挡之势不断向外推进的态势而选择退守，对帝国整合是有利的。1904 年，一支从印度出发的远征军在荣赫鹏爵士（Sir Francis Younghusband）率领下向拉萨挺进（在那里，人们并没有找到事先猜测的"俄国武器"），并在当地签署了一份关于西藏的保护国条约。当时，中国虽然对西藏提出了模糊的主权诉求，但并没有通过权力政治的方式为这些诉求奠定牢固的基础。英国这场冒险行动的背后指使者是爱出风头的印度总督寇松勋爵（Lord Curzon）。但是，伦敦政府对这片在经济和战略上都没有太大意义的土地却无心染指，对这场在"现场决策者"（men on the spot）指挥下所取得的可疑胜利，伦敦方面并不愿承认。[194]

在 19 世纪最后三四十年里，一些新崛起的强国在国际舞台上变得日益活跃，英国的经济地位与其他国家相比呈现下滑的趋势。面对外部局势的这种变化，英国政治家充分显示出其顺应时局变化的强大能力。尽管英国的霸权地位在世界竞争中已难以维系，换言之，英帝国已无法做到让所有事态的发展都按照自己的意愿进行，但英国政界仍然在防御性地守住固有成果与巧妙利用经济和领土的新契机之间，成功（但不无曲折）地找到了一条中间道路。[195] 在漫长的 19 世纪，英帝国向世人展现出不同的面孔，实现了一次又一次转型。它是这个时代当之无愧的最成功的帝国。一战结束后，英帝国甚至借助国际联盟的庇护，以接收"托管地"（伊朗、约旦、巴勒斯坦等）的方式让自己的势力范围再度扩大。 **658**

稳定因素

除了前面提及的各种因素，英帝国的相对成功还有另外一些原因：

第一，正如安东尼·G. 霍普金斯（Anthony G. Hopkins）和彼得·凯因（Peter Cain）所言，英国扩张背后的最重要动力并不是工业利益，而是以伦敦城为基地、与立志改革的农业利益集团有着密切关系的金融业。伦敦拥有全世界最具影响力的银行和最大的保险公司。所有国家的航运与外贸资金几乎全部来自这座城市。它是国际私人信贷业的中心。任何一个想在中国、阿根廷或奥斯曼帝国创业的投资者，都绕不开伦敦的金融市场。英镑是全球最重要的货币，金本位制从根本上讲也是以伦敦为中心运转的。与工业相比，金融业的一大优势在于，它较少受到固定地点的束缚，因此也更为国际化。世界各地的资金从四面八方涌入伦敦金融市场，因此伦敦作为经济中心的地位并不仅仅是就英帝国的殖民版图而言，甚至也并不局限于范围更大、受大不列颠政治势力影响的广阔地域。伦敦是全球资金流与商品流的控制中心，在纽约崛起之前，其地位是没有任何竞争者可与之匹敌的。[196]

第二，英帝国的管理者早在本书论述的这一时代之初，便从 18 世纪 70 年代美洲危机的灾难性政治失误中汲取了教训，并随着时间推移逐渐建立起一套精密完善的干预机制系统，并多次在实践中加以运用。在"干预"一词还不像今天这样带有浓厚贬义色彩的年代里，[197]干预主义的基本原则被视为资源投入的最优化方式。在帝国的经验中，这一点未必总是灵验，20 世纪的美国便是一个例子：它总是倾向于较早地动用大规模军事暴力，彰显自身的影响力。而英帝国却总是将暴力藏在身后，并发明了一套用于威胁恐吓的高超伎俩。在利用一切手段施压和敲诈勒索方面，英国的外交官和军事家个个都是高手。只要"说服"（persuasion）和"施压"（pressure）能够达到目的，便无须动用更昂贵的手段。如果联合第三方伙伴共同施压，其效果就会更加显著。合作伙伴的首选当然是法国，在 1857 年对付突尼斯和 1858～1860 年与中国的较量中，英国便采取了这一做法。而在暹罗的成果则更胜一筹：在当地，英国成功挑起了欧洲各国间的争斗并从中渔利。[198] 英国政客奉行的信条是：尽最大可能采取施压手段，直到这些非正式的机会资源全部用尽之后，再转向正式的殖民统治。英国帝国主义者最喜爱的模式是，通过"总督"和其他"顾问"对唯命是从的地方统治者实行秘密掌控。这种状况甚至有可能成为一种公开的假象：1882 年后，埃及事实上已经成为英国的殖民地，但是在 1914 年之前，奥斯曼苏丹并没有因为兼并而失去名义上对埃及的统治权。在这一时期，埃及始终都是由一位身居王位的地方君主和一群出身于本地的大臣来料理国事。而真正掌握大权并在幕后操纵政府的大不列颠最高代表，却只有"总督"这一平平常常的头衔，并且在名义上也没有任何主权上的权限。事实上，这种遮遮掩掩的庇护关系为直接干预提供的可能性，与专制统治下的王室殖民地相比毫不逊色。[199]

第三，在 19 世纪，英国政治整体上带有明显的贵族特征，这与其他国家特别是法国的市民式政治风格截然不同。这一特点为英国跨越文化界线、达成精英共识提供了方便。与法兰西帝国相比，英帝国的统一更多是通过让地方精英融入帝国机构队伍的方式实现的，尽管在很多时候，这种融入只是象征性

659

的。[200]

　　第四，英国的帝国主义者阶层——特别是在 19 世纪末——对种族主义观念的信奉程度并不亚于其他欧洲国家和北美的殖民者。他们对不同肤色人群之间的社会差异十分看重。但是总体上讲，英国的精英种族主义并没有进一步激化，从而导致种族灭绝式的极端行为。当时，这类行为是移民式殖民主义的"专利"，澳大利亚一度也曾出现过这样的现象。各地的起义——例如 1857 年的印度哗变——虽然遭到了残酷镇压，种族主义的抑制阈值也因此降低，然而在整个 19 世纪，英帝国从不曾把大规模屠杀乃至种族灭绝作为统治手段付诸实施，就像利奥波德国王在刚果或 1904～1908 年德国在西南部非洲一样。伴随着所谓"总督艾尔之争"（Governor Eyre Controversy），一个具有颠覆性意义的时刻到来了。1865 年 10 月，在牙买加小城莫兰特贝（Morant Bay），当地百姓因为一起诉讼案发起了针对殖民警察的抗议活动，并由此引发了一场以农民为主体的暴动。在冲突中，几位白人被杀。总督爱德华·艾尔（Edward Eyre）从中嗅出了长期以来一直幻想将要发生的"黑人大起义"——"第二个海地"——的气息，于是当即调动大规模警力进行镇压。在"平息"暴动期间，海岛上的百姓经历了长达数周的恐怖统治。其间大约有 500 名牙买加人被害，在光天化日之下受到鞭笞或其他形式拷打的更是不计其数。上千所民宅被毁于一炬。围绕镇压起义的问题，英国国内爆发了一场公开大辩论，并持续了将近三年之久。人们争论的核心问题是：艾尔总督究竟是应当被奉为英雄——因为他拯救了王室，并使岛上的白人免遭屠杀——得到称赞？还是应当作为一个无能和缺乏责任感的刽子手受到指责呢？没有任何一场争论像这次一样，让维多

660

利亚时期的民众如此情绪激昂，又如此意见不一。全国有名望的知识分子也纷纷就此表达了自己的立场。托马斯·卡莱尔（Thomas Carlyle）用一篇充满种族主义色彩的檄文为总督辩护，约翰·穆勒则为自由主义反对派代言，要求对现场决策者施以重罚。这起事件最终以自由派在舆论上的胜利而告终，艾尔本人并没有受到处罚，而只是被撤销了殖民官的职务。最后，他甚至还通过议会决议获得了退休金保障，尽管他本人并不愿接受。[201]尽管如此，1865 年仍然是反种族主义斗争中的一个重要年份，其意义堪比 1807 年废止奴隶贸易的重大决策。从此之后，公共舆论的警觉性再未减弱，殖民主义黑皮书中最劣迹斑斑的几页纸上，再也没有出现英国人的名字。[202]当一战后（特别是 20 世纪 30 年代）种族主义在德国和意大利走向极端化时，在大不列颠，它却早已不再是上流社会争论的话题。种族并没有被忽视（迄今也仍然没有），但是无论是在殖民地还是在英伦诸岛，延续不断的种族歧视从未引发过类似国家暴力式的后果。

　　如果从当今分析学的视角来观察，并且抛开那些同时代人的政治语言，我们又该如何定义"不列颠治下的和平"（Pax Britannica）呢？[203]首先，较为容易的做法是判断它"不是"什么。与罗马帝国和 18 世纪的清帝国不同的是，不列颠帝国并不是一个大一统的文明世界，一个"寰宇世界"（orbis terrarum）。除澳大利亚和新西兰外，在任何一块大陆上，大不列颠都没有形成一种难逢对手的帝国性垄断。在所有地方和任何时候，它都要面对来自其他强国的竞争和挑战。英帝国并不是一个统一的领土同盟，而是一种由枢纽状的密集点和难以控制的中间地带共同构成的体制。与二战之后"美利坚治下的和平"（Pax

661

Americana）时代的美国有所区别的是，美国在技术上有能力将这个星球上任何一个角落化为废墟，而 19 世纪的大不列颠帝国却没有如此强大的军事干预能力，让自己能够随意操控地球上每一片土地的命运。例如，1849 年英国部分民众曾经呼吁政府出兵匈牙利，以援助当地的革命者。但是，这在当时几乎没有成功的可能。因此，当年的英帝国在某种程度上可以扮演海上宪兵的角色，但无法成为真正的"世界警察"。

在 1815～1914 年的整个时间段中，假如我们忽略 1870 年之后大不列颠在国际舞台上的影响力略有减弱（但并非大幅下降）这一事实，那么大不列颠治下的和平更多意味着：①它有能力保卫这个全世界最大的殖民帝国，甚至能够在不挑起强权战争的情况下谨慎地扩大自己的领土；②它有能力利用经济发展上的差异，借助协议约定的特权（"不平等条约"）以及持续不断的达摩克利斯之剑式的干预恐吓（"炮舰政策"），超越殖民帝国的正式版图，在欧洲国家体系之外的许多国家（中国、奥斯曼帝国、拉丁美洲等）发挥自身强大乃至不可一世的非正式影响力；[204] ③它有能力提供为国际共同体服务、其受益者并非局限于不列颠公民的各种机制（自由贸易体制、货币体制、国际法条款等）。英帝国的独特之处在于，其领土版图上的核心（formal empire）是被另外两大同心圆环绕：一个是没有清晰界线、由大不列颠在其中以"非正式"手段发挥决定性作用的空间；另一个是受不列颠影响但不受其控制的世界经济与权力秩序所构成的全球空间。英帝国这个全球性帝国的势力虽然如此庞大，然而即使在 19 世纪中叶联合王国雄霸世界的几十年中，它也无法做到将不列颠所有经济行为全部掌控在自己手中。假如情况不是如此，那么跨帝国性的、"世界主义式的"自由贸易

政策便不可能长久维系。这是帝国的另一个悖论：对大不列颠 662
而言，在工业化时代与"不列颠治下的和平"的经典时期，帝
国在经济上的重要性，比"失去"美国之前和 1929 年世界经
济危机爆发之后的一段时间要小得多。

七　帝国：人们的生活状况究竟如何？

自从帝国诞生的一刻起，对它的评价便始终是在两个极端
之间摇摆。一边是帝国主义者的论调：要么是强者为王的军国
主义，要么是施恩天下的父权主义；另一边是反帝国主义斗士
（19 世纪时，这些人被称为民族主义者）关于压迫和自由的言
辞。在今天的争论中，这些古老的基本立场一再重现。一派观
点将帝国视为制造肉体压迫和文化异化的暴力机器，这种观点
的基础框架早在去殖民化时代便已形成；[205]另一些人则对此持
反对态度，这些人从当今世界局势的混乱中得出结论：帝国在
世界局部地区——如非洲、中亚或巴尔干地区——为和平和富
足所做出的贡献，远大于那些尚未成熟、如一盘散沙般的民族
国家。在两派意见彼此对立、各执一词的状况下，要回答帝国
内"人们"的生活究竟如何这一问题，实非易事。帝国主义者
的宣传为"事实"蒙上了一层面纱，但反过来讲，并非每一项
将帝国斥为"民族牢笼"的指责，都能与现实中无法承受的苦
难联系在一起。于是，与前一个问题相关的另一个复杂问题出
现了：在一个帝国或一处殖民地，并非生活中所有的一切都是
由帝国体制或殖民状态（situation coloniale）决定的。因此，如
果把帝国世界看作一个封闭的独立空间，而不是将其纳入世界
史观察的广泛视野（就像本书所做的一样），也是没有太大意

义的。在这一问题上，要找到一条中间道路十分困难。去殖民化时期的传统殖民主义批判者有一点是正确的，他们认为，殖民关系是一种普遍扭曲的状态。无论是理想模式下的殖民者还是被殖民者——按照虚拟的正常标准来衡量——都在人性上受到了伤害。另外，如果把殖民框架下的全部生活都理解为一种受制于异邦的奴役式关系，也不过是对殖民者无所不能之想象的再次确认而已。从方法论角度讲，这里也涉及结构与经验的关系问题。在对帝国的分析方面，出现了各种截然不同的方向。在马克思主义传统阐述中常见的结构化思维在分析帝国问题时，往往将帝国内部的具体生存环境和心理状态完全抛在了一边。当马克思主义批判性力量通过发展演变，化身为后殖民主义之后，却出现了一个完全相反的效应：人们将目光焦点全部聚集在个体或至多是小团体的"微"层面之上，而忽视了更大范围内的因果关联，甚至对那些对经验、归属和语境具有决定性意义的力量也熟视无睹。

663

但是尽管如此，我们仍然能够从关于 19 世纪帝国的具有典型性和普遍性的经验当中，总结出以下几点规律：

第一，大部分情况下，当一个地区被划入帝国领土版图之初，都会伴随着一场暴力行动。这一行动有可能是一场旷日持久的征服战，也有可能是一场地区性的大屠杀。屠杀很少是自然"发生"的，大多数时候，它是作为炫耀武力的手段、为达到震慑的目的而实施的。[206] 征服者以这种方式制造了一种由恐慌所致的麻木状态，（一旦征服取得胜利）他既显示了自己的实力优势，也给自己的权力诉求画上了象征性的标记，接下来的一步是解除所有民间武装，这是建立暴力垄断机制所必需的一步。凡是在帝国并非以贸易条款或宗教渗透的方式"悄然"

潜入的地区，最初都会给人们带来噩梦式的暴力体验。这些暴力事件发生的地区，往往都不是老百姓安居乐业的太平之地，而大多是暴力猖獗、民不聊生的社会，比如说 18 世纪的印度。莫卧儿帝国覆灭后，这里出现了大大小小的土邦和小国，它们彼此间一直混战不休。另外还有非洲大部分地区，欧洲和阿拉伯的奴隶贸易早已将这里搅得天翻地覆。当征服阶段的暴力行动结束后，这些地区往往都会真正地进入殖民统治下的和平期。

第二，并非在所有情况下，帝国夺取权力的过程都意味着以狂飙之势剿灭当地社会中的一切政治势力，以异族统治彻底取代本地统治。从总体来看，这类情况很少发生。在这方面，最富戏剧性的例子是西班牙 16 世纪对美洲的征服以及 1830 年之后收服阿尔及利亚。通常情况下，殖民列强——哪怕只是从节约成本考虑——最初大多是在本土精英中寻找自愿的合作者，将部分统治职能或新增设的职能交予他们。这种以不同形态呈现的策略，被称为"间接统治"（indirect rule）。不过，即使在旧的政权结构看似并未因新统治者掌权而发生太大变化的极端情况下，当地执政者的地位也必然会受到损害。帝国主义的到来总是以本土政治权威的失势为结果。即使是那些面对外部压力而不得不在领土问题上稍做让步的政府，例如 1842 年鸦片战争后的中国政府，其在本国政治共同体中的合法性也会大打折扣。它们因此变得更加脆弱，而且还要随时提防百姓因不满而造反。这些起义的爆发，甚至未必一定是出于"反帝国主义"的动机，当年的中国太平天国运动便是一例。反过来讲，帝国入侵者同样也会面临合法性的问题。殖民统治最初都被视为一种非法统治，也就是篡权。殖民统治者认识到这一点后，很快便开始为谋求哪怕最低限度的合法性而努力：通过治理业绩，或通过对当地符号性资源的挖掘来赢取尊重。但是，只有在极少数情况下，并且只有在那些文化差异不大的地区（如哈布斯堡帝国），殖民统治的篡权性质才有可能随着时间推移逐渐淡化。假如没有对哈布斯堡王室这一符号资本的充分利用，这样的结果是难以想象的。那些被并入帝国的社会如果并非还处在"阿克法洛斯"（akephal）① 的状态——就像西伯利亚和中非部分地区一样，那么这里的人们通常都曾有过国王或酋长式统治的经验。在这些地区，殖民者会努力给自己披上帝国宗主的外衣，或直接扮演地方君主的角色。1870 年之后的法兰西共和国无法做到这一点，从而导致其在象征政治上屡屡受困。

　　第三，并入某个帝国意味着加入了一个更广阔的交往空间。在帝国内部，交往的轨迹通常都是在中心与边缘之间呈辐射状分布。各殖民地以及帝国边陲地带之间虽然也不乏交流（其中很大一部分都是随着史学研究的发展才逐渐被发现），但很少能 665 够成为主流。帝国核心区从方方面面对交往媒介实行控制，并充满猜疑地监视着各殖民地臣民之间的直接接触和来往。只要技术条件允许，国家监管机构也没有明令禁止，地处边陲的精英们就会抓住各种新的机会，加强彼此间的交往。在帝国语言的应用问题上，这一点表现得尤其突出。[207] 在历史上，多种语言的并存几乎是一种常态。直到近代，尤其是 19 世纪，当人们的观念发生突破性转变，并将民族等同于某种单一语言的民族文化之后，多种语言的并存才变得越来越罕见。例如，在伊斯兰世界的各个国家和地区，阿拉伯语、波斯语和土耳其语三种语言同时应用的现象十分普遍。这种现象与语言的功能性差异

---

　　① 意为无头者，古埃及恶魔之名。

有关，因为阿拉伯语是不可翻译的《古兰经》所使用的语言，波斯语不仅在文学领域享有盛誉，同时也是从奥斯曼帝国东部省份一直到恒河的辽阔地域里流行的通用语（Lingua Franca）。如果把帝国语言的普及和应用一味地看作欧洲"文化帝国主义"的强权压迫，这是对现实复杂性简单化处理的一种做法。究竟应当在多大程度上对本地教育实行欧洲化改革，是时常困扰殖民国家的难题。19世纪初，在印度和锡兰，人们曾就此问题展开广泛而富有深度的讨论，但最后的结果仍然是莫衷一是。[208] 有些时候，引进外语作为教育语言并不是一种强制行为，而是自愿选择的一种结果。在1798～1802年法国占领埃及的短短几年里，尽管法国人并没有给埃及人留下太多好印象，但是在19世纪期间，法语却逐渐变成了埃及的第二种教育语言。这是埃及人的自主选择，因为法语是他们心目中欧洲最有文化的民族所使用的语言。甚至在1882年英国占领埃及后，法语的地位也未被撼动。同样，在沙俄帝国，正如每一位喜爱列夫·托尔斯泰的读者所了解的一样，法语在很长时间里一直是王公贵族的身份标签。对一个地区而言，并入一个帝国并不代表着统治者的语言立刻就会在这里通行。

第四，与大范围经济圈的交往与融合，通常是在并入帝国之前便开始了。这些经济上的流通关系并非总是但常常由于帝国的原因而被切断，因为帝国从重商主义出发，到处设立关税壁垒，实行新的货币制度，或封锁商路和航道。但是，帝国同时也为这些地区融入新的经济圈提供了契机。19世纪时，这个新的经济圈便是长期以来在广度和深度上不断扩大的"世界市场"。在第一次世界大战前夕，地球上只有极少数地区还没有与"世界市场"建立任何关联。融入"世界市场"——或者更贴

666

切地讲，融入一个个"世界性市场"——是以不同形式实现的。这种融入往往会导致新型的依赖关系，同时也带来新的机会。每一个帝国都是一个独具特点的经济空间，当一个地区成为它的一部分后，其原有的地方环境必然会发生变化。

第五，施害者与受害者、殖民者与被殖民者之间的二元划分，至多可以起到粗略归类的作用。这种划分构成了殖民地社会的一种根本性矛盾。只有在极端情况下——例如18世纪的加勒比奴隶制社会——这种矛盾才有可能达到如此尖锐的程度，以至于上述二元划分法与社会的真实状况大致吻合。然而即使在当时的加勒比社会，同样也存在着由"有色自由民"（free persons of colour）或"混血人种"（gens de couleur）构成的中间阶层。被帝国兼并的社会通常都是按等级划分的，这种等级秩序通过与帝国的接触而发生了动摇。帝国总是以敌友作为划分标准。它以这种方式在当地精英中制造分裂，并在不同派别之间挑起矛盾以便从中渔利。帝国总是要找到合谋者，并向其支付相应的酬劳。殖民管理机构在各个领域里都需要依靠当地人力，特别是19世纪末的电报、铁路和海关部门。与世界市场的密切联系为当地人在商业和资本主义生产中提供了飞黄腾达的机会。这些机会往往被一些少数群体利用，例如东南亚华人。如果欧洲土地法被引进，就会不可避免地导致农村私有权和等级关系的激进式变革。简言之，除了一些相对保守的"间接统治"（如尼日利亚北部，英埃共管下的苏丹等）特例，并入帝国都会导致深刻的社会变迁，有时在短短几年内便会引发一场社会革命。

第六，在不断推进的帝国文化边界上，个体与集体的身份认同也会发生变化。如果我们将这种变化单纯地看作从稳定单一的自我认知向破碎"多元"的个性形式与社会化形式的过渡，这样的理解未免过于片面。另外还有些人提出了有关身份认同"杂交性"（Hybridität）的问题，但这一点未必是殖民地和帝国环境所独有的特征。在这里，一个相对较老的社会学术语——"角色"——或许对我们的研究更有帮助。当新的因素出现时，社会情境必然会变得更复杂，角色种类将变得更加丰富，很多人还必须学会同时扮演不同的角色。例如在殖民地，一种典型的角色是买办和通译。另外，当有关女性行为举止和劳动就业的新理念传入后，女性的社会处境同样也会受到影响。这些理念的传播者，大多是基督教传教士。"身份认同"是一种动态范畴：当它以排斥外族的面目出现时，是最容易辨识的。这并不是殖民地独有的特点。但是，从总体上看，我们或许可以这样讲：帝国统治者看重的是，如何把帝国疆域里的各色人群划分为一目了然的"民族"；而民族国家则倾向于文化和民族的同一化，并且不吝于借助政治手段达成这一目标。帝国更强调的是差异，后殖民主义批评者通常指责这种做法是对人类平等原则的严重侵犯。对这一问题，我们不应单纯从道德的角度加以评判。毫无疑问，在19世纪后半叶，受种族思想的影响，民族类型化模式的形成进一步强化，但在走向上却是有差别的。殖民地的统治体系是将秩序复杂化，其做法是人为制造"族裔"。它发明了一套复杂的类别系统，以此对其臣民进行归类。19世纪下半叶兴起的人类学与民族学为此提供了有力的帮助，并以人口统计工具为手段，为这种分类增添了物质上的分量。一些社会群体是先有了理论上的定义，之后才通过人口统计转化为现实。[209]殖民国家总是先制造差异，然后再想方设法进行归类。差异化在程度上也各有不同。法国殖民者在阿尔及

667

利亚的做法是将臣民简单地划分成彼此对立的两种人：一种是"善良"的柏柏尔人，另一种是"堕落"的阿拉伯人。[210] 英属印度的情况则相反，在这里，人们制定了一套有着严格标准的划分精细的秩序系统。

668　　　然而，殖民地臣民的类别化和类型化并不仅仅是一项由殖民当局一手操办的事务。帝国各民族当中，一部分民族自愿接受了为其设定的身份，另一部分民族则对此予以抵抗，并为自身民族性的构建付出了无数精力和心血。因此在很多时候，民族主义这一由欧洲人发明并从欧洲引进的理念，早在民族建构的过程中便被发挥式地加以借鉴，并随着形势的发展不断调整和变化。殖民当局的处境是尴尬的：一方面，它从"分而治之"（Divide et impera）的原则出发，助长各民族群体之间的差异性；另一方面，它还要努力避免这些差异升级，以致达到暴力和失控的程度。集体的身份认同并非总是听由政府的操纵，其自我定位也未必总是以民族为名。19 世纪伊始，在欧洲以外的地区，集体认同的意识并不多见。第一次世界大战后，以不同名义建立反帝国主义同盟的可能性骤然增多。印度解放运动在 1919 年甘地第一次提出"不合作"主张后的一个时期，还没有形成任何民族或宗教的基础。关于在印度土地上建立独立伊斯兰国家的思想，也不是经历漫长的过程逐渐成熟起来的，而是 1940 年后在后来成为巴基斯坦建国者的小圈子里诞生的。自 19 世纪中叶以后，帝国已成为集体认同建构的重要舞台。这些进程是任何人都无法控制的，尽管在某些帝国的晚期，它曾作为"民族问题"成为人们讨论的话题。在一定程度上堪称成熟、尔后被某个帝国征服的个别原始民族（Proto - Nation）——如 1882 年的埃及、1884 年的越南或 1910 年的朝鲜——在殖民时期结束后，重拾以往的传统，使中断的准民族历史重新得到了延续。这类情况更多属于例外。在通常情况下，帝国总是不由自主地催生出某种力量，这些力量某一天将会掉转头来，将矛头指向帝国。

第七，人们从帝国获得的政治经验中，最普遍、最重要的一条是：唯有反抗，才有政治。[211] 在帝国的边缘地带，只有臣民，没有公民。在这方面，英国自治领是一个极其罕见的特例。除此之外，这条普遍规律很少被打破：1867 年，匈牙利人在哈布斯堡帝国做到了这一点；布尔人在 1910 年成立的南非联盟以特殊的方式同样取得了成功。在法兰西帝国，只有人数极少的非白人居民在 1848 年后获得了公民权：在瓜德罗普岛、马提尼克岛、圭亚那和留尼旺岛等"老牌殖民地"（vieilles colonies）以及塞内加尔的 4 个沿海城市。[212] 即使是那些在殖民机构任职的精英合作者，也被挡在最高决策层的大门之外。他们所扮演的角色，不过是真正的权力和决策中心与依赖型社会之间的传送带。因此，尽管在细节上存在着诸多差异，但帝国最终都会被缩减为一条单线的指挥链。这条指挥链有可能因为"现场决策者"的原因而偶尔松动。另外，那些聪慧的帝国政治家也会意识到，他所下达的指令在原则上必须是可行的，任何苛刻的要求都不能逾越底线；弦不能绷得太紧，不能把臣民眼中的帝国变成纯粹的恐怖机器。帝国治理术必须努力做到成本收益率的最优化，要关注本土利益，以此给人们造成这样一种印象：留在帝国之内比脱离帝国更有利可图。[213] 但是，这一切并不会改变下述事实：本地人的政治参与权永远无法通过法律得到原则性保障。让极少数精英人士加入英国各殖民地的"立法院"，不过是一种为掩人耳目而制造的伪等级代表制的假象而已。19 世纪的所有帝国都是彻头彻尾的专制政体。与近代早期的"启蒙型"专制主义一样，帝国的专制也不排除某种程度的司法保障。在这方面，英帝国走得最远。如果因此将其视作发达的法治国家，未免太过夸张。但无论如何，我们仍然应当承认，英帝国的确具有一种基础的"法治性"，一套受规章保护的命令体制（rule-bound command）。[214] 同时，我们也不能因此否认，在英国殖民地，本土居民永远都无法享受到和当地白人相同的权利，在司法实践中，他们赢得胜诉的概率也十分渺茫。然而在 1900 年前后，对一个非洲人而言，他究竟是生活在利奥波德国王统治下的刚果，还是英国统治下的乌干达，这两者之间还是存在一定差别的，虽然那差别可谓微乎其微。

19 世纪是一个帝国的时代，并在一场帝国交锋的战争中达到了巅峰。参战各方都充分调动了其边缘附属地区的辅助性资源，而缺少这些资源的国家，例如德国（1914 年后，它已无法再从自己的殖民地获得好处），则将夺取准殖民地性质的额外空间作为重要的战争目标。战争结束后，在帝国当中，最后解体的只是少数，而且也不是最庞大、最重要的那几个。德国失去了几处面积很小也没有太多经济价值的殖民地。这些殖民地被获胜的几大协约国私下瓜分。哈布斯堡帝国这个欧洲内部的多民族联合体——一个某种意义上的"孤本"——按照其原有的组成分裂成几块。奥斯曼帝国解体后所余下的，一边是土耳其，另一边是过去的阿拉伯行省，现在的英法托管地或准殖民地。俄国不得不放弃波兰和波罗的海三国，但在布尔什维克的领导下，成功将沙俄帝国疆域内的大部分非俄罗斯民族重新统一起来，组建为一个帝国性的"联盟"。1919 年时，帝国时代依然没有终结。

　　一代代历史学家把民族主义"崛起"和民族国家的形成视作 19 世纪的重要特征，的确并非毫无道理。但是，这一结论却有很大的局限性。自 1830 年之前众多新的拉美共和国成立后，民族国家建构的进展变得十分缓慢。在全世界范围内，只有小小的巴尔干是唯一不受这一规律影响的地区。除此之外，我们所看到的是相反的情况：在亚洲和非洲，独立的政治单位——它们并不都能被称作"国家"——大量消失于不断扩张的帝国之中。反过来看，没有任何一个弱小民族能够成功地挣脱帝国的制约性关系。在 19 世纪欧洲大大小小的民族运动中，没有一场运动能够帮助自己的国家在帝国之外实现独立。在这方面，意大利或许可以算得上某种意义上的例外。波兰依然保持着分裂的状态，爱尔兰仍然是联合王国的一部分，波希米亚也还是哈布斯堡王室的地盘。更没有哪一场民族运动，能够成功摧毁一个帝国。

　　在欧洲，民族主义并没有取得多少实实在在的政治成就。在亚洲和非洲，这方面的成就最初甚至还不及欧洲。以"民族"之名创造团结是 19 世纪的新生事物，这一点具有两方面的含义，对此我们必须加以区分。一方面，信奉民族主义的知识分子及其追随者在帝国外壳的掩护下，为谋求民族国家独立积极筹划。在许多国家，这一目标在 1919 年至大约 1980 年之间的某一刻变成了现实。1919 年在埃及、印度、中国、朝鲜和其他一些亚非国家陆续出现的大规模抗议活动，便是民族主义催生的产物。[215] 另一方面，民族主义在世界上一些独立和稳定的国家中，同样也成为用于自我表述的主流说辞。[216] 人们开始以法兰西、英格兰/不列颠、德意志或日本"民族"自称，并发明了与之相配套的符号体系。每个民族都在努力寻找与其他民

671

族之间的差异性，并让自己相信，我族与他族是彼此竞争的对手，对"外族"人群和外来思想的宽容度也因此被大大降低。而这一切的发生，恰恰是在不同民族成员之间的交流成倍增长并不断加深的年代里。各种形式的民族主义既在帝国中，也在民族国家中不断涌现。对自己所属帝国的"自豪感"——其中不少是被宣传煽动——在世纪之交时已成为帝国核心区的人们普遍怀有的一种情感，同时也成为其民族自我意识的重要组成部分。帝国内部的民族主义并非仅仅将矛头对准帝国统治的制度结构，换言之，它未必是单纯将反殖民作为目标。这种民族主义——尤其是当其掺杂了宗教认同的因素而被进一步强化时——也有可能成为帝国附属群体之间彼此争斗的工具，1918～1919 年的哈布斯堡帝国以及 1947 年的英印政权，便是因此而解体。

在今天的公共话语体系中，"帝国"（Imperium，Empire）一词总是与无边的权力联系在一起。即使对 1900 年前后帝国扩张的巅峰期，即所谓"帝国时代"（埃里克·J. 霍布斯鲍姆语）而言，这种说法也不乏局限性。近代早期的帝国（除中华帝国外）更像是管理松散的政治和经济网络，而非内部高度统一的国家或严格对外封锁的经济体。就连被很多人尊为早期跨大洋领土统治之典范的 16 世纪西班牙世界帝国，同样也是建立在高度地方自治的基础之上。所有帝国都不得不采取重商主义手段对贸易进行控制，以打击猖獗肆虐的走私。帝国并非民族的创造物。帝国的精英与那些劳工船上或种植园里的无产者一样，都是由来自不同国家的人群构成的。1900 年前后，大多数帝国都出现了明显的"民族化"趋势。借助现代技术与权力媒介，帝国的内部融合得到了加强，也因此变得较易控制。作为出口产地的各地区纷纷与世界经济建立起紧密联系，其中很多都变成了小块的飞地。与此同时，这些飞地背后的内陆地区则越来越不受重视，只有在当地滋生动乱时，才会引起帝国政府的关注。但是与以往一样，每一个帝国都仍然需要以某种方式与地方精英达成妥协，以建立脆弱的平衡机制。平衡不能仅仅依靠暴力或暴力威胁来实现，因为暴力是昂贵的，不仅要为此找到合理的借口，而且其造成的结果也很难预料。在"帝国主义俱乐部"中，所谓"现代"帝国指的是这样一类帝国：它有能力对国家实行合理化与集中化管理；它可以让经济资源的掠夺更有效率，并且更有利可图；它采取各种手段，致力于"文明"的传播。但是，这种行动主义同时也意味着高风险。改革必将打破平衡，并由此导致某种形式的反抗，其激烈程度是难以预测的。[217] 18 世纪 60 年代的北美便是一个富有警示性的例子。它在改革的同时也为个别团体创造了物质、文化乃至政治上的新契机。这些团体随着时间推移逐渐演变为具有竞争性的现代化代言人与反对派精英，其势力最终将超越帝国的疆界。在奥斯曼帝国和中华帝国，加强中央集权的结果是各省会城市的地方权贵势力不断壮大，[218] 在中国，这一点甚至对 1911 年帝制的垮台起到了推动作用。因此，在法律、财政、教育和宗教等敏感领域的干预问题上保持克制，始终是帝国中心的行动选项之一。例如，英国人自 1857 年起在印度，后来又在其他实行"间接统治"的地区，采取了偏向于保守主义的做法。因此，"帝国之光"（Empire light）并未从历史可能性的保留剧目中彻底消失。在某些时候，民族国家对其公民——特别是在民族或宗教层面上属于少数群体的人——的压迫，有可能比帝国压在其臣民身上的负担更重。

672

注释

[1] 参见 Hansen 的巨著 *City - State Cultures*（2000）中的世界史概览。

[2] 例外情况是俄罗斯在高加索地区的战争，它是沿着古老的帝国冲突线而发生的。

[3] Langewiesche, *Fortschrittsmotor Krieg*（2008）.

[4] Blanning, *French Revolutionary Wars*（1996），第 100 页及下页；文本见 Grab, *Die Französische Revolution*（1973），第 171～173 页。

[5] Duroselle, *Tout empire périra*（1992），第 67 页及下页。（这是特别接近历史学的国际关系理论）。

[6] 精彩概述参见 Girault, *Diplomatie européenne*（1979），第 13～19 页。

[7] D. Geyer, *Der russische Imperialismus*（1977），第 47 页及后页。

[8] Joseph Smith, *Spanish-American War*（1994），第 32 页及下页，第 198 页。

[9] 关于战争中信息传递方式的变迁，可参见 Kaufmann, *Kommunikationstechnik*（1996）；关于一般意义上（而不仅仅是技术方面）战争的变迁，可参见 Hew Strachan, "Military Modernization, 1789 - 1918", in: Blanning, *Oxford Illustrated History*（1996），第 69～93 页。

[10] 数据来源于 P. M. Kennedy, *Aufstieg und Fall*（1989），第 313（表格 19）页。

[11] 一份颇为精彩的概述参见 Paul W. Schroeder, "International Politics, Peace, and War, 1815 - 1914", in: Blanning, *Nineteenth Century*（2000），第 158～209 页；在本质上类似的作品还有 Doering-Manteuffel, *Internationale Geschichte*（2000），第 94～105 页。Schroeder 和 Doering-Manteuffel 提出了一些引人关注的理论。最好的"中立性"教科书是 Rich, *Great Power Diplomacy*（1992）；颇为简洁的著作是 Bridge / Bullen, *Great Powers*

（1980）；针对 1815 年之前时代的杰出著作是 Scott, *Birth*（2006）.

[12] 关于兴衰的详尽研究参见 Duchhardt, *Balance of Power*（1997），第95～234 页。

[13] 在有关 19 世纪国际历史著作中，迄今最具分量的一部是 M. S. Anderson, *Eastern Question*（1966）。

[14] Stadler, *Cavour*（2001）；Gall, *Bismarck*（1980）。

[15] 关于欧洲框架内的德国外交政策，参见 Mommsen, *Großmachtstellung*（1993）；Hildebrand, *Das vergangene Reich*（1995）。

[16] Mommsen, *Großmachtstellung*（1993），第 107 页。

[17] Girault, *Diplomatie européenne*（1979），第 151～169 页。

[18] 长期视角参见 Gillard, *Struggle for Asia*（1977）。不过，1907 年后，俄国与英国的矛盾仍在以另一种方式延续。

[19] 在大量文献中，始终被视作最好入门著作的是 Joll, *Ursprünge*（1988）。

[20] 约 1895～1907 年间东亚发展对于国际体系的意义，是绝不能被低估的。参见 Nish, *Origins*（1985）。

[21] Yapp, *Strategies*（1980），第 419～460 页；M. C. Meyer / Sherman, *Mexican History*（1991⁴），第 385～401 页。关于殖民战争的内容主要参见第 9 章。

[22] Labanca, *Oltremare*（2002），第 108～122 页。

[23] Wesseling, *Teile und Herrsche*（1999），是以叙述见长的经典著作。较新学术理念可参见 Pétré - Grenouilleau, *From Slave Trade to Empire*（2004）。

[24] 在所有著作中，堪称最佳的是 Gildea, *Barricades*（1996），第 326 页及后页。

[25] 最具代表性的是 J. -C. Caron / Vernus, *L'Europe au XIXᵉ siècle*（1996）。

[26] Koebner / Schmidt, *Imperialism*（1964），第 50 页。

[27] 重要的动机见 Winkler, *Weg nach Westen*（2000）。关于开端，见第 1 卷，第 5 页。

［28］ Otto Dann, *Zur Theorie* (1996), 第 69 页。即使在 Dann, *Nation* (1994²), 第 11～21 页上所提到的 "基本概念" 中对此也没有明确定义。

［29］ J. Voigt, *Geschichte Australiens* (1988), 第 114 页; M. King, *Penguin History of New Zealand* (2003), 第 266 页及下页。

［30］ 论述民族主义的著作早已数不胜数。研究中的最重要焦点是欧洲, 其代表性著作见 v. Hirschhausen / Leonhard, *Nationalismen* (2001), 特别是编者导言对该主题的精彩引介 (第 11～45 页)。亦可参见 Leerseen, *National Thought* (2006); Baycroft / Hewitson, *What is a Nation?* (2006); 研究概览可参见 Weichlein, *Nationalismus* (2006)。

［31］ H. Schulze, *Staat und Nation* (1994).

［32］ W. Reinhard, *Staatsgewalt* (1999), 第 443 页。

［33］ 关于民族建构的 "现代性" 及 1800 年左右时代断裂的问题, 可参见 Langewiesche, *Nation* (2000), 第 14～34 页中的总结和对非延续性理论的探讨。

［34］ 人们普遍倾向于从理想化模式出发, 通过永恒主义 (民族起源的浪漫式观念) 和现代主义 (民族是建构出来的看法) 之间的对立去解释这一问题: A. D. Smith, *Nationalisms and Modernism* (1998), 第 22 页及下页。

［35］ 参见 Guibernau, *Nationalism* (1996), 第 48 页。内在 "民族建构" 与 "客观的"、非先天性因素的强调, 是笔者与 Connor (*Ethnonationalism*, 1994) 的一大分歧, 除这一点外, 后者对于 "民族国家" 的限制性意义也不乏启迪性。

［36］ W. Reinhard, *Staatsgewalt* (1999), 第 443 页。

［37］ 原始版图参见 Buzan / Little, *International Systems* (2000), 第 261 页。

［38］ Schölch, *Ägypten den Ägyptern*! (1972); J. R. Cole, *Colonialism* (1993); Marr, *Vietnamese Anticolonialism* (1971), 第 166 页及下页。

［39］ E. Weber, *Peasants into Frenchmen* (1977).

［40］ 类似但略有差异的分类法参见 Schieder, *Nationalismus* (1991),

第 110 页及下页（它仍是迄今有关民族主义的杰出著作之一）。它不能与民族建构的类型相混淆，参见 Hroch, *Europa der Nationen*（2005），第 41～45 页。

[41] Breuilly, *Nationalism*（1993），第 4～7 章。

[42] 革命周期这一概念是由莱比锡的历史学家 Manfred Kossok 提出的，也可参见本书第 10 章。

[43] 关于第一种方向参见 Wood, *American Revolution*（2002），第 17～30 页；Rodríguez O., *Independence of Spanish America*（1998），第 19～35 页；H. J. König, *Geschichte Lateinamerikas*（2006），第 103～203 页；宏观比较参见 Elliott, *Empires*（2006）。

[44] Dubois, *Avengers*（2004），也可参见下文第 10 章。

[45] 经典描述见 J. Lynch, *Spanish American Revolution*（1986^2），这是叙述式的史学权威著作之一。

[46] Seton-Watson, *Nations and States*（1977），第 114 页。

[47] Bitsch, *Histoire de la Belgique*（2004），第 79～86 页；Rich, *Great Power Diplomacy*（1992），第 59～61 页。

[48] Jelavich, *Balkans*, Bd. 1（1983），第 196 页及下页。

[49] Sundhaussen, *Geschichte Serbiens*（2007），第 130 页。

[50] Jelavich / Jelavich, *Establishment*（1977），第 195 页。

[51] Bernecker, *Geschichte Haitis*（1996），第 106 页。

[52] Clogg, *Greece*（1992），第 73 页。也可参见下文第 17 章。

[53] Bitsch, *Histoire de la Belgique*（2004），第 119 页及后页。

[54] "多头式联合"的概念出自 Rokkan, *Staat*（2000），第 219 页。

[55] Blom / Lamberts, *Low Countries*（1999），第 404 页；J. Fisch, *Europa*（2002），第 171 页。

[56] 另一种分析没有使用霸权概念，参见 Ronald Speirs / John Breuilly, "The Concept of National Unification", in: dies, *German's Two Unifications*（2005），第 1～25 页。

[57] Seibt, *Rom*（2001）.

[58] 关于意大利的综合性著作参见 Gall, *Europa*（1997^3），第 46～56 页；Beale / Biagini,（2000^2），第 133～155 页；最新的（偏重

文化史）综合性著作参见 Banti / Ginsborg, *Il Risorgimento* (2007)。关于德国，有许多论著，其中首推 Lenger, *Industrielle Revolution* (2003)，第 315 ~ 381 页。

[59] 同上书，第 348 页。

[60] Blackbourn, *History of Germany* (2003²)，第 184 页。

[61] Nipperdey, *Deutsche Geschichte XT*, Bd. 2 (1992)，第 85 页。

[62] Francesco Leoni, "Il brigantaccio postunitario", in: Viglione, *La Rivoluzione Italiana* (2001)，第 365 ~ 385 页。

[63] N. G. Owen u. a., *Emergence* (2005)，第 115 页。

[64] Kriby, *Baltic World* (1985)，第 185 ~ 189 页。

[65] Bumsted, *History* (1998)，第 132 ~ 142 页。

[66] 引文摘录来自 Keith, *Selected Speeches*, Bd. 1 (1961)，第 113 ~ 172 页。

[67] Mansergh, *Commonwealth Experience* (1982²)，第 34 ~ 46 页。

[68] 参见第 7 章和第 17 章。

[69] 对该问题的精彩分析参见 J. Voigt, *Geschichte Australiens* (1988)，特别是第 170 ~ 184 页。

[70] 最为戏剧化的抵抗历史参见 Ravina, *Last Samurai* (2004)，特别是第 5 ~ 6 章。

[71] M. B. Jansen, *Modern Japan* (2000)，第 343 ~ 347 页。

[72] 在笔者看来最具信服力的分析参见 Pott, *Impending Crisis* (1976)。

[73] H. Jones, *Union in Peril* (1992)；对南方各州有可能获胜的预测见 R. W. Fogel, *Without Consent or Contract* (1989)，第 411 ~ 417 页。

[74] 参见 Dülffer u. a., *Vermiedene Kriege* (1997)，第 513 ~ 525 页。

[75] Carr, *Spain* (1982)，第 347 页及后页；Balfour, *End of the Spanish Empire* (1997)，第 44 ~ 46 页；A. Roberts, *Salisbury* (1999)，第 692 页。

[76] Engerman / Neves, *Bricks* (1997)，第 479 页。

[77] Clkarence – Smith, *Third Portuguese Empire* (1985).

［78］ R. Oliver / Atmore, *Africa Since 1800*（2005），第 118 页。

［79］ C. Marx, *Geschichte Afrikas*（2004），第 70 页。

［80］ Ricklefs, *Modern Indonesia*（2001³），第 155 ~ 170 页。

［81］ C. J. Baker / Phongpaichit, *Thailand*（2005），第 105 页。

［82］ 更为详尽的论证可参见 Osterhammel, *Geschichtswissenschaft*（2001），第 322 ~ 341 页。

［83］ 关于帝国衰落的个案研究，可参见 Lorenz, *Verdämmern*（2000）。

［84］ 以下讨论是受经典的民族主义理论家之启发，如 Benedict Anderson 和 Ernest Gellner，也包括 Calhoun, *Nationalism*（1997），第 4 页及下页，同样，更为扩展的讨论参见 Osterhammel, *Expansion*（2002）。

［85］ 关于边界，参见 Münkler, *Imperien*（2005），第 16 ~ 18 页；也可参见上文第 3 章。

［86］ Charles Tilly, "How Empires End", in: Barkey / von Hagen, *After Empire*（1997），第 7 页。

［87］ M. W. Doyle, *Empires*（1986），第 36 页。

［88］ Langewiesche, *Nation*（2000），第 32 页及下页。

［89］ Thom, *Republics*（1995）.

［90］ Langewiesche, *Nation*（2000），第 23 页。

［91］ Dunn, *Africa,*（1997），第 29、33 页。

［92］ 新观点强调了私人公司的重要作用，参见 Winseck / Pike, *Communication and Empire*（2007）。

［93］ 这一点时常被提及，尤其在 Motyl, *Revolutions*（1999），第 120 ~ 122 页。类似的现象也可以在如西班牙至法国这样的民族国家中发现。

［94］ 一些人对这种结构性的界定提出了修正性意见，如 Motyl, *Imperial Ends*（2001），第 4、15 ~ 27 页，以及 M. W. Doyle, *Empires*（1986），第 19、36、45、81 页。也可以参见一部篇幅不长的杰作：S. Howe, *Empire*（2002），特别是第 13 ~ 22 页。

［95］ 在 1900 年左右，这三个国家在扩张范围方面处于同一量级。参见 Woodruff, *Impact of Western Man*（1966），第 253 页，表格 Ⅵ/1。

[96] 参见 Offer, *First World War* (1989)。

[97] 参见 Osterhammel, *Kolonialismus* (2006⁵)，第 16 ~ 22 页，还可以特别参见 v. Trotha, *Was war der Kolonialismus?* (2004)。

[98] Kirby, *Baltic World* (1985)，第 52 页，第 79 页及下页；Brower, *Turkestan* (2003)，第 26 页及后页。

[99] 参见 Cain, *Hobson* (2002)。

[100] Mommsen, *Imperialismustheroien* (1987³) 仍是最有参考价值的著作；关于 1919 年前的"经典"理论可参见 Semmel, *Liberal Ideal* (1993)；对于最近历史科学解释的精彩概述可参见 Porter, *European Imperialism* (1994)，第 1 ~ 5 章。

[101] Schumpeter, *Aufsätze zur Soziologie* (1953)，特别是第 123 ~ 139 页；这里的核心概念是"出口垄断主义"（Exportmonopolismus）。

[102] 参见 W. Reinhard, *Expansion* (1983 – 1990)；Adas, *Islamic and European Expansion* (1993)。

[103] Bayly, *First Age* (1998)，也可参见本书第 2 章。

[104] Wesseling, *Teile und herrsche* (1999)，第 113 ~ 118 页。

[105] J. R. Ward, *Industrial Revolution* (1994)，第 62 页。

[106] 许多精确描述的例证可参见 Brötel, *Frankreich im Fernen Osten* (1996)。

[107] Abernethy, *Global Dominance* (2000)，第 101 页。

[108] J. Black, *War and the World* (1998)，第 152 页。

[109] Headrick, *Tools* (1981)，第 20 页及下页，第 43 ~ 54 页。

[110] 同上，第 117 页。

[111] 关于下文内容，迄今为止，最好的综合性著作首先是 Okey, *Habsburg Monarchy* (2001)。

[112] 对于哈布斯堡在欧洲帝国中的地位的简要概述，可参见 P. M. Kennedy, *Aufstieg und Fall* (1989)，第 256 ~ 261 页。

[113] Bérenger, *Geschichte des Habsburgerreiches* (1995)，第 565 页。

[114] 关于这起事件导致的悲惨结局，可参见 Bridge, *Habsburg Monarchy* (1990)，第 288 页及后页。

[115] 在最新学术研究中存在着一种趋势，即把 1867 年前的"帝

国”与 1867 年后更为松散的“王朝”联盟区分开来，可参见 Ingrao, *Habsburg Monarchy*（2000 [2]）；Okey, *Habsburg Monarchy*（2001）。

[116] 也可参见 Hoensch, *Geschichte Ungarns*（1984），第 26 ~ 28 页的评价。

[117] 对于哈布斯堡帝国内部民族主义意见不一的讨论，可参见 Okey, *Habsburg Monarchy*（2001），第 283 ~ 309 页。

[118] Bérenger, *Geschichte des Habsburgerreiches*（1995），第 665 页。

[119] Inalcik / Quataert, *Ottoman Empire*（1994），Bd. 2，第 782 页；Kappeler, *Ruβland*（1992），第 234 页。

[120] 也可参见 D. Lieven, *Empire*（2000），第 184 页及下页。

[121] Bawden, *Mongolia*（1989），第 187 页及下页。

[122] 关于拿破仑帝国的简短概览可参见 Boudon, *Histoire du consulat et de l'Empire*（2000），第 283 ~ 303 页；Wunder, *Europäische Geschichte*（2001），第 148 ~ 184 页。

[123] 关于这一新的统治阶层的精彩刻画，可参见 Woloch, *Napoleon and his Collaborators*（2001），特别是第 156 页。

[124] Broers, *Europe*（1996），特别是第 125 ~ 138、202 ~ 230 页。

[125] 地图，同上，第 181 页。

[126] 引自 Jourdan, *L'Empire de Napoléon*（2000），第 120 页。

[127] 在此，笔者绕开了经济融入的更宽泛视角。关于这一问题，可参见 Woolf, *Napoleon's Integration of Europe*（1991），第 133 ~ 156 页。

[128] 关于法兰西殖民帝国的整体情况，可参见 Bouche, *Histoire de la colonization française*（1991）；Liauzu u. a., *Colonisation*（2004）；1880 年后的时代，可参见 v. Albertini, *Europäische Kolonialherrschaft*（1987[3]）有关法国的章节，以及法国研究专家 Wesseling（*Europa's koloniale eeuw*, 2003）颇为出色的描述。

[129] Etemad, *La possession*（2000），第 231、236（表格 21、22）页。也可参见本书第 4 章。

[130] Ruedy, *Modern Algeria*（1992），第 60、62、66 页；Danziger, *Abd*

al-Quadir（1977），第 180 ~ 205 页（阿卜杜勒·卡迪尔并不是一位西化论者：第 200 页）。

[131] Ruedy, *Modern Algeria* (1992)，第 69 页（表格 3. 1）。

[132] 描述阿尔及利亚的穆斯林政策的权威性著作是 Ageron, *Histoire de l'Algérie contemporaine* (1979)，第 137 ~ 223 页。

[133] 参见 Rivet, *Le Maroc* (1999)。

[134] 特别有趣的比较参见 Lustick, *State-Building Failure* (1985)。

[135] 研究回顾参见 Brötel, *Frankreichs indochinesisches Empire* (2001)。

[136] Brocheux / Hémery, *Indochine* (1995)，第 135 页及下页（这是印度支那历史的权威性著作）.

[137] 同上，第 164 ~ 175 页。

[138] Wesseling, *Europa' koloniale eeuw* (2003)，第 190 页；关于法国殖民意识形态的佳作是 Aldrich, *Great France* (1996)，第 89 ~ 111 页。

[139] Wesseling, *Teile und herrsche* (1999)，第 90 ~ 94 页。

[140] 关于刚果的迄今最具权威性的历史著作是 Vanthemsche, *La Belgique et le Congo* (2007)。此外，关于（比利时）在刚果的罪行，可参见 Ewans, *European Atrocity* (2002)。

[141] H. L. Wesseling, "The Strange Case of Dutch Imperialism", in: ders., *Imperialism and Colonialism* (1997)，第 73 ~ 86 页，此处是第 77 页。

[142] Ricklefs, *Modern Indonesia* (2001³)，第 186 ~ 188 页。

[143] 对荷兰所有可称之为帝国主义之行为的总体性分析，参见 Kuitenbrouwer, *The Netherlands* (1991)。

[144] Wesseling, *Europa's koloniale eeuw* (2003)，第 198 页。

[145] 参见 Gründer, *Geschichte der deutschen Kolonien* (2004⁵)，第 163 ~ 166 页。

[146] Gouda, *Dutch Culture Overseas* (1995)，第 45 页。

[147] Booth, *Indonesian Economy* (1998)，第 149 ~ 154、160 页；Doel, *Het Rijk von Insulinde* (1996)，第 157 ~ 166 页。

[148] Booth, *Indonesian Economy* (1998)，第 328 页。

[149] Kent, *Soul of the North*（1998），第 368 页及下页。

[150] 参见 Parsons, *King Khama*（1998），第 201 页及下页；Rotberg, *The Founder*（1988），第 486 页及下页。

[151] Tarling, *Imperialism*（2001），第 55 ~ 62 页；Kaur, *Economic Change*（1998）。

[152] 引自 Rotberg, *The Founder*（1988），第 290 页。

[153] 参见 Shula Marks, "Southern and Central Africa, 1886 – 1910", in: Fage / Oliver, *Cambridge History of Africa*, Bd. 6（1985），第 422 ~ 492 页，此处是第 444 ~ 454 页；Rotberg, *The Founder*（1988），第 12 ~ 13 章。

[154] 参见 Breman, *Taming the Coolie Beast*（1989）。

[155] Matsusaka, *Japanese Manchuria*（2001），第 126 ~ 139 页。

[156] C. Marx, *Geschichte Afrikas*（2004），第 60 页。

[157] 同上，第 72 页及下页。

[158] R. Raid, *Ganda*（1998），第 362 页。

[159] M. Last, "The Sokoto Caliphate and Borno", in: Ajayi, *General History of Africa*（1989），第 555 ~ 599 页，此处是第 568 页及下页。

[160] 以下参见 "Hassan Amed Ibrahim: The Egyptian Empire, 1805 – 1885", in: Daly / Petry, *Cambridge History of Egypt*, Bd. 2（1998），第 198 ~ 216 页；Fahmy, *All the Pasha's Men*（1997），第 38 ~ 75 页。

[161] Rich, *Great Power Diplomacy*（1992），第 69 ~ 74 页。

[162] F. Robinson, *Muslim Societies*（2004），第 170 页；在第 169 ~ 181 页上对马赫迪政权进行了很好的简短描述。

[163] Grewal, *Sikhs*（1990），第 99 ~ 128 页，此书称之为"锡克帝国"（Sikh empire）。

[164] 以下叙述根据 Meinig, *Shaping of America*, Bd. 2（1993），第 4 ~ 23 页。

[165] J. Meyer u. a., *Histoire de la France coloniale*（1991），第 209 ~ 213 页。

[166] Meinig, *Shaping of America*, Bd. 2（1993），第 17 页。

[167] 同上书，第 23 页。

[168] Klaus Schwabe 和 Tony Smith 的对应观点参见 Mommsen/ Osterhammel, *Imperialism and After*（1986）。

[169] Meinig, *Shaping of America*, Bd. 2（1993），第 170 页。

[170] 参见 Jacobson, *Whiteness of a Different Color*（1998）。

[171] 权威性著作参见 Louis, *Oxford History of the British Empire*, Bd. 3（1999），Bd. 5（1999，关于研究进展）。最好的入门著作是 Hyam, *Britain's Imperial Century*（1993²）；数据和地图参见 A. Porter, *Atlas*（1991）；此外还可以参见 Mommsen, *Das Britische Empire*（1981）；最近的著作是 Wende, *Das britische Empire*（2008）。

[172] 有关该问题可参见 Fry, *Scottish Empire*（2001）；S. Howe, *Ireland*（2000），作者在书中对迄今仍然存在的负面影响亦有论述。

[173] 这种理论首先参见 Colley, *Britons*（1992）。

[174] John Stuart Mill, "A Few Words on Non-Intervention [1859]", in: Mill, *Collected Works*, Bd. 21（1984），第 109～124 页。

[175] Schumpeter, *Aufsätze zur Soziologie*（1953），特别是第 128 页。

[176] H. V. Bowen, *British Conceptions*（1998），第 1 页。

[177] Marshall, *Making*（2005），第 228 页；也可参见 H. V. Bowen, *Business of Empire*（2006）。

[178] 对一个小型"侨民社团"——1911 年拥有大约 3500 名成员——的精彩个案研究，可参见 Butcher, *The British in Malaya*（1979），数字在第 30 页；关于肯尼亚的情况，参见 D. Kennedy, *Islands of White*（1987）。

[179] 来自新西兰视角的大视野，可参见 Pocock, *Discovery*（2005），特别是第 181～198 页。

[180] N. A. M. Rodger, *Command of the Sea*（2004），第 579 页；Daunton, *Progress*（1995），第 518～520 页。

[181] 地图参见 P. M. Kennedy, *British Naval Mastery*（1983），第 207 页。也可参见 A. Porter, *Atlas*（1991），第 146 页及下页（上面有加煤站的位置）。

［182］ P. M. Kennedy, *British Naval Mastery*（1983），第 151 页。

［183］ Kolff, *Naukar*（1990）讨论了印度军队的产生；Metcalf, *Imperial Connections*（2007），第 68 ~ 101 页讨论了这支军队在印度之外的行动情况。

［184］ 整个可能性的多样性可以东南亚为例，参见 Webster, *Gentlemen Capitalist*（1998）。

［185］ 对于内政上的深层原因，可参见 Hilton, *A Mad, Bad, and Dangerous People?*（2006），第 543 ~ 558 页；最新关于自由贸易的重要著作是 A. Howe, *Free Trade*（1997）。

［186］ Darwin, *Imperialism*（1997），第 627 页及下页。登峰造极的例子是 1850 年 6 月 25 日巴麦尊（Palmerston）演讲。

［187］ Gallagher/Robinson［1953］, in: Louis, *Imperialism*（1976），第 53 - 72.

［188］ Frank Trentmann, "Civil Society, Commerce, and the 'Citizen-Consumer': Popular Meanings of Free Trade in Modern Britain", in: ders., *Paradoxes*（2000），第 306 ~ 331 页；尤为精彩的是 ders, *Free Trade Nation*（2008）。

［189］ Patrick K. O'Brien, "The Pax Britannica and American Hegemony: Precedent, Antecedent or Just Another History?" In: O'Brien / Clesse, *Two Hegemonies*（2002），第 3 ~ 64 页，特别是第 13 页及下页，第 16 页及下页，第 21 页。

［190］ L. E. Davis / Huttenback, *Mammon*（1988）.

［191］ Offer, *British Empire*（1993），第 228 页。也可参见 P. M. Kennedy, *Costs and Benefits*（1989）。

［192］ Cannadine, *Orientalism*（2001）.

［193］ Offer, *First World War*（1989），第 368 页及下页。

［194］ Gilmour, *Gurzon*（1995），第 274 ~ 276、287 ~ 290 页；Verrier, *Younghusband*（1991），第 179 页及下页。

［195］ Friedberg, *Weary Titan*（1988）.

［196］ Cain / Hopkins, *British Imperialism*（2001²），第 3 ~ 4 章；关于城市和从业人员，参见 Kynaston, *City*（1994）。

[197] 对此可参见 Neff, *War* (2005)，第 217 页。这里提出了 19 世纪国际干涉的整个类型学（第 215~249 页）。

[198] Perkins, *Modern Tunisia* (2004)，第 19；Hsü, *Modern China* (2000[6])，第 205~212 页；Wyatt, *Thailand* (1984)，第 184 页及下页。

[199] 基础性著作见 Fisher, *Indirect Rule in India* (1991)；关于埃及，参见 Owen, *Lord Cromer* (2004)，第 10~16 章。

[200] 这一理论参见 Cannadine, *Orientalism* (2001)。

[201] 权威性著作仍然是 Semmel, *Jamaican Blood* (1962)；另参 C. Hall, *Civilising Subjects* (2002)，第 23~27 页各处。

[202] 资料汇总（根据地区质量完全不同）参见 Ferro, *Le livre noir* (2003)。

[203] 也可以参见 Hildbrand, *No Intervention* (1997)，第 27 页及下页上的思考。

[204] 自 Ronald Robinson 和 John Gallagher 以来，人们也称之为"非正式的帝国"。关于定义，可参见 Jürgen Osterhammel, "Britain and China 1842 – 1914", in: Louis, *Oxford History of the British Empire*, Bd. 3 (1999)，第 146~169 页，特别是第 148 页及下页。

[205] Georges Balandier, Albert Memmi 等。关于此类经典解释参见 Young, *Postcolonialism* (2001)。

[206] v. Trotha, *Koloniale Herrschaft* (1997)，第 37 页及下页。

[207] 也可参见第 16 章。

[208] Zastoupil / Moir, *Great Indian Education Debate* (1999).

[209] T. R. Metcalf, *Ideologies of the Raj* (1994)，第 66 页及下页；Forsyth, *Peoples of Siberia* (1992)，第 156 页及下页。

[210] Lorcin, *Imperial Identities* (1995).

[211] 关于抵抗历史的精彩概述参见 Abernethy, *Global Dominance* (2000)，第 254 页及下页。

[212] Aldrich, *Greater France* (1996)，第 212 页。

[213] Maurice Duverger, "Le concept d'empire", in: ders., *Le concept*

d'empire（1980），第 5 ~ 24 页，此处是第 11 页。

[214] 参见相关的法律史论著 Chanock, *Law*（1985），第 219 页。

[215] 参见 Manela, *Wilsonian Moment*（2007）。

[216] 这一点的详细论述参见 Bayly, *Geburt der modernen Welt*（2006），第 6 章。

[217] 这是 D. Lieven, *Empire*（2000）提出的各种"帝国困境"之外的另一种"帝国困境"。

[218] 关于奥斯曼帝国的绝佳个案研究参见 Hanssen u. a. , *Empire in the City*（2002）。

第9章 强权体系，战争，国际主义

—— 两次世界大战之间

一 形成全球性国际体系的曲折之路

673　　　世界上所有的国际政治行为主体，或某大区域——本章指的是"秩序空间"——内的国际政治行为主体共同构成"国际社会"（Staatenwelt），无论这些行为主体之间是怎样的关系，关系紧密度如何。如果这些关系相互之间遵循某种秩序和规则，则应称之为"国际体系"（Staatensystem，international system）。在历史上出现的若干这类体系中，约1770～1914年的"现代欧洲"国际体系最广为人知。[1]倘若一个国际体系是通过促进和平的制度和规则约束力联结而成，但并未达到具有更高统合度的国家联盟，甚至联邦国家的程度，那么使用"国际共同体"（Staatengemeinschaft，international society）这个名称则较为恰当。[2]下面举个例子来说明这类术语的使用情况：1907年7月召开了第二次海牙和平会议，参加此次会议的共有来自44个国家的代表，而不仅是若干年来形成了自己"国际体系"的欧洲强国。几乎所有在某一特定时间被承认是主权独立的国家均齐聚海牙会议大厅：这就是国际社会。[3]不过，在这次会议上并未成功达成真正促进和平的制度和协议。因此可以说，在海牙并未产生一个国际共同体。

欧洲的两个和平时期 674

一方面，欧洲国际体系是各国外交精英头脑中一种对行动具有指导意义的想象，另一方面，它又是一种可以观察的现实。最迟自维也纳会议以来，欧洲国际体系已不再是一种某种程度上自动建立均势状态的自然体系，而是一种需要政治管理的国家要素之间被规制的关系。国家治理艺术在于，维护本国利益要恪守一定的尺度，即不能严重挑战整个机制的运转，至少理论上如此。在19世纪，曾经有40年的时间——这在国际政治史上算是相当长的时间——欧洲做到了这一点。随后欧洲进入了一个持续18年的战争期，即从1853年至1871年；在这个时期，连续发生了五次均有大国参与的战争：克里米亚战争（1853～1856）、1859年的意大利战争（对战双方一方为法国及皮埃蒙特－撒丁王国，另一方为奥地利）、1864年的普丹战争、普奥战争或称德意志内战（1866）、1870～1871年的普法战争。以上战争中，奥地利参与四次，普鲁士三次，法国两次，英国和俄国仅参与了克里米亚战争。克里米亚战争严重动摇了欧洲的团结；而公然违背后拿破仑时代和平秩序精神的"现实"政治演习则导致了意大利及德意志的统一战争。

该系列战争中的首场战争有别于其他四次战争，区别有两点：其一，与其他几次战争相比，克里米亚战争没有明确目的。正如一位资深克里米亚战争研究专家所言，这场战争的爆发是"由一连串错误、误判、误解、捕风捉影，以及荒谬的敌情想象导致的，并非出于沉着冷静的算计和罪恶的意图"。[4]在这里值得注意的是，各种政治体制中都存在促使战争爆发的因素：在俄国，有一位冷酷残暴、消息不灵通的沙皇尼古拉一世，其统

治已近末路，推行极为拙劣的外交政策；在法国，有皇帝拿破
仑三世这样一位政治赌徒，他企图推行能提高其威望、具有宣
675 传价值的冒险的外交政策，并以此提升自己在国内的美誉度；
在英国，有长期以来持反俄立场的媒体公众，可以向英国政治
阶层这样一个自信的（但自 19 世纪 50 年代以来并不同心同德
的）阶层施压。另外，克里米亚战争尽管有短期及偶然因素，
然而，地缘政治及经济利益背后的逻辑仍然是战争发生的根源，
而这一逻辑超出了欧洲国际体系框架。战争诱因在欧洲外围地
区；因为，从根本上说，问题的关键在于：奥斯曼帝国应当成
为俄国的保护国，还是保持其作为战略缓冲区、联通印度的保
障（彼时还没有苏伊士运河！）及英国经济开发区的角色？从
本质上说，克里米亚战争是当时在亚洲拥有强大利益的仅有的
两个世界强国之间的冲突。战争的过程和结果暴露出俄英这两
个主要对手的军事劣势。沙皇俄国的落后一目了然，但英国作
为所谓唯一世界强国的优势也是大可怀疑的。[5]不管怎样，1854
年春，沙皇俄国和英法两国间这场战争的爆发，标志着 19 世纪
世界历史的一个重大转折。这是 1815 年之后首次出现面对战争
来临无计可施，不得不无奈接受的局面。

　　欧洲历史上的战争间歇期结束于 1871 年。若考虑到该世纪
的几次超大规模内战——美国内战（1861～1865）、中国的太平
天国革命（1850～1864）和回民暴动（1855～1873），也均发
生在 19 世纪的第三个四分之一世纪，那么我们会发现，此时出
现了一个世界范围内的暴力冲突爆发期，不过，这些同一时期
在不同大陆发生的暴力冲突的根源却各不相同。[6]对于此后的时
代而言，一个巨大的矛盾出现了：最迟自 1871 年起，连最简单
的维护和平的制度和最基本的价值都不复存在，然而在欧洲却

再次出现了一个持续 43 年的和平期，至少按照历史学家的习惯且不把 1877 ~ 1878 年在今保加利亚境内发生的俄土战争包括在内的话，可以如此断言。关于第一次世界大战，最令人感到不可思议的并不是它的发生，而是它竟然这么晚才发生。美国历史学家保罗·W. 施罗德（Paul W. Schroeder）对 1815 ~ 1848 年的欧洲政治进行了"系统"解读，对欧洲缘何在这段时间维持了和平，给出了足以令人信服的理由：简言之，原因在于欧洲国际体系在此期间扩大为国际共同体。[7]较难解释的是，在这样一个高度工业化、加速扩充军备，以及战斗性民族主义到处传播的时代，欧洲为什么仍然保持了国际社会的稳定。对于并未演变成战争的各种国际性危机，必须分别看待。[8]不过，可以归纳出以下几个普遍原因。

首先，很长一段时间以来，没有一个欧洲大国推行以进行欧洲内战为目的的进攻性军备政策。19 世纪五六十年代的英法海上军备竞赛无疑是个例外：这是历史上的首次军备竞赛，不是增加军事装备的数量上的竞赛，而是寻求最新军事技术的质量上的竞赛。[9]德意志民族国家在欧洲中心地区的建立，并没有立刻引发新一轮军备竞赛。陆军元帅及德意志帝国最高军事统帅冯·毛奇（von Moltke）从 1870 ~ 1871 年事件中得出结论，维护德国利益的最佳手段就是威慑性扩军。直到 1897 年，政策才发生了变化。其时，海军上将阿尔弗雷德·提尔皮茨（Alfred Tirpitz）、皇帝威廉二世以及"海军至上主义"势力在德国公共舆论中造势，力主建立德国海军舰队：一方面，这是通过建立新的海上力量平衡，取代英国海上霸主地位的国际体系发展趋势的一部分；另一方面，这一计划"从一开始就对英国怀有明确的进攻性意图"。[10]英国接受了挑战。两国都把海军上升到了象征着民族团结、民族强大及体现国家科技水平的高度，尽管德国文化中并没有以航海为核心地位的传统基础。一位美国历史学家、军事理论家及海军军官——阿尔弗雷德·塞耶·马汉的权威观点为世界范围内新兴起的舰队热，也包括德国兴起的建立海军舰队的高涨热情，提供了理论依据。[11]自此开始，欧洲政治舞台上展开了首轮由工业发展助推、列强悉数参加的军备竞赛。[12]此时，在防御性威慑政策中，进攻意图有计划地增加了。这与1945年发生的向广岛和长崎投掷原子弹事件不同，677 该事件至少能让人预料，一场具有最高军备技术水平的战争会导致什么样的结局；而在世纪之交之后，人们只是一味扩军，对扩军在未来会带来怎样的后果，并没有合乎实际的想象。

其次，出于无法按"常理"来解释的原因，在欧洲没有出现致使有的国家可能会采取侵略性外交政策的权利真空，这是德国、意大利以及法国——法国已从1871年的灾难性军事失败中迅速恢复了元气——全面成功的民族国家建构产生的一个矛盾结果。没有任何一个国家崩溃。在1913年前，奥斯曼帝国已被一步步排挤出了巴尔干地区，但它从未衰弱到让其邻国有机会实现瓜分它的美梦。在1920年的《色佛尔条约》（Frieden von Sèvres）中，瓜分奥斯曼帝国的幻想达到极致，变成了具体计划，企图把新土耳其限制在安纳托利亚地区一隅。穆斯塔法·凯末尔（阿塔图尔克）领导的伟大的强军改革行动很快就让列强们——其中一度也包括美国——的美梦成了泡影。在1923年的《洛桑和约》中，列强们承认了作为地中海东岸最强大政治力量的土耳其民族国家的地位。相比较而言，奥匈帝国在欧洲国际社会中的地位更为重要。该国内部发展矛盾重重——在若干地区，经济发展相当令人瞩目，同时各民族间的对立情绪也愈加严重——但这并没有影响到它的国家地位。按照所有能够想象得到的标准来看，整个 19 世纪，在欧洲列强排序中，哈布斯堡君主国始终保持在倒数第二的位置。在第一次世界大战爆发前，奥匈帝国的国力能够确保其在欧洲强国中的位置不变，但又不足以使它有底气采取行动来对抗德俄这两个主要对手。奥匈帝国在权力格局中无意中形成的这种理想状态，稳定了中东欧局势，没有为柏林和维也纳的一些人梦想的任何一种"中欧"帝国主义的滋生提供空间。不是哈布斯堡王朝的崩溃导致了第一次世界大战的爆发，而是恰恰相反。

再次，俾斯麦推行的政策造成的一个后果是，1871 年后在欧洲不可能再出现两国间的权力角力。能够想象的所有战争都只能是联合战争。而国家联盟间的战争的准备过程，无论在政治上还是在军事上，都更艰难，更费时耗力；所有政治家都明白，当欧洲中部爆发下一场战争，没有一个强国能够独善其身。[13]1871 年后的"竞争性联盟均势"[14]尽管缺少信任和调停机制，但仍然得以维系，其原因在于所有结盟均从防御出发：它不是 1945 年后的那种"威慑的均势"，但也是一种基于不信任的均势。直到世纪之交后，决战思想（"斯拉夫人对日耳曼人"）蔓延，加之巴尔干地区局势出现了新的变化，导致小国有机会巧妙利用欧洲政治最危险的裂痕——奥地利与俄国之间的裂痕——这才为欧洲国际体系注入了致命的不稳定因素。[15]

最后，欧洲与海外的特殊关系也被证明具有遏制冲突的作用。原则上，人们希望外围地区为欧洲国际体系承担各种各样的功能。它可以充当缓解欧洲内部紧张的"安全阀"，反过来，可以充当冲突的"催化剂"，对欧洲产生反向影响；它还能够充当新式武器的试验场。它能使列强认识到——英俄两国 1907

年签订中亚协定时就已意识到——有些行动是危险的"过度扩张"，从而使它们减缓扩张速度。总有某些时候、某些地方的情况符合上述这些判断。不过，决定性因素却在于：外围地区在经济方面与欧洲日益加强融合的同时，在安全政策方面却在与欧洲脱钩。脱离过程贯穿了整个世纪，试图将欧洲国际体系的不成文交往规则用于争夺殖民地的竞赛（正如俾斯麦在1884～1885年瓜分非洲的柏林会议上所做的一样），长期来看，并不成功。[16]顺便说一句：这是个合乎逻辑的观点。对于行为主体——尤其是英俄两国——的行动范围而言，欧洲和欧洲以外地区根本没有严格的区分。比如，英国持续支持奥斯曼帝国的一个重要理由是，假如对苏丹（同时也有资格获得哈里发这一宗教称谓）采取行动，可能会导致印度的数百万穆斯林发生骚动。

679　　二元世界

近代早期缔结的若干和约对殖民地利益都有相关规定。与这些和约不同，维也纳会议仅就欧洲国际社会秩序的调整与安排达成了协议。其他国家均被排除在外，如果撇开奴隶贸易这个次要议题的话，世界其余地区都不是这次会议关注的对象。参加会议的国家中没有奥斯曼帝国，单凭这一事实就令会议有意局限于小欧洲的意图昭然若揭。因为，唯有如此，"东方问题"才会成为一个特殊问题，才可以避开通过维也纳会议决议来处理的轨道。因此，当时会议决定的所有机制，如进行反革命干预或举行外交会晤逐项解决冲突等，只适用于欧洲。仅数年后，维也纳会议将欧洲外围地区排除在外的做法就在现实中发挥了重要作用。以英国为首的列强，包括最反动的俄国，违背所有协定——包括适用于欧洲自身的协定——在地中海东岸地区进行干涉，支持一场针对这一广袤地区最古老的王朝、自14世纪以来就实施统治的奥斯曼家族的革命运动。插手希腊问题也没有对欧洲列强彼此间的关系产生任何影响。

　　从许多方面来看，维也纳会议隔离冲突频发的外围地区、为欧洲竖起屏障的决议，是个促进和平的绝妙主张。[17]1823年出现了响应这一主张的行动，当时美国总统詹姆斯·门罗发表了著名的门罗宣言。根据此宣言，"自此起，欧洲列强不得再在两个美洲开拓殖民地"，两个美洲，即也包括南美洲。[18]也就是说，1814~1823年的那个时期，大西洋两岸的国际政策都是有意识的去全球化政策。相对于鞍型期的大规模世界性危机——当时北美、法国和加勒比海地区的革命事件的影响一直蔓延到南非、中国和东南亚——这个时期的国际政治关系呈现分散的格局（而经济领域的联系网络在加强）。不过，细察之下，这也有另一重意味：在近代早期，亚欧国家间未能成功建立一个共同的法律制度，人们只是承认，原则上另一方是与自己平等的法律主体。因此，协议或誓约的有效性是超越文化界限的。　680
在1814~1815年的版图重整中，欧洲人也未倡导建立这样一种世界性法律制度。因此，对于世界范围的和平保障缺少先决条件。即使欧洲国际法这一重要的文明成就在海外也并未作为欧洲人的自我约束，进而成为西方法制观念的一部分。无论是为战争提供法律根据的"诉诸战争权"（ius ad bellum），还是规范参战方行为、限制战争破坏程度的"战时法"（ius in bello），在欧洲以外地区都未得到严格执行。也由于始终是从有利于欧洲人的角度来解释欧洲法制观念，所以，在世界不同地区发展落差日益增大，人们对文化与种族差异的感受越来越强烈的时代，只能通过逐步贯彻欧洲法制观念来坚持法律的全球化。[19]

对欧洲和欧洲以外地区在概念上进行区分，可以使欧洲的海外占领和干涉行为免于欧洲本土战争所受到的那种——当时还是最低限度的——限制。没有任何一个国际体系规则能够有效地避免或减弱西方对海外肆无忌惮的征服和殖民，比如俄国1860年强行占领黑龙江以北大片领土，列强在非洲中部展开争夺，意大利进攻的黎波里塔尼亚，美国征服菲律宾等。在帝国主义侵略的高峰期，欧洲与欧洲以外地区概念上的区分得以保持，对欧洲来说，这一区分依然继续起到了屏障作用。自19世纪70年代以来，诸强国已经习惯于不仅在欧洲内部，而且在世界舞台上贯彻均势思想；不过直到1945～1947年后的冷战时期，均势思想才开始大行其道。在19世纪晚期，有两个相互对立的倾向：一方面，人们越来越确信，所有国际关系必须被视作唯一一个世界体系中的一分子；另一方面，人们又在概念上继续区分"真正的"欧洲内政和"外围"。[20]帝国主义列强在世界许多地方狭路相逢，展开争夺：在非洲所有地区、中国、东南亚、南太平洋，甚至是1902～1903年冬的委内瑞拉。但是，所有这些帝国冲突都是可以解决的，或者其影响是能够得到遏制的；其中一个原因在于对帝国主义不成文"游戏"规则的尊重，即遵守如下原则：倘若一个帝国主义国家的野心落空，则要保障或容忍它在另一个地方得到"补偿"。帝国间的一些冲突和对立使得欧洲各国政府间产生了持久的不信任，但没有任何一次冲突对欧洲关系的影响达到直接触发战争的程度。[21]

第一次世界大战之前几十年欧洲国际体系的动摇，并非外部力量使然。在欧洲各国政府的整体政治考量中，亚洲、非洲和美洲扮演着越来越重要的角色，但这种算计并没有朝着一场

681

帝国大战不可避免的方向发展。特奥道尔·席德尔（Theordor Schieder）甚至说，在 1914 年前的半个世纪中，五个强国形成的欧洲国际体系整体上已然成为"世界霸权"。[22]这个说法有没有道理？从两个方面来看，无疑有道理：其一，英、俄、法在欧洲地理疆界之外整体上有着巨大的利益。换言之，他们控制或影响着其他洲的大片领土。自 1884 年开始，德意志帝国也以较小的利益和领土规模加入了这个行列。其二，在工业经济实力和可投入兵力方面，欧洲五强的总体潜力在全世界首屈一指，而且它们还决心通过海外干预发挥其潜力（这方面奥匈帝国是个例外）。

但这并不是说，只有欧洲在"国际关系"方面取得了突出的文化成就，世界其他地区仍停留在极端混乱的状态。[23]欧洲国际体系从未作为一个组织，哪怕是作为一个协调一致的集体，在国际上采取行动。从这个意义上说，欧洲国际体系从来都不是一个"霸权"。在国际舞台上，国际体系本身并非"行为主体"。"强国音乐会"是在强国音乐厅内举行。该时期最重要的外交会议并不是由国际体系召集，而是由一个扮演"中间人"角色的强国召集，它这样做也是出于自己的利益考量。重要的海外利益平衡无一例外都是在双边协调下实现的。在欧洲以外的地区，仅有过唯一一次集体行动：1900 年夏，八国联军解救被义和团围攻的外国使馆。在这支军队中，日本和美国已经起了主导作用，奥匈帝国的参与则是其史上最野心勃勃的外交壮举。[24]从政治角度来看，欧洲帝国主义不过是单个帝国主义的集合而已。只有当五强均以欧洲强国而不是跨洲帝国的角色出现时，欧洲国际体系机制才能在五国之间发挥作用。就此而言，该体系并不具备"国际政治"功能。

682

二 秩序空间

在进行帝国扩张时，欧洲人和北美人并不进入政治秩序混乱的地区。以任何一种方式将欧洲和"其他地区"简单对立起来都不恰当。首先，在欧洲内部也存在着准殖民地式的依附关系。传统外交史对那些被称为欧洲"弱国"的国家只是略有提及，很少关注它们在一个强国主导的世界上的行动空间。比如，葡萄牙在经济上就极端依赖英国。1870 年前后，葡萄牙出口商品中有 80% 销往英伦岛。葡萄牙向英国消费者供应雪利酒和软木塞。在葡萄牙，有些地方存在着在英国本土已不可能有的野蛮的剥削与被剥削关系，比如英国公司雇用葡萄牙儿童用剃刀削刮软木瓶塞，计件支付工资。[25] 这种对风险和低工资劳动的转移，始终是世界体系不均衡的一个重要标志。

美洲

具有自己独特的秩序原则的区域是美洲。在 19 世纪 20 年代，西班牙殖民地纷纷脱离母国，门罗主义逐渐产生影响，这一切使新世界脱离了旧世界。在过去几个世纪，新旧世界之间的距离从未如此遥远。曾有一个短暂的历史瞬间，即 1806/1807 年前后，英国受到诱惑，打算继承西班牙殖民者在拉普拉塔平原及其他地区的遗产。实际上，英国再也没有试图在其现有的美洲殖民地以外的地区进行干预。对于西班牙和其反叛的美洲臣民间的斗争，联合王国保持中立。在美国独立战争期间，英国对美洲的贸易就已开始增长；1824 年，在英国全部出口商品中，销往拉丁美洲的商品已占到 15%。伦敦急忙迅速承认那些新成立的共和国，尤其是早在美国外交官还在试图扩大北方影响的时候。一个国际法框架迅速建立起来，一方面，它向在拉美的英国公民提供英国法律保护，另一方面，它虽然未让拉美国家承担优先从英国进口商品的义务，但要求它们，向英国商人征收的关税不得高于向有最惠国待遇的第三国征收的关税额度。在这样一个相对简单的"非正式帝国主义"制度下，英国成为若干拉美国家最重要的贸易伙伴，并得以长久保持这一地位；直到世纪末，美国才开始越来越多地担当这一角色。[26]

19 世纪 30 年代之前，在长达 20 年的时间里，拉美曾是地球上最不平静的大陆，其动荡程度仅次于或类似于欧洲；正是在这样一个时期，由于亚历山大·冯·洪堡和其他旅行者的缘故，拉美在国外得到了大量关注；此后，拉丁美洲就从国际外交视野中消失了。[27]没有一个拉美次大陆国家卷入欧洲内部强权政治。整个 19 世纪，在南美也未出现严重的英美对抗。英国并不总能成功地将其经济分量转化为政治影响。比如，英国一向与巴西关系良好，但英国欲终结巴西奴隶制的高压外交手段并未奏效。拉美国家之间没有形成明显的国际体系；相反，那些从西班牙帝国分裂出来的国家之间的关系更多是混乱无序的，而这些国家大多数都处于专制统治之下。（南美）"解放者"西蒙·玻利瓦尔暮年时就对国人的小邦分离主义深感绝望。一种真正的、不充当美国工具的泛美主义从未得到过重视。许多国家边界存在争议。对于次大陆的对外防御，少有作为；几乎没有一个国家拥有一支具有作战能力的海军舰队。[28]

像 1864 ~ 1870 年的"三国同盟战争"这样残酷的事件，虽不典型，但毕竟实现了某种意义上的联盟。这场战争是巴拉圭对战巴西、阿根廷和乌拉圭，是南美历史上国家间战争中损失最为惨重的一次。自 1814 年以来，弹丸小国巴拉圭在三任独裁者的持续统治下，发展成为一个——如大卫·兰德斯所言——"开明的斯巴达国家"：平等、有序、武器装备精良、人口文盲率较低。[29]巴西侵犯乌拉圭边界，这给了独裁者弗朗西斯科·索拉诺·洛佩斯（Francisco Solano López）一个由头，他派出其训练有素的军队与巴西和阿根廷的二流军队对战。最初的几场战役以包括乌拉圭在内的同盟军的惨败告终。然而，从 1867 年开始，人口是巴拉圭 20 倍的大国巴西的战争机器全面启动。由于巴拉圭顽强抵抗，战争局势僵持不下，到战争结束时，巴拉圭有超过一半的人口丧生，在近代所有战争中创士兵及平民死亡率之最。[30]这场战争成为巴拉圭民族历史上的重大事件，成为留在南美次大陆集体记忆中的重要历史时刻和历史转折点。阿根廷也在军事和经济上遭受重创，失去了其此前在拉普拉塔平原上无可撼动的领先地位。巴西则证明了自己的地区优势。[31]智利与秘鲁和玻利维亚进行的（南美）太平洋战争，又称"硝石战争"（1879～1883），最终以智利获胜并占有丰富的硝石资源而告终；对于各参战方而言，这场战争产生的影响与三国同盟战争类似。对于动员规模空前的智利社会而言，这场战争是该国独立以来最具深远意义的集体经历；在游击队与侵略者进行战斗的秘鲁，这场战争触发了国家被武力瓦解的进程。[32]尽管拉美形势长期不稳定，无论各国内政，还是国家间关系都可以用"四分五裂、维持和平力量不足"来形容，然而，令人诧异的是，总体而言，拉美保持了相对和平的局面。[33]

　　南美国家没有形成一个共同的保障国家安全的系统，而中

美洲国家越来越受到美国的影响。在这里，英美两国的敌对至 685
少起了间接作用，因为作为墨西哥的主债权人，英国人可以施
加一定的政治影响。美国政府担心，伦敦会通过这种方式把手
伸向墨西哥加利福尼亚省。不过，有更确凿的证据表明，美国
早就处心积虑地要侵占加利福尼亚。早在欧洲人还没有学会玩
帝国主义游戏时，詹姆斯·P. 波尔克（James K. Polk）就已深
谙此道。他通过军事手段向墨西哥大力施压，终于导致墨西哥
开始反击。于是，他向国会出示了墨西哥入侵的证据，要求国
会同意对墨宣战。[34]1847 年夏末，一支美国远征军抵达墨西哥
城。在美国，强硬派势力，包括总统本人，都要求吞并整个墨
西哥。然而，这一次，素来倾向于冒进的现场决策者，破例降
低了首长的最高战争目标。尽管如此，《瓜达卢佩－伊达尔戈和
约》（1848 年 2 月）仍是个向战败国强加了苛刻条件的合约。
墨西哥被迫割让了今亚利桑那、内华达、加利福尼亚、犹他的
全部地区，以及新墨西哥、科罗拉多和怀俄明部分地区，由此，
支付给墨西哥的微不足道的补偿被加倍索还。

英美走上冲突路线的根源并不在于墨西哥和加利福尼亚，
而是更南边的中美洲地区。在该地区，最初英国主导着该地区
联系薄弱的国际社会。随着美国对亚洲贸易的兴趣大增，加利
福尼亚和俄勒冈（也是在 1848 年）被兼并，以及加利福尼亚
金矿的发现，美国开始把目光瞄向中美洲这个过境区。1850
年，英国驻美大使和美国国务卿签订了一个条约（克莱顿－布
尔沃协议），于是，在无任何一个中美洲国家参与的情况下，两
国实现了利益均衡。条约规定，英美任何一方不得在中美洲开
辟新的殖民地，任何一方未经另一方同意不得修建中美洲地峡
运河。通过该条约，英国象征性地承认了美国在中美洲的同等

地位。在此基础上，美国在随后的几十年里持续扩大其影响。
19 世纪七八十年代，为了"重建秩序"和"保护美国公民"，
美国军队数次登陆巴拿马——当时哥伦比亚的一个省。[35] 随着
时间的推移，美英在这一地区的均势不复存在。1902 年，美国
国会单方面决定横穿巴拿马修建一条运河。当时，哥伦比亚不
同意美国所开出的运河区购买价格，于是，在美国支持下，私
人利益集团策动巴拿马脱离哥伦比亚，成为一个"独立"的新
国家。运河区旋即被租让给美国。1906 年，美国从西班牙招募
了几百名工人（从西班牙、意大利和希腊招募的 12000 名工人
随后而至），运河建设工程开始。1914 年 8 月，运河首次通
航。[36]

在南美，各国独立后政治地图并没有多大变化。整个地区
遍布着若干毫无特别之处的国家，它们都或多或少地在寻找自
己的国家定位。所有这些国家，包括因葡萄牙背景而与众不同
的巴西，都没有能力一跃成为这片大陆上的霸权国家。在这方
面，英国或——19 世纪 90 代之前的——美国，也都没有成功。
列强与这些国家中的个别国家是庇护关系，但这并不具有在更
大范围内实现秩序化的功能，就如霸权地位所独有的影响那样。
独立战争时期人们曾梦想按照美国模式建立一个西班牙语美洲
联邦，现在则没有人再愿意提起。人们效法欧洲国家的外交手
段，比如相互订立秘密协议，但并没有找到任何一种超国家组织
形式，拉美"协奏曲"一次也不曾奏响过。相对于欧洲国家间军
事纷争屡屡白热化，在 19 世纪，拉美国家彼此间的关系较和睦。
从这个角度来看，对于这片大陆而言，缺乏真正的强国是好事而
不是坏事。而从另一角度来看，拉美缺乏能够与到世纪末势力已
极为强大、占据主导优势的美国对抗的国家军事力量。

门罗总统的宣言"美洲是美洲人的美洲!"是在效果历史（Wirkungsgeschichte）中才成为一种"主义"，并在法国 1867 年兵败墨西哥后的数十年里达到了其影响的顶点。在 1895 ~ 1896 年的委内瑞拉危机中，通过以战争相威胁，美国首次在中美洲地峡以南的地区取代英国，确立了霸权地位。1904 年，西奥多·罗斯福总统提出罗斯福推论（corollary），进一步补充了门罗主义；根据此推论，美国保留在整个南美地区进行"文明"干涉的权利。门罗的原本立场由此被颠覆：门罗对拉美革命持庇护立场，而罗斯福则欲压制拉美革命；门罗不主张对南方各国进行军事干预，罗斯福则信赖北美的军力优势。罗斯福推论只不过是对美国一贯做法的明确宣示：1898 ~ 1902 年，美国军队干涉拉美地区事务达 20 次之多。[37] 如此一来，在 19 世纪 90 年代，并没有产生一个美洲自己的成熟国际体系，而是出现了具有经济和军事优势的美国独霸一方的局面，而美国推行霸权大多数时候并非出于"善意"。不过，这个霸权地位常常是虚的，美国并不能完全贯彻其全部意图。比如，此间统治巴西的历届政府都与美国交好，但巴西始终未给予美国它所要求的经济特权。在 19 世纪，构建泛美自由贸易区的设想无果而终。[38] 也必须看到，拉美与亚洲和非洲不同，由于受美国庇护，它没有卷入两次世界大战。在 19 世纪，北美的两个国家也没有形成欧洲式的"体系"，具有最重大意义的是 1817 年两国达成的有关五大湖流域非军事化的协议——这是较早的双边裁军措施。1842 年所有边界问题得到最终解决之后，美国和英属加拿大之间的关系才正常化，两国间形成了一种和平而冷淡的邻邦关系——是动荡不宁的 19 世纪国际关系历史中的平静的一极。

687

亚洲

在世界其他地区，欧洲人遇到了更古老的国家形态；他们
既不能，也不想对它们立刻进行彻底改造。在 18 世纪的南亚，
法国人和英国人（最后只剩下后者）成功参与了莫卧儿王朝继
承国的权力角逐。英国成功占领印度有两个原因：通过从内部
对土邦林立的印度社会进行分化夺取了政权，又以英国人带来
的或在当地通过试验确立的军事和行政组织形式作为制度支撑；
若非如此，无法解释这一现象。自 1849 年吞并旁遮普以来，英
国统治了印度全部领土，形态多元的印度土邦只是徒具虚名。
残留的约 500 个土邦不受东印度公司，也不受 1858 年后接管印
度的英王室的直接统治，但它们没有独立的外交和军事权。比
如，一位王公若与俄国人发生联系，会马上被夺去王位。王位
继承需要得到殖民政府当局的首肯。[39] 英国人也高度戒备，尽
可能不让各土邦之间相互来往。自 1877 年开始，每隔一段时
间，全印度王公贵族就会齐聚一堂，举行豪华庆典，这是向不
在场的女皇及其副王宣誓效忠的封建仪式，并无任何政治含义。

与曾被莫卧儿王朝统治的印度不同，在马来亚，当地土邦
从未被一个大帝国统治过，故英国人早就在这个多元国际社会
内部采取了行动。1896 年，马来半岛东海岸的四个邦合并成立
马来联邦（Federated Malay States，FMS），首府为吉隆坡；与
此并存的还有马来属邦（The Unfederated Malay States）和海峡
殖民地（Straits Settlements）。1941 年日本人入侵前，英属马来
亚从未创建过统一的行政组织结构。与在非洲不同，在这里英
国人很少使用吞并手段；在相当长一段时间内，更常用的手段
是"总督"和苏丹王室之间的外交周旋。个中原因也在于，英

688

王室代表对当时局势有相当程度的把控，像早期东印度公司在印度或塞西尔·罗德斯在南非推行的那种次帝国主义（Subimperialismus）在东南亚没有产生多大影响。尽管各邦的独立在很大程度上只是名义上的，但前殖民时期统治领域的多元性至少并未被扫除一空。不过，独立后，这种多元性也未再得到复苏。20 世纪 60 年代之后，该地区不再是小邦林立，而是形成了两个主权国家：马来西亚和新加坡。与此相反，法属印度支那在解放战争中重新分裂成了历史上形成的三个国家：越南、老挝和柬埔寨。缅甸和暹罗在 18 世纪下半叶经历了深重的内部危机，[40]之后重新跻身强国之列。若把缅甸和暹罗也算上，会有一个惊人的发现，即殖民主义时代并未从根本上改变前殖民时期东南亚内陆国家的国际社会格局。与欧洲五国几乎同期产生的中南半岛五国至今仍然存在。

　　在中国和日本，欧洲人和北美人遇到了极其复杂的政治体制，无法通过殖民方式征服它们。不过，中、日两国的地缘政治背景截然不同。日本从来不是任何一种"国际"秩序的稳定的组成部分。它从未被一个更大的帝国统辖过，它也从来不是由国力相当的单个国家结成的某个体系的成员，就像近代早期在欧洲，以及 18 世纪在印度和马来亚所存在的那种体系。不过，17 世纪 30 年代实行"锁国政策"后，日本仍与中国保持着密切的商业、艺术和学术往来；从文化层面上来看，可以说，日本是中国世界秩序的一个重要成员。[41]纵使与中国往来密切，日本"门户被打开"仍必将导致激烈的"文化冲突"。在海军准将佩里到来之前，日本人对欧洲的国际政治有所了解，但也仅限于理论上的了解。在与其他国家的交往方面，它的经验几乎为零。打开其国门的手段相对较温和，日本没有遭受军事征

689

服，没有被占领国统治（它要到 1945 年才会有这样的遭遇）。
美国和紧随而至、不久即后来居上的英国，仅为其国民争取到
了进入岛国的权利，并经交涉获得了自由贸易特权，而在 19 世
纪 50 年代早期，两国早已从世界其他地区获得了自由贸易特
权。1858 年订立《日美友好通商条约》，这些权利得以实
现。[42]日本人有史以来第一次面对这样的问题，以前连类似的
情形也不曾经历过。从这个角度而言，日方谈判人员的表现相
当不俗。谈判中，除其他种种劣势外，因内部原因已被大大削
弱的幕府也是不利于谈判的一个因素。可以说，日本并不是从
现有的一体化体系中分离出来再加入一个国际联合体中的，而
是某种程度上在毫无先决条件的情况下，以较为有利的条件融
入了现代国际社会。实际上，这一过程早在 19 世纪 70 年代就
已完成，得到法律承认则是在 1895 年，这一年列强同意终止
1858～1871 年签订的"不平等条约"——中国到 1942 年才实
现摆脱不平等条约的目标。[43]明治政府因此实现了其外交政策
的主要目标：使日本成为一个全权的国际法主体。

　　中国的处境比日本要艰难得多。[44]中华帝国历经数百年构
建了一个自己的世界秩序，并维持了该秩序在政治上的有效运
转。这个世界秩序——在制度层面上日本从来不是其成员——
是一个高度发达的单一中心体系，是近代欧洲多中心国际体系
之外的另一种秩序。从某些方面而言，前者比后者更为"现
代"，比如，它对领土归属的界定更抽象：在该体系中，不存在
王室财产或"王室世袭领地"（19 世纪欧洲仍存在这样的情况：
卢森堡就是荷兰奥兰治王室的领地等）的概念，同样也没有主
权重叠这种"封建"社会形态。在 17 世纪，东亚和中亚地区
（要把两个地区视为一个地缘政治单元）尚具有突出的多中心

690

特点。若截取 1620 年前后的历史剖面，会看到大明王朝强邻环伺，这些邻"国"并不臣属于它：北有满族人，西北有蒙古族人，南有藏族人。1760 年前后满汉共治的幅员辽阔的帝国建立完毕之后，北京的统治者需要对付迅速强大起来的独立邻国沙皇俄国；不过除此之外，周边邻国都是弱小的进贡国，北京与它们保持着各种象征性的宗藩关系。这个世界秩序是由可辨认的各个成员及相互间明确遵循某些规则的关系构成，就此而言，它是一个广义上的国际体系。但它与欧洲的国际体系没有相似性，因为其整体格局完全以中国的朝廷为中心，各个成员享有主权和平等的思想根本无足轻重。等级思想深深渗透在中国的国家理性中，尽管出于历史经验，在管理好宗藩关系之外，它还拥有各种各样的行动可能性。因此，与日本人、印度人或马来亚人相比，中国人更难以适应 19 世纪的新型国际秩序。

1842～1895 年是一个令人注目的特殊时期；在西方，过去人们习惯美其名曰"中国加入国际大家庭"的时期。与对日本的态度不同，在这个时期，西方数次与中国开战，这几次战争分别发生于 1839～1842 年、1858～1860 年、1884～1885 年。日本人对其中的首场战争，即 1839～1842 年的鸦片战争，非常了解；这有益于他们日后的谈判策略，使他们清楚过度抵抗可能带来的风险。1871 年中日签订了《中日修好条规》，这是两个邻邦之间以国际法形式签订的首批协议之一，由此确立了中国的制度性开放。通过签订允许外国人通商的"不平等"自由通商条约，中国的门户被打开。外国侨民享有不受中国法律管辖及在若干通商口岸定居的权利。某种程度上，大清帝国周边古老的藩属国一点一点"被殖民国家蚕食掉了"；随着 1910 年日本吞并朝鲜，及 1912 年蒙古独立，这个过程暂告一段落。中

691

国融入国际秩序的过程比日本更艰难和漫长，遇到的阻碍更多。与日本的情况不同，在中国发生的是真正的帝国冲突。

由于在欧美人看来，中国的"文明层次远低于"日本，中国也相应受到轻蔑的对待，这使中国的处境更加恶化。与日本或印度不同的是，中国还成为列强争夺殖民据点和经济特权的舞台。不过，纵使如此，至少中国从未——1900～1901年义和团运动失败后，及1911～1912年帝制转变为君主政体这些短暂的历史时期除外——停止以主权国家的身份在国际上采取行动。在大多数情况下，它都积极开展外交，哪怕是基于弱国的立场。如此说来，一系列"不平等条约"绝不只是西方强加的条约。在中国人看来，历来与"蛮夷"打交道的经验是，最好给"蛮夷"划定一个居住区，对他们敬而远之，只与他们的首脑打交道。通商口岸和外国领事馆就起到了这样的作用。19世纪90年代初期，中国以一种相当稳定的方式适应了其在国际关系等级秩序中的位置——一个次要但并非极端低下的位置。

1894～1895年的中日甲午战争猝然暴露了中央帝国的军事劣势；在此之前，所有人，包括日本人，都未察觉中国军力不足的实际程度。[45]在这场战争中，中国对与其保持着传统宗藩关系的朝鲜的影响几乎丧失殆尽，以"中国为中心"的传统东亚国际秩序残存的部分随着这场战争消失了。至少，在日本历史学家透过战争和各种条约的表象发现存在着更深层的历史延续性之前，看上去是如此。此后，以中国为中心的传统东亚秩序，以比过去更难以察觉的方式，逐渐转变为由西方和日本以敌对合作方式主导的新格局。最重要的是，在亚洲内部贸易领域——对于中国而言，亚洲内部贸易比中欧和中美贸易更重要——形成了"贡赋"和"交易"兼而有之的混合形式。若从

692

亚洲人的视角来看通商口岸，它们并非西方资本主义对停滞不前的中国经济进行"渗透"的桥头堡，而是各种不同但又非互不相容的经济体制的中继站。[46] 历经数百年形成的根深蒂固的"中华世界秩序"（Chinese World order）思维，也不会在所谓"西方的冲击"下一夜之间消失。比如，以前若有外敌进犯，朝鲜都是在传统中朝关系框架内来应对；即使在生死存亡的最后一刻，该国的实权派都怕触怒清廷。直到 1905 年日本宣布将朝鲜降为其保护国前夕，朝鲜都无法想象除了受中国这个宗主国统治之外还有其他可能性，尽管自 1895 年起它已停止向清廷进贡，而且自那时起，现代思潮已把中国视为处于"文明世界边缘"的"野蛮"国家。[47] 日俄战争导致"国际格局发生了根本变化"，其产生的深远影响一直蔓延至欧洲中心地区，[48]这场战争终结了中华世界秩序。中华世界秩序终结后，日本用了 40 年时间，企图在东亚建立一个自己主导的国际秩序空间，它在第二次世界大战中甚至还有了一个名称，叫作"大东亚共荣圈"。就这一发展的延续性而言，第一次世界大战并无重大意义。在东亚国际关系史上，历史分期的重要节点是 1905 年和 1945 年。

三　战争：和平的欧洲、不和平的亚洲和非洲

对于什么是"强国"，同时代的观察家及晚近时代的政治学家，有过复杂的考虑。这些思考大部分都指向一个简单的核心概念：强国是这样的国家，它得到其他强国承认，被认为与它们势均力敌或拥有"决斗的资格"。假如一个国家必要时会使用军事手段来维护本国利益，或者邻国相信它会这样做，那

么它就被认为是强国。尽管经济实力和领土面积也是判断一个国家是否具有强国地位的重要标准，但恰恰在 19 世纪，战争常常成为划分国际关系等级的标准。与 20 世纪下半叶相比，在 19 世纪，强国地位和军事成就更是息息相关。像当今日本这样一个经济巨人几乎毫无军事分量可言，这在 1900 年前后是不可想象的。美国在南北战争后经济迅速发展，外交威望大增，然而直到 1898 年对西班牙的胜利，才使其强国资格得到确认。1895 年日本战胜中国，为它作为东亚的地区性强国赢得了尊重，但直到 1905 年打败沙皇俄国后，它才跻身强国之列。此前一直以其文化成就著称的"德国"，在 1871 年出人意料地以强国形象令人刮目相看。与上述情况相反的是，军事落后和灾难重重则不断暴露出一些国家的外强中干。由于军事失利，中国、奥斯曼帝国和西班牙失去了其作为受世界尊重的"强国"的资格。经历了 1866 年克尼格雷茨战役的惨败，奥地利基本上未再恢复强国威望；俄国因 1856 年和 1905 年战争失利而陷入严重的内政危机；1870～1871 年，法国的国际地位和自信严重受挫，以至于此后几十年里，噩梦般的色当之战始终是法国对外政策中的一个阴影，并使法国人产生了复仇情结。甚至英国——1899～1902 年它历尽千辛万苦顶住了人员和物资供给都相差很远的布尔人的反抗——也在帝国主义列强竞争的高峰期陷入了深深的自我反省。通观 1815～1914 年这一时期会发现，在强权政治和军事方面以不可阻挡之势迅速崛起的国家只有三个：普鲁士/德国、美国和日本。

在世界领先的军事主义国家排名变化的背后，是暴力历史的普遍化潮流。法国大革命到第一次世界大战这段时间的历史能最清晰地显示这一发展的总体走向。

组织与武器技术

第一，19 世纪一个最普遍的和扩散性的趋势就是系统地运用知识来解决军事效率问题。这类知识由两方面的知识构成，即组织筹备方面的知识和技术知识。战争不仅限于表现出来的战斗过程，而且要求制订周密的计划以利用有限的资源；在欧洲以及欧洲以外的地区，早在很久之前，军队的组织者和亲临战场的将帅们就清楚这个道理。中国古代大军事家孙子（公元前 5 世纪）所著兵法直到 20 世纪仍受到膜拜。在 19 世纪，与以往不同的是指挥结构的紧凑化、灵活化和系统化，普鲁士重新崛起为强国的最重要的秘诀即在于此。对于 1806 年的惨败，普鲁士迅速做出反应，于 1807～1813 年实行了全面的军事改革，这一改革为普鲁士的再度崛起奠定了基础。普鲁士是第一个将指挥官和其部队传统的指挥与服从关系上升到一个更高理性层面的国家。国王担任普鲁士军队"最高统帅"，之下是集中了负责提供军事技术知识和进行战争动员的所有部门的战争部，亦即后来负责战争规划、和平时期保障持续战备状态的常设机构——总参谋部。作为 19 世纪最重要的军事创造之一，总参谋部从根本上超越了仅在殖民战争中得以展现的拿破仑时期的浪漫英雄主义。普鲁士军官本质上不再只是战斗者和指挥者，他们是那个时代最具综合素质的职业军人；于他们而言，"作"战是一门须运用军事科学来保障战争过程的艺术。特别是自 19 世纪 60 年代以来，普鲁士军队赋予职业军官以全新的职业特征。其中包括，军官要认真严谨地为实施各个级别的指挥做准备，以便在战场上展现理性决策能力。军队应实现紧密沟通，下级军官应知晓整体作战计划，紧急情况下能够急中生智，做

出机动灵活的反应。早在普鲁士拥有重要的工业统治手段之前，

695 对军队组织结构的合理化改革就极大提升了军事潜力。拥有贵族身份者不能再摇身一变就成为军官。军官晋升制改革要求所有军官提升素质和能力，在这个过程当中至多只有王公贵族是例外，不过他们也并不是总能逃脱。就这样，尤其是 1864 年、1866 年和 1870～1871 年取得一系列胜利后，普鲁士军队成为全世界争相效仿的现代军队的样板。[49]这其中尤为好学的是日本人，英国和美国到世纪之交前后才开始根据各自的需要借鉴普鲁士模式。

第二，在全世界所有文明中，技术知识都尤为突出地体现在军事装备上面，军事史都是把军事软实力和硬实力作为一个整体来看待。在 19 世纪的重大军事创新还未实现之前，拿破仑及苏沃洛夫的军队在战争中基本上仍沿用近代早期的武器技术，拿破仑时代的军队显现出 18 世纪的某些延续性。[50]从军事史的角度来看，人们此时亦处于一个真正的"鞍型"期。这些军队，尤其是法国军队的优越性并不在于它们与对手相比所占有的技术优势，而在于他们行动更快速，战术单位更小所以更灵活机动，并且以新的方式在战场上使用重炮部队。至于刺刀，也就是枪刺，仍起着很大作用，这说明普通的步兵火器有效距离短、对天气的适应能力差。从 19 世纪中叶开始，重大的武器技术创新才受到关注。19 世纪 50 年代，欧洲所有军队都用上了法国军官克劳德－艾蒂安·米涅（Claude – Etienne Minié）于 1848 年发明的步枪，这种步枪取代了旧式步枪，成为标准的步兵武器装备。[51]随着 19 世纪的发展进程，步兵武器的精度和发射速度都在提高；操作更简单，射击产生的硝烟更少。在重炮方面，口径的种类更多，而且威力和灵活性都在提高，后坐力

也减小了。对于各强国的海军舰队而言，得益于舰炮的进一步改进，在舰上增大重炮的口径设置成为可能，这在陆地上是几乎无法实现的。随着钢铁技术的发展，战舰的船体更大，但重量更轻、更易操控。在 19 世纪的发展过程中，"过去半国有的军火经济发展成为综合性的军备工业行业"，[52]若干在军事打击能力和战争意愿方面你追我赶相互竞争的民族国家，均出现了这样的局面。自世纪中叶起，各国武器装备在数量上的差异对战争过程起到了决定性影响。军备竞赛此时成为国际关系的一个永恒标志。[53]

696

第三，只有最发达的工业技术水平才能生产出先进的军事装备，也就是说只有少数国家具备这样的能力，但这并不能阻挡新武器，尤其是步兵武器在全世界的扩散。有一些工业潜能直接转化为军事优势的例子，比如南北战争期间，美国南部各州常常在战术上比北方更胜一筹，但其工业水平比不上北方。不过，只要世界各地的政府不惜重金购买先进武器装备，那么就有国际军火商乐意满足它们的需求。比如像德国的克虏伯或英国的阿姆斯特朗这样的公司，它们的业务遍布世界各地。早在近代早期，欧洲军备技术的扩散就已不是新鲜事。葡萄牙、德国以及其他国家的兵器生产商向印度人、中国人、日本人以及其他购买者供应欧式滑膛枪和大炮。奥斯曼帝国试图有计划地获取欧洲武器及相关技术。[54]

这种武器扩散势头在 19 世纪继续延续。西方与"其他地区"在军事技术上的距离是缓慢拉开的。自 1842 年鸦片战争失败以来在欧洲人心目中不堪一击的中国军队证明自己其实有能力建设港口要塞，这些港口在 1858 年曾让英国人和法国人久攻不下。法国 1885 年推出的勒贝尔步枪（同一年德国紧接着推出了毛瑟步枪）是第一种可用的、可快速装填的弹仓式步枪。被意大利国王翁贝托（Umberto）蔑称为"非洲猴子"的埃塞俄比亚皇帝孟尼利克二世（Menelik Ⅱ），于90年代早期购买了10万支勒贝尔步枪和200万发弹药。在为他效劳多年的亲密顾问、瑞士机械师阿尔弗雷德·艾尔吉（Alfred Ilg）的帮助下，他还建起了自己的兵工厂。当意大利欲把建立东非殖民帝国的美梦付诸实施时，孟尼利克于1896年3月1日在阿杜瓦战役（Adua 或 Adwa）中予侵略者以迎头痛击；此役是欧洲列强在殖民征服战争中遭遇的最为惨痛的一次失败。孟尼利克的炮兵部队在一天内消灭的意大利士兵的数量，比1859~1861年意大利统一战争期间丧生的士兵人数总和还要多。[55]

697

训练有素的布尔人步兵于1900年配备了毛瑟步枪和机关枪，装备精良的他们打得英国人措手不及，使他们损失惨重。在1877~1878年的俄土战争中，奥斯曼人的军事技术绝不在俄国人之下；他们挖掘战壕的技术非常突出。[56]1904~1905年发生在满洲的日俄战争中，日本"大卫"祭出最现代的武器装备，派出以欧洲军队为样板组建并训练的部队，与俄国"歌利亚"①对阵。当时，日本是个比俄国"更西化"、"更文明"的国家，国际舆论亦有如此评价，因此不能简单地把日俄战争视作"欧洲"与"亚洲"的冲突。[57]与日本相比，中国，这个世界公众的宠儿，因忽视了更新其现代化的军备而在1894~1895年付出了惨痛的代价。中国的两艘巨型战舰上的克虏伯炮没有储备炮弹，配备的阿姆斯特朗火炮没有火药。中国丝毫不重视建立军队医疗保健体系，而在这方面日本人却是典范。中国军

① 此处指《旧约圣经》中大卫战胜歌利亚的故事，喻弱小者挑战并最终战胜强大者。

官的能力普遍很差，军队没有统一的指挥结构，士兵待遇极差，所以毫无士气可言。[58]中国的政治领导人早在60年代就认识到进行军事现代化改革的必要性，甚至开始着手建设自己的军事装备制造业。不过，归根结底，问题的关键并不仅在于要拥有新式武器，知道如何操作新式武器也同样重要。

殖民战争、游击战争

第四，即使在欧洲人征服世界的高峰期，帝国主义也并不是指欧洲人掠夺、屠杀和征服手无寸铁、不知反抗的"野蛮人"。确切地说，它指的是欧洲人设法在当地取得了军事优势并善于利用这些优势，如近代早期那样。不过总体而言，从一个较长的历史时期来看，除了对日本和埃塞俄比亚的战争，他们在世界各地均取得了军事胜利。对于非欧洲人来说，19世纪总体上是一个灾难性的殖民战争时期；在世界各地都可见到这种战争类型，比如北美印第安人战争。这些战争对许多欧洲士兵来说也是灾难，他们忍受着恶劣的气候条件，大批士兵因此而丧生。在19世纪，那些不巧未被派往加拿大、澳大利亚和好望角的士兵，必须预想到，等待着自己的将是热带疾病、糟糕的伙食、可怕的兵营生活、漫长的服役期，以及遥遥无期的归途。

"殖民战争"这一战争类型不易界定。[59]原因在于，在该时期的战争文献中，殖民战争与其他暴力形式，比如警察行动，并无清晰的界限。随着第一次世界大战后警察机关的扩大，这种界限愈加模糊。乍看之下，殖民战争的目的是占领"异国"领土。可是，拿破仑战争或致使德国得到了阿尔萨斯和洛林的普法战争不也是这样的战争吗？从结果来看，一些殖民战争导致了新占领地区与世界经济的接轨，但这很少是征服行动的主导动机。

698

军事暴力行动的目的并非肆无忌惮地开拓销售市场；人们不会通过杀掉顾客的方式来赢得顾客。在 1914 年之前，很少发生争夺工业原料的战争；即使发生这类战争，也大多是在主权民族国家之间，比如上文提到的智利对秘鲁和玻利维亚的"硝石战争"（1879～1883）——一方是智利，另一方是秘鲁和玻利维亚。此外也有这样的情况：为了争夺面积广大的地区或在面积广大的地区发生了殖民战争，而这些地区从经济角度来看并不重要，比如阿富汗或苏丹。所以，在此必须增加另外一个标准：殖民战争是在欧洲国际体系之外发生的"体系外"战争。因为是"体系外"战争，所以殖民战争无须考虑"势力均衡"（balance of power），亦无须（或很少）遵守当时已存在的不多的国际人道法的规则。也就是说，殖民战争"不留俘虏"，即使留下俘虏，等待他们的也不会是好结果。近代早期（以及更早时期）的"野蛮战争"（guerres sauvages）就是这种情形，比如在 18 世纪北美印第安人战争中，战士和非战士一律格杀勿论。在 19 世纪，可供使用的种族划分方式越多，殖民战争就越容易和越经常被意识形态化为针对低等种族（lower races）的战争，即欧洲人势在必得的战争；不过他们当然也随时准备着，以——在其他方面很快就遭他们鄙视的"野蛮人"的——更加残暴的方式来进行这些战争。[60]

699

因此，当有时胜利期望落空，会造成更严重的心理创伤：例如，在 1879 年发生在祖鲁兰（Zululand）的伊山德瓦纳（Isandlwana）战役中，阵亡的英国军官人数比滑铁卢战役中牺牲的英国军官人数还要多；1890 年，卡斯特（Custer）将军在翁迪德尼（Wounded Knee)① 被苏族杀害；或 1896 年，意大利人在

———————————

　　① 也称伤膝谷。

阿杜瓦遭遇埃塞尔比亚人的机关枪扫射，半数将士丧生。当对战的另一方是白人，即当殖民战争的目的不是为了征服，而是为了阻止某一地区的脱离，或是为了夺回已脱离的地区，种族主义意识形态化就不太适用了。布尔战争和此前不久在古巴发生的事件都属于这类情形。在那里，克里奥尔人，即在古巴出生的西班牙裔居民，发起了一场革命"自治"运动，目的是谋求类似于西班牙帝国自治领这样的地位。与大英帝国不同的是，这种情况在西班牙帝国无宪法可依，马德里态度强硬，于是一场大规模战争在 1895 年爆发了；在 1897 年的战争高潮期，西班牙曾出动 20 万大军对人数少得多的叛乱分子进行镇压；这一政策对西班牙财政也是毁灭性的。

在南非和古巴发生的战争有诸多相似之处。在这两场战争中，殖民者对待敌人——大部分是白人——的残酷，证明这两场战争都是具有殖民主义性质的战争。在古巴，声名狼藉的驻古巴总督瓦莱里亚诺·魏勒尔（Valeriano Weylery y Nicolau）是谢尔曼（Sherman）将军 1864 年对佐治亚州实行的焦土政策的崇拜者，也是首位镇压菲律宾游击队的驻菲总督；在他的授意下，1896 ~ 1897 年西班牙军队将不驯服的古巴居民（所有种族）"集中"到集中营（campos de concentración），不给他们提供基本生活必需品，10 多万人因营养不良和疏于照顾而丧生。[61]在赫瑞修·基钦纳（Horatio Kitchener）和阿尔弗雷德·米尔纳（Alfred Milner）的命令下，英军将 11.6 万名布尔人及若干他们的黑人支持者关进类似的集中营——他们也枪杀战俘和人质——试图摧毁其在南非的对手的士气。[62]一位名为温斯顿·斯宾塞·丘吉尔（Winston Spencer Churchill）的年轻记者，此时结束南非之行回国；他建议美国人在菲律宾也采用这样的手段，不久美国人果然如法炮制（不只是因为听从了丘吉尔的建议）。[63] 1904 年后，在镇压赫雷罗人（Herero）和纳马人（Nama）的战争中，德国人也设立了集中营。设立集中营的想法是过去不曾有的，但这种行为方式在本质上的野蛮残忍并不新鲜。1879 年的祖鲁战争就是这样的例子。开战的主意并非来自伦敦，而是来自一位"现场决策者"（man on the spot）——英国驻南非高级专员巴特尔·弗里尔爵士（Sir Bartle Frere）。其意图在于，使祖鲁兰摆脱"暴君"塞奇瓦约（Ketchwayo）的统治，解除祖鲁的武装力量，由英国总督通过顺从的头领对祖鲁兰实行间接统治，即采用对印度的统治模式。[64] 在 1879 年的这场英国人与祖鲁人的战争中，双方胜负机会几乎均等。即便如此，这场战争也并非武人阶层间的公平对决。当看到失败在即，英军开始屠杀战俘，烧毁村庄，没收祖鲁人赖以为生的牲畜，对祖鲁人的暴行展开报复。[65]

单以"种族"理由不足以解释殖民战争的残酷。在 1912～1913 年巴尔干战争中，白人之间发生的事件的恐怖程度并不亚于同期的殖民战争：战俘丝毫不受保护；为实现种族同质化实施系统性的恐怖行动。世纪之交在古巴、南非、亚齐、菲律宾发生的战争，之前在阿尔及利亚、祖鲁兰或高加索发生的战争，均非"小规模"战争。尽管如此，认为所有殖民战争不过是"征讨战争"的看法，仍然大行其道。在世界各地都有那种小规模军事行动。1869～1902 年，仅英国方面就发动了 40 次殖民战争和征讨战争，其中大多数是无端发起的侵略战争，少数是解救欧洲人质的行动（如 1868 年在埃塞俄比亚）。[66] 尤其在非洲，殖民主义侵略者有着十分突出的技术优势。1898 年 9 月 2 日，在恩图曼（Omdurman）战役中，基钦纳率领的英埃联军仅有 49 人死亡，382 人受伤；敌方马赫迪军队虽浴血奋战，但不会操作他们的 8 门克房伯炮和若干机关枪，结果导致 1.1 万~1.6 万人阵亡；双方技术差距之悬殊顿显。英军不顾死伤的苏丹士兵，丢下他们撤离了战场。[67]最新技术并非总是制胜法宝。在法国征服西非大部分地区的过程中，起决定作用的是骑兵队的快速奔袭和使用刺刀。常被人提及、后来在英国侵略非洲或 1904 年入侵西藏（"荣赫鹏使团任务"［Younghusband Mission］）的行动中发挥了重要作用的机关枪，在这里几乎没派上用场。[68]远距离后勤保障系统，如轮船运输、铁路、电报通信及热带病学等，为殖民战争提供了便利。有些铁路是专为军用运输而修建的，比如苏丹或印度西北边界地区的铁路。欧洲人和北美人在大多数殖民战争中所具备的优势，主要有两个：较好的后勤保障，以及按照印度雇佣兵模式招募当地人组建后备部队。

第五，在很多情况下，弱势一方的武器是游击战。在这方面，欧洲和其他地区差别不大。1592 年，朝鲜就是通过游击战来反击丰臣秀吉的军队。[69]依靠游击战很少能够建立稳定的社会秩序；这类暴力的螺旋很少自行停止。在 1808 ~ 1813 年的西班牙游击战中——此战首开非正规力量与正规军作战的先河——传说中除暴安良的游击队员也变身为彻头彻尾的盗匪，对平民下手。[70]正规军不愿与游击队扯上关系。职业军人不信任强盗，不管是山贼还是海盗，即使——如英国人和西班牙游击队一样——都是为共同的事业而战。在老百姓看来，他们之间早就没有区别了，反正，无论什么军队，都是通过暴力巧取豪夺。不过在游击队与自埃里克·霍布斯鲍姆之后被称为"社会反叛者"的那种类型之间，往往难以做出区分。[71]对"罗宾汉"这种社会反叛者的界定是通过其目标和典型类型；打"小型埋伏战"，神出鬼没搞突然袭击，是他们的行动方式之一。几乎所有社会反叛者都采用这样的方式，但并非所有游击队员都是社会反叛者或甚至是流寇。1851～1868年，在中国北方多个省份摆脱了清朝有效控制的捻军，则集合了这两种特征。捻军中操长矛的步兵和挥舞刀剑的轻骑兵是19世纪最厉害的游击队之一；1864年太平天国革命结束后，清廷又费尽心力去剿除与太平军几乎没有联系的捻军。清军将领试图通过挖沟筑渠阻断捻军骑兵的攻势——1895～1898年，西班牙在古巴将大规模使用这一战术。同时，清军还试图通过善待沿途村民来赢得他们的支持，因为他们原来大多数都支持捻军。如同欧洲在非洲进行的若干场战争，最终起决定作用的还是技术差距。因为，此时清廷终于命李鸿章负责剿捻事务——这为其奠定了成为中国重要政治家的基石。他在北方水域用上了从西方引进的崭新的炮舰，还组建了一支军饷优厚的精英部队，这支部队的战斗积极性和忠诚度都胜过清朝正规军。[72]数年后登上欧洲历史舞台的游击队，不是为了反叛社会，而是为了保卫国家，他们就是普法战争中的"自由射手"（franc-tireurs）；在军事上，他们没有起到太大作用。[73]

第六，1793年，法国大革命发明了"全民动员"（levée en masse），即通过激发爱国主义热情动员全民（男性）参军。有"总体战"由此诞生的说法，这个说法没错，不过略有些夸张。[74]军事总动员就是把新型民族主义释放的能量转化成推动社会变化的力量，而在以前各时期，这样的推动力都是来自大规模的社会运动或宗教运动。对"全民动员"，或确切地说，"全民动员"的神话，在此可以做不同的理解：可以理解为一种自发的、狂热的志愿行动的表现形式；也可以理解为所有男性公民都有履行兵役的义务；抑或理解为所有人，包括非军人，均处于为战争服务的征发状态。在 19 世纪，如果说 1815 年后曾出现过"全民动员"时期，应当是指 1870～1871 年普法战争中不长的一段时间（随后法国实施了全民征兵制）。之后，法国"自由射手"无处不在的神话在德国军队中被传得越来越神乎其神，终于使德军在 1914 年以此为借口采取了预防性行动，向比利时和法国北部地区平民施以残酷暴行。真正的全民动员主要发生在内战中：美国南北战争及中国太平天国革命期间。在太平天国革命中，洪秀全，一位 1850 年受到神启的领袖，在 703
短短数年间便吸引了大批信众携刀带枪追随。在欧洲，统治暴力机关会及早将大规模军事动员产生的危险力量，引导到有序的制度轨道上。在这方面，拿破仑也颇为谨慎，他并不依靠人民的爱国主义热情。让其大军铁蹄踏遍欧洲的不是高涨的爱国主义浪潮。毕竟英勇奋战的骨干力量还是身经百战的老兵，确切地说，是特殊类型的职业暴徒，而不是穿军服的公民。整个拿破仑帝国的组织管理中心就是一架庞大的征兵机器。征兵系统覆盖帝国每一个角落，甚至其附庸国也不例外；在拿破仑统治期间，没有什么比被迫向法国战争机器输送年轻人更令人深恶痛绝的了；对此，其臣民，无论属于哪个民族，均感同身受；这个抓壮丁机器在 1811 年收获最丰，当时拿破仑正计划入侵俄国，被征召者都充当了这场战争的炮灰。[75] 革命时代的一场场战争，向所有愿意倾听的人，提供了关于可动员广大民众的经验。这是鞍型期的一个新的认识，军事理论家卡尔·冯·克劳塞维茨对此有过深刻的思考和慎重的表达。不过，对所有的政治和社会制度而言，后备军、民兵、游击队，以及所有其他形式的非正规军都是潜在的威胁。因此，政府一般都严加提防，不让它们"放任自流"。使"总体战"名副其实的并非"人民战争"本身，而是国家暴力垄断框架下专为人民战争而设的官僚组织机构。直到 19 世纪 60 年代以后，当技术先进国家拥有了新型通信技术，才具备了宣传、协调和有计划地使用生产资源的途径，才使长年维持战争的总体性成为可能。[76] 就此而言，史上首次总体战是美国南北战争，它也是 19 世纪唯一一次总体战。19 世纪是总体战要素形成的酝酿时期，在 1914 年之前，总体战的影响尚未显现。

第七，不过，不要因此误以为 19 世纪的战争不像其他时期的战争那么恐怖。不能依据死伤者数字，更不能依据被波及的平民人数，笼统地下结论。不过确定无疑的是：拿破仑大军的规模，超过近代早期所有军队的规模。在 19 世纪，达到拿破仑战争规模的大型战争不多。1812 年，拿破仑率 61.1 万人的大军征伐俄国；沙皇亚历山大一世出动了 45 万人应战。1853 年 3 月，太平天国集结了 75 万人的大军兵临南京城下。1866 年，在克尼格雷茨，对战双方各投入了 25 万兵力。1870 年 7 月 16 日法国向普鲁士宣战两周后，毛奇在法国边境布下兵力达 32 万人之多的士气高昂的军团；另有 100 万人的预备役和后备军在后方等候调遣。至 1899 年 1 月，英国也向南非派出了共 32 万兵力。1904 年至 1905 年冬，在满洲南部地区（旅顺港），日军以 37.5 万人与俄军对抗。[77] 由此看来，在第一次世界大战前，拿破仑战争的规模始终未被超越。

直到 1914 年秋才出现了更大规模的战役。1861 年 7 月 1 日至 3 日，在葛底斯堡（Gettysburg，宾夕法尼亚州）附近，发生了美国南北战争中最大规模的战役，在这次战役中，伤亡人数

704

达 5.1 万人（与美国在 1962～1975 年越南战争中的伤亡人数完全相同）。在 1815～1900 年间欧洲内部最血腥的一场战争，即 1870～1871 年的普法战争中，共有 5.7 万名士兵阵亡；在 1853～1856 年的克里米亚战争中，约有 5.3 万名士兵丧生。从 1904 年 8 月至 1905 年 1 月，在争夺位于满洲南端的俄国要塞旅顺港的战役中，近 10 万人阵亡。[78] 在当时，这样的战争规模前所未有，令人触目惊心；然而，在数年后的弗兰德（Flandern）战场上，战斗规模和伤亡人数都远超此役。不过，如果说在 1815～1913 年间有一场战争预示了第一次世界大战的发生，那么应当是日俄战争。[79]

对于战争暴行，无法进行量化，无法呈现其清晰的发展史。从法俄艾劳冬季会战（1807 年 2 月）的惨烈、1808 年后西班牙游击战及游击战士遭镇压的悲壮——如戈雅（Goya）以沉重的笔触在画作中所表现的那样，到无数殖民战争中的屠杀，以及 1904～1905 年在奉天和旅顺港——犹如凡尔登战役预演般的——重炮目标精确的持续扫射，战争中的恐怖暴行无以计数。19 世纪颇为突出的一点是，战争的杀伤规模在增长，而医疗服务空前滞后。注射器的发明使得较大剂量地使用鸦片制剂作为镇痛剂成为可能，这是一个巨大的进步。一位名叫亨利·杜南（Henri Dunant）的年轻日内瓦商人 1859 年 6 月 24 日途经加尔达湖（Gardasee）以南的索尔费里诺（Solferino），正好遇上一场战争，他目睹战争惨状，受到震撼，后提出了创立国际红十字会的倡议。[80] 1871 年后没有出现一战那样的"满目皆伤兵的部队"，不是因为伤者少，而是因为他们活下来的概率极低。[81] 对于战争的恐怖，一些文学作品，如艾克曼-夏特良（Erckman - Chatrian）的《1813 年新兵的故事》（*Histoire d'un conscrit de*

705

1813，1864），托尔斯泰的著作，以及斯蒂芬·克莱恩（Stephen Crane）讲述美国南北战争的小说《红色英勇勋章》（*The Red Badge of Courage*，1895），都有描述；尽管战争状极惨烈，但在欧洲，1815～1914 年算是国家间暴力冲突相对较少的时期，是近代早期和 20 世纪之间的一个平静期。为数不多的几次战争，既非持久战，也非"总体"战。与之前和之后的欧洲战争相比，与世界其他地区相比，在 19 世纪的欧洲战争中，人们都更注意严格区分作战人员与平民。这是"该世纪伟大的、迄今尚未得到赞誉的文化成就"之一（迪特尔·朗格维舍 [Dieter Langewiesche] 语）。[82]

海军强国与海战

第八，海战要求的器械和器械操作能力，不像步兵技术和手持式器械那么易于扩散和传播。这一时期，两种技术革新同时发生。首先，燃煤船慢慢取代了风力驱动船。1848 年，英国皇家海军的最后一艘大型风帆战船下水，不过到 60 年代，在环非洲海域和太平洋上的英国旗舰仍是帆船。其次，1858 年后的很短时间内人们就实现了船体的金属化，即"装甲革命"。不久旋转式炮塔也投入使用，这是超越笨重的木质战舰的关键一步。1866 年，在亚德里亚海的莉萨（Lissa）海战中，奥地利和意大利的装甲舰相互撞击（自 18 世纪中叶以来已不常用的一种海战方法）是对新技术方法的滑稽的误读。这个时期，雄伟壮观的大木船几乎不见踪影，纳尔逊时代的帆船热也几近消退：没有了绅士军官，取而代之的是军事专家，船员不再是海军征兵队（press gangs）用绑架、九尾鞭胁迫等办法强征来的。[83]

1870 年之前，在非西方国家中，只有奥斯曼帝国和日本

706

拥有新式舰船。1866年，中国开始从国外购买舰船，并在新建国营船厂自己造船，以期打造一支现代化舰队。到1891年，中国有95艘现代化舰船服役，若干海军军官接受了外国教官的培训。[84]中国可以以此主张作为区域性强国的权利。西方观察家对重点放在舰队建设上的中国军事现代化，印象颇为深刻。[85]但中国的海军舰队由五花八门的各类舰船拼凑而成，而且分为四个独立舰队，分别隶属沿海各省的总督管辖。在需要动用舰队时，没有跨省战略指挥方案协调调遣。[86]1895年中国舰队败给日本，此后的半个多世纪里中国再无海上雄心。同时，我们不能忽略另一个令人吃惊的现象：与早就融入了地中海航海文化的奥斯曼帝国不同，中国没有海上霸权传统。15世纪早期水师统帅郑和闻名世界的几次海上远航，对19世纪的发展已不再具有指导意义。因此，在让中国猝不及防的鸦片战争发生之后，它不得不制订全新的海洋国防计划（"不平等条约"也不能阻挡它的行动），购置所需武器，获取相关知识：这是一个巨大的挑战，中国差一点就经受住了这一挑战。

日本的情况与中国既相似，又有不同。日本1592年入侵朝鲜失败，此次入侵——不同于同期西班牙无敌舰队1588年入侵英国——并非败于海上，而是败在了惨烈的陆地战上；此后，日本放弃建设海军。尽管自鸦片战争以来，有不少西方船只在日本周围海域出没，但这并不足以让日本感觉到威胁。所以，1853年7月2日，海军准将佩里和他率领的四艘武装蒸汽船才得以长驱直入（当然是不速之客），驶入东京湾。佩里的军舰船体比日本能出动的和曾见过的所有舰船都大六七倍。[87]与有远见的一些中国总督一样，日本政治精英阶层的领导人物，在明治维新之前就认识到必须建设一支强大的舰队。1868年后，

707

尤其自 80 年代中期起，在该计划被列为头等国家要务的前提下，又受到扩军竞争的刺激，日本快马加鞭增强海军。海军扩张——不仅仅是常被称道的工业化——是日本崛起为强国的成功秘诀。海军舰队和（有国家资助的、私营的）商船队同时建立起来，1910 年后，日本海军已成为仅次于英国和德国的世界第三大海军。[88] 1895 年中国被迫支付给日本的巨额战争赔款（西方债权国从中大捞一笔），如同 1871 年法国向德国支付的赔款所起的作用，大大推动了日本的海军扩充。[89] 1860 年前后，从无到有，由弱及强，日本在极短时间内成为海上强国；1905 年 5 月 27～28 日，在朝鲜对马海峡（Tsushima），日本打了1805 年特拉法尔加海战以来世界上最大规模的海战，并取得了胜利。由于日本海军使用了一级战舰，水兵训练有素，操作熟练，加上运气不错，俄国这个世界第二大海军强国惨败，可以说"全军覆没"。[90]

采用铁甲战列舰编队，以封锁海岸线和歼灭战方式进行海战的这个时期极为短暂。它于 19 世纪 60 年代开始，第二次世界大战期间结束。此后，航空母舰和（核）潜艇成为海战中起主导作用的主力装备。在战列舰时代，尽管欧洲列强几十年如一日地扩充海军，谋划海战，但它们之间并未发生决定战局的海上对决。第一次世界大战期间，曾发生了一次海战，即斯卡格拉克海战（Skagerak）（1916 年 5 月 31 日至 6 月 1 日），不过此次海战对战局并无决定性影响；第二次世界大战期间，在大西洋上根本没有发生传统的海战，1942 年 10 月，德国水面舰艇就已从公海撤回。史上最后的海战发生在太平洋：1944 年 10 月，在莱特（Leyte）海湾，美军和日军进行了一场大规模海战。不过，早在 1942 年 6 月，纯粹是航母对决的日美中途岛战

役就已显示出，舰队决战的"纳尔逊"时代已经属于历史了。 708
历史的讽刺正在于此：自萨拉米斯海战以来水面战争
（Überwasserkrieg）成为欧洲特色，在世纪交替之际崛起的欧洲
之外的两大强国的冲突中，这个时代落下了帷幕。并无海军传
统的日本，在相对有限的工业条件下，掌握了海军技术和战略，
于20世纪上半叶崛起为仅次于美国的第二大海军强国，并在
1942年前保持了这一地位。

四　外交：政治工具和跨文化艺术

愿景、机制、规范

在19世纪的欧洲国际关系思想中，有两种相对立的、可追
溯到更久远的思想史中的思潮，即在一定规则和秩序下的世界
和平观念和自利的国家理性原则。我们已经看到，1814～1815
年的维也纳体系将两者巧妙地结合在一起：通过在国际体系中
达成关于抑制冲突的共识来保障每个国家的安全。随着世纪中
叶后强权国家思想的再度兴起，第二种思潮重新受到重视。自
由主义国际关系理论——英国人理查德·科布登（Richard
Cobden）为其最重要的代言人——认为，人员、商品和资本的
自由流动，将提高所有人的富裕水平，并实现国家间的长久和
平。自由贸易、限制军备，加上一定程度的国际道德——科布
登强烈反对1856年英国对中国事务的干预——将使世界走出极
端混乱的前现代状态。[91]在英国这个领先的自由贸易国家的政
治实践中，关于这一方针有一些争议。像巴麦尊勋爵这样的政
治家，肆无忌惮地强硬推行他们想要的国际自由贸易。这一计

划在 1860 年前已基本取得成效。这种"自由贸易帝国主义"最后一次大规模行动是打开朝鲜门户——可以说是二级开放，因为逼迫朝鲜打开国门的，正是被强行打开大门后仅 20 年即跃升为"文明世界"开路先锋的日本。1876 年日本和朝鲜签订的《江华条约》是日本被迫签订的"不平等条约"的翻版。[92]自由主义国际关系理论再也没有从国际关系思想流派中消失；它成为国际讨论中的主导性理论，或至少是主流论调。但在 19 世纪最后四分之一世纪，由于帝国主义思维使欧洲大陆彻底恢复了"现实政治"和（自 1878 年起实行的）保护关税政策，自由主义的影响跌至低谷。

自由主义国际关系理论是强权国家——包括美国——的大部分政治家所持有的观点，但对此很少有完整统一的表述。[93]总体而言，这是一种阴暗的宿命论世界观，它由以下观点构成。

（1）比如，极为风行的"社会达尔文主义"认为，不仅在社会和大自然中存在着生存竞争，在国际舞台上亦然。停滞意味着灭亡。只有不断增长和扩张，才能在竞争中不被淘汰。政治体制的建构必须尽可能为强国间的斗争做好准备。（反过来，在国际关系问题上越来越明显的竞争论调，助长了人们以一种强调"自然选择"中的冲突因素的解读方式，来理解达尔文的学说。）[94]

（2）只有具备如下四个条件的国家，才能成为竞争的优胜者：工业成就、科学技术创新能力、拥有殖民地以及民族斗争精神。

（3）地球越来越"封闭"，可供新兴发展力量选择的开放性的扩张空间越来越少。因此，世界政治冲突将日益导致瓜分及重新瓜分世界的斗争。

（4）国际斗争舞台上的弱小国家，其国家形式不一定消亡

（不要从字面上理解"消亡的国家"这一通常说法），但它们缺乏执行能力，这证明它们没有能力掌握自己国家的命运。它们没有能力实行政治和文化上的自决，因此对于被置于殖民国家的保护之下，它们应该感到庆幸。

（5）国际竞争的结果证明了——某种程度上反复证明了——"白色人种"的优越。特别是有着杰出成就的盎格鲁-撒克逊人，注定要领导和支配人类的其他人种。即使是南欧人或斯拉夫人，也不能过于相信他们的制度贡献能力，至少在英国人或北美人看来是这样。非白色人种具有不同程度的可教化性和学习能力。他们又被划分为不同的种族等级，种族等级也不是一成不变的。尤其要提防"黄种人"。他们比其他人种人口多，格外吃苦耐劳，又擅长侵略性商业思维；日本人身上还有一种封建武士道精神。西方若不留神，将会受到"黄祸"威胁。[95]

（6）通过世界舞台上日益尖锐的种族斗争，人们又得出如下结论：军事化民族国家不会是上演冲突的唯一和最大的单元。全世界盎格鲁-撒克逊民族必须加强团结，斯拉夫人必须在以俄国为首的泛斯拉夫主义旗帜下联合起来，德国人必须学会超越俾斯麦帝国边界的"大日耳曼主义"思维。

虽然这样的思维并不必然导致第一次世界大战的发生，却使它的发生成为可能。关于战争的胡言乱语不幸言中，战争果然发生了。社会达尔文主义理论并不仅仅局限于"西方"，如其越来越经常自称的那样，它是一个跨国现象，有形形色色的理论变种，又以若干不同方式彼此组合出现。[96]这种思想在遭受帝国主义侵略的国家中也会找到共鸣，尽管它们并未全盘接受西方社会达尔文主义的整个思想体系。日本自认为最迟自

1863 年起，它就与西方列强保持了极好的关系；因此，当法国、俄国和德国联合起来劝告日本——外交史上以"三国干涉"（三国联盟）著称——迫其归还 1895 年的部分战争胜利果实时，日本受到严重打击。日本公众不再相信世界和谐的理想，他们立志雪耻图强，全民族厉兵秣马，伺机而动。[97] 此时的中国也遭受着帝国主义压迫（恰恰也包括日本帝国主义），只是形式与日本截然不同；在中国，民族主义甫一产生就带上了悲情色彩。在世纪之交虎狼环伺的世界上，中国国家与民族的生存受到威胁。衰朽不堪的清朝的体制改革，其首要目标是增强中国国力以应对国家间的生存斗争。当时富有影响力的中国学者和报人梁启超大概也作如是观，其实，他在其他领域完全抱持现代派观点，不能被称为欧洲意义上的"右翼"。[98] 伊斯兰世界一位同样复杂而矛盾的知识分子哲马鲁丁·阿富汗尼与梁启超非常相似，他也在寻求改造冷漠的国民性，使伊斯兰民众焕发政治新能量的救国之道；其中也包括宣传泛伊斯兰世界团结的主张。[99]

在 19 世纪接近尾声时，这种国际关系的丛林法则思维盛行，于是这个世纪见证了全世界通过外交手段的互联互通。如今哪怕最小最穷的国家，也拥有一个遍布全世界的驻外外交机构网；部长会晤不断，国家元首在首脑峰会期间相互拜会。这种形式的外交是一战后时代的产物。在 19 世纪，外交理论和实践具有了普适性，为上述形式的外交做了准备。至于是文艺复兴时期的意大利，还是古老的印度土邦"发明"了外交，在此无关紧要。在欧洲内部，使节制度自 16 世纪开始流行。在相当长一段时间内，奥斯曼帝国是被纳入这一制度的唯一一个非基督教国家。在奥斯曼帝国，威尼斯、法国、英国及维也纳皇帝均设有常驻代表机构。在跨越文化界限的交往方面，不存在全世界统一的实践。在北非，法国领事推行灵活的、适应当地情况的外交政策。[100]在整个近代早期，日本只允许荷兰（连中国都不被允许）向其派驻使节。中国通过复杂的朝贡制度与部分国家保持着外交联系，葡萄牙、荷兰和俄国均曾向中国派遣使团。除此之外，商船货物管理员——欧洲东印度公司驻粤代理人——和当地半官方的中国"红顶商人"之间，建立并保持着不那么复杂、类似于外交性质的长期关系。此类外交活动一直持续到鸦片战争爆发。

712

在近代早期的这些文化接触中，没有任何一方曾试图坚持双方象征性的平等。在革命时代出现了"新外交"，它剔除了繁文缛节，建立在对等和平等基础之上。随着"新外交"的出现，情况发生了改变。一个极具象征意义的历史时刻是1793年率英国外交使团访华的马戛尔尼勋爵拒绝给乾隆皇帝磕头，即行三跪九叩之礼。身为自由的英国子民不可向一位东方独裁者屈膝下跪，自甘折辱。令人感到意外的是，乾隆皇帝淡定以对，他表示，可视同英王使臣已行罢惯常之觐见规仪，挽救了局面。[101]毕竟，马戛尔尼最后还是单膝下跪，行了在欧洲宫廷中也属天经地义的觐见礼仪，直到后来的那些年，由于法国大革命的发生这些礼仪才遭到摒弃。[102]法国大革命后，在马格里布（Maghreb），领事们拒绝继续遵守一直以来令人厌恶的臣服礼俗，比如向伊斯兰君主行吻手礼。如果说此前欧洲外交官原则上接受派遣目的国的外交习俗，那么自18世纪90年代以来，他们把欧洲外交规则视为具有普遍约束力的规则。欧洲外交规则并非在所有地方都立即得到实施。不过，至少，朝贡国礼被赠送"实用"礼物取代（马戛尔尼勋爵带来的礼物就是平淡无奇的英国钢铁工业产品，令中国人大失所望）。在外交细节上，也注重相互性，比如互赠礼物等。尊重普适性规则包括，人们比以往更重视国际承认。在欧洲人看来，这有助于取消某些国家的合法地位，即那种此前人们默认了其主权存在，但对其合法性存疑的国家。比如，突尼斯贝伊王国就属于这种情况。

经过一段时间的发展，至 1860 年前后，现代外交规则形成，一部分为成文规则，一部分为不成文规则。人们也期待中国和奥斯曼帝国这样的东方大国，能够接受其他国家在其首都设立常驻公使馆，同时在西方国家首都设公使馆；公使有权请求国家元首和政府最高领导层接见：这在平民百姓无"权"得见皇帝龙颜的中国，闻所未闻。设立此前只有欧洲才有的外交部，通过外交部来协调外交往来，这在当时也并非理所当然。在中央集权程度极高的中国，即使 1860 年（直到 1901 年才有了真正的外交部）设立了官僚行政级别较低的外交事务机构总理衙门之后，沿海各省总督还是频繁插手外交事务，直到 1911 年帝国灭亡前始终如此。公使馆也设武官，有些武官有时难以摆脱间谍的嫌疑。虽然在世界很多地方，传统上外交人员都享有外交豁免权，但直到这个时期，外交豁免权才得到明确确认。自此后，袭击任何级别的外交官都被视同"宣战"。1867 年，英国派远征军赴埃塞俄比亚，解救被关押在那里的领事及其他若干人质。不能让 1824 年发生的事件（不过是在战争中）重演，当时塞拉利昂（Sierra Leone）总督被阿散蒂人（Ashanti）击败，其头骨成为非洲仪式中的崇拜物。[103] 外交官直接卷入冲突的事件中最富戏剧性的，当属 1900 年夏义和团起义期间，北京外国使馆被围攻事件：一名德国外交官和一名日本外交官被杀，事件升级为国际战争。若当时外国使馆的临时防御工事在救援的远征军 8 月 14 日到来之前被攻破的话，那么被中国朝廷准许，又有中国常规部队增援的农民起义军，可能会对西方和日本外交使馆人员展开大屠杀。此后几十年里，在北京及周边地区一直驻扎着外国军队保护外交人员。犯下违反外交惯例之罪的不只是"有色人种"世界里的"野蛮人"。法国大革命期间，暴民有时也袭击驻法外交人员，甚至曾一度逮捕并关押葡萄牙公使和圣座公使；反之，在罗马和拉施塔特（Rastaat）也有法国外交官丧生。[104] 革命的新外交打破了旧规则，比如法国驻外机构的代表会公然干涉驻在国的内政。

1815 年后新订立的一揽子外交礼仪规范和国际行为准则，714 被称赞为文明进步瓜熟蒂落的产物。非欧洲国家被打开国门后，在签订的条约中要保证承认这些文明标准，并铭记于心。[105] 这一揽子规范和准则中的部分条款，提供了偏离不干涉别国事务这一普遍准则的依据，从而埋下了冲突隐患。例如，若发生宗教争端时，欧洲外交官从基督教群体的立场出发进行干预，就可能会出现棘手的局面。自 1860 年以来，为维护欧洲和北美的传教士，西方列强四处干涉。有时，这种干涉也情非所愿，因为有赖于这种保护，很多传教士会鲁莽轻率地挑衅本地人，使自己身陷冲突。当欧洲国家宣布它们是少数基督教群体的保护国时，大国政治就会发生作用。法兰西第二共和国就曾宣称奥斯曼帝国统治的叙利亚和黎巴嫩是它的保护地。俄国沙皇企图干涉黎凡特公国的宗教事务，结果直接导致了克里米亚战争的爆发。[106]

进行干涉的第二个原因是保护外国财产。自 17 世纪以来，在欧洲，异邦商人的权利得到越来越明确的表达。所涉国之间的发展落差越大，外国人掌握的投资规模越大，问题就越尖锐。属于外国人所有的港口、工厂、矿山（还有后来的炼油厂）及

价值不菲的不动产受到新法规的保护。1842 年后中国最初的
（不平等）条约体系，不仅是中国民族主义者眼中帝国主义侵
略的矛头，而且也是限制外国权利要求的较成功的尝试。1895
年后，当外商越来越多地在条约规定开放的通商口岸以外的地
方进行投资，"天朝上国"的官府越来越难以为这些投资提供保
护，该条约体系就失去了作用。对于列强而言，自己来掌控资
本投资安全的诱惑增加。在所有外国人被允许直接修建铁路，
或主要靠输入外国资本修建铁路的地方，都是这样的情形。

715　　　如果债务国根本不履行或不准时履行自己的财政义务，会
出现与上述情况类似的问题。没有国家——委内瑞拉是个例
外——有意做出这样的挑衅行为。不过，这样的状况一旦发生，
会通过新的国际财政监督手段来应对：将任命国际监督机构
（其中也有私有债权银行的代表），它们将把该国国家财政委托
给外国全权代表管理，让重要的国家收入（如关税或盐税）绕
过国家财政直接进入债权国的国库。比如，1876～1881 年，奥
斯曼帝国、埃及和突尼斯都出现了这样的状况，尽管表现形式
不同。到 1907 年，中国、塞尔维亚和希腊也设立了负责国家债
务管理的国际机构。[107] 在 19 世纪，债务国国家破产取代了过去
的朝代破产。在金融帝国主义试图干涉的情况下，国家破产作
为国家命运令人不快，作为国家战略有很大的风险。那时尚无
任何一国敢于采取革命行动，没收外国财产，如后来在早期的
苏联、20 世纪 30 年代的墨西哥，或 1949 年后的中国发生的状
况那样。如在当地发生小规模侵犯财产及不偿还私人贷款的事
件——在 19 世纪的拉美和中国这样的地区，这属于典型的冲突
点，与 20 世纪美国采取的措施相比，当时世界领先的投资国英
国的行为更为克制。首先，被涉及的私人客户得自己想办法找

资金，如同现在的跨国康采恩很大程度上利用自己的外交手腕来应对局面一样。拥有皇家海军这一颇具威力的威胁工具的英国政府，要做的是贯彻自己的法律观点，比如在赔偿等问题上，但会尽量避免过度干预导致暴力的螺旋上升。[108]

对于中国、日本和暹罗这样的国家，突然要与坚决主张外交对等且常摆出一副耀武扬威的强国范儿的他国外交官打交道，可是前所未有的新变化。这个时期，外交在欧洲继续发展，不过发展得很迟缓。外交机构增长缓慢，第一次世界大战前夕，在联合王国的外交与领事机构供职的共有 414 人，其中职业外交官不足 150 人。新任领事多被派往南北美洲和亚洲的非殖民地国家；在那些地区，他们往往不只是代办，作为帝国领事，他们承担着准外交职能，常成为典型的"现场指挥官"，被授予若干外交全权，拥有非常大的行动空间。比如，英国驻华领事就有权调动炮舰。

716

外交人员

由于与今天相比，当时的国家数量少，外交机构的状况一目了然。19 世纪 20 年代，大批拉美共和国的成立，使英国外交部的工作量增加了一倍。由于独立国家的数量只是缓慢增长，所以这样的情况很长时间未再出现。位于首都的各国外交部中人员稀少。1870 年前后，在法国财政部供职的人员是外交部职员人数的 15 倍。在欧洲，外交政策是贵族的专属领域。即使在民主政府体制中，除非出现严重的危机状况，外交政策的执行不受所有议会监督机关的监督。外交活动的内部等级秩序，反映着国际体系中各国分量的变化。小国是无足轻重的。像荷兰、丹麦、瑞典及瑞士联邦这类国家，在 1815 年之后，逐渐形成了中立的立场；一般而言，在中立立场下，外交政策几乎可有可无。很长一段时间，强国驻外机构代表心仪的最重要的职位，是被派驻到欧洲五强的首都。直到世纪中叶，法国政府付给其驻华盛顿外交机构代表（公使级）的薪水，仅是驻伦敦大使薪水的1/7。直到1892年，欧洲驻美公使馆才升级为大使馆。几乎没有一个外交官愿意被派驻到德黑兰的外交荒漠——自1809年起这里设立了英国公使馆（不过直到1855年才设立法国公使馆）。奥斯曼帝国在早期启动外交失败后，直到19世纪30年代才有了一个常设公使馆网。1859年，伊斯坦布尔与德黑兰交换公使，这是伊斯兰世界内部"现代"外交关系中的首例外交事件。1860年，中国被迫向欧洲派遣外交代表，不过有意安排了较低外交级别的官员。只有日本，努力在外交实效性及象征性上与西方并驾齐驱，热情拥抱新的外交游戏。到1873年，日本已在一些欧洲国家的首都及华盛顿设立了9个公使馆。1905～1906年，一些大国将其驻东京代办处升级为大使馆，这是日本在国际政治舞台上崛起的明确标志。[109]电报的发明为外交政策的实施创造了新的通信条件，不过变化并非一蹴而就。1854年3月，法英向俄国宣战，伊斯坦布尔的土耳其政府两周后才得到消息，因为消息通过电报只传到马赛，从马赛得用船继续传递。[110]而20年后，几乎整个世界都用电报电缆联通起来了。不过最初，由于采用这种通信方式，报告和紧急公函都变得言简意赅。用电报满世界传送洋洋洒洒、优美讲究的字句太昂贵。

在19世纪，针对非欧洲国家，外交的主要职能就是签订各种各样的条约：商贸条约、保护地条约、边界条约等。虽然在欧洲以外地区，国际法条约概念并非完全不为人知（在1689年中国就与俄国签订过这样的条约），但在若干具体情境下，还是

717

由于文化的限制而导致了误解。仅翻译存在的问题就可能带来极大的麻烦，并在日后条约执行中导致困难重重。《怀唐伊条约》（Vertrag von Waitangi）就是这样一个典型例子。1840 年 2 月 6 日（今新西兰国庆日）英王室代表与若干名——最终达 500 名——新西兰酋长签署了该条约，它是英国声明其主权的根据。实际上，该条约并非被迫签订的野蛮的帝国主义条约，而是明确体现了当时英国的人道主义精神。尽管如此，它还是成为新西兰政治中最具争议性的内容，因为条约的英文版本和毛利文版本有明显出入。鉴于当时的军事力量对比，没有毛利人的同意，英国根本"不可能占有"新西兰；因为，与两年后在中国的情况不同，英国绝不是战胜毛利人后进入新西兰的；条约的签订人，威廉·霍布森舰长手下也只有寥寥数名警察可以调用。但是，对条约的解释在某种程度上着实让毛利人感到意外和不快。[111]

　　非洲或南太平洋没有文字的社会与其他地方在概念上存在着天然的差异。诸如条约适用、有效及具有制裁性质这样的欧洲概念，并非在任何地方都能立刻被理解。不过，即使在与对外交函件往来并不陌生的亚洲文化的交往中，误解也在所难免。签署的单个协议一个接一个，最后涉及多方的条约堆积如山，难以计数。不同国家与中华帝国签署的"不平等条约"体系，到 20 世纪初，已经极为庞大和错综复杂，以至于几乎无人能了解个中详情；最可能了解这些条约的也许是顶尖的中国法律从业者，他们研究这些条约，以图驳斥外国的权利要求。早在 1868 年，在政权交替乱局中，新成立的日本天皇政府就援引了刚获知的国际法，反抗美国和欧洲政府的干涉意图。[112] 有些条约是秘密签署的，这使堆积如山的协议更加不透明。在欧洲，

718

第一次世界大战前的几十年里，秘密外交达到高峰之后又退出了历史舞台。在进行公开合法新外交的名义下，正如伍德罗·威尔逊所宣扬的那样，出现了对秘密外交的抵制行动。俄国的布尔什维克新政府公开了沙皇档案中的一些卷宗，国际联盟章程于 1919 年禁止缔结秘密协议。

君主间的私人会晤，成为 19 世纪下半叶的一种新的外交方式，或确切地说，作为外交方式再度兴起，这样的会面往往有着盛大的阵容和排场。拿破仑三世、威廉二世及尼古拉二世都曾醉心于这类盛事，精心策划安排，吸引新时代的大众。[113] 不过，如此兴师动众的盛大出访活动在全世界的辐射面并不是很广。君主们甚至都不曾造访过自己的殖民地；不过，威廉二世曾成功到达了奥斯曼帝国的属地巴勒斯坦。在 1911～1912 年间，乔治五世访问印度，是访印的首位英国君主，此行的目的是登基为王一年后加冕为印度皇帝。欧洲君主与非欧洲君主间的会晤甚为罕见。欧洲君主们都不曾亲眼见过慈禧太后或明治天皇；不过，1906 年明治天皇被隆重授予英国嘉德勋章（Order of the Garter），这几乎是 1902 年缔结的《英日同盟条约》的一个必然结果。[114] 东方君主出访欧洲已是势在必行了。1867 年，在巴黎举行世博会之际，阿卜杜勒·阿齐兹（Abdülaziz，1861～1876 年在位）作为首位奥斯曼帝国苏丹，前往基督教欧洲，进行了为期六周的访问；此次欧洲之行的意义首先在于，他的侄子、后来的苏丹阿卜杜勒·哈米德二世（Abdülhamid Ⅱ，一位更重要的统治者）曾随同前往，此行给哈米德留下了深刻印象。代表团在巴黎里昂火车站（Gare de Lyon）受到拿破仑三世亲自接见。之后，他们在温莎城堡与维多利亚女王会晤，继而又访问了布鲁塞尔、柏林和维也纳的宫廷。[115] 1873 年，伊朗国王纳赛尔丁（Schah Nasier al – Din，1848～1896 年在位）踏上前往异教徒国家之旅，是首位前往欧洲的伊朗君主。[116] 1897 年，在欧洲之行中，暹罗国王朱拉隆功会晤了维多利亚女王及若干欧洲国王。其政策目的明确，即通过授勋来象征性地提升自己国家的地位；英国未授予他嘉德勋章，这令他非常气愤。

其他皇室及王室成员间的跨文化交往要密切一些。虽然维多利亚女王没有去过印度，但爱德华王储（后来的爱德华七世）曾赴印度访问。欧仁尼皇后（Eugénie）曾乘豪华游艇赴埃及，参加苏伊士运河开通庆典。朱拉隆功有很多子嗣，其中两个被送往普鲁士军官学校接受教育。清王朝被勒令向欧洲各国首都各派一名"王子"作为人质，为义和团起义之事谢罪。1905 年，日本皇太子夫妇迷上了威廉二世。君王的国际活动范围仅限于欧洲。自 1889 年巴西成为共和国后，新世界完全在其运行轨道之外。这种状况也仅持续到西奥多·罗斯福上台，他用行动释放出美国总统愿与欧洲君主交往的信号。在所有君主中，明治天皇几乎算是最讲究礼仪的一位。据说，在其执政的 44 年中，无数外国来访者中给他留下最深印象的，是 1877 年来访的尤利西斯·S. 格兰特（Ulysses S. Grant），那位低调谦逊、具有平民风范的前南北战争英雄和美国前总统。[117] 类似的"跨文化"会晤，若期望值低一些，往往能宾主尽欢。19 世纪的欧洲人形成了一种"东方统治者"愚蠢无知和腐败萎靡的成见，认为他们至多可以充当轻歌剧的素材。吉尔伯特（Gilbert）与沙利文（Sullivan）创作的《日本天皇》（The Micado，1885）是对日本的想象，与精力充沛、颇富才干的明治天皇的真实形象没有丝毫关系。不过这也无所谓。在欧洲人陈腐的观念中，奥斯曼苏丹就是"博斯普鲁斯海峡病夫"的代名词。陈词滥调　720

遮蔽了那些像暹罗国王蒙固（Mongkut）和朱拉隆功及缅甸国王敏东（Mindon）等开明君主的成就。关于敏东王，令公众感兴趣的主要是一个富有画面感的细节：数十年里，英国使节始终必须遵守脱鞋觐见国王的礼仪。1875年加尔各答的英国殖民当局禁止了这一做法，此举几乎等同于取消对缅甸的外交承认。脱鞋觐见问题成为吞并缅甸未被占领地区的一个缘由。[118]

对君主缺乏尊重反映出对他们的国家缺乏尊重。自1815年开始得到重视，从40年代起主要由英国法律界人士修改完善并得到英国政界推动的国际法，不保护不属于欧洲的领土。它也留下了法律空白领域，尤其是关于海洋管理。比如，在同一海域捕猎的捕鲸船船长，要事先相互详细商定，当在捕获物的发现和归属问题上发生纠纷时须遵守的规则。[119]在英国占据海上霸主地位的情况下，不存在一部护弱抑强的海洋法。在19世纪欧洲的扩张中，都倾向于效法英国的做法，采用"保护国"的法律形式。此种形式原本仅指一国将其外交事务交于其宗主国管理。然而，在殖民实践中，保护国的建立往往意味着"一种形式隐蔽的吞并"。[120]这种法律形式之所以受欢迎，是因为它使宗主国有机会通过各种途径对保护国实行经济剥削，而无须承担管理被占领国的责任。只要没有第三国，即另外一个宗主国，抗议保护国关系的建立，那么这样做在国际法上就不存在障碍。常常会出现违背法规，将根本不能归类为国家的一些组织宣布为保护国的情况。在光谱的另一端，则有可能发生另外一种情况：一个已建立数百年、至少如大多数欧洲国家一样稳定合法的国家，被从世界版图上抹去。朝鲜自14世纪以来就是一个具有历史延续性的国家，1905年却被宣布为日本的保护国；1907年它向第二次海牙和平会议提出申诉，抗议国家被降格。会议主席团根本不让朝鲜代表参会，这明确体现了其立场，即他们认为朝鲜不是一个合法的国家，或不是一个现存的国家。通过玩弄强权政治，这样的立场得以贯彻。1910 年，朝鲜被日本吞并，沦为它的殖民地，直到 1945 年才摆脱其统治。不过，常由强国的部长们或极少数参会代表做出的这类决定，也逐渐成为公共讨论的话题。

721

1815～1870 年的这段时间，是长袖善舞的贵族们把外交当作纯粹力量角逐的传统外交时代，这一说法已近乎老生常谈。在此之前，王朝的利益常常是推行"现实主义"外交政策的障碍，而职业外交才刚起步。在此之后，新闻媒体和选民情绪作为干扰因素已很明显。拿破仑一世决不让人民来决定要战争还是要和平，决绝程度不亚于其重要对手小威廉·皮特（William Pitt d. J.）及梅特涅亲王。拿破仑三世则利用民众的感情。他导演了具有公众效应的危机，下令占领殖民地越南以达到缓和国内气氛的目的。不允许任何人对其外交政策说三道四的俾斯麦，有时也打民族动员这张牌，比如 1870 年，拿破仑对普鲁士宣战，给了他一个极好的托词，借爱国主义之名把德意志人团结在一起。他在英国的长期对手格莱斯顿（Gladstone）与其相反，格莱斯顿倾向于道德理想主义外交。由于意大利和保加利亚的悲惨状况及大屠杀事件，他发动了一场大规模的公众运动。1877 年，当泛斯拉夫主义狂热分子迫使沙皇亚历山大二世——他个人认为开战并不符合国家利益[121]——对奥斯曼帝国宣战时，俄国的帝国主义情绪蔓延；1895 年在日本，及 1898 年在美国，均出现了这样的情形。在美国，"狭隘爱国主义"情绪高涨，比欧洲帝国主义鼎盛时期人们耳闻目睹的所有类似情绪都要狂热。[122]在所有这些地方，均有民族主义和新闻媒体的参与。在这种情况下，越来越难以（如俾斯麦喜欢的那样）收放自如地调动和控制公众的情绪反应。可能会出现这样的情况：政策在公众中制造了民族主义期望压力，而对随后出现的局面又几乎无能为力。1911 年的第二次摩洛哥危机，就是一个这样的例子。当时，德国外交国务秘书阿尔弗雷德·冯·基德伦－瓦歇特尔（Alfred von Kiderlen－Wächter）及其媒体助手言谈轻率鲁莽，结果所言成真，导致了战争一触即发的局面。[123] 在世纪交替之际，传统的秘密政治和秘密外交发挥作用的高峰期已经过去。比如 1904/1905 年后，西奥多·罗斯福总统推动的日俄和平谈判，就是在正在兴起的世界公众的广泛参与下进行的。谈判各方都必须采取巧妙的拿捏得当的媒体政策。

722

抗议

上述情况也适用于所谓外围地区。当时，印度、伊朗和中国在反抗帝国主义的斗争过程中，除了毫无胜算机会的军事行动外，也使用了现代的政治宣传鼓动手段。1873 年，在伊朗，沙阿政府出卖特许权给朱利叶斯·路透（Julius de Reuter）男爵——此人拥有同名新闻社——允许其修建铁路及经营其他若干投资项目，此事引发了社会知名人士及古兰经学者的抗议。1891～1892 年，类似的抗议事件再度出现：在伊朗，爆发了全国范围的抗议活动，抗议沙阿将烟草生产、内销及出口的垄断权出卖给一位英国商人。连沙阿的妻子们和非穆斯林少数民族也加入了抗议队伍。1892 年初，烟草特许权被全部收回，但支付了巨额赔偿，使伊朗被迫接受了首笔外国贷款。这是该国近代史上首次成功的大规模群众抗议活动。穆斯林神职人员、商人和大部分城市居民众志成城，一致行动起来抗议政府的政策。

借助电报，远距离的战术协调在这次行动中得以实现。[124]

1905 年这一年，在亚洲各国掀起的这类反帝国主义的民族主义行动首次为人所瞩目。抵制是最重要的手段。1905 年，在印度，人们组织了针对英国的大规模抵制行动。在中国，暴力血腥如史前时代的义和团战争结束后仅数年，发生了几乎遍及全国的针对美国船只和商品的抵制行动，这次抵制是因美国收紧对华移民政策而起，是该国历史上第一次现代群众运动。1906 年，英国公使注意到，"出现了一种前所未有的民族团结意识"。[125] 在奥地利吞并了自 1878 年起已被其实际控制的两个行省——波斯尼亚和黑塞哥维那后，1908 年 10 月，奥斯曼帝国发生了大规模抗议行动。民众本已受到青年土耳其党革命的激发，吞并消息传来，大量愤怒的人群迅速聚集，封锁了所有奥地利商铺。抵制行动也蔓延到帝国其他城市。直到 1909 年，土耳其政府承认了吞并事实，而奥匈政府亦表示愿意支付赔偿之后，抵制行动才告结束。[126] 给所有这些彼此并无明显关联的抗议运动贴上"民族主义"标签，只是一种肤浅的描述。就每个国家而言，抗议运动的发生始终都各有其特殊的原因和动力。然而，显而易见的一点是，在这些新型运动背后，不仅有怒发冲冠的爱国豪情和直接经济利益，而且也有——这一点把它们联系在了一起——类似于国际正义这样一种逐渐增强的意识的存在。倘若只能透过伍德罗·威尔逊的外交思想及 1919 年巴黎和会才能看到这些新的权利要求和规则，那就忽视了其实它们的非西方根源就在亚洲以及非洲对欧洲帝国主义做出的反应中。与非欧洲社会反抗欧洲最早入侵行为的几乎所有原始抵抗行动不同，这些大多以和平方式进行的群众抗议行动都相当成功。城市各社会阶层（农民很少卷入）临时结成的同盟所取得的成果，比纯粹的政府外交的成绩还要多。1914 年前，在所有亚非国家中，只有日本具有一定的国际影响力，比如，能保护其公民在西方国家不受种族歧视。不过，这种影响也很有限，就如1919 年巴黎和会所显示的令人痛心的结果那样。[127]

五　国际主义与规则普世化

724　　国家共同体的巩固及融合，不仅仅是通过欧洲式的国家间交往形式及相应的国际法规则实现的。19 世纪下半叶，私人或非政府性质的跨国交往也飞速增加。这在 19 世纪当然不是什么新鲜事。在欧洲，文艺复兴、宗教改革和启蒙运动这些讨论及知识分子运动，即使不是"多国参与的"，也是跨越国界的；国界从来挡不住音乐、绘画、自然科学和技术的传播。自约 19世纪中叶起，民间性质的跨国组织数量在增长，影响范围在扩大。统计学家对所谓国际非政府组织（INGO）的数量进行了统计。在约 1890 年前，这样的机构数量还非常少，之后则成倍增加，在 1910 年达到了一个高潮（这个数字在 1945 年前未再被超越），在第一次世界大战前的几年里又有回落。[128] 所有这些组织几乎都有自己的故事。它们在目标、组织机构和赞助者方面有很大区别。

红十字会

在所有这些组织中，亨利·杜南创立的红十字会是最成功的一个。其成功源于考虑周详的职能划分：设在日内瓦的红十字国际委员会，专注于密切观察和评判世界局势，监督 1864 年缔结的《日内瓦公约》（《改善战地武装部队伤者病者境遇之公约》）及其后续公约的执行情况；而在各国，自 1863 年起成立了国家红十字会，首个国家红十字会诞生在符腾堡和巴登；到 1870 年，所有的西欧和北欧国家都有了国家红十字会。由此，到第一次世界大战前，形成了一个纵横交错、责任分明，同时又摆脱了官僚化弊端的组织机构。成就它的是成百上千名志愿者的热忱。红十字会的组织很宽松，足以为任何形式与规模的捐赠及个人贡献提供支持。在这方面，国家红十字会和红十字国际委员会的基本职责间的关系是个问题，直到今日也不得不一再为这个问题寻找新的解决方案。在红十字会创建初期就出现了不对称问题。在 1866 年的普奥战争中，普鲁士加入了《日内瓦公约》，但奥地利未加入；1894～1895 年，日本承诺单方面遵守《日内瓦公约》的规则，而中国却没有承诺。在 19 世纪 70 年代，出现了一个问题，即《日内瓦公约》是否也适用于内战（当时的巴尔干地区正发生内战）。对于巴尔干地区，这个问题的答案是肯定的，当时这样的解释主要是为了保护奥斯曼帝国的敌国；在西方，奥斯曼帝国被归入特别"惨无人道"的那类国家。但是，在第一次世界大战之前，列强们对这个问题却普遍给出否定的答案。同时，在巴尔干地区的伊斯兰国家和其敌国之间发生对抗时，又出现了如下问题，即原本被理解为基于"基督教"精神的日内瓦红十字国际委员会的原则，是否也适用于基督教西方之外的地区。答案是，从长远来看，要强调红十字会精神及战争国际法超越宗教的人道主义性质。在 1875 年后巴尔干战争的混乱局面中，发生了穆斯林攻击佩戴红十字标志者的事件；当时，就采用红新月作为另一标志进行了临时协商。[129] 红十字会精神还对遥远的国家产生了影响。中国有着悠久的地方慈善救济传统。在 19 世纪，新兴社会

725

力量看到做慈善是获得名望的一种途径，故这一传统得到复苏。1900 年义和团战争期间，无数平民受害，无家可归者甚众，于是有江南——长江下游地区——富商向北方运送救济物资，把灾区伤者接到南方，使他们得到照顾。在中国，这是史上首例大规模的跨地区救助行动。在这个过程中，红十字会充当了榜样；接下来的十年中，中国掀起了一种特有的红十字行动。[130]

几位日内瓦公民的人道主义精神及基于这种精神而诞生的红十字会，是"国际社会良心"成长的一个重要阶段。[131]废除奴隶贸易和奴隶制的运动是一个重要先导。人道主义是与强大的时代潮流相悖的一场运动，它是对那种通过制定规范最大限度地整合民族和国家秩序的潮流的道德修正。

726   政治性国际组织

这一时代的若干非国家政治性国际组织也被认为是抗衡及平衡时代主导趋势的力量。

其中包括卡尔·马克思 1864 年创立的"第一国际"和更广泛、更稳定的工人运动及其社会主义政党的国际组织——"第二国际"（1889 年在巴黎建立）。两个组织均局限于欧洲，因为在美国没有组织覆盖面广且具有政治影响力的社会主义运动。[132]日本是唯一一个有着孕育社会主义组织的工业温床的非西方国家；当时，这一工业温床正在形成。在那里，最早的社会主义者——以研究帝国主义知名的理论家幸德秋水（Kōtoku Shūsui）也在其中——遭到残酷迫害。1901 年成立的社会民主党及其初步宣传活动立即遭到镇压。[133]在中国，社会主义和起初强烈的无政府主义直到第一次世界大战期间才超出了知识分子小圈子，在 1921 年后才通过第三国际（共产国际）代表被纳入世界革命运动中。具有形形色色变体的社会主义一开始就是一场跨国运动。属于"早期"社会主义流派的圣西门主义者，就曾远赴埃及投身社会主义。1914年前的各种社会主义运动是否及如何在各自的政治环境中发生了"国家化"，一直是一大史学课题。1914年，这种社会主义的国家化面对国际主义时占了上风。与社会主义同卵而生的无政府主义，从未像其孪生兄弟那样扎牢根基。从根本上来说，无论在哪里，无政府主义都是流亡政治和阴谋行动；跨越国界是其本质。

妇女运动，首先指妇女为争取自身公民权利和政治权利的斗争，原则上比社会主义运动更灵活、更具扩张力；若没有工业无产者的行动尝试，就不会有社会主义。因此，妇女政治运动并非工业化的附带产物，而是发生在几乎所有"男性民主权利被列入议事日程"的地方。[134]因在美国、加拿大、澳大利亚和新西兰也很早就出现了上述情形，所以这些地方几乎都产生了女权主义者组织；后来日本——这个时期除了选举权问题，对"新女性"文化形象的讨论也很热烈——在1919年也出现了这样的组织（如在中国和欧洲一样）。[135]所以，从某些角度而言，妇女运动比工人运动更具国际性；在发展成员方面——至少从潜在的可能性来看——它具有更广泛的社会基础，而且不太容易被诟病为危害社会稳定从而遭到压制。在1914年前，在所有殖民地国家（自治领以外的殖民地）以及非殖民地的整个伊斯兰世界，都未出现妇女权利组织，但在中国却产生了这样的组织。不过在一些国家，早在1920年前，妇女就开始小范围地走出家庭，进入公共领域，最初常常是通过参与已与传统的教会贫民救济脱离的慈善活动。[136]

与大多数跨国运动的情况一样，对妇女运动而言，若将其从源头开始的整个历史解释为跨国现象，也太过单一。更有意思的是去探究从个别联系增多、加强，到最后组织形成的临门一脚这一临界点问题。如果关乎运动，史学研究工作就较易开展，因为可以去寻找具体化的组织。1888 年在华盛顿特区举行的第二届国际妇女大会就标志着这样一个临界点。这次会议产生了首个不是仅锁定唯一一个斗争目标的常设跨国妇女组织：国际妇女理事会（International Council of Women，ICW）。该理事会从一开始就不只是一个妇女参政论者联合会，而是一个下面有各类国家妇女联合会的伞形组织。1907 年，ICW 声称为全世界 400 万 ~ 500 万妇女代言。不过，此时除了欧洲和北美，只有澳大利亚和新西兰是理事会成员，1908 年，南非加入。阿伯丁（Aberden）夫人在 1893 ~ 1936 年间长期担任国际妇女理事会主席，只有短暂的几次中断。她是一位苏格兰贵族，首次当选理事会主席时，是英国驻加拿大总督夫人。当然，正如所有这类跨界组织一样，该组织也很快发生了分裂，出现了独立的新组织。国际妇女理事会越来越被认为保守和畏惧冲突，在很多妇女眼中，它过于亲近贵族和君主。尽管如此，它还是贡献卓著，它使若干国家的妇女联合起来，推动了各国的政治运动。1888 年，国际女权运动开始续写它的历史。[137]

这时还需要这样一个新的开端，不免令人诧异，因为，之前曾有过第一次国际妇女运动。它兴起于 1830 年，当时，玛丽·沃斯通克拉夫特（Mary Wollstonecraft）及一些早期社会主义运动的学者，引发了关于妇女在社会和政治中的角色的若干讨论，这些讨论如涓涓细流汇聚成河，最后演变成了一场运动。在这一时期，乔治·桑这样的女性代表着妇女解放及在公共场所抛头露面的妇女类型；路易莎·奥托－彼得斯（Louise Otto -

Peters）开始从事其多方面的新闻工作；社会主义者弗洛拉·特里斯坦（Flora Tristan）以批评的视角评论新兴起的工业社会；哈莉特·泰勒（Harriet Taylor）阐述了女权基本思想，她过世后，这些思想在她丈夫约翰·穆勒的著作《妇女的屈从地位》（*On the Subjection of Women*，1869）——最强烈地表达了这位自由主义哲学家的自由信念的著述——中得以呈现。1848 年革命期间，第一次妇女运动在欧洲大陆达到高潮——也由此而告结束。反动政治势力镇压了法国、德国和奥地利的女权主义活动，出台了新法规，禁止妇女参加政治集会。妇女与之合作的协会，比如具有社会主义或自由教会性质的协会，也遭到压制，民权社会赖以存在的基础由此被摧毁。

不过，这样一种导致发生了许多个人悲剧的倒退，却反常地推动了国际妇女运动的发展。因为第一代妇女运动的一些重要代表成功逃到了自由度较高的国家——主要是美国——并在那里继续她们的事业。在美国已经有了妇女组织，由于来自欧洲的妇女的加入，这些组织焕发了生机，力量得到壮大。然而，这种上升势头并未持续。50 年代中期，女权活动达到了一个高峰。之后，由于奴隶制问题（许多女权主义者认为，在这个问题面前，争取妇女权利的斗争应暂居次要位置）所引发的女权组织内部的意见不合，以及 19 世纪五六十年代欧洲各类政治的国家化，欧洲未能为国际运动提供新的推动力。60 年代初，国际妇女运动组织数量变得稀少。故而我们说，25 年后的女权行动意味着新的开端，[138] 至少在有组织的运动层面上来看是如此。整个 19 世纪，非正式的私人联系渠道也一直存在，通过这些联系网，大西洋两岸身为旅行者、传教士、家庭教师、艺术家及企业家的妇女们彼此联合起来；不过迄今为止人们对此所知不

729　多。[139] 随着时间的推移，大英帝国也成为女性团结一致的感知及行动空间。维多利亚时代的女权主义者致力于改善印度妇女的法律地位，反抗中国妇女缠足的运动得到了在中国当地关注这一问题的英国和美国妇女的支持。[140]

与工人运动和妇女运动不同，和平主义从一开始就不谋求在国家政治体制内部占据一席之地。[141] 虽然它能够从国家内部与个别民族国家的军事化（很少有值得称道的成果）斗争，但它仅限于以其极微弱的影响力在国际层面上采取行动。战争恐惧和暴力批判是欧洲、印度和中国思想的一个古老流派。1815年后，在弥漫着厌战情绪的欧洲，部分有着宗教渊源（如贵格会和门诺派）的此类尝试重新兴起，至少在英国是如此。[142] 和平主义需要生动直观的真实战争经历，或震慑人心、逼真的未来战争的恐怖图景，以达到公众效应。19 世纪 60 年代，涌现了新一波和平主义追随者，和平主义运动也因之得到壮大。1867 年，第一届“和平与自由大会”在日内瓦召开，之后接着举行了若干小规模的类似聚会。1889 年，和平主义运动成为一个跨国院外活动集团。是年，310 位和平主义活动家相聚巴黎，召开了第一届世界和平大会；到 1913 年为止，共召开了 23 次和平大会。第 24 届和平大会本应于 1914 年 9 月在维也纳召开。这一国际和平运动在其影响达到巅峰时共有约 3000 人参会。[143] 它是一个蔓延至北大西洋地区的欧洲运动；在其他地区，只有阿根廷和澳大利亚建立了和平协会。对于自身不可能是战争主体的殖民地而言，作为国际立场的和平主义无足轻重（甘地后来的非暴力政策是一种内部抵抗策略）。日本自 1868 年以来坚定地朝着建设军事强国努力，在那里，和平主义在明治时期只可能是个别学者及其小圈子的诉求，没有产生较广泛的影响。

日本最早的和平主义者是北村透谷（Kitamoru Tōkoku，1868～1894）。与几乎所有其他和平主义者一样，他受到当时在日本遭排斥的基督教的启示和激发，顶风而行，险些被指责为叛国。 730
1902 年，流亡印度的中国哲学家康有为在他的《大同书》中勾勒了一幅天下大同的乌托邦蓝图；直到 1935 年，该书的完整版才面市，并未产生任何政治影响。[144]中国和奥斯曼帝国不是其他国家的威胁，恰恰相反，它们得力求保住少量军事力量以自卫。因此，对它们而言，和平主义无关紧要。

19 世纪的和平运动不具备"天然的"社会基础和目标群体，而是源于个体的道德信念，相比工人运动和妇女运动，它更依赖于个体的领袖魅力。所以，下述事件才如此重要：贝尔塔·冯·苏特纳（Bertha von Suttner）的极富说服力和感染力的小说《放下武器》（1889）在国际上获得成功；瑞典炸药发明者阿尔弗雷德·诺贝尔在诺贝尔奖中加上了和平奖——与其他诺贝尔奖项一样，和平奖也自 1901 年开始颁发，第一届和平奖授予亨利·杜南和法国政治家弗里德里克·帕西（Frédéric Passy）（1905 年和平奖授予贝尔塔·冯·苏特纳）；美国钢铁大王安德鲁·卡内基（Andrew Carnegie）从其巨额财富中拿出一部分用于维护和平和促进国际谅解。和平主义主流理念的目标不是裁军，而是国际仲裁制度的建立。它们不奢望有一天普天之下共太平，而是从现实主义立场出发，倡导建立基本的协商机制；自克里米亚战争以来已不存在这样的协商机制。

在 90 年代，开战的轻率言论在欧洲甚嚣尘上；在非洲和亚洲，帝国主义侵略变本加厉。在这样的背景下，国际和平运动的活动密集程度达到了一个高峰。其最大成就是 1899 年组织召开了第一次海牙和平会议；其时，列强正对着中国磨刀霍霍，美国发起了针对菲律宾的征服战争，在南非，布尔人与英国人的战争正拉开序幕。与红十字会的成立大会不同，这样一次会议不能以个体名义发起，必须由某个政府正式发起。具有讽刺意味的是，召集这次和平会议的是欧亚地区最专制的政府——沙皇俄国政府。俄国此举的动机并不纯粹因为它在道义上热爱和平。由于军备竞赛加剧，俄国眼看自己就要陷入财政窘迫的境地，于是试图找到一个摆脱困境的出路。继第一次海牙和平会议之后，1907 年又召开了第二次和平会议。两次会议促成了国际法的重大改革，但未真正实现建立仲裁机制的目标。它们并非旨在改革国际体系的会议，也不是沿袭和平代表大会的传统。1899 年，26 个参会国家中，欧洲以外的国家只有 6 个：美国、墨西哥、日本、中国、暹罗和伊朗；这反映出国际体系中实际的或被感知的国家分量的分布情况。和平会议的诞生并非由于国家间的紧密合作，而是由于个别人物间的密切合作，类似于一种跨国的和平主义者圈子。他们的问题在于，其影响无法真正抵达大国政治层面，"海牙精神"无法真正改变政治决策者的思维。[145]

如果说在 19 世纪下半叶，曾有政府除考虑军力角逐外，也想到过国际关系，那么它们所思量的并不是促进和平，而是建立国际合作机制。[146]只要国际法是"大"政治层面下国家间关系紧密化的工具和手段，那么就会发生"从共存法到合作法"的转变，其目标是"通过国家间合作共同实现超国家意图"。[147]具有很强的拘束力、靠定期召开的专家会议支撑的公约，先于超国家法而产生。其结果是，在技术、通信及跨越国界的经济交往等若干领域实现了史上空前的"标准化"。在有关时间的章节中，已谈到过全世界的时间统一。[148]同一时期，度量衡、邮政（万国邮政联盟成立于 1874 年，《万国邮政公约》诞生于 1878 年）、铁路轨距、铁路时刻表，以及其他若干事物都实现了很大范围的简化及统一。[149]之所以说是很大范围的，而不是真正的全世界统一，是因为各个功能系统复杂不一，遭遇的文化及政治阻力亦强弱有别。毕竟，统一邮政业务比统一世界上数不清的货币和支付手段更容易。因此，在这一时期的尾声，即第一次世界大战前后，19 世纪启动的所有调整及统一进程并未全部完成；有些直到今天仍在继续。重要的是，在19 世纪，人们看到了进行这种规制的必要性，并迈出了实现这些规制的最初几步。世界上仍有大部分地区未以这种方式纳入统一进程，这并不奇怪。中国从未有过完全具有国际兼容性的货币，今天依然如此。从这个角度来说，19 世纪下半叶的连续性也一直延伸到 20 世纪。

732

　　从另一方面来说，并没有很多联系是从过去沿袭下来的。近代早期，欧洲有许多普世哲学和科学形式，但在"现代世界体系"（伊曼纽尔·沃勒斯坦语）中，除商贸关系外，这个时代仅建立了很少的跨欧洲联系。其遗产与其说是对古老体系的沿袭，毋宁说是重拾。于是追随莱布尼茨提出的想法，出现了采用一种统一的国际辅助语的新提议。这些提议最广为人知的结果是波兰眼科医生路德维克·拉扎鲁·柴门霍夫（Ludwik Lejzer Zamenhof）1887 年创立的"世界语"，它诞生在康斯坦茨神父约翰·马丁·施莱尔（Johan Martin Schleyer）创造世界通用语"沃拉普克语"之前。1912 年，讲世界语的团体有 1500多个，在欧洲和北美以外的地区世界语团体很少。这些语言全球主义者没有走出宗派主义，世界语未能成为一个具有生命力的媒介。[150]一个长远看来极为成功的倡议——复兴古代奥林匹克运动理念，要追溯到比近代早期更久远的时代。最初——主要在英国——有为数不多的希腊迷和运动迷，亲英派法国男爵皮埃尔·德·顾拜旦是这个群体中的一员，是他们的狂热促成了1896年首届现代奥运会的举办。自此后，奥运会发展成为规模最大、声望最高、最具经济影响力的世界性运动。绝不是对未来和平的哲学沉思使顾拜旦萌生了关于奥运会的想法，而是因为这位年轻的贵族确信，德国之所以取得1870~1871年战争的胜利，是因为德国的学校体操科目具有优势。到1892年，他不再谈这类体育民族主义，而是宣扬不同国家运动员间的竞赛。[151]其他体育运动项目——尤其是如今在世界各大洲均有的商业化男子团体运动项目——足球和板球跨越国界的流行，也始于19世纪最后三四十年。[152]

733 　　与大多数二分法思维一样，把好战分子推行的强权政治和民间国际主义者追求的非军事和平目标截然对立，太过单一，不能完全令人信服。实际上，在这两极之间还存在着调停行动，尤其是一些民族国家的政府力图让国际主义服务于本国外交政策，即"让国际主义有益于国家"，就像1908年和平主义者阿尔弗雷德·H. 弗里德（Alfred H. Fried）所表述的那样。[153]瑞士和比利时——特别是后者——都把国际化战略作为其国家外交政策的要素，所采取的形式包括设立国际会议，抓住所有机会毛遂自荐成为国际活动和国际组织的会址和驻地。[154]19世纪60年代——非政府组织红十字会也诞生在这10年当中——是政府间国际组织（IGOs），即受到政府资助的国际政府组织成立的重要时期。1865年国际电报联盟成立，自此开始到第一次世界大战，成立的这类组织达30余个。[155]其中大多数组织也把殖民地视作其活动范围的一部分。技术专业会议更是多如牛毛，这类会议要努力协调新型交通和通信系统，如电报和轮船正点航行，以及调整民法规范以保障跨境支付等。早在 1851 年就开始举办的一系列国际卫生会议尤其具有重要意义。[156]

从战争、和平和国际政治的角度来看，19 世纪始于 1815 年。它承接了一个漫长的世纪；对于世界上的一些地区来说，18 世纪是一个极其频繁地使用军事暴力的时期，这些地区包括欧洲、印度、东南亚及中亚地区。在欧洲大陆，1815 ~ 1914 年间的 100 年，与之前和之后的时期相比，是一个非常和平的时期。国家间战争很少发生，即使发生，波及范围和持续时间也都有限；按与军队及居民总人数的比例，死亡人数相对较少。美国和中国发生了内战，欧洲未发生内战。武器技术、铁路（1859 年率先在意大利）、总参谋部和义务兵役的出现使作战方式发生了革命性变化。直到 1914 年这些潜在能量才得到释放。那时开启的大战之所以旷日持久，其中一个原因是作战双方的主参战国就所具备的条件而言基本旗鼓相当。个别闪电战尚可能实现，但已不再是几天内就打垮敌人的成功的拿破仑式闪电战。19 世纪，特别是 1840 年后，在那些通过军备竞赛无法建立均势的地区，欧洲和北美发挥了其技术和组织优势，比如针对亚洲、非洲、新西兰和北美内陆地区的前工业军事文化。"不对称"殖民战争成为该时期典型的暴力形式之一。另外一种暴力形式是打开国门的战争，一种有针对性的快速行动，不以领土占领，而是以迫使对方政治顺从及外交上倒向西方为目的。军事实力集中在数量日渐稀少的几个"强国"的军械库和手中，它们分布在地理上的北方，文化上的"西方"，1880 年后的日本是个例外。尽管存在着地区性力量差异，比如这种力量差异就使穆罕默德·阿里统治下的埃及帝国看起来完全像是一

734

个值得尊敬的具有军事影响的国家，然而，事实是：在非洲、整个伊斯兰世界及俄国以东的欧亚大陆地区，数百年来第一次出现了这样的局面，即没有任何一个国家有能力成功保卫本国边界，甚至跨越国家或帝国边界发挥力量。在 1877~1878 年的对俄战争之后，奥斯曼帝国也最终丧失了这样的能力。巴西曾是强大的区域性强国，然而此时也已地位不再。

在一个通过移民、贸易、货币协调及后来的资本转移形成了全球性联系的时代，全球性政治秩序并没有建立起来。即使欧洲诸帝国中幅员最辽阔的帝国，虽暂时具有经济优势，被尊为制定规范的典范，但也远远不是创建秩序的万能帝国。在 1814~1815 年间，欧洲强国相互间达成了一个极为有效的和平秩序。同样是这些强国，作为拥有海外利益的帝国，基本上仍处于无秩序状态，尽管没有发生大规模的帝国间战争，尽管导致了无数战争（包括滑铁卢战役在内）、给 18 世纪刻下深刻烙印的英法对抗在这个时期也未再点燃战火。在国家历史上始终存在的古老的地区秩序被打破和消解。众邦林立的印度社会被大英帝国吞噬。在 18 世纪清朝时期臻于完善的古老的中国世界秩序，随着沿袭已久的中华朝贡圈被殖民化而崩塌。日本尚无意愿和实力建立一个自己的新秩序；这要到 1931 年后才发生，日本的行动持续了 14 年，造成了巨大的人口伤亡。所以，在维也纳秩序的欧洲适用范围以外的地区，以及在克里米亚战争后的欧洲，19 世纪的特征是有规制的无秩序状态，从社会达尔文主义 - 种族主义角度来阐释的自由主义国际关系思想，在 1900 年前后成为主导意识形态。规制仍停留于前政治的领域（vorpolitischer Raum），由众多以国际统一、团结与和谐为目标的个人倡议，或技术 - 行政倡议推动。所有这些都无法阻止世界大战的发生，大战结束后，人们希望世界已经从灾难中吸取了教训，踏上了稳固的和平秩序之路，然而时隔不足 10 年，这样的希望再次破灭。

注释

[1] H. M. Scott, *Birth* (2006)，确信欧洲国际体系起源于 18 世纪 60 年代（第 121 页，第 143 页及下文）。

[2] 传统的区分出自 Bull, *Anarchical Society* (1977)，参见第 8 页及下文；更复杂和更具体的历史分析参见 Buzan/Little, *International Systems* (2000)，第 90 页及下文，以及各章节。

[3] Dülffer, *Regeln* (1981)，第 300 页。

[4] Baumgart, *Europäisches Konzert* (1999)，第 343 页。

[5] 细节描述参见 Details：Wawro, *Warfare* (2000)，第 55～57 页。

[6] 大全景式概览参见 M. Geyer/Bright, *Global Violence* (1996)。

[7] Schroeder, *Transformation* (1994). Schroeder 关于 1815 年前这一时期的观点，尤其是他对其批评者的回应（第 323～332 页）受到尖锐批评，参见 Krüger/Schroeder, *The Transformation* (2002)。此外与此相关的基本观点参见 Dülffer 等著 *Vermiedene Kriege* (1997)，该书是关于 19 世纪国际关系的最重要著述之一。

[8] F. R. Bridge, Transformations of the European States System, 1856～1914，有令人信服的论述，收录于 Krüger/Schroeder, *The Transformation* (2002)，第 255～272 页。

[9] C. I. Hamilton, *Anglo - French Naval Rivalry* (1993)，第 273～274 页。

[10] Mommsen, *Bürgerstolz* (1995)，第 305 页。

[11] Mahan 这部名著标题为 *The Influence of Seapower upon History* 1660 - 1783 (1890)。

[12] 有关 1840～1914 年间扩军力度的情况参见 R. Hobson,

Maritimer Imperialismus（2004）（内容远超书的标题）。

[13] Eberhard Kolb, Stabilisierung ohne Konsolidierung? Zur Konfiguration des europäischen Mächtesystems 1871 – 1914，收录于 Krüger, *Das europäische Staatensystem*（1996），第 188 ~ 195 页，该处见第 192 页。

[14] I. Clark, *Hierarchy of States*（1989），第 133 页。

[15] D. Lieven, *Russia*（1983），第 40 页及下页。

[16] Mommsen, *Großmachtstellung*（1993），第 69 页，表达了这样的看法。

[17] Schroeder, *International System*（1986），第 12 ~ 14 页。

[18] James Monroe, Botschaft an den Kongress, 2. Dezember 1823，援引自 D. B. Davis/Mintz, *Boisterous Sea*（1998），第 350 页。

[19] Heinhard Steiger, Peace Treaties from Paris to Versailles，收录于 Lesaffer, *Peace Treaties*（2004），第 59 ~ 99 页，该处见第 66 页及下页。

[20] 关于另外一种解释参见 Kleinschmidt, *Geschichte der internationalen Beziehungen*（1998），第 312 ~ 317 页。

[21] 个案调研参见 Dülffer 等著 *Vermiedene Kriege*（1997）。

[22] Schieder, *Staatensystem*（1977）。

[23] Baumgart, *Europäisches Konzert*（1999），表达了这样的观点。

[24] Xiang Lanxin, *Origins of the Boxer War*（2002）。

[25] Birmingham, *Portugal*（1993），第 133、135 页。

[26] D. A. G. Waddell, International Politics and Latin American Independence，收录于 Bethell, *Cambridge History of Latin America* 第 3 卷（1985），第 197 ~ 228 页。该处见第 199、216 ~ 218 页；Alan Knight, Britain and Latin America，收录于 Louis, *Oxford History of the British Empire*，第 3 卷（1999），第 122 ~ 145 页；Cain/Hopkins, *British Imperialism*（2001[2]），第 243 ~ 274 页。

[27] D. Gregory, *Brute New World*（1992）。

[28] Sondhaus, *Naval Warfare*（2001），第 15 页。

[29] Landes, *Wohlstand und Armut*（1999），第 342 页。

[30] Kraay/Whigham：*I Die with My Country*（2004），第 1 页。有关德国的数据引自 Wehler, *Gesellschaftsgeschichte*，第 4 卷（2003），第 944 页。

[31] Hans Vogel, Argentinien, Uruguay, Paraguay, 1830/1852 – 1904/1910，收录于 Bernecker 等所编著 *Handbuch*，第 2 卷（1992），第 694～698 页。

[32] Collier/Sater, *Chile*（1996），第 139 页；Riekenberg, *Ethnische Kriege*（1997），第 101～109 页。

[33] H. - J. König, *Geschichte Lateinamerikas*（2006），第 392 页。

[34] LaFeber, *American Age*（1989），第 110 页。

[35] 同上书，第 164 页。

[36] J. Major, *Prize Possession*（1993），第 34 页及下文，第 78 页及下文（数字见第 83 页）。

[37] LaFeber, *American Age*（1989），第 234 页。

[38] Topik, *Trade*（1996），第 209 页。

[39] Fisher, *Indirect Rule in India*（1991），第 255～257 页。

[40] Lieberman, *Strange Parallels*（2003），第 302 页。

[41] 参见讲述近代早期国际史的重要著述 M. B. Jansen, *China in the Tokugawa World*（1998），第 1 章。

[42] 条约内容见 Lu, *Japan*（1997），第 2 卷，第 288～292 页。

[43] Auslin, *Negotiating with Imperialism*（2004）。该书也列出了共 16 个友好通商条约的目录清单。讲述日本主权受限的最好的西方著作是 Hoare, *Japan's Treaty Ports*（1994），特别是第 4 章、第 8 章。

[44] 下文内容参见 Osterhammel, *China*（1989），第 9～10 章；Dabringhaus, *Geschichte Chinas*（2006），第 56～59、145～57 页；更早的参考文献主要是 Kim Key - hiuk, *Last Phase*（1980）。

[45] S. C. M. Paine, *Sino - Japanese War*（2003）.

[46] Hamashita Takeshi, Tribute and Treaties：Maritime Asia and Treaty Port Networks in the Era of Negotiations, 1800 – 1900，收录于 Arrighi 等编著的 *Resurgence*（2003），第 17～50 页。

[47] Schmid, *Korea*（2002），第 56 页及下页。

[48] Klaus Hildebrand，《Eine neue Ära der Weltgeschichte》。Der historische Ort des Russisch – Japanischen Krieges，收录于 Kreiner, *Der Russisch – Japanische Krieg*（2005），第 27 ~ 51 页，该处见第 43 页。

[49] Howard, *War in European History*（1976），第 100 页及下页。

[50] Connelly, *Wars of the French Revolution*（2006），第 115 页。

[51] Wawro, *Warfare*（2000），第 33 页。

[52] Pröve, *Militär*（2006），第 4 页。

[53] Dieter Storz, Modernes Infanteriegewehr und taktische Reform in Deutschland in der Mitte des 19. Jahrhunderts，收录于 Epkenhans/ Groß, *Militär*（2003），第 209 ~ 230 页，该处参见第 217 页。

[54] Agoston, *Guns for the Sultan*（2005），大部分内容是关于 17 世纪和 18 世纪的；有关 19 世纪的相关情况参见 Ralston, *Importing the European Army*（1990），第 43 ~ 78 页，特别是 Grant, *Rulers*（2007）。

[55] Vandervort, *Wars of Imperial Conquest*（1998），第 158 ~ 166 页；有关埃塞俄比亚的内容参见 Pankhurst, *Ethiopians*（1998），第 188 ~ 193 页。

[56] Wawro, *Warfare*（2000），第 127 页。

[57] 有关日俄战争的世界影响参见 Aydin, *Politics of Anti – Westernism*（2007），第 71 ~ 92 页；Kowner, *Russo – Japanese War*（2007）。

[58] S. C. M. Paine, *Sino – Japanese War*（2003），第 182 页；Sondhaus, *Naval Warfare*（2001），第 133 页及下页，第 152 页。

[59] 参考了与 Dierk Walter, Warum Kolonialkrieg? 的观点，收录于 Klein/Schumacher, *Kolonialkriege*（2006），第 14 ~ 43 页，特别是第 17 ~ 26 页，以及同一著作和 Moor/Wesseling, *Imperialism and War*（1989）中的个案调研。重要参考文献见 Wesseling, *Les guerres coloniales*（1992）。

[60] Belich, *New Zealand Wars*（1986），第 323 页及下页。

[61] Tone, *War and Genocide*（2006），第 193 页（第 153 ~ 177 页有

Weyler 的人物描述）；也参考了 Everdell, *The First Moderns* (1997)，第 116~126 页；Gott, *Cuba* (2004)，第 93~97 页。

[62] Nasson, *South African War* (1999)，第 220~224 页。

[63] 参见 S. C. Miller,《*Benevolent Assimilation*》(1982)，第 164、208~210 页。

[64] Laband, *Kingdom in Crisis* (1992)，第 14 页。

[65] M. Lieven, *Butchering* (1999)，第 616 页。

[66] Spiers, *Late Victorian Army* (1992)，第 335 页，该书第 272~300 页对这类作战方式的分析也很到位。根据 Wesseling 的统计，在 1871~1914 年间英国进行了 23 次殖民战争，法国 40 次，荷兰 32 次（*Les guerres coloniales*, 1992，第 108 页）。也参考了 Marx, *Geschichte Afrikas* (2004)，第 133 页及下文。

[67] Vandervort, *Wars of Imperial Conquest* (1998)，第 174~177 页。

[68] 同上书，第 49 页。

[69] Lee Ki - baik, *Korea* (1984)，第 212 页。

[70] Esdaile, *Fighting Napoleon* (2004)，第 176 页。

[71] Hobsbawm, *Sozialrebellen* (1962)，特别是第 2 章。

[72] Teng Ssu - yü, *Nien Army* (1961).

[73] Showalter, *Wars of German Unification* (2004)，第 315~327 页。

[74] Blanning, *French Revolutionary Wars* (1996)，第 101 页；最近出版的 Bell, *First Total War* (2007) 一书对此有夸张的描述。

[75] Broers, *Europe* (1996)，第 70~77 页，另外一个观点参见 Connelly, *Wars of the French Revolution* (2006)，第 117 页。

[76] Stig Förster/Jörg Nagler, Introduction, 收录于 Förster/Nagler, *On the Road* (1997)，第 1~25 页，该处见第 6 页及下页。

[77] Wawro, *Warfare* (2000)，第 19、89 页，第 155 页及下页；同作者的 *Franco - Prussian War* (2003)，第 75、84 页；Nasson, *South African War* (1999)，第 75 页；Elleman, *Modern Chinese Warfare* (2001)，第 41 页。

[78] McPherson, *Battle Cry* (1988)，第 664 页；Wawro, *Warfare* (2000)，第 155 页；Urlanis, *Bilanz* (1965)，第 99 页。

[79] 全面描写 "World War One" 的著述，J. W. Steinberg 等著，*Russo – Japanese War*（2005）。

[80] Moorehead, *Dunant's Dream*（1998），第 1~7 页。

[81] Steinbach, *Abgrund Metz*（2002），第 45 页。

[82] Langewiesche, *Kriegsgewalt*（2006），第 27 页。

[83] E. Grove, *Royal Navy*（2005），第 39~68 页。

[84] Deng Gang, *Maritime Sector*（1999），第 195 页（图表 4. 3）。

[85] Belege bei M. C. Wright, *Last Stand*（1957），第 220 页。

[86] Sondhaus, *Naval Warfare*（2001），第 3、52、73、103 页，第 133 页及下页，第 150~152 页。

[87] M. B. Jansen, *Modern Japan*（2000），第 277 页。

[88] Simon Ville, Shipping Industry Technologies, 收录于 Jeremy, *International Technology Transfer*（1991），第 74~94 页，该处见第 83 页（图表 5. 2）。有关建设海军舰队的情况，参见基本著作 D. C. Evans/Peattie, *Kaigun*（1997），第 1~31 页。

[89] Josef Kreiner, Der Ort des Russisch – Japanischen Krieges in der japanischen Geschichte, 收录于同作者所著 *Der Russisch – Japanische Krieg*（2005），第 53~76 页，该处参见第 57 页。

[90] D. C. Evans/Peattie, *Kaigun*（1997），第 124 页。

[91] Edsall, *Richard Cobden*（1986）是讲述一位 19 世纪最有影响的非职业政治家生平的最好著作。

[92] Lee Ki – baik, *Korea*（1984），第 268 页及下页；W. G. Beasley, The Foreign Threat and the Opening of the Ports, 收录于 J. W. Hall, *Cambridge History of Japan*，第 5 卷（1989），第 259~307 页，该处见第 307 页。

[93] 对此的精彩概述参见 Gollwitzer, *Geschichte des weltpolitischen Denkens* 第 2 卷（1982），第 23~82 页；也参考了 Joll, *Ursprünge*（1988），第 265~307 页描写战前气氛的内容；Cassels, *Ideology*（1996），第 3~6 章。不太知名的瑞典地缘政治学家 Rudolf Kjellen（1864~1922）的著作对该题目的概括涉及面最广。

［94］参见 D. P. Crook, *Darwinism* (1994), 第 63 页。

［95］Gollwitzer, *Die gelbe Gefahr* (1962).

［96］因缺少好的新书，故仍参考了 Koch, *Sozialdarwinismus* (1973)。

［97］Gluck, *Japan's Modern Myths* (1985), 第 206 页。

［98］Chang Hao, Intellectual Change and the Reform Movement, 1890 –
1898, 收录于 Fairbank/Twitchett, *Cambridge History of China*, 第
11 卷 (1980), 第 274~338 页，该处见第 296~298 页；也可参
见 Pusey, *China and Charles Darwin* (1983), 第 236~316 页
（对梁持批评态度）。

［99］A. Black, *Islamic Political Thought* (2001), 第 304 页。

［100］全面描述见 Windler, *La diplomatie* (2002)。

［101］关于马戛尔尼使团的情况参见 Hevia, *Cherishing Men from Afar*
(1995)。

［102］H. M. Scott, *Birth* (2006), 第 278 页。

［103］Vandervort, *Wars of Imperial Conquest* (1998), 第 85 页。

［104］H. M. Scott, *Birth* (2006), 第 275 页及下页。

［105］Gong, *Standard of 《Civilization》* (1984); Bull/Watson,
Expansion (1984), 第 8~12 章；Frey/Frey, *Diplomatic Immunity*
(2002), 第 384 ~ 421 页；Jörg Fisch, Internationalizing
Civilization by Dissolving International Society: The Status of Non –
European Territories in Nineteenth – Century International Law, 收
录于 M. H. Geyer/Paulmann, *Mechanics* (2001), 第 235~257
页；关于日本的情况参见 Henning, *Outposts of Civiliza*tion
(2002)。

［106］详细描述参见 Farah, *Politics of Interventionism* (2000)。

［107］R. Owen, *Middle East* (1981), 第 122~135 页；Osterhammel,
China (1989) 第 211 ~ 218 页。Mommsen, *Der europäische
Imperialismus* (1979), 第 85~148 页有关金融帝国主义的描述
并不过时；B. Barth, *Die deutsche Hochfinanz* (1995) 是有关德
国这方面情况的典范著作。

［108］主要参考了 Lipson, *Standing Guard* (1985), 第 37~57 页。

［109］ M. S. Anderson, *Rise of Modern Diplomacy*（1993），第 103 ~ 111 页；Girault, *Diplomatie européenne*（1979），第 13 ~ 19 页。

［110］ Headrick, *Invisible Weapon*（1991），第 17 页。

［111］ 详细论述参见 M. King, *Penguin History of New Zealand*（2003），第 156 ~ 167 页；Belich, *Making Peoples*（1996），第 193 ~ 197 页。

［112］ Kinji Akashi, Japanese《Acceptance》of the European Law of Nations：A Brief History of International Law in Japan, 1853 – 1900, 收录于 Stolleis/Yanagihara, *Perspectives*（2004），第 1 ~ 21 页，该处见第 9 页。

［113］ Paulmann, *Pomp und Politik*（2000），第 295 页及下文。

［114］ Keene, *Emperor of Japan*（2002），第 632 页。

［115］ Georgeon, *Abdulhamid II*（2003），第 31 ~ 35 页。

［116］ D. Wright, *The Persians amongst the English*（1985），是一部关于跨文化外交的精彩著述。该书第 121 ~ 140 页描述了沙阿 1873 年和 1889 年的两次出访。

［117］ Keene, *Emperor of Japan*（2002），第 308 页。

［118］ D. G. E. Hall, *South – East Asia*（1981⁴），第 629 页及下页。

［119］ Mawer, *Ahab's Trade*（1999），第 97 页及下页。

［120］ Grewe, *Epochen*（1988²），第 554 页。

［121］ Jelavich, *Russia's Balkan Entanglements*（1991），第 172 页。

［122］ Traxler, 1898（1998）这部新闻学著作捕捉这种氛围很到位。

［123］ Dülffer 等著 *Vermiedene Kriege*（1997），第 615 ~ 639 页；Mommsen, *Großmachtstellung*（1993），第 213 ~ 227 页。

［124］ Nikki R. Keddie, Iran under the Later Qajars, 1848 – 1922, 收录于 H. Bailey, *Cambridge History of Iran*, 第 7 卷（1991），第 174 ~ 212 页，该处见 195 页及下页；Keddie, *Qajar Iran*（1999），第 37 ~ 39 页。

［125］ 引文出自 Osterhammel, *China*（1989），第 222 页。关于抵制参见 Wang Guanhua, *In Search of Justice*（2001）。

［126］ Quataert, *Social Desintegration*（1983），第 121 ~ 145 页。

[127] Lauren, *Power and Prejudice* (1988), 第 57、76 ~ 101 页；亦参见 Shimazu, *Japan*, *Race and Equality* (1998) 这部优秀著述。

[128] John Boli/George M. Thomas, INGOs and the Organization of World Culture, 收录于同作者, *Constructing World Culture* (1999), 第 13 ~ 49 页, 该处见第 23 页（图 1.1）。

[129] Moorehead, *Dunant's Dream*, 第 125 页；也参考了 Riesenberger, *Für Humanitä* (1992), 第 35 页及下页。

[130] Chi Zihua, *Hongshizi yu jindai Zhongguo* (2004), 第 52 页及下文。

[131] 一部无与伦比的典范著作：F. S. L. Lyons, *Internationalism* (1963), 第 263 页有这样的表述。

[132] 相关内容主要参考较早的文献 Braunthal, *Geschichte der Internationale* (1961 – 71)；Joll, *Second International* (1974)。

[133] M. B. Jansen, *Making* (2000), 第 491 页。

[134] Bock, *Frauen* (2005), 第 179 页。

[135] McClain, *Japan* (2002), 第 381 页及下页。

[136] 参见 Badran *Feminists* (1995), 第 47 ~ 51 页的埃及个案研究。

[137] Rupp, *Worlds of Women* (1997), 第 15 ~ 21 页。Karen Offen 认为 1878 ~ 1890 年是女权主义国际化的一个重要时期, 参见其著作 *European Feminisms* (2000), 第 150 页及下文。

[138] B. S. Anderson, *Joyous Greetings* (2000), 第 24 页及下页, 第 204 页及下页。

[139] 参见 McFadden, *Golden Cables* (1999), 特别是附录 A ~ F。

[140] 有关印度的描述参见 Burton, *Burdens of History* (1994), 第 4 ~ 5 章。

[141] 但和平主义有时不免会旗帜鲜明地表达反对侵略者的"国家立场", 参见 Grossi, *Le pacifisme européen* (1994), 第 219 页及下文（全面介绍和平主义运动的最好著作）。

[142] Ceadel, *Origins of War Prevention* (1996).

[143] S. E. Cooper, *Patriotic Pacifism* (1991), 第 219 页及下页。

[144] K'ang Yu – wei, *Ta T'ung Shu* (1974), 特别是第 77 页及下文；

相关权威观点可参见 Hsiao Kung – chuan, *A Modern China* (1975)，第 456 页及下文。

[145] 一部讲述海牙和平会议的无与伦比的著作，Dülffer, *Regeln* (1981)；I. Clark, *International Legitimacy* (2007)，第 61～82 页较乐观地解读此次会议，认为它是一个具有象征意义的进步。

[146] 该观点引自著名文集 M. H. Geyer/Paulmann, *Mechanics* (2001)。

[147] Vec, *Recht und Normierung* (2006)，第 379 页。

[148] 参见本书第 2 章。

[149] Martin H. Geyer, One Language for the World 讲述了在一些领域发生的这一进程，收录于 M. H. Geyer/Paulmann, *Mechanics* (2001)，第 55～92 页。*International Organization* (1994)，第 46～118 页提供了关于该题目的最佳概述。

[150] Forster, *Esperanto Movement* (1982)，第 22 页，（图表 3）。

[151] D. C. Young, *Modern Olympics* (1996)，第 68～70、85 页。

[152] 关于足球参见 Goldblatt, *The Ball is Round* (2006)，第 85～170 页。

[153] 引文出自 Herren, *Hintertüren zur Macht* (2000)，第 1 页。

[154] 同上书，特别是第二部分讲述比利时的内容。

[155] 组织名录参见 Murphy, *International Organization* (1994)，第 47 页及下页。

[156] 同上书，第 57～59 页。

第 10 章　革命

——从费城经南京到圣彼得堡

一　革命——自下而上，自上而下，还是从哪里来？

736

"革命"的哲学及结构性概念

与其他任何一个时期相比，19 世纪的政治更具革命性：它不再维护"旧权利"，而是着眼于未来，将局部利益，如特殊"阶层"或阶层联盟的利益，上升为整个民族甚至全人类的利益。在欧洲，"革命"成为政治思想的一种核心理念，成为首次区分"左翼"与"右翼"的标准。整个漫长的 19 世纪是一个革命的时代。看一眼政治地图即可一目了然。从 1783 年世界上最大的共和国在北美诞生，至一战结束后几乎波及全世界的经济危机的爆发，在这两个时间点之间，一些世界上最古老、最强大的国家组织从历史版图上消失了，它们是：英国及西班牙在美洲的殖民地（至少是加拿大以南地区），法国波旁王朝的旧制度，中国、伊朗、奥斯曼帝国、沙皇俄国、奥匈帝国及德国的君主政体。在 1865 年后的美国南部各州，1868 年后的日本，以及在殖民宗主国完全剥夺了本土统治集团的权力、实行直接殖民统治的地方，均相继发生了革命性的变革。上述所

有事件，都不是在仍存续的制度外壳之下发生了人员更迭，而
是产生了具有新的合法性基础的新制度。回到新制度建立前的
旧世界的道路已被阻断。全世界没有任何一个地方成功地重建
前朝，恢复革命前的状态。

737

美国诞生的 1783 年是一个新型国家奠基的年份。导致这一
结果的革命风潮早在 18 世纪 60 年代中期就开始涌动；根本而
言，一个革命时代也就此拉开序幕。那么这是个一次革命贯穿
始终的时代，还是发生了若干次革命的时代？两种说法都有充
分的理由。历史哲学观倾向于单数的"革命"概念，而结构观
则青睐复数的"革命"概念。北美革命和法国革命的始作俑
者，及两次革命的亲历者，首先看到的是新革命的独一无二性。
于他们而言，1776 年和 1789 年在费城和巴黎发生的事件，在
整个人类历史上史无前例。在北美，13 个殖民地宣告脱离英国
王室独立；在法国，人民自发成立国民制宪议会；由此，历史
仿佛被置于一种前所未有的联动状态之中。如果说过往的暴力
变革是新瓶装旧酒，总是复归从前，那么，美国和法国革命者
则冲破了时代界限，开辟了线性进步之路，首次将形式平等原
则确定为社会共同生活的基础，使统治者负有一种受规则制约、
脱离了传统及克里斯玛的面对公民共同体的说明义务。伴随着
这两场诉求如此不同的革命，政治的现代性开始了。围绕着它
们，一切都向前看，一切都摆脱了"近代早期特征"。它们重
新制定衡量一切事物的标准。自启蒙时代两次革命起，保守当
权派的维护者才被刻上了过时的、反革命的、反动的标记，或
者，他们须重新说明为何固守"保守"立场。

革命沿着新出现的裂痕两极分化（法国革命尤甚于北美革
命）：裂痕不再发生在不同的精英群体或宗教团体之间，而是出

现在持不同世界观的阵营之间。他们都同时从永远不可调和的对立立场出发，提出了人类和解的要求。"对于革命的现代性而言，"汉娜·阿伦特写道，"最典型的特征大概莫过于，它们从一开始就要求代表人类的事业……"[1] 她引述的这句话出自一位亲历并影响了这两次革命的人士之口。早在 1776 年，英国人托马斯·潘恩就提出了这一新论调，将欧洲启蒙运动最热衷的话题——"人类"的进步，与一些英国臣民的局部反抗联系在一起。美国的追求即全人类的追求："美国的事业在很大程度上就是全人类的事业。"[2] 倘若拿北美革命和法国革命的纲领句句当真，那么自此起，"追求全新开端的激情"（阿伦特语）[3] 及超越抗议者的一己之私、代表更多人利益的要求，就成了每一次革命的纲领。照此理解，一次革命是有着普遍有效性要求的地方性事件；而且，由于 1776 年和 1789 年革命的偶然发生才诞生了革命理念，那么，此后的每一场革命都是靠了这些理念的滋养——从某种意义上说，它们皆是模仿性的。

不过，这样一种对"革命"的哲学界定很狭隘；若还要求，革命的发生必须是在"自由"的口号下，应当始终服务于"进步"，那么这个概念的范围会更狭窄。另外，这样一个定义也把西方发明的革命普适性要求普遍化了，而其他地方并不存在类似的普遍有效性要求。若不去追问革命的目的及其哲学依据，亦不去探寻大革命从历史哲学角度看所起的特殊作用，而是探究可观察到的具体事件及其结构性结果，那么，我们会在更为广阔的空间看到数量更多的革命。[4] 一场革命就是一个具有特殊影响的集体抗议事件：一次影响深远、由不属于前当权者圈子的人们参与的政治制度更迭。若用重视概念准确度的社会科学家的谨慎言词，可以这样定义革命：一场革命是"新精英

738

成功推翻旧精英……他们在夺取政权（大多伴随着大规模暴力和大众动员）后，从根本上改变了社会结构（由此也改变了统治结构）"。[5]

该定义没有从历史哲学的角度来界定革命，现代性激情悄然遁形。几乎在所有地方，每个时期都有如此意义上的革命。在整个有文献记载的历史上，极端事件的确不断发生，也包括那些人们感觉平常的一切被颠覆或被摧毁的事件。若有关于这类革命的统计数据，我们大概会看到，在影响尤为深远的重大转折性事件中，军事占领导致的事件多于由革命引发的事件。占领者战胜的不只是一支军队。他们占领战败的国家，消灭该国至少一部分旧精英，剥夺他们的权力，取代他们的位置，引入异国法律，有时甚至引进异国宗教。在 19 世纪，这种现象在世界各地仍很普遍。因此，从其影响和后果来看，无须对殖民征服的词义加以引申，其本义常常就意味着"革命性"。若不想让被征服者感到这是给他们带来极大痛苦的入侵行为，征服者得采取柔性的、循序渐进的征服手段。即使在旧精英肉身未被消灭的地方，他们也处于较低的身份阶层，因为有一个新的统治阶层高居其上。军事入侵后异国殖民者掌权，极少是谈判协商的结果，因此，在很多情况下，对非洲人、亚洲人或南太平洋诸岛岛民而言，这种情形完全具有革命性质。还可以沿着这个思路进一步发挥：长远来看，殖民主义的革命性主要体现在，殖民者完成征服后为本土新兴社会群体的崛起创造了空间，并由此为下一波革命的到来打下了基础。在有些国家，真正的社会及政治革命是在去殖民化期间或之后才发生的。革命的中断是在殖民时期开始及结束之时。

外敌发动战争进行占领也可能是"革命"。对欧洲人而言，

这种看法在 18 世纪乃至 19 世纪比现在要普遍。比如，直到 19
世纪早期，在欧洲形形色色的大众传媒的描述中，始于 1644 年
明朝垮台、持续几十年的满人"入关"行动，就是一次特别极
端的"革命"事件。欧洲古老的政治语言把革命概念与帝国兴
衰紧密联系在一起。在这个过程当中有若干因素以某种方式相
互作用，在 1776 ~ 1788 年间——即革命伊始的时代！——爱德
华·吉本在其描写罗马帝国衰亡的著作中，着眼于地中海地区
古典时代晚期和欧亚大陆的中世纪，对若干因素如何相互作用
做了高度概括：内乱、精英阶层更替、外部军事威胁、帝国外 740
围地区脱离、颠覆性思想及价值观的传播。"鞍型期"革命发
生的政治原因也不外乎上述因素。就是说，古老欧洲的政治理
解为大规模变革提供了全方位的解释。据此，人们可以找到一
条路径去理解 18 世纪后三四十年出现的新型事件。若把新的
"线性"历史理解与古老的"周期性"历史理解相对立，则太
过简单：1815 年的滑铁卢战役若不意味着法国霸权周期的结束
又作何解？谁若刻意寻找纯粹的"前现代"模式，一定会找
到。与法国革命事件同期，在现今尼日利亚境内曾发生的一幕，
恰似吉本所讲故事的翻版：奥约帝国（Oyo empire，1400 ~
1905）因帝国中心地区精英反抗和地方各省起义而崩溃。[6]

　　年历上介于 1800 ~ 1900 年之间的 19 世纪，在通常的革命
历史叙述中并无特别重要的意义。在这一世纪，北美和法国均
显现出革命的后果，但在该世纪似乎并未发生"大"革命。
1800 年左右，革命已然定型。看起来，此后的所有革命，都是
对这个令人心醉神迷的史诗般开端的模仿和无力的重复：是悲
剧后的闹剧，1789 年法国大革命后的革命都是普通的小规模骚
乱。从这一角度来看，直到 1917 年，俄国才又上演了历史上的

空前一幕。在欧洲，与其说 19 世纪是个革命的时代，毋宁说它是个反抗的世纪；在这个世纪反抗普遍发生，但很少是在民族政治舞台上的联合反抗。尤其在 1849～1905 年，即第一次俄国革命期间，欧洲几乎没有发生革命——1871 年昙花一现后即告失败的巴黎公社除外。统计数据也证实了这一印象。根据查尔斯·蒂利（Charles Tilly）的统计，1842～1891 年欧洲共出现了 49 次"革命情形"，1792～1841 年是 98 次。[7] 这其中大多数情况是，潜在的革命情形并未持续发酵，最后演变成有效的革命行动。

革命变体与难以界定的情况

　　尽管如此，若我们在革命的结构性概念意义上把目光放远，不局限于北美和法国的两次奠基式革命，就不会被它们无可比拟的神话过度迷惑，就会有更多革命事件进入视野，就会发现各种各样的制度崩塌及群体暴力行动。然后，我们就会首先提出两个问题。

741

　　第一，是否只有成功的革命才应被称作革命？抑或是，造成了一定程度的轰动但未达目标的夺权行动也可被称作革命？在关于革命理论的最出色的社会学概述中，有一个这样定义革命："革命是下层群体力图改变政权社会基础的尝试。"[8] 如此说来，革命倒确实包括那些有着极端意图的大规模的未遂尝试。难道任何情况下"成功"和"失败"都清晰可辨，非成即败？不是也有反败为胜、扭转乾坤的例子吗？不是同样也有革命胜利后暴力失控，导致自毁根基的情况吗？关于成功和失败的问题往往提得太过学术。生活在 19 世纪的人们是动态地看待这些问题的。他们根据自身感受来理解革命，他们关注革命动向，或推动革命，或拥护革命，或惧怕革命。历史学家可以沿着这个思路，在研究中引入现实中发生的运动作为标准。那些立足民族政治舞台旨在消灭现存制度的运动——运动历来也必是人民运动——若发展到一定程度，建立起一个与现存制度抗衡的对抗势力，并至少在一段时间内拥有这个对抗势力，那么就应称之为革命。在此举两个发生在19世纪的最著名的例子：因在保罗教堂举行国民议会确有其事，巴登、萨克森、布达佩斯、罗马、威尼斯和佛罗伦萨等地甚至均有拥有自己军队的叛军政府在短期内执掌政权，因此，1848～1849年在欧洲发生的事件就是一场革命；1850～1864年在中国发生的太平天国运动也是革命，而不只是叛乱——如西方通常所称的那样，因为叛乱者毕竟维持了一个与现政府抗衡的五脏俱全的国家长达若干年，它在很多方面是一个如假包换的与现存秩序相对的秩序变种。

第二，严重动摇或成功消灭现有统治关系是否一定是"自下而上"发生？也就是说，是不是必须由那些因自身利益被忽视而采取集体暴力的社会成员发动，因为鉴于国家和精英阶层的权力安排他们已走投无路，别无选择？抑或是，应该考虑"上层革命"的可能性，即由现存制度中的部分精英亲自发起、不只止步于整容式改革的制度变革？若不想随随便便把"上层革命"仅当作"一种表达方式"（façon de parler），那么这个措辞有多种含义。[9]革命本身可能会随着其无法避免的"常态化"而失去群众的推动，发展成官僚机构；官僚机构借助国家政权这个工具达到某些目的，这个过程当中往往出现的情况是，最早的革命者要么被晾在一边，要么被打倒，甚至被清除。拿破仑和斯大林便属于此类"上层革命者"。另外一种略有不同的做法是以进为退的保守的逃避革命法：通过实行现代化，增强国家实力来预防革命发生。反雅各宾派的国家元首，如担任普鲁士首相时的俾斯麦和意大利首相加富尔，就都是这样的"白色革命者"。他们看到，只有不逆时代潮流才能占据主动：这是英国统治阶级的一个由来已久的认识。但是，这样的"白色"革命不会导致真正的精英更替，而只会徒增新的精英群体（如具有民族自由主义倾向的中产阶级），他们对现存体制的拯救，是通过普及现存体制，而非通过创造新体制。俾斯麦在德国保留了普鲁士体制，加富尔把皮埃蒙特模式推广到意大利的很多地方。因此"白色"革命这一替代说法很含糊，影响有限。

不过在 19 世纪的确有一种情况难以界定：在某个国家，占亚优势地位的精英们重塑了自己国家的整个政治和社会秩序，并从而重塑了自身；这是一场"来自上层"的最激进的革命实验，但它同时拒绝革命这个名称，称其合法性源于把一切恢复到神武创业之初的施政理想：这便是 1878 年后日本的"明治维新"。明治维新在大多数欧洲政治评论家的视野之外，相关知识对欧洲人关于革命和改革的理解毫无影响。在日本这个国家，在精英们看来，被迫向西方打开门户带来的无法估量的后果，要比"红色"社会革命的恐怖前景更具威胁。因此，现实中彻底打破了现存制度的一系列措施，被乔装为"维新"、"复古"，以及披着天皇统治合法外衣的政治体制改革。在长达两个半世纪的时间里，京都的皇室毫无实权，寂寂无闻，统治权实际掌握在该国的最高将领——江户（东京）的幕府将军手中。1868年，由明治天皇宣布王政复古，废除幕府。[10]维新的中坚力量并非占据统治地位的古老的精英阶层成员，即领主，而是领主随从中享有特权的小集团，即武士，一个领取禄米、佩刀的低等贵族阶层。到 19 世纪早期时，武士的职能几乎只剩下打理庄园了。

　　这样一种旨在迅速提升效率，既不为抵制革命，也不宣扬普世原则的特殊革新方式，在本国造成了深远影响，恰如北美革命和法国革命在其各自的发源地的影响。但其历史背景并非反抗不公和意见表达权的缺乏，而是一个成长中的国家要"厉兵秣马"参与全球竞争；这个国家从一开始就认可全球竞争的新型规则，并力图使其为己所用。此外，明治维新就其社会革新内容的彻底性而言，俾斯麦时代普鲁士德国的民族构建远不能与之相提并论。在幕府军和天皇军短暂的军事冲突之后，少数几个寡头掌握了中央政权，实行了内部改革政策；尽管该政策并未彻底推翻现有的社会等级制度，但明显违背了武士阶层的利益，而明治寡头几乎无一例外都出身于这个阶层。对于日本这种情况，使用欧洲的革命范畴极不确切，用"上层"革命这个概念也很含糊，看来必须换个角度对明治维新进行历史归类：它是 19 世纪最彻底和最成功的富国强兵行动，可与同期类似的国家战略进行对照。[11] 就此而言，称它为日本版的"资产阶级革命"，从形式上来看，恰如其分，因为它终结了该国旧的封建制度。而对于欧洲的"上层革命"则无法做出如此断言。明治维新中，人民的权利很少得到尊重，过了 20 年之久，日本的中下层民众才拥有了一些在政治体制中表达意见的途径。为实施明治维新战略，有服从守纪的劳动人民足矣，无须再进行大众动员。具有革命性的不是明治维新的动机和做法，而无疑是其结果：它是一次在意识形态伪装下的打破旧世界的行动，新的未来前景骤然开启，同时把先前处于边缘的精英阶层推到了权力中央。

744

若从危机波及面之广这个角度，还应提及另外四例不明显归于"革命"的情况——难以界定的现象和过渡现象。通过对这类情形的描述，真革命的特殊性会凸显出来。

历史背风面的革命：越南的西山起义。越南中部西山邑的三兄弟，于1773年春发动了一场抗议运动，后来发展成为20世纪以前越南历史上规模最大的起义。他们宣扬均贫富，焚烧税单，把富人的财产（但不包括土地）分给穷人，率领一支10万人的农民大军穿越越南北部（东京），推翻了统治达300余年的黎朝，击退了支持黎朝的中国和暹罗干涉军，进攻邻国老挝和高棉。法国、葡萄牙和中国士兵以及"海盗"为双方作战。成千上万人或战死或饿死。在统治了整个越南之后，西山起义领袖实行暴虐统治，尤其对少数族裔华裔进行残酷镇压。他们失去了大众的支持。另一个军阀团体终结了其统治，并于1802年在顺化城建立阮朝。[12]

小规模内战。在史学概述中，较小规模的内战常被忽略，在欧洲及邻近地区都不乏这样的内战：在有着专制主义思想的西班牙最后一位统治者费迪南七世（Ferdinands VII）去世后，发生于1833～1840年间的一场内战，即第一次卡洛斯战争，把西班牙部分地区变成了战场。[13]在这里，议会制自由主义与传统的反革命形式针锋相对。最重要据点在巴斯克地区（Baskenland）的卡洛斯派，欲拿下统一的西班牙天主教地区，消灭所有自由的、"现代的"思想倾向，拥立赞成专制制度、思想尚停留在16世纪的觊觎王位者"查理五世"（Karl V）为王，让其取代费迪南七世的侄女——女王伊莎贝拉二世（1833～1870年在位）。1837～1838年，双方军队相互对峙，进而开战。这场战争的血腥使人不由想起拿破仑占领时期。卡洛斯派在 1840 年失败后并没有就此罢休，而是以游击战的形式继续战斗，准备搞军事政变。直到 1876 年，在又一次战役中，卡洛斯派的"国中国"（在巴斯克、纳瓦拉和加泰罗尼亚部分地区）终于被彻底消灭，自此后，这个立宪君主国才站稳了脚跟。[14] 战斗规模略小、双方对战的残暴程度不相上下的有 1832～1834 年的葡萄牙内战，此起彼伏的小范围叛乱一直持续到 1847 年。[15] 在奥斯曼帝国的黎巴嫩，社会冲突迭起，宗教矛盾频生，再加上 1840 年后异国势力虎视眈眈图谋干涉，于是造成了"地区间"的相互敌视；1858～1860 年，这种敌视升级为一场内战，数千人惨遭屠杀，几十万人流离失所。这场战争的结果不是旧制度被摧毁，或是后革命时期反革命的抵抗，而是通过国际谈判达成了宪法妥协；据此，在承认法国拥有对黎巴嫩的保护权和干涉权的前提下，黎巴嫩才于 1861 年开始了具有独立国家合法地位的历史。[16]

农民起义。1848～1849 年，从哈布斯堡君主国东部地区向南直到西西里，以及德国南部和中部地区，都再次发生了农民起义，这些起义往往完全有着现实的、与时代相符的诉求和行动方式，也就是说，它们不必然一定是反动的、疯狂盲目的暴力大爆发——就如城市人和史学家们乐于做出的判断那样。从此后，欧洲就未再发生农民起义（巴尔干地区除外）。仅在欧洲少数几个国家，农民的利益能通过议会代表得到表达，在这些国家之外的地方，农民诉诸暴力或采取引人注目的象征性行动的事件时有发生。原则上，每个农业社会都可能会出现这样的抗议形式。在 1820～1855 年间的墨西哥，农民起义的规模逐渐扩大，至 1842～1846 年达到顶峰。[17] 在日本，即在更稳定的政治关系中，农民起义的频繁发生主要集中于经济形势严峻、生态环境恶化的 30 年代；后来再次出现这样的情形是在 80 年代，当时形势与前一次完全不同，农民起义的爆发主要与城市政策有关。[18]1858～1902 年，在中近东若干国家发生了一系列农民暴动，大多数暴动都是为了反抗"现代化"势力，尤其是反抗比过往更系统地征收苛捐杂税的政府和企图提取更多农业利润的外居地主（absence landlord）——其实在农业领域并未实行结构性改革，也就是说产量并没有提高，因此这样的做法更具剥削性。[19]

　　反殖民主义的斗争可能会呈现出革命的形式，并产生革命性影响。[20]美国和拉美各共和国就是在这种情形下诞生的。从希腊人民反抗奥斯曼帝国统治的起义（1821～1826），1825～1830 年大规模的爪哇战争，同时期爆发的哈萨克人民反抗俄国殖民统治的斗争，1850～1858 年好望角的科伊科伊人（Khoikhoi）起义（该起义从根本上导致了有关"黑人"和"白人"种族刻板印象的形成，以及双方沿种族界限各自休戚与共的现象），到 1863 年波兰民族起义、1865 年牙买加起义和 1866～1869 年克里特岛起义等，以及 1916～1919 年在爱尔兰、印度、埃及、中国、朝鲜和亚洲内陆地区新出现的大量反抗殖民统治和帝国主义的暴动，抵抗异族统治的抗议活动此起彼伏。不过，只有当反殖民主义运动的目标是建立一个独立的新秩序，如建立一个民族国家时，它才具有革命性。这在第一次世界大战前欧洲以外的地区较罕见。1881～1882 年埃及的奥拉比运动属于为数不多的此种类型的革命。[21]

　　革命作为"发展进程加速"[22]的一个尤为重要的变种，在时间上并不是均匀分布的。在历史风云变幻、危机四伏之时，它们常常集中发生，故人们倾向于把革命作为划分历史时期的标志，这种做法并非始于 1789 年的法国大革命。早在 18 世纪中叶前，如约 1550~1700 年，即可观察到，世界若干地区大约在同一时期出现了深刻的政治体制危机，有些国家甚至崩溃了，最突出的几个例子是：日本、奥斯曼帝国、英国、中国和暹罗。这些事件没有直接的相互影响和促动。1649 年英国斯图亚特王朝被（短暂）推翻和 1644 年中国明朝的（最终）覆亡，从根源上看彼此不相干。不过人们一般认为，这样一种偶然的同时性其原因在于隐蔽的、同时代人难以辨识的背景因素。其中，相似的人口发展状况可能是尤为重要的一个因素。[23] 在我们这个时代，事件之间的关联性会表现得更明显。在约 1765~1830 年，在若干地区革命性事件明显集中发生，故我们可以将该时期称为密集革命时代。[24] 其中大规模事件的余波蔓延至所有大陆。这些彼此相互影响的暴动事件的策源地在美国和欧洲大陆，因此使用"革命的大西洋地区"这个概念最为恰当。暴动和革命的第二次集中发生是在 1847~1865 年，其中包括 1848~1851 年欧洲革命，中国的太平天国革命（1850~1864），1857 年印度"民族起义"（印度兵变［Mutiny］），以及美国内战（1861~1865）这一特例。相对于大西洋沿岸发生的革命，这些事件相互间的影响较小，也不那么直接。因此，该时期并不是第二次密集革命时代，而只不过是由微弱的"跨国"关系联系在一起的孤立的危机事件同时期发生罢了。第三次革命浪潮席卷欧亚大陆是在世纪之交后：1905 年在俄国，1905 年在伊朗，1908 年在土耳其，1911 年在中国。1917 年 2 月在世界大战的特殊形势下孕育的第二次俄国革命，从某些角度来看，也同样属于这个范围。此外，始于 1910 年、持续了整整十年的墨西哥革命也应属于此类情形。这个时期，较之于世纪中叶，个别事件之间的相互影响要大一些；它们是共同的时代背景的表现形式。

二 革命的大西洋地区

民族革命及大西洋地区革命的相互关联性

革命的发生总是有着地方性根源。它们源于个别人及小群体的感觉，对不公、其他可能的选择和行动机会的感觉。由这样的选择性感觉发展成为集体性的近似于运动的不顺从行动，这种运动发展壮大，诱敌出现，形成自身驱动力。马克思主义革命理论设想的那种标准情形，即整个阶级成为历史行动者，很少出现。因为在近代，革命常被视为建构国家和民族国家的行动，因此革命史本质上是国家史。在革命的共同努力下，国家"创造"了自身。至于革命有赖于革命自身之外的因素，甚至可能是局外人助推了革命的诞生，此类说法不符合这种自恋式革命概念。与亦涵盖了战争和征服行动的古老的欧洲革命概念相比，近现代的欧洲革命概念更狭隘。它排除了革命的外部维度和国际维度，忽略了其他根源，只突出地方性根源，强调冲突在某一社会内部的产生和爆发，即革命发生的内因。[25] 在极端情况下，由于只关注革命的内因，以至于革命史学根本无从解释革命的主要发展脉络。拿法国大革命来说，当时存在的战争威胁从根本上引发了恐怖，且被当作为恐怖统治辩护的理由；倘若忽略这一点，那么如何能够对法国大革命的恐怖统治时期（1793～1794）做出公允的评价，就如伊波利特·丹纳（Hippolyte Taine）所尝试的那样？[26] 令人诧异的是，时隔很久之后，法国大革命才被置于当时的国际背景，即欧洲背景之下来看待：先是普鲁士人海因里希·冯·西贝尔（Heinrich von Sybel）在其《法国大革命时期的历史，1853 ~ 1858》（*Geschichte der Revolutionszeit*，*1853 – 1858*）一书中表达了这样的观点；在法国，直到1885年以后，历史学家阿尔贝尔·索雷尔（Albert Sorel）才从这个视角入手研究这段历史。[27] 不过这一观点从未占据主流；它被周期性地遗忘，又被重新记起。在美国革命史编纂学中，也有过很长一段"民族历史自我耽溺"期，在美国常被称作：例外论。[28] 该论调的基本论点是，具有反叛精神的新英格兰人离弃了腐化堕落的旧世界，筚路蓝缕，以启山林，创造了一个无与伦比的完美国家。因在革命先驱及追随他们的持民族主义立场的史学家眼中，革命大部分具有独一无二性，因此，革命比较——这种比较经常会弱化革命，令革命独一无二的神话失去魔力——长期以来也已影响甚微，直到历史哲学家和从事比较研究的社会学家开始重视革命比较，才有所改观。[29]

　　将"鞍型期"的欧美大革命分割开来看是不够的，这一观点有两个缘由。其一，自20世纪40年代以来，历史学家，主要是美国和墨西哥的历史学家，建议把新大陆历史作为一个整体来研究。这一泛美洲观点认为，纵然有着不同的移民史和殖民史，但也应去发掘民族差异背后隐藏的历史经验的共性。其二，在五六十年代，出现了一种共同的"大西洋文明"的想象；在冷战高峰期，这种想象被一些学者赋予了强烈的反共、反欧亚大陆的意味：在一定程度上，"西方"的扩张跨越了海洋。不过，即使我们并不赞同这种意识形态化观念，也要理解这一跨大西洋视角的基本依据。在同一时期，法国人雅克·戈

749

德肖（Jacques Godechot）及美国人罗伯特·R. 帕尔默（Robert R. Palmer）提出了一个只有细微差别的共同的大西洋革命时代的概念，覆盖了北美和法国发生的两次大革命。[30]汉娜·阿伦特也曾从哲学角度研究过这一课题。直到 20 世纪 80 年代，人们才开始（重新）发现，在"白色"大西洋之外，存在着"黑色"大西洋；人们发现了具有英国特色的北方和具有西班牙及葡萄牙特质的南方。[31]不要把鞍型期"革命时代"作为充其量只关乎整个欧洲的革命事件背景来理解，这一想法的产生，也是受到了莱比锡的研究者的启发。专门研究法国大革命"左翼"的瓦尔特·马尔科夫（Walter Markov）和他后来的弟子及接班人曼弗雷德·考索克（Manfred Kossok）在莱比锡设立了一个比较革命史重点研究项目，把马克思和见解独到的莱比锡历史学家卡尔·兰普莱希特（Karl Lamprecht）的思想传统综合起来进行研究。[32]考索克创造了大区域"革命周期"概念；借助这一概念，既能表现不同国家和地区革命者之间的相互影响，同时，又能通过有始有终的周期这样一种想象，较方便地进行世界历史的分期。[33]

北美，英国，爱尔兰

它们具体指哪些革命？各自都有怎样的时间结构，在时间顺序上彼此是什么关系？若把一场革命从酝酿到余波的整个过程都纳入革命进程，而不是仅把潜在革命情形算作革命的过程，则并非每一场革命的开始和结束时间都可以明确断言。而且并非所有革命都有一个一目了然的结果。[34]1776 年 7 月 4 日奋起反抗的英属北美殖民地（纽约除外），通过了著名的《独立宣言》（Declaration of Independence），北美革命就此达到高潮。由此，北美大多数前英国臣民永远拒绝了英国王室的主权要求。《独立宣言》当然不是凭空从天而降。反抗英国殖民统治的联合行动，从 1765 年 3 月抗议《印花税法》（Stamp Act）就已开始，最终以通过《独立宣言》达到顶峰。伦敦政府未与殖民地协商擅自决定对所有种类的报纸和文件征收新税，这更激化了殖民地与母国间已然十分紧张的关系，引发了对殖民政府代表的暴力侵犯事件。[35]围绕印花税危机，北美人民纷纷行动起来；以往的任何政治事件都未能激起如此大规模的行动，在这个非贵族化的社会中，人们早就对共和主张产生了共鸣。[36]这场危机使各殖民地精英们产生了一种前所未有的休戚与共的感觉，即使部分殖民地在统治形式和社会结构上存在着巨大差异。这场英美危机升级为经济战争，最终于 1775 年演变为大英帝国与总司令乔治·华盛顿率领的大陆军之间的公开军事冲突；举行大陆会议时，战争尚在进行；在该会议上签署了主要由托马斯·杰斐逊起草的《独立宣言》。因此，公开表达独立的理由首先是一种象征性行动。

实际转折发生在 1781 年，当时发生了两起事件：首先，殖民地就《联邦条例》达成一致，该条例是一部宪法，根据该宪法成立了新的国家联盟（尚非联邦国家）；其次，英军于 10 月 18 日在弗吉尼亚约克镇投降。1783 年，在《巴黎和约》中，英国很大程度上接受了美国提出的条件，承认美利坚合众国独立。由此，美国成为具有行动能力的国际法主体，即成为一个独立国家。综合多方面因素，可将该事件视作这一革命过程的终点。关于新联盟内部秩序的激烈讨论又持续了若干年。直到 1788 年 6 月，新的联邦宪法才生效；1789 年春，联邦最重要的国家机构成立，其中包括总统职位，乔治·华盛顿为首任总统。

751

北美革命从 1765 年持续到 1783 年。这场革命取得的最重要成果是一个崭新的独立国家的诞生，从这个国家建立完毕到巴黎巴士底狱被攻陷，中间仅隔了数月。

这出大西洋沿岸革命戏剧的下一幕没有在法国上演，而是在英国。1788～1791 年，在爱尔兰、约克郡和伦敦都发生了暴动，这些暴动的激烈残暴堪称空前，严重挑战着英伦岛的统治秩序。因此，拿英国的和平安定与法国的骚动不宁进行对照，并不合适。谁若亲历过 1780 年 6 月伦敦发生的所谓戈登暴乱——这场暴乱因放宽对天主教徒的政策而引起——一定会得出结论，一场大革命正风雨欲来，不过不是在欧洲大陆，而是在此地。戈登暴乱给伦敦市内城造成了巨大损失。军方费了九牛二虎之力才恢复了秩序，最终 59 名暴乱分子被判处死刑，其中 26 名被施以绞刑。[37]爱尔兰暴乱则受到了大西洋彼岸革命进程的直接推动。暴乱的平息过程也十分艰难，出动了甚至也征召天主教徒的民兵组织才平定了这场暴乱。爱尔兰一直是民族革命暴动频发之地，1789 年后在法国革命的影响下，更是暴动不断，这样的状况一直持续到 1798 年。一位爱尔兰知名历史学家称，受到革命法国支持的 1798 年起义是"爱尔兰历史上暴力事件最集中的一次起义"。[38]在这次起义中，估计约有 3 万人（包括各方人员）丧生。对暴乱分子的严厉惩处一直到 1801 年才结束，仅 1798～1799 年就宣判了愈 590 例死刑。[39]

在此先插入以下话题：如同欧洲大陆许多国家一样，在英国，也有早期法国革命的同情者跳出来，要求实行激进式，甚至共和式政治体制改革，即根据理性原则重塑政治秩序。大多数时候，此类激进主义只是革命的赞成方和反对方以论战宣传小册子形式进行的公开的笔墨战，并未导致 1780 年那样的暴乱。[40]然而，这样的论战逐渐使得与法国发生战争的危险升级，并最终导致战争于1793年2月爆发。对体制的批评可能会——与法国如出一辙——被视作谋反罪。在经济艰难的战争岁月，除了一些知识分子和手工业者的激进行动外，乡村地区也是暴乱不断。通过实行特别法和强力镇压（但与法国的恐怖统治绝不可同日而语），英国政府稳定了局势。约1801年前后，一场对现存秩序提出了挑战的准革命不留痕迹地消失了；在反法爱国主义影响下，产生了一种新的民族共识。[41]尽管英国未发生大规模政治革命，但也被深深卷入革命过程当中。从当时已故的大学者，如约翰·洛克，到极为活跃的时评家及政治活动家托马斯·潘恩——他的小册子《常识》（*Common Sense*，1776）在恰当的时刻有力推动了北美革命，不少革命时期最重要的思想贡献者都来自英国。而政治精英们则属于另一个阵营，不计成败地与美国及法国革命者开战。在动荡不安的这几十年中，英国寡头政治阶层十分精于维护其统治地位之道。

在英国，18世纪80年代和90年代发生了准革命，紧接着是长达30年的保守的体制捍卫时期，之后，"上层"启动了谨慎的改良运动。以1832年的议会选举制度改革作为开端，改良运动对该世纪后期各阶段都产生了重要影响。欧洲大陆有些国家——也仅仅是少数国家——保持了如英国这般平稳，甚至比它更平稳的局势。尤其是俄国，其发展偏离时代的革命趋势。这个时期，俄国一直在女皇叶卡捷琳娜二世的统治下，直至她1790年去世；她对西方发生的革命事件颇不以为然。在沙皇俄国的东南边陲，发生了叶米里扬·普加乔夫领导的大规模农民起义，1774年，起义遭到镇压。这次起义后一个多世纪的时间里，沙皇中央政权没有再遭遇革命性事件的挑战。这次起义夺去了几百名贵族的性命，担心这类起义卷土重来的恐惧无疑是影响俄国政策的一个决定性的背景因素。俄国抵抗住了1812年拿破仑大军的入侵，没有受西方自由主义观念的丝毫影响。1825年，一些反叛贵族试图在沙皇亚历山大一世去世后局势不明朗的情况下，发动政变，摆脱独裁统治，但行动仅持续数日就失败了。失败的"十二月党人"大部分被放逐到了西伯利亚流放地。

753

法国

　　欧洲大陆复杂纷乱的革命局面绝非始于1789年7月14日，即巴黎巴士底狱被攻占的那日。1782年春，在实行共和制的城邦日内瓦，分裂的市民党派间发生骚乱，欧洲大陆革命就始于此次骚乱。18世纪时，日内瓦就曾风波迭起。1782年起义比此前任何一次都要血腥，在法国、撒丁王国和伯尔尼的联合干预下才得以平息。[42] 不过，更有分量、对革命的跨国联系具有更深远影响的，是在荷兰发生的事件。在荷兰，正如经常发生的那样，革命与战争也是形影相随；而这次，英国又是战争发起国。在两国相安无事一个世纪后，1780年末，联合王国向尼德兰联省共和国发起进攻；此时作为曾经的政治强权，荷兰早已名不符实，英国发动战争的理由也与革命有关：荷兰舰船经过加勒比海向英国的交战方——反叛的北美殖民地，提供物资，英国对此感到愤怒。这场持续时间不长的战争当然以荷兰的军事惨败而告终。它引发了所谓"爱国者"运动：关心政治、受美国革命和启蒙运动思想影响的市民，抱持一种基于民族自信的民族主义，他们意图终结执政（stadhouder）威廉五世及其小集团的统治。这场爱国者运动的反英拥法，更多出于外交政策原因而非内政因素；这一立场因一件看似微不足道的小事而造成了巨大影响。当爱国者自由军团逮捕了总督夫人——普鲁士国王腓特烈·威廉二世的妹妹后，在伦敦的掩护下，普鲁士于1787年派出一支2.5万人的军队进行干涉。[43]总督夫人被解救，无能的总督官复原位。爱国者们或转入地下，或流亡国外。不过这里的关键问题在于：由于法国公众习惯了法国与英国和普鲁士的对抗，因此，在他们看来，路易十六政府因财政困难而无力向荷兰爱国者提供援助，使法兰西君主国丢尽了颜面。

754

法国大革命的肇因并非外患。正如侧重点各有不同的革命史学的所有流派所强调的那样，法国大革命的发生首先是由于"内忧"。[44]不过，社会矛盾的加剧，激进思想传播的能量，或是一个处于寻找自我过程中的"民族"的民族意愿，单单这些还不足以解释，为什么法兰西王国的合法性恰恰自18世纪80年代起急剧减弱。对（潜在的）革命情形向实际革命进程的转化做解释时，必须同等考虑反叛力量的优势和其攻击目标的弱势。革命历史编纂学的论证即从此处切入；除了社会冲突和意识形态极端化，也考虑到一个国家为维护其在国际秩序中的地位所做的种种尝试。[45]七年战争期间，法国与英国上演了最后一次全球争霸战。1763年，法国在这场霸权冲突中落败。尽管在巴黎和平谈判中英国颇为慷慨，但法国认识到，自己已确定被挤出了北美，在印度的地位也被严重削弱。北美独立战争给法国外交政策设计师提供了一个向老对手复仇的机会。1778年，法国国王与北美反英皇室派，以相当有利于美国人的条件，签订了纯粹出于强国战略考量的抗英同盟条约；该同盟同时意味着反叛者首次得到一个欧洲强国的公开承认。次年，西班牙加入该同盟。欧洲大陆的支持在关键时刻帮美国人渡过了难关。最重要的是，1781年，法国舰队在短时间内控制了北大西洋海域，由此导致英国派至北美的部队孤悬海外。[46]

1783 年在巴黎签署的和平条约，是英国 1763 年取胜仅 20 年后的一大挫折，但它增强了法国在世界上的地位。不过，这是一场皮洛士式的胜利，因为，为与美国成功结盟，为了在与世界头号海上强权进行的海战中的寥寥几场胜利，确切地说是象征性胜利，法国付出了政府濒临破产的代价。其他任何一场危机也同样会把这一令人绝望的状况暴露在公众视野中，就如 1787 年因在荷兰问题上无所作为令法国蒙羞一样。如果说国库空虚的灾难性局面肯定不是法国大革命爆发的最深层原因，那么，历数重要历史事件，几乎没有哪个事件比这一事件更能推动已然开始的挑战君主政体的系列行动。由于税制没有为快速提高收入提供空间，王室宫廷又衰弱无能，做不到立即宣布债务无效，无计可施，只好与名流显要进行商议。他们未着眼于当下现实，提出解决危机的方案，而是要求进行形式化的协商，即召集三级会议；这一代表机构上次召开会议还是在 1614 年。于是民意汹涌，开始向王室施压和发难。很快又出现了可能会引发冲突的其他动向：宫廷内斗，外省农民及首都"人民"的骚乱，上层社会中贵族与非贵族的矛盾。自从政府自忖势衰而释放出愿意进行改革的信号的那一刻起，在最初并非反对统治制度本身而是反对路易十六拙劣统治手段的反对派内部，产生了新的鸿沟。变化即将到来，各类社会群体和个人都竭尽所能为自己争取利益。在这场事关各方利益与社会地位的竞争中，政府没有能力进行改革的问题很快就全面暴露出来。至于从 1789 年革命爆发到 1792 年 4 月，法国与欧洲各强国的军事冲突开始的这段时间，外交政策问题和殖民政策问题各扮演了什么样的角色，有待史学家们继续研究。[47] 不过有一点确凿无疑：

1787～1789 年，法国的外交地位无论在实际上还是在象征性意义上均被削弱，而这成为旧制度崩溃的一个重要因素；自此之后，对新兴政治力量而言，其重要的目标之一想必就是修正这一状况，尤其从其民族主义论调骤然高亢起来即可见一斑。因此，后来拿破仑统治下法国的军事扩张，完全基于与英国在全世界竞争的逻辑。

法国大革命何时开始，又于何时结束？它缺少一个骚动不安的革命酝酿阶段，就像北美从 1765 年印花税危机到 1776 年通过《独立宣言》这一革命壮举之间的这段时间。若将终结了旧制度的那场危机的爆发作为革命开端，那么可确定 1776 年为法国大革命开始的年份。当时，外交部部长维尔热纳（Vergennes）不顾 5 月份离职的财政部部长杜尔哥的警告，坚持实行干预美国的政策，最终酿成了灾难性后果。[48] 不过也可以把 1783 年作为起点，当时这一政策的后果已开始显现。1789 年之前，法国没有发生可与 1765 年在美国发生的事件相比拟的革命暴力。1789 年 6 月 17 日，当第三等级代表成立国民议会时，革命局面已发展到了不可逆转的临界点。此时此刻，国王及其王朝丧失了他们手中仅剩的权力。对于同时代人而言，重大事件在短时间内接踵而至——尤以凡尔赛和巴黎发生的事件最引人注目——赋予了法国大革命一种全新的特质。在和平时期，类似的时空压缩现象很少见，在北美，1765 年后也未再出现这样的状况。

接下来法国国内的革命历程在此无须详述；它经历了若干阶段，每个阶段都失去了一些机会（比如 1792 年夏实行议会君主立宪制的机会），也开启了新的空间。[49] 关于大革命何时结束这一问题，无论过去还是现在都难有定论。革命暴力不断升级

756

的"白热化"阶段从 1792 年 8 月开始，持续了近两年，直到 1794 年 7 月罗伯斯庇尔被推翻。不过，1795 年 11 月，依据同年 8 月份制定的宪法（共和三年宪法［Constitution de l'an Ⅲ］）成立了督政府；自此开始，政治局势才逐步趋于稳定。革命究竟何时结束？是结束于波拿巴将军 1799 年 11 月 9 日（雾月十八日）攫取政权？还是结束于 1802 年 3 月英法签订《亚眠合约》暂时休战？抑或，直到 1814 年 4 月拿破仑统治结束才算落下帷幕？从世界史的视角来看，大多数人赞同最后一个选项。法国大革命对世界的影响是缓慢发生的，最先播撒革命火种的是拿破仑大军，随着他们的征途，革命从埃及传播到波兰，再到西班牙，以至全世界。

海地

1804 年，波拿巴自己将皇冠戴到了头上，加冕称帝；同年，让 - 雅克 - 德萨林（Jean - Jacques Dessalines）先于波拿巴，在法国最富庶的殖民地宣布自立为皇帝，称雅克一世。一场与法国革命联系最紧密且几乎同时期发生的革命，由此结束。圣多明戈殖民地位于安的列斯群岛的伊斯帕尼奥拉岛上，占据着岛屿的西半部分，在 18 世纪时其疆界就与今天的海地几乎一致，此地发生的这场革命被阐释为法国革命的直接结果。英裔爱尔兰人，政治家与时评家埃德蒙·伯克 1790 年以《对法国大革命的反思》（*Reflections on the Revolution in France*）一书，预见并亲自推动了革命者与其敌人间的世界公民意识形态战争。在这场意识形态之战爆发前，巴黎发生的事件就已点燃了遥远的加勒比海地区的革命之火；这场 1791 ~ 1804 年间发生的革命，就暴力程度而言，北美革命和法国大革命均不能与之同日而语。[50]因这一革命事件远不及北美革命和法国革命那么家喻户晓，故在此有必要略作介绍。

在这个拥有制糖业的殖民地，起初的社会状况当然与北美和法国截然不同。18世纪80年代，圣多明戈尚属典型的奴隶制社会，它分为三个阶层：大部分人口是黑奴，其中有很多出生在非洲，1789年这一阶层约有46.5万人；然后是由种植园主、监工和殖民地官员构成的白人统治精英阶层，有3.1万人；介于这两个阶层之间的是约有2.8万人的gens de couleur——拥有自由人身份的有色人种，他们中一些人创造了不菲的财富，有的甚至拥有自己使用奴隶劳动的种植园。[51]在这个三角关系中，同时出现了三种革命：①保守的种植园主与反奴隶制的巴黎新政权的对抗；②在美国和巴西以外的地区，绝大部分奴隶确实揭竿而起；③有色人种试图在渗透着种族歧视的社会中打破白人的支配地位。在革命的大西洋沿岸诸国中，任何一个国家都不像圣多明戈那样聚集了如此多的爆炸性社会能量。在那里，革命不关乎宪法问题，不关乎贯彻权利原则，只关乎在一个极端残暴的社会中生存下去的问题。在这个时期发生的大规模革命中，海地革命属于可以最明确称之为社会革命的那一类，不仅从其发生的根源来看如此，从其结果来看亦然。北美革命没有创造出全新的社会类型，没有完全消灭殖民秩序中的等级。有充分理由断言，发生在约1815～1848年间的所谓市场革命（market revolution）造成的社会变化，比1765年之后革命时期社会结构的改变要深刻。[52]相比较而言，法国大革命的社会影响更为显著。最重要的影响是，取消了贵族特权，将农民从封建桎梏中解放了出来，剥夺了教会作为社会重要因素的权利（比如作为大地主），以及为资产阶级－资本主义经济形式创造

758

了法律和行政框架条件——最后一点主要是拿破仑时代的成就。
这两次"大"革命都对政治秩序造成了破坏，但都未摧毁整个
社会制度。整个社会制度被推翻的情况出现在海地。在经历了
一连串大屠杀和内战后，奴隶们最终取得了胜利，殖民地的等
级制度被取缔，取而代之的是一个由自由的美洲黑人小农构成
的平等社会。

这一戏剧性事件是在各种国际因素的合力作用下发展演变
的。在法国，赞成普遍人权的思想开明的人们强烈要求解放殖
民地黑奴。同时，法国革命一开始就提出了如下问题：以何种
方式让殖民地的法国人和——这一点尤具争议——有色人种参
与到法国政策的民主化过程中来。在圣多明戈，1790 年 2 月，
白人选举产生殖民地代表大会，参与过程由此开始。[53] 早些时
候，有色人种代表团已于 1789 年 10 月出席了巴黎国民议会。
法国发生的事件和安的列斯群岛上发生的事件，有着直接的相
互作用和相互影响，然而由于通信障碍，它们相互间无法直接
配合和协调。1791 年 11 月，三名专员作为国民议会代表抵达
圣多明戈，他们此行是为了切实落实巴黎政策，那些新制定的，
诚然一定还矛盾多多的政策；当时他们还丝毫不知，8 月份在
殖民地已经爆发了费了九牛二虎之力才镇压下去的大规模奴隶
起义。[54]

1792 年 4 月，巴黎国民议会宣布了白人、有色人种和自由
黑人均享有平等的政治权利的原则；此刻，历史到达了一个极
具象征意义的转折点。虽然还不能由此使所有奴隶获得解放，
但所有人，不分肤色，均享有公民权利的原则就此诞生。不过，
巴黎的各类革命团体决不打算让他们最宝贵的殖民地独立出去。
在前奴隶、因效忠法国革命政府而升职的弗朗索瓦·多米尼

759

克·杜桑·卢维杜尔（François Dominique Toussaint Louverture，1743～1803）的领导下，殖民地人民一边进行革命斗争，一边暗中谋求独立，局面扑朔迷离。若海地能保证独立后在法国跨大西洋贸易体系中继续发挥作用的话，法国其实可以容忍它独立。1797年，杜桑·卢维杜尔被任命为圣多明戈总督，攀上了权力巅峰，看来他认识到，完全中断与法国的经济联系并不明智。杜桑亦机智地游走在法国和两个反革命的干预国——西班牙（伊斯帕尼奥拉岛的东半部属于西班牙）和英国之间。1798年，英国曾企图征服该岛，损失惨重，遂放弃。[55]拿破仑终结了杜桑的试验。根据巴黎国民议会决议，在所有殖民地，奴隶制已于1794年被废除，然而此时它又死灰复燃。1802年4月首席执政在与英国缔结和平条约后，派遣一支军事远征军赴加勒比海地区，以图结束杜桑的自治。总督被捕，不久死于法国监狱。然而，重新实行奴隶制的做法难以推行下去。黑人纷纷起来反抗，并于1803年在一次颠覆性的游击战中让法国军队遭遇了毁灭性败绩。1804年1月1日，海地正式宣告成立，成为一个独立国家。直到1825年，法国才承认海地，并由此放弃武力夺回海地的企图。通过海地大多数民众的斗争，他们冲破了该时期实力最雄厚的英法两大军事强国（在此地他们例外地保持一致）的阻挠，摧毁了该岛实行了三百余年的古老的奴隶制。但与此同时，革命和干预战争也使海地满目疮痍，建设一个和平繁荣的新社会困难重重。

760

在海地发生的事件没有引发进一步的革命连锁反应。在19世纪，其他任何一个奴隶制社会，都未再出现奴隶自我解放的革命壮举。在法国，海地燃起的烽火被视作警示，对在奴隶制问题上政策过于软弱的警示。这个1794年就宣告解放全部奴隶的国家，直到 1848 年才解放了剩下的奴隶，也就是说，是在反革命的英国解放全部黑奴 15 年以后。自此之后，在所有奴隶制社会中——美国南部诸州尤甚——只要对奴隶实行哪怕些微宽容政策，人们就做惊弓之鸟状，就想象"奴隶起义"即将爆发的恐怖景象。直到南北战争爆发，即在海地事件发生半个世纪后，南部各州的鼓动家们还提醒人们不要忘记，是法国废奴主义者（Amis des Noirs）打开了奴隶暴动的潘多拉魔盒。而美国废奴主义者则指出，只有废除奴隶制才能彻底铲除这一弊端。[56]

与北美和法国大革命不同，海地革命发生于一个没有发达的书写和印刷文化的社会中。虽然有一些革命者的自述，但数量不多，确切阐述的纲领性声明更少。即使杜桑·卢维杜尔这样一个复杂人物的计划和意图有时也只能从其行动来推断。对这些支离破碎的原始资料，史学家们近期做了创造性地分析和利用，为革命时代增添了新的维度。[57]这一话语贫乏现象导致海地长期以来不被革命史重视。源于这场革命的，似乎除了向所有国家的奴隶们发出的自由呐喊外，并无普世性的政治思想。这个说法没有错。但我们必须看到，从一开始法属加勒比海地区就使用了自由话语，就如整个大西洋革命以此话语为依据一样。人们势必要摆脱奴役的枷锁，而英属北美和法国在对专制制度的批判过程中，过度使用了奴役的枷锁这个惯用语。最响亮的自由呼声偏偏来自蓄奴者，对此，英国启蒙思想家塞缪尔·约翰逊（Samuel Johnson）表示诧异。[58]有些美国奠基者就曾经是，并且一直是蓄奴者（不过乔治·华盛顿释放了他的全部奴隶），1787 年的美国宪法，以及后来的宪法修正案都对奴隶制问题只字不提。最初是消除种族歧视纲领，之后是奴隶解放纲领，首先在海地——而不是任何其他地方——对后来积极参与革命的人们产生了直接的影响。作为一个顽固的剥削制度的受害者，黑人和有色人种接受了法国大革命的观念、理想和象征，并在一个公民身份"不分肤色"的新世界寻找自己的位置，如同 1794 年所宣告的那样。[59] 也正因为这些原因，重新实行奴隶制才于 1802～1803 年引发了对法国殖民者而言毁灭性的解放战争。除海地以外，殖民主义在世界其他地方仍继续存在，它在法律平等原则和其遭遇的现实困境的矛盾中，作为历史现象又存在了一个半世纪才最终消亡。

拉美与北美的比较

1776 年和 1789 年原则对世界产生的思想影响超越了时空界限。[60] 此后所有时期，几乎全世界（或许日本除外）都以自由、平等、自决、人权和公民权为原则。但是，从英国同时代人埃德蒙·伯克，到法国历史学家弗朗索瓦·傅勒（François Furet），西方思想界另一种对立的思潮则做出了迥然相反的评价；他们倾向于认为雅各宾激进共和主义是"极权主义民主"（雅各布·L. 托曼 [Jacob L. Talmon] 语，他认为卢梭是发明极权主义的一大罪人）和所有形式的政治狂热及原教旨主义的源头，对世界产生的直接的、有实际互动的显著影响有限。如我们之所见，它还没传播到俄国就已止步。[61] 在中国，1919 年以前法国大革命基本上没有产生明显的反响，即使 1919 年以后，人们也有充分理由对北美殖民地的反帝国主义解放斗争更感兴趣。革命领袖孙中山（1866～1925）很乐于被看作中国的乔治·华盛顿。在印度，一些英国的反对者希望得到法国的支持，但他们的希望落空了；相反，英国人巧妙利用了印度对法国侵略的恐惧心理，以此为借口抢先出手，占领了理查德·韦尔斯

762

利（Richard Wellesley）任总督的次大陆的大部分地区；理查德·韦尔斯利是在拿破仑战争中屡建功勋、1814 年被授予威灵顿公爵的阿瑟·韦尔斯利（Arthur Wellesley）的兄长。[62] 在互相影响的大西洋沿岸革命区域之外或边缘地带，法国革命连同拿破仑的扩张在近东和中东的影响最为深刻。当然，在埃及、奥斯曼帝国，甚至在遥远的伊朗，拿破仑军事扩张造成的影响远远超过法国革命本身的影响。1798 年法国入侵埃及，让人陡然觉察到了这种影响。法国占领军摧毁了统治数百年的马木留克（Mamluk）王朝，为法国 1802 年撤军后夺取政权的个人及群体创造了发展空间。作为地中海以东地区的安全要素，奥斯曼帝国是英国可信赖的合作伙伴，此时其重要性更是不同以往。在划时代的革命年份（1789）意外登上王位的苏丹塞利姆三世（Selim Ⅲ，1789 ~ 1807），试图扫除阻挠所有革新措施的保守的耶尼塞里军团（Janitscharen）① 的影响，但未成功；直到 1826年，其第二代继承者苏丹马哈茂德二世才成功推行了近卫军改革。不管如何，苏丹塞利姆通过采取有力的外交和军事措施，开始实行军事现代化政策；此后不久，伊朗也开始推行类似政策。不过，在伊斯兰世界所有国家，在整个亚洲和非洲，法国大革命都未引发"下层"的独立革命运动。[63]

拉丁美洲在这幅图景中的位置又是怎样的呢？[64] 在大西洋沿岸的几大区域中，它是第四个被卷入鞍型期革命进程中的。在所有地方，汇入整个革命洪流的情况有地区差异。在北美，后来建立了加拿大的那些殖民地，一如既往地效忠英国王室。相对于圣多明戈，加勒比海地区其他的奴隶制殖民地还算平静，

---

① 即土耳其近卫军，14 世纪下半叶至 1826 年间奥斯曼帝国的常备兵团。

在法属安的列斯群岛的其他岛国，情况发展也与圣多明戈不同。相比之下，除古巴以外的整个西班牙殖民帝国全线崩溃，则成了西属美洲（巴西在葡萄牙王室统治下另辟蹊径）最令人瞩目的一个特征。仅仅数年时间，一个庞大的帝国分崩离析，变身为无数独立的小共和国。从某种角度来看，就连西班牙民族国家本身也是其帝国瓦解的产物。人们更愿称之为"独立革命"（要用复数形式）的这一系列事件，从时间上来看，在该世纪最后一次强力推动了大西洋沿岸地区的转型。这一系列事件发生的时间被确定为1810~1826年，对此基本没有争议。[65] 在这里，三次大革命均可作为参照。在奴隶制还起着重要作用的所有地方，尤其在自由的有色人种——在西属美洲被称为"帕尔多"（pardo，即混血人）——开始有了自己的政治企图的地方，海地让人心生恐惧。也就是说，海地是不祥之兆，而非榜样，不过它也是反抗西班牙殖民者的反叛者的庇护之所。法国大革命仅在某些条件下具有典范意义。西属美洲独立革命的领袖大部分是克里奥尔人，即在新大陆出生的西班牙裔白人。他们的典型特征是，都属于富有的上层社会，是地主或城市新贵。这样一些人，纵使对法国大革命初期的自由主义目标抱有好感，也肯定会觉得雅各宾激进主义是威胁。而且，对于人民大众有时不免自行武装起来，他们也疑心满腹，充满戒备。

1780~1782年，在西属美洲，自称为印加王图帕克·阿鲁马二世（Inka Túpac Amaru Ⅱ）的何塞·加夫列尔·孔多尔坎基（José Gabriél Condorcanqui）发动了一次大规模起义，此次起义证明，西属美洲也蕴藏着发生大规模人民反抗的力量。这是俄国爆发普加乔夫起义仅数年后，在世界另一端发生的从某些方面而言与之类似的一次起义。两次起义都是以各方力量的

763

广泛而松散的联合为基础，并受到民族文化意识的驱动。同样是反抗西班牙统治（并遭到残酷镇压），此次起义的动机却与克里奥尔人寡头集团谋求自治的诉求不完全一致。此次反叛规模惊人，从牺牲人数亦可见一斑：据说，有约 10 万印第安人和 1 万西班牙人丧生。[66] 因此，对于拉美的"解放者"而言，雅各宾激进主义和全民动员（levée en masse）并无多少吸引力。而且他们也不能指望来自法国的革命支持，因为在独立斗争胜败攸关的那些年，拿破仑帝国终结后的法国重新被复辟的前王朝统治。

764　　从本质上来说，法国转型与拉美转型间的联系更多地体现在强权政治层面，而非革命层面。谈及此，必须回溯到 18 世纪 60 年代。无论北美独立革命还是拉美独立革命的发生，都是这十年种下的因。出于类似但又各自不同的理由，英国政府和西班牙政府在同一时期都采取了一系列措施，试图通过强化在殖民地的权威、改革殖民统治机构，收紧对美洲殖民地的控制，发挥殖民地经济潜能使其更好地服务于宗主国。在新国王乔治三世统治下的英国，新措施仅实行了短短几年就惨淡收场。卡洛斯三世（Karl Ⅲ，1759～1788）统治下的西班牙最初小有成果，至少是未遭遇殖民地民众的强烈反抗。这有多种原因。一直以来，西班牙在美洲的统治体系更均质化和集中化，因此较易让有能力的行政官员落实统治意图。另外，南美的克里奥尔人未深陷批判权威的启蒙话语中，且不太习惯在代表机构中表达自己的意愿。出于这一原因及若干其他原因，西班牙殖民体系未像英国殖民体系那样，在 18 世纪下半叶的前半期就轰然崩塌。非但如此，它还维持了现状，直到 1808 年拿破仑入侵西班牙，西班牙本土波旁王朝的统治被推翻。

如果说北美起义意在反抗一个在人们心中越来越不公、越来越专制的帝国政府，那么在西属美洲，危机积聚则是在这样一个帝国已然消亡之时。[67]在如此的帝国权力真空下，出现了两个明显的趋势：一方面是形形色色的克里奥尔爱国主义，它们是在西班牙帝国背景下随着时间的推移而形成的，与北美各殖民地相比具有更鲜明的特色；另一方面，存在着在新的、自由的宪政框架内，仍与西班牙保持一种松散的政治联盟关系的意愿。在某种意义上，这与此前北美形势的发展毫无二致。在冲突之初，北美13个反叛殖民地的"克里奥尔人"（恕冒昧如此称呼他们）大多数仍认为自己是英国人。他们中很多人花了相当长时间，才摆脱了对英国根深蒂固的国家认同，产生了一种暂时尚摇摆不定的美国国家认同。[68]正因为如此，他们才愈加决绝地进行反抗；事实上，他们并非反抗英王——无论是英王本人还是其背后的象征——而是反抗伦敦议会的全面主权要求；伦敦议会擅自赋予自己向美国人随意征税的权力，给予他们的则只有"实质性代表权"（virtual representation）这句虚妄之言。至于脱离西班牙殖民统治的国家，他们各自在国家认同建构方面走得更远。

另外，西属美洲的克里奥尔人对西班牙非占领区成立的、不忠于王室（反动国王费迪南七世［Ferdinand Ⅶ］，正被拿破仑囚禁）的对立政府寄予很大希望。该政府的核心是1810年9月在加的斯召开的议会（cortes），此为西班牙史上第一个现代国民议会；从该议会的制度设计来看，它从一开始就是代表整个西班牙世界的代表机构，也就是说，它也代表殖民地。[69]在议会中美洲地区代表自然只占很少席位；这个议会在一些问题上，比如在贸易问题上，证明自己与数十年前的英国国会一样

765

顽固不化。在西班牙专制政体之外建立一个帝国联邦，这一想象中完全可能的理想没有成为现实。另外，议会亦贻误了废除奴隶贸易和/或奴隶制，以及在美洲社会多种族问题上表明立场的时机。尽管如此，西班牙早些时候在建立宪政国家方面的试验，对于当时欧洲的情况而言，已具有相当可观的规模；这恰使克里奥尔人也习惯了成文宪法（西班牙1812年宪法在宪法形式上成为19世纪拉美地区蓬勃的立宪风潮的典范）和参与面广的政治实践，比如男性选民的选举权不受财产资格限制。

　　相比英属美洲，西属美洲的解放历程没有那么一帆风顺。这个地区地域更辽阔，后勤保障更困难，城乡对立更严重，忠君思想更浓厚，这导致克里奥尔精英阶层内部常纷争不断，几近内战爆发的边缘。从空间上来看，此地若干军队和民兵组织并存，他们进行着五花八门的独立战争，这些战争相互之间只有很松散的联系。从时间上来看，前后经历了两个战争阶段：[70]1814年5月，随着奉行新专制主义的国王费迪南七世的回归，无论在大西洋此岸还是彼岸，崭新的开端都被毁于一旦。

766　西班牙开始试图重新夺回已脱离其控制的殖民地，并旗开得胜，直到反抗西班牙恢复统治的军事抵抗爆发，西蒙·玻利瓦尔（Simón Bolívar）、何塞·德·圣马丁（José de San Martín）和贝纳多·奥希金斯（Bernardo O'Higgins）等人领导的自由斗争才达到其辉煌的顶点。[71]从1816年前后的情形来看，似乎西班牙已然控制住了反抗迭起的局面，不过也有例外，主要是阿根廷。在美洲大陆的很多地方，反叛者处于退守状态；反动势力开始对反叛者实施报复。经过了这一革命事业的低谷，解放战争的第二个阶段才逐渐拉开帷幕；在这一阶段，考迪罗已开始扮演可疑的角色：这些军阀的权力基础是确保其武装团伙及平民追随者能够分享战争果实，他们并不关心国家制度。与北美相比，拉美革命总体上更复杂，有更多社会阶层卷入。在北美，精英革命中找不到农民反抗行动，尤其是农民起义，比如墨西哥乡村地区常发生的那类革命；在墨西哥，人们揭竿而起往往与西班牙殖民统治没有关系，而是为了捍卫被危及的生活方式。[72]新西班牙／墨西哥以南诸国取得的最后一系列军事胜利，也与西班牙自身的疏漏有关，因为军队对夺回美洲热情不高，而若没有军队的支持，自由派便不可能成功迫使国王费迪南七世在1820年恢复宪法。西班牙再次出现的混乱状况使新组建的美洲远征军推迟了出发时间。在企图重新征服美洲的过程中，西班牙人使用了他们不久前亲身体验的法国反游击战战术；这再次表明，革命的大西洋地区在革命者相互学习方面存在着关联性。

最后是国际背景：不同于1778年后的北美反叛者，西属美洲的自由斗士们未得到外部的直接军事援助，亦没有美国的支持。没有外部强国直接干预革命过程，如在海地那样。英国皇家海军虽垄断整个大西洋海域，但有别于其他革命的是，克里奥尔人和西班牙复辟王朝代表之间发生的重要军事战争都没有第三方插手。不过不应忽视，最初，即1810年前后，对法国也可能会霸占西班牙殖民地的担心，也是非常重要的一个因素。当西班牙君主国不复存在，在拉美没有人还热衷于成为拿破仑的臣民。在后期革命阶段，"个体"支持也并非无足轻重。来自英国和爱尔兰的士兵和志愿者在各种战场战斗（1817～1822年，共有5300名这样的革命者抵达南美），成为一个重要的军事因素。[73]美国海盗在其政府容忍下袭击西班牙舰船，英国商人提供财政支持：长远来看，这是开拓新市场的一项很好的投资。

767

在整个美洲，独立革命至少在趋势上产生了两个根本性影响：臣民变成了公民，旧有等级社会结构被动摇。[74] 由于属于不同的殖民宗主国，北美和西属美洲出现了不一样的政治图景：在西属美洲，由于民族国家的独立，政治景观比北美更丰富多样；在北美，则形成了一个联邦国家，其发展的基本动力是向西和向南进行领土扩张，不惜让墨西哥以及受西班牙影响的文明付出代价（1898 年美西战争就发生在这条分界线上）。此外，在北美和南美，分别有一个未经历革命的大国：这边是巴西王国（自 1889 年起成为共和国），那边是大英帝国加拿大自治领。在北美和南美，政治革命都未能立竿见影，迅速使局面稳定下来。不过，在北美，形势更为有利，因为独立战争没有同时也变成一场内战，还因为北美没有类似于"帕尔多人"的群体，即庞大的自由有色人种阶层——有时共和派和忠君派都向他们示好，争取他们的支持。[75] 在北美，白人与印第安人及黑人之间界限分明：国家政治始终是白人政治。在南美，殖民政府依据肤色深浅来确定法律地位，冲突线更纷乱。在北美，城乡之间明显保持了较平衡的状态，而在南美，战争导致了南方的"权力乡村化"。[76] 此后的几十年，北美开疆拓土，促进了土地占有的民主化。而在南美，情况则恰恰相反，占有土地的寡头阶层垄断了权力，他们在各自的国家政治中更深地刻下自己的烙印；在美国，即使南北战争前南方各州影响达到巅峰时，乡村势力亦不曾壮大到如此程度。

768　　　年轻的美国取得的巨大成就之一，是避免了军事化和军国主义，南美未能复制美国的成功。在美国，革命时期的"武装民族"（nation in arms）没有发展成军事独裁。类似考迪罗那样的独立军事力量未获得大的影响力。与南美和欧洲部分地区不同的是，北美没有成为军事政变频发的大陆。[77]直到 19 世纪 60 年代，甚至 70 年代，西属美洲的若干国家才实现了内部安定的局面，这也是进一步融入世界经济的结果。[78]若要为该世纪的中南美洲划定一个政治稳定的兴盛期，那么应该是从 1880 年到 1910 年墨西哥革命开始的这 30 年。当拉美独立斗争刚刚开始，美国却已结束革命，局势已经相当稳定。1800 年托马斯·杰斐逊当选第三任总统，合众国进入了巩固期。[79]巩固期的一些做法带有欺骗性或暂时性。主要有两个问题未澄清：首先，奴隶制和北方的以自由雇佣劳动为基础的资本主义制度这两个截然不同的社会类型，如何在同一个国家共存；其次，应以何种方式让新联邦州融入进来，而又不破坏现有的宪法平衡。1861 年开始的南北战争并非完全出人意料。事后来看，它的发生似乎比第一次世界大战更具有“必然性”。南北战争开始之时，革命时期遗留的问题尚未解决。正是因为开国之父们忽略了解释清楚奴隶制问题，才留下了隐患，导致 19 世纪 60 年代末奴隶主们郑重要求重新开放 1807 年已被禁止的非洲奴隶贸易，以及亚伯拉罕·林肯这样一位审慎智慧的政治家确信南方企图把奴隶制强加给北方自由州。[80]所以，在某种意义上，南北战争是革命的余声。倘若不怕冒过度使用革命概念的风险，可以试着想象，北美存在着一个百年革命暴动周期，即从 1765 年印花税危机到 1865 年邦联的失败。

西属美洲独立革命结束的时间，与 1830～1831 年欧洲革命发生的时间很接近，这是一次具有双面性，既回望过去又眺望未来的承前启后的革命。若说它们构成并终结了革命时代，也算实至名归。1830 年 7 月底巴黎发生了手工业者骚乱，由此次骚乱触发，巴黎、荷兰南部（该事件最后导致了独立国家比利时的诞生）、意大利、波兰和德意志邦联的一些邦国（主要是库尔黑森、萨克森和汉诺威）也都相继进入革命状态。其实这场革命的结果乏善可陈。1815 年后在欧洲大陆占了上风的复辟势力，在各处零星地遭到削弱，但只有在法国被清除——即使在法国，为自己争取了更多政治空间的主要还是那些团体，不管你愿称他们为"名人显要"，还是"自由资产阶级"，总之是七月革命前构成了法国后革命时代精英核心的那些人物。[81] 1830 年发生的是一场政治革命，而非社会革命。不过，当它们唤起人们对宪政国家最初革命思想的记忆，反复提及雅各宾时期前法国大革命的修辞术与象征意义时，在某种意义上，它们也承继了 1789～1791 年革命。不过，关于城市街垒战的英雄意象，不应遮蔽仍存在着乡村反抗形式这一事实；它们与城市中发生的事件常常只有松散的联系，当它们被贴上"前现代"的标签，就很少再被谈及。[82]

跨大西洋融合

大西洋沿岸革命都有一种前所未有的基本经验，即广大民众持续的政治化；这种现象导致的后果是，任何革命发生之后，都不可能再回到前革命状态。在所有地方，政治都不再只是精英政治，几乎总会遗留下一些什么，尽管革命阶段后的过渡，即革命热潮的降温，是循了完全不同的路径。[83] 在美国，民众政治化得到了最有效的疏导，被罩上了代议制的制度外壳，但非白种人却被排除在外。在这样的准民主重建尝试失败的地方，如在五人执政内阁时期（1795～1799）的法国，以及拉美的一些国家，新的独裁体制也不能缺少合法性，这个合法性必须得到"人民"确认，至少是采用鼓掌通过的方式。"波拿巴主义"

并不意味着恢复旧制度，即使 1814 年后的波旁复辟王朝，也接受了自 1789 年以降的一些时代遗产，比如宪法思想（以宪章 [charte constitutionelle] 的形式）及拿破仑创立的由其将军和宠臣构成的新贵族。不过，复辟王朝关闭了因革命而出现的最可怕的工具：拿破仑那吞噬生命的战争机器。[84] 除了西班牙、库尔黑森和意大利部分地区，其他地方的"反动势力"都不打算完全抹除革命的痕迹。单靠领袖魅力无法支撑起后革命时代的秩序，拿破仑这个伟大的制度缔造者，对此一清二楚。玻利瓦尔也明白这一点，尽管在他胜利的岁月里有不少实行独裁统治的诱惑，但他还是为建设法治和以超个人的方式约束个人权力，不懈斗争。不过，他没能防止他的祖国委内瑞拉和该大陆其他类似国家又陷入长达 10 年的考迪罗统治。[85] 在这种状况下，民众政治化就发生了萎缩，只剩下哄自己的追随者小圈子开心。

大西洋革命脱胎于从哥伦布时代发展而来的覆盖大洋两岸的紧密交织的关系网。融合是在若干层面上重叠发生的：

（1）在西班牙、英国/大不列颠和法国这几个大帝国，以及葡萄牙和荷兰这两个小帝国疆域内发生的行政融合；

（2）通过人口向新大陆迁移发生的人口融合，尤其是从东岸向西岸，但也包括反方向的人口回迁，主要是殖民地管理人员；

（3）通过贸易发生的融合，从北方的毛皮贸易到南方从安哥拉向巴西贩卖黑奴的奴隶贸易，贸易的进行是按照虽成果渐微但尚能贯彻的国家重商主义竞争规则，最初（自约 1730 年开始海盗骚扰事件又有抬头）遭到地方海盗骚扰；此类贸易创造了共同的大西洋消费文化（即今天西方消费主义的起源 [consumerism]），通过有政治动机的抵制措施来切断消费，这

770

时初次成为国际交往的武器;[86]

（4）通过形形色色的文化传输发生的融合，从西非生活方式的传播，到表演实践在整个地区的流行，乃至大西洋彼岸对欧式建筑风格的各色模仿;[87]

771　（5）通过因越来越多书籍、小册子及杂志的流行而传播的相同或相近的"大西洋文明"基础规范而产生的融合；英国作家与文学评论家威廉·黑兹利特（Willam Hazilitt）1828 年就曾称法国大革命是发明印刷术的继发后果。[88]

对于理解大西洋革命而言，第五点不可谓不重要，尽管不是基于利益的纯粹的观念，不足以解释政治行动。从思想史的角度看，所有大西洋革命都孕育自启蒙运动。启蒙运动源于欧洲，其在大西洋彼岸的影响首先必须被描述成一个理解和接受的特别过程。自 18 世纪 60 年代起，对欧洲学者（如自然科学家布冯［Buffon］及后来的哲学家黑格尔）傲慢地评论新大陆的自然与文化，美洲本土开始有人发声——这些声音在欧洲也得到倾听，有些人愤怒地予以回应，如本杰明·富兰克林、托马斯·杰斐逊、《联邦党人文集》（Federalist Papers，1787 ~ 1788）的几位作者、墨西哥神学家弗拉伊·塞尔万多·特雷萨·德·米埃尔（Fray Servando Teresa de Mier）等。[89]与博学多识、常年旅居伦敦的学者安德烈斯·贝略（Andrés Bello）同为该时期拉美最重要的政治思想家的西蒙·玻利瓦尔亦坚持认为，不能将欧洲启蒙运动纲领生搬硬套地运用于美洲。关于这一点，他引证了孟德斯鸠的理论，孟德斯鸠说，为某国制定的法律必须适合该国的具体情况。在整个大西洋地区启蒙运动内部形成了中心和外围地区。从智识角度来看，除了法国和苏格兰，卡洛斯三世统治下实行反教会改革政策时期的西班牙也是启蒙运动发生的一个场所。不过，超越欧洲内部文化界限是这个时代的一个特征。尽管他们的宗教常常沿着不同轨迹发展，但英国人和北美垦殖者拥有共同的法律传统，在涉及个体及个体保障方面，有着共同的价值观念；这一点常被谈及。[90]通过在美国内部观念之战中满天飞的小册子，尤其是《独立宣言》，可以看出，约翰·洛克及其关于统治契约的观点，阿尔杰农·西德尼的反抗理论，早期苏格兰"道德哲学家"，如弗朗西斯·哈奇森和亚当·弗格森的理论，在北美已家喻户晓。[91] 1774 年 11 月才来到新大陆的托马斯·潘恩，一位胸衣匠人和自学成才的哲学家，在这里华丽变身，成为有史以来最有影响力的时评作者之一；他把英国政治激进思想写进了出版于 1776 年的极富感染力的著作《常识》中，该书是大西洋世界主义的产物，其后来的著作《人的权利》（*The Rights of Man*）对此有着更淋漓尽致的表达。

与欧洲取得的"开明专制"的具体成果相比，新的合众国则体现了启蒙思想得到践行的进步。如果说鞍型期曾有过哲学家国王的话，那么，与普鲁士的腓特烈二世、奥地利的约瑟夫二世和盖世无双的拿破仑相比，总统乔治·华盛顿的三位继任——约翰·亚当斯、托马斯·杰斐逊和詹姆斯·麦迪逊，更配得上这个称呼。法国学者在美洲的英语地区也受到重视，其中主要是孟德斯鸠、卢梭和殖民主义的激烈批判者雷纳尔神父（Abbé Raynal，以此名发表的文章部分为德尼·狄德罗［Denis Diderot］所写）。这些哲学家也同样迅速为拉美人所熟悉。像西蒙·玻利瓦尔这样一位出身于加拉加斯富足之家的年轻人，既读他们的著作，也读霍布斯、休谟、爱尔维修（Helvétius）和霍尔巴赫（Holbach）；[92]这方面他可能并非例外。在 18 世纪 90

772

年代的墨西哥，上至总督，下至百姓，举国上下都悉心学习具
有批判精神的欧洲思想巨擘们的金玉之言——虽然不能立即付
诸实践。[93]宽泛而言，信仰进步这一时代精神不仅在大西洋两
岸照耀着狭义上的知识分子，而且也启迪了商业世界的一些领
域。[94]对于许多美洲人来说，来到"政治上"保守的现代"经
济"中心伦敦，和亲密接触革命风起云涌的巴黎一样令人激动。

　　年轻的毛泽东想必很清楚这一点。革命不是请客吃饭，他
曾在 1927 年这样写道。此言亦适用于大西洋革命。在这些革命
中，像 1989～1991 年从易北河到戈壁荒漠之间发生的那样的和
平革命一次也没有。罗列具体统计数字在这里简直多余。在
1793～1794 年"恐怖统治"（terreur）时期，法国全国死难者人
数估计达 5 万人（另外，1793～1800 年旺代［Vendée］内战中还
有 15 万～20 万人丧生）[95]。同时我们还必须看到，在 1792～
1815 年的欧洲战争（包括西班牙 1808 年后各方制造的令人发指
的恐怖事件）中丧生的人数超过了法国；在拉美，从 1780 年图
帕克－阿马鲁起义到演变为暴力失控的全面战争的解放战争和
内战结束，数十万人失去生命；[96]在该时期的革命风暴中心圣
多明戈/海地，丧生者不计其数，其中包括法国和英国远征军的
数万名普通士兵——他们大部分死于热带疾病。与马克西米
连·罗伯斯庇尔领导的革命相比，托马斯·杰斐逊和乔治·华
盛顿领导的革命更仁慈，这个说法很公允；在美国没有发生像
法国那样的对所谓叛徒的大屠杀。尽管如此，不应当忘记，就
英国方面而言，它需要针对 1775～1781 年美国独立战争进行战
争动员，动员规模在英国前所未有，并从某种程度上使这场战
争成为第一场现代战争；也不应当忘记，仅反叛方就有约 2.5
万人丧生。[97]与整个法国大革命相比，这场战争制造了更多难

民和移民。[98] 但与 1789 年俄国与奥斯曼帝国的战争不同——这场战争中单占领奥恰克夫（Ocakov，也即 Özi）港口堡垒一役，仅一个下午就有数千名土耳其人遭到杀害——美国独立战争中没有发生对平民的屠杀。相比之下，19 世纪第二个四分之一世纪，在世界历史上是个较太平的时期，直到 1850～1851 年在中国发生了太平天国大屠杀。

英国在辽阔的大西洋革命战场上的地位极其特殊。最晚自 1763 年起，它已是大西洋地区实力最雄厚的军事强国。试图压服固执的殖民地英国人的行动，引发了连锁反应（若如此简单地、线性地看待的话）；从时间上来看，一场场革命此起彼伏。在所有这些革命中，都有英国的参与。它发起战争，镇压该时期除拉美革命以外的所有革命。然而，即使在拉美地区，英国早些时候的一次军事行动，即 1806 年 6 月占领布宜诺斯艾利斯，也产生了深远影响，使民众因此而动员起来。尽管英国四处插手，到处出击，其政治体制仍保持了完好无损，未因乡村地区和新兴工业城市中的社会反抗和颠覆行动而被动摇，并于 1775～1815 年成功完成了第一次世界大战前规模最大的军事和经济动员，且经受住了选择政府领导人的考验，使小威廉·皮特（William Pitt d. J.）这样一位才华超群的政治家，拿破仑所有对手中最危险的一位，执掌了政权。综上所述，能说英国这个同时正在经历极为快速的社会及经济变化的国家，是这个风云变幻的世界上最保守的国家吗？

联合王国也参与了 1830 年的欧洲革命运动。1830 年夏，国王乔治四世去世不久，从法国传来 7 月革命的消息；1832 年 7 月，在极端紧张对立中，议会的一揽子改革法案终获通过，在此期间，英国经历了 19 世纪以来最严重的内政危机。最危险

774

的革命易感期并不是 18 世纪 90 年代和 1848 年，而是持续 20
余年的战争结束 15 年后的那段时间。战争遗留的问题没有解
决，早期工业化又产生了一些后果，使民众对现行体制的不满
雪崩般爆发。1830~1832 年，英格兰南部、东部及威尔士都发
生了骚乱，港口城市布里斯托尔（Bristol）遭到严重破坏，诺
丁汉城堡被付之一炬，工人和中产阶级结成护卫队、民兵组织
和同盟。倘若在 1832 年春，著名的保守派政治家威灵顿公爵，
像两年前法国的波利尼亚克王子那样，仰仗反动国王的支持，
试图直接对抗公众意愿的话，那么汉诺威王朝恐怕就重蹈法国
波旁王朝的覆辙了。[99]但公爵没有那样做，而是支持有改革意
愿的首相、辉格党人查尔斯·格雷（Charles Grey），为改革法
案赢得了多数支持。法案小心翼翼地扩大了男性选民范围，增
加了崛起中的工业城市的议席数。但比法案内容更为重要的则
是法案被通过这一事实。[100]上层改革先于下层革命而发生。由
此，英国找到了保障稳定的新的成功良方，同时皮特所代表的
保守派寡头政权被持新立场的政权取代，新政权超越党派，比
以前更关注乡村地区的民意，也越来越重视尚无选举权的民众
的意见。这并不能令所有人满意，对改革的局限性的失望导致
了人民宪章运动的发生。该运动也产生了丰硕的思想成果，但
于 1848 年遭遇政治上的失败；因为它既没有升级为暴力革命，
也没能在中产阶层的改革派势力中找到足够多的同盟者。

775

　　早在 1807 年，另一种形式的英国革命——废奴运动，就已
首战告捷。它是以声势浩大的公民运动形式组织起来的；在废
奴运动的推动下，英国议会下令禁止奴隶贸易。1834 年，奴隶
制在大英帝国被废止。这场运动不亚于一场道德和正义的革命，
它彻底摒弃了一种数百年来在整个欧洲被认为是理所当然的、

有益于各自"国家"利益的制度。在这场特殊的英国革命开始之初——具体时间可确定为 1787 年——只有少数宗教活跃分子参与,他们大多数是贵格会教徒和激进的人道主义者。这场运动最坚定和最成功的组织者是一位圣公会牧师——托马斯·克拉克森;具有绅士风范的福音派政治家威廉·威尔伯福斯(William Wilberforce)成为该运动在国会最知名的代言人。在影响达到巅峰时,废奴运动成为一场遍及整个英国的群众运动;它运用了多种多样的非暴力宣传鼓动技巧,它也是欧洲历史上首次主要由商人(陶器制作企业主约书亚·威治伍德 [Josiah Wedgwood])领导的抗议运动,而且拥有广泛的社会基础;与法国大革命不同,贵族阶层的叛徒在这场运动中几乎没有起到作用。[101] 尽管废奴运动没有推翻任何一个疆域广大的国家的政治体制,但摧毁了一种作为近代早期大西洋地区之根基的强制性制度,以及支撑这一制度的法律秩序和意识形态。[102]

革命的相互影响并非仅仅通过书籍和抽象的讨论,后来的革命者们"亲临"革命阵地学习。本杰明·富兰克林——因其所做自然科学实验而成为在欧洲最负盛名的美国人——曾于 1776～1785 年担任新美国驻巴黎的外交使节。莫提耶·德·拉法耶特(Marquis de Lafayette),这位"两个世界的英雄",曾与若干其他欧洲志愿者一道参加北美独立战争。他深受美国宪法原则的影响,与乔治·华盛顿成为莫逆之交,又幸得托马斯·杰斐逊本人的引领,因此,在法国大革命第一阶段他属于政治立场温和的领袖人物。想必不久他就听闻,法国大革命不会"盲目"地照搬美国模式。于是,他从法国出逃,后作为所谓危险激进分子遭到普鲁士和奥地利监狱的监禁。最终,在许多人眼里,拉法耶特成为纯粹革命理想的化身——一如年轻的

776　　海因里希·海涅；海涅与拉法耶特在巴黎相识，当时拉法耶特
年事已高，但热烈奔放不减当年。[103] 当然，每场革命都走了自
己的独特道路。比如在法国，人们不太看重政府机关间的"相
互制衡"，而是更重视让·雅克·卢梭意义上的不可分割的公意
的表达。就学习孟德斯鸠理论的能力而言，与其法国同胞相比，
北美人学得更到家。直到 19 世纪 70 年代末，法国人才逐步走
向稳定的自由民主制度。不管怎样，1795 年五人执政内阁时期
颁布的宪法，比以往历次革命的宪法更接近美国构想，波拿巴
将军因此备受颂扬，被认为是又一位乔治·华盛顿横空出
世。[104] 两场革命继续相互交织和彼此影响，直到 19 世纪，在美
洲和欧洲之间才渐渐出现了巨大的思想鸿沟。

　　在后来的复辟时期，也有很多人的人生经历与革命密不可
分。从网球厅宣誓到滑铁卢战役，法国大革命持续了整整 26
年。有些人此时正逢中年，积极参与了革命，比如塔列朗
（Talleyrand），他在该时期的每届法国政府中都身居高位。另有
一些人，如歌德、黑格尔、弗里德里希·冯·根茨（Friedrich
von Gentz），以及同时代人中活得更长久的那些人，则目睹了革
命从始至终的整个过程。早在法国大革命爆发前，亚历山大·
冯·洪堡就在伦敦聆听过埃德蒙·伯克的演讲，与托马斯·杰
斐逊进行过学术讨论，曾被引见给拿破仑，也曾在欧洲奔走呼
号，争取人们对拉美独立革命的同情，并于 1848 年 3 月以 80
岁高龄参加了柏林的革命集会。[105]

　　自从经济史确定工业化的时间延伸到 19 世纪后，革命时代
呈现为一个巨大的悖论，尤其是以埃里克·霍布斯鲍姆为首散
布的貌似可信的"双重革命"理论——法国的政治革命和英国
的工业革命——站不住脚了。随着革命时代那些伟大篇章的出

炉，尤其是《独立宣言》（1776）、《美国宪法》（1787）、《人权和公民权利宣言》（1789）、法国关于废除殖民地奴隶制的法令（1794）及玻利瓦尔的《安格斯图拉演说》（1819），拉开了政治现代性的帷幕。这些篇章诞生之时，即使在英国，工业革命也还几乎不曾产生革命性的影响。推动大西洋革命的并非伴随工业化出现的新的社会冲突。如果说大西洋革命有些"资产阶级"特征，那么它们也与工业无关。

777

三　世纪中叶的动荡

1917～1923 年，革命和起义风暴剧烈摇撼着俄国、德国、爱尔兰、埃及、西班牙、朝鲜和中国，在欧洲和近东有若干新的国家诞生；若撇开这些革命不算，则在大西洋革命时代之后，未再出现第二个革命时代。19 世纪中叶前后，世界若干地区发生了大规模的集体暴力事件，其中最重要的有 1848～1849 年欧洲革命，中国太平天国革命（1850～1864），印度大起义（1857～1859，亦称作"印度兵变"）和美国内战（1861～1865）。[106]这些事件集中发生在 17 年内，大体上具有同时性，就此而言，可把它们视作一系列革命。看起来，似乎全世界经历了一次严重的危机。人们可能会想，自大西洋革命时代以来，全球性的联系密切了，因此世界各地发生的革命事件，彼此间可能会有更紧密的联系。但事实并非如此，世纪中叶出现的一系列革命，缺乏大西洋沿岸革命所具有的空间上的统一性。这些革命都在所在的次大陆蔓延，作为事件它们之间的关联性也仅止于此。它们不是全国性事件，因为，1848 年革命很快就跨越了国家界限，印度和中国彼时还不是摆脱了殖民统治的民族国家，美国国家统一的稳定性亦尚存疑问。因此，我们暂时须将这些危机作为相互独立的事件分别予以描述。

欧洲的 1848～1849 年

在革命发展进程上，1848～1849 年欧洲革命再现了 1830 年法国七月革命后出现的史无前例的革命进程模式：在欧洲许多地方，人们的反抗意愿以极快的速度在各种政治环境中传播。[107] 过去，史学家们喜欢用漫天大火或燎原野火这类自然主义比喻来形容，这样的比喻自然说明不了什么，更不能替代对这种革命性的反应机制的认真研究。无论如何，这次不像 1792 年以后那样，由一个革命政府的泱泱大军把革命传播到其他国家。这一次，一些往往不过是流言蜚语的消息都会触发人们因一些现实问题而断然采取革命行动。此次革命进程蔓延得如此之快，是因为从 1847 年秋开始许多人就渴望着革命的降临。在这个过程当中，人们使用了雄辩术、大肆渲染，以及革命行动方式——如采用修筑街垒这样象征着城市巷战的方式——等所有宣传鼓动手段，这些手段在 1789 年后就已存在于西南欧政治文化中，到 1830 年又再度流行起来。经过 1789 年革命和 1830 年革命的洗礼，现存势力都认为已洞悉一场革命是如何"运作"的，并依照这些路数进行革命准备。各革命中心起初彼此间的敏锐反应自然无法长久维持，各个革命于是局部化，逐步形成自己特殊的权力格局和意识形态倾向，各自走了自己的道路，彼此并未给予对方值得称道的支持。尽管如此，它们仍是同时期发生的具有时代关联性的事件，可相互比较。[108] 在 1848～1849 年间，欧洲各地的革命洪流并未汇成一场规模空前的欧洲大革命；不过，如同此前在拿破仑战争期间那样，欧洲在一定程度上成为一个"交往空间",一个"大区域行动统一体"。[109]
发生革命的各个地区和特殊革命事件——纵使常被"认为"是
地方性事件——也被纳入整个欧洲的大背景和大视野中来看待;
政治观念、神话和英雄人物形象在欧洲各地四处流传。[110]

参与这次革命的国家有瑞士(1847 年,在该国的新教州和
天主教州之间爆发了"分离主义联盟战争",一场真正的内
战)、法国、德意志各邦国、意大利各邦国、哈布斯堡君主国统
治下的多民族国家,以及奥斯曼帝国的巴尔干边陲地区。当改
革进程加速,革命也波及了荷兰、比利时和斯堪的纳维亚诸国。
总体来看,在 19 世纪的欧洲,这是参与国家最多、辐射地理范
围最广、最暴力的一场政治运动。革命常常会把大部分民众都
动员起来,因此,较可取的做法是,对同时期发生的若干革命
做如下区分:农民反抗运动,资产阶级宪政运动,城市下层民
众抗议行动,最后还包括以广泛的社会各阶层联盟为基础的民
族革命运动。[111]在这些不同群体的革命之间,并不总是存在着
紧密的联系:盗伐林木的农民和将节庆宴会变成政治论坛的城
市显贵之间,鲜有共同之处。[112]这里选取盗伐林木这个例子并
非随意为之。借助这个例子我们可以看出,在 1848 年,几乎所
有潜在冲突都具有传染性。获取森林资源这个问题在很多地方
都是引发抗议的一个缘由:"哪里有森林,哪里就有森林暴
动。"[113]而欧洲正是森林茂密之地。

从编年史的视角来看,尤其就 1848 年春的情形而言,"街
头"权力当道在很多国家似乎都已成为现实;在这种情况下,
这些革命竟然统统失败委实令人诧异。它们中几乎没有一个行
动群体能够长久贯彻其目标,从这层意义上来说,这些革命是
失败的革命。不过,在这里最重要的是要区分失败的具体情形,

779

而不是进行笼统的评判。就是说，"失败"也分不同的程度和形式。若从社会层面进行区分，那么农民是获益最大的群体。在不落痕迹地执行了"农民解放"政策的哈布斯堡王朝，以及一些德意志邦国，农民的农奴身份被解除了。在那些农民法律地位此前就有所改善的地方，解放进程加速，并最终完成；比如，农民所需支付的赎金被降至一个合理水平。[114]农民一旦实现了这些目标，就对革命失去了兴趣。他们的不满原本也只是针对地主，而不是针对专制制度晚期的君主。意欲限制后者权力的是资产阶级宪政运动。政府没有对农民之下的社会阶层做出妥协，所以，与很多农民不同，乡村下层民众成为革命的受损者。同样属于革命受损者的还有城市下层民众，社会压迫沉重地压在了他们的头上。总体来看，有一点很值得关注，即有多少人在这些貌似"失败"了的革命中成为赢家？贵族阶层（假如他们不像法国贵族那样衰弱的话）大体上保住了地位；政府官僚阶层积累了很多与政治化的民众打交道的经验，学会了如何巧妙利用媒体；工商业资产阶级得到了政府越来越多的理解，起码，政府现在对其商业利益持理解的态度。[115]

若从地区层面进行区分，那么法国革命不像其他地方的革命那样遭遇彻头彻尾的失败。在这里，通过革命，一个合法的君主政体被彻底消灭，自1799年以来又首度出现了一个共和国。三年后，路易·拿破仑发动政变，他作为其伯父的政治继承人，加冕为帝，称拿破仑三世，共和国终结；纵然如此，这也与此前发生的复辟完全不同。第二帝国是原初形态的波拿巴主义的现代化的新表现形式，从某种意义上来说，是自1794年恐怖统治时期结束以来，法国政治文化百态的综合体现。[116]路易·拿破仑先当选为总统，后又加冕为帝，成为拿破仑三世；

780

甫一掌权，他就开始对所有对手进行残酷镇压。不过随着时间的推移，该政权证明自己完全有放宽限制的意愿；在这样的环境下，法国资产阶级 - 资本主义社会得以从容发育。匈牙利的情况则与法国不同，其革命的核心诉求是民族自治；于是，在那里，革命者的失败极为触目惊心。由于匈牙利革命者是所有革命者中武装最充分的，所以冲突必然升级为一场匈牙利和顽固的奥地利帝国强权之间的战争。秉持反革命阵营的团结精神，俄国亦前来相助。1849 年 8 月，在匈牙利，革命以战败方正式军事投降而告结束。匈牙利被征服，遭到了残酷报复。革命血债要一一偿还，而这完全是在为数不少的匈牙利贵族的称许下发生的。匈牙利军官受到军事法庭审判，很多人被判处带枷锁强制劳动（奥地利刑罚，严酷度相当于流放到热带海岛）的残酷刑罚。若算上奥地利一方的遇难者，1848 ~ 1849 年，仅在匈牙利就有约 10 万名士兵丧生；此外，还有数千农民在多瑙河地区乡村民族斗争中被杀害。[117]

如果把 1848 年革命的"失败"放在一个更广阔的时代视野中来看，那么失败的后果看上去就没有那么严重。我们只能去推想，如若革命胜利，可能会出现什么样的局面。法国可能保持了共和国形式，当然肯定充满了种种不可调和的矛盾。如果意大利和匈牙利的反叛者取得了胜利，那么哈布斯堡王朝这个多民族国家会土崩瓦解。在德国，革命成功可能带来的局面是，迈向宪政国家和实现更广泛的民众政治参与的步伐会加快。不过，我们必须区分两种不同的影响，即革命产生的实际影响和假设革命成功可能会产生的影响。经受住了革命风暴的保守的寡头政治国家在革命之后会以一种新专制主义政治作为回应，它不容许人们对权力——尤其是已加强的军权——掌握在谁之

781

手有任何怀疑，但做好了妥协的准备。拿破仑三世寻求来自人民的喝彩，奥地利通过 1867 年签订的宪政改革"奥匈协议"对匈牙利上层社会进行安抚（若无前一年对普鲁士的军事失败，该协议的诞生是不可想象的），1871 年德意志帝国宪法保障普遍的、平等的男性选举权；所有这些均属于此类妥协，采取的妥协形式当然各不相同。第二个不可逆转的长期后果是，很多社会群体学会了把令他们自身也感到不可思议的政治化经验落实为更稳固的制度化形式。因此，欧洲的革命年代是从"传统的集体暴力形式走向有组织地贯彻利益意图"的一个转折点。[118]

1848 年革命不是一个世界性事件，其最大的悖论就在于：1789～1917 年发生的这场最大规模的欧洲革命运动，其世界影响极其有限。在欧洲之外的地区，人们没有把这场革命视为开启一个新时代的信号。与法国大革命不同，1848 年革命未提出新的普世原则。1848 年前后，欧洲大陆与世界其他地区的持久性联系，并不比 50 年前或 50 年后更密集，因此可能的人口流动渠道既稀少又狭窄。最重要的渠道是向大西洋彼岸流亡。美国很乐意接受流亡的"1848 年代人"，因为他们由此能看到自身的优越性和进步性得到证实。拉约什·科苏特（Lajos Kossuth）取道奥斯曼帝国，于 1851 年底抵达美国，在那里作为英雄大受颂扬。他虽于 1867 年被皇帝弗兰茨·约瑟夫赦免，但一直在意大利内陆地区流亡，直到生命终结。卡尔·舒尔茨（Carl Schurz）参加了 1849 年普法尔茨－巴登起义，流亡美国期间成为新成立的共和党最富影响力的领袖人物之一，内战中成为将军，1869 年起当选为参议员，1877 年（直到 1881 年）起担任联邦政府内政部部长。古斯塔夫·冯·斯图鲁弗（Gustav von Struve）没有舒尔茨那样强的适应能力，也不像他

那样成就显赫，但他在南巴登和雪兰多谷（Shenandoah Valley）782
的军事行动中均有积极表现，并为自己曾参加过人类历史上两
次为自由而战的大规模斗争而自豪。萨克森乐队指挥理查德·
瓦格纳，革命洪流中的一个更微不足道的小人物，革命后一直
在流亡，直到 1864 年才回到德国。[119]世纪中叶后，中欧地区的
移民出境者数量急剧增长，其中有多少是政治原因所致，难以
估测。毋庸置疑的是，革命导致了一个结果，即大量的"人才
外流"（brain drain）；他们去了自由度更大的欧洲国家和新大
陆，而且很多人去国离乡时也带走了他们的政治理想。[120]

　　1848 ~ 1849 年，英国和俄国这两个位于欧洲两翼、起着通
往其他大陆最重要桥梁作用的两个大国，卷入革命的程度不像
鞍型期那么深。在鞍型期，至少发生过法国大革命的践行者的
11 万大军开进莫斯科这样的事件。而 1848 年的俄国很平静。
在英国，这个时期发生了宪章运动，一个普通民众发起的组织
松散的群众运动，他们为捍卫固有权利，反对专制统治
（arbitrary government）而斗争。早在 1842 年，该运动就达到了
高潮，1848 年再度昙花一现，最终不了了之；但自此后，激进
主义观念和话语并未彻底从英国政治文化中消失。在 1848 年，
英国公众中的非激进思想流派为本国制度在有效运转能力方面
的明显优势感到庆幸。两大帝国内部最不安分的民族——这边
是爱尔兰人，那边是波兰人——按这个时代的西欧标准来看，
倒是一直表现得很平静，毕竟已经有数百名爱尔兰反叛者被处
以流放殖民地的刑罚。这是显示帝国性质的行动的最初迹
象。[121]在过去，英国政府也经常使用放逐这种便利手段，以便
不经流血冲突就能把善于煽风点火的不安分分子逐出国门。但
到了这个时期，许多殖民地居民不乐意看到他们的国家被英国

政府滥用为罪犯流放地。1848～1849 年，澳大利亚、新西兰和南非这三个国家都发生了数千人参加的游行示威，强烈抗议囚犯船。如果说英国政府通过放逐成功地甩掉了宪章运动分子和反叛的爱尔兰人，那么在大英帝国的其他地方这一行为则招致了人们的不满。

783　　　由此看来，若要避免母国发生革命，必须通过各种手段将风险向母国之外的帝国各处转嫁，财政手段便是英国政府采取的另外一种办法。伦敦当权者认识到，他们必须不计一切代价避免增加中产阶级的税收负担。这可能会导致各种各样的后果。在税收负担增加的地方（如 1848 年的锡兰/斯里兰卡），有发生抗议的风险；这是一种传统的、在欧洲家喻户晓的抗议税收的形式，这类抗议一旦发生，只能通过镇压来控制局面。在殖民宗主国通过削减人员来降低其殖民成本的地方（如加拿大），自信的移民便有机会填补这些职位空缺。在印度，安定骚乱频发的边陲地区并削减国防开支，甚至是 1848～1849 年兼并旁遮普省的一个动机。尽管欧洲的革命之火并未蔓延到大英帝国的外围地区，但其对手也利用了从欧洲传来的、数月后才到达的消息——此时世界尚未由电线电缆连接起来。在锡兰，在讲法语的加拿大人和悉尼的激进派圈子中，都有人与法国大革命的革命论调产生共鸣。尽管存在这些联系，但1848～1849 年，在大英帝国的所有殖民地，冲突都未升级为爆炸性政治事件。即便如此，在整个帝国还是产生了一种类似于缓和冲突的后革命时代政治。殖民地代表大会，即所谓的议会被赋予了更大的活动空间，同时，总督对决定全局的财政的控制权也得到加强。象征性的迎合姿态与更有力地握紧权力杠杆双管齐下。

中国的太平天国革命

没有证据表明，中国的太平叛军听到过任何关于欧洲 1848 年革命的消息。反之亦然。19 世纪中叶前后，在欧洲根本没有中国观察家可能对当时欧洲政治事件的进展进行报道。而 1850 年前后，至少在香港和 1842 年《南京条约》规定开放的几个通商口岸，已经有欧洲国家的领事、传教士和商人，相对而言，他们距离事件更近。然而他们亦所知不多。最初的报道开始于 1850 年 8 月，当时太平天国刚开始在偏远的广西省起事，报道完全根据流言传闻写就。直到 1854 年，西方才开始更多地关注太平天国革命；之后又有四年之久再无任任何消息，直到 1858 年第二次鸦片战争期间，才重新出现关于该运动的粗略报道。1860 年后，太平天国运动已经处于颓势，正顽强挣扎力图扭转局面；直到这时，西方才开始密集地与太平天国接触并进行报道。[122] 也就是说，这场近代最大规模起义的领袖们对在欧洲发生的事件一无所知，而很大程度上欧洲人对在中国大地上发生的这一事件的规模也不了解。可以断定，两个事件之间没有直接的相互影响。有一些西方士兵参加了太平天国革命，为太平军一方而战。至于他们中是否有 1848 年代人，不得而知。在 19 世纪中叶，没有任何事物能够连接起欧洲革命者和中国革命者的精神世界，然而，他们都应当在 19 世纪世界史中获得一席之地。

太平天国起义至少与 1848 年欧洲革命一样具有革命性；它成功建立了一个与现行政府相抗衡的国家，维持了相当长时间，并在中国的一些省份几乎完全消灭了旧有社会精英阶层；那么它到底是一场什么运动？[123] 太平天国运动使中国陷入战火连天

784

的内战近 15 年之久；这场运动的发起者是洪秀全，他 1814 年出生于中国最南端省份的一个农民家庭。一切源于这位被呼召为先知的太平天国开国者得到神授后的顿悟。由于参加乡试屡屡落榜，洪秀全濒于崩溃的边缘。他做了一连串的异梦，后又通过阅读基督教布道小册子（中文版）找到了一个异于中国传统的价值方向。1847 年，他在广东向一位美国基督教奋兴派传教士寻求指点。通过以上种种，他得出结论，认为自己是耶稣基督之弟，受上帝之命传播正确的信仰。这位自己臆想的神的代理人，不久后又添了一个传道基调，即要把中国从满人的统治下解放出来。君权天启，我命神授，在西方人们对这种现象也并不陌生。北美摩门教的诞生方式与此类似。法国大革命的一些极端边缘派别也宣扬，在黑暗势力和光明斗士之间将有一场末日天启之战。而在中国，这一情况的独特之处在于，由最初一个人的顿悟，仅仅数年，就演变为一场波澜壮阔的群众运动。该运动最先在中国西南地区聚众起事，之后迅速发展，席卷了中国其他地区，在所有这些地区，社会革命早已暗流涌动。若非如此，这一切不可能发生。随着事态的发展，在赶走异族满人这一政治目标之外，彻底改造社会的纲领也越来越鲜明。在被太平军控制的中国南部和中部地区，他们大规模没收土地，迫害官员和地主，推行新法令。1851 年初，太平天国宣告成立；1853 年，立明朝旧都南京为都城。在若干年里，太平天国实现了一种完全与传统儒家秩序相对的统治模式；不过，不像后来中华人民共和国的官方历史编纂学所描述的那样，认为太平天国具有绝对平均主义，甚至原始共产主义的性质。至少我们可以预见，若太平天国模式最终得到实现的话，中国会走上一条什么样的道路。

太平天国之所以能取得非同凡响的军事成功，原因有二：其一，起初朝廷军力虚弱；其二，洪秀全手下颇有几位将领，无论在军事上，还是在管理上，这些将领都比他这个糊里糊涂的先知更有才干。这些将领都按照中国古代"战国"时期模式被分封为王（北王，东王等）。随着时间的推移，他们之间逐渐发生了激烈的内讧。如果说1848～1849年欧洲革命运动因内部分歧而被削弱的话，那么，在这方面，太平天国运动则有过之而无不及，尤其是，由于内部龃龉而失去了好几位能神灵附体、代表天父传达新圣旨的领袖。1853年，太平军几乎已兵临北京城下，其时，清廷全部人员已悉数逃走。然而，此时指挥官却带领部队撤回，据称，他未接到命其攻占都城的"天父圣旨"。至此，该运动错失了最重要的时机。1856年前后，双方力量对比开始逆转。形势危急之下，清廷允许一些地方大员组建新军和民兵，他们的战斗力远胜清军，步步紧逼，令太平军一路败退。在欧洲政府的容忍下，为增强清军兵力，清政府招募了一些西方士兵，主要是英国和法国士兵，不过这对最终的战局并无重要影响。1864年，清军对天京进行了血腥屠城，并夺回了天京。太平军对敌人之野蛮残暴，敌人对他们欲斩草除根而后快的血腥报复，在19世纪史上空前绝后。这样的事件数不胜数，在此仅举两例：1853年3月，太平军攻占南京城，5万名清兵及其家人在大屠杀和集体自杀中丧生。1864年6月，清军重新占领南京，在其肃清太平天国党羽的行动中，据估计两天之内有10万人遇害；为免遭被残暴屠戮的命运，许多人先行自我了断。[124] 1851～1864年，仅在中国东部人口最稠密的三个省——江苏（包括南京城）、浙江和安徽，居民人口数量就减少了43%。[125] 在中国发生的这些战事的酷烈和暴力，就其程度而

786

言，形同一场真正的内战。所有被认为是太平军将领的，全部被杀害，或审判后被处决，连"天王"洪秀全15岁的儿子也未能幸免。洪秀全本人在南京病死，或被投毒而死。对人们所称的"发匪"实施的一个都不放过的灭绝行动，并非由于中国人生性残暴，而是当时政治决策的结果。与欧洲革命者不同，太平军全军覆没。因此，1864年——清军胜局已定、可以喘口气的头一年——之后，在中国，对战双方妥协及和解已无可能。

从一些西方人的视角，尤其是从传教士的视角来看，太平军建立了一个信仰基督教的新中国。另外一些西方人则持怀疑态度，他们站在受冲击的清廷一边，认为太平天国是令人难以捉摸的制造混乱的势力。在中国，此后几十年的时间里，回忆这场运动都是禁忌。幸存的失败者改头换面，以防被认出是前太平天国党人。胜利者则笃信不疑（也合乎情理），这场运动已被彻底肃清。令人诧异的是，很少有人指出，因太平天国事件及其极端纲领和大规模杀戮，中国大地遭受了连年的蹂躏与摧残。革命领袖孙中山曾偶尔提及太平天国运动。不过，直到新中国成立后，党史编纂学才使这场运动回归半官方的历史观；自此，它被解读为是饥寒交迫的农民阶级反封建、反帝国主义的斗争。在当下的中国，人们并不赞同这种解释。冷战时期对太平天国运动的阐释与上述半官方观点截然相反，此种观点认为，这是一个早期的"极权主义"运动，而这种解释也同样是片面和过时的。

787　　　从全球史的角度来看，这场运动有以下几点值得关注。

第一，太平天国运动与在此之前中国历史上的历次人民运动的区别在于，这场运动受到了西方思想的启示。尽管这场运动的世界观掺杂了一些其他因素，但是，如若没有欧洲和美国

传教士的存在，没有中国南部地区的首批基督教皈依者，就不
会发生这样一种形式的革命。19 世纪中叶前后，中国的当权者
和文化精英对基督教还几乎一无所知。因此，他们对太平天国
运动的观念世界相当陌生，无法理解这种融合了中国民间宗教、
儒学和福音派新教教义的特殊的思想混合体。自 1842 年以来中
国逐步放开自由对外贸易，是中国西南地区发生经济危机的原
因之一，而这一地区的经济危机导致很多人成为这场运动的追
随者。鸦片以及受到进口冲击的中国经济，使中国社会陷入扭
曲，这导致了革命性局面的出现。太平天国革命也是一个全球
化现象，尽管绝不只是一个全球化现象。

第二，太平天国运动与世界其他地区的宗教奋兴运动具有
相似性，这一点显而易见。其独特之处在于其早期的军事化、
取得的军事成功，及其完全不超脱世俗的推翻现存政治秩序的
目标。太平天国是得到神启被激发的运动，但不是相信救世主
末世拯救的弥赛亚派。在这方面他们完全遵循中国传统，其价
值取向是入世的。

第三，从运动纲领来看，太平天国运动与欧洲革命没有多
少联系。一个王朝可能因为统治失败而失去"天命"，这一观
念并非来自西方，它是中国古老的国家统治思想体系的共有精
神财富。在当时的中国，还没有关于人权、公民权、保护私有
产权、人民主权原则、三权分立和宪法的思想。太平天国运动
内部也提出了进行基础设施和经济现代化建设的施政纲领，这
些纲领明显借鉴了英属香港的治理经验，富有未来指向性。拟
定纲领的主要是洪仁玕（"干王"，他实际总理太平天国朝政）；
他是洪秀全的族弟，在香港接受过传教士教育，故对西方见识
较广。洪仁玕认为，可以设想一个作为世界共同体一部分的信 788

仰基督教的中国；而当时大部分中国政府的官方代表还耽于
"中央帝国"君临万国、睥睨天下的幻象中；所以说，洪仁玕
的观念远比中国官员们超前。洪仁玕当时已经有了引进铁路、
蒸汽船、邮政系统、专利保护以及西式银行和保险公司的计划；
他不仅希望通过政府投入实施这些计划，也积极争取私人（对
公共事务有兴趣的富人）的公共参与。[126]这一蓝图并非不符合
中国需求，只是超出了旧制度的未来视域，如欧洲革命一样。

　　第四，对太平天国运动的镇压没有引起像 1848～1849 年欧
洲那样的大规模流亡。中国人又能往哪里逃？不过，还是出现
了一些流亡的路径，主要是向东南亚地区流亡；在刚兴起的苦
力贸易中漂洋过海的那些人中，肯定也有一些前太平天国党人
的身影，他们在故国惶惶不可终日，于是选择去国离乡。但太
平天国革命没有被输出到中国以外地区，那些曾经的太平天国
将士没有将其目标传播到其他社会中。

印度大起义

　　1857 年春，太平军在多处战场大军压境，清军处于溃败之
势。在另外一个战场，即湖北战场，清军兵力有所增强，但后
来此事才被认为是局势扭转的转折点。1857 年，清王朝气息奄
奄，传统帝制危在旦夕。在太平洋彼岸，1857 年是美国发生重
大转折的一年。北方和南方的冲突不断升级和积聚，终至不可
逆转，此后，势态悲剧性地朝着暴力解决冲突的方向发展。这
没有逃过一些目光敏锐的观察家的眼睛，他们预感到一场内战
正在逼近，果不其然，四年后内战爆发。[127]正当世界上最古老
的君主国岌岌可危时，世界上最大的共和国——从某些方面而
言，也是世界上最进步的国家——亦正摇摇欲坠。欧亚大陆幅

员最辽阔的国家也同样在经历动荡。这时，俄国统治者正因克里米亚战争失败而陷入深深的自我怀疑。1857 年，沙皇亚历山大二世及其顾问忙于制定农奴解放方案，当时农奴解放已被认为是不可避免。[128]虽然看起来近期还不会发生大规模农民起义，但为了防患于未然，亟待进行改革。

在同一时期的印度我们可以看到，当帝国边缘地区反抗四起时，帝国会陷入何种境地。整整一个世纪以来，英国人通过一场又一场战役进行扩张，逐步统治了整个次大陆，这个过程很顺利，几乎未遇挫折。他们相信，对印度的统治权已牢牢在握，并陶醉在自我想象中，认为他们不仅作为统治者被印度臣民所接受，而且还为印度带来了高尚的文明，造福于印度人。然而，仅数周之内，现实与对现实的判断都发生了变化。1857 年 7 月，在北印度大部分地区，英国统治轰然崩塌。英帝国是否还能保住这个世界上最大的殖民地，似乎成了问题，至少悲观主义者当时都这样认为。

英国人一直都称该事件为印度"兵变"。1857 年 7 月，在坎普尔（Cawnpore）大屠杀中，数百名欧裔和英印混血妇女和儿童被杀害，这样的恐怖景象至今都是被神话的帝国记忆。[129]而在印度，人们更愿称此事件为印度大起义；在那里，人们的记忆主要围绕着起义者遭受的野蛮处罚——成百上千人被集体炮轰处决，一些穆斯林被缝进猪皮后处死。[130]这次起义是否可被视作印度独立运动的开端，在政治上长期存在争议；我们无须在这里对此下定论，重要的是：它是一场反叛运动，而不是一场革命。起义者的诉求仅限于要求恢复英国人到来之前的状况，此外，别无其他主张。与美国和欧洲革命不同，亦与同期发生的太平天国运动不同，该起义没有勾勒出一个应对当代挑

战的新秩序愿景。区别于太平天国运动的还有，他们从未超越
短期军事占领行动，建立一个与现政府对抗的具有生命力的国
家。尽管如此，它仍值得我们将其纳入世纪中叶的大动荡之列，
与其他革命进行对照。

790

与之前和之后印度发生的起义不同，此次大起义并非始于
农民抗议，而是始于士兵叛变。1857 年，在军中服役的除了
4.5 万名英国士兵，还有 23.2 万名印度士兵，因此始终存在着
兵变的危险。[131] 东印度公司有三支部队，在其中最大的那支孟
加拉部队中，暴动在暗暗酝酿。15 年来，印度兵（Sepoys）中
的不满情绪在增长。最初有谣言说，印度士兵会被迫皈依基督
教。1856 年，又有军令逼迫部队远征海外，致使他们违反教
规，这更证实并增加了他们对被迫皈依基督教的恐惧。一段时
间以来，此前一直是英印军队主力的印度西北部省份的高种姓
雇佣兵，丧失了一些特权。许多该军事精英阶层的成员都来自
阿瓦德邦（Awadh，或 Oudh），该邦不久前刚被英国人兼并。
在阿瓦德邦之外，人们也认为这次兼并行动的发生没有任何理
由。在阿瓦德邦，各种社会力量广泛联合起来，加入了叛变的
士兵行列，它们包括农民、大地主、手工业者等。起义开始的
准确日期是 1857 年 5 月 10 日。当日，三个雇佣兵兵团在德里
附近的密拉特（Mirat，也称 Meerut）发动叛乱。此前，他们的
一些同伴由于拒绝使用擦拭了（印度教和伊斯兰教）教规规定
为禁忌动物油脂的新子弹而被送往监狱囚禁。叛变士兵杀死了
他们的欧洲军官，军队向德里进发。兵变以燎原之势迅速蔓延。
反叛者攻击欧洲军官及其家人，不仅是为了发泄满腔愤怒，也
有意图激化局势的战术考虑。自此之后，已无退路，不可能再
恢复常态。在英国人看来，当反叛者封锁了连接开伯尔山口与

孟加拉的主要交通要道时，双方关系陷入了最低谷。也大约是
在这个时候，英国开始加强反攻攻势。此时，包围并占领城市
在军事上起了决定性作用，正如同期在中国的情况一样，不过
那里的规模要大得多。英国人依仗的是军队，他们从各个战
场——伊朗、中国（英国正准备发动第二次鸦片战争）和克里
米亚战场，抽调军队进行增援。1858 年 5 月 1 日，攻克勒克瑙
（Lakhnau，或 Lucknow），至此，宗主国基本控制了局势。最后
几役主要集中在印度中部，在该地区，詹西女王率领骑兵英勇
地与英军作战。1858 年 7 月初，总督宣布起义结束。

791

与太平天国运动不同，印度叛军从未对英国殖民政府形成
致命打击，使其濒于崩溃，而前者（由于独立于太平军的捻军
的加入而实力大增）则令清政府几近覆灭。尽管在印度民众中
弥漫着对异族统治者的仇视情绪，但在阿瓦德以外的地区，该
起义从未像太平天国运动那样获得广泛的社会基础。与太平天
国运动相比，印度大起义所席卷的地区有限，整个南印度地区
都未卷入，另两支孟买和马德拉斯的印度雇佣兵团几乎没有参
与。甚至在孟加拉，即加尔各答周围地区，由于英军部署了强
大兵力，也没有发生起义。在 1848 年才被吞并的旁遮普，由于
殖民政府善待那里的上层社会和本土锡克教士兵，所以他们亦
投桃报李，站在了英国人这边。在起义结束后，他们成为英属
印军的核心组成部分。自此以后，锡克人、苏格兰高地兵与来
自尼泊尔喜马拉雅山地的廓尔喀人（Guhkhas），被视为最骁勇
善战的"战斗民族"（martial races）。在英国公众看来，只要有
他们的保护，英帝国便可高枕无忧。

由于媒体对印度大起义有大量报道，比如后来也报道过美
国内战的《泰晤士报》优秀记者威廉·H. 拉塞尔（William

Howard Russell) 写的文章，所以，相比中国内陆的状况，国际上对印度发生的事件有更多了解。[132] 在通信技术方面，印度也比中国发达。印度已经有了联通全国各地的电报线路。在电报线路没有被叛军切断的地方，英国人能利用电报进行军事部署和宣传。后来也出现了大量以回忆印度大起义为主题的英国文学作品，而中国缺少描写太平天国的这类作品。因此，与太平天国运动相比，人们对印度大起义的具体情况有更多了解。太平天国运动比印度大起义持续的时间长得多：前者持续了 14 年，后者仅持续了 12 个月。太平天国运动使起义波及地区居民人口大大减少，并消灭了整个上层社会；而印度大起义并未导致这样的状况。两场运动的起因不同：印度起义始于兵变，而在中国，起初是非军事运动，在对手的强压下，迅速形成了一支军队。在中国，太平天国运动的萌生源于基督教的启示，而印度大起义的爆发则是由于人们担心会被强迫皈依基督教。不过，在印度，笃信千禧年说也起了一定作用。散布这一预言的是穆斯林，而不是印度教徒。在叛乱爆发前夕，穆斯林讲道者曾预言英国统治的终结。在运动的高潮期，许多地方都号召穆斯林进行伊斯兰圣战，讨伐异教徒。圣战号令使民众被广泛动员起来，但圣战是否也针对非穆斯林的印度教徒，这一点并不确定。具有雄才大略的起义领袖，并不想让穆斯林和印度教徒之间出现对立，使起义力量遭到削弱。[133] 起义当然不是大规模的——甚至是世界范围的——穆斯林谋反的结果，就像一些英国同时代人所猜想的那样。然而，在有关这场爱国主义民族起义的印度传奇故事中被置于次要地位的宗教因素，不应当被忘记。

印度和中国的这两场起义均具有爱国主义特征。因此，它们与欧洲 1848～1849 年的匈牙利起义最接近。或许可以把它们称作原始民族主义的，即使在印度尚看不出，倘若叛乱成功，如何克服次大陆由来已久的四分五裂局面。与欧洲 1848～1849年革命相比，印度和中国的反抗运动遭遇了更惨重的失败。在上述所有事件中，现存秩序挺过了挑战之后，都暂时得到巩固。在印度，东印度公司被解散，对印度的统治权直接转到英国王室手中。在这里，殖民帝国的旧制度维持到 1947 年，在中国，绝处逢生的清王朝支撑到 1911 年。在中国，平定内乱后恢复元气的清政府还算做了些努力，试图在所谓的同治中兴时期，实行犹犹豫豫的改革；但它所推行的是军事层面上的改革，而非政治改革或社会改革。在印度，英国的统治变得保守起来，只求维持现状，更加依赖传统的精英阶层。受到种族主义思想影响，英国人内心越来越排斥印度人。直到世纪之交之后，英国统治者才不得不对印度精英阶层提出的新的政治要求做出回应。我们不能就此断言，是"反动"势力战胜了"进步"力量。"天王"洪秀全和那那·萨希布（Nana Sahib）（原名高温德·东都·潘特［Govind Dhondu Pant］，最著名的印度大起义领导人，至少在国外最为臭名昭著）二人原本就不是那类能带领自己的国家向现代迈进的人物。故而，在这方面与欧洲革命没有相似性。

793

美国内战

对于美国内战，则不能像上述情况那样不做论断。[134] 在世纪中叶所有大规模社会内部冲突中，美国内战属于道德力量和进步政治力量明显获胜的一场战争，而且这与其保守的或维持现状的目标——保卫业已存在的民族国家——有关。与印度和中国的情况不同，印度反叛士兵和支持他们的少数王公贵族，显然不可能取代当时英国军事和统治机构已具有的强大势力；亦无迹象表明，通过大起义将会诞生一个"印度普鲁士"，它将接过英国人的接力棒，扮演统一次大陆的角色。若被"解放"，印度可能会退回到 18 世纪小国林立的状态。而一个由太平天国统治的中国，则更难以想象。这样一个中国肯定不是自由民主制——尽管洪仁玕描绘了这样的蓝图——更有可能是一个专制的神权政体，或许会随着时间的推移，成为一个剔除了满族人的经过修正的儒家秩序。但由于太平天国内部存在着严重的分裂倾向，几乎无法想象，它能守住统一的帝国江山。假使中国在 19 世纪已发展成为多元民族国家，它有足够的经济实力来维持自身生存吗？

　　与上述情况相反，关于北美，论断很明确。1865 年北方的胜利，阻止了在北美大地上出现第三个永久性独立的大国，并摧毁了那样一种制度，当时在美洲语境中所有可能被认为是保守的或反动的事物，均与该制度脱不了干系。美国的政治坐标与同期欧洲的完全不同。1850 年或 1860 年前后，美国的"右"派并不是威权国家、新君主专制政体或贵族特权的辩护士，而是奴隶制的维护者。是否可将美国内战置于"革命"的问题标签下进行探讨，就如同时代的一些观察家（如卡尔·马克思及年轻的法国记者乔治·克里孟梭［Georges Clemenceau］）所做的那样？[135] 自 20 世纪 20 年代以来，美国史学界对此多有争论；在这里，比较视角也许会为这个问题增加另一个维度。[136] 关于太平天国运动，也有过类似争论。从严格的儒家视角来看，太平军都是应被彻底铲除的无恶不作的盗匪。而后来的中国马克思主义观点则认为，太平军虽是革命的先驱，但并不是"资产阶级"革命者。再者，真正的革命原本也始于 1921 年中国共产党成立。[137] 不过，如果我们说，1848～1849 年的欧洲事件是革命性的，那么，也应把太平天国视作革命性运动，这场革命同样遭遇了失败。太平天国运动引发的社会变革，至少与 1848～1849 年所有的欧洲事件导致的变革一样彻底。它们虽未建立持久性的新制度，但削弱了旧制度的根基。中国的旧制度在 1911 年就已崩溃，而欧洲中部地区的旧制度则苟延残喘至 1918～1919 年。

在暴力程度和死难者人数方面，美国内战可与更为血腥的太平天国运动比肩。与这些规模浩大的事件相比，1848～1849 年在欧洲中部及 1857～1858 年在印度发生的事件，可谓小巫见大巫。相对于其他事件，对于美国内战，我们更需注意区分其原因和后果所具有的不同革命性质。内战的直接原因是出现了两种对联邦宪法的迥然不同的解释。自 1787 年以来，联邦宪法是凝聚联邦的最重要的象征性纽带。在过去几十年里，南北方政治精英间的对立，通过消弭了区域性（在美国称"地区性"）矛盾的相当稳固的两党制得以缓和。该制度在 19 世纪 50 年代出现了区域分布两极化：共和党人代表北方，民主党人代表南方。1860 年底，主张废除奴隶制的亚伯拉罕·林肯当选新总统；消息甫一宣布，新南方民族主义的捍卫者就开始实施他们的计划。1861 年 1 月底林肯宣誓就职总统时，南方七州已经宣布脱离联邦。同年 2 月，他们组成了一个新的民族国家——美利坚联盟国（Confederate States of America），并迫不及待地着手接管对其领土内联邦财产的控制权。林肯 3 月 4 日宣誓就职总统，在就职演说中他明确表示，将坚决维护联邦的统一，南方诸州脱离联邦是反叛行为。[138] 4 月 14 日，南方攻占联邦军驻守的南卡罗莱纳州一座岛上的萨姆特堡，内战爆发。

795

从战争爆发之初到现在，史学界对战争发生的原因一直有争议，冲突的原因不像欧洲革命历史事件的原因那么典型。它并非社会经济地位低下的部分民众的抗争，也就是说，既非奴隶暴动，也非农民起义或工人反抗。当然，它也不是摆脱君主专制统治的解放运动——尽管巴灵顿·摩尔（Barrington Moore）言之有理；他曾写道，禁绝奴隶制"至少与英国内战和法国大革命推翻君主专制制度一样，是一次具有深远意义的行动"。[139]对战双方都把"自由"挂在嘴边：北方要求给奴隶以自由，南方则要求拥有继续蓄奴的自由。[140]无论冲突的深层原因是什么（南北方经济发展不平衡，不同民族主义身份建构的相互碰撞，毫无经验且情绪化地对待新型政治制度，"贵族的"南方与"资产阶级的"北方间的敌对，等等，不一而足），美国内战并不像典型的欧洲革命斗争那样，是以建立宪政国家为目标。其实，它是由于以前的宪政国家进程未结束而导致的后革命时代的冲突。这场斗争的目的不是制定一部宪法，而是不同社会模式要在现存宪法框架内争取更大的活动空间。1787年宪法所界定的与国家性质相关的内容，由于区域利益分化而被销蚀。[141]最后，双方阵营中乐见开战者已远不止权力精英。之所以出现这种现象，原因在于18世纪美国革命的不彻底性。这场革命保障了白人的自由，却对非洲裔美国人的奴隶处境漠然视之。

从事件史的角度来看，内战爆发的起因在于，固守这一矛盾现状的人们，割裂了美国独立革命时期形成的统一国家，建立了自己的国家。[142]关于内战，有若干不同版本的故事。一个版本讲，尽管南方的经济实力远在北方之下，但南方一开始却奇迹般地占据了优势，直到1863年中期，才在北方的强大攻势下撤退。另一个版本说，在南北双方，越来越多的社会领域被动员起来。第三个版本讲的是亚伯拉罕·林肯卓越的领导贡献，他——若允许用如此夸张的言辞来形容——是 19 世纪 "世界历史上最伟大的人物"。1865 年 4 月，邦联军的最后几支部队投降，战争结束。[143]

南方大部分白人的这场失败的集体反叛，造成了我们可称之为革命性局面的后果。1861 年南方建立的独立国家及其军事机构均被摧毁。根据林肯签署的《美国宪法第十三条修正案》，在全国范围内，奴隶均享有宪法赋予的自由。400 万人从不受法律保护的奴隶身份变成公民，应当被看作具有最深远意义的重大社会事件之一，尽管在相当长一段时间，在实践中，这种转变因歧视的存在而受到限制。非洲裔美国人的解放，在逾几十年的时间里，影响了南方的性格和南方民众的心理。旧的蓄奴州精英虽未从肉体上被消灭，但他们失去了曾拥有的奴隶财产，没有得到任何赔偿，战后又迅速被排除在战后秩序决策之外。胜方未对败方进行疯狂的报复，就像清军对太平军，英国人对印度反叛者，以及 1849 年哈布斯堡王朝军队对匈牙利那样。邦联总统杰斐逊·戴维斯丧失了公民权，被监禁两年，后在穷困潦倒中去世。罗伯特·E. 李，南方诸州武装力量总司令，整个美国内战中最了不起的战略家，后来成为一名调解律师，最后担任一所大学的校长直至去世。对于公然的叛国行为而言，这属于从轻处罚。城市尽毁、满目疮痍的南方——亚特兰大、查尔斯顿和里士满受到重创——暂时被占领军管理部门军事接管。这种局面很快被重建的非军事秩序取代，在亚伯拉罕·林肯——他于 1865 年 4 月 15 日遇刺身亡——的继任统治下，通过对邦联将士的大赦，这一秩序得到强化。[144] 所有战后初年曾在南方生活过的人，或出于各自目的来到南方的人，都 797

感受到，这是一个正发生着深刻变革的时代。南方旧有统治阶级受到严重削弱。战争和废奴运动剥夺了他们近一半的财产。1860 年前，南方的种植园经济寡头比北方的经济精英富有。1870 年后，美国超级富豪中有 4/5 都生活在前北方州。[145]

获得自由的奴隶现在不放过任何把握自己命运的机会，这也是前所未有的新现象；[146] 早在内战结束前两年，这样的趋势就已开始显现。在北方军中服役的非洲裔美国人共有 18 万人；在南方，伴随着邦联的军事失利，奴隶骚乱愈演愈烈。当时战争已结束，但局势尚不明朗，于是各类社会群体都想方设法为自己在战后秩序中争得一席之地。他们没有拿起武器，而是运用立法手段来达到自己的目的——这些群体包括已瓦解的种植园主，以前只雇用过少量奴隶或从未雇用过奴隶的白人农场主，1865 年前获得自由的前奴隶等。这都是在北方"重建计划"框架内发生的。

联邦政府对南方诸州的改革行动，并没有在战争结束后迅速达到高潮，高潮出现于 1867 ~ 1872 年，即激进重建时期（radical reconstruction）。激进重建纲领消减了前南方各州寡头的权力，扩大了各阶层民众的政治参与；不过，除大种植园主外，也保障了其他阶层在很大程度上拥有原有的社会和经济地位。尽管共和党最迟至 1877 年终于放弃强令南方各州允许黑人参政，并与南方各州精英达成协议（此协议与 1867 年"奥匈协议"、1871 年德意志各邦国统一为德意志帝国的协议，同属该时期最伟大的妥协协议），然而，回归到 1865 年之前的状态已无可能。就此而言，这一转折是革命性的。到 70 年代末，在几乎所有政治层级均有非洲裔美国人就任经过选举产生的职位，这在 1860 年前后还是不可想象的。不过，并没有给黑人提供具体的方法和途径，使他们从新机会中真正获益。社会和经济上的解放并没有伴随着政治上的解放而发生，政治上的解放也不会令大多数白人的意识发生转变，使他们摒弃种族压迫和歧视思想。[147]

从这个方面来说，美国内战是一场"未完成的"革命。[148] 为妇女（不论肤色）争取更多政治权利的希望也未能实现。不过，从另一方面来看，在 19 世纪 60 年代至 70 年代，也有一些发展被许多历史学家评价为是具有革命性的：在实行了几十年大规模的自由放任政策之后，政府——主要是在联邦层面——开始发挥更积极的作用和更广泛的职能：建立国家银行体系，使此前混乱的货币金融关系有了统一的标准，实行关税保护政策（也就是美国至今依然在推行的攻击性对外贸易政策），增加政府在扩大基础设施建设上的投资，严格地适时调整西部扩张。这个所谓"美国体制"，是美国崛起为世界领先经济强国的重要政治前提。只有当把美国内战和重建时期作为 1861 ~ 1877 年的一个连续时代来看，正如把从 1789 年持续至 1815 年的法国大革命和拿破仑时期理解为一个连续统一体一样，所有这一切才会凸显出来。[149]

798

四　1900 年后的欧亚地区革命

侧面看墨西哥

在 19 世纪的第三个四分之一世纪，世界各地（相对而言，非洲算是例外）暴力丛生，危机四伏。对现存秩序的革命性挑战始于 1847 年的西欧，终于 1873 年的中国——这一年，中国西南地区因民族矛盾和宗教冲突而发生的最后几次大规模回民起义遭到血腥镇压。[150]这个时期，在欧洲内部，从克里米亚到色当也发生了 1815～1914 年间最大规模的战争。动荡之后，世界上许多国家几乎同时进入了一个国家巩固期，有些国家具有了融合性民族国家的特殊形式。于是在长达几十年的时间里，整个世界较风平浪静；这种状态一直持续到 1917 年，一类新型革命者在俄国的胜利打破了平静。在这类革命者的设想中，革命是超越国界的一个进程，是世界革命。1919 年他们创立了共产国际，试图通过派遣代表和提供军事援助来推动世界革命。这是革命史上的一种崭新的尝试。在 19 世纪，只有无政府主义者曾有过类似尝试，却遭遇彻底的失败。有一段时间，在欧洲所有动荡地区，最著名的无政府主义者米哈伊尔·巴枯宁（Michail Bakunin）的身影几乎无处不在，但他毫无建树。1792 年后法国输出革命是通过军事征服；在 20 世纪，出现了不同于法国革命输出形式的新的革命传播方式。值得注意的是，这个时期欧洲发生的最后一次伟大革命事件——1871 年的巴黎公社，却是一次完全孤立的事件；它虽与 1830～1848 年的欧洲革命有相似之处，但并未在整个欧洲传播。巴黎公社因德法战争而引起，是一个地方性插曲；它表明，法国大革命发生逾 80 年后法国社会仍然不能完全归于平静。

　　若从这样的鸟瞰视角出发，很容易忽略一些似乎处于"边缘"的"小型"革命。对于这类革命，若按欧洲标准，难以断定它们究竟是失败了还是成功了。这些革命都发生在1905～1911 年间，它们不像世纪中叶所发生的革命那样暴力和血腥。其中的一个特例便是墨西哥革命；这场革命始于 1910 年，结束于 1920 年，持续了整整 10 年；而在一定程度上遏制革命影响又花费了 20 年代整整 10 年的时间。墨西哥革命在极短时间内发展成一场内战；它经历了若干不同阶段，导致在墨西哥每 8 人中就有 1 人丧生：这是革命史上的一个可怕的低谷，只有发生在中国东部地区的太平天国起义可与之相比。[151]墨西哥革命是一场法国式的"大"革命。它拥有广泛的社会基础，本质上是一次农民起义，但又远不止是一次农民起义。它消灭了一个旧制度，这个旧制度不是君主专制制度，而是随时间推移日益僵化的寡头制。他们用以取代旧制度的是一种"现代"的一党专制制度，该制度直到数年前还存在。关于墨西哥革命，值得注意的是农民阶层得到了广泛深入的动员；此外，并不存在一个与之对抗的外部敌对力量。美国确曾干预墨西哥革命，不过不应高估此干预行动的意义。与后来中国或越南的农民不同，根本而言，墨西哥人的斗争并不是为了反抗殖民统治者和帝国侵略者。墨西哥革命有别于北美、法国、俄国和中国（自 20 世纪 20 年代以来）"大"革命的另一个特征在于，它没有提出一套革命理论。在墨西哥没有出现像杰斐逊、西哀士、列宁或毛泽东这样闻名于世的人物，墨西哥革命者从未宣称，要为世界其他地方的人民——哪怕仅为其邻国人民——谋幸福。因此，尽管墨西哥革命规模宏大、旷日持久，它也仅限于是一个地方性的或全国性的革命事件。

800

欧亚地区革命的共性和学习过程

对于世纪之交后欧亚地区的"小规模"革命，我们亦可做出上述断言。它们是下列四次相继发生的革命事件：

（1）俄国"1905"年革命，若拉长时间跨度来看，这场革命发生于 1904～1907 年；

（2）伊朗"宪政"革命——此为通常的说法，它始于 1905 年 12 月，推动了一年后伊朗历史上第一部宪法的诞生，1911 年末，随着议会化进程中断而告结束；

（3）奥斯曼帝国的"青年土耳其党人"革命，始于 1908 年 6 月，反叛军官迫使苏丹阿卜杜勒·哈米德二世恢复 1878 年废止的宪法；这场革命其实并未终结，事实上，它是摆脱苏丹统治，向土耳其民族国家迈进的一个漫长的转型过程的开端；

（4）中国"辛亥"革命，始于 1911 年 10 月在多个省份发生的武装起义，它导致了清王朝以相对和平的方式迅速覆灭及 1912 年 1 月 1 日中华民国的成立；1913 年，袁世凯执掌政权，革命随之终结；袁世凯曾在旧体制中身居高位，他反对 1911 年的革命党人，担任中华民国大总统，实行独裁统治直到 1916 年。

当然，发生上述四起革命的各国的社会和政治秩序，在很多方面都有差异，称它们是同一类型的革命，失之轻率。这些革命彼此之间并无直接影响，触发革命的决定性要素绝不是此前邻国发生的革命。谨举一例。比如，1908 年青年土耳其党人推翻旧政权的革命并不是由伊朗革命引发的。不过，还是可以找到一些影响链供我们思考玩味。若沙皇俄国在 1904～1905 年的日俄战争中未遭受耻辱的失败（类似于 1787 年路易十六因在荷兰危机中无所作为而颜面扫地），那么它也许能维持较稳定的政治局面。若沙皇俄国后来未因战争和 1905 年革命而被持续削弱，那么它也许不会在 1907 年答应大英帝国与其划分亚洲势力范围。若双方未就划分亚洲势力范围达成一致，那么，就不会因奥斯曼帝国即将被列强瓜分，引起驻马其顿奥斯曼军官的异常惶恐，进而最终导致爆发起义。

即使欧亚地区的这些革命并没有发生多米诺骨牌效应，那么革命者们亦深谙学习之道，善于在行动中应用关于革命方法和途径的五花八门的知识。首先可资借鉴的是本国刚翻过去的历史一页。由青年土耳其党人宣布恢复的 1876 年宪法，当初就是由政府和行政管理部门的"奥斯曼青年党"制定并通过"上层革命"迫使苏丹接受的一部宪法。青年土耳其党人吸收了奥斯曼青年党的观念，即彻底的变革必须来自受过教育、思想开明的精英阶层成员。在中国，1911 年前的那几年，太平天国运动已不再有任何示范作用，世纪之初积极参与革命的人，谈到革命时脑海中浮现的是近年的两次失败的行动：一次是 1898 年部分官员试图推动清廷实行雄心勃勃的改良运动（"百日维新"），另一次是 1900～1901 年未能提出任何建设性纲领的义和团起义。1898 年的维新运动表明，若社会基础过于狭窄，则难以推动变革；至于义和团起义，则是纵容民愤导致局面失控的一个典型例子。

欧亚地区的革命者对欧洲的革命历史也或多或少有所了解。奥斯曼青年党人，即 1867～1878 年主张改革的知识分子及政府高级官员，对法国大革命（不包括人们对之表示谴责的恐怖统治）表示高度赞赏和认同，世纪之交后的青年土耳其党人在这方面亦效法前辈。[152] 法国大革命前欧洲启蒙运动时期的原著，如卢梭的作品，被翻译成若干种东方文字。在中国，美国大革命比法国大革命更受欢迎，但有关这两次大革命的历史文献却很少被翻译成中文。世纪之交前后的大多数知识分子都把由"上层"强力推动的现代化政策视作样板，推行这类政策的突出代表是彼得大帝。[153] 中国和奥斯曼帝国还有一个更重要的榜样，这就是明治时代的日本。[154] 在那里，思想开明的精英阶层把日本建设成了

802

一个富庶强大、为西方所接受的文明国家，而这个过程没有发生流血冲突。一部分中国革命者把中欧和北美的政治制度视作榜样和目标，另一部分则认为对这些制度只应借鉴和吸收，使其在一定程度上亚洲化，也就是类似于日本的做法，即使不一定完全"依照日本模式"。[155]青年土耳其党人也对日本抱有特殊好感，因为在此期间，日本给了俄国一次沉重打击，而俄国恰是奥斯曼人的死敌。他们密切关注"一墙之隔"的俄国和伊朗的风吹草动，并在媒体上进行评论。在俄国和伊朗的这两次革命中，人民反抗都起了重要作用，而在青年土耳其党人的革命计划中，没有赋予人民反抗以如此重要的角色。但此间邻国的事态发展，尤其是俄国的情况，使他们确信，仅沿用奥斯曼青年党的旧策略，在统治机构内部施压，无法成就大业。[156]

　　伊朗、奥斯曼帝国及中国的革命并非对西方榜样的不完全效仿，它们彼此间也没有相互模仿。这并不排除革命者有着相互学习的意愿。革命"传播"现象不断发生，尽管这些传播从未起到决定性的作用。比如，俄国阿塞拜疆巴库油田的伊朗工人把革命思想带到了大不里士地区。[157]中国辛亥革命得到了富有的海外华人的大力支持，他们在美国及西欧的东南亚殖民地，对较为自由的经济政策的优势已有所了解。关于学习，也有颇走了些弯路的例子。1871 年 3 月，出生于日本贵族世家藤原家族的西园寺公望（Saionji Kinmochi），远赴巴黎留学，学习法语和法律。他见证了巴黎公社，在法国首都生活了 10 年。从法国归来的他带回来一种观念，即日本需要实行保障公民基本自由的制度，同时要避免任由人民主权泛滥的危险。[158]这位乔治·克里孟梭的朋友后来多次担任大臣、内阁总理大臣，并作为最后一位明治功勋元老，成为日本自由派精英统治阶层的最重要

803

代表人物之一。

从某一方面来看，在世纪末的这四次革命中，俄国属于特例。得益于财政部部长维特的现代化政策，俄国经济远比其他三国发达。在这个时期，只有俄国出现了工业无产者，他们已有庞大的规模和明确的诉求，能够策略性地维护自身利益。当时在任何一个亚洲国家都不可能发生像 1905 年 1 月 9 日那样一次游行示威（圣彼得堡的"血腥星期日"）。当时 10 万名工人和平示威，聚集到冬宫，向沙皇递交一份请愿书。沙皇军队对游行示威者进行了血腥镇压，随后，逾 40 万人卷入其中的罢工运动席卷整个俄国，从里加到巴库，无不淹没在罢工浪潮中。[159] 1905 年 10 月发生的规模更大的大罢工，使沙俄帝国的许多地方骚乱不断加剧。在有些工业尚稀少、铁路也不多见的地方，工人罢工不会造成实际损失，于是就出现了商人罢市和消费者抵制这样的斗争手段，这类手段在伊朗和中国（直到进入 20 世纪 30 年代）都发挥了很大影响。如果说，鉴于社会基础的不同，1905 年俄国革命比同期三个亚洲国家的革命"更具现代性"的话，那么从其他方面来看，它与它们的联系又足够密切，完全可以进行比较。总体而言，这四次革命间的相似性至少不亚于其差异性，即使在差异性明显的那些方面，特别是革命发生的前提条件及国家发展路径方面，也可以进行比较；毕竟，通过比较能够说明它们各自的特殊性。

专制政体与宪法

这四次革命的目标都是反抗在西欧历来都不存在的古老的独裁政体（Autokratie）。俄国和亚洲并非完全缺乏用法律限制权力的传统，但与西欧相比，这样的传统在这些国家的发展极 **804**

为不足。贵族和其他占有土地的精英群体实力太弱，无法以采用西欧（或日本）封建制度这样的方式，与统治者的绝对权力抗衡。相对于路易十六的统治地位，在这些国家各自的政治体制中，君主的地位更加不可撼动，英国的乔治三世在这方面则更是望尘莫及。因此，从根本上来说，这些国家是专制政体（Despotie），统治者掌握最终发言权，不必考虑等级代表会议和议会的意见。这并不意味着，统治者在实际行使权力时一定会任意妄为和独断专横。与其他体制相较，在这种体制下，很多方面都更取决于王位拥有者的个人品行和素养。苏丹阿卜杜勒·哈米德二世最符合西方对（东方）暴君的刻板印象。1878年2月，他终结了两年前才开始的奥斯曼帝国迟疑不决的议会化进程，解散了（到那时已完全无用的）议会，废止了1876年宪法。[160]自此后，他开始实行独裁统治。在独裁方面，沙皇尼古拉二世（Nikolaus II，1894～1917年在位）与哈米德二世不相上下。他耽于君主的自我形象中，对自由的时代潮流毫不妥协。总体而言，作为君主他可能不像阿卜杜勒那样能力超群，与时代趋势更是格格不入，在统治晚期他愈加堕落，竟至于推行罕见的愚民政策。[161]在伊朗，沙阿纳赛尔丁（Nasir al‑Din，1848～1896年在位）在位半个世纪后于1896年被刺客枪杀。他几乎没有实行过任何改革，不过，至少控制住了那些极端不安分的民族，一定程度上维护了该国的统一。[162]其子，亦是其继承者，穆扎法尔丁（Muzaffar al‑Din，1896～1907年在位）性格温和，优柔寡断，成为宫廷各派势力敷衍的傀儡。他后来被其子、残暴专横的沙阿穆罕默德·阿里（Muhammad Ali，1907～1909年在位）取代。这四次革命中有一个绝无仅有的巧合事件，即伊朗王位更迭恰好发生在革命风暴兴起之间。新登上王位的沙阿采取了绝不妥协的态度，不愿做出哪怕最低限度的让步，这使伊朗局势大为激化。

而在中国，最迟至 1850 年，随着道光皇帝驾崩，铁腕独裁者的时代宣告终结。其后的四任皇帝，或昏庸无能，或疏于朝政。自 1861 年起，一个女人——慈禧"太后"（1835～1908），担当起了独裁者的角色。这位贵夫人极富杀伐决断之才，十分懂得运用狡猾的手段维护清王朝的利益。从形式上看，慈禧属于篡权者，因此她不像 18 世纪那几位伟大的清朝皇帝那样不可撼动。她的确是"垂帘听政"——她端坐其后的那道帘子如今还陈列在北京，曾先后辅佐两位懦弱的皇帝。自 1898 年起，她就把她的外甥（也是她的侄子）光绪皇帝（1875～1908 年在位）幽禁了起来，因为他赞同自由派维新变法。据猜测，她在 1908 年去世前不久，命人毒死了光绪皇帝。慈禧过世后，中国的皇位基本上就是个虚位了。1908 年，慈禧太后的侄孙，三岁的溥仪，被扶上了皇位。其父摄政，他是已故皇帝的异母弟。在辛亥革命发生之时，这位醇亲王实际上已是君权在握。他是个狭隘固执之人，在朝廷推行加强满洲贵族权力的政策，疏远冷落汉臣。

也就是说，这四次革命爆发前夕，只有俄国和奥斯曼帝国实行的是真正的个人独裁统治，伊朗是部分的个人独裁统治。革命者用来反抗现行统治制度的武器——这是它们最重要的共性——是宪政思想。[163] 恰如欧洲的情况，要求实行宪政成为革命者的核心政治纲领。人们很熟悉欧洲榜样的情况。在奥斯曼帝国和伊朗，确定了议会制君主立宪制的 1831 年比利时宪法广受赞誉。[164] 共和派势力不满足于依照法国七月王朝或 1871 年后的德意志帝国模式建立君主立宪制，不过共和派在革命流派中属于少数派。只有在中国，共和倾向占据主流。经过逾两个半世纪的满人"异族"统治，有可能取代清王朝统治的本土王朝势力在压制下已荡然无存；此外，由于缺乏上层贵族，亦无其他登上帝位之途。这四次革命都催生了宪法。尽管必然会对西方样板有所借鉴，但这些宪法的创制者们还是尽力使宪法符合本国的政治文化特色。因此，立宪制是一种真正的政治战略，而绝不单纯是对欧洲的无助的或投机式的模仿。1889 年日本宪法就是一部广为人知、备受推崇的宪法样板，该宪法很大程度上是见多识广的政治家伊藤博文的手笔，它既借鉴了外国经验，又结合本国现状，是国内外因素相结合的一个典范。日本的情况也表明，在一个国家兴起的过程中，宪法确能成为国家统一的政治象征。它不仅是对国家机构的组织体系规划，而且也是一项人们可引以为豪的文化成就。日本有意未引入欧洲的人民主权观念，一般而言，其与西欧的最大区别就在于此。亚洲正在兴起的所有宪法传统，都需做出无懈可击的解释：还可能有哪些其他的——世俗的以及宗教的——政治统治的合法性来源？

改革触发革命

1789 年大革命爆发前，法国没有出现压制和排斥异己状况加剧的现象，反倒有过小心翼翼的体制开放和现代化的尝试，这主要发生在杜尔哥任大臣期间。由此人们得出这样一种推论——这在米哈伊尔·戈尔巴乔夫统治下的苏联得到证实——旧制度释放的最初的自由化信号减轻了革命的阻力，在一定程度上，自此后人们的期待开始螺旋式上升。就此而言，东方各国发生革命的前提条件各不相同。苏丹并不完全是其对手所刻画的那种暴君。他继续推进上台前就已启动的一些改革，比如，促进教育事业的发展，实行军队现代化。不过，阿卜杜勒二世在扩大政治参与问题上毫不妥协。革命爆发前夜，在伊朗亦看不到多少改革的迹象。在过去几十年里，沙阿常因民众反抗而取消一些具体措施，但从未表现出改变体制的决心。在这方面，俄国和中国情况类似。1904 年夏，尼古拉二世命人公布了小范围改革措施，此举并非出于他对改革的认识，而是迫于外部压力。他本来希望借此遏制公众骚乱，未曾想，这却成了人们期盼已久的政府释放的最小限度妥协的信号，导致反对派反抗独裁的活动愈加汹涌。[165] 与此类似，法国国王路易十六做出的召集三级会议的决定，也曾大大推动了公共辩论。

令人极为诧异的是，在这方面，中国与人们对东方专制政体的刻板印象差距最大。慈禧太后在国外恶名远扬，人们认为，在亚洲统治者中，她可能是最铁腕的强硬派。对于反对派的处境而言，当时世界上其他任何地方都没有中国凶险。直到 1898 年，慈禧还对一次温和的改革运动进行了无情镇压。然而，1900 年义和团战争的惨败使她认识到，必须审视中国的国家制度，积极推进国家现代化，并部分允许上层社会参与政治决策。在沙皇俄国，自 1864 年开始就有了这样的政治参与，具体形式为设立"地方自治局"（zemstva）——它们是州一级和县一级的乡村自治机构，管理事关地方民众利益的事务，主要是教育、医疗、修路等。"地方自治局"一定程度上独立于国家官僚机构。自 1865 年起，地方自治局通过选举产生，参加选举的不仅限于贵族，比如农民也可以派自己的代表参选；不过，自 1890 年起，地方自治局不再通过直选产生。设置"地方自治局"导致了各类民众圈子的政治化，由此也导致这些圈子分裂为相互倾轧的若干派别。在激进势力占上风的地方，"地方自治局"

在 20 世纪初成为反对派的堡垒。地方上产生的议会化萌芽与没有宪法的专制政体及服务于专制政体、日渐膨胀和傲慢的国家机器，很难相容。俄国没有在 1914 年前走上一条不断扩大自治的道路。[166]

　　在中国，在官僚机构之外搞政治是完全不可想象的，历来如此。代议制原则更是闻所未闻。因此，当 1906 年 11 月慈禧太后在并无反对派大力施压的情况下宣布预备立宪，清廷 1908 年末颁布 9 年预备立宪诏，这意味着彻底打破了传统。1909 年 10 月，各省咨议局召开常年会，会议代表仅限精英阶层男性，与以前欧洲类似机构的做法如出一辙，这在中国历史上是前所未有的事件，此为史上首个可以自由讨论各省乃至全国问题的合法性专设机构。朝中大臣们在新世纪最初十年实施的一系列改革措施也同样重要：设置专业部门、禁种鸦片、扩建铁路、促进大学及其他教育机构的发展，尤其是废除科举制度——该制度是中国古代通过考试选拔官吏的制度，已有 800 余年的历史。废除科举迅速改变了中国及其上层社会的特质。在我们做比较的这四国中，只有中国在革命爆发前夕宣布并实施了如此激进且富有远见的改革。看来，世界上最古老的君主国证明自己还是有很强的学习能力的，大概也是受到了俄国自 1905 年以来发生的一系列事件的影响。[167] 更具讽刺意味的是，没有任何一个旧制度像中国君主制那样迅速地消失了。

知识分子

　　在每次革命背后都有各类社会力量结成的特殊联盟。在这方面，这四次革命彼此间存在差异，因为它们具有完全不同的传统社会形态。不过它们还是有一些共性，在这四国中，知识分子都是推动革命的要素。这一概念诞生在俄国，是于 19 世纪第一个四分之一世纪随着亚历山大一世的温和的思想启蒙教育改革而产生的。当时，对于大多数贵族而言，教育成为"人生规划中不可缺少的一部分"。[168]知识阶层出现之初，他们视西欧启蒙思想家为楷模；颇具世界主义精神的俄国精英文化在启蒙运动及后来富有英雄浪漫主义色彩的理想主义的影响下如虎添翼。尽管自 60 年代起出现了文化审查制度，但是很多知识分子出身于上层社会，由于这重身份的保护，知识阶层得以成长。 809
自由职业的兴起，教育机构的进一步发展——尽管与西欧相比有局限性，且仅限于精英阶层——拓宽了成为知识分子的渠道，使知识阶层超出了贵族圈子。他们越来越表现出反政府立场，也就是说，知识分子与官僚政治越来越对立。60 年代兴起的"虚无主义"的反传统文化圈子和思想共同体的生活方式也充满了反抗符号；在革命逐渐成熟起来的其他三个东方国家中，这方面的苗头很微弱。1881 年 3 月 1 日，沙皇亚历山大二世被知识分子运动内部一个恐怖主义团体"民粹派"（narodniki）刺杀。此后，知识分子更被视作极端的政治反对派势力。[169]

19 世纪中叶前后，在奥斯曼帝国——一定程度上可与普鲁士或 19 世纪早期的德意志南部邦国相类比——国家官僚体制的最上层最先出现了开明的改革思想的萌芽。在该国，具有批判精神的知识分子群体最初非常亲近政府，然而后来形势急转直下，在阿卜杜勒二世的独裁统治下，批判现状成了一件危险的事情。自此后，国家官员体制中已无多少独立精神的空间。很多政府官员流亡国外，其中有一些逃到西欧。酝酿革命活动的主要是这些流亡者。流亡人士在伊朗革命中也起了一定作用，虽然影响要小一些。伊朗的一个特殊性还在于，这里的世俗化，也就是政教分离的进程，不像奥斯曼帝国那么迅速。该国的什叶派教法学家，尤其是具有高级教职的穆智台希德（mujtahids），比逊尼派教法学家拥有更广泛的文化影响力。在 18 世纪，什叶派的影响力甚至又得到提升，并在卡扎尔王朝（Qajaren，1796年建立）统治时期持续扩大，超过了其此前在萨非王朝（Safaviden）统治时的势力。[170]因此，在伊朗，与欧洲知识分子相当的阶层不是国家官僚机构中的自由派——像奥斯曼帝国那样——而是宗教统治集团内部思想开放的小群体。

810　　　在中国，选拔精英历来只有科举取士一途，具有批判精神的独立知识分子没有生存的空间，批评从来都是由官僚机构自身提出。1842 年，在中国领土上出现了中国当局无法直接控制的地区，首个这类性质的地区是香港。在这些地区，现代新闻业开始萌芽，也随之出现了最初的批判性思考的空间。[171]然而，只要科举考试仍然存在，年轻人仍面临一考定终身的命运，那么"自由浮动"的知识分子的发展就受到极大局限。因此，自 1905 年起中国才基本算有了知识分子。[172]也是在这个时期，出现了更多出国留学的途径。于是，逾千人迅速抓住机遇赴海外留学。在中国，革命知识分子并非产生自具有改革意愿的国家官僚机构（失败的百日维新的改革者属于特立独行者），也不像俄国那样，产生自以西方为标杆的精英文化阶层；另外，中国也不像伊朗那样，拥有一个神职人员阶层。因此，在中国，知识分子这个概念基本仅用于指代 1905 年后形成、具有民族主义思想的留学生圈子，尤其是留日学生圈子。其最重要的组织是同盟会，一个革命"誓言联盟"。同盟会为革命目标的确立做出了很大贡献，孙中山创立的国民党即脱胎于该组织。在 20世纪，尤其是 1915 年之后，知识分子成为影响中国历史走向的决定性力量；在这方面，世界上几乎没有任何一个国家可与中国相比。这些知识分子大部分都流亡到了海外，也有一些待在上海或香港，他们并没有亲身参加辛亥革命。有别于其他三次革命的是，知识分子在幕后发挥了很大作用，但真正亲临革命战场、经历枪林弹雨的有限。在革命中扮演了最重要角色的当属俄国和伊朗的知识分子。在奥斯曼帝国，1908 年春流亡革命者（其中也包括亚美尼亚革命者）的革命行动鼓舞了一部分奥斯曼驻马其顿军团，点燃了他们的革命激情。革命成功之后，他们中的部分人员被青年土耳其党人革命的领导层吸纳为新成员。[173]

军队及国际环境

这四次革命中没有一次是军事政变。在俄国和伊朗，军队忠于反革命的一方。如果俄国军队当初站到了罢工工人、反叛农民和兴风作浪的边地民族一边，独裁政权不可能苟延残喘。黑海舰队起义没有蔓延和升级为大规模的兵变，起义水兵仅控制了"波将金号"战列舰，在敖德萨港与当地极端团体联合。1905 年 6 月 16 日，沙俄军队对起义进行了血腥镇压，残暴程度与圣彼得堡的"血腥星期日"相比有过之而无不及。仅数小时内，就有 2000 多人丧生。[174]在伊朗，根本不存在一支受国家政权直接领导的军队。1833 年，皇太子阿巴斯·米尔扎（Abbas Mirza）英年早逝，军队现代化改革尝试随之夭折。沙阿纳赛尔丁在一次途经俄国的旅行中偶遇哥萨克骑兵团，后于 1879 年成立了一支哥萨克骑兵团，这支骑兵团由俄国军官指挥。该骑兵团类似于近卫军团，既要捍卫自身利益，也要捍卫沙阿和俄国的利益。1908 年 6 月，沙阿穆罕默德·阿里动用仅有 2000 余人

811

的哥萨克骑兵师发动政变，驱散了议会，第一阶段革命遂告结束。

伊朗与奥斯曼帝国及中国有着天壤之别。[175] 在后两个国家，军官是革命成功的决定性力量。两国发生革命的前提也很相似。无论是苏丹阿卜杜勒，还是二三十年后的清政府，都采取了一系列措施。他们都建了军事学校，从国外聘请军事顾问，试图在训练、士气和装备上提升军队水平，使其至少部分地达到欧洲水准。这方面成效也相当可观，但中央政府却忽略了一点，即确保尤具爱国情怀的新一代军官的忠诚。就拿青年土耳其党人运动来说，在其流亡者圈子中，起初军人的作用微乎其微，而当民间组织成功获得军官支持的那一刻，此次运动便成了苏丹统治区的最大威胁。[176] 迫于军队压力，1908 年 7 月 23 日，阿卜杜勒宣布恢复宪法，由此至少是名义上放弃了专制制度。与这种情况甚为相似，同盟会在日本形成的革命思想，在大清帝国受到现代化军队中部分军官的关注。在抗击太平天国的斗争中，中国一些地方形成了民兵组织。而 19 世纪 90 年代以来诞生的新军，其核心力量并未集结在首都，而是驻扎在各省省会，驻防在首都的是此间已毫无战斗力可言的八旗军。在省会城市，军官与地方官员及其他名流显贵之间往往过从甚密，他们之间的联盟对于朝廷具有灾难性后果。[177]

革命党人在汉口的颠覆活动不慎暴露（与 1908 年奥斯曼萨洛尼卡［Saloniki］事件类似），导致多个省份当即决定发动起义。中国 1911 年革命爆发后，大部分省份逐渐开始脱离清政府。[178] 由此决定了此后那些年的权力格局。在 20 余年的时间里，各省军政界权力精英谋求自治成为中国政治的基本主导趋势。在土耳其，其制度的中央集权程度更高。1908 年后，在该国，军界领袖逐渐进入权力核心层。与中国不同，土耳其真正卷入了第一次世界大战，而中国只是名义上参与。在一战结束后，土耳其又马不停蹄地开始了另一场战争，即与希腊的战争。所有这些都进一步加强了军界领袖的地位。在土耳其，最战功赫赫的将军之一——凯末尔帕夏（后来的阿塔图尔克〔Atatürk〕），在 20 世纪 20 年代成功对军队实行"民用化转型"，投入军事力量以建设世俗的、共和制的民族国家。而中国的军事化状态却坚持到 20 世纪中叶。用"军事独裁"这个词来描述土耳其和中国当时的政局并不恰当。1913 年，土耳其政权牢牢地掌握在青年土耳其党人手中；该政府最有影响力的军界巨头恩维尔帕夏尽管大权在握，在 1914 年把中欧强国奥斯曼帝国拖进了第一次世界大战，但他从未拥有过绝对权力，而只是操纵着军政大权的权力集团的大鳄"之首"（primus inter pares）。在中国，仅数月后，袁世凯这位清朝时期曾权倾朝野的官吏和军事改革家，接任大总统职位。1913～1915 年，仰仗军队的支持，他实际上实行的是独裁统治，不过他绝不只依靠军队。在中国，重兵在握者历来都受到掌权者的猜忌，袁深以为诚。直到 1916 年他去世之后，中国才陷入了军阀割据的混乱局面。[179] 各个革命所依赖的社会联盟的广泛性不同。可以确定的是，在俄国，构成革命联盟的"人民"成分最多元。准备揭竿而起的反独裁者中有自由派贵族，也有极端贫困的农民，后者遭受大饥荒之苦，在解放后还要支付高额赎金。在中国，革命浪潮尚未从城市蔓延到乡村就迅速消退了。1911 年之前，中国的一些地区也发生了较大规模的农民抗议行动，但与 1644 年农民起义导致了明朝覆亡不同，清王朝的倒台绝不是由于农民起义。由于社会经济发展水平远较其他几个国家发达，所以

813

"资产阶级力量"在俄国革命过程中也起到了较重要的作用。在伊朗，集市商人有较积极的革命行动，参与了罢市。1911 年之前，其实中国还谈不上有"资产阶级"阶层。正如列宁所认识到的那样，"资产阶级"革命这个标签不适用于俄国革命，伊朗、中国和奥斯曼帝国的革命更不适合贴上这个标签。这四次革命的爆发都与国际大环境有关。这四个国家当时的政权均遭遇惨重的军事失败或外交失利。俄国在日俄战争中惨败，中国因 1900 年义和团起义招致八国联军入侵，奥斯曼帝国在巴尔干地区遭受重挫，伊朗被外国租界地蚕食，英国人和俄国人也在伊朗领土上扩大各自的势力范围。这四国在外交上均处于守势。革命者期望，通过改变甚至废除现存政治体制，他们自身能摆脱经济贫困，公民自由能得到保障，人们能拥有政治参与权。他们同样也希望，一个变得强大的国家会更自信、更强有力地反抗列强和一些资本主义国家的无理要求。这一点不太适合俄国，它自身就是一个侵略成性的帝国，尤其是相对于其他三国而言。在俄国，反而是对耗费巨大、收效甚微的外交政策的批评，激发了反抗行动。

革命的结果

这四次革命导致了怎样的结果呢？这四个国家在革命之后都没有再走老路，恢复旧秩序。俄国的中期未来是布尔什维克革命。在土耳其和伊朗，20 世纪 20 年代早期，确立了非共产主义的独裁政体。在中国，一个同类性质的政权——国民党政府，在 1927 年后稳固下来，然而它没有像伊朗和土耳其那样实现大范围的稳固；辛亥革命加剧了长期的政治分裂；直到 1949 年后，由于第二次革命，也就是共产主义革命的成功，才终止

并扭转了这一旷日持久的政治分裂局面。那么，这四次革命的
短期结果，即某种程度上从局限于 19 世纪的视野来看，又如何
呢？在俄国，1907 年 6 月，受沙皇支持的总理大臣斯托雷平发
动的政变，掐灭了宪政发展的萌芽，这一发展并不纯粹是"纸
上立宪主义"（马克斯·韦伯语）。国家杜马，1905 年革命期间
由沙皇许可、经选举产生的人民代表大会（确切地说，这里指
第二届国家杜马），被解散。第三届国家杜马是根据内容完全不
同以往的新选举法产生的，因此，这届杜马表现得谨慎而顺从。
第四届国家杜马（1912～1917）则几乎毫无分量可言。1907
年，俄国的议会化进程戛然而止。在伊朗，短时间内发展起来
的生机勃勃的议会制，也发生了类似的严重倒退。在该国，议
会——"马吉里"（majles），曾一度成为政治生活的核心制度，
这在亚洲是绝无仅有的先例。这一制度的重要支柱是集市商人、
自由派神职人员和世俗知识分子，后者在 1979 年伊斯兰革命后
将再度重登历史舞台。[180]1908 年 6 月，沙阿以极其残暴的手段
发动了大规模政变。在俄国，第二届杜马被解散后，民众表现
出普遍的政治冷漠。而在伊朗，针对沙阿及其哥萨克骑兵团的
反抗行动掀起了一场内战，直到 1911 年冬俄国军队出兵干涉，
发生在伊朗北部的内战才结束。大量立宪派政治家和革命积极
分子被解除公职，遭到处决或流放。[181]显然，这与 1849 年匈牙
利的遭遇类似，只不过当时俄国人听凭哈布斯堡人对革命者进
行秋后算账。然而，议会制已在伊朗政治文化中扎下了根，自
此以后，历经政权更迭，伊朗始终认为自己原则上是宪政国家。

　　中国的情况则完全不同。在那里，1911 年之前，渴望国家
内增实力外壮国威的呼声颇为高涨，要求民主化的声音则相对
微弱。自 1912 年起，中国不断制定宪法。然而，直至今日，议

815

会制都未能站稳脚跟（自 20 世纪 80 年代起实行议会制的台湾除外）。辛亥革命没有创造稳定的议会制度，更重要的是，没有创造一个被赋予紧急状态启动权的议会主权神话。没有任何一个地方像中国那样，旧制度迅速地悄然灭亡。没有任何一个地方像中国那样，一个共和国从废墟上拔地而起。但是，也没有任何一个地方像中国那样，军队，理论上能够维系这个国家的唯一的力量，是如此胡作非为。革命取缔了文艺审查制度，也消除了一种政府规定的制度性政治顺从文化。由此，在未建立稳定制度的情况下，革命至少为中国的城市开启了一种特殊的"现代性"。

从这一方面而言，奥斯曼－土耳其的发展更富有成果。其发展过程中的过渡更顺畅。革命后，老苏丹阿卜杜勒·哈米德甚至还继续当了一年皇帝，直到他的追随者企图除掉新的掌权者。其继任穆罕默德五世（Mehmed V. Resad, 1909~1918 在位）是奥斯曼帝国历史上君主立宪政体下的首位没有政治野心的君主。上天没有赐予罗曼诺夫王朝和清王朝这样一个温和的结局。然而，1913 年，青年土耳其党人领袖之一马哈茂德·塞夫凯特帕夏遇刺身亡；至此，1908 年开启的自由和多元化时期终结。同时，因巴尔干战争，帝国在外属地陷入极度困境。[182]不过，青年土耳其党人革命没有导致短暂的复辟（如俄国和伊朗），没有导致核心领土的分裂（如经历了袁世凯掌权插曲的1916 年后的中国），而是历经艰难曲折，最终在两次世界大战期间的欧亚大陆上形成了一个更具抗危机能力、更人道的政治体：一个建立在凯末尔主义原则之上的共和国。当然，阿塔图尔克并非民主主义者。如今看来，他是引导民众走向正途的领航人，而不是引他们误入歧途的骗子、战争贩子及土耳其的墨索里尼。因此，可以看出，在这四国的革命中，奥斯曼－土耳其革命有着最为清晰的思路。相对而言，其进程更稳定更有连续性，并最终于 20 年代诞生了凯末尔主义，修成正果。1925 年前后，它已实现了这一目标，而此时的俄国（苏联）和中国正迈进疾风骤雨的历史新时期。这一年，伊朗的军事强人礼萨汗（Reza Khan）推翻了徒有其名的卡扎尔王朝，自己加冕登基，成为新建立的巴列维王朝的第一代君主。在礼萨汗实际上实行独裁统治的 20 年里——从 1921 年升任国防大臣，到 1941 年被驱逐出境——相对于土耳其的凯末尔·阿塔图尔克和中国的蒋介石（自 1926 年起，交替担任军政领导人）这两位同时代人，他更明显地体现了那类作风粗野蛮横但有些现代化意愿的军事独裁者形象。不过，与阿塔图尔克不同，他不是制度创立者，也没有政治愿景。伊朗的弱势地位导致他极为依赖强国，而最终后者却因其亲德倾向而将他赶下了王位。[183]伊朗 20 世纪的历史是 1905～1911 年革命的结果，它不像土耳其历史那么具有连续性。革命者的重要目标一一落空。1979 年的第二次革命确立了非自由主义的新目标，此时距离俄国体制再次发生革命性变革正好 10 年。大约同一时期，只有土耳其和 1908～1913 年过渡时期后处于后革命时代的墨西哥未再发生革命。

1905 年后不久在欧亚地区发生的这四次革命，都不是如静水起波澜般骤然降临的。自 17 世纪以来，欧洲人产生了一种对东方的想象，即在残暴成性的"东方暴君"统治下民众噤若寒蝉，这种想象是对现实的扭曲。欧亚地区的社会实际上也是暗流涌动，情况与欧洲并无太大区别，也存在各种形式的反抗与集体暴力。[184]比如，在为西方的东方暴政想象提供了最多素材的伊朗，各类群体暴动频发，民众试图以这种向统治者施压、制造戏剧化冲突的方式实现自己的诉求。这些群体包括游牧部族、城市贫民、妇女、士兵、黑奴，有时是全体"人民"揭竿而起，特别是在反抗异族压迫或统治时。[185] 在其他亚洲国家，情况略有不同。与伊斯兰国家相比，中国政府对民众的控制一直以来都更为有效。通过保甲制度，以户或甲、保为单位，负责维持保甲内秩序安定，遇有违反安定秩序的事件，联保各户实行连坐。不过，只有当官僚机构在一定程度上尚能有效运转，人们未陷入极端生存困境中时，这种制度才能发挥作用。最迟到 1820 年之后，情况发生了变化，统治中国也变得愈加困难。[186] 所以说，革命也是对统治能力问题的反应。反过来，这些问题也是由社会冲突强度及文化价值观的转变决定的。此外，从外部因素来讲，那些"外围"地区及社会经济发展水平"较落后"地区国家的动荡不安也有一定影响。

对于西欧宪法思想对东方——从俄国到日本——产生的影响有多大，这些国家又怎样富有创造性地使之适应本国的特殊需求，怎样高估都不过分。[187] 在这条道路上，1876 年奥斯曼帝国的立宪运动释放了第一个重要信号；1889 年后的日本也证明，宪法不只是一纸文件，在亚洲背景下，它可以成为国家一体化的有力象征。随着立宪主义理论和实践的产生，必然开始了争夺政权的斗争。统治权不再被视作上天赋予的，权力可在冲突中通过斗争获得，然后被制度化。由此，王朝统治丧失了其不证自明性，它们的时代走到了尽头。意识形态和大众政治的时代开始了。

注释

[1] Arendt, *Über die Revolution* (1968)，第 10 页。

[2] T. Paine, *Common Sense* (1976)，第 63 页。

[3] Arendt, *Über die Revolution* (1968)，第 41 页。

[4] "大"革命是这样一些革命：①它们巩固了革命政权；②其纲领至少在一段时间内受到全世界关注。

[5] E. Zimmermann, *Krisen* (1981)，第 142 页，简略引述。

[6] Law, *Oyo Empire* (1977)，第 245 页及下文。

[7] C. Tilly, *Revolutionen* (1993)，第 346 页（图表 14，奇怪的是没有德国）。

[8] Kimmel, *Revolution* (1990)，第 6 页。

[9] Moore, *Soziale Ursprünge* (1969)，第 497 ~ 519 页，对此有独到的理论论述，关于日本参见该书第 270 页及下文。

[10] Beasley, *Meiji Restoration* (1973)；Zöllner, *Geschichte Japans* (2006)，第 181 页及下文；原始资料参见 Tsunoda Ryusaku，*Sources of Japanese Tradition*，第 2 卷 (1958)，第 131 ~ 210 页。Eisenstadt, *Vielfalt* (2000)，第 154 ~ 165 页，也将明治维新作为革命或"革命性"复辟进行了论述。

[11] 参见本书第 11 章.

[12] Dutton, *Tây Son Uprising* (2006).

[13] 后来还发生了第二次卡洛斯战争（1846 ~ 1849）和第三次卡洛斯战争（1870 ~ 1875）。

[14] Carr, *Spain* (1982)，第 184 ~ 195 页；P. Schmidt 等著 *Kleine Geschichte Spaniens* (2002)，第 335 页。

[15] Labourdette, *Portugal* (2000)，第 522 ~ 527 页。

[16] Farah, *Interventionism* (2000)，第 695 页及下页。

[17] Tutino, *Revolution in Mexican Independence* (1998)。

[18] McClain, *Japan* (2002)，第 123 页及下页，第 193 页及下页。

[19] Edmund Burke III, Changing Patterns of Peasant Protest in the Middle East, 1750 – 1950, 有这样的描述, 收录于 Kazemi/Waterbury, *Peasants and Politics* (1991), 第 24 ~ 37 页, 该处见第 30 页。

[20] 参见本书第 8 章。

[21] Schölch, *Ägypten den Ägyptern* (1972); J. A. Cole, *Colonialism* (1993).

[22] Jacob Burckhardt, Die geschichtlichen Krisen, 收录于同作者, *Werke*, 第 10 卷 (2000), 第 463 页。

[23] Goldstone, *Revolution and Rebellion* (1991) 如此论述。

[24] 参见本书第 2 章。

[25] 对这种只关注革命内部维度的观点的异议来自社会学界, 参见 Skocpol, *States* (1979), 这是比较革命史的一部经典作品。

[26] Schulin, *Französische Revolution* (20044), 第 37 页。

[27] 关于 Sorel 参见 Pelzer, *Revolution und Klio* (2004), 第 120 ~ 141 页, 总体上是对法国大革命史编纂学很有价值的一部著作。

[28] Adams, *USA vor* 1900 (1999), 第 166 页; 相关纲领性论述参见 Bender, *Rethinking American History* (2002)。

[29] Eugen Rosenstock – Huessy, *Die europäischen Revolutionen* (Jena, 1931) 和 Crane Brinton, *The Anatomy of Revolution* (纽约, 1938), 这两个作者是这一研究领域的先锋学者。

[30] Godechot, *France* (1965); Palmer, *Zeitalter* (1970).

[31] Bailyn, *Atlantic History* (2005), 第 21 ~ 40 页。

[32] Middell, *eltgeschichtsschreibung* (2005), 特别是第 3 卷, 第 999 ~ 1054 页。

[33] Kossok, *Ausgewählte Schriften* (2000), 特别是第 2 卷。

[34] 引论仍然首推 H. – C. Schröder, *Amerikanische Revolution* (1982), 具有新的研究水准的是 Countryman, *American Revolution* (2003²) 以及最有影响的革命阐释者之一 Wood 所著 *American Revolution* (2002); Greene/Pole, *Companion* (2000); Wellenreuther, *Von Chaos und Krieg* (2006) 都是以不同方式讲

述美国大革命的百科全书式著作。

[35] 这不仅是伦敦方面的一个策略性错误，而且在征税问题上帝国的各种看法亦发生了相互碰撞。Gould, *Persistence of Empire* (2000)，第 110~136 页，对这两点有精彩描述。

[36] Wood, *Radicalism* (1992)，第 109 页。

[37] Langford, *A Polite and Commercial People* (1992)，第 550 页及下页。

[38] Foster, *Modern Ireland* (1988)，第 280 页。

[39] 同上书，第 281 页。

[40] 论战文章见 Hampsher‐Monk, *Impact* (2005)。

[41] Mark Philp, Revolution，收录于 McCalman, *Romantic Age* (1999)，第 17~26 页。

[42] Godechot, *France* (1965)，第 54 页及下页。

[43] Schama, *Patriots* (1977)，第 120~131 页。

[44] Spang, *Paradigms* (2003) 中有从其阐释力角度呈现的对当今常见解释的精彩讨论；此外亦参见 P. R. Campbell, *Origins* (2006)。

[45] 相关基本介绍参见 Skocpol, *States* (1979)。

[46] Wellenreuther, *Von Chaos und Krieg* (2006)，第 603 页。

[47] 特别是 Whiteman, *Reform* (2003)；更早些的有 B. Stone, *Reinterpreting the French Revolution* (2002)，该书叙述较“分散”，是根据参考文献撰写的概述。

[48] W. Doyle, *French Revolution* (2002^2)，第 66 页；详细论述参见 Whiteman, *Reform* (2003)，第 43 页及下页。

[49] 有关法国大革命的文献浩如烟海，仅列出如下几部：Reichardt, *Blut der Freiheit* (1998)；Schulin, *Französische Revolution* (2004^4)；W. Doyle, *French Revolution* (2002^2)；Jessenne, *Révolution* (2002)，这是关于 1789~1815 年整个时期（也是我们想突出强调的时期）的一部著作；Sutherland, *French Revolution and Empire* (2003)，这本书具有较高专业水准。

[50] 简述参见 F. W. Knight, *Haitian Revolution* (2002)；简明扼要的

介绍参见 Oliver Gliech, Die Sklavenrevolution von Saint - Domingue/Haiti und ihre internationalen Auswirkungen（1789/91 - 1804/25），收录于 Hausberger/Pfeisinger, *Karibik*（2005），第 85 ~ 99 页。Dubois, *Avengers*（2004）是部权威著作。

［51］数字出处同上书，第 30 页。

［52］关于"市场革命"参见 Sean Wilentz, Society, Politics and the Market Revolution, 1815 - 1848，收录于 Foner, *New American History*（1997），第 61 ~ 64 页。特别是第 62 ~ 70 页。

［53］Dubois, *Avengers*（2004），第 78 页。

［54］同上书，第 125 页。

［55］参见 Geggus, *Slavery*（1982），是全面描述大西洋世界大战中这一重要事件的一部著作。

［56］Fox - Genovese/Genovese, *Mind of the Masterclass*（2005），第 38 页。

［57］Dubois, *Colony of Citizens*（2004），一部主要讲述瓜德罗普的著作，令人印象深刻。

［58］引言出自 Davis, *Problem of Slavery*（1966），第 3 页。

［59］Dubois, *Colony of Citizens*（2004），第 7 页，第 171 页及下文。

［60］参见 Klaits/Haltzel, *Global Ramifications*（1994）中的个案研究。

［61］有关法国大革命是"欧洲政治文化催化剂"的内容参见 Reichardt, *Blut der Freiheit*（1998），第 257 ~ 334 页。

［62］Förster, *Die mächtigen Diener*（1992）.

［63］参见 Keddie, *Iran*（1995），第 233 ~ 249 页；Shaw, *Between Old and New*（1971）；Laurens, *L'Expédition d'Égypte*（1989），特别是第 467 ~ 473 页。

［64］最重要的阐释参见 Uribe, *Enigma*（1997）。

［65］权威阐释仍参考 J. Lynch, *Spanish - American Revolutions*（19862）；具体到各地区情况参见 Bernecker 等著 *Handbuch*，第 2 卷（1992）；以大西洋地区为背景的新阐释参见 Adelman, *Sovereignty*（2006），特别是第 5、7 章。

［66］Elliott, *Empires*（2006），第 360 页。

［67］ 同上书，第 374 页。

［68］ Wood, *Benjamin Franklin*（2004）.

［69］ Rodríguez O., *Independence of Spanish America*（1998），第 82 页。

［70］ Graham, *Independence*（19942），第 107 页及下文。

［71］ J. Lynch, *Simón Bolívar*（2006）是这一研究领域的一部杰出著作。

［72］ Van Young, *Other Rebellion*（2001），这部巨著如此描述。

［73］ J. Lynch, *Simón Bolívar*（2006），第 122 页。

［74］ Graham, *Independence*（19942），第 142 页及下页。

［75］ J. Lynch, *Simón Bolívar*（2006），第 105 页。

［76］ 同上书，第 147 页。

［77］ 有关后革命时代拉美的军事化参见 Halperin Donghi, *Aftermath*（1973），第 17～24 页。

［78］ Colin Lewis, The Economics of the Latin American State: Ideology, Policy and Performance, 约 1820～1945, 收录于 A. A. Smith 等著 *States*（1999），第 99～119 页，该处见第 106 页。

［79］ Finzsch, *Konsolidierung*（2005），第 25 页及下文。

［80］ 同上书，第 596 页及下页；D. B. Davis, *Inhuman Bondage*（2006），第 262 页。

［81］ Kossok/Loch, *Die französische Julirevolution*（1985），特别是第 53～72 页；Axel Körner, Die Julirevolution von 1830: Frankreich und Europa, 收录于 Wende, *Große Revolutionen*（2000），第 138～157 页；Pilbeam, *1830 Revolution*（1991），特别是第 149 页。

［82］ 1829～1831 年法国比利牛斯山中发生的一次抗议就是如此情形，参见 P. Sahlins, *Forest Rites*（1994）。

［83］ 显然，对法国而言，从革命"被抛弃"的角度进行了最充分的研究，参见概述性著作，Jourdan, *La révolution*（2004），第 71～83 页。

［84］ Woloch, *New Regime*（1994），第 380～426 页。

［85］ Dominguez, *Insurrection*（1980），第 227 页及下页。

［86］ Breen, *Marketplace*（2004），特别是第 235 页及下文。

[87] 参见 Werk R. G. Kennedy, *Orders from France*（1989）这部了不起的著作（几乎未被引用过），此外亦参见 Roach, *Cities of the Dead*（1996）。

[88] Life of Napoleon Buonaparte，收录于 *The Complete Works of William Hazlitt*，第 13 卷，P. P. Howe 出版，London，1931，第 38 页。

[89] Brading, *First America*（1991），第 583～602 页。

[90] 相关概述参见 Gould, *A World Transformed?*（2003）；Gould/Onuf, *Empire and Nation*（2005）中有多篇文章对此有涉及。

[91] 有关对欧洲启蒙运动的吸收的内容参见 May, *Enlightenment in America*（1976），不过该书对启蒙运动的分期较为老套。

[92] Lynch, *Simón Bolívar*（2006），第 28 页。

[93] J. Lynch, *Spanish American Revolutions*（1986²），第 27 页。

[94] 这是 Liss, *Atlantic Empires*（1983）论述的一个主题，虽冠以这样一个书名，但主要介绍了美国的各种政治经济观点。

[95] W. Schulze, *Zahl der Opfer*（2008），第 140～152 页，特别是第 149 页。

[96] 关于委内瑞拉 10 年战争，John Lynch 说它是《a total war of uncontrolled violence》，参见 *Spanish American Revolutions*（1986²），第 220 页。

[97] Conway, *British Isles*（2000），第 43 页及下页；Heideking, *Geschichte der USA*（2003³），第 56 页。

[98] Langley, *The Americas*（1996），第 61 页。

[99] Royle, *Revolutionary Britannia?*（2000），第 67 页及下页。

[100] Hilton, *A Mad, Bad, and Dangerous People?*（2006），第 421 页。

[101] 整体描述参见 Hochschild, *Bury the Chains*（2005）。

[102] 对该话题的详细论述参见本书后面第 17 章。

[103] L. S. Kramer, *Lafayette*（1996），第 113 页及下页。

[104] Jourdan, *La révolution*（2004），第 357 页。

[105] Beck, *Alexander von Humboldt*，第 1 卷（1959），第 223 页及下页；同著作，第 2 卷（1961），第 2 页及下页，第 194～200 页

（Humboldt 1848）。

[106] 同期还有其他引人注目的抗议运动，如要做详细分析必须考虑这些抗议，比如 1849 年在阿尔及利亚阿特拉斯山中发生的由阿布 - 兹亚（Bu Ziyan）领导的马赫迪派起义。相关内容参见 Clancy - Smith, *Rebel and Saint*（1994），第 92 ~ 124 页。

[107] 从整个欧洲视角进行描述的有 Hachtmann, *Epochenschwelle*（2002）；Mommsen, 1848（1998）；Sperber, *European Revolutions*（2005²）是最好的全面完整的描述；以及 Dowe u. a., *Europa* 1848（1998）中的若干文章。

[108] John Breuilly, 1848：Connected or Comparable Revolutions? 收录于 Körner, *1848*（2000），第 31 ~ 49 页，该处见 34 页及下页。

[109] Dieter Langewiesche, Kommunikationsraum Europa。Revolution und Gegenrevolution, 收录于同作者, *Demokratiebewegung*（1998），第 11 ~ 35 页，该处见 32 页。

[110] Ginsborg, *Daniele Manin*（1979）是有关 1848 ~ 1849 年革命的经典著作之一，对此有精彩描述。

[111] Mommsen, *1848*（1998），第 300 页。

[112] Sperber, *European Revolutions*（2005²），第 62 页。

[113] 同上书，第 124 页。

[114] Blum, *End of the Old Order*（1978），第 371 页。

[115] Bilanz bei Hachtmann, *Epochenschwelle*（2002），第 178 ~ 181 页。

[116] Tombs, *France*（1996），第 395 页。

[117] Deák, *Lawful Revolution*（1979），第 321 ~ 337 页（数字见第 329 页）。

[118] Langewiesche, *Europa*（19933），第 112 页。

[119] 典范式的人生经历：参加起义—流亡—恢复名誉。参见 Gregor - Dellin, *Richard Wagner*（1983），第 279 页及下文。

[120] Hachtmann, *Epochenschwelle*（2002），第 181 ~ 185 页；Brancaforte, *German Fort - Eighters*（1989）；Levine, *Spirit of 1848*（1992）；Wolfram Siemann, Asyl, Exil und Emigration, 收

录于 Langewiesche, *Demokratiebewegung* (1998), 第 70 ~ 91 页。

[121] 下文内容参见 M. Taylor, *1848 Revolution* (2000)。

[122] Clarke/Gregory, *Western Reports* (1982), 杰出的历史记录文献。

[123] J. Spence, *God's Chinese Son* (1996) 有最精彩的描述及分析, 尤其是开头部分; 此外仍旧参考了 Michael, *Taiping Rebellion*, 第 1 卷 (1966); Jen Yu‑wen, *Taiping* (1973); Shih, *Taiping Ideology* (1967)。

[124] Spence, *God's Chinese Son* (1996), 第 171 页; Michael, *Taiping Rebellion*, 第 1 卷 (1966), 第 174 页。

[125] Cao Shuji, *Zhongguo yimin shi* (1997), 第 469 页。

[126] Michael, *Taiping Rebellion*, 第 1 卷 (1966), 第 135 ~ 168 页, 原始资料出自同著作, 第 3 卷 (1971), 第 729 ~ 1378 页, 特别是第 754 页及下文。

[127] Stampp, *America in* 1857 (1990), 第 8 页。

[128] W. B. Lincoln, *Great Reforms* (1990), 第 68 页及下页。

[129] P. J. O. Taylor, *Companion* (1996), 第 75 页。

[130] 每部较新的全面描述事件的著作都包含事件叙述, 比如 M. Mann, *Geschichte Indiens* (2005), 第 100 ~ 104 页; Markovits 等著 *Modern India* (2002), 第 283 ~ 293 页。David, *Indian Mutiny* (2002) 是一部调研扎实、内容详尽的著作, 只是必须忍受它稍许的皇帝情结; 原始资料出自 Harlow/Carter, *Archives of Empire* (2003), 第 1 卷, 第 391 ~ 551 页; *War of No Pity* (2008) 是一部有趣的探讨国民性的心理历史学著作。

[131] Omissi, *Sepoy* (1994), 第 133 页。"印度兵变"后这一比例从 5∶1 变成了 2∶1。

[132] 相当不带偏见和对印度持友好立场的新闻报道节选参见 Russell, *Meine sieben Kriege* (2000), 第 149 ~ 188 页。

[133] Cook, *Understanding Jihad* (2005), 第 80 页及下页; Bose/Jalal, *Modern South Asia* (2004[2]), 第 74 页。

[134] 每本教科书都有事件过程描述, 比如 Heideking, *Geschichte der*

USA（2003³），第 157～175 页，或 Norton 等著 *People*（2001⁶），第 387～424 页；详细叙述及最新文献参见 Finzsch，*Konsolidierung*（2005），第 561～741 页。

[135] McPherson，*Abraham Lincoln*（1990），特别是第 6 页及下页。

[136] 社会学家 Barrington Moore 对世界各地通往现代之路做了比较调查，在调查报告中他说美国内战是"最后的资本主义革命"，参见 Moore，*Soziale Ursprünge*（1969），第 140 页及下文，特别是第 193～290 页。支持美国内战是革命这一论点的主要代表是著名的研究内战的历史学家 McPherson，*Abraham Lincoln*（1990），特别是第 3～22 页。

[137] 不过也有一位非马克思主义权威使用了革命概念，参见 Jen Yu‒wen，*Taiping*（1973）。

[138] A. Lincoln，*Speeches and Writings*，第 2 卷（1989），第 218 页。

[139] Moore，*Soziale Ursprünge*（1969），第 188 页。

[140] Foner，*American Freedom*（1998），第 58 页。

[141] 简述参见 John Ashworth，The Sectionalization of Politics，1845‒1860，收录于 Barney，*Companion*（2001），第 33～46 页。Freehling，*Road to Disunion*（1990‒2007）是相关领域的权威著述。

[142] Potter，*Impending Crisis*（1976）；Levine，*Half Slave*（2005）.

[143] 战争过程描述参见 McPherson，*Battlecry*（1988）。

[144] W. J. Cooper/Terrill，*American South*，第 2 卷（1996²），第 373 页。

[145] R. W. Fogel，*Slavery Debates*（2003），第 63 页。

[146] 相关经典著作参见 Litwack，*Been in the Storm so Long*（1979）。

[147] Boles，*Companion*（2002），第 16～18 章。

[148] Eric Fone 有如此说法，他对该历史事件的整体描述最全面、最受重视，参见 *Reconstruction*（1988）。

[149] 或甚至把这个时期扩大为 1848～1877 年，正如 Barney 在其权威著作 *Battleground*（1990）中所做的那样，该书将"1848 年"用作该时期正式开启的年份（"世纪中叶"）。

[150] Atwill, *Chinese Sultanate*（2005），第 185 页：该起义并非纯粹的宗教冲突，而且很大程度上由汉人挑起。

[151] 数字出自 M. C. Meyer/Sherman, *Mexican History*（1991⁴），第 552 页；权威描述参见 Tobler, *Die mexikanische Revolution*（1984）；叙事性描述参见 A. Knight, *Mexican Revolution*（1986）。

[152] Mardin, *Genesis of Young Ottoman Thought*（1962），第 169 ~ 171 页，不过该书强调，过了几十年后，法国大革命对奥斯曼帝国的影响才显现。

[153] D. C. Price, *Russia*（1974）.

[154] 有关中国的基本著作参见 Reynolds, *China*（1993）。

[155] Gasster, *Chinese Intellectuals*（1969），特别是第 106 页及下文。

[156] Sohrabi, *Global Waves*（2002），第 58 页。

[157] Gelvin, *Modern Middle East*（2005），第 145 页。

[158] Yoshitake, *Five Political Leaders*（1986），第 180、193、222 页。

[159] Ascher, *Revolution of* 1905（2004），第 28 页。此为原两卷本的删减和修订版（1988 - 1992）。

[160] Kreiser/Neumann, *Türkei*（2003），第 341 页及下页；Georgeon, *Abdulhamid II.*（2003），第 87 ~ 89 页。

[161] 参见 D. Lieven, *Nicholas II*（1993）。

[162] Amanat, *Pivot*（1997），是部权威传记，该书的重点放在其统治初期。

[163] 相关基本著作参见 Arjomand, *Constitutions*（1992），第 49 ~ 57 页；Sohrabi, *Historicizing Revolutions*（1995）。

[164] 宪法内容参见 Gosewinkel/Masing, *Verfassungen*（2006），第 1307 ~ 1322 页。

[165] Ascher, *Revolution of* 1905（2004），第 16 页及下页。

[166] Janet M. Hartley, Provinvial and Local Government, 收录于 D. Lieven, *Cambridge History of Russia*, 第 2 卷（2006），第 449 ~ 467 页，该处见第 461 ~ 465 页；Philippot, *Les zemstvos*（1991），第 76 ~ 80 页。

［167］ 详细讲述晚清改革的著作参见 Chuzo Ichiko, Political and Institutional Reform, 1901 – 1911, 收录于 Fairbank/Twitchett, *Cambridge History of China*, 第 11 卷（1980）, 第 375～415 页；亦参见 Reynolds, *China*（1993）。

［168］ Sdvizkov, *Zeitalter der Intelligenz*（2006）, 第 150 页。

［169］ 经典著作参见 Venturi, *Roots of Revolution*（1960）, 第 21～22 章；简短的群体肖像刻画参见 Sdvizkov, *Zeitalter der Intelligenz*（2006）, 第 139～183 页。

［170］ 参见 Vanessa Martin, *Islam and Modernism*（1989）, 第 18 页及下页。

［171］ 个案调研, P. A. Cohen, *Between Tradition and Modernity*（1974）。

［172］ 社会史梗概：Jürgen Osterhammel, Die erste chinesische Kulturrevolution. Intellektuelle in der Neuorientierung（1915 – 1924）, 收录于同作者, *Asien*（1994）, 第 125～142 页, 该处见第 127～130 页。

［173］ 关于在反对哈米德二世运动中政治化军队的崛起参见 Turfan, *Rise of the Young Turks*（2000）的稍嫌散乱的分析, 不过主要参考的是关于青年土耳其党人革命的权威英语著作 Hanioglu, *Preparation*（2001）。

［174］ Ascher, *Revolution of* 1905（2004）, 第 57 页及下页。

［175］ Keddie, *Qajar Iran*（1999）, 第 59 页。

［176］ Zürcher, *Turkey*（1998）, 第 93 页及下页。

［177］ Fung, *Military Dimension*（1980）；不过主要参考了 McCord, *Power of the Gun*（1993）, 第 46～79 页。

［178］ 相关事件史参见 J. Spence, *Chinas Weg*（1995）, 第 305～337 页。

［179］ 关于袁世凯这位 19 世纪末至 20 世纪初极有意思的人物, 参见 E. P. Young, *Presidency of Yuan Shih – k'ai*（1977）。

［180］ 关于这一早期议会主义发展参见 Abrahamian, *Iran*（1982）, 第 81～92 页。

［181］ Afary, *Iranian Constitutional Revolution*（1996），第 337～340
页。

［182］ Kreiser/Neumann, *Türkei*（2003），第 361 页。

［183］ 有关 1941 年前巴列维政权的内容参见 Gavin R. G. Hambly。
The Pahlavi Autocracy: Rixa Shah, 1921 – 1941, 收录于
H. Bailey, *Cambridge History of Iran*, 第 7 卷（1991），第 213～
243 页。

［184］ 一种较新颖的革命研究的趋势是将革命作为群体暴力的一种
（极端或特别突出的）形式来研究，比如 C. Tilly, *Collective
Violence*（2003）。

［185］ 一部有关该主题的杰出著作，Vanessa Martin, *Qajar Pact*
（2005），第一妇女"力量"的描述（第 95～112 页）尤其令
人印象深刻。

［186］ Hsiao Kung – chuan, *Rural China*（1960），第 502 页及下页。

［187］ 主要参考了 Gelvin, *Modern Middle East*（2005），第 139～146
页。

第 11 章　国家

——"最小政府"、统治者排场与"未来的奴役"

一　秩序与交往：国家和政治

　　在 19 世纪，政治形态的多样化可能胜过任何一个世纪：有完全不具备国家形态的小型狩猎共同体，有帝国及民族国家这样迥然不同的政治体制，除此之外还存在着多种多样的政治形态。在欧洲殖民主义袭来之前——世界各地所确定的时间不同——存在着各种各样的其他政治形态，这些政治形态还没有发展成为一个生成并行使权力、管理共同社会生活事务的像近代欧洲那样的制度化的"国家"。这些前国家时代的政治形态逐渐被殖民宗主国吸收，至少是被改变；其表现形式又因具体情况的不同而不同。可以说，到第一次世界大战爆发前夕，欧洲国家形态已得到了广泛传播，尽管这种传播并不是单一形式的和无处不及的；但在 1770 年、1800 年，甚至 1830 年的时候，情况还绝不是这样。近代早期世界范围内形成了许多新国家，19 世纪延续了这一趋势。如今我们知道，欧洲的"专制"君主并不是那么专制，他们也并非拥有无限权力，就像同时代的护教者及后来的史学家们所乐于描述的那样。即便是"专制"统治者也受到许多相互义务关系的掣肘。他们必须考虑教会或拥

有地产的贵族的利益，不能完全漠视已确立的法制观念，得迁
就宫廷侍从们，还得接受一个事实，即哪怕最独裁的统治行为
也不能确保国库充盈。18 世纪中叶前后的欧洲君主制发端于 16
世纪之后，然后逐渐演进而成。亚洲的君主制也是如此。它们
均非远古时代的产物。确切地说，具备了 18 世纪那种形态的君
主制是军事纷争中帝国形成过程的产物，其形成的时间距今并
不太久远。18 世纪中叶前后欧亚大陆的政治秩序主要是新产生
的近代君主制。在西欧的温和君主制和东方国家——沙皇俄国
及其以东地区的各君主制国家——严酷的暴政之间有一种严重
的对立，1748 年孟德斯鸠在其著作《论法的精神》中又强化了
这一对立。这种对立不无道理，但总体看上去会有这样一种感
觉，即近代早期欧亚大陆存在的君主政体形形色色，不能将它
们以非西方即东方的模式截然二分。[1]

　　近代早期还出现了另外一个新事物，即欧洲在海外的殖民
地政府；最初只局限于西半球，自 18 世纪 60 年代起也扩展到
了印度。殖民国家一方面是欧洲国家形态的传播和复制，但另
一方面也是这种国家形态与本土特色相结合的产物。这种国家
类型历经各种变化，在 19 世纪仍继续存在。至 18 世纪 70 年
代，随着这种国家形态在北美的消亡，短时间内出现了一种具
有极大影响的新发展趋势：共和立宪制国家的兴起。19 世纪中
叶前后是世界上政治形态最多样化的一个时期。历史上从未有
其他任何一个时期像 19 世纪那样，如此之多又如此千差万别的
政治统治形式同时存在。此后，在世界范围内，国家发展成为
根据领土来界定的民族国家，就是说，变成一种能与不同的宪
法形态相结合的相对统一的国家类型，既可与民主政治结合，
也可与独裁政治结合。经历了 19 世纪国家政体多样化时期之

后，20 世纪的发展呈现均质化趋势。在 20 世纪后半叶，通过选举来获得合法性的宪政国家，成为唯一在世界范围内被承认的标准。此外，还有一种基于自己特殊原则的自信的"非西方"模式，这就是具有神权政治特色的伊斯兰共和国。

820

差异化与简化

由此看来，在政权组织历史上，19 世纪是差异化发展和进一步简化的过渡时期。同时，到 20 世纪才成为世界性趋势的四大发展过程也发轫于该世纪，它们是国家的形成、官僚化、民主化及福利国家的出现。从两次世界大战期间的欧洲视角回望，19 世纪看起来简直就是国家发展的黄金时代：通过北美和法国的大革命，国家与社会公共福利原则产生了不可分割的联系，国家具备维护秩序的实力，同时能保障广泛的民众参与，在 1914 年前很长一段时间甚至遏制了军事潜力的增长，因此也阻止了人们曾经历的两种对立的极端政治形态的出现：暴政和无政府状态。

以下为 19 世纪国家发展的几大路径：

（1）建立具备领土扩张这种新型能力的军事化工业国家；

（2）创造"现代"国家官僚制度；

（3）将国家转变为常规化地向社会征税的税收国家；

（4）将国家重新定义为"公共产品"的提供者（例如，贫困救济，社会福利，基础建设等）；

（5）法治国家和宪政国家的诞生，这是伴随着公民这一新概念的产生而出现的，公民拥有要求保护私人利益，以及对政治事务参与发表意见的合法权利；

（6）血统决定统治合法性的观念受到唾弃；因此君主制作

为"正常"的政治形式被削弱，但在现实中仍是极为顽固的存在；

（7）出现了以庇护关系正式化，或以备受称道的技术专家统治方式实行的独裁政治。

这些趋势绝不都是发端于欧洲，之后通过有意输出或暗中渗透逐渐传播到全世界的。有些趋势根本不是起源于欧洲：比如，现代宪政国家就诞生在北美，它是在 1688 年英国光荣革命及其政治理论依据的基础上产生的。后君主制时代的独裁统治也首先是在南美盛行起来的。若认为这些大趋势"信马由缰"地处处蔓延，也是片面的。国家发展不是一个孤立于社会发展和政治决策的自发的发展过程。当要回答如下问题时，这一点就显现出来了：为什么同样一个大趋势在此处和彼处的表现形式完全不同，政治形态的鲜明程度也不同？

若不把西欧国家视作历史标准，问题会更加明显。比如，在前殖民时代，非洲的政治秩序绝不是"原始的"或"落后的"，即使它们完全不符合欧洲国家模式。在非洲，"国家"的含义不是用军事手段控制一块有确定边界的领土，该领土上的唯一政权享有"最高统治权"并据此期待人们的服从。其实，非洲的政体更像是大大小小的统治者之间重重叠叠、不断变化的责任与义务交织而成的碎花地毯式的组织形态。直到进入 19 世纪很长一段时间，阿拉伯半岛都没有欧洲意义上的"国家"组织，构成其政治形态的是，在长期以来几乎感觉不到的奥斯曼帝国宗主权之下，多如牛毛的部落之间形成的错综复杂的关系。对于这种情况，曾有过"部落式准国家"的说法。[2]

马来亚的政治景观是另外一种形式的碎片式国家组织，这里尽管形成了诸侯国（苏丹统治区），然而是多中心的，它是东南亚拼贴式政治形态的一个缩影。在整个东南亚地区，是殖民主义定义了与领土对应的明确的统治关系。[3]若把欧洲国家视作"正常"国家形态，就意味着认为这些地区发生的殖民占领和新秩序是历史的必然。事实上，殖民主义不是历史发展的温柔归宿（sanfte telos），相反，站在被殖民者的角度来看，殖民主义常常是野蛮粗暴的侵犯。

若把国家的"暴力垄断"不仅视作理论上的理想要求，而且也视作具体的状况描述，同样是有问题的。对世界上的某些地区而言，"暴力垄断"从来不是一个有意义的范畴；比如，阿富汗至今都属于这类情况。在大帝国疆域内，不隶属于中央军事指挥机构、时而自行武装起来的少数民族，如顿河哥萨克人，直到19世纪的最后四分之一世纪都存在。[4]19世纪20年代，人们以为已经绝迹的海盗行为，在拉美独立革命期间的加勒比海地区又死灰复燃，直到1830年后才由英美海军勉强镇压下去。[5]因此，暴力垄断似乎并非"现代"国家定义的一个自然属性，而是历史发展的一种极端状态，只是暂时性地被谋取和获得。在革命时代，这样的暴力垄断会迅速瓦解。比如，在整个18世纪，中国政府千方百计解除民众的武装，使他们安分守己，而且这种做法确实取得了一些成效。但到1850年后，在太平天国革命中，数百万人揭竿而起，拿起武器反抗清廷。对于革命者来说，搞到武器从来不是问题。只有当中央政府驯服了好战的精英分子，并让大多数民众都认为它能有效维护法律和秩序时，暴力垄断才能够维持。否则私人暴力市场便会打开。暴力的社会化可能会迅速失控，变成暴力的私人化。在最稳定的民主国家之一美国，这两种力量紧密交织。这使我们又得出另外一个结论：国家的"强势"并不总是国家发展过程中的一

822

个独立变量。断定国家具有越来越理性、"越来越客观务实"的内在倾向，是一种极其理想化的假设。国家控制社会，但同时它也依赖于革命和战争，依赖于其财力的生产基础，依赖于其"仆人"的忠诚。

政治秩序的类型

关于政治秩序的归类，有若干种方法。区别在于，人们着重使用什么样的区分标准。一种合理的分类法是提问法，要问的问题是：在政治秩序中权力的位置在哪里，履行权力的强度和方式是怎样的？使用这种方法可以区分两种不同的政治秩序：一种是"粗放"的政权行使方式，目的是将辽阔领土上的大量人口组织起来（如大帝国）；一种是"精细"的政权行使方式，目的是在较小范围内实现人们高度的政治参与（如古希腊城邦）。还有一种有益的分类法，即把政权区分为"权威型政权"和"分散式政权"。权威型政权是在一个分上下阶层的等级制度中传达命令，而分散式政权并不直接呈现为一个命令链，而是通过一些微妙的限制产生影响，比如通过法制或意识形态规定。第二种区分法不仅适用于区分整个政治秩序的类型，也适用于区分个别组织机构的类型，例如，行政机关、教会或学校。[6]有一个分类标准非常适用于 19 世纪的过渡时期，这就是权力监督。自由主义——该世纪在世界范围内最有影响力的政治理论——追求的最重要目标之一就是对权力的监督。即使直到第一次世界大战，自由主义也几乎未在任何一个国家以其代言人理想中的模样得到贯彻，然而在世界许多地方都出现了一种很明显的趋势，即政治权力实施过程中不允许个人任意专断，而且权力实施者有义务对自己的行为做出解释。基于这一视角，

823

人们发现在 1900 年前后存在着如下政治秩序的基本类型。

（个人）专制政体（Autokratie）。即指个别统治者在幕僚辅佐下进行统治，所有事务的最后裁定取决于其个人意志（也有的完全在法制框架内），这种形式的专制统治已很少见。在沙皇俄国、奥斯曼帝国（自 1878 年起重新恢复独裁统治）或暹罗还存在着这种专制制度。不过，这并不一定意味着，这些体制特别落后。暹罗的朱拉隆功国王是那个时代最独裁的统治者之一，然而，他作为开明的独裁者和思虑周全的改革家，做出了很多有利于其国家整体利益、使国家迈向现代化的决策。

即使在君主政体中，大臣也有可能获得近乎无限的全权授权，比如黎塞留枢机主教以及 18 世纪 60 年代葡萄牙的庞巴尔侯爵（Marquês de Pombal）。不过，他们也始终要仰仗统治者的慈悲，无论这个统治者多么软弱无能。独裁政体是产生于后革命时代，或源于共和政体的体制。在这种独裁政体中，大多数情况下统治者周围都有一群助手和权贵，统治者个人拥有的行动空间与专制君主差不多。不过他缺少的是传统、王朝合法性或神权对其统治的认可。自古典时期以来就在欧洲为人所知的这类独裁者，维持其政权的方式是使用暴力和暴力威胁，此外他还设法笼络一批——人数或多或少——追随者。对于这样的独裁者而言，控制在其统治下待遇不错的军队和警察是绝对必要的。他奋斗一生才攀上了这个位子，因此必须设法将当初促成其登上统治者宝座的特殊状况，转化为牢固的制度，无论是通过军事政变，还是通过鼓掌欢呼表决。在欧洲，拿破仑一世之后很少再出现这类独裁者。最接近的例子是萨尔达尼亚的陆军元帅（后为公爵）胡安·卡洛斯。从 1823 年到 1876 年辞世，他不断介入葡萄牙政治。但从长期来看，其所为与其说是

824

为了自己的统治，毋宁说是为了建立"寡头民主政治"。[7] 在该大陆，直到 1917 年，独裁政体时代才开始。1917 年发生了布尔什维克革命，一种新的政党专政形式随之建立；在 1922 年的意大利（贝尼托·墨索里尼）和 1923 年的西班牙（米戈尔·普里莫·德里维拉），右翼势力掌握了政权；这个十年中，亚洲的非殖民地国家（伊朗、中国）也进入了独裁政体时代。在 19 世纪，从全世界范围内来看，西属美洲是独裁者的唯一舞台。这类独裁者的一个突出典型是波菲里奥·迪亚斯（Porfirio Díaz），他于 1876 ~ 1911 年担任墨西哥总统。他打破了墨西哥政治混乱和经济停滞的恶性循环，但也将民众的政治参与度降到了最低水平，使公共生活陷于瘫痪。波菲里奥先生不是军阀，不是像胡安·曼努埃尔·罗萨斯那样凶残的暴君——1829 ~ 1852 年（1839 ~ 1842 年尤甚）他使用秘密警察、特务和死亡分队等手段统治阿根廷[8]——也不是典型的中南美洲的考迪罗，即敌视制度、对经济发展毫无兴趣的私营暴力组织经营者（Gewalunternehmer），他主要以直接赠予战利品的方式供养自己的追随者，并作为"庇护者"为有产者的利益服务。与典型的考迪罗相反，对迪亚斯而言，维护稳定是第一要务，但他并未把一个润滑良好、完全依赖于其本人的政治分赃机制转变成具有抗危机能力的国家机器[9]。另一位军人出身的铁腕总统，阿根廷的胡利奥·阿根蒂诺·罗卡（Julio Argentino Roca），比他更有远见。19 世纪八九十年代，他通过政党及选举制度来提高国家政治体制的运行有效性，为实行精英"民主"做了准备。[10]

825

　　在君主立宪制中，至少是在 1900 年前后形成的这种国家类型中，虽然成文宪法规定了议会有一定的代表权和决策参与权，但议会不能推翻由君主委任的内阁。行政权不是来自议会，实际上行政机构并不对议会负责。君主享有较大的权力，一般情况下，需要君主在政治精英阶层分化出来的若干非正式权力集团中间充当仲裁者。例如，德意志帝国、日本和奥匈帝国都属于这种制度类型；日本 1889 年宪法很大程度上以 1871 年德意志帝国宪法为蓝本；奥匈帝国自 19 世纪 60 年代起实行这种体制，但其议会制的运行有效性远逊于德意志帝国——其中一个原因在于其治下臣民严重的族群分裂。

在议会负责制中，国家首脑既可由君主（如在英国或荷兰）担任，也可由共和制产生（如法兰西第三共和国）。不过，这一点无关紧要，重要的是如下事实：行政权来自经选举产生的议会，也可被议会重新收回。美国实行的总统和国会二元制是这种类型的一种特殊形式。不过，总统不是由人民代表大会任命，而是通过——直接或间接的——人民选举产生，如此一来，总统职位就是一个由选举产生的有时间限制的职位，不会变成总统独裁，即使在战争时期也不会。北美革命没有产生一位拿破仑式的人物。

借助来自世界各地的资料，政治人类学得以向我们展示，在各种社会内部产生了多少不同形式的政权、多少为实现共同体目标或小群体目标而出现和正在发展变化的政治过程。有些社会缺乏书写传统或书写传统薄弱，从史料中探究这些社会中的政治思想或"宇宙论"就更为困难。包罗万象的"政治"观念体系，不只存在于那些有着伟大的政治思想研究传统的文化中（中国，印度，信仰基督教的欧洲，伊斯兰世界）。从这样的立场出发，须由一种关注政治空间与地域内发生的动态事件的视角，取代与"国家"有关的静态的制度观察视角。由此，

826

用政体理论确定政体类型的所有做法，包括某个国家必然归属于某一领土的观念，都变得靠不住了。[11] 在已做了区分的政权行使及政权行使界限的四种不同类型之外，可以补充第五大类，即剩余的制度化程度较弱的若干不同情况。就其共同特性而言，可以概括为依附关系或庇护关系。在这种由出身决定的（与独裁政体的区别就在于此）关系中，一位首领、酋长或强人（有时女人也可能承担这样的角色）提供保护是共同体象征统一的核心。这种关系中也可能有具体的职位，但都与具体人员密切相关，并不存在独立的职位等级制度。与更稳固和复杂的君主制形式相比，王朝合法性原则和统治者的神化在这种关系中影响不大，篡权夺位更容易实现。掌权者的合法性一部分基于已得到证明的领导力，对权力行使的监督基于协商和对领导力的判断。在这类组织形式中王位世袭的情况很少见，常见的是通过选举或鼓掌欢呼表决确定首脑人选。19 世纪初，在包括太平洋岛屿在内的所有大陆的不同文化环境下，都存在这类政治制度。这使欧洲殖民主义较容易"对接"，因为在过了征服阶段后，欧洲人就可以作为最高等级的庇护者居于依附关系链的最顶端。[12]

愿景与交往

这样的分类法使我们能够获得系统的、似乎被定格的简单印象，但接着必须要面对一个问题：这种方法将哪类政治过程纳入了其分类范围？在此，我们可以从另外两个方面来区分政治秩序。一方面，它们被置于政治整体性的愿景与概念之下。不独制度理论家，也包括在其中生活的大多数人，都不单纯只把政治秩序视作权力分配不均的组织结构，而是视其为确定成

827

员归属的框架。在 19 世纪，民族越来越成为能够想象得到的身份认同的最大统一体。此外，在其他情况下也存在着其他的认同想象，如统治者与其臣民间的家长制联结纽带，还有像中国那样，文明与帝国领土吻合，人们有着对帝国文化同一性的认同想象。除了少数无政府主义者，没有人会想象理想的政治状态是混乱无序。实现理想的秩序统合可以有多种方式。决定了多数人世界观的宗教在 19 世纪同样也发挥了强力黏合剂的作用

另一方面，已实现的各种政治秩序显示出不同的交往方式，人们不禁要问，哪些方式占主导地位且具有特殊性？这种交往发生在统治机构内部，即在君主和其高级官员之间。它可能发生在内阁或非正式的精英圈子中（如英国的俱乐部或沙皇俄国的"爱国主义协会"）。不过它也可能会——在 19 世纪这一点越来越重要——把政治家与其选民或追随者联结起来。自古以来就有国王和皇帝向百姓展现龙颜天威的习俗——除非统治者不能露面或不在位，像 1820 年以来的中国那样——大多数情况下都隔着礼节性的安全距离。拿破仑三世是较早精通此种亲民之道的，强过他那位寂寞而专横的叔父。威廉二世也经常在公共集会上发表讲话，尽管根据宪法规定他无须太顾忌臣民的想法；他是霍亨索伦王室历代君主中公开发言最频繁的一位。[13] 19 世纪出现了一个新现象，即政治家与其追随者和选民面对面，直接听取他们的意见，请求他们的授权。这种政治形式最先在美国成为常态。它始于托马斯·杰斐逊总统任期期间（1801～1809），之后主要自"杰克逊革命"开始流行，即在安德鲁·杰克逊总统任期期间（1829～1837）开始流行；当时，更具有民粹主义或"基层民主"倾向的政治观念取代了开国元勋一代的精英政策，赞成政党竞争取代了对公民中各种

"派别"的质疑。[14]由选举产生的职位的数量急剧增长，很多
地方连法官任职也要通过竞选。在欧洲，除瑞士外，民主实践
在相当长一段时期内仍具有浓厚的寡头政治色彩，即使在英国
这种情况也一直持续到 1867 年。英国的选举法较之美国有更
多限制。

革命当然会导致大众参与热情的大爆发。在没有革命的时
期，竞选——也是 19 世纪的"发明"——为政治家和市民的直
接交往创造了机会。1879 ~ 1880 年，威廉・E. 格莱斯顿在其苏
格兰选区发起"中洛锡安郡选举运动"（Midlothian Campaign），
成为这方面的开路先锋。在此之前，英国的竞选实际上只是小
范围的交际活动，查尔斯・狄更斯在《匹克威客外传》
（*Pickwick Papers*，1837）一书中对此有过讽刺性描述。格莱斯
顿是第一位把群众集会当作正常民主事件——与特殊的抗议行
动区分开来——的组成部分来组织和举办的欧洲政治家。他在
集会上的演说风格近乎宗教上的情感激发。演说者对听众进行
宣传鼓动，言辞亢奋激昂，中间穿插着呼喊声，演说完毕即被
信徒团团围住。[15]对格莱斯顿而言，以负责任的态度运用这类
手段，是对社会基础越来越广泛的选民的一种政治教育。这种
手段与蛊惑煽动有着细微的界限，在有些情况下这一界限会被
逾越——正如阿根廷的胡安・曼努埃尔・罗萨斯所为。这位独
裁者与其夫人——19 世纪的艾薇塔，直接向城市平民发表反对
对手的煽动性的、与制度目的（比如竞选）无关的演说。在欧
洲，这种原始的、个人化的政治操纵形式自古典时期以来就为
人所知，但除了在革命情况下，并不常见。[16]对宣传鼓动加以
控制，使其成为政治体制正规运行中的竞选形式，是 19 世纪出
现的一个特殊的新现象。

二 君主制的新发明

直到 19 世纪中叶——法国大革命发生很长时间之后——君主制仍是世界范围内的主导政体形式，各大洲均还有皇帝和国王。在欧洲，近代早期及革命时期新成立的共和国，随着最后一波新的"君主化"风潮消失了。[17] 若说路易十六被斩首使君主制作为一种制度形式和意识形式在欧洲丧失了基础，就如人们有时所评论的那样，那么此后它还经历了漫长而亢奋的垂死挣扎。1815 年后，在所有欧洲大国中，没有采用君主政体的只剩下瑞士。对君主制的浓厚情感一直波及遥远的澳大利亚；1954 年之前，在位的英国君主中无一位曾御驾亲临过澳大利亚（1867 年起倒是不断有王子到访）；当 1901 年澳大利亚殖民区统一成为联邦时，也不曾有人产生采用共和制形式的想法。[18] 有的统治者治下只有寥寥数千臣民，有的统治着泱泱数亿；有进行直接统治的专制君主，也有不得不满足于自己礼仪性角色的统治者。无论是喜马拉雅山中或南太平洋诸岛上的小王国，还是伦敦或圣彼得堡的加冕过的国家元首，他们有两个共同点：一是王朝合法性，它决定了国王或皇帝的身份是可继承的；二是王位的光芒，无论王位拥有者本人品性禀赋如何，王位均赋予他们基本的王者威仪。

殖民地革命中的君主制

在"君主制"或"王国"这样的标签背后，隐藏着形形色色的政治组织形式。即便是组织结构类似的政体，也会因君主制度文化嵌入性的不同而存在差异。在俄国，直到罗曼诺夫王朝终结前，实行专制统治的沙皇一直保持着宗教感召力，尤其是最后一任沙皇尼古拉二世，维持了万能的皇帝和俄国人民之间那种基于共同虔诚的认同，并以宗教庆典来展现。[19] 而在法国或比利时，自1830年之后，君主只承担着市民国王的平常角色。俄国东正教教会大肆鼓吹沙皇的神圣；在罗马天主教国家，教会在这方面较谨慎；而基督教新教本来也仅把国教视作一个抽象的概念。在君主政体的多样性方面，东南亚是个很好的样本。19世纪初，该地区存在着如下几种不同的君主政体：

830

（1）在缅甸、柬埔寨或暹罗这样的佛教王国，君主生活在王宫的高墙深院中，与世隔绝；由于幕僚大权在握，或拘于礼节，君主几乎无法采取任何政治行动；

（2）在深受中国这个榜样影响的越南王国，统治者居于复杂的官僚金字塔的顶端，习惯于把周边国家视作不开化的"蛮夷之邦"；

（3）在多中心的马来亚地区，穆斯林苏丹的地位远低于周边其他君主，其统治的位于海岸或河畔的都城以及内地也不及周边君主的领地繁华；

（4）此外，还不应当忘记那些殖民地总督，尤其是马尼拉和巴达维亚的总督。他们自视为其欧洲君主的代理人，作为朴素的、具有共和气质的荷兰的代表，他们甚至试图宣扬奢侈的做派。[20]

在19世纪，除了革命以外，欧洲殖民统治是君主制的最大敌人。在世界许多地方，欧洲人摧毁了当地的王权统治，它们即使未被彻底铲除，也遭到削弱。这是欧洲殖民侵略导致的一个最常见的结果。当地君主被置于殖民者的"庇护"之下；后者保障他们原有的大部分收入，在很大程度上使他们可以维持奢华的生活方式，容忍他们发挥宗教影响。与此同时，殖民者削减他们的政治权限，剥夺他们对本国军队的指挥权，取消他们世袭的司法特权，比如对臣民的生杀大权。在第一次世界大战前不久，令间接统治下的非欧洲国王（和酋长）臣服的漫长而艰难的过程终于结束。1912 年，摩洛哥苏丹统治区成为最后一个虽保留了君主身份与威严，却屈尊于殖民地总督之下的实质性君主国。[21]殖民国家何时实行直接统治，何时实行间接统治，从不遵循普遍性原则或制定战略规划。殖民专制选择哪种统治方法，都是视当地的具体情况而定。[22]

这个过程当中完全可能出现对情况的误判。在缅甸，敏东 **831**
王在 1878 年去世之前推行了一系列改革，意在稳定局势，消除"混乱"和"权力真空"局面，使帝国干预的最佳借口落空。敏东时代之后，其继任统治任意专断，在其统治下，缅甸不但经济困难，而且因英国攫取经济利益而受到的压力也不断加剧，可谓雪上加霜，为英国实行干预提供了时机。英国人主要担心，曼德勒王国（Mandalay）政府不能或不愿阻止第三方利益染指被视为英国势力范围的地区。英国于是在 1885 年向上缅甸王国宣战。最后的抵抗被荡平后，上缅甸被兼并，并在此后几年中被并入早已归属英国的下缅甸管辖——因此亦归英属印度。缅甸君主制被废除。缅甸国王的传统作用之一就是掌控数量庞大的佛教僧侣，英国在这一点上发生了误判：君主制结构的消失导致整个僧侣界突然间被剥夺了权力，地位一落千丈。比如，再没有人负责任命僧侣等级制度的最高首领。因此，整个殖民时期佛教僧侣骚乱不断也就不足为奇了。这个群体颇具影响力，殖民政府从未得到过他们的信任和支持。[23]

在面积辽阔的殖民地区无法贯彻实施统一的制度，英国人在印度的做法就表明了这一点。在那里，①一些省份由东印度公司——自 1858 年起由英国王室——直接统治；②其他约 500 余个遍布印度各地的土邦仍保留了王公和尼扎姆（Nizam）等；③一些边疆地区受特殊的军事政府统治。[24] 19 世纪 80 年代，法国人摧毁了越南的皇权制，因为他们既无法象征性地，亦无法通过接管其行政人员与其制度接轨。在印度支那联邦的其他地区，他们采取了更为变通的做法。在老挝和柬埔寨，本土王朝得以保留，但必须接受由法国安排王室继承事宜。如在非洲一样，在间接统治制度内部有着极其细微的差别。对于殖民政府而言，处理好（本土）统治者的感召力绝非易事。比如，

832　1884 年后，国王诺罗敦一世（Norodom I，1859～1904 在位）及其大臣已在很大程度上被剥夺了权力，个性强悍的国王的作用几乎被削减殆尽，只剩下宫廷仪式中的核心角色。尽管如此，殖民统治者仍始终担心保皇党的反抗，对于深受崇拜的国王被夺权可能会引起柬埔寨民众的强烈反应，令他们难于控制，他们也心知肚明。[25] 在亚洲，殖民时期过后幸存的君主政体寥寥无几，柬埔寨君主政体便是其中之一。在国王诺罗敦·西哈努克（1941～2004 年，间断性在位）统治下，这一制度在该国的战后历史中起了重要作用。

　　在整个殖民历史上，制度最具有连续性的是马来亚。在这里，没有一位苏丹强大到足以对抗英国的影响。英国人依靠与王室和贵族精英的紧密合作，后者的特权虽被削减，但其程度远不及印度的王公贵族。与亚洲其他地区相比，这里的政治统治体制更像是一个复杂的紧密交织的网，而不是鲜明清晰的等级制度。因此，在该地区，英国人力挺苏丹的君权统治，简化王位继承程序（实际上他们很少插手），从意识形态上突出马

来亚统治者在华人越来越占经济主导地位的多元文化社会中的领袖作用，并最终将殖民政府管理职位向苏丹王子们开放，开放的程度远远超过可与之进行比较的印度。因此，在殖民时期，马来亚的君主制不但未被削弱，反而得到加强；不过，从此时直到1957年独立，这期间不存在一个以一位君主为核心的中央集权的马来亚君主制，而是同时存在九位君主。[26] 令人深感兴趣的马来亚这个间接统治的极端形式，当然是个特例。也许只有摩洛哥的情况与马来亚有些类似。在摩洛哥，君主制得到成功维系，在这方面摩洛哥胜过伊斯兰世界的几乎任何地方。在欧洲以外那些仍维系君主政体的地方，人们并不总是墨守成规。新的交往模式带来新的统治模式和新的资源占有渠道。当国王或首领能够成功插手外贸，甚至垄断这个领域，他们有时就能增强自己的地位。夏威夷就是这样一个例子。在19世纪二三十年代，即距离美国1898年吞并这些岛屿很多年之前，这里的酋长和国王们用从檀香木贸易中所得收益购买外国奢侈品，然后用这些更显王者尊贵的奇珍异宝把自己和府邸装饰起来。这种提升君主身份地位的方式，之前在这里并不为人所知。[27]

833

　　总体而言，只有少数君主政体在殖民时期之后仍然延续；有些维系下来的，也是软弱无力的间接统治。没有任何一个地方在独立后出现已废王朝复辟的情况。少数几个君主在去殖民地化之后担当了共和国总统的角色，比如1963~1966年在位的布干达王国（Buganda）国王。在亚洲和非洲，直到20世纪最后四分之一世纪——有的直至今天——仍存在王室和皇室的，主要是那些未经历殖民统治的国家：首先是日本和泰国，此外还有阿富汗（直至1973年）和埃塞俄比亚（直至1974年）。亚洲的君主制并不只是华丽的表演仪式，以及既没有历史也没有未来的"舞台"政府——日复一日地重复华丽的仪式，最后曲终人散，留下一场空。[28]在亚洲非伊斯兰传统中，统治者肩负着与更高级的力量沟通的使命。他的责任是维护传统礼仪，守护朝廷内部以及朝廷与百姓之间的纲常伦理。王室的典仪排场有益于所有臣民的象征性融合。它们很少只是仪式的外壳，就像法国 1815～1830 年的复辟王朝政权一样，企图通过充满怀旧情怀的表演掩盖明显的合法性缺陷。[29]与欧洲的君主们一样，亚洲的君主们也首先得通过政绩来证明其统治合法性。国王必须是"名正言顺的"，必须把自己的国家治理得文明有序。各种不同来源的史料显示，无论在中国、印度，还是在这两大文明传统交汇的东南亚地区，入世的治国学说，对于让统治者了解人民对其抱有怎样的期待，具有重大意义。明君必须善于控制资源，任用可信赖的行政官员，建立一支强大的军队，应对自然力。[30]君主制本身是超越任何批评的，但王位拥有者必须证明自己的治国能力。君主制必须履行形形色色的责任和使命，满足人们各种各样的期待；正因如此，当殖民革命废除了君主制，亚洲社会紧密交织的思想之网才被撕开了一道深深的口子。在那些连最低限度的君主制亦不复存在，因而与象征着过去的所有联系被斩断的地方，以及那些殖民政府统治终结后只剩下军队或共产党掌管国家中央政府的地方，过渡尤为艰难。

在 1800 年前后，独裁暴君和任意专断的统治者的时代就已一去不复返了。像伊凡四世（Ivan Ⅳ，"伊凡雷帝"，1547～1584 年在位）、中国明朝开国皇帝（明太祖洪武帝，1368～1398 年在位）或是奥斯曼苏丹穆拉德四世（Murad Ⅳ，1623～1640 年在位）那样杀人如麻的统治者也绝迹了。在欧洲见诸媒体最多的"杀人恶魔"是南非的军事独裁者恰卡（Shaka）。

1824 年后被他接见过的欧洲人，都会说起他在他们面前随手一挥就签发处决令。随后恰卡还对不安的英国人说，他认为他们向他描述的英国的监禁制度要糟糕得多。[31]恰卡是个鲜见的特例。将欧洲的受法律和传统束缚的君主制，与其他地方拥有不受制约的无限权力的君主制简单对立起来，并不恰当，如此与非洲的情况截然对立也同样不合适。在遵守法律和传统方面，祖鲁国王和非洲其他地方的君主，也许比欧洲的君主享有更大的决策空间，也许并非如此。其合法性完全基于任性的备用权力，不过，各宗族与占主导地位的家系始终是半自治的权利要素，国王必须考虑这些情况，而他对其人民的经济资源，主要是牲畜的控制，也相当有限。[32]在东南亚，早在从 18 世纪到 19 世纪的过渡时期，即前殖民时代，君主制度就已从极端个人化的体制发展成为更加非个人化的和制度化的体制。[33]在官僚倾向严重的中国，皇帝常须从官员那里为自己争取制定大政方针的机会。在这一点上，伟大的乾隆皇帝比较成功，1790 年他退位后登上皇位的那些继任均不如其 18 世纪的前任。在 19 世纪末，中国的政治体制实际上呈现一种摇摆不定的四角关系状态，这四角分别是慈禧太后、皇族贝勒、京城中的汉人重臣和一些在所驻省份建立了半自治权力基地的总督。具有有效性的是普遍性法律、清政府法规以及残存的中国帝制权力平衡模式。就这一模式而言，慈禧太后的地位也只拥有有限的合法性。这也是一种相互制衡机制，但不是孟德斯鸠意义上的三权分立的分权制衡。

835

君主立宪制

权力受到限制、遵守一定程序、防止权力过度使用的君主制不是欧洲的发明，但君主立宪制的想法是最先在欧洲产生、

经过了实践检验，并最终从这里输出到世界各地的。即使在欧
洲的宪法史上，对"君主立宪制"这个范畴也无法予以清晰的
界定。仅拥有一部成文宪法并不意味着给政治实践提供了可靠
的指示。可相对明确予以界定的，是在所有政治领域最终裁决
取决于君主意志的那类政体。这里指的是"独裁专制政体"，
实行这一政体的例子有 1810 ~ 1814 年（不过这个时期起码还有
了代议机构）的法国，1906 年之前的俄国和 1878 ~ 1908 年的
奥斯曼帝国。与此相反，"绝对专制主义"（Absolutismus）则表
示，君主的至高无上的权力受到社会等级势力的制约，一般情
况下，绝对专制君主不像典型的独裁专制君主那样积极干预政
治。1818 年前的巴伐利亚和巴登，以及 1848 年前的普鲁士都
是这样的政体。若经过（短暂的）自由化时期之后，重新实行
这样的政体，则大多称作"新绝对专制主义"；1852 ~ 1861 年
的奥地利就是这样一个样本：实质上就是具有自由化倾向的官
僚改革专制主义。史学家喜欢将宪政国家区分为君主立宪制和
议会制君主立宪制。在第一种政体中，君主和议会之间是不稳
定平衡关系，根据具体情况的不同，有时候是君主占据权力主
导地位，有时候是议会占据权力主导地位。"议会制君主立宪
制"则意味着，无论在理论上还是在实践中议会都享有最高权
力，君主君临国会（king in parliament），统而不治。[34] 议会主
权原则确定议会拥有如此至高无上和不受限制的权力，以至于
不存在独立于立法权的违宪审查权。此为英国特色，在 19 世纪
除了大英帝国没有任何一个国家实行这一原则，是难以输出的
特殊产品。英国是彻底消除了制度性独裁的唯一国家。在欧洲
大陆，由于绝对专制主义迟发后果的影响，即便 19 世纪的宪政
国家也依旧弥漫着独裁主义的气氛。唯有在英国，一个没有成

836

文宪法的国家，最迟自 1837 年维多利亚统治起，关于遭遇宪法危机时君主也必须服从宪法这一点已十分明确。[35] 维多利亚女王是史上最勤勉的国王之一，她阅读堆积如山的文件，随时命人通报所有事务，对几乎每个政治话题都有自己的见解。但她谨防僭越传统去干预政治事务及违背议会多数意见。如其今天的继任一样，她拥有不大的决策空间，即在选举结果不确定或领导班子关系不明朗的情况下，可以决定委任何人来组建政府。对于这个活动空间的使用，她异常克制，从未因此引发宪法危机。维多利亚女王与"她"的一些首相们关系很密切，尤其是墨尔本勋爵和本杰明·迪斯雷利。但除四任首相外，她也不得不与一位她个人极不喜欢的首相打交道，这位首相就是威廉·尤尔特·格莱斯顿。尽管不喜欢，她也没办法绕过他。

首相是政策调停者和推动者，根据是否能产生首相这个职位以及其被授予职权范围的大小，可以明显看出一个君主制度的"绝对"程度。比如，沙皇俄国就从未能成功地产生一位首相。俾斯麦曾抱怨，他作为普鲁士首相缺少对大臣的控制权，于是把宰相拥有强大地位写进了 1871 年德意志帝国宪法。不过只有在实行英国式内阁制政府制度的情况下，首相地位才能巩固，内阁制政府是自威廉三世和玛丽二世（1689～1702）统治时期以来逐渐形成的。在英国，19 世纪时——至今仍然如此——由议会选举产生政府首脑，政府首脑一定拥有议会多数支持，他可以自信地面对君主。同时，内阁全体成员对议会负责。君主不得越过议会免去首相或任何一位内阁成员的职务。内阁通过的议案遵守集体责任制原则，即全体内阁成员须对议会多数票通过的议案负责。一位与其同仁意见相左的大臣，尽可在内阁厅畅所欲言，但在公共场合须受内阁纪律的约束。内

837

阁由此成为掌握最主要权力和职能的国家机构。欧洲大陆国家宪法发展中典型的议会和君主"二元制"问题通过这一富有想象力的方案得以解决。内阁制政府（cabinett government）是 19世纪最重要的政治革新之一。直到 20 世纪，这样的革新才在英国文化圈之外流传开来。

在这种议会君主制，尤其是英国这样实行多数选举法的制度中，在理想情况下，议会可以发挥有效的"领导者任用择优"机制（马克斯·韦伯语）。事实上，在 19 世纪，英国从未产生过一个不称职的政府，这是该国在国际竞争中的又一优势。从根本上来说，以议会和内阁为权力中心的优势还在于，君主个人的品行禀赋比较无关紧要。英国无须经受这样的考验，因为维多利亚女王在位 64 年后才于 1901 年由其子（不过资质欠佳）爱德华七世（1901～1910 年在位）继位。德意志帝国则运气欠佳，根据其宪法，国家的运转很大程度上取决于君主本人的禀赋个性。尽管不应低估甚至妖魔化威廉二世（1888～1918年在位）的作用，但他在公共场合的若干表现及其对政治的干预确实很少带来建设性的成果。[36]

与长盛不衰的传说相反，欧洲君主继承权问题的解决方式不一定比亚洲的更合理。在亚洲，为夺王位兄弟相残这样的事情也早已是历史了。欧洲的唯一优势在于，拥有大量王室家族及与宫廷来往的上等贵族阶层，必要时可引进一个新王朝。这对一些新成立君主制的国家，如比利时和希腊，是绝对必要的。萨克森－科堡－哥达公国（Sachsen – Coburg – Gotha）就是这样一个输送王位继承者的可靠的来源地。亚洲没有王子和公主在亚洲各国之间联姻的传统，因此缺乏这样的灵活性。在亚洲，统治王朝必须靠自己的家族繁衍延续。在 19 世纪，有个现象对世界范围内的君主政体十分有利，即在世界上最重要的一些国家，在位的君主都既有雄才大略又长寿，他们精力充沛，经验丰富，履行职责十分称职，这些君主包括：英王国及大英帝国维多利亚女王（1837～1901 年在位）、奥地利（匈牙利）的弗兰茨·约瑟夫一世（1837～1901 年在位）、奥斯曼帝国的阿卜杜勒·哈米德二世（1876～1909 年在位）、暹罗的朱拉隆功国王（1868～1910 年在位）和日本的明治天皇（1868～1912 年在位）。而在有些君主制国家，君主形式上大权在握，但本人平庸无能，任用的大臣又都是庸常之辈（就如意大利的维克托·伊曼纽尔二世 ［Viktor Emanuel Ⅱ，1861～1878 在位］），君主政体就远不能发挥其本应发挥的作用。

君主政体新形象：维多利亚女王、明治天皇、拿破仑三世

随着这些杰出的维多利亚式君主的出现，君主制有一定程度的复兴。与君主制在世界范围内的衰落趋势唱反调的行动，主要集中在符号政治层面。这些行动有各种不同的形式。德皇威廉二世利用报刊、摄影和世纪之交前后兴起的电影（媒体反过来也利用他）；由于他在公众场合频频出现，因而成为德国皇帝和国王中第一位，也是最后一位明星。[37]本来也可能扮演类似角色的巴伐利亚国王路德维希二世（1864～1886 年在位），属于一个更早的媒体时代，不过也可以反过来把路德维希视作走出陈腐的宫廷生活的早期的"避世者"。[38]路德维希热爱当时属于前卫艺术的理查德·瓦格纳的音乐；而威廉二世则热爱最新技术，尤其与战争有关的新技术，他不但喜欢被普鲁士贵族簇拥，而且最喜欢与"快乐的中上阶层人士、亲切的汉萨商人、富裕的美国人"相处——瓦尔特·拉特瑙（Walter Rathenau）

曾有这样的记述。[39]沙皇固守传统的皇帝形象，在与现代的理性政治观念的冲突中培植出一种政治象征，它突出统治者的神圣光芒，但也绝不拒绝新的传播工具。另外还有三位各具鲜明特色的君主，为适应 19 世纪的状况，其治下的君主制度几近重塑，这就是维多利亚女王、明治天皇和拿破仑三世。[40]

839

1837 年维多利亚加冕登基，正值英国君主制的威望跌至最低谷。在她颇富才智的丈夫阿尔伯特（自 1857 年起首次使用亲王称号）帮扶下，维多利亚以勤勉严谨、持家有道的风范，渐渐博得了国母的威望。1861 年阿尔伯特去世后，有很多年她都不履行其作为君主的代表性职责，而是长时间隐居在苏格兰的庄园中。这对英国公众不无影响，甚至出现了对君主制度的未来表示疑虑的个别声音。由此也可看到，此时的王室在凝聚民族感情方面起着多大的作用。君主在英国国家机器中不掌握实权，但作为国家和民族的象征起着凝聚民众信任和共同体意识的作用，正如记者白芝浩（Walter Bahehot）1865 年在其颇有影响的《英国宪制》（*The English Constitution*）一书中所描述的那样。白芝浩夸大了英国君主制暂时的缺陷。[41]1872 年，维多利亚结束了离群索居的寡居生活，公开露面；由于她真心关注公共事务，也由于她拥有"超越阶层"的真实可信的声望，再加上精心策划的政治宣传，她成为深受民众爱戴的女王。她育有 9 个子女和 40 个孙子孙女，他们遍布欧洲的王室，有若干人登上了王位。1876 年，在本杰明·迪斯雷利的努力下，她加冕成为印度女皇，由此，她成为全世界最强大的君主，与她支持的英帝国主义政策高度一致。不过，维多利亚年轻时内心就强烈感受到印度与其王国的归属关系，而且认为自己对印度民众负有责任和义务。1897 年纪念女王登基 60 周年庆典举行，整个英国社会和各政治阵营中均掀起了王室热，英国君主制从不曾让人民如此欢欣鼓舞。1901 年维多利亚去世时，英国大多数人已根本记不起没有她的时代是什么样子。英国君主制的批评者几乎统统默不作声了。维多利亚、阿尔伯特和她的幕僚们不但使君主制度契合其政治职能，而且在其象征性作用方面也适应了新的时代。[42] 作为居于世界头号强国权力巅峰的女人，与其说她体现了女性在政治和公共领域中能扮演更重要的角色，毋宁说她象征着母仪天下。尽管如此，她仍体现了女性在一个男人世界中的独立的政治形象，就此而言，除她和比她稍年轻些的同代人慈禧太后之外，再无他人。维多利亚原本亲近自由派，到晚年转而支持英国的保守政策。不过，她始终对极端的帝国主义侵略形式持保留态度，给皇室家族遗留下对其子民，包括社会贫困阶层民众的亲善关怀的作风。[43]

840

乍看之下，与欧洲的君主制相比，日本的皇室制度似乎完全在另外一个轨道上运行。据史料明确记载，该制度起源于 7 世纪末；当时日本首次出现了一个中央集权国家，比英国（盎格鲁－撒克逊）君主制早了约两个世纪——若将阿尔弗雷德大帝（871~899 年在位）的统治视作英国君主制的开端的话。尽管有比之早了 800 年的中国帝制这个著名的样板，但从一开始日本天皇制就根植于日本独特的文化和政治土壤中。在 19 世纪，这一制度也在欧洲君主制世界之外兀自发展，将明治天皇与这个世界联系在一起的至多是象征性仪式。[44] 他与欧洲的君主阶层没有亲缘关系，而他唯一的美洲同行、巴西皇帝佩德罗二世，起码还与奥地利皇帝是表兄弟关系。亚洲的君主们只能通过文学作品学习欧洲君主的统治模式，比如，沙阿纳塞尔丁就是通过阅读传记作品，了解了彼得大帝、路易十六和弗里德里希二世，并对他们钦佩有加。[45] 在现实中，君主间超越文化界限的团结互助并不多见。苏丹阿卜杜勒·阿齐兹曾于 1867 年遍游欧洲都城，整个旅行中只有皇帝弗兰茨·约瑟夫毫不记恨地以兄弟情谊厚待他。[46]

　　日本天皇是个远离臣民的人物，不是西欧式的"市民国王"，不是从外部看去一览无余的宫廷社会的最高领导者。尽管如此，这两者之间还是有若干相似之处。天皇制与中国的帝制不同，直至 1911 年灭亡，中国帝制都一直坚持一种源自 17 世纪的不言自明性，而明治时期的天皇制度则是维新时代的产物，是在近代时期种种因素影响下的新开端。与英国极其相似，日本在 19 世纪经历了君主制地位的大幅度提升。1830 年前后，由于滥用权力和不道德行为，英国君主制在很大程度上丧失了信誉。京都的日本皇室也仍旧懦弱无能，国家政权被江户的幕府大将军把持。然而，到 1912 年明治天皇驾崩时，天皇制已成为最高层次的政治合法性来源，成为民族价值天空中最璀璨的恒星。在日本政治体制内部，无论在名义上还是在现实中，天皇都比维多利亚女王拥有更大权力。不过，两者的共性在于，君主制都承担着融合各自民族文化的核心功能。这是目标明确地复兴君主制的成果，尤其是在日本。

　　在此必须区分两点。一方面，随着 1868 年 1 月 3 日颁布宣告"恢复"天皇统治的维新诏书，天皇制成为日本的核心制度，即成为扮演英国议会角色的制度。从此以后，只有以年轻王子睦仁的名义和受其委托履行的政治权力，才具有最低限度的合法性。睦仁 16 岁即位，年号"明治"。明治维新的始作俑者利用天皇作为其政权合法性支柱，实际上图谋篡权夺位。然而他们发现他个性强悍，一般会赞同他们的意见，但从不听任摆布。于是，到世纪末，日本成为宪政国家，拥有一个极为强大的皇室领导者；后来明治天皇的两个继任者都未能再像他那样展现君临天下的气魄，独立行使君主的权力。另一方面，要过很久之后，天皇制才会逐渐成为象征性制度。天皇制作为鲜明的国家制度得到重塑。对内，它应当团结全国各阶层和各地区的国民，促进遵纪守法、恭顺服从的民风，充当均质民族文化——与多元民族文化相对——的载体，向国民传达他们能够认同的观念。

天皇不是居于特权和依附关系金字塔顶端的最高等级的封建主，就如 1600 ~ 1868 年的德川幕府那样。他应当是全体日本国民的天皇，是培育日本国民使他们具备现代精神气质的工具和手段。对外，天皇同样代表日本的现代形象，他非常成功地扮演了这一角色。皇室的象征混合了真实的及"虚构的"传统日本因素，同时在象征意义和实际生活中都是模仿同时代的欧洲君主。天皇公开露面时，有时着日本和服，有时穿欧式制服和西装，在照片中也以这样的着装向他的人民和国际公众展示其双重职能。相对于其前任们的三宫六院的后宫生活，他的一夫一妻制家庭是一种崭新的方式。改革后的天皇制过了很长时间才找到了成功的象征策略。从皇室标记到国歌等新引进的象征必须先创造出来，然后传达到民众中去。

明治天皇是首位经过精心谋划巡游全国各地的日本天皇，巡游的目的是让其臣民了解政治上被重塑的民族文化。[47] 在一个大众传媒还无法创造民族意识的时代，是皇帝与人民间的这种近距离接触，赋予了日本特色一种新的意义。目睹天皇真容意味着，自己也参与了民族同舟共济、兴旺发达之伟业。到了 80 年代，日本的君主制度就完全高枕无忧了。东京被打造成了

842

帝国首都，成为整个民族的象征和仪式中枢，以及毫不逊色于西方各国首都的公共活动举办地。之所以有如此发展，是因为日本同时具备了两方面的条件：一是君主制具有的神奇魔力；二是日本民众的服从守纪，在日常生活中通过学校和军队这样的机构，民众行为得到规范化和"教化"。[48] 在这方面，日本与西方的君主制和共和制几无区别。日本的做法有一点颇为突出，即人们极其巧妙地利用了君主的身份；最初他频频巡游，后来则安居首都不再抛头露面。只要集权政治体制运转良好，所有权力都集中在东京之后，就不需要天皇出行巡游了。而在俄罗斯帝国这样的非均一性体制中，沙皇间或出宫去寻求与各省贵族的亲密接触，则是明智的做法，尽管常有人试图行刺让离开皇宫变得危险重重，比如 1866 年亚历山大二世就曾遇刺（并最终于 1881 年被革命党人杀死）。至于阿卜杜勒·哈米德二世，这样的紧张关系使得在他身上君主的自我形象与他者形象发生了分裂。他的统治以空前的程度深深侵入奥斯曼民众的日常生活领域；他一方面想以"现代"君主形象示人，另一方面，由于安全焦虑，与他的很多前任相比，他更少在臣民面前露面，也从未出访过其他国家。在这种情况下，就需要有一个周全的象征策略，以对君主公开露面稀少的情况进行弥补，[49] 比如强调苏丹作为所有信徒的哈里发的宗教角色。

　　哈里发的身份就其影响力而言是超越国家的，因此它适用于以泛伊斯兰主义为目的的情况，而不适用于帝国或国家的认同建构。在日本则相反，君主制成为民族国家形成过程中最重要的文化融合因素。与采用单一制的明治时期的日本不同，1871 年后的德意志帝国根据宪法规定采用联邦制。在那里，虽然皇帝威廉一世（1871～1888 年在位）的品性禀赋乏善可陈，

（左侧页码）843

但也扮演了类似的角色，不过不是准宗教的皇帝崇拜，"忠君"也未提升到政治忠诚最高标准的程度。在英国，维多利亚治下经过改革的君主制，在文化融合方面同样也很成功，涉及女王尤为热爱的苏格兰也是如此。在大英帝国的属国，君主制形成的凝聚力不像在英伦三岛本土那么强大，但英联邦的继续存在——至今仍主要靠人们对英王室的好感维系——显示出君主政体思想超越国界的稳定性（和适应性）。欧洲第二大殖民帝国法兰西第三共和国就未能成功地使前殖民地自愿与"母"国保持这样一种关系。

19 世纪新型君主制的第三种形式最先起到的也是融合功能。拿破仑三世（1852～1870 年在位）的帝制是一个另类继承者和野心家的政权，他成功地承接了他伯父的传说，但从来没有做到让人忘记他并非出身于欧洲最强大的几大统治家族。1915 年袁世凯在中国失败了的事情，他做到了，即在共和国刚成立尚处于后革命状态之际，摇身一变从民选总统变身为帝王。尽管靠发动军事政变上台，但在欧洲统治者圈子中，暴发户拿破仑三世仍受到尊敬。一些亚洲君主将他视作开明专制统治的榜样。[50] 主要出于外交政策的考量，英国立刻承认了他的政权。反过来，远离宫廷长大的拿破仑，迅速学会了君主的奢华排场和合乎君主身份的礼仪。早在 1855 年他就接待维多利亚女王和阿尔伯特亲王来访，对他而言这是一个巨大的胜利；这是 1431 年以来首位在位的英国君主访问法国首都，这不是有着贵族血统的堂兄弟表姊妹的宫廷聚会，而是具有现代性质的政治性国事访问。[51] 拿破仑三世与明治天皇都是革命的赢家，虽然采用的方式截然不同，但殊途同归。明治天皇接受了与维新精英之间的同盟，而拿破仑三世则是靠个人奋斗攫取了政权。他先是

844

于 1848 年 12 月通过选举成为共和国总统，三年后发动军事政变，又过了一年建立世袭制帝国。所以说，拿破仑是个白手起家、自我成就的皇帝，无法像 16 年后的睦仁天皇那样依据皇位的制度延续性来为自己辩护。

在史学家中间，拿破仑三世的统治性质至今都存在争议；人们常用恺撒主义和波拿巴主义这两个概念来形容。[52] 史学界一致赞同同时代的卡尔·马克思和普鲁士时评家康斯坦丁·弗兰茨（Constantin Frantz）的评论，他们认为拿破仑三世的政权属于现代政权。若撇开其政权的社会基础不论，拿破仑三世统治下的政治秩序的现代性体现在如下三个方面：首先，这位总统及后来的皇帝热衷于人民主权这一后革命修辞术。在 1851 年 12 月的公民投票中逾 800 万法国选民中超过 90% 的人投票支持他，因此他把这次投票看作其合法性的最深厚基础。这位皇帝认为自己须对人民负责，在 1852 年的宪法中增加了随时征询人民意见的条款。他确信，他的统治符合大部分法国民众的意愿，845　尤其是农民的意愿。这是一个合法性基于民众赞同的君主政体，它也比过往历届政权都更努力地通过举办各类隆重的节日庆典和欢庆仪式来博得人民的欢心。[53] 其次，按照 19 世纪中叶的标准来看，该政权具有现代性。一个最初通过血腥镇压反对派上台的政权，自 1861 年起，努力谋求其内部形态合法的发展，最开始尚还犹豫不决，自 1868 年起则开始大刀阔斧地行动。路易·拿破仑保持了法国宪法历史的连续性，这使他从 60 年代初开始得以实现制度的有序自由化；在这个制度中，除仍占主导地位的皇帝外，其他宪法机关也逐渐被赋予更多权力和活动空间。因此，由于制度本身的固有机制，最初几乎拥有至高无上权力的君主的地位被降低。最后，皇帝计划让政府积极创造条件提高经济水平。

他为改造巴黎城所投入的心血和热情与他的若干经济措施一样，都是这种政府行动主义立场的表现。因此，这也是一个在经济政策上以史无前例的方式实行政府干预主义的政体。[54]

不能否认该政体与日本政体之间存在着某些相似性。尽管日本缺乏人民主权思想（连欧洲皇帝弗兰茨·约瑟夫也从未接受过这一思想），[55]但明治维新改革运动最后催生了一部经过充分准备的宪法，它意味着民族国家融合的圆满完成；同时，自19世纪80年代起在经济上实行的政府干预主义，也让人想起拿破仑三世统治初期的基本的经济政策观念。日本的君主政体也赋予自己"教化"一个落后民族的使命，为此不惜采用威权手段。然而并没有人称明治天皇是"独裁者"。若对拿破仑三世使用这个标签——这样的事情经常发生——同样也会造成误导，至少当把"独裁"与持续不断的民众动员、长时期有计划地镇压，甚至杀害体制反对者，即20世纪的那种独裁统治模式，联系在一起的时候。拿破仑三世一般不能毫无障碍地贯彻类似"领袖旨意"这样的东西。他必须考虑各方利益，得顾及曾在复辟王朝（1814~1830）和七月王朝（1830~1848）中效劳的贵族和大资产阶级。在接近皇帝的圈子中，真正的波拿巴主义者很少。法国领土统治最重要的行政级别是省长，他们负责省一级所有的治理和行政管理任务。省长受到若干地方因素的限制，他们也要对付选举出来的省议会。即使国家元首本人终生在位（此为符合"君主制"定义的重要条件），各省也定期举行选举，实行一种如今称作"有管理的民主"的管理制度；在这种选举中，有正式候选人，他们的竞选对手想要获选非常困难。不过，随着时间的推移，反对派因自身实力增强和皇帝的妥协，逐渐获得了巨大的言论和活动空间。[56]透过1870

年 5 月以较自由的方式举行的公民投票可以看到，拿破仑三世
及其政府仍拥有广泛的支持，尤其是农民和资产阶级的支持。
皇帝着意塑造自己给国家带来繁荣和反社会革命堡垒的形象，
而从上述投票结果可以看出，他在这方面有多么成功。当 1870
年拿破仑的体制成为国际政治——及自身外交无能——的牺牲
品时，该体制正在内部"自由化"道路上继续迈进，如常被模
糊提及的那样，势头并不弱于披着君主制衣钵的独裁式领袖民
主这一矛盾事物的巩固进程。[57]

宫廷

君主制和民族国家的结合是 19 世纪的一个世界性趋势，甚
至有一些国家是通过建立君主制才诞生的。在埃及，新王朝实
际上建立于 1805 年，直到 1841 年伊斯坦布尔的苏丹发布敕令，
其世袭制才得到承认，才为建立一个现代民族国家奠定了基础。
王朝的创建者穆罕默德·阿里（1805～1848）是个生活节俭朴
素的将军，他统治时还没有出现东西方风格混杂的声色豪奢的
宫廷生活，这种宫廷生活是 1849 年后他的继任们统治时才出现
的。[58]近代的暹罗/泰国在很大程度上也是由开明专制君主——
国王朱拉隆功（也称拉玛五世，Rama V）缔造的。在埃塞俄比
亚，孟尼利克二世（Menelik Ⅱ，1889～1913）也扮演了类似的
角色。在欧洲则相反，拿破仑一世之后，大规模变革很少是由
君王倡导的。1815 年后，没有哪位欧洲君主——也许拿破仑三
世和俄国亚历山大二世勉强算是例外——是自发推动时代进步、
进行改革或建构国家的伟大人物。民族国家一旦建立，它们就
需要通过君主来证明自身的合法性，于是一些古怪的君主，像
比利时的利奥波德二世（Leopold Ⅱ，1865～1909 年在位）那

样的人物，便被容忍。此人是个肆无忌惮地进行帝国扩张的冒险家，对内靠自由派和信仰天主教的政治派别间的长期不合来稳固其地位。多民族国家的君主统治则更为困难，无论是扩张中的帝国（俄国），还是版图在缩水的帝国（哈布斯堡帝国，奥斯曼帝国）。在这些有着民族和国家分离主义趋势的帝国中，君主必须力求能扮演使民族和国家融合的角色。他们不可能实行民族国家与君主制结合的折中方案；在这种折中模式中，英国这个特例在世纪末又增添了突出的帝国因素。君主制与国家最具同一性的现象根本不是出现在欧洲，而是出现在日本；在明治天皇的孙子昭和天皇（裕仁，1926～1989年在位）统治下二者融为一体，正是这种融合在第二次世界大战期间给亚洲带来了灾难。

这个时期，世界上有很多地方仍维持着君主制，这使宫廷这一古老的社会形态经历了最后的繁荣。从北京、伊斯坦布尔、梵蒂冈到图林根小城迈宁根——格奥尔格二世公爵的宫廷乐队在19世纪80年代成为欧洲最好的乐队之一（1885年约翰内斯·勃拉姆斯第四交响曲首次面世即由该乐队演奏）——都有宫廷。在1918年前的德国，宫廷不计其数。在若干邦国首都，王宫都是当地上流社会趋之若鹜的社交中心。在其他地方，已被剥夺了权力的统治者，只要经济条件允许，仍旧过着豪华奢靡的宫廷生活，讲究宫廷排场和礼仪。在这方面，有若干土邦王公的印度和充斥着俾斯麦的"篱笆国王"的德国不无相似之处。而偏偏是波拿巴这位前革命将领，在欧洲复苏了宫廷生活。波旁王朝被摧毁仅数年，大约自1802年起，拿破仑重新恢复了宫廷生活，并将宫廷生活方式复制到其兄弟和继承人在阿姆斯特丹、卡塞尔和那不勒斯的王宫中。为宫廷侍从缝制新衣，分

848　封新的头衔、职位和等级，建了军事后宫，册封了真正的皇后；在 1804 年 12 月 2 日的加冕仪式上，皇后身穿绣着蜜蜂图案的金色缎面礼服，蜜蜂象征着帝国的繁荣和创造力。拿破仑自己对奢华富丽并无兴趣，这一切的背后是纯粹的现实意图：让他的随从人员及喜欢冒险的妻子约瑟芬有事可做，同时又能掌控他们。他也认为，法国人迷恋豪华排场的程度，与那些"野蛮人"一般无二。[59]但皇帝却把自己塑造成朴素的工作狂形象——工作狂是腓特烈二世时代的一个概念，此前中国的雍正皇帝（1722～1735 年在位）用行动对该词做了完美定义。在美国，第二任总统约翰·亚当斯就曾试图创造少许宫廷氛围，使波托马克河畔多少有些詹姆斯宫那样的仪式和排场。不久，这些都被他的继任——风格轻松随意、因鳏居而公开露面时无第一夫人陪同的托马斯·杰斐逊取消。[60]欧洲式宫廷——与东方宫廷的主要区别即在于此——有一个皇室或王室，以及公开露面时双双出现的君王夫妇。几乎没有什么比对这一西方象征仪式的借鉴，更能凸显日本欲加入世界现代进程中的愿望。[61]在中国，国家最高统治层缺少这样一种示范性的资产阶级生活方式，而这一点似乎最能证明中国帝制的腐朽，该国宫廷一直保留着太监和宫女制度这样的奇风异俗，直到帝制终结。

三　民　主

　　如果说在 19 世纪君主制——无论是掌握实权的还是纯粹充当摆设的——无处不在，那么要寻找民主的踪迹则要费些功夫。与百年前相比，在 1900 年前后的世界上，甚至是否有更多民众能掌握自己的政治命运这一点，也不十分确定。在西欧和美国无疑是这样的情况，但殖民主义导致的对参与可能性的无法用数字估量的限制，是个很大的未知数。前殖民时代世界各地的政治制度，均非自由民主制度——在这种制度中，所有公民原则上享有平等政治权利，在很大程度上不受政府任意专断行为的侵犯。不过，在很多情况下，与殖民主义实行的权威命令系统相比，起码精英阶层在协商和讨论国家事务时拥有较大的活动空间。19 世纪，民主在世界上取得了进步，但并非一路凯歌。不能拿如今对欧洲绝大部分地区而言理所当然的、稳固的大众民主的尺子，来衡量哪怕是19 世纪以最民主方式运转的国家。

849

　　美国革命和法国大革命提出了人民统治的理想并写进了宪法。之后，追随卢梭，人们又提出了不受限制的表达和贯彻人民意志等若干理想，这些理想至今几乎都没有实现。无疑，北美的宪法创制者们就已运用了宪法机构间的分权制衡原则来对抗多数人的暴政，而且有时简直是怀着恐惧，千方百计防止选民不加过滤地表达意愿。总统不由选民直接选举产生，而是由选举人选举产生，至今仍是这一观念的体现，尽管由于国家地域辽阔，长期以来地理因素也是采用这一选举办法的依据之一。在欧洲，对 1793～1794 年的恐怖统治，人们有着深深的恐惧。甚至一些致力于克服任何形式的君主专制主义——也包括法国大革命后的拿破仑新专制主义——的有产者，也最惧怕"无政府状态"和"暴民统治"，并采取措施防止出现这样的状况。尽管如此，尽可能在政治上忠实贯彻选民意愿和原则上任何形式的政府均可被行使主权的"人民"撤换这一双重理想，一经诞生就树立了一个所有政治都以某种方式遵循的标准。这在 19世纪是真正的新鲜事物：政治期望和恐惧的革命。围绕政治制

度的斗争获得了新的动力。一位统治者的"正当性"及其自身
所属身份群体的"原有权利"如何得到最佳照顾，不再是政治
的核心问题。现在关键问题在于，谁可以以及必须以怎样的效
果参与对公共利益的何种决策。至今要断定一个国家有多么
850　"民主"都是非常困难的事情。[62]在民主的表象和不怎么民主的
现实之间往往难以做出区分。而且，区分标准也常以模糊的方
式混杂在一起，比如法律规定的政治参与机会这一形式上的标
准，与一个国家的人权纪录，即现今人们常喜欢拿来评价一个
政治制度道德合理性的标尺，相混合。对于 19 世纪而言，可把
民主这个宏大而含混的问题拆解为几个方面。在此宜使用广义
的"民主"概念。若使用严格的标准，比如把妇女享有与男子
平等的选举权作为民主的前提，那么在 19 世纪的欧洲一个民主
国家也没有。若用一个从现今角度看不过分严苛的标准，比如
超过 45% 的成年男子享有选举权，那么在 1890 年前后只有少数
欧洲国家符合这个标准。[63]

法治国家与公共领域

在政治制度中，每一次自由主义思想对政治权力的制约，
都有法治国家这一基本理念的指引，无论逻辑地看，还是历史
地看均是如此。在所有的政治制度中，无论在何种文化背景之
下，保护个体不受政府任意专断行为的侵犯，都被认为是巨大
的福祉。不应只通过任意专断的措施来实行统治，而应按照公
众熟悉的、理想情况下甚至对所有人都有约束力的法律进行统
治。一些法律，尤其是宗教律法，即使最高统治者也不得更改，
确切地说，最高统治者本人也要服从这些律法。权力的法律约
束这一概念并不是欧洲的发明。比如，人们发现，在中国和伊

斯兰世界很早之前就有这个概念。不过，一种特别全面、在该国政治实践中实现了的、越来越具有自明性的对法治的理解，是在英国逐渐形成的。这一于 18 世纪中叶前后发展成熟的英国法治概念有如下三个核心要点：①由同业公会组织和招募的法律职业者作为一套古老法律体系（习惯法）的维护者所运行的司法系统的独立性；②原则上可以就政府的行政措施向法院提出控告；③尊重议会立法权、法院裁判权、人身和财产不受侵害的个体自由权及新闻自由。[64] 与英国相比，经过了更长时间，欧洲大陆类似的法律文化才得到传播。与英国文化圈相比，欧洲大陆关于基本权利的讨论要少得多，而且相关讨论的出现也晚得多。在 19 世纪早期，"法治国家"的意思首先指司法独立，即法官不可撤换，法律状态公开透明，以及所有行政行为的合法性。最先受法律保护的主要是财产。

851

　　这些市民日常生活中的法治形式，完全可能与政治制度层面上的"非民主的"甚至前宪法时代的状况并存。比如，在德意志诸邦国，早在实行宪法限制统治权力原则之前，法治就已受到相当程度的尊重。根据 18 世纪晚期的一些理论家的理解，允许实行区别于暴政的法治甚至是"开明专制主义"的一个特征。与此类似，在俄国，通过 19 世纪 60 年代的改革，在日常生活中逐渐产生了一种"合法性"意识，这种合法性意识与专制制度并存长达半个世纪之久。

　　原则上，欧洲的法治概念也传播到了殖民帝国。尽管在 19 世纪末前后，由于为当地人制定的源于种族主义的特别法，法治逐渐失去效力，但人们，尤其是英国王室的有色人种臣民，仍有在独立法庭上获得公正诉讼的机会，与大不列颠岛上的居民相比，这方面的差距并非天壤之别。20 世纪早期，在印度争取独立的斗争中，许多领导人都是法律从业者。这正说明，一个很大程度上非政治化的法律领域的存在对殖民社会正常运转的重要性。在这里，法律从业者是重要的调停者。同时，他们能够接触殖民统治者自身也要服从的普适性的规范领域。因此，起码在大英帝国，殖民暴政——无论多么微不足道——都受到法治的约束。当然，在例外状态下，如 1857 年印度大起义或 1865 年牙买加暴动期间，这些法律保障均被取消。就这样，英国的法治概念经由帝国这个工具传播到所有大陆。尽管具有殖民色彩，但对非欧洲人而言，英国法治并不比由本土统治者统治的邻国的法律状况差。比如，中国的自由新闻业不是产生在帝制统治下的地区，而是产生在香港殖民飞地及上海的公共租界这样的适用英国法律概念的地方。在 19 世纪继续发展的法国的法律认识中，国家的法律性质就较少得到尊重。[65] 对行政的司法监督在法国本土比在英国本土弱得多，与英国殖民地相比，在法国殖民地，非欧洲人获得的法律空间不但更为有限，而且受保护程度更低。

852

　　美国的若干法律特色中最重要的一个就是最高法院的存在，自 1803 年起，最高法院承担宪法法院职能。欧洲宪政国家中，没有任何一个国家拥有这样一个独立的宪法守护者，它通过对宪法的解释赋予宪法发展一种独有的、独立于政治之外的力量。这些国家同样也缺少一个公众可见的、对那些对司法判决和行政判决提起上诉的案件进行终审的最高审级（Höchstinstanz）。不过也发生过最高法院的裁决导致公众两极分化，加剧了政治冲突的事件。1857 年，美国最高法院在斯科特案（Dred Scott Case）中裁定黑人并非美国公民，这最终使得反对奴隶制的亚伯拉罕·林肯当选为总统，并成为引发南北战争的导火索之一。[66]即使是最高法院的判决，也不能被作为抽象的国家政权的表达不加批判地接受，这是美国政治文化的一部分。

在美国，公民这一新的政治和法律身份是 18 世纪 70 年代革命的产物：人们要从英国王室的臣民变成美利坚共和国的公民。1900 年前后，公民身份概念在欧洲也广泛流传。[67]因此，19 世纪末的情形区别于专制时代晚期普鲁士及奥地利的不成熟的法治状况：权利多样化变成了所有人享有同样的权利。所有人普遍享有公民身份是以民族国家的交往紧密性和均质化趋势为前提的。公民身份是那类显示自己具有文化中立性和普世性的西方发明之一。比如，明治时期的日本在 1868 年后的法治改革过程中让所有日本人（男性）都变成了受同样的国家法律约束的平等的国家公民。若干权利得到了国家的保障：自由择业权、财产转让权和从乡村迁往城市的权利。从其他方面来看，1890 年前后的日本也已成为一个并不太落后于其欧洲样板的法治国家。[68]

与民主政治的兴起密切相关的是"公共领域"的出现。公共领域作为社交活动和口头及书面交往的领域，是介于"私人"家庭的私人领域和按一定程序进行的政府行动的领域之间的第三空间。围绕着"公共领域"和——如通行的英文译法——public sphere 的持续不断的讨论，其核心内容至今都常围绕着于尔根·哈贝马斯的《公共领域的结构转型》（1962）一书。这并非本书的关注点。当"公共领域"被理解为具有更大概念外延的"公民社会"的要素时，关于这个话题的讨论会漫无头绪。在这样的观念下，公共领域被理解为政治民主形式存在的条件，而不是其存在的结果。即使在威权国家——一个常被采用的政体模式总称——的包裹之下，通过社会的自主发展，

853

也会产生公共空间。这种公共空间不只是扩大了在审美层面吸收信息、"单纯享受艺术"的公众的范围，而且倾向于把一些政府功能吸引过来，促进对政权的批评性意见的表达。哈贝马斯勾勒了一个普遍模式，选择性地将之嵌入空间和时间。对他而言，西欧的 18 世纪是这样一个"资产阶级"公共领域产生和繁荣的时期。[69]在 19 世纪，资产阶级公共领域的原则，批评的公共性，逐渐减弱。公共领域在相当程度上丧失了其独有的"中介"特质，以至于其所发端的基础——私人领域——因大众传播媒介的操控而被销蚀。最终，人们从公开表达不满的现代公民变成了心平气和的文化消费者。[70]史学家很少对哈贝马斯的第二个论点，那个悲观的论点，进行研究；又由于受到对哈贝马斯交往理论兴趣的驱使，他们更加热情地去寻找产生公共领域的蛛丝马迹。

854

这些研究具体而言都取得了丰硕的成果，但它们几乎毫无共同之处。不过，看起来有几点是明确的：

第一，在传媒技术和交往强度之间存在着相互关联性。在那些已具备了产生印刷文化的技术和经济条件的地方，距离公共领域的出现已不远了。所以，在 19 世纪前，即印刷术普及之前，对于伊斯兰世界而言，还谈不上有这样的公共领域。然而技术发展并不作为自主动力发挥作用。可能会出现这样的情况，即原则上具备了传媒技术条件，但缺少对印刷产品的需求。

第二，在革命时期，公共交往及其颠覆性内容会飞跃式增长。对于是交往催生了革命，还是相反，可以争论。最有把握的是，只干脆着重指出两种现象发生的同时性。比如，在整个大西洋沿岸地区，1800 年前后的革命鞍型期，是图书传播交往飞跃式增长的时期，同时也是出现极端化批评的时期。[71]类似现象在1900年后不久如火如荼的欧亚革命期间也可观察到。

第三，如果说19世纪的西方之外的地区出现了公共领域，那么这未必只是因为这些地区试图模仿西方。在官僚机构（如中国或越南的官僚机构）、教会、寺庙和神职人员团体或封建组织（比如在各地区利益代表相互竞争的日本）内部，过去也一直有关于公共事务的制度化讨论。在欧洲殖民统治下，这些交往组织中有一部分遭到压制；另有一部分在一定程度上转入地下颠覆活动，使殖民统治者无法接近；还有一部分，如孟加拉的知识阶层重新兴起，成为殖民政治的要素。在较有自由主义倾向的殖民政权——如马尼拉的英国政权——统治下，可能会产生有着活跃辩论氛围的本土公共领域，使各种不同的政治意见得到表达，其中也包括激烈抨击殖民主义的意见。[72]

855

第四，公共领域可以建构在若干不同的空间层面上。在微型公共领域中，道听途说和流言蜚语比书面文字影响更大，若干这样的微型公共领域重重叠叠地同时并存。它们可能会融入较大的公共领域中。知识界和宗教界公共领域较易跨越政治界限。欧洲中世纪的拉丁派基督教文化圈，或至少在18世纪之前也包括朝鲜、越南和日本在内的中华文化圈就是这样的例子。在18世纪下半叶的英国和法国存在着全国性公共领域：所有重要的政治和文化事件，都发生在大都会伦敦和巴黎的广阔舞台上。但实际上这并非常规，而是特例。当唯一的中心城市不占主导地位，或国家镇压机构集中在这样的中心城市时，公共领域会在远离宫廷和政府的地方出现：比如，在俄国、中国和奥斯曼，公共领域出现在省会城市；在非中央集权的美国，则出现在若干新建城市，纽约后来才成为被各方认可的中心。[73]当形成了这样的交往场所，人们置身其中能够超越地方界限对权

力、身份及涉及"公共"利益的事务进行讨论，并由此跨越政治
藩篱，往往意味着向前迈进了重要的一步。[74] 在尤为不平等的社
会，比如印度印度教地区的种姓制度社会中，在欧洲被理想化了
的交际参与者（Kommunikationsteil nehmer）"平等"的状况根本
不可能出现。不过，引进的欧洲制度，会赋予个体或群体的身份
差别感受以新的意义，并逐渐引入新的竞争规则。在 19 世纪的
印度，所到之处"公共"都是个热门话题。19 世纪早期，在讲英
语的精英阶层，首先是孟加拉人中，形成了若干组织，他们批评
殖民政府，将自身利益诉诸书面表达。面对大量的民事纠纷和法
庭诉讼，并非威力无边的殖民政府有时束手无策。法庭成为身份
竞争的新舞台，轰动性的法庭审判常引起公众的广泛关注。[75]

　　第五，早期阶段的公共领域并不总（只）是通过明确的政
治批判表现出来。对"公民社会"的兴趣将人们的注意力吸引
到"社会"自我组织的前政治形态上面。在欧洲和美国，这可
以是协会、有目的的公民自发组织或宗教团体。亚历西斯·
德·托克维尔在 1831～1832 年间就注意到，美国存在着大量此
类组织。[76] 在政府控制力持续减弱的 1860 年后的中国，慈善性
质机构属于典型的这类组织，比如，政府官僚体制外富有的精
英阶层成员集中的医院。在伊斯兰国家，宗教基金会可能会起
到类似的融合和调动社会力量的作用。从这类最初具有非政治
意图的组织到积极参与涉及个人利益和公众利益的其他事务，
通常只有一小步。不过我们必须注意到发生这种现象的比例。
城市居民的持续政治化程度存在很大差异。仅在欧洲少数国家，
持续政治化程度接近美国城市的地方民主水平。地方公共领域
也往往局限于精英阶层人士，无论在欧洲、亚洲还是其他地区
都是这样。

856

宪法与参与

在几部影响深远的宪法典范（美国 1787 年宪法，法国 1791 年宪法，西班牙 1812 年加的斯宪法）诞生之后，著名政治学家塞缪尔·E. 费纳（Samuel E. Finer）所称的"欧洲的宪政化"，以拿破仑的最终垮台开始，大体上以 1871 年德意志帝国宪法的诞生结束。[77] 这一进程并不仅局限于欧洲。在 19 世纪，拉丁美洲制定的宪法比世界上任何一个地区都要多，仅玻利维亚在 1826～1880 年间就制定了 11 部宪法，秘鲁在 1821～1867 年间制定了 10 部宪法，而制定如此多的宪法并不意味着形成了一种真正尊重宪法的政治文化。[78] 明治政府的形成融合了欧洲制度与日本本土因素，这一进程以 1889 年宪法的创制达到其顶峰。在世纪之交，一波新的宪政化浪潮席卷了欧亚大陆东部各大国。甚至最初仍受到殖民威权统治的英属印度，也于 1909 年制定了《莫莱－明托改革法案》，由此踏上了独立的宪政发展之路，这一发展历经若干阶段，最终促成 1950 年印度共和国宪法的诞生。[79]

在此无须逐一描述欧洲宪政国家的发展过程。[80] 重要的是，在第一次世界大战爆发前夜，即在经历了整整一个世纪的宪政化进程之后，欧洲大陆只有少数几个国家实现了以普选和多数派政府对议会负责为标志的民主宪法形态，这些国家是瑞士、法国、1911 年后的挪威，以及 1911 年后的英国——其时，不经选举产生的拥有近 600 名成员的议会上院，即贵族院的权利被削减。[81] 在世界范围内，当时最重要的民主堡垒是欧洲在海外的殖民垦殖区：除美国外还有加拿大、纽芬兰、新西兰、澳大利亚联邦以及南非，不过在南非占人口多数的黑人被排除在

857

选举之外，或被禁止使用选举权。[82]该世纪一个巨大的悖论在于，在这个世纪，欧洲承担了贡献进步思想的责任，在世界上空前地留下自己的烙印，使殖民地外围地区取得了最广泛的政治成果。一方面，世界上很多民族把大英帝国视作镇压机器。另一方面，它可能起了类似通向民主之路的升降梯的作用。在以宽仁手段统治的帝国内部的"白人"自治领，殖民地移民社会得以迅速走向现代民主，比具有强大的贵族寡头政治传统的母国更迅速。而"有色人种"殖民地则未能如此快速启动，走上实现责任政府制的道路。不过，至少印度和暹罗融入了基本相似的宪政发展进程。由于来自民族独立运动的压力，印度于1935年制定了《印度政府法案》（Government of India Act），自此有了一部完整的成文宪法；该法案规定了印度人在省一级的政治参与权，独立后的印度保留了其中的若干内容。不管怎样，至少威权帝国在其最大的殖民地为民主宪政的独立发展制定了框架。

858　　　在 19 世纪的欧洲，选举权与被选举权的民主化与政治体制的议会化没有明显的关联。举一个众所周知的例子：自 1871 年起，在德意志帝国，所有年满 25 岁的男性都有权参加帝国议会选举。同一时期，在英格兰和威尔士，选举权仍受到财产资格限制，即这是一种有财产资格要求的选举权。即便 1867 年实行了首次扩大工人选民范围的选举改革，之后登记在册的成年男性选民比例在乡村（各英国的郡）和城市也分别仅占 24% 和 45%。[83]但英国选民参与决策的是议会的组成，而议会是政治制度的核心，英国议会掌握的权力远大于经民主选举产生的德意志帝国议会。在英国，议会化走在了民主化的前头；在德国则相反，尽管 1918 年前关于普鲁士邦国议会的选举，除帝国议会选举权外还有一种极不平等的"三级选举"。对所有国家来说，选举权的历史是一件技术上颇为复杂的事情。它有着重要的区域维度，因为即使是"平等的"选举权在不同的选区也可能会产生不同的结果。同样重要的是，各选区选派一名还是多名议员，是否有等级特殊代表存在——如英国在相当长时期内为大学代表保留特殊席位。如今德国人所熟知的比例选举制，在 19 世纪并不常见。1914 年之前，只有比利时、芬兰和瑞典实行该制度。[84]与今天相比，那时的"秘密投票"选举概念可做更多解释。特别是在乡村地区，尤其是仆佣及其他处于依附地位的人，很容易屈服于压力。法国是第一个（1820 年）实行无记名投票选举的国家；过了很长时间，其他所有国家才实现这种选举方式。关于秘密选举的利与弊的讨论一直持续到世纪之交后。在奥地利，直到 1907 年才在法律上确定实行秘密选举。[85]

一般情况下，选民范围都是阶段性扩大。选民范围的扩大一部分是通过革命斗争争取到的，一部分是通过上层许可获得的。与相应的改革法案必然相连的，是具有战略性的基本原则考量。在像英国这样一个没有发生新革命的国家，1832 年、1867 年和 1884 年的三次选举改革是具有深远影响的重大政治历史事件。英国的 1884 年改革，不仅意味着大规模扩大了选民范围，使选民比例上升到成年男性的 60%，也不仅意味着终结了占有土地的上层社会对议会两院成员构成的实际控制权，而且也取缔了英国选举中若干突出的特例和怪异的习俗，由此首次创制了这样一种合理的选举制度。直到 1918 年，英国才实现了男性普选权。[86]随着选民群体的扩大，议会的社会构成和运作方式也发生了变化。像 1848 年的法国，1871 年的德意志帝国，及 1884 年实行改革后——仍未实现"普选权"——的英国出现的"平民选民群体",都要求实行区别于精英乡绅民主制度的政党组织形式。1900 年前后,在欧洲大多数宪政国家都形成了纲领性政党,有些政党带有官僚膨胀和寡头化倾向,正如社会学家罗伯特·米歇尔斯(Robert Michels)在其《现代民主制度中的政党社会学》一书中所断言的那样。同时,在政治化的绅士之外也产生了一种新的职业政治家类型。不过在国会议员无法靠所得薪俸维持生活的时期,这一类型不占主流。在德国,从 1906 年开始才出现了职业政治家。"议员"作为一种社会形象是如何在公众认知中塑造而成的,这在法兰西第三共和国有着尤为清晰的体现。[87]这一形象越是特色鲜明,就越表现出与直接代表的关系的疏离:议员成为具有自身影响力的人物。在法国这一点就很重要,在那里,自大革命以降直接宣告人民意志的观念——哪怕是在并非代表法律而是代表人的"波拿巴式"全民投票中——顽强地坚守住了阵地。在各种不同的政治文化背景下,选举都具有特别的象征意义——也会随着时间而变化。作为选民在选举中可能有着截然不同的感受:有的可能认为自己是在"行使主权",而有的则感觉自己是"被愚弄的选民"。这是有待比较政治文化史领域研究的一个课题。[88]

860 　　一个极其特殊的情况给民主参与机会的持续扩大投下了阴影。尽管在现代民主政体国家中,美国是最大的国家和实行民主政体历史最长的国家,然而在实践中其居民行使国家公民权利却是一件相当麻烦的事情。由于选举权历来由各联邦州自行规定,因此尤其难以掌握情况的全貌。烦琐的过程从选民登记就开始了,过去如此,今天仍旧如此。后面还有财产资格证明(这一要求随着时间的推移大为降低),在所在州的居住证明,乃至于种族限制等一系列烦琐的要求。美国内战之前,在没有奴隶制的联邦州，黑人也几乎没有选举权。内战之后，这样的情况就说不过去了。于是人们愈加富有想象力地出台花样翻新的各种刁难性的具体规定，阻挠被解放的非洲裔黑人行使选举权。对来自某些欧洲地区（如爱尔兰）和亚洲地区（如中国、日本）、常被视为"不开化的"新移民，同样设置了巨大的障碍，阻止他们行使选举权。[89] 所以，内战结束后不过数年，美国争取公民权利的民主化进程就发生了严重倒退。相对而言，美国仍是世界上民主化程度最高的国家之一，然而它难以调和共和制的选举普遍性原则与具有"多元文化"和种族分裂特征的社会现实之间的矛盾。

地方民主与社会主义

19 世纪，在有着悠久的议会民主传统的英国之外，出现了一个新观念，即在核心机构议会中的代表构成应当均质化地反映国家的整体面貌。还有一个观念也是前所未有的，即代表过程的实施不仅反映着现存等级，而且能通过选举法使社会关系本身发生变化。这些重大问题的意义当然不能转移人们对次国家级事件的关注。对大多数人而言，其日常生活圈子的政治安排，比相距遥远的首都的政治国策更重要。地方行政管理模式比国家政治制度的秩序更多样。有的依照英国模式，行政管理权掌握在出身于地方上层社会、以家长式进行管理的"治安法官"（Justices of the Peace）手中；有的效法拿破仑，靠中央政府任命的各级官员来管理；还有就是托克维尔无比赞赏的美国模式，即通过基层民主方式进行管理。在中央政府（若有的话）管理克制，或其管理能力无法抵达的地方，总能出现有限的协商性——民主式——共识的空间。它可能是——像在俄国那样——一个乡村再分配集体就共有土地的使用达成一致意见。类似的管理模式还存在于内部较无明显等级的地方精英群体构成的民主机构中，比如汉萨同盟城市的州政府，或非官方的，即合法性未得到政府承认（但也未因非法而遭迫害）的奥斯曼帝国叙利亚贵族协商团，以及 1905 年在上海的中国领土上成立的市议会（Stadtrat），该议会是中国历史上第一个以民主形式运作的制度。[90]

　　美国建国初期的政治也带有富裕精英阶层的特点，尤其是在东部城市。随着 19 世纪 30 年代的"杰克逊革命"，关于民主出现了一种新观点。政治上合格的公民不再仅限于财产占有者，此前大多指地主。借鉴自欧洲共和主义、认为只有财产才能保证独立、使人们能够做出恰当的政治判断的老观念被摈弃；自此后，公民主权应当只基于人对自身的占有。由此出现了一种新的民主形态。积极的公民权附加的财产资格要求被大规模取消。极高的参选率（常超过 80%）显示出投入的政治能量。正如年轻的法国法官托克维尔在其美国考察之旅中所断言的那样，实现这种政治形式的最重要舞台不是华盛顿特区。它的优势源于自己选举公共权力机构的地方组织的自治——是与拿破仑在西欧所实行的威权主义中央集权完全相反的制度模式。正如托克维尔所记述的那样，这种形式的民主远不只是人们享有选举权这么简单。它是一种社会改革，赋予了平等原则——法国革命者提出的平等原则是废除等级特权，是一种抽象的、否定历史的表达——以人人享有平等权利的全体公民自我授权这一积极意义。对于那个时代的大多数美国（白）人而言，托克维尔用欧洲开明贵族的眼光所断定的自由与平等之间的紧张关系，不是问题。日后在欧洲被称作"大众民主"的现象，在美国早在 19 世纪二三十年代就已出现。[91]但其民主效果由于美国独特的联邦制，即宪法的地域性，而部分地打了折扣。国会究竟有多大的代表性？"局部"利益在早期就相互对立：蓄奴州与自由州。直到内战爆发前，蓄奴州都一直主导着国家政策；从这个角度来说，美国总体上是一个蓄奴共和国。从众议院 1836～1844 年实行的对奴隶制问题一律不予讨论的"禁止发言规则"（Gag Rule），到 1854 年的《堪萨斯－内布拉斯加法案》，蓄奴州一次又一次地实现了自己的意图。由于实行 3/5 条款（Three－Fifths Clause），他们在国会中拥有更多代表权：关于税收分配方案和各州在众议院中的代表席位分配方案，由州内自由民加上 3/5 的奴隶的数目决定。[92]

随着"杰克逊民主"的实行，美国在 1776 年后再度走了一条世界历史上亘古未有的新的政治道路。在 19 世纪第二个三分之一世纪之前，欧洲任何地方都没有这种充斥着竞争性自由论调、有时也诉诸暴力表达的"大众民主"形式；即便在历经多次政权更迭、实现了普选权后地方各省省长的权力仍未削弱的法国，也没有这种形式的民主。最重要的是，美国和英国再次各走各路。在英国，1832 年和 1867 年出台两个改革法案之间的这段时期，一个由大地主、银行家和工厂主构成的绅士精英阶层的优势地位达到了顶点。这是一个在文化自我认同上相当均质化、由密集的社会网络融合而成的寡头政治阶层，当然它不是封闭性的，阶层间的上升渠道是畅通的，而且它发展了一种高度融合性的政治理解。1832 年后，这个寡头政治阶层原则上是在"现代"议会制条件下发挥作用。王室不再拥有违背议会多数意见任命首相的权力，自那一刻起，议会主权得到了完全确立。30 年代以后，那样的时代一去不复返了。从此以

863　　后，英国不仅是宪政国家，还是议会制君主立宪制国家；在这
　　　个政体中，教会的政治影响也开始减弱，而在欧洲大陆许多国
　　　家，这早已属于常态。同时，威斯特敏斯特议会厅的政治家们
　　　还无须顾及"匿名的"、在社会和文化阶层上都距离他们十分
　　　遥远的大众选民，因为通过 1832 年改革，选民范围仅从成年男
　　　性的 14% 扩大到 18%。因此，在英国，19 世纪中叶的几十年是
　　　一个民主合法性不具有广泛基础的民主进程的时代，同时，中
　　　产阶级自此将在政治上扮演重要角色的观念也开始广泛流
　　　行。[93] 即使政治最进步的欧洲国家，也过了将近半个世纪才赶
　　　上美国在地方及国家层面上的民主领先地位。

　　　　　大多数妇女被排除在积极公民身份之外。在美国，1869 年
　　　怀俄明州首次赋予妇女选举权（直到 1920 年美国才实行妇女普
　　　选权）。妇女首次在一个主权国家取得选举权是在新西兰，最初
　　　仅限于选举权，自 1919 年开始妇女才取得被选举权，这在当时
　　　受到全世界的关注和赞扬。当时尚属于沙俄帝国的芬兰于 1906
　　　年赋予妇女选举权，是第一个妇女取得选举权的欧洲国家，在
　　　芬兰之后，挪威于 1913 年实行妇女选举权；这两个国家都属于
　　　需要妇女来充当潜在的民族主义合法性要素的情况。[94] 在那些
　　　人们努力争取男性选举权的地方，妇女争取选举权的运动也相
　　　应出得较早，势头也较猛烈。然而在德国，1867～1871 年，
　　　"妇女选举权"是上层当作"礼物"仁慈地赐给妇女们的。因
　　　此，德国妇女政权论者（Suffragismus）的声音比英国微弱。[95]

　　　　　民主在不同程度上是由下而上建构的。人们发现，地方层
　　　面上的习惯转变成法律的基本过程不只发生在美国这样的后革
　　　命社会中；这样的过程也非西方特色。在德川幕府时代晚期，
　　　日本还几乎无人可以想象国民议会这样的事物，但地方参与的

空间却在逐渐扩大；在这个过程当中既无城市自治传统可循，也没有导致政治革命：古老的世家家族被迫一再承认正在崛起的"新兴家族"的要求。[96] 1868 年的明治维新起初实现了行政分权化，之后，又不得不在国家和地方政府之间重新划分界限。最初，在地方上设立乡村大会的呼声很高，1880 年后在若干县设立了乡村大会。但与此同时中央政府却开始了政治倒退：限制自由的公众活动，限制新闻和新政党，1883 年禁止直接选举村长和市长，自此开始村长和市长须被任命。这一系列限制措施导致了激烈的抗议。1888 年，日本根据法律对中央国家机构与乡村之间的关系做了调整：可以选举村长和市长，但需在上级当局的严格监督下进行。[97] 尽管如此，与 1868 年前的旧制度时期相比，参与的途径还是增加了很多。1890 年，日本历史上的首次普选象征性地证明了这一状况，这次选举把大量社会中上阶层的代表选进了议会。由此，一个此前从未处于政治核心地位的没有武士背景的"新阶层"进入了政治参与领域。[98] 不过，时间还要再过 25 年，议会——始终有被皇室政府（kaiserliche Regierung）解散的危险——才发展到足以与政府抗衡的程度。

政治运动和公民组织——尤其在其内部交往方式上——可以是培育民主的摇篮，即在没有身份顾忌的情况下学习交往的场所，这种情况不仅仅出现在美国和英国。平等要求往往首先在人们平等相聚的圈子、团体和组织中得到表达，并在彼此间无拘束的交往中被强化。它们在更大的、更具冲突性的政治舞台上能得到更淋漓尽致的表达。这是社会主义及与其类似的草根运动的核心。例如，有不少证据表明，不应当把早期德国社会民主党解释为现在意义上的政党，而应视其为一个联合运

864

动。[99]社会主义是非特权阶层团结一致的新的语言，当社会下层民众的阶层安全感缺失，人们对非结构性贫困在政治上的模糊存在没有足够的觉察时，这样一种新的语言就产生了。制度化后的社会主义，在其布尔什维克化成为政变式先锋政党之前，既意味着代表集体权益，也意味着民主实践。欧洲的社会主义是一股民主化力量。它把以罗伯特·欧文、夏尔·傅立叶和皮埃尔-约瑟夫·普鲁东（Pierre-Joseph Proudhon）为代表的马克思主义诞生前的社会主义，或者说早期"乌托邦"社会主义，与主张非暴力的无政府主义流派（主要以后来流亡瑞士的俄罗斯亲王彼得·克鲁泡特金［Pjotr Kropotkin］为代表）[100]以及 1889 年联合成立了第二国际的大多数——大部分为众所公认的马克思主义的——政党，联系在一起。在 1900 年前后，经济性分权、互助、合作化生产，甚至有时包括超越资产阶级私有制的公社式生活方式这些原初理想，变得淡漠了。然而，通过党和工会——对外是权益代表，对内是孕育信任的共济集体——表达其特殊愿望和见解的社会主义成员的要求，并未减弱。尽管 1914 年前的欧洲国家中无任何一个工人政党执掌政权，但在 19 世纪的欧洲若干社会主义流派中形成了民主心态，这也为第一次世界大战后的民主化进程做了准备。早在战前，欧洲和英国自治领就已出现了持续壮大的社会民主主义运动，其中一些重要思想倾向脱离了马克思主义的革命预期。在德国，爱德华·伯恩斯坦（Eduard Bernstein）及其战友称之为"改良主义"；在英国，它们较贴近"新自由主义"（New Liberalism），不再像传统自由主义那样，把社会问题视作带来麻烦的弊端，而是把社会问题推到了政治的中心。[101]社会自由主义与民主社会主义本着改革主义政治理解的精神彼此靠近；不过这种情形也仅限于中欧、西欧和北欧的少数国家；在几乎是逼迫反对者采取激进革命手段的俄国专制政体下，没有出现这样的现象；在美国，结构性社会主义无关紧要，直到20世纪30年代实行罗斯福新政时，自由主义思想和温和的社会主义思想才相互接近，因此，在这里也没有出现这样的情况。[102]

四　行政管理

866

　　直到第一次世界大战前夕，宪法规范意义上的民主也仅在世界极少数地方存在。即便在中国或墨西哥这样宪法规定为共和制的大国，也没有宪法规范意义上的民主。相反，国家作为统治机构而非政治参与舞台的现象则普遍得多。[103]对于"国家"的定义可以有或狭义或广义的完全不同的界定。在世界上的若干小型社会中，统治者身边甚至没有一个幕僚团队辅佐，从这个意义上讲，这样的社会是"没有国家"的社会。即使有些社会存在这样的规模很小的幕僚团队，也不稳定，并且没有机制上的分工。在这种情况下，在较有序的基础上安排"国家职能"的机会往往很渺茫。不仅在这种按19世纪惯用语被称作"原始"社会的社会中国家是很微弱的存在，即使在美国这样一个在若干方面尤具政治现代化特征的政治共同体中，人们对欧洲意义上的、作为有权力要求顺从的当局的国家也不感兴趣。在美国公民的自我理解中，不由选民公开表达的意志决定其合法性的所有权威机构都已属于历史。有别于欧洲意义上的"国家"（the state），"政府"（government）有解释的义务。直到世纪之交才有一些政治学家敢于将美国意义上的"国家"作为一个抽象的范畴来谈论。[104]至于在某些方面源于英国法律概念的无国家这一主导思想与现实有某种程度的矛盾，则另当别论。恰恰在边疆地区，尤其在对并入西部的疆土重新进行区域划分时，联邦政府和新版图上——最初只有薄弱的民主合法性——的行政机关履行了政治区域规划的传统职能。

狭义上的国家定义，突出的是"国家"和"社会"在概念上的区别。因此，它是一个现代概念，打破了古老的欧洲政治理论及世界上其他若干地区的近似观念，因为它对家长制，即受一家之长支配的大家庭或统治体的国家观念，或确切地说，国家概念，避而远之。当将国家和社会作为不同的领域切割开来，那么就不能再将整个国家理解为一个大家庭。约翰·洛克在《政府论》（*On Government*，1689）上篇中予以激烈抨击和贬斥的观念——统治者有责任照顾百姓，有权力惩罚百姓，是理应受到尊敬的大家长——在18世纪的欧洲已退出历史舞台，但仍顽固地存在于晚期帝制中国的国家理论中。

"理性"官僚制度

在近代早期欧洲，被视为外在于社会的国家是沿着若干不同路径发展的。所有的或较大规模的欧洲社会绝非千篇一律地经历了相同的"专制主义"发展之路。[105]这类近代早期国家必然拥有一个官僚制度，它主要有三项职能：首先，承担着疆域行政管理职能，要维护各大行政区域的统一；其次，必须保障国库充盈，尤其是统治者的战争国库，因为在近代早期欧洲，国家的战争职能高于一切；最后，在三权分立——18世纪晚期才在北美和欧洲开始逐渐实行——时代之前，"国家"负责司法系统。不过，在1800年前的欧洲，任何地方都不存在所有审级的裁判权由国家独揽的情况。即使在实行专制统治的中央集权体制下，也绝不是王室或皇室法庭掌控一切，而是保留了市政当局、某些阶层、特殊机构（如大学）和当地地主的司法特权（所谓的领主裁判权）。教会、寺庙和其他宗教机构，常根据自己的法律对其成员做出裁判。在伊斯兰世界中，世俗法律和宗教法律之间没有清晰的界限，至少可以说，两者有非常高的重合度。在帝制时期的中国，由于没有国家承认的教会，所以也缺少相当于欧洲教会法的宗教法规，因此直到 18 世纪，国家司法垄断现象比欧洲大多数国家都严重。皇帝任命的最低品级官员——18 世纪晚期在整个清帝国，这样的官员在每个县仅 **868** 有一名——是全能型官员，各种五花八门的案子全由他们来裁断。死刑须由皇帝亲自审核批准。因此，从抽象的国家化的角度来看，约 1800 年前的清朝法制比欧洲法制更具"现代性"。至于它是否也有类似的法律约束力，则难以断定。不过，清朝自 1740 年起有了完全可与同期欧洲法典比拟的现行律例。[106]

在近代欧洲，家产制管理转变为如今我们所熟悉的理性官僚制度，自马克斯·韦伯以来，这已是确凿无疑的历史社会学知识。这一转变发生于 19 世纪，法国大革命是这一转变的源头，而这其中的悖论在于，法国大革命所建立的国家官僚制度，其规模和运行效率远胜被推翻的波旁王朝专制制度。[107] 拿破仑将这一国家管理模式传播到了法国以外的地区。在欧洲各国，这一过渡的实现快慢不一，就彻底性和全面性而言也千差万别。[108] 一个国家的大众政治文化对此有一定影响，政治体制和基础设施条件也同样起着重要作用，它们决定着行政管理部门是否能成为具有高度可融入性和顺畅运转功能的交往机构。即使在所有这些方面并无很大差异，那么也没有任何两个国家的官僚制度完全相同。比如，在 19 世纪中叶，与普鲁士的官僚体制相比，巴伐利亚的官僚体制在制度安排上不那么等级森严和专制。[109]在法国和德意志大部分地区，公务员以中产阶级或新晋贵族为主，而在从奥地利到俄国的中欧和东欧各国，则均建立了庞大的国家行政机关，在行政机关中谋到差事的主要是丧失了社会地位的低等贵族。由于在这个大区域内——相比较而言，匈牙利算是例外——行政权力受到有效制约的代议制在任何地方都不起作用，所以19世纪下半叶是该区域在君主专制制度内实行官僚统治的一个重要时期——其实这是"亚洲"统治模式，而不是现代意义上的"欧洲"统治模式。[110]

869　　在19世纪末的欧洲，尽管并非所有地方都有一个"理性的"国家官僚制度真正在运行，但至少作为规范概念它已得到承认。此后，现代的国家行政机关都建立在"国家公务员"的服务伦理之上，各国统治者都有责任用国家税收供养他们，使他们衣食无忧。由于收入充裕，所以公务员既不会有腐败的想法，也没有腐败的必要。行政机关必须公正，它受法律约束，原则上要接受审计。官僚机构内部等级透明，升职都是通过人所共知的晋升渠道，有时论资排辈，有时看工作绩效。公务员聘用要以特殊的专业知识或文凭为标准，不是凭裙带关系及其他"关系"。卖官鬻爵是绝不允许的。行政机关的工作以文字方式进行，并建立档案管理系统。行政机关内部执行国家普通法框架下的公务员纪律处分特别条例。[111]

　　具体什么时候才算形成了一个现代意义上的真正有效的政府，对此无法给出明确的时间。从务实的角度简单来讲，这个问题涉及现代政府的行政实践：

　　（1）平民百姓不因盗匪之流的存在而生活在恐惧中，有效的国家警察权，即国家的"暴力垄断"得以实现；

（2）法官由国家任命和供养，但又不可撤换，在其工作实践中无须服从其他国家机构的权威；

（3）财政管理部门征收间接税和直接税，保障常规性税收，民众原则上承认国家的税收要求合法（征税人不再有被人殴打的危险，或不会出现大规模逃税的情况）；[112]

（4）专业能力合格者才有资格成为公务员；

（5）在民众与国家机关工作人员的交往中，贪腐被视作理应受到责罚的劣行而非理所当然。

自 19 世纪后三分之一世纪以来，这样一种国家官僚制度越来越多地被私营经济大规模复制；它是欧洲发明的制度，带有明显的普鲁士和法国－拿破仑时代的印记；不过这并不能遮蔽一个事实，即在欧洲之外，如在中国、日本和奥斯曼帝国，也有非同凡响的官僚制度传统。不要匆忙给这些制度扣上"前现代"或"家产制"（patrimonial）的帽子。在 19 世纪，它们与来自西方的影响相互碰撞，产生了各种各样的成果。在此，以英属印度、中国、奥斯曼帝国和日本这四国为例将能够说明这一点。

870

亚洲的官僚制度：印度与中国

在 19 世纪，欧洲的殖民地与其各自的宗主国相比，一般官僚化程度较低。殖民政府有两面性。一方面，它往往是首个借助集权统治工具，如军队、警察、海关和税收部门，使一国疆土归入统一管辖的机制。殖民国家带来了法律以及根据这些法律——也常根据殖民地特别法——进行案件裁断的法官。它统计当地人口，用过去不常用的方法（比如按种族或宗教信仰）进行人口分类，但这些方法往往逐渐发展成规范，开始对现实生活产生影响。比如它从行政管理的角度对"部族"或宗教团体，甚至（在印度）整个"种姓"进行分类，以便进行行政区域划分、统计分类，或者确定殖民政府愿与之合作的本土领导人。在非洲、印度或中亚大部分地区，建立了欧洲殖民国家机器后，这样的行政管理才得以实现。另一方面，殖民政府从来就不是一个无所不能的庞然大物。其人员配置极为不足，因此在辽阔的殖民地版图上实现"全面国家化"的情况很少见。

　　上述种种也适用于印度这个世界上最大的殖民地。在印度，欧洲殖民管理人员与印度臣民的人口比例特别不利于统治。尽管如此，印度——在 19 世纪的所有殖民地中唯有此地——比照样板建立了一个原汁原味的官僚制度。1880 年前后，印度比英伦岛的官僚化程度还要高。这并不是从量的角度而言的。关键在于，印度官僚机构不是现代领土管理的辅助机构，也就是说，它不只是政治领导部门下的一个工具性行政机构，而且是统治体系的核心，称之为官僚专制制度最恰当。就这方面而言，相较于中华帝国的政治制度和欧洲的政治制度，印度的殖民政府更类似于前者。两者之间还有其他一些相似性。比如，中国的国家官僚制度和（英属）印度文官机构（Indian Civil Service，ICS）的核心，都是凤毛麟角的有能力和社会威望的优秀官员群体。在首都以外的地区，这群人在官僚等级制度最底层的代表，在中国是知县，在印度是收税员（collectors）。两个职位的职责非常相似。[113] 两国的地方官都身兼数职，既是负责地方行政管理的一县之长，又是收税员和法官。他们都受过专门培养，是通过竞争性考试层层选拔出来的。这样的考试在中国有上千年的历史。在欧洲，人们知道这种做法，18 世纪时，曾对此十分赞赏；1854 年就有专家建议采用此法选拔官员，1870 年后英国实施了该办法；聘用印度和殖民地官员，以及为英国本土官僚机构选拔高层官员（部长级）均通过这种办法；看起来，英国在实施这种考试办法时，似乎已将中国样板牢记于心。

英国在印度的殖民官僚体制绝非被随意扣在了一个没有政府也能凑合运行的政治景观之上。但莫卧儿帝国及其后的历届政府的核心并不是像中国和越南那样的官僚组织。它们虽有不同等级的文员和成熟的文书制度，但没有一个严密细致的公务员管理系统。因此只能实现（英属）印度文官机构（ICS）与本土状况的有限对接。它由东印度公司（EIC）的管理体系直接演化而来。EIC 是 18 世纪世界上形态最为复杂的组织机构之一，不过，在很多方面它仍具有前现代特征。职位分配仍遵循分赃制（Patronage），而不是根据客观绩效原则。在近代早期的欧洲政府中，分赃制十分盛行。在法国，由于拿破仑推行任人唯才的政府管理合理化措施，这一做法受到遏制。在英国，直到 1871 年，军队中的军官职位还可以买卖；大约从这个时期开始，部委（仍被贵族成员把持的外交部除外）聘用官员必须通过资格考试才成为惯例。而印度，早在 1853 年，即东印度公司最终谢幕（1857 年印度大起义后该公司被撤销）之前，就已采取了这种做法。[114]

除军队外，印度文官机构是支撑英国对印统治的第二大支柱。若以是否实现了自己的目标作为评判一个机构的标准，那么，至少在第一次世界大战之前，印度文官机构是一个非常成功的机构。印度税收源源不断地流入殖民政府的财库；1857 年印度大起义后，内部局势高度稳定，而这不单是通过军事强制措施实现的。由于提供优厚的待遇，又有着极好的声望，这里成了大英帝国市民精英荟萃的地方。在该机构中任职能积累财

872

富，提前退休后就可衣锦还乡，过上衣食无忧的绅士生活，这样的生活前景抵消了在热带环境下生活的辛苦。在至今仍然存在的印度官僚制度中能看到其源于殖民时期的印记。由于第一次世界大战后行政机关就开始了逐渐民族化的过程，所以 1947 年后，印度共和国没有陷入不得不拒绝该制度以示克服了殖民地时代的那种尴尬。印度政府把它作为印度行政管理服务系统继续使用。[115]

印度的官僚体制移植自欧洲，但它并非对欧洲样板的简单复制，而是结合印度特殊的现实状况发展而来的。中国没有沦为殖民地，仅在日本统治下的边缘地区——台湾自 1895 年，满洲在 1905 年后，1931 年后规模更大——产生了具有一定规模的殖民国家机器。因此，中国古老的官僚制度传统在未受殖民主义干预的情况下一直维系到 19 世纪末。随着 1905 年清政府废除科举，其古老的制度形式终结。不过，在新的共和制条件下，仍然存在着一种精神上的官僚制度，并于 1949 年后在中国共产党统治下继续延续。直到现在，全国各级政府和党组织构成了将这个偌大的国家凝聚在一起的最重要的制度形式。18 世纪时，中国的国家官僚机构的运行效率达到了顶峰，它是当时世界上最具"合理化"安排、规模最大、最成熟、承担职能最多的官僚制度。[116]

从 19 世纪晚期的欧洲视角来看，中国的官僚制度已经成为前现代的、无法适应当代需求的一个典型。一些西方国家——这些国家克服腐败弊端也不过才几十年——的观察者在谈到中国"官吏"的腐败时都是鄙夷的态度。[117]这些官吏没有能力对国家实施经济现代化的事实，也令人更加怀疑中国的国家理性（Rationalität des chinesischen Staates）。当时的这种看法有几分道理。中国官僚机构问题缠身，薪俸微薄使官员们事实上都设法"自肥"；产生官员的群体所接受的以文学和哲学为主的教育——尽管做过一些改革尝试[118]——已不适应现代技术专家体制的需要；买官现象（因国家财政困难所致）使一些不合格的官员进入了体制；自嘉庆皇帝1820年驾崩以来，缺少一个使官员群体遵纪守法、恪守正直本分的强大君主。除此之外，还存在着一般性问题：清政府贻误了在1895年前对国家的两大支柱——军队和财政管理部门，进行改革的时机。军队只能勉强保卫帝国的亚洲内陆边疆，但不能抵御欧洲列强；只征收固定地丁银的税收体系已经极为过时，清王朝在其统治末期已经到了山穷水尽的地步。

倘若清朝不是借鉴了欧洲的行政管理方法——此为引进的唯一一个行政管理办法——来减缓清朝的财政衰落，其财政状况可能还要糟糕。自1863年以来，担任大清海关总税务司的北爱尔兰人罗伯特·赫德（Robert Hart，自1893年起称赫德爵士[Sir Robert]）创立了大清皇家海关（Imperial Maritime Customs，IMC）。赫德能得到这一职位，一来由于西方施压，另外也由于他还为世界各大贸易强国充当情报收集者。不过，他是官阶很高的清朝大员，形式上是皇帝的臣子，根据他自己的解释，他扮演着对两国都负有义务的文化调停者的角色。海关工作基本靠中国助手完成，它甚至拥有一种隐形的中国官僚等级结构，但本质上类似于印度文官机构，即管理骨干都是领取高昂薪资的欧洲专业管理人员。其规模比印度文官机构小，而且，与拘泥死板的印度机构的区别在于，英人在这里不明显占主导地位。大清皇家海关总税务司成为一个运行极佳的海关，使中国政府得以从不断增长的对外贸易中获益。如果采用中国地方行政当局传

874

统的——基本上就是统治农民的——管理办法，不可能取得这样的成绩。令赫德爵士十分恼怒的是，1895 年以后，列强就设法获得了直接动用海关税收的权力。大清皇家海关总税务司一方面是列强们手中的工具，确保通过"不平等条约"使中国海关主权受到限制，另一方面，它又是一个按照廉洁、正规、账目透明等西方行政管理原则运行的中国国家行政机关。[119]

赫德领导的这个机构对中国其他国家行政机关的影响有限。直到世纪之交后，清政府才实施了行政改革，改革延续到民国早期，不过成效甚微。即便如此，评价中国官僚制度时，像 19 世纪那样用讽刺漫画的形式进行贬损，也是不对的。中国（还有越南）的官僚制度并不完全是"前现代的"。它结合了两个方面：一方面，它遵循非人情规则，即超越家族关系及庇护关系的规则，实现了高度精英化的人才选拔机制。朝鲜的情况甚至说明，这样的原则与世袭贵族阶层持续攫取高级行政职位的现象能够相容。[120]在该制度中，理想状况下，行政管理工作以绩效为动力，安排恰如其分，官僚机构内部彼此有说明义务，一定程度上符合法律规范。根据社会学标准，所有这些都是"现代的"。另一方面，这样一个官僚机构所处的社会，充斥着实质正义的伦理原则；在这个社会，所有公民及臣民的平等（此为"现代"管理必须具备的前提条件）还是镜花水月；在这个社会，儒家人伦纲常，尤其是父子尊卑关系，还对人们的行为具有指导意义。在几乎全世界都向理性国家过渡的时期，这一内在矛盾是中国式官僚体制存在的主要问题。[121]传统官僚机构也不具备同政治化的、受爱国主义思想影响的群体打交道的能力；传统并没有提供对付这些群体的方法。面对世纪之交中国发生的革命运动，官僚机构束手无策。

875

亚洲的官僚制度：奥斯曼帝国与日本

面对 19 世纪来自西方的影响，中国的官僚传统证明自己相当具有抵抗力。国家行政机关的内部结构及其伦理变化微乎其微。毕竟，这个官僚机构在其完结前不久还能履行一个主要职责，即维护国家领土的统一和完整。奥斯曼帝国的变革之路更为漫长。同一时期，在该国，传统的抄写员（kalemiye）自 19 世纪 30 年代起，职能与身份发生了变化，开始被称为官员（mülkiye）。当然，这个过程并不是对欧洲样板，尤其是在很多方面较为贴近的法国样板的简单模仿。在与外部世界有密切接触的外交部圈子中，人们尤为感到改革之迫切。不过，随后不久，改革在奥斯曼帝国内部获得了自身驱动力，并非单纯靠模仿而形成新的规范、新的角色模式和行政管理职业化的新观念。在奥斯曼帝国——一如在欧洲和中国——通行了几百年的分赃政治，也并非一夜之间就被理性、遵守客观标准的人事政策所取代。两种潮流和观念相互碰撞，同时相互影响。[122]1839 年后的坦志麦特改革，使一个新的官员阶层成为占主导地位的帝国精英阶层。这是一个至少有 3.5 万名（1890 年前后）职业公务员的群体。百年以前，当时的数千名抄写员都集中在首都伊斯坦布尔，而到 1890 年仅有为数不多的新型高级官员在那里任职。奥斯曼官僚体制的地方化很晚才发生，直到 19 世纪下半叶，该国才走上中国已经走了数百年的道路。[123]一方面，奥斯曼官僚阶层缺少中国的经验；另一方面，它却可以比中国的官僚更为"现代"，后者有着过强的"路径依赖"，故其离开固有职业道路的自由度较低，而改革是以拥有强大的改变能量为前提的。

在日本，官僚体制也是在传统背景、西方榜样及本土的现代化意愿这三种力量的作用下产生的。自德川时期以来，日本就拥有了大量的行政人才储备，不过不像中国和奥斯曼帝国那样多集中在中央政府层面，而是聚集在大名的封地区域"藩"这一行政层级上。在1868年明治维新后，与其他大多数国家相比，在日本建立一个全国性的国家官僚制度的需求更为迫切，这方面其实只有革命时期的法国可与之相比。明治维新期间，在幕府将军的和平统治下从剑客变身为统治者的武士的行政管理经验，在更大的范围内得到应用。在1878年，即实行明治维新仅10年后，日本就以波拿巴执政府时期法国推行的专业化行政体系为蓝本——这一体系中咨询机构和任何形式的"自治"的作用都是次要的——在全国范围内实行了彻底的国家行政理性化改革。改革后形成了一个在日本史无前例的完整的职位等级制，设置的职位包括国家最高行政机关内阁（Kanzlei）成员，新设的县的知事，乃至基层的村长。[124] 1881年，在英国实行考试选拔官员制度后不久，日本也开始采用这种方法聘用高级公务员，于是传统的分赃制因素很快被剔除殆尽；只有最高级别职位仍由最高领导任命，这在欧洲也被认为是一种天经地义的任用程序。在世纪之交前后，日本的国家行政体制已经俨然成为马克斯·韦伯所称的"理性官僚制"的教科书式的典范。即使在欧洲，具有如此鲜明的现代形态的行政机构也屈指可数。但是在日本（与普鲁士、奥地利和俄国类似），由于官僚体制的现代化发生在批判性公共领域及政党制度建构之前，所以一旦明治寡头的政治领袖对行政机构放松了警惕，就会面临官僚系统失控的危险。到20世纪早期这样一种发展所带来的后果将会显现。

877

在明治时代最初的十年，出现这种状况的风险还相对较小。这与新的政治制度的革命性根源有关。由于明治领导层的合法性既非传统所赋予，亦非（如法国直到拿破仑统治时期的所有革命政权）通过代议制或全民公决的方式被下层民众承认而获得，因此他们必须通过治理成绩来证明自己具备统治能力并获得了统治授权。这其中包括树立一种超越"封建"庇护关系的公共服务伦理，建立一个以目的为导向、能严格执行把日本建设成屹立于世界强国之林的经济和军事强国这一目标的官僚机构。他们将本土武士阶层的管理传统，与英法德三国的国家行政管理经验相结合。与奥斯曼帝国的情形类似，这种结合并不是原版引进欧洲政府管理模式了事。日本找到了一种独特的官僚制现代性形式。不过这是一种半拉子现代性。因为，对明治秩序而言，个体自由权和人民主权等观念是陌生的；在日本从未产生过诸如统治者与被统治者的契约这类欧洲观念。因此君主家长制得以在官僚体制理性化的时代继续存在。日本1889年宪法明示日本天皇为万世一系，规定天皇"神圣不可侵犯"，总揽统治权；从这几条来看，日本宪法偏离了其欧洲蓝本。[125]

为论证这种集体主义的或有组织的国家观，在明治时代晚期，人们追根溯源，启用了日本的国体（kokutai）概念，这一概念是1825年由儒家学者会泽正志斋（Aizawa Seishisai）引入讨论的。[126]根据此概念，天皇是"家族国家"（kazoku kokka）的最高家长，家族国家遵循统一的国家意志，在这个家族国家中，臣民有义务效忠和顺从天皇以及他所任命的政治机构。[127]从形式上来看，日本的官僚体制是世界上"最理性的"体制之一，就是说，其成就并非体现在为公民服务上面，而是体现在完成上层设定的国家目标上面。在一个现代化的专制国家 **878**

中——与 1871 年后的德意志帝国类似的情况有很多——理性官僚体制能得到极为良性的发展。国家行政机关高度现代化，尽管它所依附的政治制度及其意识形态并不现代。因此，归根结底，官僚机构化是否发生在一个自由的政治秩序和政治文化框架中，之间的区别很大。

全面国家化？

但这不过是分析国家官僚制度的方法之一。另外一个也很重要的方法所关注的是，官僚体制如何反映在政治生活的各个不同层面。其中一个历来都很重要的问题是，"国家"是如何在乡村中呈现的，即在农民自治、地方上层社会统治和基层国家行政机关的干预这个三角中，两者的关系是怎样的。[128] 在一个更高层面上，对于 19 世纪下半叶的许多幅员辽阔的大国而言，无论是民族国家还是帝国，如何实现行政统一是个根本性的问题。在中国和哈布斯堡帝国（在该国，最重要的统治机构是军队而非行政管理机构），其辖下国与国之间古老的联盟得到成功维系。德国在 1866 年北德意志联邦及 1871 年德意志帝国成立之后，在国家行政统一方面面临着越来越艰巨的挑战；日本自 1871 年起，因农民起义反抗领主而废除了幕藩制，效仿法国的做法把国家划分为府县，即废藩置县。[129] 若不从一国的中心区，而是从各国的外围地区来观察，那么实现国家政权的集中统一所遇到的障碍和局限就会一目了然。因此，我们不妨从一个小邦国的角度来考察德意志帝国的"内部"建构，从后来成为县的藩的角度检视日本明治时期的国家统一，从某一省的立场出发来观察晚期帝制中国的政治史。[130]

879　　即便在欧洲，传统国家到理性国家的过渡期也并非在近代早期，而是在 19 世纪。[131]官僚制度的建立和政府活动的扩张不可避免地与此相关联。在世界范围内几乎都可以观察到这个进程。这个进程并非工业化的附带现象，在很多情况下它常常先于工业化而发生。亚历山大·格申克龙（Alexander Gerschenkron）指出，在后发工业化国家，政府越来越扮演着规制者和推动者的角色。在这个方面，俄国和日本是很好的例子。政府机制和政府行为的扩大有若干不同途径。不同国家的官僚制度因效率——处理信息的能力，做出及落实决策的速度——不同而存在差异。哈布斯堡帝国官僚制度的臃肿是出了名的，它要进行内部改革需要花费很长时间。而在高度的社会自我组织化的条件下，尤其是在建立资本主义市场经济的过程中，一个苗条的政府可能比一个机构臃肿、人员冗余、规章制度复杂的官僚制度更有效率。英国的例子就说明了这一点。官僚化进程很少是持续不断的，甚至会出现倒退的现象。在内战时期的美国，北方的政府规模大大膨胀。战争结束后的重建就是试图将这种类型的政府扩展到南方。重建失败意味着，在南方，反中央集权甚至敌视政府的势力在增长。此后，在 19 世纪最后 25 年，在北方，自由资本主义的密集发展使得呼唤管理型政府的呼声也消失了。[132]欧洲较少出现这种现象，在那里，除英国外，那种出于政治认知而采取后撤立场的真正的"守夜人政府"只是特例。1914 年前后，在欧洲的许多国家，至少有五个官僚制特征部分成为现实：①国家公职是有固定报酬的工作；②根据专业能力和资格任用和提拔国家公职人员；③将各部门按照职权大小确定其在组织中的地位，形成有序分工的等级系统；④将所有职位纳入国家行政管理体系（在联邦制国家较难也无法完全做到这一点）；⑤议会权力和官僚机构行政权之间的

"权力分离"，但在国家最高领导层面，这两种权力则常常相遇。[133]

880　　　不过，即便在当时的欧洲，也谈不上实现了如今意义上的"全面的国家化"。许多生活领域尚未通过法律法规得到规制。那时还没有工业标准，没有防噪声规定，也没有动辄就需要申请建筑许可，甚至还没有实现普遍义务教育。在世界范围内，国家的官僚机构化几乎都不是在变化了的技术和传媒条件下发生的。行政管理书面化——中国将这一方式用于行政管理时，在欧洲人们几乎连这样的想法都还没有——已成为普遍原则。行政管理是案牍工作，电报无法大量传递信息，因此也没有为领土管理带来非同一般的便利。在物流方面，政府的全知全能遇到了极限。

　　至于官僚机构的扩张，只能有个大概的描述。当国家公职人员职位的增长速度超过人口增长速度，就说明政府机构"在扩张"。照这个标准看，中国的政府是在萎缩，在一些殖民地，国家公职人员的增长与人口增长不匹配。在德国这样一个实行全面行政管理的国家，国家雇员数量直到1871年后才开始显著增长。这个群体的数量1875～1907年翻了三番。不过这种增长主要是交通和邮政部门突飞猛进的发展所致，而在同期，原本意义上的行政管理部门以及教育部门的职员人数却在下降。[134]在殖民地，尤其是在英国和法国的殖民地，情况极其类似。在这些地方，除了军队和警察部门，大多数来自欧洲以及出身本地的政府雇员都就职于铁路、邮政系统和海关。政府对社会领域的若干环节进行干预。作为税收国家，它要求拥有一个相当程度上正常运转的金融体系。在殖民地，比如在非洲殖民地，宗主国先得建立一个金融体系。建构政府和商业化互为条件。不过，即使对欧洲而言，也不应高估财政制度合理化的速度和规模。经过很长时间，财政制度才实现了某种程度的合理化，如编制定期预算，政府不仅能计算收支，还大致能做预测和计划。在 19 世纪的欧洲，由于战争较少，也较少需要国家进行战争融资，上述合理化过程变得顺畅起来；战争融资是 18 世纪公共预算的主要目的和风险所在，在这方面，英国凭借政府强大的征税能力超过了所有对手。财政联邦制过去是，现在仍然是一种特别复杂的财政制度；在这个制度中，各个政府层级都征税，征收的税种五花八门，于是有时就会出现财政平衡问题。[135] 在 19 世纪，倘若有债务，政府会避免过于依赖某些金融家——不像近代早期的王公贵族们那样过于依赖资本提供者。英国设立了一个超出临时业务性质的、系统化的国债管理机构，是首个设立这种机构的国家。通过公共借贷弥补国家财政漏洞，成为常用的财政政策工具。这样做的一个附带效应是，会使投入资本的资本所有者关心国家福祉。纳税人和贷方之间会产生矛盾，因为税收以债息形式流进了后者的腰包，这类冲突公开化的事例并不少见。

881

19 世纪，在全世界范围内，国家尚还未被理解为具有再分配功能。国家几乎从未把税收用作战略工具，对社会阶层化进行干预。在"廉价政府"（cheap government）和昂贵的政府服务的矛盾中，宁可选择让政府勒紧腰带度日的不仅仅是慷慨的纳税人。19 世纪的最后几十年中，在欧洲和日本，政策的国家主义倾向越来越严重，于是出现了一个新的两难选择，即是要维持节约型政府，还是要扩充军备？尽管债务如此增长，但在第一次世界大战前夕的欧洲，几乎所有国家的国家收入占 GDP 的比重都不超过 15%，美国则明显低于 10%。[136] "公共支出占 GDP 的比重"成倍增长达到约 50%——今天人们视这样一个数字为理所当然——是两次世界大战之后发展的结果。19 世纪最重要的税收政策创新之一是直接按比例税率征收所得税。英国自1842 年以来一直实行这一税收政策，它被证明是一个能谨慎减缓中高收入群体财富增长的工具。1864～1900 年，许多欧洲国家实行了这一税种。[137]但在英国，所得税的设立并不是作为社会福利改革性质的再分配措施，而是与转向自由贸易有直接关系。取消关税造成的收入损失通过新税种来平衡，反过来，自由贸易还会促进发展与财富增长。[138]税收制度，特别是西方和日本的税收制度，其现代性最终体现在，至少在和平时期纳税人无须担心国家会突然而随意地征收特别税。征税要有法律依据（预算按其形式也是政府预算法），对这样一部法律所适用的地区及时间范围都有明确规定。税收国家和法治国家互为条件。

五　动员与处罚

义务兵役制

除了动员资本外，一个组织良好的国家怎样把人当作资源来动员？这方面拿破仑做出了表率。能成功动员一国全部适龄男性上战场的只是个别例外，比如在那种具有军事建制、以征战为主要生存手段的社会——如 19 世纪 20 年代恰卡统治下的祖鲁王国，或北美和中亚骑兵国的个别群体和部落。在近代早期，常见的军事组织形式有四类：①雇佣军；②割据一方的军事集团首领（军阀）及其四处劫掠财物的追随者；③封建军事组织（如清朝的满族八旗军或印度的拉吉普特人［Rajput］）；④禁卫军，他们主要担任首都警备任务，影响政局，比如土耳其近卫军。在这四种军事组织形式中，军阀和雇佣军出现在 19 世纪。前者主要存在于独立后的拉美国家和 1916 年后的中国，当时中国的情况与拉美类似，帝国处于四分五裂的割据状态；后者主要出现在军事劳动力市场多如牛毛的印度，此外，在非洲的部分地区也有雇佣军。在印度，欧洲人的统治就是建立在军队之上，军队享有财政优先保障。自 18 世纪晚期以来，英国军队始终设法雇用忠诚的雇佣军团，这些雇佣军团领取报酬，享受优厚的待遇。英国和印度军事文化相互交融，形成了骁勇善战的印度土著雇佣兵这样一个群体。在 1895 年之前，军队的组织编制不是集中统一的：各路军队相互戒备。1857 年印度大起义后，英国人更加倚重来自旁遮普的锡克兵，他们约占常备军人数的一半。在过了为军事殖民行动勇猛作战的雇佣兵活跃期后，他们会安定下来，担负养马这一类战争勤务。在义务兵役制扩大的时代，锡克兵大概算得上是世界上最聪敏机智的职业雇佣军团。[139]

883

和平时期也储备按军营编制的常备人民军队是 19 世纪的一个创举。[140] 它以基于人人平等原则的公民联合为前提，同时又是国家推动这种联合形成的手段。因此普遍义务兵役制——没有该制度人民军队的存在是不可想象的——与国家及民族国家建构的相互关系颇为复杂。在革命战争中的法国，公民为祖国而战，而非臣民为国王而战，这是史无前例的现象。"武装起来的国家"的理想由此诞生。不过，在和平时期，需要实行普遍义务兵役制，以便使国家社会之间形成一种新型关系。在这一点上，区分战争时期与和平时期很重要，因为战争状态下人民大众自发的自我动员与定期、常规化地征招所有适龄男性，是有所不同的。应征服兵役者不一定认为自己是公民兵（soldat citoyen）。普遍义务兵役制发源于雅各宾派执政时期，之后，经过缓慢的发展，克服了巨大阻力，才得以实行。第一次世界大战爆发时，诸列强中，英国是唯一一个在兵力输送方面依靠志愿服役者的国家。

　　义务兵役制与民主和兵役公正性没有必然的关系。在 1872 年前的法国，富有的公民几乎总有办法花银子逃脱兵役；有一个价格摇摆不定的服兵役替身市场。不过，直到 1905 年，相当一部分职业群体（教师，医生，律师等）都是免服兵役的。直到第三共和国成立后很长一段时间，法国军队与其说是一支公民军队，毋宁说是一支代服兵役者军队。普鲁士较早实行了义务兵役制，并将服兵役鼓吹成"国家荣誉"；在那里，这一制度并未像国家所期待的那样，激起人们争相服兵役的热情，而是导致人们想方设法逃避这一令人厌烦的义务。直到 1871 年德意志帝国建立后，军队才真正成为许多人接受其洗礼的"国民摇篮"，成为几乎所有社会阶层的一个重要的社会化机构。[141] 在俄国，强制兵役是 18 世纪早期正式确定的、民众对沙皇履行的普遍义务兵役的一部分。在克里米亚战争前，非贵族家庭子弟一旦陷入这一军事机器中，就要服长达 20 年的兵役；帝国的几乎所有民族都是征兵对象。不过，最初还谈不上是普遍义务兵役制，正式实行普遍义务兵役制是在 1874 年。[142] 沙皇的军队——如同哈布斯堡王朝的军队一样——根本不是一支国家军队，而是由来自不同种族、操着各种语言的士兵七拼八凑而成的杂牌军。从 19 世纪 20 年代开始，为征战苏丹和阿拉伯，穆罕默德·阿里建立了一支军队，这支军队与沙皇军队的情况类似。基于大规模的强制动员，埃及变成了一个侵略性的军事国家。埃及的普通农民被强征去服兵役。指挥他们的军官团却

884

不是由埃及人组成，而是由讲土耳其语的土耳其人、阿尔巴尼亚人、库尔德人或切尔克斯人（Tscherkessen）组成，法国教官负责向他们传授现代作战艺术的基本要领。穆罕默德·阿里尚未想到，让农民作为积极的公民参与专制王朝的国家建构。[143]

在这方面，19世纪后半叶的奥斯曼帝国与上述情况并无太多不同。进行军事现代化改革，是因为必须镇压已近失控的帝国特别军团近卫军（1826）；近卫军驻扎在首都，是从帝国的非穆斯林（但后来改信伊斯兰教的）群体中招募的精锐部队，但他们已堕落为几乎毫无军事作战能力的食俸者阶层。在坦志麦特改革过程中，奥斯曼帝国于19世纪40年代实行了统一男性臣民身份、通过消除中间机构来拉近国家与民众距离的政策。自1843年起实行的普遍义务兵役制——这也是国家对社会的深入干预——是该政策的内容之一。与许多欧洲国家一样，奥斯曼帝国也有免服兵役的特例，比如游牧民族和伊斯坦布尔的居民。非穆斯林必须缴纳一种特别税才可免服兵役；到1909年，非穆斯林也被纳入义务兵役制。人们对实施过程中远超规定年限的兵役既厌恶又恐惧，征兵效果较差。直到世纪之交后，奥斯曼帝国军队仍主要靠从在安纳托利亚核心省份定居的穆斯林农民中招募士兵。到世纪末，军队中出现了一个具有很高素质和能力的军官团，它将成为土耳其政治的最活跃要素，然而奥斯曼帝国军队并没有成为国民摇篮。[144]

义务兵役制在日本意义重大，大概除德意志邦国普鲁士以外，在这方面世界上任何一个国家都无法与日本相提并论。与各内陆大国民族成分多元的军队极其不同，自1873年起，日本军队的组织基础就是以法国为蓝本（即可通过花钱免服兵役）的普遍义务兵役制（在部队服役3年，预备役4年），也就是

885

说，它是一支国家军队。与实行义务兵役制的所有其他国家的情况不同，这一举措在日本有着直接的革命意义。借此，明治时期的军事改革家山县有朋贯彻了自己的意图，使得把前武士阶层改造成新封建职业军队的计划落空。通过建立一支以义务兵役制为基础的军队，既可避免出现一个独立的武士阶层，又可借机建立起民众与新政权的联系，让他们为实现国家目标贡献自己的力量。1895～1905 年取得节节胜利之后，军队声望大增。20 世纪早期日本军国主义的产生，与其说是古老的武士传统的延续，毋宁说是以法国和普鲁士为榜样，新的道路选择所产生的后果。[145]实行普遍义务兵役制的一个结果是，在和平时期的日常生活中能明显感受到军队的存在。

警察

在军队中，既要对一个特定群体进行动员，又要对他们进行组织纪律性训练。在和平时期维持秩序和纪律，是刑事审判和警察的职责。只有当发生革命动乱，或在警力配备远低于城市的乡村地区（比如在俄国），才会动用军队来维持社会秩序。随着 19 世纪的发展，国家取消了轰动性的公开审判，这方面欧洲比其他地区行动得要早。国家不再通过施以仪式化的处决来震慑民众。人道主义思想的兴盛令人越来越无法容忍这类做法；世纪中叶后，这种行为在西欧就绝迹了：在德意志各邦国是 1863 年，在英国是 1868 年。[146]在作为手艺人和娱乐大众者的职业刽子手从公众视野中消失的所有地方，那类遍及全世界的"前现代"行刑方式均已不复存在。万众瞩目的行刑场面令人憎恶也有市场方面的原因，因为在许多城市，若与刑场比邻而居，有上升势头的房价也会一落千丈。非致命性国家暴力——

886

这在今天的欧洲也已不可想象——存在的时间要长一些。1845年，沙皇尼古拉一世就已禁止公开执行鞭刑；但现实中，这种刑罚仍很普遍，以至于到世纪之交时，人道主义活动家和民族主义者纷纷抗议，后者主要担心，这会有损"文明"国家俄国的声誉。[147]

通过治安机关可以对社会进行更强烈的渗透，这赋予了国家与赤裸裸的震慑手段不同的权力工具。警察制度创建于19世纪。法国是欧洲第一个设置由中央政府领导的专职警察机构的国家，时间远在1700年前后。[148]英国自1829年起有了一个警察制度，它最先产生于伦敦；与欧洲大陆国家相比，在这个制度中，地方机构始终拥有较大的监督权。但直到1848年，柏林的警察才配备了警服：这是他们转变为一支可明显辨识的队伍的标志。负责维护乡村地方秩序的是宪兵队，这一治安机构源于法国，在大革命时期产生了影响。18世纪90年代末，宪兵队具有了鲜明的组织形式，成为欧洲其他国家的样板，这一模式被复制到整个拿破仑帝国及帝国以外的地区。宪兵队是法国在整个19世纪输出的较重要的政治产品之一。[149]警察和宪兵是拿破仑帝国留下的最经久不衰的遗产。很少有其他遗产能让复辟时期的政府如此心甘情愿地继承。

法国警察模式的魔力传播到了欧洲以外的地区。德法战争给日本留下了深刻印象，在军事组织机构上它主要暗地里学习了德国，创建警察制度时，则在很大程度上仿效法国。早在1872年，日本的首任司法部长就派遣八名年轻雇员前往欧洲，目的是让他们学习和比较那里的各类警察制度。留学代表团回国后不久，日本的第一个现代警察组织就建立起来，最初其职责范围仅限于首都东京。法国的警察制度有理由被日本来访者 887

看作组织机构最明晰的制度；另外，日本司法部已在不久前将法国树为建立司法制度时要效仿的最重要的样板。在随后的20年里，经过一些修改，法国警察制度被复制到了日本。比如，日本宪兵队就是仿效法国宪兵队的模式建立的。[150]开始帝国扩张以后，日本也效法法国（在大英帝国少有）惯例，动用军事警察来控制殖民地。日本宪兵队在台湾以及后来在朝鲜就扮演了这一角色。其规模持续扩大，到1945年发展成残忍的恐怖部队，令在其战争铁蹄下的所有地方的平民都生活在恐惧中。

1881年前后，日本已经完成了在警察制度方面的学习。接下来便是对这个引进的制度进行扩建。日本比欧洲任何一个国家都更重视警察的职业化和培训。日本设立了很多警察局，密密麻麻地覆盖全国。警察是贯彻实施明治时代各类改革的最重要的国家机构。它把反对新日本的任何可能的抗议行动掐灭在萌芽状态。社会变革只能来自上层。在这个过程当中，民众不能成为政府的拦路石，而让民众不妨碍政府的改革，便是警察的职责所在。[151]在迫害不受欢迎的政党和早期工人运动组织方面，警察最是功绩赫赫，而在镇压世纪之交前后频发的民众自发抗议方面，它则没有起到很大作用。1912年明治天皇去世时，典型的日本警察并不是亚洲版的亲切友好的伦敦警察"伯比"（Bobby），而是直接效力于中央政府的特务。当时，日本大概是全世界警察渗透社会最为严重的国家。

在19世纪，可能没有任何一个欧洲殖民地连最基本的欧洲现代警察体系都未引进，尤其是在城市。在维持乡村秩序方面，殖民统治者几乎历来都以某种方式与当地精英合作，部分依靠庇护关系，部分依靠集体责任机制。亚洲殖民地不断爆发本土居民起义，令殖民当局猝不及防；由此可见，对地域辽阔的农业国的乡村地区正在发生的事件，他们所知甚少。[152] 无论是在长期以来被欧洲殖民的印度和印度尼西亚，还是自 19 世纪 80 年代起才沦为殖民地的热带非洲和越南北方，殖民当局的警察都是自 20 世纪 20 年代开始才加强了干预。当时，城市骚动不安，反叛的工人阶层挑战着殖民当局，对乡村地区的监管也明显加强。没有成为殖民地的中国，也加强了对乡村的监管，在乡村地区史无前例地设立警察机构，是国民党政府统治下（1927～1937）半心半意的国家建设方案的一部分。20 世纪 20 年代前，只有在个别殖民地，比如在交趾支那（越南南部）人们亲历过被警察监管，见识过乡村行政管理被纳入欧洲大陆式或日本式官僚行政管理系统。19 世纪和 20 世纪警察力量在世界范围内的发展，充分展现了形形色色的警察制度传播方式，这些制度不仅从宗主国首都传播到殖民地，或者被暹罗和日本这样的国家引进，而且在各帝国内部也是从一个地方到另一个地方四处传播。比如，1882 年，埃及被英国占领后，不顾本地特殊情况引进了印度警察制度的基本组织结构。殖民地创建的不同形式的制度也可能反过来对欧洲产生影响。1835 年，著名历史学家托马斯·巴宾顿·麦考莱（Thomas Babington Macaulay）在任职印度司法部部长期间主持制定了印度刑法典，该法典 1860 年生效，至今部分条款仍然有效；这部法典的精确性和完整性，在有着以判例法为依据的习惯法传统的英伦岛上，史无前例；直到 19 世纪 70 年代，英国才仿照该法典，诞生了一部具有类似系统性的英国刑法。[153] 依照某些保守派的想法，在英国本土，国家也应针对主流民主论调显示其强制性的本质，如同作为军事征服者、立法者和拥有警察机关的统治者在印度强硬地行使主权一样。[154] 在英国，反对这种殖民专制统治的力量

889　足够强大，防止了专制统治思想对本土代议制的危害。然而，令敏锐的约翰·阿特金森·霍布森（John Atkinson Hobson）这样的帝国主义批判者仍感到不安的是，90% 的大英帝国居民生活在"英国政治专制"的桎梏之下，而这种专制随时会毒化母国的政治气候。[155] 殖民主义始终挑战着母国首都的自由思想。要求加强警察暴力的声音反复出现。

美国警察源于英国：其源头首先是传播到美国殖民地的古老的英国社区志愿守夜人传统，其次是英国最重要的警察现代化改革措施——1829 年建立的伦敦大都市警察厅（Metropolitian Police of London）及其着警服的警员。推后 20～30 年，美国的大城市采用了这一基本警察制度模式。[156] 直到 19 世纪 50 年代，美国东部城市才建立了领取固定工资、着制服的常设警察部队。但是，在这个过程当中，很早就形成了美国特色。美国缺少一个像法国和后来的英国所建立的那种全国性的警察体制。数十年后，美国的警察体制才实现了政治独立性这个"理性"官僚制度的另一标准，在此之前，警察常被当作美国城市政党政策的工具。美国警察的极端分散化，导致警力分布的地区差异极大；一些地区（主要是边疆地区）警力配备几乎为零，而司法管辖区却一个挨一个。这种情况下，跨界追捕罪犯相当困难。罪犯若逃到相邻城市，常常无法起诉他们。私家侦探机构于是应运而生，填补了这一市场空缺；其中最著名的私家侦探公司于 1850 年由艾伦·平克顿（Allan Pinkerton）创立。平克顿侦探公司的雇员最开始接手的是铁路和邮政马车系统的侦探业务；到 90 年代，他们因镇压罢工工人而声名狼藉。除美国外，世界上再无第二个国家因政府的不完全暴力垄断，为不易对其进行司法监督的私家侦探留下如此广阔的业务空间。在美国，警察不被视作"国家"机关等级序列中的一个机关，而被看作地方自治的一部分。这不仅与法国或日本的制度截然相反，与英国的制度也形成了鲜明的对照。19 世纪晚期的英国警察将自己视作法律的代表，如在不成文宪法和普通法中的表述那样；而鉴于法律拘束力较弱，美国警察视自身为具体情境下的"正义" 890 的代表。北美西部警长（Marshall）是这一类型的独特化身，[157] 他往往也是远在千里之外的国家权力在地方上的唯一代表。在世界范围内，警察及宪兵和军队之间的职责分工尚属特别现象。对内不得动用军队来维持秩序，仅在少数国家被确立为新的政治文化原则。从历史上看，警察的创建晚于军队，是在区分不同治安职能的过程中产生的，在国家政权建设过程中所起的作用没那么突出。其职能并不是建立而是管理国家的暴力垄断。

处罚与救济

从组织机构上来看，相对于如今行政机关所拥有的干预途径，19 世纪的国家机器较为"单薄"。尽管如此，它们有时也会介入一些——20 世纪晚期的（欧洲）政府越来越少干预的——日常生活领域。这直接取决于各个时期国家对行为入罪化问题的不同考量。因此，一个政府是否企图强制民众统一信仰某一宗教，或它在多大程度上认为自己是其臣民和公民的私"德"卫士，完全是个历史变数。在 19 世纪，至少在信仰新教的欧洲——在此主要指英国——可以观察到政府职能的道德化，及由此导致的警察职业的道德化。在维多利亚及爱德华时代的英国，使用法律武器以及动用警察来打击"不道德行为"到了疯狂的地步。卖淫、酗酒和赌博都是政府打击的目标，这样做不仅是为了防止大多数体面人行为失范，同时也是履行内部文明化的道德职能。与过去相比，刑法更加频繁地被用作开展道德运动的工具，而这一做法的背后不无培育民族共同体"良好"道德的用意。[158] 1859 年，约翰·穆勒在他的《论自由》（*On Liberty*）一书中，就对这种对私域的侵犯发出了警告。世纪之交后，卡尔·克劳斯（Karl Kraus）从所处的奥地利的具体境况出发，揭露了"不道德行为与犯罪"之间的矛盾。[159] 这种论战的必然发生反映出，在实践中事物相互矛盾的严重性。

891

在殖民地，有罪化也被用作排斥和控制非我族类的手段。在英属印度，一些人被认为属于"生来就是罪犯"的部族和种姓。当 1947 年殖民时期结束时，共有 128 个群体属于上述群体，大多数为移居印度的移民群体，人口共约 350 万，约占印度总人口的 1%。这些"犯罪部落"（criminal tribes）察觉到殖民政府施加的严酷迫害。实际发生的行为，即世代相传的犯罪行为，与当局的标签化相互作用，导致了这些少数群体的定义固化。1871 年，《犯罪部落法案》（Criminal Tribes Act）确定了这些群体与殖民政府的关系。采取的控制方法包括：在警察局登记注册，在某些村庄履行居住地义务，参加开垦土地的强制劳动。这明显与中欧吉普赛人的遭遇具有相似性。"犯罪部落"并不纯粹是殖民政府痴迷于整治秩序的产物。现如今可能的解释是，这些群体原本属于中亚游牧部落，18 世纪莫卧儿王朝终结后，他们成为政治崩塌的牺牲品，从此陷入了被边缘化的恶性循环。[160]

印度的"犯罪部落"不应当得到"教化"。他们不属于那些看上去能够和愿意被"教化"的人群之列。在那些为部分消除解放政策的后果而实行有罪化的地方——几乎与印度采取强迫性措施同时发生——也会出现类似现象。在曾是南部最大的蓄奴州之一的亚拉巴马州，内战和重建时期后，尤其自 1874 年起，监狱里的犯人大多数都是黑人。刑法中增加了新的犯罪种类。在获得短暂的自由之后，监禁成为对黑人民众的新的威胁。在当时实行的囚犯租赁制度（convict lease system）下，营利性监狱向南方的新兴工业和矿山输送廉价劳动力。[161]

从欧洲国家的处罚改造宝典中，日本主要借鉴了把监狱视作监视和教育场所的观念。为此需要彻底修改刑法。在德川时代晚期，许多反对派被关进监狱，他们描述了所看到的极为恐怖的监狱景象：那些简陋至极的地牢，类似的监牢在世界上其他很多地方也司空见惯。当时日本还没有为公众所知的刑法典，最早的这类法典出现在 1870～1873 年间，受欧洲影响尚微。明治早期的刑法还详细规定了各类体罚的具体细节，比如按罪行轻重决定的杖刑数量。19 世纪 70 年代，须通过有益的劳动来改造囚犯主观思想的观念，受到人们的追捧。以西方刑法典为蓝本制定并由一位法国法学家校订的首部日本刑法典，于 1880 年生效。[162] 于是，日本首次确立了法无明文规定不处罚的原则（罪刑法定原则 [nulla poena sine lege]），并且不再按社会地位的高下来决定刑罚轻重。自 19 世纪 80 年代起，系统性地转变教化模式开始在监狱中推行。[163] 在这方面日本走在了欧洲国家的前面。在世界范围内，监狱改革成为最受欢迎的政治议程之一，人们欲借此与"现代文明"接轨，同时证明一个与时俱进的民族国家的行动能力。在世纪之交前后的中国，为国家文明进步忧心忡忡之士，一般都主张按照欧洲或北美模式建立"模范监狱"。[164]

19 世纪的国家在多大范围内已经是社会保障型国家？在欧洲，随着时间的推移，传统的"抓穷人和乞丐的警察"被取

892

缔。在法国，曾有过这样的革命计划，即由国家提供资金，建立基于平等原则的公共救助体系，但这些革命计划未能实现。旧制度下典型的社区救济穷人机构，如医院、济贫院及其他机构仍继续开办，而且越来越多地由民间慈善救机构主办。西欧以及中欧的各国政府建了一些新的综合性的救济机构；从用途上来看，医院已接近精神病院或感化院。贫困救济与社会惩戒性办法相互结合，几乎不可分割。对劳动大众而言，只要他们未被赋予结社自由，自主行动就会受到严格限制。自 1848 年以来，在欧洲大陆许多国家，民众自主行动成为建立工会、消费者协会和保险公司的基础。在英国，有着类似意图的"互助组织"（friendly society）早已存在。在欧洲，国家的控制性干预比过去加强了，但直到 19 世纪末，国家在福利事业上的财政支出并未明显增长。若以贫民救济支出占国民生产总值的比重为标准来衡量，在有些国家，如英国，国家财政的福利事业支出反而下降了。[165] 直到 1880 年后，政府才着手通过法律法规整顿普遍性的救济制度——不仅仅限于对个别职业群体（主要是矿工）的救济，并且在这个过程当中，把民间机构和宗教组织都纳入进来。[166] 于是，向"福利国家"的转型和法律规定的社会保障制度逐步取代了贫困救济政策。[167]

为预防以工资为生的劳动领域存在的风险而创立了社会保险，由此国家职能开始被重新定义。1883～1884 年德意志帝国建立了工人疾病和事故保险，随后又于 1889 年建立了伤残和养老保险，这是国际上建立社会保障制度的开端。在这里，一开始就倾向于选择一种国家利益至上、排斥休戚与共的社会协作思想的方案，这种方案将正在形成中的福利国家交予官僚机构和利益集团来管理。伴随着俾斯麦的社会保险制度而来的，是针对工会和社会民主运动发布的禁令（《社会党人法》，1878）。帝国总理此举意在削减自主管理的工人运动救济基金。[168]福利国家并非从诞生之初就提供面面俱到的一揽子生存保障服务。丹麦自1907年起就建立了失业保险，英国是在1911年，而德国则推迟到1927年才设立了这一社会保险险种。[169]若将保险和救济的个别种类区分开来，会发现，向那种受到法律规范、符合民众要求、由国家筹措资金，并由官僚机构管理的社会救济制度的转变，各国在时间上不尽一致。转变的发生，在民主制度下并不总是比在专制或半专制政治体制下更快。比如，在民主国家法国，直到1898年，随着法律规定的强制事故保险的建立，才步入了社会保险的时代。欧洲个别国家的政府和当时出现的社会专家小群体相互仔细观摩，尽管有制度差异，但人们还是跨越制度界限相互学习，甚至大西洋两岸的国家也互相借鉴。[170]

这并未使欧洲国家形成统一的救济制度。从19世纪向20世纪过渡的欧洲，实际上形成了"三种福利国家模式"：一种是斯堪的纳维亚模式，即通过收入再分配筹集资金以保障社会安全；一种是英国模式，这种制度旨在通过靠税收支撑的基本社会保障来消除贫困；一种是欧洲大陆模式，即通过保险费来筹措资金，与上述两种模式相比，在这种制度中，更多凭社会身份来决定交付保险费的额度高低（比如公务员享受特殊待遇）。[171]尽管存在不同的福利制度路径，但可以说，世界上任何一个地区都不像欧洲、新西兰和澳大利亚那样，社区、慈善机构、教会或政府以消减贫困为目的的社会风险预防观念在内部动力的推动下转变成一种对国家职能的新认识。在美国，私人慷慨捐助被视作善行，但将税金用于救济穷人却被视为浪费；

所以，尽管一些地方也对欧洲的福利制度有所借鉴，但直到 20 世纪 30 年代才采取了大规模的福利国家建设措施。在其他方面对欧洲亦步亦趋的日本，也相当淡定，并不急于建设福利国家。直到 1947 年，日本才建立了失业保险制度，是建立这一制度的最后一个工业大国。在世界很多地方，作为 19 世纪的思想残余，从被救济者的"德行"方面审查其救济资格的做法还持续了很长时间。从世界史的角度看，预防性福利国家是 20 世纪的历史。20 世纪存在着一种独特现象：为了彰显福利社会主义，一些经济落后国家建立了无所不包但物质水平很低的社会保障体系。中国在 1949 年后经历了这一阶段，1978 年后开始了自由化时期；但一个新的社会保障体系尚未重新建立起来。

六　自强：外围防御政策[172]

895

对国家落后的认识

相比过去任何一个时期，19 世纪的政府都更热衷于改革。早在旧制度末期，一些统治者及其大臣们就认识到提高国家机器效率的必要性：一方面是为了攫取资源；另一方面是为了博得民心，让更广大的民众对其效忠。这些潜心改革的政府有：腓特烈大帝统治下的普鲁士政府，玛丽娅·特蕾莎、约瑟夫二世，尤其是约瑟夫二世的弟弟彼得·利奥波德（Peter Leopold）统治下的奥地利政府，后者作为神圣罗马帝国皇帝在位时间很短，他同时也是开明大公国托斯卡纳（Toskana，1765～1790）的大公；大臣杜尔哥希望将法国引上改革道路；1760 年后，卡洛斯三世统治下的西班牙作为海上强国试图进行全面改革，从中期来看，这一尝试甚至不无成效。在中国，政府需要时不时地进行有计划的革新的观念也很普遍。1730 年前后，雍正皇帝实行了官制改革，这也是这个时期最后一次改革。在 19 世纪，与过去相比，促使权力根基牢固的当权者进行改革的，更多是外部因素。国际竞争导致了改革压力。此外，实行内部改革无疑也与革命有关。1789 年后，从不改革就会付出代价的历史经验中得到了不少教训；而结论很明确，进行改革可以防革命于未然。反过来，有些革命虽然失败了，但它们也会使人产生通过改革对一些革命诉求做出回应的想法。欧洲 1848 年革命并不是没有产生任何影响。

尽管有上述种种因素，但导致 19 世纪典型的时代改革的，还是人们对自己国家落后局面的感受。1759 年后，波旁王朝在西班牙殖民帝国实行改革，目的就是要甩掉西班牙"落后"的帽子，赢得欧洲开明的社会公众的尊重。而战争失利比任何一种挫败更使人对国家落后的认识更加清楚。1806 年，在拿破仑战争中普鲁士惨败，这让部分普鲁士精英认识到，为了自身的 896 生存必须对旧制度进行改革。克里米亚战争之于沙皇俄国，以及四十余年后义和团败于八国联军之于清帝国，均起到了这样的作用。这些改革内容各异；共同之处在于，它们都志在实现更理性、更严格遵循法律公平性的政务标准。一个国家的军事力量再强大，也不会超越这个国家的非军事环境而兀自发展，这成为一个广为流传的认识。那些肩负将国家变弱为强使命的普鲁士改革家、俄国改革家以及中国改革家都明白这个道理，不过后者领悟这一点时已为时过晚。

在这里，背后还隐藏着一种更具普遍性的对问题的感知。少数几个国家被视作若干其他国家的标杆，这一现象史无前例。

其实，这些国家只是尝试着肤浅地复制那些灿烂夺目的国家和文明的外在形式，就如欧洲大陆的很多地方都争相模仿太阳王时期的法国一样。在近代早期，政治进步观念也已开始流行。在1700年前的英国，对于荷兰这个强大的商业和军事竞争对手在管理商业及处理社会和政治事务方面均是典范，人们并非一无所知。不过，这些对差别的感知非常有限，很少能跨越文明界限得到传播。在17、18世纪的耶稣会士和一些财政学理论家的眼中，伟大的清朝皇帝治理有方，他们统治下的中国井然有序、令人着迷，然而在欧洲，他们的热情并未在现实中带来实际的变化。"郁金香时代"（1718～1730）的奥斯曼帝国，曾在建筑和装饰风格方面短暂地向西欧开放，这一开放插曲无果而终。[173] 在19世纪，出现了一个前所未有的新现象：西欧文明成为世界大部分地区的样板。"西欧"首先指英国，在1815年之前，几乎所到之处都流传着它是世界上最富庶最强大的国家的说法。尽管拿破仑遭遇失败，法国政局始终变化无常，但它仍然属于这个模范西欧。普鲁士也逐渐跻身于西欧样板国家之列，

897 不过它还需要几十年的时间，才能摆脱处于文明地带东部边缘的斯巴达式军国主义国家的形象。背负如此形象，连这个国家最伟大、最爱讲法语的国王也感到如芒刺在背。

　　在整个19世纪，对西欧核心区以外国家的发展起着决定性作用的，主要是权力精英力求通过预防性地吸收和借鉴西方文化要素，来武装自己以应对来自同一个西方的侵袭。早在1700年前后，沙皇彼得大帝就推行了这种政策，力图通过向西欧学习使俄国成为内政稳定、外交强大的国家，以对付西欧。一个世纪后，对拿破仑领导下的法国的抵抗，引发了一些国家通过防御性现代化实现自强的第一波浪潮。苏丹塞利姆三世（Selim

Ⅲ，1789~1807）统治下的奥斯曼帝国，震惊于叶卡捷琳娜二世治下的俄国的向南扩张，以及1798年波拿巴入侵埃及，此时成为奋发图强的排头兵。这些改革遇到了内部反对势力的百般阻挠，第一波改革尝试夭折。在这些改革中，争议较少，故而较有成效的是1806年后普鲁士在军事、国家组织、法制及教育领域推行的改革。1805年后，就在同一时期，穆罕默德·阿里统治下的埃及开始着手建设军事主义国家，这同样也是这一世界历史瞬间呈现的一个侧面。

埃及军事扩张的成功暴露了奥斯曼帝国的衰弱。列强不得不向它伸出援手，帮它对付自己的属臣穆罕默德·阿里；此前，在列强的支持下希腊已摆脱了它的统治，这一切让奥斯曼帝国苏丹及政府领导人痛下决心，于1839年开始实行大胆的全面改革，即所谓的坦志麦特改革。[174] 于是，在长达25年的时间里，奥斯曼帝国的政策主旨就是持续推进改革：教育革新（一定程度上压缩有关伊斯兰教的内容）；国家行政机构改革；旨在使所有人一律享有公民权的法制改革；逐步改善非穆斯林的不利处境；不再通过巧立名目的掠夺，而是通过降低租税及调整税制结构来增加国家收入。主导改革的"土耳其政府"领导人所了解的西方基于亲身经历，所以他们对在奥斯曼现有条件下部分西化的目标、规模和目标达成的可能性有自己的想法。穆斯塔法·雷希德帕夏（Mustafa Resid，1800~1858）、阿里帕夏（Ali，1814~1871）和福阿德帕夏（Fuad，1815~1869），均是奥斯曼改革一代最重要的人物，曾分别担任驻巴黎和伦敦使节及外交大臣。能把东西方知识融会贯通的这个群体范围很小，这使他们的改革具有强烈的中央集权和国家调控色彩。在改革之初，市民社会并未展现推动变化的能量，但当伊斯坦布尔制

898

定的改革措施给予了活动空间，市民社会便得以成长和发育。萨洛尼卡和贝鲁特就是体现市民社会力量良好发展的两个很好的例子。[175]

改革

19 世纪后半叶很多国家之所以进行改革和尝试进行改革，是因为人们认识到了自己国家的落后，让人产生这种感觉的事情不断发生。这个时期，那个人们试图去响应的西方，让人既钦佩又恐惧的西方，并未裹足不前。尤其在 19 世纪 60 年代的后半期，英国、法国、普鲁士和奥匈帝国的政治秩序都在发生转变，虽然并非以革命的方式，但也足以令人注目。所到之处改革蔚然成风。[176]在欧洲边缘及欧洲以外地区的国家，人们的心态十分复杂：一方面不乐意看到西方当下的优势地位，另一方面又十分羡慕西方的许多文明成就；同时，对本国现有制度的可改革性总体上抱有信心。他们往往希望，自己国家的基本文化价值能被保留下来，在新时代延续。属于这类情况的有：亚历山大二世治下俄国实行的改革，主要是 1861 年废除农奴制和 1864 年的司法改革；[177]1864 年清政府打败太平军后，中国初次进行的小心翼翼的改革尝试；特别是日本 1868 年后实行的"彻底"变革，以及比明治维新晚若干年但性质相似的暹罗现代化改革。[178]在所有这些国家，统治集团内部和正在兴起的公共领域都掀起了改革大辩论。这些辩论寄希望于通过比较使改革能够有备无患。讨论基本上围绕着"西方化"的范围、深度及成功的机会。"西化论者"与本土主义者——无论是俄国的斯拉夫派还是中国的正统儒家信徒——各持己见。从来都无须为这类问题劳神费心的统治者此时感觉到，一盘需要政治算计的险棋摆在自己面前。没有任何可资借鉴的经验让人能够预测改变将会带来的结果。为改变值得付出什么样的代价？哪些人将是改革中的获益者或受损者？改革阻力有多大？来自于何方？如何使外交环境不受影响？改革所需资金如何筹措？要在若干生活领域和地区推行改革，所需的高素质人才从何而来？对于这些问题，各国情况不同答案亦各异。但它们所面临的问题相似，所以原则上可进行比较。

这些改革都是国家历史的一部分，这个说法有两重含义：一方面是指折射在若干方面的欧洲国家类型在世界传播的历史；[179]另一方面是指处于国际政治、全球资本主义及西欧文明辐射边缘地域的国家，为应对尖锐的生存问题而调动国家资源的历史。它们所采取的战略五花八门，也不同程度地获得了成功。若论体制变革的速度和所涉范围，没有一个国家比得上明治时代的日本——它同时也在世界上成为备受景仰的榜样。[180]与之相反，沙皇俄国的防御性现代化是保守的、半途而废的改革行动。在奥斯曼帝国，改革时代终结于阿卜杜勒·哈米德二世统治下的新专制主义，对于他实行的是不是"开明"君主制，专业研究者意见不一。在中国，人们多次尝试改革（1862～1874，1898，1904～1911），但这些尝试均虎头蛇尾，并未使国家和社会长久地焕发生机。在埃及，穆罕默德·阿里的继任所实行的西方化，最终导致国家破产和殖民国家接管政权（1882）。墨西哥50年代中期至70年代中期的"改革时期"也属于这类情况。如坦志麦特改革一样，墨西哥改革也未能取得突破，形成稳固的代议机构。甚至自由派国家领导人贝尼托·胡亚雷斯（Benito Juárez，1806～1872）在1867年后也诉诸专制性的特别措施以应对局势。如同奥斯曼帝国的阿卜杜勒·哈米德二世一样，在墨西哥，波菲里奥·迪亚斯于 70 年代中期上台后实行独裁统治，执掌政权直到新世纪的前十年。在迪亚斯时代之前，大量改革法律中只有一部分得到了实施，至少遏制了教会——墨西哥自由派的主要反对者——的影响，并确定了（白人）公民在法律面前人人平等的原则。世俗及宗教权力对生活的束缚减少了。[181] 亚历山大三世（1881 ~ 1894 年在位）统治下的俄国，是后改革时代专制主义的另一个例证。被谋杀的前任沙皇曾推行的改革部分被废止；当时的司法改革卓有成效，也是沙皇俄国晚期优秀法律文化的体现及保障，尽管司法改革的局面得以维系，但警察权限却扩大了。被效仿的西方理念，尤其是自由主义，此时越来越受到质疑。这与 1878 年后奥斯曼帝国的情形极为相似。在这两个国家，君主的独裁统治都愈加强化，对内镇压变本加厉。[182]

与改革密切相关的是未来新愿景，但在改革伊始就描绘出未来新愿景的情况很少见。通过奥斯曼这个例子我们可以看到，直到坦志麦特改革进入第三个十年，面向未来的改革纲领才取代了最初的改革理念：改革之初人们想要恢复旧的不稳定平衡，而到后期，改革纲领则以建立一个明确的新秩序为目标。改革目标变了，改革的手段也随之改变：改革前期是采取变通的方式，运用古老统治手腕的同时也结合新的统治技巧；到改革后期，这些方法被更严厉的中央集权手段和新的领导意图取代，他们不再像改革早期那样努力谋求与地方当权者达成妥协。[183]

各国改革项目时间上的拖延，使它们相互学习成为可能。坦志麦特时期的大维齐尔（Grosswesire）及政府智囊还受制于西欧原始样板的直接影响，他们眼中几乎只有法国和英国。明治维新领导人则早已对普鲁士改革取得的可持续性成果，尤其是其军事优势，佩服有加。他们视自己为"理性顾客"，挑剔地审视外界的各种改革模式，严格甄选。亚洲和非洲小国中，几乎没有一个国家有这样一种选择的自由。比如，艾哈迈德·贝伊（Ahmad Bey，1837～1855 年在位）这位锐意改革的突尼斯统治者，因别无选择，只好依靠在阿尔及利亚制造威胁的邻国法国的支持，对军队进行改造；假如是英国出手相助，巴黎方面是不会乐观其成的。[184]日本维新的规模和成就一经呈现在世人面前，顿时就有了一个可供第三方选择的新标准。由于根深蒂固的文化原因，中国精英们心理上难以承认日本的军事优势。然而，在清王朝覆亡前的最后那些年，在中国人看来，作为可供参照的样板国家，日本已然赶上，有些人甚至认为，它超越了欧洲和北美所代表的西方。最晚至 1905 年日本打败俄国之后，作为打破了欧洲不可战胜这一魔咒的国家，日本成为亚洲上空熠熠生辉的明星。

901

七 国家与民族主义

强国家，弱国家

在 19 世纪的政治理论，至少是欧洲的政治理论中，强国家的观念已不见踪迹。在近代早期，曾有著名理论家阐述过应尽可能建设强大的国家机器的思想，国家在这里主要指邦国。强国家是值得追求的目标；人们期待，一个强大的政府能遏止混乱的利益纷争，取消飞地，坚定不移地走实现公共福祉的道路。18 世纪，又出现了其他一些为绝对统治辩护的说辞，佐之以开明君主加上廉洁奉公的官员队伍等于良好的行政管理机制这类理论，即财政学加警察学，这是为重要的国家权力建构蓝图。就在同一时期，中国出现了类似情形；在两千年来的中国政治文化中，中央集权和地方分权一直是一对矛盾。中国源远流长的传统行政管理思想在 18 世纪达到了一个新的高峰。1664 ~ 1796 年先后统治中国的三位伟大的清朝皇帝，都是精力旺盛的专制君主；他们精力充沛、才华横溢，任何方面都绝不逊色于普鲁士国王腓特烈二世，或奥地利国王约瑟夫二世。作为皇帝，他们对自身角色的定义很宽；同时，他们不断努力确保和提高官僚机构的效率。国家给人民留有自由空间，决非早期汉学提醒人们谨防的那种"极权主义"怪物。然而，在这种情形之下，自由，尤其是市场经济机会的获得，并不来自制度对权力的约束，而是承蒙极端强势的专制君主的慷慨恩赐。

902　　　在 19 世纪，强国家学说在公共讨论中消失了。即使不恣大肆宣传自己的拿破仑政权，也做不到堂而皇之地把自己的政府作为现代行政管理系统呈现在世人面前。力图界定"国家作用的界限"（威廉·冯·洪堡，1792 年）的自由主义，至少直到该世纪最后 25 年，都属于主流立场。就连保守派也不会公然以维护新专制主义统治的"居高临下"的姿态出现，而只是表现出对贵族所享受的等级社会罗曼蒂克一面的深深怀念。长期以来在这一点上不存在根本性分歧的社会主义者和无政府主义者，很少去思考国家这个问题，因为，当革命摧毁资本主义 - 资产阶级制度后，将会出现一个"自由的王国"。国家无限权力怀疑论的信奉者，远远超出了自由派政党圈子，然而，伴随着这些理论出现的，则是国家在现实中被赋予越来越多的控制手段。具有完全不同的自由主义倾向的赫伯特·斯宾塞（Hebert Spencer）（《人对国家》[The Man against the State]，1884）与马克斯·韦伯都认为，必须告诫人们提防新型奴役的出现。国家机构膨胀、官僚统治以及——在韦伯看来——倾向于僵化的资本主义导致的后果是，人面临着陷入这种新型奴役的危险。长期以来，国家学说中对国家权力积聚的理论研究十分欠缺，而国家权力的积聚——此处成为一个悖论——在另外一个领域被诉诸思想表达——通过民族主义纲领。借由民族，国家被间接地重新合法化。如果说这个时期连最反动的君主也再不敢宣称朕即国家，那么国家即民族的观念却广为流传：有利于国家的，亦有利于民族。就这样，国家权力的合法性基础被偷换了概念。民族国家有自己独特的理性特质，这个理性不再是一个朝代合法的、来自历史纵深处的可述说的要求，或是一个国家政治实体的整体和谐，而是"民族利益"。至于谁来界定这个利益，并把它转化为政治策略，倒是次要的了。只要政治家——至少是欧洲的政治家——遵从颇有影响力的朱塞佩·马志尼（Giuseppe Mazzini）对民族主义的理解，似乎民族利益——内部实现民主体制，各国人民和平共处——就会触手可及。在 19 世纪六七十年代，人们开始质疑这种乌托邦式的和谐大同社会（1919 年国际联盟成立时，质疑之声再起）。人们清楚地认识到，民族国家可与各种各样的政治体制结合。决定民族国家的有两个因素：对内，谋求民族均质化，这种努力体现在所有融合层面上，从语言政策、宗教统一，到通过修筑铁路增加基础设施；对外，彰显军事行动能力。可以说，对于国家学说，民族主义具有非常重要的意义。"纯粹的"国家学说要到为建设福利国家提供基本理论依据时才得到重新运用。

903

被切割为两半的民族主义与国家合法性

在整个 19 世纪，尤其是在最后 25 年发生的国家权力的积聚，其程度在世界各地各不相同。主要原因在于工业化传播的极端不均衡。如果说在近代早期，从西班牙到日本的欧亚大陆国家在同一时期且在相似的社会基础背景下走向强盛，那么19世纪的权力积聚则集中发生在世界三个地区，即出现了所谓强国的地区：位于比利牛斯山脉和乌拉尔山脉之间的欧洲、美国以及晚些时候的日本。就是说，国家强大绝不是由于人类进化的推动，而是全世界在不均衡发展上的重新洗牌。那些衰弱的，或落后于别国的国家，较易受到攻击。弱国面临被蚕食或被征服的危险。在近代早期欧洲人的想象中，"东方"国家都是视百姓如草芥的专制"暴政"。事实绝非如此，即使拥有庞大官僚机构的中国也并非如此。具有讽刺意味的是，在19世纪，亚洲的统治者们试图通过借鉴欧洲民族国家强力建设官僚机构与中央集权制的办法，弥补自己的劣势。民族主义被分割为两半。一方面，民族主义成为自成一体、无与伦比、践行着一种独特逻辑的强大的西方民族国家的信条。另一方面，它也被用作防御外部力量的指导原则。对那些因被殖民征服而丧失了独立权的国家而言，除了在殖民统治之下进行民族主义反抗斗争，别无选择（这种情况在第一次世界大战后才大规模出现）。至于其他情况，由于防御性民族主义的需要，国家被迫在所有领域采取自强策略。如此一来，扩张性民族主义与防御性民族主义之间便有一种辩证的联系。两种民族主义形式都能以各自的方式，在团结四面八方的"不在场者"的旗帜下，显示无比强大的动员力量，把过去没有参与机会的社会群体吸引到政治舞台上来。

904

　　还有一重更具普遍性的辩证关系与此密切相关：民族化与国际化的辩证关系。与民族国家的自我形象不符的是，民族国家绝不只听凭自己内部潜在能量的裹挟。作为意识形态和纲领，民族主义已超越国界，在国与国之间传播，比如由于接受了马志尼的民族主义观念和对民族自由斗士，如对匈牙利人拉约什·科苏特（Lajos Kossuth）的崇拜，民族主义在欧洲四处传播。到 19 世纪下半叶，民族主义间开始彼此回应并相互敌对，这一现象取代了直接的观念传播。不过，现实中民族内部联系的密切和增多，以及突出民族界限及民族优越感论调的高涨，与若干层面上国际交往的增多和加强密切相关。对这一矛盾，各民族国家反应各异。比如，对英国来说，长期以来帝国的存在已是一件理所当然的事情。在这种情况下，一个可行的策略是，通过合理化安排加强各殖民地与母国的联系，由此简化帝国拼接式地毯样的全球分布。世纪之交前后，殖民大臣约瑟夫·张伯伦（Joseph Chamberlain）曾试图推行这样的政策，但未见成效。按照他的设想，应当把松散联结成的帝国变成某种超级民族国家——一个主要由"白人"国家构成的联邦。[185]德意志帝国的情况则完全不同。它的建立，恰逢大规模的全球化浪潮席卷全球之时，因此，从建立伊始它就首先必须在对外经济政策上适应这样一个环境。德意志帝国之所以发展成为一流的工业和军事强国，也是由于其政治家和企业家着眼于民族利益将国际化为我所用。[186]

模范公民与中间权力

905

民主政治理念，无论是卢梭意义上的直接民主，还是英国传统政治意义上的间接民主——也称代议制民主，其制度设计都意在简化政治机制。英国启蒙思想家、"功利主义学说"创始人杰里米·边沁的关于民主理念的如下表述可能最为清晰，而这是所有民主政治纲领的基本思想：在现代社会，需要通过合理化改革消减中间权力，以实现对政权的限制和制约。人民和统治者应当尽可能减少中间环节，直接面对面。应当通过代议制度把他们联结在一起：要么体现为有一定程序的民主选举和权力授予关系，要么体现为那种"神秘的联合"（unio mystica），即君主政体或独裁政体的统治者要求代表一个国家，"人民"或以鼓掌通过的方式，或仅在"表面上"表示支持。因此，原则上，民族国家的政治制度是基于层级结构扁平化的民族均质化及宪法单一制。

就此而言，当民族国家或正在进行现代化改革的帝国提出"模范公民"（model citizen）标准，并力求落实这些标准时，其实也是为了谋求话语的规范化。在若干文明中，前现代时期的政治讨论是围绕着模范统治者的形象、能力、德行及宗教信仰虔诚度。在现代，政治讨论则聚焦在榜样式的模范公民身上；对何谓模范公民，有各种不同的说法，但无论在哪里，人们对模范公民都有最低期待，即他（或她）能很好地平衡追逐个人利益和为整个民族服务之间的关系。世纪之交前后，在许多国家的公共领域，人们思考的问题是：一个与时俱进的英国人或法国人、中国人或埃及人，应当具备哪些特质？在现代环境下，作为"英国人"、"法国人"、"中国人"或"埃及人"可能意味着什么？这些讨论既关乎国家认同，也关乎"文明化"标准。在 19 世纪，这样的讨论还未升级到 20 世纪那样醉心于对"祖国叛徒"、"阶级敌人"和少数"族裔"进行隔离和迫害的集体主义泛滥行为。尽管如此，民族和"族群"的同一化和单一化仍是一个无法实现的幻想。帝国无法做到魔棒一挥就让其多民族属性消失不见。没有任何一个地方采取极端措施来推行

906

"不论肤色"人人享有帝国公民权的政策。在所有进行了这种尝试的地方，民族化迅速达到了其自身矛盾性的极限。在殖民体系中，政治等级之复杂无以复加。这种情形下，若干主权和制度职能几乎总是被授权出去。这也意味着，殖民政府有时也把自己的融资职能授权给他人。比如，在东南亚的一些殖民地，少数族裔华人形成了组织紧密、具有行动能力的公司（联盟，秘密盟会），整个华人群体成为税款包收人和垄断贸易商人（比如在鸦片贸易中），他们协助殖民政府，保障其融资职能的履行。[187]公司不是正式统治体系的组成部分，但若没有公司的存在，政府就无法运转。在一个民主表达权无关紧要的环境中，通过这种方式，也能使人注意到新产生的组织利益。不过，在西方公民社会中，简政放权、小政府的理想也悄然消失了。新型中间机构规模增大。介入人民和统治阶层中间的不再是古老的等级，而是官僚机构、越来越以紧密组织形式出现的政党（在美国是以地方机构的形式），其他还有辛迪加、工会、利益联盟及各种院外活动集团，以及走向世俗化、把自己重新界定为特殊利益代表的教会，最后还包括迫切希望独立的大众传媒。古典自由主义理想中理性、简单的政治秩序变成了如此烦琐庞杂的事务。早在第一次世界大战之前，一些地方就种下了社团主义发展的萌芽，它们将会在20世纪20年代显现出来，而且不仅仅是在欧洲。

注释

[1] 有关亚洲"莫卧儿帝国"的内容富有新意的著作参见 Finer,

History of Government (1997)，第 3 卷，第 1 ~ 4 章；其他还包括
Lieberman, Beyond Binary Histories (1999)。

[2] Ernest Gellner, Tribalism and the State in the Middle East，收录于
Khoury/Kostiner, *Tribes* (1991)，第 109 ~ 126 页，该处见 109 页。

[3]　Carl A. Trocki, Political Structures in the Nineteenth and Early
Twentieth Centuries，收录于 Tarling, *Cambridge History of Southeast
Asia*，第 2 卷 (1992)，第 79 ~ 130 页，该处见第 81 页。

[4] O'Rourke, *Warriors* (2000)，第 43 页。

[5] Earle, *Pirate Wars* (2003)，第 231 页及下文。

[6] M. Mann, *Sources* (1993)，第 6 页。

[7] Birmingham, *Portugal* (1993)，第 125 页。

[8] 参见 J. Lynch, *Argentine Dictator* (1981)，该书第 201 ~ 246 页描
述了罗萨斯的恐怖统治。

[9] A. Knight, *Peculiarities* (1992)，第 102 页及下文有相关精彩描
述；亦参见 M. C. Meyer/Sherman, *Course of Mexican History*
(19914)，第 453 ~ 457 页。有关约 1850 年之前的典型的考迪
罗的情况参见 J. Lynch, *Caudillos* (1992)，特别是第 183 ~ 237
页，第 402 ~ 437 页。有关 19 世纪西班牙语美洲的暴力及发育
不充分的国家组织的情况主要参考 Riekenberg, *Gewaltsegmente*
(2003)，第 35 ~ 79 页，书中第 59 ~ 63 页是有关考迪罗的内
容；有关中美洲主要参考了 Holden, *Armies* (2004)，特别是第
25 ~ 50 页。

[10] R. M. Schneider, *Latin American Political History* (2007)，第 139
页。与邻国乌拉圭不同，阿根廷在罗萨斯统治结束后，考迪罗
被地主寡头集团"驯服"。

[11] 概况参见 Herzfeld, *Anthropology* (2001)，第 118 ~ 132 页。

[12] 基本情况参见 Newbury, *Patrons* (2003)，特别是概要（第 256 ~
284 页）。

[13] C. M. Clark, *Kaiser Wilhelm II.* (2000)，第 162 页。J. C. G.
Röhl, *Wilhelm II.* (1993 – 2008) 是相关领域的权威著作。

[14] Schudson, *Good Citizen* (1998)，第 132 页。

［15］ H. C. G. Matthew, *Gladstone*（1997），第293～312页，特别是第310页及下页。

［16］ J. Lynch, *Argentine Dictator*（1981），第112页，以及 Bernand, *Buenos Aires*（1997），第149页及下页，第155～157页。

［17］ P. Brandt u. a., *Handbuch*（2006），第42页。

［18］ Rickard, *Australia*（1996²），第113页。

［19］ Wortman, *Scenarios of Power*（2006），第347页。

［20］ D. J. Steinberg 等作者所著 *Southeast Asia*（1987），第57～91页对君主制形式做了全面介绍。

［21］ Pennell, *Morocco*（2000），第158～163页。

［22］ 有关印度的情况参见 Fisher, *Indirect Rule in India*（1991）。

［23］ Thant, *Modern Burma*（2001），第209页及下页；Kershaw, *Monarchy in South - East Asia*（2001），第25页。

［24］ P. G. Price, *Kingship*（1996）对印度东南部地区的土邦进行了调研，在众多同类著作中是很突出的一部。

［25］ Kershaw, *Monarchy in South - East Asia*（2001），第26页。

［26］ 同上书，第28页及下页。

［27］ M. D. Sahlins, *Anahulu*（1992），第76页及下页。

［28］ Geertz, *Negara*（1988）有如此描述；Geertz 的描述很有影响，Schulte Nordholt, *Spell of Power*（1996）纠正了 Geertz 描述的片面性，尤其对他的静态描述进行了历史化处理（特别是第5～11页）。

［29］ Kroen, *Politics and Theatre*（2000）。

［30］ Koenig, *Burmese Polity*（1990），第16～84页，通过缅甸这个例子对此做了精彩描述。

［31］ Morris, *Washing of the Spears*（1965），第79页及下页，第91页，第98页及下页。有关恰卡和对他的妖魔化参见 C. Hamilton, *Terrific Majesty*（1998）。

［32］ Laband, *Kingdom in Crisis*（1992），S. 22 f.；Cope, *Characters of Blood*（1995），第266页及下页；Fortes/Evans - Pritchard, *African Political Systems*（1967）是一部关于非洲君主制的经典著

作，其中有 Fortes 讲述祖鲁王国的章节（见第 25～55 页）。

[33] David K. Wyatt, *The Eighteenth Century in Southeast Asia*，收录于 Blussé/Gaastra, *Eighteenth Century*（1998），第 39～55 页，该处 见第 47 页。

[34] 有关宪法形式的分类参见 Kirsch, *Monarch*（1999），第 412 页及 下页（图表）；亦参见 P. Brandt 等著 *Handbuch*（2006），第 41～ 51 页。

[35] E. N. Anderson/Anderson, *Political Institutions*（1967），第 35 页， 是一部经典著作。

[36] C. M. Clark, *Kaiser Wilhelm II.*（2000），第 259 页及下页。

[37] Kohlrausch, *Monarch im Skandal*（2005），第 45 页及下文；有关 威廉对技术的迷恋参见 W. König, *Wilhelm II.*（2007），尤其第 195～33 页介绍了技术上全副武装的这位"旅行皇帝"。

[38] Daniel, *Hoftheater*（1995），第 369 页。

[39] Rathenau, *Der Kaiser*（1919），第 34 页。

[40] 这类君主中还有一位，巴西皇帝佩德罗二世（1825～1891， 1840～1889 年在位），本书未能提及，关于他的情况可参阅传 记著作 Barman, *Citizen Emperor*（1999）。

[41] Bagehot, *English Constitution*（1964），第 61 页，第 82 页及下 文。

[42] 有大量较新的文献，其中突出的有 D. Thompson, *Queen Victoria* （2001），此外还有 Homans, *Royal Representations*（1998）。

[43] D. Thompson, *Queen Victoria*（2001），第 144 页及下页。

[44] Keene, *Emperor of Japan*（2002），第 632～635 页。

[45] Amanat, *Pivot*（1997），第 431 页。

[46] 其侄子和继任的传记中有这样的描述，参见 Georgeon, *Abdulhamid II.*（2003），第 33 页。

[47] Fujitani, *Splendid Monarchy*（1996），第 49 页。

[48] 同上书，第 229 页，该书是讲述 19 世纪君主制的最佳著作之 一。

[49] Deringil, *Well‐Protected Domains*（1998），第 18 页。

［50］年轻的波斯沙阿有如此讲述，参见 Amanat, *Pivot*（1997），第 352 页。

［51］Paulmann, *Pomp und Politik*（2000），第 325 页，该处见第 301～331 页，对此次访问做了透彻分析。

［52］相关讨论参见 Kirsch, *Monarch*（1999），第 210 页及下文。新的具有独创性的讨论参见 Rosanvallon, *La démocratie inachevée*（2000），第 199 页及下文，该作者认为路易·拿破仑是一位"恺撒主义"理论家。

［53］R. Price, *French Second Empire*（2001），第 95 页；有关帝国节日庆典参见 Baguley, *Napoleon III.*（2000）。

［54］R. Price, *French Second Empire*（2001），第 211 页。

［55］Beller, *Franz Joseph*（1997），第 52 页。

［56］Price, *People*（2004），第 67～120 页，介绍反对派中的各种流派。

［57］此处参考的是 Rosanvallon, *La démocratie inachevée*（2000），第 199 页及下文，特别是第 237 页及下页。

［58］Toledano, *State and Society*（1990），第 50 页及下页。

［59］Bernier, *The World in* 1800（2000），第 76、78 页。

［60］同上书，第 150 页。

［61］Fujitani, *Splendid Monarchy*（1996），第 182～185 页。

［62］有扎实历史学基础的对方法学问题的精彩讨论参见 C. Tilly, *Democracy*（2007），第 59～66 页。

［63］Caramani, *Elections in Western Europe*（2000），第 53 页，图表 2.3；Fenske, *Verfassungsstaat*（2001），第 516 页。

［64］参见 Raphael, *Recht und Ordnung*（2000），第 28 页，此处为简单概括。

［65］Rosanvallon, *Staat in Frankreich*（2000），第 51 页。

［66］Fehrenbacher, *Slavery*（1981）。

［67］关于不同国家对政治参与的看法，参见 B. Turner, *Theory of Citizenship*（1990）的路径比较。

［68］Ikegami, *Citizenship*（1995），该著作强调了反对派和抗议运动

的作用。

[69] 一些全面调研最近将哈贝马斯定义的公共领域出现的时间提前了，比如在英国，公共领域出现的时间确定在 17 世纪 40 年代，参见 McKeon, *Secret History* (2005)，第 56 页及各处。

[70] Habermas, *Strukturwandel* (1962)，第 157 页及下文。

[71] H. Barker/Borrows, *Press* (2002)；Uribe - Uran, *Birth of a Public Sphere* (2000)．

[72] 相关基本介绍参见 A. Milner, *Invention of Politics* (1995)。

[73] 对此，除了许多城市历史个案调研，还有全面介绍，比如关于美国可参阅 M. P. Ryan, *Civic Wars* (1997)；关于中国可参阅 Ranking, *Elite Activism* (1986)。

[74] P. G. Price, *Acting in Public* (1991)，第 92 页及下页。

[75] 同上书，第 113 页。Irschick, *Dialogue and History* (1994) 介绍了南印度多元声音表达及殖民国家无法控制意见表达的情况。

[76] *De la démocratie en Amérique*, I/ii/4：Tocqueville, *Demokratie* (1976)，第 216～224 页。

[77] Finer, *History of Government* (1997)，第 3 卷，第 1567 页及下文；最重要的宪法文本见 Gosewinkel/Masing, *Verfassungen* (2006)。

[78] 相关目录参见 Navarro García, *Historia de las Américas* (1991)，第 4 卷，第 164～173 页。

[79] 有关世纪之交发生的革命参见本书第 10 章。

[80] 参见 Fenske, *Verfassungsstaat* (2001)；简要介绍参见 W. Reinhard, *Staatsgewalt* (1999)，第 410～426 页；Kirsch/Schiera, *Verfassungswandel* (2001) 全面介绍了宪政化进程高潮期欧洲各国的情况。

[81] Fenske, *Verfassungsstaat* (2001)，第 525 页及下页。奇怪的是，Fenske 未将英国划入民主政体国家之列，因为英国的职业政治家阶层仍然主要以贵族为主。

[82] J. Fisch, *Geschichte Südafrikas* (1990)，第 203 页及下页。

[83] Hoppen, *Mid - Victorian Generation* (1998)，第 253 页。

［84］ Caramani, *Elections in Western Europe*（2000），第 60 页。

［85］ 同上书，第 65 页。

［86］ 同上书，第 952 页；Searle, *A New England?*（2004），第 133 页。

［87］ Rosanvallon, *La démocracie inachevée*（2000），第 299～302 页。

［88］ Rosanvallon, *Le sacre du citoyen*（1972）是一部全面讲述相关情况的著作。

［89］ Keyssar, *Right to Vote*（2000），第 105 页及下文有如此讲述。

［90］ 关于后一事件参见 Mark Elvin, The Gentry Democracy in Chinese Shanghai, 1905 - 1914, 收录于同作者, *Another History*（1996），第 140～165 页。

［91］ 权威描述参见 Wilentz, *Rise of American Democracy*（2005），第 9～14 章。

［92］ Fehrenbacher, *Slaveholding Republic*（2001），第 24 页及下页，第 76 页及下页，第 236 页及下页。

［93］ Wahrman, *Imagining the Middle* Class（1995），第 9～11 章。

［94］ 有关数据参见 Bock, *Frauen*（2005），第 199 页。

［95］ 有关妇女选举权的情况参见著作同上，第 201～215 页。

［96］ T. C. Smith, *Agrarian Origins*（1959），第 197 页。

［97］ M. W. Steele, From Custom to Right：The Politicization of the Village in Early Meiji Japan, 收录于 Kornicki, *Meiji Japan*，第 2 卷（1998），第 11～27 页，该处见第 24 页及下页。

［98］ Mason, *Japan's First General Election*（1969），第 197 页。

［99］ Welskopp, *Banner der Brüderlichkeit*（2000）表达了这一观点。

［100］ 关于早期社会主义与无政府主义的全面介绍参见 P. Weber, *Sozialismus als Kulturbewegung*（1989）。

［101］ Grebing, *Geschichte der sozialen Ideen*（2000），第 160～168 页。

［102］ 作为时代诊断仍值得讨论，参见 Sombart, *Warum gibt es in den Vereinigten Staaten keinen Sozialismus?*（1906）。

［103］ 该处也参见 Rosanvallon, *Staat in Frankreich*（2000），第 14 页，四种国家形态。

［104］Rodgers, *Contested Truths*（1987），第 146、169 页。

［105］对这一路径的不同阐释参见 P. Anderson, *Lineages*（1974），内容也包括奥斯曼帝国，亦可参见 Ertman, *Birth of the Leviathan*（1997）。

［106］W. C. Jones, *Great Qing Code*（1994）。

［107］H. G. Brown, *War*（1995），第 9 页及各处。

［108］G. E. Aylmer, Bureaucracy，一部一流的概述性作品，收录于 Burke, *Companion Volume*（1979），第 164 ~ 200 页。

［109］Krauss, *Herrschaftspraxis*（1997），第 240 页及各处。

［110］Berend, *History Derailed*（2003），第 188 页及下页。哈布斯堡君主政体，至少是 1859 年前的那个政体，被称作"欧洲的中国"并非偶然。引文参见 Langewiesche, *Liberalismus in Deutschland*（1988），第 72 页。

［111］对欧洲国家"理性化建构"路径特色的精彩描述参见 Breuer, *Der Staat*（1998），第 175 ~ 189 页。

［112］税收合法性是特别重要但常被忽视的一点，它也起着提高政府效率的作用，相关内容参见 Daunton, *Trusting Leviathan*（2001）。

［113］China：Watt, *District Magistrate*（1972）; Indien：Gilmour, *Ruling Cast*（2005），第 89 ~ 104 页。

［114］同上书，第 43 页。

［115］Misra, *Bureaucracy in India*（1977），第 299 ~ 308 页。

［116］R. J. Smith, *China's Cultural Heritage*（1994²）第 55 ~ 67 页有精彩描述; Hucker, *Dictionary*（1985），第 83 ~ 96 页。Bello, *Opium*（2005）通过禁鸦片这个很好的例子讲述了 19 世纪早期中国政府的行动空间。

［117］对关于"中国腐败"的无数偏见的批评参见 Reed, *Talons and Teeth*（2000），第 18 ~ 25 页。

［118］Elman, *Civil Examinations*（2000），第 569 页及下文。

［119］Osterhammel, *China*（1989），第 163 页及下页; 较新文献有 Eberhard - Bréard, *Robert Hart*（2006）。

［120］Hwang, *Beyond Birth*（2005），第 334 页。

［121］Woodside, *Lost Modernities*（2006），第 3 页，极富启发性的一种阐释。

［122］Findley, *Ottoman Civil Officialdom*（1989），第 292 页及各处。

［123］Findley, *Turks*（2005），第 161 页。

［124］Silberman, *Cages of Reason*（1993），第 180 页。

［125］《大日本帝国宪法》（1889），序言，第 1 章（第 3 条）。

［126］Wakabayashi, *Anti - Foreignism*（1991），其中第 147～277 页是会泽的《新论》译文。

［127］Wolfgang Schwentker, Staatliche Ordnungen und Staatstheorien im neuzeitlichen Japan, 收录于 W. Reinhard, *Verstaatlichung der Welt?*（1999），第 113～131 页，该处见第 126 页及下页。

［128］相关基本情况介绍参见 Lutz Raphael, L'État dans les villages: Administration et politique dans les sociétés rurales allemandes, françaises et italiennes de l'époque napoléonienne à la Seconde Guerre Mondiale, 收录于 Mayaud/Raphael, *Histoire de l'Europe rurale contemporaine*（2006），第 249～281 页。

［129］Baxter, *Meiji Unification*（1994）关于 19 世纪 70 年代日本的出色的个案调研。日本面临着下层反抗的压力和不稳定的外交处境，在这方面与德国是有区别的，参见 Yoda, *Foundations of Japan's Modernization*（1996），第 72 页及下页。

［130］Baxter, *Meiji Unification*（1994），第 53～92 页。

［131］参见 Breuer,, *Der Staat*（1998）；亦参见 M. Mann, *Sources of Social Power*（1993），第 444～475 页。

［132］Bensel, *Yankee Leviathan*（1990），第 367 页。

［133］M. Mann, *Sources of Social Power*（1993），第 472 页。

［134］Wunder, *Bürokratie*（1988），第 72 页及下页。

［135］Ullmann, *Steuerstaat*（2005），第 56 页及下文。

［136］M. Mann, *Sources of Social Power*（1993），第 366 页（图表 11.3）。

［137］Raphael, *Recht und Ordnung*（2000），第 123 页。

［138］ Daunton, *Progress*（1995），第 519 页。

［139］ Ali, *Punjab*（1988），第 109 页及下文；Heathcote, *Military in British India*（1995），第 126 页及下文。有关印度“尚武民族”的形成参见 Peers, *Mars*（1995）。

［140］ 参见 Frevert, *Militär und Gesellschaft*（1997）中的个案调研；Foerster, *Wehrpflicht*（1994）。

［141］ Frevert, *Die kasernierte Nation*（2001），第 193 页及下文。

［142］ Dietrich Beyrau, Das Russische Imperium und seine Armee, 收录于 Frevert, *Militär und Gesellschaft*（1997），第 119～142 页，该处见第 130～133 页。

［143］ Fahmy, *All the Pasha's Men*（1997），特别是第 76 页及下文。

［144］ Eric J. Zürcher, The Ottoman Conscription System in Theory and Practice, 收录于同作者, *Arming the State*（1999），第 79～94 页，特别是第 86、91 页。

［145］ McClain, *Japan*（2002），第 161 页。

［146］ R. J. Evans *Rituale der Vergeltung*（2001），第 379～400 页。不过 1939 年前在法国有零星的公开处决。

［147］ Schrader, *Languages of the Lash*（2002），第 49 页，第 144 页及下文。

［148］ 概述参见 David Bayley, The Police and Political Development in Europe, 收录于 C. Tilly, *Formation of National States*（1975），第 328～379 页，特别是第 340～360 页；作为统治社会学比较参见 Knöbl, *Polizei*（1998）。

［149］ Emsley, *Gendarmes and the State*（1999）.

［150］ Westney, *Imitation*（1987），第 40～44 页，第 72 页及下页。

［151］ 同上书，第 94 页。

［152］ Arnold, *Police Power*（1986），第 99、147 页以南印度为例做了描述。

［153］ Clive, *Macaulay*（1973），第 435～466 页。

［154］ Townshend, *Making the Peace*（1993），第 23～29 页。

［155］ J. A. Hobson, *Imperialism*（19883），第 124 页。

［156］Monkkonen, *Police*（1981），第 42、46 页。

［157］Eric H. Monkkonen, Police Forces 是篇一流的概述，收录于 Foner/Garraty, *Reader's Companion*（1991），第 847～850 页。

［158］Petrow, *Policing Morals*（1994）探讨了相关主题。

［159］克劳斯探讨这一主题的文章于 1902～1907 年陆续发表在《火炬》（*Die Fackel*）杂志上，后结集出版，参见 *Schriften*，第一卷，Frankfurt a. M. 1987。

［160］A. J. Major, *State and Criminal Tribes*（1999），第 657 页及下页，第 663 页；亦可参见 T. R. Metcalf, *Ideologies of the Raj*（1994），第 122～125 页，该书第 3 章及第 4 章也对种族划分有全面介绍。

［161］M. E. Curtin, *Black Prisoners*（2000），第 1 页及下文有这样的描述。

［162］Karl－Friedrich Lenz, Penal Law, 收录于 W. Röhl, *History of Law in Japan*（2005），第 607～626 页，该处见第 609 页及下文。

［163］Umemori Naoyuki, Spatial Configuration and Subject Formation：The Establishment of the Modern Penitentiary System in Meiji Japan, 收录于 Hardacre/Kern, *New Directions*（1997），第 734～767 页，特别是第 744～746 页，第 754 页，第 759 页及下文。

［164］Dikötter, *Crime*（2002），第 56～58 页；但直到中华民国时期这些计划才得以大范围实行。

［165］Lindert, *Growing Public*（2004），第 46 页及下页。

［166］Rosanvallon, *Staat in Frankreich*（2000），第 104 页；Raphael, *Recht und Ordnung*（2000），第 102 页；Lindert, *Poor Relief*（1998）。

［167］基本情况参阅权威著作 Lindert, *Growing Public*（2004），第 171 页及下文；亦可参见 W. Reinhard, *Staatsgewalt*（1999），第 460～467 页。

［168］Eichenhofer, *Geschichte des Sozialstaats*（2007）第 54 页。

［169］世界各国数据对比参见 M. G. Schmidt, *Sozialpolitik*（1998），第

180 页（图表 5）。

[170] Rodgers, *Atlantic Crossings* (1998) 讲述了这一主题，特别是第 209 页及下文（关于社会保险）。

[171] Esping – Andersen, *Three Worlds* (1990)。

[172] 该节全篇均参考 P. D. Curtin, *World* (2000)，第 128 ~ 191 页。

[173] 参见 Faroqhi, *Kultur und Alltag* (1995)，第 30 页。

[174] 参见有关奥斯曼帝国的所有历史著作概述，以下几部尤为简明扼要：Davison/Dodd, *Turkey* (1998³)，第 91 ~ 104 页；Kreiser/Neumann, *Türkei* (2003)，第 330 ~ 338 页；Hanioglu, *Brief History* (2008)，第 72 ~ 108 页。在受奥斯曼榜样影响的伊朗改革提案中也略有涉及，参见 Bakhash, *Iran* (1978)。

[175] 参见 Anastassiadou, *Salonique* (1997)；Hanssen, *Beirut* (2005)。

[176] Rich, *Age of Nationalism* (1977²)，第 145 页及下文，对同期英国和俄国或多或少的“自由主义”改革做了有趣的比较。

[177] W. B. Lincoln, *Great Reforms* (1990)；Eklof 等著 *Russia's Great Reforms* (1994)；Beyrau 等著 *Reformen* (1996)。

[178] 甚至很大程度上仍然闭关锁国的最后一个东亚国家朝鲜也开始实行“强国”改革政策。参见 Palais, *Politics and Policy* (1991)。

[179] W. Reinhard, *Verstaatlichung* (1999).

[180] 个案调研参见 Roussillon, *Identité et modernité* (2005)。

[181] Paul Wanderwood, Betterment for Whom? The Reform Period, 1855 – 1875, 收录于 M. C. Meyer/Beezley, *Oxford History of Mexico* (2000)，第 371 ~ 396 页。

[182] Polunov, *Russia* (2005)，第 123 页及下页，第 174 ~ 189 页。

[183] Maurus Reinkowski, The State's Security and the Subjects' Prosperity: Notions of Order in Ottoman Bureaucratic Correspondence, 收录于 Karateke/Reinkowski, *Legitimizing the Order* (2005)，第 195 ~ 212 页，该处见第 206 页；Reinkowski, *Dinge der Ordnung* (2005)，第 284、287。

［184］Perkins, *Modern Tunisia*（2004），第 14 页及下页。

［185］参见 Mock, *Imperiale Herrschaft*（1982）。

［186］参见 Torp, *Herausforderung*（2005）。

［187］Trocki, *Opium and Empire*（1991）.